W0011675

GESCHICHTE DES WESTENS

250 JAHRE

C.H.Beck

**JUBILÄUMS
EDITION**

Alexander Demandt
ALEXANDER DER GROSSE
Leben und Legende

Johannes Fried
DAS MITTELALTER
Geschichte und Kultur

Saul Friedländer · Orna Kenan
DAS DRITTE REICH UND DIE JUDEN
1933–1945

Hansjörg Küster
**GESCHICHTE DER LANDSCHAFT
IN MITTELEUROPA**
Von der Eiszeit bis zur Gegenwart

Helmuth James und Freya von Moltke
ABSCHIEDSBRIEFE GEFÄNGNIS TEGEL
September 1944–Januar 1945

Jürgen Osterhammel
DIE VERWANDLUNG DER WELT
Eine Geschichte des 19. Jahrhunderts

Hans Pleschinski
NIE WAR ES HERRLICHER ZU LEBEN
Das geheime Tagebuch des Herzogs von Croÿ
1718–1784

Heinrich August Winkler
GESCHICHTE DES WESTENS
Von den Anfängen in der Antike bis zum 20. Jahrhundert

Heinrich August Winkler

GESCHICHTE
DES WESTENS

Von den Anfängen in der Antike
bis zum 20. Jahrhundert

C.H.BECK

Dieses Buch erschien zuerst 2009 in gebundener Form

Jubiläumsedition 2013

© Verlag C.H.Beck oHG, München 2009
Umschlaggestaltung:
Kunst oder Reklame, München
Umschlagabbildung:
Eugène Delacroix, *Die Freiheit führt das Volk* (Detail), Louvre; © Bridgeman
Satz: Janß GmbH, Pfungstadt
Druck und Bindung: CPI, Ulm
Gedruckt auf säurefreiem, alterungsbeständigem Papier
(hergestellt aus chlorfrei gebleichtem Zellstoff)
Printed in Germany
ISBN 978 3 406 64437 5

www.beck.de

Für Dörte

For Dörte

Inhalt

4. Nationalstaaten und Imperien: 1850–1914

Vorbemerkung

Eine zusammenfassende Geschichte des Westens gibt es noch nicht. Handbücher und handbuchartige Darstellungen informieren uns über die europäische Geschichte und die Geschichte der Vereinigten Staaten von Amerika, aber nicht über beide zusammen. Dabei sind die Verbindungen zwischen dem alten und dem neuen Westen so eng und die Gemeinsamkeiten so groß, daß das Fehlen einer solchen transatlantischen Geschichte überrascht.

Im Jahre 2000 habe ich eine zweibändige deutsche Geschichte des 19. und 20. Jahrhunderts unter dem Titel «Der lange Weg nach Westen» vorgelegt. Sie handelt von den Schwierigkeiten eines Landes, das kulturell zum Westen gehört und ihn mitgeprägt hat, sich die politische Kultur des Westens anzueignen und aus der Aufklärung ähnliche politische Konsequenzen zu ziehen wie die westlichen Demokratien, an ihrer Spitze die Vereinigten Staaten von Amerika, England und Frankreich.

Nach Abschluß der beiden Bände drängten sich mir einige Folgefragen auf: Hatte nicht auch der angelsächsisch-französische Westen lange Wege zurücklegen müssen, um sein normatives Projekt, die Ideen von 1776 und 1789, hervorzubringen und, wie unvollkommen auch immer, zu verwirklichen? Gab es neben dem deutschen nicht auch bei anderen europäischen Ländern lange Wege nach Westen? Bedurfte es, wenn dem so war, nicht einer weiteren Untersuchung, um zu klären, was den vielfach gespaltenen Westen im Innersten zusammenhält?

Nach der Epochenwende von 1989 fragten sich viele, für was der Begriff «Westen» künftig noch stehen sollte, nachdem der atlantischen Allianz der Gegner in der Zeit des Kalten Krieges, der kommunistische Osten, abhanden gekommen war. Zwölf Jahre später, nach den Terroranschlägen vom 11. September 2001 in New York und Washington, war das Bewußtsein nahezu allgemein, daß diese Angriffe nicht nur Amerika, sondern dem Westen schlechthin gegolten hatten. Die Art und Weise, wie die USA auf «Nine-Eleven» reagierten, rief dann aber in Europa Zweifel hervor, ob man von der vielbeschworenen westlichen Wertegemeinschaft überhaupt noch sprechen konnte. Doch der Westen mag sich noch so sehr fragen, ob es ihn wirklich gibt: Von großen Teilen der nichtwestlichen Welt wird er als Einheit wahrgenommen, und das vor allem von denen, für die er zum Gegenstand des Hasses geworden ist.

Die Fragen, die zu der vorliegenden Untersuchung geführt haben, lagen also nicht nur in der Logik dessen, worüber ich zuvor gearbeitet hatte. Sie ergaben sich auch aus der jüngsten Geschichte selbst. Daß ich das Vorhaben, eine Geschichte des Westens zu schreiben, über erste Vorstudien hinaus in Angriff nehmen konnte, verdanke ich drei Stiftungen und meiner Alma mater. Die Humboldt-Universität zu Berlin, an der ich von 1991 bis 2007 gelehrt habe, stellte mir nach dem Ende meiner Dienstzeit im März 2007 einen Raum mitsamt der notwendigen technischen Ausstattung zur Verfügung. Dafür danke ich dem Präsidenten der Humboldt-Universität, Herrn Prof. Dr. Dr. h. c. Christoph Markschies, und dem seinerzeitigen Dekan der Philosophischen Fakultät I und Geschäftsführenden Direktor des Instituts für Geschichtswissenschaften, Herrn Prof. Dr. Michael Borgolte.

Die Robert-Bosch-Stiftung, die Hans-Ringier-Stiftung und die ZEIT-Stiftung Ebelin und Gerd Bucerius ermöglichten es mir, zwei Jahre lang die Hilfe von zwei studentischen Hilfskräften und meiner langjährigen Mitarbeiterin Frau Monika Roßteuscher M. A. in Anspruch zu nehmen. Die drei Stiftungen und die Humboldt-Universität werden ihre Förderung für die Dauer von zwei weiteren Jahren verlängern, so daß ich hoffe, meine Darstellung über den End- und Fluchtpunkt dieses Bandes, das Jahr 1914, hinaus bis in die Gegenwart fortsetzen zu können. Für diese Unterstützung bin ich außerordentlich dankbar.

Der vorliegende Band verdankt viel der Mithilfe und dem Mitdenken meiner studentischen Mitarbeiterinnen und Mitarbeiter, Frau Angela Abmeier, Frau Franziska Kuschel, Frau Anna Maria Lemcke, Frau Maria Schultz, Herrn Andreas Stirn und Frau Rahel Marie Vogel. Frau Gretchen Klein hat mit größter Sorgfalt meine handschriftliche Vorlage in ein druckreifes Manuskript verwandelt. Die PC-Fassung von Teilen des letzten Kapitels hat mit derselben gleichbleibenden Aufmerksamkeit Frau Monika Roßteuscher angefertigt. Dr. Detlef Felken, der Cheflektor des Verlages C. H. Beck, war ein ebenso gründlicher wie kritischer Leser des Textes. Bei den Korrekturarbeiten hat mir seine Mitarbeiterin Frau Janna Rösch mit nicht nachlassender Geduld geholfen. Große Verdienste haben sich Frau Tabea Spieß (Korrekturlesen) und Herr Alexander Goller (Erstellung der Register) erworben. Mit meiner Frau konnte ich vom ersten bis zum letzten Kapitel alles besprechen, was ich ohne diesen anregenden und klärenden Dialog nicht hätte zu Papier bringen können. Für all dies danke ich. Für das, was es an diesem Band zu bemängeln gibt, haftet aber nur einer: der Autor.

Berlin, im Mai 2009   Heinrich August Winkler

Einleitung

Nicht nur Bücher, auch Begriffe haben ihre Schicksale. Der Begriff «Westen», wenn er politisch oder kulturell gemeint ist, macht da keine Ausnahme: Er hat zu unterschiedlichen Zeiten Unterschiedliches bedeutet.

Das klassische Griechenland bedurfte der Erfahrung der Perserkriege in der ersten Hälfte des 5. Jahrhunderts vor Christus, um eine Vorstellung vom kulturellen und politischen Gegensatz zwischen Griechen und «Barbaren», Abendland (dysmaí oder hespéra) und Morgenland (anatolé), Okzident und Orient zu entwickeln. Im christlichen Europa meinte Okzident oder Abendland den Bereich der Westkirche, das lateinische im Unterschied zum griechischen, das heißt byzantinischen Europa. Vom «Westen» als einer transatlantischen Einheit war vor 1890 kaum je die Rede. Erst die Erfahrung der kulturellen und politischen Gleichrangigkeit Europas und Nordamerikas ließ diesen Begriff um die Jahrhundertwende vor allem in der angelsächsischen Welt zum Schlagwort aufsteigen. Es mußte damals noch mit einem anderen, häufiger gebrauchten Begriff, dem der «weißen Rasse», konkurrieren, war aber zugleich enger und weiter als dieser: enger, weil der «Westen» den als rückständig empfundenen russischen und balkanischen Osten Europas ausschloß, weiter, weil die Zugehörigkeit zur «westlichen Zivilisation» nicht an rassische Merkmale gebunden wurde.[1]

Für die tonangebenden Intellektuellen *eines* westlichen Landes, Deutschlands, unter ihnen Thomas Mann in seinen «Betrachtungen eines Unpolitischen» von 1918, wurde der Begriff «Westen» im Ersten Weltkrieg zu einem negativ besetzten Kampfbegriff.[2] Der Westen in Gestalt Frankreichs, Großbritanniens und, seit ihrem Kriegseintritt im Jahre 1917, der Vereinigten Staaten von Amerika, stand für das, was sie ablehnten, nämlich demokratische Mehrheitsherrschaft und eine vermeintlich rein materialistische Zivilisation. Deutschland hingegen vertrat aus der Sicht seiner geistigen Verteidiger die höheren Werte einer Kultur der Innerlichkeit – einer Kultur, die sich auf die Macht eines starken Staates stützen konnte. Die deutschen «Ideen von 1914» gegen die westlichen «Ideen von 1789»: In vielen Köpfen überlebte dieser Gegensatz die Niederlage von 1918. Erst nach der abermaligen Niederlage des Deutschen Reiches im Jahre 1945 vollzog sich im westlichen Teil Deutschlands jene Entwicklung, in der der Philosoph Jürgen Habermas 1986, auf dem Höhepunkt des «Historikerstreits» um die Einzigartigkeit des national-sozialistischen Judenmordes, die größte intellektuelle Leistung der zweiten deutschen Nachkriegszeit sah: «die vorbehaltlose Öffnung der Bundesrepublik gegenüber der politischen Kultur des Westens».[3]

Im Zeichen des Kalten Krieges wurde der «Westen» zur Kurzformel für das atlantische Bündnis: die Allianz der beiden großen Demokratien Nordamerikas, der USA und Kanadas, mit anfangs zehn, später vierzehn Staaten auf der anderen Seite des Atlantiks, darunter seit 1955 die Bundesrepublik Deutschland. Nicht alle Mitglieder der NATO waren zu jeder Zeit Demokratien. Portugal war bis 1974 eine rechtsautoritäre Diktatur; Griechenland und die Türkei wurden zeitweise unmittelbar oder mittelbar vom Militär regiert. Trotz solcher Abweichungen von der Regel sah sich der Atlantikpakt stets als Bündnis zur Verteidigung der Menschen- und Bürgerrechte gegenüber der Bedrohung durch die Sowjetunion und die Staaten des Warschauer Pakts – also nicht nur als Militärallianz, sondern als Wertegemeinschaft.

Nach der Epochenwende von 1989/91 änderte sich die Bedeutung des Begriffs «Westen» erneut. Das Ende der kommunistischen Diktaturen machte den Blick frei für geographische und historische Tatsachen, die in der Zeit des Ost-West-Konflikts weithin in Vergessenheit geraten waren. Bis zur Mitte des 20. Jahrhunderts wäre kaum jemand auf den Gedanken gekommen, Polen, die Tschechoslowakei (beziehungsweise die in diesem Staat zusammengeschlossenen Gebiete) oder Ungarn «Osteuropa» zuzurechnen; «Mitteleuropa» oder, genauer, «Ostmittel-europa» waren und sind die zutreffenden Bezeichnungen. Der Begriff «Osteuropa» war Rußland bis zum Ural, Weißrußland und der Ukraine vorbehalten. Historisch gehören das östliche Mitteleuropa, das Baltikum und der Westen der Ukraine zum «Okzident» oder «Abendland», also zu jenem Teil des Kontinents, der seinen gemeinsamen geistlichen Mittelpunkt bis zur Reformation in Rom gehabt hatte und der sich eben dadurch vom orthodox geprägten Ost- und Südosteuropa unterschied. Es ist dieser historische Westen, der im Mittelpunkt unserer Betrachtung steht.

«Europa ist nicht (allein) der Westen. Der Westen geht über Europa hinaus. Aber: Europa geht auch über den Westen hinaus»: Auf diese knappe Formel hat der Wiener Historiker Gerald Stourzh das Verhältnis zwischen Europa und dem Westen gebracht.[4] Was den außereuropäischen Teil des Westens betrifft, so gehören unstrittig die Vereinigten Staaten, Kanada, Australien und Neuseeland, also die ganz oder überwiegend englischsprachigen Demokratien, und, seit seiner Gründung im Jahr 1948, der Staat Israel dazu. In Europa liegen die Dinge komplizierter. Die Frage, wie es dazu kam, daß nicht ganz Europa dem Westen zuzurechnen ist, führt zurück in die Zeit, die der historischen Spaltung in eine West- und eine Ostkirche vorausging. Diese Frage ist nicht bloß von historischem Interesse. Denn sie zielt auf kulturelle Prägungen, die Europa einmal verbunden haben und von denen noch vieles nachwirkt.

Die stärkste dieser gemeinsamen Prägungen ist religiöser Natur: die christliche. Im Zuge der fortschreitenden Entkirchlichung und Entchristlichung Europas ist eine solche Feststellung alles andere als selbstverständlich. Erklärten Laizisten könnte sie sogar als ein Versuch erscheinen, die Säkularisierung in Frage zu stellen und ihr Einhalt zu gebieten. In Wirklichkeit ist es gerade der spezifische, ja weltgeschichtlich einzigartige Charakter des westlichen Säkularisierungsprozesses, der uns veranlassen sollte, den religiösen Bedingungen dieser Entwicklung nachzugehen.

Vom christlichen Erbe Europas und des Westens läßt sich aber nicht sinnvoll reden, wenn wir nicht zuvor vom jüdischen Erbe des Christentums gesprochen haben. Zum jüdischen Erbe gehört zentral der Monotheismus. Dieser hat eine Vorgeschichte, die über das Judentum hinausweist: in das Ägypten des 14. Jahrhunderts vor Christus. Mit der Entstehung des Monotheismus müssen wir also einsetzen, wenn wir wissen wollen, wie der Westen zu dem wurde, was er heute ist. Von diesem Ausgangspunkt gilt es fortzuschreiten zu jener spezifisch christlichen Unterscheidung zwischen göttlicher und weltlicher Ordnung, in der die Säkularisierung der Welt und die Emanzipation des Menschen bereits angelegt sind. Der klassische Beleg dieser Unterscheidung ist das Wort von Jesus: «Gebt dem Kaiser, was des Kaisers ist, und Gott, was Gottes ist.»[5]

Von diesem Aufruf bis zur ansatzweisen Trennung von geistlicher und weltlicher Gewalt im Investiturstreit des späten 11. und frühen 12. Jahrhunderts verging über ein Jahrtausend. Die Unterscheidung zwischen geistlicher und weltlicher Gewalt erscheint im historischen Rückblick als Keimzelle der Gewaltenteilung überhaupt, als Freisetzung von Kräften, die sich erst durch diese Trennung voll entfalten und weiter ausdifferenzieren konnten. Der ersten Gewaltenteilung folgte, beginnend mit der englischen Magna Charta von 1215, eine zweite: die Trennung von fürstlicher und ständischer Gewalt, wobei die letztere in der Folgezeit von Adel, Geistlichkeit und städtischem Bürgertum ausgeübt wurde. Beide mittelalterlichen Gewaltenteilungen blieben auf den Raum der Westkirche beschränkt. Im Bereich der Ostkirche fehlte der Dualismus zwischen Papst und Kaiser beziehungsweise König; die geistliche Gewalt blieb der weltlichen untergeordnet; es gab keine Trennung von fürstlicher und ständischer Gewalt; es entwickelte sich, anders als im Westen, kein wechselseitiges Treueverhältnis zwischen Landesherr und Feudaladel, keine Stadtfreiheit und kein selbstbewußtes städtisches Bürgertum und infolgedessen auch keine Tradition individueller und korporativer Freiheit.

Die Geschichte des Westens ist *keine* Geschichte des ununterbrochenen Fortschritts in Richtung auf mehr Freiheit. Die Reformation des 16. Jahrhunderts brachte einerseits einen gewaltigen Zugewinn an Freiheit, indem sie das Gewissen des Einzelnen zur höchsten moralischen Instanz erhob. Andererseits brachte sie in Gestalt des lutherischen und des anglikanischen Staatskirchentums erhöhten obrigkeitlichen Zwang, ja einen Rückfall hinter die bereits erreichte ansatzweise Trennung von geistlicher und weltlicher Gewalt und hinter die religiöse Toleranz, für die sich die Humanisten eingesetzt hatten. Im anglikanischen England rief die Freiheitsbeschränkung Widerstand hervor: den protestantischen Protest calvinistischer Nonkonformisten. Aus ihm entwickelte sich eine demokratische Bewegung, die auf der anderen Seite des Atlantiks, in den amerikanischen Kolonien der britischen Krone, so stark wurde, daß der neue Westen, Amerika, schließlich die Revolution gegen das Mutterland wagen konnte.

Im alten Westen war England freilich immer noch das freieste unter den größeren Ländern Europas. Hier wurde die mittelalterliche Gewaltenteilung zwischen fürstlicher und ständischer Gewalt weiterentwickelt zur modernen Gewaltenteilung, der Trennung von gesetzgebender, vollziehender und rechtsprechender Gewalt – *der* Gewaltenteilung, die 1748 in

Montesquieus «Geist der Gesetze» ihren klassischen Ausdruck fand. Zusammen mit den Ideen von den unveräußerlichen Menschenrechten, der Herrschaft des Rechts und der repräsentativen Demokratie gehört die Gewaltenteilung zum Kernbestand dessen, was wir als das normative Projekt des Westens oder die westliche Wertegemeinschaft bezeichnen können.

Dieses Projekt war keine reine Neuschöpfung des Zeitalters der Aufklärung. Vielmehr hatte es, wie die Aufklärung selbst, Wurzeln, die tief in die Geschichte des Westens, bis ins Mittelalter und die Antike, zurückreichen. Das Projekt des Westens war auch kein rein europäisches Werk, sondern das Ergebnis transatlantischer Zusammenarbeit: Die ersten Menschenrechtserklärungen wurden, beginnend mit der Virginia Declaration of Rights vom 12. Juni 1776, auf britischem Kolonialboden in Nordamerika beschlossen und verkündet. Sie beeinflußten auf das stärkste die Erklärung der Menschen- und Bürgerrechte durch die französische Nationalversammlung am 26. August 1789. Seit den beiden atlantischen Revolutionen des späten 18. Jahrhunderts, der Amerikanischen Revolution von 1776 und der Französischen Revolution von 1789, war das Projekt des Westens im wesentlichen ausformuliert. Der Westen hatte einen Maßstab, an dem er sich messen konnte – und messen lassen mußte.

Bis sich der gesamte Westen zu diesem Projekt bekannte, vergingen zwei Jahrhunderte. Die Geschichte des 19. und 20. Jahrhunderts bestand zu einem großen Teil aus Kämpfen um die Aneignung oder Verwerfung der Ideen von 1776 und 1789. Es gab viele Auflehnungen westlicher Länder gegen die Ideen der Amerikanischen und der Französischen Revolution, geboren aus dem Geist des Nationalismus, der in vieler Hinsicht selbst ein Phänomen der westlichen Moderne war, darunter die radikalste dieser Auflehnungen, die deutsche, die im Nationalsozialismus gipfelte. Und es gab die Länder Ostmitteleuropas, die erst nach dem Zusammenbruch des Kommunismus 1989/90 wieder die Möglichkeit erhielten, sich im westlichen Sinn zu entwickeln. Die Verwestlichung des Westens war mithin ein Prozeß, dessen hervorstechendes Kennzeichen die Ungleichzeitigkeit bildet.

Nicht minder markant ist ein anderes Merkmal der Entwicklung des Westens seit dem ausgehenden 18. Jahrhundert: der Widerspruch zwischen dem normativen Projekt und der politischen Praxis. Unter den Verfassern der ersten Menschrechtserklärungen und der amerikanischen Unabhängigkeitserklärung vom 4. Juli 1776 waren Sklavenbesitzer. Hätten die Gegner der Sklaverei auf deren Abschaffung bestanden, wäre die erstrebte Loslösung der 13 Kolonien vom englischen Mutterland daran gescheitert. Das Gründungsversprechen aber war ein revolutionäres: Wenn die Unabhängigkeitserklärung *allen* Menschen bescheinigte, sie seien frei geboren und von ihrem Schöpfer mit gewissen unveräußerlichen Rechten ausgestattet worden, dann wurde die Sklaverei erst recht zum Skandal und der Kampf um ihre Aufhebung und das Verbot des Sklavenhandels zur historischen und normativen Notwendigkeit. In diesem langwierigen Kampf zeigte sich, daß das Projekt am Ende stärker war als die Praxis: So zynisch der Westen sich gegenüber der nichtwestlichen Welt meist verhielt, so besaß er doch die Fähigkeit zur Selbstkritik, zur Korrektur seiner Praxis und zur Weiterentwicklung seines Projekts.

Die afroamerikanischen Sklaven waren nicht die einzige Gruppe, der unveräußerliche Rechte vorenthalten wurden. Die Ureinwohner Nordamerikas und Australiens wurden an den Rand der physischen Ausrottung getrieben. Aber auch Teile der weißen Bevölkerung waren anhaltender Diskriminierung ausgesetzt. Es dauerte lange, bis die volle Gleichberechtigung der Frauen durchgesetzt war, und auch bei den Arbeitern waren staatsbürgerliche Rechte und ein menschenwürdiges Dasein erst das Ergebnis schwerer, oft gewaltsam ausgetragener Konflikte. Beide, die Frauen und die Arbeiter, konnten sich bei dem, was sie forderten, auf die Verheißungen von 1776 und 1789 berufen: Ideen, aus denen sich Waffen im Kampf gegen eine widerstrebende Wirklichkeit schmieden ließen.

Die Entstehung des westlichen Projekts, die Ungleichzeitigkeit seiner Verwirklichung, die Widersprüche zwischen Projekt und Praxis: Mit diesen Stichworten sind die Leitlinien der vorliegenden Darstellung umrissen. Sie will keine «histoire totale», sondern eine Problem- und Diskursgeschichte sein: ein Versuch, die Hauptprobleme der europäischen und der nordamerikanischen Geschichte sowie das Nachdenken über sie in ihrem atlantischen oder westlichen Zusammenhang zu erörtern. Von den nichtwestlichen Ländern bezieht die Darstellung Rußland am stärksten mit ein: Das Zarenreich und später die Sowjetunion wurden durch den Westen ebenso beeinflußt, wie sie ihrerseits den Westen beeinflußten. Je mehr westliche Mächte im Zeitalter des Imperialismus die übrige Welt ihrer formellen oder informellen Herrschaft unterwarfen, desto mehr müssen auch diese anderen Teile der

Erde ins Blickfeld rücken. Eine «Globalgeschichte» erwächst daraus aber nicht, höchstens ein Beitrag zu einer solchen.

Als Max Weber 1920 seine berühmte Vorbemerkung zu den Gesammelten Aufsätzen zur Religionssoziologie verfaßte, arbeitete er bestimmte Kulturerscheinungen heraus, die er nur im Okzident vorfand und als typisch westlich charakterisierte: eine empirisch vorgehende Wissenschaft, die rationale harmonische Musik, den strengen Schematismus des okzidentalen Rechts, das Fachmenschentum, die schrankenlose Erwerbsgier des modernen Kapitalismus, die Trennung von Haushalt und Betrieb, die rationale Buchführung, das abendländische Bürgertum, die Organisation freier Arbeit und die Entstehung eines rationalen Sozialismus. Der gemeinsame Nenner war der spezifisch okzidentale Rationalismus, der sich in einer praktisch-rationalen, namentlich in einer wirtschaftlich rationalen Lebensführung niederschlug.[6]

Webers Analyse erfaßte bestimmte Facetten des Modernisierungsprozesses, den alle von Industrie und Bürokratie geprägten Gesellschaften des Westens durchlaufen hatten und zum Teil noch durchliefen. Von den normativen und politischen Errungenschaften des Westens aber war bei ihm bemerkenswerterweise nicht die Rede: weder von den Menschen- und Bürgerrechten noch von der Gewaltenteilung, der Volkssouveränität oder der repräsentativen Demokratie. Diese Kulturerscheinungen bildeten nach Webers Meinung offenbar keine typischen Merkmale des Okzidents – eine sehr deutsche und damals schon nicht mehr zeitgemäße Sichtweise. Heute gibt es erst recht gute Gründe, die Entwicklung der normativen Maßstäbe, einer selbstkritischen politischen Kultur und einer pluralistischen Zivilgesellschaft in den Mittelpunkt einer Geschichte des Westens zu rücken. Das geschieht in dieser Darstellung, während manche andere der von Weber aufgeführten Kulturerscheinungen in den Hintergrund treten. Die Entscheidung für eine Problem- und Diskursgeschichte erfordert eine Schwerpunktbildung, deren notwendiges Gegenstück mehr oder minder weitgehende Ausblendungen sind.

Der vorliegende Band endet mit dem Ausbruch des Ersten Weltkrieges. Dieser Krieg, der bis dahin furchtbarste Zusammenstoß nationaler Antagonismen, revolutionierte das internationale Staatensystem mehr noch als die Gesellschaften. Der alte europäische Westen als ganzer ging aus dieser blutigen Auseinandersetzung geschwächt, der neue amerikanische Westen gestärkt hervor. Gemeinsam wurde der Westen seit

1917 durch eine Macht herausgefordert, die dem Krieg ihre Entstehung verdankte: die Sowjetunion. Zu ihrem schärfsten Antipoden entwickelte sich nach 1933 das nationalsozialistische Deutschland, das durch seine nach allen Seiten gerichtete Aggressivität Ost und West zu einer Koalition gegen sich und seine Verbündeten, Italien und Japan, zusammenzwang. Nach der Niederlage der «Achsenmächte» im Zweiten Weltkrieg zerbrach die heterogene west-östliche Allianz. Es begann der Ost-West-Konflikt, der Europa und der Welt viereinhalb Jahrzehnte lang seinen Stempel aufdrückte.

Einer Fortsetzung dieses Bandes muß es vorbehalten bleiben, die Geschichte des Westens von 1914 bis zum Ende des Kalten Krieges in den Jahren 1989 bis 1991 und danach darzustellen. Nach dem Untergang des sowjetischen Imperiums und seines Trägers, der Sowjetunion, glaubten manche Beobachter, es sei nur noch eine Frage der Zeit, bis die Ideen des Westens sich auf der ganzen Welt durchsetzen würden. Tatsächlich sind bestimmte Hervorbringungen des Westens, vom Kapitalismus über die Industrialisierung und die Organisationsform des souveränen Nationalstaats bis hin zu ganzen Rechtssystemen und zu demokratischen Mehrheitsentscheidungen, schon von zahlreichen nichtwestlichen Gesellschaften übernommen worden, und nichts spricht dagegen, daß diese Art von Verwestlichung oder, besser, Teilverwestlichung fortschreitet. Doch der Westen hat längst aufgehört, die Welt zu dominieren. Er vertritt eine Lebensform und eine politische Kultur unter vielen, und wenn man die Nationen zusammenzählt, die sich als «westlich» verstehen, bilden sie zusammen nur eine Minderheit der Weltbevölkerung.

Der Anspruch der unveräußerlichen Menschenrechte aber bleibt ein universaler, und solange sie nicht weltweit gelten, ist das normative Projekt des Westens unvollendet. Der Westen kann für die Verbreitung seiner Werte nichts Besseres tun, als sich selbst an sie zu halten und selbstkritisch mit seiner Geschichte umzugehen, die auf weiten Strecken eine Geschichte von Verstößen gegen die eigenen Ideale war. Doch auch sonst läßt sich aus dieser Geschichte lernen. Die wichtigste Erkenntnis ist wohl die, daß Menschenrechte, Gewaltenteilung und Herrschaft des Rechts menschenfreundliche Errungenschaften sind und ihre Abwesenheit jedes Gemeinwesen über kurz oder lang in ernste Gefahr bringt. Aufzwingen freilich läßt sich diese Einsicht niemandem. Auch manche westliche Nationen, darunter Deutschland, haben schließlich lange gebraucht, bis sie zu dieser Einsicht gelangten und sie zu beherzigen begannen.

I.

Die Entstehung des Westens:
Prägungen eines Weltteils

Monotheismus als Kulturrevolution:
Der östliche Ursprung des Westens

Am Anfang war ein Glaube: der Glaube an *einen* Gott. Zur Entstehung des Westens war mehr erforderlich als der Monotheismus, aber ohne ihn ist der Westen nicht zu erklären. Der westliche Monotheismus ist östlichen Ursprungs. Er ist das Ergebnis einer Kulturrevolution, die sich im Ägypten des 14. Jahrhunderts vor Christus unter dem König Amenophis IV. vollzog. Amenophis, der Gemahl der Nofretete, erhob den Sonnengott Aton zum alleinigen Gott und nannte sich selbst Echnaton, was so viel wie «dem Aton wohlgefällig» bedeutet.

Der ägyptische Monotheismus blieb eine Episode. Er wurde von Echnatons Gegnern, obenan den einflußreichen Priestern des Gottes Amun, unterdrückt und aus der Erinnerung gelöscht, also im psychologischen Sinn des Wortes «verdrängt». Dennoch hatte er weltgeschichtliche Wirkungen: in Gestalt der mosaischen Religion. Ob es Moses als historische Figur überhaupt gegeben hat und, wenn ja, ob er ein vornehmer Ägypter oder ein israelischer Gefolgsmann Echnatons war, das ist in der Forschung so umstritten wie alles, was in der Bibel über die ägyptische Gefangenschaft der Israeliten und ihren Exodus ins gelobte Land zu lesen steht. Als sicher darf nur gelten, daß der jüdische Monotheismus eine Metamorphose des ägyptischen, der Aton-Religion, ist. Die Suche nach den Ursprüngen des Okzidents hat uns also in den Orient geführt, und wir werden noch mehrfach dorthin zurückkehren müssen, wenn wir das Werden des Westens erklären wollen.[1]

In Ägypten war der Versuch, die Vielgötterei durch den Glauben an *einen* Gott zu ersetzen, politische Theologie im strikten Sinn des Begriffs: Der Monotheismus sollte der Festigung eines multinationalen Reiches dienen, war also als Mittel der Herrschaftssicherung gedacht. Der Begriff «politische Theologie» ist durch den deutschen Staatsrechtler Carl Schmitt zum geflügelten Wort geworden. «Alle prägnanten Begriffe der modernen Staatslehre sind säkularisierte theologische Begriffe», lautet die Kernthese seiner 1922 erschienenen Schrift «Politische Theologie». Der Autor verweist auf die Umwandlung des allmächtigen Gottes in den omnipotenten Gesetzgeber im Zeitalter des Absolutismus und stellt fest, für die Jurisprudenz habe der Ausnahmezustand eine analoge Bedeutung wie das Wunder für die Theologie. Die Idee des modernen Rechtsstaates hat sich, so Schmitt, mit dem Deismus entwickelt – jener aufklärerischen Religionsauffassung, die in Gott den Urgrund der Welt sieht, seinen Einfluß auf dieselbe aber mit der Schöpfung enden läßt und jede Art von göttlicher Offenbarung leugnet. So wie der Deismus das Wunder aus der Welt verweist, weil es die Naturgesetze durchbricht, so lehnt die Staatslehre der Aufklärung den unmittelbaren Eingriff des Souveräns in die geltende Rechtsordnung ab. Umgekehrt sind die konservativen Schriftsteller der Gegenrevolution im 19. Jahrhundert nicht zufällig überzeugte Theisten, also Anhänger des Glaubens an einen persönlichen und überweltlichen, die Weltläufte bestimmenden Gott. Sie brauchen diesen Glauben schon deshalb, weil ihnen daran liegt, durch einen Analogieschluß von Gott auf den König die persönliche Souveränität des Monarchen ideologisch zu stützen.[2]

Als Gegenposition zu Carl Schmitt erscheint auf den ersten Blick die These des Ägyptologen Jan Assmann: «Alle prägnanten Begriffe – vielleicht sagen wir lieber bescheidener: einige zentrale Begriffe – der Theologie sind theologisierte politische Begriffe». So wie Schmitt den Prozeß der Säkularisierung zentraler theologischer Begriffe nachweisen wollte, will Assmann in seiner Studie «Herrschaft und Heil. Politische Theologie in Altägypten, Israel und Europa» das Theologischwerden zentraler politischer Begriffe herausarbeiten. Den krassesten Fall einer Umbesetzung ursprünglich politischer Modelle und Begriffe bildet für ihn die alttestamentliche Bundestheologie. «Hier werden die politischen Modelle des Staatsvertrages und der Treueidverpflichtung zur Grundlage einer Theologie gemacht, die das Thema der Weltzuwendung Gottes in eindeutig politischen Formen darstellt und das Thema der politischen Ordnung in geradezu radikaler Weise theologisiert. Diese ‹Theologisierung› des Politischen hat die damalige Welt ebenso fundamental revolutioniert wie in der Neuzeit die Säkularisierung des Theologischen.»[3]

Tatsächlich hatte schon Schmitt angedeutet, daß Säkularisierung und Theologisierung zwei Seiten einer Medaille oder, anders gewendet, dialektisch aufeinander bezogene Vorgänge sind: «Das metaphysische Bild, das sich ein bestimmtes Zeitalter von der Welt macht, hat dieselbe Struktur wie das, was ihr als Form ihrer politischen Organisation ohne weiteres einleuchtet.»[4] Und Assmann betont seinerseits, seine Perspektive kehre die Schmittsche These nicht einfach um, sondern erweitere sie um ihre Vorgeschichte. Diese Vorgeschichte beginnt in Ägypten und setzt sich in Israel fort: Der jüdische Monotheismus ist für Assmann die «erste reflexiv gewordene und sich über andere Religionen kritisch erhebende Form der wahren Gottesverehrung».[5]

Wie für die Ägypter war der Monotheismus auch für die alten Israeliten eine politische Theologie. Der Glaube an einen Gott, dessen auserwähltes Volk sie waren, half ihnen, den Zusammenhalt auch in Zeiten des Reichszerfalls, der staatlichen Zersplitterung, der Verfolgung, der Vertreibung und der Fremdherrschaft zu wahren. Sigmund Freud hat in Moses, dem Ägypter, sogar den Schöpfer des jüdischen Volkes und in seiner Lehre von der Auserwählung Israels den Ursprung der Judenfeindschaft gesehen: «Ich wage die Behauptung, daß die Eifersucht auf das Volk, welches sich für das erstgeborene, bevorzugte Kind Gottvaters ausgab, bei den anderen heute noch nicht überwunden ist, so als ob sie dem Anspruch Glauben geschenkt hätten.»[6]

Freuds ägyptischer Moses ist Volks- und Religionsschöpfer in einem und wird eben dadurch zu einem Kulturrevolutionär. Er hat zunächst einem Teil des jüdischen Volkes «eine höher vergeistigte Gottesvorstellung gegeben, die Idee einer einzigen, die ganze Welt umfassenden Gottheit, die nicht minder alliebend war als allmächtig, die, allem Zeremoniell und Zauber abhold, den Menschen ein Leben in Wahrheit und Gerechtigkeit zum höchsten Ziel setzte». Moses' von Echnaton übernommenes Verbot, sich ein Bild von Gott zu machen, bedeutete eine «Zurücksetzung der sinnlichen Wahrnehmung gegen eine abstrakt zu nennende Vorstellung, einen Triumph der Geistigkeit über die Sinnlichkeit, streng genommen einen Triebverzicht mit seinen psychologisch notwendigen Folgen». Die «Entmaterialisierung Gottes» bewirkt eine «außerordentliche Steigerung der intellektuellen Fähigkeiten» und die Herausbildung einer ethischen Religion der Triebverzichte. «Nicht daß sie sexuelle Abstinenz fordern würde, sie begnügt sich mit einer merklichen Einengung der sexuellen Freiheit. Aber Gott wird der Sexualität völlig entrückt und zum Ideal ethischer Vollkommenheit erhoben. Ethik aber ist Triebbeschränkung.»[7]

Monotheismus als Kulturfortschritt, ja als Kulturrevolution: Es gibt Autoren, die dieser These widersprechen. Für Assmann hat die monotheistische Gegenreligion des Echnaton die «mosaische Unterscheidung», die Unterscheidung zwischen wahr und falsch, vorweggenommen und damit den «Haß der Ausgegrenzten» auf sich gezogen. «Seitdem ist dieser Haß in der Welt und kann nur im Rückgang auf seine Ursprünge überwunden werden.»[8] Der Monotheismus als Gegenreligion des Hasses, der antike, von Ägypten ausgehende Kosmotheismus, für den Gott und Welt im letzten eins sind, als «Grundlage für Toleranz und interkulturelle Übersetzung»: Assmann macht sich eine Deutung zu eigen, die sich bis auf Spinoza und einige Autoren der Aufklärung zurückverfolgen läßt.[9] Steht der Monotheismus also am Beginn einer weltgeschichtlichen Fehlentwicklung?

Unduldsamkeit gegenüber anderen Göttern, die nur noch Götzen sein konnten, und gegenüber jeder Art von Götzendienst war die Bedingung der Möglichkeit dafür, daß sich der mosaische Monotheismus historisch durchsetzen konnte. Der Gott Moses' war die theologische Antwort auf die Frage nach dem Schöpfer der Welt und dem Verhältnis des Menschen zu ihm – eine Frage, der mit polytheistischen Mythen rational nicht beizukommen war. Der jüdische Monotheismus bedeutete also in der Tat einen gewaltigen Schub in Richtung Rationalisierung, Zivilisierung und Intellektualisierung.

Da Moses' Gott der unmittelbare Urheber der Zehn Gebote und aller anderen auf Moses zurückgeführten biblischen Vorschriften, mithin des gesamten Rechts, war, ließ sich das Wohlergehen seines auserwählten Volkes fortan damit erklären, daß dieses seinen Anweisungen folgte. Wenn es wider seinen Herrn sündigte oder gar in den Götzendienst zurückfiel, brach es den mit Gott geschlossenen Bundesvertrag und mußte darum göttliche Sanktionen gewärtigen. Die härtesten der vorchristlichen Zeit waren die Eroberung und Zerstörung Jerusalems durch König Nebukadnezar II. in den Jahren 597 und 587 und das anschließende babylonische Exil der Juden, das Ende der staatlichen

Existenz Israels. Die Bestrafung vergangener Verfehlungen war für den jüdischen Monotheismus nicht weniger wichtig als das prophetische Versprechen einer künftigen Zeit des Heils, die mit dem Erscheinen des Messias einsetzen würde. Der Glaube an den einen Gott, den Gott Israels, wurde verinnerlicht, weil die Verbindung von Furcht und Hoffnung sich als Unterpfand des moralischen Überlebens des jüdischen Volkes erwies.

Volk ist nicht gleich Land. Der Verlust der Staatlichkeit trug dazu bei, daß die Vorstellung vom besonderen Bund zwischen Gott und seinem auserwählten Volk immer mehr exterritoriale Züge annahm. Es entstand die Tradition des hellenistischen Judentums, für die nicht mehr die Hoffnung auf einen nationalen Messias, sondern auf einen Welterlöser und damit auf ein Ziel und Ende der Geschichte bestimmend war. Unter «Hellenismus» verstehen wir seit Johann Gustav Droysen den Zeitraum von der Herrschaft Alexanders des Großen bis zur Ablösung der römischen Republik durch das römische Kaiserreich, das heißt vom letzten Drittel des 4. Jahrhunderts vor Christus bis zur Zeitenwende. Vorausgegangen waren die Selbstbehauptung der griechischen Stadtstaaten, der poleis, im Kampf gegen das als barbarisch und despotisch wahrgenommene Perserreich, der Peloponnesische Krieg zwischen Athen und Sparta und ihren jeweiligen Verbündeten im 5. Jahrhundert und schließlich, 66 Jahre nach dem Sieg Spartas, die Errichtung der makedonischen Vorherrschaft über Griechenland unter König Philipp II., dem Vater Alexanders des Großen, im Jahre 338. Das Großreich Alexanders, das nach der Niederwerfung des Perserreiches vom Indus über Kleinasien bis Libyen und vom Schwarzen zum Roten Meer reichte, zerfiel nach dem Tod seines Gründers im Jahr 323 in die sogenannten Diadochenreiche. Unter ihnen verbreitete sich die griechische Kultur im gesamten östlichen Mittelmeerraum. Mit der Eroberung des letzten der Diadochenreiche, des ägyptischen Ptolemäerreiches, durch Oktavian, den späteren Kaiser Augustus, im Jahre 30 vor Christus wurde die hellenistische Welt in Gänze Teil des Imperium Romanum, das nunmehr endgültig zum Weltreich wurde.[10]

Die Kultur des Hellenismus steht am Ende des langen Weges «vom Mythos zum Logos», der griechischen Aufklärung. Zu deren bleibenden Errungenschaften gehört die Einsicht in die «ungeschriebenen Gesetze» (nomoi ágraphoi) einer Ethik, die über allem positiven Recht steht.[11] Nach einem solchen ungeschriebenen Gesetz, das die göttliche

Weltordnung vertritt, handelt bei Sophokles Antigone, die Tochter des
Ödipus, als sie gegen das ausdrückliche Verbot ihres Onkels Kreon, des
Königs von Theben, den Leichnam ihres Bruders Polyneikes bestattet
und damit ihren eigenen Tod heraufbeschwört. Damit beansprucht in
einem tragischen Konflikt das Gewissen eines einzelnen Menschen Vorrang vor dem Gesetz der Gemeinschaft: eine naturrechtliche Wendung,
die einen späten Widerhall im Protest des Apostels Paulus gegen den
veräußerlichten Gesetzesglauben der zeitgenössischen Juden findet.

Das frühe Christentum: Ein religiöser Schmelztiegel

Der evangelische Theologe Rudolf Bultmann, der Begründer der «ent-
mythologisierenden» Interpretation des Neuen Testaments, hat das Urchristentum ein «synkretistisches Phänomen» genannt, in das neben
dem jüdischen und dem klassischen griechischen Erbe der Hellenismus
in mehrfacher Gestalt eingeflossen ist. In der Ausprägung der Stoa war
der Hellenismus schon längst nicht mehr polytheistisch, Gott und Natur vielmehr eins und die Menschheit ein Teil dieser Einheit. In Bultmanns Worten: «Der Mensch sucht die Welt und sich rational zu verstehen und dadurch seine Sicherheit zu gewinnen; und zwar versteht er
im Gefolge der griechischen Tradition die Welt als eine Einheit, die von
einer ihr immanenten göttlichen Kraft und einem rationalen göttlichen
Gesetz durchwaltet ist. So weiß er sich gesichert, indem er das Weltge-
setz als das Gesetz seines eigenen Wesens versteht und bejaht und sich
in den Kosmos eingegliedert weiß, den Platz erfassend, der ihm zukommt.»[12]
     Eine andere Ausprägung des Hellenismus, die auf das frühe Chri-
stentum einwirkte und in ihm fortlebte, war die Gnosis. Der Gott der
Gnostiker ist, anders als der Gott der Stoiker, transzendent, also Nicht-
Welt; er ist das Licht im Gegensatz zur Finsternis, die Wahrheit im Gegensatz zur Lüge, das Oben im Gegensatz zum Unten. Für das konkrete
Leben kann der Gott der Gnosis nur Bedeutung gewinnen, indem er
dem eigentlichen Ich des Menschen gegenüber dem uneigentlichen, em-
pirischen zum Durchbruch verhilft. «Die *Befreiung* kann nur *als Erlösung* kommen», schreibt Bultmann, «als eine Erlösung, die den Menschen aus dem Gefängnis befreit, indem sie ihn von sich selbst befreit.»
Die Menschheit der Gnosis bildet eine Einheit, aber es ist eine rein gei-

stige, mystisch empfundene Einheit, die nicht von dieser Welt ist. Der Gnostiker ist ein radikaler Individualist; er bedarf weder der Gemeinde noch des Kultus. Meditation und Ekstase sind die Mittel, die es ihm erlauben, die Erlösung vorwegzunehmen.[13]

Auf das Urchristentum wirkten ferner der hellenistische Schicksalsglaube, die orientalische Verehrung einer Allgottheit, des Sonnengottes, und jene vorderasiatischen Mysterienreligionen ein, die Menschen unterschiedlichster sozialer oder kultureller Herkunft ein Gefühl spiritueller Gemeinschaft vermittelten. Die frühchristlichen Gemeinden, die «heidenchristlichen» noch mehr als die «judenchristlichen», waren religiöse Schmelztiegel. Vom Judentum übernahm das frühe Christentum den Glauben an den einen Gott und die Offenbarung seines Willens durch Moses und die Propheten; es trennte sich aber von allem im Judentum, was der neuen Botschaft Jesu, dem Evangelium der Nächstenliebe, widersprach und was bloß zum Bereich der äußerlichen Gesetze gehörte. Von den Mysterienreligionen übernahm das Christentum die Mystik der Gemeinschaft und einige ihrer Kultformen; vom klassischen Griechenland die Gegenüberstellung von menschlichem und göttlichem Recht, Platons Unterscheidung zwischen dem inneren und dem äußeren Menschen sowie seine Lehre von der göttlichen Vernunft, dem Logos; von der Stoa die Idee der *einen* Menschheit, eine entwickelte Naturrechtslehre und die Vorstellung vom Leib als Gefängnis der Seele; von der vorchristlichen Gnosis die Versenkung in das eigene Selbst, die konsequente Trennung von Gott und Welt, die Metaphorik von Licht und Finsternis und den Glauben an die Erlösung – einen Glauben, den es in anderer Form auch im Judentum gab.

An die Erlösung der Menschheit durch einen Messias zu glauben hieß der Geschichte ein Ziel zu geben: eine lineare und eschatologische Sicht, durch die sich die Christen, wie zuvor schon die Juden, scharf von dem zyklischen Geschichtsdenken der Griechen, ihrem Glauben an die ewige Wiederkehr des Gleichen, abhoben. Dagegen waren die christlichen Vorstellungen von der Trinität Gottes durchaus vom Denken der hellenistischen Spätantike beeinflußt. In der (noch nicht neutestamentlichen, sondern erst frühkirchlichen) Lehre vom dreieinigen Gott, der sich als Vater und Schöpfer, als Mensch gewordener Sohn und als der die christliche Gemeinde einende Heilige Geist offenbarte, wirkte die neuplatonische Auffassung vom Einen, dem Geist und der Seele als Ausströmungen des Göttlichen, ebenso nach wie die von christlichen Gnostikern entwickelte Idee der Einheit von Gott, Wille und Geist. Ein hohes Maß an Dialektik war erforderlich, um aus der Trinität nicht eine Dreigötterlehre werden zu lassen, sondern mit dem Glauben an *einen* Gott vereinbar zu machen. Ohne die Schulung in der antiken Tradition wären die Kirchenväter kaum in der Lage gewesen, eine derart dialektische Theologie hervorzubringen.

Dennoch war das Christentum mehr als ein «Verschnitt» aus anderen Religionen und philosophischen Denkschulen. Das entscheidend Neue war der Glaube an eine Vergebung der Sünden, und zwar nicht durch den guten Willen oder die guten Werke dessen, der erlöst werden wollte, sondern allein aus göttlicher Gnade. Für die Vergebung der Sünden hatte der Erlöser, der Mensch gewordene Sohn Gottes, den Opfertod am Kreuz auf sich genommen, und eben dadurch verhieß er den Gläubigen ein ewiges Leben nach dem leiblichen Tod: Das war der Kern der christlichen Botschaft und der Grund ihres frühen Erfolges. Denn wie keine andere Religion oder Weltanschauung vermochte das Christentum, wenn wir Freud folgen, auf ein gesteigertes Schuldbewußtsein zu antworten – das Bewußtsein einer durch die Ursünde von Adam und Eva ererbten und seitdem ständig gewachsenen Schuld, die immer dringlicher nach Erlösung rief.

Freud hat das jüdische Schuldbewußtsein mit «unterdrückter Gottesfeindschaft» zu erklären versucht. «Es ging dem Volke schlecht, die auf Gott gesetzten Hoffnungen wollten sich nicht erfüllen, es war nicht leicht, an der über alles geliebten Illusion festzuhalten, daß man Gottes auserwähltes Volk sei. Wollte man auf dieses Glück nicht verzichten, so bot das Schuldgefühl ob der eigenen Sündhaftigkeit eine willkommene Entschuldung Gottes.» Zur Zeit, als Jesus auftrat, war das Schuldbewußtsein aber schon längst nicht mehr auf das jüdische Volk beschränkt. «Es hatte als ein dumpfes Unbehagen, als eine Unheilsahnung, deren Grund niemand anzugeben wußte, alle Mittelmeervölker ergriffen.» In dem Juden Saulus aus Tarsus, der sich als römischer Bürger Paulus nannte, sieht Freud denjenigen, in dessen Geist zuerst die Erkenntnis durchbrach: «Wir sind von aller Schuld erlöst, seitdem einer von uns sein Leben geopfert hat, um uns zu entsühnen … Erbsünde und Erlösung durch den Opfertod wurden die Grundpfeiler der neuen, durch Paulus begründeten Religion.»[14]

Die Anziehungskraft der christlichen Botschaft war besonders groß bei denen, an die sie sich vor allem wandte: den «Mühseligen und Beladenen». Durch den Glauben an den Erlöser, die brüderliche Liebe zueinander und die Hoffnung auf eine künftige, überirdische Gerechtigkeit geeint, konnten sie sich irdischer Verfolgung und Unterdrückung gegenüber moralisch behaupten. Für die, die «unten» waren und «unten» gehalten wurden, hatte der Gedanke, daß jeder Mensch ein Ebenbild Gottes ist und darum vor Gott alle Menschen, und nicht nur die Angehörigen eines auserwählten Volkes, gleich sind, eine Selbstbewußtsein begründende und damit innerlich befreiende Kraft. Das galt auch für die Sklaven, die unterste Gesellschaftsschicht des Römischen Reiches und die soziale Grundlage aller Herrschaft. Der Gedanke der Gleichheit enthielt ein revolutionäres Potential. Er war kein Aufruf zum Umsturz der bestehenden Verhältnisse, aber er stellte ihre Berechtigung grundsätzlich und überall in Frage: Die dem auferstandenen Jesus zugeschriebene Weisung an die Apostel, in alle Welt zu gehen und alle Völker das Evangelium zu lehren, ließ sich als weltweiter Missionsauftrag deuten.[15]

Niemand hat die kulturrevolutionäre Bedeutung des Christentums so eindringlich dargelegt wie Hegel in den Vorlesungen über die Philosophie der Geschichte, die er in den zwanziger und frühen dreißiger Jahren des 19. Jahrhunderts an der Berliner Universität hielt. «Durch die christliche Religion ist also die absolute Idee Gottes in ihrer Wahrheit zum Bewußtsein gekommen, worin ebenso der Mensch nach seiner wahrhaften Natur, die in der bestehenden Anschauung des Sohnes gegeben ist, sich selbst aufgenommen findet. Der Mensch, als endlicher für sich betrachtet, ist zugleich auch Ebenbild Gottes und Quell der Unendlichkeit in ihm selbst; er ist Selbstzweck, hat in ihm selbst unendlichen Wert und die Bestimmung zur Ewigkeit. Er hat seine Heimat somit in einer übersinnlichen Welt, in einer unendlichen Innerlichkeit, welche er nun gewinnt durch den Bruch mit dem natürlichen Dasein und Wollen und durch seine Arbeit, dieses in sich zu brechen. Dies ist das religiöse Selbstbewußtsein.»

Die Bestimmungen, die sich für den Menschen daraus ergeben, daß er «Selbstbewußtsein überhaupt» ist, sind laut Hegel im Christentum noch nicht konkreter Art, «sondern nur die ersten abstrakten Prinzipien, welche durch die christliche Religion für das weltliche Reich gewonnen sind. Erstens die Sklaverei ist im Christentum unmöglich, denn der Mensch ist jetzt als Mensch nach seiner allgemeinen Natur in Gott angeschaut; jeder Einzelne ist ein Gegenstand der Gnade Gottes und des göttlichen Endzwecks: Gott will, daß *alle* Menschen selig werden.

Ganz ohne alle Partikularität, an und für sich hat also der Mensch, und zwar schon als Mensch, unendlichen Wert, und eben dieser unendliche Wert hebt alle Partikularität der Geburt und des Vaterlandes auf.»

Das zweite christliche Prinzip, das innerweltliche Konsequenzen hat, ist für Hegel die Innerlichkeit des Menschen in Beziehung auf das Zufällige. «Die Menschheit hat diesen Boden freier Geistigkeit an und für sich, und von ihm aus hat alles Andere auszugehen. Der Ort, wo der göttliche Geist innewohnend und gegenwärtig sein soll, dieser Boden ist die geistige Innerlichkeit, und wird der Ort der Entscheidung für alle Zufälligkeit ... Die griechische Freiheit war die des Glücks und des Genies; sie war noch durch Sklaven und Orakel bedingt; jetzt aber tritt das Prinzip der absoluten Freiheit in Gott auf. Der Mensch ist jetzt nicht mehr im Verhältnis der Abhängigkeit, sondern der Liebe, in dem Bewußtsein, daß er dem göttlichen Wesen angehört. In Ansehung der partikularen Zwecke bestimmt jetzt der Mensch sich selber und weiß sich als allgemeine Macht alles Endlichen ... Der Mensch ist als die unendliche Macht des Entschließens anerkannt.»[16]

Ein drittes Prinzip nennt Hegel erstaunlicherweise nicht, obwohl es für die Herausbildung des Okzidents grundlegend werden sollte: die Unterscheidung der Sphären von Gott und Kaiser. Den Berichten der Evangelisten Matthäus und Markus zufolge wurde Jesus eines Tages von den Anhängern der Pharisäer und den Gefolgsleuten des römischen Vasallen Herodes Antipas eine Fangfrage gestellt: Ob er, der wahrhaftig sei und den Weg Gottes auf rechte Weise lehre, es für recht halte, daß man dem Kaiser Steuern zahle, oder nicht. Ein Nein hätte als Aufruf zum Aufstand gedeutet werden können, ein Ja als eine (höchst unpopuläre) Unterstützung der römischen Fremdherrschaft. Die eine wie die andere Antwort wäre eine politische Parteinahme, ja eine Entscheidung in einem Freund-Feind-Verhältnis gewesen. Da Jesus eine solche Antwort nicht geben wollte, entschied er sich für eine dialektische Erwiderung. Er ließ sich einen römischen Denar reichen und bestätigen, daß dieser das Bild des Kaisers, des Tiberius, trage. Daraufhin erfolgte seine Antwort: «So gebet dem Kaiser, was des Kaisers ist, und Gott, was Gottes ist.»[17]

Die Gegenüberstellung von Gott und Kaiser lief nicht auf Äquidistanz, also auf gleichen Abstand zu beiden, hinaus, ebensowenig auf Gleichrangigkeit. Der absolute Vorrang Gottes stand für den Antwortenden außer Frage. Seine Replik schloß aber eine Absage an jede Art von Theokratie oder Priesterherrschaft ein. Die Ausdifferenzierung von

göttlicher und irdischer Herrschaft bedeutete die Begrenzung *und* Bestätigung der letzteren: Begrenzung, da ihr keine Verfügung über die
Sphäre des Religiösen zugestanden wird; Bestätigung, da der weltlichen
Gewalt Eigenständigkeit zukommt. Das war noch nicht die Trennung
von geistlicher und weltlicher Gewalt; diese wurde erst rund tausend
Jahre später vollzogen. Aber die Antwort auf die Fangfrage war doch
die Verkündung eines Prinzips, in dessen Logik die Trennung lag.

Der Satz über das, was Gott und dem Kaiser gebührt, ließ sich freilich auch ganz anders deuten, und er *wurde* zunächst anders gedeutet.
Die frühe Christenheit rechnete mit der baldigen Wiederkehr des Auferstandenen, mit der Auferstehung der Toten und dem Jüngsten Gericht.
Die eschatologische Erwartung, die Überzeugung vom unmittelbar bevorstehenden Ende der Welt, hatte ihre eigene Logik: die Gleichgültigkeit gegenüber der diesseitigen Ordnung, die man, soweit es das Gewissen erlaubte, der irdischen Herrschaft überließ. In Bultmanns Worten:
«Das Urchristentum kennt kein Programm der Weltgestaltung und hat
keine Vorschläge zur Reform der politischen und sozialen Verhältnisse.
Den staatlichen Behörden gegenüber soll jeder seine Pflicht tun; aber
man übernimmt keine Verantwortung für das bürgerliche Leben, denn
man ist ja ‹Bürger› im Himmel … Der Sklave, der ‹im Herrn› frei von
der Welt geworden ist, soll nicht meinen, daß er auch im soziologischen
Sinne frei werden müsse; ‹jeder bleibe in dem Stande, in dem er berufen
worden ist› (1. Korinther 7, 17–24).»[18]

Ein Gott, ein Kaiser

Daß die frühen Christen sich dem Staat gegenüber gleichgültig verhielten, bedeutete noch nicht, daß sie dem Staat gleichgültig waren. Je
mehr sie sich über das Römische Reich ausbreiteten, desto verdächtiger
wurden sie ihm. Sie verweigerten nicht nur den Kult aller bekannten
Gottheiten, sie trafen sich auch stets im geheimen, was den Eindruck
einer gefährlichen Verschwörung hervorrief. Zunächst galten sie noch
als eine jüdische Sekte, aber in dem Maß, wie sie sich von den mosaischen Riten abwandten, erschien es zweifelhaft, ob sie überhaupt an
einen Gott glaubten. So eigneten sie sich mehr noch als die Juden für
die Rolle des Sündenbocks, wenn daran gerade Bedarf war. Als im
Jahre 63 nach Christus Rom von einem mehrtägigen Brand verwüstet

wurde und der Verdacht der Brandstiftung auf Kaiser Nero fiel, bezichtigte dieser die Christen der Urheberschaft. Sie wurden, wie der römische Geschichtsschreiber Tacitus schreibt, zwar nicht gerade der Brandstiftung, wohl aber des «Hasses gegen das menschliche Geschlecht überführt» (odio humani generis convicti) und in großer Zahl auf grausamste Weise, viele als lebende Fackeln, öffentlich umgebracht.[19]

Die Verfolgung der Christen, besonders systematisch unter den Kaisern Decius (um 250) und Diokletian (seit 303), hatte vor allem *ein* Ziel: die Festigung der Reichseinheit, die von allen Seiten, seit der zweiten Hälfte des 3. Jahrhunderts am stärksten von Norden her, durch germanische Stämme, bedroht war. Doch die Unterdrückung förderte nicht den Zusammenhalt des Reiches, sondern den der Christen. Kaiser Konstantin (306–337) zog daraus eine Konsequenz von weltgeschichtlicher Tragweite: Er wandte sich im Jahre 312 selbst dem Christentum zu und begann, dieses in eine Stütze des Reiches zu verwandeln. Von einer Religion, die Gehorsam gegenüber der Obrigkeit forderte, weil diese von Gott verordnet war (Römer 13, 1), konnte sich der Staat gute Dienste erhoffen. Und paßte der Glaube an *einen* Gott nicht auch gut zu einem Kaiser, der sich anschickte, das mittlerweile in vier Teilgebiete aufgegliederte römische Imperium unter seiner Führung wieder zu einem einzigen, einheitlichen Reich zusammenzufassen?

Von einer «göttlichen Monarchie» hatte schon der jüdische Philosoph Philon aus Alexandria, ein hellenistischer Zeitgenosse Jesu, gesprochen. Von ihm wanderte der Gedanke der Zusammengehörigkeit von Monotheismus und Monarchie zu Eusebius, dem Bischof von Caesarea. Nachdem Konstantin im Jahre 324 Licinius, den Kaiser der östlichen Reichshälfte, besiegt hatte, sah Eusebius, sein erster Biograph, die politische Monarchie wiederhergestellt und damit zugleich die göttliche Monarchie gesichert. Der erste christliche Kaiser setzte damit in die Wirklichkeit um, was als Möglichkeit bereits mit der Errichtung des römischen Kaisertums unter Augustus angelegt war.[20] Der Kaiser selbst förderte diese Sicht der Geschichte, als er 325 in einer Rede auf dem Konzil von Nicaea eine Prophezeiung in Vergils Vierter Ekloge, die etwa vier Jahrzehnte vor Christi Geburt entstanden war, im christlichen Sinn umdeutete: Der Knabe, den die Jungfrau gebären würde und dem es bestimmt war, ein neues, von der Schlange, also der Herrschaft des Bösen, erlöstes, befriedetes, goldenes Weltzeitalter herbeizuführen, konnte nur Christus sein.[21]

Paulus Orosius, ein Presbyter aus Galizien und zeitweiliger Mitarbeiter des Kirchenvaters Augustinus, ging zu Beginn des 5. Jahrhunderts noch ein Stück weiter: Die Tatsache, daß Jesus unter der weltweiten Friedensherrschaft des Augustus geboren worden war, wies der Geschichte des römischen Imperiums einen herausragenden Platz in der göttlichen Heilsgeschichte zu. Im gleichen Jahr, in welchem der Kaiser Augustus eine Steuerschätzung in allen Provinzen durchzuführen befahl, «geruhte Gott, als Mensch zu erscheinen und Mensch zu sein. Damals nun wurde Christus geboren und wurde sofort bei der Geburt in die römische Bürgerliste eingetragen.» Für Orosius bestand daher kein Zweifel, «daß unser Herr Jesus Christ diese durch seinen Willen vermehrte und geschützte Stadt (Rom, H.A.W.) zu diesem Gipfel emporgetragen hat. Ihr wollte er am liebsten bei seiner Ankunft angehören, er, der durch öffentliche Anmeldung beim Zensus unter allen Umständen römischer Bürger zu nennen war.»[22]

Das konstantinische Staatskirchentum hatte in der Geschichtsdeutung des Orosius seine «politische Theologie» gefunden. Das Imperium Romanum verwandelte sich durch seine heilsgeschichtliche Rechtfertigung in das Imperium Christianum. Das Römische Reich, das die Welt geeint hatte und ihren Frieden sicherte, bereitete aus christlicher Sicht das künftige Reich vor, das nach dem Erscheinen von Christus anbrechen würde. Doch als Orosius um 418 seine «Sieben Geschichtsbücher wider die Heiden» schrieb, war das Reich bereits endgültig geteilt: Seit 395 regierte in Rom ein weströmischer und in Konstantinopel, dem von Konstantin neugegründeten ehemaligen Byzantion, ein oströmischer Kaiser.

Die antike Welt konnte sich nur christianisieren, weil sich das Christentum zuvor der Antike geöffnet hatte. Die Religion, die aus dem Osten kam, war, als sie im Jahre 391 von Kaiser Theodosius durch Verbot aller heidnischen Kulte zur Staatsreligion des Imperium Romanum erhoben wurde, durch Aneignung des griechischen und lateinischen Bildungsgutes zunehmend westlicher geworden. Doch es war nicht nur Bildung, was das Christentum von der Antike übernahm. Mit der Verbreitung des christlichen Glaubens ging seine Verballhornung einher. In der volkstümlichen, von der Kirche bewußt geförderten Heiligenverehrung lebte die alte Vielgötterei in abgemilderter Form fort; im Kult um angeblich wundertätige Reliquien der Märtyrer wirkten heidnische Zeremonien nach. In seinem Ende des 18. Jahrhunderts erschienenen klassischen Werk «Verfall und Untergang des römischen Imperiums» hat der britische Historiker Edward Gibbon den zweischneidigen Triumph des Christentums auf eine knappe Formel gebracht: «Der Religion Konstantins gelang in weniger als einem Jahrhundert die völlige Eroberung des Römischen Reiches, aber die Sieger wurden allmählich durch die Listen ihrer überwundenen Feinde unterworfen.»[23]

Als 476 germanische Söldnertruppen unter ihrem Führer Odoaker den letzten weströmischen Kaiser, Romulus Augustulus, absetzten, gab es nur noch einen römischen Kaiser: den in Konstantinopel. Er verbürgte den Fortbestand des Imperium Romanum; die Germanenkönige im Westteil des Reiches stellten seine Oberhoheit nicht in Frage, auch der mächtigste von ihnen nicht, der Ostgotenkönig Theoderich der Große (493–526), dem nach seinem Sieg über Odoaker die Herrschaft über ganz Italien zufiel. Nach seinem Tod konnte Kaiser Justinian (527–565) einen Großteil des Reiches nochmals unter seiner Führung vereinigen. Dieser Zustand war zwar nicht von Dauer: Im Jahre 568 begann die Eroberung Italiens durch die Langobarden. Aber auch in der Zeit, als es im Westen allmählich zurückwich, blieb Ostrom das Imperium Romanum und der mächtigste der Staaten.

Die politische Herrschaft Ostroms ging einher mit seiner kulturellen Hegemonie. Der belgische Historiker Henri Pirenne hat in seinem 1936 posthum erschienenen Buch «Mohammed und Karl der Große» das Imperium vom 5. bis zum 8. Jahrhundert ein «orientalisches Reich» genannt und von einem «Orientalisierungsprozeß» gesprochen, der seit Diokletian, also der Zeit um etwa 300, unaufhörlich im Gange gewesen sei. «Offensichtlich lag eine Byzantisierung des Abendlandes ... in der Linie der Zukunft. Der sprachliche Gegensatz (zwischen Griechisch und Latein, H.A.W.) hätte daran nichts geändert. Die Überlegenheit der einen Kultur über die andere war zu groß. Solange das Mittelmeer das stärkste Bindeglied zwischen Orient und Okzident blieb – und es blieb es in der Tat –, war das Übergewicht des Ostens über den Westen unvermeidlich. Das Meer, das die Byzantiner weiterhin beherrschten, verbreitete ihren Einfluß überall hin.»[24]

Kulturell schloß «Orientalisierung» das Vordringen persischer, syrischer und ägyptischer Einflüsse in der bildenden Kunst weit über den Mittelmeerraum hinaus ein. «Orientalisch» war auch das frühe Mönchtum, das im Ägypten des 4. Jahrhunderts seinen Ursprung hatte. Und wenn man «Orientalisierung» und «Byzantinisierung» gleichsetzte, gab es auch eine Orientalisierung der Kirche. In der Stadt, die den Namen Konstantins trug, stand der Kaiser hoch über dem Patriarchen. Der oberste Repräsentant der Geistlichkeit spielte keine politische, sondern nur eine innerkirchliche Rolle. Der Kaiser hingegen, der sich in der Rechtsnachfolge Konstantins sah, nahm für sich die oberste Autorität auch in kirchlichen Fragen in Anspruch. Das war zwar kein «Cäsaropapismus» im Sinne des späteren westlichen Sprachgebrauchs, begründete aber ein asymmetrisches Machtverhältnis: die Unterordnung der geistlichen unter die weltliche Gewalt.[25]

Ansätze dazu gab es auch im Bereich der Westkirche. Die germanischen Staaten auf weströmischem Boden, die Staaten der zum Christentum bekehrten Ostgoten, Westgoten, Vandalen und Burgunder, waren Laienstaaten, die institutionell an die Ordnung des Imperium Romanum anknüpften. Dasselbe galt für den Staat der fränkischen Merowinger, dessen König Chlodwig sich um 498, etwa zwölf Jahre nach seinem Sieg über den letzten römischen Statthalter in Gallien, Syagrius, hatte taufen lassen. «Der König selbst ist reiner Laie», schreibt Pirenne. «Keine kirchliche Zeremonie trägt zu seiner Machtstellung bei. Die Kirche ist ihm unterworfen. Wenn die Bischöfe auch theoretisch von der Geistlichkeit erhoben werden, so ernennt sie sehr häufig in Wirklichkeit unmittelbar der König. Auch hier begegnet die antike Tradition der Staatskirche. Wie die Bischöfe im Osten, so gehen auch die fränkischen Hand in Hand mit ihren Herrschern.»[26]

Dennoch unterschied sich die Kirche des Westens wesentlich von der des Ostens. Im Jahre 426 schloß Augustinus, der Bischof von Hippo in Nordafrika, sein Werk «De Civitate Dei» ab. Seine Gegenüberstellung von Gottesreich und irdischem Reich, Civitas Dei und Civitas terrena, war eine Absage nicht nur an das frühere römische Gottkaisertum, sondern auch an jeden Versuch, es in christlicher Metamorphose wieder erstehen zu lassen. Die Abgrenzung vom konstantinischen Staatskirchentum war deutlich.[27] Noch deutlicher wurde Papst Gelasius I., der in den ersten Jahren der Herrschaft des Ostgotenkönigs Theoderich auf dem Stuhl Petri saß. Im Jahr 494 schrieb er in einem Brief an den oströmischen Kaiser Anastasios I. die Sätze nieder, die als Begründung der mittelalterlichen Zweigewaltenlehre gelten: «Zwei sind es ja, erhabener Kaiser, von denen die Welt vornehmlich geleitet wird, die geheiligte Kraft des bischöflichen Ansehens und die herrscherliche Gewalt. Dabei ist die Last der Priester um so schwerer, als sie auch für die Herrscher über die Menschen selbst in der Prüfung vor Gott Rechenschaft abzulegen haben.»[28]

Solange Rom unter der Kontrolle des Kaisers in Konstantinopel stand, war auch der Bischof in Rom von ihm abhängig; geweiht werden durften die Päpste erst nach der Wahlbestätigung durch den Imperator. Es gab Päpste, die nicht mehr waren als Werkzeuge in der Hand des Kaisers, und andere, die hohes moralisches Ansehen gewannen. Der bedeutendste Vertreter des Papsttums in seiner byzantinischen Epoche, Gregor der Große (590–604), feierte Kaiser Phokas als den einzigen Herrscher, der über Menschen regiere, während die Könige des Westens nur Herren über Sklaven seien.[29] Indirekt sagte Gregor damit auch etwas über seine eigene Stellung aus, die im Westen eine andere war als im Osten: Es gab viele Könige, aber nur einen Kaiser – und nur einen Papst.

Der Papst verkörperte dort, wo sein Primat nicht nur im Prinzip, sondern tatsächlich galt, im Westen, die Einheit der Christenheit. Er stand der Kirche vor, die in den Stürmen der Völkerwanderung eine Säule der Kontinuität bildete. Die Bischöfe bauten zerstörte Städte wieder auf und versetzten sie so in die Lage, Mittelpunkte kirchlicher und weltlicher Verwaltung sowie Handelszentren zu bleiben. Die Kirche bewahrte antikes Bildungsgut, indem sie es den Bedürfnissen der Zeit anpaßte und popularisierte. Sie sorgte dafür, daß der Westen in Gestalt eines vereinfachten Latein auch dann noch über eine gemeinsame Sprache verfügte, als das Lateinische aufhörte, eine Umgangssprache zu sein. Die Völkerwanderung hatte überall im Westen (und nur dort) zu einer Senkung des Kulturniveaus geführt. Die Verflachung des antiken Erbes, wie die Kirche sie seit Papst Gregor dem Großen bewußt betrieb, war der Preis für die Erhaltung dieses Erbes und damit die Bedingung der Möglichkeit späterer Renaissancen.[30]

Zwei Kaiser, ein Papst

Das Verhältnis des Okzidents zur Antike war das einer gebrochenen Kontinuität: Es gab vieles, was ihn kulturell mit dem griechischen und römischen Altertum verband, aber das meiste von dem, was fortwirkte, hatte sich gewandelt. In der Sprachenvielfalt des Westens wurde das besonders deutlich: Latein wich in der «Romania», den später so genannten romanischen Ländern, Volkssprachen, die sich alle aus dem Lateinischen ableiteten und doch stark von ihm wie auch voneinander unterschieden. Ein erneuertes Latein als Kirchen- und Gelehrtensprache empfing seine wichtigsten Impulse durch christliche Missionare aus dem nordwestlichsten Teil des ehemaligen Imperium Romanum: dem angelsächsischen Britannien.[31]

Der Osten hingegen sah sich in ungebrochener Kontinuität mit der griechischen Antike. Die «koiné», die aus dem attischen Dialekt entwickelte, gemeinsame griechische Schrift- und Umgangssprache der hellenistischen Zeit, blieb die offizielle Sprache des östlichen Imperiums, und das trug wesentlich dazu bei, Byzanz die «westliche» oder «europäische» Erfahrung des Bruchs zu ersparen. Der französische Philosophiehistoriker Rémi Brague hat den Unterschied zwischen Ost und West folgendermaßen beschrieben: «Europa unterscheidet sich von anderen Kulturwelten durch die besondere Aneignung dessen, was als fremd angesehen wird ... Die kulturellen Eliten von Byzanz gestanden sich auf jeden Fall niemals ein, sich Griechenland entfremdet zu haben. Europa, im Unterschied zu Byzanz, konnte daher nicht dank der Kontinuität einer Sprache mit großer Literatur in unangefochtenem Besitz eines klassischen Erbes überdauern, das ihm das Gefühl einer kulturellen Überlegenheit zugestanden hätte ... Europa mußte mit dem Bewußtsein leben, von einer Quelle geliehen zu haben, ohne Hoffnung darauf, jemals zur Rückzahlung imstande zu sein; von einer Quelle, die es weder erreichen noch je übertreffen konnte ... Die europäische Kultur ist somit von einem Gefühl der Entfremdung und der Minderwertigkeit gegenüber einem Ursprung geprägt; dies ruft eine Sehnsucht nach dem Ursprung, eine Nostalgie hervor.»[32]

Ebendieses Gefühl habe aus Europäern «Römer» gemacht, lautet eine der zentralen Thesen Bragues, der damit «Europa» und «Okzident» gleichsetzt.[33] Freilich war es nicht nur ein anderes Verhältnis zu den Ursprüngen, das West und Ost voneinander trennte. Eine gewichtige Rolle spielte dabei das Aufkommen einer neuen monotheistischen Religion, der dritten nach Judentum und Christentum: des vom Propheten Mohammed, einem arabischen Kaufmann aus Mekka, im ersten Viertel des 7. Jahrhunderts gestifteten Islam.

Pirenne sieht in der Ausbreitung des Islam von der arabischen Halbinsel bis nach Afghanistan im Osten und Spanien im Westen die entscheidende Ursache dafür, daß die antike Einheit des Mittelmeerraums im 7. und 8. Jahrhundert auf Dauer gesprengt wurde und der Okzident sich unter Führung der fränkischen Karolinger neu konstituierte, womit eine neue Epoche begann: das christliche Mittelalter. «Während die Germanen dem Christentum des Römerreichs nichts entgegenzustellen hatten, sind die Araber von einem neuen Glauben durchglüht ... Ihre Weltreligion ist zur gleichen Zeit ein nationaler Glaube. Sie sind die Diener Gottes ... Der Islam hat die vom Mittelmeer bestimmte Einheit gesprengt, die der Germaneneinbruch nicht zerstört hatte ... Das Abbrechen der antiken Tradition ist durch den raschen unvorgesehenen Vormarsch des Islam ausgelöst worden. Die Folge war, daß die Einheit des Mittelmeerraums zerstört und der Orient endgültig vom Abendland geschieden wurde.»[34]

Vieles an Pirennes Deutung ist umstritten. Nicht der Islam habe den Mittelmeerhandel zum Erliegen gebracht, so lautet ein Einwand gegen die wirtschaftliche Kernthese des belgischen Historikers, sondern Byzanz, das fest entschlossen war, die Kontrolle des mediterranen Warenaustausches in seiner Hand zu behalten. Pirenne überzeichne einerseits die institutionelle Kontinuität zwischen dem weströmischen Reich und der Herrschaft der christlichen Merowingerkönige im Frankenreich. Andererseits dramatisiere er die Zäsur zwischen der Herrschaft der Merowinger und jener ihrer karolingischen Hausmeier, die Ende des 7. Jahrhunderts faktisch und Mitte des 8. Jahrhunderts, rund zwei Jahrzehnte nach dem Sieg des Maiordomus Karl Martell über die Araber bei Tours und Poitiers im Jahre 732, auch formell an die Spitze des Frankenreichs traten. In Pirennes These, das Kaisertum Karls des Großen sei das Endergebnis des durch den Islam hervorgerufenen Zusammenbruchs des europäischen Gleichgewichts, komme die einschneidende Bedeutung der Völkerwanderung ebenso zu kurz wie die inneren Gründe für den Verfall der Merowingerherrschaft.[35]

Der Übergang von der Antike zum Mittelalter war in der Tat ein langer Prozeß, der sich über drei Jahrhunderte hinzog. Der Islam hat wohl eher mittelbar als unmittelbar zum Zusammenbruch des Seehandels auf dem Mittelmeer beigetragen, und das Kaisertum Karls des Großen hat selbstverständlich auch noch andere Gründe als das Erscheinen Mohammeds. Dennoch spricht alles für Pirennes Doppelthese, daß der endgültige Bruch zwischen dem byzantinischen Osten und dem römisch geprägten Westen nicht ohne die Expansion des Islam und der historische Pakt zwischen Papsttum und Frankenreich nicht ohne diesen Bruch zu erklären ist.

Der Papst benötigte militärischen Beistand für die Abwehr der Langobarden, die Rom bedrohten; der Kaiser in Konstantinopel, durch den vordringenden Islam in Anspruch genommen und mit der Westkirche auf Grund seines entschiedenen Nein zur Bilderverehrung theologisch tief zerstritten, konnte oder wollte diese Hilfe nicht leisten; Pippin aber, der erste Frankenkönig aus dem Haus der Karolinger, ein Sohn Karl Martells, 751 in der von ihm usurpierten monarchischen Würde von Papst Zacharias bestätigt, war drei Jahre später bereit, den Langobarden mit Waffengewalt entgegenzutreten. Zur Bekräftigung des Bundes verlieh Papst Stephan II. ihm und seinen beiden Söhnen den Titel eines Schutzherrn der Römer (Patricius Romanorum) – einen Titel, den bis zum Ende des kaiserlichen Exarchats Ravenna im Jahre 751 der Exarch, der Statthalter des Kaisers, getragen hatte. Im Jahre 754 übergab der siegreiche Pippin dem Papst Teile des zuvor langobardischen Gebietes mit Rom und Ravenna: das neue «Patrimonium Petri», den künftigen Kirchenstaat.

Pippins Sohn Karl vollendete das Werk seines Vaters. Er brachte dem Langobardenkönig Desiderius 774 bei Pavia die entscheidende Niederlage bei und nahm selbst den Titel eines Königs der Langobarden an. In den Jahren darauf bekriegte Karl die Sachsen und Bayern, die slawischen Wilzen und die aus Asien eingedrungenen Awaren sowie, im Norden Spaniens, die Araber. Am Weihnachtstag des Jahres 800 krönte ihn Papst Leo III., der sich einer starken innerkirchlichen Opposition zu erwehren hatte, unter der Akklamation der Römer zum Kaiser.

Es gab nun wieder zwei Kaiser, genauer gesagt: einen Kaiser und eine Kaiserin. Denn in Konstantinopel saß von 797 bis 802 eine Frau, Irene, auf dem Thron, was wesentlich zur Entwertung des östlichen Kaisertums im Westen beitrug. Dem neuen, dem westlichen Kaiser kam dieser Titel nur in seiner Eigenschaft als Schutzherr der Kirche zu. Was er an weltlicher Macht besaß, verdankte er dem fränkischen und langobardischen Königtum. Gegenüber den Königen außerhalb seines Herrschaftsgebietes, in England, in Dänemark oder Asturien, besaß er keine Oberhoheit. Der Kaisertitel war eine protokollarische Würde, für deren Legitimität der Papst als geistliches Oberhaupt der westlichen Christenheit stand.

Der Papst freilich hatte bewußt die Ausrufung Karls zum *römischen* Kaiser veranlaßt und damit klargestellt, daß er im König der Franken und Langobarden nicht das Oberhaupt eines weströmischen Teilreiches oder eines fränkischen Kaisertums sah, sondern den Nachfolger der Kaiser des ungeteilten Imperium Romanum. Leo III. beseitigte damit, in den Worten des deutschen Historikers Theodor Schieffer, «das staatsrechtliche Halbdunkel der letzten Jahrzehnte und vollendete seine politische Emanzipation von Byzanz». Konstantinopel beantwortete die Herausforderung aus Rom mit der Nichtanerkennung des neuen, aus seiner Sicht illegitimen Kaisertums. Erst im Sommer 812 gelang Karl, was er von Anfang an erstrebt hatte: die Legitimation auch durch den oströmischen Kaiser. Byzanz erkannte damit, so Schieffer, «ein ebenbürtiges *imperium occidentale*, ein verselbständigtes Abendland an und nahm auch die kirchlichen Beziehungen zu Rom wieder auf».[36] Zum Ausgleich verzichtete Karl auf den Rombezug in seinem Titel («Imperator Romanorum») und überließ diesen damit faktisch den Kaisern in Byzanz («Basileùs Romaíon»).

So wichtig für Karl die geistliche Weihe war, die in der Krönung durch den Papst lag, so sah er in der Reichskirche darum doch noch längst keinen gleichberechtigten Partner, sondern die neben dem Adel wichtigste Stütze seiner Herrschaft. Die Klöster waren im karolingischen Staatskirchentum (und nicht nur dort) bedeutende Wirtschaftsfaktoren. Sie spielten eine entscheidende Rolle bei der Herausbildung des europäischen Bauerntums. Sie trugen durch Verhängung von Bußen für alle Arten von Verfehlungen wesentlich zu dem bei, was wir heute «Sozialdisziplin» nennen. Die Klöster waren die Vermittler von Bildung schlechthin. Sie verbreiteten die Reformideen der sogenannten «karolingischen Renaissance», wie sie unter dem Theologen und Dichter Alkuin, einem Angelsachsen, an der Hofschule Karls in Aachen entwickelt wurden, in der fränkischen Gesellschaft: Die Erneuerung der Schrift in Gestalt der karolingischen Minuskel gehörte ebenso dazu wie die Pflege der lateinischen, in ersten Ansätzen auch schon der Volkssprache und die neuerliche Hinwendung zum Bildungsgut der christlichen und der klassischen Antike. Seit dem ausgehenden 10. Jahrhundert schloß das auch das Studium der aristotelischen Logik und ihrer Kommentierung durch den spätrömischen Philosophen Boëthius ein: ein kaum zu überschätzender Beitrag zur Durchsetzung rationaler Denk- und Lebensformen im Okzident.[37]

Gibbon, kein kirchenfreundlicher Autor, hat die Kulturleistung der Kirche im Übergang von der Antike zum Mittelalter mit geradezu pathetischen Worten gewürdigt: «Die unsterblichen Werke von Vergil, Cicero und Livius ... bildeten die einsame Brücke zwischen der Regierungszeit des Augustus und der von Chlodwig und Karl dem Großen. Der menschliche Nachahmungstrieb wurde angeregt vom Rückblick auf eine bessere Zeit, und die Glut der Wissenschaft glomm insgeheim weiter, um dann die reife Zeit des Abendlandes zu erwärmen und zu erleuchten.»[38]

Wären Karls Nachfolger ihm als Herrscher ebenbürtig gewesen, hätte sich das Verhältnis zwischen weltlicher und geistlicher Gewalt im Okzident vielleicht ganz anders, ähnlich wie in Byzanz, entwickelt. Doch daß in diesem Fall die Einheit des Frankenreiches erhalten geblieben und Europa der Gegensatz zwischen Deutschen und Franzosen erspart geblieben wäre, darf man getrost ausschließen. Auch stärkere Könige und Kaiser hätten, den entsprechenden Willen einmal vorausgesetzt, nicht vermocht, die Herausbildung getrennter Nationen zu verhindern. Wenn wir aus guten historischen Gründen in der Vielfalt der Nationen ein Wesensmerkmal Europas sehen, dann war das Reich Karls des Großen noch kein europäisches, sondern eher ein voreuropäisches Gebilde.[39]

Unter den Enkeln Karls des Großen war der Wille zur Reichseinheit kaum noch vorhanden. Im Jahre 843 teilten Kaiser Lothar I. und seine Brüder, Ludwig der Deutsche und Karl der Kahle, das Reich unter sich auf. Lothar erhielt ein Gebiet, das von Friesland über Lothringen und die Provence bis südlich von Rom reichte; Ludwig bekam das Ostfranken- und Karl das Westfrankenreich. 870 fiel der östliche Teil des Mittelreiches («Lotharingien»), 880 auch dessen Rest an das Ostreich, das spätere Reich der Deutschen. Nach der Ermordung des letzten Kaisers aus fränkischem Reichsadel im Jahre 924 gab es fast vier Jahrzehnte lang im Okzident keinen Kaiser mehr. Als am 2. Februar 962 König Otto I. («der Große») aus dem sächsischen Hause der Liudolfinger in Rom von Papst Johann XII. zum Kaiser gekrönt wurde, konnte zugunsten einer Kontinuität mit dem Kaisertum Karls des Großen nur *ein* Argument geltend gemacht werden: Die Ostfranken hatten im Jahre 919 entscheidenden Anteil an der Wahl von Ottos Vater, Heinrich I., zum König im ostfränkischen Reich gehabt.

Wie im Jahre 800 Karl, so kam 162 Jahre später Otto einem Papst zu Hilfe, der den Kirchenstaat durch die Expansionspolitik eines benachbarten Herrschers, des von Otto anerkannten Lehenskönigs von

Italien, Berengar II., bedroht sah. Und so wie Karl den Papst in seiner regionalen weltlichen Herrschaft bestätigt hatte, tat es Otto. Den Kaisertitel, den er für diesen Dienst erhielt, hatte er seit längerem erstrebt. Als Imperator war er der Schutzherr der christlichen Kirche, und auf Grund dieser Aufgabe besaß der Kaiser eine höhere «dignitas», als sie den anderen Königen zukam. Doch nicht nur protokollarisch, sondern auch unter dem Gesichtspunkt der Ausdehnung seines Reiches war Otto nun der erste unter den Herrschern des Abendlandes. Mit ihm begann die Geschichte des Kaisertums der Deutschen.

Translatio imperii: Der Reichsmythos

Das mittelalterliche Reich war kein neues, sondern das alte, das Römische Reich: Das war die Kernthese der Theorie von der translatio imperii, von der Übertragung des Römischen Reiches von den Griechen auf die Franken. Der früheste Beleg dieser Lehre stammt aus der Mitte des 10. Jahrhunderts; gegen Ende des 11. Jahrhunderts setzte sie sich auf breiter Front durch.[40] Bischof Otto von Freising, der Onkel und Berater des Stauferkaisers Friedrich Barbarossa, sprach um die Mitte des 12. Jahrhunderts mit Blick auf die Kaiserkrönung Ottos des Großen im Jahre 962 von einer Rückübertragung: Das Reich der Römer sei nach den Franken und Langobarden an die Deutschen («ad Teutonicos») oder, wie es sich anderen darstelle, an die Franken, denen es gewissermaßen entglitten sei, wieder übertragen worden («retranslatum est»).[41]

Die Theorie der «translatio imperii» war ein klassischer Fall von politischer Theologie und damit von Geschichtspolitik. Daß mittelalterliche Theologen und Geschichtsdenker so viel Wert auf den Nachweis von Kontinuität, ja Identität zwischen dem römischen und dem mittelalterlichen Reich legten, hatte Gründe, die bis in die Zeit des Urchristentums zurückreichen. Die frühen Christen, unter ihnen der Apostel Paulus, hatten gehofft, die «Parusie», die erneute Ankunft Christi auf Erden, selbst noch zu erleben. Als diese Erwartung sich nicht erfüllte, galt es die «Parusieverzögerung» zu erklären. Im zweiten Kapitel des zweiten Briefes an die Thessaloniker, einem nach überwiegender Meinung der neueren Theologie zu Unrecht dem Apostel Paulus zugeschriebenen Text, findet sich ein solcher, überaus folgenreicher Erklärungsversuch: Der Wiederkunft Christi mußte die offene Herrschaft seines Widersachers vorausgehen. Der Widersacher war «der Mensch der Sünde, das Kind des Verderbens», «der Boshafte», der sich als Gott ausgab – der Antichrist. Er wirkte zwar schon, war aber noch nicht «offenbart» worden, weil es eine aufhaltende Macht gab, die dem entgegenstand: der (oder das) «Katechon».[42]

Der Antichrist war laut der Offenbarung des Johannes, der Schrift eines (nicht mit dem Jünger und Evangelisten Johannes identischen) judenchristlichen Wanderpropheten, ein Tyrann und gemäß der mittelalterlichen Lesart, die auf den Kirchenvater Hieronymus zurückging, ein Jude und das Haupt der Häretiker. Seine Herrschaft bedeutete das Ende aller weltlichen Geschichte, das aber das Verschwinden des «Katechon» voraussetzte. Im Jahre 954 legte der Mönch Adso, der spätere Abt von Montier-en-Der, seinen «Libellus de Antichristo» vor, in dem er die Rolle des «Katechon» dem nie ganz untergegangenen, sondern von den Frankenkönigen fortgeführten Römischen Reich zuschrieb.[43]

Das Römische Reich war das vierte der Weltreiche. Vorausgegangen waren ihm das babylonische, das medisch-persische und das mazedonische Weltreich. Räumlich bedeutete diese Abfolge eine Verlagerung des Weltgeschehens von Ost nach West, von Sonnenaufgang zum Sonnenuntergang. So steht das noch nicht bei Adso, wohl aber Mitte des 12. Jahrhunderts bei Otto von Freising. In seiner «Chronica sive historia de duabus civitatibus» verband er die Lehre von der «translatio imperii» mit der Lehre von den vier Weltreichen, deren biblische Quelle die Deutung eines Traums des babylonischen Königs Nebukadnezar II. durch den Propheten Daniel war. Solange das vierte, das westlichste und letzte der Weltreiche bestand, würde der Antichrist nicht erscheinen und die Geschichte nicht enden: Das war der theologische Kern des Reichsmythos – eines Mythos, der nirgendwo so stark und so lange nachgewirkt hat wie in Deutschland.[44]

Christianisierung und Kreuzzüge

Weiter als die Macht von Kaiser und Reich reichte der Einfluß von Papst und Kirche. Um 1000 waren Island und der größte Teil von Skandinavien christianisiert. Auf der iberischen Halbinsel war der Norden in der Hand christlicher Herrscher, während die Hauptmasse des Gebiets noch zum muslimischen Omaijaden-Kalifat von Córdoba gehörte.

Im östlichen Mitteleuropa waren Böhmen und Mähren, die einen Teil des Reiches bildeten, Kroatien, Polen und Ungarn für die westliche Christenheit gewonnen worden.

In Südosteuropa setzte sich hingegen Byzanz durch: Das galt auch für das Bulgarische Reich, das im 9. Jahrhundert zeitweilig Anschluß an die Westkirche gesucht hatte, im Jahre 1018 aber dem byzantinischen Reich einverleibt wurde. Auch in dem von Abkömmlingen der skandinavischen Waräger regierten Kiewer Reich, der ersten großen Gebietsherrschaft auf russischem Boden, gewann Byzanz, hier freilich nur im geistlichen Sinn, die Oberhand: Nach der Taufe Wladimirs, des Fürsten von Kiew, und seiner Heirat mit der byzantinischen Prinzessin Anna 988/89 wurde die werdende russische Kirche dem Patriarchen von Konstantinopel beziehungsweise dem von ihm eingesetzten griechischen Metropoliten unterstellt. Doch bereits im Jahre 1051 machte Wladimirs Sohn Jaroslaw erstmals unabhängig von Byzanz einen altrussischen Mönch zum Metropoliten von Kiew.

Heidnisch waren um 1000 noch große Teile des von westslawischen Stämmen besiedelten Ostelbien und die von baltischen und finnischen Völkern bewohnten Gebiete an der Ostseeküste. Die Christianisierung des Ostseeraums nahm Jahrhunderte in Anspruch. Sie wurde mit militärischen Mitteln erzwungen, wobei sich der Deutsche Ritterorden im Land der Pruzzen oder Preußen, dem späteren Ostpreußen, durch besondere Härte hervortat. Seinen Abschluß fand dieses Kapitel christlicher «Schwertmission» und westlicher Expansion mit dem Übertritt des Litauerfürsten Jagiello zum lateinischen Christentum im Jahre 1387. Rund ein Jahrhundert später erreichte die blutige «Reconquista» Spaniens und Portugals ihr Ziel: Anfang 1492 fiel Granada, das letzte der maurischen Reiche auf spanischem Boden, in die Hände der Christen.

Eine offensive Auseinandersetzung mit dem Islam führte die westliche Christenheit seit dem späten 11. Jahrhundert auch im östlichen Mittelmeerraum. Am 27. November 1095 rief Papst Urban II. auf der Synode von Clermont zur Befreiung der heiligen Stätten in Palästina auf. Die ersten Opfer der Kreuzfahrer, eines großen, bunt zusammengewürfelten, internationalen Haufens, waren freilich nicht Muslime, sondern andere «Ungläubige», nämlich Tausende von Juden in rheinischen Städten, darunter Worms, Mainz und Köln. Ans Ziel gelangt, richteten die Kreuzfahrer am 15. Juli 1099 im eroberten Jerusalem ein furchtbares Blutbad an. Die gesamte muslimische Bevölkerung wurde niedergemetzelt. Nicht minder schrecklich war das Schicksal der in Jerusalem lebenden Juden: Die Hauptsynagoge, in die sie sich geflüchtet hatten, wurde angezündet; keiner von ihnen entkam dem Flammentod. Das war das Ende des Ersten Kreuzzuges. Sein unmittelbares politisches Ergebnis war die Errichtung des christlichen Königreiches Jerusalem, eines Lehensstaates französischer Prägung, und dreier weiterer Kreuzfahrerstaaten.[45]

«Der Kreuzzug ist der Krieg des Papstes», schreibt der österreichische Historiker Michael Mitterauer. «Nicht der Kampf um die heiligen Stätten macht den Kreuzzug zum Kreuzzug, sondern der Aufruf des Papstes, der – nach seinem Verständnis – damit den Willen Gottes verkündet. Ohne den Papst kein Kreuzzug. Nur der Papst kann dazu aufrufen; nur der Papst kann die Kreuzzugsprediger bis in die äußersten Gebiete der westlichen Christenheit entsenden, um die Ritter dazu zu bewegen, das Kreuzzugsgelübde abzulegen …; vor allem kann nur der Papst die Gnadengaben zusagen, die mit der Kreuzfahrt verbunden sind und die im religiösen Sinn den spezifischen Charakter des Kreuzzugs ausmachen. Erst die Verbindung von bewaffneter Pilgerfahrt und religiösen Heilsversprechungen hatte zur Folge, daß die Kreuzzugsbewegung im Abendland einen so durchschlagenden Erfolg erreichte.»[46]

Ein Ablaß zur Vergebung der Sünden, wie ihn der Papst den Kreuzfahrern zusicherte, war nichts Neues: Das hatte es im 11. Jahrhundert auch schon zuvor, beim Kampf gegen die Sarazenen in Spanien, Süditalien und Sizilien, gegeben. Der Sündenablaß war ein spezifisch westliches Phänomen: Der byzantinische Kaiser konnte den Patriarchen von Konstantinopel nie dazu bewegen, einen Krieg gegen die Muslime durch ein religiöses Heilsversprechen zu überhöhen. Infolgedessen gab es keinen byzantinischen Kreuzzug.

Für einen Kreuzzug zur Befreiung des Heiligen Landes war der Papst auf die Mitwirkung der anfangs widerstrebenden italienischen Seerepubliken, zuerst Pisa und Genua, dann auch Venedig, angewiesen. Nur sie konnten mit ihren Flotten Truppen über das Mittelmeer transportieren und die Versorgung der neugegründeten Kreuzfahrerstaaten, obenan des Königreiches Jerusalem, sicherstellen. Wie die Seerepubliken verfolgten auch die neuen christlichen Staatsgebilde im Nahen Osten ihre eigenen Interessen. Auf den Fürsten Bohemund I. von Antiochien etwa geht die antibyzantinische Wendung des Kreuzzugsgedan kens im Jahre 1105 und damit die verhängnisvolle Politisierung des endgültigen religiösen Schismas zwischen West- und Ostkirche von 1054 zurück.

Der vierte Kreuzzug von 1202 bis 1204 sollte vor allem der Rückeroberung von Jerusalem dienen, das 1187 von Sultan Saladin eingenommen worden war. Auf das Betreiben Venedigs und gegen den Willen des Papstes wurde dieser letzte allgemeine Kreuzzug aber nach Konstantinopel umgeleitet. 1204 fiel die Hauptstadt des einstigen oströmischen Reiches in die Hände der Kreuzritter, die die Stadt drei Tage lang mit ausgedehnten Plünderungen sowie mit zahllosen Vergewaltigungen und Morden heimsuchten. Das Lateinische Kaisertum, das die Kreuzfahrer unmittelbar danach errichteten, umfaßte nie die Gesamtheit des byzantinischen Reiches. 1269 gelangten die Griechen nach heftigen Kämpfen wieder in den Besitz von Konstantinopel. Aber seine alte Machtstellung gewann das östliche Kaisertum nicht mehr zurück. 1453 wurde Konstantinopel von den muslimischen Türken erobert. Das byzantinische Reich hörte auf zu bestehen. Konstantinopel wurde die Hauptstadt des Osmanischen Reiches.[47]

Die Kreuzzüge, ursprünglich eine christliche Antwort auf die ältere, langanhaltende Offensive des Islam, brachten der westlichen Christenheit keinerlei dauerhaften Gewinn. Jerusalem wurde 1228/29 noch einmal für kurze Zeit wiedergewonnen, ging aber 1244 endgültig an die Muslime verloren, 1291 auch Akkon, der letzte Stützpunkt der Kreuzfahrer im Heiligen Land. Die Päpste waren in den Kreuzzügen als die Führer der westlichen Christenheit aufgetreten. Das Scheitern des großen Projekts war vor allem *ihr* Scheitern, und das war ihrer politischen Autorität längerfristig abträglich.

Die militante Wendung gegen Byzanz schwächte die Stellung des Christentums insgesamt. Der politische Gewinner des innerchristlichen Kampfes war ein muslimisches Imperium: das Osmanische Reich, das schon vor dem Fall von Konstantinopel mit der Eroberung der Balkanhalbinsel begonnen hatte. Griechische Gelehrte, darunter Schüler des Platonikers Plethon aus der Philosophenschule von Mistras, wanderten nach 1453 in großer Zahl nach Italien aus und trugen dort wesentlich zum Siegeszug der Renaissance bei. Das orthodoxe Christentum fand seinen neuen Mittelpunkt in Moskau, der Hauptstadt des werdenden großrussischen Reiches, die fortan den Anspruch erhob, das «Dritte Rom», der Erbe von Byzanz und damit auch des alten Rom, zu sein. Der Mythos von Moskau als dem «Dritten Rom» schrieb Rußland eine heilsgeschichtliche Sendung zu, wie sie bislang nur das Heilige Römische Reich für sich reklamiert hatte. Im Zeichen dieses Mythos entwickelte sich Rußland zur Antithese des Westens: Das Zarenreich fühlte sich berufen, jenem Abfall vom rechten Glauben entgegenzuwirken, wie er sich im Okzident vollzogen hatte und immer weiter fortschritt.[48]

Im Westen lebte der Geist der Kreuzzüge gegen die «ungläubigen» Anhänger Mohammeds und die «Schismatiker» der Ostkirche fort in den Kreuzzügen gegen christliche Häretiker aller Art. Mit am blutigsten verliefen die Kämpfe gegen die südfranzösischen Albigenser in den ersten drei Jahrzehnten des 13. Jahrhunderts. Die Albigenser bildeten einen Teil der Katharer, die ihrerseits von der bulgarischen Sekte der Bogumilen beeinflußt waren; wie diese sahen sie in der Schöpfung das Ergebnis eines Zusammenwirkens von Gott und Teufel. Sie lehnten die katholischen Sakramente und Rituale wie Totenmesse und Ablaß ab und glaubten nicht an das Fegefeuer, die Reinigung der Seelen nach dem Tod kraft göttlicher Gnade und kirchlicher Fürbitte. Im Kampf gegen Abweichungen vom kirchlichen Dogma formte sich jene «verfolgende Gesellschaft» heraus, von der der britische Historiker Robert I. Moore mit Blick auf das Erbe des hohen Mittelalters gesprochen hat: Es war eine Gesellschaft, zu deren Wesensmerkmalen die Ausgrenzung von Ketzern und anderen Minderheiten bis hin zur physischen Vernichtung gehörte. Unter den Opfern waren männliche Homosexuelle, Leprakranke und, immer wieder, die Juden.[49]

Einschneidend waren auch die Wirkungen, die der «Heilige Krieg» der Christen auf den Islam hatte. Die Toleranz, die muslimische Herrscher, vor allem die auf der iberischen Halbinsel, zeitweilig gegenüber Christen geübt hatten, wich Ende des 12. Jahrhunderts religiöser Unduldsamkeit. Damit ging die Verfolgung von Gelehrten einher, die sich dem Studium der griechischen Antike widmeten: Der aus Córdoba stammende große Philosoph Averroes (Ibn Ruschd) wurde nach Marokko verbannt. «In der langen Folge von Zusammenwirken und Verschmelzung zwischen Morgenland und Abendland, aus welcher unsere Zivilisation erwachsen ist, waren die Kreuzzüge eine tragische und zerstörende Episode», schreibt Steven Runciman in seiner «Geschichte der Kreuzzüge». «So viel Mut und so wenig Ehre, so viel Hingabe und so wenig Verständnis! Hohe Ideale wurden von Grausamkeit und Habgier

besudelt, Unternehmungsgeist, Ausdauer und Leidensfähigkeit von
blinder und engstirniger Selbstgerechtigkeit; und der Heilige Krieg
selbst war nicht mehr denn ein einziger langer Akt der Unduldsamkeit
im Namen Gottes, welche die Sünde wider den Heiligen Geist ist.»[50]

Geistliche versus weltliche Gewalt: Die Papstrevolution und ihre Folgen

Die Kreuzzüge waren Teil einer historischen Umwälzung, die den Namen «Revolution» verdient. Von der «ersten europäischen Revolution»
spricht Robert I. Moore im Titel eines 2000 erschienenen Buches.[51] Er
steht, ohne sich dessen bewußt zu sein, in einer Tradition, die auf den
Universalhistoriker Eugen Rosenstock-Huessy zurückgeht. 1931 veröffentlichte dieser ein Buch über die europäischen Revolutionen.[52] Als
deren erste betrachtete er die «Papstrevolution» des 11. Jahrhunderts.
Der päpstliche Revolutionär war Gregor VII., der 1075 mit seinem
«Dictatus Papae» das Manifest dieser Revolution vorlegte. Gregors Behauptung, daß der Papst den Kaiser absetzen könne, stellte die Praxis
der Kaiser auf den Kopf, die mehr als einmal Päpste ein- und abgesetzt
hatten. Wenn der Papst darüber hinaus den Anspruch erhob, nur er
könne Bischöfe absetzen oder versetzen, war das eine Kampfansage
nicht nur an den Kaiser, sondern auch an die Könige von Frankreich
und England. Die Bischöfe waren einerseits geistliche Würdenträger
und andererseits die höchsten Beamten der Krone. In allen drei Ländern, im Reich, in Frankreich und England, wären die bisherigen politischen Systeme zusammengebrochen, wenn der Papst sich voll durchgesetzt hätte.

Keine Revolution ohne vorherige Reformbemühungen: Das gilt
auch für das Mittelalter. Zur Vorgeschichte der Papstrevolution gehört
die kirchliche Erneuerungsbewegung, die ihren Ausgangspunkt im
französischen Benediktinerkloster Cluny hatte. Die Kluniazenser wollten die Kirche von den Einflüssen feudaler Herren und adliger Cliquen
reinigen. Sie sagten dem Kauf und Verkauf kirchlicher Pfründen, der
Simonie, ebenso den Kampf an wie der Mißachtung des Zölibats, des
Verbots der Priesterehe. Sie waren das Rückgrat einer übernationalen,
von breiten Massen getragenen Friedensbewegung, die das Fehdewesen
wenn nicht zu überwinden, so doch einzuschränken strebte.

Der Erfolg war zunächst begrenzt, und das konnte in einer Zeit verbreiteter Gewalt, ja Anarchie wie dem 10. und 11. Jahrhundert auch kaum anders sein. Aber die langfristigen Wirkungen der kluniazensischen Friedensbewegung waren beträchtlich. In den Worten des amerikanischen Rechtshistorikers Harold J. Berman, eines Schülers von Rosenstock-Huessy: «Daß man gruppenweise gemeinsame Schwüre auf den Frieden kannte, spielte im späten 11. Jahrhundert und danach eine entscheidende Rolle bei der Gründung von Städten, der Bildung von Zünften in den Städten und der Verkündung von Gesetzen durch Herzöge, Könige und Kaiser in Form des sogenannten Herzogs- oder Königsfriedens und des ‹Landfriedens› (pax terrae).»[53]

Das Kloster Cluny wurde im Jahr 910 gegründet; es war von Anfang an direkt dem Papst unterstellt. Hundert Jahre später gab es im gesamten Okzident mehr als tausend Klöster, deren Prioren den Weisungen und der Aufsicht des Abtes von Cluny unterstanden. Die Kluniazenser bildeten also einen ernstzunehmenden Machtfaktor. Um die Mißstände an der Spitze der Kirche, in Rom, zu beseitigen, bedurften sie aber der Hilfe des Kaisers, und die erhielten sie. In der Absicht, das Papsttum aus der korrumpierenden Abhängigkeit vom römischen Stadtadel zu befreien und so die eigene Macht zu steigern, setzte Kaiser Heinrich III. im Jahre 1049 Leo IX. aus dem elsässischen Haus der Grafen von Egisheim, einen überzeugten Kluniazenser, als Papst ein. Er war der erste einer Reihe entschiedener Neuerer auf dem Stuhl Petri.

Zur kirchlichen Erneuerung gehörte auch Unduldsamkeit gegenüber allem, worin sich die Ostkirche von Rom unterschied. Eine solche Abweichung war aus päpstlicher Sicht die Priesterehe, eine andere das vom Konzil von Nicaea im Jahre 325 verkündete Dogma, daß der Heilige Geist allein aus Gott Vater und nicht, wie die Westkirche unter Berufung auf Augustin lehrte, auch aus seinem Sohn Jesus Christus («filioque») hervorgegangen sei. Der Patriarch von Konstantinopel, Michael I. Kerullarios, vertrat die ostkirchliche Position ähnlich unnachgiebig wie Leo IX. und sein Nachfolger Viktor II. die ihre, so daß es 1054 zum Schisma kam: Der Niederlegung einer päpstlichen Bannbulle gegen den Patriarchen in der Hagia Sophia folgte die Exkommunikation der päpstlichen Gesandten durch eine Synode der griechischen Kirche. Die Sanktionen wurden auf beiden Seiten als Verurteilung der jeweils anderen Kirche in ihrer Gesamtheit verstanden. Spätere Versuche, die Spaltung zu überwinden, fanden nicht die Zustimmung des Patriarchen von Konstantinopel. Das Schisma erwies sich als dauerhaft.[54]

Heinrich III., der zweite der fränkisch-salischen Kaiser, hatte Leo IX. und Viktor II. unterstützt, weil er im Reformpapsttum einen Verbündeten im Kampf um die Festlegung der kaiserlichen Macht sah. 1056 starb Heinrich, im Jahr darauf Viktor, der zweite und letzte der beiden deutschen Reformpäpste. Unter dem aus Burgund stammenden Papst Nikolaus II. begann sich das Reformpapsttum vom Kaisertum zu emanzipieren und zu radikalisieren. Das Papstwahldekret von 1059 sicherte den Kardinalbischöfen die entscheidende Rolle bei der Wahl des Papstes zu; den kaiserlichen Rechten trug eine vage Vorbehaltsklausel nur noch formal Rechnung; die Laieninvestitur, die Einsetzung kirchlicher Amtsträger durch weltliche Herrscher, wurde erstmals grundsätzlich verboten. Das Dekret wies den römischen Adel in seine Schranken, nicht minder aber den ranghöchsten weltlichen Herrscher des Abendlandes. Deutscher König war seit 1056 der achtjährige Sohn Heinrichs III., Heinrich IV. Sechs Jahre später wurde er für mündig und damit für regierungsfähig erklärt.

Unter Heinrich IV. (1056–1106) und seinem päpstlichen Widersacher, Gregor VII. (1073–1085), begann der Investiturstreit, bei dem es um nichts Geringeres ging als um das Verhältnis von geistlicher und weltlicher Gewalt. Die kluniazensischen Erneuerer hatten für die Freiheit der Kirche gekämpft; Gregor VII. wollte nicht nur die «libertas ecclesiae» sichern, sondern den Vorrang der geistlichen vor der weltlichen Gewalt durchsetzen, also Kaiser und Könige dem Papst unterordnen. Mit dem Dictatus Papae von 1075 schlug die Reform endgültig in Revolution um. Ein Machtkampf war entbrannt, bei dem von Anfang an eines gewiß war: Von seinem Ausgang hing die Zukunft Europas ab.[55]

Im Mittelpunkt der Auseinandersetzung zwischen dem Papst und den weltlichen Herrschern stand das Verbot der Laieninvestitur, das auf der römischen Fastensynode von 1075 nochmals in verschärfter Form ausgesprochen wurde. Die Umsetzung des Verbots hätte, in Deutschland wie in Reichsitalien, dem seit Otto dem Großen üblichen Regieren mit Hilfe der vom Kaiser eingesetzten Bischöfe, die ihrerseits an der Spitze großer, reichsunmittelbarer Herrschaften standen, den Boden entzogen. Im Jahre 1076 eskalierte der Konflikt. Heinrich IV. ließ auf einer Reichssynode in Worms, an der die Mehrzahl der deutschen Bischöfe teilnahm, den Papst absetzen. Dieser setzte daraufhin seinerseits

Heinrich ab, entband dessen Untertanen von ihrem Treueid und verhängte den Bann über den König.

Die größte Gefahr für Heinrich IV. bestand darin, daß sich der Papst und die fürstliche Opposition in Deutschland, an ihrer Spitze die Herzöge von Bayern, Schwaben und Kärnten, zu einem Lager zusammenschlossen. Um dies zu verhindern, entschied sich Heinrich, nach Italien zu ziehen und die wichtigste Forderung des Papstes zu erfüllen: Vor der Burg in Canossa, am Nordhang des Apennin, wohin Gregor sich in Erwartung eines militärischen Angriffs zurückgezogen hatte, leistete der König im Januar 1077 Buße. Die Absolution erhielt er erst, nachdem er versprochen hatte, sich im Streit mit den deutschen Fürsten der Entscheidung des Papstes zu fügen. Der sprichwörtliche «Gang nach Canossa» erlaubte Heinrich das politische Überleben, aber diesen Erfolg bezahlte er mit einem hohen Preis: der Demütigung vor dem Papst. Die Könige des Abendlandes galten als durch Salbung geheiligt; ihnen wurde die Fähigkeit zugeschrieben, Wunder zu vollbringen.[56] In Canossa aber hatte einer von ihnen, und zwar der protokollarisch am höchsten stehende, den Papst als Vermittler des göttlichen Heils anerkannt und sich ihm untergeordnet. Das war ein tiefer historischer Einschnitt. Die geistliche Königswürde war damit in Frage gestellt; aber noch war offen, ob der Papst die weltlichen Herrscher zur Anerkennung seines Anspruchs würde zwingen können, als Stellvertreter Christi auf Erden die ihnen übergeordnete Autorität zu sein.

Die fürstlichen Widersacher des deutschen Königs, die auf die Nachricht von Canossa hin Herzog Rudolf von Schwaben zum Gegenkönig gewählt hatten, konnte Heinrich IV. in jahrelangen Kämpfen niederringen. Es gelang ihm auch, durch eine von deutschen und italienischen Bischöfen dominierte Synode Gregor VII. abzusetzen und einen Gegenpapst, Clemens III., wählen zu lassen, der ihn zu Ostern 1084 in der Peterskirche zu Rom zum Kaiser krönte. Die grundsätzliche Machtfrage aber, um die es im Investiturstreit ging, war immer noch ungelöst, und das nicht nur im Reich, sondern auch in Frankreich und England. Erst unter Heinrich V. (1106–1125), dem Sohn Heinrichs IV., und Papst Calixt II. (1119–1124) kam in Gestalt des Wormser Konkordats von 1122 jener historische Kompromiß zustande, der das Verhältnis von geistlicher und weltlicher Gewalt auf eine neue Grundlage stellte und damit den Investiturstreit beendete.

Vorbereitet wurde der Friedensschluß oder, wohl treffender, Waffenstillstand von Worms durch die Beilegung des Investiturstreits in Frankreich und England, wo er viel weniger dramatisch verlaufen war als in Deutschland. In beiden westeuropäischen Königreichen kam dabei jene Unterscheidung zwischen «Spiritualien» und «Temporalien», zwischen den geistlichen und den weltlichen Elementen des Bischofsamtes, zur Anwendung, wie sie, aufbauend auf den Vorarbeiten anderer Theologen und Kanoniker, der Bischof Ivo von Chartres um die Wende vom 11. zum 12. Jahrhundert entwickelt hatte. Zu den Spiritualien gehörte alles, was die bischöfliche Amtsgewalt ausmachte und seinen symbolischen Ausdruck in Ring und Stab fand, zu den Temporalien die vom König oder anderen Laien übertragenen Besitzungen und Funktionen, symbolisiert im Szepter. War ein Bischof nach kanonischem Recht gewählt, so sollte die Kirche Ivo zufolge eine Bestätigung («concessio») des weltlichen Gutes eines Bistums durch den König nicht beanstanden, sie vielmehr im Sinne einer Nichtanwendung kanonischer Bestimmungen («dispensatio») hinnehmen.[57] Entsprechend wurde 1098 bei der Einsetzung des Erzbischofs von Sens in Frankreich und neun Jahre später bei der Beilegung des Investiturstreits in England verfahren.

Das Wormser Konkordat folgte dem französischen und englischen Vorbild. Heinrich V. verzichtete auf die Investitur mit Ring und Stab; er gestand die freie Bischofswahl zu, die freilich in Gegenwart des Königs oder seiner Beauftragten stattfinden sollte, so daß dem weltlichen Herrscher ein beträchtlicher Einfluß auf den Wahlausgang zukam. In Deutschland sollte die Investitur der Regalien der kirchlichen Weihe des Bischofs vorausgehen, in Burgund, das 1034 vom Reich erworben worden war, und in Reichsitalien innerhalb von sechs Monaten nach der Weihe erfolgen. Diese Unterscheidung war folgenreich: In den nichtdeutschen Teilen des Reiches verlor der deutsche König die Verfügung über die kirchlichen Amtsträger; in Deutschland konnte er diesen Teil seiner Machtstellung weitgehend behaupten.[58]

Eine Niederlage des deutschen Königtums kann man das Wormser Konkordat also nicht oder nur mit großen Einschränkungen nennen. Und gemessen an dem, was Gregor VII. angestrebt hatte, war der Ausgang des Investiturstreites auch kein Sieg des Papsttums. In Frankreich und England blieb die Tendenz in Richtung eines nationalen Staatskirchentums ungebrochen. In Deutschland zogen die weltlichen Fürsten, in Reichsitalien die Städte den größten Nutzen aus der Schwächung der

Reichsgewalt. Das Papsttum hatte sich durch den Investiturstreit aus der Abhängigkeit vom deutschen Königtum befreit und dadurch die «libertas ecclesiae» verwirklicht. Es war erfolgreich, soweit es in der Papstrevolution defensive Ziele verfolgte. Das Streben nach der Unterordnung der weltlichen Gewalten unter die geistliche Gewalt aber war offensiv und mit dem Abbruch des Investiturstreits noch längst nicht beendet. Die Kreuzzüge waren die nach außen gewandte Seite der päpstlichen Offensive. Ein dauerhafter Erfolg des Kampfes gegen den Islam hätte das Papsttum politisch gestärkt. Der Fehlschlag des «Heiligen Krieges» der Christen bewirkte das Gegenteil.

Wäre eine der beiden Seiten als Sieger aus dem fast fünfzig Jahre währenden Investiturstreit hervorgegangen, die europäische Geschichte hätte einen anderen Verlauf genommen. Aus einem vollständigen Sieg des Papsttums konnte nur eine Theokratie, aus einem Sieg des Königtums nur ein Staatskirchentum byzantinischer oder anderer Prägung erwachsen. Der historische Kompromiß aber, mit dem der Konflikt endete, setzte die Kräfte frei, die Europa und den Westen dauerhaft prägen sollten. Die Trennung von geistlicher und weltlicher Gewalt führte zur Herausbildung von zwei unterschiedlichen Rechtssystemen, die beide auf das römische Recht zurückgriffen: das um 1140 im Decretum Gratiani zusammengefaßte kanonische oder Kirchenrecht ebenso wie, sehr viel unmittelbarer, das neue weltliche Recht, das auf der Rezeption des unter Kaiser Justinian kodifizierten, um 1080 wiederentdeckten Corpus Juris beruhte und im späten Mittelalter seinen Siegeszug durch Europa, genauer gesagt, den europäischen Okzident antrat.

Die Systematisierung erst des kirchlichen, dann des weltlichen Rechts war nicht möglich ohne die Jurisprudenz, die sich im späten 11. Jahrhundert aus der Theologie herauszubilden begann. Ohne Systematisierung des Rechts kein moderner Staat: Auch in dieser Beziehung stand die Papstrevolution am Beginn umwälzender Neuerungen. «Die päpstliche Revolution ließ den modernen westlichen Staat entstehen – und dessen erstes Beispiel war paradoxer Weise die Kirche selbst», schreibt Harold J. Berman. «Nach Gregor VII. ... nahm die Kirche die meisten Kennzeichen des modernen Staates an. Sie verstand sich als unabhängige, hierarchische, öffentliche Gewalt. Ihr Oberhaupt, der Papst, hatte das Recht der Gesetzgebung ... Die Kirche führte auch ihre Gesetze mittels einer Verwaltungshierarchie durch, mit der der Papst wie ein moderner Souverän durch seine Beauftragten regierte. Des weiteren legte die Kirche die

Gesetze aus und wandte sie an vermittels einer Hierarchie von Gerichten, die in der päpstlichen Kurie in Rom gipfelte. Die Kirche übte also die gesetzgebende, ausführende und rechtsprechende Gewalt eines modernen Staates aus. Dazuhin hielt sie sich an ein rationales System der Rechtswissenschaft, das kanonische Recht.»[59]

Die Kirche exerzierte also vor, was die Könige tun mußten, wenn sie sich gegenüber partikularen Gewalten behaupten und diese zurückdrängen wollten. Als erste begannen das normannische Königreich Sizilien und das normannische England Institutionen aufzubauen, die man als Vorformen moderner Verwaltung und Gerichtsbarkeit bezeichnen kann. Das wichtigste Merkmal eines modernen Staates, sein säkularer Charakter, fehlte aber nicht nur der Kirche, sondern auch den weltlichen Gewalten des hohen Mittelalters. Die Laienherrscher hatten zwar im Gefolge der Papstrevolution ihre geistliche Würde verloren, aber noch war weltliche Politik ohne geistliches Personal undenkbar, und auf der anderen Seite übte auch die Kirche weiterhin weltliche Macht aus: direkt in den geistlichen Herrschaften und indirekt, durch Einflußnahme, in den weltlichen. Um nochmals Berman zu zitieren: «Die Kirche hatte den paradoxen Charakter eines Kirchenstaates: Sie war eine geistliche Gemeinschaft, die auch zeitliche Funktionen wahrnahm und deren Verfassungsform die eines modernen Staates war. Der weltliche Staat andererseits war paradoxerweise ein Staat ohne kirchliche Funktionen, ein säkulares Staatsgebilde, dessen sämtliche Untertanen auch eine geistliche Gemeinschaft unter einer besonderen geistlichen Gewalt bildeten.»[60]

Die Rechtswissenschaft war aus der Theologie hervorgegangen, und sie wirkte auf die Theologie zurück. Möglicherweise sind die spezifischen Denkformen der Scholastik, die Texterläuterung in der «Glosse» und die logische Auflösung wirklicher oder vermeintlicher Widersprüche in den Rechtsquellen, die «Distinktion», in der Jurisprudenz entwickelt und dann auf theologische und philosophische Texte übertragen worden. «Im Prozeß der Verwissenschaftlichung des Denkens in Europa kommt der Rechtswissenschaft eine erstrangige Bedeutung zu», stellt Otto Gerhard Oexle fest. «Ohne Zweifel darf man sie als eine ‹Leitwissenschaft› des alten Europa bezeichnen.»[61]

Zu den Triebkräften der Verwissenschaftlichung gehörte aber nicht minder die von persischen und arabischen Gelehrten wie Avicenna und Averroes vermittelte Wiederentdeckung großer Teile der griechischen

Philosophie in Spanien und Sizilien, darunter der meisten Werke des Aristoteles, von dem bisher nur eine lateinische Teilübersetzung der «Logik» bekannt war. Dazu traten bald Übersetzungen der Werke von arabischen und jüdischen Kommentatoren antiker Philosophen. Wiederentdeckt wurden auf demselben Weg über jüdische und islamische Denker auch die klassischen Schriften griechischer Mediziner, Mathematiker und Naturwissenschaftler. Als Übersetzer griechischer Texte, darunter solcher von Aristoteles und Platon, betätigten sich aber auch vielsprachige Gelehrte im sizilianischen Normannenreich sowie Italiener und Deutsche, die zu Studienaufenthalten nach Konstantinopel gereist waren.[62]

Die Erweiterung des geistigen Horizonts ging einher mit der Herausbildung eines neuen Typus des intellektuellen Gelehrten und mit einer grundlegenden Erneuerung des Bildungswesens. Bislang war höhere Bildung, obenan die Schulung in Logik, Grammatik und Rhetorik, durch die Klöster und seit dem 11. Jahrhundert vor allem durch die Domschulen vermittelt worden, von denen die von Chartres die berühmteste war. Um 1200 entstand eine ganz neue Form der gelehrten Schule: die Universität. In Bologna war die Keimzelle eine Rechtsschule, die Ende des 11. Jahrhunderts von dem Juristen Irnerius gegründet worden war. Bald darauf erwuchs aus mehreren bestehenden Gelehrtenschulen die zweitälteste europäische Universität, die Pariser. In Bologna waren die Studenten, in Paris die Magister die eigentlichen Universitätsgründer. In den ersten Jahren des 13. Jahrhunderts kamen Oxford, Cambridge und Montpellier hinzu; es folgten Salamanca, Neapel, Toulouse und Lissabon. Die erste Universität im Reichsgebiet nördlich der Alpen wurde 1348 in Prag gegründet.

Die Zusammenschlüsse der Scholaren und Magister, ob jeweils für sich oder zusammen, erfolgten in Form der auf die karolingische Zeit zurückgehenden «geschworenen Einung» – der «conjuratio», die uns auch bei der Entstehung der mittelalterlichen Bürgerstadt begegnen wird. «Der gegenseitige Eid schafft unter den Schwörenden Gleichheit», schreibt Oexle. «Jede ‹conjuratio› hatte deshalb gewissermaßen einen ‹revolutionären› Charakter, auch deshalb, weil im gegenseitigen Eid von den Schwörenden ein autonomer Rechts- und Friedensbereich geschaffen wurde, d. h. ein von jeglicher Obrigkeit und von bestehenden Institutionen nicht abgeleiteter Bereich gegenseitigen Schutzes und gegenseitiger Hilfe, ein Bereich statutarischen, also positiven Rechts.

Das durch den Konsens von Studierenden oder von Magistern und Studierenden im Eid geschaffene Rechtsgebilde wurde in der ersten Hälfte des 13. Jahrhunderts bezeichnet als ‹Libertas scolastica› oder ‹Libertas scolarium›. Dieser Begriff meinte also nicht ‹Lehrfreiheit›, sondern bedeutete soviel wie ‹genossenschaftliche Autonomie›.»[63]

An den mittelalterlichen Universitäten wurden als «untere Studien» die sieben «freien Künste» gelehrt: Grammatik, Rhetorik, Dialektik, Arithmetik, Geometrie, Musik, Astronomie. Die drei «oberen Fakultäten» waren Theologie, Jurisprudenz und Medizin. Zur «universitas magistrorum et scolarium» trat also die «universitas litterarum». Beides, die genossenschaftliche Autonomie und die Zusammenfassung aller Studienfächer in ein und derselben Einrichtung, machten die Universitäten zu einer historischen Besonderheit des Westens. In Byzanz und in den islamischen Reichen gab es zwar auch Gelehrtenschulen, doch diese kannten nicht das vertraglich vereinbarte, autonome Zusammenwirken von Studenten und Dozenten und die wissenschaftliche Breite der okzidentalen Universität. Der ständige Austausch zwischen den Fächern sowie zwischen Lehrenden und Lernenden machte die Universitäten zu Stätten einer intellektuellen Dynamik, die das geistige Leben insgesamt prägte.

Dazu kam der Austausch zwischen Europäern unterschiedlichster Länder und Muttersprachen. Die Studenten gliederten sich in «Nationen», die ihrerseits genossenschaftlich organisiert waren. Der Nationsbegriff der mittelalterlichen Universität deckte sich freilich nicht mit dem modernen: In Paris wurden 1222 an der Artistenfakultät Studenten aus der Île de France, aus Italien, Spanien und Portugal, aber auch aus Griechenland und Kleinasien in der französischen Nation zusammengefaßt; zur pikardischen Nation rechneten Studenten aus dem Nordosten Frankreichs und den Niederlanden bis zur Maas, zur normannischen solche aus der Diözese Rouen und zur anglogermanischen Nation die Studenten aus England, Schottland, Deutschland, Ungarn, den slawischen und skandinavischen Ländern. Sprachliche Verständigungsprobleme gab es nicht, da alle Lehrenden und Lernenden Latein beherrschten. Im Spätmittelalter ließ die nationale Vielfalt der Universitäten nach: Paris wurde zu einer Einrichtung der französischen Monarchie und war darin für die entstehenden Nationalstaaten typisch; an den von deutschen Landesherren gegründeten Universitäten überwogen die studierenden Untertanen des jeweiligen Territorialstaates.[64]

Rationalisierung, Verwissenschaftlichung, Professionalisierung: die Trennung von geistlicher und weltlicher Gewalt war eine der Bedingungen für alles, was es seit dem 11. Jahrhundert im Okzident an Fortschritt gab. Bis zur modernen Gewaltenteilung, der Trennung von gesetzgebender, ausführender und rechtsprechender Gewalt, war es zwar noch ein weiter Weg. Aber ohne die Urform der Gewaltenteilung, wie sie beim Ausgang des Investiturstreits vereinbart wurde, wäre die spätere Ausdifferenzierung der politischen Sphäre nicht vorstellbar gewesen. Die Säkularisierung, von der das Mittelalter noch weit entfernt war, wurde erst möglich, nachdem der Herrschaftsbereich des Papstes von dem des Kaisers oder Königs abgehoben und Macht durch Gegenmacht vertraglich begrenzt worden war. Mit diesem Trennungsstrich zog der christliche Westen nach über einem Jahrtausend praktische Konsequenzen aus dem Wort des Religionsstifters: «So gebt dem Kaiser, was des Kaisers ist, und Gott, was Gottes ist.»[65] Der Dualismus zwischen geistlicher und weltlicher Gewalt, der für den Okzident bestimmend blieb, war im Ansatz bereits ein Pluralismus: die Voraussetzung dafür, daß sich Widerspruch entfalten und den Gang der Entwicklung beeinflussen konnte.

«*Stadtluft macht frei*»: Die Entstehung des Bürgertums

Die Papstrevolution des 11. Jahrhunderts konnte nur stattfinden, weil gewisse gesellschaftliche Bedingungen vorhanden waren, die ihren Teilerfolg möglich machten. Der französische Historiker Marc Bloch hat in seinem 1939 veröffentlichten Werk «Die Feudalgesellschaft» die wichtigsten dieser Voraussetzungen benannt: «Das Ende der Invasionen fremder Völker hatte die königlichen und fürstlichen Gewalten von einer Aufgabe befreit, bei der sie bisher ihre Kräfte verbraucht hatten. Gleichzeitig ist mit ihrem Ende der unerhörte demographische Aufschwung ermöglicht worden, den die Welle der Rodungen seit der Mitte des 11. Jahrhunderts aufzeigt. Die höhere Bevölkerungsdichte machte nicht nur die Aufrechterhaltung der Ordnung einfacher. Sie begünstigte auch die Wiedergeburt der Städte, des Handwerks und des Warenaustauschs.»[66]

Die Wiedergeburt der Städte zu Beginn des 11. Jahrhunderts hing eng mit jener «Renaissance des Handels» zusammen, von der Henri

Pirenne gesprochen hat. Was an städtischem Leben die Stürme der Völkerwanderung überlebt hatte, war im 8. Jahrhundert infolge der arabischen Invasion und des durch sie ausgelösten weitgehenden Zusammenbruchs des Mittelmeerhandels im größten Teil Europas erloschen. Ausnahmen waren Süditalien und, auf Grund der Beziehungen zu Byzanz, Venetien. «Vom Ende des 8. Jahrhunderts an fiel das westliche Europa in einen Zustand der reinen Landwirtschaft zurück», schreibt Pirenne. «Zwar blieben die Städte als solche bestehen, doch Handwerker und Händler verschwanden daraus und mit ihnen alles, was von einem städtischen Leben aus der Römerzeit übriggeblieben war.»[67]

Die Wiederbelebung des Handels, die von Venedig und Skandinavien ausging, führte zu einer allmählichen Reurbanisierung. Voraussetzung für die Niederlassung von Kaufleuten war ein städtischer Kristallisationskern, meist in Gestalt der spätantiken «civitas». Vorzugsweise an Bischofssitzen entwickelten sich um den alten befestigten «burgus» herum die Ansiedlungen der «burgenses», der Bürger, die zunächst ausschließlich Kaufleute und Handwerker waren. Die grundherrschaftliche «immunitas» des Bischofs gegenüber dem feudalen Umland war das Vorbild, dem sie nacheiferten, das sie aber nur im Kampf mit dem bischöflichen Stadtherrn erreichen konnten.

Das Rechtsinstitut der Immunität verbindet das Mittelalter mit der Antike. Im griechischen und römischen Altertum bedeutete Immunität die vorübergehende oder dauerhafte Befreiung einer Person oder ihres Vermögens von bestimmten Leistungen oder Abgaben. Den kaiserlichen Domänen der Spätantike war Immunität in dem Sinne zugestanden worden, daß sie von dem Steuereinzugs- und Umlagesystem der Städte ausgegrenzt und damit gegen eine Doppelbesteuerung geschützt waren. Im Jahre 313 gewährte Kaiser Konstantin der Kirche wie allen Grundherrschaften Freiheit von außergewöhnlichen Abgaben, nicht jedoch der Grundsteuer.[68] In der spätkarolingischen und verstärkt in der ottonischen Zeit gewann kirchliche Immunität eine sehr viel umfassendere Bedeutung. Die Kirche war herausgenommen aus dem gemeinen Recht; der Klerus war wie der Adel ein Stand für sich; er genoß Privilegien, war also im Wortsinn privilegiert.

Einen eigenen Rechtsstatus zu erreichen, wie ihn der Adel und die Kirche besaßen, war das Ziel der durchaus revolutionär anmutenden Schwurgenossenschaften («conjurationes»), zu denen sich Kaufleute und Handwerker zusammenschlossen, um sich aus der Abhängigkeit von dem Grundherrn zu befreien, in dessen Immunitätsbezirk sie ansässig waren. Die Herausbildung einer Bürgergemeinde als Körperschaft eigenen Rechts war die Vorbedingung für die Entstehung eines Bürgertums, das sich selbstbewußt vom Adel und der landsässigen Bevölkerung abhob. Die mittelalterliche Bürgerstadt war nur eine von mehreren Ausprägungen genossenschaftlicher Immunität (die Universität war, wie wir gesehen haben, eine andere). Aber wie keine andere Einrichtung hat sie klassenbildend gewirkt.

«Stadtluft macht frei»: Diese (erst im 19. Jahrhundert erfundene) Formel galt für alle, die sich ein Jahr und einen Tag innerhalb der Mauern einer Stadt aufgehalten hatten. Ohne dieses Recht wäre es nicht möglich gewesen, ansässige Kaufleute und Handwerker mit neu hinzukommenden unfreien Landbewohnern zur Bürgergemeinde zu verschmelzen. Nicht überall im Okzident war die räumliche Trennung von Bürgertum und Adel so streng wie in Deutschland; in Italien etwa konnte der Adel seine soziale Vorrangstellung auch in den Städten behaupten. Aber es gab doch strukturelle Gemeinsamkeiten, die die okzidentale Stadt des Mittelalters von anderen Stadttypen – der antiken, der osteuropäischen oder der orientalischen Stadt – abhoben und es erlaubten, daß sich hier, und nur hier, das historisch unverwechselbare Phänomen «Bürgertum» herausbildete.

Niemand hat diese Besonderheiten schärfer herausgearbeitet als Max Weber. Das Wichtigste waren für ihn «der Verbandscharakter der Stadt und der Begriff des Stadtbürgers im Gegensatz zum Landmann». Nicht jede «Stadt» im ökonomischen oder politisch-administrativen Sinn war, so Weber, eine *«Gemeinde»*. Nur die mittelalterliche «Stadt wurde eine, wenn auch in verschiedenem Maße, autonome und autokephale (sich selbst regierende, H.A.W.) anstaltsmäßige Vergesellschaftung, eine aktive ‹Gebietskörperschaft›, die städtischen Beamten (wurden) gänzlich oder teilweise Organe dieser Anstalt.» Und nur hier, in der Stadt des mittelalterlichen Okzidents, galt «von Anfang an die privilegierte Stellung der Bürger als ein Recht auch des Einzelnen unter ihnen im Verkehr mit Dritten».[69]

Über Städtegründungen nach deutschem, vor allem Lübecker, Magdeburger und Kulmer Recht verbreitete sich die okzidentale Stadt nach Osten – in großer Dichte bis zu einer Linie, die vom livländischen Riga, einer Gründung des Schwertbrüderordens, bis zum ukrainisch-polnischen Lemberg reichte, weniger dicht dann bis zum Dnjepr und vereinzelt auch östlich davon. Der Aufschwung der mittelalterlichen Bürgerstadt wurde von den weltlichen Fürsten im wohlverstandenen Eigeninteresse gefördert: Je besser es den Städten wirtschaftlich ging, desto besser war das für die Einkünfte des Fürsten. Das galt freilich nur, solange ihm die Städte nicht zu mächtig wurden. Die Städte konnten auch wichtige Verbündete in den Auseinandersetzungen zwischen Königtum und Papsttum oder zwischen dem deutschen König und den deutschen Fürsten sein. Nirgendwo zogen die Städte aus dem Investiturstreit so viel Nutzen wie in Oberitalien. In Deutschland hingegen waren die Fürsten die lachenden Dritten, was längerfristig zu Lasten *der* Städte ging, denen es nicht gelang, reichsunmittelbar zu werden.

Die Entstehung der mittelalterlichen Bürgerstadt war *keine* Folge der Papstrevolution. Beide «Revolutionen» waren aber nur möglich, weil nach dem Sieg Ottos des Großen über die Ungarn bei Augsburg im Jahre 955 die Gefahr äußerer Invasionen erst einmal gebannt war und die innere Befriedung des Okzidents deutliche Fortschritte machte. Daß der historische Kompromiß im Investiturstreit der Sache des Bürgertums zugute kam, liegt auf der Hand: Hätte das Papsttum oder das Königtum gesiegt, wäre der Spielraum für die Entfaltung bürgerlicher Freiheiten ein viel geringerer gewesen als unter den Bedingungen des prekären Gleichgewichts zwischen geistlicher und weltlicher Gewalt.

Feudalismus und beginnende Nationalstaatsbildung: Der Geist des Dualismus

Das städtische Bürgertum war kein Fremdkörper in der Feudalgesellschaft des Mittelalters. Wenn auch seine Entstehung in Gestalt der «conjuratio» revolutionäre Züge trug, so fügte es sich doch in den Sozialkosmos einer agrarisch und hierarchisch geprägten Umwelt ein, die sich ihrerseits den Städten anpaßte: Auch Landgemeinden, die nicht in den Genuß des Stadtrechts kamen, also Dörfer blieben, erlangten häufig so viele Mitwirkungs- oder Selbstbestimmungsrechte, daß die Trennlinie zwischen Stadt- und Landgemeinde zu verschwimmen begann.[70]

Der Aufstieg des Bürgertums vollzog sich nicht als linearer Prozeß, und die Bürger waren auch nicht die einzigen Träger von Rationalität in der mittelalterlichen Gesellschaft. Der europäische Feudalismus selbst war in seiner Entstehungs- und Blütezeit ein durchaus rationales oder genauer, mit Blick auf die damaligen Herausforderungen von Herrschaft formuliert, ein zweckrationales Phänomen. Der deutsche Historiker Otto Hintze hat 1929 drei Funktionen unterschieden, in denen sich der Feudalismus auswirkte. Es waren «1. die militärische: Aussonderung eines hochausgebildeten, dem Herrscher in Treue verbundenen berufsmäßigen Kriegerstandes, der auf Privatvertrag beruht und eine bevorrechtigte Stellung einnimmt, 2. die ökonomisch-soziale: Ausbildung einer grundherrschaftlich-bäuerlichen Wirtschaftsweise, die diesem privilegierten Kriegerstand ein arbeitsfreies Renteneinkommen gewährt, 3. lokale Herrenstellung dieses Kriegsadels und maßgebender Einfluß oder auch selbstherrliche Absonderung in einem Staatsverband, der dazu prädisponiert ist durch eine sehr lockere Struktur, durch das Überwiegen der persönlichen Herrschaftsmittel über die anstaltlichen, durch Neigung zum Patrimonialismus und durch eine sehr enge Verbindung mit der kirchlichen Hierarchie.»[71]

Es ist viel darüber gestritten worden, ob es Feudalismus zu bestimmten Zeiten auch in anderen Gesellschaften gegeben hat. Hintze selbst sah in Japan das Land, das zwischen dem 12. und dem frühen 17. Jahrhundert der okzidentalen Erscheinungsform von Feudalismus am nächsten kam: Es habe dort den militärischen, den wirtschaftlich-sozialen und den politischen Feudalismus in voller Ausbildung gegeben, wobei freilich die Vasallen dem Lehnsherrn viel stärker untergeordnet gewesen seien als im Abendland. Im Hinblick auf die arabischen Reiche und das osmanische Imperium wollte der Autor hingegen nicht von Feudalismus sprechen, weil es hier zwar ein entwickeltes Pfründenwesen, nicht aber den für das fränkische Lehenswesen typischen Status des freien und edlen Vasallen gegeben habe. Auch in Rußland fehlte Hintze zufolge viel zur vollen Ausbildung des Typs «Feudalismus», nämlich dessen politische Seite. Der politische Feudalismus sei in dem Maß abgebaut worden, wie der Dienstadel wuchs. «Der Feudalismus wurde hier je länger je mehr ein Instrument der Autokratie.»[72]

Der Zusammenhang zwischen dem «militärischen», dem «wirtschaftlich-sozialen» und dem «politischen» Feudalismus ist offenkundig. Das mittelalterliche Lehenswesen hatte seinen Ursprung in der Wehrverfassung des Karolingerreiches. Die drei Hauptmerkmale der Kriegführung in diesem engeren «Kerneuropa» waren, so der britische Historiker Robert Bartlett, erstens die beherrschende Stellung der

schweren Reiterei; zweitens die wachsende Bedeutung der Bogenschützen, namentlich der Armbrustschützen; drittens die Entwicklung einer
spezifischen Form der Befestigung, der adligen Herrenburg, die zur
Herausbildung einer neuen Belagerungstechnik zwang.[73]

Nach der normannischen Eroberung im Jahre 1066 galten diese
Merkmale auch für England. Die wichtigste innereuropäische Trennlinie verlief nun, Bartlett zufolge, «allem Anschein nach zwischen jenen Gebieten, in denen es um 1100 bereits Panzerreiter und Burgen
gab, und jenen, in denen dieses nicht der Fall war».[74] Mit anderen
Worten: Das erweiterte «Kerneuropa» umfaßte Frankreich, das rö-
misch-deutsche Kaiserreich und England. Zu «Randeuropa» gehörten
um 1100 alle Gebiete, in denen es weder Panzerreiter noch Bogenschützen noch Burgen gab. Das waren im Westen Wales, Schottland
und Irland, im Norden Skandinavien, im Osten die slawischen Länder,
das Baltikum und Ungarn, im Süden die byzantinisch und islamisch geprägten Territorien.

Die Panzerreiter, Bogenschützen und Burgherren waren Vasallen
eines Lehensherren. Um ihre militärische Funktion erfüllen zu können,
mußten andere, nämlich abhängige Bauern neben ihrem eigenen Land
auch das Land bewirtschaften, das Lehenseigentum ihres adligen
Grundherrn war. So entstand, um Mitterauer zu zitieren, die «zweige-
teilte Grundherrschaft mit ihrer Verflechtung von Wirtschaftsformen
auf Bauernland und grundherrlicher Eigenwirtschaft ... Das Lehenswesen hat in jenen Teilen Europas, in denen es sich durchgesetzt hat,
nicht nur das Verhältnis zwischen Fürst und Adel bestimmt. Auch die
Beziehungen zwischen Herrn und Bauer im Rahmen der Grundherrschaft sind durch das Lehenswesen beeinflußt ... Das Lehenswesen in
seiner Verbindung von ‹feudum› als dinglicher und Vasallität als perso-
naler Komponente ist ein Spezifikum der Entwicklung im Karolingerreich. Es erklärt sich aus den Rahmenbedingungen, unter denen die
karolingischen Heeresreformen erfolgten ... Die Ausbreitung von Lehenswesen und Panzerreitern erfolgte im Gleichklang.»[75]

Eine Grenze hat die Ausbreitung von Lehenswesen und Panzerreitern nicht überschritten: die zum byzantinisch geprägten südöstlichen
und östlichen Europa. Für das Ostreich blieb die im Frühmittelalter
eingeführte «Themenverfassung» bestimmend: ein erst auf Söldner,
später auf Wehrbauern gestütztes Verteidigungssystem. Eine «Feudali-
sierung» hat es im bürokratisch regierten Byzanz, anders als im Okzi-

dent, nicht gegeben.[76] Für Rußland gilt dasselbe. Die Grenze zwischen West- und Ostkirche war auch eine Grenze zwischen unterschiedlichen Gesellschaftsordnungen.

Für den okzidentalen Typ des Feudalismus waren zwei Momente zentral, die historisch singulär zu sein scheinen: erstens die Wechselbeziehung zwischen Herrn und Vasallen und zweitens die Verbindung von feudaler Gesellschaft und ständischer Verfassung. Was das Verhältnis zwischen Herrn und Vasallen angeht, so hat Bloch es als «Wechselbeziehung auf der Grundlage ungleicher Pflichten» charakterisiert. «Der Vasallenvertrag verband zwei Männer, die *per definitionem* nicht auf gleicher Stufe standen. Nichts ist in dieser Beziehung beredter als eine Verfügung des alten normannischen Rechtes: Wenn der Herr, der seinen Vasallen getötet hat, der Vasall, der seinen Herrn getötet hat, einer wie der andere mit dem Tode bestraft wurden, so ist doch das Verbrechen gegen den Höhergestellten unzweifelhaft das verruchtere, denn es allein zieht das entehrende Hängen nach sich. Doch wie auch immer das Mißverhältnis zwischen den auf der einen und auf der anderen Seite geforderten Bedingungen ausgesehen haben mag, bildeten sie nichtsdestoweniger ein unauflösliches Ganzes; die Voraussetzung für den Gehorsam des Vasallen war die Genauigkeit, mit der der Herr seine Verpflichtungen einhielt.»[77]

Die vertragliche Bindung zwischen Herrn und Vasallen erfolgte durch das Schwören eines Eides – eine feierliche wechselseitige Verpflichtung, in der die gallorömische «commendatio» (Treueid), der aus dem germanischen Gefolgschaftswesen stammende Treueid und die Sakralisierung des Eides durch die Kirche zusammenflossen. Eine solche beschworene, für beide Seiten verbindliche Verpflichtung gingen seit dem 9. Jahrhundert auch der König und die Großen seines Reiches ein. Der Krönungseid des Königs fand seine Entsprechung im Schwurverband seiner nächsten Vasallen. Brach der König seinen Eid, ließ sich daraus ein kollektives Widerstandsrecht der Großen ableiten.

«Schon im 9. Jahrhundert bilden sich im Karolingerreich wesentliche Elemente jener kontrollierten Fürstenmacht aus, die späterhin die Basis für den Dualismus von Fürst und Ständen darstellen», schreibt Mitterauer. «Die personalen Beziehungen des Lehenswesens bilden den Rahmen für diese Verpflichtungen auf Gegenseitigkeit.» «Consilium et auxilium», Rat und Hilfe: die schon für das 9. Jahrhundert belegte Formel brachte prägnant zum Ausdruck, daß neben dem Waffendienst auch die Beratung des Lehensherrn zu den Pflichten der Vasallen gehörte. Umgekehrt war der Herr verpflichtet, ihren Rat einzuholen.[78]

Otto Hintze hat schon 1931 auf die «merkwürdige Tatsache» hingewiesen, «daß sich ständisch-repräsentative Verfassungen als bodenständige Erscheinung nur im christlichen Abendlande, hier aber ziemlich allgemein finden, in der übrigen Welt dagegen nicht». In den Hoftagen des fränkischen Reiches, die sich teilweise zu förmlichen Reichstagen ausweiteten, sah er eine weltliche und eine geistliche Tradition nachwirken: die «alte Heerschau des Märzfeldes, die Umformung der altgermanischen Landgemeinde,» einerseits, die «kirchlichen Nationalkonzilien und Synoden» andererseits. «So haben wir hier also eine Institution, die aus zwei welthistorischen Quellen zusammengeflossen ist, aus germanischem Herkommen und aus kirchlicher Satzung. Man wird annehmen dürfen, daß das Vorbild der kirchlichen Konzilien für die anstaltliche Verfestigung und die körperschaftliche Ausgestaltung dieser Repräsentativversammlungen von maßgebendem Einfluß gewesen ist.»[79]

Den Begriff der «repraesentatio» kannte schon die lateinische Antike. Er wurde auch vom Kirchenvater Tertullian (um 200) zur Charakterisierung der frühen Konzilien («repraesentatio totius nominis Christiani») verwandt, wenngleich noch nicht im Sinne von «Vertretung», sondern lediglich von «Versammlung» oder «Zusammenkunft». Die moderne Bedeutung von «Vertretung» findet sich in juristischen, kirchlichen und politischen Quellen des späten Mittelalters. Der Philosoph und Theologe Nikolaus von Kues, der als Bischof von Brixen starb, ordnete um 1433 in seiner «Concordantia catholica» die Reichstage des römisch-deutschen Kaiserreichs umstandslos als weltliche Entsprechung der Konzilien ein.[80]

Zwischen Tertullian und dem Kusaner lag die «Papstrevolution» des 11. Jahrhunderts. Die anstaltliche Verfestigung der Kirche wurde, wie wir gesehen haben, zum Vorbild der anstaltlichen Verfestigung weltlicher Herrschaft. Die innere Staatsbildung ging einher mit der Herausbildung eines europäischen Staatensystems und wurde durch sie weiter vorangetrieben. Herrscher, die mit ihresgleichen um Macht und Geltung wetteiferten, bedurften eines dauerhaften Rückhalts bei denen, die im Innern des Landes über Macht und Einfluß verfügten. Auf der anderen Seite konnten die umworbenen Großen ihrerseits etwas fordern: die förmliche Verbriefung ihrer Rechte und damit die Institutionalisierung ihres Anspruchs auf Mitsprache.

Auf eine Weise, die sich der Nachwelt besonders eingeprägt hat, geschah dies am 15. Juni 1215 auf der Wiese Runnymede an der Themse in England. König Johann «Ohneland», politisch geschwächt durch die Niederlage, die ihm im Jahr zuvor die Franzosen in der Schlacht von Bouvines zugefügt hatten, mußte den aufständischen Baronen in der Magna Charta Libertatum Rechte zugestehen, die seiner Macht Fesseln anlegten. Der König war fortan an das Recht gebunden; er durfte ohne Zustimmung eines Ausschusses der Kronvasallen, der als Vertretung des ganzen Landes galt, keine Abgaben erheben, kein freier Mann durfte gefangengenommen oder um seinen Besitz gebracht werden, wenn nicht ein Gericht aus Standesgenossen oder das Gesetz des Landes dies erlaubte.

Die Magna Charta bedeutete nicht das Ende des Machtkampfes zwischen dem König und seinen Vasallen. Aber hundert Jahre später stand fest, daß der niedere Adel, die «gentry», und das städtische Bürgertum den größten Nutzen aus dem Konflikt gezogen hatten. Das Parlament (der Begriff läßt sich bis in die Mitte des 13. Jahrhunderts zurückverfolgen) war die anerkannte Vertretung des Landes. Seit Mitte des 15. Jahrhunderts bildeten sich das Unterhaus als Vertretung der Grafschaften und Kommunen und das Oberhaus, in dem die Barone des Königreiches saßen, als getrennte Einrichtungen heraus, wobei die niedere Kammer schon damals über mehr Macht verfügte als die höhere.

Hintze hat die ständische Verfassung als doppelpoliges System beschrieben. «Ihr einer Pol liegt am Hofe des Königs, in der Verbindung der Stände mit ihm, in ihrer Abhängigkeit von seiner Gewalt. Der andere Pol liegt im Lande, in der lokalen Herrschaftssphäre der Stände selbst, ihrer genossenschaftlichen Verbindung untereinander … In Frankreich und den deutschen Ländern überwiegt im allgemeinen der herrschaftliche Faktor, in England, Skandinavien und dem Osten (gemeint sind damit das alte Böhmen, Polen und Ungarn, H.A.W.) mehr der genossenschaftliche. Die eine Hälfte neigt zum Absolutismus, die andere zum Parlamentarismus.» Die Entwicklung hin zum Parlamentarismus war aus Hintzes Sicht dort vorgezeichnet, wo sich, wie in England, ein Zweikammersystem durchsetzte; dagegen begünstigte ein Dreikammersystem wie in Frankreich mit getrennten Vertretungen von hoher Geistlichkeit, hohem Adel und «drittem Stand» die Entwicklung in Richtung Absolutismus.[81]

Die These ist umstritten, weil sie offenkundig zu schematisch ist. Wichtiger ist jedoch, was Hintze als das gemeinsame Merkmal der okzidentalen Repräsentativverfassung herausgearbeitet hat: die Teilung der weltlichen Macht, die Ausbildung eines Dualismus von Land und Herrscher. Zu den Voraussetzungen dieses Prozesses gehörte das Einungswesen, dem wir bereits, in Gestalt der «conjuratio», bei den frühen Stadtgründungen und den Universitäten des Mittelalters begegnet sind. Die Tradition der Einung erleichterte es wiederum Adel und Bürgertum, zum Gegengewicht der Krone aufzusteigen, dem Prinzip der Herrschaft das Prinzip der Genossenschaft entgegenzusetzen.[82]

Es sei der «dualistische Geist, der im Abendland die ständischen Verfassungen hervorgebracht» habe, so lautet Hintzes Verdikt.[83] Dualistisch war schon die Trennung der weltlichen von der geistlichen Gewalt gewesen; dualistisch war alles, was innerhalb der weltlichen und der kirchlichen Sphäre auf eine Trennung von ausführender Gewalt auf der einen, beratender, kontrollierender, gesetzgebender Gewalt auf der anderen Seite hinauslief; dualistisch war das Neben- und Miteinander von grundherrlicher und bäuerlicher Landwirtschaft. Wenn es *ein* herausragendes Kennzeichen des Okzidents gibt, dann ist es dieses: der Geist des innerweltlichen Dualismus, der den Keim der Freiheit in sich trug.

Ständische Vertretungen entstanden in Europa im Zusammenhang mit Staatsbildungsprozessen. Ihr Ziel war die Zusammenfassung von Zuständigkeiten, die das Territorium insgesamt betrafen, bei Fürst und Ständen. In West- und Nordeuropa bedeutete Staatsbildung: Grundlegung von Nationalstaaten unter *einem* Monarchen und mit Ständen, die die von ihm regierten Gebiete vertraten. Das war so im Königreich England und im Königreich Frankreich, die im Hundertjährigen Krieg (1339–1453) erbittert darum stritten, wer über große Teile des heutigen Westfrankreich herrschen sollte. Der Krieg endete damit, daß England seinen gesamten Festlandsbesitz außer Calais verlor. In Spanien erhielt die Nationalstaatsbildung einen gewaltigen Auftrieb durch die Vereinigung der Königreiche Kastilien und Aragon im Jahre 1479. Von mittelalterlichen Anfängen einer Nationalstaatsgründung kann man auch im Falle der Königreiche Portugal und Schottland sprechen.

Die Königreiche des späten Mittelalters waren alles andere als einheitliche Gebilde. Fast alle umfaßten fremdsprachige Gebiete, die sie ihrer Herrschaft unterworfen hatten. Der König von England herrschte seit dem späten 13. Jahrhundert über Wales, der König von Frankreich über die Bretagne, das provenzalisch sprechende Languedoc, über Katalanen und Basken nördlich der Pyrenäen; in Spanien herrschten die «Katholischen Könige» von Kastilien und Aragon über katalanisch und baskisch sprechende Provinzen. In Nordeuropa waren die drei Königreiche Dänemark, Norwegen und Schweden zwischen 1397 und 1523 (mit Unterbrechungen) in der Kalmarer Union vereinigt. Die norwegische Krone trug bis 1814 der dänische König.

Eine Politik, die auf sprachliche Vereinheitlichung, die Durchsetzung einer für alle verbindlichen Hochsprache, abstellte, war dem Mittelalter noch fremd. Der Begriff «Nation» aber wandelte sich allmählich im Zuge der Nationalstaatsbildung. Hatte er zuvor an Universitäten, auf Konzilien und bei der Organisation ausländischer Kaufleute in westeuropäischen Handelsstädten als ein pragmatisch gehandhabtes Mittel der Gruppeneinteilung gedient, so stieg er im 15. Jahrhundert zu einem allgemeinen Mittel der politischen Welteinteilung auf.

Wo die Nationsbildung von der Monarchie ausging, erhielt der Begriff der Nation einen Bezug auf den Staat. Das war vor allem in Westeuropa der Fall. Im östlichen Mitteleuropa hingegen gab es im späten Mittelalter zwei Königreiche, Polen-Litauen, von 1386 bis 1569 durch eine Personalunion, danach durch eine Realunion verbunden, und Ungarn, die multiethnische Vielvölkerreiche bildeten. Hier konnten sich die Ethnien, die nicht zur jeweiligen Titularnation gehörten, nur über die gemeinsame Sprache als Nation definieren und durch Pflege sprachlicher und kultureller Besonderheiten zur Nation entwickeln.

Anders und doch in manchem ähnlich lagen die Dinge im Heiligen Römischen Reich – dem Sacrum Imperium, wie es erstmals 1157 in der Kanzlei des Stauferkaisers Friedrich I. genannt wurde. Der Zusatz «deutscher Nation» kam erst Ende des 15. Jahrhunderts hinzu. Er bedeutete ursprünglich keine Gleichsetzung von römischem Reich und deutscher Nation, sondern eine Einschränkung: Gemeint waren die «deutschen Lande» als Teil, freilich auch als Kern des Reiches, abgehoben vom «welschen» Reichsitalien wie auch vom französischsprachigen Burgund, das seit 1034 zum Reich gehörte. Deutsche wie Italiener konnten sich mangels einer irgendwie gearteten Verwaltungseinheit nicht durch einen Staat, sondern nur durch die gemeinsame Sprache mit der eigenen Nation verbunden fühlen. Das schloß deutschen Stolz auf das Reich nicht aus – sofern denn der aktuelle Zustand des Reiches zu solchem Stolz Anlaß gab.

In Ansätzen bildeten sich also bereits im Mittelalter zwei unterschiedliche Nationsbegriffe heraus: ein staatlich-politischer in Westeuropa und ein sprachlich-kultureller, der sich bei Deutschen und Italienern sowie im östlichen Mitteleuropa durchsetzte. In Nordeuropa lagen die Dinge weniger eindeutig. In Dänemark und Schweden konnte sich die Nation nach dem Ende der Kalmarer Union sowohl sprachlich als auch staatlich definieren. In Norwegen und Island hingegen, die jahrhundertelang von Dänemark aus regiert wurden, wirkte die Sprache identitätsstiftend, in abgeschwächter Form auch in Finnland, das erst einen Teil des Königreichs Schweden bildete, bevor es 1721 teilweise und 1809 ganz dem russischen Zarenreich einverleibt wurde.[84]

«Daß es Nationen gibt, ist historisch das Europäische an Europa», hat der deutsche Historiker Hermann Heimpel einmal bemerkt.[85] Vielleicht sollte man etwas weniger apodiktisch formulieren: Daß es Nationen gibt, ist eines der Wesensmerkmale Europas. Wie immer sie sich definierten, ob vorwiegend sprachlich-kulturell oder staatlich-politisch, die Vielfalt der Nationen gehört zum mittelalterlichen Erbe Europas. Sie waren ein Ausdruck jenes Pluralismus, der allem Streben nach Universalherrschaft entgegenstand. Was vom Prinzip des Dualismus gilt, trifft auch für den Pluralismus in allen seinen Erscheinungsformen zu: Er barg und birgt ein Element der Freiheit in sich.

Verhinderte Weltherrschaft: Krise und Niedergang des Reiches

Ansätze zu einer Universalherrschaft gingen Mitte des 12. Jahrhunderts vom Heiligen Römischen Reich aus. Zunächst waren es nur «ideologische» Ansprüche, die in der Kanzlei Kaiser Friedrichs I. («Barbarossa») artikuliert wurden. Die anderen europäischen Könige waren aus der Sicht der staufischen Propagandisten nur Kleinkönige («reguli»). Der Archipoeta, ein Dichter aus dem Kreis um den kaiserlichen Kanzler Rainald von Dassel, träumte sogar von deutscher Weltherrschaft, und dasselbe tat der unbekannte Verfasser des «Spiels vom Antichrist», das um 1160 im Kloster Tegernsee entstand. Er wies den Deutschen eine heilsgeschichtliche Sendung zu: Sie bildeten den Kern des Gottesvolkes, und darum waren sie dazu berufen, als letzte dem Antichrist, dem Feind des Vaterlandes, Widerstand zu leisten.

Solange Friedrich Barbarossa herrschte, blieben die Ideen von der Weltherrschaft des Reiches politische Rhetorik. Sein Sohn Heinrich VI. (1190–1197) aber trieb tatsächlich staufische Weltpolitik. Den Anspruch auf die Herrschaft über Sizilien, den er durch Heirat erworben hatte, setzte er mit militärischen Mitteln durch. Den englischen König Richard Löwenherz ließ er bei der Rückkehr vom dritten Kreuzzug gefangennehmen und zwang ihn, sein Land vom Reich als Lehen zu nehmen. Heinrich sicherte sich die Oberhoheit über Armenien, Tunis und Tripolis, erwarb staufische Erbansprüche auf Byzanz und dachte wohl ernsthaft an die Eroberung des oströmischen Reiches. Mit dem Versuch, Frankreich in ein Verhältnis der Abhängigkeit vom Reich zu bringen, hatte er keinen Erfolg. Doch es spricht viel dafür, daß ihn nur sein früher Tod, sieben Jahre nach Beginn seiner Regierungszeit, daran gehindert hat, auch nach Westen hin den Weg der Eroberung zu beschreiten und sich dann seinem ehrgeizigsten Ziel zu widmen: der Errichtung einer staufischen Erbmonarchie, die an die Stelle der überlieferten Wahl des Königs durch die Fürsten treten sollte.

Einen mächtigeren Herrscher als Heinrich VI. hat das mittelalterliche deutsche Reich nicht mehr erlebt. Sein Sohn, Friedrich II., der erst 1215, nach einem langen Intervall bürgerkriegsähnlicher Auseinandersetzungen, in Aachen zum deutschen König und fünf Jahre später in Rom zum Kaiser gekrönt wurde, war mehr ein sizilianischer als ein deutscher Herrscher. Die Könige von Frankreich und England dachten nicht daran, ihn oder irgendeinen seiner Nachfolger als einen Herrscher zu betrachten, dem ein höherer Rang zukam als ihnen selbst. Für Deutschland war das wichtigste Ergebnis von Friedrichs Regierungszeit sein Verzicht auf die Ausübung königlicher Hoheitsrechte wie des Zoll- und Münzrechts zugunsten der geistlichen und weltlichen Fürsten, niedergelegt in der «Confoederatio cum principibus ecclesiasticis» von 1220 und dem «Statutum in favorem principum» von 1232, das sich vor allem gegen die Städte und damit gegen das durch «Stadtluft» freie, dem Zugriff der Feudalherren entzogene Bürgertum richtete.[86]

«Das übernationale Kaisertum wurde zerfressen vom unternationalen Territorialismus»: So lautet die pointierte Formel des Historikers Ludwig Dehio. Die Fürsten gingen in der Tat als die eigentlichen Sieger aus der Krise des hochmittelalterlichen Reiches hervor. Sie hatten schon während des Investiturstreits als zeitweilige Verbündete des Papstes im Kampf gegen den deutschen König an Macht gewonnen. Die Urkunden von 1220 und 1232 festigten die territorialstaatliche Entwicklung Deutschlands. Eingesetzt hatte dieser Prozeß aber bereits früher, im 12. Jahrhundert, und zwar mehr durch Landesausbau in Gestalt von Siedlung und Verdichtung von Herrschaft als durch Übertragung königlicher Rechte. Das galt für die altdeutschen Gebiete im Westen, Süden und Norden wie für die neuen Territorien östlich der Elbe, die im Gefolge von Eroberung, Slawenmission und Ostkolonisation «eingedeutscht» worden waren. Die Staatsbildung fand in Deutschland nicht auf der Ebene des Reiches, sondern auf der niedrigeren Ebene des Territorialstaates statt: eine Tatsache, die den Gang der deutschen Geschichte geprägt hat und in der föderalen Ordnung der Bundesrepublik Deutschland, einem Fall von vertikaler Gewaltenteilung, bis heute fortwirkt.

Ein ferner Vorläufer des Bonner Grundgesetzes von 1949 stammt aus der Zeit Kaiser Karls IV. (1346–1378): die Goldene Bulle von 1356, die fortan die Verfassung des Heiligen Römischen Reiches war. Die Goldene Bulle regelte erstmals und verbindlich die Königswahl durch die Kurfürsten. (Es waren damals sieben, nämlich die Erzbischöfe von Köln, Mainz und Trier, der König von Böhmen, der Herzog von Sachsen, der Pfalzgraf bei Rhein und der Markgraf von Brandenburg.) Ihre Erblande wurden für unteilbar erklärt; es galt der Grundsatz des Erstgeburtsrechts. Die Kurfürsten bildeten den ersten Stand des Reiches und seit 1489 die erste Kurie des Reichstags, gefolgt vom Reichsfürstenkollegium, dem Fürsten, Reichsgrafen und Prälaten angehörten, und dem Kollegium der Reichsstädte. Alle drei Kollegien und der Kaiser (oder römische König) mußten zustimmen, damit ein Reichsgesetz zustande kam. Entsprechendes galt für die Ebene der weltlichen Territorien: Grundlegende Beschlüsse bedurften der Übereinstimmung von Landesherr und Landständen, meist bestehend aus Geistlichkeit, Ritterschaft und Städten.[87]

In Reichsitalien waren es nicht Fürsten und Stände, sondern die großen oberitalienischen Städte, die Staatsbildung betrieben: Die Stadtrepubliken Mailand, Venedig, Genua, Florenz und Siena übertrafen nicht nur die bedeutendsten deutschen Reichsstädte, sondern auch die meisten deutschen Fürstenherrschaften, was wirtschaftliche Macht und politischen Einfluß anging. Republikanisch verfaßt waren auch jene verbündeten Städte und Talschaften, aus denen sich zwischen dem 13. und 15. Jahrhundert die Eidgenossenschaft der Schweizer herausbildete. Es gab im Mittelalter Gegengewichte zur feudalen Ordnung: keine modernen Demokratien zwar, aber rückblickend gesehen doch Vorgriffe auf das, was viele Jahrhunderte später überall im Okzident an die Stelle der fürstlich und ständisch geprägten Gesellschaft treten sollte.

Individualität versus Institution: Beginnende Selbstsäkularisierung des Christentums

Das mittelalterliche Europa der Nationen verlor über seiner Vielfalt nicht die Einheit. Jedenfalls galt das für den Teil Europas, der sein geistliches Zentrum in Rom hatte, also für den Okzident. Seinen Zusammenhalt stiftete der gemeinsame Glaube. Der Glaube wurde gefestigt durch intensive transnationale Erfahrungen wie Pilgerfahrten. Neben Rom und Jerusalem wurde Ende des 11. Jahrhunderts das galicische Santiago de Compostela im äußersten Nordwesten Spaniens, nahe der Atlantikküste, zum wichtigsten europäischen Wallfahrtsort. Der Legende zufolge befand sich dort das Grab des Apostels Jacobus des Älteren. Pilger, die einmal in Santiago gewesen waren, durften sein Abzeichen, die Jakobsmuschel, tragen.

Auf den Pilgerwegen nach Santiago entstanden Klöster, Kirchen, Kapellen und Herbergen, die zu einem großen Teil noch heute, vor allem in Frankreich und Spanien, an diese Massenbewegung zumeist armer Laien erinnern. Unter ihren aktiven Förderern ragten die Reformmönche von Cluny hervor. Zwei der vier großen Pilgerwege nach Santiago nahmen ihren Ausgang in cluniazensischen Abteien: Vézelay in Burgund und St. Gilles in der Nachbarschaft des südfranzösischen Arles. Über die Pilger verbreitete sich auch der romanische Baustil über das alte kontinentale Kerneuropa hinaus bis nach England, Wales, Irland und Schottland, nach Skandinavien, Polen und Ungarn. So entstand die erste gemeinsame europäische Kunstepoche – europäisch auch hier in den Grenzen des Okzidents. Was von der Romanik gilt, trifft auch für die folgende Kunstepoche, die Gotik, zu: Sie erfaßte und prägte Europa, soweit es zum Okzident gehörte.[88]

Gemeinsame Epochen gibt es wie in der Kunst- so auch in der Geistesgeschichte. Die erste prägende geistesgeschichtliche Erfahrung des

mittelalterlichen Okzidents war die Scholastik. Ihr wichtigstes Wesensmerkmal, die Verbindung von Theologie und Philosophie, war nicht
von vornherein im Christentum angelegt, und nur im westlichen oder
lateinischen Christentum ist es, beginnend mit dem 9. Jahrhundert, zu
dieser Verbindung gekommen.

Die Annäherung von Philosophie und Theologie führte zu dem, was
der deutsche Philosoph Oswald Schwemmer die «geistige Selbst-Säku-
larisierung des Christentums» genannt hat. Einer ihrer frühesten Wortführer war Berengar von Tours (um 1000 bis 1088). Er bemühte sich in
seiner Schrift «De sacra coena adversus Lanfrancum» mit den Mitteln
der Dialektik um den Nachweis, daß das Brot beim Abendmahl sich
nicht in den wirklichen Leib Christi verwandle, sondern diesen nur
symbolisch repräsentiere. Die tatsächliche Veränderung, die Transsub-
stantion, vollziehe sich in den Seelen der Gläubigen. Schwemmer sieht
in diesem Auftakt der Auseinandersetzung zwischen Theologie und
Philosophie «einen Versuch zur Entmythologisierung avant la lettre»
und darüber hinaus «die systematische Wortmeldung eines Denkens,
das sich von den Autoritäten lösen will und sich selbst die Erkenntnis
der Wahrheit zutraut».

Das Konzil von Rom verurteilte zwar 1050 diese Deutung als Irr-
lehre, und 1079 mußte Berengar unterschreiben, daß er an die substan-
tielle Verwandlung von Brot und Wein in Leib und Blut Christi glaube.
Aber geschrieben war geschrieben: Der Gedanke einer rationalen, ent-
mythisierenden Interpretation der christlichen Botschaft war geboren
und ließ sich durch Konzilsbeschlüsse nicht mehr aus der Welt schaffen.
Es war ein Einzelner, der diesen Gedanken geäußert, ein Individuum,
das aus eigener Einsicht die Autorität einer Institution, der Kirche,
herausgefordert hatte. Individualität versus Institution: Dieses Grundthema des Westens hat eine Geschichte, die bis weit ins Mittelalter zu-
rückreicht.

Schwemmer zieht eine Parallele zwischen Berengar von Tours und
Franz von Assisi (1182–1226), dem Gründer des Franziskanerordens,
der sich mit seiner Deutung der Nachfolge Christi in evangelischer Armut ebenfalls gegen die Autorität der Kirche gestellt habe. «Das Unerhörte daran ist ein Doppeltes: Ein Einzelner stellt sich gegen die umfassende Ordnung, in der und durch die er überhaupt erst seine geistige
Existenz und damit auch seine persönliche Individualität gewonnen
hat. Und eben dieser Einzelne artikuliert eine Überzeugung, die sich an

die Einsicht eines jeden Einzelnen richtet, der in der Tradition der kirchlichen Verkündigung steht. Das heißt: jeder Einzelne kann für sich zu dieser Überzeugung gelangen, kann sich dabei zugleich auf die Tradition der kirchlichen Verkündigung berufen und gegen die konkrete Form der Tradierung wenden. Die Einsicht der Einzelnen stützt sich auf Gründe, die durch eben die Tradition, gegen die sich diese Einsicht richtet, bereitgestellt werden. Damit ist die Tradition für Revisionen und Transformationen geöffnet, und zwar im Grunde für jede Art von Revisionen und Transformationen – solange es diesen überhaupt gelingt, ihre Gründe in der Tradition selbst zu verankern.»[89]

Einen ungleich größeren Einfluß als Berengar von Tours hatte zwei Generationen später der Scholastiker Petrus Abaelard (1079–1142), der in «Sic et non», der berühmtesten seiner Schriften, den Zweifel zum Prinzip der Erkenntnis erhob. Vom Zweifel nahm Abaelard nichts aus, weder die Trinität noch die Vorurteile der Christen und Juden und auch nicht die eigene Lebensgeschichte. «Jedwede Unterscheidung von wahr und falsch unterliegt in der Weise der Dialektik, daß sie den Ausgangspunkt jeglicher Philosophie bietet», heißt es in seiner «Dialektik». Die Dialektik war für ihn die «Disziplin der Disziplinen: sie lehrt das Lehren, sie lehrt das Lernen; in ihr zeigt sich die Vernunft selbst und eröffnet, was sie ist und was sie intendiert. Sie weiß das Wissen.»

Es war, wie Johannes Fried schreibt, eine «Apotheose der Vernunft», die Abaelard seiner Theologie zugrunde legte. «Die Welt hatte Gott rational geordnet, den Menschen aber, die Krone seiner Schöpfung, hatte er dieser Vernunft teilhaftig werden lassen; so konnte der Mensch Gott rational erkennen als die ‹Natur der Dinge›, als die ‹Weltseele›, als das ‹höchste Gut›. Cicero, Platon, Salomon und Paulus, die Weisen der Heiden, Juden und Christen, vereinten sich in Abaelards Theologie zu der philosophischen Erkenntnis des einzigen Gottes.»

Als Moralphilosoph, der er auch war, stellte Abaelard das Postulat auf, daß das, was ein Täter beabsichtige (und nicht das, was er bewirke), moralisch zähle und das Wesen der Schuld ausmache. Der Mensch gebrauche nach Maßgabe der Vernunft seinen freien Willen (liberum arbitrium) selbstbestimmt; Sünde sei erst der Konsens der bösen Tat, nicht diese als bloßes Tun. Deshalb seien auch die Juden, die Jesus in gutem Glauben gekreuzigt hätten, nicht zu Sündern und Gottesmördern geworden. In den Worten von Fried: «Der freie, von eigener Einsicht gelenkte Wille wurde zur Grundlage eigener Lebensgestaltung, in eigenverantwortlicher, aber grundsätzlich korrigierbarer Willensbetätigung. Es war, weil dieser ‹freie Wille› keinem Menschen vorzuenthalten war, keinem Knecht, keiner Magd, ein einschneidender Schritt zur Begründung menschlicher Freiheit schlechthin, ein unverwechselbares Kennzeichen abendländischer Kultur, auch wenn dieselbe zu Abaelards Zeit noch in weiter Ferne lag.»[90]

Im Zeichen des Schismas: Der Verfall der kirchlichen Einheit

Die Arrangements, mit denen im frühen 12. Jahrhundert der Investiturstreit beigelegt worden war, bedeuteten weder für die Kirche noch für die weltlichen Gewalten einen Verzicht auf weitere Versuche, die jeweils andere Seite der eigenen Oberhoheit zu unterwerfen. Im Jahre 1302 bekräftigte Papst Bonifaz VIII. den Standpunkt der Kurie, daß das Papsttum allen Herrschaften übergeordnet sei. Zwei Schwerter seien in der Hand des Papstes, so hieß es in der gegen König Philipp den Schönen von Frankreich (1285–1314) gerichteten Bulle «Unam Sanctam»: ein geistliches und ein weltliches. Beide seien in der Gewalt der Kirche, nur daß das geistliche Schwert *von* der Kirche, das weltliche aber *für* die Kirche geführt werde.

Die päpstliche Herausforderung fand die entschiedensten Antworten in den werdenden Nationalstaaten Frankreich und England. Beide schränkten die päpstlichen Steuereinnahmen aus Kirchengut rigoros ein und trieben damit die Nationalisierung «ihrer» Kirche voran. Den französischen Königen gelang es zeitweilig sogar, die geistlichen Oberhäupter der Christenheit zu Werkzeugen der französischen Politik zu machen. Von 1309 bis 1377, in der Zeit der «babylonischen Gefangenschaft der Kirche», residierten die Päpste in Avignon (das bis 1347 formell ein Reichslehen in der Hand des Königs von Neapel war, bis es von Papst Clemens VI. gekauft wurde); im Kardinalskolleg gab es eine französische Mehrheit.[91]

Das Sacrum Imperium konnte den nationalkirchlichen Weg nicht beschreiten, weil er den universalen Anspruch des Reichs gefährdet und die Landesfürsten auf den Plan gerufen hätte, die sich anschickten, in ihren Territorien Landeskirchen zu errichten, also «Papst im eigenen Lande» zu sein. Auf den weltlichen Machtanspruch der Päpste und ihre wachsende Abhängigkeit von Frankreich reagierten die publizistischen

Helfer der deutschen Kaiser mit programmatischen Manifesten. Dante, als politischer Schriftsteller ein Parteigänger Kaiser Heinrichs VII. (1308–1313), schrieb um 1310 in seiner Schrift «Monarchia» dem Reich, das für ihn nach wie vor das römische war, die Aufgabe zu, weltweit den Frieden zu sichern. Die weltliche Herrschaft sei nicht von der geistlichen eingesetzt worden, sondern habe ihr eigenes Recht im menschlichen Recht; der Kaiser sei unmittelbar zu Gott und das Reich älter als die Kirche.[92]

Ähnlich argumentierten der italienische Staatsdenker Marsilius von Padua und der englische Franziskaner und scholastische Philosoph Wilhelm von Ockham. Als politische Mitstreiter Kaiser Ludwigs des Bayern (1314–1347) stellten beide der kurialen Lehre von der «translatio imperii» eine demokratisch anmutende, die Lehre von der Volkssouveränität vorwegnehmende Version gegenüber: Die Übertragung des römischen Reiches von den Griechen auf die Deutschen im Jahre 800 sei nicht, wie von Papst Innozenz III. 1202 in der Bulle «Venerabilem» erneut behauptet, durch päpstliche Machtvollkommenheit, sondern auf Grund des Willens des römischen Volkes erfolgt. Doch was Dante, Marsilius und Ockham als Publizisten zu Papier brachten, waren bloße Postulate: Das Reich des späten Mittelalters hatte weniger denn je die Macht, seinen universalen Ansprüchen politische Geltung zu verschaffen.[93]

Wirkungen hatte hingegen die Antwort, die die deutschen Mystiker des späten 13. und des 14. Jahrhunderts, von Meister Eckhart über Heinrich Suso bis Johannes Tauler, auf die Verweltlichung der Kirche gaben: die Wendung nach innen. In seinem 1929 erschienenen, damals vielgelesenem Buch «Sacrum Imperium» hat der katholische deutsche Philosoph Alois Dempf den Kampf um die Vertiefung und Verlebendigung der Frömmigkeit in Deutschland als das Gegenstück zur «politischen Reformation» in Frankreich und England interpretiert und es als die weltgeschichtliche Nebenwirkung der deutschen Mystik bezeichnet, daß sie eine «Frömmigkeit ohne Priestertum zu einer weitgreifenden Frömmigkeitsbewegung» gemacht habe.[94] Die Mystik hat, so stellt es sich uns zumindest im Rückblick dar, der Reformation Martin Luthers den Weg geebnet, und der junge Reformator wußte, an welche Traditionen er anknüpfte.

Ungleich radikaler und politischer als die deutsche Mystik waren die religiösen Bewegungen, die mit den Namen von John Wyclif (um

1330 bis 1384) und Jan Hus (um 1370 bis 1415) verknüpft sind. Wyclif, Prediger und Professor an der Universität Oxford, bestritt wie zuvor schon Berengar von Tours die leibliche Transsubstantionslehre, wonach sich beim Abendmahl Brot und Wein in Leib und Blut Christi verwandeln; er stellte das Papsttum in Frage und wandte sich wie eineinhalb Jahrhunderte später Luther gegen Heiligenverehrung, Ablaßwesen, Wallfahrten, kirchlichen Reichtum, das Mönchtum, das Verbot der Priesterehe sowie überhaupt alle kirchlichen Lehren und Bräuche, die sich nicht unmittelbar aus der Bibel ergaben. Ein Vorläufer Luthers war er auch als Bibelübersetzer und Verkünder eines allgemeinen Priestertums der Gläubigen; Calvin kam er darin nahe, daß das Seelenheil für ihn allein eine Frage der göttlichen Vorherbestimmung war.

Wyclif fand anfangs beim Hof, im Bürgertum und bei den Bettelorden viel Unterstützung. Nachdem Papst Gregor XI. 1377 viele seiner Lehren verurteilt hatte, verwarf drei Jahre später auch eine Oxforder Gelehrtenkommission seine Abendmahlslehre. Wyclif verteidigte seine Position, konnte aber nicht verhindern, daß seine Gegner ihn 1381, zu Unrecht, der Anstachelung eines Bauernaufstandes bezichtigten. 1382 verwarf eine Synode in London 24 seiner Lehrsätze als häretisch oder irrig. 1384 starb er. Wyclifs Kirchenkritik aber wirkte bei seinen Anhängern, den Lollarden, anhaltender Verfolgung zum Trotz in vielen englischen Städten und mancherorts auch auf dem Lande bis ins 16. Jahrhundert nach.

Noch stärker war sein Einfluß in einem Teil des europäischen Festlands. Über böhmische Studenten und Adlige gelangten seine Ideen zu dem tschechischen Prediger Jan Hus, der seit 1403 die meisten Lehren Wyclifs gegenüber den deutschen Magistern der Prager Universität verteidigte. Zum Rektor der Hochschule gewählt, stieg Hus zum Führer der religiösen Reformbewegung in Böhmen auf. Als er einer Aufforderung der Kurie, sich in Rom zu rechtfertigen, nicht nachkam, wurde er exkommuniziert. Doch Hus wollte der sichtbaren Kirche Legitimität nur dann zuerkennen, wenn sie das göttliche Gesetz im Sinne des Evangeliums verkündete und danach lebte. 1414 folgte er dem Drängen König Sigismunds, der seit 1410 an der Spitze des Heiligen Römischen Reiches stand, und begab sich, im Vertrauen auf das ihm zugesagte freie Geleit, zum Konzil nach Konstanz. Dort verweigerte er den Widerruf seiner Lehren und bestand auf deren Widerlegung. Im Jahr 1415 wurde er vom Konzil als Häretiker verurteilt und verbrannt.

Für seine Anhänger wurde der Märtyrertod von Jan Hus zum Anstoß, nun erst recht für eine grundlegende Kirchenreform zu kämpfen. Ihr Symbol war der Laienkelch: der Ausdruck des Anspruchs der Gläubigen, daß beim Abendmahl nicht nur der Priester, sondern auch sie von dem geweihten Wein trinken durften. Als der böhmische König Wenzel, dem Druck seines Bruders, des römisch-deutschen Königs und späteren Kaisers Sigismund, wie auch des Papstes nachgebend, hussitische Prediger und Räte aus ihren Ämtern entfernte, nahm die Bewegung immer mehr revolutionäre Züge an.

Auf Massenwallfahrten, vor allem zum Berg Tabor, folgten bürgerkriegsartige Unruhen. Im August 1419 rief König Sigismund, nach Wenzels Tod auch Anwärter auf den böhmischen Thron, zum Kreuzzug gegen die Hussiten auf. Unter Führung Jan Žižkas brachten ihre Bauernheere den Kreuzrittern schwere Niederlagen bei. Um 1426/27 verwüsteten die Hussiten auf mehreren Feldzügen benachbarte deutsche Gebiete in Österreich, Bayern, Franken und Schlesien, aber auch in der Lausitz und Brandenburg. Erst 1433 gelang es, in den «Prager Kompaktaten» die gemäßigten Kräfte der Hussiten – die Calixtiner oder Utraquisten, für die das gemeinsame Abendmahl von Laien und Geistlichen die wichtigste Forderung war – zu einem Kompromiß mit der Kirche zu bewegen, der die Duldung des Laienkelches einschloß. Die radikaleren Taboriten wurden im Jahr darauf vernichtend geschlagen.

In der hussitischen Bewegung vereinigten sich religiöse, soziale und tschechisch-nationale Bestrebungen zu einer revolutionären Kraft: Die bäuerlichen Glaubenskrieger forderten die kirchliche Hierarchie und zugleich die Deutschen heraus, die einen großen Teil der wohlhabenden Bürger und der adligen Grundbesitzer stellten. Für die römische Kirche in Böhmen bedeuteten die Hussitenkriege eine dauerhafte Schwächung. Die Deutschen wurden in Gebiete zurückgedrängt, die an den deutschen Sprachraum grenzten. Die Bauern aber mußten sich damit abfinden, daß nicht sie die Kriegsgewinner waren, sondern ihre adligen Herren, die sich einen großen Teil des kirchlichen und klösterlichen Besitzes angeeignet und damit säkularisiert hatten.[95]

Wäre das Papsttum stärker gewesen, hätte es den Kompromiß mit den gemäßigten Hussiten gewiß zu verhindern vermocht. Das Große Abendländische Schisma – die Zeit von 1378 bis 1417, in der zwei, auf dem Höhepunkt sogar drei Päpste den Stuhl Petri für sich beanspruchten – war zum Zeitpunkt der Prager Kompaktaten zwar längst überwunden, aber die kirchliche und weltliche Autorität der Päpste war durch die Spaltung der Kurie nachhaltig geschwächt. Innerkirchlich war die konziliare Partei, die den Papst grundsätzlich dem Urteil eines Konzils unterwerfen wollte, als Siegerin aus dem Schisma hervorgegangen; das war eines der Ergebnisse des Konzils von Konstanz. Den Ausgleich mit den Calixtinern konnte Kaiser Sigismund Ende 1433 nur mit Hilfe des Konzils von Basel (1431–1449) durchsetzen.

Langfristig noch wichtiger war jedoch der Auftrieb, den die nationalkirchlichen Bestrebungen in Frankreich und auch in England aus der Schwächung des Papsttums zogen. 1438 erließ König Karl VII. von Frankreich die Pragmatische Sanktion von Bourges. Sie bekräftigte den Vorrang des Konzils vor dem Papst, beschränkte das Recht, bei kirchlichen Streitigkeiten den Papst als Schiedsrichter anzurufen, beschnitt die Abgaben an den Papst auf ein Fünftel der bisherigen Höhe und machte die Besetzung kirchlicher Ämter von Wahlen durch Kapitel und Konvente abhängig. Karls Sohn, Ludwig XI., schloß 1472 ein Konkordat mit Papst Sixtus IV., das es dem König von Frankreich erlaubte, die wichtigsten kirchlichen Ämter mit eigenen Vertrauensleuten zu besetzen. Damit war dem Königtum eine weitgehende Nationalisierung der Kirche Frankreichs gelungen; der staatliche «Gallikanismus» hatte den Sieg über den kirchlichen Universalismus davongetragen.

Die englischen Könige aus dem Haus Plantagenet setzten, anders als die französischen aus dem Hause Valois, auf Zusammenarbeit mit dem Papst. Die Bischöfe dienten freilich auch in England mehr dem weltlichen Oberhaupt des Landes als dem geistlichen Oberhaupt der Kirche. Dessen Ansehen hatte seit den Tagen des avignonesischen Papsttums schweren Schaden genommen. In den Worten des englischen Historikers George Macaulay Trevelyan: «Die Verbindung des Papstes mit dem nationalen Feinde während der ersten Hälfte des Hundertjährigen Krieges (1339–1453, H.A.W.) trug dazu bei, das englische Nationalgefühl gegen das Papsttum und alles, was von ihm ausging, einzunehmen, und das folgende Schisma mit seinen rivalisierenden Päpsten vermochte die Achtung gewiß nicht zu erhöhen.»[96] Gleichzeitig stieg das Selbstbewußtsein der Laien, vor allem derer im städtischen Bürgertum. Beide Entwicklungen legten den Grund für die englische Form des Staatskirchentums, den Anglikanismus, der sich 1534, unter Heinrich VIII., auf sehr viel konsequentere Weise von Rom trennte, als es im Jahrhundert zuvor der Gallikanismus in Frankreich getan hatte.

Europa im Umbruch (I):
Binnen- und Außengrenzen des Okzidents

Die weltlichen Herrscher des späten Mittelalters, die ihre Macht auf Kosten des Papstes ausdehnten, waren allesamt gelehrige Schüler der Kirche. Kodifizierung des Rechts, zweckrationale Verteilung der Zuständigkeiten, wirksames Verwaltungshandeln: in alledem konnte der Kirchenstaat den weltlichen Fürsten ein Vorbild sein. Auch die Rezeption des römischen Rechts im ausgehenden Mittelalter wäre ohne die vorangegangene Systematisierung des Kirchenrechts nicht denkbar gewesen. Die Fürsten bedurften der Juristen, die im kanonischen und im römischen Recht geschult waren, um die weltliche von der geistlichen Herrschaft abzugrenzen. Die allgemeinen Rechtsgrundsätze des römischen Rechts waren notwendig, um die überkommenen Sonderrechte feudaler Gewalten zurückzudrängen und zu überwinden. Die Fürsten brauchten fachlich geschulte Richter und Beamte, um sich gegenüber den Großen ihres Territoriums durchsetzen zu können. Der neue öffentliche Dienst entstammte häufig nicht mehr dem Adel, sondern dem Bürgertum. Fachliche Eignung begann wichtiger zu werden als adlige Herkunft, wenn es um die Besetzung wichtiger Funktionen im Staat ging. So wurde der Staatsdienst allmählich zu einer Form bürgerlichen Aufstiegs.

In England verlief die Entwicklung in vielerlei Hinsicht anders als auf dem Kontinent. Eine umfassende Rezeption des römischen Rechts fand auf der Westseite des Ärmelkanals nicht statt. Nur die vom Kronrat eingesetzten königlichen Gerichte versuchten seit Ende des 16. Jahrhunderts das römische Zivilrecht einzuführen; die ordentlichen Gerichte wandten dagegen weiterhin das überkommene Common Law an, das sich im 17. Jahrhundert in allen Zweigen der Gerichtsbarkeit durchsetzte. Während in den entstehenden Nationalstaaten auf dem westeuropäischen Festland – in Frankreich, Spanien und Portugal – die Macht fortschreitend in der Hand des Königs vereinigt wurde, konnte in England das Parlament seine verbrieften Mitwirkungsrechte behaupten. Nicht im Bund mit der Kirche, sondern im Bund mit dem Parlament gründeten die englischen Könige ihren Nationalstaat.

Besonders prägnant hat Trevelyan diesen Unterschied herausgearbeitet: «In Frankreich und Spanien erhielt sich die mittelalterliche Religion, aber die mittelalterlichen Parlamente verfielen und die Einführung des Rechtes der römischen Kaiser lieferte die Grundlage für die absolute Macht des Fürsten. In England war es umgekehrt: Die Religion des Mittelalters ging unter, aber das Parlament, das heimische Gemeine Recht und der verfassungsmäßige Charakter des Königtums blieben bestehen. Der Unterschied zwischen England und dem Festland, insbesondere dem romanischen Europa, den die normannische Eroberung (von 1066, H.A.W.) verwischt hatte, wurde durch diese entgegengesetzte Entwicklung zu beiden Seiten des Kanals wieder verschärft. Englische und französische Kultur, die man seinerzeit kaum zu trennen vermochte, wurden nun nicht nur unabhängig voneinander, sondern stießen einander geradezu ab.»[97]

Während in den National- oder Territorialstaaten des Kontinents das Beamtentum seinen Einfluß auf Kosten ständischer und städtischer Vertretungskörperschaften ausweiten konnte, blieben in England die traditionellen Organe der Selbstverwaltung in Grafschaften und Städten erhalten. Den besoldeten Richtern standen auf dem flachen Land unbesoldete Friedensrichter gegenüber. Der niedere Adel, der sich in den «Rosenkriegen» des 15. Jahrhunderts zwischen den Häusern York und Lancaster zerfleischte und im Gefolge dieser bewaffneten Auseinandersetzung verarmte, verlor seinen früheren Einfluß in der Provinzialverwaltung und im Geheimen Rat, dem Privy Council, zu erheblichen Teilen an bürgerliche Beamte. Die Trennlinien zwischen Gentry und Bürgertum waren fließend: Nur der älteste Sohn eines ländlichen Edelmanns erbte dessen Grundbesitz und Adelstitel, während die jüngeren Söhne Commoners wurden. Auf der anderen Seite war es für Angehörige des Bürgertums in England leichter als auf dem Festland, in den Adel einzuheiraten oder vom König geadelt zu werden.

Wie auf dem Kontinent verlor der «militärische Feudalismus» in Gestalt des Schwertadels im ausgehenden Mittelalter seine Funktion auch in England immer mehr an Söldnertruppen. Aber anders als auf dem Festland trat in England keine absolutistische Militärmonarchie an die Stelle des militärischen Feudalismus; dazu waren die ständisch-parlamentarischen Gegengewichte zur Krone zu stark. Von dem englischen Historiker John Robert Seeley stammt das Wort: «Der Grad der Freiheit innerhalb eines Staates wird immer umgekehrt proportional sein dem Grad des Druckes, dem er ausgesetzt ist.»[98] Wenn England sich im Innern freiheitlicher entwickelte als die meisten Staaten des Kontinents, lag *ein* Grund in der vergleichsweise großen äußeren Sicherheit, die es seiner Insellage verdankte.

Konsequenter und umfassender als auf dem Festland wurden in England während des 14. und 15. Jahrhunderts bislang hörige Bauern befreit: eine Folge des schon erwähnten Aufstands von 1381, aber auch der Einsicht der Grundherren, daß ihren Interessen, vor allem der Bewirtschaftung von «eingefriedetem» Weideland, mit freien, über privates Eigentum verfügenden Bauern (yeomen) und Pächtern besser gedient war als mit Leibeigenen. Als 1485 mit Heinrich VII. das Königshaus der Tudors auf den Thron kam, war die Bauernbefreiung im wesentlichen abgeschlossen. Eine Befreiung von Bauern gab es, obschon nicht flächendeckend, auch im spätmittelalterlichen Frankreich. Philipp der Schöne befreite sogar eine ganze Region, das Languedoc. Seit Mitte des 14. Jahrhunderts setzte sich aber eine neue Form der Hörigkeit durch: die Schollenpflichtigkeit armer Bauern, die, auch wenn sie persönlich frei waren, ihrem Grundherrn drückende dingliche Lasten zu erbringen hatten.[99]

Deutschland bot ein uneinheitliches Bild. In den Gebieten der adligen Grundherrschaft westlich der Elbe hatten sich die Bauern im Hochmittelalter meist durch Geldzahlungen von den persönlichen Lasten der Fronhofswirtschaft, dem Hand- und Spanndienst und der Scharwerkspflicht befreien können. Auf dem Kolonialboden des ostelbischen Deutschland herrschte hingegen der Großbetrieb vor. Aus dem Fronhofsverband entstand der jüngere Typ der Gutsherrschaft. Die adligen Grundherren, die Junker, die in Personalunion auch Dorf-, Steuer- und Gerichtsherren waren, dehnten seit dem späten 15. Jahrhundert ihre Herrschaft durch Bauernlegen, also das Einziehen von Bauernhöfen, aus und drückten freie Bauern auf den Status der Erbuntertänigkeit, eine neue Art von Leibeigenschaft, herab. Ihren Höhepunkt erreichte diese Entwicklung nach dem Dreißigjährigen Krieg. Die zweite Leibeigenschaft machte die ländliche Gesellschaft Ostelbiens «östlicher», dem Osten Europas ähnlicher. Die Grenze zwischen Guts- und Grundherrschaft markierte eine Trennlinie, die Deutschland zu einem Land mit zwei unterschiedlichen sozialen Profilen machte: einem eher bürgerlich und bäuerlich geprägten im Westen und einem überwiegend großagrarisch und feudal geprägten im Osten.[100]

Die sozialgeschichtlich wichtigste Binnengrenze des Okzidents trennte aber nicht nur das westliche vom östlichen Deutschland, son-

dern auch das westliche vom östlichen Mitteleuropa. Die Grenzlinie
entsprach im großen und ganzen der Ostgrenze des karolingischen Reiches um 800. Sie begann am Unterlauf der Elbe, folgte dann der Saale
und der deutsch-tschechischen Sprachgrenze bis hinunter zur Leitha,
die südöstlich von Wien in die Donau mündet. Die zweite Leibeigenschaft breitete sich seit Ende des 15. Jahrhunderts nur östlich dieser
Linie aus. Westlich davon entwickelte sich das städtische Bürgertum
sehr viel kräftiger als auf der Ostseite. Beim landsässigen Adel war es
zumindest quantitativ umgekehrt: Man traf ihn östlich der Elbe-Leitha-
Linie sehr viel häufiger an als westlich davon. In Westeuropa und im
westlichen Mitteleuropa zählte nur jeder hundertste Bewohner zum
Adel; in Ostmitteleuropa war sein Anteil sehr viel höher: vier bis fünf
Prozent in Polen. In Frankreich war gegen Ende des Mittelalters etwa
jeder zehnte Bewohner ein freier Bürger, in Ungarn jeder fünfundvier-
zigste bis fünfzigste.[101]

Der sozialgeschichtlichen Trennlinie entsprachen deutliche politische Unterschiede zwischen westlichem und östlichem Mitteleuropa.
«Im Westen unterwarf der Staat die Gesellschaft, im Osten wurde die
Gesellschaft ‹verstaatlicht›», urteilt der ungarische Historiker Jenö
Szücs. «Osten» meint hier vor allem Rußland. Ostmitteleuropa bildete
in dieser Hinsicht eine Übergangszone: «Die Verwurzelung der westlichen strukturellen Grundelemente, wobei die Wurzelfasern hier viel
dünner waren, verlieh der östlichen Region von Europa occidentalis bereits im Mittelalter eine eigentümliche Ambivalenz ... ‹Westliche›
Strukturen können überall gefunden werden, nur eben bis zu einem
gewissen Ausmaß deformiert.»[102]

Der Adel der Zwischenzone hatte einen triftigen Grund, seine Zuflucht bei einem starken Staat zu suchen: Nur die Staatsmacht konnte
die Bindung des Leibeigenen an die Scholle wirksam durchsetzen. Aus
diesem Interesse erklären sich gewisse «östliche» Züge in der politischen Entwicklung ostmitteleuropäischer Staaten von Brandenburg-
Preußen bis Ungarn. Szücs stimmt dem Verdikt des britischen Historikers Perry Anderson ausdrücklich zu, der absolutistische Staat sei im
Westen eine Kompensation für das Verschwinden der Leibeigenschaft,
im Osten eine Einrichtung zur Konsolidierung der Leibeigenschaft gewesen.[103]

In beiden Fällen war die Stärkung des Staates ursächlich verknüpft
mit einer Krise des Feudalismus, die zugleich eine Krise der Landwirt-

schaft war: Niedrige Getreidepreise trieben im 15. Jahrhundert viele
Bauern, die ihr Land selbständig bewirtschafteten, in neue Formen der
Abhängigkeit vom Grundherrn wie die Schollenpflichtigkeit, in die Verschuldung oder zur Landflucht in die Städte. Große Gebiete verödeten
und wurden zu Wüstungen. Während Bauern und landsässiger Adel
unter der Agrarkrise litten, wuchsen Wohlstand und Einfluß des städtischen Bürgertums. Das galt besonders für das Bürgertum von Städten,
die an großen Fernhandelsstraßen lagen – im deutschen Sprachraum
etwa Köln, Mainz, Frankfurt am Main, Nürnberg, Ulm, Ravensburg,
Augsburg und Basel. Ravensburg war der Sitz der größten oberdeutschen Kaufmannsvereinigung, der Großen Ravensburger Handelsgesellschaft, Augsburg Sitz der international agierenden Handelshäuser
der Fugger und Welser. Nicht minder wohlhabend waren einige seenahe
Handelsstädte – im deutschen Sprachgebiet vor allem Hamburg, Bremen und Lübeck, drei Mitglieder der Deutschen Hanse, eines 1356 in
Lübeck formell gegründeten, tatsächlich sehr viel älteren Zusammenschlusses von Handelsstädten, der aus einer im 12. Jahrhundert entstandenen Kaufmannsgilde hervorgegangen war.

Die Hanse war vom 13. bis zum 16. Jahrhundert ein politischer
Machtfaktor im Nord- und mehr noch im Ostseeraum, ja zeitweilig
eine wirtschaftliche Großmacht. Ihr gehörten zahlreiche rheinische,
westfälische, mittel- und ostdeutsche Städte, darunter Köln, Münster,
Magdeburg, Danzig und Königsberg, aber auch das seit dem frühen
15. Jahrhundert dänische Wisby auf Gotland und das livländische Riga
im Gebiet des Deutschen Ordens an; sie unterhielt Kontore unter anderem in London, Brügge und Nowgorod. Manche oberdeutschen Städte,
obenan Augsburg, gelangten später, gegen Ende des 15. Jahrhunderts,
im Zeichen des Aufstiegs des sogenannten Frühkapitalismus, zu großem politischen Einfluß. Die meisten der reichen oberdeutschen Städte
waren «frei»; sie hatten früher oder später den Status der Reichsunmittelbarkeit erreicht. Aber auch in anderen Städten sammelte sich im späten Mittelalter Kapital an, und das rief regelmäßig die Landesherren
auf den Plan. In den Worten des Historikers Karl Bosl: «Die Landes-
staaten suchten die steigende Steuerkraft der Städte in ihren Dienst zu
stellen, um das Haushaltsdefizit zu decken, das der Rückgang der ländlichen Abgaben infolge der Agrarkrise hervorgerufen hatte.»[104]

Für Osteuropa im engeren Sinn traf das alles nicht zu. Hier vollzog
sich kein Aufstieg der Städte, sondern seit der zweiten Hälfte des

15. Jahrhunderts das Gegenteil: eine Unterdrückung jener Traditionen kommunaler Willensbildung, die sich im mittelalterlichen Kiewer Reich in Gestalt der «Wetsche»-Versammlungen entwickelt hatten. Die Grundtatsache der spätmittelalterlichen Geschichte Rußlands war die Herrschaft der mongolischen, von den Russen tatarisch genannten Goldenen Horde, die von der Mitte des 13. Jahrhunderts bis zum Ende des 15. Jahrhunderts die Oberhoheit über den größten Teil des Landes ausübte. Einen Kultur- und Wirtschaftsaustausch mit dem Okzident pflegten in dieser Zeit nur noch die selbständige Handelsrepublik Groß-Nowgorod, in der die Deutsche Hanse ihr östlichstes Kontor, den Peterhof, unterhielt, und die heute zu Weißrußland und zur Ukraine gehörenden Gebiete, die sich das Großfürstentum Litauen seit dem 13. Jahrhundert im Kampf mit den Mongolen angeeignet hatte. Die fast zweieinhalb Jahrhunderte während Tributherrschaft der Goldenen Horde bedeutete für Rußland eine Epoche des kulturellen und gesellschaftlichen Niedergangs mit langfristigen Folgen. Man kann mit Fug und Recht die These vertreten, daß sich das Land von diesem Rückschlag nie mehr völlig erholt hat.

Zum Zentrum des Widerstands gegen die Mongolen stieg im 14. Jahrhundert das Großfürstentum Moskau auf. An seiner Spitze standen Herrscher aus dem Haus der Rurikiden, eines Warägergeschlechts, das schon das ältere, von den Mongolen zerstörte Kiewer Reich geführt hatte. 1480 war Moskau so stark geworden, daß es sich ohne Griff zu den Waffen von der Tributherrschaft der Goldenen Horde zu befreien vermochte. Doch die Abschüttelung der tatarischen Oberhoheit führte nicht zur Verwestlichung Rußlands, sondern zur Errichtung eines despotischen Zentralstaates unter dem Moskauer Großfürsten Iwan III. dem Großen (1462–1505), der 1478 Nowgorod eroberte und 1492 den Peterhof schließen ließ, und Iwan IV. Grosny oder dem Schrecklichen (1533–1584), der seit 1547 den Titel «Zar» führte. Der grundbesitzende russische Adel bildete kein Gegengewicht zur Autokratie der Zaren, sondern deren wichtigste Stütze. Die Mehrheit der Bevölkerung bestand aus leibeigenen Bauern, die von Staat und Aristokratie gemeinsam unterdrückt wurden.

Westliche Einflüsse konnten sich, was das Gebiet des einstigen Kiewer Reiches anging, nur in den westlichen Bereichen des orthodoxen Patriarchats Moskau entfalten, die zum Großherzogtum Litauen und nach der staatsrechtlichen Vereinigung von Polen und Litauen im Jahre

1569 zum Königreich Polen gehörten. 1595/96 wurde durch die kirchliche Unionsakte von Brest die orthodoxe Kirche des polnischen Gesamtstaates dem Primat des Papstes unterstellt, wobei der orthodoxe Ritus und eine eigenständige Hierarchie erhalten blieben. Dauerhaft durchgesetzt hat sich die Union freilich nur im Westen der Ukraine, wo sich die Mehrzahl der Gläubigen noch heute zur unierten griechisch-katholischen Kirche bekennt. Den orthodoxen Osten der Ukraine zu integrieren ist Polen nie wirklich gelungen.[105]

Nur hier, im Ostteil des polnisch-litauischen Doppelstaates, war der Verlauf der Grenze zwischen West und Ost strittig; ansonsten galt der Grundsatz: Der Westen war katholisch, der Osten orthodox. Im Südosten Europas aber gab es eine Grenze, die einen sehr viel schärferen Trennungsstrich zog als den zwischen katholischen und orthodoxen Christen: die Grenze zwischen dem christlichen Abendland und dem Osmanischen Reich. Als Bedrohung des Westens lösten die Türken, an deren Spitze seit etwa 1300 die Dynastie der Osmanen stand, die Mongolen ab, seit diese sich, trotz ihres Sieges über ein deutsch-polnisches Ritterheer bei Liegnitz im Jahre 1241, nach dem Tod ihres Großkhans im fernen Karakorum ebenso plötzlich wie unverhofft wieder aus Mitteleuropa zurückgezogen hatten. Schon lange vor der Eroberung Konstantinopels im Jahre 1453 hatten die muslimischen Türken damit begonnen, die Balkanhalbinsel in Besitz zu nehmen. Thessalien war seit 1393, Bulgarien seit 1396 türkisch; zwischen 1446 und 1483 wurden Albanien, Serbien, Bosnien und die Herzegowina unterworfen; 1411 wurde die Walachei, 1504 das Fürstentum Moldau dem Osmanischen Reich tributpflichtig. Von den Türken bedroht war seit Mitte des 14. Jahrhunderts auch Ungarn. Mit Versuchen des Osmanischen Reiches, ganz Europa unter seine Herrschaft zu bringen, mußte seit dem Untergang von Byzanz gerechnet werden.

Das Vordringen einer islamischen Großmacht ließ ein neuartiges Bewußtsein von christlicher und europäischer Gemeinsamkeit entstehen. 1454, ein Jahr nach der Eroberung von Konstantinopel, rief der italienische Humanist Enea Silvio Piccolomini, der spätere Papst Pius II., auf dem Reichstag zu Frankfurt als kaiserlicher Kommissar und damit im Namen von Kaiser Friedrich III. (1440–1493) zum gerechten Krieg wider die ungläubigen Türken auf. Den Verlust Konstantinopels nannte er die größte Schmach, die die Christenheit in vielen Jahrhunderten erlitten habe. «Gewiß sind wir in zurückliegenden Zeiten in Asien und

Afrika, also in fremden Erdteilen, besiegt worden; jetzt aber ist es in Europa, das heißt in unserem Vaterland, in unserem eigenen Haus, in unserer Heimat, wo man uns geschlagen und zu Boden geworfen hat … Unter den unsterblichen Kriegshymnen ragen die Aufrufe des Mose und des Demosthenes hervor, bei den römischen die des Horaz, von euren deutschen die Karls und Ottos. Niemals haben jene ein derart abscheuliches Unrecht, solch eine zum Himmel schreiende, von Ungläubigen begangene Schande hingenommen, wie sie zu unserer Zeit die Christliche Gemeinde ertragen muß.»[106]

Zehn Jahre später nahm Georg von Podiebrad, der Führer der gemäßigten Hussiten, der Utraquisten, und von 1458 bis 1471 König von Böhmen, die Bedrohung durch die Türken zum Anlaß, einen christlichen Fürstenbund vorzuschlagen, dessen Mitglieder sich verpflichteten, ihre Zwistigkeiten nur noch friedlich, gegebenenfalls durch Schiedsspruch eines europäischen Gerichtshofes, beizulegen und ein von außen unprovoziert angegriffenes Bundesmitglied bei seiner Verteidigung finanziell zu unterstützen. Im Falle eines Krieges gegen die Türken wurde auch von Christen außerhalb des Bundes erwartet, daß sie «bei einem so heiligen, frommen und wichtigen Unternehmen mit bereitwilligem Herzen Hand anlegen werden. Wer es indessen ablehnt, zu diesen Zeiten Hilfe gegen die Türken zu leisten, erweist sich damit unbezweifelbar als Förderer der Gottlosigkeit und Feind des Kreuzes Christi.»[107]

Unmittelbare Folgen hatten solche Appelle nicht. Die Einheit des christlichen Abendlandes wurde noch beschworen, aber nicht mehr als Richtschnur praktischer Politik betrachtet. Die Nationalstaaten des Westens orientierten sich zunehmend nur noch an dem, was ihre Herrscher als «ragione di stato» im Sinne der Lehren des Florentiners Niccolò Machiavelli auffaßten. Die Staatsräson konnte es einem christlichen Herrscher sogar geboten erscheinen lassen, ein Bündnis mit dem Sultan einzugehen, das sich gegen andere christliche Staaten richtete. Als der «allerchristlichste König von Frankreich», Franz I., 1523 ebendies tat, war Belgrad, das zu Ungarn gehörte, schon seit zwei Jahren in türkischer Hand. 1526 eroberten und verwüsteten die Truppen des Osmanischen Reiches Ungarn. 1529 belagerten sie erstmals, wenn auch nur kurz und vergeblich, Wien.

Gegen das österreichische Herrscherhaus der Habsburger, das seit 1438 die Kaiser des Heiligen Römischen Reiches stellte, richtete sich das Bündnis zwischen Franz I. und Suleiman I. dem Prächtigen. Seit

1519 stand Karl V., der König von Spanien und Enkel des habsburgischen Kaisers Maximilian, an der Spitze des Reiches. Im Reich Kaiser Karls V. ging, da es sich von der Donau über die Pyrenäenhalbinsel bis zu den neueroberten Kolonien Mittel- und Südamerikas erstreckte, in der Tat, einem berühmten Wort zufolge, die Sonne nicht unter. Das Heilige Römische Reich, einige Jahrzehnte zuvor noch ein schwaches, kaum handlungsfähiges Gebilde, schien auf dem besten Weg, zur Universalmonarchie aufzusteigen. Um diese Gefahr zu bannen, war aus französischer Sicht jedes Mittel recht – auch ein Bündnis mit den ungläubigen Türken.[108]

Die türkische Herrschaft vertiefte den Graben, der den Südosten des Kontinents, vergröbernd gesagt: den Balkan, vom übrigen Europa seit langem trennte. Die byzantinisch geprägten Länder des Südostens hatten an der Trennung von geistlicher und weltlicher, von fürstlicher und ständischer Gewalt, zwei Grunderfahrungen des mittelalterlichen Okzidents, keinen Anteil gehabt. Unter der Herrschaft des Osmanischen Reiches konnten die orthodoxen Christen des Balkans zwar zumeist ihren Glauben bewahren. Die Fremdherrschaft konservierte aber auch ihr sonstiges, sie vom Westen unterscheidendes Anderssein. Von dem, was der Okzident zwischen dem 16. und 18. Jahrhundert an gemeinsamen Freiheitsbewegungen erlebte, wurde der Balkan nicht erfaßt. Wie die mongolische Oberhoheit über Rußland, so verschärfte auch die sehr viel länger andauernde türkische Herrschaft über Südosteuropa die Trennlinien zwischen West und Ost, die aus der Spaltung der lateinischen und der orthodoxen Christenheit hervorgegangen waren.[109]

Mit dem Vordringen der Türken hing, obgleich nur mittelbar, auch die Entdeckung Amerikas zusammen. Das Osmanische Reich hatte seit Mitte des 15. Jahrhunderts seine Machtposition im östlichen Mittelmeerraum immer mehr ausgebaut, was den westlichen Warenverkehr mit Indien und dem gesamten Orient, einschließlich Chinas, das erst im Zuge des Mongolensturms in das Bewußtsein des Westens gerückt war, beträchtlich erschwerte. Infolgedessen wuchs bei den seefahrenden Nationen des westlichen Mittelmeers, Spanien und Portugal, das ohnehin schon starke Interesse an der Erkundung eines Seewegs nach Indien. Zum wirtschaftlichen Motiv kamen technische Neuerungen wie die Verbreitung des lange zuvor in China erfundenen, über die Araber nach Europa gelangten Kompasses: Er ermöglichte ausgedehnte Expeditionen zu Wasser und zu Lande, wie sie so früher nicht möglich gewesen waren.

Von mindestens ebenso großer Bedeutung für die europäische Expansion oder, wie man auch sagen könnte, die Globalisierung des Okzidents war eine militärtechnische Revolution: die Herstellung von Handfeuerwaffen und Pulvergeschützen, basierend auf der «Erfindung des (in China schon seit der zweiten Hälfte des 12. Jahrhunderts bekannten) Schießpulvers, angeblich durch den Franziskanermönch Berthold Schwarz im 14. Jahrhundert.

Die ersten Entdeckungen im 15. Jahrhundert an der afrikanischen Westküste gingen auf die Portugiesen und hier besonders auf Prinz Heinrich den Seefahrer (1394–1460), den Sohn König Johanns I., zurück. 1444 wurde Cap Verde, 1482 die Kongomündung erreicht. 1487 umfuhr Bartolomeu Dias, auch er ein Portugiese, erstmals das Kap der guten Hoffnung. Am 12. Oktober 1492 entdeckte der Genueser Seefahrer Christoph Columbus, der im Dienst der Königin Isabella von Kastilien stand, auf der Suche nach einem westlichen Seeweg nach Indien, die karibische Insel Guanihani oder San Salvador und damit den Erdteil, der 1507 den Namen Amerika erhalten sollte (abgeleitet aus dem Vornamen des italienischen Seefahrers Amerigo Vespucci, der zwischen 1497 und 1504 erst in spanischem, dann in portugiesischem Auftrag mittel- und südamerikanische Küstenregionen erkundete).[110]

Den östlichen Seeweg nach Indien erschloß der Portugiese Vasco da Gama: Über das Kap der guten Hoffnung gelangte er am 20. Mai 1498 nach Calicut an der Südwestküste Indiens. Zwischen 1519 und 1521 kam der portugiesische Seefahrer Fernão de Magalhães über die nach ihm benannte Magalhãesstraße zwischen dem südamerikanischen Festland und Feuerland bis zu den Philippinen, wo er 1521 im Kampf fiel; die erste Erdumseglung vollendete sein Nachfolger Juan Sebastián Elcano, der Magelhães' Schiff, die Victoria, über die Molukken und Timor zurück nach Europa brachte. 1519 begann die spanische Eroberung des Aztekenreiches in Mexiko, 1531 die des Inkareiches in Hochperu durch Francisco Pizarro. Im gleichen Jahr setzte die systematische Besiedelung Brasiliens durch die Portugiesen ein. Die Aufteilung der Neuen Welt zwischen Spanien und Portugal entsprach zunächst dem Vertrag von Tordesillas vom Juli 1494, der auf einem Schiedsspruch Papst Alexanders VI. beruhte: Die westlich einer Demarkationslinie 370 Meilen westwärts der Kapverdischen Inseln gelegenen Gebiete wurden Spanien, die östlich davon gelegenen Gebiete Portugal zugesprochen.

Europas Stellung in der Welt wurde durch die Entdeckungen des
15. und 16. Jahrhunderts radikal verändert. «Zu Asien hatte im Mittelalter bis auf kurze Episoden der Islam das Bindeglied dargestellt»,
urteilt der deutsche Historiker Josef Engel. «Mit den Entdeckungen
verlor der Islam seine weltgeschichtliche Bedeutung als Mittler zwischen Asien und Europa. Seine weltgeschichtliche Rolle bestand von
nun an nur noch in seinem Gegensatz zu Europa. Die Weltstellung des
Islam zwischen Ost und West war gebrochen. Der Islam mußte seine
Führung an das bisher bloß am Rande der Weltentwicklung angesie-
delte Abendland abgeben, das sich zur selben Zeit, als es über seinen
bisherigen Raum hinausgriff, auch geistig aus seiner provinziellen
Enge befreite und sich in einer neuen inneren und äußeren Umwandlung als Europa zum kulturellen und machtpolitischen Zentrum der
Welt entwickelte.»[111]

Europa im Umbruch (II): Renaissance und Humanismus

Die Entdeckungen des 15. Jahrhunderts waren ein spezifisch westliches
Phänomen. Nur im Westen hatte sich in einem langen Prozeß jenes
Klima des bohrenden Fragens entwickelt, das im wörtlichen wie im
übertragenen Sinn den Aufbruch zu neuen Ufern erlaubte. Nur im Westen hatte sich eine Tradition christlicher Selbstaufklärung herausgeformt, die von der Kirche aufs schärfste bekämpft wurde, aber nicht
ausgerottet werden konnte. Nur im Westen war durch die Trennung
erst von geistlicher und weltlicher, dann von fürstlicher und ständischer
Gewalt der Grund gelegt worden für das, was wir Pluralismus und
Zivilgesellschaft nennen. Nur im Westen gab es den Rationalisierungs-
schub, der von der Rezeption des römischen Rechts ausging. Nur im
Westen entstand ein städtisches Bürgertum, das wagemutige Kaufleute
und Unternehmer in großer Zahl hervorbrachte. Nur im Westen konnte
sich der Geist des Individualismus entfalten, der eine Bedingung allen
weiteren Fortschritts war.

Das Zeitalter von Humanismus und Renaissance, das in Italien
Mitte des 14. Jahrhunderts begann, konnte auf dem aufbauen, was das
hohe Mittelalter an künstlerischen Leistungen, an wissenschaftlicher
Erkenntnis und Streitkultur hervorgebracht hatte. Italien wurde nicht

zufällig zum ersten Schauplatz jener «Wiedergeburt» (Rinascimento) der Antike, die ihr gemeinsames Merkmal darin hatte, daß ihre Repräsentanten in Literatur, bildender Kunst und Architektur im klassischen Altertum ein der Gegenwart überlegenes, bislang unerreichtes nacheifernswertes Vorbild sahen. Boccaccio und Petrarca, Botticelli und Raffael, Leonardo da Vinci, Michelangelo und Palladio: Sie alle schufen ihre Werke im Geist der Verehrung für das, was sie von Griechen und Römern an Anregungen empfangen hatten, und im Streben nach individueller Vollkommenheit.

«L'uomo universale», der allseitige Mensch: Nur im Italien der Renaissance ist nach dem Urteil Jacob Burckhardts dieses Ideal Wirklichkeit geworden. «Menschen von enzyklopädischem Wissen gab es durch das ganze Mittelalter in verschiedenen Ländern, weil dieses Wissen nahe beisammen war; ebenso kommen noch bis ins 12. Jahrhundert allseitige Künstler vor, weil die Probleme der Architektur relativ einfach und gleichartig waren und in Skulptur und Malerei die darzustellende Sache über die Form vorherrschte. In dem Italien der Renaissance dagegen treffen wir einzelne Künstler, welche in allen Gebieten zugleich lauter Neues und in seiner Art Vollendetes schaffen und dabei noch als Menschen den größten Eindruck machen.»[112]

Die Hochburgen der frühen Renaissance waren die oberitalienischen Städte. Hier bildete sich auf der Grundlage des römischen Rechts eine moderne Staatlichkeit heraus, wie es sie zuvor nur im süditalienisch-sizilianischen Reich des Stauferkaisers Friedrich II. gegeben hatte. Ein an der Universität Bologna oder der 1321 gegründeten Universität Florenz ausgebildetes, professionell geschultes Beamtentum versuchte die öffentlichen Finanzen im Sinne eines strengen Fiskalismus zu ordnen, wozu auch die systematische Erhebung statistischer Daten gehörte. In Norditalien entstand die doppelte Buchführung der Kaufleute und Unternehmer, und bis heute erinnern Ausdrücke wie Diskontsatz, Agio und Disagio, Girokonto und Lombardkredit, Brutto und Netto daran, daß im Italien der Renaissance zwei Wiegen standen: die des neuzeitlichen Bankwesens und die einer vorindustriellen Frühform des Wirtschaftssystems, das man später «kapitalistisch» nannte.

In den Stadtrepubliken der Renaissance war die ältere kommunale Kollegialregierung der gewählten Konsulen längst Vergangenheit. Die Herrschaft lag in den Händen einiger weniger einflußreicher Familien. Aus den Kämpfen zwischen Anhängern und Gegnern der Stauferkaiser,

«Ghibellinen» und «Guelfen», und den anhaltenden inneren Auseinandersetzungen zwischen Patriziat und Handwerkerschaft gingen im 13. Jahrhundert Signorien hervor, in denen ein oft von außen kommender, auf Zeit gewählter «Podestà» oder «Capitano del popolo» an die Spitze berufen wurde. Manche der neuen Herren verstanden es, aus der zeitweiligen eine lebenslange Herrschaft zu machen und diese innerhalb ihrer Familie zu vererben. Mit Hilfe von Söldnerführern, den «condottieri», erweiterten sie die Macht ihrer Republiken auf Kosten anderer Stadtstaaten. Ein solcher Condottiere war Francesco Sforza, der sich 1450 zum Herzog von Mailand aufschwang und das Erbe der bis dahin herrschenden Visconti antrat.

Anders verlief die Entwicklung in Venedig. Hier blieb es bei der oligarchischen Adelsherrschaft und der von dieser gewählten Obrigkeit: Der Große Rat, der «consiglio maggiore», seit dem späten 12. Jahrhundert das Vertretungsorgan der großen Adelsfamilien, wählte den Dogen auf Lebenszeit und übte eine kollektive Kontrolle über ihn aus. Im frühen 14. Jahrhundert trat der Rat der Zehn an die Stelle des Großen Rates. Nach dem Sieg über das konkurrierende Genua im Chioggiakrieg von 1381 stieg Venedig zur maritimen Großmacht auf. Im 15. Jahrhundert gewann es, teilweise auf Kosten Mailands, die Herrschaft über das östliche Oberitalien von Cividale über Padua, Vicenza, Verona bis nach Brescia und Bergamo und, in Kriegen mit Ungarn, über Istrien und die dalmatinische Küste. Gegenüber dem Osmanischen Reich und den bedeutenderen unter den europäischen Mächten setzte Venedig, solange es ging, auf Diplomatie: eine Methode der Wahrung und Mehrung von Einfluß, die erst von der «Serenissima» mit Hilfe eines ausgedehnten Netzes von Gesandten zu einer höheren Staatskunst entwickelt wurde. Venedig war, wie Ludwig Dehio in seinem Buch «Gleichgewicht oder Hegemonie» schreibt, der «insulare Staat» des italienischen Staatensystems neben den kontinentalen wie Mailand, Florenz, dem Königreich Neapel und dem Kirchenstaat. «Ist das italienische System im Ganzen Vorläufer des europäischen, so ist Venedig im besonderen Vorläufer Englands.»[113]

Der Aufstieg einer anderen Stadtrepublik, Florenz, wurde immer wieder durch innere Kämpfe unterbrochen, darunter dem Aufstand der Ciompi, der Lohnarbeiter des Wolltuchgewerbes, im Jahre 1378, bei dem es um die Machtbeteiligung der kleinen Leute, des «popolo minuto», an den Zünften und damit an der politischen Führung der

Stadt ging. Der Niederlage der Ciompi folgte die Errichtung eines Regimes, in dem die höheren Zünfte, darunter Bankiers und Kaufleute, der sogenannte «popolo grasso», das Sagen hatten und der Adel von der politischen Macht zeitweilig ganz ausgeschlossen war. Im 14. und frühen 15. Jahrhundert gewann Florenz allmählich die Vorherrschaft über die Toskana; unter anderem wurden Volterra, Pisa und Livorno florentinisch.

Nach 1400 kam die Familie der Medici zu bestimmendem Einfluß. Ihre Herrschaft hatte monarchischen Charakter, behielt aber die republikanischen Formen bei. In die Zeit des Bankiers Cosimo de Medici (1389–1464), der offiziell kein Staatsamt innehatte, fällt die Gründung der mediceischen Bibliothek und der Platonischen Akademie, der Wirkungsstätte griechischer Gelehrter, die nach der Eroberung von Konstantinopel durch die Türken 1453 ihre Heimat verlassen hatten. Unter Cosimos Enkel Lorenzo «il Magnifico» (1449–1492) wurde die Stadt am Arno vollends zum glänzenden Mittelpunkt der italienischen Kultur. Eine hegemoniale Stellung aber erlangte Florenz ebensowenig wie eines der anderen Mitglieder der Pentarchie der fünf «Großen», also Venedig, Mailand, der Kirchenstaat und das Königreich Neapel, das Mitte des 15. Jahrhunderts von König Alfons V. von Aragon erobert wurde. Das italienische Staatensystem blieb durch ein prekäres Gleichgewicht geprägt: ein Zustand, den Spanien, Frankreich und das Haus Habsburg nutzten, um ihren Einfluß in Italien auszuweiten.

Zu den Patrioten, die sich gegen die politische Schwäche und den Verfall Italiens auflehnten, gehörte der florentinische Jurist Niccolò Machiavelli (1469–1527). 1498, vier Jahre nachdem der fanatische Bußprediger Fra Girolamo Savonarola, ein Dominikanermönch, mit Hilfe einer französischen Interventionsarmee das Regime der Medici gestürzt und durch eine Mischung aus Theokratie und Demokratie ersetzt hatte, war Machiavelli in ein hohes Amt seiner Heimatstadt, das des Sekretärs der für Kriegssachen und innere Verwaltung zuständigen Zweiten Kanzlei, berufen worden; 1512, nach der Rückkehr der Medici, verlor er es wieder. Im Jahr darauf wurde er unter der fälschlichen Beschuldigung der Teilnahme an einer Verschwörung festgenommen und gefoltert. Aus der Haft entlassen, schrieb er in der erzwungenen Ruhe seines Landgutes Sant' Andrea bei San Casciano zwischen Juli und Dezember 1513 das Buch, das ihn weltberühmt machen sollte: «Il principe». Als Modell des idealen Fürsten diente ihm ein Condottiere, den Leopold von Ranke einen «Virtuosen des Verbrechens» genannt hat: der ehemalige Kardinal Cesare Borgia, der sich mit französischer Hilfe zum Herzog der Romagna gemacht hatte und bis zu seinem Sturz im Jahre 1503, einer unmittelbaren Folge des Todes seines Vaters und Protektors, des Borgiapapstes Alexander VI., auf die Errichtung eines großen mittelitalienischen Königreiches hinarbeitete.[114]

«Zwischen dem Leben, wie es ist, und dem Leben, wie es sein sollte, ist ein so gewaltiger Unterschied, daß derjenige, der nur darauf sieht, was geschehen sollte, und nicht darauf, was in Wirklichkeit geschieht, seine Existenz viel eher ruiniert als erhält»: So lautet eine der grundlegenden Einsichten Machiavellis, aus der er eine weitreichende Folgerung ableitet. «Ein Mensch, der immer nur das Gute möchte, wird zwangsläufig zugrunde gehen inmitten von so vielen Menschen, die nicht gut sind. Daher muß sich ein Herrscher, wenn er sich behaupten will, zu der Fähigkeit erziehen, nicht gut sein zu können und davon je nach der Notwendigkeit Gebrauch zu machen oder auch nicht.» (Onde è necessario a uno principe, volendosi mantenere, imparare a potere essere non buono, e usarlo e non l'usare secondo la necessità.)

Es gibt nach Machiavelli zweierlei Arten der Auseinandersetzung: die mit Hilfe des Rechts und die mit Gewalt. «Die erstere entspricht dem Menschen, die letztere den Tieren. Da die erstere oft nicht zum Ziel führt, ist es nötig, zur zweiten zu greifen. Deshalb muß ein Herrscher gut verstehen, die Natur des Tieres und des Menschen anzunehmen.» (Pertanto, a uno principe è necessario bene usare la bestia e l'uomo.) Ein Herrscher mußte fähig sein, beide Naturen in sich zu vereinigen, die des Menschen und die des Tieres oder genauer gesagt, die des Löwen und die des Wolfes. «Der Löwe ist wehrlos gegen Schlingen, der Fuchs ist wehrlos gegen Wölfe. Man muß also Fuchs sein, um die Schlingen zu wittern, und Löwe, um Wölfe zu schrecken. Wer nur Löwe sein will, versteht seine Sache schlecht. Ein kluger Machthaber kann und darf daher sein Wort nicht halten, wenn ihm dies zum Schaden gereichen würde und wenn die Gründe weggefallen sind, die ihn zu seinem Versprechen veranlaßt haben. Wären die Menschen alle gut, so wäre dieser Vorschlag schlecht; da sie aber schlecht sind und das gegebene Wort auch nicht halten würden, hast auch du keinen Anlaß, es ihnen gegenüber zu halten.»

Milde, treu, menschlich, aufrichtig und fromm: So mußte Machiavellis Herrscher erscheinen, und gleichzeitig sollte er es auch sein. «Aber er muß auch die Seelenstärke besitzen, im Falle der Not alles ins Gegenteil zu wenden. Man muß Verständnis dafür haben, daß ein Herrscher, und vor allem ein solcher in einer neu gegründeten Herrschaft, nicht alles beachten kann, wodurch die Menschen in einen guten Ruf kommen, sondern oft gezwungen ist, gegen Treue, Barmherzigkeit, Menschlichkeit und Religion zu verstoßen, eben um die Herrschaft zu behaupten (per mantenere lo stato). Darum muß er die Seelenstärke haben, sich nach den Winden des Glücks und dem Wechsel der Verhältnisse zu richten und … vom Guten so lange nicht abzugehen, als es möglich ist, aber im Notfall auch verstehen, Böses zu tun» (non partirsi dal bene, potendo, ma sapere intrare nel male, necessitato).

Der Maßstab, den Machiavelli an das Handeln des Fürsten legte, war das Wohl des Vaterlandes: ein Ansatz, den er aus seiner Lesart der Geschichte der römischen Republik zu begründen versuchte. «Man soll sein Vaterland verteidigen, entweder mit schimpflichen oder rühmlichen Mitteln. Jede Art von Vaterlandsverteidigung ist gut und richtig», heißt es im anderen Hauptwerk Machiavellis, den «Discorsi sopra la prima deca di Tito Livio», grundsätzlichen Betrachtungen über Politik und Staatsführung im Anschluß an die ersten zehn Bücher der «Römischen Geschichte» von Livius. «Wo es um Sein oder Nichtsein des Vaterlandes geht, darf man nicht überlegen, ob recht oder unrecht, mild oder grausam, löblich oder schändlich. Man muß vielmehr jede Rücksicht beiseitelassen und darf nur die Maßregeln ergreifen, die ihnen Leben und Freiheit retten.»[115]

Die «patria» Machiavellis war nie nur Florenz, sie war immer auch Italien, das seit dem Italienzug des französischen Königs Karl VIII. aus dem Hause Valois im Jahre 1494 immer mehr zum Spielball fremder Hegemonialpolitik zu werden drohte. In dem Jahr, in dem Machiavelli den «Principe» schrieb, ging Neapel von spanischem in französischen Besitz über; Mailand war seit 1500 von französischen Truppen besetzt. In Cesare Borgia sah Machiavelli einen Fürsten, dessen Wirken der Unabhängigkeit und der Einigung des Vaterlandes zugute kam, und das erklärt seine positive Würdigung im «Principe». Für den guten Fürsten war die Notwendigkeit (necessità) die Herausforderung, die er erkennen und meistern mußte; um dies tun zu können, bedurfte er des Glücks (fortuna) und der Charakterstärke (virtù). Die Wahl der Mittel bestimmte sich nach dem Zweck; sie waren richtig, wenn sie zum Erfolg führten, und falsch, wenn sie es nicht taten. Machiavelli erfand diese Maximen nicht, er beschrieb nur die Gesetze, die seit je das Denken und Handeln der Fürsten bestimmten, und er rechtfertigte diese Gesetze, weil sie ihm als in sich logisch erschienen. Aus ihnen ergab sich in der Summe die «Staatsräson», die «ragione di stato» – ein Begriff, den Machiavelli noch nicht benutzte, den aber 1523, noch zu seinen Lebzeiten, ein anderer großer Florentiner, der Historiker und Politiker Francesco Guicciardini, ein Freund und Briefpartner Machiavellis, prägte.[116]

Das Werk Machiavellis markiert einen radikalen Bruch mit dem Denken des Mittelalters, ja mehr noch: mit der christlichen Überlieferung insgesamt. Das monotheistische Christentum hatte als Religion mit universalem Geltungsanspruch universale moralische Gebote aufgestellt, denen auch der Staat sich zu unterwerfen hatte. Die polytheistische griechisch-römische Antike, auf die Machiavelli sich immer wieder berief, hatte eine solche jenseitige Bindung ebensowenig gekannt wie einen grundsätzlichen Gegensatz zwischen Politik und Moral, zwischen öffentlicher und privater Tugend. Die Polis und die res publica verkörperten die höchsten Werte, die es im Kampf gegen konkurrierende Gemeinwesen zu behaupten galt. Das Bewußtsein vom Konflikt der Staatsräson mit der Sittlichkeit und dem Recht war, wie Friedrich Meinecke in seinem 1924 erschienenen Buch «Die Idee der Staatsräson in der neueren Geschichte» schreibt, eine «Erbschaft von ungeheurer Wirkung», die das «christliche und germanische Mittelalter dem modernen Abendland hinterlassen (hat) … Das Sündentum der Antike war noch ein naives Sündentum und noch nicht erschreckt und beunruhigt durch die Kluft zwischen Himmel und Hölle, die das Christentum aufriß. Dies dualistische Weltbild des dogmatischen Christentums hat dann tief nachgewirkt auch auf die Zeiten eines undogmatisch werdenden Christentums und hat dem Problem der Staatsräson eine so schwer empfundene Tragik gegeben, die es in der Antike nicht gehabt hat.»

Vor diesem Hintergrund erst wird die revolutionäre Wende deutlich, die Machiavelli mit seiner Lehre vollzog, auch wenn diese nur die Theorie zu einer sehr viel älteren Praxis lieferte. Um nochmals Meinecke zu zitieren: «Es war etwas wesentlich anderes, ob man das Sittengesetz in der Politik nur tatsächlich übertrat oder ob man sich, wie es fortan nun möglich wurde und mehr und mehr geschah, rechtfertigen konnte mit einer unausweichlichen ‹Notwendigkeit›. Im ersten Fall

blieb das Sittengesetz in seiner absoluten Heiligkeit selber unversehrt
als eine überempirische ‹Notwendigkeit›. Jetzt aber wurde diese überempirische Notwendigkeit durchbrochen durch eine empirische Notwendigkeit, und das Böse erstritt sich seinen Platz neben dem Guten,
wo es nun auch als ein Gut, wenigstens als ein unentbehrliches Mittel
zur Erhaltung eines Gutes sich gebärdete … Die ganze Zwiespältigkeit
der modernen Kultur, der Dualismus überempirischer und empirischer,
absoluter und relativer Wertmaßstäbe, an dem sie leidet, begann. Der
moderne Staat konnte sich nun wohl, seinem innersten Lebensdrange
folgend, von allen geistigen Fesseln befreien, die ihn einengten, und als
weltlich-autonome Macht die Wunderleistungen rationaler Organisation vollbringen, die im Mittelalter undenkbar, nunmehr von Jahrhundert zu Jahrhundert sich steigern sollten.»[117]

So «modern» Machiavellis radikal weltliches Verständnis von Politik und seine konsequente Säkularisierung der Staatsgewalt waren, zu
einem Wegbereiter der Demokratie ist er nicht geworden. Auch wenn er
persönlich die Republik der Tyrannis vorzog und den idealen Fürsten
ermahnte, seinen Rückhalt im Volk nicht aufs Spiel zu setzen, legte er
sich doch nicht auf *eine* Regierungsform fest. Das Entscheidende und
Bleibende war für ihn das Wohl des Staates als solchen, das über den
Unterschieden zwischen Freistaaten und Alleinherrschaften stand. Der
«Principe» schloß mit einem Appell an die Medici, in Italien die Macht
zu ergreifen und das Land von den Barbaren zu befreien: einem Aufruf, der sich gut zu anderen patriotischen Passagen seiner politischen
Hauptschriften fügte. Die Vaterlandsliebe war ihm so heilig, daß sie
auch böse Mittel rechtfertigte, wenn sie nur der Sache der «patria»
dienten. Da sich Machiavelli nicht an das Volk, sondern an einen Fürsten wandte (der «Principe» war Lorenzo, dem Enkel des «Magnifico»,
gewidmet, der von 1516 bis 1519 an der Spitze von Florenz stand),
wäre es unangebracht, den Autor einen modernen Nationalisten zu
nennen. Aber es spricht doch vieles dafür, in ihm einen Vorläufer jener
quasireligiösen Überhöhung von Staat und Nation zu sehen, wie sie
zweieinhalb Jahrhunderte später in Rousseaus «religion civile» theoretische Gestalt annahm und sich in der Französischen Revolution von
1789 erstmals praktisch durchsetzte.

Der Bruch mit der christlichen Tradition, den Machiavelli vollzog,
hinderte Papst Clemens VII., den vormaligen Kardinal Giulio de Medici, nicht daran, 1531 das «Imprimatur», die Druckerlaubnis, für den

«Principe», die «Discorsi» und das von ihm selbst in Auftrag gegebene historische Hauptwerk Machiavellis, die «Geschichte von Florenz», zu erteilen. (Erst 1557 ließ Papst Paul IV. den «Principe» auf die Liste der verbotenen Bücher, den Index, setzen.) Die meisten Päpste des späten 15. und frühen 16. Jahrhunderts, zumal die aus den Häusern Borgia und Medici, waren Repräsentanten einer verweltlichten Kirche, die, was ihr Machtstreben und die Bedenkenlosigkeit in der Wahl der dabei angewandten Mittel betraf, kaum einen Vergleich mit den weltlichen Herren Italiens zu scheuen brauchten. Im «Principe» konnten sie daher schwerlich ein Zerrbild ihrer Amtsführung sehen.

Zugleich aber waren die Renaissancepäpste, obenan Sixtus IV. und Julius II., große Förderer von Architektur, Bildhauerei und Malerei. Bramante, der den ersten Entwurf für den Neubau der Peterskirche vorlegte, Raffael und Michelangelo schufen ihre Meisterwerke in päpstlichem Auftrag. Soweit es möglich war, den Glanz von Florenz als kulturellem Mittelpunkt der Renaissance noch zu übertreffen, gelang ihnen das in den ersten Jahrzehnten nach 1500 in Rom. Die päpstliche Prachtentfaltung hatte freilich ihre Kehrseite: Für die Kosten des Baus von San Pietro im Vatikan hatten die Gläubigen aufzukommen, und da der Kirchenzehnte und der «Peterspfennig» dafür nicht ausreichten, galt es neue Geldquellen zu erschließen. Die wichtigste war der berüchtigte «Ablaßhandel», bei dem Spenden eines reuigen Sünders einen Nachlaß auferlegter Sündenstrafen bewirkten. Die Kirche büßte darüber viel von der ihr noch verbliebenen moralischen Autorität ein: ein Verlust, der schwerer wog als alles, was sie durch die Verweltlichung gewann.

Die Renaissance war nicht nur eine italienische, sie wurde in der Zeit um 1500 zur europäischen Kunstepoche. Doch nirgendwo gab es einen derart breiten gesellschaftlichen Rückhalt für den intellektuellen und künstlerischen Aufbruch in die neue Zeit wie in den reichen, miteinander wetteifernden Stadtrepubliken Nord- und Mittelitaliens mit ihrer selbstbewußten, teils adligen, teils bürgerlichen Führungsschicht, und nirgendwo ging die Säkularisierung des Denkens so weit wie hier. In den Worten Jacob Burckhardts: «Diese modernen Menschen, die Träger der Bildung des damaligen Italien, sind religiös geboren wie die Abendländer des Mittelalters, aber ihr mächtiger Individualismus macht sie darin wie in anderen Dingen völlig *subjektiv*, und die Fülle von Reiz, welche die Entdeckung der äußeren und der geistigen Welt auf sie ausübt, macht sie überhaupt vorwiegend *weltlich*. Im übrigen

Europa dagegen bleibt die Religion noch länger ein objektiv Gegebenes, und im Leben wechselt Selbstsucht und Sinnengenuß unmittelbar mit Andacht und Buße; letztere hat noch keine geistige Konkurrenz wie in Italien, oder doch eine unendlich geringere.»[118]

Früher als die Renaissance, nämlich im 15. Jahrhundert, breitete sich der Humanismus von Italien über Mittel- und Westeuropa aus. Die Rückbesinnung auf das literarische Erbe der griechischen und römischen Antike, vorangetrieben von Gelehrten wie Pico della Mirandola, Marsilio Ficino, Johannes Reuchlin, Konrad Celtis, Erasmus von Rotterdam und Thomas Morus, erfaßte alle Wissenschaften; sie führte zu einem verstärkten Studium der alten Sprachen, des Griechischen und Lateinischen, aber auch des Hebräischen, zu textkritischen Editionen und Übersetzungen der großen Autoren des Altertums, zur Aufwertung des poetischen Platon gegenüber dem von den Theologen bevorzugten Systematiker Aristoteles und zur Reinigung des korrumpierten Klerikerlateins auf der Grundlage klassischer Prosaschriften wie der von Cicero. Die Humanisten bemühten sich in patriotischer Absicht um ein vertieftes Verständnis der Geschichte der eigenen Nation, wobei in Deutschland die Wiederentdeckung der «Germania» des Tacitus 1455 eine wichtige Rolle spielte; sie prangerten den Prunk der Päpste an und verherrlichten die Tugenden des alten, republikanischen Rom; sie wandten sich im Namen einer lebendigen Wissenschaft gegen die an den Universitäten gelehrte, in Formeln erstarrte Scholastik und bekämpften alle Formen von geistigem Zwang und Aberglauben. Mit der christlichen Religion zu brechen aber kam den Humanisten nicht in den Sinn. Woran den meisten von ihnen lag, war die Erneuerung des Christentums im Geist der Botschaft, auf die es sich gründete.

Die Wiederbelebung des antiken Erbes gab nicht nur den Geisteswissenschaften eine neue Richtung. In den Naturwissenschaften setzte sich in der Tradition des älteren Plinius eine rationale, an den Universitäten gelehrte Beschreibung von Naturphänomenen durch. Sie war notwendig, um endlich metaphysische Spekulationen über Himmel und Erde zu überwinden und fortschreiten zu können zur Erkenntnis der physikalischen Gesetze, die das Weltall bestimmten. Der entscheidende Durchbruch, die nach ihm benannte «kopernikanische Wende», gelang erst dem aus Thorn stammenden Kanonikus Nikolaus Kopernikus (auf deutsch Koppernigk, auf polnisch Kopernik), der in Krakau, Bologna, Rom und Padua humanistische und mathematische Studien betrieben hatte, bevor er in den Fächern Medizin und Jura abschloß. Sein größtes Interesse aber galt seit je der Astronomie. Die Summe seiner Erkenntnisse war das in seinem Todesjahr 1543 erschienene Werk «De revolutionibus orbium caelestium» (Über die Umläufe der Himmelskörper). Es beschrieb die Sonne als Mittelpunkt eines von der Erde und den anderen Planeten umkreisten Sonnensystems und widerlegte damit die von der Kirche vertretene Lehre des Ptolemäus aus dem zweiten Jahrhundert nach Christus, wonach die Erde der Mittelpunkt des Weltalls war.

Eine radikalere Umwälzung des überkommenen Weltbildes als die durch den Humanisten Kopernikus war schwer vorstellbar. Mit dem Weltbild aber geriet auch das kirchliche Menschenbild in Gefahr. Für die katholische Kirche stand der Mensch, das Ebenbild Gottes und damit die Krone der Schöpfung, im Mittelpunkt der göttlichen Fürsorge; um ihn drehte sich die Weltgeschichte, die aus jüdischer wie aus christlicher Sicht vor allem eines war: eine Geschichte des kommenden Heils. Wenn ein Astronom die Erde aus dem Mittelpunkt des Kosmos verbannte, dann rückte er auch den Menschen aus dem Zentrum an die Peripherie der göttlichen Ordnung, ja er stellte diese Ordnung, ob er sich dessen bewußt war oder nicht, von Grund auf in Frage. Kopernikus konnte für seine vermeintliche Häresie von der Kirche nicht mehr zur Rechenschaft gezogen werden, wohl aber Naturwissenschaftler und Philosophen, die auf seinen Pfaden weiterschritten und fortfuhren, die Wissenschaft konsequent aus der Theologie herauszulösen: Giordano Bruno, der die Unendlichkeit des Weltalls lehrte und Kopernikus verteidigte, wurde 1600 nach sieben Jahren Haft auf dem Campo dei Fiori in Rom verbrannt; Galileo Galilei, auch er ein Kopernikaner, wurde, obwohl er sich von Kopernikus distanzierte, 1633 zu lebenslänglicher Haft verurteilt, die er erst im Kerker, dann im Hausarrest auf seinem Landgut in der Nähe von Florenz verbrachte. Als er 1642 starb, standen seine Schriften wie die von Kopernikus, Bruno und Johannes Kepler, der zwischen 1618 und 1622 einen «Grundriß der Kopernikanischen Astronomie» veröffentlicht hatte, schon längst auf dem Index der verbotenen Bücher.

Die Gedanken der humanistischen Gelehrten konnten sich nur deswegen so rasch in Europa verbreiten, weil um 1440 Johannes Gensfleisch, der sich später Gutenberg nannte, in Mainz den Buchdruck mit beweglichen Lettern erfunden hatte. (Daß in Korea schon im Jahrhundert zuvor ein ähnliches Verfahren entwickelt worden war, wußte er nicht.) Der Buchdruck erlaubte die unbegrenzte Vervielfältigung von Werken, die den Lesern bisher nur in wenigen, meist von Mönchen angefertigten Abschriften zugänglich waren. Er stellte den Lehr- und Forschungsbetrieb der Universitäten, ja das gesamte Bildungswesen auf eine völlig neue Grundlage: Man mußte nur des Lesens kundig sein, um sich das ganze Wissen aneignen zu können, das in der eigenen Muttersprache verfügbar war.

Gedruckt wurden nicht nur Bücher, von der Bibel über die großen Werke der Antike und des Mittelalters bis zu zeitgenössischen Romanen, sondern auch Flug- und Streitschriften. Die beweglichen Lettern beschleunigten und verbreiterten die Vermittlung von Wissen und den Austausch von Ideen. Die Humanisten zogen als erste Nutzen daraus und bald nach ihnen die Reformatoren. Der Buchdruck war ein Fortschritt, der den Okzident nachhaltig veränderte – eine epochale Zäsur.[119]

Judenverfolgung und Hexenverbrennungen: Die Widersprüche der spätmittelalterlichen Gesellschaft

Der Fortschritt war jedoch nicht die einzige Signatur der Epoche. Das ausgehende Mittelalter, in dem die Entdeckungen begannen, war vielmehr durch krasse Gegensätze geprägt. Zur gleichen Zeit, in der in Italien der Siegeszug der Renaissance seinen Ausgang nahm, fanden in großen Teilen Europas, namentlich im Heiligen Römischen Reich deutscher Nation und in Frankreich, grausame Judenverfolgungen statt. Pauschale Vorwürfe gegenüber den Juden waren nicht neu: Sie seien das Volk der Gottesmörder, weigerten sich, an Jesus Christus als den Messias zu glauben, und beuteten durch das Zinsnehmen für Kredite, das Christen nach kanonischem Recht verboten war, ihre christlichen Schuldner aus. Im Spätmittelalter kamen weitere Vorwürfe hinzu: Die Juden vergifteten Brunnen; sie schändeten Hostien und begingen Ritualmorde an Christen.

Massenhaft und gewaltsam wie nie zuvor entluden sich die alten und neuen Vorwürfe gegenüber den Juden in den Jahren der großen Pestepidemie von 1348 bis 1350. Der «Schwarze Tod», die Beulen- oder Lungenpest, war durch italienische Seefahrer aus dem Orient in Europa eingeschleppt worden. Christliche Judenfeinde brachten jedoch die alsbald gierig aufgegriffene Behauptung in Umlauf, die wahren Urheber der Pest seien die Juden, die sie durch die Vergiftung öffentlicher Brunnen verbreiteten. Spontan kann man die Pogrome der Zeit um 1350 nicht nennen. Sie wurden zwar meist von Angehörigen der armen städtischen Unterschicht ausgeführt, aber überall von vergleichsweise besser situierten bürgerlichen Interessenten organisiert, die ihre jüdischen Gläubiger aus der Welt räumen oder ihren Besitz an sich reißen wollten.

Die Urheber der Ausschreitungen wußten einen mächtigen Verbündeten auf ihrer Seite: den Kaiser, der doch von Rechts wegen der Schutzherr der Juden im Reich, seiner «Kammerknechte», war. Karl IV., der römische König und spätere Kaiser, überschrieb im April 1349, acht Monate *vor* dem «Judenschlagen», Adligen und Patriziern der freien Reichsstadt Nürnberg die Häuser wohlhabender, zur Ermordung vorgesehener Juden. Ähnliche Wohltaten erwies Karl anderen Reichsstädten, darunter Frankfurt, aber auch dem Markgrafen Ludwig von Brandenburg. «Judenschlagen»: das hieß gemeinhin erschlagen oder verbrennen bei lebendigem Leibe. So geschah es in Basel, Freiburg, Straßburg, Köln und vielen anderen Städten.

Wirtschaftliche Motive wie der Wunsch, Schulden abzuschütteln, oder schlichte Habgier spielten bei den Pogromen Mitte des 14. Jahrhunderts eine wichtige Rolle, reichen für ihre Erklärung aber nicht aus. Die Judenverfolgung der Jahre 1348 bis 1350 fiel in eine Zeit des gesellschaftlichen Umbruchs, der in vielen deutschen Städten die Form des Machtkampfes zwischen Handwerkerzünften und kaufmännischem Patriziat annahm. «Alte Vorstellungen und Werte geraten ins Wanken, die Wirtschaftslage wird öfter durch Verschuldung besonders prekär, die Lage unsicher, die gesellschaftlichen Zustände immer undurchschaubarer», schreibt der tschechische Historiker František Graus. «In dieser Situation der allgemeinen Verunsicherung, des beginnenden Verlustes traditioneller Werte, suchte man begreiflicherweise, wie schon zuweilen vorher und wie auch Jahrhunderte später, nach ‹Schuldigen›, denen man all diese Übel anlasten konnte – und wer wäre da geeigneter, um als Blitzableiter zu dienen, als der Jude in der Rolle des universalen Südenbockes, noch dazu, wenn sich seine Verfolgung gleichzeitig sehr konkret durch Rauben nutzen läßt. Die übliche Dämonisierung der Juden erleichterte den allgemeinen Glauben an eine unheilvolle Verschwörung dieser Satansrotte; sobald die üblichen sozialen Ventile zu versagen drohten, war es naheliegend, den ‹Volkszorn› zu steuern ...»[120]

Graus sieht in der Judenverfolgung um 1350 eine historische Zäsur. «Während die vorangehenden und manche nachfolgenden Pogrome ohne langfristigen Folgen blieben, leiten die Judenmorde der Jahre 1348 bis 1350 eine echte Wende ein. Obzwar in die meisten Städte recht bald nach dem ‹Judenschlagen› Juden zurückkehrten, begann mit dieser Verfolgungswelle sich *die* entscheidende Wende in der Stellung der Juden im Spätmittelalter und in der frühen Neuzeit anzubahnen, ihre Vertreibung aus beinahe allen Städten, ihr Ausschluß aus dem Geldhandel mittleren Umfangs (an großen Geldgeschäften waren sie schon vorher nicht beteiligt gewesen), ihre weitgehende Beschränkung auf den Kleinstkredit und auf den Handel mit Trödel.»[121] Juden, die den Pogromen entkamen, begaben sich danach häufig nach Polen, dessen König Kasimir III. der Große (1333–1370) sie als willkommenes Gegengewicht zum deutschen Bürgertum der Städte betrachtete und förmlich anwarb. Was sie von Deutschland mit nach Osten brachten, war ihre vom Mittelhochdeutschen geprägte Sprache: das Jiddische.[122]

Judenverfolgungen gab es im späten Mittelalter fast überall im okzidentalen Europa, seit dem frühen 15. Jahrhundert auch in der neuen Heimat so vieler aus dem deutschen Sprachraum eingewanderter Juden: in Polen. 1290 wurden die Juden aus England, 1394 aus Frankreich, 1492 aus Spanien vertrieben. In den vereinigten Königreichen von Kastilien und Aragon war die Vertreibung der Schlußpunkt einer besonders grausamen langanhaltenden Verfolgung. Die Blütezeit des spanischen Judentums fiel in das 13. Jahrhundert, als die Reconquista große Teile Andalusiens der islamischen Herrschaft entriß. Mitte des 14. Jahrhunderts kam es auch in Navarra zu Pestpogromen. Seit Ende des Jahrhunderts ging die Judenverfolgung mit Zwangstaufen einher, die für die Juden die einzige Überlebenschance darstellten.

Zu Beginn des 15. Jahrhunderts dürfte mehr als die Hälfte der spanischen Juden zu den «conversos» oder «nuevos cristianos» gehört haben. Das populäre Schimpfwort «marranos» (Schweine) spiegelte den verbreiteten Verdacht wider, die Zwangsbekehrten seien nur zum Schein zum Christentum übergetreten, innerlich aber Juden geblieben. Nach heftigen Kämpfen zwischen Alt- und Neuchristen ergingen in vielen spanischen Städten Edikte, die den Konvertierten die Bekleidung öffentlicher Ämter untersagten.

Die Aufgabe, die unechten von den echten Neuchristen zu trennen, wurde einer zunächst kirchlich-staatlichen, ab 1483 allein der Krone unterstellten Einrichtung, der Inquisition, zugewiesen, die die «Wahrheit» gegebenenfalls mit den Mittel der Folter herauszufinden hatte und die «Schuldigen» dem Feuertod überantwortete. Als verantwortlich für die judaisierenden Neigungen vieler Neuchristen galten die weiterbestehenden Judengemeinden. 1488 erwirkte der neuerrichtete Consejo de la Suprema y General Inquisición die Vertreibung der Juden aus Andalusien. Neun Jahre später, 1492, folgte das Edikt der «Katholischen Könige» Isabella von Kastilien und Ferdinand von Aragon über die Vertreibung aller Juden aus ihren Königreichen. Es war das Jahr, in dem der letzte noch islamisch beherrschte Teil der Pyrenäenhalbinsel, das Königreich Granada, von den Christen erobert wurde und in dem Columbus Amerika entdeckte.

Von den insgesamt schätzungsweise 200 000 spanischen Juden ließen sich etwa 50 000 taufen. Wie den anderen Conversos wurde ihnen der Zugang zu den höheren Berufen versperrt; als echte Spanier galten nur Christen, die die «limpieza de sangre», die Reinheit des Blutes, nachweisen konnten. Erst 1865 entfiel diese Beweispflicht im öffentlichen Dienst. Von den Juden, die nicht zum Christentum übertraten, versuchten ungefähr 50 000 nach Nordafrika zu segeln und von dort ins Osmanische Reich zu gelangen, was nur einem Teil glückte. Um die 100 000 zogen nach Portugal, wodurch der Anteil der Juden an der dortigen Bevölkerung auf etwa ein Fünftel gestiegen sein soll. Aufenthaltsgenehmigungen in Portugal waren kostspielig; wer nicht über das nötige Geld verfügte, wurde als Sklave verkauft.

1496 ließ sich der portugiesische König Emanuel I. in einem Heiratsvertrag mit Kastilien darauf verpflichten, alle spanischen und portugiesischen Juden aus dem Lande auszuweisen. Tatsächlich setzte der Monarch mit einigem Erfolg auf Massenübertritte zum christlichen Glauben; jüdische Kinder wurden zwangsgetauft und unter die Obhut christlicher Familien gebracht; die verbleibenden, bis zuletzt standhaften Juden, die den Entzug von Nahrung und Wasser überlebten, wurden als Sklaven verkauft. Den portugiesischen «Marranen», die innerlich meist dem Judentum verhaftet blieben, wurde nach blutigen Kämpfen zwischen Alt- und Neuchristen im ersten Drittel des 16. Jahrhunderts erlaubt, auszureisen. Nicht wenige wanderten nach Saloniki, einem bedeutenden Handelszentrum des Osmanischen Reiches, aus, wo sie zum Judentum zurückkehrten.

Nachdem König Philipp II. von Spanien (1556–1598) 1580 in Personalunion König von Portugal geworden war und die Inquisition verschärft hatte, setzte verstärkt die Flucht portugiesischer und spanischer Marranen in protestantische Länder, obenan die Niederlande, ein, wo sie nicht als Katholiken, sondern nur als Juden toleriert wurden. Zu den Sephardim, den Juden aus der iberischen Halbinsel, kamen bald auch Aschkenasim, Juden aus Mittel- und Osteuropa, die sich ebenfalls in Holland niederließen. Die kulturelle Avantgarde des europäischen Judentums bildeten aber jene Emigranten, die aus Spanien und Portugal geflüchtet waren und die nun in Amsterdam und anderen niederländischen Städten die Möglichkeit erhielten, sich wieder zum Glauben ihrer Väter zu bekennen.[123]

Die Judenverfolgungen des ausgehenden Mittelalters waren keine isolierte Erscheinung. Seit Mitte des 14. Jahrhunderts häuften sich Hexenprozesse; insgesamt sind zwischen 1400 und 1750 in ganz Europa bei Hexenverfolgungen etwa 50 000 Menschen ums Leben gekommen, die meisten von ihnen Frauen, wobei die weltliche Strafe für Schadenszauber, also Hexerei, der Tod auf dem Scheiterhaufen war. Als Hexen galten vor allem Frauen, die angeblich eine Buhlschaft mit dem Teufel eingegangen waren und von ihm in sündhafter Lust dazu getrieben wurden, Männer zu verführen, und nicht zuletzt solche Männer, die sich zur Keuschheit verpflichtet hatten. Der Verdacht auf Hexerei richtete sich aber häufig auch gegen alleinstehende Frauen, die als heilkundig galten oder als Hebammen arbeiteten und damit in Konkurrenz zur Schulmedizin traten.

Auch Männer konnten wegen Hexerei verfolgt werden; sie kamen im europäischen Okzident insgesamt auf einen Anteil von 20 bis 30 Prozent der Verurteilten. Namentlich bei den Männern waren die Grenzen zwischen Zauberei und Ketzerei fließend; das galt etwa für die Anhänger der Laienbruderschaft der Waldenser im französischen und schweizerischen Jura. Aber auch Jeanne d'Arc, Frankreichs Nationalheldin, wurde auf Betreiben der Engländer von einem geistlichen Gericht wegen Hexerei und Ketzerei angeklagt und am 31. Mai 1431 in Rouen verbrannt. Häufig reichte ein auffälliges, von den hergebrachten Normen abweichendes Verhalten, oft auch geistige Verirrung, um einen Hexenprozeß in Gang zu setzen.

Hexenverfolgung war ein fast ausschließlich westliches Phänomen: Im Bereich der griechischen und der russischen Orthodoxie gab es nur ganz vereinzelte Hexenprozesse. Daß Frauen die Hauptbetroffenen waren, lag an tiefsitzenden Vorurteilen. «Bereits seit der Antike wurde den Frauen eine Neigung zur Zauberei zugeschrieben», schreibt der amerikanische Historiker H. C. Erik Midelfort. «Sie waren die ‹typischen› *sagae-* und *strigae-*Figuren der klassischen sowie mittelalterlichen Literatur. Auch die Bibel berichtet von Zauberinnen. Aristoteles und andere Philosophen betrachteten die Frau als einen aufgrund geistiger und körperlicher Schwächen unvollständigen Mann. In den Schriften der christlichen Kirchenväter und der führenden Theologen des Mittelalters wurden die Frauen häufig als besonders leichtgläubig, abergläubisch, boshaft und neidisch dargestellt. Daneben galten sie als Personen, die von ihren körperlichen Gelüsten getrieben wurden und leicht durch Stärkere (durch Männer wie durch Geister) verführbar waren. Mit dieser Einschätzung der Frauen leistete die westliche Kultur, und nicht nur sie, einen wesentlichen Beitrag zur Ausprägung einer patriarchalischen Gesellschaftsordnung.»[124]

Die Umbruchzeit des 15. und 16. Jahrhunderts war geprägt von Krisenstimmung, ja der Angst vor dem nahenden Weltuntergang. Zu diesem geistigen Klima paßte die Jagd auf Sündenböcke, die man für Schwierigkeiten und Unbill aller Art verantwortlich machen konnte. Gelehrte Frauen des hohen Mittelalters wie die Mystikerin Hildegard von Bingen (1098–1179) und Heloise (1101–1164), die Schülerin und Geliebte des Scholastikers Petrus Abaelard, hätten im Spätmittelalter außerhalb Italiens wohl kaum die gleichen individuellen Entfaltungsmöglichkeiten gefunden wie zu ihren Lebzeiten. Wo die Renaissance noch nicht hingelangt war, gab es im 15. Jahrhundert neben wissenschaftlichem und technischem Fortschritt in der Tat vieles zu verzeichnen, was Rückfall hinter schon Erreichtes bedeutete. Robert I. Moores Wort von der «verfolgenden Gesellschaft» trifft auf das ausgehende Mittelalter in noch höherem Maß zu als auf das 12. und 13. Jahrhundert.[125]

Doch es gab immer auch die Korrektive, die im Zuge der ersten europäischen Revolution hervorgetreten waren und eine dynamische Machtbalance geschaffen hatten. Die Gewichtsverteilung zwischen geistlicher und weltlicher Gewalt war nicht mehr dieselbe wie am Ausgang des Investiturstreites: Die weltliche Gewalt hatte in den werdenden Nationalstaaten Westeuropas die geistliche auf den zweiten Platz verwiesen, die übernationale Machtstellung der Kirche aber nicht beseitigt. Der Feudaladel hatte viele seiner ursprünglichen Funktionen, vor allem die militärischen, eingebüßt und die Entstehung einer neuen, überwiegend bürgerlichen Machtelite, des Beamtentums, hinnehmen müssen. Das Ständewesen bildete ein Gegengewicht zur Fürstenmacht und verbürgte ein gewisses Maß an politischer Gewaltenteilung.

Die Gesellschaft des späten Mittelalters war eine Gesellschaft des institutionalisierten Widerspruchs. Sie besaß in der christlichen Lehre ein gemeinsames normatives Fundament und damit einen Maßstab, an dem jede irdische Realität gemessen werden konnte. Das galt auch für das Papsttum, das sich auf dem Höhepunkt der Renaissance, in den Jahrzehnten vor und nach 1500, so weltlich und machtbewußt präsentierte wie nie zuvor. Es rief dadurch Gegenkräfte auf den Plan, die ihm den Spiegel seines geistlichen Anspruchs vorhielten. Aus dem Widerspruch zwischen geistlichem Anspruch und weltlicher Wirklichkeit des Papsttums ging eine neue Revolution hervor, die den Westen von Grund auf verändern sollte: die Reformation.

2.

Der alte und der neue Westen:
Von Wittenberg nach Washington

Luthertum und Calvinismus:
Das neue Staatskirchentum

Ihrem Ursprung nach war die Reformation eine deutsche, ihren weltgeschichtlichen Wirkungen nach eine angelsächsische Revolution. An Martin Luther orientierten sich alle anderen Reformatoren, soweit es um die theologischen Grundlagen der kirchlichen Erneuerung ging. Für die Entwicklung von Gesellschaft und Staat hatte hingegen Calvin eine ungleich größere Bedeutung als Luther. Kapitalismus und Demokratie sind in hohem Maß mit der Wirkung von Gedanken des Genfer Reformators verbunden. Das Luthertum enthielt demgegenüber keine Elemente, die auf eine dynamische Umwälzung des Wirtschaftslebens und eine Bindung der Regierenden an den Willen des Volkes hinausliefen. Politisch und gesellschaftlich gesehen, war Luther ein konservativer Revolutionär.

Daß im Verhältnis der Menschen zu Gott letztlich alles vom Glauben des Individuums und nicht von anderen Menschen abhing, das *war* ein revolutionärer Gedanke. Luther wertete damit das persönliche Gewissen und die Glaubensfreiheit des Einzelnen in einer Weise auf, die mit dem Autoritätsanspruch der katholischen Kirche unvereinbar war und zum Bruch mit ihr führte. Die neue, die evangelische Kirche hatte dafür zu sorgen, daß ihre Pfarrer das Evangelium auf die rechte Art verkündeten, die Gemeindemitglieder auf diese Weise im Glauben festigten und in einer christlichen Lebensführung bestärkten. Der evangelische Landesherr hatte die Kirche darin zu unterstützen, denn nur er besaß die Machtmittel, die nötig waren, um den neuen Glauben gegen seine Feinde zu verteidigen und seine Verächter zu züchtigen. Deutlicher als Luther selbst betonten einige seiner theologischen Mitstreiter, daß aus der Pflicht zur Verteidigung des Glaubens auch das Recht der evangelischen Landesherrn erwuchs, Widerstand gegen die *ihnen* übergeordnete Obrigkeit, den katholischen Kaiser, zu leisten, wenn dieser sich anschickte, die Verkündung der rechten Lehre zu unterdrücken.

Politisch betrachtet, war die deutsche Reformation, wie Eugen Rosenstock-Huessy in seinem Buch über die europäischen Revolutionen bemerkt hat, eine Fürstenrevolution. Die deutschen Landesherren hatten seit dem ausgehenden Mittelalter danach gestrebt, «Papst im eigenen Lande» zu werden; durch die Reformation, die von Wittenberg ihren Ausgang nahm, wurden sie es. Für Luther war es keine Frage des Prinzips oder des Willens, daß sein Landesherr, Kurfürst Johann, an die Spitze der neuen Kirche im Kurfürstentum Sachsen trat und andere Landesherren, die sich dem evangelischen Glauben zuwandten, dasselbe taten. Das Amt des fürstlichen, also weltlichen Landesbischofs, des Summus episcopus, war den Umständen geschuldet, ja nach Lage der Dinge alternativlos.

Dadurch, daß jeder deutsche Fürst «Papst» wurde, habe er die Grundlage der Souveränität erlangt, urteilt Rosenstock-Huessy.[1] Das hatte Folgen, die die Jahrhunderte überdauerten. «Denn nicht Luther, sondern die Obrigkeiten haben unsere Schulen gegründet und uns unterrichten lassen. Wer auf diese Schulen ging, sollte nicht die Gedanken der Obrigkeiten, sondern die Gedanken Luthers begreifen, die Obrigkeit blieb als Landesbischof *über* dem Ganzen. Das deutsche Publikum des 17., 18. und 19. Jahrhunderts, adlig, bürgerlich, bäuerlich, wie es war, stand unterhalb der ‹Ober›keit und hatte deren Gesichtskreis nicht. Wohl in keinem anderen Lande der Welt haben daher zwei so verschiedene Gesichtskreise übereinander bestanden wie bei uns. Oben kämpfen Fürst und Staatsmann um ihr Recht und ihre Freiheit als Obrigkeit. Unten leben und lernen Bürger und Bauern die reine Lehre und den Gehorsam gegen die Obrigkeit im Kreise ihres beschränkten Untertanenverstandes … Dies ‹Unpolitische› des Durchschnittsdeutschen liegt in der freiwilligen Arbeitsteilung zwischen Luther und seinem Landesherrn bereits angelegt.»[2]

Was Luther wider Willen zuwege brachte, war ein rechtliches Zwangskirchentum, in dem, wie der evangelische Theologe und Religionsphilosoph Ernst Troeltsch feststellt, das menschliche Beiwerk zur Hauptsache wurde: «Die Landesherren schufen die Einigung der Theologie zu einem einhelligen Dogma und gaben den symbolischen Büchern die Zwangsgeltung. Sie schufen kirchlich-staatliche Behörden, welche Verwaltung und kirchliches Gericht in ihre Hand nahmen, unter Beteiligung der Theologen. Sie übernahmen die christliche Glaubens- und Sittenordnung auf das weltliche Recht und gaben den geistlichen Strafen und Maßnahmen bürgerliche Rechtsfolgen. In der Theorie regierte Christus und die Schrift in der Gemeinde, praktisch regierten die Landesherren und die Theologen.»[3]

Als ehemaliger Augustinermönch stand Luther in der Tradition von Augustinus, und wie der Kirchenvater so unterschied auch der Reformator scharf zwischen dem irdischen und dem Gottesreich. In der Praxis aber brachte Luther weltliche und geistliche Gewalt, Thron und Altar, so eng zusammen, daß Troeltsch zu Beginn des 20. Jahrhunderts von einer «gewissen Halbgöttlichkeit» des Staates im deutschen Luthertum sprechen konnte. «Nicht als ob das Luthertum eine neue Staatsidee entfaltet oder gar einen neuen Staat geschaffen hätte; aber es stellte dem in der Entwicklung begriffenen zentralisierten Territorialstaat in seiner Beseitigung jeder kirchlichen Selbständigkeit, in seiner Vergöttlichung der Obrigkeit und in seiner loyalen Leidsamkeit die allergünstigsten Bedingungen. Es hat dem territorialen Absolutismus den Weg geebnet; den feudalen Gutsherrschaften die Entwicklung des Rittergutes mit seinen Privilegien und seiner zunehmenden neuen Hörigkeit erleichtert, die patriarchalische Bevormundung und die ständisch-korporative Gesinnung befördert.»[4]

Deutschland sei durch die Reformation östlicher geworden, hat Franz Borkenau, ein universal gebildeter Intellektueller des deutschen Exils, 1944 in seinem Essay «Luther: Ost und West» geurteilt. Er begründete sein Verdikt damit, daß Luthers Rechtfertigungslehre, die ganz auf das innere Erleben des Glaubens und der Erlösung abstellt, eher der orthodoxen Auffassung als jener der lateinischen Kirche entspreche. Ob diese Behauptung theologisch zu erhärten ist, mag dahingestellt bleiben. Richtig ist aber, daß in Luthers Innerlichkeit ein Moment lag, das ihn vom Westen trennte und mit dem Osten verband. Luthers staatsgläubige Politikferne läßt seine leidenschaftliche Verurteilung des deutschen Bauernkrieges von 1525, seinen Kampf gegen sozialrevolutionäre «Schwärmer» wie Thomas Müntzer und das allen

Obrigkeiten sich widersetzende Täufertum, seine konsequente Anlehnung an die Fürsten geradezu als in sich logisch erscheinen.[5]

Der «östlichste» Zug des Luthertums war sicherlich der Summepiskopat: Die Übernahme des Amtes des Landesbischofs durch den Landesherrn in den lutherischen Territorien Deutschlands brachte ein Wesensmerkmal des mittelalterlichen Okzidents, die Trennung von «regnum» beziehungsweise «imperium» und «sacerdotium», in stärkerem Maß zum Verschwinden, als das bei katholischen Spielarten von Staatskirchentum wie dem Gallikanismus in Frankreich geschah. Der lutherische Summepiskopat war ein klarer Fall von Cäsaropapismus – institutionell sogar ein klarerer Fall als der byzantinische oder russische. Denn in Byzanz wie in Moskau gab es ein eigenes geistliches Oberhaupt der Kirche, wenn dieses auch dem weltlichen Herrscher, dem Kaiser oder Zaren, eindeutig nachgeordnet war.

«Die geistige Befreiung war im Luthertum mit weltlicher Knechtschaft erkauft»: In diesem Satz bündelt Borkenau das widersprüchliche Erbe der Reformation Martin Luthers. Beide Seiten, die kulturelle und die politische, müssen im Zusammenhang gesehen werden: «Der deutsche Geist konnte seine Schwingen entfalten, indem er praktische Erwägungen hinter sich ließ, die dort niemals beiseite gesetzt werden können, wo (wie im Calvinismus, H.A.W.) jede Leistung sich innerhalb der Welt rechtfertigen muß. Die deutsche Musik, die deutsche Metaphysik, sie hätten innerhalb einer calvinistisch bestimmten Kultur nicht entstehen können. Freilich liegt in diesem Überfliegen des Praktischen auch eine furchtbare Gefahr ... Das Politische ist das Reich der Verbindung von Geist und Welt, von Moral und Egoismus, von Individualismus und Bindung. Die lutherische Haltung verfehlt den Kern des Politischen. Sie hat ihren Anteil daran, daß wir das Volk der politisch stets Versagenden wurden, das Volk, das zwischen den in der Praxis gleich falschen Extremen weltferner gutmütiger Verinnerlichung und brutalsten Machttaumels hin- und hergeworfen wird.»[6]

Das lutherische Staatskirchentum gab es in Deutschland, solange hier Fürsten regierten – bis zum Sturz der Monarchie im November 1918. Noch beständiger erwies sich der Summepiskopat lutherischer Prägung in Nordeuropa, wo die Reformation eindeutiger als in Deutschland von oben eingeführt wurde. In Schweden wurde die evangelische Staatskirche erst am 1. Januar 2000 in die Selbständigkeit entlassen, in Dänemark und Norwegen ist die Kirche nach wie vor eine staatliche Einrichtung mit monarchischer Spitze. Doch die Verbindung von lutherischer Kirche und absoluter Monarchie war in Skandinavien weniger dauerhaft als in den deutschen Territorialstaaten. Schweden verwandelte sich im frühen 18. Jahrhundert in eine konstitutionelle Monarchie; in Dänemark, dessen König von 1380/87 bis 1814 auch die norwegische Krone trug, gewann der Adel Ende des 18. Jahrhunderts, wenn auch noch nicht dauerhaft, seinen politischen Einfluß zurück. Die lutherische Staatskirche paßte sich den veränderten Machtverhältnissen an: Anders als in Deutschland trat sie im 19. und 20. Jahrhundert nicht als aktive Gegnerin konstitutioneller, liberaler und demokratischer Bestrebungen auf.

Eine protestantische Staatskirche war auch die «Church of England», die anglikanische Kirche, die sich zuerst von lutherischen Theologen, später auch von den Lehren des Zürcher Reformators Ulrich Zwingli und Johann Calvins beeinflussen ließ. Die Entstehung der englischen Nationalkirche hatte mit Glaubensfragen nichts zu tun. Auslösendes Moment der Abspaltung von der katholischen Kirche war vielmehr der Wunsch König Heinrichs VIII. (1509–1547), seine Ehe mit Katharina von Aragon für nichtig erklären zu lassen, was nur der Papst tun konnte, und eine andere Ehe (mit Anne Boleyn) einzugehen. Da Clemens VII. diesem Begehren nicht nachkam, vollzog Heinrich im Jahr 1534 durch den Supremacy Act den Bruch mit Rom. Seinen aus Protest zurückgetretenen Lordkanzler, den großen Humanisten Thomas Morus, der den Suprematseid auf den König verweigerte, ließ Heinrich 1535 wegen Hochverrats zum Tode verurteilen und hinrichten.

In der Bevölkerung fand die Abkehr vom römischen Katholizismus viel Zustimmung, und vom hohen und niederen Adel, der wie der König selbst aus der Konfiskation des Klostergutes großen Nutzen zog, galt das erst recht. Die neue anglikanische Kirche lehnte sich in ihrer Liturgie seit Mitte des 16. Jahrhunderts mehr an Calvin und Zwingli als an Luther an: Im zweiten Common Prayer Book von 1552, nach dem noch heute von den Gemeinden gemeinsam gebetet wird, wirkt das nach. In der äußeren Form des Gottesdienstes und anderer kirchlichen Zeremonien aber blieb die Church of England so sehr der katholischen Tradition verhaftet, daß die strenggläubigen Anhänger Calvins davon zurückgestoßen wurden. Aus ihren Reihen sollten sich seit dem späten 16. Jahrhundert die entschiedensten Kämpfer gegen das neue Staatskirchentum rekrutieren.

Troeltsch hat den ursprünglichen Calvinismus eine «Tochterreligion des Luthertums» genannt und ihm zugleich bescheinigt, die «Ausbreitung der Kirchenreform über den Westen und von ihm aus über die neue Welt» sei *sein* Werk, so daß der Calvinismus «heute (1912, H.A.W.) als die eigentliche Hauptmacht des Protestantismus betrachtet werden» müsse. In der Rechtfertigungs- und Heiligungslehre fest auf dem Boden von Luthers Theologie stehend, habe Calvin sich von dem Wittenberger Reformator wesentlich nur auf dem Gebiet des Gottesgedankens unterschieden, woraus sich freilich auch verschiedenartige Positionen in der ethisch-religiösen Grundhaltung und gegenüber der Gestaltung der sozialen Aufgaben ergeben hätten.[7]

Was den Calvinismus vom Luthertum vor allem abhebt, ist der Prädestinationsgedanke des Genfer Reformators. Für Calvin ist Gottes Wille absolut souverän; seine Gnade kann nicht auf Grund vermeintlicher Verdienste erlangt werden; es ist sein Wesen, den einen das Heil ohne alles Verdienst freiwillig zu schenken und den anderen ihrer Sündhaftigkeit gemäß das Verderben zu bereiten. Dem auserwählten Einzelnen obliegt es, Gott in seinem Handeln zu ehren und zu verherrlichen. In Kampf und Arbeit des Individuums vollzieht sich die Heiligung der Welt. Die Erwählung durch Gott ist unverlierbar; sie verleiht Glaubenssicherheit. Diese zu festigen ist Aufgabe der kirchlichen Gemeinde, die als Heils- und Heiligungsanstalt auf die Reinheit der Lehre achtet und ihre Einhaltung überwacht.[8]

Die Heiligung der Welt verlangt innerweltliche Askese: Das ist der Kerngedanke der calvinistischen Ethik, und folglich gilt ihr Trägheit als das gefährlichste Laster. Das Laster zu bekämpfen und die Tugend zu fördern ist eine Aufgabe der christlichen Gesellschaft als ganzer, des Corpus Christianum, in dem das geistliche und weltliche Regiment arbeitsteilig zusammenwirken müssen. Mögen die Menschen im Verhältnis zueinander ungleich sein, so sind sie doch, weil sie allzumal Sünder und alle in gleicher Weise zum Gehorsam verpflichtet sind, vor Gott alle gleich. Und so wie vor Gott alle Menschen gleich sind, muß es auch eine gleiche Herrschaft des Gesetzes über alle geben. Das war zwar kein Aufruf zur Schaffung eines demokratischen Gemeinwesens, aber ungeachtet aller patriarchalischen und autoritären Züge dieses Gesellschaftsentwurfs doch ein Beitrag zur Ermöglichung einer freiheitlichen Entwicklung. In den Worten von Troeltsch: «Hier ist eine konservative Demokratie möglich, während die Demokratie auf lutherischem und katholischem Gebiet von vornherein in eine aggressive und revolutionäre Stellung gedrängt ist.»[9]

Über Max Webers klassische, 1905 veröffentlichte These vom engen Zusammenhang zwischen der calvinistischen Ethik und dem «Geist des Kapitalismus» ist viel gestritten worden. Es trifft zu, daß es schon vor der Reformation und in katholisch gebliebenen Gebieten, in Norditalien und in Flandern etwa, Erscheinungsformen von kapitalistischem Unternehmertum gegeben hat. Aber wo immer die Gegenreformation seit Mitte des 16. Jahrhunderts konsequent durchgeführt wurde, vernichtete sie weitgehend, was an solchen Ansätzen vorhanden war. Es war auch nicht der Calvinismus als solcher, der ohne weiteres eine neue Wirtschaftsethik hervorbrachte. Diese Wirkung trat nicht zufällig vor allem dort ein, wo Anhänger des reformierten Glaubens besonderem politischen Druck ausgesetzt oder diesem gerade entkommen waren. Die Beispiele der englischen Dissenters und der aus Frankreich vertriebenen Hugenotten machen das deutlich.[10]

Doch es *gab* eine Art von Wahlverwandtschaft zwischen dem «Geist» des Calvinismus und dem «Geist» des Kapitalismus. Die Rechenhaftigkeit und Rationalität des Wirtschaftens, das Streben nach immer mehr Gewinn, die unablässige Suche nach neuen Absatzmärkten: Das alles ließ sich mit Calvins Gedanken der persönlichen Leistung und Bewährung, der von Weber so genannten «innerweltlichen Askese», gut vereinbaren. Dem Luthertum fehlte ein solcher dynamischer Antrieb. Nicht individueller Wagemut und ständiges Wachstum der Erträge, sondern die Befriedigung des gewohnten, standesgemäßen Bedarfs und ein gerechter Preis waren die Leitideen des Wirtschaftens in lutherisch geprägten Territorien. In dieser Hinsicht unterschieden sich Lutheraner und Katholiken viel weniger voneinander als Lutheraner und Calvinisten.[11]

Welche Gebiete in der frühen Neuzeit katholisch, lutherisch oder calvinistisch waren, das war in der Regel nicht eine Frage der freien Entscheidung ihrer Bewohner. «Cuius regio, eius religio» (wessen die Herrschaft, dessen der Glaube): Die Formel, in der der Augsburger Religionsfriede von 1555 später zusammengefaßt wurde, beschreibt, was alle Herrscher erstrebten. Im Heiligen Römischen Reich deutscher Nation brachte der Religionsfriede der Augsburgischen Konfession, den Lutheranern, nicht aber der reformierten Konfession der Anhänger von Calvin und Zwingli die reichsrechtliche Anerkennung. Nicht den einzelnen Menschen, sondern den Fürsten stand die freie Entscheidung zu, zwischen dem alten und dem neuen Glauben zu wählen. Andersgläubige erhielten lediglich das Recht, das Territorium zu verlassen. Der große Fürsten- und Bürgerkrieg, der nach Lage der Dinge nur ein europäischer Krieg hätte sein können, war damit nochmals abgewehrt. Das evangelische Deutschland konnte sich im Gefolge des Ausgleichs von 1555 über ein halbes Jahrhundert lang vor den Folgen der katholischen Gegenreformation abschirmen, die vom Konzil von Trient (1545–1563) ihren Ausgang nahm.

In Frankreich brach 1562 der Religions- und Bürgerkrieg aus, den das Heilige Römische Reich sieben Jahre zuvor hatte abwenden können. Die Hugenottenkriege endeten 1598 mit dem Edikt von Nantes, in dem Heinrich IV., der einige Jahre zuvor von der reformierten zur katholischen Konfession übergetretene erste König aus dem Hause Bourbon, den calvinistischen Hugenotten bedingte Religionsfreiheit zusicherte. 1685 hob Ludwig XIV. das Edikt auf – mit der Folge, daß Hunderttausende von Hugenotten Frankreich verließen, um in religiös toleranteren Staaten Zuflucht zu suchen. Zu ihnen gehörten unter anderem England, die Schweiz und die Niederlande, die zur führenden calvinistischen Macht Kontinentaleuropas aufgestiegen waren, seit sie im letzten Drittel des 16. Jahrhunderts unter Führung Wilhelms von Oranien die Herrschaft der spanischen Habsburger in den nördlichen «Sieben Provinzen» abgeschüttelt und im Westfälischen Frieden von 1648 mit dem Ausscheiden aus dem Heiligen Römischen Reich deutscher Nation die Anerkennung ihrer staatlichen Unabhängigkeit durchgesetzt hatten.

Den größten wirtschaftlichen und politischen Nutzen aus der Einwanderung der Hugenotten aber zog das lutherische Brandenburg. An seiner Spitze standen seit 1415/17 Kurfürsten aus dem Hause der Hohenzollern. 1539 hatte sich das Land unter Joachim II. dem lutherischen Glauben angeschlossen; 1613 war Kurfürst Johann Sigismund zur reformierten Konfession übergetreten, während seine Untertanen Lutheraner blieben. Calvinismus von oben und Luthertum von unten: In der historischen Forschung ist diese weltgeschichtlich einzigartige Konstellation aus guten Gründen immer wieder zur Erklärung der besonderen Rolle Brandenburg-Preußens in der deutschen Geschichte herangezogen worden. So hat Otto Hintze 1931 in Anknüpfung an Max Webers Studien über Calvinismus und Kapitalismus von einer «Wahlverwandtschaft» zwischen dem Calvinismus und der modernen Staatsräson gesprochen und das Er-eignis von 1613, den Übertritt des Kurfürsten Johann Sigismund von der lutherischen zur reformierten Konfession, als «Brücke» gedeutet, «über welche die europäische Staatsräson ihren Einzug in Brandenburg» habe halten können.[12]

Zehn Jahre nach Hintze stellte der Wirtschaftswissenschaftler Al-fred Müller-Armack die noch weitergehende, aber durchaus plausible These auf, während der Calvinismus sonst, nämlich im rein calvinisti-schen Milieu, liberalisierend gewirkt habe, sei in Brandenburg-Preußen durch die Verbindung der lutherischen Grundschicht mit einer aske-tisch gerichteten Oberschicht «jene besondere Verstärkung des lutheri-schen Staatsdenkens durch eine von oben kommende Staatsdisziplin» entstanden, die Staatsverwaltung und Wirtschaftspolitik des Hohenzol-lernstaates, ja einen besonderen «preußischen Staatsstil» geprägt habe. «Als dem lutherischen Lande eine calvinistische Spitze aufgesetzt wurde, entstand eine spezifisch neue Staatsstruktur, die weder calvinis-tisch noch lutherisch war. Indem der Calvinismus von oben und das Luthertum von unten eine gegenseitige Assimilationsfähigkeit bewie-sen, entstand ein unvergleichlich Neues.»[13]

Dreißigjähriger Krieg und europäischer Friede

Hundert Jahre, nachdem mit der Veröffentlichung von Luthers 95 The-sen am 31. Oktober 1517 die Reformation begonnen hatte, gab es noch immer große Teile Europas, die von der protestantischen Bewegung nicht oder kaum erfaßt worden waren. Das galt vor allem für den Süden des Kontinents: Die Staaten der iberischen und der Apenninen-halbinsel waren weiterhin römisch-katholisch; die vom Osmanischen Reich beherrschten Länder des Balkans waren entweder orthodox ge-blieben oder, zu einem sehr viel kleineren Teil, zum Islam bekehrt wor-den. Unberührt von der Reformation blieb auch die größte Macht der orthodoxen Christenheit, das russische Zarenreich. Im Königreich Po-len wurde der dort zeitweilig starke Protestantismus beiderlei Richtung im Zuge der Gegenreformation fast völlig verdrängt. Diese ging sehr weit und brachte Polen zeitweise in einen scharfen Gegensatz zu den Teilen Europas, in denen die Gegenreformation sich nicht durchsetzen konnte. Große Fortschritte machte die Rekatholisierung seit Ende des

16. Jahrhunderts auch in den deutschen Stammlanden der Habsburger, im übrigen Deutschland vor allem in Bayern. In Frankreich hatten die Katholiken ihre Vormachtstellung in den Religionskriegen zwar behauptet, von einem Triumph der Gegenreformation wie in Spanien, Polen oder Österreich aber konnte man schon deshalb nicht sprechen, weil die «gallikanische», staatskirchliche Tradition dem Einfluß Roms enge Grenzen setzte. In Irland, das unter Heinrich VIII. in Kämpfen von äußerster Grausamkeit der englischen Herrschaft unterworfen wurde, blieb die überlebende Bevölkerung tief katholisch.

Lutherisch waren zu Beginn des 17. Jahrhunderts zahlreiche deutsche Territorialstaaten und Reichsstädte; das Königreich Dänemark-Norwegen mit Island; das Königreich Schweden, zu dem damals auch Finnland und Estland gehörten; das auf dem Gebiet des Deutschen Ordens entstandene weltliche Herzogtum Kurland, das seit seiner Gründung im Jahre 1561 ein polnisches Lehen war; der frühere Ordensstaat Preußen, der seit dem Übertritt des Hochmeisters Albrecht von Brandenburg-Ansbach zum Luthertum 1525 das weltliche Herzogtum Preußen bildete und bis 1657 unter polnischer Oberhoheit stand. Reformiert waren einige Territorien im Westen des Reiches, an ihrer Spitze die Kurpfalz, die Republik der Vereinigten Niederlande, um 1600 *die* calvinistische Macht Europas schlechthin, sodann Teile der schweizerischen Eidgenossenschaft und die Stadtrepublik Genf. Dazu kam das Königreich Schottland, das 1603 unter dem Haus Stuart mit England vereinigt wurde. In England selbst hatte sich die anglikanische Kirche seit etwa 1570 der Kritik der streng calvinistischen Puritaner zu erwehren, die gegen die katholisierenden Elemente in der neuen Staatskirche Front machten und für eine konsequente Reformation eintraten, wie sie die schottischen Anhänger Calvins unter John Knox, unterstützt von großen Teilen des Adels, um 1560 durchgeführt hatten.

Ungeklärt war die Frage der konfessionellen Hegemonie im nichthabsburgischen Teil des Heiligen Römischen Reiches deutscher Nation mit seinen katholischen, lutherischen und reformierten Reichsständen; im historischen Ungarn, das nicht nur politisch in drei Teile, nämlich das seit 1526 habsburgische Ober- und Westungarn (mit der Slowakei und Kroatien), das türkische Paschalik Ofen und das Fürstentum Siebenbürgen, sondern auch in die drei rivalisierenden Konfessionen der Katholiken, Lutheraner und Calvinisten zerfallen war; schließlich in Böhmen und Mähren, wo ebenfalls mehrere Glaubensrichtungen neben- und gegeneinander bestanden: die Katholiken, die in sich zerstrittenen gemäßigten Hussiten, bekannt als «Utraquisten» oder «Calixtiner», und die gleichfalls der hussitischen Bewegung entstammenden Böhmischen Brüder, die sich 1467 von der römischen Kirche getrennt und 1575 mit den Lutheranern zur «Confessio Boemica» zusammengeschlossen hatten. Das Königreich Böhmen war, ebenso wie die Markgrafschaft Mähren, ein Teil des Heiligen Römischen Reiches. Seit 1526 waren die Habsburger die Herrscher in den böhmischen und mährischen Landen.[14]

Von Böhmen ging 1618 jener Dreißigjährige Krieg aus, der nie nur Religions- und Bürgerkrieg, sondern immer auch ein Krieg der Staaten und der Staatenbündnisse war. Doch es war kein Zufall, daß ein Streit um die Rechte von Glaubensgemeinschaften am Beginn des großen Mordens stand. Der unmittelbare Verursacher des Krieges war Matthias, der deutsche Kaiser aus dem Hause der Habsburger (1612–1619). Als er sich anschickte, die Religionsfreiheit aufzukündigen, die sein Bruder und Amtsvorgänger Kaiser Rudolf II. (1576–1612) im Jahre 1609 den überwiegend protestantischen Ständen Böhmens gewährt hatte, war das für diese der Anlaß zur gewaltsamen Auflehnung. Daß aus der böhmischen Revolution binnen kurzem ein europäischer, vor allem auf deutschem Boden ausgetragener Krieg wurde, lag zum einen am transnationalen Charakter der konfessionellen Gegensätze. Jede der beiden böhmischen Konfliktparteien, die katholische wie die protestantische, hatte kampfbereite Gesinnungsgenossen außerhalb Böhmens. Und nirgendwo war die Gefahr, daß der lang aufgestaute Haß auf die jeweils andere Konfession in offenen Krieg umschlug, so groß wie im multikonfessionellen Heiligen Römischen Reich deutscher Nation.

Zum anderen waren Glaubensfragen das, was die Menschen jener Zeit am meisten bewegte: Mehr als soziale und nationale Unterschiede eigneten sich die Gegensätze zwischen den Konfessionen zum Appell an Leidenschaften und Solidaritätsgefühle, wobei der Gegensatz zwischen Protestanten und Katholiken den zwischen Lutheranern und Reformierten zeitweilig ganz in den Hintergrund drängte, ja fast vergessen ließ. Was für die Gläubigen galt, mußte aber noch lange nicht für die Staatslenker gelten. In der zweiten Hälfte des Großen Krieges, von 1635 bis 1648, focht das katholische Frankreich an der Seite des lutherischen Schweden gegen das katholische Haus Habsburg, das im Reich wie in Spanien den Herrscher stellte und die Macht in den Spanischen Niederlanden, dem späteren Belgien, ausübte. Kardinal Richelieu, der die Richtlinien der französischen Politik bestimmte, vertrat rücksichtslos die Staatsräson seines Landes, und die verlangte es, eine habsburgische Hegemonie in Europa zu verhindern und dem eigenen Land zur Spitzenstellung zu verhelfen. Richelieus evangelischer Bündnispartner, Schwedens Reichskanzler Oxenstierna, dachte in denselben Kategorien von Staatsräson. Er betrieb die Angliederung Vorpommerns an Schweden ohne Rücksicht auf die Ansprüche, die sein wichtigster protestantischer Verbündeter, Brandenburgs Großer Kurfürst Friedrich Wilhelm I. (1640–1688), auf dasselbe Gebiet erhob.

In der Erinnerung der Deutschen lebte der Dreißigjährige Krieg Jahrhunderte lang als die nationale Katastrophe schlechthin fort. Große Teile des Reiches haben sich von den Folgen des drei Jahrzehnte währenden Brandschatzens und Mordens erst viele Jahrzehnte später, manche auch gar nicht mehr erholt. Die Bauern waren verarmt; östlich der Elbe sanken sie, soweit sie noch frei waren, vielfach in die Erbuntertänigkeit von den Rittergutsbesitzern ab. Von einem aufsteigenden Bürgertum konnte nach der Verwüstung zahlloser, einst wohlhabender Städte auf lange Zeit keine Rede mehr sein. Die gesellschaftlichen Gewinner des Krieges waren die Landesherren, die staatsnahen Teile des Adels, staatlich geförderte Kaufleute, Unternehmer und Bankiers, das Militär und das Beamtentum, die Säulen des entstehenden Absolutismus also. Kriegsgreuel, Massensterben und Entbehrungen bewirkten bei den Überlebenden eine verstärkte Wendung nach innen: eine erneuerte Laienfrömmigkeit, die im evangelischen Deutschland dem Pietismus des späten 17. und des 18. Jahrhunderts den Boden bereitete.

Die wichtigste Lehre, die der Krieg abwarf, war die Einsicht in die Unabdingbarkeit von religiöser Toleranz. Erzwingen konnte diese Duldsamkeit nur ein starker Staat, der bereit war, sich in gewissen Grenzen zu säkularisieren und damit in religiösen Dingen zu neutralisieren. Der fürstliche Absolutismus war nicht zuletzt eine Folge der Verabsolutierung von Glaubensfragen. Was die Untertanen an innerer Freiheit gewannen, bezahlten sie mit noch mehr Unterordnung unter die weltlichen Obrigkeiten. Diese fanden die zuverlässigste Stütze ihrer Herrschaft fortan in einer tiefsitzenden, ja traumatischen Angst, die man wohl das bleibende Ergebnis des Dreißigjährigen Krieges in Deutschland nennen kann: der Angst vor dem Zusammenbruch aller gewohnten Ordnung, vor Chaos und fremder Soldateska, vor Bruder- und Bürgerkrieg, vor der Apokalypse.

Der Westfälische Friede, der 1648 zuerst zwischen der spanischen Krone und den «Generalstaaten», also der Republik der Vereinigten Niederlande, in Münster, dann zwischen Kaiser Ferdinand und der Königin Christine von Schweden in Osnabrück und schließlich zwischen dem Kaiser und Ludwig XIV., dem jungen König von Frankreich, wiederum in Münster, geschlossen wurde, stellte für das Reich den Augsburger Religionsfrieden von 1555 wieder her und dehnte ihn auf die Reformierten aus: Sie waren fortan neben Katholiken und Lutheranern die dritte gleichberechtigte Konfession im Heiligen Römischen Reich deutscher Nation. Als Ganzes genommen, zog daher der Protestantismus deutlich mehr Nutzen aus dem Westfälischen Frieden als der Katholizismus. Für die Festlegung von Konfessionsgrenzen und Konfessionszugehörigkeit galt 1624 als «Normaljahr»; hatten Obrigkeiten zu einem späteren Zeitpunkt die Religion gewechselt, mußten die Untertanen diesen Schritt nicht nachvollziehen. Für seine habsburgischen Erblande blieb der Kaiser von dieser Klausel jedoch befreit.

Die Reichsstände erhielten durch den Friedensvertrag die Mitbestimmung in allen Angelegenheiten des Reiches und die volle Landeshoheit in weltlichen und geistlichen Dingen, außerdem das Recht, Bündnisse mit auswärtigen Mächten zu schließen, wobei der Vorbehalt galt, daß sich diese Bündnisse nicht gegen Kaiser und Reich richten durften. Um die Majorisierung der einen oder der anderen Konfession zu verhindern, traten bei der Behandlung der konfessionellen Fragen die evangelischen und die katholischen Reichsstände auf dem Reichstag, einem seit 1663 in Regensburg tagenden ständigen Gesandtenkongreß, zu gesonderten Beratungen im Corpus evangelicorum und im Corpus catholicorum zusammen. Beschlüsse kamen nur zustande, wenn aus dieser «itio in partes» eine Einigung hervorging.

Das Heilige Römische Reich verlor durch den Westfälischen Frieden weiter an politischem Gewicht. Da es den deutschen Status quo sichern half, lag der Fortbestand des Reiches im Interesse der europäischen Großmächte und der kleineren Reichsstände. Ein europäischer Machtfaktor aber, der sich mit Frankreich oder England, Schweden oder Spanien hätte messen können, war das altertümliche und schwerfällige Gebilde nicht mehr. Als politische Gewinner gingen Frankreich und Schweden aus dem Dreißigjährigen Krieg hervor: Schweden dadurch, daß es das Herzogtum Bremen (ohne die Stadt), das Bistum Verden, Vorpommern und Wismar als Reichslehen übernahm und dadurch Reichsstand wurde; Frankreich, indem es die österreichischen Hoheitsrechte im Elsaß erhielt und auf diese Weise die Position des Hauses Habsburg in Deutschland nachhaltig schwächte. Die nördlichen Niederlande und die Schweizer Eidgenossen schieden aus dem Reichsverband endgültig aus. Der deutsche Nationalismus des 19. Jahrhunderts hatte es infolgedessen leicht, der kollektiven Erinnerung an die deutsche Urkatastrophe des 17. Jahrhunderts das Gefühl der nationalen Demütigung durch fremde Großmächte und vor allem durch *eine* hinzuzufügen: das eroberungsgierige Frankreich.

Den deutschen Zeitgenossen lagen solche Gefühle fern. Für sie war wichtig, daß der grausamste Krieg, den das Land je erlebt hatte, nach drei Jahrzehnten zu Ende gegangen war. Gefeiert wurde der Friede vor allem von den Protestanten, die auch Grund dazu hatten: Ihre Sache hatte sich behauptet; die katholische Gegenreformation war eingedämmt. Auch außenpolitisch hätte für die Deutschen alles noch viel schlimmer kommen können: Schweden hatte seine Stellung an der südlichen Ostseeküste ausgebaut, die Vision König Gustav Adolfs (1611–1632) von einem europäischen Großreich in der Tradition der alten Goten aber war nicht Wirklichkeit geworden; Frankreich war zwar eine gewisse Vormachtstellung im europäischen Staatensystem, aber nicht die unbestrittene Hegemonie in Europa zugefallen. Zwischen Frankreich und Spanien wurde auch nach 1648 weiter Krieg geführt; erst elf Jahre später endete das jahrzehntelange Ringen mit dem Pyrenäenfrieden, der den Franzosen einen erheblichen Landgewinn im Norden, auf Kosten der spanischen Niederlande, und im Süden, im Pyrenäenvorland, brachte. Als Seemacht befand sich Spanien im Niedergang, seit seine Flotte, die Armada, 1588 vor der Küste Englands vernichtet worden war. Der Friede von 1659 beraubte Spanien noch nicht seines Status als Großmacht, aber er förderte seinen Abstieg.[15]

Der Dreißigjährige Krieg endete nicht mit der Unterwerfung einer Macht oder einer Religionspartei, sondern mit einem umfassenden Kompromiß. Der Westfälische Friede schuf einen «innerreichlichen» Ausgleich zwischen den Reichsständen untereinander sowie zwischen ihnen und dem Reich; zum anderen war er ein internationaler, zwischenstaatlicher Vertrag. Für das Heilige Römische Reich bildete der Friede von 1648 fortan die wichtigste seiner Rechtsgrundlagen; er sicherte seinen Bestand und seine innere Ordnung, die zu einem Unterpfand des europäischen Friedens erklärt wurden. Der Befriedung im Innern des Reiches diente eine Amnestie, die immerwährendes Vergessen und Vergeben und einen Verzicht auf Entschädigungen für vergangenes Unrecht in sich schloß. Der europäische Friede sollte auf den Grundsatz der Gleichberechtigung der Staaten gegründet sein. Damit wurde dem Recht eine Rolle zugewiesen, die es zwischen den Staaten bis dahin noch nicht gehabt hatte: Es sollte ein Mindestmaß an verbindlicher Ordnung in die Beziehungen zwischen den Mächten bringen, die sich jahrzehntelang erbittert bekriegt hatten und nun, durch Schaden endlich klug geworden, zu den Gedanken der vertrauensvollen Nachbarschaft, der Freundschaft und des Friedens bekannten.[16]

Der Westfälische Frieden bedeutet nicht den Beginn des modernen Völkerrechts, aber den ersten großen Schritt zu seiner systematischen Durchsetzung. Die Gründerväter der neuen Disziplin waren spanische Spätscholastiker, an ihrer Spitze der Dominikaner Francisco de Vitoria (um 1483–1546), der 1539 als erster den aus den «Institutionen» des römischen Rechts stammenden Begriff «jus gentium» als «jus inter gentes», als Recht der Beziehungen zwischen den Völkern (und nicht, wie bisher, zwischen den einzelnen Menschen), interpretierte: «Quod naturalis ratio inter omnes gentes constituit, vocatur jus gentium» (Was die natürliche Anschauung bei allen Völkern darstellt, wird Recht der Völker genannt).[17]

Was der Friede von Münster und Osnabrück kodifizierte, bildete fortan das wichtigste Fundament des Jus Publicum Europaeum, des Europäischen Rechts.[18] Es beruhte auf der Souveränität der Staaten, wobei dieser Begriff keine Schöpfung des Vertragswerks von 1648, sondern älter war: Der französische Jurist Jean Bodin (um 1529–1596) hatte ihn 1576 in seinen «Six livres de la République» entwickelt und als die «dem Staat eignende absolute und zeitlich unbegrenzte Gewalt» definiert, ausgeübt von einem souveränen Fürsten, der «niemandem außer Gott Rechenschaft schuldig» sei.[19]

Aus dem Prinzip der Souveränität folgte das der Nichtintervention: Kein Staat hatte das Recht, sich in die inneren Angelegenheiten eines anderen Staates, etwa unter Berufung auf eine unerträgliche religiöse oder politische Unterdrückung von Untertanen, einzumischen. Ausnahmen kannte das sogenannte «Westfälische System» aber durchaus: Zum einen galten Interventionen zur Bewahrung des Gleichgewichts zwischen den Staaten als legitim. Zum anderen waren die Unterzeichner des Westfälischen Friedens verpflichtet, einem Reichsstand zu Hilfe zu kommen, wenn dieser durch einen Vertragsbruch eines anderen Reichsstands geschädigt und dieser Schaden nicht innerhalb von drei Jahren durch gütlichen Vergleich oder Gerichtsentscheid behoben worden war.[20]

Auf das Land, das der Hauptschauplatz des Dreißigjährigen Krieges gewesen war, paßte der Begriff des souveränen Staates, im Unterschied zu den nationalen Monarchien in Frankreich, Schweden, Spanien oder England, mithin nicht. Das Heilige Römische Reich war schon deswegen nicht souverän, weil es gegen die größten Territorialstaaten und ohne Zustimmung der beiden Garantiemächte des Westfälischen Friedens, Frankreich und Schweden, nicht wirksam zu handeln vermochte, also über keine reale Macht verfügte; die größeren Territorialstaaten, obenan Österreich, Bayern, Sachsen und das aufstrebende Brandenburg, besaßen reale Macht, durften sie aber dem Friedensschluß von 1648 entsprechend nicht gegen Kaiser und Reich einsetzen. Zudem standen sie, jedenfalls theoretisch, unter der Interventionsdrohung des Westfälischen Friedens. Sie hatten den Schritt von der «Libertät» zur «Souveränität» also noch nicht oder zumindest noch nicht vollständig getan.

Da der Friede von Münster und Osnabrück Reichsverfassung und Grundlage des europäischen Friedens in einem war, besaß er einen juristischen Januskopf: Er war ein Dokument des deutschen Staatsrechts und zugleich eines des europäischen Völkerrechts. Den souveränen Staaten im Westen und Norden kam dieser Schwebezustand in der Mitte Europas gelegen, weil er ein gewisses Maß an europäischem Gleichgewicht verbürgte. Es wäre zerstört worden, hätte sich ein machtvoller Staat an die Stelle des Heiligen Römischen Reiches gesetzt. 1648 lag eine solche Entwicklung noch jenseits des Vorstellbaren, und solange der Westfälische Friede als Reichsverfassung allgemein anerkannt wurde, konnte sie auch nicht eintreten.

Nachdenken über den Staat: Vom Humanismus zu Hobbes

Die religiöse Selbstzerfleischung Europas im 16. und 17. Jahrhundert ist geeignet, den Ursprung des Konflikts, die Glaubensspaltung, in ein historisches Zwielicht zu rücken. War die Reformation wirklich, wie

Hegel um 1830 in seinen Vorlesungen zur Philosophie der Geschichte meinte, «die Alles verklärende Sonne», das Ereignis, durch das «der subjektive Geist in der Wahrheit frei» und «die christliche Freiheit wirklich» wurde? War mit Luthers Werk «das neue, das letzte Panier aufgetan, um welches die Völker sich sammeln, die Fahne des freien Geistes, der bei sich selbst und zwar in der Wahrheit ist, und nur in ihr bei sich selbst ist»? Hatte der Philosoph recht, als er den «wesentlichen Inhalt der Reformation» in die Worte faßte: «Der Mensch ist durch sich selbst bestimmt, frei zu sein»?[21]

Marx kam 1843/44 in der «Einleitung» zur Kritik der Hegelschen Rechtsphilosophie zu einem radikal anderen Ergebnis: «Luther hat die Knechtschaft aus Devotion besiegt, weil er die Knechtschaft aus Überzeugung an ihre Stelle gesetzt hat. Er hat den Glauben an die Autorität gebrochen, weil er die Autorität des Glaubens restauriert hat. Er hat die Pfaffen in Laien verwandelt, weil er die Laien in Pfaffen verwandelt hat. Er hat den Menschen von der äußeren Religiosität befreit, weil er die Religiosität zum inneren Menschen gemacht hat. Er hat den Leib von der Kette emanzipiert, weil er das Herz in Ketten gelegt (hat).» Die Folgerung aus dieser halben und widerspruchsvollen Befreiung lautete: «In Deutschland ist die Emanzipation von dem Mittelalter nur möglich als die Emanzipation von den teilweisen Überwindungen des Mittelalters.»[22]

Nietzsche erteilte 1888 im «Antichrist» Hegels Deutung eine noch schärfere Absage: «Die Deutschen haben Europa um die letzte große Kultur-Ernte gebracht, die es für Europa heimzubringen gab – die Renaissance … Caesare Borgia als Papst … Wohlan, das wäre der Sieg gewesen, nach dem ich heute allein verlange -: damit war das Christentum abgeschafft! – Was geschah? Ein deutscher Mönch, Luther, kam nach Rom. Dieser Mönch mit allen rachsüchtigen Instinkten eines verunglückten Priesters im Leibe, empörte sich in Rom gegen die Renaissance … Die Renaissance – ein Ereignis ohne Sinn, ein großes Umsonst!»[23]

Gegenüber Renaissance und Humanismus mutete die Reformation in mancher Hinsicht tatsächlich wie ein Rückfall ins Mittelalter an. Mit dem Menschenbild der italienischen Renaissance und des europäischen Humanismus waren Unduldsamkeit und Aberglaube, Hexenwahn und Judenhaß nicht zu vereinbaren. Glaubenseifer, der in Fanatismus umschlug, widersprach allem, was Humanisten von Francesco Petrarca bis

Erasmus von Rotterdam ihren Lesern zu vermitteln suchten. Das politische Denken der italienischen Renaissance hatte sich von überlieferten
christlichen Moralvorstellungen zunehmend gelöst; es gipfelte, wovon
schon die Rede war, in Machiavellis Entwurf einer rein weltlichen, an
antiken Vorbildern ausgerichteten, von ethischen Bindungen freien
Staatsräson.

Reformation und Gegenreformation bewirkten nicht nur eine vertiefte Gläubigkeit, sie förderten auch die religiöse Intoleranz – bei gebildeten Christen nicht weniger als beim «einfachen Volk». Frauen, die
man für Hexen hielt, wurden in lutherischen und reformierten Gebieten
ebenso grausam verfolgt wie dort, wo sich die Gegenreformation
durchsetzte. Martin Luther wurde zum Feind der Juden, als diese sich,
entgegen seiner Erwartung, nicht zum evangelischen Glauben bekehren
wollten. In und auch durch Luther lebte der mittelalterliche Haß auf
die «Gottesmörder» fort bis in die jüngste Vergangenheit. Zwar gab es
Reformatoren wie Wolfgang Capito in Straßburg und Andreas Osian-
der in Nürnberg, die dem Humanismus verbunden blieben und sich gegen die Verleumdung und Verfolgung der Juden wandten. Aber nicht
sie gaben den Ton an, sondern Luther. Und wenn Calvin und Zwingli
an der Judenfeindschaft des Wittenberger Reformators etwas auszusetzen fanden, war es seine rabiate Sprache, aber nicht die Sache selbst.[24]

Die Humanisten des 14., 15. und 16. Jahrhunderts hatten die Gebildeten erreicht, die auch lateinische Texte zu lesen vermochten; und bei
den Gebildeten des ganzen Okzidents wirkte der Humanismus nach,
was die Pflege der alten Sprachen und das Studium der Autoren der
griechischen und römischen Antike betraf. Zu einer Sache der breiten
Volksmassen aber war der Humanismus auch da nicht geworden, wo
seine Vertreter sich wie Sebastian Brant (um 1458–1521) oder Ulrich
von Hutten (1488–1523) der Volkssprache, in diesem Fall des Deutschen, bedienten. Bei den Reformatoren war das anders: Ihre Botschaft
hörten auch die, die des Lesens unkundig waren, und manche, wie die
Bauern in Mittel- und Oberdeutschland, verstanden sie anders, als sie
gemeint war, nämlich als Aufforderung, sich gegen ihre Herren aufzulehnen.

Von den Humanisten des deutschen Sprachraums war Ulrich von
Hutten derjenige, der sich die Sache Luthers am stärksten zu eigen
machte. Johannes Reuchlin (1455–1522) lehnte die Reformation ab,
was ihn aber nicht davor bewahrte, 1520 als Ketzer verurteilt zu wer-

den. Der berühmteste aller Humanisten des 16. Jahrhunderts, Erasmus von Rotterdam (1466 oder 1469–1536), wich, solange es ging, einer klaren Stellungnahme für oder wider Luther aus, bis er sich 1524 dann doch widerstrebend genötigt sah, der Leugnung des freien Willens durch den Reformator öffentlich zu widersprechen und sich damit auf die Seite der katholischen Kirche zu stellen.

«Das Schwanken des Erasmus zwischen Verleugnung und Billigung Luthers in dieser Zeit gereicht ihm nicht zur Unehre», urteilt sein Biograph, der niederländische Historiker Johan Huizinga. «Es ist der tragische Mangel, der sich durch seine ganze Persönlichkeit zieht: nie die letzten Konsequenzen ziehen zu wollen oder zu können.»[25] Es war der Mangel nicht nur des Erasmus, sondern des Humanismus überhaupt, soweit er sich als dritte Kraft zwischen den Religionsparteien verstand: Er war zu unentschieden und zu elitär, um sich gegenüber Glaubensbewegungen behaupten zu können, die dem Gewissen einen höheren Rang zuerkannten als dem Wissen, die den ganzen Menschen für sich in Anspruch nahmen und die ganze christliche Gesellschaft für sich zu gewinnen strebten. Es gab noch Humanisten im konfessionellen Zeitalter, dem knappen Jahrhundert zwischen dem Augsburger Religionsfrieden und dem Westfälischen Frieden, aber eine Epoche des Humanismus war diese Zeit nicht mehr.

Was die Humanisten des 16. Jahrhunderts untereinander verband, war nicht zuletzt ein Gefühl der Überlegenheit gegenüber der Scholastik, die sie für eine erstarrte und überlebte Form der Gelehrsamkeit hielten. Doch gerade im 16. Jahrhundert erlebte die Scholastik in Spanien eine späte Blüte. Der schon erwähnte Begründer des modernen Völkerrechts, der Dominikaner Francisco de Vitoria, war einer der ersten, die Protest einlegten gegen die Unterdrückung, Mißhandlung und massenhafte Tötung der Indios durch die spanischen Konquistadoren. Was Vitoria zum Programm erhob, klang nicht nur humanistisch; es *war* vom Geist des Humanismus inspiriert.

Die Barbaren seien nicht so offensichtlich ungerecht, daß man nicht ihre Gerechtigkeit untersuchen könnte; sie seien freilich auch nicht so gerecht, daß man nicht Zweifel an ihrer Gerechtigkeit haben könnte: So heißt es vorsichtig abwägend in der ersten von Vitorias «Vorlesungen über die kürzlich entdeckten Inder und das Recht der Spanier zum Kriege gegen die Barbaren» aus dem Jahr 1539, geschrieben achtzehn Jahre nach der Eroberung des mexikanischen Aztekenreiches durch

Hernán Cortés und sechs Jahre nach der Eroberung des Inkareiches in Hochperu durch Francisco Pizarro. Der Kaiser war für Vitoria nicht der Herr des ganzen Erdkreises («Imperator non est dominus totius orbis»), und der Papst hatte keine weltliche Gewalt über jene Barbaren oder andere Ungläubige («Papa nullam potestatem temporalem habet in barbaros istos, neque in alios infideles»), aber auch keine geistliche Gewalt («Sed non habet potestatem spiritualem in illos»). «Die Spanier sind die Nächsten der Barbaren, wie aus dem Gleichnis des Samariters im Evangelium hervorgeht. Sie sind daher verpflichtet, die Nächsten wie sich selbst zu lieben.»[26]

In seiner zweiten Vorlesung äußerte sich Vitoria grundsätzlich zu der schon von Cicero, Augustin, Isidor von Sevilla und Thomas von Aquin erörterten Frage, wann ein Krieg gerecht oder ungerecht sei. Weder die Verschiedenheit der Religion noch die Vergrößerung eines Reiches noch der eigene Ruhm oder sonstige Vorteil eines Fürsten seien Gründe für einen gerechten Krieg («bellum justum»). Nur erlittenes Unrecht könne ein gerechter Kriegsgrund sein («Unica est sola causa justa inferendi bellum, injuria accepta»), und zwar nicht jedes beliebige Unrecht, sondern nur besonders schweres, weil dem Grundsatz der Verhältnismäßigkeit («juxta mensuram delicti») Genüge getan werden müsse. Sei ein Krieg gerecht, dann, aber auch nur dann dürfe man alles tun, was zur Verteidigung des öffentlichen Wohls erlaubt sei.

Selbst den Fall, daß ein Krieg von beiden Seiten her ein gerechter sein könne («bellum justum ex utraque parte»), schloß Vitoria nicht aus: Er liege dann vor, wenn die wahre Gerechtigkeit sich auf einer Seite befinde, die andere Seite aber aus unüberwindlicher Unwissenheit, also in gutem Glauben, ihre Sache ebenfalls für eine gerechte halte. Von hier bis zur Theorie des gerechten Feindes, des «justus hostis», wie sie 1582 ein anderer spanischer Spätscholastiker, Balthasar Ayala (1548–1582), und sechs Jahre später der aus Italien stammende, in Oxford lehrende Jurist Alberico Gentili (1552–1608) entwickelten, war es kein großer Schritt mehr.[27]

Vitoria hielt die Landnahme in Amerika für legitim, solange die eingewanderten Spanier den Barbaren damit kein Unrecht zufügten. Die Spanier durften Handel mit den Indios treiben, indem sie Waren einführten, die diese nicht hatten, und Gold und Silber ausführen, weil es dort beides im Überfluß gab. Nur bei Verweigerung der Gastfreundschaft und der Verhinderung des Handels durften die Spanier, wenn alle anderen Mittel versagten, im Interesse der eigenen Sicherheit das Gebiet der Indios besetzen und diese selbst unterwerfen. Dasselbe galt für den Fall, daß die Indios oder ihre Herren die Verkündigung des Evangeliums gewaltsam verhinderten. Dagegen durften die Spanier keine Gewalt anwenden, wenn die Indios der christlichen Botschaft keinen Glauben schenkten und Verstöße gegen das Naturgesetz begingen. Das Recht auf Krieg («jus ad bellum») gegen die Indios wurde somit unter bestimmten Bedingungen bejaht; das Recht im Krieg («jus in bello») unterlag Regeln, auf deren Einhaltung auch die Indios Anspruch hatten.[28]

Was Vitoria in seinen Vorlesungen in die Form von Rechtsgrundsätzen brachte, beruhte zu einem guten Teil auf den persönlichen Erfahrungen eines dominikanischen Ordensbruders, des «Apostels der Indianer» und späteren Bischofs von Chiapas, Bartolomé de Las Casas (1474–1566), die dieser seit 1502 in Mittel- und Südamerika gemacht hatte. Die Schilderung der Grausamkeiten, die die spanischen Eroberer an den Indios begingen, durch Las Casas und die juristischen Lehren, die Vitoria daraus ableitete, blieben nicht völlig folgenlos: 1542 konnte Las Casas mit den «Neuen Gesetzen» nach Mexiko zurückkehren, die die Indios schützen und ihrer Missionierung ein menschliches Antlitz geben sollten.

Praktische Konsequenzen hatten die «Neuen Gesetze» aber kaum. Daran änderte auch das berühmte Streitgespräch nichts, das Las Casas 1550, nach seiner endgültigen Rückkehr in die Heimat, in Gegenwart Kaiser Karls V. zu Valladolid mit seinem schärfsten Widersacher, dem Kronjuristen und Hofhistoriker Juan Ginés de Sepúlveda (1490–1573), über die Behandlung der Indios führte. Die Menschlichkeit Las Casas ging im Übrigen zu Lasten Dritter. Um die Versklavung der Indios zu beenden, hatte er bereits 1517 bei der spanischen Krone die Erlaubnis erwirkt, schwarze Sklaven aus Afrika einzuführen, die als körperlich stärker belastbar galten: eine folgenschwere Entscheidung, die am Beginn des jahrhundertelangen transatlantischen Sklavenhandels steht.[29]

Wie Vitoria ging auch Francisco Suarez (1548–1617), Theologe, Mitglied des neugegründeten Jesuitenordens und damit ein Mann der Gegenreformation, vom humanistischen Gedanken einer die ganze Menschheit umfassenden Rechtsgemeinschaft aus. Hatte der ältere der beiden wichtigsten Vertreter der spanischen Spätscholastik die anzustrebende Weltgemeinschaft als Abschluß der christlichen Missionsarbeit und damit als vollendete «res publica Christiana» verstanden, so leitete der jüngere die Weltstaatengemeinschaft in seinem 1613 erschienenen Hauptwerk «De legibus ac Deo legislatore» (Über die Gesetze und Gott als Gesetzgeber) aus einem naturrechtlichen Prinzip ab. Das Menschengeschlecht sei in verschiedene Völker und Reiche geteilt, bilde aber dennoch eine gewisse Einheit, und zwar nicht nur eine gattungsmäßige, sondern auch eine politische und moralische Einheit. «Das geht aus dem natürlichen Gebot der gegenseitigen Liebe und Hilfsbereitschaft hervor, die sich auf alle, auch die Fremden erstrecken soll, welcher Nation sie auch angehören mögen. Zwar ist jeder selbständige Stadtstaat, jede Republik und jedes Königreich in sich eine vollkommene, aus ihren Gliedern bestehende Gemeinschaft. Trotzdem ist jeder dieser Staaten, sofern er zum Menschengeschlecht gehört, ein Glied dieser Gesamtgemeinschaft ... Deshalb ist eine Rechtsordnung erforderlich, durch die diese Verständigung und Zusammenarbeit geregelt wird.»[30]

Daß die Völkerrechtslehren der spanischen Spätscholastiker, und namentlich Vitorias, auch ein Stück Ideologie waren, nämlich Rechtfertigung des päpstlichen Missionsauftrags einerseits und der spanischen Landnahme in Übersee andererseits, liegt auf der Hand. In den Worten von Carl Schmitt: «So ist der päpstliche Missionsauftrag, wenn auch nur mittelbar, nämlich auf dem Wege über die Konstruktion eines gerechten Krieges, der eigentliche Rechtstitel der Conquista. Insofern aber bewegt sich die Argumentation Vitorias noch ganz in der völkerrechtlichen Raumordnung der Respublica Christiana ... Die Landnahme Amerikas durch die Krone von Kastilien entspricht in ihrem ersten, der Argumentation Vitorias zugrunde liegenden Stadium noch ganz dem auf dieser Raumordnung beruhenden Völkerrecht des christlichen Mittelalters. Sie ist sogar sein Höhepunkt, allerdings zugleich auch sein Ende.»[31]

Das letztere ist eine durchaus anfechtbare These. Zwischen Francisco de Vitoria und dem berühmtesten Völkerrechtler des 17. Jahrhunderts, Hugo Grotius (1583–1645), liegen keine Welten. Das Hauptwerk des Niederländers, «De jure belli ac pacis libri tres» von 1635, baut auf den Grundlagen der spanischen Spätscholastik auf. Das gilt für das «jus ad bellum» wie für das «jus in bello». Wie Vitoria so gesteht auch Grotius den Herren kein Recht über Leben und Tod der Sklaven zu. Er verneint ein Recht christlicher Staaten, gegen Völker

Krieg zu führen, weil diese die christliche Religion nicht annehmen wollen. Einen Krieg dürfe man nur aus Not anfangen; die Furcht vor der Macht des Nachbarn reiche als Kriegsgrund nicht aus. Im Krieg gelte es, jedes unnötige Gemetzel zu vermeiden und immer das übergeordnete Ziel im Blick zu behalten: den Frieden.[32]

Grotius zitierte, um seine Auffassungen zu belegen, viel eifriger als Vitoria antike und christliche Autoren, und zwar in einem Umfang, der seinem Werk stark kompilatorische Züge verleiht und mitunter den Anspruch des Verfassers auf Originalität in Frage stellt. Ganz der Tradition verpflichtet, können seine drei Bücher über das Recht des Krieges und des Friedens schwerlich als der Durchbruch zum modernen Völkerrecht betrachtet werden. Dieser Ehrentitel gebührt Francisco de Vitoria.

Der erste Klassiker der spanischen Spätscholastik war nicht nur ein Ideologe spanischer und kirchlicher Herrschaftsinteressen. Er orientierte sich an normativen Maßstäben, die christlich geprägt waren, aber nicht nur für Christen gelten sollten. Als er, in scharfem Gegensatz zu Sepúlveda, den Indios bescheinigte, Menschen und keine Affen zu sein, tat er einen großen Schritt in Richtung auf eine allgemeine Lehre von den unveräußerlichen Menschenrechten.[33] Suarez und Grotius folgten seiner Linie. Mochte Vitorias humanistisches Manifest wider die unmenschliche Behandlung der Indios in der Zeit der Konquistadoren und Inquisitoren auch nur ein theoretisches Korrektiv zu einer gegensätzlichen Praxis sein, so waren seine Postulate doch auch ein Programm für die Zukunft. «Non enim homini homo lupus est, ut ait Ovidius, sed homo» (Der Mensch ist nämlich kein Wolf, wie Ovid sagt, sondern ein Mensch): Wenn dieses Wort wirklich für alle Menschen, unabhängig von ihrer Religion oder Hautfarbe gilt, dann war dieses Verdikt Vitorias ein revolutionärer Satz.[34]

Auf ganz andere Weise «modern» war Jean Bodin, ein katholischer, doch immer wieder häretischer Neigungen verdächtigter Jurist. Seine «Sechs Bücher über den Staat» aus dem Jahr 1576 waren eine Antwort auf die Erfahrungen der französischen Religionskriege, die in der Ermordung Tausender von Hugenotten am 24. August 1572, der Bartholomäusnacht, ihren blutigen Höhepunkt erreicht hatten. Nur ein starker Monarch kann den Staat vor dem Bürgerkrieg bewahren: Das ist die Kernbotschaft Bodins. Stärke erfordert Souveränität, und die besitzt ein Fürst nur, wenn er weder an die Gesetze seiner Vorgänger noch an

die eigenen gebunden ist. «Majestas est summa in cives ac subditos legi-
busque soluta potestas» (Die Souveränität ist die höchste, von Gesetzen
entbundene Gewalt gegenüber Bürgern und Untertanen): So lautet die
berühmte Formel in der lateinischen Ausgabe des Werkes von 1586.
Bodin war nicht der Erfinder der Doktrin, daß der Herrscher an Gesetze nicht gebunden sei: Der Satz «Princeps legibus solutus est»
stammt von dem römischen Juristen Domitius Ulpianus (um 170–
223 n. Chr.) und wurde in die Digesten des Corpus Juris Civilis aufgenommen.[35]

Bodins These, die immer wieder als die Quintessenz absolutistischer Herrschaft interpretiert worden ist, klang eindeutig, aber sie war
es nicht. Die Gesetze, an die der Fürst nicht gebunden war, waren solche des positiven Rechts. Von ihnen konnte der Fürst abgehen, wenn
sie aufgehört hatten, gerechte Gesetze zu sein. Auf die Gesetze Gottes
und der Natur erstreckte sich die absolute Gewalt der Fürsten und anderer souveräner Herrschaften nicht; *diese* Gesetze waren unbedingt
einzuhalten. Und auch beim positiven, kodifizierten Recht galt das
«legibus solutus» nicht uneingeschränkt. An Verträge war auch der
Fürst gebunden, sogar an Verträge mit den eigenen Untertanen. Hatte
ein Herrscher unvernünftigerweise die Einhaltung eines Gesetzes beschworen, so war er durch sein Wort daran gebunden, es sei denn, der
Grund für den Eid war entfallen. Der Fürst durfte kraft Naturrechts
den Untertanen nicht nach Belieben Abgaben auferlegen und ihnen
auch nicht ihr Eigentum wegnehmen.[36] Gebunden war der Monarch
auch an das jeweilige Erbfolgerecht (wobei Bodin keinen Hehl aus seiner Überzeugung machte, daß er Königswahlen und Frauen auf dem
Thron für ein Unglück hielt).[37] Hatte ein Tyrann die Herrschaft usur-
piert, so war diese illegitim und Widerstand, bis hin zur Tötung des
Tyrannen, erlaubt.[38]

Sein humanistisches Anliegen, die Verhinderung des Bürger- und
Religionskrieges, legte Bodin im 7. Kapitel des vierten Bandes seiner
«Sechs Bücher» dar. Keine Burg zum Schutz der Herrschaft eines Für-
sten sei fester als die Freundschaft seines Volkes, schreibt er und emp-
fiehlt, dem erregten Volk nicht offenen Widerstand entgegenzusetzen.
Im öffentlich ausgetragenen Religionsstreit sieht er eine existentielle Be-
drohung jedes Staates. «Ist eine Religion erst einmal kraft allgemeinen
Konsenses anerkannt, sollte man nicht zulassen, sie in Streit zu ziehen.
Denn was einmal in Streit geraten ist, wird auch in Zweifel gezogen.

Deshalb ist es in höchstem Maß frevlerisch, Dinge in Zweifel zu ziehen, von denen jedermann eine feste Überzeugung haben sollte. Nichts ist nämlich so hell, klar und wahr, daß es durch einen Disput nicht getrübt und ins Wanken gebracht würde. Das gilt insbesondere für Dinge, bei denen es nicht auf Beweise und den Verstand, sondern einzig und allein auf den Glauben ankommt. Wenn es unter den Philosophen und Mathematikern schon nicht erlaubt ist, die Grundsätze ihrer Wissenschaft in Streit zu ziehen, warum sollte es erlaubt sein, über einen Glauben zu streiten, den man angenommen und gutgeheißen hat.»[39]

Bodin wollte religiöse Überzeugungen nicht unterdrücken, sondern verhindern, daß diese zum Gegenstand öffentlicher und damit politischer Auseinandersetzungen wurden. Er berief sich auf entsprechende Verbote der Könige und Fürsten des Orients und Afrikas, der Herrscher von Spanien und Rußland wie auch vieler deutscher Städte nach dem Augsburger Religionsfrieden von 1555. Die Verächtlichmachung der Religion ziehe den Untergang eines jeden Staates nach sich, denn die Religion sei die wichtigste Grundlage der Macht. Gleichzeitig mahnte Bodin die Fürsten, keine Gewalt anzuwenden, wenn sie das Volk zu ihrer Religion bekehren wollten. «Je stärker man dem Willen des Menschen Zwang antut, desto widerspenstiger zeigt er sich.»[40]

Repression um der Toleranz willen: Es bedurfte einer scharfen Unterscheidung zwischen der privaten und der öffentlichen Sphäre, um in dieser Forderung keinen unauflösbaren Widerspruch zu sehen. Die Religionskriege hatten Frankreich an den Rand des politischen und finanziellen Zusammenbruchs geführt; große Teile des Landes waren in den Zustand der Anarchie gestürzt, von der Bodin sagte, sie sei erbärmlicher als die schlimmste Tyrannei.[41] Ein derart großes Übel erforderte das stärkste Heilmittel, und das konnte nach seiner Überzeugung nur die absolute Gewalt eines souveränen Monarchen sein. Diesem, dem Ebenbild Gottes, schuldeten die Untertanen Gehorsam, vorausgesetzt, die Weisungen des Fürsten standen nicht «im unmittelbaren Widerspruch zum Gesetz Gottes, der über allen Fürsten steht».[42] Die religiöse Freiheit des einzelnen, um die es den Reformatoren gegangen war, wollte Bodin vom souveränen Staat gewährleistet sehen. Aber um diese Freiheit zu wahren, mußten die Gläubigen hinnehmen, daß sie, wo immer es in einem Staat mehr als eine anerkannte Religion gab, ihren Glauben für sich behielten und nicht öffentlich für ihn warben. Der Preis für den Zuwachs an individueller Freiheit war also größerer politischer Zwang.

Im letzten Viertel des 16. Jahrhunderts, als Bodins «Sechs Bücher über den Staat» erschienen, war der europäische Okzident von absoluter Fürstenherrschaft noch weit entfernt. Es gab eine ständische Mitwirkung an der Herrschaft und eine Vielzahl von regionalen und lokalen Gewalten, auf die die Könige der werdenden Nationalstaaten im Westen und Norden Europas wie auch die Fürsten der deutschen Territorialstaaten Rücksicht nehmen mußten. Die monarchische Gewalt hatte seit dem späten Mittelalter jedoch große Fortschritte bei der Durchsetzung jenes «Monopols legitimen physischen Zwangs» gemacht, in dem Max Weber das Hauptmerkmal moderner Staatlichkeit sah.[43] Der Fürstenstaat war auf dem Weg zu dem von Weber beschriebenen Anstaltsbetrieb, der seinen Weisungen und Ordnungen mit Hilfe eines juristisch geschulten Verwaltungsstabes und notfalls auch der bewaffneten Macht Geltung verschaffte.

Abgeschlossen war diese Entwicklung aber noch nirgendwo. Die Glaubensspaltung verstärkte die Tendenz in Richtung Staatskirchentum; die Glaubenskämpfe gaben den Fürsten eine zusätzliche Chance, als Bürgen von Sicherheit und Ordnung anerkannt zu werden. Da Bodin diesen Prozeß für notwendig hielt, forderte er die Könige und ihre Beamten auf, den Einfluß aller Kräfte zu brechen, die der Verstaatlichung der Macht entgegenstanden. Er stellte sich damit gegen das Herkommen und auf die Seite des Neuen. Er eilte gedanklich einer Entwicklung voraus, von der zu seinen Lebzeiten noch nicht gewiß war, ob sie sich durchsetzen würde. In diesem Sinn war sein Entwurf souveräner Herrschaft «modern».

Hatte Bodin sein Hauptwerk unter dem Eindruck des französischen Bürgerkrieges geschrieben, so verfaßte Thomas Hobbes (1588–1679) das seine ein Dreivierteljahrhundert später unter dem Eindruck des englischen Bürgerkrieges. Der Sohn eines Landgeistlichen hatte sich 1640, kurz vor dem Ausbruch der offenen Revolution, ins freiwillige Exil nach Paris begeben, um der Verfolgung der Anhänger König Karls I. (1625–1649) durch die Puritaner zu entgehen. Seinen «Leviathan» legte er 1651, einige Monate vor seiner Rückkehr nach England und drei Jahre nach der Hinrichtung Karls I., auf englisch in London vor (die lateinische Fassung erschien 1668); als zweiten Teil enthielt das Buch eine überarbeitete Fassung der 1642 in Paris verlegten Schrift «De Cive» (Vom Bürger).

Der Untertitel des berühmten und berüchtigten Werkes kündigte eine Abhandlung über «Stoff, Form und Gewalt eines kirchlichen und bürgerlichen Staates» (The Matter, Form, and Power of a Commonwealth. Ecclesiastical and Civil) an. Den Namen «Leviathan» entnahm Hobbes, vielleicht angeregt durch Bodins «Demonomanie» aus dem Jahr 1581, dem Alten Testament. Im Buch Hiob ist der Leviathan das gewaltige Seetier, das dort viel ausführlicher und furchterregender geschildert wird als der Behemoth, das ebenfalls große, aber gutmütige Landtier. Niemand sei so kühn, heißt es im 41. Kapitel. «Aus seinem Munde fahren Fackeln, und feurige Funken schießen heraus ... Wenn er sich erhebt, so entsetzen sich die Starken; und wenn er daherbricht, so ist keine Gnade da ... Auf Erden ist seinesgleichen niemand; er ist gemacht, ohne Furcht zu sein.»[44]

Für Bodin war der Leviathan der Teufel, dessen Macht auf Erden niemand widerstehen konnte. Für Hobbes ist er dagegen «der sterbliche Gott, dem wir unter dem unsterblichen Gott unseren Frieden und Schutz verdanken». Die Geburt des großen Leviathan fällt zusammen mit dem Entschluß der Menschen, durch einen Vertrag, den jeder mit jedem schließt, alle Macht auf Einen, den irdischen Gott oder Souverän, zu übertragen, damit dieser sie vor dem Rückfall in den Naturzustand, den Krieg aller gegen alle («bellum omnium contra omnes»), schützt.[45]

Der menschlichen Natur entsprechend wird das Leben durch Konkurrenz, Mißtrauen und Ruhmsucht bestimmt; das Dasein der Menschen im Naturzustand ist einsam, armselig, roh und kurz; der Mensch ist dem Menschen ein Wolf. (Das bekannte «homo homini lupus», das auf den römischen Komödiendichter Plautus zurückgeht und auch schon von Francisco de Vitoria zitiert wurde, steht allerdings nicht im «Leviathan», sondern in einer Widmung des Buches «De Cive» an den Grafen William of Devonshire). Was den Menschen nach Frieden streben läßt, sind seine Todesfurcht, sein Verlangen nach Dingen, die das Leben angenehmer machen, und die Hoffnung, diese Dinge zu erlangen.

Im Naturzustand gibt es keine Trennung von Recht und Unrecht und kein Eigentum. Eigentum entsteht erst, wenn es einen Staat gibt, der es schützt, indem er die Einhaltung seiner Gesetze erzwingt. Das Wesen des Staates besteht nach Hobbes darin, «daß er eine Person ist, bei der sich jeder einzelne einer großen Menge durch gegenseitigen Vertrag eines jeden mit jedem zum Autor ihrer Handlungen gemacht hat, zu dem Zweck, daß sich die Stärke und Hilfsmittel aller so, wie sie (die

«Person», die der Staat ist, H.A.W.) es für zweckmäßig hält, für den Frieden und die gemeinsame Verteidigung einsetzt».[46]

Der Vertrag, der den Souverän schafft, ist die Staatsgründung; er bindet nur die Untertanen untereinander, aber nicht den Inhaber der höchsten Gewalt, der «summa potestas». Folglich kann der Souverän auch keinen Vertragsbruch begehen, und keiner seiner Untertanen kann sich von seiner Unterwerfung befreien, indem er einen solchen Vertragsbruch behauptet. Die Gesetze des Souveräns bedürfen keiner Rechtfertigung vor einem philosophischen Anspruch auf Wahrheit. Es genügt, daß die Autorität der höchsten Gewalt hinter ihnen steht. «Doctrinae quidem verae esse possunt, sed auctoritas, non veritas, facit legem.» (Doktrinen können gewiß wahr sein, aber die Autorität, nicht die Wahrheit macht das Gesetz).[47]

Gegenüber den Gesetzen sich auf ihr eigenes Gewissen zu berufen bleibt den Untertanen verwehrt. Hobbes verwarf ausdrücklich die Lehre, was immer ein Bürger gegen sein Gewissen tue, sei Unrecht. Damit würde sich der Untertan die Rolle eines Richters über Gut und Böse anmaßen. Das könne der Mensch im Naturzustand tun, nicht jedoch in der bürgerlichen Gesellschaft. Für den, der in einem Staat lebt, sei das Gesetz das öffentliche Gewissen: «Aliter tamen se res habet in iis, qui legibus civilibus sese submiserunt: ubi non privata sed publica lex unicuique civi pro conscientia habenda est», heißt es in der lateinischen Ausgabe – zu deutsch: Anders aber verhält es sich dort, wo sich die Menschen bürgerlichen Gesetzen unterworfen haben; dort muß man nicht das private, sondern das öffentliche Gesetz für das Gewissen eines jeden Bürgers halten. Andernfalls würde sich der Staat angesichts der Verschiedenheit der privaten Gewissen in seine Teile auflösen, und jeder würde der höchsten Gewalt nur noch gehorchen, soweit er es für gut befindet.[48]

Folgerichtig schloß Hobbes jedwede Art von Gewaltenteilung aus. Die souveräne Gewalt teilen heiße sie auflösen; geteilte Gewalten zerstörten sich gegenseitig. Das gelte auch für die Trennung von geistlicher und weltlicher Gewalt. Die unsinnige Unterscheidung von «geistlich» und «weltlich» laufe darauf hinaus, daß jeder Bürger sich zwei Herren unterwerfen müsse, die beide die höchste Gewalt für sich beanspruchten. «Stehen sich also die beiden Gewalten gegenüber, so muß der Staat in großer Gefahr sein, daß er in Bürgerkrieg gestürzt wird oder sich auflöst.» Um diese Gefahr auszuschließen, kann nach Hobbes kein Staat umhin, geistliche und weltliche Gewalt in einer Hand zu vereinigen. «Und da die Prüfung von Lehren Aufgabe des obersten Priesters ist, so ist die Person, der alle glauben müssen, die nicht im Besitz einer besonderen Offenbarung sind, in jedem Staat der oberste Priester, das heißt der bürgerliche Souverän.»[49]

Von der Bindung des Souveräns an das natürliche Gesetz, wie Bodin sie postuliert, war bei Hobbes nur noch die Pflicht des Herrschers übrig geblieben, das Leben der Menschen zu sichern. Da alle Verträge nichtig waren, die nicht das Leben der Menschen sicherten, ergab sich daraus ein eng umgrenztes Recht auf Gehorsamsverweigerung. Es galt für den Fall, daß der Souverän einem rechtmäßig verurteilten Untertan befahl, «sich selbst zu töten, zu verletzen oder zu verstümmeln, Angreifern keinen Widerstand zu leisten oder auf Nahrung, Luft, Arznei oder andere lebensnotwendige Dinge zu verzichten». Überdies war niemand verpflichtet, sich zu einer Tat zu bekennen oder sich selbst anzuklagen. Unter Umständen konnte sich der Untertan auch weigern, eine gefährliche oder entehrende Aufgabe durchzuführen, nämlich dann, wenn der Staatszweck dadurch nicht vereitelt wurde. Sogar ein Recht auf Kriegsdienstverweigerung wollte Hobbes zugestehen, vorausgesetzt, der Untertan, der selbst nicht gegen den Feind ins Feld ziehen wollte, stellte einen geeigneten Ersatzmann. Ansonsten galt die Maxime: «Was die anderen Freiheiten betrifft, so hängen sie vom Schweigen der Gesetze ab.»[50]

Diese Klausel ließ Raum für die inneren und namentlich die religiösen Überzeugungen der Untertanen. Für alle verbindlich war nur *ein* Glaubenssatz: «Das *unum necessarium*, das die Schrift für die Errettung schlechthin voraussetzt, lautet: *Jesus ist der Christus*. Mit dem Namen *Christus* ist der König gemeint, den Gott zuvor durch die Propheten des Alten Testament in die Welt zu senden versprochen hatte, damit er unter ihm über die Juden und über solche Menschen anderer Völker, die an ihn glauben würden, ewig herrsche und ihnen das ewige Leben schenke, das durch die Sünde Adams verloren gegangen war.»[51]

Aus dem Satz, daß Jesus der Christus ist, ergaben sich für Hobbes alle anderen Glaubenssätze. Ein Christ, der sich dieses Credo zu eigen machte, erfüllte damit die notwendigen Voraussetzungen für die Aufnahme in das himmlische Reich. Mehr als das Bekenntnis zu diesem Fundamentalsatz konnte daher auch der weltliche Herrscher, der zugleich der geistliche war, von seinen Untertanen in religiöser Hinsicht nicht fordern. Er konnte auch nicht verhindern, daß dieses Bekenntnis nur ein Lippenbekenntnis, also eine äußere Sache und keine Sache des Herzens, war. «Er kann die Menschen nicht verpflichten zu glauben, obwohl er als bürgerlicher Souverän Gesetze erlassen kann, die seiner Lehre entsprechen ... Doch wenn sie befohlen sind, so sind sie Gesetze, und die äußeren Handlungen, die in Befolgung der Gesetze ohne innere Billigung vollzogen werden, die Handlungen des Souveräns und nicht des Untertans, der in diesem Falle nur ein Werkzeug ohne jeden eigenen Antrieb darstellt, da Gott befohlen hat, ihnen zu gehorchen.»[52]

Carl Schmitt hat 1938, im sechsten Jahr des «Dritten Reiches», dem ansonsten von ihm bewunderten Hobbes Inkonsequenz vorgeworfen. Der Vorbehalt der inneren, privaten Gedanken- und Glaubensfreiheit sei zum «Todeskeim» geworden, «der den mächtigen Leviathan von innen her zerstört und den sterblichen Gott zur Strecke gebracht hat». Als Beleg für diese Deutung der Wirkungsgeschichte des «Leviathan» führte Schmitt unter anderem Spinozas stark von Hobbes beeinflußten «Tractatus theologico-politicus» von 1670 an, in dem der Philosoph dem Staat das Recht zugestand, den äußeren Kultus zu bestimmen, die innere Überzeugung und die Frömmigkeit aber der Sphäre des Einzelnen zuordnete und, unter dem Vorbehalt des öffentlichen Friedens und der Rechte der souveränen Gewalt, den Grundsatz der Freiheit des Denkens, des Fühlens und der Meinungsäußerung proklamierte.[53]

Spinoza (1632–1677) vertrat in der Tat die Auffassung, niemand könne sein natürliches Recht oder seine Fähigkeit, frei seine Schlüsse zu ziehen und über alles zu urteilen, auf einen anderen übertragen oder zu einer solchen Übertragung gezwungen werden. «Es ist nicht der Zweck des Staates, die Menschen aus vernünftigen Wesen zu Tieren oder zu Automaten zu machen, sondern vielmehr zu bewirken, daß ihr Geist und ihr Körper ungefährdet ihre Kräfte entfalten können, daß sie selbst frei ihre Vernunft gebrauchen und daß sie nicht mit Zorn, Haß und Hinterlist sich bekämpfen noch feindselig gegeneinander gesinnt sind. Der Zweck des Staates ist die Freiheit.»[54]

Für den Carl Schmitt des Jahres 1938 war dieses Postulat ein Anlaß, Spinoza als «ersten liberalen Juden» zu bezeichnen, der in Hobbes' Unterscheidung zwischen innerem Glauben und äußeren Handlungen sofort die «große Einbruchstelle des modernen Liberalismus» erkannt habe, «von der aus das ganze, von Hobbes aufgestellte und gemeinte

Verhältnis von Äußerlich und Innerlich, Öffentlich und Privat, in sein Gegenteil verkehrt worden ist».[55]

Die vermeintliche Inkonsequenz des Thomas Hobbes war *der* Bereich seines Werkes, in dem er noch am stärksten der humanistischen Tradition des Okzidents verhaftet war: Über den *ganzen* Menschen konnte der «Leviathan» nicht verfügen, weil nur der äußere, nicht aber der innere Mensch zu seinen Gunsten abgedankt hatte. So blieb ein naturrechtlicher Restbestand an individueller Freiheit erhalten, zu dem das Recht auf Leben, persönlichen Glauben und, mit gewissen Einschränkungen zugunsten des Staates, auch auf privates Eigentum gehörte. Die korporativen Freiheiten der Stände, Grafschaften und Städte aber hatten im Staat des «Leviathan» keinen Platz, da die höchste Gewalt in ihnen nur Gegengewalten sehen konnte, die die Keime der Auflösung und des Bürgerkriegs in sich trugen. Aus ebendiesem Grund durfte es auch keine Trennung von geistlicher und weltlicher Gewalt, also keine selbständige Kirche, geben. Das war radikal anglikanisch gedacht und ein Bruch mit allem, was Europa bisher an Pluralismus hervorgebracht hatte.

Nicht minder radikal war eine andere Konsequenz, die sich aus dem «Leviathan» mit zwingender Logik ergab: Wo die höchste Gewalt fehlte, befanden sich die Menschen im Naturzustand. Da es *über* den Staaten keine höchste Gewalt gab, herrschte *zwischen* ihnen der Naturzustand – ein verbindliches Völkerrecht existierte also nicht. Die Geltung des Naturrechts, das bei den spätscholastischen Theoretikern des Völkerrechts eine zentrale Rolle gespielt hatte, war bei Hobbes so zurückgedrängt, die Geltung des staatlich gesetzten Rechts so weit ausgedehnt, daß man den Verfasser des «Leviathan» den Pionier des modernen Rechtspositivismus nennen kann. Gleichzeitig hat er Anspruch darauf, als Vater des Dezisionismus bezeichnet zu werden: Der «Leviathan» entscheidet souverän, was Recht und Unrecht, was Norm und Ausnahme ist. Es gibt auf Erden niemanden, vor dem er sich rechtfertigen muß.[56]

In der politischen Praxis stellte sich Hobbes jeweils auf die Seite *der* politischen Kraft, die er am ehesten für entschlossen und fähig hielt, den Bürgerkrieg zu verhindern. Vor seiner Flucht nach Paris im Jahre 1640 waren das die Royalisten um Karl I. aus dem Hause Stuart gewesen, nach seiner Rückkehr nach England 1651 waren es erst das Regime der Independenten unter Oliver Cromwell, dem Lord Protector der Jahre 1653 bis 1658, dann nach 1660 die wiederhergestellte Monarchie unter Karl II. (1660–1685), dem Sohn Karls I. Hobbes' Rechtfertigung von Privateigentum und Konkurrenzstreben auf der einen, der unbedingten Staatsautorität auf der anderen Seite stimmten am stärksten mit den Ansichten des verbürgerlichten Adels, der Gentry, überein. Mit seiner scharfen Ablehnung der katholischen Kirche, die er im vierten Teil des «Leviathan» mit dem «Reich der Finsternis» gleichsetzte, sprach er der protestantischen Mehrheit der Engländer aus dem Herzen.

Der Ausschluß aller Katholiken und Dissenters von öffentlichen Ämtern durch den Test Act von 1673 lag auf der Linie von Hobbes' Verteidigung des anglikanischen Staatskirchentums. Im gleichen Jahr 1679, in dem Hobbes im Alter von 91 Jahren starb, verabschiedete das Parlament die Habeas-Corpus-Akte, die die Bürger vor willkürlicher Verhaftung sicherte und damit ihre persönlichen Freiheitsrechte entscheidend erweiterte. Wäre in England damals ein «großer Leviathan» im Besitz der höchsten Macht gewesen, hätte er das gewiß zu verhindern gewußt.[57]

Von der puritanischen Revolution zur Glorious Revolution

Nie war England der absoluten Herrschaft eines Monarchen so nahe wie unter den ersten beiden Königen aus dem Hause Stuart. Jakob I. (1603–1625), der protestantische Sohn Maria Stuarts, die wegen ihres katholischen Glaubens 1567 als Königin von Schottland hatte abdanken müssen und zwanzig Jahre später mit Zustimmung der englischen Königin Elisabeth I. (1558–1603) hingerichtet worden war, trug als erster englischer König zugleich auch in Personalunion die schottische Krone. Als überzeugter Vertreter der Lehre vom «divine right of kings» versuchte er die königlichen Prärogativen auf Kosten des Parlaments auszubauen, wogegen sich beide Kammern mit dem überlieferten Mittel des «impeachment» wehrten: Das Unterhaus klagte korrupte Beamte des Königs an, das Oberhaus fungierte als Gericht.

Unter Jakobs Nachfolger, seinem Sohn Karl I. (1625–1649), verschärfte sich der Konflikt mit Parlament und Untertanen. Einen Großteil der Verantwortung hierfür trug William Laud, der Erzbischof von

Canterbury, unter dem sich die anglikanische Staatskirche nicht nur in den äußeren Formen, sondern auch theologisch wieder stark dem Katholizismus annäherte. Der Druck auf die puritanischen Kritiker des Anglikanismus nahm zu und veranlaßte viele von ihnen, in die neuen nordamerikanischen Kolonien der britischen Krone auszuwandern – dorthin, wo die «Mayflower» 1620 die ersten religiösen Dissidenten, die «Pilgerväter», gebracht hatte. Das Unterhaus widersetzte sich der politischen Offensive des Königs mit der «Petition of Right» von 1628: Sie erklärte Zwangsanleihen und willkürliche Verhaftungen für gesetzwidrig. Als die Commons sich kurz darauf anschickten, den engsten Berater des Königs, den Herzog von Buckingham, anzuklagen, kam Karl dem «impeachment» durch Auflösung des Unterhauses zuvor. Im August 1628 wurde Buckingham ermordet. Der König entschloß sich daraufhin zum dritten Mal seit seiner Thronbesteigung, das Unterhaus zu vertagen. Die parlamentslose Zeit sollte elf Jahre dauern.

Eine Zeitlang schien es, als könne sich in England eine absolute Königsherrschaft durchsetzen. Doch als Karl 1637 damit begann, die streng calvinistische Kirche Schottlands auch im Bereich der Liturgie der anglikanischen Kirche Englands anzugleichen, lehnten sich der schottische Adel und große Teile der Bevölkerung gegen die Londoner Anmaßung auf. Die schottische Ausprägung des Calvinismus war die presbyterianische: Sie kannte keine Hierarchie, sondern nur den demokratisch gewählten Gemeindevorstand. Die Opposition gegen die absolutistischen Tendenzen des Hofes war also religiös und zugleich politisch motiviert: Eine säuberliche Trennung beider Sphären war nicht möglich.

Nachdem Karl sich entschlossen hatte, den Aufstand der Schotten, den «National Covenant» von 1638, mit militärischer Gewalt niederzuwerfen, stellte sich alsbald das Problem der Finanzierung des Feldzugs. Auf Anraten seines einflußreichsten Beraters, des Earl of Strafford, berief der König im April 1640 erstmals seit 1629 wieder das Parlament ein. Da das Unterhaus unter Führung von John Pym und John Hampden eine Geldbewilligung an die Bedingung knüpfte, zunächst müßten die Rechte der Volksvertretung wiederhergestellt werden, löste der König nach nur drei Wochen das (eben deshalb so genannte) «Short Parliament» wieder auf. Der Finanzbedarf der Krone wuchs in der Folgezeit jedoch so stark an, daß Karl sich schon im November 1640 genötigt sah, abermals das Parlament einzuberufen.

Es blieb, wenn auch mit jahrelangen Unterbrechungen, bis 1660 bestehen, was ihm den Namen des «Long Parliament» eingetragen hat.

Im «Langen Parlament» gaben neben dem Londoner Bürgertum jene Teile der landbesitzenden Gentry den Ton an, die nicht zur Hofgesellschaft zählten, aber in den Grafschaften über Ansehen und Einfluß verfügten. Zu zwei Dritteln hatten die Mitglieder des «Long Parliament» auch schon dem «Short Parliament» angehört. Ihren stärksten Rückhalt hatte die Mehrheit, die sogenannten «Rundköpfe», bei den im Außenhandel tätigen Wirtschaftskreisen, im Bürgertum von London, Birmingham und Manchester und generell in den gewerblich besonders fortgeschrittenen Gebieten im Osten, in der Mitte und im Südosten Englands, wo die Bevölkerung, ebenso wie die meisten Abgeordneten des Unterhauses, puritanisch gesinnt war. Die royalistische Minderheit war anglikanisch eingestellt. Die Partei der «Kavaliere», wie man sie nannte, wußte den hohen Adel und die konservativen und hofnahen Teile der Gentry hinter sich; ihre Hochburgen hatte sie im ländlichen Norden und Westen sowie in den Bischofsstädten. Die «Kavaliere» wurden zu Vorfahren der späteren Tories, der Konservativen; aus der Partei der «Rundköpfe» gingen die «Whigs», die nachmaligen Liberalen, hervor.

Bereits in den ersten Monaten seiner Tätigkeit fügte das «Lange Parlament» dem König schwere Niederlagen bei. Der Earl of Strafford wurde wegen Hochverrats angeklagt und zum Tode verurteilt; die Hinrichtung erfolgte im Mai 1641, nachdem der König unter dem Eindruck von Straßenunruhen in London das Todesurteil unterschrieben hatte. Dem Unterhaus mußte Karl zur gleichen Zeit zusagen, daß dieses fortan nicht mehr gegen seinen eigenen Willen aufgelöst werden konnte.

Im Juli 1641 löste das Unterhaus die «Sternkammer», einen in der Tudorzeit geschaffenen königlichen Gerichtshof, den «Court of High Commission», ein vom König eingesetztes geistliches Gericht, und andere königliche Sondergerichte auf. Im November desselben Jahres beschloß das Unterhaus mit knapper Mehrheit die «Grand Remonstrance», die in Wahrheit ein Aufruf an das Volk war. Darin verlangten die Abgeordneten vom König, daß er nur noch Vertrauensmänner des Parlaments zu Ratgebern machte. Sich selbst verpflichtete das House of Commons zu einer durchgreifenden Kirchenreform im puritanischen Sinn. Gespalten, wie es war, konnte England einem katholischen Aufstand in Irland, der im November 1641, fast zeitgleich mit der Verabschiedung der «Grand Remonstrance», begann, vorläufig nicht wirksam entgegentreten und ein Blutbad unter den Protestanten in Ulster, im Norden der Insel, nicht verhindern.

Anfang 1642 brach der offene Bürgerkrieg aus, und damit begann, um den herkömmlichen, etwas zu pauschalen, aber im Kern doch zutreffenden Begriff zu benutzen, die «puritanische Revolution»: Dem Heer des Königs trat ein Parlamentsheer entgegen, das von den Schotten unterstützt wurde. An seine Spitze trat 1646 Oliver Cromwell, Mitglied des Unterhauses und Führer der Independenten, der nunmehr stärksten der puritanischen Sekten. Zusammen mit den Schotten brachten Cromwells «Ironsides» den Royalisten im Juli 1644 bei Marsten Moore eine schwere Niederlage bei; zwei Jahre später fiel ihr letzter Stützpunkt, Oxford.

Der große (oder «erste») Bürgerkrieg war damit beendet. Doch wenig später zeigte sich, daß die Parlamentsmehrheit und das Heer, die gemäßigten und die radikalen Kräfte der puritanischen Revolution, unterschiedliche Interessen hatten. Als sich das Unterhaus im Interesse des Bündnisses mit den Schotten im Oktober 1646 mehrheitlich zum Presbyterianismus bekannte, wurde der Machtkampf mit den Independenten und den noch weit radikaleren, für Volkssouveränität und Demokratie eintretenden Levellers, den Wortführern der Londoner Massen und der einfachen Soldaten, unabwendbar. Ein kurzer («zweiter») Bürgerkrieg endete im August 1648 mit dem Sieg der Armee über die Schotten bei Preston. Im Dezember 1648 vertrieb die Minderheit der Commons, unterstützt von der Armee, die Presbyterianer aus dem Unterhaus. Das «Rumpfparlament» erhob Anklage gegen Karl I., dem Tyrannei und die Führung des Bürgerkrieges vorgeworfen wurden. Da das Oberhaus das Verfahren gegen den König ablehnte, setzte das Unterhaus einen eigenen Sondergerichtshof ein. Dieser verurteilte Karl I. zum Tode. Am 30. Januar 1649 wurde er enthauptet. Im Februar folgten die Abschaffung des Oberhauses und die Ausrufung der Republik, des «Commonwealth of England, Scotland and Ireland».

Nur elf Jahre lang, von 1649 bis 1660, war England Republik. Aber in die Zeit dieses Zwischenspiels fallen Ereignisse, die langfristige Folgen hatten. Oliver Cromwell führte zunächst 1649/50 einen blutigen Feldzug gegen die katholischen Iren, zu dem auch Massaker an der Zivilbevölkerung gehörten. Dann traf er Maßnahmen, die weitere antienglische und antiprotestantische Erhebungen ein für alle Male unmöglich machen sollten. Die meisten irischen Grundbesitzer wurden in das Gebiet westlich des Shannon, Connaught, umgesiedelt; das Land, das sie bisher besessen hatten, ging an protestantische Adlige aus England und an ehemalige Soldaten des Parlamentsheeres über, die dadurch zu Freibauern wurden. Katholische Priester wurden verfolgt, irische Soldaten in großer Zahl nach Übersee deportiert. Die einheimischen Bauern mußten hohe Pachtzinsen zahlen; einen gewissen Schutz genossen sie nur im überwiegend protestantischen und britisch besiedelten Norden der Insel, in Ulster. Zu einer der Folgen von Umsiedlung, Vertreibung und Verfolgung bemerkt der britische Historiker George Macaulay Trevelyan in seiner 1926 erschienenen «Geschichte Englands»: «In diesem Irland, wie es Cromwell hinterließ und wie es lange blieb, waren die Geistlichen die einzigen Führer des Volkes, da die Engländer den einheimischen Adel ausgerottet hatten. Seit damals war der Einfluß des Priesters nirgendwo in Europa so vorherrschend wie in Irland.»

Der Niederwerfung der irischen Katholiken folgte 1650 ein siegreicher Krieg (oder auch dritter Bürgerkrieg) gegen das presbyterianische Schottland, das 1650 den Sohn Karls I., Karl II., als legitimen König von England und Schottland anerkannt hatte. Auch in Schottland trugen Enteignungen von Grundbesitzern und die Entmachtung der hier vorherrschenden Kirche zur Festigung der englischen Herrschaft bei. Die regierenden Independenten begnügten sich aber nicht mit der Sicherung früherer Besitzstände, sondern betrieben eine offensive, den Einsatz militärischer Mittel nicht scheuende Außenhandelspolitik. Die Navigationsakte von 1651, die fremden Schiffen die Einfuhr von Waren nach England untersagte, richtete sich vor allem gegen das protestantische Holland und führte im Jahr darauf zu einem (ersten) Seekrieg mit den Vereinigten Niederlanden. Er endete 1654 damit, daß Holland die Navigationsakte und in deren Folge die Vormachtstellung Englands zur See anerkennen mußte.

In dieser Zeit herrschten in London schon nicht mehr das Rumpfparlament und der von ihm eingesetzte Staatsrat. Cromwell hatte im April 1653 durch einen militärischen Staatsstreich das Rumpfparlament, das in seinen Augen zum bloßen Vollzugsorgan der Londoner City verkommen war, auseinandergejagt und durch ein von ihm berufenes «Parlament der Heiligen» ersetzt. Da seine 140 Mitglieder sich rasch zerstritten und als politisch unfähig erwiesen, wurde es bereits im Dezember wieder aufgelöst. Cromwell übernahm nunmehr selbst als

«Lord Protector» von England, Schottland und Irland, faktisch ein Diktator auf Lebenszeit, die oberste Gewalt. Ein im September 1654 auf Grund eines neuen Wahlrechts gewähltes Parlament, das sogleich Front gegen die Macht der Armee machte, löste Cromwell zu Beginn des folgenden Jahres wieder auf.

Innenpolitisch bemühte sich der Lord-Protektor um religiöse Toleranz, hatte damit aber angesichts des verbreiteten Hasses auf die «popery», also die Katholiken und den Papst, nur teilweise Erfolg. Außenpolitisch trat Cromwell in die Fußstapfen der von ihm gestürzten Vorgängerregierung, suchte aber dem Expansionsstreben eine religiöse, den Kampf gegen den Katholizismus betonende Rechtfertigung zu geben und England in den Rang der Vormacht des Protestantismus zu erheben. Den 1655 begonnenen, drei Jahre währenden Seekrieg mit Spanien führte Cromwell in der Absicht, England volle Freiheit im Handel mit den spanischen Kolonien in Amerika zu verschaffen. Das Ergebnis, die Eroberung Jamaikas, blieb weit hinter den ausgreifenden, geradezu imperialen Plänen des Lord-Protektors zurück. Im gleichen Jahr 1658, in dem der Krieg mit Spanien zu Ende ging, starb Cromwell. Eine Rückkehr zu verfassungsmäßigen Zuständen, wie er sie seit längerem angestrebt hatte, war zu diesem Zeitpunkt noch nicht abzusehen.

Im Mai 1659, acht Monate nach dem Tod des Lord-Protektors, setzten jüngere Offiziere die Einberufung des Rumpfparlaments durch. Gegen die Volksstimmung, die sich inzwischen vom Puritanismus ab- und wieder der Monarchie zugewandt hatte, vermochte es sich aber nicht an der Macht zu behaupten. Im Frühjahr 1660 wurde das Oberhaus wiederhergestellt und ein neues Unterhaus gewählt, in dem gemäßigte Rundköpfe und Kavaliere das Sagen hatten. Es rief Karl II. (1660–1685) aus dem holländischen Exil zurück auf den Thron der Stuarts. So begann, elf Jahre nach der Hinrichtung Karls I., die Restaurationszeit.[58]

Eine Rückkehr zu den Verhältnissen vor der puritanischen Revolution bedeutete die Restauration nicht. Noch von Holland aus hatte Karl II. im April 1660 in der «Deklaration von Breda» dem Unterhaus und der Bevölkerung insgesamt zugesichert, die Beilegung von religiösen und Eigentumsstreitigkeiten wie auch die Bestrafung der Königsmörder von 1649 werde die Sache des Parlaments sein. Die königlichen Gerichtshöfe wie die Sternkammer und die High Commission wurden nicht wiederhergestellt. Nur wenige Führer der puritanischen Revolution, die unmittelbar für die Hinrichtung Karls I. verantwortlich waren, mußten den Gang aufs Schafott antreten. Das Gros der Anhänger Cromwells kam in den Genuß eines 1660 verabschiedeten Amnestiegesetzes, des Act of Indemnity and Oblivion. Das Versprechen religiöser Toleranz jedoch, das Karl II. in der Deklaration von Breda für seine Person abgegeben hatte, blieb ein Stück Papier. Das 1661 gewählte «Parlament der Kavaliere», das 18 Jahre bestehen sollte, machte aus der Kirche von England eine Parlamentskirche, zu der sich alle Inhaber öffentlicher Ämter zu bekennen hatten. Auf dem Lande wurden die Pfarrer zum verlängerten Arm der Gutsbesitzer. Die Katholiken und die Nonkonformisten aller Richtungen waren Untertanen minderen Rechts. Das war eine Kirchenpolitik ganz im Sinne des 1645 hingerichteten William Laud, freilich mit einem gewichtigen Unterschied: Der Erzbischof von Canterbury hatte unter Karl I. den König und nicht das Parlament zum Träger der gesetzlichen Kirchenordnung gemacht. Die anglikanische Kirche wurde damit in der Restaurationszeit, wie der deutsche Historiker Kurt Kluxen feststellt, zu einer «exklusiven und privilegierten Großsekte».

Am antikatholischen Konsens nahm *ein* Machtfaktor nicht Teil: der König. Karl II. fühlte sich der römischen Kirche verbunden, der er freilich erst 1680 auf dem Sterbebett in aller Form beitrat. Sein Bruder Jakob tat diesen Schritt bereits mit Karls Billigung Ende der sechziger Jahre. Die katholischen Sympathien des Königs spielten eine Rolle, als Karl 1670 mit Ludwig XIV. von Frankreich den Geheimvertrag von Dover schloß, der ein gemeinsames Vorgehen gegen die Vereinigten Niederlande vorsah. Karl versprach Ludwig sogar, zum katholischen Glauben überzutreten, sobald es die innenpolitischen Umstände erlaubten. Der Krieg mit Holland (der zweite, der in Karls Regierungszeit fiel, und der dritte insgesamt) begann 1672. Zwei Jahre später erzwang das Unterhaus wegen ausbleibender militärischer Erfolge den Sonderfrieden von Westminster, durch den England aus dem Krieg ausschied.

Karl hielt jedoch seine geheime Verbindung zum französischen König aufrecht und ließ sich von diesem dafür bezahlen, daß er versprach, das Unterhaus aufzulösen, falls dieses eine Geldbewilligung an die Bedingung eines Krieges gegen Frankreich knüpfen sollte. Doch die Stimmung gegen den «Allerchristlichsten König» Ludwig XIV. wuchs in der Folgezeit so stark an, daß Karl sich schließlich zu einem Kurswechsel genötigt sah. Er willigte in die Heirat seiner Nichte Maria, der Tochter seines Bruders Jakob von York und möglichen Erben des englischen Throns, mit dem Statthalter der Vereinigten Niederlande, Wilhelm III. von Oranien, ein. Ende 1677 kam dieses von Karls leitendem Minister, Sir Thomas Osborne, dem späteren Earl of Danby, betriebene Projekt zustande. Wenig später folgte ein Bündnis mit Holland. Der Vertragsschluß war die Frucht der Einsicht, daß England die Rheinmündung nicht in die Hände der stärksten Kontinentalmacht fallen lassen durfte, also die Unabhängigkeit der Vereinigten Niederlande als sein ureigenstes Interesse begreifen mußte.

Danby gilt als der Gründervater der «Tories». Mit diesem ursprünglich auf irisch-katholische Straßenräuber gemünzten Spottnamen bezeichnete man die späteren Konservativen, die bis 1679 die Mehrheit im Unterhaus stellten. Die Minderheit waren die «Whigs». So wurden ehedem presbyterianische Eiferer in Schottland genannt. Jetzt bezog sich der Spitzname auf die Vorläufer der Liberalen mit Anthony Ashley Cooper, dem ersten Earl of Shaftesbury, an der Spitze. Die Liberalen waren scharfe Kritiker der profranzösischen Politik Karls II. und die Nutznießer der Empörung, die sie hervorrief.

Ende der 1670er Jahre gelangten große Teile der englischen Öffentlichkeit zu der Überzeugung, der Bruder des Königs, Jakob von York, und seine streng katholische Gattin, wenn nicht der König selbst, bereiteten mit Hilfe Frankreichs die Rekatholisierung Englands vor. Die Veröffentlichung eines Briefwechsels von Jakobs Geheimsekretär Edward Coleman mit dem Beichtvater Ludwigs XIV. bestätigte den Verdacht. Shaftesbury und die Whigs forderten daraufhin den Ausschluß Jakobs von der Thronfolge. Ungeachtet seiner konservativen Mehrheit beschloß das «Parlament der Kavaliere» das Impeachment gegen Danby, der ausweislich eines später publik gewordenen Briefes auf Verlangen des Königs Frankreich gegen Geldzahlungen englische Hilfe versprochen hatte. Karl beantwortete die Herausforderung mit der Auflösung des House of Commons. Aus den Neuwahlen vom Februar 1679 gingen die Whigs als klare Sieger hervor. Das wichtigste gesetzgeberische Werk des neuen Unterhauses war der Habeas Corpus Amendment Act vom gleichen Jahr, der willkürlichen Verhaftungen einen wirksamen Riegel vorschob.

Die drei Jahre der Vorherrschaft der Whigs bedeuteten für die englischen Katholiken eine Zeit schwerer Verfolgung. Der Radikalismus trieb große Teile der Gentry wieder in die Arme des Königs. 1681 löste Karl das dritte Whig-Parlament auf. Bis zu seinem Tod im Jahre 1685 regierte er nun ohne Parlament, also gewissermaßen absolutistisch. Shaftesbury, der sich zum Gegner der erblichen Monarchie entwickelt hatte, floh nach Holland, wo er 1683 starb. Zwei seiner engsten Mitstreiter, Lord William Russell und Algernon Sidney, die sich zu einem Recht auf Widerstand bekannten und entsprechende Aktionen vorbereitet hatten, wurden wegen Rebellion vor Gericht gestellt, zum Tode verurteilt und aufs Schaffott geschickt. Jakob, der 1679 auf Anraten des Königs England verlassen hatte, kehrte 1682 aus dem Exil zurück. Die Geschicke Englands bestimmten von 1681 ab vier Jahre lang der königliche Hof, die strengere Richtung der anglikanischen Kirche, die High Church, und die Tories.

Der Nachfolger Karls II., sein Bruder Jakob II., begann bald nach seiner Thronbesteigung im Februar 1685 mit einer Politik der systematischen Rekatholisierung. Fast zeitgleich, im Oktober 1685, hob Ludwig XIV. von Frankreich das Edikt von Nantes auf, mit dem Heinrich IV. 1598 den Hugenotten religiöse Duldung zugesichert hatte. Die Befürchtung, daß den englischen Protestanten ein ähnliches Schicksal drohte wie ihren französischen Glaubensgenossen, war weitverbreitet. Sie trug entscheidend dazu bei, die Grundlagen von Jakobs Herrschaft zu untergraben. Ein Teil der anglikanischen Bischöfe verweigerte ihm den Gehorsam; der Gegensatz zwischen der Church of England und den Nonkonformisten verlor zeitweilig an Bedeutung; maßgebliche Tories, sonst Verfechter der königlichen Vorrechte, näherten sich mit ihrem entschiedenen Nein zu einer Gegenreformation von oben den antiabsolutistischen Positionen der Whigs an. Papismus und Absolutismus wurden von den Gegnern Jakobs also mehr oder minder gleichgesetzt, und das durchaus nicht ohne Grund.

Am 10. Juni 1688 wurde Jakob II. Vater eines männlichen Thronerben. Damit drohte sich die Hoffnung der Opposition zu zerschlagen, dem katholischen Stuartkönig werde über kurz oder lang seine protestantische Tochter Maria, die Gattin Wilhelms III. von Oranien, des Statthalters der Vereinigten Niederlande, eines Enkels Karls I. und Neffen Jakobs II., folgen. Sieben führende Whigs und Tories, unter ihnen auf konservativer Seite der Earl of Danby, schritten nun zur befreienden revolutionären Tat. Sie forderten Wilhelm III. von Oranien, den stärksten Widersacher Ludwigs XIV., zur Intervention auf. Dieser konnte im holländischen wie im protestantischen Interesse gar nicht anders, als dem Ruf zu folgen. Im November 1688 landete Wilhelm an der Spitze einer Flotte mit Soldaten aus vielen lutherischen und reformierten Ländern in England. Jakob II. hielt militärischen Widerstand für sinnlos und floh nach Frankreich. Ein von Wilhelm eingesetztes «Konventionalparlament» erklärte sich im Januar 1689 aus eigener Machtvollkommenheit zum regulären Parlament, Jakob für abgesetzt und Maria und Wilhelm, der in Personalunion Statthalter der Niederlande blieb, zu gemeinsamen Souveränen des Landes.

Damit war die «Glorious Revolution», wie man den Machtwechsel von 1688/89 alsbald nannte, noch nicht abgeschlossen. Am 13. Februar 1689 verabschiedete das Konventionalparlament mit Zustimmung der beiden Majestäten die «Declaration of Rights», häufiger auch «Bill of Rights» genannt. Fortan war es dem König untersagt, ohne Zustimmung des Parlaments Gesetze außer Kraft zu setzen, die Untertanen vom Gehorsam gegenüber den Gesetzen zu entbinden, Abgaben zu erheben und in Friedenszeiten ein stehendes Heer zu unterhalten. Es gab nur noch die ordentlichen und keine besonderen königlichen Gerichte mehr. Den Untertanen wurde das Recht zugesichert, ohne Behinderung und Nachteile Petitionen an den König zu richten. Übermäßige Geldstrafen sowie grausame und ungewöhnliche Strafen waren verboten. Die Deklaration verbürgte freie Parlamentswahlen, die Freiheit der parlamentarischen Rede und die häufige Einberufung des Parlaments. 1694 folgte der Triennial Act, der den König verpflichtete, alle drei Jahre Neuwahlen abzuhalten.

Eine parlamentslose Herrschaft wie unter Cromwell und den Stuartkönigen Karl I. und Jakob I. sollte es nie wieder geben – und hat es nach 1689 auch nicht mehr gegeben. Mit der «Bill of Rights» war England noch keine parlamentarische, wohl aber endgültig eine konstitutionelle Monarchie geworden: Der König setzte die Regierung ein; diese mußte sich mit dem Parlament ins Benehmen setzen und war, wie der Monarch selbst, an Recht und Gesetz gebunden.

Von einer Gleichberechtigung der Konfessionen konnte im England der Glorious Revolution noch keine Rede sein. Katholiken und Protestanten, die sich weigerten, das Abendmahl nach anglikanischem Ritus zu empfangen, waren durch die Testakte von 1673 von staatlichen und kommunalen Ämtern ausgeschlossen. Katholiken durften nicht ins Unterhaus gewählt werden, protestantische Nonkonformisten erst seit

1727. Immerhin gewährte der Toleration Act von 1689 den Nichtangli-
kanern die freie Religionsausübung an Orten, die von den Bischöfen der
Church of England zu bestimmen waren.

Als 1707 aus der seit 1603 bestehenden Personalunion zwischen
England und Schottland eine Realunion unter dem Namen Großbritannien wurde, erlangte die presbyterianische Kirche Schottlands den
Status einer Staatskirche, wodurch sich die dortigen Anglikaner in
Nonkonformisten verwandelten. Formell stand der König, der selbst
Anglikaner sein mußte, als oberster Bischof an der Spitze *beider* Kirchen, der anglikanischen wie der presbyterianischen, tatsächlich war
seit der puritanischen Revolution das Unterhaus der Summus episcopus. Das anglikanische Staatskirchentum hatte sich parlamentarisiert;
seine politische Ausrichtung hing davon ab, ob Whigs oder Tories die
Mehrheit der Abgeordneten stellten. Der Widerspruch zwischen dem
Staatskirchentum und dem Urpostulat des Protestantismus, der Gewissensfreiheit des Einzelnen, wurde aber nicht schon dadurch aufgehoben, daß der König Bischöfe nicht mehr gegen den Willen der Volksvertreter ernennen konnte. Die Angehörigen der Freikirchen und erst
recht die Katholiken hatten allen Grund, sich diskriminiert zu fühlen.
In den nordamerikanischen Kolonien der britischen Krone trug dieses
Gefühl wesentlich zur Entfremdung und schließlich zur revolutionären
Loslösung vom Mutterland bei.[59]

Die Glorious Revolution war eine konservative Revolution: 1688/89
setzten sich die Verteidiger des guten alten Rechts, der Magna Charta
und des Common Law, gegenüber den absolutistisch gesinnten Neuerern
durch, die der Krone den Vorrang vor dem Parlament zuerkannt wissen
wollten. In dieser großen, fast ein Jahrhundert währenden Auseinandersetzung vertraten beide Seiten ihre eigene politische Ideologie: Die Royalisten betonten das «divine right of kings»; die konsequentesten Vertreter
der Parlamentspartei, die Puritaner, übertrugen den alttestamentarischen
Gedanken des auserwählten Volkes, also Israel, auf das englische Volk,
das über seine gewählten Vertreter, die Commons, auf den König einwirken, ja ihn lenken sollte. Die Glorious Revolution verlief, was England
im engeren Sinn angeht, im großen und ganzen unblutig, weil die Tories
im entscheidenden Augenblick die Idee des göttlichen Rechts von der
Person des Königs lösten und fortan nur noch mit seinem *Amt* verbanden, während die Whigs sich bei der Regelung der Nachfolge des geflohenen Königs darum bemühten, vom Prinzip der Erbmonarchie so wenig

wie möglich abzuweichen und die dynastische Kontinuität grundsätzlich
zu bewahren.

Die Glorious Revolution war eine «friedliche Revolution» mit einer
alles anderen als friedlichen Vorgeschichte und einer blutigen Nachgeschichte, deren Schauplätze Irland und Schottland waren. Sie war die
Folgerevolution der puritanischen Revolution und zugleich der Ausgleich zwischen dieser und der Stuartrestauration. Was sich durchsetzte, waren nicht die ursprünglichen Forderungen der Puritaner, sondern nur das, worauf sich die gemäßigten Whigs mit den gemäßigten
Tories auf dem Weg eines historischen Kompromisses verständigen
konnten. Der parlamentarische Gegensatz von Whigs und Tories war
nur ein milder Abglanz der Frontstellungen, die 1642 zum Bürgerkrieg
geführt hatten. Die jeweils unterlegene Partei, 1688 waren das die Tories, genoß als parlamentarische Opposition verbriefte Rechte, und
ebendieser Minderheitenschutz wirkte einer neuerlichen revolutionären
Entladung von Konflikten entgegen.

Nach der Glorious Revolution vergingen noch rund drei Jahrzehnte,
bis man von einem parlamentarischen System in England sprechen
konnte: einem System, in dem die Mehrheit der Volksvertretung darüber bestimmt, wer das Land regiert, das Parlament also der eigentliche
Souverän ist. Seit 1707 wurde das königliche Veto gegen Parlamentsbeschlüsse nicht mehr ausgeübt. Unter Georg I. (1714–1727), dem ersten
britischen König aus dem Haus Hannover, übernahm 1721 der Whig
Sir Robert Walpole, ein klassischer Vertreter der grundbesitzenden
Gentry, als Führer der Unterhausmehrheit die Regierungsgeschäfte. Er
war der erste förmliche Premierminister Großbritanniens. Daß er sich
21 Jahre lang in diesem Amt behaupten konnte, verdankte er nicht so
sehr der Kraft seiner Argumente als den Geldmitteln, mit denen er sich,
auf dem Weg der Bestechung von Abgeordneten, immer wieder parlamentarische Mehrheiten verschaffte. Die Formel «government by corruption» traf die Wirklichkeit von Walpoles Regierungsweise genau.
Die Entstehung des parlamentarischen Regierungssystems bedeutete
mithin keinen Durchbruch zu einer höheren politischen Moral.

Friedrich Engels hat die englische Revolution des 17. Jahrhunderts
die zweite der «drei großen Entscheidungsschlachten» im Kampf des
europäischen Bürgertums gegen den Feudalismus genannt. (Die erste
war, Engels zufolge, die deutsche Reformation, die dritte die französische Revolution von 1789.) Tatsächlich war der Anteil des grundbesit-

zenden Adels, der Gentry, an der englischen Revolution stärker als der des städtischen Bürgertums, so daß Eugen Rosenstock-Huessys Begriff der «englischen Adelsrevolution» sozialgeschichtlich begründet erscheint. Vertreter der Gentry gaben freilich nicht nur bei den Whigs, sondern auch bei den Tories den Ton an. Von einer revolutionären Rolle *des* englischen Adels kann man daher nicht sprechen.

Überdies waren in keinem europäischen Land die Übergänge zwischen niederem Adel und Bürgertum so fließend wie in England – mit der Folge, daß manche britischen Historiker in den beiden Gruppen zwei Fraktionen ein und derselben Klasse landbesitzender Eigentümer sehen. Dieser notwendigen Einschränkung zum Trotz läßt sich die These vertreten, daß langfristig das besitzende Bürgertum den größten Nutzen aus der Niederlage der absolutistischen Kräfte in der «Englischen Parlamentsrevolution» gezogen hat (um einen anderen Begriff Rosenstock-Huessys zu zitieren). Die Ereignisse von 1688/89 erweiterten die politischen Spielräume der dynamischen Kräfte der englischen Gesellschaft, die ein Jahrhundert später zu Trägern einer anderen Umwälzung wurden: der Industriellen Revolution, die nicht nur in England die wirtschaftlichen und sozialen Verhältnisse von Grund auf verändern sollte.[60]

Der Absolutismus und seine Grenzen

England sei mit dem Sieg seiner freiheitlichen Traditionen über die absolutistischen Bestrebungen einiger Könige die große Ausnahme in Europa gewesen, so lautete eine vor allem in England selbst beliebte Lesart der Geschichte des 17. und 18. Jahrhunderts, vertreten vor allem von Verfechtern der sogenannten «Whig interpretation of history», zu denen auch George Macaulay Trevelyan gehört. Sie ist seit langem umstritten. Am radikalsten hat ihr 1992 der britische Historiker Nicholas Henshall in seinem Buch «The Myth of Absolutism» widersprochen. Der Absolutismus sei, so lautet seine These, ein erst im nachhinein, im 19. Jahrhundert, erzeugter Mythos; nicht nur in England, sondern auch in Frankreich und Brandenburg-Preußen habe es eine absolute Fürstenherrschaft zu keiner Zeit gegeben. Die von ihm ausgelöste Debatte hat zwar nicht zur Abschaffung des Begriffs «Absolutismus» geführt, aber doch jenen Historikern den Rücken gestärkt, die seit langem davor

warnen, Anspruch und Wirklichkeit «absoluter» Herrschaft in eins zu
setzen und das Beharrungsvermögen der Kräfte zu unterschätzen, die
der Errichtung eines fürstlichen Machtmonopols entgegenstanden.[61]

«Legibus solutus» im Sinne von Ulpianus ist in der Tat kein Herrscher des frühneuzeitlichen Okzidents gewesen. Der Fürst hatte elementare Rechte seiner Untertanen wie das auf Leben und Eigentum zu
respektieren. Entsprechend der Formel des englischen Juristen und
Politikers John Fortescue (um 1385–1479) vom «dominium politicum et regale» besaß der König zwei Gewalten: eine, die er mit dem
Parlament teilte, und eine, die er für sich allein ausübte. Was die erste
Gewalt anging, war er «rex in parliamento» oder «King in parliament»; nur im Hinblick auf die zweite Seite seiner Gewalt, die monarchischen Prärogativen, war er «absolut». Die Formel sollte die englische Wirklichkeit beschreiben. Doch eine Ausnahme war Europas
große Insel nicht: Überall, wo ständische Vertretungen sich behaupten
konnten, mußten «absolute» Fürsten einen Teil ihrer Macht mit ihnen
teilen.[62]

Mit dem Historiker Helmut G. Koenigsberger kann man das okzidentale Europa zu Beginn des 18. Jahrhunderts unter verfassungsgeschichtlichen Gesichtspunkten in drei Gruppen einteilen. In der ersten
Gruppe, zu der England, Schottland, die Vereinigten Niederlande und
Polen gehören, hatten die Parlamente die Monarchie entweder beseitigt oder sich zumindest das Übergewicht über die Krone gesichert. In
einer zweiten Gruppe war der Erfolg der Parlamente deutlich geringer
und die Position des Landesherrn stärker. Koenigsberger rechnet Ungarn und einige deutsche Landesherrschaften, darunter Württemberg,
Ostfriesland und die beiden mecklenburgischen Herzogtümer zu dieser
Kategorie. Die dritte Gruppe bestand aus Ländern und Provinzen, in
denen die Herrscher die Ständevertretungen abgeschafft oder einfach
nicht mehr einberufen oder auf weniger bedeutende Aufgaben beschränkt hatten.

Vollständig verschwunden waren um 1700 die Cortes in Spanien und
Portugal, die Parlamente von Neapel, Piemont und Sardinien. Dasselbe
galt von den Generalständen in Frankreich und den Spanischen Niederlanden, dem späteren Belgien, und den Ständen mehrerer deutscher Landesherrschaften. Soweit die Parlamente als Institutionen überlebten, gab
es unterschiedliche Grade ihrer Entmachtung. Am vollständigsten war
sie in Böhmen, am wenigsten weit ging sie in Sizilien. Dazwischen lagen

Languedoc, die Bretagne, Burgund und einige deutsche Reichsstände. In Bayern gab es keine Plenartagungen der Stände mehr, wohl aber traten ständige Kommissionen derselben zusammen. Ähnlich war das bei den «Diputats» Kataloniens, die aus den Cortes dieses mit Sonderrechten ausgestatteten Gebiets hervorgegangen waren und 1640 zur Speerspitze einer antimonarchischen Erhebung wurden. Erst 1714 wurden die politischen Institutionen Kataloniens beseitigt.

In keine der drei Gruppen einzuordnen war der Reichstag des Heiligen Römischen Reiches deutscher Nation, der sich immer mehr zu einer Vertretung unabhängiger Reichsstände entwickelte. Schweden erlebte heftige Kämpfe zwischen einer nach absoluter Herrschaft strebenden Monarchie, dem Staatsrat als Vertretung des hohen Adels und dem Reichstag, der die übrigen Stände repräsentierte. Nach dem Tod König Karls XII. (1697–1718) brach in Schweden die «Freiheitszeit» an: Die Macht ging an die Stände über; die Monarchie wurde für die Dauer eines halben Jahrhunderts konstitutionell.[63]

Ein Zufall war es nicht, daß Tendenzen in Richtung Absolutismus in einem Land stärker, im anderen schwächer ausgeprägt waren. Hatte ein Land das römische Recht rezipiert, half dieses dem Fürsten, seine Herrschaft mittels fachlich geschulter Beamter auszubauen und über das ganze Territorium auszudehnen. Eine bürgerkriegsartige Konfrontation der Konfessionen gehörte ebenfalls zu den Faktoren, die eine Machtkonzentration beim Monarchen förderten. Dieselbe Wirkung ging von starken regionalen Besonderheiten, der Zerrissenheit des Territoriums und der (wirklichen oder gefühlten) Bedrohung durch mächtige Nachbarn aus. In einem Staat dagegen, der bereits über starke zentrale Institutionen verfügte, der nicht (mehr) mit einer gewaltsamen Entladung religiöser Gegensätze rechnen mußte, der sich einigermaßen sicherer Grenzen erfreute und in dem es dem römischen Recht nicht gelungen war, das Volksrecht zu verdrängen, hatte das Parlament gute Chancen, sich gegenüber der monarchischen Gewalt zu behaupten oder zeitweilig verlorenes Territorium zurückzugewinnen.

Länder, in denen der Monarch einen starken Zentralisierungsbedarf geltend machen konnte, waren Frankreich, Spanien und Brandenburg-Preußen. Aber selbst dort, wo es dem Monarchen gelang, die gesamtstaatlichen Stände oder die Stände des historischen Kernterritoriums zu entmachten, blieben regionale Stände nicht selten erhalten. Die Vielfalt der Regionen und das Ständewesen bewiesen eine Beharrungskraft, die

die Feststellung rechtfertigt, daß der Absolutismus sein Programm nirgendwo im Okzident voll durchsetzen konnte.

In keiner europäischen Monarchie aber (sieht man von dem noch zu erörternden Sonderfall Polen ab) gab es so gute Voraussetzungen für die Zurückweisung absolutistischer Ansprüche des Herrschers wie in England: Hier war das Parlament als Verteidiger des «Common Law» bereits im Mittelalter zu einer so starken Vertretung des Gesamtstaates aufgestiegen, daß es sich nicht mehr über längere Zeit hinweg ausschalten ließ. Die Tradition der lokalen Selbstverwaltung stand der Expansion der Bürokratie entgegen; das wichtigste militärische Machtmittel war die Flotte und nicht ein stehendes Heer, das der König überhaupt nur aufstellen durfte, wenn das Parlament zustimmte. So gesehen, bildete England im 17. und 18. Jahrhundert doch eine Ausnahme: Zu einer Zeit, als überall der Fürst, gestützt auf Armee und Beamtentum, zum entscheidenden Machtfaktor wurde oder sich in dieser Position behaupten konnte, entwickelte sich England erst zu einer konstitutionellen und dann zu einer parlamentarischen Monarchie, in der der König über keine andere Macht mehr verfügte als die eines «King in parliament». Es war die Staatsform, von der England sich nicht mehr trennen sollte.[64]

Hegemonie und Gleichgewicht nach 1648

Ausgewogene Machtverhältnisse oder «balance of power»: Die Maxime, der England mit Blick auf seine innere Ordnung folgte, war auch die Richtschnur seiner Außenpolitik. Wann immer auf dem Kontinent eine Macht die Oberhand zu gewinnen drohte, galt es dem entgegenzuwirken, und erst recht durfte Britannien nicht zulassen, daß eine andere Macht seiner Stellung zur See gefährlich wurde.

Zu einer außenpolitischen Doktrin stieg die Gleichgewichtslehre erst zu Beginn des 18. Jahrhunderts auf, aber die Erfahrungen, auf denen sie beruhte, waren sehr viel älter. Der erste Widersacher, der mit den Geboten der englischen Staatsräson zusammenstieß, war Spanien. Der spanisch-venetianisch-päpstliche Seesieg über die türkische Flotte bei Lepanto am Golf von Korinth im Jahre 1571 hatte Spanien zur vorherrschenden Macht im westlichen Mittelmeer gemacht (und das Osmanische Reich auf die Kontrolle über den Ostteil dieses Meeres beschränkt). 1580, nach der Vereinigung mit Portugal in Form der Personalunion, schien das iberische Königreich auf dem Höhepunkt seiner Macht zu stehen. Was Spanien und Portugal an Kolonien erobert hatten, unterstand nun, jedenfalls nominell, dem König in Madrid, obenan der größte Teil Mittel- und Südamerikas.

Der spanische Anspruch auf die Kontrolle des gesamten Atlantiks wurde um diese Zeit aber bereits spürbar durch englische Freibeuter wie Francis Drake und Walter Raleigh in Frage gestellt, die sich der Förderung durch Königin Elisabeth I. erfreuten. Der spanischen Doktrin vom «mare clausum», dem Meer als integralem Bestandteil der eigenen Herrschaft, setzte England die (später von Hugo Grotius weiterentwickelte) Lehre vom «mare liberum», der Freiheit der Meere, entgegen. Noch mehr mußte König Philipp II. (1556–1598), der Sohn Kaiser Karls V., sich durch die militärische Unterstützung herausgefordert fühlen, die England den aufständischen Niederlanden zukommen ließ.

Die Invasion Englands, zu der sich der spanische König daraufhin entschloß, scheiterte jedoch kläglich. Die spanische Flotte, die Armada, hatte Ende Juli und Anfang August 1588 im Ärmelkanal verlustreiche Kämpfe mit der britischen Flotte zu bestehen, die unentschieden endeten, aber zum Abbruch des Unternehmens führten. Auf dem Rückweg gerieten die Spanier in schwere Stürme, die die meisten ihrer Schiffe vernichteten. Der Untergang der Armada war ein Schlag, von dem sich Spanien sich nicht mehr erholen sollte. Mit diesem Ereignis, das wie ein Gottesurteil wirkte, begann der Niedergang der spanischen Weltmacht. England war als Seemacht noch zu schwach, um den nördlichen Atlantik sogleich seiner Kontrolle zu unterwerfen. Aber die nachhaltige Schwächung des mächtigsten Rivalen zur See eröffnete England doch neue und weitreichende Möglichkeiten, seinen Einfluß in Europa und Übersee zu steigern.

«In dem Maß wie Spanien zurückwich, breiteten sich seine Gegner aus, auf dem Festland Frankreich, die Seemächte auf den Meeren», bemerkt Ludwig Dehio in seinem 1948 erschienenen Buch «Gleichgewicht oder Hegemonie».[65] Die englische Expansion richtete sich im 17. Jahrhundert vor allem auf die Ostküste Nordamerikas und die Gewinnung von Stützpunkten in Indien, nämlich Madras, Bombay und Kalkutta. Die Niederländer gründeten 1612 Neu-Amsterdam, das spätere New York; sie faßten an der Ostküste Südamerikas, am Kap der

Guten Hoffnung, in Südindien und in der malaiischen Inselwelt Fuß. Die holländischen Erwerbungen gingen zu erheblichen Teilen auf Kosten von bisher portugiesischem Kolonialbesitz. Die Eroberungen erfolgten durch private Handelsgesellschaften, von denen die 1602 gegründete niederländische Ostindische Kompanie die bedeutendste war. Ihr englisches Gegenstück, die Londoner East India Company, war zwei Jahre älter.

In der Zeit der Entdeckungen durch Spanier und Portugiesen hatte die Bekehrung der Heiden zum Christentum noch eine wichtige, die eigene Ausdehnung legitimierende Rolle gespielt. Bei den beiden protestantischen Seemächten England und Holland war das anders. Sie schlugen ein neues Kapitel der europäischen Kolonialgeschichte auf. In den Worten von Josef Engel: «Die außereuropäische Welt wurde unter dem Gesichtspunkt des größten Gewinns und der damit unweigerlich verknüpften Frage der größten Gewalt zum unbehinderten Probierfeld völlig rationaler Machtausübung, für die nur noch die berechenbaren Gesetzlichkeiten des Gewinn- und Machtstrebens die letzten Maßstäbe darstellten. Das Zeitalter europäischer Kolonialgeschichte, das Zeitalter der bewußten und rücksichtslosen Ausbeutung der nichteuropäischen Welt, war angebrochen.»[66]

Auch Frankreich betrieb überseeische Kolonialpolitik mit Hilfe von Handelsgesellschaften, unterstellte diese aber, anders als England und die Niederlande, unmittelbar seiner Herrschaft. Das entsprach der vom französischen Absolutismus besonders streng befolgten Lehre des zeitgenössischen Merkantilismus, wonach der staatliche Geldbedarf nur durch zentrale Förderung, Steuerung und Kontrolle der Wirtschaft zu befriedigen war. In Nordamerika betätigten sich Frankreichs Staatshandelsgesellschaften in dem großen Territorium beiderseits des Mississippi, das 1682 zu Ehren Ludwigs XIV. Louisiana genannt wurde, und in Kanada, das schon 1663 offiziell den Namen «Nouvelle France» erhielt. Konflikte mit England, der anderen sich im Osten Nordamerikas ausdehnenden europäischen Kolonialmacht, waren vorgezeichnet.

Nicht minder ernst mußte England das französische Streben nach Hegemonie auf dem europäischen Kontinent nehmen. Frankreich war der Hauptgewinner des Westfälischen Friedens von 1648. Elf Jahre später konnte es im Pyrenäenfrieden sein Gebiet auf Kosten Spaniens erweitern, und zwar sowohl im östlichen Pyrenäenvorland als auch in Teilen von Flandern und Artois, die zuvor zu den Spanischen Niederlanden gehört hatten. Es folgten seit 1667 Kriege Ludwigs XIV. gegen Spanien, die Spanischen Niederlande und Holland, die «Reunionen» von elsässischem und lothringischem Gebiet, die Einnahme Straßburgs im Jahre 1681 und der Feldzug gegen die Pfalz in den Jahren 1688 bis 1697. England schloß sich einer großen europäischen Allianz gegen Frankreich an und brachte ihm, zusammen mit den Niederländern, 1692 in der Seeschlacht von La Hogue eine Niederlage bei.

Ein noch größeres Bündnis kam 1701 zusammen, als Ludwig XIV. seinen Enkel Philipp von Anjou als Philipp V. auf den vakanten spanischen Königsthron setzte. (Philipp war ein Großneffe des verstorbenen spanischen Königs Karl II.) Damit begann ein zwölf Jahre währendes, blutiges Ringen: der Spanische Erbfolgekrieg, in dem England, Österreich, Brandenburg und andere Reichsstände, die Niederlande, Savoyen und das seit 1640 wieder selbständige Portugal der französischen Expansionspolitik entgegentraten.

Das Ergebnis der Friedensschlüsse von Utrecht, Rastatt und Baden in den Jahren 1713/14 war ein historischer Kompromiß: Philipp V. wurde zwar als König von Spanien anerkannt, die Kronen Spaniens und Frankreichs durften aber niemals unter einem Monarchen vereint werden. Österreich erhielt die Hauptmasse der spanischen Nebenlande, nämlich Mailand, Mantua, Sardinien, Neapel und, am wichtigsten, die Spanischen Niederlande. Sizilien fiel zunächst an das Herzogtum Savoyen und dann im Wege des Tausches 1720 an Österreich, das Savoyen mit Sardinien entschädigte. Hauptgewinner war England. Es hatte eine Vereinigung der deutschen und der spanischen Habsburger verhindern können, erhielt von Spanien Gibraltar und Menorca und nahm Frankreich einen Teil seines kanadischen Gebietes, darunter Neufundland, ab. Spanien schied aus dem Kreis der europäischen Großmächte aus. Frankreich war zwar immer noch eine Großmacht. Die hegemoniale Stellung, in die es in der Regierungszeit Ludwigs XIV. gelangt war, hatte es aber verloren.

Der Ausgang des Spanischen Erbfolgekrieges bedeutete nach dem Urteil Dehios einen doppelten Erfolg Englands: Es hatte in Europa eine allgemeine Gleichgewichtspolitik und jenseits der Ozeane sein eigenes Übergewicht durchgesetzt. Die überseeische Expansion und das europäische Staatensystem standen in der Tat in einer engen Wechselbeziehung: Englands Stellung als europäische Großmacht beruhte auf seiner Seegeltung und seinem wachsenden Überseebesitz.

Doch koloniale Besitzungen reichten nicht aus, einem Land den Großmachtstatus zu sichern. Spanien und Portugal besaßen immer noch Kolonialreiche, konnten aber aus ihnen keinen politischen Mehrwert mehr herausholen. Ihre Kolonien dienten vor allem der Bereicherung der dort ansässig gewordenen, aus Europa stammenden Oberschicht. England dagegen mehrte seinen Wohlstand durch einen dynamischen Überseehandel, zu dem seit dem Asiento-Vertrag von 1713 mit Spanien auch das Privileg gehörte, dreißig Jahre lang als einzige Macht die amerikanischen Kolonien Spaniens mit Sklaven aus Afrika zu beliefern. Der wichtigste Wirtschaftszweig, der auf Sklavenarbeit beruhte, war der Anbau von Zuckerrohr, vor allem in Brasilien und auf den Westindischen Inseln, darunter dem seit 1655 britischen Jamaika; die im Zuckerhandel führende Nation war Großbritannien. Schwunghaft war auch der Überseehandel der anderen protestantischen Seemacht, der Vereinigten Niederlande, und auch hier bildeten, wie bei allen europäischen Kolonialmächten, Sklavenhandel und Sklavenarbeit eine wichtige Grundlage des wachsenden Reichtums. Um auf dem europäischen Kontinent dauerhaft eine vergleichbar bedeutende Rolle zu spielen wie England, waren die Niederlande jedoch zu klein.

Wenn Europa sich nach dem Spanischen Erbfolgekrieg einem Zustand relativen Gleichgewichts näherte, dann lag das auch am Niedergang einer Großmacht, die nur mit einem Teil ihres Gebiets zu Europa gehörte: des Osmanischen Reiches. Im September 1683 endete eine zweimonatige Belagerung Wiens durch die Türken mit einem Sieg des Reichsheeres und seiner polnischen Verbündeten unter König Johann Sobieski am Kahlenberg. Für das Osmanische Reich wurde die Niederlage bei Wien zum Beginn seiner allmählichen Zurückdrängung aus Europa. Nach schweren Kämpfen mußten die Türken 1699 im Frieden von Karlowitz ihren Teil von Ungarn mit Siebenbürgen sowie Kroatien und Slowenien an das Haus Habsburg abtreten, das seit dem Reichstag von Preßburg Ende 1687 mit Erzherzog Joseph auch den König von Ungarn stellte (und diese Würde im Mannesstamm vererben durfte).

Damit hatte Österreich den Status einer europäischen Großmacht wiedererlangt, den es zur Zeit Kaiser Karls V. (1519–1556) schon einmal besessen, durch die anschließende Teilung der habsburgischen Herrschaft in einen deutschen und einen spanischen Zweig aber wieder verloren hatte. Das Königreich Ungarn, dem 1718 auch noch das Banat zufiel, konnte seine ständische Verfassung und damit seine Eigenständigkeit innerhalb des Habsburgerreiches bewahren. Dafür stimmte es 1713 der Pragmatischen Sanktion zu – jenem Erbfolgegesetz, durch das Kaiser Karl VI. (1711–1740) die Unteilbarkeit seiner Länder und das Recht auf die weibliche Erbfolge zu sichern versuchte, und das fortan die Rechtsgrundlage der seit 1690 bestehenden österreichisch-ungarischen Realunion bildete. Karls Bemühen, die anderen Großmächte zur verbindlichen Anerkennung dieser Regelung zu bewegen, bestimmte die österreichische Politik während seiner gesamten Regierungszeit. Für die Garantie, die er 1731 von Großbritannien erhielt, mußte er einen hohen Preis bezahlen: den Verzicht auf den österreichischen Ostindienhandel.

Während Österreich um 1700 den Rang einer europäischen Großmacht bereits erreicht hatte, tat ein anderer Reichsstand um dieselbe Zeit einen wichtigen Schritt in die Richtung auf das gleiche Ziel hin. Brandenburg hatte unter dem Großen Kurfürsten Friedrich Wilhelm I. (1640–1688) durch den Vertrag von Wehlau im Jahre 1657 von Polen die Anerkennung seiner (tatsächlich nur eingeschränkten) Souveränität im Herzogtum Preußen, dem ehemaligen Ordensstaat, erreicht, der 1618 durch Erbschaft an Brandenburg gefallen war. Drei Jahre nach Abschluß des Vertrages ließ sich der Große Kurfürst im Frieden von Oliva dieses Recht nochmals bestätigen und erkannte seinerseits ausdrücklich den polnischen Besitz des «Königlichen Preußen», des späteren Westpreußen, an. 1675 schlug Friedrich Wilhelm die in die Mark Brandenburg eingefallenen Schweden bei Fehrbellin und eroberte anschließend das schwedische Pommern, das er jedoch vier Jahre später, unter französischem Druck, wieder an Schweden zurückgeben mußte. Am 18. Januar 1701 krönte sich sein Sohn, Kurfürst Friedrich III. von Brandenburg, als Friedrich I. (1701–1713) in Königsberg zum «König in Preußen». Der Titel trug der Tatsache Rechnung, daß er nur über das bisherige Herzogtum Preußen, nicht aber über das königlich polnische Preußen herrschte.

Die Anerkennung der neuen Königswürde durch Kaiser Leopold I. (1652–1705) verdankte Friedrich seiner Zusage, am Spanischen Erbfolgekrieg mit brandenburgischen Hilfstruppen teilzunehmen. Das Gebiet, in dem er den Königstitel trug und souverän war, gehörte nicht zum Territorium des Heiligen Römischen Reiches. Der Stauferkaiser Friedrich II. (1194–1250) hatte 1226 in der Goldenen Bulle von Rimini dem Ordensmeister des Deutschen Ordens, Hermann von Salza, einen

Status verliehen, der dem eines Reichsfürsten entsprach, ihn aber nicht zum Reichsfürsten machte. Für König Friedrich I. und die ihm folgenden Könige aus dem Haus der Hohenzollern war es wichtig, daß sie in einem Teil ihres Gebietes, der nicht zum Reich gehörte, souverän waren. Das unterschied sie von den «normalen» Reichsfürsten, denen der Westfälische Friede die Anerkennung der Souveränität vorenthalten hatte, und verband sie zugleich mit dem mächtigsten von ihnen: Auch die Habsburger verdankten ihren Aufstieg zur Großmacht der Herrschaft über Gebiete, die keinen Teil des Heiligen Römischen Reiches deutscher Nation bildeten.[67]

Für die einzige Großmacht, der Brandenburg eine empfindliche Niederlage bereitet hatte, bedeutete der Sieg des Großen Kurfürsten bei Fehrbellin nicht mehr als einen Rückschlag. Unter Karl XII. (1697–1718), dem dritten und letzten der seit 1654 regierenden Könige aus dem Zweibrücker Zweig des Hauses Wittelsbach, unternahm Schweden nochmals einen großangelegten Versuch, die europäischen Machtverhältnisse neu zu ordnen. Auslösendes Moment des über zwei Jahrzehnte währenden Nordischen Krieges (1697–1721) war ein Konflikt mit Dänemark, erwachsen aus der schwedischen Unterstützung für das Herzogtum Holstein, das ein dänisches Lehen war, aber nach Souveränität strebte. Auf die Seite Dänemarks stellten sich August II. («der Starke»), seit 1694 Kurfürst von Sachsen und seit 1697 in Personalunion auch König von Polen, und Zar Peter der Große von Rußland (1682–1725), die beide entschlossen waren, ihre Stellung an der Ostsee auszubauen.

Karl konnte August zeitweilig vom polnischen Thron vertreiben und die Wahl seines Kandidaten, Stanislaus Leszczyński, zum König durchsetzen. Die Russen aber erwiesen sich als unüberwindbar. Nach der Niederlage bei Poltawa im Juni 1709 floh Karl in die Türkei, die er im Jahr darauf zum Krieg gegen das Zarenreich bewegen konnte. Die Russen hatten mittlerweile Estland und Livland der schwedischen Herrschaft entrissen und Kurland, das formell immer noch ein polnisches Lehen war, ihrem Einfluß unterworfen. Im Kampf gegen die Türken erfolglos, wandte sich Peter 1713/14 zunächst der Eroberung Finnlands zu. Anschließend eilte er seinen Verbündeten, zu denen seit dem Frieden von Utrecht im Jahre 1713 auch der preußische König Friedrich Wilhelm I. und Kurfürst Georg von Hannover gehörten, im Kampf gegen die schwedischen Besitzungen in Norddeutschland zu Hilfe.

Karl XII., 1714 aus dem Osmanischen Reich zurückgekehrt, fiel 1718 im Kampf gegen die Dänen, denen er Norwegen streitig machte.

Die Friedensschlüsse der Jahre 1719 bis 1721 markieren das Ende der schwedischen Großmacht. Hannover, seit 1714 in Personalunion mit England verbunden, erhielt die beiden schwedischen Besitzungen an den Mündungen von Weser und Elbe, das Herzogtum Bremen und das Bistum Verden, Preußen (der Name meinte mittlerweile den hohenzollernschen Gesamtstaat) das östliche Vorpommern. Dänemark sicherte sich die weitere Oberhoheit über Holstein. In seinem Waffenstillstand mit Polen mußte Schweden die Herrschaft August des Starken anerkennen, der inzwischen freilich nur noch ein König von Gnaden Peters des Großen war. Das Zarenreich war *der* Sieger des Nordischen Krieges. Rußland erhielt Livland und Estland, die ihre rechtliche Sonderstellung bewahren konnten, außerdem die Insel Ösel, Ingermanland und das östliche Karelien mit Wiborg. Finnland hingegen ging zurück an Schweden, verbunden mit einer Entschädigung von 2 Millionen Reichstalern für die Gebietsverluste an der nunmehr russischen Ostseeküste.

Nicht nur am Finnischen Meerbusen und im Baltikum machte sich der russische Drang nach Westen bemerkbar. In der Mitte des 17. Jahrhunderts hatte das Zarenreich weite Gebiete zurückerobert, die sich das Königreich Polen angeeignet hatte. (Höhepunkt der polnischen Ostexpansion waren ein Vorstoß nach Moskau und die Besetzung des Kreml im Jahre 1610, die erst nach zwei Jahren beendet werden konnte.) Vom russischen Gegenstoß war vor allem die Ukraine betroffen, die 1667 geteilt wurde: Soweit sie östlich des Dnjepr lag, wurde sie russisch, während der westliche Teil, mit Ausnahme des Gebiets um Kiew, polnisch blieb.

Die Verluste an Territorium und Bevölkerung, die Verwüstungen, eine Pestepidemie und wiederkehrende Hungersnöte in den «Kriegen der blutigen Sintflut» zwischen 1648 und 1667 gingen einher mit einer fortschreitenden inneren Lähmung Polens. Seit dem Aussterben des litauischen Herrscherhauses der Jagiellonen im Jahre 1572, drei Jahre nach Bildung der polnisch-litauischen Realunion von Lublin, war das Königreich Polen, so paradox es klingt, eine Adelsrepublik mit einem gewählten Monarchen an der Spitze: «Res publica» oder «Rzeczpospolita» war der selbstgewählte Name des Gemeinwesens. Der Reichstag, der Sejm, hielt sich seit dem ausgehenden 17. Jahrhundert strikt an das Prinzip des «liberum veto»: Beschlüsse kamen nur einstimmig zustande, so daß ein einzelner Abgeordneter ausreichte, um Entscheidungen zu verhindern. Zu den Rechten der polnischen Adelsnation gehörte es, bei (wirklichen oder vermeintlichen) Verfassungsverstößen des Königs sich zu bewaffneten Konföderationen zusammenzuschließen. Während sich bei den großen Nachbarn im Westen und Osten überall absolutistische Militärmonarchien herausformten, löste sich in Polen die Staatsgewalt allmählich auf, was zu einem gefährlichen Machtvakuum im östlichen Mitteleuropa führen mußte.

Seit dem Nordischen Krieg war Polen de facto ein russisches Protektorat. Der aufstrebende Nachbar im Westen nahm daran keinen Anstoß: Peter der Große konnte bei seiner Polenpolitik auf das Verständnis und die Unterstützung Preußens setzen. Im Potsdamer Traktat von 1720 verpflichtete sich Friedrich Wilhelm I. (1714–1740), der «Soldatenkönig», gemeinsam mit dem Zaren den Fortbestand der polnischen Verfassung einschließlich des «liberum veto» zu garantieren, eine wirksame Reform der «Rzeczpospolita» also zu verhindern. Für ein gemeinsames Vorgehen beider Mächte gegen ein Polen, das die Kraft zur eigenen Erneuerung aufbrachte, gab es damit eine vertragliche Grundlage.

Daß Rußland unter Peter dem Großen nach Westen drängte, bedeutete nur sehr bedingt eine Verwestlichung des Zarenreiches. Peter *war* ein Modernisierer: Von den am höchsten entwickelten Gesellschaften des Westens, obenan den Vereinigten Niederlanden und England, die er in seiner Jugend kennengelernt hatte, übernahm er technische Fertigkeiten und verwertbares Wissen. Er verlegte 1712, um seinen Willen zur Öffnung nach Westen so demonstrativ wie möglich zu unterstreichen, unter Anwendung von brutalem Zwang die Hauptstadt von Moskau in das neugegründete St. Petersburg im sumpfigen Newadelta am Finnischen Meerbusen. Er förderte Außenhandel, Manufakturen, Eisenindustrie und Bergbau, das Verkehrswesen, die Wissenschaften und die Künste. Er holte Fachkräfte, vor allem aus Deutschland und der deutsch-baltischen Oberschicht seiner neuen Ostseeprovinzen, ins Land, um die Leistungskraft des Militärs und der Verwaltung zu erhöhen. Er ließ nicht nur die ritterschaftlichen und städtischen Selbstverwaltungsorgane in Estland und Kurland bestehen, sondern versuchte auch, ähnliche Einrichtungen im eigentlichen Rußland zu schaffen.

Aber eben hier wurden auch die Grenzen von Peters Reform von oben deutlich. Er ließ in der neuen Hauptstadt und anderen Städten von den wohlhabenden Bewohnern Magistrate wählen, machte aus den Amtsträgern dann aber sogleich Beamte und Vorgesetzte der Untertanen. Für die Bedeutung von Meinungsvielfalt, persönlicher Initiative und freimütiger Kritik hatte er keinen Sinn. Im Westen gab es dergleichen auch dort, wo absolute Herrscher danach strebten, alle Macht bei sich zu konzentrieren.

In Rußland fehlten freilich noch immer die gesellschaftlichen Grundlagen dessen, was man im Okzident später «Pluralismus» nannte. Es gab keine Stände im westeuropäischen Sinn; die letzte beratende Reichsversammlung, der Sobor, war 1653 zusammengetreten. Ein selbstbewußtes städtisches Bürgertum hatte sich in Rußland nicht entwickeln können. Die Bewegungsfreiheit der städtischen Untertanen war durch das Reichsgesetzbuch von 1649 stark eingeschränkt worden. Dasselbe Gesetzbuch hatte die Schollenbindung in Form der Leibeigenschaft der Bauern verfügt. In der Zeit Peters lehnten sich arme Bauern in verschiedenen Teilen des Reiches immer wieder gegen steigende Abgaben und militärischen Zwangsdienst auf; der Zar ließ die Aufstände mit harter Hand niederwerfen. Die orthodoxe Kirche wurde unter dem Erneuerer auf dem Zarenthron vermittelst der neu geschaffenen Kollegialbehörde des Heiligen Synod, die an die Stelle des bisherigen Oberhaupts, des Patriarchen, trat, vom Staat noch abhängiger, als sie es zuvor schon gewesen war; die Altgläubigen, die sich 1653 einer Reform des Kultus durch den Patriarchen Nikon widersetzt hatten und 1667 aus der orthodoxen Kirche ausgestoßen worden waren, konnten ihre Duldung durch Abgaben erkaufen.

Den Adel brachte Peter in ein beamtenähnliches Abhängigkeitsverhältnis von der zarischen Regierung; den Dienstrang der einst einflußreichen Bojaren schaffte er ab. Die autokratischen Züge der russischen Gesellschaft schwächten sich unter Peter dem Großen mithin nicht ab, sie verstärkten sich eher. Es gab in der petrinischen Zeit eine technische, wissenschaftliche und kulturelle Öffnung nach Westen, aber keine umfassende Verwestlichung. Gegen alles, was im Westen zur gleichen Zeit die Durchsetzung des Absolutismus hemmte und auf seine Überwindung drängte, schottete sich das russische Zarentum weiter ab.

Die territoriale Expansion Rußlands ging im Nordwesten auf Kosten Schwedens und im Westen auf Kosten Polens. Im Süden drängte das Kaiserreich Rußland, wie es sich seit Peters Zeiten nannte, zum Schwarzen Meer, was zu mehreren Kriegen mit dem Osmanischen Reich führte. Von

Europa fast unbemerkt, setzte Rußland seine Ausweitung nach Osten, in Sibirien, fort: eine Entwicklung, die schon Mitte des 16. Jahrhunderts unter Iwan dem Schrecklichen begonnen hatte. 1679 wurde die Halbinsel Kamtschatka für Rußland gewonnen, 1689 ein Grenzvertrag mit China geschlossen, 1741 die Südküste Alaskas entdeckt. Rußland wurde, räumlich gesehen, immer östlicher: Auch das stand einer konsequenten Verwestlichung des Zarenreiches entgegen.

Eine europäische Großmacht und ein fester Bestandteil des europäischen Staatensystems wurde Rußland unter Peter dem Großen trotzdem: Das war eine der bleibenden Wirkungen des Nordischen Krieges. Fast zeitgleich wurde im Spanischen Erbfolgekrieg erstmals Nordamerika in die Auseinandersetzungen zwischen den europäischen Mächten einbezogen. Frankreich konnte 1713 im Frieden von Utrecht seinen europäischen Besitzstand nur bewahren, weil es die Möglichkeit besaß, englischen Forderungen auf dem Boden Kanadas entgegenzukommen. In der europäischen Politik spielte zu Beginn des 18. Jahrhunderts Nordamerika noch eine passive, Rußland dagegen bereits eine sehr aktive Rolle. Der Spanische Erbfolgekrieg und der Nordische Krieg verschoben nicht nur die Gewichte zwischen den «alten» europäischen Mächten, sie erweiterten auch die politische Bühne Europas über Europa hinaus – nach Westen ebenso wie nach Osten.

Das Gleichgewicht der Kräfte, wie es aus den beiden großen Kriegen in den ersten zwei Jahrzehnten des 18. Jahrhunderts hervorging, war zu prekär, um von Dauer zu sein. Am labilsten war die Lage in Polen. Nach dem Tode Augusts des Starken im September 1733 wurde Stanislaus Leszczyński ein zweites Mal zum polnischen König gewählt. (Das erste Mal war dies 1704 auf Betreiben Karls XII. geschehen; nach dessen Niederlage bei Poltawa, fünf Jahre später, hatte Stanislaus Polen verlassen, so daß August auf seinen polnischen Thron zurückkehren konnte).

Doch das zweite Königtum Stanislaus' war von noch kürzerer Dauer als das erste. Unterstützt von Österreich und gestützt auf eine im August einmarschierende eigene Armee, erzwang Rußland Anfang Oktober 1733 die Wahl des sächsischen Kurfürsten August III. zum polnischen König. Daraufhin erklärte König Ludwig XV. von Frankreich (1715–1774), der Schwiegersohn Stansilaus Leszczyńskis, Österreich und Rußland den Krieg. Aus dem polnischen Erbfolgekrieg von 1733 bis 1735 ging Rußland als Hauptgewinner hervor, was für August III.

die Anerkennung als polnischer König mit sich brachte. Stanislaus Leszczyński wurde mit Lothringen entschädigt, das nach seinem Tod an Frankreich fallen sollte. Der Herzog von Lothringen, Franz Stephan, der Gemahl Maria Theresias, der Tochter Kaiser Karls VI., erhielt zum Ausgleich die Anwartschaft auf das Großherzogtum Toskana, wo 1737 das bisher regierende Haus der Medici ausstarb.[68]

Im Jahre 1740 starben drei europäische Monarchen. In Rußland folgte der Zarin Anna Iwanowna (1730–1740), einer Nichte Peters des Großen, nach einem Jahr heftiger innerer Machtkämpfe Peters Tochter Elisabeth (1741–1762), die durch einen Staatsstreich auf den Thron gelangte. In Preußen trat Friedrich II. (1740–1786), den man später den Großen nannte, das Erbe seines Vaters, des Soldatenkönigs Friedrich Wilhelm I., an. In Österreich folgte, entsprechend der Pragmatischen Sanktion von 1713, auf Karl VI. seine Tochter Maria Theresia (1740–1780).

Österreich hatte in den letzten Jahren der Regierungszeit Karls VI. einige empfindliche Rückschläge hinnehmen müssen. Im Gefolge des polnischen Erbfolgekrieges verlor es 1735 seine italienischen Besitzungen Neapel und Sizilien, die jetzt als Königreich beider Sizilien in Personalunion an die spanischen Bourbonen fielen. 1739 mußten die Habsburger das nördliche Serbien und Belgrad, das erst 1717 von Prinz Eugen von Savoyen, dem «edlen Ritter», den Türken entrissen worden war, an das Osmanische Reich zurückgeben. Die Pragmatische Sanktion wurde zum Zeitpunkt des Wiener Thronwechsels von zwei Nachbarn, Kurfürst Karl Albrecht von Bayern und Kurfürst August III. von Sachsen, in Frage gestellt. Aber nicht sie, sondern Friedrich II., der junge König von Preußen, sagte dem Habsburgerreich offen den Kampf an: durch die überfallartige Besetzung des österreichischen Schlesien. Friedrichs Motiv war, sieht man von dem Streben nach persönlichem Ruhm ab, ein rein machtpolitisches: Er wollte unbedingt verhindern, daß dieses wohlhabende Gebiet im Zuge eines österreichischen Erbfolgekrieges an Sachsen fiel, und gleichzeitig war er entschlossen, Preußen endgültig den Status einer europäischen Großmacht zu verschaffen.

Mit dem Ersten Schlesischen Krieg von 1740 bis 1742 begann ein Ringen, das erst 126 Jahre später auf dem Schlachtfeld von Königgrätz entschieden wurde: der Gegensatz zwischen Österreich und Preußen, aus dem sich ein Kampf um die Vorherrschaft in Deutschland entwickeln sollte. Der deutsche Dualismus war aber nur die eine Seite der

Auseinandersetzung, die 1740 anfing und 1763 in den Friedensschlüssen von Paris und Hubertusburg ihr vorläufiges Ende fand. Die andere Seite war die Rivalität zwischen Großbritannien und Frankreich, bei der es vor allem um die überseeischen Interessen beider Mächte in Nordamerika, aber auch in Indien ging. Aus der kolonialen Konfrontation ergaben sich kontinentale Koalitionen, die den Gegensatz zwischen den Häusern Habsburg und Hohenzollern europäisierten: Veränderungen im Verhältnis zwischen Wien und Berlin berührten fortan unmittelbar die Beziehungen zwischen den anderen Großmächten.

Die Ausweitung des Ersten Schlesischen Krieges zum österreichischen Erbfolgekrieg war eine Folge des militärischen Bündnisses, das Friedrich II. von Preußen nach seinen ersten Siegen in Schlesien mit Frankreich schloß. Wenig später griffen auch Bayern und Sachsen in den Krieg gegen Österreich ein. Mit der Unterstützung Frankreichs wurde im Januar 1742 Kurfürst Karl Albrecht von Bayern, der sich schon im Monat zuvor, nach der Erstürmung Prags durch Franzosen und Bayern, zum König von Böhmen hatte ausrufen lassen, als Karl VII. vom neunköpfigen Kurfürstenkollegium in Frankfurt am Main einstimmig zum Kaiser des Heiligen Römischen Reiches deutscher Nation gewählt. Am 11. Februar 1742 folgte, ebenfalls in Frankfurt, die Krönung durch den Kölner Erzbischof Clemens August, einen Bruder Karls. Erstmals seit 1438 gab es damit wieder einen Kaiser, der kein Habsburger war.

Im Juni 1742 erreichte Friedrich durch einen von England vermittelten Sonderfrieden die Abtretung von fast ganz Schlesien durch Österreich. Der Zweite Schlesische Krieg, den Friedrich nach einer Erneuerung des Bündnisses mit Frankreich 1744 begann, war eine Reaktion auf militärische Erfolge Österreichs im Kampf mit den Franzosen und sein Bündnis mit Sachsen. Obwohl auch Großbritannien auf die Seite Österreichs trat, wurden dessen Truppen in mehreren Schlachten von den Preußen besiegt. Im Dezember 1745 schloß Österreich in Dresden Frieden mit Preußen. Friedrich behielt Schlesien und erkannte dafür Franz Stephan, den Gemahl Maria Theresias, als römisch-deutschen Kaiser an. Als Franz I. (1745–1765) löste dieser den Wittelsbacher Karl VII. ab, der im Januar 1745 gestorben war.

Dauerhaft gesichert war die Erwerbung Schlesiens damit aber noch längst nicht, und in Nordamerika wie in Indien ging das Ringen von Engländern und Franzosen um die Behauptung und Erweiterung ihres kolonialen Besitzes weiter. Der österreichische Staatskanzler, Graf Kaunitz, arbeitete auf ein Bündnis mit Frankreich hin, um Preußen in die Knie zu zwingen und Schlesien wiederzugewinnen. Friedrich, der an eine Verständigung zwischen Bourbonen und Habsburgern nicht zu glauben vermochte, schloß im Januar 1756 mit England die Westminster-Konvention ab. Sie sollte ihm den Rücken gegenüber Rußland freihalten, das 1746 ein auf 25 Jahre befristetes Verteidigungsbündnis mit Österreich eingegangen war. Großbritannien wollte mit der Konvention das Kurfürstentum Hannover (das seit 1714 mit England durch eine Personalunion verbunden war) vor einem französischen Angriff schützen. Mit einem Krieg zwischen England und Frankreich mußte 1756 angesichts der wachsenden Spannungen zwischen beiden Mächten in Nordamerika jederzeit gerechnet werden.

Friedrichs Annahme, sein englisches Bündnis würde sich mit dem französischen vereinbaren lassen, war eine Illusion. Der Konvention von Westminster folgte ein Bündnis zwischen Frankreich und Österreich auf dem Fuß: ein Umsturz der Allianzen («renversement des alliances»), wie ihn Europa noch nicht erlebt hatte. England beantwortete den Pakt zwischen Paris und Wien im Mai 1756 mit einer Kriegserklärung an Frankreich. Friedrich suchte dem zu erwartenden Angriff der Franzosen, Österreicher und Russen im August 1757 durch die Besetzung Kursachsens zuvorzukommen. So begann der Siebenjährige Krieg (1756–1763), der zugleich der Dritte Schlesische Krieg und aus preußischer Sicht ein eindeutiger Präventivkrieg war.[69]

«Der erste Krieg wirklich weltpolitischen Stils in der europäischen Geschichte»: So hat der Historiker Fritz Wagner den in Europa und Übersee ausgefochtenen Doppelkrieg genannt, der 1756 begann. Daß es am Ende dieses Krieges noch ein Königreich Preußen gab, das Schlesien und damit den eigenen Rang als europäische Großmacht behaupten konnte, erschien vielen Zeitgenossen angesichts der Überlegenheit der gegnerischen Allianz, der sich auch Schweden und die meisten Reichsfürsten angeschlossen hatten, fast als ein Wunder. Friedrich II. selbst sprach vom «Mirakel des Hauses Brandenburg», als Russen und Österreicher es versäumten, seine schwere Niederlage bei Kunersdorf im August 1759 militärisch auszunutzen, und ihm so die Chance des Durchhaltens boten.[70]

Die entscheidende Wende des Krieges kam nach dem Tod der russischen Zarin Elisabeth im Januar 1762. Ihr Neffe und Nachfolger, Peter III., ein Bewunderer Friedrichs, schloß im Mai desselben Jahres in

St. Petersburg einen Friedens- und Freundschaftsvertrag mit Preußen, woraufhin auch Schweden in einen Waffenstillstand einwilligte. Im November 1762 verständigten sich Frankreich und England auf die Beendigung des Krieges. Anfang 1763 fanden sich auch Österreich und Sachsen zu einem Friedensvertrag mit Preußen bereit, der am 15. Februar in Hubertusburg unterzeichnet wurde. Um Schlesien behalten zu können, mußte Preußen lediglich das eroberte Sachsen vollständig an seinen Kurfürsten zurückgeben.

Den Krieg in Übersee konnte Großbritannien zu seinen Gunsten entscheiden. Frankreich mußte im Frieden von Paris am 10. Februar 1763 zugunsten Englands auf seinen Festlandsbesitz in Nordamerika und einige seiner karibischen Eroberungen verzichten sowie Teile von Louisiana an Spanien abtreten. In Indien behielt es lediglich einige Hafenplätze wie Pondichéry und Mahé; Chandernagor war schon 1757 von den Briten unter Lord Clive erobert worden, ebenso das mit Frankreich verbündete Bengalen samt Kalkutta, einer britischen Gründung von 1690, die der Nabob von Bengalen 1756 erstürmt und seinem Reich einverleibt hatte. Wenn William Pitt der Ältere, der britische Außenminister der Jahre 1756 bis 1761 und spätere Premierminister, den großen Erfolg seines Landes im Siebenjährigen Krieg mit dem berühmten Wort kommentierte, Kanada sei in Deutschland erobert worden, war das kaum eine Übertreibung. Die großzügigen Subsidien, die die Londoner Regierung Preußen alljährlich mit Billigung des Unterhauses zukommen ließ, hatten sich ausgezahlt. Die Bindung französischer Truppen durch das Preußen Friedrichs des Großen war ein wesentlicher Beitrag zum Sieg Englands in Übersee. Die Selbstbehauptung Preußens als Großmacht war das eine wichtige Ergebnis des Siebenjährigen Krieges. Das andere war weltgeschichtlich nicht minder bedeutend: die Festigung und der Ausbau des britischen Anspruchs, die führende Kolonialmacht zu sein.[71]

Rußland hatte sich durch seine Teilnahme am Siebenjährigen Krieg weiter in das europäische Mächtesystem eingegliedert. Auf einen unmittelbaren Kriegsgewinn verzichtete es aber nach dem freiwilligen Ausscheiden aus den Kämpfen unter Zar Peter III.; das fünf Jahre lang besetzte Ostpreußen wurde dem Königreich Preußen zurückgegeben. Peters Herrschaft dauerte indes nur ein halbes Jahr. Seine Gattin Katharina II., genannt die Große (1762–1796), eine geborene Prinzessin von Anhalt-Zerbst und Tochter eines preußischen Generals, ließ Peter im

Januar 1762 durch Gardeoffiziere stürzen (und nahm seine anschließende Ermordung billigend in Kauf).

An der neuen preußenfreundlichen Politik Rußlands änderte sich durch den Thronwechsel nichts. 1764 erneuerte Katharina den Bündnisvertrag mit Preußen. Friedrich II. stimmte darin der von der Zarin erzwungenen Wahl von Stanislaus II. August Poniatowski, einem ihrer Liebhaber, zum polnischen König zu, ebenso zwei anderen Forderungen, die sich auf Polen bezogen: dem Schutz religiöser Dissidenten, womit Orthodoxe und Protestanten gemeint waren, und der Aufrechterhaltung der Verfassung. Der zweite Punkt bedeutete ein Veto gegen überfällige Reformen, wie sie auch Poniatowski, sehr zum Unwillen der Zarin, für unumgänglich hielt. Um Polen vollständig unter ihre Kontrolle zu bringen, rief der Gesandte der Zarin, Fürst Repnin, die Konföderation von Radom ins Leben, die sich 1767/68 auf dem konföderierten Reichstag in Warschau als verläßlicher Partner bei der Festlegung des russischen Protektorats über Polen erwies.

Eine starke Gruppe polnischer Magnaten aber wollte diese Unterwerfung nicht hinnehmen und organisierte sich in der Konföderation von Bar. In dem nun beginnenden polnischen Bürgerkrieg wurde die antirussische Fronde vom Osmanischen Reich unterstützt, das 1768 Rußland den Krieg erklärte, zeitweilig auch von Österreich, das 1771 sogar ein Subsidienbündnis mit der Hohen Pforte schloß, um ein russisches Ausgreifen auf dem Balkan zu verhindern.

Diese Konstellation trug zu einem noch engeren Zusammengehen von Rußland und Preußen bei. Beide Mächte verständigten sich auf eine Teilung Polens, an der sich schließlich, trotz anfänglicher Bedenken Maria Theresias, auch Österreich beteiligte. Auf Grund der Teilungsverträge von 1772 fielen große Teile Ostpolens mit einer überwiegend nichtpolnischen, nämlich lettischen, litauischen, weißrussischen und ukrainischen Bevölkerung an Rußland. Preußen nahm sich Westpreußen, zunächst noch ohne Danzig und Thorn, und das Bistum Ermland, außerdem das Kulmerland und den Netzedistrikt, womit der Hohenzollernstaat über eine Landbrücke zwischen Brandenburg und Ostpreußen verfügte. Österreich eignete sich einen großen Teil von Galizien an, drei Jahre später auch noch die Bukowina.

Durch die Teilung von 1772, die als die erste polnische Teilung in die Geschichte einging, verlor Polen ein Drittel seines Gebiets und etwa die Hälfte seiner Bevölkerung. Drei europäische Großmächte hatten sich zu einem Landraub zusammengetan, dessen Willkür alles übertraf, was absolutistische Staaten bislang im Namen ihrer jeweiligen Staatsräson anderen Staaten und ihren Untertanen zugemutet hatten. Doch 1772 sollte nur der Beginn der Vernichtung des polnischen Gemeinwesens sein. Die Zerstückelung des Landes durch fremde Mächte gab patriotischen Reformkräften Auftrieb, denen es mit der Erneuerung von Staat und Gesellschaft ernst war. Die Armee wurde reorganisiert, das Erziehungswesen von Grund auf umgestaltet, die neuere staatstheoretische Literatur aus Westeuropa und Nordamerika umfassend rezipiert.

Am 3. Mai 1791 verabschiedete der «Große Reichstag» die «Regierungsform»: eine Verfassung, die das «liberum veto» und das Recht auf Bildung von Konföderationen abschaffte, das Prinzip der Souveränität der Gesamtnation und die Trennung von gesetzgebender, ausführender und richterlicher Gewalt proklamierte. Polen sollte fortan eine Erbmonarchie unter dem kursächsischen Haus der Wettiner sein. Die katholische Kirche behielt den Status als herrschende Nationalkirche; ein Konfessionswechsel wurde verboten, den anderen Bekenntnissen aber Toleranz zugesichert. Der Adel blieb der privilegierte Stand, doch gestand die Verfassung dem städtischen Bürgertum eine Vertretung im Reichstag und den Zugang zu Staatsämtern zu. Die Bauern der adligen Güter erhielten Rechtsschutz, soweit es zwischen ihnen und den Gutsherrn freiwillige Vereinbarungen gab. Die Leibeigenschaft wurde nicht abgeschafft. Trotz solcher vormoderner Relikte war die «Regierungsform» die erste schriftliche Verfassung Europas überhaupt – auf den Tag genau vier Monate älter als die Constitution française vom 3. September 1791.

Was in Westeuropa Bewunderung auslöste, wurde im Zarenreich als Provokation empfunden. Rußland reagierte auf die gewohnte Art, nämlich mit militärischer Gewalt und der einheimischen Hilfe einer aus St. Petersburg gesteuerten altkonservativen Magnatengruppe, der Konföderation von Targowitz. Auch Preußen war wieder mit von der Partie. Im Januar 1793 beschlossen beide Mächte die zweite Teilung Polens. Das Zarenreich schob sein Territorium weiter nach Westen vor; Preußen gliederte sich Danzig, Thorn, Gnesen, Posen und Kalisch, ein Gebiet mit überwiegend polnischsprachiger Bevölkerung, an. Österreich beteiligte sich an der zweiten polnischen Teilung nicht.

Die Empörung der freiheitlichen Kräfte in Europa war gewaltig, blieb aber folgenlos. König Stanislaus II. trat, um Blutvergießen zu vermeiden, zur Konföderation von Targowitz über und sanktionierte damit die Annexionen. Widerstand leistete Tadeusz Kościuszko, der im Unabhängigkeitskrieg der nordamerikanischen Kolonien Großbritanniens eine glorreiche Rolle gespielt hatte. Sein Aufstand konnte erst nach acht Monaten niedergeworfen werden. Der Niederlage der Freiheitskämpfer folgte 1795 die dritte Teilung Polens, an der nun auch wieder Österreich, und zwar diesmal früher als Preußen, teilnahm. Rußland annektierte weitere ostpolnische Gebiete bis zum Njemen und zum Bug, Österreich das westliche Galizien mit Krakau, dazu Sandomir und Lublin, Preußen ein großes Gebiet, das von der Memel bis zum Bug reichte und Warschau und Białystok umfaßte. Die Teilung von 1795 sollte nicht die letzte Teilung Polens sein, aber ein selbständiges Polen gab es nun nicht mehr: ein Zustand, der bis zum Ende des Ersten Weltkriegs dauerte.[72]

Die Auslöschung eines einstmals großen europäischen Gemeinwesens hatte tiefgreifende Auswirkungen auch auf die drei Mächte, die sich in die polnische Beute teilten. Rußland war weiter nach Westen gerückt, wurde dadurch aber nicht westlicher, sondern autoritärer und repressiver. Österreich entwickelte sich immer mehr zum Vielvölkerreich, womit es zugleich aus dem Heiligen Römischen Reich herauswuchs und sich dem übrigen Deutschland zu entfremden begann. Preußens Aufstieg war unlösbar mit dem Abstieg Polens verknüpft.

Daß Preußen die 1795 annektierten polnischen Gebiete nicht lange behielt, erwies sich historisch als Vorteil: Der Hohenzollernstaat blieb in weit höherem Maß als die Habsburgermonarchie eine *deutsche* Großmacht und konnte eben darum im 19. Jahrhundert einen *nationalen* Führungsanspruch erheben und schließlich durchsetzen. Gemeinsam war den drei Teilungsmächten das Interesse, ein selbständiges Polen nicht wieder erstehen zu lassen. Das prägte ihre Rolle im europäischen Mächtesystem bis zu ihren Niederlagen im Gefolge des Ersten Weltkrieges – ja im Falle Rußlands und Deutschlands weit darüber hinaus.

Gewaltenteilung und allgemeiner Wille:
Von Locke zu Rousseau

Die Texte, aus denen die Väter der polnischen Verfassung vom 3. Mai 1791 schöpften, waren nicht allesamt neueren Datums. Der wichtigste hatte schon rund hundert Jahre zuvor das Licht der Öffentlichkeit erblickt: der «Second Treatise of Government» von John Locke, erschienen 1689/90 in London als zweiter Teil eines Buches mit dem Titel «Two Treatises of Government». Im ersten Teil setzte sich der Autor ausführlich mit der inzwischen weithin vergessenen, royalistischen Kampfschrift «Patriarcha or the Natural Power of Kings» von Sir Robert Filmer auseinander. Im zweiten Teil ging Locke, dem Versprechen des Untertitels folgend, auf die ursprüngliche Form, die Ausdehnung und den Zweck der Staatsgewalt («The True Original, the Extent, and the End of Civil-Government») ein. Es war dieser zweite Essay, der, nicht zuletzt dank einer noch im Jahre 1691 erschienenen französischen Übersetzung des Gesamtbandes, in Europa wie in den nordamerikanischen Kolonien der britischen Krone außerordentliche Beachtung fand und das politische Denken des Westens so nachhaltig prägen sollte wie kaum eine zweite Schrift.

John Locke (1632–1704) hatte die alten Sprachen gelernt, unter der Herrschaft Cromwells am angesehenen Christ Church College in Oxford Philosophie, Naturwissenschaften und Medizin studiert und seit 1662, also in der Restaurationszeit unter Karl II., am gleichen College Rhetorik und Philosophie gelehrt. Der Philosoph, der ihn am meisten beeinflußte, war René Descartes (1596–1650) mit seinen «Meditationes de prima philosophia» von 1641. 1666 lernte Locke den führenden Whig Anthony Ashley Cooper, den späteren ersten Earl of Shaftesbury, kennen, der ihn 1667 als Arzt, Sekretär und politischen Berater in sein Londoner Haus holte und ihm im folgenden Jahrzehnt mehrfach Regierungsämter übertrug. 1682 floh Shaftesbury, nachdem seine Verschwörung gegen Karl II. aufgedeckt worden war, nach Holland. Locke begab sich im Jahr darauf ebenfalls ins niederländische Exil nach Rotterdam, wo er sich vor allem seinem philosophischen Hauptwerk, dem 1690 veröffentlichten «Essay Concerning Human Understanding», widmete. 1684 wurde er auf Befehl des Königs in Abwesenheit aus dem Lehrkörper seines Oxforder College ausgeschlossen. Nach England kehrte Locke erst Anfang 1689, nach der Glorious Revolution, zurück.

Bis zur Mitte des 20. Jahrhunderts wurde der «Second Treatise of Government» als eine Schrift zur Rechtfertigung der englischen Revolution von 1688/89 betrachtet. Tatsächlich ist der Text in der Hauptsache, wie Peter Laslett zwischen 1952 und 1956 eindeutig belegen konnte, rund zehn Jahre früher, 1679/80, und zwar vor dem «First Treaty», der Replik auf Sir Robert Filmer, entstanden. Der zweite Essay über die Regierung enthielt das Programm der Glorious Revolution, war als solches den Urhebern dieser politischen Umwälzung aber noch nicht bekannt. Lockes Abhandlung las und liest sich wie eine Erwiderung auf den «Leviathan» von Thomas Hobbes. Aber der Verfasser des «Second Treatise» zitierte das berühmte und berüchtigte Werk aus dem Jahr 1651 an keiner Stelle – nicht etwa, weil er es nicht gekannt hätte, sondern aus Vorsicht. So sehr Locke die Lehre von der notwendigen Allmacht des Staates ablehnte, im methodischen Ansatz, der philosophischen und anthropologischen Begründung der politischen Wissenschaft, stand der «Second Treatise» dem «Leviathan» gar nicht so fern – sehr viel näher jedenfalls als dem «Patriarcha» des Traditionalisten Filmer, der seine Rechtfertigung der Fürstengewalt textgläubig aus dem Alten Testament abzuleiten versuchte. Hobbes aber galt vielen als Atheist, und schon darum legte Locke Wert darauf, auf keine Weise mit ihm in Verbindung gebracht zu werden.[73]

Wie für Hobbes ist auch für Locke die Staatswerdung eine Antwort auf die Unzuträglichkeiten des Naturzustandes. Aber der jüngere Autor beschreibt diesen Zustand sehr viel weniger düster als der ältere, und dementsprechend hebt sich Lockes Bild vom Menschen deutlich von dem ab, das Hobbes zeichnet. Der Mensch ist dem Menschen nicht mehr ein Wolf; er ist der Vernunft zugänglich und fähig, Recht von Unrecht zu unterscheiden; er verfügt über Eigentum. Wenn er Gewalt anwendet, um sein Recht durchzusetzen, tut er es nicht, um sich zu rächen, sondern um erfahrenes Unrecht zu sühnen. Er tut es, solange noch kein irdischer Richter (no judge on earth) vorhanden ist, unter Anrufung des Himmels, also als Richter in eigener Sache und gestützt auf ein ungeschriebenes Gesetz, das Naturgesetz. Ein wirksamer Schutz des Eigentums läßt sich so jedoch nicht erreichen, und eben deshalb schließen sich die vielen Einzelnen zu einer Gemeinschaft oder einem Staat (community or government) zusammen. Sie bilden damit

«einen einzigen politischen Körper (one Body Politick), in dem die
Mehrheit das Recht hat, zu handeln und die übrigen Glieder mitzuver-
pflichten».

Der Begriff «body politick» war keine Neuschöpfung Lockes. Auch
Francis Bacon (1561–1626), der englische Philosoph und Politiker zur
Zeit Jakobs I., und Thomas Hobbes hatten ihn bereits verwandt. Aber
auch sie waren nicht die Erfinder dieser Metapher. Um 1250 hatte Vin-
cenz von Beauvais in Analogie zur christlichen Beschreibung der Kirche
als «corpus Christi mysticum» erstmals von einem «corpus rei publicae
mysticum» gesprochen, und schon bei Platon und Aristoteles findet
man den Vergleich von Staat und Körper.[74]

Anders als bei Hobbes treten bei Locke die natürlichen Rechte des
Menschen durch die Staatswerdung nicht weitestgehend außer Kraft;
sie behalten vielmehr, wie wir noch sehen werden, ihre Bedeutung und
schließen unter bestimmten Umständen auch ein Recht auf Widerstand
gegen die Staatsgewalt in sich. Das natürliche Gesetz des Naturzustands ist für alle verbindlich. «Die Vernunft aber, welche dieses Gesetz
rechtfertigt, lehrt alle Menschen, wenn sie nur um Rat fragen wollen,
daß niemand einem anderen, da alle gleich und unabhängig sind, an
seinem Leben, seiner Gesundheit, seiner Freiheit oder seinem Besitz
Schaden zufügen soll. Alle Menschen nämlich sind das Werk eines einzigen Schöpfers, die Diener eines einzigen souveränen Herrn, auf dessen
Befehl und in dessen Auftrag sie in die Welt gesandt wurden. Sie sind
sein Eigentum, denn sie sind sein Werk, von ihm geschaffen, daß sie so
lange bestehen, wie es ihm gefällt, nicht aber, wie es ihnen untereinander gefällt.»[75]

Die Berufung auf Gott, und immer wieder auch auf die Bibel, hat
Locke nicht davor bewahrt, von späteren Autoren, unter ihnen Leo
Strauss, der Verschleierung bezichtigt zu werden: In Wirklichkeit sei er
der Vertreter einer hedonistischen, ganz auf die individuelle Glückseligkeit ausgerichteten Interpretation des Naturrechts gewesen, der sich
nur aus taktischen Gründen durch zahlreiche Zitate aus den «Laws of
Ecclesiastical Polity» des traditionellen Naturrechtlers Richard Hooker
(1554–1600) rückversichert habe. Für diese These spricht viel. Lockes
Naturrechtslehre weist starke Schwankungen und Widersprüche auf,
und das Streben nach Glück war für ihn tatsächlich neben der Selbsterhaltung des Menschen ein höchster Wert. Einen Bruch mit überkommenen christlichen Vorstellungen vom Naturrecht wollte Locke freilich

nicht wahrhaben: Aus seiner Sicht war auch Gott der Notwendigkeit unterworfen, glücklich zu sein.

Zur Auseinandersetzung mit der «realistischen» Revision des Naturrechts durch Hobbes und damit zur Weiterentwicklung der Naturrechtslehre hat der (von Locke intensiv studierte) deutsche Staatsrechtslehrer Samuel Pufendorf (1632–1694) sehr viel mehr beigetragen als Locke. Von einer «Aushöhlung des traditionellen Naturrechts durch den Neo-Epikuräismus», eine an den antiken Philosophen Epikur anknüpfende Denkrichtung, zu der man neben dem französischen Physiker und Philosophen Pierre Gassendi (1592–1655) auch Locke rechnen kann, hat der deutsche Politikwissenschaftler Walter Euchner gesprochen und hinzugefügt: «Lockes Naturrechtslehre ist ein vorzügliches Studienobjekt für Probleme des Übergangs vom feudalen, aristotelisch-scholastischen zum aufgeklärt-rationalistisch-bürgerlichen Denken». Im «Second Treatise» ist es freilich, wie Strauss zu Recht bemerkt, ohnehin «weniger Locke, der Philosoph, als Locke, der Engländer, welcher sich an Engländer und nicht an Philosophen wendet».[76]

Wenn Locke die Staatsgründungslehre auf den Wunsch nach Schutz des Eigentums zurückführt, scheint er rein materialistisch, ja geradezu «marxistisch» zu argumentieren: als Sachwalter der Interessen der besitzenden Klassen. Aber erstens versteht er unter «property» sehr viel mehr als bloß materiellen Besitz, nämlich Leben, Freiheit und Güter («their lives, liberties, and estates»). Und zweitens ist es nicht nur das große, sondern jedes, also auch geringfügiges Eigentum, dem die Gemeinschaft ihren Schutz gewährt.[77]

Die Staatsgründung ist der Akt, durch den die Gemeinschaft sich als solche konstituiert, zugleich aber als Akteur sich zurückzieht – zugunsten der Autorität, der die Macht durch einen «original compact», also vertraglich und damit treuhänderisch, übertragen wird. Staatsgründung meint zugleich Entscheidung über die Staatsform. Locke folgt der seit der Antike geläufigen Unterscheidung von Demokratie, Oligarchie und Monarchie, wobei die letztere die Form der Erb- oder der Wahlmonarchie annehmen kann. Von *einer* Staatsform sagt Locke, daß sie mit einer bürgerlichen Gesellschaft unvereinbar («inconsistent with civil society») sei: die absolute Monarchie, die die Menschen zwinge, weiterhin im Naturzustand mit all seinen Unannehmlichkeiten zu leben.[78]

Eine Mischverfassung («mixed form of government»), die Elemente verschiedener Regierungsformen miteinander verbindet, hält

Locke ausdrücklich für möglich. Auch hier steht er in einer ehrwürdigen Tradition, die auf Platon und Aristoteles, vor allem aber auf den griechischen Historiker Polybios (etwa 200–120 v. Chr.), einen von Locke nicht zitierten, im 17. und 18. Jahrhundert aber vielgelesenen Autor, zurückgeht. Polybios sah in der römischen Republik eine ideale Mischung aus den jeweiligen Vorzügen von Monarchie, Aristokratie und Demokratie – eine Mischung, die Rom vor der Übersteigerung jeder dieser Staatsformen und damit vor dem «Kreislauf der Verfassungen» bewahrt habe. Unter «Kreislauf der Verfassungen» versteht Polybios einen nach seiner Meinung naturnotwendigen Prozeß, der erst von der Monarchie zur Tyrannis, dann von dieser zur Oligarchie über die Demokratie zur Ochlokratie, einer zügellosen Gewaltherrschaft der Massen, führt und schließlich wieder in eine neue Alleinherrschaft mündet.[79]

In Polybios' Mischverfassung bewirkten institutionelle Gegengewichte ein gesamtstaatliches Gleichgewicht. Damit nahm der antike Geschichtsschreiber die Lehre von den «checks and balances» vorweg, von denen Locke zwar nicht sprach, die seiner Theorie aber zugrunde liegen. *Seine* Mischverfassung ist die englische. Die Legislative gründet sich auf das Zusammenspiel von drei verschiedenen Instanzen: einem erblichen Monarchen, der Träger der ständigen höchsten Exekutivgewalt ist und damit die Macht besitzt, die beiden anderen Instanzen einzuberufen und aufzulösen; einer Versammlung des Erbadels, in England dem House of Lords; einer Versammlung vom Volk auf Zeit gewählter Abgeordneter, dem House of Commons.[80] Elemente von Monarchie, Aristokratie und Demokratie wirken auch hier zusammen, um ihre jeweiligen Vorzüge zur Geltung zu bringen und ihre Nachteile abzumildern.

Ein so geordnetes «Commonwealth» dient dem Ziel, um dessentwillen Menschen eine Legislative wählen und ihr Autorität verleihen: Sie wollen erreichen, «daß Gesetze und Vorschriften geschaffen werden, um über das Eigentum aller Glieder der Gesellschaft zu wachen und es zu schützen und so die Macht und die Herrschaft jedes Teiles oder Gliedes der Gesellschaft zu mäßigen und zu beschränken» (to limit the power and moderate the dominion of every part and member of the society).[81]

Die höchste Gewalt, die es in einem verfaßten Staatswesen geben kann, ist nach Locke die gesetzgebende. Der Legislative sind alle anderen Gewalten untergeordnet, aber auch sie verfügt nur über eine abgeleitete, eine vom Volk durch Vertrag verliehene Macht. Sie ist eine Gewalt, die «treuhänderisch zu bestimmten Zwecken zu handeln vermag» (a fiduciary power to act for certain ends).

Die Legislative hat sich an allgemeine, öffentlich bekanntgemachte Gesetze zu halten; sie darf auf kein anderes Endziel ausgerichtet sein als das des Volkswohls; sie darf keine Steuern auf das Eigentum des Volkes erheben ohne dessen eigene oder durch seine Abgeordneten erteilte Zustimmung (they must not raise taxes on the property of the people without the consent of the people, given by themselves or their deputies); es ist ihr untersagt, die Gesetzgebung auf irgendjemand anders zu übertragen. Handelt die Legislative dem Wohl der Gemeinschaft (public good) und damit dem Naturgesetz entgegen, verwirkt sie das in sie gesetzte Vertrauen (trust). Mehr noch: Sie löst die Regierung auf und versetzt so die Gemeinschaft in die Lage, ja in die Notwendigkeit, die Verteidigung ihrer Rechte wieder selbst in die Hand zu nehmen.[82]

Wo immer eine Legislative besteht, die sich an das Naturgesetz hält, also nicht willkürlich handelt, hat das Volk keine Macht mehr, selbst zu handeln: Das ist die Logik des von Locke vertretenen, konsequent repräsentativen Regierungssystems. Vom Tätigkeitsbereich der Legislative unterscheidet er den der Exekutive, die für die Ausführung der Gesetze zuständig ist. Dies ist jedoch nicht das einzige Aufgabenfeld der vollziehenden Gewalt. Sie muß auch über Bündnisse sowie über Krieg und Frieden entscheiden, trägt also die Verantwortung für die Interessen des Staates gegenüber der Außenwelt: eine Kompetenz, für die Locke den Begriff der föderativen Gewalt einführt. Der Rechtsprechung billigt Locke nicht den Status einer eigenen Gewalt zu. Aber er hält es für unabdingbar, daß Richter anerkannt und unparteiisch sind und über die Autorität verfügen, in allen Streitfragen nach dem geltenden Gesetz zu entscheiden. Das Vorhandensein eines solchen «irdischen Richters» ist aus Lockes Sicht *der* Unterschied zwischen einer bürgerlichen Gesellschaft und dem Naturzustand: eine Überzeugung, die ihn mit John Milton (1608–1674), dem Verfasser des berühmten puritanischen Versepos «Paradise Lost», aber auch vielgelesener politischer und staatstheoretischer Abhandlungen, verbindet.[83]

Gewaltentrennung bedeutet für Locke nicht wechselseitige Abschottung der Gewalten, jedenfalls nicht, was das Verhältnis von gesetzgebender und vollziehender Gewalt angeht. Der höchste Träger der

Exekutivgewalt ist zugleich Teil der Legislative. (Der «King in Parliament» hat hier unübersehbar Modell gestanden.) An die Legislative ist der Inhaber der höchsten Exekutivgewalt gebunden, soweit er Gesetze vollzieht.[84] Als Inhaber der föderativen Gewalt unterliegt er keiner Kontrolle durch den Gesetzgeber. Dasselbe gilt für die «Prärogative»: einen Bereich, für den es keine gesetzlichen Vorkehrungen gibt, wo ein plötzlicher Notstand unverzügliches Handeln, vielleicht sogar gegen den Wortlaut eines Gesetzes, verlangt oder wo der Herrscher das überlieferte Recht hat, Gnade vor Recht ergehen zu lassen.[85]

Die Gefahr, daß der höchste Träger der Exekutive den Einfluß der Legislative zurückzudrängen oder gar auszuschalten versucht, ist groß – nach Lockes Meinung noch größer als ein Machtmißbrauch der gesetzgebenden Gewalt. Ein Herrscher, der das Gesetz verletzt, hat keinen Anspruch auf Gehorsam. Denn «Untertanentreue ist nichts als Gehorsam nach dem Gesetz». Wird die Legislative daran gehindert, ihre Aufgabe zu erfüllen, muß das Hindernis gewaltsam entfernt werden. «In allen Lagen und unter jedweden Umständen ist es das beste Heilmittel gegen Gewalt, ihr Gewalt entgegenzusetzen. Die Anwendung von Gewalt ohne Recht versetzt stets denjenigen, der sie anwendet, als den Angreifenden in den Kriegszustand und setzt ihn der Gefahr aus, entsprechend behandelt zu werden.»[86]

Der innere Kriegszustand, der Bürgerkrieg, bedeutet den Rückfall in den Naturzustand, der keinen irdischen Richter kennt. Wenn auch das Volk nicht selbst Richter sein kann, «so haben sich die Menschen doch nach dem Gesetz, welches allen positiven Gesetzen der Menschen voransteht und über sie erhaben ist, jene letzte Entscheidung vorbehalten, die aller Menschheit zukommt, wo sie niemanden auf Erden anrufen kann: nämlich zu verleiten, ob sie gerechte Ursache haben, den Himmel anzurufen». Dies darf freilich nicht schon bei kleineren Rechtsverletzungen durch den Herrscher geschehen. Vielmehr ist es eine Vorbedingung von gerechtfertigtem Widerstand, daß «die Übelstände so groß sind, daß die Mehrheit sie fühlt und ihrer müde wird und glaubt, daß es notwendig sei, sie zu beheben.»[87]

Noch grundsätzlicher formuliert Locke in jenem Abschnitt des «Second Treatise», der von der Auflösung der Regierung handelt. Zu einer Revolution komme es nicht bei jeder kleinen Fehlhandlung in öffentlichen Angelegenheiten. «Große Fehler von seiten der Regierung, viele falsche und unliebsame Gesetze und alle Versehen aus menschlicher

Schwäche wird das Volk ohne Aufsässigkeit und Murren tragen. Wenn jedoch eine lange Kette von Mißbräuchen, Unredlichkeiten und Ränken, die alle in dieselbe Richtung weisen, dem Volk die Absicht deutlich zu machen, wenn es nicht umhin kann zu fühlen, unter welchem Joch es sich befindet, und zu sehen, welchen Gang die Dinge nehmen, dann ist es wenig verwunderlich, daß es aufsteht und die Herrschaft in Hände zu legen sucht, die ihm für jene Ziele bürgen, derentwegen die Regierung zuerst begründet war ...» Die Rebellion des Volkes ist nicht Opposition gegen Personen, sondern gegen eine Autorität, die Gesetze mit Gewalt bricht und die Verletzung mit Gewalt rechtfertigt. Deshalb sind die wahren Rebellen jene, die einen Zustand der Gewalt ohne Autorität herbeiführen und dadurch das Volk dem Kriegszustand aussetzen.[88]

Weise Fürsten geraten nicht in die Gefahr, von ihren Völkern durch eine Rebellion oder Revolution gestürzt zu werden. Sie legen es nicht darauf an, daß aus einem Staat mit monarchischer Spitze eine Tyrannis, eine Machtausübung jenseits allen Rechtes, wird. Doch mit der Schwäche der menschlichen Natur muß immer gerechnet werden. Sie äußert sich in dem Willen, nach der ganzen Macht zu greifen, die gesetzgebende und die vollstreckende Gewalt in einer Hand zu vereinigen und sich selbst vom Gehorsam gegen die Gesetze zu entbinden. «In wohlgeordneten Staatswesen, in denen nach Gebühr für das Wohl aller gesorgt wird, ist deshalb die Gewalt der Legislative in die Hände mehrerer Personen gelegt, welche nach ordnungsgemäßer Versammlung selbst jenen Gesetzen unterworfen sind, die sie geschaffen haben. Dies übt einen neuen und starken Druck auf sie aus, dafür Sorge zu tragen, daß die Gesetze dem öffentlichen Wohl entsprechen.»[89]

John Locke hatte viele Vorläufer. So wie schon Polybios als Anwalt der Vorzüge einer Mischverfassung hervorgetreten war, so war auch der Gedanke der vertraglichen Grundlagen allen menschlichen Zusammenlebens antiken Ursprungs: Man findet ihn im 5. Jahrhundert vor Christus bei dem Sophisten Protagoras, später bei Epikur und in Rom bei Cicero und Ulpian. Auf das aus dem römischen Recht stammende Verfahrensprinzip «Quod omnes tangit, ab omnibus tractari et approbari debet» (Was alle angeht, muß auch von allen erörtert und gebilligt werden) beriefen sich im hohen und verstärkt im späten Mittelalter Theologen, Philosophen und Juristen, um einen vertraglichen Ursprung der Königsherrschaft zu belegen.

Was die mit der Vertragslehre eng verwandte Lehre vom Recht auf

Widerstand gegen Willkürherrschaft angeht, stand Locke ebenfalls in einer Tradition, die bis in die griechische Antike zurückreichte. Im christlichen Mittelalter hatten Theologen, darunter Lockes Landsmann Johann von Salisbury (1115/1120–1180), der Bischof von Chartres, in seinem «Policraticus», nach der Reformation dann die calvinistischen «Monarchomachen» des 16. Jahrhunderts, Theodor Beza, François Hotman und Stephanius Junius Brutus, der pseudonyme Verfasser der «Vindiciae contra Tyrannos», Widerstand gegen Tyrannen, bis hin zu ihrer Tötung, gerechtfertigt. Die Monarchomachen gestanden das Recht auf Widerstand jedoch nicht einzelnen Personen, sondern nur den Ständen und, wenn diese ausfielen, den unteren Magistraten zu. Sie knüpften damit einerseits an lutherische Theologen wie die Verfasser des Magdeburger Bekenntnisses von 1550 an, die auch niederen evangelischen Obrigkeiten wie städtischen Magistraten (also nicht nur den evangelischen Fürsten) ein Widerstandsrecht gegen den katholischen Kaiser zugesprochen hatten. Andererseits gingen die calvinistischen Monarchomachen einen wichtigen Schritt über ihre lutherischen Vorgänger hinaus: Sie erkannten den niederen Obrigkeiten das Recht zu, sich nicht nur gegen religiöse Unterdrückung, sondern gegen jedwede tyrannische Machtausübung der höheren Obrigkeit zur Wehr zu setzen.[90]

Der calvinistische deutsche Jurist Johannes Althusius (1563–1638), erst Professor im hessischen Herborn, dann Syndikus in der ostfriesischen Stadt Emden, einer der schärfsten Kritiker der Souveränitätslehre von Jean Bodin und den französischen Monarchomachen zumindest nahestehend, sah, ähnlich wie später Locke, die königliche Macht auf einen Mandatsvertrag (contractus mandati) gegründet, woraus der deutsche Staatsrechtslehrer den Schluß zog, daß das Recht des Volkes beständiger und größer als das des Königs und dieser um des Königreiches willen da sei und nicht etwa umgekehrt.[91] In seiner 1603 erschienenen «Politica methodice digesta» stellte Althusius dem Herrscher «Ephoren» als (gewählte oder erbliche) Vertreter der Gesamtheit gegenüber. Sie hatten die Pflicht, Wächter über den «obersten Magistrat» und damit über den König zu sein und diesen, wenn er sich zum Tyrannen entwickelte, abzusetzen. Das Recht, Widerstand zu leisten, war bei Althusius, wie bei den Monarchomachen, kein individuelles, sondern ein ständisches. Locke hingegen kannte neben dem Widerstandsrecht der Legislative gegenüber der Exekutive auch ein entsprechendes Recht von Einzelnen gegenüber allen, die Gewalt ohne Recht ausübten – gegebenenfalls also auch gegenüber der parlamentarischen Mehrheit.[92]

«Reine» Staatsformen betrachtete Althusius auf Grund der Schwäche der menschlichen Natur als besonders gefährdet, weil anfällig für Entartungen. Darum plädierte er wie Locke für eine gesunde Mischung aus Monarchie, Aristokratie und Demokratie.[93] Eine ausgefeilte Gewaltenteilungslehre enthielt seine «Politik» noch nicht, wohl aber etwas, was man bei Locke nicht findet: Der deutsche Antiabsolutist Althusius betonte stark die Rechte von Städten, Provinzen und Reichsständen gegenüber der Zentralgewalt und legte damit den Grund für eine Lehre von der föderalen Gewaltenteilung und der universalen Geltung des Subsidiaritätsprinzips, wonach die höhere Einheit Funktionen der niederen nur dann übernehmen darf, wenn deren Kräfte nicht ausreichen, um diese Funktionen angemessen wahrzunehmen. «Der oberste Magistrat hat … nur so viel an Rechten, wie ihm von den Gemeinschaftskörpern beziehungsweise Gliedern des Reiches ausdrücklich eingeräumt ist. Was ihm nicht übertragen wurde, das ist … beim Volk oder der universalen Gemeinschaft verblieben»: Für Althusius war diese Maxime geradezu eines der «Fundamentalgesetze» (leges fundamentales) des Heiligen Römischen Reiches.[94]

Bei Locke taucht der Begriff «Fundamentalgesetz», der ursprünglich wohl auf Bezas «lois fondamentales» zurückgeht, in der Form des «first and fundamental positive law of all Commonwealths» auf. Es ist das Gesetz über die Errichtung der legislativen Gewalt, dem er ein anderes Fundamentalgesetz gegenüberstellt und überordnet: «the first and fundamental natural law», welches selbst über der legislativen Gewalt gelten muß, nämlich «die Erhaltung der Gesellschaft und (soweit es vereinbar ist mit dem öffentlichen Wohl) jeder einzelnen Person in ihr».[95]

Auf den Staat Lockes trifft die Formel vom «empire of laws and not of men» zu, die James Harrington (1611–1677), ein früher und scharfer Kritiker von Hobbes und zugleich der Hauptvertreter des republikanischen Denkens unter Cromwell, in seinem 1656 erschienenen «Commonwealth of Oceana» geprägt hat, wobei er sich auf Aristoteles und den römischen Historiker Livius beruft.[96] «Gibt es kein Gesetz, so gibt es auch keine Freiheit», heißt es im «Second Treatise».[97] Die gesetzgebende Gewalt ist bei Locke der Treuhänder der nationalen Souveränität (eine Auffassung, die sich eng mit Althusius' These von der Vorrangstellung der «Ephoren» gegenüber dem «höchsten Magistrat» berührt).

Beide Autoren gehen von einer Staatsgründung aus, die sich auf die ausgesprochene oder stillschweigende Zustimmung des Volkes stützt.

Von «Volkssouveränität» zu sprechen wäre jedoch im einen wie im anderen Fall eine Übertreibung. Empirisch repräsentierte das englische Unterhaus zu Lockes Zeiten (und noch lange danach) lediglich eine winzige Minderheit begüterter Bürger und Adliger männlichen Geschlechts, die über das Wahlrecht verfügten. Die Wahlkreiseinteilung war zudem kraß ungleich: Es gab städtische Wahlkreise mit vielen und ländliche Wahlkreise mit verschwindend wenigen Wählern, die sogenannten «rotten boroughs». Althusius' «Ephoren» gingen nur zum Teil aus Wahlen hervor; viele gehörten dem jeweiligen Gremium von Amts wegen an.

Für Locke waren zwar alle Menschen von Natur aus gleich. Aber er warnte seine Leser vor der irrigen Annahme, daß er darunter jede Art von Gleichheit verstehe. «Alter oder Tüchtigkeit können einigen Menschen einen gerechten Vorrang verleihen. Hervorragende Talente und Verdienste mögen andere über den Durchschnitt heben. Geburt mag den einen verpflichten, Verwandtschaft oder Wohltaten einen anderen, denjenigen Ehrerbietung zu erweisen, welchen sie von Natur, aus Dankbarkeit oder anderen Gründen gebührt. Trotzdem ist dies vereinbar mit der Gleichheit aller Menschen in bezug auf die Rechtsprechung und die Herrschaft des einen über den anderen.» Lockes Gleichheit meint in seinen eigenen Worten das «gleiche Recht eines jeden auf seine natürliche Freiheit ohne Unterwerfung unter den Willen oder die Autorität irgendeines anderen Menschen».[98]

Sklaven waren für Locke keine Menschen, denen irgendwelche Rechte zustanden; sie gehörten nicht zur bürgerlichen Gesellschaft, sondern zum Naturzustand. Persönlich zog Locke großen Nutzen aus dem Sklavenhandel: Er hatte ebenso wie sein Gönner, der Earl of Shaftesbury, Anteile an der Royal Africa Company erworben, die in diesem florierenden Erwerbszweig tätig war.[99] Von Lockes Vorstellungen von der natürlichen Gleichheit aller Menschen zu den unveräußerlichen Menschenrechten war es noch ein weiter Weg. Dennoch bildet der «Second Treatise of Government» einen historischen Durchbruch. Mit seiner Lehre von der Gewaltenteilung hat Locke wie kein anderer Denker vor ihm die Verteidiger der Staatsallmacht herausgefordert und der Herausbildung eines freiheitlichen Gemeinwesens den Weg gebahnt.

Dauerhaft gesichert war, als Locke 1704 starb, ein solches Gemeinwesen auch in Großbritannien noch nicht. Auf den ersten Blick erscheint es paradox, daß das parlamentarische Regierungssystem, wie es sich unter den ersten beiden Königen aus dem Haus Hannover, Georg I. (1714–1727) und Georg II. (1727–1760), herausbildete, von kritischen Beobachtern als ernste Bedrohung der alten englischen Freiheitstradition wahrgenommen wurde. Tatsächlich bediente sich der erste «parlamentarische» Premierminister der britischen Geschichte, Sir Robert Walpole, während seiner gesamten Regierungszeit, von 1721 bis 1742, skrupellos der Mittel der Ämterpatronage und der direkten Abgeordnetenbestechung, um die eigene Partei, die Whigs, an der Macht zu halten und die Tories dauerhaft in die Opposition zu verbannen.

Zum schärfsten Kritiker des Systems Walpole wurde Henry St. John Viscount Bolingbroke (1678–1751), der als Tory zwischen 1704 und 1714, zur Zeit der Königin Anna (1702–1714), einer Tochter Jakobs II., wichtige Regierungsämter innegehabt hatte und nach seiner Entlassung durch König Georg I. 1715 ins Exil nach Frankreich gegangen war, um einem parlamentarischen Impeachment zuvorzukommen. Eine Anklage durch das Unterhaus drohte ihm wegen der umstrittenen Rolle, die er bei der Beilegung des Spanischen Erbfolgekrieges gespielt hatte, aber auch wegen seiner Verbindungen zu den «Jakobiten», den Anhängern des «Old Pretender», Jakobs (III.) aus dem Hause Stuart, des Sohnes von Jakob II. Dieser hatte 1715 in Schottland einen Aufstand zur Wiederherstellung der Stuart-Herrschaft entfesselt, der aber von englischen Truppen ebenso blutig niedergeworfen wurde wie 15 Jahre zuvor ein Versuch seines Vaters, von Irland aus die Ergebnisse der Glorious Revolution rückgängig zu machen, und 31 Jahre später, wiederum in Schottland, die letzte jakobitische Offensive unter seinem Sohn Karl Eduard, «Bonnie Prince Charles», dem «Young Pretender».

Daß Bolingbroke in der Emigration zeitweilig als Sekretär für den Prätendenten arbeitete, gab den Whigs Anlaß zu einem Act of Attainder, einem parlamentarischen Strafbeschluß, der den konservativen Politiker um seine bürgerlichen Ehrenrechte und sein Vermögen brachte. 1725, zwei Jahre nach seiner Begnadigung, die aber noch keine Rücknahme des Attainder war, kehrte er nach England zurück. Im gleichen Jahr wurde der parlamentarische Strafbeschluß gegen ihn teilweise aufgehoben. Vom Oberhaus aber blieb er ausgesperrt (dem Unterhaus durfte er als Viscount ohnehin nicht angehören). Den Grund für seinen fortdauernden Ausschluß vom parlamentarischen Leben sah er in der persönlichen Abneigung, die Walpole gegen ihn empfand. Eine andere Art der politischen Betätigung war Bolingbroke aber nicht verwehrt: die publizistische. Diese Chance wußte der glänzende Redner und Autor mehrerer philosophischer und historischer Schriften zu nutzen.[100]

Im Oktober 1733 erschien in der von ihm mitbegründeten Zeitschrift «The Craftsman» der erste seiner insgesamt neunzehn Aufsätze in Briefform, die Anfang 1735 unter dem Titel «A Dissertation upon Parties» in Buchform zusammengefaßt wurden. Zweck der Artikelserie war es, eine Plattform zu schaffen, auf der sich liberale und konservative Gegner von Walpoles «government by corruption» treffen konnten. Den Gegensatz zwischen Whigs und Tories hielt Bolingbroke für historisch überholt. In der Glorious Revolution hätten sich die gemäßigten Kräfte beider Parteien von Positionen abgewandt, die nicht mehr in die veränderte Gegenwart paßten; die derzeitige Regierung aber verstoße seit langem und auf breiter Front gegen die Werte, die den «Old Whigs» teuer seien. Deswegen gelte es jetzt, der regierenden «Court Party» eine volkstümliche «Country Party» entgegenzustellen – zusammengesetzt aus allen Kräften, die entschlossen seien, Freiheit und Verfassung zu verteidigen.

Ein Recht auf Widerstand hielt Bolingbroke nach der Natur der englischen Verfassung nur dann für gegeben, wenn die Freiheit selbst unmittelbar in Gefahr war (if liberty itself should be in imminent peril). Aus taktischen Gründen tat er zunächst so, als spreche er von einer weit entfernten, eher abstrakten als aktuellen, Möglichkeit. Der aufmerksame Leser konnte jedoch keinen Zweifel daran haben, daß der Autor die englische Verfassung durch die gegenwärtige Regierung, das Kabinett Walpole, bedroht sah.[101]

Der Unterschied zwischen Verfassung und Regierung war für Bolingbroke von größter Bedeutung. «Mit Verfassung meinen wir, wenn wir angemessen und genau sprechen wollen, die Gesamtheit von Gesetzen, Einrichtungen und Gewohnheiten, die sich aus bestimmten festgelegten Grundsätzen ableiten und auf bestimmte festgelegte Zwecke des öffentlichen Wohls ausgerichtet sind – das allgemeine System von Regeln, nach denen regiert zu werden die Gemeinschaft beschlossen hat. Unter Regierung verstehen wir, wenn wir hier ebenso genau sein wollen, die besondere Art und Weise, wie die oberste Behörde und unter ihrer Aufsicht die nachgeordneten Behörden sich den öffentlichen Angelegenheiten widmen.» Oder kürzer gefaßt: «Verfassung ist die Regel,

nach der unsere Fürsten zu jeder Zeit regieren sollten; Regierung hingegen ist die Regel, an die sie sich tatsächlich in einer konkreten Situation
halten.»

Eine gute Regierung (good government) hält sich an die Grundre-
geln des Staates, eine schlechte (bad government) tut es nicht. Wenn sie
ohne Gesetze oder in offener Verletzung von Gesetzen regiert, handelt
es sich um eine tyrannische Regierung (a tyrannical government). Parlamente sind die wahren Hüter der Freiheit (the true guardians of
liberty). Eben darum hat ihnen die Gesamtheit des britischen Volkes
(the collective body of the people of Britain) ihre Vertretung anvertraut. Wenn sie ihrer Bestimmung zuwiderhandeln, bedeutet das die
Versklavung des Volkes. «Durch die Korruption des Parlaments und
den absoluten Einfluß des Königs oder seiner Minister auf die beiden
Häuser des Parlaments fallen wir in den Zustand zurück, aus dem uns
herauszuführen der Zweck der Bildung von Parlamenten war. Wir
werden dann wirklich von der Willkür eines einzigen Mannes regiert.»
Das aber würde den Ruin der britischen Verfassung bedeuten.

Nach Bolingbrokes Überzeugung war der Prozeß der inneren Aushöhlung der britischen Verfassung bereits weit fortgeschritten. Die
Freunde der Freiheit wußten seit langem, daß ein Gleichgewicht der
Gewalten (a balance of powers), nämlich von König, Oberhaus und
Unterhaus, für die Aufrechterhaltung der Verfassung wesensnotwendig
war. Dieses Gleichgewicht war nicht nur durch die systematische Korruption der Abgeordneten erschüttert, sondern auch durch die Einführung siebenjähriger Legislaturperioden im Jahre 1716 (wobei damals
die jakobitische Bedrohung als Begründung dafür gedient hatte, daß es
nicht bei den 1694 eingeführten dreijährigen Wahlperioden blieb). Die
Integrität des Parlaments gehörte aber, wie Bolingbroke betonte,
ebenso zum Wesen des britischen Systems wie häufige Wahlen und häufige Sitzungen des Unterhauses.[102]

Ging die Aushöhlung der freiheitssichernden Institutionen weiter,
konnte Großbritannien ein ähnliches Schicksal erleiden wie einst die römische Republik, die auf Grund allgemeiner Korruption von der Herrschaft eines absoluten Monarchen abgelöst worden war. Die britische
Verfassung war also in höchster Gefahr. «Wir können unsere Freiheit
nicht verlieren, wenn wir nicht unsere Verfassung verlieren, und wir
können unsere Verfassung nur verlieren, wenn wir uns zu Komplizen
ihrer Verletzung machen.» Diese Verfassung war ein ausgehandelter, an

Bedingungen geknüpfter Vertrag zwischen dem Volk und dem Herrscher wie zwischen der Gesamtheit der Nation und ihrer parlamentarischen Vertretung.

Die Stärke der britischen Verfassung lag Bolingbroke zufolge darin, daß sie eine Mischverfassung war. «Die Mischung von monarchischer, aristokratischer und demokratischer Macht in einem System und die wechselseitige Ausbalancierung der drei Teilgewalten (König, Oberhaus, Unterhaus, H.A.W.) sind der Grund dafür, daß diese Verfassung solange unverletzt geblieben ist und daß sie, wenn es doch einmal zu Verletzungen kam, zu ihren ursprünglichen Prinzipien zurückgekehrt ist beziehungsweise erneuert und sogar verbessert wurde durch häufige und heilsame Revolutionen» (by frequent and salutary revolutions). Entscheidend war immer die Stellung der Volksvertretung. «Parlamente üben eine gute Wirkung auf das Volk aus, weil sie es ruhig halten, und umgekehrt ist der Einfluß des Volkes auf die Parlamente nützlich, weil es sie innerhalb gewisser Grenzen hält, wenn sie versucht sein sollten, diese zu überschreiten.»

Doch auch das Volk sollte sich nicht überschätzen. Wenn es gefährlich ist für ein Volk, zu viel Macht auf einen Fürsten zu übertragen, so ist es auch gefährlich für das Volk, sich selbst zu viel Macht vorzubehalten. «Absolute Monarchie ist Tyrannei, aber absolute Demokratie ist Tyrannei und Anarchie in einem.» Die britische Verfassung trug dieser Einsicht Rechnung. «Die demokratische Macht unserer Verfassung ist nicht stark genug, um die aristokratische und die monarchische zu übertreffen, aber sie ist stark genug, um aus eigener Kraft jeder anderen Macht entgegenzuwirken und sie auszugleichen (to counterwork and to balance), und das ohne den fatalen Zwang, den Ehrgeiz der Krone gegen den der Lords und den Ehrgeiz der Lords gegen den der Krone auszuspielen.»[103]

Die Glorious Revolution hatte, wenn man Bolingbroke folgte, einen paradox anmutenden Effekt gehabt: Vor 1688 war die Macht der königlichen Prärogative offener und geräuschvoller in ihren Operationen gewesen als danach; mittlerweile war sie in höherem Maß verborgen und verschwiegen, aber dafür so wirksam und gefährlich wie noch nie. Die Krone konnte ihre indirekte Macht steigern, weil sie durch jährliche Geldbewilligungen des Unterhauses, zusätzlich zu den Mitteln für die «Zivilliste», den regulären Etat des Königs, über einen großen Spielraum für den Ausbau des Hofstaates und bei der Ämterpatronage ganz allgemein verfügte. Das Unterhaus beschaffte der Krone Geld, das König und Regierung nutzten, um Mehrheiten im Unterhaus zu «kaufen». Beim Oberhaus half das traditionelle Mittel des Peerschubs, also der Ernennung loyaler Lords, um die gewünschten Mehrheiten zustande zu bringen. Die Justiz konnten der König und das Kabinett durch die Ernennung, Beförderung und Dotierung von Richtern beeinflussen.

Bolingbroke leuchtete den Teufelskreis der Korruption nicht im Detail aus, wurde aber im letzten seiner Briefe für den «Craftsman» deutlich genug: Der Macht der Krone, zu bestechen, und der Bereitschaft des Volkes, sich bestechen zu lassen, müsse Einhalt geboten werden, weil sie zur «Untergrabung unserer Verfassung und folglich auch unserer Freiheit» (subversion of our constitution and of our liberty by consequence) führten. Die Abhängigkeit beider Häuser des Parlaments von der Krone sei genausogut ein Umsturz der Verfassungsordnung wie die völlige Abschaffung der beiden Kammern des Parlaments. Korruption sei inzwischen eine tödlichere Gefahr, als es die höchste Prärogative je gewesen sei – jedenfalls dann, wenn dieses Herrschaftsmittel in den Händen von Männern liege, die Feinde einer Verfassung und einer Regierung nach Art der britischen seien. Die Folgerung hieß: Mobilisierung der Verfassungsfreunde (constitutionalists) gegen die Verfassungsfeinde (anti-constitutionalists), der Country Party gegen die Court Party. Andernfalls werde die Verfassung zum toten Buchstaben. Wenn aber von der Verfassung nur noch die bloße Form erhalten bliebe, dann wäre dieser Zustand noch schlimmer als der gegenwärtige.[104]

Der Verfasser der «Dissertation upon Parties» war kein unparteiischer Beobachter. Der ehemalige Wortführer der Tories reagierte mit den Artikeln im «Craftsman» auf die systematische politische Entmachtung seiner einstigen Klientel, der konservativen Teile der Gentry, durch eine Allianz aus Krone, liberaler Gentry und städtischem Bürgertum. Er griff Praktiken an, von denen man sicher sein konnte, daß auch regierende Tories sie angewandt haben würden. Aber das nahm Bolingbrokes Kritik nichts von ihrer Stichhaltigkeit. Und es sprach *für* das parlamentarische System, daß nach den Whigs sich nun auch die Tories (oder doch die fortschrittlichsten unter ihnen) darum bemühten, einen breiteren Rückhalt im Volk zu gewinnen (und wenn nicht im Volk insgesamt, so doch zumindest bei jener Minderheit, die wählen durfte). Bolingbroke verteidigte das Recht und die Würde der parlamentarischen Opposition und trug damit zur Theorie des parlamentarischen Systems ein Element bei, das in Lockes Rechtfertigung der Mehrheitsherrschaft noch gefehlt hatte. «Jede Regierung ist ein Verhaltenssystem», schrieb Bolingbroke 1736 in seinem Essay «On the Spirit of Patriotism», einer von der philosophischen Schule des Neostoizismus stark beeinflußten Abhandlung. «Opposition sollte deshalb ebenfalls ein Verhaltenssystem sein, ein der Regierung entgegengesetztes, aber nicht von ihr abhängiges System.» Er entdeckte das Recht als Hauptwaffe der Opposition, was im englischen Fall hieß: das Common Law und namentlich die «Fundamentals», die grundlegenden Gesetze des Königreiches, die zusammen die Verfassung Großbritanniens bildeten. Hatten bisher vor allem Autoren, die als «whiggistisch», wenn nicht radikal galten, für den Rechtsstaat gestritten, so begann dieser Gedanke seit und dank Bolingbroke immer stärker auch das Denken konservativer Theoretiker zu prägen.

Damit wurde der Gegensatz von Whigs und Tories nicht aus der Welt geschafft: Die Konservativen der Richtung Bolingbroke entwickelten sich nicht zu Verfechtern eines naturrechtlich begründeten Besitzindividualismus, wie Locke ihn vertreten hatte; sie blieben Anhänger eines historisch gewachsenen Verständnisses von politischer Freiheit. Mit ihrem unzweideutigen Bekenntnis zur Herrschaft des Rechts festigten die Tories aber den Grundkonsens, auf den sich beide Parteien bei der Austragung ihrer Meinungsverschiedenheiten und Interessenkonflikte künftig beziehen und stützen konnten.[105]

Mit den praktischen Folgen seiner publizistischen Bemühungen konnte Bolingbroke in der zweiten Hälfte der 1730er Jahre freilich nicht zufrieden sein. Weder die Artikelserie über die Parteien noch der Essay über den Geist des Patriotismus hatten das bewirkt, was er und seine Freunde vor allem erstrebten: die Beseitigung des Systems Walpole. Doch sie sahen noch eine Chance, die politischen Verhältnisse in ihrem Sinne zu verändern: die Zusammenarbeit mit Frederick, dem Prince of Wales. Der Sohn und mutmaßliche Nachfolger König Georgs II. galt nicht nur als aufgeschlossen gegenüber Reformideen, er *war* es.

Frederick (oder, wie er in Hannover hieß, Friedrich Ludwig) war denn 1738 auch der eigentliche Adressat von Bolingbrokes Abhandlung «The Idea of a Patriot King», der bekanntesten seiner politischen Schriften. Ein patriotischer König war nach Auffassung des Autors ein solcher, der sich die britische Freiheitstradition voll und ganz zu eigen machte. Diese ließ sich in dem einen Satz zusammenfassen, daß Beschränkungen der Krongewalt in dem Maß durchgesetzt werden mußten, das notwendig war, um die Freiheit des Volkes zu sichern. Freiheit war für die Allgemeinheit so wichtig wie für jeden Einzelnen die Gesundheit (Liberty is to the collective body what health is to every individual body). Das Wohl des Volkes aber war der letzte und wahre Zweck allen Regierens (The good of the people is the ultimate and true end of government). Bolingbroke übersetzte damit nur ein allen Gebildeten geläufiges Wort eines seiner römischen Lieblingsautoren, Cicero, dessen ethisches Denken stark von der Stoa geprägt war: «Salus populi suprema lex.»[106]

Einem patriotischen König konnte es nicht schwer fallen, dieser Maxime zu folgen. Denn der wichtigste Grund, weshalb eine Monarchie jeder anderen Staatsform vorzuziehen war, lag nach Bolingbroke offen zutage: «Wenn die Monarchie die Grundlage darstellt, ist es leichter und zweckmäßiger, sie durch Elemente von Aristokratie oder Demokratie oder eine Mischung von beiden zu mäßigen, als umgekehrt eine Aristokratie oder Demokratie durch monarchische Elemente abzumildern.» Wie schon in seinen früheren Schriften stellte sich die englische Mischverfassung Bolingbroke auch hier als die klügste aller Regierungsformen, als Unterpfand für den notwendigen Ausgleich von «reason» und «passion», von Vernunft und Leidenschaft, dar. Sie entsprach aus seiner Sicht am besten einer grundlegenden anthropologischen Erfahrung: jener Einsicht in die Verderbtheit der menschlichen Natur (depravity of the human nature), die die Menschen einst veranlaßt hatte, sich als Gesellschaft unter einer Regierung zusammenzuschließen und dadurch wirksamer als bisher vor Übergriffen zu schützen.[107]

Doch die Ausgewogenheit der englischen Machtverhältnisse wurde immer wieder von zwei Seiten bedroht: im Innern durch Parteiegoismen (factions), von außen durch Staaten oder Staatenbündnisse, die den Frieden der großen menschlichen Gemeinschaft (the peace of the great commonwealth of mankind) zu stören entschlossen waren. Mit diesem Zustand konnte sich Großbritannien nicht abfinden. Es war auf Grund seiner Lage, seines Klimas und seiner Bodenverhältnisse, aber auch des Charakters seiner Bevölkerung und der Natur seiner Regierungsweise nachgerade dazu verurteilt, Handels- und Seemacht zu sein. Das Meer war seine Grenze, Schiffe waren seine Festungen, die Flotte war das einzige Mittel, um Gewerbe und Handel zu schützen.

Großbritannien war eine Insel, und darum mußte seine Politik eine andere sein als die der europäischen Kontinentalmächte. Natürlich brauchte das Land ein Heer, aber nur in dem Umfang, den die Verteidigung von «good government» erforderlich machte. Großbritannien durfte seine Kräfte nicht auf dem Kontinent aus Anlässen verzetteln, die für seine Interessen nur von geringer oder indirekter Bedeutung waren. «Es muß beharrlich nach der Verbesserung seiner natürlichen Stärke, also seiner Stärke zur See, streben. Es muß die eigenen Kräfte bündeln und sie für große Herausforderungen aufbewahren, sei es, daß diese seine unmittelbaren Interessen oder seine Ehre berühren, sei es, daß es sich um Konstellationen handelt, bei denen es um das allgemeine Mächtesystem in Europa geht. Nur wenn Großbritannien dies tut, kann es der Schlichter bei Streitigkeiten, der Hüter der Freiheit und der Bewahrer jenes Gleichgewichts (the arbitrator of differences, the guardian of liberty, and the preserver of that balance) sein, über das so viel gesprochen und das so wenig verstanden wird.»[108]

Deutlicher war der Zusammenhang von innerer und äußerer «balance of power» noch nicht herausgearbeitet worden. Als Hüter der inneren Freiheit hatte Bolingbroke in der «Dissertation upon Parties» das Parlament bezeichnet; in der «Idea of a Patriot King» wies er Großbritannien die Aufgabe zu, Hüter der Freiheit auch nach außen zu sein. So wie das Gleichgewicht der Kräfte den inneren Frieden sicherte, so hing auch der Frieden Europas von einem Gleichgewicht der Kräfte ab. Großbritanniens Aufgabe war es, für die Aufrechterhaltung dieses Gleichgewichts zu sorgen. Ein «Patriot King» war folglich ein Monarch, der sich von diesen historisch begründeten Einsichten leiten ließ.

Der britische Thronfolger, auf den Bolingbroke seine Hoffnungen gesetzt hatte, erhielt jedoch keine Gelegenheit mehr, den Rat seines Mentors zu beherzigen: Frederick starb 1751, neun Jahre vor seinem Vater und im gleichen Jahr, in dem auch Bolingbroke starb. Walpole trat 1745 zurück, weil er sich auf seine Unterhausmehrheiten nicht mehr verlassen konnte. Es folgten Kabinette, denen neben Whigs auch einige Tories angehörten. Das System des «government by corruption» überdauerte die Ära Walpole, ebenso die Einteilung des Landes in Wahlkreise unterschiedlichster Größe: eine notorische Verletzung des Prinzips repräsentativer Herrschaft. Die vielen «rotten boroughs», Wahlkreise mit ganz wenigen Wählern, waren fast immer auch «nomination boroughs»: Es gab dort keinen Wahlkampf und keine echte

Wahl, sondern eine Ernennung der Abgeordneten durch den oder die mächtigsten unter den örtlichen Honoratioren.

König Georg III. (1760–1820), Fredericks Sohn, regierte über längere Zeit hinweg ohne feste Bindung an eine Partei, was in gewisser Weise auf Bolingbrokes Linie, der Überwindung der «Faktionen», lag. Doch der dritte König aus dem Haus Hannover betrieb sein persönliches Regiment nicht, um die politische Korruption zu beseitigen, sondern um sich selbst ein Patronagemonopol zu verschaffen. Erst nach der britischen Niederlage im amerikanischen Unabhängigkeitskrieg kehrte das Land zur parlamentarischen Regierungsweise zurück. Gegen die protestierende Whig-Mehrheit im Unterhaus berief der König 1783 den populären William Pitt den Jüngeren, den Führer der erneuerten Konservativen, in das Amt des Premierministers. Die Unterhauswahlen von 1784 gewannen die Konservativen, was Pitts Stellung nahezu unangreifbar machte und die Gewichte zwischen König und Commons zugunsten der letzteren verschob.

Pitts Rückhalt in der öffentlichen Meinung war so stark, daß er ein (in den Zielen begrenztes) inneres Reformprogramm in Gang setzen konnte: Die Korruption wurde zumindest eingedämmt, die «rotten boroughs» aber, denen so viele Abgeordnete von Tories und Whigs ihre Mandate verdankten, blieben erhalten. Verglichen mit den Whigs kamen die Tories unter dem zweiten Pitt Bolingbrokes Vorstellungen von einer Country Party ziemlich nahe. Das parlamentarische System war nunmehr fest etabliert, die Verbindung zwischen Unterhaus und Öffentlichkeit so stark wie nie zuvor.[109]

Ein Jahrzehnt nach Bolingbrokes «Idea of a Patriot King», im Jahre 1748, erschien in Paris das Buch, das die Lehre von der Gewaltenteilung auf eine neue Grundlage stellen sollte: Montesquieus «De l'esprit des lois». Der Autor, 1689 als Charles-Louis de Secondat, Baron de la Brède et de Montesquieu auf Schloß La Brède bei Bordeaux geboren, hatte in Bordeaux und Paris Rechtswissenschaft studiert und 1721 mit seinen (anonym vorgelegten) «Lettres persanes», einer Satire über die öffentlichen Zustände des zeitgenössischen Frankreich, erstmals Aufsehen erregt. 1728 wurde er in die Académie française aufgenommen. Sechs Jahre später erschienen seine Betrachtungen über Aufstieg und Fall der Römer («Considérations sur les causes de la grandeur des Romains et de leur décadence»). Sein Hauptwerk über den Geist der Gesetze beruhte auf breiten historischen, juristischen und philosophischen Studien. Ein fast zweijähriger Aufenthalt in England von 1729 bis 1731, wo er sich auch intensiv mit den Schriften Lockes befaßte, floß ebenfalls in den «Esprit des Lois» ein, und zwar nicht nur in das berühmte sechste Kapitel des elften Buches mit dem Titel «Von der Verfassung Englands», dem locus classicus von Montesquieus Lehre von der Teilung der Gewalten, sondern in das Gesamtwerk.

Wie Locke und Bolingbroke war auch Montesquieu ein gründlicher Kenner der klassischen Antike, ihrer Philosophen, Historiker und Dichter. Aristoteles hatte in einer Politik des Maßes und der Mitte die beste Politik gesehen und das mittlere Leben das beste genannt. Montesquieu forderte unter Berufung auf Aristoteles, der Geist der Mäßigung (esprit de modération) müsse den Gesetzgeber beherrschen; das politisch Gute und das moralisch Gute liege immer zwischen zwei Grenzen. Aristoteles hatte drei positiv bewertete Formen von Staatlichkeit unterschieden, nämlich Monarchie, Aristokratie und Politie (wobei der letzte Begriff eine Mischung von Demokratie und Oligarchie oder eine Art von repräsentativer Demokratie bezeichnete). Montesquieus drei Regierungsformen waren die republikanische, die monarchische und die despotische. Sonderbarerweise teilte er die republikanische Regierung sogleich wieder in zwei ganz verschiedenartige Unterformen auf, die er getrennt behandelte: die Demokratie und die Aristokratie. Dem Wesen der Aristokratie entspreche die Abstimmung durch die Wahl, dem Wesen der Demokratie hingegen die Abstimmung durch das Los – ein Verfahren, das niemanden kränke und jedem Bürger die Hoffnung lasse, dem Vaterland dienen zu können.[110]

Jeder Regierung wies Montesquieu ein eigenes Prinzip zu: der Demokratie die Tugend, der Aristokratie die Mäßigung, der Monarchie die Ehre und der Despotie die Furcht. Eine Staatsform war gut beraten, wenn sie sich selbst Gegengewichte schuf, die der Gefahr ihrer Entartung entgegenwirken konnten. So sollten in der Monarchie Gesetze für eine gewisse Verlangsamung (une certaine lenteur) sorgen, damit der Wille des Herrschers nicht vorschnell vollstreckt wurde. Die Monarchie bedurfte überdies der abhängigen Zwischengewalten (puissances intermédiaires dépendantes), etwa in Gestalt von Ständen, die selbst ein Interesse daran hatten, daß das Volk nicht die Oberhand gewann.[111]

Die Demokratie sah Montesquieu vor allem von zwei Gefahren bedroht. Ihr Prinzip, die Tugend, mußte verfallen, wenn der Geist der Gleichheit verlorenging, aber auch dann, wenn man den Gleichheitsgedanken überspannte und jeder denen gleich sein wollte, die er sich als Regierung gewählt hatte. «Die Demokratie muß sich also vor zwei Übertreibungen hüten, dem Geist der Ungleichheit, die sie zur Aristokratie oder zur Alleinherrschaft führt, und dem Geist überspannter Gleichheit, der sie zum Despotismus eines einzelnen führt, bis dieser schließlich durch eine Eroberung sein Ende findet ... Der Unterschied zwischen einer gut verfaßten und einer schlecht geordneten Demokratie besteht darin, daß man in jener nur als Bürger, in dieser aber auch als Beamter, Senator, Richter, Vater, Ehemann und Herr gleich ist. Der natürliche Platz der Tugend ist bei der Freiheit; aber bei einer übertriebenen Freiheit findet sie sich so wenig wie bei der Knechtschaft.»[112]

Republiken hielt Montesquieu nur auf einem kleinen Gebiet für möglich. In einer großen Republik gebe es große Vermögen und infolgedessen wenig Sinn für Mäßigung. Vielmehr werde dort das Gemeinwohl tausenderlei Rücksichten und Ausnahmeregelungen geopfert. Aber auch kleine Republiken waren bedroht: durch auswärtige Mächte, die danach strebten, ihr Territorium zu vergrößern.

Vor dieser Gefahr gab es nur eine Rettung: den Zusammenschluß in einem Staatenbund. Als einen solchen betrachtete Montesquieu die Vereinigten Niederlande und die schweizerische Eidgenossenschaft, aber auch das Heilige Römische Reich deutscher Nation, das er als «république fédérative d'Allemagne» charakterisierte. Das Reich bestand aus freien Städten und kleineren Fürstenstaaten, also aus Mitgliedern von gegensätzlichem Geist: «Der Geist der Monarchie ist auf Krieg und Eroberung gerichtet, der Geist der Republik auf Friede und Maßhalten.» Daß es das Reich als Staatenbund immer noch gab, lag an seinem Staatsoberhaupt, «das gewissermaßen gleichzeitig ein Beamter und der Monarch des Bundes ist». Die Verfassung des Heiligen Römischen Reiches war daher unvollkommener als die Hollands und der Schweiz, deren Mitglieder sich von dem gleichen republikanischen Geist leiten ließen.[113]

Der Geist der Freiheit bedurfte der Gesetze. Denn Freiheit war Montesquieu zufolge nichts anderes als das Recht, alles zu tun, was die Gesetze erlaubten. Auch die Tugend war auf eine Begrenzung angewiesen. Damit man die Macht nicht mißbrauchen konnte, war eine Ordnung der Dinge notwendig, die der Macht durch Macht Schranken setzte (le pouvoir arrête le pouvoir). Polen hatte sich gegen diese Einsicht gesperrt. Das «liberum veto» im Sejm war ein Beispiel dafür, daß die Unterdrückung aller die Folge war, wenn die Unabhängigkeit jedes Privatmannes den Zweck der Gesetze bildete.

Doch es gab zumindest *eine* Nation in der Welt, für die der unmittelbare Zweck ihrer Verfassung die Freiheit war: die englische. Waren die Grundsätze erst klar, auf welche sich die Freiheit der Briten stützte, dann mußte darin die Freiheit überhaupt wie in einem Spiegel erscheinen. «Es bedarf keiner sonderlichen Mühe, um die politische Freiheit in der Verfassung zu entdecken. Wenn man sie dort sehen kann, wo sie ist, wozu sie noch weiter suchen?» Mit diesen Worten stimmt der Autor seine Leser auf das Kapitel ein, das seinem «Geist der Gesetze» zu Weltruhm verhelfen sollte.[114]

Montesquieu beginnt das Kapitel «Von der Verfassung Englands» mit einer These, die er sogleich wieder revidiert. Er behauptet zunächst, es gebe in jedem Staat drei Arten von Gewalt, nämlich die gesetzgebende Gewalt, die vollziehende Gewalt in Angelegenheiten des Völkerrechts und die vollziehende Gewalt in Sachen des bürgerlichen Rechts. Mit der zweiten Gewalt, die Locke die föderative genannt hatte und die für Krieg und Frieden zuständig ist, befaßt sich der Autor im Fortgang des Kapitels nicht mehr. Dagegen spaltet er die zuletzt genannte, die vollziehende Gewalt in Sachen des bürgerlichen Rechts, auf in die eigentliche vollziehende Gewalt, die für die Befolgung der Gesetze sorgt, und die richterliche Gewalt, die Prozesse durchführt und Urteile spricht. «Puissance législative», «puissance exécutrice» und «puissance de juger» sind die Begriffe des französischen Originals.

Für die Sache der Freiheit ist entscheidend, daß die richterliche Gewalt von der gesetzgebenden und der vollziehenden getrennt ist. Dessen ungeachtet schätzt Montesquieu die Bedeutung der richterlichen Gewalt nicht sehr hoch ein. Die Richter sollen zu bestimmten Zeiten aus der Mitte des Volkes ausgewählt werden; sie bedürfen keiner irgendwie gearteten fachlichen Vorbildung; Gerichtshöfe sollen nur solange bestehen, als das nötig ist. Danach wird die richterliche Gewalt sozusagen «unsichtbar und ein Nichts» (invisible et nulle) oder, wie es an anderer Stelle desselben Kapitels heißt, «en quelque facon nulle», in gewisser Weise nicht vorhanden.

Die gesetzgebende Gewalt ist strikt repräsentativ; es gibt kein imperatives Mandat der Abgeordneten, also keine bindenden Aufträge ihrer Wähler, und ebensowenig eine direkte Gesetzgebung durch das Volk, weil das in großen Staaten unmöglich und in kleinen Staaten mit vielen

Mißhelligkeiten verbunden wäre. Das Zweikammersystem, die Aufteilung der Legislative in eine erbliche Körperschaft des Adels und eine gewählte Körperschaft von Vertretern der Gemeinen, findet seine Rechtfertigung darin, daß es in jedem Staat Leute gibt, die durch Geburt,
Reichtum oder Ehrenstellungen ausgezeichnet sind. «Würden sie mit
der Masse des Volkes vermischt und hätten sie nur eine Stimme wie alle
übrigen, so würde die gemeine Freiheit ihnen Sklaverei bedeuten.» In
Steuerfragen steht der Vertretung des Adels, dem Oberhaus, lediglich
ein Vetorecht zu; die Vertretung der Gemeinen, das Unterhaus, darf
nicht ständig tagen und sich auch nicht selbst einberufen oder vertagen.
Würde es aber während eines längeren Zeitraums nicht vom König zu-
sammengerufen, so gäbe es keine Freiheit mehr. Derselbe Fall träte ein,
wenn das Unterhaus nicht jährlich den Haushalt beschließen könnte.

Bei der vollziehenden Gewalt kommt es, anders als bei der gesetzgebenden, auf die Fähigkeit zu raschem Handeln an. Deswegen muß die
vollziehende Gewalt in den Händen eines einzelnen, des Monarchen,
liegen. Die gesetzgebende Gewalt hat zwar nicht das Recht, die vollziehende Gewalt aufzuhalten, aber sie muß nachprüfen können, wie die
Gesetze ausgeführt werden. Ein richterliches Urteil über einen Träger
der vollziehenden Gewalt aber steht nicht der Legislative, sondern der
richterlichen Gewalt zu. Handelt es sich bei denen, die gegen Gesetze
verstoßen haben, um Adlige, müssen sie sich allerdings nicht vor einem
gewöhnlichen Gericht verantworten, sondern vor dem Teil der gesetzgebenden Körperschaft, der aus Adligen besteht, also dem House of
Lords, das insoweit als Gerichtshof auftritt.

Die vollziehende Gewalt hat teil an der Gesetzgebung, aber nicht
durch ein Beschlußrecht, sondern nur durch ein Vetorecht. So wie die
beiden Kammern der Legislative die Möglichkeit haben, sich durch
Veto wechselseitig in Schach zu halten (faculté mutuelle de s'empêcher),
so sind auch gesetzgebende und vollziehende Gewalt wechselseitig aneinander gebunden. Dies, sagt Montesquieu, ist die verfassungsmäßige
Grundordnung (la constitution fondamentale) der Regierung, um die es
im sechsten Kapitel des elften Buches des «Geistes der Gesetze» geht:
der englischen.

Die Freiheit der Briten hatte eine Geschichte und diese einen Ur-
sprung. «Wenn man das treffliche Werk des Tacitus über die Sitten der
Germanen liest, so wird man finden, daß die Engländer von ihnen das
Prinzip ihrer politischen Regierung genommen haben. Dieses schöne

System ist in den Wäldern erfunden worden.» Bolingbroke hatte seinem Land eine ähnliche Freiheitsgeschichte zugeschrieben: Für ihn waren es die freien Sachsen, die «frilingi», die die ersten Volksversammlungen und Parlamente nach England gebracht und diese so stark gemacht hatten, daß selbst die normannischen Invasoren von 1066 unter Wilhelm dem Eroberer sie nicht mehr hatten beseitigen können. Untergehen konnte die Freiheit Englands nur dann, wenn die gesetzgebende Gewalt eines Tages korrupter geworden sein sollte als die vollziehende: So sah das Montesquieu, und auch hier folgte er dem Urteil Bolingbrokes.[115]

Die englische Verfassungswirklichkeit sah Mitte des 18. Jahrhunderts etwas anders aus, als Montesquieu sie beschrieb. Längst hing die Regierung mindestens so sehr von der Mehrheit des Unterhauses ab wie vom König, und was die dritte Gewalt anging, so war der oberste Richter, der Lord Chancellor, als Präsident des Oberhauses Mitglied der Legislative und als Lord im Kabinettsrat und im Privy Council, dem königlichen Rat, Mitglied der Exekutive. Dazu kamen die informellen Einwirkungsmöglichkeiten, die die vollziehende Gewalt und mittelbar auch die gesetzgebende Gewalt auf die Justiz hatten: Die Richter waren zwar im Prinzip, «during good behaviour», unabsetzbar, aber es hing von Monarch und Regierung ab, ob sie befördert wurden und so ihre Bezüge verbessern konnten – oder eben nicht.[116]

Die Grenzen zwischen den Gewalten waren zur Zeit Montesquieus in Großbritannien so durchlässig, daß man von einer strikten Gewaltentrennung nicht sprechen konnte (oder jedenfalls nicht so, wie es der Verfasser des «Geistes der Gesetze» tat). Im Falle der Justiz widersprach die Durchlässigkeit dem, was Locke, Bolingbroke oder Montesquieu über die Herrschaft des Gesetzes geschrieben hatten. Dasselbe galt für den «Kauf» von Parlamentariern durch die Regierung, wie es sich unter Walpole eingebürgert hatte, bei Montesquieu aber keine ausdrückliche Erwähnung fand. Dagegen war die Abhängigkeit der vollziehenden von der gesetzgebenden Gewalt, genauer gesagt: vom Unterhaus, ein historischer Fortschritt und *das* auszeichnende Merkmal der englischen Verfassungsgeschichte des späten 17. und frühen 18. Jahrhunderts. Als Montesquieu ein Bild gleichmäßiger wechselseitiger Beeinflussungen und Hemmungen zwischen Oberhaus und Unterhaus, Legislative und Exekutive zeichnete, verkannte er die Besonderheit der *parlamentarischen* Monarchie Großbritanniens mitsamt ihrer Möglichkeiten, sich in Richtung einer parlamentarischen *Demokratie* zu entwickeln. Was Montesquieu klarer als andere vor ihm erkannt hatte, war die Natur *der* Gewaltenteilung, die für einen Rechts- und Gesetzesstaat grundlegend war: die Unterscheidung der Aufgabenbereiche von gesetzgebender, vollziehender und rechtsprechender Gewalt.

Die Darlegung der freiheitlichen Verfassung Großbritanniens, die Montesquieu bei aller Verurteilung der herrschenden Korruption bewunderte und seinem eigenen Land als Vorbild vor Augen stellte, war nicht der einzige Zweck, den er mit seinem «Geist der Gesetze» verfolgte. Sein Vorhaben war ein sehr viel ehrgeizigeres: Er wollte weder die Utopie eines Idealstaates vorlegen, wie sie Thomas Morus im frühen 16. und Tommaso Campanella im frühen 17. Jahrhundert verfaßt hatten, noch einen vorgeblich realistischen Staatsentwurf zur Rechtfertigung absoluter Herrschaft nach Art von Hobbes' «Leviathan». Montesquieu hatte sich eine historisch fundierte Lehre von der Politik zum Ziel gesetzt, was zweierlei erforderte: einmal die intellektuelle Neugier auf die Beobachtungen und Erkenntnisse anderer, die frühere Epochen und fremde Kulturen erforscht hatten, zum anderen die Fähigkeit, diese Befunde zusammenzufassen und unter systematischen Gesichtspunkten zu ordnen. Wenn es auf diesem Gebiet überhaupt ein Vorbild für ihn gab, war es Machiavelli, der Autor des «Principe» und der «Discorsi»: ein politischer Theoretiker, der zugleich Historiker war.

Die wissenschaftliche Aufarbeitung historischer Erfahrungen gewann bei Montesquieu einen derart herausgehobenen Status, daß der Historiker Friedrich Meinecke ihm 1936 in seinem Buch «Die Entstehung des Historismus» aus guten Gründen zu den Wegbereitern des spezifisch historischen Denkens, eben des Historismus, rechnen konnte.[117] Mit ebenso großem Recht kann man ihn einen der Pioniere der Politikwissenschaft und der Soziologie nennen. Seine vergleichende Staatsformenlehre war eine Typologie politischer Herrschaft, sein Versuch, politische Erscheinungen auf tiefere Ursachen zurückzuführen und in größere historische, geographische, gesellschaftliche und religiöse Zusammenhänge einzuordnen, der Entwurf einer neuartigen Gesellschaftswissenschaft.

Montesquieu ging von vernünftigen Naturgesetzen aus, die vor allem positivem Recht bestanden, aber anpassungsfähig genug waren, um unterschiedlichen Bedingungen gerecht werden zu können. «Das Gesetz, das uns die Vorstellung eines Schöpfers einprägt und so zu ihm hinführt», blieb für ihn, «nach der Bedeutung, nicht nach der Zeitfolge betrachtet, das erste aller Naturgesetze». Anders als Hobbes sah Montesquieu den Menschen des Naturzustandes nicht vom Willen nach der wechselseitigen Unterjochung, sondern vom Wunsch nach Frieden beseelt. Von der Zeitfolge her war also der Friede das erste Naturgesetz.

Den positiven Gesetzen, die sich die Menschen gaben, sobald sie in Gesellschaft lebten, lag eine Art Urnorm im Sinne der griechischen und römischen Stoiker zugrunde: «Das Gesetz, ganz allgemein, ist die menschliche Vernunft, sofern sie alle Völker der Erde beherrscht; und die Staats- und Zivilgesetze jedes Volkes sollen nur die einzelnen Anwendungsfälle dieser menschlichen Vernunft sein. Sie müssen dem Volk, für das sie geschaffen sind, so genau angepaßt sein, daß es ein großer Zufall wäre, wenn sie einem anderen Volk angemessen wären. Sie müssen der Natur und dem Prinzip der bestehenden oder erst zu errichtenden Regierungsform entsprechen. ... Sie müssen weiter der *Natur* des Landes (physique du pays) entsprechen, seinem kalten, heißen oder gemäßigten Klima, der Beschaffenheit des Bodens, seiner Lage und Größe, der Lebensweise der Völker, ob Ackerbauer, Jäger oder Hirten; sie müssen dem Grad von Freiheit entsprechen, der sich mit der Verfassung verträgt, der Religion der Bewohner, ihren Neigungen, ihrem Reichtum, ihrer Zahl, ihrem Handel, ihren Sitten und Gebräuchen. Schließlich stehen sie in Beziehungen zueinander: zu ihrem Entstehungsgrund, dem Willen des Gesetzgebers und der Ordnung der Dinge, für die sie bestimmt sind. Von allen diesen Gesichtspunkten aus muß man sie betrachten ... Sie alle zusammen bilden den *Geist der Gesetze*.»[118]

Die besonderen Erscheinungsformen, die Herrschaft annahm, interessierten Montesquieu mehr als eine allgemeine Theorie von Herrschaft. Aber über der Betrachtung des Einzelfalles vergaß er nicht, daß sich die Eigenarten einer Verfassung nur durch Vergleich mit anderen Verfassungen und durch eine klare Vorstellung vom Wesen einer Verfassung überhaupt herausfinden ließen. Die Sammlung einschlägiger Beobachtungen war ein Mittel, nicht der Zweck der verfassungsgeschichtlichen Forschung. Zweck war die Erkenntnis der Bedingungen, die eine freiheitliche Verfassung ermöglichten. So gesehen, unterschied sich Montesquieu dann doch stark vom bewunderten Machiavelli: Der «Principe» handelte von den Maximen, von denen sich die Herrscher leiten lassen sollten, um Macht zu erwerben, zu erhalten und zu steigern; der «Esprit des lois» fragte, welche politische Ordnung dem Menschen gemäß war, wenn ihm denn an politischer Freiheit lag, und welche Faktoren die Herausbildung einer solchen Ordnung begünstigten oder erschwerten.

In Montesquieus Antwort flossen die Erkenntnisse zahlloser antiker und moderner Gelehrter aus unterschiedlichsten Wissenschaften, aber auch eigene originelle Einsichten ein. Ein extremes Klima erleichtert despotische, ein gemäßigtes Klima gemäßigte Herrschaft. Große, ungegliederte Räume wie in Asien rufen tyrannische Alleinherrscher auf den Plan, die auf die Bildung von Großreichen aus sind; ein kleinteiliger Erdteil wie Europa bietet dagegen die natürliche Grundlage für eine Vielzahl mittlerer und kleinerer Staaten. Inselvölker lieben die Freiheit mehr als Völker, die auf dem Festland leben, und das vor allem deshalb, weil Inseln meist nicht allzu groß und vor Tyrannen und fremden Eroberern vergleichsweise sicher sind.[119] Die Völker fühlen sich im allgemeinen sehr an ihre Sitten gebunden; wenn man sie ihnen gewaltsam entreißt, stürzt man sie ins Unglück. Deshalb, folgert Montesquieu, sollte man die Sitten fremder Völker nicht von außen ändern, sondern die Völker anhalten, selbst ihre Sitten zu ändern. «Die Gewohnheiten eines Sklavenvolkes bilden einen Teil seiner Knechtschaft, die eines freien Volkes einen Teil seiner Freiheit ... Ein freies Volk kann einen Befreier haben; ein unterjochtes Volk nur einen neuen Unterdrücker.»[120]

Große Handelsunternehmungen geben im allgemeinen nicht der Monarchie, sondern der Republik (im Sinne Montesquieus, also der Aristokratie oder der Demokratie) den Vorzug. «Der Handelsgeist weckt in den Menschen ein gewisses Gefühl für strenge Rechtlichkeit ... Die größere Sicherheit des Eigentums, die man in der Republik zu haben glaubt, stärkt den Unternehmungsgeist, und weil man sich des Erworbenen sicher fühlt, wagt man es als Einsatz für weiteren Gewinn.» Das gilt vor allem für Nationen, die Seehandel im großen Stil betreiben, also namentlich für England. «Andere Völker haben ihre Handelsinteressen gegenüber ihren politischen Interessen zurücktreten lassen; England hat immer seine politischen Interessen hinter seine Handelsinteressen zurücktreten lassen. Es ist das Volk der Welt, das es am besten verstanden hat, sich gleichzeitig drei große Dinge nutzbar zu machen: die Religion, den Handel und die Freiheit.»[121]

Die Religion war im Falle Englands die protestantische, von der Montesquieu meinte, sie passe besser zu einer Republik (in dem von ihm gewählten Sinn des Begriffs) als die katholische, die ihrerseits einer Monarchie eher angemessen sei.[122] Die Unterschiede zwischen Prote-

stanten und Katholiken verloren aber an Bedeutung, wenn man die
Christenheit als ganze mit der islamischen Welt verglich. Eine gemäßigte Regierung vertrug sich mit dem Christentum viel besser als mit
dem Islam; bei der despotischen Regierungsweise war es umgekehrt.
«Es ist wunderbar: die christliche Religion, die nur auf die Glückseligkeit des Jenseits zu zielen scheint, beschert uns auch das Glück im irdischen Leben ... Es ist für die Menschheit ein Unglück, wenn die Religion durch einen Eroberer aufgezwungen wird. Die mohammedanische
Religion, die immer nur mit dem Schwerte spricht, wirkt auf die Menschen noch mit dem gleichen Geist der Zerstörung, aus dem heraus sie
gegründet wurde.»

Der christlichen Religion schrieb Montesquieu es zu, daß in Äthiopien trotz der Größe des Reiches und trotz des gefährlichen Klimas der
Despotismus nicht zur Herrschaft gelangt und die Sitten und Gesetze
Äthiopiens ins Innere Afrikas getragen worden seien. Die Milde, die
das Evangelium lehre, habe auch den Charakter der Beziehungen zwischen den Staaten grundlegend verändert: «Man halte sich einerseits
die ständigen Morde an den griechischen und römischen Königen und
Heerführern vor Augen, andererseits die Vernichtung von Völkern und
Städten durch diese selben Heerführer, man denke ferner an Timur und
Dschingis-Khan, die Asien verwüstet haben; und man wird einsehen,
was wir dem Christentum verdanken: in der Staatsregierungsform ein
bestimmtes Maß an politischen Rechten und im Krieg ein gewisses Völkerrecht, wofür die Menschheit nicht dankbar genug sein kann. Das
Völkerrecht bewirkt unter uns, daß der Sieger den besiegten Völkern
gewisse große Dinge lassen muß, das Leben, die Freiheit, die Gesetze,
das Vermögen, immer die Religion, wenn man nicht ganz verblendet
ist.»[123]

Daß christliche Herrscher und Heerführer immer wieder verblendet
gewesen waren und gegen die höchsten Gebote ihrer Religion verstoßen
hatten, erwähnte Montesquieu nicht. Er berief sich auf die ursprüngliche Religion, das Evangelium, und fand dort den Maßstab, an dem
sich christliche Herrscher und Heerführer messen lassen mußten. Im
übrigen hatte er recht: Weder die Geschichte der Rechte des Einzelnen
noch die Geschichte des Völkerrechts ließ sich schreiben, ohne daß zugleich von der Wirkungsgeschichte der christlichen Botschaft die Rede
war. Am Anfang stand die Unterscheidung Jesu zwischen dem, was des
Kaisers war, und dem, was Gottes war. Montesquieu «übersetzte»

diesen Grundgedanken des Christentums wie folgt: «Man darf nicht durch göttliche Gesetze regeln, was durch menschliche Gesetze geregelt werden muß, und ebensowenig durch menschliche Gesetze ordnen, was durch göttliche Gesetze geordnet werden muß.»

Die alte, auf Heraklit zurückgehende, von der christlichen Natur-rechtslehre weiterentwickelte Unterscheidung zwischen göttlichen und menschlichen Gesetzen war für Montesquieu schlechthin fundamental: «Das Wesen der menschlichen Gesetze besteht darin, allen eintretenden Zufällen unterworfen zu sein und sich in dem Maß zu ändern, wie sich der Wille der Menschen ändert; im Gegensatz dazu besteht das Wesen der Gesetze der Religion in ihrer Unabänderlichkeit. Die menschlichen Gesetze betreffen das Gute, die Religion das Beste. Das Gute kann sei-nen Gegenstand wechseln, weil es vielerlei Güter gibt; das Beste aber ist nur eines und kann daher nicht wechseln ... Die größte Stärke der Reli-gion beruht auf dem Glauben, die Stärke der menschlichen Gesetze auf der Furcht. Eine Religion darf alt sein, weil wir häufig etwas um so fester glauben, je weiter es zeitlich zurückliegt, da wir keine Nebenvor-stellungen aus jenen Zeiten im Kopfe haben, die ihr widersprechen. Menschliche Gesetze dagegen gewinnen durch ihre Neuheit, die auf ein besonderes, augenblickliches Streben des Gesetzgebers hinweist, ihnen Geltung zu verschaffen.»[124]

Nach der Veröffentlichung des «Geistes der Gesetze» mußte sich Montesquieu gegen Angriffe von Jesuiten wehren, die ihm vorwarfen, er leugne die Wahrheiten des Christentums oder ziehe sie in Zweifel. Der Autor bestritt das entschieden (was seinen «Geist der Gesetze» nicht davor bewahrte, von der katholischen Kirche 1751 auf den «In-dex» der verbotenen Bücher gesetzt zu werden). Tatsächlich stand Montesquieu, Zögling der katholischen Oratorianer und Ehemann der Tochter eines calvinistischen Offiziers, dem Christentum innerlich fern. Er war, wie Hobbes, Locke und Bolingbroke, ein Freigeist. Seine Vor-stellungen von einem wandelbaren Naturrecht vertrugen sich mit der Philosophie des Aristoteles und der Stoa eher als mit der Theologie des Thomas von Aquin und anderer Scholastiker.[125]

Wenn Montesquieu der christlichen Religion zivilisierende Wirkun-gen zuschrieb, war das dennoch kein Versuch einer politischen Rück-versicherung, sondern das Ergebnis seines Nachdenkens über die ein-zigartige Geschichte des Okzidents. Was es im Westen an Freiheit gab, hatte seine tieferen Ursachen in der Unterscheidung der Sphären von

Gott und Kaiser durch Jesus selbst und, allen späteren Rücknahmen zum Trotz, in der Trennung von geistlicher und weltlicher Gewalt im hohen Mittelalter. Der Hinweis auf die religiösen Bedingungen politischer Freiheit verstand sich um die Mitte des 18. Jahrhunderts in Frankreich schon längst nicht mehr von selbst. Für Montesquieu jedoch lag dieser Zusammenhang offen zutage: Es waren auch hier die Erfahrungen Englands, die ihm zu scharfer historischer Einsicht verholfen hatten.

Montesquieu starb 1755. Im gleichen Jahr legte ein anderer Autor, Jean-Jacques Rousseau, eine vielbeachtete politische Abhandlung, den «Diskurs über den Ursprung und die Grundlagen der Ungleichheit unter den Menschen», vor. Rousseau war 1712 als Sohn eines Uhrmachers in Genf geboren worden. 1728 trat er in Turin von der reformierten zur katholischen Kirche über, kehrte aber 1754 in Genf zum Calvinismus zurück. Er war Freigeist, philosophischer Autodidakt, Schriftsteller und Komponist. In Paris, wo er immer wieder lebte, schrieb er Artikel für die «Enzyklopädie», das große Sammelwerk der französischen Aufklärung, die 1745 erschienen. Aus seiner Beziehung mit der Wäscherin Thérèse Levasseur gingen insgesamt fünf Kinder hervor, die er eins nach dem anderen in einem Findelhaus ablieferte. Diese Praxis stand in einem auffälligen Widerspruch zur Theorie Rousseaus: In seinem erzählerisch angelegten Lehrbuch «Émile ou De l'éducation», das im Mai 1762, im Jahr nach seinem erfolgreichen Briefroman «Julie ou La Nouvelle Héloïse» und einen Monat nach seinem politischen Hauptwerk, dem «Contrat social», erschien, stellte er sich der Öffentlichkeit als Reformator des Erziehungswesens vor.

Mit seinem Diskurs über die Ursachen der Ungleichheit wollte Rousseau eine Preisfrage der Akademie von Dijon beantworten – derselben Akademie, die ihm fünf Jahre zuvor, 1750, einen Preis für seinen ersten «Discours», einen Essay über die Wissenschaften und Künste, verliehen hatte. Die Grundannahmen des zweiten Diskurses, für den er keinen Preis erhielt, lauteten: Im Naturzustand hatte es keine oder zumindest keine erhebliche Ungleichheit gegeben. Die Ungleichheit entstand erst durch den Übergang zur Bearbeitung von Metallen und zum Ackerbau. Der Ackerbau hatte eine Teilung des Bodens zur Folge, und diese erforderte ein neues Recht, das sich vom Naturrecht unterschied: das Eigentumsrecht. Die Teilung des Bodens ging mit der Teilung der Arbeit einher.

Mit der Arbeitsteilung begann ein Prozeß, den Rousseau in den düstersten Farben ausmalt. Fortan mußte der Mensch sich um des eigenen Vorteils willen anders geben, als er wirklich war. Sein und Erscheinen trennten sich. Aus dieser Unterscheidung erwuchsen Prunksucht, List und Betrug und alle Laster, die sich damit zu verbinden pflegen. Der einst freie und unabhängige Mensch begab sich infolge neuer Bedürfnisse in Abhängigkeit von anderen Menschen, indem er in einer Hinsicht ihr Sklave, in anderer ihr Herr wurde. Der Reiche war auf Dienstleistungen Dritter, der Arme auf ihre Hilfe angewiesen. «Wettbewerb und Rivalität auf der einen Seite, Interessengegensätze auf der anderen, verbunden mit dem heimlichen Wunsch, den eigenen Vorteil auf Kosten anderer zu sichern: alle diese Übel sind die Wirkung des Eigentums und die untrennbare Begleiterscheinung der wachsenden Ungleichheit.»

Aus dem Streben, den Besitz zu mehren, erwuchsen Herrschaft und Knechtschaft, Gewalt und Raub. Es entwickelte sich ein ständiger Streit zwischen dem Recht des Stärkeren und dem Recht dessen, der ein Stück Boden als erster in Besitz genommen hatte. Die Folge war eine Art permanenter Bürgerkrieg. Das lag am wenigsten im Interesse der Reichen, und deshalb forderten gerade sie ihre Nachbarn auf, sich zu vereinigen, um die Schwachen vor der Unterdrückung zu schützen, dem Mächtigen Zügel anzulegen und auf diese Weise alle in dem Besitz zu sichern, der ihnen zustand: «Statt uns gegenseitig zu bekämpfen, schließen wir uns in einer höchsten Gewalt zusammen, die uns nach weisen Gesetzen regiert, die alle Mitglieder der Vereinigung (association) schützt und verteidigt, gemeinsame Feinde abwehrt und uns in immerwährender Eintracht erhält.»

Rousseau bedauert, daß die leicht täuschbare, ungehobelte Masse einem Aufruf wie diesem Gehör schenkte. Die Folge war, daß die Menschen im Glauben, so ihre Freiheit sichern zu können, sich in Ketten legen ließen. «Dies war der Ursprung der Gesellschaft und der Gesetze, die den Schwachen neue Fesseln anlegten und den Reichen neue Kraft verliehen, die unwiderruflich die natürliche Freiheit zerstörten, die für immer das Recht des Eigentums und die Ungleichheit festlegten und zum Nutzen einiger Ehrgeiziger die Menschheit der Arbeit, der Knechtschaft und dem Elend auslieferten.»[126]

Die Einrichtung eines politischen Körpers (corps politique) war für Rousseau ein wirklicher Vertrag zwischen dem Volk und seinen gewählten Führern (un vrai contrat entre le peuple et les chefs qu'il se choisit). Durch diesen Vertrag verpflichteten sich beide Seiten zur Einhaltung der Gesetze, die bei dieser Gelegenheit beschlossen wurden und das Band der Vereinigung bildeten. Alle Einzelwillen wurden dadurch in einem einzigen Willen vereinigt. Die Vereinbarungen über die höchste Macht stellten die Grundgesetze (lois fondamentales) dar, die alle Staatsangehörigen, also auch die Führer, banden. Die oberste Macht durfte alles tun, was die Verfassung erlaubte; die Verfassung zu ändern war ihr nicht gestattet.

Die Regierungen, die den «einzigen Willen» durchführten, waren ursprünglich gewählte Körperschaften. Doch im Laufe der Zeit verstanden es die Führer des Staates, ihre Ämter erblich zu machen, also ausschließlich ihren Familien vorzubehalten. Damit machten sich die Regierungen unter Bruch des Grundvertrages zu Eigentümern des Staates; ihre Mitbürger betrachteten die Herrschenden fortan als Sklaven. Dieser Prozeß war aus Rousseaus Sicht ein zwangsläufiger: «Denn die Laster, die die gesellschaftlichen Institutionen notwendig machten, sind dieselben, die ihren Mißbrauch unvermeidlich machen.» Wäre es anders, würde man weder Gesetze noch Regierungen und folglich auch keinen Grundvertrag (pacte fondamental) zwischen Volk und Führung benötigt haben.

Die Schaffung von Recht und Gesetz zum Schutz des Eigentums war Rousseau zufolge die erste Epoche in der Geschichte fortschreitender Ungleichheit. Die zweite Epoche war die Einsetzung einer legitimen, durch einen Grundvertrag mit dem Volk gebundenen Regierung, die dritte die Ersetzung der legitimen Regierung durch eine illegitime Willkürherrschaft. Der ersten Epoche entsprach die ständische Unterscheidung zwischen Reichen und Armen, der zweiten die von Mächtigen und Schwachen, der dritten die von Herren und Sklaven. «Dies ist die letzte Stufe der Ungleichheit und das Ziel, auf das alle anderen Formen von Ungleichheit hinführen – solange, bis neue Revolutionen die Regierung entweder völlig auflösen oder sie dem Ziel einer legitimen Ordnung näherbringen.»

Im letzten Stadium der Ungleichheit, dem Despotismus, schlägt die allgemeine Entrechtung in eine neue Form von Gleichheit um, womit sich der Kreis schließt. «Hier werden alle Einzelnen wieder gleich, weil sie nichts sind, und weil es für die Untertanen kein anderes Gesetz gibt als den Willen des Herrschers ... Hier läuft alles auf das Recht des Stärkeren hinaus und infolgedessen auf einen neuen Naturzustand, der sich von jenem unterscheidet, von dem wir ausgegangen sind. Denn dieser war der Zustand der Natur in seiner Reinheit, jener ist das Ergebnis äußerster Verkommenheit ... Unter dem Despotismus ist der Staatsvertrag so ausgehöhlt, daß der Despot sich nur solange an der Macht behaupten kann, als er der Stärkere ist. Kann man ihn stürzen, nutzt es ihm nicht, wenn er sich über die Anwendung von Gewalt beklagt ... Nur durch Gewalt hat er sich an der Macht halten können, nur durch Gewalt kann er aus der Macht vertrieben werden. Alles verläuft mithin der natürlichen Ordnung entsprechend.»

Zwischen den Menschen des Naturzustandes (état naturel) und dem des bürgerlichen Zustandes (état civil) lagen Welten. «Der ursprüngliche Mensch ist allmählich verschwunden. Die Gesellschaft stellt sich dem Verständigen nur noch als Ansammlung künstlicher Menschen und künstlicher Leidenschaften dar. Sie sind das Werk neuer Verhältnisse, die keine Grundlage in der Natur haben ... Der wilde Mensch (homme sauvage) und der zivilisierte Mensch (homme policé) unterscheiden sich in ihren Empfindungen und Neigungen derart, daß das, was für den einen das höchste Glück bedeutet, den anderen in die Verzweiflung treiben würde. Der Mensch des Naturzustands lebt in Ruhe und Freiheit; er will nur leben und die Muße genießen ... Der Bürger (citoyen) hingegen ist ununterbrochen tätig. Er schwitzt, ist in Bewegung, bemüht sich ohne Unterlaß um noch anstrengendere Beschäftigungen, arbeitet bis zum Tod, rackert sich ab, um leben zu können, oder verzichtet auf sein Leben, um unsterblich zu werden. Er hofiert die Großen, die er haßt, und die Reichen, die er verachtet ... Er tut alles, um ihnen zu dienen, brüstet sich mit seiner Niedrigkeit und ihrer Gönnerschaft. Stolz auf sein Sklavendasein spricht er mit Verachtung über die, die nicht die Ehre haben, dieses Leben zu teilen.»

Rousseau beschrieb die Geschichte der menschlichen Gesellschaft als Prozeß fortschreitender Entartung: Der wilde Mensch hatte noch ein echtes Leben, ein ganzheitliches Leben aus eigenem Recht, geführt; das Leben des zivilisierten Menschen war ein künstliches und von anderen abhängiges. «Ehre ohne Tugend, Vernunft ohne Weisheit, Vergnügen ohne Glück»: das waren die Merkmale des Daseins in zivilisierten Gesellschaften. Die Ungleichheit war im selben Maß gewachsen wie die menschlichen Fähigkeiten, aber sie hatte nur wachsen können, weil das Eigentum den Schutz der Gesetze und der Regierungen genoß.

Die nächstliegende politische Folgerung wäre also die gewesen, die

Abschaffung des privaten Eigentums zu fordern. Das tat Rousseau nicht. Er sagte auch nicht, daß er die Wiederherstellung des Naturzustandes als möglich betrachtete. (Der Text ließ bei genauer Lektüre nur den gegenteiligen Schluß zu.) Rousseau hielt einer nach seiner Meinung moralisch tief gesunkenen Gegenwart den Spiegel einer verklärten (und zu ebendiesem Zweck von ihm erdachten) Vergangenheit vor und forderte die Leser indirekt auf, die bestehenden Verhältnisse am Maßstab dieser Kritik zu messen.[127]

Der Autor des Diskurses über die Ungleichheit unter den Menschen wird nicht ohne Grund den geistigen Wegbereitern der Französischen Revolution von 1789 zugerechnet. Seine Gegenwartskritik richtete sich aber weniger gegen die Überreste des Feudalismus als gegen die aufsteigende Bourgeoisie. Der deutsche Politikwissenschaftler Iring Fetscher hat den revolutionären Denker Rousseau deshalb als «Konservativen» eingestuft.[128] Tatsächlich war die idealisierende Darstellung des Naturzustandes, den es so nie gegeben hatte, eine rückwärtsgewandte, ja im Wortsinn reaktionäre Utopie: Rousseau machte aus der Arbeitsteilung den Sündenfall, der die Vertreibung aus dem Paradies einer vollendeten Menschlichkeit nach sich zog.

Seine Periodisierung des angeblichen Verfallsprozesses, die damit einsetzte, war spekulativ und willkürlich. Er konstruierte eine Phase, in der es zwar bereits Gesetze gab, aber noch keine Macht, die sie durchsetzen konnte. Der Krieg aller gegen alle erschien bei Rousseau, anders als bei Hobbes, nicht als Merkmal des ursprünglichen Naturzustands, sondern des Austritts aus demselben. Im Widerspruch dazu stand die Feststellung, daß der Naturzustand in den Beziehungen zwischen den Staaten andauerte und sich immer wieder in blutigen Nationalkriegen entlud. Das auch in anderen Schriften Rousseaus durchschimmernde Wunschbild einer Gesellschaft des breit gestreuten Kleinbesitzes, in der es weder eine Anhäufung von individuellem Reichtum noch eine Schicht von Besitzlosen gab, stand in einer Tradition, die bis zur «Politik» des Aristoteles zurückreichte. In der zweiten Hälfte des 18. Jahrhunderts war ein solches Gesellschaftsideal aber längst ähnlich antiquiert wie Rousseaus Eintreten für das Ziel volkswirtschaftlicher Autarkie.

Der revolutionären Wirkung seiner Schriften tat das keinen Abbruch. Die Berufung auf das verlorene Paradies der Ursprünglichkeit wurde durch Rousseau zu einer Waffe, mit der sich die Verderbtheit der privilegierten Stände und der absolutistischen Herrschaft anprangern ließ. Aus seiner Skizze der Geschichte des Menschengeschlechts ließ sich eine große Hoffnung schöpfen: die Hoffnung auf eine andere, bessere Gesellschaft und auf einen neuen, besseren Menschen. Die Neigung, mit den bestehenden Zuständen «tabula rasa» zu machen, war naturgemäß dort besonders groß, wo die Herrschenden keine Bereitschaft zeigten, dem Ruf nach grundlegender Erneuerung Gehör zu schenken. Das war in Frankreich und vielen anderen absolutistischen Staaten Europas der Fall. Anders sah es in einer Gesellschaft wie der englischen aus. Sie verfügte über verbriefte Freiheitsrechte, und in keinem Land war der enge Zusammenhang von persönlicher Freiheit und privatem Eigentum so tief in das allgemeine Bewußtsein eingedrungen wie in Großbritannien. Rousseaus These, die Freiheit sei ein Geschenk der Natur, das den Menschen durch die Gründung und die weitere Entwicklung des Staates fortschreitend geraubt werde, widersprach der englischen Erfahrung radikal. Ein Aufruf zum radikalen Bruch mit dem Bestehenden, wie er sich aus Rousseaus zweitem Diskurs herauslesen ließ, hatte darum nur geringe Aussichten, in England auf fruchtbaren Boden zu fallen.[129]

Noch mehr Aufsehen als Rousseaus zweiter Diskurs aus dem Jahr 1755 erregte sieben Jahre später die Schrift über den Gesellschaftsvertrag («Du contrat social ou Principes du droit politique»), die bis heute untrennbar mit seinem Namen verknüpft ist. Das Werk begann mit einem rhetorischen Paukenschlag, dem berühmten ersten Satz des ersten Kapitels des ersten Buches: «Der Mensch ist frei geboren, und überall liegt er in Ketten» (L'homme est né libre, et partout il est dans les fers). Schiller hat das in den «Worten des Glaubens», die 1798 im «Musenalmanach» erschienen, etwas abgewandelt: «Der Mensch ist frei geboren, ist frei / Und würd' er in Ketten geboren.»[130]

Der Gedanke, daß alle Menschen von Natur aus frei geboren seien, ging auf die Stoa zurück. Er fand sich wörtlich in den «Institutionen» des römischen Rechts und hatte bereits um 1433 den deutschen Theologen und Philosophen Nikolaus von Kues in seiner «Concordantia catholica» zu dem Schluß veranlaßt, daraus ergebe sich die Forderung, daß alle wahrhaft geordnete Macht eines gemeinsamen Herrschers auf der Wahl und der Zustimmung der anderen beruhen müsse.[131]

«Auf seine Freiheit zu verzichten heißt auf seine Eigenschaft als Mensch, auf seine Menschenrechte (droit de l'humanité), selbst auf

seine Pflichten verzichten», heißt es im «Contrat social». «Ein solcher
Verzicht ist unvereinbar mit der Natur des Menschen; seinem Willen
jegliche Freiheit nehmen heißt seinen Handlungen jegliche Sittlichkeit
nehmen.» Es wäre also ein nichtiger und widersprüchlicher Vertrag
(une convention vaine et contradictoire), einerseits unumschränkte
Macht und andererseits unbegrenzten Gehorsam zu vereinbaren. Ein
Unterwerfungsvertrag zwischen Volk und Fürst, so argumentiert Rousseau gegen Grotius, Hobbes und Pufendorf, würde ein Recht auf Sklaverei begründen, und das wäre ein widersinniges Unterfangen: «Die
Wörter Sklaverei und Recht stehen im Widerspruch zueinander, sie
schließen sich gegenseitig aus.»[132]

Wie in seinem zweiten «Discours» geht Rousseau auch im «Contrat social» von der Annahme aus, daß alle Staatsgewalt ihren Ursprung in einem Vertrag mit dem Volk hatte. Aber anders als in der
Schrift von 1755 ist der Entschluß zur Staatsgründung nun nicht mehr
der Beginn eines Prozesses wachsender Ungleichheit und Unfreiheit.
«Was der Mensch durch den Gesellschaftsvertrag verliert, ist seine
natürliche Freiheit und ein unbegrenztes Recht auf alles, was ihm ge-
lüstet und was er erreichen kann. Was er erhält, ist die bürgerliche
Freiheit und das Eigentum an allem, was er besitzt.»

Mehr noch: Zum Erwerb des bürgerlichen Zustands gehört auch
die moralische Freiheit, durch die der Mensch wahrhaft Herr über sich
selbst wird. «Denn der Urtrieb der bloßen Begierde ist Sklaverei, und
der Gehorsam gegen das selbstgegebene Gesetz ist Freiheit.» Der
Grundvertrag zerstört also nicht die natürliche Gleichheit. Er setzt im
Gegenteil eine sittliche und rechtliche Gleichheit an die Stelle dessen,
was die Natur an physischer Ungleichheit unter den Menschen hervorbringen kann. Er bewirkt, daß die Menschen, die möglicherweise nach
Stärke und Begabung ungleich sind, durch Vertrag und Recht alle gleich
werden.[133]

Der Gesellschaftsvertrag löst ein unlösbar erscheinendes Problem.
Er ist die Form des Zusammenschlusses (association), «die mit ihrer
ganzen gemeinsamen Kraft die Person und das Vermögen jedes einzelnen Mitglieds verteidigt und schützt und durch die doch jeder, indem er
sich mit allen vereinigt, nur sich selbst gehorcht und genau so frei bleibt
wie zuvor». Wird der Gesellschaftsvertrag durch diejenigen, denen er
Macht überträgt, auch nur im geringsten verletzt, so tritt jeder Einzelne
wieder in seine natürlichen Rechte ein. Er erlangt seine natürlichen

Rechte wieder und verliert die auf dem Vertrag beruhende Freiheit, für die er seine natürliche Freiheit aufgegeben hatte.

Die Aufgabe der natürlichen Freiheit im Gesellschaftsvertrag beschreibt Rousseau als «völlige Entäußerung (aliénation totale) jedes Mitgliedes mit allen seinen Rechten an das Gemeinwesen als Ganzes». Da die Ausgangslage für alle gleich ist, hat keiner ein Interesse, sie für die anderen beschwerlich zu machen. Da die Entäußerung ohne Vorbehalt geschieht, ist die Vereinigung vollkommen. Kein Mitglied hat mehr etwas zu fordern. Ihm sind keine Rechte verblieben, und da jeder sich allen hingibt, gibt er sich niemandem hin. Dementsprechend läßt sich das Wesen des Gesellschaftsvertrages auch so beschreiben: «Gemeinsam stellen wir alle, jeder von uns seine Person und seine ganze Kraft unter die oberste Richtschnur des Gemeinwillens (la suprême direction de la volonté générale); und wir nehmen, als Körper, jedes Glied als untrennbaren Teil des Ganzen auf.»

Der Akt des Zusammenschlusses schafft «anstelle der Einzelperson einen sittlichen Gesamtkörper (un corps moral et collectif), der aus ebenso vielen Gliedern besteht, wie die Versammlung Stimmen hat, und die durch ebendiesen Akt ihre Einheit, ihr gemeinschaftliches Ich, ihr Leben und ihren Willen (son moi commun, sa vie et sa volonté) erhält. Diese öffentliche Person (personne publique), die so aus dem Zusammenschluß aller zustande kommt, trug früher den Namen Polis (cité). Heute trägt sie den der Republik (république) oder der politischen Körperschaft (corps politique), die von ihren Gliedern Staat (État) genannt wird, wenn sie passiv, Souverän (souverain), wenn sie aktiv ist, und Macht (puissance) im Vergleich mit ihresgleichen. Was die Mitglieder betrifft, so tragen sie als Gesamtheit den Namen Volk (peuple), als Einzelne nennen sie sich Bürger (citoyens), sofern sie Teilhaber an der Souveränität, und Untertanen (sujets), sofern sie den Gesetzen des Staates unterworfen sind.»[134]

Während jene, die der Gesellschaftsvertrag mit Macht ausstattet, durch diesen Vertrag gebunden sind, ist für den Volkskörper (corps du peuple), der der Träger der Staatsgewalt und damit der Souverän ist, keine Art von Grundgesetzen und nicht einmal der Gesellschaftsvertrag bindend. «Da nun der Souverän nur aus den Einzelnen besteht, aus denen er sich zusammensetzt, hat er kein dem ihren widersprechendes Interesse und kann das auch nicht haben. Folglich braucht sich die souveräne Macht gegenüber den Untertanen nicht zu verbürgen, weil es unmöglich ist, daß die Körperschaft allen ihren Gliedern schaden will ... Der Souverän ist, allein weil er ist, immer alles, was er sein soll (Le Souverain, par cela seul qu'il est, est toujours tout ce qu'il doit être).»

Anders ist die Lage der Untertanen gegenüber dem Souverän: «Jedes Individuum kann als Mensch einen Sonderwillen (volonté particulière) haben, der dem Gemeinwillen (volonté générale), den er als Bürger (citoyen) hat, zuwiderläuft und sich von diesem unterscheidet. Sein Sonderinteresse kann ihm auch ganz anderes sagen als das Gemeininteresse ... Damit nun aber der Gesellschaftsvertrag keine leere Formel wird, schließt er stillschweigend jene Übereinkunft ein, die allein die anderen ermächtigt, daß, wer immer sich weigert, dem Gemeinwillen zu folgen, von der gesamten Körperschaft (tout le corps) gezwungen wird, was nichts anderes heißt, als daß man ihn zwingt, frei zu sein.»[135]

Der Gemeinwille hat nach Rousseau immer recht und erstrebt das allgemeine Wohl. Bei seinen Beratungen kann das Volk jedoch durchaus irren, weil es sein Wohl zwar will, aber nicht immer erkennt. In diesem Fall artikuliert sich nur der Wille aller (volonté de tous), nicht der Gemeinwille (volonté générale). Der Gemeinwille sieht nur das allgemeine Wohl, der Wille aller nur das private Wohl, so daß er nichts als eine Summe von Sonderwillen (une somme de volontés particulières) vorstellt.

Man kann Rousseau zufolge das Volk zwar nicht bestechen, wohl aber irreführen. Urheber solcher Versuche kann eine Teilgesellschaft im Staat (société partielle dans l'État) sein. Setzt sie sich durch, ist die siegreiche Ansicht eine Sonderanschauung. Für das Gemeinwohl ist es folglich am besten, wenn es keine Teilgesellschaften gibt. Wenn es sie aber gibt, sollten sie möglichst zahlreich und gleich sein, damit sich kein einzelner Sonderwille durchsetzen kann. Als lobenswertes Beispiel eines Gemeinwesens ohne Teilgesellschaften nennt Rousseau, ein begeisterter Leser der griechisch-römischen Parallelbiographien Plutarchs, Sparta unter seinem legendären Gesetzgeber Lykurg; Gemeinwesen mit klug gelenkten Teilgesellschaften sind für ihn Athen unter Solon und Rom unter den sagenhaften Königen Numa Pompilius und Servius Tullius.[136]

Eine Teilung der Gewalten wie in England lehnt Rousseau ab. Die Staatsgewalt ist unveräußerlich und unteilbar. Gesetzgebende und ausführende Gewalt einander gegenüberstellen hieße den Gesellschaftskörper zerstückeln. Eine eigene rechtsprechende Gewalt kennt der

«Contrat social» nicht. Eines Gesetzgebers (législateur) bedarf das Gemeinwesen aber durchaus. «Durch den Gesellschaftsvertrag haben wir dem politischen Körper Dasein und Leben gegeben; jetzt handelt es sich darum, ihm durch das Gesetz Antrieb und Willen zu verleihen.»

Jeder Staat, der durch Gesetze regiert wird, ist eine Republik – gleichgültig, unter welcher Regierungsform das geschieht. Die Gesetze sind die Bedingungen des bürgerlichen Zusammenschlusses (association civile). Das Volk, das den Gesetzen unterworfen ist, muß auch der Urheber der Gesetze sein. Doch wenn es auch immer das Gute will, sieht es dieses nicht immer von selbst. «Der Gemeinwille ist immer richtig, aber das Urteil, das ihn leitet, ist nicht immer aufgeklärt (éclairé). Man muß ihm (dem Gemeinwillen, H.A.W.) die Gegenstände zeigen, wie sie sind, manchmal so, wie sie ihm erscheinen müssen, ihm den richtigen Weg zeigen, den er sucht, ihn schützen vor der Verführung durch die Sonderwillen ... Die Einzelnen sehen das Gute und weisen es zurück; die Öffentlichkeit will das Gute und sieht es nicht. Beide bedürfen gleicherweise der Führung. Die einen müssen gezwungen werden, ihren Willen der Vernunft anzupassen, die andere muß erkennen lernen, was sie will.»

Es ist die öffentliche Aufklärung (lumières publiques), die die Einheit von Urteilskraft und Willen im Gemeinschaftskörper herbeiführt, woraus sich das reibungslose Zusammenspiel der Teile und schließlich die höchste Kraft des Ganzen ergibt. Weil dies erforderlich ist, ist ein Gesetzgeber notwendig, ein «außergewöhnlicher Mann im Staat», der weder Verwaltung noch Souverän ist, der kein Verfassungsorgan bildet, der mit menschlicher Herrschaft nichts gemein hat, also auch nicht über Menschen befiehlt. Abermals beruft sich Rousseau auf Beispiele aus der Antike: «Als Lykurg seinem Vaterland (Sparta, H.A.W.) Gesetze gab, legte er als erstes die Königswürde nieder. Es war bei der Mehrheit der griechischen Städte Sitte, Fremden die Abfassung ihrer Gesetze anzuvertrauen.»

Der Gesetzgeber *ist*, so muß man Rousseau wohl interpretieren, die öffentliche Aufklärung. Er übernimmt eine Aufgabe, die eigentlich nur Götter erfüllen können. «Wer sich daran wagt, ein Volk zu ordnen (instituer un peuple), muß sich imstande fühlen, sozusagen die menschliche Natur zu ändern (change pour ainsi dire la nature humaine) und jedes Individuum, das von sich aus ein vollendetes und für sich bestehendes Ganzes ist, in den Teil eines größeren Ganzen zu verwandeln, von dem dieses Individuum in gewissem Sinn sein Leben und Dasein empfängt. Er muß sich zutrauen, die Verfassung des Menschen zu ändern, um sie zu stärken (altérer la constitution de l'homme pour la renforcer), und an die Stelle eines physischen und unabhängigen Daseins, das wir von der Natur empfangen haben, ein moralisches Dasein als Teil des Ganzen setzen. Kurz: Es ist notwendig, daß der Gesetzgeber dem Menschen die eigenen Kräfte entzieht, um ihm fremde zu geben, von denen er nur mit Hilfe anderer Gebrauch machen kann.»

Je besser dieser Wandel gelingt, desto sicherer und vollkommener wird die Einrichtung (institution). «Die Gesetzgebung ist dann auf dem höchsten Punkt der ihr möglichen Vollkommenheit angelangt, wenn jeder Bürger nichts mehr ist und nichts mehr vermag außer durch alle anderen und wenn die durch die Gesamtheit erworbene Kraft der Summe der natürlichen Kräfte gleichkommt oder sie übersteigt.»

Streng genommen «gibt» Rousseaus fast schon überirdischer Gesetzgeber die Gesetze freilich gar nicht. Er verfaßt sie nur: Die gesetzgebende Gewalt liegt beim Volk, das sich dieses nicht übertragbaren Rechts nicht begeben darf. Da ein werdendes Volk (peuple naissant) aber noch nicht über den Gemeinsinn verfügt, der für eine Staatsgründung eigentlich nötig wäre, muß sich der Gesetzgeber an den Himmel wenden und die Entscheidungen der erhabenen Vernunft (raison sublime) den Unsterblichen in den Mund legen. Um das Volk zu überzeugen, bedarf der Gesetzgeber charismatischer Fähigkeiten. «Die große Seele des Gesetzgebers ist das eigentliche Wunder, das seine Sendung beweisen muß. (La grande âme du législateur est le vrai miracle qui doit prouver sa mission).»[137] Daß ein politisch reifes Volk auf einen «législateur» verzichten könne, sagt Rousseau an keiner Stelle.

Anders als die gesetzgebende Gewalt (puissance législative) kann die ausübende Gewalt (puissance exécutive) nicht beim Volk, dem Souverän, liegen. Das Tätigkeitsfeld der Exekutive sind nur einzelne Akte, die nicht in das Gebiet des Gesetzes und damit des Souveräns gehören. Deswegen ist die Regierung (gouvernement) auch nichts anderes als ein Werkzeug des Souveräns. Rousseau beschreibt sie als «vermittelnden Körper» (corps intermédiare) zwischen den Untertanen und dem Souverän zum Zweck ihrer gegenseitigen Verbindung. Die Untertanen sind die Einzelnen, die den Gesetzen unterworfen sind; der Souverän ist das Volk, das die Gesetze beschließt. Der vermittelnde Körper ist zuständig für die Ausführung der Gesetze und die Erhaltung der bürgerlichen wie der politischen Freiheit (maintien de la liberté tant civile que politique). Alle Mitglieder des vermittelnden Körpers, ob sie sich Könige oder Magistrate nennen, sind einfache Beamte des Souveräns, so wie die Regierung als ganze nur eine Kommission ist, die einen Auftrag des Souveräns ausführt. Dieser kann den Auftrag jederzeit einschränken, abändern oder zurücknehmen.

Die Regierung vermittelt zwischen Souverän und Staat. Sie erhält vom Souverän die Befehle, die er dem Volk gibt. Der Staat besteht aus sich selbst, die Regierung nur durch den Souverän. «Der beherrschende Wille des Fürsten ist also nichts oder soll nichts anderes sein als der Gemeinwille oder das Gesetz.» Würde der Fürst einen eigenen Willen entwickeln, der tatkräftiger wäre als der des Souveräns, und sich dabei der in seinen Händen liegenden öffentlichen Gewalt bedienen, so gäbe es zwei Souveräne, einen de jure und einen de facto. Die soziale Einheit wäre in diesem Augenblick zerbrochen und die politische Körperschaft aufgelöst. Die richtig verstandene Regierung im Sinne Rousseaus hat «nur eine Art geliehenes oder untergeordnetes Leben, was sie aber nicht daran hindert, mit mehr oder weniger Kraft und Schnelligkeit zu handeln, und sich sozusagen einer mehr oder minder robusten Gesundheit zu erfreuen.»[138]

Von den drei klassischen Regierungsformen, der Monarchie, der Aristokratie und der Demokratie, bewertete Rousseau die Aristokratie, genauer gesagt: eine ihrer drei Spielarten, am günstigsten. Er unterschied zwischen einer natürlichen, einer wählbaren und einer erblichen Aristokratie. Die erste paßte nach seiner Meinung nur für Naturvölker; die dritte war die schlechteste aller Verfassungen. Die mittlere hingegen, die Aristokratie im eigentlichen Sinn, war die beste: «Es ist die beste und natürlichste Ordnung, daß die Weisesten die Menge regieren, wenn man sicher sein kann, daß sie zu deren Wohl und nicht zu ihrem eigenen regieren werden.»[139]

Die beiden anderen Regierungsformen verfielen der Ablehnung des Autors. Die Monarchie passe nur für große Staaten. Doch wenn es schon schwierig sei, einen großen Staat gut zu regieren, so sei es noch schwieriger, daß er von einem einzigen Mann gut regiert werde.[140] Unter Demokratie verstand Rousseau einen Staat, in dem die ausübende und die gesetzgebende Gewalt faktisch in einer Hand lagen, so daß derjenige, der die Gesetze machte, sie auch ausführte. Damit war aber die Gefahr verbunden, daß die Volksgesamtheit ihre Aufmerksamkeit von den allgemeinen Gesichtspunkten ab- und den besonderen Gegenständen zuwandte. Allenfalls in sehr kleinen Staaten mit einfachen Sitten und geringen sozialen Unterschieden schien dem Autor eine Demokratie möglich. Doch auch hier sah er diese Regierungsform wie keine andere von Bürgerkriegen und inneren Unruhen bedroht. «Wenn es ein Volk von Göttern gäbe, würde es sich demokratisch regieren. Eine so vollkommene Regierung paßt für Menschen nicht.»[141]

Die schärfste Absage erteilte Rousseau der repräsentativen Regierungsform Großbritanniens, die er ein Zwischending zwischen der souveränen Autorität und der Willkürherrschaft nannte und als Relikt des Feudalsystems bezeichnete. Er sagte zunächst nicht, welches das Land war, in dem die Bürger lieber mit ihrer Börse als mit ihrer Person dem Staat dienten, wo sie im Kriegsfall Soldaten bezahlten und daheim blieben, wo sie Abgeordnete ernannten, statt selbst an den Versammlungen teilzunehmen. Doch die Staatsgewalt bestehe nun einmal aus dem Gemeinwillen, und der könne nicht vertreten werden. «Die Abgeordneten des Volkes sind also nicht seine Vertreter, noch können sie es sein, sie sind nur seine Beauftragten; sie können nicht endgültig beschließen. Jedes Gesetz, das das Volk nicht selbst beschlossen hat, ist nichtig; es ist überhaupt kein Gesetz. Das englische Volk glaubt frei zu sein. Es täuscht sich gewaltig. Es ist nur frei während der Wahl der Parlamentsmitglieder. Sobald diese gewählt sind, ist es Sklave, ist es nichts. Bei dem Gebrauch, den es in den kurzen Augenblicken seiner Freiheit von ihr macht, geschieht es ihm recht, daß es sie verliert.»[142]

Politische Freiheit bedeutete für Rousseau so viel wie Einsicht in die Richtigkeit der Mehrheitsentscheidung des Volkes. Einmütige Zustimmung verlangte nur *ein* Gesetz: der Gesellschaftsvertrag. Abgesehen von diesem einzigen und ursprünglichen Vertrag verpflichtete die Stimme der Mehrzahl immer alle anderen. «Der Bürger stimmt allen Gesetzen zu, selbst jenen, die man gegen seinen Willen verabschiedet ... Der beständige Wille aller Glieder des Staates ist der Gemeinwille; durch ihn sind sie Bürger und frei. Wenn man in der Volksversammlung ein Gesetz einbringt, fragt man genau genommen nicht danach, ob die Bürger die Vorlage annehmen oder ablehnen, sondern ob diese dem Gemeinwillen entspricht oder nicht. Jeder gibt mit seiner Stimme eine Meinung darüber ab, und aus der Auszählung der Stimmen geht die Kundgebung des Gemeinwillens hervor. Wenn also die meiner Meinung entgegengesetzte siegt, beweist dies nichts anderes, als daß ich mich getäuscht habe und daß das, was ich für den Gemeinwillen hielt, es nicht war. Wenn mein Sonderwille gesiegt hätte, hätte ich gegen meinen Willen gehandelt und wäre deshalb nicht frei gewesen.»[143]

Nichts bedrohte nach Rousseaus Überzeugung die Durchsetzung des Gemeinwillens so sehr wie der Herrschaftsanspruch des Christentums. Im völligen Widerspruch zur ursprünglichen christlichen Botschaft habe der Papst ein durchaus diesseitiges Reich errichtet, das härtester Despotismus geworden sei. Aus dem Nebeneinander von geistlicher und weltlicher Gewalt sei ein ständiger Konflikt der Gesetzgebung erwachsen, der in den christlichen Ländern jede gute Staatsordnung unmöglich mache. Und auch dort, wo sich die Herrscher zu Oberhäuptern der Kirche aufgeworfen hätten, wie in England oder Rußland, seien sie nur Obrigkeit, aber nicht Gesetzgeber der Kirche, nicht deren Herren, sondern bloß ihre Verwalter.

Es folgte eine bemerkenswerte Lobrede auf einen anderen Staatstheoretiker, dem Rousseau an anderer Stelle des «Contrat social» und in anderem Zusammenhang widersprochen hatte: «Unter allen christlichen Autoren ist der Philosoph Hobbes der einzige, der das Übel und sein Heilmittel richtig gesehen und der vorzuschlagen gewagt hat, die beiden Köpfe des Adlers wieder zu vereinigen und alles auf eine politische Einheit zurückzuführen, ohne die weder ein Staat noch eine Regierung jemals gut verfaßt sein werden. Aber er hat sehen müssen, daß die Herrschsucht des Christentums mit seinem System unvereinbar ist und daß das Interesse des Priesters immer stärker sein wird als das des Staates. Es ist weniger das Schreckliche und Falsche in seiner Politik als das Richtige und Wahre, das ihn verhaßt gemacht hat.»

Das römische Christentum war aus Rousseaus Sicht eine Priesterreligion, die dem Menschen zwei Arten von Gesetzgebung, zwei Oberhäuptern und zwei Vaterländern, nämlich jeweils einem geistlichen und einem weltlichen, unterwarf. Das wahre, auf das Evangelium gegründete Christentum habe hingegen keine besondere Beziehung zum Staat und sei dem Geist der Gemeinschaft völlig entgegengesetzt: «Eine Gesellschaft von wahren Christen ist keine Gesellschaft von Menschen mehr ... Das Vaterland des Christen ist nicht von dieser Welt. Gewiß, er tut seine Pflicht, aber er tut sie mit einer tiefen Gleichgültigkeit gegenüber Erfolg oder Mißerfolg seiner Bemühungen ... Wenn der Staat blüht, wagt er kaum, sich am öffentlichen Glück zu erfreuen; er fürchtet sich vor dem Stolz auf den Ruhm seines Vaterlandes. Wenn der Staat untergeht, segnet er die Hand Gottes, die schwer auf seinem Volk lastet ... Was liegt daran, ob man in diesem Jammertal frei ist oder Sklave? Das Wesentliche besteht darin, ins Paradies zu gelangen, und die Ergebung ist nur ein weiteres Mittel hierzu.»

Rousseau ging in seiner Fundamentalkritik des Christentums noch weiter: «Das Christentum predigt nichts als Knechtschaft und Abhängigkeit. Sein Geist leistet der Tyrannei zu sehr Vorschub, als daß diese daraus nicht immer Nutzen zöge. Die wahren Christen sind dazu geschaffen, Sklaven zu sein ...» Da das Evangelium keine nationale Religion (religion nationale) ist, ist auch jeder heilige Krieg (guerre sacrée) unter Christen unmöglich. Die Soldaten der Kreuzzüge waren keine Christen, sondern Soldaten des Klerus und damit Bürger des Kirchenstaates, die sich für ihr geistiges Vaterland, die Kirche, schlugen. Unter den heidnischen Kaisern des römischen Reiches waren die christlichen Soldaten zwar tapfer, aber nur, weil es damals einen Wettstreit mit den heidnischen Truppen um die Ehre gab. «Seit die Kaiser christlich geworden waren, fand dieser Wettstreit nicht mehr statt, und nachdem das Kreuz den Adler vertrieben hatte, verschwand alles, was Roms Stärke ausmachte.»

Da nach Rousseaus Auffassung mit dem Christentum kein Staat zu machen war, folgerte er, daß das Gemeinwohl ein anderes religiöses Fundament benötige als das christliche. Zwar gehe das Recht, das der Gesellschaftsvertrag dem Souverän über seine Untertanen erteilt, nicht über die Grenzen des öffentlichen Nutzens (utilité publique) hinaus. «Die Untertanen sind dem Souverän über ihre Ansichten nur insoweit Rechenschaft schuldig, als diese für das Gemeinwesen erheblich sind. Darüber hinaus mag jeder Anschauungen hegen, wie es ihm gefällt, ohne daß dem Souverän eine Kenntnis davon zustünde. Aber es ist für den Staat wichtig, daß jeder Bürger eine Religion hat, die ihn seine Pflichten lieben läßt.»

Daher ist ein «rein bürgerliches Glaubensbekenntnis» (une profession de foi purement civile) erforderlich, «dessen Artikel zu bestimmen dem Souverän zukommt, nicht regelrecht als Dogma einer Religion, sondern als Gesinnung des Miteinander (sentiments de sociabilité), ohne die es unmöglich ist, ein guter Bürger und ein treuer Untertan zu sein. Ohne jemanden dazu verpflichten zu können, sie zu glauben, kann der Souverän jeden aus dem Staat verbannen, der sie nicht glaubt; er kann ihn nicht als Gottlosen verbannen, sondern nur als einen, der sich dem Miteinander widersetzt und unfähig ist, die Gesetze und die Gerechtigkeit ernstlich zu lieben und sein Leben im Notfall der Pflicht zu opfern. Wenn einer, nachdem er öffentlich ebendiese Dogmen anerkannt hat, sich so verhält, als ob er sie nicht glaube, soll er mit dem Tode bestraft werden. Er hat das größte aller Verbrechen begangen; er hat vor den Gesetzen gelogen.»

Daraus ergab sich für Rousseau eine weitere Folgerung: «Die Dogmen der bürgerlichen Religion müssen einfach, gering an Zahl und klar ausgedrückt sein, ohne Erklärungen und Erläuterungen. Die Existenz der allmächtigen, allwissenden, wohltätigen, vorherrschenden und sorgenden Gottheit, das zukünftige Leben, das Glück der Gerechten und die Bestrafung der Bösen sowie die Heiligkeit des Gesellschaftsvertrages und der Gesetze – das sind die positiven Dogmen. Was die negativen Dogmen anbelangt, so beschränke ich sie auf ein einziges: die Intoleranz; sie gehört jenen Kulturen an, die wir ausgeschlossen haben.»

Religiöse Intoleranz und bürgerliche Intoleranz sind nach Rousseaus Überzeugung nicht zu trennen. «Es ist unmöglich, mit Menschen in Frieden zu leben, die man für unselig hält ... Heute, wo es eine ausschließliche Staatsreligion nicht mehr gibt und auch nicht mehr geben kann, muß man alle jene tolerieren, die ihrerseits die anderen tolerieren, sofern ihre Dogmen nicht gegen die Pflichten des Bürgers verstoßen. Wer aber zu sagen wagt: ‹Es gibt kein Heil außer der Kirche›, muß aus dem Staat ausgestoßen werden, es sei denn, der Staat ist die Kirche und der Fürst der Pontifex. Ein solches Dogma ist nur gut in einer theokratischen Regierung, in jeder anderen bringt es Verderben.»[144]

Das Kapitel über die Zivilreligion, das vorletzte des vierten und letzten Buches, war nicht nur das umfangreichste des «Contrat social», sondern auch seine Quintessenz. Nie zuvor hatte ein Autor politische Ordnungen so radikal am Maßstab der Freiheit gemessen wie Rousseau. Die Freiheitsrechte des Volkes waren für ihn unveräußerlich. Deshalb konnte kein Herrscher sich darauf berufen, das Volk habe ihm durch einen Unterwerfungsvertrag die Macht übertragen und dafür auf seine Freiheit verzichtet. Souverän blieb einzig und allein das Volk, nicht die Instanz, die staatliche Gewalt ausübte. Es waren elementare Grundsätze der modernen Demokratie, die Rousseau aufstellte, auch wenn er selbst von Demokratie einen anderen Begriff hatte, den der personellen Identität von Regierenden und Regierten, und diese Regierungsform allenfalls in Kleinstaaten für möglich hielt.

Was den natürlichen Anspruch des Menschen auf Freiheit anging, war Rousseau ungleich entschiedener als alle früheren Staatstheoretiker. Aber derselbe Autor, der so pathetisch politische Freiheit forderte, stellte sie durch *seine* Interpretation des Gesellschaftsvertrages zugleich auch wieder radikal in Frage. Der Einzelne muß sich zugunsten der Gesamtheit nicht nur zurücknehmen, sondern förmlich aufgeben. Die Mehrheit hat immer recht, wer in der Minderheit blieb, folglich unrecht. Was das Gemeinwohl ist, bestimmt aber letztlich auch nicht die Mehrheit, sondern die Vernunft. Rousseaus Begriff des Gemeinwohls ist ein vorgegebener: Was das allgemeine Beste erfordert, wird nicht aus der Auseinandersetzung unterschiedlicher Interessen a posteriori ermittelt, sondern steht a priori fest. Folgerichtig ist auch der Volkswille bei Rousseau eine hypothetische und keine empirische Größe.[145] Der mystische Gesetzgeber, das Sprachrohr der Vernunft, trägt alle Züge eines aufgeklärten Diktators, sein Regime die einer wohlwollenden Erziehungsdiktatur.

Rousseaus Freiheitsbegriff ist antiindividualistisch und antipluralistisch. Von der im «Émile» verkündeten Maxime ausgehend, daß der Mensch von Natur aus gut ist, stellt sich Rousseau die Frage gar nicht erst, ob eine *gute* politische Ordnung nicht institutioneller Vorkehrungen gegen die Anhäufung und den Mißbrauch von Macht bedarf.[146] Er verwirft die Gewaltenteilung, mit der Locke, Bolingbroke und Montesquieu, im Hinblick auf die Natur des Menschen pessimistischer und damit realistischer als Rousseau, dieser Gefahr entgegenzuwirken versuchten. Er verwendet keinen Gedanken darauf, ob sich eine direkte Gesetzgebung durch das Volk, in einer kleinen Stadtrepublik wie Genf gerade noch vorstellbar, auf größere Staatsgebilde übertragen läßt. Rousseau schottet sich gegen alle historische Erfahrung ab und ist insoweit geradezu ein Antipode Montesquieus: War der Verfasser des «Geistes der Gesetze» ein Wegbereiter des Historismus, so kann man den Autor des «Gesellschaftsvertrags» als Vordenker eines utopischen Antihistorismus bezeichnen.

Rousseau glaubte einen neuen Menschen herbeizwingen zu können, der für ihn in Wirklichkeit die veredelte Form des ursprünglichen, von Natur aus guten Menschen war. Zu diesem Zweck war nicht nur ein quasigöttlicher Gesetzgeber, sondern auch eine neue, «bürgerliche» Religion erforderlich. Rousseaus Zivilreligion (religion civile) sollte eine Tugendlehre sein. Die Tugend war nichts anderes als die «durchgängige

Übereinstimmung des Einzelwillens mit dem Gemeinwillen», und das wirksamste Mittel zur Tugend war die Vaterlandsliebe, die stark genug sein mußte, um notfalls auch einem «heiligen Krieg» die Rechtfertigung zu liefern.[147] Es war die politische Religion des modernen Nationalismus, die in Rousseau ihren ersten Fürsprecher fand: eine Ideologie, die absolute Loyalität gegenüber der Nation verlangte und alle konkurrierenden Loyalitätsansprüche für illegitim erklärte.

Daß Rousseau sich bei seinem Entwurf einer Zivilreligion auf Hobbes berief, war in sich logisch. Der Autor des «Leviathan» hatte der Trennung von geistlicher und weltlicher Gewalt den Kampf angesagt, weil er in ihr eine existentielle Gefahr für die politische Einheit des Gemeinwesens sah. Rousseau war derselben Auffassung. Mochte der Staat des «Contrat social» auch die Freiheit auf sein Banner geschrieben haben, in der Art, wie er die Einzelnen in die Schranken wies, ja zu einem Nichts machte, war er ein neuer «Leviathan».

Wenn Rousseau der englischen Repräsentativverfassung nachsagte, sie entstamme dem Feudalsystem, traf er etwas Richtiges. «Das Repräsentativsystem vermag seinen historischen Ursprung aus dem Ständewesen niemals restlos zu verleugnen», hat der deutsche Jurist und Politikwissenschaftler Ernst Fraenkel bemerkt.[148] Im Fall Englands war diese Kontinuität besonders ausgeprägt. Aber nicht nur das Repräsentativsystem hatte einen mittelalterlichen Ursprung. Für die Rousseau so verhaßte Trennung von geistlicher und weltlicher Gewalt, eine der Vorbedingungen der westlichen Freiheitstradition, galt dasselbe. Altertümlichkeit und Freiheitlichkeit mußten also keinen Gegensatz bilden, und umgekehrt bedeutete Modernität noch nicht Liberalität. In der Ideengeschichte der modernen Demokratie kommt Rousseau ein wichtiger Platz zu. Aber zugleich muß man ihn den Denkern zurechnen, die eine spezifisch moderne, auf den Schein einer plebiszitären Legitimation durch die Massen gestützte Form der Diktatur gedanklich vorwegnahmen: einer Diktatur, die den ganzen Menschen für sich in Anspruch nahm und sich das Ziel setzte, einen neuen Menschen hervorzubringen.[149]

Den «Gesellschaftsvertrag» hatte Rousseau einem Verleger in Amsterdam anvertraut. Nach Frankreich gelangten nur wenige Exemplare. Dort erregte der wenige Wochen später, im Mai 1762, erschienene «Émile» sehr viel mehr Aufmerksamkeit – und bei der katholischen Kirche Empörung. Sie richtete sich vor allem gegen den aus ihrer Sicht gefährlichsten Teil von Rousseaus Werk über die Erziehung: das «Glaubensbekenntnis des savoyischen Vikars», in dem sich der Autor für eine natürliche, vom Gefühl bestimmte Religion, ein auf seinen «theistischen» Kern zurückgeführtes Christentum, aussprach.[150] Der Erzbischof von Paris, Christophe de Beaumont, ließ daraufhin von den Kanzeln verkünden, das Buch zerstöre die Grundlagen der christlichen Religion und enthalte falsche gotteslästerliche Behauptungen. Im Parlament von Paris, dem ständischen Gerichtshof, setzte die Kirche die Verurteilung, die Beschlagnahme und öffentliche Verbrennung des «Émile» durch. Rousseau wurde angeklagt und seine Verhaftung beschlossen.

Rousseau blieb nur noch die Flucht aus Frankreich. In seine Heimatstadt konnte er nicht zurückkehren, obwohl er sich auf dem Titelblatt des «Contrat social» als «Citoyen de Genève» bezeichnet und in einer Anmerkung der Freiheits- und Vaterlandsliebe Calvins seine Achtung bezeugt hatte. Die Regierung der reformierten Stadtrepublik Genf bewertete den «Émile» nicht anders als der Erzbischof von Paris und ließ ihn, ebenso wie den «Gesellschaftsvertrag», ächten und verbrennen; gegen den Verfasser erging ein Haftbefehl. Als Asyl bot sich Rousseau die preußische Enklave Neuenburg, auf französisch Neuchâtel, im Schweizer Jura an. Dort war er vor religiöser Verfolgung durch die Obrigkeit sicher: Friedrich der Große wies den Gouverneur an, den berühmten Schriftsteller aufzunehmen und finanziell zu unterstützen.

Die reformierte Geistlichkeit und die Einwohner von Môtiers, Rousseaus Aufenthaltsort, waren weniger tolerant als der ferne Herrscher in Potsdam: Als sich aufgeregte Bauern im Herbst 1765 anschickten, sein Haus zu stürmen, entschloß sich Rousseau abermals zur Flucht. Sie führte ihn nach mehreren Zwischenstationen, darunter Paris, wo noch immer ein Haftbefehl gegen ihn vorlag, nach England: Er folgte damit einer Einladung des schottischen Philosophen David Hume (1711–1776), der sich zu dieser Zeit in Paris aufhielt und mit ihm zusammen Anfang 1766 nach Großbritannien begab.

Ein Jahr und vier Monate währte das britische Exil. Rousseau litt zunehmend unter Verfolgungswahn, überwarf sich mit Hume und kehrte im Mai 1767 überstürzt nach Frankreich zurück, wo er bei mehreren Adelsfamilien Unterschlupf fand. Seit 1770 lebte er wieder, von den Behörden unbehelligt, in Paris. Er arbeitete, wenn sein Gesundheits- und Gemütszustand es erlaubte, am Abschluß seiner «Confessions» und veröffentlichte 1772, im Jahr der ersten polnischen Teilung, seine letzte politische Schrift, die «Betrachtungen über die Verfassung Polens». Als Voraussetzung eines dringend zu wünschenden föderalistischen Umbaus des polnischen Staates empfahl er eine Beschränkung des Staatsgebiets, gegebenenfalls durch die Nachbarn.[151] Im Mai 1778 verließ Rousseau zusammen mit Thérèse Levasseur, die er 1768 geheiratet hatte, die französische Hauptstadt und begab sich auf Einladung eines adligen Gönners auf dessen Gut Ermenonville, nördlich von Paris. Einer seiner letzten Besucher war ein Student der Rechtswissenschaft namens Maximilien de Robespierre.[152]

Am 2. Juli 1778 starb Rousseau. Die Wirkung seiner Gedanken aber hielt an. Er hatte zwar, entgegen einer verbreiteten Meinung, niemals die Parole «Zurück zur Natur» ausgegeben, den Kult des Natürlichen jedoch entscheidend gefördert. Er war ein kämpferischer Anwalt der Vernunft und huldigte zugleich den Gefühlen, was zur Folge hatte, daß die Nachwelt in ihm sowohl einen Aufklärer wie auch einen frühen Romantiker sehen konnte.

Rousseau maß die Gegenwart an Maßstäben von Freiheit und Gleichheit, die sich noch nie in der Wirklichkeit hatten bewähren müssen, aber wohl gerade deshalb viele Leser faszinierten. Er vertrat nicht nur zu unterschiedlichen Zeiten, sondern mitunter auch in ein und demselben Werk Positionen, die sich nicht miteinander vereinbaren ließen. Eines der krassesten Beispiele hierfür ist der Gegensatz zwischen dem Prinzip der sich plebiszitär äußernden Volkssouveränität und der metaphysisch überhöhten Autorität des Gesetzgebers, dessen extrakonstitutionelle Stellung der eines aufgeklärten absolutistischen Herrschers ähnelt.

In der Widmung des Diskurses über die Ungleichheit an den Rat von Genf hatte sich Rousseau aus Mißtrauen gegenüber dem Volk noch dafür ausgesprochen, das Recht der Gesetzesinitiative nicht der Bürgerschaft, sondern nur der Obrigkeit zuzugestehen. Im «Contrat social» band er die Regierung an ein provisorisches, jederzeit widerrufbares Mandat des souveränen Volkes. Im «Émile» sagte er den «Zustand der Krise und des Jahrhunderts der Revolutionen» (l'état de crise et du siècle des révolutions) voraus. Er hielt diese Entwicklung angesichts des Niedergangs der großen Monarchien für unvermeidlich, ließ aber zugleich keinen Zweifel daran, daß ihn der Gedanke der Revolution mit Furcht erfüllte.[153] Rousseau war ein Mann der Widersprüche und versetzte damit posthum sowohl Demokraten als auch linke und rechte

Gegner der Demokratie in die Lage, sich auf ihn zu berufen – und ihn mißzuverstehen.

Was Rousseaus Theorien gänzlich fehlte, war der «common sense» der zeitgenössischen politischen Philosophie Großbritanniens. David Hume, der ihm 1766 zur Flucht nach England verhalf, verteidigte 1741, rund zwei Jahrzehnte vor der Veröffentlichung des «Contrat social», in seinen politischen Essays die Legitimität von «Einflüssen» (influences) und nahm dabei den Einfluß der Krone nicht aus, weil er die Vormachtstellung des Unterhauses etwas ausgleichen könne: «Wir können ihn gehässig als ‹Korruption› oder ‹Abhängigkeit› bezeichnen, doch bis zu einem gewissen Grad und in einer bestimmten Art ist er untrennbar von der ganzen Eigenart unserer Verfassung und unerläßlich für die Erhaltung unserer gemischten Verfassung.»[154] Er unterschied «Faktionen» aus Interesse, aus Prinzip und aus Affekt und nannte die ersteren die «vernünftigsten und am ehesten entschuldbar».[155] Die selbstgestellte Frage, warum sich die vielen so leicht die Regierung durch wenige gefallen ließen, beantwortete Hume mit der These, die Regierten hätten die «Stärke» (force) auf ihrer Seite, womit die Stärke der großen Zahl gemeint war, während die Regierenden, gleichviel ob sie an der Spitze despotischer oder freier Staaten stünden, sich auf nichts anderes stützen könnten als die «Meinung» (opinion), worunter er die öffentliche Meinung verstand.[156]

Was Hume nur knapp skizzierte, war eine vorweggenommene Antwort auf Rousseaus Lehre von der «volonté générale», den «volontés particulières» und der «volonté de tous». Was das allgemeine Beste war, stand nicht von vornherein fest, sondern ergab sich erst aus der freien Auseinandersetzung unterschiedlicher, ja gegensätzlicher Interessen in einer arbeitsteiligen Gesellschaft. Einen Sonderwillen in das Spiel der gesellschaftlichen Kräfte einzubringen, war nicht nur berechtigt, sondern grundlegend für den Prozeß der politischen Willensbildung. Der öffentlichen Meinung mußten die Regierenden auf die eine oder andere Weise Tribut zollen, wenn sie an der Macht bleiben wollten. Daraus folgte, was Hume auszusprechen nicht für erforderlich hielt: Auf die öffentliche Meinung mochten auch Philosophen Einfluß nehmen, aber es war eine Anmaßung, wenn sie vorgaben, die Stimme der Vernunft zu sein.[157]

Der Sache der Freiheit war mit dem Ansatz von Hume besser gedient als mit dem von Rousseau. Eine naturrechtlich begründete Vorstellung vom Gemeinwohl zu haben war eines, der Anspruch, das Gemeinwohl zu vertreten, ein anderes. Humes politisches Denken bewegte sich in ähnlichen Bahnen wie das von Locke, Bolingbroke und Montesquieu. Für Rousseau gab es nur einen kongenialen Vorläufer: Hobbes. Gemessen an den Erkenntnissen, die die Lehren von der Gewaltenteilung mittlerweile erbracht hatten, war das ein intellektueller Rückschritt.

Kritik des Bestehenden: Die Aufklärung und ihre Grenzen

1755 war nicht nur das Jahr, in dem Montesquieu starb und Rousseau seinen Diskurs über den Ursprung der Ungleichheit unter den Menschen vorlegte. In die Geschichtsbücher ging 1755 ein, weil am 1. November jenes Jahres, dem katholischen Feiertag Allerheiligen, große Teile Portugals, Spaniens und Marokkos von einem Erd- und Seebeben verwüstet wurden. Auf etwa 235 000 Tote wird die Zahl der Opfer des «Erdbebens von Lissabon» samt seiner Folgebeben vom 18. November, 9. und 26. Dezember geschätzt. Es erschütterte nicht nur die Gegenden, die unmittelbar von den Flutwellen, Erdstößen und Feuersbrünsten betroffen waren, sondern im übertragenen Sinn ganz Europa und die westliche Welt.[158]

Das Unglück einer so großen Zahl von Menschen weckte bei vielen Zweifel an der göttlichen Vorsehung, ja es wurde als negative Theodizee, als Widerlegung der Rechtfertigung Gottes, gedeutet. Voltaire (1694–1778), der wohl bekannteste Aufklärer unter den zeitgenössischen Philosophen, wandte sich in seinem «Gedicht über die Katastrophe von Lissabon» gegen die Meinung von Gottfried Wilhelm Leibniz, wir lebten in der besten aller Welten, und gegen Alexander Popes Wort «Alles ist gut». «Ihr sagt, daß alles gut, alles notwendig sei. / Wäre schlechter die Welt, wenn der höllische Schlund / Lissabon nicht verschlang», fragte Voltaire die optimistischen Deterministen. «Ein vollkommen Wesen konnt' kein Übel erzeugen. / Nirgendwoher sonst kommt's … Und zum Trost kam ein Gott, bot / als Heil sich uns dar. / Sein Besuch ließ die Welt ganz so, wie sie schon war.»[159]

Rousseau widersprach dem Philosophen in Form eines Briefes. Voltaire fordere den unglücklichen Menschen auf, immer weiter zu leiden, und begründe dies damit, daß Gott das Leiden zwar hätte verhindern können, aber nicht habe verhindern wollen. Der Kritiker hielt dagegen, daß mit Ausnahme des Todes die meisten Übel Menschenwerk seien. «Bleiben wir bei Ihrem Thema Lissabon, so sollten Sie zum Beispiel eingestehen, daß nicht die Natur dort 20 000 Häuser zu sechs bis sieben Stockwerk erbaut hat, und daß der Schaden viel geringer gewesen oder überhaupt nicht eingetreten wäre, wenn die Einwohner dieser großen Stadt gleichmäßiger verteilt und in leichteren Bauwerken gewohnt hätten. Jeder wäre bei der ersten Erschütterung geflohen, und man hätte die Einwohner am nächsten Tage zwanzig Meilen entfernt davon gesehen, ebenso heiter, als wäre nichts passiert.»[160]

Ganz ähnlich argumentierte Immanuel Kant (1724–1804). «Es läßt sich leicht raten, daß, wenn Menschen auf einem Grunde bauen, der mit entzündbaren Materialien angefüllt ist, über kurz oder lang die ganze Pracht ihrer Gebäude durch Erschütterungen über den Haufen fallen könne; aber muß man denn darum über die Wege der Vorsehung ungeduldig werden? Wäre es nicht besser, also zu urteilen: Es war nötig, daß Erdbeben bisweilen auf dem Erdboden geschähen, aber es war nicht notwendig, daß wir prächtige Wohnplätze darüber erbauen? Die Einwohner in Peru wohnen in Häusern, die nur in geringer Höhe gemauert sind, und das übrige besteht aus Rohr. Der Mensch muß sich in die Natur schicken lernen, aber er will, daß sie sich in ihn schicken soll.»

In der Schlußbetrachtung seines Aufsatzes «Geschichte und Naturbeschreibung der merkwürdigen Vorfälle des Erdbebens, welches an dem Ende des 1755sten Jahres einen großen Teil der Erde erschüttert hat» klang der Philosoph aus Königsberg wie ein Theologe. «So ist der Mensch im Dunkeln, wenn er die Absichten erraten will, die Gott in der Regierung der Welt vor Augen hat. Allein wir sind in keiner Ungewißheit, wenn es auf die Anwendung ankommt, wie wir diese Wege der Vorsehung dem Zwecke derselben gemäß gebrauchen sollen. Der Mensch ist nicht geboren, um auf dieser Schaubühne der Eitelkeit ewige Hütten zu erbauen. Weil sein ganzes Leben ein weit edleres Ziel hat, wie schön stimmen dazu nicht alle die Verheerungen, die der Unbestand der Welt selbst in denjenigen Dingen blicken läßt, die uns die größten und wichtigsten zu sein scheinen, um uns zu erinnern, daß die Güter der Erden unserem Triebe zur Glückseligkeit keine Genugtuung verschaffen können!» Zur Bestätigung des Gesagten hätte Kant ein Wort aus einem Text des Neuen Testaments, dem Hebräerbrief, zitieren können: «Denn wir haben hier keine bleibende Stadt, aber die zukünftige suchen wir.»[161]

Der Aufklärer Kant war kein Gegner der christlichen Religion, sondern nur ein Gegner einer unaufgeklärten Auslegung derselben. Von einem Geistlichen durfte nach seinem Dafürhalten durchaus verlangt werden, daß er seinen Katechismusschülern und seiner Gemeinde nach dem Symbol der Kirche, der er diente, Vortrag hielt. Als Gelehrter aber hatte der Theologe die volle Freiheit, ja den Beruf, seine sorgfältig geprüften Gedanken über das Fehlerhafte in jenem Symbol sowie Vorschläge zur besseren Einrichtung des Religions- und Kirchenwesens dem Publikum mitzuteilen. Als Gelehrter hatte der Geistliche dieselbe Freiheit wie jedermann, von seiner Vernunft in allen Stücken öffentlichen Gebrauch zu machen. Diese Freiheit war die unschädlichste von allen. Zugleich aber war sie alles, was zur Aufklärung erforderlich war.

«*Aufklärung* ist der Ausgang des Menschen aus seiner selbstverschuldeten Unmündigkeit», so beginnt Kants berühmter Aufsatz «Was ist Aufklärung?», mit dem er 1784 die entsprechende Frage der «Berlinischen Monatsschrift» beantwortete. «Unmündigkeit ist das Unvermögen, sich seines Verstandes ohne Leitung eines anderen zu bedienen. Selbstverschuldet ist diese Unmündigkeit, wenn die Ursache derselben nicht am Mangel des Verstandes, sondern der Entschließung und des Mutes liegt, sich seiner ohne Leitung eines anderen zu bedienen. *Sapere aude*! Habe Mut, Dich Deines eigenen Verstandes zu bedienen! ist also der Wahlspruch der Aufklärung ... Zu dieser Aufklärung aber wird nichts erfordert als *Freiheit*; und zwar die unschädlichste unter allem, was nur Freiheit heißen mag, nämlich die: von seiner Vernunft in allen Stücken *öffentlichen Gebrauch* zu machen.»

Als Kant dies im vorletzten Jahrzehnt des 18. Jahrhunderts schrieb, war die Aufklärung sich selbst schon Geschichte und damit zu einem Gegenstand von Aufklärung geworden. Die selbstgestellte Frage, ob wir jetzt in einem aufgeklärten Zeitalter lebten, beantwortete er gleichwohl mit der gebotenen Zurückhaltung: «Nein, aber wohl in einem Zeitalter der Aufklärung.» Zwar fehle noch viel daran, daß die Menschen sich in Religionsdingen ihres eigenen Verstandes ohne Leitung eines Anderen sicher und gut bedienen könnten. «Allein, daß jetzt ihnen doch das Feld geöffnet wird, sich dahin frei zu bearbeiten, und die Hindernisse der allgemeinen Aufklärung, oder des Ausgangs aus ihrer selbstverschuldeten Unmündigkeit, allmählich weniger werden, davon haben wir doch deutliche Anzeichen. In diesem Betracht ist dieses Zeitalter das Zeitalter der Aufklärung oder das Jahrhundert *Friederichs.*» (Was der Verbeugung vor dem König von Preußen zugrunde lag, wird uns noch beschäftigen.)[162]

Die Aufklärung war eine europäische Bewegung, die in der zweiten Hälfte des 17. Jahrhunderts in England begonnen hatte. John Locke gilt zu Recht als einer ihrer frühesten Vertreter. Sein Empirismus, die Ableitung aller Erkenntnis aus der Erfahrung der Sinne, sollte zum wichtigsten Merkmal der englischen und schottischen Aufklärung werden. Auch Bolingbroke und Hume folgten diesem Ansatz. Alle drei waren Freigeister und Deisten: Sie sahen in Gott den Urgrund der Welt, aber nicht den Weltenlenker, der sich dem Menschen durch Wort und Wunder offenbarte.

Für die französische Aufklärung war der Rationalismus kennzeichnend: ein Denken, für das die Vernunft die Quelle aller Erkenntnis ist. Auf die Vernunft beriefen sich in der Tradition von René Descartes (1596–1650) und Pierre Bayle (1647–1706) antiklerikale Deisten wie Voltaire und Rousseau, Pantheisten wie Diderot und d'Alembert, die beiden Herausgeber der ersten großen systematischen Zusammenfassung des zeitgenössischen Wissens, der seit 1751 erscheinenden «Encyclopédie», und materialistische Atheisten wie La Mettrie, Helvétius und der (aus der Pfalz stammende) Baron von Holbach.

Die deutsche Aufklärung war weniger erfahrungsgläubig als die englische, weniger religionskritisch als die französische und weniger politisch als beide. Daß echte Religiosität ohne kirchliche Orthodoxie möglich sei: darin stimmten die Philosophen Christian Thomasius, Christian Wolff und Immanuel Kant mit dem Dichter, Geschichtsdenker und Kritiker Gotthold Ephraim Lessing überein. Kant überwand die erkenntnistheoretischen Begrenzungen des Empirismus und des Rationalismus, indem er sich der Selbsterkenntnis der Vernunft zuwandte. In einem aber blieb er ein sehr deutscher Autor: Aus der Freiheit des Denkens folgte für ihn kein Recht auf Widerstand gegen die Staatsgewalt.[163]

In dieser Hinsicht ging Kant nicht weit über Samuel Pufendorf hinaus, der rund hundert Jahre vor ihm auch für den Fall, daß ein Staat schwerstes Unrecht tat, den Untertanen empfohlen hatte, lieber ihr Heil in der Flucht zu suchen als das Schwert gegen den Herrscher zu ziehen, der trotz aller Strenge doch immer der Vater des Landes bleibe. Der

Staat, den Kant erstrebte, sollte dem Volk zu seinem Recht, bis hin zu einem repräsentativen System, verhelfen. Aber das hieß auch: diesen Zustand herbeizuführen war Sache des Staates und nicht des Volkes. Reform von oben statt Revolution von unten: das war der Weg, auf dem die Vernunft sich politisch verwirklichen mußte – und im Preußen Friedrichs des Großen nach Kants Überzeugung zumindest begonnen hatte, sich zu verwirklichen.[164]

Wichtiger als das, was die nationalen Erscheinungsformen der Aufklärung voneinander unterschied, war das, was sie miteinander verband. Der Schlüsselbegriff der Aufklärung war die Kritik. Kritisch gesinnt zu sein hieß, alles Bestehende vor den Richterstuhl der Vernunft zu rufen. Die Vernunft maß das Überlieferte am Maßstab des möglichen Besseren. Sie hielt Fortschritt also für möglich, und weil er möglich war, für notwendig. Oberstes Ziel des Fortschritts war das Wohl des Menschengeschlechts. Der Fortschritt verlangte Kampf gegen alles, was ihm entgegenstand: Vorurteile, Aberglaube, Schwärmerei, Intoleranz und Dogmatismus. Fortschritt ließ sich nur erreichen unter den Bedingungen von Öffentlichkeit, Freiheit und Toleranz. Diese Bedingungen waren noch nirgendwo hinreichend gesichert. Vielmehr gab es in allen Ländern des Okzidents eine mehr oder minder starke, hier mehr katholisch, dort mehr evangelisch geprägte Gegenaufklärung. Infolgedessen konnte die Aufklärung sich selbst nur als Projekt begreifen: als Kampf um die Verwirklichung der Vernunft in aller Welt.

Zu den Voraussetzungen des Siegeszuges der Aufklärung gehörte die Gewißheit, daß das christliche Europa nicht mehr existentiell durch den Islam bedroht war. Diese Gewißheit konnte sich erst seit der Niederlage verbreiten, die das Reichsheer und seine polnischen Verbündeten 1683 dem Osmanischen Reich bei Wien bereitet hatten. Da die Christenheit nicht mehr in Gefahr war, mußte Europa sich nicht mehr über die christliche Religion definieren. Dies zu tun fiel ja auch deshalb schwer, weil das Christentum keine Einheit mehr bildete und der Kampf der Konfessionen viele Länder Europas in schwerste innere und äußere Konflikte gestürzt hatte. Die Aufklärung ermöglichte ein neues Gefühl von Gemeinsamkeit jenseits der Unterschiede der Religion und der Nation: das der Verpflichtung gegenüber den Geboten, auf die sich alle vernunftbegabten Wesen verständigen konnten.

Der Okzident der frühen Neuzeit war weniger einheitlich als der des Mittelalters: Der Zerfall der kirchlichen Einheit und der Aufstieg der

Nationalstaaten hatten Europa vielgestaltiger gemacht. Entwürfe einer neuen, auf dem Gedanken des Gleichgewichts beruhenden Föderativverfassung für das christliche Europa, wie sie 1632 der Herzog von Sully, ein früherer Minister König Heinrichs IV. von Frankreich, 1693 der englische Quäker William Penn, der Gründer von Pennsylvania, und 1713 der aufgeklärte französische Abbé de Saint-Pierre vorlegten, hatten keinerlei praktische Auswirkungen auf die Politik der Staatenlenker. Dennoch gab es nach wie vor vieles, was den alten Westen zusammenhielt. Ihn verbanden gemeinsame Rechtstraditionen und ein gemeinsames Völkerrecht, das Jus Publicum Europaeum. Die gesellschaftliche Ordnung und die politischen Einrichtungen des Westens unterschieden sich von Land zu Land und stimmten doch in vielem überein: Die Europäer verfügten über gemeinsame Prägungen, die es ihnen leicht machten, voneinander zu lernen.

Wechselseitiges Lernen über nationale Grenzen hinweg verstand sich von selbst für die großen Naturwissenschaftler und Astronomen, die das Weltverständnis der Europäer revolutionierten, von Kopernikus über Galilei und Tycho Brahe bis zu Kepler und Newton. Dasselbe galt für die tonangebenden Ärzte und Theologen, für Philosophen und Universalgelehrte wie Giordano Bruno, Descartes und Leibniz. Und quer durch die Nationen verliefen die Fronten zwischen denen, die am geistigen Fortschritt arbeiteten, und jenen, die ihm entgegenwirkten, weil er mit den überkommenen Vorstellungen von der richtigen Ordnung die bestehende Ordnung selbst in Gefahr brachte. Wäre es darum gegangen, eine Rangfolge von Feinden des Fortschritts zu erstellen, hätten die Aufklärer an erster Stelle wohl die katholische Kirche, aber gleich darauf das orthodoxe Luthertum und unaufgeklärte Herrscher und ihre Beamten genannt.

Auch auf den Gebieten der Kunst und der Bildung war der Okzident, ungeachtet aller nationalen und regionalen Besonderheiten, *ein* Kulturbereich geblieben. Nur hier hatten sich seit dem 15. Jahrhundert in der bildenden Kunst die perspektivische Darstellung und in der Musik die Polyphonie durchgesetzt: Formen künstlerischen Fortschritts, die geistige Freiheit zur Voraussetzung hatten und sich eben darum im byzantinisch-orthodox geprägten Osten und Südosten Europas nicht entwickeln konnten. Renaissance und Barock, Rokoko und Klassizismus waren gemeinsame Kunstepochen des europäischen Okzidents, so wie Romanik und Gotik es gewesen waren. Was die großen Musiker,

Maler und Bildhauer hervorbrachten, war europäische und nicht nationale Kunst. Die Dichter schrieben zwar in unterschiedlichen Sprachen, aber dank der Kenntnis fremder Sprachen unter den Gebildeten und zahlloser Übersetzungen, wurden die großen Werke der Literatur von Dantes «Divinia Comedia» über Shakespeares Dramen und Sonette bis zu Cervantes' «Don Quijote» rasch zum gemeinsamen geistigen Besitz der Europäer. Und noch immer gab es, soweit der Westen reichte, eine verbindende und verbindliche Bildungsgrundlage: die Bibel und das Erbe der griechischen und der römischen Antike.

Zur gemeinsamen politischen Bildung gehörten im gesamten Okzident des 18. Jahrhunderts auch die Schriften der Aufklärer und zumal die der Staatstheoretiker aus England und Frankreich. Lockes beide Abhandlungen über die Regierung, 1689/90 auf englisch vorgelegt, erschienen 1691 auf französisch, womit sie dem gebildeten Europa zugänglich waren. 1718 kam eine deutsche, 1773 eine spanische Ausgabe heraus, die beide auf der französischen Fassung beruhten. Montesquieus «Geist der Gesetze» aus dem Jahr 1748 lag drei Jahre später auf englisch vor. 1753 erschien «Des Herrn von Montesquiou (sic!) Werk von den Gesetzen» erstmals auf deutsch, 1777 auf italienisch. Rousseaus «Gesellschaftsvertrag» wurde 1763, ein Jahr nach dem französischen Original, auf deutsch verlegt. Im gleichen Jahr 1763 kam die erste englische Ausgabe heraus. 1767 oder 1768 folgte eine portugiesische, 1793 eine niederländische, 1795 eine dänische, 1799 eine spanische Ausgabe. Eine polnische Übersetzung ist für 1839 nachgewiesen. Aber schon zu Lebzeiten der Autoren wurden die Namen von Voltaire, Montesquieu und Rousseau in der polnischen Sprache heimisch – als «Wolter», «Monteskiusz» und «Russo». Eine europäische, ja transatlantische Wirkungsgeschichte hatte auch das 1764 (zunächst anonym) erschienene Buch «Dei delitti e delle pene» (Von den Verbrechen und den Strafen) des Mailänder Marchese Cesare Beccaria, eines leidenschaftlichen Gegners der Folter und der Todesstrafe, dessen Gedanken über eine Humanisierung von Strafrecht und Strafvollzug 1786 ihren Niederschlag in dem von Großherzog Leopold I. erlassenen neuen toskanischen Strafgesetzbuch fanden.[165]

Die aufgeklärte Öffentlichkeit, die über die bestehenden Zustände diskutierte und sie kritisierte, war mehr als nur national: Sie war europäisch und westlich. Sie war auch mehr als nur bürgerlich: Sie umschloß viele Adlige und Geistliche aller Konfessionen, aber auch Teile des «einfachen Volkes», soweit sie des Lesens kundig und an politischen Fragen interessiert waren. Die Zahl der Menschen, die lesen und schreiben konnten, stieg im 18. Jahrhundert beträchtlich an: in Frankreich etwa von 29 Prozent in den 1680er Jahren auf 47 Prozent hundert Jahre später. In England waren Mitte des 18. Jahrhunderts 60 Prozent, in Schottland 65 Prozent der Bevölkerung alphabetisiert, wobei es, wie in Frankreich, ein beträchtliches Gefälle zwischen Stadt und Land gab. Ähnliche Zahlen, nämlich 61 Prozent, liegen für die österreichischen Niederlande, das heutige Belgien, um 1750 vor. Im deutschsprachigen Mitteleuropa soll sich die Zahl der Lesefähigen von 10 Prozent um 1700 auf 25 Prozent um 1800 gesteigert haben. Die europaweit höchsten Zahlen werden aus Schweden berichtet: Um die Mitte des 18. Jahrhunderts konnten dort acht von zehn Männern und ebenso viele Frauen lesen und schreiben.[166]

Die Kommunikation innerhalb der europäischen Staaten und zwischen ihnen wurde im Zeitalter der Aufklärung immer dichter. Vor allem die zentral regierten großen Nationalstaaten Frankreich, England und Spanien förderten gezielt den Straßenbau, was den Verkehrs- und Informationsfluß beschleunigte und der raschen Verteilung von Druckschriften aller Art, darunter Zeitschriften und Zeitungen, zugute kam. Die Sprache der Bücher und Periodika war fast nur noch die Landessprache und nicht mehr das Lateinische: In Deutschland ging der Anteil der lateinischen Veröffentlichungen von 71 Prozent im Jahre 1600 auf 4 Prozent im Jahre 1800 zurück. In Frankreich fiel der entsprechende Anteil von 35 Prozent um 1600 auf weniger als 10 Prozent um 1700. Als «lingua franca» der gebildeten Europäer trat im 18. Jahrhundert immer mehr das Französische an die Stelle des Lateinischen.[167]

Die Aufklärung hätte sich nicht so rasch verbreitet und sie hätte nicht so große Wirkungen erzielt, wären im 18. Jahrhundert die Alphabetisierung nicht so stark gestiegen und das Verkehrs- und Kommunikationswesen nicht so nachhaltig verbessert worden. Daraus zogen Vereinigungen wie die Logen der Freimaurer, in kleinerem Maßstab auch der radikalere, 1776 gegründete Geheimbund der Illuminaten, Nutzen, die sich weltbürgerlichen Idealen verpflichtet fühlten und über nationale Grenzen hinweg als Bannerträger der Aufklärung auftraten. Doch es gab noch einen anderen Grund für den starken Widerhall öffentlich geäußerter Kritik: Es war die Verbreitung der Zustände, gegen die sich die Kritik richtete. Als kritikwürdig galt alles, was den

Vorstellungen der Aufklärer von Fortschritt, Recht und Vernunft widersprach: die Folter, die grausame Behandlung der Gefangenen, die Unterdrückung mißliebiger Meinungen durch staatliche oder kirchliche Zensur, die Abhängigkeit der Richter und die Gefügigkeit der Beamten, die Privilegierung Einzelner oder ganzer Gruppen auf Grund von adliger Abstammung oder fürstlichem Belieben, die Mißachtung der persönlichen Leistung der Untertanen, die Ungleichheit vor dem Gesetz.

Allgemeine Übereinstimmung gab es in der aufgeklärten Öffentlichkeit hinsichtlich besonders krasser Mißstände wie Soldatenhandel, Hexenverfolgung und Inquisition. Noch in der zweiten Hälfte des 18. Jahrhunderts verkauften absolutistische Herrscher, darunter deutsche Duodezfürsten wie der Landgraf Friedrich II. von Hessen-Kassel, Landeskinder als Soldaten an fremde Monarchen, im konkreten Fall an Georg III., König von Großbritannien und Kurfürsten von Hannover, der sie dann im Kampf gegen die rebellierenden Siedler seiner nordamerikanischen Kolonien einsetzte. Die Hexenprozesse hatten ihre Hochzeit zwar längst hinter sich, aber es gab sie noch immer. Im letzten Viertel des 18. Jahrhunderts wurden auf Grund gerichtlicher Verfahren noch drei Frauen als Hexen verbrannt: 1775 eine in der Reichsstadt Kempten, 1782 eine im Schweizer Kanton Glarus und 1793 eine in Posen. Die Inquisition hatte ebenfalls an Bedeutung verloren, in Spanien aber, in Teilen Italiens und im Kirchenstaat bestand sie bis weit ins 19. Jahrhundert fort.

Gespalten waren die Aufklärer in ihrem Verhältnis zu den Juden. Einige, wie Montesquieu und Diderot, widersprachen der Diskriminierung der Juden im Namen der Toleranz. Andere, unter ihnen Voltaire, sahen in der jüdischen Religion ein Relikt dunkler Zeiten, noch rückständiger und intoleranter als das Christentum, und bestritten aus diesem Grund einen Anspruch der Juden auf Toleranz. Der größte Philosoph der jüdischen Aufklärung, der Haskala, Moses Mendelssohn, warf den meisten «christlichen» Aufklärern in seiner 1783 erschienenen Schrift «Jerusalem oder über religiöse Macht und Judentum» zu Recht Unduldsamkeit gegenüber historisch zu erklärenden kulturellen Unterschieden vor. Verbindlich für alle Menschen könnten nur der menschlichen Vernunft begreifliche «ewige Wahrheiten», nicht die «Geschichtswahrheiten» von Juden, Christen und anderen Religionen sein. Daher war es nach Mendelssohns Überzeugung unbillig, ja verwerflich, von den Juden die Bekehrung zum Christentum zu fordern oder eine philosophisch vermeintlich geläuterte Einheitsreligion einzuführen. «Glaubensvereinigung ist nicht Toleranz; ist der wahren Duldung entgegen.»

Auf bemerkenswert wenig Protest stießen bei vielen Klassikern der Aufklärung auch der transatlantische Sklavenhandel, der in der zweiten Hälfte des 18. Jahrhunderts seinen Höhepunkt erreichte, und die von allen europäischen Kolonialmächten praktizierte Sklaverei. Zu ihren Kritikern und Gegnern gehörten Montesquieu, Rousseau und der schottische Moralphilosoph und Ökonom Adam Smith. Doch von Sklavenhandel und Sklaverei waren «nur» Schwarzafrikaner betroffen, und die galten den meisten, wenn auch nicht allen Aufklärern als Menschen einer primitiven Entwicklungsstufe und darum einer den Weißen kulturell weit unterlegenen Rasse.[168]

Das Menschengeschlecht, dessen Wohl zu fördern die Aufklärer sich vorgenommen hatten, war also zunächst nur ein Teil, ein vergleichsweise kleiner Teil der Menschheit. Die aufgeklärte Kritik betraf Verhältnisse, unter denen Menschen litten, die nach Meinung der Aufklärer auf Grund ihrer kulturellen Entwicklung ein Recht auf bessere Verhältnisse hatten. Die Kritik richtete sich zunehmend gegen das alte Regime im ganzen und nicht mehr nur gegen bestimmte Erscheinungsformen des «alten Zopfes». Es gab nur eine Möglichkeit, sich dieser Kritik zu erwehren: Die Herrschenden durften sie nicht unterdrücken; sie mußten vielmehr ihre grundsätzliche Berechtigung anerkennen und sich bemühen, ihr durch energische Reformen den Boden zu entziehen.

Aufgeklärter Absolutismus: Anspruch und Wirkung

Herrscher, die aufklärerisches Gedankengut in die Tat umzusetzen versuchten, gab es in der zweiten Hälfte des 18. Jahrhunderts viele: König Friedrich II. von Preußen (1740–1786), Kaiser Joseph II. (1765–1790) als Monarch seiner habsburgischen Stammlande, sein Bruder Leopold als Großherzog der Toskana (1765–1792), König Karl III. von Spanien (1759–1788) und König Gustav III. von Schweden (1771–1792) waren die bekanntesten. In manchen Staaten verbindet sich die Erinnerung an die Zeit des «aufgeklärten Absolutismus» weniger mit dem Namen eines Monarchen als mit dem des leitenden Ministers. In Dänemark war dies in den Jahren 1770 bis 1772 Johann Friedrich Struensee, in

Portugal zwischen 1750 und 1777 Sebastian José de Carvalho, Marquis von Pombal.

Ein aufgeklärter Absolutismus konnte sich nicht entwickeln, wo der Absolutismus bereits überwunden war, wie in England, oder sich nie durchgesetzt hatte, wie in Holland. Von einer Phase des aufgeklärten Absolutismus läßt sich auch dort nicht sprechen, wo zwar das gekrönte Staatsoberhaupt sich aufgeklärte Gedanken zu eigen machte, durch die gesellschaftlichen Verhältnisse aber daran gehindert wurde, die Politik nach diesen Einsichten auszurichten. Dies war in Rußland unter der Kaiserin Katharina II. (1762–1796) der Fall. Katharina hatte zwar Montesquieus «Geist der Gesetze» gelesen; sie stand mit Voltaire, Diderot und d'Alembert in brieflicher oder persönlicher Verbindung. Aber sie enttäuschte alle, die von ihr eine Umgestaltung des Zarenreiches im Sinne der Aufklärung erwarteten. Was von den neuen Ideen des Westens in die gebildete Oberschicht eindrang, war nicht durch die Vermittlung der Zarin nach Rußland gelangt.

Schließlich fehlt eine Zeit des aufgeklärten Absolutismus auch in einem der Ursprungsländer der Aufklärung: in Frankreich. Hier hatte sich eine aufgeklärte, überwiegend bürgerlich geprägte Gesellschaft *neben* der höfischen Gesellschaft bereits so stark entwickelt, daß es für eine «Aufklärung von oben» zu spät war. Aufgeklärter Absolutismus war ein Versuch von Herrschern vergleichsweise rückständiger Länder, nachzuholen, was weiter fortgeschrittene bereits erreicht hatten. Ohne einen gewissen Rückhalt in der eigenen Gesellschaft aber hatten solche Reformbestrebungen keine Chance, an dieses Ziel zu gelangen.

Aufgeklärte Monarchen nannten sich immer noch «von Gottes Gnaden», rechtfertigten ihre Herrschaft aber meist rein weltlich, nämlich als Dienst am Gemeinwohl. Sie ordneten, im Prinzip jedenfalls, ihr Amt ihrer Person über und unterschieden zwischen staatlichem und eigenem Besitz sowie, ansatzweise, zwischen Staat und Gesellschaft. Sie sammelten, systematisierten und reformierten das geltende Recht, um es für Regierende und Regierte durchschaubarer zu machen. Sie betrieben eine Modernisierung der Gesellschaft und bekämpften daher alle Kräfte, die sich diesem Ziel entgegenstellten. Dazu gehörten ständische Vertretungen, soweit es sie noch gab, und, in katholischen Ländern, der Jesuitenorden, manchmal auch die katholische Kirche als solche.

Am entschiedensten ging der Marquis von Pombal gegen die Societas Jesu vor, in der er einen der weltlichen Herrschaft gefährlichen Konkurrenten, einen Staat im Staat, sah. Portugal war der erste Staat, der die Jesuiten des Landes verwies und ihren Besitz beschlagnahmte (was beides für das Mutterland wie für die Kolonien galt). 1762 folgte Frankreich, 1767 Spanien, das dessen ungeachtet eine Hochburg der katholischen Gegenaufklärung blieb. Sechs Jahre später, 1773, löste Papst Clemens XIV. (1769–1774) den Orden formell auf: eine Maßnahme, die von Preußen und Rußland ignoriert und 1814 von der Kurie wieder aufgehoben wurde.

Gefährlich wurde es für aufgeklärte Monarchen und Minister, wenn sie sich hohe Adelskreise zu Feinden machten. Gustav III. von Schweden, ein Neffe Friedrichs des Großen, hatte 1772 in einem Staatsstreich die Macht des vom Adel beherrschten Reichstags zurückgedrängt und den Bauern mehr Rechte gegeben. Im Februar 1789 unternahm der König einen zweiten Staatsstreich. Er beseitigte gegen erbitterten Widerstand des Adels die Vormachtstellung desselben im Obersten Gerichtshof, entzog den Ständen das Vorschlagsrecht für Gesetzesvorlagen, sicherte sich selbst die Verfügungsgewalt über die Reichsämter, gestattete den Verkauf von Kronland an die Bauern und gab diesen das Recht, als bürgerliche Eigentümer auch Adelsland (außerhalb der Rittergüter) zu erwerben. Gemessen am aufgeklärten Absolutismus anderer Länder, waren das radikale Eingriffe. Gustav bezahlte sie mit seinem Leben: 1792 wurde er von einem fanatischen Mitglied der Adelsopposition auf einem Maskenball in der Stockholmer Oper ermordet.

Im skandinavischen Nachbarland Dänemark führte die Geistes- und Charakterschwäche von König Christian VII. (1766–1808) zu einer Verlagerung der Macht vom Monarchen auf den leitenden Minister. In dieses Amt gelangte 1770 der Leibarzt des Königs und Geliebte der Königin, der aus Halle an der Saale stammende Johann Friedrich Struensee, ein Verehrer Friedrich des Großen. Zu den von ihm überstürzt durchgesetzten Reformen gehörten die Einführung der vollständigen Pressefreiheit, die Beseitigung von Einfuhrzöllen, die Herabsetzung der Arbeitsverpflichtungen der schollenpflichtigen Bauern und die Einführung des Deutschen als allgemeine Amtssprache.

Der Adelsopposition kam gelegen, daß die zuletzt genannte Maßnahme extrem unpopulär war. 1772 wurde Struensee durch den Staatsstreich einer Gruppe von Adligen gestürzt, wegen seines Verhältnisses mit der Königin zum Tode verurteilt und enthauptet; die Königin

mußte Dänemark für immer verlassen. Unter Struensees Nachfolger erlangte das Dänische den Status der einzigen Amtssprache; Deutsche, die
nicht aus Dänemark stammten, wurden von Staatsämtern ausgeschlossen, die Reformen der Jahre 1770 bis 1772 weitgehend rückgängig gemacht. Es bedurfte eines weiteren, von reformbereiten Adligen unter-
nommenen Staatsstreiches im April 1784, um den Erneuerungsprozeß
wieder in Gang zu setzen: diesmal sorgfältig vorbereitet und auf lange
Sicht geplant. 1788 wurde die bäuerliche Schollenbindung abgeschafft.
Es war der entscheidende Schritt zur Überwindung des Feudalsystems
und zur Modernisierung der dänischen Landwirtschaft.[169]

Friedrich der Große, das Idol Gustavs III. und Struensees, betrieb
keine Politik, die man «antifeudal» nennen könnte. Im Gegenteil: Hatten
seine Vorfahren, angefangen beim Großen Kurfürsten, die Macht der
Junker zurückgedrängt, gab es unter ihm einen Prozeß der Refeudalisierung. Das Junkertum wurde umfassend privilegiert: Bürgerliche durften
keine Rittergüter mehr kaufen; wirtschaftlich gefährdeten Gütern half
der Staat mit Krediten.

Auch politisch gewannen die adligen Rittergutsbesitzer unter Fried-
rich II. auf allen Ebenen wieder an Einfluß. Der deutsche Historiker
Otto Büsch hat die Machtsteigerung der Gutsherren prägnant be-
schrieben: «Die Sicherung des Junkers im Landbesitz und im Besitz der
Offiziersstellen bedeutete zugleich die Garantie seiner Macht im Staat.
Die Herrschaft über die Bauern, die Verwaltung des Ortes durch den
Junker als Gutsherrn, die Verwaltung des Kreises durch den Junker als
Landrat, sein Einfluß auf die Regierung durch die ‹Landschaften›
(landschaftliche Kreditinstitute, H.A.W.) waren ein politisches Pfand.
Sie qualifizierten den Junker zur tragenden Rolle im Militärsystem …
Der Dienst des Junkers war die Bedingung des Staates für die Garantie
seiner Herrschaft, diese Garantie aber auch die Bedingung des Junkers
für die Erfüllung seines Dienstes. Der Junker bediente sich der Macht-
mittel des Staates, wie dieser sich seiner bediente. Das alte preußische
Militärsystem war ein umfassendes soziales System mit politischem
Grundcharakter.»[170]

Die soziale Militarisierung Preußens war in erster Linie eine Folge
der extremen räumlichen Zerrissenheit und militärischen Verwundbar-
keit dieses Staatswesens. Der Geist der Disziplin und Unterordnung,
der Preußens Aufstieg erst ermöglichte, war die Antwort auf diese Herausforderung. Es war eine einseitige Antwort, die einer Korrektur und

Ergänzung bedurfte: der Verinnerlichung des Preußentums. Daß diese stattfand, war zu guten Teilen das Werk des Pietismus. Die Wurzeln dieser Frömmigkeitsbewegung reichten bis in den Dreißigjährigen Krieg zurück. Mit dem Ruf nach einer Erneuerung der Kirche von innen reagierten die Pietisten auf die orthodoxe Versteinerung des Luthertums, ja auf jede Art von äußerlichem Dogmenglauben. In Brandenburg-Preußen bildete die Distanz zum offiziellen Luthertum eine Brücke zwischen den Pietisten und den calvinistischen Herrschern. In der gleichen Richtung wirkte das ausgeprägte Interesse der preußischen Pietisten an der praktischen Verbesserung von Schulen und Hochschulen wie an der Hebung der Lebensverhältnisse der unteren Schichten. Nie waren die «Stillen im Lande» dem Thron so nahe wie unter dem Soldatenkönig Friedrich Wilhelm I. (1713–1740). Was seine Regierungszeit überdauerte, war eine pietistisch geprägte Staatsgesinnung: ein Landespatriotismus, der Treue und Liebe zum Landesherrn in den Rang einer religiösen Pflicht der Untertanen erhob.[171]

Auf diese immaterielle Herrschaftsgrundlage konnte sich auch noch der in Fragen der Religion überaus tolerante, persönlich irreligiöse Freigeist Friedrich II. stützen. Während seiner Regierungszeit entwickelte sich in Preußen aber bereits eine neue, rein weltliche Form von Patriotismus. Es war der Aufklärer Thomas Abbt, ein aus der freien Reichsstadt Ulm stammender Wahlpreuße, der 1761, im fünften Jahr des Siebenjährigen Krieges, in seiner Schrift «Vom Tode für das Vaterland» Preußen erstmals eine «Nation» nannte. Die Antwort, was wohl das Vaterland sei, ergab sich für ihn nicht notwendigerweise aus der Naturtatsache des Geburtsortes, sondern alternativ dazu auch aus einer freien staatsbürgerlichen Entscheidung: «Aber wenn mich die Geburt oder meine freie Entschließung mit einem Staate vereinigen, dessen heilsamen Gesetzen ich mich unterwerfe, Gesetzen, die mir nicht mehr von meiner Freiheit entziehen, als zum Besten des ganzen Staates nötig ist: alsdann nenne ich diesen Staat mein Vaterland.»[172]

«Heilsame Gesetze» waren etwas anderes und sehr viel weniger als politische Mitwirkung, wie sie Bürgern von Stadtrepubliken zustand. In diesen hatte sich ein spezifisch republikanischer Patriotismus entwickelt, für den das verbriefte Recht auf Teilhabe an der Macht grundlegend war. In den deutschen Territorialstaaten der frühen Neuzeit kam es vor, daß sich Stände als «Patrioten» bezeichneten, weil sie es waren, die die Belange des Vaterlandes wenn nötig auch gegenüber dem Landesherrn vertraten.[173] Abbt wollte alle Untertanen des Königs von Preußen zum Patriotismus, bis hin zur Bereitschaft zum Tod für das Vaterland, verpflichten, weil die Gesetze des Landes ihre persönliche Freiheit nur dort beschränkten, wo das gemeine Wohl es erforderte, und sich eben dadurch als Gesetze eines aufgeklärten Monarchen erwiesen.

Tatsächlich traf das friderizianische Preußen gewisse Anstalten, sich zu einem Rechtsstaat zu entwickeln. Die Folter hatte der König schon 1740, zu Beginn seiner Regierungszeit, abgeschafft; er verbot grausame Strafen wie das Ertränken von Kindsmörderinnen, untersagte die öffentliche Kirchenbuße und schränkte die Todesstrafe ein.[174] Die Vereinheitlichung des Rechtswesens kam unter Friedrich ein großes Stück voran; die Rechtsprechung durch Verwaltungsbehörden wurde eingeschränkt; eine neue Prozeßordnung, der Codex Fridericianus, straffte die Gerichtsverfahren und machte sie durchsichtiger. Die Krönung des Gesetzgebungswerkes war das Allgemeine Landrecht für die Preußischen Staaten, das 1791, fünf Jahre nach Friedrichs Tod, vollständig vorlag. Das Gemeinschaftswerk einer Gruppe hochqualifizierter, am römischen Recht geschulter Juristen trug, wie Reinhart Koselleck bemerkt, ein Janusgesicht. «Im theoretischen Entwurf zielt es auf einen Rechtszustand, der der bestehenden Wirklichkeit weit vorauseilte, während in der Durchführung diese Wirklichkeit durch eine Fülle von Bestimmungen kodifiziert wurde, die dem geplanten Rechtszustand hinderlich waren, ja ihm widersprachen. Das Landrecht stellt einen Kompromiß dar zwischen überkommenem Zustand und zukunftsgerichteter Absicht.»[175]

Ganz ähnlich hatte schon 1856 der französische Staatsdenker Alexis de Tocqueville im Anhang seines Werkes «L'Ancien Régime et la Révolution» über das Allgemeine Landrecht geurteilt: «Unter diesem ganz modernen Kopf kommt nun ein völlig altfränkischer Rumpf (un corps tout gothique) hervor; Friedrich der Große hat ihn nur um das beschnitten, was die Betätigung seiner eigenen Macht behindern konnte, und das Ganze bildete ein Monstrum, das wie ein Zwitter aus zwei verschiedenen Kreaturen aussieht.»[176]

Der vollen Durchsetzung des Rechtsstaates im Preußen Friedrichs II. standen der Primat des Militärischen und die eng damit verknüpfte Privilegierung des Adels, aber auch das Verständnis des Monarchen von Recht, Rechtsprechung und Gerechtigkeit entgegen. In seinem Politischen Testament von 1752 hatte Friedrich sich zu dem Grundsatz bekannt: «In den Gerichten sollen die Gesetze sprechen, und der Herrscher hat zu schweigen.» In der Praxis hielt er sich jedoch nicht immer an diese Devise.

In die Rechtsgeschichte eingegangen ist der Fall des Wassermüllers Christian Arnold aus Pommerzig in der Neumark. Der hatte die Zahlung von Pachtzinsen an den adligen Gutsherrn, einen Grafen, verweigert und dies vor Gericht damit begründet, daß ihm der Landrat von Gersdorff durch die Anlegung von Karpfenteichen im Wortsinn das Wasser abgegraben habe, das er, Arnold, für das Antreiben seiner Mühle brauche. Das zuständige Gericht wies die Forderung des Müllers auf Schadensersatz zurück und ordnete die Zwangsräumung und Versteigerung der Mühle an. Arnold wandte sich daraufhin an den König. Dieser setzte im August 1779 eine Untersuchungskommission ein, die jedoch zu keinem eindeutigen Ergebnis kam. Als die Regierung in Küstrin anschließend das ergangene Urteil bestätigte, widersetzte sich Friedrich. Er war inzwischen zu der Überzeugung gelangt, daß dem Müller Unrecht geschehen sei. Ende September wies der König das Justizdepartment zu Küstrin an, den Beschwerden Arnolds unverzüglich abzuhelfen.

Im Zuge eines neuerlichen Prozesses unterlag der Müller abermals, und wiederum wandte er sich an den König. Der schaltete das Kammergericht zu Berlin ein, das im Dezember 1779 gegen Arnold entschied. Der König reagierte prompt: Er zitierte die drei beteiligten Richter nach Potsdam, entließ zwei hohe Beamte, den Präsidenten der Regierung von Küstrin und den Landrat des Kreises Züllichau, und ließ die Richter verhaften. Gegen das Votum des zuständigen Ministers und des Kriminalsenats ordnete er am 1. Januar 1780 die Entschädigung des Müllers und ein Jahr Festungshaft für die Berliner Richter an (die später begnadigt wurden).

Friedrich sah im Verhalten der Gerichte, nach überwiegender Meinung der Geschichtsschreibung zu Unrecht, einen Fall von Rechtsbeugung zu Lasten eines Untertanen von niederem Stand. Für die Zukunft wollte er ein für allemal sichergestellt sehen, «daß jedermann, er sei vornehm oder gering, reich oder arm, eine prompte Justiz administriret (werde) und einem jeglichen Dero Unterthanen, ohne Ansehen der Person und des Standes, durchgehends ein unpartheiisches Recht widerfahren soll». Der König sah sich im Recht und machte sich darum zum Vollstrecker seines Verständnisses von Recht. Die Einsicht in die Notwendigkeit einer unabhängigen Justiz trat zurück hinter dem Wunsch, der Gerechtigkeit auch dort zum Sieg zu verhelfen, wo die Gerichte aus königlicher Sicht versagten.[177]

Keinem anderen Monarchen wurde von so vielen Zeitgenossen zugestanden, er bemühe sich wenigstens darum, der erste Diener seines Staates zu sein, und dulde öffentlich vorgetragene Kritik in solchem Maß wie Friedrich. Seine zeitweilige Freundschaft mit Voltaire belegte seine Verbundenheit mit der Aufklärung. Es war eine Aufklärung von oben, die der König von Preußen in Gang setzte. Aber damit entsprach er durchaus den Vorstellungen, die der größte Philosoph seiner Zeit, Immanuel Kant, von der politischen Verwirklichung der Aufklärung hatte. Der Fortschritt sollte nicht gegen den Staat, sondern durch ihn erreicht werden: Das war nicht nur die Maxime jener Elite des preußischen Beamtentums, die unter Friedrichs Herrschaft den Hohenzollernstaat auf den Weg der Erneuerung brachte. Es war eine Erkenntnis, von der sich auch jenseits der preußischen Grenzen das deutsche Bürgertum und die gebildeten Deutschen aller Stände fortan leiten ließen.

Joseph II., seit 1765 Kaiser des Heiligen Römischen Reiches deutscher Nation und seit dem Tod seiner Mutter Maria Theresia im Jahre 1780 Alleinherrscher in den habsburgischen Stammlanden, stand dem König von Preußen in nichts nach, was den Willen zur Staatsreform von oben anging. In manchem war er sogar sehr viel konsequenter als Friedrich: Joseph hob 1781/82 die Schollenpflicht und Erbuntertänigkeit der Bauern in den österreichischen und böhmischen Ländern auf; der preußische Staat begann 1777 lediglich dort, wo er freie Hand hatte, nämlich in seinen Domänen, mit der Befreiung der Bauern von den Hand- und Spanndiensten – einem Vorspiel der allgemeinen Bauernbefreiung von 1808. (Die persönliche Leibeigenschaft der preußischen Domänenbauern war freilich schon unter dem Soldatenkönig, zwischen 1718 und 1723, beseitigt worden.)

Joseph löste zahllose Klöster auf, verstaatlichte die Ausbildung des katholischen Klerus und machte das Schulwesen zu einer rein staatlichen Angelegenheit. Die Nichtkatholiken erhielten durch die Toleranzedikte der Jahre 1781 bis 1789 das volle Staatsbürgerrecht und das Recht der privaten Religionsausübung (was freilich nicht für die Angehörigen von Sekten galt). Auch die Juden kamen durch die Toleranzedikte der achtziger Jahre in den Genuß der (eingeschränkten) Religions- und der Gewerbefreiheit. Joseph kam damit Forderungen nach, wie sie 1781 Christian Wilhelm Dohm, ein aufgeklärter preußischer Beamter und Freund des Philosophen Moses Mendelssohn, in seinem geradezu revolutionär anmutenden Buch «Von der bürgerlichen Verbesserung der Juden» erhoben hatte. Der habsburgische Herrscher unterschied sich in dieser Hinsicht scharf von Friedrich II. von Preußen: Dieser sah in den Juden, ähnlich wie Voltaire, die gefährlichste aller Sekten und hielt an ihrer religiösen und sozialen Diskriminierung fest.

Am Idealbild eines zentralistisch regierten Staates richtete sich Joseph aus, als er in allen seinen Staaten das Deutsche zur Amts- und Geschäftssprache erklärte. Damit provozierte er vor allem die Ungarn, für die bisher Latein die Sprache der Gesetze, der Verwaltung und des Parlaments gewesen war. Auch in den österreichischen Niederlanden, dem späteren Belgien, lehnte sich die Bevölkerung gegen die Sprachenpolitik des Kaisers in Wien auf. Der Widerstand war so massiv, daß Joseph sich zuletzt genötigt sah, die Sprachreform rückgängig zu machen. Die Unabhängigkeitserklärung Belgiens im Jahre 1790 konnte er dadurch aber nicht mehr aufhalten.

Auch auf anderen Gebieten, zumal in der Kirchenpolitik, dem «Josephinismus» im engeren Sinn, überforderte der aufgeklärte Monarch die Untertanen seines Vielvölkerreiches. Anders als Friedrich der Große konnte sich Joseph II. nicht auf einen Staatspatriotismus breiter Schichten stützen. Der österreichische Gesamtstaat hatte nur in Beamtentum und Armee verläßliche Säulen seiner Herrschaft. Die römische Kirche hatte der Kaiser und König, der selbst ein gläubiger Katholik war, in einem solchen Maß herausgefordert, daß sie nicht mehr als Klammer der Habsburgermonarchie dienen konnte. Vom Adel galt am Ende von Josephs Regierungszeit dasselbe.

Ungeduld, Mangel an Einfühlungsvermögen, übermäßiges Vertrauen in die Kraft des eigenen Willens: es waren solche Charaktereigenschaften Josephs, die seine Art von aufgeklärtem Absolutismus auf weiten Strecken zu einem Fehlschlag machten. Sein Bruder und Nachfolger, Leopold II. (1790–1792), der bisherige Großherzog der Toskana, konnte die Habsburgermonarchie nur dadurch leidlich befrieden, daß er Teile der josephinischen Reformen zurücknahm, den Ständen entgegenkam und Ungarn jene Eigenständigkeit beließ, auf die es einen verbrieften Anspruch hatte. Bestand hatten die Toleranzedikte, die Verminderung der Zahl der Klöster, die Aufhebung der Leibeigenschaft. Joseph II. hatte damit Änderungen bewirkt, die Österreich auf lange Zeit prägten.[178]

Dachte man die Forderungen der Aufklärung zu Ende, dann war der aufgeklärte Absolutismus ein Widerspruch in sich selbst – oder mußte über kurz oder lang zu einem solchen werden. Für die britischen Aufklärer von Locke bis Hume war es undenkbar, ein Regime als aufgeklärt zu bezeichnen, das die Einzelnen bevormundete und sich nicht auf einen immer wieder neu gegebenen Herrschaftsauftrag der Gesellschaft stützen konnte. Die deutschen Aufklärer waren bescheidener, was die politischen Konsequenzen ihres Programms betraf. Kant wünschte zwar ein repräsentatives Regierungssystem, wollte seine Einrichtung aber nicht dem Volk, sondern dem Herrscher anvertrauen. Die beiden bekanntesten Aufklärer des französischen Sprachraums, deren Hauptwerke in der zweiten Hälfte des 18. Jahrhunderts erschienen, bereiteten einer Revolution zwar theoretisch den Boden (Rousseau sehr viel entschiedener als Voltaire), hielten sie jedoch zugleich für ein Unglück, das sie persönlich nicht mehr erleben wollten (und auch nicht mehr erlebten). Ob es zu einer revolutionären Entladung der Krise kam, hing jedoch nicht von den Denkern der Aufklärung ab. Darüber entschieden in erster Linie jene, die über politische Macht verfügten – und diese entweder revolutionsfördernd oder revolutionshemmend gebrauchen konnten.

Absolutismus in der Krise: Frankreichs Weg in die Revolution

War die zweite Hälfte des 18. Jahrhunderts für die Staaten des aufgeklärten Absolutismus eine Zeit der inneren Erneuerung, so geriet Frankreich nach 1750 immer tiefer in eine schwere gesellschaftliche und politische Krise. Die Staatsverschuldung war schon am Ende der Regierungszeit Ludwigs XIV. gewaltig gewesen. Frankreichs militärisches Engagement im Österreichischen Erbfolgekrieg, im Siebenjährigen Krieg und schließlich, seit 1776, im Unabhängigkeitskrieg der nordamerikanischen Kolonien Großbritanniens ließ die öffentliche Schuldenlast immer weiter anwachsen. Um die Staatsfinanzen zu sanieren, hätte das französische Steuersystem radikal umgestaltet werden müssen. Eine wirksame Reform verlangte vor allem eines: eine angemessene Belastung des Adels, der traditionell von den meisten Steuern befreit war. Gegen einen Verlust der Steuerprivilegien wehrten sich die Parlamente, die vom Adel beherrschten Gerichtshöfe, obenan das Pariser Parlament, ebenso verbissen wie geschickt. Sie gaben ihrer Opposition den Anschein eines Kampfes gegen den Absolutismus und für die Freiheit. Damit beeindruckten sie zeitweise auch größere Teile des Bürgertums.

1774 bestieg im Alter von 20 Jahren Ludwig XVI. den Thron der Bourbonen: ein redlicher, aber willensschwacher und geistig nicht besonders aufgeschlossener Dynast. Er begann seine Regierungszeit mit einer fatalen Fehlentscheidung: Er setzte die Parlamente, die 1771 unter seinem Großvater, Ludwig XV. (1715–1774), beseitigt worden waren, wieder in ihre alten Rechte ein. Damit machte er es dem neuen Generalkontrolleur der Finanzen, Anne Robert Turgot, faktisch unmöglich, sein Programm der Gewerbefreiheit und der Steuergerechtigkeit durchzusetzen.

Turgot war ein überzeugter Aufklärer und Physiokrat: Er setzte auf die freie Entfaltung der wirtschaftlichen Kräfte, wobei er, wie alle Physiokraten, in der Landwirtschaft den eigentlich produktiven Sektor der Wirtschaft sah. Politisch schwebte ihm ein antifeudales Bündnis zwischen Krone und Volk vor, und eines solchen Paktes hätte es in der Tat bedurft, um die finanziellen Privilegien des Adels zu beseitigen oder mindestens abzubauen. Eben damit forderte Turgot den massiven Widerstand des Parlaments von Paris heraus. Als sich auch Königin Marie Antoinette, die Tochter der Kaiserin Maria Theresia, die Brüder des Königs, der Hofadel und der hohe Klerus gegen ihn stellten, war seine Stellung nicht mehr zu halten. Nach nur zwei Jahren im Amt wurde Turgot im Mai 1776 vom Monarchen entlassen.

Im Jahr darauf machte Ludwig erneut einen Reformer zum Finanzminister: den Genfer Bankier Jacques Necker, einen bekennenden Calvinisten. Er finanzierte Frankreichs Beteiligung am amerikanischen Krieg, die er persönlich für einen schweren Fehler hielt, nicht durch höhere Steuern, sondern durch Anleihen und trieb damit die Staatsverschuldung weiter in die Höhe. Um die Macht der Parlamente zu brechen, führte Necker in zunächst vier Provinzen Notabelnversammlungen mit beratender Funktion ein. 1781 machte er in Gestalt eines öffentlichen Rechenschaftsberichts an den König erstmals in der französischen Geschichte das Staatsbudget bekannt, wobei er allerdings für die Einnahmen eine zu hohe und für die Ausgabe eine zu niedrige

Summe nannte und damit das tatsächliche Defizit verschleierte. Die Publizierung des Budgets löste am Hof Empörung aus; die Forderung nach einer Notabelnversammlung für ganz Frankreich brachte die Parlamente weiter gegen Necker auf. Nach vier Jahren endete 1781 seine (erste) Ministerzeit mit der Entlassung durch den König.

Neckers Annahme, eine Notabelnversammlung würde einer energischen Reformpolitik zugute kommen, erwies sich als irrig. Im Februar 1787 berief Ludwig auf Drängen von Finanzminister Calonne eine Versammlung von ausgesuchten Notabeln aus dem ganzen Land nach Versailles ein. Da auch hier der Adel das Sagen hatte, fand sich keine Mehrheit für einen Verzicht auf die Steuerfreiheit der beiden privilegierten Stände, Klerus und Adel.

Unter Calonnes Nachfolger Brienne spitzte sich in den folgenden Monaten der Konflikt zwischen der Regierung und den Parlamenten weiter zu. Im Mai 1788 erzwang der König durch einen einseitigen Richtspruch (lit de justice) die Registrierung (enregistrement) und auf diesem Weg die Rechtsgültigkeit von sechs Edikten zur Justizreform und zur Entmachtung der Parlamente. Da Ludwig damit unter Berufung auf seine Prärogative das wichtigste Recht der Parlamente, die Registrierung königlicher Verfügungen, angegriffen hatte, war deren Reaktion massiv: Sie verhinderten die Justizreform durch Obstruktion und taten, wozu dem König und den Ministern der Mut fehlte: Sie appellierten an das Volk, das sich mancherorts tatsächlich gegen die vermeintliche Monarchenwillkür erhob und auch vor Angriffen auf Soldaten des Königs nicht zurückschreckte.

Im August 1788 sahen sich König und Regierung genötigt, der öffentlichen Meinung entgegenzukommen und zum 1. Mai 1789 Generalstände (États généraux) für ganz Frankreich einzuberufen. Eine Versammlung der Generalstände hatte letztmals 1614, zur Zeit König Ludwigs XIII., stattgefunden. Es war ein Zeichen für die Tiefe der Krise, daß 175 Jahre später ein «absoluter» Herrscher auf ein derart «feudales» Vertretungsorgan zurückgriff. Die öffentliche Meinung, ermutigt durch die im August 1788 zugestandene weitgehende Pressefreiheit, sah in den Generalständen freilich etwas anderes als der König, nämlich eine Möglichkeit, die Stimme Frankreichs zu Gehör zu bringen. Das konnte nur unter drei Bedingungen gelingen: Erstens mußte der Dritte Stand, die nichtprivilegierte Gesellschaft, über mindestens ebenso viele Stimmen verfügen wie Klerus und Adel zusammen. Zweitens mußte in der Versammlung nicht nach Ständen, sondern nach Köpfen abgestimmt werden.

Ein weiteres Zeichen der politischen Krise war die Wiederberufung Jacques Neckers am 26. August 1788. Frankreich stand am Rande des Staatsbankrotts; es litt unter den Folgen des Hochwassers vom Vorjahr, einer schlechten Ernte und der dadurch verschärften allgemeinen Teuerung, vor allem bei den Getreide- und folglich auch bei den Brotpreisen. Hauptbetroffene waren die städtischen Unterschichten, die kleinen Bauern und die Tagelöhner, die zusammen die überwältigende Mehrheit der Bevölkerung ausmachten. Necker wollte durch politische Zugeständnisse der wachsenden Unzufriedenheit die Spitze nehmen: Er machte sich die Forderung des Dritten Standes hinsichtlich der Zusammensetzung der Generalstände und des dort geltenden Abstimmungsmodus zu eigen.

Eine zweite Notabelnversammlung, die auf Neckers Initiative im November und Dezember 1788 tagte, zeigte sich uneinsichtig und lehnte die Vorschläge des Ministers ab. Beim König vermochte er immerhin *eine* Forderung des Dritten Standes, die nach Verdoppelung seiner Mandate und damit nach einem numerischen Gleichgewicht zwischen Privilegierten und Nichtprivilegierten, durchzusetzen. Die andere Forderung, die Abstimmung nach Köpfen, wollte der König nicht übernehmen. Es lag auf der Hand, daß auch viele Adlige und Angehörige des niederen Klerus mit den Vertretern des Dritten Standes stimmen und diesem zur Mehrheit verhelfen würden, wenn die Stände nicht en bloc abstimmten, sondern die Stimmen der einzelnen Mitglieder der Versammlung, unabhängig von ihrer Zugehörigkeit zu einem der drei Stände, ausgezählt wurden.

Der ersten Zusammenkunft der Generalstände ging ein von den Behörden unbehinderter Wahlkampf voraus. An der Wahl der Vertreter des Dritten Standes konnten auf der untersten Stufe des mehrstufigen Wahlverfahrens alle männlichen Bürger teilnehmen, die das 25. Lebensjahr vollendet hatten und in die Stimmlisten eingetragen waren. Überall unterbreiteten die Wähler den Wahlmännern ihre Wünsche und Klagen in Form von Beschwerdeheften («cahiers de doléances»). Bei der Formulierung halfen vielfach Advokaten mit, die auch einen erheblichen Teil der Delegierten stellten. In den Wahlversammlungen der privilegierten Stände setzten sich häufig niedere Kleriker und Adlige durch. Bei den Adligen durften auch die Frauen mitwählen.

Doch nicht überall verlief die Zeit der Wahlagitation friedlich. Im Frühjahr 1789 herrschte in großen Teilen Frankreichs eine Hungersnot. Vielerorts rebellierten die städtischen und ländlichen Unterschichten, besonders heftig in Paris, der Provence und der Picardie. Der Zorn auf die materiellen Entbehrungen machte sich immer wieder in Plünderungen von Getreidewagen, Vorratslagern und Bäckereien Luft. Französische Historiker sprechen im Hinblick auf die Monate vor dem Zusammentreten der Generalstände von einer «prérévolution», einer Vorrevolution.

Am 5. Mai 1789 eröffnete König Ludwig XVI. in Versailles die konstituierende Versammlung der Generalstände. Insgesamt gehörten dem Gremium 1165 Abgeordnete an, davon rund die Hälfte dem Dritten Stand und jeweils ein Viertel dem Ersten und dem Zweiten Stand. Die Mehrheit der Delegierten des Ersten Standes, des Klerus, bestand aus einfachen Pfarrern, die der Sache des Dritten Standes zuneigten. Bei den Mitgliedern des Zweiten Standes, des Adels, belief sich die Zahl der Delegierten, die mit den Nichtprivilegierten sympathisierten, immerhin noch auf ein Drittel. Zu den Delegierten des Dritten Standes gehörten auch Kleriker und Adlige, darunter der Abbé Emmanuel Joseph Sieyès, der Autor der Programmschrift «Was ist der dritte Stand?», und Honoré Gabriel de Riqueti, Graf von Mirabeau, einer der wirkungsvollsten Redner der Versammlung.

Da weder der König noch Necker sich zu der Frage äußerten, ob in den Generalständen nach Ständen oder nach Köpfen abgestimmt werden sollte, bereiteten sie ungewollt den Schritt vor, der den Übergang zur Revolution bedeutete: Am 17. Juni stellte der Abbé Sieyès in einer Sitzung, an der nur die Delegierten des Dritten Standes und eine größere Zahl von Pfarrern teilnahmen, den Antrag, die Versammlung solle sich zur Nationalversammlung (Assemblée nationale) erklären, da sie bereits jetzt 96 von 100 Franzosen vertrete.

Der Antrag wurde mit großer Mehrheit angenommen. Am 19. Juni stimmte eine knappe Mehrheit der Kleriker für den Anschluß an die Nationalversammlung. Am 20. Juni trafen sich die «revolutionären» Delegierten in einem Saal des Ballhauses, wo sie den Schwur ablegten, nicht auseinanderzugehen, bevor eine Verfassung beschlossen worden sei.

Als am 23. Juni der König in einer «Séance royale», einer Gesamtsitzung der Generalstände, einerseits in vager Form Reformen versprach, andererseits getrennte Tagungen der drei Stände anordnete, verweigerte ihm die Versammlung den Gehorsam. Mirabeau erklärte, an den Generalzeremonienmeister des Königs gewandt, in improvisierter Rede, wenn dieser den Auftrag habe, die Abgeordneten zu vertreiben, müsse er den Befehl zur Gewaltanwendung einholen, «denn wir werden uns von unseren Plätzen nur durch die Gewalt der Bajonette vertreiben lassen».

Vier Tage später, am 27. Juni, gab der König nach: Er forderte die Vertreter des Ersten und des Zweiten Standes auf, sich der Nationalversammlung anzuschließen. Doch niemand konnte sicher sein, daß Ludwig XVI. wirklich bereit war, die Führung Frankreichs dem Dritten Stand zu überlassen. Am 11. Juli 1789 entließ er Necker und andere Minister, die als reformfreundlich galten. An ihre Stelle traten bekannte Gegner der Forderungen des Dritten Standes. Gleichzeitig wurden vermehrt Truppen nach Versailles gezogen. Die Machtfrage war wieder völlig offen: Frankreich befand sich an einem dramatischen Wendepunkt seiner Geschichte.[179]

Eine revolutionäre Zuspitzung der Krise wäre vielleicht zu vermeiden gewesen, hätte sich Ludwig XVI. rechtzeitig selbst an die Spitze der Reformbewegung gestellt und im Namen des Volkes den Kampf gegen die privilegierten Stände aufgenommen. Das war die Linie, für die Turgot den König vergeblich zu gewinnen versucht hatte. In letzter Konsequenz hätte dies freilich die Selbstabschaffung des französischen Absolutismus bedeutet. Denn für eine längere Phase des aufgeklärten Absolutismus war die französische Gesellschaft bereits zu aufgeklärt und die französische Monarchie nicht mehr absolutistisch genug.

Nach dem Tod Ludwigs XIV. im Jahre 1715 war der Überdruß an der königlichen Autokratie so stark, daß es den privilegierten Ständen nicht schwer fiel, ihrem wichtigsten Vertretungsorgan, den Parlamenten, und damit auch den Provinzen zu vermehrtem Einfluß zu verhelfen. Ihr Recht, königliche Edikte durch Registrierung in Kraft zu setzen, konnte der Monarch zwar durch einen «lit de justice» umgehen: ein Mittel, das Ludwig XVI. zweimal, im März 1776 auf Drängen von Turgot und im Mai 1788 auf Betreiben von Brienne, anwandte. Aber beide Male erwiesen sich die Parlamente als stärker: Im ersten Fall erreichten sie, daß die von ihnen bekämpften Maßnahmen durch die Nachfolger Turgots größtenteils wieder rückgängig gemacht wurden; im zweiten Fall brachten sie die Reformen der Regierung durch schiere Obstruktion um ihre Wirkung. Ludwig XVI. hatte nicht die Kraft, die für eine Konfrontation mit Adel und Kirche nötig gewesen wäre. Die öffentliche Meinung empfand ihn daher immer mehr als den König der Privilegierten, also einer winzigen Mehrheit der Gesellschaft.

Daß die Privilegien der ersten beiden Stände als überholt, weil durch nichts mehr gerechtfertigt galten, hatten sich Klerus und Adel selbst zuzuschreiben. Die katholische Kirche verdankte ihr religiöses Monopol der französischen Monarchie, die den Protestantismus seit der Aufhebung des Edikts von Nantes durch Ludwig XIV. im Jahre 1685 mit äußerster Härte unterdrückt hatte. Noch Mitte des 18. Jahrhunderts wurden Protestanten, die die Polizei beim Besuch eines heimlichen Gottesdienstes antraf, zu Galeeren- und Zuchthausstrafen verurteilt. Erst seit 1763 hörte die Verfolgung der Protestanten allmählich auf. Es war das Jahr, in dem Voltaire seinen «Traktat über die Toleranz» veröffentlichte: einen flammenden Protest gegen die Hinrichtung des protestantischen Kaufmanns Jean Calas. Er war im Jahr zuvor das Opfer eines Justizirrtums des Parlaments von Toulouse geworden.

Auch in ihren eigenen Reihen war die französische Kirche äußerst unduldsam. Als Hauptgegner innerhalb des Katholizismus galten die Anhänger von Cornelius Jansen (1585–1638), dem Bischof von Ypern, der in einem Werk über Augustinus der göttlichen Gnade eine ähnlich ausschlaggebende Rolle zuerkannt hatte wie Luther und, auf andere Weise, Calvin und darum als Parteigänger des Protestantismus galt. Gegen die umfassende Verurteilung der jansenistischen Lehren durch Papst Clemens XI. in der Bulle «Unigenitus» von 1713 wandten sich neben den Aufklärern, den «philosophes», auch die Parlamente, die hier eine Chance sahen, Einfluß auf die öffentliche Meinung zu gewinnen. Die Unterdrückung des Jansenismus trug mit dazu bei, daß sich im niederen Klerus eine oppositionelle Strömung ausbreitete, die sich gegen die Bischöfe und den sie schützenden Hof, zunehmend aber auch gegen den Papst und die Kurie richtete.

Äußerlich war die Machtstellung der katholischen Kirche zur Zeit Ludwigs XVI. immer noch eindrucksvoll; sie besaß im Landesdurchschnitt etwa ein Zehntel des französischen Bodens und war damit die mit Abstand größte Grundbesitzerin; sie bezog nach wie vor großzügige Steuereinnahmen in Gestalt des Kirchenzehnten, den Bauern und Landarbeiter zu entrichten hatten. Gleichzeitig weigerte sie sich aber beharrlich, ihrerseits einen Anteil an den öffentlichen Lasten zu übernehmen, der ihren Einkünften und ihrem Besitz entsprach. Viele Bischöfe hatten sich dem Lebensstil weltlicher Grandseigneurs angepaßt. Sie verfügten über die dazu nötigen Mittel und lebten oft weniger in ihren Diözesen als in Versailles, wo sie einen Teil des Hofstaates bildeten.

Für sämtliche Bischofssitze und viele Abteien besaß der König von Frankreich seit dem Konkordat von 1516, einem ganz vom staatskirchlichen Geist des Gallikanismus geprägten Vertrag zwischen Franz I. und Papst Leo X., das alleinige Präsentationsrecht. Die Nachfolger Ludwigs XVI. nutzten dieses Recht zur Versorgung jüngerer Söhne des Hochadels, den sie damit weiter an sich banden. Ungewollt war die Kehrseite dieser Art von Verweltlichung oder Säkularisierung der französischen Kirche: Die materielle Privilegierung von Bischöfen und Äbten förderte die Entfremdung zwischen hohem und niederem Klerus und die Abwendung großer Teile der Bevölkerung von Kirche und Religion.[180]

Der französische Adel hatte in der Blütezeit des Absolutismus alle Funktionen verloren, die einmal der Grund seiner Privilegierung gewesen waren. Die Aufgaben des Schwertadels, der «noblesse d'épée», hatte seit langem das stehende Heer übernommen; die höchsten Beamten des Königs entstammten unter Ludwig XIV. meist nicht dem alten Hochadel, sondern waren Bürgerliche oder Angehörige der «noblesse de robe», also geadelte Bürgerliche oder deren Nachkommen. Unter Ludwig XVI. vollzog sich dann eine geradezu demonstrativ wirkende «Refeudalisierung»: Seine Minister entnahm der König, mit der einzigen Ausnahme Neckers, den Kreisen des Schwertadels.

Der französische Adel war vor allem Hofadel. Landbesitz ließen die wohlhabenden Aristokraten durch Pächter verwalten. Sie unterschieden sich damit vom deutschen Adel, soweit dieser über Grundbesitz verfügte. In Preußen und im sonstigen Ostelbien, den Gebieten der Gutsherrschaft, bewirtschafteten die Adligen ihre Güter meist noch selbst; im Westen Deutschlands, den Gebieten der Grundherrschaft, verpachteten die Adligen ihr gesamtes Ackerland in der Regel an Bauern. Die Entfremdung zwischen Adel und Bauern war in Frankreich folglich ungleich stärker als in Deutschland.[181]

Der Hauptunterschied zum Adel in England lag darin, daß es in Frankreich keinen fließenden Übergang zwischen Bürgertum und Adel gab. Während in Großbritannien der Titel eines Adligen nur auf dessen ältesten Sohn überging und die übrigen Commoners waren, erbten in Frankreich alle Söhne eines Herrn von Adel dessen überlieferten Titel. Der Aufstieg vom Bürgertum in den Adel, in England eine alltägliche

Erscheinung, bedeutete im Frankreich des 16. und 17. Jahrhunderts Aufnahme in die «noblesse de robe» durch Kauf eines Adelstitels oder im Zusammenhang mit der Ausübung eines wichtigen Amtes in Staat oder Gemeinde, wobei der Erwerb eines solchen Amtes ebenfalls meist durch Kauf erfolgte. Im späten 18. Jahrhundert wurde diese Art der Adelung stark eingeschränkt: Der Altadel setzte in den achtziger Jahren durch, daß freiwerdende Ämter und die Offizierslaufbahn nur noch Bewerbern zugänglich waren, die vier Generationen Adel nachweisen konnten.

Zum Selbstverständnis des französischen Adels gehörte, daß er eine wirtschaftliche Betätigung in Handel, Gewerbe und Industrie verachtete. Die Ausübung bürgerlicher Berufe zog den Verlust der Adelsprivilegien nach sich, es sei denn, es handelte sich um Tätigkeiten im Übersee- und Kolonialhandel, im Bergbau oder Hüttenwesen, was jedoch seltene Ausnahmefälle waren. Die wirtschaftliche Grundlage des Adels blieb der Grundbesitz, wobei zu den direkten Einkünften aus den Gütern die aus der Verpachtung von Land an Bauern und aus Abgaben der Bauern in Geld- und Naturalform kamen. Rund ein Fünftel des französischen Bodens, und zwar häufig besonders fruchtbarer Boden, war in adligem Besitz. Reichen Gewinn warfen manche der öffentlichen Ämter ab, die traditionell von Aristokraten ausgeübt wurden. Gekrönt wurde die Privilegierung des Adels durch die Befreiung von den meisten Steuern, darunter der «taille», einer jährlich erhobenen Kopfsteuer, und von einigen Verbrauchssteuern wie der auf Wein.

So provozierend wie die materiellen Vorrechte des Adels waren die immateriellen Auszeichnungen, deren er teilhaftig wurde. Ihm stand das Vorrecht zu, Waffen zu tragen und in den Kirchen Ehrenplätze einzunehmen; überall in der Öffentlichkeit hatten die Adligen Vortritt vor Angehörigen des Dritten Standes. Der Adel verfügte nach wie vor über einen eigenen Gerichtsstand, mußte sich also nicht denselben Richtern stellen wie das gemeine Volk. Tocqueville hat den französischen Adel eine vom Volk gänzlich isolierte Kaste genannt, «scheinbar zwar die Spitze der Armee ..., in Wahrheit aber nur ein Offizierskorps ohne Soldaten». Was der Adel an Privilegien und Prestige in Anspruch nahm, stand in der Tat in krassem Widerspruch zu dem, was er für die Gesellschaft leistete. Es war dieser Widerspruch, der die öffentliche Meinung Frankreichs gegen Ende des Ancien régime in einer Weise gegen den «Feudalismus» aufbrachte, die in Europa ihresgleichen suchte.

Der Dritte Stand hatte in der Tat allen Grund, über seine Benachteiligung empört zu sein, aber nicht in allen seinen Teilen in gleichem Maß. Die Bourgeoisie, ein kleiner, aber der bei weitem mächtigste Teil dieses Standes, war von früheren absolutistischen Herrschern, obenan Ludwig XIV., systematisch umworben worden. Mehr als alle anderen gesellschaftlichen Gruppen hatte sie aus dem Merkantilismus, der gezielten Förderung des Außenhandels, des Verlags- und Manufakturwesens, Nutzen gezogen und ihrerseits dem Staat durch hohe Steuerleistungen Nutzen gebracht. Wirtschaftlich hatte das industrielle und kommerzielle Großbürgertum dem Adel längst den Rang abgelaufen und genoß inzwischen selbst zahlreiche Privilegien. Viele wohlhabenden Bürger waren Grundbesitzer geworden und pflegten häufig, besonders wenn sie einen Adelsbrief erlangt hatten, einen seigneuralen Lebensstil. Als Rentiers lebten sie ganz von den Erträgen, die ihr Kapital und ihre Güter abwarfen.

Die Speerspitze des bürgerlichen Protestes gegen die Mißstände des Ancien régime war daher nicht die in sich vielfach gespaltene besitzende Bourgeoisie. Die antifeudale und antiabsolutistische Opposition wurde angeführt von Intellektuellen und Angehörigen freier akademischer Berufe, namentlich von Rechtsanwälten und Notaren. Dazu kamen Pfarrer, die ihrem Stand den Rücken gekehrt hatten. Sie alle machten sich zu Sprechern des Dritten Standes in seiner Gesamtheit und damit auch der Handwerker und kleinen Geschäftsleute, der Arbeiter, der Bauern und Tagelöhner.

Unter den Bauern waren die Leibeigenen, die zu dinglichen Lasten verpflichteten Erbuntertanen der Gutsherren, eine Minderheit. Eine andere Minderheit bestand aus Großbauern, die von den Erträgen aus eigenem oder gepachtetem Grundbesitz lebten. Sehr viel größer war die Zahl der landarmen Kleinbauern und der landlosen Tagelöhner. Sie vor allem hatten die erhöhten Lasten zu tragen, die die adligen Seigneurs oder ihre bürgerlichen Pächter in den achtziger Jahren den von ihnen abhängigen Landbewohnern auferlegten. Eine Gegenwehr mit den Mitteln des Rechts war aussichtslos, weil der adlige Gutsbesitzer auch der Gerichtsherr in seinen Besitzungen war.

Die Verbitterung auf dem Land stieg in dem Maß, wie die wirtschaftliche Lage sich verschlechterte und der Druck seitens der Grundherren und Pächter zunahm. Auf dem Land lebten Ende der 1780er Jahre noch etwa 85 von 100 Franzosen. Im Frühjahr 1789 hatte sich

die Wut der Bauern nur in einigen von der Hungersnot besonders hart
betroffenen Gebieten gewaltsam entladen. Wenn sich jedoch die Mehrheit der Bauern gegen die bestehenden Verhältnisse auflehnte, war die
Vorherrschaft der privilegierten Stände nicht mehr zu halten.[182]

Unternehmer und Arbeiter, Stadtbürger und Bauern hatten durchaus unterschiedliche Interessen. Gemeinsam war ihnen, daß sie im Gegensatz zu Klerus und Adel nicht zu den privilegierten Ständen gehörten. Diese Gemeinsamkeit scharf herauszuarbeiten und das Trennende
zurückzustellen: darauf mußte es den Wortführern des bürgerlichen
Protestes im Jahre 1789 ankommen. Der Mann, der dies vor der Einberufung der Generalstände in klassischer Form tat, war der Abbé Sieyès.
In seiner Streitschrift «Was ist der Dritte Stand?» stellte er drei knappe
Fragen, auf die er vorweg drei knappe Antworten gab: «Was ist der
Dritte Stand? Alles. Was ist er bis jetzt in der staatlichen Ordnung gewesen? Nichts. Was verlangt er? Etwas darin zu werden.»

Sieyès bezeichnete den Dritten Stand als eine vollständige Nation,
setzte also das Interesse dieses Standes mit dem Frankreichs gleich. Er
begründete dies damit, daß nur der Dritte Stand nützliche Tätigkeiten
ausübe, während die privilegierten Stände auf Kosten der Gesellschaft
lebten. Sie bedeuteten eine Last für die Nation, ohne ein Teil derselben
zu sein. Die Forderungen, die Sieyès aus seiner Analyse für die Generalstände ableitete, waren die, die er und Mirabeau im Juni 1789 erhoben
und durchsetzten. Es waren Mindestforderungen. Daß der Dritte Stand
als der allgemeine Stand dabei nicht stehen bleiben konnte, war offenkundig. Die Streitschrift des Abbé Sieyès war ein revolutionäres Programm, das nur durch eine Revolution verwirklicht werden konnte. Sie
hatte bereits begonnen: an ebenjenem 17. Juni 1789, an dem die Delegierten des Dritten Standes auf Antrag von Sieyès beschlossen, sich zur
Nationalversammlung zu erklären.[183]

Wirtschaftliche Umwälzung:
Die Industrielle Revolution in England

Eine ganz andere Umwälzung als in Frankreich vollzog sich um dieselbe Zeit in Großbritannien: die Industrielle Revolution. Die denkbar
knappste Definition dieses Begriffs, der in den 1820er Jahren in Frankreich aufkam, stammt von dem schweizerischen Wirtschaftshistoriker

Hansjörg Siegenthaler: «Unter ‹Industrieller Revolution› können diejenigen technisch-organisierten Veränderungen innerhalb des Industriesektors verstanden werden, die in einem Lande maßgeblich auf den Übergang zu ‹modernem Wirtschaftswachstum› Einfluß gehabt haben.» Für Großbritannien wird der Beginn der Industriellen Revolution gemeinhin auf die Jahre 1760 bis 1785 datiert, ihr Auslaufen auf die Zeit um 1830. Zwischen 1760 und den 1770er Jahren wurden in England drei Baumwollspinnmaschinen erfunden, darunter die «water frame» von Richard Arkwright, die als erste mit Wasserkraft betrieben wurde, zur Errichtung von Textilfabriken führte und damit die bisher übliche Heimarbeit zu verdrängen begann. Arkwrights erste Fabrik entstand 1771 in Cromford in Devonshire. 1786 folgte die Fortentwicklung der Spinnmaschine in Gestalt des mechanischen Webstuhls.[184]

Eine unmittelbare Folge von Arkwrights Erfindung war die Entstehung von Maschinenfabriken, die nach einiger Zeit auch imstande waren, Dampfmaschinen herzustellen. Die Karriere der Dampfmaschine begann 1769 auf Grund durchschlagender Verbesserungen eines bereits vorhandenen Modells durch James Watt. Die neue Erfindung setzte sich im Bergbau, in der Eisenverarbeitung und in der Textilindustrie durch. 1804 wurde in Großbritannien die erste Dampflokomotive gebaut, 1825 die erste öffentliche Dampfeisenbahnlinie zwischen Stockton und Darlington eröffnet. Vier Jahre später nahm die Eisenbahn zwischen Manchester und Liverpool den Betrieb auf.

Die Industrielle Revolution war kein abrupt einsetzender Vorgang. Sie hatte eine lange Vorgeschichte, die auch erklärt, warum gerade England zum Mutterland dieses tiefgreifenden Wandels von Wirtschaft und Gesellschaft wurde. Der Industriellen Revolution waren mehrere andere «Revolutionen» vorausgegangen: eine starke Vermehrung der Bevölkerung infolge verbesserter hygienischer Verhältnisse und des Absinkens des Heiratsalters auf dem Lande; eine erhebliche Produktionssteigerung in der Landwirtschaft bei gleichzeitiger Verdrängung der freien Bauern, der «yeomen», verursacht durch die «enclosures», das heißt die Einhegung von bisher in Gemeinbesitz befindlichem Land oder verpachtetem Bauernland zugunsten kapitalistisch betriebener Schafzucht, durch technische Innovationen und rationellere Bewirtschaftungsmethoden; eine gewaltige Expansion des Außen- und namentlich des Überseehandels; eine erhebliche Verbesserung des Verkehrswesens durch den Bau von Straßen und Kanälen; und nicht zuletzt jene «industrious revolution», von der der niederländische Historiker Jan de Vries spricht: eine Revolution des Fleißes, die seit der Mitte des 17. Jahrhunderts in den überwiegend protestantisch geprägten Gesellschaften Nordwesteuropas und Nordamerikas zu einer rationaleren Haushaltsführung und produktiveren Formen des Wirtschaftens in Stadt und Land geführt hatte.

Dank der agrarischen und der kommerziellen Revolution besaß England Kapital, das für Investitionen in industriellen Unternehmungen notwendig war. Anders als in Frankreich stand in Großbritannien der Adel in seiner Mehrheit dem industriellen Fortschritt nicht feindselig gegenüber; vielmehr beteiligten sich viele Adlige an der Finanzierung der Industrialisierung – und profitierten davon. Das Land verfügte über tüchtige Handwerker, aus deren Kreisen viele der Erfinder und frühen industriellen Unternehmer kamen. Es gab gut ausgebildete Heimarbeiter im «protoindustriellen» Verlagssystem, namentlich in der Textil- und Metallwarenbranche, und qualifizierte Fachkräfte in Handwerk und Manufakturbetrieben. Infolge der demographischen und der agrarischen Revolution existierte zudem ein großes Reservoir an Menschen, die in der Landwirtschaft und im traditionellen städtischen Gewerbe keine gewinnbringende Beschäftigung mehr fanden. Aus ihnen wie aus eingewanderten Iren rekrutierte sich die Masse der ungelernten Fabrikarbeiter, des frühindustriellen Proletariats.[185]

Neben den materiellen gab es in England immaterielle Rahmenbedingungen der Industriellen Revolution, wie sie im späten 18. Jahrhundert sonst fast nirgendwo in Europa bestanden. Seit der Glorious Revolution von 1688 hatte sich auf der Insel die «rule of law» gefestigt und mit ihr die Sicherheit des privaten Eigentums. Der Staat stand der Gesellschaft nicht gegenüber, sondern repräsentierte sie – genauer gesagt: ihren besitzenden Teil. An Schulen und Universitäten konnte sich wissenschaftliche und technische Neugier frei entfalten: eine wesentliche Voraussetzung des Siegeszugs der Erfindungen. Kritik konnte etwas bewirken, und das legte es den Kritikern nahe, möglichst konkret und in Abwägung möglicher Folgen zu argumentieren. Der englische, besser: englisch-schottische, Denkstil war weniger abstrakt als der französische und weniger spekulativ als der deutsche. Er war praxisbezogen, pragmatisch, empirisch. Das prägte die Geistes-, die Sozial- und die Naturwissenschaften.

Der Geist des Wettbewerbs und des Strebens nach Glück gehörte zur britischen Kultur. Der schottische Philosoph und Ökonom Adam Smith fand dieses geistige Klima bereits vor, als er 1776, im Jahr der amerikanischen Unabhängigkeitserklärung, seine «Untersuchung über die Natur und die Ursachen des Wohlstands der Nationen» veröffentlichte. Seine Lehre, daß das Gesamtinteresse einer Volkswirtschaft durch nichts so gefördert werde wie durch die Verfolgung des eigenen wirtschaftlichen Vorteils durch die Einzelnen, war für die britische Gesellschaft weniger revolutionär als für Länder, in denen weite Kreise und nicht zuletzt die Kirchen privates Gewinnstreben noch als etwas moralisch Anrüchiges und die Regierungen die merkantilistische Steuerung der Wirtschaft als ein Gebot der Staatsräson betrachteten.

Smith' Forderung nach Gewerbefreiheit war in England und Schottland in höherem Maß verwirklicht als irgendwo auf dem Kontinent; von seiner Forderung nach Freihandel zwischen den Nationen hingegen konnte man dies nicht sagen. Die Einsicht des Autors, daß Nationen gut beraten waren, wenn sie nichts erzeugten, was anderswo preisgünstiger hergestellt werden konnte, war nichts anderes als die Übertragung der Lehre von der Zweckmäßigkeit fortschreitender gesellschaftlicher Arbeitsteilung auf die Weltwirtschaft. *Diese* Erkenntnis benötigte auch im Ursprungsland der Industriellen Revolution noch viel Zeit, um sich durchzusetzen: Die Kornzölle, die den Interessen der «landed aristocracy» dienten, wurden erst nach heftigen innenpolitischen Kämpfen 1846 aufgehoben. Wenig Zustimmung fand zunächst auch Smith' scharfe Ablehnung kolonialer Handelsmonopole, ja von Kolonien überhaupt: Englands Weltgeltung beruhte auch darauf, daß es sich bis zum Auslaufen der Industriellen Revolution die reine Lehre des wirtschaftlichen Liberalismus nicht konsequent zu eigen machte. Da Smith 1790 starb, erlebte er auch nicht mehr die Verwirklichung seiner Forderung nach Abschaffung der Sklaverei – einer Forderung, die er damit begründete, daß Sklavenarbeit die Gesellschaft letztlich immer teurer zu stehen komme als die von freien Menschen geleistete Arbeit.[186]

Zu den immateriellen Rahmenbedingungen der Industriellen Revolution in Großbritannien gehörten schließlich auch solche religiöser oder, genauer, religionssoziologischer Art. Von Max Webers These einer Wahlverwandtschaft zwischen der calvinistischen Ethik und dem «Geist des Kapitalismus» war bereits die Rede. Sie besagt im Kern, daß strenge Calvinisten dazu neigten, in wirtschaftlicher Leistung eine Bestätigung der eigenen Auserwähltheit durch Gott zu sehen, und sich eben darum in jener «innerweltlichen Askese» übten, ohne die erfolgreiches Unternehmertum nicht möglich war. Stark war diese Überzeugung vor allem bei den calvinistischen Gruppen, die von akademischen Studien und öffentlichen Ämtern ausgeschlossen, also von Staats wegen diskriminiert waren: bei Nonkonformisten oder Dissenters. Unternehmer, die aus ihren Reihen stammten, fanden in den freikirchlichen Gemeinden den Rückhalt und die Anerkennung, die ihnen Staat und Gesellschaft versagten. In diesem Sinne liefert Webers These tatsächlich eine Teilerklärung sowohl der wirtschaftlichen Umwälzung, von der Großbritannien im letzten Drittel des 18. Jahrhunderts erfaßt wurde, wie der «industrious revolution», die ihr vorausging.[187]

Im Jahre 1960 hat der amerikanische Wirtschaftshistoriker Walt W. Rostow in seinem Buch «Stadien des wirtschaftlichen Wachstums» den Durchbruch zur industriellen Produktionsweise mit dem «Take-off» eines Flugzeugs verglichen. Bezeichnend für die «Take-off»-Phase der Industrialisierung war Rostow zufolge eine Steigerung produktiver Investitionen von 5 Prozent (oder weniger) auf 10 Prozent (oder mehr) des Volkseinkommens.[188]

Eine solche explosionsartige Zunahme der Investitionen, einen derart unvermittelten Wechsel von einem flachen zu einem steilen Wirtschaftswachstum, hat es in Großbritannien in dem von Rostow genannten Zeitraum, den Jahren 1783 bis 1802, nicht gegeben. Die neuere Forschung betont die lange Vorgeschichte und die lange Dauer des Übergangs von der Agrar- zur Industriegesellschaft im Mutterland der Industriellen Revolution. Der industrielle Sektor und die Volkswirtschaft im ganzen wuchsen deutlich langsamer, als Rostow angenommen hatte. Dramatisch aber war die Zunahme der britischen Bevölkerung: Sie wuchs zwischen 1750 und 1800 um etwa 50 Prozent und verdoppelte sich danach alle fünfzig Jahre. Ähnlich hohe und teilweise noch höhere Wachstumsraten gab es in den kontinentaleuropäischen Ländern, die sich im 19. Jahrhundert industrialisierten.[189]

Die Zeit der Industrialisierung war eine Zeit des Massenelends und der rücksichtslosen Ausbeutung menschlicher Arbeitskraft: so schrecklich, wie Friedrich Engels sie 1845 in seiner Schrift «Die Lage der arbeitenden Klasse in England» beschrieben hat.[190] Ohne ausgedehnte Kinderarbeit in Bergwerken und Fabriken hätten zahllose Arbeiterfamilien ihr armseliges Leben nicht fristen können. Aber das Elend wäre ungleich größer gewesen, hätte es die Möglichkeit industrieller Arbeit nicht gegeben. Die Industrialisierung führte nicht zur fortschreitenden Verelendung, sondern zum sozialen Aufstieg des Proletariats. Die Realeinkommen der Arbeiterfamilien wiesen in allen Industriegesellschaften des Westens über längere Zeiträume hinweg steigende Tendenzen auf. Dazu trugen die Interessenvertretungen der Arbeiter, die Gewerkschaften, entscheidend bei. Die Vorhersage des britischen Nationalökonomen Thomas Robert Malthus aus dem Jahre 1789, das Wachstum der Nahrungsmittel werde immer hinter dem Wachstum der Bevölkerung zurückbleiben, erfüllte sich ebensowenig wie die rund sechs Jahrzehnte später aufgestellte Prognose von Karl Marx, die Löhne der Arbeiter würden im Verlauf der kapitalistischen Entwicklung unter das Existenzminimum sinken.[191]

In der Weltgeschichte gibt es wohl nur *eine* gesellschaftliche Umwälzung, die einen derart tief einschneidenden, alle Lebensbereiche verändernden Charakter hatte wie die Industrielle Revolution: Es war der Übergang von den Jägerkulturen zu seßhaften bäuerlichen Gesellschaften in der jüngeren Steinzeit, dem Neolithikum, vor etwa 10 000 Jahren.[192] England war mit seiner Industrialisierung dem übrigen Europa vorausgeeilt, aber es war nur eine Frage der Zeit, bis der technische, wirtschaftliche und gesellschaftliche Wandel auch den Kontinent erreichen würde. Großbritannien verfügte über ein politisches System, das sich als elastisch genug erwies, die Industrielle Revolution und ihre Folgen zu bewältigen. Die absolutistischen Monarchien und ständisch verfaßten Gesellschaften auf der anderen Seite des Ärmelkanals wären dazu nicht in der Lage gewesen. Sie mußten sich grundlegend verändern, wenn sie die Herausforderungen der neuen Zeit meistern wollten: Soviel ließ sich im späten 18. Jahrhundert unschwer vorhersagen.

Politische Umwälzung: Die Amerikanische Revolution

Zum Wohlstand Englands trugen auch jene Untertanen der Könige aus dem Hause Hannover bei, die auf der anderen Seite des Atlantiks lebten. Die «Pilgerväter», die 1620 mit der «Mayflower» den Ozean überquerten und die Kolonie New Plymouth an der Massachusetts Bay gründeten, waren nicht die ersten britischen Siedler in Nordamerika. Schon dreizehn Jahre vorher war in Jamestown die erste dauerhafte britische Kolonie auf dem nordamerikanischen Festland, Virginia, entstanden. Dort hatten ursprünglich auch die Pilgerväter an Land gehen wollen, die das amerikanische Festland dann an einer sehr viel weiter nördlich gelegenen Stelle erreichten. Mit der Fahrt der «Mayflower» aber begann etwas Neues: die Einwanderung von Menschen, die der Zumutungen und Zwänge des anglikanischen Staatskirchentums überdrüssig waren und in «Neu-England» ein Leben nach *ihren* Vorstellungen von Gottgefälligkeit führen wollten.

Die britische Besiedlung Nordamerikas trug von Anfang an einen ganz anderen Charakter als die spanische und portugiesische Besiedlung Mittel- und Südamerikas. Die Konquistadoren, die Lateinamerika für ihre Länder in Besitz nahmen, entstammten meist dem verarmten Landadel: Sie handelten im Staatsauftrag und in engem Zusammenwirken mit der katholischen Kirche, die sich der Missionierung und Erziehung der unterworfenen Indios widmete. Finanziert wurden die Expeditionen durch reiche europäische Kaufleute und Bankiers, darunter die deutschen Fugger und Welser. Städte wurden zunächst als Handelsstützpunkte in Küstennähe, wenig später dann auch im Landesinnern, als Rückhalt für weitere militärische Eroberungen und die dauerhafte Durchdringung der Kolonien, gegründet. Der wirtschaftliche Nutzen, den diese abwarfen, bestand aus rücksichtslos ausgebeuteten Gold- und Silbervorkommen sowie aus Land, auf dem, je nach den klimatischen Verhältnissen, vor allem Zuckerrohr oder Weizen angebaut wurde. Die Arbeit in Bergwerken und Plantagen mußten zuerst versklavte indianische Ureinwohner und dann in wachsender Zahl schwarze Sklaven aus Afrika verrichten. Nur auf dem Gebiet der späteren Republiken Argentinien und Uruguay vollzog sich eine konsequente «Europäisierung» in dem Sinn, daß Einwanderer aus Europa die überwältigende Mehrheit der Bevölkerung stellten. Im übrigen spanischen Lateinamerika blieben die Weißen gegenüber Indios und Mestizen in der Minderheit. Den größten Anteil von schwarzafrikanischen Sklaven und deren Nachkommen gab es, sieht man von der Karibik ab, in dem von Portugiesen eroberten Brasilien.

Anders als die spanischen Könige taten die englischen von sich aus wenig, um die Auswanderung über den Atlantik hinweg zu fördern. Die britischen Siedler, die sich in Nordamerika niederließen, kamen, weil sie selbst sich dazu entschlossen hatten. Die Anwerbung von Siedlern übernahmen Handelsgesellschaften, deren Rechte jeweils in einer königlichen Charter niedergelegt waren. Eine von ihnen war die 1629 gegründete Company for Massachusetts Bay, deren wichtigstes Privileg in dem Recht bestand, für ihren Wirkungsbereich eine Regierung zu bilden. Im gleichen Jahr gelang es einer Gruppe wohlhabender englischer Puritaner, die Gesellschaft mitsamt ihrem Landbesitz und ihrer Charter zu übernehmen. Die Gründungsmitglieder wählten den Juristen John Winthrop zum ersten Gouverneur der Company und verlegten ihren Sitz von England nach Amerika. Ihre erste Siedlung auf amerikanischem Boden war Salem. 1630, im Jahr darauf, folgte die Gründung von Boston und anderen Städten in Massachusetts, die die aus England nachströmenden Glaubensgenossen aufnehmen sollten.

Die Pilgerväter waren radikale Kongregationalisten oder Separatisten, die sich von der Church of England getrennt und die Jahre von 1608 bis 1620 im Exil im holländischen Leyden verbracht hatten. Winthrop und die von ihm geführten Siedler waren Puritaner, die bis dahin in England für die Reform der anglikanischen Kirche gekämpft hatten. Außer reformierten Protestanten verließen in der ersten Hälfte des 17. Jahrhunderts auch viele Katholiken aus religiösen Gründen England. Soweit sie sich nach Amerika begaben, siedelten sie sich vorzugsweise im 1634 gegründeten Maryland an. Für dieses Gebiet, das bis dahin zu Virginia gehört hatte, konnte Sir Cecil Calvert, der zweite Lord Baltimore, im Maryland Toleration Act von 1649, einem von der Volksvertretung der Kolonie verabschiedeten Gesetz, einen Zustand der Religionsfreiheit durchsetzen, von dem die meisten englischen Kolonien Nordamerikas zu dieser Zeit noch weit entfernt waren. In Virginia, seit der Auflösung der erfolglosen London (Virginia) Company im Jahre 1625 eine königliche Kolonie, ließen sich in der Zeit der Puritanischen Revolution nach 1640 vor allem anglikanische Gegner Oliver Cromwells nieder.

1664 eroberte England die holländischen Kolonien, die zwischen Neu-England und Virginia lagen, nämlich Neu-Amsterdam, aus dem nun New York wurde, und New Jersey. Knapp zwei Jahrzehnte später, 1681, unter der Herrschaft Karls II., gestattete die britische Regierung dem Quäker William Penn die Gründung des nach ihm benannten Pennsylvanien. Es wurde zur Zufluchtstätte nicht nur für seine verfolgten Glaubensgenossen aus England, sondern für Angehörige vieler christlicher Konfessionen und Sekten aus Deutschland, Schweden, Holland, Frankreich, Irland und Schottland. Ähnliche Merkmale wiesen Delaware, eine andere Gründung William Penns, und die ehedem holländischen Kolonien New York und New Jersey auf.

Die Gründer von Massachusetts waren sittenstrenge Puritaner und Kongregationalisten, die sich in Fragen des Glaubens und der Lebensführung von keiner fremden Autorität, also auch nicht von der anglikanischen Staatskirche, etwas vorschreiben lassen wollten. Das hinderte sie nicht daran, gegenüber Andersdenkenden einen Gesinnungsdruck auszuüben, der seinerseits staatskirchliche, ja theokratische Züge annahm. Wer sich diesem Druck nicht beugen wollte, wich, wenn es ihm möglich war, in das benachbarte Rhode Island aus, das 1663 seine eigene königliche Charter erhielt.

Rhode Island war eine Gründung von Roger Williams, der 1631 als junger Independent nach Massachusetts gekommen war, wo ihn die Gemeinde Salem zu ihrem Geistlichen wählte. Da er sich für die strikte Trennung von Staat und Kirche aussprach und nicht nur für Christen aller Konfessionen, sondern auch für Juden, Türken, Heiden und Gegner des Christentums völlige religiöse Freiheit und politische Gleichberechtigung forderte, wurde er 1635 durch Gerichtsbeschluß aus Massachusetts ausgewiesen. Er begab sich daraufhin mit einigen Anhängern auf das Gebiet eines indianischen Stammes, der Narraganset, zu denen er gute Beziehungen unterhielt.

Auf dem Gebiet, das er ihnen abkaufte, entstand als Zufluchtsort für alle Verfolgten Providence, die spätere Hauptstadt von Rhode Island. Die Regierungsform des neuen Gemeinwesens sollte nach einem Beschluß der Gründungsmitglieder von 1641 eine «democracie or popular government» sein, in dem für alle Zeiten Gewissensfreiheit (liberty of conscience) herrschte und das Parlament nur für bürgerliche Angelegenheiten (only in civil things), nicht aber für religiöse Fragen zuständig war. Auf der Grundlage dieser Vereinbarung wurde das kleine Rhode Island zu einem Hort von politischer und religiöser Toleranz und damit, gewollt oder ungewollt, zu einem Gegenmodell des puritanischen, inzwischen überwiegend kongregationalistischen Massachusetts.

Williams hatte sich zeitweilig den Baptisten angeschlossen, einer Glaubensgemeinschaft, die mit der Täuferbewegung des 16. Jahrhunderts nicht nur das Prinzip der Erwachsenentaufe, sondern auch die Liebe zu Freiheit, Gleichheit und Gerechtigkeit verband. Die Baptisten waren überzeugte Anhänger einer friedlichen Verständigung mit den Indianern und berührten sich in dieser Hinsicht eng mit den Quäkern, die ebenfalls theologische Wurzeln in der Täuferbewegung hatten. William Penn, der berühmteste aller Quäker, kaufte, wie Roger Williams in

Rhode Island, den Indianern Land ab und schloß vertragliche Vereinbarungen mit ihnen. Friedfertigkeit war für die Quäker mehr als ein Bekenntnis: Es war ihre Lebensform.

Von den Puritanern und Kongregationalisten gingen einige, wenn auch nur selten erfolgreiche Versuche aus, die Indianer zu bekehren und zu zivilisieren. Die Mehrheit sah in den «Rothäuten» Wilde, die man rücksichtslos bekämpfen, ja vernichten mußte. Im Unterschied zu Lateinamerika kam es im englisch und französisch geprägten Nordamerika auch nur selten zu ehelichen Verbindungen zwischen Europäern und Indianern. Die harte Haltung der Puritaner setzte sich auf der ganzen Linie durch: Die Indianerkriege des 17. Jahrhunderts stehen am Beginn einer Entwicklung, der die Ureinwohner Nordamerikas bis auf kleine Reste zum Opfer fielen. So brutal die Konquistadoren in Mittel- und Südamerika mit den dortigen Indios umgegangen waren, so viele sie niedergemetzelt oder durch Sklavenarbeit getötet hatten, von einer Ausrottung der Indianer kann man mit Blick auf Lateinamerika als Ganzes nicht sprechen. In Nordamerika kommt dieser Begriff dem nahe, was über drei Jahrhunderte hinweg geschah.

Die britischen Kolonien, aus denen später die Vereinigten Staaten von Amerika hervorgingen, umfaßten Gebiete mit höchst unterschiedlichen wirtschaftlichen und gesellschaftlichen Strukturen. In Neu-England entwickelten sich Handel, Gewerbe und Landwirtschaft auf eine Weise, die den Siedlern aus Europa und besonders denen aus Großbritannien vertraut war. In New York, New Jersey, Pennsylvania und Delaware war es ähnlich. Schiffsbedarf, Nutzholz und Nahrungsmittel waren die wichtigsten Güter, die in Großbritannien und seinen westindischen Besitzungen Absatz fanden und den Wohlstand der Kolonien mehrten.

Die südlichen Kolonien Virginia, Maryland, Nord- und Süd Carolina, zu denen 1754 noch die Kronkolonie Georgia kam, waren dagegen rein ländlich geprägt. Die bedeutendsten Wirtschaftszweige waren der Anbau von Tabak in Virginia und Maryland, von Reis und seit 1750 zunehmend auch Indigo in South Carolina und den anderen südlichen Kolonien. Die hier beschäftigten Arbeitskräfte waren seit dem späten 17. Jahrhundert nahezu ausschließlich schwarze Sklaven aus Afrika. Für den Nachschub sorgte das Mutterland: Bei den Friedensverhandlungen von Utrecht, die 1713 den Spanischen Erbfolgekrieg beendeten, hatte sich Großbritannien durch den Asiento-Vertrag mit Spanien das Monopol gesichert, die spanischen Kolonien in Amerika mit Sklaven aus Afrika zu beliefern. Die Plantagenbesitzer in den westindischen und nordamerikanischen Kolonien gehörten zu den Nutznießern dieser gewinnträchtigen Ausrichtung des britischen Außenhandels. Die Proteste der Quäker vermochten dagegen nichts auszurichten.

Eine bürgerliche Gesellschaft in den nördlichen, eine Sklavenhaltergesellschaft in den südlichen Kolonien: dieser Gegensatz mußte jeden Versuch erschweren, gegenüber Parlament und Regierung im fernen London gemeinsame Interessen geltend zu machen. Sehr viel weniger trennend wirkten gewisse «feudale» Relikte wie der Fideikommiß, die Unteilbarkeit von Gütern, die folglich nur an den ältesten Sohn des Besitzers vererbt werden konnten, oder eine von fern an die Schollenpflichtigkeit erinnernde, enge Bindung kleiner Pächter an den Großgrundbesitzer. Was es an solchen «Importen» aus Alteuropa in der Frühzeit der britischen Kolonien in Nordamerika mancherorts, vor allem in den südlichen Kolonien und New York, gab, stand unter einem massiven Legitimations- und Anpassungsdruck, der von den besonders egalitär gesinnten Puritanern Neu-Englands ausging. Die nach Westen hin immer geringere Siedlungsdichte erlaubte zudem ein hohes Maß an geographischer und sozialer Mobilität, das in Europa keine Entsprechung fand.

Feudale Strukturen konnten sich unter solchen Bedingungen nicht behaupten und eine auf Privilegien gegründete, ständisch gegliederte Gesellschaft nicht herausbilden. Eine ungleiche Verteilung von Eigentum und Vermögen bestand in den britischen Kolonien Nordamerikas von Anfang an, und sie nahm im Lauf der Zeit zu. Aber nirgendwo war sozialer Aufstieg leichter als hier, und diese Erfahrung prägte das allgemeine Bewußtsein. Die persönlichen Verhältnisse galten als verbesserbar, und eben darum waren Neid und Haß auf die, denen es besser ging, eher die Ausnahme als die Regel.[193]

Daß das Streben nach Glück ein Recht jedes Einzelnen und ein Unterpfand seines Erfolges war, gehörte zu den gemeinsamen Grundüberzeugungen der frühen Kolonisten. Vor allem die Puritaner unter ihnen wurden nicht müde, Amerika als das gelobte Land zu preisen, das Gott selbst ihnen zugewiesen hatte, damit sie es sich untertan machten. So wie Gott einst sein erstes auserwähltes Volk, die Juden, aus der Knechtschaft in Ägypten nach Kanaan, das Land der Verheißung, geführt hatte, so hatte er jetzt sein neues auserwähltes Volk, die Puritaner, aus Europa nach Amerika geführt. Europa mit seinen Bedrängnissen lag hinter ihnen, die Herausforderung Amerika vor ihnen: Das war das Ergebnis des neuen Bundes, des «covenant», den Gott mit den puritanischen Siedlern Neu-Englands geschlossen hatte, auf daß sie einen festen Grund hatten für den irdischen «covenant», den Gesellschaftsvertrag, den sie bei der Gründung ihrer Kolonie untereinander schlossen. Der am 11. November 1620 auf der «Mayflower» geschlossene Vertrag war der erste dieser «covenants».

Ihren klassischen Ausdruck fand die heilsgeschichtliche Überhöhung des eigenen Neubeginns in einer Predigt, die John Winthrop, der erste Gouverneur der Company for Massachusetts Bay, 1630 bei der Überfahrt von England nach Amerika an Bord der «Arabella» hielt. Er mahnte seine Zuhörer, sie sollten sich bewußt sein, daß sie bald wie eine «Stadt auf dem Berg» sein würden, auf der die Augen aller Menschen ruhten («for we must consider that we shall be as a City upon a Hill, the eyes of all people are upon us»). Das Bild des Laienpredigers stammte aus der Bergpredigt. Dort hatte Jesus, nach dem Bericht des Evangelisten Matthäus, im Anschluß an die Seligpreisungen den Versammelten verkündet: «Ihr seid das Licht der Welt. Es kann die Stadt, die auf einem Berg liegt, nicht verborgen sein.»

Puritanische Prediger des 17. Jahrhunderts verkündeten immer wieder, daß die Reformation ihren Höhepunkt erst im Neu-England der Gegenwart erreicht habe. In einem vielgelesenen Buch («Wonder Working Providence of Zions's Saviour») sprach der Theologe Edward Johnson, ein strenger Calvinist, 1650 von Neu-England als dem Ort, «wo Gott einen neuen Himmel und eine neue Erde, neue Kirchen und zugleich ein neues Gemeinwesen schaffen würde» (where the Lord would create a new heaven and a new earth, new Churches and a new commonwealth together). Über ein Jahrhundert später, im Jahre 1783, nannte der Präsident des Yale College in New Haven, Connecticut, der kongregationalistische Geistliche Ezra Stiles, in einem öffentlichen Gebet die eigene Nation «God's American Israel».

Amerika als neues Jerusalem, die Amerikaner als auserwähltes Volk, dazu berufen, die Welt vom Bösen zu erlösen: das meiste, was aus puritanischem Geist zur Sendung des eigenen Volkes gesagt und geschrieben wurde, fand seine Entsprechung oder sein Vorbild in Äußerungen protestantischer Theologen im England des 16. und 17. Jahrhunderts. Auch hier wurde gelegentlich eine «Elect Nation» beschworen, nämlich die englische, und England mit dem Volk Israel verglichen.

Ihren Höhepunkt erreichte die heilsgeschichtliche Verklärung unter Cromwell. Aber in den meisten einschlägigen Schriften ging die Behauptung vom göttlichen Auftrag Englands einher mit Selbstzweifeln und Selbstanklagen, die den religiösen Wortführern der amerikanischen Sendung fremd waren. Die Theologisierung der Politik durch den Puritanismus blieb in England, aufs ganze gesehen, eine Episode. In Amerika prägte sie das Nationalbewußtsein so stark, daß ihre Ursprünge auch in den säkularisierten Erscheinungsformen von amerikanischem «exceptionalism» bis in die Gegenwart erkennbar bleiben.[194]

Mit dem Bewußtsein der weltgeschichtlich einzigartigen Mission Amerikas unlösbar verbunden war von Anfang an der Gedanke der Freiheit. Damit unterschied sich die politische Theologie Amerikas klar von den heilsgeschichtlichen Selbstdeutungen Deutschlands und Rußlands. Das Heilige Römische Reich hatte sich den göttlichen Auftrag zugeschrieben, als letztes der Weltreiche die Herrschaft des Antichrist und damit den Weltuntergang aufzuhalten. Eine Befreiung der Welt von allen Formen tyrannischer Herrschaft war kein Teil der deutschen Sendung. Als die Großfürsten von Moskau nach der Eroberung von Konstantinopel durch die Türken im Jahre 1453 ihr Reich als das «Dritte Rom» zu deuten begannen, war das eine Kampfansage an den Westen und an dessen Vorstellungen von Freiheit: Der Okzident war, so wollte es der Mythos, vom rechten Glauben abgefallen, und dem mußte das orthodoxe Rußland zum Heil der Welt entgegenwirken.[195]

Den engen Zusammenhang von Freiheit und Religion in den Vereinigten Staaten von Amerika hat niemand schärfer und eindrucksvoller herausgearbeitet als der französische Politiker, Schriftsteller und Historiker Alexis de Tocqueville. Kurz nach der französischen Julirevolution von 1830 hatte er, zusammen mit seinem Freund Gustave de Beaumont, als junger Mann die USA bereist. In seinem klassischen Werk «De la Démocratie en Amérique», dessen erste beide Bände 1835 erschienen, nannte er das Wesen der anglo-amerikanischen Zivilisation das Produkt zweier völlig verschiedener Elemente, die sich andernorts häufig bekriegt, in Amerika aber wechselseitig durchdrungen und auf wunderbare Weise miteinander verbunden hätten: «Ich spreche vom Geist der Religion und vom Geist der Freiheit.»[196]

Was der liberale französische Aristokrat über Amerika schrieb, war ein Kontrastbild zu Europa und vor allem zu Frankreich. «In Amerika ist es die Religion, die zur Erleuchtung führt; es ist die Einhaltung der göttlichen Gesetze, die den Menschen zur Freiheit führt (En Amérique, c'est la religion qui mène aux lumières, c'est l'observance des lois divines qui conduit l'homme à la liberté) ... Die Religion sieht in der bürgerlichen Freiheit einen noblen Ausdruck menschlicher Möglichkeiten und in der politischen Welt ein Feld, das der Schöpfer den Bemühungen des Verstandes überlassen hat. Frei und mächtig in der eigenen Sphäre, zufrieden mit dem Platz, der ihr vorbehalten ist, weiß sie, daß ihr Reich um so fester begründet ist, als sie nur aus eigener Kraft herrscht und ohne alle fremde Unterstützung die Herzen lenkt. Die Freiheit sieht in der Religion die Gefährtin ihrer Kämpfe und ihrer Triumphe, die Wiege ihrer Kindheit, die göttliche Quelle ihrer Rechte. Sie betrachtet die Religion als Hüterin ihrer Sitten, die Sitten als Garantie der Gesetze und als Bürgschaft ihres eigenen Bestandes.»[197]

Einen anderen Unterschied zwischen Amerika und Europa sah Tocqueville in der Art und Weise, wie sich das Gemeinwesen herausgebildet hatte. «Bei den meisten europäischen Nationen hat die politische Existenz in den höheren Schichten der Gesellschaft ihren Anfang genommen und sich dann nach und nach, und immer nur unvollständig, auf die verschiedenen Teile des Gesellschaftskörpers übertragen. Von Amerika hingegen kann man sagen, daß sich dort die Gemeinde vor der County, die County vor dem Einzelstaat, der Einzelstaat vor der Union herausgeformt hat (la commune a été organisée avant le comté, le comté avant l'État, l'État avant l'Union).»[198]

Der tiefere Grund für die Freiheit und Gleichheit Amerikas lag nach Tocquevilles Überzeugung darin, daß die Bewohner der Vereinigten Staaten nie durch irgendein Privileg voneinander getrennt gewesen waren: «Sie haben nie die wechselseitige Beziehung zwischen Untergeordneten und Herren kennengelernt, und da sie sich gegenseitig weder fürchten noch hassen, müssen sie auch nie einen Souverän bitten, ihre Angelegenheiten im einzelnen zu regeln. Das Schicksal der Amerikaner ist ein einzigartiges: Sie haben von der englischen Aristokratie die Idee der individuellen Rechte und die Liebe zu den lokalen Freiheiten übernommen, und sie konnten beides bewahren, weil sie keine Aristokratie zu bekämpfen hatten.»[199]

Rund 120 Jahre nach Tocqueville hat der amerikanische Historiker Louis Hartz im Fehlen feudaler Traditionen die entscheidende Ursache dafür gesehen, daß Amerika sich im 19. und 20. Jahrhundert ganz anders als Europa entwickelt hat. In scharfer Abgrenzung vom Adel und seinen Privilegien hatte sich in Frankreich, und nicht nur dort, ein bürgerliches Bewußtsein herausgeformt, zu dessen Merkmalen es gehörte, die eigenen Interessen mit denen der nichtprivilegierten Gesellschaft gleichzusetzen, im Dritten Stand also den berufenen Sprecher auch der unterbürgerlichen Schichten zu sehen. Der stärkste Protest hiergegen kam im 19. Jahrhundert von den Wortführern einer Arbeiterschaft, die ihre Interessen selbständig, im Kampf gegen die Bourgeoisie, durchzusetzen entschlossen war und sich zu diesem Zweck überlieferter, aus der Feudalzeit stammender Formen des solidarischen Zusammenschlusses in Assoziationen bediente. In Amerika entwickelte sich, da es keinen privilegierten Adel gab, kein standesbewußtes Bürgertum europäischer Prägung und folglich auch kein klassenbewußtes Proletariat. Ohne Feudalismus kein Sozialismus, lautete Hartz' Schlußfolgerung: «Es ist kein Zufall, daß Amerika, das auf einzigartige Weise keine feudale Tradition kennt, auch der sozialistischen Tradition entbehrt. Den verborgenen Ursprung des Sozialismus überall im Westen kann man im feudalen Ethos finden. Das *ancien régime* hat Rousseau inspiriert, und beide haben Marx inspiriert.»[200]

Das weitgehende Fehlen feudaler Traditionen und einer vom Staat privilegierten Oberschicht, die im Vergleich zu Europa fast unbegrenzt erscheinenden Möglichkeiten des sozialen Aufstiegs, die Verbindung von Glaubenseifer und Freiheitsliebe: es kam vieles zusammen, was den Weg Amerikas zur ersten modernen Demokratie zu erklären vermag. Mit am wichtigsten war wohl die von Tocqueville betonte organische Entwicklung des Gedankens der Selbstregierung von der lokalen Ebene an aufwärts. Das Recht, als freie Bürger einer Kolonie an ihrer Gesetzgebung mitzuwirken, hatten sich die frühen Siedler in den Gründungsverträgen, den Charters, fast überall sichern können. In New York und Georgia, wo das nicht der Fall war, dauerte es nicht lange, bis die Kolonisten auch hier ihre Vertretungskörperschaften erhielten. Um 1640 gab es bereits in acht Kolonien gewählte Versammlungen, die die Interessen der Siedler gegenüber der Handelsgesellschaft, dem königlichen Gouverneur oder, so in Maryland und Pennsylvania, dem «Proprietor» vertraten. Seit Ende des 17. Jahrhunderts verstanden sich die Versammlungen, wie der deutsche Historiker Willi Paul Adams schreibt, «zunehmend als Ableger des Unterhauses und ahmten dessen Zeremoniell soweit wie möglich nach».[201]

«Representative Government», wie es in den frühen Kolonien

praktiziert wurde, bedeutete: Wahl eines Repräsentantenhauses durch Wahlmänner der Counties. Die «electors» wie die Kandidaten wurden auf Grund eines Zensuswahlrechts gewählt, das an ein gewisses Maß an Grundbesitz oder Steuerleistungen gebunden war. In den meisten Kolonien Neu-Englands, wo es neben der Volksvertretung eine Art gewähltes Oberhaus, ein den Gouverneur beratendes Gremium, gab, traf dies auch für seine Wahl zu; in Connecticut und Rhode Island, wo der Gouverneur von Wahlmännern der Siedler gewählt wurde, auch für dessen Wahl. Das Besitzkriterium wurde mit dem aus England übernommenen Argument gerechtfertigt, erst Eigentum mache frei und verbinde die Eigentümer mit dem Schicksal der Gemeinschaft; Steuern auf das Eigentum konnten nur erhoben werden, wenn die Mehrheit der Eigentümer dem zustimme. Um Mandatsträgern einen Mißbrauch der ihnen übertragenen Macht unmöglich zu machen, waren ihre Amtszeiten kurz bemessen (bei den Repräsentantenhäusern war jährliche Neuwahl die Regel). Soweit den Wählern ein Recht auf Instruktion der Gewählten zustand, wurde es so flexibel gehandhabt, daß die Repräsentanten in ihrer Entscheidungsfreiheit kaum beschränkt waren.[202]

Von einer kontinuierlichen Erweiterung der Selbstverwaltungsrechte kann freilich nicht die Rede sein. Die letzten beiden Stuartkönige, Karl II. und Jakob II., sahen im steigenden Selbstbewußtsein der Kolonisten eine Gefahr für britische Interessen, und entsprechend handelten sie. 1684 wurde die Charter für Massachusetts für nichtig erklärt; auch die übrigen Kolonien Neu-Englands kamen unter die Gewalt des Königs; die Volksvertretungen wurden aufgelöst.

Die puritanischen oder kongregationalistischen Siedler wehrten sich gegen ihre Entrechtung und hatten damit nach der Glorious Revolution von 1688, unterstützt vom englischen Unterhaus, teilweise Erfolg. Das Recht auf die Ernennung der Gouverneure konnte sich die Krone in der Folgezeit aber überall sichern, wobei Massachusetts mit der neuen Charter von 1691 den Anfang machte; in den meisten Kolonien kam dazu noch das Recht, die Mitglieder des Rates, der dem Gouverneur beratend zur Seite stand, zu ernennen. Die Gesetzgebung der Kolonien unterlag seit dem frühen 18. Jahrhundert dem Vorbehalt der Revision durch den Geheimen Kronrat, den Privy Council: eine Regelung, die in der Praxis jedoch keine große Bedeutung erlangte. Die Regierung in London konnte auch nicht verhindern, daß die Macht der Gouverneure fortschreitend an die gewählten Versammlungen der einzelnen Kolonien überging. Die Entscheidungen, die für die Kolonien wichtig waren, fielen Mitte des 18. Jahrhunderts zu einem erheblichen Teil in deren Hauptstädten und nicht mehr in London.

Zum Wendepunkt in den Beziehungen zwischen Großbritannien wurde der Siebenjährige Krieg. Schon zuvor hatte es mehrere bewaffnete Konflikte zwischen England und Frankreich auf amerikanischem Boden gegeben. Das Ergebnis des großen Ringens der Jahre 1756 bis 1763 aber bedeutete nicht mehr und nicht weniger, als daß Frankreich ein riesiges Gebiet, das sich vom unteren Mississippi bis nach Kanada erstreckte, an die Briten abtreten mußte. Die englischen Kolonisten hatten sich in ihrer großen Mehrheit nicht an den Kämpfen beteiligt und das Mutterland auch materiell nur in bescheidenem Umfang unterstützt. Im Ausgang des Krieges aber sahen sie die Chance, die «frontier» des von ihnen besiedelten Territoriums über die Alleghenies weiter nach Westen, bis zum Mississippi, vorzuschieben.

Die Regierung in London dachte jedoch gar nicht daran, solche Bestrebungen zu fördern. Sie bemühte sich vielmehr erstmals ernsthaft darum, den nordamerikanischen Kolonialbesitz einer wirksamen Oberaufsicht zu unterstellen. Zu diesem Vorhaben gehörten auch ein schonender Umgang mit den französisch sprechenden Bewohnern von Quebec und ein friedlicher Ausgleich mit den Indianern, denen sogleich das gesamte Gebiet zwischen den Alleghenies, Florida, dem Mississippi und Quebec zugesprochen wurde. Die neue Kolonialpolitik erforderte überdies eine neue Finanzpolitik: Nicht nur das Mutterland, sondern auch die Kolonien sollten sich an den gestiegenen Kosten beteiligen, die mit der Verwaltung der neu hinzugekommenen Gebiete verbunden waren.

Neue Steuern aber wie die Zuckersteuer von 1764 oder die Stempelsteuer von 1765 auf alle Druckerzeugnisse mußten den Protest der Kolonisten hervorrufen: Sie waren von einem Parlament beschlossen worden, in dem *sie* nicht vertreten waren. Der Grundsatz, daß Steuern nicht ohne Zustimmung der Besteuerten erhoben werden durften, war eine Errungenschaft, die das englische Unterhaus den Königen in langen und harten Kämpfen abgetrotzt hatte. Seit Mitte der 1760er Jahre wurde die Devise «No taxation without representation» zum Kampfruf, mit dem britische Kolonisten auf der Westseite des Nordatlantiks dem Unterhaus und der Regierung in London entgegentraten.

Der Widerstand der Siedler war so massiv, daß Großbritannien

nochmals zurückwich: Das Stempelsteuergesetz wurde 1766 aufgehoben, das Zuckersteuergesetz abgemildert. Doch schon im Jahr darauf
brachte Schatzkanzler Charles Townshend im Unterhaus ein ganzes
Bündel von Gesetzen durch, die neue Zölle einführten, bestehende
Zölle erhöhten und die höheren Gerichtshöfe in den Kolonien ermäch-
tigten, die Einhaltung der Gesetze mit Hilfe von Hausdurchsuchungs-
befehlen zu erzwingen. Die Antwort der Kolonisten war ein Boykott
britischer Importgüter. Nach tätlichen Angriffen auf Zollbeamte wurden Truppen in das besonders rebellische Boston verlegt, was die Stimmung weiter anheizte: Im März 1770 wurden bei einem Zusammenstoß zwischen Militär und Zivilisten viele Bürger von Boston getötet.
Die Protestbewegung sprach vom «Massaker von Boston».

Knapp vier Jahre später wurde die Hauptstadt von Massachusetts
erneut zum Schauplatz einer gewaltsamen Aktion, die in die Geschichtsbücher einging. Die Townshend-Gesetze hatte das Unterhaus
nach dem blutigen Vorfall vom Frühjahr 1770 wieder aufgehoben,
einen Zoll aber aus Gründen des Prinzips beibehalten: den auf Tee. Im
Jahre 1773 verlieh das Parlament der vom Zusammenbruch bedrohten
East India Company das Monopol für den Teehandel mit den britischen Kolonien. Um den Boykott von «legalem» Tee zu beenden und
den Schleichhandel mit diesem Produkt zu unterbinden, bot die Gesellschaft den nordamerikanischen Kolonien Tee zu einem Preis an, der
deutlich unter dem des geschmuggelten Tees lag. In allen Hafenstädten,
außer Boston, konnten die Kolonisten dieses Vorhaben auf dem Ver-
handlungsweg vereiteln. In Boston aber blieb die East India Company
hart und löste damit die berühmte «Boston Tea Party» aus: Am 16. Dezember 1773 stürmten als Indianer verkleidete Siedler die Schiffe der
Gesellschaft und warfen über 300 Kisten Tee ins Meer.

Hinter dem revolutionären Akt standen radikale «Patrioten», die
auf die vollständige Unabhängigkeit der Kolonien hinarbeiteten, an
ihrer Spitze der Jurist und Politiker Samuel Adams und der wohlhabende Kaufmann John Hancock. Unterstützt wurden sie auch von
einem Teil der Bostoner Kaufleute. Die Regierung in London unter
Lord North war sich des Ernstes der Lage bewußt und reagierte hart.
Der Hafen von Boston wurde bis zur Bezahlung der vernichteten
Schiffsladungen stillgelegt; die Selbstverwaltungsrechte von Massachusetts wurden drastisch eingeschränkt; ein weiteres Gesetz machte es den
örtlichen Behörden zur Pflicht, Quartiere für britische Soldaten bereit-

zustellen. Nicht weniger provozierend wirkte auf die nordamerikanischen Siedler der «Quebec Act». Sie sicherte den Bewohnern der ehemaligen französischen Provinz, die fast ausnahmslos Katholiken waren, Religionsfreiheit und die Beibehaltung ihres Rechtssystems und ihrer Institutionen zu. Außerdem wurde der nunmehr britischen Kolonie das gesamte Gebiet nördlich des Ohio angegliedert – ein Territorium, auf das auch mehrere nordamerikanische Kolonien Anspruch erhoben.

Die Empörung über die «untragbaren Gesetze» («Intolerable Acts») war so stark, daß die Volksvertretung von Virginia ein Treffen von Vertretern aller Kolonien vorschlug, auf dem die aktuelle Lage beraten werden sollte. Am 5. September 1774 kamen 55 Delegierte aus zwölf Kolonien zu einem (Ersten) Kontinentalen Kongreß zusammen, der bis Ende Oktober tagte und sich dann bis Mai 1775 vertagte. Massachusetts, New Hampshire, Rhode Island, New York, New Jersey, Pennsylvania, Delaware, Maryland, Virginia, North und South Carolina waren durch mindestens einen Sprecher vertreten; nur Georgia nahm nicht teil.

Die Meinungsführer auf dem Kongreß waren die «Patrioten». Sie mußten sich allerdings, um die gemäßigteren Delegierten nicht zurückzustoßen, einer gewissen Zurückhaltung befleißigen. Das Ziel der Unabhängigkeit durfte daher noch nicht offen benannt werden. Vielmehr kam es zunächst darauf an, die Kolonien vom Gehorsam gegenüber den neuen «Zwangsgesetzen», den «Coercive Acts», zu entbinden. Der Kongreß faßte den entsprechenden Beschluß, verabschiedete eine «Declaration of Rights and Grievances», eine Erklärung der Rechte und Beschwerden, die sich an das britische Volk wie an die Kolonien richtete, und wandte sich in einer Petition an König Georg III. Darin faßten die Delegierten alles zusammen, was schon bisher gegen die Gängelung der Kolonien durch das Mutterland vorgebracht worden war, und baten ihn, die Rechte der Kolonien gegenüber der Willkür von Regierung und Parlament zu schützen. Schließlich setzten sie eine «Association» ein, die den Boykott britischer Waren wiederaufnehmen und überwachen sollte. Die Ortsausschüsse dieser «Association» entwickelten sich in den folgenden Monaten zu einem revolutionären Netzwerk: Sie agitierten für die Unabhängigkeit, setzten die noch unentschiedenen Teile der Bevölkerung unter massiven Druck, verfolgten, nicht selten mit äußerst gewaltsamen Mitteln, die «Loyalisten», die den Bruch mit Großbritannien ablehnten, legten Waffenlager an und sammelten Truppen für den Kampf gegen die Kolonialmacht.

Die ersten Zusammenstöße zwischen britischen Truppen und bewaffneten Kolonisten, den «Minutemen», fanden am 19. April 1775 in Lexington und Concord, Massachusetts, statt. Mit diesen beiden Gefechten begann der amerikanische Unabhängigkeitskrieg: ein Konflikt, der sich über sechs Jahre hinziehen und die Welt nachhaltig verändern sollte. Als im Mai, wie im Oktober des Vorjahres beschlossen, der Zweite Kontinentalkongreß in Philadelphia zusammentrat, ging es nicht mehr um Protest und Propaganda, sondern um die militärische Selbstbehauptung der Kolonien. Aus den bereits bestehenden Milizen wurde eine gemeinsame Armee gebildet und dem Kommando eines erfahrenen Offiziers, des Plantagenbesitzers George Washington aus Virginia, unterstellt. Zugleich aber betonten die Delegierten ihre Treue zu König Georg III., den sie abermals baten, die Rechte der Kolonisten gegenüber Regierung und Parlament zu verteidigen. Die Annahme, daß nicht der König, sondern nur seine Minister Unrecht tun könnten («The King can do no wrong»), war eine Fiktion – aber sie war durch die Tradition geheiligt.

Der Appell an den König, die sogenannte «Palmzweig-Petition» (Olive Branch Petition), war ein Aufruf zur Beilegung des Konflikts durch Verhandlungen. Selbst die Delegierten aus Massachusetts, unter ihnen der Rechtsanwalt John Adams, ein Vetter von Samuel Adams und wie dieser einer der entschiedensten Vorkämpfer der Unabhängigkeit, stimmten dem Beschluß zu, weil es zu diesem Zeitpunkt weder unter den Delegierten noch in der amerikanischen Öffentlichkeit eine Mehrheit für den völligen Bruch mit Großbritannien gab. Ein Vorstoß des revolutionären Provinzialkongresses von Massachusetts, der den Kontinentalkongreß dazu bewegen wollte, allen Kolonien die rasche Bildung neuer, die Grundsätze der englischen Verfassung beachtender Regierungen zu empfehlen, fand daher keine Zustimmung.

John Adams und seine politischen Freunde hofften jedoch, daß der König das Verhandlungsangebot ablehnen werde. Genau das geschah: Am 23. August 1775 erklärte Georg III., sämtliche amerikanische Kolonien befänden sich im Zustand der Rebellion. (Bisher hatte dies das Unterhaus, im Februar 1775, nur im Hinblick auf Massachusetts festgestellt.) Kurz danach begann der König damit, bei Monarchen auf dem europäischen Kontinent um die Entsendung von Söldnern zu werben, die England bei der Niederwerfung der Rebellion helfen sollten. Sechs deutsche Landesherren waren dazu bereit. Von den rund 30 000 deutschen Soldaten, die über den Atlantik geschickt wurden, waren die meisten, etwa 17 000, Untertanen von Landgraf Friedrich II. von Hessen-Kassel. Wenn es für die Siedler noch eines Beweises bedurft hätte, daß Georg III. kein «Patriot King» im Sinne des in Amerika vielgelesenen Bolingbroke, sondern ein Tyrann war: der Einsatz deutscher Söldner in den nordamerikanischen Kolonien der britischen Krone erbrachte ihn.[203]

Das harte Nein, das der König den verständigungsbereiten Amerikanern entgegenschleuderte, stärkte die radikaleren Kräfte. Im Januar 1776 veröffentlichte der (bei dieser Gelegenheit anonym bleibende) Journalist Thomas Paine, der erst zwei Jahre zuvor aus England nach Amerika gekommen war, ein politisches Manifest unter dem Titel «Common Sense». Es erreichte innerhalb von drei Monaten eine Auflage von 120 000 Exemplaren und war damit wohl eine der erfolgreichsten Kampfschriften des 18. Jahrhunderts. Hatten sich die Sprecher der Kolonisten bisher auf die Freiheitsrechte und Institutionen der englischen Verfassung berufen, so nannte Paine das Recht auf eine eigene Regierung ein Naturrecht. In der englischen Verfassung erkannte er neben einem republikanischen Element, dem Unterhaus, die Überreste von zwei alten Formen der Tyrannei, wobei die monarchische Tyrannei in den Mitgliedern des Oberhauses nachlebe. Die Monarchie sei stets der Papismus unter den Regierungssystemen (monarchy in every instance is the popery of government). Je näher aber ein Regierungssystem der Republik komme, desto weniger gebe es Bedarf an einem König.[204]

Paines Botschaft war der Bruch mit England durch Erklärung der Unabhängigkeit: «England to Europe, America to itself» (England gehört nach Europa, Amerika gehört sich selbst). Es sei absurd zu glauben, ein Kontinent könne auf Dauer von einer Insel regiert werden. Der Gedanke an Versöhnung habe sich als trügerisch erwiesen. Für Amerika gab es nach der Überzeugung des Autors nur *eine* politische Zukunft: die einer unabhängigen Republik. Monarchien seien von Natur aus kriegerisch, Republiken friedlich: «The republics of Europe are all (and we may say always) in peace.» (Die Republiken Europas leben alle, und wir können sagen: immer, in Frieden untereinander.) Paine verwies, um diese These zu belegen, auf das wechselseitige Verhältnis zwischen den Niederlanden und der Schweiz. So wie in absoluten Monarchien der König das Gesetz sei, so sei in Amerika das Gesetz der

König (that in America the law is King), und einen anderen König dürfe es nicht geben. Das Gesetz, das Paine meinte, war kein von Menschen geschriebenes, sondern ein höheres: das göttliche oder natürliche Recht der Menschen auf Selbstregierung.[205]

Nie zuvor war ein englischer oder amerikanischer Autor Locke so fern gewesen und Rousseau so nahe gekommen wie Paine in seinem «Common Sense». Was diesen Vorkämpfer der Unabhängigkeit interessierte, war nicht das Problem, wie Macht durch Gewaltenteilung gebändigt werden konnte. Ihm ging es ausschließlich um die Übertragung der Macht vom König auf das Volk, die Ersetzung der monarchischen Legitimität durch die Volkssouveränität. Um den revolutionären Bruch mit England herbeizuführen, bedurfte es einer derart scharfen Zuspitzung des Gegensatzes von «Tyrannei» und «Republik», wie Paine sie betrieb. Für den Aufbau einer freiheitlichen Ordnung aber reichte sein Radikalismus nicht aus. War die Unabhängigkeit erst erkämpft, mußten die Erfahrungen der englischen Verfassungsgeschichte, vor allem der des 17. Jahrhunderts, und die Einsichten der antiken und der modernen Klassiker des politischen Denkens neue Bedeutung gewinnen. Die Väter der amerikanischen Revolution kannten dieses Erbe, und das bewahrte die meisten von ihnen vor der Gefahr, sich von den Höhenwinden der Abstraktion davontragen zu lassen und an der eigenen Rhetorik zu berauschen.

«Common Sense» erntete neben begeisterter Zustimmung auch Widerspruch, aber der Beifall überwog. Die Bereitschaft, den Bruch mit Großbritannien zu vollziehen, wuchs seit Anfang 1776 deutlich. Das galt für die Presse, die Öffentlichkeit, die Provinzialkongresse, die in vielen Kolonien die bisherigen Volksvertretungen abgelöst hatten, und den Kontinentalkongreß. Diesem gehörten seit dem September 1775 auch Delegierte aus Georgia an, so daß er nunmehr für alle 13 Kolonien sprechen konnte. Am 10. Mai 1776 empfahl der Kongreß allen Kolonien, die das noch nicht getan hatten, neue Verfassungen zu erlassen und neue Regierungen zu bilden, also mit der kolonialen Ordnung zu brechen.

Sechs Wochen später, am 12. Juni 1776, verabschiedete der Provinzialkonvent von Virginia die «Declaration of Rights». Es war die erste Menschenrechtserklärung der Geschichte. Der Grundrechtskatalog begann mit der Feststellung in Artikel 1: «Alle Menschen sind von Natur gleichermaßen frei und unabhängig und besitzen gewisse angeborene

Rechte (That all men are by nature equally free and independent, and have certain inherent rights), die sie, bei Begründung einer politischen Gemeinschaft, ihren Nachkommen durch keinerlei Abmachungen wegnehmen oder entziehen können, nämlich das Recht auf Leben und Freiheit und dazu die Möglichkeit, Eigentum zu erwerben und zu behalten und Glück und Sicherheit zu erstreben und zu erlangen.»

Dem schloß sich in Artikel 2 die Verkündung des Prinzips der Volkssouveränität an: «Alle Macht ruht im Volke und leitet sich daher von ihm ab; alle Amtspersonen sind seine Treuhänder und Diener (trustees and servants) und ihm jederzeit verantwortlich.» Die weiteren 14 Artikel garantieren unter anderem die Trennung von gesetzgebender, ausführender und rechtsprechender Gewalt, das Verbot, Gesetze oder deren Vollzug ohne Zustimmung der Volksvertretung aufzuheben, die Freiheit der Wahl, den Schutz vor ungesetzlicher Freiheitsberaubung, die Pressefreiheit, die als eine der großen Bollwerke der Freiheit (one of the great bulwarks of liberty) beschrieben wird, und die Religionsfreiheit.

Virginia konnte aber nicht nur auf dem Gebiet der unveräußerlichen Menschenrechte ein Erstgeburtsrecht für sich beanspruchen. Es war auch die Provinz, die im Kontinentalkongreß den entscheidenden Anstoß zur Unabhängigkeitserklärung gab. Am 7. Juni 1776 brachten die Delegierten Virginias, einer Instruktion ihres Provinzialkongresses folgend, den Antrag ein, die Vereinigten Kolonien als von Rechts wegen freie und unabhängige Staaten zu erklären, sie aller Treueide gegenüber der britischen Krone zu entbinden, jede politische Bindung an den Staat Großbritannien vollständig aufzulösen, Bemühungen um die Unterstützung fremder Mächte einzuleiten und eine Konföderation zu bilden, die die Kolonien enger miteinander verbinden sollte.

Im Kontinentalkongreß gab es zu dieser Zeit noch immer starke Bedenken gegen eine sofortige Erklärung der Unabhängigkeit. Die Widerstände waren besonders hartnäckig in Maryland, Pennsylvanien und Delaware, wo «Dynastien» in Gestalt der Familien Baltimore und Penn nach wie vor über großen Einfluß verfügten, aber auch in New York, New Jersey und South Carolina. Doch die Zeit arbeitete für die Befürworter eines raschen und radikalen Bruches mit dem Mutterland. Das lag nicht zuletzt an der militärischen Lage. Zwar hatte die Armee der Kolonisten im März 1776 den Briten Boston entreißen können, aber der Versuch, Quebec zu nehmen und Kanada zu erobern, war gescheitert, und New York galt als aufs höchste gefährdet. Mit dem Eintreffen von Söldnertruppen aus Europa mußte jederzeit gerechnet werden. Um so wichtiger war es, von Mächten Unterstützung zu erhalten, die als traditionelle Gegner Englands galten, namentlich von Frankreich, den Niederlanden und Spanien. Eine derartige Hilfe durfte man aber erst erwarten, nachdem die Kolonien sich offiziell von Großbritannien losgesagt hatten.

Am 2. Juli 1776, einen Tag, bevor die Briten mitsamt ihren deutschen Söldnern in Staten Island bei New York landeten, fiel die Entscheidung. Der Antrag von Virginia wurde von allen Kolonien bis auf eine angenommen. Die Ausnahme bildete New York. Dessen Delegierte hatten schon tags zuvor erklärt, sie stimmten dem Antrag persönlich zu, ebenso ihre Wähler; dennoch müßten sie sich noch der Billigung ihres Provinzialkongresses versichern. Diese wurde am 9. Juli erzielt, so daß es nicht mehr den geringsten Zweifel am gemeinsamen Willen der 13 Kolonien geben konnte.

Den Entwurf der Unabhängigkeitserklärung hatte im Auftrag einer am 11. Juni vom Kongreß eingesetzten Kommission der junge Rechtsanwalt und Plantagenbesitzer Thomas Jefferson aus Virginia verfaßt. Das fünfköpfige Gremium, dem auch John Adams aus Massachusetts und Benjamin Franklin aus Pennsylvanien angehörten, leitete den redigierten Entwurf an den Kongreß weiter, der den Text gründlich überarbeitete und erheblich straffte. *Einen* Passus, der Georg III. die Versklavung der schwarzen Afrikaner und den Handel mit Sklaven zum Vorwurf machte, strichen die Delegierten in Gänze, obwohl darin von einer Aufhebung der Sklaverei gar keine Rede war.

Wäre die Streichung nicht erfolgt, hätten South Carolina und Georgia der Unabhängigkeit schwerlich zugestimmt: Beide waren gegen jede Beschränkung des Sklavenhandels. Ein Nein zur Sklaverei als solcher hätte alle Sklavenhalterkolonien, auch Virginia, zu Gegnern der Unabhängigkeit gemacht (Thomas Jefferson und George Washington waren selbst Sklavenbesitzer, doch hatte der letztere in seinem Testament immerhin die Freilassung seiner Sklaven verfügt). Auch entschiedene Gegner der Sklaverei wie John Adams und Benjamin Franklin waren nicht gewillt, die Unabhängigkeitserklärung am unüberbrückbaren Gegensatz in dieser Frage scheitern zu lassen. Die «peculiar institution», wie man die Sklaverei in den Südstaaten beschönigend nannte, blieb *die* große Hypothek der Vereinigten Staaten bis zum Bürgerkrieg der Jahre 1861 bis 1865, ja, was die langfristigen Wirkungen angeht, bis zur Gegenwart.

Am 4. Juli 1776 wurde die Unabhängigkeitserklärung als «einmütige Erklärung der 13 vereinigten Staaten von Amerika» vom Kontinentalkongreß verkündet. Am Beginn stand ein Bekenntnis zu den unveräußerlichen Menschenrechten im Geist der Bill of Rights von Virginia. «Folgende Wahrheiten erachten wir als selbstverständlich (We hold these Truths to be self-evident): daß alle Menschen gleich geschaffen sind; daß sie von ihrem Schöpfer mit gewissen unveräußerlichen Rechten (certain unalienable Rights) ausgestattet sind; daß dazu Leben, Freiheit und das Streben nach Glück (Life, Liberty and the Pursuit of Happiness) gehören; daß zur Sicherung dieser Rechte Regierungen unter den Menschen eingesetzt werden, die ihre rechtmäßige Macht aus der Zustimmung der Regierten (Consent of the Governed) herleiten; daß, wann immer irgendeine Regierungsform sich als diesen Zielen abträglich erweist, es Recht des Volkes ist, sie zu ändern oder abzuschaffen, eine neue Regierung einzusetzen und diese auf solchen Grundsätzen aufzubauen und ihre Gewalten in der Form zu organisieren, wie es ihm zur Gewährleistung seiner Sicherheit und seines Glückes geboten zu sein scheint.»

Dem Fanal folgte eine Rechtfertigung des amerikanischen Vorgehens, die erkennen ließ, daß Jefferson Lockes «Second Treatise of Government» gründlich gelesen hatte und daher wußte, von welchem Punkt ab Widerstand legitim, ja notwendig war: Gewiß gebiete es die Weisheit, daß von altersher bestehende Regierungen nicht aus geringfügigen und vorübergehenden Anlässen geändert werden sollten, und demgemäß habe jede Erfahrung gezeigt, daß die Menschen eher geneigt sind, zu dulden, solange die Mißstände noch erträglich sind, als sich unter Beseitigung altgewohnter Formen Recht zu verschaffen. «Aber wenn eine lange Reihe von Mißbräuchen und Übergriffen, die stets das gleiche Ziel verfolgen, die Absicht erkennen läßt, sie absolutem Despotismus zu unterwerfen, so ist es ihr Recht und ihre Pflicht, eine solche Regierung zu beseitigen und neue Wächter für ihre künftige Sicherheit zu bestellen.»

Die Anklagen, die die Unabhängigkeitserklärung gegen Georg III. erhob, erinnerten in manchem an klassische Dokumente der englischen Verfassungsgeschichte von der Magna Charta des Jahres 1215 über die Petition of Right von 1628 bis zur Declaration of Rights von 1689. Die Regierungszeit des gegenwärtigen Monarchen sei von unentwegtem Unrecht und ständigen Übergriffen gekennzeichnet, die alle auf die Errichtung einer absoluten Tyrannei über die Kolonien abzielten. Der

König von Großbritannien habe seinen Gouverneuren verboten, notwendige Gesetze zu erlassen; er habe die gesetzgebenden Körperschaften der Kolonien in ihrer Arbeit behindert und aufgelöst, wenn sie sich seinen Eingriffen in die Rechte des Volkes widersetzten; danach habe er über längere Zeit hinweg Neuwahlen verhindert; er habe des weiteren die Rechtsprechung hintertrieben, indem er Gesetzen über die Erteilung richterlicher Befugnisse seine Zustimmung versagt und Richter von seinem Willen abhängig gemacht habe; ohne Zustimmung der Volksvertretungen habe der König auf dem Boden der Kolonien stehende Heere unterhalten und danach gestrebt, das Militär von der Zivilgewalt unabhängig zu machen und es ihr überzuordnen.

Der Zweck jener Entrechtung der Kolonien, wie sie der König von Großbritannien zusammen mit anderen betreibe, sei es unter anderem, den Handel der Kolonien mit allen Teilen der Welt zu unterbinden, ihnen ohne ihre Einwilligung Steuern aufzuerlegen, ihnen ihre Freibriefe, die «Charters», zu entziehen, ihre wichtigsten Gesetze aufzuheben und ihre Regierungsform grundlegend zu ändern und sich, dem König von Großbritannien, die unumschränkte Gewalt über die Kolonien zu sichern. «Er hat seinen Herrschaftsanspruch hier dadurch aufgegeben, daß er uns als außerhalb seines Schutzes stehend erklärte und Krieg gegen uns führte. Er hat unsere Meere geplündert, unsere Küsten verheert, unsere Städte niedergebrannt und unsere Mitbürger getötet. Er schafft gerade jetzt große Heere fremder Söldner heran, um das Werk des Todes, der Verheerung und der Tyrannei zu vollenden, das er bereits mit Grausamkeit und Treubrüchen begangen hat, die ihresgleichen kaum in den barbarischsten Zeiten finden und des Oberhauptes einer zivilisierten Nation völlig unwürdig sind.»

Nachdem alle in untertänigster Form geäußerten Bitten um Abhilfe nur durch neues Unrecht beantwortet worden und alle Appelle an die britischen Brüder ungehört verhallt seien, gelte es nunmehr, nach vollzogener Trennung, diese wie die übrige Menschheit zu behandeln: als Feinde im Krieg, als Freunde im Frieden. «Daher tun wir, die in einem gemeinsamen Kongreß versammelten Vertreter der Vereinigten Staaten von Amerika, unter Anrufung des Obersten Richters über diese Welt als Zeugen für die Rechtschaffenheit unserer Absichten namens und im Auftrag der anständigen Bevölkerung (the good People) dieser Kolonien feierlich kund und zu wissen, daß die Vereinigten Kolonien freie und unabhängige Staaten sind und es von Rechts wegen bleiben sollen;

daß sie von jeglicher Treuepflicht gegen die britische Krone entbunden sind, und daß jegliche politische Verbindung zwischen ihnen und dem Staat Großbritannien vollständig gelöst ist und bleiben soll; und daß sie als freie und unabhängige Staaten das Recht haben, Krieg zu führen, Frieden zu schließen, Bündnisse einzugehen, Handel zu treiben und alle anderen Handlungen vorzunehmen und Staatsgeschäfte abzuwickeln, zu denen unabhängige Staaten rechtens befugt sind. Und zur Erhärtung dieser Erklärung verpflichten wir uns gegenseitig feierlich in festem Vertrauen auf den Schutz der göttlichen Vorsehung zum Einsatz unseres Lebens, unseres Gutes und unserer heiligen Ehre.»

Die Unabhängigkeitserklärung argumentierte historisch *und* naturrechtlich: Sie berief sich zum einen, ähnlich wie die großen britischen Texte zur Verteidigung der Parlamentsrechte aus dem 17. Jahrhundert, auf überkommene Rechte, die der Machthaber, der König von Großbritannien, systematisch verletzt habe. Zum anderen beschwor sie angeborene und unveräußerliche Rechte *aller* Menschen. Damit ging die Erklärung vom 4. Juli 1776 weit über das hinaus, was die Habeas-Corpus-Akte von 1679 zum Schutz der englischen Untertanen verfügt und verbürgt hatte. In «geziemender Rücksichtnahme auf die Meinung der Menschheit» (a decent Respect to the Opinions of Mankind) vertraten die Gründerväter der Vereinigten Staaten von Amerika *ihr* Anliegen, die vollständige Trennung von der als tyrannisch empfundenen Herrschaft Großbritanniens mit dem Wunsch aller freiheitsliebender Menschen, ein selbstbestimmtes Leben ohne alle Unterdrückung zu führen. Schon die Lossagung vom kolonialen Mutterland wies alle Eigenschaften eines revolutionären Aktes auf. Die Berufung auf allgemeine Menschenrechte und das aus ihnen abgeleitete Prinzip der Volkssouveränität aber waren noch in einem anderen Sinn revolutionär: Sie stellten ein Versprechen an die Menschheit dar und machten damit aus dem Unabhängigkeitskampf der Amerikaner die erste *moderne* Revolution der Geschichte.

Was die Unabhängigkeitserklärung zu den Menschenrechten sagte, war in *einem* Satz zusammengefaßt. Aber dieser eine Satz bündelte Erfahrungen und Erkenntnisse von Jahrtausenden auf eine Weise, die aus den «selbstverständlichen Wahrheiten» ein Programm zur Veränderung der Welt machten. Der humanistisch gebildete, von der europäischen Aufklärung geprägte Jefferson schöpfte, nicht anders als John Adams, Benjamin Franklin und viele andere Unterzeichner der Erklärung vom

4. Juli 1776, aus einem Gedankengut, zu dem die naturrechtliche Tradition seit der Stoa und Cicero, die Lehren neuerer Denker wie Harrington, Locke und Montesquieu ebenso gehörten wie die in Amerika selbst gewonnenen Einsichten in die Notwendigkeit von religiöser und politischer Toleranz. Jefferson konnte auf die sehr viel ausführlichere Darlegung der Menschenrechte in der Declaration of Rights seiner Heimatkolonie Virginia vom 12. Juni 1776 zurückgreifen, die zum Vorbild für die Verfassungen anderer Gründerstaaten der USA werden sollte: Noch im Jahre 1776 folgten Pennsylvanien, Maryland und North Carolina, in den Jahren bis 1783 Massachusetts und New Hampshire.[206]

Wer eine Vorgeschichte der ersten Menschenrechtserklärungen schreiben wollte, müßte auch noch andere Beiträge nennen: die der spanischen Spätscholastiker Francisco de Vitoria und Francisco Suarez etwa, die im 16. und frühen 17. Jahrhundert den amerikanischen Indios das Recht zugesprochen hatten, als Menschen behandelt zu werden, in den britischen Kolonien Nordamerikas aber schon deshalb keine Wirkung erzielten, weil die Autoren Katholiken waren. Als Wegbereiter der Menschenrechte wären auch deutsche Philosophen und Staatsrechtslehrer zu erwähnen, von denen freilich nur einer, Samuel Pufendorf, einen gewissen Widerhall auf der anderen Seite des Atlantiks, in Massachusetts, fand. Aber die politische Ideengeschichte liefert keine Antwort auf die Frage, warum die unveräußerlichen Menschenrechte zuerst auf nordamerikanischem Kolonialboden in den Rang von Verfassungsartikeln und damit von höchsten Rechtsgütern erhoben worden sind.

Die wissenschaftliche Debatte hierüber begann 1895 mit der rasch berühmt gewordenen, in vielen Auflagen erschienenen und in mehrere Sprachen übersetzten Abhandlung des österreichischen Staatsrechtlers Georg Jellinek «Die Erklärung der Menschen- und Bürgerrechte». Darin betonte der Autor die englisch-puritanischen Ursprünge des nordamerikanischen Verständnisses von Religionsfreiheit als Menschenrecht. Er verwies auf Robert Browne, den Stammvater des Kongregationalismus, der seit Ende des 16. Jahrhunderts dem anglikanischen Staatskirchentum das Prinzip der Kirche als Gemeinde entgegensetzte. Die Gemeinde war für Browne und seine Anhänger die Gemeinschaft der Gläubigen, die sich durch einen Vertrag (covenant) mit Gott zum Gehorsam gegen Christus verpflichtet hatten und über alle Fragen des Gemeindelebens nach gemeinsamer Beratung mit Mehrheit entschieden. Eine Kirche oberhalb der Gemeinde lehnte Browne ab.

In England verfolgt, entwickelte sich der Kongregationalismus, die früheste Form des Independentismus, im holländischen Exil, in Leyden, weiter. Aus der Leydener Gruppe stammten auch, wie schon erwähnt, die Pilgerväter, die 1620 mit der «Mayflower» nach Massachusetts kamen. Von einer anderen kongregationalistischen Sekte, den Levellern, wurde im Oktober 1647 als Verfassungsentwurf für England auf einer Versammlung des Armeerates von Cromwells Heer das «Agreement of the People» vorgelegt, in dem sie die Freiheit des religiösen Gewissens als eines der «angeborenen Rechte» (native rights) bezeichneten, über das keine menschliche Macht, auch nicht das Unterhaus, irgendein Verfügungsrecht habe, an das vielmehr alle künftigen Repräsentanten der Nation gebunden seien.

In der Linie, die Jellinek von den radikal puritanischen Bewegungen im England des 16. und 17. Jahrhunderts zu den amerikanischen Menschenrechtserklärungen von 1776 und danach zog, spielte der Gründer von Rhode Island, Roger Williams, eine wichtige Rolle. Er setzte in seiner Kolonie jene, von den Levellern geforderte strikte Trennung von Kirche und Staat durch, ohne die ein friedliches Zusammenleben von Siedlern unterschiedlichen Glaubens nicht vorstellbar war. Andere Kolonien gelangten früher oder später ebenfalls zu der Einsicht, daß eine klare Unterscheidung zwischen religiösen und weltlichen Belangen ein Unterpfand persönlicher und politischer Freiheit war. Jellinek folgerte: «Die Idee, unveräußerliche, angeborene, geheiligte Rechte des Individuums gesetzlich festzustellen, ist nicht politischen, sondern religiösen Ursprungs. Was man bisher für ein Werk der Revolution (von 1789, H.A.W.) gehalten hat, ist in Wahrheit eine Frucht der Reformation und ihrer Kämpfe.»

Ernst Troeltsch stimmte 1911 in seiner Schrift «Die Bedeutung des Protestantismus für die Entstehung der modernen Welt» Jellinek weitgehend zu, betonte aber noch schärfer als dieser, daß der «Vater der Menschenrechte» nicht der eigentliche kirchliche Protestantismus, sondern das von ihm gehaßte und in die Neue Welt vertriebene Sektentum und der «Spiritualismus», eine amerikanische Spielart des Pietismus, gewesen seien. «Das nordamerikanische Täufer- und Quäkertum entstammt der großen religiösen Bewegung der englischen Revolution, dem Independentismus. Dieser Independentismus selbst aber war aufs stärkste mit Einflüssen des Täufertums durchsetzt, die von den Resten des alten englischen Täufertums, von Holland, dem kontinentalen Zufluchtsort der Täufer, und von den amerikanischen Flüchtlingen her auf England wirkten. Nicht minder hat hier der mystische Spiritualismus seine die Kirchen auflösende und Gewissensfreiheit heischende Wirkung geübt. Hier haben diese Stiefkinder der Reformation überhaupt endlich ihre weltgeschichtliche Stunde erlebt.»

Die Väter der amerikanischen Unabhängigkeit waren in erheblicher Zahl keine gläubigen Christen, so wie die Puritaner sie sich vorstellten. Sie glaubten wohl an einen belohnenden und strafenden Gott oder zumindest an ein höheres Wesen, aber längst nicht alle an die Gottheit Christi. Die meisten waren auf die eine oder andere Weise Deisten im Sinne der Aufklärung, nicht wenige, wie George Washington und Benjamin Franklin, Freimaurer. Jefferson blieb zeit seines Lebens formell Mitglied der (anglikanischen) Protestant Episcopal Church, hielt die Dreieinigkeit privat aber für etwas, was dem menschlichen Geist nicht zugänglich war. Die tief gläubigen Vorkämpfer der Glaubensfreiheit wie Roger Williams und William Penn hatten den Grund gelegt für einen protestantisch geprägten Pluralismus. Er war eine der Voraussetzungen dafür, daß sich die Idee der allgemeinen Menschenrechte zuerst in Amerika durchsetzen konnte. Aber der Geist der Aufklärung half dabei, und es ist schwer vorstellbar, daß ohne seine Mitwirkung so weltliche Dokumente wie die Declaration of Rights von Virginia und die Unabhängigkeitserklärung je das Licht der Welt erblickt hätten.

Die Glaubensfreiheit, wie sie die Menschenrechtserklärung von Virginia gewährleistete, findet sich im übrigen in so reiner Form in den meisten Verfassungen der Einzelstaaten aus der Zeit des Unabhängigkeitskrieges nicht. In Maryland, South Carolina und Georgia wurden die Regierungen ermächtigt, die christliche Religion mit Steuermitteln zu fördern. Viele Verfassungen machten die Übertragung öffentlicher Ämter von bestimmten religiösen Vorbedingungen abhängig. In New Hampshire, Connecticut, New Jersey, Georgia und den beiden Carolinas mußten die Amtsinhaber Protestanten, in Maryland und Delaware Christen sein. In Pennsylvanien und South Carolina war der Glaube an einen Gott und an Himmel und Hölle Voraussetzung für die Bekleidung eines öffentlichen Amtes. In Connecticut, New Hampshire und Massachusetts verloren die hier tonangebenden Kongregationalisten ihre Privilegien erst zwischen 1818 und 1833. Die Menschenrechtserklärungen waren so gesehen kein posthumer Triumph für Roger Williams, sondern nur ein Teilsieg der Aufklärung. Die Religionsfreiheit war *nicht*, wie Georg Jellinek annahm, die Keimzelle der Menschenrechte. Was immer einzelne Staaten unternahmen, um ein «disestablishment» von Staat und Kirche aufzuhalten, auf Bundesebene war ein klarer Trennungsstrich unumgänglich, weil sich andernfalls aus 13 Staaten mit jeweils unterschiedlichen konfessionellen Verhältnissen keine Union hätte bilden lassen. Die Abgrenzung lag zudem in der inneren Logik des historischen Gegensatzes zwischen Freikirchen und anglikanischer Staatskirche. Die meisten religiösen Gemeinschaften *wollten* frei sein von Bindungen an die Staatsgewalt, und die spiritualistische Erweckungsbewegung, die in den 1730er Jahren einsetzte, verstärkte die Neigung, sich allein aus eigener Kraft zu behaupten. Unter dem Einfluß des ersten «Great Awakening» wich der altcalvinistische Gedanke der Erwählung aus göttlicher Gnade allmählich dem neucalvinistischen Glauben, daß die Bekehrung des reuigen Sünders den Weg zur Vervollkommnung und zur Erlösung ebnen könne. Das «große Erwachen» wertete den Glauben der Gläubigen auf und die wissenschaftliche Theologie ab; es führte zur Vervielfachung der Zahl der Religionsgemeinschaften und Sekten – einer Entwicklung, die auf Kosten der größeren Kirchen ging und am stärksten den Methodisten, einer aus England stammenden, von den Brüdern John und Charles Wesley begründeten Laienbewegung, zugute kam. In seiner radikalen oder fundamentalistischen Form war der Spiritualismus vor allem eins: ein bigotter Anti-Intellektualismus.

Als Tocqueville 1830/31, unter der Präsidentschaft von Andrew Jackson, die Vereinigten Staaten bereiste, war schon ein zweites «großes Erwachen» über das Land hinweggegangen: das der 1820er Jahre. Die Beobachtung des französischen Liberalen, daß in Amerika die Religion zur Erleuchtung geführt hatte, war historisch wohlbegründet. Doch er hätte schon damals mit ebensoviel Recht behaupten können, daß das religiöse Amerika zu großen Teilen der Aufklärung und ihren Folgen ablehnend gegenüberstehe. Der Geist der Religion und der Geist der Freiheit hatten sich nicht voneinander getrennt, aber die «erweckten» Amerikaner verstanden unter Freiheit etwas anderes als ihre aufgeklärten Landsleute.[207]

Die Unabhängigkeitserklärung vom 4. Juli 1776 hatte keine neue Rechtsordnung geschaffen. Der Kontinentalkongreß, der das Dokument verabschiedete, war das einzige gemeinsame Organ der 13 Gründerstaaten. Er zählte 57 Mitglieder, aber bei Abstimmungen hatte jeder

Staat, ungeachtet der Zahl seiner Bewohner, nur eine Stimme. In Zeiten, in denen das Plenum nicht tagte, bestand die «Exekutive» aus der «Commission», einem Gremium, dem jeweils ein Mitglied aus jedem Staat angehörte; Beschlüsse kamen zustande, wenn mindestens neun Mitglieder zustimmten. Die Rechtsgrundlage dieser Regelung bildeten die verfassungsähnlichen «Articles of Confederation», die der Kongreß im November 1777 verabschiedete. Sie traten erst nach Ratifizierung durch alle Staaten am 1. März 1781 in Kraft. Die Einzelstaaten behielten ihre Zuständigkeiten; nur sie erhoben Steuern und Zölle; nur sie unterhielten Polizeikräfte und Truppen. Der Kontinentalkongreß konnte die Staaten zwar um Geld bitten, Truppen anfordern und Zölle empfehlen, aber zwingen konnte er die Gründungsmitglieder zu nichts. Die Union war in ihren ersten Jahren kein festgefügter Bundesstaat, sondern ein lockerer Staatenbund.

Der Krieg um die Unabhängigkeit war mit der Erklärung der Unabhängigkeit noch längst nicht gewonnen. Im September 1776 besetzten die Briten New York, ein Jahr danach Philadelphia. Doch drei Wochen später, am 17. Oktober 1777, errangen die Amerikaner bei Saratoga im oberen Tal des Hudson River ihren größten Sieg über die Kolonialmacht. Es war die Schlacht, die zum Wendepunkt des Krieges werden sollte. Frankreich, das die aufständischen Kolonisten schon seit Mai 1776 finanziell unterstützt hatte, schloß im Februar 1778 einen förmlichen Beistandspakt nebst einem Freundschafts- und Handelsvertrag mit den USA ab. Am 17. Juni 1778 trat Englands ältester Rivale auf der Seite Amerikas in den Krieg ein. Im Juni 1779 erklärte Spanien Großbritannien den Krieg. Anders als Paris erkannte Madrid die Unabhängigkeit der Vereinigten Staaten aber noch nicht ausdrücklich an: Der Konflikt um die Kontrolle der Gebiete westlich des Mississippi warf seinen Schatten voraus. Holland, das mit den Amerikanern enge Handelsbeziehungen unterhielt und sie auch politisch unterstützte, forderte Großbritannien damit so sehr heraus, daß dieses ihm 1780 den Krieg erklärte.

Nach der vernichtenden Niederlage, die die Truppen Washingtons und das französische Expeditionskorps unter General Rochambeau den Briten im Oktober 1781 bei Yorktown bereiteten, gab es am Ausgang des Krieges keinen Zweifel mehr. Das Unterhaus sprach sich Ende Februar 1782 gegen die Fortsetzung der Kampfhandlungen aus; im März trat Lord North, der den Konfrontationskurs des Monarchen nachdrücklich unterstützt hatte, von seinem Amt als Premierminister zurück. Damit endete auch das persönliche Regiment Georgs III.: Fortan hat kein britischer König mehr einen Versuch unternommen, ohne die Parteien zu regieren. Die Richtlinien der Politik bestimmte seit der Unterhauswahl von 1784 eindeutiger als zuvor der regierende Führer der Mehrheitspartei.

Im April 1782, drei Wochen nach dem Rücktritt von Lord North, begannen in der französischen Hauptstadt britisch-amerikanische Friedensverhandlungen. Im November 1782 wurde der Friedensvertrag paraphiert, im September 1783 zusammen mit den Friedensverträgen Großbritanniens mit Frankreich und Spanien in Paris und Versailles unterzeichnet.

Im Friedensvertrag erkannte Großbritannien seine ehemaligen Kolonien in Nordamerika als freie, souveräne und unabhängige Staaten an und sprach ihnen das Gebiet bis zum Mississippi bis kurz vor New Orleans zu, das zwischen 1762 und 1803 unter spanischer Herrschaft stand. Die Nordgrenze der Vereinigten Staaten wurde ungefähr dort gezogen wo sie noch heute verläuft: quer durch die Großen Seen bis hin zur Fundy Bay vor der Westküste Neu-Schottlands. Den USA wurde auferlegt, den enteigneten und vertriebenen Loyalisten, den Gegnern der Unabhängigkeit, ihren Besitz zurückzugeben oder sie für die entstandenen Verluste zu entschädigen. Wie viele Loyalisten davon betroffen waren, ist nicht ganz sicher: Auf mindestens 100 000 wird die Zahl der Siedler geschätzt, die während des Krieges die aufständischen Kolonien verlassen hatten; die meisten in Richtung Kanada, die anderen nach Großbritannien oder den britischen unter den Westindischen Inseln. In die Vereinigten Staaten kehrten nur wenige zurück.

Solange die ehemaligen Kolonien im Kampf gegen einen gemeinsamen Gegner standen, war es dem Kontinentalkongreß immer wieder gelungen, als Sprecher des Gesamtwillens der Union aufzutreten und als solcher anerkannt zu werden. Nach dem Friedensschluß wurde es schwerer, die 13 Staaten und den Kongreß auf eine gemeinsame Linie zu bringen: Besonders die Klauseln, die Großbritannien in den Friedensverhandlungen zugunsten der Loyalisten durchgesetzt hatte, lösten scharfe Proteste aus. Wer den Gegnern der Unabhängigkeit Geld schuldete oder aus ihrer Enteignung Nutzen gezogen hatte, wehrte sich nun gegen die Pflicht zur Einhaltung privatrechtlicher Verträge und zur Wiedergutmachung erlittenen Unrechts.

Immer deutlicher wurde seit 1783 auch, daß der lockere Staatenbund schon mangels eigener Finanzen nicht in der Lage war, die gemeinsamen Interessen der Vereinigten Staaten gegenüber der Außenwelt wirksam zu vertreten. Die amerikanische Armee war bereits im Juni 1783, vor der Unterzeichnung des Friedensvertrages, aufgelöst worden. Dazu kamen Konflikte zwischen den Staaten: Einige stritten untereinander über den Verlauf ihrer Grenzen oder erhoben konkurrierende Ansprüche auf das Territorium westlich der Alleghenies; andere wollten das neu hinzugewonnene Gebiet zwischen Alleghenies und Mississippi als Ganzes der Union unterstellen; mehrere Gebiete im Norden und Westen strebten nach Eigenstaatlichkeit; größere Staaten behinderten den Handel der kleineren durch hohe Zölle. Kaum gegründet, schien das neue Gemeinwesen bereits von der Gefahr bedroht, wieder auseinanderzufallen.[208]

Als im September 1786 Delegierte aus fünf Staaten in Annapolis, der Hauptstadt von Maryland, zusammenkamen, um Meinungsverschiedenheiten zwischen Virginia und Maryland über die Schiffahrt auf dem Potomac zu beraten, nutzte der junge Rechtsanwalt Alexander Hamilton, im Unabhängigkeitskrieg der Adjutant Washingtons und jetzt einer der Vertreter von New York, die Gelegenheit, um die Berufung einer repräsentativ zusammengesetzten Versammlung anzuregen, die die Articles of Confederation den tatsächlichen Bedürfnissen der Union anpassen sollte. Der Gedanke fand die Zustimmung der Konferenz und der Volksvertretung von Virginia, aber zunächst nicht die des Kontinentalkongresses. Dieser änderte seine Haltung jedoch, nachdem Virginia George Washington als einen seiner Vertreter benannt hatte. In den folgenden Monaten wurden in allen Staaten, mit der Ausnahme von Rhode Island, Delegierte für einen Verfassungskonvent gewählt. Am 25. Mai 1787 trat die Versammlung in Philadelphia zu ihrer konstituierenden Sitzung zusammen und wählte einstimmig George Washington zu ihrem Präsidenten.

Als scharfsinnigster und bestinformierter Befürworter einer gründlichen Erneuerung tat sich von Anfang an der historisch und philosophisch hochgebildete James Madison aus Virginia hervor. Er hatte entscheidenden Anteil daran, daß sich der Verfassungskonvent nicht damit begnügte, die 13 Konföderationsartikel punktuell zu überarbeiten und zu ergänzen, wie es der «New-Jersey-Plan» vorsah, sondern, entsprechend dem «Virginia-Plan», die Umwandlung des Staatenbundes in einen Bundesstaat in Angriff nahm.

Auf dem Weg zu diesem Ziel waren große Hindernisse zu überwinden. Die kleineren Staaten wollten auf der nationalen Ebene ebenso viel Einfluß haben wie die größeren, also eine Vertretungskörperschaft durchsetzen, in der alle Staaten über eine gleich große Zahl von Delegierten verfügten. Die größeren Staaten strebten dagegen ein Gesetzgebungsorgan an, in dem die Staaten entsprechend ihrer Bevölkerungszahl vertreten waren. Der rettende Kompromiß war ein Kongreß mit zwei Kammern: Das Repräsentantenhaus, das alle zwei Jahre gewählt wurde, war nach dem Prinzip der Proportionalität zusammengesetzt, so daß die Zahl der Mitglieder aus den einzelnen Staaten der jeweiligen Einwohnerzahl entsprach; im Senat hingegen wurde jeder Staat durch eine gleich große Zahl von Mitgliedern, nämlich zwei, repräsentiert, die auf sechs Jahre von der gesetzgebenden Körperschaft des Staats gewählt wurden, und zwar so, daß alle zwei Jahre ein Drittel der Sitze neu zu besetzen war.

Leidenschaftlich umstritten war in diesem Zusammenhang die Frage, wie die Einwohnerzahlen ermittelt werden sollten. Die südlichen Sklavenhalterstaaten bestanden darauf, daß auch die Sklaven, obwohl sie kein Wahlrecht besaßen, berücksichtigt wurden. Ein Verbot der Sklaverei kam nicht in Frage, weil andernfalls die betroffenen Staaten die Union verlassen hätten. Gegen eine indirekte Vertretung der schwarzen Sklaven durch weiße Abgeordnete gab es aber erhebliche Opposition aus den nördlichen Staaten. Am Ende stand auch hier ein Kompromiß: Fünf Sklaven galten bei der Sitzverteilung so viel wie drei Weiße. Die nicht besteuerten Indianer hingegen wurden bei der Ermittlung der Einwohnerzahl nicht berücksichtigt.

Die Gegner der Sklaverei konnten nicht einmal ein Verbot des Sklavenhandels durchsetzen, obwohl ein solches auch im Süden Befürworter fand. Zwei Staaten, South Carolina und Georgia, leisteten aber so hartnäckigen Widerstand, daß der Konvent sich schließlich darauf festlegte, für die Dauer von zwei Jahrzehnten, bis zum Jahr 1808, am bestehenden Zustand nichts zu ändern. Lediglich einen Einfuhrzoll von nicht mehr als 10 Dollar je Sklaven durfte die Union erheben.

Während die gesetzgebende Gewalt von zwei Kammern ausgeübt wurde, lag die vollziehende Gewalt ganz in den Händen einer Person: des Präsidenten der Vereinigten Staaten, der sein Mandat von der wahlberechtigten Bevölkerung, wenn auch indirekt, über ein Wahlmännergremium, erhielt. Der Präsident mußte zwar «von Zeit zu Zeit» dem Kongreß über die Lage der Union berichten und Maßnahmen zur Beratung empfehlen, die er für notwendig und nützlich erachtete. Aber verantwortlich war er dem Kongreß nicht. Der Konvent folgte damit einem Verständnis von Gewaltenteilung, das eher Montesquieus Vorstellung von der englischen Verfassung als der englischen Verfassungswirklichkeit im 18. Jahrhundert entsprach. Anders als in Großbritannien war die vollziehende Gewalt nicht in den Händen des Führers der parlamentarischen Mehrheit, sondern von dieser prinzipiell unabhängig. Der Präsident konnte gegen Gesetzesvorlagen nach ihrer Verabschiedung durch Repräsentantenhaus und Senat ein suspensives Veto einlegen. Es wurde dann hinfällig, wenn die Kammer, die das Gesetz eingebracht hatte, mit Zweidrittelmehrheit die Aufhebung des Vetos verlangte und die andere Kammer sich diesem Votum mit der gleichen qualifizierten Mehrheit anschloß.

Der Präsident war Oberbefehlshaber der Armee und der Flotte der Vereinigten Staaten wie der Miliz der Einzelstaaten. Er ernannte mit Zustimmung von zwei Dritteln der anwesenden Senatsmitglieder Botschafter, Gesandte und Konsuln, die Mitglieder des Obersten Gerichtshofes und die höheren Beamten. Auf Anraten und mit Zustimmung des Senats durfte er Verträge mit auswärtigen Mächten schließen, vorausgesetzt, daß zwei Drittel der anwesenden Senatoren zustimmten. Der Senat war auch das Verfassungsorgan, das über eine Anklage gegen den Präsidenten, ein «Impeachment», zu entscheiden hatte, wenn das Repräsentantenhaus ein solches Verfahren beantragte. In diesem Fall tagte der Senat nicht wie sonst unter Vorsitz des Vizepräsidenten der Vereinigten Staaten, sondern unter dem des Obersten Richters des Obersten Gerichtshofes, des höchsten Organs der dritten, der rechtsprechenden Gewalt.

Die Gesetzgebungsbereiche, für die der Kongreß zuständig war, wurden im Entwurf des Konvents im einzelnen aufgeführt: Die Erhebung einheitlicher Steuern und Zölle, der Handel mit fremden Völkern, zwischen den Einzelstaaten und mit Indianerstämmen, das Recht der Kriegserklärung und der Aufstellung einer Armee und einer Flotte gehörten ebenso dazu wie die Währungshoheit und die Kreditaufnahme auf Rechnung der Vereinigten Staaten. Wofür die Union nicht zuständig war, blieb Angelegenheit der Staaten. Die Art und Weise, wie die einzelstaatlichen Verfassungen das Wahlrecht für die Wahl der jeweiligen Volksvertretung regelten, war auch maßgeblich für die Wahl des

Repräsentantenhauses der Vereinigten Staaten. Es galten also unterschiedliche Formen von Zensuswahlrecht. Verträge oder Bündnisse mit auswärtigen Mächten oder anderen Staaten der Union abzuschließen, war den Einzelstaaten ebenso untersagt wie die Bildung einer Konföderation. Nur im Fall eines tatsächlichen Angriffs oder wenn eine unmittelbar drohende Gefahr keinen Aufschub duldete, durfte ein Staat sich in einen Krieg einlassen.

Die Verfassung sah keine konkurrierende Gesetzgebung von Bund und Einzelstaaten vor, sondern getrennte Zuständigkeitsbereiche, innerhalb derer beide selbständig tätig werden konnten. Diese Grundsatzentscheidung führte zu der Theorie der «doppelten Souveränität», auf die sich vor allem diejenigen beriefen, die den Einzelstaaten einen möglichst großen Spielraum sichern wollten. Tatsächlich besaß der Bund nicht nur das Recht zur alleinigen Vertretung der Union nach außen und die Kontrolle über die hierfür notwendigen Machtmittel, sondern dank des Oberbefehls des Präsidenten über die Milizen der Einzelstaaten auch die Möglichkeit, die Interessen der Union im Innern durchzusetzen. Dazu kam die Generalklausel im 8. Abschnitt des ersten Artikels der Verfassung: Sie gestand dem Kongreß das Recht zu, alle zur Ausübung seiner Befugnisse notwendigen und zweckdienlichen Gesetze zu erlassen. Der Supreme Court leitete daraus 1819 die Theorie der «implied powers», der stillschweigend zuerkannten Befugnisse, ab und rechtfertigte damit die Errichtung der in der Verfassung nicht ausdrücklich vorgesehenen Bundesbank. Die Souveränität der Union unterlag verfassungsmäßigen Beschränkungen, aber eine Teilung der Souveränität zwischen Bund und Einzelstaaten gehörte nicht dazu.

Am 17. September 1787, vier Monate nach ihrer konstituierenden Sitzung, unterzeichneten 42 der 45 anwesenden Mitglieder des Konvents unter einstimmiger Billigung aller anwesenden Einzelstaaten die Verfassung. Um in Kraft zu treten, mußte das Dokument aber noch von mindestens neun der dreizehn Mitgliedstaaten der Union ratifiziert werden, und dieser Prozeß nahm weitere neun Monate in Anspruch. Besonders lebhaft verlief die Auseinandersetzung in Massachusetts, das kurz zuvor von heftigen Farmerprotesten erschüttert worden war. Am 6. Februar 1788 stimmte der Ratifizierungskonvent in Boston der Verfassung mit der knappen Mehrheit von 187 zu 168 Stimmen zu.

Das Ja wurde durch das Versprechen der Befürworter ermöglicht, der Verfassung in Form von «Amendments» einen Grundrechtekatalog hinzuzufügen. (Der Konvent hatte darauf verzichtet, weil er für ausreichend hielt, was die Bundesverfassung und die Verfassungen der meisten Einzelstaaten dazu sagten, und die Geltung der unveräußerlichen Menschenrechte im Sinne der Unabhängigkeitserklärung für «self-evident» erachtete.) Da die anderen Staaten sich der Position von Massachusetts anschlossen, kam die 1791 in Kraft getretene «Bill of Rights» zustande: die ersten zehn Zusatzartikel zur Verfassung, die unter anderem die Religions-, Rede-, Presse- und Versammlungsfreiheit gewährleisteten, den Grundsatz «ne bis in idem» bekräftigten, wonach niemand wegen derselben Straftat zweimal gerichtlich verfolgt werden darf, und festlegten, daß niemand ohne vorheriges ordentliches Gerichtsverfahren (without due process of law) seines Lebens, seiner Freiheit und seines Eigentums beraubt werden durfte. Zu einer für die Gesetzgebungsorgane der Einzelstaaten verbindlichen Richtschnur wurden diese Grundrechte freilich erst sehr viel später, nach dem Amerikanischen Bürgerkrieg, durch das 14. Amendment aus dem Jahre 1868. Für die Annahme der Verfassung besonders wichtig war das 10. Amendment, das kein individuelles Grundrecht, sondern ein Vorbehaltsrecht der Einzelstaaten verbürgte: Sie beziehungsweise das Volk behielten die Machtbefugnisse, die von der Verfassung weder der Union übertragen noch den Einzelstaaten entzogen wurden.[209]

Die Befürworter der Verfassung dachten in den Kategorien eines mächtigen Amerika, dem eine führende Rolle in der Welt zustand. Schon deshalb erstrebten sie eine starke Bundesgewalt und nannten sich darum Föderalisten (Federalists). Den Gegnern, die genau dies verhindern wollten, weil sie in jeder Zentralisierung einen Schritt in Richtung Despotie sahen, verliehen sie den Namen Anti-Föderalisten (Anti-Federalists). Im Konvent zu Philadelphia hatten die Föderalisten zuletzt die überwältigende Mehrheit der Delegierten auf ihrer Seite gehabt. In den Volksvertretungen der Einzelstaaten und in der breiten Öffentlichkeit aber hatten die Freunde einer dezentralen, auf die Einzelstaaten gestützten Ordnung noch immer einen starken Rückhalt.

Das galt auch für den Staat New York, wo die Föderalisten folglich große Anstrengungen unternahmen, um ein Ja zur Verfassung in der Convention sicherzustellen. Ihr wichtigster Beitrag zur Beeinflussung der öffentlichen Meinung waren die «Federalist Papers»: 85 Artikel, die zwischen Oktober 1787 und August 1788 in drei New Yorker Zeitungen erschienen. Unterzeichnet waren die Texte jeweils von «Publius» –

eine Anspielung auf jenen Publius Valerius Publicola, der Plutarch zufolge als Gesetzgeber die römische Republik gerettet hatte. Hinter dem Pseudonym verbargen sich Alexander Hamilton, James Madison und der New Yorker Rechtsanwalt John Jay, der mehrere Jahre lang dem Kontinentalkongreß angehört hatte, einer der Unterhändler der Vereinigten Staaten bei den Friedensverhandlungen mit Großbritannien in Paris gewesen war und im September 1789 zum ersten Obersten Richter ernannt wurde.

Eine der Hauptsorgen der Verfasser galt der Gefahr, daß das Gemeinwesen durch Parteienkämpfe politisch gelähmt, ja zerstört werden könne. Als die häufigste Ursache solcher Kämpfe betrachteten sie die ungleiche Verteilung von Eigentum. Nach ihrer Meinung war die Gefahr, daß ein Gemeinwesen durch den Parteigeist zugrunde gerichtet wurde, um so größer, je kleiner der Staat war. Dafür gab es in der Geschichte schlagende Beispiele. «Es ist unmöglich», so Hamilton in «Federalist No. 9», «die Geschichte der kleinen griechischen und italienischen Republiken zu lesen, ohne Schrecken und Widerwillen über die Wirrnisse zu empfinden, die sie unentwegt erschüttert haben, und über die schnelle Abfolge von Revolutionen, durch die sie in einem Zustand ständigen Schwankens zwischen den Extremen Tyrannei und Anarchie gehalten wurden.»

In «Federalist No. 10» bemühte sich Madison deshalb um den Nachweis, daß eine große Republik am ehesten in der Lage war, die unvermeidlichen Gegensätze der Interessen und Überzeugungen auszugleichen und die Parteileidenschaft zu überwinden (to break and control the violence of faction). Die größere Republik verfüge über eine größere Auswahl von Persönlichkeiten, die fähig seien, sich über enge Parteiinteressen und örtliche Vorurteile zu erheben. «Eine religiöse Sekte mag in einem Teil der Konföderation zu einer politischen Parteiung degenerieren; aber die Vielfalt der Sekten, die die ganze Konföderation durchziehen, schützt die nationalen Vertretungskörperschaften gegen jede Gefahr von dieser Seite. Forderungen wie die, die Papiergeldmenge zu erhöhen, die Schulden abzuschaffen, das Eigentum gleich aufzuteilen oder andere falsche oder böswillige Vorhaben durchzusetzen, werden weniger leicht die gesamte Union ergreifen als einen einzelnen Mitgliedstaat – ebenso wie eine derartige Krankheit eher einen Kreis oder einen Distrikt befällt als einen ganzen Staat. In der Ausdehnung und einer sinnvollen Gliederung der Union (the extent and proper structure of the Union) sehen wir deshalb ein republikanisches Heilmittel für die Krankheiten, die die republikanische Ordnung am ehesten befallen.»[210]

Ein gewisses, aber letztlich doch nur scheinbares Problem lag darin, daß Montesquieu, die von den Verfassern der «Federalist Papers» am häufigsten zitierte Autorität, ausdrücklich festgestellt hatte, Republiken seien nur auf kleinen Gebieten möglich. Doch der Autor des «Geistes der Gesetze» hatte auch eingeräumt, daß sich Republiken zu einem Staatenbund zusammenschließen könnten, dessen Verfassung ebenfalls republikanisch sei. (Montesquieu verwies in diesem Zusammenhang auf die Beispiele der Schweiz und Hollands.) Ein ebensolcher republikanischer Zusammenschluß von Republiken waren die Vereinigten Staaten von Amerika – oder besser: Sie wurden es durch die Inkraftsetzung der Verfassung.[211]

Mehr noch als eine kleine Republik bedurfte eine große einer repräsentativen Regierung. Die Verfasser der «Federalist Papers» waren entschiedene Gegner von Demokratie im Sinne direkter Volksherrschaft. «Republik» war für sie geradezu der Gegenbegriff zu einer so verstandenen «Demokratie» und gleichbedeutend mit einem vom Volk durch Wahlen legitimierten Repräsentativsystem. Madison erläuterte in «No. 4» den «wahren Unterschied» zwischen Demokratie und Republik in Form einer scharf zugespitzten Definition: «Es ist der, daß in einer Demokratie das Volk selbst zusammentritt und die Regierung ausübt, während sich in einer Republik die Vertreter des Volkes versammeln und regieren (in a democracy, the people meet and exercise the government in person; in a republic, they assemble and administer it by their representatives and agents). Eine Demokratie muß folglich auf einen engen Bereich beschränkt bleiben; eine Republik hingegen kann auf ein großes Gebiet ausgedehnt werden.»[212]

Hamilton, Madison und Jay gingen von der Annahme aus, daß die Repräsentanten im allgemeinen aufgeklärter waren als die, die sie gewählt hatten. «Ein Volk von Philosophen ist genausowenig zu erwarten wie das Geschlecht von Philosophenkönigen, das Platon ersehnte», heißt es in dem von Madison, möglicherweise aber auch von Hamilton verfaßten «Federalist No. 49». Die Gefahr, den öffentlichen Frieden durch eine zu starke Entfesselung der Leidenschaften der Öffentlichkeit zu stören, sei ein sehr ernsthafter Einwand dagegen, Verfassungsfragen allzu häufig an die Entscheidung der Gesamtgesellschaft zu verweisen. In «No. 63», der wahrscheinlich ebenfalls von Madison stammt, heißt es, das Prinzip der Repräsentation sei zwar auch schon den meisten reinen Demokratien Griechenlands bekannt gewesen, habe aber dort eine ganz andere Bedeutung gehabt als in den Vereinigten Staaten. Der wahre Unterschied zwischen den antiken Demokratien und den amerikanischen Regierungssystemen liege darin, «daß in den letzteren das Volk in seiner Eigenschaft als Kollektiv von jedem Anteil an der Regierung ausgeschlossen ist, und nicht darin, daß in den erstgenannten die Repräsentanten des Volkes gänzlich von der Ausübung der Regierung ausgeschlossen waren.»[213]

Nicht der Antike, sondern dem modernen Europa war, wie Madison an anderer Stelle, in «Federalist No. 14», ausführte, das großartige Prinzip der Volksvertretung zu verdanken. Aber in ganz Europa finde sich kein Beispiel für «eine Regierung, die zugleich vom Volk ausgeht und völlig auf dem Prinzip der Repräsentation fußt. Wenn Europa das Verdienst zukommt, diesen wichtigen politischen Mechanismus entdeckt zu haben, durch dessen Wirken der Wille der größten politischen Körperschaft vereinigt und seine Kraft auf jedes Ziel gerichtet werden kann, das dem Gemeinwohl dient, dann kann Amerika das Verdienst für sich in Anspruch nehmen, diese Entdeckung zur Grundlage von unvermischten und großräumigen Republiken (unmixed and extensive republics) gemacht zu haben.»[214]

Die konsequente Durchsetzung des Prinzips der repräsentativen Demokratie war nicht die einzige und auch keine ausreichende Sicherung gegenüber den wechselhaften Stimmungen der Massen. Hamilton, Madison und Jay sahen die Gefahr, daß vor allem *eine* Gewalt versuchen könnte, alle Macht bei sich zusammenzuballen. Es war nicht die vollziehende und auch nicht die rechtsprechende Gewalt, die aus ihrer Sicht besonders zur Anhäufung von Befugnissen neigte, sondern die gesetzgebende Gewalt. In den Worten von Madison in «Federalist No. 48»: «Da die Legislative allen Zugang zu den Taschen der Bevölkerung hat und in manchen Verfassungen völlige Ermessensfreiheit, in allen aber einen entscheidenden Einfluß auf die finanzielle Entlohnung jener hat, die in den anderen Regierungszweigen beschäftigt sind, ist so bei letzteren eine Abhängigkeit geschaffen, die Übergriffe der Legislative noch weiter erleichtert.» Die Gründer der amerikanischen Republiken hätten bei all ihrer Weisheit dieses Problem nicht erkannt. «Sie scheinen niemals die Gefahr erfaßt zu haben, die auch von Usurpationen der Legislative ausgehen kann, weil bei ihr die Konzentration aller Macht in denselben Händen zu derselben Tyrannei führen muß, wie sie von Usurpationen der Exekutive zu befürchten ist.»

Als Zeugen für die Richtigkeit dieser Sicht der Dinge zitierte Madison Thomas Jefferson, der zur Zeit der Verfassungsdebatte die Vereinigten Staaten als Botschafter am Hofe König Ludwigs XVI. von Frankreich vertrat. In seinen «Notes on the State of Virginia» hatte Jefferson 1785 geschrieben, die Konzentration aller Gewalten in denselben Händen sei exakt die Definition von Despotie. «Daran ändert sich nichts, wenn diese Gewalten von vielen ausgeübt werden und nicht nur von einem. Wer daran zweifelt, möge seinen Blick auf die Republik Venedig lenken. Ebensowenig wird es uns helfen, daß wir die Despoten selber wählen. Eine auf Wahl beruhende Despotie (an elective despotism) ist nicht die Regierungsform, für die wir gekämpft haben, sondern eine, die nicht nur auf freiheitlichen Grundsätzen erbaut sein sollte, sondern bei der die Regierungsgewalten auch in einer Weise auf verschiedene Regierungseinrichtungen aufgeteilt und zwischen ihnen ausbalanciert sind, daß keine ihre gesetzlichen Grenzen überschreiten könnte, ohne von den anderen wirkungsvoll kontrolliert und beschränkt zu werden (in which the powers of government should be so divided and balanced among several bodies of magistracy, as that no one could transcend their legal limits, without being effectually checked and restrained by the others).»

Gegen die Gefahr der übermäßigen Machtanhäufung bei *einer* Gewalt half also nicht eine schematische Gewaltentrennung, wie es sie ja tatsächlich auch in Großbritannien nicht gab. Nötig war vielmehr, daß alle Gewalten die verfassungsmäßigen Mittel besaßen und die feste Absicht hatten, sich wechselseitig in Schach zu halten und auf Übergriffe *einer* Gewalt mit Widerstand zu antworten. Die Vorkehrung für die Verteidigung müsse, so Madison in «Federalist No. 51», der Gefahr des Angriffs entsprechen. «Man muß dafür sorgen, daß der Ehrgeiz dem Ehrgeiz entgegenwirkt (Ambition must be made to counteract ambition). Das persönliche Interesse des einzelnen muß mit den verfassungsmäßigen Rechten seines Amtes verbunden sein.»

Madison begründete diese Forderung anthropologisch. «Es mag ein Ausdruck des Mangels der menschlichen Natur (a reflection on human nature) sein, daß solche Kniffe (such devices) notwendig sein sollen, um den Mißbrauch der Regierungsgewalt in Schranken zu halten. Aber was ist die Tatsache, daß Menschen eine Regierung brauchen, selbst anderes als der deutlichste Ausdruck des Mangels der menschlichen Natur? Wenn die Menschen Engel wären, wäre keine Regierung notwendig. Wenn Engel die Menschen regierten, wären weder äußere noch innere Kontrollen der Regierung notwendig. Bei der Planung einer Regierung, die von Menschen über Menschen ausgeübt werden soll, liegt die große Schwierigkeit hierin: Zuerst muß man die Regierung dazu in die Lage versetzen, die Regierten zu kontrollieren; dann muß man sie dazu zwingen, sich selbst zu kontrollieren. Die Abhängigkeit vom Volk stellt ohne Zweifel die wichtigste Kontrolle der Regierung dar. Aber die Erfahrung hat die Menschheit gelehrt, daß zusätzliche Vorsichtsmaßnahmen erforderlich sind.»

Aus dieser Einsicht ließ sich fast alles ableiten, was für die amerikanische Verfassung wesentlich war. Da der Legislative in einem republikanischen Gemeinwesen notwendigerweise die Vorherrschaft zufiel, der Gefahr eines Machtmißbrauchs aber vorgebeugt werden mußte, war die gesetzgebende Gewalt in die Hände von zwei Kammern gelegt worden. Ein absolutes Veto gegen Beschlüsse der gesetzgebenden Organe hätte den Inhaber der Exekutivgewalt zu stark gemacht; durch das suspensive Veto wurde diese Gefahr vermieden. Einer Machtkonzentration bei der vollziehenden Gewalt wirkte auch das föderative System, die Kompetenzverteilung zwischen Bund und Einzelstaaten, entgegen. Diese Form der Gewaltenteilung bedeutete, daß Union und Staaten sich zum einen wechselseitig kontrollierten, zum anderen einer je eigenen Kontrolle unterworfen waren.

Die Verfassung hatte Madison zufolge nicht nur die Gesellschaft vor den Regenten, sondern auch den einen Teil der Gesellschaft vor der Ungerechtigkeit des anderen zu schützen. Der Autor des «Federalist No. 51» nannte Rousseau nicht beim Namen, aber was er schrieb, war auch eine Antwort an den Verfasser des «Contrat social» und seine ebenso spekulativen wie autoritären Vorstellungen vom allgemeinen Willen und vom Gemeinwohl: «Unterschiedliche Gesellschaftsschichten haben notwendig unterschiedliche Interessen. Wenn eine Mehrheit durch ein gemeinsames Interesse geeint ist, sind die Rechte der Minderheit nicht gesichert. Es gibt nur zwei Methoden, Vorsorge gegen dieses Übel zu treffen: die eine ist, einen Willen in der Gemeinschaft zu schaffen, der unabhängig ist von der Mehrheit, das heißt von der Gesellschaft selbst; die andere ist, in die Gesellschaft so viele unterschiedliche Arten von Bürgern aufzunehmen, daß ein ungerechter Zusammenschluß einer Mehrheit sehr unwahrscheinlich, wenn nicht undurchführbar wird.»

Die erste Methode sei für alle Regierungen maßgeblich, deren Autorität auf Erbfolge oder Selbsternennung beruhe. Die zweite Methode sei die der föderativen Republik der Vereinigten Staaten. «Während sich hier alle Autorität von der Gesellschaft ableitet und von ihr abhängig ist, ist die Gesellschaft selbst in so viele Teile, Interessen und Schichten von Bürgern aufgesplittert, daß den Rechten einzelner oder der Minderheit nur wenig Gefahr von Interessenzusammenschlüssen der Mehrheit droht ... In einer freiheitlichen politischen Ordnung muß die Sicherung für bürgerliche Rechte dieselbe sein wie die für religiöse Rechte ... Gerechtigkeit ist das Ziel der Regierung. Sie ist das Ziel der bürgerlichen Gesellschaft (Justice is the end of government. It is the end of civil society).»[215]

Die Gewalt, auf die Madison in «No. 51» nicht einging, behandelte Hamilton in «No. 78»: die Judikative. Der Autor gab Montesquieu recht, daß die rechtsprechende Gewalt unvergleichlich viel schwächer sei als die gesetzgebende und die vollziehende Gewalt, zitierte aber auch das Verdikt des französischen Staatsdenkers, daß es keine Freiheit gebe, wenn die richterliche Gewalt nicht von der legislativen und exekutiven getrennt sei. Bei einer eingeschränkten Verfassung (limited Constitution) sei die völlige Unabhängigkeit der Gerichtshöfe besonders wichtig und als Garantie derselben die Ernennung von Richtern auf Lebenszeit (unter dem aus England übernommenen Vorbehalt «during good behaviour», was man am besten mit «untadeliger Lebensführung» übersetzt). «Unter einer eingeschränkten Verfassung verstehe ich eine solche, die die Vollmachten der Legislative in bestimmten, einzeln aufgeführten Fällen beschränkt; daß sie beispielsweise keine Proskriptionsgesetze (Verbannungsgesetze, H.A.W.), keine Gesetze mit rückwirkender Kraft (ex-post-facto laws) und dergleichen erlassen darf. Einschränkungen dieser Art können in der Praxis auf keinem anderen Weg aufrechterhalten werden als durch Gerichtshöfe, deren Pflicht es sein muß, alle Beschlüsse, die dem manifesten Inhalt der Verfassung zuwiderlaufen, für null und nichtig zu erklären. Ohne eine solche Regelung wären die Vorbehalte in bezug auf bestimmte Rechte oder Privilegien bedeutungslos.»

Es war das Prinzip des «judicial review», der richterlichen Normenkontrolle, das Hamilton damit proklamierte – ein Grundsatz, der in der

Verfassung nicht ausdrücklich verankert und in der Praxis erst 1803 durch eine Entscheidung des Obersten Gerichtshofes («Marbury v. Madison») durchgesetzt wurde. Hamilton räumte ein, daß, um das von ihm postulierte Recht der Gerichtshöfe, Beschlüsse der Legislative für null und nichtig zu erklären, wenn sie im Widerspruch zur Verfassung stünden, einige Verwirrung entstanden sei. Aber er hielt an der Notwendigkeit des «judicial review» fest: «Die Auslegung der Gesetze ist die den Gerichten eigene und angemessene Aufgabe. Eine Verfassung ist faktisch ein grundlegendes Gesetz und muß von den Richtern auch als solches betrachtet werden. Es obliegt ihnen daher, ihre Bedeutung ebenso zu ermitteln wie die Bedeutung irgendeines sehr speziellen Gesetzes, das von den Legislativkörperschaften erlassen wird. Wenn es zwischen beiden einen unvereinbaren Widerspruch geben sollte, dann sollte natürlich das, was übergeordnete Verbindlichkeit und Gültigkeit besitzt, den Vorrang haben, oder in anderen Worten: Die Verfassung sollte Vorrang vor dem Gesetz, die Absicht des Volkes Vorrang vor der Absicht seiner Vertreter haben.»

Mit dieser Schlußfolgerung wollte Hamilton keineswegs der Meinung Vorschub leisten, daß die richterliche Gewalt der gesetzgebenden überlegen sei. Das Recht auf gerichtliche Normenkontrolle bedeute nur, «daß die Macht des Volkes beiden überlegen ist und daß dann, wenn der in ihren Gesetzen zum Ausdruck gebrachte Wille der Legislative im Widerspruch zu dem in der Verfassung zum Ausdruck gebrachten Willen des Volkes steht, die Richter sich eher von letzterem als von ersterem leiten lassen sollten. Sie sollten sich in ihren Entscheidungen eher an die fundamentalen Gesetze halten als an jene, die nicht fundamental sind (They ought to regulate their decisions by the fundamental laws, rather than by those which are not fundamental).» Die (höchsten) Richter als Hüter der Verfassung und damit als Treuhänder des Volkes: Das war der Kern der Rechtfertigung des «judicial review» durch Hamilton.[216]

In «Federalist No. 14» hatte Madison eine rhetorische Frage gestellt: «Macht es nicht die Größe des amerikanischen Volkes aus, daß es, auch wenn es den Vorstellungen früherer Zeiten und anderer Nationen den gebührenden Respekt zollt, dennoch nicht Gefahr läuft, für eingefahrene Gewohnheiten oder für große Namen die Eingebungen seines eigenen gesunden Menschenverstandes (their own good sense), die Kenntnis seiner eigenen Lage und die Lektionen seiner eigenen Erfahrung zu verwerfen?» Madison rechnete es den amerikanischen Revolutionären als historisches Verdienst an, daß sie den entscheidenden Schritt unternommen hätten – den Schritt, für den es kein Vorbild gegeben habe. «Hätten sie nicht eine politische Ordnung geschaffen, für die sie kein entsprechendes Modell vorfanden, dann würde das amerikanische Volk jetzt zu den traurigen Opfern irregeleiteter Ratgeber zählen. Oder es hätte bestenfalls unter der Last einer der Regierungsformen zu leiden, die die Freiheit der übrigen Menschheit zerstört haben. Zum Glück für Amerika, zum Glück, wie wir glauben, für die ganze menschliche Gattung, verfolgten sie einen neuen und besseren Kurs. Sie vollendeten eine Revolution, die in den Annalen der menschlichen Gesellschaften keine Parallele hat. Sie errichteten den Bau einer politischen Ordnung, die auf Erden kein Vorbild hat.»

In «Federalist No. 85», dem letzten Artikel der Serie, berief sich Hamilton auf David Hume, um vor Versuchen zu warnen, die Verfassung abzuändern, bevor sie überhaupt verabschiedet war: «Einen großen Staat oder eine große Gemeinschaft, sei sie nun monarchisch oder republikanisch, auf der Grundlage allgemeiner Gesetze im Gleichgewicht zu halten, ist eine derart schwierige Aufgabe, daß kein menschlicher Geist, wie umfassend er auch sein mag, dazu in der Lage ist, sie bloß vermöge der Vernunft und Überzeugung zu vollbringen. Das Urteilsvermögen vieler muß sich für diese Aufgabe vereinigen; Erfahrung muß ihre Arbeit leiten; die Zeit muß das Werk zur Vollendung bringen, und das Gefühl für Unzulänglichkeiten muß die Fehler tilgen, in die sie bei ihren ersten Versuchen und Experimenten unvermeidlich verfallen werden.»[217]

Die Verfasser der «Federalist Papers» sprachen nicht nur über Interessen, sie vertraten auch solche: Es waren, wie bei der Mehrheit der Mitglieder des Konvents, die Interessen der vermögenden Schichten, zu denen neben Kaufleuten, Unternehmern, Bankiers und Grundbesitzern auch viele Angehörige freier Berufe gehörten. Den breiten Massen der Bevölkerung zu mehr Einfluß zu verhelfen, hätte aus der Sicht von Madison, Hamilton und Jay bedeutet, die Belange der Besitzlosen auf Kosten der Besitzenden zu fördern und die Stellung der Schuldner gegenüber derjenigen der Gläubiger zu stärken. Dies zu tun lag nicht nur nicht in der Absicht der Föderalisten; es war eines ihrer wichtigsten Ziele, einer solchen, die Volkswirtschaft der Vereinigten Staaten insgesamt schwächenden Entwicklung einen Riegel vorzuschieben.

Doch keines der Prinzipien, die sie verfochten, war durch den Nachweis zu entkräften, daß es mit bestimmten Interessen übereinstimmte.
Was die Föderalisten forderten oder verteidigten, lief nicht, wie es ihnen
manche «progressive historians» des frühen 20. Jahrhunderts vorhielten,
auf eine konservative Gegenrevolution, eine Umkehrung der Ergebnisse
der vom demokratischen Geist geleiteten eigentlichen amerikanischen
Revolution von 1776 hinaus. Es war vielmehr ein durchdachter und
überfälliger Versuch, dem Gemeinwesen, wie es aus dem Unabhängigkeitskrieg hervorgegangen war, funktionsfähige, sich wechselseitig kon-
trollierende Institutionen zu geben – die Union im Innern wie nach außen
handlungsfähig zu machen, ohne das Prinzip der Volkssouveränität
preiszugeben.

In einem Punkt jedoch kann man den Verfassern der «Federalist Papers» zu Recht eine einseitige Sichtweise vorhalten. Die Verfassungsväter
hatten alles getan, um eine Vorherrschaft der gesetzgebenden Körperschaften zu verhindern. Deswegen war das Gleichgewicht der Gewalten
auch nicht vom Repräsentantenhaus oder dem Staat oder dem Kongreß
insgesamt bedroht. Es war der Präsident, dem die meisten Möglichkeiten
zur Verfügung standen, seine außerordentlichen, im Ernstfall diktatorischen Befugnisse zu mißbrauchen und so einen stillen Verfassungswandel
herbeizuführen. Die Gefahr, die von der Exekutive ausging, haben die
Wortführer der Föderalisten nicht nur unterschätzt, sie haben sie verkannt.[218]

Vieles von dem, was die Verfasser der «Federalist Papers» vortrugen, beruhte auf einem gründlichen Studium der Klassiker des politischen Denkens von Platon und Aristoteles über Cicero bis zu Hugo
Grotius, Locke und Montesquieu. Sie kannten die Werke der griechischen Historiker Plutarch und Polybios, des eigentlichen Vaters der
Theorie der Mischverfassung, ebenso wie die «Commentaries on the
Laws of England» von William Blackstone, die 1765 in London und
1771 in Philadelphia erschienen waren. Und schließlich waren sie vertraut mit dem, was schottische Moralphilosophen von David Hume bis
Adam Smith über den Nutzen der wechselseitigen Ergänzung der Individuen und der gesellschaftlichen Arbeitsteilung gelehrt hatten.

Den Begriff der «checks and balances», der Kontrollen und des
Gleichgewichts, hat wohl erstmals John Adams, der spätere zweite Prä-
sident der USA, im Januar 1787 im Vorwort zu seiner dreibändigen
«Defence of the Constitutions of Government of the United States of

America against the Attack of M. Turgot» verwandt. («The checks and balances of republican government have been in some degree adopted by the courts of princes».) Wenige Jahre später, am 23. Januar 1792, nannte es James Madison in einem Beitrag für die «National Gazette» die große Kunst von Politikern, die unterschiedlichen Interessen und Parteien, die es natürlicherweise in jeder politischen Gesellschaft gebe, in «checks and balances of each other» zu verwandeln. Der Sache nach hatte aber schon Blackstone nichts anderes gemeint, als er «das wahrhaft herausragende Merkmal» der englischen Regierungsweise darin erkannte, «daß alle ihre Teile sich wechselseitig in Schach halten» (that all the parts of it form a mutual check upon each other).[219]

Die amerikanische Verfassung *war* eine Mischverfassung im Sinne von Polybios, Locke und Blackstone. Der Präsident, eine Art republikanischer «Patriot King», verkörperte das monarchische, der Senat das aristokratische und das Repräsentantenhaus das demokratische Element. Vorbilder aber sahen die Gründerväter der amerikanischen Union in den antiken Staatswesen nicht mehr. Die vielgelobte Demokratie Athens erschien den historisch gebildeten Föderalisten geradezu als abschreckendes Beispiel.

So nannte John Adams, ein guter Kenner der griechischen Verfassungsgeschichte, 1797 die grausame Herrschaft der «Dreißig Tyrannen» in Athen in den Jahren 404 und 403 vor Christus die unvermeidliche Konsequenz eines Systems reiner Versammlungsregierung. Hamilton erklärte am 21. Juni 1788 auf dem New Yorker Ratifizierungskonvent, die antiken Demokratien hätten nicht ein einziges Merkmal einer guten Regierung besessen. Sie seien «ihrem Charakter nach Tyranneien und ihrer Form nach Krüppel gewesen. Wenn sich das Volk versammelte, befand sich am Ort der Debatte ein zügelloser Mob, der zur Beratung nicht fähig und zu jeder Ungeheuerlichkeit bereit war.» Madison meinte in «Federalist No. 55», in allen Volksversammlungen mit sehr vielen Teilnehmern, aus welcher Art von Menschen sie auch zusammengesetzt seien, gelinge es der Leidenschaft doch immer, der Vernunft das Szepter zu entreißen. «Wäre auch jeder athenische Bürger ein Sokrates gewesen, so wäre doch immer noch jede Versammlung der Athener eine des Pöbels gewesen.»[220]

Das zeitgenössische England war in einem sehr viel höheren Maß als das antike Griechenland ein Vorbild für die Gründerväter der Vereinigten Staaten, aber im wesentlichen doch nur mit Blick auf die «checks and balances» zwischen den Gewalten. Schon «representative government» bedeutete in Amerika etwas ganz anderes als in Großbritannien. Im England des 18. Jahrhunderts war das Parlament zum eigentlichen Souverän aufgestiegen; der Anspruch des Unterhauses, das Volk zu vertreten, stand angesichts des kleinen Kreises der Wahlberechtigten und der höchst ungleichen Größe der Wahlkreise auf tönernen Füßen.

Das Wahlrecht der Vereinigten Staaten schloß zwar die Frauen, die schwarzen Sklaven und die indianischen Ureinwohner von der politischen Mitbestimmung aus, war im übrigen aber sehr viel weniger eingeschränkt als das britische. Der Historiker Willi Paul Adams kommt zu dem Ergebnis, daß mindestens ein Viertel und höchstens die Hälfte der mündigen, männlichen weißen Bevölkerung aufgrund der Mindestbesitzklauseln keine Abgeordneten in die Einzelstaatsparlamente wählen konnte (was dann zunächst auch für die Wahl des Repräsentantenhauses der Union galt).

Die Vereinigten Staaten konnten also mit einer gewissen Berechtigung behaupten, daß bei ihnen alle Macht vom Volk ausgehe, das Volk mithin der Souverän sei. Gleichwohl dachten die Gründerväter nicht daran, «government» mit «the people» gleichzusetzen. In voller Übereinstimmung mit der Botschaft der «Federalist Papers» schreibt Willi Paul Adams: «Sie fanden vielmehr Zustimmung für ein konstitutionelles System, das durch die Übertragung der Regierungsgewalt an die gewählten Repräsentanten und den Schutz von Grundrechten *government* ohne Obrigkeit und Volkssouveränität ohne unmittelbare Ausführung des Willens der Vielen möglich machte.»[221]

Was immer die «Federalist Papers» im Hinblick auf die Meinungsbildung der Delegierten bewirkt haben mögen, der Ratifizierungskonvent von New York nahm schließlich Ende Juli 1788 die Verfassung mit der knappen Mehrheit von 30 zu 27 Stimmen an. Hätten die Föderalisten nicht in der Frage des von ihnen zunächst entschieden abgelehnten Grundrechtekatalogs eingelenkt und versprochen, sich für eine Bill of Rights einzusetzen, wäre das positive Ergebnis nicht zustande gekommen. In mehreren anderen Staaten, außer in dem schon erwähnten Massachusetts auch in Pennsylvanien, Virginia und New Hampshire, war ähnlich hart um die Ratifizierung gekämpft worden, doch auch hier obsiegten zuletzt die Föderalisten. In New Hampshire fiel die Entscheidung am 21. Juni 1788. Der Neuengland-Staat war der neunte, der die Verfassung ratifizierte. Damit war die Mindestzahl von Staaten erreicht, die für das Inkrafttreten der Verfassung erforderlich war. Die letzten beiden Staaten, die ihr nach langem Zögern verspätet doch noch zustimmten, waren North Carolina im November 1789 und Rhode Island im Frühjahr 1790.

Im September 1788 trat der Verfassungskonvent nochmals zusammen, um die organisatorischen Vorbereitungen für die ersten Wahlen auf nationaler Ebene, die des Präsidenten, des Repräsentantenhauses und des Senats, zu treffen. Sie fanden in den ersten Monaten des Jahres 1789 statt. Am 4. Februar wählte das Wahlmännergremium einstimmig den Mann zum ersten Präsidenten der Vereinigten Staaten von Amerika, der am meisten zur Erringung der Unabhängigkeit beigetragen hatte: George Washington. Am 1. April konstituierte sich das Repräsentantenhaus und am 6. April der Senat. Am 30. April leistete Washington seinen Amtseid. Als vorläufige Hauptstadt hatte der Konvent New York bestimmt. 1790 fiel die Entscheidung, eine neue Hauptstadt am Ufer des Potomac zu errichten. Als die obersten Verfassungsorgane im Jahre 1800 dorthin umzogen, trug die Stadt bereits den Namen des ersten Präsidenten, der 1797, nach Ablauf seiner zweiten Wahlperiode, aus dem Amt geschieden und am 14. Dezember 1799 gestorben war: Washington.

An der Verfassungsdebatte hatte nur eine Minderheit der Amerikaner Anteil genommen. Nachdem die Verfassung in Kraft getreten war, fand sie rasch allgemeine Anerkennung, so daß die stolzen Eingangsworte der Präambel «We, the People of the United States, ... do ordain and establish this *Constitution* of the United States of America» (Wir, das Volk der Vereinigten Staaten, ... setzen diese *Verfassung* für die Vereinigten Staaten von Amerika in Kraft) der Wirklichkeit allmählich so nahe kamen, wie es angesichts der Beschränkungen des Wahlrechts möglich war. Das Werk des Konvents verwandelte den lockeren Staatenbund in einen festgefügten Bundesstaat und half eine neue Nation zu schaffen – «the First New Nation», wie der Soziologe Seymour Martin Lipset 1963 ein Buch über die USA betitelt hat.[222]

Die neue Nation war, so der Titel eines 1964 posthum erschienenen Buches von Präsident John F. Kennedy, eine «Nation von Immigranten». Die Einwanderer waren aus Europa über den Nordatlantik gekommen und kamen später auch aus anderen Teilen der Welt, um als freie Bürger in einem freien Land mit scheinbar unbegrenzten Möglichkeiten ein neues Leben zu beginnen, also Amerikaner zu werden. Ein anderer Begriff, mit dem sich die Vereinigten Staaten charakterisieren lassen, ist der der «föderativen Nation». Der Historiker Dieter Langewiesche hat diesen Begriff mit Blick auf Deutschland geprägt. Er paßt aber, da die Bildung des Bundesstaates von den Einzelstaaten ausging und diese in der Union nach wie vor eine maßgebliche Rolle spielen, auch auf die Vereinigten Staaten von Amerika.

Die Nationsbildung war mit dem Abschluß der Staatsgründung noch längst nicht beendet. Aber es gab ein Ziel dieses Prozesses: Amerika wollte anders sein als die alten Nationen Europas, nämlich, wie es in der Nationalhymne heißt, «das Land der Freien», offen für alle, die sich die Werte der Unabhängigkeitserklärung zu eigen machten und zu den Institutionen bekannten, die diese Werte schützen sollten. Die Gründungsväter gaben dem Bewußtsein des Neuanfangs auf pathetische Weise Ausdruck, indem sie in das Staatswappen eine Anspielung auf die Vierte Ekloge Vergils aufnahmen, die schon in frühchristlicher Zeit als heidnische Vorhersage des Erscheinens Christi gedeutet worden war: «novus ordo saeclorum», was sich am besten als «neue Zeitordnung» übersetzen läßt.[223]

Unter Washington und zunächst auch unter seinem Nachfolger John Adams, der von 1797 bis 1801 Präsident war, gaben die Föderalisten, die Vorläufer der heutigen Republikaner, den Ton an. In der Minderheitsposition waren die Republikaner, aus denen später die Demokraten hervorgingen. Im Gegensatz zu den Föderalisten traten die Republikaner für eine Erweiterung der Volksrechte, also für mehr Demokratie, ein und sprachen damit vor allem die «kleinen Leute», darunter Farmer, Handwerker und Arbeiter, an.

Thomas Jefferson, der nach seiner Tätigkeit als Botschafter in Paris von 1789 bis 1793 Außenminister unter Washington und danach bis 1801 Vizepräsident der Vereinigten Staaten war, stand den Vorstellungen der Republikaner sehr viel näher als denen der Föderalisten. Bereits 1796 war er der republikanische Präsidentschaftskandidat, unterlag aber knapp dem föderalistischen John Adams. Als die «Federalists» unter der Präsidentschaft von Adams immer mehr an Popularität einbüßten, stiegen die Sympathien für den Hauptautor der Unabhängigkeitserklärung und die Republikaner. Zu ihren führenden Vertretern gehörte längst auch der Mann, der die meisten Beiträge für die «Federalist Papers» verfaßt hatte: James Madison. Er hatte sich 1790 aus Protest gegen die von ihm als zutiefst unsozial empfundene Schuldentilgungspolitik des Finanzministers Alexander Hamilton von den Föderalisten getrennt und den Republikanern zugewandt.

Aus den Kongreßwahlen von 1800 gingen die Republikaner als Sieger hervor. Ein Patt im Wahlmännergremium führte dazu, daß, den in diesem Punkt undurchdachten Regeln der Verfassung entsprechend, das alte Repräsentantenhaus den Präsidenten wählen mußte. Im 36. Wahlgang siegte Jefferson über den Kandidaten der Föderalisten, den bisherigen Vizepräsidenten Aaron Burr. Für die Partei von John Adams und Alexander Hamilton begann damit der politische Niedergang. Dem Lager der Föderalisten blieb jedoch ein Trost: Viele ihrer Ideen, darunter die einer starken Bundesgewalt, hatten sich mittlerweile auch bei den Republikanern durchgesetzt.

Mit Jefferson begann eine neue Ära: Fortan galt «Demokratie» nicht mehr als Pöbelherrschaft, sondern als das, wodurch sich die Vereinigten Staaten positiv von den europäischen Monarchien abhoben. Am Prinzip des «representative government» und den «checks and balances» änderte sich durch die «Jeffersonian Democracy» nichts. Aber die Einsicht, daß repräsentative Demokratie kein Widerspruch in sich, sondern die einzig wirksame Form von Demokratie war, wurde zu einem Kernelement des amerikanischen Selbstverständnisses. 1816, sieben Jahre nach seinem Ausscheiden aus dem Präsidentenamt, konnte Jefferson, ohne Widerspruch zu finden, die Behauptung aufstellen, die Amerikaner seien «von der Verfassung her und aus Überzeugung Demokraten» (constitutionally and conscientiously Democrats).[224]

Vom neuen, positiven Demokratieverständnis unberührt blieb der Skandal der Sklaverei. Zwar war der Besitz von Sklaven seit 1804 in allen nördlichen Staaten der Union verboten, darunter auch in Ohio, das 1803 in die Union aufgenommen worden war; dasselbe galt nach ihrem Beitritt in den Jahren 1816 beziehungsweise 1818 für Indiana und Illinois. Dort aber, wo Sklavenarbeit die wichtigste Grundlage des Wirtschaftslebens bildete, war sie weiterhin erlaubt: in den Südstaaten, zu denen zwischen 1776 und 1819 fünf weitere hinzukamen, nämlich Kentucky, Tennessee, Louisiana, Mississippi und Alabama. Was den Sklavenhandel betraf, so wurde er, als 1807 die von South Carolina und Georgia durchgesetzte Schutzfrist der Verfassung auslief, mit Wirkung vom 1. Januar 1808 verboten (womit die Vereinigten Staaten Großbritannien um wenige Wochen zuvorkamen). Aber in den beiden Jahrzehnten zwischen 1787 und 1807 war eine größere Zahl von Afrikanern als Sklaven nach Nordamerika gebracht worden als je zuvor, und illegal kamen auch nach 1807, auf dem Weg über Mexiko, noch viele schwarze Sklaven in die USA. [225]

Im Dezember 1819 äußerte sich Thomas Jefferson, der Besitzer von etwa 200 Sklaven auf seinen Plantagen in Virginia, in einem Brief an seinen Amtsvorgänger John Adams zu dem von diesem aufgeworfenen Thema der Sklaverei. Anlaß war der heftige öffentliche Streit über die Frage, ob die Sklaverei auch in dem bisher vom Bund verwalteten Missouri-Territorium zugelassen werden sollte, womit sich die Position der Südstaaten weiter verstärkt hätte. Wenn der Kongreß erst einmal die Befugnis habe, so Jefferson, die Verhältnisse der Einwohner der Staaten innerhalb dieser Staaten zu regeln, dann werde der nächste Schritt die Erklärung sein, daß alle Einwohner frei sein sollten. «Sollen wir dann … einen zweiten Peloponnesischen Krieg führen, um die Vorherrschaft zwischen ihnen zu entscheiden? Diese Frage bleibt abzuwarten: aber nicht von Ihnen oder mir, hoffe ich.» [226]

Jefferson hatte wie Adams das Geschichtswerk des Thukydides über den Peloponnesischen Krieg zwischen Athen und Sparta in den Jahren zwischen 431 und 404 vor Christus gelesen. Es war die Furcht vor einem amerikanischen Bürgerkrieg, der die Nordstaaten veranlaßte, weiterhin einen Zustand hinzunehmen, der mit den unveräußerlichen Menschenrechten und den Grundrechten der ersten zehn Ergänzungsartikel zur amerikanischen Verfassung in schreiendem Widerspruch stand.

Deswegen endete auch der Missouri-Streit mit einem Kompromiß: Missouri wurde 1821 als Sklavenhalterstaat in die Union aufgenommen, zum Ausgleich aber 1820 auch das sklavenfreie Maine im äußersten Nordosten der USA, das bisher zu Massachusetts gehört hatte, seit längerem jedoch nach Selbständigkeit strebte. Damit gab es ein prekäres Gleichgewicht von elf freien und elf Sklavenhalterstaaten. Außerdem legte der Kongreß eine Nordgrenze fest, jenseits derer es auf dem restlichen Gebiet des riesigen, 1803 von Frankreich erworbenen Louisiana-Territoriums keine Sklaverei geben durfte. Adams und Jefferson, der zweite und der dritte Präsident, erlebten den Kompromiß noch. Sie starben beide am gleichen symbolträchtigen Tag: dem 4. Juli 1826, dem fünfzigsten Jahrestag der amerikanischen Unabhängigkeitserklärung. 35 Jahre später brach der von Jefferson befürchtete amerikanische Bürgerkrieg aus. [227]

Für die Geschichte der westlichen Demokratie war das, was im ersten halben Jahrhundert seit der Unabhängigkeitserklärung auf amerikanischem Boden geschah, von größerer Bedeutung als alles, was sich im gleichen Zeitraum in Europa ereignete. Die erste moderne Revolution der Geschichte war, so paradox es klingt, zugleich eine konservative Revolution. Den Gründervätern der Vereinigten Staaten ging es vor allem um die Bewahrung alter, in der britischen Freiheitstradition wurzelnder Rechte, die sie auch für sich in Anspruch nahmen. In den Worten des Juristen und Politikwissenschaftlers Ernst Fraenkel, eines von Hitler in die Emigration gezwungenen deutschen Juden: «Nur eine zutiefst durch eine alte und parlamentarische Tradition geformte politische Elite dürfte in der Lage sein, eine Revolution unter dem Schlachtruf ‹no taxation without representation› zu organisieren und siegreich zu Ende zu führen. Die amerikanische Revolution ist nicht eine Revolte gegen die Prinzipien des englischen Verfassungsrechts, sondern ein Protest gegen deren Verletzung ... Man hat nicht zu Unrecht die amerikanische, die ‹dritte englische Revolution› (nach der Puritanischen und der Glorious Revolution, H.A.W.) genannt.»[228]

Konservativ war die amerikanische Revolution noch in einem weiteren Sinn. Als James Madison in «Federalist No. 51» die Notwendigkeit einer Regierung mit einem Mangel der menschlichen Natur begründete, sprach er keinen neuen, sondern einen sehr alten Gedanken aus. Daß der Mensch ein von Natur aus der Gemeinschaft bedürftiges und damit staatenbildendes Wesen (physei zóon politikón) sei, hatte schon Aristoteles in seiner «Politik» gelehrt. Seneca sah im Schutz der menschlichen Schwäche eine Notwendigkeit, die jedes Gesetz breche (necessitas magnum imbecillitatis humanae patrocinium omnem legem frangit). Für Pufendorf führte, ähnlich wie zuvor schon bei Hobbes, «aus dem Elend des Naturzustandes, in welchem der durch Schwäche (imbecillitas) gekennzeichnete Mensch verloren ist, der rettende Weg über die väterliche Gewalt der frühen Patriarchen zur Bildung der bürgerlichen Gesellschaft oder des Staates». Die weitergehende Überlegung, daß auf Grund der Schwäche der menschlichen Natur reine Staatsformen eher für Entartungen anfällig seien als eine Mischverfassung, finden wir ebenfalls nicht erst bei Madison, sondern schon bei Althusius und Locke.[229]

Das Menschenbild der Gründerväter war aber nicht nur das Ergebnis einer ausgedehnten Lektüre von Klassikern der Philosophie, des Staatsrechts und der politischen Theorie. Es hatte auch religiöse Wurzeln. Wenn die Unabhängigkeitserklärung von den unveräußerlichen Menschrechten sagte, sie seien den Menschen von ihrem Schöpfer (their Creator) verliehen worden, war das mehr als nur ein dem feierlichen Augenblick geschuldetes Credo, auf das sich aufgeklärte Deisten und gläubige Christen leicht verständigen konnten. Der Gottesbezug (den es in der Verfassung von 1787 *nicht* gab) drückte vielmehr auch die Einsicht in die theologische Vorgeschichte der Menschenrechte aus. Die Idee der persönlichen Würde jedes einzelnen Menschen hatte ihren Ursprung im jüdisch-christlichen Glauben an den *einen* Gott, der die Menschen nach seinem Bilde geschaffen hatte. Das Bekenntnis zur Gleichheit aller Menschen vor dem Gesetz setzte historisch den Glauben an die Gleichheit aller Menschen vor Gott voraus. Der Gedanke der Freiheit hatte sich nur entfalten können, weil es im Okzident die alte Tradition der Trennung von geistlicher und weltlicher Gewalt gab – eine Tradition, aus der in England und Nordamerika der Widerstand gegen das anglikanische (und jedes andere) Staatskirchentum erwuchs.

In letzter Instanz beruhte diese für den Westen grundlegende Trennung darauf, daß Jesus selbst klar unterschieden hatte zwischen dem, was des Kaisers, und dem, was Gottes ist. Wenn er gegenüber Pontius Pilatus erklärte, daß *sein* Reich nicht von dieser Welt sei, erhöhte er damit die Verantwortung der Menschen für diese Welt.[230] Das Nein zur Vermengung von «dieser» und «jener» Welt, zur Verwischung des Unterschieds zwischen menschlichen und göttlichen Gesetzen, war, betrachtet man die langfristigen Wirkungen, ein Ja zur Emanzipation des Menschen und zur Säkularisierung der Welt. Die Erklärungen der Menschenrechte waren säkulare Dokumente, aber sie hatten einen theologischen Hintergrund: Die Werte, die sie proklamierten, waren säkularisierte christliche Werte.

Diejenige Ausformung des Christentums, die den größten Anteil daran hatte, daß sich Amerika von Europa emanzipierte, war die protestantisch-reformierte im weitesten Sinn. Der britische Jurist und Historiker James Bryce zitierte 1888 in seinem «American Commonwealth» einen ungenannten Autor, der von der amerikanischen Verfassung behauptet hatte, sie stütze sich auf die Theologie von Calvin und die Philosophie von Hobbes. Bryce selbst urteilte, die Verfassung von 1787 sei nachhaltig von einer puritanischen Sicht der menschlichen Natur geprägt. Die Verfassung sei «das Werk von Menschen, die an die Erbsünde glaubten und entschlossen waren, für Missetäter keine Tür offen zu lassen, die sie, die Verfassungsväter, möglicherweise verschließen konnten. Das Ziel der Verfassung scheint es nicht so sehr zu sein, große gemeinsame Zwecke durch Sicherung einer guten Regierung zu erreichen, als die Übel abzuwenden, die nicht nur von einer schlechten Regierung, sondern von jeder Regierung herrühren, die stark genug ist, die schon bestehenden Gemeinschaften und die einzelnen Bürger zu bedrohen.»[231]

Ähnlich urteilt der amerikanische Theologe Reinhold Niebuhr in seinem 1952 erschienenen Buch «The Irony of American History»: «Obwohl sich eine Menge von Illusionen über die Natur des Menschen in der amerikanischen Kultur niedergeschlagen hat, enthalten unsere politischen Einrichtungen doch viele jener Schutzvorkehrungen gegen den selbstsüchtigen Mißbrauch der Macht, auf denen unsere calvinistischen Vorfahren bestanden haben ... Es ist besonders bemerkenswert, daß die zwei großen religiös-moralischen Traditionen, die unser frühes Leben geprägt haben – der Calvinismus Neu-Englands und der Deismus Virginias –, zu auffallend ähnlichen Schlußfolgerungen über die Bedeutung unseres Nationalcharakters und unserer Bestimmung gelangten. Der Calvinismus mag zu pessimistische Vorstellungen von der menschlichen Natur und zu mechanischen Vorstellungen über die vorausschaubare Ordnung des menschlichen Lebens gehabt haben. Aber wenn es darum ging, die Bedeutung des amerikanischen Experiments zu beurteilen, kamen seine Auffassungen von der Bestimmung Amerikas und seine Wertschätzung der amerikanischen Tugenden denen des Deismus außerordentlich nahe. Ob unsere Nation ihr geistiges Erbe mehr aus der Sicht von Massachusetts oder mehr aus der von Virginia deutet, wir begannen unsere Existenz in dem Bewußtsein, eine ‹herausgehobene› (‹separated›) Nation zu sein, die Gott benutzte, um einen Neuanfang mit der Menschheit zu unternehmen.»[232]

Sendungsbewußtsein und Selbstbescheidung, Missionarismus und Realismus lagen in der Frühzeit der Vereinigten Staaten nahe beieinander. Sie konnten sich im Idealfall wechselseitig ergänzen und korrigieren, so wie es die Institutionen entsprechend dem Grundsatz der «checks and balances» taten oder tun sollten. Ob eher religiös oder eher philosophisch geprägt, die Gründerväter sahen, ganz in der Tradition von John Locke, in der Regierung die Treuhänderin des Volkes («the trustee of the people») und im Staat einen «trust». Was dem Gemeinwohl diente, ergab sich für sie aus der Willensbildung einer pluralistischen, durch die Vielfalt der Interessen geprägten Gesellschaft und nicht, wie bei Rousseau, aus einem lediglich unterstellten, also autoritär definierten allgemeinen Willen, dem die Gesellschaft sich zu fügen hatte. Die Gründerväter kannten über den von Menschen geschriebenen Gesetzen ein höheres ungeschriebenes, göttliches oder natürliches Recht, und wenn sie, wiederum ganz in der englischen Tradition des 17. Jahrhunderts, von der Herrschaft des Rechts, der «rule of law», sprachen, war dieses höhere Recht ebenso mit inbegriffen wie das überlieferte gemeine Recht, das «common law» mitsamt seinem Beweis- und Prozeßrecht, an das sich auch die Gesetzgebungsorgane gebunden fühlten.[233]

Die Unabhängigkeitserklärung, die Menschenrechtserklärungen der Einzelstaaten und der ergänzten Bundesverfassung enthielten Maßstäbe, an denen sich die neue Nation messen lassen mußte. Auf die unveräußerlichen Menschenrechte konnten sich auch jene berufen, denen sie vorenthalten wurden: die aus Afrika eingeführten Sklaven und die indianischen Ureinwohner. Die Verfassungsordnung schuf damit normative Korrektive gegen die Ausnahmeregelungen und verengenden Interpretationen, die 1787/88 die Annahme der Verfassung gesichert hatten. Die Verfassung war, unter strengen Auflagen, nämlich der Zustimmung einer Zweidrittelmehrheit in beiden Häusern des Kongresses und einer Dreiviertelmehrheit der Staaten, abänderbar. Sie konnte, wenn nötig, neuen Herausforderungen angepaßt werden. Daß es diese Möglichkeit gab und daß sie genutzt wurde, ist einer der Gründe, weshalb die Verfassung von 1787 noch immer in Kraft ist.

Europa am Vorabend der Französischen Revolution

Das aufgeklärte Europa hatte den Unabhängigkeitskampf der nordamerikanischen Siedler mit großer Aufmerksamkeit und viel Sympathie verfolgt. Einige militärisch erfahrene Freiheitsfreunde waren den Kolonisten sogar zu Hilfe geeilt und hatten zu ihrem Sieg über das Mutterland wesentlich beigetragen: der Marquis de Lafayette aus Frankreich etwa, Tadeusz Kościuszko aus Polen und Washingtons «Drillmaster», der ehemalige preußische, später badische Offizier Friedrich von Steuben. Was die Regierungen und die Öffentlichkeit der europäischen Staaten aber sehr viel mehr beschäftigte als der amerikanische Unabhängigkeitskrieg, waren gleichzeitige krisenhafte Erschütterungen auf dem «alten Kontinent».[234]

Einige dieser Entwicklungen hingen mit dem Befreiungskampf auf der anderen Seite des Atlantiks unmittelbar zusammen. Seit Peter dem Großen eine Seemacht in der Ostsee, hatte sich Rußland unter Katharina II. auch zur Seemacht im Schwarzen Meer entwickelt. Als maritime Macht fühlte sich das Zarenreich durch die englische wie die spanische und französische Seekriegsführung im amerikanischen Unabhängigkeitskrieg herausgefordert. Katharina antwortete im Februar 1780 mit der Erklärung zur «Bewaffneten Seeneutralität», der sich als erste neutrale Staaten Dänemark und Schweden, dann auch Holland, Preußen, Österreich und selbst das England verbundene Portugal anschlossen.

Rußland stellte sich damit an die Spitze einer breiten Bewegung zur Sicherung des freien Handelsverkehrs der neutralen Mächte und schrieb zugleich ein neues Kapitel in der Geschichte des Völkerrechts im allgemeinen und des Seekriegsrechts im besonderen: Neutrale Schiffe sollten der Konvention zufolge ungehindert von Hafen zu Hafen und an den Küsten kriegführender Staaten entlang fahren dürfen, Waren aus verfeindeten Ländern mit Ausnahme von direktem Kriegsbedarf entsprechend dem Grundsatz «frei Schiff, frei Gut» beschlagnahmefrei bleiben. Ferner sollten Blockaden nur zulässig sein, soweit sie effektiv durchgeführt wurden. In der Rechtsprechung der Prisengerichte waren diese Prinzipien unmittelbar anzuwenden. Ihre Nichtbeachtung durch kriegsführende Mächte war ein Verstoß gegen die Neutralität des Unterzeichnerstaates und löste den Bündnisfall aus.

Großbritannien sah sich durch die Erklärung der «Bewaffneten Neutralität» stark behindert, ging aber während der weiteren Dauer des Krieges vorsichtiger als zuvor mit neutralen Schiffen um. Gegenüber *einem* Land aber reagierte es hart: Nachdem die Niederlande sich im November 1780 dem «Bündnis des Nordens» angeschlossen hatten, erklärte England im folgenden Monat Holland den Krieg. Die Republik der Vereinigten Niederlande hatte sich schon zuvor eindeutig auf die Seite der Amerikanischen Revolution geschlagen. Darauf stellte die britische Kriegserklärung ab, und eben deshalb erhielt Holland auch nicht die Unterstützung Rußlands, Dänemarks und Schwedens, der drei Staaten, die bis dahin der Konvention beigetreten waren.

Der vier Jahre währende Krieg endete mit einer niederländischen Niederlage, für welche die neugegründete «Patriotenpartei» den Erbstatthalter, Wilhelm V. von Oranien, verantwortlich machte. Als die verbreitete Unzufriedenheit die Form einer Umsturzbewegung annahm, rief der Statthalter 1787 den Bruder seiner Frau, König Friedrich Wilhelm II. von Preußen, zu Hilfe. Preußische Truppen warfen die «Patrioten» rasch nieder. Zu den Verlierern des Bürgerkrieges gehörte Frankreich, das die Aufständischen unterstützt hatte, zu den Gewinnern England, das fest auf der Seite Wilhelms V. stand.

Im gleichen Jahr 1787, in dem Preußen in den Niederlanden intervenierte, erklärte das Osmanische Reich Rußland den Krieg, woraufhin Österreich sich als Bundesgenosse des Zarenreiches an dem Waffengang beteiligte. England hingegen stellte sich, um Rußland vom Mittelmeer fernzuhalten, auf die Seite der Türken und verbündete sich, um Österreich in Schach zu halten, mit Preußen, das seinerseits Anfang 1790 Bündnisse mit der Türkei und mit Polen schloß. Ein gleichzeitiger russisch-schwedischer Krieg endete im August 1790 mit der Bestätigung des vorherigen Zustands. Das wichtigste Ergebnis des russisch-türkischen Krieges war, daß Rußland sich den Besitz der Krim sichern konnte. Das geschah durch den Frieden von Jassy, der im Januar 1792 abgeschlossen wurde: zu einem Zeitpunkt, zu dem Europa wie gebannt auf die Ereignisse im revolutionären Paris blickte.

In keinem anderen Land Europas hatte der amerikanische Unabhängigkeitskrieg so tiefgreifende Auswirkungen wie in Frankreich. Vordergründig endete der Krieg mit einem Triumph der Bourbonenmonarchie: Der englische Rivale hatte nicht nur einen Großteil seines nordamerikanischen Kolonialbereiches verloren, auch in Europa war er zeitweilig völlig isoliert. Doch der Erfolg des französischen Ancien régime erwies sich in doppelter Hinsicht als Pyrrhussieg. Erstens hatte das militärische und politische Engagement in Übersee die finanziellen Ressourcen Frankreichs im Übermaß in Anspruch genommen: Es trug entscheidend dazu bei, die Krise im Innern zu verschärfen. Dazu kam, zweitens, die ansteckende Wirkung der Gedanken, die sich mit französischer Hilfe in Amerika durchsetzten. Die jungen Vereinigten Staaten verstanden es, für ihre Ziele zu werben. An den Hof von Versailles wurde als erster Gesandter der Union Benjamin Franklin geschickt, der als Naturwissenschaftler, Denker und Politiker in Europa einen legendären Ruf hatte. Sein Nachfolger wurde 1785 Thomas Jefferson, der schon im Jahr zuvor als Bevollmächtigter Minister nach Frankreich entsandt worden war. Beide Amerikaner wurden sogleich nach ihrer Ankunft zum Mittelpunkt von ausgedehnten Netzwerken, denen alles daran lag, den Ideen von 1776 auch auf der Ostseite des Atlantiks zum Durchbruch zu verhelfen.

Das Land, das als Verlierer aus dem amerikanischen Unabhängigkeitskrieg hervorging, erholte sich überraschend schnell von dem Schlag von 1783: Seine außenpolitische Isolierung konnte Großbritannien schon 1788 durch einen Vertrag mit Preußen und den Vereinigten Niederlanden, einer Folge des Zusammengehens bei der Niederwerfung der «Patrioten» im Jahr zuvor, überwinden. Der Verlust des Gebiets, das sich 1776 für unabhängig erklärt hatte, wog schwer, bedeutete aber mitnichten das Ende Großbritanniens als Kolonialmacht. Um 1787 begann die Besiedlung Australiens, das zunächst eine reine Sträflingskolonie war, seit den neunziger Jahren aber auch freie Siedler, vor allem Schaf- und Rinderzüchter, aufnahm.

In Kanada zeigte England, daß es fähig war, aus den Fehlern zu lernen, die es gegenüber den späteren Vereinigten Staaten gemacht hatte: Die französischen und britischen Siedler, unter den letzteren viele Loyalisten aus den bisherigen amerikanischen Kolonien, erhielten 1791 ein hohes Maß an politischer Selbstbestimmung. Die Stabilisierung Kanadas half den Briten, Expansionsbestrebungen der Union in nördlicher Richtung abzuwehren und im sogenannten «Zweiten Unabhängigkeitskrieg» der Jahre 1812 bis 1814 die Vereinigten Staaten an den Rand einer Niederlage zu bringen. Das schließliche Ergebnis war der Friedensvertrag von Gent, der den Status quo ante, den bisherigen Grenzverlauf zwischen den USA und Kanada, bestätigte.

Nicht minder folgenreich war der Ausbau der britischen Herrschaft über Indien. Es wäre zwar eine Übertreibung zu sagen, dem ersten britischen Empire, das 1783 unterging, sei fast nahtlos das zweite gefolgt. Denn schon lange vor dem amerikanischen Unabhängigkeitskrieg hatte die East India Company begonnen, ihren Einfluß auf dem indischen Subkontinent auszudehnen, und dasselbe galt für die Ausweitung der politischen Oberaufsicht über die Aktivitäten der Gesellschaft durch die britische Regierung: ein Prozeß, der seinen Abschluß in der East India Bill von 1784 fand. Aber für das Selbstbewußtsein und das Prestige Großbritanniens als Großmacht gewann der Faktor Indien nach dem Abfall der dreizehn nordamerikanischen Kolonien eine ungleich höhere Bedeutung als zuvor. 1794 nahmen die Briten den Holländern Ceylon ab; 1799 wurde der südindische Fürstenstaat Mysore in einen britischen Vasallenstaat verwandelt, 1803 Delhi, der Sitz des Großmoguls, erobert, bis 1819 die britische Oberhoheit über ganz Indien durchgesetzt. Die britische Herrschaft über diesen Teil Südasiens war eine der

Voraussetzungen dafür, daß Großbritannien sich im 19. Jahrhundert mit größerem Recht als irgendeine andere Nation eine Weltmacht nennen konnte.

Eine andere Voraussetzung war die Industrielle Revolution. Ihr Siegeszug in den Jahren seit 1760 trug wesentlich dazu bei, daß die britische Oberschicht rasch über die Niederlage von 1783 hinwegkam. Großbritannien *war* die führende Wirtschaftsmacht der Welt: Daran gab es gegen Ende des 18. Jahrhunderts nichts mehr zu deuteln. Die politische Rivalität mit Frankreich freilich dauerte an. Sie nahm nach 1789 nur andere Züge an. Solange in Versailles ein «absoluter» König regierte, hatte England es leicht, sich als das Bollwerk der Freiheit in Europa darzustellen. Ein Frankreich hingegen, das als Vorkämpfer von Menschenrechten und Volkssouveränität auftrat, mußte England auf ungleich schärfere Weise herausfordern, als es die jungen Vereinigten Staaten von Amerika taten.[235]

3

Revolution und Expansion:
1789–1850

1789: Das Ende des Ancien régime
und der Beginn der Französischen Revolution

«Die Revolution eines geistreichen Volkes, die wir in unseren Tagen
haben vor sich gehen sehen, mag gelingen oder scheitern; sie mag mit
Elend und Greueltaten dermaßen angefüllt sein, daß ein wohldenkender Mensch, wenn er sie zum zweitenmale unternehmend glücklich auszuführen hoffen könnte, doch das Experiment auf solche Kosten zu
machen nie beschließen würde – diese Revolution, sage ich, findet doch
in den Gemütern aller Zuschauer (die nicht selbst in diesem Spiele verwickelt sind) eine Teilnehmung dem Wunsche nach, die nahe an Ethusi-
asm grenzt … Denn ein solches Phänomen in der Menschengeschichte
vergißt sich nicht mehr, weil es eine Anlage und ein Vermögen in der
menschlichen Natur zum Besseren aufgedeckt hat, dergleichen kein Politiker aus dem bisherigen Laufe der Dinge herausgeklügelt hätte …»

Als Immanuel Kant im Jahre 1798 diese Sätze in seiner Schrift «Der
Streit der Fakultäten» niederschrieb, hatte die Französische Revolution in Deutschland nicht mehr viele Freunde. Kant gehörte zu der
Minderheit, die noch immer die Ideen von 1789 gegen ihre Verächter
verteidigte. Den Terror der Jakobiner in den Jahren 1793/94 zu rechtfertigen war dem Königsberger Philosophen nie in den Sinn gekommen. Aber er konnte in der Gewaltherrschaft, die er verurteilte, auch
keine Widerlegung des «Idealischen» im Kampf um Freiheit, Gleichheit und Brüderlichkeit sehen. Dieses «Idealische» hatte nach wie vor
einen Anspruch auf teilnehmenden Enthusiasmus. Denn die Begeben-

heit von 1789 bewies einen «moralischen Charakter» des Menschengeschlechts «wenigstens in der Anlage ..., der das Fortschreiten zum
Besseren nicht allein hoffen läßt, sondern selbst schon ein solches ist,
so weit das Vermögen desselben für jetzt zureicht».[1]

Rund drei Jahrzehnte nach Kant nannte ein anderer deutscher Philosoph, Georg Wilhelm Friedrich Hegel, die Französische Revolution
in seinen Berliner Vorlesungen zur Philosophie der Geschichte einen
«herrlichen Sonnenaufgang». «Alle denkenden Wesen haben diese
Epoche mitgefeiert. Eine erhabene Rührung hat in jener Zeit geherrscht, ein Enthusiasmus des Geistes hat die Welt durchschauert, als
sei es zur wirklichen Versöhnung des Göttlichen mit der Welt erst gekommen.»

Um 1830/31, kurz vor seinem Tod, rief Hegel damit seinen Zuhö-
rern ins Bewußtsein, was er und seine Freunde Hölderlin und Schelling
als Studenten der evangelischen Theologie am Tübinger Stift empfunden hatten, als sie von der Erstürmung der Pariser Bastille durch aufge-
brachte Pariser Massen, dem großen Ereignis des 14. Juli 1789, erfuh-
ren. «Im Gedanken des Rechts ist also jetzt eine Verfassung errichtet
worden, und auf diesem Grunde sollte nunmehr alles basiert sein. Solange die Sonne am Firmament steht und die Planeten um sie herum
kreisen, war das nicht gesehen worden, daß der Mensch sich auf den
Kopf, das ist auf den Gedanken stellt, und die Wirklichkeit nach diesem
erbaut. Anaxagoras hatte zuerst gesagt, daß der νοῦς (nūs: Geist, Gedanke, Vernunft, H.A.W.) die Welt regiert; nun aber erst ist der Mensch
dazu gekommen zu erkennen, daß der Gedanke die geistige Wirklichkeit regieren solle.»[2]

Der Enthusiasmus, der Kant und Hegel erfüllte, war der des aufgeklärten Europa. Die Erstürmung der Bastille, des alten Staatsgefängnis-
ses der Könige von Frankreich und Symbols des Ancien régime, galt
den Freunden der Freiheit als Anfang vom Ende jedweder Art von
absolutistischer Unterdrückung und Knebelung der Gedankenfreiheit,
wo immer es dergleichen noch gab. Die Begeisterung für die Revolution
der Franzosen wuchs noch, als die Nationalversammlung in der berühmten Nachtsitzung vom 4. August die Beseitigung des Feudalsystems,
darunter der Steuerprivilegien, der persönlichen Gutsuntertänigkeit,
der grundherrlichen Gerichtsbarkeit, der Jagd- und Fischereirechte des
Adels, sowie die Abschaffung des Kirchenzehnten beschloß. Dem Beschluß vom 4. August folgte eine Woche später, am 11. August, das ein-

schlägige Dekret, das mit den Worten begann: «Die Nationalversammlung zerstört das Feudalregime vollständig.»

Das war zwar noch nicht das Ende aller Herrenrechte: Von den dinglichen Lasten, den seigneuralen Rechten an Grund und Boden, konnten sich nur die wohlhabenden Bauern befreien, die über das für die Entschädigung der Grundherren erforderliche Geld verfügten. Die Unruhe auf dem Lande, die in der zweiten Hälfte des Juli 1789, der Zeit der «großen Angst» (Grande Peur) Züge einer kollektiven Panik angenommen hatte, ebbte infolgedessen nur vorübergehend ab. Zu neuen Protesten kam es, als die Nationalversammlung durch ein Gesetz vom März 1790 den Verkauf der verbliebenen Herrenrechte durch Versteigerung ermöglichte, woraus vor allem die Bourgeoisie Nutzen zog. Dennoch war der Beschluß vom 4. August 1789 ein tiefer historischer Einschnitt: Der Bruch mit jahrhundertealten Vorrechten von Adel und Kirche war ein Signal, das in ganz Europa gehört wurde.[3]

Drei Wochen nach der Abschaffung des Feudalsystems, am 26. August 1789, faßte die Nationalversammlung einen weiteren Beschluß von weltgeschichtlicher Bedeutung: Sie verabschiedete die Erklärung der Menschen- und Bürgerrechte. Das Vorbild Amerika war unübersehbar. Der erste Vorschlag, noch vor der Erarbeitung einer Verfassung eine Erklärung der Menschen- und Bürgerrechte zu beschließen, kam von einem Abgeordneten der Nationalversammlung, der auf der Seite der Vereinigten Staaten von Amerika im Unabhängigkeitskrieg gekämpft hatte: dem Marquis de Lafayette. Er ließ sich von den Grundrechtserklärungen der nordamerikanischen Einzelstaaten, vor allem von der Virginias, inspirieren und konnte sich bei der Ausarbeitung seines eigenen Entwurfs einer Menschenrechtserklärung der aktiven Mitarbeit Thomas Jeffersons erfreuen, der von 1785 bis 1789 Botschafter der Vereinigten Staaten in Paris war.

Neben auffallenden Übereinstimmungen gab es jedoch auch Unterschiede zwischen den amerikanischen Menschenrechtserklärungen und der französischen. Der Text vom August 1789 betonte die Gleichheit der Bürger vor dem Gesetz schärfer als die Virginia Declaration of Rights und die Grundrechtskataloge anderer Einzelstaaten der Union. Mehr als diese war die Erklärung der französischen Nationalversammlung auf Genauigkeit und Allgemeingültigkeit angelegt. Die Menschen, so heißt es in Artikel I, sind von Geburt an frei und gleich an Rechten (Les hommes naissent et demeurent libres et égaux en droits). Soziale

Unterschiede dürfen nur im allgemeinen Nutzen (sur l'utilité commune) begründet sein. Zu den natürlichen und unantastbaren Menschenrechten werden Freiheit, Sicherheit und Widerstand gegen Unterdrückung gerechnet (Artikel II). Das Gesetz ist gemäß Artikel VI Ausdruck des allgemeinen Willens (La loi est l'expression de la volonté générale). Alle Bürger sind berechtigt, persönlich oder durch ihre Vertreter an seiner Gestaltung mitzuwirken. Ob das Gesetz schützt oder straft: Es muß für alle gleich sein. «Da alle Bürger in seinen Augen gleich sind, haben sie auch gleichermaßen Zugang zu allen Würden, Stellungen oder öffentlichen Ämtern, je nach ihren Fähigkeiten, ohne einen anderen Unterschied als den ihrer Tugenden und Talente.»

Was die Sicherung von Freiheit und Eigentum anging, wich die «Déclaration des droits de l'homme et du citoyen» auf weiten Strecken nicht ab von dem, was die nordamerikanischen Menschenrechtserklärungen dazu sagten. Doch es ist bemerkenswert, daß die Vereinigungs- und die Versammlungsfreiheit in dem Text fehlten und die Meinungs- und die Religionsfreiheit dadurch beschränkt wurden, daß ihre Ausübung nicht die durch das Gesetz festgelegte öffentliche Ordnung stören durfte (Artikel X). Von der staatsbürgerlichen Gleichberechtigung der Juden war in der Erklärung der Menschen- und Bürgerrechte noch nicht die Rede: Diesen Akt der Emanzipation holte die Nationalversammlung am 27. September 1791 nach. Noch länger mußten die Sklaven in den französischen Kolonien warten, bis ihnen das revolutionäre Mutterland die Menschen- und Bürgerrechte zugestand: Dies geschah erst am 4. Februar 1794 durch den Nationalkonvent – zweieinhalb Jahre, nachdem im August 1791 in Haiti ein großer Sklavenaufstand gegen die weiße Oberschicht ausgebrochen war.

Der Einfluß Montesquieus schlug sich vor allem in Artikel XVI nieder: «Jede Gesellschaft, in der die Garantie dieser Rechte nicht erfolgt und die Gewaltenteilung nicht festgeschrieben ist, hat keine Verfassung.» Rousseaus «Contrat social» folgte die Nationalversammlung, als sie das Gesetz zum Ausdruck des allgemeinen Willens erklärte. Auffallend war, daß die «Déclaration» nicht von Volkssouveränität, sondern von der Souveränität der Nation sprach. «Die Nation bildet den hauptsächlichen Ursprung jeder Souveränität (le principe de toute souveraineté réside essentiellement dans la Nation). Keine Körperschaft und kein Individuum können eine Gewalt ausüben, die nicht ausdrücklich von der Nation ausgeht» (Artikel III).

Als die maßgebliche Stimme der Nation betrachtete die Mehrheit der Delegierten, obwohl das so nicht im Text der Menschenrechtserklärungen stand, die Nationalversammlung, die ihre Entscheidung einem Beschluß der Delegierten des Dritten Standes in den Generalständen vom 17. Juni 1789 verdankte. Über der Nationalversammlung stand nur noch das «Höchste Wesen». In seiner Gegenwart und unter seinem Schutz (en présence et sous les auspices du Suprême être) hatte die Assemblée Nationale der Präambel zufolge die Menschen- und Bürgerrechte beschlossen: eine Formel, die vom Geist des aufgeklärten Deismus geprägt war, in der sich aber auch aufgeklärte Christen wiedererkennen konnten.[4]

Die Erklärung der Menschen- und Bürgerrechte ging im Sinne Rousseaus von der Annahme aus, daß der souveräne Träger des allgemeinen Willens ein homogenes Kollektivsubjekt war. Als solches wurde die Nation betrachtet. Eine ausdrückliche Garantie der Vereinigungsfreiheit hätte das Bild der Einheitlichkeit gestört, die «volonté générale» durch die «volonté de tous» gefährdet. Die Nation und die Individuen standen sich also, ganz anders als im angelsächsischen politischen Denken und in den nordamerikanischen Verfassungen, unmittelbar und unvermittelt gegenüber.

Die Mehrheit der Nationalversammlung sah sich offenbar in der Rolle von Rousseaus «Gesetzgeber», der die öffentliche Aufklärung verkörperte und besser als das Volk wußte, was in dessen bestem Interesse lag. Diesem «ganzheitlichen» Ansatz widersprach nun freilich der Tribut an Montesquieu, das Bekenntnis zur Gewaltenteilung. Wie diese konkret aussehen, wie namentlich das Verhältnis von König und Nationalversammlung gestaltet werden sollte: das ließ die Erklärung der Menschen- und Bürgerrechte offen. Und vorläufig war sie auch nicht mehr als eine Proklamation von Prinzipien. Um aus diesen einklagbare Rechte für die Individuen zu machen, bedurfte es einer unabhängigen Gerichtsbarkeit, und deren Stellung gegenüber den anderen Gewalten, der Legislative und der Exekutive, konnte nur die Verfassung regeln.

Als die Assemblée nationale ihre große Erklärung abgab, war sie in der wichtigsten politischen Frage, der Machtverteilung zwischen König und Nationalversammlung, bereits tief gespalten. Mit Artikel III des Beschlusses vom 26. August 1789 entzogen die Delegierten zwar «im Prinzip» dem Monarchen die Souveränität und übertrugen sie auf die Nation. Aber längst nicht alle Mitglieder der Nationalversammlung

zogen daraus die Konsequenz, daß der König fortan nur noch zu vollziehen hatte, was die Legislative als Sprachrohr der Nation beschloß.
Die «monarchiens» oder «Männer der Monarchie», an ihrer Spitze der
Anwalt Jean-Joseph Mounier, bestanden auf dem uneingeschränkten
Vetorecht des Monarchen gegen alle Entscheidungen der Nationalversammlung. Den «monarchiens» standen die «patriotes», angeführt
vom Abbé Sieyès, gegenüber. Sie lehnten ein absolutes Veto des Königs
strikt ab.

Ein Versuch Lafayettes, zwischen den Fronten zu vermitteln, war
vergeblich. Erfolg hatte hingegen der Delegierte Joseph Barnave, ein
glänzender Redner, mit einem Kompromißvorschlag, den er am 3. September unterbreitete: Der König sollte jeweils für die Dauer von zwei
Legislaturperioden, das heißt von vier Jahren, ein aufschiebendes Veto
haben. Nachdem die «monarchiens» ihr Einverständnis erklärt hatten,
stimmte die Nationalversammlung am 11. September dem suspensiven
Veto des Monarchen zu. Tags zuvor hatten sich die Delegierten mit
großer Mehrheit gegen die Errichtung einer zweiten Kammer ausgesprochen.

Zu denen, die den Kompromiß vom 11. September ermöglicht hatten, gehörte auch Jacques Necker. Seine Entlassung am 11. Juli und die
anschließende Ernennung hocharistokratischer Minister war ein Anlaß
für den Sturm auf die Bastille drei Tage später gewesen. Am 16. Juli von
Ludwig XVI. wieder in das Amt des leitenden Ministers berufen, unterstützte Necker im September auch die vordringlichste Forderung der
«Patrioten»: Der König möge endlich die Beschlüsse vom 4. und
11. August, also die Abschaffung des Feudalsystems, durch offizielle
Verkündung sanktionieren. Eben hiergegen sträubte sich der Monarch.
Am 21. September erklärte er sich, nach mehrfacher Aufforderung
durch die Nationalversammlung, zwar mit der Veröffentlichung der
Dekrete einverstanden. Die Verkündung aber und damit die Inkraftsetzung verweigerte er unter Hinweis auf fehlende Ausführungsgesetze.

Die Obstruktion des Königs rief abermals, wie schon Mitte Juli, das
Volk von Paris auf den Plan. Am 5. Oktober zogen Tausende von Menschen, vorneweg die legendären Fischweiber, aus der Hauptstadt zum
königlichen Schloß nach Versailles, wo auch die Nationalversammlung
tagte, um dem gekrönten Haupt ins Gesicht zu sagen, was sein Volk
von ihm erwartete: nämlich Brot und Gehorsam gegenüber den Beschlüssen der Nationalversammlung.

Die revolutionäre Aktion wurde zum vollen Erfolg. Der König sah sich nunmehr genötigt, die Dekrete der Nationalversammlung, darunter auch die Erklärung der Menschen- und Bürgerrechte, in Kraft zu setzen. Tags darauf, am 6. Oktober, willigte er, nachdem die Demonstranten bereits in das Schloß eingedrungen waren und es auf beiden Seiten Tote gegeben hatte, auch in die brisanteste Forderung ein: Er begab sich mitsamt der Königin Marie Antoinette und dem Dauphin nach Paris. Die Nationalversammlung verlegte ihren Tagungsort ebenfalls in die Hauptstadt. Der 6. Oktober 1789 markiert einen entscheidenden Wendepunkt: Die Kapitulation Ludwigs XVI. war die endgültige Niederlage des französischen Absolutismus. In den Pariser Tuilerien stand der König unter dem ständigen Druck der hauptstädtischen Massen. Er war, ob er es wahrhaben wollte oder nicht, fortan kein freier Mann mehr.

Die französischen Historiker François Furet und Denis Richet haben von den drei Revolutionen des Jahres 1789 gesprochen: der Revolution der Abgeordneten, der Revolution der städtischen Massen und der Revolution auf dem Lande. Jede dieser Revolutionen hatte ihre eigenen «Gesetze», aber es waren keine getrennten Revolutionen, sondern Teilrevolutionen, die sich gegenseitig verstärkten. Die Bewegung der städtischen und ländlichen Massen hatte den Vertretern des Dritten Standes den Kampfgeist und den Rückhalt gegeben, die sie brauchten, um ihre revolutionären Beschlüsse zu fassen: von der Konstituierung zur Nationalversammlung im Juni bis zu den Dekreten vom August 1789. Die Entscheidungen der Delegierten wiederum ermutigten das städtische Kleinbürgertum und die Bauern, mehr zu verlangen als das, was ihnen bisher zugestanden worden war. Den Bruch mit dem Ancien régime zu verkünden war eines, ihn konsequent zu vollziehen ein anderes. Nicht nur der König, auch die Nationalversammlung stand seit ihrem Umzug von Versailles nach Paris unter verstärktem Druck. Sie mußte sich mehr als bisher um den Nachweis bemühen, daß sie auch für das «einfache Volk» sprach.[5]

Radikalisierung (I):
Von der konstitutionellen Monarchie zur Republik

Mit der Entscheidung über das Einkammersystem und das suspensive Veto des Königs hatte sich die Nationalversammlung im September 1789 bereits als Konstituante betätigt. In der Folgezeit war sie immer wieder beides: zum einen Verfassunggeber, zum anderen gesetzgebende Körperschaft. Als sie am 2. November 1789 den Beschluß über die Verstaatlichung der Kirchengüter faßte, war das ein Akt revolutionärer Gesetzgebung. Durch den Verkauf der enteigneten Kirchengüter wollte sich der hochverschuldete, vom Bankrott bedrohte Staat finanziell sanieren. Die Güter dienten als Pfand für die sogenannten Assignaten: verzinsliche Schatzanweisungen, die nicht in Geld, sondern in Landbesitz rückzahlbar sein sollten. Da der erhoffte Erfolg nicht eintrat, verwandelte die Nationalversammlung die Assignaten im August 1790 in ein unverzinsliches Zahlungsmittel, also Papiergeld, das an den Wert der enteigneten Ländereien gebunden war. Die neuen «Nationalgüter» wurden aufgrund eines Dekrets vom 9. Juli schuldenfrei zum Verkauf angeboten, wobei die Besitzer von Assignaten gewisse Privilegien genossen. Kurzfristig bewirkten die Maßnahmen vom Sommer 1790 eine kräftige Belebung der Wirtschaft, mittelfristig eine Inflation, die schon im Frühjahr 1791 einsetzte, langfristig eine gewaltige Umschichtung der Besitzverhältnisse, von der in erster Linie die städtische Bourgeoisie profitierte.

Für die katholische Kirche bedeutete der Einzug ihrer Güter, daß sie über keine Mittel mehr verfügte, um ihre überkommenen Aufgaben zu erfüllen, und auch die Priester nicht mehr bezahlen konnte. Die Besoldung des kirchlichen Personals durch den Staat war die einzige Entschädigung, die der Kirche zuteil wurde. Am 12. Juli 1790 faßte die Nationalversammlung einen weiteren kirchenfeindlichen Beschluß: Sie verabschiedete die Zivilkonstitution für den Klerus. Diese sah vor, daß die Geistlichen durch Wahlversammlungen in den neu geschaffenen Verwaltungseinheiten gewählt wurden: die Gemeindepfarrer auf der Ebene des Distrikts, die Bischöfe auf der des Departements. Dem Papst stand fortan keinerlei Gerichtsbarkeit mehr in Frankreich zu; die neugewählten Bischöfe mußten ihn lediglich von ihrer Wahl in Kenntnis setzen.

Als der König in Abstimmung mit Papst Pius VI. seine Unterschrift unter die Zivilkonstitution hinauszögerte, holte die Nationalversammlung am 27. November 1790 zum nächsten Schlag aus: Sie verlangte von allen Beamten, auch den Priestern, einen Treueid auf die (noch gar nicht verabschiedete) Verfassung, einschließlich der Zivilkonstitution; Priester, die den Eid verweigerten, waren durch neue zu ersetzen. Ludwig XVI. unterschrieb das Dekret zwar widerstrebend, war aber zu diesem Zeitpunkt bereits entschlossen, weitere Demütigungen durch die Nationalversammlung nicht mehr hinzunehmen und notfalls aus Paris zu fliehen.

Pius VI. beantwortete die Herausforderung des revolutionären Frankreich im Frühjahr 1791 mit einer Verurteilung nicht nur der Zivilkonstitution, sondern der Prinzipien der Revolution. Damit ging, wie Ernst Schulin bemerkt, die «erste ‹außenpolitische› Kampfansage an die Revolution» vom Papst aus. Das Oberhaupt der katholischen Kirche stärkte durch dieses entschiedene Auftreten den vielen Geistlichen den Rücken, die sich dem neuen Regime nicht fügen wollten. Von den Priestern verweigerte mehr als die Hälfte den geforderten Loyalitätseid; von den 133 Bischöfen taten dies alle bis auf vier.

Zur kleinen Minderheit des hohen Klerus gehörte Charles Maurice Talleyrand, Bischof von Autun und Mitglied der Nationalversammlung. Er hatte am 10. Oktober 1789 als erster prominenter Kleriker die Einziehung der Kirchengüter zwecks Tilgung der Staatsschulden gefordert und am 14. Juli 1790, dem ersten Jahrestag des Bastillesturms, beim Fest der Föderation auf dem Marsfeld die Messe mit 200 Priestern zelebriert, deren Meßgewänder ein Gürtel in den blau-weiß-roten Farben der revolutionären Trikolore zierte, und den Eid auf die Nation, das Gesetz und den König gesprochen. Seinen Eid auf die Zivilkonstitution ahndete der Papst mit der schwersten Sanktion, die der Kurie zur Verfügung stand: Talleyrand wurde mit dem Kirchenbann belegt. Die französische Gesellschaft war ähnlich gespalten wie der niedere Klerus: Es gab konservative Regionen wie die Vendée und die Bretagne, wo sich die «alten», eidverweigernden Priester breiter Unterstützung durch die Gläubigen erfreuten, und andere Gebiete, zumal im Süden Frankreichs, wo die neue Staatskirche und ihre Diener, die «konstitutionellen Priester», widerspruchslos hingenommen wurden.

In der Nationalversammlung hatte es über die Entmachtung, ja Ausschaltung der katholischen Kirche heftige Debatten gegeben, aber die

Mehrheitsverhältnisse waren eindeutig: Für die Nationalisierung der Kirchengüter stimmten am 2. November 1789 568 Delegierte, dagegen 346. Ungleich knapper war am 22. Dezember 1789 der Ausgang der Abstimmung über eine Kernfrage der Verfassung: das Wahlrecht. Mit 453 gegen 443 Stimmen beschloß die Nationalversammlung die Einführung eines Zensuswahlrechts. Aktivbürger, die in den Genuß des aktiven Wahlrechts kamen, waren mindestens 25 Jahre alte Männer, die eine direkte Steuer im Wert von wenigstens drei Arbeitstagen oder 2 bis 6 Livres jährlich zahlten. Aktives Wahlrecht hieß: das Recht, Wahlmänner zu wählen, die ihrerseits Steuerleistungen von mindestens 10 Arbeitstagen oder 7 bis 10 Livres jährlich erbrachten. Die Abgeordneten mußten über Grundbesitz verfügen und Steuern von wenigstens 50 Livres zahlen. Von 25 Millionen Franzosen besaßen nach diesen Bestimmungen 4,3 Millionen das aktive Wahlrecht; nach manchen Schätzungen waren das immerhin zwei Drittel aller männlichen Franzosen über 25 Jahre. Die Zahl der Wahlmänner belief sich auf 50 000.

Die Begünstigung der wohlhabenden Bürger war gewollt und rief leidenschaftlichen Protest in einem Teil der Presse, bei den radikaleren Delegierten und den sie stützenden politischen Clubs der Hauptstadt hervor. Der Widerspruch zwischen dem Zensuswahlrecht und dem Gleichheitsversprechen der Erklärung der Menschen- und Bürgerrechte war offenkundig, und ebendies wurde zum Hauptargument der Kritiker in einer Kampagne, die mit der Entscheidung der Nationalversammlung nicht zu Ende war.

In Umrissen zeichnete sich damit bereits seit der Jahreswende 1789/90 jene politische Polarisierung zwischen Gemäßigten und Radikalen ab, die für den weiteren Verlauf der Revolution bestimmend werden sollte. Einer der Wortführer der Opposition gegen das Zensuswahlrecht war der Delegierte Maximilien de Robespierre, Anwalt aus Arras und einer der maßgeblichen Männer des Jakobinerclubs, der seinen Namen dem Tagungsort, dem ehemaligen Dominikanerkloster Saint-Jacques in Paris, verdankte. Im April 1791 ließ Robespierre eine Rede drucken, in der er sich für das allgemeine Stimmrecht aussprach und das gerechte, dem Allgemeinwohl verpflichtete, einfache Volk den egoistischen, nur an ihren privaten Interessen interessierten Reichen gegenüberstellte. Das Echo auf die Flugschrift war gewaltig und legte den Grund für die wachsende Popularität ihres Autors.[6]

Zu den Beschlüssen der Nationalversammlung, die Frankreich bis heute prägen, gehört die territoriale und administrative Neuordnung des Landes. An die Stellen der alten Provinzen traten im Januar 1790 83 Departements, die meist nach Flüssen und Gebirgen benannt wurden, ihre Hauptstadt jeweils in der Mitte der neuen Verwaltungseinheit hatten und ihrerseits in Distrikte und Kantone gegliedert waren. Die Konstituante wollte damit, ganz in der Tradition des Ancien régime, dem regionalen Partikularismus entgegenwirken. Aber im Unterschied zum Absolutismus strebten die Delegierten der Assemblée nationale nicht eine Zentralisierung, sondern eine Dezentralisierung an: Die Departements sollten sich selbst verwalten, ihre wohlhabenden Bürger auf Grund eines Zensuswahlrechts einen ehrenamtlichen Rat und dieser ein besoldetes Direktorium wählen. Niedriger waren die sozialen Hürden in den Kommunen, die ihre Behörden in direkter Wahl bestellten.

Die Dezentralisierung blieb freilich bloße Absicht: Anders als die Engländer und die Amerikaner hatten die Franzosen keinerlei Erfahrung in Sachen Selbstverwaltung. Dazu kamen die Gegensätze zwischen Freunden und Gegnern der Revolution, die Spannungen zwischen der Hauptstadt und den Regionen und der zunehmende Druck von außen, von seiten des konservativen Europa. Bereits im Jahre 1792 kehrte Frankreich zur Zentralisierung und damit zu der Richtung zurück, die das Land unter Richelieu in der ersten Hälfte des 17. Jahrhunderts eingeschlagen hatte. An die Stelle der königlichen Intendanten traten elf Jahre nach dem Beginn der Französischen Revolution die Präfekten, die von Paris eingesetzten Chefs der Departementalverwaltung. Alexis de Tocqueville hat diese bemerkenswerte Verbindung von ahistorischer Neuordnung und historischer Kontinuität in dem Verdikt zusammengefaßt, «daß die Zentralisation in der Revolution nicht untergegangen ist, weil sie selbst der Anfang dieser Revolution und ihr Vorzeichen war ... Die Zentralisation fand in der Gesellschaft, die sich durch die Revolution gebildet hatte, so selbstverständlich ihren Platz, daß man sie leicht als eines ihrer Ergebnisse auffassen konnte.»[7]

In der Logik des Absolutismus, aber auch von Rousseaus Theorie des allgemeinen Willens lagen auch zwei Gesetze, die die Nationalversammlung in der ersten Hälfte des Jahres 1791 beschloß: Am 2. März verabschiedete sie die Loi d'Allarde, die alle Gilden, Innungen und Zünfte abschaffte, am 14. Juni die Loi Le Chapelier, die die Bildung von Assoziationen der Arbeiter untersagte und als Streikverbot bis

1864, als Koalitionsverbot sogar bis 1884 in Kraft blieb. Einen «Sonderwillen» zu artikulieren erschien der Konstituante als illegitim, weil unvereinbar mit dem allgemeinen Interesse, wie sie es verstand und in Gesetzesform brachte. Was für Handwerksmeister, Gesellen und Arbeiter galt, traf natürlich erst recht für den Adel zu, den es zu dieser Zeit formell freilich schon gar nicht mehr gab: Im Juni 1790 hatte die Nationalversammlung den Erbadel und damit alle Adelstitel beseitigt. Der Anspruch des Dritten Standes, der allgemeine Stand zu sein, wurde damit nochmals nachdrücklich unterstrichen.

Die augenfälligste Verbindung zwischen dem revolutionären Frankreich und dem Ancien régime blieb der König. Die Verfassung, die am 3. September 1791 von der Nationalversammlung verabschiedet wurde, nannte die Souveränität «einzig, unteilbar, unveräußerlich und unaufhebbar» (une, indivisible, inaliénable et imprescriptible), um dann, ähnlich wie schon die Erklärung der Menschen- und Bürgerrechte, fortzufahren: «Sie steht der Nation zu; keine Sektion des Volkes, keine einzige Person kann sich die Ausübung derselben zueignen. Die Nation, von welcher alle Arten der Gewalten ausgehen, kann sie nur durch Übertragung ausüben.»

Die französische Konstitution wurde ausdrücklich als «repräsentativ» bezeichnet. «Ihre Repräsentanten sind die gesetzgebende Körperschaft und der König.» Für die Regierungsform verwandte die Verfassung den Begriff «monarchisch». Die Person des Königs war unverletzlich und geheiligt (inviolable et sacrée); sein einziger Titel war «König der Franzosen». Er stand nicht über dem Gesetz, denn gemäß der Verfassung gab es «in Frankreich keine Autorität, die über dem Gesetz steht. Der König regiert nur durch dieses. Und nur im Namen des Gesetzes kann er Gehorsam verlangen.»

Bei seiner Thronbesteigung oder bei Erreichung der Volljährigkeit mußte der König schwören, «der Nation und dem Gesetz treu zu sein, alle ihm übertragene Macht zur Aufrechterhaltung der durch die verfassunggebende Nationalversammlung in den Jahren 1789, 1790 und 1791 beschlossenen Verfassung anzuwenden und die Gesetze ausführen zu lassen». Eine Weigerung, diesen Eid zu leisten, sollte als Abdankung gewertet werden. Die höchste ausübende Macht war ausschließlich in die Hände des Königs gelegt. Wie am 11. September 1789 von der Konstituante beschlossen, stand ihm ein suspensives Veto gegen Dekrete der Nationalversammlung für die Dauer von zwei Legislaturperioden zu.

Die Eingangsformel bei der Bekanntmachung von Gesetzen machte deutlich, daß die Nationalversammlung das Amt des Monarchen aus einer doppelten Legitimationsquelle ableitete: Der jeweilige Träger der Krone war demzufolge «von Gottes Gnaden und durch das Verfassungsgesetz des Staates König der Franzosen» (par la grâce de Dieu, et par la loi constitutionelle de l'État, roi des Français).[8]

Der Widerspruch zwischen beiden Legitimationen der monarchischen Gewalt war, wie die Dinge lagen, ein absoluter: Er konnte nur durch einen Sieg des Königs über die Nationalversammlung oder durch einen Sieg der Nationalversammlung über den König aufgelöst werden. Ludwig XVI. aus dem Haus der Bourbonen war kein zweiter Wilhelm III. von Oranien, der 1688/89 als Vollstrecker eines revolutionären Programms, der Ziele der Glorious Revolution, auf den englischen Thron gelangt war. Ludwig war das Ancien régime, das es zu überwinden galt. Ein Königs- und Dynastiewechsel im Jahre 1789, etwa zugunsten des Herzogs Louis Philippe II. von Orléans, eines Mitglieds der Nationalversammlung, das nicht ohne Grund «Philippe Égalité» genannt wurde, hätte das Königtum durch eine wirkliche, von seinem Träger bejahte Umwandlung der absoluten in eine konstitutionelle Monarchie vielleicht retten können. Aber es gab in Frankreich 1789 niemanden, der bereit und willens war, die richtigen Schlüsse aus der englischen Erfahrung ein Jahrhundert zuvor zu ziehen. Infolgedessen war der endgültige Zusammenstoß zwischen König und Nationalversammlung nur eine Frage der Zeit.

Tocqueville hat einen Wandel der Zielsetzungen und der ideengeschichtlichen Leitbilder im Verlauf der Französischen Revolution feststellen zu können gemeint: «Zu Beginn wird nur davon gesprochen, wie die Gewalten besser ausgewogen, die Beziehungen der Klassen besser geregelt werden können, bald aber geht, läuft, jagt man der Idee der reinen Demokratie nach. Zu Anfang wird Montesquieu zitiert und ausgelegt, zum Schluß spricht man nur noch von Rousseau; er ist der einzige Lehrmeister der Revolution in ihrer Blütezeit geworden und wird es bleiben ...»[9]

Für Tocquevilles Deutung spricht zunächst das ausdrückliche Bekenntnis der Konstituante zur Trennung von gesetzgebender, ausführender und rechtsprechender Gewalt. Doch es wäre kühn zu behaupten, daß die Mehrheit der Delegierten Montesquieu wirklich verstanden hat. Auf den «Geist der Gesetze» konnten sich die Parlamentarier noch berufen, als sie die Unabhängigkeit der dritten Gewalt durch die Volkswahl der Richter zu sichern versuchten. Aber die Art und Weise, wie die Konstituante das Verhältnis zwischen Legislative und Exekutive regeln wollte, hätte schwerlich die Billigung Montesquieus gefunden.

Die großen Machtbefugnisse des Königs standen in einem unaufhebbaren Gegensatz zu dem Anspruch der Nationalversammlung, der einzige «pouvoir constituant» und damit die Stimme der Nation zu sein. Es gab weder eine vermittelnde Instanz zwischen gesetzgebender und vollziehender Gewalt noch ein legislatives Gegengewicht zur Nationalversammlung in Gestalt einer ersten Kammer. Und auch das aufschiebende Veto des Monarchen konnte nicht als Beherzigung von Montesquieus Grundgedanken der wechselseitigen Ausbalancierung der Gewalten gelesen werden. Es war vielmehr ein Faktor der Konfliktverschärfung: Im Falle der Anwendung des suspensiven Vetos war die Nationalversammlung geradezu verpflichtet, aus Neuwahlen ein- oder auch zweimal einen «appel au peuple», eine Mobilisierung der Wähler gegen den Monarchen, zu machen.

In der Debatte der Konstituante hatte es durchaus Stimmen gegeben, die mehr Gegengewichte zur Macht der Nationalversammlung forderten. Nicht wenige Deputierten setzten sich, wie schon dargelegt, für ein absolutes Veto des Königs ein – unter ihnen Honoré Gabriel de Riqueti Comte de Mirabeau, der nach der Abschaffung der Adelstitel im Juni 1790 nur noch Riqueti hieß und am 2. April 1791 verstarb. Aber angesichts der Persönlichkeit Ludwigs XVI. lief dieser Vorschlag auf eine wechselseitige Blockade von Legislative und Exekutive und, da dieser Zustand nicht hinnehmbar war, letztlich auf einen Bürgerkrieg hinaus. Es gab auch beredte Fürsprecher eines Zweikammersystems nach englischem Muster wie Jean-Joseph Mounier, der an der Seite Mirabeaus für das absolute Veto gefochten hatte und sich nach dem Scheitern seiner Bemühungen, schon im Frühjahr 1790, ins Exil in die Schweiz begab. Aber nachdem der Dritte Stand sich zum allgemeinen Stand erklärt und die revolutionsfreundlichen Vertreter der ersten beiden Stände, des Klerus und des Adels, in sich aufgenommen hatte, hätte ein Oberhaus nur eine antirevolutionäre Kammer sein oder zumindest als solche wahrgenommen werden können.

Infolgedessen gab es 1789 objektiv keine Möglichkeit für ein Zweikammersystem. Die Verfechter eines Einkammersystems wie der Abbé Sieyès und der Philosoph Jean Marie Antoine Condorcet, beide zugleich entschiedene Gegner eines absoluten Vetos des Königs, hatten die Logik der Verhältnisse auf ihrer Seite. Der Geist Rousseaus hatte mithin von Anfang an sehr viel bessere Aussichten, auf die Deputierten der Konstituante einzuwirken, als der Geist Montesquieus. Robert R. Palmer, der 1955 die Amerikanische und die Französische Revolution mit guten historischen Gründen unter den Begriffen der «demokratischen Revolution» und der «Revolution der westlichen Zivilisation» zusammengefaßt hat und ebenso wie Jacques Godechot von einer «Atlantischen Revolution» spricht, urteilt zu Recht: «In Frankreich waren die Voraussetzungen für eine Verfassung nach amerikanischem Vorbild nicht gegeben ... Im Verlauf der Französischen Revolution gelang es den Franzosen nie, das Problem der Beziehung von Exekutive und Volksvertretung befriedigend zu lösen. Es ist sogar fraglich, ob es ihnen später gelang ... Natürlich war eine gemäßigte Revolution wünschenswert, aber sie lag nicht im Bereich des Möglichen.»[10]

Als Ludwig XVI. am 14. September 1791 seinen Eid auf die elf Tage zuvor verabschiedete erste Repräsentativverfassung Europas leistete, war die Konstitutionalisierung der Bourbonenmonarchie der Form nach abgeschlossen. In Wirklichkeit aber waren die Grundlagen des Königtums längst aufs schwerste erschüttert. Am 20. Juni war der König mitsamt seiner Familie aus Paris geflohen, wenige Tage später jedoch bei Varennes in den Argonnen, nahe der Grenze zum habsburgischen Belgien, erkannt und in die Hauptstadt zurückgebracht worden.

Die Folgen der vereitelten Flucht waren auf den ersten Blick widersprüchlich: Auf der einen Seite erhielten die radikalen Kräfte in den politischen Clubs und den Volksgesellschaften Auftrieb, die die Monarchie abschaffen und die Republik ausrufen wollten. Auf der anderen Seite waren Flucht und erzwungene Rückkehr des Königs für die Gemäßigten in der Konstituante ein Ansporn, um nun erst recht für die Staatsform einzutreten, in der sie ein Bollwerk gegen die weitere Radikalisierung sahen: die konstitutionelle Monarchie. Gewissermaßen in letzter Stunde wurde die Verfassung nochmals revidiert: Verfassungsänderungen sollten nur dann in Kraft treten, wenn sie von den drei folgenden Legislativen bestätigt wurden.

Die von Lafayette befehligte Nationalgarde handelte auf Weisung der Nationalversammlung, als sie am 17. Juli eine antimonarchistische Versammlung auf dem Marsfeld gewaltsam auflöste und dabei etwa 50 Demonstranten tötete. Die Kluft zwischen den Deputierten und den städtischen Massen wurde durch diesen Zusammenstoß noch tiefer. In den Worten von Ernst Schulin: «Die Einigkeit zwischen Lafayette und der Konstituante wurde erkauft durch den Riß zwischen der Konstituante und den Volksgesellschaften.» Als sich am 27. August im sächsischen Pillnitz der österreichische Kaiser Leopold II. und der preußische König Friedrich Wilhelm II. in Gegenwart der emigrierten Brüder Ludwigs XVI. mit dem französischen König solidarisch erklärten, Frankreich für die Sicherheit der Königsfamilie haftbar machten und, wenn auch noch in allgemeiner und unverbindlicher Form, eine Bereitschaft zur Intervention erkennen ließen, bewirkte das in Frankreich keine Beruhigung, sondern das Gegenteil: Die Polarisierung der Gesellschaft schritt weiter voran.

Die Jakobinerclubs befanden sich zu diesem Zeitpunkt bereits im Prozeß der Spaltung: Die gemäßigten Kräfte, geführt von Barnave, gründeten im früheren Kloster der Feuillants einen nach diesem Ort benannten neuen Club; zum Sprecher der Radikalen stieg Robespierre auf. Auf dem linken Flügel der Jakobiner standen die Cordeliers, benannt nach ihrem Sitzungsort, einem ehemaligen Kloster der Franziskaner oder Cordeliers, um Georges Danton, Camille Desmoulins und Jean Paul Marat. Ebenso wie der gleichfalls radikale Cercle Social und die Volksgesellschaften, in denen sich vor allem Handwerker und kleine Kaufleute trafen, propagierten sie, unterstützt von Zeitungen wie Marats «Ami du peuple» und Desmoulins' Zeitschrift «Les révolutions de France et du Brabant», die Staatsform, in der nicht mehr die Bourgeoisie, sondern das einfache Volk das Sagen haben sollte: die demokratische Republik. Nach den Kämpfen auf dem Marsfeld gab es zwar eine Phase der bürgerlichen Repression: Danton begab sich vorübergehend nach England; der «Ami du peuple» stellte bis zum Frühjahr 1792 sein Erscheinen ein. Die Zeit aber arbeitete nicht für die, die nach dem Inkrafttreten der Verfassung die Revolution für beendet hielten, sondern für jene, die sie vorantreiben wollten.

Die Konstituante hatte mit der Verabschiedung der Verfassung ihr Werk beendet. Am 1. Oktober 1791 trat ihre Nachfolgerin, die «Legislative» genannte neue Nationalversammlung, zur konstituierenden Sitzung zusammen. Sie war auf Grund des Zensuswahlrechts noch vor der Flucht des Königs nach Varennes gewählt worden. Da die Konstituante beschlossen hatte, daß ihre Mitglieder weder für die Legislative kandidieren noch Ministerämter antreten durften, gab es bei den Parlamentariern keinerlei personelle Kontinuität. Aufs ganze gesehen stand die Legislative links von der Konstituante, doch «radikal» war sie nicht. Die «rechten» Feuillants hatten doppelt so viele Mitglieder wie die Jakobiner, die meisten der 745 Abgeordneten aber rechneten sich zur ungebundenen Mitte.

Die Jakobiner waren auch nach der Spaltung vom Sommer 1791 eine in sich uneinheitliche Gruppe. Nachdem auf Drängen Robespierres viele gemäßigte Jakobiner aus der Provinz in den Club zurückgekehrt waren, bildeten die Anhänger des Abgeordneten Jacques Pierre Brissot eine der einflußreichsten Gruppen unter den Jakobinern. Die «Brissotisten», später auch nach dem Herkunftsdepartement vieler der Abgeordneten «Girondisten» genannt, waren sehr viel «bürgerlicher», das heißt den Reichen gegenüber weniger feindselig eingestellt als Robespierre, von den noch radikaleren Cordeliers ganz zu schweigen.

Da die Jakobinerklubs seit Oktober 1791 überall in Frankreich, also auch in Paris, öffentlich tagten, wurden die dort geführten Debatten immer wichtiger für die Bildung der öffentlichen Meinung. In voller Öffentlichkeit debattierte und beschloß nun auch, anders als die Konstituante, die Legislative. Die Zuhörer auf den Tribünen waren keine neutralen Beobachter. Sie standen vielmehr meist auf der Seite der Jakobiner und pflegten ihre Meinung lautstark zu äußern. Das hatte bald Auswirkungen auf das Abstimmungsverhalten – vor allem bei den nicht festgelegten Abgeordneten der Mitte.

Zur überragenden Streitfrage wurde im Spätjahr 1791 die Möglichkeit eines Krieges mit den europäischen Mächten, die sich gegen die Französische Revolution gestellt hatten. Als die eigentliche «Kriegspartei» präsentierten sich nicht etwa die radikalen Jakobiner um Robespierre, sondern die gemäßigten Girondisten um Brissot. Zwar hatte auch der Anwalt aus Arras zunächst, im November 1791, einen Augenblick lang an einen erfolgreichen Revolutionskrieg geglaubt. Aber schon wenige Wochen später, am 12. Dezember, beurteilte er die Aussichten eines Waffenganges so skeptisch, daß er darüber zum entschiedenen Kriegsgegner oder, genauer gesagt, zum Gegner eines Krieges zu diesem Zeitpunkt wurde. Der Meinungswandel hatte seinen wichtigsten Grund in der Haltung des Hofes. Ludwig XVI. war *für* einen Krieg mit Österreich, weil er sich davon eine Stärkung seiner Stellung versprach: Für den Fall eines Sieges konnte er sich einen Prestigegewinn auf Kosten der Antimonarchisten erhoffen, für den Fall einer Nieder-

lage immerhin die Rettung seines Thrones und eine weitgehende Rückgängigmachung der Revolution.

Robespierre witterte nicht grundlos die Gefahr eines Zusammenspiels zwischen den im Lande verbliebenen Revolutionsgegnern auf der
einen Seite, den zahlreichen ins Ausland emigrierten Aristokraten, die
ganz gezielt auf den Krieg hinarbeiteten, und den antirevolutionären
Mächten des alten Europa auf der anderen Seite. Angesichts der fehlenden militärischen Vorbereitungen in Frankreich hielt er eine Niederwerfung der Revolution für durchaus wahrscheinlich.

Brissot hatte für Robespierres Warnungen vor Verrat an der Revolution nur Verachtung übrig. Er setzte auf Krieg, weil er die Nation durch
eine große gemeinsame Anstrengung vereinen, das Königtum bloßstel-
len und die Revolution vorantreiben, einer sozialen Radikalisierung im
Innern aber entgegenwirken wollte. Damit traf er eine auch bei den
Jakobinern weitverbreitete Stimmung. Anfang Januar 1792 ging ein
Rededuell zwischen Robespierre und Brissot im Jakobinerclub eindeutig zugunsten des letzteren aus. In der Legislative, der Robespierre als
ehemaliges Mitglied der Konstituante im Unterschied zu Brissot nicht
angehörte, waren die Girondisten ohnehin in einer stärkeren Position
als die radikaleren Jakobiner der Richtung Robespierre.

Mitte März entließ der König die Minister aus den Reihen der
kriegsfeindlichen Feuillants und ernannte eine Regierung der Girondisten, darunter der besonders kriegerisch gestimmte Außenminister Dumouriez. Eine ihrer ersten Amtshandlungen war die ultimative Aufforderung an Österreich, seine militärische Präsenz in den habsburgischen
Niederlanden zu vermindern. Am 20. April beschloß die Legislative auf
Vorschlag des Königs die Kriegserklärung gegen Österreich. Nur sieben
Abgeordnete stimmten dagegen. Da Österreich und Preußen am 7. Februar 1792 ein Verteidigungsbündnis geschlossen hatten, wußten die
Parlamentarier, daß es für Frankreich nunmehr galt, aus einem Kampf
mit mindestens zwei europäischen Großmächten als Sieger hervorzuge-
hen. Tatsächlich traf am 6. Juli die Nachricht von der preußischen
Kriegserklärung in Paris ein.

Der Beginn des Ersten Koalitionskrieges fiel in eine Zeit der schweren wirtschaftlichen Krise. In den ersten drei Monaten des Jahres 1792
war es in Paris und auf dem Lande, ausgelöst durch die mangelhafte
Versorgung mit Lebensmitteln und die allgemeine Teuerung, immer
wieder zu schweren Unruhen gekommen. Als im Februar das Eigentum

der Emigranten eingezogen und, wie zuvor schon der Kirchenbesitz, den Nationalgütern zugeschlagen wurde, fand das zwar verbreiteten Beifall, materiellen Nutzen konnten sich davon aber vorerst nur wohlhabende Bürger und Bauern versprechen. Die Kriegserklärung vom 20. April löste dann, wie von den Girondisten erhofft, eine Welle der Begeisterung aus. In Straßburg schrieb der Pionierhauptmann Claude-Joseph Rouget de Lisle Ende April jenes Lied für die Rheinarmee, das einige Monate später, als es im Juli 1792 von einem republikanischen Bataillon aus Marseille auf seinem Marsch nach Paris immer aufs neue angestimmt wurde, unter dem Namen «Marseillaise» bekannt und populär wurde: «Allons enfants de la patrie ...»[11]

Das Nationalgefühl, das sich in diesen Wochen Bahn brach, war von anderer Art als der herkömmliche Patriotismus. Stolz auf das eigene Land war durchaus nichts Neues und Unbekanntes; in Fürstenstaaten ging dieser Stolz oft einher mit Zuneigung für den Landesherrn und seine Familie. Als Patrioten empfanden sich alle, denen am Gemeinwohl, an der Hebung von Bildung und Wohlstand, von Kultur, Sprache und Sinn für Geschichte lag. Es waren vor allem die gebildeten Stände, die auf solche Weise ihre Vaterlandsliebe bekundeten. Diese stand nicht in Konkurrenz zur Religion, sondern verband sich mit ihr, zumal wenn der Landesherr und seine Untertanen dem gleichen Glauben anhingen. Und auch da, wo dies nicht der Fall war, durfte der Fürst darauf setzen, daß Gehorsam gegenüber der Obrigkeit als christliches Gebot galt und zu einer inneren Bindung an den Staat beitrug.

Im Frankreich des Jahres 1792 aber wurde die Nation als solche zum Gegenstand kultischer Verehrung. Sie stand für die Menschheitsideale Freiheit, Gleichheit, Brüderlichkeit und hatte darum eine geschichtliche Sendung: die Welt von der Tyrannenherrschaft zu erlösen. An der Nation sollten alle teilhaben, nicht nur die Besitzenden und Gebildeten, sondern auch die Massen des einfachen Volkes. Deshalb durfte die Nation auch jeden «citoyen» bis hin zur Aufopferung des eigenen Lebens für sich in Anspruch nehmen. Die Nation wurde zum höchsten Gut erklärt; es durfte keine Bindungen mehr geben, die der Nation diesen Rang absprachen. Die Bindung an die Nation war rein weltlicher Art und hatte gerade deshalb etwas von einer neuen, diesseitigen Religion an sich. Die Nation wollte für den nachrevolutionären Menschen sein, was zuvor, bis zum Siegeszug der Aufklärung, die Kirche gewesen war: die verbindliche Sinngebungs- und Rechtfertigungsinstanz. Das war das qualitativ Neue am modernen Nationalismus, wie er aus der Französischen Revolution hervorging.[12]

Die erste Bewährungsprobe des französischen Nationalismus folgte seiner Entstehung auf dem Fuß. Die ersten Gefechte zwischen den Revolutionstruppen und den österreichischen Streitkräften zeigten, wie wenig das neue Frankreich auf einen Krieg vorbereitet war. Viele Offiziersstellen waren infolge der Emigration großer Teile des Adels vakant oder nur mit minder qualifizierten Bewerbern wiederbesetzt worden; dazu kam die Zerrüttung der Staatsfinanzen. Ein Versuch, nach Brüssel vorzustoßen, um anschließend die Revolution in den habsburgischen Niederlanden zu entfesseln, scheiterte kläglich. Die französischen Generäle, unter ihnen Lafayette, brachen daraufhin die Kampfhandlungen ab und schickten sich an, ihre Truppen in einen Kampf gegen die radikalen Republikaner zu führen.

Die Freunde der Revolution sprachen nun ihrerseits von «Verrat». Als Herd der konterrevolutionären Bedrohung erschien vielen der Königshof und ganz besonders die Königin, die «Österreicherin» Marie Antoinette, die Tochter der Kaiserin Maria Theresia. Am 20. Juni 1792, dem dritten Jahrestag des Ballhausschwures, kam es auf Bestreben der radikalen «Sektionen» der Hauptstadt zu einem Sturm bewaffneter Pariser, der legendären «Sansculottes» («Leute ohne Kniehosen»), auf die Tuilerien. Ludwig XVI., der eine Woche zuvor die girondistischen Minister entlassen und durch Feuillants ersetzt hatte, reagierte ungewöhnlich geistesgegenwärtig: Er setzte sich die rote Freiheitsmütze auf und trank auf das Wohl des Volkes. Obwohl er keinerlei Versprechungen machte, wirkte die Geste beruhigend. Die Demonstranten zogen ab.

Wenn der Sturm auf die Tuilerien den Sturz der Monarchie zum Zweck gehabt haben sollte (wofür vieles spricht), war er ein Fehlschlag. Doch es blieb nicht beim Vorstoß der Pariser Sektionen und der von ihnen geführten Sansculotten aus den Vororten der Hauptstadt. Dem Aufstandsversuch der Pariser Kleinbürger folgte die Erhebung der Föderierten, der bewaffneten Revolutionsfreunde aus dem ganzen Land. Zu ihnen gehörte auch jenes berühmte Bataillon aus Marseille, von dem bereits die Rede war. Was die Föderierten verband, war die Einsicht, daß das revolutionäre Vaterland von innen und außen auf das höchste bedroht war.

Unter dem Eindruck der Krise fanden sich Ende Juni auch Robespierre und Brissot, die Führer der unterschiedlichen Richtungen im

Jakobinerclub, zu einer gemeinsamen Aktion zusammen: Sie riefen zur nationalen Einheit auf. Am 11. Juli beschloß die Nationalversammlung auf Antrag Brissots das Dekret «Das Vaterland ist in Gefahr». Es bedeutete nichts Geringeres als die Ausrufung des Ausnahmezustands unter Ausschaltung der Exekutive, also des Königs. Die Legislative übernahm damit selbst die vollziehende Gewalt: ein revolutionärer Akt, durch den die Nationalversammlung eine Revolution *in* der Revolution oder eine zweite Revolution einleitete. Die Verfassung vom 3. September 1791 stand fortan nur noch auf dem Papier.

Für den radikalen Flügel der Jakobiner mit Robespierre an der Spitze war spätestens von jetzt ab die Stoßrichtung klar: Sturz der Monarchie und Ausrufung der Republik, Auflösung der Nationalversammlung und Wahl einer revolutionären Volksvertretung auf der Grundlage des allgemeinen gleichen Wahlrechts, Ersetzung der Verfassung vom 3. September 1791 durch eine neue, revolutionäre Verfassung. Wenn es noch eines Anstoßes von außen bedurft hätte, um der Strategie der Radikalen zum Sieg zu verhelfen, lieferte ihn am 25. Juli das von einem Emigranten verfaßte Manifest des Oberbefehlshabers der Verbündeten, des Herzogs Karl Wilhelm Ferdinand von Braunschweig-Lüneburg. Es stellte die Koalitionsarmeen als Schutzgarde des Königs und der königlichen Familie dar und kündigte für den Fall, daß das Schloß der Tuilerien gestürmt oder dem König und seinen Angehörigen auch nur die mindeste Beleidigung zugefügt werde, «eine beispiellose und für alle Zeiten denkwürdige Rache» an. Ausdrücklich angekündigt wurden die Zerstörung von Paris und die Hinrichtung der «Verbrecher».

Hätten die Urheber des Aufrufs die Absicht verfolgt, die französische Monarchie zu stürzen und das Leben Ludwigs XVI. und seiner engsten Angehörigen in höchste Gefahr zu bringen, dann wäre die Veröffentlichung eines solchen Textes überaus zweckmäßig gewesen. Tatsächlich bewirkte das Manifest des Herzogs von Braunschweig das Gegenteil des Gewollten. Die Sektionen forderten nunmehr ultimativ die Absetzung des Königs durch die Legislative. Als diese bis zum 9. August dem Drängen nicht nachkam, fand am folgenden Tag, von Robespierre und seinen politischen Freunden sorgfältig vorbereitet, der zweite Sturm auf die Tuilerien innerhalb von zwei Monaten statt.

Anders als am 20. Juni siegten diesmal die Revolutionäre auf der ganzen Linie. Der König hatte sich mit seiner Familie zuvor zum Sitz der Nationalversammlung begeben und unter deren Schutz gestellt. Danach begann ein schreckliches Gemetzel: Die Schutztruppe des Königs, die Schweizergarde, schoß in die Menge und tötete etwa hundert Aufständische, darunter viele Föderierte aus den Provinzen; 270 Demonstranten wurden verwundet. Die Rache der Radikalen war furchtbar: Die meisten der 600 Verteidiger wurden, nachdem sie sich schon ergeben hatten, getötet, viele sogar noch nach ihrer Gefangennahme. Der Erstürmung des Schlosses folgten Szenen von unbeschreiblicher Grausamkeit. Was Augenzeugen darüber berichteten, löste vor allem jenseits der französischen Grenzen fassungsloses Entsetzen aus.

Das Königtum wurde noch am 10. August von der Nationalversammlung suspendiert, die königliche Familie im neuen Staatsgefängnis, dem Temple, gefangengesetzt. Tags darauf nahm eine provisorische Regierung mit Danton als Justizminister die Arbeit auf. Unmittelbar danach begannen die Vorbereitungen für die Wahlen zu einem Verfassunggebenden Nationalkonvent auf der Grundlage des allgemeinen gleichen Wahlrechts für Männer. Die Legislative hatte keine politische Bedeutung mehr und wurde am 20. September aufgelöst. Am gleichen Tag fand die Kanonade von Valmy statt, mit der der Vormarsch der Revolutionstruppen bis zum Rhein begann. Berühmt wurde das militärisch eher unbedeutende Treffen durch einen Ausspruch Goethes, der seinen Landesherrn, Herzog Carl August von Sachsen-Weimar, zur «Kampagne in Frankreich» begleitet hatte: «Von hier und heute geht eine neue Epoche der Weltgeschichte aus, und ihr könnt sagen, ihr seid dabeigewesen.» Am folgenden Tag, dem 21. September 1792, trat der Konvent zu seiner ersten Sitzung zusammen und beschloß die Abschaffung des Königtums. Frankreich verwandelte sich durch diesen Beschluß in eine Republik.

Auf dem Weg zu diesem revolutionären Akt lag ein Ereignis, das an Grausamkeit die Erstürmung der Tuilerien noch weit übertraf: die Septembermorde. Es handelte sich dabei nicht um spontane Ausschreitungen des Pariser Mobs, sondern um organisierten Massenterror, angestiftet von Journalisten des «Orateur du peuple» sowie von Marats Zeitung, dem «Ami du peuple», und ausgeführt von Krämern und Handwerkern aus den Vorstädten. Ihre Opfer waren zwischen 1100 und 1400 Häftlinge in den Gefängnissen der Hauptstadt, darunter viele eidverweigernde Priester, meist aber gewöhnliche Kriminelle, die man mit konterrevolutionären Umtrieben allenfalls dadurch in Verbindung bringen konnte, daß in den Gefängnissen Assignaten gefälscht wurden. Die Feinde der Revolution sollten in Angst und Schrecken versetzt werden: Ein anderer Sinn ließ sich den blutigen Tagen vom 2. bis 6. September 1792 nicht abgewinnen. Das Echo, das die Morde in Europa und Amerika fanden, war einhellig: Diese Revolution tat offenbar alles, um ihre eigenen Ideale in den Schmutz zu ziehen.

Furet und Richet sprechen im Hinblick auf den Sommer 1792, vor allem den Tuileriensturm vom 10. August, von einem Entgleisen (dérapage) der Revolution. Gemeint ist das Überhandnehmen der gesellschaftlich eher rückwärtsgewandten, unbürgerlichen, zum politischen Aktionismus neigenden auf Kosten der fortschrittlichen, bürgerlichen, rationalen Kräfte, für die die Revolution der Deputierten stand. Eine solche Kräfteverschiebung fand 1792 statt, aber sie wird nicht durch die Feststellung erklärt, die Revolution sei damals von ihrem Weg abgekommen. Man muß den Ereignissen zwischen Juni und September 1792 keine Zwangsläufigkeit bescheinigen, aber eine gewisse innere Logik hatte die Schwächung der Gemäßigten und die Stärkung der Radikalen sehr wohl.

Im Hinblick auf das, was folgte, wäre die Absetzung Ludwigs XVI. nach der Flucht nach Varennes im Juni 1791 gewiß «besser» gewesen als die Entthronung im Jahr darauf. Aber zwei Jahre nach dem Bastillesturm war Frankreich noch nicht so weit, sich vom Königtum zu verabschieden, und eine in diesem Fall sehr wahrscheinliche Intervention der konservativen europäischen Mächte, auf die das Land weder politisch noch militärisch vorbereitet war, hätte von den Errungenschaften der Revolution wohl nur wenig übriggelassen. Die Girondisten brachen den ersten Koalitionskrieg, zu dem Österreich und Preußen keinerlei zwingenden Grund geboten hatten, leichtfertig vom Zaun. Robespierre stand mit seinen Warnungen vor dem Krieg um die Jahreswende 1791/92 nahezu isoliert da. Doch nachdem der Krieg begonnen hatte und das Doppelspiel des Königs und mancher Generäle immer offenkundiger wurde, lag nichts näher als ein patriotischer Ruck nach links, verbunden mit einer Gewichtsverlagerung von den höheren und mittleren zu den unteren Schichten der Gesellschaft.

Das neue französische Nationalbewußtsein hatte die militärischen Niederlagen vom Frühjahr 1792 nicht nur überdauert, es war durch sie verstärkt worden. Der Bruch mit der Monarchie war überfällig, der politische und soziale Inhalt der Republik aber noch nicht festgelegt, als der Konvent am 21. September 1792 den Übergang zur neuen Staatsform beschloß. Sicher war nur, daß die zweite Revolution, die im Sommer 1792 begonnen hatte, mit der Wahl des Konvents ihr Ende noch längst nicht erreicht hatte.[13]

Gespaltenes Echo:
Die Rezeption der Revolution in Deutschland und England

Die Begeisterung, die die Pariser Ereignisse vom Juli und August 1789 jenseits der französischen Grenzen hergerufen hatten, war bei vielen der wohlwollenden Beobachter nur von kurzer Dauer. Die ersten kritischen Stimmen meldeten sich bereits nach der öffentlichen Demütigung Ludwigs XVI. in Versailles und auf dem Weg von dort nach Paris am 5. und 6. Oktober zu Wort. In Deutschland rügte der Dichter Christoph Martin Wieland, ein ebenso scharfsinniger wie einflußreicher Publizist und ein früher Sympathisant der Revolution, die Entmachtung des Königs, weil sie mit dem gehörigen Gleichgewicht der gesetzgebenden, der richterlichen und der vollziehenden Gewalt nicht vereinbar sei.

Die Frage, auf die nach seiner Meinung nur die Zeit die wahre Antwort geben konnte, lautete: «Wird die neue Ordnung, die aus diesem Chaos – wenn endlich einmal Deus et melior natura (Gott und die bessere Natur, H.A.W.) die Oberhand gewinnen – entspringen wird, die unzähligen Wunden, welche der demokratische Kakodämon der freiheitstrunkenen Nation geschlagen hat, bald und gründlich genug heilen können, um als Vergütung so vielen Übels angesehen zu werden?»

Sieben Monate später, im Mai 1790, sah sich Wieland dann zu der Feststellung genötigt, daß in ganz Deutschland die Anzahl derjenigen immer größer werde, die glaubten, die französische Nationalversammlung «gehe in ihren Anmaßungen viel zu weit, verfahre ungerecht und tyrannisch, setze einen demokratischen Despotismus an die Stelle des aristokratischen und monarchischen, reize durch übereilte und unweise Dekrete auf der einen und durch faktiöse (vom Parteigeist geprägte, H.A.W.) Aufhetzungen auf der anderen Seite das verblendete und aus dem Taumelkelch der Freiheit berauschte Volk zu den entsetzlichsten Ausschweifungen ...».

Als die Konstituante im Juni 1790 den erblichen Adel mit allen Titeln und Vorrechten abschaffte, legte Wieland öffentlich Protest ein.

Zwar nenne er noch immer die «unternommene Befreiung einer großen Nation von dem eisernen Despotismus einer in die unerträglichste
Aristokratie ausgearteten monarchischen Regierung» die «ruhmwür-
digste aller Unternehmungen». Aber so werde er nie das Unternehmen
nennen, «statt einer (nach dem Beispiel der englischen Konstitution)
durch hinlänglich sicher gestellte Rechte des Volkes in ihre wahren
Grenzen eingeschränkten Monarchie eine ungeheure, unendlich ver-
wickelte, unbehülfliche und unsichere Demokratie aufzustellen ...».
Dieser Versuch schien dem Autor schon deswegen verwerflich, weil er
überzeugt war, daß ein anderer Weg auch in Frankreich gangbar gewesen wäre: «Unstreitig hätte mit dem Adel, so gut als mit dem Hofe
und der Klerisei, diejenige Reformation vorgenommen werden sollen,
die zum allgemeinen Besten unumgänglich nötig war.»[14]

Wieland lebte seit 1772 am Musenhof des Herzogs von Weimar,
und so wie er dachten viele herausragende Vertreter des geistigen
Deutschland. Einer von ihnen war Johann Gottfried Herder, der 1776
von Goethe nach Weimar berufen worden war. 1789 ein glühender Verteidiger des revolutionären Aufbruchs in Frankreich, meinte er nur drei
Jahre später, er kenne nichts Abscheulicheres «als ein aufgebrachtes,
wahnsinniges Volk und eines wahnsinnigen Volkes Herrschaft». Was
habe Frankreich durch seine Revolution erlangt, «da es in der fürchter-
lichsten Unordnung der Dinge schwebet?» Wie könne man eine bessere
Erziehung von einer Revolution erhoffen, «die Szenen der Unmensch-
lichkeit, des Betrugs, der Unordnung veranlaßt, durch deren Eindrücke
vielleicht auf mehrere Generationen hin alle Spuren der Humanität aus
den Gemütern der Menschen vertilgt werden? Was kann, was muß dieser Schwindelgeist der Freiheit und der wahrscheinlich daher entstehenden blutigen Kriege auf Völker und Regenten, vorzüglich aber auf die
Organe der *Humanität*, Wissenschaft und Künste, für Wirkungen hervorbringen?» Den Deutschen verblieb nur, aus der französischen Erfahrung zu lernen. «Wir können der französischen Revolution wie einem
Schiffbruch auf offenem Meer vom sichern Ufer herab zusehen, falls
unser böser Genius uns nicht selbst wider Willen ins Meer stürzte.»[15]

Herder und Wieland sprachen wohl den meisten Gebildeten im
«Land der Dichter und Denker» aus dem Herzen, aber nicht allen. Es
gab eine kleine Minderheit deutscher Publizisten, die nicht nur die Revolution der Deputierten vom Sommer 1789 begrüßten, sondern auch
den Jakobinern ein gewisses Verständnis entgegenbrachten. Doch selbst

unter den (mit fragwürdigem Recht so genannten) «deutschen Jakobinern» lehnten es die meisten ausdrücklich ab, dem revolutionären Frankreich nachzueifern. Der Forschungsreisende und Schriftsteller
Johann Georg Forster, 1792 Mitglied des Klubs deutscher Freiheitsfreunde im französisch besetzten Mainz, sah 1793 Deutschland durch
«seine physischen, sittlichen und politischen Verhältnisse» auf den Weg
einer «langsamen, stufenweisen Vervollkommnung und Reife» verwiesen. Es sollte durch «die Fehler und Leiden seiner Nachbarn klug werden und vielleicht von oben herab eine Freiheit allmählich nachgelassen
bekommen, die andere von unten gewaltsam und auf einmal an sich
reißen müssen». Der radikale Schriftsteller Georg Friedrich Rebmann
bekannte 1796, er habe nie «an eine deutsche Revoluzion (sic!), nach
dem Muster der französischen, im Ernste gedacht. In protestantischen
Ländern ist sie durchaus unmöglich, und in unseren katholischen fast
ebensosehr.»

Daß es in Deutschland zu einer politischen Revolution nicht kommen müsse, weil es die geistliche Reformation gegeben hatte: diese
Überzeugung war ein gemeinsames Credo der protestantischen Spätaufklärung von Wieland bis zu den «deutschen Jakobinern». Die religiöse Erneuerung, die Luther eingeleitet hatte, enthielt dieser Deutung
zufolge ein allgemeines Freiheitsversprechen, das es fortschreitend ein-
zulösen galt. Deutschland war, so gesehen, historisch weiter als Frankreich. Es *konnte* sich politisch reformieren, weil es kirchlich schon
reformiert war. Es *mußte* nach Meinung der Spätaufklärer diesen Weg
beschreiten, wenn es nicht Frankreichs Schicksal erleiden wollte. Denn
ausgeschlossen war eine Revolution in Deutschland durchaus nicht.
«Sie wird aber und muß erfolgen», warnte Rebmann 1796, «wenn man
ihr nicht durch Reformation zuvorkommt.»[16]

Kant dachte im Grunde kaum anders. In seiner 1795 verfaßten
Schrift «Zum ewigen Frieden» definierte er den Despotismus als das
Staatsprinzip der «eigenmächtigen Vollziehung des Staats von Geset-
zen, die er selbst gegeben hat». Despotismus sei mithin der «öffentliche
Wille, sofern er von dem Regenten als sein Privatwille gehandhabt
wird». Diesen Despotismus stellte der Königsberger Philosoph dem
Republikanismus entgegen: die Regierungsart, in welcher die ausfüh-
rende Gewalt von der gesetzgebenden abgesondert war. Ein solcher
Republikanismus war für Kant durchaus mit einer monarchischen
Staatsform vereinbar, nicht jedoch mit einer Demokratie, sofern sie

unmittelbare Volksherrschaft bedeutete, also eine der schlecht organisierten «Demokratien ohne Repräsentationssystem» und damit notwendig despotisch war.

Wenn Kant in der Schrift «Zum ewigen Frieden» und zwei Jahre später, 1797, in der «Rechtslehre» der «Metaphysik der Sitten» ausdrücklich ein «repräsentatives System des Volkes» forderte, ging er einen entscheidenden Schritt über den aufgeklärten Absolutismus hinaus. Dasselbe galt von seiner Befürwortung einer Staatsverfassung, «wo das *Gesetz* selbstherrschend ist und an keiner besonderen Person hängt». Da Kant jedoch auf gesetzlichen Reformen bestand und gewaltsamen Revolutionen tunlichst vorbeugen wollte, war der eigentliche Adressat seiner Postulate für ihn derselbe wie für die anderen deutschen Spätaufklärer: der bestehende Staat des aufgeklärten Absolutismus.[17]

Vor die Wahl gestellt, sich entweder für den französischen oder den englischen Weg zur Überwindung des Absolutismus zu entscheiden, hätten die aufgeklärten Köpfe Deutschlands gewiß, dem Beispiel Wielands folgend, der zweiten Möglichkeit den Vorzug gegeben. Für diese Vermutung spricht auch der große Erfolg, den die «Reflections on the Revolution in France» des britischen Publizisten und Politikers Edmund Burke in Deutschland hatten. Burke, 1729 als Sohn eines anglikanischen Anwalts aus England und einer katholischen Irin in Dublin geboren, gehörte seit 1765 als Whig dem Unterhaus an. In den siebziger Jahren war er ein beredter Fürsprecher der Rechte der amerikanischen Kolonisten und ein entschiedener Gegner der offiziellen britischen Politik. Seine Schrift über die Französische Revolution verfaßte und veröffentlichte er im Jahre 1790. Eine meisterhafte deutsche Übersetzung aus der Feder von Friedrich Gentz, einem Schüler Kants, erschien 1793.

Burke maß die jüngste Entwicklung Frankreichs an den Maßstäben der englischen Geschichte und gelangte zu einem vernichtenden Urteil. Sein Buch wurde rasch zu einer Art Manifest der europäischen Konservativen, und er selbst wandelte sich im Gefolge seiner Auseinandersetzung mit der Französischen Revolution immer mehr vom Whig zum Tory: 1791 überwarf er sich mit seinen bisherigen politischen Freunden, angeführt von Charles Fox, dem parlamentarischen Führer der Liberalen, der den Bastillesturm das größte Ereignis der Weltgeschichte genannt hatte, und wechselte schließlich mit der Mehrheit der Oppositionsabgeordneten ins Regierungslager, wo er den Premierminister,

William Pitt den Jüngeren, unablässig zum Krieg gegen das revolutionäre Frankreich drängte.[18]

Wahrscheinlich wären Burkes «Betrachtungen über die Revolution in Frankreich» gar nicht zu Papier gebracht worden, hätte es in Großbritannien nicht eine neugegründete «Revolutionsgesellschaft» und einen nonkonformistischen Theologen namens Dr. Richard Price gegeben, die ihre Landsleute für die Ideen von 1789 gewinnen wollten. Nach Burkes Meinung konnte England von Frankreich nur lernen, wie man es nicht machen sollte, während die Franzosen allen Anlaß gehabt hätten, die Erfahrungen Englands mit politischer Repräsentation, Freiheit und Gewaltenteilung zu beherzigen. Eine Staatsverwaltung müsse äußerst heruntergekommen und verderbt sein, ehe man es wagen dürfe, an einen gänzlichen Umsturz zu denken. «Wenn dieser jammervolle Zustand gekommen ist, dann geben die Symptome der Krankheit auch selbst die Arznei an, klar und verständlich genug für die, welche die Natur ausrüstete, in verzweifelten Nöten diesen letzten, gefahrvollen bitteren Trank dem zerrütteten Staat durchzureichen.»

Eine Revolution war die «äußere, letzte Zuflucht des Denkenden und des Guten» (the very last resource of the thinking and the good): Das galt für Großbritannien ebenso wie für Frankreich. In England war alles erblich, die Krone wie der Reichsadel, aber auch das Unterhaus und das Volk hatten erbliche Privilegien, Rechte und Freiheiten, die von einer langen Reihe von Vorfahren, bis zurück zur Magna Charta Libertatum von 1215, stammten. «Dieses System ist das Resultat eines tiefen Nachdenkens, oder besser, es ist der glückliche Lohn derer, die im Weg der Natur wandeln, auf welchem Weisheit ohne tiefes Nachdenken und höher als alles Nachdenken liegt.»

In Frankreich waren Burke zufolge die alten Privilegien zwar unterbrochen, aber nicht für immer verloren. Die alten Stände hatten Vorteile, an die man hätte anknüpfen können. Ludwig XVI. war kein Tyrann, sondern ein milder und rechtmäßiger Monarch; der französische Adel hatte keine Abstrafung verdient. Der englische Weg der stetigen Reform wäre also nach Burkes Meinung auch für die Franzosen begehbar gewesen. «Doch es gefiel ihnen besser, zu verfahren, als ob sie noch nie in bürgerlicher Vereinigung gelebt hätten, als finge alles bei ihnen von neuem an.»

Der Grund dieser Verwirrung, die Frankreich an den Rand des Abgrunds brachte, war ein Mangel an praktischer Bildung. Die Mitglieder

der Nationalversammlung waren bestenfalls bloße Theoretiker, meist aber nur Juristen aus der Provinz, ein «ganzes Heer von Prozeßstiftern und Rädelsführern in den winzigen Plackereien der Dorfkriege» – Gleichheitsapostel, die nichts Besseres zu tun wußten, als die natürliche Ordnung der Dinge zu verändern und zu verkehren und alle Macht in die Hände der niedrigsten Volksklassen zu legen. «In Frankreich ist die Regierung nicht in den Händen der Eigentümer. Mithin ist die Vernichtung des Eigentums unvermeidlich und vernünftige Freiheit verschwunden.»

Von natürlichen, angeborenen Menschenrechten wollte Burke nichts wissen. Die Grundlage der bürgerlichen Gesellschaft waren Verträge, und diese Verträge mußten deshalb ihre Grundsätze und die Formen und Grenzen jeder Staatsverfassung sein. Die wahren Menschenrechte waren also nicht naturrechtlich begründet, sondern erworbene, durch Vertrag festgelegte Rechte. «Der Mensch kann nicht die Rechte des ungeselligen und des geselligen Zustandes zu gleicher Zeit genießen ... Die Rechte des Menschen in der bürgerlichen Gesellschaft können nichts anderes sein als seine wahren Vorteile, und diese ergeben sich gewöhnlich nur aus einer sehr mühsamen Vergleichung zwischen Gewinn und Verlust, zuweilen zwischen Verlust und Verlust.» Für schwärmerische Freiheitsreden hatte Burke folglich nicht das geringste Verständnis. «Ich gestehe es frei: Ich habe dieses beständige Geschwätz von Widerstand und Revolution immer gehaßt, ich kann es nicht ertragen, daß man die letzte Arznei des Staates in sein tägliches Brot zu verwandeln sucht ... Diese Leute sind so voll von ihren Theorien über die Rechte des Menschen, daß sie seine Natur gänzlich vergessen haben.»

Das konservative Credo des Autors erreichte seine größte Verdichtung in den Worten: «Ich muß menschliche Gebrechen so lange ertragen, bis sie zu Verbrechen heranwachsen (I must bear with infirmities until they fester into crimes) ... Ich begreife nicht, wie es irgendein Mensch bis zu einer solchen Raserei gebracht haben kann, daß er sein Vaterland wie ein weißes Stück Papier ansieht, worauf er kritzeln kann, was ihm beliebt. Ein Patriot und ein wahrer Staatsmann sucht allemal aus dem schon vorhandenen Stoff, den ihm sein Vaterland darbietet, so viel zu machen als möglich ist. Neigung zum Erhalten und Geschicklichkeit zum Verbessern sind die beiden Elemente, deren Vereinigung in meinen Augen den Charakter eines großen Staatsmannes bildet.» (A disposition to preserve, and an ability to improve, taken together, would be my standard of a statesman.)[19]

Da die Franzosen von diesen Einsichten nichts hatten wissen wollen, war für die Zukunft des Landes mit dem Schlimmsten zu rechnen. Die Einziehung der Kirchengüter war nach Burkes Einschätzung nur ein vorbereitender Schritt zur gänzlichen Abschaffung der christlichen Religion. (Daß in England König Heinrich VIII. schon zweieinhalb Jahrhunderte zuvor den Besitz der katholischen Kirche konfisziert hatte, ließ der entschiedene Verteidiger des anglikanischen Staatskirchentums unerwähnt.) Gefahr drohte Burke zufolge auch von dem Obersten Tribunal, einer Art Nationalgericht, wie die Konstituante es anstrebte. «Wenn man nicht mit äußerster Sorgfalt von diesem Tribunal den Geist, der bisher in allen Prozeduren gegen Staatsverbrecher gewaltet hat, zu entfernen sucht, so wird es in Vereinigung mit dem Untersuchungsausschuß (der Nationalversammlung, H.A.W.) die letzten Funken von Freiheit, die noch in Frankreich glimmen mögen, auslöschen und die schreckensvollste Tyrannei herbeiführen, die je in irgendeinem Lande gewütet hat.»

Eine andere Gefahr bildete nach der weitgehenden Entmachtung des Königs das politisierte Militär. Einem erfolgreichen Offizier blieb künftig nichts übrig, als sich die Folgsamkeit seiner Soldaten durch Wahl- und Volkskünste zu sichern. Er mußte sich wie ein Kandidat, nicht wie ein Befehlshaber betragen. «Unter der Ohnmacht eines Teiles der Regierung und dem Schwanken aller anderen Teile werden sich die Offiziere dieser Armee eine Zeitlang mit einzelnen Empörungen und Meutereien begnügen, bis irgendein allgemein beliebter General, der die Kunst versteht, den Soldaten zu fesseln, und den wahren Geist einer militärischen Befähigung besitzt, es dahin bringen wird, aller Augen auf sich allein zu richten. Diesem werden die Armeen aus persönlicher Ergebenheit gehorchen. Keine andere Art von Gehorsam ist in dieser Lage der Sachen vom Soldaten zu erwarten. Von dem Augenblick aber, da dies geschehen wird, muß der Mann, der die Armee wirklich kommandiert, auch Meister aller übrigen werden: er muß Herr (so wenig dies auch sagen will) des Königs, Herr der gesetzgebenden Versammlung, Herr der ganzen Republik sein.»

Die Nationalversammlung war auf die Armee in hohem Maß angewiesen. Gerade weil diese Versammlung von Theoretikern keine wirklich repräsentative Vertretung des Landes war, bedurfte sie des bewaffneten Armes, um Bürgern und Bauern, wenn sie sich gegen die Autorität der gesetzgebenden Körperschaft auflehnten, wirksam entgegentreten zu können. «Die letzte Zuflucht der Könige ist allemal die erste der Nationalversammlung. Diese militärische Hilfe wird ihre Zeit hindurch vorhalten, solange der Eindruck, den der vermehrte Sold gemacht hat, und die Eitelkeit, Schiedsrichter in allen Streitigkeiten zu sein, noch auf die Armee wirkt. Aber ehe man es sich versieht, wird dies Gewehr umschlagen und treulos die Hand verwunden, welche sich seiner bediente.»[20]

Burkes Streitschrift, der literarischen Form nach ein langer Brief an einen französischen Freund, enthielt scharfsinnige Vorhersagen, kluge Beobachtungen und krasse Fehlurteile. Wer seine «Betrachtungen über die Revolution in Frankreich» aufmerksam gelesen hatte, konnte weder über den jakobinischen Terror zur Zeit des Wohlfahrtsausschusses noch über den Aufstieg des politischen Generals Napoleon Bonaparte zum Ersten Konsul überrascht sein. Der Versuch, die Natur des Menschen einer doktrinären Theorie zu unterwerfen, war zum Scheitern verurteilt, die Absage an alle bisherige Staatsweisheit konnte nur in ein Schreckensregime führen.

Der englische Weg, die fortschreitende Verbesserung des schon Erreichten, hatte dem Lande politische Verhältnisse beschert, um die es von den meisten aufgeklärten Nationen beneidet wurde. Aber Burkes Heimatland war dank seiner Insellage in einer privilegierten Lage, über die sich der wortgewaltige Verteidiger der Privilegien von König, Oberhaus und Unterhaus keine Rechenschaft ablegte. Ein starker, auf Militär und Beamtentum gestützter, «absoluter» Staat hatte sich in England, anders als auf dem Festland, nicht dauerhaft durchsetzen können. Die französischen Parlamente waren im Gegensatz zum britischen keine Vorkämpfer der Freiheit, sondern hatten sich als Feinde überfälliger Neuerungen hervorgetan. Der französische Adel war ungleich weniger lernwillig als der englische, der König von Frankreich zu keiner Zeit bereit, sich mit der Rolle eines «King in Parliament» zu begnügen.

Darum stand Frankreich, anders als Burke es unterstellte, der englische Weg, der ja auch nicht immer ein friedlicher gewesen war, nicht offen. Wo es keine vertraglich verbrieften Freiheitsrechte gab, konnte die Freiheit auch nicht organisch weiterentwickelt, sondern nur im Kampf gegen die vorhandenen Einrichtungen durchgesetzt werden.

Die Berufung auf die Geschichte half hier nicht weiter; es kam darauf an, den Rechten, die der Mensch von Natur aus besaß, Geltung zu verschaffen.

Die schärfste Antwort erhielt Burke von einem Landsmann, der sich 1774 nach Nordamerika begeben hatte, dort mit seiner Anfang 1776 veröffentlichten Schrift «Common Sense» zum wichtigsten publizistischen Vorkämpfer der Unabhängigkeitserklärung geworden und 1787 nach England zurückgekehrt war: Thomas Paine. Im Februar 1791, ein Vierteljahr nach dem Erscheinen von Burkes «Reflections», legte Paine den ersten Teil seiner Abhandlung «Rights of Man» vor (der zweite Teil folgte im Jahr darauf). «Ich streite für das Recht der Lebenden ... Herr Burke streitet hingegen für die Macht der Toten über die Rechte und die Freiheit der Lebenden»: Mit dieser schroffen Gegenüberstellung erhob der begnadete Polemiker Paine seine Auseinandersetzung mit Burkes Apologie des britischen Regierungssystems in den Rang eines Streits um Grundfragen der politischen Ordnung. Entsprechend deutlich war seine Hauptthese: Eine Konstitution sei etwas, was der Regierung vorhergehe; die Regierung sei nur ein Geschöpf der Konstitution. «Die Konstitution eines Landes ist nicht das Werk der Regierungen, sondern eines Volkes, das eine Regierung einsetzt.»[21]

Anders als in England war Paine zufolge im Frankreich des Jahres 1791 das Volk Träger der Souveränität. Der König habe lediglich ein Amt inne, und das Parlament gehe nicht aus einem königlichen Privileg, sondern aus dem Volk hervor. In England spreche man zwar viel von der Konstitution, habe aber keine. «Das englische Parlament hat von der Nationalversammlung die Gewohnheit, von der Konstitution zu reden, nicht aber deren Inhalt übernommen.» Nicht England, sondern das gegenwärtige Frankreich konnte laut Paine für sich in Anspruch nehmen, eine Regierung kraft Wahl und Repräsentation zu besitzen. «Was ist eine Regierung anderes als die Leitung der Angelegenheiten einer Nation? Sie ist nicht und kann ihrer Natur nach nicht Eigentum eines besonderen Menschen oder einer besonderen Familie sein, sondern sie ist Eigentum der gesamten Gesellschaft, auf deren Kosten sie unterhalten wird, und wenn sie auch durch Gewalt und List widerrechtlich zu einem Erbgut gemacht worden ist, so kann diese Usurpation das Recht der Dinge doch nicht verändern.»

Es folgten Sätze, die an die amerikanische Unabhängigkeitserklärung vom 4. Juli 1776 erinnerten. «Die Souveränität liegt von Rechts wegen nur in der Nation und nicht in einem einzelnen. Die Nation hat zu allen Zeiten ein inhärentes unverletzliches Recht, jede von ihr als unbrauchbar befundene Regierungsform abzuschaffen und eine solche einzuführen, die mit ihrem Vorteil, ihrer Neigung und ihrem Glück übereinstimmt ... Jeder Bürger ist Teilhaber der Souveränität und kann als solcher keine persönliche Unterwerfung anerkennen, sondern nur den Gesetzen Gehorsam leisten.»

Frühere Revolutionen, so fuhr Paine in Anspielung auf die Glorious Revolution von 1688 fort, seien kaum mehr als ein Wechsel der Person oder eine Veränderung der örtlichen Verhältnisse gewesen. «Aber was wir jetzt in der Welt wahrnehmen, die Revolutionen in Frankreich und Amerika, sie sind eine Erneuerung der natürlichen Ordnung der Dinge, sie bilden ein System von Prinzipien, das so allgemein ist wie die Wahrheit und die Existenz des Menschen und der Moral mit politischem Glück und natürlichem Wohlstand verbindet ... Monarchische Souveränität ist an ihrem natürlichen und ursprünglichen Ort, der Nation, wiederhergestellt. Wäre dies in ganz Europa der Fall, würde die Ursache von Kriegen beseitigt sein.»[22]

Paine wiederholte damit eine These, die er schon 1776 in seinem «Common Sense» vertreten hatte und die Kant 1795 in der Schrift «Zum ewigen Frieden» wiederholen sollte: Wenn erst alle Staaten Republiken seien, also repräsentativ regiert würden, würden sie gegeneinander keine Kriege mehr führen. «Warum stürzen sich Republiken nicht in Kriege? Nur weil die Beschaffenheit ihrer Regierung kein von der Nation verschiedenes Interesse zuläßt ... Bei den alten Regierungsformen ist der Krieg das Regierungssystem ... Bei dem aufgeklärten Stadium des Menschengeschlechts ist es nicht schwer zu begreifen, daß die erblichen Regierungen ihrem Untergang zuneigen und daß Revolutionen, auf der breiten Grundlage von Volkssouveränität und repräsentativer Regierung, ihren Weg in Europa machen. Daher wäre es ein Akt der Weisheit, ihrem Nahen vorzugreifen und Revolutionen durch Vernunft und Anpassung zu bewirken, statt die Fragen gewaltsamen Erschütterungen zu überlassen.»

Im Fortgang seiner Überlegungen entwarf Paine das Bild einer Zivilisation, die einer Regierung kaum noch bedurfte. «Die Regierung ist nicht weiter nötig, als in den wenigen Fällen zu helfen, wo Gesellschaft und Zivilisation nicht hinreichen können ... Je vollkommener die Zivilisation ist, desto weniger bedarf sie der Regierung, weil sie dann um so mehr ihre eigenen Angelegenheiten ordnet und sich selbst regiert ... Alle großen Gesetze der Gesellschaft sind Gesetze der Natur.»

Der Autor berief sich auf die Erfahrungen Amerikas, als er diese Betrachtungen in das Postulat münden ließ, «daß die Regierung nichts weiter ist als eine nach den Prinzipien der Gesellschaft handelnde nationale Vereinigung (that government is nothing more than a national association acting on the principle of society) ... Die Regierung nach dem alten System ist eine Anmaßung von Macht um ihrer eigenen Vergrößerung willen, nach dem neuen eine Übertragung der Macht zum allgemeinen Wohl der Gesellschaft.»

Auf die selbstgestellte Frage, was eine Verfassung sei, gab Paine im zweiten Teil seiner Streitschrift eine scharf zugespitzte Antwort. «Eine Konstitution ist nicht die Tat einer Regierung, sondern die eines Volkes, das eine Regierung konstituiert, und Regierung ohne Konstitution ist Macht ohne Recht». (A constitution is not the act of a government, but a people constituting a government; and government without a constitution is power without a right.) Daraus ergebe sich, daß eine Nation das Recht habe, eine Konstitution zu errichten. «Alle erbliche Regierung über ein Volk ist für dieses eine Art Sklaverei, Repräsentativregierung bedeutet Freiheit ... Die Rechte der Menschen sind die Rechte aller Generationen und können von keiner monopolisiert werden ... Die Revolutionen haben also eine Veränderung des moralischen Zustandes der Regierung zum Zweck; mit dieser Veränderung vermindern sich die Lasten der öffentlichen Abgaben, und die Zivilisation kommt in den Genuß des Überflusses, dessen sie jetzt beraubt ist.»[23]

Das Echo auf Paines Schrift über die Rechte des Menschen war noch stärker als das auf Burkes «Betrachtungen über die Revolution in Frankreich». Kurz nach der englischen Ausgabe erschienen eine amerikanische Ausgabe sowie mehrere Übersetzungen, darunter eine französische und eine deutsche. Der Erfolg des Bandes sprach für die Überzeugungs- und Anziehungskraft der Idee angeborener und unveräußerlicher Menschenrechte, obenan des Rechts auf politische Selbstbestimmung und damit auf eine Repräsentativverfassung. Burkes historische Herleitung politischer Freiheiten fand eine Stütze in den englischen Erfahrungen; verallgemeinern ließ sie sich nicht. Doch Paine war auf seine Weise nicht weniger einseitig als sein konservativer Landsmann. Einen Mißbrauch von Macht hielt der radikale Brite nur in einem monarchischen oder aristokratischen Staat für möglich (und dort sogar für wesensnotwendig); eine

Mischverfassung lehnte er ausdrücklich ab, weil sich in einem solchen System niemand zur Verantwortung ziehen lasse und alles durch Bestechung geregelt werde. Damit fiel Paine weit zurück hinter die Einsichten der amerikanischen Verfassungsväter, die aus nüchterner Einsicht in die Natur des Menschen wie aus historischer Erfahrung das englische Prinzip der «checks and balances» zu ihrem eigenen gemacht hatten.

Daß nicht nur eine monarchische, sondern auch eine revolutionäre Regierung die Freiheit der Bürger mißachten und verletzen konnte, sollte Paine am eigenen Leib erfahren. 1792 verließ er sein Mutterland, wo seine Schrift über die Rechte des Menschen unterdrückt wurde und er selbst mit einer Verhaftung wegen Hochverrats rechnen mußte, und ging nach Frankreich. Dort wurde er, nachdem er die französische Staatsbürgerschaft erworben hatte, im Departement Pas-de-Calais zum Mitglied des Nationalkonvents gewählt. Er schloß sich den Girondisten an und stimmte für die Verurteilung, aber gegen die Hinrichtung Ludwigs XVI. 1793, nach dem Übergang zur jakobinischen Terreur, wurde er kurz nach dem Abschluß des ersten Bandes seines Werkes über das «Zeitalter der Revolution» verhaftet, auf Grund einer Intervention des Gesandten der Vereinigten Staaten, James Monroe, aber im November 1794 wieder entlassen.

In der Folgezeit widmete er sich einem Buch über das «Zeitalter der Vernunft», in dem er das bibelgläubige Christentum von Grund auf in Frage stellte und sich zu einer deistischen und republikanischen Religion bekannte. 1802 kehrte er auf Einladung von Thomas Jefferson, der im Jahr zuvor zum Präsidenten der USA gewählt worden war und zu den leidenschaftlichen Verteidigern der Französischen Revolution gehörte, nach Amerika zurück. Die persönlichen Angriffe, die er im Oktober 1796, anläßlich der Abschiedsbotschaft von George Washington, gegen den ersten Präsidenten der Vereinigten Staaten gerichtet hatte, und seine radikale, als atheistisch wahrgenommene Religionskritik machten Paine indes in Amerika nicht nur zu einer umstrittenen, sondern zu einer weithin verfemten Figur. Den «Federalists» wie John Adams, einem scharfen Kritiker der Französischen Revolution, war er seit langem zutiefst verhaßt; frühere Freunde wandten sich von ihm ab. Am 8. Juni 1806 starb Paine im Alter von 72 Jahren, verarmt und isoliert, auf seiner Farm in New Rochelle. Seinen konservativen Widersacher Edmund Burke hatte er um zwölf Jahre überlebt.[24]

Radikalisierung (II):
Die Revolution zwischen Krieg und Schreckensherrschaft

Dem Nationalkonvent, der am 21. September 1792 zu seiner ersten Sitzung zusammentrat, gehörten 754, auf Grund des allgemeinen gleichen Wahlrechts für Männer gewählte Abgeordnete an. Dazu kamen noch 28 Mitglieder aus den Kolonien. Die Mehrheit stand links von der Legislative, «radikal» konnte man sie jedoch nicht nennen. Den rechten Flügel bildeten die 100 bis 150 gemäßigten Jakobiner, nach der Herkunft eines Teiles von ihnen später pauschal Girondisten genannt, mit Brissot an der Spitze. Etwa gleich stark waren die radikalen Jakobiner der Bergpartei, der Montagne, um Robespierre, Danton und Marat. Ihren Namen verdankte die Bergpartei der Tatsache, daß ihre Deputierten auf den höheren Rängen des Amphitheaters saßen, in dem der Konvent tagte. Die Montagnards waren entschiedene Zentralisten, die Girondisten hingegen wollten starke Departements und eine schwache Hauptstadt: Das war zunächst der Hauptunterschied zwischen den beiden «Parteien». Die restlichen Abgeordneten, die die breite Mehrheit stellten, schwankten unentschlossen zwischen Gironde und Montagne hin und her, was ihnen den abschätzigen Beinamen «Sumpf» einbrachte. In den ersten Monaten des Konvents hielten sie es mehr mit den gemäßigten Kräften, was den Girondisten den Status der Regierungspartei verschaffte.

Die Hauptaufgabe des Konvents sollte die Ausarbeitung einer neuen Verfassung sein. Als diese am 24. Juni 1793 verabschiedet wurde, war bereits die Bergpartei an der Macht. Die Verfassung bestätigte den Beschluß des Nationalkonvents vom 25. September 1792, wonach die Französische Republik «eins und unteilbar» (une et indivisible) war; sie erweiterte die Menschen- und Bürgerrechte um das Recht auf Arbeit und auf Bildung; sie proklamierte das Prinzip der Volkssouveränität (le peuple souverain est l'universalité des citoyens français) und ordnete die vollziehende Gewalt (conseil exécutif) konsequent dem Willen des gesetzgebenden Körpers (corps législatif) unter. Obwohl die Franzosen ihr in einer Volksabstimmung mit großer Mehrheit zustimmten und obgleich sie der Konvent am 10. August 1793, dem ersten Jahrestag der Erstürmung der Tuilerien, offiziell verkündete, trat die «Verfassung des Jahres I» wegen des fortdauernden Krieges niemals in Kraft. Da die vorangegangene Verfassung vom 3. September 1791 knapp zehn Monate später, am 11. Juli 1792, einen Tag nach dem ersten Sturm auf die Tuilerien, von der Legislative faktisch außer Kraft gesetzt worden war, befand sich das Land also weiterhin im Zustand der Verfassungslosigkeit. Recht war, was der Konvent beschloß: ein Provisorium, durch das der Konvent seine eigene Existenz bis auf weiteres zu sichern vermochte.

Die Frage, die den Konvent in seiner Frühphase mehr als alles andere beschäftigte und spaltete, war das Schicksal des Königs. Der Prozeß gegen Ludwig XVI. begann am 11. Dezember 1792. Drei Wochen zuvor waren in einem Geheimschrank in den Tuilerien Dossiers über Geheimverhandlungen zwischen dem König von Frankreich und den feindlichen Mächten gefunden worden: Material, das Ludwig als Verräter am Vaterland erscheinen ließ. Für die Jakobiner und erst recht für die Pariser Sansculotten stand von Anfang an fest, daß der König sterben mußte. Die meisten Girondisten wollten sein Leben retten und wurden daraufhin auf Robespierres Betreiben aus der Liste der Jakobiner gestrichen. Am 15. Januar 1793 stimmte der Konvent mit überwältigender Mehrheit für den Antrag, den König schuldig zu sprechen. Tags darauf folgte die namentliche Abstimmung über die Strafe: Von 721 Abgeordneten stimmten 387 für und 334 gegen die Todesstrafe. Von denen, die die Hinrichtung forderten, befürworteten 26, vorwiegend aus außenpolitischen Gründen, einen Strafaufschub. Für den sofortigen Vollzug sprachen sich am 16. Januar mithin 361 Mitglieder aus, während 360 dagegen waren.

Als am 19. Januar nochmals gesondert über den Strafaufschub abgestimmt wurde, ergab sich eine Mehrheit von 380 zu 310 Stimmen gegen diese Lösung. Am 21. Januar 1793, vormittags gegen 11 Uhr, wurde «Louis Capet» auf der späteren Place de la Concorde durch die Guillotine enthauptet. Als ein Gehilfe des Henkers den Kopf des Königs den Massen entgegenhielt, antworteten diese mit Jubel und Hochrufen auf Nation und Republik.

Der Gegensatz zwischen Frankreich und den europäischen Monarchien wurde durch die Hinrichtung Ludwigs XVI. vollends unüberbrückbar. Das Ereignis des 21. Januar 1793 fiel in eine Zeit, in der die Revolutionstruppen auf eine Reihe von militärischen Erfolgen zurückblicken konnten: Im September 1792 waren sie nicht nur bei Valmy, sondern auch in Savoyen siegreich gewesen; Ende Oktober hatten sie

Mainz, Anfang November nach dem Sieg bei Jemappes Belgien erobert. Preußen nahm seit dem Oktober 1792 am Feldzug gegen das revolutionäre Frankreich zeitweilig kaum noch teil und konzentrierte sich statt dessen ganz auf die Vorbereitung der zweiten Teilung Polens, die am 23. Januar 1793, zwei Tage nach der Hinrichtung Ludwigs XVI., durch einen russisch-preußischen Vertrag in St. Petersburg besiegelt wurde. Der amerikanische Historiker Crane Brinton hat diesem Vertrag bescheinigt, er habe Frankreich im Herbst 1792 gerettet: «Die vortrefflichen preußischen Truppen, die triumphierend in Thorn und Posen einmarschierten, würden unter anderen Umständen auch triumphierend in Paris eingezogen sein.»

Einen gewissen Ausgleich für die Passivität Preußens schuf der Kriegseintritt von England, Holland, Spanien, Sardinien, Neapel, Portugal und, eher symbolisch, des Heiligen Römischen Reiches deutscher Nation: eine unmittelbare Folge der Hinrichtung Ludwigs XVI., im Falle Großbritanniens aber mindestens ebensosehr auch eine Antwort auf die Eroberung der Scheldemündung mit Antwerpen durch französische Revolutionstruppen. Daß England sich Frankreich nunmehr offen entgegenstellte (wenn auch zunächst nur durch Subsidien für Österreich und Preußen, eine Seeblockade Frankreichs und bewaffneten Kampf in der Karibik), war vor allem das Werk des Premierministers William Pitt des Jüngeren. Den regierenden Tories ging es auch darum, der Gefahr der revolutionären Ansteckung entgegenzuwirken: Thomas Paines «Rights of Man» hatte auf der Insel, zumal bei Handwerkern und Arbeitern, ein starkes Echo gefunden; Vereinigungen wie die «London Corresponding Society» und die «Society for Promoting Constitutional Information», die sich die Ideen dieser republikanischen Streitschrift zu eigen machten, wurden von der Regierung mit äußerstem Argwohn beobachtet und schließlich verboten.

1794 setzte das Unterhaus sogar, anläßlich von Hochverratsprozessen gegen den Flickschuster Thomas Hardy, den Gründer der Corresponding Society, und einige seiner politischen Freunde, die Habeas-Corpus-Akte von 1679 außer Kraft. Es folgten weitere Repressionsgesetze, die Combination Acts von 1799 bis 1801, die gewerkschaftliche Zusammenschlüsse unter Strafe stellten, eine freie Diskussion auf Jahre hinaus unmöglich machten und die Bemühungen um eine Reform des britischen Regierungssystems nachhaltig zurückwarfen. Ein von Frankreich unterstützter Aufstand der katholischen Iren im Jahre 1798, den die britische

Regierung im Verein mit den protestantischen Loyalisten in Ulster blutig niederwarf, gab der politischen Intoleranz in den Mittel- und Oberschichten Englands zusätzlichen Auftrieb. Die Unterdrückungspolitik hatte freilich auch eine von ihren Urhebern ungewollte Kehrseite: Sie trug dazu bei, daß sich in der frühindustriellen Arbeiterschaft ein Bewußtsein von Zusammengehörigkeit und gemeinsamen Interessen herauszubilden begann.

Frankreich bekam die Folgen des britischen Kriegseintritts sofort zu spüren: Die Getreideeinfuhr, ja der gesamte Außenhandel wurde durch die englische Seeblockade außerordentlich erschwert; die Brotpreise stiegen; in Paris führte der Hunger bereits im Februar 1793 zu einem Sturm auf die Lebensmittelläden. Der Konvent antwortete auf die große Koalition der europäischen Revolutionsgegner am 24. Februar mit einem Gesetz, das die Aushebung von 300 000 Rekruten vorsah. Diese Maßnahme stieß vor allem in solchen ländlichen Gegenden auf erbitterten Widerstand, in denen die alten, abgesetzten Pfarrer noch über einen starken Rückhalt unter den Bauern verfügten. Das galt in besonderem Maß für die Vendée im Westen Frankreichs. Aus einer Auflehnung gegen das Aushebungsgesetz wurde binnen kurzem ein Aufstand gegen die Revolution und für die Wiederherstellung des Königtums. Der Kampf wurde auf beiden Seiten mit großer Grausamkeit geführt, wobei es einen zeitlichen Vorsprung auf Seiten der Rebellen gab. Zum äußeren Krieg kam also seit März 1793 ein Bürgerkrieg, von dem die einen hofften, die anderen fürchteten, daß er sich früher oder später auf ganz Frankreich ausdehnen werde.

Am 18. März 1793, eine Woche nachdem der Aufstand in der Vendée begonnen hatte, bereiteten die Österreicher der französischen Nordarmee bei Neerwinden eine schwere Niederlage, in deren Folge diese ganz Belgien räumen mußten. Der besiegte General und ehemalige Kriegsminister Dumouriez, ein enger Freund Brissots, versuchte daraufhin, seine Truppen zu einem Marsch auf Paris zu bewegen, wo sie die Herrschaft des Konvents beenden und die Monarchie wiederherstellen sollten. Als die Soldaten sich diesem Ansinnen verweigerten, lief Dumouriez zu den Österreichern über: ein Fall von Verrat, für den die Jakobiner sofort Brissot und die Gironde insgesamt verantwortlich machten. Marat, der Vorsitzende des Jakobinerklubs, ging noch weiter und rief die Franzosen auf, sich gegen die «Konterrevolution» zu erheben.

Die Anhänger Brissots antworteten mit dem Antrag, der Konvent möge die Immunität des Abgeordneten Marat aufheben und ihn vor das im März gebildete Revolutionstribunal stellen. Der Antrag fand zwar eine Mehrheit, das Tribunal aber sprach Marat frei. Das Urteil bedeutete für die Girondisten die Niederlage, von der sie sich nicht mehr erholen sollten. Am 6. April 1793 wurde der «Wohlfahrtsausschuß», das Comité du Salut public, gebildet und Danton für die Dauer von drei Monaten an seine Spitze berufen. Die Hauptaufgabe des Ausschusses bestand darin, alle zur Rechenschaft zu ziehen, die sich am Verrat von Dumouriez beteiligt hatten. Am 29. Mai erhoben sich die radikaleren der Pariser Sektionen gegen die Gironde. Noch weigerte sich der Konvent, die wichtigste Forderung der Sansculotten, die Verhaftung der führenden Girondisten, zu erfüllen. Drei Tage später, am 2. Juni, war es dann soweit: Die Parlamentsmehrheit kapitulierte vor den bewaffneten Sansculotten und stimmte der Verhaftung von 29 girondistischen Abgeordneten, unter ihnen Brissot, zu.

Der Historiker Albert Mathiez, ein Sozialist und Sympathisant der Jakobiner und namentlich Robespierres, bewertet den 2. Juni 1793 als eine neue Revolution: die dritte, wenn man den Sommer 1789 als die erste und die Verhaftung des Königs am 10. August 1792 als die zweite Revolution versteht. Was mit dem Sturz der Gironde und der Machtübernahme der Montagne endete, war Mathiez zufolge eine Klassenherrschaft im Dienst der Bourgeoisie. «Der 2. Juni war folglich mehr als eine politische Revolution. Was die Sansculottes zu Fall brachten, war nicht eine Partei, sondern bis zu einem gewissen Punkt eine Klasse ... Die Klassenpolitik, die die Urheber des 2. Juni ihrerseits einführten, vertrug sich schlecht mit dem Rahmen der bisherigen Legalität. Die Funktion des Parlamentarismus war erschüttert. Die Zeiten der Diktatur waren nahe.»

Die Gironde hatte einen äußeren Krieg entfesselt, den sie nicht energisch zu führen verstand. Sie hatte die Kirche bekämpft, war aber nicht in der Lage, aus eigener Kraft mit dem Widerstand der Gläubigen fertig zu werden, den sie mit ihrem Antiklerikalismus herausforderte. Sie bekannte sich zur Freiheit des Marktes, erwies sich aber als unfähig, mit den sozialen Folgen des Wettbewerbs, den Massenprotesten gegen die steigenden Lebensmittelpreise, umzugehen. Als der Konvent gegen den heftigen Widerspruch der Girondisten am 11. April 1793 einen Zwangskurs für die Assignaten und drei Wochen später, am 4. Mai, Höchstpreise für Getreide und Mehl, das sogenannte «Kleine Maximum», beschloß, waren das bereits Zeichen für den rückläufigen Einfluß der Gemäßigten. Die Verhaftung von 29 ihrer Parlamentarier vollendete den Niedergang der Gironde.

Für den Übergang zur Herrschaft der Bergpartei war die Aktion der Sansculottes ausschlaggebend. Aber die Sansculotten *waren* nicht die Montagne. Sie vermochten wirkungsvoll Druck auszuüben und den Gang der Ereignisse entscheidend zu beeinflussen. Doch sie waren nicht in der Lage, selbst zu regieren. Die Montagnards waren stark, solange sie die Massen des Pariser Kleinbürgertums hinter sich hatten. Diese Massen neigten, wie die Septembermorde von 1792 gezeigt hatten, zu blutigen Gewalttaten. Um eine Wiederholung solcher Ereignisse zu verhindern, nahmen die entschiedenen Jakobiner den Terror in ihre eigene Regie. In den Worten von Danton: «Seien wir schrecklich, damit das Volk es nicht zu sein braucht. Das ist ein Gebot der Humanität.»

Paris war aber nicht Frankreich. Bereits am 29. Mai hatten sich die «Föderalisten», die Anhänger der Gironde, in Lyon erhoben. Nach der Verhaftung der 29 girondistischen Konventsmitglieder kam es im Süden Frankreichs, in Marseille, Nîmes, Bordeaux, Toulouse, Anfang Juli auch in Toulon, zu Aufständen gegen die Jakobiner; in der Vendée tobte weiter der Bürgerkrieg zwischen den royalistischen Bauern und den republikanischen Kräften. Am 13. Juli, dem Vorabend des vierten Jahrestags des Sturmes auf die Bastille, wurde Marat in seiner Badewanne von Charlotte Corday d'Armond erstochen. Die junge Frau aus der Normandie, eine Urenkelin des Dichters Corneille, büßte ihre Tat, die als Rache für die Verbrechen der Jakobiner gedacht war, auf der Guillotine. Den toten Marat machte der Maler Jacques-Louis David durch eines der berühmtesten Gemälde der Revolutionszeit zum Märtyrer im Kampf um Freiheit, Gleichheit, Brüderlichkeit.

Zu den blutigen Unruhen im Lande selbst kamen die Niederlagen, die die verbündeten Mächte den Revolutionsarmeen zufügten. Am 23. Juli kapitulierte die französische Garnison in Mainz; am 27. August besetzten die Briten Toulon. In Savoyen waren sardinische, nördlich der Pyrenäen spanische Truppen auf dem Vormarsch. Im Sommer 1793 war die Lage für Frankreich so ernst, daß die Sache der Revolution allenfalls durch außerordentliche Maßnahmen gerettet werden konnte. Von ebendieser Einsicht ließ sich der Konvent leiten, als er am 23. August die «levée en masse» beschloß: die allgemeine Wehrpflicht für alle ledigen Männer zwischen 18 und 25 Jahren und die Mobilisierung aller materiellen Hilfsquellen der Nation. Es war nichts Geringeres als der erste «totale Krieg» der Geschichte, den das revolutionäre Frankreich an diesem Tag proklamierte.

Am 4. September erlebte Paris erneut Hungerunruhen. Tags darauf verlangten die Sansculotten in ultimativer Form vom Konvent, er möge mit dem Terror gegen die Feinde der Revolution endlich ernst machen, die «Verdächtigen» verhaften und die Ausschüsse, darunter den Wohlfahrts- und den Sicherheitsausschuß, säubern, also nur noch mit zuverlässigen Revolutionären besetzen. Der Konvent folgte dem Appell und beschloß am 17. September das Gesetz gegen die Verdächtigen. Als verdächtig galten alle Personen, die sich durch ihr Verhalten, ihre Beziehungen oder Äußerungen als Parteigänger der Tyrannen oder der Girondisten und damit als Feinde der Freiheit zu erkennen gegeben hatten, außerdem alle Adligen, die ihre Verbundenheit mit der Revolution nicht dauerhaft unter Beweis gestellt hatten, und alle nach Frankreich zurückgekehrten Emigranten. Alle diese Personen waren sofort nach Verkündung des Gesetzes in Haft zu nehmen.

Mit dem September 1793 begann die Schreckensherrschaft, die «terreur». Sie ist für immer verbunden mit dem Namen von Maximilien de Robespierre, dem «Unbestechlichen», der erst am 27. Juli durch Zuwahl in den Wohlfahrtsausschuß gelangt war und damit den am 10. Juli ausgeschiedenen Danton ablöste. Der Anwalt aus Arras war ein Jünger Rousseaus, den er noch kurz vor dessen Tod im Jahr 1778 aufgesucht hatte. Dem Autor des «Contrat social» verdankte Robespierre eine Auffassung vom allgemeinen Willen und vom öffentlichen Wohl, die sich nicht aus den Meinungen der Menschen, sondern ausschließlich aus den Prinzipien der Vernunft ableiten ließ. Es war nur folgerichtig, daß Robespierre diese Prinzipien zu kennen glaubte und entsprechend handelte.

Die Diktatur des Wohlfahrtsausschusses war, als sie entstand, eine prekäre Antwort auf eine extreme Herausforderung: Das Versagen der Gemäßigten hatte die Revolution in höchste Gefahr gebracht; eine Preisgabe der Revolution konnte für Revolutionäre nicht in Frage kommen. Aber nachdem die Diktatur errichtet war, entwickelte sie ihre eigene Logik: Der Terror verselbständigte sich; er war nicht mehr nur ein Mittel zu dem begrenzten Zweck, ein Scheitern der Revolution zu verhindern, sondern wurde zum Selbstzweck. Der Terror suchte sich immer neue Anlässe, um seine Fortdauer zu legitimieren. Zuletzt war niemand mehr davor sicher, nicht von Robespierre und seinen Gefolgsleuten Saint-Just und Georges Couthon als Gegner der Revolution entlarvt und auf die Guillotine geschickt zu werden. Die Angst, die der Terror erzeugte, half Robespierre eine Zeitlang. Als sie auch die meisten seiner Weggefährten erfaßte, begann sie für Robespierre gefährlich zu werden.

Dem Terror des Wohlfahrtsausschusses in Gestalt der Guillotine fielen im Oktober 1793 erst die ehemalige Königin Marie Antoinette, dann die führenden Girondisten, obenan Brissot, zum Opfer; im November folgten Philippe Égalité, der Herzog von Orléans, dann Manon Roland de la Platière, Gründerin und Mittelpunkt eines berühmten politisch-intellektuellen Salons, und Antoine Barnave, Deputierter von Grenoble in der Konstituante, im März 1794 Jacques René Hébert, Herausgeber des ultralinken «Père Duchesne», und seine Gefolgsleute aus dem «Club des Cordeliers», im Monat darauf Georges Danton, der erste Vorsitzende des Wohlfahrtsausschusses, und 13 seiner Anhänger, darunter Camille Desmoulins. Danton wurde unzulässige Nachsicht gegenüber den Feinden der Revolution vorgeworfen. «Die Revolution, gleich Saturn, frißt ihre eigenen Kinder»: Das hatte der Girondist Pierre-Victurnien Vergniaud vor seiner Hinrichtung am 31. Oktober 1793 gesagt. Auf niemanden traf das in höherem Maß zu als auf Danton.

Die prominenten Politiker bildeten nur eine winzige Minderheit unter den Opfern der Revolutionsjustiz. Besonders blutige Vergeltung übten die Jakobiner in den Städten, die sich gegen sie aufgelehnt hatten: In Marseille und Bordeaux wurden hunderte, in Lyon fast 2000 Todesurteile vollstreckt. Weil die Hinrichtung durch die Guillotine zuviel Zeit in Anspruch nahm, traten mancherorts, so in Lyon, «fusillades» und «mitraillades», Erschießungen durch Gewehre und Kanonen, an ihre Stelle. In Nantes fanden auf Veranlassung des Konventskommissars Jean-Baptiste Carrier Massenertränkungen in der Loire, die sogenannten «noyades», statt, denen etwa 1800 Menschen, darunter in großer Zahl Priester aus den Aufstandsgebieten, zum Opfer fielen.

In der Vendée betrieb der Konvent, entsprechend einem Beschluß vom 1. August 1793, eine Politik der verbrannten Erde, ja, wie der Historiker Reynald Secher formuliert, eines «innerfranzösischen Völkermordes» (génocide franco-français): Die Wälder wurden abgeholzt, die Felder abgeerntet, das Korn mitgenommen, Städte und Dörfer, deren revolutionäre Gesinnung zu wünschen übrig ließ, abgebrannt. Anfang

1794 folgten die systematische Niederbrennung sämtlicher Wälder,
Hecken, Ortschaften und Höfe und die Erschießung aller bewaffneten
Personen, vielerorts auch unbewaffneter Männer, Frauen und Kinder.
Bereits Ende 1793 behauptete der General François-Joseph Wester-
mann, der wenige Monate später zusammen mit seinem Freund Danton
guillotiniert wurde, die Vendée gebe es nicht mehr. «Unser freies
Schwert hat sie getötet mit ihren Frauen und Kindern.» Doch ein vor-
läufiges Ende fanden die Kämpfe in der Vendée erst sehr viel später – im
Winter 1795/96.

Die Zahl der Opfer unter den Bewohnern der Vendée lag weit über
100 000. Manche Schätzungen sprechen von 250 000 Toten. Die Zahl
der Hinrichtungen in ganz Frankreich zwischen März 1793 und August
1794 dürfte mit 20 000 nicht zu hoch geschätzt sein. Die Opfer kamen
nur zum kleineren Teil aus den Reihen von Adel und Klerus, zum weitaus größeren Teil aus dem Dritten Stand, Bauern und Arbeiter mitein-
gerechnet. Darin drückt sich auch die Tatsache aus, daß Adel und geho-
benes Bürgertum zu erheblichen Teilen emigriert waren. Dasselbe galt
vom Klerus: 1792/93 waren vier Fünftel der französischen Bischöfe und
ein Drittel der Priester, etwa 25 000 bis 30 000, gezwungenermaßen ins
Ausland gegangen. In den letzten sieben Wochen der Schreckensherrschaft wurden mehr als 2500 Menschen auf die Guillotine geschickt.
Das war eine Folge des verschärften Terrorgesetzes vom 10. Juni 1794.
Die «Grande Terreur» fiel in eine Zeit, in der von einer äußeren und inneren Bedrohung kaum mehr gesprochen werden konnte.

Daß dem so war, konnte sich der Wohlfahrtsausschuß als Verdienst
anrechnen. Ende August 1793 wurden Aix-en-Provence und Marseille,
am 9. Oktober Lyon und am 19. Dezember Toulon von den Truppen
des Konvents erobert, am 12. Dezember die Armee der Aufständischen
in der Vendée bei Le Mans besiegt. In den Herbst 1793 fallen auch
Siege über die äußeren Feinde. Die Briten mußten im September eine
Niederlage in der Nähe von Dünkirchen hinnehmen. Siege über die
Österreicher errangen die Revolutionsarmeen am 16. Oktober 1793,
dem Tag der Hinrichtung von Marie Antoinette, bei Wattingies und am
26. Juni 1794 bei Fleurus. Der zuletzt genannte Sieg war der entscheidende: Er erlaubte dem revolutionären Frankreich die Rückeroberung
Belgiens und eine umfassende Zurückdrängung der Koalitionstruppen.

Wenn eine Mehrheit der Franzosen sich mittlerweile als eine Schick-
salsgemeinschaft fühlte, lag das nicht nur und wohl nicht einmal vor-

rangig an der Einschüchterung durch den Terror. Die Bedrohung durch die Heere der Verbündeten war eine Realität, und einen Sieg der Gegenrevolution wünschte sich nur eine Minderheit. Der Konvent tat vieles, was ihm bei der Masse der Bauern und bei den städtischen Unterschichten eine gewisse Popularität verschaffte: Vermögende Bürger mußten eine Zwangsanleihe zeichnen; die beschlagnahmten Güter der Emigranten wurden in Parzellen zerlegt und verkauft, die letzten, 1789 noch nicht beseitigten Feudalrechte entschädigungslos abgeschafft; das «Große Maximum» vom 22. September 1793 setzte Höchstpreise für wichtige Lebensmittel und Konsumgüter fest. Im Februar 1794 folgten auf Vorschlag von Saint-Just die Ventôse-Dekrete, die es dem Konvent erlaubten, das Eigentum der schuldig gesprochenen «Verdächtigen» zu beschlagnahmen und an die Armen zu verteilen.

Umgesetzt wurde diese «sozialistisch» anmutende Maßnahme freilich kaum noch: Auch in den Reihen der Jakobiner gab es schwere Bedenken gegen diesen massiven Eingriff in das Privateigentum, und es spricht vieles für die Annahme, daß diese Vorbehalte und Befürchtungen mit zum Sturz von Robespierre, Saint-Just und ihrer engsten Verbündeten beitrugen. Die Ventôse-Dekrete entsprachen dem, was die «Cordeliers» um Hébert verlangt hatten. Nachdem Hébert und die «Hébertisten» guillotiniert worden waren, fehlte dem Druck der «Straße» die handlungsfähige Führung.

Eine soziale Wirkung der Konventsherrschaft steht außer Frage: Auch ärmere Bauern konnten jetzt in bescheidenem Umfang beschlagnahmtes Land erwerben, das zuvor Emigranten gehört hatte. Der kleine Parzellenbesitz prägte die französische Landwirtschaft und, da diese noch lange den größten Teil der erwerbstätigen Bevölkerung stellte, die gesamte französische Gesellschaft bis ins 20. Jahrhundert. Die Folgen waren paradox: Eine revolutionäre Errungenschaft, die Beseitigung und Zerschlagung des feudalen Großgrundbesitzes, wurde zu einem Unterpfand der Bewahrung vorindustrieller Strukturen und vorindustrieller Mentalitäten, hatte also konservative Wirkungen.

Die Gesellschaftspolitik der Jakobiner wurde flankiert von sorgfältig geplanten Aktivitäten auf dem Gebiet der symbolischen Politik: Am 5. Oktober 1793 führte der Konvent einen republikanischen Kalender ein. Die neue Zeitrechnung begann mit dem Tag nach der Proklamation der französischen Republik: Aus dem 22. September 1792 wurde rückwirkend der 1. Vendémiaire des Jahres I. Die neuen Monatsnamen trugen «natürlich» wirkende, auf die Jahreszeit anspielende Namen. Der Vendémiaire etwa nahm Bezug auf die Weinernte (vendange), der folgende Monat, der Brumaire auf dichten Nebel (brume). Der Ventôse, der Wintermonat, fiel zum größeren Teil in den März, der Thermidor, der Wärmemonat, zu zwei Dritteln in den August. Die zwölf Monate des Revolutionskalenders hatten dreißig Tage und gliederten sich in drei Dekaden von jeweils zehn Tagen, was die höchst unpopuläre und weithin ignorierte Abschaffung des christlichen Sonntags in sich schloß. Die fehlenden fünf (in Schaltjahren sechs) Tage wurden als «Sanscullotides» dem letzten Monat, dem Fructidor (Fruchtmonat), angefügt, fielen also in die bisherige dritte Septemberwoche.

Der Bruch mit der vorangegangenen Geschichte war von hoher Symbolkraft: Das revolutionäre Frankreich bekundete vor aller Welt, daß es in einer anderen Zeit lebte als Völker, die sich noch immer von Monarchen, Klerus und Adel unterdrücken ließen. Der republikanische Kalender war zugleich ein bewußt provozierendes Stück Religionspolitik: Die Jakobiner erklärten den Übergang von der Monarchie zur Republik in Frankreich für eine tiefere historische Zäsur als die Geburt von Jesus, mit der das übrige Europa und der von Europa geprägte Teil der Welt eine neue Zeit beginnen ließen.

Über die richtige Antwort auf das Christentum waren die Jakobiner lange nicht einig. Es gab radikale Atheisten wie Hébert, die jede Art von Religion ablehnten, Verfechter religiöser Toleranz wie Danton und Anhänger einer neuen, entschiedenen antichristlichen Vernunftreligion wie Pierre-Gaspard Chaumette. Der letztere war maßgeblich beteiligt an jenem von der Stadt Paris veranstalteten Fest der Vernunft, das am 10. November 1793 erst in der Kathedrale Notre Dame und dann im Konvent zelebriert wurde: Eine schöne junge Schauspielerin, die rote Jakobinermütze auf dem Kopf, stellte die Göttin der Vernunft dar. Auf Vorschlag von Chaumette beschloß der Konvent noch am gleichen Tag, die ehemalige Hauptkirche von Paris zum Tempel der Vernunft zu machen.

Der überzeugte Deist Robespierre war ein entschiedener Gegner sowohl der gezielten Dechristianisierung wie, erst recht, des Atheismus. Worauf es ihm ankam, war die Durchsetzung einer «religion civile», wie Rousseau sie gepredigt hatte. Was immer die Menschen privat glauben mochten, entscheidend war für den «Unbestechlichen», daß es einen für alle verbindlichen Glauben an das höchste Wesen gab. Nur durch eine solche Zivilreligion konnte nach seiner Überzeugung die Liebe zur Freiheit, zur Republik, zum Vaterland in der Seele des Volkes dauerhaft verankert werden. Am 7. Mai 1794, dem 18. Floréal des Jahres II, legte Robespierre dem Wohlfahrtsausschuß ein Dekret vor, das dieser sogleich annahm. Darin hieß es, das französische Volk erkenne die Existenz Gottes und die Unsterblichkeit der Seele an. «Es erkennt, daß die des Höchsten Wesens würdige Art des Kultus in der Erfüllung der Pflichten des Menschen besteht.»

Das von Robespierre angeregte Fest zu Ehren des Höchsten Wesens fand am 20. Prairial des Jahres II (nach dem alten Kalender war es Pfingstmontag, der 8. Juni 1794) in den Tuileriengärten statt. Mit der Ausgestaltung der Feierlichkeiten hatte der Konvent den Maler Jacques-Louis David beauftragt. Über allen Balkonen hing die Trikolore, die blau-weiß-rote Fahne der Republik. Robespierre hielt eine predigtähnliche Ansprache, ließ sich von David eine Fackel reichen, entzündete damit eine Pappfigur, die den Atheismus darstellen sollte; aus ihrer Asche erhob sich sodann die (peinlicherweise etwas rauchgeschwärzte) Symbolfigur der Weisheit. Nach einer weiteren kurzen Rede Robespierres zog die Volksmenge durch die Stadt zum Marsfeld. Eine der choralartigen Hymnen, die eigens für diesen Tag gedichtet worden waren, endete mit den Worten des Chores: «Ehe wir unsere triumphierenden Schwerter niederlegen, schwören wir, das Verbrechen und die Tyrannei zu vernichten.»

Die ausführlichste Darlegung seiner Grundsätze trug Robespierre am 19. Pluviôse des Jahres II, dem 7. Februar 1794, dem Konvent vor. Das Ziel der Revolution sei der «friedliche Genuß der Freiheit und Gleichheit, deren Gesetze nicht in Stein und Marmor, sondern in die Herzen aller Menschen gemeißelt sind, selbst in das der Sklaven, der sie vergißt, und das des Tyrannen, der sie leugnet.» Die aus der Revolution hervorgegangene Ordnung nannte Robespierre eine Demokratie; er beschrieb sie als einen Staat, «in dem das Volk als Souverän unter Aufsicht seiner selbstverfaßten Gesetze all das tut, was in seiner Macht steht, und durch seine Vertreter alles tut, was es selbst nicht ausführen kann». Als Grundprinzip der demokratischen Volksregierung bezeichnete er die «öffentliche Tugend, die in Griechenland und Rom so viele Wunder hervorbrachte und die noch Erstaunlicheres hervorbringen wird, eine Tugend nämlich, die nichts anderes als die Liebe zum Vaterland und seinen Gesetzen ist».

Mit solchen Definitionen und Bekenntnissen ließ es aber Robespierre nicht bewenden. Da er die Revolution noch immer für bedroht
hielt, gab er die Parole aus: «Dem Volk gegenüber Vernunft, den Feinden des Volkes Terror ... Ohne Tugend ist der Terror verheerend, und
die Tugend ist ohne den Terror machtlos. Der Terror ist nichts anderes
als ein schnelles, strenges und unerbittliches Gericht, also eine Erweiterung der Tugend ... Bezwingt die Feinde der Freiheit durch Terror, und
ihr habt recht, denn ihr seid die Gründer der Republik. Die Revolutionsregierung ist der Despotismus der Freiheit gegen die Tyrannis.»

Wer Freund und Feind der Freiheit war: das bestimmte zwar nicht
Robespierre allein, aber er mehr als jedes andere Mitglied des Wohlfahrtsausschusses. Der «Despotismus der Freiheit» war vom Sommer
1793 bis zum Frühjahr 1794 immer unersättlicher geworden, und das
keineswegs infolge einer wachsenden inneren und äußeren Bedrohung.
Als Robespierre am 7. Februar 1794 seine Grundsatzrede über Tugend
und Terror hielt, gab es an der Selbstbehauptung der Revolution kaum
noch Zweifel. Das galt erst recht für den Sommer 1794, als die Koalitionstruppen aus Frankreich vertrieben wurden.

Zwei Tage nach dem Fest des Höchsten Wesen, am 10. Juni 1794,
dem 22. Prairial des Jahres II, passierte das Gesetz über den verschärften Terror, das die Phase der «Grande Terreur» einleitete, den anfangs
widerstrebenden Konvent. Das Gesetz beseitigte allen Rechtsschutz,
auch den der Mitglieder des Konvents, die der Wohlfahrtsausschuß bisher nur mit Zustimmung dieser Versammlung hatte verhaften können.
Fortan war das einzig und allein Sache des Wohlfahrtsausschusses, also
der Exekutive.

Robespierre hatte das Gesetz nur mit seinem engen Verbündeten
Couthon, ohne vorherige Absprache mit den anderen Mitgliedern des
Wohlfahrtsausschusses, eingebracht und damit scharfen Protest ausgelöst. Doch mit dieser letzten Ausweitung des Terrors überspannte er
den Bogen endgültig: Da er die Feinde der Revolution im Konvent pauschal verdächtigte, ohne Namen zu nennen, fühlten sich alle bedroht,
und das hatte Folgen. Die Konventskommissare Joseph Fouché und
Jean-Lambert Tallien, der Gründer des Revolutionsheeres, Lazare Carnot, außerdem Jean-Marie Collot d'Herbois, Hauptverantwortlicher
für die Massenhinrichtungen in Lyon, und Paul Barras, Abgeordneter
des Departement Var im Konvent und 1793 dessen Kommissar in Toulon, spielten Schlüsselrollen bei der Sammlung der Gegner des «Unbe-

stechlichen». In die Verschwörung wurden aber auch führende Abgeordnete des «Sumpfes» einbezogen, der noch immer über die Mehrheit im Konvent verfügte.

Am 9. Thermidor des Jahres II, dem 27. Juli 1794, wurde Robespierre im Konvent niedergeschrien, als «Tyrann» beschimpft und schließlich auf Grund eines einstimmigen Beschlusses, zusammen mit seinen Getreuen, darunter Couthon und Saint-Just, verhaftet. Eine Befreiung durch Truppen der Kommune konnte die «Patrioten» nicht mehr retten. Der Konvent reagierte mit ihrer Ächtung, was eine Hinrichtung ohne Prozeß und Urteil erlaubte. Ein Selbstmordversuch Robespierres, unmittelbar vor seiner zweiten Festnahme durch Truppen des Konvents, schlug fehl. Am 10. Thermidor des Jahres II, dem 28. Juli 1794, wurde er, ebenso wie Couthon, Saint-Just und 19 ihrer Anhänger, unter dem Jubel der Masse durch die Guillotine enthauptet. Von einem breiten Rückhalt für Robespierre bei den Sansculotten konnte im Juli 1794 keine Rede mehr sein.[25]

Die Beendigung der Schreckensherrschaft markierte noch nicht das Ende der Französischen Revolution, geschweige denn des Revolutionszeitalters, wohl aber der Phase der revolutionären Utopie. Saint-Just hatte in den Jahren 1793/94 seine Vorstellungen über die «Institutionen» des Revolutionsstaates zu Papier gebracht und darin eine radikale Verstaatlichung der Kindererziehung, eine rigorose Beschränkung des Fleischverbrauchs und eine Pflicht aller Erwachsenen zur Nennung ihrer jeweiligen Freunde vorgesehen. Hätte er dieses Programm verwirklichen können, wäre sein Frankreich zum ersten «totalitären» Staat der Geschichte geworden: ein System, das den ganzen Menschen für sich in Anspruch nahm und einen neuen Menschen hervorzubringen entschlossen war. Der Thermidor war eine Absage an solche Projekte. Aber es wäre voreilig gewesen, aus ihrem Scheitern im Frankreich der Jahre 1793/94 zu folgern, daß sie damit für alle Zukunft erledigt waren.

Daß die Französische Revolution im Frühherbst 1793 in ihre diktatorische Phase eingetreten war, ergab sich aus der inneren und äußeren Zwangslage, in die das Land geraten war. Mit den Mitteln der Gemäßigten war die Krise nicht zu bewältigen und die Revolution von 1789 nicht zu retten. Die Radikalen, die im Sommer 1793 an die Macht kamen, begnügten sich aber nicht damit, das Erreichte mit diktatorischen Mitteln zu verteidigen und weiterzuentwickeln. Ihre Kerngruppe benutzte den Terror, um eine Utopie zu verwirklichen.

Die Ströme von Blut, die dieses Experiment forderte, prägen das Bild der Französischen Revolution bis heute. Die meisten Zeitgenossen im übrigen Europa, die den Aufbruch von 1789 begrüßt hatten, zogen spätestens aus der Erfahrung der Jahre 1793/94 die Folgerung, daß sich eine *solche* Revolution nicht wiederholen durfte. Die Entwicklung Frankreichs in den Jahren 1789 bis 1794 bestätigte die gemäßigten Beobachter in ihrer Überzeugung, daß mit Reformen von oben den Völkern besser gedient war als mit dem Versuch der Selbstbefreiung. Und quer durch Europa mehrten sich im letzten Jahrzehnt des 18. Jahrhunderts die Stimmen derer, die den tieferen Grund des Terrors in der geistigen Bewegung sahen, auf die sich die Revolutionäre aller Schattierungen berufen hatten und weiter beriefen: der Aufklärung.

Doch es war nicht *die* Aufklärung, sondern nur eine bestimmte Richtung derselben, die in einem ursächlichen Zusammenhang mit der Schreckensherrschaft stand. Bei Rousseau war vieles von dem gedanklich angelegt, was Robespierre in die Tat umzusetzen versuchte. Wenn sich das Gemeinwohl nicht aus dem Ausgleich auseinanderstrebender Interessen ergab, sondern aus der überlegenen Einsicht eines obersten Gesetzgebers, dann durfte dieser auch dem Volk vorschreiben, was es vernünftigerweise wollen mußte. Bezeichnend für die Erben Rousseaus war ihr ungeschichtlicher Umgang mit der Geschichte. Als sich die Männer des Konvents, die Girondisten nicht weniger als die Jakobiner, zu wiedergeborenen Römern stilisierten und mit den beiden Volkstribunen aus der Familie der Gracchen, mit dem Ankläger der Anhänger des Verschwörers Catilina, dem jüngeren Cato, oder mit dem Cäsarmörder Brutus verglichen, sahen sie geflissentlich darüber hinweg, daß die römische Republik das war, was die Französische Republik nicht sein wollte: eine Sklavenhaltergesellschaft.

Unhistorisch war auch die Sicht des Fortschritts, die wir bei gemäßigten und radikalen Revolutionären gleichermaßen finden. Der Philosoph und Mathematiker Condorcet, der als girondistisches Mitglied des Konvents im März 1794 ins Gefängnis kam und sich dort zwei Tage nach seiner Einlieferung das Leben nahm (wenn er nicht, weniger wahrscheinlich, an Erschöpfung starb), lastete noch in seiner letzten, 1794 veröffentlichten Schrift über die Entwicklung der Fortschritte des menschlichen Geistes dem Christentum die Schuld am Untergang Roms und der gesamten antiken Wissenschaft und Philosophie an. Das Christentum war Condorcet zufolge wissenschafts- und freiheitsfeindlich, und was es im Okzident seit der Zeit der Kreuzzüge an Fortschritt gab, hatte dieser Religion in harten Kämpfen abgetrotzt werden müssen.

Was das Christentum zur Geschichte der Freiheit beigetragen hatte, blieb diesem Aufklärer verborgen. Wie Rousseau hatte auch Condorcet keinen Sinn für die freiheitsfördernde Kraft, die in der mittelalterlichen Trennung von geistlicher und weltlicher Gewalt lag. Condorcet war kein Außenseiter. Die Religionspolitik der Französischen Revolution stand, was den Anspruch auf den Primat des Staates angeht, in auffallender Kontinuität zum «Gallikanismus», dem Staatskirchentum der französischen Könige, und war darum vorzüglich geeignet, Tocquevilles These zu bestätigen, daß die Revolution in wesentlichen Bereichen das Werk des Absolutismus fortgesetzt habe. Die Kirchenpolitik von der Konstituante über die Legislative bis zum Konvent lief darauf hinaus, nicht nur die Kirche als Organisation, sondern den Glauben der Citoyens zu verstaatlichen. Robespierres «religion civile» stellte eine eher gemäßigte Erscheinungsform dieser Tendenz dar. Ein Fortschritt im Bewußtsein der Freiheit konnte aus einer solchen Entindividualisierung der Religion nicht erwachsen.

Den französischen Revolutionären war schwerlich bewußt, wie sehr sie selbst von christlichen Traditionen geprägt waren. Wenn sie bei den republikanischen Festen kirchliche Rituale nachahmten, empfanden sie dies als Ausdruck und Mittel einer Befreiung vom Christentum. Wenn sie sich zu Wächtern der Lebensführung der Bürgerinnen und Bürger machten, übernahmen sie eine Rolle, die bisher die Kirche ausgefüllt hatte. Doch nur wenige dürften sich Rechenschaft darüber abgelegt haben, daß Freiheit, Gleichheit, Brüderlichkeit Werte waren, die eine lange christliche Vorgeschichte hatten. Der Kampf gegen die überlieferte Religion war, so gesehen, *auch* ein Kampf gegen die verdrängten Ursprünge der Französischen Revolution.

Auch darum ließen sich die Ideen von 1789 durch den Terror der Jahre 1793/94 nicht widerlegen. Der Anspruch auf unveräußerliche Menschen- und Bürgerrechte, darunter das Recht des Volkes auf politische Selbstbestimmung, war, seit ihn 1776 die Amerikaner und 13 Jahre später die Franzosen erhoben hatten, nicht mehr aus der Welt zu schaffen. Aus dem Beispiel beider «atlantischen» Revolutionen ließ sich lernen. Die Vereinigten Staaten hatten es insofern leichter gehabt, als sie nur einen äußeren Feind, das koloniale Mutterland, bezwingen mußten. Für die revolutionären Franzosen ging es darum, sich gegenüber inneren *und* äußeren Feinden zu behaupten. Die Amerikaner verfügten, dank ihrer englischen Prägung, über Erfahrungen mit Gewaltenteilung, «checks and balances» und repräsentativer Demokratie, die Franzosen nicht. Wer die Freiheit nicht nur erobern, sondern dauerhaft sichern wollte, tat gut daran, den angelsächsischen Einsichten und einem französischen Aufklärer wie Montesquieu zu folgen, der sich an diesen Erkenntnissen orientierte.

Die Französische Revolution hatte in der Zeit ihrer stärksten Bedrohung ein Gefühl des Zusammenhalts hervorgebracht, von dem man vermuten durfte, daß es Nachahmer finden würde. Die Franzosen empfanden ihren Nationalismus als verträglich mit den Interessen der anderen europäischen Völker, ja sich selbst als Vorkämpfer der Befreiung des Menschengeschlechts. Folgerichtig konnte im Prinzip Franzose werden, wer sich glaubwürdig zu den Werten der Französischen Revolution bekannte. Die französische Sprache freilich, die Sprache der Menschenrechte, mußte, wer Bürger des revolutionären Frankreich sein wollte, beherrschen. Das galt nicht nur für Ausländer, der Konvent forderte dies Anfang 1794 auch von den Citoyens jener Departements, in denen nicht französisch, sondern bretonisch, baskisch, italienisch oder deutsch die Muttersprache war.

Das revolutionäre Frankreich wurde, indem es der Bindung an die Nation einen höheren Rang zusprach als anderen Bindungen, zur Pioniernation des modernen Nationalismus. Da die Aufklärung die Bindekraft der alten Autoritäten, der Kirche wie der Herrscher von Gottes Gnaden, in großen Teilen Europas erschüttert hatte, gab es auch andernorts ein Bedürfnis nach neuen Formen des Zusammenhalts. Die Frage war, ob sich der Nationalismus auch jenseits der französischen Grenzen mit dem Bekenntnis zu den Menschen- und Bürgerrechten verbinden oder auf rein nationale Werte wie die eigene Sprache und Kultur berufen würde.

Offen war im ersten Jahrzehnt nach 1789 auch, ob andere Länder einen ähnlich radikalen Bruch mit dem Christentum wie Frankreich vollziehen oder eine Verbindung von Nationalgefühl und überkommener Religion anstreben würden. Sicher war nur, daß die Umwälzungen, die Frankreich zwischen 1789 und 1794 erlebt hatte und die noch längst nicht abgeschlossen waren, eine tiefe Zäsur für ganz Europa bildeten: Der alte Kontinent befand sich in einer Zeit des tiefgreifenden geistigen, gesellschaftlichen und politischen Umbruchs, dessen Ende nicht abzusehen war.[26]

Prekäre Stabilisierung: Thermidor und Direktorium

Verglichen mit dem ersten Jahrfünft der Revolution verlief das zweite Jahrfünft, die Zeit des Thermidor, weniger dramatisch. Doch von einer wirklichen Stabilisierung oder gar einer Rückkehr zur Normalität konnte keine Rede sein. Mit dem Sturz Robespierres endete der Terror als System, nicht der Terror an sich. Es gab auch danach noch regionale Bürgerkriege wie den der «Chouans» in der Bretagne und den «weißen Terror» gegen Jakobiner und Sansculotten. Im November 1794 ließ der Konvent den Jakobinerclub schließen. Im Dezember kehrten die Girondisten in den Konvent zurück. Im gleichen Monat wurden Carrier, der Hauptverantwortliche der «noyades» von Nantes, durch die Guillotine hingerichtet und die Zwangsbewirtschaftung der Lebensmittel in Gestalt der Maximumgesetze aufgehoben.

Im Jahr 1795 erlebte Frankreich mehrere Umsturzversuche: im April und Mai erst den Germinal-, dann den Prairial-Aufstand der Sansculotten, im Oktober schließlich den Vendémiaire-Aufstand bürgerlicher, aristokratischer und royalistischer Kräfte. Alle Erhebungen wurden rasch niedergeworfen, am blutigsten die vom Herbst: Im Auftrag des Konvents ließ der aus Korsika stammende, damals sechsundzwanzigjährige General Napoleon Bonaparte, der bei der Eroberung von Toulon im Dezember 1793 eine ruhmreiche Rolle gespielt hatte, am 5. Oktober 1795 die bewaffneten Rebellen an den Tuilerien mit Kanonen niederschießen. Kurz darauf wurde der Sieger des Vendémiaire zum Oberbefehlshaber des Innern ernannt: eine Position, die Bonaparte für seine weitere Karriere zu nutzen verstand.

In das zweite Jahr des Thermidor fallen auch eine Art Toleranzedikt zugunsten der katholischen Kirche, die Abschaffung des Revolutionstribunals und die Verabschiedung einer neuen Verfassung, die an die Stelle der am 10. August 1793 verkündeten, aber niemals in Kraft getretenen Verfassung trat. Die Verfassung vom 5. Fructidor des Jahres III, nach altem Kalender vom 22. August 1795, war ein durch und durch bürgerliches Dokument. Sie enthielt einen Katalog rechtsstaatlicher Sicherungen, darunter ein striktes Verbot rückwirkender Gesetze, und führte wieder, wie schon ihre Vorvorgängerin von 1791, ein Zensuswahlrecht ein. Anders als vier Jahre zuvor wurden die Volksvertreter aber nicht direkt, sondern indirekt, von Wahlversammlungen (Assemblées électorales), gewählt, die ihrerseits aus Urversammlungen (Assemblées primaires) hervorgingen. Der gesetzgebende Körper bestand aus zwei Kammern, dem Rat der 500 (Conseil des Cinq-Cents), der das Recht der Gesetzesinitiative hatte, und dem Rat der Alten (Conseil des Anciens), der die Beschlüsse des Rates der 500 zu genehmigen oder zu verwerfen hatte. Dem gesetzgebenden Körper stand als Exekutive ein fünfköpfiges Direktorium gegenüber. Seine Mitglieder wurden vom Rat der Alten aus einer Liste mit 50 Namen ausgewählt, die der Rat der 500 vorzulegen hatte. Dem Direktorium waren als Erfüllungsgehilfen Minister untergeordnet, die jederzeit ihres Amtes wieder enthoben werden konnten.

Die Direktorialverfassung schien der Maxime Montesquieus zu folgen, wonach die Macht nur durch die Macht gebändigt werden kann: «Le pouvoir arrête le pouvoir.» Doch die Gewaltenteilung des Jahres III war schlecht durchdacht. Sie trennte, wie Crane Brinton bemerkt, «die exekutive von der legislativen Gewalt so vollständig, daß eine ständige Rivalität zwischen dem Direktorium und den Kammern unvermeidlich und ein wirksames Zusammenarbeiten nahezu unmöglich war». Die Folge war eine institutionelle Dauerkrise, die den Keim zu gewaltsamen Konfliktlösungen in sich trug.

Die erste große Herausforderung des Direktorialsystems ging von der äußersten Linken aus: Es war die legendäre «Verschwörung der Gleichen» um François Noël («Gracchus») Babeuf, der nichts Geringeres anstrebte als die vollständige Abschaffung des Privateigentums an den Produktionsmitteln und die Errichtung einer kommunistischen Gesellschaft. Das Nahziel Babeufs, der Sturz des Direktoriums und die Wiederherstellung der Verfassung von 1793, war nicht ganz so utopisch: Die Abschaffung des Assignatenpapiergeldes im Februar 1796 hatte die Preise in schwindelerregende Höhen getrieben, was zu massenhafter sozialer Unzufriedenheit führte. Den Umsturz der bestehenden Ordnung konnte freilich nach Babeufs Überzeugung nicht das Volk, sondern nur eine zur revolutionären Tat entschlossene Minderheit bewirken: ein Vorhaben, das schon deshalb fehlschlug, weil das Direktorium durch Polizeispitzel über die Verschwörung bestens informiert war.

Der Verhaftung Babeufs und seiner Getreuen am 10. Mai 1796 folgten im September eine rasch niedergeschlagene Erhebung von Jakobinern und Babouvisten und im Februar 1797 ein Prozeß vor dem Obersten Gericht, der sich über drei Monate hinzog. Er endete am 26. Mai 1797 mit Todesurteilen für Babeuf und seinen Mitverschwörer Darthé, der Verurteilung von sieben anderen Beschuldigten, darunter dem früheren Kommissar des Wohlfahrtsausschusses für Korsika, Philippe Michele Buonarroti, zur Deportation und der Freilassung von 56 weiteren Angeklagten. Babeuf und Darthé versuchten sich nach der Urteilsverkündung gegenseitig zu erdolchen. Der Versuch mißlang. Am folgenden Tag, dem 27. Mai 1797, wurden beide auf dem Vendôme-Platz guillotiniert.

Die «Verschwörung der Gleichen» war, weil ihr der gesellschaftliche Rückhalt fehlte, nur eine Episode in der Geschichte der Französischen Revolution. Babeufs Ideen von der kommunistischen Gesellschaft und der Diktatur einer revolutionären Avantgarde aber wirkten fort. Dafür sorgte vor allem eine Schrift unter dem Titel «Verschwörung der Gleichheit, genannt die von Babeuf», die Buonarroti 1828 in Brüssel veröffentlichte. Sie rief auch das «Manifest der Gleichen» in Erinnerung, das Sylvain Maréchal, ein führendes Mitglied der Verschwörung, im Mai 1796 verfaßt hatte. Es enthielt den bedeutungsschweren Satz: «Die Französische Revolution ist nur die Vorläuferin einer viel größeren, viel ernsteren Revolution, die die letzte sein wird. (La révolution française n'est que l'avant-courière d'une autre révolution bien plus grande, bien plus solennelle, et qui sera la dernière).» Maréchals These inspirierte viele revolutionäre Geister des 19. und des frühen 20. Jahrhunderts – von dem französischen Revolutionär und Theoretiker des bewaffneten Aufstands Auguste Blanqui über den deutschen Philosophen und Begründer des «Wissenschaftlichen Sozialismus» Karl Marx bis zu Wladimir Iljitsch Uljanow, genannt Lenin, dem Führer der russischen Bolschewiki.

Die Bedrohung von links, in Form der «Verschwörung der Gleichen», war bereits beseitigt, als sich die gemäßigten Republikaner im Direktorium genötigt sahen, gegen ein Komplott der Rechten vorzugehen, die sich seit den Wahlen vom Frühjahr 1797 eines starken Rückhalts in den Kammern erfreute. An der Verschwörung beteiligt waren Royalisten wie der General Charles Pichegru, der zu dieser Zeit bereits im Sold des britischen Premierministers Pitt und der Bourbonen stand, und nach rechts gerückte Republikaner wie Carnot und Barthélemy, die beide dem Direktorium angehörten. Mit der Rückendeckung des Militärs erzwang die Mehrheit des Direktoriums am 4. September 1797, dem Fructidor-Staatsstreich, eine Säuberung der beiden Kammern: Die Wahlen in 49 Departements wurden für ungültig erklärt, 172 Abgeordneten das Mandat aberkannt, 65 Personen nach Guayana, der sogenannten «trockenen Guillotine», deportiert; mehrere Parlamentarier legten ihr Mandat «freiwillig» nieder. Es folgten scharfe Maßnahmen gegen die oppositionelle Presse, die zurückgekehrten Emigranten und die katholische Kirche: 1800 Priester wurden nach Guayana deportiert und alle Adligen zu Ausländern erklärt.

Der Fructidor-Staatsstreich war der erste von insgesamt drei Staatsstreichen der Direktorialzeit. Der zweite war der vom Floréal des Jahres VI, dem 15. Februar 1798: Da aus neuerlichen Kammerwahlen viele Jakobiner als Sieger hervorgegangen waren, ließ das Direktorium durch einen Ausschuß die Wahl von über hundert Abgeordneten annullieren und über 50 von ihnen durch Bewerber ersetzen, die weniger Stimmen erhalten hatten.

Der dritte Staatsstreich war der vom 30. Prairial des Jahres VII, dem 18. Juni 1799. Diesmal putschten die Kammern gegen die Diktatur des Direktoriums, wie sie aus dem Fructidor-Staatsstreich hervorgegangen war. Dem neuen Direktorium gehörten der ehemalige Abbé Sieyès und drei Jakobiner, darunter einer der Hauptakteure des 9. Thermidor, Paul Barras, an. Unter den ersten Maßnahmen der Prairial-Regierung waren eine Zwangsanleihe, die nur die Reichen belastete, und ein Gesetz, das den Behörden das Recht einräumte, die Verwandten von emigrierten Adligen und alle irgendwie Verdächtigten als Geiseln zu behandeln und gefangenzusetzen. Die Furcht vor einer neuen Schreckensherrschaft war weitverbreitet und begründet. Sie veranlaßte die gemäßigten Kräfte, sich verstärkt um einen Machtfaktor zu bemühen, von dem man wußte, daß er der ständigen innenpolitischen Krisen ebenfalls überdrüssig war: das Militär.

Seiner Armee verdankte das revolutionäre Frankreich die spektakulärsten Erfolge der Direktorialzeit: Im Herbst 1794 wurde das Rheinland, im Januar 1795 Holland erobert. Kurz darauf schied Preußen aus dem Ersten Koalitionskrieg aus, um seine Kräfte ganz auf die bevorstehende Teilung Polens konzentrieren zu können. Im Sonderfrieden von Basel, der Immanuel Kant den Anstoß zu seiner Schrift «Zum ewigen Frieden» gab, verzichtete Preußen am 5. April 1795 faktisch auf seine linksrheinischen Besitzungen; Frankreichs Gegenleistung bestand in der Zustimmung zur Neutralisierung Norddeutschlands, das damit preußischer Führung unterstellt wurde. Außerdem sollte der Hohenzollernstaat rechts des Rheins entschädigt werden, wenn es Frankreich gelang, sich in einem Friedensvertrag mit dem Reich den Besitz des linken Rheinufers bestätigen zu lassen. Ebenfalls in Basel wurde ein Vierteljahr später, am 23. Juli 1795, ein Sonderfriede mit Spanien abgeschlossen. Frankreich zog seine Truppen aus dem von ihm eroberten Teil Spaniens ab und erhielt dafür Santo Domingo, den spanischen Teil der ansonsten französischen Insel Haiti.

Der Baseler Friede versetzte Frankreich in die Lage, Österreich sowohl in Süddeutschland als auch in Oberitalien anzugreifen. Aus dem Süden Deutschlands konnten die habsburgischen Truppen die Franzosen 1796 zeitweilig vertreiben. Südlich der Alpen aber errang Napoleon Bonaparte im gleichen Jahr eine Reihe von strahlenden Siegen, die zunächst den König von Sardinien und Papst Pius VI., im Jahr darauf auch Österreich zu Friedensschlüssen nötigten. Zur französischen Kriegsbeute gehörten Nizza und Savoyen. Im Frieden von Campoformio stimmte Österreich im Oktober 1797 der Abtretung des linken Rheinufers an Frankreich zu, das damit den Anspruch auf seine «natürlichen Grenzen» durchsetzen konnte; Wien verzichtete zudem auf Belgien und die Lombardei, wofür es mit Venedig entschädigt wurde. Große Teile der von Frankreich eroberten italienischen Gebiete wurden in der Cisalpinischen und Ligurischen Republik zusammengefaßt. Anfang 1798 folgten nach der Besetzung Roms die Gründung einer Römischen (oder Tiberinischen) Republik und nach einer Invasion in der Schweiz die Proklamation der Helvetischen Republik: französischer Protektorate, die ebenso wie die direkten Annexionen Frankreichs das Gleichgewicht in Europa zugunsten der neuen revolutionären Großmacht veränderten.

Der Friede von Campoformio bedeutete das Ende des Ersten Koalitionskrieges. Doch der Krieg zwischen England und Frankreich ging weiter. Eine Landung auf der anderen Seite des Ärmelkanals hielt Bonaparte, seit Oktober 1797 Oberkommandierender der Englandarmee, angesichts der Überlegenheit Großbritanniens zur See für allzu riskant. Erfolgversprechend erschien ihm dagegen eine Alternative, für die er das Direktorium gewann: eine Expedition nach Ägypten, das nominell einen Teil des Osmanischen Reiches bildete. Das Pariser Kalkül war klar: Wenn Frankreich erst den Landweg nach Indien kontrollierte, würde der Zusammenbruch des britischen Empires nicht lange auf sich warten lassen. Tatsächlich konnte der General den Truppen der in Ägypten herrschenden Mamelucken in der Schlacht bei den Pyramiden eine Niederlage bereiten und Ende 1798 in Kairo einziehen. Wenige Tage später aber vernichteten englische Seestreitkräfte unter Admiral Nelson die französische Flotte bei Abukir. Die Truppen Bonapartes waren damit von der Heimat abgeschnitten, und was auf lange Sicht noch wichtiger war: England hatte den Grund für seine Vorherrschaft im Mittelmeer gelegt.

In den Monaten nach Abukir bildete sich auf Betreiben Pitts die Zweite Koalition gegen Frankreich, getragen von England, Rußland, Österreich, Spanien, Portugal, Neapel und der Türkei, heraus. Seit März 1799 befand sich Europa wieder im Krieg. Österreicher und Russen brachten den Franzosen in Süddeutschland, der Schweiz und Italien schwere Niederlagen bei; die von Frankreich ins Leben gerufenen Republiken, unter ihnen auch die erst im Januar 1799 proklamierte Napolitanische oder Parthenopëische Republik, brachen zusammen. Doch schon im September wendete sich das Blatt. Die Revolutionstruppen errangen wieder Erfolge über die Verbündeten, wobei der Sieg bei Zürich am 27. September 1799 entscheidend war. Im Monat darauf kündigte Zar Paul I., erbittert über das eigenmächtige Vorgehen der Österreicher in Italien, das Bündnis auf und befahl seinen Truppen die Rückkehr nach Rußland.

Napoleon Bonaparte hatte zu diesem Zeitpunkt bereits Ägypten und die eigene Armee in Richtung Frankreich verlassen. Am 9. Oktober 1799 landete er in Fréjus. Als er eine Woche später in Paris eintraf, konnte er sich seiner Beliebtheit sicher sein: Auf allen Stationen seines Weges war er mit Jubel empfangen und als Held gefeiert worden. Für antijakobinisch gesinnte Politiker wie die Mitglieder des Direktoriums Emmanuel Joseph Sieyès und den aus dem amerikanischen Exil zurückgekehrten Charles Maurice de Talleyrand, die von der Notwendigkeit eines Regimewechsels seit längerem überzeugt waren, kam Bonaparte wie gerufen. Da er das Militär hinter sich hatte, erschien der populäre General geradezu vom Schicksal berufen, das krisengeschüttelte Direktorialsystem zu beseitigen. Wenn der Staatsstreich gelingen sollte, dann nur mit ihm an der Spitze: So sah es bald auch Napoleon Bonaparte selbst.

Als Begründung für den Coup diente den Verschwörern um Sieyès die Behauptung von einem unmittelbar bevorstehenden Umsturzversuch der Jakobiner. Das Direktorium sollte von einer provisorischen Regierung von drei Konsuln, nämlich Bonaparte, Sieyès und Roger Ducos, abgelöst werden, das Parlament seinen Sitz vorübergehend nach Saint-Cloud vor den Toren von Paris verlegen. Am 18. Brumaire des Jahres VIII, dem 9. November 1799, war es soweit. Drei der fünf Direktoren stimmten der Auflösung des Direktoriums zu; die beiden widerstrebenden Mitglieder wurden unter Hausarrest gestellt, die beiden Kammern spielten zunächst ebenfalls mit, wurden aber am folgenden Tag angesichts der in Saint-Cloud zusammengezogenen Truppen mißtrauisch. Eine überaus ungeschickte, provozierend und teilweise wirr wirkende Rede, die Napoleon Bonaparte im Rat der 500 hielt, bestärkte viele Abgeordnete in ihrem Argwohn. Ein Tumult brach aus; zahlreiche Mitglieder der Versammlung riefen «Nieder mit dem Diktator! Nieder mit dem Tyrannen!»; der General wurde hin und her gestoßen und schließlich, einer Ohnmacht nahe, von einigen seiner Anhänger aus dem Saal gebracht.

Hätte der Präsident der zweiten Kammer, Napoleons Bruder Lucien Bonaparte, nicht geistesgegenwärtig die Sitzung unterbrochen, wäre der Putsch am 10. November vermutlich gescheitert. Die Aufhebung der Sitzung gab dem Präsidenten des Rats der 500 die Chance, den Saal durch Truppen räumen zu lassen. Die militärische Aktion, die die Verschwörer hatten vermeiden wollen, verlief unblutig. Auf Betreiben von Lucien Bonaparte verschafften sich die Verschwörer sodann den Schein der Legalität: Nicht nur der Rat der Alten, sondern auch eine eingeschüchterte Rumpfversammlung des Rates der 500 stimmte der Einsetzung der provisorischen Regierung und der Vertagung der beiden Kammern bis zum 20. Februar 1800 zu. Die Rolle des *primus inter pares* unter den drei provisorischen Konsuln forderte Napoleon Bonaparte für sich, und weder Sieyès noch Roger Ducos machten ihm diesen Anspruch streitig.

Auch in den Jahren zuvor hatte das Militär in innere Machtkämpfe eingegriffen. Aber am 18. Brumaire war dies anders. Die bewaffnete Macht trat nicht wie bei der Niederschlagung des Vendémiaire-Aufstandes von 1795 als Herrschaftsinstrument einer zivilen Regierung in Erscheinung, sie übernahm, in der Person Napoleon Bonapartes, selbst die Herrschaft. Die Politiker, die sich mit dem korsischen Offizier verbündet hatten, standen für ein bürgerliches Frankreich, das die Früchte der Revolution in voller Rechtssicherheit genießen wollte. Zu diesen Früchten gehörte auch der ehedem adlige oder kirchliche Grundbesitz, der in den ersten Jahren der Revolution in Nationalgüter umgewandelt und während der Inflation der Thermidorzeit von vermögenden Bourgeois aufgekauft worden war. Diesen Besitz vor Übergriffen der eigentumslosen Unterschichten zu sichern war den wohlhabenden Teilen des Tiers-état mittlerweile wichtiger als die unmittelbare Ausübung politischer Macht.

Die Gesellschaft, der Sicherheit über alles ging, war ein Ergebnis der Schreckensherrschaft *und* des Thermidor. Da das Direktorialsystem mit seinen Wahlmanipulationen und Staatsstreichen dieses Bedürfnis nicht wirksam befriedigen konnte, mußte das Militär in die Bresche springen. Da an seiner Spitze ein volkstümlicher, mit dem Nimbus des Siegers ausgestatteter General stand, der sich in früheren Jahren sogar den Jakobinern angeschlossen hatte, konnte die neue Ordnung mit einem breiteren Rückhalt in der Gesellschaft rechnen, als ihn die kurzlebigen Direktorialregierungen gehabt hatten. Was sich im November 1799 vollzog, entsprach damit ganz der Vorhersage Edmund Burkes in seinen «Betrachtungen über die Revolution in Frankreich»: Aus den revolutionären Machtkämpfen werde das Militär als Sieger hervorgehen – an seiner Spitze ein politischer Heerführer, der nicht nur die Armee kommandierte, sondern die Gesetzgebung und den Staat insgesamt beherrschte.[27]

Vom Ersten Konsul zum Kaiser: Napoleon Bonaparte

Mit dem 18. Brumaire begann eine neue Ära: die napoleonische Zeit. Sie dauerte fast sechzehn Jahre, bis zum endgültigen Sturz Napoleons im Jahre 1815, und veränderte Europa radikaler als irgendein Ereignis seit der Reformation. Napoleon war am 15. August 1769 als Napoleon Buonaparte in Ajaccio geboren worden; die italienische Schreibweise legte er erst 1796, nach seiner Heirat mit Joséphine de Beauharnais, zugunsten des weniger fremdländisch klingen Namens «Bonaparte» ab. Zum Zeitpunkt seiner Geburt lag der Vertrag, durch den Genua Korsika an Frankreich abgetreten hatte, erst etwas über ein Jahr und die entscheidende Niederlage der korsischen Unabhängigkeitsbewegung gerade einmal drei Monate zurück.

Der Vater, ein Advokat, der 1769 von der korsischen auf die französische Seite übergewechselt war, schickte Napoleon im Alter von neun Jahren auf ein Collège nach Autun. 1779 begann seine Ausbildung an französischen Militärschulen, zuerst in Brienne, dann in Paris. Als die Revolution ausbrach, war er Sekondeleutnant und der Selbsteinschätzung nach immer noch mehr Korse als Franzose. 1793 überwarf er sich mit der korsischen Unabhängigkeitsbewegung und schloß sich den Jakobinern an. Bei der Belagerung und Eroberung von Toulon kommandierte er, mittlerweile Hauptmann, im Auftrag des Konvents die Artillerie.

Napoleon gehört zu jenen historischen Gestalten, von denen man mit Fug und Recht behaupten kann, daß die Weltgeschichte ohne sie einen anderen Verlauf genommen hätte. Um seine Zeit prägen zu können, mußte sich die Zeit in ihm verdichten. Das neue, aus der Revolution hervorgegangene Frankreich strebte nach Anerkennung durch alle Welt. Napoleon war die Verkörperung dieses Wunsches. Anerkennung brauchte er als junger Offizier schon deshalb, weil es sich durchaus nicht von selbst verstand, daß ein Anhänger der korsischen Freiheitsbewegung sich in der Zeit des Terrors in einen radikalen französischen Patrioten verwandelte. Um Anerkennung ging es auch, nachdem er 1797 in den Besitz der politischen Macht gelangt war. Nichts sprach am 18. Brumaire dafür, daß ein Mann von seinem Ehrgeiz über längere Zeit hinweg sich damit begnügen würde, primus inter pares in einem Triumvirat zu sein. Ebenso unwahrscheinlich war es, daß er, der ganz Europa beeindrucken wollte, sich mit dem Titel eines Konsuls auf Lebenszeit begnügen würde.

Am 26. Juni 1813, als seine kometenhafte Laufbahn sich bereits ihrem Ende zuneigte, offenbarte Napoleon dem leitenden österreichischen Staatsmann, dem Fürsten Metternich, bei einem Treffen in Dresden, was seinem rastlosen Streben nach Ausweitung der französischen und der eigenen Macht zugrunde lag: das Bewußtsein fehlender Legitimität. «Eure Herrscher», erklärte der Emporkömmling dem Vertreter der alten Großmacht, «geboren auf dem Thron, können sich zwanzigmal schlagen lassen und doch immer wieder in ihre Residenzen zurückkehren; das kann ich nicht, ich, der Sohn des Glücks. Meine Herrschaft würde den Tag nicht überdauern, an dem ich aufgehört habe, stark und folglich gefürchtet zu sein.»[28] Napoleon Bonaparte war noch keine fünf Wochen im Amt des faktischen Chefs der provisorischen Regierung, als er am 13. Dezember 1799 von Kommissionen der beiden Kammern eine Verfassung beschließen ließ, die so auf ihn zugeschnitten war, daß er und nur er die Rolle des konstitutionellen Diktators ausüben konnte. Der auf zehn Jahre gewählte Erste Konsul Napoleon Bonaparte (die Verfassung nannte seinen Namen ausdrücklich) hatte die alleinige Gesetzgebungsinitiative; er ernannte die Minister, die Gesandten, die höheren Beamten und die meisten Richter. Die beiden anderen Konsuln (es waren nicht mehr Sieyès und Roger Ducos, sondern die namentlich genannten Jean Jacques Cambacérès und Charles François Lebrun) hatten lediglich beratende Aufgaben. Die gesetzgebende Gewalt lag bei zwei Kammern: dem Tribunat, der die Vorlagen des Ersten Konsuls beriet, und dem Gesetzgebenden Körper, der sie beschloß.

Die Mitglieder der Kammer wurden von einem «Erhaltungssenat» (Sénat conservateur) auf Grund von Kandidatenlisten ausgewählt, die in einem mehrfach abgestuften, indirekten Verfahren aus allgemeinen Wahlen hervorgingen (wobei, abgesehen von den Frauen, nur Bankrotteure und Lohndiener nicht wahlberechtigt waren). Der Senat selbst war eine Notablenversammlung, die zu drei Vierteln vom Ersten Konsul ernannt wurde, zu einem Viertel ihre Mitglieder kooptierte. Den Konsuln stand ein Staatsrat zur Seite, der die Gesetze und Verordnungen vorbereitete. Für den Vollzug waren Minister zuständig. Die Bürgerrechte beschränkten sich auf das Petitionsrecht, den Schutz des Eigentums sowie den Schutz vor willkürlichen Verhaftungen und nächtlichen Hausdurchsuchungen.

Am 25. Dezember 1799 wurde die Verfassung verkündet, obwohl das Plebiszit über sie zu diesem Zeitpunkt noch gar nicht abgeschlossen war. Das Anfang Februar 1800 verkündete Ergebnis war von Innenminister Lucien Bonaparte im Sinne seines Bruders, des Ersten Konsuls, kräftig aufgerundet worden. Demnach hatten von 5 Millionen Wählern über 3 Millionen mit Ja und nur 1562 mit Nein gestimmt. Auffallend war die hohe Zahl der Enthaltungen. Daß eine Mehrheit der Franzosen den vollendeten Tatsachen und damit der politischen Entmündigung des Volkes zugestimmt hatte, war nicht zweifelhaft. Von einer begeisterten Unterstützung für Napoleon Bonaparte konnte um die Jahreswende 1799/1800 aber noch keine Rede sein.

Um sich in den Augen der Franzosen zu legitimieren, mußte Bonaparte Erfolge aufweisen, und darauf brauchte das Land nicht lange zu

warten. Der Erste Konsul führte eine straff zentralistische Verwaltungsreform durch, sanierte die Finanzen und sorgte, was seinem Ansehen in
den Unterschichten besonders förderlich war, für stabile Brotpreise. Im
Interesse der nationalen Versöhnung veranlaßte er bereits Ende Dezember 1799 eine großzügige Amnestie für die Rebellen der Vendée. In den
Genuß einer Amnestie kamen im April 1802 auch die meisten Emigranten, soweit sie einen Treueid auf die Republik leisteten. Bonaparte ermöglichte auf diese Weise vielen Adligen und Geistlichen die Rückkehr
nach Frankreich.

Dem inneren Ausgleich diente auch das im gleichen Monat, dem
April 1802, in Kraft getretene Konkordat mit dem Papst. Die Kirche
verzichtete darin auf die Rückgabe der Kirchengüter, der Staat sagte
eine angemessene Besoldung des Klerus zu. Der Erste Konsul ernannte
die Bischöfe, die kanonische Weihe aber erhielten sie vom Papst. Ein
Treueid verpflichtete die Bischöfe, nichts gegen die Regierung zu unternehmen und dieser alles mitzuteilen, was der Kirche über staatsfeind-
liche Umtriebe bekannt wurde. Politische Opposition wurde auch
außerhalb der Kirche nicht geduldet. Schon Anfang 1800 waren vier
Fünftel aller Pariser Zeitungen verboten worden; die verbliebenen Blätter unterlagen einer strengen Zensur. Royalisten und Jakobiner ließ der
Erste Konsul über das dichte Spitzelnetz seines Polizeiministers Fouché,
eines der Hauptverantwortlichen für die Massenhinrichtungen in Lyon
im Oktober 1793, überwachen; aktiver Widerstand hatte, je nach der
Schwere des Falles, Haft, Deportation oder Guillotinierung zur Folge.

Für das Selbstbewußtsein der Franzosen war das Gefühl wiederge-
wonnener Ruhe im Innern wichtig. Mindestens ebenso wichtig aber
waren militärische Erfolge im Kampf gegen die Verbündeten. Im Jahre
1800 erfochten die französischen Truppen eine Reihe von Siegen über
die Österreicher, darunter den von Marengo am 14. Juni unter Napoleons Führung. Die Folge war, daß sich das Habsburgerreich im Februar
1801 genötigt sah, in den Frieden von Lunéville einzuwilligen. Er bestätigte im wesentlichen, worauf sich beide Mächte bereits im Oktober
1797 im Frieden von Campoformio verständigt hatten: Kaiser Franz II.
verzichtete auch im Namen des Reiches zugunsten Frankreichs auf das
linke Rheinufer, außerdem auf Belgien und die Lombardei; er erkannte
die Holländische («Batavische»), die Helvetische, die Cisalpinische und
die Ligurische Republik an. Im März 1802 folgte nach langwierigen
Verhandlungen der Friede von Amiens mit England. Die Briten verzich-

teten auf die Inseln in der Karibik, die sie Frankreich in den Kriegs-
jahren abgenommen hatten; Ägypten sollte dem Osmanischen Reich,
Malta dem Johanniterorden zurückgegeben werden.

Damit endete nach vier Jahren der zweite Koalitionskrieg. Der
Erste Konsul hätte stolz und zufrieden sein können. Er hatte Ziele
erreicht, die schon Staatsmänner und Könige des Ancien régime wie
Richelieu und Ludwig XIV. angestrebt hatten: die als «natürlich» betrachtete Grenze am Rhein und die unbestrittene Hegemonie über den
europäischen Kontinent. Nur zur See gab es noch eine überlegene
Macht, England, und eben damit wollte sich Napoleon Bonaparte
nicht abfinden. «Sein Dämon ließ ihn keine weitere, ebenbürtige
Macht dulden», schreibt Johannes Willms in seiner 2005 erschienenen
Biographie Napoleons. «Deshalb wurde auch der Friede von Amiens
wie schon der von Lunéville nur ein Waffenstillstand, eine letzte Atem-
pause, bevor er den Krieg anzettelte, der ihm jene ‹Universalmonarchie› bescheren sollte, die offenbar sein Denken und Streben schon
immer beherrscht hatte.»

Innenpolitisch ließ sich der Erfolg der beiden Friedensschlüsse treff-
lich nutzen. Im Mai 1802 setzte Napoleon Bonaparte gegen Widerstände im Staatsrat, im Tribunal und im Gesetzgebenden Körper eine
Einrichtung durch, mit der er bewußt an aristokratische Traditionen
der Monarchie anknüpfte: die Ehrenlegion. Wer in sie aufgenommen
wurde, und das waren zunächst vor allem Offiziere, erhielt damit den
höchsten Orden der Republik und durfte sich zur Elite der Nation
rechnen. Im gleichen Monat entschied sich Bonaparte, den Franzosen
in einem Plebiszit die Frage vorzulegen, ob sie ihn als Konsul auf Lebenszeit haben wollten. Bei einer Wahlbeteiligung von rund 40 Prozent
sprachen sich über 3,5 Millionen Stimmberechtigte dafür und nur
etwas über 8000 dagegen aus.

Die Proklamation zum Konsul auf Lebenszeit am 3. August 1802
wurde tags darauf durch einen Senatsbeschluß («Sénatus-consulte»)
ergänzt, der tatsächlich auf eine neue Verfassung hinauslief. Sie sah
vor, daß in die neu geschaffenen Wahlkollegien auf der Ebene von Kantonen, Arrondissements und Departements nur vermögende Bürger,
und zwar auf Lebenszeit, gewählt werden konnten. Diese Notabeln
repräsentierten fortan die französische Gesellschaft. Die besitzlosen
Unterschichten waren von jeder Art wirksamer Mitbestimmung ausgeschlossen.

Vom Prinzip der Volkssouveränität blieb damit, abgesehen von den Plebisziten, so gut wie nichts mehr übrig. Die neue Verfassung schränkte die Rechte von Tribunal und Gesetzgebendem Körper drastisch ein und erweiterte die Machtbefugnisse des Ersten Konsuls. Er allein durfte künftig die Mitglieder des Senats ernennen und über einen Sénatus-consulte eine Änderung der Verfassung herbeiführen. Eine der wichtigsten Bestimmungen des Senatsbeschlusses vom 4. August 1802 gab dem Ersten Konsul das Recht, dem Senat einen Bürger als seinen Nachfolger zu präsentieren. Eine quasimonarchische Erbfolge innerhalb der Familie Bonaparte nahm dieser Artikel nicht vorweg, aber er machte sie möglich. Von den staatsrechtlichen Ideen der Französischen Revolution hatte sich der Urheber des Sénatus-consulte, der Erste Konsul Napoleon Bonaparte, offenkundig definitiv losgesagt.

Das bedeutendste gesetzgeberische Vorhaben des Ersten Konsuls war dagegen weithin dem Geist von 1789 verpflichtet: der Code Civil, auch Code Napoléon genannt. Das 1804 veröffentlichte Bürgerliche Gesetzbuch schrieb die Gleichheit vor dem Gesetz, den Schutz des erworbenen Eigentums, die Vertragsfreiheit und die Trennung von Staat und Kirche in einer sprachlichen und gedanklichen Klarheit fest, die es rechtfertigte, von einem Jahrhundertwerk zu sprechen. Das gilt auch dann, wenn man die alles andere als fortschrittlichen Teile des Gesetzbuches, etwa die massive Benachteiligung der Frauen im Wirtschafts-, Familien- und Scheidungsrecht, in Rechnung stellt.

Der Code Civil prägte das Zivilrecht nicht nur in Frankreich, sondern auch in den Gebieten, die in der napoleonischen Zeit von Frankreich erobert wurden oder sich an Frankreich ausrichteten, auf lange Zeit, ja zum Teil bis in die Gegenwart. Napoleon war bis in seine letzten Jahre stolz auf das, was er als Rechtsreformer geleistet hatte. Mit seinem Namen ist jedoch auch ein großer rechtspolitischer Rückschritt verbunden: 1802, zwei Jahre vor dem Inkrafttreten des neuen Bürgerlichen Gesetzbuches, machte er unter dem Eindruck anhaltender Sklavenunruhen auf Haiti die vom Konvent im Februar 1794 beschlossene Abschaffung der Sklaverei in den französischen Kolonien rückgängig und versetzte damit der Sache der Menschenrechte einen schweren Schlag.

Außenpolitisch nutzte der Erste Konsul die Beendigung des zweiten Koalitionskrieges, um seinen Einfluß in Deutschland auszuweiten. Einen Ansatz hierzu enthielt die Bestimmung des Friedens von Lunéville, wonach die links des Rheins ansässigen oder begüterten erblichen Fürsten unter Mitwirkung Frankreichs für ihre Gebietsverluste rechts des Rheins zu entschädigen waren. Im Zusammenspiel mit Zar Alexander I., der im März 1801 Nachfolger seines ermordeten Vaters, Pauls I., geworden war, suchte Napoleon Bonaparte eine Neuordnung des Reiches im französischen Sinn voranzutreiben. Woran Paris wie St. Petersburg besonders lag, war eine Stärkung der mittleren Staaten wie Bayern, Württemberg und Baden auf Kosten der beiden Großmächte Österreich und Preußen. Als Mittel zur Erreichung dieses Zieles boten sich «Säkularisierung» und «Mediatisierung» an: Säkularisierung hieß Auflösung der geistlichen Reichsstände; Mediatisierung bedeutete Aufhebung der Reichsunmittelbarkeit von Reichsstädten oder Besitzungen der Reichsritter.

Die deutschen Mittelstaaten, die aus der Umverteilung nur Nutzen ziehen konnten, taten alles, um Napoleon Bonaparte und seinen Außenminister Talleyrand für ihre jeweiligen Anliegen zu gewinnen; den Höfen in Stuttgart und Karlsruhe kamen überdies enge verwandtschaftliche Beziehungen zum Zaren zugute. Das Ergebnis war der Reichsdeputationshauptschluß vom 25. Februar 1803, der nach seiner Ratifizierung durch den Reichstag und den Kaiser in Kraft trat. Fast alle geistlichen Fürstentümer wurden aufgehoben und eine Rechtsgrundlage für die Säkularisierung von Kirchengütern geschaffen. Von den 51 Reichsstädten wurden 45 mediatisiert; nur Hamburg, Bremen, Lübeck, Frankfurt am Main, Nürnberg und Augsburg behielten ihren Status. Insgesamt hörten 112 Reichsstände auf zu bestehen. Die Folge war eine erhebliche Vergrößerung der Mittelstaaten, aber auch, von Frankreich und Rußland weniger erwünscht, von Preußen, das mit der Preisgabe des linksrheinischen Deutschland im Baseler Sonderfrieden von 1795 die territoriale Neuordnung des Reiches unwillentlich angestoßen hatte.

Seit dem Westfälischen Frieden von 1648 hatten fremde Mächte nicht mehr so viel Einfluß auf die inneren Zustände im Heiligen Römischen Reich genommen wie beim Reichsdeputationshauptschluß von 1803. Er änderte die inneren Kräfteverhältnisse in Deutschland grundlegend. Verlierer waren die katholischen, Gewinner die evangelischen Reichsstände. Die Erzbischöfe von Köln und Trier waren keine Kurfürsten mehr. Von den neuen Kurfürstentümern Württemberg, Baden, Hessen-Kassel und Salzburg waren die drei erstgenannten evangelisch und nur Salzburg katholisch. Die Folge war, daß es nunmehr in der ersten Kurie des Reichstags (wie im Reichstag insgesamt) ein evangelisches Übergewicht gab. Die Stellung Österreichs war geschwächt, das Ansehen von Reich und Kaiser auf einem Tiefpunkt angelangt. In seiner staatlichen Zersplitterung wirkte Deutschland, verglichen mit einem Nationalstaat wie Frankreich, noch immer wie ein Überrest des Mittelalters. Aber infolge des machtpolitischen Eingriffs des Ersten Konsuls, des neuen Schutzherrn der deutschen Mittelstaaten, war es doch wesentlich übersichtlicher geworden.

Nachdem er alles getan hatte, die Begriffe Kaiser und Reich in Deutschland zu entwerten, schickte sich Napoleon Bonaparte an, sie in Frankreich heimisch zu machen. Seit langem trachtete er danach, seiner Herrschaft zu einer höheren Legitimität zu verhelfen. In einer Welt, in der noch immer Monarchen an der Spitze der meisten Staaten standen, konnte ein «Erster Konsul» nicht so glänzen, wie er, Napoleon Bonaparte, es wollte. Eine Rückkehr zum Königtum kam nach allem, was in Frankreich seit 1789 geschehen war, nicht in Frage. Anders war es beim Kaisertum. Den Kaisertitel, den höchsten aller weltlichen Titel, hatten sich im 10. Jahrhundert, zur Zeit Ottos des Großen, die Deutschen gesichert. Aber spätestens seit dem Dreißigjährigen Krieg stand hinter dem Begriff «Kaiser» keine wirkliche Macht mehr, und für das «Reich» galt dasselbe. Wenn er, Napoleon Bonaparte, sich zum Kaiser der Franzosen machte, dann entsprach das aus seiner Sicht nur der Stellung, die er für sich und sein Land inzwischen erkämpft hatte. Dann würde er auch die Herrschaft über Frankreich in seiner Familie halten können, am besten durch Vererbung an einen leiblichen Sohn, den ihm seine Frau Joséphine aber noch nicht geboren hatte, gegebenenfalls aber durch Adoption eines Neffen.

Mit dem Sénatus-consulte vom 4. August 1802, der es dem Ersten Konsul erlaubte, dem Senat einen Nachfolger zu präsentieren, war Napoleon Bonaparte seinem Ziel einen großen Schritt nähergekommen. Aber erst knapp zwei Jahre später war nach seiner Meinung die Zeit reif für den Übergang zum bonapartistischen Erbkaisertum. Am 30. April 1804 ließ er einen ehemaligen Jakobiner im Tribunat den Antrag stellen, den gegenwärtigen Ersten Konsul, Napoleon Bonaparte, zum Kaiser der Franzosen zu erklären und gleichzeitig zu beschließen, daß die kaiserliche Würde in seiner Familie erblich sei. Der Antrag wurde mit überwältigender Mehrheit angenommen (nur Carnot stimmte dagegen), und am 4. Mai faßte der Senat einen Beschluß desselben Inhalts. Napoleons Proklamation zum Erbkaiser erfolgte drei Wochen später, durch Senatsbeschluß vom 18. Mai 1804. Im Monat darauf wurde dieser Sénatus-consulte samt einer genauen Erbfolgeregelung durch ein Plebiszit bestätigt: Bei einer Wahlbeteiligung von rund 40 Prozent stimmten etwa 3,5 Millionen Franzosen dafür und nur 2569 dagegen.

Mit der verfassungsmäßigen Einführung des Kaisertums verwandelte sich Frankreich in das Empire français. Der Kaiser umgab sich mit einem Hofstaat, in dessen Mittelpunkt er und seine engsten Verwandten standen. Die Familie Bonaparte bildete nunmehr nach den Häusern Capet, Anjou und Bourbon die vierte Dynastie Frankreichs. Napoleon sorgte dafür, daß zwei seiner Brüder sich «Prince Français» nennen durften; er verlieh Verwandten und engen Mitarbeitern prunkvolle Titel wie «Archichancelier de l'Empire», «Grand Electeur» oder «Grand Maitre de Cérémonies»; er ernannte verdiente Heerführer zu «Ehrenmarschällen». Ein Senatsbeschluß vom 14. August 1804 ermöglichte die erbliche Übertragung von Gütern, die ein Bürger Frankreichs als kaiserliche Schenkung zusammen mit einem erblichen Titel erhalten hatte.

Das war nichts anderes als die Wiederherstellung des alten «Majorats» und damit die gesellschaftliche Grundlage eines neuen Adels, der «noblesse impériale». Vier Jahre später erhielt die neue Aristokratie durch einen Sénatus-consulte vom 1. März 1808 eine eigene Verfassung: eine Adelsordnung, die alle alten Titel nach dem Lehensrecht, also Ritter, Barone, Grafen und Fürsten, neu erstehen ließ. Die Rückkehr zur Monarchie ging also folgerichtig mit einer Wiederbelebung von Elementen der alten feudalen Ordnung einher. Eine Wiederherstellung des «Feudalismus» aber bedeutete die «noblesse impériale» nicht: Der neue Aufstiegsadel blieb ein Teil der bürgerlichen Gesellschaft, wie sie sich seit 1789 herausgeformt hatte.

Zu den Begleiterscheinungen der Kaiserproklamation gehörte ein von Napoleon selbst inszenierter Kult um Karl den Großen. Höhepunkt war ein von der örtlichen Bevölkerung bejubelter Besuch des Kaisers in Aachen, der Hauptstadt des Karolingerreiches, im September 1804. Mit der Anknüpfung an das karolingische Kaisertum ließ Napoleon seinen europäischen Ehrgeiz erkennen. Allzuweit durfte er bei dieser Selbststilisierung freilich nicht gehen. Zur Zeit Karls des Großen hatte es noch keine Franzosen, Deutschen oder Italiener gegeben; sein Reich war nicht national gewesen, und wenn es auch nicht universal war, so war es doch universaler als das spätere Heilige Römische Reich deutscher Nation. Napoleon war zwar der nationale Rahmen zu eng geworden, die nationale Prägung seines Kaiserreiches aber wollte und konnte der von den Franzosen (und nur von ihnen) plebiszitär legitimierte Kaiser nicht aufgeben. Deswegen dachte er im Sommer 1806 auch nicht daran, die Hoffnung des letzten Kurerzkanzlers des Alten Reiches, des früheren Mainzer und jetzigen Regensburger Erzbischofs Karl Theodor von Dalberg, zu erfüllen und sich selbst die Kaiserkrone des Heiligen Römischen Reiches aufs Haupt zu setzen. Hätte er dies getan, wäre er weniger als zuvor das gewesen, was er vor allem sein wollte: der Kaiser der Franzosen.

Das Empire Napoleons war folglich immer nur als ein von Frankreich geführtes Großreich gedacht. Es sollte Europa eher mittelbar als unmittelbar beherrschen. Ein Sieg über England hätte die Chance in sich geschlossen, auch das Erbe des britischen Empire von Indien bis zu den Westindischen Inseln anzutreten und die Eroberung des Osmanischen Reiches in Angriff zu nehmen. War das Mittelmeer erst ein «mare nostrum» des napoleonischen Empire, konnte dieses sich auch als wiedererstandenes Imperium Romanum fühlen. Das eroberte Grand Empire war ein Projekt ohne angebbare Grenzen, das von Frankreich beherrschte Europa nur die Ausgangsbasis für weitere Eroberungen. Hätte Napoleon seine Visionen verwirklichen können, wäre es keine Übertreibung gewesen, das Grand Empire eine Universalmonarchie neuen Typs zu nennen.

So vage Napoleons Vorstellungen von der künftigen Gestalt und den Grenzen des Empire blieben, so genau waren seine Pläne im Hinblick auf die eigene Kaiserkrönung. Wie im Jahre 800 bei der Krönung Karls des Großen sollte der Papst 1004 Jahre später eine wichtige Rolle spielen. Allerdings verstand sich für Napoleon von selbst, daß diesmal nicht der Kaiser zum Papst nach Rom, sondern der Papst zum Kaiser nach Paris kommen mußte. Auch sollte der Papst den Kaiser lediglich salben und segnen; die Krone wollte sich Napoleon selbst aufs Haupt setzen, um danach Joséphine zu krönen. Papst Pius VII. war nach einigem Zögern bereit, die ihm zugedachte Rolle zu übernehmen. Er bestand aber mit Erfolg darauf, daß Napoleon zuvor seine bislang nur zivilrechtliche Ehe mit Joséphine durch eine kirchliche Trauung besiegeln ließ. Am 2. Dezember 1804 fand dann, mit großem Pomp und in Anwesenheit aller Verfassungsorgane, die Kaiserkrönung in der Kathedrale Notre-Dame in der Form statt, wie Napoleon sie geplant hatte.

Unter den Anwesenden waren viele, die die Abschaffung des Königtums im September 1792 bejubelt und nicht wenige, die vier Monate später der Hinrichtung Ludwigs XVI. zugestimmt hatten. Gegen die Kaiserkrönung Napoleons erhob niemand von ihnen Einwände. Im Gegenteil: Sie fühlten sich in gewisser Weise mitgekrönt. Der feierliche Akt vom 2. Dezember 1804 legitimierte die neuen Verhältnisse und damit auch die persönlichen Besitzstände, die ihnen in den fünfzehn Jahren seit 1789 und vor allem in den fünf Jahren seit dem 18. Brumaire zugewachsen waren. An die Revolution erinnerte im Dezember 1802 in augenfälliger Weise fast nur noch der Revolutionskalender von 1793, den Napoleon erst im folgenden Jahr mit Wirkung vom 1. Januar 1806 zugunsten der überlieferten christlichen Zeitrechnung abschaffte. Auf das Freiheitsversprechen von 1789 zu pochen war inzwischen höchst gefährlich. Es gab, mit manchen Einschränkungen, die Gleichheit vor dem Gesetz und, wenn man nicht gegen den Kaiser opponierte, Rechtssicherheit. Als Ausgleich für das, was fehlte, bot das Empire seine «gloire» und ein gewisses Maß an bürgerlichem Wohlstand.

Das alte Europa hatte nach wie vor andere Vorstellungen von Legitimität als das nachrevolutionäre Frankreich. Die Monarchen an der Spitze der Staaten, die mit Frankreich diplomatische Beziehungen unterhielten, zollten dem neuen Kaiser den protokollarischen Respekt, auf den er Anspruch hatte. Aber er blieb in den Augen zumindest der Mächtigeren unter ihnen ein Usurpator, ein Produkt der Revolution, ein Feind der alten Ordnung, und Napoleon bestätigte sie in dieser Meinung: Nur wenige Wochen vor der Kaiserproklamation, im März 1804, hatte er einen Angehörigen des Hauses Bourbon, den Duc d'Enghien, unter Bruch des Völkerrechts aus seinem Exil im badischen Ettenheim entführen und nach einem Schnellverfahren in Vincennes erschießen lassen. Für die Behauptung, der Prinz habe Napoleon nach dem Leben getrachtet, gab es keinerlei Beweis. Der politische Mord empörte die Öffentlichkeit in ganz Europa, vor allem aber die, die sich den Bourbonen verbunden fühlten. Für Zar Alexander I. von Rußland war die Bluttat ein wichtiger Grund, seine bisherige neutrale Haltung gegenüber Frankreich aufzugeben und sich England anzunähern.

Falls Napoleon gehofft haben sollte, nach der weit fortgeschrittenen

Auflösung des Heiligen Römischen Reiches bald der einzige Kaiser des Okzidents zu sein, war das ein Irrtum. Am 10. Oktober 1804 verkündete der römische Kaiser Franz II. die Einrichtung des Kaisertums Österreich. Das war ein Bruch der Reichsverfassung und insofern ein revolutionärer Akt, entsprang aber der nüchternen Einsicht, daß nach dem Reichsdeputationshauptschluß die Tage des Alten Reiches gezählt waren. Der Herrscher aus dem Hause Habsburg konnte nunmehr darauf setzen, daß sein Kaisertitel das Heilige Römische Reich überleben würde: ein Kalkül, das sich zwei Jahre später als richtig erweisen sollte.

Der Mann an der Spitze Frankreichs nannte sich offiziell «Napoleon, von Gottes Gnaden und auf Grund der Verfassung der Republik Kaiser der Franzosen». Die religiöse Formel war notwendig, um in die «Klasse» der Monarchen aufgenommen zu werden und im Lande selbst die Zustimmung der gläubigen Christen zu finden. Die Berufung auf die «Verfassung der Republik» diente dazu, den Schein der Legalität aufrechtzuerhalten. Sie schloß sogar die paradoxe Behauptung in sich, daß Frankreich trotz des Übergangs zur Monarchie eine Republik geblieben war. Der Titel «Kaiser der Franzosen» verwies auf das demokratische, besser pseudodemokratische Mandat, das Napoleon sich durch das Plebiszit vom Juni 1804 verschafft hatte.

Die Errichtung des Empire war eine Revolution von oben und damit sowohl Gegenrevolution als auch Fortführung der Revolution. Der junge Karl Marx hat 1845 von Napoleon gesagt: «Er vollzog den Terrorismus, indem er an die Stelle der permanenten Revolution den permanenten Krieg setzte.» In der Tat: Die inneren Widersprüche des neuen Kaisertums ließen sich nur durch militärische Erfolge überspielen – Erfolge, die Napoleon halfen, aus dem Empire français den Kern eines Grand Empire zu machen. Der Kaiser verfolgte dabei keinen langfristigen, auf die Abwägung von Chancen und Risiken gegründeten Plan. Er hielt sich lediglich an das Gesetz, nach dem er angetreten war: die unablässige Steigerung der eigenen Macht als Selbstzweck.[29]

Das Grand Empire und das Ende des Alten Reiches

Der Friede von Amiens, den Frankreich im März 1802 mit Großbritannien abgeschlossen hatte, war nur von kurzer Dauer. Napoleon forderte England im September 1802 durch die Annexion Piemonts heraus, nachdem er sich schon zu Beginn des Jahres zum Präsidenten der italienischen Republik, der vormaligen Cisalpinischen Republik, hatte proklamieren lassen (die Umwandlung der Italienischen Republik in ein Königreich Italien und die Selbstkrönung Napoleons im Dom zu Mailand folgten im Frühjahr 1805). Nicht minder provozierend wirkten die koloniale Expedition in das 1795 an Frankreich gefallene, von heftigen Unruhen erschütterte Santo Domingo, die Oktroyierung einer neuen Verfassung für die Batavische Republik und die Verwandlung der Schweiz in einen französischen Satellitenstaat. Am meisten aber verstieß Napoleon durch seine protektionistische Handelspolitik gegen Englands Interessen: Er führte hohe Zölle ein, um die französische Industrie vor der britischen Konkurrenz zu schützen.

Die britische Antwort war die Entscheidung, Malta vorerst nicht an den Johanniterorden zurückzugeben: eine Verletzung des Vertrages von Amiens, die London damit begründete, daß die Friedensbedingungen an die Aufrechterhaltung des Status quo gebunden seien. Am 13. März 1803 prangerte Napoleon den Vertragsbruch gegenüber dem britischen Botschafter vor dem gesamten diplomatischen Corps an; zwei Monate später berief London seinen diplomatischen Vertreter ab; am 23. Mai 1803 erklärte Großbritannien Frankreich den Krieg. Von Anfang an hatte wenig dafür gesprochen, daß England sich mit der französischen Hegemonie auf dem Kontinent dauerhaft abfinden würde; ebensowenig aber konnte davon ausgegangen werden, daß Napoleon sich mit dem, was er in Amiens erreicht hatte, zufrieden geben und die englische Überlegenheit zur See anerkennen würde. Großbritannien beendete im Frühjahr 1803 einen Waffenstillstand, dem Napoleon die Grundlagen entzogen hatte.

Der Krieg begann auf französischer Seite im Juni 1803 mit der Besetzung Hannovers, das seit 1714 mit England durch eine Personalunion verbunden war, auf britischer Seite mit der Eroberung eines großen Teils der französischen Kolonien. Im Westteil Haitis, das durch den Krieg von Zufuhren aus dem Mutterland abgeschnitten war, setzte sich Ende 1803 die schwarze Unabhängigkeitsbewegung durch; ein später Triumph der ersten großen, vom Beispiel von 1789 angeregten Sklavenrevolution, die im Jahre 1791 begonnen hatte. Am Debakel der französischen Expeditionstruppen hatte es freilich schon Anfang 1803 keine Zweifel mehr gegeben. Der Verlust des größten Teiles von Haiti, seiner reichsten Kolonie, bedeutete für Frankreich das Ende des Traumes von einem transatlantischen Kolonialreich. Napoleon reagierte panikartig: mit dem Verkauf von Louisiana an die Vereinigten Staaten. Die junge amerikanische Demokratie gewann durch den «Louisiana Purchase» ein riesiges Territorium rechts des Mississippi, das ihr die Fortsetzung des langen Weges nach Westen, bis zu den Ufern des Pazifiks, erlaubte.

Pläne, in England zu landen, gab Napoleon fürs erste wieder auf, nachdem ihm klargeworden war, daß die französischen Seestreitkräfte für ein solches Unternehmen bei weitem nicht ausreichten. Die Chancen einer Invasion schienen sich zu bessern, als es Napoleon gelang, Spanien unter massivem Druck zum Kriegseintritt zu bewegen. Unter der Regierung von Manuel de Godoy, dem Favoriten der Königin Maria Louisa, hatte Spanien sich 1796 im Frieden von San Ildefonso zu einem solchen Schritt verpflichtet und 1801 das mit Großbritannien verbündete Portugal niedergeworfen. Die Kriegsbeteiligung im Jahre 1803 lag auf der Linie, auf die Godoy das Land sieben Jahre zuvor festgelegt hatte.

Großbritannien konnte ebenfalls Verbündete um sich scharen: Im April 1805 verständigte es sich mit Rußland auf ein Bündnis, dessen erklärtes Ziel es war, Frankreich auf ein Gebiet in den Grenzen von 1792, also vor den Eroberungen im Ersten Koalitionskrieg, zu beschränken. Kurz darauf schlossen sich Österreich, Schweden und Neapel der Allianz an. Napoleons Antwort war ein geheimes Bündnis mit Bayern; Württemberg und Baden sahen sich aus Gründen der Selbsterhaltung genötigt, dem Pakt beizutreten; das von Frankreich stark umworbene Preußen beharrte hingegen auf seiner Neutralität. Aus dem englisch-französischen Krieg war nach zwei Jahren der Dritte Koalitionskrieg geworden.

Die einzige Seeschlacht dieses Krieges war die von Trafalgar: Bei diesem Kap an der spanischen Atlantikküste errang Admiral Nelson, der selber an diesem Tag fiel, den entscheidenden Sieg über die französisch-spanische Flotte. Den wichtigsten Sieg zu Lande erfocht Napoleon am 2. Dezember 1805, dem ersten Jahrestag seiner Kaiserkrönung, in der Dreikaiserschlacht in der Nähe von Austerlitz in Mähren über die vereinigten russischen und österreichischen Truppen unter Zar Alexander I. und Kaiser Franz II. Der Sieg sicherte das politische Überleben Napoleons. In den Tagen vor Austerlitz schien der Zusammenbruch der Banque de France unmittelbar bevorzustehen. Hätte der Kaiser die Schlacht verloren, wäre die finanzielle Katastrophe unabwendbar gewesen und in ihrem Gefolge wohl auch der Sturz Napoleons. Die Nachricht vom Triumph des 2. Dezembers rettete die französische Staatsbank und mit ihr das Empire français. Diese innenpolitische Wirkung von Austerlitz ermöglichte erst die außenpolitischen Wirkungen des Sieges, und die ließen nicht lange auf sich warten.

Am 26. Dezember 1805, rund drei Wochen nach der Dreikaiserschlacht, schlossen Frankreich und Österreich den Frieden von Preßburg, dem heutigen Bratislava, ab. Die Habsburgermonarchie mußte Venetien an das Königreich Italien abtreten; Bayern erhielt von Österreich unter anderem Trient, Tirol und Vorarlberg und durfte sich außerdem die freie Reichsstadt Augsburg einverleiben. Bayern und Württemberg wurden Königreiche, Baden ein Großherzogtum. Auch Württemberg und Baden konnten ihr Territorium vergrößern: Sie übernahmen die bisher vorderösterreichischen Gebiete und die Besitzungen der Reichsritterschaft. Salzburg wurde zur Entschädigung Österreich zugeschlagen. Der Dritte Koalitionskrieg war damit beendet; der Krieg Frankreichs mit Rußland und England ging weiter.

«Mit Austerlitz beginnt die napoleonische Herrschaft über Europa»: In diesem Satz faßt Johannes Willms die Bedeutung des 2. Dezember 1805 zusammen. Der Sieg in Mähren schuf die Voraussetzungen für die Errichtung jenes Grand Empire, in dem der Wille Napoleons die Quelle aller politischen Macht war. Zu diesem Imperium gehörten außer dem Kaiserreich Frankreich die neuen Monarchien, an deren Spitze enge Verwandte des Kaisers standen: in den Königreichen Neapel und Holland seine Brüder Joseph und Louis, im neugeschaffenen Großherzogtum Berg sein Schwager Murat.

Einen anderen Teil des Grand Empire bildeten die 16 Staaten des «Dritten Deutschland», darunter die Kriegsgewinner Bayern, Württemberg und Baden, die sich am 12. Juli 1806 für souverän erklärten, vom Reich lossagten und in einem Defensiv- und Offensivbündnis fest an Frankreich banden. Damit war das Ende des Alten Reiches besiegelt. Am 1. August erklärten die Rheinbundstaaten vor dem Reichstag in Regensburg gemeinsam ihren Austritt aus dem Heiligen Römischen Reich. Fünf Tage danach, am 6. August 1806, legte Franz II., einem Ultimatum Napoleons nachgebend, die Reichskrone nieder und entband alle Reichsstände von ihren Pflichten. Als Kaiser von Österreich war er nunmehr Franz I.

Die Auflösung des Heiligen Römischen Reiches deutscher Nation löste keinen Aufschrei der Empörung aus. Es gab zwar noch Reichspatrioten, die Trauer empfanden angesichts des schmachvollen Endes dieses traditionsreichen Gebildes, aber sie waren eine kleine Minderheit. Die meisten Deutschen ließ das Ereignis vom 6. August 1806 gleichgültig. Das Reich war seit langem nur noch ein Schatten seiner selbst gewesen. Es hatte nach dem Westfälischen Frieden eine gewisse Bedeutung für den Ausgleich der konfessionellen Gegensätze und die Beilegung von Streitigkeiten zwischen den kleineren Reichsständen gehabt. Die tatsächliche Macht aber lag bei den Territorialstaaten, und der Gegensatz zwischen den beiden größten unter ihnen, Österreich und Preußen, ließ das Reich im 18. Jahrhundert immer mehr als das erscheinen, was es war: ein Überbleibsel aus längst vergangenen Zeiten, ein Anachronismus. Für eine Reform an Haupt und Gliedern fehlte die wichtigste Voraussetzung: der Wille der maßgeblichen Kräfte, am bestehenden Zustand etwas zu ändern.

Auch in den letzten Jahren des Alten Reiches hatten sowohl Preußen als auch Österreich das Wohl des Ganzen den eigenen Interessen immer wieder rücksichtslos untergeordnet. Der Preisgabe des linksrheinischen Deutschland durch Preußen im Sonderfrieden von Basel folgte zwei Jahre später, im Oktober 1797, die Anerkennung dieses Schritts durch Österreich. Am 15. Dezember 1805, zwei Wochen nach der Schlacht von Austerlitz, schloß Preußen einen Bündnisvertrag mit Napoleon und ließ sich von diesem gegen den Verzicht auf Ansbach, Neuchâtel und den rechtsrheinischen Teil von Kleve die Annexion des inzwischen von preußischen Truppen besetzten Hannover bestätigen – ein Bruch des Reichs- wie des Völkerrechts, den Großbritannien mit einer Kriegserklärung an Preußen beantwortete. Österreich verletzte das Reichsrecht durch die Proklamation des Kaisertums Österreich im Oktober 1804 und erneut am 6. August 1806: Die Auflösung des Reiches hätte die Zustimmung des Reichstags verlangt und nicht vom Kaiser allein verfügt werden dürfen. Nicht minder reichsfeindlich verhielt sich das «dritte Deutschland»: Die Staaten des Rheinbundes versetzten dem Reich durch die Bildung eines Staatenbundes unter dem Protektorat Napoleons den Todesstoß.

Spurlos konnte das Reich freilich nicht untergehen. Wenn man es mit der Kaiserkrönung Ottos des Großen im Jahre 962 beginnen ließ, hatte es 844 Jahre bestanden. Die Erinnerung an seine Glanzzeit im hohen Mittelalter war ebenso lebendig wie die an die Zeit des Niedergangs in den Jahrhunderten danach, vor allem nach dem Dreißigjährigen Krieg. Als Schutzmacht der einen christlichen Kirche hatte das mittelalterliche Reich eine übernationale, europäische, ja universale Sendung für sich beansprucht, und dieser Gedanke wirkte in weltlicher Form nach: als Idee einer besonderen weltbürgerlichen Berufung der Deutschen. 1796, zehn Jahre vor dem Untergang des Alten Reiches, hatten Goethe und Schiller in den «Xenien» gemahnt:

> Zur Nation euch zu bilden, ihr hoffet es,
> Deutsche, vergebens;
> Bildet, ihr könnt es, dafür freier zu
> Menschen euch aus!

Fünf Jahre später, 1801, schrieb Schiller in seinem Fragment «Deutsche Größe», die «Majestät der Deutschen» habe nie auf dem Haupt seiner Fürsten geruht. «Abgesondert von dem politischen hat der Deutsche sich einen eigenen Wert gegründet, und wenn auch das Imperium unterginge, so bliebe die deutsche Würde unangefochten. Sie ist eine sittliche Größe, sie wohnt in der Kultur und im Charakter der Nation, die von ihrem politischen Schicksal unabhängig ist ... Indem das politische Reich wankt, hat sich das geistige immer fester und vollkommener gebildet.»

Selbst eine so altertümliche Legende wie die, daß das Reich der Deutschen das vierte und letzte der Weltreiche sei und daß, solange dieses bestehe, der Antichrist nicht zur Herrschaft über die Welt gelangen werde, war nicht schon dadurch erledigt, daß es das Reich seit 1806 nicht mehr gab. Wann immer es galt, das «Böse» zu bekämpfen, lag der Rückgriff auf diesen Gedanken nahe, und mit ihm der Wunsch, das Reich der Deutschen neu erstehen zu lassen. Von einem Reichsmythos konnte man 1806 zwar noch nicht sprechen. Aber es gab den Stoff, aus dem sich ein solcher Mythos entwickeln ließ, wenn es die Umstände erlaubten oder zu erfordern schienen. Und nicht wenige Deutsche hofften anders als die Klassiker in Weimar schon zu der Zeit, als Napoleon auf der Höhe seiner Macht stand, auf eine neue Art von deutscher Einheit – einen wirksameren Zusammenschluß als den, den das Alte Reich hatte verbürgen können.

Manche Zeitgenossen erwarteten ausgerechnet vom Rheinbund, der so viel zur Auflösung des Reiches beigetragen hatte, er werde an die Traditionen des Heiligen Römischen Reiches anknüpfen und zumindest dem «dritten Deutschland», in dem viele das eigentliche Deutschland sahen, zu einem schützenden Dach verhelfen. Tatsächlich wollte der faktisch von Napoleon eingesetzte Fürstprimas des Rheinbundes, der letzte Kurerzkanzler des Alten Reiches, Karl Theodor von Dalberg, dem Rheinbund gern handlungsfähige gemeinsame Einrichtungen geben, was auch Napoleon für sinnvoll hielt. Aber gerade die größten Mitglieder des Bundes, Bayern und Württemberg, lehnten alles ab, was auch nur entfernt an das untergegangene Reich erinnerte. Eine starke Bundesgewalt hätte ihren neugewonnenen Handlungsspielraum wieder eingeschränkt. Aus dem rheinischen Staatenbund konnte infolgedessen kein rheinischer Bundesstaat werden.

Die innere Entwicklung der Rheinbundstaaten läßt sich am besten im Begriff des Modernisierungsschubs zusammenfassen. Im Gefolge des Reichsdeputationshauptschlusses und des Friedens von Preßburg hatten die größeren unter ihnen Gebiete hinzugewonnen, deren Bevölkerung eine andere Konfession hatte als die der Stammlande: In Bayern waren das evangelische, in Württemberg katholische Gebiete; im gemischtkonfessionellen Baden führte die Angliederung des zuvor vorderösterreichischen Breisgau zu einem eindeutigen Übergewicht der Katholiken. Die neuen Landesteile zu integrieren erforderte gewaltige Anstrengungen. Sie lösten eine Art nachholende Revolution von oben im Stil des aufgeklärten Absolutismus aus: orientiert an den älteren preußischen und österreichischen Vorbildern des späten 18. Jahrhunderts und wie dort ausgeführt von einer reformerisch gesinnten Bürokratie. Eine wichtige Rolle spielte dabei der Code Napoléon. Auf seine Einführung hatte der Kaiser der Franzosen massiv gedrängt. Die Widerstände waren allerdings so stark, daß man im Ergebnis, abgesehen von Baden, nur von einer Teilrezeption sprechen kann. Der tiefere Grund dieser zwiespältigen Bilanz liegt dort, wo ihn die Historikerin Elisabeth Fehrenbach gesehen hat: in der «Konfrontation eines revolutionären Gesetzbuches mit einer vorrevolutionären Rechts- und Gesellschaftsordnung».

Sehr viel weiter als im Rheinbund gingen die gesellschaftlichen Veränderungen in den von Frankreich annektierten linksrheinischen Gebieten. Der Code Napoléon wurde hier ohne Abstriche eingeführt; er galt bis zum Inkrafttreten des Bürgerlichen Gesetzbuches am 1. Januar 1900. Das neufranzösische Gebiet übernahm von Frankreich die Verwaltungsorganisation mitsamt der Einteilung in Departements, die

Prozeßordnung und die Gerichtsverfassung. Zu den revolutionären Neuerungen gehörte auch die staatsbürgerliche Gleichberechtigung der Juden. Was für das linke Rheinufer galt, traf auch für diejenigen Gebiete Deutschlands zu, in denen Angehörige der Familie Bonaparte regierten: das Großherzogtum Berg unter Napoleons Schwager Murat und das 1807, nach dem Sieg über Preußen, geschaffene Königreich Westfalen mit der Hauptstadt Kassel, in der Jérôme, der jüngste Bruder des Kaisers, residierte.

Berg und das Königreich Westfalen waren die beiden «Musterländer» unmittelbarer napoleonischer Herrschaft in Deutschland. Doch gerade hier traten die Folgen eines unauflösbaren Konflikts zweier sich widersprechender Ziele in Erscheinung: Die gesellschaftspolitischen Zielsetzungen Napoleons vertrugen sich nicht mit den Maßnahmen, die er traf, um seine Herrschaft dauerhaft abzusichern. Wenn sie die Unterstützung der Bürger und Bauern gewinnen wollten, mußten die Napoleoniden nach französischem Vorbild die feudalen Strukturen zerstören. Das taten sie auch, aber den Nutzen hatte nicht die einheimische Bevölkerung, sondern andere. Der Kaiser der Franzosen brauchte den enteigneten Grund und Boden, um seinen siegreichen Heerführern zu Land zu verhelfen und der neuen «noblesse impériale» eine materielle Basis zu geben. Da ihm das zweite Ziel sehr viel wichtiger war als das erste, enttäuschte Napoleon alle, die gehofft hatten, er werde den ursprünglichen Ideen von 1789, einem vom jakobinischen Terror gereinigten Fortschritt also, in ganz Europa zum Durchbruch verhelfen.

Doch selbst wenn Napoleon konsequent als politischer und gesellschaftlicher Reformator aufgetreten wäre, hätte ihn das in den Augen vieler Deutschen nicht von dem Makel des Fremdherrschers befreit. «Deutschland in seiner tiefsten Erniedrigung» war der Titel einer anonymen, gegen den Kaiser der Franzosen gerichteten Flugschrift, die 1806 von dem Nürnberger Buchhändler Johann Philipp Palm verbreitet wurde. Er mußte die patriotische Tat teuer bezahlen. Auf Befehl Napoleons wurde Palm von einem französischen Kriegsgericht zum Tode verurteilt und am 26. August 1806 in Braunau am Inn erschossen. Der deutsche Nationalismus hatte seinen ersten Märtyrer.[30]

Lernen aus der Niederlage: Die preußischen Reformen

Mehr noch als die Exekution Palms erschütterte ein anderes Ereignis des Jahres 1806 die patriotisch empfindenden Deutschen: der Zusammenbruch Preußens. Nach langem Schwanken hatte sich der Hohenzollernstaat im August zur Mobilmachung entschlossen. Vorausgegangen waren Meldungen über französisch-britische Geheimverhandlungen, in denen Napoleon London eine Rückgabe Hannovers angeboten hatte, und, als Berliner Antwort darauf, den Abschluß einer geheimen Allianz zwischen Preußen und Rußland. Nach einem Austausch von Ultimaten erklärte König Friedrich Wilhelm III. Frankreich am 9. Oktober den Krieg. Fünf Tage später brachte Napoleon den preußischen Truppen in der Doppelschlacht von Jena und Auerstedt eine vernichtende Niederlage bei. Nur zwei Wochen danach, am 27. Oktober 1806, zog der Kaiser, von Teilen der Bevölkerung freundlich begrüßt, in Berlin ein. Friedrich Wilhelm III. und seine im Volk sehr beliebte Frau, die Königin Luise, waren zuvor nach Königsberg geflüchtet.

In den folgenden Wochen kapitulierten die preußischen Festungen bis auf Danzig, Graudenz und das bald zur Legende gewordene Kolberg; französische Truppen drangen über Warschau hinaus in den Teil Polens vor, der 1795 bei der dritten Teilung des Landes an Preußen gefallen war; im südlichen Schlesien konnten sich die Preußen zunächst gegenüber den Verbänden des Rheinbundes behaupten. Eine Schlacht, bei der die Franzosen unter Führung Napoleons gegen ein preußisches Armeekorps Anfang Februar 1807 bei Preußisch-Eylau antraten, ging unentschieden aus. Das Ende des preußisch-russisch-französischen Krieges, des Vierten Koalitionskrieges, brachte erst die schwere Niederlage, die Napoleon am 14. Juni 1807 den Russen bei Friedland in Ostpreußen zufügte.

Am 7. Juli wurde in Tilsit nicht nur der Friede zwischen Frankreich und Rußland, sondern auch ein Bündnis zwischen beiden Mächten geschlossen. Rußland erhielt freie Hand gegenüber dem schwedischen Finnland, das zwei Jahre später, im September 1809, nachdem Rußland Schweden in einem kurzen Krieg besiegt hatte, als Großfürstentum einen autonomen Status im Zarenreich erhielt. Rußland konnte sich sogar ein bislang preußisches Stück aus der polnischen Teilungsmasse, das Gebiet um Białystok, sichern. Aus den Gebieten, die bei der zweiten und dritten Teilung Polens 1773 und 1795 an Preußen gefallen waren, wurde ein Herzogtum Warschau gebildet, das in Personalunion mit Sachsen verbunden wurde: eine schwere Enttäuschung für die Polen, die in Napoleon den Befreier ihres Landes gesehen und zu Tausenden an seiner Seite gegen Preußen und Russen gekämpft hatten.

Der große Verlierer des Vierten Koalitionskrieges war Preußen. Die Armee, deren Ruhm auf den Leistungen der friderizianischen Zeit beruhte, war geschlagen; der Staat lag in Trümmern. In Tilsit mußte Preußen am 9. Juli 1807 sein gesamtes westelbisches Territorium an das neue Königreich Westfalen abgeben, dem außerdem Hannover, Braunschweig und Kurhessen einverleibt wurden. Aus Danzig wurde ein Freistaat unter französischem Schutz. Der Netzedistrikt, der seit der ersten Teilung Polens im Jahre 1772 zu Preußen gehörte, wurde zusammen mit der preußischen Beute aus den beiden folgenden Teilungen dem Herzogtum Warschau zugeschlagen. Eine Großmacht war *dieses* Preußen nicht mehr. Daß es den Krieg von 1806/07 als Staat überlebte, verdankte es dem hartnäckigen Einsatz Alexanders I. zugunsten seines bisherigen Verbündeten.

Die Niederlage war eine Katastrophe für den Staat, der erst vier Jahrzehnte zuvor unter Friedrich dem Großen in den Kreis der großen europäischen Mächte aufgestiegen war. Doch offenbar bedurfte es der Erfahrung des militärischen und politischen Zusammenbruchs, um Kräfte freizusetzen, die zur Erneuerung Preußens fähig und entschlossen waren. Die moralische Reservearmee, die nach 1806 das Werk der inneren Reformen in Angriff nahm, bestand zu einem großen Teil aus Wahlpreußen: Der Reichsfreiherr Karl vom und zum Stein, leitender Minister in den Jahren 1807 und 1808, entstammte einem im Nassauischen ansässigen reichsritterlichen Geschlecht; der politisch bedeutendere langjährige Staatskanzler Karl August von Hardenberg war Hannoveraner; der Militärreformer Gerhard Scharnhorst, der sich in der Schlacht von Preußisch-Eylau rühmlich hervorgetan hatte, kam aus einer niedersächsischen Bauern- und Soldatenfamilie; der Feldmarschall Neidhardt von Gneisenau, der Verteidiger von Kolberg, wurde im sächsischen Schildau geboren. Aus Preußen stammten zwei andere Militärreformer: der in Magdeburg geborene General Carl von Clausewitz, der mit seinem (unvollendet gebliebenen) Buch «Vom Kriege» als Kriegstheoretiker Weltruhm erlangte, und der Kriegsminister der Jahre 1814 bis 1819, Hermann von Boyen, ein gebürtiger Ostpreuße.

Im Jahre 1799 hatte der preußische Minister Karl Gustav von Struensee, ein Bruder des 1772 hingerichteten leitenden dänischen Ministers Johann Friedrich von Struensee, einem französischen Besucher gegenüber prophezeit: «Die Revolution, welche ihr von unten nach oben gemacht habt, wird sich in Preußen langsam von oben nach unten vollziehen ... In wenigen Jahren wird es in Preußen keine privilegierte Klasse mehr geben.»

Um nichts Geringeres als eine Revolution von oben ging es den Reformern um Stein und Hardenberg. Ihr erstes großes Werk war das Edikt vom 7. Oktober 1807, das die Erbuntertänigkeit der Bauern zum Martinstag, dem 11. November, des Jahres 1810 aufhob. Die «Bauernbefreiung» hatte weitreichende Folgen, aber sie führte nicht zu einer Abschaffung der junkerlichen Privilegien, sondern zu einer Stärkung des Rittergutsbesitzes. Die Landabtretungen, mit denen die Bauern ihre Hand- und Spanndienste für den Gutsherrn ablösen konnten, hatten eine Ausdehnung des Großgrundbesitzes auf Kosten von früherem Bauernland zur Folge. Durch hartnäckigen Widerstand erreichten es die Junker, daß einige ihre wichtigsten Privilegien erhalten blieben: die patrimoniale Gerichtsbarkeit bis zur Revolution von 1848, die Grundsteuerfreiheit bis 1861, die gutsherrliche Polizeigewalt bis 1872, die patriarchalische Gesindeordnung bis zur Revolution von 1918/19, der Gutsbezirk als Verwaltungseinheit bis 1927. Nicht aufhalten ließen sich der Siegeszug des Agrarkapitalismus und die soziale Öffnung des Rittergutsbesitzes: Im Zuge des freien Güterverkehrs konnten fortan auch vermögende Bürgerliche Güter erwerben. Aber auch das trug letztlich nicht zur Schwächung, sondern zur Festigung des ostelbischen Rittergutsbesitzes bei.

Die Bauern wurden durch das Oktoberedikt zwar im juristischen Sinne frei. Aber erstens blieben die Kleinbauern, die sich die Befreiung von den Hand- und Spanndiensten durch Landabtretung oder Geld erkauft hatten, Angehörige des Gutsverbandes, und zweitens mußten die ärmsten unter ihnen, die Kossäten, die kein eigenes Fuhrwerk besaßen, also nicht spannfähig waren, dem Gutsherrn weiterhin Dienste und Abgaben leisten. Aus den Landarbeitern und landarmen Bauern rekrutierte sich in Preußen nicht, wie in Frankreich, ein selbständiges Parzellenbauerntum, sondern, zu einem erheblichen Teil jedenfalls, die von Marx sogenannte «industrielle Reservearmee»: ein großes Reservoir von Arbeitskräften, ohne das es die Industrielle Revolution in Deutschland schwerlich gegeben hätte. Die «Bauernbefreiung» hatte also ein paradoxes Ergebnis. Auf der einen Seite führte sie zu einer Modernisierung der Gesellschaft, freilich einer anderen als der, die die Reformer von 1807 erstrebt hatten. Auf der anderen Seite trug das Edikt vom 9. Oktober 1807 zusammen mit dem Regulierungsedikt vom 14. September 1811 zur Konservierung einer vormodernen Machtelite bei, deren Privilegien die Reformer hatten beseitigen wollen: des preußischen Junkertums.

Der «Bauernbefreiung» folgten in kurzem Abstand weitere einschneidende Reformen: 1808 die Städteordnung, die die Selbstverwaltung der Kommunen einführte und Bürgern mit einem gewissen Maß an Besitz und Bildung das Recht verlieh, daran mitzuwirken, 1811 die Gewerbefreiheit, die die alten Zunftordnungen abschaffte, 1812 die Judenemanzipation, die den Juden zwar nicht den Zugang zu zivilen und militärischen Staatsämtern, wohl aber die grundsätzliche bürgerliche Gleichstellung brachte, im Kriegsjahr 1814 dann als Abschluß einer radikalen personellen, mentalen und organisatorischen Erneuerung des preußischen Heerwesens die allgemeine Wehrpflicht.

Die Regierung wurde in die fünf klassischen Ressorts Äußeres, Inneres, Finanzen, Justiz und Krieg gegliedert und das Bildungswesen umfassend reformiert. Selbstentfaltung statt Drill: Nach diesem Motto erneuerte Wilhelm von Humboldt, geboren 1767 in Potsdam, als Leiter der Abteilung für Kultus und Unterricht im preußischen Innenministerium das Bildungswesen von den Volksschulen bis zu den Hochschulen. In Gymnasien und Universitäten hielt der Geist des Neuhumanismus Einzug; das Erlernen der alten Sprachen und die Beschäftigung mit der Antike rückten in den Mittelpunkt aller höheren Bildung, der Paukunterricht und das Paukstudium sollten der Vergangenheit angehören. Der Höhepunkt der Wirksamkeit Humboldts war die Gründung der Berliner Universität im Jahre 1810. Dank des freien Geistes, der in ihr waltete, und der Berufung hervorragender Gelehrter galt die neue Hochschule schon nach wenigen Jahren als die erste unter den deutschen Universitäten.

Nicht erreicht wurde das Ziel, Preußen eine Nationalrepräsentation zu geben. Dabei dachten die Reformer nicht an eine aus allgemeinen Wahlen hervorgegangene Volksvertretung, sondern an ein Beratungsorgan, in dem indirekt gewählte Vertrauensmänner der gebildeten und besitzenden Stände zu Wort kommen sollten. Doch auch wenn das politische Gewicht eines solchen Organs wohl nur gering gewesen wäre, stieß das Vorhaben doch auf massiven Widerstand – zuerst einer konservativen Adelsfronde unter Friedrich August Ludwig von der Marwitz, dann auch von aufgeklärten Beamten. Aus zwei Versuchen mit Notabelnversammlungen in den Jahren 1811 und 1812 zogen gerade die reformfreundlichen Beamten den Schluß, eine ständische Vertretung werde die Erneuerung Preußens eher behindern als vorantreiben. Das Verfassungsversprechen, das Friedrich Wilhelm III. in seinem Finanzedikt vom 27. Oktober 1810 abgegeben hatte, wurde infolgedessen nicht eingelöst.

Die preußischen Reformen eine «Revolution von oben» zu nennen, könnte also übertrieben erscheinen. Wenn man indes den Durchbruch zur industriellen Produktionsweise zu ihren mittelbaren Folgen rechnet, wofür manches spricht, läßt sich dem Begriff dennoch einiges abgewinnen. In jedem Fall vollzog sich in Preußen nach 1807 ein Erneuerungsprozeß, der die Leistungen des aufgeklärten Absolutismus bei weitem übertraf. Die süddeutschen Staaten Bayern, Württemberg und Baden entwickelten sich zwar sehr viel früher als die Hohenzollernmonarchie zu Verfassungsstaaten. Aber Preußen erlebte eine Modernisierung der Gesellschaft durch den Staat, die wesentlich dazu beitrug, daß ihm nach 1820 die wirtschaftliche Führungsrolle in Deutschland zufiel. Die Judenemanzipation ging nur in den linksrheinischen Gebieten und im Königreich Westfalen weiter als in Preußen; die meisten deutschen Staaten gewährten den Juden die staatsbürgerliche Gleichberechtigung erst in den 1860er Jahren. Die Gewerbefreiheit kannte Preußen seit 1811; in Österreich setzte sie sich erst 1859, in den Mittelstaaten noch später, in den 1860er Jahren, durch. Auch beim Freihandel war der Staat der Hohenzollern ein Vorreiter: Außer Baden verschrieb sich kein anderer deutscher Staat diesem außenwirtschaftlichen Gegenstück zur Gewerbefreiheit so früh und so entschieden wie Preußen.

Daß mehr Mitbestimmung der Gesellschaft weniger sozialen Wandel bedeutet hätte, wurde nach 1812 Überzeugung des preußischen Reformbeamtentums, das sich selbst als den einzig wahren allgemeinen Stand zu sehen begann. Ein Wahlpreuße aus Stuttgart, der seit 1818 an der Berliner Universität lehrte, lieferte in seiner Rechtsphilosophie die theoretische Begründung dieses längst zur Praxis gewordenen Selbstverständnisses. Der Staat als «Wirklichkeit der sittlichen Idee»: In diesem Verdikt Hegels konnten sich alle wiedererkennen, die als hohe Beamte dem preußischen Staat dienten und ihn verkörperten.[31]

Fichte, Jahn, Arndt:
Die Entstehung des deutschen Nationalismus

Hegel gilt zu Recht als der Begründer der neueren preußisch-deutschen Staatsideologie. Der wichtigste unter den Schöpfern des deutschen Nationalismus aber war ein anderer Philosoph des deutschen Idealismus: der Gründungsrektor der Berliner Universität, Johann Gottlieb Fichte. Er stammte aus Rammenau in der sächsischen Oberlausitz, wo er 1763 als Sohn eines Webers zur Welt kam; wie Hegel war also auch er kein geborener Preuße. Aufsehen erregte er zuerst 1793 mit einer anonym veröffentlichten Verteidigung der Französischen Revolution und wenig später mit Thesen über die Identität von Gott und moralischer Weltordnung, die ihm den Vorwurf des Atheismus einbrachten und den Verlust seiner Professur im sachsen-weimarischen Jena nach sich zogen.

Im Jahre 1800 erschien eine dem preußischen Minister von Struensee zugeeignete Schrift Fichtes unter dem Titel «Der geschlossene Handelsstaat». Es war ein Plädoyer für einen auf öffentlichem Eigentum und umfassendem Zunftzwang aufgebauten, nach außen sich abschottenden Staat, der, um seine wirtschaftliche Unabhängigkeit zu sichern, sich auch mit kriegerischen Mitteln bis zu seinen «natürlichen Grenzen» ausdehnen durfte – oder auf diese beschränken mußte. In seinen 1806 vorgelegten «Grundzügen des gegenwärtigen Zeitalters» bekannte Fichte sich zu einem republikanischen Vernunftstaat, in dem einerseits die bürgerliche Freiheit für alle gewährleistet war, andererseits jeder Bürger sich mit allen seinen Kräften ebendiesem Staat unterzuordnen hatte.[32]

Zu einem politischen Paukenschlag aber wurden erst die «Reden an die deutsche Nation», die Fichte im Winter 1807/08 in Berlin hielt und 1808 in Buchform veröffentlichte. Die «Reden» sind *das* Manifest des deutschen Nationalismus – eines modernen Nationalismus, sofern für diesen die systematische Umdeutung von religiösen Bindungen in nationale Loyalität, also Säkularisierung, typisch ist. Fichte erklärte die Deutschen zum sittlich höchsten Volk und schrieb ihnen eine historische Sendung zu, die nichts Geringeres bedeutete als die geistige Weltherrschaft: «Umschaffung des Menschengeschlechts … aus irdischen und sinnlichen Geschöpfen zu reinen und edlen Geistern.»[33]

Der Philosoph begründete die Sendung der Deutschen damit, daß sie das «Urvolk» seien, das, anders als die romanisierten Völker im Westen und Süden Europas, sich und seine Sprache, die «Ursprache», gegenüber der Weltherrschaft der Römer behauptet habe. Dieses stelle die «letzte große, und in gewissem Sinne vollendete Welttat des deutschen Volkes» dar. Die Vorfahren, die «im heiligen Kampfe für Religions- und Glaubensfreiheit» gefallen waren, ließ Fichte den gegenwärtig lebenden Deutschen zurufen: «Damit diesem Geiste die Freiheit werde, sich zu entwickeln und zu einem selbständigen Dasein emporzuwachsen, dafür floß unser Blut. An euch ist's, diesem Opfer seine Bedeutung und seine Rechtfertigung zu geben, indem ihr diesen Geist einsetzt in die ihm bestimmte Weltherrschaft.»[34]

Die Erinnerung an die Glaubenskämpfe hatte einen aktuellen Hintergrund. Fichte sah in der Reformation *die* Analogie zur Gegenwart und in Luther sein persönliches Vorbild. Wie Luther gegen die geistliche Universalherrschaft der römischen Kirche gekämpft hatte, so kämpfte Fichte gegen die beginnende Universalmonarchie Napoleons. Vom christlichen Glauben zur Vaterlandsliebe, von der kirchlichen Gemeinschaft zur Nation war es nur ein kleiner Schritt. So wie Gott das Opfer des Lebens verlangen konnte, so auch die Nation. Es war nicht wie 1761 in Thomas Abbts Schrift «Vom Tode für das Vaterland» die preußische, sondern die deutsche Nation, die das höchste Opfer fordern durfte. Fichte berief sich auf Gott, aber es war ein ganz diesseitiger Gott, den er für die deutsche Nation in Anspruch nahm: ein Gott, dem «höchsten Wesen» der Jakobiner nicht unähnlich.

Fichte hatte sich immer wieder, auch in den «Reden», zu seinen republikanischen Idealen bekannt. Er hörte nicht auf, am Ziel einer deutschen Republik festzuhalten, als er 1813, dem Jahr vor seinem Tod, sich Gedanken darüber machte, wer die Rolle eines «Zwingherrn zur Deutschheit» übernehmen könne, und dabei an den König von Preußen dachte. (Den unmittelbaren Anstoß zu Fichtes «Entwurf zu einer politischen Schrift im Frühlinge 1813» bildete der «Aufruf an Mein Volk», in dem Friedrich Wilhelm am 17. März 1813 den Entscheidungskampf gegen Napoleon verkündet hatte.) «Erziehung zur Freiheit ist die erste *Pflicht* des Zwingherrn, Vererbung der Gewalt geht gar nicht. Bei solchen Ansichten nun, wie kann es von dem jetzigen Punkte aus zur Freiheit kommen? Wollte irgendein Fürst, so will der Adel sicher nicht. (Zu verschmelzen, unterzugehen in die Deutschheit, dazu sind sie zu beschränkt.) Also her einen Zwingherrn zur Deutschheit. Wer es sei: Ma-

che sich unser König dieses Verdienst. Nach seinem Tode einen Senat;
da kann es sogleich im Gange sein.»[35]

Ob Friedrich Wilhelm III. fähig und willens war, die Aufgabe des
Zwingherrn zu übernehmen: Fichte war sich, wie seine Notizen zeigen,
in dieser Hinsicht nicht sicher. «Kein bestehender Landesherr kann
Deutsche machen; es werden Österreicher, Preußen usw. Ein neuer
müßte entstehen? Etwa wie Bonaparte?» (Die letzte Frage war so ketze-
risch, daß Fichte sie dann doch verneinte.)[36] Dafür, daß der König von
Preußen, der jetzige oder ein künftiger, die Deutschen zur Einheit führen werde, sprach vor allem ein Vergleich mit Österreich. Ein deutscher
Kaiser, der ein Hausinteresse habe, werde die deutsche Kraft für seine
persönlichen Zwecke gebrauchen. Österreich habe ein solches Hausinteresse, Preußen nicht. «Es ist ein eigentlich *deutscher* Staat; hat als
Kaiser durchaus kein Interesse zu unterjochen, ungerecht zu sein, vorausgesetzt, daß ihm bei künftigem Frieden seine angestammten, zugleich durch Protestantismus verbundenen Provinzen zurückerstattet
werden. Der Geist seiner bisherigen Geschichte zwingt es aber, fortzuschreiten in seinen Schritten zum Reiche; nur so kann es fortexistieren.
Sonst geht es zugrunde.»[37]

Preußen war nicht nur eine protestantische Macht, es war die Vormacht des deutschen Protestantismus. Wäre es anders gewesen, hätte
Fichte dem König von Preußen die Rolle des «Zwingherrn zur
Deutschheit» nicht zudenken können. «Derjenige soll Zwingherr sein,
der auf der Spitze seiner Zeit und seines Volkes steht», heißt es in den
«Exkursen zur Staatslehre» aus dem Jahre 1813. Deutschland war
dazu bestimmt, ein Vernunftreich zu sein, und als solches mußte es
protestantisch geführt werden. «*Verstand* in Anwendung auf das
Christentum und *Protestantismus* ist ganz dasselbe; daher der moderne Philosoph und Gelehrte notwendig ein Protestant ist. Die Protestanten sind die wahren Katholischen, denn sie tragen das Prinzip der
Allgemeingültigkeit, Allgemeinheit in sich.» Im «Entwurf» von 1813
hatte Fichte die Festsetzung einer für alle verbindlichen Staatsreligion
bei gleichzeitiger Garantie der Freiheit des Gewissens, also auch der
Beibehaltung einer privaten Sonderreligion, gefordert. Die «Exkurse»
ließen hierzu Zweifel daran, daß es sich bei der Staatsreligion nur um
eine Zivilreligion im Sinne Rousseaus, wenn auch um eine entschieden
protestantisch geprägte Spielart derselben, handeln konnte – was immer das Gewissen der Nichtprotestanten dazu sagen mochte.[38]

Fichtes Nationalismus war durch und durch kompensatorisch. Seine Visionen von deutscher Allmacht hatten ihren Grund in der Erfahrung deutscher Ohnmacht; auf das Gefühl der Demütigung durch Napoleon antwortete er mit nationaler Selbstüberhebung; die konfessionelle Spaltung wollte er durch die Einführung einer staatlichen Zivilreligion überwinden. Sein Nationalismus zielte auf bürgerliche Emanzipation und war doch überwiegend bloße Reaktion: Das Bekenntnis zu den Ideen der Französischen Revolution trat immer mehr zurück hinter dem Wunsch, die französische Fremdherrschaft ein für allemal zu vernichten.

Johann Gottlieb Fichte war kein politischer Einzelgänger. Seine Meinungen und Forderungen in Sachen Einheit und Freiheit wurden im wesentlichen von zwei anderen Gründervätern des deutschen Nationalismus geteilt: dem «Turnvater» Friedrich Ludwig Jahn, geboren als Sohn eines evangelischen Pfarrers in der Umgebung des brandenburgischen Wittenberge, und dem evangelischen Theologen und Publizisten Ernst Moritz Arndt, einem Bauernsohn aus Rügen, das wie ganz Vorpommern bis 1815 zu Schweden gehörte. Wie Fichte sah auch Jahn in Preußen den einzigen Staat, der Deutschland einigen und führen konnte, und wie der Philosoph, so wies auch der Gründer der Turnbewegung Deutschland einen Auftrag zur Erlösung der Menschheit zu. In seinem 1810 erschienenen Buch «Deutsches Volkstum» faßte Jahn diese Mission in den Worten zusammen: «Schwer zu erlernen, schwerer noch auszuführen ist des Weltbeglückers heiliges Amt – aber es ist eine Wollust der Tugend, eine menschliche Göttlichkeit, die Erde als Heiland zu segnen und den Völkern Menschwerdungskeime einzupflanzen.»

Was Deutschland der Welt sein sollte, war «Hermann», der Cheruskerfürst Arminius, der in der sagenumwobenen Schlacht im Teutoburger Wald im Jahre 9 nach Christus ein römisches Heer geschlagen hatte, für die Deutschen: Jahn nannte ihn einen «Volksheiland». Als weitere Vorbilder für die Gegenwart empfahl der Autor den Sachsenkönig Heinrich I. (919–936), den Vater Ottos des Großen, Luther und in gewisser, eingeschränkter Weise auch «Friedrich den Einzigen», obwohl dieser nur einen Staat gegründet, aber nicht ein Volk gestiftet habe. Ein Staat ohne Volk sei aber nur ein «seelenloses Kunstwerk», wie umgekehrt ein Volk ohne Staat nicht mehr sei als ein «leibloser, luftiger Schemen wie die weltflüchtigen Zigeuner oder Juden».

Dennoch hing die Zukunft Deutschlands von keinem Staat so ab wie von dem, den Friedrich geschaffen hatte. Denn im Gegensatz zum Vielvölkerreich Österreich, dem Jahn eine Mission im gesamten südosteuropäischen Donauraum bis hin zum Schwarzen Meer bescheinigte, war Preußen deutsch. Im preußischen Staat hatte der Turnvater eine «Triebkraft zur Vollendung» entdeckt, und so erhoffte er sich «*in* und durch Preußen eine zeitgemäße Verjüngung des altehrwürdigen Deutschen Reichs, und in dem Reiche ein Großvolk, das zur Unsterblichkeit in der Weltgeschichte menschlich die hehre Bahn wandern würde.»

Ein geeintes Deutschland brauchte nach Jahns Überzeugung eine festbegründete, volkstümliche Verfassung mit einer «Sprechgemeinde», die man anderswo «Parlament» nannte. Der Übersetzungsvorschlag war bezeichnend für eines der wichtigsten Anliegen von Jahn: die Pflege der Muttersprache. Von der Hochschätzung des eigenen Volkstums zur Verachtung des fremden war es aber nur ein kleiner Schritt. Das galt vor allem für alles Französische, das Jahn zutiefst verhaßt war. Die französische Sprache habe Deutschlands Männer betört, seine Jünglinge verführt, seine Weiber entehrt. Daraus ergab sich für den Turnvater die Mahnung: «Deutsche, fühlt wieder mit männlichem Hochsinn den Wert eurer edlen *lebendigen* Sprache, schöpft aus ihrem nie versiegenden Urborn, grabt die alten Quellen auf und lasset Lutetiens *stehende* Lache in Ruhe!» Lutetia war, was der Verfasser bei seinen Lesern als bekannt voraussetzte, der antike Name für Paris.[39]

Jahns Sakralisierung des Deutschtums und seine Dämonisierung des Französischen zu übertreffen mochte schwer erscheinen. Doch Ernst Moritz Arndt lieferte den Nachweis, daß es möglich war. 1807 brachte der dritte im Bunde der Gründerväter des deutschen Nationalismus den pseudoreligiösen Charakter seiner Art von Vaterlandsliebe in geradezu klassischer Form zum Ausdruck: «*Ein* Volk zu sein, *ein* Gefühl zu haben für *eine* Sache, mit dem blutigen Schwert der Rache zusammenzulaufen, das ist die Religion unserer Zeit; durch diesen Glauben müßt ihr einträchtig und stark sein, durch diesen den Teufel und die Hölle überwinden ... Das ist die höchste Religion, zu siegen und zu sterben für die heilige Sache der Menschheit, die durch alle Tyrannei in Lastern und Schanden untergeht; das ist die höchste Religion, das Vaterland lieber zu haben als Herren und Fürsten, als Väter und Mütter, als Weiber und Kinder; das ist die höchste Religion, seinen Enkeln einen ehrlichen Namen, ein freies Land, einen stolzen Sinn zu hinterlassen; das ist die höchste Religion, mit dem teuersten Blut zu bewahren, was durch das teuerste, freieste Blut der Väter erworben ward. Dieses heilige Kreuz der Welterlösung, diese ewige Religion der Gemeinschaft und Herrlichkeit, die auch Christus gepredigt hat, macht zu eurem Banner, und nach der Rache und Befreiung bringt unter grünen Eichen auf dem Altar des Vaterlandes dem schützenden Gotte die fröhlichen Opfer.»

Arndts schützender und strafender Gott stand nicht länger jenseits der Völker: Es war der «alte liebe deutsche Gott», von dem der Autor erstmals 1810 in dem Gedicht «Gebet» sprach. Im Jahre 1813, der Befreiungskrieg gegen Napoleon hatte inzwischen begonnen, verfaßte er einen «Katechismus für den deutschen Kriegs- und Wehrmann». In einer altertümelnden Sprache, die Luthers Übersetzung der Offenbarung des Johannes nachempfunden war und voller Anspielungen auf den Mythos vom Antichrist steckte, rief Arndt den Teilnehmern des Feldzugs zu: «Und es ist ein Ungeheuer geboren und ein blutbefleckter Greuel aufgestanden. Und heißt sein Name Napoleon Bonaparte, ein Name des Wehs ... Auf ihr Völker! Diesen erschlagt, denn er ist verflucht von mir, diesen vertilgt, denn er ist ein Vertilger der Freiheit und des Rechts ... Und sollt in Einmütigkeit und Friedseligkeit erkennen, daß ihr *einen* Gott habet, den alten, treuen Gott, und daß ihr *ein* Vaterland habet, das alte, treue Deutschland.»

Arndt hatte nicht die geringsten Schwierigkeiten, seine kriegerische Botschaft mit dem christlichen Liebesgebot zu vereinbaren. Ein Mensch, der die rechte Liebe habe, müsse das Böse hassen bis in den Tod, schrieb er 1813 in dem Aufsatz «Über Volkshaß». Gott wolle diesen Haß, ja er gebiete ihn. Die Franzosen gelte es zu hassen auf Grund dessen, was sie nicht nur in den letzten zwanzig Jahren, sondern schon seit über drei Jahrhunderten den Deutschen angetan hätten. «Ich will den Haß gegen die Franzosen, nicht bloß für diesen Krieg, ich will ihn für lange Zeit, ich will ihn für immer ... Dieser Haß glühe als die Religion des deutschen Volkes, als ein heiliger Wahn in allen Herzen und erhalte uns immer in unserer Treue, Redlichkeit und Tapferkeit; er mache Deutschland den Franzosen künftig zu einem unangenehmen Lande, wie England ihnen ein unangenehmes Land ist.»[40]

Aus der Botschaft des Volkshasses ergab sich die Forderung nach der Sprachgrenze: «Die Sprache also macht die rechte Grenze der Völker ... Was beisammen wohnt und einerlei Sprache spricht, gehört auch von Gott und Natur wegen zusammen.» Folglich verlangte Arndt 1813 in seiner vielgelesenen Schrift «Der Rhein, Deutschlands Strom, aber nicht Deutschlands Grenze» die Rückgabe des Elsaß und des deutschsprachigen Lothringen. Eine nationale Einigung Deutschlands hatte er vor den Befreiungskriegen noch nicht gefordert. Seit 1813 tat er es. In den Jahren 1813 bis 1815 gab er mehrfach, wenn auch zunächst noch in etwas verschlüsselter Form, seiner Hoffnung auf ein Kaisertum der Hohenzollern Ausdruck. So wie Preußen bisher Deutschland nach Osten beschützt habe, müsse es das künftig auch nach Westen, gegen Frankreich, tun. Deutschland brauche einen «Führer und Einiger». «Diesen großen und guten Geist, dem niemand in Deutschland die erste Stelle streitig machen kann und wird, will ich hier nennen: er heißt Preußen.» Österreich habe sich zu seinem Unglück mit fremden Völkern beladen, denen es nicht einmal gewachsen sei. «Preußen dagegen steht recht eigentlich in Deutschland festgewurzelt und eingeschlossen mit all seinen Vorteilen und Strebungen; es muß hinfort mit Deutschland stehen oder untergehen.»[41]

Arndt war, nicht anders als Fichte und Jahn, ein scharfer Kritiker der deutschen Fürsten, zumal der kleinen und mittleren unter ihnen. Sie galten den frühen Nationalisten ebenso wie der landsässige Adel als Träger und Nutznießer der staatlichen Zersplitterung Deutschlands – einer Zersplitterung, die im gebildeten Bürgertum gedanklich bereits überwunden war. In der Gleichsetzung von Bürgertum und Nation lag zu einem guten Teil die Anziehungskraft begründet, die die Französische Revolution, trotz «terreur» und Napoleon, auf die deutschen Nationalisten ausübte.

Noch 1808 bekannte sich Arndt zu den Idealen dieser Revolution, die er die «dritte große Epoche des Christentums» nach Urchristentum und Reformation nannte. Im Jahre 1813 verteidigte er die Demokratie, die etwas ganz anderes als Pöbelherrschaft sei. Konkret forderte er aber nur eine «ratschlagende und mitregierende Macht» für die drei Stände des Adels, der Bauern und der Bürger, während er die ausführende Macht dem Fürsten überlassen wollte. Gemessen an dem, was die französische Verfassung von 1791 verbürgte und was England und die Vereinigten Staaten längst erreicht hatten, war das eine bescheidene, nicht revolutionär, sondern altständisch anmutende Zielsetzung.

Was immer Arndt und Fichte zugunsten der Französischen Revolution vortrugen, ein Vorbild, dem es nachzueifern galt, war das Frankreich von 1789 für sie nicht. Das lag vor allem an einem grundlegenden

Unterschied zwischen beiden Ländern: Frankreich war zum Zeitpunkt seiner Revolution bereits ein Nationalstaat, Deutschland war es nicht. Die deutsche Nation ließ sich infolgedessen nicht politisch und staatsbezogen definieren, sondern nur kulturell und historisch. Franzose konnte man seit 1789 werden, indem man sich für das neue Frankreich entschied, also auf Grund eines subjektiven Willensaktes. Die frühen deutschen Nationalisten beriefen sich in Ermangelung eines staatlichen Rahmens auf nichtstaatliche, dem politischen Wollen gleichsam vorgelagerte, vermeintlich objektive Größen wie Volk, Sprache und Kultur. Arndt dachte denn auch gar nicht daran, die Elsässer und Lothringer zu fragen, ob sie Deutsche sein wollten; es reichte ihm, daß sie deutsch sprachen und einmal zum Heiligen Römischen Reich deutscher Nation gehört hatten.

Auch der Gedanke rassischer Reinheit war Arndt nicht fremd. «Die Juden passen nicht in diese Welt und in diese Staaten hinein», schrieb er 1814, «und darum will ich nicht, daß sie auf eine ungebührliche Weise in Deutschland vermehrt werden. Ich will es aber auch deswegen nicht, weil sie ein durchaus fremdes Volk sind und weil ich den germanischen Stamm von fremdartigen Bestandteilen rein zu erhalten wünsche.» Abschwächend forderte Arndt zwar, die in Deutschland geborenen Juden «nach den Gesetzen unseres menschlichen Evangeliums als deutsche Landsleute» zu betrachten und sie als solche zu schirmen und schützen. Aber zum einen machte er keinen Hehl aus seiner Erwartung, daß die deutschen Juden sich bald zum Christentum bekehren würden, und zum anderen sprach er sich «unbedingt» gegen eine Aufnahme fremder Juden aus. Diese wäre ein «Unheil und eine Pest unseres Volkes», und überdies sei Deutschland mehr als andere Länder von einer «Judensintflut» aus dem Osten und namentlich aus Polen bedroht.[42]

Fichte argumentierte hinsichtlich des traditionellen Andersseins der Juden nicht rassisch, sondern religiös, seine Folgerungen aber waren noch weit radikaler als die Arndts. Das Judentum sei, so heißt es in dem 1793 veröffentlichten Buch über die Französische Revolution, ein «mächtiger, feindseliger Staat, der fast überall in Europa mit allen übrigen in beständigem Krieg» stehe, ein «Staat im Staat» also. Als unbezwingbar betrachtete Fichte das Hindernis, das die Juden davon abhalte, zu «Gerechtigkeits-, Menschen- und Wahrheitsliebe» hindurchzudringen, nämlich ihre doppelte Moral und ihr Glaube an einen menschenverachtenden Gott. Menschenrechte müßten die Juden zwar haben, «ob sie gleich uns dieselben nicht zugestehen ... Aber ihnen Bürgerrechte zu geben, dazu sehe ich wenigstens kein Mittel als das, in einer Nacht ihnen allen die Köpfe abzuschlagen und andere aufzusetzen, in denen auch nicht eine jüdische Idee sei. Um uns vor ihnen zu schützen, dazu sehe ich wieder kein Mittel, als ihnen ihr gelobtes Land zu erobern und sie alle dahin zu schicken.»[43]

An den Nationalismus des revolutionären Frankreich erinnerten bei den frühen deutschen Nationalisten der umfassende Anspruch der Nation an den Einzelnen und die Nachahmung christlicher Glaubensinhalte und Rituale. Aber Fichte, Jahn und Arndt hüteten sich vor einem Bruch mit dem Christentum im allgemeinen und dem Protestantismus im besonderen. Sie sahen sich geradezu als die Testamentsvollstrecker der Reformation, und wenn ihr Nationalismus auch alle Züge einer politischen Religion aufwies, so wollten sie ihn doch nicht an die Stelle der überlieferten Religion setzen, sondern diese der neuen Botschaft anpassen. Die Gründerväter des deutschen Nationalismus mußten das schon deshalb tun, weil sie Preußen oder Wahlpreußen waren. Preußen war *die* evangelische Macht in Deutschland, und eine Einigung Deutschlands erschien ihnen nur möglich, wenn ein erneuertes Preußen an die Spitze der nationalen Bewegung trat. Der frühe deutsche Nationalismus legte es daher nicht darauf an, dem älteren preußischen Staatspatriotismus den Kampf anzusagen. Er versuchte vielmehr, diesen in sich aufzunehmen.

Aus alledem ergab sich der widersprüchliche Charakter des frühen deutschen Nationalismus. Er war «modern», weil er auf eine grundlegende Erneuerung der politischen Verhältnisse Deutschlands und Europas zielte. Da er sich, um seine Ziele zu erreichen, mit der alten Ordnung, vertreten durch Preußen, verbünden mußte, wirkte er aber, gemessen am französischen Nationalismus, rückständig. Er betonte seine Nähe zu den ursprünglichen Ideen von 1789 und widersprach ihnen doch mit seinem reaktionären Juden- und Franzosenhaß zutiefst. Er beschwor die Freiheit und ließ sie nicht gelten, wenn es darum ging, zu bestimmen, wer Deutscher war und wer nicht. Er berief sich auf die Vernunft und wandte sich zugleich radikal von der Aufklärung ab. Er erhob den Anspruch auf die Erlösung der Menschheit und hatte ihr doch nichts anderes zu bieten als das Ansinnen, sich der geistigen Weltherrschaft der Deutschen zu unterwerfen.

Das revolutionäre Moment bei den deutschen Nationalisten tritt besonders deutlich hervor, wenn man sie mit Vertretern der politischen Romantik wie Novalis, Friedrich Schlegel und Adam Müller vergleicht. Die beiden Richtungen berührten sich in der Verklärung deutschen Wesens und im Schwärmen für Deutschlands glorreiche Vergangenheit, aber die Unterschiede waren beträchtlich. Die politischen Romantiker rühmten die Tugenden des Adels, die Vorzüge einer ständischen Verfassung und fühlten sich dem geistlichen Universalismus des Mittelalters verbunden. Bei Müller und Schlegel ging das so weit, daß sie zur katholischen Kirche übertraten. Die frühen Nationalisten waren kämpferische «Kulturprotestanten» (in einem weiteren Sinn als dem, den dieser Begriff im Deutschland der Wilhelminischen Ära erhielt). Die politischen Romantiker dachten nicht daran, Preußen in einen Gegensatz zu Österreich zu bringen und eine neue Kaiserkrone für die Hohenzollern ins Auge zu fassen. Die frühen Nationalisten hatten keine Bedenken, sich zu solchen Visionen zu bekennen.

Fichte, Jahn und Arndt sprachen für ein Deutschland, das es noch nicht gab. Sie formulierten ein Problem, das vor dem Ende des Alten Reiches noch nicht bestanden hatte oder zumindest nicht als solches empfunden worden war: die deutsche Frage. Sie schloß drei Teilprobleme in sich, die eng miteinander verbunden waren: das Verhältnis von Einheit und Freiheit, die Grenzen eines künftigen Deutschland und den Platz Deutschlands in Europa. Aus Deutschland einen Nationalstaat und gleichzeitig einen Verfassungsstaat zu machen war für die drei Klassiker des deutschen Nationalismus der deutsche Beruf Preußens. Das Bekenntnis zur Führungsrolle Preußens bedeutete noch nicht, daß die frühen deutschen Nationalisten Österreich aus dem deutschen Nationalstaat ausschließen wollten, also «Kleindeutsche» im Sinne der Revolution von 1848/49 waren. Nur bei Jahn klang diese Konsequenz an, als er Österreich eine besondere Mission im Südosten Europas zuwies. Arndt hingegen forderte in seinem Lied «Was ist des Deutschen Vaterland?» ein Deutschland «soweit die deutsche Zunge klingt» und an anderer Stelle ein Deutschland «von der Nordsee bis zu den Karpaten, von der Ostsee bis hin zu den Alpen und der Weichsel». Ein solches Deutschland hätte das Reich der Habsburger auseinander gesprengt und die europäische Landkarte nicht minder dramatisch verändert, als es Napoleon getan hatte.

Die Parolen von Fichte, Jahn und Arndt fanden Gehör bei einem gebildeten, überwiegend bürgerlichen und jungen, häufig noch studierenden Publikum. Es war zumeist evangelisch und in Norddeutschland sehr viel zahlreicher als im katholischen oder gemischtkonfessionellen Westen und Süden, wo Napoleon sich im Zweifelsfall größerer Sympathien erfreute als Preußen. Auf Gefolgsleute in Österreich durften die preußisch gesinnten Nationalisten erst recht nicht rechnen. Insgesamt war es nur eine kleine Minderheit der Deutschen, die sich um 1810 von der Notwendigkeit überzeugen ließ, die deutsche Kulturnation zu einer Staatsnation fortzuentwickeln und einen deutschen Nationalstaat zu errichten.

Aber selbst diese Minderheit hätten die frühen deutschen Nationalisten nicht hinter sich gebracht, wenn ihre Deutungen von Geschichte und Gegenwart bloße Erfindungen gewesen wären. Ihr Erfolg beruhte darauf, daß sie an vorhandene Traditionen anknüpften und diese umwandelten. Von den Humanisten um 1500 und manchen Dichtern des 18. Jahrhunderts, unter ihnen Klopstock, übernahmen sie die rühmende Erinnerung an den Freiheitskampf der Germanen gegen das verderbte Rom, von der protestantischen Literatur bis hin zur Aufklärung die Stilisierung Luthers zum geistigen Befreier Deutschlands von römischer Fremdherrschaft, vom literarischen Patriotismus des späten 18. Jahrhunderts den Kampf um die Reinhaltung der deutschen Sprache von fremden, namentlich französischen Einflüssen. Vor allem aber säkularisierten sie, was es an theologischen oder pseudotheologischen Rechtfertigungen einer deutschen Sendung gab, so konsequent, daß sie am Ende in der Lage waren, an die Stelle des spirituellen Universalismus des Alten Reiches den deutschen Anspruch auf die geistige Weltherrschaft und die Erlösung der Menschheit zu setzen. Aus dieser Umschmelzung entstand in den Jahren 1806 bis 1815 etwas Neues: der deutsche Nationalismus.[44]

Großbritannien, die USA und die Kontinentalsperre

Während das geschlagene Preußen sich durch Reformen erneuerte, führte England, seit dem 1. Januar 1801 offiziell das Vereinigte Königreich von Großbritannien und Irland, weiter Krieg gegen Napoleon. Es war zu dieser Zeit kein freies Land. Schon 1794 hatte das Unterhaus die Habeas-Corpus-Akte außer Kraft gesetzt. In der Folgezeit wurden Journalisten, wenn sie in ihren Artikeln nach Meinung der Regierung

Pitt den Interessen des Landes schadeten, von den Gerichten zu mehrjährigen Gefängnisstrafen verurteilt; der berühmteste Fall war der des Herausgebers des Wochenblattes «Political Register», William Cobbett, der in seinem Blatt berichtet hatte, britische Milizsoldaten seien von deutschen Söldnern geschlagen worden.

Reformen durchzusetzen war in den Jahren, in denen faktisch der Ausnahmezustand herrschte, schwer möglich. Im Jahre 1802 verabschiedete das Unterhaus zwar ein Fabrikgesetz, das die Kinderarbeit auf höchstens zwölf Stunden täglich beschränkte und Nachtarbeit von Kindern verbot. Doch da es keine Verwaltung gab, die die Einhaltung des Gesetzes überwachte, blieb es folgenlos. Die brutale Ausbeutung von Kindern, die schrecklichste Begleiterscheinung der Industriellen Revolution, ging ungehindert weiter.

Ein anderes Reformgesetz *hatte* Folgen, und es verdient, historisch genannt zu werden: Im März 1807 verbot das Unterhaus den Sklavenhandel mit Wirkung vom 1. Januar 1808. Der Beschluß war ein Erfolg der Antisklavereibewegung, die von den Quäkern ausging und in Großbritannien seit 1788 von William Wilberforce, einem evangelikalen Theologen, konservativen Parlamentarier und engen Freund Pitts, geführt wurde. Die Abolitionisten waren die erste außerparlamentarische Bewegung, der es gelang, durch beharrliche Kampagnen die öffentliche Meinung und schließlich auch das Parlament von ihrem Ziel zu überzeugen. Was die Wirkung ihrer moralischen Argumente verstärkte, war die nüchterne Einsicht, daß Sklavenarbeit auf die Dauer teurer war als die Arbeit freier Menschen – eine Erkenntnis, die Adam Smith schon 1776 in seinem Buch über den Wohlstand der Nationen verfochten hatte, die sich aber erst jetzt, ein Vierteljahrhundert später, allmählich durchzusetzen begann.

Da auch die Vereinigten Staaten um dieselbe Zeit den Sklavenhandel abschafften, markiert das Jahr 1807 tatsächlich den Anfang vom Ende dieser unmenschlichsten Form von Handel – freilich auch nicht mehr. Denn zwei Mächte, Spanien und Portugal, betrieben weiterhin Sklavenhandel, und die Sklaverei selbst wurde von Großbritannien und seinen Kolonien erst 1833 abgeschafft.

Pitt hatte für die Bemühungen seines Freundes Wilberforce Sympathie gezeigt, sie aber nicht tatkräftig gefördert, weil ihm andere politische Ziele wichtiger waren. Die Verabschiedung des Gesetzes vom März 1807 erlebte er nicht mehr. Er starb im Januar 1807; nach seinem

Tod wurde zunächst ein Ministerium «aller Talente» gebildet, dem der Tory Lord Grenville als Premierminister und bis zu seinem Tod im September 1806 der Führer der Whigs, Charles Fox, als Außenminister angehörten. Grenville stürzte kurz nach dem Beschluß über die Abschaffung des Sklavenhandels, weil er keine Mehrheit für die Gleichberechtigung der Katholiken in der Armee fand und Georg III. ein rein konservatives Kabinett wünschte. Aus den Wahlen von 1807 gingen, auch dank der massiven finanziellen Unterstützung des Hofes, die Tories als eindeutige Sieger hervor. Damit stand fest, daß der Kampf gegen Napoleon mit aller Entschiedenheit und ohne Rücksicht auf den innenpolitischen Preis, die fortdauernde Unterdrückung überlieferter Freiheiten, weitergeführt werden würde.

Seit dem 21. November 1806 war dieser Kampf vor allem ein Wirtschaftskrieg. An diesem Tag hatte Napoleon von Berlin aus die «Kontinentalsperre» verkündet, die den Handel zwischen Großbritannien und dem Festland vollständig unterbinden sollte (und Schmuggel im großen Stil zur Folge hatte). Die britische Antwort gab Außenminister George Canning in Gestalt der «Orders in Council» vom Januar und März 1807, die erst 1812 wieder aufgehoben wurden. Zur Gegenblockade gehörte es, daß jedes den Kontinent oder die französischen Kolonien, etwa die auf den Westindischen Inseln, anlaufende Schiff zur britischen Prise erklärt wurde. Diese Maßnahme traf die Vereinigten Staaten besonders hart, zumal die Franzosen ihrerseits jedes Schiff beschlagnahmten, das sich von Briten durchsuchen ließ oder einen britischen Hafen ansteuerte. Dazu kam die von den Amerikanern als besonders demütigend empfundene Londoner Weisung, sämtliche amerikanischen Schiffe nach Untertanen seiner Majestät zu untersuchen, die sich dem Dienst in der Kriegsmarine entzogen.

Die amerikanische Reaktion war ein von Präsident Jefferson durchgesetzter Beschluß des Kongresses vom Dezember 1807, den gesamten amerikanischen Außenhandel zu verbieten. Die Folgen waren für die Wirtschaft der USA so verheerend, daß das entsprechende Gesetz vier Monate später aufgehoben werden mußte. Das neue Gesetz verbot nur noch den Handel mit Großbritannien, Frankreich und deren Besitzungen. Unter Jeffersons Nachfolger James Madison, dem vierten Präsidenten der Vereinigten Staaten, verschlechterte sich das Verhältnis zwischen der jungen Republik und dem ehemaligen Mutterland so sehr, daß die Vereinigten Staaten Großbritannien schließlich am 1. Juni 1812 den

Krieg erklärten. Er führte die USA an den Rand der Katastrophe. Eine Invasion Kanadas scheiterte vollständig; im August 1814 besetzten die Briten die Hauptstadt Washington und brannten das Weiße Haus nieder. Mehr zu erreichen aber war den Briten angesichts der Belastungen, die der Krieg in Europa mit sich brachte, nicht möglich. Der «Zweite Unabhängigkeitskrieg» endete im Dezember 1814 mit dem Frieden von Gent, der den vorherigen Zustand wiederherstellte.

Auf dem europäischen Festland hatte die Kontinentalsperre widersprüchliche Folgen, wie sich besonders deutlich am deutschen Beispiel zeigen läßt. Die Absperrung des britischen Marktes traf die Hafenstädte und die exportierenden Wirtschaftszweige, darunter den ostelbischen Getreideanbau, hart, während andere Branchen aus dem protektionistischen Effekt des Wirtschaftskrieges, dem Wegfall der englischen Konkurrenz, großen Nutzen zogen, so das Woll- und Baumwollgewerbe, der Maschinenbau und die Branchen, die Ersatz für nicht mehr verfügbare koloniale Produkte bereitstellten: Zucker aus Zuckerrüben statt aus Zuckerrohr etwa oder chemisch erzeugte Farben statt Farbstoffen aus Übersee.

In Frankreich bewirkte die Kontinentalsperre auf der einen Seite einen künstlichen Aufschwung der Baumwollindustrie, auf der anderen Seite den Niedergang aller vom Außenhandel abhängigen Wirtschaftszweige. Die schwere Wirtschaftskrise, in die das Grand Empire in den Jahren 1810 bis 1812 geriet, war zwar nicht nur, aber doch zu erheblichen Teilen eine Folge der Kontinentalsperre. Der umfassende Wirtschaftskrieg fügte also auch dem Land, das ihn 1806 proklamiert hatte, schweren Schaden zu. Dennoch gilt auch für Frankreich, obschon in geringerem Maß als für Deutschland, daß die Kontinentalsperre auf lange Sicht, ungeachtet aller protektionistischen Verzerrungen, den Übergang zur industriellen Produktion nachhaltig gefördert hat.

In England, dem Erzfeind des napoleonischen Frankreich, rief die Kontinentalsperre einen starken Kursrückgang des Pfund Sterling und eine Teuerung hervor, die das soziale Elend ins Unermeßliche steigerte. 1811/12 kam es in vielen Grafschaften zu Hungerunruhen, Brandstiftungen und zur Zerstörung von Fabriken und industriellem Gerät durch Maschinenstürmer, die sogenannten Ludditen, die sich bei den «kleinen Leuten» zeitweilig großer Popularität erfreuten. Das Unterhaus führte daraufhin die Todesstrafe für die Zerstörung von Maschinen ein. Die Hinrichtung von 18 Ludditen in Yorkshire, dem Schau-

platz besonders gewalttätiger Proteste, zeitigte die erhoffte Folge: Sie
wirkte abschreckend und trug zu einer, wenn auch nur vorübergehenden und prekären, Stabilisierung der inneren Verhältnisse bei. Vom Beginn des Jahres 1813 ab begann sich die britische Wirtschaft zudem zu
erholen. «Revolutionär» war die Lage Englands aber auch auf dem
Höhepunkt des Luddismus nicht gewesen: Den rebellierenden Handwerkern und Arbeitern, die vorindustriellen, paternalistisch geprägten
Vorstellungen von einer «moral economy», einer gerechten Wirtschaftsordnung, anhingen, stand ein anderer Teil der Unterschicht gegenüber, der sich jederzeit für Demonstrationen zugunsten von König
und Kirche mobilisieren ließ; eine breite Mittelschicht setzte auf friedlichen Wandel im Zeichen von wachsendem Wohlstand und hoffte auf
ein Ende von Krieg und Ausnahmezustand.

Zu Hoffnungen gaben vor allem außenpolitische Entwicklungen
Anlaß: England war um 1811/12 längst nicht mehr so isoliert wie zur
Zeit des Tilsiter Friedens, als es ohne alle Bundesgenossen unter den
größten Staaten Europas dastand. Die Wendung zum Besseren verdankte es Napoleon. Anfang 1808 entschloß sich der Kaiser, die Bourbonen vom Thron in Madrid zu verjagen und Spanien seiner Herrschaft zu unterwerfen. Es war die Entscheidung, die im Rückblick als
der Anfang vom Ende des Grand Empire erscheint. Sie barg für England eine einzigartige Chance: die Möglichkeit, sich mit dem spanischen Volk gegen den Usurpator in Paris zu verbünden. Und wenn es
südlich der Pyrenäen gelang, eine Erhebung gegen Napoleon zum Erfolg zu führen, durfte man erwarten, daß auch andere europäische
Länder sich vom spanischen Beispiel anregen lassen würden.[45]

Napoleon im Niedergang:
Von der spanischen «guerilla» zum Rußlandkrieg

Dem Krieg in Spanien ging der gegen Portugal voraus. Die kleinere der
beiden iberischen Monarchien war mit England verbündet und hatte es
daher abgelehnt, sich an der Kontinentalsperre zu beteiligen. Gestützt
auf Verträge aus den Jahren 1801 und 1805 veranlaßte Napoleon im
Oktober 1807 die spanische Regierung, zusammen mit Frankreich Portugal zu besetzen und aufzuteilen. Das Vorhaben gelang, da das portugiesische Militär kaum Widerstand leistete, auf Anhieb.

Um dieselbe Zeit eskalierte ein Konflikt zwischen König Karl IV. von Spanien und Kronprinz Ferdinand. Der Prinz von Asturien, so der offizielle Titel des Kronprinzen, genoß die Unterstützung all derer, die den leitenden Minister Godoy, den Günstling der Königin, aus der Macht vertreiben wollten. Der König warf Ferdinand Hochverrat vor und ließ ihn Ende Oktober 1807 verhaften. Als sich im März 1808 das Gerücht verbreitete, der verhaßte Godoy wolle den Kronprinzen entführen, kam es zu einer Mischung aus verdecktem Militärputsch und örtlichem Volksaufstand in Aranjuez, der Sommerresidenz der spanischen Könige. Der eingeschüchterte Monarch dankte zugunsten seines Sohnes ab, machte seinen Verzicht aber kurz darauf wieder rückgängig. Napoleon nutzte die Wirren, um im Mai 1808 Vater und Sohn in Bayonne zu Verzichtserklärungen zu nötigen. Zum neuen König von Spanien bestimmte er seinen Bruder Joseph, den bisherigen König von Neapel.

Der Sturz der spanischen Bourbonen löste einen Volksaufstand zuerst in Madrid, dann in den Provinzen aus. Vom asturischen Oviedo aus steuerte eine am 9. Mai gebildete Junta General das, was als «guerilla», als kleiner Krieg, in die Geschichte einging. Die Erhebung breitete sich rasch über ganz Spanien aus; die katholische Kirche rief die Gläubigen zum Kampf gegen den Antichrist aus Paris und seine spanischen Gefolgsleute, die «afrancesados» oder «Französlinge», auf; die Grausamkeit, mit der die bewaffneten Aufständischen und die Eindringlinge einander bekämpften, übertraf alles, was man aus regulären Kriegen gewohnt war. Goya hat die Schrecken des Guerillakrieges ebenso wie später die der bourbonischen Reaktion, die mit der Rückkehr des ehemaligen Kronprinzen und jetzigen Königs, Ferdinand VII., im März 1814 begann, in Bildern von erschütterndem Realismus festgehalten.

Madrid wurde von den Franzosen unter Napoleons Führung Anfang Dezember 1808 zurückerobert. Die von König Joseph eingesetzte Regierung konnte ihren Einfluß aber nie über ganz Spanien ausdehnen, sondern nur in den Gebieten geltend machen, die von der französischen Armee kontrolliert wurden. Sie stützte sich auf die oktroyierte, zum Teil von Napoleon selbst entworfene «Verfassung von Bayonne», die Spanien nominell zu einer konstitutionellen Monarchie machte. Einige Reformen wie die Gründung von Gymnasien, die Verstaatlichung der Güter von religiösen und militärischen Orden und die Abschaffung der

Majorate (wonach jeweils der älteste Sohn den landwirtschaftlichen Besitz des Vaters erbte) verschaffte dem neuen System die Sympathien einer kleinen Minderheit, der besagten «afrancesados». Die große Mehrheit der Spanier aber sah im Regime des Joseph Bonaparte das, was es war: eine Fremdherrschaft, der jedwede Legitimität abging.

Bis 1812 behielten die Franzosen militärisch die Oberhand; danach wendete sich das Blatt. Zu dieser Entwicklung trug entscheidend das britische Heer unter General Arthur Wellesley, dem späteren Herzog von Wellington, bei, das an der Seite der Aufständischen gegen die französischen Truppen des Kaisers kämpfte und im Februar 1809 bei Talavera seinen ersten großen Sieg errang. 1811 gelang den Briten die Befreiung Portugals, wobei sie auch dort mit einer breiten Volksbewegung im Bunde standen. Die spanische Junta General hatte sich mittlerweile, nachdem auch Sevilla, ihr zeitweiliger Regierungssitz, von den Franzosen erobert worden war, im Januar 1810 aufgelöst. Als ihr Nachfolger wurde in Cádiz an der Atlantikküste, wo man des Schutzes der britischen Flotte sicher sein konnte, ein Regentschaftsrat gebildet. Dieser erließ im Juni 1810 ein Dekret zur Einberufung der «Cortes», womit der alte Name der Ständevertretung wieder zu Ehren kam. Die Mitglieder wurden in den unbesetzten Gebieten Spaniens gewählt; für die besetzten und die Überseegebiete wurden Stellvertreter bestimmt.

Die Verfassung, die die Cortes am 19. März 1812 verabschiedeten, war die einer konstitutionellen Monarchie. Die Souveränität wohnte laut Artikel 3 «ihrem Wesen nach im Volk»; das Volk hatte folglich die verfassunggebende Gewalt. Dem König stand die Exekutivgewalt zu; gegen Beschlüsse der Cortes konnte er ähnlich wie in der französischen Verfassung von 1791 ein suspensives Veto einlegen. Die Cortes gingen aus einem indirekten Wahlverfahren hervor, wobei für die Urwahl auf Kirchspielebene der Grundsatz des allgemeinen gleichen Wahlrechts galt. Zu allen Wahlversammlungen, von der Ebene des Kirchspiels (juntas electorales de parroquia) bis hinauf zu denen der Bezirke (juntas electorales de partido) und Provinzen (juntas electorales de pronvincia), gehörten eine Heiliggeistmesse und ein feierliches Tedeum. Die katholische Religion war Staatsreligion; die Ausübung anderer Religionen war untersagt. Die Verfassung enthielt keinen ausgefeilten Grundrechtsteil; das Volk war laut Artikel 4 lediglich verpflichtet, «die bürgerliche Freiheit, das Eigentum und die anderen gesetzmäßigen Rechte aller Individuen, aus welchen es besteht, mittels weiser und gerechter Gesetze zu erhalten und zu beschützen». Das Bürgerrecht stand gemäß Artikel 18 in der Regel nur Spaniern zu, «welche ihrem Vater und ihrer Mutter nach aus dem spanischen Gebiet beider Halbkugeln stammen und in irgendeinem Bezirk dieses Gebiets ansässig sind». Spanier, die als ganz oder teilweise afrikanischen, also arabischen Ursprungs galten, konnten, so sah es Artikel 22 vor, «durch Tugend und Verdienst» das Bürgerrecht erlangen.

Die Verfassung von 1812 war eine Mischung aus modernen und archaischen Elementen. Die Liberalen hatten die Privilegierung der katholischen Kirche und das Verbot anderer Religionen nicht verhindern können, aber ansonsten sehr viel mehr Forderungen durchgesetzt als die Konservativen. Der Constitución de Cádiz war aber nur ein kurzes Leben beschieden: Ein Dekret König Ferdinands VII. vom 4. Mai 1814 erklärte sie und alle anderen Beschlüsse der Cortes für null und nichtig. Die verfassungstreuen Abgeordneten wurden, soweit sie nicht fliehen konnten, verhaftet und entgingen der Hinrichtung nur dank einer Intervention des Herzogs von Wellington. Es war diese Verfolgung der «liberales», die dem Begriff «liberal» in ganz Europa zum Durchbruch verhalf und ihm seine blutige politische Bedeutung gab. In Spanien selbst spaltete die Erinnerung an die Verfassung von 1812 das Land noch auf lange Zeit: Aus der Sicht der Konservativen war sie der Beginn eines gefährlichen Irrwegs; für die freiheitlichen Kräfte bis weit in die Reihen des Militärs hinein blieb sie ein Symbol des Fortschritts: des Kampfes um gewisse Rechte der Einzelnen, die Beschränkung der monarchischen Gewalt und ein verbrieftes Mitbestimmungsrecht des Volkes.[46]

Der Krieg auf der iberischen Halbinsel zeitigte Folgen in Mitteleuropa, mit denen der Kaiser der Franzosen ebensowenig gerechnet hatte wie mit dem hartnäckigen Widerstand der Spanier: Österreich fühlte sich ermutigt, den Kampf um die Wiederherstellung seiner früheren Größe aufzunehmen. Unter dem leitenden Minister, dem Grafen Johann Philipp von Stadion, hatte die Habsburgermonarchie nach 1806 Reformen eingeleitet, die zwar weit hinter den preußischen zurückblieben, aber im militärischen Bereich doch einschneidenden Charakter hatten: Durch die neugebildeten Landeswehren fügte Österreich seinen Linientruppen ein milizartiges Element hinzu, wie es für einen Volkskrieg gegen Napoleon unentbehrlich erschien.

Mit der Unterstützung anderer Mächte durfte Wien freilich nicht ernsthaft rechnen. Auf dem Fürstentag in Erfurt im Oktober 1808 hatten Napoleon und Zar Alexander nochmals öffentlich ihr Einvernehmen bekundet, und König Friedrich Wilhelm III. von Preußen hielt den Zeitpunkt noch nicht für gekommen, an dem er es wagen konnte, zu einem neuen Waffengang gegen Frankreich anzutreten. Dessen ungeachtet eröffneten die Österreicher am 9. April 1809 ohne Kriegserklärung die Kampfhandlungen mit einem Angriff auf Bayern, den wichtigsten Bündnispartner des Empire français in Deutschland. Im Mai mußte Napoleon in der Schlacht bei Aspern seine erste Niederlage überhaupt hinnehmen. Zwei Monate später aber gelang es ihm, Erzherzog Karl bei Wagram zu schlagen. Für eine Fortsetzung des Krieges reichten die Kräfte der Österreicher nicht aus. Am 14. Oktober wurde der Friede von Schönbrunn geschlossen. Österreich verlor das westliche Galizien an das Herzogtum Warschau, einen kleinen Teil Ostgaliziens an Rußland, Salzburg und das Innviertel an Bayern, Istrien samt Triest und Krain an Napoleon, der diese Gebiete in den Illyrischen Provinzen zusammenfaßte. Österreich blieb eine Großmacht, aber es war nunmehr eine solche minderen Ranges.

Die von Wien erhoffte Volkserhebung war ausgeblieben. Nur in Tirol, das nach dem Frieden von Preßburg an Bayern gefallen war, hatten sich große Teile der Bevölkerung unter Führung des Gastwirts Andreas Hofer aus Passeier bei Meran gegen die neuen Herren aufgelehnt. Der Aufstand der katholischen Tiroler Bauern ähnelte in manchem dem Befreiungskampf der Spanier: In beiden Fällen ging es darum, die überkommene Ordnung gegen eine Fremdherrschaft zu verteidigen, die mit ungewohnten Neuerungen verbunden war. Der Aufstand der Tiroler überdauerte den Krieg, wurde aber im Herbst 1809 niedergeschlagen. Hofer, der sich nach mehreren Siegen über Bayern, Franzosen und deren Verbündete zum Regenten von Tirol hatte ausrufen lassen, geriet durch Verrat in französische Gefangenschaft und wurde am 20. Februar 1810 auf Befehl Napoleons in Mantua erschossen. Tirol wurde geteilt. Der größte Teil blieb bei Bayern, andere Teile fielen an Illyrien und das Königreich Italien.

Österreich war zwar geschlagen, aber es besaß etwas, das Napoleon trotz aller militärischen Erfolge fehlte: Legitimität, die auf alter Tradition beruhte. An ebendieser Legitimität teilzuhaben war der Ehrgeiz des Kaisers. Im Jahre 1809 reifte sein Plan, sich von Joséphine Beauharnais, die ihm keine Kinder geboren hatte, scheiden zu lassen und eine Frau aus einer der großen europäischen Dynastien zu heiraten. Die Scheidung von Joséphine erfolgte im Dezember 1809. Die Brautsuche begann in St. Petersburg, wo sie keinen Erfolg hatte. Wenig später wandte sich die Aufmerksamkeit Napoleons der achtzehnjährigen österreichischen Kaisertochter Marie Luise zu, und dieser Plan führte ans Ziel. Die Habsburger hatten in der Vergangenheit mit einer klugen Heiratspolitik gute Erfahrungen gemacht, und Franz I. setzte darauf, daß eine Ehe seiner Tochter mit Napoleon sich für Österreich auszahlen würde. Am 1. April 1810 fand die zivilrechtliche, tags darauf die kirchliche Trauung statt. Am 20. März 1811 erfüllte Marie Luise den Zweck der Eheschließung. Sie gebar Napoleon einen Sohn, der den Namen François Charles Joseph und den Titel eines «Königs von Rom» erhielt.

Den Titel konnte Napoleon nur vergeben, weil er im Mai 1809 den Kirchenstaat annektiert hatte: ein Gewaltakt, den Papst Pius VII. mit der Exkommunikation des Kaisers beantwortete, woraufhin dieser den Papst gefangennehmen und nach Savona an der ligurischen Küste bringen ließ. Vorausgegangen waren im Jahr zuvor die Übertragung des Königreichs Neapel an seinen Schwager Murat und die Einverleibung der Toskana, von Parma und Piacenza, in das Kaiserreich Frankreich. Das Jahr 1810 sah weitere französische Annexionen, die allesamt von dem Wunsch diktiert waren, die Kontinentalsperre undurchdringlich zu machen. Im Juli zwang Napoleon seinen Bruder Louis, auf die Würde eines Königs von Holland zu verzichten, und gliederte die Niederlande Frankreich an. Im Dezember folgte die Annexion eines großen Teiles von Norddeutschland mitsamt der Stadt Münster, dem Herzogtum Oldenburg und den Hansestädten Bremen, Hamburg und Lübeck, so daß Napoleon die deutsche Nordseeküste kontrollierte und einen direkten Zugang zur Ostsee hatte. Der Kaiser befand sich in den Jahren 1810 und 1811 auf dem Höhepunkt seiner Macht: Nie zuvor hatte Frankreich ein derart großes Gebiet umfaßt, und noch nie hatte ein so großer Teil von Europa unter der unmittelbaren oder mittelbaren Herrschaft *eines* Mannes gestanden.

Bedroht wurde die Macht Napoleons in Spanien, wo die Aufständischen und die Engländer den Truppen des Kaisers schwer zusetzten; im Sommer 1812 besiegten die Briten ein französisches Heer bei Salamanca und nahmen kurz darauf Madrid ein. Im Norden Europas hatte Napoleon im Oktober 1807 Dänemark als Bundesgenossen gewonnen: eine dänische Reaktion darauf, daß die Briten im September jenes Jahres Kopenhagen beschossen hatten, um das skandinavische Königreich zur Auslieferung seiner Flotte zu zwingen und eine Sperrung der Ostsee im Auftrag Napoleons zu verhindern. (Es war bereits das zweite Bombardement der dänischen Hauptstadt innerhalb weniger Jahre: Im April 1801 hatten die Engländer schon einmal Kopenhagen und die dänische Flotte beschossen, um den Sund für britische Schiffe offenzuhalten.) Eine ganz andere Politik verfolgte Schweden: Unter dem Einfluß von Jean Baptiste Bernadotte, einem französischen Marschall, der auf einem Wahlreichstag im August 1810 zum Kronprinzen und damit zum Nachfolger von König Karl XIII. (1809–1818) gewählt worden war, näherte sich das Land entgegen allen Erwartungen Napoleons Rußland und England an.

Diese Entwicklung konnte dem Grand Empire um so weniger gleichgültig sein, als sich die Beziehungen zwischen Frankreich und Rußland zusehends verschlechterten. Zar Alexander war verbittert über die Teilung Galiziens im Frieden von Schönbrunn, bei der Rußland lediglich ein kleines Gebiet um Tarnopol erhalten hatte, während ein sehr viel größeres Territorium dem Herzogtum Warschau zugefallen war, so daß der Verdacht nahelag, Napoleon betreibe längerfristig die Wiederherstellung Polens. Außerdem empörte es den Zaren, daß Napoleon das Herzogtum Oldenburg annektiert hatte, dessen Landesherr sein Schwager war.

Dazu kamen, und das wog am schwersten, die Schäden, die die Kontinentalsperre der russischen Wirtschaft zufügte. Sie veranlaßten Alexander Ende 1810 zu einer drastischen Kehrtwende seiner Handelspolitik: Durch einen Ukas verfügte er, daß Schiffe, die unter neutraler Flagge fuhren und Waren aus England an Bord hatten, russische Häfen anlaufen durften. Gleichzeitig wurden französische Luxusgüter mit hohen Einfuhrzöllen belegt. 1811 ging der Zar dazu über, unverzollte französische Waren beschlagnahmen und vernichten zu lassen und damit dasselbe zu tun, was Napoleon mit russischen Waren schon seit längerem machte. Rußland und Frankreich führten mithin einen Wirtschaftskrieg gegeneinander, und spätestens seit 1811 bereiteten sich beide Mächte auch diplomatisch und militärisch auf einen Krieg vor.

Im April 1812 schloß Rußland einen Bündnisvertrag mit Schweden ab. Einen der Gründe dieser Allianz hatte Napoleon mit der Besetzung von Schwedisch-Vorpommern, einen Bernadotte und die schwedische Öffentlichkeit provozierenden Akt, geliefert. Angesichts der Tatsache, daß Schweden nur drei Jahre zuvor nach einem vom Zarenreich begon-

nenen und gewonnenen Krieg Finnland an die siegreiche Macht im
Osten hatte abtreten müssen, war der Pakt zwischen St. Petersburg und
Stockholm dennoch eine überraschende Wende. Im folgenden Monat
schloß der Zar Frieden mit dem Osmanischen Reich und beendete damit einen überaus kostspieligen Balkankrieg, der fast sechs Jahre gedauert hatte und Rußland den Besitz Bessarabiens einbrachte.

Zu den Kriegsvorbereitungen auf französischer Seite gehörte ein
Anfang März ratifizierter Vertrag, in dem Preußen Napoleon den freien
Durchmarsch seiner Truppen, die Verfügung über ein Hilfscorps von
20 000 Mann und das Recht auf Requisitionen zugestand. Im Mai war
der militärische Aufmarsch im wesentlichen abgeschlossen: An der
Grenze zu Rußland standen über 400 000 Soldaten der Grande Armée,
die aus allen Teilen des von Napoleon beherrschten und mit ihm verbündeten Europa kamen. In einer Proklamation aus dem Kaiserlichen
Hauptquartier in Wilkowyszki behauptete Napoleon am 22. Juni 1812,
ein vertragswidriges Zusammenspiel zwischen Rußland und England
zwinge ihn zum Krieg. Zwei Tage später überquerte seine Armee auf
drei Pontonbrücken den Njemen oder, auf deutsch, die Memel. Der
Krieg mit Rußland hatte begonnen.

Napoleon stieß zunächst, da sich das Gros der gegnerischen Verbände ins Landesinnere zurückzog, kaum auf Widerstand. Im zerstörten Smolensk gab es Kämpfe mit der russischen Nachhut. Die erste
große Schlacht fand am 7. September bei Borodino, dem letzten bedeutenden Ort vor Moskau, statt. Dort fügten sich die Truppen von Feldmarschall Kutusov und die Grande Armée wechselseitig so schwere
Verluste zu, daß man den schließlichen Sieg der letzteren nur als Pyrrhussieg bezeichnen kann. Eine Woche später, am 14. September, zog
Napoleon ins nahezu menschenleere Moskau ein; tags darauf wurde
die Stadt auf Befehl des russischen Gouverneurs in Brand gesteckt. Im
Kreml, wo er sich fünf Wochen aufhielt, wartete der Kaiser auf ein
Friedensangebot Alexanders I. Als ein solches nicht eintraf, befahl
Napoleon den Rückzug.

Er begann am 19. Oktober und wurde für die Grande Armée zu
einer einzigen Katastrophe. Napoleon fand sich in der ihm ungewohnten Rolle des Gejagten wieder. Von der tiefgläubigen Bevölkerung, die
in ihm den Antichrist sah, erhielt er nicht die geringste Unterstützung;
die russischen Angriffe ähnelten zunehmend denen der spanischen Guerilla; Hunger und Frost forderten Hunderttausende von Menschen-

leben. Beim Übergang über die vereiste Beresina Ende November gerieten die Truppen Napoleons unter schweres russisches Feuer. Als seine Nachhut die Behelfsbrücken zerstörte, bedeutete dies das Todesurteil für Zehntausende kaiserlicher Soldaten, die sich noch auf dem Ostufer befanden. Mitte Dezember erreichten die heruntergekommenen Reste der Grande Armée die Memel. Der Kaiser war den Truppen nach Paris vorausgeeilt, wo er in der Nacht vom 18. zum 19. Dezember eintraf: ein Geschlagener, der bereits begonnen hatte, Ursache und Ausmaß seines Scheiterns zu verschleiern, ja die Niederlage zu leugnen.[47]

Von Tauroggen bis Elba: Napoleons erster Sturz

Der schmähliche Ausgang des Rußlandfeldzugs ermutigte alle, die der Abhängigkeit ihrer Staaten von Napoleon überdrüssig waren. Den Anfang machte der preußische General von Yorck, der am 30. Dezember 1812, auf dringenden Rat von Clausewitz, aber ohne Wissen und Ermächtigung des Königs, in einem Abkommen mit dem russischen General von Diebitsch, der Konvention von Tauroggen, ein von ihm, Yorck, befehligtes Armeekorps auf befristete Neutralität festlegte und damit aus dem erzwungenen preußisch-französischen Beistandspakt herauslöste. Vorausgegangen war das Versprechen des Zaren, Rußland werde den Krieg mit dem Ziel der Wiederherstellung Preußens und der Befreiung Europas fortsetzen. König Friedrich Wilhelm III. benötigte noch drei Wochen, um sich an die Spitze derer zu stellen, die den Bruch mit Frankreich betrieben. Am 22. Januar 1813 begab sich der Monarch aus dem französisch besetzten Berlin nach Breslau. Von dort ergingen am 3. Februar ein Aufruf zur Bildung von freiwilligen Jägerbataillonen, sechs Tage später ein Erlaß über die Aufhebung aller Befreiungen von der (nur eingeschränkt geltenden) Wehrpflicht und schließlich am 12. Februar die Anordnung der Mobilmachung.

Inzwischen waren die Verhandlungen über ein Bündnis zwischen Preußen und Rußland weit gediehen. Die beiden Mächte verständigten sich darauf, daß das Zarenreich einen großen Teil der bis 1807 preußischen Gebiete Polens erhalten sollte, während Preußen mit norddeutschem Territorium, unter ausdrücklichem Ausschluß von Hannover, zu entschädigen war. Auf dieser Grundlage beruhte der Bündnisvertrag, der am 27. Februar in Breslau von Staatskanzler von Hardenberg und tags darauf im russischen Hauptquartier in Kalisch von Marschall Kutusov unterzeichnet wurde.

Gut zwei Wochen später, am 15. März, zog Zar Alexander in Breslau ein. Unmittelbar darauf erklärte Preußen Frankreich den Krieg. Es folgte am 17. März König Friedrich Wilhelms in volkstümlicher Sprache gehaltener «Aufruf an Mein Volk!», in dem es hieß, die Opfer des Einzelnen wögen die heiligen Güter nicht auf, «für die wir streiten und siegen müssen, wenn wir nicht aufhören wollen, Preußen und Deutsche zu sein». Es war dieser Appell an die preußische und die deutsche Ehre, der Fichte den Anstoß zu dem «Entwurf einer politischen Schrift vom Frühlinge 1813» gab. Abermals eine Woche später, am 25. März, verkündete Kutusov die von Karl Nikolas von Rehdiger, einem Mitarbeiter des Freiherrn vom Stein, verfaßte «Proklamation von Kalisch». Sie verhieß den «Fürsten und Völkern Deutschlands» die Rückkehr zu Freiheit und Unabhängigkeit und die «Wiederkehr eines ehrwürdigen Reichs», ja sogar eine Verfassung für das wiedergeborene Deutschland. Diese sollte ein Werk «aus dem ureigenen Geiste des deutschen Volkes» sein – ein Werk, über das der «Kaiser aller Reußen» seine schützende Hand zu halten versprach.

Fichte, Jahn und Arndt hatten dem «Geist von 1813» vorgearbeitet. Aber auf dem platten Land und im «einfachen Volk» war der preußische Patriotismus stärker als der deutsche Nationalismus. In die Freikorps strömten keineswegs nur oder vorwiegend, wie es die Legende will, Studenten, sondern vor allem junge Bauern und Handwerker. In der Landwehr, die aus Wehrfähigen im Alter von 17 bis 40 Jahren gebildet wurde, war das erst recht so. Die Linientruppen, die Freiwilligen in den Jagdformationen und die Männer der Landwehr zogen «mit Gott für König und Vaterland» in den Krieg: So lautete die Formel, die Friedrich Wilhelm III. selbst geprägt hatte. Er und die 1810 verstorbene Königin Luise verkörperten das Vaterland, daneben auch der Große Kurfürst und Friedrich der Große, nicht aber «Hermann der Cherusker» oder die weibliche Symbolfigur der «Germania», die erst in jener Zeit zum Sinnbild der Einheit des deutschen Volkes aufzusteigen begann.

Auch die Reformer an der Spitze des preußischen Staates waren keine deutschen Nationalisten im Sinne von Fichte, Jahn und Arndt. Der Freiherr vom Stein stand mit allem, was er zwischen 1807 und 1815 über die Zukunft Deutschlands niederschrieb, dem altertümlich

wirkenden deutschen Patriotismus der politischen Romantiker näher
als den «modernen» deutschen Nationalisten. Zu keiner Zeit verfolgte
er die Absicht, Österreich unter Preußen auf den zweiten Platz zu verweisen; er wünschte vielmehr ein gutes Einvernehmen zwischen den
beiden deutschen Großmächten und eine Zurückdrängung des Einflusses der übrigen deutschen Fürsten. «Die feste, durchgängige, nie unter-
brochene Übereinstimmung und Freundschaft Österreichs und Preußens» als Schlußstein eines deutschen «Staatenvereins», einer freien
und gleichen Verbindung souveräner Fürsten: Darum ging es Wilhelm
von Humboldt in seiner «Denkschrift zur deutschen Verfassung» von
1813. Hardenberg hielt 1806 eine deutsche Föderation mit Österreich,
Preußen und Bayern als Führungsmächten für erstrebenswert. Ein
deutscher Nationalstaat gehörte *nicht* zu den Zielen der preußischen
Reformer.

Die ersten Schlachten der Befreiungskriege fanden im April und Mai
1813 statt. Napoleon hatte inzwischen eine neue Grande Armée aufgestellt, mit der er einige Siege, unter anderen bei Großgörschen und
Bautzen, errang. Österreich hielt sich im Frühjahr 1813 noch aus dem
Krieg heraus. Klemens Wenzel Fürst Metternich, der seit 1809 Außenminister war, versuchte so lange wie möglich, die Rolle des ehrlichen
Maklers zu spielen. Aus seiner Sicht waren Österreich und Europa seit
1812 eher durch eine russische als durch eine französische Hegemonie
bedroht. Aber gerade deswegen durfte es Österreich sich mit dem Zarenreich nicht verderben.

Am 24. Juni 1813 gewann Metternich Preußen und Rußland für die
Konvention von Reichenbach, in der Napoleon ultimativ aufgefordert
wurde, das Herzogtum Warschau an Rußland abzutreten, Preußen wiederherzustellen, Illyrien, also die dalmatinischen Gebiete, an Österreich
zurückzugeben und die Unabhängigkeit der Hansestädte und von Teilen von Norddeutschland anzuerkennen. Für den Fall der Ablehnung
durch Napoleon wollte sich Österreich mit 150 000 Mann den Verbündeten anschließen. Da der Kaiser der Franzosen, wie zu erwarten, die
Forderungen zurückwies, trat die Habsburgermonarchie am 12. August
in den Krieg ein. Drei Wochen zuvor, am 22. Juli, hatte Schweden ein
Militärbündnis mit Preußen geschlossen und zugesagt, sich mit 30 000
Mann am Kampf gegen Napoleon zu beteiligen.

Der Erweiterung der Allianz folgten Ende August die Siege des preußischen Feldmarschalls Blücher bei Großgörschen und an der Katzbach.

Die Österreicher waren weniger erfolgreich: Am 26. und 27. August wurde die böhmische Armee unter Schwarzenberg bei Dresden von Napoleon geschlagen. Danach aber gewannen die Alliierten endgültig die Oberhand. Am 8. Oktober erlitt Napoleon eine schwere politische Niederlage: Im Vertrag von Ried, der ganz die Handschrift Metternichs trug, erklärte Bayern seinen Austritt aus dem Rheinbund und sagte zu, mit 56 000 Mann auf der Seite der Alliierten in den Krieg einzutreten. Für den Verzicht auf Tirol stellte der Vertrag eine anderweitige Entschädigung in Aussicht. Rund eine Woche später begann die viertägige Völkerschlacht bei Leipzig, die am 19. Oktober mit einem Sieg der Verbündeten über Napoleon zu Ende ging. Daß einige sächsische und württembergische Verbände während der Schlacht auf die andere Seite überwechselten, warf ein Schlaglicht auf den inneren Zustand des Rheinbunds. Am 30. und 31. Oktober 1813 löste er sich auf.

Erst nach der Niederlage von Leipzig zog Napoleon den überfälligen Schlußstrich unter das spanische Abenteuer, mit dem mehr als fünf Jahre zuvor sein Niedergang begonnen hatte. Nach den Siegen der Briten bei Vitoria, San Sebastian und Pamplona blieb dem Kaiser der Franzosen nur noch die Anerkennung der Tatsachen übrig. Im Dezember 1813 bestimmte er in einem Geheimvertrag den in Frankreich internierten Ferdinand VII., den vormaligen Prinzen von Asturien, zum König von Spanien. Der bisherige König, Joseph Bonaparte, brauchte noch einige Wochen, bis er sich schließlich im Januar 1814 mit dem Verlust seines Thrones abfand. Mit der Rückkehr Ferdinands begann im März 1814 die Zeit der bourbonischen Restauration in Spanien.

Während im Südwesten Europas alte Machtverhältnisse wiederhergestellt wurden, entstanden im Norden neue. Im Januar 1814 mußte das Königreich Dänemark, ein bisheriger Alliierter Napoleons, im Frieden von Kiel Norwegen, mit dem es seit über vier Jahrzehnten durch eine Personalunion verbunden war, an Schweden abtreten, das auf diese Weise für den Verlust Finnlands entschädigt werden sollte. Die ehemaligen norwegischen Besitzungen Färöer, Island und Grönland blieben bei Dänemark.

Die neue schwedisch-norwegische Personalunion kam jedoch erst mit einer zehnmonatigen Verzögerung zustande. Im Februar 1814 ließ sich der bisherige dänische Statthalter, Prinz Christian Friedrich, zum König von Norwegen ausrufen und Wahlen zu einer verfassunggebenden Versammlung ausschreiben. Am 19. Mai 1814 leistete er den Eid

auf die zwei Tage zuvor verabschiedete Verfassung, die Norwegen zu
einer konstitutionellen Monarchie machte. Da die Alliierten das neue
Königreich nicht anerkannten und Schweden schließlich Waffengewalt
anwandte, dankte Christian Friedrich Anfang November 1814 ab.
Zum neuen König von Norwegen wählte die Volksvertretung, das Storting, König Karl XIII. von Schweden. Die Personalunion, die auf Grund
der völkerrechtlichen außenpolitischen und militärischen Befugnisse
des Königs auch manche Züge einer Realunion trug, dauerte bis zu
ihrer Auflösung durch eine Volksabstimmung der Norweger im Juni
1905. Die Verfassung vom Mai 1814 konnte Norwegen auf Drängen
der Alliierten beibehalten. Sie war, auch in der überarbeiteten Fassung
vom 4. November 1814, nach damaligen Maßstäben ein durchaus fortschrittliches Dokument – mit einer bezeichnenden Einschränkung: Die
evangelisch-lutherische Religion wurde als Staatsreligion beibehalten,
Jesuiten- und Mönchsorden wurden nicht geduldet und «Juden auch
fernerhin vom Eintritt in das Reich ausgeschlossen».

Die Ereignisse auf der Pyrenäenhalbinsel und in Skandinavien standen im Schatten der Endphase des Krieges, den die Verbündeten, unter
ihnen jetzt auch Staaten des ehemaligen Rheinbundes, gegen das
napoleonische Frankreich führten. Ende Dezember 1813 hatten österreichische und preußische Truppen den Rhein bei Basel und Koblenz
überschritten. Der Vormarsch auf Paris gestaltete sich schwieriger als erwartet und nahm insgesamt ein Vierteljahr in Anspruch. Schwierigkeiten bereitete auch die politische Vorbereitung des Friedensschlusses. Der
britische Außenminister Castlereagh wollte ähnlich wie Metternich im
Interesse eines neuen europäischen Gleichgewichts Frankreich möglichst
schonend behandeln, während für Zar Alexander der rasche Sturz Napoleons Vorrang vor allem anderen hatte. Was Österreich, Rußland,
Preußen und Großbritannien am 9. März 1814 im Vertrag von Chaumont vereinbarten, lag ganz auf der Linie Londons: Der Krieg sollte
energisch fortgeführt, Frankreich auf seine vorrevolutionären Grenzen
zurückgeführt werden, die bis 1792 gegolten hatten.

Die letzten Schlachten wurden von den Verbündeten gewonnen. Am
30. März kapitulierte Paris. Am 31. März konnten Zar Alexander und
König Friedrich Wilhelm an der Spitze ihrer Truppen in die französische Hauptstadt einziehen. Am 2. April 1814 beschloß der Senat, ein
Napoleon bislang unbedingt ergebenes Verfassungsorgan, die Entthronung des Kaisers. Die Erbansprüche der Familie Bonaparte wurden in

derselben Entschließung für null und nichtig erklärt. Zwei Tage später, am 4. April, lief Marschall Marmont an der Spitze seines Elitecorps mit 12 000 Mann zu den Alliierten über.

Napoleon, der zuletzt im Rücken der feindlichen Armeen gekämpft hatte, entschloß sich erst am 6. April nach langen Beratungen mit den ihm treu gebliebenen Marschällen, die Forderung der Verbündeten nach bedingungsloser Abdankung zu erfüllen. Die Alliierten gestanden ihm dafür die Beibehaltung des Kaisertitels und die Herrschaft über die Insel Elba vor der toskanischen Küste zu. Am 3. Mai hielt der Mann in Paris Einzug, der nach einer Vereinbarung der verbündeten Mächte fortan an der Spitze Frankreichs stehen sollte: Ludwig XVIII., vordem Prinz Louis Stanislas Xavier Comte de Provence, ein 1755 geborener Bruder des hingerichteten Königs Ludwig XVI., seit 1792 Haupt der royalistischen Emigranten. (Als «Ludwig XVII.» galt offiziell Louis Charles, der 1795 an den Folgen der Kerkerhaft im Alter von zehn Jahren verstorbene Sohn Ludwigs XVI.)

Um die Franzosen mit der Bourbonenmonarchie zu versöhnen, fielen die Bedingungen des Pariser Friedensvertrags vom 30. Mai 1814 milde aus: Das Königreich Frankreich umfaßte nicht nur das Staatsgebiet von 1792, also unter Einschluß von ganz Lothringen und dem Elsaß, es erhielt darüber hinaus das pfälzische Landau sowie das Gebiet um Saarbrücken und Saarlouis. Über die europäische Friedensordnung im weiteren Sinn sollte ein Kongreß in Wien beraten und beschließen. Im Hinblick auf einige wichtige Fragen legte der Friedensvertrag den Kongreß bereits im voraus fest: Österreich sicherte sich den Besitz Venetiens und der Lombardei; Belgien und Holland sollten zu einem Königreich unter dem Haus Oranien vereinigt und in Deutschland ein Föderativverband unabhängiger Staaten geschaffen werden.[48]

Die «Charte» und die «Hundert Tage»: Napoleons endgültiger Sturz

Eine gesellschaftliche Umwälzung brauchte Frankreich von der Restauration der Bourbonenherrschaft nicht zu befürchten. Bereits am 1. Februar 1813 hatte Ludwig XVIII. feierlich erklärt, er werde die Vermögensverhältnisse, wie sie nach 1789 entstanden waren, nicht antasten. Seit der Revolution hatte sich die Zahl der Landbesitzer ver-

dreifacht, wobei die größten und wertvollsten Flächen in den Besitz
vermögender Bourgeois und Großbauern gelangt waren: In den
1820er Jahren mußten sich neun Zehntel der Bevölkerung in ein Viertel des Bodens teilen, während 1 Prozent der Besitzer über 30 Prozent
des Bodens verfügten. In den besitzenden Schichten, namentlich unter
Kaufleuten und Unternehmern, hatte das Grand Empire in den letzten
Jahren vor 1814 seinen Rückhalt immer mehr eingebüßt. Seit die
«Grande nation» aus Napoleons Feldzügen keine zusätzliche «gloire»
mehr gewinnen konnte, gab es auch nichts mehr, was die Öffentlichkeit über die kritische Lage der Wirtschaft und den ernsten Zustand
der Staatsfinanzen hinwegtäuschen konnte. Die Ernüchterung im Bürgertum ging so weit, daß von dieser Seite vorerst keine Versuche zu erwarten waren, die neue politische Ordnung wieder umzustürzen.

Allerdings mußte Ludwig XVIII., wenn er die Zustimmung der
Franzosen gewinnen wollte, etwas tun, was auf seine Weise auch Napoleon getan hatte: Er mußte Brücken in die Vergangenheit schlagen.
Für Napoleon hieß das: Brücken in die Zeit vor 1789. Die Schaffung
der «noblesse impériale» war ein solcher Brückenschlag. Für Ludwig XVIII. kam es darauf an, den Bruch mit der allerjüngsten Vergangenheit, der Revolutions- und der napoleonischen Zeit, abzumildern.
Die Garantie der nachrevolutionären Eigentumsverhältnisse war nur
ein erster Schritt in diese Richtung. Nicht minder wichtig war eine Verfassung, die bestimmte revolutionäre Errungenschaften wie die Rechte
des Einzelnen, die Gewaltenteilung und die Beteiligung gewählter Vertreter an der Gesetzgebung, sicherte und sich eben dadurch positiv von
der Verfassungswirklichkeit des Empire abhob.

Die Charte constitutionnelle, die am 4. Juni 1814 von Ludwig XVIII.
oktroyiert wurde, war der Versuch eines historischen Kompromisses.
Der Monarch war wieder ausschließlich ein König von Gottes Gnaden.
Von der Souveränität des Volkes oder der Nation war keine Rede. In
den Händen des Königs lagen die vollziehende Gewalt und das Recht
der Gesetzesinitiative. Er ernannte die Minister, die Beamten und die
Richter; er befehligte die Streitkräfte, erklärte den Krieg und schloß
Friedens-, Bündnis- und Handelsverträge ab. An der gesetzgebenden
Gewalt wirkten die beiden Kammern mit: die Kammer der Pairs, die
vom König ernannt wurden (Chambre des Pairs), und die Kammer der
Deputierten, die für fünf Jahre auf Grund eines Zensuswahlrechts gewählt wurden (mit der Folge, daß bis 1830 die Zahl der «Elektoren» in

ganz Frankreich nie über 100 000 stieg). Die Kammern durften den König bitten, zu einem von ihnen benannten Gegenstand ein Gesetz vorzuschlagen. Sie hatten das Recht, die Minister wegen Verrats oder Veruntreuung anzuklagen; über sie zu richten, war Sache der Pairs.

Die Verfassung garantierte den Franzosen gewisse «Staatsrechte» wie die Gleichheit vor dem Gesetz, den Schutz der individuellen Freiheit vor willkürlicher Verfolgung oder Verhaftung, die Religionsfreiheit (bei gleichzeitiger Festlegung der römisch-katholischen Religion als Staatsreligion), das Recht der freien Meinungsäußerung im Rahmen der Gesetze, die Unverletzlichkeit des Eigentums einschließlich des «Nationaleigentums» der Revolutionszeit. Der alte Adel nahm wieder seine Titel an; der neue behielt die seinigen. Die Ehrenlegion blieb bestehen. Die alten Privilegien, der «Feudalismus» und die Stände wurden nicht wiederhergestellt. Nachforschungen über «Meinungen und Vota bis zur Wiederherstellung der jetzigen Regierung» waren untersagt. Das «nämliche Vergessen» wurde den Tribunalen und den Bürgern auferlegt. (Toutes recherches des opinions et votes émis jusqu'à la restauration sont interdites. Le même oubli est commandé aux tribunaux et aux citoyens.)

Das Versprechen von Amnesie und Amnestie war geeignet, jene zu beruhigen, die am meisten Anlaß hatten, die Folgen der bourbonischen Restauration zu fürchten: die aktiven Träger der Revolution und des Empire. Hinter dem, was die Erklärung der Menschen- und Bürgerrechte und die Verfassung von 1791 den Franzosen an individuellen Rechten gebracht hatten, blieb die Charte weit zurück. Doch sie war zugleich liberaler als die Verfassung des Kaiserreichs. Die Rechte der Kammer der Deputierten waren, verglichen mit dem, was die Verfassungen von 1791, 1793 und 1795 in bezug auf die gesetzgebende Gewalt sagten, bescheiden. Dennoch war die zweite Kammer nicht einflußlos. Sie war keine Ständevertretung, sondern eine repräsentative Versammlung, gewählt von denen, die auf Grund ihrer Steuerleistung das Wahlrecht besaßen. Gesetzesvorlagen des Königs erlangten nur mit Zustimmung *beider* Kammern Gesetzeskraft. Wenn die zweite Kammer nicht zustimmte, konnte daraus ein Verfassungskonflikt erwachsen. Diese Möglichkeit war die Achillesferse des konstitutionellen Systems, für das die Charte von 1814 auf viele Jahrzehnte und weit über Frankreich hinaus die «Urverfassung» blieb.

Das wiedererstandene Bourbonenkönigtum war noch kein Jahr alt, als es völlig überraschend von einem Gegner herausgefordert wurde, mit dem in Paris und in Wien, wo der Friedenskongreß tagte, nur noch wenige gerechnet hatten: Napoleon. Am 1. März landete der Kaiser, mit rund tausend Offizieren und Soldaten aus Elba kommend, in der Nähe von Cannes. Er ging zu diesem Zeitpunkt noch von der irrigen Meinung aus, daß der Wiener Kongreß seine Arbeit bereits beendet habe. Auf dem Weg nach Paris stieß er auf keinen Widerstand. Unter denen, die ihm zujubelten, waren viele Anhänger der Jakobiner. Was sie forderten, die Abschaffung der Kirche und die Hinrichtung der Bourbonen, lief auf einen Bürgerkrieg hinaus, und den wollte Napoleon unbedingt vermeiden. In Lyon, wo er erfuhr, daß der Kongreß weiter tagte, erließ Napoleon am 13. März 1815 seine ersten Dekrete, darunter eines zur Einberufung der Wahlkollegien aller Departments nach Paris, wo sie die notwendigen Änderungen der Verfassungen des Empire beschließen sollten.

Napoleon wollte von den Franzosen nunmehr als liberal, reformfreundlich und friedliebend wahrgenommen werden. Er wußte, daß die Bourbonen bei den städtischen Unterschichten und in den meisten Regionen auch bei den Bauern keine Sympathie genossen und die Bourgeoisie noch nicht für sich gewonnen hatten. In der Armee war der Kaiser nach wie vor populär. Das zeigte sich auch, als am 18. März das Korps des Marschalls Ney, anstatt ihn bei Auxerre aufzuhalten, auf seine Seite überwechselte. Als Ludwig XVIII. diese Nachricht erhielt, entschloß er sich, mitsamt seinem Hofstaat die Hauptstadt zu verlassen und sich ins nördliche Frankreich, nach Lille, zu begeben. Infolgedessen konnte Napoleon in Paris, wo er am 20. März eintraf, sofort die Einsetzung einer neuen Regierung in Angriff nehmen. Zu seinem Polizeiminister machte er wieder Fouché, der sich im Jahr zuvor den Bourbonen angeschlossen hatte und jetzt nicht an einen Erfolg des Kaisers zu glauben vermochte.

Als das größte Problem für Napoleon erwies sich die Haltung der Alliierten. Am 13. März sprachen sie auf dem Wiener Kongreß die Acht über ihn aus. Zwölf Tage später erneuerten sie den Vertrag von Chaumont vom 9. März des Vorjahres, was dasselbe bedeutete wie eine Kriegserklärung. Die Kampfansage verfehlte nicht ihre Wirkung auf die einheimischen Gegner im Bürgertum, bei den gläubigen Katholiken, den Royalisten und den Bauern der Vendée. Um seinen Willen zum Neuanfang zu unterstreichen, übertrug Napoleon die in Lyon versprochene Ergänzung der Verfassung einem seiner schärfsten Kritiker: Benjamin Constant. Der einstige Freund der Madame de Staël, der berühmten Autorin des Buches «De l'Allemagne», hatte 1814 eine Streitschrift gegen Napoleon unter dem Titel «Vom Geist der Eroberung und der Anmaßung der Macht» (De l'esprit de conquête et de l'usurpation) vorgelegt und die Bourbonen publizistisch unterstützt. Jetzt arbeitete er den Entwurf eines «Acte additionel aux Constitutions de l'Empire» aus, der dann freilich nur in abgeschwächter Form nach Billigung durch den Conseil d'État im amtlichen «Moniteur» veröffentlicht wurde.

Vom Geist der Freiheit war in den Zusatzartikeln nicht viel zu spüren. Die Rechte der Kammern waren größer als in der Zeit vor 1814, gingen aber nicht über die Charte constitutionelle hinaus. Dafür wurden die Rechte der Bürger etwas erweitert. Sie schlossen die Religions-, die Meinungs- und die Pressefreiheit sowie das Petitionsrecht ein. Am 1. Juni 1815 wurde der Acte additionel von den versammelten Wahlkollegien auf dem Marsfeld in Paris beschlossen. Das öffentliche Echo war widersprüchlich und für Napoleon enttäuschend: Den Liberalen war das, was die Zusätze an individueller Freiheit boten, zu wenig; den Bonapartisten ging es viel zu weit; die Anhänger der Jakobiner beklagten den Mangel an Demokratie. Ein Referendum erbrachte über 1,5 Millionen Ja-Stimmen und 5000 Nein-Stimmen. Bemerkenswert war die ungewöhnlich niedrige Beteiligung der stimmberechtigten Franzosen.

Mitte Juni waren die Alliierten so weit, daß sie die militärische Antwort auf die Herausforderung durch Napoleon geben konnten. Sie suchten die Entscheidung in Belgien. Am 18. Juni traten bei Waterloo zunächst die Briten unter Wellington, dann die Preußen unter Blücher gegen die Truppen des Kaisers an. Als die Garde zurückzuweichen begann, gab es am Ausgang der Schlacht und des letzten der napoleonischen Kriege nichts mehr zu deuten. Am Morgen des 21. Juni traf Napoleon wieder in Paris ein. Am 22. Juni verließ er die Hauptstadt und begab sich nach Malmaison, dem Schloß der 1814 verstorbenen Joséphine. Am 3. Juli vollzog Fouché als faktischer Regierungschef die Kapitulation von Paris.

Vier Tage später zogen die Verbündeten zum zweiten Mal in Paris ein; Ludwig XVIII. folgte ihnen am 8. Juli. Napoleon begab sich am 15. Juli in Rochefort an Bord eines britischen Schiffes. Ende Juli wurde es nach England beordert. Am 5. August begann die letzte Reise des ehemaligen Kaisers. Ihr Ziel war die Insel St. Helena im Südatlantik. Dort widmete sich Napoleon in den Jahren, die ihm noch verblieben, der Arbeit an dem, was ihn überleben sollte: dem eigenen Mythos. Am 5. Mai 1821 starb Napoleon im Alter von 51 Jahren – dem offiziellen Protokoll zufolge – an Magenkrebs.

Frankreich bezahlte das Abenteuer der «Hundert Tage» im November 1815 mit dem zweiten Pariser Frieden, der um einiges härter war als der erste vom Mai 1814. Saarbrücken und Saarlouis fielen an Preußen, Landau zuerst an Österreich, dann an Bayern, der bei Frankreich verbliebene Teil Savoyens an das Königreich Sardinien. Im nordöstlichen Teil Frankreichs gab es noch fünf Jahre lang alliierte Besatzungstruppen, wobei das besiegte Land für die Kosten aufzukommen hatte. Außerdem mußte Frankreich eine Kriegsentschädigung von 700 Millionen Francs zahlen und geraubte Kunstschätze den Ländern zurückgeben, aus denen sie in der Zeit des Empire nach Paris gebracht worden waren.

Im letzten Kapitel der napoleonischen Herrschaft zeigte sich noch einmal die ungeheure Willenskraft des Mannes, der 16 Jahre lang ganz Europa in seinen Bann geschlagen hatte. Nach Luther hatte kein einzelner mehr so viele Veränderungen bewirkt wie er. Er hatte die Revolution in Frankreich beendet und gleichzeitig einige ihrer Errungenschaften in Europa verbreitet. Er war ein Produkt der Revolution *und* ein Unterdrücker der Freiheit, die sie verheißen hatte. Er rief zuerst Bewunderung für sich und sein Land hervor und zog danach abgrundtiefen Haß auf sein Land und sich selbst. Der Nationalismus des napoleonischen Frankreich wirkte ansteckend. Doch wo immer sich andere Völker vom Grand Empire bedrängt und gedemütigt fühlten, vermengten sich ihre patriotischen Empfindungen mit Franzosenfeindschaft. Der nachahmende Nationalismus half bei der Abschüttelung der Fremdherrschaft, aber er überdauerte sie und prägte das Jahrhundert, das auf Napoleon folgte, noch stärker, als es das reformerische Erbe des Korsen, der Code Civil, tat.

Der Glaube an die Kraft des eigenen Willens war beides: die tiefere Ursache der Triumphe Napoleons und die seines Scheiterns. Nichts lag ihm weniger als die abwägende Prüfung von Hindernissen, die seinen weitgesteckten Plänen entgegenstanden. Eine solche Prüfung hätte ihn davon abgehalten, 1809 den Krieg in Spanien vom Zaun zu brechen, 1812 zum Feldzug gegen Rußland aufzubrechen und 1815 von Elba nach Frankreich zurückzukehren. Und doch waren alle diese Unternehmungen in sich logisch: Napoleon konnte, solange er nicht endgültig geschlagen war, nicht aufhören, um die Steigerung seiner Macht zu kämpfen.

Das war das Gesetz, nach dem er am 18. Brumaire angetreten war, dem sich Europa aber nicht dauerhaft beugen konnte. Da es nicht vom Willen eines Einzelnen abhängen wollte, bereitete es sich auf den Augenblick vor, an dem es sich mit vereinten Kräften gegen den Anspruch des Kaisers auf Universalherrschaft auflehnen konnte. Napoleon führte diesen Augenblick herbei, als er sich Ende 1812 geschlagen aus Rußland zurückziehen mußte. Was danach kam, folgte einer Logik, die noch stärker war als sein Wille: dem Geist der Vielfalt, die Europa nicht aufgeben wollte, weil sie zu seinem Wesen gehörte.[49]

Konservative, Liberale, Sozialisten:
Die nachrevolutionäre Ideenwelt

Im Jahre 1850 unternahm ein deutscher Hegelianer, der Staatswissenschaftler Lorenz von Stein, einen bemerkenswerten Versuch, die Entwicklung Europas von der Französischen Revolution bis zum Ausgang der napoleonischen Epoche in knappster Form zusammenzufassen. Im ersten Band seiner dreibändigen «Geschichte der sozialen Bewegung in Frankreich» teilte Stein die Zeit zwischen 1789 und 1814 in zwei Phasen ein. In der ersten Phase, die er mit dem französisch-englischen Frieden von Amiens im Jahre 1802, also dem Ende des Zweiten Koalitionskrieges, ausklingen läßt, war es Europa um das «reine Ausstoßen» des revolutionären Fremdkörpers gegangen. «Mit dem Auftreten Napoleons ist nun die erste Epoche dieses Kampfes zu Ende. Die französische Bewegung hat gegen den Angriff des übrigen Organismus gesiegt; das neue Frankreich ist eine *anerkannte* Macht geworden ... Jener Zustand der Dinge, wie der Friede von Amiens ihn aufgestellt (hatte), erkannte ein feudales Europa und ein staatsbürgerliches Frankreich, einen Teil, der wesentlich verschieden von seinem Ganzen war, mithin einen absoluten Widerspruch als Grundlage eines europäischen Friedens an ... Der Kriegszustand war also auch mit jenem Frieden nicht aufgehoben, die rechte Frage nicht gelöst; der Kampf mußte wieder beginnen, aber jetzt hatte er einen neuen Charakter; Frankreich begann, statt daß es (wie) bisher rein abwartend aufgetreten (wäre), jetzt positiv in den Staatenorganismus einzugreifen; bisher das bewegende Element, ward es jetzt das konstituierende für die Staaten Europas.»[50]

In der zweiten Phase, die Stein von 1802 bis 1814 datiert, strebte das napoleonische Frankreich danach, «eine Gleichartigkeit der politischen und sozialen Existenz mit sich in den übrigen Teilen» Europas zu erreichen, und zwar durch Brückenschläge in die Vergangenheit wie die Errichtung des Kaiserreiches und die Einführung eines kaiserlichen Adels. Auf der anderen Seite mußte sich das alte Europa Elementen der neuen Gesellschaft öffnen, um über Napoleon siegen zu können. Die Proklamation von Kalisch vom 28. Februar 1813, in der der russische Feldmarschall Kutusov den Deutschen eine Art Nationalverfassung in Aussicht stellte, und mehr noch die Charte constitutionelle vom Juni 1814 waren Ausdruck des Bemühens um eine Synthese zwischen den feudalen und den staatsbürgerlichen Kräften.[51]

Die Charte machte aus der volkswirtschaftlichen Gesellschaft, wie sie unter Napoleon, und eigentlich gegen seinen Willen, entstanden war, eine staatsbürgerliche. «Die Restauration Ludwigs XVIII. war der Friede mit Europa, die Charte der Friede mit dem französischen Volk ... Die Charte ... war die förmliche Anerkennung, daß Europa selber den Boden der feudalen Gesellschaft verlassen habe und im Begriff stehe, in die Epoche der staatsbürgerlichen hineinzutreten. Was bisher durch die Gewalt der französischen Waffen bestanden hatte, das ward jetzt durch die Diplomatie Europas freiwillig und als ein Natürliches aufgestellt; die Charte Ludwigs XVIII. ist der Beginn der konstitutionellen Epoche in Europa.»[52]

Äußerlich war mit der Charte wieder eine gewisse Gleichartigkeit der sozialen und politischen Verhältnisse in Europa erreicht. Aber außerhalb Frankreichs war die feudale Gesellschaft nicht vernichtet, sondern nur untergraben, und auch in Frankreich war das Ringen zwischen der ständischen und der staatsbürgerlichen Ordnung noch längst nicht beendet. Deswegen ging der «Kampf beider Systeme um die Herrschaft und damit um ihre gegenseitige Existenz» auch nach 1814 weiter. Er trat mit der Charte lediglich in eine neue, seine dritte Phase ein, die Stein mit der Julirevolution von 1830 enden läßt.[53]

In seinem Hang, den Gang der Geschichte auf große allgemeine Gesetze zurückzuführen, hat Stein manche der von ihm hervorgehobenen Ereignisse überzeichnet: Die europäische Bedeutung von Napoleons «noblesse impériale» war geringer, als er annahm, und die Proklamation von Kalisch blieb ein Stück Papier. Gleichwohl hatte Stein klar erkannt, daß der Sieg der verbündeten Mächte über Napoleon nicht ohne Zugeständnisse an die Ideen von 1789 möglich gewesen wäre. Folglich konnte es ein schlichtes Zurück zu den vorrevolutionären Zuständen nicht geben. Seit 1814/15 war das Verhältnis zwischen der alten und der neuen Ordnung nicht mehr ein Streitpunkt zwischen Frankreich und Europa, sondern zwischen den Kräften der Beharrung und denen der Bewegung in allen Staaten des europäischen Okzidents.

Für Stein war der Zusammenhang zwischen der Herrschaft Napoleons und der Französischen Revolution geradezu zwingend. Einen noch größeren Zusammenhang aber ließ er unerwähnt: 1815 endete nicht nur das Zeitalter der Französischen Revolution im weiteren Sinn, sondern die Epoche der Atlantischen Revolution, die vier Jahrzehnte zuvor in Nordamerika begonnen hatte (und auch dort erst mit der Selbstbehauptung der Vereinigten Staaten im «Zweiten Unabhängigkeitskrieg» der Jahre 1812 bis 1814 zu Ende ging). Anders als Stein würdigte Leopold von Ranke 1854, vier Jahre nach dem Erscheinen der «Geschichte der sozialen Bewegung in Frankreich», die weltgeschichtliche Bedeutung des nordamerikanischen Unabhängigkeitskampfes in seinen Vorlesungen «Über die Epochen der neueren Geschichte», die er vor König Max II. von Bayern hielt, mit emphatischen Worten: «Dadurch, daß die Nordamerikaner, abfallend von dem in England gültigen konstitutionellen Prinzip, eine Republik schufen, welche auf individuellen Rechtsverhältnissen jedes einzelnen beruht, trat eine neue Macht in die Welt. Diese Ideen wirken alsdann, wenn sie eine bestimmte Repräsentation finden, die ihnen entspricht. Es kam also in diese romanisch-germanische Welt im Zusammenhang damit eine republikanische Tendenz. Die Monarchen haben das der Verkehrtheit der Minister Georgs III. zu verdanken.»

Im anschließenden Gespräch mit König Max erläuterte der Historiker seine Ausführungen über den historischen Ort des nordamerikanischen Unabhängigkeitskampfes: „Dieses war eine größere Revolution als früher in der Welt; es war eine vollkommene Umkehr des Prinzips. Früher war der König von Gottes Gnaden gewesen. Um die monarchischen Prinzipien hatte sich alles gruppiert. – Jetzt kam die Idee, daß die Gewalt aufsteigen müsse von unten. Darin beruht der Unterschied zwischen den Ständen. Die alten Stände in Europa sind dem Königtum analog, sie beruhen auf einem gewissen Erbrecht; allein die späteren

Stände sollen aufsteigen aus der Menge ... Diese beiden Prinzipien stehen einander gegenüber wie zwei Welten. Und die moderne Welt besteht aus nichts als aus einem Konflikt zwischen beiden. Das war aber noch nicht in Europa eingetreten, und nun traten die Gegensätze dieser Prinzipien in Europa ein."[54]

Damit arbeitete Ranke in bemerkenswerter Klarheit den historischen Zusammenhang zwischen den beiden atlantischen Revolutionen heraus, wobei er der amerikanischen das Erstgeburtsrecht in Sachen des *Prinzips* zusprach, das die modernen von den überkommenen Verhältnissen unterschied: der Legitimation der Staatsgewalt aus der «Menge» und dem «individuellen Rechte jedes einzelnen» statt aus ererbten Privilegien. Die Französische Revolution wurde dadurch nicht abgewertet, aber doch eingeordnet in einen größeren Prozeß, der vierzehn Jahre vor 1789, mit dem Ausbruch des amerikanischen Unabhängigkeitskrieges im April 1775, begonnen und in der Folgezeit große Teile der alten wie der neuen Welt erfaßt hatte.

In den vier Jahrzehnten zwischen 1775 und 1815, der von Reinhart Koselleck so genannten «Sattelzeit», änderten sich die politische Vorstellungswelt und die politische Sprache des Westens so grundlegend wie nie zuvor.[55] Rankes Hinweis auf den Bedeutungswandel des Begriffs «Stand», von den Geburtsständen zur repräsentativen Volksvertretung, war ein sprechendes Beispiel. Auch beim Begriff «Nation» standen sich ein älteres und ein neueres Verständnis gegenüber: hier eine historisch gewachsene Kultur- und Sprachgemeinschaft, dort eine politische Willensgemeinschaft. Ähnlich weit ging der Wandel des Begriffs Demokratie. Er war vor 1789 überwiegend im Sinne unmittelbarer Volks- oder Pöbelherrschaft verwandt worden; das Beispiel der Amerikanischen Revolution zeigte, sehr viel überzeugender als das der Französischen, daß sich Demokratie und repräsentative Herrschaft durchaus vereinbaren ließen. Doch die ältere Deutung von Demokratie wirkte nach: Sie diente nach 1815 der Abwehr aller Bestrebungen, die darauf abzielten, den Staat auf die Souveränität des Volkes zu gründen.

Der Wandel der Begriffe ging einher mit der Neubildung von Begriffen, vor allem solcher, die auf «ismus» beziehungsweise «ism» oder «isme» endeten. «Nationalism» etwa tauchte erstmals 1774 bei Johann Gottfried Herder, und zwar in kritischer Absicht, auf: «... man nennt's Vorurteil! Pöbelei! eingeschränkten Nationalism»; wenige Jahre später, 1798, finden wir «nationalisme» bei dem Abbé Barruel, hier als Zitat des Gründers des Illuminatenordens, Adam Weishaupt. «Liberal» und «Liberalität» meinten im späten 18. Jahrhundert soviel wie freiheitsliebend, freimütig, freisinnig; Napoleon sprach 1799, am Tag nach dem 18. Brumaire, zur Kennzeichnung seiner Politik von «idées libérales»; als Gruppenbezeichnung ist «liberal» aber, wie schon erwähnt, erst im Zusammenhang mit den Kämpfen um die spanische Cortes-Verfassung von 1812 anzutreffen. Metternich forderte 1819, dem «Ultraliberalismus» Schranken zu setzen; Anfang 1820, nach der Ermordung des royalistischen Herzogs von Berry, eines Neffen von Ludwig XVIII., durch einen Anhänger Napoleons, stellte er in einem Brief an Friedrich von Gentz fest: «Der Liberalismus geht seine Wege, es regnet Mörder.» In den 1820er Jahren wurde «Liberalismus» überall in Europa zu einem Schlagwort.

Um dieselbe Zeit wie der Begriff «liberal» begann sich der Begriff «konservativ» zu politisieren. Germaine de Staël, die Tochter Neckers, Freundin Constants und bald auch leidenschaftliche Gegnerin Napoleons, forderte 1798 einen «Corps conservateur», um die Revolution zu beenden und das zu bewahren, was sie an Bewahrenswertem gebracht habe. Napoleon Bonaparte sprach in der gleichen Rede vom 10. November 1799, in der er sich zu den «Idées libérales» bekannte, von der Notwendigkeit von «idées conservatrices»; die Verfassung von 1799 schuf den Sénat conservateur, der die Mitglieder der Kammern auszuwählen hatte. Als politischer Richtungsname setzte sich «konservativ» erst nach 1815 durch. 1818 gründete François René Viscomte de Chateaubriand, der berühmte Autor des 1802 erschienenen «Génie du Christianisme», als Organ der Royalisten die Zeitschrift «Le Conservateur», die nur zwei Jahre lang bestand. Seit 1830 begannen sich die britischen Tories «Konservative» zu nennen. Bald darauf bürgerte sich der Begriff in Deutschland ein. Um 1840 tauchten hier gelegentlich auch die Substantive «Konservatismus» oder «Konservativismus» auf.

Begriffsveränderungen vollzogen sich auch auf der anderen Seite des politischen Spektrums. «Sozialistisch» meinte in der Gelehrtensprache des 18. Jahrhunderts Staatslehren wie die von Grotius und Pufendorf, die den Geselligkeitstrieb des Menschen betonten. Im Sinne des Strebens nach einer neuen, kooperativen Gesellschaftsordnung wurde der Begriff erstmals in den 1820er Jahren in England verwandt. Als «communistes» galten im Frankreich des Ancien régime die Verteidiger des ländlichen Gemeineigentums. Im letzten Jahrzehnt des 18. Jahrhunderts verwandte Nicolas Edmé Restif de la Bretonne den Begriff «communisme» bereits, um sein Eintreten für eine künftige, kollektiv organisierte Gesellschaftsordnung zu kennzeichnen. Im modernen Sinn der «Vergesellschaftung allen Eigentums» (socialisation de toute propriété) und der «Gemeinsamkeit von Arbeit und Nutznießung» (communauté de travaux et de jouissances) begegnet uns der Begriff erstmals 1842 in einem Lexikonartikel von Théophile Thoré über den Babouvismus, also die «Verschwörung der Gleichen» um Babeuf im Jahre 1796. Damit begann die öffentliche Diskussion über den Kommunismus in Frankreich, und bald darauf griff sie auf ganz Europa über.[56]

Viele der Ideen, die die Zeit nach 1815 bewegten, stammten aus der Revolutionsepoche, und manche waren noch sehr viel älter: Sie kamen aus der Gegenaufklärung, die fast so alt war wie die Aufklärung selbst. Letzteres galt vor allem für die katholische Rechte. In den Jahren 1796 und 1797 erschienen zwei vielgelesene Kampfansagen an Aufklärung und Revolution: die «Théorie du pouvoir politique et religieux dans la société civile» von Ambroise de Bonald und die «Considérations sur la France» von Joseph de Maistre. Beide Autoren waren adlige Emigranten; beide sahen in der katholischen Kirche das stärkste Bollwerk gegen den Ungeist, aus dem die Revolution erwachsen war. Für den einen wie den anderen ergab sich daraus die Forderung nach einer theokratisch begründeten absoluten Monarchie als der einzig legitimen, der Natur des Menschen angemessenen Herrschaftsform.

So weit gingen längst nicht alle katholischen Denker und Politiker. Chateaubriand stellte sich auf den Boden der Charte und verteidigte die konstitutionelle Monarchie als Beschützerin der bürgerlichen Freiheiten, womit er der Position Edmund Burkes ziemlich nahe kam. Der bretonische Priester Félicité Lamenais, ursprünglich ein überzeugter Anhänger von de Maistre und Bonald, entwickelte sich sogar zum Anwalt einer Annäherung der Katholiken an Liberalismus und Demokratie. Er tat dies so konsequent, daß er 1834 mit dem Papst und der katholischen Kirche brach. Vorausgegangen waren zwei Kampfansagen von Papst Gregor XVI.: erst in der Enzyklika «Mirari vos» von 1832, in der dieser die angeblichen Irrlehren des Liberalismus im allgemeinen und, wenn er ihn auch noch nicht namentlich nannte, von Lamenais im besonderen scharf angriff, dann 1834 in der Enzyklika «Singulari nos», in der das Oberhaupt der katholischen Kirche Lamenais und sein Buch «Paroles d'un croyant» (Worte eines Gläubigen) öffentlich anprangerte.

Viele der katholischen Legitimisten waren Vertreter der politischen Romantik, und nicht wenige politische Romantiker waren Katholiken oder traten wie Adam Müller und Friedrich Schlegel vom Protestantismus zum Katholizismus über. (Novalis, geboren als Friedrich von Hardenberg, der 1799 im Alter von 28 Jahren gestorben war, hatte trotz seiner Verherrlichung des katholischen Mittelalters in dem 1794 geschriebenen Essay «Die Christenheit oder Europa» diesen Schritt nicht getan.) Die politischen Romantiker verklärten das Mittelalter und die Monarchie; sie pflegten, von Herder angeregt, den «Volksgeist», die Sprache, Kultur und Geschichte des eigenen Landes; die meisten hielten die Aufklärung und manche auch die Reformation für einen Irrweg, der zu den Schrecken der Revolutionszeit geführt hatte und den es darum zu verlassen galt.

Doch nicht alle Konservativen waren politische Romantiker. Im Jahre 1816 erschien der erste von sechs Bänden eines Werkes des schweizerischen Juristen Karl Ludwig von Haller unter dem Titel «Restauration der Staatswissenschaften». Der Berner Patrizier verteidigte ohne Wenn und Aber den «Patrimonialstaat», dessen Befugnisse weder durch mächtige, sich selbst verwaltende Städte noch gar durch eine Repräsentativverfassung wie die Charte von 1814 beeinträchtigt werden durfte. Mit den Ideen der politischen Romantik hatte diese Lehre von der Staatsallmacht wenig gemein.

Umgekehrt waren nicht alle Romantiker Konservative. Friedrich Schleiermacher etwa, seit 1809 Pfarrer an der reformierten Dreifaltigkeitskirche zu Berlin und seit 1810 Professor der Theologie an der neugegründeten hauptstädtischen Universität, gehörte um 1800 zum Kreis der Berliner Frühromantiker um Ludwig Tieck, Heinrich von Kleist, Friedrich Schlegel, die Brüder Wilhelm und Alexander von Humboldt. Zur gleichen Zeit setzte er sich nachdrücklich für die Judenemanzipation ein und wurde einige Jahre später als Mitarbeiter Wilhelm von Humboldts einer der herausragenden Bildungsreformer in Preußen. Er verband preußischen und deutschen Patriotismus miteinander. Dieser Patriotismus war religiös gefärbt, aber keine politische Religion im Sinne von Fichte, Jahn und Arndt. Als Freund der Freiheit war Schleiermacher kein Gegner der Aufklärung. Im damaligen politischen Spektrum war er eher den Liberalen als den Konservativen zuzurechnen.[57]

Der politische Standort Wilhelm von Humboldts, des zeitweiligen Vorgesetzten Schleiermachers, war eindeutig: Seine 1791 geschriebene, in vollem Wortlaut erst sechzig Jahre später veröffentlichte Schrift «Ideen zu einem Versuch, die Grenzen der Wirksamkeit des Staates zu bestimmen» war ein klassisches Dokument des Liberalismus avant la lettre. «Der Staat enthalte sich aller Sorgfalt für den positiven Wohlstand der Bürger, und gehe keinen Schritt weiter, als zu ihrer Sicherstellung gegen sich selbst und gegen auswärtige Feinde notwendig ist; zu keinem anderen Endzwecke beschränke er ihre Freiheit»: So lautet einer der Kernsätze. Der Staat dürfe sich in nichts einmischen, was nicht allein die Sicherheit angehe; je mehr der Mensch für sich wirke, desto mehr bilde er sich. «Die Freiheit erhöht die Kraft und führt, wie immer die größere Stärke, allemal eine Art der Liberalität mit sich ... Um für die Sicherheit der Bürger Sorge zu tragen, muß der Staat diejenigen sich unmittelbar allein auf den Handelnden beziehenden Handlungen verbieten oder einschränken, deren Folgen die Rechte anderer kränken, die ohne oder gegen die Einwilligung derselben ihre Freiheit oder ihren Besitz schmälern oder von denen dies wahrscheinlich zu besorgen ist ... Denn da der Staat keinen anderen Endzweck als die Sicherheit der Bürger verfolgen darf, so darf er auch keine anderen Handlungen einschränken als (die), welche diesem Endzweck entgegenlaufen.»

Humboldt wollte einen Obrigkeitsstaat in seine Schranken verweisen. Die Freiheit, die er forderte, war die Freiheit des Bürgers von jeder Art von Unterdrückung und Gängelung, nicht die Freiheit eines Volkes, sich selbst eine Regierung zu geben. Verglichen mit dem, was die Briten seit langem und seit ihren Revolutionen auch die Nordamerikaner und die Franzosen an Rechten genossen, waren die «Ideen» von 1791 ein bescheidenes, ein sehr deutsches Programm. Nachdem Frankreich erst unter den Jakobinern, dann unter Napoleon neue Formen des Zwangs kennengelernt hatte, wuchs freilich auch dort ein Verständnis von Freiheit, das dem Humboldts nicht unähnlich war. In Constants Streitschrift «De l'esprit de conquête et l'usurpation» aus dem Jahr 1814 ging es nicht um Demokratie, sondern um die Überwindung der Despotie. Unter Despotismus verstand der Autor «eine Regierung, in welcher der Wille des Herrschers alleiniges Gesetz ist». Ein solches Regime war eine Willkürherrschaft, die den Menschen verfolgte in allem, was er zu seinem Glück brauchte. Despotismus bedeutete verordnete Gleichförmigkeit, und in dieser Hinsicht trat Napoleon nur das Erbe von Robespierre an, den Constant ebenfalls einen Despoten nannte: «Es ist bemerkenswert, daß die Gleichförmigkeit nirgends so günstig aufgenommen worden ist wie in einer Revolution, die im Namen der Menschenrechte und der Freiheit erfolgte.»

Der postrevolutionäre Liberalismus, wie Constant ihn vertrat, suchte Schutz vor der Tyrannei in jederlei Form: der des Usurpators und der der Masse. Die Grenzen der Souveränität, schrieb er 1815 in seinen «Principes politiques», seien gezogen durch die Unabhängigkeit und die Existenz des Individuums (l'indépendence et l'existence individuelle). «Rousseau hat diese Wahrheit verkannt, und sein Irrtum hat aus dem ‹Contrat social›, auf den man sich so oft zugunsten der Freiheit beruft, das schrecklichste Hilfsmittel jeder Art von Despotismus gemacht.» Auch die Volkssouveränität sei nicht unbeschränkt, sondern umschrieben durch die Grenzen, die ihr durch die Gerechtigkeit und die Rechte des Individuums gesetzt seien. «Der Wille eines ganzen Volkes kann nicht gerecht machen, was ungerecht ist.» (La volonté de tout un peuple ne peut rendre juste ce qui est injuste.)

Deswegen galt es, einer Konzentration der Macht durch ein ausbalanciertes System von Gewichten und Gegengewichten nach englischem Vorbild vorzubeugen. Da die Charte von 1814 diesem Gedanken Rechnung trug, stellte sich Constant auf ihren Boden. Als er 1815 auf Ersuchen Napoleons einen Entwurf für den Acte additionel anfertigte, hielt er auch dies für einen Dienst an der liberalen Sache. Seit 1815 wirkte er auf ein System hin, in dem die Regierung dem Parlament nicht nur strafrechtlich, sondern auch politisch verantwortlich war und der König nur noch der ausgleichende «pouvoir neutre», der Garant des Gleichgewichts zwischen den Gewalten, sein sollte.

Constant sah nicht wie Montesquieu drei Gewalten, nämlich gesetzgebende, ausführende und richterliche Gewalt vor, sondern fünf. Es waren dies zwei Gesetzgebungsorgane, die gewählte Versammlung, die das Prinzip der öffentlichen Meinung (opinion) verkörperte, und die erbliche Versammlung (assemblée héréditaire), die für das Prinzip der Dauer (durée) stand, dann die ausführende Gewalt in den Händen der Minister, die rechtsprechende Gewalt und über allen die königliche Gewalt (pouvoir royal), eine «zugleich höhere und vermittelnde Autorität, nicht darauf aus, das Gleichgewicht zu stören, sondern im Gegenteil es zu bewahren» (autorité à la fois supérieure et intermédiaire, sans intérêt à déranger l'équilibre, mais ayant au contraire tout intérêt a le maintenir).

Eine konstitutionelle Monarchie, die diesen Maximen folgte, wäre von einer parlamentarischen Monarchie wie in England kaum noch zu unterscheiden gewesen. Für preußische Reformer wie Humboldt lag eine solche Zukunft jenseits ihrer Vorstellungskraft. Aber auch in Frankreich waren die Hindernisse auf dem Weg zur liberalen Monarchie ungleich größere, als Constant das in den ersten Jahren nach 1815 erwartet hatte.

Die Liberalen waren die Sprecher einer kleinen einflußreichen Minderheit, die sich durch Besitz und Bildung auszeichnete. Wo es Parlamente gab, die aus einem Zensuswahlrecht hervorgingen, kamen die Wähler der Liberalen ganz überwiegend aus dem Bürgertum und dem Adel. Von den Wählern der Konservativen galt dasselbe. Ein hoher Zensus lag im Interesse beider Richtungen, weil er verhinderte, daß Radikale mit den Stimmen der Unterschicht in die Parlamente einzogen. Die Unterschicht trat spätestens dann in das Bewußtsein der durch das Wahlrecht Privilegierten, wenn sie durch Proteste oder Unruhen auf sich aufmerksam machte. Einige Zeitgenossen bedurften freilich nicht eines solchen Anstoßes, um über die Herausforderung nachzudenken, die der bürgerlichen Gesellschaft durch das industrielle Proletariat erwuchs. Zu ihnen gehörten die Autoren, die man später unter dem Begriff «Frühsozialisten» zusammenfaßte.

Als erster Frühsozialist gilt gemeinhin «Gracchus» Babeuf, der 1797 hingerichtete Führer der «Verschwörung der Gleichen», der die Abschaffung des Privateigentums und eine umfassende Gütergemeinschaft zum Programm erhoben hatte. Vergleichsweise gemäßigt waren demgegenüber die Forderungen von Claude Henri de Rouvroy Comte de Saint-Simon, der, 1760 geboren, im amerikanischen Unabhängigkeitskrieg an der Seite Lafayettes gekämpft hatte. Nach der Rückkehr der Bourbonen führte er einen publizistischen Feldzug gegen die «unproduktiven» Klassen der Gesellschaft, denen er den Adel, den hohen Klerus, die Richter und Beamten zurechnete. Dieser immer noch herrschenden, parasitären Klasse stellte er die «produktiven» Klassen, nämlich die Gelehrten, Künstler, Bankiers, Kaufleute, Bauern samt der von ihnen beschäftigten Arbeiter gegenüber. Die Lösung der sozialen Frage bestand für Saint-Simon darin, daß die produktiven Klassen die Herrschaft der unproduktiven beseitigten und durch großzügige Vergabe öffentlicher Aufträge für gemeinnützige Zwecke zusätzliche Arbeit schufen. Auf diese Weise sollte der Grund für eine neue, industrielle und wissenschaftliche Gesellschaft gelegt werden, die an die Stelle der alten, feudalen und theologischen Gesellschaft trat.

Kaum weniger utopisch muten die Pläne eines anderen Frühsozialisten an: Charles Fourier, zwölf Jahre jünger als Saint-Simon, wollte die Gesellschaft in «Phalangen» einteilen, von denen jede etwa 1800 Menschen unterschiedlichster sozialer Herkunft und charakterlicher Prägung zusammenfassen sollte. Der gemeinsame Arbeitsvertrag wurde je nach Leistung, Talent und eingebrachtem Kapital verteilt, die Ehe zugunsten der freien Liebe und gemeinsamer Kindererziehung durch die Phalangen abgeschafft, womit Fourier auch die Gleichberechtigung der Frau herzustellen gedachte. Unangenehme Arbeiten waren durch Jugendliche zu verrichten, die in eigenen kleinen Gruppen organisiert wurden. Die neue Gesellschaft sollte der Ausbeutung und Verarmung der Arbeiter durch das industrielle Kapital ein Ende setzen. So «totalitär» sein Entwurf wirkt: Fourier glaubte an die Freiwilligkeit der Phalangen, die von unten wachsen und sich in einer lockeren Föderation, einem neuen Typ von Staat, miteinander verbinden sollten.

Anders als Saint-Simon und Fourier verfügte der 1771 geborene Robert Owen über praktische Erfahrungen mit industrieller Arbeit: Er hatte sich bereits im Alter von 18 Jahren als Spinnmaschinenfabrikant selbständig gemacht. Aus der von ihm geleiteten Fabrik New Lamark machte er ein soziales Musterunternehmen. Er kämpfte für einen gesetzlichen Arbeiterschutz, namentlich für die Beseitigung der Kinderarbeit und eine Beschränkung der Arbeitszeit, hatte damit aber nur sehr begrenzten Erfolg. Im Jahre 1825 unternahm er den Versuch, in der Siedlung New Harmony im amerikanischen Bundesstaat Indiana ein kommunistisches Gemeinwesen aufzubauen, in dem die Produktionsmittel allen gehörten, das Arbeitsentgelt für alle gleich war und Nahrung, Kleidung und Erziehung ebenso gemeinsam waren wie die Lenkung der Siedlung durch eine Vollversammlung der Siedler. Das Experiment scheiterte nach wenigen Jahren, weil sich zu wenige Arbeiter daran beteiligten. Auch mit der Londoner Arbeitsbörse, die den Zwischenhandel und den Unternehmerprofit ausschalten sollte, hatte Owen keinen Erfolg. Was blieb, waren die von ihm geförderten Konsumvereine und Gewerkschaften: Sie erwiesen sich als geeignete Mittel, um die Lage der arbeitenden Klasse schrittweise zu verbessern.

Saint-Simon, Fourier und Owen waren nicht die letzten unter den Frühsozialisten. 1839 malte Etienne Cabet in seiner «Reise durch Ikarien» das Bild einer kommunistischen Gesellschaft der Gegenseitigkeit aus, die auf freien Assoziationen beruhte. Im Jahr darauf gab Pierre Joseph Proudhon auf die selbstgestellte Frage «Was ist Eigentum?» die berühmte Antwort: «Eigentum ist Diebstahl (La propriété, c'est le vol).» Tatsächlich wollte Proudhon das Eigentum an den Produktionsmitteln nicht gänzlich abschaffen, sondern nur an eine große Zahl kleiner Produzenten verteilen. Er lehnte die Herrschaft von Menschen über Menschen und mithin auch den Staat als solchen ab und stellte ihm das Prinzip des Föderalismus, des freien Zusammenwirkens freier Zusammenschlüsse auf nationaler und internationaler Ebene, gegenüber. Proudhon war ein Anarchist, der auf Gewalt verzichten wollte: eine Position, mit der er in Teilen der frühen industriellen Arbeiterschaft Anklang fand.

Im gleichen Jahr 1839, in dem Cabet seine «Reise durch Ikarien» vorlegte, scheiterte einer von vielen Umsturzversuchen Auguste Blanquis. Gewalt war für diesen posthumen Jünger Babeufs, der einen Großteil der dreißiger Jahre im Gefängnis verbracht hatte, nicht etwa nur die ultima ratio des Klassenkampfs: Blanqui sah im bewaffneten Aufstand einer kleinen entschlossenen Minderheit das einzig aussichtsreiche Mittel, um die Klassenherrschaft der Bourgeoisie zu Fall zu bringen. In der französischen Arbeiterschaft hatte der Revolutionär Blanqui aber sehr viel weniger Anhänger als sein schärfster Widersacher, der Reformist Louis Blanc. Dessen wichtigstes Nahziel war das allgemeine Wahlrecht. Es sollte dem Proletariat (der Begriff kam in den 1830er Jahren auf) die Möglichkeit verschaffen, auf demokratischem Weg eine neue, sozialistische Gesellschaft aufzubauen. Ein erster Schritt in dieser Richtung waren die Nationalwerkstätten (ateliers sociaux oder nationaux): vom Staat eingerichtete und finanzierte, genossenschaftlich geleitete Unternehmen, die auf lange Sicht die kapitalistische Wirtschaftsordnung überwinden sollten. War Auguste Blanqui ein Vorläufer der Bolschewiki, so kann man Louis Blanc den ersten Sozialdemokraten nennen. Ansatzweise zeichneten sich damit schon um 1840 die Richtungskämpfe ab, die die internationale Arbeiterbewegung des 19. und 20. Jahrhunderts prägen und schließlich zerreißen sollten.[58]

Rückkehr zum Gleichgewicht: Der Wiener Kongreß

Die Grundzüge der europäischen Nachkriegsordnung festzulegen war die Aufgabe des Wiener Kongresses, der im Oktober 1814 zusammentrat und seine Arbeiten im Juni 1815 beendete. Sein Gravitationszentrum bildete die «Pentarchie» der fünf Großmächte Großbritannien, Rußland, Österreich, Preußen und Frankreich. Daß Frankreich faktisch als gleichberechtigtes Mitglied des «europäischen Konzerts» auftreten konnte, verdankte es zu einem guten Teil dem Geschick von Charles Maurice de Talleyrand, dem einstigen Bischof von Autun, der von 1799 bis zu seiner Entlassung im August 1807 Napoleon als Außenminister gedient hatte. Als Vorkämpfer der bourbonischen Restauration gelangte er 1814 erneut, wenn auch nur für kurze Zeit, ins Amt des Außenministers. Auf dem Wiener Kongreß gehörte er neben Zar Alexander I., dem österreichischen Staatskanzler Fürst Metternich, dem britischen Außenminister Castlereagh und dem preußischen Staatskanzler Fürst Hardenberg zu den einflußreichsten Akteuren.

Die schonende Behandlung Frankreichs war ein Gebot des europäischen Gleichgewichts, wie Metternich und Castlereagh es verstanden. Die Rückkehr zur vorrevolutionären «balance of power» war die Antwort auf den Versuch der Errichtung der Hegemonie *eines* Landes, Frankreichs, im Zeitalter Napoleons. Deswegen war es wichtig, die Restauration der Bourbonenherrschaft in Paris durch Entgegenkommen der bisherigen Alliierten zu fördern und zu festigen. Denn nur ein Frankreich, das «legitim» im Sinne der alten Monarchien war, konnte im Konzert der europäischen Mächte die ihm zugedachte konstruktive Rolle spielen.

Einigkeit über den Grundsatz des Gleichgewichts bedeutete freilich noch keine Übereinstimmung hinsichtlich der Schlußfolgerungen, die sich daraus für die Politik der einzelnen Mächte ergaben. Bereits im November 1814 geriet der Kongreß über der polnischen Frage in eine schwere Krise. Rußland wollte sich das ganze, von Napoleon errichtete Herzogtum Warschau, die Hauptmasse Polens also, einverleiben und Preußen dafür mit Sachsen entschädigen, das von allen deutschen Staaten am längsten zum Kaiser der Franzosen gehalten hatte: ein Tauschgeschäft, auf das König Friedrich Wilhelm III. gegen den Rat Hardenbergs einzugehen bereit war. Österreich, England und Frankreich sahen darin die Grundlegung einer russischen Hegemonie über Europa und schlossen sich am 3. Januar 1815 gegen diese Gefahr zu einem Geheimbündnis zusammen. Es waren Meldungen über das ernste Zerwürfnis zwischen den Großmächten, die Napoleon den Anstoß gaben, im März 1815 sein Exil auf Elba in Richtung Frankreich zu verlassen.

Zu diesem Zeitpunkt hatte man sich in Wien jedoch längst schon auf einen Kompromiß verständigt: Der größere Teil des Herzogtums Warschau wurde als «Königreich Polen», das sogenannte «Kongreßpolen», mit Rußland in Personalunion verbunden; Österreich erhielt Galizien, aber ohne Krakau, das in einen Freistaat unter dem Schutz der drei Teilungsmächte verwandelt wurde; Preußen wurden Westpreußen mit Danzig und Thorn, dazu ein großes polnischsprachiges Gebiet um Posen, das künftige «Großherzogtum Posen», zugesprochen, von Sachsen aber, das als Königreich erhalten blieb, nur der nördliche und östliche Teil mit Halle, Wittenberg, Bautzen und Görlitz. Zum Ausgleich erhielt der Hohenzollernstaat auf Betreiben Englands ein großes, wirtschaftlich hochentwickeltes Gebiet an Mosel, Rhein und Ruhr, das Trier, Aachen, Koblenz, Köln, Essen und Münster umschloß.

Im Mai 1815 gelangte auf Grund einer preußisch-britisch-dänischen Absprache noch ein weiteres Gebiet in den Besitz Preußens: Vorpommern mit Rügen und Greifswald, das Schweden im Jahr zuvor als Kompensation für die Auflösung der dänisch-norwegischen Personalunion an Dänemark abgetreten hatte. Der dänische König wurde dafür in Personalunion Herzog von Lauenburg, während Preußen Ostfriesland, das nördliche Münsterland, Hildesheim und Goslar dem wiedererstandenen, mit England in Personalunion verbundenen Königreich Hannover überließ.

Österreich gab auf dem Wiener Kongreß den Anspruch auf die Wiederherstellung seiner Herrschaft über die ehedem habsburgischen Niederlande endgültig auf: Belgien wurde mit Holland zum Königreich der Vereinigten Niederlande zusammengeschlossen, was England zu einem kontinentalen Puffer gegenüber Frankreich verhalf. Als Ausgleich für den Rückzug vom Rhein konnte Österreich Salzburg erwerben, Tirol und das Trentino zurückgewinnen und seine Vormachtstellung in Italien und an der dalmatinischen Küste ausbauen: Die Lombardei und Venetien wurden ebenso wie Istrien und Dalmatien Teil des Habsburgerreiches, das Herzogtum Modena sowie das Großherzogtum Toskana österreichische Sekondogenituren, also von Angehörigen des Hauses Habsburg regierte, von Wien abhängige Staatsgebilde. Parma ging an die ehemalige französische Kaiserin Marie Luise, die Tochter Kaiser Franz' II., und sollte nach deren Tod an die dortigen Bourbonen zurückfallen, was 1847 geschah. Der Kirchenstaat wurde wiederhergestellt, ebenso die bourbonische Herrschaft über Süditalien, das nun das Königreich beider Sizilien mit der Hauptstadt Neapel bildete. Das Haus Savoyen erhielt Sardinien und Piemont zurück; dazu bekam es Ligurien mit Genua und Nizza. Die Schweiz erlangte unter internationaler Anerkennung ihrer «immerwährenden Neutralität» und ihrer bestehenden Grenzen ihre Unabhängigkeit zurück.

England, der konsequenteste Gegner Napoleons, begnügte sich vordergründig mit geringen Gebietserweiterungen: Es behielt sechs Inseln, die es zwischen 1796 und 1807 besetzt hatte, nämlich Malta, Helgoland, Ceylon, Mauritius, Trinidad und Tobago sowie das 1806 eroberte Kapland im Süden Afrikas. Im November 1815 folgte die Proklamation eines britischen Protektorats über die Ionischen Inseln vor der Westküste Griechenlands. In Portugal errichtete Großbritannien eine Art Militärdiktatur unter dem englischen General Beresford, dem Befehlshaber des portugiesischen Heeres. Die königliche Familie war Ende 1807 vor der französisch-spanischen Invasion nach Brasilien geflüchtet; erst 1821, nach einem revolutionären Umsturz, kehrte König Johann VI. nach Lissabon zurück. An der engen Bindung Portugals an Großbritannien änderte sich dadurch nichts.

Tatsächlich war England, neben und vor Rußland, der Hauptgewinner des Wiener Kongresses. Die neue «balance of power» auf dem europäischen Kontinent erlaubte es Großbritannien, seinen Einfluß außerhalb Europas zielstrebig auszubauen und, gestützt auf seine Flotte und seine industrielle Überlegenheit, zur führenden Weltmacht des 19. Jahrhunderts aufzusteigen. Auf England mehr noch als auf Rußland, die andere Flügelmacht, bezieht sich das Verdikt Ludwig Dehios über den Ausgang der napoleonischen Epoche: «Deutlicher als je bisher bezahlt das alte Festland die Fortdauer seines freien Staatensystems mit der Auswanderung seiner Macht.»

Die territoriale Neuordnung Europas trug alle Züge eines absolutistischen Gebietsschachers. Auf den Willen der Bevölkerung kam es nicht an, lediglich auf die Interessen der mächtigeren unter den Staaten. «Legitim» war die Ordnung von 1815, weil auch die neuen Herrscher alten Dynastien entstammten. Alexander I. versuchte zwar, die Vereinbarungen des Wiener Kongresses in Form der «Heiligen Allianz» religiös zu überhöhen: Das entsprechende, von ihm entworfene, von Metternich stark überarbeitete Manifest unterzeichneten zunächst, am 26. September 1815 in Paris, Zar Alexander I. von Rußland, Kaiser Franz I. von Österreich und König Friedrich Wilhelm III. von Preußen, in der Folgezeit alle europäischen Staaten bis auf das Osmanische Reich, den Papst und England. (Lediglich für seine Person und als König von Hannover schloß sich der Prinzregent, der Prince of Wales und spätere König Georg IV., der seit 1811 den geisteskrank gewordenen Georg III. vertrat, dem Bund an.) Das Bekenntnis zu den christlichen Geboten der Gerechtigkeit, der Liebe und der Friedfertigkeit blieb aber ein Stück Papier. Dasselbe galt von der Beschwörung der «einen christlichen Nation», als deren Glieder die drei Erstunterzeichner sich und ihre Untertanen bezeichneten («membres d'une même nation chrétienne»).

Bedeutsamer als die «Heilige Allianz» war fürs erste die Quadrupelallianz zwischen Rußland, Österreich, Preußen und England, die am 20. November 1815 anläßlich der Unterzeichnung des zweiten Pariser Friedens abgeschlossen wurde und den Status quo gegenüber allen Arten von revolutionärer Bedrohung sichern sollte. 1818 wurde auf einem Kongreß in Aachen auch Frankreich wieder offiziell in den Kreis der Großmächte, die sogesannte Pentarchie, aufgenommen. Aber auch dieses Bündnis, das eine Art von kollektiver Hegemonie begründen sollte, vermochte die Interessengegensätze zwischen den Unterzeichnerstaaten nicht dauerhaft zu überwölben. Auf die Grundsätze der «Heiligen Allianz» beriefen sich bald nur noch die konservativen Ostmächte Rußland, Österreich und Preußen, und auch sie konnten dies gemeinsam nur tun, wenn sie im konkreten Fall zu einer übereinstimmenden Beurteilung der Lage gelangten.

Für einen Teil Europas, das Gebiet des ehemaligen Heiligen Römischen Reiches deutscher Nation, wurde am 8. Juni 1815, gemäß einer Bestimmung des ersten Pariser Friedens vom Mai 1814, eine verfassungsähnliche Sonderregelung vereinbart: die Deutsche Bundesakte, die tags darauf in die abschließende Kongreßakte einging und damit zu einem völkerrechtlichen Vertrag wurde. Staatsrechtlich bildete die Bundesakte einen Vertrag zwischen den Mitgliedern des Deutschen Bundes. Mitglieder waren neben den Freien Städten alle souveränen Fürsten

Deutschlands, darunter der Kaiser von Österreich und der König von Preußen, beide jeweils für die Besitzungen, die vormals dem Alten Reich angehört hatten, der König von Dänemark als Herzog von Holstein und Lauenburg und der König der Vereinigten Niederlande als Großherzog von Luxemburg. Da auch das Königreich Hannover einen Staat des Deutschen Bundes bildete, war, solange die Personalunion zwischen Hannover und England bestand, auch der König von Großbritannien und Irland ein Mitglied des Bundes.

Die Festlegung auf die Grenzen des Alten Reiches hatte zur Folge, daß von den habsburgischen Besitzungen zwar Böhmen und Mähren, «Welschtirol» um Trient, ferner Triest und Krain, also tschechisch, italienisch oder slowenisch sprechende Regionen, zum Bundesgebiet gehörten, nicht aber Galizien, Ungarn und Lombardo-Venetien. Entsprechendes galt für Preußen: Nicht nur das neue Großherzogtum Posen blieb außerhalb des Bundesterritoriums, sondern auch, da sie nie einen Teil des Heiligen Römischen Reiches gebildet hatten, Ost- und Westpreußen. Schleswig blieb auf Grund alter Verträge eng mit Holstein verbunden, gehörte aber als dänisches Lehen, das nie einen Teil des Alten Reiches gebildet hatte, nicht zum Deutschen Bund.

Auf die inneren Verhältnisse der Mitgliedstaaten nahm die Bundesakte nur in geringem Maß Einfluß. Artikel 13 enthielt zwar die Bestimmung: «In allen Bundesstaaten wird eine landständische Verfassung stattfinden.» Ob sich die Staaten für eine altständische oder eine moderne Repräsentativverfassung entschieden, blieb aber ihnen überlassen. Ähnlich unverbindlich war das, was die Bundesakte in Artikel 16 zur Judenemanzipation sagte: «Die Bundesversammlung wird in Beratung ziehen, wie auf eine möglichst übereinstimmende Weise die bürgerliche Verbesserung der Bekenner des jüdischen Glaubens in Deutschlands zu bewirken sei, und wie insonderheit denselben der Genuß der bürgerlichen Rechte gegen die Übernahme aller Bürgerpflichten in den Bundesstaaten verschafft und gesichert werden könne; jedoch werden den Bekennern dieses Glaubens bis dahin dieselben von den einzelnen Bundesstaaten bereits eingeräumten Rechte erhalten.»

Daß die Bundesakte überhaupt etwas zu den Rechten der Juden sagte und einen Bestandsschutz für bestehende Rechte gewährleistete, war vor allem dem Drängen von zwei Preußen, Hardenberg und Humboldt, zu verdanken. Ein anderer Passus, der einen Anklang an die Menschen- und Bürgerrechte enthielt, war noch sehr viel vager gehalten als der über die Juden: In Artikel 18 hieß es, die Bundesversammlung werde sich bei ihrer ersten Zusammenkunft «mit Abfassung gleichförmiger Verfügungen über die Pressefreiheit und die Sicherstellung der Rechte der Schriftsteller und Verleger gegen den Nachdruck beschäftigen».

Die Bundesakte war ein Rahmen, dessen inhaltliche Ausfüllung künftigen Vereinbarungen vorbehalten blieb. Sie schuf keinen Bundesstaat, sondern einen Staatenbund. Seine Mitglieder waren souveräne Staaten, die sich im Verhältnis zueinander gewisse Pflichten auferlegten. Der Deutsche Bund war gedacht als Ersatz für das Heilige Römische Reich deutscher Nation, dessen Wiedererrichtung 1815 nicht ernsthaft zur Debatte stand. Das Maß an Einheit, das die Bundesakte verbürgte, blieb weit hinter dem zurück, was sich die patriotischen Kräfte erhofft hatten. Joseph Görres, einst ein Mainzer «Jakobiner», später einer der wirkungsvollsten publizistischen Gegner Napoleons, verlieh der verbreiteten Enttäuschung im April 1815 mit starken Worten Ausdruck. In dem von ihm herausgegebenen «Rheinischen Merkur» beschrieb er die deutsche Nachkriegsordnung, wie sie sich damals abzeichnete, als eine «jämmerliche, unförmliche, mißgeborene, ungestaltete Verfassung ...», vielköpfig wie ein indisches Götzenbild, ohne Kraft, ohne Einheit und Zusammenhang», das «Gespött künftiger Jahrhunderte», das «Spiel aller benachbarten Völkerschaften».

Doch im Vergleich zum Nachbarland südlich der Alpen standen die Deutschen nicht ganz so schlecht da. Sie verfügten immerhin mit dem Deutschen Bund über ein institutionelles Band, wie es dies in dem gleichfalls staatlich zersplitterten Italien nicht gab. Was Metternich mehrfach von Italien behauptet hat, es sei bloß ein «geographischer Begriff», traf auch für Deutschland zu – wenngleich in geringerem Maß als für Italien. Am österreichischen Staatskanzler lag dieser Unterschied nicht. Er hatte zielstrebig auf eine föderative, von Österreich dominierte Lega Italica, analog zum Deutschen Bund, hingearbeitet, sich mit dieser Idee aber gegen den Widerstand Sardinien-Piemonts und des Kirchenstaates nicht durchzusetzen vermocht.

Die territoriale Neuordnung Deutschlands und Italiens hatte langfristige Folgen: Da Preußen zur Macht am Rhein aufgerückt war, ohne über eine Landbrücke zwischen dem Osten und dem Westen zu verfügen, mußte es früher oder später versuchen, die räumliche Lücke auf irgendeine Weise zu schließen. Wenn dies gelang, war Preußen die beherrschende Macht in Deutschland, und das um so mehr, als es im neugewonnenen Ruhrgebiet reiche Steinkohlevorkommen gab: eine wichtige Voraussetzung dafür, daß der Hohenzollernstaat sich im Zuge der Industrialisierung nach 1830 die wirtschaftliche Führungsrolle im Deutschen Bund sichern konnte.

Die Bildung einer preußischen Bastion an Rhein und Ruhr hatte, und das war die Ironie der Geschichte, nicht auf der Linie der bisherigen Berliner Politik gelegen. Sie entsprang dem britischen Wunsch, Frankreich von einem neuen Anlauf in Richtung Rheingrenze und damit der kontinentalen Hegemonie abzuhalten. Daß das Londoner Streben nach Gleichgewicht eine Bewegung in Gang setzen könnte, die zuerst auf die preußische Hegemonie in Deutschland und dann auf die deutsche Hegemonie in Europa zielte: Diese Erwägung lag jenseits der Vorstellungskraft der Akteure von 1814/15.

Österreich hatte zwar den Vorsitz in der Bundesversammlung inne. Doch seit es sich aus dem Südwesten Deutschlands und aus Belgien hatte zurückziehen müssen, war sein Machtvorsprung gegenüber dem Rivalen Preußen geschrumpft. Auf der Apenninenhalbinsel zu gewinnen, was es in Mitteleuropa verloren hatte: das war für Österreich unmöglich. Denn anders als in Deutschland wurde die regionale Hegemonie der Habsburgermonarchie in Italien als Fremdherrschaft empfunden. Napoleon, der gebürtige Korse, hatte mit der Schaffung des Königreichs Italien die Sehnsucht nach nationaler Einheit geweckt. Die Erinnerung an ihn war daher in Italien sehr viel freundlicher als in Deutschland. Einen Napoleon-Mythos brauchte Österreich in Deutschland nicht zu fürchten, in Italien sehr wohl.

Das Werk des Wiener Kongresses schuf die Grundlagen der Restaurationszeit: Das ist aus guten Gründen noch immer die überwiegende Auffassung der Geschichtsschreibung. Doch zumindest in *einem* Punkt darf man den Friedensstiftern auch einen Dienst an der Freiheit bescheinigen. Auf britisches Drängen beschloß der Kongreß am 8. Februar 1815 eine feierliche Erklärung gegen den Sklavenhandel. Frankreich hatte zunächst eine möglichst lange Frist für das Wirksamwerden eines entsprechenden Verbots zu erreichen versucht. Nachdem jedoch Napoleon in den «Hundert Tagen» die sofortige Abschaffung des Sklavenhandels für die französischen Untertanen und Kolonien verfügt hatte, sah sich Ludwig XVIII. genötigt, das Verbot zu bestätigen.

Für den Augenblick verpflichtete die Erklärung der Hauptmächte des Wiener Kongresses keine Kolonialmacht, den Sklavenhandel zu unterbinden. Die moralische Wirkung des Beschlusses aber war erheblich. Das widerstrebende Portugal hatte sich unter britischem Druck schon im Januar 1815 auf die Beendigung des Sklavenhandels nördlich des Äquators festgelegt. Spanien tat diesen Schritt zwei Jahre später und versprach die völlige Abschaffung des Sklavenhandels bis zum Jahr 1820 – eine Zusage, die jedoch in der Folgezeit nicht eingehalten wurde. Die Abschaffung des offiziellen portugiesischen Sklavenhandels setzte England 1842 durch (ohne damit den illegalen Sklavenhandel verhindern zu können). Gegen Brasilien mußte Großbritannien 1850 eine Seeblockade verhängen und militärische Gewalt anwenden, um dem Sklavenhandel ein Ende zu bereiten. Am längsten dauerte der spanische Sklavenhandel mit seiner Kolonie Kuba. Er wurde erst 1866 unter massivem britischen und amerikanischen Druck durch ein wirksames spanisches Gesetz unterbunden. Insgesamt dürften nach einer realistischen Schätzung zwischen 1500 und den 1860er Jahren 11,8 Millionen Menschen aus Afrika die Zwangsreise nach Amerika angetreten haben, von denen wegen der furchtbaren Bedingungen an Bord der überfüllten Sklavenschiffe 10 bis 20 Prozent die «middle passage», den Transport über den Atlantik, nicht überlebten.

Die Abschaffung des Sklavenhandels bedeutete noch nicht die Abschaffung der Sklaverei. Großbritannien zog diese Konsequenz für seine Kolonien erst 1833, die anderen europäischen Mächte taten es noch später: Frankreich und Dänemark 1848, die Niederlande 1863. Zwei Jahre später endete der amerikanische Bürgerkrieg mit einem Sieg der Nordstaaten, was das Ende der Sklaverei in den Vereinigten Staaten zur Folge hatte. In den meisten ehemaligen spanischen Kolonien wurde die Sklaverei nach Erkämpfung der Unabhängigkeit in der ersten Hälfte des 19. Jahrhunderts, im ehedem portugiesischen Brasilien, das von allen Ländern der westlichen Hemisphäre jahrhundertelang die meisten Sklaven importiert hatte, erst 1888 abgeschafft. In Afrika, dem Heimatkontinent der schwarzen Sklaven, breiteten sich Sklaverei und Sklavenhandel im Verlauf des 19. Jahrhunderts sogar noch weiter aus: eine Entwicklung, die nach 1870 mehreren europäischen Mächten, obenan Großbritannien und Frankreich, als humanitäre Rechtfertigung ihrer Kolonialpolitik diente.[59]

Unterdrückung und Wandel: Die großen Mächte nach 1815

Die Ziele der Restauration, die 1814/15 mit der zweimaligen Wiedereinführung der Bourbonenherrschaft in Frankreich begann, waren zwischen ihren Befürwortern höchst umstritten. Für die äußerste französische Rechte, die Ultra-Royalisten, kurz «Ultras» genannt, ging es darum, den Normalzustand, der mit der Revolution von 1789 jäh unterbrochen worden war, zügig wiederherzustellen. Dieser Rückkehr sollte jedoch nach der beruhigenden Versicherung des royalistischen Emigranten Joseph de Maistre in seinen «Considérations sur la France» von 1797 nichts Anormales anhaften: «Die Wiederherstellung der Monarchie, die man Gegenrevolution nennt, wird nicht eine Revolution in der entgegengesetzten Richtung, sondern das Gegenteil einer Revolution sein.» (Le rétablissement de la monarchie, qu'on appelle contre-révolution, ne sera point une révolution contraire, mais le contraire d'une révolution.)

Die gemäßigten Kräfte von Talleyrand bis Constant wußten hingegen, daß das «Alte» im Sinne des Ancien régime nicht wiederherstellbar war. Wenn die Restauration der Monarchie nicht über kurz oder lang zu einer neuen Revolution führen sollte, mußte sie wesentliche Gedanken der Revolution von 1789 aufgreifen. Eine auf Dauer angelegte Politik kam nach ihrer Überzeugung nicht umhin, die Rechte des Individuums, die Freiheit der Presse, die Unabhängigkeit der Richter sicherzustellen und auf die öffentliche Meinung Rücksicht zu nehmen. Die «Charte constitutionelle» von 1814 entsprach sehr viel mehr den Vorstellungen der Liberalen als denen der Ultras.

Bei den Kammerwahlen vom August 1815 erlangten aber die Royalisten dank des hohen Zensus, der den Großgrundbesitz begünstigte, ein klares Übergewicht. Ihr Sieg führte zu umfassenden Säuberungen unter Präfekten und Unterpräfekten der Departements, zur Verurteilung und Hinrichtung von Heerführern, die sich in den «Hundert Tagen» Napoleon angeschlossen hatten, unter ihnen des Marschalls Ney, und zu royalistischen Massakern in Südfrankreich. Die Mehrheit der Ultras in der «Chambre introuvable», der unauffindbaren Kammer, wie Ludwig XVIII. sie nannte, war so überwältigend, daß nun auch Royalisten wie Chateaubriand den Übergang zur politischen Ministerverantwortlichkeit, also zur parlamentarischen Monarchie, forderten.

Bei Neuwahlen im September und Oktober 1816 setzten sich die «konstitutionellen», von der Regierung des Herzogs von Richelieu und teilweise auch von den Liberalen unterstützten gemäßigten Kandidaten durch. Im Oktober 1818 gelang es Richelieu auf dem ersten Kongreß der Pentarchie in Aachen, gegen die Zahlung einer letzten Rate der Kriegsentschädigung die vollständige Räumung des Landes von Besatzungstruppen durchzusetzen, womit Frankreich auch formell seinen Großmachtstatus wiedererlangte. Bei weiteren Teilwahlen im Oktober 1819 (nach der Charte von 1814 wurde jährlich ein Fünftel der Abgeordneten neu gewählt) zogen erstmals auch linke Liberale, die den Ideen von Constant verpflichtet waren, unter ihnen der nunmehr zweiundsechzigjährige Lafayette, in die Kammer ein.

Unter dem Einfluß des Grafen von Decazes, der im Dezember 1818 zunächst das Amt des Innen- und Polizeiministers, ein Jahr darauf das des Ministerpräsidenten übernahm, begann sich seit Ende 1818 auch die Regierung liberalen Positionen anzunähern. Ihre Hauptstütze waren dabei die sogenannten «Doktrinäre», die Liberalen um François Guizot und Pierre Paul Royer-Collard, die einen dritten Weg zwischen den Lehren von der Volkssouveränität und der Souveränität des Königs propagierten: Sie vertraten die Auffassung, daß alle Gewalt ihren Ursprung in der Verfassung, der Charte, habe und souverän allein die Vernunft sei. Ganz im Sinne der «Doktrinäre» waren die wichtigsten Initiativen Decazes': eine Reihe von liberalen Pressegesetzen, ein umfassendes Revirement unter Präfekten und Unterpräfekten und die Vorbereitung einer Verwaltungsreform, die der wahlberechtigten Bevölkerung die Kontrolle der Finanzen von Departements und Kommunen bringen sollte.

Unter der Regierung Decazes hätte sich die restaurierte Bourbonenmonarchie wohl noch stärker in Richtung Liberalismus entwickelt, wäre nicht am 14. Februar 1820 der Herzog von Berry, der jüngere Sohn des Grafen von Artois, des ultraroyalistischen Bruders Ludwigs XVIII. und späteren Königs Karl X., von einem bonapartistischen Sattler ermordet worden. Die Ultras machten die liberale Politik Decazes' für die Bluttat verantwortlich. Der König sah sich daraufhin genötigt, Decazes zu entlassen und den Herzog von Richelieu erneut mit dem Amt des Ministerpräsidenten zu betrauen. Unter der neuen Regierung wurde wieder die Zensur eingeführt und das Zensuswahlrecht massiv verschärft: Die am höchsten besteuerten Wähler erhielten durch die «Loi du double vote» eine Zweitstimme, die es ihnen erlaubte, 72 von insgesamt 420 Abgeordneten zu wählen.

Der Widerstand gegen die Bourbonenherrschaft äußerte sich in Gestalt der «Carboneria», eines Geheimbundes von Verschwörern, der sich in der Regierungszeit Murats im Königreich Neapel gebildet und rasch über ganz Italien und in anderen Ländern, vor allem in Frankreich, ausgebreitet hatte. Auf das Konto der bonapartistisch gesinnten «Carbonari» gingen mehrere örtliche Umsturzversuche und Militärrevolten der Jahre 1820 bis 1822, unter anderem in Saumur, La Rochelle und im elsässischen Colmar. Die Angst vor dem gewaltsamen Umsturz trug wesentlich dazu bei, daß die Ultras aus den Wahlen von 1820 als Sieger hervorgingen und der gemäßigte Richelieu im Dezember 1821 durch den ultraroyalistischen Grafen Joseph de Villèle abgelöst wurde. Er behielt dieses Amt sechs Jahre lang, bis zum Januar 1828. Die liberale Phase der Bourbonenherrschaft gehörte der Vergangenheit an.

Das Ministerium de Villèle bekämpfte die Opposition durch verschärfte Pressezensur, Einschränkung der akademischen Freiheit, Wahlmanipulationen, die Bestechung von Abgeordneten und mehrfache «Pairschubs», die personelle Verstärkung der konservativen Kräfte in der ersten Kammer. Eine gewisse Popularität verschaffte sich die Regierung 1823 durch eine von Außenminister Chateaubriand betriebene, von den Mächten der «Heiligen Allianz» unterstützte, erfolgreiche Intervention in Spanien zugunsten Ferdinands VII. Der Bourbonenkönig stand seit 1821 im erst verdeckten, dann offenen Kampf gegen die liberalen Kräfte, die nach einer Offiziersrevolte im Jahr 1820 an die Regierung gelangt waren. Das Kabinett Villèle nahm den rasch erfochtenen Sieg der französischen Armee zum Anlaß, um im Dezember 1823 die Kammer aufzulösen. Die Neuwahlen vom Februar und März 1824 brachten den Ultras einen überlegenen Sieg. Nur 19 Liberale, unter ihnen Benjamin Constant und der Bankier Casimir Périer, zogen in die vom König so genannte «Chambre retrouvée», die wiedergefundene Kammer, ein.

Die neue Kammer verabschiedete im Juni 1824 ein Gesetz, das die Bestimmung der Charte abschaffte, wonach ein Fünftel der Abgeordneten jährlich neu zu wählen war. An die Stelle der Rotation trat die Gesamtwahl der Kammer; die Legislaturperiode sollte sieben Jahre dauern. Am 16. September 1824 starb Ludwig XVIII. Mit der Herrschaft seines ultraroyalistischen Bruders, Karls X., begann die eigentliche Reaktionszeit.[60]

In Deutschland vollzog sich der Übergang von der defensiven zur offensiven Restauration noch schneller als in Frankreich. Den Anstoß gaben die Kräfte, die in den napoleonischen Kriegen ein freiheitliches und geeintes Deutschland erstrebt hatten und darum von den Ergebnissen des Wiener Kongresses bitter enttäuscht waren. Besonders groß war die Empörung bei den Studenten, von denen viele in den Freikorps als Freiwillige gegen den Kaiser der Franzosen gekämpft hatten. Auf das berühmteste aller Freikorps, das des Majors von Lützow, gingen die Farben Schwarz-Rot-Gold zurück, die von der neugegründeten «Jenenser Burschenschaft» im Juni 1815 auf Vorschlag des Turnvaters Jahn zu ihrem Bundessymbol erhoben wurden. Die Burschenschaften, die sich rasch über ganz Deutschland verbreiteten, waren von Anfang an national, also gesamtdeutsch, und meist auch demokratisch gesinnt. Eben darin unterschieden sie sich von den älteren Landsmannschaften, den regionalen Studentenverbindungen.

Die erste große Kundgebung der Burschenschaften war das Wartburgfest am 18. Oktober 1817, auf dem der 300. Wiederkehr der Reformation Martin Luthers und des vierten Jahrestages der Völkerschlacht von Leipzig gedacht werden sollte. Die offizielle Feier verlief ohne Zwischenfälle. Am Abend sorgten dann die zahlreich anwesenden Turner für einen Eklat. Sie verbrannten angeblich «undeutsche» Bücher, darunter den Code Napoléon, sowie Symbole des verhaßten Absolutismus wie einen hessischen Militärzopf, einen preußischen Ulanenschnürleib und einen österreichischen Korporalsstock. Nicht zu überhören war der Haß auf Juden und Franzosen bei den Jüngern Jahns, gleichviel ob sie Turner oder «Burschen» waren. Um sich ihres Deutschtums zu vergewissern, grenzten sie sich scharf von allem ab, was in ihren Augen «undeutsch» war.

Die konservativen Kräfte waren alarmiert. Doch erst zwei Jahre später, nach zwei politischen Attentaten, holten die Regierungen zum Gegenschlag aus. Am 23. März 1819 ermordete der Jenenser Burschenschafter Karl Ludwig Sand, ein Kriegsfreiwilliger von 1815, in Mannheim den deutschen Lustspieldichter und russischen Staatsrat August von Kotzebue. Sand gehörte einem Geheimbund, den «Schwarzen» oder «Unbedingten», um den erst Gießener, dann Jenenser Privatdozenten Karl Follen an; am 20. Mai 1820 wurde er hingerichtet. Ein Vierteljahr nach der Bluttat von Mannheim, am 1. August 1819, verübte ein anderer Burschenschafter einen Mordanschlag auf den nassauischen Staatsrat Karl von Ibell; das Attentat schlug jedoch fehl. Kotzebue und Ibell galten als besonders reaktionär, und eben darum waren sie den Burschenschaftern zutiefst verhaßt.

Metternich war überzeugt, daß hinter den Anschlägen eine weitverzweigte Verschwörung stand – mit Professoren als skrupellosen Drahtziehern und Studenten als willigen Gefolgsleuten. Der preußische König teilte diese Einschätzung und gewährte dem österreichischen Staatskanzler Einblick in die geheimsten Akten seiner Behörden. Am 1. August 1819 einigten sich Österreich und Preußen in der Teplitzer Punktation darauf, die Presse, die Universitäten und die Landtage zu überwachen, wobei sie sich auf Artikel 2 der Bundesakte beriefen, der neben der äußeren auch die innere Sicherheit als Zweck des Deutschen Bundes bezeichnete. Außerdem sollte der Artikel 13 der Bundesakte, der landständische Verfassungen in allen deutschen Staaten vorsah, restriktiv, im Sinne der alten Ständeversammlungen und nicht moderner Volksvertretungen ausgelegt werden. Die historische und theoretische Begründung lieferte Metternichs engster Berater, Friedrich von Gentz, in seiner Schrift «Über den Unterschied zwischen den landständischen und Repräsentativverfassungen».

Auf Teplitz folgte fünf Tage später Karlsbad. In diesem böhmischen Bad trafen sich am 6. August 1819 die Vertreter von zehn, vom österreichischen Staatskanzler ausgewählten deutschen Staaten, um jene berüchtigten Karlsbader Beschlüsse zu fassen, die der Bundestag am 20. September 1819 verabschiedete. Sie schufen die Rechtsgrundlage für die Entlassung mißliebiger Professoren, das Verbot der Burschenschaften und die Zensur von Zeitungen, Zeitschriften und Druckschriften unter 20 Bögen. Zur Überwachung «revolutionärer Umtriebe und demagogischer Verbindungen» wurde eine Zentral-Untersuchungskommission in Mainz eingerichtet. Die «Demagogenverfolgung», die unmittelbar danach einsetzte, wurde in Preußen besonders konsequent durchgeführt. Zu ihren Opfern gehörten auch zwei Gründerväter des deutschen Nationalismus: Jahn, der von 1819 bis 1825 inhaftiert wurde, und Arndt, der seine Bonner Professur verlor und diese erst nach der Thronbesteigung Friedrich Wilhelms IV. von Preußen im Jahre 1840 wiedererlangte.

Für die verfassungspolitische Entwicklung Deutschlands bedeuteten die Beschlüsse von Teplitz und Karlsbad eine Zäsur. Die beiden größten

Staaten, Österreich und Preußen, entschieden sich gegen jede Art von Verfassung. Im Falle des Hohenzollernstaates schloß das einen Wortbruch in sich. Am 22. Mai 1815 hatte König Friedrich Wilhelm III. seinen Untertanen ein Verfassungsversprechen gegeben. Doch wie schon nach der ersten Ankündigung dieser Art vom Oktober 1810 stellten sich auch diesmal rückwärtsgewandte Adelskreise und hohe Beamte gegen den Ruf nach Konstitution und einer Nationalrepräsentation – jene, weil sie ihre Privilegien nicht gefährden wollten, diese, weil sie die wirtschaftliche Modernisierung Preußens ohne Rücksicht auf widerstrebende ständische und regionale Interessen voranzutreiben gedachten.

Im August 1819 legte sich der König in Teplitz, in Abwesenheit des Staatskanzlers von Hardenberg und gegen dessen Willen, darauf fest, in Preußen keine allgemeine Volksvertretung einzuführen, sondern lediglich einen Zentralausschuß aus Vertretern landständischer Provinzialvertretungen zu bilden. Hardenberg fügte sich und veranlaßte im Dezember 1819 die Entlassung Wilhelm von Humboldts, der gegen die Teplitzer Proklamation und die Karlsbader Beschlüsse scharf protestiert hatte, aus dem Amt des Ministers für städtische und kommunale Angelegenheiten. Aus demselben Grund mußte auch Kriegsminister Hermann von Boyen aus dem Kabinett ausscheiden.

Anfang 1820 konnte Hardenberg den König zwar nochmals in einer Verordnung über das Staatsschuldenwesen zu der Zusage bewegen, daß die bestehende Staatsschuld nicht ohne Mitwirkung einer reichsständischen, also gesamtpreußischen Versammlung vermehrt werden würde. Aber auch dieses Verfassungsversprechen blieb folgenlos. Hardenberg starb, faktisch entmachtet, im November 1822 in Genua. Im Jahr darauf erging das Gesetz über die Anordnung von Provinzialständen, in denen Adel und Großgrundbesitz ein sicheres Übergewicht über das städtische Bürgertum hatten. Auf eine gesamtstaatliche Vertretung und eine geschriebene Verfassung mußten die Preußen weiterhin verzichten.

Nach dem Urteil des Historikers Friedrich Meinecke bildete das Ringen um eine preußische Nationalrepräsentation zwischen 1815 und 1823 die erste Phase in dem Ringen zwischen dem «Gemeinschaftsstaat» und dem «autoritären und militaristischen Prinzip», wobei der Ausgang der Kraftprobe für das Bürgertum so negativ war wie bei der zweiten, der Revolution von 1848/49, und der dritten, dem preußischen Verfassungskonflikt von 1862 bis 1866. Seine wirtschaftliche

Entwicklung und innere Vereinheitlichung hat Preußen, das seit 1815, wenn auch nicht im Sinne einer zusammenhängenden Landmasse, von Memel bis Saarbrücken reichte, durch die bürokratische Reform von oben nachhaltig gefördert: In den Jahrzehnten nach dem Wiener Kongreß rückte es zum industriell führenden Staat des Kontinents auf. Der bewußte Verzicht auf die politische Mitwirkung seiner Bürger aber ließ Preußen in anderer Hinsicht gleichzeitig rückständig erscheinen – nicht gegenüber Österreich, wohl aber im Vergleich zu den süddeutschen Staaten.

Diese erhielten in den Jahren 1818 bis 1820 Verfassungen, die mit einer Ausnahme, der Württembergs, oktroyiert, also vom König erlassen wurden. Sie kamen mehr oder minder stark dem Vorbild der französischen Charte nahe und entsprachen dem Typ der Repräsentativverfassung. Zu konstitutionellen Monarchien wurden Bayern und Baden im Jahr 1818, nach langen heftigen Kämpfen um das «gute alte Recht» auch Württemberg mit seiner zwischen König und Landtag vereinbarten Verfassung vom 25. September 1819 und im Jahr darauf Hessen-Darmstadt. Dagegen waren die Verfassungen einiger kleinerer mitteldeutscher Staaten dem altständischen Typ zuzuordnen, darunter auch die Verfassung von Sachsen-Weimar aus dem Jahr 1816.

Die Wiener Schlußakte vom 15. Mai 1820, fortan neben der Bundesakte von 1815 das wichtigste Grundgesetz des Deutschen Bundes, war ein widersprüchliches Dokument. Einerseits betonte sie den Charakter des Deutschen Bundes als «völkerrechtlicher Verein der deutschen souveränen Fürsten und Freien Städte zur Bewahrung der Unabhängigkeit ihrer im Bunde begriffenen Staaten und zur Erhaltung der inneren und äußeren Sicherheit Deutschlands». Andererseits erklärte sie den Deutschen Bund für unauflöslich und gestand ihm im Ausnahmefall, wenn die Sicherheit des Bundes bedroht war, das Recht der Bundesexekution gegen widersetzliche Mitglieder zu.

Die Schlußakte legte alle Bundesstaaten auf das monarchische Prinzip fest, wonach die gesamte Staatsgewalt im Oberhaupt des Staates vereinigt bleiben mußte und durch eine landständische Verfassung nur in der Ausübung bestimmter Rechte an die Mitwirkung der Stände gebunden werden durfte. Soweit eine Verfassung die Öffentlichkeit der Verhandlungen des Landtags gewährleistete, mußten die Regierungen sicherstellen, daß dadurch nicht die Ruhe des einzelnen Staates oder Deutschlands insgesamt gefährdet wurde. Die Bundesversammlung überwachte die Einhaltung dieser Bestimmungen, womit sie der Souveränität der Fürsten Fesseln anlegte. Im Zweifelsfall aber war es eine Machtfrage, ob es sich ein Staat leisten konnte, die Bundesgewalt herauszufordern, oder nicht. Eine Bundesexekution gegen einen der größeren Bundesstaaten war nicht vorstellbar, gegen einen kleineren durchaus.

Einige Bestimmungen der Bundeskriegsverfassung vom 9. April 1821 schienen zwar einer Übermacht der beiden größten Bundesstaaten vorbeugen zu wollen, aber das nur auf den ersten Blick. In Artikel VIII hieß es: «Nach der grundsätzlichen Gleichheit der Rechte und Pflichten soll selbst der Schein von Suprematie eines Bundesstaates über den anderen vermieden werden.» Laut Artikel V durfte überdies kein Bundesstaat, der ein oder mehrere Armeekorps für sich bildete, Kontingente anderer Bundesstaaten mit den seinigen in einer Abteilung vereinigen.

Tatsächlich wurde dadurch das militärische Ungleichgewicht zwischen den beiden großen und den anderen Staaten noch verschärft. Österreich und Preußen durften beide nur mit drei Armeekorps am Bundesheer teilnehmen, womit sie zusammen fast zwei Drittel der gesamten Streitmacht des Bundes stellten. Als europäische Großmächte, die zu erheblichen Teilen außerhalb des Deutschen Bundes lagen, unterhielten beide aber sehr viel mehr Militär. Im Fall Preußens, das immerhin mit drei Vierteln seines Gebietes zum Bund gehörte, waren das sechs zusätzliche Armeekorps. Nach den Erfahrungen der Befreiungskriege war damit zu rechnen, daß die norddeutsche Führungsmacht im Ernstfall wieder alle ihre Streitkräfte, auch die nicht zum Bundesheer gehörenden, zur Verteidigung Deutschlands einsetzen würde. Darauf verließen sich die mittleren und kleineren Mitglieder des Deutschen Bundes, und deswegen vernachlässigten sie ihre eigenen militärischen Anstrengungen.

Vorschriften von den beiden «Großen» ließen sich die bedeutenderen unter den Staaten des «dritten Deutschland» ohnehin nicht machen. Metternich hatte am Ende mit seiner Absicht, die mittleren und kleineren Bundesstaaten auf altständische Vertretungen zu verpflichten, keinen Erfolg: Die süddeutschen Staaten verweigerten sich diesem Ansinnen; ihr konstitutionelles System wurde durch die Karlsbader Beschlüsse beeinträchtigt, aber nicht erstickt. In Baden, dem Land mit der freiheitlichsten Verfassung, konnte sich der politische Liberalismus gegenüber dem Druck aus Wien und Berlin behaupten. Wirtschaftlich war Baden freilich sehr viel weniger liberal als Preußen. Wie die anderen süddeutschen Staaten schreckte das Großherzogtum vor der Einführung der Gewerbefreiheit und der Freizügigkeit seiner Untertanen aus Rücksicht auf den Widerstand von Handwerkern, anderen kleinen Gewerbetreibenden und Bauern zurück, und aus demselben Grund fand in Baden nach 1815 auch keine Judenemanzipation statt.

Die autoritäre Modernisierung Preußens war mithin mit mehr wirtschaftlicher Freiheit verbunden als die vergleichsweise liberale Modernisierung Badens. Das galt auch für das außenwirtschaftliche Gegenstück zur Gewerbefreiheit, den Freihandel, dem Preußen sich, beginnend mit dem Zollgesetz von 1818, zuwandte. Der Staat der Hohenzollern förderte dadurch den Wettbewerb und durch diesen die leistungsfähigsten Unternehmen. Auch deshalb verlief die Industrialisierung in Preußen sehr viel zügiger als in den süddeutschen Staaten, die ihr heimisches Gewerbe vor ausländischer, vor allem britischer Konkurrenz, abzuschirmen versuchten, wie das zur gleichen Zeit auch Frankreich tat. Österreich war auf politischem Gebiet womöglich noch reaktionärer als Preußen und hob sich damit von den süddeutschen Verfassungsstaaten ab. In wirtschaftlicher und wirtschaftspolitischer Hinsicht aber ähnelte der größte Bundesstaat mit seinen hohen Schutzzöllen und dem Festhalten an zünftlerischen Beschränkungen mehr den süddeutschen Mittelstaaten als der anderen deutschen Großmacht. Der Kaiserstaat geriet nach 1815 gegenüber Preußen immer mehr ins Hintertreffen, und da er diesen Mangel nicht durch politische Fortschrittlichkeit ausgleichen konnte, bot er den freiheitlichen Kräften im «Dritten Deutschland» keinen Ansatzpunkt für irgendwelche Hoffnungen.

Weil sowohl Österreich als auch Preußen nach dem Wiener Kongreß andere Ziele verfolgten als das der deutschen Einigung, fehlte dem nationalen Gedanken in der Restaurationszeit ein klares staatliches Profil. Wer im Jahrzehnt nach Karlsbad die deutsche Einheit beschwor, dachte kaum an einen deutschen Nationalstaat und schon gar nicht an einen unter preußischer Führung. Die Nationalgesinnten waren bescheidener in ihren Zielen: Sie wollten das Bewußtsein der Deutschen festigen, ungeachtet ihrer Vielstaatlichkeit, *einer* Nation anzugehören. Die mit dem nationalen Gedanken eng verwandte Idee der Freiheit konnte sich erst recht nicht mit Preußen, sondern allenfalls mit den süddeutschen Staaten verbinden. Diese trugen das System der Restauration zwar mit, blieben aber konstitutionell.

Das bedeutete in Deutschland jedoch etwas anderes als in Frankreich. Unter dem Einfluß von Benjamin Constant hatte der französische Liberalismus rasch gelernt, in der strikten Trennung von Regierungsgewalt und Parlament, wie sie die Charte von 1814 festlegte, nur ein Durchgangsstadium zu einem parlamentarischen System mit voller Ministerverantwortlichkeit zu sehen. Constant wurde auch in Deutschland viel gelesen, aber anders verstanden als in dem Land, in dem er wirkte. Die frühen deutschen Liberalen hielten den Dualismus zwischen Regierung und Parlament für dauerhaft und notwendig. Wer sich in Deutschland dem Liberalismus zurechnete, meinte damit ein Eintreten für Menschen- und Bürgerrechte, obenan die Meinungs-, Presse- und Vereinsfreiheit sowie für das ausschließliche Recht des Parlaments, Steuern zu bewilligen und Gesetze zu verabschieden. Gemessen am französischen Liberalismus der Restaurationszeit, war das ein bescheidenes Programm.[61]

Vom Mutterland des parlamentarischen Systems konnten die Liberalen des europäischen Festlands während der frühen Restaurationszeit sehr viel weniger lernen als von Frankreich: In England war die politische Freiheit in den ersten Jahren nach 1815 so bedroht wie selten zuvor. Diese Entwicklung hing aufs engste mit dem Ende der napoleonischen Kriege zusammen. Das Ende der Kontinentalsperre stürzte das Land in eine schwere Wirtschaftskrise: Der Staat als Abnehmer kriegswichtiger Güter, darunter Munition, Bekleidungsstücke und Lebensmittel für die Streitkräfte, fiel weitgehend aus; die überhöhten Preise für britisches Getreide brachen ein, als die Einfuhr von ausländischem Getreide wieder aufgenommen wurde; viele hochverschuldete Pächter mußten den Bankrott ihrer landwirtschaftlichen Betriebe anmelden. Doch die Vertreter der «landed interests», die im Ober- wie im Unterhaus das Sagen hatten, wußten sich zu wehren. Sie setzten im März 1815 die Einführung hoher Kornzölle durch, die der britischen Landwirtschaft einen künstlichen Schutz vor der Konkurrenz aus Europa und Übersee verschafften.

Die «Corn Laws» bewirkten ein starkes Ansteigen der Brotpreise und dieses heftige soziale Unruhen. 1816 erlebte Großbritannien eine neue Welle des Maschinensturms und anderer gewaltsamer Aktionen der «Ludditen». Der radikale Reformer William Cobbett nahm das zum Anlaß, bei den Arbeitern in seinem vielgelesenen «Political Register» für den Übergang zu vernünftigen Protestformen zu werben. Der zunehmende Widerhall des Radikalismus ging auch auf den Einfluß von Jeremy Bentham, dem Urheber der Lehre vom «größten Nutzen der größten Zahl», zurück. Der Begründer des philosophischen Utilitarismus forderte in seiner 1809 verfaßten, aber erst 1817 veröffentlichten Schrift «Parliamentary Reform Catechism» jährliche Parlamentswahlen und ein annähernd allgemeines Wahlrecht: ein politisches Programm, das der entstehenden demokratischen Bewegung wichtige Stichworte gab. In derselben Richtung wirkte, sehr viel konsequenter als Bentham, schon seit Jahrzehnten Major John Cartwright, der den Arbeitern die Bedeutung eines Kampfes um die «public opinion» nahezubringen versuchte.

Die proletarischen Unterschichten für politische Reformforderungen zu gewinnen, erwies sich jedoch angesichts der großen sozialen Not als überaus schwierig. Die Hungerunruhen mitsamt Plünderungen von Läden und Angriffen auf öffentliche Gebäude gingen auch im Winter 1816/17 weiter, worauf die konservative Regierung von Lord Liverpool und Lord Castlereagh als Außenminister und Führer der Tories im Unterhaus mit scharfen Beschränkungen der bürgerlichen Freiheiten, den sogenannten Alarmgesetzen, antwortete; das am tiefsten einschneidende brachte eine befristete Aufhebung der Habeas-Corpus-Akte von 1679.

Die Empörung über die Zwangsmaßnahmen entlud sich im März 1817 in dem «Marsch der Deckenmänner» (blanquettiers), an dem sich Tausende von Arbeitern und Handwerkern aus Manchester und Umgebung, vor allem Weber und Strumpfwirker, beteiligten. Die Organisatoren stammten aus radikalen, gewerkschaftsähnlichen Vereinigungen wie den «Hampden Clubs» und den «Political Unions». Zweck des Marsches war ein geballter Protest gegen das soziale Elend und die politische Einflußlosigkeit der Arbeiter bei der Regierung in London; bei einigen Initiatoren spielten wohl auch Hoffnungen auf die Auslösung einer Revolution im Stil von 1789 eine Rolle. Das Ziel, die britische Hauptstadt, erreichten aber nur wenige hundert Demonstranten. Polizei und Militär bereiteten dem Massenprotest auf dem St. Petersfeld vor den Toren von Manchester ein frühzeitiges Ende.

Am gleichen Ort fand im August 1819 eine Versammlung von etwa 80 000 Arbeitern, vorwiegend Webern, statt, die über eine Reform des Unterhauses beraten wollten. Die örtlichen Behörden mobilisierten reguläres, in Manchester stationiertes Militär und eine Freiwilligen-

truppe, deren Aufgabe es war, die Anführer vor den Augen der Menge
zu verhaften und die Fahnen der Demonstranten herunterzureißen. Zur
Unterstützung der Bürgerwehr griffen Soldaten mit Säbeln und Gewehren ein. Die Aktion führte zu einem Blutbad. Es gab elf Tote und Hunderte von Verletzten.

«Peterloo», wie das Massaker von Manchester in Anspielung auf
Napoleons letzte Schlacht bei Waterloo sogleich genannt wurde, war
noch nicht der Höhepunkt der Repression. Im November 1819 verabschiedete das Unterhaus die «Six laws», darunter eines, das auf fünf
Jahre alle amtlich nicht genehmigten politischen Versammlungen verbot, und ein anderes, das die Pressefreiheit einschränkte. Daß im Jahr
darauf die Protestwelle abebbte, lag nicht nur an der Härte des staatlichen Vorgehens, sondern auch an der spürbaren Wiederbelebung des
Wirtschaftslebens. Dazu kam der Einfluß der methodistischen Erweckungsbewegung. Durch sie waren zwar auch viele der radikalen
Handwerker und Arbeiter geprägt, die sich gegen das moderne Maschinenwesen und die kapitalistische Ausbeutung auflehnten. Den Ton
aber gab eine andere Richtung an: jene, die Gehorsam gegenüber der
Obrigkeit predigte und eine endgültige Erlösung vom irdischen Elend
erst in einer anderen, jenseitigen Welt erhoffte.

Im Januar 1820 endete mit dem Tod Georgs III., der seit 1811
unheilbar geisteskrank war, die Zeit der «Regency». Sein Sohn, der
nunmehrige König Georg IV. (1820–1830), der neun Jahre lang Regent gewesen war, beließ es zunächst bei der hochkonservativen Regierung der vergangenen Jahre, was ihn in der breiten Bevölkerung noch
verhaßter machte, als er es auf Grund seiner Ausschweifungen und seiner Verschwendungssucht ohnehin schon war. Erst im Sommer 1822,
nach dem Selbstmord des Außenministers und Mehrheitsführers im
Unterhaus, Lord Castlereagh, nahm die britische Politik eine, wenn
auch nicht im Parteisinn, liberale Wendung: Castlereaghs Nachfolge in
beiden Ämtern trat George Canning an, der von 1807 bis 1809 schon
einmal an der Spitze des Foreign Office gestanden hatte.

Als sozialer Aufsteiger war und blieb Canning ein Fremdling unter
den hocharistokratischen Tories. Zu seinen Verbündeten im Kabinett
Liverpool gehörte der neue Innenminister Robert Peel, der sogleich eine
gründliche Reform des in großen Teilen immer noch mittelalterlichen
Strafrechts in Angriff nahm. Peel verwandelte eine große Zahl kleinerer
Delikte, auf die die Todesstrafe stand, in bloße Vergehen und richtete

sich durchgängig am Grundsatz der Verhältnismäßigkeit der Strafe aus. Die Folge war, daß die Geschworenengerichte sich fortan nicht mehr genötigt sahen, Fälscher und Diebe nur deshalb freizusprechen, weil sie diese vor dem Henker bewahren wollten.

Daß Canning sich rasch hohes Ansehen unter den europäischen Liberalen erwarb, lag an seiner Außenpolitik. Er verweigerte sich der antirevolutionären Interventionspolitik, die die Hauptmächte der «Heiligen Allianz», Rußland, Österreich und Preußen, zeitweilig aber auch Frankreich betrieben, und unterstützte, worauf zurückzukommen sein wird, in kühler Einschätzung der politischen und wirtschaftlichen Interessen Großbritanniens den Unabhängigkeitskampf der spanischen und portugiesischen Kolonien Lateinamerikas. Canning war seit seiner Schülerzeit in Eton ein Bewunderer des klassischen Hellas, und schon darum hegte er große Sympathien für den griechischen Befreiungskampf, der 1821 begann. Als Gleichgewichtspolitiker konnte ihm jedoch nicht daran gelegen sein, das Osmanische Reich zu schwach und das russische Zarenreich, die «geborene» Schutzmacht der orthodoxen Griechen, zu stark werden zu lassen. Infolgedessen bemühte er sich so lange wie möglich um einen Ausgleich zwischen Griechen und Türken.

Ein konsequenter Reformer war Canning ebensowenig wie Peel. Beide waren keine Vorkämpfer einer Wahlrechtsreform, und auch im Hinblick auf zwei andere eng miteinander verbundene Probleme, die Emanzipation der Katholiken und die Stellung Irlands im Vereinigten Königreich, gehörten der Außen- und der Innenminister nicht zu den vorwärtsdrängenden Kräften. Die Katholiken waren ebenso wie die Dissenters durch die Testakte von 1673 von staatlichen und kommunalen Ämtern ausgeschlossen. Betroffen waren in England etwa 250 000 Menschen, unter ihnen Angehörige der Gentry und des Hochadels, in Irland die Masse der alteingesessenen Bevölkerung, um die 5 Millionen Menschen.

Nach dem Ende der schlimmsten Verfolgung Mitte des 18. Jahrhunderts war den irischen Katholiken 1778 das Recht zugestanden worden, Grundbesitz zu erwerben. Seit 1793 durften sie nach einem vergleichsweise demokratischen Wahlrecht Abgeordnete in das irische Parlament in Dublin wählen, das 1782 von der Oberhoheit des britischen Unterhauses befreit worden war. Das Wahlrecht behielten die irischen Katholiken auch nach der Gründung der Union mit Groß-

britannien im Jahre 1801, der britischen Antwort auf den blutig nie-
dergeworfenen irischen Aufstand von 1798. Das Wahlrecht zu besitzen, hieß nunmehr an Wahlen zum Unterhaus in London teilnehmen
zu können, denn ein irisches Parlament gab es seit 1801 nicht mehr.
Ein Mandat im Unterhaus durften Katholiken aber nicht ausüben. So
gesehen, waren die irischen Katholiken, was das Wahlrecht anging,
nur geringfügig besser gestellt als die englischen.

Der politische Führer der katholischen Iren war der Dubliner Rechtsanwalt Daniel O'Connell, ein glänzender Rhetor und energischer Verfechter des «repeal», des Widerrufs der Union zwischen Großbritannien
und Irland. 1823 gründete er die Catholic Association, die, vom Klerus
nachdrücklich gefördert, rasch zur Massenorganisation aufstieg. Ein
Verbot des Verbandes durch die Regierung Liverpool im Jahre 1825
fruchtete nichts; es führte lediglich zu einer Namens- und Statutenände-
rung. In London bemühte sich O'Connell mit Erfolg um die Unterstützung von Whigs und Tories, die der politischen Gleichberechtigung der
Katholiken aufgeschlossen gegenüberstanden. Ein entsprechendes Gesetz
fand 1825 die Mehrheit der Commons, wobei Canning für und Peel gegen die Vorlage stimmte; von den Lords aber wurde sie verworfen. Wie
das Oberhaus, so war auch der König strikt gegen die Emanzipation der
Katholiken.

Auf ihre rechtliche Gleichstellung mußten die Katholiken also weiter
warten, und wie sie die Dissenters, deren Sache sich O'Connell, taktisch
geschickt, zu eigen machte. 1828, inzwischen hatte der hochkonservative
Wellington, der Sieger von Waterloo, das Amt des Premierministers übernommen, gelang zunächst den protestantischen Nonkonformisten der
politische Durchbruch. Im Unterhaus fand ein Gesetz, das die Diskriminierung der Dissenters aufhob, eine große Mehrheit. Nachdem die beiden Erzbischöfe der anglikanischen Kirche in England und Schottland
sich mit der Gleichberechtigung der Nonkonformisten einverstanden erklärt hatten, stimmten auch die Peers zu.

Kurz darauf sprach sich das Unterhaus erneut, diesmal mit der
Stimme Peels, für die Emanzipation der Katholiken aus. Noch bevor
das Oberhaus sich entschieden hatte, ließ sich O'Connell in der irischen
Grafschaft Clare bei einer Nachwahl in die Commons wählen – wohl
wissend, daß er das Mandat bei der gegenwärtigen Rechtslage nicht
würde antreten können. Am 13. April 1828 fand die Vorlage in dritter
Lesung die Zustimmung der Lords, worauf der bis zuletzt widerstre-

bende König das Gesetz unterschrieb. O'Connell mußte sich erneut ins Unterhaus wählen lassen, was 1830 geschah. Rechtlich waren Katholiken und Nonkonformisten den Angehörigen der anglikanischen Kirche nun gleichgestellt. In der politischen und gesellschaftlichen Wirklichkeit aber wirkten die Vorurteile, die zur Diskriminierung der Nichtanglikaner geführt hatten, noch lange nach.

Einen Durchbruch erreichten in den 1820er Jahren auch die Sozialreformer aus der radikalen Bewegung: Unter dem Eindruck einer harten publizistischen Kampagne und zahlreicher Petitionen hob das Unterhaus 1824/25 jene Bestimmungen des Pittschen Vereinsgesetzes (Combination Act) von 1799 auf, die die Gründung von Gewerkvereinen und damit die kollektive Aushandlung von Löhnen und Arbeitszeiten verboten. Damit war der Grund gelegt für die Bildung legaler «trade unions», die, wenn eine Einigung mit den Arbeitgebern nicht zustande kam, auch auf das Mittel des Streiks zurückgreifen konnten. Bei den hochqualifizierten Facharbeitern, obenan denen aus dem Druckereigewerbe der Hauptstadt, fand der Gewerkschaftsgedanke den stärksten Widerhall, bei den am schlimmsten ausgebeuteten und verelendeten Bergarbeitern Mittelenglands und Schottlands zunächst sehr viel weniger. Um die Arbeiter von der Zweckmäßigkeit einer dauerhaften Organisation zu überzeugen, brauchten die frühen Gewerkschaftsführer einen langen Atem.[62]

Anders als England war die andere Flügelmacht, Rußland, von den revolutionären Umwälzungen in Frankreich so gut wie unberührt geblieben. Als Alexander I. im März 1801 nach der Ermordung seines Vaters, des Zaren Paul I., durch Angehörige einer Adelsverschwörung den Thron bestieg, galt er als Anhänger konstitutioneller Ideen. Doch soweit er im Hinblick auf das russische Kernreich Verfassungsgedanken erwog, ging es dabei nur um eine wirksamere Organisation der zentralen Verwaltung und eine Modifizierung des russischen Rechts. Eine Abschaffung der Autokratie stand für Alexander nie zur Debatte. Als sein reformfreudiger Staatssekretär Michail Speranskij in der Nachahmung westlicher Vorbilder wie des Code Napoléon und Plänen für den Aufbau eines konstitutionellen Rechtsstaats nach Meinung einflußreicher Adelskreise und der orthodoxen Kirche viel zu weit ging, bewogen diese den Zaren zur Entlassung des Neuerers: Speranskij mußte 1812 in die Verbannung gehen, aus der er 1814 auf sein Landgut in der Provinz Nowgorod zurückkehrte. In eine politische Machtposition in St. Petersburg gelangte er erst wieder, nachdem er sich von 1819 bis 1821 als Gouverneur von Sibirien bewährt hatte.

Gegenüber den westlichen Randgebieten des Reiches ließ Alexander eine gewisse Liberalität walten. Finnland, das seit 1809 ein autonomes Großfürstentum unter russischer Oberhoheit bildete, erhielt auf dem Landtag von Porvoo im März desselben Jahres eine vertragliche Zusicherung seiner überkommenen Rechte: ein Privileg, dessen Gegenstück ein Treueid der finnischen Stände gegenüber dem neuen Herrn, dem Zaren als Großfürst von Finnland, war. In den baltischen Provinzen Estland, Livland und Kurland behielten die Ritterschaften, die ständischen Vertretungen der adligen deutschen Oberschicht, ebenfalls ihre Privilegien. Nach dem Vorbild Estlands von 1816 wurden 1817 in Kurland und zwei Jahre später in Livland die Leibeigenen befreit. Allerdings erhielten sie kein Land. Sie konnten lediglich auf Zeit ein Stück Land pachten, wozu sie einen Kredit benötigten, was sie in neue Abhängigkeit von den Gutsbesitzern brachte, die über die Ritterschaft das Kreditwesen der Provinz kontrollierten.

Das größte Entgegenkommen zeigte Alexander gegenüber dem Königreich Polen. Der neuen, vom Zaren beschworenen Verfassung vom November 1815 entsprechend konnten die wahlberechtigten Polen, fast ausnahmslos Adlige, in einem indirekten Wahlverfahren eine Landesvertretung, den Sejm, wählen, der über das Recht der Gesetzgebung, aber nicht das der Gesetzesinitiative verfügte. Die persönliche Freiheit, das Recht auf Eigentum und freie Meinungsäußerung waren gewährleistet. Sämtliche Staatsämter mußten mit Polen besetzt werden. Folgerichtig ernannte der Zar in seiner Eigenschaft als König von Polen einen Polen zu seinem Statthalter in Warschau. Das Königreich Polen besaß sogar eine eigene Armee, die freilich einen russischen Oberbefehlshaber hatte: Alexanders jüngeren Bruder, Großfürst Konstantin.

Verglichen mit seinem westlich geprägten Vorposten lebte das eigentliche Rußland nach 1815 weiterhin in einer anderen Welt und in einem anderen Zeitalter. Anders als im europäischen Okzident gab es in Rußland keine Gesellschaft, die dem Staat gegenüber eine gewisse Unabhängigkeit besaß. Der grundbesitzende Adel genoß große Privilegien, darunter das der Steuerfreiheit, die Speranskij nur für kurze Zeit außer Kraft zu setzen vermochte. Einen Anteil an der Staatsmacht aber hatte der Adel nicht. Seine Standeskorporationen waren mit der örtlichen Behördenorganisation betraut und auf diese Weise selbst ein weisungsgebundener Teil der Staatsverwaltung. Die meisten Bauern waren entweder Leibeigene der Gutsbesitzer oder persönlich freie Staatsbauern, die Domänenland zwar pachten, aber nicht erwerben konnten. Seit 1810 kamen dazu noch die Bauernsoldaten der Militärsiedlungen, in denen zwecks finanzieller Entlastung des Staates bis Mitte der 1820er Jahre etwa ein Drittel der Armee untergebracht wurde. Die Stadtbewohner waren Untertanen ohne Recht auf kommunale Selbstverwaltung, also keine «Bürger» im westlichen Sinn.

Mochte Alexander I. die Leibeigenschaft auch für ein Übel halten, so konnte er doch nicht ernsthaft an ihre Aufhebung denken. Ein solcher Eingriff in die Gesellschaftsordnung hätte den Staat aufs schwerste erschüttert, wie umgekehrt die russische Sozialverfassung durch eine grundlegende Änderung des Staatsaufbaus radikal in Frage gestellt worden wäre. Was immer der Zar zu manchen Zeiten an Sympathien für konstitutionelle Traditionen oder Bestrebungen zeigte: Er blieb ein Gefangener der Autokratie, die er verkörperte. Eben deswegen war er nach 1815 der zuverlässigste Verbündete der europäischen Mächte, die entschlossen waren, revolutionären Bewegungen, wo immer sie auftraten, mit aller Härte entgegenzutreten.

Vergleichsweise erfolgreich war Alexander, solange Speranskij über Einfluß verfügte, auf dem Gebiet der Bildungsreform: Zu den drei bereits bestehenden Universitäten, einer russischsprachigen in Moskau, einer polnischsprachigen in Wilna und einer deutschsprachigen im livländischen Dorpat, dem heutigen Tartu in Estland, kamen sechs neue, unter anderem in Charkow, Kazan und St. Petersburg. Die Universitäten richteten sich an westeuropäischen Vorbildern aus und genossen ein beträchtliches Maß an Autonomie. Ihnen oblag die Aufsicht über die Gymnasien, von denen in der Regierungszeit Alexanders I. etwa vierzig neu gegründet wurden. Die Kosten für Hochschulen und Gymnasien trug das 1803 ins Leben gerufene Ministerium für Volksaufklärung. Dagegen sollten die Grund-, Kreis- und Pfarrschulen aus lokalen Steuern und kirchlichen Mitteln finanziert werden, was zur Folge hatte, daß dieser für die Masse der Bevölkerung wichtigste Zweig des Schulwesens vernachlässigt wurde. Die Erneuerung von höheren Schulen und Universitäten sollte nach den Vorstellungen Speranskijs dem Staat zu einer qualifizierten Beamtenschaft verhelfen, die sich durch überprüfte Leistungen und nicht mehr wie bisher durch adlige Herkunft auszeichnete:

ein Vorhaben, dem der Adel hartnäckigen und teilweise erfolgreichen Widerstand entgegensetzte.

Nach dem Wiener Kongreß wurde Alexanders Politik immer reaktionärer und repressiver. 1818 erging ein allgemeines Verbot von Diskussionen über politische und soziale Probleme und namentlich von Fragen der Verfassung und der Bauernbefreiung. Zu den Opfern der ebenso umfassenden wie scharfen Zensur gehörte der Dichter Alexander Puschkin. 1820 wurde er wegen einiger kämpferischer Gedichte gegen Staatsallmacht und Leibeigenschaft in den Kaukasus verbannt, aus dem er erst 1827 nach St. Petersburg zurückkehren konnte.

Am 1. Dezember 1825 starb gänzlich unerwartet, kurz vor seinem 48. Geburtstag, Zar Alexander I. Sein Tod löste den «Dekabristenaufstand» aus (Dezember heißt auf russisch «dekabr»). In den Jahren zuvor hatten sich junge Offiziere, die in den Kriegen der Jahre 1813 bis 1815 mit westlichen Ideen in Berührung gekommen waren, in mehreren Geheimgesellschaften zusammengeschlossen. Ihr Ziel war eine gründliche Erneuerung Rußlands im Geist von 1789, wobei es der gemäßigten St. Petersburger Richtung vor allem um eine konstitutionelle Monarchie, Autonomie der Provinzen, gesicherte Freiheitsrechte und eine Aufhebung der Leibeigenschaft ging, während radikalere Kräfte im Süden Rußlands eine Republik erstrebten, in der die nichtrussischen Völker sich dem Willen Rußlands zu unterwerfen hatten; nur Polen sollte eine bedingte Unabhängigkeit zugestanden werden.

Die Geheimpolizei war der Verschwörung bereits auf die Spur gekommen, als die Dekabristen im Dezember losschlugen. Durch die Besetzung des Senatsplatzes in St. Petersburg wollten sie verhindern, daß die Behörden, wie vorgesehen, den Amtseid auf Alexanders Nachfolger, seinen Bruder Nikolaus I., leisteten, und die Einberufung einer Konstituante erzwingen. Der Aufstand, an dem 30 Offiziere und etwa 3000 Soldaten beteiligt waren, wurde innerhalb weniger Stunden niedergeschlagen; einige Tage später erlitten die Mitverschwörer, die sich im ukrainischen Tschernikow erhoben, dasselbe Schicksal. Es folgte ein Prozeß gegen 121 Dekabristen. An fünf von ihnen wurde das Todesurteil vollstreckt; mehr als hundert mußten nach Sibirien in die Verbannung gehen.

Der neue Zar, der dreißig Jahre lang regierte, war, anders als Alexander, frei von gelegentlichen liberalen Anwandlungen. Die Zensur erreichte unter Nikolaus I. ein absurdes Ausmaß: Sie traf nicht nur lebende Autoren, sondern auch antike Klassiker wie Platon. Das gesamte, vom Staat streng überwachte Erziehungswesen unterlag der Verpflichtung, die Werte von «Orthodoxie, Autokratie und nationalem Selbstbewußtsein» hochzuhalten und westlichen Ideen kämpferisch entgegenzutreten.

An der Lage der Leibeigenen änderte sich unter Nikolaus I. nichts, da der Zar einen Konflikt mit den Gutsbesitzern unter allen Umständen vermeiden wollte. Das Ausbleiben einer Agrarreform wirkte sich nachteilig auf die Industrialisierung Rußlands aus. Die frühen Fabrikanten hingen davon ab, daß ihnen Gutsbesitzer Leibeigene als Arbeitskräfte verpachteten; für freie Lohnarbeit kamen nur bisherige Staatsbauern in Frage. In der Roheisenproduktion, in der Rußland um 1800 weltweit führend gewesen war, wurde es in den folgenden Jahrzehnten von England überholt. Auch technologisch konnte Rußland mit dem Westen nicht Schritt halten. So mächtig das Zarenreich im Hinblick auf seine schiere Ausdehnung und die Größe seiner Armee schien, durch seine gesellschaftliche, wirtschaftliche und politische Rückständigkeit wirkte es unter Nikolaus I. auf den aufgeklärten Westen fremdartig und abschreckend wie nie zuvor in seiner Geschichte.[63]

Revolutionen im Mittelmeerraum: Spanien, Portugal, Italien, Griechenland

Zu Beginn der 1820er Jahre wurde der europäische Mittelmeerraum durch eine Welle von revolutionären Erhebungen erschüttert. Den Anfang machte Spanien. Der Bourbonenkönig Ferdinand VII. hatte nach seiner Rückkehr aus dem französischen Exil im März 1814 eine konsequente Restauration betrieben, Säuberungsprozesse (procesos de purificación) gegen Kollaborateure der napoleonischen Zeit eingeleitet, andere «afrancesados», also Parteigänger der Franzosen, des Landes verwiesen, die Gewerbefreiheit abgeschafft, zahlreiche Zeitungen verboten, Universitäten und Theater geschlossen und die Inquisition wieder eingeführt. Die Verfassung von 1812, die Constitución de Cádiz, und alle Gesetze der Cortes waren bereits im Mai 1814 für nichtig erklärt, die liberalen Verfassungsfreunde ins Gefängnis geworfen oder ins Exil getrieben worden.

Das Problem der Staatsfinanzen bekam keines der kurzlebigen Kabinette Ferdinands in den Griff. Die Loslösung der lateinamerikanischen Kolonien vom Mutterland, die 1810 begonnen hatte, ging nach 1814 weiter; ihre unmittelbare Folge war ein drastischer Rückgang der staatlichen Einnahmen aus dem Kolonialhandel, eine mittelbare Folge ein rückläufiges Steuereinkommen, hervorgerufen durch den Niedergang von Wirtschaftszweigen wie der Textilindustrie in Katalonien und der Landwirtschaft in Kastilien, die in starkem Maß vom Absatz ihrer Erzeugnisse in den spanischen Kolonien abhingen.

Von der breiten Bevölkerung war die Rückkehr Ferdinands bejubelt worden. Gegen seinen harten Restaurationskurs formierte sich aber sogleich Widerstand in den Reihen des Militärs und namentlich bei den vielen Tausenden von Offizieren, die 1814 aus der französischen Kriegsgefangenschaft entlassen worden waren. Das Offizierskorps hatte sich in den Jahren des Unabhängigkeitskrieges den bürgerlichen Schichten geöffnet und wehrte sich nun gegen die Absicht des Königs, die Offizierslaufbahn wieder an eine adlige Herkunft zu binden. Unzufrieden waren auch ehemalige Guerillaführer, von denen es manche in den Jahren vor 1814 bis zu Generälen gebracht hatten. Soweit es nach dem Willen der älteren Berufsoffiziere ging, sollten die früheren Partisanenführer nicht ins stehende Heer aufgenommen werden. Es war daher alles andere als ein Zufall, daß bei den zahlreichen Offiziersrevolten der Jahre 1814 bis 1820, den sogenannten «Pronunciamientos», einstige Guerilleros eine wichtige Rolle spielten.

Zum Erfolg führte erst die Militärrevolte, die Anfang 1820 in Cádiz und Umgebung ihren Ausgang nahm: Sie erreichte ihr Ziel, die Rückkehr zur Verfassung von 1812 und die Wahl neuer Cortes. Der Urheber des Pronunciamiento, Oberst Rafael de Riego, machte sich zum Sprecher der Soldaten, die in Cádiz darauf warteten, nach Lateinamerika verschifft zu werden, wo sie einen Kampf führen sollten, den sie ablehnten: den Kampf gegen die Unabhängigkeitsbewegung der spanischen Kolonien. Die erhoffte Volksbewegung blieb zwar auch diesmal aus, dafür aber schlossen sich mehrere Garnisonen im nördlichen Spanien dem Putsch im liberalen Cádiz an. Schlagkräftige Truppen, die für das neoabsolutistische Regime zu kämpfen bereit waren, gab es nicht mehr. Deswegen fügte sich Ferdinand VII. in das Unvermeidliche und versprach am 7. März 1820, die Verfassung von 1812 anzuerkennen und sich künftig an sie zu halten. Tags darauf leistete er vor Vertretern eines revolutionären Gremiums, des provisorischen Stadtrats von Madrid, den Eid auf die Constitución de Cádiz.

Auf das Pronunciamiento von 1820 folgte ein dreijähriges konstitutionelles Zwischenspiel. In den neugewählten Cortes hatten die Liberalen eine breite Mehrheit, die aber in sich völlig uneins war: Den gemäßigten «moderados», die sich auf das gebildete und besitzende Bürgertum stützten und die Verfassung von 1812 den veränderten Verhältnissen anpassen wollten, standen die radikalen «exaltados» gegenüber. Sie hatten ihren stärksten Rückhalt im Kleinbürgertum der großen Städte und traten für die unveränderte Beibehaltung der Cortes-Verfassung ein. Auf der Seite der «exaltados» standen die zahlreichen politischen Clubs von Madrid und namentlich die «Comuneros», die enge Verbindungen zur Geheimgesellschaft der italienischen Carbonari unterhielten. Die meisten Liberalen, gleichviel ob gemäßigte oder radikale, waren aktive Freimaurer: eine Gemeinsamkeit, die aber nicht im mindesten dazu beitrug, den Kampf zwischen beiden Richtungen abzumildern. Denn auch bei den Freimaurern gab es den Unterschied zwischen gemäßigten und radikalen Logen.

Die innere Spaltung der Liberalen lähmte immer wieder die Arbeit der Cortes und gab den «realistas», den königstreuen Kräften, Auftrieb, die Spanien wieder absolutistisch regiert sehen wollten, an ihrer Spitze Ferdinand VII. Seit 1821 stand der König in geheimer Verbindung zu den Mächten der «Heiligen Allianz», die er zum Eingreifen in Spanien drängte. Auf dem Kongreß der fünf europäischen Großmächte, der sogenannten «Pentarchie», in Verona, dem letzten Treffen dieser Art, sprachen sich im Herbst 1822 Rußland, Österreich, Preußen und Frankreich gegen den Protest des britischen Außenministers Canning für eine Intervention zugunsten der Sache der Legitimität, also Ferdinands VII., aus. Die Durchführung oblag Frankreich, das seine Truppen im April 1823 über die Pyrenäen schickte. Bewaffneten Widerstand gab es kaum; die Bevölkerung verhielt sich, anders als beim Einmarsch der napoleonischen Streitmacht im Jahre 1808, völlig passiv. Am 1. Oktober 1823 wurde Ferdinand in Cádiz aus den Händen der Liberalen befreit. Der König konnte nun mit dem beginnen, was er sich vorgenommen hatte: der Wiederherstellung des Absolutismus. Auf seinen ausdrücklichen Wunsch hin beließ Frankreich noch bis 1828 ein starkes Truppenkontingent in Spanien.

Die Jahre 1823 bis 1833, von der französischen Intervention bis zum

Tod Ferdinands, gelten in Spanien als die «década ominosa», das unheilvolle Jahrzehnt. Es begann damit, daß die aufständischen Offiziere von 1820, unter ihnen Riego, gruppenweise gehängt und politische Säuberungsprozesse gegen bekannte und weniger bekannte Liberale durchgeführt wurden. Doch wie nach 1820 die Liberalen, so spalteten sich nun, nach 1823, auch die Royalisten: Die gemäßigten unter ihnen begnügten sich mit der Entmachtung der Liberalen, die radikaleren, die man die «realistas puros», die reinen Royalisten, oder auch die «apostolicos» nannte, wollten den Liberalismus ein für allemal vernichten. Der König kam den Ultras zwar weit entgegen, mußte sich aber schon aus Rücksicht auf Frankreich um eine gewisse Mäßigung im Kampf gegen die Liberalen bemühen. Dazu gehörte, daß Ferdinand sich einer abermaligen Wiedereinführung der Inquisition verweigerte.

Die Empörung der Ultraroyalisten über die Kompromißpolitik des Königs ging so weit, daß sie Ende 1826 einen Thronwechsel forderten: Ferdinand sollte durch seinen noch weit konservativeren Bruder Karl ersetzt werden – ein Ansinnen, dem dieser eine Absage erteilte. Im Jahr darauf begann in den Bergen Kataloniens ein Aufstand der armen, streng katholischen Landbevölkerung, der von den «apostolicos» und vom Klerus unterstützt, vom Militär aber blutig niedergeschlagen wurde. Die Ziele der «agraviados», der «beschwerten» Landleute, waren rückwärtsgewandt, an der umfassenden Wiederherstellung der Königsgewalt und des Bundes von Staat und Kirche ausgerichtet. 1827 wurden diese Ziele nicht erreicht, nach dem Tod Ferdinands im September 1833 aber wurden sie wieder aufgegriffen – im ersten der drei «Karlistenkriege», in denen das klerikale und absolutistische Spanien das weltliche und liberale in die Knie zu zwingen versuchte.

Die Entwicklung Portugals in den Jahren 1820 bis 1823 weist manche Ähnlichkeiten mit der Spaniens auf. Durch das Pronunciamiento von Cádiz ermutigt, schritten im August 1820 einige liberalgesinnte Offiziere in Porto zur revolutionären Tat und erzwangen, von den politischen Clubs der großen Städte, den Freimaurerlogen und dem besitzenden Bürgertum unterstützt, den Rücktritt des Oberkommandierenden des Heeres und faktischen Diktators, des britischen Generals Beresford. Im Jahr darauf kehrte, während die Cortes noch an einer Verfassung nach Art der spanischen arbeiteten, König Johann VI. aus seinem «Exil» in Brasilien zurück, wohin er sich Ende 1807 angesichts der spanisch-französischen Besetzung seines Landes mit englischer

Hilfe begeben hatte. Im Oktober 1821 legte er den Eid auf die neue Verfassung ab.

Ein paar Tage vor der Verabschiedung der Verfassung, am 7. September 1822, erklärte Brasilien seine Unabhängigkeit von Portugal. Im Oktober wurde der vom König ernannte Regent, Johanns ältester Sohn, als Dom Pedro I. zum Kaiser von Brasilien ausgerufen. Im Jahr darauf gab Spanien erneut das Vorbild für Portugal ab, diesmal in umgekehrter Richtung wie 1820: Die Rückkehr zur absoluten Monarchie im größeren der beiden iberischen Länder war das Signal für die Gegner der Liberalen, in Lissabon den gleichen Schritt zu tun. An der Spitze der Rebellen stand Dom Miguel, der jüngere Sohn des Königs. Johann VI. konnte sich auf ein britisches Kriegsschiff retten und anschließend seine Herrschaft wiederherstellen, einen Bürgerkrieg zwischen den absolutistischen und den konstitutionellen Kräften aber nicht verhindern.

Nach dem Tod Johanns VI. im Jahre 1826 verzichtete Dom Pedro, der Kaiser von Brasilien, zugunsten seiner erst siebenjährigen Tochter Maria II. da Gloria auf den portugiesischen Thron. Daß er seinen Bruder Dom Miguel zum Regenten ernannte, erwies sich bald als verhängnisvoller Fehler. Miguel wertete die Unabhängigkeitserklärung Brasiliens als Hochverrat und bestritt mit diesem Argument das Erbrecht seines älteren Bruders.

Dom Pedro erließ daraufhin im April 1826 von Brasilien aus eine neue Verfassung, die allerdings weniger liberal war als die von 1822 und dem König mehr Rechte einräumte als das vorangegangene Grundgesetz. Die absolutistischen Kräfte ließen sich dadurch aber nicht beeindrucken und riefen im Juli 1828 durch eine von ihnen beherrschte Ständeversammlung Dom Miguel zum König aus. Dieser errichtete ein Regime der brutalen Unterdrückung, zu dessen Merkmalen auch die Hinrichtung liberaler Revolutionäre gehörte. Im April 1831 verzichtete Dom Pedro I. zugunsten seines Sohnes, Dom Pedros II., auf den brasilianischen Kaiserthron und übernahm selbst die Regentschaft für seine Tochter. Nach Europa zurückgekehrt, stellte er sich an die Spitze der konstitutionellen Kräfte und besiegte 1834 mit britischer Hilfe die Truppen Dom Miguels. Dieser mußte das Land verlassen; zur neuen Königin von Portugal wurde die nunmehr fünfzehnjährige Maria II. da Gloria ausgerufen.

Nicht nur in Spanien, sondern auch in Italien gab es nach den Siegen der Alliierten über Napoleon eine bourbonische Restauration: im

Königreich beider Sizilien, bestehend aus den früher, seit 1734, in Personalunion verbundenen, von den spanischen Bourbonen beherrschten Königreichen Neapel und Sizilien. Nach der ersten Rückkehr der Bourbonen nach Paris im April 1814 hatte sich Murat, der Schwager des Kaisers, durch vorsichtige Distanzierung von Napoleon zunächst auf dem Thron des 1806 errichteten Königreichs Neapel halten können (Sizilien blieb unter bourbonischer Herrschaft). Gestürzt wurde Murat erst 1815, nachdem er sich während der «Hundert Tage» erneut auf die Seite Napoleons gestellt und die Einigung Italiens zu seinem Programm erhoben hatte, durch eine gemeinsame Aktion Siziliens und Österreichs. Der neue und alte König, der Bourbone Ferdinand I., der seit 1805 nur noch Herrscher über Sizilien gewesen war, ließ Murat standrechtlich erschießen und lehnte sich in der Folgezeit eng an das Österreich Metternichs an.

Die Restaurationspolitik Ferdinands I. war weniger rigoros als die seines Neffen, des spanischen Königs Ferdinand VII. Viele Beamten Murats blieben im Amt und viele Gesetze der napoleonischen Zeit in Kraft. Ferdinands zeitweiliger Polizeiminister, Fürst Canosa, aber, ein typischer Vertreter der neoabsolutistischen Gegenrevolution, unterdrückte in seiner kurzen Amtszeit die Opposition derart massiv, daß er das Gegenteil des Gewünschten erreichte: Die Gegner der Bourbonenherrschaft, darunter besitzende und gebildete Bürger, Adlige und Offiziere, schlossen sich in großer Zahl der schon mehrfach erwähnten Geheimorganisation der Carboneria an, die auf ein freies und geeintes Italien hinarbeitete.

Entsprechend enthusiastisch wurde von allen, die sich der liberalen Sache verschrieben hatten, die Nachricht von der spanischen Umwälzung im Januar 1820 aufgenommen. Im Juli desselben Jahres holte die Carboneria mit der Unterstützung hoher Offiziere zum Schlag gegen das Bourbonenregime aus. Die napolitanische Revolution verlief ähnlich wie das spanische Vorbild: König Ferdinand gab dem revolutionären Druck nach; er versprach eine Verfassung nach Art der spanischen von 1812 und ernannte ein neues Ministerium aus Anhängern Murats.

Die Reaktion der «Heiligen Allianz» ließ nicht lange auf sich warten. Schon im November 1820 hatten sich die konservativen Ostmächte Rußland, Österreich und Preußen bei einer Konferenz der fünf europäischen Großmächte, des sogenannten Areopags, im mährischen Troppau auf den Grundsatz verständigt, gegen den Umsturz der legitimen Ordnung in Staaten, die sich 1815 der «Heiligen Allianz» angeschlossen hatten, notfalls mit Gewalt einzuschreiten. Auf dem folgenden Kongreß in Laibach, der heutigen slowenischen Hauptstadt Ljubljana, ließ Österreich sich im Februar 1821 von Rußland und Preußen gegen den Widerspruch Englands und Frankreichs mit der Niederwerfung der napolitanischen Revolution beauftragen. Die Intervention vom März 1821 gelang auch deshalb so rasch, weil die Liberalen von Neapel in Sizilien nicht nur wenig Rückhalt fanden, sondern in Palermo sogar eine von den Zünften (maestranze) geführte, separatistische und teilweise anarchistische Volksrevolution zu bekämpfen hatten.

Im gleichen Monat, in dem die vorrevolutionäre Ordnung im Königreich beider Sizilien wiederhergestellt wurde, brach in einem anderen Teil Italiens, in Piemont, die Revolution aus. Das Königreich Sardinien-Piemont hatte unter König Viktor Emanuel I. eine besonders schroffe Form der Restauration erlebt. Zu den Mitgliedern der Turiner Regierung gehörte einer der führenden Denker der europäischen Gegenrevolution, Joseph de Maistre, der von 1818 bis zu seinem Tod im Jahre 1821 das Amt des für die Justiz zuständigen Ministers innehatte. Intellektuelle Kritiker wichen vorzugsweise nach Mailand aus, wo die Zensur nicht ganz so streng gehandhabt wurde; andere schlossen sich der Carboneria an, die sich in diesen Jahren über ganz Italien verbreitete.

Die piemontesische Märzrevolution von 1821, die sich am napolitanischen Vorbild ausrichtete, war zunächst erfolgreich: König Viktor Emanuel I. dankte zugunsten seines Bruders Karl Felix ab, der sich aber zu dieser Zeit auf einer Auslandsreise befand. An seiner Stelle übernahm der patriotisch gesinnte Prinz Karl Albert von Savoyen-Carignano, der nächste Anwärter auf den Thron, die Regentschaft und willigte sogleich in eine Verfassung ähnlich der von Cádiz ein. Nach Turin zurückgekehrt, rief dann der neue König jene Macht zur Hilfe, der die Turiner Revolutionsregierung in völliger Verkennung ihrer tatsächlichen Möglichkeiten den Krieg erklärt hatte: Österreich. Mit einem Mandat des immer noch tagenden Kongresses von Laibach ausgestattet, stellte das Habsburgerreich im April 1821 auch in Piemont die vorrevolutionäre Ordnung wieder her. Wie in Neapel, so wurden auch in Piemont nur wenige Revolutionäre vor Gericht gestellt, zum Tode verurteilt und hingerichtet. Die meisten konnten ins Ausland fliehen, wo sie auf viele Landsleute stießen, die schon zuvor aus politischen Gründen aus Italien emigriert waren.

Der Niederwerfung der Revolutionen in Neapel und Piemont folgten in den Jahren 1821 bis 1824 politische Prozesse im österreichischen Lombardo-Venetien. Sie richteten sich gegen wirkliche oder vermeintliche Förderer der Revolution wie den Grafen Frederico Confalonieri, den Gründer der Bewegung «Italici puri», den Marchese Giorgio Pallavicino und den Dichter Silvio Pellico. Vierzig Oppositionelle, die meisten aus Mailand, wurden verurteilt; die Todesurteile, die gegen 19 von ihnen ergingen, wurden jedoch kurz darauf in Haftstrafen umgewandelt. Auf die Begnadigung durch den Kaiser von Österreich mußten die Hauptbeschuldigten lange, bis 1832/33, warten.

Auch im Kirchenstaat, der nach 1815 außer dem eigentlichen Patrimonium Petri wieder große Teile des nördlichen Mittelitalien mit Umbrien, den Marken und der Romagna umfaßte, verschärfte sich der Reaktionskurs. Unter Leo XII., der 1823 die Nachfolge des verstorbenen Pius VII. antrat, wurde der Kampf mit den liberalen Ideen so verbissen geführt, daß selbst Metternich sich genötigt sah, auf Mäßigung zu drängen. Nach 1824 gab es in Italien nicht mehr viel, was auf ein «Risorgimento», eine Wiedergeburt des Landes, hindeutete. Aber die Ideen von der Einheit und Freiheit Italiens ließen sich nicht dauerhaft unterdrücken. Daß sie weiterlebten, dafür sorgte schon eine patriotische Reservearmee: die zahlreichen italienischen Emigranten in den Ländern des westlichen Europa.

Von den revolutionären Befreiungskämpfen der 1820er Jahre im Mittelmeerraum war, wenn man von dem britischen De-facto-Protektorat Portugal einmal absieht, lediglich einer langfristig erfolgreich, und auch dieser nur auf Grund massiver Hilfe von außen: der griechische. Die Griechen waren nicht das erste Balkanvolk, das sich im 19. Jahrhundert gegen die osmanische Herrschaft auflehnte. In den Jahren von 1804 bis 1817 hatten die Serben die Autonomie ihres Landes erstritten und schließlich die Anerkennung des Fürsten Miloš Obrenović durch die Hohe Pforte, die Regierung des Sultans in Istanbul, erreicht. Für die Griechen noch wichtiger war die Tatsache, daß sich um dieselbe Zeit der Statthalter des Sultans, Ali Pascha von Janina, ein gebürtiger Albaner, von der Oberhoheit des Osmanischen Reiches weitgehend unabhängig gemacht und die faktische Herrschaft über große Teile Albaniens, den Epirus und Thessalien errungen hatte.

Ein Gefühl der nationalen Zusammengehörigkeit der Griechen hatte sich vor 1820 vor allem bei den im Ausland lebenden Griechen, bei den wohlhabenden und oft weitgereisten Kaufleuten der Ägäis und der Küstenstädte des Festlandes herausgebildet. Dieser relativ kleine Teil der griechischen Gesellschaft war mit dem politischen Gedankengut des Westens, den Ideen der Aufklärung und der Französischen Revolution, wohlvertraut. Revolutionspläne wurden vor allem von einer Geheimorganisation, der 1814 in Rußland gegründeten «Freundlichen Gesellschaft» (Philikí hetaireía) geschmiedet. Die Masse der ländlichen und kleinstädtischen Bevölkerung hingegen kam auch in der Spätphase der osmanischen Herrschaft mit Geistigem nur in Form der orthodoxen Religion und der zumeist kirchlich geleiteten Schulen in Berührung; entsprechend groß war der Einfluß der örtlichen Popen. Zum Alltag auf der Peloponnes gehörten aber neben Popen, Bauern, kleinen Händlern, Schaf- und Ziegenhirten auch die Briganten: bewaffnete Banditen, die von Raub und Mord lebten. Der bekannteste Bandenführer war Theodor Kolokotrones, der in der Zeit des Unabhängigkeitskrieges nicht nur als Kämpfer gegen die Türken, sondern auch als militanter Widersacher jeder ihm nicht willfährigen Regierung auftrat.

Dem Unabhängigkeitskrieg gingen im Frühjahr 1821 Massaker an der türkischen Bevölkerung Griechenlands voraus, die, wenn man von den osmanischen Festungen absieht, nur wenige Angehörige dieser Minderheit überlebten. Die orthodoxen Priester versuchten nicht etwa, dem barbarischen Kampf gegen die muslimischen Nachbarn Einhalt zu gebieten, sie stachelten ihn vielmehr häufig an. Die türkische Antwort bestand aus Gegenterror in Gestalt von Massakern an den Griechen, die im Kerngebiet des Osmanischen Reiches lebten. Der Patriarch von Konstantinopel, Gregorios, der geistliche Führer der orthodoxen Christen, wurde wegen angeblicher Beteiligung am Aufstand gehängt; dasselbe Schicksal erlitten mehrere Erzbischöfe, Bischöfe und hohe Beamte griechischer Herkunft. Eine der dem türkischen Festland vorgelagerten Inseln, Chios, wurde 1822 völlig verwüstet: Tausende Bewohner wurden erschlagen, unzählige als Sklaven verkauft.

In die Zeit unmittelbar nach den Massakern auf dem griechischen Festland im Frühjahr 1821 fällt auch der Versuch des Fürsten Alexander Ypsilanti, eines aus einer griechischen Familie stammenden Generals der russischen Armee, einen Aufstand gegen das Osmanische Reich in den Donaufürstentümern Moldau und Walachei zu entfesseln. Die schlecht vorbereitete Erhebung von Jassy am Pruth wurde rasch niedergeschlagen. Ypsilanti selbst entkam ins Habsburgerreich, wo er sechs Jahre lang festgehalten wurde. Sein Aufstand aber wurde zum Signal des umfassenden Unabhängigkeitskampfes der Griechen. Zu ihrem politischen Führer hatte die «Freundliche Gesellschaft» Demetrius Ypsilanti, einen Bruder Alexanders, bestellt, der wie dieser Offizier in der Armee des Zaren gewesen war. Nachdem er im Juni 1821, von Italien aus kommend, in Griechenland eingetroffen war, bildete er eine provisorische Regierung und nahm, gestützt auf Spenden der Auslandsgriechen, den Aufbau einer griechischen Armee in Angriff. Von der einheimischen Bevölkerung freilich erhielt er zunächst nur wenig aktive Hilfe. Um so wichtiger wurde für ihn das Zusammenspiel mit Kolokotrones, der in die Verschwörung der Auslandsgriechen eingeweiht worden war.

Im Sommer und Herbst 1821 fielen einige der wichtigsten türkischen Festungen auf griechischem Boden: Navarino, Monemvasia und Tripolitsa. Am 1. Januar 1822 verkündete ein Nationalkongreß in Epidauros auf der östlichen Peloponnes die Unabhängigkeit des hellenischen Volkes und beschloß eine provisorische Verfassung. Sie schuf, ohne daß sie diesen Begriff benutzte, eine Republik, die sich auf die Trennung von beratender, vollziehender und rechtsprechender Gewalt stützte. Als herrschende Religion legte sie die «morgenländische orthodoxe Kirche» fest, duldete jedoch das Bekenntnis zu anderen Religionen, deren Zeremonien und Gebräuchen. Als Griechen galten die Bewohner des Staates, die an Christus glaubten, einschließlich der Zuwanderer aus dem Ausland. Die Verfassung verbürgte die Gleichheit vor dem Gesetz und den Schutz von Eigentum, Ehre und Sicherheit aller Griechen. Das Recht auf Meinungs- und Pressefreiheit enthielt erst die am 29. März 1822 verabschiedete überarbeitete Verfassung, das «Gesetz von Epidaurus», das diese Freiheit jedoch an bestimmte Voraussetzungen band: Angriffe auf die christliche Religion, eine Verletzung des öffentlichen Schamgefühls und die Beschimpfung von Personen waren nicht gestattet. Diese Beschränkungen wurden auch von der kurzlebigen Verfassung vom 1. Mai 1827 festgehalten, die den politischen Rechten der Griechen mehr Raum gewährte als die Verfassungsgesetze von 1822.

Europa reagierte auf die Nachrichten vom Befreiungskampf der Griechen mit einer Begeisterung, die einen Augenblick lang die Grenzen zwischen Nationen, Konfessionen und politischen Überzeugungen fast vergessen ließ. Die Griechen waren Christen, also schuldete ihnen das christliche Europa Solidarität im Kampf gegen die muslimischen Türken; sie waren die Erben des alten Hellas, also verdienten sie die Unterstützung aller Bewunderer des klassischen Griechenland; sie kämpften gegen das Osmanische Reich, das als rückschrittlich und despotisch galt, also mußten sich alle Freunde der Freiheit auf die Seite der Hellenen stellen. Das waren die Folgerungen, die die öffentliche Meinung aus den griechischen Kämpfen zog. Ja mehr noch: Es war dieser Krieg, der erstmals so etwas wie die öffentliche Meinung Europas erzeugte und aus ihr einen Machtfaktor machte, den die Regierenden bei ihren politischen Entscheidungen zu berücksichtigen hatten.

Die «Philhellenen», die Freunde der Griechen, sammelten sich quer durch Europa, ja bis Nordamerika in Komitees, die den Kampf der Griechen ideell, publizistisch, finanziell und im Grenzfall auch unmittelbar militärisch unterstützten. Besonders stark war die Bewegung in Deutschland: Wer hier Freiheit und Einheit für Griechenland forderte, tat das zumeist im Bewußtsein, daß es sehr viel riskanter gewesen wäre, denselben Wunsch, bezogen auf das eigene Land, laut zu äußern. Die größte Dichte wies das philhellenische Vereinswesen im Südwesten Deutschlands, in Baden, Württemberg, Hessen-Darmstadt und der linksrheinischen Pfalz, auf. Es war durchaus kein Zufall, daß diese Gebiete wenig später als Hochburgen des deutschen Frühliberalismus in Erscheinung traten: Die Vereine der südwestdeutschen Griechenfreunde waren Vorformen des liberalen Parteiwesens; sie glichen bis zu einem gewissen Grade das Fehlen einer wirksamen parlamentarischen Opposition aus. Doch längst nicht alle deutschen Philhellenen waren Liberale: Außerhalb von Baden, Württemberg, Hessen und bayrischer Rheinpfalz dürften die humanistisch oder christlich, aber nicht im engeren Sinn politisch motivierten Griechenfreunde in der Überzahl gewesen sein.

Weit verbreitet war die philhellenische Bewegung auch in Großbritannien, von wo das meiste Geld zur Unterstützung der kämpferischen Patrioten nach Griechenland floß, ebenso in Frankreich, Italien, der Schweiz, in Polen, den Vereinigten Niederlanden und den Vereinigten Staaten von Amerika. Es waren diese Länder, aus denen bereits 1821 die ersten Freiwilligen nach Griechenland kamen, wobei die Deutschen die meisten Kämpfer stellten. Insgesamt dürften nach einer neueren Schätzung 1100 bis 1200 Freiwillige von den Philhellenen oder den Auslandsgriechen angeworben worden oder aus eigenem Antrieb nach

Griechenland gekommen sein. Von den 940 namentlich bekannten Griechenlandkämpfern kamen 342, also über ein Drittel, aus Deutschland. Es folgten die Franzosen mit 196, die Italiener mit 137, die Briten mit 99, die Schweizer mit 35, die Polen mit 30, die Holländer und Belgier mit 17 und die Amerikaner mit 16 Freiwilligen. 313 namentlich ermittelte ausländische Freiwillige, genau ein Drittel, starben in Griechenland – nicht alle im Kampf, sondern oft auch an Krankheiten. Einer der Toten war Lord Byron, der große schottische Romantiker, der sich im Sommer 1823, auf dem Höhepunkt der innergriechischen Parteikämpfe, nach Hellas begeben hatte, um dort den Patrioten zum Sieg zu verhelfen. Er starb am 29. April 1824 in Missolunghi an Malaria.

Europäische Freiwillige waren bereits an der Eroberung der türkischen Festungen Navarino, Monemvasia und Tripolitsa im ersten Kriegsjahr beteiligt. Eine weit größere Zahl von Kämpfern aber kam aus den Reihen der Briganten, unter ihnen allein 3000, die von Kolokotrones geführt wurden. Türken, gleichviel ob Männer, Frauen oder Kinder, die ihnen nach dem Ende der Kampfhandlungen in die Hände fielen, wurden gnadenlos niedergemetzelt; türkisches Eigentum verwandelte sich im Handumdrehen in eine Beute der Banditen und ihrer Anführer. Viele der europäischen Freiwilligen waren von dieser Art der Kriegsführung so entsetzt, daß sie so schnell wie möglich in ihre Heimat zurückzukehren versuchten. Einige derer, denen das gelang, veröffentlichten Berichte über ihre Kriegserfahrungen, hatten damit aber wenig Erfolg: Die Philhellenen zogen es vor, in den Griechen der Gegenwart die Nachkommen von Homer, Sophokles und Platon zu sehen und nicht ein armes, rückständiges, von Räuberbanden tyrannisiertes Bergvolk, das durch Orthodoxie und Fremdherrschaft von westlichen Einflüssen bislang wirksam abgeschirmt worden war.

Von den großen Mächten stand Rußland am eindeutigsten auf der Seite der Griechen; der alte strategische Gegensatz zwischen dem Osmanischen und dem Zarenreich und der gemeinsame orthodoxe Glaube von Russen und Griechen ließen kaum eine andere Wahl zu. Solange Alexander I. regierte, folgte aber daraus kein aktives Eingreifen zugunsten der Hellenen. Österreich fürchtete eine Ausdehnung des russischen Einflusses auf dem Balkan noch mehr als einen Sieg der Türken über die Griechen und hielt sich aus dem Konflikt heraus. England blieb im Sinne der «balance of power» neutral. Frankreich unterhielt zwar traditionell gute Beziehungen zur Hohen Pforte, konnte aber schon aus Rücksicht auf die einhellig philhellenische öffentliche Meinung nicht an eine Parteinahme zugunsten des Osmanischen Reiches denken. Das offizielle Preußen war desinteressiert. Die aufständischen Griechen brauchten also zu keiner Zeit mit einer Intervention der Heiligen Allianz nach Art des Vorgehens gegen die Revolution in Spanien, Neapel und Piemont zu rechnen.

In dieser Situation war es für die Türken besonders wichtig, daß Mehmet Ali Pascha, der aus Albanien stammende Statthalter des Osmanischen Reiches in Ägypten, der sich ähnlich wie sein Landsmann Ali Pascha von Janina von der türkischen Oberhoheit weitgehend befreit hatte, Istanbul militärisch zu Hilfe kam. (Der Preis, den der Sultan, Mahmud II., dafür zu zahlen hatte, waren politische und territoriale Zugeständnisse an Mehmet Ali in Ägypten.) Bislang nur in Nordgriechenland erfolgreich, konnten die Türken dank der Unterstützung eines ägyptischen Expeditionskorps unter Mehmed Alis Stiefsohn Ibrahim Pascha auch auf der Peloponnes die aufständischen Griechen zurückdrängen. Dabei kam ihnen der innere Zwist der Griechen zugute, der zeitweilig, vor allem in den Jahren 1823 und 1824, anarchische, ja bürgerkriegsartige Formen annahm. Im April 1826 fiel das lange hart umkämpfte Missolunghi auf der Nordseite des Golfs von Korinth, im August Athen. Nur auf der Akropolis konnten die griechischen und philhellenischen Verteidiger den Angriffen der Türken bis Juni 1827 trotzen.

Mittlerweile hatte sich aber auf der Ebene der hohen Politik der europäischen Großmächte ein bemerkenswerter Wandel vollzogen. Zar Nikolaus I., der im Dezember 1825 auf den Thron gelangt war, zeigte sich entschlossen, eine Niederlage der aufständischen Griechen, die er insgeheim verachtete, nicht hinzunehmen. Im April 1826 einigten sich Rußland und England in einem zu St. Petersburg unterzeichneten Protokoll auf ein gemeinsames Ziel: Sie wollten sich um eine Vermittlung zwischen Griechen und Türken bemühen. Das hieß nichts anderes als griechische Autonomie unter osmanischer Oberhoheit. Damit stand die Heilige Allianz nur noch auf dem Papier. Ohne Österreich und Preußen zu konsultieren, hatte sich Rußland mit Großbritannien verständigt. Eine Rückkehr zum informellen Dreibund der konservativen Ostmächte war danach kaum noch vorstellbar.

Dem Petersburger Protokoll folgte im Jahr 1827, wenige Wochen nach dem Fall der Akropolis und vor dem Tod von Außenminister

George Canning, der Vertrag von London: Darin vereinbarten Rußland, England und Frankreich, die kämpfenden Parteien in Griechenland gegebenenfalls durch ihre Flotten zu trennen, eine weitere Verstärkung der türkischen und ägyptischen Streitkräfte in Griechenland
nicht hinzunehmen und notfalls auch Gewalt gegenüber dem Osmanischen Reich anzuwenden, wenn dieses sich weiterhin jeder Vermittlung
verweigerte. Damit hatten sich die Unterzeichnerstaaten wechselseitig
gegen Alleingänge einer der drei Mächte abgesichert. Daran lag Großbritannien vor allem im Hinblick auf seine Interessen im östlichen Mittelmeerraum, denen ein allzu starkes Zarenreich gefährlich werden
konnte, während Rußland besonderen Wert darauf legte, von den anderen europäischen Großmächten unbehindert seine Position am
Schwarzen Meer durch größeren Einfluß in den Donaufürstentümern
Moldau und Walachei auszubauen.

Zum Wendepunkt des griechischen Unabhängigkeitskrieges wurde
die Schlacht von Navarino an der Westküste der Peloponnes am
20. Oktober 1827. Die vereinigten Flottenverbände der Briten, Franzosen und Russen vernichteten innerhalb weniger Stunden die tür-
kisch-ägyptische Flotte. Eine Kriegserklärung an das Osmanische
Reich hatte es bis zu diesem Zeitpunkt nicht gegeben; die Weisungen
an die Kommandeure waren allgemein und widersprüchlich; der britische Admiral Codrington, der Oberbefehlshaber der Alliierten, stand
der griechischen Sache nahe. Ein türkischer Kanonenschuß genügte,
um die Verbündeten zum Losschlagen zu bewegen. Die Philhellenen
ganz Europas bejubelten den Sieg, der den Weg in die Unabhängigkeit
Griechenlands ebnete.

Zu Lande wurde noch zwei Jahre lang weitergekämpft. Die Franzosen widmeten sich der Befreiung der Peloponnes; russische Armeen
drangen im östlichen Anatolien und auf dem Balkan bis Adrianopel,
auf türkisch Edirne, vor. Dem Osmanischen Reich gelang es nicht mehr,
in die Offensive zu gehen. Im russisch-türkischen Vertrag von Adrianopel bestätigte die Pforte im September 1829 die Autonomierechte von
Serbien, Moldau und der Walachei. Die beiden Donaufürstentümer
blieben als halbsouveräne Staaten de jure unter türkischer Oberhoheit,
verwandelten sich aber de facto in russische Protektorate. Das Zarenreich sicherte sich Stützpunkte im Kaukasus und an der Ostküste des
Schwarzen Meeres sowie die Kontrolle über die Donauschiffahrt und
das Recht der freien Durchfahrt durch die Dardanellen.

Die völkerrechtliche Anerkennung der griechischen Unabhängigkeit brachte erst das Londoner Protokoll vom Februar 1830. Rußland, Großbritannien und Frankreich legten sich in dem von der Pforte anerkannten Vertrag auf Griechenland als unabhängige Erbmonarchie fest. Die Grenzziehung konnte die Griechen nicht zufriedenstellen: Thessalien blieb (bis 1881) beim Osmanischen Reich, die Ionischen Inseln bildeten (bis 1863) ein britisches Protektorat. Die Einführung der Erbmonarchie bedeutete, daß die Tage des quasirepublikanischen Griechenland gezählt waren. 1827 war Johannes Graf Kapodistrias, ein Grieche aus Korfu, der von 1809 bis 1827, zuletzt als russischer Außenminister, im diplomatischen Dienst des Zaren gestanden hatte, von der (vierten) griechischen Nationalversammlung für die Dauer von sieben Jahren zum Regenten von Griechenland gewählt worden. Nach vier Jahren endete seine autoritäre, aber zu keiner Zeit unangefochtene Herrschaft abrupt: Am 9. Oktober 1831 wurde Kapodistrias von Angehörigen eines verhafteten Rebellenführers ermordet.

Im Jahr darauf wählte die Nationalversammlung nach einer Phase des innergriechischen Bürgerkrieges den noch minderjährigen Prinzen Otto von Wittelsbach, den Sohn König Ludwigs I. von Bayern, zum König von Griechenland. Er stand bis zu seiner Absetzung durch einen Militäraufstand im Jahr 1863 an der Spitze des neuen Staates. In seiner drei Jahrzehnte währenden Regierungszeit erholte sich das Land allmählich von den Verwüstungen des neunjährigen Unabhängigkeitskrieges; die völlig zerstörte Hauptstadt Athen wurde wiederaufgebaut. 1843 gaben sich die Griechen auf Grund einer Volksabstimmung eine neue Verfassung, die die volle Verantwortlichkeit der Minister einführte. Griechenland war damit das erste orthodoxe Land, das eine «westliche» Regierungsform, die der konstitutionellen Monarchie, übernahm. Es war nun, was die Verfassung anging, sogar westlicher als die Länder des westlichen Mittelmeerraumes. Die Gesellschaft freilich war nicht so schnell zu ändern wie das Grundgesetz des Staates. Wie weit sie sich die politischen Ideen des Westens aneignen würde, war auch Mitte des 19. Jahrhunderts noch eine offene Frage.[64]

Die Befreiung Lateinamerikas

Zwei europäische Revolutionen der frühen 1820er Jahre standen in engem Zusammenhang mit revolutionären Bewegungen auf der anderen Seite des Atlantiks: die spanische und die portugiesische. In den iberischen Kolonien Lateinamerikas gab es, anders als im überwiegend britisch besiedelten Nordamerika, keine aus dem Mutterland stammenden Freiheitstraditionen, die es notfalls auch gegen die Kolonialmächte zu verteidigen galt. Die beiden wichtigsten Ursachen der verbreiteten Unzufriedenheit mit dem Mutterland waren die Korruption bei den kolonialen Beamten und die Diskriminierung der kreolischen, seit der Zeit der Konquistadoren im Lande ansässigen Eliten überwiegend weißer, zu einem kleineren Teil aber auch indianischer oder (in Brasilien) schwarzer Herkunft, gegenüber den (rein) spanischen beziehungsweise portugiesischen Kolonialeliten. Eine breite Unabhängigkeitsbewegung hatte sich zu Beginn des 19. Jahrhunderts in Lateinamerika noch nicht herausgebildet. Den Anstoß hierzu gaben erst die Umwälzungen in Spanien und Portugal seit der napoleonischen Epoche.

Die Kolonialherrschaft Spaniens in Lateinamerika verfiel im Gefolge der fortschreitenden französischen Besetzung des Mutterlandes im Jahre 1808 und verstärkt nach der Auflösung der royalistischen Junta General von Sevilla Anfang 1810. Die antinapoleonischen Kräfte in Cádiz waren in der Folgezeit so stark auf englische Hilfe angewiesen, daß sich das spanische Monopol im Handel mit den eigenen Kolonien nicht länger verteidigen ließ. Der erzwungene Übergang zum Freihandel legte den Grund für eine neue Abhängigkeit Lateinamerikas: die wirtschaftliche Abhängigkeit von Großbritannien und bald auch von den Vereinigten Staaten von Amerika.

Auch bei der Loslösung Brasiliens vom Mutterland spielte der Faktor England eine wichtige Rolle: Portugal war nach dem Ende der napoleonischen Kriege mehr denn je eine britische Halbkolonie. Eine gewaltsame Niederwerfung der brasilianischen Unabhängigkeitsbewegung gegen den Willen Londons war schlechthin undenkbar. Umgekehrt wirkten die Ereignisse in Lateinamerika auf die innere Entwicklung in Spanien und Portugal zurück: Bei der Behandlung der beiden iberischen Revolutionen war davon bereits die Rede.

In der ersten Phase des Unabhängigkeitskampfes der spanischen Kolonien traten zunächst nur Teile der kreolischen Oberschicht den spanischen Beamten und Offizieren sowie einer royalistisch gebliebenen Minderheit der Kreolen gegenüber. Um zu obsiegen, mußten beide Seiten sich um Verbündete bemühen. Bei der weißen Unterschicht und den Mestizen konnten die einen wie die anderen gewisse Erfolge verbuchen, bei den Indios nur die Vorkämpfer der Unabhängigkeit. Das letztere traf auch für die schwarzen Sklaven und Mulatten zu. Sklaven afrikanischen Ursprungs bildeten aber in Hispanoamerika, sieht man von der Zuckerrohrinsel Kuba ab, die bis 1898 eine spanische Kolonie blieb, nur eine kleine Minderheit. Nach den fundierten Schätzungen Alexander von Humboldts belief sich die Gesamtbevölkerung des spanischsprachigen Amerika um 1800 auf 16,9 Millionen Menschen. Davon waren 7,5 Millionen (45 Prozent) Indianer, 5,3 Millionen (32 Prozent) Mestizen, 3,3 Millionen (19 Prozent) «españoles» europäischer und amerikanischer Herkunft und 776 000 (4 Prozent) Schwarze. Die Indios Lateinamerikas waren seßhaft und tributpflichtig; die nomadisch lebenden Ureinwohner waren nach der Eroberung durch Spanier und Portugiesen ebenso ausgerottet worden wie die Prärieindianer Nordamerikas durch die dortigen Weißen.

Hispanoamerika bestand am Vorabend der Kämpfe um die Unabhängigkeit aus vier Vizekönigreichen, nämlich Neu-Spanien (in Mexiko und dem übrigen Mittelamerika), Neu-Granada (auf dem Gebiet des heutigen Kolumbien und Ecuador), Peru und Río de la Plata. Eine weitgehende administrative Selbständigkeit genossen die vier Generalkapitanate Kuba, Guatemala, Venezuela und Chile. Die Ausgangsbedingungen der Kämpfe waren je nach der geographischen Lage, der Zusammensetzung der Bevölkerung, den wirtschaftlichen und sozialen Strukturen und den Eigenarten der jeweiligen kolonialen Verwaltung sehr unterschiedlich. In Neu-Granada und Chile stießen die neuen, revolutionären Amtsträger auf vergleichsweise geringen, in Venezuela, Peru und der La-Plata-Region dagegen auf starken Widerstand der alten Gewalten.

In Venezuela begann die Revolution als Erhebung der Plantagenbesitzer; die von ihnen gebildete Junta rief im Jahr 1811 in Caracas die Republik und die Unabhängigkeit von Spanien aus. Die Hauptstadt Caracas fiel 1812 an die Royalisten und wurde im Jahr darauf von republikanischen Truppen unter Simón Bolívar, dem Sohn eines reichen kreolischen Aristokraten, zurückerobert – wenn auch nur auf kurze

Zeit. Als gefährlichster Feind der weißen kreolischen Oberschichten erwiesen sich die königstreuen «llaneros», die berittenen Viehhirten des Tieflandes, unter Führung von Tomas Boves, die einen erbitterten Guerillakrieg gegen die Herrschaft der Plantagenbesitzer führten. Bevor sie 1814 Caracas einnahmen, konnten Bolívar und seine Soldaten mitsamt einem Großteil der Zivilbevölkerung flüchten. Im Jahr darauf schickte die restaurierte Bourbonenmonarchie in Madrid Truppen nach Südamerika, die vor allem in Venezuela und Neu-Granada den Kampf gegen die in sich zerstrittenen Republikaner aufnahmen. Als das Jahr 1815 zu Ende ging, waren die Revolutionäre nur noch dort an der Macht, wo die Revolution am frühesten, durch den Militärputsch einer Junta kreolischer Offiziere im Mai 1810, begonnen hatte und der wirtschaftliche und politische Einfluß Großbritanniens am stärksten war: im Gebiet um Buenos Aires, der Hauptstadt des Vizekönigreiches Río de la Plata.

Die Restauration der alten Ordnung gelang dennoch nicht. Waren in der ersten Phase des lateinamerikanischen Unabhängigkeitskampfes die Revolutionäre uneins gewesen, so zerstritten sich in der nun beginnenden zweiten Phase auch die bislang königstreuen Kräfte. Eine der Trennlinien verlief zwischen kreolischen und spanischen Offizieren. Von den letzteren begannen viele, in den Truppen aus dem fernen Mutterland Vertreter einer fremden Herrschaft und in den Republikanern ihre Landsleute zu sehen. Die Sache der Revolution war also noch nicht verloren; ihre Anhänger erfreuten sich überdies finanzieller Zuwendungen aus Großbritannien und den Vereinigten Staaten von Amerika. Auf der anderen Seite hielt sich das militärische Engagement Spaniens in engen Grenzen; das lag an der Wirtschafts- und Finanzkrise im eigenen Land und am hinhaltenden Widerstand liberaler Offiziere gegen den Kolonialkrieg als solchen.

Am Beginn der zweiten Phase des Unabhängigkeitskampfes stand die Proklamation der Vereinigten Provinzen des Río de la Plata durch einen Nationalkongreß im Jahre 1816. In ihm hatten die kreolischen Eliten von Buenos Aires das Sagen. Mit ihrer Unterstützung rückte 1817 General José de San Martín, der in Spanien zum Offizier ausgebildete Sohn eines spanischen Beamten und einer Kreolin aus Buenos Aires, mit einer Revolutionsarmee in Chile vor, das am 1. Januar 1818 seine Unabhängigkeit erklärte.

Im Norden Südamerikas begann die zweite Phase des Unabhängigkeitskampfes Ende 1816 mit der Invasion einer Freiwilligentruppe unter Führung Simón Bolívars an der Küste Venezuelas. Bolívar hatte sich nach dem Fall von Caracas 1814 über Neu-Granada und Jamaika nach Haiti, dem Ort der großen Sklavenrevolution von 1791, begeben. Dort hatte ihm Präsident Alexandre Pétion Waffenhilfe unter der Bedingung versprochen, daß Bolívar in allen von ihm eroberten Gebieten die Sklaverei abschaffte. In Venezuela gelandet, verfügte «El Libertador», wie man Bolívar mittlerweile nannte, die Freilassung der schwarzen Familien, die Soldaten in seinem Heer stellten. Die republikanischen Kräfte erlitten immer wieder schwere Rückschläge; Bolívar mußte sich zeitweilig nach Guayana absetzen. Um den spanischen Truppen eine schlagkräftige Streitmacht entgegenstellen zu können, warb der Befreier, der sich um die Jahrhundertwende und erneut von 1804 bis 1807 längere Zeit in Europa aufgehalten hatte, über Agenten Freiwillige auf dem alten Kontinent an. Er fand sie vor allem unter Engländern, Iren und Deutschen.

Im Februar 1819 ließ sich Bolívar in Angostura, dem späteren Ciudad Bolívar, zum Präsidenten mit diktatorischen Vollmachten wählen. Ein halbes Jahr später schlug er die Spanier bei Boyacá und vereinigte kurz darauf unter seiner Präsidentschaft Neu-Granada mit Venezuela zur Zentralrepublik Groß-Kolumbien. Es folgte der Einmarsch in Peru, dessen Hauptstadt Lima bereits von José de San Martín, dem anderen großen Helden des lateinamerikanischen Unabhängigkeitskampfes, befreit worden war. 1821 erklärte Peru seine Unabhängigkeit, 1825 auch Hochperu, das zum Vizekönigreich Río de la Plata gehörte und sich nun zu Ehren des Befreiers Bolivien nannte. In jener Zeit bildete noch der Pazifik die Westgrenze Boliviens. Im «Salpeterkrieg», den Chile von 1879 bis 1884 gegen Bolivien und Peru führte, verlor Bolivien die Küstenprovinz Atacama an das siegreiche Chile.

Das Nachbarland Paraguay, das ebenfalls einen Teil des Vizekönigreiches Río de la Plata bildete, hatte sich schon sehr viel früher, nämlich 1811, unabhängig erklärt. Unter seinem Präsidenten José de Francia, der von 1814 bis 1840 als Diktator regierte, schottete sich das Land nahezu vollständig von der Außenwelt ab: ein Sonderfall unter den Staaten Lateinamerikas, entfernt vergleichbar der Ausnahmestellung, die Paraguay schon einmal, vom frühen 17. Jahrhundert bis 1767/68, als «Jesuitenstaat» eingenommen hatte. Infolge eines fünfjährigen, blutigen Krieges mit Brasilien, Argentinien und Uruguay in den Jahren

1865 bis 1870 verlor Paraguay große Teile seines Territoriums und fünf Sechstel seiner Bevölkerung.

In Mittelamerika, wo es schon 1810 eine von dem Pater Miguel Hidalgo y Castillo geführte, von Indios und Mestizen unterstützte, aber rasch niedergeschlagene Erhebung gegen die Kolonialmacht gegeben hatte, nutzten die republikanischen Kräfte die erfolgreiche spanische Militärrevolte von Cádiz im Januar 1820, um noch im gleichen Jahr die Unabhängigkeit Mexikos zu proklamieren. Der Führer der Erhebung, General Agustín Itúrbide, ließ sich 1822 als «Kaiser Agustín I.» die Macht im Staat übertragen, wurde aber bereits im Jahr darauf von republikanischen Kräften im Militär gestürzt. Die Republik Mexiko behauptete sich im Kampf gegen spanische Truppen, die Ferdinand VII. nach Wiederherstellung seiner absoluten Herrschaft 1823 nach Mittelamerika geschickt hatte. Die Gebiete, die zuvor zum Generalkapitanat Guatemala gehört hatten, erklärten sich nach dem Sturz Itúrbides für unabhängig und vereinigten sich zu einer Zentralamerikanischen Konföderation, die sich 1838 wieder auflöste und in die fünf selbständigen Staaten Guatemala, El Salvador, Honduras, Nicaragua und Costa Rica zerfiel.

Im eigentlichen Mexiko gingen die inneren Parteikämpfe auch unter der neuen republikanischen Staatsform weiter. Die konservativeren Kräfte in der Verfassunggebenden Versammlung hatten ihren festen Kern in der «Schottischen» Freimaurerloge, die unter dem Schutz des britischen Gesandten stand, und dem Ableger einer New Yorker Loge, die die Protektion des amerikanischen Konsuls genoß. Eine gewisse Stabilisierung trat erst nach 1833 unter der Präsidentschaft von Antonio Lopez de Santa Anna ein – jenem General, der zehn Jahre zuvor den Sturz des kurzlebigen Kaiserreichs durch ein Pronunciamiento herbeigeführt hatte.

Vergleichsweise harmonisch verlief die Verselbständigung Brasiliens. In keinem anderen Land Lateinamerikas, abgesehen von der Karibik, war der Anteil der Schwarzen an der Bevölkerung so hoch wie hier: Er belief sich 1817, Freie und Sklaven zusammengerechnet, auf knapp zwei Drittel; die Sklaven allein machten etwa die Hälfte der Bevölkerung aus. Das Mutterland, Portugal, war in den letzten Jahren vor der Unabhängigkeit durch die Person des Königs in seiner südamerikanischen Kolonie präsent: Unter aktiver Beteiligung der Briten hatte sich Johann VI. Ende 1807 nach dem Einmarsch französischer und spanischer Truppen mitsamt seinem Hof nach Brasilien begeben, von wo er erst 1821, nach dem Pronunciamiento liberaler Offiziere, in seine Heimat zurückkehrte. Die brasilianische Regentschaft hatte er zuvor seinem Sohn Dom Pedro I. übertragen. Dieser berief unter dem Eindruck einer erstarkenden Unabhängigkeitsbewegung eine Nationalversammlung ein und erklärte am 7. September 1822 in Ypiranga die Unabhängigkeit Brasiliens. 1825 wurde diese unter britischem Druck von Portugal anerkannt.

Als konstitutionelles Kaiserreich, das es bis zur Revolution von 1889 war, blieb Brasilien in höherem Maß mit Europa verbunden als die ehemaligen spanischen Kolonien, aus denen ausnahmslos unabhängige Republiken hervorgingen. Mit dem größten seiner spanischsprachigen Nachbarn, Argentinien (die Namen «Republica Argentina» oder «Confederación Argentina» setzten sich erst nach 1832 durch), geriet Brasilien 1825 in einen dreijährigen Krieg, nachdem sich am Ostufer des Río de la Plata die spanisch besiedelte, von den Portugiesen 1817 eroberte «Cisplatinische Provinz» gegen die brasilianische Herrschaft erhoben hatte. Der Friede von Montevideo, den Großbritannien 1828 vermittelte, schuf einen selbständigen Pufferstaat zwischen Brasilien und Argentinien: die unabhängige Republik Uruguay.

Die Erklärung der Unabhängigkeit bedeutete für keine der ehemaligen spanischen Kolonien Lateinamerikas innenpolitische Stabilität. Simón Bolívar, der Präsident von Groß-Kolumbien, der 1825/26 auch Diktator von Hochperu und von 1824 bis 1827 Präsident von Peru war, versuchte vergeblich, das gesamte spanischsprachige Lateinamerika zu einer Konföderation zu vereinigen; ein zu diesem Zweck 1826 einberufener Panamerikanischer Kongreß in Panama schlug fehl. Bolívar scheiterte am Nationalismus der Teilgebiete und dem Ehrgeiz ihrer militärischen Führer, aber auch an sich selbst. Er war kein «Liberaler», sondern der Verfechter einer autoritären und zentralistischen Staatsführung. Vermutlich lag es am Einfluß seines Lehrers Simón Rodriguez, eines persönlichen Schülers und Bewunderers von Jean-Jacques Rousseau, daß der «Libertador» sich selbst als die Verkörperung des allgemeinen Willens und als obersten Gesetzgeber begriff und dem Gedanken einer starken repräsentativen Volksvertretung nur wenig abgewinnen konnte.

In Peru und Groß-Kolumbien stieß die diktatorische Machtfülle Bolívars seit 1826 zunehmend auf Widerstand. In Caracas rebellierte

General José Antonio Páez, ein Mulatte, gegen die angebliche Tyrannei der Regierung von Groß-Kolumbien in Bogotá; der dortige Vizepräsident Francisco de Paula Santander, ein Befürworter einer starken Legislative und mithin ein «Liberaler», stellte sich gegen den «Libertador», der ihn daraufhin seiner Ämter enthob. Nachdem eine Nationalversammlung in Ocaña einem Verfassungsentwurf im Sinne Santanders zugestimmt hatte, errichtete Bolívar im August 1828 eine Diktatur. Im Monat darauf entging er mit knapper Not einem Mordanschlag seiner innenpolitischen Gegner; die Sezessionsbewegung in Venezuela und die putschistischen Bestrebungen im Militär aber gingen unvermindert weiter. Der Befreier gelangte infolgedessen immer mehr zu der Überzeugung, daß es kein wirksames Mittel gegen die anarchischen Kräfte des befreiten Lateinamerikas gab, und trat im April 1830 von allen seinen Ämtern zurück. Im Monat darauf erklärte Venezuela seine Unabhängigkeit; Ecuador folgte Ende 1830. Das Restgebiet nannte sich wieder Neu-Granada; durch die Verfassung von 1863 wurden daraus die Vereinigten Staaten von Kolumbien. Bolívar, der sich nach seinem Rückzug aus der Politik in die kolumbianische Provinz zurückgezogen hatte, starb am 17. Dezember 1830 siebenundvierzigjährig in Santa Marta an Tuberkulose.

Konfliktreich verlief die politische Entwicklung nach der Überwindung der Kolonialherrschaft auch in anderen Staaten Südamerikas. Gebietsstreitigkeiten führten immer wieder zu Kriegen zwischen den neugegründeten Staaten. In Chile tobten nach 1823 heftige Parteikämpfe zwischen Konservativen und Liberalen; 1829 brach der offene Bürgerkrieg aus, der 1830 die Konservativen an die Macht brachte. Damit begann eine längere Zeit der autoritären Stabilisierung, die nur 1851 und 1859 von kurzen Bürgerkriegen unterbrochen wurde. In Argentinien führten anarchische Zustände 1828 zur Errichtung einer Diktatur des Gouverneurs von Buenos Aires, des konservativen Föderalisten Juan Manuel de Rosas, der sich bis 1852 an der Macht behaupten konnte. In Uruguay begann 1838 ein langjähriger Bürgerkrieg zwischen den «Blancos», der Partei der berittenen Viehhirten, der Großgrundbesitzer, und den «Colorados», der Partei der Gauchos. Nach 1842 wurde Peru durch einen Bürgerkrieg zerrissen, der 1845 in die Diktatur mündete. Ecuador wurde nach 1830 fast zwei Jahrzehnte lang durch eine Militärdiktatur regiert. Der «caudillismo», die Herrschaft politisierender Generäle, bestimmte auch in Bolivien die Politik. In keiner der befreiten

Republiken Lateinamerikas entwickelte sich ein politisches System, das einer repräsentativen Demokratie nahekam.

Die Gründerväter der Vereinigten Staaten von Amerika verfügten über ein hohes Maß an gemeinsamen Vorstellungen von der politischen Ordnung, die sie nach Erkämpfung der Unabhängigkeit errichten wollten: Es sollte, entsprechend der freiheitlichen Tradition Englands, ein System der Gewaltenteilung, des Rechts und der Selbstbestimmung sein. Unter denen, die die Befreiung Lateinamerikas von der absolutistischen Kolonialherrschaft Spaniens und Portugals durchgesetzt hatten, gab es keinen vergleichbaren Konsens: Die Besitzer von Plantagen und Hazienden verfolgten andere Ziele als jene, die sich zu Sprechern der weißen Unterschicht, der Indios oder Mestizen, der aus Afrika stammenden Sklaven oder der Mulatten machten. Ein friedlicher Ausgleich zwischen den streitenden Parteien war seltener als der bewaffnete Kampf zwischen ihren militärischen oder paramilitärischen Verbündeten. Im politischen Konsens der Nordamerikaner spiegelte sich die relative Homogenität einer überwiegend weißen, europäisch geprägten Gesellschaft. Der politische Dissens in den jungen Staaten Lateinamerikas war ein Ausdruck der ethnischen und sozialen Zerrissenheit kolonialer Gesellschaften, von denen die meisten nur durch ein hohes Maß an staatlichem Zwang notdürftig zusammengehalten werden konnten.

Fast überall in Lateinamerika blieben die kreolischen Großgrundbesitzer auch nach den Kämpfen um die Unabhängigkeit die einflußreichste Gruppe der Gesellschaft. Das galt auch für jene Staaten, in denen es neben dem kreolischen Großgrundbesitz weiterhin eine selbständige, oft auf Gemeinbesitz beruhende Landwirtschaft der Indios gab. Die Großgrundbesitzer kontrollierten die Milizverbände, die die bestehende gesellschaftliche Ordnung stützten. Nach der Absetzung der Repräsentanten der Kolonialmacht hatten sie eher noch mehr politisches Gewicht als zuvor. Sie mußten sich aber damit abfinden, daß auch andere, überwiegend städtische Eliten wie die Bergwerksbesitzer einen angemessenen Anteil an der Macht forderten.

Das Militär hatte in Hispanoamerika vor allem eine innenpolitische Aufgabe: die Verhinderung eines Aufstands der breiten, nichtprivilegierten indianischen Unterschicht. Die katholische Kirche war, anders als viele Angehörige des niederen Klerus, in dieser Hinsicht meist eine verläßliche Stütze der konservativen Führungsgruppen. Was Lateinamerika weithin fehlte, war eine breite selbstbewußte Mittelschicht, die sich als

Träger des Gemeinwesens empfand und dieses zu gestalten strebte. Lateinamerika gehörte zur westlichen Hemisphäre, aber das, was man die politische Kultur des Westens nennt, blieb den meisten ehemaligen Kolonien Spaniens und Portugals eine ferne und fremde Welt.

Gemeinsam war dem Norden und dem Süden des amerikanischen Kontinents das koloniale Erbe der Sklaverei. In den meisten hispanoamerikanischen Republiken wurde sie bis Mitte des 19. Jahrhunderts abgeschafft, in Peru 1854, in Argentinien 1860, in Paraguay 1870. Die spanischen Kolonien Puerto Rico und Kuba taten diesen Schritt unter massivem britischem und nordamerikanischem Druck erst 1873 beziehungsweise 1880, das Kaiserreich Brasilien im Jahre 1888. In den Vereinigten Staaten bedurfte es eines blutigen Bürgerkrieges, bis 1865 das Verbot der Sklaverei in der ganzen Union durchgesetzt werden konnte. Die Befreiung der Sklaven bedeutete noch nicht, daß sie und ihre Nachkommen den Weißen nunmehr gesellschaftlich gleichgestellt waren. Die Wirkungen von vielen Jahrhunderten radikaler Entrechtung von Menschen prägen die Gesellschaften, die von Sklavenarbeit lebten, bis heute.[65]

Großmacht USA: Von Monroe bis Jackson

Zur Befreiung Lateinamerikas von europäischer Kolonialherrschaft wäre es im Jahrhundert nach 1815 vermutlich nicht gekommen, hätten die europäischen Großmächte die Sache Spaniens und Portugals zu ihrer eigenen gemacht. Zar Alexander I. wünschte sich ein solches gemeinsames Vorgehen gegen die Revolution in Mittel- und Südamerika, und in Frankreich dachte die Regierung Villèle zeitweilig daran, Angehörige des Hauses Bourbon zu Herrschern über bislang spanische Kolonien zu machen. Ganz anders verhielt sich England. Es sah in Lateinamerika einen wichtigen Absatzmarkt seiner industriellen Erzeugnisse und richtete seine Politik zu einem guten Teil an ebendiesem Interesse aus.

Außenminister George Canning, der Abgeordnete der Industrie- und Hafenstadt Liverpool im Unterhaus, war der entschiedenste Vertreter einer Politik der Nichtintervention – wohl wissend, daß dies auf eine andere Art der Intervention, nämlich zugunsten der Unabhängigkeitskämpfer, hinauslief. Um die kontinentaleuropäischen Mächte an einem Eingreifen auf der anderen Seite des Atlantiks zu hindern, strebte er sogar eine Allianz mit einem Land an, das sich erst ein knappes halbes Jahrhundert zuvor von der britischen Herrschaft befreit und in den Jahren 1812 bis 1814 erneut einen Krieg gegen das ehemalige Mutterland geführt hatte: den Vereinigten Staaten von Amerika. Die USA hatten ihrerseits das größte Interesse daran, Lateinamerika ihrem Handel zu öffnen, und ließen es schon deshalb nicht an Bekundungen der Sympathie für die antikolonialen Kräfte fehlen. Bereits 1822 erkannte Washington die Unabhängigkeit von Groß-Kolumbien, Chile, Peru, den Vereinigten Provinzen des Río de la Plata und Mexiko an – begleitet von der Versicherung, in den Konflikten zwischen den neuen Staaten und Spanien würden sich die Vereinigten Staaten neutral verhalten.

Zu einem Bündnis zwischen den beiden angelsächsischen Mächten kam es nicht. Der amerikanische Außenminister John Quincy Adams, ein Sohn des zweiten Präsidenten der Union, warnte nachdrücklich und mit Erfolg vor jeder vertraglichen Bindung an die einstige Kolonialmacht. Canning konnte also nur im Namen seiner eigenen Regierung sprechen, als er am 12. Oktober 1822 die Regierung Villèle über den französischen Gesandten in London, den Fürsten von Polignac, wissen ließ, daß Großbritannien eine europäische Intervention in Lateinamerika nicht tolerieren würde. Die Mitteilung, die Polignac auf Ersuchen Cannings in die Form eines Memorandums brachte, genügte, um dem Projekt bourbonischer Monarchien in Südamerika den Boden zu entziehen. Auch für Zar Alexander war der Gedanke einer bewaffneten Aktion der europäischen Großmächte an der Seite Spaniens damit erledigt: Eine Mitwirkung Großbritanniens war aus seiner Sicht die unabdingbare Voraussetzung einer erfolgreichen Intervention auf der anderen Seite des Südatlantiks.

Anders als England wählten die Vereinigten Staaten den Weg einer öffentlichen Erklärung ihres höchsten Repräsentanten, um ihre Ablehnung jeder europäischen Einmischung in Lateinamerika vor aller Welt zu Protokoll zu geben: Am 2. Dezember 1823 verkündete Präsident James Monroe in einer Botschaft an den Kongreß die Doktrin, die bis heute unlösbar mit seinem Namen verknüpft ist. Sie enthielt eine klare Absage an jede weitere Kolonisation europäischer Mächte in Amerika und gipfelte in der Feststellung, daß die USA jeden Versuch der europäischen Großmächte, «ihr System auf irgendeinen Teil dieser Hemisphäre auszudehnen, als gefährlich für unseren Frieden und unsere Sicherheit ansehen würden» (that we should consider any attempt on their part to extend their system to any portion of this hemisphere as dangerous to our peace and safety). In die bestehenden Kolonien irgendeiner europäischen Macht hätten sich die Vereinigten Staaten nicht eingemischt und würden das auch künftig nicht tun. «Aber wir können einen Eingriff seitens einer Macht in die Regierungen, die ihre Selbständigkeit erklärt und sie aufrechterhalten haben, und deren Unabhängigkeit wir nach reiflicher Überlegung und auf Grund gerechter Prinzipien anerkannt haben, zu dem Zweck, sie zu unterdrücken oder in irgendeiner Weise ihr Schicksal zu bestimmen, in keinem anderen Licht denn als Ausdruck eines unfreundlichen Verhaltens gegenüber den Vereinigten Staaten (an unfriendly disposition toward the United States) sehen.»

Im folgenden Absatz wurde Monroe noch konkreter. Er erklärte es für unmöglich, daß die Verbündeten ihr politisches System auf irgendeinen Teil der beiden Kontinente (Nord- und Südamerika, H.A.W.) erstrecken, «ohne unseren Frieden und unser Glück zu gefährden; noch kann irgend jemand glauben, daß unsere südlichen Brüder (our southern brethren), wenn sie sich selbst überlassen wären, ein derartiges Verhalten aus eigenem Antrieb hinnehmen würden. Es ist deshalb gleichermaßen unmöglich, daß wir ein solches Eingreifen in irgendeiner Form mit Gleichgültigkeit betrachten würden (that we should behold such interposition in any form with indifference). Wenn wir auf die vergleichsweise Stärke und die Ressourcen Spaniens und dieser neuen Regierungen und ihre Entfernungen voneinander blicken, so muß es offensichtlich sein, daß Spanien sie nie unterwerfen kann. Es ist immer noch die ehrliche Politik der Vereinigten Staaten, die Parteien sich selbst zu überlassen, in der Hoffnung, daß andere Mächte denselben Kurs einschlagen werden.»

Monroe war, nach George Washington, John Adams, Thomas Jefferson und James Madison, der fünfte Präsident der USA und der dritte «Republikaner» unter ihnen (wobei daran zu erinnern ist, daß die damaligen «Republikaner» die Vorläufer der heutigen «Demokraten» und die seinerzeitigen «Föderalisten» die Ahnen der späteren «Republikaner» waren). Der erste Präsident, der Föderalist George Washington, hatte am 17. September 1796, dem letzten Tag seiner achtjährigen Amtszeit, in einer Botschaft an die junge Nation vor einer Verwicklung Amerikas in europäische Streitigkeiten gewarnt, deren Ursachen den Interessen der Union völlig fremd seien. Durch ihre «abseitige und ent-

fernte Lage» (our detached and distant situation) seien die Amerikaner
gehalten, einen anderen Kurs zu verfolgen als die Mächte des alten
Kontinents. «Wenn wir unter einer tatkräftigen Regierung (under an
efficient government) ein einiges Volk bleiben, dann ist die Zeit nicht
fern, in der wir auch wesentlichen Gefahren durch fremde Belästigung
die Stirn bieten können ... Warum sollten wir auf die Vorteile einer so
einzigartigen Lage verzichten? Warum sollten wir unseren eigenen
Grund und Boden verlassen, um auf fremdem zu stehen? Warum sollten wir unseren Frieden und unsere Prosperität in die Netze von Europas Ehrgeiz, Rivalitäten, Interessen, Stimmungen und Launen verstrik-
ken, indem wir unser Geschick mit dem irgendeines Teiles von Europa
verbinden? Die richtige Lehre besteht für uns darin, uns aus langfristigen Bündnissen mit irgendeinem Teil des Auslands herauszuhalten ...
Eintracht und freier Verkehr mit allen Nationen werden durch Politik,
Humanität und Interesse geboten.»

Was Monroe 1823 sagte, bedeutete keinen Bruch mit der Tradition,
die Washington über ein Vierteljahrhundert zuvor gestiftet hatte. Die
Vereinigten Staaten hatten jetzt eine «tatkräftige Regierung», die entschlossen war, jeder Bedrohung von außen zu trotzen. Neu an der
Monroe-Doktrin war die Einbeziehung des *gesamten* Kontinents in die
Interessensphäre der USA. Die Vereinigten Staaten erhoben den Anspruch, Beschützer der neuen, unabhängigen Staaten südlich ihrer
eigenen Grenzen zu sein. Dieser Anspruch wurde erleichtert durch die
äußere Ähnlichkeit der politischen Systeme in den USA und den ehemaligen spanischen Kolonien. Offenkundig war aber auch das Interesse an den wirtschaftlichen Vorteilen, die mit der Loslösung Lateinamerikas von europäischer Kolonialherrschaft verbunden waren: Die
neuen Staaten waren für die Union interessant als Absatzmärkte ihrer
Industrieprodukte, als Lieferanten von Rohstoffen und als Gebiete,
in denen amerikanisches Kapital gewinnbringend investiert werden
konnte.

Da Großbritannien sich von denselben Erwartungen leiten ließ,
zeichneten sich von Anfang an Konkurrenzkämpfe zwischen den beiden angelsächsischen Ländern ab. Wann immer europäische Mächte
das erweiterte, von Monroe definierte «national interest» der USA
mißachteten, drohte eine amerikanisch-europäische Verwicklung bis
hin zu einer kriegerischen Auseinandersetzung. Die panamerikanische
Ausweitung der amerikanischen Interessensphäre enthielt aber auch

eine unausgesprochene, den Vätern der Monroe-Doktrin vielleicht noch nicht einmal bewußte Drohung gegenüber den Staaten, die durch sie geschützt werden sollten: Wenn lateinamerikanische Staaten einen politischen Weg einschlugen, der den Interessen der USA zuwiderlief, wenn sie sich gar mit europäischen Staaten gegen die Union verbünden sollten, dann würden die Vereinigten Staaten das nicht hinnehmen, sondern intervenieren.

Das Bekenntnis zum Selbstbestimmungsrecht der Völker Lateinamerikas und der Herrschaftsanspruch der USA lagen nahe beieinander. Die Vereinigten Staaten waren seit ihrer Gründung eine potentielle Großmacht. Mit der Monroe-Doktrin traten sie erstmals als tatsächliche Großmacht auf. Das «informal empire», das sich seit 1823 abzeichnete, war aber noch mehr: Die Proklamation eines panamerikanischen Großraumes, in dem für europäische Mächte ein Interventionsverbot galt, bedeutete die bisher radikalste Infragestellung des europäischen Anspruchs auf Weltbeherrschung und die Grundlegung des Aufstiegs der Vereinigten Staaten zur Weltmacht.

Daß Monroe in seiner Abschiedsbotschaft versprach, bestehende Kolonien oder andere Arten der Abhängigkeit von Europa zu respektieren, war nicht als Abschwächung des amerikanischen Führungsanspruchs in der westlichen Hemisphäre gemeint. Die Anerkennung der britischen Herrschaft über Kanada stand seit dem Genfer Frieden von 1814 unverrückbar fest. Das schloß Konflikte um Gebiete, die bisher noch nicht von Weißen besiedelt waren, nicht aus: Ein langjähriger Streit um Oregon, ein riesiges Gebiet in den Rocky Mountains und an der Pazifikküste, weit größer als der heutige amerikanische Bundesstaat gleichen Namens, endete 1846 mit der Teilung des Gebiets zwischen den USA und Kanada.

Kompromißbereit zeigten sich die Vereinigten Staaten auch gegenüber Rußland, dem eigentlichen Adressaten jenes Passus der Monroe-Doktrin, in dem sich der Präsident nachdrücklich gegen jede weitere Kolonisation europäischer Mächte auf amerikanischem Boden wandte. Im Jahr 1741 hatte Vitus Bering, ein dänischer Seeoffizier in russischen Diensten, die Südküste Alaskas und die Aleuten entdeckt. Seit dieser Zeit beanspruchte das Zarenreich ein großes Territorium im äußersten Nordwesten des amerikanischen Kontinents. 1799 stimmte Zar Paul I. der Gründung der Russisch-Amerikanischen Kompanie zu, die für die Dauer von 20 Jahren ein Handelsmonopol für das Gebiet vom 55. Breitengrad bis zur Beringstraße und den Aleuten erhielt und Territorien erwerben durfte, die bislang noch nicht von anderen Mächten besetzt waren.

Rußlands Drang nach Süden, der 1811 zur Gründung von Fort Ross an der kalifornischen Küste nördlich von San Francisco führte, rief alsbald die Vereinigten Staaten und Großbritannien auf den Plan. Als Alexander I. 1821 das Handelsprivileg der Russisch-Amerikanischen Kompanie bis zum 51. Breitengrad ausdehnte, waren die Proteste aus London und Washington so scharf, daß der Zar den diplomatischen Rückzug antrat. In seiner Abschiedsbotschaft konnte Präsident Monroe bereits auf laufende Verhandlungen der angelsächsischen Mächte mit Rußland verweisen. Sie mündeten 1824 und 1825 in Verträge des Zarenreiches mit Großbritannien und den Vereinigten Staaten. Darin wurde die Südgrenze von Russisch-Amerika bei 54 Grad 40 Minuten nördlicher Breite festgelegt. Der wirtschaftliche Einfluß der Russisch-Amerikanischen Kompanie ging in der Folgezeit stark zurück. Ihre Privilegien wurden 1861 von Zar Alexander II. nicht erneuert. 1867 verkaufte Rußland Alaska mitsamt den Aleuten zum Preis von nur 7,2 Millionen Dollar an die USA.

Von den europäischen Regierungen wurde die Monroe-Doktrin öffentlich nicht kommentiert, intern aber scharf kritisiert. In einem Brief an den russischen Außenminister Graf Nesselrode nannte Metternich im Januar 1824 das Manifest des amerikanischen Präsidenten «einen neuen Akt der Revolte, noch weniger provoziert, ebenso verwegen und nicht minder gefährlich als der erste» (womit die Unabhängigkeitserklärung von 1776 gemeint war). Die Vereinigten Staaten hätten auf unzweideutige Weise die Absicht bekundet, «nicht nur Macht gegen Macht, sondern, um genauer zu sein, Altar gegen Altar zu setzen». Sie hätten für die ehrwürdigsten Institutionen Europas und die Prinzipien ihrer größten Herrscher nur Tadel und Verachtung übrig. «Indem sie sich unprovozierte Angriffe erlauben, indem sie, wo immer sie in Erscheinung treten, Revolutionen fördern ..., verleihen sie den Aposteln des Aufruhrs neue Stärke und beleben den Mut eines jeden Verschwörers. Wenn diese Flut übler Doktrinen und schädlicher Beispiele sich über ganz Amerika ausdehnen sollte, was würde dann aus unseren religiösen und politischen Einrichtungen, aus der moralischen Kraft unserer Regierungen und aus jenem konservativen System werden, das Europa vor der völligen Auflösung bewahrt hat?»

In St. Petersburg beurteilte man die Monroe-Doktrin nicht anders als in Wien. Zar Alexander äußerte sich gegenüber dem russischen Gesandten in Washington über die neue Lehre aus Amerika mit den Worten tiefster Verachtung, empfahl dem Diplomaten aber, die Botschaft mit Stillschweigen zu beantworten. Angesichts der laufenden Verhandlungen über die Südgrenze von Russisch-Amerika konnte dem Zaren und seiner Regierung an einer Verschlechterung des Verhältnisses zu den USA nicht gelegen sein. Metternich und der französische Außenminister Chateaubriand hofften, angesichts der republikanischen Propaganda aus Amerika werde Großbritannien sich nun wieder den konservativen Mächten auf dem europäischen Kontinent annähern. Diese Erwartung trog. Canning hatte zwar mit dem Gedanken einer Allianz der beiden angelsächsischen Mächte keinen Erfolg gehabt. Aber in der Sache, der Loslösung Lateinamerikas von Spanien und Portugal, stimmten Großbritannien und die Vereinigten Staaten überein, weil dieser Prozeß in ihrem wirtschaftlichen und politischen Interesse lag. Der britisch-amerikanische Konsens von 1823 begründete noch keine «special relationship» zwischen den beiden Ländern. Aber die Nähe ihrer Positionen ließ doch erstmals die Entstehung eines solchen Sonderverhältnisses möglich erscheinen.

In der Regierung der Vereinigten Staaten hatte es zwar vor dem Dezember 1823 unterschiedliche Auffassungen über die Wünschbarkeit einer engeren, vielleicht gar vertraglich vereinbarten Zusammenarbeit mit dem einstigen Mutterland gegeben: Finanzminister William H. Crawford und Kriegsminister John C. Calhoun waren ebenso wie die von Monroe konsultierten ehemaligen Präsidenten Jefferson und Madison dafür, Außenminister John Quincy Adams, wie schon erwähnt, dagegen. Doch nachdem sich der Präsident für die Linie seines Secretary of State entschieden hatte, gab es in der Öffentlichkeit allgemeine Zustimmung zu den klaren Aussagen der Botschaft vom 2. Dezember 1823. Im November des folgenden Jahres standen in den USA Präsidentschaftswahlen an. Die meisten Stimmen entfielen auf den populären Republikaner Andrew Jackson, der vor allem in den westlichen Bundesstaaten starken Zuspruch fand. Da er aber die absolute Mehrheit verfehlte, mußte das Repräsentantenhaus den Präsidenten wählen. Es entschied sich im ersten Wahlgang für den von den Föderalisten zu den Republikanern übergewechselten John Quincy Adams, auf den die zweithöchste Stimmenzahl entfallen war.

Adams, der hochgebildete, aristokratisch wirkende Intellektuelle aus Massachusetts, der vor seiner Zeit als Außenminister Gesandter der USA in Berlin, St. Petersburg und London gewesen war, verstand es als Präsident nicht, die Popularität zu gewinnen, die er für eine Wiederwahl gebraucht hätte. Das wichtigste Ergebnis seiner vierjährigen Amtszeit war die vom Kongreß beschlossene Aufhebung von Schutzzöllen für Industrieprodukte im Jahre 1828 – eine Maßnahme, mit der Adams die amerikanischen Farmer und namentlich die Plantagenbesitzer des Südens nachhaltig verärgerte. Bei ebendieser großen Gruppe fand dagegen Andrew Jackson lebhafte Zustimmung, der bei den Präsidentschaftswahlen von 1828 gegen Adams antrat und ihn besiegte.

Jackson, ehemaliger Kongreßabgeordneter und Richter am Obersten Gericht von Tennessee, 1769 als Sohn irischer Einwanderer in North Carolina geboren, hatte als General der Miliz von Tennessee 1814 die Creek-Indianer bei Horseshoe Bend und im Januar 1815, zwei Wochen nach dem zu dieser Zeit in Amerika noch nicht bekannten Friedensschluß von Gent, die Briten bei New Orleans besiegt; in den Jahren 1817 und 1818 erwarb er sich durch erfolgreiche Kämpfe mit den Spaniern in Florida neuen Ruhm. Im Zivilleben war «Old Hickory» (so der Spitzname, den er nach seinem Sieg über die Creeks erhielt) Farmer und Geschäftsmann in Tennessee. Er ließ keinen Zweifel daran, daß er kein Gegner der Sklaverei und alles andere als ein Freund der Indianer war: Im Jahre 1830 verabschiedete der Kongreß den «Indian Removal Act», der Jackson und seinen Nachfolgern die Vollmacht zur Internierung und Umsiedlung von Indianerstämmen aus ihren überkommenen Wohngebieten gab.

Aus der Koalition der Kräfte, die ihm bei den Präsidentschaftswahlen vom November 1828 zu einem überwältigenden Sieg verhalf, formte Jackson eine neue Partei, die sich zunächst «Democratic Republicans», seit 1836 inoffiziell, seit 1844 offiziell «Democratic Party» nannte. Sie machte Front gegen die bisherige Republikanische Partei, von der Jackson und seine Anhänger behaupteten, sie sei inzwischen nicht mehr die Partei Jeffersons, sondern habe die Politik der Federalists übernommen. Die politischen Gegner sahen sich genötigt, sich ihrerseits neu zu organisieren. Sie nannten sich anfangs «National Republicans», ab 1832 nach britischem Vorbild «Whigs». Es vergingen über zwei Jahrzehnte, bis 1854 aus der stärksten Richtung der Whigs und abtrünnigen «Jacksonians» aus dem Osten der USA, die die Sklaverei ablehnten, die neue Republikanische Partei wurde – die «Grand Old Party», wie sie sich auch heute noch stolz nennt.

«Old Hickory» pflegte den Habitus eines Nicht-, ja Anti-Intellektuellen. Er gab sich als Gegner der reichen, kapitalistischen Oberschicht der Ostküste und als Vertreter des «common man», des weißen Durchschnittsamerikaners, der meist auf dem Lande und in kleinen oder mittleren Städten lebte, der Farmer oder selbständiger Unternehmer war. Das hinderte Jackson aber nicht daran, 1832 ein neues, vom Kongreß verabschiedetes, den industriellen Interessen dienendes Schutzzollgesetz zu unterzeichnen, weil er aus den Erträgen die hohe Staatsschuld tilgen wollte. Das neue Gesetz rief abermals scharfe Proteste, zumal bei den Baumwollpflanzern des Südens, hervor.

In South Carolina ging die Empörung so weit, daß die Legislative eine außerordentliche State Convention wählen ließ, die die Zollgesetze von 1828 und 1832, weil angeblich mit der Verfassung der Vereinigten Staaten nicht vereinbar, für null und nichtig erklärte und für den Fall, daß der Kongreß die Maßnahme mit Gewalt beantworten sollte, den Austritt South Carolinas aus der Union ankündigte. Die Gegner des Zollgesetzes, an ihrer Spitze der frühere Kriegsminister und derzeitige Vizepräsident Calhoun, beriefen sich dabei auf das «Nullifikationsprinzip», das erstmals 1799 von der Legislative von Kentucky entwickelt und vom damaligen Präsidenten James Madison entschieden zurückgewiesen worden war. Die umstrittene Doktrin besagte, daß die Einzelstaaten aus der Union austreten durften, wenn diese die Verfassung brach.

Präsident Jackson reagierte demonstrativ hart. Er schickte mehrere Schiffe, darunter ein Kriegsschiff, nach Charleston und erließ eine scharfe Proklamation gegen das Nullifikationsprinzip und die Folgerungen, die South Carolina daraus abgeleitet hatte. Der Konflikt endete mit einem Kompromiß oder, besser, dem Schein eines solchen: Der Kongreß beschloß 1833 auf Betreiben Jacksons ein Gesetz, das die Schutzzölle für Industrieprodukte bis 1842 stufenweise auf das Niveau der gemäßigten Sätze von 1816 senkte. Daraufhin trat die State Convention von South Carolina nochmals zusammen, nahm die neue Zollregelung an, beharrte aber auf dem Nullifikationsprinzip und hob, ebenso demonstrativ wie folgenlos, ein Gesetz auf, durch das der Kongreß dem Präsidenten außerordentliche Vollmachten für den Fall der Fortsetzung des Konflikts mit South Carolina eingeräumt hatte. Der rebellierende Einzelstaat konnte mit dem materiellen Ergebnis des Streits alles in allem zufriedener sein als die Union. Diese hatte, für den Augenblick jedenfalls, das «Prinzip», das Nein zur Nullifikation, durchgesetzt und fühlte sich deshalb als Siegerin.

Andrew Jackson war zu diesem Zeitpunkt bereits triumphal in seinem Amt bestätigt worden. Er verdankte seinen Wahlsieg vom November 1832 vor allem anderen seinem Feldzug gegen die 1816 gegründete, auf zwanzig Jahre konzessionierte Second Bank of the United States, der der Präsident ein unmoralisches Geschäftsgebaren und namentlich die ungerechtfertigte Begünstigung der Reichen vorwarf. Als der Kongreß 1832 eine neue Konzessionierung der Bank beschloß, legte der Präsident sein Veto ein und machte diese Entscheidung zum Hauptthema des Wahlkampfes. Nach seiner Wiederwahl betrieb er die Zerschlagung der Bank durch Abzug der Regierungsguthaben. Diese wurden fortan bei einzelstaatlichen Banken deponiert, die das neue Kapital für großzügige Kredite an Grundstücksspekulanten nutzten. Die Folge waren eine schwere Finanzkrise und ein Konjunktureinbruch im Jahre 1837, in dem wieder Präsidentschaftswahlen stattfanden. Trotz der verschlechterten Wirtschaftslage siegte der von Jackson unterstützte Kandidat der Demokraten, Martin Van Buren – vor allem auf Grund der Uneinigkeit bei den oppositionellen Whigs.

Unter Van Buren fand 1838/39 die größte staatlich organisierte Indianervertreibung in der Geschichte der USA statt: der «Trail of Tears» (Tränenmarsch) der Cherokees von Georgia, Tennessee, North Carolina und Alabama nach Oklahoma, in das Indianerterritorium der «Fünf zivilisierten Stämme», der Creeks, Cherokees, Choctaws, Chickasaws und Seminolen. Der Kongreß hatte bei der Deportation seine Hand im Spiel: Im Jahre 1836, noch unter der Präsidentschaft Jacksons, ratifizierte er mit einer Stimme Mehrheit einen Vertrag, in dem eine kleine Minderheit der Cherokees der Umsiedlung zugestimmt hatte. Bei dem Marsch nach Westen kamen nach vorsichtigen Schätzungen mindestens 4000 der insgesamt 15000 Cherokees um.

Die Zeit der «Jacksonian Democracy» brachte dem Land einen Demokratisierungsschub, der auf Kosten der europäisch geprägten Eliten der Ostküste ging. Die Honoratioren des Ostens konnten den politischen Prozeß fortan nicht mehr so ungehindert steuern wie bisher, sondern mußten frühzeitig die Massen der Amerikaner in die Willensbildung einbeziehen. Die Einzelstaaten erweiterten das Wahlrecht, behielten aber mehr oder minder weitgehende Beschränkungen bei. Kandidaten für das Amt des Präsidenten wurden fortan nicht mehr durch einen «caucus» von Senatoren und Abgeordneten des Repräsentantenhauses, sondern «conventions» der Parteianhänger nominiert, Wahlkämpfe landesweit mit den Mitteln einer psychologisch ausgeklügelten Propaganda, und das hieß vor allem mit ebenso einfachen wie eingängigen Parolen, geführt. Richter der niederen Gerichtsbarkeit gelangten seit den 1830er Jahren durch Volkswahl ins Amt: ein Beitrag zu dem, was man in Amerika «grassroot democracy» (Graswurzeldemokratie) nennt. Die wichtigsten Posten in der Verwaltung gingen seit langem an aktive Unterstützer der siegreichen Partei; auf ihre berufliche Eignung kam es dabei nicht, oder jedenfalls nicht in erster Linie, an. Es war dieses «spoils system», das europäische Beobachter zutiefst befremdete, stand es doch in schärfstem Gegensatz zu den Traditionen des Berufsbeamtentums, wie sie der alte Kontinent seit langem kannte.[66]

Tocqueville in Amerika: Das Zeitalter der Gleichheit

Es war das Amerika Andrew Jacksons, das Alexis de Tocqueville in den Jahren 1830 und 1831 kennenlernte und in seinem berühmten vierbändigen Werk «De la Démocratie en Amérique» beschrieb. Was ihn zugleich beeindruckte und bestürzte, ja mit «einer Art religiösen Erschreckens» (une sorte de terreur religieuse) erfüllte, war die unwiderstehliche Entwicklung hin zu wachsender Gleichheit der gesellschaftlichen Verhältnisse – eine Revolution, die sich seit Jahrhunderten vollzog, in Europa aber noch längst nicht so weit fortgeschritten war wie in den Vereinigten Staaten. «Das Volk herrscht über die politische Welt Amerikas wie Gott über das Universum. Es ist der Anfang und das Ende aller Dinge, alles geht aus ihm hervor und alles geht in ihm auf.»

Für Tocqueville war das zeitgenössische Amerika der Spiegel, in dem Europa seine politische Zukunft erkennen konnte. Auf das Prinzip der Volkssouveränität, das in den Vereinigten Staaten herrschte, lief auch im alten Kontinent alles hinaus. Aus der Volkssouveränität folgte, was der französische Beobachter die «Allmacht der Mehrheit» (l'omnipotence de la majorité) nannte, aus der leicht die «Tyrannei der Mehrheit» (la tyrannie de la majorité) werden konnte. Die Mehrheit bestimmte die öffentliche Meinung, und diese regierte immer mehr die Welt. «Unter welchen politischen Gesetzen die Menschen in Zeiten der Gleichheit auch stehen mögen, es läßt sich voraussehen, daß der Glaube an die allgemeine Meinung zu einer Art Religion werden wird, deren Prophet die Mehrheit ist.»

Der Geist der Freiheit war stark in den Vereinigten Staaten, desgleichen die Liebe zur Gleichheit. Die Gleichheit aber konnte, wenn man sie übertrieb, zur Gefahr für die Freiheit werden. «In den Vereinigten Staaten übernimmt die Mehrheit die Aufgabe, dem Einzelnen eine Menge fertiger Meinungen vorzusetzen und enthebt sie damit der Verpflichtung, sich selbst ihre eigene Meinung zu bilden. So gibt es in philosophischen, sittlichen oder politischen Fragen eine große Zahl von Theorien, die jeder im Vertrauen auf die Öffentlichkeit unbesehen übernimmt. Und wenn man sehr genau hinsieht, wird man feststellen, daß sogar die Religion dort sehr viel weniger als offenbarte Lehre denn als allgemeine Meinung herrscht.»[67]

Es war der Hang zur Konformität, der Unterdrückung und Knechtschaft zur Folge haben konnte – eben jene Tyrannei der Mehrheit, die den europäischen Liberalen Tocqueville zu der provokanten Feststellung veranlaßte, es gebe in Amerika keine Freiheit des Geistes (il n'y a pas de liberté d'esprit en Amérique). Gegen die Schäden, die die Gleichheit anrichten konnte, gab es nach seiner Überzeugung nur *ein* Mittel: die politische Freiheit. Die Gründerväter der Vereinigten Staaten hatten Vorkehrungen getroffen, um die Entwicklung in Richtung von Tyrannei und Despotismus aufzuhalten: die föderale Gliederung des großen Landes, die Unabhängigkeit der Gerichte, die Trennung von legislativer und exekutiver Gewalt. Dazu kamen das «self-government» der Kommunen und «counties», der überlieferte Respekt vor dem Gesetz, die Freiheit der Presse, die Vielzahl von freiwilligen Vereinigungen, die enge Verbindung zwischen der christlichen Religion und dem patriotischen Glauben an die freiheitliche Bestimmung Amerikas, schließlich die ständige Ausdehnung nach Westen, von der Tocqueville annahm, daß sie den Freiheitswillen fördere und der geistigen Beschränktheit wie dem Egoismus entgegenwirke.

Wie ein halbes Jahrhundert zuvor die Autoren des «Federalist», so fürchtete auch Tocqueville eher einen Machtmißbrauch der Legislative als einen solchen des Inhabers der vollziehenden Gewalt, des Präsidenten. «Zwei große Gefahren bedrohen die Existenz der Demokratien:

die völlige Unterordnung der Legislative unter den Willen der Wählerschaft und die Zusammenfassung aller anderen Regierungsgewalten in
der Legislative. Die Gesetzgeber der Einzelstaaten haben die Entwicklung dieser Gefahren gefördert. Die Gesetzgeber der Union haben
getan, was in ihren Kräften stand, um ihnen etwas von ihrer Bedroh-
lichkeit zu nehmen.»

Dieser Unterschied erschien dem Autor der «Demokratie in Amerika» um so bedeutsamer, als er davon ausging, daß die Bundesgewalt
schwächer und die Gewalten der Einzelstaaten stärker werden würden.
Der Ausgang des jüngsten Konflikts zwischen der Union und South
Carolina diente ihm als Beleg seiner, auf längere Sicht dann doch nicht
zutreffenden Einschätzung. Tocqueville erwartete keinen Zerfall der
Vereinigten Staaten und keinen Bürgerkrieg zwischen Nord- und Südstaaten, wohl aber einen anderen schrecklichen Bürgerkrieg, nämlich
den Rassenkrieg zwischen Schwarzen und Weißen im Süden. Die Aufhebung der Sklaverei war für ihn nur eine Frage der Zeit, von der Abolition aber erwartete er keine wirkliche Befreiung der Sklaven und
schon gar nicht ihre Gleichstellung mit den Weißen. «Wenn man den
Negern des Südens die Freiheit verweigert, werden sie sich diese zuletzt
gewaltsam nehmen; wenn man sie ihnen gewährt, wird es nicht lange
dauern, bis sie sie mißbrauchen.»

Ähnlich fatalistisch, um nicht zu sagen zynisch, äußerte sich Tocqueville über das Schicksal der nordamerikanischen Indianer. Sie würden
von den nach Westen vorrückenden Menschen europäischer Kultur aus
ihrem Lebensraum vertrieben werden, und wenn die Europäer sich erst
einmal an der pazifischen Küste niedergelassen hätten, werde die In-
dianerrasse Nordamerikas verschwunden sein. Die Schwarzen ständen
am äußersten Rande der Sklaverei, die Indianer an der äußersten
Grenze der Freiheit. Beide lebten inmitten des amerikanischen Volkes,
gehörten aber nicht dazu. Deswegen hatten nach der Meinung des Rei-
senden aus Frankreich weder die einen noch die anderen längerfristig
eine Chance, sich gegenüber den Weißen zu behaupten.

Was die Indianer anging, hob Tocqueville den scheinbar rechtsför-
migen Charakter ihrer Vernichtung hervor. Erst würden sie durch Abschluß eines Vertrags zur Abtretung ihres Territoriums veranlaßt, dann,
wenn sie dort nicht mehr leben könnten, brüderlich bei der Hand genommen, um sie außerhalb des Landes ihrer Väter sterben zu lassen.
Der Vergleich, den der Autor zwischen der spanischen und der nord-

amerikanischen Indianerpolitik zog, fiel entsprechend sarkastisch aus: «Den Spaniern ist es nicht gelungen, durch beispiellose Grausamkeiten, die ihnen zur unauslöschlichen Schande gereichen, die indianische Rasse auszurotten; sie konnten sie nicht einmal daran hindern, mit ihnen gemeinsame Rechte auszuüben. Die Amerikaner der Vereinigten Staaten haben dieses doppelte Ergebnis mit wunderbarer Leichtigkeit erreicht, ruhig, gesetzmäßig, menschenfreundlich, ohne Blutvergießen (sic!), ohne in den Augen der Welt eines der großen Prinzipien der Moral zu verletzen. Man könnte die Menschen nicht mit mehr Achtung vor den Gesetzen der Menschlichkeit vernichten.»[68]

Das Amerika der frühen dreißiger Jahre des 19. Jahrhunderts hinterließ bei Tocqueville ein widersprüchliches Bild. Der junge Autor, der beim Erscheinen der ersten beiden Bände seines Werkes erst dreißig Jahre alt war, bewunderte die politische Weitsicht der Verfassungsschöpfer und die republikanische Freiheitsliebe der Bürger. Er sah zugleich, welche Gefahren für die geistige Freiheit erwuchsen, wenn die Meinung der Mehrheit darüber entschied, was wahr und falsch war. «Unsere Zeitgenossen stehen ständig unter der Wirkung zweier einander feindlicher Vorlieben: Sie haben den Wunsch, geführt zu werden, und das Verlangen, frei zu bleiben. Unfähig, eine dieser entgegengesetzten Neigungen zu unterdrücken, bemühen sie sich, beide zugleich zu befriedigen. Sie stellen sich eine einheitliche, vormundschaftliche, allmächtige Gewalt vor, die aber von den Bürgern gewählt wird. Sie wollen die Zentralisation mit der Volkssouveränität verbinden. Das verschafft ihnen eigene Beruhigung. Der Gedanke, daß sie selbst ihren Vormund gewählt haben, tröstet sie über die Vormundschaft hinweg.»

Wenn es richtig war, daß Europa noch bevorstand, was Amerika in der Ära Jackson bereits erlebte, konnte es aus den Erfahrungen der Vereinigten Staaten lernen. Aufhalten ließ sich die Entwicklung hin zu größerer Gleichheit nicht; aussichtslos und verkehrt wäre es gewesen, auf die Wiederherstellung einer aristokratischen Gesellschaft hinzuarbeiten. Es ging vielmehr darum, «die Freiheit aus dem Schoß der demokratischen Gesellschaft, in der zu leben Gott uns bestimmt hat, hervorgehen zu lassen». Da die Gleichheit den Menschen gewisse Neigungen einflößte, die der Freiheit höchst gefährlich waren, taten Europas Gesetzgeber gut daran, diese Gefahren im Auge zu behalten und ihnen, so gut es ging, vorzubeugen. Unüberwindlich waren die Gefahren, die die Gleichheit für die menschliche Unabhängigkeit mit sich brachte, durchaus nicht. «Die Nationen unserer Zeit können die Gleichheit in ihrer Mitte nicht verhindern; aber es hängt von ihnen ab, ob die Gleichheit sie zur Knechtschaft oder zur Freiheit, zur Bildung oder zur Barbarei, zum Wohlstand oder zum Elend führt.» [69]

Auf den letzten Seiten des zweiten, 1835 erschienenen Bandes der «Demokratie in Amerika» wurde Tocqueville zum Propheten. Er sagte für die nähere Zukunft eine weitere Expansion der Vereinigten Staaten nach Westen und infolgedessen Konflikte mit Mexiko voraus, das zu dieser Zeit noch Kalifornien sowie die späteren amerikanischen Bundesstaaten Nevada, Utah, Colorado, Arizona, New Mexico und Texas besaß. Bereits seit den frühen 1820er Jahren hatte der Zustrom anglo-amerikanischer Siedler nach Texas begonnen. 1835, im Erscheinungsjahr der ersten beiden Bände von Tocquevilles Werk, kam es dort zu einer großen Erhebung der nordamerikanischen Kolonisten gegen die mexikanische Regierung. Im Jahr darauf besiegten die Angloamerikaner eine von General de Santa Anna, dem Präsidenten von Mexiko, befehligte Armee. Texas wurde nach einer kurzen Phase der Unabhängigkeit 1845 als 28. Staat in die Union aufgenommen, was im Jahr darauf zu einem Krieg mit Mexiko führte. Er endete im Februar 1848 mit dem Frieden von Guadalupe Hidalgo, in dem Mexiko das gesamte Gebiet nördlich des Rio Grande del Norte, von Texas bis Kalifornien, an die USA abtreten mußte.

An der fortschreitenden Eroberung bisher mexikanischen Territoriums hatte Tocqueville schon Mitte der dreißiger Jahre keine Zweifel. Diese Entwicklung hatte aus seiner Sicht ihre eigene innere Logik. Die englische Rasse habe ein gewaltiges Übergewicht über alle anderen europäischen Rassen der Neuen Welt errungen. «Sie ist ihnen weit überlegen, was Zivilisation, Industrie und Macht angeht. Solange sie nur öde oder dünn besiedelte Landstriche vor sich hat, solange sie bei ihrem Vorrücken nicht auf Gebiete mit großer Bevölkerungsdichte stößt, die man nicht einfach durchqueren kann, wird man sie sich ohne Unterlaß weiter ausdehnen sehen. Sie wird sich nicht durch Linien aufhalten lassen, die durch Verträge gezogen sind, sondern sie wird diese imaginären Befestigungen von allen Seiten überrennen.»

Noch kühner war die Vorhersage, daß nur zwei Länder über die Voraussetzungen verfügten, um zur Weltmacht aufzusteigen: die Vereinigten Staaten von Amerika und Rußland. «Es gibt heute zwei große Völker auf der Erde, die, bei verschiedenem Ausgangspunkt, dem gleichen Ziel zuzuschreiten scheinen: die Russen und die Anglo-Amerikaner. Beide sind im Verborgenen (dans l'obscurité) herangewachsen, und während die Aufmerksamkeit der Menschen anderswo beschäftigt war, haben sie sich plötzlich in die erste Reihe der Nationen gestellt, und die Welt hat fast gleichzeitig von ihrer Entstehung und ihrer Größe erfahren.»

Während alle anderen Völker die Grenzen erreicht hätten, die ihnen von der Natur gesteckt seien, und sich folglich nur noch der Aufgabe der Bewahrung widmeten, seien jene beiden Mächte im Wachsen begriffen. Die folgenden Ausführungen machten deutlich, daß Tocqueville nicht nur im Fall Amerikas, sondern auch in dem Rußlands von einer Ausdehnung nach Westen ausging. «Der Amerikaner kämpft gegen Hindernisse, die ihm die Natur entgegenstellt; der Russe hat mit den Menschen zu ringen. Der eine führt einen Kampf gegen Wüste und Barbarei, der andere gegen die mit allen Waffen ausgerüstete Zivilisation: Daher vollziehen sich die Eroberungen des Amerikaners mit der Pflugschar des Landmannes, die des Russen mit dem Schwert des Soldaten. In der Verfolgung seines Zieles stützt sich jener auf das persönliche Interesse und läßt die Kraft und Vernunft der Einzelnen wirken, ohne sie zu dirigieren. Dieser zieht gewissermaßen alle Macht der Gesellschaft in einem Menschen zusammen. Dem einen ist die Freiheit der Hauptantrieb, dem anderen die Knechtschaft. Ihr Ausgangspunkt ist verschieden, ihre Wege sind es auch; und dennoch scheint nach einem geheimen Plan der göttlichen Vorsehung (la Providence) jeder von ihnen berufen, eines Tages die Geschicke einer Hälfte der Welt in den Händen zu haben.»[70]

Was Tocqueville 1835 voraussah, war eine Konstellation, wie sie aus dem Zweiten Weltkrieg hervorging. Zuvor hatten die größeren Nationen Europas mehrfach gezeigt, daß es ihnen keineswegs nur um die Bewahrung von Besitzständen, sondern um die Ausweitung ihrer Herrschafts- und Einflußsphären ging. Auch konnten Amerika und Rußland nach 1945 nicht die ganze Welt unter sich aufteilen; es gab auch danach noch eine «dritte Welt». Der Scharfsinn, mit dem der französische Denker die Zeichen seiner Zeit zu deuten wußte, bleibt gleichwohl bemerkenswert. Das gilt nicht nur für seine weltpolitischen Vorhersagen, sondern ebenso für seine weit in die Zukunft vorausweisende Analyse der politischen Entwicklung der europäischen Gesellschaften, die mit Amerika durch ein gemeinsames kulturelles Band verbunden waren: das Erbe des Westens.

Die französische Julirevolution von 1830

Als Tocqueville 1830 zusammen mit seinem Freund Gustave de Beaumont nach Amerika aufbrach, hatte er kurz zuvor eine neue französische Revolution erlebt: die Julirevolution von 1830. Ihre Vorgeschichte
begann im August 1829, als sich König Karl X. auf die Seite des äußersten rechten Flügels der Ultraroyalisten stellte und Jules Auguste Prince
de Polignac, den vormaligen Gesandten in London, an die Spitze des
Kabinetts berief. Polignac löste Jean Baptiste Vicomte de Martignac
ab, der seit Anfang 1829 versucht hatte, eine zuverlässige Mehrheit im
Parlament hinter sich zu bringen. In der Kammer, die im November
1827 neu gewählt worden war, standen rund 180 Anhängern der Regierung 180 Liberale und 75 Abgeordnete der rechten Opposition um
Chateaubriand gegenüber, die sich inzwischen zur Verteidigerin der
Pressefreiheit entwickelt hatte. Polignac nahm keinerlei Rücksicht auf
die Mehrheitsverhältnisse und handelte damit ganz im Sinne des Monarchen.

Zur Opposition gehörten also höchst unterschiedliche politische
Kräfte. Den linken, republikanischen Flügel repräsentierten zwei im
Sommer 1829 gegründete Zeitungen, «La Tribune des départements»
und «La jeune France», den rechten Flügel die Anhänger Chateau-
briands und die von dem früheren Außenminister ins Leben gerufene
Gesellschaft der Freunde der Pressefreiheit. In der Mitte standen die
Liberalen um die Zeitungen «Le Globe», «Le National» und «Le
Temps». Die Wortführer der Liberalen, die Journalisten Armand Car-
rel, Auguste Mignet und Adolphe Thiers, bejahten die monarchische
Staatsform, hielten aber einen Dynastiewechsel nach dem englischen
Vorbild von 1688 für unausweichlich. Ihr Kandidat für die Nachfolge
Karls X. war der Herzog von Orléans, Louis Philippe, der Sohn des
1793 guillotinierten «Philippe Égalité». England erschien den Liberalen auch im Hinblick auf das politische System nachahmenswert. Sie
plädierten für ein parlamentarisches System, in dem die Regierung sich
mit der Mehrheit der Kammer verständigen mußte und von deren Vertrauen abhing, während der König außerhalb des politischen Streits
stehen sollte. «Le roi règne et ne gouverne pas» (Der König regiert,
aber er herrscht nicht): So lautete die berühmte Formel, die Adolphe
Thiers erstmals wohl am 4. Februar 1830 in den von ihm mitherausge-

gebenen «National» gebraucht hat, die aber ursprünglich aus dem polnischen Sejm des späten 16. Jahrhunderts stammt und im lateinischen Original lautet: «Rex regnat, sed non gubernat».

Am 18. März 1830 brach der offene Konflikt zwischen König und Parlament aus. Auf eine uneinsichtige Thronrede des Monarchen antworteten 221 Abgeordnete der Kammer mit einer vom Präsidenten Royer-Collard verlesenen Adresse, in der sie feststellten, daß es ein Zusammenwirken zwischen Regierung und Volksvertretung, wie es die Charte von 1814 zum politischen Gebot erhoben habe, derzeit nicht gebe. Karl X. reagierte auf das Mißtrauensvotum am 16. Mai mit der Auflösung der Kammer und der Anordnung von Neuwahlen.

Gleichzeitig versuchte die Regierung Polignac, außenpolitische Stärke zu demonstrieren. Unter Hinweis auf die Mißhandlung von französischen Kaufleuten und eine Beleidigung des französischen Konsuls durch den Dei von Algier schickte sie eine Expeditionstruppe von 37000 Mann auf 453 Schiffen nach Nordafrika. Offizielles Ziel der Strafaktion war die Beseitigung der Versklavung der Untertanen des Dei und die Beendigung der Piraterie, mit der dieser (nominell unter osmanischer Oberhoheit stehende) «Barbareskenstaat» seit Jahrhunderten das Mittelmeer unsicher machte. Zumindest vordergründig war das Unternehmen ein voller Erfolg. Am 4. Juli 1830, drei Wochen nach der Landung der Truppen, fiel Algier in die Hände der Franzosen; tags darauf kapitulierte der Dei; denselben Schritt vollzogen kurz darauf die Beis von Titteri und Oran. Das Hinterland aber war noch längst nicht unter französischer Kontrolle. Was als innenpolitisches Ablenkungsmanöver begonnen hatte, sollte sich zu einem langwierigen, blutigen Kolonialkrieg auswachsen.

Das eigentliche Ziel, das die Regierung Polignac mit dem Feldzug im Maghreb verfolgt hatte, wurde nicht erreicht: Die französischen Wähler zeigten sich von dem militärischen Abenteuer unbeeindruckt. Aus den Wahlen, deren zweite entscheidende Runde am 3. Juli stattfand, ging die Opposition mit 274 statt bislang 221 Abgeordneten gestärkt hervor. Auf Seiten der Regierung Polignac standen lediglich 143 Mitglieder der Kammer.

Karl X. hätte den offenen Kampf nur noch durch einen Regierungswechsel im Sinne der neuen Mehrheitsverhältnisse abwenden können. Doch ebendies lehnte er unter Berufung auf die nach seiner Meinung verhängnisvollen Zugeständnisse seines Bruders, Ludwigs XVI., nach

dem Ausbruch der Revolution von 1789 ab. Die Antwort auf den
Wahlausgang waren vier königliche Ordonnanzen vom 26. Juli 1830.
Die erste führte wieder die Zensur ein; die zweite verfügte die neuerliche Auflösung der Kammer, die sich zu diesem Zeitpunkt noch nicht
einmal konstituiert hatte; die dritte änderte das Wahlrecht zu Lasten
der (überwiegend liberalen) Geschäftsleute ab, indem sie die Gewerbesteuer von der Berechnung des Zensus ausschloß; die vierte setzte das
Datum von Neuwahlen fest. Karl X. stützte sich dabei auf Artikel 14
der Charte, der den König ermächtigte, die zur Vollziehung der Gesetze
und zur Sicherheit des Staates notwendigen Verfügungen und Verordnungen zu erlassen. Tatsächlich waren zwei der Ordonnanzen nichts
anderes als ein Staatsstreich: Fragen der Pressefreiheit und des Wahlrechts konnten, worauf Thiers sogleich hinwies, nur durch Gesetze und
nicht durch Verordnungen geregelt werden.

Am gleichen 26. Juli, an dem die Ordonnanzen des Königs verkündet wurden, unterzeichnete der Polizeipräfekt von Paris einen Erlaß,
der den Abdruck von Zeitungsartikeln verbot, die nicht zuvor vom Innenministerium genehmigt worden waren. «Le National», «Le Temps»
und «Le Globe» mißachteten die Weisung und erschienen am folgenden
Tag mit flammenden Protesten gegen die Unterdrückung der Pressefreiheit. Die kühne Tat wurde zum Fanal der Revolution und der 27. Juli
zum ersten der «Trois glorieuses», der drei ruhmreichen Tage der Julirevolution. In der Nähe des Palais Royal wurden die ersten Barrikaden
errichtet; die Regierung verhängte den Ausnahmezustand über die
Hauptstadt; den Oberbefehl über die Pariser Garnison übertrug sie dem
ehemaligen napoleonischen Marschall Auguste de Marmont, Herzog
von Ragusa, der am 4. April 1814 durch sein Überlaufen zu den Alliierten wesentlich zur Abdankung des Kaisers beigetragen hatte und seitdem vielen Franzosen als die Verkörperung des Verrats galt. Währenddessen strömten immer mehr Studenten, Arbeiter, ehemalige Soldaten
und bewaffnete Angehörige der 1827 aufgelösten Nationalgarde zusammen, stürmten mehrere Waffenlager, bauten weitere Barrikaden
und besetzten das Rathaus sowie die Kathedrale Notre Dame.

Die Pariser Garnison bestand aus 12 500 Soldaten. Viele von ihnen
desertierten bereits bei den ersten Gefechten. Am 29. Juli fiel der
Louvre, wohin sich Marmont zurückgezogen hatte, in die Hände der
Aufständischen. Die Regierungstruppen, die bereits schwere Verluste
erlitten hatten, lösten sich auf. Damit war die alte Ordnung beseitigt.

Eine Kommission führender Liberaler, unter ihnen Casimir Périer und Jacques Lafitte, erklärte sich zur provisorischen Regierung und übertrug dem zweiundsechzigjährigen Lafayette ein Amt, das er schon einmal, 1789, übernommen hatte: das des Befehlshabers der Nationalgarde.

Das gemeinsame Ziel der Aufständischen war der Sturz des Regimes Karls X. gewesen. Ging die Revolution weiter, war mit der Ausrufung der Republik zu rechnen. Von den Arbeiterbataillonen und den bewaffneten Studenten und Intellektuellen, die den Sieg erkämpft hatten, wäre die Abschaffung der Monarchie bejubelt worden. Die Gemäßigten um Thiers aber wollten ein Weitertreiben der Revolution wie nach 1789 unbedingt verhindern und betrieben darum die sofortige Thronbesteigung des Herzogs von Orléans. Louis Philippe hatte, bevor er 1793 zu den Österreichern überwechselte und ins Exil ging, als General in den Revolutionsheeren gekämpft und im November 1792 den Sieg bei Jemappes miterstritten. Daran erinnerte nun Thiers – in der Hoffnung, die Republikaner auf diese Weise mit seinem Kandidaten und der Beibehaltung der Monarchie zu versöhnen.

Louis Philippe war bereit, die ihm zugedachte Rolle zu übernehmen. Am 31. Juli erschien er in der Uniform eines Nationalgardisten im Pariser Rathaus, wo ihn Lafayette, der sich mit einer blau-weißroten Schärpe geschmückt hatte, demonstrativ umarmte. Der Beifall der Menge ließ sich als Zustimmung zum Thronwechsel deuten. Am folgenden Tag, dem 1. August, übertrug die Kommission von Lafitte und Périer die Regierungsgewalt an Louis Philippe, der seinerseits die künftigen Minister aussuchte und die Kammern auf den 3. August einberief. Karl X., der nach Rambouillet geflüchtet war, dankte zugunsten seines Enkels, des Herzogs von Bordeaux, ab, was aber ebenso folgenlos blieb wie die Übertragung der Regentschaft auf den Herzog von Orléans. Dieser hatte sich bereits entschieden, selbst den Thron zu besteigen und die Königswürde aus den Händen der Volksvertretung entgegenzunehmen.

Am 3. August traten die Kammer der Pairs und die Kammer der Deputierten zusammen und unterzogen die Charte constitutionelle von 1814 einer Revision, zu der das Verbot der Zensur, die Wiedereinführung der Trikolore und die Streichung des von Karl X. mißbrauchten Artikels 14 gehörten. Am 7. August beschlossen die beiden Kammern die neue Verfassung, erklärten den Thron für vakant und besetzten ihn mit «Louis Philippe, König der Franzosen von Gottes Gnaden und durch den Willen der Nation». Der neue Monarch leistete sogleich den Eid auf die Verfassung und ernannte ein Ministerium, dem François Guizot, Casimir Périer und der Herzog de Broglie angehörten. Karl X. begab sich über Maintenon und Cherbourg nach England. Er starb 1836 im Alter von 79 Jahren im habsburgischen Görz, dem heutigen Gorizia am Isonzo.

Die Julirevolution war in vieler Hinsicht die romantische Revolution, als die sie der Maler Eugène Delacroix in seinem berühmten Bild «Die Freiheit führt das Volk» dargestellt hat. Sie wurde geführt von Journalisten und Advokaten, die ihren rasch errungenen Erfolg genossen, aber keine klaren Vorstellungen davon hatten, wie sie den erstrebten Übergang von der Monarchie zur Republik erreichen und das neue Staatswesen gestalten sollten. An ihrer Seite standen ebenso freiheitsliebende Studenten, frühere Soldaten, «kleine Leute» und vor allem Arbeiter, von denen viele aus der Provinz nach Paris gekommen waren, um bei den großen Bauvorhaben der Hauptstadt Geld zu verdienen. Das gemeinsame Ziel, der Sturz des Bourbonenkönigtums, wurde vor allem deshalb so schnell erreicht, weil die reaktionäre Regierung Polignac nahezu die gesamte Gesellschaft gegen sich aufgebracht hatte. Die wenigen Adligen, Kleriker, Offiziere und Beamten, die Karl X. bis zuletzt die Treue hielten, waren auch innerhalb ihrer jeweiligen Gruppe eine Minderheit.

Die Sieger der Julirevolution waren nicht jene, die den Sieg erkämpft hatten. Der Historiker Jean Tulard spricht von einer «orleanistischen Intrige», die der Erhebung von Republikanern, Studenten, ehemaligen Soldaten und von Arbeitern aus den ärmsten Stadtvierteln von Paris aufgepfropft worden sei. «Der neue König bezog seine Macht weder aus dem Geblütsrecht noch aus der Volkssouveränität. Die Julimonarchie entstand schlicht aus den Intrigen einiger Männer wie Thiers, Lafitte und Casimir Périer, die, auch wenn sie sich auf das nationale Interesse beriefen, nur für ihre eigenen Interessen arbeiteten. Der Dynastiewechsel unterschied sich von einer Palastrevolution in orientalischem Stil nur durch das Eingreifen des Volkes. Tatsächlich wurde das monarchische Prinzip in Frankreich mit den Julitagen zu Grabe getragen.»

Durch die Julimonarchie gelangte die Großbourgeoisie an die Macht. Ihre Interessen, vor allem die der Bankiers, Großgrundbesitzer und Bergwerksunternehmer, bestimmten den Inhalt der Politik, nicht mehr die Aristokratie und die katholische Kirche, da beide nach 1830 stark an Einfluß verloren. Das Wahlrecht wurde 1831 erweitert: Es genügten nun Steuerleistungen von 200 Francs, um das aktive, und 500 Francs, um über das passive Wahlrecht zu verfügen. Die Zahl der Wahlberechtigten stieg dadurch von 94 600 im Jahre 1829 auf 167 000 (und bis 1846 auf 248 000). Die meisten Handwerker blieben durch diesen Zensus vom Wahlrecht weiterhin ausgeschlossen, die Arbeiter erst recht. Der «Bürgerkönig» hielt sich an die Verfassung, die von ihm ernannten Minister wußten sich vom Vertrauen der Deputierten abhängig. Das Julikönigtum war de jure noch eine konstitutionelle, de facto bereits eine parlamentarische Monarchie.

Das «juste milieu» der französischen Gesellschaft der 1830er Jahre machte sich die Guizot zugeschriebene Devise «Enrichissez-vous!» (Bereichert euch!) zu eigen. Um das tun zu können, mußte man freilich über ein Mindestmaß an Vermögen verfügen. Wer wählen durfte, gehörte zum «pays légal», dem kleinen Teil der Bevölkerung, der sich durch Abgabe eines Stimmscheins politisch artikulieren konnte. Daneben gab es das «pays réel» der großen Mehrheit, für deren Willensäußerungen die Verfassung keinen Platz vorgesehen hatte.

Das Proletariat, das in den Pariser Barrikadenkämpfen des Juli 1830 sichtbar in Erscheinung getreten war, machte einen wachsenden Teil des «pays réel» aus. Es hatte jeden Grund, mit den Ergebnissen der Julirevolution zu hadern. Die Empörung über das Regime der Reichen machte sich in den Jahren der Julimonarchie immer wieder Luft, zuerst im großen Aufstand der «canuts», der Seidenweber von Lyon im November 1831, ausgelöst durch ein Veto der Regierung in Paris, des Kabinetts Périer, gegen eine zwischen dem Präfekten von Lyon und einem Teil der örtlichen Unternehmer vereinbarte Erhöhung der extrem niedrigen Mindestlöhne. Nachdem Polizei und Nationalgarde die Ruhe nicht hatten wiederherstellen können, ließ das Kabinett Périer die Erhebung mit Hilfe der Armee niederwerfen. Der Präfekt wurde entlassen, die Nationalgarde, deren Angehörige sich zum Teil den Aufständischen angeschlossen hatten, aufgelöst. Die Staatsgewalt bewies damit einmal mehr, was sie war: ein Instrument in den Händen der Klasse, die im Juli 1830 an die Macht gelangt war.[71]

«Mit der Julirevolution betreten wir einen ganz neuen Boden»: Mit diesen Worten beginnt Lorenz von Stein den zweiten Band seiner 1850 erschienenen dreibändigen «Geschichte der sozialen Bewegung in Frankreich». Die Julirevolution war aus der Sicht dieses Hegelianers das Ereignis, durch das die industrielle Gesellschaft zur definitiven Herrschaft gelangte; 1830 wurde so «zum eigentlichen Abschluß der ersten Revolution», der von 1789, und zum «Ausgangspunkt der eigentlich sozialen Bewegung». Unter dem orleanistischen Julikönigtum bemächtigte sich Stein zufolge eine herrschende Klasse, die der Kapitalbesitzer, der Staatsgewalt und zwang dadurch die unterworfene Klasse, das Proletariat, ihrerseits zur Gewalt zu greifen. «Die Gesellschaft spaltet sich in zwei große Lager, die Auffassung der menschlichen Verhältnisse in zwei durchaus entgegengesetzte Systeme und die Entwicklung in zwei große Bewegungen, die sich gegenseitig ausschließen und des Augenblicks warten, wo sie in offenem Kampf auftreten können.»

Die Zeitgenossen der Julirevolution wußten noch nicht, wie sich die soziale Frage weiterentwickeln würde. Es war jedoch absehbar, daß in dem Maß, wie die Industrialisierung den europäischen Kontinent erfaßte, die Zahl der Proletarier und die Not der arbeitenden Klasse zunehmen würden – so wie man das im Mutterland der Industriellen Revolution, in England, beobachten konnte. Als Stein um 1850 sein Bild von der Zukunft der industriellen Gesellschaft entwarf, konnte er bereits auf den Sturz des Julikönigtums in der Revolution von 1848 zurückblicken. Gleichwohl waren die Prognosen dieses deutschen Konservativen ähnlich kühn und scharfsinnig wie die des französischen Liberalen Tocqueville von 1835. War für diesen Amerika das Paradigma des neuen Zeitalters, so sah jener in Frankreich den «Embryo» der europäischen Entwicklung. Stein ging von der «Gleichartigkeit des Lebens der französischen Nation mit den übrigen germanischen Nationen» aus. Darum konnte er in Frankreich einen Paradefall sehen, aus dem sich lernen ließ, aber alles in allem eher im Sinne eines abschreckenden Gegenbildes als eines Vorbildes.[72]

Eine gesellschaftliche Polarisierung zwischen Kapitalbesitzern und Proletariern, wie sie sich im Frankreich des Julikönigtums vollzog, ließ sich nach Steins Überzeugung aufhalten oder zumindest eindämmen, wenn der Staat sich zum Schutzherrn und Helfer des beherrschten Teiles der Gesellschaft, zum Verbündeten der Unterdrückten im Kampf gegen ihre Unterdrücker machte. Um dies tun zu können, mußte der Staat selbständig, seiner eigenen Idee verpflichtet, über alles gesellschaftliche

Interesse erhaben sein, was nach Steins Meinung nur unter den Bedingungen des Königtums möglich war. Nur ein «Königtum der sozialen Reform» konnte ein Land vor der Doppelgefahr der sozialen Revolution und der Despotie bewahren. Ein soziales Königtum würde den Thron mit der Idee der Freiheit identifizieren und der Monarchie eine neue, volkstümliche Legitimation verschaffen: «Das wahre, mächtigste, dauerndste und geliebteste Königtum ist das Königtum der gesellschaftlichen Reform ... Alles Königtum wird fortan entweder ein leerer Schatten oder eine Despotie werden, wenn es nicht den hohen sittlichen Mut hat, ein Königtum der sozialen Reform zu werden.»

Stein entwarf einen monarchischen Staat, der sich im Sinne Hegels als Wirklichkeit der sittlichen Idee begriff. Er ließ keinen Zweifel daran, welchem Königtum er am ehesten den Willen und die Kraft zur gesellschaftlichen Reform zutraute: Es war das preußische. Der Hohenzollernstaat war mithin der eigentliche Adressat der «Geschichte der sozialen Bewegung in Frankreich». Ob er sich die Folgerungen Steins zu eigen machen würde, konnte um 1850 noch niemand wissen.[73]

Folgerevolutionen: Europa in den frühen 1830er Jahren

Die Auswirkungen der französischen Revolution von 1830 auf Europa waren nicht so stark wie die der Revolution von 1789, aber doch erheblich. Zum einen spaltete die Julirevolution Europa in einen liberalen Westen und einen konservativen Osten. Dem liberalen Lager gehörten Großbritannien und Frankreich, dem konservativen Rußland, Österreich und Preußen, die Mächte der Heiligen Allianz von 1815, an. Zum anderen gab die Julirevolution den Anlaß zu mehreren Folgerevolutionen. Die erste war die belgische Revolution vom Spätsommer und Herbst 1830. Ihr Hauptgrund war verbreitete Unzufriedenheit mit der «Wiedervereinigung» von 1815: dem Zusammenschluß der früheren Generalstaaten im Norden und der ehemaligen habsburgischen, erst spanischen, dann österreichischen Niederlande unter König Wilhelm I. aus dem Hause Oranien.

Man mußte bis in die Zeit vor dem Freiheitskampf der Niederlande im 16. Jahrhundert zurückgehen, um von einer Einheit des Gebiets sprechen zu können, das 1815 unter die Herrschaft Wilhelms I. kam. Im südlichen Teil des Königreichs der Vereinigten Niederlande lag eines der am höchsten industrialisierten Gebiete des Kontinents, Wallonien, während in den nördlichen Provinzen die Industrialisierung sehr viel später einsetzte. Der Norden war überwiegend evangelisch, das hieß reformiert, der Süden einschließlich Flandern katholisch. Die katholischen Bischöfe, gleichgültig ob Flamen oder französischsprachige Wallonen, verhielten sich dem protestantischen König und seinen Ministern gegenüber loyal. Im Bürgertum und bei den Intellektuellen aber gab es eine breite Strömung, die unter dem Einfluß von Lamenais auf eine Annäherung von Katholizismus und Liberalismus hinarbeitete. Auf der anderen Seite stellten die Liberalen ihren Antiklerikalismus bewußt zurück, um eine gemeinsame belgische Front gegen den zunehmend autoritären Kurs des Königs aufzubauen. Deshalb wurde auch die Sprachenfrage nicht in den Vordergrund gerückt, obwohl die Benachteiligung des Französischen viel zur Entfremdung zwischen den Wallonen und der Regierung in Den Haag beigetragen hatte.

Die Pariser Ereignisse vom Juli 1830 wirkten als Fanal: Die Opposition gegen Wilhelm I. schlug in eine Revolution für die Unabhängigkeit Belgiens um. Die ersten gewaltsamen Unruhen fanden Ende August in Brüssel statt; im September folgten schwere Straßenkämpfe, bei denen französische Offiziere die Führung der Aufständischen übernahmen. Am 5. Oktober konstituierte sich eine Provisorische Regierung; am 18. November beschloß ein Nationalkongreß die Unabhängigkeit Belgiens; im Monat darauf wurde dank einer Intervention Frankreichs Antwerpen den Niederländern entrissen.

Eine Konferenz der fünf Großmächte Großbritannien, Rußland, Österreich, Preußen und Frankreich, der Signatarmächte der Wiener Verträge von 1815, in London setzte Ende Dezember einen Waffenstillstand durch. Am 20. Januar 1831 wurde die belgische Unabhängigkeit unter der Bedingung ewiger Neutralität nach dem Vorbild der Schweiz grundsätzlich anerkannt. Einverständnis gab es auch, daß Belgien eine konstitutionelle Monarchie sein sollte. Eine entsprechende Verfassung, von der sogleich noch zu reden sein wird, verabschiedete der Nationalkongreß am 7. Februar 1831. Am 4. Juni 1831 wurde in Absprache mit den Großmächten Prinz Leopold von Sachsen-Coburg-Gotha, der verwitwete Gatte der verstorbenen britischen Thronfolgerin, vom Nationalkongreß zum König von Belgien gewählt. Er leistete unmittelbar danach seinen Eid auf die Verfassung.

Die belgische Revolution versetzte dem Werk des Wiener Kongresses einen ersten schweren Schlag. Die Beseitigung des Königreichs der Vereinigten Niederlande gelang nur, weil die beiden liberalen Westmächte in dieser Frage einig und die drei konservativen Ostmächte uneinig waren. Frankreich wünschte keinen starken Nachbarn im Norden, empfand starke Sympathien für die französischsprechenden Wallonen und hatte darum die Separation Belgiens von Anfang an unterstützt; England unter dem neuen Premierminister Lord Grey, einem Whig, sah seine Interessen auf der anderen Seite des Ärmelkanals in einem neutralen, ihm wohlgesonnenen neuen Königreich am besten gewahrt und wollte deshalb verhindern, daß dieses sich allzu eng an Frankreich anlehnte. Der stärkste Verteidiger der Belange Wilhelms I. und damit des Status quo war Zar Nikolaus I., der offen von Intervention sprach. Aber für eine politische oder gar militärische Konfrontation mit Frankreich und England hätte Rußland Verbündete gebraucht, und die fehlten ihm. Preußen dachte zu keiner Zeit daran, sich Hollands wegen in einen Krieg zu stürzen. Der österreichische Staatskanzler Metternich war zwar wegen des Zerfalls des Wiener Systems aufs höchste besorgt, zog aber eine bewaffnete Intervention schon deswegen nicht in Erwägung, weil diese angesichts der ablehnenden Haltung Preußens das Ende der Heiligen Allianz bedeutet hätte.

König Wilhelm wollte sich mit dem Verlust Belgiens lange nicht abfinden und versuchte sich im Sommer 1831 sogar an einer Rückeroberung, die jedoch am erneuten Einsatz französischer Truppen scheiterte. Im November 1831 vereinbarten die fünf Großmächte die «24 Artikel», die die Existenzbedingungen des Königreichs Belgien endgültig festlegen sollten. Luxemburg sollte geteilt werden, wobei der französischsprachige Teil an Belgien fiel und der nichtwallonische Teil als (weiterhin mit den Niederlanden in Personalunion verbundenes) Großherzogtum beim Deutschen Bund verblieb. Auch für Limburg war eine Teilung vorgesehen: Ein Teil sollte Belgien zugeschlagen werden, der andere als (ebenfalls durch Personalunion mit den Niederlanden verbundenes) Herzogtum in den Deutschen Bund eintreten. Da Holland sich dieser Regelung verweigerte und Rußland den Vertrag nicht ohne Zustimmung Wilhelms I. ratifizieren wollte, blieben die «24 Artikel» zunächst in der Schwebe. Erst nachdem Wilhelm seinen Widerstand schließlich aufgegeben hatte, traten sie im Februar 1839 in Kraft. Gleichzeitig erkannte auch Zar Nikolaus Leopold I. als König der Belgier an.

Belgien war unterdessen dabei, sich zum Musterland des europäischen Liberalismus zu entwickeln. Die Verfassung vom Februar 1831 enthielt einen umfassenden Katalog von Freiheitsrechten, darunter die unbeschränkte Religionsfreiheit bei strikter Trennung von Staat und Kirche. Das Prinzip der Volkssouveränität fand seinen Niederschlag in Artikel 25, dem zufolge alle Gewalten von der Nation ausgingen. Die gesetzgebende Gewalt übten der König und die beiden Häuser des Parlaments, die Kammer der Volksvertreter und der Senat, gemeinsam aus; alle drei hatten das Recht der Gesetzesinitiative. Der König besaß, entsprechend den Bestimmungen der Verfassung, die vollziehende Gewalt. Er ernannte und entließ die Minister; an ihre Gegenzeichnung war die Inkraftsetzung aller seiner Verfügungen gebunden. Die Minister waren «verantwortlich»; sie konnten von der Kammer der Volksvertreter angeklagt und vor ein Gericht, den Kassationshof, gezogen werden.

Daß die Minister in ihrer Amtsführung des Vertrauens der Abgeordneten bedurften, wurde nicht ausdrücklich festgestellt, war aber die Richtschnur der Regierungspraxis. Das Wahlrecht wurde durch ein besonderes Wahlgesetz geregelt, und zwar im Sinne eines hohen Zensus. Bis zum Ende des 19. Jahrhunderts verfügten nie mehr als zwei Prozent der Bevölkerung über das aktive Wahlrecht. Die Zugehörigkeit zum Senat blieb den besonders Vermögenden vorbehalten. Belgien war, ungeachtet der sprachlichen und kulturellen Unterschiede zwischen Flamen und Wallonen, ein Einheitsstaat. Das förderte zunächst das Zusammenwachsen zu einer Nation, mehrte aber längerfristig die Unzufriedenheit der Flamen, die sich von den wirtschaftlich mächtigeren, politisch tonangebenden Wallonen übervorteilt fühlten. Die Liberalen und die Katholiken versuchten, die Harmonie der Gründungsphase tunlichst zu bewahren, was bis Mitte der 1840er Jahre auch im großen und ganzen gelang.

In keinem anderen Land Europas war während des ganzen 19. Jahrhunderts die Bourgeoisie in einem solchen Maß im Besitz der Macht wie in Belgien. Nirgendwo war die monarchische Gewalt so schwach und der Schutz der individuellen Freiheiten so sicher verbürgt wie hier. Doch die Kehrseite dieses Liberalismus ließ sich nicht verbergen: Die Masse der Bevölkerung blieb von der politischen Macht ausgeschlossen; das wachsende industrielle Proletariat konnte seine Forderungen nur durch sozialen Protest, nicht aber durch gewählte Vertreter im Parlament vortragen. Die Kluft zwischen dem «pays legal» und dem «pays réel» war im Königreich Belgien nicht minder tief als in der französischen Julimonarchie.[74]

Von der belgischen Revolution in hohem Maß inspiriert war der polnische Aufstand von 1830/31, die zweite Folgerevolution der französischen Julirevolution. Die polnische Erhebung begann am 29. November 1830 mit einem Aufstand, dessen wichtigste Träger junge Offiziere der polnischen Armee im 1815 errichteten Königreich Polen waren. Ein auslösendes Motiv war die begründete Furcht, Rußland plane, die (bereits mobilisierte) polnische Armee zur Wiederherstellung der alten Ordnung in Belgien einzusetzen. Über ein klares Konzept verfügten die Aufständischen nicht; einige Offiziere, die sich der überstürzten Aktion verweigerten, wurden noch am 29. November ermordet. Unterstützung fand das Unternehmen bei politisch interessierten Adligen und Bürgern, vor allem in der Hauptstadt. Die Masse der Landbevölkerung aber stand abseits, und das hatten sich die landbesitzenden Adligen selbst zuzuschreiben: Weil sie keine Bauernbefreiung wünschten, verzichteten sie darauf, die leibeigenen Bauern zum Kampf für die Unabhängigkeit Polens aufzurufen.

Die Führung der Revolution übernahm bald eine Vorläufige Regierung, die vom erweiterten Verwaltungsrat, der legalen, vom Zaren eingesetzten Regierung Kongreßpolens, berufen worden war. An der Spitze der revolutionären Regierung standen Adam Jerzy Czartoryski, der Vorsitzende des Verwaltungsrates, und der Historiker Joachim Lelewel, der Repräsentant der Linken. Sie bewirkten am 25. Januar 1831 einen Beschluß des Sejm, der die Dynastie der Romanows für abgesetzt erklärte, also der Oberhoheit des Zaren ein Ende setzte. Im anschließenden Krieg zwischen Rußland und Polen wechselten sich Siege und Niederlagen beider Seiten ab. Ende Mai 1831 wurden die Aufständischen bei Ostrołęka von den Truppen des Zaren geschlagen. Die endgültige Entscheidung brachte aber erst eine Schlacht in der Nähe von Warschau am 6. und 7. September 1831, in der die zahlenmäßig weit überlegenen Russen obsiegten. Die unmittelbare Folge war die Kapitulation der polnischen Hauptstadt.

Ein großer Teil des polnischen Heeres konnte sich ebenso wie die meisten Mitglieder der Revolutionsregierungen und des Sejm den nun hereinbrechenden Vergeltungsaktionen der Großmacht Rußland durch Flucht in das preußische oder österreichische Teilungsgebiet und von dort über Deutschland nach Westeuropa entziehen. Von den im Königreich Polen verbliebenen Führern des Aufstands wurden viele zum Tode verurteilt, dann aber zu Zwangsarbeit begnadigt. Die einfachen Soldaten kamen in den Genuß einer Amnestie, mußten jedoch fortan in anderen Teilen des Zarenreiches Dienst tun. Die Güter der Emigranten wurden konfisziert und teilweise russischen Offizieren übereignet. Kongreßpolen büßte seine relative Selbständigkeit weitgehend ein. Sejm und Heer wurden aufgelöst, die Universität Warschau geschlossen. Für das polnische Schulwesen war seit 1839 nicht mehr der Verwaltungsrat in Warschau, sondern die russische Regierung in St. Petersburg zuständig.

Im preußischen und im österreichischen Teilungsgebiet gab es zwar manche Bekundungen von Sympathie für den Aufstand, aber keine aktive Unterstützung. Anders verhielt es sich mit dem 1815 errichteten Freistaat Krakau, der unter der Aufsicht der drei Teilungsmächte stand. Hier fanden im Winter 1830/31 polnische Truppen Zuflucht, was im Jahr darauf zu einer mehrwöchigen Besetzung Krakaus führte. Die Abgeordnetenkammer, die sich zum Sprachrohr der nationalen Solidarität gemacht hatte, mußte 1833 eine starke Beschränkung ihrer Rechte hinnehmen. Seit 1841 wurde sie nicht mehr einberufen.

Zur Stimme Polens in der Welt wurde nach 1831 die «Grande émigration». Auf bis zu 9000 wurde die Zahl der Polen geschätzt, die ihre Heimat nach dem Aufstand verließen und sich zuerst nach Frankreich begaben, wo sich die Regierung unter dem Druck der öffentlichen Meinung genötigt sah, Tausenden von Emigranten die Reisekosten zu bezahlen. Die bekanntesten unter den Flüchtlingen waren der Komponist Frédéric Chopin, der Dichter Adam Mickiewicz, von dem das vielzitierte Wort von Polen als dem «Christus der Völker» stammt, und die beiden Führer des Aufstandes, Adam Jerzy Czartoryski und Joachim Lelewel, von denen der erste für den konservativen, der zweite für den demokratischen Flügel der Emigration sprach.

Schon auf dem Weg durch Deutschland bekamen die geschlagenen Rebellen zu spüren, wie populär ihr heldenhafter, wenn auch vergeblicher Kampf bei den Freunden der Freiheit war. Das polnische Motto «Für eure und unsere Freiheit» wurde bejubelt, und zu Recht hielt man den Aufständischen zugute, daß sie mit ihrer Erhebung russischen Plänen für eine Intervention in Belgien den Boden entzogen hatten. Die «Polenbegeisterung» der dreißiger Jahre löste in Europa wie in Nordamerika in gewisser Weise den Philhellenismus der zwanziger Jahre ab.

In Deutschland lagen die Hochburgen der «Polenvereine» nicht zufällig dort, wo auch die Griechenfreunde sich am besten hatten entfalten können: im Südwesten. Die Regierungen in Stuttgart, Karlsruhe und Darmstadt duldeten die Geldsammlungen für kranke und verwundete Polen wie für polnische Flüchtlinge, die sich auf dem Weg nach Frankreich befanden. Für diese Tolerierung sprachen nicht nur humanitäre, sondern auch fiskalische Erwägungen: Soweit es um die Flüchtlinge ging, entlasteten die freiwilligen Spenden die Staatskasse. In Österreich, Preußen und Hannover hingegen wurden die Polenvereine wegen ihrer liberalen und demokratischen Neigungen unterdrückt. Auf österreichisches und preußisches Betreiben hin erfolgte im Sommer 1832 die Auflösung der Polenvereine im ganzen Bundesgebiet. Die Sympathie für das geteilte Nachbarland aber ließ sich nicht unterdrücken. Sie wurde in den dreißiger und vierziger Jahren zu einem einigenden Band aller, die sich in Europa für die Rechte der Völker einsetzten.[75]

Auch in Deutschland fand die französische Julirevolution einen starken Widerhall. Sie wirkte wie die Lösung eines Banns, der seit den Karlsbader Beschlüssen von 1819 auf dem Lande lag. Zahlreiche Städte wurden von politischen und sozialen Unruhen erschüttert, darunter Hamburg, Köln, Elberfeld, Aachen, München, Berlin und Wien. In zwei Mittelstaaten, die sich durch besondere Rückständigkeit auszeichneten, schlug der Protest gegen die bestehenden Verhältnisse 1830 in offene Revolution um: in Braunschweig, wo der Herzog, und in Sachsen, wo der König zugunsten eines anderen Mitgliedes des Herrscherhauses auf den Thron verzichten mußte. Unruhen gab es auch in Kurhessen und Hannover, wo die Regierungen ausgewechselt wurden. In allen vier Staaten traten Repräsentativverfassungen in Kraft, was im Fall Kurhessens den Auftakt zu einem mehrjährigen Verfassungskonflikt bildete. In Südwestdeutschland begann nach der Julirevolution die Zeit des Kammerliberalismus. Nirgendwo konnte er sich in einem solchen Maß durchsetzen, wie im Großherzogtum Baden, wo die Liberalen seit dem Frühjahr 1831 die Kammer beherrschten.

Mit der französischen Julirevolution von 1830 trat Deutschland in die Zeit des Vormärz ein: eine Bezeichnung, die sich natürlich erst nach den Märzrevolutionen von 1848 einbürgern konnte. Wollte man das liberale Programm der 18 Jahre zwischen den beiden Revolutionen auf eine knappe Formel bringen, so würde sie «Freiheit und Einheit» lauten. Um die Freiheit ging es den badischen Liberalen, als sie sich im

Dezember 1831 gegen das Zensursystem von Karlsbad auflehnten und der Regierung ein fortschrittliches Pressegesetz abnötigten, das dem Bundesrecht widersprach und infolgedessen einige Monate später, im Juli 1832, auf Verlangen des Bundestags vom Großherzog für unwirksam erklärt wurde.

Auf die deutsche Einheit zielte ein Antrag, den der eigentliche Vater des Pressegesetzes, der Freiburger Staatsrechtslehrer Theodor Welcker, zusammen mit Carl von Rotteck, Herausgeber des weitverbreiteten «Staatslexikons», im Oktober 1831 im badischen Landtag einbrachte. In dieser «Motion» forderte der liberale Abgeordnete die Regierung im Namen des deutschen Volkes und des deutschen Liberalismus auf, sich für eine parlamentarische Vertretung der Nation einzusetzen: Um das Ziel einer «organischen Entwicklung des Deutschen Bundes zur bestmöglichen Förderung deutscher Nationaleinheit und deutscher staatsbürgerlicher Freiheit» zu erreichen, sollte neben den Gesandtenkongreß des Bundestags ein gewähltes «Volkshaus» treten.

Rotteck und Welcker waren gemäßigte Liberale. Links von ihnen standen Demokraten wie die beiden politischen Publizisten Philipp Jacob Siebenpfeiffer aus dem badischen Lahr und Johann Georg August Wirth aus dem fränkischen Hof, die im Januar 1832 im pfälzischen Zweibrücken den Deutschen Preß- und Vaterlandsverein gründeten. Anders als die Liberalen im engeren Sinn wollten die Demokraten Freiheit und Einheit nicht durch Verständigung mit den Fürsten und eine Reform der Bundesverfassung erreichen, sondern durch eine Volksbewegung.

Daß sie diese von der bayerischen Pfalz aus in Gang setzen wollten, hatte seine guten Gründe. Der einzelstaatliche Partikularismus war hier schwächer ausgeprägt als sonst im Südwesten Deutschlands, und das lag daran, daß sich unter den Pfälzern bisher kaum gefühlsmäßige Bindungen an die hier 1815 erneut zur Herrschaft gelangten Wittelsbacher entwickelt hatten und die Erinnerung an die bürgerlichen Freiheiten der «Franzosenzeit» noch stark war. Als König Ludwig I. von Bayern im Dezember 1831 den erst ein Jahr zuvor gewählten, überaus selbstbewußten Landtag auflöste, war der Protest nirgendwo so stark wie in der linksrheinischen Pfalz. Die Gründung des Preßvereins, eines fast schon parteiähnlichen Zusammenschlusses von Gleichgesinnten, der sich rasch über die Pfalz hinaus ausdehnte, war die erste organisatorische Frucht der Empörung. Die zweite war die größte Kundgebung deutscher Freiheits- und Vaterlandsfreunde, die es je gegeben hatte: das von Siebenpfeiffer, Wirth und anderen einberufene Hambacher Fest Ende Mai 1832.

Am «Allerdeutschenfest» in der Ruine des Schlosses zu Hambach nahmen 20 000 bis 30 000 Menschen teil, unter ihnen Studenten, Handwerker und Winzer, vorwiegend aus Südwestdeutschland und vor allem aus der Pfalz selbst. Viele von ihnen schwenkten schwarz-rot-goldene Fahnen – jene Farben, die erstmals 1813 vom berühmtesten aller Freikorps, dem des Majors von Lützow, gezeigt worden waren, die die Burschenschaften nach 1815 dann auf Vorschlag des Turnvaters Jahn übernommen hatten und die nun, 1832, endgültig zum Symbol der deutschen Einheits- und Freiheitsbewegung wurden. In den Hambacher Reden wurde die Freundschaft mit Polen, Franzosen und allen anderen freiheitsliebenden Völkern beschworen. Siebenpfeiffer wünschte sich «das deutsche Weib» nicht mehr als «dienstpflichtige Magd des herrschenden Mannes», sondern als «freie Genossin des freien Bürgers». Wirth (der einzige Redner, der es für richtig hielt, die Wiedervereinigung von Elsaß und Lothringen mit dem befreiten Deutschland zu fordern), sprach sich für eine «gesetzliche Revolution» aus, ließ aber offen, was darunter zu verstehen war. Ein Antrag Siebenpfeiffers, sogleich einen Ausschuß von Vertrauensmännern zu bilden und dem Bundestag als provisorische Nationalregierung gegenüberzustellen, fand am 28. Mai auf einer kleineren Versammlung in Neustadt keine Mehrheit. Die Zweifel an der eigenen Kompetenz waren offenkundig stärker als der Wille zur deutschen Revolution.

Manchen gemäßigten Liberalen waren die Hambacher Parolen viel zu radikal: ein wichtiger Grund, weshalb die Wege von Demokraten und Liberalen im engeren Sinn sich seit 1832 deutlich voneinander zu trennen begannen. Rotteck, dem die Karlsruher Regierung wie allen anderen Beamten die Teilnahme am Hambacher Fest untersagt hatte, sah die Freiheit durch das Drängen nach Einheit ernsthaft bedroht. Auf einem Fest badischer Liberaler in Badenweiler machte er im Juni 1832 seine Rangordnung der Werte deutlich: «Ich will die Einheit nicht anders als mit Freiheit, und will lieber Freiheit ohne Einheit als Einheit ohne Freiheit. Ich will keine Einheit unter den Flügeln des preußischen oder des österreichischen Adlers; ich will keine unter einer etwa noch zu stärkenden Machtvollkommenheit des so wie gegenwärtig organisierten Bundestages, und will auch keine in Form einer allgemeinen deutschen Republik, weil der Weg, zu einer solchen zu gelangen, schauerlich und der Erfolg oder die Frucht der Erreichung höchst ungewisser Eigenschaft erscheint ... Ich will also keine in äußeren Formen scharf ausgeprägte Einheit Deutschlands. Ein Staatenbund ist, laut dem Zeugnis der Geschichte, zur Bewährung der Freiheit geeigneter als die ungeteilte Masse eines großen Reiches.»

Die Regierungen des Deutschen Bundes wurden durch Hambach noch weit mehr aufgeschreckt als die gemäßigten Liberalen. Ende Juni 1832, vier Wochen nach dem Fest, beschloß der Bundestag auf Antrag Österreichs und Preußens eine verschärfte Auslegung der Karlsbader Beschlüsse, die sogenannten «Sechs Artikel». Als im April 1832 der «Frankfurter Wachensturm», ein putschartiges Unternehmen von Burschenschaftern, fehlschlug, ließ der Bundestag Frankfurt mit Bundestruppen belegen. Es folgten breit angelegte Ermittlungen, Gerichtsverfahren und Urteile, die sehr viel strenger ausfielen als die gegen einige der Hauptbeteiligten des Hambacher Festes. Metternich wähnte hinter den Frankfurter wie den Hambacher Ereignissen eine «allgemeine Umwälzungspartei Europas» am Werk. Die sollte sich um diese Zeit tatsächlich herausformen. In Deutschland aber war sie 1832/33 noch nicht aktiv.[76]

Ein Echo auf die Julirevolution gab es auch jenseits der Pyrenäen. Nicht nur König Ferdinand VII. und die Royalisten, sondern auch die gemäßigten Liberalen waren beunruhigt, woraus sich eine gewisse Annäherung beider Seiten ergab: In den letzten Regierungsjahren des Königs hatte das aufgeklärte Beamtentum das Sagen. Als Ferdinand im September 1833 starb, war die Frage der Thronfolge noch nicht endgültig geklärt. Königin Maria Cristina übernahm die Regentschaft für ihre dreijährige Tochter Isabella; Ferdinands jüngerer Bruder Karl, der als Verbannter in Portugal lebte, bestritt aber die Rechtmäßigkeit dieser Regelung und nahm selbst als Karl V. den Königstitel an. Die Witwe Ferdinands war durchaus keine Liberale; um gegenüber den ultraroyalistischen «Karlisten» bestehen zu können, blieben ihr aber nur die gemäßigten Liberalen, die «Moderados», als Verbündete, die sich nun in «Cristinos» verwandelten. Hinter den Karlisten standen die verarmten Handwerker der größeren Städte und Kleinbauern im Baskenland, in Navarra und Teilen von Katalonien, außerdem der ländliche Klerus und die Ordensgeistlichen. Die Karlisten entfesselten einen blutigen Bürgerkrieg, der sechs Jahre währte und von beiden Parteien mit großer Grausamkeit geführt wurde.

Die in Madrid regierenden Liberalen gehörten zunächst der gemäßigten Richtung an. 1834 verbriefte ein verfassungsartiges Dokument, das Estatuto Real, den Spaniern das Recht auf die Einberufung der Cortes, stellte neben die Kammer der Abgeordneten einen Senat als Oberhaus und legte für die Wahl der Abgeordneten, der Procuradores, ein Zensuswahlrecht fest. Den radikaleren Liberalen aber, den «Progressistas», reichte dieses Zugeständnis nicht. Sie verlangten die Rückkehr zur Verfassung von Cádiz, die mancherorts von örtlichen Militärs auch bereits eigenmächtig in Kraft gesetzt wurde. Nach einigen Siegen der Karlisten gingen erregte Volksmassen dazu über, Klöster zu stürmen und Mönche zu ermorden. Unter dem entschieden liberalen Ministerpräsidenten Juan Alvarez Mendizábal, dem Sproß einer jüdischen Kaufmannsfamilie, wurde der Klosterbesitz enteignet und nach und nach versteigert: eine Bodenreform, von der vor allem das wohlhabende Bürgertum profitierte.

Im Jahre 1836 führte ein Pronunciamiento von Angehörigen der königlichen Leibgarde zur Wiederinkraftsetzung der Cortes-Verfassung. Eine Konstituante übernahm ihre Überarbeitung. Die revidierte Verfassung vom 18. Juni 1837 behielt das Zweikammersystem des Estatuto Real bei und stärkte die königlichen Rechte. Am 31. August 1839 endete der (erste) Karlistenkrieg mit dem Abkommen von Vergara. Es war ein Kompromiß: Karl begab sich ins Exil nach Frankreich; seine Offiziere durften unter Beibehaltung ihres Ranges in das königliche Heer eintreten; die Sonderrechte der Provinzen (Fueros) sollten, wie von den Karlisten gefordert, beibehalten werden. Nach einem neuerlichen Pronunciamiento legte Königin Maria Cristina 1840 die Regentschaft nieder und übergab sie dem General Baldomero Espartero, dem Besieger der Karlisten, der den Progressistas nahestand. Drei Jahre später wurde nach einem Putsch der Moderados unter General Ramón María Narváez die erst dreizehnjährige Tochter Ferdinands für großjährig erklärt. Als Isabella II. saß sie bis 1868 auf dem spanischen Thron. Die militärischen Pronunciamientos, durch die sich gemäßigte und radikale Liberale in der Regierungsmacht abwechselten, bildeten auch weiterhin ein Grundmuster der spanischen Politik im 19. Jahrhundert.[77]

In Italien verging nach der Julirevolution rund ein halbes Jahr, bis es zu einem Aufstand gegen die alte Ordnung kam. Den Anfang machte die alte Universitätsstadt Bologna; ihrem Beispiel, das von einem raschen Erfolg gekrönt war, folgten binnen kurzem andere Teile des Kirchenstaates, nämlich die Romagna, die Marken und Umbrien, sowie die Herzogtümer Parma und Modena. Es waren überall liberal und patriotisch gesinnte Bürger und Adlige, die die revolutionäre Erhebung trugen, während die Unterschichten sich zurückhielten.

Liberal und national war auch das Programm der Regierung der «Vereinigten Provinzen von Mittelitalien», die sich in Bologna konstituierte und die weltliche Herrschaft des Papstes für beendet erklärte. Dieser, der hochkonservative Gregor XVI., rief das Österreich Metternichs zur Hilfe, die ihm auch ohne Zögern gewährt wurde. Die Aufständischen hingegen hofften vergebens auf auswärtige Unterstützung: Die einzige Großmacht, die dafür in Frage kam, das Frankreich Louis Philippes, hatte nicht das geringste Interesse daran, sich in Italien auf die Seite der Revolution zu stellen. Die habsburgische Intervention führte rasch zum Ziel, der Kapitulation der Rebellen. Als nach dem Abzug der österreichischen Truppen im Sommer 1831 erneut Aufstände ausbrachen, griff Wien abermals militärisch in das Geschehen ein. Um ein Gegengewicht zur Präsenz der Österreicher zu schaffen, schickte jetzt auch Frankreich Truppen, die Ancona besetzten und dort so lange blieben, wie Österreich Truppen im Kirchenstaat unterhielt: bis 1839.

Frankreich nutzte die neugewonnene Bastion, um bei der Kurie auf eine maßvolle Haltung gegenüber den besiegten Liberalen und auf überfällige politische Reformen zu drängen. Tatsächlich wurden die Revolutionäre von 1831 im Kirchenstaat weniger scharf verfolgt als im Herzogtum Modena, wo seit 1815 wieder das Haus Habsburg-Este regierte: Hier gab es nicht nur Todesurteile, sie wurden auch vollstreckt. Im «ideologischen» Kampf gegen den Liberalismus aber wollte sich Papst Gregor XVI. von niemandem an Deutlichkeit übertreffen lassen. Diesem Zweck dienten seine ersten beiden Enzykliken, «Mirari vos» von 1832 und «Singulari nos» von 1834, die sich nicht zuletzt gegen Lamenais' Versuch richteten, Katholizismus und Liberalismus miteinander zu verbinden. Angesichts dieser schroffen Abgrenzung war es von Anfang an wenig wahrscheinlich, daß ein anderer Versuch des Brückenschlags mehr Erfolg haben würde: die Bemühungen der «Neoguelfen» um den einstigen katholischen Geistlichen und späteren Philosophen und Publizisten Vincenzo Gioberti, die in Anknüpfung an die Stauferfeinde des Mittelalters das Papsttum zu einem Verbündeten der italienischen Nationalbewegung machen wollten.

Gioberti wirkte von 1833 bis 1845 aus dem Exil, das er zum größten Teil in Belgien verbrachte. In der europäischen Öffentlichkeit aber wurde ein anderer italienischer Emigrant bald sehr viel bekannter: Giuseppe Mazzini aus Genua, der sich 1828/29 im Alter von 23 Jahren der Carboneria angeschlossen hatte. 1831, kurz nachdem er Italien verlassen hatte, gründete er in Marseille den Geheimbund «Giovine Italia». Als dessen Führer richtete er einen öffentlichen Appell an Karl Albert von Savoyen, den König von Sardinien-Piemont, sich als Erbe Napoleons an die Spitze der nationalen Bewegung zu stellen, vom Frankreich der Julimonarchie keine Hilfe zu erwarten und Österreich offensiv entgegenzutreten. Wäre der König in Turin dem Aufruf gefolgt, hätte er im Sinne Mazzinis «Freiheit, Ehre, Unabhängigkeit» auf seine Fahnen schreiben und alles daran setzen müssen, um nach dem ersten, dem antiken, und dem zweiten, dem christlichen, ein «drittes Rom» zu errichten: ein Rom des italienischen Volkes.

Da Karl Albert, wie zu erwarten, sich den Vorschlägen Mazzinis verweigerte, schritt dieser selbst zur Tat: Er versuchte mit Hilfe von Gesinnungsgenossen, die im Lande verblieben waren, die Revolution zu organisieren. Anders als die Carboneria sprach die «Giovine Italia» offen von ihrem Ziel, der Befreiung und Einigung Italiens. Daß Italien sich aus eigener Kraft, ohne fremde Hilfe, selbst erschaffen müsse: Von dieser Überzeugung ließ sich Mazzini leiten, als er in seiner «Allgemeinen Unterweisung an die Verbrüderten des Jungen Italien» seine Vision von einem Italien entwarf, das vom «oberen Kreis der Alpen» im Norden bis zum Meer im Süden, vom Var in den (heute französischen) Seealpen im Westen bis Triest im Osten reichen und neben dem Festland auch die italienischen Inseln, also auch Korsika, umfassen sollte.

«Die Nation», so definierte Mazzini, «ist die Gesamtheit der Italiener, die durch einen Vertrag verbrüdert, unter einem gemeinsamen Gesetz leben ... Das Junge Italien strebt mit der Einheit nicht den Despotismus an, sondern Eintracht und Verbrüderung aller.» Die Fahne sollte eine rot-weiß-grüne Trikolore mit den Worten «Freiheit, Gleichheit, Menschlichkeit» auf der einen und «Einheit, Unabhängigkeit» auf der anderen Seite sein. Als Mittel, um seine Zwecke zu erreichen, wurden ohne Umschweife genannt: «Erziehung und Aufstand». Mazzini unterschied dabei zwischen zwei Entwicklungsstufen, der niederen der Insurrektion und der höheren der Revolution. Dementsprechend galt es als erstes, Erhebungen auszulösen.

Den Worten folgten Taten. Von Genf aus, wo er nach seiner Ausweisung aus Frankreich den Generalrat der Giovine Italia leitete, versuchte Mazzini im Sommer 1833 einen Aufstand in Piemont zu entfesseln, der aber, bevor er losbrechen konnte, von der dortigen Polizei vereitelt wurde; von den Todesurteilen gegen die Verschwörer wurden zwölf vollstreckt. Ein anderer Aufstandsversuch in Neapel schlug ebenfalls fehl, was aber Mazzini nicht davon abhielt, zusammen mit polnischen und deutschen Emigranten ein weiteres revolutionäres Unternehmen im piemontesischen Savoyen vorzubereiten. Diesmal wurde die Aktion von der schweizerischen Polizei verhindert. Lediglich in Genua kam es zu einem Aufstand, der jedoch rasch niedergeschlagen wurde. Einer der Anführer war Giuseppe Garibaldi aus Nizza, der während der Kämpfe um die italienische Unabhängigkeit nach 1859 weltberühmt werden sollte. Er wurde zum Tode verurteilt, konnte aber fliehen und gelangte über Frankreich nach Südamerika, von wo er nach Ausbruch der Revolution von 1848 nach Italien zurückkehrte.

Da Italien für eine Umwälzung offenbar noch nicht reif war, verlegte sich Mazzini in der Folgezeit darauf, die Revolution im europäischen Maßstab vorzubereiten. Zusammen mit Emigranten aus Polen und Deutschland gründete er 1834 in der Schweiz die «Giovine Europa». Im neuen Geheimbund wirkte an maßgeblicher Stelle auch Joachim Lelewel aus Polen mit, der in Bern das «Junge Polen» als Zweigverband des «Jungen Europa» ins Leben rief. Im gleichen Jahr 1834 gründeten deutsche Emigranten, die meisten von ihnen Akademiker und Handwerksgesellen, in der Schweiz das «Junge Deutschland». Kurz darauf bildeten sich noch zwei weitere nationale Teilorganisationen heraus: das Junge Frankreich und die Junge Schweiz.

Unter dem Namen «Junges Deutschland» hatte sich bereits vier Jahre zuvor eine Gruppe von Schriftstellern, darunter Karl Gutzkow, Heinrich Heine und Ludwig Börne, zusammengeschlossen, die ebenso wie der neue Geheimbund radikale Kritik an der Unterdrückung in Deutschland übten, aber, anders als dieser, nicht die Revolution vorbereiteten. Zwischen Schwarzwald und Odenwald entstand nach 1834 ein lockeres Netz von Stützpunkten der Geheimorganisation. Eine ernste Gefahr für die bestehende Ordnung ging von der kleinen Gruppe nicht aus. Den Regierungen des Deutschen Bundes aber genügten die Umtriebe, deren sie gewahr wurden, um 1834/35 in den (geheimgehaltenen) «Sechzig Artikeln» das System der Überwachung und

Verfolgung weiter auszubauen. Die Schriften der Autoren des «Jungen Deutschland» wurden verboten. Das Verbot hatte bis 1842 Bestand.

Das «Junge Europa» war so etwas wie eine Internationale der Nationalisten. Sie bewirkte in der praktischen Politik nicht viel, trug aber dazu bei, daß ein Gefühl der Zusammengehörigkeit zwischen denen entstand, die im Willen zur Freiheit und zur Selbstbestimmung der Völker übereinstimmten. In Mazzinis romantischem Nationalismus wirkte Herders Idee des Volksgeistes nach; die Lehre von den individuellen Menschenrechten, wie sie die Französische Revolution von 1789 vertreten hatte, erschien dem italienischen Revolutionär zu blutleer, als daß er sich für sie hätte begeistern können. Mazzini wollte diese Rechte durch eine Theorie der Pflicht nicht nur ergänzen, sondern ersetzen. Adressat der Pflicht jedes einzelnen war das Volk. «Die Revolutionen vollziehen sich durch das Volk und mit dem Volk», heißt es in einem Rundschreiben an die Mitglieder des Jungen Italien von 1831. Die Idee des «dritten Rom» entsprang einer romantischen Verklärung des italienischen Volkes, und romantisch war auch der Glaube an den Gleichklang und die Verbrüderung der erwachenden Völker – den «Völkerfrühling», von dem als erster Ludwig Börne im Jahr 1818 sprach.

Mazzinis Volk war eine ideale Größe, allen materiellen Interessen vor- und übergeordnet. Da die soziale Frage entzweiend wirkte, gleichviel ob sie von landarmen Bauern oder dem industriellen Proletariat aufgeworfen wurde, blendete der Gründer des Jungen Italien sie weitgehend aus. Sein Nationalismus war nicht nur von religiösen Motiven durchtränkt, Mazzini *machte* ihn zur Religion. Die Opfer der Konterrevolution von 1831 wurden für ihn zu Kronzeugen des neuen Glaubens. «Eine ganze Religion ist in diesem Blute», schrieb er 1831 im «Manifest des Jungen Italien». «Keine Kraft kann den Samen der Freiheit ersticken, da er im Blute der Starken keimte. Heute noch ist unsere Religion die des Martyriums, morgen wird sie die Religion des Sieges sein ... Eine Stimme ruft uns zu: Die Religion der Menschheit ist die Liebe ... Der letzte Ruf der Verratenen stellt sich zwischen uns und die Nationen, die uns bis jetzt verkauft und vernachlässigt oder verraten haben. Die Vergebung ist die Tugend im Siege.»

Die Menschheit verlor Mazzini nicht aus dem Blick, aber sie gliederte sich nun einmal in Völker. Nur durch sie konnte sich nach seiner Überzeugung die Humanität verwirklichen, und um sich durchzusetzen, mußten die Massen der Völker zur Revolution schreiten. «Gott ist mit euch. Macht aus der Revolution eine Religion, eine allgemeine Idee, die die Menschen in einem gleichen Geschicke und im Martyrium verbrüdert: Das sind die zwei ewigen Elemente in der Religion. Predigt das erste und weiht euch dem zweiten ... Der Fortschritt ist, war und wird sein, weil er Gottes Gesetz ist, und weder weltliche noch geistliche Tyrannei können ihn aufhalten ... Gott und das Volk, das ist das Programm der Zukunft.»

Die Absage an den Individualismus und Kosmopolitismus von 1789 ging bei Mazzini mit der Ablehnung einer revolutionären Führungsrolle Frankreichs einher: eine Position, die schon 1831 zum Bruch sowohl mit seinem zeitweiligen Weggefährten Buonarroti als auch mit der Carboneria führte. Sein Nein zu jeder Art von Materialismus und Klassenkampf machte ein Zusammengehen mit den Sozialisten aller Schattierungen unmöglich. Mazzini sah nur Gegensätze zwischen den Herrschenden, nicht aber zwischen den Völkern. Daß er damit einem Irrtum erlag, sollte er erleben, als 1848 die Revolution ausbrach, auf die er zwei Jahrzehnte lang, erst in Italien, dann im französischen und schweizerischen, schließlich seit 1836, nach einer abermaligen Ausweisung, im englischen Exil hingearbeitet hatte.[78]

Reform statt Revolution: Großbritannien 1830–1847

In Großbritannien wurde, als in Frankreich die Julirevolution ausbrach, gerade ein neues Unterhaus gewählt: ein Vorgang, der zu jener Zeit noch mehrere Wochen in Anspruch nahm. Die Londoner Zeitungen hatten die Unterdrückung der Pressefreiheit unter Polignac aufs schärfste verurteilt; entsprechend groß war die öffentliche Begeisterung über den raschen Erfolg der Pariser Erhebung. Der Triumph des französischen Liberalismus gab in England den Befürwortern eines Projekts Auftrieb, das den gesamten Wahlkampf beherrscht hatte: einer Erweiterung des Wahlrechts auf breitere Schichten der Bevölkerung und damit einer grundlegenden Erneuerung des parlamentarischen Systems.

Die treibende Kraft der Wahlrechtsreform war die Ende 1829 ins Leben gerufene «Birmingham Political Union for the Protection of Public Rights». Ihr Gründer, der Bankier Thomas Attwood, gehörte zu den «Radikalen», die ein Bündnis zwischen Mittelschichten und Arbeiterschaft schließen wollten und dies im Hinblick auf die Wahlrechtsfrage auch vorübergehend erreichten. Das überkommene Wahlsystem bevorzugte das Land gegenüber der Stadt; es beruhte teilweise auf mehr oder minder fiktiven, nahezu menschenleeren Wahlkreisen, den «rotten boroughs»; es gestattete den örtlichen Magnaten, die Wahlen unter Einsatz von Geld und Macht so zu lenken, daß der gewünschte Kandidat, häufig ein enger Verwandter, ins House of Commons entsandt werden konnte. Bei den Wahlen vom Sommer 1830 waren solche Manipulationen freilich weniger erfolgreich als zuvor: Wo immer es den Reformern gelang, populäre Bewerber ins Rennen zu schicken, hatten sie gute Chancen, die Wahl zu gewinnen.

Im neuen Unterhaus waren die Befürworter eines neuen, gerechteren Wahlrechts infolgedessen sehr viel stärker vertreten als im vorherigen. Ihr erster großer Erfolg war die Ablösung des konservativen Kabinetts Wellington, das alle Zugeständnisse in der Wahlrechtsfrage verweigerte, durch eine Regierung der Whigs unter Lord Grey im November 1830. Die Reformbill vom März 1831, an der ein junger Mitarbeiter Greys, Lord Russell, maßgeblichen Anteil hatte, verkürzte die Legislaturperiode von sieben auf fünf Jahre, beseitigte die «rotten boroughs» und verhalf den größeren Städten, darunter London, und den größeren Grafschaften zu mehr Vertretern im Unterhaus. In den städtischen Wahlbezirken erhielten Eigentümer, Pächter und Mieter, soweit sie jährlich mindestens 10 Pfund Sterling Miete zahlten, das Wahlrecht; auf dem Lande wurde der Kreis der wahlberechtigten Eigentümer geringfügig erweitert. Die Reformer zeigten sich erfreut; die Mehrheit bei der zweiten Lesung im Unterhaus am 22. März 1831 war aber wegen des massiven Widerstands der Tories denkbar knapp: Für die Reformbill stimmten 302 Abgeordnete, dagegen 301.

In Erwartung einer Niederlage bei der entscheidenden dritten Lesung entschied sich Grey für Neuwahlen. Sie brachten den Whigs im Mai 1831 den erhofften deutlichen Sieg. Das Inkrafttreten des Gesetzes war damit aber noch längst nicht gesichert. Im Unterhaus fand es zwar am 21. September eine klare Mehrheit; im Oberhaus wurde es jedoch am 8. Oktober 1831 mit 199 zu 158 Stimmen abgelehnt. Die Empörung im Lande war so groß, daß sie sich vielerorts in gewaltsamer Form entlud – in Bristol Ende Oktober bis hin zur Erstürmung des Rathauses und mehrerer Gefängnisse, die anschließend niedergebrannt wurden. Nicht wenige Beobachter wähnten England am Vorabend einer Revolution. Das Unterhaus hatte der Regierung Grey zu diesem Zeitpunkt bereits demonstrativ das Vertrauen ausgesprochen. Die Folge war, daß das Kabinett trotz der Niederlage im Oberhaus im Amt blieb und an der Wahlrechtsreform festhielt.

Als das House of Lords am 8. Mai 1832 die Vertagung seiner Beratungen über eine neue, leicht abgemilderte Vorlage der Regierung beschloß, wäre das Kabinett nur noch durch einen Pairschub, die Ernennung neuer, gouvernemental gesinnter Lords, zu retten gewesen. Da König Wilhelm IV., der seit 1830 auf seinem Thron saß, diesen Schritt ablehnte, trat Grey zurück. Der Monarch beauftragte daraufhin den erzkonservativen Amtsvorgänger des Premiers, den Herzog von Wellington, mit der Regierungsbildung. Wilhelm spitzte damit die Krise so zu, daß in zahlreichen Volksversammlungen sofort der Ruf nach Steuerverweigerung laut wurde und Parolen von Barrikadenbau und Volksaufstand die Runde machten. Auch wenn die Radikalen um Attwood und seinen Verbündeten Francis Place mit der Entfesselung der Revolution nur drohten, um die Wahlreform endlich durchzusetzen: Einem gewaltsamen Umsturz war England seit 1688 nie so nahe wie im Mai 1832.

Daß die Revolution nicht stattfand, lag zum einen an der Weigerung einflußreicher Tories wie Robert Peel, sich in den Dienst einer Politik gegen die öffentliche Meinung zu stellen, zum anderen an dem höchst wirkungsvollen Aufruf von Place, massenhaft Bankguthaben zu kündigen. Die dadurch hervorgerufene Finanzkrise veranlaßte Wellington, den Auftrag zur Regierungsbildung zurückzugeben. Am 18. Mai fügte sich Wilhelm IV. in das Unvermeidbare: Er erklärte seine Bereitschaft, durch die Ernennung neuer Lords der Reformbill zur Annahme zu verhelfen. Die Ankündigung genügte, um den Widerstand des Oberhauses zu brechen: Am 4. Juni 1832 wurde die Vorlage in dritter Lesung mit 106 gegen 22 Stimmen gebilligt. Drei Tage später erlangte sie mit der Zustimmung des Königs Gesetzeskraft.

Die Reform war weit davon entfernt, dem Land das allgemeine gleiche Wahlrecht zu bringen. Sie erhöhte die Zahl der Wahlberechtigten von rund 500 000 auf über 800 000, so daß nach wie vor nur eine kleine Minderheit der erwachsenen männlichen Bevölkerung Einfluß auf die Wahl des Unterhauses nehmen konnte. (Um 1830 lebten in England, Wales und Schottland etwa 16,5 Millionen Menschen.) Es waren die Mittelschichten, die von der Reform profitierten, nicht die Arbeiterklasse. In der Zusammensetzung der Commons spiegelte sich die Erweiterung des Wahlrechts allerdings kaum wider: Hier gab nach wie vor der niedere Adel den Ton an. Dennoch bildete die Reformbill eine tiefe Zäsur. Sie bewies die Fähigkeit der politischen Elite, das überkommene System schrittweise den Herausforderungen der Gegenwart anzupassen und so einem gewaltsamen Umsturz von unten den Boden zu entziehen. Die Reform verhinderte die Revolution: Im Hinblick auf das Wahlgesetz von 1832 gibt es an diesem Sachverhalt nichts zu deuten.

Gebannt war die Gefahr einer revolutionären Umwälzung mit dem Erfolg der Wahlrechtsreformer aber noch längst nicht. In den dreißiger Jahren des 19. Jahrhunderts verlangsamte sich vorübergehend das Wachstum der britischen Wirtschaft; der Bau von Eisenbahnen hatte zwar schon um 1825 begonnen, doch es sollte mehr als ein Jahrzehnt vergehen, bis das neue Verkehrsmittel zum Schlüsselsektor einer neuen Phase der Industriellen Revolution aufsteigen konnte. Das soziale Hauptmerkmal der dreißiger wie der vierziger Jahre war die Massenarmut – nicht hervorgerufen, wohl aber verschärft durch die wachsende Zahl von Einwanderern aus dem ungleich ärmeren Irland, die für noch geringere Löhne als die englischen Proletarier zu arbeiten bereit waren und darum von diesen als Konkurrenten auf dem Arbeitsmarkt gefürchtet und vielfach gehaßt wurden. Die ohnehin schon miserablen Lohn- und Lebensverhältnisse in den großen Industriestädten Englands verschlechterten sich durch die irische Immigration noch beträchtlich.

Das wachsende soziale Elend überforderte die Gemeinden, denen bislang die Armenfürsorge oblag. Eine Königliche Kommission, die kurz nach der Wahlrechtsreform von 1832 eingesetzt worden war, um die Ursachen der verbreiteten Armut zu untersuchen, kam zu dem Ergebnis, daß die Unterstützung gesunder Arbeiter mit öffentlichen Geldern die Wurzel allen Übels war. Infolgedessen empfahlen die Sachverständigen, arbeitsfähigen Armen nur noch durch Aufnahme ins öffentliche Arbeitshaus zu helfen, wo harte Arbeit mit einfachster Nahrung vergütet wurde. Die Vorschläge der Kommission wurden in Gesetzesform gegossen und 1834 in Kraft gesetzt. Das Prinzip, das dem neuen «Poor Law» zugrunde lag, bestand nach den Worten des Historikers und Publizisten Bernhard Guttmann darin, «das Los des von den Steuerzahlern erhaltenen Paupers weniger begehrenswert zu machen als das des ärmsten für sich sorgenden Arbeiters. Verhungern sollte, wer keinen Rat wußte, auch jetzt nicht, aber eiserner Zwang sollte ihm den

Entschluß leicht machen, bald wieder in der Freiheit sein Glück zu versuchen.»

Von einem staatlichen Schutz der Arbeiter konnte im England der 1830er Jahre noch kaum gesprochen werden. 1833 wurde immerhin die Kinderarbeit (außer der in Seidenfabriken) etwas eingeschränkt. Kinder mußten, um arbeiten zu dürfen, mindestens neun Jahre alt sein; sie durften, sofern sie nicht älter als 13 Jahre waren, nicht länger als neun Stunden täglich und 48 Stunden wöchentlich arbeiten. Für junge Leute zwischen dem 14. und dem 18. Lebensjahr wurde die tägliche Arbeitszeit auf höchstens 12, die wöchentliche auf höchstens 69 Stunden begrenzt. Weitere Auflagen zum Schutz von Kindern, aber auch von Frauen, enthielten die Bergwerks- und Fabrikgesetze von 1842 und 1844; den Zehnstundentag für Jugendliche und Frauen, faktisch aber auch für erwachsene Männer, brachte erst die Fabrikakte von 1847. Die Arbeiter waren angesichts der weitgehenden Zurückhaltung von Parlament und Regierung folglich zunächst ganz auf sich selbst gestellt. Die Einsicht, daß sie nur durch Bündelung ihrer Kräfte etwas bewirken konnten, führte in den Jahren 1832 bis 1837 zur Gründung einer Vielzahl von Gewerkschaften mit der Grand National Consolidated Trades' Union von 1834 als Dachverband. Da die «trade unions» gegen die Phalanx von Arbeitgebern, Regierung und Parlament nichts auszurichten vermochten, begann sich die junge Arbeiterbewegung in der zweiten Hälfte der dreißiger Jahre zu politisieren. In der London Working Men's Association und der Birmingham Political Union wurden Pläne für eine radikale Reform des Wahlrechts und des politischen Systems geschmiedet. Ihren klassischen Ausdruck fanden sie in der «People's Charter» vom Mai 1838, die das allgemeine, gleiche, direkte und geheime Wahlrecht für Männer über 21 Jahre, die Beseitigung aller sozialen Einschränkungen des passiven Wahlrechts, die Schaffung von Wahlkreisen gleicher Größe, jährliche Unterhauswahlen und Diäten für die Abgeordneten verlangte.

Die erste nationale Versammlung der «Chartisten», wie sich die neue Bewegung nannte, fand im Februar 1839 in London statt. Als das Unterhaus die erste große Massenpetition der Chartisten im Sommer 1839 ablehnte, reagierten die Anhänger der «People's Charter» empört. In zahlreichen großen Städten kam es zu schweren Unruhen; die soziale Unruhe hielt auch in den folgenden Jahren an und erreichte ihren Höhepunkt im Generalstreik von 1842, der die Revolutionsfurcht in den Mittel- und Oberschichten gewaltig ansteigen ließ. Ihren stärksten Rückhalt hatten die Chartisten bei Arbeitern in traditionellen Handwerkszweigen und Heimarbeitern; auffallend war die verbreitete romantische Vorstellung von einer Auflösung der Großbetriebe, ihrer Wiederansiedlung auf dem Land und der bäuerlichen Selbstversorgung der Arbeiter. Durchschlagende Erfolge vermochten auch die Chartisten nicht zu erringen. Ein wesentlicher Grund ihres schließlichen Scheiterns lag darin, daß sie es nicht verstanden, sich in ein Sprachrohr der eigentlichen Industriearbeiter zu verwandeln.

Mehr noch als der Chartismus beschäftigte eine andere, nahezu gleichzeitig entstandene Bewegung die britische Öffentlichkeit: die der Freihändler. Der entscheidende Anstoß ging im Herbst 1838 von der Handelskammer Manchester aus, die sich für die sofortige Abschaffung der 1815 eingeführten Getreidezölle, ja für völlige Zollfreiheit aussprach. Wenig später bildeten sich auch in anderen Städten freihändlerische Vereinigungen, die sich im Frühjahr 1839 in der Anti-Corn-Law League zusammenschlossen. Ihre führenden Köpfe waren der weitgereiste Kaufmann und Publizist Richard Cobden aus Sussex und der Quäker John Bright, ein Fabrikantensohn aus Rochdale in Lancashire.

Ein Versuch, das Unterhaus zur Aufhebung der Kornzölle zu bewegen, war um diese Zeit bereits gescheitert: Mit breiter Mehrheit hatten die von der Gentry beherrschten Commons den Antrag der Freihandelsfreunde niedergestimmt, wobei der Unterschied zwischen Whigs und Tories keine große Rolle spielte. Der Landadel war der Hauptnutznießer der Getreidezölle, während fast die ganze übrige Bevölkerung unter ihnen litt: die exportierenden Unternehmer, weil sie gegen Industriezölle anderer Länder nicht glaubwürdig protestieren konnten, solange ihr Land Agrarimporte systematisch behinderte; die Verbraucher, weil sie die britischen Zollbarrieren mit überhöhten Mehl- und Brotpreisen bezahlen mußten.

Am meisten waren die proletarischen Unterschichten von der künstlichen Verteuerung wichtiger Lebensmittelpreise betroffen, und das seit dem allgemeinen Niedergang der Konjunktur im Jahre 1836 mehr denn je zuvor. Von einer Senkung der Brotpreise durfte man sich folglich eine Milderung der sozialen Not und der politischen Unzufriedenheit erhoffen: ein Gedanke, der für die Urheber und die Anhänger der Freihandelsbewegung von Anfang an großes Gewicht hatte. Die Agitation gegen die Kornzölle bot aus ihrer Sicht eine neue Chance, ein Zweck-bündnis zwischen Mittelschichten und Arbeiterschaft zu schließen – ein Bündnis, wie es schon einmal, allerdings nur vorübergehend, beim Kampf um die Wahlrechtsreform zustande gekommen war.

1841 fanden Unterhauswahlen statt, aus denen die Tories als Sieger hervorgingen. An die Spitze der Regierung trat Robert Peel, der erste konservative Premierminister in der langen Regierungszeit der Queen Victoria, die 1837 auf den Thron gelangt war (womit die seit 1714 bestehende Personalunion mit Hannover endete, weil dort die männliche Erbfolge galt). Der Reformer Peel war von der Notwendigkeit eines Ausgleichs zwischen agrarischen und industriellen Interessen über-zeugt. Der schärfste Gegensatz zu den Whigs bestand in der irischen Frage und im Hinblick auf die Stellung zur anglikanischen Kirche: Die Liberalen hatten die Macht der High Church in Irland zurückgedrängt, was alten Forderungen der dortigen Katholiken entsprach, diese aber nicht dauerhaft mit der britischen Herrschaft aussöhnen konnte. Die Tories waren treue Verbündete der Hochkirche und verteidigten daher die fortdauernde Diskriminierung von Katholiken und Dissenters, wie sie auch gegen alle Zugeständnisse an die Iren waren.

In der ersten Hälfte der vierziger Jahre nahm der Protest gegen die Herrschaft der Briten in Irland wieder schärfere Formen an, wozu die Verschlechterung der allgemeinen Wirtschaftslage erheblich beitrug. Auf eine Welle von Gewalttaten antwortete die Regierung Peel 1843 mit der Entsendung eines Truppenkontingents von 35 000 Mann. Der Führer der irischen Nationalbewegung, Daniel O'Connell, der sich der radikalen Forderung nach Separation angeschlossen hatte, wurde ver-haftet und 1844 als Aufrührer zu einem Jahr Gefängnis verurteilt; auf Grund einer Entscheidung der für Rechtsfragen zuständigen Lords des Oberhauses gelangte er aber bald wieder in Freiheit. Im Jahr darauf wurde Irland von einer verheerenden Kartoffelkrankheit heimgesucht, die zu einer langanhaltenden massenhaften Auswanderung von Iren nach Amerika führte. Das soziale Elend war nur zu lindern, wenn die Getreidezölle fielen und das Brot billiger wurde. Weigerte sich die Re-gierung, diesen Schritt zu tun, mußte sie mit dem Schlimmsten rechnen: einer Volkserhebung in Irland, dem politischen Zusammenschluß von Freihändlern und Chartisten und einer Revolution in England.

In London machten sich zuerst, im November 1845, die opposi-tionellen Whigs, an ihrer Spitze Lord Russell, die Forderung nach

Abschaffung der Kornzölle zu eigen. Premierminister Peel hatte sich mittlerweile zu derselben Erkenntnis durchgerungen, wußte aber die Mehrheit der eigenen Partei gegen sich: Als Vertreter der «landed aristocracy» wären die Tories allenfalls zu einer zeitweiligen Aussetzung der Kornzölle bereit gewesen. Am 5. Dezember 1845 erklärte Peel gegenüber der Königin seinen Rücktritt und empfahl ihr, Russell zu seinem Nachfolger zu ernennen. Da der Führer der Liberalen mit dem Versuch der Kabinettsbildung scheiterte, übernahm Peel am 20. Dezember wieder das Amt des Regierungschefs.

Die neue Session des Unterhauses begann im Januar 1846 mit einer Konfrontation zwischen dem Premierminister und der Mehrheit seiner Fraktion. Den schärfsten Widerspruch erhielt Peel von dem Abgeordneten und Schriftsteller Benjamin Disraeli, dem zum Anglikanismus konvertierten Enkel eines aus Oberitalien eingewanderten Juden. Zu den engsten Verbündeten des Premierministers gehörten der Staatssekretär des Kolonialamtes, William Gladstone, der wie Disraeli noch eine große Karriere vor sich hatte: Die beiden Kontrahenten sollten nach 1868 mehrfach das Amt des Premierministers bekleiden – Gladstone an der Spitze der Liberalen, Disraeli als Führer der Konservativen.

In der konservativen Fraktion des Unterhauses standen Anfang 1846 zwei Drittel hinter Disraelis Linie, während ein Drittel die Positionen von Peel und Gladstone stützte. Es half dem Premier nichts, daß er neben der Abschaffung der Kornzölle mit gleichem Nachdruck ein den Tories durchaus sympathisches Vorhaben betrieb: ein gegen den Aufruhr in Irland gerichtetes Gesetz, das es allen Einwohnern unsicherer Grafschaften verbot, ihre Häuser nach Einbruch der Dunkelheit zu verlassen. Am frühen Morgen des 16. Mai 1846 stimmte das Unterhaus mit einer Mehrheit von 98 Stimmen in dritter Lesung für das Gesetz, das den vollständigen Abbau der Kornzölle innerhalb von drei Jahren vorsah. Die große Mehrheit der Konservativen hatte mit Nein gestimmt.

Die unterlegene Seite, die Mehrheit der Tories unter Führung von Lord George Bentinck, revanchierte sich mit einer Kehrtwende in Sachen Irlandgesetz: Zusammen mit den Liberalen stimmte sie gegen die Vorlage der Regierung. Am 25. Juni folgte die dritte Lesung des Gesetzes über die Aufhebung der Kornzölle im Oberhaus: Unter aktiver Mitwirkung des Herzogs von Wellington gaben die Lords ihr Plazet. Einige Stunden später begann die dritte Lesung des Irlandgesetzes im Unterhaus. Zu den Gegnern des Entwurfs gehörte auch ein Abgeordneter, der in seiner Rede Peels Verdienste um das arbeitende Volk rühmte: der Freihändler Richard Cobden, der seit 1841 Stockport, einen Industrieort in der Nähe von Manchester, im Unterhaus vertrat. Mit 219 gegen 292 Stimmen blieb die Regierung bei der entscheidenden Abstimmung am frühen Morgen des 26. Juni in der Minderheit. Peel trat noch am gleichen Tag zurück. Der Queen empfahl er, Russell zu seinem Nachfolger zu ernennen, was Victoria auch tat. Im Unterhaus versprach Peel dem neuen Regierungschef seine Unterstützung, wenn dieser am Freihandel festhalte.

Die Abschaffung der Kornzölle bildet einen tiefen Einschnitt in der britischen Geschichte des 19. Jahrhunderts. Mit dem Übergang zum Freihandel folgte Großbritannien einer Einsicht, die Adam Smith schon siebzig Jahre vorher verfochten hatte: Nationen täten gut daran, nichts zu erzeugen, was sich anderswo zu günstigeren Preisen herstellen lasse. Das Mutterland der Industriellen Revolution zog selbst den größten Nutzen aus der Beseitigung der Getreidezölle, die *eine* Klasse auf Kosten der übrigen Gesellschaft begünstigt, die freie Entfaltung der wirtschaftlichen Kräfte aber behindert hatten.

Innenpolitisch begann im Sommer 1846 eine Ära der gesellschaftlichen Erneuerung und des allmählichen Ausgleichs der Klassengegensätze. Die liberale Regierung mit Lord John Russell als Premier und Henry John Temple Viscount of Palmerston als Außenminister konnte sich auf die parlamentarische Mithilfe der Anhänger Peels, unter ihnen Gladstone, verlassen. Die Konservativen blieben als Verteidiger der «landed aristocracy» Protektionisten, begannen aber unter dem Einfluß von Disraeli, sich auch der Belange der städtischen Armen anzunehmen. Die Aufhebung der Kornzölle konnte zwar nicht verhindern, daß in Irland auch nach 1846 Hunderttausende zu Opfern der Hungersnot wurden, die durch die Kartoffelkrankheit ausgelöst worden war. Dennoch trugen die fallenden Brotpreise deutlich zur Besserung der sozialen Lage der Unterschichten bei. Dasselbe galt für die schon erwähnte Beschränkung der Arbeitszeit durch die Zehnstundenbill, die das Unterhaus am 8. Juni 1847 verabschiedete.

Daß Großbritannien von den europäischen Revolutionen des Jahres 1848 kaum berührt wurde, hatte auch mit der zollpolitischen Wende von 1846 zu tun: Vierzehn Jahre nach der Parlamentsreform von 1832 hatte die politische Führungsschicht erneut bewiesen, daß sie fähig war,

dem gewaltsamen Umsturz durch rechtzeitige Veränderungen zuvorzukommen. Doch es war nicht allein die Lernfähigkeit der Eliten, die den
nichtrevolutionären Verlauf der englischen Geschichte im 19. Jahrhundert erklärt. Großbritannien verfügte über etwas, was keine andere europäische Macht besaß: ein weltumspannendes Empire. Es absorbierte
viel von der Phantasie und den Energien der Mittelschichten, die sich
unter anderen Bedingungen vermutlich mehr auf die innere Politik und
ihre Veränderung konzentriert hätten. Das Empire brachte Großbritannien nicht nur wirtschaftlichen Nutzen, es half ihm auch sozialpsycho-
logisch, mit inneren Krisen fertig zu werden, bevor sie, wie auf dem
Kontinent, in Revolution umschlugen.[79]

Wandel in Preußen: Zollverein und Thronwechsel

Was England 1846 einführte, war in Preußen schon seit beinahe drei
Jahrzehnten gängige Praxis: der Freihandel. Mit dem Zollgesetz von
1818 hatte der Staat der Hohenzollern einen Weg der wirtschaftlichen
Modernisierung eingeschlagen, der den Unternehmern mehr Mut und
Einfallsreichtum abverlangte, als in Staaten mit hohen Zollmauern wie
Frankreich oder Österreich erforderlich war. Das Wagnis zahlte sich
aus: Preußen entwickelte sich binnen weniger Jahre zur industriellen
Führungsmacht des Deutschen Bundes.

Das ehrgeizige Ziel der Berliner Wirtschaftspolitiker war der Zusammenschluß Nord- und Süddeutschlands zu einem einheitlichen
Zollgebiet, also einer Staatengemeinschaft, in der es keine Binnenzölle
mehr gab. Am 1. Januar 1834 war dieses Ziel in der Hauptsache erreicht: Der neugegründete Deutsche Zollverein umfaßte 18 Staaten mit
einem Territorium von 425 000 Quadratkilometern und über 25 Millionen Menschen, von denen 15 Millionen in Preußen lebten. Es war
der größte Teil des nichtösterreichischen Deutschland, der diesem
preußisch dominierten engeren «Bund im Bund» angehörte: Bayern
war ebenso dabei wie Württemberg, Sachsen, Hessen-Darmstadt und
Thüringen. Der Zollverein war zunächst auf acht Jahre abgeschlossen
worden. Innerhalb dieser Frist traten ihm weitere Staaten bei, darunter
Baden, Hessen-Nassau, die Freie Stadt Frankfurt und Braunschweig.
Es folgten 1854 Hannover mitsamt den anderen norddeutschen Staaten, die sich zwischen 1834 und 1837 dem von Hannover gegründeten

konkurrierenden «Steuerverein» angeschlossen hatten, und 1868 die Großherzogtümer Mecklenburg-Schwerin und Mecklenburg-Strelitz. Die beiden Hansestädte Hamburg und Bremen gaben ihre zollpolitische Selbständigkeit erst lange nach der Reichsgründung von 1871, nämlich im Jahre 1888, auf.

Die Habsburgermonarchie nahm nicht am Zollverein teil, und das aus zwingenden Gründen. Das Vielvölkerreich umfaßte Gebiete, die sich auf höchst unterschiedlichen Entwicklungsstufen befanden: industriell fortgeschrittene wie Böhmen und agrarisch rückständige wie Galizien. Der Linie des gemäßigten Freihandels zu folgen, an der sich Preußen und der Deutsche Zollverein orientierten, war für die Wiener Regierung schon deswegen unmöglich. Die Schutzzollpolitik, der Österreich sich verschrieb, entsprach der Lehre von den Erziehungszöllen, die der württembergische Nationalökonom Friedrich List (zusammenfassend 1841 in seinem unvollendet gebliebenen Hauptwerk «Das nationale System der politischen Ökonomie») Staaten zur Anwendung empfahl, die sich in der Frühphase der Industrialisierung befanden. List selbst freilich war ein leidenschaftlicher Propagandist des Zollvereins, den er am liebsten durch Einbeziehung des Habsburgerreiches auf ganz Mitteleuropa ausgedehnt hätte: eine Vision, die der Zeit weit vorauseilte, nach 1848 aber gerade in Österreich starke Befürworter finden sollte.

Preußen hatte sich mit der Gründung des Zollvereins zwar wirtschaftlich an die Spitze des nichtösterreichischen Deutschland gestellt, aber damit war noch nicht die Entscheidung für einen «kleindeutschen» Nationalstaat ohne Österreich gefallen. Soviel freilich lag schon 1834 klar zutage: Die Interessen der industriellen Bourgeoisie, zumal jener im Rheinland und in Westfalen, waren nun enger denn je mit Preußen verknüpft. Preußen stand für Ausbau und Ausweitung des nationalen Marktes und damit für verbesserte Absatzchancen. Bei den politischen Sprechern der Unternehmer in der Rheinprovinz, den Liberalen, gab es infolgedessen ein starkes materielles Motiv zugunsten der fortschreitenden Einigung Deutschlands. Unter den Liberalen des noch kaum industrialisierten Süddeutschland war ein solcher Beweggrund sehr viel seltener anzutreffen.

Sechs Jahre nach der Gründung des Deutschen Zollvereins erlebte Preußen den ersten Thronwechsel seit 1797. Am 7. Juni 1840, zwei Monate vor seinem 80. Geburtstag, starb Friedrich Wilhelm III. Ihm folgte sein ältester Sohn, der damals vierundvierzigjährige Friedrich Wilhelm IV. Der Regierungsantritt des neuen Monarchen weckte weit über Preußen hinaus große Erwartungen. Friedrich Wilhelm IV. galt zwar nicht eben als Liberaler, aber doch als nationalgesinnt und, verglichen mit seinem Vater, als tolerant und reformfreundlich. Für eine solche Einschätzung schien manches zu sprechen. Bald nach seiner Thronbesteigung machte der König Ernst Moritz Arndt, der nach den Karlsbader Beschlüssen seinen Lehrstuhl verloren hatte, wieder zum Professor an der Universität Bonn. Sodann rehabilitierte er ein anderes Opfer der Demagogenverfolgung, den Turnvater Jahn. Mindestens ebensoviel Aufsehen erregte die Tatsache, daß Friedrich Wilhelm drei der «Göttinger Sieben» – jener Professoren, die 1837 aus ihren Lehrämtern entfernt worden waren, nachdem sie öffentlich gegen die Aufhebung des Staatsgrundgesetzes von 1833 durch den neuen König von Hannover, Ernst August, protestiert hatten – an die Akademie der Wissenschaften in Berlin berief: Es waren der Historiker Friedrich Christoph Dahlmann und die Brüder Jacob und Wilhelm Grimm, die berühmten Sammler und Herausgeber deutscher Volksmärchen.

Die überhöhten Erwartungen der Zeitgenossen wurden jedoch schon bald enttäuscht. Friedrich Wilhelm IV. dachte gar nicht daran, seinem Volk eine geschriebene Verfassung zu gewähren, geschweige denn eine so liberale wie die belgische von 1831. Sein Freiheitsbegriff war kein konstitutioneller, sondern ein altständischer. Deswegen erteilte er Forderungen nach einer Repräsentativverfassung, wie sie vor allem in Ostpreußen laut geworden waren, eine klare Absage. «Ich fühle mich ganz von Gottes Gnaden und werde mich so mit seiner Hilfe bis zum Ende fühlen», schrieb er am 26. Dezember 1840 an den Oberpräsidenten von Ost- und Westpreußen, den überzeugten Liberalen Theodor von Schön. «Glanz und List überlasse ich ohne Neid sogenannten konstitutionellen Fürsten, die durch ein Stück Papier dem Volk gegenüber eine Fiktion, ein abstrakter Begriff geworden sind. Ein väterliches Regiment ist deutscher Fürsten Art ...»[80]

Orient und Rhein: Die Doppelkrise von 1840

Der Thronwechsel in Preußen war das *eine* Ereignis, das dem Jahr 1840 zu einem festen Platz in den deutschen Geschichtsbüchern verholfen hat. Das *andere* war die Rheinkrise. Diese hatte ihren Ursprung im Nahen Osten und eine Vorgeschichte, die bis ins Jahr 1830 zurückreichte. Damals hatte Frankreich mit der Eroberung von Algerien begonnen, woraus sich ein langer, blutiger Kolonialkrieg entwickelte. Die neugewonnene, aber noch längst nicht gesicherte Bastion in Nordafrika machte Paris geneigt, nach einem Verbündeten Ausschau zu halten, der der französischen Expansion im Maghreb förderlich sein konnte. Es fand ihn in Mehmet Ali, dem Vizekönig von Ägypten, der seit langem danach strebte, den Zustand der Halbsouveränität hinter sich zu lassen und dem von ihm beherrschten Land die vollständige Unabhängigkeit zu verschaffen – wenn es ihm nicht letztlich noch um sehr viel mehr ging: das Ziel, das Erbe des Sultans in Konstantinopel anzutreten.

Während Frankreich Mehmet Ali politische Rückendeckung gab, wollten die anderen Großmächte eine weitere nachhaltige Schwächung des Osmanischen Reiches nicht hinnehmen. Das galt vor allem für die Flügelmächte: Rußland hatte sich 1833, vier Jahre nach der türkischen Niederlage im griechischen Unabhängigkeitskrieg, durch den auf acht Jahre befristeten Beistandspakt von Hunkjar Skelessi eine Art Protektorat über die Türkei gesichert, wozu auch die Sperrung der Dardanellen für fremde Kriegsschiffe gehörte; England sah durch Mehmet Alis aggressive Politik seine Stellung im östlichen Mittelmeerraum und seine Verbindungslinien nach Indien gefährdet. Im Frühjahr 1839 versuchte die Türkei, Syrien, wo sich Mehmet Ali sechs Jahre zuvor nach einem siegreichen Feldzug gegen die Hohe Pforte die persönliche Statthalterschaft gesichert hatte, zurückzuerobern, wurde aber von Ibrahim, dem Sohn des Vizekönigs, vernichtend geschlagen; die Flotte des Sultans lief zu Mehmet Ali über.

Um den Zusammenbruch des Osmanischen Reiches zu verhindern und so das Gleichgewicht der Mächte zu bewahren, setzte der britische Außenminister Lord Palmerston nunmehr auf eine enge Zusammenarbeit mit Rußland, dem traditionellen Rivalen Großbritanniens, sowie den beiden mitteleuropäischen Großmächten Österreich und Preußen. Das Ergebnis der diplomatischen Bemühungen war der Londoner Vertrag über die Befriedung der Levante vom Juli 1840. Darin erklärten die vier Mächte die Erhaltung des Osmanischen Reiches zu ihrer höchsten Aufgabe. Mehmet Ali sollten lediglich die erbliche Herrschaft über Ägypten und das Paschalik Akkon zugestanden werden. Preußen gab einen Neutralitätsvorbehalt für den Fall eines Krieges zu Protokoll. Frankreich aber wurde an den Abmachungen nicht nur nicht beteiligt, es war, soweit es nach dem Willen von Zar Nikolaus und Lord Palmerston ging, der eigentliche Adressat des Londoner Vertrages.

Die französische Öffentlichkeit reagierte mit Wut und Empörung auf das, was sie als gezielte Demütigung durch die anderen Großmächte, als eine Art diplomatisches Waterloo, empfand. Der Vertrag von London wurde mit dem Vertrag von Chaumont von 1814 verglichen, der Frankreich um seinen vermeintlichen Anspruch auf die «natürliche» Grenze am Rhein gebracht hatte. Der Ruf nach Revanche bedeutete also auch Revision: die Überwindung der Friedensordnung, wie sie Frankreich am Ausgang der napoleonischen Epoche auferlegt worden war. Es fügte sich gut ins Bild, daß die Regierung kurz zuvor, am 12. Mai, die Überführung der Gebeine Napoleons von St. Helena nach Paris angekündigt hatte (die feierliche Zeremonie fand am 15. Dezember 1840 statt). Die Engländer hatten in dieser symbolischen Frage dem Drängen des neuen, liberalen Ministerpräsidenten Adolphe Thiers nachgegeben, der auch der eigentliche Urheber der diplomatischen Krise von 1840 war: Mit seiner demonstrativen Unterstützung Mehmet Alis hatte er eine Politik des nationalen Prestiges betrieben – nicht zuletzt, um auf diese Weise von der steigenden sozialen Unruhe im Innern ablenken zu können.

Mehrere Monate lang drohte im Sommer und Frühherbst 1840 der Ausbruch eines großen Krieges, bei dem Frankreich in Europa wie im Nahen Osten gegen die anderen Großmächte gestanden hätte. Der französische Ruf nach der Rheingrenze, dem die Regierung Thiers durch forcierte Rüstung und die Befestigung von Paris Nachdruck verlieh, fand in Deutschland sein Echo in patriotischen Liedern wie Max Schneckenburgers «Wacht am Rhein» und dem ebenso populären Rheinlied von Nikolaus Becker, das vom preußischen wie vom bayerischen König mit Geschenken belohnt wurde. Auch das Deutschlandlied, das Heinrich Hoffmann von Fallersleben 1841 auf Helgoland schrieb, gehört noch zum Nachhall der patriotischen Erregung des Vorjahres.

Fürsten und Volk schienen 1840 einen Augenblick lang eins zu sein in der Entschlossenheit, den scheinbar unmittelbar bevorstehenden Angriff des westlichen Nachbarn abzuwehren. Der deutsche Nationalismus ergriff während der Rheinkrise erstmals breite Massen, und das in allen Teilen Deutschlands, einschließlich Österreichs, und in allen politischen Lagern. Anders als nach dem Hambacher Fest von 1832 sprach nun fürs erste kaum noch jemand davon, daß Freiheit wichtiger sei als Einheit. (Carl Rotteck, der noch immer so dachte, starb im November 1840.)

Seit 1840 gewann die Überzeugung an Boden, daß Deutschland vor allem der nationalen Eintracht und der äußeren Macht bedurfte, wenn es sich in Europa und der Welt behaupten wollte. «Einheit, positive, nicht mystische Einheit ist das fast ungedämpfte Feldgeschrei aller Wortführer», schrieb Anfang 1843 Heinrich von Gagern, der maßgebende Mann unter den Liberalen in Hessen-Darmstadt und spätere Präsident der deutschen Nationalversammlung in der Frankfurter Paulskirche. «Der Partikularismus hat gar keine Organe mehr. Das ist ein großer Fortschritt, aber immer noch ein vorbereitender.»

Zum deutsch-französischen Krieg, der dann unweigerlich von Anfang an ein Weltkrieg gewesen wäre, kam es 1840 nicht. Die britische Flotte begann im Frühherbst, unterstützt von ihren österreichischen und türkischen Verbündeten, eine Offensive an der syrischen Küste, wobei sie bei den Verbänden Mehmet Alis auf unerwartet schwachen Widerstand stieß. König Louis Philippe entschloß sich daraufhin, den ihm verhaßten Thiers zu entlassen, was am 20. Oktober geschah. Dem neuen Kabinett unter der nominellen Leitung des früheren kaiserlichen Marschalls Soult gehörte als Außenminister und beherrschende Figur der Historiker und einstige Führer der liberalen «Doktrinäre», François Guizot, an. Er erhob sogleich die Verständigung mit den anderen Großmächten zum außenpolitischen Programm.

Anfang November nahmen die Briten und Österreicher die Feste Akkon ein, womit die Niederlage Mehmet Alis besiegelt war. Er mußte sich dem Sultan unterwerfen und behielt lediglich als dessen Vasall die erbliche Herrschaft über Ägypten. Im Juli 1841 verständigten sich die fünf Großmächte, also unter Einschluß von Frankreich, in London auf eine neue Meerengenkonvention, die den russisch-türkischen Vertrag von Hunkyar-Skelessi ablöste und den Bosporus für nichttürkische Schiffe in Friedenszeiten sperrte.

Der Ausgang der Orientkrise war in erster Linie ein großer politischer Erfolg Großbritanniens. Zu den Verlierern gehörten neben Mehmet Ali das französische Julikönigtum, dessen Ansehen schweren Schaden genommen hatte, und Rußland, das im Kampf gegen den Usurpator in Ägypten nur eine Nebenrolle gespielt hatte und 1841 das Protektorat über die Türkei an die von Großbritannien geführte Pentarchie der Großmächte abtreten mußte. Aber auch in Deutschland gab es Verlierer: Es waren jene Liberalen, die vor 1840 den Vorrang der Freiheit vor der Einheit verfochten hatten.[81]

Hungry fourties: Die Entstehung des Marxismus

Im vierten Jahrzehnt des 19. Jahrhunderts machte die industrielle Produktionsweise einen großen Sprung nach vorn. Das sichtbarste Zeichen der neuen Epoche war ein Verkehrsmittel, das die Entfernungen, verglichen mit der Zeit der Postkutsche, schrumpfen ließ und den Lebensrhythmus der Menschen zu ändern begann: die Eisenbahn. 1840 gab es in Europa bereits ein Streckennetz von 2900 Kilometern Länge. Bis 1850 wuchs es auf 23 500 Kilometer an; in jedem der beiden folgenden Jahrzehnte verdoppelte sich der Umfang nochmals.

Englisches Kapital spielte dabei, vor allem in der Frühzeit, eine ebenso bedeutende Rolle wie englisches «know how». Der Staat war der größte Auftraggeber, aber für die Herstellung von Schienen, Schwellen, Lokomotiven und Waggons brauchte er Unternehmer und Arbeiter, die das Material bereitstellten, und Banken, die Geld vorschossen. Im Verlauf der 1840er Jahre entwickelten sich der Eisenbahnbau und mit ihm die Eisen- und die eisenverarbeitende Industrie zum Motor der Industrialisierung. Anders gesagt: Die Lokomotive der Industriellen Revolution auf dem Kontinent war – die Lokomotive.

Die Durchsetzung der industriellen Produktionsweise hatte die Verdrängung traditioneller Handwerkszweige und «protoindustrieller», in Heimarbeit betriebener Gewerbe wie der Weberei zur Folge. Die Industrialisierung vernichtete alte und schuf neue Arbeitsplätze; sie wurde zum Auffangbecken vieler, die von der Landwirtschaft nicht mehr leben konnten, und beschäftigte sie unter Bedingungen, die so grausam und ausbeuterisch waren, wie das kritische Zeitgenossen behaupteten. Die soziale Not war so groß, daß die 1840er Jahre als die «hungry fourties» in die Geschichte eingingen. Aber der Pauperismus zur Zeit der frühen Industrialisierung war kein Produkt derselben, sondern im wesentlichen ein vorindustrielles Phänomen. Die alte Gesellschaft hatte Menschen freigesetzt, die sie nicht mehr und die die Industrie vielfach noch nicht ernähren konnte. Die Löhne waren, an den Maßstäben späterer Zeiten gemessen, extrem niedrig, und sie waren nicht gegen die Gefahr gefeit, noch weiter zu sinken. Längerfristig aber ging die Tendenz nicht in Richtung fallender, sondern steigender Reallöhne.

Das größte Ausmaß erreichte der Pauperismus zwischen 1845 und 1847. In diesen Jahren wurde fast ganz Europa von Hungerunruhen erschüttert, deren wichtigste Gründe mehrere Mißernten, eine von Irland aus sich verbeitende Kartoffelkrankheit und die dadurch ausgelöste allgemeine Teuerungswelle bei den wichtigsten Lebensmitteln waren. (Die Kartoffel war im 16. Jahrhundert von den Spaniern aus Südamerika eingeführt und seit den napoleonischen Kriegen zu einem Hauptnahrungsmittel in Europa geworden.) Dazu kam eine «zyklische» Überproduktionskrise, die von England ihren Ausgang nahm und sich dort am stärksten auswirkte: Massive Spekulation beim Eisenbahnbau führte zum Zusammenbruch von Banken, zur Schließung von Fabriken und zum Bankrott zahlreicher kleiner Geschäfte.

Der soziale Protest gegen die Folgen der Agrar- und Gewerbekrise war so gut wie nie organisiert oder gar von langer Hand vorbereitet; Gewerkschaften und Arbeiterparteien gab es auf dem Kontinent noch nicht; und wenn in Handwerker- und Gesellenvereinen über die soziale Frage und sozialistische oder kommunistische Theorien diskutiert wurde, hatte das vorerst noch kaum Auswirkungen auf die breiten Massen des entstehenden industriellen Proletariats. Eines aber ließ sich aus den gescheiterten Versuchen der Auflehnung gegen das soziale Elend wie dem Aufstand der schlesischen Weber im Jahre 1844 lernen: Wenn die Arbeiter die Öffentlichkeit auf ihre Not aufmerksam machen wollten, mußten sie gemeinsam und solidarisch handeln.[82]

Das Nachdenken über die soziale Frage hatte schon lange vor den «hungry fourties» begonnen. Nach 1840 aber vertiefte sich die Kluft zwischen den Besitzenden und den Besitzlosen so sehr, daß das Bewußtsein der Krise weite Teile der Gesellschaft erfaßte und die Kritik an den bestehenden Verhältnissen radikaler wurde. In Deutschland war das einflußreichste Sprachrohr der Kritik eine von Arnold Ruge, einem Linkshegelianer, 1838 gegründete Zeitschrift, die «Hallischen Jahrbücher». In eben jenem Jahr 1838 hatte Ruge noch das «protestantische» oder das «Reformationsprinzip» zum «Prinzip Preußens» erklärt, das eine Revolution überflüssig, ja unmöglich mache. Drei Jahre später aber sah sich Ruge genötigt, vor der preußischen Zensur ins Königreich Sachsen auszuweichen, wo er seine Zeitschrift unter dem Titel «Deutsche Jahrbücher» fortführte. Sein Aufsatz «Selbstkritik des Liberalismus», in dem er Anfang 1843 die «Auflösung des Liberalismus in Demokratismus» forderte, war aber auch der sächsischen Regierung zu viel: Sie verbot die Zeitschrift. Ruge verließ Deutschland und begab sich nach Paris, wo vor ihm schon so viele deutsche und andere Demokraten und Radikale Zuflucht gefunden hatten.

Im gleichen Jahr und aus einem ähnlichen Grund tat auch ein anderer, noch radikalerer Junghegelianer denselben Schritt: Karl Marx, 1818 in Trier als Sohn eines vom Judentum zum Protestantismus übergetretenen Rechtsanwalts geboren, Doktor der Philosophie und 1842/43 zeitweilig Redakteur der radikalliberalen «Rheinischen Zeitung», die im Frühjahr 1843 von der preußischen Regierung verboten wurde. In Paris, wo er seit November 1843 lebte, gab Marx zusammen mit Arnold Ruge, mit dem er sich aber wenig später zerstritt, die «Deutsch-französischen Jahrbücher» heraus. Im einzigen Doppelheft dieser Zeitschrift, das je erschien, brach Marx im Februar 1844 öffentlich mit der Philosophie Hegels. Der Aufsatz «Kritik der Hegelschen Rechtsphilosophie. Einleitung» war aber sehr viel mehr als nur eine Abrechnung mit dem Vollender des deutschen Idealismus. Marx kündigte in diesem Text die radikalste aller Revolutionen an: die proletarische Revolution, die nur eine deutsche Revolution sein konnte.

Es war der «Anachronismus» der deutschen Verhältnisse, der Marx zu dieser kühnen Vorhersage und zu einem ebenso gewagten Vergleich veranlaßte: dem mit der Situation Frankreichs am Vorabend der Revolution von 1789. «Wenn ich die deutschen Zustände von 1843 verneine, stehe ich, nach französischer Zeitrechnung, kaum im Jahre 1789, noch weniger im Brennpunkt der Gegenwart.» Die deutsche Rückständigkeit war Marx zufolge so radikal, daß sie nur durch eine radikale Revolution überwunden werden konnte. «Das gründliche Deutschland kann nicht revolutionieren, ohne von Grund aus zu revolutionieren. Die Emanzipation des Deutschen ist die Emanzipation des Menschen. Der Kopf dieser Emanzipation ist die Philosophie, ihr Herz das Proletariat.» Die Rolle der Philosophie war durch die deutsche Geschichte vor-

gegeben. «Deutschlands revolutionäre Vergangenheit ist nämlich theoretisch, es ist die Reformation. So wie damals der Mönch, so ist es jetzt
der Philosoph, in dessen Hirn die Revolution beginnt.» Der Philosoph,
der Luthers Platz einnehmen und zugleich Luther überwinden wollte,
hatte einen Namen: Karl Marx.

Die Geschichts- und Zukunftsdeutung, die Marx um die Jahreswende 1843/44 entwarf, liest sich wie eine moderne Abwandlung der
mittelalterlichen Lehre von der «translatio imperii»: ihre Metamorphose zur «translatio revolutionis». So wie nach der christlichen Lesart
das römische Kaisertum im Jahre 800 von den Griechen auf die Franken oder Deutschen, also in ost-westlicher Richtung, übertragen worden war, so wanderte jetzt die Revolution von West nach Ost, von den
Franzosen zu den Deutschen, wobei sich der Charakter der Revolution
änderte. Die Franzosen hatten 1789 die klassische bürgerliche Revolution hervorgebracht. Wenn der «gallische Hahn» erneut schmetterte,
mußte er, da sich die Gesellschaft inzwischen weiterentwickelt hatte,
eine andere Revolution ankündigen: die proletarische. Sie würde in
Frankreich ihren Ausgang nehmen; für die Entscheidungsschlacht aber
kam nur ein Land in Frage: Deutschland. Hier konnte, weil die Verhältnisse so rückständig waren, die «bürgerliche Revolution nur das
unmittelbare Vorspiel einer proletarischen Revolution sein»: So formulierten es Marx und sein Freund Friedrich Engels zwar erst 1847/48
im «Manifest der Kommunistischen Partei», aber sie wiederholten damit nur die Pointe des Aufsatzes in den «Deutsch-Französischen Jahrbüchern».

Marx war nicht der erste, der einen Rückschluß von der bürgerlichen Revolution von 1789 auf die künftige proletarische Revolution
zog. Im Jahre 1828 hatte Philippe Michele Buonarroti, ein Mitglied
von Babeufs «Verschwörung der Gleichen» von 1796, in seiner Schrift
über ebendiese Verschwörung jenen Satz aus dem (von Sylvain Maréchal verfaßten) «Manifest der Gleichen» zitiert, der die Französische
Revolution von 1789 zur bloßen Vorläuferin «einer viel größeren, viel
ernsteren Revolution» herabstufte, die die letzte sein werde. Marx
kannte die Schrift Buonarrotis, und es ist gut möglich, daß dieser eine
Satz ihm die Idee von dem vermittelte, was seine, Marx' Mission sein
konnte und darum werden mußte: die wissenschaftliche Begründung
der Notwendigkeit der größten und letzten Revolution der Geschichte.
Die Analogie zwischen bürgerlicher und proletarischer Revolution als

historische Legitimation der letzteren wurde jedenfalls zum archimedischen Punkt im Denken von Marx und Engels: das Erkenntnisinteresse, von dem sie sich fortan bei der Grundlegung des «Wissenschaftlichen Sozialismus» leiten ließen.

Ob in der Urfassung von Maréchal oder in der ausgefeilten Form von Marx: Der Rückschluß von der bürgerlichen auf die proletarische Revolution war höchst anfechtbar. 1789 war in Frankreich eine funktionslos gewordene herrschende Klasse, der Feudaladel, von einer aufsteigenden Klasse, dem «Dritten Stand», entmachtet worden, der mit einem zumindest relativem Recht von sich behaupten konnte, er vertrete in dieser Auseinandersetzung die Gesamtheit der nichtprivilegierten Gesellschaft und sei in jeder Hinsicht herrschaftsfähig. Ob das Proletariat gegenüber der Bourgeoisie je in eine ähnliche Situation kommen würde, war fraglich.

Nicht minder fragwürdig war der zweite Rückschluß, der von der deutschen Reformation auf die Revolution des deutschen Proletariats. Seit Fichte hatte sich kein deutscher Autor so sehr mit Luther identifiziert wie Marx. Die Führungsrolle, die er für sich in Anspruch nahm, forderte er im Namen, wenn auch nicht im Auftrag der revolutionären Intelligenz. Wie die frühen deutschen Nationalisten wollten auch die Begründer des «Wissenschaftlichen Sozialismus» vom fortschrittlichen Teil der Gesellschaft als Avantgarde anerkannt werden: jene im nationalen, diese im internationalen Rahmen. Das ehrgeizige Ziel erforderte einen dritten Rückschluß: den von Deutschland auf den Rest der Welt. Was Fichte vorausgedacht hatte, dachte Marx konsequent zu Ende. Die Deutschen als das Volk, das durch seine Revolution die Menschheit erlösen und, ganz im Sinne Rousseaus, den neuen, seinem Wesen nicht mehr entfremdeten, emanzipierten Menschen hervorbringen würde: Wer der Welt dieses Schicksal ansinnen wollte, mußte sich dem Weltgeist näher wissen als irgend jemand sonst.

Marx nahm eine Zeit vorweg, von der er nur hoffen konnte, daß sie nahe bevorstand. Im vormärzlichen Deutschland jedenfalls war das industrielle Proletariat, in das er und Engels so große Erwartungen setzten, noch viel zu schwach, um ein revolutionäres Subjekt im Sinne von Marx sein zu können. Bei den meisten Fabrikarbeitern förderte das soziale Elend eher die passive Hinnahme der bestehenden Zustände als die aktive Gegenwehr. Von der Minderheit der Arbeiter und Handwerksgesellen, die die Kraft zum Protest aufbrachten, waren nicht wenige im Ausland, zumal in Frankreich, England, Belgien und der Schweiz, mit frühsozialistischen Ideen in Berührung gekommen. Manche fühlten sich zum utopisch-religiösen Kommunismus des Schneidergesellen Wilhelm Weitling aus Magdeburg hingezogen, andere später, 1848, zur sozialreformerischen «Arbeiterverbrüderung» des Buchdruckergesellen Stephan Born, der als einer der ersten den Begriff «Social-Demokratie» benutzte. Der 1847 in London gegründete «Bund der Kommunisten», das Ergebnis einer radikalen Umgestaltung des dortigen Deutschen Arbeitervereins durch Marx und seinen Freund, den Barmer Fabrikantensohn und Kaufmann Friedrich Engels, hatte hingegen nur geringen Zulauf und sollte auch in der Revolution von 1848 keine erhebliche Rolle spielen.

Auf einem anderen Blatt stehen die langfristigen und weltweiten Wirkungen, die vom Gründungsdokument des Bundes der Kommunisten, dem von Marx unter Mitwirkung von Engels verfaßten, im Februar 1848 veröffentlichten «Manifest der Kommunistischen Partei», ausgingen. Hier fand, wer die bestehenden Verhältnisse von Grund auf verändern und letztlich beseitigen wollte, das für die revolutionäre Praxis nötige theoretische Rüstzeug. Hier stand, was man von der Geschichte wissen mußte, um die feste Position zu gewinnen, von der aus die elende Gegenwart des Proletariats überwunden und die neue, von aller Unterdrückung freie, klassenlose Gesellschaft der Zukunft erkämpft werden konnte. Was bürgerliche Sozialreformer und die Frühsozialisten an Entwürfen einer neuen Gesellschaft vorgelegt hatten, wurde als feudal-reaktionär, bourgeois, kleinbürgerlich oder utopistisch entlarvt. Bestenfalls gestanden Marx und Engels Autoren wie Saint-Simon, Fourier oder Owen zu, Material zur Aufklärung der Arbeiter geliefert zu haben. Eine wissenschaftliche Begründung des Sozialismus und seiner vollendeten Form, des Kommunismus, aber gab es bisher nicht. Sie war *ihnen* vorbehalten geblieben: Das war der hohe Anspruch von Karl Marx und Friedrich Engels.

Zu lesen war im Kommunistischen Manifest, daß die Geschichte aller bisherigen Gesellschaft nur die Geschichte von Klassenkämpfen war; daß die moderne Staatsgewalt nur ein Ausschuß war, der die gemeinschaftlichen Geschäfte der ganzen Bourgeoisklasse verwaltete; daß die herrschenden Ideen einer Zeit stets nur die Ideen der herrschenden Klasse waren; daß die Bourgeoisie die Herrschaft des Feudalismus beseitigt, das Land der Herrschaft der Stadt unterworfen und überhaupt in der Geschichte eine höchst revolutionäre, die Welt radikal verändernde Rolle gespielt hatte, mit den sich ständig verschärfenden Wirtschaftskrisen der Gegenwart aber nicht mehr fertig wurde; daß das Kapital keine persönliche, sondern eine gesellschaftliche Gewalt und das Proletariat die einzig revolutionäre Klasse der heutigen Gesellschaft war; daß die Mittelschichten immer mehr ins Proletariat absanken, weshalb die Spaltung der Gesellschaft in zwei große feindliche Lager, nämlich Bourgeoisie und Proletariat, unaufhörlich voranschritt; daß der Fortschritt der Industrie die Lebensbedingungen der Lohnarbeiter nicht verbesserte, sondern nur noch weiter verschlechterte; daß die Kommunisten keine besondere Partei neben anderen Arbeiterparteien, sondern der entschiedenste, immer weiter treibende, von theoretischer Einsicht geleitete Teil der Arbeiterklasse waren; daß der nächste Zweck der Kommunisten nur «Bildung des Proletariats zur Klasse, Sturz der Bourgeoisieherrschaft, Eroberung der politischen Macht durch das Proletariat» heißen konnte; daß die Aufhebung des Privateigentums die unabdingbare Voraussetzung der Beendigung von Klassenherrschaft war; daß die Arbeiter kein Vaterland hatten und der Gegensatz der Nationen im Proletariat bereits aufgehoben war; daß die Erkämpfung der Demokratie nur ein erster Schritt war, um schließlich das eigentliche Ziel der Kommunisten zu erreichen: «eine Assoziation, worin die freie Entwicklung eines jeden die Bedingung für die freie Entwicklung aller ist».

Das Kommunistische Manifest schloß mit den Worten: «Die Kommunisten verschmähen es, ihre Ansichten und Absichten zu verheimlichen. Sie erklären es offen, daß ihre Zwecke nur erreicht werden können durch den gewaltsamen Umsturz aller bisherigen Gesellschaftsordnung. Mögen die herrschenden Klassen vor einer kommunistischen Revolution zittern. Die Proletarier haben nichts in ihr zu verlieren als ihre Ketten. Sie haben eine Welt zu gewinnen. *Proletarier aller Länder vereinigt euch!*»

Nur wenige Arbeiter folgten damals diesem Ruf. Doch er war laut genug, um beträchtliche Teile der bürgerlichen Gesellschaft zu erschrecken. Die Verbreitung der revolutionären Botschaft im Proletariat nahm Zeit in Anspruch. Im Bürgertum wirkte sie schneller und in einem anderen Sinn als von Marx und Engels erwartet, nämlich als Warnung vor allzu radikalen politischen Veränderungen, weil diese allzu leicht jener Klasse den Weg an die Macht ebnen konnten, die Marx im Kommunistischen

Manifest als den «Totengräber» der Bourgeoisie bezeichnet hatte: dem Proletariat.[83]

Europa am Vorabend der Revolution von 1848

Weder eine bürgerliche noch eine proletarische, sondern eine nationale Revolution: Darum ging es 1846 den polnischen Patrioten. Fünfzehn Jahre nach der Niederschlagung des Freiheitskampfes von 1830/31 sollte es nach dem Willen der im Exil wirkenden «Demokratischen Gesellschaft» und ihrer in der Heimat verbliebenen Gesinnungsgenossen in ganz Polen zu einer neuen Erhebung gegen die drei Teilungsmächte kommen. Im preußischen Posen aber, wo der Aufstand beginnen sollte, wurde er verraten und durch die Verhaftung des militärischen Anführers, Ludwik Mierosławski, am 12. Februar 1846 vereitelt. Im russischen Kongreßpolen hatte sich die Verschwörung bislang kaum entfalten können. Nur im österreichischen Galizien und im Freistaat Krakau schien ein Losschlagen noch möglich, doch dazu entschlossen sich die Patrioten erst am 20. Februar, nachdem zwei Tage zuvor österreichische Truppen in die Stadt eingerückt waren.

Die Aufständischen waren schlecht organisiert, und kaum hatte die Erhebung begonnen, brach eine Katastrophe über sie herein: Von österreichischen Beamten ermutigt, wenn nicht angestachelt, lehnten sich die Bauern des westlichen, polnischsprachigen Galizien gegen den grundbesitzenden Adel, eine wichtige Trägerschicht der Freiheitsbewegung, auf. Der blutige Aufstand auf dem Lande machte einen Erfolg der Revolte in Krakau, wo die Österreicher eher defensiv vorgingen, unmöglich. Am 26. Februar fügten die Österreicher im Zusammenspiel mit den Bauern den bewaffneten Patrioten in der Nähe von Krakau die entscheidende Niederlage bei. Es folgten die Besetzung Krakaus durch russische und preußische Truppen und, trotz Protesten der beiden westlichen Großmächte, die Einverleibung des ehemaligen Freistaats in das österreichische Königreich Galizien. Was blieb, war ein doppeltes Mißtrauen: einerseits der Patrioten im Lande gegenüber denen im Exil, andererseits der adligen und bürgerlichen Eliten gegenüber den Bauern, die sich mit einer Teilungsmacht gegen polnische Landsleute, die adligen Grundherren, verbündet hatten.

Im Jahr darauf nahm in einem anderen Land Europas ein Kampf

zwischen den Kräften der Bewegung und denen der Beharrung einen gänzlich anderen Verlauf als in Polen: in der Schweiz. Die Vorgeschichte der politischen Umwälzung von 1847/48 reichte bis ins Jahr der Julirevolution zurück. Vom Regimewechsel in Frankreich angeregt, hatte die Tagsatzung, die Gesamtvertretung der Eidgenossenschaft, den Kantonen durch einen Beschluß vom 27. Dezember 1830 ausdrücklich freigestellt, ihre Verfassungen zu ändern, soweit dies dem Bundesvertrag vom 7. August 1815 nicht widersprach. Daraufhin hatten elf Kantone, evangelische sowohl wie katholische, repräsentativ-demokratische Systeme auf der Grundlage der Volkssouveränität eingeführt.

In der Folgezeit kam es in vielen Kantonen zu scharfen, teilweise gewaltsam ausgetragenen Konflikten zwischen Liberalen und Radikalen auf der einen, konservativen Katholiken und mancherorts auch Protestanten auf der anderen Seite. In der Tagsatzung hatten die Liberalen das Übergewicht. Im Frühsommer 1846 schlossen sich die sieben katholischen Kantone Luzern, Uri, Schwyz, Unterwalden, Zug, Freiburg und Wallis zu einem «Sonderbund» gegen die antiklerikalen Liberalen in den überwiegend protestantischen Kantonen zusammen und bestritten der Eidgenossenschaft das Recht, sich in die inneren Verhältnisse ihrer Mitglieder einzumischen. 1847 stellten sich die Kantone Genf und St. Gallen auf die Seite der Liberalen, so daß am 24. Oktober in der Tagsatzung eine klare Mehrheit für eine Bundesexekution mit dem Zweck der Auflösung des Sonderbundes zustande kam.

Der Feldzug dauerte dreieinhalb Wochen, wobei es insgesamt etwa 100 Tote und um die 400 Verwundete zu beklagen gab; am 29. November 1847 kapitulierten die Sonderbündler. Die Tagsatzung setzte unmittelbar darauf eine aus Liberalen und Radikalen bestehende Kommission ein, die den Entwurf einer neuen Bundesverfassung erarbeitete. Dieser sah die Umwandlung des bestehenden Staatenbundes in einen Bundesstaat mit einer handlungsfähigen Zentralgewalt vor. Vier der fünf Großmächte, nämlich Rußland, Österreich, Preußen und Frankreich, legten gegen diese Reform energische Verwahrung ein, konnten damit aber weder die Tagsatzung noch das Schweizervolk beeindrucken. Am 12. September 1848 wurde die neue Verfassung von der Bevölkerung mit großer Mehrheit angenommen.

Das politische Ergebnis des Sonderbundskrieges war die moderne Schweiz, in der statt der Patrizier die Mittelschichten den Ton angaben und die Souveränität der Kantone durch die Souveränität des Volkes der Eidgenossenschaft beschränkt und damit letztlich überwunden wurde. An die Stelle der Tagsatzung trat die Bundesversammlung, die aus zwei Kammern bestand: dem Ständerat als Vertretung der Kantone und dem Nationalrat als Vertretung der Bevölkerung insgesamt, wobei alle männlichen Schweizer, die das 20. Lebensjahr vollendet hatten, über das aktive Wahlrecht verfügten. Die Exekutive bildete der siebenköpfige Bundesrat mit einem Bundespräsidenten an der Spitze. Was sich bei der Billigung der Verfassung noch nicht absehen ließ, war ein Jahr später zur historischen Tatsache geworden: Die Schweiz war neben Dänemark und den Niederlanden das einzige Land Europas, in dem die freiheitlichen Kräfte aus den Verfassungskämpfen des Revolutionsjahres 1848 als Sieger hervorgingen.

Auch südlich der Alpen vollzogen sich im Jahr 1847 bedeutende Veränderungen. König Karl Albert von Piemont-Sardinien gelangte zu der Einsicht, daß sich sein Ansehen im eigenen Land wie in Italien insgesamt nur durch Zugeständnisse an die liberalen Patrioten steigern ließ. Er lockerte die Zensur, ersetzte im Oktober 1847 seine konservativen Minister durch vergleichsweise fortschrittliche und förderte gezielt die politischen Bestrebungen gemäßigter Liberaler wie des Grafen Cesare Balbo, der im gleichen Jahr zusammen mit dem Grafen Camillo di Cavour, dem späteren Ministerpräsidenten von Sardinien-Piemont, eine Zeitung mit dem programmatischen, die ganze Epoche prägenden Namen «Il Risorgimento» gründete.

Überraschende Veränderungen gab es um dieselbe Zeit auch im Kirchenstaat. Der 1846 gewählte Papst Pius IX., geboren als Giovanni Maria Conte Mastai-Feretti, verurteilte zwar in der Tradition seines Vorgängers, Gregors XVI., in der Enzyklika «Qui pluribus» gleich zu Beginn seines Pontifikats Liberalismus und Rationalismus (und zusätzlich erstmals auch den Kommunismus). Zugleich aber kam er dem dringenden Wunsch nach Reformen entgegen, zu denen neben einer überfälligen Reorganisation der Verwaltung eine Gemeindeverfassung für Rom und eine politische Amnestie gehörten.

Das päpstliche Beispiel ermutigte den Großherzog der Toskana, Leopold II., seinerseits eine Politik der Verständigung mit der Einheits- und Freiheitsbewegung einzuleiten. Metternich war von diesen Vorgängen, vor allem denen im Kirchenstaat, um so mehr besorgt, als er ein Übergreifen der Reformbestrebungen auf das österreichische Lombardo-Venetien befürchten mußte. Unter Berufung auf einen Artikel der Wiener Schlußakte von 1820 ließ der Wiener Staatskanzler am 17. Juli 1847 die Stadt Ferrara durch österreichische Truppen besetzen. Der prompte Protest des Papstes machte diesen aber bei den Italienern noch populärer und veranlaßte König Karl Albert, Pius IX. für den Fall weiterer österreichischer Interventionen den militärischen Beistand von Sardinien-Piemont anzubieten.

Weit dramatischer als in Nord- und Mittelitalien verlief die Entwicklung in Sizilien. Dort lehnte sich im Januar 1848 ein breites Bündnis von Liberalen und Demokraten, das von Teilen des Adels und der Arbeiterschaft in Stadt und Land unterstützt wurde, gegen die bourbonische Herrschaft im Königreich beider Sizilien auf. Die bisher Regierenden verloren binnen kurzem die Kontrolle über den Großteil der Insel. Im Februar bildete sich eine provisorische Regierung aus gemäßigten Liberalen und Demokraten, der als Vertreter der letzteren der junge Francesco Crispi, der italienische Ministerpräsident der Jahre 1887 bis 1891 und 1893 bis 1896, angehörte. Die Revolution hatte in Sizilien also bereits begonnen, als in Frankreich im Februar 1848 die Julimonarchie stürzte: *das* Ereignis, das gemeinhin als Auftakt des Revolutionsjahres 1848 gilt.

In Neapel, der Hauptstadt des Königreichs beider Sizilien, kam es infolge der starken Präsenz des Militärs zu keinem revolutionären Umsturz. Ferdinand II. reagierte auf die Ereignisse in Sizilien und die wachsende Opposition im übrigen Königreich mit dem Erlaß der Verfassung vom 10. Februar 1848, die auf weiten Strecken der französischen Charte vom August 1830 ähnelte, dem Monarchen aber mehr Macht einräumte als im Frankreich der Julimonarchie.[84]

Um die gleiche Zeit wie in Italien geriet auch in Preußen die alte Ordnung in die Krise. Im Februar 1847 berief König Friedrich Wilhelm IV. den «Vereinigten Landtag» nach Berlin ein. Die Versammlung bestand aus einer Herrenkurie und drei weiteren Kurien, einer der Rittergutsbesitzer, einer der sonstigen ländlichen Grundbesitzer und einer von besonders qualifizierten städtischen Grundbesitzern, jeweils gebildet aus den seit 1823 bestehenden Provinziallandtagen. Der Vereinigte Landtag sollte das Recht der Steuerbewilligung und der Genehmigung von Staatsanleihen haben, nicht jedoch das der «Periodizität», also auf eine regelmäßig wiederkehrende Einberufung. Aus eigenem Antrieb durfte die Versammlung nicht zusammentreten. Ihre Einberufung war allein Sache des Königs. In seiner Eröffnungsrede machte Friedrich Wilhelm am 11. April 1847 vor allem klar, was er nach wie vor *nicht* wollte: eine Verfassung für Preußen. Nie und nimmer, so erklärte er, würde er zugeben, «daß sich zwischen unseren Herr Gott im Himmel und dieses Land ein beschriebenes Blatt gleichsam als eine zweite Vorsehung eindrängt».

Dem König und seinen Ministern ging es bei der Einberufung ausschließlich um Geld: Die Delegierten der Provinziallandtage sollten dem preußischen Staat eine Anleihe von 25 Millionen Talern für den Bau der geplanten Ostbahn nach Königsberg garantieren. An dieser Eisenbahnlinie hatte die Industrie in Rheinland und Westfalen ein ebenso großes Interesse wie die Großgrundbesitzer in Ostpreußen. Die Abgeordneten des Vereinigten Landtages waren von der Notwendigkeit des Vorhabens gleichermaßen überzeugt, aber noch mehr lag ihnen an der Konstitutionalisierung und Parlamentarisierung Preußens. Mit einer derartigen Kümmerform des Parlamentarismus, wie sie ihnen vom König angesonnen wurde, wollten sie sich daher nicht zufrieden geben. Folgerichtig lehnte der Vereinigte Landtag die Bewilligung der geforderten Anleihe ab.

Damit war die Erneuerung Preußens von «oben», getragen von einem aufgeklärten Beamtentum, am Ende. Wenn die Modernisierung weitergehen sollte, mußte der Hohenzollernstaat der wirtschaftlich erstarkten, politisch selbstbewußt gewordenen Gesellschaft ein beträchtliches Maß an Mitbestimmung einräumen. Dem preußischen Staat die Machtfrage zu stellen kam freilich auch den liberalen Vertretern der Gesellschaft nicht in den Sinn. Das Nein zu einer Anleihe war eine Demonstration, kein Aufruf zur Revolution.

Die andere deutsche Großmacht, Österreich, hatte ebensowenig wie Preußen eine Verfassung. Dieser negativen Gemeinsamkeit standen aber erhebliche Unterschiede gegenüber: Im Habsburgerreich war die Bürokratie weniger leistungsfähig, die Zensur strenger, das Spitzelwesen weiter verbreitet als im Staat der Hohenzollern. Die Industrialisierung hatte in Österreich gerade erst begonnen; von der erstrebten Sanierung der Staatsfinanzen war die Wiener Regierung in den vierziger Jahren weiter entfernt als zuvor; die wachsende Verschuldung machte Österreich von den Banken, namentlich dem jüdischen Bankhaus Rothschild, zunehmend abhängig. Forderungen nach einer liberalen Verfassung für den Gesamtstaat fanden Zustimmung im liberalen Bürgertum der Hauptstadt, aber nicht am Kaiserhof und in der Regierung. Die deutschsprachigen Österreicher fühlten sich, wo immer sie politisch standen, als Deutsche und damit als Teil einer gemeinsamen, größeren Nation, zugleich aber auch als das führende Volk des habsburgischen Vielvölkerreiches.

Im weitgehend selbständigen Ungarn, dessen König der Kaiser von Österreich war, beanspruchten die Magyaren die Führungsrolle gegenüber der Mehrheit der nichtmagyarischen Nationalitäten, darunter Kroaten, Rumänen, Slowaken, Deutsche und Serben. Von den slawischen Völkern hatten sich als erste die Polen, wenn auch vergeblich, 1846 gegen die habsburgische Herrschaft erhoben. In den vierziger Jahren begannen auch die Tschechen in Böhmen sich ihrer nationalen Eigenart stärker bewußt zu werden: ein Prozeß, der in Italien, wie wir gesehen haben, schon sehr viel früher eingesetzt hatte.

Der österreichische Staatskanzler handelte wie stets nach der Devise: Wehret den Anfängen. Metternichs Haltung gegenüber den nationalen Bestrebungen der nichtdeutschen und nichtmagyarischen Nationalitäten unterschied sich in nichts von seiner Politik im Deutschen Bund: Sie erschöpfte sich in Unterdrückung. Das «System Metternich» bewirkte eine fortschreitende geistige Entfremdung zwischen Österreich und dem übrigen Deutschland. Die politische Abschottung gegenüber allem, was sich in Preußen und erst recht im «dritten Deutschland» an Opposition regte, fand ihr Gegenstück im fehlenden Interesse an einer Ausgestaltung der Verkehrswege: An Eisenbahnverbindungen zwischen Österreich und dem übrigen Bundesgebiet lag der Regierung in Wien nur wenig; die erste Strecke, die Österreich mit Preußen verband, wurde nach zähen Verhandlungen 1849 eröffnet. Daß *dieses* Österreich sich im Zweifelsfall für die Einheit Deutschlands und gegen die Erhaltung des Gesamtreiches aussprechen würde, konnte gegen Ende des Vormärz nur annehmen, wer sich von Wunschdenken leiten ließ.

In den Verfassungsstaaten Süddeutschlands vertiefte sich in der zweiten Hälfte der vierziger Jahre die Kluft zwischen gemäßigten Liberalen und Demokraten. Während diese sich eine Verfassung nur als Ausfluß des souveränen Volkswillens vorstellen konnten, setzten jene auf eine Vereinbarung zwischen Volk und Fürsten. Am deutlichsten trat die Trennung der beiden Lager in Baden in Erscheinung. Im September 1847 kamen die sogenannten «Ganzen» um die Mannheimer Rechtsanwälte Friedrich Hecker und Gustav von Struve in Offenburg zusammen, um sich auf eine Grundsatzerklärung zu verständigen, mit der sie sich klar von den «Halben», den gemäßigten Liberalen, abheben konnten. Das Offenburger Programm forderte zwar nicht offen die deutsche Republik, wie sie den wichtigsten Akteuren als Ziel vorschwebte, wohl aber neben den klassischen Grundrechten, obenan der Pressefreiheit, die Wahl eines deutschen Parlaments auf der Grundlage des allgemeinen gleichen Wahlrechts, eine volkstümliche Wehrverfassung und eine progressive Einkommensteuer, die mit dazu beitragen sollte, das «Mißverhältnis zwischen Kapital und Arbeit» auszugleichen.

Die «Halben» aus Baden, Württemberg, Hessen-Darmstadt und Kurhessen trafen sich wenig später, im Oktober 1847, in Heppenheim – ironischerweise im «Gasthof zum halben Mond». Ihre Antwort auf die «Ganzen» war kein Programm, sondern ein Protokoll. Darin befürworteten sie den Ausbau des Deutschen Zollvereins, dem eine Vertretungskörperschaft, also eine Art von Parlament, zugeordnet werden sollte. Das Habsburgerreich konnte zwar nicht als Ganzes, aber doch mit dem Teil, der zum Deutschen Bund gehörte, dem Zollverein beitreten und sich damit an der Gestaltung der nationalen Einheit Deutschlands beteiligen. Die innenpolitischen Forderungen der Heppenheimer deckten sich weitgehend mit denen der Offenburger. Im sozialen Bereich befürworteten die Gemäßigten eine «gerechte Verteilung der öffentlichen Lasten zur Erleichterung des kleinen Mittelstandes und der Arbeiter».

Wenige Monate später wurde auch der äußerste Norden Deutschlands von heftiger Unruhe erfaßt, die sich bald auf das ganze Land ausdehnte. Am 20. Januar 1848 starb der dänische König Christian VIII. Eineinhalb Jahre zuvor, am 8. Juli 1846, hatte er, da der Thronfolger kinderlos war, in einem «Offenen Brief» eine gemeinsame Erbfolge für Dänemark und Schleswig entsprechend dem dänischen Erbrecht angekündigt. In Dänemark konnte, anders als in Holstein, der Thron auch über eine weibliche Linie vererbt werden. Die Erklärung des Königs lief also auf eine Einverleibung von Schleswig in das Königreich Dänemark und eine Trennung von Holstein hinaus, was in Schleswig und Holstein, aber auch im übrigen Deutschland langanhaltende Empörung auslöste. Christians Nachfolger, Friedrich VII., legte nur eine Woche nach seiner Thronbesteigung, am 28. Januar 1848, in einem «Reskript» die Grundzüge einer gesamtstaatlichen, auch für Schleswig geltenden Verfassung vor und berief Anfang Februar eine Kommission, die daraus einen ausgefeilten Verfassungsentwurf machen sollte.

Damit war die politisch und publizistisch höchst aktive national-liberale Partei aber keineswegs zufrieden. Sie verlangte, ganz Schleswig unverzüglich zu einem Teil des Königreichs Dänemark zu erklären, das Staatsgebiet also nach Süden, bis zur Eider auszudehnen (woraus sich der Begriff der «Eiderdänen» ergab). Am 20. März beschloß eine Versammlung im Kopenhagener Lokal «Casino» eine Resolution, die den König in ultimativer Form zur Annexion Schleswigs aufforderte. Zur Begründung hatten die Veranstalter zuvor wider besseres Wissen behauptet, die schleswig-holsteinische Partei habe auf einer Zusammenkunft in Rendsburg am 18. März den vollständigen Bruch mit Dänemark vollzogen und damit das Signal zum Aufstand gegeben. In Wirklichkeit war dort lediglich die Entsendung einer Delegation beschlossen worden, die dem König die Forderungen der Schleswig-Holsteiner vortragen sollte. Die Führer der Nationalliberalen aber wollten handeln und vollendete Tatsachen schaffen, ehe die Abgesandten der Schleswig-Holsteiner in Kopenhagen eingetroffen waren.

Am Tag nach der Versammlung im «Casino», dem 21. März, begab sich eine große Abordnung zum Schloß Christiansborg, um dem König die Adresse zu überreichen. Dieser hatte inzwischen den Ernst der Lage erkannt. Um einer Revolution zuvorzukommen, stellte sich Friedrich VII. nunmehr voll und ganz auf den Boden der dänischen Nationalbewegung. Noch am 21. März entließ er die alte Regierung und ersetzte sie durch eine neue, in der auch die Führer der Nationalliberalen, an ihrer Spitze der Rechtsanwalt Orla Lehmann, vertreten waren. Der Kabinettswechsel bedeutete nicht mehr und nicht weniger als das Ende der absoluten Monarchie in Dänemark und einen Pakt zwischen Königtum und Nationalismus.

Mit dem historischen Recht war die Forderung nach der Annexion Schleswigs nicht zu vereinbaren. Der Vertrag von Ripen aus dem Jahr 1460 sah vor, daß die Herzogtümer Schleswig und Holstein für immer zusammen und ungeteilt bleiben sollten. Von den Deutschen in den beiden Herzogtümern, vor allem in Holstein, das, anders als Schleswig, zum Deutschen Bund und vollständig zum deutschen Sprachgebiet gehörte, wurde sofort energisch gegen den Bruch des alten Rechts protestiert, besonders wirkungsvoll von den Provinzialständen in Rendsburg am 17. Februar, die der Gesamtstaatsverfassung eine klare Absage erteilten. In ganz Deutschland ergriffen wie schon 1846 die Liberalen und Demokraten die Partei der Schleswig-Holsteiner und verlangten vom

Deutschen Bund und den deutschen Regierungen eine Zurückweisung
der dänischen Absichten.

König Friedrich VII. ließ sich von dem Widerspruch aus Schleswig-
Holstein und Deutschland nicht beeindrucken. Am 24. März 1848 verfügte er, entsprechend einem Beschluß der neuen Regierung vom Vortag,
die Einverleibung von ganz Schleswig in das Königreich Dänemark. Am
gleichen Tag wurde von deutscher Seite in Kiel eine Provisorische Regierung für Schleswig-Holstein gebildet. Seitdem lag Krieg in der Luft – und
das zu einer Zeit, als auch Deutschland von jener revolutionären Welle
ergriffen wurde, deren erster Vorbote der Umsturz in Palermo vom
Januar 1848 gewesen war.[85]

Das Ende der Julimonarchie

Der Ausgang der Orient- und der Rheinkrise von 1840 hatte in Frankreich ein verbreitetes Gefühl nationaler Zweitrangigkeit hinterlassen,
das dem Ansehen des Julikönigtums schweren Schaden zufügte. Nichts
lag in dieser Situation näher als der Versuch, die diplomatische Scharte
von 1840 durch prestigeträchtige Erfolge in anderen Weltregionen auszuwetzen. Vergleichsweise mühelos gelang das 1842 durch die Einrichtung eines französischen Protektorats über Tahiti, die größte der Gesell-
schaftsinseln in der Südsee. Sehr viel schwieriger war es, der Herausforderung Herr zu werden, vor die sich Frankreich in Nordafrika durch
den arabischen Rebellenführer Abd el-Kader gestellt sah. Dieser hatte
seit 1832 Marokko unter seine Kontrolle gebracht und den Franzosen in
Algerien einige empfindliche Schläge versetzt. Im Mai 1843 gelang es
zwar dem Herzog von Aumale, dem Sohn Louis Philippes, die Smala,
den Zelthofstaat der Aufständischen, einzunehmen, und im August des
folgenden Jahres schlug General Bugeaud, seit 1840 Generalgouverneur
von Algerien, die Marokkaner in Wadi Isly. Doch der blutige Guerillakrieg ging weiter. Erst Ende Dezember 1847 mußte sich Abd el-Kader
den überlegenen französischen Verbänden unter General Lamoricière
ergeben. Bis Algerien der militärischen Herrschaft Frankreichs unterworfen war, vergingen danach noch mehr als zwei Jahrzehnte.

Vor 1840 hatte Frankreich nur einen schmalen Küstenstreifen mit
den Hafenstädten Algier und Oran erobert. Generalgouverneur Bugeaud, der 1834 in Paris im Auftrag der Regierung ein Massaker unter

den aufständischen Republikanern angerichtet hatte, hielt es angesichts des anhaltenden Widerstands der einheimischen Bevölkerung für unabdingbar, das ganze Land unter französische Kontrolle zu bringen. Seine Strategie war die der verbrannten Erde oder, anders gewendet, des totalen Krieges. Wie bei der Niederwerfung der gegenrevolutionären Erhebung in der Vendée ein halbes Jahrhundert zuvor wurden Dörfer niedergebrannt, die Ernte und das Saatgut vernichtet, das Vieh konfisziert oder geschlachtet. Am Anfang der Strafaktionen stand stets die «Razzia» (ein arabisches Wort, das nach 1840 in die westlichen Sprachen einwanderte): Verdächtige Menschengruppen, darunter auch Frauen und Kinder, wurden von den französischen Streitkräften umzingelt und zusammengepfercht, so daß es für sie kein Entkommen mehr gab. Besonders hartnäckige Rebellenverbände ließ Bugeaud in Höhlen einsperren und durch Ausräuchern töten. Ihre Frauen und Kinder wurden ins schneebedeckte Atlasgebirge getrieben, wo sie in großer Zahl verhungerten, verdursteten und erfroren.

Zu den entschiedensten Verteidigern des französischen Kolonialkrieges gehörte Alexis de Tocqueville, der 1839 als gemäßigter Liberaler in die Deputiertenkammer gewählt und zwei Jahre später in die Académie française aufgenommen worden war. Im Oktober 1841 legte er nach seiner ersten mehrwöchigen Reise durch Algerien die eigenen Beobachtungen und Schlußfolgerungen in einem (erst nach seinem Tod veröffentlichten) Manuskript nieder. Auf Algerien zu verzichten hieße für Frankreich, der Welt seinen sicheren Niedergang anzuzeigen: Das war der Ausgangspunkt von Tocquevilles «Gedanken über Algerien». Weil die Franzosen sich nach seiner Überzeugung eine solche Politik nach den demütigenden Erfahrungen von 1840 weniger denn je leisten konnten, mußten sie die Eroberung von Algerien konsequent fortsetzen. Darum widersprach Tocqueville den achtbaren Menschen, die da meinten, «es sei schlecht, daß man Ernten niederbrenne, Speicher ausräume und letztlich sogar Unbewaffnete, Frauen und Kinder in Gewahrsam nehme. Ich halte das für leidige Notwendigkeiten (nécessités fâcheuses), denen sich jedes Volk, das gegen Araber Krieg führen will, beugen muß … Inwiefern ist es denn schändlicher, Felder niederzubrennen und Frauen und Kinder gefangenzunehmen, als die unschuldige Bevölkerung einer belagerten Stadt zu bombardieren oder Handelsschiffe, die unter der Flagge einer feindlichen Macht fahren, auf hoher See aufzubringen?»

Den Offizieren, die in Algerien ihre Pflicht taten, zollte Tocqueville militärischen Respekt. Zugleich flößten sie ihm jedoch Furcht ein. Denn die Denk- und Handlungsweisen, an die sie sich in Afrika gewöhnten, waren nach seiner Meinung überall sonst und besonders in freien Ländern gefährlich. Ein Offizier, der sich in Afrika erst einmal eingerichtet habe, werde dort einen «harten, gewaltsamen, willkürlichen und groben Führungsstil» entwickeln. In Afrika bildeten sich Männer heraus, die in der öffentlichen Wahrnehmung übermäßige Aufmerksamkeit genössen, «weil sie inmitten der Lethargie handeln und einen kämpferischen Ruf bei einem Volk erwerben, das den Krieg liebt und keinen Anteil an ihm hat. Ich fürchte, sie könnten eines Tages den auswärts und oft plötzlich gewonnenen Einfluß auf die öffentliche Meinung benutzen, um in unsere inneren Angelegenheiten einzugreifen. Gott bewahre uns davor, jemals erleben zu müssen, daß Frankreich von einem Offizier der Afrika-Armee gelenkt wird.»

Solche nüchternen Einsichten hielten Tocqueville aber nicht davon ab, im militärischen Erfolg der Afrika-Armee in Algerien ein Unterpfand der künftigen Größe Frankreichs zu sehen. In Algerien galt es zu beweisen, «daß wir Afrika besiedeln können». Deshalb mußte das eroberte Umland von Algier von französischen Einwanderern landwirtschaftlich genutzt und die Kolonisierung durch französische Herrschaft dauerhaft gesichert werden. Der Boden war Arabern abzukaufen, wenn möglich in gegenseitigem Einvernehmen, wenn nötig auch zwangsweise. Der Gedanke an eine Verschmelzung der neuen christlichen und der einheimischen, muslimischen, nur halbseßhaften Bevölkerung sei «ein Hirngespinst, das man sich erträumt, wenn man nicht im Lande selbst gewesen ist. Es kann und muß also in Afrika zwei sehr verschiedene Gesetzgebungen geben, weil dort zwei streng geschiedene Gesellschaften bestehen. Sofern es um die Europäer geht, hält uns also *absolut* nichts davon ab, sie so zu behandeln, als ob sie allein wären, weil die für sie aufgestellten Regeln immer nur für sie gelten müssen.»

Die «Gedanken über Algerien» widersprachen auf den ersten Blick dem Freiheitspathos der «Demokratie in Amerika», deren zweiter Teil 1840 erschienen war. Doch der Liberale Tocqueville hatte bereits in dem Werk, das ihn berühmt machte, die fortschreitende Verdrängung, ja Ausrottung der nordamerikanischen Indianer durch Siedler europäischen Ursprungs mit bemerkenswertem Gleichmut, fast als Vollzug eines Naturgesetzes, beschrieben. Die weißen Amerikaner waren aus seiner Sicht den Ureinwohnern wie auch den aus Afrika eingeführten schwarzen Sklaven kulturell ähnlich überlegen wie die Franzosen den Arabern des Maghreb. Aus der vermeintlichen kulturellen Überlegenheit ergab sich für ihn das Recht auf Eroberung und Kolonisation.

Tocqueville hatte zudem auf seiner Reise durch die Vereinigten Staaten Gelegenheit gehabt, die inspirierende Wirkung einer großen Vision kennenzulernen. Im Fall Amerikas war das der Traum von der Erschließung und Durchdringung eines riesigen, nur dünn besiedelten Raumes, der sich von den Appalachen bis zum Pazifik erstreckte. Für Frankreich bedeutete, so sahen es Tocqueville und manche seiner Zeitgenossen, Algerien das Tor zu Afrika. Die inneren Zerklüftungen der französischen Gesellschaft mit Hilfe eines großen, gemeinsamen, nationalen Vorhabens jenseits der allzu engen, bisherigen Grenzen zu überwinden: Was die Nordamerikaner auf ihrem Kontinent erreicht hatten und die Briten mit beträchtlichem Erfolg in Indien taten, das mußte auch den Franzosen auf der anderen Seite des Mittelmeers möglich sein. Das jedenfalls war die Hoffnung, von der sich Tocqueville zu Beginn der vierziger Jahre des 19. Jahrhunderts leiten ließ.

Was ihn hingegen zunehmend mit Sorgen erfüllte, war die Praxis der französischen Politik in Algerien: Über der militärischen Eroberung kam die nachhaltige Kolonisation zu kurz. Anders als der romantische Dichter und liberale Parlamentarier Alphonse de Lamartine verurteilte Tocqueville auch in der großen Algeriendebatte der Deputiertenkammer vom Juni 1846 nicht die unbeschreibliche Grausamkeit, mit der französische Soldaten auf Befehl des Generalgouverneurs Bugeaud gegen die arabische Zivilbevölkerung vorgingen; er beschränkte sich vielmehr darauf, der massenhaften Vertreibung und Ausrottung der einheimischen Bevölkerung eine Absage zu erteilen. Aber von einer zweiten Algerienreise, die er im Herbst 1846 als Mitglied einer vierköpfigen Delegation der Deputiertenkammer unternahm, kam er ernüchtert zurück. Als Berichterstatter der zuständigen Kommission unterzog Tocqueville im Frühjahr 1847 die Militärverwaltung einer scharfen Kritik, wozu auch die Feststellung gehörte, daß die Armee weder die bürgerlichen Freiheiten noch die Eigentumsrechte respektierte.

Diese Bemerkung bezog sich allerdings nicht auf die einheimischen Muslime, sondern auf die französischen Siedler. Den Eingeborenen (indigènes) gestand Tocqueville ebenfalls bestimmte, der eigenen Überlieferung entsprechende Rechte zu, was eine zeitweilige Duldung des Besitzes von Sklaven einschloß. «Die muslimische Gesellschaft in Afrika war zwar nicht unzivilisiert (incivilisée), sie war lediglich rückständig und unvollkommen (arriérée et imparfaite) ... Wir haben sie noch elender, unbeherrschter, unwissender und barbarischer gemacht, als sie war, bevor sie uns kennenlernte ... Das private Eigentum, die Industrie, die Seßhaftigkeit stehen nicht im Gegensatz zur Religion Mohammeds ... Der islamische Glaube ist der Vernunft nicht *völlig* unzugänglich (L'islamisme n'est pas *absolument* impénétrable à la lumière); er hat des öfteren in seinem Schoß gewisse Wissenschaften und Künste heranwachsen lassen. Warum sollten wir sie nicht unter unserer Herrschaft erblühen lassen? Zwingen wir die Eingeborenen nicht, unsere Schulen zu besuchen, helfen wir ihnen lieber, die eigenen wiederherzustellen, die Zahl der Lehrer zu vermehren, Rechts- und Schriftgelehrte auszubilden, auf die die muslimische Gesellschaft ebensowenig verzichten kann wie die unsere.»

Was Tocqueville vortrug, war ein Plädoyer für eine aufgeklärte Kolonialherrschaft, die im wohlverstandenen Interesse beider Seiten von der höherentwickelten Macht über die nur halbzivilisierte einheimische Bevölkerung ausgeübt wurde. Die letztere war nicht rechtlos, hatte aber andere, mindere Rechte als die Europäer. Die Kolonialmacht schuldete den Eingeborenen eine gute Regierung (bon gouvernement) und hatte ihnen zu helfen, von einer unvollkommenen zu einer höheren Zivilisation fortzuschreiten. Tocqueville wandte sich damit zwar gegen die Vorstellung von einer unaufhebbaren Ungleichheit der Menschenrassen, wie sie einige Jahre später sein zeitweiliger Sekretär, Joseph Arthur Comte de Gobineau, vertreten sollte. Aber von einer grundsätzlichen Revision seiner 1841 bezogenen Positionen war er noch immer weit entfernt. Eine koloniale Zweiklassengesellschaft, ähnlich dem hundert Jahre später entwickelten System der «Apartheid» in Südafrika: Das war alles, was sich Tocqueville mit Blick auf die Zukunft Algeriens vorstellen konnte.

Im Bericht an die Kammer rief Tocqueville die Franzosen auf, sich in Algerien kein Beispiel an der Eroberung Amerikas zu nehmen. Dergleichen wäre mitten im 19. Jahrhundert noch weniger entschuldbar als drei Jahrhunderte zuvor. Denn die heutigen Franzosen waren, wie er meinte, weniger fanatisch als die spanischen Konquistadoren, und besser als diese kannten sie die «Grundsätze und die aufgeklärten Einsichten, die die Französische Revolution in der Welt verbreitet hatte» (les principes et les lumières que la Révolution française à répandus dans le monde). Doch auch mit der Idee unveräußerlicher Menschenrechte, der großen Errungenschaft der Revolutionen von 1776 und 1789, war die Rechtfertigung der französischen Kolonialherrschaft in Algerien ganz und gar unvereinbar. Falls Tocqueville später noch zu dieser Erkenntnis gelangt sein sollte, hat er sie für sich behalten: Zum Thema Algerien gibt es nach 1847 keine Äußerung mehr von ihm.[86]

Folgenlos blieb der von Tocqueville verfaßte Kommissionsbericht nicht: Er trug mit dazu bei, daß Bugeaud, der die Eroberung von Algerien durch die Gründung neuer Militärkolonien immer weiter treiben wollte, als Generalgouverneur von König Louis Philippe entlassen wurde. Die positiven innenpolitischen Rückwirkungen, die sich Tocqueville von einer erfolgreichen Kolonialpolitik in Nordafrika versprochen hatte, traten aber auch nach der Kapitulation von Abd el-Kader am 23. Dezember 1847 nicht ein. Nach Lage der Dinge konnte es auch kaum anders sein. Denn Frankreich befand sich zu diesem Zeitpunkt in einer tiefen Krise.

Begonnen hatte die Krise mit der europäischen Mißernte von 1846, wenn nicht schon mit der Kartoffelkrankheit von 1845. Verschärfend kam die von England ausgehende internationale Kreditkrise, eine Folge vor allem von Überspekulation im Eisenbahnbau, hinzu. Die französische Industrie, auf Grund traditionell hoher Schutzzölle weitaus weniger dynamisch und reaktionsfähig als die preußische, mußte auf Grund der Kreditknappheit und sinkenden Absatzes Arbeitskräfte in großer Zahl entlassen und die Löhne senken. Daraus erwuchs eine soziale Krise, besonders spürbar in den Zentren des Steinkohlebergbaus und der Stahlindustrie, der Metall-, der Baumwoll- und der Seidenindustrie. Radikale Kritiker des Kapitalismus fanden mit ihrer Agitation mehr Gehör als je zuvor; Arbeiter, Handwerker, Kleinbürger und Intellektuelle begannen, ihre politischen Gemeinsamkeiten zu entdecken, und es gehörte wenig Phantasie dazu, um sich Ende 1847 eine revolutionäre Entladung der allgemeinen Unruhe vorstellen zu können.

Bei den Wahlen vom Sommer 1846 hatte die Regierung unter der nominellen Leitung des Marschalls Soult, der faktischen von Guizot, einen glänzenden Sieg errungen: Ihre Anhänger erlangten 291, die orleanistische Linke unter Odilon Barrot etwa 100 Mandate; die Legitimisten, die dem Haus Bourbon die Treue hielten, kamen auf 16, das linke Zentrum unter Adolphe Thiers und die äußerste bürgerliche

Linke unter Alexandre Ledru-Rollin auf ein rundes Dutzend Mandate. Keiner Gruppe fest zuzuordnen waren unabhängige Liberale wie Tocqueville und Lamartine.

Im September 1847 übernahm Guizot auch formell das Amt des Ministerpräsidenten. Um diese Zeit hatten die Kritiker des «juste milieu» bereits begonnen, auf politischen Banketten Front gegen das extrem besitzfreundliche Zensuswahlrecht zu machen, das eine tiefe Kluft zwischen dem «pays légal» und dem «pays réel» hatte entstehen lassen. Die Forderung nach dem allgemeinen gleichen Wahlrecht wurde rasch zum gemeinsamen Nenner des linken Flügels der zersplitterten Opposition. Zu seinen beredtesten Wortführern gehörten der bürgerliche Radikale Ledru-Rollin und der Sozialist Louis Blanc.

In der zweiten Hälfte des Jahres 1847 gab es in ganz Frankreich rund 70 Bankette, auf denen die Reform des Wahlrechts gefordert wurde. Anfang 1848 griff die Bewegung auf die Hauptstadt über. Ein für den 19. Januar geplantes Bankett, an dem sich die Nationalgarde des 12. Arrondissements beteiligen wollte, wurde vom Polizeipräsidenten verboten und daraufhin nach Verlesung einer Adresse an die Kammer auf den 22. Februar verschoben, was die anwesenden Studenten nicht davon abhielt, weiter für die Wahlrechtsreform zu demonstrieren. Die Regierung Guizot und die Kammermehrheit wiesen die Pariser Petition entschieden zurück, steigerten aber damit nur die Unruhe.

Ein deutliches Gespür für die Gefahr, in der sich das Julikönigtum zu Beginn des Jahres 1848 befand, hatte Tocqueville. Am 27. Januar ergriff er in der Deputiertenkammer das Wort, um den Verfall des Gemeinsinns und der öffentlichen Sitten in Gestalt spektakulärer Korruptionsskandale zu beklagen und vor einer weiteren Zuspitzung der Krise zu warnen. Die Arbeiter, sagte er, seien im Augenblick zwar politisch ruhig, aber sie seien sich ihrer sozialen Interessen bewußt geworden. Wenn die in Arbeiterkreisen Tag für Tag geäußerten Ansichten sich in den Massen verbreiteten, müßten sie über kurz oder lang zu den furchtbarsten Revolutionen (les révolutions les plus redoutables) führen. Die tiefere Ursache der Revolution von 1789 habe darin bestanden, daß die damals herrschende Klasse wegen ihrer Gleichgültigkeit, ihres Egoismus, ihrer Laster unfähig und unwürdig geworden sei, weiter zu regieren. «Spüren Sie nicht, ... daß in Europa erneut die Erde bebt? Riechen Sie nicht – was soll ich sagen, einen revolutionären Sturm in der Luft? ... Meine tiefe und feste Überzeugung ist, daß die öffentlichen Sitten verkommen und daß der Verfall der öffentlichen Sitten Ihnen in kurzer, vielleicht in nächster Zeit neue Revolutionen bringen wird ... Ändern Sie den Geist der Regierung, denn ich sage es Ihnen nochmals, dieser Geist wird Sie in den Abgrund führen.»

Knapp vier Wochen später, am Dienstag, den 22. Februar, sollte das ursprünglich auf den 19. Januar angesetzte Bankett stattfinden. Am späten Vormittag formierten sich zuerst Studenten am Pantheon zu einem Demonstrationszug, dem sich bald auch in großer Zahl Arbeiter anschlossen. Nach den ersten Zusammenstößen mit der Munizipalgarde wurden Waffengeschäfte geplündert und Barrikaden gebaut. Tags darauf liefen große Teile der Nationalgarde zu den Demonstranten über. Der König entließ daraufhin am frühen Nachmittag Guizot, was aber die allgemeine Erregung nur für kurze Zeit dämpfte. Als am Abend Demonstranten der Vorstadt Saint-Antoine am Außenministerium in der Rue des Capucines ihrer Verachtung für Guizot offen Ausdruck gaben, eröffneten Soldaten der Armee das Feuer. Sie töteten 52 Menschen und verwundeten 74. Auf die Nachricht von dem Massaker hin erhoben sich die Arbeiter und kleinen Leute der Hauptstadt. In den Worten des Historikers Jean Tulard: «Es gab keinen Plan, keine Organisation, und dennoch verwandelte sich der Aufruhr in Revolution.»

Die Ankündigung von Reformen und Neuwahlen durch Guizots Nachfolger, Adolphe Thiers, kam zu spät. Die Julimonarchie hatte in den ersten Jahren der Regierungszeit von Louis Philippe, 1832 und 1834, zwei republikanische Erhebungen mit Waffengewalt niedergeworfen; was in der letzten Februarwoche des Jahres 1848 in Paris geschah, war aber etwas anderes: kein Putsch einer Minderheit, sondern ein Volksaufstand. Der König sah nur noch eine Alternative zum Sturz der Monarchie: die Abdankung zugunsten seines minderjährigen Enkels, des Grafen von Paris (dessen Vater, der Herzog von Orléans, war 1842 bei einem Unfall ums Leben gekommen). Louis Philippe tat diesen Schritt am 24. Februar und begab sich anschließend ins Exil nach England, wo er im August 1850 starb.

Das Königtum aber ließ sich nicht mehr retten. Als die Deputiertenkammer noch am 24. Februar die Nachfolge Louis Philippes debattierte, stürzten bewaffnete Aufständische in den Sitzungssaal und forderten die Proklamation der Republik. Ledru-Rollin reagierte darauf, unterstützt von Lamartine, mit dem Appell, eine Provisorische Regierung zu

bilden, die sich auf den Willen des Volkes, nicht den der Kammer, stützen sollte, und unverzüglich einen Nationalkonvent zu wählen. Durch
Akklamation der eingedrungenen Demonstranten wurde sodann eine
siebenköpfige Provisorische Regierung eingesetzt, der sowohl Ledru-
Rollin als auch Lamartine angehörten. Die Bestätigung durch das Volk
von Paris erfolgte wenig später im Rathaus der Hauptstadt.

Die Zusammensetzung der Provisorischen Regierung entsprach einer
Vorschlagsliste der Zeitung «National». Die weiter linksstehende Zeitung
«La Réforme» hatte ebenfalls eine Liste zusammengestellt und verlangte
am Abend des 24. Februar, daß drei ihrer Kandidaten, darunter Louis
Blanc, der beredte Fürsprecher einer «Organisation der Arbeit» durch
den Staat, in die Regierung aufgenommen wurden. Das geschah in der
Form, daß die drei zu «Sekretären» des Revolutionskabinetts gemacht
wurden. Die Provisorische Regierung bekannte sich in einer ersten Pro-
klamation zur Republik, wollte die endgültige Entscheidung über den
Wechsel der Staatsform aber dem Volk überlassen.

Unter den ersten Maßnahmen der neuen, revolutionären Exekutive
waren die Verkündung des Rechts auf Arbeit und die Einrichtung von
Nationalwerkstätten, die für öffentliche Notstandsarbeiten zu sorgen
hatten, koordiniert durch eine von Louis Blanc geleitete Kommission
im Palais du Luxembourg, am 28. Februar. Es folgte am 4. März die
Einführung des allgemeinen und gleichen Wahlrechts. Die Wahlen zur
Verfassunggebenden Nationalversammlung sollten am 9. April stattfinden. Den Radikalen, die auf einen sehr viel späteren Termin drängten,
kam die Provisorische Regierung nur insoweit entgegen, als sie sich auf
einen Aufschub um zwei Wochen einließ.

Die Akteure vom Frühjahr 1848 sahen sich ganz in der Tradition
von 1789: Während die gemäßigten Kräfte an das Erbe der Girondisten anknüpften, beschworen die radikaleren das Vorbild der Montagnards. Dies sei eine Zeit, schrieb Tocqueville einige Jahre später in
seinen Memoiren, «in der die Vorstellungen aller mit den groben Farben angestrichen waren, mit denen Lamartine sein Gemälde der ‹Gi-
rondins› gemalt hatte. Die Männer der ersten Revolution lebten noch
im Geiste aller, ihre Taten und ihre Worte waren in der Erinnerung
aller gegenwärtig. Alles, was ich an diesem Tage (dem 24. Februar
1848, H.A.W.) erlebte, trug den sichtbaren Stempel dieser Erinnerung; es schien mir immer so, daß man mehr damit beschäftigt war, die
Französische Revolution zu spielen, als sie fortzusetzen.»

Die Vorgeschichte und der Beginn beider Revolutionen wiesen in der Tat manche Ähnlichkeiten auf: die verbreitete Krisenstimmung, die zunehmende Isolierung der Regierenden, die maßgebliche Rolle von Intellektuellen. Aber die Unterschiede fielen nicht minder ins Auge. 1789 war *auch* eine Revolution des ländlichen Frankreich gewesen; im Februar 1848 brachte die Hauptstadt und nur sie den Umsturz zuwege; die Bauernunruhen vom Frühjahr 1848 in einigen wirtschaftlich besonders rückständigen Departements in den Pyrenäen, den Alpen und dem Zentralmassiv sowie im Elsaß (wo es, ähnlich wie im benachbarten Baden, zu judenfeindlichen Ausschreitungen kam) blieben regionale Ereignisse. Ein anderer Unterschied ergab sich aus der Erfahrung der Folgen von 1789. Die große Mehrheit der Franzosen wollte 1848 kein neues 1793, diesmal im Namen des Proletariats, keine terroristische Diktatur, wie sie dem extremsten unter den Sozialisten und Kommunisten, Auguste Blanqui, vorschwebte. Worauf es den allermeisten ankam, war die Behebung der Mißstände, die sich unter der Julimonarchie entwickelt hatten, aber nicht die Schaffung einer neuen Gesellschaft.

Eben darum lag der Vergleich mit der Julirevolution von 1830 näher als der mit der «großen» Revolution von 1789. 1830 und 1848 ging es um einen politischen Regimewechsel, verbunden mit gesellschaftlichen Machtverschiebungen, aber nicht wie 1789 um die Ablösung der alten durch eine neue Ordnung. In beiden «Folgerevolutionen» wurde die Niederlage der bisher Herrschenden vor allem durch die Pariser Arbeiter herbeigeführt. Marx hat das in seiner 1850 verfaßten Schrift «Die Klassenkämpfe in Frankreich von 1848 bis 1850» wie folgt ausgedrückt: «Wie die Arbeiter in den Julitagen die *bürgerliche Monarchie*, hatten sie in den Februartagen die *bürgerliche Republik* erkämpft. Wie die Julimonarchie gezwungen war, sich anzukündigen als eine *Monarchie, umgeben von republikanischen Institutionen*, so die Februarrepublik als eine Republik, *umgeben von sozialen Institutionen*. Das Pariser Proletariat *erzwang* auch diese Konzession.»

Die wichtigste der «sozialen Institutionen» war die Arbeiterkommission im Palais du Luxembourg unter Louis Blanc. Sie war nicht nur räumlich von der Provisorischen Regierung unter Ledru-Rollin getrennt, sie betrieb auch eine andere Politik. Frankreich befand sich also unmittelbar nach dem Übergang von der Monarchie zur Republik in einem Zustand der Doppelherrschaft. Er trug den Keim des Konflikts, der ungeklärten Machtfrage, in sich, konnte also nicht von Dauer sein. «Bürgerliche» und «proletarische» Interessen mußten früher oder später aufeinander prallen. Es war dieser Klassengegensatz, der der französischen Revolution von 1848 von Anfang an seinen Stempel aufdrückte.[87]

Die Märzrevolutionen in Deutschland

Der Sturz der Julimonarchie im Februar 1848 war, anders als der Umsturz in Palermo im Monat zuvor, ein Ereignis von europäischer Bedeutung. Es hatte sogleich Auswirkungen östlich des Rheins und südlich der Alpen; es leitete eine Vielzahl von Folgerevolutionen ein, die sich zu einer übergreifenden Revolution summierten – der ersten und letzten «großen europäischen Revolution», von der Reinhart Koselleck zu Recht spricht.

Die europäische Revolution von 1848/49 erfaßte nicht ganz Europa. In Südosteuropa hatte sie, abgesehen von den russischen Protektoraten Moldau und Walachei, keine, in Großbritannien, Schweden, Norwegen nur schwache unmittelbare Auswirkungen. Rußland wurde von der Revolution nur insofern berührt, als die Staatsmacht bei ihrer Niederwerfung in Ostmitteleuropa eine höchst aktive Rolle spielte. Die Revolutionszone umfaßte Frankreich, Deutschland, das preußische Großherzogtum Posen, die Habsburgermonarchie, Italien, in abgeschwächter Form auch die Niederlande und Dänemark, die beide liberale Verfassungen erhielten, und die Schweiz, die ihre eigentliche Revolution in Gestalt des Sonderbundskrieges freilich schon im Jahr zuvor erlebt hatte.

Ein gemeinsames Merkmal der Revolutionen von 1848/49 war das Streben nach einer freiheitlichen Verfassung. In Deutschland wie in Italien kam dazu das Ziel der nationalen Einheit. Freiheit und Einheit, einen Verfassungs- und einen Nationalstaat zur gleichen Zeit zu erreichen war ein ungleich ehrgeizigeres Programm als das der Revolution von 1789. Einen Nationalstaat, wenn auch einen der vormodernen, absolutistischen Art, gab es in Frankreich damals schon; es ging darum, ihn auf eine gänzlich neue gesellschaftliche Grundlage zu stellen und in einen bürgerlichen Rechts- und Verfassungsstaat zu verwandeln. Und als ob die selbstgewählte Aufgabe «Einheit und Freiheit» nicht bereits die Gefahr einer Überforderung der Liberalen und Demokraten in sich geschlossen hätte, mußten diese sich auch noch mit den Forderungen von Schichten auseinandersetzen, die von einem politischen Führungsanspruch des gebildeten und besitzenden Bürgertums nichts wissen wollten: den Bauern auf der einen, den Arbeitern auf der anderen Seite. Es gab mithin nicht nur eine, sondern mindestens zwei soziale Fragen, die sich auf die Tagesordnung der Revolution drängten.

Kosellecks Ortsbestimmung der europäischen Revolution von 1848 gewinnt ihre Überzeugungskraft aus dem historischen Vergleich. 1789 war eine französische Revolution mit einer französischen Vorgeschichte; für die Revolutionen von 1848 waren die Pariser Ereignisse vom Februar höchstens der Anlaß, aber nicht die Ursache. So unterschiedlich die jeweiligen Vorgeschichten waren, so bildete bürgerliches und nationales Emanzipationsstreben doch ein verbindendes Kennzeichen. 1789 war eine Revolution, aus der Kriege mit revolutionären Wirkungen hervorgingen; nach 1848 gab es nur noch Revolutionen, die aus Kriegen hervorgingen. Die Revolutionen von 1848 hingegen hatten allesamt spontanen Charakter. Der europäische Zusammenhang dieser Revolutionen war allen Akteuren bewußt. In Kosellecks Worten: «Europa war zwar kein Handlungssubjekt, aber es bleibt das Referenzsubjekt, ohne das die einzelnen Prozesse nicht begriffen werden können. Chausseebauten, Eisenbahnen und Telegrafen schufen schon vor 1848 ein zusammenhängendes Kommunikationsnetz, das die einzelnen Aufstände wie durch kommunizierende Röhren miteinander verband.»

Daß einer neuen französischen alsbald eine deutsche Revolution folgen werde, hatte Marx schon Anfang 1844 vorhergesagt: «Wenn alle inneren Bedingungen erfüllt sind, wird der deutsche Auferstehungstag verkündet werden durch das Schmettern des gallischen Hahns.» Vier Jahre später war es so weit. Bereits am 27. Februar übersprang der revolutionäre Funke den Rhein. An diesem Tag verabschiedeten badische Liberale und Demokraten auf einer Versammlung in Mannheim eine Petition an die Regierung in Karlsruhe. Darin forderten sie Pressefreiheit, Schwurgerichte, Repräsentativverfassungen in allen deutschen Staaten und ein deutsches Parlament. Tags darauf stellte der Abgeordnete Heinrich von Gagern im Landtag von Hessen-Darmstadt den Antrag auf Einberufung einer Nationalrepräsentation und, ein wenig verschlüsselt, die «Ernennung des Bundesoberhaupts». Politische Freiheit und nationale Einheit waren die zwei Seiten derselben Medaille, der kurz darauf in ganz Deutschland erhobenen «Märzforderungen».

Die gemäßigten Liberalen des deutschen Vormärz waren keine Revolutionäre gewesen, und sie wurden es im Frühjahr 1848 nur widerstrebend und mit der ihnen geboten erscheinenden Vorsicht. Sie stellten sich an die Spitze einer Bewegung, die ohne den mäßigenden Einfluß gebildeter und besitzender Bürger leicht in die Hände radikaler Kräfte geraten konnte. Die letzteren machten sich schon am 1. März bemerkbar, als bei der Übergabe der Mannheimer Petition Bewaffnete in den Sitzungssaal der zweiten badischen Kammer eindrangen. Einige Tage später begann zwischen Bodensee und Odenwald eine große Bauernrevolte, die sich einerseits gegen die Standesherren und ihre Rentbeamten, andererseits gegen die jüdischen Kreditleiher richtete. Vielerorts wurden die Häuser der Juden zerstört und ihre Bewohner vertrieben.

Anlaß der Pogrome war der Beschluß der zweiten badischen Kammer, den Juden endlich die politische und rechtliche Gleichberechtigung zu gewähren. Dagegen lehnten sich viele Gemeinden auf, weil sie sich nicht in der Lage glaubten, das Geld aufzubringen, das für die nunmehr vorgeschriebene Fürsorge für zahlreiche arme Juden erforderlich war. Die überlieferte Judenfeindschaft und die Ablehnung alter feudaler und neuer fiskalischer Lasten verbanden sich also zu einer explosiven Mischung. Der ländliche Sozialprotest erhielt durch die Revolution einen Anstoß und äußerte sich selbst in revolutionären Formen. Seine Ziele aber standen in schärfstem Widerspruch zu allem, was an der Revolution fortschrittlich, liberal, emanzipatorisch war.

Im März 1848 wurden fast überall in Deutschland die alten Kabinette durch neue, die sogenannten «Märzregierungen» ersetzt, denen prominente Liberale an führender Stelle angehörten. Einen Thronwechsel gab es nur in München, wo König Ludwig I., durch eine Affäre mit der irischen Tänzerin Lola Montez um alles Ansehen gebracht, nach schweren Unruhen zugunsten seines Sohnes, Maximilians II., abdanken mußte. Das Schicksal der deutschen Revolution aber mußte sich bei den beiden Großmächten, Österreich und Preußen, entscheiden. Auch dort wechselten im März 1848 die Regierungen. In Wien erzeugten revolutionäre Studenten im Verein mit Arbeitern und Bürgern so viel Druck, daß sich die engsten Berater Kaiser Ferdinands I., obenan Erzherzog Ludwig, und schließlich der willensschwache Kaiser selbst zu einem dramatischen Schritt entschlossen: Metternich wurde am 13. März zum Rücktritt gezwungen; er begab sich unmittelbar danach auf die Flucht ins Exil nach England.

Auf die Regierung des Mannes, der wie kein anderer die Unterdrückungspolitik der Restaurationszeit verkörperte, folgten Minister, die unter dem «System Metternich» Karriere gemacht hatten und allenfalls im Vergleich mit dem bisherigen Staatskanzler als «liberal» gelten konnten. Am 25. April 1848 erhielt Österreich durch das «Allerhöchste Patent» Ferdinands I. eine Gesamtstaatsverfassung, die sich am belgischen Vorbild von 1831 ausrichtete und daher auf den ersten Blick «liberal» wirkte. Doch das erste Staatsgrundgesetz des Habsburgerreiches war ohne alle Rücksprache mit Vertretern des liberalen Bürgertums vom Kaiser oktroyiert worden und entbehrte darum in den Augen der vorwärts drängenden Kräfte der politischen Legitimität.

Mitte Mai lehnte sich die studentische und proletarische Linke mit Waffengewalt gegen das autoritäre Gebaren des Monarchen und seiner Umgebung auf und erreichte auf diese Weise eine scheinbare Kehrtwende des Hofes: Der Kaiser sagte Wahlen zu einem österreichischen Reichstag zu, die auf der Grundlage des allgemeinen, gleichen Wahlrechts stattfinden sollten; dem hieraus hervorgegangenen Parlament blieb es vorbehalten, die Verfassung zu überarbeiten. In Wirklichkeit setzten Ferdinands engste Berater jedoch lediglich auf Zeitgewinn. Entschlossen, der Revolution in Bälde unter Einsatz des Militärs entgegenzutreten, begaben sich der Kaiser und seine Familie über Salzburg nach Innsbruck, um von dort aus den Widerstand gegen die revolutionäre Hauptstadt zu organisieren.

In Wien bildete sich seit den Kämpfen ein labiler Zustand heraus, der sich kaum anders denn als Doppelherrschaft bezeichnen ließ: Der schwachen Regierung unter Franz Pillersdorf stand der von den Radikalen beherrschte Sicherheitsausschuß gegenüber. Eine gewisse Entspannung bewirkte Mitte Juni Erzherzog Johann, der auf Ausgleich bedachte, für die Dauer der Abwesenheit des Kaisers mit unbeschränkten Vollmachten ausgestattete Bruder Ferdinands. Er bildete die Regierung entsprechend den Forderungen des Sicherheitsausschusses um. Am 22. Juli konstituierte sich der kurz zuvor gewählte Reichstag, in dem alle Teile der Habsburgermonarchie außer Ungarn und Lombardo-Venetien vertreten waren. Die Deutschen waren gegenüber den fast durchweg gouvernemental gesinnten Abgeordneten der slawischen Nationen in der Minderheit, und selbst in Wien, ihrer einzigen wirklichen Hochburg, hatten sich die Radikalen gegenüber den gemäßigten Kräften nicht durchsetzen können. Die Mehrheitsverhältnisse gestatteten es der Regierung, die politische Kernfrage zugunsten der Exekutive zu entscheiden: Der Reichstag stimmte einem absoluten Veto des Kaisers gegen Beschlüsse der Legislative zu.

Was im März 1848 in Österreich geschah, hatte unmittelbare Auswirkungen auf Preußen. Die ersten Unruhen in Berlin hatte es am 14. März gegeben. Als tags darauf die Nachricht vom Sturz Metternichs die preußische Hauptstadt erreichte, steigerte sich die allgemeine Erregung gewaltig. König Friedrich Wilhelm IV. versuchte, durch zwei Patente vom 18. März die Unruhe einzudämmen: Das eine hob die Zensur auf, das andere versprach einen Vorstoß zur Reorganisation der Bundesverfassung samt der Schaffung einer Nationalpräsentation und kündigte im Zusammenhang damit die Umwandlung Preußens in einen Verfassungsstaat an.

Als die Berliner am Nachmittag des 18. März zu Tausenden zum Stadtschloß strömten, taten es nicht alle, aber doch die meisten in der Absicht, dem König zu huldigen und ihm für die Ankündigung überfälliger Reformen zu danken. Doch der Anblick des Militärs, das in großer Zahl auf dem Platz vor dem Schloß postiert worden war, ließ die Stimmung rasch umschlagen. Rufe nach dem Rückzug der Truppen wurden laut; die Soldaten erhielten den Befehl, den Platz zu räumen, wobei zwei Schüsse fielen. Die Menge wähnte sich vom König verraten und antwortete mit dem Bau von Barrikaden.

Die Kämpfe zwischen den Aufständischen und dem Militär dauerten bis zum Morgen des 19. März. Der König, eine ganz und gar unsoldatische Erscheinung, zeigte sich erschüttert und versprach in einem Aufruf an seine «lieben Berliner», die Truppen von fast allen Straßen und Plätzen abzuziehen, sobald die Barrikaden abgerissen seien. Tatsächlich ging der Abzug des Militärs noch weiter als von Friedrich Wilhelm angekündigt. Die Aufständischen konnten sich um so mehr als Sieger fühlen, als der König sich am Nachmittag des 19. März mit entblößtem Haupt vor den über 200 Toten verneigte, die die Barrikadenkämpfer in den Schloßhof gebracht hatten. Am 20. März wurde eine neue, wenn auch nur kurzlebige Regierung berufen; am Tag darauf unternahm der König, umgeben von den Prinzen des königlichen Hauses, den Ministern und einigen Generälen einen Umritt durch Berlin.

Dabei trugen er und seine Begleiter Armbinden in den schwarz-rot-goldenen Farben der deutschen Einheitsbewegung. Vor Studenten der Berliner Universität verkündete Friedrich Wilhelm IV. seine Absicht, an der Spitze der deutschen Fürsten und des ganzen Volkes die Einheit Deutschlands herbeizuführen. Am Abend erging der «Aufruf an mein Volk und an die deutsche Nation». Der Schlüsselsatz lautete: «Preußen geht fortan in Deutschland auf.»

Für konservative Offiziere und Rittergutsbesitzer wie den jungen Otto von Bismarck aus Schönhausen in der Altmark war alles, was der König zwischen dem 19. und 21. März sagte und tat, eine widerwärtige Anbiederung an die Revolution und damit geistiger Verrat am Preußentum. Die gemäßigten Liberalen brachten den Äußerungen Friedrich Wilhelms IV. eine gewisse Sympathie entgegen, hielten aber die Ankündigung, daß Preußen in Deutschland aufgehen werde, für überflüssig, ja gefährlich. Die entschiedene Linke, uneins in der Frage, was in einem vereinten Deutschland aus Preußen werden sollte, glaubte nicht an einen wirklichen Gesinnungswandel des Monarchen. Außerhalb Preußens war das Echo auf das Einheitsversprechen einhellig negativ. Die Vorgänge des 18. März hatten dem Ansehen Friedrich Wilhelms schwer geschadet; sie trugen mit dazu bei, daß weder die neuen Märzregierungen noch die sie stützenden Liberalen daran dachten, *diesem* Herrscher die Einigung Deutschlands anzuvertrauen.

Mit dem preußischen Staat mußte dennoch weiter gerechnet werden. So wenig wie die Habsburgermonarchie war das alte Preußen im März 1848 zusammengebrochen. Ihre frühen Erfolge verleiteten viele Liberale zu dem Irrtum, daß sie die Kraftprobe mit den alten Gewalten bereits gewonnen hatten. Am 29. März trat zwar auch in Berlin ein «Märzministerium» zusammen; ihm gehörten die rheinischen Liberalen Ludolf Camphausen als Ministerpräsident und David Hansemann als Finanzminister an. Aber die Grundlagen des preußischen Adels-, Beamten- und Militärstaates waren nicht ernsthaft erschüttert worden und die Bauern weithin ruhig geblieben. Die Unzufriedenheit mit den bestehenden Verhältnissen war groß genug, um sich revolutionär zu entladen. Doch einen radikalen Bruch mit der Vergangenheit wünschte nur eine kleine Minderheit. Die gemäßigten Liberalen wußten, daß sie den Hohenzollernstaat brauchten, um Deutschland zu einigen und nach außen zu schützen, daß sie ihn vielleicht auch benötigen würden, wenn es galt, radikalen Kräften den Weg an die Macht zu verlegen. Das Ziel der Liberalen konnte infolgedessen nur sein, das Königreich Preußen voll und ganz in den Dienst der eigenen und damit der deutschen Sache zu stellen.

Zwei Tage nach der Bildung des Märzministeriums in Berlin, am 31. März 1848, trat in Frankfurt am Main das sogenannte «Vorparlament» zusammen. Es war eine Notabelnversammlung von über 500 Liberalen und Demokraten, darunter freilich nur zwei Österreichern, die in der einstigen Krönungsstadt der Kaiser des Heiligen Römischen Reiches deutscher Nation vier Tage lang über die politische Zukunft Deutschlands berieten. Wäre es nach der linken Minderheit um Friedrich Hecker und Gustav von Struve gegangen, hätte das Vorparlament sofort beschlossen, eine revolutionäre Exekutive einzusetzen und aus Deutschland eine föderative Republik nach dem Vorbild der Vereinigten Staaten von Amerika zu machen. Die Mehrheit unter der Führung Heinrich von Gagerns wußte das jedoch zu verhindern. Sie wollte die Revolution nicht weitertreiben, sondern möglichst in einen Prozeß friedlicher Evolution auf dem Boden der Monarchie überleiten. Das Zentrum der Macht sollte als Vertretung des souveränen Volkes ein deutsches Parlament sein, das nach dem allgemeinen, gleichen und direkten Wahlrecht von allen volljährigen deutschen Männern zu wählen war.

Einigkeit bestand im Vorparlament darin, daß Schleswig, Ost- und Westpreußen in den Deutschen Bund aufgenommen werden und Abgeordnete in das deutsche Parlament entsenden sollten. Offen blieb hingegen zunächst die Beteiligung des Großherzogtums Posen, das überwiegend polnisch übersiedelt war. Bis zum Zusammentritt der deutschen Nationalversammlung sollte ein vom Vorparlament eingesetztes Gremium, der Fünfzigerausschuß, mit dem Bundestag zusammenwirken, in dem jetzt Vertreter der «Märzregierungen» den Ton angaben. Das Verhältnis der beiden Institutionen gestaltete sich harmonisch. Der Bundestag faßte in der Regel die Beschlüsse, die ihm das Vorparlament und danach der Fünfzigerausschuß vorlegten.

Als folgenreich erwies sich, daß Hecker und Struve nicht in den Fünfzigerausschuß gewählt worden waren. Der äußerste linke Flügel der revolutionären Bewegung sah seitdem die Gegenrevolution auf dem Vormarsch und warf den gemäßigten Liberalen, besonders den in der radikalen Hochburg Baden regierenden, Verrat an der Revolution vor. Am 13. April schritt Hecker zur Tat: Mit etwa fünfzig seiner Getreuen begann er in Konstanz einen Marsch, der in der Ausrufung der deutschen Republik gipfeln sollte. Binnen weniger Tage wuchs der Zug auf über tausend an. Der Umsturzversuch fand nicht zufällig im gleichen Gebiet statt, das um dieselbe Zeit auch von judenfeindlichen Ausschreitungen der Bauern erschüttert wurde: Im südlichen Baden, einer armen, noch kaum industrialisierten, von Heimarbeit und kleiner Landwirtschaft geprägten Gegend, bildete wirtschaftliche Rückständigkeit den Nährboden für politischen Radikalismus aller Art.

Der Fünfzigerausschuß sah in Heckers Putsch aus guten Gründen einen Anschlag auf die Wahlen zur Nationalversammlung, die auf Anfang Mai angesetzt waren. Vermittlungsversuche gemäßigter Demokraten zeitigten keinen Erfolg, woraufhin badische und Bundestruppen zum Einsatz gegen die Rebellen beordert wurden. Das Militär fügte den Aufständischen, beginnend mit dem Gefecht bei Kandern am 20. April, mehrere schwere Niederlagen bei; Hecker konnte in die Schweiz fliehen. Am 27. April wurde bei Dossenheim am Rhein die von dem Dichter Georg Herwegh auf französischem Boden zusammengestellte «Deutsche Legion» geschlagen. Das war das Ende des badischen Aufstands vom April 1848.

Das Ziel der radikalen Linken, die deutsche Republik, nahm durch Heckers Aktion schweren Schaden, und überhaupt waren die politischen Wirkungen des abenteuerlichen Unternehmens fatal. Im Bürgertum verstärkte sich die Neigung, politischen Fortschritt nur noch von einer friedlichen Verständigung mit den alten Gewalten zu erwarten und radikalen Positionen eine scharfe Absage zu erteilen. Die Männer der äußersten Linken hatten ein Naturrecht auf Widerstand für sich in Anspruch genommen; sie beriefen sich auch sonst gern auf ewige Gebote der Vernunft und sahen sich selbst als die einzig wahren Vertreter des Volkes und namentlich der «kleinen Leute». Die gemäßigten Liberalen hingegen, die Repräsentanten des besitzenden und gebildeten Bürgertums, dachten in den Kategorien der historischen Entwicklung und der nationalen Individualität. Nichts lag ihnen ferner als der Glaube, durch die Kraft ihres eigenen Willens Berge versetzen zu können.

Bei allem, was sie trennte, gab es aber auch Gemeinsamkeiten von Liberalen und von Demokraten aller Schattierungen. So war man sich von rechts bis links einig in der Abwehr äußerer Feinde. Als ein solcher wurde im Frühjahr 1848 Dänemark wahrgenommen, das am 24. März die Einverleibung Schleswigs proklamiert und damit internationales

Recht gebrochen hatte. Am gleichen Tag war die Provisorische Regierung in Kiel gebildet worden, die sogleich die Aufnahme Schleswigs in den Deutschen Bund verlangte. Die Tatsache, daß im Norden Schleswigs überwiegend nicht deutsch, sondern dänisch gesprochen wurde, blieb dabei unberücksichtigt. Ebenfalls am 24. März ersuchte der nach Berlin gereiste Erbprinz Christian August von Holstein-Sonderburg-Augustenburg, der nach dem «agnatischen» Prinzip der männlichen Blutsverwandtschaft Anspruch auf die Würde des Herzogs von Schleswig und Holstein hatte, das preußische Märzministerium um militärischen Schutz für die beiden Herzogtümer. Er tat es mit Erfolg: König Friedrich Wilhelm IV. stimmte dem Vorschlag des neuen Außenministers Heinrich Alexander von Arnim-Suckow zu, der Bitte des Augustenburgers nachzukommen.

Am 10. April überschritten preußische Truppen die Eider; dänische Truppen waren zu diesem Zeitpunkt bereits von Norden her, über die Königsau, in Schleswig einmarschiert. Am 12. April beschloß der Bundestag in Frankfurt, die Räumung Schleswigs von dänischen Truppen notfalls unter Einsatz von Bundestruppen zu erzwingen. Eine formelle Aufnahme von Schleswig in den Bund vermied der Bundestag (anders als das Vorparlament, das diesen Schritt schon am 31. März getan hatte), die Provisorische Regierung in Kiel aber erkannte er ausdrücklich an.

Wenig später nahm die Krise um Schleswig-Holstein internationale Ausmaße an. Am 3. Mai überschritten Bundestruppen unter dem Oberbefehl des preußischen Generals von Wrangel die Grenze zum eigentlichen Dänemark und drangen nach Jütland vor. Die deutschen Patrioten erfüllte diese Entwicklung mit Genugtuung. Rußland und Großbritannien aber, die beide Signatarmächte der Schlußakte des Wiener Kongresses von 1815 waren, sahen ihre strategischen Interessen in Ost- und Nordsee bedroht. Sie ließen keinen Zweifel daran, daß sie eine deutsche Annexion von Schleswig nicht hinnehmen würden. Damit zeichnete sich ein außenpolitischer Konflikt ab, der auch das Verhältnis Preußens zu Deutschland betraf und darum leicht in einen innerdeutschen Konflikt umschlagen konnte.

Was der Bundestag gegenüber Schleswig am 12. April nicht tun wollte, hatte er tags zuvor im Hinblick auf ein anderes Gebiet getan: Einer Forderung des Vorparlaments entsprechend, nahm er Ost- und Westpreußen in den Deutschen Bund auf und machte damit Preußen zum größten deutschen Staat. Da sich die Bewohner der angegliederten Provinz, abgesehen von Teilen Westpreußens, als Deutsche oder im Fall der evangelischen Masuren und der ebenfalls evangelischen litauischen Memelländer (die einen polnischen Dialekt beziehungsweise litauisch sprachen) als Preußen fühlten, gab es gegen diese Erweiterung des Bundesgebiets so gut wie keine Einwände.

Höchst umstritten waren hingegen von Anfang an die Entscheidungen in der Posenfrage. Das Vorparlament hatte am 31. März 1848 die Teilung Polens noch als «schmachvolles Unrecht» bezeichnet und sich zur «heiligen Pflicht des deutschen Volkes» bekannt, an der Wiederherstellung Polens mitzuwirken. Eine Festlegung auf die Grenzen *vor* der ersten polnischen Teilung von 1772 enthielt der Beschluß jedoch nicht. Offen blieb, ob die Wahlen zur deutschen Nationalversammlung auch im Westen des Großherzogtums Posen stattfinden sollten. Der Bundestag nahm am 22. April auf Antrag Preußens die vorwiegend deutsch besiedelten Teile dieses Gebiets, am 2. Mai auch die Stadt Posen und den Kreis Samter in den Deutschen Bund auf. In den folgenden Monaten wurde die Grenzlinie von der deutschen Nationalversammlung aus strategischen Gründen noch zweimal weiter nach Osten, in rein polnischsprachiges Gebiet hinein, vorgeschoben. Der Versuch, aus polnischen Untertanen des Königs von Preußen wider ihren Willen Bürger eines deutschen Nationalstaats zu machen, stieß auf heftigen Widerstand, von dem sogleich noch die Rede sein wird. Die Polen empfanden das Vorgehen der Deutschen als das, was es war: als neuerliche Teilung ihres Territoriums und als Verleugnung alles dessen, was das Vorparlament den Polen soeben noch feierlich versprochen hatte.

Den tschechisch sprechenden Untertanen des Kaisers von Österreich blieb ein solches Schicksal erspart. Das Wahlgesetz, das der Bundestag am 7. April beschlossen hatte, galt zwar für das gesamte Gebiet des Deutschen Bundes, also auch für sie. Als jedoch der Fünfzigerausschuß den berühmten Historiker František Palacký zur Teilnahme an seinen Beratungen nach Frankfurt einlud, erhielt er von diesem eine abschlägige Antwort. Palacký bezeichnete sich als «Böhme slawischen Stammes», der kein Deutscher sein wolle und sich wenigstens nicht als solcher fühle. Er legte ein ausdrückliches, ja bewußt pathetisches Bekenntnis zum österreichischen Kaiserstaat ab, der die Aufgabe habe, der von Rußland ausgehenden Gefahr einer neuen, diesmal sich slawisch gebenden Universalmonarchie entgegenzutreten. «Wahrlich, existierte der österreichische Kaiserstaat nicht schon längst, man müßte im Interesse Europas, im Interesse der Humanität selbst sich beeilen, ihn zu schaffen.» Europas «Schild und Hort gegen asiatische Elemente aller Art» könne Österreich aber nur sein, wenn es nicht länger die sittliche Grundlage seiner Existenz verkenne und verleugne: «den Grundsatz der vollständigen Gleichberechtigung und Gleichbehandlung aller unter seinem Szepter vereinten Nationalitäten und Konfessionen».

Ob Palackýs Landsleute wie er selbst am Kaiserreich der Habsburger festhielten oder bereits an einen eigenen tschechischen Staat zu denken begannen, in einem waren sie sich einig: Sie weigerten sich, an der Einigung Deutschlands teilzunehmen. Die Wahlen zur deutschen Nationalversammlung fanden deshalb nur in den rein deutschsprachigen Gebieten und im gemischtnationalen Prag, nicht aber in den überwiegend tschechisch besiedelten Teilen Böhmens und Mährens statt. Nicht anders war es in den slowenischen Wahldistrikten Kärntens, Krains und der Steiermark. Mit der Ausnahme von Triest und «Welschtirol» entsandten nur die deutschsprachigen Gebiete Österreichs Abgeordnete nach Frankfurt. Das Parlament, das dort am 18. Mai 1848 zusammentrat, wollte eine *deutsche* Nationalversammlung sein, und zu einer solchen wurde es auch.[88]

Revolution und Konterrevolution im östlichen Mitteleuropa

Die Abwehr der mitteleuropäischen Revolutionen von 1848 setzte, kaum daß sie begonnen hatten, von Osten her ein. Im preußischen Großherzogtum Posen durchkreuzte König Friedrich Wilhelm IV. die polenfreundliche Politik des liberalen Außenministers Heinrich Alexander von Arnim-Suckow, indem er Anfang April Truppen zusammenziehen ließ, die die vom Berliner Märzministerium als «fait accompli» hingenommene Bildung polnischer bewaffneter Verbände wieder rückgängig machen sollten. Die geheime Separatpolitik des Königs zielte darauf ab, der von seiner Regierung versprochenen «nationalen Reorganisation» Posens, die über kurz oder lang zu einem Krieg mit Rußland führen konnte, einen Riegel vorzuschieben. Arnim hingegen rechnete offenbar wie viele Liberale mit der Möglichkeit, ja Wahrscheinlichkeit einer russischen Intervention in Polen: ein Gedanke, dem ein vom Zaren persönlich verfaßtes Manifest an das russische Volk vom 26. März mehr Nahrung bot als die tatsächliche, damals eher defensive Politik Rußlands. Der preußische Außenminister ging sogar so weit, Ende März in Paris und London anzufragen, ob man dort Preußen im Falle eines Krieges mit Rußland um die Wiederherstellung Polens unterstützen würde. Die Reaktionen waren negativ.

Diese Abfuhr trug ebenso wie die Position des Königs dazu bei, daß sich die Haltung der preußischen Regierung in der Polenfrage verhärtete. Das neugebildete polnische Nationalkomitee in Posen, in dem zurückgekehrte Emigranten sowie begnadigte und aus der Haft entlassene Aufständische von 1846 wie Ludwik Mierosławski und Karol Libelt das Sagen hatten, zeigte sich zunächst noch kompromißbereit: Es stimmte der preußischen Forderung nach einer starken Reduzierung der polnischen Kampfverbände (von 30 000 auf 3000 Mann) und, im Grundsatz zumindest, einer Teilung der Provinz zwischen überwiegend deutsch und überwiegend polnisch besiedelten Gebieten zu. Als jedoch die Stadt Posen durch eine Kabinettsorder vom 26. April der «nationalen Reorganisation» entzogen und Preußen (und damit Deutschland) zugeschlagen wurde, löste sich das Nationalkomitee unter Protest auf. Die Kampfverbände widersetzten sich ihrer Entwaffnung und gaben damit das Signal zu einem Aufstand, an dem sich in großer Zahl auch die polnischen Bauern beteiligten. Das preußische Militär benötigte knapp zwei Wochen, um die Erhebung niederzuschlagen. Am 9. Mai kapitulierten die polnischen Patrioten. Für eine Teilung der Provinz fand Preußen fortan auf polnischer Seite keine Partner mehr.

Noch härter als Preußen ging Österreich in seinem Teilungsgebiet gegen die Freiheitsbestrebungen der Polen vor. Am 25. April 1848 beantworteten Teile der Krakauer Bevölkerung Zwangsmaßnahmen des Statthalters von Galizien, Franz Graf von Stadion, darunter ein Rückkehrverbot für Emigranten, mit einer Erstürmung des Regierungsgebäudes und dem Bau von Barrikaden. Der österreichische Militärbefehlshaber ließ seine Truppen, nachdem sie sich im Straßenkampf nicht hatten durchsetzen können, aus dem Zentrum der Stadt abziehen und ordnete am folgenden Tag ein massives Bombardement Krakaus an. Es führte zur Kapitulation der Aufständischen.

Die galizischen Bauern nahmen, wie schon zwei Jahre zuvor, an der Erhebung nicht teil. Stadion hatte ihr Wohlwollen am 22. April durch die umfassende Abschaffung des «Robot», der feudalen Abgaben und Lasten zugunsten der adligen Grundherren, erkauft. Die Agrarreform, die von Kaiser Ferdinand durch ein auf den 17. April zurückdatiertes Patent auf das Gesamtreich ausgedehnt und damit sanktioniert wurde, erwies sich als Danaergeschenk: Die Bauern erhielten kein zusätzliches Land; viele Höfe waren zu klein, um lebensfähig zu sein; der Mehrzahl der adligen Grundbesitzer fehlte das Kapital, das für die Modernisierung ihrer Betriebe notwendig gewesen wäre. Galizien blieb infolgedessen ein wirtschaftlich rückständiges Gebiet, das in der Folgezeit einen Großteil der polnischen und jüdischen Emigration nach Amerika stellte. Kurzfristig war die Beseitigung des Robots jedoch ein Erfolg für den Kaiserstaat: Sie brachte die galizischen Bauern, gleichviel ob sie polnisch oder ruthenisch, das heißt ukrainisch, sprachen, erneut, wie schon 1846, in eine informelle Allianz mit der Teilungsmacht. Die Kluft zwischen der bäuerlichen Bevölkerung und dem polnischen Adel blieb tief.

Rund fünf Wochen nach der Niederwerfung des Krakauer Aufstands, am 2. Juni 1848, trat in Prag ein «Slawenkongreß» zusammen. Die erste Anregung zu einem solchen Treffen war aus Kroatien gekommen, das zum ungarischen Teil der habsburgischen Monarchie gehörte und sich seit 1847 der forcierten «Magyarisierung», der Durchsetzung des Ungarischen als Verwaltungs- und Schulsprache, zu erwehren versuchte. Etwas älteren Datums war der Gedanke, daß die Slawen kulturell und sprachlich eine Einheit, ja im Grunde *eine* Nation bildeten, die nur unterschiedliche Dialekte sprach: 1826 hatte ein junger, von Johann Gottfried Herders «Ideen zur Philosophie der Geschichte der Menschheit» beeinflußter slowakischer Altphilologe lutherischen Glaubens, Josef Šafařík, ein Werk mit dem bezeichnenden Titel «Geschichte der slawischen Sprache und Literatur nach allen Mundarten» vorgelegt.

Von diesem umfassenden kulturellen «Panslawismus» unterschieden sich die politischen Spielarten einer slawischen Solidaritätsbewegung im Revolutionsjahr 1848 dadurch, daß sie das slawische Rußland bewußt ausschlossen. Am weitesten verbreitet war der (besonders wirkungsvoll von Palacký vertretene) «Austroslawismus», der eine freie Föderation der slawischen Völker innerhalb der österreichischen Monarchie anstrebte und sich scharf vom freiheitsfeindlichen russischen Zarenreich abgrenzte. Den Gegensatz zu Rußland betonten auch die polnischen Befürworter einer Verbrüderung der west- und südslawischen Völker. Aber ihr Ziel war, anders als das der Tschechen,

Slowaken, Slowenen und Kroaten, nicht eine von den slawischen Völkern dominierte Habsburgermonarchie, sondern die Wiederherstellung Polens in den Grenzen vor der ersten Teilung des Landes im Jahre
1772: ein Vorhaben, das eine Unterordnung der Ukrainer in sich
schloß und eben darum bei deren Wortführern auf zunehmenden Widerspruch stieß.

Russen waren auf dem Prager Slawenkongreß nicht als Delegierte
zugelassen, wohl aber als «Gäste» willkommen: eine Einladung, der neben einem orthodoxen Priester auch der Revolutionär und Anarchist
Michail Bakunin folgte. Die Zusammenkunft war von Anfang an von
starken Meinungsverschiedenheiten, vor allem zwischen den Polen und
den Vertretern der österreichischen Slawen, geprägt. Für die «Austro-
slawen» war der Gegensatz zu den nationalstaatlichen Bestrebungen
der Magyaren und den Deutschen ein verbindendes Band; die Polen,
die sich noch immer ein gemeinsames Vorgehen von Slawen, Magyaren
und Deutschen gegen Rußland wünschten, standen mit dieser Position
isoliert da. Infolgedessen wurde der Slawenkongreß in der deutschen
wie in der magyarischen Öffentlichkeit nahezu einhellig als feindselige
Kundgebung rückwärtsgewandter Kräfte wahrgenommen und kommentiert. Gleichwohl diente bei sprachlichen Verständigungsproblemen
zwischen den Teilnehmern deutsch meist als die «lingua franca»; es war
die Sprache der Resolutionen und Adressen, wenn auch nicht, wie oft
behauptet, die offizielle Verhandlungssprache des Kongresses.

Bereits am vierten Tag des Treffens, dem 5. Juni, teilten die südslawischen Delegierten mit, der Ausbruch von Kämpfen zwischen den
Magyaren und den Serben der (ungarischen) Wojwodina erfordere ihre
rasche Rückreise. Die Zeit drängte also. Nach intensiver Debatte verabschiedete der Kongreß ein «Manifest an die europäischen Völker». Darin hieß es, die Slawen strebten nicht nach Eroberung und Beherrschung, sondern nur nach Freiheit für sich und alle anderen; sie lehnten
alle Klassenprivilegien ab und verlangten unbedingte Gleichheit vor
dem Gesetz sowie ein gleiches Maß von Rechten und Pflichten. Nicht
weniger geheiligt als die natürlichen Rechte des Menschen sei die Nation, der Inbegriff aller spirituellen Bedürfnisse und Interessen. Das
Manifest verurteilte die Unterdrückung der Slawen durch Deutsche und
Magyaren und namentlich die Teilung Polens. Mit Blick auf Österreich
forderte es die Umwandlung des Kaiserreichs in eine Konföderation
gleichberechtigter Nationen. Den Abschluß bildete ein Appell an ganz

Europa: «Wir, die wir die Jüngsten, doch nicht die Schwächeren, auf der politischen Bühne Europas wieder erscheinen, tragen sofort auf die Beschickung eines europäischen Völkerkongresses zur Ausgleichung aller internationalen Fragen an; denn wir sind überzeugt, daß sich freie Völker leichter untereinander verstehen als bezahlte Diplomaten.»

Dem Manifest folgte die Verständigung auf den Entwurf einer Adresse an den Kaiser in Wien. Darin versicherten die Repräsentanten der in der österreichischen Reichshälfte lebenden Slawen, sie wollten «mit vielerprobter Kraft und Treue» zur Wiedergeburt des österreichischen Staates beitragen. Im einzelnen forderte die Adresse für die Mähren wie für die «Galizier des polnischen und des ruthenischen Stammes» die gleichen Rechte, wie sie die Böhmen bereits durch ein kaiserliches Patent vom 8. April genössen, und für die Slowenen eine Vereinigung derselben in einem eigenen Königreich sowie die Anerkennung des Slowenischen als Schul-, Amts- und Gerichtssprache. Gleichzeitig verwahrten sich Böhmen, Mähren und Slowenen gegen «jede Einverleibung mit Deutschland, welche die Souveränität des österreichischen Monarchen beeinträchtigen und die erwähnten Völker von einem fremden, gesetzgebenden Parlament abhängig machen würde». Ziel der Unterzeichner sei nicht, wie die Gegner des Slawenkongresses behaupteten, ein Slawenstaat, sondern die Gleichberechtigung von Slawen, Deutschen und Magyaren. «Wir bitten vor dem Throne Euer k.k. (kaiserlich-königlichen, H.A.W.) Majestät, daß das heilige Gebot der Nächstenliebe, brüderliche Gleichberechtigung, auch bei uns tief gekränkten und schwer verkannten, jedoch unserem angestammten Kaiserhause treu ergebenen Slawen zur praktischen Geltung gelange.»

Zur Schlußredaktion der Adresse kam es nicht mehr, und es ist nicht einmal sicher, ob der Text Ferdinand I. überhaupt je zu Gesicht kam. Am Pfingstmontag, den 12. Juni 1848, brach in Prag ein Aufstand aus, der dem Slawenkongreß ein jähes Ende bereitete. Träger der Erhebung waren Gruppen, die sich dort nicht vertreten fühlten: vor allem Arbeiter und Studenten. Das auslösende Moment der blutigen Barrikadenkämpfe waren offenbar gezielte Provokationen des österreichischen Militärbefehlshabers, Alfred Fürst Windischgrätz. Die tieferen Ursachen aber lagen in steigenden sozialen und nationalen Spannungen. Prag war der industrielle Mittelpunkt Böhmens. Die arbeitende Unterschicht bestand ganz überwiegend aus tschechischsprachigen Bewohnern der Stadt, während der Adel und das besitzende Bürgertum meist deutsch sprachen; das letztere galt auch für die jüdischen Unternehmer. Das soziale Motiv war vom nationalen also nur schwer zu trennen; bei den tschechischsprachigen Studenten und jüngeren Akademikern, die sich aktiv am Kampf beteiligten, stand der Gegensatz zu den Deutschen im Vordergrund.

Den meisten Teilnehmern des Slawenkongresses gelang es, Prag nach Ausbruch der Kämpfe zu verlassen. Einer blieb ganz bewußt in der böhmischen Hauptstadt: Michail Bakunin, der die sechstägige Erhebung für ebenso undurchdacht wie undiszipliniert hielt, aber sogleich mitkämpfte und zuletzt die Führung übernahm. Am 17. Juni erzwang Windischgrätz die Kapitulation der Aufständischen. Bakunin gelang im letzten Augenblick die Flucht aus Prag, die ihn zunächst nach Breslau führte. Auf der deutschen Linken, besonders bei Marx und Engels, war die Erhebung mit Sympathie aufgenommen worden; bei den Wiener Demokraten rief die Brutalität, mit der Windischgrätz die «Ordnung» wiederherstellte, Entsetzen und die Befürchtung hervor, daß sich in der österreichischen Hauptstadt Ähnliches ereignen könnte. Es gab aber auch viele liberale und nationalbewußte Deutsche, die (wie die Leipziger Zeitschrift «Die Grenzboten») den Sieg der österreichischen Truppen über die vermeintlichen tschechischen «Terroristen» bejubelten. Daß am 17. Juni 1848 in Prag die Gegenrevolution einen großen Erfolg errungen hatte, blieb den liberalen Nationalisten verborgen – wenn sie es nicht gar billigend in Kauf nahmen.

Doch verloren war die Sache der Revolution im Mitteleuropa des Frühsommers 1848 noch nicht. In Ungarn war seit dem 18. März eine überwiegend liberale Reformregierung unter Graf Lájos Batthyány an der Macht, der als Finanzminister der bisherige Oppositionsführer Lájos Kossuth angehörte – jener Politiker, der am 3. März durch eine leidenschaftliche, in ganz Europa beachtete Rede vor dem ungarischen Parlament in Preßburg den Anstoß zur inneren Umwälzung gegeben hatte. Am 11. April sanktionierte Kaiser Ferdinand in seiner Eigenschaft als König von Ungarn die 31 «Aprilgesetze», mit denen das Land zur Staatsform der konstitutionellen Monarchie überging. Fortan bedurften Entscheidungen des Königs oder des Palatins, der ihn im Falle der Abwesenheit mit allen Vollmachten vertrat, der Gegenzeichnung eines verantwortlichen Ministers. Das Unterhaus des Parlaments, der Landtag, wurde auf Grund eines Zensuswahlrechts gewählt, das etwa 7 Prozent der erwachsenen männlichen Bevölkerung das Wahlrecht gab.

Vieles ließen die Aprilgesetze offen, was den Keim zu Konflikten mit dem Kaiserhof und der Regierung in Wien in sich barg, darunter die Bereiche Außenpolitik, Finanzen, Staatsschuld, Militär und damit den Kernbestand der 1690 begründeten österreichisch-ungarischen Realunion. Die Bauern wurden persönlich frei, doch weniger als die Hälfte erlangte Eigentumsrechte für das von ihnen bewirtschaftete Land. Von einer förmlichen Judenemanzipation sah die Regierung Batthyány ab, um antisemitischen Ausschreitungen vorzubeugen, mit denen sie für diesen Fall fest rechnete. Keine rechtlichen Zusicherungen erhielten die nationalen Minderheiten, die Kroaten, Serben, Slowaken, Deutschen und Rumänen. Am massivsten drängten die Kroaten unter ihrem von der Regierung in Wien im März eingesetzten Statthalter («Banus») Josef Jellačić, einem habsburgtreuen Offizier, der zugleich ein glühender kroatischer Nationalist war, auf eine sprachliche und ethnische Neugliederung des österreichischen Kaiserreiches und damit auf ein Ausscheiden Kroatiens aus dem ungarischen Staatsverband. Aus Kossuths Sicht waren die nichtmagyarischen Nationalitäten Ungarns den Bretonen in Frankreich, den Walisern in Großbritannien oder den westpreußischen Kaschuben in Deutschland vergleichbar: Sie mochten besondere Bräuche pflegen und ihre Volkssprache im Alltag benutzen; politisch aber hatten sie sich der höheren Bildung der Staatsnation, im Falle Ungarns also der Magyaren, unterzuordnen.

Der Versuch der ungarischen Regierung, Jellačić seines Amtes zu entheben, mißlang, weil der kroatische Landtag die Absetzung ignorierte und in Wien der konservative Kriegsminister Latour unbeirrt am Banus festhielt. Kroatien war im Frühsommer 1848 aber nicht der einzige regionale Krisenherd Ungarns. Am 10. Mai verlangte ein slowakischer Kongreß die Wahl einer Nationalversammlung und Autonomie für die Slowakei. Am 13. Mai erklärten die Serben der Wojwodina unter dem orthodoxen Metropoliten Josef Rajačić, ihrem religiösen Führer, die Unabhängigkeit des Gebiets innerhalb der Habsburgermonarchie. Im Juni kam es dort zu bewaffneten Kämpfen, wobei auf der einen Seite Aufständische aus der Provinz, Freischärler aus dem autonomen Serbien und kaiserlich-königliche Grenzpolizei, auf der anderen Seite kaiserlich-königliches Militär und Verbände der neugebildeten ungarischen Heimatarmee, der «honvéd», standen. Vom Beispiel der Kroaten, Slowaken und Serben angeregt, konstituierte sich zwischen dem 15. und 17. Mai 1848 unter Führung des orthodoxen Metropoliten Andrei

Şaguna ein Nationalkomitee der ungarischen Rumänen, das Autonomie für Siebenbürgen forderte.

Den ungelösten Problemen mit den nichtmagyarischen Nationalitäten zum Trotz wurde im Juni 1848 ein ungarisches Parlament gewählt, das am 5. Juli zu seiner konstituierenden Sitzung zusammentrat. Es bestand in seiner großen Mehrheit aus Anhängern der Regierung Batthyány, wobei die hohe Zahl von adligen Abgeordneten ins Auge fiel. Unter den ersten wichtigen Entscheidungen des Hauses war die Bewilligung von Krediten für die Rekrutierung von 200000 Soldaten. Kossuth begründete den entsprechenden Antrag mit der fast vollständigen Isolierung Ungarns. Seine Lagebeurteilung war realistisch: Die Beziehungen zum Hof in Wien hatten sich fortschreitend verschlechtert; von russischer Seite mußte mit einer Unterstützung der ungarischen Slawen, ja mit einer militärischen Intervention gerechnet werden; Großbritannien und Frankreich hielten sich aus den Verwicklungen Ostmitteleuropas heraus. In der deutschen Nationalversammlung in Frankfurt gab es zwar starke Sympathien für Ungarn, aber alles, was die Verhandlungen einer Delegation aus Pest mit der Paulskirche erbrachten, war deren (am 3. August bekanntgegebene) Erklärung, im Fall eines Krieges zwischen Österreich und Ungarn werde man nicht den Kaiser in Wien unterstützen.

Ende August reisten Ministerpräsident Batthyány und Justizminister Deák nach Wien, um in direkten Gesprächen mit der neuen Regierung Wessenberg das Verhältnis zwischen Ungarn und Österreich verbindlich zu regeln. Das Ergebnis war negativ: Am 31. August erklärte Wien die Aprilgesetze für unvereinbar mit der Pragmatischen Sanktion, der habsburgischen Erbfolgeregelung von 1713. Am 4. September wurde Jellačić offiziell wieder in sein Amt als Banus von Kroatien eingesetzt, woraufhin dieser mit einer Armee von etwa 50000 Mann die Grenze zum eigentlichen Ungarn überschritt. Am 21. September setzte das Parlament in Pest auf Betreiben von Kossuth einen sechsköpfigen Ausschuß ein, der sich Anfang Oktober in Nationales Verteidigungskomitee umbenannte. Vier Tage später wurde der vom Kaiser und König in Wien neuernannte Oberkommandierende in Ungarn, Graf Franz Lamberg, als er die Brücke von Buda nach Pest überquerte, vom Mob ergriffen und ermordet. Am 29. September fügten ungarische Truppen den Verbänden von Jellačić bei Pákozd, in der westlichen Umgebung der Zwillingsstädte Buda und Pest, eine empfindliche Niederlage bei.

Wien antwortete mit den Dekreten vom 3. Oktober, durch die das ungarische Parlament aufgelöst und das Land der Militärherrschaft unter Jellačić als nunmehr königlichem Kommissar unterstellt wurde. Fünf Tage später erklärte das Parlament die Dekrete für ungesetzlich und berief Kossuth an die Spitze des Nationalen Verteidigungskomitees, das mit der Ausübung der Exekutivgewalt betraut wurde. Ungarn war nur noch nominell eine konstitutionelle Monarchie, tatsächlich war es eine Parlamentsdiktatur. Die Revolution war in Krieg umgeschlagen: einen Krieg um die nationale Unabhängigkeit Ungarns.

Ungarn war *nicht* der äußerste südöstliche Schauplatz der europäischen Revolution von 1848. Auf diesen Titel hatten vielmehr zwei Gebiete Anspruch, die formell unter der Oberhoheit des Osmanischen Reiches standen, seit dem russisch-türkischen Frieden von Adrianopel von 1829 tatsächlich aber Protektorate des Zarenreiches bildeten: die beiden christlichen Fürstentümer Moldau und Walachei. Die Sprache der Bewohner war dieselbe wie die eines erheblichen Teiles der in Siebenbürgen lebenden Untertanen des Königs von Ungarn, der zugleich Kaiser von Österreich war: rumänisch. Junge Rumänen aus Moldau und der Walachei, meist Angehörige des niederen Adels, hatten seit den dreißiger Jahren in Westeuropa, vorzugsweise in Paris, studiert. Auf diese Weise waren liberale, demokratische und nationale Ideen aus dem Westen und nicht zuletzt solche des polnischen Exils in das Land zwischen Donau und Pruth gelangt. Die Kontakte mit Frankreich trugen mit dazu bei, daß sich gebildete Rumänen verstärkt ihrer «westlichen», nämlich romanischen Sprache bewußt wurden. An der Pariser Februarrevolution nahmen auch rumänische Studenten und Intellektuelle teil. Einige von ihnen, darunter Nicolae Bălcescu und Alexander G. Golescu, beschlossen bei einer Zusammenkunft in der französischen Hauptstadt am 20. März 1848, in ihre Heimat zurückzukehren und dort eine Revolution auszulösen.

In Moldau und der Walachei fiel diese Absicht vor allem bei den Bauern auf fruchtbaren Boden, die unter harten Fronlasten zugunsten der adligen Grundherren, der Bojaren, litten und selbst nur kleine Landflächen für den eigenen Bedarf bewirtschaften durften. Unzufrieden mit den bestehenden Verhältnissen waren aber auch die Kaufleute und Handwerker, denen, anders als den Bojaren, durch die «Organischen Reglemente» der russischen Schutzmacht von 1831 und 1832 nicht das Recht zugestanden worden war, Vertreter in die gesetzgebenden Körperschaften der beiden Fürstentümer zu entsenden. Von den beiden Dynasten war der in Moldau, Mihail Sturdza, der reaktionärere. In vollem Einvernehmen mit dem russischen Konsul gelang es ihm, die revolutionäre Bewegung, die ihn mit einem Petitionssturm bedrängt hatte, auszuschalten. Am 10. April wurden in der Hauptstadt Jassy 300 Oppositionelle verhaftet; einige Führer konnten ins Ausland entkommen. Es war der erste Sieg der Gegenrevolution in Europa.

In der Walachei hatten die revolutionären Kräfte ihren stärksten Rückhalt in Oltenien, dem westlichen Landesteil, und in der Hauptstadt Bukarest. Bereits im März hatten hier Mitglieder einer logenähnlichen Bruderschaft (Fraţja) ein geheimes revolutionäres Komitee ins Leben gerufen. Kurz nach ihrer Ankunft in der Walachei am 4. April wurden die beiden Pariser Abgesandten Bălçescu und Golescu in das neugebildete Exekutivkomitee dieses Bundes aufgenommen. Ihrer Sache kam zugute, daß sich auch zahlreiche Soldaten der Miliz, ja sogar Offiziere der revolutionären Bewegung anschlossen. Am 21. Juni wurde in der oltenischen Kleinstadt Izlas von einer Vollversammlung unter Mitwirkung eines orthodoxen Priesters eine Proklamation beschlossen, die den Bauern eine Versorgung mit Grundeigentum versprach, freie und gerechte Wahlen ankündigte und die «innere Souveränität» von Moldau und Walachei beschwor, die durch Einmischungen des russischen Protektors ständig verletzt werde. Gleichzeitig zeichnete die Erklärung in vager Form die Umrisse einer großen rumänischen Nation, der auch die rumänisch sprechenden Bewohner Siebenbürgens zugerechnet wurden. Ein wichtiger Adressat des Aufrufs war das Osmanische Reich, dessen Oberhoheit die Verfasser ausdrücklich anerkannten.

Als der Fürst der Walachei, Gheorghe Bibescu, der zwischen Reform und Repression hin und her schwankte, tags darauf einige Vertreter des Exekutivkomitees verhaften ließ, verweigerte ihm die Miliz die Gefolgschaft. Das gleiche taten die Kaufleute und Handwerker von Bukarest und die Bauern der Umgebung. Unter dem Eindruck der Proteste und eines fehlgeschlagenen Attentatversuchs vom Vortag unterzeichnete der Fürst am 23. Juni den Aufruf von Izlas und setzte eine Provisorische Regierung ein, der nur Mitglieder des Revolutionskomitees angehörten. Vom russischen Generalkonsul der Pflichtverletzung bezichtigt, dankte Bibescu in der Nacht vom 25. zum 26. Juni ab und floh ins siebenbürgische Kronstadt.

Die Provisorische Regierung stand von Anfang an unter massivem inneren und äußeren Druck. Ihre geschworenen Gegner im Lande selbst waren die konservativen Großgrundbesitzer und Teile des orthodoxen Klerus. Nachdem am 7. Juli russische Truppen ins Fürstentum Moldau eingerückt waren und Jassy besetzt hatten, fühlten sich die reichen Bojaren ermutigt, den Umsturz zu wagen. Der Versuch scheiterte, weil die Unterschichten von Bukarest zur neuen Regierung standen. Die Russen wollten in der Walachei vorerst nicht direkt intervenieren, sondern den Osmanen die Wiederherstellung der früheren Ordnung überlassen. Bevor die Türkei aktiv wurde, setzte die Provisorische Regierung am 21. Juli eine paritätische Kommission ein, die einen Ausgleich zwischen den Interessen der Bauern und der Bojaren suchen und damit die Agrarfrage lösen sollte. Außerdem wurden Wahlen vorbereitet, die nach einem annähernd gleichen Wahlrecht zwischen dem 21. und dem 30. August stattfinden sollten. Doch zu den Wahlen kam es nicht mehr. Sie wurden am 16. August wegen der Bedrohung durch die Türkei abgesagt.

Schon am 31. Juli hatten osmanische Truppen die Donau überquert und die Stadt Giurgiu besetzt. Unmittelbare Folge des Einmarsches war ein Regierungswechsel in Bukarest. An die Stelle der Provisorischen Regierung trat die «Fürstliche Regentschaft», die sich aus gemäßigten Mitgliedern des Revolutionskomitees zusammensetzte. Sie verhandelte mit den Türken über die Anerkennung der Proklamation von Izlas und ermöglichte durch die Aussetzung der Wahlen eine grundsätzliche Einigung. Der Sultan, Abdulmecid I., aber lehnte den von seinem Beauftragten, Pascha Suleiman, ausgehandelten Kompromiß ab und befahl, um der befürchteten russischen Intervention zuvorzukommen, Ruhe und Ordnung notfalls mit Gewalt wiederherzustellen.

Am 27. September wurde Bukarest von türkischen Truppen unter Fuad Efendi eingenommen. Zwei Tage später überschritt eine russische Armee die Grenze zwischen Moldau und der Walachei. Die Anführer der rumänischen Revolution hatte Fuad Efendi auf Drängen des britischen Generalkonsuls zuvor über die Grenze nach Siebenbürgen ausreisen lassen. Nicolae Bălçescu erhielt dadurch die Möglichkeit, im folgenden Jahr nochmals eine politische Rolle zu spielen: Nach Beginn der russischen Intervention in Ungarn wurde er im Sommer 1849 als Vermittler zwischen dem Führer der aufständischen Rumänen in Siebenbürgen, Avram Jancu, und Kossuth tätig.

Die Revolution in der Walachei war nach drei Monaten endgültig gescheitert, aber sie blieb nicht folgenlos. Nationale und demokratische Gedanken waren in die Bauernschaft eingedrungen; die konstitutionellen Ideen des Westens hatten in der städtischen Bevölkerung starke Verbreitung gefunden. Das drängendste soziale Problem, die extrem ungleiche Bodenverteilung, wurde während des revolutionären Intervalls nicht gelöst, sondern vertagt. Es hätte wohl auch ohne türkische und russische Intervention die Kräfte und den Gestaltungswillen der städtischen Revolutionäre überfordert. Der Gegensatz von fortschrittlichem Verfassungspathos und sozialer Rückständigkeit auf dem Land überdauerte den kurzen Sommer der Revolution. Er drückte dem Land zwischen Pruth und Donau weiterhin seinen Stempel auf: auch in der Zeit nach 1858, als die Fürstentümer Moldau und Walachei im Gefolge des Krimkrieges durch Vereinbarung der großen Mächte zu einem Fürstentum Rumänien vereinigt wurden, und auch noch nach 1878, als Rumänien nach einem neuen russisch-türkischen Krieg endlich seine Unabhängigkeit erlangte.[89]

Die Revolution in Italien

Früher als in Ungarn mündete in Italien die Revolution in einen Krieg. Die Umwälzung in Wien hatte, wie es nicht anders sein konnte, Auswirkungen auch südlich der Alpen, zuallererst in Österreichs unmittelbarem Herrschaftsbereich, in Lombardo-Venetien. In Venedig begann der Aufstand gegen die Habsburger unter Führung von Daniele Manin und Niccolò Tommaseo am 17. März; sechs Tage später konnte dort eine provisorische Regierung ihr Amt antreten und die 1797 untergegangene unabhängige Republik wiederherstellen. In Mailand setzte die offene Auflehnung am 18. März ein. Die Österreicher unter dem Oberbefehl des greisen Gouverneurs von Lombardo-Venetien, des Feldmarschalls Graf Radetzky, zogen sich, nachdem sie sich im Straßen- und Barrikadenkampf nicht hatten behaupten können, fünf Tage später in ihre Festungen an Etsch und Mincio zurück.

Am 23. März 1848, einen Tag nach dem Sieg der Revolution in Mailand, griff König Karl Albert von Sardinien-Piemont, einem Appell von Cavour im «Risorgimento» folgend, mit einem dramatischen Schritt in das Geschehen ein: Er erklärte Österreich den Krieg und befahl seinen militärisch schlecht vorbereiteten Truppen, den Tessin, der die Grenze zur Lombardei bildete, zu überqueren. In einem Aufruf an die Bevölkerung der Lombardei und Venetiens erklärte der Monarch, Gottes wunderbare Hilfe habe Italien instand gesetzt, sich selbst zu erschaffen («L'Italia farà da sé»).

Die zahlenmäßig unterlegenen Österreicher mußten sich zunächst bis zum Mincio zurückziehen. Doch bereits im Mai gelang es herbeigerufenen Verbänden aus dem Kaiserreich, sich mit Radetzkys Streitmacht zu vereinigen und einige Orte zurückzuerobern. Auf der anderen Seite waren mittlerweile Truppen aus Neapel und anderen italienischen Staaten, darunter dem Großherzogtum Toskana, den Piemontesen zu Hilfe geeilt. Politisch freilich litt die Sache Karl Alberts von Anfang an darunter, daß die Mailänder Republikaner weder zu ihm noch zu Mazzini Vertrauen hatten. Der Führer des «Giovine Italia» war im April aus dem englischen Exil in die lombardische Hauptstadt gekommen, um von dort aus den Kampf um die Unabhängigkeit Italiens zu unterstützen. Auch Mazzini wollte für Italien die Republik, und zwar, anders als die Mailänder Föderalisten um Carlo Cattaneo, eine unitarische. Für den Augenblick aber war ihm die Befreiung von der österreichischen Herrschaft wichtiger als alles andere, und deshalb stellte er sich vorübergehend auf die Seite des Königs von Sardinien-Piemont.

Dieser versuchte, gedrängt vom neuen Turiner Ministerpräsidenten Cesare Balbo, die erstrebte Angliederung von Lombardo-Venetien sowie der Herzogtümer Parma und Modena demokratisch zu legitimieren, indem er Plebiszite über den künftigen Anschluß an das norditalienische Königreich herbeiführte. Sie erbrachten im Mai die erwarteten Mehrheiten, führten aber zum Bruch mit Mazzini, der ein weiteres Erstarken Piemonts und damit der monarchischen Staatsform fürchtete und sich seit Ende Mai in der von ihm gegründeten Zeitung «L'Italia del Popolo» wieder offen zur italienischen Republik bekannte. Die Volksabstimmungen in Norditalien trugen in der Tat alle Züge einer monarchischen Revolution von oben: Sie sollten die Annexion als Vollzug des Volkswillens erscheinen lassen. Das Ja der Betroffenen war ein Erfolg für Karl Albert. Die Abwendung Mazzinis und eines großen Teiles der nationalen Bewegung aber bedeutete einen schweren Rückschlag für die Politik des Königs.

Ähnliches galt vom Verhalten des Papstes. Pius IX. hatte schon am 29. April erklärt, er werde nicht gegen eine große katholische Macht wie das Habsburgerreich Krieg führen. Das traf Karl Albert um so mehr, als er in seiner Proklamation vom 23. März Gott noch ausdrücklich für diesen Papst gedankt, Pius also als Bundesgenossen umworben hatte. Die Kehrtwende des bislang als national geltenden Bischofs von Rom, verbunden mit einer klaren Absage an liberale Staatsideen, enttäuschte nicht nur den König von Sardinien-Piemont, sie stellte auch die «Neoguelfen» um Vincenzo Gioberti bloß, die einen Bund zwischen Nationalbewegung und Papsttum auf ihr Banner geschrieben hatten. Für Karl Albert nicht minder gefährlich war die Gegenrevolution in Neapel. Dort schlugen am 15. Mai Truppen Ferdinands II. im Zusammenwirken mit klerikalen Teilen der Bevölkerung aufständische Bauern nieder, die sich zusammen mit Teilen der Nationalgarde im Machtkampf zwischen dem König und dem neugewählten Parlament auf die Seite der Volksvertretung gestellt hatten. Anschließend trat die bisherige Regierung zurück; das Parlament wurde aufgelöst. «Die Revolution zerfiel in Stücke»: So stellt die Historikerin Simonetta Soldani mit Blick auf die Ereignisse in Mailand, Rom und Neapel treffend fest.

Auch auf dem norditalienischen Kriegsschauplatz verschlechterte sich die Lage Piemonts vom Frühsommer 1848 ab. Radetzky gelang es, durch die Einnahme von Vicenza am 11. Juni die Hauptmasse Venetiens wieder unter habsburgische Herrschaft zu bringen. Es folgten vom 25. bis 27. Juli die Schlacht von Custozza, in der die Österreicher obsiegten, und am 6. August die Rückeroberung von Mailand, das die piemontesischen Truppen zu diesem Zeitpunkt bereits geräumt hatten. Drei Tage später sah sich Karl Albert genötigt, in einen Waffenstillstand einzuwilligen. Wenig später mußte auch Garibaldi, der sich im Frühjahr 1848 aus dem lateinamerikanischen Exil nach Italien begeben und in der Lombardei am Kampf gegen die Österreicher beteiligt hatte, das von seinen Freiwilligen gehaltene Varese aufgeben. In Parma und Modena kehrten die vertriebenen Herzöge auf ihre Throne zurück. Nur in der Republik Venedig, die erst am 4. Juli widerstrebend den Anschluß an Piemont beschlossen hatte, konnten sich die revolutionären Kräfte an der Macht behaupten.

«Der Krieg des Königs ist beendet, der Krieg des Volkes beginnt»: Das war die Folgerung, die Mazzini aus dem Waffenstillstand zog. Doch von einer Volkserhebung konnte im Sommer 1848 keine Rede sein. Der Krieg vertiefte den Graben zwischen Gemäßigten und Radikalen; beide Lager mißtrauten sich mehr denn je. Die radikalen Demokraten, für die Mazzini sprach, waren eine Minderheit. Die gemäßigten Kräfte, darunter die Regierungen in Turin und Florenz, setzten nach dem Ende der Kämpfe ihre Hoffnungen auf eine diplomatische Vermittlung der beiden Westmächte. Dazu waren Paris und London auch bereit, freilich zu Bedingungen, die weder in Wien noch Turin Zustimmung fanden: Nach dem in diesem Fall maßgeblichen Willen Lord Palmerstons sollte die Lombardei bei Piemont, Venetien beim Habsburgerreich verbleiben. Die junge französische Republik brachte den nationalen Forderungen der Italiener zwar deutlich mehr Sympathie entgegen als England, wollte aber auf keinen Fall ohne britische Unterstützung intervenieren oder auch nur auf eigene Faust zwischen Piemont und Österreich vermitteln.

Ähnlich folgenlos blieb die inneritalienische Diskussion über einen engeren Zusammenhalt Italiens. Der Gedanke einer von den Parlamenten der italienischen Staaten beschickten, vom Papst geleiteten verfassunggebenden Versammlung, die eine italienische Föderation vorbereiten sollte, konkurrierte mit dem sehr viel radikaleren Vorschlag einer direkt gewählten Nationalversammlung, die im Ernstfall auch in der Lage sein mußte, einen Volkskrieg im Sinne Mazzinis zu führen. Auf einem von Gioberti nach Turin einberufenen Kongreß zeigte sich Ende Oktober überdies, daß der Anspruch Piemonts auf eine nationale Führungsrolle im übrigen Italien auf erhebliche Vorbehalte stieß. Das starke wirtschaftliche und soziale Gefälle zwischen dem vergleichsweise wohlhabenden, teilweise bereits industrialisierten Norden und dem armen, von einer feudalen Latifundienwirtschaft geprägten Süden, dem «mezzogiorno», spielte dabei eine wichtige Rolle.

Um diese Zeit befanden sich Teile Italiens bereits in einer neuen Phase der Revolution. Am 12. Oktober wurde im Großherzogtum Toskana die liberale Regierung des Grafen Gino Capponi gestürzt und durch ein demokratisches Kabinett unter Giuseppe Montanelli ersetzt. Weit dramatischer verlief der Machtwechsel in Rom. Am 15. November wurde Graf Pellegrino Rossi, dem der Papst im September die Regierungsgeschäfte übertragen hatte, ermordet. Pius IX. floh zwei Wochen später ins napolitanische Gaeta, wohin sich Ende Januar 1849 auch Leopold II., der Großherzog von Toskana, begab. Die neue provisorische Regierung in Rom rief für Januar Wahlen zu einer verfassunggebenden Versammlung aus; sie verschafften ihr, ungeachtet der päpstlichen Drohung mit der Exkommunikation aller Beteiligten, eine eindrucksvolle Bestätigung. Moderater fiel der Linksruck im Königreich Sardinien-Piemont aus. Im Dezember übernahm Gioberti, der sich mittlerweile den Demokraten angeschlossen hatte, die Regierung. Das Ziel, das er verfolgte, war angesichts der europäischen Machtverhältnisse im Spätjahr 1849 geradezu vermessen: Gioberti bereitete einen neuen Krieg mit Österreich vor. Er sollte Italien bringen, was die Liberalen und Demokraten seit langem erstrebt, aber 1848 nicht erreicht hatten: Einheit und Freiheit.[90]

Ordnung vor Freiheit: *Frankreichs Zweite Republik bis zum Frühjahr 1849*

Am 23. April 1848 fanden in Frankreich die Wahlen zur Verfassunggebenden Nationalversammlung statt, die die Provisorische Regierung ursprünglich auf den 9. April angesetzt, auf Grund der Proteste der Radikalen dann aber um zwei Wochen verschoben hatte. Wahlberechtigt waren alle Männer, die das einundzwanzigste Lebensjahr vollendet hatten und im Besitz der staatsbürgerlichen Rechte waren. Die Wahlbeteiligung belief sich auf 84 Prozent. Wahlsieger waren die gemäßigten Republikaner, auf die rund 500 der insgesamt 900 Sitze entfielen. Die früheren Monarchisten kamen, Legitimisten und Orleanisten zusammengenommen, auf etwa 200 Mandate. Die demokratische Linke, die sich die «Montagnards» nannte, erhielt rund 80 Sitze. Die überwiegende Mehrheit der Parlamentarier entstammte dem Bürgertum; rund die Hälfte übten freie Berufe aus. Nur 18 Abgeordnete waren nach ihren Angaben Arbeiter, 6 Werkmeister.

Sechs Tage nach der Wahl, am 27. April 1848, verkündete die Provisorische Regierung die Abschaffung der Sklaverei in den französischen Kolonien. Am 5. Mai wählte die Konstituante eine fünfköpfige Kommission für die Exekutivgewalt; am 11. Mai wurden die Minister der neuen Regierung, allesamt gemäßigte Politiker, berufen. Die Führer der äußersten Linken waren jedoch nicht bereit, den Ausgang der Wahl und damit die neuen Machtverhältnisse zu akzeptieren. Am 15. Mai veranstalteten die Sozialisten, angeführt von Louis Blanc, Auguste Blanqui, François Raspail und dem Arbeiter Martin Alexandre, genannt Albert, eine Kundgebung für die Freiheit Polens, was jedoch nur ein Vorwand war. Das eigentliche Ziel war die Sprengung der neugewählten Nationalversammlung, die im Palais Bourbon tagte. Nachdem die Demonstranten, in ihrer Mehrheit Arbeiter aus den Nationalwerkstätten, dort eingedrungen waren, erklärte einer ihrer Anführer «im Namen des Volkes» die Konstituante für aufgelöst und die Regierung für abgesetzt. Anschließend begab sich der Zug ins Pariser Rathaus, wo die neue, von Louis Blanc geführte Regierung durch das «Volk» bestätigt werden sollte.

Hinter dem schlecht vorbereiteten Umsturzversuch standen keine Massen und wohl nicht einmal die Mehrheit der Arbeiter, die sich guten Glaubens an der Kundgebung zugunsten Polens beteiligt hatten. Mit Hilfe der Nationalgarde konnten die Vertreter der gemäßigten Mehrheit rasch die Ordnung wiederherstellen. Die meisten der Hauptverantwortlichen des Putsches wurden festgenommen und vor Gericht gestellt; Louis Blanc, der Chef der Kommission für öffentliche Arbeiten im Palais du Luxembourg, konnte fliehen. Am 16. Mai wurde die Commission du Luxembourg aufgelöst, tags darauf General Louis-Eugène Cavaignac, der sich im Kampf gegen die aufständischen Algerier hervorgetan hatte, zum Kriegsminister ernannt.

Das Schicksal der Nationalwerkstätten war damit besiegelt: Die Nationalversammlung sah in dem kostspieligen Versuch, die Arbeitslosen durch öffentliche Notstandsarbeiten zu beschäftigen, einen Vorgriff auf eine andere, eine sozialistische Gesellschaftsordnung, dem schleunigst Einhalt geboten werden mußte. Das galt um so mehr, als seit der Einrichtung der Ateliers nationaux Ende Februar Erwerbslose aus der Provinz in großer Zahl nach Paris geströmt waren, um dort eine vom Staat (mit einem Franc pro Tag) bezahlte Tätigkeit zu übernehmen: Im Mai überstieg die Zahl der in den Nationalwerkstätten beschäftigten Arbeiter die magische Zahl von 100 000. Daß die Demonstranten vom 15. Mai fast ausnahmslos aus diesen Werkstätten kamen, war aus der Sicht der Gemäßigten ein weiterer Grund für zügiges Handeln. Eine Kommission der Nationalversammlung verständigte sich im Juni darauf, die Ateliers innerhalb von drei Tagen zu schließen und zur früheren kommunalen Armenfürsorge zurückzukehren. Die jüngeren Arbeiter der Nationalwerkstätten sollten zum Dienst in der Armee verpflichtet werden, die über 25 Jahre alten Männer große Sumpfgebiete im Südwesten Frankreichs, in den Landes, trockenlegen.

Am 21. Juni faßte die Kommission für die Exekutivgewalt die entsprechenden Maßnahmen in einem Dekret zusammen. Es löste im führungslos gewordenen Pariser Proletariat Wut und Empörung aus. In den Mittagsstunden des 23. Juni begann jener viertägige Aufstand, der als «Junischlacht» in die Geschichte einging. Nicht nur Arbeiter aus den Nationalwerkstätten, sondern auch Beschäftigte der Eisenbahn sowie von kleinen und mittleren Betrieben, kleine Kaufleute, Handwerksgesellen und nicht zuletzt viele Arbeiterinnen und Frauen von Arbeitern beteiligten sich an den Kämpfen. Die Zahl der Aufständischen wird auf insgesamt 40 000 bis 50 000 geschätzt.

Tocqueville nennt die Erhebung in seinen Erinnerungen eine Art Sklavenaufstand. «Er führte die Februarrevolution, die von den sozialistischen Theorien geprägt war, zu ihrem äußersten Höhepunkt, oder vielmehr, er ging aus ihr hervor wie das Kind aus der Mutter. Er war ein brutaler und blinder, aber machtvoller Versuch der Arbeiter, sich aus ihrer Notlage, die man ihnen als eine rechtswidrige Bedrückung geschildert hatte, zu befreien und sich mit Gewalt einen Weg zu dem imaginären Wohlergehen zu bahnen, das man ihnen versprochen hatte.» Tocqueville ließ keinen Zweifel daran, welche sozialistische Theorie er für besonders verkehrt und gefährlich hielt: Es war die Lehre Proudhons, die in dem Satz gipfelte, Eigentum sei Diebstahl.

Die Niederschlagung des Aufstands leitete seit dem 25. Juni der mit Sondervollmachten der Nationalversammlung ausgestattete Kriegsminister, General Cavaignac, ein überzeugter Republikaner. Er tat es mit derselben brutalen Härte, mit der er in Frankreichs Kolonialkrieg gegen die Algerier vorgegangen war. Zu den von ihm befehligten Truppen gehörten neben Teilen der regulären Armee die «bourgeoise» Nationalgarde und die aus jungen Arbeitslosen gebildete Mobilgarde. Als die aufständischen Arbeiter, die zuvor große Teile von Paris unter ihre Kontrolle gebracht hatten, am 26. Juni kapitulieren mußten, zählte man 4000 getötete oder verwundete Aufständische und 1600 tote Soldaten, darunter sechs Generäle. Es gab rund 1500 standrechtliche Hinrichtungen, weit über 11 000 Festnahmen und über 4000 Verurteilungen zur Deportation nach Algerien. Abteilungen der Nationalgarde, die sich dem Kampf gegen die Arbeiter verweigert hatten, wurden entwaffnet. Am 28. Juni gab Cavaignac der Nationalversammlung die ihm verliehenen außerordentlichen Vollmachten zurück. Noch am gleichen Tag wählte diese den Sieger über das Proletariat in das neugeschaffene Amt des Ministerpräsidenten. Der am 25. Juni über ganz Frankreich verhängte Ausnahmezustand wurde am 7. Juli auf unbestimmte Zeit verlängert.

Der viertägige Bürgerkrieg vom Juni 1848 veränderte das Gesicht der zweiten französischen Republik. Als sie am 26. Februar 1848 ausgerufen worden war, war das ein Ergebnis des politischen Zusammenwirkens von Bürgertum und Arbeiterschaft gewesen. Die Gegensätze zwischen beiden Klassen waren damit aber nicht aus der Welt geschafft. Die Aufgabenteilung zwischen der Provisorischen Regierung und der Luxembourg-Kommission konnte nicht von Dauer sein, weil die bürgerlichen Politiker und die Sozialisten unvereinbaren Vorstellungen von der richtigen Ordnung der Gesellschaft anhingen. Im Wahlergebnis vom 21. April spiegelte sich der Wille der Mehrheit der Franzosen. Dem Putsch vom 15. Mai fehlte ein breiter Rückhalt in der Bevölkerung. Hinter der Erhebung von Ende Juni standen die Massen des hauptstädtischen Proletariats. Im immer noch überwiegend ländlich geprägten Frankreich bildeten die sozialistischen Arbeiter aber nur eine kleine Minderheit.

Daß diese es gewagt hatte, sich gegen die überwältigende Mehrheit aufzulehnen und der bisherigen, auf dem Privateigentum beruhenden Gesellschaft den Kampf anzusagen, erfüllte die meisten Franzosen mit Schrecken. Die Unterdrückung der Pariser Erhebung entsprach dem Willen der Mehrheit. Frankreich rückte im Gefolge der Aktionen der äußersten Linken von Mai und Juni 1848 nach rechts.

Doch nicht nur in Frankreich, sondern in ganz Europa wurden die Pariser Ereignisse als Wetterleuchten einer neuen, einer sozialistischen oder kommunistischen Revolution wahrgenommen. Die Niederwerfung des Juniaufstands markierte einen Wendepunkt in der Geschichte der europäischen Revolution von 1848. Die gemäßigten Kräfte aller Länder vereinigten sich in der Folgerung, daß es die überkommene Ordnung unter allen Umständen gegenüber dem «roten» Umsturz zu verteidigen galt – und das auch dann, wenn diese Ordnung durch den Verlauf der Revolution noch sehr viel weniger verändert worden war, als das im wieder republikanisch gewordenen Frankreich der Fall war.

Nachdem die Machtfrage zwischen Bourgeoisie und Proletariat zumindest vorläufig geklärt war, konnte sich die Nationalversammlung ganz auf die Arbeit an der neuen Verfassung konzentrieren. Am 4. November 1848 wurde das Ergebnis intensiver Beratungen von den Abgeordneten «in Gegenwart Gottes und im Namen des französischen Volkes» gebilligt. Die Französische Republik bekannte sich in der Verfassung zu den Grundsätzen der Freiheit, der Gleichheit und der Unabhängigkeit und nannte als ihre Grundlagen das Familienleben, das Eigentum und die öffentliche Ordnung. Sie verbürgte den Franzosen umfassende Grundrechte, wozu auch die Abschaffung der Todesstrafe für politische Delikte gehörte (die vollständige Abschaffung, wie sie Victor Hugo als Abgeordneter gefordert hatte, ging der Mehrheit zu weit). Algerien und die französischen Kolonien wurden zum französischen Staatsgebiet erklärt.

Die gesetzgebende Gewalt lag bei einer einzigen Kammer, der Nationalversammlung, die auf Grund des allgemeinen gleichen Wahlrechts für Männer für die Dauer von drei Jahren gewählt wurde. Die vollziehende Gewalt übertrug die Verfassung einem Bürger, welcher den Titel des Präsidenten der Republik erhielt und vom Volk, das heißt von «allen Wählern der französischen Departements und Algeriens», auf vier Jahre gewählt wurde; eine unmittelbare Wiederwahl war ausgeschlossen. Der Präsident ernannte und entließ aus eigener Machtvollkommenheit die Minister. Daß diese des Vertrauens der Nationalversammlung bedurften, sagte die Verfassung nicht. Die Konstituante hatte sich also nicht für eine parlamentarische Demokratie, sondern für ein dualistisches System ähnlich der konstitutionellen Monarchie entschieden – mit dem Unterschied, daß an der Spitze der Exekutive kein König, sondern wie in den Vereinigten Staaten von Amerika ein vom Volk gewählter Präsident stand.

Zur großen Machtfülle des Staatsoberhauptes kam mithin ein demokratisches Mandat, das es ihm erlaubte, als Vollzugsorgan des allgemeinen Willens aufzutreten und ein Parlament in seine Schranken zu verweisen, das über sehr viel geringere Rechte verfügte als die beiden Kammern des amerikanischen Kongresses. In der Verfassung der zweiten französischen Republik war folglich ein Verfassungskonflikt von Anfang an als Möglichkeit, wenn nicht als Wahrscheinlichkeit angelegt. Es war die Angst vor der roten Gefahr, die die Konstituante dazu brachte, eine demokratisch verbrämte Diktatur als ultima ratio in das neue Staatsgrundgesetz einzubauen – oder doch dem Präsidenten eine solche Auslegung der Verfassung zu ermöglichen.

Die Verfassung vom 4. November 1848 war aber nicht nur eine Antwort auf die Junischlacht, sondern auch auf das Scheitern der konstitutionellen Monarchie. Der Historiker Pierre Rosanvallon führt dieses Scheitern auf jenen «tief verwurzelten Illiberalismus der französischen politischen Kultur» (illibéralisme foncier de la culture politique française) zurück, den er schon unter dem Ancien régime am Werk sieht: Den Revolutionären sei es damals mehr darum gegangen, den Absolutismus zu demokratisieren als die Monarchie zu liberalisieren. In letzter Instanz war es die Vernichtung aller Zwischengewalten durch das absolute Königtum, die immer neue Formen von Machtkonzentration hervorbrachte: vom Wohlfahrtsausschuß über das Direktorium und das Empire bis hin zur parlamentarischen Herrschaft der Großbourgeoisie in der Julimonarchie, in der das Königtum ebensowenig wie zuvor unter der Charte von 1814 die ausgleichende Rolle eines «pouvoir neutre» im Sinne Benjamin Constants auszufüllen vermochte.

Zur Kontinuität trotz aller Regimewechsel gehörte die Abwesenheit einer Tradition von wirksamen Gegengewichten zur machthabenden Gewalt – «checks and balances» in Gestalt von regionaler Autonomie, eines Zweikammersystems, das diesen Namen verdiente, und eines ausgewogenen Verhältnisses von Legislative und Exekutive. Die Franzosen hatten einen Monarchen, Ludwig XVI., getötet, bewunderten aber nach wie vor ihre großen Könige wie Ludwig XIV. Was ihnen insgeheim vorschwebte, war, so Rosanvallon, eine «republikanische Monarchie» (monarchie républicaine). Die Verfassung vom 4. November war ein Ausdruck dieses Wunsches. Sie machte aus dem Präsidenten der Republik einen republikanischen Monarchen: ein Amt, das nun seinen Inhaber suchte.

Als künftigen Präsidenten hatten die meisten Abgeordneten wohl General Cavaignac, den amtierenden Ministerpräsidenten, vor Augen. Tatsächlich kandidierte der Sieger der Junischlacht bei den Präsidentschaftswahlen, die auf den 10. Dezember 1848 angesetzt waren, für das höchste Staatsamt. Seine Mitbewerber waren der bürgerliche Republikaner Lamartine, der linke Demokrat Ledru-Rollin, der Sozialist Raspail, der General Changarnier und Louis-Napoleon Bonaparte, der am 20. April 1808 in Paris geborene Sohn von Napoleons Bruder Louis Bonaparte, des Königs von Holland, und Hortense Beauharnais, der Stieftochter des Kaisers.

Louis-Napoleon Bonaparte war nach 1815 im schweizerischen und deutschen Exil aufgewachsen, hatte sich 1831 an der Seite der Carbonari an einem Aufstand gegen die päpstliche Herrschaft im Kirchenstaat beteiligt, dann 1836 in Straßburg und 1840 in Boulogne zwei dilettantische Putschversuche gegen das Julikönigtum unternommen. Nach der Aktion von Boulogne war er zu lebenslanger Haft verurteilt worden, konnte aber 1846 aus der Festung Ham in der Picardie nach London entfliehen. Dort hatte er bereits 1839 bei einem früheren mehrjährigen Aufenthalt, seine Programmschrift, die «Idées napoléoniennes», veröffentlicht. Darin versuchte er, Frieden, Freiheit und den Ausgleich der Klassengegensätze als das eigentliche Vermächtnis seines kaiserlichen Onkels und sich selbst als dessen Testamentsvollstrecker vorzustellen. In der Haft in Ham entstand eine weitere Abhandlung, die 1844 unter dem Titel «Extinction du Paupérisme» (Auslöschung des Pauperismus) erschien: ein Plädoyer, die soziale Frage vorzugsweise durch die Vergabe von ungenutztem Grund und Boden an landwirtschaftliche Genossenschaften der Arbeiter zu lösen.

Die Februarrevolution ermöglichte Louis-Napoleon die Rückkehr nach Frankreich. Bei Nachwahlen Anfang Juni wurde er erstmals in die Nationalversammlung gewählt, verzichtete aber, noch von London aus, auf die Annahme eines der ihm zugefallenen Mandate. Bei einer zweiten Runde von Nachwahlen kandidierte er erneut, was nach dem Wahlgesetz möglich war, in mehreren Wahlkreisen, die er allesamt erobern konnte. Diesmal nahm er die Wahl an, wobei er sich für einen Wahlkreis im Departement Yonne entschied. Fortan mußte man ernsthaft mit einer politischen Karriere des Thronprätendenten aus dem Haus Bonaparte rechnen, der Louis-Napoleon seit dem Tod seines Vaters im Juli 1846 war.

Der Neffe des Kaisers war eine widersprüchliche und schillernde Figur: ein Abenteurer und Lebemann, ein Spieler und Hasardeur, weder ein Rhetor noch ein Heerführer, auf Grund seiner putschistischen Vergangenheit ebenso beargwöhnt wie belächelt, aber gleichzeitig von bemerkenswerter politischer Intelligenz und begabt mit der Fähigkeit, aus Fehlern und Niederlagen zu lernen. Als er 1848 endlich auf die große politische Bühne trat, erwies er sich als virtuoser Meister im Umgang mit den unterschiedlichsten Erwartungen, die sich bei vielen Franzosen an ihn und den Mythos seines Namens knüpften. Er umwarb die Bauern, die ihren kleinen Besitz mit der Erinnerung an Napoleon verbanden, und bemühte sich um die Gunst der Katholiken, indem er den Schutz von Religion und Familie auf sein Banner schrieb. Er stellte sich als Anwalt einer ausreichenden Altersversorgung der Arbeiter und als Gegner von politischer Verfolgung vor und sprach damit die Proletarier an, in deren Augen Cavaignac seit dem Juni 1848 die Diktatur der Bourgeoisie verkörperte. Er versprach, das Eigentum zu verteidigen, die

Steuern zu senken und die Ordnung aufrechtzuerhalten und machte sich so für breite bürgerliche und kleinbürgerliche Schichten wählbar.

Hätte Louis-Napoleon im Spätjahr 1848 offen die Wiederherstellung des Kaisertums angekündigt, wäre das für viele Wähler ein Grund gewesen, nicht für ihn zu stimmen. Der Prinz entschied sich darum klugerweise dafür, vor der Wahl nur von dem zu sprechen, was allgemeiner Zustimmung gewiß war. Er wolle, so hieß es in seiner Erklärung vom 30. November, im Fall eines Wahlsieges seine Ehre darin setzen, «am Ende meines Mandats meinem Nachfolger die Staatsgewalt gefestigt, die Freiheit unbeschädigt und das Land blühend zu übergeben.»

Das Kalkül Louis-Napoleons erwies sich als richtig. Aus den Wahlen vom 10. Dezember 1848 ging er als überlegener Sieger hervor. Von 7,5 Millionen abgegebenen Stimmen entfielen auf ihn 5,4 Millionen oder 72 Prozent. Weit abgeschlagen folgten Cavaignac mit 1,4 Millionen, Ledru-Rollin mit 370 000, Raspail mit 37 000, Lamartine mit 18 000 und Changarnier mit 4700 Stimmen. Nur in vier Departements, die als besonders royalistisch galten, in Var, Bouches-du-Rhône, Morbihan und Finistère, erlangte Louis-Napoleon nicht die Mehrheit. Dagegen hatten einige der Departements, in denen er am besten abschnitt, Creuse, Isère, Haute-Vienne und Drôme, ein ausgeprägt «linkes» Profil. Insgesamt lagen seine stärksten Bastionen in den ländlichsten Gegenden Frankreichs. Die gegensätzlichen politischen Motive seiner Wähler bündelt Frédéric Bluche, Autor eines Werkes über die Geschichte des Bonapartismus aus dem Jahr 1980, in dem Satz: «Louis-Napoleon Bonaparte war der Kandidat und der Wahlsieger der Mehrheit der Freunde der Ordnung und der Mehrheit der unzufriedenen Unruhestifter.»

Den zahlenmäßig stärksten Rückhalt Louis-Napoleons bildeten die Bauern, die ihren Grundbesitz der Französischen Revolution und seine rechtliche Absicherung dem Code Civil Napoleons verdankten. Einer der Gründe für das Votum vom 10. Dezember war der Zorn, den die Zweite Republik durch die Einführung eines hohen Zuschlags zur Bodensteuer im März 1848 bei den Bauern hervorgerufen hatte. Marx hat in seiner Schrift «Die Klassenkämpfe in Frankreich 1848 bis 1850» den 10. Dezember 1848 den «Tag der Bauerninsurrektion», ja den «coup d'état» der Bauern genannt. «Napoleon war der einzige Mann, der die Interessen und die Phantasie der 1789 neugeschaffenen Bauernklasse erschöpfend vertreten hatte ... Napoleon, das war für die Bauern keine Person, sondern ein Programm. Mit Fahnen, mit klingendem

Spiel zogen sie auf die Wahlstätte unter dem Rufe: Plus d'impôts, à bas les riches, à bas la république, vive l'Empereur. Keine Steuern mehr, nieder mit den Reichen, nieder mit der Republik, es lebe der Kaiser! Hinter dem Kaiser verbarg sich der Bauernkrieg. Die Republik, die sie niedervotiert (hatten), es war die Republik der Reichen.»

Die Arbeiter, die in großer Zahl für Louis-Napoleon stimmten, hatten andere Motive. Sie wollten vor allem einen Präsidenten Cavaignac verhindern, sahen aber in den sozialen Versprechungen des Bewerbers aus dem Hause Bonaparte vielfach einen zusätzlichen Grund, ihm zum Sieg über den Sieger der Junischlacht zu verhelfen. Im Kleinbürgertum bedeutete die Stimmabgabe für Louis-Napoleon, ähnlich wie bei den Bauern, eine Absage an die Vorherrschaft der großen Bourgeoisie, aber auch eine Huldigung an die «gloire» des Empire. Es war vor allem das Charisma des großen Namens, das es dem Prinzen ermöglichte, Gruppen mit gegensätzlichen Interessen hinter sich zu bringen.

Eine Unterstützung staatlicher Stellen gab es im Wahlkampf nur für Cavaignac, nicht für Louis-Napoleon. Um so bemerkenswerter war das plebiszitäre Votum für den letzteren. Louis-Napoleon wurde dadurch zum ersten direkt vom Volk gewählten Staatsoberhaupt Europas, ja, wenn man die Rolle des Wahlmännergremiums bei amerikanischen Präsidentschaftswahlen in Rechnung stellt, der Welt. Das Wahlrecht und die freie Auswahl zwischen mehreren Bewerbern verbürgten eine demokratische Wahl, verhinderten aber nicht, daß die Wähler sich für einen Kandidaten entschieden, dessen Ziele alles andere als demokratisch waren.

Was Louis-Napoleon anstrebte, war eine Autokratie, die jedoch, weil sie modern sein sollte, immer wieder der Akklamation durch das Volk bedurfte. Der 10. Dezember 1848 wurde so zur Geburtsstunde eines neuen Regimetyps, den die Zeitgenossen bald mit Begriffen wie «Cäsarismus» und «Bonapartismus» belegten. Sie beschrieben damit den Versuch, die bürgerliche Revolution, um sie vor dem Umschlag in die proletarische Revolution zu bewahren, als Revolution von oben fortzuführen. Die Verfassung vom 4. November machte eine solche Entwicklung möglich, die Wahlentscheidung vom 10. Dezember unausweichlich. Die Gefahr des Rückfalls in den Bürgerkrieg vor Augen, betraute die Mehrheit der Franzosen die Exekutivgewalt dem Kandidaten an, der es am besten verstanden hatte, sich die Aura eines über den Klassen und Parteien stehenden Anwalts des Gemeinwohls zu geben.

Fürs erste mußte der neugewählte Präsident sich jedoch auf die Kräfte stützen, die die geringsten Vorbehalte gegen ihn hatten und ihrerseits mit ihm zusammenarbeiten wollten. Er berief daher eine Regierung der Monarchisten unter dem «Orleanisten» Odilon Barrot. Auf den Sachverstand erfahrener Politiker war Louis-Napoleon um so mehr angewiesen, als er Frankreich aus eigener Anschauung kaum kannte (sein längster Aufenthalt im Lande war der in der Festung Ham zwischen 1840 und 1846 gewesen) und seine engere Umgebung diesen Mangel nicht ausgleichen konnte. Seine Abhängigkeit von der Regierung Barrot ging so weit, daß die Zeitgenossen von einem «ministère de la captivité» (Ministerium der Gefangenschaft) sprachen. In der Nationalversammlung aber waren die gemäßigten Republikaner in der Mehrheit, so daß die Regierung mit Abstimmungsniederlagen rechnen mußte. Schon Ende Januar 1849 trat diese Situation ein. Das Kabinett Barrot blieb, gestützt vom Präsidenten, im Amt und ließ das Palais Bourbon mit Truppen umstellen. Unter der Putschdrohung tat die Nationalversammlung, was Präsident und Regierung von ihr erwarteten und was nach der Verfassung nur sie selbst tun konnte: Sie beschloß ihre Auflösung. Die Neuwahlen wurden auf den 13. Mai 1849 angesetzt.

Noch vor der Wahl ließen sich Präsident und Regierung auf eine innenpolitisch höchst umstrittene militärische Intervention im Kirchenstaat ein – zugunsten von Papst Pius IX., der, durch die Revolution aus Rom vertrieben, seit November 1848 im Exil in Gaeta weilte und nach der Ausrufung der Republik in Rom am 8. Februar 1849 alle katholischen Mächte um Hilfe für die Wiederherstellung seiner weltlichen Herrschaft gebeten hatte. Louis-Napoleon, der 1831 mit der Carbonari selbst gegen den Kirchenstaat gekämpft hatte, brach mit seiner Vergangenheit nicht nur deshalb, weil er Österreich das Feld in Mittelitalien nicht allein überlassen wollte. Es ging dem Präsidenten auch um ein Stück französischer Innenpolitik, nämlich die Unterstützung seines Regimes durch die katholische Kirche. Eine Niederlage, die die Freiwilligen der Römischen Republik unter Garibaldi dem französischen Expeditionskorps unter General Oudinot am 30. April zufügten, veranlaßte den Präsidenten dann Anfang Mai, weitere Truppen nach Italien zu schicken, die das Blatt zugunsten Frankreichs und des Papstes wenden sollten.

Vor diesem außenpolitischen Hintergrund fanden die Wahlen zur

Legislative am 13. Mai statt. Die eindeutigen Sieger waren die gouvernementalen Kräfte der sogenannten «Ordnungspartei». Sie erhielten 450 von insgesamt 750 Sitzen, während die gemäßigten Republikaner von 500 auf 75 absanken. Die demokratische Linke konnte hingegen, nicht zuletzt dank eines Stimmungsumschwungs bei einem Teil der Bauern, deutliche Gewinne verzeichnen: Die «Montagnards» kehrten mit 210 statt 80 Abgeordneten in die Kammer zurück. Dieser Stimmenzuwachs schien Politikern wie Ledru-Rollin stark genug, um einen Monat später eine parlamentarische Kraftprobe mit dem Regierungslager zu suchen.

Den Anlaß bot die Offensive der französischen Truppen unter General Oudinot gegen die Römische Republik Anfang Juni. Die Linke prangerte die Intervention, die Louis-Napoleon in seiner Budgetrede vom 7. Juni ausdrücklich rechtfertigte, als Bruch der Verfassung an. (Tatsächlich untersagte diese jeden Eroberungskrieg und jeden Angriff auf die Freiheit irgendeines Volkes.) Die Konsequenz der Anklage war ein Antrag auf Amtsenthebung des Präsidenten. Nachdem die Nationalversammlung diesen Antrag, wie erwartet, abgelehnt hatte, forderte Ledru-Rollin am 11. Juni die Franzosen auf, die Republik notfalls auch mit der Waffe in der Hand zu verteidigen. Das waren starke Worte, die jedoch revolutionärer klangen, als sie gemeint waren: Vorbereitungen für einen Umsturz gab es bei den Montagnards nicht.

Am 13. Juni versammelten sich die Anhänger der demokratischen Linken, überwiegend Pariser Kleinbürger, zu einer Protestdemonstration, deren Ziel der Elyseepalast, der Amtssitz des Präsidenten, war. In der Rue de Rivoli eröffneten Linientruppen das Feuer, woraufhin die Montagnards mit dem Bau von Barrikaden begannen. Nach wenigen Stunden hatte das Militär die Ordnung wiederhergestellt. Ledru-Rollin und einige seiner politischen Freunde entkamen nach England; andere Parlamentarier der Linken wurden vor Gericht gestellt und verurteilt. Ihrer Führung beraubt, bildeten die Montagnards für das Regierungslager fortan keine Gefahr mehr.

Die Republik trat am 13. Juni 1849 in eine Phase ein, die fast ein Jahr dauern sollte und von Marx mit dem Begriff «legislative Diktatur der vereinigten Royalisten» bedacht wurde. Ein halbes Jahr nach der Wahl Louis-Napoleons befand sich die Parlamentsmehrheit in der Tat in einer Machtposition, die der des Präsidenten zumindest nicht nachstand. Die Logik des Bonapartismus verlangte aber eine unabhängige

Exekutivgewalt, und von diesem Zustand war Frankreich im Sommer 1849 noch weit entfernt.[91]

Weder Einheit noch Freiheit: *Die deutsche Revolution von 1848/49*

Für den Gang der deutschen Revolution war der 18. Mai 1848 ein wichtiges Datum: An diesem Tag trat in einem ehemaligen Gotteshaus, der Paulskirche, zu Frankfurt am Main die aus allgemeinen freien Wahlen hervorgegangene deutsche Nationalversammlung zu ihrer konstituierenden Sitzung zusammen. Zu den bekanntesten unter den Gewählten gehörten zwei Gründerväter des deutschen Nationalismus, der Turnvater Jahn und der emeritierte Bonner Geschichtsprofessor Ernst Moritz Arndt. Mandatsträger wurden auch der Dichter Ludwig Uhland, der Professor der Germanistik in Tübingen war, und vier Professoren aus dem Kreis der «Göttinger Sieben» von 1837, nämlich die Historiker Friedrich Christoph Dahlmann und Georg Gottfried Gervinus, der Sprach- und Literaturwissenschaftler Jacob Grimm und der Staatsrechtler Wilhelm Eduard Albrecht.

Ein «Professorenparlament», wie man oft lesen kann, war die erste gesamtdeutsche Volksvertretung zwar nicht, wohl aber eine Versammlung des gebildeten Bürgertums. Von den 585 Abgeordneten, die ihr Mandat antraten, hatten 550 eine akademische Ausbildung genossen. Die Zahl der Universitätsprofessoren belief sich auf 49, die der Richter und Staatsanwälte auf 157, die der Rechtsanwälte auf 66. 110 Parlamentarier kamen aus der Wirtschaft; Arbeiter waren in der Versammlung nicht vertreten. Die in sich gespaltene Linke bildete eine Minderheit, war aber stärker als die konservative Rechte. Die große Mehrheit bestand aus gemäßigten Liberalen unterschiedlicher Richtungen.

Als ihre Hauptaufgabe sahen die Abgeordneten die Ausarbeitung einer Verfassung und namentlich eines Grundrechtekatalogs an. Das war vor dem Hintergrund der Erfahrungen mit der Unterdrückungspolitik des Deutschen Bundes und seiner Mitgliedstaaten verständlich, aber zugleich gefährlich. Denn vor allem mußte es dem Parlament in der Paulskirche darauf ankommen, die drängenden Machtfragen zu klären: obenan das Verhältnis des erstrebten deutschen Nationalstaates zum habsburgischen Vielvölkerreich und zur anderen deutschen Großmacht, dem Königreich Preußen. Dort war am 22. Mai, vier Tage nach der Eröffnung der deutschen Nationalversammlung, eine eigene, preußische Nationalversammlung zusammengetreten, die deutlich links vom Frankfurter Parlament stand. Der eigene Staat war den preußischen Demokraten wichtiger als ein künftiger deutscher Nationalstaat: Deswegen hatten sie sich ganz auf die Wahlen zur Berliner Volksvertretung konzentriert und die Wahlen zur Frankfurter Nationalversammlung darüber vernachlässigt.

Erst sehr spät, am 28. Juni 1848, wagte die deutsche Nationalversammlung jenen «kühnen Griff», von dem ihr Präsident Heinrich von Gagern vier Tage zuvor gesprochen hatte: Sie beschloß die Einrichtung einer provisorischen Zentralgewalt, die an die Stelle des Bundestags treten sollte. Am 29. Juni wurde der österreichische Erzherzog Johann zum Reichsverweser gewählt: eine Entscheidung, mit der die Paulskirche ihren Wunsch unterstrich, Österreich an der Gründung des deutschen Nationalstaates zu beteiligen, die aber vom preußischen König Friedrich Wilhelm IV. als Affront empfunden wurde. An die Spitze des Reichsministeriums trat am 15. Juli ein Standesherr aus dem Odenwald, Fürst Karl von Leiningen.

Über tatsächliche Macht und politische Autorität verfügte die Zentralgewalt nicht. Militärisch und finanziell hing sie völlig vom guten Willen der Mitgliederstaaten des Deutschen Bundes, vor allem von Preußen, ab. Das wurde im Sommer 1848 bei der Beilegung des Schleswig-Holstein-Konflikts auf dramatische Weise deutlich. Unter dem Druck Rußlands und Großbritanniens, zweier Signatarmächte der Schlußakte des Wiener Kongresses, unterzeichnete Preußen am 26. August im schwedischen Malmö einen Waffenstillstandsvertrag mit Dänemark. Er sah den Rückzug der dänischen und der Bundestruppen aus Schleswig und Holstein sowie die Ersetzung der provisorischen Regierung in Kiel durch eine gemischte, von den Königen von Dänemark und Preußen berufene Regierung hervor, wobei der letztere treuhänderisch für den (formell immer noch bestehenden) Deutschen Bund tätig werden sollte.

Der Waffenstillstand löste in Deutschland einen Sturm der nationalen Entrüstung aus, der auch die Paulskirche erfaßte. Als das Reichsministerium zu erkennen gab, daß es keine andere Möglichkeit sah, als den Vertrag ungeachtet aller Proteste anzunehmen, legte die Nationalversammlung ihr Veto ein. Mit der knappen Mehrheit von 238 zu 221

Stimmen nahmen die Abgeordneten am 5. September einen Antrag des Historikers Friedrich Christoph Dahlmann von der rechtsliberalen Fraktion «Casino» an, die Maßnahmen zur Ausführung des Waffenstillstands einzustellen, also den Bundeskrieg gegen Dänemark fortzusetzen. Die unmittelbare Folge war der Rücktritt des Reichsministeriums Leiningen. Die Bildung eines Nachfolgekabinetts, gestützt auf die Mehrheit vom 5. September, erwies sich als unmöglich, weil sich die Linken, die dem Antrag Dahlmanns geschlossen zugestimmt hatten, und die gemäßigten Liberalen nicht auf ein gemeinsames Regierungsprogramm verständigen konnten. Aber auch wenn die Gegner des Waffenstillstands sich in einer Koalitionsregierung zusammengefunden hätten, wären sie nicht in der Lage gewesen, Preußen zur Fortführung des Krieges zu zwingen. Nach einer leidenschaftlichen Debatte lenkte die Paulskirche am 16. September ein. Mit 257 zu 236 Stimmen beschloß sie, den Waffenstillstand nicht weiter zu behindern. Neuer Präsident des Reichsministeriums wurde der bisherige Innenminister, der Österreicher Anton von Schmerling.

Die Selbstkorrektur der Nationalversammlung war aus Sicht der Mehrheit unvermeidlich. Hätte die Paulskirche den Beschluß vom 5. September nicht aufgehoben, wären die deutschen Regierungen gezwungen gewesen, mit ihr zu brechen. Denn das zu tun, was das Parlament forderte, hätte einen europäischen Krieg bedeutet, zu dem weder Preußen noch irgendeine andere deutsche Regierung bereit war. Der Preis für den Widerruf des ursprünglichen Beschlusses war hoch. Die nationale Empörung richtete sich nun gegen die deutsche Nationalversammlung. In Frankfurt brach am 17. September ein Aufstand aus, in dessen Verlauf zwei konservative Abgeordnete, die für den Vertrag von Malmö gestimmt hatten, Fürst Felix Lichnowsky und General Hans von Auerswald, vom Mob ermordet wurden. Daß der Anführer des Haufens, aus dem heraus das Verbrechen begangen wurde, eine rote Fahne mit sich trug, wirkte alarmierend: Die Furcht, daß es auch in Deutschland zu einem proletarischen Umsturzversuch kommen könne, erfaßte große Teile der Öffentlichkeit.

Rote Fahnen wurden auch beim zweiten badischen Aufstand gezeigt, der am 21. September begann, als Heckers Mitstreiter Gustav von Struve, von Basel aus kommend, den Rhein überquerte und in Lörrach die deutsche Republik ausrief. Einer der aktiven Teilnehmer war ein späterer Führer der deutschen Sozialdemokratie: Wilhelm Liebknecht. Nach vier Tagen war die Erhebung beendet: Badische Truppen schlugen die Aufständischen bei Staufen. Am gleichen Tag, dem 25. September, schien die neue revolutionäre Welle auch die Stadt zu erfassen, in der seit dem 1. Juni Karl Marx, aus dem Exil zurückgekehrt, die «Neue Rheinische Zeitung» redigierte und wo der Bund der Kommunisten mehr Anhänger hatte als irgendwo sonst in Deutschland. Auf das Gerücht hin, preußisches Militär werde in der Domstadt einrücken, wurden in Köln Barrikaden gebaut, auf denen eine Nacht lang rote Fahnen wehten. Doch da keine Soldaten erschienen, zogen sich die Verteidiger am folgenden Tag aus ihren Stellungen zurück. Im Zeichen des Ausnahmezustands, der nach Wiederherstellung der Ordnung verhängt wurde, erging ein zeitweiliges Verbot der «Neuen Rheinischen Zeitung».

Eine Chance, zum Vorort der roten Revolution zu werden, hatte Köln freilich ebensowenig wie Frankfurt: Die deutschen Arbeiter setzten 1848 in ihrer großen Mehrheit auf soziale Reformen im Rahmen der bestehenden Ordnung und nicht auf eine radikale Umwälzung im Sinne von Marx. Was die meisten wollten, kam in den Forderungen des von Anhängern Stephan Borns einberufenen Berliner Arbeiterkongresses vom 23. August bis 3. September 1848 und der aus ihm hervorgegangenen «Arbeiterverbrüderung» zum Ausdruck: Die Anhänger Borns warben für die Selbsthilfe der Arbeiter in Form gewerkschaftlichen Zusammenschlusses und ersuchten die Nationalversammlung in einer Petition um die Anerkennung der Arbeiterorganisationen durch die Reichsverfassung.

Von einem nachhaltigen Linksruck konnte in Deutschland im Frühherbst 1848 keine Rede sein. Eher wird man mit Blick auf die Zeit nach den Frankfurter Morden vom 17. September, ja in Ansätzen schon seit der Pariser Junischlacht von einer Bewegung in der Umkehrrichtung sprechen müssen: Die Angst vor der Anarchie verstärkte die Neigung, sich an die überkommene Ordnung anzulehnen. Ein bezeichnendes Ereignis war der Allgemeine Handwerker- und Gewerbekongreß zu Frankfurt am Main im Juli, der sich gegen die Republik, gegen die Gewerbefreiheit, gegen Sozialismus und Kommunismus aussprach und ein Zusammengehen von Bürgertum und Monarchie und die Wiederherstellung des Zunftwesens forderte. Ob der Kongreß das deutsche Handwerk insgesamt vertrat, ist zweifelhaft. Aber von der Begeisterung, mit der viele selbständige Meister die Revolution anfänglich begrüßt hatten, war im Sommer 1848 nicht mehr viel zu spüren. Die Frankfurter Beschlüsse drückten aus, was große Teile des selbständigen Mittelstandes empfanden: ein Sachverhalt, der den konservativen Kräften sehr viel gelegener kam als den liberalen.

Auf dem Lande hatte die Abwendung von radikalem Protest noch früher eingesetzt. Die Bauern des deutschen Südwestens, die sich im Frühjahr 1848 gegen die Grundherren erhoben hatten, traten im weiteren Verlauf des Jahres 1848 politisch nicht mehr in Erscheinung; erst im Mai 1849 beteiligten sie sich in Baden und in der Pfalz mancherorts (im Rahmen der noch zu erörternden «Reichsverfassungskampagne») wieder an Kämpfen gegen die Obrigkeit. Im ostelbischen Preußen, einer Hochburg der Gutsherrschaft, war, als Fernwirkung der «Bauernbefreiung» in der Zeit der Stein-Hardenbergschen Reformen, der soziale Protest der Bauern und Landarbeiter zu Beginn der Revolution weniger radikal gewesen als in den Gebieten der westlichen Grundherrschaft, aber durchaus nicht erfolglos: Zugeständnisse wie die Aufhebung der patrimonialen Gerichtsbarkeit erleichterten die Versöhnung mit den Rittergutsbesitzern. Auch in Österreich entzogen Reformen der Bauernrebellion bis zum September 1848 den Boden. Von Sachsen und Schlesien abgesehen, konnte man im Herbst 1848 die Landbevölkerung kaum noch irgendwo revolutionär nennen.

Die konservativen Führungsschichten des platten Landes in Ostelbien lernten 1848 rasch, was sie tun mußten, um sich gegenüber der bürgerlichen Revolution zu behaupten: Sie bedurften einer wirksamen Organisation und zuverlässiger Verbündeter. Im Juli 1848 wurde der «Verein zum Schutze des Eigentums und zur Förderung des Wohlstands aller Klassen des Volkes» gegründet, der sich wenig später, auf seiner ersten Generalversammlung, dem sogenannten «Junkerparlament», am 18. und 19. August 1848, den ehrlicheren Namen «Verein zur Wahrung der Interessen des Grundbesitzes» gab und zur Keimzelle der konservativen Partei Preußens wurde. Als treuer Alliierter von Rittergutsbesitz, Heer und Monarchie erwies sich in der Revolutionszeit einmal mehr der preußische Protestantismus: die Kirche der Altpreußischen Union, in der sich 1817, einem Aufruf König Friedrich Wilhelms III. folgend, die lutherische und die reformierte Kirche zusammengeschlossen hatten, die Altlutheraner, die der Vereinigung mit den Calvinisten ferngeblieben waren, und die neue pietistische Erweckungsbewegung, die einige ihrer wichtigsten Bastionen in pommerschen Gutshöfen hatte.

Aber auch außerhalb Preußens blieben die evangelischen Kirchen, was sie vor 1848 gewesen waren: Stützen der Throne und der Orthodoxie. Ihre entschiedene Gegnerschaft zu aller Erscheinungsform von Revolution, Liberalismus, Demokratie und Sozialismus hatte freilich auch eine Kehrseite: Das antimoderne Credo vertiefte die Kluft, die die Kirchen seit langem von vielen ihrer aufgeklärten und politisch engagierten Mitglieder trennte.

Im Prinzip galt Ähnliches von der katholischen Kirche. An ihrer grundsätzlichen Ablehnung der Revolution ließ sie keinen Zweifel. Im Vormärz hatte sich ihre Gegnerschaft zum liberalen Zeitgeist besonders deutlich in der kirchlich organisierten Massenwallfahrt zum «Heiligen Rock» in Trier 1844 manifestiert: einem demonstrativen Akt der Gegenaufklärung, der liberale Kirchenmitglieder in erheblicher Zahl veranlaßte, sich dem oppositionellen «Deutschkatholizismus» anzuschließen. In der Revolutionszeit verhielt sich die katholische Amtskirche jedoch pragmatischer als die evangelische: Um die Interessen der Katholiken wirksam zu wahren, wurden die «Piusvereine» gegründet, die sich rasch über ganz Deutschland verbreiteten und im Herbst 1848 rund 100 000 Mitglieder zählten. Sie richteten Petitionen an die deutsche Nationalversammlung, in denen sie die vollständige Freiheit der Kirche vom Staat sowie die Erhaltung und Förderung katholischer Schulen forderten.

Das war kein Bekenntnis zur Revolution, wohl aber ein Versuch, die politischen Spielräume zu nutzen, die die Revolution den deutschen Katholiken eröffnet hatte. Das defensive Agieren der Katholiken hing eng mit der Tatsache zusammen, daß Preußen ein protestantisch geprägter Staat und der deutsche Liberalismus eine protestantisch geprägte Bewegung war. In den letzten Jahren der Regierungszeit Friedrich Wilhelms III. war es in Preußen zu einem heftigen Konflikt über die Kindererziehung in konfessionell gemischten Ehen gekommen: Die katholische Kirche bestand auf einer katholischen Erziehung, während nach preußischem Recht Kinder grundsätzlich in der Religion des Vaters zu erziehen waren. Nachdem Friedrich Wilhelm IV. sich den kirchlichen Forderungen zum großen Mißfallen der Liberalen weitgehend gebeugt hatte, lag es im wohlverstandenen Interesse der Katholiken, ein gutes Verhältnis zum preußischen Staat zu pflegen, ohne den Liberalismus allzu sehr herauszufordern. Der Liberalismus hatte im evangelischen Deutschland einen sehr viel stärkeren Rückhalt als im katholischen; Protestanten, die der liberalen Sache zuneigten, hatten sich von den politischen Vorstellungen ihrer Kirche bereits weitgehend gelöst. Eine evangelische Entsprechung zu den «Piusvereinen» konnte es daher nicht geben: Jeder Versuch in dieser Richtung wäre am politischen Pluralismus innerhalb des deutschen Protestantismus gescheitert.

Für die deutsche Revolution bedeutete der September 1848 einen Wendepunkt. Die Paulskirche verlor durch den Widerruf ihres Nein zum Waffenstillstand von Malmö an öffentlichem Ansehen. Die anschließende gewaltsame Revolte der außerparlamentarischen Linken führte zur weitgehenden Isolierung der entschiedenen parlamentarischen Linken. Davon war die am weitesten links stehende Fraktion, der «Donnersberg» um den einstigen Junghegelianer Arnold Ruge und den Zoologen Karl Vogt, noch stärker betroffen als die etwas moderatere Fraktion «Deutsches Haus» um den Leipziger Buchhändler Robert Blum. Die gemäßigten Liberalen mußten einsehen, daß ihr Zusammengehen mit der Linken beim Votum gegen den Waffenstillstand in ein Debakel geführt hatte. Infolge dieser Erfahrung rückte die gemäßigte Mitte des Liberalismus nach rechts und beteiligte sich damit an einer Entwicklung, die sich um dieselbe Zeit in der deutschen Gesellschaft insgesamt vollzog.

Je deutlicher die deutsche Nationalversammlung sich nach rechts bewegte, desto schärfer trat der Gegensatz zwischen ihr und der preußischen Nationalversammlung zutage, in der die Linke sehr viel stärker vertreten war. Unter Führung von Johann Jacoby, einem ostpreußischen, und Benedikt Waldeck, einem westfälischen Demokraten, hatte sich die Linke des Berliner Parlaments bereits im Juli gegen die Wahl eines Reichsverwesers verwahrt, der der deutschen Nationalversammlung nicht verantwortlich war und zudem die Gefahr eines künftigen habsburgischen Erbkaisertums zu verkörpern schien. Aus ebendiesem Grund waren die Proteste aus der preußischen Nationalversammlung auch nur schwach, als die Berliner Regierung sich kurz danach weigerte, preußische Truppen, wie vom Reichskriegsminister angeordnet, vor dem Reichsverweser huldigen zu lassen.

Als die Zentralgewalt nach den Septembermorden Maßnahmen ergriff, um die Abgeordneten besser vor Beleidigungen zu schützen, und in diesem Zusammenhang die Vereinigungs- und Versammlungsfreiheit in Frankfurt und Umgebung einschränkte, gab das der preußischen Linken Anlaß zu dem Vorwurf, das Reichsministerium falle damit in die Unterdrückungspolitik des Deutschen Bundes zurück. Am 24. Oktober

stellte Waldeck in der preußischen Nationalversammlung den Antrag,
Erlasse der Zentralgewalt, die Angelegenheiten der einzelnen Staaten
betrafen, erst nach Genehmigung durch deren Volksvertretung in Kraft
zu setzen. Am Fehlen von nur einer Stimme scheiterte ein Geschäftsord-
nungsantrag, den Antrag Waldecks als «dringlich» zu erklären, so daß
er auch ohne vorherige Ausschußberatungen zur Abstimmung hätte gestellt werden können.

Daß die preußische Linke der deutschen Nationalversammlung und
der Zentralgewalt gerade im Oktober 1848 mit soviel Feindseligkeit
begegnete, hatte einen weiteren aktuellen Grund: Regierung und Parlament in Frankfurt taten nur wenig, um dem Vormarsch der Gegenrevolution in Österreich entgegenzutreten. Der Wendepunkt in der Geschichte der österreichischen Revolution war der 19. September: An
diesem Tag lehnte es der im Juli gewählte Reichstag auf Betreiben seiner überwiegend konservativen tschechischen Abgeordneten ab, eine
ungarische Delegation anzuhören. Der Reichstag stellte sich damit auf
die Seite der Regierung, die sich entschieden hatte, die Kroaten in
ihrem Kampf gegen die ungarische Revolution zu unterstützen. Die
Wiener Radikalen und die in der Hauptstadt stationierten Truppen
antworteten darauf mit einem neuen Aufstand: dem dritten nach den
beiden Erhebungen von März und Mai 1848. Die Kämpfe begannen
mit einer Bluttat: Am 6. Oktober wurde der besonders verhaßte
Kriegsminister, Graf Latour, von den Aufständischen ergriffen, mißhandelt und schließlich an einer Laterne erhängt. Die meisten anderen
Minister mit dem Ministerpräsidenten von Wessenberg an der Spitze
konnten sich ihrer Festnahme im letzten Augenblick durch die Flucht
entziehen.

Kaiser Ferdinand begab sich, nachdem die Hauptstadt in die Hände
der Radikalen gefallen war, mit seinem Hof ins böhmische Olmütz.
Von Böhmen aus bereitete seit dem 11. Oktober Fürst Alfred Windischgrätz, politisch beraten von seinem Schwager Fürst Felix Schwarzenberg, den Kampf gegen das revolutionäre Wien vor. Die deutsche Zentralgewalt versuchte zwar, zwischen Revolution und Gegenrevolution
zu vermitteln. Ihre Abgesandten wurden aber von Windischgrätz wie
von Wessenberg abgewiesen. Um dieselbe Zeit reisten Vertreter der Linken in der Paulskirche, unter ihnen Robert Blum, nach Wien, um die
Aufständischen zu unterstützen. Sie taten es aus eigenem Antrieb: Die
Mehrheit der Nationalversammlung hatte es zuvor abgelehnt, sich mit

der Revolution in Wien solidarisch zu erklären. Am 26. Oktober begann der Angriff der Regierungstruppen, geführt von Windischgrätz, nunmehr Oberkommandierender aller österreichischen Streitkräfte, soweit sie nicht in Italien unter dem Oberbefehl Radetzkys standen, und von dem kroatischen Statthalter Jellačić, auf die Hauptstadt des Kaiserreichs. Am 31. Oktober war der Wiener Aufstand niedergeschlagen. Blum, der an den Barrikadenkämpfen teilgenommen hatte, wurde in einem Schnellprozeß zum Tode verurteilt und am 9. November standrechtlich erschossen.

Die Hinrichtung Blums war eine eklatante Verletzung der parlamentarischen Immunität, die er als Abgeordneter der deutschen Nationalversammlung genoß. Die Paulskirche protestierte zwar am 16. November in aller Form gegen diesen Rechtsbruch. Der Beschluß, den der Reichsverweser Erzherzog Johann durch zwei Reichskommissare nach Olmütz übermitteln ließ, blieb aber, da Nationalversammlung und Zentralgewalt über keine eigenen Machtmittel verfügten, folgenlos. Die österreichische Regierung, an deren Spitze am 21. November Schwarzenberg trat, *wollte* ihrerseits den Bruch mit Frankfurt. Ihr Ziel war kein geringeres als die Rückkehr zur vorrevolutionären Ordnung im Habsburgerreich und im außerösterreichischen Deutschland. Der Unterstützung der meisten slawischen Nationalitäten, namentlich der Tschechen, Kroaten und Slowenen, konnte sie dabei sicher sein. Im österreichischen Reichstag, der auf Grund eines kaiserlichen Manifestes vom 22. Oktober seit dem 22. November im mährischen Kremsier tagte, gaben Abgeordnete aus diesen Nationen den Ton an.

Für die deutsche Linke war das Verhalten der Tschechen, Kroaten und Slowenen Verrat an der Revolution. Niemand verlieh der verbreiteten Empörung so leidenschaftlichen Ausdruck wie Friedrich Engels. In der «Neuen Rheinischen Zeitung» sprach er im Januar 1849 im Hinblick auf die Südslawen von «Natiönchen», von «Völkerruinen» und «Völkerabfällen», die die Konterrevolution verträten, und drohte: «Der nächste Weltkrieg wird nicht nur reaktionäre Klassen und Dynastien, er wird auch ganze reaktionäre Völker vom Erdboden verschwinden machen. Und das ist auch ein Fortschritt.» Im Monat darauf sagte Engels dem «revolutionsverräterischen Slawentum» (ein Verdikt, von dem nur die Polen und gelegentlich auch die Serben ausgenommen wurden) einen «Vernichtungskampf und rücksichtslosen Terrorismus – nicht im Interesse Deutschlands, sondern im Interesse der Revolution» an.

Von «Weltkrieg» hatte vor Engels bereits Marx gesprochen. In seinem Neujahrsartikel für die «Neue Rheinische Zeitung» gelangte er zu dem Schluß, die Revolution werde nur siegen, wenn sie die Gestalt eines europäischen, ja eines Weltkrieges annehme – eines Krieges, der mit dem Sturz der französischen Bourgeoisie beginnen, dann England und durch England schließlich die ganze Welt ergreifen müsse. «*Revolutionäre Erhebung der französischen Arbeiterklasse*, Weltkrieg – das ist die Inhaltsanzeige des Jahres 1849.»

Als Marx seinen Aufruf veröffentlichte, hatte die mitteleuropäische Gegenrevolution nicht nur in Österreich, sondern auch in Preußen gesiegt. Im Hohenzollernstaat wurden, ähnlich wie im Habsburgerreich, die Weichen für die antirevolutionäre Wendung im September gestellt. Den Anstoß hierzu gab der Sturz der im Juni gebildeten Regierung unter dem bisherigen ostpreußischen Oberpräsidenten Rudolf von Auerswald durch die preußische Nationalversammlung am 8. September. Vorausgegangen war ein Konflikt um den Nichtvollzug eines Parlamentsbeschlusses vom 8. August, der die Regierung darauf festlegte, reaktionären Bestrebungen im Offizierskorps energisch entgegenzutreten. Friedrich Wilhelm IV. entschloß sich daraufhin, den Kampf gegen die Revolution aufzunehmen, und legte seine entsprechenden Absichten am 11. September in einem ausgefeilten Kampfprogramm nieder. Mit Rücksicht auf die politischen Kräfteverhältnisse und die öffentliche Meinung mußte er sich jedoch vorerst auf die Bildung eines Beamtenkabinetts unter dem politisch moderaten General Ernst von Pfuel, einem Jugendfreund Heinrich von Kleists, beschränken, der auch das Amt des Kriegsministers wahrnahm. Der König konnte nicht einmal verhindern, daß die neue Regierung, anders als ihre Vorgängerin, den Beschluß der Nationalversammlung in die Form eines Erlasses zur Bekämpfung reaktionärer Umtriebe im Militär brachte.

Wenig später spitzte sich der innerpreußische Machtkampf weiter zu. Am 12. Oktober beschloß die preußische Nationalversammlung bei der Beratung des Verfassungsentwurfs, die Worte «von Gottes Gnaden» aus dem Königstitel zu streichen. Forderte das Parlament damit den König auf eine bislang beispiellose Weise heraus, so rief es am folgenden Tag mit einem anderen Beschluß die Empörung der äußersten Linken hervor: Das Gesetz über die Bürgerwehr verstaatlichte in gewisser Weise die im Frühjahr entstandenen Milizen, um diese dem Zugriff der Radikalen zu entziehen. Die Folge waren Straßen und Barrikadenkämpfe in Berlin am 16. Oktober. Die Bürgerwehr konnte zwar rasch die Ordnung wiederherstellen, doch der König verlangte nun etwas, wofür der neue Ministerpräsident die Verantwortung zu übernehmen nicht bereit war: die Verhängung des Ausnahmezustands. Am 28. Oktober trat Pfuel von seinen Regierungsämtern zurück.

Drei Tage später kam es in Berlin zu neuen Tumulten, ausgelöst durch den Beschluß der Nationalversammlung, einem Antrag Waldecks nicht zuzustimmen, der ein Eingreifen Preußens auf der Seite der Wiener Revolutionäre forderte. Am 1. November wurde bekannt, wen der König mit der Nachfolge Pfuels beauftragt hatte: Es war der konservative Graf Friedrich Wilhelm von Brandenburg. Die preußische Nationalversammlung sprach ihm am folgenden Tag das Mißtrauen aus. Sie konnte den König damit aber ebensowenig beeindrucken wie der Wunsch einer Delegation von Abgeordneten, er, Friedrich Wilhelm, möge ein volkstümliches Kabinett berufen, oder das berühmte Wort, das ihm Johann Jacoby, der jüdische Arzt aus Königsberg, bei dieser Gelegenheit zurief: «Das ist das Unglück der Könige, daß sie die Wahrheit nicht hören wollen.» Friedrich Wilhelm IV. war seit dem Beschluß der Nationalversammlung, das Gottesgnadentum betreffend, entschlossen, seinen Plan vom 11. September in die Tat umzusetzen. Er schwenkte damit endgültig in die Bahn ein, in die ihn die konservative «Kamarilla» um den General Leopold von Gerlach und seinen Bruder Ernst Ludwig, den Präsidenten des Appellationsgerichts Magdeburg, seit langem drängte.

Am 9. November 1848, dem Tag, an dem in Wien Robert Blum exekutiert wurde, ordnete der König die Verlegung der Nationalversammlung nach Brandenburg an der Havel und ihre Vertagung bis zum 27. November an. Das Parlament protestierte, nachdem 77 konservative Abgeordnete zusammen mit dem neuen Ministerpräsidenten die Sitzung verlassen hatten, gegen das putschartige Vorgehen Friedrich Wilhelms und setzte seine Beratungen im Berliner Schauspielhaus fort, bis Truppen unter dem Befehl des Generals von Wrangel den Abbruch der Sitzung erzwangen. Dasselbe Schicksal widerfuhr der folgenden Sitzung, in der die Mehrheit der Abgeordneten zuvor einen Aufruf zur Steuerverweigerung beschlossen hatte. Das Reichsministerium und der Präsident der deutschen Nationalversammlung, Heinrich von Gagern, versuchten zwischen König und Parlament zu vermitteln, hatten damit aber keinen Erfolg.

Am 5. Dezember löste der König die preußische Nationalversammlung auf und erließ, entgegen den Empfehlungen seiner konservativen Berater, eine Verfassung, die sich weitgehend an die Vorlage der Verfassungskommission der Nationalversammlung, die sogenannte «Charte Waldeck», anlehnte und sogar im Hinblick auf die Wahlen zur zweiten Kammer, das Haus der Abgeordneten, das allgemeine gleiche Wahlrecht für Männer beibehielt. Der wichtigste Unterschied zum parlamentarischen Verfassungsentwurf bestand darin, daß sich der König ein absolutes Veto gegen Gesetzesbeschlüsse der beiden Kammern, des Herrenhauses und des Abgeordnetenhauses, sicherte (die «Charte Waldeck» gestand dem Monarchen nur ein suspensives Veto zu). Am folgenden Tag, dem 6. Dezember, ordnete die Regierung Brandenburg Wahlen für die beiden Kammern für Januar 1849 an. Hauptaufgabe des neuen Parlaments sollte die Revision der oktroyierten Verfassung sein.

Mit seinem Staatsstreich, der manche Züge einer «Revolution von oben» trug, zog Friedrich Wilhelm IV. einen vorläufigen Schlußstrich unter die preußische Märzrevolution. Die Macht des alten Staates hatte über das neue, aus der Revolution hervorgegangene Recht obsiegt. Es war ein leicht errungener Sieg. Denn große Teile der Bevölkerung in Stadt und Land sahen in der Festigung der königlichen Macht ein angemessenes Mittel gegen politischen und sozialen Radikalismus. Der revolutionäre Aufruf zur Steuerverweigerung wurde kaum befolgt. Die meisten gemäßigten Liberalen waren geradezu erleichtert. Der rheinische Unternehmer Gustav von Mevissen, der als Abgeordneter der Paulskirche der Fraktion des «Casinos» angehörte, sprach in einem Brief vom 8. Dezember in offenkundiger Anspielung auf Gagerns Wort vom 24. Juni von einem «kühnen Griff des Königs». Er hielt den Augenblick für gekommen, wo einflußreiche und mutige Männer sich auf den «neugeschaffenen Rechtsboden stellen und die hereindräuende Anarchie bekämpfen» müßten. Der Historiker Dahlmann, ein Fraktionskollege Mevissens, prägte in einer Rede vor der deutschen Nationalversammlung am 15. Dezember mit Blick auf das Vorgehen des preußischen Königs das Wort vom «Recht der rettenden Tat». Er verband damit eine weitgehende Forderung: Auch die künftige deutsche Verfassung müsse dem Staatsoberhaupt ein absolutes und nicht nur ein aufschiebendes Veto gegen Parlamentsbeschlüsse einräumen.

Mochte die preußische Verfassung auch oktroyiert sein, so war der Hohenzollernstaat doch seit dem 5. Dezember 1848 wenigstens ein

Verfassungsstaat: So sahen es, ob sie es offen aussprachen oder nicht, die gemäßigten Liberalen der deutschen Nationalversammlung. Sie knüpften daran die Erwartung, daß sich das Verhältnis zwischen dem Frankfurter und dem Berliner Parlament nach den preußischen Wahlen im Januar 1849 bessern würde. In der anderen deutschen Großmacht hatte sich mit der Gegenrevolution auch der habsburgische Gesamtstaat durchgesetzt: ein Gebilde, das dem Vorhaben der Paulskirche, einen deutschen Nationalstaat zu schaffen, unübersehbar im Wege stand. Falls es im November noch Zweifel gegeben hatte, ob Fürst Schwarzenberg sich an der Macht würde behaupten können, wurden sie im folgenden Monat ausgeräumt. Auf massives Drängen des Ministerpräsidenten verzichtete am 2. Dezember 1848 der herrschaftsunfähige Kaiser Ferdinand zugunsten seines achtzehnjährigen Neffen Franz Joseph auf den Thron. Der junge Herrscher sollte dem habsburgischen Vielvölkerreich ein neues Gesicht geben. Daß es ein Deutschland zugewandtes Gesicht sein würde, stand nicht zu erwarten.

Wenige Tage vor dem Sieg der österreichischen Gegenrevolution, am 27. Oktober 1848, hatte die deutsche Nationalversammlung die Bedingungen für die sogenannte «großdeutsche» Lösung, eine Nationalstaatsgründung unter Einschluß Österreichs, markiert. Mit großer Mehrheit stimmte das Plenum dem Textentwurf des Verfassungsausschusses für die ersten Artikel der Reichsverfassung zu. Nach Artikel 1 bestand das Deutsche Reich, dieser Name war nicht umstritten, aus dem Gebiet des bisherigen Deutschen Bundes. Die Verhältnisse des Herzogtums Schleswig und die Grenzbestimmungen im Großherzogtum Posen sollten der «definitiven Anordnung» vorbehalten bleiben. Artikel 2 legte fest, daß kein Teil des Deutschen Reiches mit nichtdeutschen Ländern zu einem Staat vereinigt sein durfte. Für den Fall, daß ein deutsches Land mit einem nichtdeutschen Land dasselbe Staatsoberhaupt hatte, legte Artikel 3 fest, daß das Verhältnis zwischen beiden Ländern nach den Grundsätzen der reinen Personalunion zu ordnen, also nicht staatsrechtlicher, sondern dynastischer Natur war.

Die Mehrheit der Paulskirche bejahte Ende Oktober also im Prinzip die großdeutsche Lösung, verlangte aber als Preis die Auflösung der Habsburgermonarchie. Diese Konsequenz des Artikels 3 lehnten in der Abstimmung 90 Abgeordnete ab. Einige ihrer Sprecher schlugen statt dessen einen deutschen Bundesstaat ohne Österreich vor, der sich mit dem gesamten Habsburgerreich zu einem Staatenbund zusammenschließen sollte. Der prominenteste Verfechter des Gedankens eines engeren und eines weiteren Bundes war der Präsident der deutschen Nationalversammlung, Heinrich von Gagern. Für die «kleindeutsche» Lösung sprach, daß anders ein deutscher Nationalstaat seit dem Herbst 1848 kaum noch vorstellbar erschien. Zu diesem Ergebnis gelangten in den Oktoberdebatten der Paulskirche nicht nur Liberale aus dem nichtösterreichischen Deutschland wie Gagern und der westfälische Landrat Georg von Vincke, sondern auch der konservative Wiener Jurist Eugen von Mühlfeld, dem es vor allem um die Erhaltung des österreichischen Gesamtstaates ging.

Zur Bewahrung des habsburgischen Vielvölkerreiches bekannte sich mit besonderem Nachdruck Gagern. Wenn das geeinte Deutschland sich hinter Österreichs Mission stelle, sagte er am 26. Oktober 1848, nämlich die «Verbreitung deutscher Kultur, Sprache und Sitten längs der Donau bis an das Schwarze Meer», würden die deutschen Auswanderer, die jetzt nach Westen, nach Amerika, gingen, sich diesem Raum zuwenden. Der Beruf des deutschen Volkes als eines «großen weltgebietenden Volkes» sei es, «daß wir diejenigen Völker, die längs der Donau zur Selbständigkeit weder Beruf noch Anspruch haben, wie Trabanten in unser Planetensystem einfassen». Für die kleindeutsche Lösung einzutreten hieß also keineswegs dem Gedanken nationaler Selbstbescheidung zu huldigen. Daß Deutschland zusammen mit Österreich Mittel- und Südosteuropa beherrschen müsse, war für Gagern und seine politischen Freunde ebenso selbstverständlich wie für den 1846 aus dem Leben geschiedenen Nationalökonomen Friedrich List und dessen württembergischen Landsmann, den liberalen Publizisten und Politiker Paul Pfizer, die ähnliche Vorstellungen schon im Vormärz vertreten hatten.

Die typischen «Kleindeutschen» waren evangelisch. Sie gehörten zu den gemäßigten Liberalen oder seltener, zu den moderaten Konservativen, waren Besitz- oder Bildungsbürger, brachten Preußen ein gewisses Maß an Sympathie und Vertrauen entgegen und waren nördlich des Mains sehr viel häufiger anzutreffen als im Süden Deutschlands. Die «Großdeutschen» kamen aus sehr unterschiedlichen Richtungen. Die Demokraten und viele Liberale dachten nicht daran, ihren Begriff von «deutschem Volk» dynastischen Interessen anzupassen und auf das deutsche Österreich nur deswegen zu verzichten, weil dieses mit anderen Völkern einen gemeinsamen Herrscher hatte. Wie ein großdeutscher Nationalstaat nach dem Sieg der Gegenrevolution in Österreich noch errichtet werden konnte, war freilich unklar. Für die Katholiken war der Gedanke schwer erträglich, in einem von Preußen und den Protestanten dominierten kleindeutschen Nationalstaat leben zu müssen. Die Furcht vor der Trennung von Österreich und der Wunsch, das katholische Habsburgerreich zu erhalten, wogen bei manchem von ihnen so schwer, daß das Ziel der nationalen Einigung Deutschlands darüber in den Hintergrund trat.

Die Festlegung auf das Gebiet des Deutschen Bundes in Artikel 1 des Verfassungsentwurfs schloß einen Anspruch auf Gebiete ein, die nicht oder nur zum kleineren Teil zum deutschen Sprachraum gehörten, nämlich Böhmen und Mähren, Teile von Kärnten, Steiermark und Krain sowie «Welschtirol». Daß die Tschechen, Slowenen und Italiener, die dort lebten, keine Deutschen waren oder werden wollten, störte die Mehrheit der Nationalversammlung nicht: Was historisch mit Deutschland verbunden war, sollte deutsch bleiben. Den «nichtdeutschen Volksstämmen» wurde in einer Erklärung vom 31. Mai 1848 lediglich das Recht auf «volkstümliche Entwicklung» und die Gleichberechtigung ihrer Sprache in Kirchenwesen, Unterricht, Literatur, innerer Verwaltung und Rechtspflege zugestanden. Besonders schwer wog das strategisch und wirtschaftlich begründete Interesse an Triest, das Deutschland als Tor zum Mittelmeer dienen sollte: Am 20. Juni drohte die Paulskirche den piemontesisch-lombardisch-venezianischen Streitkräften, ein Angriff auf Triest wäre eine Kriegserklärung an Deutschland.

Mit den Rechten anderer Völker geriet die Nationalversammlung auch dort in Konflikt, wo sie über das Territorium des Deutschen Bundes hinausgriff. Das galt für die dänischsprechenden Nordschleswiger wie für die in Preußen lebenden Polen. Nach mehrtätiger Debatte sprach sich die Mehrheit der Abgeordneten am 27. Juli 1848 dafür aus, entsprechend zwei vorangegangenen Beschlüssen des Bundestages vom 24. April und 2. Mai das Großherzogtum Posen so zu teilen, daß nicht nur die deutschsprachigen, sondern auch einige überwiegend polnischsprachigen Gebiete, darunter die Stadt Posen, an Deutschland fielen. Der aus Ostpreußen stammende, in Berlin gewählte Abgeordnete Wilhelm Jordan, ein Demokrat, der im Sommer 1848 zur linken Mitte wechselte, rechtfertigte in seiner Rede vom 24. Juli die Teilung Polens als historisch unvermeidbar und bekannte sich in diesem Zusammenhang offen zum «Recht des Stärkeren, der Eroberung» und zum «gesunden Volksegoismus». Auf die Seite der Polen stellte sich nur die äußerste Linke. Sie verneinte die Zugehörigkeit der Provinz Posen zum Deutschen Bund und forderte den Ausschluß der dort gewählten Mitglieder der Nationalversammlung. Ihr Sprecher, Arnold Ruge, war dabei konsequent genug, einen Befreiungskrieg gegen das russische Zarenreich, die Vormacht der europäischen Reaktion, zu fordern – einen Krieg, von dem er behauptete, er wäre «der letzte Krieg, der Krieg gegen den Krieg, der Krieg gegen die Barbarei, welche der Krieg ist».

Ende Oktober 1848 fand die Idee eines engeren und weiteren Bundes, also einer bundesstaatlichen Einigung des außerösterreichischen Deutschland und eines Staatenbundes zwischen Deutschland und ganz Österreich, noch so wenig Zustimmung, daß Gagern einen entsprechenden Antrag wieder zurückzog. Einen Monat später änderte sich die Lage: Am 27. November erteilte Schwarzenberg vor dem österreichischen Reichstag in Kremsier den Beschlüssen der deutschen Nationalversammlung vom 27. Oktober eine klare Absage. Er nannte den Fortbestand Österreichs ein deutsches und ein europäisches Bedürfnis, und erst wenn das verjüngte Österreich und das verjüngte Deutschland zu neuen und festen Formen gelangt seien, werde es möglich sein, ihre gegenseitigen Beziehungen staatlich zu bestimmen. Bis dahin werde Österreich seine Pflichten als Mitglied des Deutschen Bundes getreulich erfüllen.

Das Nein zur großdeutschen Lösung ließ der Paulskirche nüchtern betrachtet nur noch Raum für die kleindeutsche Lösung. Der Position des aus Österreich stammenden Reichsministerpräsidenten Schmerling hatte Schwarzenberg mit seiner Rede jedenfalls den Boden entzogen. Am 15. Dezember trat Schmerling zurück. Seine Nachfolge trat Gagern an. In dessen Amt als Präsident der deutschen Nationalversammlung wurde Eduard Simson aus Königsberg gewählt, ein getaufter Jude und wie Gagern Mitglied des rechtsliberalen «Casino». Der neue Reichsministerpräsident versuchte sogleich, seine Vorstellungen vom engeren und weiteren Bund in die Tat umzusetzen, hatte damit aber bei Schwarzenberg nicht den geringsten Erfolg.

Der österreichische Ministerpräsident stellte der groß- und kleindeutschen Lösung sein eigenes Projekt entgegen: einen Zusammenschluß des nichtösterreichischen Deutschland und der gesamten Habsburgermonarchie. Ein von Österreich dominierter Staatenbund, der von Nord- und Ostsee bis Galizien und Dalmatien reichte, hätte einem deutschen Nationalstaat einen festen Riegel vorgeschoben und stieß eben deshalb in der Paulskirche auf empörten Widerspruch. Der Greifswalder Abgeordnete Georg Beseler, ein gebürtiger Schleswig-Holsteiner, nannte am 13. Januar 1849 das «Reich der Mitte, welches Europa beherrscht mit 70 Millionen», ein «politisches Ungetüm»: «Dieses Reich der Mitte nehmen wir nicht an, das würde Europa nicht zugeben, und das würde Deutschland nicht befriedigen.» Reichsfinanzminister Hermann von Beckerath, wie Beseler Abgeordneter des rechtsliberalen «Casinos», zog am 12. Januar 1849 aus dem Verhalten Schwarzenbergs den Schluß: «Das Warten auf Österreich ist das Sterben der deutschen Einheit.»

Hinter der kleindeutschen Lösung, für die sich seit Anfang 1849 vor allem schleswig-holsteinische Parlamentarier stark machten, stand aber auch um diese Zeit erst eine knappe relative Mehrheit der Nationalversammlung. Die meisten Großdeutschen, politisch vielfach in sich gespalten, wollten sich noch immer nicht mit der Trennung von Österreich abfinden. Uneins war aber auch das kleindeutsche Lager: Anhänger eines Wahlkaisertums standen Fürsprechern eines Erbkaisertums der Hohenzollern gegenüber. Gagern konnte also keineswegs sicher sein, daß er durch verfassungspolitische Zugeständnisse die gemäßigte Linke für sein Programm, die Schaffung eines kleindeutschen Nationalstaats unter einem preußischen Erbkaiser, würde gewinnen können.

Zum Helfer in der Not wurde wider Willen Schwarzenberg. Auf sein Betreiben hin löste Kaiser Franz Joseph am 7. März 1849 den Kremsierer Reichstag auf und oktroyierte eine Verfassung, die die staatsrechtliche Einheit des gesamten Habsburgerreiches einschließlich der ungarischen Reichshälfte festlegte. Zwei Tage danach forderte der österreichische Ministerpräsident vom Reichsministerium in ultimativer Form die Aufnahme des habsburgischen Gesamtstaates in einen neu zu schaffenden deutschen Staatenverband, die Bildung einer deutschen Zentralgewalt in Form eines Direktoriums, wobei Österreich und Preußen eine beherrschende Stellung zufallen sollte, sowie ein Staatenhaus aus Vertretern der Parlamente der Mitgliedstaaten. Soweit es nach Schwarzenberg ging, sollten dort die Abgeordneten aus Österreich über die Mehrheit der Sitze verfügen.

Die unmittelbare Folge des österreichischen Ultimatums war die Spaltung des großdeutschen Lagers. Einer seiner bisherigen Wortführer, Carl Theodor Welcker aus Baden, wechselte zur «Partei» der Kleindeutschen und Erbkaiserlichen über und gab damit anderen das Signal, sich ihm anzuschließen. Gagern und einigen seiner politischen Freunde gelang es kurz darauf, die gemäßigten Demokraten um den Breslauer Abgeordneten Heinrich Simon für einen Kompromiß zu gewinnen: Die Liberalen erfüllten die Forderung der Demokraten nach einem bloß aufschiebenden Veto des künftigen Staatsoberhaupts und dem allgemeinen gleichen Wahlrecht, die Demokraten stimmten dafür am 27. März im Plenum für eine abgeschwächte Form des Textes, den der Verfassungsausschuß für die ersten Artikel der Reichsverfassung vorgeschlagen hatte. Danach mußten deutsche Länder, die mit einem nichtdeutschen Land ein gemeinsames Oberhaupt hatten, eine von dem nichtdeutschen Land getrennte Verfassung, Regierung und Verwaltung haben. Daß Wien diesen Bestimmungen nicht zustimmen würde, stand von vornherein fest. Der Beschluß der deutschen Nationalversammlung war infolgedessen ein verschlüsseltes Votum für die Schaffung eines deutschen Nationalstaates ohne Österreich.

Der Entscheidung vom 27. März 1849 waren leidenschaftliche Debatten vorausgegangen, in denen Abgeordnete der unterschiedlichsten Richtungen für den Fall, daß es zum Bruch mit Österreich kam, vor der Gefahr eines Bürgerkrieges warnten. Der Stuttgarter Abgeordnete Moritz von Mohl, ein gemäßigter Demokrat, hielt sogar einen neuen dreißigjährigen Krieg, einen «Kampf zwischen dem Norden und dem Süden Deutschlands, zwischen Protestantismus und Katholizismus, einen Kampf des herrschenden Volkstums mit den übrigen Volksstämmen» für wahrscheinlich. Die äußerste Linke wollte zwar nicht *diesen*, aber doch einen anderen Krieg. Ihr Sprecher Karl Vogt, ein Befürworter einer Föderation zwischen dem ganzen deutschen Reich und dem ganzen Österreich, hielt am 17. März den Zeitpunkt für gekommen, zusammen mit Polen und Ungarn den Entscheidungskampf zwischen Ost und West auszufechten. «Meine Herren, dieser heilige Krieg der Kultur des Westens gegen die Barbarei des Ostens, den dürfen Sie nicht herabwürdigen und vergiften durch ein Duell zwischen dem Hause Habsburg und dem Hause Hohenzollern ... Nein, meine Herren, Sie müssen entschlossen sein, diesen Krieg sein zu lassen, was er sein soll, ein Kampf der Völker.»

Die Paulskirche ließ sich weder vom Aufruf zum «heiligen Krieg» noch von den Warnungen vor dem Bürgerkrieg beeindrucken. Mit knappen Mehrheiten stimmte das Plenum am 27. März der Übertragung der Würde des Staatsoberhaupts an einen regierenden deutschen Fürsten und der Erblichkeit der Kaiserwürde zu. Tags darauf wurde König Friedrich Wilhelm IV. von Preußen zum «Kaiser der Deutschen» gewählt. Von den anwesenden 538 Abgeordneten stimmten 290 für ihn; 248 enthielten sich der Stimme. Noch am gleichen Tag setzte Präsident Simson die Reichsverfassung durch Ausfertigung und Verkündigung in Kraft.

Die Verfassung vom 28. März 1849 versprach den Deutschen eine Mischung aus konstitutioneller und parlamentarischer Monarchie. Der Kaiser ernannte die Reichsminister; seine Regierungshandlungen mußten von mindestens einem Reichsminister gegengezeichnet werden, der damit die Verantwortung übernahm. Gemeint war eine juristische, keine parlamentarische Verantwortung. Das suspensive Veto wurde durch die Reichsregierung ausgeübt. Ohne Zustimmung der Reichsregierung konnte ein Beschluß des Reichstags nur in Kraft treten, nachdem er in drei unmittelbar aufeinander folgenden Legislaturperioden unverändert gefaßt worden war. Reichstagsbeschlüsse kamen nur durch Übereinstimmung beider Häuser, des Staatenhauses und des Volkshauses, zustande. Das Staatenhaus bestand zur einen Hälfte aus Beauftragten der Regierungen, zur anderen aus Delegierten der Volksvertretungen der Einzelstaaten. Die Mitglieder des Volkshauses wurden auf drei Jahre nach einem Wahlrecht gewählt, das durch das Wahlgesetz vom 27. März 1849 geregelt wurde: Es führte das allgemeine, gleiche, geheime und direkte Wahlrecht ein, das (aktiv wie passiv) den männlichen Deutschen zustand, soweit sie das 25. Lebensjahr vollendet hatten und im Vollbesitz der bürgerlichen Rechte waren. Der Kaiser besaß das Recht, das Volkshaus aufzulösen. Ihm oblag die völkerrechtliche Vertretung des Reiches und der Einzelstaaten. Er erklärte Krieg und Frieden und schloß Verträge und Bündnisse mit auswärtigen Mächten.

Der Reichsgewalt stand die gesamte bewaffnete Macht Deutschlands zur Verfügung. Das Reichsheer bestand aus Kontingenten der Einzelstaaten, die das Recht hatten, die Befehlshaber und Offiziere ihrer Truppen zu ernennen. Das Reich besaß im Hinblick auf das Heer das Recht der Gesetzgebung und der Organisation. Es übte die Kontrolle über die Durchführung der einschlägigen Bestimmungen in den einzelnen Staaten aus. Nur die Seemacht war ausschließlich Sache des Reiches. Wurde ein deutscher Staat von einem anderen in seinem Frieden gestört und gefährdet, hatte das Reich die Befugnis, die notwendigen Maßnahmen zur Aufrechterhaltung der inneren Sicherheit und Ordnung zu treffen. Dasselbe galt, wenn die Verfassung eines deutschen Staates gewaltsam oder einseitig aufgehoben oder verändert wurde.

Den Deutschen verbürgte die Verfassung umfassende Grundrechte, darunter die Unverletzlichkeit der Freiheit der Person, die Gleichheit vor dem Gesetz und die volle Glaubens- und Gerichtsfreiheit. Durch das religiöse Bekenntnis durfte der Genuß der bürgerlichen und staatsbürgerlichen Rechte weder bedingt noch beschränkt werden. Wäre die Verfassung in Kraft getreten, hätte sie jeder Diskriminierung von Juden den Rechtsboden entzogen.

Bei den Grundrechten und im Verhältnis von Zentralgewalt und Einzelstaaten waren die Unterschiede zwischen der «Verfassung» des Deutschen Bundes und der Reichsverfassung von 1849 markant. Das Reich der Paulskirche wäre gewesen, was der fürstliche Staatenbund von 1815 nicht war: ein Rechts- und ein Bundesstaat. Auch hinsichtlich der äußeren Machtstellung hätte die Inkraftsetzung der Reichsverfassung einen Bruch mit der Vergangenheit bedeutet: Der Deutsche Bund war nach außen nicht angriffsfähig, das Deutsche Reich, wie es der Nationalversammlung vorschwebte, sollte eine Großmacht sein, die zur Erreichung ihrer Ziele auch militärische Mittel einsetzen konnte.

Was die Machtverteilung zwischen gesetzgebender und vollziehender Gewalt betraf, trug die Verfassung alle Züge eines prekären Kompromisses. Wäre es nach den gemäßigten Liberalen gegangen, hätte die vom Kaiser geführte Zentralgewalt nicht bloß über das aufschiebende, sondern über das absolute Vetorecht verfügt. Nur so meinten viele von ihnen die äußere Machtstellung Deutschlands sichern und die Gefahr des politischen und sozialen Radikalismus bannen zu können. Aber auch unter Geltung des aufschiebenden Vetos, auf dem die gemäßigten Demokraten beharrt hatten, war die Stellung des Kaisers so stark, daß sie das (von der Verfassung nicht ausdrücklich proklamierte) Prinzip der Volkssouveränität massiv einschränkte, ja in Frage stellte.

Der Souveränität des Volkes trug die Kaiserwahl durch die Nationalversammlung Rechnung: ein Verfahren, das mit konservativen Vorstellungen von monarchischer Legitimität nicht zu vereinbaren war. Die Freistellung des Monarchen von persönlicher Verantwortlichkeit und die Vererbbarkeit der Kaiserwürde widersprachen hingegen dem Gedanken, daß alle Staatsgewalt vom Volk ausging. Die größte demokratische Errungenschaft der Verfassungsordnung von 1849 war das allgemeine gleiche Wahlrecht, auf dem die Demokraten mit Erfolg bestanden hatten. Die Liberalen, die ein Zensuswahlrecht bevorzugten, hatten dieses Zugeständnis nur gemacht, weil sie es durch das Erbkaisertum und die Machtfülle der Exekutive einigermaßen ausbalancieren zu können hofften – und weil andernfalls überhaupt keine Reichsverfassung zustande gekommen wäre.

Das Inkrafttreten der Verfassung hing nach dem 28. März von *einem* Mann ab: dem König von Preußen. Als die von Eduard Simson geführte Delegation der deutschen Nationalversammlung am 3. April 1849 mit Friedrich Wilhelm IV. in Berlin zusammentraf, um ihm die Kaiserkrone anzubieten, hatte dieser sich längst entschieden. Der König von Gottes Gnaden war nicht bereit, ein Kaiser von Volkes Gnaden zu werden. Was Friedrich Wilhelm an den Frankfurter Beschlüssen störte, war nicht nur das bloß aufschiebende Veto des Staatsoberhaupts: eine Bestimmung, die zumindest langfristig auf ein parlamentarisches System hinauszulaufen schien. Es war die demokratische Aura der neuen Krone, die der König vertraulich als «imaginären Reif, gebacken aus Dreck und Letten» bezeichnete, weil an ihm der «Ludergeruch der Revolution» klebe.

Die Haltung Friedrich Wilhelms war, wenn man von seinen Vorstellungen ausgeht, in sich schlüssig. Die Annahme der Kaiserkrone hätte den König von Preußen von seinesgleichen, von den Kaisern in Wien und St. Petersburg und den Königen in anderen Hauptstädten Europas, getrennt. Ein Alleingang Friedrich Wilhelms wäre von Österreich als unfreundlicher Akt gewertet worden. Im Fall eines Krieges mit Preußen hätte das Habsburgerreich auf die tatkräftige Unterstützung des Zarenreiches setzen können. Gleichwohl gab Friedrich Wilhelm am 3. April seine abschlägige Antwort nur in verschlüsselter und vorläufiger Form. Am 27. April löste er das im Januar gewählte Abgeordnetenhaus auf, das sich (ebenso wie die erste Kammer) für die Annahme der Reichsverfassung ausgesprochen hatte. Tags darauf, am 28. April, lehnte der König die Annahme der Kaiserwürde endgültig ab. Sein Nein ging einher mit der Zurückweisung der Reichsverfassung, die mittlerweile von 28 Regierungen anerkannt worden war. Die größeren Mittelstaaten Bayern, Württemberg, Hannover und Sachsen hatten diesen Schritt freilich noch nicht getan.

Die Paulskirche verfügte über nichts, was sie der preußischen Absage hätte entgegensetzen können. Am 10. Mai 1849 trat das Reichsministerium Gagern endgültig zurück. In den folgenden Wochen taten Preußen, Sachsen, Hannover und Baden, was Österreich schon zuvor, am 5. April getan hatte, was aber rechtswidrig war: Sie beriefen ihre Abgeordneten aus der deutschen Nationalversammlung ab. Zwischen dem 20. und dem 26. Mai legten die meisten der gemäßigt liberalen Abgeordneten ihre Mandate nieder. Zur Begründung erklärten 65 von ihnen, an der Spitze Gagern, der Verzicht auf die Durchführung der Reichsverfassung sei ein geringeres Übel als die Verbreitung des Bürgerkrieges, der bereits begonnen habe. Etwa 100 Abgeordnete, überwiegend solche der Linken, schlossen sich zu einem Rumpfparlament zusammen, das seinen Sitz am 30. Mai nach Stuttgart verlegte. Dort wurde es am 10. Juni von württembergischem Militär auseinandergejagt.

Der Bürgerkrieg, von dem die 65 liberalen Parlamentarier in ihrer Erklärung vom 20. Mai sprachen, war die sogenannte Reichsverfassungskampagne. Zu ihr gehörten Meutereien in Rheinland und Westfalen, heftige Barrikadenkämpfe in Dresden vom 5. bis 9. Mai, an denen der russische Anarchist Michail Bakunin und der deutsche Komponist Richard Wagner teilnahmen, eine republikanische Erhebung gegen die bayerische Herrschaft in der Pfalz und der dritte badische Aufstand. Am breitesten war die soziale Grundlage der «Mairevolution» im Großherzogtum Baden, wo sich mancherorts auch Bauern an den Kämpfen beteiligten. Zu den aktiven Teilnehmern gehörten Friedrich Engels, der Bonner Kunsthistoriker Gottfried Kinkel und sein Schüler Carl Schurz, der es später in den Vereinigten Staaten von Amerika zu militärischer und politischer Prominenz bringen sollte. In Baden kämpften sogar reguläre Linientruppen auf der Seite der Aufständischen. In Karlsruhe wurde eine revolutionäre Regierung eingesetzt; Großherzog Leopold floh über das Elsaß nach Mainz und ersuchte von dort aus Preußen um militärische Hilfe. Der Bitte wurde stattgegeben: Preußische Truppen stellten, unterstützt von Verbänden der immer noch bestehenden Zentralgewalt, ebenso wie in Sachsen und der Pfalz, auch in Baden mit äußerster Härte die Ordnung wieder her; erst am 23. Juli war mit der Kapitulation der Festung Rastatt der dritte badische Aufstand endgültig niedergeworfen. Im deutschen Südwesten standen die Verbände des Hohenzollernstaates unter dem Oberbefehl eines Bruders von König Friedrich Wilhelm, des «Kartätschenprinzen» Wilhelm, der 22 Jahre später in Versailles zum Deutschen Kaiser gekrönt werden sollte.

Die Teilnehmer der Reichsverfassungskampagne hatten sich aus höchst unterschiedlichen Gründen den Aktionen angeschlossen. Der Zorn auf die Entscheidung Friedrich Wilhelms IV. vertrug sich schlecht mit dem Nein der Republikaner zum Erbkaisertum. In Baden spielte die Ablehnung der neu eingeführten allgemeinen Wehrpflicht und des ungewohnten Drills durch die Rekruten eine wichtige Rolle. Manche beteiligten sich an den Kämpfen, weil sie gegen die herrschenden Verhältnisse im allgemeinen oder gegen ihre soziale Not im besonderen protestieren wollten. Militärisch gesehen hatte die Erhebung, so wie die Dinge im Frühjahr 1849 lagen, keine Erfolgsaussichten. Die politische Ausgangslage war gleichfalls ungünstig: Das liberale Bürgertum war zwar von der Haltung des preußischen Königs schwer enttäuscht, sah darin aber keinen Grund, sich mit den Radikalen gegen den bestehenden Staat zusammenzutun. Die Reichsverfassungskampagne verfolgte nationale Ziele, verfügte jedoch über keine nationale Organisation, die erforderlich gewesen wäre, um diese Ziele durchzusetzen. Der Versuch, die deutsche Revolution durch eine Volkserhebung zu retten, konnte unter solchen Umständen nicht gelingen.[92]

Die Niederwerfung der Revolutionen in Italien und Ungarn

Länger als in Deutschland dauerte die Niederwerfung der Revolution in Italien und Ungarn. Am 12. März 1849 trat das Königreich Sardinien-Piemont wieder in den Krieg mit Österreich ein. Doch nur zehn Tage später fügte Radetzky den piemontesischen Truppen bei Novara die entscheidende Niederlage bei. König Karl Albert, der den Krieg ganz zu seiner eigenen Sache gemacht hatte, dankte ab und ging ins Exil. Sein ältester Sohn, der neue König Viktor Emanuel II., unterzeichnete am 26. März den Waffenstillstand. Der Friedensvertrag, der am 6. August 1849 in Mailand unterzeichnet wurde, bürdete dem Königreich zwar harte Kriegsentschädigungen auf, ließ aber den Gebietsbestand Sardinien-Piemonts in den Vorkriegsgrenzen unangetastet. Ergänzend zum Vertrag sagte Kaiser Franz Joseph den meisten Aufständischen, die auf piemontesischer Seite gekämpft hatten, eine Amnestie zu. Die Milde

Wiens entsprang nüchternem Kalkül: Von Viktor Emanuel wurde erwartet, daß er vorsichtiger regieren würde als sein Vater. Zu dieser Einschätzung hatte der junge König bereits im Mai Anlaß gegeben, als er, ungeachtet der linken Mehrheit in der Kammer, ein gemäßigtes Ministerium unter dem Marchese Azeglio berief, das dann den Friedensvertrag aushandelte.

Auch in Mittel- und Süditalien setzten sich im Frühjahr 1849 die Kräfte der alten Ordnung durch. In der Toskana, wo zuvor die gemäßigten Liberalen die Radikalen in der Regierung abgelöst hatten, brachten österreichische Truppen Großherzog Leopold II. wieder auf den Thron. Sizilien, das inzwischen im Chaos zu versinken drohte, wurde um dieselbe Zeit von Ferdinand II. aus dem Hause Bourbon, dem in Neapel residierenden König beider Sizilien, zurückerobert. Im Kirchenstaat intervenierten auf Ersuchen Pius IX. neben Österreich auch Frankreich, Spanien und Neapel, um die weltliche Herrschaft des Papstes wiederherzustellen. Mitte Juni begann die französische Beschießung von Rom. Etwa 1900 Soldaten und Freiwillige der am 8. Februar proklamierten Römischen Republik kämpften unter Führung Garibaldis gegen das französische Expeditionskorps unter General Goudinot, das inzwischen auf 35 000 Mann aufgestockt worden war. Am 3. Juli fiel ganz Rom in die Hände der Eroberer. Es war derselbe Tag, an dem Stunden zuvor die am 1. Juli verabschiedete Verfassung auf dem Campidoglio feierlich verkündet worden war. Die meisten maßgebenden Republikaner konnten nach Piemont fliehen. Für manche von ihnen war das nur eine Zwischenstation: Mazzini, der sich am 5. März nach Rom begeben hatte, ging wieder nach London, Garibaldi auf Umwegen nach Amerika.

Sieben Wochen nach dem Fall von Rom, am 22. August, mußte nach langer Belagerung auch die andere, in der Revolutionszeit entstandene italienische Republik kapitulieren: Venedig, das fünf Tage später, nachdem die Rebellen die Stadt hatten verlassen können, von österreichischen Truppen besetzt wurde. Es war die letzte Niederlage der italienischen Revolution, aber nicht das Ende des Kampfes um die Freiheit und Einheit Italiens. Dieser Kampf mußte fortan im Lichte der Erfahrungen von 1848/49 geführt werden, und das änderte seinen Charakter: Der neoguelfische Traum vom Bund zwischen Nationalbewegung und Papsttum war ausgeträumt; das Königreich Sardinien-Piemont war aus eigener Kraft nicht stark genug gewesen, Italien in einem Nationalstaat zusammenzuschließen, und das republikanische Lager hatte noch weniger Aussicht gehabt, das ganze Land hinter sich zu bringen.

Für das Königreich Sardinien-Piemont kam folglich alles darauf an, Bündnisse zu schließen oder zu festigen. Nach außen galt es, mit Mächten zusammenzuwirken, die ihrerseits ein Interesse daran hatten, die Macht des Habsburgerreiches einzudämmen. Nach innen ging es zum einen um eine feste Allianz mit den gemäßigten Kräften des Risorgimento und den Versuch, die radikalen Demokraten von undurchdachten Aktionen abzuhalten. Zum anderen mußte das vom Großgrundbesitz geprägte, wirtschaftlich unterentwickelte Süditalien, der «mezzogiorno», dahin gebracht werden, die Führung des industriell fortgeschrittenen Nordens zu akzeptieren und so erst die Herausbildung einer modernen italienischen Nation zu ermöglichen. Entsprechende Einsichten mußten sich in der Nationalbewegung durchsetzen. Die selbstgestellte Doppelaufgabe, die Einheit und Freiheit Italiens gleichzeitig zu erreichen, hatte sich als Überforderung der liberalen und demokratischen Kräfte erwiesen. Wenn die Nationalbewegung erkannte, woran sie gescheitert war, konnte sie hoffen, die habsburgische Fremdherrschaft und die Zersplitterung des Landes beim nächsten Anlauf doch noch zu überwinden. Daß die Verhältnisse in Italien nicht lange so bleiben würden, wie sie waren, davon waren die Patrioten aller Richtungen im Sommer 1849 überzeugt. Einen gewissen Anlaß zur Hoffnung hatten sie: Im Gegensatz zum Königreich beider Sizilien und zum Großherzogtum Toskana blieb das Königreich Sardinien-Piemont auch nach 1849 ein Verfassungsstaat.

Anders als in Oberitalien reichten in Ungarn die Kräfte Österreichs nicht aus, um die Revolution niederzuschlagen. Um die Jahreswende 1848/49 hatte es zwar für kurze Zeit so ausgesehen, als neige sich der Kampf der Magyaren um die Unabhängigkeit bereits seinem Ende zu. Nach einer ungarischen Niederlage in der Nähe von Pest und Buda am 30. Dezember wurde die Hauptstadt evakuiert; die wichtigsten Regierungsbehörden und das Parlament verlegten ihren Sitz vorübergehend ins weiter östliche Debrecen. Doch mit Unterstützung einer Legion polnischer und slowakischer Freiwilliger von 3000 Mann und zweier polnischer Generäle, Józef Bem und Henryk Dembiński, gelang es den Ungarn im Frühjahr 1849, wieder in die Offensive zu gehen und im April zunächst Pest, am 21. Mai dann auch Buda zurückzuerobern.

Lájos Kossuth, der Vorsitzende des Nationalen Verteidigungkomitees, nutzte die militärischen Erfolge, um einen weitreichenden politischen Schritt zu tun, zu dem die Radikalen ihn seit längerem drängten: Er bewog die Nationalversammlung in Debrecen dazu, am 14. April 1849 die volle Unabhängigkeit Ungarns zu beschließen und damit eine angemessene Antwort auf die oktroyierte österreichische Reichsverfassung vom 4. März zu geben, die die historische Selbständigkeit Ungarns bis auf wenige Reste aufgehoben hatte. Am 19. April wurde die Unabhängigkeitserklärung veröffentlicht. Als Grund für den vollständigen Bruch mit dem Haus Habsburg nannte sie das Unrecht, das diese Dynastie Ungarn seit langem angetan habe. In derselben Sitzung der Nationalversammlung vom 14. April wurde Kossuth einstimmig zum Gouverneur-Präsident und damit zum Staatsoberhaupt gewählt.

Die außenpolitische Wirkung, die sich Kossuth von der Unabhängigkeitserklärung erhofft hatte, trat nicht ein: Die Westmächte Großbritannien und Frankreich erkannten Ungarn nicht an, und es gab keine internationalen Proteste, als Zar Nikolaus I. am 9. Mai Österreich Hilfe im Kampf gegen die ungarische Revolution versprach. Die russische Intervention war *keine* Folge der Unabhängigkeitserklärung. Daß sie erfolgen würde, stand schon vor dem 14. April fest. Bereits im Februar hatte das Zarenreich den Österreichern in Siebenbürgen militärische Hilfe gewährt; die vereinigte russisch-österreichische Armee war dann allerdings am 11. März von General Bem bei Hermannstadt vernichtend geschlagen worden.

Seitdem bestand der Zar auf einer umfassenden Intervention großen Stils, um die Österreich ihn aber offiziell und öffentlich ersuchen müsse. Am 1. Mai bat Kaiser Franz Joseph Zar Nikolaus, wie von diesem gewünscht, in aller Öffentlichkeit um bewaffnete Hilfe «im Kampf gegen die Anarchie». Am 17. Juni überschritt eine russische Armee unter dem Befehl von Fürst Iwan Paskewitsch die ungarische Grenze. Insgesamt bestand die russische Streitmacht aus etwa 200 000 Mann und 600 Geschützen. Zusammen mit den Österreichern und den von Jellačić befehligten Kroaten und Serben kamen die Verbündeten auf mindestens 360 000 Mann und mindestens 1200 Geschütze. Die Ungarn verfügten über 170 000 Soldaten und 500 Feldgeschütze.

Die ungarische Führung versuchte eine Volkserhebung, ja einen «heiligen Krieg» gegen die russische Intervention auszulösen, wozu auch die Aufforderung an die Bauern gehörte, ihren Besitz anzuzünden und die Ernte zu vernichten. Doch diese Aufrufe verhallten ungehört. Ähnlich erging es Kossuth mit seinen Appellen an Europa und Ame-

rika. Die französische Nationalversammlung bekundete zwar am
12. Juli auf Drängen der Linken ihre Sympathie mit den freiheitsliebenden Ungarn. Aber Einfluß auf das Handeln der Regierung, deren
Außenminister von Juni bis Oktober 1849 Alexis de Tocqueville war,
hatte die Entschließung nicht. Die britische Regierung unter Lord Russell betrachtete Ungarn als Teil des Habsburgerreiches und dieses als
ein Unterpfand des europäischen Gleichgewichts; Außenminister Lord
Palmerston forderte die Russen sogar auf diplomatischem Weg zu
raschem Handeln (und Österreich zu Großmut nach dem Sieg) auf. Bereitschaft, Kossuths Wunsch nach Anerkennung Ungarns zu erfüllen,
zeigte hingegen der amerikanische Präsident Zachary Taylor, an den
sich der Gouverneur-Präsident am 6. Mai brieflich gewandt hatte. Ein
Abgesandter Washingtons, der herausfinden sollte, ob Ungarn wirklich unabhängig war, gelangte jedoch nicht über Wien hinaus. Als Bun-
desgenossin der Magyaren sah sich nur die Republik Venedig unter
ihrem Führer Daniele Manin. Ein wechselseitiges Schutz- und Trutzbündnis, das am 3. Juni 1849 abgeschlossen wurde, stand freilich nur
auf dem Papier: Die ungarischen Streitkräfte waren von der Adria
abgeschnitten, und Venedig wurde bereits von den Österreichern be-
lagert.

Im Juli bemühte sich die ungarische Nationalversammlung, erst die
Rumänen in Siebenbürgen, dann die anderen nichtmagyarischen Nationalitäten durch Anerkennung weitgehender Rechte unterhalb der
Schwelle der Autonomie und die Juden durch ein Emanzipationsgesetz
für den Freiheitskampf zu gewinnen. Doch diese Zugeständnisse kamen zu spät, um die erwarteten Folgen zeitigen zu können. Militärisch
war die Lage Ungarns im Sommer 1849 so ernst, daß Kossuth und
General Artúr Görgey, der Befehlshaber der Armee, in konkurrierende
Geheimverhandlungen mit den Russen eintraten; Kossuth bot den Romanows sogar die Stephanskrone an. In Transsylvanien und Siebenbürgen wurde Bem von den Russen geschlagen; am 9. August mußten
die Ungarn unter seiner Führung bei Temesvar eine verheerende Niederlage durch die Österreicher unter General Julius von Haynau hinnehmen. Zwei Tage später zwang Görgey, der die Fortführung des
Kampfes für sinnlos hielt, mit Hilfe einiger Minister Kossuth zum
Rücktritt, wobei er sich selbst vom bisherigen Präsidenten dessen
sämtliche Vollmachten übertragen ließ.

Die Kapitulation Görgeys, die zunächst nur eine Teilkapitulation war, erfolgte am 13. August 1849 bei Világos, und zwar gegenüber den Russen, von denen sich die Ungarn eine bessere Behandlung erhofften als von den Österreichern. Tatsächlich setzte sich die russische Seite bei den Österreichern für eine Begnadigung der ungarischen Soldaten ein, hatte damit aber keinen Erfolg. In den Tagen nach Világos ergaben sich auf die Aufforderung Görgeys hin auch die meisten anderen ungarischen Kommandeure. Bem verweigerte die Kapitulation und entkam mit Teilen seiner Truppen in das Osmanische Reich. Dorthin begab sich mit einigen seiner Getreuen auch Kossuth, der sich als Kammerdiener eines polnischen Grafen verkleidet hatte und fortan nicht müde wurde, Görgey des Verrats zu bezichtigen. Als letzte ungarische Festung gab nach Aushandlung günstiger Bedingungen am 27. September Komorn den Kampf gegen die Österreicher auf. Die Zahl der 1848/49 gefallenen Soldaten wird auf ungarischer wie auf österreichischer Seite auf jeweils 50 000 geschätzt. Die Russen verzeichneten 543 Gefallene, 1670 Verwundete, dazu 1100 Opfer der Cholera.

Dem Krieg folgte die Vergeltung. Die Österreicher unter General von Haynau waren entschlossen, den Ungarn die Liebe zur Unabhängigkeit ein für allemal auszutreiben. Die Kriegsgerichte verhängten drakonische Strafen: von zahllosen Todesurteilen über lebenslängliche und langjährige Kerkerhaft bis zu Zwangsarbeit in Strafkompanien. Insgesamt sollen 120 Todesurteile vollstreckt worden sein, wozu noch einige standrechtliche Erschießungen von Freischärlern kamen. Dem früheren ungarischen Ministerpräsidenten Graf Batthyány warf das österreichische Kriegsgericht vor, er habe durch sein Verhalten zur Ermordung des vom Kaiser eingesetzten Oberkommandierenden in Ungarn, des Grafen Lamberg, im September 1848, und des österreichischen Kriegsministers, des Grafen Latour, im folgenden Monat, beigetragen. Batthyány wurde zum Tode verurteilt und, obwohl die Richter eine Begnadigung zu lebenslänglicher Kerkerhaft empfohlen hatten, auf Betreiben Schwarzenbergs und Haynaus am 6. Oktober 1849, nachdem ein Selbstmordversuch gescheitert war, hingerichtet. Seine letzten Worte waren ein dreisprachiger Befehl an das Erschießungskommando, ein österreichisches Jägerbataillon: «Allez, Jäger, éljen a haza!» (Vorwärts, Jäger, es lebe das Vaterland!)

Der Freiheitskampf der Ungarn hatte das Habsburgerreich tiefer getroffen als der der Italiener. In Wien empfand man den Besitz Ungarns als die wichtigste Grundlage des österreichischen Großmachtstatus und das Streben der Magyaren nach Unabhängigkeit folglich als Hochverrat. Einen Verzicht auf die Lombardei und Venetien hätte Österreich noch überleben können, den auf Ungarn nicht. Daraus vor allem erklärt sich, weshalb die Österreicher gegen die Ungarn ungleich härter vorgingen als gegen die Italiener. Mit der Niederlage der Magyaren kam nicht nur die Revolution in Mitteleuropa zum Abschluß. Als am 27. September 1849 die Festung Komorn kapitulierte, fiel die letzte Bastion der europäischen Freiheitsbewegungen, die im Januar 1848 in Palermo und im Monat darauf in Paris ihren Ausgang genommen hatte.[93]

Wandel ohne Revolution: Nord- und Nordwesteuropa

Von den europäischen Revolutionen von 1848/49 gingen Wirkungen auch auf Länder aus, in denen es zu keinem Umsturzversuch kam. In Madrid brach Ende März 1848 eine Studentenrebellion aus, die von königlichen Truppen rasch niedergeschlagen wurde. Dasselbe Schicksal erlitten einige kleinere republikanische Putschversuche, an denen sich mancherorts auch Offiziere beteiligten. Zu den Wirkungen der europäischen Revolution in Spanien gehört die Gründung der Demokratischen Partei im Frühjahr 1849, die sich in ihrem Programm scharf von der Regierung der «Moderados» unter dem General Ramón María Narváez wie vom konservativen Liberalismus überhaupt abgrenzte, zum Prinzip der Volkssouveränität bekannte und dabei auf das Beispiel der Vereinigten Staaten von Amerika berief.

In Belgien, das 1830 auf durchaus revolutionäre Weise entstanden war, genügte das Beispiel der französischen Februarrevolution, um die regierenden Liberalen zu einer Reihe von Zugeständnissen an die Demokraten zu veranlassen. Das wichtigste war die bereits im März 1848 beschlossene Senkung des bislang gestaffelten Wahlzensus auf einen landeseinheitlichen Mindestsatz. Das bedeutete zwar noch lange nicht die Einführung des allgemeinen gleichen Wahlrechts, aber doch eine Steigerung der kleinen Zahl der Wahlberechtigten um 70 Prozent.

Im nördlichen Nachbarland, den Niederlanden, konnten die reformfreundlichen Kräfte unter dem Eindruck der revolutionären Ereignisse in Frankreich, Deutschland und Italien im Oktober 1848 Änderungen des überaus konservativen Grundgesetzes vom 24. August 1815 durchsetzen, die es erlauben, von einer neuen, liberalen Verfassung zu sprechen. Fortan galten die Grundsätze der Direktwahl der zweiten Kammer und der vollen juristischen Ministerverantwortlichkeit; die beiden Kammern des Parlaments, der Generalstände, hatten nunmehr das Recht, Amendements zu Vorlagen des Königs zu beschließen, Untersuchungsausschüsse einzusetzen und alljährlich das Gesetz über den Staatshaushalt zu verabschieden. Weder die Niederlande noch Belgien standen 1848 am Vorabend einer Revolution. Durch die Anpassungen des politischen Systems rückte diese Gefahr in noch weitere Ferne.

Dänemark hätte im Frühjahr 1848 vermutlich eine Revolution erlebt, wäre der neue König, Friedrich VII., nicht auf die wichtigste Forderung der nationalliberalen Partei der «Eiderdänen», die Einverleibung Schleswigs in die dänische Gesamtmonarchie, eingegangen. Der anschließende Krieg mit Preußen band die Energien der Nation und trug dazu bei, daß die inneren Gegensätze an Bedeutung verloren. Erst nach dem Waffenstillstand von Malmö im August 1848 wandten sich die politischen Kräfte des Landes der Arbeit an der (auch vom König gewünschten) Verfassung zu. Bei den Wahlen zur verfassunggebenden Versammlung im Oktober waren Kandidaten aus der Bauernschaft besonders erfolgreich, die sich zuvor gegen das Recht des Königs verwahrt hatten, ein Viertel der Mitglieder der Konstituante zu ernennen. Am 25. Mai 1849 wurde die Verfassung verabschiedet, am 5. Juni von Friedrich VII. unterzeichnet. Das «Grundgesetz» machte aus dem Königreich eine konstitutionelle Monarchie mit juristischer Ministerverantwortlichkeit, einem Zweikammersystem und verbürgten Grundrechten. Das Wahlrecht besaßen alle unbescholtenen Männer, die das dreißigste Lebensjahr vollendet hatten und über einen eigenen Hausstand verfügten.

Während die Konstituante an der Verfassung arbeitete, spitzte sich die Krise um Schleswig-Holstein erneut zu. Am 26. März 1849 kündigte Dänemark den Waffenstillstand von Malmö auf; am 3. April begann der Krieg aufs neue, wobei sich Preußen und die Frankfurter Zentralgewalt auf die Seite der Schleswig-Holsteiner stellten. Die militärischen Erfolge der Preußen, die Anfang Juli bis nach Jütland vordrangen, veranlaßten Großbritannien, Rußland und Frankreich zu massivem politischen Druck auf Berlin, und wie im Vorjahr gab Preußen nach. Am 10. Juli 1849 schlossen Dänemark und Preußen einen zweiten Waffenstillstandsvertrag. Die unterbrochenen Friedensverhandlungen konnten weitergehen. Dänemark durfte dabei nicht nur des besonderen Wohlwollens Rußlands und Großbritanniens sicher sein. Es genoß auch die Sympathien der anderen skandinavischen Länder und konnte sich, was das wichtigste war, im Ernstfall auf ihren militärischen Beistand verlassen: Bereits im März 1848 hatte Oskar I., in Personalunion König von Schweden und Norwegen, ein Bündnis mit Dänemark geschlossen und 6000 Soldaten nach Fünen geschickt.

Von den europäischen Revolutionen von 1848/49 wurden Schweden und Norwegen ansonsten nur am Rande berührt. Im März 1848 kam es in Stockholm zu Arbeiteraufständen, die von Polizei und Militär blutig niedergeschlagen wurden; etwa 30 Teilnehmer verloren ihr Leben. Am 10. April ersetzte der König, von den Liberalen gedrängt, die bisherigen konservativen Minister bis auf einen durch andere, dem politischen Fortschritt verpflichtete Männer. Die neue Regierung arbeitete die Vorlage für eine Parlamentsreform aus, wozu die Umwandlung des Ständereichstags in ein Parlament mit zwei Kammern und ein stark eingeschränktes Männerwahlrecht gehörten. Entscheiden sollte darüber in seiner nächsten Session im Jahre 1850 der Reichstag. Die entschiedenen Liberalen waren enttäuscht, die öffentliche Meinung aber war derart stark von der Angst vor der «roten» Revolution erfüllt, daß sie nur wenig Interesse an der Revision der altertümlichen «Regierungsform» von 1809 zeigte.

Bei der Reichtagssession von 1850 stimmte nur der Bürgerstand für die Reformvorlage; von Seiten der Ritterschaft und des Adels wie vom Bauernstand wurde sie abgelehnt, desgleichen vom König. Schweden mußte noch bis zum Jahre 1866 warten, ehe es unter Oskars Sohn, König Karl XV., in Gestalt der «Reichstagsordnung» eine Verfassung erhielt, die ein Zweikammersystem und ein erweitertes, an Grundbesitz und Steuerleistung gebundenes Wahlrecht brachte. Schweden wurde zur konstitutionellen Monarchie, in der, ungewöhnlich im damaligen Europa, die Bauern die bestimmende Kraft des Parlaments bildeten.

In Norwegen hatten die liberalen und demokratischen Kräfte die Stockholmer Ereignisse vom März und April 1848 wie zuvor schon die Februarrevolution in Paris aufmerksam verfolgt. Im März fanden in Christiania, dem früheren und späteren Oslo, regierungsfreundliche Kundgebungen von Studenten und Gegendemonstrationen von Handwerksgesellen und Ladenbesitzern zugunsten der abgeschafften Sonntagsarbeit statt. Der Statthalter des Königs, der Gouverneur, drohte daraufhin mit dem Einsatz von Soldaten und bereitete so den Unruhen ein rasches Ende. Am 19. April wurde die Regierung umgebildet; die beiden neuen Minister genossen das Vertrauen auch der liberalen und bäuerlichen Opposition, die freilich unterschiedliche Ziele verfolgte: Den Bauern ging es vor allem um gemeindliche Demokratie und eine Beschränkung des Einflusses der Zentralgewalt; die bürgerlichen Liberalen setzten sich für ein parlamentarisches System ein. In der Bevölkerung der Hauptstadt aber war die Stimmung mittlerweile so antirevolutionär, daß die gemäßigte Mehrheit des Storthing, des Parlaments, die Absicht aufgab, den König um einschneidende Reformen zu ersuchen.

Zu den Wirkungen der Revolution von 1848 kann man die Entstehung einer norwegischen Arbeiterbewegung unter Führung von Marcus Møller Thrane rechnen, die für das allgemeine gleiche Wahlrecht und die Abschaffung der Einfuhrzölle eintrat, unter dem Druck der staatlichen Verfolgung in den frühen fünfziger Jahren aber wieder zerfiel. Eine andere Folge war die von liberalen Reformern seit langem geforderte Streichung jener Bestimmung in Artikel 2 des norwegischen Grundgesetzes von 1814, die Juden den «Eintritt in das Reich» verwehrte, durch einen Beschluß des Storthing von 1851. An der diskriminierenden Praxis änderte sich dadurch jedoch wenig: Norwegen blieb noch auf lange Zeit ein Land fast ohne Juden.

Wie in den beiden größten skandinavischen Ländern kam es auch in Großbritannien zu keiner revolutionären Erschütterung der bestehenden Ordnung. Die Regierenden konnten sich im Frühjahr 1848 freilich keineswegs sicher sein, daß es gelingen würde, das Vereinigte Königreich vor der revolutionären Flut zu schützen. Besondere Befürchtungen gab es in London mit Blick auf die Iren auf beiden Seiten des Nordatlantiks. In den drei Jahrzehnten zwischen 1815 und 1845 hatten 1,5 Millionen Menschen das von Hungersnöten heimgesuchte Irland verlassen; 900 000 waren nach Nordamerika ausgewandert, der Rest zum größten Teil nach England. Unter den amerikanischen Iren gab es viele, die von einem republikanischen Aufstand in der Heimat nicht nur träumten, sondern ihn vorbereiteten. Zentrum der einschlägigen Aktivitäten war New York, wo die Iren um die Mitte des 19. Jahrhunderts ein Viertel der Einwohnerschaft ausmachten. Von der New Yorker Gruppe des auf beiden Seiten des Atlantiks tätigen «Young Ireland» wurde seit der Pariser Februarrevolution Geld für Waffen gesammelt und an der Bildung einer «Irish Brigade» aus Angehörigen von Milizen und Veteranen des Krieges gegen Mexiko gearbeitet, die tatkräftig an der Befreiung Irlands von der britischen Fremdherrschaft mitwirken sollte.

Die im Lande verbliebenen irischen Nationalisten waren meist weniger militant. Die radikale «Irish Confederation» ging zwar im Frühjahr 1848 dazu über, die Regierungen in London und Dublin zu noch härterer Unterdrückung zu provozieren, weil ebendies als geeignetes Mittel erschien, die Massen gegen England zu mobilisieren. Die blutigen Zusammenstöße mit der Polizei in Ballingary in der Grafschaft Tipperary Ende Juli 1848 waren aber kein Teil eines Aufstandsplans der Confederates, sondern ein eher zufälliges, lokales Ereignis. Von einer revolutionären Situation im verarmten Irland des Jahres 1848 kann man nicht sprechen.

Auch in England selbst galt die Aufmerksamkeit der Behörden vor allem den eingewanderten Iren. Allein in Liverpool lebten Ende der vierziger Jahre zwischen 90 000 und 100 000 Iren. Auch deshalb vermutete man in London, daß die «Irische Brigade», wenn sie denn den Atlantik überqueren sollte, in dieser Hafenstadt zuerst aktiv werden würde. Ein anderer Gegenstand der Besorgnis war seit langem eine Vereinigung der irischen Confederates mit den Chartisten, denen die Revolutionen auf dem Kontinent neuen Auftrieb gaben. Am Sankt Patrickstag, dem 17. März 1848, wurde in der Manchester Free Trade Hall auf Betreiben des irischen Chartistenführers Feargus O'Connor ein Zusammenschluß beider Bewegungen tatsächlich verkündet. Aber die Chartisten legten bei aller radikalen Rhetorik nach wie vor großen Wert darauf, ihre Ziele möglichst ohne Anwendung von Gewalt zu erreichen, so daß die Unterschiede zwischen ihnen und den Confederates weiterhin sichtbar blieben.

An einer Massendemonstration, zu der die Chartisten ihre Anhänger nach Kennington Common in London gerufen hatten, nahmen am 10. April 1848 um die 150 000 Menschen, fast durchweg Arbeiter, teil. O'Connor gelang es, durch eine große Rede Zusammenstöße und Ausschreitungen zu verhindern. Das Treffen von Kennington Common war eine machtvolle Kundgebung für die Versammlungsfreiheit, aber auch nicht mehr als das. Der Plan, dem Unterhaus ein Volksbegehren mit den Forderungen der Chartisten zu unterbreiten, mußte aufgegeben werden, weil die Zahl der Unterzeichner weit hinter den Angaben der Chartisten zurücklieb und zudem viele Unterschriften fingiert, gefälscht und schlicht obszön waren.

In den Augen der bürgerlichen Öffentlichkeit wurde die Demonstration von Kennington Common völlig in den Schatten gestellt durch eine gleichzeitige, von den Behörden organisierte, von der Polizei diskret geschützte Kundgebung für Freiheit, Recht und Ordnung. An ihr beteiligten sich etwa 85 000 Menschen, die zuvor ihre Bereitschaft bekundet hatten, die bestehende Ordnung wenn nötig als Hilfspolizisten zu verteidigen. Die Arbeiter unter ihnen waren allerdings zumeist von ihren Arbeitgebern zur Teilnahme verpflichtet worden, weshalb sie anschließend mit nachdrücklicher Unterstützung durch die Regierung Russell auf vollem Ausgleich für den entgangenen Lohn bestanden. Außenminister Palmerston nannte den 10. April 1848 stolz ein «Waterloo of peace and order». In der Tat versetzte das England der Mittelschichten dem Chartismus an jenem Tag einen Schlag, von dem dieser sich nie mehr erholen sollte. Die Versammlung von Kennington Common sollte seine letzte große Kundgebung sein.

Die Schwäche des Chartismus lag darin, daß er nur Teile der Arbeiterschaft, und zwar eher die handwerklich geprägten als die modernen industriellen Arbeiter, hinter sich gebracht hatte und nicht imstande gewesen war, diesen Mangel durch Einbrüche in die Mittelschichten auszugleichen. Das Gros der Chartisten unter O'Connor vollzog auf Grund der Erfahrungen von 1848 eine Wende zum pragmatischen schrittweisen Vorgehen auf dem Boden des parlamentarischen Systems und vorzugsweise in der Form von Arbeit in den Gewerkschaften. Die zeitweiligen Verbündeten der Chartisten, die irischen Radikalen, hingegen wollten auf gewaltsamen Straßenprotest auch weiterhin nicht verzichten. Das Erbe der Confederates trat in den fünfziger Jahren der nationalistische Geheimbund der «Fenier» an, der in Irland, Nordamerika und Großbritannien auf eine unabhängige Republik hinarbeitete und Gewalt als Mittel der Politik ausdrücklich bejahte. Weniger radikal war die 1850 gegründete Irish Tenant Right League, eine Bewegung der kleinen Pächter, die niedrige Pachtzinsen, rechtlich abgesicherte Pachtverträge und «Home Rule», also weitestgehende Selbstverwaltung für Irland, forderte. Beide Organisationen trugen dazu bei, daß die irische Frage im Bewußtsein der europäischen und der amerikanischen Öffentlichkeit lebendig blieb und von der Tagesordnung der britischen Politik nicht mehr abgesetzt werden konnte.

In England erleichterte die allmähliche Vergewerkschaftung der Arbeiterbewegung die politische Zusammenarbeit zwischen dieser und den bürgerlichen Radikalen. In zwei wichtigen Fragen vertraten die beiden Lager zwar nicht dieselben, aber doch ähnliche Positionen: in der Solidarität mit den unterdrückten Freiheitsbewegungen in Europa und dem Eintreten für eine demokratische Reform des Wahlrechts. Daß die Forderungen von 1848 nicht in Vergessenheit gerieten, dafür sorgten schon die vielen nach England emigrierten Revolutionäre von Kossuth über Mazzini und Louis Blanc bis zu Marx und Engels. Der Kampf um die Erweiterung des Wahlrechts zum Unterhaus, fortan ein Hauptthema der britischen Innenpolitik, lag auf der Linie friedlicher Veränderungen, die Großbritannien mit der Parlamentsreform von 1832, der Abschaffung der Kornzölle im Jahre 1846 und der Zehnstundenbill von 1847 eingeschlagen hatte. Weil es diese Tradition gab und weil sie sich bewährt hatte, gehörte Großbritannien zu den Ländern, in denen es 1848 zu keiner revolutionären Erschütterung kam. Für die meisten Briten lag darum nichts näher als die Überzeugung, daß es richtig war, auf dem Weg fortzuschreiten, den ihnen die Geschichte zu weisen schien.[94]

Verselbständigung der Exekutivgewalt: Frankreich auf dem Weg ins Zweite Kaiserreich

In zwei Ländern des europäischen Kontinents hatte die Revolution von 1848 eine unmittelbare Nachgeschichte, die bis in die frühen fünfziger Jahre reichte: in Frankreich und Deutschland. In Frankreich folgte der Niederwerfung der Demonstration vom 13. Juni 1849 eine Phase verschärfter Unterdrückung oppositioneller Bestrebungen: Die Presse- und Versammlungsfreiheit wurde eingeschränkt, das (seit der Loi de Chapelier von 1791 bestehende) Streikverbot Ende November 1849 bekräftigt. Am 31. Oktober entließ Präsident Louis-Napoleon das Kabinett der «Ordnungspartei» unter Odilon Barrot, in dem seit Juni 1849 Tocqueville das Amt des Außenministers innehatte, und ernannte ein neues, dessen Leitung er selbst übernahm und dem keine Mitglieder der «Ordnungspartei» mehr angehörten. Den Hintergrund des Regierungswechsels bildete die «römische Frage»: Frankreich garantierte im Gefolge seiner Intervention vom Frühjahr die weltliche Macht des Papstes im Kirchenstaat durch die Präsenz von Truppen; Louis-Napoleon mißbilligte die schroff antiliberale Politik Pius' IX. und hatte der Regierung Barrot vorgeworfen, daß sie hiergegen nichts unternommen habe.

Das Parlament tat in der Folgezeit alles, um in der Öffentlichkeit «reaktionärer» zu erscheinen als der Präsident: Im März 1850 verabschiedete die Nationalversammlung drei Gesetze, die die Universitäten der Aufsicht eines gemischt staatlich-kirchlichen Gremiums unterstellten, die Überwachung der Volksschullehrer verstärkten und die Errichtung kirchlicher Volksschulen und Gymnasien ermöglichten. Eine noch größere Herausforderung des republikanischen Frankreich war ein Gesetz vom 31. Mai 1850, das das allgemeine gleiche Wahlrecht abschaffte: Fortan durften nur noch Steuerzahler wählen, die seit drei Jahren in der jeweiligen Gemeinde wohnten, wodurch Tagelöhner, wandernde Gesellen und zahlreiche Dienstboten das Wahlrecht verloren und die Zahl der Wahlberechtigten sich um ein Drittel verminderte.

Das neue Wahlgesetz konnte nur in Kraft treten, wenn der Präsident es unterschrieb. Louis-Napoleon tat, was die Parlamentsmehrheit von ihm erwartete, aber er leistete seine Unterschrift in der Absicht, die Nationalversammlung zu einem späteren Zeitpunkt mit der Forderung nach der Wiederherstellung des allgemeinen gleichen Wahlrechts in die Defensive zu drängen und schließlich auszuschalten. Die Amtsperiode des Präsidenten der Republik endete nach den Bestimmungen der Verfassung im Mai 1852; eine unmittelbare Wiederwahl war ausgeschlossen. Also mußte es für Louis-Napoleon darauf ankommen, Bedingungen herzustellen, die einer Verfassungsänderung günstig waren. Auf Reisen durch die Provinz, unter anderem nach Lyon und ins Elsaß, und mit Reden vor örtlichen Honoratioren festigte er den Rückhalt, den er sich durch die Wahl vom 10. Dezember 1848 erobert hatte. Die Bonapartisten sammelten, unterstützt von der übel beleumundeten «Gesellschaft des 10. Dezember», der neugeschaffenen Privatarmee Louis-Napoleons, Unterschriften für eine Petition, in der die Nationalversammlung ersucht werden sollte, die Wiederwahl des Präsidenten durch Änderung der Verfassung zu ermöglichen. Am 19. Juli 1851 erhielt ein entsprechender Antrag in der Assemblée nationale zwar eine einfache Mehrheit. Das Nein der Legitimisten und der linken Republikaner verhinderte aber die erforderliche Dreiviertelmehrheit.

Louis-Napoleon blieb von da an nur noch das Mittel des Staatsstreichs mit Hilfe der Armee, die er schon in den Jahren zuvor heftig umworben hatte. Um die Masse des Volkes auf seine Seite zu ziehen, forderte der Präsident am 4. November 1851 in der Nationalversammlung die Aufhebung des Gesetzes vom 31. Mai 1850, also die Rückkehr

zum allgemeinen Wahlrecht. Eine knappe Mehrheit von 355 zu 348
Stimmen lehnte diesen Antrag ab und spielte damit Louis-Napoleon
einen Trumpf zu: Er konnte nunmehr sein eigentliches Anliegen, eine
weitere Amtszeit, mit dem populären Ruf nach einem demokratischen
Wahlrecht verbinden.

Der Staatsstreich fand am 2. Dezember 1851, dem Jahrestag der
Kaiserkrönung Napoleons und der Schlacht von Austerlitz, statt. Er
begann mit einer im ganzen Land plakatierten Proklamation: Der Präsident gab darin die Auflösung der Nationalversammlung bekannt
(was nach der Verfassung von 1848 den Tatbestand des Hochverrats
erfüllte); er führte das allgemeine gleiche Wahlrecht wieder ein und
kündigte eine neue Verfassung an, die durch ein Plebiszit ratifiziert
werden sollte. Mehrere Wortführer der Linken und prominente Vertreter der Ordnungspartei, darunter die Generäle Cavaignac und Changarnier, wurden verhaftet, für kurze Zeit auch Tocqueville, Barrot und
der frühere Erziehungsminister Falloux, der Urheber der Märzgesetze
von 1850, nachdem sie sich dem Putsch entgegengestellt hatten. Entgegen den Erwartungen des Präsidenten gab es verbreiteten Widerstand
gegen sein Vorgehen, und zwar nicht nur in den handwerklich oder
proletarisch geprägten Teilen von Paris, wo es am 3. und 4. Dezember
zu Straßenschlachten und Barrikadenkämpfen kam, sondern auch
unter Kleinbürgern und Bauern in der Provinz. Bis zum 4. Dezember
hatte die Armee Aufstandsversuche in größeren Städten, unter ihnen
Toulouse und Marseille, niedergeworfen; bis zum 10. Dezember war
sie auch der Unruhen in kleineren Landstädten Herr geworden. Die
Zahl der Verhafteten, die monatelang auf ihren Prozeß warten mußten, ging in die Zehntausende.

Am 21. und 22. Dezember 1851 ließ Louis-Napoleon den Putsch
durch ein Plebiszit legitimieren. Die männlichen Franzosen, die das 21.
Lebensjahr vollendet hatten, waren aufgerufen, durch ihr Ja die Autorität Louis-Napoleons zu erhalten und ihn zu einem Verfassungsentwurf
auf der Linie der Proklamation vom 2. Dezember zu ermächtigen.
7,5 Millionen folgten dem Appell, 640 000 stimmten dagegen, 1,5 Millionen enthielten sich. Louis-Napoleon konnte sich fortan als den «Gewählten von 7 Millionen» (l'élu de sept millions) bezeichnen. Der Titel
«Prince-Président», den er seit dem Dezember 1851 führte, wirkte bereits als Andeutung des nächsten Zieles des Präsidenten: der Wiederherstellung des Kaisertums.

Der Putsch vom 2. Dezember 1851 wirkte in vielem wie die nachahmende Wiederholung jenes Staatsstreiches, durch den sich Napoleon Bonaparte am achtzehnten Brumaire des Jahres VIII, dem 9. November 1799, zum Ersten Konsul gemacht hatte. 52 Jahre zuvor war kein Blut geflossen, aber ebenso wie diesmal die verfassungsmäßige Ordnung durch einen Usurpator gewaltsam beseitigt worden. Wie damals spielte auch jetzt das Militär eine ausschlaggebende Rolle, und wie nach dem 18. Brumaire des Jahres VIII wurde auch nach dem 2. Dezember 1851 ein Plebiszit herbeigeführt, das dem Gewaltakt nachträglich den Schein einer demokratische Legitimation verschaffte.

Die neue Verfassung stellte der Prince-Président, anders als sein Onkel, freilich nicht mehr zur Abstimmung. Sie wurde in der Präambel als Vollzug der Vollmachten dargestellt, die das französische Volk durch das Votum vom 20. und 21. Dezember 1851 dem Präsidenten übertragen hatte. Nach der Verfassung vom 14. Januar 1852 war der Präsident faktisch der Alleinherrscher. Er allein besaß das Recht der Gesetzesinitiative und das Begnadigungsrecht; in seinem Namen wurde die Rechtsprechung ausgeübt. Die aus allgemeinen Wahlen hervorgegangene gesetzgebende Körperschaft durfte die Gesetze lediglich beraten und beschließen, aber nicht durch Amendements ergänzen. Ein Senat aus Kardinälen, Marschällen und Admiralen und vom Staatsoberhaupt ernannten Mitgliedern hatte das Recht, Gesetzen entgegenzutreten, die die bürgerlichen Freiheiten beschränkten oder die Verteidigung des Staatsgebiets gefährdeten; er durfte die Verfassung in strittigen Fällen interpretieren oder ergänzen sowie die Verfassung der Kolonien und Algeriens regeln. Vorschläge für Gesetze und Verwaltungsregeln konnte ein vom Präsidenten eingesetzter und geleiteter Staatsrat unterbreiten. Die Macht der Parteien im allgemeinen und jener der Linken im besonderen sollte dadurch gebrochen werden, daß die Abgeordneten der Nationalversammlung nicht mehr über Listen gewählt werden durften; es galt ein Mehrheitswahlrecht, das den örtlichen und regionalen Notabeln zugute kam. Da jedem Departement nur wenige Mandate zustanden, wurden die ländlichen und kleinstädtischen Stimmen gegenüber denen aus den Großstädten privilegiert. Bei den Wahlen der Nationalversammlung vom 29. Februar 1852 schafften nur acht oppositionelle Kandidaten, fünf Legitimisten und drei Republikaner, den Sprung in die Kammer. Sie verzichteten allesamt freiwillig auf die Ausübung ihres Mandats.

In seiner Anfang 1852 verfaßten Schrift «Der achtzehnte Brumaire des Louis Bonaparte» hat Marx den Staatsstreich vom 2. Dezember 1851 soziologisch zu erklären versucht. Die Abschaffung des allgemeinen gleichen Wahlrechts am 31. Mai 1850 war demnach der «coup d'état der Bourgeoisie». Dem Ordnungsbedürfnis der Bourgeoisklasse war damit aber noch längst nicht Genüge getan. Die industrielle Bourgeoisie war der Zänkereien der parlamentarischen Ordnungspartei überdrüssig, die Finanzaristokratie hatte sich bereits dem Bonapartismus zugewandt. Die Bourgeoisklasse näherte sich also, Marx zufolge, der Einsicht, daß sie ihre gesellschaftliche Macht nur erhalten konnte, wenn sie auf die unmittelbare Ausübung ihrer politischen Macht über das Parlament verzichtete und sich unter den Schutz einer starken Exekutivgewalt stellte.

Der Sieg Bonapartes über das Parlament war, in den Worten von Marx, der Sieg «der Exekutivgewalt über die Legislativgewalt, der Gewalt ohne Phrase über die Gewalt der Phrase». Die Staatsgewalt Louis-Napoleons schwebte freilich nicht in der Luft; Bonaparte vertrat, wie Marx reichlich pauschal behauptete, die zahlreichste Klasse der französischen Gesellschaft, die Parzellenbauern. (Tatsächlich war die bäuerliche Unterstützung für den Präsidenten der Republik schon bei den Wahlen zur Nationalversammlung vom Mai 1849 sehr viel schwächer als bei der Präsidentenwahl vom Dezember 1848.) Die politische Entmachtung der Bourgeoisie durch Louis-Napoleon am 2. Dezember war für Marx die Vollendung der Bauerninsurrektion, als die er die Präsidentenwahl vom 10. Dezember 1848 beschrieben hatte. Den Inhalt der Politik Louis-Napoleons bestimmten seine bäuerlichen Wähler jedoch nicht. «Bonaparte als die verselbständigte Macht der Exekutivgewalt fühlt seinen Beruf, die ‹bürgerliche Ordnung› sicherzustellen. Aber die Stärke dieser bürgerlichen Ordnung ist die Mittelklasse. Er weiß sich daher als Repräsentant der Mittelklasse und erläßt Dekrete in diesem Sinne. Er ist jedoch nur dadurch etwas, daß er die politische Macht dieser Mittelklasse gebrochen hat und täglich von neuem bricht. Er weiß sich daher als Gegner der politischen und literarischen Macht der Mittelklasse. Aber indem er ihre materielle Macht beschützt, erzeugt er von neuem ihre politische Macht. Die Ursache muß daher am Leben erhalten, aber die Wirkung, wo sie sich zeigt, aus der Welt geschafft werden.»

Im «Kommunistischen Manifest» hatte Marx noch das Postulat

aufgestellt, die moderne Staatsgewalt sei «nur ein Ausschuß, der die gemeinsamen Geschäfte der ganzen Bourgeoisklasse verwaltet». Im «Achtzehnten Brumaire des Louis Bonaparte» analysierte er am Beispiel Louis-Napoleon das Phänomen der verselbständigten Macht der Exekutivgewalt, die sich nicht länger aus den Interessen der Bourgeoisklasse ableiten ließ, sondern ein hohes Maß an Autonomie besaß. Voraussetzung der Verselbständigung des Staates waren im französischen Fall ungeklärte Machtverhältnisse zwischen den beiden Hauptklassen der modernen Gesellschaft, der Bourgeoisie und dem Proletariat. Pointierter noch als Marx formulierte Engels im Frühjahr 1852 diesen Sachverhalt: «Keine dieser Klassen war stark genug, mit einer gewissen Aussicht auf Erfolg eine neue Schlacht zu wagen. Gerade die Klassengegensätze begünstigten unter den damaligen Umständen die Pläne Napoleons. Er stürzte das Bourgeoisparlament und zerstörte so die politische Macht der Bourgeoisie. Und die Proletarier sollten darüber nicht jubeln? ... Louis-Napoleon ist an die Macht gekommen, weil der offene Krieg zwischen den verschiedenen Klassen der französischen Gesellschaft in den letzten vier Jahren diese Klassen erschöpft und ihre Armeen zerschlagen hat und weil unter solchen Bedingungen der Kampf dieser Klassen zumindest vorübergehend nur auf friedliche und legale Weise fortgeführt werden kann ...»

Die Herrschaft Louis-Napoleons schaffte den Klassenkampf zwar nicht ab, sie verhinderte aber vorerst die «blutigen Ausbrüche, die von Zeit zu Zeit die Anstrengungen dieser oder jener Klasse kennzeichnen, die politische Macht zu erringen oder sie aufrechtzuerhalten». Die «starke Regierung» lag, wenn man Engels folgte, fürs erste sogar im Interesse der konkurrierenden Klassen. Zur friedlichen Austragung ihrer Gegensätze gezwungen, wie sie in England seit langem üblich war, konnten Bourgeoisie und Proletariat ihre Kräfte für die «erneute, entscheidende Schlacht» sammeln. «Dieser Umstand mag in gewisser Hinsicht erklären, warum die Franzosen sich gegenüber ihrer gegenwärtigen Regierung im allgemeinen unleugbar friedlich verhalten. Wie lange es dauern wird, ehe beide, die Arbeiterklasse und die der Kapitalisten, wieder genug Kraft und Selbstvertrauen haben, um auf den Plan zu treten und – jede für sich – offen Anspruch auf die Diktatur über Frankreich zu erheben, das kann natürlich niemand sagen.»

Louis-Napoleon war der Mann, den es aus der Sicht von Marx und Engels theoretisch gar nicht hätte geben dürfen. Seine Herrschaft setzte

Grundannahmen des «Kommunistischen Manifests» auf unabsehbare Zeit außer Kraft: Der Staat war nicht ein Instrument in den Händen der herrschenden Klasse, sondern eine eigenständige Macht; der Klassenkampf konnte nur noch in gesetzlich beschränkter, friedlicher und nicht mehr in gewaltsamer Form stattfinden; wann es zur erhofften Revolution des Proletariats kommen würde, war ungewisser denn je. Die Demokratie hatte nicht der Arbeiterklasse, sondern erst der Bourgeoisie und dann einem Usurpator zum Sieg verholfen, der, gestützt auf die Armee und nachträglich legitimiert durch einen erfolgreichen Appell an das Volk, das parlamentarische System wieder abschaffte. Das war die Entwicklung, die Frankreich zwischen 1848 und 1851 genommen hatte. Ob das französische Beispiel Schule machen und eine «bonapartistische» Herrschaftsweise sich in Europa verbreiten würde, das war zu Beginn des Jahres 1852 noch eine offene Frage.

Vorhersehbar war um diese Zeit hingegen die Entwicklung des Prince-Président zum Empereur. Louis-Napoleon verlegte seinen Amtssitz vom Elyseepalast in die Tuilerien und ließ sich als «Son Altesse Impériale», als Kaiserliche Hoheit, anreden. Briefmarken und Münzen erschienen mit seinem Bild; von den öffentlichen Gebäuden verschwand die Inschrift «Liberté, Égalité, Fraternité». Am 15. August 1852 wurde in Paris der Geburtstag Napoleons, der an diesem Tag 83 Jahre alt geworden wäre, mit großem Pomp begangen und der Code Civil wieder in «Code Napoléon» umbenannt. Auf Reisen durch die Provinz und in Paris wurde der Präsident immer häufiger mit dem Ruf «Vive l'Empereur» empfangen.

Im Spätherbst 1852 erschien Louis-Napoleon, der lange mit dem letzten Schritt gezögert hatte, die Zeit reif für die Proklamation des Second Empire. Am 7. November verfügte ein Senatsbeschluß die Wiederherstellung der Kaiserwürde. Louis-Napoleon Bonaparte wurde zum Kaiser der Franzosen; die Kaiserwürde wurde seiner direkten und ehelichen Nachkommenschaft in männlicher Linie, im Falle des Fehlens direkter männlicher Nachkommen seinen Adoptivsöhnen übertragen. (Louis-Napoleon war zu diesem Zeitpunkt noch unverheiratet.) Am 27. November 1852 stimmten 7,8 Millionen Franzosen in einem Plebiszit der Errichtung des Zweiten Kaiserreichs zu; 253 000 stimmten dagegen; über 2 Millionen enthielten sich. Ein weiterer Senatsbeschluß paßte am 25. Dezember die Verfassung vom 14. Januar 1852 den neuen Bedingungen an.

Die Geschichte der Zweiten Republik war damit auch formell abgeschlossen. So wie das Empire Napoleons I. aus der Revolution von 1789 hervorgegangen war, so mündete die Pariser Februarrevolution von 1848 in das Zweite Kaiserreich unter Louis-Napoleon, dem Neffen des ersten Kaisers. Es sollte knapp 18 Jahre bestehen – sehr viel länger als das Erste Kaiserreich, das es auf zehn Jahre brachte, und die Zweite Republik, die noch keine vier Jahre alt war, als der Staatsstreich Louis-Napoleons am 2. Dezember 1851 ihren Untergang besiegelte.[95]

Von Erfurt nach Olmütz: Preußens gescheiterte Unionspolitik

Die deutsche Nachgeschichte der Revolution von 1848/49 war der Versuch Preußens, das nichtösterreichische Deutschland unter seiner Führung zu vereinigen, von den verfassungspolitischen Forderungen des Liberalismus aber nur das zu übernehmen, was mit dem Interesse der preußischen Monarchie vereinbar war. Schon am 3. April 1849, dem Tag, an dem König Friedrich Wilhelm IV. die Delegation der deutschen Nationalversammlung empfing, ließ Außenminister Graf Heinrich Friedrich von Arnim-Heinrichsdorff die deutschen Regierungen wissen, daß der König von Preußen bereit sei, an die Spitze eines deutschen Bundesstaates zu treten, der sich aus den Staaten bilde, die ihm aus freien Stücken beizutreten wünschten. Im Mai griff die preußische Regierung Heinrich von Gagerns Idee eines engeren und weiteren Bundes auf, stieß damit aber sogleich beim österreichischen Ministerpräsidenten Fürst Schwarzenberg auf strikte Ablehnung. Der Leiter der Wiener Politik sah in dem preußischen Vorstoß das, was er war: ein Versuch, sein eigenes Projekt, die Schaffung eines großen, von Österreich geführten mitteleuropäischen Blocks zu vereiteln.

Sachsen und Hannover hingegen stellten sich auf den Boden der preußischen Vorschläge. Am 26. Mai unterzeichneten Vertreter der drei Königreiche in Berlin das «Dreikönigsbündnis». Es schloß den von dem preußischen General Joseph Maria von Radowitz, einem Freund und Berater Friedrich Wilhelms und ehemaligen Abgeordneten der Paulskirche, verfaßten Entwurf einer «Unionsverfassung» ein, die in zwei wesentlichen Punkten von der Reichsverfassung vom 28. März 1849 abwich: Das Reichsoberhaupt verfügte über ein absolutes Veto gegen Beschlüsse des Reichstags, und das Volkshaus des Reichstags wurde nicht nach dem allgemeinen gleichen Wahlrecht, sondern nach dem besitzfreundlichen Dreiklassenwahlrecht gewählt, das im gleichen Monat durch königlichen Octroi, also auf dem Weg des Staatsstreichs, in Preußen eingeführt worden war. Sachsen und Hannover banden ihren Beitritt zur geplanten Union allerdings an einen Vorbehalt: Auch die anderen deutschen Staaten, außer Österreich, mußten sich ihr anschließen.

Das preußische Projekt einer deutschen «Union» stieß bei den politischen Lagern Deutschlands auf ein geteiltes Echo: Die demokratische Linke lehnte jede Mitwirkung ab; die ehemaligen «Erbkaiserlichen» verständigten sich Ende Juni 1849 bei einem Treffen in Gotha auf eine Beteiligung. Von den deutschen Staaten schlossen sich die meisten in den folgenden Monaten dem Dreikönigsbündnis an: Bayern und Württemberg verweigerten sich jedoch. Als Preußen Mitte Oktober im «Verwaltungsrat» der Union den Beschluß durchsetzte, im Januar 1850 Wahlen zum Volkshaus abzuhalten, zogen sich unter dem massiven Druck Schwarzenbergs auch Sachsen und Hannover von der Unionspolitik zurück. Der Reichstag wurde trotz heftiger österreichischer Proteste zum vorgesehenen Zeitpunkt gewählt; er trat im März 1850 in Erfurt zu seiner konstituierenden Sitzung zusammen und verabschiedete im April den inzwischen überarbeiteten Entwurf der Unionsverfassung. Ohne Bayern, Württemberg, Sachsen und Hannover, die sich am 27. Februar 1850 ihrerseits zu einem «Vierkönigsbündnis» zusammengeschlossen hatten, konnte die Union aber nicht mehr sein als ein Torso: ein Ergebnis, das für die liberalen Unterstützer der preußischen Politik ebenso enttäuschend war wie für den Hohenzollernstaat selbst, der darum auch wohlweislich darauf verzichtet hatte, für das Staatsoberhaupt der Union auf den Titel «Kaiser» zurückzugreifen.

Auf einem nach Berlin einberufenen Fürstenkongreß zeigte sich dann Anfang Mai 1850, daß nur zwölf der 26 Mitgliedstaaten bereit waren, die Erfurter Unionsverfassung vorbehaltlos anzuerkennen. Das Treffen endete mit einem Kompromiß: Die Union sollte provisorisch bis zum 15. Juli 1850 fortgesetzt, ein Bundesministerium aber vorerst nicht gebildet werden. Die österreichische Antwort auf die preußische Unionspolitik war die Einberufung einer Konferenz aller Mitglieder des (nie formell aufgelösten) Deutschen Bundes auf den 10. Mai nach Frankfurt mit dem Zweck, den Deutschen Bund wiederherzustellen.

Preußen und die anderen Unionsstaaten nahmen an der Konferenz teil, lehnten aber die Wiedereinberufung des Bundestages ebenso ab wie einen neuerlichen Versuch Schwarzenbergs, das gesamte Habsburgerreich in den Deutschen Bund aufzunehmen. Die Folge war, daß am 2. September 1850 in Frankfurt lediglich ein Rumpfbundestag unter dem Vorsitz Österreichs zusammentrat und die Mitglieder der von Preußen geführten Union ihr Bundesverhältnis provisorisch, aber unbefristet fortsetzten. Um dieselbe Zeit gelang es Preußen, ein anderes österreichisches Vorhaben zu durchkreuzen: Auf einer Generalkonferenz des Deutschen Zollvereins, die von Juli bis Oktober 1850 in Kassel stattfand, vereitelte Berlin den Plan des Wiener Handelsministers von Bruck, das Habsburgerreich und den Zollverein in einer mitteleuropäischen Zollunion zusammenzuschließen und damit der politischen Mitteleuropavision Schwarzenbergs ein materielles Fundament zu verschaffen. Daß Österreich sich mit dieser Niederlage abfinden würde, durfte allerdings keiner der beteiligten Staaten erwarten.

Auch auf der europäischen Ebene verschlechterte sich das Verhältnis zwischen Preußen und Österreich im Sommer und Herbst 1850 erheblich. Unter russischem Druck gestand Preußen am 2. Juli im Berliner Frieden Dänemark das Recht zu, den Deutschen Bund um eine Intervention mit dem Zweck einer Befriedung Schleswig-Holsteins zu ersuchen oder, wenn die Intervention nicht stattfand oder unwirksam blieb, selbst das Erforderliche zu unternehmen. Zwei Tage später bekannten sich die Großmächte Rußland, Großbritannien und Frankreich im Ersten Londoner Protokoll zur Integrität des dänischen Gesamtstaates im derzeitigen Umfang einschließlich der Rechte des dänischen Königs als Herzog von Schleswig und Holstein. Außerdem unterstützten die drei Mächte die Absicht des kinderlosen Königs Friedrich VII., die Erbfolge so zu regeln, daß die Integrität des Gesamtstaates gewahrt und die besonderen Beziehungen Holsteins zum Deutschen Bund davon unberührt blieben. Diesem Protokoll trat Österreich bei, Preußen jedoch ebensowenig wie die (von der früheren deutschen Zentralgewalt im März 1849 eingesetzte) Statthalterschaft in Kiel.

Nach neuerlichen Kampfhandlungen, die mit einer Niederlage der schleswig-holsteinischen Truppen am 25. Juli bei Idstedt ihr vorläufiges Ende fanden, schickte sich der Rumpfbundestag an, die von Dänemark beantragte Intervention gegen die (inzwischen auf Holstein beschränkte) Statthalterschaft vorzubereiten. Auf Drängen von Radowitz, der am

26. September 1850 das Amt des preußischen Außenministers übernahm, erklärte König Friedrich Wilhelm IV. daraufhin alle Beschlüsse des Rumpfbundestages für nichtig. Am 25. Oktober traf dieser die Entscheidung, vor der der preußische König besonders gewarnt hatte, weil sie jeder Rechtsgrundlage entbehre: Er beschloß die Intervention gegen die Statthalterschaft in Holstein.

Just um dieselbe Zeit trieb ein anderer Konflikt, in dem die beiden deutschen Großmächte gegensätzliche Positionen bezogen hatten, seinem Höhepunkt zu: ein Verfassungsstreit zwischen dem Kurfürsten und den Landständen von Hessen-Kassel. Die Regierung von Kurfürst Friedrich Wilhelm hatte im Mai 1850 gegen den Protest der liberalen Opposition den Austritt des Landes aus der von Preußen geführten Union erklärt. Anfang September löste der Kurfürst die Kammer auf, erließ eine verfassungswidrige Steuernotverordnung und verhängte den Kriegszustand über das Land. Da sich die Armee, die Justiz und die Verwaltung auf die Seite der protestierenden Landstände stellten, wandten sich Kurfürst und Regierung mit einem Ersuchen um Hilfe an den Bundestag. Der Rumpfbundestag faßte daraufhin, einem Antrag Österreichs entsprechend, am 21. September einen Beschluß, der den Landständen das Recht auf Steuerverweigerung absprach und den Kurfürsten aufforderte, mit allen ihm zustehenden Mitteln seine Autorität wiederherzustellen. Preußen hingegen ergriff die Partei der Landstände, wobei es darauf hinwies, daß der Austritt aus der Union vertragswidrig, Kurhessen also noch immer Mitglied der Union sei. Da der Kurfürst sich im Lande nicht durchzusetzen vermochte, beschloß der Rumpfbundestag am 16. Oktober die Bundesexekution und zehn Tage später das Einrücken der Bundestruppen in Kurhessen. Beide Konflikte, der um Kurhessen und der um Holstein, nahmen damit im Oktober 1850 eine Wendung, die eine militärische Konfrontation zwischen Preußen und Österreich fast unausweichlich erscheinen ließ.

Tatsächlich kam es, nachdem sowohl Bundestruppen wie preußische Verbände in Kurhessen eingerückt waren, am 8. November bei Bronnzell in der Nähe von Fulda zu einem kurzen Schußwechsel zwischen bayerischen und preußischen Truppen, der auf Grund des Eingreifens von Offizieren beider Seiten aber rasch abgebrochen wurde. Den großen Krieg verhinderte das Einlenken Friedrich Wilhelms IV., der sich damit innerem und äußerem Druck, dem der altpreußischen Konservativen und dem des Zaren Nikolaus I., beugte. Am 29. November 1850 unterzeichneten der preußische Außenminister Otto von Manteuffel und der österreichische Ministerpräsident Fürst Schwarzenberg die Olmützer Punktation. Darin vereinbarten die beiden Mächte, die kurhessische wie die holsteinische Frage einvernehmlich durch alle deutschen Regierungen zu regeln. In einem wie im anderen Fall entsprachen die Vorgaben des Vertrages weitgehend den österreichischen Vorstellungen. Über die Reform des Deutschen Bundes sollte unverzüglich auf Ministerkonferenzen in Dresden verhandelt werden. Österreich gelang es nicht, die von Schwarzenberg gewünschte Aufnahme des gesamten Habsburgerreiches in den Deutschen Bund durchzusetzen; Preußen erreichte nicht die Festlegung auf das Prinzip der Gleichberechtigung beider Mächte im zu erneuernden Bundestag. In einem geheimen Zusatzabkommen verpflichtete sich Preußen, seinen Truppenbestand sofort auf den Friedensstand zurückzuführen: eine einseitige Abrüstung, die zu akzeptieren dem Hohenzollernstaat schwerer fiel als alle anderen Bestimmungen des Vertrages.

In den Kreisen der norddeutschen und vor allem der preußischen Liberalen sprach man alsbald von der «Schmach von Olmütz». Die Konservativen, die den Bruch mit Österreich und Rußland tunlichst vermeiden wollten, hatten darum in der zweiten Kammer einen schweren Stand, als diese am 3. Dezember 1850 nach einer Regierungserklärung von Außenminister von Manteuffel den Vertrag debattierte. Als beredtester Verteidiger der preußischen Politik tat sich an jenem Tag der damals fünfunddreißigjährige Gutsbesitzer Otto von Bismarck hervor. Die «einzig gesunde Grundlage eines großen Staates» sei der «staatliche Egoismus und nicht die Romantik», erklärte der konservative Abgeordnete. Ein preußisches Nein zu den österreichischen Forderungen wäre zwar populär gewesen, aber kein überzeugender Kriegsgrund. «Es ist leicht für einen Staatsmann, sei es in dem Kabinette oder in der Kammer, mit dem populären Winde in die Kriegstrompete zu stoßen und sich dabei an seinem Kaminfeuer zu wärmen oder von dieser Tribüne donnernde Reden zu halten, und es dem Musketier, der auf dem Schnee verblutet, zu überlassen, ob sein System Sieg und Ruhm erwirbt oder nicht. Es ist nichts leichter als das, aber wehe dem Staatsmann, der sich in dieser Zeit nicht nach einem Grunde zum Krieg umsieht, der auch nach dem Kriege noch stichhaltig ist.»

Bismarck lag nichts ferner als eine Unterordnung Preußens unter die Habsburgermonarchie. Doch wenn der Staat der Hohenzollern sich gegenüber Österreich durchsetzen wollte, mußten die Ausgangsbedingungen günstiger sein, als sie es Ende 1850 waren. Gegen die vereinten Armeen Rußlands, Österreichs und der süd- und mitteldeutschen Staaten hätte Preußen nach Einschätzung seiner Regierung keine Chance gehabt. Die Mehrheit der Zweiten Kammer war jedoch am 3. Dezember 1850 von Bismarcks Argumenten noch nicht überzeugt.

Tags darauf wurde das Abgeordnetenhaus vor Abschluß seiner Debatte über die Adresse an den König von der Regierung vertagt. Als es am 4. Januar wieder zusammentrat, hatte die Justiz von Kurhessen in Gestalt des Oberappellationsgerichts Kassel unter dem Druck der Bundestruppen seinen Widerstand gegen die kurfürstliche Regierung bereits aufgegeben, womit die Machtfrage zugunsten der Exekutive entschieden war. Am 6. Januar beschloß die Statthalterschaft in Kiel unter dem ultimativen Druck des Bundes, alle Feindseligkeiten gegenüber Dänemark einzustellen, ihre Truppen hinter die Eider zurückzuziehen und die gewählte Landesversammlung aufzulösen. Angesichts der vollendeten Tatsachen stimmte zwei Tage später das preußische Abgeordnetenhaus mit der knappen Mehrheit von 146 zu 142 Stimmen dem Antrag zu, über die Adreßentwürfe zur Tagesordnung überzugehen, den Vertrag von Olmütz also stillschweigend zu akzeptieren.

Die Dresdner Ministerkonferenzen über die Zukunft des Deutschen Bundes, die vom 8. Dezember 1850 bis zum 15. Mai 1851 dauerten, endeten mit der Wiederherstellung des früheren Zustands und damit dem Verzicht auf jede Reform. Preußen kehrte in den Bundestag zurück, ohne die Parität mit Österreich im Präsidium erreicht zu haben. In einem Geheimen Allianzvertrag verpflichteten sich Österreich und Preußen am 16. Mai 1851 zu wechselseitigem Beistand gegenüber Angriffen von Dritten. Am 23. August 1851 faßte der Bundestag den sogenannten «Bundesreaktionsbeschluß», der es den deutschen Staaten zur Pflicht machte, ihre Verfassungen auf die Vereinbarkeit mit dem Bundesrecht hin zu überprüfen, also zu entliberalisieren, und den (von einigen Staaten auf dem Gesetzesweg in Kraft gesetzten, also noch gültigen) Grundrechtsteil der Reichsverfassung vom 28. März 1849 formell aufhob. 1854 folgten Bundesgesetze, die die Presse- und Vereinsfreiheit massiv einschränkten. Der preußische Gesandte, der im Auftrag seiner Regierung an diesen Beschlüssen mitwirkte, hieß seit dem 15. Juli 1851 Otto von Bismarck.

Der kurhessische Konflikt fand seinen Abschluß in einer vom Deutschen Bund entworfenen, von Kurfürst Friedrich Wilhelm oktroyierten Verfassung vom 15. April 1852, die wesentlich weniger liberal war als die vorangegangene von 1831. Gleichzeitig wurde das allgemeine gleiche durch ein besitzfreundliches Wahlrecht ersetzt. In Holstein setzten Kommissare des Bundes am 2. Februar 1851 nach der Selbstauflösung der Statthalterschaft eine Zivilbehörde ein. Ein Jahr später, am 18. Februar 1852, übernahm König Friedrich VII. nach Abstimmung mit Österreich und Preußen wieder seine Herrschaftsrechte als Herzog von Holstein.

Kurz darauf verzichtete Herzog Christian August von Augustenburg, der den Kampf der Schleswig-Holsteiner aktiv unterstützt hatte, gegen Zahlung einer Geldsumme auf jedes Erbrecht auf die dänische Krone. Er machte damit eine internationale Vereinbarung, das Zweite Londoner Protokoll vom 8. Mai 1852, möglich, das von Österreich, Preußen, Großbritannien, Rußland, Frankreich, Schweden und Dänemark unterzeichnet wurde. Es garantierte erneut die territoriale Integrität Dänemarks, und es sprach die Erbfolge in Dänemark, Schleswig und Holstein für den Fall, daß männliche Nachkommen fehlten, der zur Zeit regierenden gottorpischen Linie des Hauses Schleswig-Holstein-Sonderburg-Glücksburg und damit dem Prinzen Christian von Sonderburg-Glücksburg zu. Ob diese Regelung auch dann galt, wenn ein künftiger dänischer König von dem Verzicht auf die Einverleibung Schleswigs, den Friedrich VII. ausgesprochen hatte, abrückte, blieb offen. Als ebenso strittig sollte sich die Frage erweisen, ob der Erbverzicht des Herzogs Christian August von Augustenburg auch seine volljährigen Nachkommen band. Von einer endgültigen Beilegung des Konflikts um Schleswig-Holstein konnte folglich, dem äußeren Anschein zum Trotz, im Frühjahr 1852 keine Rede sein.

Ein letztes Nachspiel der Revolution von 1848/49, das von vielen Zeitgenossen als besonders schmachvoll empfunden wurde, war das Ende der deutschen Flotte. Sie war von der Zentralgewalt mit Hilfe von Beiträgen der Einzelstaaten geschaffen worden. Nachdem weder der Deutsche Bund noch die am Außenhandel besonders interessierten deutschen Staaten sich auf eine neue Umlagefinanzierung hatten einigen können, beschloß der Bundestag am 31. Dezember 1851 die Auflösung der Flotte. Preußen erwarb zwei Schiffe; andere wurden von einem Bundeskommissar im Ausland verkauft, der Rest am 1. Dezember 1852 in Bremerhaven versteigert. Es war ein symbolträchtiger Vorgang: In der Flotte hatten viele Bürger ein Unterpfand des deutschen Anspruchs auf Weltgeltung gesehen. Kläglicher konnte dieser Anspruch nicht preisgegeben werden, als es Ende 1852 durch die Auktion geschah.[96]

Rückblick auf die Revolution (I): Deutschland

Die deutsche Revolution war, was ihre Hauptziele anbelangt, gescheitert: Daran gab es im Rückblick nichts zu deuteln. Das ehrgeizige Vorhaben, aus Deutschland gleichzeitig einen National- und einen Verfassungsstaat zu machen, hatte die Liberalen und Demokraten überfordert. Weniger zu wollen war ihnen aber nicht möglich gewesen: Im Ruf nach Einheit und Freiheit bündelten sich die Erfahrungen der über vier Jahrzehnte, die nach dem Untergang des Alten Reiches vergangen waren. Die deutsche Nationalversammlung hatte erstmals über einen längeren Zeitraum hinweg Liberale und Demokraten aus allen Teilen Deutschlands zusammengebracht und sie in die Lage versetzt, sich durch gemeinsame parlamentarische Arbeit auf die Grundlagen eines freiheitlichen deutschen Gemeinwesens zu verständigen. Das Ergebnis war die Reichsverfassung vom 28. März 1849, die zwar nicht in Kraft trat, aber doch fortan einen Maßstab für das bildete, was es den alten Gewalten abzutrotzen galt.

Als die deutsche Nationalversammlung am 18. Mai 1848 in der Frankfurter Paulskirche zusammentrat, war noch keineswegs klar, was unter «Deutschland» politisch zu verstehen war. Daß das deutschsprachige Österreich mit dazugehörte, erschien zu jener Zeit nahezu allen als eine schiere Selbstverständlichkeit. Erst nach der Jahreswende 1848/49 setzte sich bei der Mehrheit der Abgeordneten und in der Öffentlichkeit die Einsicht durch, daß das Habsburgerreich sich nicht in einen deutschen und einen nichtdeutschen Teil aufspalten ließ, eine deutsche Einheit mit Österreich also nicht zu erreichen war. Eine «kleindeutsche» Lösung wäre im Frühjahr 1848 vielleicht ohne Krieg mit Österreich und Rußland durchzusetzen gewesen, aber damals war an ein Deutschland ohne Österreich noch nicht zu denken. Als die außerösterreichischen Deutschen ein Jahr später schließlich bereit waren, sich zumindest vorläufig mit der kleindeutschen Lösung zu begnügen, war sie außenpolitisch nicht mehr möglich. Eine Politik, die darauf abzielte, hätte

einen Krieg mit Österreich und höchstwahrscheinlich auch mit Rußland bedeutet. Einen solchen Krieg zu führen war Preußen, auf das alles
ankam, aus guten Gründen nicht bereit.

Ohne Preußen ließen sich deutsche Nationalinteressen nach außen
nicht wirksam vertreten: Das hatte sich schon im Sommer 1848 beim
deutsch-dänischen Krieg um Schleswig gezeigt. Eben deshalb war es
den gemäßigten Liberalen nie in den Sinn gekommen, den preußischen
Soldatenstaat radikal in Frage zu stellen. Er wurde aus nationalen
Gründen gebraucht, und auch darum blieb er bestehen. Und nur weil er
die Revolution im wesentlichen unbeschädigt überdauert hatte, konnte
der König von Preußen im Herbst 1848 die Gegenrevolution wagen.

Die deutsche Frage erschöpfte sich 1848/49 aber nicht in der Alternative «kleindeutsch oder großdeutsch». 1813 hatte Ernst Moritz
Arndt auf die selbstgestellte Frage «Was ist des Deutschen Vaterland?» die Antwort gegeben: «Soweit die deutsche Zunge klingt».
Hätte die deutsche Nationalversammlung konsequent an dem bislang
in Deutschland vorherrschenden sprachlichen und kulturellen, vermeintlich «objektiven» Verständnis von Nation festgehalten, wäre es
logisch gewesen, das Elsaß und Teile von Lothringen für Deutschland
zu beanspruchen, wie Arndt es 35 Jahre zuvor getan hatte. Die Paulskirche war realistisch genug, das nicht zu tun. Von der sprachlichen
Bestimmung von Nation wich sie freilich auch dadurch ab, daß sie
nicht auf Gebiete verzichten wollte, die zwar nicht deutschsprachig,
aber seit langem mit Deutschland verbunden waren.

Arndt selbst war es, der im Hinblick auf Böhmen und Mähren am
5. Juni 1848 in der Nationalversammlung den Grundsatz aufstellte,
«daß, was ein Jahrtausend zu uns gehört hat und ein Teil von uns gewesen ist, ferner zu uns gehören muß». Aus ähnlichen Gründen war es
unter den Abgeordneten der Paulskirche nicht strittig, daß auch
«Welschtirol», das italienischsprachige Gebiet um Trient, das zum Territorium des Deutschen Bundes gehörte, einen Teil des künftigen Deutschen Reiches bilden mußte. Schleswig war zwar kein Teil des Deutschen Bundes, sollte aber, weil es historisch mit Holstein verbunden
war, ungeachtet eines starken dänischsprachigen Bevölkerungsanteils
in Gänze in den deutschen Nationalstaat aufgenommen werden.

Dem französischen (oder westlichen) Prinzip, daß die Zugehörigkeit zu einer Nation vom Willen der Individuen abhing, sich also auf
eine subjektive politische Entscheidung gründete, folgten die Deut-

schen nur dort, wo sie, wie in den preußischen Ostgebieten, Angehörige anderer Nationalitäten assimiliert hatten. Am krassesten verstießen die liberalen Nationalisten im Fall Posens gegen den Grundsatz der Selbstbestimmung: Hier wurden weniger historische als strategische Gründe vorgebracht, um die Einbeziehung polnischsprachiger Gebiete in den deutschen Nationalstaat zu rechtfertigen. Zu Beginn der Revolution hatte es in Deutschland noch verbreitete Sympathien für das polnische Streben nach nationaler Unabhängigkeit gegeben. Doch schon wenige Monate später obsiegte der (vom Abgeordneten Wilhelm Jordan in der Polendebatte vom Juli 1848 so genannte) «gesunde Volksegoismus» über eine Haltung, die nun als sentimentaler Ausdruck einer romantischen Schwärmerei galt. Von moralischer und politischer Unterstützung der gegen ihren Willen geteilten und seit vielen Jahrzehnten unterdrückten Polen konnte bei der großen Mehrheit des Parlaments keine Rede mehr sein.

An der vormärzlichen Polenfreundschaft und dem Gedanken der Solidarität aller freiheitsliebender Völker, dem Traum des «Völkerfrühlings», hielt in Deutschland nur die äußerste Linke fest. Sie tat es jedoch mit einer Konsequenz, die ihre politische Isolierung besiegelte: Sie verlangte den großen europäischen Befreiungskrieg gegen die Vormacht der Reaktion, Rußland. Das Zarenreich war so reaktionär und konterrevolutionär, wie es die internationalistische Linke behauptete, aber keine der anderen europäischen Großmächte dachte 1848 ernsthaft daran, Krieg gegen Rußland zu führen. (Der liberale preußische Außenminister Heinrich Alexander von Arnim-Suckow, der diese Möglichkeit zeitweilig in Erwägung zog, hatte hierbei den eigenen König gegen sich und mußte sein Amt schon am 20. Juni 1848 aufgeben.) Ein revolutionärer europäischer Volkskrieg gegen Rußland war eine Schimäre. Wäre es unter Mitwirkung Preußens zu einem solchen Waffengang gekommen, hätte die Gegenrevolution in Mitteleuropa wahrscheinlich auf breiterer Front und auf blutigere Weise triumphiert, als sie es in den zwei Jahren zwischen dem Herbst 1848 und dem Spätjahr 1850 tat. Die gemäßigten Liberalen hatten folglich zwingende Gründe, den Utopien der radikalen Linken nicht minder scharf entgegenzutreten als die Konservativen.

Die konservativen Kräfte waren in Deutschland 1848/49 vor allem deshalb so erfolgreich, weil nur Minderheiten einen vollständigen Bruch mit der Vergangenheit anstrebten. Eine Revolution im Sinne der entschiedenen Linken hätte so unabsehbare Folgen nach sich gezogen, daß die überkommenen Zustände den allermeisten immer noch erträglicher erschienen als das Unbekannte in Gestalt der deutschen Republik, der sozialen Revolution, des Bürgerkriegs oder gar des Weltkriegs, wie Marx und Engels ihn propagierten. Das galt nicht nur für das gebildete und besitzende Bürgertum, sondern auch für die breite Mehrheit der Kleinbürger, der Bauern und der Arbeiter. Der gemäßigte Liberalismus, der die Revolution nicht gewollt hatte, rückte in dem Maß nach rechts, wie die Linke sich radikalisierte. Umgekehrt förderte der Verdacht, die Gemäßigten seien zur bedingungslosen Unterwerfung unter die alten Gewalten bereit, die Radikalisierung der Linken. Das war die Dialektik der deutschen (und nicht nur der deutschen) Revolution von 1848/49.

Es waren im übrigen nicht nur die Liberalen, die sich den Konservativen annäherten. Es gab auch eine konservative Annäherung an den Liberalismus. Anfang 1849 legte der Staatsrechtler Friedrich Julius Stahl, ein zum Luthertum übergetretener Sohn jüdischer Eltern, der Friedrich Wilhelm IV. nahestand und als Verteidiger des «christlichen Staates» hervorgetreten war, in seinem «Entwurf für eine conservative Partei» ein Bekenntnis zur «Unverbrüchlichkeit der Rechtsordnung» ab, weil diese Ordnung gegenwärtig eine Schranke sei «gegen Willkür des Volkes wie bisher gegen Willkür des Fürsten». Der Rechtsstaat war, so gesehen, die Antwort auf die «permanente Revolution», die Verfassung ein Schutzwall gegen die Demokratie. Die nachrevolutionären Konservativen Preußens um Stahl und Ernst Ludwig von Gerlach gaben damit das «monarchische Prinzip», wonach die höchste Gewalt des Staates die des Königs war, nicht auf. Sie schränkten es nur soweit ein, wie das unter den neuen Verhältnissen erforderlich war.

Die preußische Verfassung vom 5. Dezember 1848 war eine oktroyierte; sie wurde in Zusammenarbeit zwischen der Regierung und den beiden Kammern des Landtags 1849/50 gründlich revidiert, und zwar durchgängig im Sinne der monarchischen Gewalt. Der König war wieder ein «Herrscher von Gottes Gnaden»; die Regierung hing nur vom Vertrauen des Königs und nicht des Parlaments ab; Heer, Beamtentum und Diplomatie unterlagen nicht der Kontrolle der Volksvertretung; Verfügungen des Monarchen bedurften zwar der Gegenzeichnung, aber die Kommandogewalt war hiervon ausdrücklich ausgenommen, so daß ein Stück Absolutismus in den preußischen Konstitutionalismus hinübergerettet wurde und diesen für viele Kritiker zum «Scheinkonstitutionalismus» machte. Die massivste Änderung der Verfassung bildete in den Augen der Öffentlichkeit aber die Ersetzung des allgemeinen gleichen Wahlrechts durch ein Dreiklassenwahlrecht durch königlichen Octroi vom 30. Mai 1849. Das Dreiklassenwahlrecht entstammte der Rheinischen Gemeindeordnung von 1845 und entsprach durchaus den Interessen seiner «Erfinder», der gemäßigten Liberalen. Die Demokraten hingegen beschlossen aus Protest gegen den neuerlichen Octroi, sich nicht mehr an Wahlen zum Abgeordnetenhaus zu beteiligen. Bei den Landtagswahlen vom Juli 1849 wurde dieser Beschluß erstmals in die Tat umgesetzt.

Als die Revision am 5. Februar 1850 durch Verkündung der überarbeiteten Verfassung in der Gesetzessammlung formell abgeschlossen wurde, war der Hohenzollernstaat trotzdem immer noch eine Monarchie des konstitutionellen Typs. Anders als Österreich, das seine oktroyierte Verfassung vom 4. März 1849 durch ein kaiserliches Patent am 31. Dezember 1851 wieder aufhob und damit zum Absolutismus zurückkehrte, blieb Preußen auch in der Folgezeit ein Verfassungsstaat. Zwischen den süd- und mitteldeutschen Staaten auf der einen und Preußen auf der anderen Seite gab es mithin seit 1848 eine Gemeinsamkeit, die es in der Restaurationszeit und im Vormärz nicht gegeben hatte: ein Ergebnis der Revolution, dessen Wirkungen sich erst später zeigen sollten, als sich nach den Kriegen von 1866 und 1870/71 aus der älteren, Österreich mit einschließenden Kulturnation die jüngere, von Preußen geführte kleindeutsche Staatsnation herauszubilden begann.

Die Revolution hatte die Probleme, die ihr zugrunde lagen, nicht gelöst, aber sie wirkte klärend und sie hatte weitreichende Folgen. Erst die Erfahrungen von 1848/49 verhalfen dem Liberalismus zu der Erkenntnis, daß die deutsche Frage vor allem eine Machtfrage war, die eng mit dem historischen Dualismus zwischen Österreich und Preußen verknüpft war. Im Jahr 1853 erschien in Stuttgart (zunächst anonym) eine Schrift unter dem Titel «Grundsätze der Realpolitik. Angewendet auf die staatlichen Zustände Deutschlands». Verfasser war der liberale Publizist August Ludwig von Rochau, ein aus Wolfenbüttel stammender Jurist und ehemaliger Burschenschafter, der 1833 am Sturm auf die Frankfurter Hauptwache teilgenommen hatte, nach seiner Verurteilung zu lebenslänglichem Zuchthaus nach Frankreich geflohen und 1848 nach Deutschland zurückgekehrt war. Ob Rochau den Begriff «Realpolitik», der nur im Titel, aber nicht im Text seiner Schrift auftaucht, geprägt oder nur aufgegriffen hat, ist unklar. Durch sein knappes Buch wurde «Realpolitik» zum politischen Schlagwort, und das nicht nur in Deutschland, sondern international.

«Herrschen heißt Macht üben, und Macht üben kann nur der, welcher Herrschaft besitzt. Dieser unmittelbare Zusammenhang von Macht und Herrschaft bildet die Grundwahrheit aller Politik und den Schlüssel der ganzen Geschichte»: In diesen beiden Sätzen faßte Rochau seine Selbstkritik des deutschen Liberalismus zusammen. Aus dem Scheitern der Revolution ergab sich die Pflicht, die Unklarheit zu überwinden, die den revolutionären Hauptzweck der Bewegung, die Einigung Deutschlands, vereitelt hatte. Die Liberalen hatten sich laut Rochau Illusionen hingegeben über den Gegensatz zwischen dem Staatsinteresse Österreichs und dem Nationalinteresse Deutschlands; sie hatten die innere Notwendigkeit des Gegensatzes zwischen der österreichischen und der preußischen Politik verkannt: «Preußen muß wachsen, um zu bestehen, und Österreich darf Preußen nicht wachsen lassen, um nicht unterzugehen – das ist die Sachlage, welche dem Wechselverhältnis zwischen beiden Staaten seinen eigentlichen Charakter gibt.»

Rochau war nicht gewillt, das Streben nach einem «Großdeutschland» aufzugeben. Aber «Kleindeutschland» war für den liberalen Realpolitiker eine notwendige Durchgangsstation auf dem Weg zu diesem Ziel. Preußens Interessen waren mit dem der deutschen Nation vereinbar, die Interessen Österreichs nicht. Außerdem war der Staat der Hohenzollern ein Verfassungsstaat, und bei allen Schwächen des deutschen Konstitutionalismus war dieser doch immer noch eine «politische Schule für Deutschland». Am Konstitutionalismus festzuhalten und ihn weiterzuentwickeln war allemal besser als radikalen Parolen der Demokraten oder gar der Sozialisten zu folgen, die am Ende nur wider Willen der Reaktion zuarbeiteten. Von den Idealen des älteren, vormärzlichen Liberalismus wollte Rochau mit alledem sich nicht verabschieden. Aber mit idealistischen Mitteln waren Ideale nicht zu verwirklichen, sondern nur mit den Mitteln der Macht: Das war die Botschaft, von der der Autor der «Grundsätze der Realpolitik» die deutschen Liberalen zu überzeugen versuchte. Er tat freilich nur wenig, um sie und andere Leser von der Folgerung abzuhalten, daß Realpolitik sich auch ohne ideale Ziele betreiben ließ und dann von bloßer Machtpolitik nicht mehr zu unterscheiden war.

Für die deutsche Geschichte bedeutete 1848/49 einen tiefen Einschnitt. Daß die Liberalen und Demokraten Einheit und Freiheit nicht aus eigener Kraft hatten verwirklichen können, prägte das politische Bewußtsein der Deutschen: Es blieb obrigkeitlich verformt. Doch es war nicht nur ein Unglück, daß das ehrgeizige Doppelziel damals nicht erreicht wurde. Denn wenn die entschiedenen Revolutionäre mit der Verwirklichung ihres Programms begonnen und den großen Krieg zur Befreiung Europas ausgelöst hätten, wäre das Ergebnis vermutlich eine Katastrophe für den alten Kontinent gewesen.[97]

Rückblick auf die Revolution (II): Europa

Was für die deutsche Revolution gilt, trifft auch auf die europäische Revolution von 1848 als Ganzes zu: Ihr Scheitern wirkte klärend und war folgenreich. Mit einer gewissen Zuspitzung könnte man sogar behaupten, Erfolg habe diese Revolution nur dort gehabt, wo sie nicht stattfand. Die Niederlande erhielten im Herbst 1848 eine faktisch neue Verfassung, ohne daß es zuvor zu gewaltsamen Erschütterungen gekommen wäre. In Dänemark, dessen erste Verfassung vom Juni 1849 datiert, hatte sich der König im März 1848 so rasch an die Spitze der nationalliberalen Bewegung gestellt, daß die ansonsten zu erwartende revolutionäre Entladung des Volkszorns ausblieb. Gewalt wurde in dem südlichsten der skandinavischen Königreiche in der Folgezeit freilich durchaus angewandt: in dem Krieg um Schleswig, der die Nation einte, in dem betroffenen Gebiet aber auch viele Züge eines Bürgerkrieges trug.

Was wir als Hauptgrund für das Scheitern der deutschen Revolution festgehalten haben, die Überforderung der Liberalen und Demokraten durch die selbstgestellte Doppelaufgabe, aus Deutschland gleichzeitig einen National- und einen Verfassungsstaat zu machen, findet seine Entsprechung in Italien. Zwischen den beiden Revolutionen gibt es aber auch markante Unterschiede: Deutschland mußte, anders als Italien, keinen Krieg mit dem Ziel führen, eine Fremdherrschaft zu überwinden. Die Niederlage Sardinien-Piemonts im Kampf gegen Österreich im Sommer 1848 und die Fortdauer der habsburgischen Herrschaft in Oberitalien trugen entscheidend dazu bei, daß keiner der Pläne eines gesamtitalienischen Parlaments verwirklicht wurde. Deswegen konnte Italien 1848/49 keine Erfahrungen mit parlamentarischer Willensbildung auf nationaler Ebene sammeln. Deutschland hatte diese Möglichkeit seit der Wahl der Frankfurter Nationalversammlung, und nichts war für die Herausbildung einer nationalen Öffentlichkeit so wichtig wie die Debatten der Paulskirche, von denen dank eines blühenden Zeitungswesens eine breite Leserschaft in allen Teilen des Landes Kenntnis nahm. Auf dem Weg zur Entstehung einer modernen Staatsnation war 1848/49 für Deutschland darum eine tiefere Zäsur als für Italien.

Während Deutschland und Italien einen souveränen Nationalstaat anstrebten, ging es den meisten slawischen Völkern der Habsburgermonarchie um einen angemessenen Platz *innerhalb* dieses Vielvölkerreiches. Sie wurden damit zu Gegnern der Kräfte, die mit ihren politischen Vorhaben den Zusammenhalt dieses Gebildes zu sprengen drohten: der österreichischen Deutschen, soweit sie sich an der Gründung eines deutschen Nationalstaates beteiligten, der Polen, die auf einen eigenen, ungeteilten und unabhängigen Staat hinarbeiteten, der Ungarn, die nicht länger bereit waren, sich der Oberhoheit des Kaisers in Wien zu beugen.

Nirgendwo in Ostmitteleuropa traten 1848 die Schwierigkeiten einer Nationalstaatsgründung so deutlich zutage wie in der ungarischen Hälfte des Habsburgerreiches. Für den Nationalstaat westlichen Typs, wie ihn Frankreich verkörperte, war die Idee der «nation une et indivisible» grundlegend, die ihren Willen durch Mehrheitsentscheidung artikulierte. In Ostmittel- und Südosteuropa waren nationale Gemengelagen nicht die Ausnahme, sondern die Regel. Setzte sich hier die stärkste Nationalität durch Anwendung des Mehrheitsprinzips durch, kam das einer politischen Vergewaltigung der anderen Nationalitäten gleich.

Die Magyaren machten kaum die Hälfte der Bewohner des «transleithanischen» Teiles des Habsburgerreiches aus. Mit der Proklamation eines unabhängigen Ungarn forderte die Titularnation den geballten Widerstand aller Nationalitäten heraus, die ihre Interessen im Vielvölkerstaat der Habsburgerkaiser besser aufgehoben glaubten als in einem von den Magyaren beherrschten Staat. Mit dem westlichen Verständnis von Nation berührte sich das ungarische insofern, als es sich nicht auf eine gewachsene kulturelle, sprachliche und ethnische, sondern auf eine politische und staatsrechtliche Gemeinsamkeit berief: die historische Zusammengehörigkeit der Länder der Stephanskrone. Mit dem westlichen Prinzip der bewußten subjektiven Entscheidung für die Nation aber war der ungarische Staatsnationalismus nicht vereinbar: Kroaten, Slowenen, Slowaken, Serben, Deutsche und Rumänen wurden nicht gefragt, ob sie Ungarn sein wollten. Die Idee der «einen und unteilbaren Nation» wurde zur Fiktion, wenn man sie auf ein unabhängiges Ungarn anwandte. An diesem inneren Widerspruch, und nicht nur an der russischen Intervention, ist die ungarische Revolution gescheitert – und mit ihr der erste Versuch, die westliche Idee des homogenen Nationalstaates im multiethnischen Ostmitteleuropa zu verwirklichen.

Die Habsburgtreue der meisten slawischen Völker hatte viel mit der Lösung oder besser Teillösung einer sozialen Frage zu tun: der Beseitigung der Feudallasten, des «Robot», durch das Kaiserliche Patent vom 17. April 1848. Die «Bauernbefreiung» bedeutete nicht, daß den Bauern zusätzliches Land zur Bewirtschaftung überlassen wurde. Dennoch kam der Erlaß gerade noch rechtzeitig: Er verhinderte eine Revolutionierung der Landbevölkerung, die überall im Habsburgerreich die mit Abstand größte Gruppe der Gesellschaft bildete. Die Bauern waren um 1848 von nationalen Parolen noch kaum erfaßt worden. Ein nationales Bewußtsein hatte sich nicht zufällig dort am weitesten verbreitet, wo es, wie namentlich in Böhmen, ein starkes Bürgertum gab und die Industrialisierung bereits begonnen hatte. Bei der tiefen Verbundenheit der meisten Slawen mit dem österreichischen Kaiser mußte es also nicht bleiben. Sie konnte durch die industrielle Entwicklung ebenso in Frage gestellt werden wie durch eine unkluge Politik, die die Selbstachtung der slawischen Völker verletzte. 1848/49 wurde das Habsburgerreich letztlich durch seine Rückständigkeit gerettet. Es war dieser Befund, der den Widerruf der oktroyierten Verfassung am 31. Dezember 1851 in sich logisch erscheinen ließ: Die Wiener Führung ging offenbar davon aus, daß die Zukunft Österreichs am besten durch die Rückkehr zum Absolutismus gesichert werden konnte.

Die andere soziale Frage, die des Proletariats, spielte im Habsburgerreich 1848 eine geringere Rolle als im industriell weiter fortgeschrittenen Deutschland und in Frankreich, wo sozialistische und kommunistische Ideen in der Arbeiterschaft mehr Widerhall gefunden hatten als irgendwo sonst in Europa. Nur in Frankreich nahm die Revolution den Charakter des Klassenkampfes zwischen Bourgeoisie und Proletariat an, wobei selbst in Paris von einer scharfen Trennlinie zwischen Arbeitern und Handwerksgesellen noch keine Rede sein konnte.

Im Februar 1848 hatte die bürgerliche Linke Frankreichs noch geglaubt, durch die Einrichtung von Nationalwerkstätten der sozialen Revolution den Wind aus den Segeln nehmen zu können. Tatsächlich trat die gegenteilige Wirkung ein: Das ebenso kostspielige wie unproduktive Experiment führte dazu, daß immer mehr Arbeitslose aus der Provinz in die Hauptstadt strömten und dort das Lager derer verstärkten, die alles Heil von einer proletarischen Revolution erwarteten. Die Auflösung der Nationalwerkstätten war nach Lage der Dinge unvermeidbar, aber im Juni 1848 konnte sie nicht mehr erfolgen, ohne die Gefahr des Bürgerkriegs heraufzubeschwören.

Die Junischlacht, die mit der blutigen Niederlage des Pariser Proletariats endete, war der entscheidende Wendepunkt in der Geschichte der zweiten französischen Republik. Aus dem Riß, der durch die Gesellschaft ging, wurde ein Abgrund. Ihn zu überbrücken war das große Versprechen, mit dem sich der politisch talentierteste Bewerber um das Amt des Präsidenten der Republik, Louis-Napoleon, den Franzosen im Frühjahr 1848 präsentierte und das wesentlich zu seinem Erfolg beitrug. Damit begann jene Verselbständigung der Exekutivgewalt, die vier Jahre später in der Errichtung des Zweiten Kaiserreiches ihren vorläufigen Abschluß fand. Sieht man einmal von der Habsburgermonarchie und vom Königreich beider Sizilien ab, gab es Anfang der 1850er Jahre westlich des russischen Zarenreiches wohl kein Land, in dem es um die politische Freiheit so schlecht bestellt war wie im Mutterland der bürgerlichen Revolutionen.

Karl Marx nahm die französische Entwicklung zum Anlaß, grundsätzlich über die Ursachen des Scheiterns der Revolution und die Folgerungen nachzudenken, die es daraus zu ziehen galt. Das Ergebnis seiner Überlegungen war die bereits zitierte Schrift «Die Klassenkämpfe in Frankreich 1848 bis 1850». Er brachte sie 1850 in London zu Papier, wohin er sich nach seiner Ausweisung erst aus Preußen, dann aus Frankreich im Spätsommer 1849 begeben hatte. Die wichtigste Lektion des Revolutionsjahres bestand für Marx darin, daß das Proletariat die einmal eroberte Macht nur festhalten konnte, indem es die Klassengegner systematisch unterdrückte. Er gab seine eigene Auffassung wieder, wenn er die Position des «revolutionären Sozialismus» mit den Worten umriß: «Dieser Sozialismus ist die Permanenzerklärung der Revolution, die Klassendiktatur des Proletariats als notwendiger Durchgangspunkt zur Abschaffung der Klassenunterschiede überhaupt, zur Abschaffung

sämtlicher gesellschaftlicher Beziehungen, die diesen Produktionsverhältnissen entsprechen, zur Umwälzung sämtlicher Ideen, die aus diesen Beziehungen hervorgehen.»

Auf das historische Vorbild der jakobinischen «terreur» von 1793,
das ihm stets präsent war, verwies Marx an dieser Stelle nicht. Damals
mußte, wie er 1847 schrieb, «die Schreckensherrschaft ... nur dazu dienen, durch ihre gewaltigen Hammerschläge die feudalen Ruinen wie
vom französischen Boden wegzuzaubern. Die ängstlich-rücksichtsvolle
Bourgeoisie wäre in Dezennien nicht mit dieser Arbeit fertig geworden.
Die blutige Aktion des Volkes bereitete ihr also nur die Wege.»

Anfang November 1848, nach dem Sieg der Gegenrevolution in
Wien, gab Marx in der «Neuen Rheinischen Zeitung» seiner Hoffnung
Ausdruck, der «Kannibalismus der Konterrevolution» werde die Völker
überzeugen, daß es nur ein Mittel gebe, «die mörderischen Todeswehen
der alten Gesellschaft, die blutigen Geburtswehen der neuen Gesellschaft
abzukürzen, zu vereinfachen, zu *konzentrieren*, nämlich den ‹revolutionären Terrorismus›». Die «Diktatur des Proletariats» als proletarische
Schreckensherrschaft war kein beiläufiges Moment der Konsequenzen,
die Marx aus den Revolutionen von 1848 zog. Am 5. März 1852 rechnete er in einem Brief an seinen Freund Joseph Weydemeyer die Erkenntnis, «daß der Klassenkampf notwendig zur Diktatur des Proletariats
führt», sogar zum Kernbestand seiner Theorie.

Liberale Zeitgenossen von Marx fanden den Rückschluß von der
«bürgerlichen» und «proletarischen» Revolution alles andere als überzeugend. In seinen «Grundsätzen der Realpolitik» machte August Ludwig von Rochau 1853 auf einen wesentlichen Unterschied zwischen
dem «dritten» und dem «vierten Stand» aufmerksam. «Es ist eine
nichtssagende Redensart», schrieb er, «wenn man von einem vierten
Stand spricht, der den Mittelstand ablösen werde, wie der Mittelstand
vormals in die Stelle der Aristokratie eingerückt sei. Zwischen diesem
geschichtlichen Vorgang und jener Weissagung fehlt jeder innere Zusammenhang. Der Mittelstand hat dem Adel das Heft aus der Hand
gewunden, nicht weil er zahlreicher war – der Zahl nach war ja der
mißhandelte Bauer noch weit stärker, ohne sich gleichwohl helfen zu
können –, sondern weil er es ihm an geistiger und sittlicher Bildung
und an Wohlstand zuvortat. Diese Eigenschaften waren es, welche ihm
den Anspruch auf die größere politische Geltung gaben und ihn
instand setzen, sich dieselbe zu verschaffen. Der sogenannte vierte

Stand dagegen wird gerade durch den Mangel jener Eigenschaften vorzugsweise charakterisiert, und wie lebhaft auch die Teilnahme sei, welche Unwissenheit, Roheit und Armut verdienen, so kann doch nur der bare Unverstand ihnen den Beruf zur herrschenden politischen Rolle zuerkennen. Entkleidet man den sogenannten vierten Stand jener negativen Eigenschaften, macht man ihn unterrichtet, so verschmilzt man ihn mit dem bisherigen Mittelstand, der alsdann möglicherweise nur noch einen Gegensatz von oben her haben kann.»

Die soziale Frage war folglich nach Rochaus Überzeugung nicht, wie Marx behauptete, durch eine proletarische Revolution und die anschließende Diktatur des Proletariats zu lösen, sondern nur durch eine Politik der sozialen Reform. Als deren Träger hatte sich kurz zuvor, 1850, im dritten Band seiner «Geschichte der sozialen Bewegung in Frankreich» der konservative Staatswissenschaftler Lorenz von Stein nur ein «Königtum der sozialen Reform», also einen auf dem monarchischen Prinzip beruhenden Staat, vorstellen können, der stark genug war, um «selbsttätig, gegen den Willen und die natürliche Tendenz der herrschenden Klasse, für die Hebung der niederen, bisher gesellschaftlich und staatlich unterworfenen Klasse auf(zu)treten und die ihm anvertraute höchste Staatsgewalt in diesem Sinne (zu) gebrauchen».

Für den liberalen Rochau konnte dies *nicht* die Alternative zur sozialen Revolution sein. Vielmehr ging es ihm ausschließlich um Hilfe zur Selbsthilfe, wozu auch «größtmöglicher Spielraum für den Assoziationsgeist», also gewerkschaftliche Betätigung, gehörte. «‹Hilf dir selbst, so wird Gott dir helfen›, lautet einer der weisesten Sprüche, die im Volk von Mund zu Mund gehen. Umgekehrt, wer sich selbst nicht hilft, dem kann Gott und dem kann auch der Staat nicht helfen. ‹Helft euch selbst› ist der Wahlspruch des nordamerikanischen Unternehmungsgeistes und der nordamerikanischen Arbeitskraft, die Zauberformel, welche jenseits des Ozeans binnen zweier Menschenalter eine ökonomische Macht ersten Ranges und eine Allgemeinheit des Wohlstandes geschaffen hat, wie die ganze bisherige Geschichte sie nie gesehen hat.»

Sechs Jahrzehnte nach der Französischen und ein Dreivierteljahrhundert nach der Amerikanischen Revolution stand Europa noch immer im Banne der Ideen von 1776 und 1789. Die Hinterlassenschaft jener Jahre ließ sich nicht so einfach tilgen wie die Inschrift «Liberté, Égalité, Fraternité» auf den öffentlichen Gebäuden Frankreichs im

Jahre 1852. Die Revolutionen von 1848 waren allesamt Versuche, eine politische Ordnung zu schaffen, die auf den Prinzipien der beiden westlichen Revolutionen des späten 18. Jahrhunderts beruhte und diese weiterentwickelte. Für die äußerste Linke um Marx und Engels war die radikale Phase der Französischen Revolution, die Zeit der jakobinischen «terreur», das Kapitel, aus dem sich am meisten für Gegenwart und Zukunft lernen ließ. Aus der Sicht eines gemäßigten Liberalen wie Rochau sprachen die Ergebnisse der Amerikanischen Revolution dafür, sich zumindest in Fragen der Gesellschaftsordnung ein Beispiel an den Vereinigten Staaten zu nehmen. Von einem konservativen Standpunkt aus bestätigte 1848 nur, was sich ungleich blutiger nach 1789 gezeigt hatte: daß aus der Selbstbefreiung der Völker nichts Gutes erwachsen konnte. (Nur für die Amerikanische Revolution gab es ein gewisses Verständnis, weil sie altes Recht verteidigt hatte.) Die Alternative zur Revolution hieß Reform und hatte vom Staat oder genauer gesagt vom Königtum auszugehen: So jedenfalls sah es ein moderater Konservativer wie der Wahlpreuße Lorenz von Stein aus dem schleswig-holsteinischen Eckernförde.[98]

Für eine sehr viel radikalere Form von Konservatismus stand der spanische Denker, Politiker und Diplomat Donoso Cortés, der die Februarrevolution in Paris miterlebt hatte und von November 1848 ab ein knappes Jahr lang Botschafter seines Landes in Berlin war. In einer Rede in den Cortes nannte er am 4. Januar 1849 Revolutionen die Krankheiten der reichen und freien Völker und bekannte sich unter dem lebhaften Beifall der Mehrheit zur Diktatur als einer legitimen und notwendigen Antwort auf ebendiese Krankheit. «Es handelt sich darum, zwischen der Diktatur, die von unten kommt, und der Diktatur, die von oben kommt, zu wählen; ich erwähle mir die, welche von oben kommt, weil sie aus reinlicheren und ausgeglicheneren Gegenden stammt. Es handelt sich schließlich darum, zu wählen zwischen der Diktatur des Dolches und der Diktatur des Säbels; ich wähle mir die Diktatur des Säbels, denn sie ist die vornehmere.»

Die politische Philosophie von Donoso Cortés war die der katholischen Gegenaufklärung und der Gegenrevolution in der Tradition von Bonald und de Maistre. Allem Übel dieser Welt lag demnach der religiöse Verfall zugrunde, der sich bis in das konstantinische Zeitalter, also in die Spätantike, zurückverfolgen ließ und mit der Reformation Martin Luthers, «mit diesem großen politischen und sozialen wie auch religiösen Skandal, mit diesem Akt der intellektuellen und moralischen Emanzipation der Völker», fortgesetzt hatte. In dem Maß, wie das «religiöse Thermometer» fiel, stieg das «politische Thermometer» – mit den bekannten revolutionären Konsequenzen. Zu diesen gehörten auch das Aufkommen des Sozialismus und der durch ihn hervorgerufenen Überschätzung der sozialen Frage. «Wenn man den Sozialismus bekämpfen will,» erklärte Cortés am 30. Januar 1850 in der Kammer, «ist es nötig, jene Religion zu Hilfe zu rufen, die die Reichen die christliche Liebe lehrt, die Armen die Geduld; die die Armen ergeben zu sein lehrt und die Reichen mitleidsvoll.»

Für Donoso Cortés gab es seit der Pariser Februarrevolution «nichts Festes, nichts Sicheres mehr in Europa». Spanien war in Europa immer noch das Land der größten Widerstandskraft, «das, was eine Oase in der Wüste Sahara ist». Außerhalb Spaniens war die Freiheit fast überall schon tot. Alles deutete auf einen Zusammenbruch hin, wie ihn die Menschheit noch nicht erlebt hatte. Alle Wege, selbst die einander entgegengesetzten, führten in Europa ins Verderben. Nach der Zerstörung der Gesellschaft und der Auflösung der stehenden Heere durch die Revolution, nach der Auslöschung der Vaterlandsliebe durch den Sozialismus bedurfte es nur noch des Zusammenschlusses der slawischen Völker, um Rußland in die Lage zu versetzen, sich Europas zu bemächtigen.

Selbst das monarchische und konservative England war nicht stark genug, um die zersetzenden Kräfte der in der Welt propagierten Ideen zu vernichten. Vor allem war es nicht katholisch. Das Radikalmittel gegen die Revolution und den Sozialismus konnte aber nur der Katholizismus sein, weil seine Lehre den absoluten Widerspruch zum Sozialismus bildete. Mittlerweile waren Kirche und Armee die einzigen Repräsentanten der europäischen Zivilisation, weil nur sie die Ideen von Autorität und Gehorsam unversehrt bewahrt hatten. Cortés sprach es nicht offen aus, aber seine Botschaft war doch klar: Wenn Europa sich dauerhaft gegen Revolution und Sozialismus schützen und der Eroberung durch Rußland entgehen wollte, mußte es sich radikal umbesinnen – und wieder katholisch werden.

Der Beifall, den Cortés mit seinen Reden bei der Mehrheit der Abgeordneten fand, macht deutlich, daß er für einen großen Teil des katholischen Spanien sprach. Was er vortrug, war eine geballte Kampfansage an Protestantismus, Aufklärung, Liberalismus, Demokratie und Sozialismus: überzeugend für die, die eine ähnliche reaktionäre Spielart von Katholizismus vertraten wie er selbst, nicht aber für Spanier, die sich dem Hauptstrom des westlichen Denkens verpflichtet fühlten. An der europäischen Revolution von 1848 hatte Spanien kaum teilgenommen; in der europäischen Gegenrevolution sollte es, soweit es nach Donoso Cortés ging, eine führende Rolle spielen. Doch auch unter den europäischen Konservativen gab es nicht viele, die dem liberalen Zeitgeist derart schroff gegenübertraten wie der wortgewaltige Sprecher der spanischen Rechten. Am ehesten entsprach wohl der österreichische Ministerpräsident Fürst Schwarzenberg den Vorstellungen Cortés' von einer konsequent antirevolutionären Politik. Was der katholische «Ultra» zur sozialen Frage zu sagen wußte, war von der Wirklichkeit des früheren Industriezeitalters so weit entfernt, daß er keine Aussichten hatte, als Kritiker des Sozialismus und als politischer Antipode von Marx breitere Wirkung zu erzielen. Das Denken von Donoso Cortés war ein Ausdruck der Rückständigkeit Spaniens um die Mitte des 19. Jahrhunderts. Es war zugleich der Versuch, das Land in seiner trotzigen Abwehrhaltung gegenüber dem modernen Europa nördlich der Pyrenäen zu bekräftigen.

In seiner Rede zur Lage Europas vom Januar 1850 war Cortés auch auf seine internationale Krise vom Sommer des Vorjahres eingegangen, in der sich zeitweilig die Gefahr eines Krieges zwischen den beiden westlichen Großmächten und Rußland abzeichnete: Das Zarenreich verlangte von der Türkei die Auslieferung von ungarischen und polnischen Freiheitskämpfern, darunter Kossuth, Dembiński und Bem, die nach der Niederschlagung der ungarischen Revolution ins Osmanische Reich geflüchtet waren. Die Pforte lehnte das russische Ansinnen unter Berufung auf das Völkerrecht ab; Großbritannien und, mit geringerem Nachdruck, Frankreich bestärkten den Sultan in seiner Haltung. Die britische Regierung schickte sogar, um den Ernst der Lage zu unterstreichen, Kriegsschiffe in die Dardanellen. Obwohl London damit die internationale Meerengenkonvention von 1841 verletzte, beugte sich der Zar dem Druck der Westmächte. Cortés vermerkte zu Recht, daß der Krieg nicht ausbrach, weil Rußland ihn nicht wünschte und nicht wünschen konnte.

Es waren keine wie immer gearteten ideologischen Gründe, die Großbritannien und Frankreich im Sommer 1849 in eine gemeinsame Front gegen Rußland brachten. Was zählte, war das Interesse beider

Mächte, das Osmanische Reich als Faktor des europäischen Gleichgewichts zu erhalten und sich eben darum dem russischen Drang zum östlichen Mittelmeer entgegenzustellen. Rußland seinerseits mußte befürchten, sich bei einem Krieg aus einem ebenso unbedeutenden wie unpopulären Anlaß völlig zu isolieren. So gesehen betrieben die beteiligten Großmächte 1849 «Realpolitik» avant la lettre – etwas, was zumindest Großbritannien und Frankreich während des gesamten Revolutionsjahres getan hatten.

Zu keiner Zeit gab es 1848/49 seitens der «liberalen» Westmächte Versuche, Freiheitsbewegungen in anderen Ländern zu unterstützen. Ebensowenig standen Interventionen gegen nationale Einigungsbestrebungen in Deutschland und Italien auf der Tagesordnung. Aktiv wurden die westlichen Großmächte nur, als beim deutsch-dänischen Krieg um Schleswig ihre Rechte und Pflichten als Signatarmächte der Schlußakte des Wiener Kongresses von 1815 und ihre strategischen Interessen in Nord- und Ostsee berührt wurden. Als der französische Außenminister Lamartine am 4. März 1848 in einem Manifest die Feststellung traf, die Verträge mit dem besiegten Frankreich von 1815 gälten nur noch als Tatsachen, über deren Abänderung man sich verständigen müsse, wurde das zwar in den Hauptstädten der anderen Großmächte als Provokation empfunden. Aber so revolutionsfeindlich der britische Außenminister Lord Palmerston auch war, so lehnte er es doch strikt ab, dem Drängen der Ostmächte nachzugeben und gegen das revolutionäre Frankreich vorzugehen.

Tatsächlich unterschied sich die Außenpolitik der zweiten französischen Republik kaum von der des gestürzten Julikönigtums. Auch in Wien und Berlin wirkte sich die Revolution auf die internationalen Beziehungen beider Staaten nur schwach aus. *Keine* der europäischen Großmächte betrieb 1848 eine revolutionäre Außenpolitik. Die Vormacht der Gegenrevolution, Rußland, zeigte sich erst nach dem Sieg der Gegenrevolution in Österreich und Preußen ernsthaft bereit, in Mitteleuropa zu intervenieren. Auf den ersten Blick sah es mithin so aus, als habe sich das internationale System durch die Revolution nicht grundlegend verändert. Einen Bruch zwischen den fünf Großmächten hatte es 1848/49 in der Tat nicht gegeben. Gleichwohl markiert die Revolutionszeit das Ende ideologischer Lagerbildung. Frankreich war unter Louis-Napoleon sehr viel weniger «liberal» als das England Lord Palmerstons; das konstitutionelle Preußen war bei weitem nicht so «konservativ» wie das Österreich Schwarzenbergs, von Rußland unter Nikolaus I. ganz zu schweigen. Die «Pentarchie» der frühen Restaurationszeit gehörte ebenso der Vergangenheit an wie der anschließende Gegensatz einer westlichen und einer östlichen Mächtegruppe. Auch wenn es den Begriff «Realpolitik» noch nicht gab: Er bezeichnet auf angemessene Weise den Geist, in dem die großen Mächte 1848 und danach auf der internationalen Bühne agierten.

Die Staatenlenker standen damit nicht allein. Auch die meisten nationalen Bewegungen trennten sich 1848 von dem, was ihnen im Rückblick als zu idealistisch und romantisch erschien. Der vormärzliche Traum vom «Völkerfrühling» war ausgeträumt. Als Italien und Deutschland sich anschickten, Nationalstaaten zu werden, wurde der einstige liberale Internationalismus rasch durch das Pochen auf vermeintliche nationale Interessen ersetzt: Ob Mazzini die Brennergrenze für Italien oder die Paulskirche Triest für Deutschland beanspruchten, von einer Solidarität der freien Völker war im Revolutionsjahr nur noch wenig zu spüren. Die radikale Linke wich hiervon ab, soweit es um die Zusammenarbeit «revolutionärer» Völker ging. Die Kehrseite dieser Solidarität war die Propagierung eines rücksichtslosen Kampfes gegen Völker, die als «konterrevolutionär» eingestuft wurden. «Internationalistisch» verhielten sich letztlich nur die Polen, die ihrerseits internationale Hilfe brauchten, um ihr nationales Anliegen, die Überwindung der Teilung, zu verwirklichen. 1848/49 gelangten sie dabei so wenig ans Ziel wie 1830/31 und 1846. Die polnische Frage blieb ebenso ungelöst wie die irische. Diese war freilich nur ein innerbritisches Problem, jene eines der «großen Politik».

Als Ergebnis der Revolution von 1848/49 gab es in Europa drei neue Verfassungsstaaten, nämlich Sardinien-Piemont, Preußen und Dänemark, aber keine neuen Nationalstaaten. In Ostmitteleuropa war, wenn man vom Sonderfall Polen absieht, die Idee des Nationalstaates vor allem an dem starken Rückhalt gescheitert, den das habsburgische Vielvölkerreich noch immer bei seinen slawischen Völkern besaß. Der Faktor Österreich erklärt zu einem guten Teil auch den Fehlschlag des deutschen wie des italienischen Versuchs, einen Nationalstaat zu gründen. Anwärter auf eine neue nationale Führungsrolle gab es in beiden Fällen: Es waren die Königreiche Preußen und Sardinien-Piemont. Daß es zu entsprechenden Initiativen kommen würde, war unschwer vorherzusagen: Die nationale Frage war in Deutschland so ungelöst wie in Italien, und auf Grund der Erfahrungen von 1848/49 war zu vermuten, daß den liberalen Kräften beider Länder das jeweils erreichbare Maß an nationaler Einheit im Zweifelsfall noch wichtiger sein würde als die volle Durchsetzung ihrer Vorstellungen von einem freiheitlichen Verfassungsstaat.

Für eine Anlehnung an bestehende Staaten, wenn diese denn ihrerseits zur Zusammenarbeit bereit waren, sprachen aus liberaler Sicht auch andere Überlegungen. Die Moderaten waren überzeugt, daß die Radikalen durch die Maßlosigkeit ihrer Forderungen der Reaktion in die Hände gearbeitet, ja den Sieg der Gegenrevolution erst ermöglicht hatten. Mit der Politik der gewaltsamen Konfrontation, die die gemäßigten Liberalen nie gesucht hatten, waren im Frühjahr 1848 zwar reaktionäre Regierungen überrumpelt und gestürzt worden. Aber im weiteren Verlauf hatte sich überall gezeigt, daß rebellierende Volksmassen einer Staatsgewalt, die ihre Machtmittel planvoll einsetzte, im Straßen- und Barrikadenkampf nicht gewachsen waren.

Man mußte kein gemäßigter Liberaler sein, um zu dieser Folgerung zu gelangen. Aus dem Abstand von fast einem halben Jahrhundert hat Friedrich Engels 1895 (in seiner Einleitung zur Neuausgabe von Marx' Schrift über die «Klassenkämpfe in Frankreich») die These aufgestellt, daß die «Rebellion alten Stils, der Straßenkampf mit Barrikaden, der bis 1848 überall die letzte Entscheidung gab», inzwischen überholt sei, weil dank der Entwicklung der Technik das Militär Aufstände sehr viel leichter niederwerfen könne als damals und die Spaltung der Gesellschaft in die zwei Klassen der Bourgeoisie und des Proletariats seitdem so deutlich geworden sei, daß gemeinsame Aktionen des «Volkes» nicht mehr zu erwarten seien.

Es war ein Ausdruck proletarischer «Realpolitik», wenn Engels im Rückblick auch von den Irrtümern sprach, denen Marx und er selbst sich 1848 hingegeben hatten. Die industrielle und die gesellschaftliche Entwicklung war zu jener Zeit bei weitem noch nicht so fortgeschritten, wie beide es unterstellt hatten. Ende des 19. Jahrhunderts waren die Klassenverhältnisse sehr viel klarer, die Chancen der Arbeiterklasse, auf demokratischem und gesetzlichem Weg an die Macht zu gelangen, in vielen Ländern sehr viel besser als 1848. Zudem hatten auch die Regierenden aus der Revolution gelernt und, um ihre eigene Macht zu sichern, Forderungen von 1848 erfüllt, die langfristig dem Proletariat nützen mußten. Als Beispiele einer solchen Politik, die aus «Totengrä-

bern der Revolution von 1848 ihre Testamentsvollstrecker» gemacht
habe, nannte Engels Napoleon III. und Bismarck. Mit Blick auf die Zeit
zwischen 1848 und 1871 lautete denn auch sein Fazit wie folgt: «Die
Periode der Revolutionen von unten war einstweilen geschlossen; es
folgte eine Periode der Revolutionen von oben.»

1848 war nicht die letzte Revolution in Europa, aber es war die
erste und letzte *europäische* Revolution. Zur Begründung seines Ver-
dikts, daß 1848 die *letzte* europäische Revolution war, verweist Reinhart Koselleck darauf, daß alle Bürgerkriege und Revolutionen, die
nach der Jahrhundertwende in Europa ausbrachen, auf einzelne Länder oder Staaten beschränkt blieben. «Keine Revolution griff über die
Grenzen hinaus, die sie vorfanden oder im Zuge der Veränderungen
selber neu setzten oder zogen. Alle folgenden Unruhen, Aufstände oder
Revolutionen blieben nationalstaatlich, schließlich nationaldemokra-
tisch zurückgebunden. Und mehr noch: alle seitdem ausgebrochenen
Bürgerkriege und Revolutionen waren, politisch gesehen, sekundäre
Folgen vorausgegangener Staatenkriege» – verlorener oder verloren
gehender Kriege, wie man wohl hinzufügen muß.

Das Scheitern der einzigen europäischen Revolution hatte weitreichende Wirkungen. 1848 prägte die Folgezeit so stark, daß es schwerfällt, irgendein großes Ereignis der europäischen Geschichte der zweiten Hälfte des 19. Jahrhunderts oder des 20. Jahrhunderts zu nennen,
das nicht in einem wenigstens mittelbaren Bezug zu dieser Revolution
steht. Ebendies macht 1848 zu einem Schlüsseljahr der neueren europäischen Geschichte – vielleicht zum Schlüsseljahr schlechthin.[99]

Wandernde Grenzen:
Die Westexpansion Amerikas im internationalen Vergleich

Auf der anderen Seite des Nordatlantiks, in den Vereinigten Staaten
von Amerika, hatten die Freiheitsbewegungen auf dem alten Kontinent
eine Welle der Sympathie ausgelöst. In Paris erkannte der amerikanische Gesandte Richard Rush die neue revolutionäre Regierung auf
eigene Faust noch im Februar 1848 an; die nachträgliche Billigung
durch Außenminister James Buchanan und Präsident James K. Polk ließ
nicht lange auf sich warten. Die Nachrichten von der deutschen Revolution wurden vor allem bei den Deutsch-Amerikanern mit Enthusias-

mus aufgenommen. Die Vereinigten Staaten waren die einzige Großmacht, von der die provisorische Zentralgewalt offiziell anerkannt wurde und mit der diplomatische Beziehungen bestanden. Durch den Verkauf eines Dampfschiffes, der Reichsfregatte «United States», unterstützte Amerika sogar den Aufbau einer deutschen Flotte.

Die populäre Begeisterung ließ freilich nach, als den amerikanischen Beobachtern klar wurde, daß es in Deutschland nicht um die Errichtung einer Republik, sondern um die Gründung eines Reiches mit einem Kaiser an der Spitze ging. Nach dem Scheitern der Revolution wurde Amerika neben England zum wichtigsten Zufluchtsort der europäischen Revolutionsführer, die sich dem Zugriff der Behörden entziehen konnten. In Baden, später auch in Preußen und Österreich erhielten weniger prominente Teilnehmer an den revolutionären Kämpfen die Möglichkeit, zwischen Haft und Auswanderung nach Amerika zu wählen. Doch nur eine Minderheit entschied sich für die Emigration.

Von den deutschen Demokraten und Republikanern, denen die Flucht nach Amerika gelang, waren Friedrich Hecker, Gustav von Struve und Carl Schurz die bekanntesten. Struve kehrte 1863, nach seiner Amnestierung, nach Deutschland zurück; Hecker und Schurz kämpften im amerikanischen Bürgerkrieg auf Seiten der Union: Hecker als Oberst, Schurz zuletzt als General. 1869 wurde Schurz zum Senator von Missouri gewählt, 1877 wurde er Innenminister der USA und bemühte sich als solcher um die Integration der Indianer. Kein europäischer Revolutionär aber wurde in Amerika so bejubelt wie Lájos Kossuth, der von Dezember 1851 bis Juni 1852 die Vereinigten Staaten bereiste und überall, wo er auftrat, für seine Bekenntnisse zur Freiheit der unterdrückten Völker, obenan der Ungarn, begeisterte Zustimmung fand.

Was 1848 zu einem Epochenjahr der amerikanischen Geschichte macht, waren aber nicht die Revolutionen im fernen Europa. Es war der Friedensvertrag, den die Vereinigten Staaten nach einem zweijährigen Krieg mit Mexiko am 2. Februar 1848 in Guadalupe Hidalgo unterzeichneten. Darin erkannte Mexiko die drei Jahre zuvor erfolgte Annexion von Texas sowie den Grenzverlauf am Rio Grande an und verzichtete auf ein großes, damals noch «New Mexico» genanntes Gebiet und das faktisch autonome, teilweise bereits von Amerikanern besiedelte Kalifornien von San Diego an nordwärts. Bereits zwei Jahre vorher hatten sich die USA mit Großbritannien gütlich auf den Grenzverlauf im lange umstrittenen Territorium von Oregon, nördlich von Kalifornien, verständigt: Fortan markierte auch hier der 49. Breitengrad die Grenze zwischen den Vereinigten Staaten und Britisch-Nordamerika. Die USA erstreckten sich damit vom Atlantischen bis zum Pazifischen Ozean. Mit dem Frieden von Guadalupe Hidalgo lagen die Umrisse ihrer zusammenhängenden kontinentalen Landmasse fest. Amerika erhielt seine neue Westgrenze also just in dem Jahr, in dem der Westen in Europa an seine alte Ostgrenze stieß: die Grenze zwischen dem historischen Okzident und dem orthodoxen Europa, das sich gegen ein Vordringen der politischen Ideen des Westens weiterhin abschottete.

Der Friede von Guadelupe Hidalgo war nicht das einzige Ereignis, das 1848 in die amerikanischen Geschichtsbücher eingehen ließ. Zehn Tage vor dem Abschluß des Vertrages, am 24. Januar, entdeckte ein Vorarbeiter auf dem Gelände der Sägemühle von John Sutter nahe Sacramento Gold: ein Fund, der sich nicht lange geheim halten ließ und Hunderttausende veranlaßte, sich auf den Weg nach Kalifornien zu begeben. Unter denen, die vom Goldrausch erfaßt wurden, waren nicht nur weiße Amerikaner, sondern auch befreite Sklaven, Mexikaner, Südamerikaner und nicht zuletzt Chinesen. Die wenigsten fanden, was sie suchten, aber viele blieben. In Kalifornien rief der massenhafte Zustrom von (fast durchweg männlichen) Goldsuchern einen Mangel an Arbeitskräften hervor, der weitere Einwanderung zur Folge hatte. Allein in San Francisco stieg die Zahl der Einwohner von rund tausend Anfang 1848 auf 50 000 im Jahre 1856. Zu den Opfern des Goldrausches gehörten die Indianer Kaliforniens: Sie wurden in großer Zahl von der Polizei aufgegriffen und anschließend befristet als Zwangsarbeiter beschäftigt, also faktisch zeitweise versklavt.

Das rasche Wachstum der Bevölkerung führte dazu, daß Kalifornien bereits im Jahre 1850 als gleichberechtigter Staat in die Union aufgenommen wurde: ein Status, den andere Territorien im Westen der USA erst später erlangten (als erstes Oregon 1859, als letzte New Mexico und Arizona 1912). Kalifornien zählte zu den «freien» Staaten, in denen Sklaverei verboten war, und eben deshalb ging der Verleihung der «statehood» ein längerer innenpolitischer Streit voraus. 1849 gab es eine gleiche Zahl von Sklavenstaaten und freien Staaten: nämlich jeweils 15. Dem Prinzip der Parität hatte erstmals der «Missouri-Kompromiß» von 1820 Tribut gezollt: Damals war der Sklavenstaat Missouri zusammen mit dem freien Maine, das bis dahin zu Massachusetts gehört hatte, in die Union aufgenommen und die Sklaverei, abgesehen von Missouri, nördlich der Südgrenze des neuen Staates verboten worden. Von den später hinzugetretenen Staaten waren Iowa und Wisconsin freie, Arkansas und Texas Sklavenstaaten. Der Aufnahme von Kalifornien stimmten die Südstaaten im September 1850 erst zu, nachdem der Norden im Gegenzug für die übrigen von Mexiko abgetretenen Territorien den Grundsatz der «popular sovereignty», der freien Entscheidung über Zulassung oder Verbot der Sklaverei, und ein verschärftes Gesetz über die Verfolgung entflohener Sklaven zugestanden hatte.

Die Beilegung des Streits um die Staatlichkeit von Kalifornien wurde durch einen Wechsel im höchsten Amt der Vereinigten Staaten ermöglicht. Der im November 1848 gewählte Präsident General Zachary Taylor, der Kandidat der «Whig Party», hatte bis zu seinem plötzlichen Tod am 9. Juli 1850 auf der gleichzeitigen Aufnahme von Texas als freiem und New Mexico als Sklavenstaat bestanden. Sein Nachfolger, der bisherige Vizepräsident Millard Fillmore, gab den Widerstand gegen den von dem demokratischen Senator Stephen Douglas aus Illinois vorgeschlagenen Kompromiß auf und verhalf damit der Union aus einer ernsten, ihre Existenz bedrohenden Krise.

Der Konflikt um Beibehaltung oder Abschaffung der Sklaverei wurde durch die prekäre Einigung von 1850 aber nicht aus der Welt geschafft, sondern lediglich vertagt. Bei den Präsidentschaftswahlen von 1848 hatten die beiden größten der konkurrierenden Parteien, die von Präsident Andrew Jackson gegründete Democratic Party und deren konservative Gegner, die Whigs, das umstrittene Thema aus dem Wahlkampf herauszuhalten versucht. Bei den Demokraten hatten die Plantagenbesitzer des Südens so viel Einfluß, daß die Partei 1844 die Unabhängigkeitserklärung von 1776 mit dem Bekenntnis zu den unveräußerlichen Menschenrechten aus ihren Glaubensartikeln strich. Dagegen lehnten sich Sklavereigegner aus dem Norden und Westen auf. Die von ihnen 1848 gegründete «Free Soil Party» warb mit dem Motto «Free Soil, Free Speech, Free Labor, and Free Men» um Stimmen und gewann vor allem bei den Farmern des Westens viele Anhänger. Ihr Präsidentschaftskandidat, der frühere Präsident Martin Van Buren, unterlag zwar. Sein Stimmenanteil von etwa 10 Prozent war jedoch hoch genug, um entscheidend zum knappen Sieg von Zachary Taylor über den demokratischen Bewerber, Senator Lewis Cass aus Michigan, beizutragen.

Der Süden hatte gehofft, durch den Krieg gegen Mexiko sein politisches Gewicht in der Union steigern zu können. Tatsächlich verfügte der Norden nach dem Gebietszuwachs der Jahre 1846 bis 1848 über mehr neue Territorien und nach der Aufnahme Kaliforniens in die Union im September 1850 über mehr Senatoren und Abgeordnete als der Süden. Auch das größte Zugeständnis der Nordstaaten bewirkte keine Befriedigung. Das neue Gesetz gegen entflohene Sklaven rief im Norden und Westen so große Empörung hervor, daß es seinen Zweck völlig verfehlte: In aller Öffentlichkeit halfen die Abolitionisten geflüchteten Sklaven, über die «Underground railroad» in den freien Staaten Zuflucht zu finden oder sicher ins sklavenfreie Kanada zu gelangen.

Die Gefahr des Zerfalls der Union und des Bürgerkrieges war den Zeitgenossen durchaus bewußt. Am 8. Dezember 1849 warnte Senator John Caldwell Calhoun aus South Carolina in einem Brief für den Fall, daß die Sklaverei abgeschafft würde, vor einem «holocaust of blood». Wenige Tage danach, am 13. Dezember 1849, erklärte der demokratische Abgeordnete Robert Toombs im Repräsentantenhaus, wenn der Norden den Süden durch ein Gesetz aus den gemeinsam erworbenen Territorien Kalifornien und Mexiko vertreiben und die Sklaverei im Distrikt von Columbia, also in der Hauptstadt Washington, verbieten sollte, dann wäre er, Toombs, für «disunion», für die Auflösung der Union.

Knapp drei Jahre später, 1852, erschien ein Buch, das rasch eine nach Millionen zählende Leserschaft in aller Welt fand: «Uncle Tom's Cabin». Die Verfasserin, Harriet Beecher Stowe, wollte mit ihrer leidenschaftlichen Anklage gegen das Unrecht der Sklaverei den Süden zum Umdenken und zum freiwilligen Verzicht auf die Unterjochung der schwarzen Amerikaner bewegen. Die Wirkung war eine andere: Der Riß, der durch die Union ging, wurde noch tiefer. Es war abzusehen, daß er durch Kompromisse nach Art des Ausgleichs von 1850 nicht mehr lange überbrückt werden konnte.

Die Sklavenfrage war, wie wir gesehen haben, eng verknüpft mit dem anderen großen Thema, das die Aufmerksamkeit der Nation in den 1850er Jahren in Anspruch nahm: der Erschließung und Besiedelung des riesigen Raumes, den die Union in den wenigen Jahren zwischen 1846 und 1848 hinzugewonnen hatte. Im Sommer 1845 war in der Zeitschrift «Democratic Review» ein Artikel über die Annexion von Texas erschienen, in dem zum ersten Mal ein Begriff auftauchte, der bald zum politischen Schlagwort wurde: «Manifest Destiny». Der anonyme Verfasser war der Gründer der «Review», der irischstämmige John O'Sullivan aus New York. Er erklärte es für die offenkundige Mission Amerikas, «sich über den Kontinent auszubreiten, den die Vorsehung für die freie Entwicklung unserer Jahr um Jahr sich vervielfachenden Millionen bestimmt hat».

Das «Manifest Destiny» wurde beschworen, als es um die Besitznahme von Oregon, New Mexico und Kalifornien ging. Es tauchte auf, als nach 1850 das spanische Kuba ins Blickfeld des Südens trat (der dort zwei neue Sklavenstaaten gründen wollte). Im Vordergrund aber stand die Expansion in Richtung Westen, die durch nichts so stark gefördert wurde wie durch den Bau von Eisenbahnlinien. Im Jahre 1850 war noch nicht einmal Chicago an das Schienennetz angeschlossen. Sieben Jahre später überquerten zwölf Bahnlinien den Mississippi. Neun von ihnen hatten ihren Ausgangspunkt in Chicago. 1869 wurde die erste pazifische Eisenbahnlinie eröffnet: Sie führte von Omaha in Nebraska über die Rocky Mountains nach San Francisco.

Der Drang nach Westen war ein Grundzug der amerikanischen Geschichte. Vielen Bürgern der Vereinigten Staaten waren die ersten Worte des Gedichts «On the Prospect of Planting Arts and Learning in America» des englischen Philosophen und Theologen George Berkeley geläufig, der von 1728 bis 1731 in Amerika gelebt hatte: «Westward the course of Empire takes its way ...» Um 1850 trat das «westward movement» in eine neue Phase. Die äußere Grenzen der USA waren abgesteckt; drei Jahre nach der Aufnahme von Kalifornien wurde das Territorium der Union im Südwesten noch durch den «Gadsden Purchase» erweitert: ein Gebiet im Süden der späteren Staaten Arizona und New Mexico, das der amerikanische Gesandte James Gadsden 1853 im Auftrag von Präsident Franklin Pierce den Mexikanern zum Preis von 10 Millionen Dollar abkaufte. Der neugewonnene Landstreifen erschien den Betreibern des Kaufes deswegen so wichtig, weil er sich vorzüglich für den Bau einer südlichen Strecke des geplanten transkontinentalen Eisenbahnnetzes eignete: der Southern Pacific Railroad, die seit 1881 San Diego in Südkalifornien mit El Paso im Westen von Texas verband. 1867 wuchs das Gebiet der Union dank des diplomatischen Geschicks des langjährigen Außenministers William Henry Seward nochmals erheblich an: Für 7,2 Millionen Dollar kauften die USA Rußland Alaska ab.

«Go West, young Man»: Es war Horace Greeley, der Gründer der «New York Tribune», ein Förderer der Gewerkschaften, der Frauenemanzipation, der Anti-Sklaverei- und der «Free soil»-Bewegung, der 1850 mit diesem Aufruf das Lebensgefühl des freien Amerika zum klassischen Ausdruck brachte. Schon in den Jahren zuvor hatte Greeley die Armen von New York aufgefordert, ihr Glück im «großen Westen» zu suchen, was einige Tausende auch taten. Weit gewaltiger aber war der Zustrom von Einwanderern aus Europa, vor allem aus Deutschland und Irland, von denen viele, besonders die Deutschen, in den Mittleren Westen weiterzogen. Zwischen 1839 und 1844 belief sich die Zahl der Immigranten auf jährlich etwa 80 000. Zwischen 1821 und 1924 verließen 55 Millionen Menschen Europa, um auf der anderen Seite des Atlantiks eine neue Heimat zu finden. Drei Fünftel von ihnen, 33 Millionen, ließen sich in den Vereinigten Staaten nieder. Die Länder der Neuen Welt sogen auf diese Weise 40 Prozent des europäischen Bevölkerungszuwachses auf, die USA allein 24 Prozent.

Was den Mittleren Westen für Amerikaner aus dem dicht bevölkerten Osten und für Europäer so anziehend machte, war die Weite des Landes. Hier war der Boden billiger, die Weidefläche größer, der Nachbarhof ferner als dort, wo die Farmer oder die, die es werden wollten, herkamen. Die Farmer waren die ersten, die den Jägern und Fallenstellern folgten. Mit der Verbreitung und Ausdehnung der Familienfarmen wuchs der Bedarf an anderen Berufen, an Mechanikern, Handwerkern, Händlern, Ärzten, Rechtsanwälten, Richtern, Lehrern, Pfarrern, Bankiers, Journalisten und Politikern. Die Landwirtschaft war lange der wichtigste, aber nie der einzige Wirtschaftszweig des Mittleren Westens: Wer auf den Farmen keine Beschäftigung fand, hatte gute Chancen, in den Industriebetrieben der rasch nachwachsenden Städte einen Arbeitsplatz zu erlangen.

Die Alternative bestand darin, weiter westwärts zu ziehen, durch die unwirtlichen «Great Plains» westlich des Missouri, die man auch «The Great American Desert» nannte, nach Colorado auf der Ostseite der Rocky Mountains, wo 1858 Gold gefunden wurde und eine ertragreiche Bergbauindustrie entstand, nach Wyoming, dem Territorium, das als erstes 1869 das Frauenwahlrecht einführte, ins kupfer- und silberreiche Nevada oder gleich in den äußersten pazifischen Westen, ins Territorium von Oregon oder nach Kalifornien. Die «Great Plains» wurden als letzter Teil des Weiten Westens seit den sechziger und sieb-

ziger Jahren besiedelt, wobei die Rinderzüchter den kleinen, Schafzucht und Ackerbau treibenden Farmern vorangingen und deren Niederlassung oftmals mit Gewalt mit Hilfe bezahlter «Revolverhelden»
zu verhindern strebten. Hier, in den endlosen Präriegebieten, fanden
die blutigsten und langwierigsten Kämpfe mit den Indianerstämmen
statt, die sich ihre Jagd- und Weidegründe nicht wegnehmen lassen
wollten, die sich zur Wehr setzten, als weiße Büffeljäger ihre Lebens-
grundlage zu vernichten begannen, und die nicht bereit waren, sich
vom Kongreß in Washington in Reservationen einsperren zu lassen,
wo sie allenfalls noch dahinvegetieren konnten. Die Zurückdrängung
und weitgehende Ausrottung der Indianer trug viele Züge eines Völ-
kermords: nicht im Sinne eines von oben erteilten Befehls zur systematischen Vernichtung, wohl aber einer Politik, die die Lebensbedürfnisse
der Ureinwohner rücksichtslos den Interessen der Weißen, der Büffeljäger, Siedler und Eisenbahngesellschaften unterordnete.

   1893, als die Indianerkämpfe aufgehört hatten, hielt der Historiker
Frederick Jackson Turner auf der Jahrestagung der American Historical Association in Chicago einen rasch berühmt gewordenen Vortrag
über die Bedeutung der Grenze in der amerikanischen Geschichte. Die
amerikanische Grenze war, wie Turner darlegte, etwas anderes als die
europäische Grenze. In Europa trennte eine befestigte Grenze dicht besiedelte Gebiete voneinander; Amerikas «frontier» war hingegen eine
wandernde Grenze. Sie verlief am «jeweiligen äußersten Rand des
freien Landes» (the hither edge of free land). Sie war der Punkt, wo
Wildheit und Zivilisation aufeinandertrafen (the meeting point of
savagery and civilization). An der Grenze begann immer wieder der
«Prozeß der Evolution in jeder westlichen Gegend, die im Prozeß der
Expansion erreicht wurde» (a recurrence of the process of evolution in
each western area reached in the process of expansion).

   Das Vorhandensein eines Gebiets mit freiem Land, das ständig von
einem neuen Gebiet mit freiem Land abgelöst wurde, und das Vorrücken amerikanischer Siedlungen nach Westen (the existence of an
area of free land, its continuous recession, and the advance of American settlement westward) erklärten Turner zufolge die Entwicklung
Amerikas und seinen Charakter. «Zuerst war die atlantische Küste die
Grenze. Sie war in einem sehr realen Sinn die Grenze Europas. Indem
die Grenze nach Westen vorrückte, wurde sie immer amerikanischer ...
Auf diese Weise bedeutet das Wandern der Grenze eine ständige Be-

wegung weg von Europa, einen ständigen Zuwachs an Unabhängigkeit nach amerikanischen Maßstäben.» Deswegen bot auch nicht die Atlantikküste, sondern der «Große Westen» (the great West) den richtigen Blickwinkel, um die Geschichte der amerikanischen Nation zu betrachten.

Die Grenze war nach Turner der «Ort der schnellsten und wirksamsten Amerikanisierung» (The frontier is the line of most rapid and effective Americanization). Hier begann das gesellschaftliche Leben Amerikas stets aufs neue. Hier, wo Amerika immer wieder mit den einfachen Daseinsbedingungen einer primitiven Gesellschaft in Berührung kam, hatten die «ständige Wiedergeburt, der flüssige Zustand des amerikanischen Lebens» (this perennial rebirth, this fluidity of American life) und der Geist der Selbstbehauptung jedes einzelnen, der ausgeprägte Individualismus der Amerikaner, seinen Ursprung. Hier bildete sich ein starkes Nationalgefühl heraus, das dem Sonderbewußtsein der Regionen, dem «Sektionalismus», entgegenwirkte. Hier entwickelte sich ein Anspruch auf politische Teilhabe, der Amerika demokratischer machte, als es vordem war. Das Vorrücken der Grenze führte zu einer Bevölkerung von hoher Mobilität, so daß das Beharren in örtlicher Beschränktheit, der «Lokalismus», keine Chance hatte. Die wandernde Grenze im Westen veränderte die Vereinigten Staaten so, wie einst das Mittelmeer das klassische Griechenland verändert hatte: Die «frontier» brach die Macht alter Gewohnheiten, ermöglichte neue Erfahrungen und verlangte immer wieder nach neuen Einrichtungen und Betätigungsfeldern.

Inzwischen war, wie Turner wohl etwas voreilig meinte, die große Westwanderung an ihr Ende gelangt. Die Bedeutung der Grenze für Amerika aber hatte sich nach seiner Überzeugung nicht erschöpft: «Ein voreiliger Prophet wäre, wer behaupten wollte, das amerikanische Leben habe seinen offensiven Charakter völlig verloren. Bewegung war die beherrschende Tatsache, und wenn man nicht annehmen will, daß ein Volk von einer solchen Erfahrung unbeeindruckt bleiben kann, wird die amerikanische Energie sich ständig ein weiteres Feld für ihre Entfaltung suchen.»

Turners «Frontier-These» hat vielerlei Widerspruch hervorgerufen. Die Kritiker verweisen darauf, daß sich auch im Westen ein kräftiger Sektionalismus entwickelt hat, die national integrierende Wirkung der wandernden Grenze also nicht überschätzt werden darf. Sie betonen, daß das Leben an der jeweiligen Grenze weniger durch Individualismus als durch Solidarität geprägt war. Am ausgiebigsten wurde Turners Behauptung diskutiert, das Vorhandensein von «free soil» habe die sozialen Strukturen Amerikas «fluid» gehalten. Tatsächlich gab es kaum Arbeiter aus dem Osten, die nach Westen aufbrachen, um dort als selbständige Farmer Land zu bewirtschaften oder Vieh zu züchten. Allein der Mangel an Geld verhinderte meist eine solche Art von sozialem Aufstieg. Turner selbst hat freilich seine Vorstellungen von «Mobilität» nicht genauer umrissen und von der «frontier» auch nicht als jenem sozialen «Sicherheitsventil» (safety-valve) Amerikas gesprochen, das in der Debatte über seine Thesen eine bedeutende Rolle spielt.

Die wissenschaftlichen Einwände haben die «Frontier-These» relativiert, aber nicht widerlegt. Die lange Zeit offene Grenze *hatte* nachhaltige Wirkungen auf die Wirtschaft, die Gesellschaft, die Mentalität und die politische Kultur Amerikas. Vom Westen aus eroberte seit den Zeiten von Präsident Andrew Jackson die Idee der «grass root democracy» die Vereinigten Staaten von Amerika; sie veränderte das Wahlrecht und die politischen Institutionen im Sinne erweiterter Teilhaberrechte des Volkes. Vom Westen ging eine freikirchliche, methodistische oder evangelikale Bewegung aus, die auch in den älteren Siedlungsgebieten ihre Anhänger fand. Der wachsende Wohlstand des Westens schlug sich in vermehrten Aufträgen an die Industriebetriebe des Ostens nieder, was zu steigenden Reallöhnen der Arbeiter führte. Die «frontier» trug also in der Tat zur Entschärfung der «sozialen Frage» oder, in der Begrifflichkeit von Karl Marx gesprochen, der Klassengegensätze bei.

Der «große Westen» beflügelte die Phantasie der Nation und bestärkte sie im Glauben an die unbegrenzten Möglichkeiten Amerikas, an seinen historischen Auftrag, sein «Manifest Destiny». Im Zeichen der langanhaltenden Expansion nach Westen verband sich das religiöse Sendungsbewußtsein der amerikanischen Kolonialzeit mit der Überzeugung von der kulturellen Überlegenheit der germanischen und namentlich der angelsächsischen Rasse. Der Westen und die «frontier» wurden zu einem amerikanischen Mythos. Er stützte das optimistische Selbstvertrauen, das die Vereinigten Staaten schon in ihrer Gründungszeit bewiesen hatten und das sie brauchten, um auch künftig mit schweren inneren und äußeren Krisen fertig zu werden.

Grenzen, die sich durch Eroberung und Besiedlung in nicht oder nur dünn bewohnte Gebiete vorschoben, gab es in der Geschichte viele.

Vielfach war es die weltliche oder geistliche Herrschaft, die den Gang der Expansion bestimmte, so in der deutschen Ostkolonisation des Mittelalters. Bei der russischen Eroberung Sibiriens, einem mehrere Jahrhunderte während Vorgang, war es der autokratische Staat, der die Erschließung des riesigen Gebietes in seine Regie nahm, sobald die ersten Pelzhändler und Kaufleute weiter nach Osten vorgedrungen waren. Die französische Eroberung von Quebec hatte eine Ansiedlung von Bauern aus Frankreich zur Folge, die aber von dort aus nicht weiterwanderten, so daß die Grenze statisch blieb. In Lateinamerika trug die frühe Eroberung einen staatlichen, kirchlichen und feudalen Stempel. Parallelen zur nordamerikanischen «frontier» gab es in Südamerika am ehesten im Argentinien des späten 19. Jahrhunderts, wo europäische Einwanderer seit 1880 Patagonien zu besiedeln begannen und die Indios auf ähnlich brutale Weise in den Untergang getrieben wurden, wie es in den Vereinigten Staaten geschah. Doch überwog in Argentinien der Landerwerb durch Großgrundbesitzer und nicht, wie in den USA, durch einzelne Siedler oder Siedlerfamilien.

Eine Landnahme durch freie Siedler war gleichwohl kein amerikanischer Sonderfall. In Südafrika drangen seit dem letzten Viertel des 18. Jahrhunderts die aus Holland eingewanderten Buren von der 1652 gegründeten niederländischen Kapkolonie aus ins Landesinnere vor und ließen sich dort nieder. Doch neben der burischen Wanderung gab es noch eine andere und zahlenmäßig weit stärkere, die von Stämmen der Bantus wie der Zulus, die von den Buren bekämpft, aber nicht dauerhaft besiegt wurden. Zudem gab es keinen Zustrom weiterer weißer Einwanderer, die von den Buren hätten assimiliert werden können. Der britischen Annexion der Kapkolonie im Jahre 1806 folgte drei Jahrzehnte später, ausgelöst durch die Abschaffung der Sklaverei in den britischen Kolonien seit 1833, der Exodus von 14 000 Buren, der sogenannte «Große Treck», in die im Norden und Osten angrenzenden Gebiete. Dort gründeten die burischen Siedler zunächst die Republik Natal, und nachdem London dieses Gebiet zur britischen Kolonie erklärt hatte, die Republiken Oranje und Transvaal. 1852 erkannten die Briten die Unabhängigkeit von Transvaal, 1854 die des Oranje-Freistaats an. Sie sanktionierten damit etwas, was sie im Grundsatz mißbilligten: die zum System erhobene Diskriminierung der nichtweißen Bevölkerung durch die Buren.

In Australien ging die weiße Besiedlung von den «Squatters», den kapitalkräftigen Züchtern von Wollschafen, aus. Ihr Pionier war Captain John MacArthur, ein Offizier der ersten und lange Zeit einzigen Sträflingskolonie und damit ein Angehöriger derjenigen Gruppe, der die britische Regierung ein faktisches Außenhandelsmonopol für australische Güter zugestanden hatte. Es war Australiens Hauptexportware, die Wolle, die nach dem Urteil des deutsch-amerikanischen Historikers Dietrich Gerhard aus einer Niederlassung von Sträflingen eine Kolonie machte: eine Entwicklung, die durch die britische Einwanderungspolitik seit den 1830er Jahren nachhaltig unterstützt wurde.

1850 erhielten die Kolonien New South Wales, Victoria, Tasmania und South Australia eine fast unbeschränkte Autonomie mitsamt einer parlamentarischen Verfassung. Im Jahr darauf lösten Goldfunde die zweite große Einwanderungswelle aus; sie führte wie in Amerika zur weitgehenden Verdrängung und Unterdrückung der Ureinwohner, die hier «Aborigines» genannt wurden. Da die meisten Neuankömmlinge kein Gold fanden oder nicht über das Kapital verfügten, das für den Untertagebau erforderlich war, suchten sie eine Beschäftigung in der Landwirtschaft oder in der Industrie. Die australische Wüste aber erwies sich im Unterschied zur «Great American Desert» als dauerhaft unbewohnbar. Die australische «frontier» wanderte, auf die Gesellschaft im ganzen wirkte sie jedoch weniger prägend als die amerikanische. Die Institutionen der entstehenden australischen Demokratie, ihre Parteien und Gewerkschaften wurden stark durch das Mutterland beeinflußt, das mit der Reform Bill von 1832 selbst in eine neue Phase des politischen und sozialen Wandels eingetreten war.

Entsprechendes galt von Neuseeland, das sehr viel später als der fünfte Kontinent von Weißen besiedelt wurde. Die ersten unter ihnen waren Walfänger und Robbenjäger, seit 1814 dann anglikanische, bald auch methodistische Missionare. Um 1838 lebten etwa 2000 Menschen europäischer Herkunft, darunter viele ehemalige Sträflinge aus Australien, auf der Nord- und der Südinsel. 1840 wurden beide Inseln von Großbritannien annektiert, wobei sich London im Falle der Südinsel auf das Recht der Entdeckung (durch James Cook im Jahre 1768) berief, während es sich die Souveränität über die Nordinsel durch einen Vertrag mit Häuptlingen der einheimischen Maoris übertragen ließ. Durch denselben Vertrag, das Abkommen von Waitangi, erwarb die britische Krone das Vorkaufsrecht auf Land, das die Maoris abzugeben bereit waren. Erst nach der Annexion setzte die Einwanderung von «Squatters» im größeren Stil ein. Bereits 1852 erhielt Neuseeland eine Verfassung, die den weißen Siedlern ein hohes Maß an demokratischer Mitbestimmung gewährte.

Anders als in Nordamerika, Südafrika und Australien war die Kolonialmacht in Neuseeland zunächst bestrebt, die Eingeborenen entsprechend den Forderungen der erstarkten evangelikalen Bewegung human zu behandeln: ein Vorsatz, der allerdings nur so lange durchgehalten wurde, als die Maoris willens waren, Land an Weiße zu verkaufen. Diese Bereitschaft ließ in dem Maß nach, wie die Zahl der Siedler und der Siedlungswilligen wuchs. 1860 begann auf der Nordinsel ein fünfjähriger Krieg zwischen einem Teil der Maoris, die sich der Führung eines Königs unterstellt hatten, auf der einen, Kolonialtruppen, Siedlermilizen, Freiwilligen und mit den Weißen verbündeten Maoris auf der anderen Seite. Die Zahl der Toten wird bei den Rebellen auf 2000, bei den Weißen und ihren einheimischen Alliierten auf 1000 geschätzt.

Dem offiziellen Friedensschluß von 1865, der die Niederlage der aufständischen Maoris besiegelte, schloß sich ein mehrjähriger Kleinkrieg an. An die Stelle des Landverkaufs durch die Maoris trat vielfach die Konfiskation ihres Grundbesitzes, wovon vor allem, aber nicht nur die ehemaligen Rebellen betroffen waren. Die Verteidigung des neubesiedelten Gebiets überließ Großbritannien fortan den Kolonisten. Die neuseeländische «frontier» war durch die Kämpfe mit den Maoris der nordamerikanischen ähnlicher geworden, als sie es vor 1860 gewesen war. Das Schicksal der Maoris war zwar nicht so schrecklich wie das der australischen Aborigines, die bis in die späten 1830er Jahre von vielen Weißen im Wortsinn als «Freiwild» betrachtet und getötet wurden, aber auch nicht viel besser als das der überlebenden Indianer in den Vereinigten Staaten und in Kanada. Wo immer es eine breit angelegte Landnahme durch weiße Siedler gab, ging sie einher mit der Entrechtung, Vertreibung, Demoralisierung und wenn nicht Vernichtung, so doch Dezimierung der Ureinwohner.

Ähnlich wie in Australien und Neuseeland zog auch Kanada Nutzen aus der Reformpolitik, der sich Großbritannien zu Beginn der 1830er Jahre zugewandt hatte. 1840 wurden aufgrund eines ausführlichen Berichts des Generalgouverneurs von Britisch-Nordamerika, Lord Durham, das überwiegend französischsprachige und katholische Unterkanada und das überwiegend englische und protestantische Oberkanada durch ein britisches Gesetz, den Canada Union Act, zur

Provinz Kanada vereinigt und einer Regierung unterstellt, die seit 1848 vom Vertrauen des Unterhauses abhängig war. Damit reagierte London auf Aufstände, die 1837 sowohl Quebec als auch Ontario erschüttert hatten. 1867 folgte die Bildung des Dominion of Canada mit den Provinzen Quebec, Ontario, Nova Scotia und New Brunswick; bis 1873 schlossen sich die Provinzen Manitoba, British Columbia und Prince Edward Island (im St. Lorenzstrom) an. Kanada wurde durch das Gesetz von 1867 ein Bundesstaat. Die Mitglieder des Senats, in dem die Provinzen vertreten waren, wurden allerdings nicht gewählt, sondern auf Vorschlag des Premierministers vom Generalgouverneur, dem Vertreter der britischen Krone, auf Lebenszeit ernannt. Anders als in England waren Staat und Kirche nach amerikanischem Vorbild strikt getrennt, die religiösen Gruppen gleichberechtigt und das öffentliche Schulwesen dem kirchlichen Einfluß entzogen.

Die Besiedlung von Ontario hatte wesentlich später als die von Quebec begonnen, verstärkt erst nach 1830, und zwar mit Hilfe von Kanal- und Eisenbahnbau, finanziert durch britisches und amerikanisches Kapital. An der «frontier» selbst gaben wie in den USA freie Siedler den Ton an, und wie dort ging auch hier von der Grenze eine religiöse Bewegung im Sinne der Freikirchen und besonders der Methodisten aus. Um 1850 war die Besiedlung Ontarios im wesentlichen abgeschlossen. Nach Norden hin schob der Kanadische Schild, die Landmasse um die Hudson-Bai mit ihren ausgedehnten, in die subarktische Tundra übergehenden Sumpf-, Seen- und Waldgebieten, weiteren Siedlungen einen Riegel vor. Die Präriegebiete des kanadischen Westens wurden erst im späten 19. Jahrhundert durch den Bau der (vom Staat mitfinanzierten und 1885 fertiggestellten) Pacific Railway erschlossen und in der Folgezeit von Einwanderern aus Europa und den Vereinigten Staaten besiedelt.

Kämpfe mit Indianerstämmen gab es auch an der kanadischen «frontier». In Gestalt der 1873 geschaffenen berittenen Northwest Mounted Police war der Staat im kanadischen Westen aber sehr viel stärker präsent als im «Wilden Westen» der USA. Die «Mounties» wurden auch nicht so sehr gegen die Indianer als vielmehr zum Schutz der Reservate eingesetzt, die die kanadische Regierung den Ureinwohnern zugewiesen hatte. Dem Zwang zur Anpassung an die Sprache und Kultur ihrer europäisch geprägten Umwelt waren die Indianer freilich auch dort ausgesetzt (was ebenfalls für die andere der beiden «first Nations», die Inuit im hohen Norden Kanadas, galt): Dafür sorgten schon die staatlichen oder vom Staat finanzierten kirchlichen Schulen.

Bei allen Entsprechungen, die es in anderen Ländern gab, war die amerikanische «frontier» in mehrfacher Hinsicht etwas historisch Singuläres: Nirgendwo sonst waren Expansion und Siedlung so sehr das Werk einer ganzen Gesellschaft; in keinem anderen Land der Welt wurde das Leben der ganzen Nation so stark und anhaltend durch Wirklichkeit und Mythos der «frontier» geprägt wie hier; in keinem anderen Fall war der Zusammenhang von räumlicher Ausdehnung und Erweiterung der politischen Freiheitsrechte so eindeutig wie in den Vereinigten Staaten.

Um die Mitte des 19. Jahrhunderts blickten die Menschen in vielen Ländern Europas auf gescheiterte Revolutionen zurück, die allesamt Kämpfe um mehr Freiheit gewesen waren. Amerika hatte, als die europäischen Revolutionen von 1848 ausbrachen, gerade seinen Krieg gegen Mexiko und durch den Friedensschluß ein riesiges Territorium gewonnen. Gescheiterte Revolutionen und daraus erwachsene politische Selbstzweifel des Bürgertums auf der einen, anhaltende Expansion und ein entsprechendes Selbstvertrauen der Nation auf der anderen Seite des Nordatlantiks: Der alte und der neue Westen traten unter höchst unterschiedlichen Voraussetzungen in die zweite Hälfte des 19. Jahrhunderts ein.[100]

4.
Nationalstaaten und Imperien:
1850–1914

Materialismus versus Idealismus:
Die geistige Wende in der Mitte des 19. Jahrhunderts

Ein liberales Berliner Blatt, die «National-Zeitung», sprach im Jahre 1856 aus, was so oder ähnlich viele fortschrittlich gesinnte Bürger im Europa jener Zeit empfunden haben dürften. «Im Gefühl der Unbefriedigung über verfehlte ideale Zwecke, in der Trostlosigkeit über mißlungene ideale Bestrebungen hat die intelligente und materielle Kraft des Volkes sich auf das Gebiet des Erwerbs konzentriert, und die Gegenwart ist Zeugnis dessen, was die konzentrierte Kraft der Völker vermag, wenn Intelligenz und körperliche Arbeit vereint zu einem Zweck hinwirken. Was die idealistischen Bestrebungen vergebens versuchten, ist dem Materialismus in wenigen Monaten gelungen: die Umgestaltung der gesamten Lebensverhältnisse, die Verschiebung der Schwerpunkte und der Machtverhältnisse in den Organismus des gesellschaftlichen Zusammenlebens, die Beherrschung des Sinnens und Trachtens fast in allen Köpfen und die Anspannung einer nie gekannten Energie, eine förmliche Sucht nach rastloser Tätigkeit in allen Nerven, Muskeln und Sehnen.»

Das Lob des Materialismus hatte nicht zuletzt materielle Gründe: Die Jahre 1850 bis 1856 waren beiderseits des Nordatlantiks eine Zeit des rasanten Wirtschaftsaufschwungs, der Expansion der industriellen Fabrikation und des Bergbaus, des Schienenverkehrs, der telegrafischen Nachrichtenübermittlung und der Dampfschiffahrt, der Aktiengesellschaften, des Bank- und Börsenwesens. Durch die Entdeckung reicher

Gold- und Silbervorkommen in den Gebirgen Kaliforniens, Mexikos und Australiens war die Geldzirkulation nach 1850 in weltweitem Maßstab schlagartig gestiegen, so daß es keine Übertreibung ist, von einem «Globalisierungsschub» um die Mitte des 19. Jahrhunderts zu sprechen. Der Hochkonjunktur folgte, den Gesetzen der kapitalistischen Wirtschaft entsprechend, ein zyklischer Einbruch in Gestalt der Weltwirtschaftskrise von 1857 bis 1859. Doch auch in diesen Jahren ging die wirtschaftliche und gesellschaftliche Umwälzung unvermindert weiter. Ab 1859 begann sich die Konjunktur wieder zu erholen; in der zweiten Hälfte der sechziger Jahre setzte ein neuer «Boom» ein.

Seine wissenschaftliche Rechtfertigung erfuhr der Materialismus unter anderem durch das 1855 erschienene Buch «Kraft und Stoff» des Darmstädter Arztes Ludwig Büchner, eines Bruders des Dichters Georg Büchner. Eine andere post- und antiidealistische Denkströmung war der Positivismus, wie ihn der französische Philosoph Auguste Comte, einer der Gründerväter der Soziologie, in seinem zwischen 1851 und 1854 erschienenen «Système de politique positive» vertrat. Das vierbändige Werk stellte die Geschichte der menschlichen Erkenntnis als einen am Fortschritt ausgerichteten Prozeß dar, der drei Stadien durchlief: Dem theologischen oder fiktiven folgte ein metaphysisches oder abstraktes Stadium, das schließlich in der Moderne vom positiven oder wissenschaftlichen Stadium abgelöst wurde. Fünf Jahre nach der Veröffentlichung des letzten Bandes von Comtes «System», 1859, legte Charles Darwin sein Hauptwerk «Die Entstehung der Arten» vor, in dem der englische Naturforscher die Evolution der Lebewesen, ihren Kampf ums Dasein und ihre natürliche Selektion beschrieb. Im Jahr darauf begann die Veröffentlichung des magnum opus des englischen Philosophen Herbert Spencer, des «Systems der synthetischen Philosophie», das ebenfalls den Gedanken der Evolution in den Mittelpunkt einer wissenschaftlichen Welterklärung rückte.

Politisch am folgenreichsten aber war eine andere Art der Idealismuskritik: jene, die Karl Marx 1859 im Vorwort zu seiner «Kritik der politischen Ökonomie», einer Vorstudie zum 1867 erschienenen ersten Band des «Kapitals», zusammenfaßte. Die Kernsätze lauteten: «In der gesellschaftlichen Produktion ihres Lebens gehen die Menschen bestimmte, notwendige, von ihrem Willen unabhängige Verhältnisse ein, Produktionsverhältnisse, die einer bestimmten Entwicklungsstufe ihrer materiellen Produktivkräfte entsprechen. Die Gesamtheit dieser

Produktionsverhältnisse bildet die ökonomische Struktur der Gesellschaft, die reale Basis, worauf sich ein juristischer und politischer Überbau erhebt, und welcher bestimmte gesellschaftliche Bewußtseinsformen entsprechen. Die Produktionsweise des materiellen Lebens bedingt den sozialen, politischen und geistigen Lebensprozeß überhaupt. Es ist nicht das Bewußtsein der Menschen, das ihr Sein, sondern umgekehrt ihr gesellschaftliches Sein, das ihr Bewußtsein bestimmt. Auf einer gewissen Stufe ihrer Entwicklung geraten die materiellen Produktivkräfte der Gesellschaft in Widerspruch zu den vorhandenen Produktionsverhältnissen oder, was nur ein juristischer Ausdruck dafür ist, mit den Eigentumsverhältnissen, innerhalb deren sie sich bisher bewegt hatten. Aus Entwicklungsformen der Produktivkräfte schlagen diese Verhältnisse in Fesseln derselben um. Es tritt dann eine Epoche der sozialen Revolution ein. Mit der Veränderung der ökonomischen Grundlage wälzt sich der ganze ungeheure Überbau langsamer oder rascher um.»

Die Basis-Überbau-Lehre war das Grundaxiom des historischen Materialismus, wie Marx ihn verstand. Aus seiner Interpretation der Geschichte bezog der Autor die Gewißheit, mit der er die Klassengesellschaft der Gegenwart deutete und die klassenlose Gesellschaft der Zukunft zumindest andeutete: «Eine Gesellschaftsformation geht nie unter, bevor alle Produktivkräfte entwickelt sind, für die sie weit genug ist, und neue höhere Produktionsverhältnisse treten nie an die Stelle, bevor die materiellen Existenzbedingungen derselben im Schoß der alten Gesellschaft selbst ausgebrütet worden sind. Daher stellt sich die Menschheit immer nur Aufgaben, die sie lösen kann, denn genauer betrachtet wird sich stets finden, daß die Aufgabe selbst nur entspringt, wo die materiellen Bedingungen ihrer Lösung schon vorhanden oder wenigstens im Prozeß ihres Werdens begriffen sind. In großen Umrissen können asiatische, antike, feudale und modern bürgerliche Produktionsweisen als progressive Epochen der ökonomischen Gesellschaftsformation bezeichnet werden. Die bürgerlichen Produktionsverhältnisse sind die letzte antagonistische Form des gesellschaftlichen Produktionsprozesses, antagonistisch nicht im Sinn von individuellem Antagonismus, sondern eines aus den gesellschaftlichen Lebensbedingungen der Individuen hervorwachsenden Antagonismus, aber die im Schoß der bürgerlichen Gesellschaft sich entwickelnden Produktivkräfte schaffen zugleich die materiellen Bedingungen zur Lösung dieses

Antagonismus. Mit dieser Gesellschaftsformation schließt daher die Vorgeschichte der menschlichen Gesellschaft ab.»

Im Jahre 1848 hatten Marx und Engels vergeblich auf einen raschen Umschlag der bürgerlichen in die proletarische Revolution gehofft. Als 1857 die Weltwirtschaftskrise ausbrach, freute sich Engels: «Die Krisis wird mir körperlich ebenso wohltun wie ein Seebad, das merk' ich jetzt schon. 1848 sagten wir: jetzt kommt unsere Zeit, und sie kam ja in a certain sense, diesmal aber kommt sie vollständig, jetzt geht es um den Kopf.»

Doch auch aus dieser Krise ging das kapitalistische Wirtschaftssystem gestärkt hervor. Die Abwendung vom Idealismus setzte sich fort, aber sie kam vorerst nicht den revolutionären Sozialisten, sondern jenen Liberalen und Konservativen zugute, die im Sinne des Titels der Schrift von August Ludwig von Rochau aus dem Jahr 1853 «Realpolitik» zur Richtschnur ihres Handelns machten. Sowohl unter den Konservativen wie unter den Liberalen und Demokraten gab es freilich auch solche, die an ihrer jeweiligen Spielart von Idealismus und Gesinnungspolitik festhielten. Und alle Religionskritik der philosophischen und der revolutionären Materialisten vermochte nicht den gesellschaftlichen Rückhalt der Kirchen zu beseitigen. Die politische Rolle der großen Konfessionen und anderen Glaubensgemeinschaften war noch längst nicht ausgespielt. Die Materialisten aller Schattierungen, die Positivisten und die Verfechter der Evolutionslehre stießen auf Gegner, die entschlossen waren, dem säkularen Zeitgeist Widerstand zu leisten.[1]

West versus Ost: Der Krimkrieg und die Folgen

Im März 1854 brach ein Krieg aus, der fünf Jahre zuvor mit knapper Not noch einmal vermieden worden war: ein Krieg zwischen West und Ost. Im Sommer 1849 war Rußland unter dem Druck von Großbritannien und Frankreich von seiner ultimativen Forderung abgerückt, die Türkei möge die ungarischen und polnischen Flüchtlinge ausliefern, die sich nach der Niederwerfung der ungarischen Revolution ins Reich des Sultans begeben hatten. Im Mai 1853 wurde die Türkei erneut mit einer ultimativen Forderung aus St. Petersburg konfrontiert. Nikolaus I. wollte vom Osmanischen Reich als Schutzherr aller christlichen Untertanen des Sultans anerkannt werden, was ihm die Möglichkeit verschafft hätte, sich in die inneren Angelegenheiten der Türkei einzumischen. Die Hohe Pforte lehnte es abermals ab, sich dem russischen Ansinnen zu beugen, und wurde in dieser Haltung durch eine militärische Demonstration der beiden Westmächte England und Frankreich, die Entsendung ihrer Mittelmeerflotten zur Einfahrt der Dardanellen, bekräftigt.

Das Zarenreich ließ sich davon nicht beeindrucken und besetzte Anfang Juli 1853 die Donaufürstentümer Moldau und Walachei, die nominell noch immer unter türkischer Oberhoheit standen: eine Aktion, die die öffentliche Meinung Europas gegen Rußland aufbrachte. Die anderen Großmächte versuchten, zwischen St. Petersburg und Istanbul zu vermitteln, hatten damit aber keinen Erfolg. Das galt auch für die «Wiener Note» vom 31. Juli 1853. Der darin enthaltene Vorschlag, die Türkei solle frühere vertragliche Zusagen zugunsten der Christen des Osmanischen Reiches bekräftigen und namentlich am religiösen Status quo in Palästina, das heißt den verbrieften Rechten der katholischen und der orthodoxen Kirche an den Heiligen Stätten der Christenheit in Bethlehem und Jerusalem, nichts ohne vorherige Verständigung mit Frankreich und Rußland ändern, fand zwar die Zustimmung des Zarenreiches. Die Pforte aber wies angesichts der Proteste der islamischen Führer und der immer lauter werdenden Rufe nach einem Heiligen Krieg, dem Dschihad, die Note zurück. Am 4. Oktober 1853 folgte die türkische Kriegserklärung an Rußland.

Damit rückte die «orientalische Frage» erneut, wie zuletzt 1840, ins Zentrum der europäischen Politik. Am Zarenhof war man davon überzeugt, daß der Zusammenbruch des Osmanischen Reiches und seine Aufteilung durch die großen europäischen Mächte in greifbare Nähe gerückt waren. In Großbritannien waren die Meinungen geteilt. Der konservative Premierminister Lord Aberdeen, der an der Spitze eines Koalitionskabinetts stand, war vor allem an einem guten Einvernehmen mit dem Zarenreich interessiert und daher nicht bereit, Rußland in den Arm zu fallen. Der liberale Lord Palmerston hingegen, damals Innenminister, sah die britische Position im östlichen Mittelmeerraum, längerfristig auch den Besitz Indiens und damit das Empire und die Weltstellung Großbritanniens in Gefahr, wenn die Türkei auf Kleinasien schrumpfen und Rußland das Schwarze Meer, das Marmarameer und die Meerengen voll unter seine Kontrolle bringen sollte. Hinzu kam die Bedeutung des Osmanischen Reiches als Absatzmarkt britischer Industrieerzeugnisse. Deshalb tat der langjährige Chef des Foreign Office alles, um die öffentliche Meinung seines Landes auf die Unvermeidbarkeit eines Krieges mit Rußland einzustimmen und für sein wichtigstes Kriegsziel zu gewinnen: die Erhaltung und Lebensfähigkeit des Osmanischen Reiches.

Von anderen Motiven ließ sich Napoleon III. leiten, als er seit dem Oktober 1853 sein Land auf einen Krieg mit Rußland vorzubereiten begann und damit Abschied nahm von jenem pathetischen Friedensversprechen, das er am 9. Oktober 1852, noch als «Prince-Président», in einer Rede in Bordeaux in die vielzitierten Worte gekleidet hatte: «L'Empire, c'est la paix.» Dem Kaiser ging es vor allem darum, durch ein Zusammengehen mit England Frankreich aus der außenpolitischen Isolierung herauszuführen, in die es unter seiner Herrschaft geraten war, und Rußland womöglich die Wiederherstellung eines selbständigen Polen abzutrotzen, in jedem Fall aber die Ordnung des Wiener Kongresses von 1815 endgültig zu überwinden. Außerdem wollte er die katholische Kirche enger an sich binden, indem er dem Zaren den Anspruch streitig machte, Schutzherr der Heiligen Stätten in Palästina zu sein.

Einen wichtigen Anstoß, auf Krieg statt auf friedlichen Ausgleich zu setzen, gab den beiden Westmächten die Vernichtung der türkischen Flotte bei Sinope am 30. November 1853. Am 12. März 1854 schlossen Großbritannien und Frankreich einen Bündnisvertrag mit dem Sultan; einem Ultimatum an Rußland folgte am 26. März die Kriegserklärung der Westmächte. Damit begann der Krimkrieg, der seinen Namen der Tatsache verdankt, daß diese Halbinsel der Hauptschauplatz der Kämpfe war. Das entscheidende militärische Ereignis war die fast ein Jahr dauernde Belagerung der befestigten Hafenstadt Sewastopol, die im September 1855 von den verbündeten Truppen, darunter seit Januar 1855 auch solchen aus dem Königreich Sardinien-Piemont, erobert wurde.

Zeitweilig hatte es so ausgesehen, als werde Österreich, um seine Interessen auf dem Balkan zu wahren, an der Seite der Westmächte in den Krieg eintreten. Ein Bündnisvertrag mit England und Frankreich vom 2. Dezember 1854, auf den Graf Buol, der Nachfolger des im April 1852 verstorbenen Schwarzenberg, hingearbeitet hatte, schien die Weichen in dieser Richtung zu stellen. Doch den entscheidenden Schritt wollte Wien nicht ohne Preußen tun, mit dem es im April 1854 ein

Schutz- und Trutzbündnis abgeschlossen hatte. Eine Beteiligung Preußens an einem Krieg gegen Rußland befürwortete in Berlin eine gemäßigt konservative Gruppierung, die liberalkonservative «Wochenblattpartei», die die Unterstützung des Thronfolgers, Prinz Wilhelm, genoß, während die hochkonservative Kamarilla ein Zusammengehen mit Rußland wünschte und eine dritte Richtung, zu der Ministerpräsident von Manteuffel und Otto von Bismarck, seit dem Juli 1851 der Vertreter Preußens beim Deutschen Bund in Frankfurt, gehörten, für strikte Neutralität eintrat.

Nachdem Rußland die Forderung Österreichs und Preußens nach der Räumung der Donaufürstentümer im August 1854 erfüllt hatte (woraufhin diese entsprechend einem Vertrag mit der Türkei vom Juni 1854 im September von Österreich besetzt wurden), entschloß sich auch König Friedrich Wilhelm IV. endgültig für die dritte Option: eine Haltung, in der er dadurch bestärkt wurde, daß Österreich es unterließ, Preußen *vor* Abschluß des Vertrages mit Großbritannien und Frankreich am 2. Dezember 1854 zu konsultieren. Im Februar 1855 brachte Bismarck Österreich im Bundestag eine schwere diplomatische Niederlage bei: Anstatt der Mobilmachung, wie Wien sie verlangt hatte, beschloß der Bundestag auf Antrag Preußens die Bereitschaft zur Abwehr drohender Gefahr in jeder Richtung, was die Proklamation der bewaffneten Neutralität bedeutete. Dadurch war fürs erste sichergestellt, daß beide deutsche Großmächte sich nicht am Krimkrieg beteiligten.

Gemessen an seiner Dauer und der Zahl der beteiligten Soldaten, war der Krimkrieg einer der verlustreichsten Kriege der neueren und neuesten Geschichte. Der deutsche Historiker Winfried Baumgart gibt die Gesamtzahl der Toten mit 240 000 an, unter Abziehung der «natürlichen» Todesfälle mit etwa einer halben Million. Die Zahl der Soldaten, die an Krankheiten, Hunger und Kälte starben, übertraf die der im Kampf gefallenen um ein Vielfaches. Der amerikanische Historiker Robert B. Edgerton bezeichnet den Krimkrieg als «ein Musterbeispiel für schlechte militärische Führung, bürokratischen Pfusch und unzureichende medizinische Fürsorge». Diesem harschen Urteil hätte, zumindest was den letzten Punkt betrifft, gewiß auch Florence Nightingale zugestimmt, jene englische Krankenpflegerin, die sich auf der Krim um rasche und wirksame Hilfe für die Verwundeten in Lazaretten bemühte und durch ihr unermüdliches Engagement zu einer Wegbereiterin der modernen Kriegskrankenpflege wurde.

Der Krimkrieg war zunächst ein klassischer Kabinettskrieg: Regierungen schickten Truppen in einen Krieg, der zwar mit höchsten Staatsinteressen begründet wurde, aber nicht der unmittelbaren Verteidigung des Vaterlandes galt. Um so wichtiger war die ideologische Kriegführung, an der sich die europäischen Liberalen und die ihnen nahestehenden Zeitungen aktiv beteiligten, weil es auf der fernen Krim um die säkulare Auseinandersetzung zwischen westlicher Freiheit und östlicher Unterdrückung zu gehen schien. Wären auch Preußen und Österreich in den Krieg eingetreten, hätte er sich zum großen europäischen Krieg ausgeweitet und vermutlich manche Züge jenes Befreiungskampfes gegen die autokratische Vormacht der Reaktion angenommen, auf den die Linke 1848 gedrängt hatte. Tatsächlich wurde Europa nur dadurch zum Kriegsschauplatz, daß britische Kriegsschiffe den Hafen von Hangö und die Festungsinsel Sveaborg (auf finnisch Suomilinnen) vor den Toren von Helsinki bombardierten, einige Küstenplätze am Bottnischen Meerbusen niederbrannten und eine französische Flotte bei der Bombardierung und Eroberung der Festung Bomarsund auf den (zum russischen Großfürstentum Finnland gehörenden) Aaland-Inseln unterstützten.

Die skandinavische und die preußische Presse kommentierten das Vorgehen der Alliierten in der Ostsee äußerst kritisch, hatten damit aber auf die öffentliche Meinung Großbritanniens weniger Einfluß als die zahlreichen Kriegsberichterstatter auf der Krim, die die Leser ihrer Zeitungen offen über die Leiden der Soldaten im Stellungskrieg von Sewastopol und die krassen Mängel beim Nachschub und der Pflege der Verwundeten informierten. In Frankreich hingegen verhinderte die Zensur die Verbreitung von Nachrichten von der Front, die der Regierung unerwünscht waren. Als erster «Medienkrieg» war der Krimkrieg ein durchaus modernes Ereignis. Modern waren auch der massive Einsatz von Artillerie und der kurz zuvor erfundenen Langstreckengewehre auf Seiten der britischen und französischen Truppen. Es war zu einem guten Teil dieser Vorsprung an technischer Modernität, der den Westmächten half, den Nachteil der langen Verbindungslinien zur See auszugleichen. Der russischen Seite wiederum half die räumliche Nähe des Kriegsschauplatzes nur wenig, weil das Schienennetz des Zarenreiches bei weitem nicht ausreichte, um Truppen und Material so rasch an die Front zu befördern, wie das die Lage erfordert hätte. Die Hilfe amerikanischer Ingenieure (ein Teil der Unterstützung, die die Vereinigten

Staaten Rußland gewährten, um England nicht noch stärker werden zu lassen) kam zu spät, um diesen Mangel noch rechtzeitig zu beheben. Wäre es nach Lord Palmerston, dem Premierminister der Jahre 1855 bis 1858, gegangen, hätte der Krieg noch länger gedauert, zur Eroberung von Kronstadt und St. Petersburg geführt und die Russen nachhaltiger geschwächt, als es Ende 1855 tatsächlich der Fall war. Napoleon III. jedoch neigte, nachdem die Russen am 28. November 1855, mehrere Wochen nach dem Fall von Sewastopol, die nordostanatolische Festungsstadt Kars erobert hatten, zu einem baldigen Friedensschluß. Der entscheidende Anstoß für die Beendigung des Krieges kam aus Wien. Am 28. Dezember 1855 verlangte die Regierung des Habsburgerreiches von Rußland in ultimativer Form die bedingungslose Zustimmung zu einem Katalog von Friedensbedingungen, deren wichtigster Punkt die Neutralisierung des Schwarzen Meeres war. Am 16. Januar 1856 stimmte Zar Alexander II., der Sohn und Nachfolger des im Februar 1855 verstorbenen Nikolaus I., in Absprache mit seinem Kronrat diesen Forderungen uneingeschränkt zu. Hätte er sich anders verhalten, wäre nicht nur der Abbruch der diplomatischen Beziehungen mit Österreich, sondern höchstwahrscheinlich der Kriegseintritt des Habsburgerreiches, womöglich auch des Deutschen Bundes und Preußens die Folge gewesen. Da Rußland eine derart erweiterte Allianz militärisch kaum bezwingen konnte und überdies am Rande des finanziellen Zusammenbruches stand, konnte es sich eine Ablehnung des Ultimatums gar nicht mehr leisten.

Am 25. Februar 1856 begannen die Friedensverhandlungen in Paris. Die Entscheidung für diesen Konferenzort war ein Tribut an die Macht, deren Truppen durch die Erstürmung des Malakow-Kurgan am 8. September des Vorjahres die Russen zur Aufgabe von Sewastopol gezwungen hatten, und ein persönlicher Triumph für den Kaiser der Franzosen. Am 30. März 1856 wurde der Friede von Paris unterzeichnet. Rußland trat die Donaumündung mitsamt einem kleinen Teil des südlichen Bessarabien an das Fürstentum Moldau ab und verlor damit die Kontrolle über die Donauschiffahrt, die für frei erklärt wurde. Gleichzeitig verzichtete St. Petersburg auf die Rolle des Protektors der Donaufürstentümer, deren Status später geregelt werden sollte. Die Schutzherrschaft über die Christen des Osmanischen Reiches ging an die Gesamtheit der europäischen Großmächte über; die Türkei sicherte ihrerseits die Gleichberechtigung von Christen und Muslimen zu. Die für Rußland schmerzhafteste Bestimmung betraf das Schwarze Meer. Es wurde neutralisiert: Rußland und die Türkei durften dort keine Kriegsflotten unterhalten und keine Waffenplätze anlegen. Die Einfahrt in den Bosporus und die Dardanellen blieb Kriegsschiffen aller Nationen verboten. Die Westmächte gaben Sewastopol nach Zerstörung der Hafenbauten und Befestigungen an Rußland, Rußland gab seinerseits Kars an das Osmanische Reich zurück. Das Zarenreich verpflichtete sich zudem, auf den Aaland-Inseln keine Befestigungen anzulegen.

Rußland war der eindeutige Verlierer des Krimkrieges, blieb aber in seinem Großmachtstatus unangefochten. Das lag auch daran, daß sich das Zarenreich auf einem Nebenschauplatz des Krieges, der ostsibirischen Halbinsel Kamtschatka, glänzend gegenüber Angriffen der britisch-französischen Seestreitkräfte behauptet hatte. Unmittelbar nach dem Ende des Krimkrieges begann Rußland mit dem Ausbau seiner Herrschaft über den Kaukasus und danach, in den 1860er Jahren, mit der Eroberung Zentralasiens. Die siegreiche Großmacht Großbritannien mußte sich damit abfinden, daß es auch weiterhin den historischen Gegensatz zwischen «Bär» und «Walfisch» gab. Der Schwerpunkt der britisch-russischen Rivalität verlagerte sich lediglich weiter ostwärts, vom Osmanischen Reich nach Persien, Afghanistan und China.

Der anderen Siegermacht, Frankreich, war es nicht gelungen, ein selbständiges Polen wiederherzustellen und so die Karte Europas teilweise neu zu zeichnen. Gleichwohl war das Prestige Napoleons III. nie höher als zur Zeit des Pariser Friedens: Der Ausgang des Krimkrieges erlaubte es dem Kaiser, sich nunmehr als Schiedsrichter Europas zu fühlen. Das Königreich Sardinien-Piemont hatte sich am Krieg in der Hoffnung beteiligt, die Unterstützung Frankreichs und Englands für die Einigung Italiens unter seiner Führung zu erlangen. Diesem Ziel kam es 1856 zur großen Enttäuschung seines Ministerpräsidenten, des Grafen Camillo di Cavour, der auf der Pariser Konferenz erstmals ins Rampenlicht der europäischen Öffentlichkeit getreten war, keinen Schritt näher. Und doch durfte Turin hoffen, zumindest Frankreich auf seine Seite ziehen zu können, wenn sich künftig eine Gelegenheit bot, die Apenninenhalbinsel von der Vorherrschaft des Hauses Habsburg zu befreien. Eine andere Siegermacht, die Türkei, hatte zwar nur mit Hilfe der Westmächte überlebt, war aber dank ihrer Rettung nach 1856 mehr denn je ein Teil des europäischen Mächtekonzerts.

Von großer Bedeutung war der Ausgang des Krimkrieges auch für die beiden Großmächte, die sich nicht aktiv an ihm beteiligt hatten. Österreich mußte nach 1856 den Preis seiner prowestlichen Politik bezahlen: Es wurde von Rußland fortan nicht mehr als befreundete, sondern eher als feindlich gesinnte Großmacht wahrgenommen und entsprechend behandelt. Davon profitierte Preußen, dessen anfangs schwächlich wirkende Neutralität im nachhinein geradezu klar und konsequent erschien: Für das Zarenreich war der Hohenzollernstaat nach 1856 diejenige Großmacht, mit der es die besten, weil einvernehmlichsten Beziehungen unterhielt. Doch es gab auch noch andere Nutznießer der Schwächung Österreichs. Seit Wien sich des russischen Rückhalts nicht mehr gewiß sein konnte, ging es milder als zuvor mit den beiden Völkern um, die sich 1848/49 am hartnäckigsten der Herrschaft der Habsburger widersetzt hatten: den Italienern in Lombardo-Venetien und den Magyaren im ungarischen Teil des Vielvölkerreiches.

Durch den Pariser Frieden von 1856 wurde die Wiener Friedensordnung von 1815 überwunden, und mit dem Wiener System endete auch das, was von der Heiligen Allianz übrig geblieben war: das gelegentliche Zusammenwirken der drei konservativen Ostmächte Rußland, Österreich und Preußen. Der Krimkrieg revolutionierte das europäische Staatensystem in höherem Maß, als die Ereignisse von 1848/49 die europäische Gesellschaft revolutioniert hatten. Der Krieg der Jahre 1853 bis 1856 hatte Auswirkungen, die den weiteren Gang der Geschichte prägten. Cavour hätte vermutlich 1859 nicht im Bunde mit Frankreich einen erfolgreichen Krieg um die Einigung Italiens führen können, wenn Sardinien-Piemont 1855 nicht zum Verbündeten der Westmächte geworden wäre. Die Entfremdung zwischen Österreich und Rußland, das Ergebnis der Wiener Politik während des Krimkrieges, half Bismarck, in den Jahren zwischen 1866 und 1871 durch zwei Kriege, erst gegen Österreich, dann gegen Frankreich, die deutsche Frage im preußischen Sinn zu lösen.

Rußland sah sich durch die Erfahrung der Niederlage veranlaßt, seine äußere Expansion in fernöstliche Richtung zu lenken und im Innern durch die Abschaffung der Leibeigenschaft im Jahre 1861 der Gesellschaft jenen Modernisierungsschub zu geben, ohne den das Reich nach der Überzeugung Alexanders II., des «Zar-Reformers», als Großmacht nicht überleben konnte. Eine ähnliche Einschätzung der eigenen Zukunftschancen brachte die Türkei dazu, verstärkt auf jene Politik innerer Reformen zu setzen, die Sultan Mahmud II., der Begründer der

Erneuerungsbewegung des «Tanzimat», 1839/40 mit der Gewährung von Garantien für die Sicherheit des Lebens, der Ehre und des Eigentums aller Untertanen, der Einführung einer öffentlichen Gerichtsbarkeit und eines an westlichen Vorbildern orientierten Strafgesetzbuches eingeleitet hatte. Im Februar 1856 folgte unter Mahmuds Sohn Abdulmecid I. das Edikt «Hatthümayan», das Christen und Juden die gleichen bürgerlichen Rechte wie den Muslimen einräumte. Fortan durften Juden wie Christen in den «Millets», den nichtmuslimischen Glaubensgemeinschaften, eigene Schulen errichten, die freilich unter staatlicher Aufsicht standen. Außerdem wurden die Folter abgeschafft, das Münzwesen reformiert und die Errichtung von Banken erlaubt. Auf jeweils unterschiedliche Weise hatte der Krimkrieg also eine teilweise Verwestlichung von zwei nichtwestlichen Gesellschaften, der russischen und der türkischen, zur Folge.

Die «orientalische Frage» blieb Europa auch nach dem Pariser Frieden erhalten. Das lag einmal an der anhaltenden Schwäche des Osmanischen Reiches und zum anderen an den fortdauernden Interessengegensätzen zwischen Istanbul und St. Petersburg sowie zwischen St. Petersburg und Wien im Hinblick auf den Balkan. Die «orientalische Frage» war indes nicht der einzige Grund, weshalb man von Anfang an bezweifeln mußte, ob die internationale Ordnung von 1856 so lange Bestand haben würde wie das System von 1815, also rund vier Jahrzehnte lang. Der eigentliche Sieger des Krimkrieges, Napoleon III., fühlte sich durch den Ruhm, den seine Armee an ihre Fahnen geheftet hatte, ermutigt, seine Herrschaft auch weiterhin durch militärische Triumphe zu stabilisieren. Das war ein riskantes Vorhaben, doch der zweite Kaiser aus dem Hause Bonaparte war mehr noch als der erste ein Hasardeur und daher nicht gegen die Versuchung gefeit, den Gewinn wieder zu verspielen, der ihm gerade zugefallen war. Von den Staatsmännern des viktorianischen England war ein derartiges Abenteurertum nicht zu erwarten. Großbritannien wandte sich nach 1856 vom europäischen Kontinent weitgehend ab, um sich fortan verstärkt der Festigung und dem Ausbau des Empire widmen zu können. Für die außenpolitische Neuorientierung gab es auch Gründe, die außerhalb Europas lagen: Es waren vor allem Entwicklungen in Asien, die schon kurz nach der Beendigung des Krimkrieges die ganze Aufmerksamkeit der Regierung in London in Anspruch nehmen sollten.[2]

Der Westen in Asien: Indien, China, Japan

Anfang Juni 1853, zu der Zeit, als Europa gerade besorgt die Zuspitzung des russisch-türkischen Konflikts um die Stellung der Christen im Osmanischen Reich verfolgte, brachte Karl Marx in seinem Londoner Exil einen Artikel zu Papier, der Ende desselben Monats unter der Überschrift «Die britische Herrschaft in Indien» in der «New-York Daily Tribune» erschien. Weite Passagen lasen sich zunächst als Anklage an die Adresse der Kolonialmacht Großbritannien, deren Steuereinnehmer und Soldaten die indische Dorfgemeinschaft und ihr Hausgewerbe, den Handwebstuhl, das Spinnrad und den handbetriebenen Ackerbau rücksichtslos zerschlagen hätten.

Dann aber änderte sich die Tonart des Aufsatzes. Großbritannien hatte Marx zufolge durch sein brutales Eingreifen die größte, ja einzige soziale Revolution hervorgerufen, die Asien je gesehen hatte. «Sosehr es nun auch dem menschlichen Empfinden widerstreben mag, Zeuge zu sein, wie Myriaden betriebsamer patriarchalischer und harmloser Organisationen zerrüttet und ihre Einheiten aufgelöst werden, hineingeschleudert in ein Meer von Leiden, wie zu gleicher Zeit ihre einzelnen Mitglieder ihrer alten Kulturformen und ihrer ererbten Existenzmittel verlustig gehen, so dürfen wir doch darüber nicht vergessen, daß diese idyllischen Dorfgemeinschaften, so harmlos sie auch aussehen mögen, seit jeher die feste Grundlage des orientalischen Despotismus gebildet haben ... Wir dürfen nicht die barbarische Selbstsucht vergessen, die, an einem elenden Stückchen Land klebend, ruhig dem Untergang ganzer Reiche, der Verübung unsäglicher Grausamkeiten, der Niedermetzelung der Einwohnerschaft großer Städte zusah, ohne sich darüber mehr Gedanken zu machen als über Naturereignisse ... Wir dürfen nicht vergessen, daß dieses menschenunwürdige, stagnierende Dahinvegetieren, diese passive Art zu leben, auf der anderen Seite ihre Ergänzung fanden in der Beschwörung wilder, zielloser, hemmungsloser Kräfte der Zerstörung, und in Hindustan selbst aus dem Mord einen religiösen Ritus machten.»

Die egoistischen Motive, von denen sich die britischen Kolonialherren leiten ließen, standen für Marx außer Zweifel. «Gewiß war schnödester Eigennutz die einzige Triebfeder Englands, als es eine soziale Revolution in Indien auslöste, und die Art, wie es seine Interessen durchsetzte, war stupid. Aber nicht das ist hier die Frage. Die Frage ist, ob die Menschheit ihre Bestimmung erfüllen kann ohne radikale Revolutionierung der sozialen Verhältnisse in Asien. Wenn nicht, so war England, welche Verbrechen es auch begangen haben mag, doch das unbewußte Werkzeug der Geschichte, indem es diese Revolution zuwege brachte.»

Als Marx sein janusköpfiges Porträt des britischen Kolonialregimes in Indien zeichnete, standen etwa zwei Drittel des Subkontinents unter der Herrschaft der Britischen Ostindienkompanie, während ein Drittel von indischen Fürsten regiert wurde, die England seiner Oberhoheit unterstellt hatte. Großbritannien profitierte davon, daß sich das Reich der islamischen, ursprünglich mongolischen Großmogulen im 18. Jahrhundert in einen lockeren Staatenbund aufgelöst hatte, der nicht mehr fähig war, für ein ausreichendes Maß an öffentlicher Ordnung zu sorgen: Die Briten waren die ersten Herrscher, die in dem riesigen Gebiet eine funktionierende Verwaltung, eine weithin einheitliche Grundsteuerveranlagung und eine wirksame Gerichtsbarkeit durchsetzen konnten.

Unter Lord William Bentinck, dem Generalgouverneur der Jahre 1828 bis 1835, wurde das Englische als Verwaltungssprache eingeführt, das höhere Bildungswesen anglisiert und ein Verbot des «sati», der bei den Hindus üblichen Witwenverbrennung, erlassen. Die Jahre 1843 bis 1849 standen im Zeichen der Konsolidierung der britischen Herrschaft: Die Sikhs am oberen Indus wurden niedergeworfen, Sindh und Pandschab annektiert. Die Kolonialherren widmeten sich verstärkt dem Bau von Straßen und Bewässerungssystemen sowie der Ausweitung des Post- und Telegraphenverkehrs. 1855 eröffneten die Briten die erste von bald vielen Eisenbahnstrecken, eine weitere wichtige Voraussetzung der späteren Industrialisierung Indiens. 1856 verfügte Generalgouverneur Dalhousie die Annexion des Staates des Nawabs von Oudh, dem die Briten Mißwirtschaft vorwarfen. 1857 wurden die Universitäten Kalkutta, Bombay und Madras gegründet.

Im 18. Jahrhundert hatte sich die Ostindienkompanie, der die Regierung Indiens oblag, mit Eingriffen in einheimische Traditionen noch zurückgehalten. Mitte des 19. Jahrhunderts stand für die britische Kolonialverwaltung fest, daß es an der indischen Kultur so gut wie nichts gab, was bewahrenswert gewesen wäre. Das Ziel hieß umfassende Verwestlichung, und nur *ein* Land war in der Lage, diesen historischen Auftrag treuhänderisch zu erfüllen: Großbritannien. Verwestlichung

bedeutete aus der Sicht von Architekten der britischen Indienpolitik wie
James Mill, einem Schüler des Utilitaristen Jeremy Bentham und Inha-
ber eines hohen Amtes im Londoner India Office, vor allem Erziehung
zu einer selbstverantwortlichen Lebensführung und Anpassung an die
Erfordernisse einer modernen arbeitsteiligen Gesellschaft, also Beseiti-
gung all dessen, was die indische Tradition der Verwirklichung dieses
Vorhabens entgegenstellte, nicht jedoch systematische Bekehrung der
Hindus und Muslime zum Christentum. Die Tätigkeit der christlichen
Missionare, darunter vieler schottischer Presbyterianer, wurde zwar
gern gesehen, war aber kein Teil der amtlichen britischen Indienpolitik.

Der Nutzen, den das Mutterland aus dem Ausbau seiner kolonialen
Herrschaft zog, war zuallererst ein wirtschaftlicher: Indien lieferte
Opium, das im Austausch gegen Tee nach China exportiert wurde, sowie Salz, Indigo und Rohbaumwolle. Es diente als Absatzmarkt für britische Industriegüter und namentlich für maschinengewebte Tuche, die
die handgewebten Tuche aus Bengalen immer mehr verdrängten. Indien
trug um 1850 etwa 5 Prozent zum britischen Volkseinkommen bei: ein
Anteil, der ausreichte, um die jährlichen Zinsen für die Staatsschuld des
Vereinigten Königreiches zu bezahlen. Doch der Besitz von Indien warf
nicht nur ökonomischen Gewinn ab. Er verbürgte etwas Unbezahlba-
res: den Rang Großbritanniens als führende Seemacht, ja als *die* Weltmacht des industriellen Zeitalters, als welche sich England 1851 auf der
ersten Weltausstellung im Crystal Palace in London stolz präsentierte.

Die forcierte Verwestlichung Indiens hatte ihre einheimischen Unterstützer, namentlich unter den Hindus, aber sowohl bei ihnen wie bei
den Muslimen gab es auch viele, die sich vor einer wachsenden Über-
fremdung durch die Briten fürchteten, darunter Soldaten, die in der
etwa 250 000 Mann starken britisch-indischen Armee dienten. Im Mai
1857 wurde schlagartig deutlich, wie tief die Kluft zwischen den britischen Offizieren und den indischen Söldnern, den Sepoys, inzwischen
war. In der Armee hatte sich das Gerücht verbreitet, die Schutzhülle
neuer Patronen, die aus Kartonpapier gemacht war und vor dem Einsatz mit den Zähnen abgerissen werden mußte, sei mit einer Mischung
aus Rinder- und Schweinefett eingeschmiert worden: ein Verfahren, das
die Reinheitsvorstellungen von Hindus und Muslimen zutiefst verletzen
mußte. Weiter hieß es, die Briten hätten die Neuerung bewußt eingeführt, um die indischen Soldaten zum Abfall von ihrer Religion und
zum Übertritt zum christlichen Glauben zu zwingen.

Ein britischer Oberst in Meerut, nahe Delhi, war von den Gerüchten so alarmiert, daß er sich entschloß, ihnen vor 90 ausgewählten Soldaten seiner Truppe, des 19. bengalischen Infanterieregiments, öffentlich entgegenzutreten. Nach seiner Rede befahl er den Soldaten, die Patronen auszuteilen. Bis auf fünf weigerten sich alle, den Befehl auszuführen. Die Folge war ein Verfahren vor dem Kriegsgericht, das mit hohen Zuchthausstrafen für die Befehlsverweigerer endete. Die gesamte Truppe mußte mit ansehen, wie die Verurteilten in Ketten gelegt und abgeführt wurden.

Am folgenden Tag brach der Aufstand aus, der als «Indian Mutiny» in die Geschichte des britischen Empire einging. Die Erhebung traf die Briten völlig unvorbereitet. Die rebellierenden Hindus und Muslime stürmten das Gefängnis, in dem die verurteilten Soldaten einsaßen, befreiten sie, töteten anschließend wahllos in einer wilden Racheorgie britische Offiziere und Zivilisten, darunter Frauen und Kinder. Anschließend zogen sie nach Delhi, wo sie den widerstrebenden letzten Großmogul, den greisen und machtlosen Bahadur Shah, zum «Kaiser von Hindustan» ausriefen und über 40 britische Frauen durch die Straßen trieben, vergewaltigten und danach umbrachten. Nach Delhi fielen wenig später auch Lucknow und Kanpur in die Hände der revoltierenden Hindus und Muslime, die nunmehr drauf und dran schienen, ganz Nordindien in Aufruhr zu versetzen. Erst als es den Briten gelang, irreguläre Verbände von Sikhs in den Kampf zu schicken, wendete sich das Blatt. Im September 1857 wurde Delhi, im Dezember Kanpur, im März 1858 Lucknow zurückerobert. Am längsten dauerten die Kämpfe im weiter südlich gelegenen Gwalior, das im Juni 1858 kapitulierte. Es folgten Massenexekutionen. Manche der Rebellen wurden bei lebendigem Leibe verbrannt, manche vor die Mündungen von Kanonenrohren gebunden und in Stücke gesprengt.

Viele der aufständischen Sepoys stammten aus Oudh, das kurz vor dem Beginn der Rebellion von den Briten annektiert worden war. Dort wie in anderen Teilen von Nordindien fand die Erhebung einen starken Rückhalt bei den alten Grundherren, die sich gegen die Steuergesetze der Briten auflehnten, und bei Bauern, die sich von Grundstücksspekulanten bedrückt fühlten. Die Sikhs des Pandschab hingegen, die von der britisch-indischen Armee einige Jahre zuvor besiegt worden waren, schlossen sich dem Aufstand nicht an, und auch die kriegerischen Gurkhas in Nepal blieben den Briten gegenüber loyal. Dasselbe galt von den einhei-

mischen Fürsten, die der britischen Oberhoheit unterstanden. Zu den
Gegnern der Revolte gehörte auch die neue gebildete Mittelschicht, die
auf eine weitere Verwestlichung Indiens setzte und eben darin die Voraussetzung der Befreiung von fremder Herrschaft sah. Die «indische
Meuterei» war, wenn man von solchen Erwartungen ausging, ein durch
und durch rückschrittliches Unterfangen und alles andere als ein Beitrag
zur Schaffung einer modernen und selbständigen indischen Nation.

Großbritannien reagierte auf die bislang schwerste Krise seines
zweiten, nach der Niederlage im amerikanischen Unabhängigkeitskrieg
aufgebauten Empire mit einer dramatischen Kurskorrektur. Die East
India Company, die 1813 ihr Handelsmonopol verloren hatte und sich
seit 1833 ganz auf ihre Regierungsfunktionen beschränken mußte,
wurde für die aufrührerische Stimmung in Indien verantwortlich gemacht und 1858, 258 Jahre nach ihrer Gründung, aufgelöst. Indien unterstand fortan direkt der britischen Krone; der Generalgouverneur
wurde zum Vizekönig; im Londoner Kabinett wurde der neue Posten
eines Ministers für Indien geschaffen, der wie alle Minister dem Unterhaus verantwortlich war. 1861 wurde ein neues beratendes Gremium
für Indien, der Imperial Legislative Council, ins Leben gerufen, dem
auch einige vom Vizekönig ernannte indische Mitglieder angehörten.
1876 nahm die Queen Victoria den Titel «Empress of India» an. Die
christliche Mission wurde nach 1858 drastisch eingeschränkt. Großbritannien hielt sich nunmehr an die tolerante Devise, daß Hindus und
Muslime auf ihre Weise selig werden sollten. Bibelunterricht an Regie-
rungsschulen wurde folgerichtig untersagt.

Einer der führenden liberalen Denker der Zeit, John Stuart Mill, der
Sohn von James Mill und Briefpartner von Tocqueville und Comte,
hatte die Entwicklung in Indien schon deswegen aufmerksam verfolgt,
weil er seit 1823 bei der East India Company in London angestellt war.
1858 verteidigte er in offizieller Position wie aus Überzeugung die Gesellschaft gegen die Kritik im Mutterland und warnte vor der Illusion,
ein dem Parlament verantwortlicher Minister in London wäre besser
als sie imstande, Entscheidungen zu treffen, die der Lage in Indien angemessen waren. Der Sachverstand, der nur an Ort und Stelle erworben
werden konnte, mußte auch weiterhin in die britische Innenpolitik ein-
fließen: ein Votum, dem die Regierung drei Jahre nach der Auflösung
der Company mit der Berufung eines den Vizekönig beratenden Gesetz-
gebungsorgans Rechnung trug.

Eine andere Mahnung Mills hatte in den ersten Jahren nach der Erhebung der Sepoys eher vorbeugenden Charakter: Eine repräsentative Demokratie, wie sie sich in England entwickelt hatte, paßte zu fortgeschrittenen Gesellschaften in Europa, den Vereinigten Staaten und den europäisch geprägten britischen Kolonien in Kanada, Australien und Neuseeland, nicht aber zu östlichen Gesellschaften wie Indien und China, die in früheren Epochen Hochkulturen hervorgebracht hatten, inzwischen aber in ihren Traditionen erstarrt waren und kein Gespür für den Wert von Individualismus und Meinungsfreiheit besaßen.

In seinen 1861 erschienenen «Considerations on Representative Government» zog Mill aus dieser Feststellung weitreichende Folgerungen: «Bei einer im betreffenden Lande selbst sich herausbildenden Despotie ist ein guter Despot eine seltene und zufällige Erscheinung. Steht die Bevölkerung aber unter der Herrschaft eines zivilisierten Volkes, so sollte dieses in der Lage sein, fortlaufend gute Despoten zu stellen. Das herrschende Land sollte für seine Untertanen alles das leisten, was eine Folge absoluter Monarchen zu leisten imstande wäre, die durch unangreifbare Macht gegen die für barbarische Despoten typische Instabilität gesichert sind, und durch seinen Genius befähigt sein, all das vorweg zu nehmen, was die Erfahrung der fortgeschrittenen Nation gelehrt hat. Dies ist das Ideal der Herrschaft eines freien Volkes über ein primitives oder halbzivilisiertes Volk.»

Eine absolute Monarchie, wie England sie selbst nie gekannt hatte, als Mittel, um zurückgebliebene Kolonialgesellschaften auf die Höhe der westlichen Zivilisation zu heben: In dieser historischen Mission sah Mill die Rechtfertigung des britischen Empire. Anders als Tocqueville in seinen Betrachtungen über die französische Herrschaft in Algerien hielt Mill die Kolonialvölker grundsätzlich für fähig, sich in der gewünschten, ja für notwendig erachteten Richtung zu entwickeln und damit langfristig aus der Abhängigkeit von der Kolonialmacht zu befreien. Das Ideal einer aufgeklärten Kolonialherrschaft mochte einstweilen unerreichbar erscheinen, aber eine Annäherung daran war durchaus möglich. Wo diese nicht zu verzeichnen war, machten sich Mill zufolge «die Herrschenden einer Vernachlässigung der höchsten moralischen Verpflichtung schuldig, welche einer Nation zufallen kann. Und wo sie gar dieses Ideal noch nicht einmal anstreben, sind sie egoistische Usurpatoren, ebenso verbrecherisch wie jene, deren Ehrgeiz und Habgier zu allen Zeiten mit dem Geschick großer Teile der Menschheit ihr Spiel getrieben haben.»

Für Indien ergab sich daraus eine Maxime, von der Mill um 1861 nicht sicher sein konnte, daß Großbritannien sie befolgen würde: «Nicht durch den Versuch, es direkt zu beherrschen, kann das englische Volk einem Land wie Indien gegenüber seine Pflicht tun, sondern nur dadurch, daß es ihm gute Herrscher gibt.» Tatsächlich ging die Entwicklung in die entgegengesetzte Richtung. Vor der Erhebung der Sepoys hatte es in Indien ein Nebeneinander von direkter und indirekter Herrschaft Großbritanniens gegeben. Durch den Aufstand von 1857/58 wurde dieser Zustand nicht beseitigt: Es gab, vor allem in *den* Gebieten, die für die Briten wirtschaftlich weniger wichtig waren, weiterhin rund 40 große und über 500 kleine «Fürstenstaaten» (princely states), in denen einheimische Dynasten unter britischer Aufsicht «herrschten». Die Kolonialmacht trat aber in der Folgezeit sehr viel «staatlicher» in Erscheinung als zuvor: Großbritannien übte die Herrschaft beziehungsweise Oberhoheit nicht mehr mittelbar, durch eine Handelsgesellschaft, sondern unmittelbar, durch seine Regierung und den von ihr eingesetzten Vizekönig, aus.

Im Prinzip widersprach direkte Kolonialherrschaft dem Geist des Freihandels, dem das Vereinigte Königreich sich 1846 durch die Abschaffung der Kornzölle zugewandt hatte. Wenn man sich konsequent auf den Boden des wirtschaftlichen Liberalismus stellte, waren Kolonien mit dem freien Wettbewerb zwischen den Nationen nicht vereinbar; sie schadeten vielmehr langfristig dem wohlverstandenen Eigeninteresse der Kolonialmacht. Großbritannien folgte dieser Erkenntnis insofern, als es jenseits der eigenen Grenzen informelle Herrschaft der formellen vorzog. Einen anderen Staat in Europa oder in Übersee wirtschaftlich und politisch von sich abhängig zu machen war allemal billiger, als dort selbst die Macht zu übernehmen und zu behaupten. Portugal, Argentinien und Brasilien waren die Länder, in denen dieses Kalkül am besten aufging.

Doch es hing nicht allein vom Mutterland ab, ob es beim Vorrang des «Informal Empire» vor dem formellen Weltreich blieb. Brachen andere Mächte in Gebiete ein, die Großbritannien als seine Interessensphäre betrachtete, konnte das ein Anlaß sein, von der informellen zur formellen Herrschaft überzugehen. Dieselbe Entwicklung konnte eintreten, wenn, wie im Fall des indischen Aufstands, die Metropole sich genötigt sah, einen rebellierenden Teil der Peripherie gewaltsam zu befrieden. Prinzipientreu im Sinne des wirtschaftlichen Liberalismus wäre es gewesen, staatliche Machtmittel nur zur Sicherung des freien Außenhandels einzusetzen. Dieser Richtschnur folgte das viktorianische England nicht. «Handel und informelle Herrschaft wenn möglich, Handel und direkte Herrschaft wenn nötig»: Auf diese Formel haben die beiden britischen Wirtschaftshistoriker John Gallagher und Ronald Robinson in ihrem berühmten Aufsatz «The Imperialism of Free Trade» aus dem Jahre 1953 die Haltung der britischen Regierungen in der zweiten Hälfte des 19. Jahrhunderts gebracht.[3]

Indien war für Großbritannien in den fünfziger Jahren des 19. Jahrhunderts nicht der einzige asiatische Kriegsschauplatz. Ein anderer war China, gegen das Großbritannien und Frankreich in den Jahren 1856 bis 1860 den sogenannten «zweiten Opiumkrieg» führten. Der erste Opiumkrieg hatte von 1839 bis 1842 stattgefunden, ausgelöst durch das chinesische Verbot, Opium einzuführen, dem immer mehr Bauern im Reich der Mitte verfallen waren. Für die britische Ostindienkompanie war der Export von Opium nach China eine wichtige Einnahmequelle, aus der unter anderem der Import von chinesischem Tee nach England und in alle Welt finanziert wurde. Der Krieg, der von Großbritannien unter dem Banner der Verteidigung des Freihandels geführt wurde, endete mit dem Vertrag von Nanking, in dem das besiegte Kaiserreich 1842 das zwei Jahre zuvor von den Briten besetzte Hongkong an das Vereinigte Königreich abtrat und diesem besondere Handelsvorrechte in fünf anderen chinesischen Häfen einräumte.

Der Vertrag von Nanking war der erste in einer Reihe von «Ungleichen Verträgen», die China von europäischen Mächten aufgenötigt wurden. Die Demütigung durch den Westen führte zu einem dramatischen Ansehensverlust der Quing- oder Mandschudynastie und gab der chiliastischen Bewegung der Taiping Auftrieb, in der eigenwillig gedeutete christliche Ideen eine wichtige Rolle spielten. Die Taiping oder Anhänger des «Himmlischen Reiches des Höchsten Friedens», unter ihnen viele Bauern, propagierten eine umfassende Umverteilung und gemeinsame Bewirtschaftung von Grund und Boden wie auch die Gleichberechtigung der Frau. 1851 entfesselten sie einen Aufstand gegen die Quing-Dynastie, der 15 Jahre dauerte und etwa 20 Millionen Menschen das Leben kostete.

Der britische Historiker Christopher A. Bayly nennt den Taiping-Aufstand ein welthistorisches Ereignis und hält seine Folgen für Ostasien für nicht weniger dramatisch als die des Amerikanischen Bürgerkrieges für die westliche Hemisphäre. Zwischen 1856 und 1860 nutzten Großbritannien und Frankreich den Bürgerkrieg in China für den erwähnten «zweiten Opiumkrieg». Die «Ungleichen Verträge» von Tientsin aus dem Jahr 1858 sollten China zur Zulassung von europäischen Gesandtschaften in Peking, zur Gewährung der Konsulargerichtsbarkeit für Fremde, zu weiteren handelspolitischen Zugeständnissen sowie zur Gewährung der Freizügigkeit für die christliche Missionsarbeit verpflichten. Da die chinesische Seite den Vertrag aber nicht ratifizierte, marschierten die Verbündeten 1860 in Peking ein, wo französische Truppen den kaiserlichen Sommerpalast plünderten und zerstörten. Erst nach dieser Strafaktion war China zur Annahme des Vertragswerks von Tientsin bereit.

Auch Rußland blieb nicht untätig. Zwischen 1858 und 1860 besetzte es das linke Ufer und das Küstengebiet des Amur und nötigte China, dem Erwerb dieses Territoriums durch das Zarenreich zuzustimmen. 1860 wurde Wladiwostok («Beherrsche den Osten!») gegründet, wodurch Rußland endgültig zu einer pazifischen Großmacht wurde. Als die chinesischen Unruhen auf Vietnam übergriffen, nahm Frankreich die Verfolgung der Christen im reichen Süden des Landes, in Cochinchina, zum Vorwand, um dort zu intervenieren und 1862 die Abtretung des Gebiets zu erzwingen. Der Taiping-Aufstand wurde erst in den Jahren zwischen 1860 und 1866 niedergeschlagen, nachdem eine Truppe europäischer Abenteurer unter Führung des britischen Obersten Charles Gordon (des späteren «Gordon Pascha») dem kaisertreuen Militär zu Hilfe gekommen war.

Die Opiumkriege, der Taiping-Aufstand und schwere Unruhen in den von Muslimen bewohnten Gebieten zwischen 1855 und 1873 trugen nachhaltig zur Schwächung der chinesischen Zentralgewalt bei. Das Kaiserreich reagierte auf den wachsenden Einfluß der europäischen Großmächte mit einer technologischen Modernisierung seines Militärs zu Lande und zur See, der Gründung einer Handelsschiffahrtsgesellschaft und der Förderung des Kohlebergbaus. Vor einer systematischen Industrialisierung und einer konsequenten Erneuerung der chinesischen Gesellschaftsordnung aber scheute das herrschende hohe Beamtentum der Quingdynastie zurück, weil es davon eine Minderung seiner eigenen Autorität befürchtete. Es war das Machtinteresse der traditionellen Oberschicht, das bei der Abwehr westlicher Errungenschaften den Ausschlag gab und nicht so sehr, wie oft behauptet, der strukturelle Konservativismus, der der Staatsdoktrin des kaiserlichen China, dem Konfuzianismus, eigen war.

Angesichts des Wettlaufs zwischen Großbritannien, Rußland und Frankreich um die Steigerung ihres Einflusses in Ostasien wollten auch die Vereinigten Staaten von Amerika nicht länger abseits stehen. Eine Mißhandlung schiffbrüchiger amerikanischer Seeleute durch Japaner diente Präsident Fillmore als Anlaß, den Commodore Matthew C. Perry 1853 und 1854 zweimal mit einer kleinen Flottille in die Bucht von Tokio zu schicken, um Japan zur Öffnung mehrerer seiner Häfen für den amerikanischen Handel zu zwingen. Gewalt sollte dabei nur im Fall eines Angriffs angewandt werden. Die Mission war erfolgreich: Japan öffnete 1854 den USA im Vertrag von Kangawa zwei Häfen als Versorgungsstationen und gestattete die Errichtung eines amerikanischen Konsulats. Dem Abschluß eines regulären Handelsvertrages zwischen Japan und den USA im Jahre 1858 folgten dann kurz darauf entsprechende Verträge mit Großbritannien, Rußland und den Niederlanden (dem einzigen westlichen Land, mit dem es eine alte Tradition der Wirtschafts- und Wissenschaftsbeziehungen gab), wenig später auch mit den meisten anderen europäischen Staaten. Da die Verträge nicht auf dem Prinzip der Gegenseitigkeit beruhten, waren sie ähnlich «ungleich» wie die mit China.

Die Entscheidung für die einseitige handelspolitische Öffnung hatte der Shogun, der Inhaber des entscheidenden politischen Staatsamtes aus dem Geschlecht der Tokugawa, getroffen, dem diese Würde 1603 vom Kaiser, dem Tenno, als eine Art erbliches Lehen übertragen worden war. Der Bruch mit der vom Tokugawa-Shogunat bisher betriebenen Politik der weitgehenden Abschottung gegenüber dem Westen und seiner Religion, dem Christentum, rief eine starke fremdenfeindliche Bewegung hervor, die wesentlichen Anteil daran hatte, daß die Herrschaft der Tokugawa im folgenden Jahrzehnt zu Ende ging.

Unter dem Meji-Tenno Mutsohito, der 1867 auf den Thron kam, begann mit aktiver Unterstützung eines Teiles der Oberschicht im Jahr darauf eine Revolution von oben, die sogenannte Meji-Restauration. In ihrem Verlauf verwandelte sich Japan zunächst in eine absolute, 1889 dann in eine konstitutionelle Monarchie. Das Shogunat und die Privilegien der Samurai, aus denen sich seit dem 17. Jahrhundert die höchsten Militärs und Beamten sowie der Klerus rekrutierten, wurden abgeschafft, die Hauptstadt von Kyoto nach Tokio verlegt, das Heer ebenso wie die Justiz und die Verwaltung auf weiten Strecken nach preußischem Vorbild reorganisiert, westliche Technik eingeführt, eine Industrialisierung mit kapitalistischen Methoden eingeleitet und eine schlagkräftige Flotte aufgebaut. Dank seiner Modernisierung aus eigener Kraft konnte das lernbegierige Japan im Gegensatz zum konservativen China seine Souveränität nicht nur behaupten. Es stieg vielmehr binnen weniger Jahrzehnte zur ersten und lange Zeit einzigen asiatischen Großmacht auf. Zu den frühen Opfern der territorialen Expansion Japans gehörte ein Land, das die USA 1871, unter der Präsidentschaft von Ulysses Grant, mit Waffengewalt, aber vergeblich zur Aufnahme von Handelsbeziehungen hatten zwingen wollen: das im 17. Jahrhundert unter chinesische Oberhoheit geratene, 1910 von Japan annektierte Kaiserreich Korea.

Die Motive der Machtexpansion «weißer» Großmächte in Asien zu Beginn der zweiten Hälfte des 19. Jahrhunderts waren durchaus unterschiedlich. Bei Großbritannien und den Vereinigten Staaten standen eindeutig Handelsinteressen im Vordergrund; beim zweiten französischen Kaiserreich gab das Streben nach nationalem Prestige den Ausschlag; Rußland betrieb die Erweiterung seines sibirischen Territoriums im Fernen Osten nicht zuletzt in der Absicht, die Scharte der Niederlage im Krimkrieg auszuwetzen und seinen Rang als europäische und zugleich asiatische Großmacht zu behaupten. Der Erwerb der Amurregion machte es dem Zarenreich leichter, ein noch weiter östlich gelegenes Gebiet, Alaska mitsamt den Aleuten, 1867 an die USA zu verkaufen. Der Hauptstoß der russischen Expansion ging jedoch seit 1850 in Richtung Zentralasien. Andere Teile Asiens waren gegen den Zugriff europäischer Großmächte nur dadurch gefeit, daß sie schon seit langem im Besitz europäischer Staaten waren: Niederländisch-Indien, der indonesische Archipel also, seit dem frühen 17., die spanischen Philippinen teilweise bereits seit der zweiten Hälfte des 16. Jahrhunderts, in völkerrechtlich verbindlicher Form dann seit 1648.

Der Begriff «Epoche des Imperialismus» wird aus guten Gründen gemeinhin erst im Hinblick auf die Zeit nach 1880 verwandt, als der «scramble for Africa» voll entbrannt war. In den Jahren zwischen 1850 und 1880 strebten nur einzelne Mächte nach der Erweiterung ihres Einflusses außerhalb des eigenen Kontinents; es gab noch keinen allgemeinen Wettkampf um die Sicherung überseeischer Absatz- und Kapitalmärkte und die Aufteilung der noch nicht von Weißen beherrschten Teile der Welt, sei es in Form von Kolonien, sei es in Gestalt von Einflußsphären. Am weitesten war Großbritannien, das Mutterland der Industriellen Revolution, auf diesem Weg vorangeschritten. In seiner Politik war schon Mitte des 19. Jahrhunderts vieles von dem angelegt, was drei Jahrzehnte später zu einem herausragenden Merkmal der Politik aller Staaten werden sollte, die sich wirtschaftlich und militärisch stark genug fühlten, dem britischen Beispiel nachzueifern.[4]

Von der Reaktionszeit zur «Neuen Ära»: Der Regimewechsel in Preußen

Von den europäischen Großmächten traten nur zwei auf der asiatischen Bühne nicht in Erscheinung: Österreich und Preußen. Vom Krimkrieg abgesehen, standen in der «Reaktionszeit», dem ersten Jahrzehnt nach den Revolutionen von 1848/49, für die beiden mitteleuropäischen Mächte Fragen der inneren und der Handelspolitik im Vordergrund. Das Habsburgerreich erlebte unter Schwarzenberg und seit April 1852 unter seinem Nachfolger Karl Ferdinand Graf von Buol-Schauenstein einen Rückfall in die Zeit des Neoabsolutismus der josefinischen Prägung: Wien verschrieb sich einem bürokratischen Zentralismus, dem auch die für Slawen und Magyaren gleichermaßen provozierende Privilegierung des Deutschen als Verwaltungssprache und «lingua franca» des Vielvölkerreiches diente. Einen Bruch mit der Tradition Josephs II. bildete hingegen das Konkordat vom August 1855, das der römisch-katholischen Religion ihre Vorrechte im gesamten Kaiserreich garantierte, den Bischöfen die volle Jurisdiktionsgewalt über ihren Sprengel zusicherte und der Kirche die Aufsicht über die katholischen Schulen und die Leitung des Religionsunterrichts übertrug.

In Preußen trat die Reaktionspolitik in den acht Jahren der Regierung des Ministerpräsidenten Otto von Manteuffel von 1850 bis 1858 in einer neofeudalen und in einer bürokratischen Variante auf. Zur ersten Kategorie gehörten die Wiederherstellung der 1848 abgeschafften gutsherrlichen Polizei, die Wiederzulassung von Fideikommissen, also der Unteilbarkeit und Unveräußerlichkeit von Gütern, die nur in männlicher Erbfolge vererbt werden konnten, die Reaktivierung der Kreis- und Provinzialstände mitsamt des Übergewichts, das der Adel dort besaß, schließlich eine den Wünschen des Adels entsprechende Reform der ersten Kammer des Herrenhauses. In die zweite Kategorie fielen der Ausbau des polizeilichen Überwachungssystems, die Einführung prozessualer Sonderregelungen für politische und Pressevergehen und Einschränkungen des Presse- und Vereinsrechts gemäß den gesetzlichen Vorgaben des Deutschen Bundes aus dem Jahr 1854. Die übrigen Mitgliedstaaten des Bundes hielten sich mit unterschiedlicher Konsequenz an diese Richtlinien: am stärksten Hannover, am wenigsten Baden.

Österreich setzte wie in den letzten Jahren der Regierungszeit Schwarzenbergs, so auch unter dem Ministerium Buol auf die Schaffung eines großen mitteleuropäischen Wirtschaftsraumes in Gestalt einer Zollunion, die, wenn sie verwirklicht worden wäre, die wirtschaftliche Grundlage der von Schwarzenberg eingeleiteten Mitteleuropapolitik hätte bilden können. In ebendieser Absicht hatte der österreichische Handelsminister Karl Ludwig von Bruck seine einschlägigen Denkschriften von 1849 und 1850 abgefaßt. In der Praxis lief das Vorhaben Brucks auf einen Zusammenschluß des Habsburgerreiches und des Deutschen Zollvereins hinaus, dessen vertragliche Erneuerung zwischen 1851 und 1853 anstand. Preußen aber dachte nicht daran, die wirtschaftspolitische Führungsrolle aufzugeben, die es im nichtösterreichischen Deutschland mittlerweile errungen hatte, und, wie das in der Logik der Bruckschen Pläne lag, vom Freihandel zu einem Schutzzollsystem überzugehen. Der Hohenzollernstaat setzte die Mittelstaaten unter Druck und erreichte nicht nur die Fortsetzung des Deutschen Zollvereins um zwölf Jahre, sondern auch seine Erweiterung um Hannover und die anderen Mitglieder des 1834 gegründeten «Steuervereins», nämlich Braunschweig, Oldenburg und Schaumburg-Lippe, zum 1. Januar 1854. Wien mußte sich mit dem preußisch-österreichischen Handelsvertrag vom Februar 1853 begnügen und seine weitergehenden Pläne bis 1860 vertagen. Berlin war es damit gelungen, auf handelspolitischem Gebiet die Niederlage wettzumachen, die ihm Österreich 1850 durch die «Schmach von Olmütz», die Vereitelung der preußischen Unionspolitik, beigebracht hatte.

Im Herbst 1857 mehrten sich die Anzeichen für eine schwere geistige Erkrankung König Friedrich Wilhelms IV. Am 23. Oktober beauftragte der kinderlose Monarch den Thronfolger Prinz Wilhelm für die Dauer von drei Monaten mit seiner Stellvertretung, wobei er ihn anwies, die Regierung nach den bisherigen Intentionen weiterzuführen.

Ein solches Provisorium bot nach Meinung der Regierung von Manteuffel den sichersten Schutz vor einer Änderung der preußischen Politik und wurde deshalb, als sich der Gesundheitszustand des Königs nicht besserte, 1858 noch dreimal, jeweils auf drei Monate befristet, verlängert. Verfassungsrechtliche Bedenken des Justizministers und des Prinzen Wilhelm führten schließlich dazu, daß das Kabinett seinen Widerstand gegen eine förmliche Regentschaft des Thronfolgers aufgab. Der Königin Elisabeth gelang es, den König am 7. Oktober 1858 zu einem entsprechenden Ersuchen an seinen Bruder zu bewegen. Dieser leistete am 9. Oktober der Bitte Folge und berief noch am gleichen Tag gemäß Artikel 56 der preußischen Verfassung die beiden Kammern zu einer gemeinsamen Sitzung ein, um über die Notwendigkeit der Regentschaft zu beschließen. Am 25. Oktober faßten diese den erforderlichen Beschluß. Am folgenden Tag leistete der Prinzregent vor beiden Kammern seinen Eid auf die preußische Verfassung vom 31. Januar 1850.

Als Stellvertreter hatte Prinz Wilhelm trotz stärkster Vorbehalte gegenüber dem starren Konservativismus der Regierung Manteuffel in deren Politik kaum eingegriffen. Als Prinzregent führte er sofort einen Kurswechsel herbei. Er berief ein liberalkonservatives Kabinett, das nominell von Fürst Karl Anton von Hohenzollern-Sigmaringen, tatsächlich von dem gemäßigt liberalen Rudolf von Auerswald geleitet wurde, der schon einmal, vom Juni bis September 1848, an der Spitze einer preußischen Regierung gestanden hatte. Die meisten Mitglieder der neuen Regierung gehörten der liberalkonservativen «Wochenblattpartei» an oder standen ihr nahe; zwei Minister (die einzigen, die ihre Ressorts schon im Kabinett Manteuffel innegehabt hatten) waren den gemäßigten Konservativen zuzurechnen, einer den «Altliberalen». Die ultrakonservative «Kamarilla» um die Brüder Leopold und Ludwig von Gerlach und den Staatsrechtslehrer Friedrich Julius Stahl, die zu Beginn der fünfziger Jahre den König, wenn auch vergeblich, zum Staatsstreich und dem Erlaß einer neuen Verfassung gedrängt hatte, besaß im Ministerium Hohenzollern-Auerswald keinen Rückhalt mehr. Zumindest für Preußen bedeutete der Kabinettswechsel vom Herbst 1858 das Ende der «Reaktionszeit».

Die Ansprache, die der Prinzregent am 8. November an das Kabinett hielt, ließ die Liberalen nicht nur in Preußen aufhorchen. Prinz Wilhelm wandte sich gegen jeden Mißbrauch der Religion für politische Zwecke; er versprach eine neue Schulpolitik, da Preußen mit seinen höheren Lehranstalten an der Spitze geistiger Intelligenz stehen müsse, und kündigte eine Außenpolitik an, die gutes Einvernehmen mit den anderen Großmächten suchen, aber sich fremdem Einfluß nicht hingeben werde. Zu einem geflügelten Wort wurde die Forderung, in Deutschland müsse Preußen «moralische Eroberungen» machen, und zwar durch eine «weise Gesetzgebung bei sich, durch Hebung aller sittlichen Elemente und durch Ergreifung von Einigungselementen», wie der Zollverein eines sei, der aber der Reform bedürfe. «Die Welt muß wissen, daß Preußen überall das Recht zu schützen bereit ist»: So lautete ein anderer, in der Folgezeit häufig zitierter Satz. Nicht zu überhören war freilich auch die Ankündigung einer Heeresreform. Der Prinzregent umschrieb dieses ihm besonders wichtige Vorhaben mit den Worten, im Wehrwesen seien mancherlei Änderungen erforderlich, damit Preußen in den politischen Auseinandersetzungen der Großmächte ein schwerwiegendes Gewicht in die Waagschale legen könne.

Das öffentliche Echo auf die Ansprache des Prinzregenten war durchwegs freundlich – nicht nur in Preußen, sondern auch im Süden Deutschlands, wo man dem «Kartätschenprinzen» von 1849 fortschrittliche Absichten am wenigsten zugetraut hatte. Rasch machte das Wort von der «Neuen Ära» die Runde, die jetzt in Preußen begonnen habe. Im Staat der Hohenzollern selbst hatten die wahlberechtigten Bürger noch im November 1858 Gelegenheit, durch Stimmabgabe bei den Wahlen zum Haus der Abgeordneten ihre Meinung zum Kurswechsel in Berlin zu äußern. Erstmals seit der Einführung des Dreiklassenwahlrechts im Mai 1849 beteiligten sich jetzt auch viele Demokraten wieder am Urnengang. Eigene Kandidaten stellte die entschiedene Linke vorsichtshalber noch nicht auf. Sie begnügte sich fürs erste mit der Anerkennung des Rechtsbodens der redigierten Verfassung und der Ankündigung, man werde die neue Regierung unterstützen, wenn sie die Landverfassung gewissenhaft handhabe und auf gesetzlichem Weg in freisinnigem Geist fortbilde.

Die eindeutigen Wahlsieger waren die gemäßigten Liberalen der unterschiedlichen Richtungen. Sie waren sich der prekären Stellung des Prinzregenten und des von ihm berufenen Ministeriums bewußt und darum nicht geneigt, das Kabinett durch allzu forsches Auftreten in Verlegenheit zu bringen. «Nur nicht drängeln!» war das Motto der stärksten Gruppierung in der zweiten Kammer, der «Fraktion Vincke», benannt nach ihrem Vorsitzenden, dem Freiherrn Georg von Vincke, der im Paulskirchenparlament der am weitesten rechts stehenden Fraktion, dem «Café Milani», angehört hatte.

Der Wahl folgten Umbesetzungen in einigen wichtigen Positionen des Regierungsapparates. Mehrere prominente Vertreter des bisherigen Regierungskurses wurden durch Anhänger der «Wochenblattpartei» ersetzt. Das galt auch für den Posten des preußischen Gesandten beim Bundestag. Dieses Amt erhielt ein gemäßigt liberaler Diplomat, Karl von Usedom. Der Vorgänger, Otto von Bismarck, empfand seine Ablösung und Versetzung nach St. Petersburg als Kaltstellung, und tatsächlich war er am Zarenhof dem Zentrum der preußischen Staatsmacht ferner als in seiner Frankfurter Zeit. Aber in der Hierarchie der Gesandtenposten stand St. Petersburg ganz weit oben. Nach einem ausführlichen Gespräch mit dem Prinzregenten Ende Januar 1859 konnte Bismarck durchaus hoffen, daß Wilhelm ihn, wenn die Situation es erforderte, in eine noch einflußreichere politische Stellung berufen würde.[5]

Ein Nationalstaat entsteht: Die Einigung Italiens

Eine Reaktionszeit erlebten nach 1850 nicht nur die Staaten des Deutschen Bundes, sondern auch Teile Italiens. Im habsburgischen Lombardo-Venetien, wo es mehrfach zu Aufstandsversuchen von Anhängern Mazzinis kam (so 1851 in Mantua und zwei Jahre später in Mailand), herrschte bis 1856 der Belagerungszustand. Österreichische Truppen standen während der fünfziger Jahre auch in den Herzogtümern Parma und Modena, im Großherzogtum Toskana und im Norden des Kirchenstaates. Auf besonders krasse und abschreckende Form wurde die vorrevolutionäre Ordnung unter dem Bourbonen Ferdinand II. im Königreich beider Sizilien wiederhergestellt: Neapel galt unter den Liberalen Europas als das rückschrittlichste Regime des Okzidents – nicht minder reaktionär als das Zarenreich, das sich seit langem dem Königreich beider Sizilien eng verbunden fühlte.

Zur gleichen Zeit gab es aber auch noch ein anderes, ein liberales Italien: das Königreich Sardinien-Piemont, das 1849 unter König Viktor Emanuel II. zum wichtigsten Zufluchtsort der freiheitlichen Kräfte aus den anderen Teilen der Apenninenhalbinsel geworden war. Ministerpräsident war seit dem November 1852 Graf Camillo di Cavour, der Führer der neugeschaffenen Mehrheitspartei, die aus einer «Vermählung» (connubio) der Liberalen und der gemäßigten Demokraten hervorgegangen war. Mit der Ernennung Cavours verwandelte der König die konstitutionelle faktisch in eine parlamentarische Monarchie. Als der neue Regierungschef 1853 den verschärften Reaktionskurs der Österreicher in Lombardo-Venetien zum Anlaß nahm, die diplomatischen Beziehungen mit Wien abzubrechen, fand das den Beifall nahezu der gesamten Linken. Im Jahr darauf durfte Garibaldi aus seinem amerikanischen Exil nach Piemont zurückkehren. Die Teilnahme am Krimkrieg versetzte das norditalienische Königreich zwar noch nicht in die Lage, mit Unterstützung der Westmächte oder zumindest Frankreichs die österreichische Herrschaft in Oberitalien zu beenden. Für Turin sollte sich die Pariser Friedenskonferenz von 1856 dennoch als großer Gewinn erweisen: Cavour hatte Piemont zu einem internationalen Rang verholfen, der dem einer Großmacht nahekam. Er durfte darauf hoffen, daß sich seine bisherige, geradezu demonstrative Unterstützung Napoleons III. politisch doch noch auszahlen würde – in Gestalt eines gemeinsamen Vorgehens gegen Österreich.

Napoleon III. hatte seine innenpolitische Machtstellung in den ersten Jahren des Second Empire weiter gefestigt. Durch den forcierten, über öffentliche Anleihen finanzierten Ausbau des Eisenbahnnetzes schritt die Industrialisierung Frankreichs kräftig voran; Paris gewann durch die radikale Stadtsanierung des Präfekten Baron de Haussmann immer mehr die Züge einer imperialen Metropole; die zweite Weltausstellung, die 1855 in Paris stattfand, gab dem zweiten Kaiserreich die willkommene Gelegenheit, sich als moderne Wirtschaftsmacht und den Kaiser der Franzosen als Erneuerer der Gesellschaft zu präsentieren. Aber Napoleon III. wäre kein Bonaparte gewesen, wenn er sich damit begnügt hätte, dem immer noch landwirtschaftlich geprägten Frankreich den Weg in die Industriegesellschaft der Zukunft zu weisen. Der militärische Ruhm, den seine Armee im Krimkrieg an ihre Fahnen geheftet hatte, bewies aus seiner Sicht, daß dem eigenen Prestige nichts so dienlich war wie der erfolgreiche Einsatz militärischer Macht. Eben deshalb kam ihm das italienische Streben nach Unabhängigkeit gelegen. Österreich hatte sich während des Krimkrieges außenpolitisch isoliert. Wenn Napoleon III. sich in die Tradition seines kaiserlichen Onkels stellte und den Italienern dabei half, die Fremdherrschaft abzuschütteln, hatte er nach Lage der Dinge gute Aussichten, der Geschichte der Großmacht Frankreich ein weiteres glorreiches Kapitel hinzuzufügen.

Daß die Italiener ihre nationalen Bestrebungen nicht länger vertagen wollten, wurde im Juli 1857 deutlich: Liberale Patrioten um Giorgio Pallavicino, der einst lange Jahre in österreichischer Haft verbracht hatte, gründeten einen Verband zur Förderung der Befreiung und Einigung Italiens, die Società Nazionale. Die Vereinigung war ein Zusammenschluß bürgerlicher Honoratioren unterschiedlicher politischer Richtungen und, im Unterschied zu Mazzini und seinen Gefolgsleuten, bereit, Cavours Politik einschließlich seiner engen Zusammenarbeit mit Napoleon III. propagandistisch zu unterstützen, notfalls aber auch öffentlichen Druck auf den leitenden Minister des Königreichs Sardinien-Piemont auszuüben. Für die wechselseitige Abstimmung sollte der Sekretär der Società Nazionale, der aus Sizilien emigrierte Historiker Giuseppe La Farina, sorgen, der schon seit längerem in enger Verbindung mit Cavour stand.

Ob Napoleon III. tatsächlich gewillt war, sich für die Sache Italiens einzusetzen, erschien freilich vielen Patrioten zweifelhaft. Manche warfen dem Kaiser der Franzosen sogar Verrat an seinem ehemaligen Alliierten im Krimkrieg vor. Auch Felice Orsini, ein früherer Anhänger Mazzinis aus der Romagna, dachte so. Am 14. Januar 1858 verübte er vor der Pariser Oper ein Bombenattentat auf Napoleon III. Der Kaiser selbst blieb unverletzt. Der Anschlag hatte ein scharfes Gesetz gegen republikanische Bestrebungen in Frankreich zur Folge, führte aber nicht, wie man in Turin und in der Società Nazionale zunächst befürchtet hatte, zum Abbruch der engen Beziehungen zwischen Frankreich und Piemont. Napoleon gelangte durch den Vorfall vielmehr zu der Überzeugung, daß er mit der Lösung der italienischen Frage nicht länger warten durfte. Er sorgte deshalb dafür, daß ein Brief des inhaftierten Attentäters, in dem dieser den Kaiser in dringlichen Worten um Hilfe bei der Befreiung Italiens bat, vor Gericht verlesen und im regierungsamtlichen «Moniteur» abgedruckt wurde. Dann folgte der entscheidende Schritt: Am 21. und 22. Juli trafen Napoleon III. und Cavour unter höchster Geheimhaltung und ohne vorherige Information der Regierungen in Paris und Turin im Vogesenbad Plombières zusammen, um sich über das weitere Vorgehen in der italienischen Sache abzustimmen.

Was der Kaiser der Franzosen dem Ministerpräsidenten von Sardinien-Piemont vorschlug, blieb weit hinter den Erwartungen der italienischen Patrioten zurück. Napoleon III. ging es nicht um die Gründung eines neuen souveränen Nationalstaates, sondern um die Schaffung einer lockeren, nominell vom Papst geleiteten Konföderation italienischer Staaten, in der Piemont lediglich die Rolle des primus inter pares beanspruchen konnte. Dem norditalienischen Königreich versprach der Kaiser militärischen Beistand bei einem Krieg mit Österreich, den Turin zwar provozieren sollte, aber auf eine Weise, die Österreich in den Augen der europäischen Öffentlichkeit als den Schuldigen erscheinen ließ. Lombardo-Venetien, die Herzogtümer Parma und Modena sowie die zum Kirchenstaat gehörige Romagna sollten mit Piemont vereinigt werden. Ein weiteres Königreich sollte die Toskana, die Marken und Umbrien umfassen, der Kirchenstaat auf Rom und Latium beschränkt werden. Als drittes Königreich war Neapel vorgesehen, wobei noch offen blieb, ob das Königreich beider Sizilien in den Händen der spanischen Bourbonen verbleiben oder den Nachfahren von Murat, dem Schwager Napoleons I., übertragen werden sollte. Frankreich wollte für seine Mitwirkung beim Krieg mit Österreich durch die Abtretung von Nizza und Savoyen belohnt werden.

Trotz der Opfer, die Napoleon III. dem Königreich Sardinien-Piemont aufzuerlegen gedachte, erklärte sich Cavour zur Annahme der Vorschläge bereit. Der Verzicht auf das italienischsprachige Gebiet um Nizza, den Geburtsort Garibaldis, war eine noch größere Zumutung als die verlangte Abtretung des französischsprachigen Savoyen, des Stammlandes des Turiner Herrscherhauses. Die Proteste der Patrioten waren leicht vorhersehbar. Dennoch erschien Cavour der Preis, den Napoleon forderte, nicht zu hoch. Der Ministerpräsident ging offenbar davon aus, daß ein Sieg über Österreich eine Dynamik in Gang setzen würde, die schließlich die Einigung Italiens unter piemontesischer Führung unvermeidbar machte. Angesichts der krassen Unterschiede der wirtschaftlichen Entwicklung zwischen Nord und Süd sprach ohnehin vieles dafür, die Gründung eines italienischen Nationalstaates nicht zu überstürzen. Entscheidend war fürs erste, daß dem stark vergrößerten Königreich Sardinien-Piemont die faktische Vorherrschaft in Italien zufiel, womit sich auch die Gefahr einer allzu starken Abhängigkeit von Frankreich erheblich vermindern würde.

Um dieses übergeordneten Zieles willen versprach Cavour dem Kaiser in Plombières sogar, dessen delikatesten Wunsch, den Vorschlag einer dynastischen Verbindung der Häuser Savoyen und Bonaparte, gegenüber dem König zu unterstützen: Napoleon wollte seinen als «Schürzenjäger» berüchtigten Neffen Joseph Charles Paul Bonaparte, genannt «prince Plon-Plon», mit der zwanzig Jahre jüngeren, erst fünfzehnjährigen Prinzessin Marie-Clothilde, der Tochter Viktor Emanuels II., verheiraten und ihn hernach auf den Thron des neuen mittelitalienischen Königreiches setzen. Dem König fiel es schwer, diesem Ansinnen nachzukommen, aber im höheren Staatsinteresse gab er schließlich auch hier dem Drängen des Ministerpräsidenten nach.

Rund fünf Monate nach der konspirativen Zusammenkunft von Plombières, im Dezember 1858, schlossen das zweite französische Kaiserreich und das Königreich Sardinien-Piemont einen Geheimvertrag. Er enthielt außer den Punkten, auf die man sich bereits im Juli verständigt hatte, eine Klausel, in der sich Turin verpflichtete, für die Kosten des Krieges mit Österreich aufzukommen. Während Piemont aufrüstete, die Società Nazionale für die Einigung Italiens agitierte und Cavour sich der Unterstützung Garibaldis versicherte, verhielt sich Napoleon III. eher zögerlich. Als im März 1859 Großbritannien vorschlug, die italienische Frage zum Gegenstand einer europäischen Konferenz zu machen, ging der Kaiser zur Empörung Cavours darauf ein. Daß es doch noch zum Krieg kam, lag an einem Ultimatum, in dem Österreich am 23. April das Königreich Sardinien-Piemont aufforderte, binnen drei Tagen mit der Verringerung seines Heeres und der Entlassung der Freiwilligen zu beginnen. Damit lieferte das Habsburgerreich Turin und Paris endlich den sehnlichst erhofften Anlaß für eine gemeinsame Kriegserklärung. Sie erfolgte am 3. Mai 1859, nachdem österreichische Truppen bereits in Piemont eingedrungen waren, und benannte auch das Kriegsziel der Alliierten: Italien sollte «bis zur Adria» befreit werden.

Die entscheidenden Schlachten endeten mit Siegen der Verbündeten: am 4. Juni bei Magenta in der Provinz Novara und am 24. Juni bei Solferino und San Martino in der Provinz Mantua. Die zweite der beiden Schlachten war die blutigste in der langen Geschichte der Kämpfe um die Unabhängigkeit Italiens. Man zählte 5000 Tote und 25 000 Verwundete, von denen viele nur deshalb starben, weil die Versorgung durch Sanitäter und Ärzte völlig unzureichend war. Es war das Erlebnis des Blutbads von Solferino, das den jungen Genfer Kaufmann Henri Dunant veranlaßte, jene berühmte Initiative zu ergreifen, die 1864 zur Gründung des Internationalen Roten Kreuzes und der ersten Genfer Konvention zur Verbesserung des Loses der Verwundeten und Kranken der Streitkräfte im Felde führte.

Während in der Lombardei die Heere der kriegführenden Staaten aufeinanderstießen, kämpften in Mittelitalien Aufständische gegen die mehr und minder reaktionären Regime, die sie im Juni auf breiter Front zu Fall brachten. An ihre Stelle traten provisorische, von Anhängern Cavours gebildete Regierungen wie die von Bettino Barone di Ricasoli in Florenz und Luigi Carlo Farini in Bologna. Zu ihren ersten Amtshandlungen gehörte die Proklamation des Anschlusses an das Königreich Sardinien-Piemont. Die starken österreichischen Festungen im Viereck von Mantua, Peschiera, Verona und Legnano aber waren zum Zeitpunkt der Doppelschlacht von Solferino und San Martino noch nicht eingenommen, und gleichzeitig drängten Großbritannien und Rußland Napoleon III. zu einem Verständigungsfrieden mit Österreich. Preußen, das sich bisher bewußt zurückgehalten hatte, bereitete im Juli sogar im Einvernehmen mit dem Zarenreich und England eine bewaffnete Intervention vor, wobei es sich von seiner späten Unterstützung des geschwächten Österreich eine Stärkung seiner eigenen Position im Deutschen Bund versprach.

Dazu kam es jedoch nicht mehr. Napoleon III. war über die revolutionäre Bewegung in Mittelitalien zutiefst beunruhigt, weil sie seinem Plan einer lockeren italienischen Konföderation den Boden zu entziehen drohte. Vor allem deshalb bot er, ohne jede Absprache mit seinem piemontesischen Verbündeten, Kaiser Franz Joseph von Österreich einen Verständigungsfrieden an. Dieser unerwartete Schritt führte am 8. Juli zum Waffenstillstand und am 11. Juli zum Vorfrieden von Villafranca. Österreich trat darin die Lombardei an Frankreich ab, das sie seinerseits an Piemont weitergeben sollte. Venetien mitsamt dem oberitalienischen Festungsgürtel blieb österreichisch. In der Toskana und in Modena sollten die habsburgischen Herrscher wiedereingesetzt und der Kirchenstaat in vollem Umfang wiederhergestellt werden. Weiter sprachen sich die beiden Kaiser für einen italienischen Staatenbund mit dem Papst als Ehrenpräsidenten sowie für zeitgemäße Reformen im Kirchenstaat aus. König Viktor Emanuel sah sich gezwungen, dem Kompromiß zuzustimmen. Cavour jedoch trat aus Protest gegen den Bruch der Vereinbarungen von Plombières von seinem Amt als Ministerpräsident zurück. Der definitive Friedensvertrag zwischen Frankreich und Österreich wurde am 10. November 1859 in Zürich unterzeichnet und durch zwei Verträge mit Piemont ergänzt.

Von dem, was in Villafranca vereinbart und in Zürich bestätigt wurde, blieb vieles ein Stück Papier. Die Lombardei ging in den Besitz Piemonts über, aber in Mittelitalien ließ sich die Revolution nicht rückgängig machen. Das lag zum einen an den Waffen, die die Aufständischen noch von der Regierung Cavour erhalten hatten. Zum anderen zeigte sich, daß Österreich mit seinem Drängen auf Herstellung der früheren Zustände isoliert war. England unterstützte die Liberalen in der Toskana und den ehedem päpstlichen Gebieten, und nach einigem Zögern schloß sich Napoleon III. der britischen Position an. Sein Kalkül war klar: Da Venetien bei Österreich verblieben war, hatte er bislang nicht die Möglichkeit gehabt, Piemont zur Abtretung von Nizza und Savoyen zu bewegen. In den Besitz dieser Gebiete konnte er nur gelangen, wenn er im Gegenzug die Angliederung großer Teile Mittelitaliens an Piemont duldete.

Auf ebendieses Geschäft ließ sich Cavour, der im Januar 1860 wieder das Amt des Ministerpräsidenten übernommen hatte, wenn auch widerstrebend, ein. Im März 1860 schloß er einen geheimen Vertrag mit Napoleon III. ab, in dem das Königreich Sardinien-Piemont Frankreich die Abtretung von Nizza und Savoyen zusicherte. Napoleon III. erklärte sich seinerseits damit einverstanden, daß in der Romagna, der Toskana sowie in Parma und Modena Plebiszite stattfanden, die dann erwartungsgemäß große Mehrheiten für den Anschluß an Piemont erbrachten. Aus den ersten Parlamentswahlen des erweiterten Königreiches, die unmittelbar darauf, noch im März 1860, abgehalten wurden, gingen die Società Nazionale und die 1859 gegründete Unione liberale, zwei Cavour freundlich gesinnte Gruppierungen, als eindeutige Sieger hervor. Das neue Parlament mußte sogleich der Abtretung von Savoyen und Nizza an Frankreich zustimmen, was gegen den heftigen Protest Garibaldis und anderer Sprecher der linken wie der konservativen Opposition geschah. Die Plebiszite, die in beiden Gebieten dem Herrschaftswechsel den Schein einer demokratischen Legitimation verschaffen sollten, fanden im April 1860 statt und zeitigten die gewünschten Ergebnisse. In Nizza war dabei sehr viel stärkerer Druck des französischen Militärs erforderlich als in Savoyen, wo es seit langem eine verbreitete Neigung zur Anlehnung an Frankreich gab.

Ein Dreivierteljahr nach der Beendigung des piemontesisch-französisch-österreichischen Krieges war das Königreich Sardinien-Piemont sehr viel größer, als es der Präliminarfriede von Villafranca vorgesehen hatte. Es umfaßte ganz Oberitalien außer Venetien und Mittelitalien außer den Marken, Umbrien und Latium. Die Expansion Piemonts war das Ergebnis des Ineinandergreifens einer Revolution von oben, für die Cavour stand, und einer Revolution von unten, die sich in den regionalen Aufständen gegen die bisherigen Regime äußerte. Das vermittelnde Element war die Società Nazionale, die auch die Plebiszite vom März 1860 organisierte. Mit der anschließenden Parlamentswahl endete eine kurze Phase, in der in Piemont der König das parlamentarische System suspendiert und in Mittelitalien regionale «Diktatoren» wie Ricasoli und Farini das Sagen gehabt hatten.

Ihrem Ziel, der Errichtung eines freiheitlichen Nationalstaates, war die italienische Nationalbewegung im Frühjahr 1860 ein gutes Stück näher gekommen, aber erreicht war es noch längst nicht. In dieser Übergangssituation wurde der überzeugte Republikaner Giuseppe Garibaldi zum Führer derer, die auf die rasche Vollendung des Einigungswerkes drängten. Von sizilianischen Aufständischen um Hilfe gebeten, brach er am 6. Mai 1860 in Genua an der Spitze einer Freiwilligentruppe auf dem Seeweg nach Süden auf. So begann jener mythenumwobene «Zug der Tausend», der eine neue Phase des Kampfes um die italienische Einheit einleitete. Anders als in Mittelitalien war diesmal nicht Cavour die treibende Kraft im Hintergrund. Garibaldi stand für das, was der Ministerpräsident fürchtete und darum verhindern wollte: eine unkontrollierbare nationale Revolution von unten, die Fragen der Staatsräson beiseite schob und statt dessen an den vermeintlich gesunden Instinkt des einfachen Volkes appellierte. König Viktor Emanuel II. empfand hingegen eine gewisse Sympathie für das Unternehmen Garibaldis – und das schon deshalb, weil dieser sich als schärfster Gegner der Abtretung von Nizza und Savoyen hervorgetan hatte, mit der auch der Monarch noch innerlich haderte.

In Sizilien angekommen, erklärte sich Garibaldi zum Diktator der Insel, wobei er behauptete, im Namen König Viktor Emanuels zu handeln. Die Zahl der Freiwilligen, die ihn im Kampf gegen das Bourbonenregime in Neapel unterstützten, wuchs rasch an; Ende Mai fiel Palermo in ihre Hände. Doch mit Freiwilligen allein ließ sich die alte Ordnung nicht stürzen, und um die Wehrpflicht durchzusetzen, mußten Garibaldi und der von ihm ernannte provisorische Regierungschef Francesco Crispi, einer der Führer der sizilianischen Demokraten in der Revolution von 1848, mit äußerster Härte gegen aufständische Bauern und Landarbeiter vorgehen: eine Politik, die die Revolutionäre zu Verbündeten der Groß-

grundbesitzer machte. Einen sofortigen Anschluß Siziliens an das Königreich Sardinien-Piemont, wie Cavour ihn forderte, lehnte Garibaldi ab.
Er setzte seinen Feldzug vielmehr nach der Überquerung der Straße von
Messina am 18. August auf dem Festland fort und zog am 7. September
unter dem Jubel der Einwohner in Neapel ein. König Franz II., der im
Jahr zuvor seinem verstorbenem Vater, Ferdinand II., auf dem Thron
gefolgt war, hatte sich zuvor mit seinen Truppen ins befestigte Gaeta begeben, die Hauptstadt des Königreichs beider Sizilien also kampflos geräumt.

Die Vermutung lag nahe, daß Garibaldi sich mit einem Sieg über
die napolitanische Bourbonenherrschaft nicht begnügen, sondern als
nächstes die Eroberung des Kirchenstaates in Angriff nehmen würde.
Wenn er erst Rom eingenommen hatte, konnte er sich seinem eigentlichen Ziel zuwenden: der Errichtung einer italienischen Republik
unter seiner Führung. In diese Richtung drängte ihn auch Giuseppe
Mazzini, der sein englisches Exil, wie schon im Vorjahr, vorübergehend
verlassen hatte und sich seit dem 17. September in Neapel aufhielt. Cavour war fest entschlossen, es soweit nicht kommen zu lassen. Von
einem Einfall in die weltlichen Besitzungen des Papstes hatte er bereits
Agostino Bertani, einen Anhänger Mazzinis, abgehalten. Ende August
entschloß er sich, um Garibaldi zuvorzukommen, piemontesische
Truppen in den Kirchenstaat einmarschieren zu lassen. Mit Napoleon III. verständigte er sich darauf, daß nur Umbrien und die Marken von Piemont annektiert werden sollten, nicht jedoch Rom und
Latium, das eigentliche Patrimonium Petri.

Mitte September 1860 begann die piemontesische Invasion des Kirchenstaates. Nach einem Sieg über die päpstlichen Truppen bei Castel-
fidardo in der Provinz Ancona wurden in den Marken und Umbrien
provisorische Regierungen eingesetzt. Anschließend überschritten die
piemontesischen Verbände unter dem Oberbefehl des Königs die
Grenze zum Königreich beider Sizilien. Dort brachte Garibaldi Anfang
Oktober den zahlenmäßig überlegenen Truppen Franz' II. am Volturno
eine schwere Niederlage bei; der König beider Sizilien verschanzte sich
mit einem Teil seiner Armee in Gaeta, das erst im Februar 1861 kapitulierte.

Viktor Emanuel nutzte seinen Erfolg im Kirchenstaat, um Garibaldi
nunmehr offen um die Übergabe seiner diktatorischen Macht an ihn,
den legitimen König, aufzufordern. Der republikanische Führer fügte

sich. Am 25. Oktober 1860 fand bei Teano jenes legendäre Treffen zwischen dem König und dem Volkshelden statt, bei dem die «Machtübergabe» formell besiegelt wurde. Am 7. November zog Garibaldi ein zweites Mal in Neapel ein – diesmal an der Seite des Königs. In den folgenden Jahren griff Garibaldi noch mehrfach mit spektakulären Aktionen in die italienische Politik ein, aber stets vergeblich. Zwei Versuche, den restlichen Kirchenstaat zu erobern, wurden rasch niedergeschlagen: 1862 von italienischen, 1867 von französischen Truppen. Am 2. Juni 1882 starb Garibaldi im Alter von 74 Jahren am Ort seines selbstgewählten inneren Exils, der Insel Caprera nördlich von Sardinien.

Den Anschluß von Umbrien, den Marken, Neapel und Sizilien an das Königreich Sardinien-Piemont bestätigten zwischen dem 21. Oktober und dem 5. November 1860 Plebiszite, an denen freilich nur die Oberschicht teilnehmen konnte. Im Februar 1861 trat in Turin das erste italienische Parlament zusammen, gewählt nach einem extrem besitzfreundlichen Zensuswahlrecht, das lediglich zwei von hundert erwachsenen Männern das aktive Wahlrecht einräumte. Die Verfassung des neuen Königreichs Italien war das aktualisierte Grundgesetz des Königreichs Sardinien-Piemont vom 4. März 1848, das politische System also das einer parlamentarischen Monarchie. Am 14. März 1860 nahm Viktor Emanuel II. mit der Billigung des Parlaments den Titel eines «Königs von Italien» an – mit dem halb traditionellen, halb zeitgemäßen Zusatz «durch Gottes Gnaden und durch den Willen des Volkes». Knapp zwei Wochen später, am 27. März erklärte das Parlament Rom zur künftigen Hauptstadt Italiens. Der Mann, der am meisten für die italienische Einigung getan und zuletzt noch über den weit populäreren Garibaldi triumphiert hatte, konnte auf die weitere Entwicklung seines Landes keinen Einfluß mehr nehmen: Am 6. Juni 1861, zwei Monate vor seinem 51. Geburtstag, starb völlig unerwartet Graf Camillo di Cavour, der erste Ministerpräsident des Königreichs Italien.

In seinen letzten Monaten hatte sich Cavour noch, wenn auch erfolglos, um einen Ausgleich mit der katholischen Kirche gemäß seinem Motto «libera chiesa in libero stato» (freie Kirche im freien Staat) bemüht. Papst Pius IX. hatte an einer Verständigung mit dem Staat, der ihm soeben einen Großteil seines Territoriums weggenommen hatte, kein Interesse, und bei der Linken stieß jeder Versuch einer Annäherung zwischen Staat und Kirche auf argwöhnischen Protest. Im Gegensatz zu den Linken und vielen Liberalen wollte Cavour auch Napoleon III.

nicht durch eine Politik verprellen, die auf eine rasche Angliederung Venetiens und Roms abzielte. Die liberale Partei, die Cavour gegründet hatte, die «Destra storica» (Historische Rechte), blieb noch bis 1876 an der Regierung. Aber keiner seiner Mitstreiter, die in diesen Jahren das Amt des Ministerpräsidenten innehatten, verfügte über ein ähnliches hohes Maß an politischem Wirklichkeitssinn und persönlicher Autorität wie er.

Die Gründer des italienischen Nationalstaates waren von der Annahme ausgegangen, daß es trotz aller sprachlichen und kulturellen Unterschiede zwischen den Italienern seit langem so etwas wie eine italienische Nation gab. Nach 1861 zeigte sich, daß der Graben zwischen Nord und Süd viel tiefer war, als die Optimisten geglaubt hatten. Im Norden hatten sich, nicht zuletzt dank Cavours liberaler Wirtschaftspolitik, moderne Industrien entwickelt, der Süden hingegen blieb weiterhin geprägt von großen Latifundien und einer breiten Masse von landarmen Kleinbauern und Landarbeitern ohne eigenen Grund und Boden. Die Zahl der Analphabeten, die in ganz Italien nach der Volkszählung von 1861 bei 78 Prozent lag, war im Süden sehr viel höher als im Norden: Während in Piemont und den ehedem habsburgischen Gebieten rund die Hälfte der Einwohner des Lesens und Schreibens kundig war, verfügten im einstigen Königreich beider Sizilien und in Sardinien nur 10 bis 15 Prozent der Bevölkerung über diese Fähigkeiten.

Die wirtschaftliche und soziale Rückständigkeit des Mezzogiorno fand in den ersten Jahren des Königreichs Italien ihren Ausdruck in den blutigen Aufständen der «Briganten», die als Partisanen gegen den modernen Staat in allen seinen Erscheinungsformen kämpften und nur mit Hilfe der Armee niedergeworfen werden konnten. Der Aufbau eines straff zentralistischen Staates nach französischem Vorbild unter Cavours unmittelbarem Nachfolger Ricasoli erwies sich als ungeeignetes Mittel, um die regionalen Unterschiede einzuebnen. Der Einheitsstaat verschärfte vielmehr den Gegensatz zwischen Regierenden und Regierten, für den schon das Zensuswahlrecht sorgte: 98 von 100 Italienern hatten keine Möglichkeit, ihren politischen Willen durch Stimmabgabe zu bekunden.

Daß die Hauptstadt des Königreiches Italien zunächst in Turin, also im hohen Norden des Landes, lag, war *kein* Ausdruck der Geringschätzung des Südens, sondern die demonstrative Betonung der Tatsache, daß die Einigung Italiens noch nicht abgeschlossen war. Frankreich, dessen Veto Rom als Hauptstadt verhindert hatte, hielt die Entscheidung für das Provisorium Turin für einen Fehler, der der Korrektur bedurfte, und setzte sich mit diesem Standpunkt durch. In der innenpolitisch höchst umstrittenen «Septemberkonvention» von 1864 verpflichtete sich das Königreich Italien, die Hauptstadt nach Florenz zu verlegen und den Fortbestand des Kirchenstaates zu garantieren. Dafür versprach Frankreich, seine Garnison in Rom, die es dort seit 1849 unterhielt, innerhalb von zwei Jahren abzuziehen.

Der Hauptstadtwechsel von Turin nach Florenz im Jahre 1865 (und fünf Jahre später von Florenz nach Rom) trug nicht dazu bei, den Gegensatz zwischen dem Norden und dem Süden abzumildern. Der junge Nationalstaat war einstweilen nicht mehr als der Rahmen, in dem sich der Prozeß der Nationsbildung vollziehen konnte. Aber daß es diesen Nationalstaat nunmehr gab, wurde nicht nur von den meisten Italienern als historischer Fortschritt empfunden, sondern von allen, die danach strebten, dem demokratischen Prinzip der Nationalität zum Triumph über das monarchische Prinzip der Legitimität zu verhelfen. Die Italiener hatten das Doppelziel ihrer Revolution von 1848, Einheit und Freiheit, weitgehend erreicht, die Deutschen noch nicht. Schon deshalb wurde die Entwicklung auf der Apenninenhalbinsel in keinem Teil Europas mit so viel Aufmerksamkeit verfolgt wie in den Staaten des Deutschen Bundes.[6]

Kursänderungen: Die deutschen Großmächte 1859–1862

In Deutschland führte die Frage, wie sich Preußen und der Deutsche Bund gegenüber dem Krieg in Oberitalien verhalten sollten, zu einer neuen politischen Lagerbildung. Relativ einheitlich argumentierten die kleindeutschen Liberalen, unter ihnen die Historiker Johann Gustav Droysen, Heinrich von Sybel und Georg Waitz. Sie befürworteten eine Unterstützung Österreichs durch Preußen, sofern Wien dem Hohenzollernstaat dafür die militärpolitische Führung im außerösterreichischen Deutschland zugestand. Buntscheckig waren hingegen die Gruppen der unbedingten Befürworter und der entschiedenen Gegner eines preußischen Eingreifens an der Seite Österreichs zusammengesetzt. Auf eine preußisch-österreichische Waffenbrüderschaft drängten preußische Altkonservative wie Leopold und Ludwig von Gerlach, der großdeutsche

Demokrat Benedikt Waldeck, die Sozialisten Marx und Engels, der habsburgfeindliche August Ludwig von Rochau und der ehemalige Präsident der deutschen Nationalversammlung, Heinrich von Gagern, der damals vom kleindeutschen ins großdeutsche Lager überwechselte. Eine Wendung gegen Österreich, gegebenenfalls im faktischen Bund mit Frankreich, forderten der Sozialist Ferdinand Lassalle, die «Achtundvierziger»-Demokraten Arnold Ruge und Ludwig Bamberger, der liberale Publizist Konstantin Rößler sowie der preußische Gesandte am Zarenhof, Otto von Bismarck.

In einem vertraulichen Brief an den Generaladjutanten des Prinzregenten, Gustav von Alvensleben, machte Bismarck am 5. Mai 1859 deutlich, was *er* für die richtige Politik hielt: Preußen sollte den «Krieg Österreichs mit Frankreich sich scharf einfressen lassen, und dann mit unseren ganzen Armeen nach Süden aufbrechen, die Grenzpfähle im Tornister mitnehmen und sie entweder am Bodensee oder da, wo das protestantische Bekenntnis aufhört vorzuwiegen, wieder einschlagen.» Die von Preußen «in Besitz» genommenen Deutschen würden sich, so meinte Bismarck, anschließend gern «für uns» schlagen, «besonders wenn der Prinzregent ihnen den Gefallen tut, das Königreich Preußen in Königreich Deutschland umzutaufen».

Ferdinand Lassalle, 1825 als Sohn eines jüdischen Kaufmannes in Breslau geboren, von Fichte mehr noch als von Hegel geprägt, 1848 ein Gefolgsmann von Marx und nach Verbüßung einer Gefängnisstrafe wegen Aufforderung zum Widerstand gegen Staatsbeamte als freier Publizist tätig, äußerte sich in seiner Flugschrift «Der italienische Krieg und die Aufgabe Preußens. Eine Stimme aus der Demokratie» ganz ähnlich. Österreich verkörpere das «reaktionäre Prinzip», während Napoleon III. immerhin genötigt sei, sein Regiment auf demokratische Prinzipien wie das allgemeine Stimmrecht zu stützen. Preußen sei zur Zeit zwar nicht zu einer Politik im Stil Friedrichs des Großen, nämlich der Eroberung der deutschen Länder Österreichs und der Proklamation des deutschen Kaisertums, fähig, aber es könne doch Ruhm an seine Fahnen heften: «Revidiert Napoleon die europäische Karte nach dem Prinzip der Nationalitäten im Süden, gut, so tun wir dasselbe im Norden. Befreit Napoleon Italien, gut, so nehmen wir Schleswig-Holstein!»

Eine diametral entgegengesetzte Position bezogen Karl Marx und Friedrich Engels. Aus ihrer Sicht stand kein Regime in solchem Maß der Revolution im Wege wie das Napoleons III. Also war es ein revolutionäres Interesse, den Kaiser der Franzosen zu schlagen oder wenigstens zu schwächen. Engels rief darum in seiner im April 1859 veröffentlichen Broschüre «Po und Rhein» dazu auf, dem Feind zu schaden und keine moralischen Reflexionen darüber anzustellen, «ob das mit der ewigen Gerechtigkeit und dem Nationalitätsprinzip vereinbar ist. Man wehrt sich eben seiner Haut.» War Deutschland erst einmal geeinigt, konnte es immer noch auf den «ganzen italienischen Plunder» verzichten.

Was die deutsche Großmacht Preußen während des Krieges von 1859 tat oder vielmehr nicht tat, enttäuschte alle politischen Lager. Mit der «bewaffneten Intervention» drohte Berlin erst, als es dafür bereits zu spät war. Für die ältere mitteleuropäische Großmacht, Österreich, bedeutete der Verlust der Lombardei eine schwere Niederlage. Wenn auch 1859 noch niemand wußte, wie lange das Habsburgerreich Venetien würde behaupten können, so wäre es doch vermessen gewesen, diesen Besitz für gesichert zu halten. Drei Jahre nach dem Ende des Krimkrieges war ein weiterer Stein aus der Ordnung der Verträge von 1815 herausgebrochen, und das eindeutig zu Lasten Österreichs.

Die Regierenden in Wien mußten überdies damit rechnen, daß das italienische Beispiel Schule machen würde. Um einer solchen Entwicklung vorzubeugen, unternahm Österreich 1860 einen zweiten Versuch, sich zum Verfassungsstaat zu wandeln. Das «Oktoberdiplom» machte die Aristokratie der deutschen wie der nichtdeutschen Kronländer zur Trägerin einer föderalistischen Reichsordnung, rief damit aber sowohl in Ungarn wie unter den deutsch-österreichischen Liberalen heftigen Widerspruch hervor.

Die Folge war die Ausarbeitung eines neuen Staatsgrundgesetzes durch den neuberufenen Staatsminister und ehemaligen Reichsministerpräsidenten Anton von Schmerling. Ein Kaiserliches Patent vom 26. Februar 1861 schuf im Reichsrat ein Gesetzgebungsorgan für die Gesamtmonarchie. Ungarn wurde aus seiner Zuständigkeit dadurch teilweise herausgenommen, daß ein «engerer Reichsrat» über Angelegenheiten beraten und entscheiden sollte, die nur die cisleithanischen, also nichtmagyarischen Reichsteile betrafen. Da Magyaren, Tschechen, Polen und Kroaten aus Protest gegen dieses System keine Vertreter in den Reichsrat entsandten, konnte dieser nur als überwiegend deutsches Rumpfparlament tätig werden, aber nichts für den Zusammenhalt des Vielvölkerreiches bewirken.

Die Wiener Verfassungsexperimente, denen im Oktober noch zwei Grundrechtsgesetze folgten, wurden im außerösterreichischen Deutschland mit Interesse zur Kenntnis genommen. Die wichtigste Wirkung der österreichischen Niederlage von 1859 aber konnten sie nicht ausgleichen: Schutz vor Frankreich erwarteten die meisten Deutschen nicht mehr von Österreich, sondern, ungeachtet aller Kritik, die Preußen mit seiner Politik während des Krieges hervorgerufen hatte, vom Staat der Hohenzollern. Selbst bislang eher großdeutsch gesinnte Demokraten gelangten im Herbst 1859 zu dieser Einsicht, zu der sich die kleindeutschen Liberalen schon seit langem bekannten. Die Annäherung von Liberalen und Demokraten fand ihren organisatorischen Ausdruck in der Gründung des Deutschen Nationalvereins im September 1859 in Frankfurt am Main. Sein Vorbild war die Società Nazionale von 1857. Die wichtigsten Initiatoren waren auf liberaler Seite der Hannoveraner Jurist Rudolf von Bennigsen, auf der Seite der Demokraten der Kreisrichter und Gründer der deutschen Genossenschaftsbewegung Hermann Schulze-Delitzsch, der 1848 der preußischen Nationalversammlung als Mitglied des Linken Zentrums angehört hatte.

Als Antwort auf die deutsche Frage konnten sich die maßgeblichen Kräfte des Nationalvereins nur einen von einem liberalen Preußen geführten Bundesstaat vorstellen. Zwar sollte den deutschen Teilen Österreichs der Beitritt offenstehen, aber dieses Versprechen diente in erster Linie dazu, süddeutsche Vorbehalte gegen den vorläufigen Ausschluß Österreichs und die preußische Führung zu entkräften. Das wichtigste Signal, das von der Verbandsgründung ausging, war das Zusammenwirken von Liberalen und Demokraten: Beide wollten das, was sie, etwa in der Wahlrechtsfrage, trennte, zurückstellen und sich ganz auf die Schaffung eines freiheitlichen Nationalstaates konzentrieren. Auch darin war Italien ein Vorbild: Erfolg hatte Cavour nur deshalb gehabt, weil er zuvor Liberale und gemäßigte Demokraten in einer Aktionsgemeinschaft zusammengeschlossen hatte.

Wie in der Società Nazionale gab auch im Deutschen Nationalverein das Bürgertum, genauer gesagt das Bildungsbürgertum, den Ton an. Mit über 25 000 Mitgliedern war er aber kein reiner Honoratiorenverband. Er stand mit Arbeiterbildungs-, Turner-, Wehr- und Schützenvereinen in enger Verbindung. Er wirkte aktiv an den deutschen Turn- und Schützenfesten der Jahre 1860 bis 1863 in Coburg, Gotha, Berlin, Frankfurt und Leipzig mit. Für eine Mitgestaltung der Feiern zum

100. Geburtstag Friedrich Schillers im November 1859 kam die Gründung des Nationalvereins zu spät. Um so größer war sein Anteil an den zahlreichen Feiern zum 100. Geburtstag Johann Gottlieb Fichtes im Mai 1862 und den Veranstaltungen im Rahmen einer «Reichsverfassungskampagne» im Frühjahr 1863. Der Nationalverein sammelte Geld für den Wiederaufbau der 1852 versteigerten deutschen Flotte und übergab es (bis zum Frühjahr 1862) dem preußischen Marineministerium. Die von Rochau herausgegebene «Wochenschrift» des Nationalvereins diente als Organ des politischen Gedankenaustausches zwischen den Liberalen und Demokraten im ganzen nichtösterreichischen Deutschland. In gewisser Weise war der Deutsche Nationalverein ein Parteiersatz – oder, anders gewendet, ein Vorgriff auf eine Parteigründung, die im gesamtdeutschen Maßstab noch nicht möglich war.

Anders sah es auf einzelstaatlicher Ebene aus. Hier bedurfte es nur eines politischen Anstoßes, um Teile des Liberalismus und der Demokraten in eine Verbindung nach dem Vorbild des Deutschen Nationalvereins zu bringen. In Preußen hieß dieser Anstoß: Heeresreform. Die letzte große Reform des Militärwesens war die von Scharnhorst aus dem Jahr 1814 gewesen. Inzwischen war die Bevölkerung von 11 auf 18 Millionen angewachsen. Die Heeresstärke aber war noch immer dieselbe wie die, die König Friedrich Wilhelm III. 1817 festgelegt hatte: Von jährlich 180 000 Wehrpflichtigen wurden nur etwa 40 000 eingezogen. Der Prinzregent, Prinz Wilhelm, wollte das ändern, ja er räumte der Heeresreform absoluten Vorrang vor allen anderen politischen Zielen ein.

Zur Heeresreform gehörte jedoch mehr als nur die Erhöhung der Rekrutenzahl. Mindestens ebenso wichtig war die geplante Umschichtung zwischen Landwehr und Linientruppen: Die drei jüngsten Jahrgänge der Landwehr sollten in die Reserve und damit in die Linie eingegliedert werden, was eine Schwächung des «bürgerlichen» Elements des preußischen Militärwesens bedeutete. «Antibürgerlich» mußte auch eine andere Maßnahme wirken: die Reaktivierung der dreijährigen Dienstzeit. Unter rein militärischen Gesichtspunkten hätte die seit 1848 praktizierte zweijährige Dienstzeit völlig ausgereicht. Für Prinz Wilhelm, Kriegsminister von Roon und die Generalität gab es aber einen politischen Grund, der für das dritte Jahr sprach: die Erziehung der Rekruten zu Trägern des preußischen Soldatenstaates, auf die man sich notfalls auch im Kampf gegen innere Feinde verlassen konnte.

Die Demokraten und viele jüngere Liberale sahen im Vorhaben von Prinzregent und Regierung das, was es war: eine Kampfansage an das fortschrittlich gesinnte Bürgertum. Die stärkste der liberalen Gruppierungen, die Fraktion Vincke, aber hielt sich weiterhin an die Devise «Nur nicht drängeln!» und bewilligte, zusammen mit den Altliberalen, den Konservativen und der Katholischen Fraktion, der Regierung zweimal, im Januar 1860 und im Frühjahr 1861, ein «Provisorium», das es dem Staatsministerium gestattete, die Heeresreform in Angriff zu nehmen und damit vollendete Tatsachen zu schaffen. Zwischen dem ersten und dem zweiten «Provisorium» lag der Thronwechsel: Am 18. Januar 1861, etwa zwei Wochen nach dem Tod Friedrich Wilhelms IV., hatte sich der bisherige Prinzregent als Wilhelm I. in Königsberg zum König von Preußen krönen lassen. Seitdem betrieb er die Reform des Militärwesens mit noch stärkerem Nachdruck als zuvor.

Das Abgeordnetenhaus hatte zwar nicht über die militärorganisatorische, wohl aber über die haushaltsrechtliche Seite der Heeresreform zu entscheiden. Durch die Bewilligung des «Provisoriums» begaben sich die parlamentarischen Vertreter des Liberalismus des wichtigsten Hebels, dessen sie sich bedienen mußten, wenn es ihnen mit der Absage an eine gegen das Bürgertum gerichtete und die Volkswirtschaft schwer belastende Reorganisation des Militärwesens ernst war. Da sich die Fraktion Vincke dieser Logik verschloß, formierte sich seit Herbst 1860 Protest. Im Februar 1861 trennten sich elf jüngere Abgeordnete, die meisten von ihnen aus Ost- und Westpreußen (und darum von Vincke als «Junglithauer» bespöttelt), von der Fraktion und bildeten zunächst einen «parlamentarischen Verein», dem wenig später auch zwei, durch Nachwahlen ins Parlament gelangte, prominente Demokraten, Benedikt Waldeck und Hermann Schulze-Delitzsch, beitraten. Damit bahnte sich auch in Preußen eine Zusammenarbeit von Liberalen und Demokraten an, wie sie im September 1859 zur Gründung des Deutschen Nationalvereins geführt hatte.

Am 6. Juni 1861, kurz nach der Verabschiedung des zweiten «Provisoriums», gingen die «entschiedenen Liberalen» noch einen Schritt weiter: Sie gründeten in Berlin die Deutsche Fortschrittspartei – die erste deutsche Partei überhaupt, wenn man denn unter «Partei» einen auf Dauer angelegten, fest organisierten Zusammenschluß von politisch Gleichgesinnten versteht. Die Fortschrittspartei stellte sich mit einem ausgefeilten Programm vor, in dem sie sich zur «strengen und konsequenten Verwirklichung des verfassungsmäßigen Rechtsstaates», zur zweijährigen Dienstzeit und zur Beibehaltung der Landwehr bekannte und eine feste Einigung Deutschlands unter preußischer Führung sowie eine gemeinsame deutsche Volksvertretung forderte. Wie der National-verein, als dessen «Exekutive» in Preußen sich die Fortschrittspartei be-trachtete, stellte die neue Gruppierung Trennendes zurück: Die Demo-kraten mochten sich weiterhin für das allgemeine gleiche, die Liberalen für ein Zensuswahlrecht einsetzen, im Vordergrund stand das, worauf man sich im Parteiprogramm verständigt hatte. Das war auch schon deswegen notwendig, weil im Dezember 1861 Wahlen zum Abgeordne-tenhaus anstanden. Die Deutsche Fortschrittspartei ging aus diesem Urnengang mit 109 Mandaten als stärkste Partei hervor. Die Konserva-tiven erlitten eine schwere Niederlage, während die Altliberalen und das von ihnen abgespaltene Linke Zentrum sehr gut abschnitten. Zu-sammen verfügten die liberalen Fraktionen über eine breite Mehrheit.

Eine unmittelbare Folge des Wahlsieges der «entschiedenen Libera-len» war ein Antrag der Fortschrittspartei auf stärkere Spezialisierung des Etats noch im laufenden Haushaltsjahr. Auf diese Weise sollte die Regierung daran gehindert werden, die Mehrkosten der Heeresreform wie bisher aus anderen Etatmitteln zu decken. Obwohl der altliberale Finanzminister von Patow von einem Mißtrauensvotum sprach, wurde der Antrag am 6. März 1861 mit klarer Mehrheit angenommen. Fünf Tage später löste König Wilhelm I. das Abgeordnetenhaus auf. Am 14. März entließ er das Ministerium, das er zu Beginn der Neuen Ära berufen hatte. Dem Nachfolgekabinett gehörten nur noch konservative Minister an.

Die Neuwahl des Abgeordnetenhauses fand am 6. Mai 1862 statt. Die Verlierer waren die Konservativen, die Katholische Fraktion und die Altliberalen. Die Fortschrittspartei gewann 40 Mandate hinzu; zu-sammen mit dem Linken Zentrum verfügte sie über eine sichere Mehr-heit. Insgesamt kamen die liberalen Fraktionen auf vier Fünftel der Sitze. Ein letzter Kompromißversuch auf der Grundlage der zweijähri-gen Dienstzeit, den die Abgeordneten Karl Twesten von der Fort-schrittspartei und Heinrich von Sybel vom Linken Zentrum Mitte Sep-tember vorlegten, schien dem Kabinett und sogar dem Kriegsminister von Roon einen vertretbaren Ausweg aus der Krise zu weisen. König Wilhelm I. aber lehnte jedes Abweichen von der dreijährigen Dienstzeit strikt ab. Zeitweilig dachte er sogar an Rücktritt. Der Mann, der ihn von solchen Absichten abbrachte, war von Roon telegraphisch aus dem Urlaub in Biarritz nach Berlin gerufen worden: Otto von Bismarck, seit Mai 1862 preußischer Botschafter in Paris. In langen Gesprächen im Schloß und Park von Babelsberg konnte Bismarck seinen König am 22. September 1862 davon überzeugen, daß der Konflikt mit dem Abgeordnetenhaus mit letzter Konsequenz ausgefochten werden mußte, um das königliche Regiment zu erhalten und eine Parlamentsherrschaft zu verhindern. Noch am gleichen Tag übertrug Wilhelm I. Bismarck die vorläufige Leitung des Staatsministeriums.

Um seinen Standpunkt juristisch zu begründen, argumentierte Bismarck gegenüber dem Parlament und der Öffentlichkeit mit der sogenannten «Lückentheorie»: Wenn der in der Verfassung nicht vorgesehene Fall eintrat, daß eine der beiden Kammern durch Verweigerung notwendiger Budgetmittel das Gleichgewicht der drei gesetzgebenden Gewalten, also König, Herrenhaus und Abgeordnetenhaus, außer Kraft setzte, so hatte, gemäß dem monarchischen Prinzip, das vom König eingesetzte Staatsministerium die Pflicht, so lange ohne Haushaltsgesetz zu regieren, bis die Kammer die in der Zwischenzeit getätigten Ausgaben nachträglich für gesetzlich erklärte. Tatsächlich widersprach das Regieren ohne parlamentarisch bewilligtes Budget der preußischen Verfassung. Im Sinne eines übergesetzlichen Staatsnotstands hätten sich lediglich Ausgaben rechtfertigen lassen, die für die Aufrechterhaltung der Staatsfunktionen unabdingbar waren, nicht jedoch Ausgaben für die Durchführung der von der Regierung gewünschten Heeresreform. Die Bewilligung der dafür geforderten Mittel lehnte das Abgeordnetenhaus am 23. September endgültig ab.

Mit der Ernennung Bismarcks schlug der Heereskonflikt definitiv in einen Verfassungskonflikt um. In den vier Jahren von 1862 bis 1866, in denen Preußen ohne parlamentarisch bewilligtes Budget regiert wurde, war die Verfassung in einem Kernbereich suspendiert: ein Zustand, der sich nicht einmal mehr mit dem Begriff «Scheinkonstitutionalismus» bezeichnen ließ. Bismarck ging es um die Beantwortung der Machtfrage, die das Parlament mit dem Antrag auf sofortige Spezialisierung des Etats gestellt hatte, im Sinne der Exekutive. Am 30. September legte er vor der Budgetkommission das Abgeordnetenhauses dar, was nach seiner Überzeugung die Staatsräson des Königreiches Preußen erforderte: «Nicht auf Preußens Liberalismus sieht Deutschland, sondern auf seine Macht; Bayern, Württemberg, Baden mögen dem Liberalismus indulgieren, darum wird ihnen doch keiner Preußens Rolle anweisen; ... Preußens Grenzen nach den Wiener Verträgen sind zu einem gesunden Staatsleben nicht günstig; nicht durch Reden und Majoritätsbeschlüsse werden die großen Fragen der Zeit entschieden – das ist der große Fehler von 1848 bis 1849 gewesen –, sondern durch Eisen und Blut.»

Die Worte des neuen Ministerpräsidenten lösten innerhalb und außerhalb Preußens Empörung aus. Sie war so groß, daß Bismarck Mühe hatte, den wieder schwankend gewordenen Monarchen von der Richtigkeit seiner Entscheidung für den Konfliktkurs zu überzeugen. Was Wilhelm am meisten beeindruckte, war die Ermahnung seines Regierungschefs, er, der König von Preußen, solle sich nicht an der schwächlichen Gemütsverfassung Ludwigs XVI. von Frankreich, sondern an der vornehmen Erscheinung Karls I. von England ein Beispiel nehmen, der für sein Recht gekämpft und seine königliche Gesinnung mit seinem Blut bekräftigt habe. Fortan stand Wilhelm I. unbeirrt an der Seite seines leitenden Ministers.

Am 3. Oktober 1862 nahm das Abgeordnetenhaus den Gesamthaushalt ohne den Militäretat an; am 11. Oktober stellte sich das Herrenhaus auf die Seite der Regierung und billigte den ungekürzten Haushalt. Zwei Tage später ließ der König die parlamentarische Session schließen. Der Verfassungsbruch von König und Staatsministerium blieb ohne revolutionäre Antwort. Der einzige Politiker aus den Reihen der Fortschrittspartei, der die Losung «Steuerverweigerung» ausgab, war der Königsberger Demokrat Johann Jacoby; sein Appell fand jedoch keinen Widerhall. Von seiten der entschiedenen Liberalen gab es nicht einmal Aufrufe zu Demonstrationen. Die Parlamentarier befürchteten offenbar, daß die Massen entweder ihnen nicht folgen oder, wenn sie es doch taten, sich rasch ihrer Kontrolle entziehen würden. Dann aber konnte eintreten, was Liberale und Demokraten um jeden Preis vermeiden wollten: ein neues «1848».[7]

Reform und Expansion: Rußland unter Alexander II.

Zur gleichen Zeit, als sich in Preußen der Heereskonflikt zuspitzte, schien in Rußland ein Zeitalter durchgreifender Reformen anzubrechen. Alexander II., der 1855 auf den Thron kam, zog aus der Niederlage im Krimkrieg den Schluß, daß das Zarenreich sich grundlegend erneuern mußte, um den wirtschaftlichen und technischen Rückstand gegenüber den Westmächten aufzuholen, der entscheidend zum Ausgang des Krieges beigetragen hatte. Alexander stand mit dieser Einsicht nicht allein. Die «Westler» in der russischen Intelligentsia waren seit langem der Meinung, daß Rußland im Wettstreit der europäischen Nationen unterliegen müsse, wenn es sich nicht westlichen Vorstellungen von Rechtsstaatlichkeit, Gewaltenteilung und persönlicher Freiheit öffnete. Die Kontrahenten der «Westler», die «Slawophilen», die eigentlich eher «Russophile» waren, sahen im rationalistischen, vom rechten Glauben abgefallenen Westen alles andere als ein Vorbild. Sie lehnten aber auch das autokratische System und die Leibeigenschaft ab, die sie für «unrussisch» erklärten und dem ersten «Westler», Peter dem Großen, anlasteten. Im positiven Sinne russisch war aus ihrer Sicht hingegen der Gemeinschaftsgeist, der in der Dorfgemeinschaft des «mir» (oder der «obščina») zum Ausdruck kam.

Tatsächlich war der «mir» im 16. Jahrhundert aus fiskalischen Gründen eingeführt worden, um eine in gewissen Abständen erforderliche Neuverteilung von Boden vorzunehmen. Der «mir» blieb auch erhalten, als Alexander II. am 19. Februar 1861 die größte Reform seiner 26 Jahre während Regierungszeit verkündete: das Dekret über die Aufhebung der Leibeigenschaft der 21,5 Millionen Adelsbauern. Von sofortiger, vollständiger Befreiung konnte allerdings keine Rede sein. Bis die Bauern «frei» wurden, vergingen, je nach der Qualität der Böden, zwei bis zwanzig Jahre. Die Adligen wurden für das abgegebene Land mit 80 Prozent des Kaufpreises entschädigt; die Bauern mußten diesen Betrag in 49 Jahresraten an den Staat zurückzahlen. Das knapp bemessene Land, das die Bauern erhielten, war meist von schlechter Qualität. Es wurde ihnen auch nicht, wie es bei der preußischen Bauernbefreiung von 1807 geschah, als privates Eigentum übertragen, sondern als kollektives Eigentum der Dorfgemeinde.

Die Aufhebung der Leibeigenschaft hatte infolgedessen nicht die Entstehung eines freien Bauerntums, sondern die Weiterentwicklung einer Zwangsgenossenschaft mit beschränkter Selbstverwaltung zur Folge. Der «mir» haftete für die Steuerzahlungen der Bauern; an ihn ging die Polizeigewalt des Gutsherrn über. Die Bauern durften aus ihrer Gemeinde nur wegziehen, wenn sie ihren Anteil sofort bezahlten oder sich mit einem «Bettelanteil» zufrieden gaben. 1863 folgte die Befrei-

ung der etwa 2 Millionen Apanagenbauern, die auf Gütern von Großfürsten aus dem Hause der Romanows arbeiteten, 1866 die der 19 Millionen Staatsbauern, und zwar in beiden Fällen zu deutlich besseren
Bedingungen als die Adelsbauern. Am schlechtesten gestellt waren die
landlosen Bedienten des Gutsherrn, die oft keine andere Möglichkeit
hatten, als ins städtische Proletariat abzuwandern.

Die «Slawophilen» konnten mit der russischen Art von Bauernbefreiung zufriedener sein als die «Westler». Aber auch unter diesen gab
es manche, die seit den gescheiterten Revolutionen von 1848 bei ihrem
Erneuerungsstreben an russische Tradition anzuknüpfen begannen.
Einer von ihnen war Alexander Herzen, der seit 1852 im Londoner Exil
lebte. Er pries zeitweilig die Bauernbefreiung und machte aus dem
«mir» sogar die Keimzelle eines russischen Agrarsozialismus: eine Vorstellung, die sogleich von den «Narodniki» oder «Volksfreunden», den
revolutionären, meist studentischen Agitatoren der letzten vier Jahrzehnte des 19. Jahrhunderts, und, mit gewissen Einschränkungen,
schließlich auch von Karl Marx übernommen wurde. So unzulänglich,
gemessen an westlichen Maßstäben, die Aufhebung der Leibeigenschaft
auch war, so erhöhte sie doch die soziale Mobilität in Rußland und förderte die Industrialisierung, die erst spät, in den 1850er Jahren, eingesetzt hatte. Das Dekret von 1861 *war* ein Beitrag zur Modernisierung
des Zarenreiches und zugleich ein Auftakt zu weiteren Reformen, die
demselben Ziel dienten.

Die bedeutendsten dieser Neuerungen betrafen die Einführung der
Selbstverwaltung und die Umgestaltung der Justiz. Ein Gesetz vom
1. Januar 1864 schuf Selbstverwaltungsorgane auf der Ebene der Kreise
und der Gouvernements, die sogenannten Semstwo- oder Landschaftsversammlungen. Die Kreisversammlungen wurden nach einem Wahlrecht gewählt, das den Adel begünstigte, ihm aber nicht automatisch
eine Mehrheit gegenüber Bauern und Stadtbewohnern gab. Die Kreisversammlungen wählten die Gouvernementsversammlungen, in denen
das Übergewicht des Adels sehr viel stärker in Erscheinung trat. Die
staatliche Oberaufsicht blieb gewahrt; sie ging bis zum Vetorecht gegen
die Beschlüsse der Semstwoversammlungen. Die Kreis- und Gouvernementsversammlungen wurden 1864 auch nicht im gesamten Zarenreich, sondern nur in den als zuverlässig geltenden Gouvernements
eingeführt: Der Kaukasus und Sibirien waren vorerst von der Reform
ausgenommen. Dennoch bedeutete das Gesetz einen wichtigen Schritt

in Richtung Selbstverwaltung, vor allem auf den Gebieten Bildung, Gesundheits- und Verkehrswesen. Sechs Jahre später, 1870 erhielten die Städte eine Selbstverwaltung nach preußischem Vorbild. Der autoritäre und zentralistische Charakter des Staatswesens wurde durch die Selbstverwaltungsgesetze nicht beseitigt, aber doch spürbar gemildert.

Das Gesetz über die Justizreform vom 20. November 1864 sagte der Korruption des Rechtswesens den Kampf an, der die bisherige Praxis geheimer, schriftlicher und bürokratisch geführter Verfahren Tür und Tor geöffnet hatte. Seit 1865 fanden in zunächst zehn zentralen Gouvernements, später dann in allen, die Verhandlungen öffentlich und mündlich statt; gleichzeitig wurden die Grundsätze der Unabhängigkeit der Justiz, der Unabsetzbarkeit der Richter und der Gleichheit vor Gericht gesetzlich verankert. Friedensrichter, die in Streitigkeiten von geringerer Bedeutung zu schlichten hatten, wurden von den Kreisversammlungen auf die Dauer von drei Jahren gewählt. Die Reform von 1864 führte zur Entstehung einer modernen Anwaltschaft; die Unabhängigkeit der Richter und der neugeschaffenen Geschworenengerichte bewährte sich in der Folgezeit auch in brisanten politischen Verfahren, unter anderem gegen Attentäter aus den Reihen der «Narodniki».

Von dem Erneuerungswillen des «Zar-Befreiers» und seiner Berater profitierten auch die Hochschulen. 1863 erhielten die Universitäten die Autonomie und die Professoren die Lehrfreiheit zurück, die Alexanders Vater, Nikolaus I., ihnen genommen hatte. 1865 entfiel die Vorzensur für Zeitungen, Zeitschriften und wissenschaftliche Werke größeren Umfangs (kürzere Publikationen galten pauschal als gefährlicher, weil leichter lesbar). Zu den Reformen gehörte auch die des Militärwesens, die 1874 von Kriegsminister Miljutin gegen viele Widerstände durchgesetzt wurde. Die Einführung der allgemeinen Wehrpflicht ging einher mit der Absenkung der Dienstzeit von 25 auf sechs Jahre, wobei der Erwerb von Bildungsqualifikationen zu einer Verkürzung des Militärdienstes führen konnte. Dazu kamen die Abschaffung von Körperstrafen und die Zurückdrängung des «Drills». In der Summe liefen die Neuerungen Alexanders II. auf einen kräftigen Modernisierungsschub und einen Zugewinn an Transparenz (glasnost) hinaus – ein Schlagwort, das «Westler» wie «Slawophile» benutzten und das 120 Jahre später, in der kurzen Ära Gorbatschow, erneut zu Ehren kommen sollte. Die Grenzen der Erneuerung waren die für eine Reform von «oben» typischen: Das

Machtzentrum behielt alles unter seiner Kontrolle, was ihm unter dem Gesichtspunkt der Machterhaltung wesentlich erschien.

Auch in Polen, wo es seit dem italienischen Unabhängigkeitskrieg immer wieder zu patriotischen Demonstrationen gegen die russische Herrschaft gekommen war, wollte Alexander II. neue Akzente setzen. Die 1862 eingeleitete Erweiterung der polnischen Autonomie führte aber zu keiner Beruhigung. Im Januar 1863 brach ein neuer polnischer Aufstand aus, vorbereitet von den «Roten» oder «Demokraten» und ausgelöst durch die von Graf Alexander Wielopolski, dem Chef der Zivilregierung, angeordnete Einberufung von 10 000 jungen Männern, die der Sympathie für die Aufrührer verdächtigt wurden. Die Erhebung dauerte 15 Monate lang und wurde rasch zu einem Thema der «großen Politik» der europäischen Mächte. Napoleon III. und sein Außenminister Alexandre Graf Colonna-Walewski, der außereheliche Sohn Napoleons I. und der polnischen Gräfin Maria Walewska, ermunterten die Aufständischen; Frankreich, Großbritannien und Österreich forderten im April 1863 Rußland auf, das Königreich Polen gemäß den Beschlüssen des Wiener Kongresses wiederherzustellen. Bismarck hingegen gab im Namen Preußens dem Zarenreich volle Rückendeckung: Die «Konvention Alvensleben» vom 8. Februar 1863 gestattete es den Russen, polnische Aufständische auch jenseits der Reichsgrenze, auf preußischem Gebiet, zu verfolgen.

Trotz breiter propagandistischer Unterstützung durch Liberale, bürgerliche Radikale und Sozialisten Westeuropas von Victor Hugo über Mazzini bis zu Marx konnten die rebellierenden Polen den Russen keine entscheidenden Schläge versetzen – auch nicht, nachdem der Aufstand im Mai 1863 auf Galizien und Weißruthenien übergegriffen hatte. Im April 1864 endeten die letzten Kämpfe mit der seit langem absehbaren Niederlage der polnischen Freiheitskämpfer. Die unmittelbare Folge des Aufstands war die Beseitigung der verbliebenen Reste von Autonomie in Russisch-Polen, das jetzt häufig «Weichselgebiet» genannt wurde. Das Ausbleiben westlicher Hilfe und die Weigerung der meisten Bauern, sich am Aufstand zu beteiligen, ließ viele Polen resignieren. Andere zogen aus den Ereignissen von 1863/64 die Folgerung, daß die innere Einigung Polens und namentlich die Gewinnung der Landbevölkerung wichtiger als alles andere war, wenn die nationale Unabhängigkeit eines Tages doch noch erreicht werden sollte.

Unterdrückung war das Merkmal der russischen Politik unter Alexander II. auch in der Ukraine: Der Gebrauch der ukrainischen Sprache wurde 1863 für wissenschaftliche und religiöse, 1876 für alle Publikationen wie auch in Theatern verboten. Über viele Jahrzehnte hinweg erstreckte sich die Russifizierung der 53 Völkerschaften und 14 Stämme des Kaukasus, die um 1840 einsetzte. 1863 begann die Eroberung Zentralasiens und damit das Eindringen Rußlands in altes islamisches Kulturgebiet; 1865 wurde Taschkent, zwei Jahre später Samarkand eingenommen. Zwei Khanate, Buchara und Chiwa, blieben als eigenständige Fürstentümer unter russischer Oberhoheit bestehen. Mittelasien war wirtschaftlich vor allem wegen der großen Gebiete wichtig, in denen Baumwolle angebaut wurde. Politisch stärkte die neue zentralasiatische Bastion Rußlands Stellung gegenüber Britisch-Indien. Die neu eroberten Gebiete wurden durch Eisenbahnen mit dem übrigen Reich verbunden; ihre Metropolen mußten die Errichtung ganzer russischer Stadtteile hinnehmen. Am muslimischen Charakter des «Gouvernements Turkestan» aber änderte sich nichts. Zentralasien wurde weder christianisiert noch wurde seinen Bewohnern die russische Sprache aufgezwungen.

Expansion und Eisenbahnbau, Reformen und Repression dienten einem gemeinsamen Zweck: Rußland sollte sich als Großmacht behaupten und damit die Erfahrung der Niederlage von 1856 ins Positive wenden. Finanziell aber befand sich der Staat infolge des Krimkrieges in einer schweren Krise; durch die Kosten des Eisenbahnbaus und die Ausgleichszahlungen an den Adel nach der Aufhebung der Leibeigenschaft wurde sie weiter verschärft. Das Streckennetz der Eisenbahn wuchs zwischen 1860 und 1870 um das Siebenfache (von 1600 auf 11 200 Kilometer); bis 1880 verdoppelte es sich nochmals; 1910 belief es sich auf 77 000 Kilometer. Der Eisenbahnbau ging fast ausschließlich auf staatliche Initiative zurück; er wurde zu großen Teilen mit deutschem Kapital finanziert und entwickelte sich, wie in anderen Ländern, zum Leitsektor der Industrialisierung, besonders spürbar in den Bereichen Kohleförderung und Maschinenbau. Um die Staatsverschuldung abzubauen, wurde das Bank- und Kreditwesen seit Ende der 1850er Jahre radikal reformiert: An die Stelle des staatlichen Kreditmonopols trat ein privates Bankwesen; der Staat gab nur noch Bürgschaften für in- und ausländische Kapitalinvestitionen. Die öffentliche Verschuldung aber stieg weiter an und gleichzeitig die Abhängigkeit von ausländischem Kapital. Von einem sich selbst tragenden wirtschaftlichen Aufschwung konnte im Rußland Alexanders II. keine Rede sein.

Seit 1866 ließ der Reformeifer des «Zar-Befreiers» deutlich nach. Das fehlgeschlagene Attentat eines Studenten führte zu einer reaktionären Wende in der Bildungspolitik, und dieser Kurswechsel gab seinerseits der Radikalisierung unter Studenten und Intellektuellen Auftrieb. Die «Narodniki», die in den Jahren zuvor bei ihren Versuchen, die Bauern mit revolutionärem Geist zu erfüllen, keinen Erfolg gehabt hatten, wandten sich jetzt auch der Agitation im städtischen Proletariat zu. In den siebziger Jahren gingen die «Narodniki» immer mehr zu terroristischen Aktionen über. Sie beriefen sich dabei auf Nikolai Tschernyschewski, der 1863 in seinem Roman «Was tun?» die Vision einer von Adel befreiten, kommunistischen Gesellschaft entworfen hatte, oder folgten der nihilistischen Gewaltverherrlichung, wie sie Sergej Netschajew propagierte. Der Begriff «Nihilismus» stammt aus dem Rußland jener Jahre: Iwan Sergejewitsch Turgenjew hat ihn 1862 in seinem Roman «Väter und Söhne» geprägt und in der Figur des Arztes und Naturwissenschaftlers Basarow, eines konsequenten Materialisten und Antiidealisten, Gestalt annehmen lassen.

Mit den Ideen der radikalen Linken konkurrierte auf der anderen Seite des politischen Spektrums die panslawistische Bewegung, die 1867 einen großen Slawenkongreß in Moskau abhielt und zwei Jahre später durch das Buch «Rußland und Europa» des Biologen Nikolai Danilewski ein ideologisches Fundament erhielt. Rußland sollte, wenn es nach Danilewski und seinen Gefolgsleuten ging, die Führung der slawischen Völker, aber auch der orthodoxen Rumänen und Griechen, in der Auseinandersetzung mit dem alten, dekadenten Europa übernehmen und so zu neuer nationaler, ja imperialer Größe gelangen.

Zu den Wortführern einer weltgeschichtlichen Sendung Rußlands gehörte auch der Dichter Fjodor Michailowitsch Dostojewski, der 1849 wegen seiner Zugehörigkeit zu einem Zirkel utopischer Sozialisten zuerst zum Tode verurteilt und dann zu vier Jahren Verbannung nach Sibirien begnadigt worden war. Jedes große Volk, schrieb er 1877, müsse glauben, daß es allein zur Rettung der Welt und darum der Führung aller anderen Völker berufen sei. «Nur die eines solchen Glaubens fähige Nation hat das Recht auf ein höheres Leben.» Um jene Zeit war noch offen, welche Zukunft den widerstrebenden Richtungen beschieden sein würde. Sicher war nur, daß im letzten Drittel des 19. Jahrhunderts kein europäisches Land innerlich so zerrissen war wie Rußland. Durch die Reformen Alexanders II. hatte es sich in manchen Bereichen modernisiert. Aber «westlicher» war es dadurch kaum geworden.[8]

Sezession: Der amerikanische Bürgerkrieg

1861 war nicht nur das Jahr des Thronwechsels in Preußen, der Aufhebung der Leibeigenschaft in Rußland und der Proklamation des Königreiches Italien. Es war auch das erste Jahr des amerikanischen Bürgerkrieges. Seine unmittelbare Vorgeschichte begann 1854 mit dem Kansas-Nebraska Act, der den Missouri-Kompromiß von 1820 aufkündigte, wonach die Sklaverei, abgesehen von dem neuen Staat Missouri selbst, nördlich von dessen Südgrenze verboten war. Der «Philosophie» hinter diesem Kompromiß, der Aufrechterhaltung der Parität von freien Staaten und Sklavenstaaten, hatten die USA letztmals 1850 Tribut gezollt, als Kalifornien in die Union aufgenommen wurde, in den anderen von Mexiko abgetrennten Territorien aber das Prinzip der «popular sovereignty», der freien Entscheidung über Zulassung oder Verbot der Sklaverei, gelten sollte.

Das Kansas-Nebraska-Gesetz ging auf den demokratischen Senator Stephen A. Douglas aus Illinois zurück, zu dessen Anliegen der Bau einer transkontinentalen Eisenbahnlinie durch das Gebiet von Nebraska gehörte. Wurde die Strecke gebaut, war die Aufnahme Nebraskas in die Union nur noch eine Frage der Zeit. Nebraska lag nördlich der Linie des Missouri-Kompromisses, wäre also ein freier Staat geworden, und eben deswegen gab es in den Südstaaten massive Vorbehalte gegenüber dem Projekt einer nördlichen Eisenbahnverbindung zwischen Atlantik und Pazifik. Um diesen Widerstand zu überwinden, schlug Douglas vor, in Nebraska entsprechend der südstaatlichen Doktrin von der «popular sovereignty» zu verfahren. Als dieses Zugeständnis dem Süden noch nicht reichte, fügte Douglas seinem Gesetzentwurf eine Klausel hinzu, die den Missouri-Kompromiß förmlich aufhob. Außerdem wurde das riesige Gebiet von Nebraska in zwei neue Territorien, Nebraska im Norden und Kansas im Süden, aufgeteilt. Damit zeichnete sich die Möglichkeit ab, daß sich aus einem der beiden Territorien, dem weiter südlich gelegenen, ein Sklavenstaat entwickeln konnte. In der revidierten Fassung wurde das Gesetz vom Kongreß angenommen, wobei der Süden geschlossen, die Demokraten des Nordens teils für, teils gegen die Vorlage stimmten. Mit der Unterzeichnung durch Präsident Franklin Pierce trat das Gesetz im Mai 1854 in Kraft.

Der Kansas-Nebraska Act bewirkte eine Revolutionierung des amerikanischen Parteiensystems. Die in den 1830er Jahren aus der Opposition gegen Präsident Andrew Jackson erwachsene Whig Party war gespalten in Gegner und Befürworter der Sklaverei und verschwand 1855 von der politischen Bühne. Die Whigs der Südstaaten gingen zu den Demokraten über, während die Gegner von Douglas' Gesetz aus den Nordstaaten sich mit gleichgesinnten Demokraten zu einer neuen, zunächst ganz auf den Norden beschränkten Partei, der Republican Party, zusammenschlossen. Bei den Teilwahlen zum Kongreß im November 1854 erreichten sie zusammen mit den Sklavereigegnern aus der antikatholischen «Know-Nothing Party» genügend viele Sitze, um zur beherrschenden Kraft im Repräsentantenhaus aufzusteigen.

Dramatisch spitzte sich der Konflikt zwischen Befürwortern und Gegnern der Sklaverei im neuen, 1854 entstandenen Territorium von Kansas zu. Bei den ersten Wahlen zu einer gesetzgebenden Körperschaft stimmten im Frühjahr 1855 Tausende von bewaffneten Bürgern Missouris mit, die nur aus diesem Anlaß nach Kansas gekommen waren und durch ihre Stimmabgabe dafür sorgten, daß es in der Legislative eine Mehrheit für die Sklaverei gab. Die entrüsteten Abolitionisten wählten daraufhin eine eigene verfassunggebende Versammlung und einen Gouverneur und beantragten beim Kongreß die Zulassung von Kansas als freier Staat. Präsident Pierce stellte sich jedoch voll und ganz auf die Seite der Sklavereifreunde, was zu einer Radikalisierung auf der Seite der Gegner führte.

Einer von ihnen war der fanatische John Brown aus Connecticut, der 1855 seinen Söhnen nach Kansas gefolgt war und dort sogleich für einen freien Staat zu kämpfen begann. Im Mai 1856 beantwortete eine von ihm geführte Gruppe Gewalttaten von Anhängern der Sklaverei mit einem Massaker am Pottawatomie Creek: Fünf Siedler, die für die Sklaverei eintraten, wurden auf bestialische Weise ermordet. Damit begann ein blutiger regionaler Bürgerkrieg («Bleeding Kansas»), der erst im Januar 1861, im Gefolge eines Volksentscheids, mit der Aufnahme von Kansas als freier Staat in die Union endete. John Brown erlebte das nicht mehr: Nach einem gescheiterten Versuch, bei Harpers Ferry in Virginia einen allgemeinen Sklavenaufstand zu entfesseln, wurde er wegen Hochverrats angeklagt, zum Tode verurteilt und am 2. Dezember 1859 gehängt.

Zu den wichtigsten Stationen auf dem Weg in den amerikanischen Bürgerkrieg gehörte eine Entscheidung des Supreme Court am 6. März 1857: das Urteil im Verfahren Scott versus Sanford. Dred Scott war ein Sklave aus Missouri, der mit seinem Besitzer nach Illinois, einem freien Staat, und Wisconsin, einem freien Territorium, gezogen war. Nach dem Tod seines Besitzers von dessen Witwe wieder nach Missouri verbracht, klagte er auf seine Freilassung, was sich mit dem Aufenthalt in sklavenfreien Gebieten gut begründen ließ. In letzter Instanz hatte der Oberste Gerichtshof zu entscheiden. Der Vorsitzende Richter Roger Taney verneinte mit der Mehrheit seiner Kollegen ein Recht Scotts, den Obersten Gerichtshof anzurufen, weil er kein Bürger, sondern Eigentum sei und nach dem fünften Amendment von 1791 Eigentum einem Bürger nicht ohne vorheriges ordentliches Gerichtsverfahren (without due process of law) aberkannt werden durfte. In einem «obiter dictum» (Nebenbemerkung) bestritt der Supreme Court das Recht des Kongresses, Sklaverei in irgendeinem Territorium zu verbieten, womit der Missouri-Kompromiß von 1820 nachträglich für von Anfang an verfassungswidrig erklärt wurde. Indirekt aber war durch das Urteil auch das Prinzip der «popular sovereignty», das Recht der Legislative eines Territoriums, über Verbot oder Zulassung der Sklaverei zu entscheiden, in Frage gestellt.

Das Urteil gegen Dred Scott löste bei den Weißen im Süden begeisterte Zustimmung, im Norden empörten Widerspruch aus. Die neue Republikanische Partei versuchte den Protest in ihre Bahnen zu lenken, indem sie versprach, nach einem Sieg bei den Präsidentenwahlen von 1860 durch Berufung neuer Richter für eine andere, sklavereifeindliche Mehrheit im Supreme Court zu sorgen. Aber schon bei den «midterm elections» von 1858 spielte der Streit um das Urteil gegen Scott eine wichtige Rolle. Das galt auch für die öffentlichen Debatten, die im August, September und Oktober 1860 in mehreren Orten von Illinois zwischen den Bewerbern um einen der beiden Senatssitze, dem Amtsinhaber Stephen Douglas von den Demokraten und seinem republikanischen Herausforderer, dem Rechtsanwalt Abraham Lincoln, geführt wurden. Lincoln, 1809 als Sohn einer armen Grenzerfamilie in Kentucky geboren, von 1847 bis 1849 Mitglied des amerikanischen Repräsentantenhauses, verlor. Aber die Rededuelle mit Douglas, dem

Verteidiger der «popular sovereignty» und Zerstörer des Missouri-Kompromisses, machten ihn einer breiten Öffentlichkeit bekannt – und zu einem aussichtsreichen Bewerber um die Nominierung als republikanischer Kandidat für die Präsidentenwahl von 1860.

Sein politisches Credo hatte Lincoln besonders eindringlich am 16. Juni 1858 bei der State Convention der Republikaner von Illinois in Springfield vorgetragen. Er zitierte das Wort Jesu «Ein Haus, so es mit sich selbst uneins wird, kann nicht bestehen» (A House, divided against itself, cannot stand) und fügte hinzu: «Ich glaube, daß dieses Regierungssystem keinen dauerhaften Bestand haben wird, wenn es halb versklavt und halb frei (half slave and half free) ist. Ich erwarte nicht, daß die Union aufgelöst wird; ich erwarte nicht, daß das Haus einstürzt; aber ich erwarte, daß es aufhören wird, geteilt zu sein. Es wird alles das eine werden oder das andere. Entweder die Gegner der Sklaverei werden die weitere Ausdehnung derselben aufhalten und so mit ihr umgehen, daß sich im öffentlichen Bewußtsein die Überzeugung durchsetzt, daß sie sich auf dem Weg zur völligen Auslöschung befindet. Oder ihre Befürworter werden die Sklaverei so weit vorantreiben, daß sie in allen Staaten, in den alten ebenso wie in den neuen, in denen des Nordens ebenso wie in denen des Südens, gleichermaßen gesetzmäßig ist.»

Lincoln hielt die Sklaverei, wie er im siebenten und letzten Streitgespräch mit Douglas am 15. Oktober 1860 in Alton erklärte, für ein «moralisches, soziales und politisches Übel» (a moral, social, and political wrong). Aber weder er noch die Republikanische Partei forderten ein Verbot der Sklaverei in der gesamten Union. Lincoln dachte um 1858 noch nicht daran, den Schwarzen in Illinois und anderen freien Staaten das Wahlrecht und damit die vollen Bürgerrechte zu geben. Auch für die Zukunft schloß er die volle Gleichberechtigung und Gleichstellung von Schwarzen und Weißen angesichts ihrer natürlichen Ungleichheit aus. Sein Ziel war defensiv: Das Übel der Sklaverei sollte sich nicht weiter ausbreiten, die freie Arbeit freier Menschen auf freiem Boden nicht durch die Schaffung neuer Sklavenstaaten behindert werden. Lincoln wollte die Einheit der Union erhalten, aber er war nicht bereit, jeden Preis dafür zu bezahlen, daß der Friede zwischen Nord und Süd bewahrt wurde. Moralismus und Fatalismus, Prinzipientreue und Pragmatismus waren bei Lincoln schwer voneinander zu trennen: Er stand für das eine wie für das andere und verdankte seinen Aufstieg als Politiker vor allem wohl dem verbreiteten Eindruck, daß er mit allen seinen Widersprüchen dem Geist Amerikas besser gerecht wurde als seine Gegner.

In den Präsidentschaftswahlkampf von 1860 zog die Republikanische Partei mit Lincoln als Kandidaten und einem Programm, das nicht nur (in sehr maßvollen Worten) den Wünschen der Sklavereigegner, sondern auch dem Interesse der Industrie an hohen Schutzzöllen und dem Verlangen ärmerer Siedler nach billigem Land Rechnung trug. Lincoln schnitt von allen Bewerbern am besten ab, erhielt aber nur eine relative Mehrheit der abgegebenen gültigen Stimmen, nämlich 39,8 Prozent. Stephen Douglas, Kandidat der Demokraten der Nordstaaten, kam auf 29,5, der Südstaatendemokrat John C. Breckinridge auf 18,1, der in der Sklavereifrage «neutrale» ehemalige Whig John Bell auf 12,6 Prozent. Im Wahlmännergremium aber verfügte Lincoln dank seiner starken Bastionen im Norden über die absolute Mehrheit. So wurde der Mann zum 16. Präsidenten der USA gewählt, der aus der Sicht des Südens wie kein zweiter Politiker die Abolition, die Abschaffung der Sklaverei, verkörperte.

Der erste Südstaat, der diese Herausforderung beantwortete, war South Carolina: Am 20. Dezember 1860 beschloß ein Sonderkonvent den Austritt aus der Union. Es folgten Mississippi, Florida, Alabama, Georgia, Louisiana und Texas. Im Februar 1861 trafen sich Vertreter der sieben Staaten, die sich bis dahin von der Union losgesagt hatten, in Montgomery, der Hauptstadt von Alabama, wo sie einen neuen Staat, die Confederate States of America, ins Leben riefen. Bundeseigentum wurde beschlagnahmt, über die Bundesfestung Fort Sumter auf einer Insel im Hafen von Charleston, South Carolina, eine Blokkade verhängt. Das alles geschah noch in den letzten Wochen der Amtszeit von Präsident James Buchanan, einem Demokraten aus Pennsylvania, der militärische Gewalt gegenüber dem Süden tunlichst vermeiden wollte.

Am 4. März 1861 trat Lincoln sein Amt an. Er ließ South Carolina wissen, daß er Schiffe mit Versorgungsgütern nach Fort Sumter entsandt habe, Truppen und Munition aber nur einsetzen werde, wenn die Expedition auf Widerstand stoßen sollte. Daraufhin ordnete die Regierung der Konföderation die Eroberung von Fort Sumter an. Die Bundestruppen weigerten sich, die Festung zu übergeben, mußten sich aber schließlich am 14. April 1861, nach einem dreitägigen Bombardement, der Übermacht der Konföderierten beugen. Der Bürgerkrieg hatte begonnen. In den ersten fünf Wochen nach dem offenen Ausbruch der Feindseligkeiten am 12. April schlossen sich vier weitere Südstaaten, Virginia, Arkansas, Tennessee und North Carolina, der Konföderation an. Vier weitere Sklavenstaaten, Maryland, Delaware, Kentucky und Missouri, konnten nur unter massivem Druck aus Washington davon abgehalten werden, den gleichen Schritt zu tun.

Über die Frage, ob der Bürgerkrieg vermeidbar gewesen wäre, ist viel gestritten worden. Tatsächlich grenzt es fast an ein Wunder, daß es achteinhalb Jahrzehnte lang gelungen war, zwei so unterschiedliche Gesellschaften wie die der Nord- und Südstaaten unter dem gemeinsamen Dach eines Staates zusammenzuhalten. Die Westexpansion der USA half einerseits, die Spannungen zwischen einer freien Bürgergesellschaft und einer Sklavenhaltergesellschaft in den Hintergrund zu drängen. Andererseits führte gerade die Ausdehnung mit innerer Notwendigkeit in jenen Streit um die politische Zukunft der neuen Gebiete, der die zweite Hälfte der 1850er Jahre prägte und sich mit Formelkompromissen nicht mehr überbrücken ließ.

Die Plantagenbesitzer des Südens fühlten sich im Einklang mit der göttlichen und natürlichen Ordnung, wenn sie, die Angehörigen der vermeintlich überlegenen weißen Rasse, die, wie sie glaubten, rassisch minderwertigen Schwarzen als Sklaven für sich arbeiten ließen. Daß die Sklavenarbeit weniger produktiv gewesen sei als die freie Lohnarbeit, wird von neueren Wirtschaftshistorikern wie Robert W. Fogel bestritten. Sie betonen vielmehr, daß die Plantagenbesitzer der Südstaaten eine hochentwickelte Form von Kapitalismus repräsentiert hätten. Für ihre Selbsteinschätzung aber war das soziale Prestige, das der Besitz vieler Sklaven verbürgte, nicht minder wichtig als der wirtschaftliche Erfolg. Die Gesellschaft des Südens hatte altertümliche, aristokratische Vorstellungen von Ehre, die sich stark von denen des industriell viel weiter entwickelten, egalitären Nordens abhoben. Um die Verteidigung dieser Ehre ging es auch bei der Sezession von 1860: Die weiße Oberschicht des Südens wollte sich nicht vom Norden einen «way of life» vorschreiben lassen, der mit den eigenen kulturellen Normen nicht zu vereinbaren war.

Die Motive der Antisklavereibewegung des Nordens waren vielfältig. Vermutlich trugen zwei gescheiterte Sklavenaufstände, 1822 in South Carolina und 1831 in Virginia, dazu bei, daß sich seit den dreißiger Jahren immer mehr evangelische Christen unter Berufung auf die

Botschaft Jesu Christi zu Fürsprechern der sofortigen Freilassung aller Sklaven machten: ein Faktum, das den katholischen Klerus und die meisten Katholiken veranlaßte, sich ihrerseits demonstrativ auf die Seite der «peculiar institution», der südstaatlichen Sklaverei, zu stellen. Auch aus weltlichen Quellen speiste sich der Protest gegen den Skandal der Sklaverei: Wenn die Unabhängigkeitserklärung behauptete, daß *alle* Menschen frei geboren seien, dann mußte das, was immer Jefferson, Washington und andere Gründerväter sich dabei gedacht haben mochten, auch für Menschen schwarzer Hautfarbe gelten. Bücher wie die Autobiographie des nach New York geflohenen Sklaven Frederick Douglass und Harriet Beecher Stowes Roman «Uncle Tom's Cabin» aus den Jahren 1845 beziehungsweise 1852 förderten die moralische Empörung über die Fortdauer eines Zustands, der den Idealen von 1776 kraß widersprach.

Doch es ging dem Norden nicht nur um Ideale, sondern auch um Interessen. Wenn im neugewonnenen Westen Sklavenarbeit zugelassen wurde, verminderte das die Chancen von Industrie und Landwirtschaft, freie Lohnarbeiter zu beschäftigen. Zwischen Arbeitgebern frei wählen zu können und sie gegebenenfalls zur Zahlung höherer Löhne zu bewegen, war eine Möglichkeit, die nur freien Arbeitern offen stand. Wo freie Lohnarbeit und Sklavenarbeit miteinander konkurrierten, drohte der ersteren immer ein Lohndumping durch die letztere. Schon deswegen mußte auch den Arbeitern des Nordens an der Abschaffung der Sklaverei gelegen sein. Der Süden lebte vom Export seiner landwirtschaftlichen Produkte, namentlich von Baumwolle («King Cotton»), und war darum zutiefst vom Vorteil des Freihandels überzeugt. Die Industriellen des Nordens hingegen wollten sich gegen Importe aus Europa und vor allem aus Großbritannien abschirmen und forderten deshalb hohe Schutzzölle, was der Süden bis 1861 zu verhindern vermochte. Auch dieser handelspolitische Gegensatz spielte bei den zunehmenden Spannungen zwischen Nord und Süd eine Rolle.

Was die Bevölkerungszahlen angeht, war die Konföderation der Union weit unterlegen. In den 23 Staaten des Nordens lebten um 1861 rund 22 Millionen Menschen, in den elf Südstaaten etwa 9 Millionen, von denen mindestens 3,5 Millionen schwarze Sklaven waren. Der Norden konnte zunächst nur Bundestruppen in einer Stärke von 12 000 Mann gegen den Süden einsetzen. Beide Seiten mußten auf einzelstaatliche Milizen und Freiwillige zurückgreifen und, da diese Kräfte nicht

ausreichten, die allgemeine Wehrpflicht einführen: die Konföderation
im April 1862, die Union im März 1863. Auf der Seite der Konföderierten kämpften bis zuletzt fast nur weiße, auf der Seite der USA auch
186 000 schwarze Soldaten. Der Norden verfügte über die größeren
materiellen Ressourcen: Er besaß das meiste Gold und mit 85 Prozent
den Löwenanteil der industriellen Produktion; seine Industrien profitierten von militärischen Aufträgen aller Art, während der Süden in
eine schwere wirtschaftliche und finanzielle Krise geriet. Sie war zum
Teil eine Folge der Seeblockade, mit der die USA den Baumwollexport
nahezu vollständig zum Erliegen brachten, zum Teil ein Ergebnis der
Einberufung weißer Arbeiter zum Militär.

Der amerikanische Bürgerkrieg ist gelegentlich als erster «totaler
Krieg» bezeichnet worden. Am ehesten trifft dieser Begriff auf das letzte
Kriegsjahr zu, als General William Tecumseh Sherman mit Zustimmung
Lincolns im Zuge seines legendären «March to the Sea» bei der Verfol-
gung der zurückweichenden Konföderierten dazu überging, Äcker und
Felder niederzubrennen, Plantagen und Ortschaften zu zerstören, und so
den Unterschied zwischen kämpfender Truppe und Zivilbevölkerung immer mehr zum Verschwinden brachte. Über moderne Waffen wie weitreichende Gewehre, Maschinengewehre und gepanzerte Schiffe verfügten
beide Seiten, die Union aber in größerer Zahl als die Konföderation.
«Modern» waren auch der Truppentransport mit der Eisenbahn und der
Kampf im Schützengraben. In höherem Maß noch als der Krimkrieg im
Jahrzehnt zuvor wies der amerikanische Bürgerkrieg Merkmale auf, die
ihn eher mit den Weltkriegen des 20. Jahrhunderts als mit den Kriegen
der napoleonischen Zeit verbinden.

Das Kriegsziel der Konföderation war die Behauptung ihrer Gesellschaftsordnung und der staatlichen Unabhängigkeit, die diese Ordnung
sichern sollte. Das Kriegsziel der Union war die Rückgängigmachung
der Sezession, woraus sich während des Krieges ein weiteres Ziel ergab:
die Beseitigung der gesellschaftlichen Ursache der Sezession, also der
Sklaverei. Der Fortbestand der Sklaverei wurde durch die Verfassung
der Konföderation vom 11. März 1861 ausdrücklich garantiert – neben
der Feststellung, daß die Einzelstaaten souverän seien, die wichtigste
Abweichung von der ansonsten weitgehend beibehaltenen Verfassung der USA von 1787. Am 21. März bekannte sich der Vizepräsident
der Konföderation, Alexander Stephens, in einer Rede in Savannah,
Georgia, stolz zu der «großen Wahrheit, daß der Neger dem weißen

Mann nicht gleich» und «Sklaverei, Unterordnung unter die höhere Rasse, sein natürlicher und normaler Zustand» sei. Diese «Wahrheit» sei der «Eckstein» (cornerstone) der Konföderation und diese der erste Staat der Weltgeschichte, der auf dieser «großen physikalischen, philosophischen und moralischen Wahrheit» beruhe.

Die Antwort der Union auf die rechtliche Absicherung und ideologische Rechtfertigung der Sklaverei war die Ankündigung der Sklavenemanzipation am 22. September 1862, die am 1. Januar 1863 in Kraft trat, durch Abraham Lincoln in seiner Eigenschaft als Oberkommandierender der Bundestruppen. Noch im Monat zuvor hatte Lincoln in einem Brief an den Verleger Horace Greeley eingeräumt, wenn er die Union retten könne, ohne einen Sklaven zu befreien, würde er es tun, wenn er nur einige befreien könne, ebenso. Lincolns Erklärung vom 22. September wurde ausgelöst durch den prekären Sieg der Union in einer der blutigsten Schlachten des Bürgerkrieges an dem kleinen Fluß Antietam bei Sharpsburg in Maryland fünf Tage zuvor. Der militärische Erfolg bestärkte den Präsidenten in der Erwartung, daß die Union den Krieg gewinnen – und durch das Bekenntnis zu einem übergeordneten moralischen Kriegsziel, der Abschaffung der Sklaverei, neue Kräfte mobilisieren könne.

Die Proklamation vom 1. Januar 1863 half zunächst nur Sklaven in Gebieten, die von den Unionstruppen erobert worden waren, und solchen, die dort hingelangten. Aber das erweiterte Kriegsziel bedeutete doch ein Versprechen für die Zeit nach dem Sieg der Union, wie er sich seit dem 4. Juli 1863, dem 87. Jahrestag der Unabhängigkeitserklärung der USA, abzeichnete: An diesem Tag siegten bei Gettysburg im südlichen Pennsylvania die Truppen der Vereinigten Staaten unter General George Meade über die Südstaatenarmee unter ihrem Oberkommandierenden, General Robert E. Lee, der den Armeen der Union zuvor einige schwere Niederlagen zugefügt hatte. Viereinhalb Monate später, am 19. November 1863, sprach Präsident Lincoln bei der Einweihung des Soldatenfriedhofs auf dem Schlachtfeld von Gettysburg jene Worte aus, die sich Generationen von Amerikanern eingeprägt haben. Er forderte die Anwesenden auf, «feierlich zu beschließen, daß diese Toten nicht umsonst gestorben sind, daß diese Nation unter Gottes Fügung eine Wiedergeburt der Freiheit erleben wird und daß die Regierung des Volkes, durch das Volk und für das Volk niemals vom Erdboden verschwinden darf» (that this nation, under God, shall have a new birth of freedom – and that government of the people, by the people, for the people shall not perish from the earth).

In der Union wie in der Konföderation gab es während des Bürgerkriegs auch eine «Heimatfront». Wer im Süden als Sympathisant der anderen Seite galt, verfiel der Lynch-Justiz. In der größten Stadt des Nordens, New York, kam es im Juli 1862, ausgelöst durch die Einziehung junger Männer zum Militär, zu schweren Unruhen, an denen sich vor allem arme katholische Einwanderer aus Irland beteiligten. Mehrere Schwarze wurden ermordet, ihre Häuser niedergebrannt; insgesamt kamen über 100 Menschen ums Leben. Unterstützung für ihre Kriegsanstrengung durfte die republikanische Administration von denen erhoffen, an die sich das Homestead-Gesetz vom Mai 1862 richtete. Es erfüllte eine alte Forderung der «free soil»-Bewegung, indem es mittellosen Siedlern und Immigranten den Erwerb von Land zu äußerst günstigen Bedingungen ermöglichte. Wer den geringen Preis nicht zu entrichten vermochte, konnte Besitzrechte durch fünfjährige Bebauung des Bodens, den Bau einer bewohnbaren Unterkunft und die Zahlung einer Registriergebühr erwerben. Ohne den Bürgerkrieg hätte das Gesetz im Kongreß keine Mehrheit gefunden: Erst der Auszug der Abgeordneten und Senatoren aus den Südstaaten machte die Annahme möglich.

Der Mißbrauch, den skrupellose Geschäftsleute mit dem Gesetz trieben, war 1862 noch nicht absehbar – auch noch nicht 1864, als eine neue Präsidentenwahl anstand. Die Republikaner schickten, um ihren Sieg sicherzustellen, Lincoln zusammen mit einem «Kriegsdemokraten», dem ehemaligen Senator Andrew Johnson aus Tennessee, ins Rennen. Politisch gestärkt durch den Erfolg, den General Sherman im September 1864 mit der Eroberung von Atlanta, der Hauptstadt Georgias, errang, gewann Lincoln im November 55 Prozent der Wählerstimmen. Im Wahlmännergremium entfielen 212 Stimmen auf ihn und nur 21 auf den Kandidaten der kriegsmüden Demokraten, General George McClellan. Zu den Staaten, in denen gewählt wurde, gehörte außer denen, die 1861 in der Union verblieben waren, auch ein neu gebildeter: West Virginia. Das Gebiet auf der Westseite der Alleghanies hatte sich im Juni 1861 von Virginia abgespalten, nachdem dieses im April der Konföderation beigetreten war.

Der Süden hätte sich möglicherweise militärisch behaupten können, wenn europäische Mächte ihm zu Hilfe gekommen wären. Unmöglich erschien das zunächst nicht: Großbritannien und Frankreich gehörten neben den Neuenglandstaaten zu den Hauptabnehmern von Baumwolle aus den Südstaaten; beide sahen in den Vereinigten Staaten einen weltpolitischen Rivalen. Ohne England wollte Napoleon III. aber nicht aktiv werden, und die Regierung in London unter Lord Palmerston wagte es ihrerseits nicht, die starke Antisklavereibewegung im eigenen Lande herauszufordern, die seit der Ankündigung der Sklavenbefreiung durch Lincoln für eine Unterstützung der Union warb. Selbst europäische Opfer des amerikanischen Bürgerkrieges ergriffen die Partei des Nordens: die 500 000 Textilarbeiter, die ihre Arbeitsplätze infolge des Zusammenbruchs des Baumwollimports verloren hatten (und eine Chance, neue zu erhalten, erst bekamen, als Baumwollplantagen in Ägypten und Indien noch während des Krieges Ersatz für «King Cotton» zu schaffen begannen).

London und Paris hätten ihre Bedenken gegen ein Eingreifen zugunsten der Konföderation vermutlich zurückgestellt, wäre diese auf dem Schlachtfeld des Bürgerkrieges erfolgreicher gewesen. Da ein Sieg des Südens aber zu keiner Zeit in greifbare Nähe rückte, verzichteten beide europäischen Mächte auf eine diplomatische Anerkennung der Konföderation und erst recht auf eine militärische Intervention. Großbritannien, Frankreich und Spanien nutzten den amerikanischen Bürgerkrieg jedoch aus, um mit Waffengewalt in Mexiko einzugreifen. Dessen antiklerikaler Präsident Benito Juarez, ein Politiker indianischer Abstammung, der nach einem blutigen Bürgerkrieg seit 1861 mit diktatorischen Vollmachten regierte, hatte die Schuldenzahlungen an die europäischen Gläubiger des Landes ausgesetzt; ihn zur Erfüllung seiner internationalen Verpflichtungen zu zwingen war der Zweck der Intervention der drei Mächte. England und Spanien zogen ihre Truppen im April 1862 wieder ab, nachdem die mexikanische Regierung einem Moratorium zugestimmt hatte. Napoleon III. aber ließ sich auf ein gefährliches Abenteuer ein: Seine Truppen blieben im Lande, eroberten 1863 Puebla und zogen danach in die Hauptstadt Mexiko ein, wo eine von den Franzosen einberufene, von klerikalen Monarchisten beherrschte Nationalversammlung ein Kaiserreich Mexiko unter dem Kandidaten Napoleons, dem Erzherzog Maximilian von Österreich, dem Bruder Kaiser Franz Josephs, proklamierte.

Die erklärte Absicht Napoleons III. war es, den Einfluß der USA in Mittelamerika durch ein von Frankreich abhängiges Mexiko einzudämmen (und gleichzeitig das Haus Habsburg einer Abtretung Venetiens an Italien günstig zu stimmen). Maximilian fand jedoch in den Massen der Bevölkerung so gut wie keinen Rückhalt. Die USA zwangen, nachdem sie im Bürgerkrieg gesiegt hatten, Frankreich unter Berufung auf die Monroe-Doktrin 1866, seine Truppen aus Mexiko zurückzuziehen. Im Jahr darauf setzten sich die Republikaner unter Juarez, der zeitweilig in den äußersten Norden des Landes zurückgedrängt worden war, nicht zuletzt dank massiver amerikanischer Unterstützung gegenüber den Monarchisten durch. Kaiser Maximilian wurde am 19. Juni 1867 auf Befehl von Juarez erschossen. Es folgten die Wiederherstellung der Republik und die erneute Wahl von Juarez zum Präsidenten. Für Napoleon III. bedeutete das katastrophale Scheitern seiner mexikanischen Unternehmung einen schweren Prestigeverlust. Er sollte mit zum Niedergang seiner Herrschaft in der zweiten Hälfte der sechziger Jahre beitragen.

Der Sieg der Union im amerikanischen Bürgerkrieg wurde besiegelt durch den Einzug der Bundestruppen in Richmond, Virginia, der Hauptstadt der Konföderation, am 3. April 1865. Vorausgegangen waren die Erklärung von General Lee, daß er Richmond nicht länger verteidigen könne, die Flucht des Präsidenten der Konföderation, Jefferson Davis, und seines Kabinetts und ein Aufstand der schwarzen Bevölkerung, der zu einer Orgie der Gewalt wurde und die Stadt in Schutt und Asche legte. Lee war mittlerweile in südwestliche Richtung abgezogen. Von Unionstruppen unter General Philipp Henry Sheridan hart bedrängt, kapitulierte er am 9. April 1865 gegenüber General Ulysses Grant, dem von Lincoln eingesetzten Oberkommandierenden der Streitkräfte der Vereinigten Staaten, in Appomattox, Virginia. Am 26. April ergab sich der Kommandierende General der konföderierten Truppen in den beiden Carolinas, General Joseph E. Johnston, dem Unionsgeneral Sherman. Der vierjährige Bürgerkrieg war zu Ende.

Insgesamt fielen während des amerikanischen Bürgerkrieges 618 000 Soldaten, 360 000 auf Seiten der Union, 258 000 auf Seiten der Konföderation. Das entsprach zusammen 2 Prozent der Bevölkerung der (ungeteilten) USA – ein weit höherer Verlust an Menschenleben, als Amerika ihn im Ersten und im Zweiten Weltkrieg erlitt (von 1916 bis 1918 waren es 0,11, von 1941 bis 1945 0,24 Prozent). Der deutsche Historiker Willi Paul Adams hat, die historischen Debatten zusammenfassend, den Krieg der Jahre 1861 bis 1865 als «eine Mischung aus Bürgerkrieg (Civil War, War of the Rebellion) und nationalem Einigungskrieg» bezeichnet. Bei einem «klassischen» Bürgerkrieg kämpfen irreguläre Aufständische gegen reguläre Regierungstruppen. Die Konföderation empfand sich keineswegs als irregulär, sondern als Verbund von Staaten, die von ihrem Recht auf Sezession Gebrauch machten. Aus der Sicht der Union gab es ein solches Recht nicht, was die Lostrennung der elf Staaten des Südens zu einem Akt der Rebellion und den Krieg zu einem Bürgerkrieg machte.

Während des Krieges hatte die Konföderation begonnen, sich aus einer Gesellschaft in eine Nation zu verwandeln; der Krieg war, so gesehen, ein Nationsbildungskrieg. Der Union ging es um die Aufrechterhaltung der staatlichen Einheit und darum, Sezessionen für alle Zukunft unmöglich zu machen. Aus dieser Perspektive war der Krieg ein Krieg um die nationale Einigung, und das hieß auch: um die Schaffung jenes Maßes an gesellschaftlicher Homogenität, das erforderlich war, wenn die Union nach außen als einheitliche Nation auftreten wollte.

Moralisch war die Union spätestens seit dem Augenblick im Recht, als sie die Befreiung der Sklaven zu ihrem Kriegsziel erhob. Die Sklaverei widersprach zutiefst den Werten, auf die sich die Gründerväter der Vereinigten Staaten berufen hatten, auch wenn viele von ihnen Sklavenhalter waren und Sklaven nicht als Menschen im Sinne der Unabhängigkeitserklärung betrachteten. Doch das Bekenntnis zu den unveräußerlichen Menschenrechten hatte seine eigene normative Logik, die über den historischen Horizont der Akteure von 1776 hinauswies. Auf die Menschenrechte konnten sich auch jene berufen, denen sie vorenthalten wurden, und sie hatten Verbündete unter den Weißen, die das Gründungsversprechen der Vereinigten Staaten von Amerika ernst nahmen und nicht zu einer Gründungslüge verkommen lassen wollten.

Das *nicht* zu tun, war freilich nicht nur ein moralisches Anliegen. Wenn die USA eine weltpolitische Rolle spielen wollten, konnten sie es sich nicht leisten, «half slave and half free» zu sein. Sie mußten einig und glaubwürdig sein in der Verteidigung der Freiheitsideale, denen Amerika seine Anziehungskraft und sein Ansehen verdankte. Hätte diese Überzeugung 1865 nicht obsiegt, wären die Vereinigten Staaten nie zu der Macht geworden, die sie in der Folgezeit wurden. Der Wirkung nach war der Bürgerkrieg jene «Second American Revolution», als welche ihn die Historiker Charles und Mary Beard 1927 bezeichnet haben. Nur weil dieser Krieg mit einem Sieg der Union über die Sezes-

sion endete und die Union seit Lincolns zweiter Inaugurationsrede vom
4. März 1865 als unauflöslich galt, konnte Amerika im 20. Jahrhundert
zur Führungsmacht des Westens beiderseits des Nordatlantiks aufsteigen und entscheidend dazu beitragen, daß dieser Westen ein Bewußtsein von dem entwickelte, was ihm historisch gemeinsam war und ihn
trotz allem Trennenden zu einer Einheit machte.

Der Mann, dem es die Union mehr als jedem anderen zu verdanken
hatte, daß sie nicht auseinanderfiel, erlebte das definitive Ende des Bürgerkriegs in Gestalt der Kapitulation der letzten konföderativen Armee
am 26. April 1865 nicht mehr: Am 14. April schoß der Schauspieler
John Wilkes Booth, der einer Verschwörergruppe fanatischer Südstaatler angehörte, in einem Theater in Washington aus nächster Nähe auf
Abraham Lincoln und verletzte ihn so schwer, daß er am nächsten
Morgen starb. Das Attentat zeigte, wie tief der Haß war, der dem siegreichen Norden aus den Reihen der ehemaligen Konföderierten ent-
gegenschlug. Die Ermordung im Augenblick des Sieges machte aus dem
16. Präsidenten einen Märtyrer, der im Kampf für die Einheit und Freiheit Amerikas gefallen war. Für beides hatte Lincoln gestanden: für die
Freiheit der Schwarzen im Süden freilich erst, als ihm bewußt geworden
war, daß die Einheit ohne diese Freiheit nicht wiederhergestellt werden
konnte. Bei allen taktischen Winkelzügen, zu denen er auch genötigt
war, bei allen Widersprüchen in seinem Denken und Handeln war Lincoln ein Mann von außerordentlicher Gradlinigkeit und Überzeugungs-
treue. Er war der größte Staatsmann, den Amerika im 19. Jahrhundert
hervorgebracht hat.

Für die Zeit nach dem Krieg hatte Lincoln eine Politik der Aussöhnung und der raschen Wiedereingliederung («reconstruction») der Südstaaten beabsichtigt und in den von Unionstruppen besetzten Staaten,
sehr zum Mißfallen der radikaleren Republikaner, bereits eingeleitet.
Sein Nachfolger, der bisherige Vizepräsident Andrew Johnson, ein geborener Südstaatler aus North Carolina, war ein Anwalt der Verständigung und des Ausgleichs zwischen den Weißen in Nord und Süd und
das auf eine Art und Weise, die so sehr auf Kosten der ehemaligen
schwarzen Sklaven ging, daß es darüber zu schweren Konflikten zwischen dem Präsidenten und der republikanischen Mehrheit in beiden
Häusern des Kongresses und schließlich 1868 zu einem Amtsent-
hebungsverfahren («impeachment») kam. Es scheiterte nur daran, daß
im Senat eine Stimme zur erforderlichen Zweidrittelmehrheit fehlte.

Die Befreiung der Sklaven, die Lincoln während des Krieges proklamiert hatte, stand bis zu dessen Ende für die meisten von ihnen nur auf dem Papier. Um eine verläßliche Rechtsgrundlage zu schaffen, beschloß der Kongreß das 13. Amendment zur Verfassung, das am 18. Dezember 1865 in Kraft trat und Sklavenhaltung im Geltungsbereich der Verfassung verbot. Als freie Bürger machten die ehemaligen Sklaven von dem Recht Gebrauch, sich selbst Familiennamen zu geben, wobei Washington, Jefferson und Jackson besonders häufig gewählt wurden. Zum Schutz der Schwarzen blieben Bundestruppen im Süden; das vom Kongreß geschaffene «Freedmen's Bureau» versorgte Millionen ehemaliger Sklaven mit Nahrungsmitteln und richtete, unterstützt von den «Freedmen's Associations» und kirchlichen Gruppen, Schulen ein, an denen freiwillige Lehrkräfte aus dem Norden unterrichteten. Schwarze Laienprediger gründeten Kirchengemeinden, in denen sie als Pfarrer wirkten. Die spontane Absonderung von den bisherigen Herren war ein Merkmal der Selbstemanzipation der schwarzen Bevölkerung, die den meisten Weißen sehr gelegen kam und von ihren Politikern in der Folgezeit zum System ausgebaut wurde.

Eine Landreform, die diesen Namen verdient, gab es nach dem Ende des Bürgerkrieges nicht. Soweit die befreiten Sklaven nicht in die Städte zogen, arbeiteten sie nach 1865 meist als «sharecroppers», als kleine Pächter, für die weißen Plantagenbesitzer. Hochverratsprozesse gegen Offiziere der Südstaaten fanden nicht statt; Amtsträger der Konföderation kamen, wenn sie den Präsidenten darum baten, leicht in den Genuß einer Amnestie. Die Parlamente der von Präsident Johnson anerkannten «restaurierten» Einzelstaaten verabschiedeten 1865 und 1866 die sogenannten «Black Codes», die es gestatteten, arbeitslose Schwarze wegen Landstreicherei festzunehmen und an weiße Arbeitgeber zu vermitteln. Manche Gesetze gingen so weit, Schwarzen andere Berufe als die des Landarbeiters oder Hausangestellten zu verbieten. Die republikanische Mehrheit des Kongresses beantwortete die Herausforderung zum einen damit, daß sie ehemaligen Offizieren der Konföderation, die ins Repräsentantenhaus gewählt wurden, die Ausübung des Mandats verweigerte. Zum anderen legten die Republikaner Gesetze zum Schutz der Bürgerrechte und der Verlängerung des (zunächst nur auf ein Jahr befristeten) Freedmen's Bureau vor, die eine breite Mehrheit fanden. Als Präsident Johnson sein Veto einlegte, wurde er mit Zweidrittelmehrheiten überstimmt.

Der Boykott der Sklavenbefreiung durch die Südstaaten veranlaßte die republikanische Kongreßmehrheit im Juni 1866, den Entwurf eines neuen Zusatzartikels zur Verfassung, das 14. Amendment, vorzulegen. Es garantierte allen Bürgern der Vereinigten Staaten den Schutz ihrer Rechte und untersagte einzelstaatliche Gesetze, die diese Rechte einschränkten. Wer entgegen seinem Eid auf die Verfassung der USA an einem Aufstand oder Aufruhr teilgenommen hatte, durfte weder auf nationaler noch auf einzelstaatlicher Ebene ein Wahlamt oder eine Funktion in der Verwaltung, dem Militär oder der Justiz übernehmen. Außerdem wurde es den Einzelstaaten untersagt, Schulden zurückzuzahlen, die aus der Unterstützung eines Aufstands oder Aufruhrs gegen die USA erwachsen waren.

Als außer Tennessee alle Staaten der ehemaligen Konföderation sowie Delaware und Kentucky die Ratifizierung ablehnten und auf diese Weise das Inkrafttreten der Verfassungsergänzung verhinderten, machte die Mehrheit des Kongresses die Ratifizierung zur Voraussetzung für die volle Wiederaufnahme der Südstaaten in die Union. Erst im Juli 1868 kam die für die Verfassungsänderung notwendige Mehrheit der Einzelstaaten zustande, und erst 1870 waren sämtliche Südstaaten wieder mit vollen Rechten im Senat und Repräsentantenhaus vertreten. Im gleichen Jahr 1870 wurde die Verfassung ein weiteres Mal ergänzt, um der systematischen Aushöhlung des Wahlrechts von Amerikanern schwarzer Hautfarbe einen Riegel vorzuschieben. Das 15. Amendment untersagte es der Union und den Einzelstaaten, das Wahlrecht der Bürger der Vereinigten Staaten auf Grund der Rassenzugehörigkeit, Hautfarbe oder vormaliger Sklaverei vorzuenthalten oder einzuschränken. Präsident der USA war zu dieser Zeit der ehemalige Oberkommandierende der Unionstruppen in der Endphase des Bürgerkrieges, General Ulysses Grant, der im November 1868 als Kandidat der Republikaner in das höchste Amt gewählt worden war.

Die äußere Wiederherstellung der staatlichen Einheit bedeutete noch längst keine innere Wiedervereinigung. Die herrschende Schicht des Südens zeigte nach 1865 im Hinblick auf die Sklaverei keine Reue; sie entwickelte vielmehr einen Kult der «lost cause», wozu die romantische Verklärung des Lebens im «antebellum South» im allgemeinen und des Verhältnisses der «masters» zu ihren «slaves» im besonderen gehörte. Das Ressentiment gegen die «Yankees» wurde verstärkt durch zugereiste Geschäftemacher aus dem Norden, die sogenannten «carpetbaggers» (Leute mit Reisetaschen), die sich in gesetzgebende Versammlungen und Regierungen des Südens oder als Abgeordnete in den Kongress wählen ließen, um so zu Einfluß und Vermögen zu gelangen. Zur Speerspitze des Widerstands gegen den allgegenwärtigen Norden und die von ihm repräsentierte Ordnung entwickelte sich der in der Endphase des Bürgerkrieges gegründete Ku Klux Klan, der zahllose, im Dunkel der Nacht begangene Terrorakte, bis hin zu Lynchmorden an Schwarzen, verübte. Das Bürgerrechtsgesetz von 1875, das Rassendiskriminierung im Alltag, unter anderem in Wirtshäusern und Vergnügungsstätten, verbot, trug dazu bei, daß der Klan ab Mitte der siebziger Jahre für die Dauer einiger Jahrzehnte von der Bildfläche verschwand. 1915 sollte er, mit erweiterter Stoßrichtung gegen Schwarze, Juden, Katholiken und Internationalisten, wiedererstehen.

Im Jahre 1877 endete die achtjährige, von verbreiteter Korruption gekennzeichnete Amtszeit des Präsidenten Ulysses Grant und damit auch die Ära der «Reconstruction». Unter seinem Nachfolger, dem Republikaner Rutherford B. Hayes, der trotz eines deutlichen Rückstands bei den Wählerstimmen mit Hilfe der Südstaatendemokraten ins Amt gelangte, wurden die Bundestruppen aus dem Gebiet der ehemaligen Konföderation abgezogen und, wo das noch nicht der Fall war, die Regierungen der Südstaaten wieder ganz in die Hände dort ansässiger Weißer gelegt. Die soziale und politische Diskriminierung der Schwarzen wurde in der Folgezeit wieder ganz offen betrieben. Nachdem der Supreme Court 1883 das Bürgerrechtsgesetz von 1875 für verfassungswidrig erklärt hatte, verabschiedeten die Südstaaten die sogenannten «Jim-Crow-Gesetze», die der Rassentrennung an Schulen, öffentlichen Verkehrsmitteln, Restaurants und Vergnügungsstätten eine gesetzliche Grundlage gaben. Gleichzeitig wurde das Wahlrecht der Schwarzen wieder eingeschränkt und seine Ausübung behindert. «Der Norden gewann den Krieg und verlor den Frieden, wenn man unter Gewinnung des Friedens die rechtliche Gleichstellung der freigelassenen Sklaven, ihr Mitwirken als gleichberechtigte Bürger bei Wahlen und eine Bodenreform zu ihren Gunsten versteht»: In diesem Verdikt faßt Willi Paul Adams die Entwicklung der ersten drei Jahrzehnte nach dem Bürgerkrieg zutreffend zusammen.

Das Gros der ehemaligen Sklaven verzichtete auf unmittelbare politische Gegenwehr gegen die Entrechtung. Unter dem Einfluß von Booker T. Washington, einem als Sklaven geborenen Pädagogen, wandten sich viele statt dessen verstärkt der eigenen Ausbildung an schwarzen Schulen und Colleges zu, um so aus eigener Kraft in der Gesellschaft aufsteigen zu können. Die Minderheit, der dies zu wenig war, schloß sich unter Führung des in Harvard promovierten schwarzen Geschichtsprofessors William E. B. Du Bois, gemeinsam mit weißen Bürgerrechtlern 1909 in der National Association for the Advancement of Colored People (NAACP) zusammen, die fortan dem Kampf um die Gleichberechtigung der Schwarzen die Richtung wies.

Die Gesellschaft des Südens unterschied sich mithin auch nach dem Ende des Bürgerkriegs wesentlich von der des Nordens, aber sie war nicht mehr die des «antebellum South». Die Zahl der selbständigen Farmer ging zurück; die der Pächter nahm zu. Insgesamt verlor die Landwirtschaft an Bedeutung zugunsten neuer Industrien, obenan der Textil- und Tabak-, in Alabama auch der Eisen- und später Stahlindustrie. Der Umfang des Eisenbahnnetzes verdoppelte sich zwischen 1880 und 1890. Im Zuge der Industrialisierung wuchs die weiße Unterschicht, während ein erheblicher Teil der schwarzen in den Norden abwanderte. Die Mobilität war eine der Errungenschaften von 1865, die der «neue Süden» den ehemaligen Sklaven nicht wieder nehmen konnte. Die Gleichberechtigung der Amerikaner aller Hautfarben, wie sie die Verfassungsänderungen der Jahre 1865 bis 1870 proklamierten, blieb ein uneingelöstes Versprechen, aber eines, auf das sich schwarze und weiße Bürgerrechtler berufen konnten, als sie zu Beginn des neuen Jahrhunderts die Forderung nach «equal rights» auf ihr Banner schrieben.[9]

Revolution von oben: Das Ende des deutschen Dualismus

Der amerikanische Bürgerkrieg wurde auch in Europa mit angespannter Aufmerksamkeit verfolgt, wobei die Konservativen meist für den Süden, Liberale und Linke für die Union Partei ergriffen. Nirgendwo waren die Sympathien für die Befreiung der Sklaven so stark wie in der Arbeiterschaft. Aus ihren Reihen kamen die meisten Teilnehmer jener Massenkundgebung in der Londoner St. James Hall, die im März 1863 Präsident Lincoln ihrer Solidarität versicherte, die Aufhebung der Sklaverei forderte und damit Front machte gegen die südstaatenfreundliche Politik von Premierminister Palmerston. Am 28. September 1864 wurde in London die Internationale Arbeiter-Assoziation (IAA), die

Erste Internationale, ein lockerer Zusammenschluß von Arbeiterparteien und Gewerkschaften aus Europa und den USA, gegründet. Dem von ihr gewählten provisorischen Zentralkomitee gehörte als Korrespondierender Sekretär für Deutschland Karl Marx an. Er verfaßte neben einer Inauguraladresse und den Provisorischen Statuten auch eine Botschaft, in der die IAA Lincoln zu seiner Wiederwahl beglückwünschte. Darin hieß es, die Arbeiter Europas betrachteten es «als ein Wahrzeichen der Epoche, daß Abraham Lincoln, dem starksinnigen, eisernen Sohn der Arbeiterklasse, das Los zugefallen ist, sein Vaterland durch den beispiellosen Kampf für die Erlösung einer geknechteten Rasse und für die Umgestaltung der sozialen Welt hindurchzuführen».

Für Marx war die Erste Internationale auch ein Instrument in der Auseinandersetzung mit einer anderen Arbeiterorganisation: dem von Ferdinand Lassalle im Mai 1863 in Leipzig gegründeten Allgemeinen Deutschen Arbeiterverein (ADAV). Lassalle vertrat eine Linie, die Marx und Engels mißbilligten: Er konzentrierte seine Agitation als Präsident der ADAV auf das allgemeine gleiche Wahlrecht und die Schaffung von Produktivgenossenschaften der Arbeiter mit Hilfe des Staates; er verhandelte sogar insgeheim, was die beiden sozialistischen Emigranten in London und Manchester nicht wußten, mit dem preußischen Ministerpräsidenten Otto von Bismarck, dem es höchst gelegen kam, daß Lassalle mit seinen Wahlrechtsparolen die in dieser Frage gespaltene liberale Fortschrittspartei in Verlegenheit brachte.

Marx und Engels setzten hingegen nach wie vor auf die Selbstbefreiung der Arbeiterklasse durch eine proletarische Revolution, die nur von einer international organisierten Bewegung zum Erfolg geführt werden konnte. Für sie war, wie es Marx in der «Inauguraladresse der Internationalen Arbeiter-Assoziation» ausdrückte, die Eroberung der politischen Macht «jetzt die große Pflicht der Arbeiterklasse» und, wie es in den Provisorischen Statuten der IAA hieß, die ökonomische Emanzipation der Arbeiterklasse der «große Endzweck …, dem jede politische Bewegung als Mittel unterzuordnen ist». In den Aktionen des staatsgläubigen Lassalle und seiner Anhänger sahen Marx und Engels daher vor allem eines: eine Abweichung vom rechten Weg, die der Sache des internationalen Proletariats zumindest auf längere Sicht schaden mußte.

Die Gründung der IAA erlebte Lassalle nicht mehr: Er starb am 31. August 1864 an der tödlichen Verwundung, die ihm in einem Duell zugefügt worden war. Die deutsche Arbeiterbewegung aber blieb noch auf viele Jahre hinaus gespalten: Den preußenfreundlich und kleindeutsch gesinnten Lassalleanern im ADAV, der seit 1867 von Johann Baptist von Schweitzer geführt wurde, stand eine großdeutsche, mit den bürgerlichen Demokraten kooperierende Richtung gegenüber, die sich im Juni 1863 in Frankfurt zum Verband deutscher Arbeitervereine zusammengeschlossen hatte. Zu ihren aktiven Mitgliedern gehörte der aus Köln stammende Drechsler August Bebel, ein führendes Mitglied des Leipziger Arbeiterbildungsvereines. Es war diese zweite Richtung, auf die Marx und Engels durch die Vermittlung von Wilhelm Liebknecht, einem Teilnehmer des zweiten badischen Aufstands vom September 1848, in der zweiten Hälfte der sechziger Jahre zunehmend Einfluß gewannen.

Die Entstehung einer selbständigen Arbeiterbewegung in Deutschland in Gestalt des ADAV bedeutete für den bürgerlichen Liberalismus eine ernste Herausforderung. Das liberale Bürgertum betrachtete sich noch immer, wie einst 1789 der «Tiers-état», als den «allgemeinen Stand», in den die Arbeiter durch vermehrte Bildung hineinwachsen sollten. Als besonders gefährlich empfanden die Demokraten auf dem linken Flügel der Deutschen Fortschrittspartei das Auftreten des Allgemeinen Deutschen Arbeitervereins: Er stelle ihren Anspruch, Vertreter des einfachen Volkes zu sein, radikal in Frage und provozierte sie zusätzlich durch den Ruf nach Staatshilfe, eine Kampfansage an das von Hermann Schulze-Delitzsch propagierte liberale Prinzip der Selbsthilfe. Ob Liberale im engeren Sinn oder Demokraten: beide Flügel der Fortschrittspartei hatte Lassalle an ihrer empfindlichsten Stelle getroffen, als er den Liberalen im Frühjahr 1862 in einem Vortrag in Berlin vorwarf, sie wagten nicht auszusprechen, daß Verfassungsfragen «ursprünglich nicht Rechtsfragen, sondern Machtfragen» seien. Ebendies blieb ein Merkmal der liberalen Opposition gegen Bismarck im preußischen Verfassungskonflikt: Sie verteidigte das Recht mit den Mitteln des Rechts, durch Kritik an der Regierung in Presse und Parlament sowie durch Ablehnung ihrer Haushaltspläne und anderer Gesetzesvorlagen, aber nicht durch Aufruf zum Widerstand gegen eine Staatsgewalt, die den Rechtsboden der Verfassung verlassen hatte.

Vieles kam zusammen, um das liberale Bürgertum defensiv zu stimmen: Die Erinnerung an die gescheiterte Revolution war noch frisch; die Angst vor der «roten» Gefahr hatte in der Zwischenzeit nicht abgenommen; auf dem platten Land übte das Junkertum nach wie vor starken politischen Einfluß auf Bauern und Landarbeiter aus. Das Dreiklassenwahlrecht ließ den Liberalismus stärker erscheinen, als er war; wäre in Preußen nach dem allgemeinen gleichen Wahlrecht gewählt worden, hätten die Konservativen, vielleicht auch eine Arbeiterpartei liberale Kandidaten vielerorts in große Bedrängnis gebracht. Die Fortschrittspartei machte den preußischen Militärstaat dafür verantwortlich, daß das Bürgertum sich nicht freier hatte entwickeln können. Durch die Heeresreform sollte das Militär noch stärker, das Bürgertum weiter geschwächt werden: Das war der wichtigste Grund für das Nein, das der Liberalismus den einschlägigen Forderungen der Regierung entgegensetzte.

Gleichzeitig wiesen die Liberalen immer wieder auf die ungerechte Verteilung der Militärlasten in Deutschland hin. Nach der Bundeskriegsverfassung von 1821 durfte, um auch nur den «Schein von Suprematie eines Bundesstaates über den anderen» zu vermeiden, kein Staat mit mehr als drei Armeekorps am Bundesheer teilnehmen. Da ein erheblicher Teil des preußischen Staatsgebietes, nämlich Ost- und Westpreußen sowie Posen, nicht zum Deutschen Bund gehörte, war der Hohenzollernstaat berechtigt, mehr Militär zu unterhalten, und das tat er auch: Die Zahl seiner Armeekorps belief sich auf neun. Die übrigen deutschen Staaten konnten damit rechnen, daß Preußen im Fall einer äußeren Bedrohung sein gesamtes militärisches Gewicht in die Waagschale werfen würde, und entsprechend gering hielten sie die eigenen Anstrengungen auf dem Gebiet des Heereswesens.

Für die Fortschrittspartei, und zumal für ihren rechten Flügel, ergab sich darauf die Forderung nach einer Umverteilung der deutschen Militärlasten zugunsten Preußens. Die hohen preußischen Militärausgaben hätten eine «Verkümmerung und Beschränkung des Wohlstandes und damit der disponiblen Kräfte des Volkes» zur Folge, und daher sei die Schaffung einer deutschen Armee, die materielle Sicherung der Einheit Deutschlands, das wichtigste Ziel: So formulierte es der ehemalige Paulskirchendemokrat Wilhelm Löwe-Calbe, der seit 1863 Abgeordneter der Fortschrittspartei im preußischen Landtag war, 1861 in den «Deutschen Jahrbüchern».

Wenn die deutsche Einheit das wichtigste Ziel war, mußte die liberale Opposition gegen Bismarcks «Konfliktministerium» in dem Augenblick in eine schwierige Situation geraten, wo die Regierung etwas tat, was nach Meinung der Fortschrittspartei im nationalen Interesse lag. Zu Beginn von Bismarcks Amtszeit gab es nur *ein* Gebiet, auf dem die Liberalen mit der Regierung übereinstimmten: die Handelspolitik. Im März 1862 hatte Preußen einen liberalen, die Zollsätze drastisch herabsetzenden Handelsvertrag mit Frankreich abgeschlossen. Da Napoleon III. seinerseits zwei Jahre zuvor im «Cobden-Vertrag» die Zollbarrieren gegenüber Großbritannien weitgehend abgebaut hatte, bedeutete der preußisch-französische Vertrag eine Richtungsentscheidung: *für* den wirtschaftlichen Anschluß an das freihändlerische Westeuropa, *gegen* das österreichische Projekt einer mitteleuropäischen Zollunion im Zeichen von Schutzzöllen. Damit war den 1853 vereinbarten, auf Grund von preußischem Widerstand aufgeschobenen Verhandlungen über eine Angleichung der Tarife des Deutschen Zollvereins und Österreichs ein Riegel vorgeschoben. Die Mitgliedstaaten des Zollvereins mußten sich folglich entscheiden: zwischen Freihandel und Schutzzoll, Preußen und Österreich, West und Ost.

Bismarck trieb, nachdem er im September 1862 das Amt des Ministerpräsidenten übernommen hatte, den Zollkonflikt mit Österreich weiter voran und die schutzzöllnerischen Regierungen von Bayern, Württemberg, Hessen-Darmstadt und Nassau in die Defensive. In Übereinstimmung mit dem Deutschen Nationalverein, dem 1858 gegründeten Kongreß deutscher Volkswirte und den Regierungen von Sachsen und Baden beharrte er auf der Übernahme des preußisch-französischen Handelsvertrags durch den Zollverein. Es bedurfte der Kündigung des Zollvereinsvertrags durch Preußen im Dezember 1863 und ein halbes Jahr später eines preußisch-sächsischen Vertrags über die Erneuerung des Zollvereins, um den Widerstand der schutzzöllnerischen Mittelstaaten zu brechen. Im Oktober 1864 verständigten sich die bisherigen Mitgliedstaaten auf einen neuen, auf zwölf Jahre befristeten Zollvereinsvertrag. 1865 schloß der Zollverein einen Handelsvertrag mit Österreich. Im Bereich der Wirtschaftspolitik war der Kampf um die Führung Deutschlands entschieden: zugunsten Preußens, gegen Österreich.

Die preußischen Industriellen hatten Bismarcks Handelspolitik ganz überwiegend unterstützt. Das Verhältnis zwischen Regierung und Unternehmerschaft gestaltete sich infolgedessen ausgesprochen freundlich, was die politischen Vertreter des Bürgertums, die Liberalen, beunruhigen mußte: Ihren Kampf gegen das budgetlose, mithin

verfassungswidrige Regime des Ministerpräsidenten führten sie ohne
festen Rückhalt bei den wirtschaftlichen Führungsgruppen. Nach dem
Ende des Verfassungskonflikts zogen die liberalen «Preußischen Jahrbücher» ein nüchternes Fazit: «Die Volkswirtschaft hat sich zu Bismarck nie in einem prinzipiellen Gegensatz befunden wie die praktische Politik und staatsrechtliche Doktrin, da sie seiner Festigkeit den
bedeutendsten handelspolitischen Fortschritt der Nation in den letzten
Jahrzehnten, den Abschluß des französisch-preußischen Handelsvertrages und die Wiedererneuerung des Zollvereins auf der Grundlage
eines freisinnigen Tarifs, verdankte.»

Das weithin noch agrarische Österreich war im Handelskonflikt mit
dem industriell fortgeschrittenen Preußen von Anfang an in der schwächeren Position gewesen. Ende 1863 gab Wien zu erkennen, daß ihm
an einer Zuspitzung des Streits mit Berlin nicht gelegen war. Der Grund
dieser Zurückhaltung war ein außenpolitischer: Seit dem Frühjahr
zeichnete sich ein neuer Konflikt um Schleswig-Holstein ab, und daraus
erwuchs die Notwendigkeit einer engeren Zusammenarbeit zwischen
beiden deutschen Großmächten. Am 30. März 1863 hatte König Friedrich VII. von Dänemark in einem Patent die Verbindlichkeit einer Klausel im Zweiten Londoner Protokoll vom Mai 1852 bestritten: Sie betraf
die Anerkennung der Sonderstellung der Herzogtümer Schleswig und
Holstein und bildete das dänische Gegenstück zum Verzicht des Herzogs Christian August von Augustenburg auf die Erbfolge für Dänemark und seine Nebenländer.

Am 9. Juli 1863 forderte der Bundestag die Außerkraftsetzung dieses Patents und beschloß, als Dänemark dies ablehnte, am 1. Oktober
die Bundesexekution gegen Holstein, das heißt gegen den König von
Dänemark in seiner Eigenschaft als Herzog von Holstein und Mitglied
des Deutschen Bundes. Kopenhagen antwortete mit einer weiteren
Herausforderung: Am 13. November 1863 legte die Regierung, ein von
der nationalistischen Partei der Eiderdänen gebildetes Kabinett, dem
Reichstag ein neues Staatsgrundgesetz vor, das die Einverleibung
Schleswigs verfügte. Zwei Tage später starb Friedrich VII. Seine Nachfolge trat Prinz Christian von Schleswig-Holstein-Sonderburg-Glücksburg als Christian IX. an. Bereits am 18. November unterzeichnete er
die neue Gesamtstaatsverfassung. Damit entzog er dem Zweiten Londoner Protokoll die Grundlage just in dem Augenblick, wo er die Erb-
folgeklausel dieses völkerrechtlichen Vertrags in Anspruch nahm.

Am gleichen Tag übertrug Herzog Christian August von Augustenburg seine Rechte auf die Erbfolge an seinen ältesten Sohn, Erbprinz
Friedrich, der 1852 bereits volljährig gewesen war und sich die Ver-
zichtserklärung seines Vaters weder damals noch später zu eigen gemacht hatte. Als dieser unmittelbar darauf bekanntgab, daß er als Herzog Friedrich VIII. die Herrschaft angetreten habe, ging ein Sturm der
Begeisterung durch Deutschland, der die Anhänger des kleindeutschen
Nationalvereins wie die des im Oktober 1862 gegründeten großdeutschen Reformvereins gleichermaßen erfaßte. Eine Versammlung von
fast 500 Abgeordneten aus ganz Deutschland erklärte im Dezember in
Frankfurt die Sache des Augustenburgers zur Sache der deutschen Nationalbewegung und setzte einen Ausschuß von 36 Vertrauensmännern
ein, der die Aktivitäten der nun überall entstehenden Schleswig-Hol-
stein-Vereine koordinieren und Kundgebungen sowie Geldsammlungen
zugunsten des Augustenburgers organisieren sollte.

Auf die Seite von Friedrich von Augustenburg stellten sich auch die
meisten Mittelstaaten, nicht jedoch Preußen und Österreich. Die beiden
Großmächte verlangten eine Rückkehr zum Londoner Protokoll, also
die Wiederherstellung der völkerrechtlichen Legitimität, was eine Unterstützung der Erbansprüche des Augustenburgers ausschloß und eine
Intervention anderer Mächte zumindest unwahrscheinlich machte. Damit waren die Würfel gefallen: Am 7. Dezember 1863 kam im Bundestag eine knappe Mehrheit für den von Wien und Berlin beantragten
Vollzug der Bundesexekution gegen Holstein zustande.

Nachdem Bundestruppen in Holstein einmarschiert waren, forderten Österreich und Preußen am 16. Januar 1864 Dänemark ultimativ
auf, die Gesamtstaatsverfassung zurückzunehmen, widrigenfalls
Schleswig als Pfand genommen werden sollte. Als Kopenhagen die
Forderung ablehnte, begann der Krieg. Am 18. April 1864 stürmten
preußische Truppen die Düppeler Schanzen im Norden Schleswigs und
fügten Dänemark damit eine schwere Niederlage bei. Eine Woche später begann in London eine europäische Konferenz. Von den dort erörterten Kompromißvorschlägen fand keiner allgemeine Zustimmung:
weder der Gedanke einer bloßen Personalunion zwischen Dänemark
und den beiden Herzogtümern noch die Teilung Schleswigs nach dem
Nationalitätsprinzip. Als die Konferenz am 25. Juni zu Ende ging,
hatte das Londoner Protokoll von 1852 seine politische Bedeutung
gänzlich eingebüßt.

Tags darauf lief ein im Mai vereinbarter Waffenstillstand ab. Preußen und Österreich gingen sofort wieder zum Angriff über, eroberten ganz Jütland und die Insel Alsen und zwangen damit Dänemark zur Bitte um Waffenstillstand und Frieden. Am 1. August 1864 wurde der Vorfriede, am 30. Oktober der endgültige Friede in Wien unterzeichnet. Darin verzichtete der König von Dänemark auf alle seine Rechte in Schleswig, Holstein und Lauenburg zugunsten des Kaisers von Österreich und des Königs von Preußen. Außerdem verpflichtete er sich, die Entscheidungen der beiden Großmächte über die Zukunft der Elbherzogtümer anzuerkennen.

Die Ansprüche des Augustenburgers fanden im Wiener Frieden keine Erwähnung. Auf Drängen Sachsens hatten sich zwar Österreich und schließlich auch Preußen auf der Londoner Konferenz für diese Ansprüche eingesetzt, aber seit einer Unterredung mit dem preußischen Ministerpräsidenten wußte der Thronanwärter, daß Bismarck ein Schleswig-Holstein unter dem Augustenburger allenfalls als preußisches Protektorat, unter der Bedingung der Abtretung umfassender militärischer Rechte, darunter einer preußischen Flottenstation in Kiel, einer Bundesfestung in Rendsburg und des gemeinsamen Baus eines Nord-Ostsee-Kanals, anerkennen wollte. Da Friedrich nicht ohne weiteres bereit war, auf dieses Ansinnen einzugehen, war für Bismarck das augustenburgische Projekt erst einmal erledigt. Der Wiener Friede ließ die staatsrechtliche Zukunft Schleswig-Holsteins offen. Er schuf ein österreichisch-preußisches Kondominium, das, wie die Dinge lagen, nur ein Provisorium sein konnte.

Für den preußischen Liberalismus führte der Streit um die Zukunft Schleswig-Holsteins zu einer Zerreißprobe. Zunächst hatte sich fast die gesamte Fortschrittspartei, mit besonderer Entschiedenheit die Demokraten um Hermann Schulze-Delitzsch, hinter den Augustenburger gestellt; nur eine kleine Minderheit um den großpreußischen Demokraten Benedikt Waldeck zog die Angliederung der Herzogtümer an Preußen der Schaffung eines neuen Mittelstaates vor. Die preußischen Siege aber hatten ein Umdenken auf dem rechten Flügel zur Folge: In Schleswig-Holstein bot sich nun erstmals eine Chance, Preußen militärisch zu entlasten und einen wichtigen Schritt in Richtung der deutschen Einheit zu tun. Die liberale Berliner «National-Zeitung», das Sprachrohr der «Rechten», brachte diese Position am 11. August 1864 auf die knappe Formel: «Daß unser Land eine Kaserne sein soll und Schleswig-Holstein ein friedlicher Meierhof, das ist uns zu ausschließend, ist eine zu ungleiche Verteilung von Genuß und Plage.»

Aus dieser Sicht der Dinge war nicht nur ein militärischer, sondern auch der vollständige Anschluß Schleswig-Holsteins an Preußen ein Beitrag zur Einheit Deutschlands. Mehr noch: Wenn es richtig war, daß die nationale Einigung die militärische Überlastung Preußens mindern und die bürgerlichen Kräfte stärken würde, dann sprach auch alles für die Schlußfolgerung der «National-Zeitung» vom 12. August 1864: «Jeder Fortschritt ... in der Gewinnung der notwendigen deutschen Macht ist zugleich ein Fortschritt im freiheitlichen Leben.» Die bisherige Parole «Diesem Ministerium keinen Groschen» war unter solchen Voraussetzungen nicht mehr durchzuhalten. Vielmehr mußte auch eine konservative oder «reaktionäre» Regierung wie die Bismarcks unterstützt werden, wenn sie tat, was die Liberalen seit langem forderten. Die Demokraten hingegen sahen auch nach dem Sieg über Dänemark nicht den geringsten Grund, dem «Konfliktministerium» entgegenzukommen. Ihr Organ, die Berliner «Volkszeitung», die den Kreisen um Schulze-Delitzsch nahestand, wies am 16. August die neuen Prioritäten der «National-Zeitung» mit den Worten zurück: «Deutschlands Einheit wird nur durch Deutschlands Freiheit möglich werden.»

Die schleswig-holsteinische Frage war durch den Wiener Frieden nicht gelöst worden, sondern nur in ein neues Stadium getreten. Das Kondominium der beiden deutschen Großmächte erwies sich als so konfliktträchtig, daß es darüber im Frühjahr 1865 zum Krieg zu kommen drohte. Die Mittelstaaten und die deutsche Nationalbewegung verlangten weiterhin ein Schleswig-Holstein unter dem Augustenburger, während Bismarck seinen bisherigen Forderungen an den Erbprinzen noch neue hinzufügte: Friedrich sollte in die volle Militärhoheit Preußens, den wirtschaftlichen und verkehrsmäßigen Anschluß an den Hohenzollernstaat und Gebietsabtretungen, namentlich an den Mündungen des geplanten Nord-Ostsee-Kanals, einwilligen. Österreich antwortete auf diese Herausforderung, indem es am 9. April 1865 im Bundestag einem Antrag der Mittelstaaten zustimmte, der beide Großmächte aufforderte, den Augustenburger in seine Rechte einzusetzen.

Als sich König Wilhelm, unterstützt von Kriegsminister von Roon und Generalstabschef von Moltke, daraufhin für eine Annexion Schleswig-Holsteins einsetzte, schien der Ausbruch eines Krieges unmittelbar bevorzustehen. Am 21. Juli erging ein preußisches Ultimatum an Wien.

Doch am Ende setzten sich auf beiden Seiten die kompromißwilligen Kräfte durch, denen damals auch Bismarck zuzurechnen war. In langwierigen Verhandlungen, die von Ende Juli bis Mitte August in Bad Gastein stattfanden, verständigte er sich mit Österreich auf eine Teilung der Verwaltung in den Herzogtümern: Holstein fiel Österreich, Schleswig Preußen zu. Kiel sollte ein Bundeshafen werden, Preußen jedoch Verwaltung und Polizei im Hafen übernehmen sowie Befestigungen und eine Marinestation einrichten dürfen.

Ebenso wie der Wiener Friede war auch die Gasteiner Konvention vom 14. August 1865 (das Ereignis, dem Bismarck die Erhebung in den Grafenstand verdankte) ein Provisorium. Doch der preußische Ministerpräsident hielt den Zeitpunkt für einen Krieg mit Österreich noch nicht für gekommen. Manches spricht dafür, daß er nach dem Sieg über Dänemark bereit war, sich mit einer preußischen Vorherrschaft über die nördlich des Mains gelegenen Teile Deutschlands zu begnügen. Mit einem derartigen «Großpreußen» hätte sich, entsprechende Entschädigungen in Oberitalien vorausgesetzt, Österreich unter Umständen abfinden können, nicht jedoch die deutsche Nationalbewegung. Schon deshalb hatten die vieldiskutierten «dualistischen» Verständigungsversuche der Jahre 1864/65 niemals eine Chance, auf längere Sicht befriedend zu wirken.

Das Ergebnis der Gasteiner Verhandlungen vertiefte die Kluft im preußischen Liberalismus. Die Fortschrittspartei, die aus den Wahlen im Oktober 1863 gestärkt hervorgegangen war, zerfiel zunehmend in zwei verfeindete Flügel: Den Anhängern einer unbedingten Opposition, die den Vorrang der Freiheit vor der Einheit betonten und der Sache des Augustenburgers verpflichtet blieben, stand eine nationale, zur bedingten Zusammenarbeit mit Bismarck bereite Minderheit gegenüber, die von der Einheit zur Freiheit zu gelangen hoffte und die Entstehung eines neuen Mittelstaates in Schleswig-Holstein ablehnte. Am deutschen Abgeordnetentag, der am 1. Oktober 1865 in Frankfurt zusammentrat und ganz von der augustenburgischen «Partei» beherrscht wurde, nahmen aus Preußen nur einige Vertreter der Linken teil. Zwei prominente Parlamentarier des rechten Fortschrittsflügels, der Jurist Karl Twesten und der Historiker Theodor Mommsen, schickten dem Präsidenten der Versammlung scharf formulierte Absagen in Form offener Briefe. Eine ähnliche Spaltung vollzog sich um dieselbe Zeit im Deutschen Nationalverein. Die Mehrheit lehnte jede Zusammenarbeit mit dem gegen Parlament und Verfassung regierenden Bismarck ab; die propreußische Minderheit blieb auf nord- und mitteldeutsche Klein- und Mittelstaaten beschränkt.

Die Empörung über die Politik Bismarcks gab den demokratischen Kräften im übrigen Deutschland Auftrieb. «Vorort» der demokratischen Bewegung war Württemberg, wo die Volkspartei um Karl Mayer und Ludwig Pfau über einen starken Rückhalt bei Handwerkern und Bauern verfügte. 1864/65 begannen sich die Demokraten auch auf gesamtdeutscher Ebene zu organisieren: Auf Betreiben des Kunsthistorikers Ludwig Eckardt aus Baden und des Autors des vielgelesenen materialistischen Buches «Kraft und Stoff», Ludwig Büchner, wurde im September 1865 in Darmstadt die Demokratische Volkspartei gegründet. Die neue Partei lehnte sowohl eine preußische wie eine österreichische Spitze für Deutschland ab und sprach sich für eine föderalistische Verbindung aller deutschen Stämme und Staaten aus, wozu natürlich auch das deutschsprachige Österreich gezählt wurde.

Gezielt wurde von Anfang an die entstehende Arbeiterbewegung umworben – beim lassalleanischen, kleindeutsch gesinnten Allgemeinen Deutschen Arbeiterverein ohne, beim großdeutschen Verband Deutscher Arbeitervereine um den Herausgeber der «Neuen Frankfurter Zeitung», Leopold Sonnemann, und dem Vorsitzenden des Leipziger Arbeiterbildungsvereins, August Bebel, mit Erfolg. Wäre es nach den Württembergern gegangen, hätte sich die Demokratische Volkspartei noch sehr viel entschiedener zum Föderalismus bekannt. Dennoch beteiligten sie sich an der Neugründung. Eine schlagkräftige Organisation aber brachte die neue gesamtdeutsche Partei nicht zustande.

Ein allgemeiner Linksruck ließ sich aus der Gründung der Demokratischen Volkspartei nicht ableiten. Es gab vielmehr im «dritten Deutschland» auch Entwicklungen, die in eine andere Richtung deuteten. Sie gingen vom Großherzogtum Baden aus, wo seit 1861/62 die Liberalen an der Regierung waren. 1862, ein Jahr nach Sachsen und im gleichen Jahr wie Württemberg, führte Baden die Gewerbefreiheit ein. Gleichzeitig wurden die Schulen dem kirchlichen Einfluß entzogen, was zu langwierigen, heftigen Auseinandersetzungen und zur Entstehung einer klerikalen Volksbewegung führte. Mit Preußen wußte sich Baden nicht nur in Sachen Freihandel einig; die exponierte Lage an der Grenze zu Frankreich am Oberrhein schuf auch ein Sicherheitsbedürfnis, das eine enge Zusammenarbeit mit dem Hohenzollernstaat nahelegte.

Mit seiner propreußischen Haltung nahm das liberale Baden eine Sonderstellung unter den Mittelstaaten ein. Sachsen war zwar auch freihändlerisch, orientierte sich außenpolitisch aber eher an Österreich. Das letztere traf auch für Bayern und Württemberg zu. Im Falle eines Krieges mit dem Habsburgerreich mußte Preußen also damit rechnen, daß es die Mehrheit der Mitglieder des Deutschen Bundes gegen sich haben würde. Das war die Ausgangslage, wie sie sich den beiden Großmächten darstellte, als die Krise um Schleswig-Holstein Anfang 1866 in eine neue Phase trat.

Die Trennung der Verwaltung in den Herzogtümern war durch die Gasteiner Konvention auf eine Weise erfolgt, die sich bald als konfliktträchtig erwies. Preußen mußte, um in das von ihm verwaltete Schleswig zu gelangen, das österreichisch verwaltete Holstein passieren. Dem österreichischen Statthalter in Kiel schien nicht eben viel an einem guten Verhältnis zu Preußen zu liegen; jedenfalls rief er den Eindruck hervor, als sympathisiere er mit der augustenburgischen Agitation. Zum Wendepunkt wurde eine Kundgebung zu Altona am 23. Januar 1866, auf der die Versammelten die Einberufung einer schleswig-holsteinischen Ständeversammlung forderten. Bismarck ließ in Wien scharf protestieren, woraufhin die österreichische Regierung sich jedwede preußische Einmischung in die Verwaltung Holsteins verbot. Damit war die Zusammenarbeit der beiden Mächte faktisch aufgekündigt.

Fortan begannen Berlin und Wien sich auf Krieg einzustellen und die entsprechenden militärischen und diplomatischen Vorbereitungen zu treffen. Bismarck durfte hoffen, daß Rußland Preußen nicht in den Rücken fallen würde. Seit dem Krimkrieg waren die Beziehungen des Zarenreiches zum Hohenzollernstaat sehr viel besser als die zum Habsburgerreich; seit der Konvention Alvensleben anläßlich des polnischen Aufstands von 1863 konnte das Verhältnis zwischen St. Petersburg und Berlin sogar als ausgezeichnet gelten. Im Fall des bonapartistischen Frankreich konnte Bismarck sicher sein, daß es Österreich nicht unterstützen würde, solange dieses Venetien besaß. Mit dem Königreich Italien, das Venetien von der habsburgischen Herrschaft befreien wollte, schloß Preußen am 8. April 1866 ein geheimes, auf drei Monate befristetes Offensiv- und Defensivbündnis. Es widersprach dem Bundesrecht ebenso wie der geheime Vertrag, den Österreich am 12. Juni 1866 mit Frankreich schloß. Wien sicherte sich darin die Neutralität Frankreichs für den Fall eines Krieges mit Preußen. Für diese Zusage mußte Österreich einen hohen Preis zahlen: Es stimmte dem Verzicht auf Venetien zu, falls es auf dem deutschen Kriegsschauplatz siegen sollte. Im Falle eines Sieges in Italien sollte es dort beim Status quo bleiben. Außerdem willigte Österreich in die Umwandlung der preußischen Rheinprovinz in einen formell unabhängigen, tatsächlich von Frankreich abhängigen Staat ein.

Um die öffentliche Meinung für seine antiösterreichische Politik zu gewinnen, hatte Bismark am 9. April im Bundestag einen revolutionär anmutenden Antrag auf Bundesreform stellen lassen, in dem die Wahl eines deutschen Parlaments auf der Grundlage des allgemeinen gleichen Wahlrechts gefordert wurde. Am 10. Juni brachte Preußen den Antrag erneut, jetzt in ausgefeilter Form, ein. Mit einer Annahme war schon deshalb nicht zu rechnen, weil Preußen drei Tage zuvor unter Bruch des Bundesrechts Truppen in Holstein hatte einrücken lassen. Die Besetzung des Herzogtums war die Antwort auf eine Herausforderung durch Österreich: Am 1. Juni war an den Statthalter in Kiel die Weisung ergangen, eine Ständeversammlung einzuberufen; gleichzeitig hatte Wien den Bundestag ersucht, er möge, nachdem die Bemühungen um eine Verständigung mit Preußen gescheitert seien, die Entscheidung über die Zukunft der Herzogtümer treffen.

Eine Woche nach dem Einmarsch preußischer Truppen in Holstein, am 14. Juni, mußte der Bundestag über den Antrag entscheiden, mit dem Österreich am 9. Juni diese Aktion gekontert hatte: Der Bundestag möge die Mobilmachung des Bundesheeres beschließen, soweit es nicht von Preußen gestellt werde. Preußen, das den Antrag für bundeswidrig erklärt hatte, nahm an der Abstimmung nicht teil. Die Mittelstaaten stimmten mit einer Ausnahme mit Ja. Baden, das sich der Stimme enthielt, stellte sich unter dem Druck der öffentlichen Meinung dann doch noch auf die Seite Österreichs. Mit Nein, und damit für Preußen, stimmten nur einige norddeutsche Kleinstaaten, darunter Braunschweig, Mecklenburg-Schwerin und Mecklenburg-Strelitz. Preußen erklärte daraufhin den Bundesvertrag für erloschen.

Militärisch bedurfte der Krieg, da beide Großmächte schon im April mit der Mobilmachung begonnen hatten, keiner weiteren Vorbereitung. Am 14. Juni ließ Preußen Ultimaten an die Regierungen in Dresden, Hannover und Sachsen ergehen; zwei Tage später rückten preußische Truppen in Sachsen, Hannover und Kurhessen ein. Am 20. Juni erklärte Italien, am 21. Juni Preußen Österreich den Krieg. Noch am selben Tag überschritten preußische Truppen die Grenze nach Böhmen.

Die Entscheidung fiel drei Wochen später bei Königgrätz in Ost-böhmen, wo die Preußen den Österreichern die entscheidende Nieder-lage beibrachten. Die Verbündeten des Habsburgerreiches, soweit sie aktiv in den Krieg eingegriffen hatten, wurden in kleineren Gefechten geschlagen. (Baden hatte eine Beteiligung im letzten Augenblick zu ver-meiden gewußt.) In Italien hingegen waren die Österreicher erfolgreich: Bei Custozza, wo bereits Radetzky im März 1849 die Truppen des Kö-nigreichs Sardinien-Piemont geschlagen hatte, siegten auch diesmal, am 24. Juni, die Österreicher, desgleichen am 20. Juli in der Seeschlacht bei der Adriainsel Lissa. Kaiser Franz Joseph hatte freilich schon vor Königgrätz Frankreich die Abtretung von Venetien angeboten und Napoleon III. um eine Vermittlung in Italien gebeten: ein Schritt, der Österreich im «dritten Deutschland» um nahezu alle Sympathie brachte und dazu beitrug, daß man sich dort auf eine gemeinsame Abwehr französischer Eroberungswünsche zusammen mit Preußen einzustellen begann.

Napoleon III. ging am 5. Juli, zwei Tage nach Königgrätz, auf die Vermittlungsbitte ein, dehnte sie aber auf Preußen aus. Bismarck war überzeugt, daß ein Krieg mit Frankreich Preußens Kräfte zu diesem Zeitpunkt überfordern würde, und nahm deshalb notgedrungen das Angebot an. Da der Kaiser der Franzosen bereit war, einen Machtzuwachs Preußens nördlich des Mains einschließlich der Bildung einer preußisch geführten norddeutschen Union hinzunehmen, sicherte ihm der preußische Ministerpräsident seinerseits die Unabhängigkeit der süddeutschen Staaten wie auch die eines Bundes derselben zu, außerdem die Integrität Österreichs ohne Venetien sowie eine Volksabstimmung in den teils dänisch-, teils deutschsprachigen Teilen Schleswigs (das letztere ein Versprechen, das nicht eingelöst wurde, bis 1920 im Gefolge des Versailler Vertrags tatsächlich eine Abstimmung stattfand, die dazu führte, daß Nordschleswig ein Teil Dänemarks wurde). Eine Abtretung von linksrheinischen Gebieten lehnte Bismarck dagegen entschieden ab. Er verwies den Abgesandten Napoleons III., Botschafter Benedetti, statt dessen auf Luxemburg, das mit den Niederlanden in einer Personalunion verbunden war, und auf Belgien, also in eine Richtung, in der Frankreich sich nicht ausdehnen konnte, ohne mit Großbritannien in Konflikt zu geraten.

Am 14. Juli billigte Napoleon III. das Ergebnis der Absprachen mit Preußen. Eine Woche später trat ein zunächst auf fünf Tage befristeter preußisch-österreichischer Waffenstillstand in Kraft. Am 26. Juli wurde in Nikolsburg der Präliminarfriede unterzeichnet, der in allem Wesentlichen den endgültigen Friedensvertrag vorwegnahm. Im Prager Frieden vom 23. August stimmte das Habsburgerreich der Auflösung des Deutschen Bundes und der Neugestaltung Deutschlands ohne Österreich zu. Wien erkannte im voraus den geplanten Norddeutschen Bund an, dem zunächst 15, nach dem Beitritt von Mecklenburg-Schwerin und Mecklenburg-Strelitz 17 Mitglieder angehörten, ebenso den geplanten, aber nicht verwirklichten Bund süddeutscher Staaten, der eine unabhängige internationale Existenz besitzen sollte, mit dem Norddeutschen Bund jedoch in eine engere Verbindung treten durfte. Den Bewohnern Nordschleswigs wurde in Artikel V das Recht zugestanden, sich Dänemark anzuschließen, wenn sie diesen Wunsch in freier Abstimmung äußerten.

Es hatte Bismarck größte Mühe gekostet, König Wilhelm I. von der Notwendigkeit eines milden Friedens zu überzeugen und zum Verzicht auf einen Truppeneinmarsch in Wien zu bewegen. Dem Ministerpräsidenten ging es darum, Österreich, nachdem es gleichzeitig seine Machtstellung in Deutschland und Oberitalien eingebüßt hatte und so zu einer Großmacht minderen Rangs als Preußen geworden war, nicht weiter zu demütigen, sondern sich die Möglichkeit offen zu halten, den Kaiserstaat als künftigen Bundesgenossen wiederzugewinnen. Seine Macht konnte Preußen dafür nördlich des Mains erweitern: Es annektierte Hannover, Kurhessen und die Freie Stadt Frankfurt, die im Krieg auf der Seite Österreichs gestanden hatten, ebenso, wie mit Napoleon III. abgesprochen, Schleswig-Holstein. Sachsen blieb, auf Drängen des Kaisers der Franzosen, als selbständiges Königreich bestehen und in seinem Gebietsbestand ungeschmälert. Es wurde ebenso wie Hessen-Darmstadt Mitglied des Norddeutschen Bundes, das letztere aber nur, soweit sein Gebiet nördlich des Mains lag. Mit den süddeutschen Staaten schloß Preußen zusammen mit den Friedensverträgen geheime Schutz- und Trutzbündnisse. Sie hatten zur Folge, daß die Vertragspartner sich im Kriegsfall dem preußischen Oberbefehl unterstellen und ihre Heeresverfassungen dem Vorbild Preußens anpassen mußten.

Der deutsche Krieg von 1866 war, anders als der amerikanische Sezessionskrieg der Jahre 1861 bis 1865, kein Bürgerkrieg. In den USA hatten sich Gliedstaaten eines Bundesstaates von demselben losgesagt, also gegen die Bundesgewalt rebelliert, was ihre eigene Gewalt irregulär machte. In Deutschland fand ein Krieg zwischen souveränen Staaten statt, ausgetragen von regulären Armeen und nicht von Freischärlern oder Barrikadenkämpfern. Die Preußen und Österreicher, die sich auf den Schlachtfeldern Böhmens schlugen, kämpften für ihren Staat und für ihren Herrscher. Das Bewußtsein, in einen Kampf gegen deutsche Brüder zu ziehen, dürften nur wenige von ihnen gehabt haben.

Dennoch gab es in der öffentlichen Meinung des «dritten Deutschland» das verbreitete Gefühl, daß dieser Krieg ein Bruderkrieg war. Das war er *auch*, wenn man an der Idee einer gemeinsamen, die Staaten überwölbenden und das deutschsprachige Österreich einschließenden deutschen Kulturnation festhielt, und das taten nicht nur die Großdeutschen, sondern auch die meisten Kleindeutschen. In den Klein- und Mittelstaaten hatte dieses Verständnis von deutscher Nation sehr viel mehr Anhänger als in Preußen, das nicht nur ein deutscher Staat, sondern auch eine europäische Großmacht war. Für die Großmacht Österreich, die sich seit Jahrhunderten aus Deutschland hinausentwickelt hatte, galt dasselbe, und zwar in sehr viel höherem Maß als für Preußen.

Die Gegenthese preußischer Liberaler zur These vom deutschen «Bruderkrieg» war die vom letzten deutschen Religionskrieg. Wenige Tage nach Kriegsbeginn, am 30. Juni 1866, schrieb die liberale Berliner «National-Zeitung»: «Wenn auch kein volksfreundliches Ministerium bei uns am Ruder ist, den Österreichern gegenüber vertritt Preußen dennoch die deutsche Volksfreiheit, gleichwie im Dreißigjährigen Krieg die starren Lutheraner und Reformierten die Geistesfreiheit vertraten und retteten ...» Nach Königgrätz meinte die «Protestantische Kirchenzeitung», ein dem liberalen Deutschen Protestantenverein nahestehendes Blatt, durch diese Schlacht habe «endlich der Dreißigjährige Krieg seinen Abschluß gefunden». Durch Preußens Sieg sei der «Ultramontanismus (von «ultra montes», das heißt «jenseits der Berge», H.A.W.) im deutschen Lande ein für allemal gebrochen; denn nicht Österreichs Macht und Tendenzen allein sind aus Deutschland hinausgewiesen, sondern auch das Papsttum hat mit ihm seine letzte weltliche Stütze in Europa eingebüßt».

Tatsächlich war der Krieg von 1866 *kein* Religionskrieg. Aus Religion war weithin Ideologie geworden, auf protestantischer und liberaler Seite in viel höherem Maß als auf katholischer und konservativer. Die preußischen Liberalen, die so argumentierten wie die «National-Zeitung» oder die «Protestantische Kirchenzeitung», appellierten an ein bestimmtes Lebensgefühl, das zu den Grundlagen des preußischen Staates gehörte und zugleich über Preußen hinauswies. Das evangelische Lebensgefühl schloß eine bestimmte Idee von Deutschland in sich, die einer anderen, nicht weniger bestimmten Idee von Deutschland widersprach: der katholischen, die sich am Alten Reich und in seiner Nachfolge an Österreich orientierte.

Das habsburgische Vielvölkerreich war seit langem weniger «deutsch» als der Hohenzollernstaat. Als Graf Belcredi, der im Juli 1865 an die Spitze der Wiener Regierung trat, zwei Monate später den Vollzug des Februarpatents von 1861 aussetzte, war das kurze, von seinem Vorgänger Schmerling eingeleitete «deutsche» und liberale Zwischenspiel beendet. Es folgte die Suche nach einem Ausgleich mit Ungarn, die am 21. Dezember 1867, also im Jahr nach der Katastrophe von Königgrätz, in die Errichtung der «kaiserlichen und königlichen» Doppelmonarchie Österreich-Ungarn mündete. Durch das «Delegationsgesetz» wurde Ungarn aus dem Gesamtstaat ausgegliedert. Es erhielt einen eigenen Reichstag und ein eigenes Ministerium und schloß mit Österreich ein Zoll- und Handelsbündnis, das alle zehn Jahre erneuert werden sollte. Gemeinsame Angelegenheiten der österreichisch-ungarischen Monarchie blieben die auswärtige Politik, das Heer, in dem Deutsch die Kommandosprache war, und die Finanzen. Innerhalb der neuen Personal- und Realunion gab es fortan zwei Nationalitätenstaaten. Ungarn erließ 1868 ein liberal anmutendes Nationalitätengesetz, betrieb tatsächlich aber eine scharfe Magyarisierungspolitik. Österreich erhielt im Dezember 1867 eine Verfassung, die aus «Cisleithanien» endgültig eine konstitutionelle Monarchie machte. Das Abgeordnetenhaus, die zweite Kammer des Reichsrats, wurde nach einem Vierklassenwahlrecht gewählt. «Cisleithanien» wie «Transleithanien» waren zentralistische, keine föderalistischen Staatsgebilde: eine wichtige Ursache der Krisen, die die Doppelmonarchie in der Folgezeit erschüttern sollten.

Gegenüber Preußen hatte sich Österreich, anders als zuletzt gegenüber Ungarn, nie ernsthaft um einen Ausgleich bemüht. Der anderen deutschen Großmacht verweigerte Wien bis zum Ende des Deutschen Bundes die Gleichberechtigung. Das gilt auch von dem Vorschlag einer Bundesreform, den Österreich im August 1863 dem «deutschen Fürstentag» in Frankfurt unterbreitete und der von diesem, in demonstrativer Abwesenheit König Wilhelms I. von Preußen angenommen wurde: Eine Parität zwischen Österreich und Preußen, im Bundesvorsitz, dem Direktorium, war darin ebensowenig vorgesehen wie ein preußisches

Vetorecht oder eine Direktwahl der parlamentarischen Vertretung, der Versammlung der Bundesabgeordneten.

Österreichs Politik gegenüber Preußen gehört zu den historischen Voraussetzungen und zu den unmittelbaren Ursachen des Krieges von 1866. Eine «Kriegspartei» gab es in den Jahren 1863 bis 1866 nicht nur in Berlin, sondern auch in Wien. Hier wie dort waren Kräfte am Werk, die darauf drängten, den gordischen Knoten des deutschen Dualismus mit dem Schwert zu durchschlagen. In Preußen, das den Status quo ändern wollte, taten sie es jedoch mit deutlich größerer Entschiedenheit als in Österreich, dem es «nur» um die Wahrung bestehender Rechte ging.

1866 galt dasselbe wie 1848: Ein großdeutscher Nationalstaat hätte die Habsburgermonarchie gesprengt, war also *mit* Österreich nicht durchzusetzen. Aus einer Reform des Deutschen Bundes konnte kein deutscher Nationalstaat hervorgehen: Alle Vorschläge, die in diese Richtung gingen, befriedigten nicht den Wunsch der deutschen Nationalbewegung nach Einheit in Freiheit. Die Einheit war nur mit Preußen und unter preußischer Führung zu erreichen: Das war die wichtigste Lektion des deutschen Krieges von 1866. Freiheit ohne Einheit ließ sich in den Mittelstaaten verwirklichen. Doch der Verzicht auf die Einheit erschien den Liberalen der Mittelstaaten aus ideellen wie aus materiellen Gründen undenkbar. Wenn man also weiterhin Einheit und Freiheit wollte, kam es darauf an, sich mit Preußen auf einen Weg zu diesem Ziel zu verständigen.

Die meisten badischen Liberalen waren schon vor 1866 zu dieser Einsicht gelangt. Nach dem Ende des Krieges bekannten sich auch in Württemberg und Bayern viele Liberale offen zur kleindeutschen Lösung. In Württemberg gründeten sie im August 1866 die Deutsche Partei, die sogleich in Konflikt mit den weiterhin großdeutschen und partikularistischen Demokraten geriet. In Bayern waren die gleichfalls partikularistischen «Ultramontanen» der Hauptgegner. Gegen ihren massiven Widerspruch forderte die liberale Fortschrittspartei die politische Ausgestaltung des Deutschen Zollvereins und den raschen Beitritt Bayerns zum Norddeutschen Bund. Nicht viel anders als sie dachte der Mann, der seit Ende Dezember 1866 an der Spitze der bayerischen Politik stand: Fürst Chlodwig von Hohenlohe-Schillingsfürst. Nach seiner Meinung hatte der Krieg eine Klärung der Verhältnisse bewirkt, die überfällig war und im Interesse der Völker, wenn auch nicht der Dynastien lag.

Das Ausscheiden Österreichs aus Deutschland fand in den anderen Staaten des ehemaligen Deutschen Bundes ein widerspruchsvolles Echo. Die «National-Zeitung» sprach für den rechten Flügel des preußischen Liberalismus, als sie am 25. Juli 1866 schrieb, mit diesem Schritt werde «erst ganz und vollständig das Mittelalter, die Feudalität von unserer Nation überwunden und beseitigt ... Indem wir uns vom Hause Habsburg trennen, welches die Ideen und die Ansprüche des römisch-deutschen Kaisertums nicht loswerden kann – durch diese Trennung erst werden wir eine selbständige Nation und stehen wir vor der Möglichkeit, einen deutschen *Nationalstaat* zu errichten. Wir *können* deutscher sein, als es unseren Vorfahren vergönnt war.»

Viele Katholiken, zumal in Süddeutschland, dürften es eher mit Edmund Jörg, seit 1852 Redakteur der «Historisch-politischen Blätter für das katholische Deutschland» und nach 1869 einer der Führer der Bayerischen Patriotenpartei, gehalten haben. Aus seiner Sicht bedeutete die Sprengung des Deutschen Bundes für das deutsche Volk «eine Zerstörung seiner politischen Basis und eingewöhnten Lebensbedingungen ... wie seit tausend Jahren nicht. Das Neue hatte definitiv gesiegt über das Alte; das besiegte Alte aber datiert nicht erst von 1815 herwärts, sondern bis auf Karl den Großen zurück. Die Reichs-Idee ist gefallen und begraben; und wird das deutsche Volk je wieder in einem Reich vereinigt werden, so wird es ein Reich sein, das nicht eine tausendjährige, sondern nur eine dreihundertjährige Geschichte hinter sich hat.» Den neuen Tatsachen versperrte sich aber auch Jörg nicht. Eine politische Lebensgemeinschaft konnte es nach seiner Überzeugung für das katholische Deutschland nicht mit Frankreich, sondern nur mit *der* Großmacht geben, die sich allein noch deutsch nennen durfte: mit Preußen.

Zu den Gegnern einer kleindeutschen Lösung gehörten außer vielen süddeutschen Katholiken auch weiterhin die meisten Demokraten und *der* Teil der Arbeiterbewegung, der sich nicht zum Allgemeinen Deutschen Arbeiterverein hielt. In Sachsen gründeten die Arbeiterführer August Bebel und Wilhelm Liebknecht im August 1866 eine neue, demokratische (später Sächsische Volkspartei genannte) Partei, die die Einigung Deutschlands in einer demokratischen Staatsform forderte, eine erbliche Kaiserwürde, ein Kleindeutschland unter preußischer Führung und preußische Annexionen ebenso ablehnte wie ein Großdeutschland unter österreichischer Führung. Marx und Engels hatten bisher nicht anders gedacht als Bebel und Liebknecht, waren aber «Realpolitiker» genug, um das Ergebnis des deutschen Krieges als Faktum zu akzeptieren und ihren deutschen Gefolgsleuten zu empfehlen, die neuen Grundlagen als Ausgangspunkt für Bemühungen um eine nationale Organisation des Proletariats zu nutzen.

Aus Engels' Sicht hatte sich Bismarck mit seinem «Coup» vom April 1866, dem Vorschlag einer Bundesreform unter den Vorzeichen des allgemeinen gleichen Wahlrechts, als gelehriger Schüler Napoleons III. erwiesen und zugleich gezeigt, daß der Bonapartismus die «wahre Religion» der Bourgeoisie war. Die Bourgeoisie habe, so erläuterte Engels in einem Brief an Marx vom 13. April 1866, nicht das Zeug, selbst direkt zu herrschen, und wo nicht wie in England eine Oligarchie Staat und Gesellschaft gegen gute Bezahlung im Interesse der Bourgeoisie leite, sei eine «bonapartistische Halbdiktatur die normale Form ... Die großen materiellen Interessen führt sie durch selbst gegen die Bourgeoisie, läßt ihr aber keinen Teil an der Herrschaft selbst. Andererseits ist diese Diktatur selbst wieder gezwungen, diese materiellen Interessen der Bourgeoisie widerwillig zu adoptieren. So haben wir jetzt den Monsieur Bismarck, wie er das Programm des Nationalvereins adoptiert.»

Im Abstand von fast zwei Jahrzehnten glaubte Engels sogar, Bismarcks Politik im Jahre 1866 eine revolutionäre Qualität bescheinigen zu können. «1866», schrieb er am 18. November 1884 an August Bebel, «war eine vollständige Revolution. Wie Preußen, nur durch Verrat und Krieg gegen das deutsche Reich, im Bunde mit dem Ausland (1840, 1756, 1795) zu etwas geworden, so hat es das preußisch-deutsche Reich nur zustande gebracht durch gewaltsamen Umsturz des Deutschen Bundes und Bürgerkrieg ... Nach dem Krieg stürzte es drei *Throne von ‹Gottes Gnaden›* um und annexierte die Gebiete nebst dem der ex-freien Stadt Frankfurt. Wenn das nicht revolutionär war, so weiß ich nicht, was das Wort bedeutet.»

«Revolution» oder «Revolution von oben» waren Begriffe, die 1866 viele Zeitgenossen benutzten, um Bismarcks Politik zu charakterisieren: Konservative meist mit Empörung, Liberale hingegen zustimmend. Bismarck selbst hatte während des Verfassungskonflikts gegenüber Napoleon III., als dieser ihn vor einer Revolution in Preußen warnte, erklärt: «Revolutionen machen in Preußen nur die Könige.» Am 11. August 1866 bekannte er in einem Telegramm an den General Edwin von Manteuffel: «Soll Revolution sein, so wollen wir sie lieber machen als erleiden.» Bismarck bediente sich bewußt «revolutionärer», bonapartistisch anmutender Mittel wie der Einführung des allgemeinen gleichen Wahlrechts oder auch der im Sommer 1866 erwogenen, aber nicht erfolgten Anstachelung nationaler Bewegungen in Ungarn und Böhmen. Ein «Bonapartist» aber war Bismarck nicht. Er war zu sehr märkischer Junker und treuer Diener des Hauses Hohenzollern, um je ein Hasardeur und plebiszitär regierender Führer wie Napoleon III. zu werden.

Der Schweizer Historiker Jacob Burckhardt hat *«die große deutsche Revolution»* von 1866 eine «abgeschnittene Krisis ersten Ranges» genannt. «Ohne dieselbe wäre in Preußen das bisherige Staatswesen mit seinen starken Wurzeln wohl noch vorhanden, aber eingeengt und beängstigt durch die konstitutionellen und negativen Kräfte des Innern; jetzt überwog die nationale Frage die konstitutionelle bei weitem. Die Krisis wurde nach Österreich hineingeschoben, welches seine letzte italienische Position verlor und mit seiner polyglotten Beschaffenheit gegenüber allem Homogenen, zumal von Preußen, in eine immer gefährlichere Stellung geriet.»

Der deutsche Krieg von 1866 hatte in der Tat eine Umwälzung der politischen Verhältnisse in Deutschland bewirkt. Die Herstellung der preußischen Hegemonie mit Hilfe militärischer Gewalt markierte das Ende jenes Dualismus zwischen den Häusern Habsburg und Hohenzollern, der seit dem Regierungsantritt Friedrich des Großen im Jahre 1740 die deutsche Geschichte geprägt hatte. Die Revolution von oben war zugleich die preußische Antwort auf die Revolution von 1848, die im Hinblick auf ihr Hauptziel, die Gewinnung von Einheit und Freiheit, gescheitert war. Der Krieg von 1866 brachte die Deutschen der Einheit ein großes Stück näher, indem er die großdeutsche Lösung ausschloß und ein wesentliches Hindernis der kleindeutschen Lösung beseitigte. Das Schicksal der Freiheit aber war weiter offen.

Die preußischen Liberalen, die Bismarcks verfassungswidrige Politik vier Jahre lang bekämpft hatten, wurden durch den Ausgang des Krieges zu einer Überprüfung ihrer eigenen Politik gezwungen. Am 3. Juli 1866, dem Tag der Schlacht bei Königgrätz, erlitt die Fortschrittspartei bei den preußischen Landtagswahlen eine schwere Niederlage: Die Zahl ihrer Mandate sank von 143 auf 83. Nahm man die Fortschrittspartei und das Linke Zentrum zusammen, so verfügten die «entschiedenen Liberalen» nur noch über drei Fünftel der Sitze, die bei der vorausgegangenen Wahl im Oktober 1863 auf sie entfallen waren: 148 statt 247. Die Konservativen waren die eindeutigen Gewinner: Sie erhielten 136 statt bisher 53 Mandate. Die Wähler hatten also die Vertreter des parlamentarischen Legalismus geschwächt und jene Kräfte gestärkt, die sich als die wahren preußischen Patrioten präsentierten.

Dank der militärischen Siege des alten Preußen und der politischen Niederlage der liberalen Opposition war Bismarck in der angenehmen Lage, nun auch dem innenpolitischen Gegner einen Frieden zu seinen Bedingungen anbieten zu können. Dem Ministerpräsidenten war seit langem bewußt, daß das alte Preußen, das Preußen der Hohenzollern, der Junker und des Militärs, ohne Verständigung mit dem industriellen und dem gebildeten Bürgertum und der von beiden getragenen liberalen Nationalbewegung nicht überleben konnte. Worauf es ankam, war, daß das alte Preußen bei dem anzustrebenden Ausgleich seine wesentlichen Interessen wahren konnte. Dieser Einsicht folgend, hatte er bereits im Oktober 1862 angekündigt, daß er das Abgeordnetenhaus eines Tages um die nachträgliche Billigung der während der budgetlosen Zeit getätigten Staatsausgaben ersuchen werde. Dieses Versprechen löste er jetzt ein. Am 5. August 1866 gab König Wilhelm I. in seiner Thronrede zur Eröffnung des Landtags seiner Hoffnung Ausdruck, die Abgeordneten würden der Regierung nunmehr die «Indemnität» erteilen, das zuvor als verfassungswidrig bewertete Handeln der Regierung also im nachhinein für rechtens erklären. Den entsprechenden Gesetzesentwurf legte die Regierung am 14. August vor.

Was Bismarck den Abgeordneten vorschlug, kam der Quadratur des Kreises gleich: Das Indemnitätsgesetz war ein rückwirkendes Ermächtigungsgesetz, das im Augenblick seiner Verabschiedung außer Kraft trat. Ein Schuldeingeständnis war mit der Vorlage nicht verbunden, auch nicht das Versprechen, nie wieder ohne parlamentarisch bewilligtes Budget zu regieren. Aus ebendiesem Grund lehnten die Demokraten und alle «Linken» in der Fortschrittspartei den Gesetzentwurf ab. Anders die Abgeordneten des rechten oder nationalen Flügels: Für sie hatte die Geschichte dem Ministerium Bismarck die Indemnität bereits erteilt; das Haus der Abgeordneten tat also gut daran, dasselbe zu tun. Am 3. September 1866 wurde das Gesetz mit 230 gegen 75 Stimmen angenommen. Gegen das Gesetz stimmten die meisten Abgeordneten der Fortschrittspartei, ein Teil des Linken Zentrums und ein Teil der

Katholischen Fraktion, dafür die Konservativen und eine Minderheit der «entschiedenen Liberalen».

Die Spaltung innerhalb der Fortschrittspartei bei der Abstimmung vom 3. September führte rasch zur organisatorischen Verselbständigung des rechten Parteiflügels. Am 24. Oktober 1866 verabschiedeten 24 Abgeordnete der Fortschrittspartei und des Linken Zentrums, die dem Indemnitätsgesetz zugestimmt hatten, unter ihnen die Juristen Karl Twesten und Eduard Lasker, eine Erklärung, in der sie der Regierung Unterstützung im Bereich der deutschen Politik in Aussicht stellten, im Bereich der inneren Politik aber, wo eine vergleichbare Wendung bisher nicht erfolgt war, eine wachsame und loyale Opposition ankündigten. Mitte November folgte der Zusammenschluß zur «Fraktion der nationalen Partei», der Keimzelle der im Februar 1867 gegründeten Nationalliberalen Partei.

Für die Nationalliberalen verstand es sich nachgerade von selbst, daß mehr innenpolitische Freiheit nur im Zusammenwirken mit Bismarck und nur zusammen mit Fortschritten auf dem Wege zur Einheit Deutschlands zu erreichen war. «Ist denn die Einheit nicht selbst ein Stück Freiheit?», fragte im Dezember 1866 ein ehemaliger Teilnehmer der Reichsverfassungskampagne in der Pfalz, Ludwig Bamberger, anläßlich der Landtagswahlen im Großherzogtum Hessen-Darmstadt in einem Wahlaufruf. Das war zu diesem Zeitpunkt nur noch eine rhetorische Frage. Bismarck mochte als Sieger aus dem Verfassungskonflikt hervorgegangen sein, aber deswegen bedeutete die Zustimmung zum Indemnitätsgesetz nach Meinung der Nationalliberalen noch längst keine Niederlage oder gar Kapitulation des Liberalismus – jedenfalls dann nicht, wenn man die Chance nutzte, zusammen mit dem preußischen Ministerpräsidenten etwas für die Sache von Einheit und Freiheit zu tun. Bismarck galt dem rechten Flügel des Liberalismus seit dem Herbst 1866 nicht mehr als Repräsentant des alten Systems, sondern als Lehrmeister auf dem Gebiet einer nationalen «Realpolitik» – als ein deutscher Cavour, von dem man erwarten durfte, daß er im wohlverstandenen Interesse Preußens auf dem Weg zur deutschen Einheit weiter voranschreiten würde, so wie der Ministerpräsident des Königreiches Sardinien-Piemont im Bunde mit den Liberalen auf die Einigung Italiens hingearbeitet hatte.

Das Königreich Italien machte im Jahre 1866 ebenfalls einen wichtigen Schritt in Richtung Vollendung der nationalen Einheit. Doch den

Anschluß Venetiens, der durch Plebiszit eindrucksvoll bestätigt wurde, verdankte Italien nicht militärischen Erfolgen seines Heeres und seiner Flotte im dritten Krieg um die Unabhängigkeit, sondern dem Sieg Preußens über Österreich und der Vermittlung Napoleons III. Die Niederlagen von Custozza und Lissa bedrückten Militärs, Politiker und die öffentliche Meinung, und das dämpfte die Freude über die beträchtliche Vergrößerung des italienischen Staatsgebiets. Dazu kam, daß weder Bismarck noch Napoleon III. sich die Forderung nach der Angliederung des Trentino, auf deutsch «Welschtirol» genannt, zu eigen gemacht hatten. Dort waren nach Custozza Freischärler unter Führung Garibaldis eingerückt, die nach dem Abschluß des Waffenstillstands Anfang Juli 1866 wieder abziehen mußten.

Das Augenmerk vieler Italiener richtete sich fortan verstärkt auf jene Gebiete, die sich das Königreich Italien bisher nicht hatte einverleiben können: nicht nur Rom, den verbliebenen Rest des Kirchenstaates, der unter dem besonderen Schutz des Kaisers der Franzosen stand, sondern auch Trient, Triest und Istrien, die nach wie vor zum Habsburgerreich gehörten, ja sogar das deutschsprachige Südtirol, dessen Besitz Italien die strategisch wichtige Brennergrenze eingebracht hätte. Es war das Programm der «Irredenta», der «unerlösten Gebiete», das damals Konturen annahm. Noch handelte es sich um die politischen Visionen einer kleinen Minderheit. Doch das Trauma der Niederlagen von 1866 wirkte nach und trug mit dazu bei, daß der italienische Nationalismus im Verlauf der folgenden Jahrzehnte eine Dynamik entwickelte, die mit der kühlen Vernunft des Staatsgründers, des Grafen Camillo di Cavour, nichts mehr gemein hatte.

«Dieser Krieg hat uns vieler Illusionen beraubt», schrieb 1866 der Historiker Pasquale Villari, «vor allem aber hat er uns jenen unerschütterlichen Glauben an uns selbst genommen ... Der Krieg ist vorbei, zum Schaden und zur Schande Italiens ... Wir haben gesehen, wie die Deutschen, zwar spät, aber gleichsam wie Blitze flogen, und wir haben die Italiener gesehen, langsam wie Schildkröten ... Der Krieg ist ein großes Übel für die Völker, ein noch größeres Übel aber ist ein unehrenhafter Frieden ... Wir werden Venetien besitzen, nicht aber Trient und Triest. Unsere Ehre ist für immer verloren ... Nicht das Festungsviereck von Mantua oder Verona hat uns auf unserem Weg gebremst, sondern das Festungsviereck von 17 Millionen Analphabeten und 5 Millionen Hirten.»[10]

Bonapartismus in der Krise:
Frankreichs Zweites Kaiserreich 1866–1870

Nur einen kurzen Augenblick lang hatte es so ausgesehen, als seien die Veränderungen, die das Jahr 1866 für Deutschland und Italien mit sich brachte, zu einem wesentlichen Teil das Werk Napoleons III. gewesen. Seine Vermittlungsaktion vom Juli 1866 wurde in Frankreich entsprechend offiziell als großer Erfolg gefeiert. Bei nüchterner Betrachtung gab es dazu keinen Anlaß. Königgrätz oder, wie man in Frankreich sagte, Sadowa markierte eine schwere Niederlage der bisherigen französischen Gleichgewichtspolitik. Österreich war weit mehr geschwächt worden, als Paris es gewünscht hatte, und Preußen war so erstarkt, daß ein Versuch, ganz Deutschland unter seiner Führung zu vereinigen, nach allgemeiner Einschätzung nur noch eine Frage der Zeit war.

Da auch Napoleon III. sich keinen Illusionen über die Machtverschiebungen zu Lasten Frankreichs hingab, setzte er auf diplomatische Erfolge, die geeignet waren, dem verbreiteten Eindruck einer internationalen Degradierung des Zweiten Kaiserreichs entgegenzuwirken. Ein Zugewinn an nationaler «gloire» erschien um so dringlicher, als der Abzug der französischen Truppen aus Mexiko im Herbst 1866 in der öffentlichen Meinung ebenfalls als schwere Schlappe für Frankreich und den Mann an seiner Spitze bewertet wurde. Die Aufmerksamkeit des Kaisers richtete sich vor allem auf das Großherzogtum Luxemburg, das dem Deutschen Zollverein angehörte und mit dem Königreich der Niederlande in Personalunion verbunden war. Seit den Tagen des Deutschen Bundes gab es dort eine Bundesfestung mit preußischer Garnison: ein Anachronismus, da der Deutsche Bund seit dem Prager Frieden vom 23. August 1866 nicht mehr existierte. Mit Rücksicht auf Frankreich hatte Bismarck denn auch bereits in seinem Bundesreformplan vom 10. Juni 1866 ein Ausscheiden Luxemburgs aus dem künftigen Bundesgebiet vorgesehen und sich in der Folgezeit nicht um eine Eingliederung des Großherzogtums in den Norddeutschen Bund bemüht.

Ende März 1867, kurz nachdem Bismarck die Tatsache der geheimen Schutz- und Trutzbündnisse mit den süddeutschen Staaten publik gemacht und damit in Frankreich große Beunruhigung ausgelöst hatte, teilte der König der Niederlande, Wilhelm III., öffentlich mit, daß er, wenn die preußische Regierung zustimme, bereit sei, Luxemburg gegen eine Geldentschädigung an Frankreich abzutreten. Die öffentliche Meinung Deutschlands reagierte empört, allen voran die Nationalliberalen im Konstituierenden Norddeutschen Reichstag. In Süddeutschland jedoch waren die antipreußischen Ressentiments noch so stark, daß sich die Regierungen in München und Stuttgart nicht in der Lage sahen, Bismarcks vertraulich übermittelter Auffassung zuzustimmen, im Falle eines preußisch-französischen Krieges wegen Luxemburg würde der Bündnisfall entsprechend den Verträgen von 1866 eintreten.

Eine gute Nachricht war für Bismarck hingegen, daß König Wilhelm III. am 5. April verlauten ließ, er werde den Verkaufsvertrag mit Frankreich nicht unterzeichnen. Der preußische Ministerpräsident, der einen Krieg mit Frankreich zu diesem Zeitpunkt ohnehin tunlichst vermeiden wollte, ließ England kurz darauf wissen, daß er mit einer internationalen Konferenz über die Luxemburg-Frage einverstanden wäre. Wenig später gab auch Frankreich eine entsprechende Erklärung ab. Das Ergebnis der internationalen Konferenz, die im Mai 1867 in London stattfand, bedeutete das Ende der Krise: Die fünf Großmächte, die Niederlande, Belgien und Italien übernahmen die Garantie der Unabhängigkeit und Neutralität des Großherzogtums Luxemburg.

Damit war der Versuch eines Erwerbs Luxemburgs durch Frankreich endgültig gescheitert. Der einzige Trost für Napoleon III. und Frankreich lag darin, daß Preußen auf Grund der Londoner Verträge seine Garnison aus dem Großherzogtum abziehen mußte. Der neuerlichen Demütigung durch Bismarck folgte im Monat darauf das furchtbare Ende des mexikanischen Abenteuers: die Erschießung Kaiser Maximilians auf Befehl von Benito Juarez am 19. Juni 1867. Die republikanische Opposition fühlte sich auf grausame Weise bestätigt in ihrer Einschätzung, daß die Einmischung in die innenpolitischen Wirren des mittelamerikanischen Staates ein Fehler, ja der bisher schwerste außenpolitische Fehler des Kaisers gewesen war.

Einen bescheidenen und zugleich höchst umstrittenen Ausgleich für die außenpolitischen Niederlagen von 1866/67 schuf der letzte militärische Erfolg des Zweiten Kaiserreichs: Am 3. November 1867 schlugen französische Truppen bei Mentana in der Nähe von Rom die Freischärler Garibaldis, die in den Kirchenstaat eingedrungen waren, um Rom für Italien zu annektieren. Ende 1866 hatte Napoleon III., entsprechend einer Konvention mit dem Königreich Italien vom September 1864, die französische Garnison aus Rom abgezogen; nach der Aktion

Garibaldis kehrte eine kleine Besatzung zurück. Ein größerer französisch-italienischer Konflikt wurde im Herbst 1867 nochmals vermieden: Das Königreich Italien zog reguläre Truppen, die nach Garibaldis Freischärler in den Kirchenstaat einmarschiert waren, auf Grund des französischen Eingreifens rasch wieder ab. Der innenpolitische Nutzen der Intervention in Rom war allerdings fragwürdig: Mochten die Katholiken der Aktion auch zustimmen, so war das antiklerikale Frankreich empört über die Bütteldienste, die Napoleon III. wieder einmal dem Papst erwiesen hatte.

Zwei Jahre später, im November 1869, fand ein ebenso ehrgeiziges wie prestigeträchtiges Projekt, dessen Anfänge in die fünfziger Jahre zurückreichten, seinen krönenden Abschluß: Der Suez-Kanal wurde feierlich eröffnet. Die Aktienmehrheit der Suez-Kanal-Gesellschaft lag seit 1858 in französischen Händen; der Präsident der Gesellschaft und eigentliche Initiator des Vorhabens, der Ingenieur Ferdinand de Lesseps, der 1854 vom ägyptischen Vizekönig die Konzession für den Bau und Betrieb des Kanals erhalten hatte, war Franzose. England verfolgte das französische Engagement mit starkem Mißtrauen, fand aber den britisch-französischen Freihandelsvertrag vom Januar 1860, den sogenannten «Cobden-Vertrag», zu wichtig, um es über dem Suez-Kanal zu einem ernsten Konflikt mit Frankreich kommen zu lassen. Der Kanal selbst lag vor allem im britischen Interesse: Durch die Schiffahrtsverbindung zwischen Mittelmeer und Rotem Meer wurde der Seeweg nach Indien, der bisher um Afrika herumgeführt hatte, gewaltig verkürzt.

Der Cobden-Vertrag, der die Vollendung des Suez-Kanals erst ermöglichte, stand für die Modernisierungspolitik des Second Empire. Der Bruch mit dem überkommenen Schutzzollsystem setzte die französische Industrie unter scharfen Wettbewerbsdruck und half, sie leistungsfähiger zu machen. Für zunehmende Beschäftigung in Industriebetrieben sorgten Staatsaufträge, vor allem beim Eisenbahnbau: Das Streckennetz wuchs von 3552 Kilometer im Jahre 1851 auf 17500 Kilometer im Jahre 1870. Banken wie der 1852 von den Brüdern Émile und Isaac Pereire gegründete Crédit Mobilier, die eng mit dem Staat zusammenarbeiteten, stellten auf dem Anleiheweg die notwendigen Gelder zur Verfügung. Träger der Industrialisierung waren nicht nur größere, sondern auch viele kleine Unternehmen. Das galt im besonderen für das Baugewerbe, den größten Gewinner des «Booms» der fünfziger und frühen sechziger Jahre. Aber auch in anderen, eher traditionellen Gewerbezweigen überwog der Typ

des Familienbetriebs. 1851 kamen auf 100 Unternehmer 127 Arbeiter,
1866 waren es 144 Arbeiter. Auch um 1870 wurden im handwerklich
geprägten Gewerbe 70 Prozent der französischen Industrieproduktion
erzeugt. 1866 waren von den 4,2 Millionen Beschäftigten in Handwerk
und Industrie 2,9 Millionen Arbeiter und 1,3 Millionen Selbständige.

Den Arbeitern galt das persönliche Interesse Napoleons III., seit er
im Gefängnis von Ham 1844 seine Schrift zur Auslöschung des Pauperismus zu Papier gebracht hatte. Die meisten seiner sozialpolitischen
Vorhaben scheiterten oder zeitigten nicht die erhofften Ergebnisse, so
auch die «Sociétés de Secours mutuel»: Krankenkassen, die auf dem
Prinzip der Gegenseitigkeit beruhten, durch Spenden gefördert wurden,
aber im wesentlichen von den Zahlungen der Arbeiter abhingen. Größere Bedeutung hatte die bedingte Aufhebung des Streikverbots, das
seit der «Loi Le Chapelier» von 1791 bestand, im Mai 1864. Die Arbeiter nutzten die neugewonnene Freiheit für gewerkschaftliche Zusammenschlüsse und Arbeitsniederlegungen mit dem Ziel höherer Löhne
und niedrigerer Arbeitszeiten.

Schon kurz vor der Verabschiedung des Streikverbots, im Februar
1864, hatten 60 Arbeiter des Departements Seine in einem Manifest die
soziale Emanzipation und politische Aktionsfreiheit der Arbeiterschaft
gefordert. Der Gründung der Internationalen Arbeiter-Assoziation im
September 1864 trug wesentlich dazu bei, daß die Ideen von Marx,
obenan der Gedanke der Eroberung der politischen Macht durch die Arbeiterklasse, sich nun auch in Frankreich verbreiteten und den Einfluß
Proudhons und des von ihm gepredigten gewaltlosen Anarchismus zurückzudrängen begannen. Der Wirtschaftsaufschwung unter dem Zweiten Kaiserreich hatte allen Klassen materielle Verbesserungen gebracht,
der Bourgeoisie aber in ungleich höherem Maß als dem Proletariat, so
daß die Forderung nach einer Umverteilung der gesellschaftlichen Macht
sich den Betroffenen förmlich aufdrängte. Das Gesetz vom Mai 1864 bot
die Möglichkeit, diesem Ziel schrittweise näher zu kommen, und erleichterte es den Sozialisten, innerhalb der von bürgerlichen Radikalen geführten, teils parlamentarischen, teils außerparlamentarischen Opposition gegen das bonapartistische System zu einer eigenständigen Kraft zu
werden.

Die Aufhebung des Streikverbots war Teil einer vorsichtigen Liberalisierung, für die sich Napoleon III. 1859/60 entschied, weil er sich
davon breitere Zustimmung zu seinem Regime versprach. Die erste

Reform vom November 1860 gab der Legislative das Recht, nach der Thronrede eine Generaldebatte zu führen; die Sache der Regierung sollten aber nicht die Fachminister, sondern drei Staatsminister ohne eigenes Ressort vertreten. Da sich diese Praxis nicht bewährte, wurde nach den Wahlen von 1863 nur noch *ein* Staatsminister berufen: der angesehene und rhetorisch begabte Eugène Rouher, der damit in eine politische Schlüsselposition des Zweiten Kaiserreiches hineinwuchs.

Die Wahlen von 1863 waren die dritten seit 1852 und die ersten, die seit der weitgehenden Lockerung der Pressezensur der Jahre 1861 stattfanden. Die Zahl der Stimmen, die für oppositionelle Kandidaten abgegeben wurden, hatte sich gegenüber den vorangegangenen Wahlen von 1857 fast verdreifacht: Sie wuchs von 665 000 auf 1,95 Millionen (gegenüber 5,5 beziehungsweise 5,3 Millionen für die «offiziellen» Bewerber bei nur geringfügig gesunkener Zahl der Wahlberechtigten und einer deutlich niedrigeren Zahl von Enthaltungen). Das Ergebnis veranlaßte den Kaiser, sein Kabinett umzubilden und einen prominenten «Bonapartisten», Innenminister Jean-Gilbert Victor Fialin de Persigny, in den Ruhestand zu versetzen (und ihm gleichzeitig den Titel eines Herzogs zu verleihen). Als informeller Führer der gemäßigten republikanischen Opposition trat der Historiker Adolphe Thiers hervor, der unter Louis Philippe zweimal das Amt des Ministerpräsidenten innegehabt hatte. Er gehörte fortan zu den schärfsten Kritikern des Kaisers und namentlich seiner Außenpolitik.

Den stärksten Rückhalt Napoleons III. bildeten auch in den sechziger Jahren die Bauern, die nach wie vor größte Gruppe der Gesellschaft. 1856 lebten 53,1 Prozent der Bevölkerung von der Landwirtschaft, 1866 noch 51,5 Prozent. Der Anteil der Franzosen, die in Gemeinden mit bis zu 2000 Bewohnern lebten, sank in diesen zehn Jahren ungeachtet der fortschreitenden Industrialisierung nur leicht, von 72,7 auf 69,5 Prozent. Die republikanische Opposition gegen Napoleon III. war ein wesentlich städtisches Phänomen, getragen von Arbeitern und Kleinbürgern, aber zunehmend auch von Teilen der Bourgeoisie. Vor allem letztere hatte die Regierung im Blick, als sie in den Jahren 1865 und 1866 durch eine Erziehungsreform den kirchlichen Einfluß auf das Schulwesen beschnitt und Legislative und Senat das Recht der Interpellation nach der Thronrede einräumte. Die Neuerungen im Schulwesen wären wohl kaum erfolgt, wenn sich das Verhältnis zwischen dem Second Empire und der katholischen Kirche mit der (von Napoleon III. gebilligten) Annexion des größten Teiles des Kirchenstaates durch das Königreich Piemont-Sardinien im September 1860 nicht ohnehin stark abgekühlt hätte.

Das wichtigste Vorhaben des Kaisers in der zweiten Hälfte der sechziger Jahre war eine Militärreform, zu deren Kernelementen die Einberufung grundsätzlich aller Wehrpflichtigen (statt der bisherigen Entscheidung durch das Los), die Verstärkung der Reserven auf Kosten des stehenden Heeres und die Bildung einer «Garde nationale mobile» gehörten. Die Proteste in der Armee, im Bürgertum und bei der Landbevölkerung waren jedoch so massiv, daß am Ende des Gesetzgebungsverfahrens im Januar 1868 nur noch die Mobilgarde übrig blieb. Doch selbst sie erwies sich als Phantom: Die Deputierten sperrten sich gegen die Bewilligung der erforderlichen Haushaltmittel, und der leitende Minister Rouher verzichtete darauf, das Projekt mit dem nötigen Nachdruck weiterzubetreiben.

Für das Prestige des Kaisers womöglich noch fataler als das Scheitern der Armeereform war der Zusammenbruch des Crédit Mobilier im Jahre 1868: Da die eng mit dem Staat verbundene Bank einer der wichtigsten Träger der wirtschaftlichen Modernisierung Frankreichs gewesen war, wurde ihr klägliches Ende allgemein auch als ein Politikum betrachtet, das dem Ansehen des Second Empire insgesamt abträglich war. Dasselbe galt für Presseberichte über die Finanzierung der großen Stadterneuerung von Paris mit Hilfe schwarzer Kassen und außergesetzlicher Anleihen. Verantwortlich hierfür war der Präfekt des Departements Seine, Baron Haussmann, ein enger Vertrauter des Kaisers. Da parlamentarische Untersuchungen im Sande verliefen und Napoleon III. weiter zu ihm hielt, verblieb Haussmann im Amt.

Mit den innen- und außenpolitischen Mißerfolgen der Jahre 1866 bis 1868 wuchs die Zahl der Kritiker und Gegner des Kaisers. Bei den Wahlen vom Mai und Juni 1869 gewann die Opposition gegenüber 1863 1,4 Millionen Stimmen hinzu, während die «offiziellen» Kandidaten 870 000 Stimmen verloren (die Zahl der registrierten Wähler lag mit 10,4 Millionen um 480 000 über dem Stand von 1863). In der Legislative spiegelte sich das Erstarken der Opposition auf den ersten Blick kaum wider: Sie kam auf 40 Sitze und gewann damit lediglich acht Mandate hinzu, war jedoch weniger zersplittert als zuvor. Verschiebungen gab es auch im Lager der regierungstreuen Kräfte, und zwar zu Lasten der konservativen «Bonapartisten»: Émile Ollivier, ein ehemaliger Republikaner, der sich im Zuge der Liberalisierung des

Regimes 1864 zum gouvernementalen Liberalen gewandelt hatte, konnte 116 Deputierte hinter sich versammeln, die sich in einer Petition für die Einführung einer parlamentarisch verantwortlichen Regierung aussprachen.

Das Kabinett, das Napoleon III. im Juli 1869 einsetzte, bestand aus konservativen Ministern, war aber nur als Übergangslösung gedacht. Ein Senatsbeschluß vom 8. September sah eine deutliche Stärkung der Rechte der Legislative vor: Neben dem Kaiser hatte fortan auch der gesetzgebende Körper das Recht der Gesetzesinitiative; die Legislative durfte über die Etats der einzelnen Ministerien gesondert abstimmen; die Minister konnten künftig auch dem Senat oder dem Gesetzgebenden Körper angehören. Sie waren vom Kaiser abhängig, zugleich aber «verantwortlich» und konnten vom Senat angeklagt werden. Änderungen von Zoll- oder Posttarifen durch internationale Verträge durften künftig nur noch durch ein Gesetz in Kraft treten.

Im Oktober 1869 nahm der Kaiser Verhandlungen mit Ollivier über die Bildung einer neuen Regierung mit liberalem Profil auf. Am 29. November erklärte der Monarch in einer außerordentlichen Sitzung des Gesetzgebenden Körpers: «Frankreich wünscht Freiheit, aber verbunden mit Ordnung. Was die Ordnung angeht, bin ich dafür verantwortlich; aber helfen Sie mir, meine Herren, die Freiheit zu bewahren.» 136 Deputierte unterzeichneten daraufhin eine Petition, die eine parlamentarisch verantwortliche Regierung forderte; die Republikaner versprachen den Antrag zu unterstützen. Der Kaiser antwortete mit der Entlassung des Übergangskabinetts und dem Auftrag an Ollivier, eine neue Regierung zu bilden (wobei Napoleon sich die Besetzung der Ämter des Kriegs- und des Marineministers vorbehielt).

Da der Kaiser weiterhin die Kabinettsitzungen leiten wollte, gab es keinen Premierminister. Ollivier war offiziell lediglich Vizepremier und führte den Titel «Siegelbewahrer» (Garde des Sceaux). Am 2. Januar fand die konstituierende Kabinettsitzung statt. Die Minister verständigten sich darauf, in der Außenpolitik von der Hegemonie Preußens in Mitteleuropa als «fait accompli» auszugehen. Der Kaiser wurde gebeten, künftig keine privaten Korrespondenzen mehr mit französischen Botschaften in anderen Hauptstädten zu führen. So begann das von Ollivier so genannte «Empire libéral».

Von den ersten Maßnahmen der Regierung Ollivier konnte man einige in der Tat «liberal» nennen: so die Entlassung des Präfekten

Haussmann, die Abschaffung «offizieller Kandidaturen» bei der Wahl der Legislative, die Aufhebung des Gesetzes über die allgemeine Sicherheit, das nach dem Attentat Felice Orsinis auf Napoleon III. im Jahre 1858 verabschiedet worden war, die Erweiterung der Pressefreiheit. Dagegen war die Entlassung des liberalen Erziehungsministers Victor Duruy eher ein Signal der Kompromißbereitschaft an die katholische Kirche und der Einsatz von Truppen gegen streikende Arbeiter der Eisenwerke von Eugène Schneider, dem Präsidenten des schwerindustriellen Comité des Forges und zugleich Präsidenten des Gesetzgebenden Körpers, in Le Creusot eine Warnung an Sozialisten und Radikale. Als Anzeichen einer Abkehr vom Freihandel ließ sich der Plan einer Untersuchung über die Auswirkungen der Zollgesetzgebung verstehen.

Am 20. April 1870 verabschiedete der Senat die erforderlichen Verfassungsänderungen, die im wesentlichen dem Beschluß vom 8. September 1869 entsprachen und einer Antwort auf die Frage, was «Verantwortlichkeit» der Minister konkret zu bedeuten hatte, ebenso auswich wie dieser. Auf Drängen des Kaisers und entgegen dem Willen eines Teiles der Minister wurde der «Sénatus-consulte» vom 20. April dem französischen Volk zur Entscheidung vorgelegt. Die Kritiker sahen in dem Volksentscheid einen Vorstoß gegen das Prinzip der parlamentarischen Regierung, während es Napoleon III. darum ging, die eigene Macht durch einen «appel au peuple» zu festigen und Parlament und Regierung in ihre Schranken zu weisen.

Am 8. Mai 1870 fand das erste Plebiszit seit dem November 1852 statt. Die Franzosen hatten darüber zu befinden, ob sie die seit 1860 in Kraft getretenen liberalen Verfassungsreformen des Kaisers und den Senatsbeschluß vom 20. April billigten oder nicht. Das Ergebnis war der letzte Triumph des Bonapartismus: 7,4 Millionen stimmten mit ja, 1,6 Millionen mit Nein; der republikanische Führer Léon Gambetta kommentierte den Ausgang des Volksentscheids mit den Worten: «Es ist ein Erdrutsch; der Kaiser ist stärker als je zuvor.»

Tatsächlich hätte ein Sieg des Nein eine Staatskrise ausgelöst, ja möglicherweise das Land in ein politisches Chaos gestürzt und zur Machtergreifung der Armee geführt. Mehr politische Freiheit war im Augenblick nicht durchsetzbar und eine Ablehnung liberaler Reformen schwer zu begründen. Man konnte also am 8. Mai 1870 auch dann mit Ja stimmen, wenn man sehr viel radikalere Änderungen, vielleicht sogar die Wiederherstellung der Republik wünschte.

Bereits im Juni zeigte sich, daß das «Empire libéral» auf einer schwachen Grundlage stand. Die Regierung Ollivier verfügte über keine verläßliche parlamentarische Mehrheit; sie mußte sich, um nicht von der republikanischen Linken abhängig zu werden, an die autoritäre Rechte anlehnen, die sich ihrerseits der tatkräftigen Unterstützung der Kaiserin Eugénie erfreute. Wäre das Kabinett gescheitert, hätte der im Juli 1869 entlassene Rouher gute Chancen gehabt, das liberale Experiment zu liquidieren. Schon um das zu verhindern, wollte Ollivier um nahezu jeden Preis an der Macht bleiben. Das Plebiszit hatte ihm, so gesehen, keine Erleichterung verschafft. Es war ein Pyrrhussieg nicht nur für ihn und das «Empire libéral», sondern auch für Napoleon III. und das politische System des Bonapartismus.[11]

Anpassung durch Reform: England in den 1860er Jahren

Um innere Reformen ging es in den sechziger Jahren auch in Großbritannien – genauer gesagt: um *eine* Reform, die des Wahlrechts. Das Wahlgesetz von 1832, die erste Reformbill, hatte einige besonders krasse Mißstände beseitigt und die Zahl der Wahlberechtigten von etwa 500 000 auf über 800 000 erhöht. Aber noch immer behielt das geltende Recht das Wahlrecht Männern vor, die über ein gewisses Einkommen verfügten, und nach wie vor wurden Counties und Kleinstädte gegenüber Großstädten und England und Wales gegenüber Schottland und Irland privilegiert. In den fünfziger Jahren hatte es von liberaler wie von konservativer Seite nur zaghafte Versuche gegeben, an diesem Zustand etwas zu ändern. 1864/65 aber wurden gleich zwei Organisationen gegründet, die eine Ausdehnung des Wahlrechts auf breiteste Schichten verlangten: erst die National Reform Union als Erbin der Anti-Corn Law League und dann die radikalere Reform League, in der die Gewerkschaften mitarbeiteten und John Stuart Mill, unterstützt von Florence Nightingale, für das Frauenwahlrecht agitierte.

In dem Jahrzehnt von 1855 bis 1865, in dem Lord Palmerston fast ununterbrochen an der Spitze liberaler Kabinette stand, war mit einschneidenden Änderungen des Wahlrechts nicht ernsthaft zu rechnen. Der Historiker Wolfgang J. Mommsen hat die Ära Palmerston als «eine Art Nachsommer aristokratischer Herrschaft» bezeichnet. Ihre Spätphase war durch außenpolitische Mißerfolge gekennzeichnet:

Palmerston hatte beim amerikanischen Bürgerkrieg mit den Südstaaten und beim deutsch-dänischen Krieg mit Dänemark sympathisiert, in beiden Fällen das Geschehen aber nicht in seinem Sinn lenken können. Die innere Politik Großbritanniens wurde in dieser Zeit bereits zunehmend von einem Mann bestimmt, der nicht aus der «landed aristocracy», sondern aus dem Bürgertum kam: dem ehemaligen Tory William Gladstone, der 1859 zu den Liberalen übergewechselt war und dem zweiten Kabinett Palmerston als Schatzkanzler angehörte. Von ihm durfte man erwarten, daß er, wenn die Mehrheitsverhältnisse es erlaubten, in der Wahlrechtsfrage zu neuen Ufern aufbrechen würde.

Am 18. Oktober 1865, ein Vierteljahr nach einem liberalen Sieg in der Unterhauswahl und zwei Tage vor seinem 81. Geburtstag, starb Palmerston. Seine Nachfolge als Premierminister trat der bisherige Außenminister Lord Russell an; Gladstone blieb Schatzkanzler, wurde aber zugleich «leader of the House», das heißt Vorsitzender der liberalen Unterhausfraktion, und damit der maßgebliche Politiker der Regierungspartei. Im März 1866 legte das Kabinett auf Betreiben Gladstones dem Unterhaus einen Gesetzentwurf vor, der vorsah, daß das Wahlrecht künftig erwachsenen Männern zustehen sollte, die in den städtischen Boroughs auf mindestens 7 Pfund Sterling an jährlichen Grundsteuerleistungen (statt bisher 10 Pfund), in den Counties auf 14 (statt bisher 50) Pfund veranlagt wurden. Wäre das Gesetz in Kraft getreten, hätte einer von vier männlichen Erwachsenen über das Wahlrecht verfügt. Bisher war es nur jeder fünfte gewesen.

Doch die Vorlage blieb ein Stück Papier, weil nicht nur die Tories, sondern auch ein Teil der liberalen Abgeordneten unter Führung von Robert Lowe und Lord Elcho ihre Wahlchancen durch die beabsichtigten Neuerungen gefährdet sahen. John Bright, der langjährige Weggefährte Richard Cobdens in der Anti-Corn Law League, Vorkämpfer des allgemeinen gleichen Wahlrechts und einer der «Radikalen» in der liberalen Unterhausfraktion, verglich die über 40 Abweichler mit jenen Männern, die der vom Propheten Samuel zum König von Israel gesalbte Hirtensohn David auf der Flucht vor König Saul in der Höhle Adullam um sich gesammelt hatte – Männer, von denen es im ersten Buch Samuel, Kapitel 22, Vers 2, hieß, sie seien «in Not und Schulden und betrübten Herzens» gewesen. Zusammen mit den Konservativen zwangen die fortan «Adullamiten» genannten liberalen Frondeure die Regierung am 12. April, die Debatte solange auszusetzen, bis sie auch ein Gesetz über die umstrittene Neueinteilung der Wahlweise vorgelegt hatte. Dies geschah am 7. Mai und hatte zur Folge, daß die Zahl der Liberalen, die ihre Unterhaussitze auf Grund der Zusammenlegung kleinerer Wahlkreise zu verlieren fürchtete, weiter wuchs. Am 18. Juni 1866 erlitt die Regierung die entscheidende Niederlage: Mit einer Mehrheit von 315 zu 304 Stimmen nahmen die Commons einen konservativen Änderungsantrag an, der durch Umstellung von Steuer- auf Mietzahlungen in den Boroughs die sozialen Barrieren des Wahlrechts wieder erhöhte. Am 26. Juni teilte Lord Russell der Königin Victoria den Rücktritt des Kabinetts mit.

Die Nachfolge trat nicht, wie vielfach erwartet, eine Koalitionsregierung aus Tories und «Adullamiten», sondern ein rein konservatives Kabinett unter Lord Derby mit Benjamin Disraeli als Schatzkanzler an. Disraeli hatte in den Tagen zuvor hinter den Kulissen die Fäden gezogen und wesentlich zum Sturz der Regierung Russell beigetragen. Aber da die abtrünnigen Liberalen weder unter ihm noch unter Lord Derby in die Regierung eintreten oder mit den Tories sich in einer Partei vereinigen wollten, war die Bildung einer konservativen Minderheitsregierung der einzig gangbare Ausweg aus der Krise. Das neue Kabinett war kaum im Amt, als es eine erste außerparlamentarische Kraftprobe zu bestehen hatte: die schweren mehrtägigen Unruhen, die Ende Juli 1866 ausbrachen, als Tausende aufgebrachter Arbeiter und anderer «kleiner Leute» im Londoner Hyde Park für das allgemeine gleiche Wahlrecht demonstrierten.

Man hat lange geglaubt, daß Disraeli erst nach den Tumulten zur Einsicht in die Unvermeidbarkeit einer Wahlrechtsreform gelangt sei. Tatsächlich hatte sich der faktische Führer der Tories schon kurz vor den «Hyde Park riots», vermutlich am 21. Juli, entschieden, einem neuen Wahlgesetz den Weg zu ebnen. Entgegen einer später weit verbreiteten Meinung war es auch nicht Disraelis Absicht, durch eine großzügige Erweiterung des Wahlrechts die Arbeiter für die Konservativen zu gewinnen und sich selbst als erster «Tory democrat» zu präsentieren. Disraeli ging es zunächst vor allem darum, die konservativen ländlichen Wahlkreise gegen die liberalen, städtischen abzuschirmen und die Erhöhung der Zahl der Wahlberechtigten durch Zusatzstimmen für Wähler der höheren Steuerklassen auszugleichen. «Demokratisch» wirkte lediglich das Prinzip des «household»-Wahlrechts, das die Konservativen aber dadurch einschränkten, daß nach der Gesetzesvorlage vom 11. Februar

1867 nur diejenigen männlichen Haushaltsvorstände das Wahlrecht erhalten sollten, die selbst Armensteuer bezahlten und diese nicht durch den Vermieter einsammeln ließen («compounding» nannte man ein solches Sammelverfahren). Diese Beschränkung fiel erst, als Disraeli am 17. Mai 1867, elf Tage nach einer neuerlichen Massendemonstration der Reform League im Hyde Park, dem Antrag des liberalen Abgeordneten Grosvenor Hodgkinson auf Streichung des «compounding» zustimmte und damit zur Annahme verhalf. Den Gedanken der Pluralstimmen hatten die Tories schon vorher aufgegeben, weil er sich als praktisch nicht durchführbar erwies.

Auf dem Weg bis zum Inkrafttreten des Gesetzes am 15. August 1867 wurden auch andere Vorschläge verworfen: so Gladstones Antrag, ein allgemeines Minimum von 5 Pfund Sterling als Voraussetzung für das Wahlrecht festzulegen, der im Unterhaus am 13. April 1867 in einer Kampfabstimmung mit der knappen Mehrheit von 21 Stimmen zu Fall gebracht wurde, und der Antrag des zeitweiligen liberalen Abgeordneten John Stuart Mill auf Einführung des Frauenstimmrechts, der mit 196 gegen 73 Stimmen der Ablehnung verfiel. Disraelis taktische Absicht war es von Anfang an, die Spaltung innerhalb der Liberalen Partei zu vertiefen und die Parteiführung um Gladstone nachhaltig zu schwächen. Das erste Ziel erreichte er, das zweite nicht. «Für das, was er 1867 getan hat», schreibt sein Biograph Robert Blake, «verdient er, in die Geschichte einzugehen als genialer Politiker, überlegener Improvisator und Parlamentarier von unübertroffenem Geschick, aber nicht als weitsichtiger Staatsmann, Tory-Demokrat oder Erzieher seiner Partei.»

Das Gesetz über die Neueinteilung der Wahlkreise, der Redistribution Act, dessen Entwurf die Regierung Derby noch vor der Verabschiedung der Wahlrechtsreform, des Representation of the People Act, einbrachte, verminderte das parlamentarische Gewicht der kleineren Boroughs und erhöhte die Zahl der Vertreter der großen Städte, hob die Privilegierung der ländlichen Regionen aber nicht auf. Die Wahlrechtsreform selbst, die nur für England und Wales galt, aber durch entsprechende Gesetze für Schottland und Irland ergänzt wurde, erhöhte die Zahl der Wahlberechtigten im Vereinigten Königreich von etwa 1,36 Millionen auf rund 2,48 Millionen oder um 82,5 Prozent. Wahlberechtigt waren nun auch viele städtische, aber kaum ländliche Arbeiter. Vom Wahlrecht ausgeschlossen blieb das «Residuum» der städtischen

Armen, die über keine eigene Wohnung verfügten, und der Landbewohner, die weniger als 10 Pfund an jährlichen Steuerleistungen erbrachten. Die Wahlrechtsreform von 1867 machte Großbritannien demokratischer, als es zuvor gewesen war. Vom allgemeinen gleichen Wahlrecht aber war das Mutterland der parlamentarischen Demokratie noch weit entfernt, als es 35 Jahre nach der letzten Wahlrechtsreform sein politisches System erneut den gesellschaftlichen Veränderungen im Zeichen der fortschreitenden Industrialisierung anpaßte.

Daß auch kluge Beobachter um jene Zeit von einem unaufhaltsamen Zug in Richtung Demokratie nichts wissen wollten, machte im nämlichen Jahr 1867 der Nationalökonom und politische Schriftsteller Walter Bagehot in seinem berühmten Buch «The English Constitution» deutlich. Darin zählte er Großbritannien zu den «ehrerbietigen Nationen» (deferential nations), bei denen der zahlreiche, weniger weise Teil der Bevölkerung wünsche, vom weniger zahlreichen, aber weiseren Teil regiert zu werden. Der größere Teil danke in solchen Nationen zugunsten der Elite ab und sei damit einverstanden, jedem zu gehorchen, dem die Elite ihr Vertrauen schenke. «Eine ehrerbietige Gemeinschaft ist selbst dann, wenn ihre niedrigsten Klassen unintelligent sind, mehr für eine Kabinettsregierung geeignet als ein demokratisches Land, gleich welcher Art, weil es mehr Sinn für politische Exzellenz hat ... Ein Leben voller Arbeit, eine unvollständige Erziehung, eine eintönige Beschäftigung, ein Werdegang, bei dem die Hände viel, das Urteilsvermögen wenig gebraucht werden, kann nicht so viel bewegliches Denken und anwendbare Intelligenz hervorbringen wie ein Leben der Muße, eine alte Kultur, eine vielfältige Erfahrung, eine Existenz, durch die das Urteilsvermögen unaufhörlich geübt und ständig verbessert wird. Ein Land mit respektvollen Armen mag weniger glücklicher sein als eines, wo es keine Armen gibt, die respektvoll sein können. Aber es ist bei weitem besser geeignet für das beste – Regierungssystem.»

Eine ehrerbietige Gesellschaft, in der die Masse des Volkes unwissend war, befand sich Bagehot zufolge in einem Zustand instabilen Gleichgewichts. Wenn man in einer solchen Gesellschaft den unwissenden Massen gestattete, zu regieren, konnte man sich genausogut von der Ehrerbietung ganz verabschieden. «Ihre Demagogen werden es ihr (der unwissenden Masse, H.A.W.) eintrichtern, ihre Zeitungen es ihr immer wieder erzählen, daß die Herrschaft der derzeitigen Dynastie, der des Volkes, besser ist als die der gestürzten Dynastie, der der Aristokratie ... Niemand wird ihr sagen, daß die gebildete Minderheit, die sie entthront hat, besser oder weiser regiert hat, als sie selbst regiert. Eine Demokratie wird niemals, es sei denn nach einer schrecklichen Katastrophe, das zurückgeben, was ihr einmal zugestanden wurde. Denn wenn sie das täte, würde sie eine in ihr angelegte Minderwertigkeit einräumen, wovon sie niemals, außer im Fall eines nahezu unerträglichen Unglücks, überzeugt werden könnte.»

Sechs Jahre vor Bagehot hatte der als radikaler Liberaler geltende John Stuart Mill in seinen 1861 erschienenen «Considerations on Representative Government» auf die Tendenz zu kollektiver Mittelmäßigkeit hingewiesen, die dem repräsentativen Regierungssystem wie der modernen Zivilisation überhaupt innewohne und durch jede Wahlrechtserweiterung noch verstärkt werde, «da diese Maßnahmen darauf hinauslaufen, die Staatsgewalt zunehmend in die Hände der Klassen zu legen, die weit unter dem optimalen Bildungsstandard der Gesellschaft stehen». Gleichwohl könne «kein Wahlrecht auf die Dauer befriedigen, das irgendeine Person oder Klasse kurzerhand ausschließt, das das Recht zu wählen, nicht allen Menschen, die es beanspruchen, zugesteht». Ausnahmen wollte Mill nur bei Personen machen, die nicht lesen und nicht schreiben konnten und gar keine, nicht einmal indirekte Steuern zahlten. Um den moralischen Einfluß der Minderheit der Gebildeten zu stärken, die als einzige die Bedürfnisse einer demokratischen Mehrheit ergänzen und korrigieren könnten, forderte Mill ein Pluralstimmrecht für Angehörige freier Berufe und Akademiker. Dieser Vorbehalt galt auch für die Frauen, denen er das allgemeine, aber eben nur ein abgestuftes Wahlrecht gewährt sehen wollte.

Eine Vorkehrung gegen die Massenherrschaft lag nach Mills Überzeugung aber bereits im Prinzip der Repräsentation selbst, für das er dem englischen Volk eine besondere Begabung bescheinigte. «Da ... in einem Gemeinwesen, das mehr als eine kleine Stadt umfaßt, die persönliche Mitarbeit aller ... unmöglich ist, folgt daraus notwendig, daß ein repräsentatives Regierungssystem der ideale Typus der vollkommenen Regierungsform ist ... Ein repräsentatives Regierungssystem bedeutet, daß das Volk als Ganzes oder doch zu einem beträchtlichen Teil durch periodisch gewählte Vertreter die in jedem Verfassungssystem notwendige oberste Kontrollgewalt ausübt. Diese oberste Gewalt muß ungeteilt in den Händen des Volkes liegen. Es muß jede Regierungshandlung nach Belieben kontrollieren können. Die eigentliche Aufgabe einer Repräsentativversammlung besteht aber nicht darin, über Regierungsangelegenheiten selbst zu entscheiden, sondern dafür zu sorgen, daß darüber die geeigneten Persönlichkeiten entscheiden.» Eine repräsentative Regierung mußte sich stets bewußt sein, daß sie nicht bloß die Mehrheit des Volkes, sondern das ganze zu gleichen Teilen repräsentierte Volk vertrat. «Die angemessene Vertretung der Minderheit ist eine wesentliche Forderung der Demokratie. Wird sie nicht erfüllt, so ist keine echte Demokratie, sondern nur ein Zerrbild möglich.»

Der Schutz der Minderheit vor der Mehrheit: Das war das liberale Anliegen Mills, an dem er 1867 als Wahlrechtsreformer so unbeirrt festhielt wie 1859, dem Todesjahr seines langjährigen Briefpartners Alexis de Tocqueville, als er seine berühmteste Schrift, den Essay «On Liberty», veröffentlichte. Schutz gegen die Tyrannei der Obrigkeit sei nicht genug, hieß es dort. «Es muß auch Schutz gegen die Tyrannei der herrschenden Meinung und des herrschenden Gefühls (protection against the tyranny of prevailing opinion and feeling) geben, Schutz gegen die Tendenz einer Gesellschaft, mit anderen als bürgerlichen Strafen ihre eigenen Ideen und Praktiken als Verhaltensregeln denen aufzuerlegen, die davon abweichen ...» Der einzige Zweck, für den legitimerweise Macht über irgendein Mitglied einer zivilisierten Gesellschaft gegen dessen Willen ausgeübt werden könne, sei es, Schaden für andere abzuwenden (to prevent harm to others). Hinter diesen politischen Maximen stand die Einsicht, «daß die Menschheit nicht unfehlbar war, daß ihre Wahrheiten meistens nur Halbwahrheiten waren, daß eine einheitliche Meinung nicht wünschbar war, es sei denn, daß sie aus dem vollständigsten und freiesten Vergleich gegensätzlicher Meinungen hervorging, und daß Meinungsvielfalt solange kein Übel, sondern ein Gut ist, als die Menschheit nicht in höherem Maß als jetzt fähig ist, alle Seiten der Wahrheit anzuerkennen.»

Während Bagehot die Demokratie ablehnte (und dabei vor allem die Vereinigten Staaten von Amerika vor Augen hatte), kam Mill ähnlich wie Tocqueville zu dem Ergebnis, daß die gesellschaftliche Entwicklung auf eine Demokratie hinauslief. Weil dem so war, galt es, die Gefahren zu bannen, die in dieser Staatsform angelegt waren. Neben Zusatzstimmen für Männer und Frauen von höherer Bildung erschien ihm eine von Klasseninteressen und Vorurteilen der Masse weithin freie zweite Kammer ein geeignetes Mittel, dem Übergewicht der unteren Schicht vorzubeugen. Gemessen an den gesellschaftlichen Verhältnissen im Großbritannien der 1860er Jahre, sprach aus solchen Vorschlägen ein durchaus rückwärts gewandtes Verständnis von Politik. Auf festem Boden aber stand Mill, wenn er die direkte Demokratie in den Bereich der Illusion und die Mehrheit in ihre Schranken verwies. Es waren die angelsächsischen Erfahrungen mit «representative government», die Mill und andere entschiedene Liberale dazu brachten, die Wahlrechtsreform von 1867 als das zu begreifen, was sie war: die Weiterentwicklung des überkommenen Regierungssystems durch schrittweise Anpassung an den gesellschaftlichen Wandel im Gefolge der Industrialisierung.

Ungeachtet der Niederlage, die ihm Disraeli, aber auch Politiker in der eigenen Partei in der Wahlrechtsfrage zugefügt hatten, sah Gladstone die Dinge nicht viel anders als Mill. Ihm, dem Führer der Liberalen, und nicht dem Tory Disraeli, der Anfang 1868 nach dem Rücktritt von Lord Derby das Amt des Premierministers übernahm, hielten die Massen den Schritt in Richtung Demokratie zugute, den das Land mit der Reform von 1867 getan hatte. Aus den Unterhauswahlen von 1868 gingen die Liberalen mit über 100 Mandaten Vorsprung vor den Konservativen als Sieger hervor. Es waren vor allem Wähler aus den Reihen der neuen Wahlberechtigten, die der Partei Gladstones zu diesem Triumph verhalfen.

Als Premierminister wandte sich Gladstone sogleich den ungelösten irischen Problemen zu, die durch zwei blutige Aktionen des Geheimbundes der Fenier mit dem Zweck der Gefangenenbefreiung wieder auf die Tagesordnung gelangt waren. 1869 verabschiedete das Unterhaus ein von der Regierung vorgelegtes Gesetz zur Entstaatlichung (disestablishment) der anglikanischen Kirche in Irland, die bisher zwangsweise von den irischen Katholiken finanziert worden war. 1870 folgte der Irish Land Act, der den Grundherren die Möglichkeit nahm, die Pächter ohne jede Entschädigung von dem von ihnen bewirtschafteten Land zu vertreiben, an der sonstigen Ausbeutung der letzteren durch die ersteren aber nicht viel änderte. Das tat erst ein weiteres, ebenfalls unter einer Regierung Gladstone verabschiedetes Landgesetz von 1881, das die irischen Pächter zu freien Eigentümern machte und gegen Wucherzinsen schützte.

Die Reformen der ersten Regierungsperiode William Gladstones beschränkten sich nicht auf Irland. 1870 trat ein Erziehungsgesetz in Kraft, das die allgemeine Schulpflicht einführte und die Errichtung zahlreicher neuer, konfessionell nicht gebundener Schulen zur Folge hatte. (Bisher hatte nur rund die Hälfte aller Kinder elementaren Unterricht an Schulen genossen, die meist von der anglikanischen Kirche gegründet worden waren und vom Staat finanziell unterstützt wurden.) Der University Test Act von 1872 verpflichtete die Universitäten Oxford und Cambridge, akademische Grade unabhängig vom religiösen Bekenntnis der Kandidaten zu vergeben, und leistete damit einen wichtigen Beitrag zur Gleichberechtigung von Nonkonformisten, Katholiken und Juden. Im gleichen Jahr 1872 wurde die geheime Stimmabgabe bei Wahlen eingeführt, was sich in England freilich sehr viel weniger auswirkte als in Irland, wo die Pächter fortan nicht mehr der politischen Kontrolle durch die Grundherren unterworfen waren. 1873 folgte das Judikaturgesetz, das die Rechtssysteme des Common Law und des Equity Law, des ungeschriebenen Billigkeitsrechts, einander anglich und als Abschluß des Instanzenweges einen obersten Gerichtshof schuf.

Auch im Bereich der Streitkräfte sah sich die Regierung Gladstone zu einschneidenden Neuerungen genötigt. Die von Kriegsminister Edward Cardwell vorgelegte Heeresreform von 1871 zog späte Lehren aus den Schwächen des britischen Militärs, die im Krimkrieg zutage getreten waren: Der Kauf von Offiziersstellen wurde abgeschafft und so auch mittellosen Männern die Beförderung ermöglicht; die Dienstzeit der angeworbenen Söldner wurde verkürzt, die Reserve verstärkt. Eine allgemeine Wehrpflicht und einen Generalstab aber gab es weiterhin nicht; die Armeeführung blieb mit dem Könighaus eng verbunden – ein Vorrecht der Krone, auf dem die Queen Victoria ebenso wie ihre Vorgänger bestand und das auch von den Liberalen respektiert wurde. Als nach den Unterhauswahlen von 1874 die Tories unter Disraeli wieder an die Macht kamen, dachten sie nicht daran, die Reformen der Regierung Gladstone rückgängig zu machen. Vielmehr versuchten sie, sich der Öffentlichkeit als die Partei zu präsentieren, die gleichermaßen für den Ausbau der britischen Weltmachtstellung wie für die innenpolitische Erneuerung des Vereinigten Königreiches stand.[12]

Vom Norddeutschen Bund zur Reichsgründung: Deutschland 1867–1871

Im gleichen Jahr, in dem Großbritannien sein Wahlrecht reformierte, wurde in Deutschland der Reichstag des Norddeutschen Bundes gewählt – nach einem Wahlrecht, das sehr viel demokratischer war als das englische: Es war das von der deutschen Nationalversammlung in der Frankfurter Paulskirche am 27. März 1849 verabschiedete allgemeine, gleiche und direkte Wahlrecht für Männer, die das 25. Lebensjahr vollendet hatten. Bismarck versprach sich von diesem Coup, den er bereits in seinem Bundesreformantrag vom 9. April 1866 den deutschen Staaten und der deutschen Öffentlichkeit zur Kenntnis gebracht hatte, zu Recht eine nachhaltige Wirkung: Wenn der Hohenzollernstaat das fortschrittlichste Wahlrecht der Zeit zu seinem Programm erhob, überholte er die Liberalen gewissermaßen von links. Selbst süddeutschen Demokraten mochte es dann schwerfallen, den Gedanken der preußischen Führung weiterhin rundherum abzulehnen. Bismarck war zudem überzeugt, daß die Monarchie im einfachen Volk über einen stärkeren Anhang verfügte als beim gebildeten und besitzenden Bürgertum: eine Einschätzung, aus der heraus er dem preußischen Dreiklassenwahlrecht noch nie etwas hatte abgewinnen können.

Die Wahlen zum Konstituierenden Norddeutschen Reichstag fanden am 12. Februar 1867 in sämtlichen 17 Staaten statt, die sich im August 1866 zum Norddeutschen Bund zusammengeschlossen hatten. Den größten Erfolg errang die neugegründete Nationalliberale Partei, die auf 80 der insgesamt 297 Mandate kam, während die linksliberale Fortschrittspartei lediglich 19 Sitze erhielt. Die zweitstärkste Fraktion stellten mit 59 Abgeordneten die Konservativen, die drittstärkste mit 39 Parlamentariern die Freikonservativen, die sich Ende Juli 1866 von der Konservativen Partei Preußens abgespalten hatten. In dieser neuen Gruppierung, die sich nach 1871 auf nationaler Ebene Deutsche Reichspartei nannte, sammelten sich unbedingte Befürworter von Bismarcks Politik, unter ihnen neben hohen Beamten, Diplomaten und Gelehrten auch rheinische Industrielle und schlesische Magnaten, die meist Großgrundbesitzer und schwerindustrielle Unternehmer in einer Person waren. 27 Abgeordnete zählten die Altliberalen, 18 die Bundesstaatlich-konstitutionelle Vereinigung, ein Zusammenschluß von katholischen Parlamentariern, schleswig-holsteinischen «Augusten-burgern» und «Welfen», das heißt Anhängern des 1866 abgesetzten Königshauses von Hannover. Erstmals zog auch ein Arbeiterführer in ein deutsches Parlament ein: August Bebel, der als Kandidat der Sächsischen Volkspartei gewählt wurde.

Die wichtigste Aufgabe des Konstituierenden Norddeutschen Reichstags war die Verabschiedung der Verfassung des Norddeutschen Bundes. Ein preußischer Entwurf derselben, der nach Richtlinien Bismarcks erarbeitet und mit den anderen Mitgliedstaaten abgestimmt worden war, lag den Abgeordneten bereits vor, als sie am 24. Februar 1867 in Berlin zu ihrer ersten Sitzung zusammentraten. Die Vorlage sah einen Bundesstaat mit einem Bundespräsidium an der Spitze vor, das dem König von Preußen zufiel. Träger der exekutiven Bundesgewalt war der Bundesrat, dem weisungsgebundene Bevollmächtigte der Regierungen der Mitgliedstaaten angehörten. Obwohl fünf Sechstel der Bevölkerung des Norddeutschen Bundes in Preußen lebten, verfügte der Hegemonialstaat lediglich über 17 von 43 Stimmen im Bundesrat. Doch dieses Quorum reichte aus, um Verfassungsänderungen zu verhindern, für die eine Zweidrittelmehrheit erforderlich war. Der Bundesrat war Exekutiv- und Legislativorgan in einem; ohne seine Zustimmung kam kein Gesetz zustande. Der einzige Minister war der vom Bundespräsidium ernannte Bundeskanzler, der zunächst nur als Vollzugsorgan des Bundesrats konzipiert war. Der Entwurf enthielt keine Grundrechte, weil dies nach Bismarcks Auffassung dem föderalistischen Charakter des Norddeutschen Bundes widersprochen hätte.

Daß der Bundeskanzler eine sehr viel stärkere Position erlangte, als im preußischen Entwurf vorgesehen war, lag an den Nationalliberalen, die zusammen mit den Freikonservativen, Altliberalen und einigen fraktionslosen «Wilden» über die Mehrheit verfügten. Wäre es nach dem Fraktionsvorsitzenden der Nationalliberalen, dem Hannoveraner Juristen und Mitgründer des Deutschen Nationalvereins, Rudolf von Bennigsen, gegangen, hätte die Verfassung ein kollegiales und parlamentarisch verantwortliches Bundesministerium geschaffen. Damit drang Bennigsen zwar nicht durch, wohl aber mit dem Antrag, den Bundeskanzler zum einzigen parlamentarisch verantwortlichen Minister zu machen. Das bedeutete *nicht* die Einführung des parlamentarischen Systems und noch nicht einmal eine rechtlich einklagbare Form von Ministerverantwortlichkeit. Der Bundeskanzler übernahm lediglich die politische Verantwortung vor dem Reichstag, dem er Rede und Antwort stehen mußte. Diese Konstruktion hatte aber nach den Worten des Verfassungshistorikers Ernst Rudolf Huber zur Folge, daß die Bundesexekutive auf den Bundeskanzler überging und der Bundesrat «ein nur mitwirkendes und kontrollierendes Exekutivorgan» wurde.

Dem Bundespräsidium oblagen die völkerrechtliche Vertretung des Bundes und die Entscheidung über Krieg und Frieden. Den Nationalliberalen und ihren Verbündeten gelang es jedoch, das Inkrafttreten völkerrechtlicher Verträge von der Zustimmung des Reichstages abhängig zu machen und das Militärwesen der Gesetzgebungskompetenz des Bundes zuzuschlagen. Nicht durchsetzen konnte die Mehrheit die uneingeschränkte Anerkennung des Budgetrechts für den militärischen Bereich. Sie vermochte lediglich das von Bismarck angestrebte faktische «Äternat», also eine Art Dauerlösung, zu verhindern: die Festlegung der Friedenspräsenzstärke des Bundesheeres auf 1 Prozent der Bevölkerung von 1867 und eine jährliche Pauschalsumme von 225 Talern pro Soldat, mit Anpassungen im Abstand von zehn Jahren. Was der Reichstag beschloß, war ein Bündel von Kompromissen: Die von Bismarck geforderte Friedenspräsenzstärke wurde auf die Dauer von vier Jahren bis zum 31. Dezember 1871 bewilligt. Die 1867 beschlossene Regelung sollte ab 1872 aber so lange gelten, bis das in Aussicht genommene Bundesgesetz in Kraft trat. Die Regierung durfte die Militärausgaben zwar nur noch entsprechend dem Haushaltsgesetz tätigen, der Gesetzgeber mußte aber seinerseits beim Militäretat von der gesetzlich festgelegten Heeresorganisation ausgehen.

Die Vertagung der Machtfrage entsprach der Logik des Indemnitätsgesetzes, mit dem Bismarck 1866 den preußischen Verfassungskonflikt beendet hatte. Die Exekutive sicherte sich durch die Verfassung des Norddeutschen Bundes Befugnisse, die weit größer waren als jene, die die Reichsverfassung von 1849 der vollziehenden Gewalt eingeräumt hatte. Durch die militärische Kommandogewalt des Königs von Preußen, deren Ausübung nicht der ministeriellen Gegenzeichnung bedurfte, ragte ein Stück Absolutismus in die Verfassungswirklichkeit von 1867 hinein. Eine breite Mehrheit der Abgeordneten hielt die Verfassung dennoch für einen großen Schritt nach vorn: Am 16. April 1867 nahm der Konstituierende Reichstag die überarbeitete Verfassung mit 230 gegen 53 Stimmen an. Die Nein-Stimmen kamen überwiegend aus den Reihen der Katholiken, der sächsischen und der «welfischen», das heißt hannoveranischen Partikularisten und der polnischen Abgeordneten. Auch August Bebel stimmte mit Nein. Am 1. Juli trat die Verfassung in Kraft. Knapp zwei Wochen später, am 14. Juli 1867, ernannte König Wilhelm I. als Inhaber der Bundespräsidialgewalt den preußischen Ministerpräsidenten Graf Otto von Bismarck zum Bundeskanzler des Norddeutschen Bundes.

Der Norddeutsche Bund war ein konstitutioneller Bundesstaat, aber konstitutionell und föderalistisch in den Grenzen, die durch die inneren und äußeren Erfolge des alten Preußen im Jahre 1866 gezogen waren. Das Hauptmerkmal der Verfassung des Norddeutschen Bundes, die im wesentlichen die des Deutschen Reiches von 1871 vorwegnahm, war ein Widerspruch: der Gegensatz zwischen einem demokratischen Wahlrecht und einem nichtparlamentarischen Regierungssystem. Die Einführung des allgemeinen gleichen Wahlrechts, dem der Konstituierende Reichstag das Prinzip der geheimen Stimmabgabe hinzufügte, bedeutete einen abrupten Demokratisierungsschub und hob sich damit scharf vom graduellen Demokratisierungsprozeß Großbritanniens ab. England war 1867 seit langem ein parlamentarisch regiertes Land, Preußen seit knapp zwei Jahrzehnten eine konstitutionelle Monarchie ohne parlamentarisch verantwortliche Regierung. Im Fall Englands ließ sich leicht vorhersagen, daß auf die Wahlrechtsreform von 1867 weitere folgen würden. Die Frage, was aus dem preußisch-deutschen System werden würde, wenn es im demokratisch legitimierten Reichstag keine Mehrheit für die Regierung gab, ließ nur *eine* Antwort zu: In diesem Fall war ein neuer Verfassungskonflikt zu erwarten. Die Verfassung von 1867 beruhte mithin auf einem dilatorischen Formelkompromiß im Sinne des Staatsrechtlers Carl Schmitt: Die eigentlichen Streitpunkte blieben unentschieden.

Der Konstituierung des Norddeutschen Bundes folgte am 7. Juli 1867 der Abschluß eines neuen Zollvereinsvertrags auf dem Fuß. Er sah die Schaffung eines Zollbundesrats und eines Zollparlaments vor, die dem Deutschen Zollverein einen bundesstaatsähnlichen Charakter gaben. Der Vertrag trat am 1. Januar 1867 in Kraft; die Wahlen zum Zollparlament fanden im Februar und März statt. Wer sich davon einen Auftrieb für den Gedanken der nationalen Einheit erhofft hatte, wurde enttäuscht. Südlich des Mains waren die Nationalliberalen nur in Hessen-Darmstadt und Baden erfolgreich. In Bayern siegten die Kandidaten der katholisch-konservativen Patriotenpartei, in Württemberg die der föderalistischen Demokraten. Von den 85 Abgeordneten aus Süddeutschland waren 50 unterschiedlichen Richtungen der partikularistischen Schutzzöllner und nur 26 dem freihändlerischen und kleindeutschen Lager zuzurechnen. Die Mainlinie schien sich seit 1866 im Bewußtsein vieler Süddeutscher verfestigt zu haben: ein Befund, der wesentlich dazu beitrug, daß Bismarck im Frühjahr 1867 nicht ernsthaft daran dachte, die Krise um Luxemburg für einen nationalen Einigungskrieg gegen Frankreich zu nutzen.

Doch nicht nur in Süddeutschland formierten sich Kräfte, die in entschiedener Opposition zur Politik Bismarcks standen. Im August 1869 schlossen sich in Eisenach die Führer der sächsischen Volkspartei, August Bebel und Wilhelm Liebknecht, mit einem Teil der Lassalleaner um Wilhelm Bracke zur Sozialdemokratischen Arbeiterpartei zusammen. Im Jahr darauf stellte sich die neugegründete Partei auf den Boden der Baseler Beschlüsse der Internationalen Arbeiter-Assoziation. Darin forderten die Anhänger von Marx und Engels die sofortige Vergesellschaftung von Grund und Boden, also eine radikale Veränderung, ja die Abschaffung der bestehenden Gesellschaftsordnung. Die Trennung der proletarischen von der kleinbürgerlichen Demokratie war damit endgültig vollzogen: ein Vorgang, der die weitere Entwicklung des deutschen Parteiwesens nachhaltig prägen sollte.

Die Politik des Norddeutschen Bundes vermochte aber weder der eine noch der andere Flügel der demokratischen Kräfte zu beeinflussen. Aus der ersten «ordentlichen» Reichstagswahl vom August 1867 waren die Nationalliberalen, die Fortschrittspartei und die Konservativen gestärkt hervorgegangen. Die meisten Gesetze der folgenden drei Jahre trugen eine liberale Handschrift: so das Gesetz über die Freizügigkeit von 1867, das Gesetz über die Vereinheitlichung von Maßen und Gewichten von 1868, das Gesetz über die Gleichberechtigung der Konfessionen in bürgerlicher und staatsbürgerlicher Beziehung von 1869, das die Judenemanzipation abschloß, und die Gewerbeordnung vom gleichen Jahr, die die Freiheit von Markt und Gewerbe erweiterte, auf Drängen der Konservativen aber den Landarbeitern, anders als den sonstigen Arbeitnehmern, die Koalitionsfreiheit vorenthielt. Das Strafgesetzbuch von 1870 hingegen konnten die Liberalen kaum als Erfolg verbuchen, da es im Gegensatz zu ihren Forderungen an der Todesstrafe festhielt. Von dieser Ausnahme abgesehen konnten die Liberalen mit dem Ergebnis ihrer Zusammenarbeit mit der reformbereiten

Ministerialbürokratie zufrieden sein: Der «Ressortliberalismus» der Jahre 1867 bis 1870 ging weit über sein bisheriges Betätigungsfeld, die Handelspolitik, hinaus.

Einige liberale Neuerungen gab es um diese Zeit auch in Süddeutschland. In Bayern konnte die Regierung Hohenlohe-Schillingsfürst 1868 die Gewerbefreiheit und im Jahr darauf eine liberale Gemeindeordnung durchsetzen. Ein antiklerikales Schulgesetz aber scheiterte an der katholischen Gegenbewegung. Im November 1869 gewann die konservative Bayerische Patriotenpartei die absolute Mehrheit im Landtag; es folgten Mißtrauensvoten gegen die Regierung in beiden Kammern Anfang 1870 und die Einsetzung eines neuen Kabinetts unter dem bisherigen Gesandten in Wien, dem Grafen Bray, der sich um die Verständigung mit der parlamentarischen Mehrheit bemühte. In Württemberg gingen die Demokraten und die Großdeutschen aus den Landtagswahlen vom Juli 1868 als Sieger hervor, was die Regierung des inzwischen eher preußenfreundlichen Ministerpräsidenten von Varnbüler zu vorsichtigem Taktieren veranlaßte. Nur in Baden blieben die Liberalen an der Mehrheit und an der Macht. Unter den Ministerpräsidenten Karl Mathy und, nach dessen Tod im Februar 1868, Julius Jolly strebte die Regierung in Karlsruhe einen baldigen Anschluß des Großherzogtums an den Norddeutschen Bund an: eine Politik, die für die Kabinette in München und Stuttgart angesichts der parlamentarischen Mehrheitsverhältnisse und der Stimmung im Land undenkbar war.

Für die Nationalliberalen im Norddeutschen Bund war Baden der nationale Lichtblick inmitten der partikularistischen Düsternis südlich des Mains. Allmählich wuchs bei den entschiedenen Kleindeutschen sogar der Verdacht, daß Bismarck angesichts der Widerstände in Bayern und Württemberg gar nicht mehr ernsthaft auf die Vollendung der deutschen Einheit hinarbeite. Am 24. Februar 1870 stellte der Abgeordnete Eduard Lasker anläßlich der dritten Lesung des Jurisdiktionsvertrages zwischen dem Norddeutschen Bund und Baden im Norddeutschen Reichstag einen Antrag, der die Enttäuschung und die Ungeduld der Nationalliberalen in bislang ungekannter Offenheit zum Ausdruck brachte: Der Reichstag möge Baden für seine unablässigen nationalen Bestrebungen danken und seine Genugtuung über das Ziel eines «möglichst ungesäumten Anschlusses an den bestehenden Bund» aussprechen.

Der «Antrag Lasker» war durchaus nicht im Sinne Bismarcks. Eine isolierte Aufnahme Badens in den Norddeutschen Bund konnte aus seiner Sicht nur dem Partikularismus in Bayern und Württemberg Auftrieb geben und die nationalen Kräfte in Süddeutschland schwächen. Zudem wußte der Bundeskanzler, daß Napoleon III. eine Ausdehnung des Norddeutschen Bundes über den Main nicht hinnehmen konnte. Für einen erfolgreichen Krieg aber war ein hohes Maß an nationaler Geschlossenheit in Deutschland notwendig, und diese Voraussetzung war Anfang 1870 nach Bismarcks wohlbegründeter Meinung noch nicht gegeben. Die Lage konnte sich aber rasch zugunsten Preußens ändern, wenn ein Anlaß vorhanden war, der den Deutschen nördlich und südlich des Mains einen Krieg mit der Großmacht im Westen als notwendig und gerecht erscheinen ließ. Im Februar 1870 mochte Bismarck bereits ahnen, daß eine solche Situation schon in naher Zukunft eintreten konnte.

Die Vorgeschichte des Ereignisses, das zu einer schweren diplomatischen Krise zwischen Paris und Berlin und schließlich zum deutsch-französischen Krieg von 1870/71 führen sollte, hatte im September 1868 mit einer Revolution in Spanien begonnen, die halb traditionelles «pronunciamiento», also ein Militärputsch, halb Volksaufstand mit lebhafter Beteiligung der Arbeiterschaft war. Der Sieg der Aufständischen veranlaßte die abgesetzte Königin Isabella II., sich am 30. September mit ihrer Familie ins Exil nach Frankreich zu begeben. Auf der Suche nach einem neuen König griff der Ministerpräsident, General Prim, den Gedanken auf, dem katholischen Prinzen Leopold von Hohenzollern-Sigmaringen den vakanten Thron anzutragen. Im Februar 1870 erging eine entsprechende Anfrage an König Wilhelm I. von Preußen als Oberhaupt der Familie Hohenzollern.

Der aktivste Förderer der spanischen Thronkandidatur war von Anfang an Bismarck. Das außenpolitische Risiko des Plans kann dem erfahrenen Staatsmann nicht verborgen geblieben sein: Eine hohenzollernsche Umklammerung mußte Frankreich als ebenso bedrohlich empfinden wie die habsburgische, die man seit der Zeit Kaiser Karls V. im 16. und 17. Jahrhundert erlebt hatte. Wenn Leopold sich tatsächlich anschickte, dem Ruf aus Madrid zu folgen, lag Krieg also förmlich in der Luft.

Die Chance, die in dem Angebot des spanischen Ministerpräsidenten lag, war offenkundig: Ein geharnischter Pariser Protest gegen das Vorhaben, einen Hohenzollernprinzen auf den spanischen Königsthron zu setzen, war geeignet, eine nationale Bewegung in Deutschland zu entfachen. Mit deutschem Patriotismus konnte man sowohl dem Partikularismus in Bayern und Württemberg als auch dem Parlamentarismus im Norddeutschen Bund entgegenwirken. 1871 lief die 1867 vereinbarte provisorische Regelung des Militäretats aus. Die Nationalliberalen zeigten sich nicht bereit, einem neuen Provisorium zuzustimmen, und bestanden auf der jährlichen Bewilligung des Heeresbudgets. Kam es zu einem populären Krieg mit Frankreich, durfte man damit rechnen, daß die Nationalliberalen sich wieder Bismarck anschließen und ihr Drängen auf mehr Parlamentsrechte zurückstellen würden. Es sprach also viel dafür, daß sich zugleich mit dem Pariser Widerstand gegen eine Einigung Deutschlands auch die partikularistischen und die parlamentarischen Widerstände gegen Bismarcks Politik ausräumen lassen würden.

Am 30. Juli 1892, zwei Jahre nach seiner Entlassung, hat Bismarck in einer Rede vor einer Abordnung der Universität Jena unverblümt davon gesprochen, daß der französische Krieg «notwendig» gewesen sei. «Ohne Frankreich geschlagen zu haben, konnten wir nie ein Deutsches Reich mitten in Europa errichten und zu der Macht, die es heute besitzt, erheben.» Aus dieser Einschätzung heraus fand sich der Bundeskanzler auch nicht damit ab, daß Fürst Karl Anton von Hohenzollern-Sigmaringen und sein Sohn Leopold am 20. April die spanische Offerte ablehnten. Er tat vielmehr alles, um den Erbprinzen umzustimmen. Am 19. Juni gab Leopold die gewünschte Erklärung ab, band sie aber an die Bedingung, daß König Wilhelm als Chef des Hauses Hohenzollern zustimmte. Zwei Tage später fügte sich der König von Preußen, der der Thron-Kandidatur des Sigmaringers bisher ablehnend gegenüber gestanden hatte, dem Drängen seines Ministerpräsidenten und Kanzlers. Am 2. Juli informierte General Prim den französischen Botschafter vom Stand der Dinge und gab damit die bislang gewahrte Geheimhaltung auf. Die «spanische Bombe» war geplatzt.

Die Antwort aus Paris ließ nicht lange auf sich warten. Am 6. Juli 1870 erklärte Außenminister Antoine Duc de Gramont in der Kammer, seine Regierung glaube nicht, «daß eine fremde Macht, indem sie einen ihrer Prinzen auf den Thron Karls V. setzt, dadurch zu ihrem Vorteil das gegenwärtige Gleichgewicht der Mächte Europas (l'équilibre actuel des forces en Europe) stören und so die Interessen und die Ehre Frankreichs gefährden könnte. Wir hoffen, daß die Eventualität sich nicht verwirklichen wird; wir rechnen dabei auf die Weisheit des deutschen und auf die Freundschaft des spanischen Volkes. Wenn es anders kommen sollte, so würden wir, stark durch Ihre Unterstützung und durch die der Nation, unsere Pflicht ohne Zaudern und ohne Schwäche zu erfüllen wissen.»

Der Herzog von Gramont war bis zu seiner Ernennung zum Außenminister im Mai 1870 acht Monate lang französischer Botschafter in Wien gewesen und hatte sich den Ruf eines autoritären, klerikalen und entschieden antipreußischen Bonapartisten erworben. Seine Kammerrede klang nicht nur kriegerisch, sie war so gemeint. Einen Krieg mit Frankreich aber wollten weder Fürst Anton von Hohenzollern-Sigmaringen noch König Wilhelm I. von Preußen riskieren. Am 12. Juli erklärte Fürst Anton, von Wilhelm dazu gedrängt, den Verzicht seines abwesenden Sohnes auf die spanische Thronkandidatur. König und Fürst hatten aber die Rechnung ohne Bismarck gemacht. Am gleichen 12. Juli kehrte dieser, von längerer Krankheit noch nicht voll genesen, von seinem pommerschen Gut Varzin nach Berlin zurück, wo er sogleich einen «Kriegsrat» mit Kriegsminister von Roon, Innenminister Graf Eulenburg und Generalstabschef von Moltke abhielt.

Überaus gelegen kam dem Kanzler des Norddeutschen Bundes die französische Forderung nach einer Art von Entschuldigungsschreiben Wilhelms, die Gramont am 12. Juli über den Gesandten des Norddeutschen Bundes in Paris, von Werther, nach Berlin übermitteln ließ. Im gleichen Sinn war der französische Botschafter, Graf Benedetti, bereits am 9. und 12. Juli bei König Wilhelm vorstellig geworden, der in Bad Ems zur Kur weilte. Das französische Drängen wurde seit Gramonts Rede vom 6. Juli von der deutschen Öffentlichkeit mit zunehmender Verärgerung, ja Entrüstung aufgenommen, und das nicht nur im Norddeutschen Bund, sondern auch in Süddeutschland. Am 13. Juli unternahm Benedetti auf der Kurpromenade von Bad Ems einen weiteren Versuch, vom preußischen König eine ausdrückliche und für alle Zukunft bindende Garantie für den Thronverzicht des Erbprinzen zu erhalten. Wilhelm ließ sich dazu herbei, die Erklärung Fürst Antons vom Vortag mündlich zu billigen, lehnte aber die von Benedetti geforderte schriftliche Erklärung ab.

Die Mitteilung hierüber, die der Vortragende Rat von Abeken nach Berlin schickte, redigierte Bismarck durch radikale Kürzung so, daß der demütigende Charakter des französischen Ansinnens überdeutlich hervortrat, und ließ sie in dieser Form den deutschen Höfen, den Regierungen anderer Staaten außer Frankreich und der Presse zugehen. Die «Emser Depesche» löste in Deutschland, wie es der Bundeskanzler vorhergesehen hatte, einen Aufschrei der nationalen Empörung aus. Damit fand sich nun Frankreich in der Rolle wieder, die es Preußen zugedacht hatte: Es hatte jeden Grund, sich gedemütigt zu fühlen. Nach Lage der Dinge blieb Napoleon III. keine andere Wahl, als das zu tun, was Bismarck erwartete: Am 19. Juli erklärte Frankreich Preußen den Krieg.

Der Krieg, der durch die Emser Depesche unvermeidbar wurde, war Bismarcks Krieg. Der Leiter der preußischen Politik hatte diesen Krieg gewollt, weil er die einmalige Gelegenheit bot, mit der Unterstützung ganz Deutschlands das französische Veto gegen die deutsche Einheit außer Kraft zu setzen. Dennoch kann man nicht von einer alleinigen Kriegsschuld Bismarcks oder Preußens sprechen. Wie 1864 und 1866 gab es 1870 eine Kriegspartei auch auf der anderen Seite: damals in Kopenhagen und Wien, jetzt in Paris. Gramont genoß die Unterstützung der Kaiserin Eugénie und der entschiedenen Bonapartisten. Das Nein, das er im Namen Frankreichs der Vereinigung Deutschlands entgegenstellte, ließ sich nur machtpolitisch, nicht aber mit dem Grundsatz des nationalen Selbstbestimmungsrechts der Völker begründen, auf das Napoleon III. sich bei anderer Gelegenheit immer wieder berufen hatte. Die Parole «Revanche pour Sadova», also der Wunsch, die Scharte von Königgrätz auszuwetzen, erfreute sich in Frankreich beträchtlicher Popularität. Die innenpolitische Stellung Napoleons III. war mittlerweile viel zu geschwächt, als daß der Kaiser sich Nachgiebigkeit gegenüber Bismarck hätte leisten können. Der Krieg von 1870/71 war folglich auch sein Krieg – und zwar, wie sich schon bald herausstellen sollte, sein letzter.

In Norddeutschland rief die Kriegserklärung einen Sturm der Begeisterung hervor. Als der Norddeutsche Reichstag am 21. Juli über die von der Regierung beantragten Kriegskredite abzustimmen hatte, gab es keine Gegenstimmen. Auch die drei Abgeordneten des lassalleanischen Allgemeinen Deutschen Arbeitervereins mit ihrem Vorsitzenden Johann Baptist von Schweitzer an der Spitze und ein aus ihren Reihen zur Sozialdemokratischen Arbeiterpartei übergewechselter Abgeordneter stimmten für die Vorlage; Bebel und Liebknecht enthielten sich mit der Begründung, daß dies ein dynastischer Krieg sei, der Stimme. In Süddeutschland schlug die Stimmung nach dem Vorfall von Bad Ems um. Die Regierungen in Karlsruhe, München und Stuttgart erkannten zwischen dem 12. und dem 15. Juli den Bündnisfall an. Die Bayerische Patriotenpartei spaltete sich in Befürworter und Gegner der Kriegskredite. In Württemberg stellten sich die Demokraten demonstrativ auf die Seite Preußens. Anfang August sah man in Stuttgart kaum noch schwarz-rot-goldene Fahnen, dafür um so häufiger die schwarz-weiß-rote Flagge der Kriegs- und Handelsmarine des Norddeutschen Bundes.

Nachdem sämtliche Kammern der süddeutschen Staaten ihren Regierungen die geforderten Kriegskredite bewilligt hatten, stand am 19. Juli fest, daß ein geeintes Deutschland gegen Frankreich in den Krieg ziehen würde. Ein Eingreifen fremder Mächte war nicht zu befürchten. Zar Alexander II. blieb bei seiner preußenfreundlichen Politik, wahrte wohlwollende Neutralität und hielt Österreich in Schach. Die Neutralität Großbritanniens förderte Bismarck dadurch, daß er der Londoner «Times» einen Vertragsentwurf des französischen Botschafters Benedetti vom August 1866 zuspielte, in dem dieser den Wunsch Frankreichs nach einer Annexion Belgiens zu Protokoll gegeben hatte. Militärisch erwiesen sich die deutschen Truppen im August 1870 den französischen überlegen. Der spektakulärste Sieg war der von Sedan am 2. September 1870, eine Meisterleistung des preußischen und nunmehr auch deutschen Generalstabschefs Helmuth von Moltke. Napoleon III. selbst ordnete die Kapitulation der von allen Seiten eingeschlossenen Armee des Marschalls Mac-Mahon an.

Der Kaiser wurde bei Sedan gefangen genommen. Der Degen, den er Wilhelm I. übergab, war aber nur seiner, nicht der Frankreichs. Am 4. September wurde in Paris das Palais Bourbon, der Sitz der Nationalversammlung, von Demonstranten gestürmt, die Regierung Napoleons III. gestürzt und die Kaiserin Eugénie zur Flucht nach England genötigt. Im Hôtel de Ville konstituierte sich eine «Regierung der nationalen Verteidigung» unter General Trochu mit Jules Favre als Außenminister und Léon Gambetta als Innenminister. Die erste Amtshandlung war die Proklamation der Republik. Der deutsche Vormarsch ging währenddessen weiter. Am 18. September begann die Belagerung von Paris. Am 23. September kapitulierte Toul, vier Tage später Straßburg. Am 7. Oktober verließ Gambetta im berühmten Heißluftballon die Hauptstadt und rief von Tours aus die Franzosen zum nationalen Widerstand auf. Ende Oktober fiel die Festung Metz in deutsche Hände.

In Deutschland wurde der Sieg von Sedan bejubelt, ja in den Rang einer weltgeschichtlichen Wende und eines Gottesurteils erhoben. Die militärischen Erfolge der deutschen Truppen verhalfen dem Ruf nach einem expansiven Kriegsziel, der Wiedergewinnung von Elsaß und Lothringen, zu stärkstem Widerhall in der öffentlichen Meinung. Früher und nachdrücklicher als im Norden wurde diese Forderung im Süden Deutschlands erhoben, wobei Liberale und Demokraten deutsche Sicherheitsinteressen gegenüber dem Nachbarn im Westen betonten, die Katholiken aber auch an die Veränderung der konfessionellen Gewichte im künftigen deutschen Nationalstaat zu ihren Gunsten dachten.

Das schärfste Plädoyer für die Rückkehr der beiden Gebiete verfaßte Ende August 1870 ein nationalliberaler Wahlpreuße aus Sachsen, der Historiker Heinrich von Treitschke, in den von ihm herausgegebenen «Preußischen Jahrbüchern». Die Deutschen, schrieb er unter Berufung auf Ernst Moritz Arndt, wüßten besser als die durch das französische Leben verbildeten Elsässer selbst, was diesen fromme. «Wir wollen ihnen wider ihren Willen ihr eignes Selbst zurückgeben ... Der Geist eines Volkes umfaßt nicht bloß die nebeneinander, sondern auch die nacheinander lebenden Geschlechter. Wir berufen uns wider den mißleiteten Willen derer, die da leben, auf den Willen derer, die da waren ... Die Elsässer lernten das zersplitterte Deutschland verachten, sie werden uns lieben lernen, wenn Preußens starke Hand sie erzogen hat.»

Seit der Zeit der Befreiungskriege hatte kein Autor so deutlich wie Treitschke den Gegensatz zwischen dem deutschen und dem französischen Verständnis von Nation herausgearbeitet: Die vermeintlich objektive Bestimmung der ethnischen Gruppe stand über dem subjektiven Willen der Einzelnen; Sprache und Abstammung galten mehr als die Entscheidung für ein politisches System. Der aus Ludwigsburg stammende liberale Religionswissenschaftler und Begründer der historischen Leben-Jesu-Forschung, David Friedrich Strauß, kam in einem offenen Briefwechsel mit seinem nicht minder berühmten Pariser Kollegen, dem Orientalisten Ernest Renan, zum gleichen Ergebnis wie Treitschke, wenn er auch stärker als dieser das Argument der deutschen Sicherheit betonte. Wir Deutschen, schrieb er am 29. September 1870, müßten «die größten Toren sein, wenn wir das, was unser war und was zu unserer Sicherung nötig ist (doch auch nicht weiter, als dazu nötig ist), nicht wieder an uns nehmen wollten.»

Renan, der nach eigenem Bekenntnis im deutsch-französischen

Krieg das größte Unglück sah, das der Zivilisation zustoßen konnte, antwortete fast ein Jahr später, am 15. September 1871, in einem gleichfalls offenen Brief. Das Elsaß sei von der Sprache und der Rasse her deutsch, aber es wolle nicht Teil des deutschen Staates sein, und das entscheide die Frage. «Unsere Politik ist die Politik des Rechts der Nationen; Ihre ist die Politik der Rassen; wir glauben, daß unsere besser ist. Die zu sehr betonte Einteilung der Menschheit in Rassen kann, abgesehen davon, daß sie auf einem Irrtum beruht, weil nur sehr wenige Länder eine wirklich reine Rasse besitzen, nur zu Vernichtungskriegen führen, zu zoologischen Kriegen ... Das wäre das Ende dieses fruchtbaren Gemisches, das aus so zahlreichen und allesamt notwendigen Elementen zusammengesetzt ist und das man Menschheit nennt. Sie haben in der Welt die Fahne der ethnographischen und archäologischen Politik anstelle der liberalen Politik erhoben; diese Politik wird Ihnen zum Verhängnis werden ... Wie können Sie glauben, daß die Slawen nicht dasselbe tun, was Sie mit den anderen gemacht haben, sie, die in allem Ihnen nachfolgen?»

Ähnlich prophetisch äußerte sich Karl Marx. Solange der Krieg ein Kampf gegen das verhaßte Regime Napoleons III. war, galt die Aussage der von ihm verfaßten «Ersten Adresse des Generalrats (der Internationalen Arbeiter-Assoziation, H.A.W.) über den Deutsch-Französischen Krieg» vom 23. Juli 1870: «Von deutscher Seite ist der Krieg ein Verteidigungskrieg.» Der Untergang des Zweiten Kaiserreichs, die unmittelbare Folge der französischen Niederlage in der Schlacht von Sedan, änderte die Lage radikal. Zwei Jahrhunderte lang hatte der Mann an der Spitze Frankreichs eine Grundannahme des historischen Materialismus in Frage gestellt, wonach die moderne Staatsgewalt nur ein Ausschuß war, der die gemeinschaftlichen Geschäfte der ganzen Bourgeoisklasse verwaltete. Napoleon III. verkörperte die verselbständigte Macht der Exekutivgewalt: ein Phänomen, das den Prämissen des Kommunistischen Manifests strikt widersprach. Der Sturz des bonapartistischen Systems mußte folglich die gesellschaftlichen Kräfte freisetzen, die unter der Herrschaft Napoleons III. an ihrer freien Entfaltung gehindert worden waren. In der neuen Phase des Klassenkampfes, die jetzt begann, würde früher oder später die Situation heranreifen, in der das Proletariat die Machtfrage stellen und durch seine Revolution die bürgerliche Klassenherrschaft abschaffen konnte: Die Gesetze der Geschichte waren also wieder in Kraft gesetzt.

Eine Zäsur bildete die Schlacht von Sedan aber auch, weil die deutschen Kriegsziele nun sehr viel klarer zu erkennen waren als zuvor. Schon Ende August hatten Marx und Engels in einem Schreiben an den Ausschuß der Sozialdemokratischen Arbeiterpartei deutsche Forderungen nach der Angliederung von Elsaß und Lothringen zum Anlaß für das Verdikt genommen, «daß der Krieg von 1870 ganz so notwendig einen *Krieg zwischen Deutschland und Rußland* im Schoße trägt wie der Krieg von 1866 den Krieg von 1870». Der im September immer lauter werdende Ruf nach der Annexion von Elsaß und Lothringen nahm dem Krieg den Charakter des Verteidigungskrieges und verwandelte ihn in einen deutschen Eroberungskrieg. Der Gegner Deutschlands war seit dem Umsturz in Paris nicht mehr das Regime des bonapartistischen Usurpators, sondern eine revolutionäre Regierung, die das republikanische und demokratische Frankreich vertrat.

Daraus ergab sich für Marx mit innerer Logik die Botschaft, die er am 9. September 1870 in der «Zweiten Adresse des Generalrats über den Deutsch-Französischen Krieg» verkündete: «Der Verteidigungskrieg endete in der Tat mit der Ergebung Louis-Napoleons, der Kapitulation von Sedan und der Proklamation der Republik Paris ... Ganz wie das zweite Kaiserreich den Norddeutschen Bund (für) unvereinbar mit seiner Existenz hielt, ganz so muß das autokratische Rußland sich gefährdet glauben durch ein deutsches Reich mit preußischer Führerschaft. Das ist das Gesetz des alten politischen Systems ... Des Zaren überwiegender Einfluß in Europa wurzelt in seiner traditionellen Oberherrlichkeit über Deutschland ... Wenn das Glück der Waffen, der Übermut des Erfolgs und dynastische Intrigen, Deutschland zu einem Raub an französischem Gebiet verleiten, bleiben ihm nur zwei Wege offen. Entweder muß es, was auch immer daraus folgt, der *offenkundige* Knecht russischer Vergrößerung werden, oder es muß sich nach kurzer Rast für einen neuen ‹defensiven› Krieg rüsten, nicht für einen jener neugebackenen ‹lokalisierten› Kriege, sondern zu einem *Rassenkrieg* gegen die verbündeten Rassen der Slawen und Romanen.»

In Deutschland fand Marx mit seinem Protest gegen die bevorstehende Annexion von Elsaß und Lothringen nur wenige Verbündete. Am 5. September 1870 rief der Ausschuß der Sozialdemokratischen Arbeiterpartei die deutschen Arbeiter zu Kundgebungen gegen die Einverleibung dieser Teile Frankreichs auf. Soweit die Mitglieder des Gremiums nicht den Schutz der parlamentarischen Immunität genossen, wurden sie unter Anwendung des preußischen Gesetzes über den Belagerungszustand von 1851 festgenommen und in Festungshaft überführt. Am 28. November stimmten die vier sozialdemokratischen («Eisenacher») und die drei lassalleanischen Abgeordneten des Norddeutschen Reichstags sowie ein «welfischer» Abgeordneter aus Hannover gegen die Bewilligung weiterer Kriegskredite. Der von Bebel und Liebknecht eingebrachte Antrag begründete dieses Votum damit, daß der Krieg seit der Niederwerfung des französischen Kaiserreichs nicht mehr ein Verteidigungskrieg, sondern nur ein Eroberungskrieg sei, der sich gegen das französische Volk richte und auf die Annexion französischen Gebiets ziele. Nach der Schließung des Reichstags wurden Bebel und Liebknecht am 17. Dezember 1870 wegen Versuchs und Vorbereitung des Hochverrats verhaftet und erst Ende März 1871, nachdem Bebel erneut in den Reichstag gewählt worden war, aus der Haft entlassen. Kurz darauf wurde das Verfahren wegen Hoch- und Landesverrats gegen beide eingestellt. Der bekannteste bürgerliche Demokrat, der im September 1870 gegen die Annexion von Elsaß-Lothringen protestierte, war der ehemalige Abgeordnete der deutschen Nationalversammlung und spätere fortschrittliche Landtagsabgeordnete Johann Jacoby aus Königsberg, der daraufhin in Festungshaft genommen wurde. Im April 1872 schloß er sich der Sozialdemokratischen Arbeiterpartei an.

Für Marx' Warnung, ein deutscher Eroberungskrieg würde Rußland und Frankreich zusammenführen, schien im Herbst 1870 nur wenig zu sprechen. Das Zarenreich nutzte den Sturz Napoleons III., des Gegners im Krimkrieg, um, von Bismarck ermutigt, jene Klausel des Pariser Friedens von 1856 aufzukündigen, die die Souveränität Rußlands im Schwarzen Meer beschränkte. (Die Londoner Pontuskonferenz sanktionierte diese einseitige Maßnahme im März 1871.) Der Untergang des zweiten französischen Kaiserreichs kam auch dem Königreich Italien gelegen: Die Regierung kündigte die «Septemberkonvention» von 1864, durch die sich Italien gegenüber Frankreich verpflichtet hatte, auf jeden Angriff auf den verbliebenen Rest des Kirchenstaates zu verzichten, und ließ Mitte September 1870 Truppen in das päpstliche Gebiet einmarschieren. Damit endete die über tausendjährige weltliche Herrschaft der Päpste. Durch ein Plebiszit wurde am 9. Oktober der Kirchenstaat mit dem Königreich Italien vereinigt. Es folgte die Verlegung der Hauptstadt von Florenz nach Rom im Sommer 1871.

Großbritannien bewahrte seine Neutralität im deutsch-französischen Krieg über den Sturz Napoleons III. hinaus, drängte Bismarck aber zu Verhandlungen mit der neuen provisorischen Regierung in Paris. Tatsächlich traf sich der Leiter der preußischen Politik am 19. September zweimal mit Jules Favre. Eine Einigung war jedoch von vornherein ausgeschlossen: Der Bundeskanzler des Norddeutschen Bundes verlangte die Annexion von Elsaß und Lothringen; der französische Außenminister konnte dieser Forderung nicht stattgeben. Bismarck ging davon aus, daß Frankreich nach seiner Niederlage in jedem Fall auf Revanche sinnen würde. Der Besitz von Elsaß und Lothringen versprach aus seiner Sicht eine gewisse Sicherheit vor einem neuen deutsch-französischen Krieg. Eben deshalb stimmte der Kanzler schließlich auch widerstrebend der Annexion des überwiegend französischsprachigen Gebiets um Metz zu, auf der der Generalstab aus strategischen Gründen bestand. Auch innenpolitische Gründe spielten bei der Einverleibung von Elsaß-Lothringen eine Rolle: Bismarck war es allemal leichter möglich, der Nationalbewegung durch eine Vergrößerung des deutschen Territoriums entgegenzukommen als bei der Erweiterung der Parlamentsrechte. In Frankreich hingegen galt der Verzicht auf die linksrheinischen Departements im Herbst 1870 als schlechthin unannehmbar. Ihre Bewohner mochten deutsch (oder besser «elsässerdütsch») sprechen, aber sie fühlten sich überwiegend als Bürger Frankreichs. Hätte die provisorische Regierung sich in dieser Frage Bismarcks Willen gebeugt, wäre sie sofort gestürzt worden.

Der Krieg ging also weiter, und zwar auf französischer Seite als Volkskrieg unter Gambettas Führung. Auf deutscher Seite war die Frage heftig umstritten, ob und gegebenenfalls wann Paris durch Artilleriebeschuß zur Kapitulation gezwungen werden sollte. Bismarck drängte, um eine Ausweitung des Krieges zu verhindern, auf eine rasche Kapitulation der Hauptstadt; Moltke und der Generalstab wollten Paris zunächst dem Druck der Aushungerung aussetzen. Am 31. Dezember 1870, später als von Bismarck erhofft, begann das deutsche Bombardement. Einen neuerlichen Konflikt mit Moltke über die Kapitulationsbedingungen konnte Bismarck schließlich mit Hilfe des Königs für sich entscheiden. Der Kanzler hatte zeitweilig daran gedacht, mit dem entmachteten Kaiser, der seit dem 5. September auf Schloß Wilhelmshöhe bei Kassel interniert war, Frieden zu schließen, kam dann aber doch zu dem Ergebnis, daß es besser war, sich mit den friedenswilligen Republikanern um Adolphe

Thiers und Jules Favre zu verständigen und Gambetta zu isolieren. Am
28. Januar 1871 wurde eine Vereinbarung über einen vorläufigen Waffenstillstand und die Übergabe von Paris unterzeichnet. Innerhalb von
drei Wochen war demnach eine Nationalversammlung zu wählen. Mit
der von dieser legitimierten Regierung sollten dann die endgültigen Friedensverhandlungen geführt werden.

Während in Frankreich noch gekämpft wurde, verhandelte Bismarck mit den süddeutschen Staaten über die Umwandlung des Norddeutschen Bundes in einen Deutschen Bund. Das Resultat waren die
«Novemberverträge». Baden und Hessen-Darmstadt machten es dem
Kanzler leicht, indem sie die Verfassung des Norddeutschen Bundes
unverändert übernahmen. Württemberg und vor allem Bayern setzten
hingegen Zugeständnisse in Form der sogenannten «Reservatrechte»
durch. So behielten beide Staaten eigene Post- und Eisenbahnverwal-
tungen; Bayern konnte sich darüber hinaus die Militärhoheit in Friedenszeiten und, in einem Geheimvertrag, das Recht sichern, bei allen
Friedensverhandlungen durch einen eigenen Bevollmächtigten vertreten
zu sein. Insgesamt wurde das föderalistische Element der Verfassung
verstärkt: Bundesexekutionen und, mit gewissen Einschränkungen,
Kriegserklärungen waren fortan an die Zustimmung des Bundesrates
gebunden, der seinen Namen behielt. Die drei nichtpreußischen Königreiche Bayern, Sachsen und Württemberg hatten mit 14 von 58 Stimmen ein fast so starkes Gewicht wie Preußen, das über 17 Stimmen
verfügte. 14 Stimmen reichten nach Artikel 78 aus, um Verfassungsänderungen zu verhindern, die im übrigen nur im Bundesrat, nicht im
Reichstag, einer qualifizierten Mehrheit bedurften.

Die Sonderregelungen für Bayern stießen bei den unitarisch gesinnten
Nationalliberalen auf scharfe Kritik. Die Katholische Fraktion, die sich
seit dem Sommer 1870 politisch und organisatorisch zu festigen begann,
hielt die Verfassung für zu wenig föderalistisch, die Fortschrittspartei
und die Sozialisten für zu wenig demokratisch. Aus den Reihen der drei
Gruppierungen in der Schlußabstimmung des Norddeutschen Reichstags
über den Vertrag mit Bayern kamen am 9. Dezember 1870 die 32 Nein-
Stimmen. Die Nationalliberalen stimmten trotz aller Bedenken zu,
ebenso die Freikonservativen und die Konservativen, so daß der Vertrag
eine breite Mehrheit erhielt: 195 der anwesenden 227 Abgeordneten
stimmten mit Ja. Tags darauf nahm der Reichstag die am 9. Dezember
vom Bundesrat beschlossene erste Verfassungsänderung an: An die Stelle

des Begriffs «Deutscher Bund», wie er noch in den Novemberverträgen enthalten war, trat das «Deutsche Reich»; aus dem Bundespräsidium wurde der «Deutsche Kaiser».

Um König Ludwig II. von Bayern mit der Übernahme des Titels «Deutscher Kaiser» durch den König von Preußen zu versöhnen, floß Geld aus dem «Welfenfonds», dem beschlagnahmten Vermögen des ehemaligen Königs von Hannover, nach München. Auch bei Altpreußen, an ihrer Spitze König Wilhelm I., gab es bis zuletzt schwere Bedenken gegen das deutsche «Scheinkaisertum», das den Glanz der preußischen Krone zu verdunkeln drohe. Im Reichstag aber stimmten nur die anwesenden sechs Sozialdemokraten und Lassalleaner gegen «Kaiser» und «Reich». Von Sozialisten, unbeirrten Großdeutschen, süddeutschen Partikularisten und altpreußischen Legitimisten abgesehen, boten die Begriffe allen etwas. Die Deutschen in den Klein- und Mittelstaaten durften das Gefühl haben, daß das neue Gebilde mehr war als nur ein Großpreußen; die Katholiken mochten an das Alte Reich, die Demokraten an das Erbe von 1848 denken. Die Nationalliberalen, von denen nicht wenige wegen der mittelalterlichen und großdeutschen Anklänge dem Kaisertitel zunächst abgeneigt waren, hofften darauf, daß die nationale Monarchie der Hohenzollern den deutschen Partikularismus endgültig überwinden würde. Die meisten preußischen Konservativen empfanden Stolz auf den Macht- und Prestigegewinn ihres Herrscherhauses, glaubten aber nicht ernsthaft, daß Preußen in Deutschland aufgehen könne.

Am 10. Dezember 1870 nahm der Norddeutsche Reichstag gegen sechs Stimmen aus den Reihen der Sozialdemokraten und Lassalleaner sowohl die Änderungen der Verfassung an, die sich aus der Einführung der Begriffe «Kaiser» und «Reich» ergaben, wie auch einen Antrag Eduard Laskers, in dem König Wilhelm I. gebeten wurde, durch «Annahme der Kaiserwürde das Einigungswerk zu weihen». Formell entstand das Deutsche Reich am 1. Januar 1871 durch Verkündung der Verträge zwischen dem Norddeutschen Bund und den süddeutschen Staaten im Gesetzblatt des Norddeutschen Bundes – allerdings noch ohne Bayern. Dort wurde der Ratifizierungsprozeß nach heftigen Debatten in der zweiten Kammer erst am 21. Januar 1871 mit der notwendigen Zweidrittelmehrheit abgeschlossen, woraufhin König Ludwig II. die Verträge am 30. Januar rückwirkend zum 1. Januar 1871 in Kraft setzte.

Als «Reichsgründungstag» galt indessen schon damals der 18. Januar 1871. Auf den Tag genau 170 Jahre nach der ersten Krönung eines Königs von Preußen in Königsberg wurde Wilhelm I. im Spiegelsaal des Schlosses von Versailles zum Deutschen Kaiser proklamiert. Parlamentarier waren bei diesem feierlichen Akt nicht zugegen, wohl aber Fürsten, Prinzen und das Militär. Einer der Offiziere, die an der Zeremonie teilnahmen, war der damals dreiundzwanzigjährige Paul von Hindenburg, der 62 Jahre später, am 30. Januar 1933, als Reichspräsident den Führer der Nationalsozialistischen Deutschen Arbeiterpartei, Adolf Hitler, zum Reichskanzler ernennen sollte.

Der vorläufige Friede mit Frankreich wurde, nachdem im ganzen Land, auch im Elsaß und in Lothringen, eine Nationalversammlung gewählt worden war, am 26. Februar 1871 in Versailles unterzeichnet. Darin trat Frankreich das Elsaß und einen Teil Lothringens, mit Einschluß des Gebiets um Metz, an das Deutsche Reich ab. Am 1. März nahm die Nationalversammlung den Vertrag gegen die Proteste Victor Hugos und der in den abzutretenden Gebieten gewählten Abgeordneten, darunter Léon Gambetta, an. Am 10. Mai 1871 wurde der endgültige Friedensvertrag in Frankfurt am Main unterzeichnet.

Drei Wochen nach der Kaiserproklamation in Versailles, am 9. Februar 1871, bemühte sich Benjamin Disraeli, der Führer der konservativen Opposition im britischen Unterhaus, um eine historische Einordnung des deutsch-französischen Krieges. Dieser Krieg sei, so erklärte er, kein gewöhnlicher, wie der preußisch-österreichische, der italienische oder der Krimkrieg es gewesen seien. «Dieser Krieg bedeutet die deutsche Revolution, ein größeres politisches Ereignis als die Französische Revolution des vergangenen Jahrhunderts. Ich will nicht sagen, daß es ein größeres oder gleich großes soziales Ereignis sei ... Was aber hat sich jetzt ereignet? Das Gleichgewicht der Macht ist völlig zerstört; und das Land, welches am meisten darunter leidet und welches die Wirkungen dieses großen Wechsels am meisten zu spüren bekommt, ist England.»

Die Bildung eines großdeutschen Nationalstaates, der die deutschsprachigen Gebiete Österreichs umfaßte, hätte das europäische Gleichgewicht noch sehr viel radikaler verändert als die von Bismarck durchgesetzte kleindeutsche Lösung. Mit der «halbhegemonialen Stellung des Bismarckreiches auf dem Festland», von der der Historiker Ludwig Dehio rückblickend 1951 gesprochen hat, konnten sich England und Rußland gerade noch abfinden. Wider Willen half ihnen das besiegte Frankreich dabei: Seine Hauptstadt gab, noch während deutsche Truppen im Lande standen, in Gestalt des Aufstands der «Kommune» der Welt das Beispiel einer vollständigen Umwälzung von Staat und Gesellschaft. Vor dem Hintergrund der roten Revolution der Kommunarden, von der noch zu reden sein wird, verlor Bismarcks «deutsche Revolution» viel von ihrem Schrecken: Das neugegründete Deutsche Reich präsentierte sich Europa als konservative Ordnungsmacht.

Mit dem deutsch-französischen Krieg von 1870/71 kam nicht nur die deutsche, sondern auch die italienische Nationalstaatsbildung zumindest äußerlich zum Abschluß. Machtsteigerung durch Schaffung einer größeren, sprachlich verbundenen, politisch handlungsfähigen territorialen Einheit: An diesem Ziel hatten sich die Nationalbewegungen und die Eliten in beiden Ländern orientiert. Durch die Gründung von Nationalstaaten wurden Deutschland und Italien «westlicher»: Sie überwanden die gebietsmäßige Zersplitterung und paßten sich westeuropäischen Vorstellungen von einer staatlich verfaßten Nation an – das unitarische Italien freilich sehr viel konsequenter als das föderalistische Deutschland.

Auch in anderer Hinsicht kam das Königreich Italien westlichen Vorbildern näher als das Deutsche Reich: In Rom hing die Regierung vom Vertrauen des Parlaments ab; in Berlin stand die Exekutive der Volksvertretung als unabhängige Macht gegenüber. Dafür war das deutsche Wahlrecht auf nationaler Ebene demokratisch, das italienische extrem elitär. Innenpolitische Konflikte waren in beiden Systemen von Anfang an angelegt. Eine Entwicklung in Richtung Demokratie erschien nur als eine Möglichkeit unter anderen. Die äußere Einheit des jungen Nationalstaats bot einen Rahmen für die Aufgabe, die Deutschland und Italien noch bevorstand: die innere Einigung oder, anders gewendet, die Herausbildung einer Staatsnation.[13]

Nach der Niederlage: Die Anfänge der Dritten Republik in Frankreich

Für den alten Nationalstaat Frankreich bedeutete der Ausgang des Krieges mit Deutschland eine tiefe Zäsur: Die militärische Niederlage war schon als solche eine demütigende Erfahrung; der Verlust von

Elsaß und Lothringen erwies sich als Wunde, die nicht verheilen wollte; Frankreich konnte seinen Status als europäische Großmacht zwar behaupten, sein Rang war nach dem Sieg Preußen-Deutschlands aber ein geringerer als vor 1870/71.

In der Nationalversammlung, die am 8. Februar 1871 auf Grund des allgemeinen gleichen Wahlrechts für Männer gewählt wurde, verfügten die Monarchisten mit mehr als 400 Abgeordneten über eine satte Mehrheit; die Republikaner kamen auf etwa 200, die Bonapartisten auf 20 Sitze. Allerdings waren die beiden großen «Lager» in sich gespalten: die Monarchisten in Legitimisten, also Anhänger des Hauses Bourbon, und Orleanisten, die Republikaner in Gemäßigte und Radikale. Da die Monarchisten sich auf keine gemeinsame Position verständigen konnten und der Friedensschluß die vordringlichste Aufgabe war, mußten die Fragen der Staatsform und der künftigen Verfassung zunächst vertagt werden. Die Dritte Republik, wie sie aus dem deutsch-französischen Krieg hervorgegangen war, bestand also einstweilen nur de facto und blieb ein Provisorium.

An ihre Spitze trat, als Nachfolger der Regierung der nationalen Verteidigung, ein «Chef du pouvoir exécutif de la République». Am 13. Februar berief die Nationalversammlung in Bordeaux auf diesen Posten einen Politiker, der schon 1836 und 1840 unter König Louis-Philippe Ministerpräsident und Außenminister gewesen war, aber auch unter konservativen Republikanern hohes Ansehen genoß: den erfolgreichsten Kandidaten in den Wahlen vom Februar 1871, Adolphe Thiers. Er bildete ein Kabinett aus Orleanisten und drei gemäßigten Mitgliedern der bisherigen Regierung, unter ihnen Jules Favre als Außenminister. Gegenüber der politisch gespaltenen Nationalversammlung verpflichtete sich Thiers im sogenannten «Pacte de Bordeaux» für die Dauer der Friedensverhandlungen zu parteipolitischer Neutralität.

Die Friedensverhandlungen wurden überschattet durch einen regionalen, innerfranzösischen Bürgerkrieg: den Aufstand der Pariser Kommune. Seine tiefere Ursache war der Gegensatz zwischen der Hauptstadt, in der bei den Wahlen vom Februar die Republikaner gesiegt hatten, und der überwiegend monarchistischen Provinz. Als die Nationalversammlung am 13. Februar auf ihrer ersten Sitzung Thiers an die Spitze der Regierung berief und als ihren Tagungsort nicht Paris, sondern Versailles bestimmte, wurde das von den Pariser Republikanern als Bekenntnis zur Monarchie gedeutet. Zwei Tage später setzten die Nationalgarden ein Zentralkomitee zur Verteidigung der Republik ein und bemächtigten sich der Kanonen, die andernfalls in die Hände der Deutschen gefallen wären. Die Regierung nahm das als Kampfansage und beendete die Soldzahlung an die Nationalgarden, deren Angehörige meist Arbeiter, Handwerker, kleine Kaufleute und Angestellte waren. Am 18. März versuchten nach Paris beorderte Regierungstruppen, die Kanonen in ihren Besitz zu nehmen. Nach dem Fehlschlag dieser stümperhaft vorbereiteten Aktion verfügte Thiers, gegen den Rat gemäßigter Republikaner, die Evakuierung der Hauptstadt und gab damit das Signal zum allgemeinen Aufstand.

Am 26. März wählte die in Paris verbliebene Bevölkerung einen Rat der Kommune, in dem sogenannte Jakobiner, Anhänger von Proudhon und Blanqui sowie solche der Internationalen Arbeiter-Assoziation das Übergewicht hatten. Die meisten Dekrete der Kommune standen in engem Zusammenhang mit der Bürgerkriegssituation; einige, wie der Erlaß von Miet- und Geschäftsschulden, ein Nachtbackverbot und die Einführung unentgeltlichen Schulunterrichts, waren Ausdruck des Willens zu einer Gesellschaftsreform im Sinne der «kleinen Leute». Die sonstigen über den Tag hinaus weisenden Beschlüsse standen zum Teil, wie die Beschlagnahme von Ordensbesitz und die Schließung von Kirchen, in der Tradition der «Montagne» von 1792/93, zum Teil entsprachen sie, wie die Forderung nach einem föderalistischen Staats- und Gesellschaftsaufbau, den Vorstellungen des 1865 verstorbenen Proudhon. Aus jakobinischen und proudhonistischen Quellen stammte auch die Kontrolle des Rats der Kommune durch Volksversammlungen in Gestalt der Klubs. «Kommunistisch» war die Kommune nicht: Das Privateigentum als solches blieb unangetastet. Selbst von den Anhängern der Ersten Internationale, die dem Rat der Kommune angehörten, kannte kaum einer die Lehren von Marx.

Das schreckliche Ende kam in der «semaine sanglante», der «Blutwoche», vom 21. bis 28. Mai 1871. Nach fast zweimonatiger Belagerung nahmen die von Marschall Mac-Mahon befehligten Regierungstruppen die Hauptstadt ein. Als Antwort auf die Erschießung von Gefangenen durch das Militär töteten die Kommunarden ihrerseits 64 Geiseln, darunter den Erzbischof von Paris. Die Regierungstruppen machten zahllose Aufständische nach der Gefangennahme nieder; Standgerichte verurteilen Tausende, die dann an der «Mauer der Konföderierten» erschossen wurden. Insgesamt kamen während der «Blutwoche» etwa 20 000 Kommunarden ums Leben; auf Seiten der Regierungstruppen fielen rund 400 Soldaten. In der Folgezeit ergingen etwa 10 000 Verurteilungen von Kämpfern der Kommune zu Zwangsarbeit, Gefängnis, Zuchthaus oder Deportation in die Sträflingskolonien von Neukaledonien. Von 93 Todesurteilen wurden 23 vollstreckt.

Die außerordentliche Härte der Regierung Thiers erklärt sich zu einem erheblichen Teil daraus, daß diese ihre Verhandlungsposition gegenüber den Deutschen durch den Pariser Aufstand geschwächt sah. Je entschiedener die offizielle Staatsgewalt gegen die Kommunarden vorging, desto mehr konnte sie hoffen, im In- und Ausland respektiert zu werden. Die Kommune litt von Anfang an darunter, daß sie hinsichtlich ihrer Ziele uneins war: Die kommunalen Autonomisten, die mehr Selbständigkeit für die Hauptstadt forderten, wollten etwas anderes als die Befürworter einer jakobinischen Diktatur, und beide unterschieden sich von den Sozialisten, denen es in erster Linie um gesellschaftliche Veränderungen ging. Der Rat der Kommune besaß nicht einmal in Paris unangefochtene Autorität; eine Revolutionierung der Provinz blieb, abgesehen von örtlichen Aufständen wie in Marseille und Lyon, ein Wunschtraum. Unter solchen Umständen konnte das Vorhaben, die aus den Wahlen hervorgegangene Regierung Thiers zu stürzen und aus Frankreich eine Republik nach den Vorstellungen der Kommune zu machen, nur scheitern.

Daß die Pariser Kommune rasch zu einem Mythos der europäischen Linken wurde, verdankt sie vor allem Karl Marx. Bereits im April und Mai 1871 schrieb er in Form einer Adresse des Generalrats der Internationalen Arbeiter-Assoziation seine im Juni veröffentlichte Schrift «Der Bürgerkrieg in Frankreich». Darin stellte der Begründer des «Wissenschaftlichen Sozialismus» die Kommune als ein neues Modell des sozialen Zusammenlebens und der politischen Ordnung dar. Vorbildhaft waren aus seiner Sicht namentlich die Aufhebung der herkömmlichen Gewaltenteilung durch die Zusammenlegung von gesetzgebender und ausführender Gewalt in einer «arbeitenden Körperschaft», die Wahl der Beamten und Richter durch die Kommune, das imperative Mandat und die indirekte Wahl der Abgeordneten der künftigen Nationaldelegation durch die Bezirksversammlungen, in denen die Landgemeinden ihre gemeinsamen Angelegenheiten verwalteten, die genossenschaftliche Produktion und die Ersetzung des stehenden Heeres durch eine Volksmiliz.

Marx stellte mehr ab auf das, was die Kommune erstrebte, als auf das, was sie tatsächlich erreichte. Er zeichnete das Bild einer proletarischen Erhebung, obwohl das starke kleinbürgerliche Element in der Pariser Revolution von 1871 unübersehbar war. Die Kommune war für ihn «wesentlich eine *Regierung der Arbeiterklasse*, das Resultat des Kampfes der hervorbringenden gegen die aneignende Klasse, die endlich entdeckte politische Form, unter der die ökonomische Befreiung sich vollziehen konnte». Sie war «die erste Revolution, in der die Arbeiterklasse offen anerkannt wurde als die einzige Klasse, die noch einer gesellschaftlichen Initiative fähig war … Das Paris der Arbeiter, mit seiner Kommune, wird ewig gefeiert werden als der ruhmvolle Vorbote einer neuen Gesellschaft.» Friedrich Engels bündelte, als er 1891, zum zwanzigsten Jahrestag der Kommune, die Schrift von Marx neu herausgab, die Folgerungen aus dem Experiment von 1871 in dem Satz: «Seht euch die Pariser Kommune an. Das war die Diktatur des Proletariats.»

Den Begriff «Diktatur des Proletariats» hatte Marx erstmals 1850 in seiner Schrift «Die Klassenkämpfe in Frankreich» verwendet. Engels wurde durch die letzten beiden Sätze seiner Einleitung zu Marx' Schrift über den «Bürgerkrieg in Frankreich» zum Stichwortgeber Lenins und der russischen Bolschewiki. Sie lernten auch aus dem, was Engels schon in einem Brief vom Januar 1872 als entscheidenden Mangel der Kommune erkannt zu haben glaubte: ihren Mangel an «Autorität und Zentralisation». In Deutschland war Bebel einer der ersten, die sich zur Pariser Kommune bekannten. In einer Rede vom 25. Mai 1871, in der er sich gegen die Annexion von Elsaß-Lothringen wandte, erklärte er vor dem Reichstag, «daß der Kampf in Paris nur ein kleines Vorpostengefecht ist, daß die Hauptsache in Europa uns noch bevorsteht». Es war ein Wort, das in das bürgerliche Bild von der sozialistischen Arbeiterbewegung einfloß und die deutsche Sozialdemokratie als etwas erscheinen ließ, was sie gar nicht war: eine Partei des gewaltsamen Umsturzes. Das Verdikt trug überdies dazu bei, daß ein Hochverratsprozeß gegen Bebel und Liebknecht vor dem Schwurgericht in Leipzig im März 1872 mit Schuldsprüchen endete: Beide Arbeiterführer wurden wegen Vorbereitung zum Hochverrat zu zwei Jahren Festungshaft verurteilt.

In Frankreich selbst warf der Aufstand der Kommune die Arbeiterbewegung um viele Jahre zurück: Es gab auch nach 1871 Sozialisten, aber wegen der Verurteilung und Verbannung von Tausenden von Kommunarden waren sie lange Zeit führerlos. Der Aufbau einer sozialistischen Partei und sozialistischer Gewerkschaften fand sehr viel später statt als in Deutschland, und es hatte mit der blutigen Niederschlagung der Pariser Revolution von 1871 zu tun, daß der französische Sozialismus sehr viel länger als die deutsche Sozialdemokratie einer klassenkämpferischen, ja revolutionären Rhetorik huldigte. Auch von den langfristigen Wirkungen her spricht alles für die These, daß die Kommune nicht die erste moderne Revolution, sondern die letzte Revolution alten Stils war – durchgeführt unter Bedingungen, die ungleich weniger günstig waren als die der Revolutionen von 1789, 1830 und 1848.

Das bürgerliche Frankreich rechnete die Niederwerfung des Pariser Aufstands dem Chef der Exekutivgewalt als Verdienst an: Ende August 1871 wurde Thiers von der Nationalversammlung zum Präsidenten der Republik gewählt. Zu seinem wichtigsten Tätigkeitsfeld wurde bald der Neuaufbau der Armee nach preußischem Vorbild, wozu die Einführung der allgemeinen Wehrpflicht (bei vielen Befreiungen und kürzerer Dienstzeit für Rekruten mit höherem Bildungsgrad) im Jahre 1872 gehörte. Der Präsident näherte sich in dieser Zeit innenpolitisch den Republikanern um Gambetta an, die im Sommer 1871 einige Nachwahlen für sich entschieden hatten. Für Thiers war die Republik die Ordnung, die die Franzosen am wenigsten trennte («le régime qui nous divise le moins») und Ruhe und Ordnung verbürgte, wenn sie denn war, was sie sein mußte, nämlich konservativ («la république sera conservatrice ou ne sera pas»). Solche Bekenntnisse zur Republik forderten die Monarchisten ebenso heraus wie Thiers' Absage an das Ansinnen der Klerikalen, zugunsten der Wiederherstellung der weltlichen Herrschaft des Papstes tätig zu werden und dabei auch einen Krieg mit Italien in Kauf zu nehmen. Im Frühjahr 1873 schlossen sich Orleanisten und Legitimisten zu einer Koalition zusammen. Am 24. Mai kam es zum Schwur: Mit 360 gegen 340 Stimmen sprach die Nationalversammlung Thiers das Mißtrauen aus.

Zu seinem Nachfolger wählten die Abgeordneten Marschall Mac-Mahon, der den klerikalen Monarchisten zuzurechnen war. Als Vizepräsidenten des Rats, das heißt als faktischen Regierungschef, berief er den Chef der Orleanisten, den Herzog Albert de Broglie. Ein Zusammenschluß der Legitimisten und Orleanisten scheiterte an der Hartnäckigkeit, mit der der bourbonische Thronprätendent, der Herzog von Chambord, ein Enkel Karls X., auf dem Lilienbanner als Staatsflagge bestand, was Mac-Mahon schon aus Rücksicht auf die Armee ablehnte. Hinter dem Symbolstreit verbarg sich ein tieferer Gegensatz: Die Orleanisten wünschten ein Königtum mit starkem Parlament wie in England, die Legitimisten eine Monarchie im Sinne der Zeit vor der Julirevolution von 1830. Mit vereinter Kraft gelang es den Monarchisten immerhin, im November 1873 eine siebenjährige Amtszeit des Präsidenten Mac-Mahon zu beschließen: eine Festlegung, die den späteren Übergang zur Monarchie erleichtern sollte. Im Mai 1874 zerbrach die Koalition, die hinter dem Kabinett de Broglie stand: 50 Legitimisten stimmten mit den Bonapartisten und der Linken gegen die Regierung und brachten sie zu Fall.

Die Dritte Republik war um diese Zeit noch immer ein Provisorium. Seit dem November 1873 arbeitete jedoch eine Kommission von 30 Abgeordneten im Auftrag der Nationalversammlung am Entwurf einer Verfassung. Das Ergebnis langer Kompromißsuche waren die drei Verfassungsgesetze vom Februar und Juli 1875. Das erste regelte die Organisation des Senats, das zweite die Organisation der Staatsgewalten, das dritte die Beziehungen der Staatsgewalten untereinander. Von den 300 Senatoren wurden 225 für eine Amtszeit von neun Jahren gewählt, wobei den zwei größten, Seine und Nord, je fünf, den sechs nächstgrößeren je vier und den übrigen Departements je zwei Senatoren vorstanden. Das Territorium von Belfort (jener Teil des vom Deutschen Reich annektierten Departements Haut-Rhin, den Frankreich bei den Friedensverhandlungen den Deutschen hatte abtrotzen können), die 1848 gebildeten drei Departements in Algerien und die vier Überseekolonien Martinique, Guadeloupe, Réunion und Französisch-Indien wählten je einen Senator (wobei in Algerien nur die weiße, in den «alten Kolonien» seit 1848 auch die nichtweiße Bevölkerung das Stimmrecht hatte). 25 Senatoren wurden von der Deputiertenkammer auf Lebenszeit gewählt und waren unabsetzbar: eine Bestimmung, die durch eine Verfassungsänderung von 1884 wieder beseitigt wurde. Fortan gab es nur noch 225 Senatoren, die alle auf Grund desselben Wahlrechts gewählt wurden.

Der Senat und die Deputiertenkammer wirkten bei der Einbringung und Ausführung der Gesetze zusammen. In gemeinsamer Sitzung wählten sie zusammen den Präsidenten der Republik, dessen Amtszeit sieben Jahre betrug und der einmal wiedergewählt werden konnte. Der Präsident besaß wie die beiden Kammern das Recht der Gesetzesinitiative.

Er traf Verfügungen über die bewaffnete Macht. Bei Kriegserklärungen war er auf die vorherige Zustimmung beider Kammern angewiesen. Mit Zustimmung des Senats durfte er die Deputiertenkammer vor Ablauf ihrer gesetzlichen Wahlperiode auflösen. Er ernannte die Inhaber aller Zivil- und Militärämter, also auch die Minister. Die Minister waren den Kammern kollektiv für die allgemeine Politik und individuell für ihre eigenen Amtshandlungen verantwortlich.

Auf einen starken Präsidenten hatten vor allem die Orleanisten gedrängt und sich dabei weitgehend durchgesetzt. Wer sich aber im Konfliktfall behaupten würde, Präsident oder Parlament, ließen die erstaunlich lückenhaften Verfassungsgesetze von 1875 offen. Ein Machtkampf wurde wahrscheinlich, als bei den Wahlen vom Februar 1876 die Republikaner die Mehrheit in der Deputiertenkammer eroberten. Am 16. Mai 1877, dem berühmten «Seize Mai», überschritt Präsident Mac-Mahon den Rubikon: Er entließ das von dem gemäßigten Republikaner Jules Simon, dem ersten jüdischen Regierungschef Frankreichs, geführte Kabinett und ernannte erneut den Herzog von Broglie zum Präsidenten des Rates, dem faktischen Ministerpräsidenten. Die Republikaner nahmen die Herausforderung an und zogen mit antiklerikalen Parolen in den Wahlkampf, aus dem sie, wenn auch leicht geschwächt, als Sieger hervorgingen.

Formal hatte Mac-Mahon mit seiner Aktion vom 16. Mai 1877 die Verfassung nicht verletzt, der Sache nach waren der Regierungswechsel und die Auflösung der Deputiertenkammer ein Putsch mit dem Ziel der Errichtung eines Präsidialregimes. Der Fehlschlag des Versuchs hatte weitreichende Folgen. Nachdem die Wähler den präsidialen «appel au peuple» durch die Bestätigung der republikanischen Kammermehrheit negativ beantwortet hatten, konnte Mac-Mahon sich nur noch dank der konservativen Mehrheit im Senat im Amt behaupten. Als nach Teilwahlen Anfang Januar 1879 auch hier die Republikaner die Mehrheit gewannen, trat der Präsident am 30. Januar zurück. Zum Nachfolger Mac-Mahons wurde der gemäßigte Republikaner Jules Grévy gewählt. Die Republikaner hatten die Machtprobe für sich entschieden. Bis zum Ende der Dritten Republik im Jahre 1940 hat kein Präsident der Republik mehr gewagt, die Deputiertenkammer aufzulösen. Ohne formelle Verfassungsänderung verwandelte sich Frankreich 1879 in eine parlamentarische Demokratie.

Die «République des ducs» (Republik der Herzöge), wie man das weithin von den Monarchisten bestimmte System der Jahre 1871 bis 1877 genannt hat, war an ihr Ende gelangt. Es begann die Zeit der «opportunistischen Republik», in der nicht mehr Großbourgeoisie und Adel, sondern «Notabeln» aus den «nouvelles couches», den neuen Mittelschichten, vor allem Rechtsanwälte und Journalisten, den Ton angaben und die rasch wechselnden Regierungen sich ihre Mehrheiten einmal links und einmal rechts der Mitte suchten. Da Mißtrauensanträgen keinerlei Riegel vorgeschoben war, konnte man auch nach 1879 von politischer Stabilität nicht sprechen. Aber eine gewisse Beruhigung trat nach dem Scheitern des «Seize Mai» doch ein. Etwas über acht Jahre nach der Proklamation der Republik im Oktober 1870 stand fest, daß der Dritten Republik politische Legitimität zugewachsen war. Die Ereignisse der Jahre 1877 bis 1879 führten zu einer republikanischen Umgründung der Republik: dem Gegenteil dessen, was die Urheber des Quasi-Putsches von 1877 gewollt hatten.[14]

Kulturkampf: Staat und Kirche im Widerstreit

Hätten im Frankreich der siebziger Jahre nicht klerikale und konservative Kräfte bestimmenden Einfluß auf die Politik gehabt, wäre die Dritte Republik gewiß zu einem frühen Schauplatz jenes «Kulturkampfes» zwischen dem Staat und der katholischen Kirche geworden, der um diese Zeit in mehreren Ländern Europas mit großer Härte geführt wurde. Von einem «Kulturkampf» sprach in diesem Zusammenhang als erster der berühmte Mediziner und linksliberale Politiker Rudolf Virchow am 17. Januar 1873 im preußischen Abgeordnetenhaus. Begonnen hatte die neue Phase des alten Ringens zwischen geistlicher und weltlicher Macht aber nicht in Berlin, sondern in Rom. Am 18. Juli 1870, am Tag vor der französischen Kriegserklärung, war dort nach acht Monate währenden Beratungen das Vatikanische Konzil mit der Verabschiedung des «Unfehlbarkeitsdogmas» zu Ende gegangen, wonach der Papst sich nicht irren konnte, wenn er «ex cathedra» Lehrentscheidungen traf. Die «Infallibilität» des Papstes entsprach der Souveränität weltlicher Fürsten: So hatte es bereits 1819 Joseph de Maistre in seinem Buch «Du Pape» gelehrt. «Was lag näher, als diese Lehre wörtlich zu nehmen, sobald das Ende des Kirchenstaates heranrückte», schreibt der Historiker und Publizist Gustav Seibt in seinem Buch

«Rom oder Tod. Der Kampf um die italienische Hauptstadt». «Die Unfehlbarkeit ersetzte den Boden, auf dem der Papst bisher gestanden hatte – ein Stück Land, gewissermaßen durch einen Haken im Himmel, an dem er nun hing.»

Das Unfehlbarkeitsdogma reihte sich in eine längere Reihe päpstlicher Kampfansagen an Aufklärung, Liberalismus, Sozialismus und Revolution ein. Zuletzt hatte Pius IX. 1864 in der Enzyklika «Quanta cura» die unbedingte Unterwerfung von Staat und wissenschaftlicher Forschung unter die Autorität der katholischen Kirche gefordert und im beigefügten «Syllabus errorum» ein umfassendes Verzeichnis zu bekämpfender Irrlehren vorgelegt. Zu diesen rechneten nun auch die Forderungen nach staatlicher Schulhoheit, nach Trennung von Staat und Kirche und nach rechtlicher Gleichstellung von Katholiken und Nichtkatholiken.

Die Kirche sah sich in einem Abwehrkampf gegen die moderne Welt, und gerade in den sechziger Jahren mehrten sich ihre politischen Niederlagen. Die politische Einigung Italiens ging einher mit der Zertrümmerung des Kirchenstaates; seit 1861 waren davon nur noch Rom und Latium übrig. Als Katastrophe nahm man im Vatikan die Niederlage Österreichs, der Vormacht des Katholizismus in Mitteleuropa, im deutschen Krieg von 1866 wahr. «Casca il mondo» (Die Welt bricht zusammen): Der Kardinalstaatssekretär Antonelli hat zwar sogleich dementiert, daß er mit diesem Ausruf auf die Nachricht vom preußischen Sieg bei Königgrätz reagiert habe, aber die tatsächliche Einschätzung des Ereignisses dürfte nicht viel anders gewesen sein. Das zweite französische Kaiserreich gab sich zwar auch als katholische Macht, aber die Politik Napoleons III. war keineswegs so durchgängig kirchenfreundlich, wie die Kurie es erwartete. Die kleine Garnison, die Frankreich als Antwort auf Garibaldis letzten Einfall in den Kirchenstaat vom Herbst 1867 wieder in Rom unterhielt, war nicht viel mehr als eine symbolische Geste. Wenn es zu einem deutsch-französischen Krieg kam und Frankreich unterlag, war der Kirchenstaat nicht mehr zu retten: Daran hatten weder Pius IX. noch seine Berater den geringsten Zweifel.

Innerhalb des Katholizismus war das Unfehlbarkeitsdogma höchst umstritten: Zu den Gegnern auf dem Konzil gehörten die meisten Bischöfe aus Deutschland und Österreich; hartnäckige Widersacher unter Theologen und Laien wurden exkommuniziert oder verließen von sich aus die katholische Kirche. Die Regierungen überwiegend katholischer

Länder reagierten zunächst schärfer als die mancher mehrheitlich protestantischer Staaten: Österreich kündigte das Konkordat aus dem Jahr 1855; Bayern verhinderte die Verkündung der Beschlüsse, indem es das dafür notwendige Plazet verweigerte; Baden, das noch vor Bayern mit der katholischen Kirche über der Schulpolitik in einen heftigen Konflikt geraten war, stritt die Rechtsverbindlichkeit des Dogmas ab. Preußen und der Norddeutsche Bund hielten sich dagegen schon mit Blick auf den Krieg mit Frankreich zurück und betrachteten das neue Dogma offiziell fürs erste als eine innerkirchliche Angelegenheit.

Am schärfsten spitzte sich der Konflikt zwischen Staat und Kirche in Italien zu. Das lag an einer unmittelbaren Folge des deutsch-französischen Krieges: dem Einmarsch italienischer Truppen unter dem General Cadorna in den Kirchenstaat Mitte September und seiner Einverleibung in das Königreich Italien auf Grund des Plebiszits vom 9. Oktober 1870. Pius IX. hatte symbolischen Widerstand angeordnet, diesen aber beendet, nachdem es den Italienern gelungen war, am 20. September an der «Porta Pia» eine Bresche in die Stadtmauer zu schießen. Die Antwort des Papstes war die Exkommunikation aller, die an der Beseitigung des Patrimonium Petri beteiligt waren, am 1. November 1870.

Das Königreich Italien bemühte sich trotzdem um Entgegenkommen: Im Mai 1871 verabschiedete das Parlament die «Garantiegesetze», mit denen das Königreich Italien das Verhältnis zwischen Staat und Kirche einseitig regelte. Die Gesetze sprachen dem Papst Heiligkeit, Unverletzlichkeit und Souveränität zu und sicherten die Immunität der apostolischen Paläste und seines Sommersitzes in Castelgandolfo. Außerdem verzichtete der Staat auf seine Rechte bei der Ernennung der Bischöfe und deren Treueid. Der Papst sollte eine Dotation von 3 225 000 Lire erhalten, die Pius IX. aber ablehnte. Er hielt auch an seinem Exkommunikationserlaß fest und vertiefte den Gegensatz zum Königreich Italien mit seinem Dekret «Non expedit» von 1874: Es untersagte den gläubigen Katholiken jede Teilnahme an den Wahlen. Das Wahlverbot, das erst 1905 gelockert und 1918 aufgehoben wurde, spaltete Italien auf unheilvolle Weise. Die Selbstausschaltung des Katholizismus verhalf rechten und linken Antiklerikalen zu parlamentarischen Mehrheiten, die nicht dem Mehrheitswillen der Bevölkerung entsprachen. Auf diese Weise trug das Dekret von 1874 dazu bei, die Kluft zwischen dem «paese legale» und dem «paese reale» zu vertiefen: eine schwere Vorbelastung des jungen italienischen Nationalstaates.

Das katholische Spanien erlebte um die gleiche Zeit seinen eigenen Kulturkampf. Die nach der Revolution von 1868 eingeführte völlige Freiheit des Unterrichts wurde 1875 auf Druck der katholischen Kirche und der Klerikalen von der konservativen Regierung Antonio Cánovas del Castillos stark eingeschränkt. In der liberalen Ära von 1881 bis 1883 wurde der entsprechende Erlaß wieder zurückgenommen. In der Folgezeit hing der Grad der Unterrichtsfreiheit davon ab, ob gerade Liberale oder Konservative an der Macht waren. In Portugal fand der Kulturkampf erst zu Beginn des 20. Jahrhunderts statt; an seinem Ende standen die Trennung von Staat und Kirche im Jahre 1911 und die Ausweisung des päpstlichen Nuntius zwei Jahre später. Im katholischen Belgien, dem liberalen «Musterland» Europas, war der Kulturkampf der Jahre 1878 bis 1884 ein Kampf um den Vorrang der weltlichen oder der katholischen Schule. Er endete mit einer schweren Wahlniederlage der Liberalen im Jahre 1884 und einem von der neuen katholischen Regierung durchgesetzten Schulgesetz, das das Nebeneinander von Gemeinde- und «freien», das heißt katholischen, Schulen auf eine neue Grundlage stellte.

Im cisleithanischen Österreich standen die drei, vom Papst scharf kritisierten, «Maigesetze» von 1868 über Ehe, Schule und interkonfessionelle Verhältnisse am Beginn eines «Kulturkampfes» avant la lettre. Die Maigesetze waren das Werk des liberalen «Bürgerministeriums» unter Führung des Grafen Carlos Auersperg. Es folgten im Mai 1869 ein Reichsvolkschulgesetz, das die achtjährige interkonfessionelle Pflichtschule einführte, im Sommer 1870 die schon erwähnte Kündigung des Konkordats und 1874, unter der Verantwortung des gleichfalls liberalen Ministeriums von Fürst Adolf Auersperg, einem Bruder von Carlos, die vom Geist des Josephinismus geprägten Gesetze über die Regelung der äußeren Rechtsverhältnisse der katholischen Kirche, über die Beiträge des geistlichen Pfründenvermögens zum Religionsfonds und über die gesetzliche Anerkennung der Religionsgesellschaften. Später als in Österreich, nämlich erst in der «opportunistischen Republik» nach 1879, begann in Frankreich der Kulturkampf. Darauf, wie auf den Kulturkampf im Deutschen Reich, wird noch zurückzukommen sein.

Das «Vatikanum» hat die Kulturkämpfe in Europa nicht ausgelöst, wohl aber viel zu der erbitterten Schärfe beigetragen, mit der sie nach 1870 ausgetragen wurden. Die Protagonisten waren die Liberalen und die mit ihnen kooperierenden weltlichen Regierungen überwiegend katholischer oder gemischtkonfessioneller Staaten auf der einen, die Kurie, der katholische Klerus und die kirchentreuen Katholiken auf der anderen Seite. Es ist müßig zu fragen, ob die liberale beziehungsweise weltliche oder die katholische Seite den Konflikt begonnen hat: Der Gegensatz war um 1870 längst ein historischer, die Auseinandersetzungen zwischen beiden «Lagern» nicht vermeidbar, wenn die Liberalen liberal, die Nationalstaaten souverän und die katholische Kirche päpstlich bleiben wollten. Der Kulturkampf revolutionierte in manchen Ländern das Parteiensystem: Die Herausbildung fest organisierter katholischer Parteien schwächte die bestehenden bürgerlichen Parteien, obenan die liberalen. Eben daraus erklärt sich zu einem guten Teil die Heftigkeit, mit der der Liberalismus im Bunde mit der Staatsmacht dem politischen Katholizismus nach 1870 entgegentrat.[15]

Ein gespaltener Nationalstaat: Italien nach der Einigung

Der Gegensatz zwischen Katholizismus und Liberalismus war eine von drei Spaltungen, die den italienischen Nationalstaat seit seiner Gründung prägten. Die anderen beiden waren die zwischen Nord und Süd und die zwischen wahlberechtigten und nichtwahlberechtigten Italienern. Über die Probleme des «mezzogiorno» wurde erstmals offen und breit in der zweiten Hälfte der siebziger Jahre diskutiert. Die frühen «meridionalisti», Autoren wie Sidney Sonnino, Leopoldo Franchetti und Pasquale Villari, verwiesen mit als erste auf die strukturelle Unterentwicklung des Südens als Folge jahrhundertealter feudaler Ausbeutung und extensiv betriebener Landwirtschaft. Zu Beginn des 20. Jahrhunderts ging Giustino Fortunato einen Schritt weiter: Infolge der Zolleinheit des Nationalstaates sei der von Natur aus arme, agrarische Süden vom reichen, industrialisierten Norden gewissermaßen kolonialisiert worden.

Antonio Gramsci, der an Marx geschulte Mitgründer der Kommunistischen Partei Italiens, hat erstmals 1926 die ausgebliebene Agrarrevolution im Süden als das große Versäumnis des Risorgimento bewertet. Die neuere sozialgeschichtliche Forschung mit Giuseppe Galassi und Rosario Romeo an der Spitze ist ihm darin nicht gefolgt. Sie verweist darauf, daß gerade die Garibaldi zuneigenden Kleinbürger entschiedene

Gegner einer Agrarrevolution waren und die Bauern des Südens den neuen Staat in Gänze ablehnten. Die Schaffung des Nationalstaates, der dem Süden von den liberalen Eliten förmlich aufgezwungen werden mußte, war aus dieser Sicht die Voraussetzung für die Überwindung der Rückständigkeit – freilich nur eine notwendige und noch keine ausreichende Voraussetzung.

Ein Vergleich mit Deutschland liegt nahe. Dort gab es kein wirtschaftliches Nord-Süd-, sondern ein West-Ost-Gefälle. Dem industriellen Westen stand ein agrarischer Osten, den Gebieten der Grundherrschaft und selbständiger Bauernwirtschaft im Westen und Süden das Gebiet der Gutsherrschaft im Nordosten gegenüber, wo wenige Rittergutsbesitzer viele Landarbeiter beschäftigten. Die italienische Führungsmacht, das Haus Savoyen, verkörperte den industriell entwickelten Norden; die Hohenzollern hatten ihre Stammlande im agrarischen Ostelbien, beherrschten seit 1815 aber auch den industriell fortgeschrittenen Westen Deutschlands. Preußen war seitdem zu einem Ausgleich zwischen West und Ost gezwungen. Eine Vernachlässigung des zurückgebliebenen Ostens durch den Staat war im geeinten Deutschland nicht vorstellbar; im geeinten Italien blieb der rückständige Süden durch das Erbe von Jahrhunderten drückender Fremdherrschaft von Arabern und Byzantinern bis hin zu den spanischen Bourbonen geprägt.

In der Fremdherrschaft lag auch ein Grund, weshalb das Königreich Sardinien-Piemont nicht andere Dynastien zu seinen dauerhaften Verbündeten machen und an der Bildung des Nationalstaats beteiligen konnte: Die Bourbonen in Neapel und die Habsburger im nördlichen Mittelitalien hatten nie denselben Rückhalt in der Bevölkerung wie die Wittelsbacher in Bayern oder die Wettiner in Sachsen. In Deutschland konnten sich die Gründung des Nationalstaats und die Nationsbildung *mit* den Dynastien vollziehen, die 1866 ihre Kronen behalten hatten. In Italien war die Entmachtung aller nichtpiemontesischen Herrscher die Voraussetzung der Gründung des Nationalstaates. Schon deshalb war ein föderalistischer Staatsaufbau wie in Deutschland nicht möglich, die unitarische Lösung faktisch ohne Alternative.

Seit den siebziger Jahren erweiterte sich die wirtschaftliche Schere zwischen Nord und Süd. Nach dem Wiener Börsenkrach von 1873, der eine europaweite Wirtschaftskrise auslöste, wurde in Italien wie überall auf dem europäischen Kontinent der Ruf nach dem Schutz der eigenen Industrien laut. Der Zolltarif von 1878 kam dem Verlangen der Protektionisten entgegen und der Entwicklung einer Schwerindustrie in Norditalien zugute. Der nach wie vor fast ausschließlich landwirtschaftlich geprägte Süden aber fiel immer mehr hinter den Norden und die Mitte zurück. Das lag an den Schutzzöllen anderer Länder, seit den achtziger Jahren aber auch an den Getreideimporten aus Nordamerika, ermöglicht durch den Ausbau des Eisenbahnnetzes in den Vereinigten Staaten und den Schiffsverbindungen zwischen beiden Seiten des Atlantiks. Der Mezzogiorno versank in einer wirtschaftlichen Depression, die bis heute anhält. Da die Bevölkerung in der Region selbst keine Arbeit und keine ausreichende Nahrung fand, begaben sich zahllose Süditaliener in den industrialisierten und vergleichsweise wohlhabenden Norden oder wanderten nach Übersee, vor allem in die USA und nach Argentinien, aus. In den Jahren 1886 bis 1890 verlor Italien jährlich etwa 220 000 Menschen durch Emigration.

Die wirtschaftliche Ausdehnung des Nordens nach den Einigungskriegen förderte die Entstehung einer selbständigen italienischen Arbeiterbewegung. Bis 1871 hatten die industriellen Arbeiter ganz überwiegend auf der Seite Mazzinis gestanden. Als ihr Idol aber in der neuen Zeitung «La Roma del Popolo» die Kommune und die Internationale Arbeiter-Assoziation scharf angriff, wandten sich viele, ebenso wie Garibaldi, von Mazzini ab und der Internationale zu. Innerhalb der IAA standen die italienischen Sozialisten wie Andrea Costa, Enrico Malatesta und Carlo Cafiero der anarchistischen Richtung um Bakunin nahe, der sich 1868 der Internationale angeschlossen hatte, dann aber mit Marx überwarf und 1872 zusammen mit seinen Anhängern aus der IAA ausgeschlossen wurde. Wie die Sektionen in Spanien und der französischen Schweiz beteiligte sich auch die italienische Sektion der IAA mit ihren über 30 000 Mitgliedern im September 1873 aktiv an der Gründung der neuen, von Bakunin geprägten Anti-autoritären Internationale: eine Spaltung, die mit dazu beitrug, daß sich die Erste Internationale im Juli 1876 auf einem Kongreß in Philadelphia auflöste.

Im August 1874, vor dem Hintergrund der Wirtschaftskrise nach dem Wiener Börsenkrach vom Vorjahr, unternahm die italienische Sektion unter Beteiligung Bakunins einen Aufstandsversuch in Bologna, der aber kläglich scheiterte. Die Anziehungskraft anarchistischer Ideen hielt dennoch an: Solange die italienischen Arbeiter vom Wahlrecht ausgeschlossen waren, schied eine parlamentarische Interessenvertretung aus. Einer straffen nationalen Organisation des Proletariats, wie

Marx und Engels sie forderten, standen die extremen Unterschiede zwischen Nord- und Süditalien entgegen. Die von Bakunin verherrlichte direkte Aktion von unten hingegen erschien als geeignete Form, den eigenen Forderungen Nachdruck zu verschaffen.

Eine Änderung des Wahlrechts zugunsten breiter Schichten der Bevölkerung war so lange nicht zu erwarten, als die Destra Storica die Regierungen stellte. Am 18. März 1876 beendete eine «parlamentarische Revolution» die Vorherrschaft der Rechten: Ein Teil der bisherigen Mehrheit stimmte im Zusammenhang mit der geplanten, aber heftig umstrittenen Verstaatlichung der Eisenbahnen zusammen mit der Linken gegen die Regierung des Ministerpräsidenten Marco Minghetti. Das neue Kabinett wurde von einem Politiker der Linken, Agostino Depretis, einem einstigen Mitstreiter Garibaldis in Sizilien, gebildet. Die Destra Storica hatte seit ihrer Gründung durch Cavour ihre Hochburgen im Norden, die Linke eher im Süden. Die Kabinette der Linken wechselten häufig; im Jahrzehnt nach 1876 wurden sie entweder von Depretis oder dem etwas weiter links stehenden Benedetto Cairoli geführt. Unter der Vorherrschaft der Linken setzte sich der sogenannte «trasformismo», eine in vielem der «République opportuniste» in Frankreich nach 1879 ähnliche «Politik der Veränderung» durch. «Trasformismo» meinte nach den Worten des Historikers Giuliano Procacci «eine Praxis zur Sicherung einer soliden Mehrheit im Parlament, und zwar entweder durch vorherige Absprache mit den bekanntesten Oppositionellen und eventuell ihre Beteiligung an der Regierung oder Favorisierung und auch Korrumpierung der weniger einflußreichen Hinterbänkler.»

Zu den gesetzgeberischen Leistungen der Linken gehörten ein Gesetz von 1877, das kostenlose Schulbildung und die allgemeine Schulpflicht für Kinder vom 6. bis zum 9. Lebensjahr einführte und das bestehende Gesetz von 1859 ablöste, das nur zwei Jahre Schulpflicht vorgesehen hatte, sodann die Abschaffung der bei der Landbevölkerung verhaßten Mahlsteuer, die allerdings erst 1884 aufgehoben wurde, und schließlich die Wahlreform von 1881. Das allgemeine gleiche Wahlrecht für Männer forderten um diese Zeit nur die Radikalen, die sich in der von Garibaldi gegründeten Lega della democrazia zusammengeschlossen hatten. Das Gesetz, das am 29. Juni 1881 verabschiedet wurde, band das Wahlrecht an ein Mindestmaß an Schulbildung und Steuerleistungen. Die Zahl der Wahlberechtigten vervierfachte sich dadurch: Sie stieg von 500 000 auf 2 Millionen oder von 2 auf 7 Prozent der Bevölkerung.

Nutznießer der Reform war, wie die Wahlen von Ende 1882 zeigten, die äußerste Linke, zu der bürgerliche Radikale, aber auch Andrea Costa, der frühere Anhänger Bakunins und nunmehr erste sozialistische Abgeordnete Italiens, zu rechnen waren. Der Demokratisierung des Wahlrechts folgte 1882 die Gründung der ersten italienischen Arbeiterpartei, des Partito Operaio, der jede Ideologie ablehnte und lediglich wirtschaftliche und soziale Verbesserungen für die Arbeiter forderte. Der Anarchismus hatte nach einem gescheiterten Putschversuch von Cafiero und Malatesta bei Florenz im April 1878 und einem Anschlag auf den erst kurz zuvor auf den Thron gelangten Umberto I. in Neapel im November desselben Jahres dramatisch an Ansehen und Anziehungskraft verloren. Costa schwor 1879 dem gewaltsamen Umsturz ab und bekannte sich zu einem Programm sozialer Reformen sowie zum Parlament als Tribüne für Propaganda.

Das Erstarken von Radikalen und Sozialisten führte zu einer Annäherung der bürgerlichen Kräfte der Linken und Rechten, wobei Depretis und Minghetti ihren jeweiligen Lagern die Richtung wiesen. Zu denen, die die Verwischung der Parteigrenzen im Zeichen des «trasformismo» kritisierten, gehörte zunächst auch der bekannteste Weggefährte des 1882 verstorbenen Garibaldi, Francesco Crispi, der schon im Januar 1848 bei der Revolution in Palermo eine führende Rolle gespielt hatte. 1887 übernahm er das Amt des Ministerpräsidenten. Damit begann eine Ära, in der innenpolitisch der Kampf gegen Radikalismus und Sozialismus und außenpolitisch die enge Zusammenarbeit mit Deutschland die hervorstechenden Merkmale waren.[16]

Kampf den Reichsfeinden: Deutschland nach der Reichsgründung

Mit der Gründung des Deutschen Reiches war eine der beiden Forderungen von 1848 erfüllt: die nach nationaler Einheit. Durch die kleindeutsche Lösung hatte Bismarck nicht nur die äußere Machtstellung Preußens in Deutschland, sondern auch die innenpolitische Machtstellung der altpreußischen Führungsschicht befestigt. Eine Konfrontation mit dem liberalen Bürgertum wie zuletzt im Verfassungskonflikt der

Jahre 1862 bis 1866 war nach den Siegen der preußischen Armee bei Königgrätz und Sedan kaum noch vorstellbar. Die andere Forderung von 1848, die nach politischer Freiheit, blieb hingegen zu erheblichen Teilen unerfüllt. Eine Stärkung der Rechte der Volksvertretung bis hin zur Verwirklichung eines de facto parlamentarischen Systems, wie die Nationalliberalen und die Forschrittspartei sie anstrebten, konnte Bismarck nicht zugestehen. Wäre der Reichskanzler vom Vertrauen des Reichstags abhängig geworden, hätte der Bundesrat entsprechend an Einfluß verloren. Weder Preußen noch die anderen Einzelstaaten waren bereit, eine solche Beschneidung ihrer Macht hinzunehmen.

Der neuralgische Punkt in den Beziehungen zwischen Exekutive und Legislative blieb auch nach 1871 der Militärhaushalt, der rund vier Fünftel des Gesamthaushalts des Reiches ausmachte. 1871, als der vom Norddeutschen Reichstag 1867 beschlossene Vierjahresetat auslief, fand sich der Reichstag zu einem neuen Provisorium bereit: Die Friedenspräsenzstärke wurde für die Dauer von drei Jahren auf 401 000 Mann festgelegt. 1874 verlangte Bismarck eine unbefristete Regelung auf ebendieser Grundlage, das sogenannte Äternat. Die Nationalliberalen, seit 1867 die engsten Verbündeten des Kanzlers und die eigentliche Reichsgründungspartei, hätten diese Forderung nicht akzeptieren können, ohne einen ihrer wichtigsten Programmpunkte, die vollständige Durchsetzung des parlamentarischen Etatbewilligungsrechts, preiszugeben. Bismarck ließ die ihm nahestehende Presse auf die Revanchestimmung in Frankreich und die Pariser Rüstungspolitik hinweisen und verständigte sich schließlich mit dem nationalliberalen Parteiführer Rudolf von Bennigsen auf einen Kompromiß: einen auf sieben Jahre befristeten Militärhaushalt, das Septennat. Da die Legislaturperioden bis 1888 drei Jahre dauerten (danach dann fünf Jahre), bedeutete diese Regelung, daß nur jeder zweite Reichstag das Budgetrecht in vollem Umfang ausüben konnte.

Die Nationalliberalen setzten auch nach 1871 darauf, daß die Erreichung der Einheit die Sache der Freiheit fördern würde. Aus der ersten Reichstagswahl im März 1871 waren sie mit 23,3 Prozent vor den Konservativen mit 12,2 und der Fortschrittspartei mit knapp 9 Prozent als stärkste Partei hervorgegangen. Zusammen mit der kurzlebigen Liberalen Reichspartei, die ihre Hochburgen in Süddeutschland hatte, und den Freikonservativen verfügten sie über eine knappe Mehrheit im Reichstag. Auf diese Fraktionen vor allem stützten sich die Mehrheiten für die Gesetze, bei denen die nationalliberale Handschrift besonders deutlich war: die Reichsgesetze über die Währungs- und Münzeinheit aus den Jahren 1871 bis 1875 und das preußische Gesetz über die Reform der Kreisordnung von 1872, das die gutsherrliche Polizei abschaffte, das Amt des Landrats an die Qualifikation zum Verwaltungsjuristen band und die Grundlagen eines neuen Zweiges der Justiz, der Verwaltungsgerichtsbarkeit, schuf.

Am folgenschwersten aber war das Zusammenwirken der Nationalliberalen mit Bismarck bei den Kulturkampfgesetzen. Die Nationalliberalen waren die geborenen Gegner des weltlichen Machtanspruchs der katholischen Kirche und damit des politischen Katholizismus: Den Kulturkampf führten sie vor allem deshalb mit letzter Entschiedenheit, weil die erstarkende katholische Volksbewegung den Anspruch des Liberalismus, die Gesellschaft insgesamt zu repräsentieren, in Frage stellte. Wenn das im Dezember 1870 gegründete katholische Zentrum in die bisherige Wählerschaft der Nationalliberalen einbrach, dann war nicht nur deren bisherige Position als stärkste Partei gefährdet. Man mußte überdies damit rechnen, daß es eines Tages zu einer Mehrheitsbildung aus Konservativen und Katholiken, also einer Mehrheit *gegen* die Liberalen, kam: eine Konstellation, die aus Sicht der Nationalliberalen, aber auch der Fortschrittspartei einer politischen Katastrophe gleichkam.

Hinter dem Kulturkampf standen aber nicht nur parteitaktische Überlegungen. Für große Teile des evangelischen Deutschland bedeutete die Reichsgründung unter preußischer Führung den Sieg des Protestantismus über den Katholizismus und damit die politische Vollendung der Reformation. Die kulturelle Hegemonie des Protestantismus sollte die politische Hegemonie Preußens ergänzen und untermauern: Das war die Quintessenz der nationalliberalen und freikonservativen Vorstellungen von der Nationsbildung. Die seit Jahrhunderten bestehende Kulturnation war großdeutsch; sie schloß nach verbreiteter Meinung das gesamte deutsche Sprachgebiet ein. Nachdem sich Österreich seit langem aus Deutschland hinausentwickelt hatte, sollte sich nun aus der größeren deutschen Kulturnation eine kleindeutsche Staatsnation herausentwickeln. Das protestantische Profil, das ihr Nationalliberale und Freikonservative, aber auch viele Anhänger der Fortschrittspartei und der Konservativen geben wollten, war aber von Anfang an mit einer Ausgrenzung verbunden: Die Katholiken mußten, wenn sie als gute Deutsche gelten wollten, glaubwürdig zum Ausdruck bringen, daß ihre

Loyalität gegenüber dem deutschen Nationalstaat größer war als die gegenüber der übernationalen römischen Kirche; sie mußten überdies neben dem politischen Vorrang Preußens auch den kulturellen Vorrang des Protestantismus anerkennen. Der Kulturkampf war aus liberaler und protestantischer Sicht also ein notwendiger Teil der Nationsbildung, ja grundlegend für das Nationalbewußtsein der Deutschen im Kaiserreich von 1871.

Bismarck ging es beim Kulturkampf um die Staatsräson des Deutschen Reiches, so wie er sie verstand. Im Juli 1871 setzte er die Auflösung der «Katholischen Abteilung» im preußischen Kultusministerium durch, die er verdächtigte, über den katholischen Klerus die polnische Nationalbewegung in Posen und Westpreußen zu fördern. Vom Vorwurf, die katholische Kirche unterstütze die polnische Sache, war es nur ein Schritt zu der Behauptung, das Zentrum sei auch mit anderen «Reichsfeinden» wie den Welfen, Dänen, Elsässern und Lothringern verbunden und damit selbst «reichsfeindlich». Empört war Bismarck über das Ansinnen prominenter Katholiken, Deutschland möge sich für die Wiederherstellung des Kirchenstaates einsetzen, also mit Italien brechen. In den Bemühungen des Zentrums, Grundrechte, namentlich solche zur religiösen und kirchlichen Freiheit, in die Reichsverfassung aufzunehmen, sah er einen Anschlag auf die Kulturhoheit der Einzelstaaten. Dem Kanzler dürfte es auch gelegen gekommen sein, daß die Nationalliberalen in den ersten Jahren nach 1871 ihre kämpferischen Energien ganz auf den Konflikt mit der katholischen Kirche und nicht auf die Parlamentarisierung des Reiches konzentrierten.

Das erste Kulturkampfgesetz war der «Kanzelparagraph» vom Dezember 1871, der auf eine bayerische Initiative zurückging. Die neue Strafbestimmung untersagte es Pfarrern, in Ausübung ihres Amtes staatliche Angelegenheiten in einer den öffentlichen Frieden gefährdenden Weise zu behandeln. Im März 1872 folgten das preußische Schulaufsichtsgesetz, das die geistliche Orts- und Schulinspektion beseitigte, und im Juli das Jesuitengesetz, das alle Niederlassungen der Societas Jesu im Deutschen Reich verbot und Mitgliedern des Ordens Aufenthaltsbeschränkungen auferlegte. Vorausgegangen waren antijesuitische Kampagnen der «Altkatholiken», die sich auf Grund des Unfehlbarkeitsdogmas von der katholischen Kirche getrennt hatten, und des 1863 gegründeten militant liberalen Deutschen Protestantenvereins. Nur wenige entschiedene Liberale wie Ludwig Bamberger und Eduard

Lasker stimmten gegen das Jesuitengesetz, das liberale Grundsätze eklatant verletzte.

Die nächsten Kampfmaßnahmen waren die preußischen «Maigesetze» von 1873, deren wichtigstes die Übernahme eines geistlichen Amtes vom Reifezeugnis eines deutschen Gymnasiums und einem «Kulturexamen» in den Gebieten Philosophie, Geschichte und deutsche Literatur abhängig machte. Im gleichen Jahr führte Preußen, 1875 auch das Reich, die obligatorische Zivilehe ein. Statt der Kirchen beurkundeten fortan die neugeschaffenen Standesämter den Personenstand, also Geburt, Heirat und Todesfall. Den schärfsten Bruch mit den Prinzipien des Rechtsstaats bildeten die Kulturkampfgesetze von 1874 und 1875. Im Mai 1874 verabschiedete der Reichstag das Expatriierungsgesetz, das es den Regierungen erlaubte, Geistliche auf einen bestimmten Aufenthaltsort zu beschränken, auszubürgern und aus dem Reichsgebiet zu verweisen. Ein preußisches Gesetz vom gleichen Monat ermächtigte den Kultusminister, Bistümer, die infolge staatlichen Eingriffs vakant waren, kommissarisch verwalten zu lassen. Um dem Gegner die materiellen Grundlagen seiner Existenz zu entziehen, sperrte das preußische «Brotkorbgesetz» im April 1875 alle staatlichen Geldzuweisungen an die katholische Kirche. Im Mai löste Preußen auf der Grundlage des «Klostergesetzes» die Niederlassungen aller Orden auf, soweit sie sich nicht ausschließlich mit der Krankenpflege befaßten. Als Schlußstein kann man die Aufhebung der Religionsartikel der preußischen Verfassung im Juni 1875 betrachten: ein widerwilliges Eingeständnis von Regierung und Parlament, daß die Kulturkampfgesetze zumindest teilweise mit der Verfassung nicht zu vereinbaren waren.

Unter rechtsstaatlichen Gesichtspunkten unbedenklich war nur *eines* der Kulturkampfgesetze: das über die Zivilehe. Es entsprach dem Gebot der weltanschaulichen Neutralität des modernen Staates, beseitigte ein unzeitgemäßes kirchliches Vorrecht und gilt noch heute. Alle anderen Gesetze waren in unterschiedlichem Maß illiberal, repressiv und diskriminierend. Die Nationalliberalen, die eigentliche Kulturkampfpartei, glaubten, mit ihrem Kampf gegen die katholische Kirche und den politischen Katholizismus der Sache des historischen Fortschritts zu dienen. Durch die Mittel, derer sie sich im Bunde mit der Staatsgewalt in diesem Kampf bedienten, erschütterten sie jedoch die Glaubwürdigkeit des Liberalismus.

Die Wirkung der Kulturkampfgesetze war eine ganz andere als die,

die Bismarck und die ihn stützenden Parteien erwartet hatten. Mitte der siebziger Jahre waren zwar viele katholische Pfarrereien vakant und die meisten preußischen Bischöfe in Strafhaft genommen, abgesetzt oder ausgewiesen. Aber das war kein Erfolg für Regierung und Parlamentsmehrheit. Die Gläubigen hielten zu den verfolgten Geistlichen und wandten sich vermehrt dem katholischen Zentrum zu, das bei der Reichstagswahl von 1874, an der erstmals auch die männlichen Bewohner des neuen Reichslandes Elsaß-Lothringen teilnehmen durften, doppelt so viele Stimmen erhielt wie 1871. Bei den städtischen und ländlichen Unterschichten war die katholische Partei allerdings sehr viel erfolgreicher als beim gebildeten und besitzenden Bürgertum, das vielerorts weiter für liberale Kandidaten stimmte.

Die soziale Differenzierung innerhalb des Katholizismus wurde vom Klerus durch die Pflege einer Volksfrömmigkeit gefördert, die Frauen mehr ansprach als Männer und auf die Gebildeten eher abstoßend wirkte. Der Kulturkampf trug folglich dazu bei, die antiintellektuellen Züge des Katholizismus zu verschärfen und die geistige Kluft zwischen Protestanten und Katholiken zu vertiefen. Auch nach der Milderung oder Rücknahme der meisten Kulturkampfgesetze in den achtziger Jahren wirkten die Verletzungen nach, die Staat und Liberalismus den Katholiken durch Verfemung und Unterdrückung zugefügt hatten: Der Vorwurf der nationalen Unzuverlässigkeit und der Reichsfeindschaft hinterließ bleibende Spuren. Die antikatholischen Vorurteile waren um vieles beständiger als die antikatholischen Paragraphen aus der ersten Hälfte der siebziger Jahre.

Die kirchentreuen Katholiken waren nicht die einzigen Deutschen, die im neugeschaffenen Reich kollektiven Verdächtigungen ausgesetzt waren. Deutschland erlebte im ersten Jahrzehnt nach der Reichsgründung eine neue Art von Judenfeindschaft, die sich von früheren Bekundungen von Judenhaß unterschied. Der traditionelle Antijudaismus sah in den Juden vor allem die «Gottesmörder», denen die Kreuzigung Christi angelastet wurde. Ihre Weigerung, sich zum christlichen Glauben zu bekehren, galt als Ausdruck böswilliger Verstocktheit. In den siebziger Jahren setzte sich, nicht nur in Deutschland, eine wirtschaftlich argumentierende Judenfeindschaft durch: Die Juden wurden nicht nur, wie bisher, als «Wucherer», sondern vermehrt auch als internationale Börsenspekulanten gebrandmarkt. Das auslösende Moment dieser Kampagne war der Zusammenbruch der Wiener Börse am 9. Mai

1873: Der «große Krach» kam einem Erdbeben gleich, das ganz Europa, ja die Welt erschütterte.

In Deutschland waren die Auswirkungen besonders stark. Die französische Kriegsentschädigung von 5 Milliarden Francs hatte eine Sonderkonjunktur angeheizt und zur Gründung zahlreicher neuer Aktiengesellschaften, Aktienbanken, Eisenbahngesellschaften, Bau- und Montanunternehmen geführt. Im Sommer 1873 zeigte sich, daß diese vielfach auf einer spekulativen, höchst unsoliden finanziellen Grundlage standen. Die Zusammenbrüche von Firmen und Banken ließen den durchschnittlichen Aktienkurs sinken; er lag Ende 1874 bei etwas mehr als der Hälfte des Standes von Ende 1872. Ihren Tiefpunkt erreichte die Baisse aber erst 1878/79. Der Wirtschaftsaufschwung nach 1871 erschien nun als «Gründerschwindel»; die Folgen der Krise, die ihren Ausgang in Wien genommen hatte, wurden schon von Zeitgenossen als «Große Depression» empfunden.

Der deutsch-amerikanische Historiker Hans Rosenberg hat im Hinblick auf die sozial-psychologischen Veränderungen in den Jahren nach 1873 von einem «recht weitgehenden Klimaumschlag in der Bewußtseinslage und den Reaktionsweisen» gesprochen, der die Zeit bis zum Beginn der neuen konjunkturellen Aufwärtsbewegung um 1896 geprägt habe. Die Merkmale der «Großen Depression», die tatsächlich nur eine Zeit verminderten wirtschaftlichen Wachstums war, waren Rosenberg zufolge «ein vorwiegend sorgenvoll und pessimistisch gestimmter, zu ständiger Klage neigender Wirtschaftsgeist; eine Steigerung nunmehr chronisch und massenhaft werdender sozialer Unzufriedenheit und Unruhe; eine Zunahme der ideologischen Dynamik und Aggressivität; ein mit der erschwerten Steigerung der nationalen Realeinkommen verknüpfter, unablässiger, oft hitzig werdender und vielfach mit politischen Mitteln ausgefochtener Streit über ihre Verteilung».

Die Verantwortung für den Niedergang der Konjunktur wurde von erheblichen Teilen der Öffentlichkeit europaweit jenen zugeschoben, die durch ihre Politik des «laisser faire, laisser aller» Handel und Gewerbe in den Ruin getrieben hätten: den Liberalen. Hinter dem Liberalismus aber stand, wenn man dieser Agitation glaubte, das internationale Börsenkapital, das vom Judentum beherrscht wurde. In das Bild der antijüdischen Agitation paßte es vorzüglich, daß der spektakulärste Bankrott im Gefolge des Börsenkrachs der des «Eisenbahnkönigs» Bethel Henry Strousberg war. Strousberg, ein aus Ostpreußen stammender, in seiner Jugend zum Christentum konvertierter Jude, verdankte seinen Einfluß nicht nur eigenem Kapital, sondern auch seinen Beziehungen zu Angehörigen des preußischen Hochadels und hohen Beamten. Zu Opfern der Fehlspekulationen Strousbergs wurden neben seinen Förderern zahllose Kleinaktionäre. Strousberg war kein Liberaler; er hatte dem Norddeutschen Reichstag als Konservativer angehört. Ein liberaler Jude hingegen war der Parlamentarier, der das «System Strousberg» am 7. Februar 1872 im preußischen Abgeordnetenhaus aufdeckte: Eduard Lasker. Die Judenfeinde ließen sich dadurch nicht beirren: Judentum, Börsenkapital und Liberalismus verschmolzen für sie immer mehr zu einer Einheit.

Mit der Wirtschaftskrise von 1873 endete jene kurze, alles in allem judenfreundliche Zeit, die mit dem Aufschwung der liberalen Bewegung um 1859 begonnen hatte. Die Nationalliberalen mochten sich noch so national fühlen, für die Judengegner waren sie Handlanger des jüdisch gelenkten internationalen Börsenkapitals. Mitte 1875 begann die konservative «Kreuz-Zeitung» mit der Veröffentlichung der sogenannten «Ära-Artikel»: einer Kampagne, in deren Verlauf nicht nur Juden und Liberale ganz allgemein, sondern auch Bismarcks Bankier Gerson Bleichröder, Preußens geheimer Staatsfinancier im Krieg von 1866, ja der Reichskanzler selbst persönlich angegriffen wurden. Judenfeindliche Artikel erschienen um dieselbe Zeit auch in der wichtigsten Zeitschrift des katholischen Zentrums, der «Germania», und den «Historisch-politischen Blättern für das katholische Deutschland». Die geistliche Bekräftigung dieser Attacken blieb nicht aus: Der Bischof von Mainz, Wilhelm von Ketteler, wertete den Kulturkampf als eine «freimaurerisch-jüdisch-liberale Verschwörung» gegen die katholische Kirche.

Der alte religiöse Antijudaismus starb in den siebziger Jahren nicht ab. Er floß vielmehr in den «modernen Antisemitismus» mit ein, der nur insofern «modern» war, als er sich gegen das moderne, emanzipierte Judentum richtete und dieses mit rein weltlichen Parolen bekämpfte. Der Begriff «Antisemitismus» tauchte erstmals im Herbst 1879 im Umfeld des Schriftstellers Wilhelm Marr auf. Marr und seine Gesinnungsfreunde porträtierten die Juden als Agenten einer Spielart der Moderne, von der sich unterschiedliche Gruppen der Gesellschaft bedroht fühlten. In der vielgelesenen «Gartenlaube» stellte der Publizist Otto Glagau die Juden als Vertreter des unproduktiven, «raffenden» Kapitals dem produktiven, «schaffenden» Kapital der Christen gegenüber und behauptete, die soziale Frage sei wesentlich Gründer- und Judenfrage. Der Berliner Stadtgerichtsrat Carl Wilmanns prangerte in einer Schrift aus dem Jahr 1876 jüdische Bankiers als Mitglieder einer «Goldenen Internationale» an, was es leicht machte, sie der nationalen Unzuverlässigkeit zu verdächtigen und in die Nähe der angeblich ebenfalls jüdisch geprägten «roten Internationale» um Karl Marx zu rücken.

Ob ein Jude getauft war oder nicht, spielte für den «modernen Antisemitismus» keine Rolle. Das Judentum war aus dieser Sicht eine unabänderliche Naturtatsache. Die Säkularisierung der Judenfeindschaft sollte dieser den Charakter der Wissenschaftlichkeit und der Objektivität verleihen, sie also als «modern» erscheinen lassen. Die antisemitische Bewegung der siebziger Jahre war kein Protest gegen die Reichsgründung als solche, wohl aber gegen alles, was diese mit dem Liberalismus verband.

Gegen Liberalismus und Judentum ließen sich besonders leicht Schichten mobilisieren, die sich von der fortschreitenden Industrialisierung bedroht fühlten: Bauern, Handwerker und kleine Kaufleute. Aber auch in höheren Schichten der Gesellschaft fand der Antisemitismus seine Befürworter und Anhänger. Der Berliner Hof- und Domprediger Adolf Stoecker distanzierte sich 1879 zwar vom Rassenhaß, erhielt aber breite Zustimmung für seine Angriffe auf das «moderne Judentum», das zunehmend Presse und Politik beherrsche und eine große Gefahr für das deutsche Volksleben bilde. Großes Aufsehen erregte im gleichen Jahr der angesehene Historiker Heinrich von Treitschke mit einem Artikel in den «Preußischen Jahrbüchern», in dem er vor den Folgen der jüdischen Einwanderung aus Polen warnte und die antijüdische Bewegung «tief und stark» nannte: «Bis in die Kreise der höchsten Bildung hinauf, unter Männern, die jeden Gedanken kirchlicher Unduldsamkeit oder nationalen Hochmuts von sich weisen würden, ertönt es heute wie aus einem Munde: Die Juden sind unser Unglück.»

Treitschke bemühte sich zwar, Folgerungen vorzubeugen, die er für falsch hielt: Eine Zurücknahme oder auch nur Schmälerung der Judenemanzipation wäre «offenbares Unrecht», und von den «jüdischen Mitbürgern» könne nicht mehr gefordert werden, als daß sie Deutsche würden und sich als Deutsche fühlten. Aber mit seinem Aufsatz hatte er einen Damm eingerissen: Der Antisemitismus drang mehr und mehr ins liberale Bürgertum ein und gewann eine breite Anhängerschaft unter den Studenten. Der soziale Aufstieg des Antisemitismus folgte dem sozialen Aufstieg der Juden: Die Zahl der akademischen Judengegner wuchs mit der Zahl akademisch gebildeter Juden.

Es waren nicht nur liberale Juden, die sich gegen die Bekenntnisse von Treitschke, Stoecker und anderen Bekundungen von Judenfeindschaft zur Wehr setzten. Kronprinz Friedrich gab zwischen 1879 und 1881 mehrfach seiner Empörung Ausdruck. Im November 1879 protestierten liberale Persönlichkeiten unter Führung des Berliner Oberbürgermeisters und ehemaligen Reichstagspräsidenten Max von Forckenbeck gegen Rassenhaß, Intoleranz und Fanatismus. Der schärfste Kritiker Treitschkes war der berühmte Althistoriker Theodor Mommsen, wie jener Professor an der Berliner Universität. Treitschke leiste Auffassungen Vorschub, die Juden seien «Mitbürger zweiter Klasse», und predige damit den Bürgerkrieg, schrieb Mommsen. «Der Bürgerkrieg einer Majorität gegen eine Minorität, auch nur als Möglichkeit, ist eine nationale Kalamität.»

Im Zeichen von Börsenkrach und Wirtschaftskrise breitete sich der Antisemitismus nicht nur in Deutschland aus. In Österreich, Ungarn und Frankreich hatten die Judengegner vor allem in den achtziger Jahren starken Zulauf, und um dieselbe Zeit mehrten sich in Rußland antijüdische Ausschreitungen. Was aber den «modernen Antisemitismus» anging, so fiel Deutschland eine Pionierrolle zu. Die deutschen Antisemiten übernahmen an Argumenten, was ihnen ins Konzept paßte: von Charles Darwin und Herbert Spencer die Lehre vom Kampf ums Dasein, in dem sich mit Naturnotwendigkeit immer die Stärksten durchsetzten, und vom Grafen Joseph Arthur de Gobineau, dem einstigen Sekretär Tocquevilles, was es mit der Ungleichheit der menschlichen Rassen und der Überlegenheit der «arischen» Rasse auf sich habe. Blinder Judenhaß bedurfte keiner intellektuellen Rechtfertigung. Doch der «Radauantisemitismus» war mittlerweile nicht mehr die gefährlichste Form der Judenfeindschaft. Für die Juden und die politische Kultur bedrohlicher war der «salonfähige» Antisemitismus, der die «Judenfrage» nicht mit roher Gewalt, sondern mit politischen Mitteln lösen wollte und eben dafür den Schein wissenschaftlicher Begründungen benötigte.

Was immer die Proteste der Liberalen bewirken mochten, die Judenfeinde ließen sich davon nicht beeindrucken. Ende 1880 rief der positi-

vistische Populärphilosoph Eugen Dühring in seinem Buch «Die Judenfrage als Rassen-, Sitten- und Kulturfrage» die Völker zum Kampf gegen das «Übel der Verjudung» und die «Judenherrschaft» auf. Er
nannte die Juden ein «inneres Carthago, dessen Macht die modernen
Völker brechen müssen, um nicht selbst von ihm eine Zerstörung ihrer
sittlichen und materiellen Grundlagen zu erleiden». Sieben Jahre später
bezeichnete der angesehene Orientalist Paul de Lagarde, der ursprünglich Paul Anton Bötticher hieß, die Juden als «wucherndes Ungeziefer»,
das es zu zertreten gelte. «Mit Trichinen und Bazillen wird nicht verhandelt. Trichinen und Bazillen werden auch nicht erzogen, sie werden
so rasch und so gründlich wie möglich vernichtet.»

Die Vernichtung als letzte Bestimmung der Juden: Für die entschiedenen Antisemiten ergab sich dieser Schluß aus ihrer Überzeugung, daß
für die Juden auf dieser Welt kein Platz war, weil sie überall und darum
nirgends zuhause waren. Sie waren aus dieser Sicht entweder keine Nation oder eine Nation in der Nation, in jedem Fall aber ein Fremdkörper. Ihr eigenes «Weltbürgertum» hatten die Deutschen spätestens mit
der Errichtung des Nationalstaates von 1871 hinter sich gelassen. Von
den Juden hingegen meinten viele Deutsche, daß sie dazu nicht willens
oder nicht fähig seien.

Hinter dem «modernen Antisemitismus» deutscher Prägung verbarg sich eine tiefe Unsicherheit vieler Deutscher hinsichtlich ihrer
eigenen nationalen Identität. Nachdem sie den äußeren «Erbfeind»
Frankreich bezwungen hatten, begann die Suche nach dem inneren
«Erbfeind», der die Frage beantworten helfen sollte, was deutsch und
was undeutsch war. Der Kulturkampf gegen die ultramontanen «Röm-
linge» war nicht sonderlich erfolgreich gewesen; er hatte die Nation
gespalten und nicht geeint. Das «internationale Judentum» eignete
sich für die Rolle des inneren Feindes sehr viel besser, weil es sich mit
allem verbinden ließ, was Deutsche als Bedrohung empfanden: mit
dem internationalen Börsenkapital wie mit dem internationalen Sozialismus. Protestanten und Katholiken, gläubige und ungläubige Christen konnten in diesem Punkt übereinstimmen. Weil dem so war, hatte
der Antisemitismus auf die politische Kultur Deutschlands langfristig
eine breitere und tiefere Wirkung als der Antikatholizismus.

Daß sich der Liberalismus in der zweiten Hälfte der siebziger Jahre
in der Defensive befand, lag jedoch nicht allein und nicht einmal vorrangig an der Agitation der Antisemiten. Wichtiger war, daß Fürst Bis-

marck (den Titel verdankte er seinen Verdiensten um die Reichsgründung) seit 1875 eine innenpolitische Wende vorbereitete. In diesem Zusammenhang gehörte ein Versuch des Kanzlers, den Führer der größten Partei, der Nationalliberalen, enger als bisher an sich zu binden: Er bot Rudolf von Bennigsen an, als Staatsminister in die preußische Regierung einzutreten und gleichzeitig das Amt des Staatssekretärs des Reichskanzleramtes zu übernehmen. Da nach Artikel 9 der Reichsverfassung niemand gleichzeitig Mitglied des Bundesrates und des Reichsrates sein durfte, hätte Bennigsen in diesem Fall sein Abgeordnetenmandat niederlegen müssen, was seine politische Isolierung und Entmachtung zur Folge haben konnte. Um dieser Gefahr zu entgehen, schlug Bennigsen Bismarck vor, zwei weiteren führenden Nationalliberalen, nämlich dem damaligen Breslauer, wenig später Berliner Oberbürgermeister Max von Forckenbeck und dem bayerisch-schwäbischen Gutsbesitzer Franz Schenk von Stauffenberg, die beide dem linken Parteiflügel angehörten, Regierungsämter zu übertragen. Wäre der Reichskanzler auf dieses Ansinnen eingegangen, hätte er einen großen Schritt in Richtung parlamentarische Monarchie getan: eine Entwicklung, in die zu gehen für Bismarck nicht in Frage kam. Die «Ministerkandidatur Bennigsen» hatte sich damit erledigt.

Die Nationalliberalen waren in der ersten Hälfte der siebziger Jahre alles in allem treue Verbündete Bismarcks gewesen. 1875 aber entschloß sich der Reichskanzler zu einer Kursänderung: dem Übergang vom Freihandel zum Schutzzoll und damit zur Abkehr vom wirtschaftlichen Liberalismus. Bismarck war kein Protektionist aus Überzeugung; es ging ihm in erster Linie um finanzpolitische Zweckmäßigkeiten. Bislang waren «Matrikularbeiträge» der Einzelstaaten die Hauptquelle der Reichseinnahmen; das Reich war also ein Kostgänger der Länder. Schutzzölle und staatliche Monopole, beispielsweise für Tabak, und indirekte Reichsbesteuerung, etwa auf Bier, Branntwein und Kaffee, sowie eine Erhöhung der Tabaksteuer hätten diese Anhängigkeit beseitigt oder zumindest gemildert und das Reich so auf eine solidere finanzielle Grundlage gestellt. Die Nationalliberalen aber lehnten in ihrer großen Mehrheit Staatsmonopole und Schutzzölle grundsätzlich ab, und neuen Reichssteuern wollten sie nur unter der Bedingung zustimmen, daß der Reichstag für einen Teil der Einnahmen dasselbe jährliche Bewilligungsrecht erhielt, das er im Hinblick auf die Höhe der Matrikularbeiträge besaß.

Die Nationalliberalen insgesamt auf seine Seite zu ziehen, konnte Bismarck also nicht hoffen. Bei der «Ministerkandidatur» ging es denn auch um etwas anderes, nämlich um die Spaltung der Partei und die Bildung einer neuen Mehrheit. Dieser hätten außer dem rechten Flügel der Nationalliberalen die Freikonservativen und die Konservativen angehören können, die seit ihrer Umbenennung in «Deutschkonservative» Partei im Jahre 1876 begonnen hatten, sich in eine «nationale» und gouvernementale Partei zu verwandeln. Als Partner kam aber auch das Zentrum in Frage: Die katholische Partei, seit 1874 die größte deutsche Partei, wenn auch nicht die größte Reichstagsfraktion, war nicht minder als die Konservativen eine Gegnerin des Wirtschaftsliberalismus, wobei beide Parteien sich vor allem für eine Einschränkung der Gewerbefreiheit zugunsten des selbständigen Handwerks einsetzten. Eine Zusammenarbeit mit dem Zentrum rückte Ende der siebziger Jahre aber auch aus einem anderen Grund in den Bereich des Vorstellbaren: Seit der «realpolitische» Kardinal Pecci als Papst Leo XIII. die Nachfolge des im Februar 1878 verstorbenen Pius' IX. angetreten hatte, standen die Aussichten auf einen Friedensschluß zwischen dem Deutschen Reich und der katholischen Kirche sehr viel besser als zuvor.

Was die Einführung von Schutzzöllen anging, so saßen deren entschiedenste parlamentarische Unterstützer in den Reihen der Freikonservativen und auf dem rechten Flügel der Nationalliberalen. Ihren stärksten Rückhalt hatten sie in der rheinisch-westfälischen Eisen- und Stahlindustrie und der süddeutschen Baumwollindustrie. Seit Beginn der Wirtschaftskrise im Jahre 1873 fühlten sich beide Branchen mehr denn je von der britischen Konkurrenz bedroht. Sie spielten deshalb auch eine führende Rolle bei der Gründung des ersten Spitzenverbandes der deutschen Unternehmer, des Centralverbands Deutscher Industrieller, im Februar 1876, der offen für Schutzzölle eintrat. Die getreideexportierenden Rittergutsbesitzer Ostelbiens, organisiert in der gleichfalls 1876 gegründeten Vereinigung der Steuer- und Wirtschaftsreformer, forderten um diese Zeit noch keine Abkehr vom Freihandel. Aber es war absehbar, daß diese Haltung sich ändern würde, wenn die Einfuhr von billigem Getreide aus Nordamerika und Rußland die Marktverhältnisse zu Ungunsten der ostdeutschen Gutswirtschaft veränderte.

Anfang 1878 verschlechterte sich das Verhältnis zwischen Bismarck und den Nationalliberalen auf fast schon dramatische Weise. Der

Reichskanzler unterbreitete dem Reichstag im Februar eine Vorlage zur Erhöhung der Tabaksteuer; die Nationalliberalen verlangten für ihre Zustimmung einen Preis, den der Kanzler nicht zahlen wollte: gesetzliche Garantien für das Budgetrecht des Reichstags und das preußische Abgeordnetenhaus. Als Bismarck am 22. Februar dann auch noch im Reichstag erklärte, daß die Erhöhung der Tabaksteuer für ihn nur ein Schritt auf dem Weg zum eigentlichen Ziel, dem Tabakmonopol, sei, war jeder Kompromiß ausgeschlossen. Wenig später traten die letzten beiden preußischen Minister zurück, die noch als Vertreter des «Ressortliberalismus» galten: Handelsminister von Achenbach und Finanzminister von Camphausen. Der offene Bruch zwischen Bismarck und dem Liberalismus war nur noch eine Frage der Zeit.

Die innenpolitische Lage war also bereits gespannt, als im späten Frühjahr 1878 kurz hintereinander zwei Ereignisse eintraten, die die politische Landschaft Deutschlands grundlegend verändern sollten. Am 11. Mai schoß der Klempnergeselle Max Hödel auf der Berliner Straße Unter den Linden auf den einundachtzigjährigen Kaiser, traf ihn aber nicht. Am 2. Juni wurde Wilhelm I. ganz in der Nähe des ersten Tatortes durch Schüsse des Nationalökonomen Dr. Karl Eduard Nobiling schwer verletzt. Hödel hatte früher der Sozialistischen Arbeiterpartei, der im Mai 1875 in Gotha gegründeten Nachfolgepartei der bis dahin getrennten Parteien der Sozialdemokraten und der Lassalleaner, angehört, war aber von dieser wegen der Unterschlagung von Parteigeldern ausgeschlossen worden. Nobiling war irgendeine Verbindung zum Sozialismus nicht nachzuweisen. Doch auf juristisch zwingende Beweise für eine sozialdemokratische Urheberschaft der Attentate kam es Bismarck nicht an. Sein Entschluß stand fest: Er wollte die Mordanschläge für eine Generalabrechnung mit dem Sozialismus und zugleich mit dem Liberalismus nutzen.

Schon nach dem ersten Attentat hatte der Kanzler dem Reichstag ein Sozialistengesetz vorgelegt, das zwar kein Verbot der Partei, wohl aber die Möglichkeit vorsah, sozialdemokratische Vereine, Versammlungen und Druckschriften zu verbieten. Eine große Mehrheit der Abgeordneten, einschließlich der meisten Nationalliberalen, sprach sich gegen den Entwurf aus. Nach dem zweiten Anschlag löste Bismarck am 11. Juni den im Januar 1877 gewählten Reichstag auf. Im anschließenden Wahlkampf machten die regierungsnahen Zeitungen Front gegen die Nationalliberalen, die durch ihr Nein zu einem Gesetz gegen

die Sozialdemokratie eine moralische Mitschuld am Attentat des Dr.
Nobiling trügen. Die konservative «Kreuz-Zeitung» nannte den Sozialismus sogar eine konsequente Fortbildung des Liberalismus und
sprach von reißenden Fortschritten der «Verjudung», die von den Liberalen gefördert würde. Der Appell an die konservativen und nationalen Instinkte war erfolgreich. Aus der Reichstagswahl vom 30. Juli
1878 gingen die Deutsch-Konservativen und die Freikonservativen gestärkt, die Nationalliberalen, die Fortschrittspartei und die Sozialdemokraten geschwächt hervor; das Zentrum konnte sich behaupten.

Nach dem Verlust von 29 ihrer bisher 128 Mandate begannen die
Nationalliberalen auf Bismarcks Linie umzuschwenken. Die Mehrheit
unter Bennigsen war bereit, dem von der Regierung vorgelegten Entwurf eines «Gesetzes gegen die gemeingefährlichen Bestrebungen der
Sozialdemokratie» im großen und ganzen zuzustimmen. Eine linke
Minderheit um Eduard Lasker wollte zunächst an der Ablehnung eines
rechtsstaatswidrigen Ausnahmegesetzes festhalten. Nachdem sie einige
Milderungen und die Befristung des Gesetzes auf zweieinhalb Jahre
durchgesetzt hatte, entschied sie sich dann aber doch für Zustimmung.
Am 18. Oktober 1878 verabschiedete der Reichstag die Vorlage mit
221 gegen 149 Stimmen. Die Nein-Stimmen kamen vor allem vom
Zentrum, der Fortschrittspartei und den Sozialdemokraten.

Das Sozialistengesetz erlaubte das Verbot sozialdemokratischer Vereine, Versammlungen und Druckschriften sowie die Ausweisung von
sozialdemokratischen Agitatoren. Es sah zudem die Möglichkeit vor, in
«gefährdeten» Bezirken für die Dauer eines Jahres den «kleinen Belagerungszustand» zu verhängen. Das Gesetz vom 18. Oktober 1878 war
ein Ausnahmegesetz, das sich gegen bestimmte Gesinnungen und keineswegs nur gegen klar definierte Handlungen richtete. Es verstieß
damit gegen elementare Grundsätze des liberalen Verständnisses von
Rechtsstaatlichkeit. Das Ja der Nationalliberalen zum Sozialistengesetz
war ein Wendepunkt in der Geschichte des deutschen Liberalismus: Die
«Reichsgründungspartei» hatte zumindest teilweise vor Bismarck und
der von ihm verkörperten Staatsmacht kapituliert.

Der deutschen Sozialdemokratie und ihren Anhängern brachte das
Gesetz, das bis 1890 immer wieder verlängert wurde, Not und Verfolgung. Es gab über 900 Ausweisungen aus Gebieten, in denen der Belagerungszustand herrschte, und etwa 1500 Verurteilungen zu Freiheits-
strafen in einer Gesamthöhe von etwa 1000 Jahren. Eine Zerschlagung

der Sozialdemokratie aber gelang Bismarck nicht. Wider Willen förderte der Reichskanzler sogar die Ausbreitung einer Arbeiterbewegungskultur: Sport- und Gesangvereine sowie freiwillige Hilfskassen traten an die Stelle der verbotenen Organisationen. Eine andere unbeabsichtigte Wirkung war die «Parlamentarisierung» der Sozialdemokratie: Da die Teilnahme an Wahlen, die Agitation in den Volksvertretungen und die Berichterstattung hierüber nicht verboten waren, ging die Führung der Partei vom Parteivorstand auf die Reichstagsfraktion über.

Von langer Dauer waren die Wirkungen, die die zwölfjährige Verfolgung auf die Mitglieder der Sozialistischen Arbeiterpartei ausübte. Bei ihnen entwickelte sich das Bewußtsein, in einem politischen Ghetto zu leben. Diese Erfahrung trug dazu bei, daß der Sozialismus zu einer Art von weltlicher Erlösungsreligion wurde. Von den Lehren von Marx und Engels übernahmen die sozialdemokratischen Arbeiter meist nur, was ihnen half, der bedrückenden Gegenwart den Glauben an eine glückliche Zukunft entgegen zu setzen. Der sozialdemokratische «Volksmarxismus», der sich nach 1878 durchsetzte, war eine deterministische Weltanschauung, getragen von der Überzeugung, daß der historische Prozeß mit Naturnotwendigkeit auf die Ablösung des Kapitalismus durch den Sozialismus hinauslief. Um Klassengesellschaft, Klassenstaat und Klassenjustiz in einer klassenlosen Gesellschaft zu überwinden, mußte das Proletariat seinen Klassenkampf führen: Das war das Ziel, dem alles andere sich unterzuordnen hatte.

Bismarck war sich Ende der siebziger Jahre längst darüber im klaren, daß Verbote und Unterdrückung nicht ausreichten, um die Sozialdemokratie wirksam zu bekämpfen. Er dachte an sozialpolitische Initiativen, mit denen die berechtigten Forderungen der Arbeiter erfüllt und vielleicht sogar die sozialistische Bewegung in vernünftige Bahnen gelenkt werden konnte. Auch hierfür bedurfte es eines Bruchs mit dem «Manchesterliberalismus» des «laisser faire». Zunächst aber galt es, die Finanzlage des Reiches durch Zölle und indirekte Steuern nachhaltig zu verbessern, und diesem Vorhaben waren die Mehrheitsverhältnisse seit den Wahlen vom Juli 1878 sehr viel günstiger als zuvor.

Im Herbst 1878 schlossen sich auf Betreiben des Centralverbands Deutscher Industrieller die Schutzzöllner unter den Mitgliedern des Reichstags in einer interfraktionellen «Volkswirtschaftlichen Vereinigung» zusammen. Sie umfaßte 204 von insgesamt 397 Abgeordneten, darunter neben den Deutsch- und Freikonservativen die meisten Mitglieder des Zentrums und 27 Nationalliberale. Das gemeinsame Ziel waren Zölle für Eisen und Textilwaren. Unter den Konservativen gab es mittlerweile auch Befürworter hoher Roggenzölle, was ganz im Sinne Bismarcks war. Im Bundesrat aber konnte sich der Reichskanzler damit im März 1879 nicht durchsetzen: Die Eisen- und Textilzölle gingen in der von ihm gewünschten Höhe durch, die Getreidezölle hingegen wurden deutlich herabgesetzt.

Um doch noch eine Mehrheit für die ursprüngliche Vorlage zu erreichen, gab es nur ein Mittel: die Verzahnung der Zollfrage mit der Finanzreform. Zu einem solchen Junktim neigte vor allem das Zentrum, das als föderalistische Partei die Matrikularbeiträge der Einzelstaaten erhalten und als konstitutionelle Partei das parlamentarische Budgetbewilligungsrecht gewahrt wissen wollte. Ein Antrag des bayerischen Zentrumsabgeordneten Georg von Franckenstein wies den Weg, auf dem sich Mehrheiten in Bundesrat und Reichstag finden ließen: Die Einnahmen aus den Zöllen und der Tabaksteuer waren entsprechend der «Franckensteinschen Klausel» auf jährlich 130 Millionen Mark zu begrenzen. Alles, was das Reich darüber hinaus einnahm, mußte es an die Bundesstaaten abführen. Da der Finanzbedarf des Reiches damit nicht zu befriedigen war, blieb es bei den Matrikularbeiträgen. Sie wurden aus Mitteln finanziert, die das Reich zuvor den Bundesstaaten überwiesen hatte. Diese behielten jedoch Überschüsse, so daß auch sie aus den Zöllen und der erhöhten Tabaksteuer Nutzen zogen. Dem Reichstag stand weiterhin das Recht zu, zusammen mit dem Bundesrat jährlich die Höhe der Matrikularbeiträge zu bestimmen; er hatte also sein Budgetrecht gewahrt.

Mit seiner Zustimmung zu diesem Vorschlag sicherte Bismarck sich zugleich die Annahme höherer Agrarzölle durch das Zentrum. Am 12. Juli 1879 nahm der Reichstag die Schutzzölle und die Erhöhung der Tabaksteuer mit den Stimmen der beiden konservativen Parteien, des Zentrums und von 16 Nationalliberalen an. Mit dieser Abstimmung war die zwölfjährige Zusammenarbeit zwischen Bismarck und den Nationalliberalen beendet. Der Reichskanzler hatte sich für eine neue Parteienkonstellation entschieden, in der es allenfalls für eine stark nach rechts gerückte Nationalliberale Partei, nicht jedoch für ihren bisherigen linken Flügel einen Platz gab. Die 16 nationalliberalen Schutzzöllner zogen noch am Tag der Abstimmung die Konsequenz aus der Tatsache, daß sie in der Minderheit geblieben waren: Sie verließen die Nationalliberale Partei. Die Abgeordneten Heinrich von Treitschke und Wilhelm Wehrenpfennig, die beiden Herausgeber der «Preußischen Jahrbücher», hatten den Trennungsstrich schon einen Tag vorher vollzogen.

Die Abkehr vom Wirtschaftsliberalismus markiert auch in wirtschaftlicher und gesellschaftlicher Hinsicht eine tiefe Zäsur. Der ostelbische Rittergutsbesitz erhielt durch die Abschottung vom internationalen Wettbewerb die Möglichkeit, auf Kosten der Verbraucher ein privilegiertes Leben zu führen und weiterhin prägend auf Politik und Gesellschaft einzuwirken. Innerhalb der Industrie verstärkten die Schutzzölle das Gewicht der alten, auf längere Sicht weniger expansionsfähigen Branchen zu Lasten der neuen Wachstumszweige wie der elektrotechnischen, der chemischen und der Maschinenbauindustrie. Die Allianz zwischen «Rittergut» und «Hochofen» entwickelte sich zu einer konservativen Achse der deutschen Politik. Rittergutsbesitzer und Schwerindustrielle hatten sich erstmals zu einem Bündnis gegen Liberalismus, Demokratie und Sozialismus zusammengefunden. Es wurde in der Folgezeit zwar häufig durch innere Gegensätze in Frage gestellt, aber immer wieder erneuert, wenn gemeinsame Gegner eine gemeinsame Abwehr zweckmäßig erscheinen ließen.

Der Übergang vom Freihandel zum Schutzzoll bildete das materielle Substrat der schon von Zeitgenossen so genannten «inneren Reichsgründung». Die wirtschaftspolitische Kehrtwende wurde begleitet von einem Wandel des deutschen Nationalismus. Die Gegner des Freihandels gaben die Parole vom «Schutz der nationalen Arbeit» aus und bedienten sich damit eines gleichzeitig nationalen und sozialen Arguments: Deutschland sollte im wohlverstandenen Eigeninteresse wertvolle inländische Arbeitsplätze vor billiger ausländischer Konkurrenz schützen. Wer sich vor der Reichsgründung von 1871 «national» nannte, war antifeudal und antipartikularistisch und strebte nach bürgerlicher Emanzipation. In den siebziger Jahren eigneten sich Gruppen die nationale Rhetorik an, die der liberalen Einheitsbewegung ferngestanden oder sie bekämpft hatten: obenan die preußischen Konservativen, die durch ebendiese Usurpation ihren Wähleranhang bei wettbewerbsmüden Bauern, Handwerkern und Kaufleuten zu erweitern versuchten.

«National» zu sein bedeutete nun zunehmend antiinternational und häufig auch bereits antisemitisch zu sein; es hieß gegen das internationale Bankkapital und den internationalen Sozialismus vorzugehen, die den Antisemiten zufolge beide von den Juden gesteuert wurden. So wurde aus einer Parole liberaler und demokratischer Freiheitsfreunde ein Schlachtruf der Rechten im Kampf gegen alle, denen nach ihrer Meinung die wahrhaft «nationale» Gesinnung und die entsprechende Wehrfreudigkeit fehlten. Was man als Wandel des Nationalismus in den siebziger Jahren beschreiben kann, bezog sich auf seine innenpolitische Stoßrichtung, seine gesellschaftliche Funktion, seine Trägerschichten. In anderer Hinsicht bildete das Jahrzehnt nach der Reichsgründung keinen Einschnitt in der Geschichte des deutschen Nationalbewußtseins. Die quasireligiöse Überhöhung der Nation, ihr Anspruch auf exklusive Loyalität und ihre aggressive Abgrenzung gegenüber anderen Nationen: All das hatten auch schon die frühen deutschen Nationalisten Fichte, Jahn und Arndt zu Beginn des 19. Jahrhunderts verkündet. Der neue «Reichsnationalismus» konnte an dieses Erbe anknüpfen.

Die Transformation des Nationalismus im letzten Drittel des 19. Jahrhunderts war, wie wir noch sehen werden, kein ausschließlich deutsches Phänomen. Dasselbe gilt von der Wende zum wirtschaftlichen Protektionismus. Zwischen 1876 und 1881 vollzogen Rußland, Italien und Frankreich eine ähnliche Korrektur ihrer Handelspolitik wie Deutschland; die Vereinigten Staaten von Amerika hatten dies schon 1864 getan. Spezifisch deutsch war das «feudale» Nutznießertum des wirtschaftlichen Nationalismus: Die Schutzzölle konservierten eine aristokratische Führungsschicht, die dem Zentrum der politischen Macht immer noch näher war als das Bürgertum. Die nationale Rhetorik diente dazu, eine durchaus eigennützige Politik als Dienst am Gemeinwohl erscheinen zu lassen. Kein Zeitgenosse hat diese Transformation des deutschen Nationalismus so prägnant beschrieben wie 1888 der liberale Ludwig Bamberger: «Das nationale Banner in der Hand der preußischen Ultras und der sächsischen Zünftler ist die Karikatur dessen, was es einst bedeutet hat, und diese Karikatur ist ganz einfach so zustande gekommen, daß die überwundenen Gegner sich das abgelegte Gewand des Siegers angeeignet und dasselbe nach ihrer Fasson gewendet, aufgefärbt und zurechtgestutzt haben, um als die lachenden Erben der nationalen Bewegung darin einherstolzieren zu können.»

Bamberger gehörte ebenso wie sein Freund Eduard Lasker zu den liberalen Juden, die sich 1866 mit Bismarck verbündet hatten, um die Sache von Einheit und Freiheit voranzubringen. Im Jahre 1880 brachen sie mit dem Reichskanzler und der Nationalliberalen Partei. Als erster trat Lasker im März aus der nationalliberalen Reichstagsfraktion aus. Ende August folgten ihm weitere 27 Abgeordnete, unter ihnen Bamberger, Forckenbeck, Mommsen und Stauffenberg, die sich zu einer neuen Gruppe, der «Liberalen Vereinigung», zusammenschlossen. Die (nach dem Titel einer Broschüre von Bamberger so genannte) «Sezession» begründete diesen Schritt mit der «rückschrittlichen Bewegung», die der Reichskanzler in der zweiten Hälfte der siebziger Jahre eingeleitet hatte, freilich auch mit der beginnenden, von Bennigsen mitgetragenen Abmilderung der preußischen Kulturkampfgesetze vom Mai 1873 im Jahre 1880. Die Parteiführung der Nationalliberalen schien sich mit Bismarcks Politik abgefunden zu haben: Um eine konservativ-klerikale Mehrheit zu verhindern, arbeitete sie an der Bildung einer liberal-konservativen Mehrheit. Hinter Bennigsen standen nach dem Ausscheiden der Schutzzöllner und der Sezessionisten nur noch 45 der im Juli 1878 gewählten 99 Abgeordneten der Nationalliberalen Partei. Der deutsche Liberalismus präsentierte sich neun Jahre nach der Reichsgründung so uneins und gespalten wie nie zuvor.[17]

Der Alpdruck der Koalitionen: Bismarcks Europa

Außenpolitisch schienen die Machtverhältnisse in Europa nach 1871 erst einmal geklärt zu sein. Es gab nach wie vor fünf Großmächte, aber innerhalb ihres «Konzerts» hatte sich die Balance verschoben. An die Stelle Preußens war das Deutsche Reich getreten, das ein sehr viel stärkeres Gewicht in die Waagschale werfen konnte als Preußen oder der Norddeutsche Bund; Frankreich war nachhaltig geschwächt; Großbritannien sah seinen Einfluß auf dem Kontinent durch die Entstehung des Deutschen Reiches geschmälert. In geringerem Maß traf dies auch für Rußland und Österreich-Ungarn zu. Im Drei-Kaiser-Abkommen vom Oktober 1873 vereinbarten die beiden Ostmächte mit Deutschland wechselseitige Konsultationen in allen Fragen von gemeinsamem Interesse. Von einem festen Bündnis war diese Absprache aber weit entfernt.

Vieles hing für Europa davon ab, ob sich Deutschland nach der Erreichung seiner staatlichen Einheit «saturiert» fühlen und Frankreich mit seiner Niederlage abfinden würde. Das letztere wäre leichter gewesen, hätte Deutschland nicht das Elsaß und einen großen Teil von Lothringen annektiert, was nahezu alle Franzosen als krasses Unrecht empfanden. Der Wunsch, den Verlust dieser Gebiete rückgängig zu machen, einte das Land mehr als irgendeine andere Forderung. Gambetta brachte dieses Streben am 22. September 1872 in einer Rede in Chambéry auf die klassische Formel: «Denken wir immer an das, was wir zu tun haben, sprechen wir aber nie davon!» (Pensons sans cesse à ce que nous avons à faire, mais n'en parlons jamais!). Ein anderes Ziel war sehr viel rascher zu erreichen: Im September 1873 räumten die deutschen Truppen, nachdem Frankreich seine Reparationen vorzeitig überwiesen hatte, die von ihnen besetzten Teile des französischen Territoriums.

Zwei Jahre später schien Europa am Rande eines neuen deutschfranzösischen Krieges zu stehen. Im März 1875 nahm die französische Nationalversammlung ein Kadergesetz an, das die militärische Schlagkraft des Landes stärken sollte. Bismarck, wegen der kirchlichen Agitation für die Wiedergewinnung Elsaß-Lothringens und die Präsidentschaft des Marschalls Mac-Mahon ohnehin seit längerem beunruhigt, reagierte ungewohnt nervös. Am 8. April erschien in der regierungsnahen «Post» ein Artikel mit der Überschrift «Ist der Krieg in Sicht?». An einen Präventivkrieg zur Abwehr der vermeintlichen Gefahr dachte der Reichskanzler auch damals nicht; er wollte lediglich herausfinden, wie sich Europa verhalten würde, wenn Deutschland auf der Rücknahme des Gesetzes bestehen und tatsächlich mit Krieg drohen sollte. Der Test ging zu Ungunsten Deutschlands aus: England und Rußland stellten sich auf die Seite des bedrohten Frankreich. Bismarck mußte einsehen, daß er sein Spiel mit der «Krieg-in-Sicht-Krise» überreizt hatte. Er trat den diplomatischen Rückzug an und betonte in der Folgezeit immer wieder, daß das Reich keinerlei Gebietsforderungen vertrete und den Frieden zu erhalten wünsche. Mit der halben Hegemonie, die Deutschland 1871 zugefallen war, konnte Europa gerade noch leben; jeder Versuch, zur vollen Hegemonie zu gelangen, beschwor die Gefahr eines großen Krieges herauf.

Im gleichen Jahr 1875 begann eine neue Orientkrise. Im Sommer kam es in Bosnien und der Herzegowina, im Frühjahr 1876 auch in Rumänien zu Aufständen gegen die türkische Herrschaft. Serbien und Montenegro nahmen das zum Anlaß, dem Osmanischen Reich, das nach wie vor die Oberhoheit über die beiden autonomen Fürstentümer beanspruchte, im Frühsommer 1876 den Krieg zu erklären. Unter dem Eindruck der erstarkenden, vom Zarenhof geförderten panslawistischen Agitation eilten russische Freiwillige den kämpfenden Serben zu Hilfe. In zahlreichen Versammlungen wurde der Ruf nach der russischen Herrschaft über die Meerengen und Konstantinopel laut. Als irreguläre türkische Verbände Tausende von bulgarischen Zivilisten, darunter Frauen und Kinder, niedermetzelten, fegte ein Sturm der Entrüstung über ganz Europa hinweg. Österreich-Ungarn sicherte, von Bismarck ermutigt, Rußland im Juli 1876 für den Fall eines russisch-türkischen Krieges seine Neutralität zu. Sollte das Zarenreich den Krieg gewinnen und sich Bessarabien aneignen, stand Österreich-Ungarn das Recht zur Besetzung Bosniens und der Herzegowina zu. Serbien und Montenegro sollten nach einem Sieg über die Türken vergrößert, nach einer Niederlage in ihrem territorialen Bestand nicht geschmälert werden.

Nachdem die Türken die Aufstände bis zum Frühjahr 1876 niedergeworfen und im Herbst auch Serbien geschlagen hatten, erzwang Rußland durch ein Ultimatum an die Hohe Pforte die Einberufung einer Konferenz der Botschafter aller Großmächte, die im Dezember 1876 in Konstantinopel zusammentrat, um das Osmanische Reich zur Gewährung von Autonomie für die christlichen Balkanvölker und zu tiefgreifenden inneren Reformen zu veranlassen. Sultan Abdulhamid II. versuchte dem massiven Druck dadurch zu entkommen, daß er von sich aus am 23. Dezember 1876 eine Verfassung erließ, die die Grundlage der Wahl eines türkischen Parlaments im März 1877 bildete, der Türkei aber auch die Möglichkeit gab, das Drängen anderer Mächte auf Veränderungen als Einmischung in innere Angelegenheiten zurückzuweisen. Das konstitutionelle Intermezzo war aber nur von kurzer Dauer. Der maßgebliche Reformer, Großwesir Midhat Pascha, der die Verfassung entworfen hatte, verlor sein Amt als Regierungschef bereits im Februar 1877; im Jahr darauf wurde die Verfassung suspendiert. Die rasche Abkehr vom Kurs innerer Reformen hatte auch einen außenpolitischen Hintergrund: Großbritannien hatte die entsprechenden Forderungen der anderen Großmächte zwar formal mitgetragen, die Türken aber vertraulich wissen lassen, daß sie im Fall eines russischen Angriffs mit wie auch immer gearteter britischer Unterstützung rechnen durften. Das genügte, um den Willen zur Erneuerung erlahmen zu lassen.

Rußland nahm den offenkundigen Fehlschlag der gemeinsamen Aktion der Großmächte zum Anlaß, der Türkei am 24. April 1877 den

Krieg zu erklären. Zuvor hatte sich das Zarenreich von Rumänien das Durchmarschrecht für seine Truppen zusichern lassen (und Rumänien dafür Unterstützung bei jener einseitigen Erklärung seiner Unabhängigkeit versprochen, die dann im Mai erfolgte). In den Kämpfen, die zehn Monate dauerten, waren die Russen sowohl auf dem Balkan als auch an der nordostanatolischen Front erfolgreich. Im Januar 1878 schien der Fall von Konstantinopel nur noch eine Frage der Zeit zu sein. Aber London ließ St. Petersburg rechtzeitig wissen, daß eine Eroberung der Hauptstadt des Osmanischen Reiches für Großbritannien ein Grund wäre, Rußland den Krieg zu erklären. Unter diesen Umständen entschied sich Zar Alexander II., auf ein türkisches Verhandlungsangebot einzugehen. Im Vorfrieden von San Stefano, heute ein Vorort von Istanbul, setzte das Zarenreich seine Forderung nach einem Großbulgarien unter Einschluß von ganz Mazedonien durch, was die Türkei in mehrere, nicht untereinander verbundene Gebietsteile zerrissen hätte. Rußland wäre, hätte der Diktatfriede von San Stefano Bestand gehabt, zur beherrschenden Macht auf dem Balkan geworden.

Mit diesem Ergebnis aber waren weder Großbritannien noch Frankreich oder Österreich-Ungarn einverstanden. London schloß im Juni ein Bündnis mit der Türkei und drohte mit einem militärischen Eingreifen, falls russische Truppen am südlichen Kaukasus weiter vorrücken sollten. Die Situation erschien Alexander II. so gefährlich, daß er sich entschloß, dem Gedanken einer internationalen Konferenz zuzustimmen. Sie fand von Mitte Juni bis Mitte Juli 1878 in der Hauptstadt des Deutschen Reiches statt. Die beherrschende Figur auf dem Berliner Kongreß war Bismarck. Da Deutschland, anders als die anderen Großmächte, auf dem Balkan keine unmittelbaren Eigeninteressen verfolgte, fiel seinem Kanzler die Rolle zu, die er sich wünschte: die des «ehrlichen Maklers».

Mit dem, was die Konferenz erbrachte, konnte sich der britische Premierminister Disraeli, seit 1876 Lord Beaconsfield, sehr viel leichter einverstanden erklären als der russische Außenminister Fürst Gortschakow. Vom Ziel eines Großbulgarien mußten sich Bulgaren und Russen verabschieden. Das nördliche Bulgarien wurde ein autonomes, dem Osmanischen Reich tributpflichtiges Fürstentum, der südliche Teil, Ostrumelien, eine türkische Provinz unter einem christlichen Gouverneur. Serbien, Montenegro und Rumänien wurden territorial vergrößert und souveräne Staaten. Griechenland wurde eine Gebietserweiterung in Thessalonien versprochen, die drei Jahre später tatsächlich erfolgte. Rußland behielt von seinen Eroberungen im Kaukasus nur Batum, Kars und Ardahan. Es nahm Rumänien das südliche Bessarabien wieder ab, das 1856 im Pariser Frieden an das Fürstentum Moldau gefallen war. Rumänien, das 1858 aus der Vereinigung der Fürstentümer Moldau und Walachei hervorgegangen war, wurde dafür durch den bulgarischen Nordteil der Dobrudscha entschädigt. Bosnien und die Herzegowina kamen unter die Verwaltung des Habsburgerreiches. England nahm, entsprechend einer geheimen vertraglichen Vereinbarung mit der Hohen Pforte, das bislang türkische Zypern in Besitz, blieb aber gleichwohl die verläßlichste Stütze des Osmanischen Reiches unter den europäischen Großmächten. Nahm man alles zusammen, schuf der Berliner Kongreß keine Friedensordnung, die Aussicht auf langen Bestand hatte: Viele Beschlüsse trugen den Keim neuer Konflikte in sich, nur wenige wirkten dauerhaft klärend.

Bismarck war auf dem Berliner Kongreß der Devise gefolgt, die er ein Jahr zuvor, am 15. Juni 1877, in seinem «Kissinger Diktat» in die Worte gekleidet hatte, sein Bild von Deutschland sei «nicht das irgendeines Ländererwerbs, sondern eine politische Gesamtsituation, in welcher alle Mächte außer Frankreich unser bedürfen, und von Koalitionen gegen uns durch ihre Beziehungen zueinander nach Möglichkeit abgehalten werden». Die russische Enttäuschung und Verbitterung über die Ergebnisse der Konferenz im allgemeinen und Bismarcks Anteil daran im besonderen war jedoch so groß, daß es im Jahr danach erstmals zu einer demonstrativen Annäherung an Paris kam: Im Sommer 1879 nahm der Chef des russischen Generalstabs als Beobachter an französischen Manövern teil. Wenig später wurden sogar russische Truppen in der Nähe der Grenze des Deutschen Reiches konzentriert. Russische Sondierungen wegen eines Bündnisses mit Frankreich stießen jedoch in Paris auf Ablehnung, worüber Bismarck sogleich von Außenminister Waddington in Kenntnis gesetzt wurde.

Die Entfremdung zwischen Deutschland und Rußland durch eine deutsche Annäherung an England auszugleichen war schon deswegen nicht möglich, weil London nicht daran dachte, sich durch feste Absprachen an eine der kontinentalen Großmächte Fesseln anlegen zu lassen. Es bedeutete daher für Bismarck bereits einen großen außenpolitischen Erfolg, daß es ihm gelang, in Verhandlungen mit dem österreichischen Außenminister Graf Andrássy, einem ehemaligen Teilnehmer des ungarischen Freiheitskampfes von 1848/49, jenen «Zweibund» zu vereinbaren, in dem das Deutsche Reich und Österreich-Ungarn sich im Oktober 1879 für den Fall eines russischen Angriffs zu wechselseitiger militärischer Unterstützung verpflichteten. Die Absprache trug geheimen Charakter. Wäre es nach dem Reichskanzler gegangen, hätte das Bündnis durch parlamentarische Ratifizierung eine staatsrechtliche Absicherung erfahren. Das lehnte Andrássy jedoch ab, weil er einen von Deutschland geführten mitteleuropäischen Block als nicht verträglich mit den Interessen Österreich-Ungarns ansah. Doch auch ohne diese feste Verankerung kam dem Vertrag historische Bedeutung zu: Mit dem Zweibund knüpften Berlin und Wien an jahrhundertealte Bindungen an, die bis zur Auflösung des Deutschen Bundes im Krieg von 1866 bestanden hatten. Die beiden Mächte wurden enge Verbündete, was ihnen ein gewisses Maß an zusätzlicher Sicherheit brachte, aber auch Gefahren in sich barg: Jeder Partner konnte den anderen in schwere Verlegenheit versetzen, wenn er seine außenpolitischen Interessen auf eigene Faust verfocht.

Dem Zweibund folgte drei Jahre später der Dreibund zwischen Deutschland, Österreich-Ungarn und Italien, wobei die Initiative von der italienischen Regierung unter Depretis ausging. In dem auf fünf Jahre befristeten Vertrag vom Mai 1882 versprachen Berlin und Wien Rom Hilfe für den Fall eines unprovozierten französischen Angriffs; die umgekehrte Verpflichtung übernahm Italien gegenüber Deutschland. Bei einem Krieg mit einer anderen europäischen Macht sicherten sich die Partner wohlwollende Neutralität, bei einem Krieg mit mehreren militärischen Beistand zu. Im Oktober 1884 trat Rumänien, seit 1881 ein Königreich unter dem bisherigen Fürsten Karol I. aus dem Haus Hohenzollern-Sigmaringen, dem Dreibund bei, und zwar in der Form, daß Rumänien ein geheimes, auf drei Jahre befristetes Schutzbündnis mit Österreich-Ungarn schloß, dem Deutschland am gleichen Tag beitrat. Italien tat diesen Schritt erst im Mai 1888.

Die Beziehungen zwischen Rußland und den beiden mitteleuropäischen Großmächten hatten sich mittlerweile so entspannt, daß im Juni 1881 das auf drei Jahre befristete Dreikaiserbündnis zustande kam, in dem sich St. Petersburg, Wien und Berlin wechselseitig wohlwollende Neutralität für den Fall zusicherten, daß eine der drei Mächte in einen Krieg mit einer vierten Macht verwickelt wurde. Eine Verlängerung um drei Jahre gelang 1884. Im Jahr darauf aber brach im Gefolge der Einverleibung Ostrumeliens durch Bulgarien, eines vom Zaren scharf mißbilligten revolutionären Akts, ein neuer Balkankrieg zwischen Serbien und Bulgarien aus, der zu einem schweren Konflikt zwischen Rußland und Österreich-Ungarn führte. Nach dem Sieg Bulgariens verhinderte Wien ohne Rücksprache mit Rußland serbische Gebietsabtretungen, was in St. Petersburg als Verletzung des Dreikaiserbündnisses betrachtet wurde, das in solchen Fällen Konsultationen vorsah.

1886 verschlechterte sich das russisch-österreichische Verhältnis noch weiter: Das Zarenreich nahm aktiven Anteil an einer Militärrevolte gegen den Fürsten Alexander von Battenberg, der seit 1879 an der Spitze Bulgariens stand. Die Hoffnungen, die Rußland in den Sturz Alexanders gesetzt hatte, erfüllten sich jedoch nicht. Unter Prinz Ferdinand von Coburg-Koháry, der im Juli 1887 als Ferdinand I. den Thron bestieg, kühlten sich die Beziehungen zwischen Sofia und St. Petersburg noch weiter ab. An eine abermalige Verlängerung des Dreikaiserbündnisses war unter diesen Umständen 1887 nicht mehr zu denken.

Um so wichtiger war es für Deutschland und Österreich-Ungarn, den Dreibund mit Italien, der 1887 auslief, zu erneuern und zu einer Mittelmeerallianz auszubauen. Im Mai 1887 war das Vertragswerk unter Dach und Fach. Neu waren die Einbeziehung Spaniens, die Festlegung auf eine wechselseitige Verständigung über Kompensationen zugunsten der Partner für den Fall, daß eine der Mächte sich genötigt sah, den Status quo zu verändern, und das Berliner Versprechen, im Fall eines italienisch-französischen Krieges um nordafrikanische Gebiete Italien zu Hilfe zu kommen. Das Eintreten dieses Bündnisfalles war jedoch höchst unwahrscheinlich, da sich Italien im Februar 1887 mit Großbritannien auf die Bewahrung des Status quo im Mittelmeer, der Adria, der Ägäis und am Schwarzen Meer verständigt hatte.

Die Annäherung Englands an den Dreibund wurde von Bismarck in einem Briefwechsel mit dem britischen Premierminister Lord Salisbury nachdrücklich gefördert, weil er darin ein Mittel sah, die britisch-russische Rivalität am Leben zu erhalten und so ein Zusammengehen beider Mächte gegen Deutschland zu verhindern. Die Bemühungen des deutschen Kanzlers führten zum Erfolg: Im November 1887 wurde die sogenannte «Mittelmeerentente» besiegelt. Sie war ein Geheimbündnis zwischen Österreich-Ungarn, Italien und Großbritannien, in dem sich die Vertragspartner zur Aufrechterhaltung des Status quo im gesamten Mittelmeerraum und am Schwarzen Meer sowie zur Sicherung der Unabhängigkeit des Osmanischen Reiches verpflichteten. Deutschland wurde als einzige nichtbeteiligte Großmacht von dem Vertrag in Kenntnis gesetzt und dadurch zu einem stillen Teilhaber des Paktes.

Die antirussische Stoßrichtung des Mittelmeerdreibunds war, objektiv gesehen, unvereinbar mit einem anderen Geheimabkommen aus dem gleichen Jahr: dem Rückversicherungsvertrag zwischen dem Deutschen Reich und Rußland, den Bismarck am 18. Juni 1887 nach langen Verhandlungen mit Botschafter Schuwalow abgeschlossen hatte. In Anknüpfung an das Dreikaiserbündnis legten sich die vertragschließenden Parteien auf wohlwollende Neutralität bei einem Krieg mit einer anderen Großmacht fest, wobei die Fälle eines unprovozierten russischen Angriffs auf Österreich-Ungarn und eines unprovozierten deutschen Angriffs auf Frankreich ausgenommen wurden. Deutschland erkannte den russischen Einfluß auf Bulgarien an. In einem «ganz geheimen» Zusatzprotokoll versprach es dem Zaren sogar Unterstützung für den Fall, daß dieser sich genötigt sehen sollte, die Interessen seines Reiches am Ausgang des Schwarzen Meeres zu verteidigen.

Diese Klausel widersprach strikt dem Londoner Pontusvertrag vom März 1871, der die Meerengen für Kriegsschiffe aller Nationen sperrte, ebenso wie dem Geist des deutsch-österreichischen Zweibundes und den Zielen der im Entstehen begriffenen Mittelmeerentente. Der Reichskanzler nahm das in Kauf, um sich die russische Neutralität für den Fall eines französischen Angriffs zu sichern. Daß die Gefahr eines Zweifrontenkrieges damit dauerhaft gebannt war, glaubte Bismarck nicht. Doch zumindest erschwerte der Rückversicherungsvertrag ein Zusammengehen zwischen Frankreich und Rußland gegen Deutschland, und zugleich konnte er dazu beitragen, daß England und Rußland sich nicht näher kamen.

Der Rückversicherungsvertrag war für Bismarck ein Notbehelf, geboren aus dem «cauchemar des coalitions», dem Alpdruck feindlicher Koalitionen, der seit der Reichsgründung auf ihm lastete. Was das Abkommen zu einer prekären Aushilfe machte, waren indes nicht nur die Interessen der anderen Großmächte. Auch Bismarcks Zollpolitik untergrub seine diplomatische Meisterleistung. Die deutschen Getreidezölle von 1879 wurden auf massives Drängen der ostelbischen Rittergutsbesitzer im März 1887 ein zweites Mal beträchtlich erhöht, was zu einem Handelskrieg mit Rußland führte. So paradox es klingt: Kaum etwas gefährdete das deutsche Bündnis mit der konservativen Großmacht Rußland so stark wie die Folgen der konservativen Wende der deutschen Außenhandelspolitik. Die Schutzzölle für Getreide waren aber nicht der einzige Bereich, in dem das Deutsche Reich Rußland wirtschaftlich herausforderte: Kurz nach dem Abschluß des Rückversicherungsvertrags ließ Bismarck als Reaktion auf russische Maßnahmen gegen ausländischen, darunter deutschen Immobilienbesitz in den Weichselgouvernements die Lombardierung russischer Wertpapiere verbieten, was zur Abstoßung der meisten «Russenwerte» führte. Das Zarenreich mußte sich andere Kapitalinvestoren suchen und fand sie – in Frankreich.

Beständig konnte man nur das deutsch-österreichische Verhältnis nennen. In Österreich-Ungarn war 1878/79, zur gleichen Zeit wie in Deutschland, eine Ära liberaler Reformen zu Ende gegangen; hier wie dort stand der Niedergang des Liberalismus in engem Zusammenhang mit der langanhaltenden europaweiten Wirtschaftskrise, die durch den Wiener Börsenkrach von 1873 ausgelöst worden war. 1879 kehrten die Tschechen in den Reichsrat zurück und beendeten damit die parlamentarische Abstinenz, die sie aus Protest gegen die Bevorrechtung von Deutschen und Ungarn seit 1861 praktiziert hatten. Zusammen mit Polen, Slowenen und Klerikalen aus dem deutschsprachigen Österreich verhalfen die Tschechen der Regierung des Ministerpräsidenten Eduard Graf von Taaffe zu einer konservativen Mehrheit, dem sogenannten «Eisernen Ring» der Jahre 1879 bis 1893. Der konservative Gleichklang der beiden mitteleuropäischen Großmächte verhalf dem deutsch-österreichischen Zweibund zu einer festen innenpolitischen Grundlage. Das parlamentarisch regierte England war seiner wechselnden Mehrheiten wegen für Bismarck viel schwerer kalkulierbar. Auch das war ein Grund, weshalb Bemühungen um ein deutsch-britisches Bündnis nie über die Phase unverbindlicher Sondierungen hinausgelangten.[18]

Imperialismus (I): Von Disraeli zu Gladstone

Während der siebziger Jahre wechselten die Briten ihre Regierung nur einmal aus: Bei den Unterhauswahlen im Februar 1874 siegten die Tories über die Liberalen, wobei die ungleiche Größe der Wahlkreise die Konservativen begünstigte und die Liberalen, die insgesamt mehr Stimmen erhielten, benachteiligte. Benjamin Disraeli löste William Gladstone im Amt des Premierministers ab. Schon in den Jahren zuvor hatte der Führer der Konservativen deutlich gemacht, welche drei Ziele für ihn Vorrang vor allen anderen hatten: die Verteidigung der britischen Institutionen, wobei er besonders an die Krone, das Oberhaus und die Church of England dachte, die Aufrechterhaltung des britischen Empire und die Verbesserung der Lebensverhältnisse der unteren Bevölkerungsschichten. In einer Rede, die er am 24. Juni 1872 im Londoner Kristallpalast hielt, warf er den Liberalen vor, sie hätten während ihrer Regierungszeit in allen drei Bereichen versagt, am meisten aber bei der zweiten Aufgabe. Wenn der Versuch einer «disintegration of the Empire» gescheitert sei, dann nur wegen der Sympathien, die die Kolonien gegenüber dem Mutterland empfänden. Kein Minister werde seinen Pflichten gerecht, der irgendeine Gelegenheit versäume, das «Kolonialreich soweit wie möglich neu aufzubauen und jene fernen Sympathien zu erwidern, die zu einer Quelle unschätzbarer Stärke und unschätzbaren Glücks für dieses Land» (the source of uncalculable strength and happiness to this land) werden könnten.

Das Empire zu festigen war für Disraeli das höchste nationale Interesse seines Landes: Großbritannien hatte unter liberaler Führung tatenlos zugesehen, als durch den deutsch-französischen Krieg das bisherige Gleichgewicht auf dem europäischen Kontinent zerstört wurde. England konnte dieses Ereignis nicht rückgängig machen, aber wenn es seinen Großmachtstatus behaupten wollte, mußte es seinen weltweiten Besitz und seine globalen Interessen notfalls auch offensiv verteidigen. Einen wichtigen ersten Schritt in dieser Richtung tat Disraeli, als er 1875 mit tatkräftiger Unterstützung des Bankhauses Rothschild dafür sorgte, daß durch Kauf von Aktien, die bisher dem Khedive von Ägypten, Ismail, gehört hatten, die Aktienmehrheit der Suezkanalgesellschaft von französischen in britische Hände überging. Im Jahr darauf ließ sich Disraeli 1876 trotz starken Widerspruchs der Liberalen bereitwillig auf den Wunsch der Queen Victoria ein, den Titel einer «Empress of India» zu übernehmen. Eine solche protokollarische Aufwertung der britischen Herrschaft über Indien sollte nicht nur die Inder beeindrucken, sondern auch Rußland, das dabei war, seinen Einfluß in Zentralasien weiter auszubauen.

Während der Orientkrise war Disraeli in sehr viel höherem Maß als sein Außenminister, Lord Derby, entschlossen, bei der Verfolgung britischer Interessen auch einen Krieg mit Rußland in Kauf zu nehmen. Im Sommer 1876 erklärte der Premier Pressemeldungen über die türkischen Massaker in Bulgarien erst für unwahr und dann für übertrieben.

Er löste damit heftige Proteste aus, an deren Spitze sich sein alter Rivale William Gladstone mit der Broschüre «The Bulgarian Horrors and the Question of the East» stellte. Manche Kritiker gingen so weit, Disraeli, inzwischen Earl of Beaconsfield, seine jüdische Herkunft vorzuhalten, die ihn offenbar daran hindere, Mitgefühl mit den Balkanchristen zu empfinden. Auch Gladstone äußerte sich gelegentlich in diesem Sinne.

Der Premierminister ließ sich dadurch nicht beirren: Die Existenz und die Integrität des Osmanischen Reiches waren ihm aus Gründen der «balance of power» so wichtig, daß er während des russisch-türkischen Krieges im Spätjahr 1877 einen britischen Flottenverband Kurs auf Konstantinopel nehmen ließ. Auf dem Berliner Kongreß von 1878 war er neben Bismarck die beherrschende Figur. Als seinen größten diplomatischen Erfolg betrachtete er es, daß es ihm gelungen war, das deutsch-österreichisch-russische Dreikaiserbündnis zu sprengen. Das Zarenreich schien isoliert – fürs erste jedenfalls.

Nach dem Berliner Kongreß verlagerte sich der Schwerpunkt der russisch-britischen Rivalität mehr noch als zuvor nach Zentralasien, wo es dem Zarenreich in den siebziger Jahren gelungen war, die bis dahin selbständigen islamischen Khanate Chiwa und Buchara in Vasallenstaaten zu verwandeln. Rußland wurde dadurch zum Nachbarn Afghanistans und rückte Britisch-Indien näher. Bereits zwischen 1838 und 1842 hatte Großbritannien versucht, seine Herrschaft über Indien durch die Eroberung von Afghanistan zu sichern, dabei aber die schrecklichste Niederlage der englischen Kolonialgeschichte erlitten: Seine gesamte Streitmacht und die begleitenden Zivilisten, zusammen etwa 17 000 Menschen, wurden vernichtet; als einziges Mitglied des Trosses kehrte ein Militärarzt zurück. 1876 besetzten die Briten das südlich von Afghanistan gelegene Beludschistan. Als der afghanische Emir Sher Ali 1878 die Errichtung einer russischen, nicht aber einer britischen Gesandtschaft in Kabul gestattete, ließ der Vizekönig von Indien, Lord Lytton, auf eigene Faust die Waffen sprechen. Sher Ali floh nach den ersten Erfolgen der Briten im zweiten Krieg um Afghanistan in das seit 1867 russische Turkestan; sein Sohn Yakhub Khan stimmte im Mai 1879 der Errichtung einer britischen Gesandtschaft in Kabul zu.

Knapp vier Monate später, am 3. September 1879, wurden der britische Gesandte, Sir Louis Cavignari, und seine Mitarbeiter von meuternden afghanischen Soldaten ermordet. Die britische Antwort war eine

Strafaktion, die militärisch erfolgreich verlief. Im Gefolge des dritten Krieges um Afghanistan verwandelte sich das Land am Hindukusch in einen Pufferstaat, der sich eng an Großbritannien anlehnte. England hatte eine weitere Kraftprobe mit dem Zarenreich für sich entschieden. Der Gegensatz zwischen der Seemacht England und der Landmacht Rußland war damit aber noch lange nicht aus der Welt geschafft.

Zur gleichen Zeit wie in Afghanistan sah Großbritannien das Empire auch im Süden Afrikas bedroht. Die dortigen Konflikte hatten eine längere Vorgeschichte. 1867 waren an der Mündung des Vaal in den Oranje River bei Kimberley reiche Diamantvorkommen entdeckt worden; die Briten annektierten das betreffende Gebiet, das westliche Griqualand, 1871 und gliederten es der Kapkolonie an. Das war eine Herausforderung an den ohnehin starken Nationalismus der burischen «Afrikaander» und trug viel dazu bei, das Verhältnis zwischen den Briten und den burischen Republiken Transvaal und Oranje weiter zu verschlechtern. Einen weiteren Beitrag leistete die extreme Dürre der Jahre 1876 und 1877. Mehrere schwarze Stämme versuchten, neues Land für sich zu erobern, darunter auch solches, das von weißen Siedlern bewirtschaftet wurde. Im Kampf mit dem Stamm der Bapedi erlitten die Buren von Transvaal 1876 eine schwere Niederlage, was Großbritannien zum Anlaß nahm, Transvaal zu annektieren. Im Jahr darauf brach ein Krieg zwischen den Zulus, einem Großstamm der (damals «Kaffern» genannten) Bantus, aus – nach britischer Zählung der neunte «Kaffernkrieg». Er endete 1878 mit der «Befriedung» des Gebiets durch die britische Kolonialmacht.

Der weiteren Entwicklung drückte der neu ernannte Gouverneur der Kapkolonie und Hohe Kommissar für Südafrika, Sir Bartle Frere, der zuvor Gouverneur von Bombay gewesen war, seinen Stempel auf. Während das Kolonialministerium in London auf Kompromisse mit den Zulus drängte, setzte der Gouverneur in Kapstadt auf Konfrontation. Sein Ziel war es, das südliche Afrika bis hin zu den Südgrenzen der alten portugiesischen Besitzungen in Angola und Moçambique britischer Kontrolle zu unterwerfen. Er nutzte die lange Zeit, die die Übermittlung von Nachrichten, auch die telegraphische, von Europa nach Afrika und umgekehrt noch immer in Anspruch nahm, um vollendete Tatsachen zu schaffen.

Der neue Krieg gegen die Zulus war, wie Disraelis Biograph Robert Blake zu Recht schreibt, «Frere's war». Er begann mit einer schweren

Niederlage der zahlenmäßig weit unterlegenen Briten bei Isandhlwana am 22. Januar 1879. Die Kolonialmacht war gezwungen, Verstärkungen zu schicken. Zu den Freiwilligen, die am Feldzug teilnahmen, gehörte der einzige Sohn des im Januar 1873 im englischen Exil in Chislehurst gestorbenen ehemaligen französischen Kaisers Napoleon III. Der Prince Impérial, Napoleon, fiel am 1. Juni 1879. Fünf Wochen später, am 4. Juli, gelang es dem kommandierenden General von Natal, Lord Chelmsford, die Streitmacht von Cetewayo, dem Anführer der Zulus, zu zerschlagen.

Die Schlacht von Isandhlwana und wenig später das Massaker von Kabul hatten weitreichende Auswirkungen auf die britische Innenpolitik. Die Liberalen, allen voran Gladstone, richteten scharfe Angriffe auf die aus ihrer Sicht verantwortungslose Kolonialpolitik der konservativen Regierung. Was sie Disraeli vorwarfen, ließ sich in *einem* Wort bündeln: Es hieß «Imperialismus». Mit diesem Begriff war zur Zeit des zweiten französischen Kaiserreichs (konkurrierend mit «Cäsarismus» und «Bonapartismus») das Regime Napoleons III. bedacht worden. Im Zusammenhang mit der Übernahme des Titels «Empress of India» durch Queen Victoria hatte der liberale «Spectator» am 8. April 1876 den Begriff erstmals auf Disraeli und damit auf England angewandt. Unter der Überschrift «English Imperialism» schrieb das Blatt, der gefährliche Fortschritt der Demokratie, den der gegenwärtige Premier mehr als jeder andere zeitgenössische Politiker beschleunigt habe, öffne jedem Staatsmann den Weg, der zu Allianzen mit den Vorurteilen und der Unwissenheit der Massen bereit sei. «Despotische Dekrete, die durch Plebiszite ratifiziert werden, sind die Lieblingswerkzeuge des französischen Imperialismus.» Disraeli habe schon im Frühstadium seiner Karriere eine Politik angestrebt, die einerseits die Krone erhöhe und andererseits die Wünsche der Massen befriedige, was die konstitutionellen Beschränkungen für beide leicht erträglich machen dürfte. Eine solche Politik sei in Europa immer noch möglich und habe selbst in England eine Chance.

Zwei Jahre später bemerkte der britische Kolonialminister Lord Carnarvon, das Wort «Imperialismus», das sich erst seit kurzem verbreitet habe, sei nicht frei von Verworrenheit (not free from perplexity). «Ich habe von imperialer Politik und von imperialen Interessen gehört, aber Imperialismus als solcher scheint mir eine Neuschöpfung zu sein» (Imperialism, as such, is a newly coined word to me). Daß gerade Disraeli liberale Kritiker zu Vergleichen mit Napoleon III. herausforderte, lag ebenso an seiner Politik wie an seiner Rhetorik. Immer wieder beschwor er die Größe Englands und seines Empire in Verbindung mit patriotischen Appellen an das Volk und vor allem an die Arbeiterschaft. Noch als Oppositionsführer nannte er am 3. April 1872 in einer Rede in Manchester Großbritannien «the Imperial country», auf das der «ungebrochene Geist des Volkes» (the unbroken spirit of her people) stolz sei. In der schon zitierten Rede im Londoner Kristallpalast vom 24. Juni 1872 gab er seiner Meinung Ausdruck, «daß das Volk von England und besonders die arbeitenden Klassen Englands stolz darauf sind, daß sie einem großen Land angehören, und diese Größe aufrechterhalten wollen, daß sie stolz darauf sind, einem imperialen Land anzugehören (that they are proud of belonging to an Imperial country), daß sie entschlossen sind, wenn sie es können, das Empire aufrechtzuerhalten, und daß sie alles in allem glauben, daß die Größe und das Empire Englands den alten Einrichtungen des Landes zuzuschreiben sind».

Disraeli hatte schon lange, bevor er Premierminister wurde, Interesse an der sozialen Frage gezeigt und 1843 in seinem Roman «Sybil, or, The Two Nations» das Elend der arbeitenden Klassen beschrieben. Was seine Regierung zugunsten der Unterschichten tat, war vom Geist der paternalistischen Fürsorge geprägt und bewirkte einige praktische Verbesserungen – so vor allem mehrere Gesetze aus den Jahren 1875 bis 1878 wie das über Handwerkerwohnungen, mit dem der «Verslumung» der Städte Einhalt geboten werden sollte, die Fabrikgesetze, die Frauen und Kindern einen gewissen Schutz vor Ausbeutung durch die Arbeitgeber gewährten, die Gesetze zur Förderung der Volksgesundheit und der privaten Hilfskassen, der «friendly societies», sowie zum Schutz von Kleinpächtern. Mit am wichtigsten war die Gewährung des Streikrechts durch den Conspiracy and Protection of Property Act von 1875. Bei dem Versuch, gerade die Arbeiter zu einer Stütze des Empire zu machen, ging Disraeli von der Annahme aus, daß Stolz auf das eigene Land über manche materiellen Entbehrungen hinweghelfen könne. Auch deswegen stellte er die Tories als *die* «nationale Partei» und die Liberalen als Zerstörer des Empire dar.

1878 kam durch ein populäres, auf Disraelis Außenpolitik gemünztes Lied das Wort «jingoism» in Umlauf. «We don't want to fight, yet by Jingo, if we do, we've got the ships, we've got the men, and got the money, too»: So lauteten die vielzitierten Zeilen. Jingoismus bedeutete etwa dasselbe wie Chauvinismus im Frankreich der Dritten Republik seit den späten achtziger Jahren und der neue, «rechte» Nationalismus in Deutschland nach der innenpolitischen Wende von 1878/79. Gemeint war eine radikale, militärisch auftrumpfende, gegenüber anderen Nationen herablassende Abart von Vaterlandsliebe. In der Verbindung mit dem Kult des Empire bildete der Jingoismus das sozialpsychologische Unterfutter dessen, was Zeitgenossen «Imperialismus» zu nennen begannen.

Der innenpolitische Nutzen von Jingoismus und Imperialismus lag darin, daß sie zeitweilig von ungelösten inneren Problemen ablenken konnten – obenan der irischen Frage, die Disraeli nach besten Kräften zu ignorieren versuchte, obwohl seit 1874 54 Abgeordnete der neugegründeten irischen Nationalpartei im Londoner Unterhaus saßen, die «Home Rule» und damit letztlich die Aufkündigung der Union mit England forderten. Imperialismus und Jingoismus mochten vielen Briten das vermitteln, was der amerikanische Psychologe Daniel Katz in einer Analyse des Nationalismus «seelisches Sondereinkommen» (enhanced psychic income) genannt hat. Doch diesen Dienst konnte nur eine erfolgreiche imperialistische Politik leisten. Die Mißerfolge und Niederlagen der Regierung Disraeli in Afghanistan und Südafrika, für die Namen wie Kabul und Isandhlwana standen, bewirkten einen raschen Stimmungsumschwung. Er trug wesentlich dazu bei, daß die Liberalen bei den Unterhauswahlen vom März und April 1880 eine ähnlich große Sitzmehrheit erobern konnten wie sechs Jahre zuvor die Tories. Die Ära Disraeli war damit zu Ende. Ein Jahr später, am 19. April 1881, starb der bedeutendste konservative Premier, den England im 19. Jahrhundert gehabt hat, im Alter von 76 Jahren in London.

William Gladstone, der im April 1880, damals 70 Jahre alt, erneut das Amt des Premierministers übernahm, hatte während des Wahlkampfes nicht nur die Kriege in Afghanistan und Südafrika verurteilt, sondern auch den Zulus für den Fall eines liberalen Wahlsieges die Wiederherstellung ihrer Unabhängigkeit versprochen. Den Krieg in Afghanistan beendete die neue Regierung im Frühjahr 1880, kurz nach der Eroberung von Kandahar, durch den Abzug der britischen Truppen. Die Annektierung von Transvaal aber ging weiter, wodurch sich das Verhältnis von Briten und Buren weiter verschlechterte. Erst im August 1880 berief der Premierminister Sir Bartle Frere, den Hauptverantwortlichen des Krieges, als Gouverneur der Kapkolonie und Hohen Kommissar für Südafrika ab. Die Projekte einer Selbstregierung der Zulus und einer Südafrikanischen Föderation aber mußte er zu den Akten legen. Anfang 1881 erhoben sich die Buren von Transvaal gegen die britische Herrschaft; bei Majuba Hill schlugen sie Ende Februar die Truppen des Gouverneurs von Natal, Sir George Colley, der dabei selbst fiel. In der Konvention von Pretoria erhielt Transvaal im August 1881 seine Unabhängigkeit zurück – eingeschränkt durch die britische Oberhoheit auf dem Gebiet der Außenpolitik. Drei Jahre später wurde diese Klausel fallen gelassen.

Die konservative Opposition reagierte empört auf das Zurückweichen der Regierung in Afghanistan und Südafrika. Gladstone sah sich Angriffen ausgesetzt, die nicht weniger scharf waren als seine eigenen Attacken auf die Außenpolitik Disraelis: Hatte er vor 1880 dem konservativen Premierminister leichtfertiges Prestige- und Machtstreben vorgehalten, mußte er sich jetzt des Vorwurfs erwehren, er schwäche und gefährde durch seine betont unkriegerische Politik das britische Empire. Intern äußerte sich auch die Queen in diesem Sinne. Gladstone blieb die Antwort nicht schuldig. Die Konservativen, so erklärte er am 7. Oktober 1881 in Leeds, hätten den «fairen Namen Englands» besudelt. «Und deswegen sage ich Ihnen, meine Herren, daß wir, während wir gegen den Imperialismus sind, dem Empire treu ergeben sind» (that while we are opposed to imperialism, we are devoted to the Empire).

In der Innenpolitik packte Gladstone die Reformen an, denen sich die Tories sechs Jahre lang verweigert hatten. Die Tatsache, daß die Irish National Party unter ihrem charismatischen Führer Charles Stewart Parnell mit 65 Abgeordneten, sechs mehr als 1874, gestärkt ins Unterhaus gelangt war, unterstrich die Dringlichkeit der irischen Frage. Der Fall der Agrarpreise seit 1877 hatte die soziale Lage der irischen Pächter dramatisch verschlechtert; fortgesetzte politische Morde und Attentate gaben Anlaß, die Situation in Irland als explosiv, ja als revolutionär einzuschätzen. Die liberale Regierung kam nicht umhin, auf die Zwangsmittel zurückzugreifen, die zwei Sondergesetze, die Coercion Acts von 1881 und 1882, bereitstellten. Nahezu gleichzeitig mit dem ersten Zwangsgesetz legte die Regierung dem Unterhaus den Entwurf eines Landgesetzes vor, das die irischen Pächter in freie Eigentümer verwandelte und sie gegen Wucherzinsen schützen sollte. Aus der Sicht der irischen Nationalisten war der Entwurf, der im August 1881 Gesetzeskraft erlangte, völlig unzureichend. Es bedurfte der Freilassung des (auf Grund des Coercion Act von 1881 festgesetzten) Abgeordneten Parnell aus dem Gefängnis, um im August 1882 mit den Stimmen der Irischen Nationalpartei einem weiteren Landgesetz zur Annahme zu verhelfen: dem Arrears Act, der die Streichung von rückständigen Pachtschulden zahlungsunfähiger Kleinpächter gestattete.

Die irische Frage war damit noch lange nicht gelöst. Aber bevor Gladstone sich dem Thema «Home Rule» widmen konnte, mußte er, gedrängt von den Radikalen seiner Liberalen Partei um den früheren Bürgermeister von Birmingham und jetzigen Handelsminister Joseph Chamberlain und den stellvertretenden Außenminister Charles Dilke, den Autor von «Greater Britain», einem 1868 erschienenen, außerordentlich erfolgreichen Buch über das Empire, die auch von ihm selbst als notwendig angesehene Wahlrechtsreform auf den Weg bringen. Die radikalen Liberalen bekannten sich zum Prinzip des «one man, one vote», also zum allgemeinen gleichen Wahlrecht für Männer. Die gemäßigten Liberalen oder «Whigs» um den Parteivorsitzenden Lord Hartington und erst recht die Konservativen lehnten diese Forderung ab. Hartington und die Whigs wehrten sich auch gegen die Ausdehnung der Reform auf Irland und gegen eine Neueinteilung der Wahlkreise. In beiden Punkten konnten sie sich nicht durchsetzen. Die Wahlrechtsreform von 1884/85, die erste seit 1867, senkte die Hürden des aktiven Stimmrechts in den Counties und verdoppelte fast die Zahl der Wahlberechtigten insgesamt; sie belief sich nunmehr auf fast 5 Millionen erwachsene Männer. Zahlreiche Kleinstädte verloren ihren Sitz: Die meisten Wahlkreise waren nun in etwa gleich große Ein-Mann-Wahlkreise; nur Universitäten und Städte mit mehr als 50 000 Einwohnern behielten zwei Sitze. Beim allgemeinen gleichen Wahlrecht war Großbritannien damit noch nicht angelangt, aber es war ihm einen großen Schritt näher gekommen.

Außenpolitisch trat Gladstone sehr viel mehr, als ihm lieb war, in die Fußstapfen Disraelis. Zu Beginn der achtziger Jahre war das britische Empire vor allem an einer strategisch besonders wichtigen Stelle bedroht: in Ägypten. Ismail Pascha, der Khedive oder Vizekönig von Ägypten, formal noch immer der türkischen Oberhoheit unterworfen, hatte in den Jahren nach 1874 in Fortführung der unter Mehmet Ali begonnenen Expansionspolitik den südlichen Sudan erobert, im Kampf gegen den christlichen Kaiser von Äthiopien, Johannes IV., aber eine Niederlage hinnehmen müssen. Die Zerrüttung der Staatsfinanzen veranlaßte Ismail, seine Suezkanal-Aktien 1875 an Großbritannien zu ver-kaufen. 1876 mußte Ägypten den Staatsbankrott anmelden, was dazu führte, daß das Land unter eine umfassende britisch-französische Fi-nanzaufsicht gestellt wurde. Als Ismael versuchte, sich dieser Kontrolle zu entziehen, wurde er von beiden Mächten abgesetzt und durch seinen Sohn Tewfik Pascha ersetzt.

Gegen diesen und die ihn stützenden westlichen Großmächte putschte 1881 das ägyptische Militär unter Führung von Oberst Arabi Pascha, in dem schon Zeitgenossen wie Gladstone den frühen Vertreter eines arabischen Nationalismus sahen. Damit waren vitale Interessen der europäischen Gläubiger Ägyptens und vieler Investoren bedroht. Da das Osmanische Reich nicht bereit war, unter der Bedingung einer europäischen Aufsicht von seinen Hoheitsrechten in Ägypten Ge-brauch zu machen, und Frankreich sich, vor allem aus Furcht vor mas-siven deutschen Reaktionen, nicht an einer bewaffneten Intervention der beiden hauptsächlich betroffenen europäischen Mächte beteiligen wollte, entschloß sich die britische Regierung zu einem militärischen Alleingang: der Bombardierung von Alexandria, wo es zuvor zu bluti-gen antieuropäischen Ausschreitungen gekommen war, am 11. Juli 1882. Kurz darauf begann eine von General Wolseley geführte Militär-expedition. Im September wurden die ägyptischen Truppen bei Tel-al-Kebir geschlagen und anschließend Kairo besetzt. Die Briten setzten Tewfik Pascha wieder als Khedive ein und machten aus Ägypten ein britisches Protektorat unter der tatsächlichen Leitung des Generalkon-suls in Kairo, dessen Stellung der eines Prokonsuls in einer Provinz des Imperium Romanum glich. Die britisch-französische Finanzkontrolle über Ägypten wurde abgeschafft; an ihre Stelle trat nach langen und schwierigen Verhandlungen im März 1885 die Kontrolle durch die sechs europäischen Großmächte, zu denen jetzt neben Großbritannien, Frankreich, Rußland, Deutschland und Österreich-Ungarn auch Ita-lien gerechnet wurde.

Durch die faktische Herrschaft über Ägypten wurde Großbritan-nien sogleich in die sudanesischen Verwicklungen hineingezogen. 1881 hatte sich Mohammed Ibn Saijid, ein Mitglied des fanatischen Der-wischordens der Sammanija, zu dem vom Propheten Mohammed ver-heißenen Erleuchteten, dem Mahdi, erklärt, zum Heiligen Krieg, dem Dschihad, gegen die Ägypter aufgerufen, anschließend im Zuge des «Mahdi-Aufstands» einen großen Teil des östlichen Sudan erobert und damit begonnen, die unter ägyptischer Herrschaft abgeschaffte Sklaverei wiederherzustellen. Die Regierung Gladstone hielt es nach Lage der Dinge für unvermeidbar, die ägyptische Garnison aus Khartum, der Hauptstadt des Sudan, abzuziehen, wozu sich aber die von London abhängige Kairoer Regierung militärisch nicht in der Lage sah. Infolgedessen mußte die britische Schutzmacht selbst im Sudan tätig werden.

Die Durchführung dieser militärischen Aufgabe wurde General Charles Gordon übertragen, der drei Jahrzehnte zuvor eine Schlüsselrolle bei der Niederwerfung des Taiping-Aufstandes in China gespielt hatte. Seit 1873 im Dienst des Khediven Ismail, war er als «Gordon-Pascha» von 1877 bis 1879 Generalgouverneur des Sudan gewesen und hatte sich dort wie zuvor in Ägypten selbst als Kämpfer gegen die Sklaverei hervorgetan. Die erneute Bestellung des als extrem eigenwillig bekannten Gordon zum (nunmehr britisch-ägyptischen) Generalgouverneur des Sudan war eine verhängnisvolle Fehlentscheidung. Gordon dachte nicht daran, sich an Weisungen aus London zu halten, wenn er diese für falsch hielt. Nachdem der Mahdi zur Vernichtung der Ägypter und aller ihrer Helfer aufgerufen hatte, entschied sich Gordon, in Khartum zu bleiben und die Stadt gegen die Streitmacht des Mahdi zu verteidigen. Damit zwang «Gordon Pascha» die lange widerstrebende Regierung Gladstone zur Entsendung einer Armee. Die von Wolseley geführte Truppe traf am 25. Januar 1885 in der Nähe der sudanesischen Hauptstadt ein, aber sie kam zu spät. Fünf Tage zuvor war Khartum von den Verbänden des Mahdi erobert worden. Zu den Opfern des anschließenden sechsstündigen Massakers gehörte auch Gordon.

Die britischen Konservativen und die ihnen nahestehenden «jingoistischen» Zeitungen forderten massive Vergeltung und gaben Gladstone die Schuld am Tod Gordons: Das dem liberalen Premier von seinen Bewunderern verpaßte Kürzel «GOM», das für «Grand Old Man» stand, wurde jetzt in «MOG» umgewandelt, was «Murderer of Gordon» bedeuten sollte. Selbst die Queen ließ den Premierminister in einem offenen Telegramm wissen, daß die Tragödie von Khartum durch rechtzeitiges Handeln hätte verhindert werden können. Einen von den Tories eingebrachten Tadelsantrag im Unterhaus überstand der Premierminister am 27. Februar 1885 mit der knappen Mehrheit von 14 Stimmen.

Bevor noch eine endgültige Entscheidung über das künftige Verhalten gegenüber dem Mahdi gefallen war, wurde Großbritannien an anderer Stelle von einer anderen Großmacht herausgefordert: Das Zarenreich nutzte die Ereignisse im Sudan, um eine Kraftprobe mit England in Mittelasien zu wagen. Am 30. März 1885 besetzten russische Truppen nach Überwindung heftigen örtlichen Widerstands das grenznahe afghanische Dorf Pendjeh, was in Großbritannien eine neue Welle nationaler Empörung auslöste. Gladstone sah die britische Position in Indien bedroht und ließ sich im Unterhaus einen Millionenkredit bewilligen, um mit der geballten militärischen Kraft des Empire, einschließlich der noch im Sudan operierenden Verbände, gegen die russische Aggression vorgehen zu können. Die Entscheidung für den Vorrang der britischen Interessen in Indien hatte also zur Konsequenz, daß der für strategisch weniger wichtig erachtete Sudan dem Mahdi überlassen wurde. Zur bewaffneten Auseinandersetzung mit Rußland aber kam es nicht, da St. Petersburg seine Truppen aus Pendjeh zurückzog und sich Anfang Mai bereit erklärte, das Urteil über den Zwischenfall einer internationalen Schiedskommission zuzuweisen.

Die Entwicklungen im nordöstlichen Afrika und in Mittelasien trugen dazu bei, daß Gladstone sich eine Zeitlang nicht auf das konzentrieren konnte, was er selbst für vordringlich hielt: die Lösung der weiter schwelenden irischen Frage. Im Mai 1885 kündigte er neben der Erneuerung einiger Zwangsmaßnahmen ein Gesetz an, das es dem Staat ermöglichen sollte, Land zu kaufen und an arme irische Pächter zu verteilen. Diesem Vorhaben widersetzten sich die Radikalen um Joseph Chamberlain und Charles Dilke, die kurz zuvor mit einem anderen Plan, der Einführung von «local government» in Irland auf der Ebene der Counties, im Kabinett gescheitert waren. In der Nacht vom 8. zum 9. Juni 1885 erlitt die Regierung in einer Abstimmung über den Haushalt eine schwere Niederlage: Es gab 12 Nein-Stimmen mehr als Ja-Stimmen. Gladstone erklärte unmittelbar danach seinen Rücktritt. An die Spitze der neuen Regierung trat der Führer der Konservativen, Lord Salisbury, der sich aber nur wenige Monate im Amt behaupten konnte.

Ende November 1885 fanden Wahlen zum Unterhaus statt. Die Liberalen zogen gespalten in den Wahlkampf. Gladstone hatte ganz bewußt die Parole «Home Rule» für Irland ausgegeben und sich damit zu einem eigenen irischen Parlament und der Auflösung der 1801 geschaffenen Union zwischen Großbritannien und Irland bekannt. Die Radikalen um Chamberlain, Dilke und den Freihändler und Wahlrechtsreformer John Bright lehnten dies ab: Aus ihrer Sicht war die Union das Unterpfand für die Aufrechterhaltung des Empire. Sie verabscheuten zwar jede Form von «coercion», aber ebensosehr den Gedanken, den Iren das Recht auf *nationale* Selbstbestimmung zu gewähren. Fatal war für die Liberale Partei, daß Parnell, der Führer der irischen Nationalpartei, aus rein taktischen Gründen seine in England, Schottland, Wales und Ulster lebenden Anhänger aufrief, für die Tories zu stimmen, um so eine Übermacht der Liberalen zu verhindern und der eigenen Partei eine Schlüsselrolle in den Commons zu sichern. Das Kalkül ging auf: Im neuen Unterhaus verfügten die Liberalen über 334, die Konservativen über 250 und die irischen Nationalisten über 86 Sitze, die beiden letzteren also über zwei Mandate mehr als die Partei Gladstones.

Der liberale Premier wurde erneut mit der Regierungsbildung beauftragt und machte sich sogleich daran, die «Home Rule» in Gesetzesform zu bringen, wobei er keinerlei Sonderregelungen für das protestantische Ulster vorsah. Am 31. Mai 1886 beschlossen die Radikalen unter Führung von Chamberlain, gegen die Vorlage zu stimmen. Am 8. Juni stimmten bei der zweiten Lesung der Home Rule Bill im Unterhaus 341 Abgeordnete dagegen und nur 311 dafür. 93 Liberale, fast ein Drittel der Fraktion, hatten gegen die Regierung votiert. Unter ihnen waren nicht nur die Radikalen, sondern auch zahlreiche altliberale Whigs.

Die Folge waren die Auflösung der Commons und Neuwahlen. Aus den Wahlen im Juli 1886 gingen die Tories als Sieger hervor. Sie kamen auf 316, die vereinigten Gegner Gladstones aus den Reihen der Radikalen und der Whigs, die Liberal Unionists, auf 79 Sitze. Zusammen verfügten Konservative und Unionisten über 119 Stimmen mehr als die 190 «Gladstonian Liberals» und die 85 «Parnellists».

Die Wahl von 1886 war ein Plebiszit gegen die Emanzipation Irlands und für die Stärkung des britischen Empire. Sie markiert das Ende der Zeit des klassischen Liberalismus in England und den Durchbruch der «Tory democracy». 1886 hatten die Arbeiter in ihrer großen Mehrheit noch für die Liberale Partei gestimmt. Nachdem ein Teil der Radikalen mit der Partei Gladstones gebrochen hatte, erhielten innerhalb der Konservativen Partei die jüngeren Kräfte der sogenannten «Fourth Party» um den späteren Premierminister Arthur Balfour und Lord Randolph Churchill, den Schatzkanzler des neuen Kabinetts Salisbury seit 1886 und Vater von Winston Churchill, Auftrieb, die ebenso wie die liberalen Unionisten um Chamberlain und Dilke entschlossen waren, um die Stimmen der Arbeiter zu kämpfen. An den Stolz auf das

Empire hatte schon Disraeli appelliert, als er seiner konservativen Partei ein soziales Profil zu geben versuchte. Als die Tories Mitte der neunziger Jahre eine enge Verbindung mit Joseph Chamberlain und seinen Freunden eingingen, konnten sie an dieses Erbe anknüpfen.[19]

Imperialismus (II): Die Aufteilung Afrikas

Blickte man von der Warte des Jahres 1886 zurück, so hatte das Empire in den zwölf Jahren seit 1874, als Disraeli zum zweiten Mal das Amt des Premierministers übernahm, erheblich an Bedeutung gewonnen. 1883 war das Buch «The Expansion of England» aus der Feder des Historikers John Robert Seeley erschienen. Mit Blick auf das 18. Jahrhundert hieß es dort in dem meistzitierten Satz des Werkes, fast gewinne man den Eindruck, «als hätten wir die halbe Welt in einem Zustand von Geistesabwesenheit (in a fit of absence of mind) erobert». Den britischen Kolonialgründungen jener Zeit hatte in der Tat kein ausgefeilter Plan zugrunde gelegen. Von den frühen Siedlungskolonien in Nordamerika abgesehen folgte im allgemeinen der Handel der Flagge: Die kommerzielle Nutzung eines Gebietes setzte ein, nachdem dort bereits ein britisches «Claim» abgesteckt worden war. In der Regel bevorzugte man in London hierbei die indirekte Herrschaft über einheimische, den Briten gegenüber loyale Autoritäten. Als England durch den amerikanischen Unabhängigkeitskrieg 1783 sein erstes Empire verlor, war auf diese Weise bereits der Grund gelegt für ein zweites, das sein Herzstück in Indien, dem Betätigungsfeld der East India Company, hatte.

In den folgenden Jahrzehnten war das Empire vor allem durch die Ausdehnung von Britisch-Indien nach Norden, Osten und im Zentrum gewachsen. Ansonsten galten Kolonien, die sich nicht als Siedlungsland für Einwanderer von den britischen Inseln eigneten, eher als Last – eine Einschätzung, die sich vor allem nach dem Übergang zum Freihandel im Jahre 1846, dem Beginn der Hochzeit des «Informal Empire», durchsetzte. Die vorhandenen Kolonien ließen sich grob in drei Gruppen einteilen: erstens die Siedlungskolonien mit überwiegend oder doch zumindest zahlenmäßig starker, aus Europa stammender Bevölkerung, aus denen, beginnend mit Neufundland 1855 und Kanada 1867, sich selbst regierende Dominions wurden (1901 folgte das Commonwealth of Australia, 1907 Neuseeland, 1910 die Südafrikanische Union); zweitens die Kronkolonien wie etwa Jamaika, die Bahamas, Gibraltar, Malta, Hongkong und Singapur, die von britischen Gouverneuren verwaltet wurden; drittens Britisch-Indien, das ein in sich vielfältig gegliedertes Subimperium unter der teils rechtlichen, teils faktischen Leitung einer von London eingesetzten Regierung bildete.

Über die Gründe, die dazu führten, daß Großbritannien seit den siebziger Jahren des 19. Jahrhunderts eine sehr viel aktivere Empirepolitik betrieb als in den Jahrzehnten zuvor, gehen die Meinungen der Historiker auseinander. Manche bestreiten sogar, daß man von einer Zäsur in der Zeit der Kabinette Gladstone und Disraeli sprechen könne, und betonen vielmehr die Kontinuität der «Ausdehnung Englands». Tatsächlich fällt es nicht schwer, Fälle aus den sechziger Jahren zu nennen, wo das Empire auch außerhalb Indiens wuchs oder seinen Einfluß anderweitig vergrößerte. 1861 wurde die westafrikanische Hafenstadt Lagos, ein Zentrum des von den Briten bekämpften, von Arabern oder, häufiger noch, von islaminierten Schwarzafrikanern aus der ostafrikanischen Küstenregion gelenkten Sklavenhandels, zum britischen Protektorat erklärt und im Jahr darauf in eine britische Kolonie umgewandelt. 1863 führte Großbritannien einen Krieg mit den Ashanti im westafrikanischen Ghana. 1867 beantwortete London die Gefangennahme eines britischen Gesandten und anderer britischer Staatsbürger durch den Kaiser («Negus Negesti») von Äthiopien, Theodorus II., mit einer bewaffneten Intervention. Sie endete damit, daß der Kaiser sich selbst tötete und 1872 einer der mächtigsten einheimischen Fürsten, Johannes, mit britischer Hilfe auf den Thron des Negus gelangte.

Von einer systematischen Empirepolitik kann man gleichwohl in den sechziger Jahren noch nicht sprechen. Daß sich dies nach dem Wahlsieg der Tories von 1874 änderte, hing aufs engste mit dem wichtigsten Ergebnis des deutsch-französischen Krieges von 1870/71, der Gründung des Deutschen Reiches, zusammen – jener «deutschen Revolution», von der Disraeli bereits im Januar 1871 im Unterhaus gesagt hatte, daß sie, unter dem Blickwinkel des europäischen Gleichgewichts betrachtet, eine noch größere Bedeutung habe als die Französische Revolution von 1789. Großbritannien war von diesem Ereignis nach der Überzeugung des damaligen konservativen Oppositionsführers mehr als jedes andere Land betroffen. Seine Stellung als Großmacht konnte es folglich nur behaupten, wenn es die Festigung und den Ausbau des Empire zur obersten Richtschnur der britischen Außenpolitik machte. Seeley ging 1883 noch einen Schritt weiter: «Wenn die Vereinigten Staaten und Rußland noch ein halbes Jahrhundert zusammenhalten, so werden bis dahin alte europäische Staaten wie Frankreich und Deutschland als zwergenhafte Gebilde in den Hintergrund gedrängt sein. Auch England wird es so ergehen, wenn es dann noch fortfährt, sich nur als europäisches Reich zu betrachten, als das Vereinigte Königreich von Großbritannien und Irland aus den Zeiten Pitts.» Was man britisches Imperium nenne, sei kein künstliches Gebilde, ja nicht einmal ein Imperium im eigentlichen Sinn. «Es ist die Lebensform des großen englischen Volkes, welches über so weite Räume zerstreut ist, daß vor dem Zeitalter des Dampfes und der Elektrizität die Entfernung die starken Bande des Blutes und der Religion zu sprengen drohte. Heute, wo die Entfernung überwunden ist und das Beispiel der Vereinigten Staaten und Rußlands die Möglichkeit politischer Vereinigung über so weite Flächen erwiesen hat, erhebt sich auch das Größere Britannien (im englischen Original: the Greater Britain, H.A.W.) als eine Wirklichkeit, und zwar als eine sehr lebenskräftige. Es wird eine starke politische Vereinigung werden, wenn auch nicht stärker als die Vereinigten Staaten, aber, wie wir zuversichtlich hoffen dürfen, weit stärker als die große Völkermischung von Slawen, Germanen, Turkmenen und Armeniern, von griechischen und römischen Katholiken, Protestanten, Mohammedanern und Buddhisten, die sich Rußland nennt.»

Als 1886 der liberale Gladstone durch den konservativen Salisbury abgelöst wurde, war die imperiale Rhetorik längst kein Monopol der Tories mehr. Über den radikalen Flügel hatte sie Einzug in die Liberale Partei gehalten und diese gespalten. Gladstone war der letzte große Anwalt des auf Freihandel und indirekte Herrschaft gegründeten «Informal Empire», einer anderen, «weicheren» Form von Imperialismus, wenn man darunter ganz allgemein eine Politik verstand, die darauf abzielte, andere Völker wirtschaftlich und politisch in einen Zustand weitgehender Abhängigkeit zu bringen. Aber auch Gladstone sah sich 1882 widerstrebend genötigt, im Fall Ägyptens die bestehende Abhängigkeit von europäischen Mächten unter Einsatz von Waffengewalt bis zur Errichtung eines britischen Protektorats, einer Art von verschleierter de-facto-Kolonie, voranzutreiben, um dort investiertes englisches Kapital zu schützen und, wenn ihm das auch persönlich weniger wichtig war, seinem Land die Kontrolle über den kürzesten Seeweg nach Indien, die über den Suezkanal, zu sichern.

Die Intervention in Ägypten hatte langfristige Folgen, die weit über den Nordosten Afrikas und das britische Empire hinausreichten. Es spricht darum vieles dafür, von einer Zäsur im Jahre 1882 zu sprechen. Für den Historiker Wolfgang J. Mommsen markiert dieses Jahr das Ende der Ära des «Informal Empire», die er ab 1776 datiert, und zugleich den Beginn der Zeit des «Klassischen Imperialismus», die er mit 1918, dem letzten Jahr des Ersten Weltkrieges, zu Ende gehen läßt. Im klassischen Imperialismus gab es wie in der Zeit davor ein Nebeneinander von informeller, wirtschaftlich begründeter Abhängigkeit fremder, weniger entwickelter Gebiete von einem industriell und kommerziell höher entwickelten Land einerseits und offener Kolonialherrschaft andererseits. Die letztere aber gewann, verglichen mit der Zeit des «Informal Empire», stark an Bedeutung. Zudem erhielt Großbritannien verstärkt Konkurrenz durch andere Mächte, die ihre Kolonien zu Kolonialreichen auszubauen oder solche Reiche neu zu errichten versuchten, wobei die unterschiedlichen Interessen seit den achtziger Jahren des 19. Jahrhunderts vor allem in Afrika aufeinanderstießen.

Neu war schließlich der Zug ins Globale, der nach 1880 in den Wettlauf um Kolonien und andere abhängige Gebiete kam. Der Historiker Jürgen Osterhammel definiert Imperialismus als Summe der Kräfte und Aktivitäten, die zum Aufbau und zur Einhaltung solcher transkolonialer Imperien beitrugen. «Zum Imperialismus gehört auch der Wille und das Vermögen eines imperialen Zentrums, die eigenen nationalstaatlichen Interessen immer wieder als imperiale zu *definieren* und sie in der Anarchie des internationalen Systems weltweit geltend zu machen. Imperialismus impliziert also nicht bloß Kolonialpolitik, sondern ‹*Weltpolitik*›, für welche Kolonien nicht allein Zwecke in sich selbst, sondern auch Pfänder in globalen Machtspielen sind.»

Als der «Spectator» 1876 den Begriff «Imperialismus» erstmals auf die Politik Disraelis anwandte, nahm er nicht zufällig Bezug auf das Vorbild des französischen «Imperialismus» unter Napoleon III. Der Mann an der Spitze des Zweiten Kaiserreiches hatte in den sechziger Jahren nicht nur in Mexiko eine Politik der bewaffneten Intervention betrieben, sondern auch zuvor schon, während des Taiping-Aufstandes, zusammen mit England in China. 1853 nahm er die östlich von Australien gelegene Insel Neukaledonien in Besitz. 1854 wurde Senegal an der

Westküste Afrikas, ein altes französisches Einflußgebiet, zur Kolonie erklärt: Von dort nahmen Expeditionen ins Innere des Senegalgebiets ihren Ausgang.

Am folgenreichsten war für Frankreich die Expansion seines Kolonialbesitzes in Indochina. Noch unter dem Ancien régime, im Jahre 1787, hatte Frankreich durch einen Vertrag mit dem Kaiser von Annam die ersten Stützpunkte in diesem (von den Einheimischen Vietnam genannten) Gebiet erworben. 1858 nahm Napoleon III. die Verfolgung vietnamesischer Christen und die Ermordung einiger Missionare zum Anlaß, zusammen mit Spanien in Cochinchina zu intervenieren. 1859 eroberten französische Truppen Saigon; 1862 erzwang das Second Empire die Abtretung der drei östlichen und reichsten, vom Reisanbau lebenden Provinzen Annams; 1864 stellte sich das Königreich Kambodscha, das bis dahin unter der Oberhoheit von Siam, dem heutigen Thailand, gestanden hatte, gegen den Willen Bangkoks, unter französisches Protektorat. Handelsinteressen spielten bei dieser Ausdehnung des französischen Kolonialbesitzes eine beträchtliche Rolle; nicht minder wichtig aber war für Napoleon III. der persönliche und zugleich nationale Prestigegewinn, von dem er sich eine Stabilisierung seines Regimes erhoffte.

Nach dem Untergang des Zweiten Kaiserreiches im deutsch-französischen Krieg von 1870/71 gewann das Streben nach nationalem Prestige eine neue Bedeutung: Eine erfolgreiche Kolonialpolitik versprach den Schmerz über die Niederlage und den Verlust von Elsaß-Lothringen zu lindern. Als Schwerpunkt der Expansion bot sich zunächst Nordafrika an. Algerien, mittlerweile die Kornkammer Frankreichs, war zwischen 1830 und 1874 erobert, wenn auch noch längst nicht befriedet worden. Die drei Departements, aus denen Algerien seit 1848 bestand, wurden von Paris aus regiert. Freilich hatten nur französische Bürger das Wahlrecht, zu denen seit 1870 auch die 35 000 in Algerien lebenden Juden gehörten, nicht aber die Muslime, also das Gros der Bevölkerung. Die Einteilung Algeriens in drei Departements änderte auch nichts daran, daß der Süden des Gebiets, der in der nördlichen Sahara lag, einem Militärregime unterstellt blieb.

Im Mai 1881, nach dem Übergang zur «opportunistischen Republik», schloß die erste Regierung des gemäßigten Republikaners Jules Ferry mit dem Bey von Tunis den Vertrag von Bardo, durch den Tunesien ein französisches Protektorat wurde. Großbritannien und Deutschland hatten Paris schon 1878 auf dem Berliner Kongreß freie Hand in Tunis gelassen. Da dieser Teil Nordafrikas aber seit langem das Ziel italienischer Siedler war, reagierte die Öffentlichkeit der Apenninenhalbinsel empört. Der deutsch-italienisch-österreichische Dreibund von 1882 und die Mittelmeerallianz von 1887 waren Roms Antwort auf Frankreichs Vordringen in einer Region, die Italien als seine Interessensphäre betrachtete. Auch in Frankreich gab es lebhaften Widerspruch. Er kam vor allem von der Linken, wo man gegenüber Ferrys Kolonialpolitik schon deshalb mißtrauisch war, weil diese die Unterstützung Bismarcks genoß, dessen Beweggründe über jeden Zweifel erhaben waren: Der deutsche Reichskanzler wollte Frankreich von Revanchebestrebungen wegen des Verlustes von Elsaß-Lothringen abhalten. Der Vertrag mit dem Bey wurde zwar ratifiziert, Ferry aber, kurz nachdem er zusätzliche Truppen zur Bekämpfung eines Aufstands nach Tunesien geschickt hatte, durch ein Mißtrauensvotum der Nationalversammlung gestürzt.

1883 wieder an die Spitze der Regierung gelangt, nahm Ferry den Faden seiner Kolonialpolitik dort auf, wo er ihn zwei Jahre zuvor hatte fallen lassen müssen. Mit der Rückendeckung durch Bismarck begann der Ministerpräsident mit der Eroberung von Madagaskar, an dessen Ostküste Frankreich seit dem 17. Jahrhundert einen Stützpunkt, die Insel Sainte-Marie, zur Sicherung des Seewegs nach Indien besaß. Die Besitznahme war erst 1902 abgeschlossen – sechs Jahre nachdem Frankreich Madagaskar als Kolonie annektiert hatte. Gleichzeitig förderte Ferry die Ausdehnung des verstreuten älteren französischen Besitzes an der afrikanischen Westküste ins Landesinnere hinein bis zum rechten Ufer des Kongo, wo seit dem letzten Drittel des 18. Jahrhunderts französische Missionare tätig waren. Auf der Berliner Kongokonferenz von 1884/85 konnte Paris durchsetzen, daß das Gebiet, das Pierre Savorgnan de Brazza, ein aus Italien stammender naturalisierter Franzose, in den Jahren zuvor erkundet und durch Protektoratsverträge für Frankreich in Anspruch genommen hatte, als französischer Besitz anerkannt wurde.

Im gleichen Jahr 1883, in dem die Franzosen mit der Eroberung Madagaskars begannen, mußten sie sich in Tonkin, einem Teil Annams, eines Aufstands der Vietnamesen erwehren: Die Strafaktion, mit der Paris die Erhebung beantwortete, rief den nominellen Oberherrscher Annams, den Kaiser von China, auf den Plan. Der fast zweijährige

Krieg mit China verlief zwar alles in allem erfolgreich für die Franzosen. Eine öffentliche Niederlage bei Lang-Son aber löste in Frankreich eine Kampagne gegen Ferry aus, an deren Spitze sich, wie schon 1881, nach Beginn eines Aufstandes gegen die französische Fremdherrschaft in Tunesien, Georges Clemenceau, der Führer der radikalen bürgerlichen Linken, stellte. Am 30. März 1885, einen Monat nach der für Frankreich so erfolgreichen Berliner Kongokonferenz, wurde Ferry gestürzt. Als geschäftsführender Ministerpräsident konnte er jedoch noch einen Vertrag mit China schließen, in dem dieses auf seine Oberhoheit über Annam verzichtete. Fortan bildete dieser Teil Indochinas ein französisches Protektorat. Insgesamt wurde Indochina zum wirtschaftlich ertragreichsten Gebiet des französischen Überseereiches.

Die von Ferry eingeleitete Kolonialpolitik ging auch unter seinen Nachfolgern weiter, und zwar ganz in seinem Sinne, nämlich der Errichtung eines großen französischen Kolonialreiches. 1888 wurde der Hafen von Djibouti samt seiner Umgebung am Ausgang des Roten Meeres besetzt und zu Französisch-Somaliland erklärt. (Ein Britisch-Somaliland, südöstlich davon gelegen, gab es bereit seit 1884.) Djibouti war schon unter Napoleon III. zu Beginn der sechziger Jahre französisches Einflußgebiet geworden. Am Golf von Aden, gegenüber dem britischen Stützpunkt Aden an der Südwestecke der arabischen Halbinsel und am Nadelöhr des kürzesten Seewegs nach Indien gelegen, machte der Besitz von Djibouti einen gewissen strategischen Sinn.

Von dem wachsenden west- und zentralafrikanischen Kolonialreich Frankreichs konnte man das nicht sagen. Auch die handelspolitischen Interessen, die Ferry immer wieder als Argument für seine Kolonialpolitik ins Feld führte, wirkten mit Blick auf diese Region nicht überzeugend: Weder als Absatzmärkte für französische Produkte noch als Lieferanten von Rohstoffen waren die meisten neuerworbenen Gebiete interessant. Die Kolonien in West- und Äquatorialafrika glichen auch nicht aus, was Frankreich durch die Rückkehr zum Protektionismus im Jahre 1881 anderweitig an Absatzchancen einbüßte. Der Kolonialerwerb der achtziger Jahre auf dem «Dark Continent» wirkte in erster Linie als Ausdruck von Prestigepolitik: Frankreich wollte im «scramble for Africa» eine maßgebende Rolle spielen, weil es nur so seine Großmachtstellung behaupten zu können meinte.

Begonnen hatte der Wettlauf um Afrika mit den politischen und militärischen Offensiven Großbritanniens in Südafrika und Ägypten in den Jahren vor und nach 1880, wobei in beiden Fällen Aufwallungen von fremdem Nationalismus, in einem Fall burischem, im anderen arabischem Nationalismus, den unmittelbaren Anlaß bildeten. Von Kap bis Kairo: Es war der aus England stammende südafrikanische Diamantenminenbesitzer und Politiker Cecil Rhodes, der als erster diese Vision einer weiteren Ausdehnung Englands in Afrika entwickelte. Ein erster Schritt in Richtung dieses Kolonialreiches, das durch eine durchgängige Eisenbahnlinie von Ägypten bis Südafrika verbunden werden sollte, war die von Rhodes betriebene Besetzung von Betschuanaland im Nordosten von Transvaal; es wurde 1887 zum britischen Protektorat erklärt.

Das nächste Ziel, das Rhodes ins Visier nahm, war das Land der Matabele, in dem er (zu Unrecht, wie sich zeigen sollte) reiche Goldvorkommen vermutete. 1889 gründete Rhodes mit tatkräftiger Unterstützung des Londoner Bankhauses Rothschild die South Africa Company. Deren Söldner führten mit Hilfe des neuen, in Amerika erfundenen «Maxim»-Maschinengewehrs einen Vernichtungsfeldzug gegen die Krieger Lubengulas, des Häuptlings der Natabele, und eroberten mit stillschweigender Duldung der britischen Regierung bis 1894 ein Territorium nördlich des Limpopo, das Rhodes selbst «Rhodesien» nannte: das Gebiet der heutigen Staaten Simbabwe und Sambia. Nominell blieb das eroberte Land im Besitz der South Africa Company; tatsächlich bildete es einen Teil des britischen Empire. Besiedelt wurde es von der Kapkolonie aus, an deren Spitze seit 1890 Cecil Rhodes als Ministerpräsident stand.

Rhodes in manchem ähnlich, betrieb George Goldie, ein britischer Abenteurer, der aus einer Schmugglerfamilie von der Insel Man stammte, die Expansion des britischen Kolonialgebiets in Westafrika. Seine Ausgangsbasis war das Protektorat Lagos, das in den achtziger Jahren auf das Nigerdelta ausgedehnt wurde. Hier gründete Goldie 1886 die Royal Niger Company, die sich ebenso wie die South Africa Company auf «Maxim»-Maschinengewehre verließ, wenn es galt, ihren Forderungen Nachdruck zu verleihen. Das Ergebnis der blutigen Eroberungsarbeit war die 1914 proklamierte Kolonie Nigeria. In Ostafrika betätigte sich die East Africa Company, die seit 1887 tief ins Landesinnere vorstieß und damit den Grund für die 1895 und 1896 geschaffenen Protektorate Britisch-Ostafrika, das heutige Kenia und Uganda, legte. Für alle drei Handelsgesellschaften war die East India

Company das Vorbild: Die britische Herrschaft begann mit dem Handelsmonopol einer privilegierten Gesellschaft. Der Übergang zur direkten Herrschaft der britischen Krone erfolgte in Afrika allerdings sehr viel schneller als in Indien.

Ende der achtziger Jahre war Frankreich das einzige Land, das im «scramble for Africa» Großbritannien gefährlich nahe gekommen war. Reibungen gab es im Nigergebiet, vor allem aber im Hinblick auf den Sudan. In London nahm man das Vordringen der Franzosen in West- und Äquatorialafrika als das, was es *auch* war: der Versuch, eine möglichst breite Landmasse zwischen Atlantik und Rotem Meer unter französische Kontrolle zu bringen, von der Sahara aus also in den östlichen Sudan und zum Nil vorzustoßen und so den Verlust des Einflusses auf Ägypten auszugleichen. 1883 erreichten die Spannungen zwischen Paris und London einen Grad, der selbst einen kriegerischen Zusammenstoß möglich erscheinen ließ. In dieser Situation trat ein neuer Konkurrent Großbritanniens auf den Plan: das Deutsche Reich.

Bismarck hatte bis dahin eine deutsche Kolonialpolitik, wie sie der 1882 gegründete Deutsche Kolonialverein und die hinter ihm stehenden Wirtschaftskreise, obenan Schwerindustrie, Großbanken und Kaufleute der Hansestädte Hamburg und Bremen, forderten, abgelehnt. Im April 1884 aber stellte er ein großes Gebiet in Südwestafrika an der Bucht von Angra Pequena, das der Bremer Kaufmann Adolf Lüderitz erworben hatte, unter den Schutz des Reiches. Im Juli wurden Togo und Kamerun durch den deutschen Generalkonsul in Tunis, Gustav Nachtigal, im Auftrag des Reichskanzlers zu deutschen Protektoraten erklärt. Im Februar 1885 folgte die Ausstellung des Schutzbriefes für Deutsch-Ostafrika, ein Gebiet auf dem Territorium des heutigen Tansania, das die Deutsch-Ostafrikanische Gesellschaft im Jahr zuvor durch Schutzverträge mit einheimischen Fürsten erworben hatte. Ein Vierteljahr später proklamierte das Deutsche Reich seine Oberhoheit über Nord-Neuguinea, das jetzt den Namen Kaiser-Wilhelm-Land erhielt, und die vorgelagerte Inselgruppe, den Bismarck-Archipel.

Über die Gründe, die Bismarcks Übergang zu einer aktiven Kolonialpolitik zugrunde lagen, ist viel gestritten worden. Einer Lesart zufolge wollte er durch Ablenkung innerer Spannungen nach außen das politische und gesellschaftliche System des Kaiserreichs stabilisieren und durch Öffnung neuer Absatzmärkte den häufigen Konjunktureinbrüchen in der Zeit der «Großen Depression» seit 1873 entgegenwirken.

Gegen diese «sozialimperialistische» und «antizyklische» Deutung gibt es einen stichhaltigen Einwand: Wenn der Kanzler eine derart langfristig angelegte Strategie verfolgte, ist schwer zu begreifen, warum die Zeit der kolonialen Erwerbungen eine kurze Episode seiner Regierungszeit blieb. Es spricht also vieles dafür, die Gründe des kolonialen Zwischenspiels in anderen Bereichen zu suchen.

Daß Bismarck Konflikte nach außen ablenken wollte, ist nicht strittig. Aber es handelte sich dabei wohl weniger um innergesellschaftliche als um außenpolitische Konflikte. Der Kanzler unterstützte die französische Kolonialpolitik unter Jules Ferry, um einen Keil zwischen Großbritannien und Frankreich zu treiben und so die Gefahr eines Zusammengehens beider Mächte gegen Deutschland abzuwenden. Als er afrikanische Gebiete der Schutzherrschaft des Deutschen Reiches unterstellte, ging er selbst das Risiko deutsch-britischer Spannungen ein. Doch das war ein vergleichsweise geringes Risiko: Die Regierung Gladstone reagierte gelassen auf den Aufstieg Deutschlands zur Kolonialmacht; das nachfolgende Kabinett von Lord Salisbury war gerade wegen der Kolonialkonflikte mit Frankreich an einem guten Verhältnis zu Deutschland interessiert. Ausdruck der Annäherung zwischen London und Berlin war 1887 der Abschluß des britisch-italienisch-österreichischen Mittelmeerdreibunds mit Deutschland als stillem Partner: eine Wendung, zu der es ohne die kolonialpolitischen Gegensätze zwischen England und Frankreich wohl kaum gekommen wäre.

1884/85 scheint eine gewisse Spannung mit Großbritannien durchaus in Bismarcks Sinn gewesen zu sein. Ihm lag daran, den anglophilen, mit einer Tochter der Queen verheirateten Kronprinzen von einer einseitigen Ausrichtung an England abzuhalten. Daß Kronprinz Friedrich gute Beziehungen zu den «Sezessionisten», den 1880 aus der Nationalliberalen Partei ausgetretenen Politikern der Liberalen Vereinigung unterhielt, die sich 1884 mit der Fortschrittspartei in der Deutschen Freisinnigen Partei zusammengeschlossen hatten, war ein weiterer Grund, dem Thronwechsel mit Sorge entgegenzusehen: Bismarck konnte keineswegs sicher sein, daß er unter einem Kaiser Friedrich Reichskanzler bleiben würde. Vielmehr mußte er mit der Möglichkeit eines liberalen «Kabinetts Gladstone» in Deutschland rechnen. Um so wichtiger war es, auf außenpolitischem Gebiet Tatsachen zu schaffen, die nicht mehr rückgängig zu machen und überdies auch noch innenpolitisch populär waren und sich bei den nächsten Reichstagswahlen im gouvernementalen Sinn auszuzahlen versprachen. Entsprechend haben sich der Staatssekretär des Auswärtigen Amtes, Herbert von Bismarck, der Sohn und enge Mitarbeiter des Reichskanzlers, aber auch dieser selbst geäußert.

Doch selbst wenn Bismarck sich nur zeitweilig und eher halbherzig um Kolonien für Deutschland bemühte, heißt das noch nicht, daß er kein «Imperialist» gewesen wäre. Er war es von dem Augenblick an, wo er aus außenpolitischen Gründen die koloniale Expansion anderer europäischer Mächte, vor allem Frankreichs, förderte. Die Errichtung von deutschen Protektoraten entsprach im übrigen nur zu gut der Wende zum Protektionismus, die Bismarck 1879 vollzogen hatte. Die deutschen Kolonien erlangten zwar weder als Rohstofflieferanten noch als Siedlungsgebiete eine nennenswerte Bedeutung; sie hatten auch keine positive Wirkung auf die Konjunktur und blieben, mit Ausnahme von Togo und West-Samoa, das 1899 unter ausschließlich deutsche Verwaltung kam, finanzielle Zuschußgebiete, so daß die Kolonien insgesamt für den Reichshaushalt eine Belastung darstellten. Aber der Bann war seit 1885 gebrochen: Deutschland *war* nunmehr Kolonialmacht; es spielte eine weltpolitische Rolle, und eben darum übten die Kolonien auf breite Bevölkerungskreise, vor allem die gebildeten Schichten und hier namentlich die jüngeren Akademiker, eine starke Faszination aus. Bismarcks koloniale Erwerbungen hatten, verglichen mit denen Englands und Frankreichs, nur bescheidene Ausmaße. Aber es gab viele Deutsche, die darin nur den Auftakt zu einer künftigen deutschen Weltpolitik und der Errichtung eines deutschen Überseeimperiums sahen – einer Politik, von der der Reichsgründer aus guten Gründen nichts wissen wollte.

Im Dezember 1884, also am Ende des Jahres, in dem Deutschland in Afrika zur Kolonialmacht geworden war, trat in Berlin eine internationale Kongo- oder, wie es in der angelsächsischen Geschichtsschreibung noch heute heißt, Westafrikakonferenz zusammen. Als einzige nichteuropäische Macht nahmen die Vereinigten Staaten von Amerika an den Verhandlungen teil; als Berater ihrer Delegation wirkte der britisch-amerikanische Forschungsreisende Henry Morton Stanley mit, dessen Weltruhm darauf beruhte, daß er im Oktober 1871 nach achtmonatiger Suche im tiefsten Innern Afrikas den in Europa als verschollen geltenden britischen Missionar und Entdecker David Livingstone wiedergefunden hatte. («Dr. Livingstone, I presume», lautete die zum geflügelten Wort gewordene Begrüßungsformel Stanleys.) Er hatte in den Jahren zuvor im Auftrag Leopolds II., des Königs der Belgier, das riesige Kongobecken erkundet und dabei zahlreiche ahnungslose Häuptlinge überredet, ihr Land samt allen damit verbundenen Rechten Leopold, dem Präsidenten der weithin fiktiven Association Internationale du Congo, zu übertragen und diesem auch Arbeitskräfte zur Verfügung zu stellen.

Die Berliner Konferenz markierte den Höhepunkt der kolonialpolitischen Zusammenarbeit zwischen Deutschland und Frankreich. Mit der Unterstützung der USA durchkreuzten beide Mächte die Absicht Londons, das von England abhängige Portugal in den Besitz des Gebietes um die Kongomündung zu bringen. Großbritannien war in Berlin völlig isoliert und auch dadurch geschwächt, daß es in der Frage der internationalen Aufsicht über die ägyptischen Finanzen auf deutsche und französische Mitwirkung angewiesen war (die Verhandlungen der Großmächte wurden erst im März 1885 erfolgreich abgeschlossen). Infolgedessen mußte England die Bestätigung der französischen Ansprüche in Westafrika ebenso hinnehmen wie die internationale Anerkennung des von Leopold und Stanley geschaffenen, noch namenlosen Gebildes, aus dem im Mai 1885 der zu dauerhafter Neutralität verpflichtete Kongostaat, der État Indépendant du Congo, hervorging. Damit war Zentralafrika dem britischen Zugriff entzogen. Ein Erfolg für England war lediglich, daß die Berliner Kongoakte auf Verlangen Bismarcks für den Kongostaat den Grundsatz der Handelsfreiheit festlegte.

Die Kongokonferenz ging am 26. Februar 1885 zu Ende. Im gleichen Monat gelang es Deutschland, durch den kaiserlichen Schutzbrief für das von Carl Peters und seiner Deutsch-Ostafrikanischen Gesellschaft erworbene Gebiet den Traum Cecil Rhodes' von einer Landbrücke zwischen Ägypten und Südafrika, der Linie vom Kap bis Kairo, zu zerstören. Doch unter dem konservativen Premier Lord Salisbury standen die Zeichen in London auf Verständigung und Ausgleich mit Deutschland. Im Oktober 1886 einigten sich das Vereinigte Königreich und das Deutsche Reich auf die Abgrenzung ihrer Interessensphären in Ostafrika: Tanganjika mit Burundi und Ruanda, ein teilweise bereits seit 1885 von Deutschland «geschütztes» Gebiet, wurde dem deutschen, Kenia und Uganda dem britischen Einflußbereich zugeschlagen.

Den Höhepunkt der deutsch-englischen Zusammenarbeit in Ostafrika bildete der Helgoland-Sansibar-Vertrag vom Juli 1890, der von

Bismarcks Nachfolger, dem General von Caprivi, unterzeichnet wurde. Deutschland trat die Insel Sansibar, bisher ein Teil von Deutsch-Ostafrika, an Großbritannien ab; das Vereinigte Königreich gewährte Deutsch-Südwestafrika einen Zugang zum Sambesi, den sogenannten «Caprivi-Zipfel», und überließ dem Deutschen Reich die Insel Helgoland, deren Besitz England sich 1814 auf dem Wiener Kongreß gesichert hatte. Die deutsch-französische Kolonialentente war mit der Kongokonferenz an ihr Ende gelangt; das deutsch-britische Zusammenspiel, das kurz darauf einsetzte, sollte indes nur von kurzer Dauer sein.

Ein völkerrechtlich bedeutsames Ergebnis der Kongokonferenz war das Verbot des Sklavenhandels durch die Kongoakte vom 26. Februar 1885. Mit Blick auf das Kongobecken verpflichteten sich die Unterzeichnerstaaten, dieses Gebiet weder als Markt noch Durchgangsstraße für den Sklavenhandel zu verwenden. *Ein* Teilnehmer, der sich gern, unter anderem auf der Internationalen Anti-Sklaverei-Konferenz in Brüssel 1889/90, als Kämpfer gegen Sklavenhandel und Sklaverei feiern ließ, hielt sich *nicht* an diese Festlegung: der Besitzer des Kongostaates, der König der Belgier, Leopold II. Einen berüchtigten afroarabischen Sklaven- und Elfenbeinhändler aus Sansibar, der im östlichen Kongo die faktische Herrschaft ausübte, setzte er in diesem Gebiet als Gouverneur ein. Leopold schuf die «Force Publique», eine von weißen Offizieren geführte Söldnertruppe aus meist zwangsrekrutierten Schwarzafrikanern. Die Force Publique erzwang Arbeit mit den Mitteln des Terrors. Arbeit hieß zunächst Lieferung von Elfenbeinzähnen, was die massenhafte Tötung von Elefanten voraussetzte, und seit den neunziger Jahren auch Sammeln von Kautschuk, der unter anderem für die Produktion von Gummireifen benötigt wurde.

In keiner anderen afrikanischen Kolonie wurden Arbeitskräfte derart systematisch versklavt, mißhandelt und umgebracht wie im Unabhängigen Kongostaat. Wer sich weigerte, Weisungen der Force Publique zu befolgen, wer zu wenig oder zu spät Elfenbein oder Kautschuk lieferte oder die Soldaten nicht mit Fisch oder Maniok versorgte, wurde mit der «chicotte», einer Peitsche aus ungegerbter, an der Sonne getrockneter Nilpferdhaut, ausgepeitscht. Eine andere Maßnahme war das Abhacken der rechten Hand, was oft den Tod bedeutete und von den auftraggebenden Offizieren oder Unteroffizieren als Beleg für vollzogene Tötung gewertet wurde (weshalb die Soldaten auch Leichen oft die Hände abhackten). Selbst Kinder wurden zur Arbeit gepreßt, aus-gepeitscht und in Ketten gelegt, Frauen in Geiselhaft genommen, um ihre Männer zum Kautschuksammeln zu zwingen. Vergewaltigungen waren an der Tagesordnung, ebenso das Niederbrennen von Dörfern, die als Hindernis für die Anlage von Kautschukplantagen galten. Mas-senerschießungen waren die Antwort auf jedwede Art von Widerstand gegen die Organe der Staatsgewalt. Das alles waren keine individuellen Exzesse, die es häufig *auch* gab; es waren die von oben angeordneten oder geduldeten, alltäglichen Formen der Erzwingung von Sklaven-arbeit.

Das Ergebnis rechnete sich: Der Kongostaat Leopolds II. war um die Jahrhundertwende die profitabelste Kolonie ganz Afrikas. Über die Zahl der Opfer gibt es keine verläßlichen Daten: Sie dürfte in die Mil-lionen gegangen sein. Nach einer begründeten Schätzung hat sich die Bevölkerung auf dem Gebiet des Kongostaates zwischen 1880 und 1920 um die Hälfte vermindert. In diesem Befund spiegeln sich Morde, Tod durch Verhungern, Erschöpfung, Obdachlosigkeit und Krankheit, aber auch eine drastisch gesunkene Geburtenrate.

Was im Kongo geschah, konnte nicht lange verborgen bleiben. Einer der ersten, die auf die Verbrechen der neuen Herrscher aufmerksam machte, war der Historiker George Washington Williams, ein Amerika-ner schwarzer Hautfarbe, der im Sommer 1890 noch während einer Reise durch das Kongobecken in einem offenen Brief an König Leopold und wenig später in einem Bericht an den amerikanischen Präsidenten Benjamin Harrison über seine erschreckenden Beobachtungen berich-tete. Ein anderer früher Zeuge war Reverend William Sheppard von den Southern Presbyterians, ein schwarzer Missionar aus den Vereinig-ten Staaten, der sich seit 1890 im Kongo aufhielt, aber erst 1899 bei einer Reise ins Landesinnere Beweise jüngster Massaker in Gestalt von über 80 abgehackten Händen fand und darüber Artikel in Missionszeit-schriften verfaßte.

1897 oder 1898 entdeckte Edmund Dene Morel, ein Angestellter ei-ner Liverpooler Schiffahrtslinie, daß aus dem Kongo nur Elfenbein und Kautschuk, in den Kongo aber nur Waffen geliefert wurden. Sein Ver-dacht auf Sklavenarbeit bestätigte sich bei genaueren Nachforschun-gen. Morel organisierte eine großangelegte Aufklärungskampagne über die Zustände im Kongostaat. Er korrespondierte mit Missionaren, sam-melte Beweise wie Fotografien von Opfern und Strafaktionen, wirkte eng mit Roger Casement, dem aus Irland stammenden britischen Generalkonsul im Kongo, zusammen, der seine Regierung unablässig über die im Kongo begangenen Verbrechen gegen die Menschlichkeit unterrichtete, und gewann die Unterstützung bedeutender Schriftsteller wie Mark Twain, Anatole France und Sir Arthur Conan Doyle, des Erfinders von Sherlock Holmes.

Ein anderer Schriftsteller konnte das lesende Publikum aus eigener Anschauung über die Schrecken der Kolonialherrschaft im Kongo aufklären: Józef Teodor Konrad Nalecz Korzeniowski, ein gebürtiger Pole, der sich als englisch schreibender Autor Joseph Conrad nannte. Conrad war 1890/91 ein halbes Jahr als junger Schiffsoffizier im Kongo unterwegs, um sich zum Dampfschiffkapitän ausbilden zu lassen. Er wurde Zeuge von Grausamkeiten, die ihn zutiefst verstörten, über die er aber erst Jahre später, 1899, in einem kurzen, zunächst in «Blackwood's Magazine» abgedruckten Roman mit dem Titel «Herz der Finsternis» berichtete. So gut wie nichts war erfunden, auch nicht jener «Mr. Kurtz» genannte Handelsagent, der Köpfe getöteter «Neger» auf den Zaunpfählen vor seinem Haus aufzuspießen pflegte. Vorbilder für «Mr. Kurtz» waren mehrere Offiziere und Agenten, darunter der belgische Hauptmann Léon Rom von der Force Publique, der Zeitungsberichten zufolge eine solche Untat wirklich begangen hatte.

König Leopold versuchte, unliebsame Meldungen über «seinen» Kongo zu unterdrücken, die Öffentlichkeit im In- und Ausland in seinem Sinn zu beeinflussen und die persönliche Glaubwürdigkeit seiner Kritiker, wo immer möglich, zu erschüttern. Ein nachhaltiger Erfolg war ihm dabei nicht beschieden. Im Mai 1903 verabschiedete das britische Unterhaus auf Betreiben von Morel eine Entschließung, in der die Abgeordneten die Forderung erhoben, «die Eingeborenen (des Kongo, H.A.W.) nach den Grundsätzen der Menschlichkeit» zu regieren. Im Jahr darauf gründete Morel die «Congo Reform Association», die wachsenden Druck auf die Regierungen Belgiens, Großbritanniens und der USA ausübte und schließlich einige Änderungen zum Besseren hin bewirkte.

Nachdem auch die Opposition im Brüsseler Parlament aktiv geworden war, entschloß sich Leopold II. im Jahre 1904, eine Unabhängige Untersuchungskommission für den Kongostaat einzusetzen. Sie leistete sachliche Arbeit, traf aber am Ende nur allgemeine Feststellungen, ohne die von ihr gesammelten Aussagen von Opfern der Force

Publique wörtlich zu zitieren, geschweige denn in vollem Umfang zu publizieren. Da die öffentliche Kritik nicht nachließ und der Druck aus Washington und London zunahm, sah sich der König schließlich genötigt, den Unabhängigen Kongostaat, den er schon 1890 gegen eine großzügige Kreditbewilligung des Parlaments dem Königreich Belgien testamentarisch vermacht hatte, dem belgischen Staat zu übertragen. Nach langen Verhandlungen wurde im März 1908 eine entsprechende Vereinbarung getroffen, wobei Belgien alle Schulden des Kongo übernahm und Leopold eine hohe Abfindungssumme zahlte. Die Akten über die 23 Jahre, in denen er Alleinherrscher des Kongo gewesen war, ließ Leopold vernichten. Im Dezember 1909 starb er im Alter von 71 Jahren. Vier Jahre später, 1913, stellte die Congo Reform Association ihre Arbeit ein.

Koloniale Gewalt gab es im späten 19. und frühen 20. Jahrhundert nicht nur im Kongo. Auf Zwangsarbeit griff auch Großbritannien, obschon in vergleichsweise unblutiger Form, in seinen ost- und südafrikanischen Besitzungen zurück. 1894 empörte sich Roger Casement anläßlich einer Reise durch das heutige Nigeria über die Erhängung von 27 zwangsverpflichteten Soldaten, die wegen der Auspeitschung ihrer Frauen gemeutert hatten, in der deutschen Nachbarkolonie Kamerun. 1892 sah sich Deutschland genötigt, Carl Peters, den Reichskommissar für Deutsch-Ostafrika, wegen schwerer Verfehlungen in der «Eingeborenenpolitik» zur Disposition zu stellen; fünf Jahre später wurde er nach einem Disziplinarverfahren entlassen. Die Verfolgung und Vernichtung der aufständischen Hereros in Deutsch-Südwestafrika in den Jahren 1904 bis 1907, auf die noch einzugehen sein wird, *war* ein Völkermord: ein Begriff, der auf den Kongo König Leopolds II. nicht paßt, weil der Gewalt der Force Publique nicht die Absicht zugrunde lag, ganze Bevölkerungsgruppen auszurotten.

Was den Kongo der Jahre 1885 bis 1908 zu einem der schrecklichsten Kapitel der westlichen Kolonialgeschichte macht, war der langanhaltende, alltägliche, mit barbarischen Methoden erzeugte Terror im Dienst wirtschaftlicher Ausbeutung, nur notdürftig und immer weniger erfolgreich bemäntelt durch humanitäre Phrasen des Hauptnutznießers, eines konstitutionellen Monarchen. Daß der Horror im Kongo kein singuläres Geschehen war, ja noch übertroffen werden konnte, ahnten die Kritiker nicht, denen es im ersten Jahrzehnt des 20. Jahrhunderts mit großer Beharrlichkeit gelang, den krassesten Formen des Ter-

rors, wenn auch nicht der Ausbeutung und Unterdrückung der «Eingeborenen» des Kongo ein Ende zu bereiten.

Bei der Entstehung des Kongostaates hatte die materielle Habgier
eines Einzelnen die ausschlaggebende Rolle gespielt. Für manche kritischen Zeitgenossen war dieses Motiv jedoch ein Wesensmerkmal des
Imperialismus schlechthin. Im Jahre 1902 legte der britische Ökonom
John Atkinson Hobson unter dem Eindruck des Burenkrieges sein Buch
«Imperialism. A Study» vor, das großen Einfluß auf spätere sozialistische Theoretiker von Karl Kautsky und Rudolf Hilferding über Rosa
Luxemburg bis zu Lenin haben sollte. «Unser einziges Programm ist
das der moralischen und materiellen Regeneration des Landes»: Hobson zitierte Leopold II., der mit diesem Wort seine Kongopolitik innen-
und außenpolitisch zu rechtfertigen versuchte, um daraus allgemeinere
Schlußfolgerungen abzuleiten. Die Äußerung des Königs der Belgier
stehe für die Fähigkeit des Menschen und vor allem der Politiker, sich
über die eigenen Motive zu täuschen und sie zu überhöhen. Aus der
Selbsttäuschung ergebe sich die Täuschung der Völker als natürliche
Folge. Die Machtgier werde durch den Appell an patriotische Gefühle
veredelt und dem Imperialismus ein religiöser und philanthropischer
Sinn verliehen, etwa wenn der Erzbischof von Canterbury sich in diesem Zusammenhang auf den Auftrag Jesu berufe, in alle Welt hinauszu-
gehen und alle Völker das Evangelium zu lehren.

Die tatsächlichen Ursachen der imperialistischen Expansion waren
für Hobson völlig andere als die von ihren Apologeten genannten. Die
Eroberung fremder Märkte in Übersee ging diesem Autor zufolge auf
die Bestrebungen kleiner, aber politisch einflußreicher Wirtschaftsgrup-
pen zurück, denen Kapitalinvestitionen in wirtschaftlich weniger entwickelten Gebieten attraktiver erschienen als im Inland, dessen Markt
Hobson für unbegrenzt ausdehnbar hielt. Unterkonsumtion im Mutterland, eine Folge zu niedriger Löhne, bedingte überschüssiges Kapital
und Überproduktion, die sich ein Ventil in fremden, überseeischen
Märkten suchten. Das «surplus income», das einige wenige aus Kolonien und anderen abhängigen Gebieten bezogen, war der eigentliche
wirtschaftliche Ansporn des Imperialismus.

Für die Volkswirtschaft insgesamt war der Ertrag des aggressiven
Imperialismus Hobson zufolge vernachlässigenswert, während die Risiken, die aus internationalen Konflikten erwuchsen, hoch waren. Die
logische Konsequenz des Imperialismus war die Militarisierung von

Gesellschaften wie der britischen und der amerikanischen, die bisher auf ihre freiheitlichen Traditionen stolz gewesen waren. Der neue Imperialismus gab den despotischen Tendenzen in der Metropole Auftrieb: ein Phänomen, das von weit größerer Bedeutung war als die Ausdehnung der Demokratie in einigen wenigen Kolonien. Hobson sah auch in Großbritannien eine Entwicklung hin zur Verselbständigung der Exekutivgewalt und zur schleichenden Entparlamentarisierung; er sprach davon, daß die tyrannische Praxis in den unfreien Teilen des Empire die überlieferten Freiheiten des Mutterlandes zu bedrohen begann, und sah darin die «Nemesis des Imperialismus».

Die Ideologien, die an der Zerstörung der alten Freiheiten arbeiteten, waren aus Hobsons Sicht der Jingoismus, der Sozialdarwinismus und der Rassismus. Sie übertrugen den Glauben an das «survival of the fittest», den Überlebenskampf, von der Natur auf die internationalen Beziehungen und proklamierten ein göttliches Recht auf Gewaltanwendung (divine right of force) im Namen der Nation. Der Imperialismus, der sich solcher Instrumente bediente, war der Ausdruck einer Klassenherrschaft; in seiner Logik lagen der nationale Protektionismus und der Krieg zwischen den europäischen Völkern. Schlimmer noch: So wie sich im 18. Jahrhundert Großbritannien und Frankreich in Nordamerika und Indien auch einheimischer Hilfstruppen bedient hatten, um einander zu bekriegen, so könnten die europäischen Mächte künftig in sehr viel größerem Maßstab versucht sein, in Afrika und Asien auf schwarze und gelbe Armeen zurückzugreifen, die dann die imperialistischen Rivalitäten der Christenheit repräsentieren würden. «Die gegenwärtigen Tendenzen des Imperialismus gehen in diese Richtung, und sie können als Rückwirkung einen Abstieg der westlichen Staaten und ein mögliches Debakel der westlichen Zivilisation (a degradation of Western States and a possible débâcle of Western civilisation) zur Folge haben.»

Hobson beließ es nicht bei prophetischen Warnungen. Er entwarf das Modell einer alternativen nationalen und internationalen Ordnung. Die Rettung sah er in Freihandel und sozialer Reform, in der Überwindung der Klassenherrschaft (class government) durch eine volkstümliche Regierung (popular government), durch eine echte Demokratie (genuine democracy), die zugleich eine politische und eine wirtschaftliche Realität (a political and economic reality) sein mußte, schließlich in einer friedensstiftenden Föderation der europäischen, vielleicht sogar aller zivilisierten Staaten, wobei ein freiwilliger Zusammenschluß der freien Staaten des britischen Empire ein erster Schritt sein konnte.

Von seinen sozialistischen «Schülern» unterschied sich Hobson vor allem darin, daß er nicht die Abschaffung des Kapitalismus, sondern nur die des Imperialismus forderte. Er plädierte für durchgreifende Reformen, nicht für eine sozialistische Revolution. Er konnte dieses Programm, das wie ein Vorgriff auf spätere sozialdemokratische Vorstellungen wirkt, nur vertreten, weil er den Imperialismus als Fehlentwicklung und nicht als notwendige Konsequenz des Kapitalismus in einer bestimmten Entwicklungsphase betrachtete. Er gestand den Imperialisten sogar zu, daß eine politische und wirtschaftliche Kontrolle niederer Rassen (the political und economic control of lower races) durch zivilisierte Staaten (civilized governments) nicht von vornherein illegitim sei. Legitim sei sie aber nur dann, wenn sie nicht von Privatunternehmen einzelner Weißer, sondern durch eine demokratische Regierung ausgeübt werde.

Kapitalressourcen, die die inländischen Anlagemöglichkeiten überstiegen, waren eine Voraussetzung der formellen und mehr noch der informellen Beherrschung großer Teile der außereuropäischen Welt durch Großbritannien und andere europäische Mächte. Der klassische Imperialismus der Zeit von 1870 bis 1914 läßt sich aber nicht einfach aus Kapitalverwertungsinteressen ableiten, ja überhaupt nicht vorrangig durch ökonomische Fakten erklären. Der amerikanische Politikwissenschaftler Michael Doyle hat in seinem 1986 erschienenen Buch «Empires» nachdrücklich auf das Jahr 1870 als Zäsur in der Geschichte des internationalen Systems hingewiesen. «Ein starkes Deutschland wetteiferte mit einem Frankreich, das sich von der Niederlage von 1870 erholte, mit einem Großbritannien, das sich der auswärtigen Herausforderungen aufs neue bewußt geworden war, und mit einem Italien, das nunmehr geeint und entschlossen war, seine neugefundene Macht auf der internationalen Bühne zu demonstrieren. Das Gleichgewicht der Mächte litt jetzt an Überfüllung (The balance of power became ‹overcrowded›), und Expansion und Kompensation waren innerhalb Europas nicht mehr möglich. Nach 1870 verlegten sich folglich alle europäischen Mächte auf außereuropäische Eroberungen an der globalen Peripherie, wo sich ein Zuwachs an Territorien, Ressourcen und militärischen Stützpunkten, die alle zu Macht und Prestige beitrugen, bequem erreichen ließ.»

Für Doyle ist das internationale System, wie es sich nach 1870 herausformte, das dritte im 19. Jahrhundert. Vorausgegangen waren das erste, das «Konzert der Großmächte», das 1815 durch den Wiener Kongreß geschaffen wurde und sich im Gefolge der Revolutionen von 1848 nach 1850 auflöste, und das zweite, das im Zeichen der «Realpolitik» stand und mit dem deutsch-französischen Krieg von 1870/71 endete. Das dritte internationale System war geprägt durch das Übergewicht Deutschlands (predominance of Germany) und hielt bis zum Ausbruch des Ersten Weltkrieges im Sommer 1914. Das Neue dieser Phase lag weniger in der Natur der Bestandteile des Systems als in der Zahl und der relativen Macht der konkurrierenden Staaten. Ungeachtet des politischen Übergewichts Deutschlands war das System in dieser Zeit multipolar; das Übergewicht Großbritanniens im Welthandel war zwar geringer als zuvor, aber noch immer gab es an der Peripherie eine Pax Britannica.

Das galt jedenfalls bis 1879, dem Jahr der ägyptischen Revolte gegen die britisch-französische Finanzkontrolle, der britisch-russischen Konfrontation in Afghanistan und der Einführung von Schutzzöllen in Deutschland. 1879 begann das, was Doyle die Kolonialisierung des diplomatischen Systems nennt: der wachsende Einfluß von Überseeinteressen in der Politik der europäischen Mächte. «Für die Briten bedeutete dieser Impuls Schutz des Seewegs nach Indien durch Ägypten und den Suezkanal, was die Kontrolle über das Quellgebiet des Nils und eine dominierende Stellung in Ostafrika erforderlich machte. Für die Deutschen und die Franzosen meinte der Impuls die Eroberung von ‹Plätzen an der Sonne›, um nationales Prestige zu gewinnen.»

Es war mithin die außereuropäische Welt, soweit sie noch verfügbar schien, auf die sich nach 1870/71 der Wettkampf der europäischen Mächte um Einfluß und Prestige vergleichsweise gefahrlos konzentrieren konnte und daher konzentrierte. Das Streben als solches hatte eine lange Tradition. Es entsprach dem «agonalen Prinzip», das im klassischen Griechenland seinen klassischen Ausdruck gefunden hatte. «Immer der erste zu sein, voranzustreben den andern» war eine Absolventen humanistischer Gymnasien geläufige Devise eines Helden in Homers «Ilias». Die englische Nutzanwendung bestand darin, den Machtverlust, den das Vereinigte Königreich durch die Gründung des Deutschen Reiches erlitten hatte, durch Stärkung des Empire auszugleichen. Das militärisch geschlagene Frankreich konnte seine «gloire» nur außerhalb Europas, in

Afrika und Asien, wiederherstellen, und daß es dies tat, darauf drängten nicht nur Politiker der Rechten, sondern auch die Armee.

Der junge deutsche Nationalstaat wollte bei der Verteilung der Welt nicht abseits stehen: ein Gefühl, das Bismarck zwar nicht teilte, dem er aber 1884/85 durch den Erwerb von Kolonien in Afrika und im Pazifischen Ozean einen gewissen Tribut zollte. Der andere junge Nationalstaat, Italien, dachte ähnlich, und seit der als Demütigung empfundenen Verwandlung des nahe gelegenen Tunis in ein französisches Protektorat im Jahre 1881 mehr als je zuvor. 1882 kaufte die Regierung Depretis einer italienischen Schiffahrtsgesellschaft die Hafenstadt Assab am roten Meer ab; 1884/85 folgte mit Unterstützung Englands die Besetzung von Massaua in Eritrea; 1887 mußte Italien beim Versuch, in Äthiopien einzudringen, bei Dogali eine schwere Niederlage hinnehmen. Gewissermaßen als Ausgleich wurde 1889 ein breiter Küstenstreifen am Horn von Afrika erobert und zum Protektorat Italienisch-Somaliland erklärt. Im gleichen Jahr schloß Italien mit dem neuen Negus Menelik den Freundschafts- und Handelsvertrag von Uccialli, den die Regierung in Rom als Begründung eines italienischen Protektorats über Äthiopien interpretierte, was der Negus aber sogleich entschieden bestritt. Im Jahr darauf konnte diese diplomatische Schlappe durch die Konstituierung der italienischen Kolonie Eritrea einigermaßen ausgeglichen werden.

Den jungen Kolonialstaaten Deutschland, Italien und Belgien standen als ältere Kolonialmächte nicht nur Großbritannien und Frankreich, sondern auch die Niederlande, Spanien und Portugal gegenüber. Das Herzstück des holländischen Kolonialbesitzes war Niederländisch-Indien, das heutige Indonesien. Vom spanischen Kolonialreich waren die Philippinen, die Karolinen, die Marianen, Kuba und Puerto Rico übrig geblieben. 1885 begann Spanien, um bei der Aufteilung Afrikas nicht leer auszugehen, mit der Errichtung des Protektorats West-Sahara und versuchte, zusammen mit England, einen französischen Griff nach Marokko zu vereiteln. Portugal hatte aus seinem Kolonialreich Ost-Timor, Macao, Goa sowie in Afrika Angola und Moçambique bewahren können; beide afrikanischen Kolonien bestanden aber lange Zeit nur aus Küstenstreifen, von denen aus erst im 19. und frühen 20. Jahrhundert das Landesinnere erschlossen und portugiesischer Verwaltung unterworfen wurde.

Der einzige, zumindest formell unabhängige Staat südlich der Sahara war, wenn man einmal von Äthiopien absieht, Liberia, wo sich 1822 freigelassene schwarze Sklaven aus den USA angesiedelt hatten, die 1847 eine unabhängige Republik ausriefen, aber sich bis weit ins 20. Jahrhundert hinein nur mit massiver Unterstützung aus Amerika an der Macht behaupten konnten. Um 1890 war der «scramble for Africa» weitgehend, aber noch nicht völlig abgeschlossen. Nicht unter europäischer Herrschaft waren noch weite, überwiegend islamische, teils von Arabern, teils von schwarzafrikanischen Stämmen besiedelte Teile der Sahara, darunter das alte Reich von Bagirmi im Tschad-becken, außerdem das Sultanat Marokko und als osmanischer Vasal-lenstaat Tripolitanien an der Südküste des Mittelmeers. Die Staaten, die aufs höchste daran interessiert waren, diesen Zustand zu ihren Gunsten zu verändern, standen aber längst fest: Es waren Frankreich und Italien.

An hehren Rechtfertigungen für die Kolonialisierung großer Teile Afrikas und Asiens hat es den Europäern nie gemangelt. Der christ-liche Missionsgedanke war eine der Begründungen, und es besteht kein Zweifel, daß die Christianisierung vielfach der territorialen Eroberung den Weg geebnet und sie flankiert hat. Ebenso richtig ist, daß Mis-sionare und Missionsärzte der kolonialen Praxis, wo sie besonders brutale Folgen annahm wie im Kongo, Widerstand entgegengesetzt und Veränderungen bewirkt haben. Dazu kam die Pionierrolle, die christliche Missionare beim Aufbau eines kolonialen Schulwesens übernahmen.

Neben und über dem christlichen Missionsgedanken stand die Überzeugung der führenden Kolonialmächte, vor allem Großbritan-niens und Frankreich, von ihrer «civilizing mission» beziehungsweise «mission civilisatrice»: der historischen Aufgabe, in den Kolonien eine höhere, an Rechtsprinzipien gebundene Ordnung durchzusetzen. Die Abschaffung von Sklavenhandel und Sklaverei rangierte an der Spitze der selbstgesetzten Ziele: ein Vorhaben, für das nicht nur moralische Gründe sprachen, sondern auch die Erwägung, daß diese Forderung wie keine andere geeignet war, die öffentliche Meinung für eine aktive Kolonialpolitik zu gewinnen. Doch zwischen vorkolonialer Sklaven-arbeit und kolonialer Kontraktarbeit (indentured labour) bestanden oft nur graduelle Unterschiede, und die indischen Kulis, die von der briti-schen Kolonialmacht nach Süd- und Ostafrika als billige Arbeitskräfte exportiert wurden, waren ähnlich rechtlos wie Schwarzafrikaner, die in

Plantagen oder Bergwerken für Löhne auf niedrigstem Niveau arbeiten mußten.

Die Zahl derer, die in den Kolonien und im Mutterland davon profitierten, daß europäische Mächte in Übersee, um mit Rudyard Kipling zu sprechen, «the white man's burden» auf sich genommen hatten, war sehr viel größer, als Hobson es wahrhaben wollte. Was die Selbsttäuschungen der Europäer über die wirklichen Motive der imperialistischen Expansion angeht, ist seine Analyse aber bis heute unübertroffen. Was Kolonialismus und Imperialismus bewirkt haben, konnte man um die Jahrhundertwende noch nicht abschließend beurteilen. Aber es ließ sich schon damals vorhersehen, daß Verhaltensweisen, die die Europäer gegenüber Kolonialvölkern eingeübt hatten, Folgen für die Politik der Metropolen haben würden. «Die größte Gefahr des Imperialismus liegt im Geisteszustand einer Nation, die sich an diese (altruistische, H.A.W.) Selbsttäuschung gewöhnt hat und unfähig geworden ist, Selbstkritik zu üben», schrieb Hobson 1902. Er berief sich in diesem Zusammenhang auf Platons Deutung der Lüge als Folge eines unbewußten Selbstbetrugs der Seele. Er hätte auch den Begriff der «Lebenslüge» verwenden können, den Henrik Ibsen in seinem 1885 geschriebenen Schauspiel «Die Wildente» geprägt hat.[20]

Befestigungsversuche: Deutschland in den 1880er Jahren

Die Kolonialpolitik war für Deutschland in den achtziger Jahren nur ein Betätigungsfeld unter vielen. Zu Beginn des Jahrzehnts stand zunächst die Beilegung des Kulturkampfs im Vordergrund. Dem neuen Papst Leo XIII., der sein Pontifikat im Februar 1878 angetreten hatte, lag schon deswegen an einer Verbesserung des Verhältnisses zum Deutschen Reich, weil in Frankreich nach den Wahlen von 1877 die erklärten Laizisten an die Regierung gekommen waren. Bismarck war seinerseits zu der Auffassung gelangt, daß der Kulturkampf nicht zu gewinnen, eine kirchliche Rückendeckung im Kampf gegen die Sozialdemokratie aber von Nutzen war. Zwischen 1880 und 1887 verabschiedete der Reichstag mehrere «Milderungsgesetze», durch die die meisten Kampfmaßnahmen der siebziger Jahre zurückgenommen wurden. Erhalten blieben unter anderem das Verbot des Jesuitenordens, das 1917 fiel, der Kanzelparagraph, der bis 1953 galt, und die

Zivilehe. 1882 wurden die diplomatischen Beziehungen zwischen Preußen und dem Vatikan wieder aufgenommen, die Bismarck zehn Jahre zuvor abgebrochen hatte.

Ein anderes überragendes Thema war der Aufbau einer Sozialversicherung. Bismarck war seit längerem entschlossen, den Weg in Richtung eines «Königtums der sozialen Reform» zu beschreiten, wie es Lorenz von Stein schon 1850 gefordert hatte und die «Kathedersozialisten» des Vereins für Sozialpolitik um Gustav von Schmoller seit den frühen siebziger Jahren befürworteten. Der Reichskanzler war überzeugt, daß der monarchische Staat sich durch eine aktive Sozialpolitik eine zusätzliche Legitimation verschaffen und der Sozialdemokratie das Wasser abgraben konnte. «Es ist möglich, daß unsere Politik einmal zugrunde geht», bemerkte er im Juni 1881 gegenüber seinem Mitarbeiter Moritz Busch. «Aber der Staatssozialismus paukt sich durch. Jeder, der diesen Gedanken aufgreift, wird ans Ruder kommen.»

Bismarck hätte am liebsten auf Versicherungsbeiträge der Arbeiter ganz verzichtet und sie durch Zuschüsse des Reiches ersetzt. Mit dieser Absicht drang er wegen bürokratischer und parlamentarischer Widerstände ebensowenig durch wie mit seinem in diesem Zusammenhang verfolgten Projekt einer berufsständischen Kammer, die den Einfluß des Reichstags zurückdrängen sollte. Das erste Sozialversicherungsgesetz war das über die Krankenversicherung von 1883. Es verpflichtete die Arbeitnehmer, die nicht einer freiwilligen Hilfskasse angehörten, sich bei einer Ortskrankenkasse zu versichern; die Arbeitnehmer mußten zwei Drittel, die Arbeitgeber ein Drittel der Kosten tragen. Ihm folgte die Unfallversicherung von 1884, deren Kosten ausschließlich den genossenschaftlich organisierten Arbeitgebern auferlegt wurden. Den Abschluß bildete das Gesetz über die Alters- und Invalidenversicherung von 1889. Es verteilte die Kosten zu je einem Drittel auf die Arbeitgeber, die Arbeitnehmer und das Reich.

Das qualitativ Neue an der deutschen Sozialversicherung war der individuelle Rechtsanspruch auf soziale Leistungen, der an die Stelle der traditionellen Armenfürsorge trat. Die Gesetze der achtziger Jahre nahmen Staat und Gesellschaft in die Pflicht. Sie mußten Notlagen abhelfen, die die Einzelnen nicht zu verantworten hatten und die sie nicht abwenden konnten. Damit wurde Deutschland zum Pionierland der Sozialversicherung. Ohne die «innere Reichsgründung» von 1878/79 wären die Sozialversicherungsgesetze kaum möglich gewesen: Ebenso wie die Schutzzölle setzten sie die Abwendung vom Manchesterliberalismus des «laisser faire, laisser aller» voraus.

Zu den Gegnern des «Staatssozialismus» und damit der Sozialversicherungsgesetze gehörten die Linksliberalen beider Richtungen, die Deutsche Fortschrittspartei und die Sezessionisten in der Liberalen Vereinigung. Sie schnitten bei den Reichstagswahlen vom Oktober 1881 beide sehr gut ab und kamen zusammen auf mehr als ein Fünftel der Wählerstimmen, während die Nationalliberalen und die Freikonservativen schwere, die Sozialdemokraten leichte Verluste hinnehmen mußten, das Zentrum sich behaupten und die Deutschkonservativen Gewinne verbuchen konnten. Die Nationalliberalen zogen aus dem Rückgang ihrer Stimmen von 23,1 auf 14,7 Prozent nach längeren internen Auseinandersetzungen eine einschneidende Konsequenz: Sie stellten sich auf Drängen des einflußreichen Frankfurter Oberbürgermeisters Johannes von Miquel auf den Boden von Bismarcks Sozialpolitik.

Bei den Reichstagswahlen vom Oktober 1884 zahlte sich der Kurswechsel in bescheidenem Umfang aus: Die Nationalliberalen gewannen knapp drei Prozentpunkte hinzu. Die eindeutigen Verlierer waren die Linksliberalen, die sich zuvor in der Deutschen Freisinnigen Partei zusammengeschlossen hatten. Ihnen nutzte weder das Nein zu den ersten beiden Sozialversicherungsgesetzen noch das zur Kolonialpolitik. Zu den Gewinnern zählten die Sozialdemokraten, die ihren Stimmenanteil von 6,1 auf 9,7 Prozent steigerten. Die Deutschkonservativen konnten wegen der Privilegierung der schwach besiedelten ostelbischen Wahlkreise trotz leichter Stimmenverluste ihre Mandatszahl von 50 auf 78 erhöhen. Von einer festen regierungsfreundlichen Mehrheit war der neue Reichstag kaum weniger weit entfernt als sein Vorgänger.

Seit 1886 rückte ein Problem in den Mittelpunkt der öffentlichen Aufmerksamkeit, das teilweise wirtschaftlicher und sozialer, teilweise «nationaler» Natur war: der Bevölkerungsrückgang der agrarischen Ostprovinzen Preußens. Viele Bewohner waren nach Übersee ausgewandert, viele hatten sich ins Ruhrgebiet, das «industrielle Herz» Deutschlands, begeben, darunter mehr Deutsche als Polen. Infolgedessen wuchs der polnische Anteil an der Bevölkerung der Ostgebiete, während der deutsche sank. Unter dem Eindruck einer Kampagne gegen die schleichende «Polonisierung» und für die «Germanisierung des Bodens» unterbreitete die preußische Regierung im Frühjahr 1886 dem Abgeordnetenhaus den Entwurf eines Gesetzes, das den Ankauf von polnischem Grundbesitz aus einem Fonds unter Kontrolle einer Königlichen Ansiedlungskommission vorsah. Ende April trat das Gesetz in Kraft.

Daß Preußen das aufgekaufte Land nicht, wie zunächst beabsichtigt, in Domänen verwandelte, sondern für Zwecke der Ansiedlung deutscher Bauern verwandte, ging auf das Drängen der Nationalliberalen zurück. Der Geldaufwand für die Siedlungspolitik war erheblich: Er belief sich zwischen 1886 und 1914 auf rund 1 Milliarde Goldmark. Der Erfolg der «inneren Kolonisation» hielt sich jedoch in engen Grenzen: Trotz massiver Unterstützung durch den 1894 gegründeten Deutschen Ostmarkenverein konnten bis zum Ersten Weltkrieg lediglich 22 000 Bauern, zusammen mit ihren Familienangehörigen knapp 120 000 Deutsche, in Posen und Westpreußen angesiedelt werden.

Flankiert wurde die «Germanisierung des Bodens» durch die sprachliche Germanisierung des Ostens. Bereits in den Jahren 1876 und 1877 hatten erst Preußen, dann das Reich auf dem Gesetzesweg den Vorrang des Deutschen als Amtsprache im Behördenverkehr und vor Gericht festgelegt. Von der sprachlichen Germanisierung waren nicht nur die Polen, sondern auch die Dänen in Nordschleswig und die französischsprachigen Bewohner des Gebiets um Metz betroffen. Ein «Volkstumskampf» aber wurde nur im Osten des Reiches geführt, wo «Germanen» auf «Slawen» stießen. Nur den Polen, nicht aber den Dänen und Franzosen gegenüber gab es jenen Anspruch auf kulturelle und rassische Überlegenheit, der an die Attitüde von Kolonialherren gegenüber «Eingeborenen» erinnerte und der deutschen Herrschaft über polnischsprachige Gebiete Züge von kolonialer Beherrschung verlieh. In seiner rassistischen Begründung ähnelte der Antipolonismus auch dem Antisemitismus, womit die Polenfeindschaft aus dem Rahmen des «normalen» deutschen Nationalismus herausfiel. Doch den Polen warf anders als den Juden niemand vor, sie strebten nach der Herrschaft über Deutschland, ja nach der Weltherrschaft. Diese Beimengung von Unterlegenheitsgefühlen gab es nur im Antisemitismus. Der Judenhaß war damit noch etwas anderes als der «normale» Rassismus, unter dem die Polen zu leiden hatten.

Auch Elsässer und Lothringer wurden diskriminiert, aber in sehr viel milderer Form als die Polen. Eine «Option» nutzend, hatten bis 1873 etwa 50 000 Bewohner des neuen «Reichslandes» ihre Heimat in Richtung Frankreich verlassen. Die verbliebenen Elsässer und Lothringer hatten geringere Rechte als die übrigen Deutschen. Zunächst verwaltete ein vom Reichskanzler eingesetzter Oberpräsident das Reichsland. 1879 erhielt Elsaß-Lothringen den Status eines Bundesstaates mit eingeschränkten Rechten: Er durfte mit beratender Stimme im Bundesrat mitwirken. Der Statthalter in Straßburg, der im gleichen Jahr an die Spitze der Verwaltung trat und die Stimmen des Reichslandes im Bundesrat instruierte, unterstand direkt dem Kaiser. Eine Volksvertretung konnten die Elsaß-Lothringer erst seit 1911 wählen; bis dahin ersetzte ein Landesausschuß von Notabeln den Landtag. Eine gewisse Annäherung an die übrigen deutschen Staaten war nicht zu übersehen: An dem Reichsgesetz von 1879 hatten die Reichstagsabgeordneten der gemäßigten «Autonomisten» um August Schneegans, nicht jedoch die zahlenmäßig überlegenen «Protestler» aktiv mitgewirkt. Seit 1890 ging der Einfluß der «Protestler» deutlich zurück. Bei den Reichstagswahlen von 1893 übertrafen die Mandatszahlen der Abgeordneten deutscher Parteien und der Autonomisten sogar die der teils klerikalen, teils liberalen Protestler.

1887 lief das zweite, 1880 bewilligte Septennat, der auf sieben Jahre befristete Militäretat, aus. Unter dem Eindruck der Ernennung eines erklärten «Revanchisten», des Generals Boulanger, zum französischen Kriegsminister – eines Ereignisses, auf das zurückzukommen ist – forderte Bismarck im Januar 1887 den Reichstag auf, ein neues Septennat zu bewilligen. Die Ablehnung des Antrags gab dem Reichskanzler den Anlaß, den Reichstag etwa neun Monate vor Ablauf seiner dreijährigen Legislaturperiode aufzulösen. Der anschließende Wahlkampf stand ganz im Zeichen einer Kampagne gegen die französische Gefahr. Deutschkonservative, Freikonservative und Nationalliberale bildeten ein «Kartell», das sich für ein neues Septennat einsetzte. Der patriotische Appell hatte Erfolg. Im neuen, im Februar 1887 gewählten Reichstag gab es erstmals seit 1881 wieder eine regierungsfreundliche Mehrheit, bestehend aus den drei «Kartellparteien», die über 220 von 397 Sitzen verfügten. Das erste Gesetz, dem sie zur Annahme verhalfen, war das im März verabschiedete dritte Septennat.

Ein Jahr später, am 9. März 1888, starb im Alter von 90 Jahren Kaiser Wilhelm I. Sein Nachfolger war, als er den Thron bestieg, bereits todkrank: Er litt an Kehlkopfkrebs. Kaiser Friedrich – der Dritte nach preußischer Königszählung –, von Ausbildung und Haltung her nicht weniger Offizier als sein Vater, war gleichwohl sehr viel liberaler als dieser. Es mag mit am Einfluß seiner Frau Victoria, der Tochter der

Queen, gelegen haben, daß er starke Sympathien für das parlamentarisch regierte England empfand, gute Verbindungen zu führenden deutschen Linksliberalen unterhielt, seine Ablehnung der Judenfeindschaft immer wieder klar zum Ausdruck brachte und Bismarck bei aller Hochachtung reserviert gegenüberstand. Es ist viel darüber gerätselt worden, welchen Verlauf die deutsche Geschichte wohl genommen haben würde, wenn Kaiser Friedrich eine längere Regierungszeit beschieden gewesen wäre: Hätte das Reich sich vielleicht liberalisiert und parlamentarisiert und eine Verständigung mit England, etwa in der Flottenpolitik, angestrebt? Skeptiker unter den Zeitgenossen äußerten schon früh Zweifel, ob ein solcher Kurswechsel gegen das junkerlich geprägte Preußen durchsetzbar gewesen wäre. Wie auch immer: Friedrich saß nur 99 Tage auf dem Thron. Am 15. Juni 1888 starb er im Alter von 56 Jahren. Ihm folgte sein neunundzwanzigjähriger Sohn, Wilhelm II. 1888 wurde zum Dreikaiserjahr.

Wilhelm II. war in fast allem Wesentlichen das Gegenteil seines Vaters: nicht liberal, sonder zutiefst autoritär; führenden Antisemiten wie dem Dom- und Hofprediger Adolf Stoecker zeitweilig eng verbunden; vielseitig begabt, aber oberflächlich; ein eitler, prunkliebender Schwadroneur, der seine Unsicherheit und eine angeborene körperliche Schwäche, den verkrüppelten linken Arm, durch markige Reden auszugleichen versuchte. Daß er mit Bismarck rasch aneinandergeraten würde, war anzunehmen. Schon 1886/87, als zur «Boulangerkrise» mit Frankreich auch noch starke Spannungen zwischen dem Zarenreich und Österreich-Ungarn auf dem Balkan hinzukamen, hatte sich der Prinz auf die Seite der «Kriegspartei» um den Generaladjutanten des Kaisers, den Grafen Waldersee, geschlagen, die auf einen präventiven Zweifrontenkrieg gegen Rußland und Frankreich drängte. Von ehrgeizigen Günstlingen wie dem dichtenden und komponierenden Grafen Philipp von Eulenburg und Kanzlergegnern wie dem Juden- und Russenhasser Waldersee in seiner Neigung zur Selbstüberschätzung bestärkt, war Wilhelm, als er den Thron bestieg, entschlossen, so bald wie möglich aus dem Schatten des Reichsgründers herauszutreten und selbst die Zügel zu ergreifen.

Konflikte zwischen dem jungen Kaiser und dem alten Kanzler entbrannten schon bald, und das auf unterschiedlichen Feldern. Wilhelm II. wollte Anfang 1890 um den Sozialdemokraten den Donner zu stehlen, spektakuläre Maßnahmen im Bereich des Arbeitsschutzes, dar-

unter ein Verbot der Sonntagsarbeit, beschließen lassen; Bismarck
sträubte sich zunächst, weil er die gegenteilige politische Wirkung befürchtete, und setzte dann auf die Möglichkeit, den Vorstoß im Gesetz-
gebungsverfahren zu Fall zu bringen. Ernster noch war ein Zwist um
die fünfte Verlängerung des auf zweieinhalb Jahre befristeten Sozialistengesetzes von 1878. Die Nationalliberalen wollten diesem Anliegen
des Kaisers nur dann zustimmen, wenn der besonders empörende Aus-
weisungsparagraph fiel. Bismarck lehnte dies ab, während Wilhelm II.
ein solches Zugeständnis befürwortete, um das Gesetz als ganzes zu retten. Die Deutschkonservativen wiederum wollten die entschärfte Vorlage nur passieren lassen, wenn der Reichskanzler sich im Reichstag für
die Streichung aussprach: ein Ansinnen, das Bismarck zurückwies.

Am 25. Januar 1890 überstimmte eine «negative» Mehrheit aus
Deutschkonservativen, Zentrum, Freisinnigen, Sozialdemokraten, Elsaß-
Lothringern, Polen, Dänen und Welfen die Minderheit aus Nationalliberalen und Freikonservativen: Mit 169 Nein- gegen 98 Ja-Stimmen wurde
das entschärfte Sozialistengesetz in dritter Lesung abgelehnt, so daß das
seit zwölf Jahren gültige Gesetz am 30. September 1890 außer Kraft trat.
Mit der Abstimmung vom 25. Januar 1890 hatte die Sozialdemokratie
moralisch gesiegt; das «Kartell» von 1887 war zerbrochen und die
Machtposition Bismarcks nachhaltig geschwächt.

Ende Februar 1890 wurde in den üblichen zwei Wahlgängen ein
neuer Reichstag gewählt: Am 20. Februar fand der erste Wahlgang
statt; acht Tage später folgten die Stichwahlen. Die «Kartellparteien»
erlitten eine schwere Niederlage und verloren ihre parlamentarische
Mehrheit; Wahlsieger waren zum einen die Sozialdemokraten, die erstmals wählerstärkste Partei, die ihren Stimmenanteil von 10,1 auf
19,7 Prozent steigern, also fast verdoppeln konnten und 35 statt 11 Sitze
errangen, zum anderen die Freisinnigen, die von 12,9 auf 16 Prozent
und von 32 auf 66 Mandate anwuchsen. Mit dem neuen Reichstag zu
regieren war für den Kanzler schlechthin unmöglich. Selbst wenn er
das Zentrum hinter sich gebracht hätte (und ein vertrauliches, von
dem Bankier Gerson von Bleichröder, Bismarcks Finanzberater, vermit-
teltes Gespräch mit dem Parteivorsitzenden Ludwig Windthorst am
12. März 1890 schien auf eine solche Absicht hinzudeuten), war eine
gouvernementale Mehrheit aus Konservativen, Nationalliberalen und
katholischer Partei auf Grund innerer Gegensätze, vor allem zwischen
Nationalliberalen und Zentrum, praktisch nicht vorstellbar.

Zum verschärften Kampf mit der Sozialdemokratie, und das hieß gegen den neuen Reichstag, entschlossen, ging Bismarck in einer Sitzung des preußischen Staatsministeriums am 2. März so weit, die Niederlegung der deutschen Kaiserkrone durch den König von Preußen und eine Auflösung des Reiches durch die Fürsten in Erwägung zu ziehen. Wilhelm II. schien zunächst zum Staatsstreich bereit, schreckte dann aber doch vor den Folgen zurück. Damit war Bismarcks antiparlamentarischer Kurs gescheitert. Der Kanzler hatte sich in eine Sackgasse manövriert. Sein Staatsstreichsplan enthüllte schlagartig den lediglich aufschiebenden Charakter des Kompromisses, mit dem 1866 der preußische Verfassungskonflikt beigelegt worden war. Bei einem Machtkampf zwischen Parlament und Exekutive mußte sich der Regierung früher oder später die Frage stellen, ob sie sich der Mehrheit der Volksvertretung anpassen oder die Verfassung brechen wollte. Bismarck war 1890 bereit, den zweiten Weg zu gehen.

Der Konflikt zwischen Kaiser und Kanzler strebte gerade seinem Höhepunkt zu, als am 17. März der russische Botschafter, Graf Schuwalow, bei Bismarck erschien, um ihm mitzuteilen, daß die Regierung in St. Petersburg ihn, den Botschafter, ermächtigt habe, die Verhandlungen über eine Verlängerung des im Juni 1890 auslaufenden Rückversicherungsvertrages von 1887 zum Abschluß zu bringen, und zwar mit Bismarck und nur mit ihm oder gegebenenfalls seinem Sohn Herbert, dem Staatssekretär des Auswärtigen Amtes. Schuwalow kam zu spät. Am gleichen Tag traf bei Bismarck die Aufforderung Wilhelms II. ein, er möge um seine Entlassung bitten. Am 18. März entsprach Bismarck diesem Ersuchen. Am 20. März 1890 wurde er aus seinen Ämtern als Reichskanzler, preußischer Ministerpräsident und preußischer Außenminister entlassen. Der Rückversicherungsvertrag wurde nicht verlängert: Die Gegner von Bismarcks Rußlandpolitik, Generalstabschef Graf Waldersee und der Vortragende Rat Friedrich von Holstein, die «Graue Eminenz» des Auswärtigen Amtes, nutzten die vermeintliche Gunst der Stunde, um den Kaiser davon zu überzeugen, daß es für Deutschland am besten sei, den russischen Wunsch nicht zu erfüllen.

Bismarcks Sturz bewahrte Deutschland vor einer schweren Staatskrise. Das Kampfprogramm des ersten Reichskanzlers lief auf eine mehr oder minder verhüllte Militärdiktatur hinaus, woraus sich unter Umständen ein Bürgerkrieg hätte entwickeln können. Ende der achtziger Jahre stand Bismarck außen- wie innenpolitisch am Rand des Scheiterns. Das Verhältnis zu Rußland hatte er selbst durch die Schutzzölle für Getreide und das Lombardverbot für russische Wertpapiere schwer belastet, eine Verlängerung des Rückversicherungsvertrags wäre auch nur ein befristeter Notbehelf gewesen. Damit war die Grundlage seines Bündnissystems in Frage gestellt, das dazu dienen sollte, die Gefahr eines Zweifrontenkrieges zu bannen. In der wichtigsten innenpolitischen Streitfrage, der Verlängerung des Sozialistengesetzes, hatte der Kanzler sich selbst alle Kompromißmöglichkeiten verbaut. Er bezahlte seine Starrheit mit dem Debakel der Reichstagswahl vom Februar 1890 und kurz darauf mit seiner Entlassung.

Das Urteil über Bismarcks Außenpolitik ist seit dem Untergang des Kaiserreichs geprägt durch den Vergleich mit dem, was seine Nachfolger auf dem Feld der internationalen Beziehungen gewollt, getan und bewirkt haben. Vor diesem Hintergrund erscheint die auswärtige Politik des Reichsgründers als durchdacht, maßvoll und im besten Sinn staatsmännisch. Tatsächlich läßt sich auf Bismarcks weithin improvisierte, durchaus widerspruchsvolle Bündnispolitik ein Begriff anwenden, den Lothar Gall in seiner Biographie des Reichsgründers auf die Innenpolitik der Jahre nach 1881 geprägt hat: Sie war ein «System der Aushilfen».

Und dennoch: Bismarck *war* ein Meister der Diplomatie und ein geschworener Gegner auftrumpfender Macht- und Prestigepolitik, fähig, Gefahren rechtzeitig zu erkennen, Wünschenswertes und Erreichbares strikt zu trennen, die Interessen anderer Mächte realistisch einzuschätzen und je nach den Bedingungen eine Option durch eine andere zu ersetzen. Er hielt Deutschland nach 1871 für «saturiert» und hatte nie den Ehrgeiz, es der alten Weltmacht England gleichzutun. Dieses Ziel verfolgten erst die, die ihn beerbten und sich stark genug fühlten für eine Politik gezielter Herausforderungen nach dem Motto «Viel Feind, viel Ehr».

Dem «Eisernen Kanzler» als Innenpolitiker historische Größe zu bescheinigen, wird hingegen kaum noch einem Historiker einfallen. Die Bedenkenlosigkeit, mit der er politische Gegner zu «Reichsfeinden» stempelte, vergiftete das parlamentarische und das öffentliche Leben, und das über die Regierungszeit Bismarcks hinaus. Die Sozialdemokraten wären auch dann nicht zu einer Stütze des Kanzlers geworden, wenn es das Sozialistengesetz nie gegeben hätte. Das Zentrum hingegen hätte ohne den Kulturkampf durchaus Teil eines gemäßigten konservativen Regierungslagers werden können.

Die Parlamentarisierung Deutschlands kam freilich nicht nur deswegen nicht zustande, weil Bismarck sie nicht wollte und weder Preußen noch die anderen Einzelstaaten daran dachten, den Bundesrat durch den Reichstag entmachten zu lassen. Es waren die stärksten prinzipiellen Befürworter eines parlamentarischen Systems, die Nationalliberalen, die ihre Vormachtstellung durch den Kulturkampf auf Dauer sichern und einen parlamentarischen Machtwechsel hin zu einer katholisch-konservativen «Koalition» unmöglich machen wollten. Dazu kam seit den achtziger Jahren und verstärkt nach 1890 die Angst der meisten bürgerlichen Parteien vor einer Majorisierung durch die Sozialdemokratie, für die ihrerseits eine parlamentarische Koalition mit der bürgerlichen Mitte nicht in Frage kam, weil dies der Lehre vom Klassenkampf widersprach. Von einem parlamentarischen System war Deutschland um 1890 womöglich noch weiter entfernt als bei der Reichsgründung.

Die Nation wuchs trotzdem zusammen, und das so sehr, daß 1890 außer Bismarck kaum jemand eine Auflösung des Reiches erwog. Gegner des Reiches waren jene, die ihm gezwungenermaßen angehörten, die Polen, die Dänen und die französischsprachigen Bewohner des Reichslandes. Die deutschsprachigen Elsaß-Lothringer hingegen hatten sich inzwischen in ihrer Mehrheit mit der Zugehörigkeit zum Deutschen Reich abgefunden, nach den Protestanten immer mehr auch die zahlenmäßig sehr viel stärkeren Katholiken. Bei den Reichstagswahlen von 1890 erlitten die «Protestler» eine schwere Niederlage. Die «altdeutschen» Unterlegenen von 1866 hatten, von einigen norddeutschen «Welfen» abgesehen, ohnehin längst ihren Frieden mit dem preußisch geführten Reich gemacht, die meisten von ihnen bereits 1870/71.

Die enge Bindung an den historischen Einzelstaat, seinen Landesherrn und seine Dynastie, vertrug sich durchaus mit der Treue zum Reich, sie festigte diese sogar. Deutschland war auch nach 1871, in den Worten des Historikers Dieter Langewiesche, eine «föderative Nation». Zwei Jahrzehnte nach der Reichsgründung war das Gefühl der Zusammengehörigkeit der Deutschen mindestens ebenso stark wie das für die jeweiligen landsmannschaftlichen Besonderheiten. Daß dem so war, war das Ergebnis gemeinsamer Erfahrungen in Krieg und Frieden, eines wachsenden gemeinsamen Verkehrs- und Kommunikationsnetzes, einer gemeinsamen Währung, gemeinsamer Einrichtungen wie des Kaisertums, des aus einer Volkswahl hervorgegangenen Reichstags und des Reichsgerichts, gemeinsamer Parteien und Interessenverbände und nicht zuletzt patriotischer Erziehung durch Schule und Militär. In der Zeit, als Bismarck gehen mußte, war die Herausbildung einer deutschen Staatsnation weitgehend abgeschlossen.

Solange er Reichskanzler war, hatte Bismarck die Deutschen in Bewunderer und Gegner gespalten. Mit seinem Rückzug in den Sachsenwald östlich von Hamburg, den Besitz, den Kaiser Wilhelm I. ihm 1871 als Dank für die Gründung des Deutschen Reiches geschenkt hatte, begann der eigentliche Kult um den «Reichsschmied». Bei jeder denkbaren Gelegenheit wurde sein triumphal klingendes Wort «Wir Deutsche fürchten Gott, aber sonst nichts auf der Welt ...» zitiert. Was er in seiner Reichstagsrede vom 6. Februar 1888 diesem Halbsatz hinzugefügt hatte, geriet in Vergessenheit: «... und die Gottesfurcht ist es schon, die uns den Frieden lieben und pflegen läßt.»

Bismarck war ein Meister des geschriebenen und gesprochenen Wortes, und trotz einer hohen Fistelstimme ein eindrucksvoller Redner. Er hat viel zu dem beigetragen, was man «Parlamentskultur» nennen kann, einer Ausweitung der Rechte des Reichstags aber sich immer widersetzt und nie gezögert, die Volksvertretung aufzulösen, wenn ihre Mehrheit etwas anderes wollte als er. Der große Mann war auch ein großer Hasser und in seinem Haß oft sehr klein. Als Eduard Lasker im Januar 1884 bei einem Besuch in den Vereinigten Staaten in New York starb, weigerte sich Bismarck, eine Beileidsbotschaft des amerikanischen Repräsentantenhauses an den Reichstag weiterzuleiten. Deswegen von Abgeordneten zur Rede gestellt, hielt Bismarck es für richtig, den toten Gegner im Reichstag nochmals anzugreifen.

Für die meisten Deutschen wurde Bismarck nach 1890 immer mehr zu dem Helden, der den Traum vom neuen deutschen Reich verwirklicht hatte. Große Teile des Bürgertums empfanden es nicht oder nicht mehr als Mangel, daß den Deutschen die politische Freiheit in Gestalt einer selbstgewählten, dem Parlament verantwortlichen Regierung vorenthalten blieb. Theodor Mommsen, einer der Liberalen, die Bismarck im preußischen Verfassungskonflikt bekämpft, nach 1866 unterstützt und nach 1880 wieder bekämpft hatten, schrieb am 3. Januar 1902, im Jahr vor seinem Tod, in einem Brief an den Nationalökonomen Lujo Brentano: «Bismarck hat der Nation das Rückgrat gebrochen ...» Das war gewiß kein unparteiisches Fazit der 28 Jahre, die Bismarck erst Preußen, dann Deutschland regiert hatte. Aber aus der Sicht eines entschiedenen Liberalen sprach vieles für dieses Verdikt.[21]

Die opportunistische Republik:
Frankreich zwischen Reform und Krise

Um dieselbe Zeit, als Deutschland durch die «innere Reichsgründung» von 1878/79 nach rechts gerückt war, hatte Frankreich die «République des ducs» durch die «République opportuniste» ersetzt, also einen Ruck nach links getan. Unter der Führung der bürgerlichen Mitte erweiterte Frankreich nicht nur seinen Kolonialbesitz zu einem Kolonialreich, es wurde auch erst in einem substantiellen Sinn zu dem, was es formell seit dem 4. September 1870 war: einer Republik. Die Deputiertenkammer vollzog einen Akt von hoher symbolischer Bedeutung, als sie 1880, zehn Jahre nach der Ausrufung der Dritten Republik, ihren Sitz von Versailles nach Paris verlegte. Im gleichen Jahr proklamierte das Parlament den 14. Juli, den Tag des Bastillesturmes von 1789, zum Nationalfeiertag und die Marseillaise, das Kampflied eines republikanischen Bataillons aus Marseille vom Juli 1792, zur Nationalhymne. Außerdem beschloß die Deputiertenkammer eine allgemeine Amnestie für die überlebenden Pariser Kommunarden. Die meisten Verbannten kehrten daraufhin in ihre Heimat zurück; viele wirkten in der Folgezeit am Aufbau einer sozialistischen Bewegung mit.

Unter den rasch wechselnden Regierungen der «Opportunisten» (die sich gelegentlich selbst so nannten) wurde in der ersten Hälfte der achtziger Jahre das Presserecht liberalisiert, die Justiz reformiert, die Ehescheidung und das Recht der Wahl der Bürgermeister in den Munizipalitäten eingeführt (bislang waren die «maires» von den Präfekten ernannt worden) sowie ein Gesetz über Vereinsbildung verabschiedet, das die Gründung von Gewerkschaften offiziell erlaubte. Die meisten Reformen fielen in das Jahr 1884, die Zeit des zweiten Kabinetts Ferry. Viele der Neuerungen hatte Gambetta angestoßen, der selbst nur wenige Monate, von November 1881 bis Januar 1882, Ministerpräsident war. Das galt auch für die 1884 beschlossene Reform der Verfassungsgesetze von 1875. Ein Ergänzungsartikel legte fest, daß kein Nachkomme einer früher herrschenden Dynastie in das Amt des Präsidenten der Republik gewählt werden konnte: eine Bestimmung, die sich gegen den orleanistischen Prätendenten, den Grafen von Paris, richtete, auf dessen Kandidatur sich die Monarchisten nach dem Tod des bourbonischen Thronbewerbers, des Grafen von Chambord, im

Jahre 1883 geeinigt hatten. Die wichtigste Änderung betraf den Senat: Er verlor seine 75 von der Deputiertenkammer auf Lebenszeit gewählten, unabsetzbaren Mitglieder und bestand fortan nur noch aus Senatoren, die auf neun Jahre von den Departements und Kolonien gewählt wurden.

Den Schwerpunkt der inneren Reformen bildete jedoch die Schulpolitik: ein traditioneller Schauplatz heftiger Auseinandersetzungen zwischen links und rechts, zwischen Staat und Kirche und seit 1879 das Gebiet, auf dem in Frankreich der «Kulturkampf» am intensivsten ausgefochten wurde. Der Politiker, der hier die nachhaltigsten Wirkungen erzielte, war Jules Ferry, Bismarcks «Partner» in der Kolonialpolitik, in den Jahren 1880/81 und 1883 bis 1885 Ministerpräsident und zwischen 1879 und 1885 immer wieder Erziehungsminister. Die «Opportunisten» waren fortschrittsgläubige Anhänger der positivistischen Geschichtsphilosophie Auguste Comtes und schon darum Laizisten, also antiklerikal. «Le cléricalisme, voilà l'ennemi» (Der Klerikalismus, das ist der Feind), hatte Gambetta 1877 ausgerufen. Ferry selbst, der «Vater» des Verbots des Jesuitenordens, sprach von der Aufgabe, die Menschheit ohne Gott und König zu organisieren (organiser l'humanité sans dieu et sans roi).

Aus dem Laizismus ergaben sich allgemeine Maximen und praktische Nutzanwendungen: Religion war Privatsache und hatte an staatlichen Schulen nichts zu suchen, auch nicht in der Form von Religionsunterricht; umgekehrt durfte der Staat sich nicht in religiöse Fragen einmischen. Die religiösen Überzeugungen von Kindern und Elternhäusern sollten geschont, die Kirche am schulfreien Donnerstag die Möglichkeit haben, in ihren Gebäuden und durch ihre Priester Religionsunterricht zu erteilen. Um ein solches laizistisches Erziehungssystem durchzusetzen, mußten zunächst die allgemeine, unentgeltliche, weltliche Volksschule in ganz Frankreich eingeführt, neue Schulen gebaut und die Lehrerbildung auf eine neue Grundlage gestellt werden. Das geschah durch Ferrys Schulgesetze aus den Jahren 1879 bis 1881. Aus dem Conseil Supérieur de l'Enseignement, der Aufsichtsbehörde, wurden die geistlichen Vertreter ausgeschlossen und in jedem Departement Écoles normales für die getrennte Ausbildung der Lehrerinnen und Lehrer geschaffen. Die Ausbildung der dort lehrenden Lehrkräfte oblag der École normale supérieure in St. Cloud. Deren Absolventen, meist «boursiers», das heißt Stipendiaten, erhielten aber auch Zugang zum Universitätsstudium. Die katholischen Orden wurden schrittweise aus dem Lehrpersonal der öffentlichen Schulen entfernt: An den Knabenschulen mußte auf Grund eines Rahmengesetzes vom Oktober 1886 die Laisierung des Lehrkörpers bis 1891 abgeschlossen sein; an den Mädchenschulen, wo viele Nonnen unterrichteten, dauerte dieser Vorgang länger.

Von einer vollen Durchsetzung der weltlichen Schule konnte aber um 1890 noch längst nicht die Rede sein. Privatschulen waren zugelassen; neunzig von hundert dieser Schulen waren katholisch und wurden von Priestern geleitet; aber auch hier durften weder Jesuiten noch Angehörige anderer «nichtautorisierter» Orden unterrichten. Da die Privatschulen keine öffentlichen Mittel erhielten, erhoben sie Schulgeld, was zu einem «Klasseneffekt» führte: Wohlhabende Eltern konnten es sich leisten, ihre Kinder auf private Schulen zu schicken (oder auch zuhause zu unterrichten); die Kinder weniger gutsituierter Familien waren auf die öffentlichen Schulen angewiesen. Die Spaltung des Schulsystems, das die Spaltung der Gesellschaft widerspiegelte und verstärkte, dauerte bis zum Ende der Dritten Republik, wenn sich auch die Gewichte immer mehr zu den öffentlichen Schulen hin verschoben: Um 1940 fielen 85 Prozent der Volksschulen und immerhin 60 Prozent der Gymnasien in diese Kategorie.

Die Bedeutung der Schulreformen Ferrys für die Festigung der Dritten Republik kann gar nicht überschätzt werden. Sie halfen ein republikanisches Bewußtsein zu schaffen, das es in dieser Breite zuvor in Frankreich nicht gegeben hatte. Es erfaßte zwar nicht alle gesellschaftlichen Schichten und alle politischen Lager, aber doch alle Teile des Landes. Um 1870 war Französisch noch die Sprache einer Minderheit der Franzosen; im Südwesten wurden unterschiedliche Arten von Patois, vor allem das provenzalische Occitan, in der Bretagne noch vielfach bretonisch, um Nizza und vor allem in Korsika italienische Dialekte gesprochen. Durch die Ausdehnung des öffentlichen Volksschulwesens, aber auch durch den Straßenbau drang das Hochfranzösische immer mehr in die entlegensten Provinzen vor. Die «République opportuniste» förderte damit einen Prozeß, der, um den Titel eines Buches des amerikanischen Historikers Eugen Weber aus dem Jahr 1976 zu zitieren, «Peasants into Frenchmen», Bauern in Franzosen, verwandelte. Wenn man schon im Hinblick auf das Zweite Kaiserreich von einer Modernisierung des immer noch überwiegend ländlichen Frankreich sprechen kann, so gilt das erst recht für die Dritte Republik in der Zeit zwischen 1870 und 1914.

Im Oktober 1886 wurde die Deputiertenkammer neu gewählt. Der erste Wahlgang bedeutete für die Republikaner einen schweren Rückschlag: Sie erhielten lediglich 127 Sitze, während die vereinten Monarchisten, die sich mit den Bonapartisten auf gemeinsame Kandidatenlisten verständigt hatten, auf 176 Mandate kamen. Der Rechtsruck ging offenkundig zu einem erheblichen Teil auf bäuerliche und bürgerliche Wähler zurück, die so ihren Protest gegen die «linke» Schulpolitik Ferrys ausdrücken wollten. Bei den Bauern spielte mit Sicherheit auch Unzufriedenheit mit dem anhaltenden Rückgang der Agrarpreise eine große Rolle. Schließlich dürfte die Schwächung der Linken einen Grund auch in der nationalistischen Propaganda der «Ligue des Patriotes», einer 1882 von dem Schriftsteller Paul Déroulède gegründeten Kampforganisation, gehabt haben.

Im zweiten Wahlgang wendete sich das Blatt dank prompter Wahlabsprachen mit den Radikalen im Zeichen der «défense republicaine»: Die Republikaner verfügten nun über insgesamt 383, die Monarchisten über 201 Sitze, was jedoch eine Verdoppelung ihrer Mandatsstärke gegenüber 1881 bedeutete. Ministerpräsident wurde am 7. Januar 1886 zum dritten Mal der gemäßigte Charles de Saulces Freycinet. In sein Kabinett traten erstmals moderate Politiker aus der radikalen Gruppe um Georges Clemenceau an, der in den Jahren zuvor wie kein anderer Parlamentarier republikanische Regierungen, oft nach kurzer Amtszeit, zu Fall gebracht hatte. Auf Empfehlung Clemenceaus wurde der General Georges Boulanger, der sich während seines Dienstes in Tunesien als Kritiker der Kolonialpolitik und Befürworter eines Revanchekrieges gegen Deutschland zu erkennen gegeben hatte, zum Kriegsminister ernannt. Seine Aufnahme in das Kabinett erwies sich als fatale Fehlentscheidung: «Le Général Revanche», wie er alsbald genannt wurde, löste erst eine ernste internationale und dann eine nicht minder ernste, in vielem der «Mac-Mahon-Krise» nach 1875 vergleichbare Staatskrise aus.

Bald nach seiner Ernennung tat Boulanger etwas, was mit den Pflichten eines Ministers nicht vereinbar war, ihn aber in der Arbeiterschaft sehr populär machte: Wie vom Kabinett beschlossen, schickte er Truppen zur Niederschlagung eines Ausstands in die Kohlegruben von Decazeville in Südwestfrankreich, empfahl seinen Soldaten aber, sich auf die Seite der streikenden Arbeiter zu stellen. (Der Streik hatte auch Folgen für die sozialistische Bewegung: Da die Radikalen den harten

Kurs der Regierung unterstützten, trennten sich die neun sozialistischen Abgeordneten der Deputiertenkammer von der Fraktion der Radikalen, der sie sich zuvor angeschlossen hatten.) Bei der Parade zum Nationalfeiertag ließ sich Boulanger in einer Weise feiern, die der Präsident der Republik, Jules Grévy, als Herausforderung verstehen mußte. Den stärksten Zuspruch aber erhielt der Kriegsminister von der Patrioten-liga Paul Déroulèdes. Zu den rührigsten Vertretern von Boulangers Ruhm gehörten der ehemalige Kommunarde Henri de Rochefort, der radikale Deputierte Alfred Naquet und der junge Schriftsteller Maurice Barrès, der um die Jahrhundertwende zu einem der führenden Ideologen des radikalen französischen Nationalismus aufsteigen sollte. Eine neue Zeitschrift, «La Revanche», erschien im Oktober 1886 mit einem Bild Boulangers auf der Titelseite.

Im Dezember 1886 stürzte die Regierung Freycinet über Finanzfragen. Boulanger aber blieb auch im nachfolgenden Kabinett von René Coblet Kriegsminister. In die Zeit dieser Regierung fällt die schwerste Krise der deutsch-französischen Beziehungen seit der «Krieg-in-Sicht-Krise» von 1875. In seiner Reichstagsrede vom 11. Januar 1887 sprach Bismarck nachdrücklich von der Gefahr eines französischen Angriffs auf Deutschland, um die Abgeordneten von der Notwendigkeit eines neuen Septennats zu überzeugen. Anfang Februar fanden Manöver mit 72 000 Reservisten in Elsaß-Lothringen statt. Im gleichzeitigen Reichstagswahlkampf war die vermeintliche Kriegsgefahr das wichtigste Thema. Entsprechend militant und wehrfreudig präsentierte sich der neue, «rechte» Nationalismus. In Elsaß-Lothringen hatten die Protestler bei den «Kartellwahlen» das letzte Mal großen Zulauf. Nachdem er die Wahl gewonnen hatte, setzte der Reichskanzler ein Zeichen der Entspannung: Er ordnete die Freilassung eines wegen Spionage (rechtswidrig) verhafteten französischen Zollbeamten namens Guillaume Schnaebelé an. In Paris stürzte kurz darauf das Kabinett Coblet – formell wegen einer Budgetfrage, tatsächlich vor allem, weil die gemäßigten Politiker sich Boulangers entledigen wollten.

Dem neuen Kabinett Maurice Rouvier gehörte Boulanger nicht mehr an. Der populäre General wurde zum Kommandeur des 13. Armeekorps in Clermont-Ferrand ernannt. Seine Anhänger versuchten am 8. Juli 1887 durch eine große Demonstration am Bahnhof die Abreise des ehemaligen Kriegsministers zu verhindern, was ihnen aber nur für die Dauer einiger Stunden gelang. Clemenceau und seine engeren politischen Freunde empfanden das Verhalten Boulangers als so provozierend, daß sie sich nunmehr offiziell von ihm abwandten.

Wenig später wurde Frankreich durch einen Skandal um den Schwiegersohn des Präsidenten der Republik, den Unterstaatssekretär und Abgeordneten der Deputiertenkammer Daniel Wilson, erschüttert. Wilson hatte seine Position dazu benutzt, Ordensverleihungen gegen Geld vorzunehmen. Trotz nachgewiesener Korruption wurde er vor Gericht freigesprochen. Obwohl Präsident Grévy von den Geschäften seines Schwiegersohnes vermutlich nichts gewußt hatte, mußte er Anfang Dezember 1887 zurücktreten. Zu seinem Nachfolger wurde Sadi Carnot, der Enkel von Lazare Carnot, dem Schöpfer des französischen Revolutionsheeres, gewählt.

Der Wilson-Skandal führte zu verbreiteter Unzufriedenheit mit dem parlamentarischen System in Kleinbürgertum und Arbeiterschaft – einer Stimmung, deren sich Boulanger und die ihn stützenden «Patrioten» zu bedienen wußten. Im März 1888 wegen seiner politischen Umtriebe aus der Armee entlassen, stellte sich der fünfzigjährige General im Ruhestand sogleich an die Spitze der neuen Republikanischen Nationalpartei (Parti républicain national), in der sich Republikaner der Richtung Naquet und «Patrioten» zusammenschlossen. Die großzügige finanzielle Unterstützung der royalistischen Herzogin von Uzès erlaubte es Boulanger nunmehr, offen gegen das Parlament und für den plebiszitären «appel au peuple» zu agitieren. «Dissolution, Constituante, Révision» hießen die drei Schlagworte seiner Kampagne, womit Auflösung der Deputiertenkammer, Wahl einer Verfassunggebenden Versammlung und Überarbeitung der Verfassung von 1875 gemeint waren. Zwischen April und August 1888 stellte die neue Partei, um Druck auf die Regierung auszuüben, Boulanger als Kandidaten bei mehreren Nachwahlen auf. Mit Ausnahme eines Wahlkreises im Departement Ardèche gewann er überall.

Am triumphalsten fiel der Erfolg am 27. Januar 1889 in Paris aus, wo Boulanger den republikanischen Bewerber mit einem Vorsprung von über 82 000 Stimmen schlug. Am Abend des Wahlsiegs drängten ihn Sprechchöre einer großen Menge, zum Elyseepalast zu ziehen und, wie einst Napoleon I. am 18. Brumaire des Jahres VIII, dem 9. November 1799, die Macht an sich zu reißen. Boulanger, auf die Einhaltung der Legalität bedacht, lehnte ab. Seine republikanischen Gegner werteten das zu Recht als Zeichen dafür, daß die boulangistische Gefahr ihren Höhepunkt überschritten hatte. Eine praktische Folgerung aus den Wahlsiegen des ehemaligen Generals war das Verbot der gleichzeitigen Kandidatur in mehreren Wahlkreisen. Verboten wurde auch die Ligue des Patriotes Paul Déroulèdes.

Boulanger selbst verlor viele linke Anhänger, nachdem er bei einer Versammlung seiner Partei eine antijakobinische und klerikale Rede gehalten hatte. Als er von dem Beschluß der Regierung erfuhr, ihn wegen eines Angriffs auf die Sicherheit des Staates vor dem Senat als Gerichtshof anzuklagen, floh er am 1. April 1889 nach Brüssel und wenig später nach London. In Abwesenheit wurde er zu lebenslänglicher Festungshaft verurteilt, zwei seiner engen Mitarbeiter, darunter Rochefort, erhielten Gefängnisstrafen. Bei den Parlamentswahlen erreichten die Boulangisten im September und Oktober 1889 rund vierzig Sitze – ein Zehntel dessen, was die Republikaner für sich verbuchen konnten. Enthüllungen eines ehemaligen Anhängers über die finanzielle und politische Abhängigkeit des früheren Kriegsministers von den Monarchisten ließen die boulangistische Bewegung rasch zerfallen. Bei den Kommunalwahlen im Frühjahr 1890 war die Bewegung bereits eine quantité négligeable. Am 30. September 1891 erschoß sich Boulanger am Grab seiner Geliebten bei Brüssel.

In das traditionelle Links-Rechts-Schema läßt sich der Boulangismus nur schwer einordnen. Der General, der dem Phänomen den Namen gab, hatte sich zunächst als linker Republikaner gegeben und bei den Arbeitern Anklang gefunden. Gleichzeitig arbeitete er aufs engste mit der nationalistischen Rechten um Déroulède zusammen. «Rechts» war auch der zum Bellizismus gesteigerte Militarismus, der um diese Zeit zu einem Merkmal des französischen Nationalismus wurde, so daß sich der Vergleich mit dem englischen Jingoismus und dem rechten Nationalismus in Deutschland nach der Wende von 1878/79 aufdrängt. Die Mischung von linken und rechten Momenten aber war ebenso wie die bonapartistisch anmutende, plebiszitär-antiparlamentarische, auf eine starke Exekutivgewalt ausgerichtete Agitation des Boulangismus eine spezifisch französische Erscheinung. In beiderlei Hinsicht wirkt die Bewegung des «Général Revanche» wie ein Vorgriff auf die faschistischen Bewegungen der Zwischenkriegszeit des 20. Jahrhunderts. Anders als diese strebte der Boulangismus jedoch nicht nach der Errichtung der Herrschaft *einer* Partei; «totalitär» kann man den Parti républicain national folglich nicht nennen.

Der Historiker Charles Bloch hat dem Boulangismus drei langfristige Wirkungen bescheinigt: Erstens trug er zur Klärung der Fronten zwischen links und rechts, zwischen Monarchisten, Klerikalen, Nationalisten und Militaristen auf der einen, den Anhängern der parlamentarischen, weltlichen und zivilen Republik auf der anderen Seite bei. Zweitens gewann der in Frankreich, anders als in England, nie besonders beliebte Parlamentarismus dank der negativen Erfahrung des Boulangismus an gesellschaftlicher Zustimmung, und das auch dadurch, daß sich im Zuge des sogenannten «Ralliement» (Sammlung) moderate Katholiken, von Papst Leo XIII. durch die Enzyklika «Inter sollicitudines» vom Februar 1892 ermutigt, zur Anerkennung der Republik als der verfassungsmäßigen Staatsform bereit fanden. Drittens brachte der Boulangismus die Sozialisten dazu, sich vom bürgerlichen Radikalismus zu emanzipieren und dem Aufbau einer eigenständigen Arbeiterbewegung zu widmen. Der Boulangismus mochte nur eine Episode gewesen sein, als Katalysator der französischen Politik aber hatte er Folgen, die bis weit ins 20. Jahrhundert hineinreichten.[22]

Rechtsruck und Anarchismus: *Das Italien der Ära Crispi*

Einen Ruck nach rechts erlebten in der zweiten Hälfte der achtziger Jahre nicht nur Deutschland und Frankreich, sondern auch Italien. 1887 ging die Regierung Depretis auf Drängen vor allem der norditalienischen Schwerindustrie zu einem System erhöhter Schutzzölle für Industrie- und Agrarprodukte über, dessen gesellschaftliche und innenpolitische Wirkungen denen der handelspolitischen Wende Deutschlands von 1879 vergleichbar waren: Vom Protektionismus profitierten sowohl die Stahl- und Eisenindustriellen als auch die Großagrarier, darunter die des «mezzogiorno», die von extensivem Weizenanbau lebten und darum ein starkes Interesse an der Abwehr der Einfuhr von billigerem Getreide aus Amerika und Rußland hatten. Die deutsche «Achse» von Rittergut und Hochofen besaß für Italien die Bedeutung eines Vorbildes, und wie im Deutschen Reich mußten auch hier in erster Linie die verarbeitenden Industrien und die Verbraucher die volkswirtschaftlichen Kosten der Abschirmung gegen internationale Konkurrenz tragen. Anders als in Deutschland wurden die Schutzzölle

in Italien aber nicht durch eine umfassende staatliche Sozialpolitik
flankiert, so daß der Klassencharakter der Schutzzölle hier noch deutlicher zutage trat als nördlich der Alpen.

Die außenpolitische Wirkung der Schutzzollerhöhung war ein zehn
Jahre während er Zollkrieg mit Frankreich, dem wichtigsten Handels-
partner Italiens. Nachdem Paris eine Revision des neuen Tarifs verlangt
hatte, kündigte Rom 1888 den bestehenden italienisch-französischen
Handelsvertrag. Frankreich konnte den Wegfall italienischer Wein- und
Seideneinfuhren jedoch sehr viel leichter verschmerzen als Italien den
Verlust des französischen Absatzmarktes, so daß die neue Handelspolitik der Wirtschaft der Apenninenhalbinsel unter dem Strich sehr viel
mehr schadete als nützte. Für Francesco Crispi, der von August 1887
bis Januar 1891 und dann erneut von Dezember 1893 bis März 1896
an der Spitze der italienischen Regierung stand, ergab der Zollkrieg mit
Frankreich dennoch einen positiven Sinn: Er fügte sich gut in die Drei-
bundpolitik ein, durch die Italien zum Partner von Deutschland, Österreich-Ungarn und Großbritannien geworden war. Es waren diese
Mächte, die nach Crispis Einschätzung Italien dabei helfen konnten,
seinen Großmachtanspruch im Mittelmeerraum und in Afrika zu behaupten. Frankreich hingegen galt seit der Errichtung seines Protektorats über Tunis im Jahre 1881 als Rivale und Gegner.

Die enge Bindung an die beiden mitteleuropäischen Großmächte
war in Italien höchst umstritten. Für erhebliche Teile der «politischen
Klasse» (der Begriff wurde 1896 von dem Staatsrechtler Gaetano
Mosca geprägt) war das Habsburgerreich nach wie vor der «Erbfeind»
Italiens und Frankreich ein potentieller Verbündeter im Kampf um die
Angliederung der «Irredenta», der bei Österreich verbliebenen, italienisch geprägten Gebiete um Trient und Triest. Crispi hielt solche Gebietsforderungen für so gefährlich, daß er 1890 das irredentistische Co-
mitato per Trieste e Trento in Rom auflösen ließ. Dasselbe Schicksal
ereilte kurz darauf die Vereinigungen, die einen patriotischen Opferkult
um Guglielmo Oberdan betrieben: Der dreißigjährige Irredentist aus
Triest war im Dezember 1882 von den Österreichern zu Tode verurteilt
und gehängt worden, nachdem sie durch einen agent provocateur von
seinem Plan erfahren hatten, Kaiser Franz Joseph bei einem Besuch in
Triest zu ermorden. Der Irredentismus aber ließ sich durch Verbote
nicht aus der Welt schaffen: Dafür sorgte schon die anhaltende Agitation von Crispis schärfstem Kritiker Matteo Renato Imbriani-Poerio,

dem wortgewaltigsten Verfechter des italienischen Anspruchs auf die «unerlösten Gebiete».

In der inneren Politik Crispis erinnerte kaum noch etwas an die politischen Anfänge des einstigen sizilianischen Revolutionärs: Der Regierungschef drängte den Einfluß des Parlaments zurück und erweiterte die Befugnisse des Ministerpräsidenten; er übernahm selbst die Ämter des Außen- und des Innenministers, so daß seine Machtfülle zeitweilig der seines bewunderten Vorbildes Bismarck nahe kam; mit harter Hand ging er gegen streikende Industrie- und Landarbeiter, vor allem in der Lombardei, vor und verbot 1886 die vier Jahre zuvor gegründete italienische Arbeiterpartei, den Partito operaio italiano. Zu den positiven Errungenschaften der Ära Crispi gehörten die Abschaffung der Todesstrafe durch die Strafrechtsreform von 1889 und die Einführung der Wahl der Bürgermeister und der Präsidenten der Verwaltungsausschüsse der Provinzen (bislang waren die Amtsinhaber von der Regierung ernannt worden). Im Verhältnis zur katholischen Kirche kehrte Crispi, nachdem 1887 ein Versuch der Aussöhnung an Papst Leo XIII. gescheitert war, zum traditionellen Antiklerikalismus der Linksliberalen zurück. Demonstrativ ließ der Ministerpräsident auf dem Campo dei Fiori in Rom, wo im Jahre 1600 auf Beschluß der päpstlichen Inquisition nach siebenjähriger Kerkerhaft Giordano Bruno verbrannt worden war, ein Standbild des großen Philosophen und Naturwissenschaftlers errichten.

Im Februar 1891 mußte Crispi zurücktreten. Unmittelbarer Anlaß war ein pauschaler Angriff, den der Ministerpräsident in einer Parlamentsrede auf die angeblich frankreichhörige Politik der Regierungen der Destra storica vor 1876 gerichtet hatte. Es folgten zwei kurzlebige Kabinette, zunächst eines des konservativen sizilianischen Marchese di Rudinì, dann, ab Mai 1892, des piemontesischen Liberalen Giovanni Giolitti, dessen «große Zeit» freilich erst nach der Jahrhundertwende begann. Im Dezember 1893 trat Giolitti zurück – die Folge einer Bankenkrise, die ihrerseits eng mit dem Zusammenbruch der Spekulation auf dem Bausektor und dem Niedergang der Seiden- und Weinausfuhr zusammenhing.

Giolittis Nachfolge trat sein Vorvorgänger an. Seine innenpolitische Energie widmete Crispi nach der Rückkehr in die Regierung vor allem dem Kampf gegen die sizilianischen «Fasci» (Bünde): eine Bewegung der Schwefelarbeiter und der landarmen Kleinbauern (contadini), die beide unter dem Zollkrieg mit Frankreich schwer zu leiden hatten und ihren Protest auch gewaltsam zum Ausdruck brachten. Was die sizilianischen Unruhen den Regierenden besonders bedrohlich erscheinen ließ, war die Unterstützung der «Fasci» durch die im August 1892 in Genua gegründete neue Arbeiterpartei, den Partito dei lavoratori italiani, die sich wenig später in Partito socialista dei lavoratori italiani und schließlich auf dem Parteitag von Reggio Emilia im September 1893 in Partito socialista italiano umbenannte. Dem bürgerlichen und aristokratischen Italien trat damit erstmals eine proletarische Organisation gegenüber, die den Anspruch erhob, die gemeinsamen Interessen aller italienischen Arbeiter in Stadt und Land zu vertreten.

Zur Wiederherstellung der Ordnung in Sizilien verhängte Crispi den Belagerungszustand. Ein Expeditionskorps von 50 000 Mann sorgte für die «Befriedung» der Insel. Die Anführer der «Fasci» wurden zu langjährigen Gefängnisstrafen verurteilt. Ähnlich drakonisch ging die Regierung gegen die streikenden Arbeiter in den Marmorsteinbrüchen von Carrara in der Toskana vor. Im Oktober 1894 wurde die Sozialistische Partei samt ihren Nebenorganisationen verboten und aufgelöst. Das Parlament trat seit der Wiederberufung Crispis nur noch zu kurzen Sitzungen zusammen. Bei den Wahlen vom Mai 1895 gelang es der Regierung nicht zuletzt dank des großzügigen Einsatzes von Steuergeldern, eine breite Mehrheit für das gouvernementale Lager sicherzustellen.

Mit rein innenpolitischen Mitteln glaubte Crispi der sozialen Krise jedoch nicht dauerhaft Herr werden zu können. Um sein zunehmend autoritäres Regime zu stabilisieren, setzte der Ministerpräsident auf Prestigegewinn durch koloniale Eroberungen. Im Jahre 1890 war die Errichtung eines italienischen Protektorats über Äthiopien daran gescheitert, daß der amharische Text des Vertrags von Uccialli, anders als der italienische, eine solche Auslegung nicht zuließ. Seit seiner Rückkehr an die Macht im Dezember 1893 tat Crispi alles, was in seinen Kräften stand, um in Ostafrika über den Status von 1890 hinauszugelangen. Zunächst schien dieses Vorhaben zu gelingen: Am 1. März 1895 zog der Gouverneur von Eritrea, Oreste Baratieri, wie Crispi ein Mitstreiter Garibaldis beim legendären «Zug der Tausend» von 1860, in Adua ein; noch am gleichen Tag erfolgte per Dekret die Annexion des äthiopischen Kernlandes, der Tigre. Der Jubel in Italien war groß – und der Regierung im Wahlkampf äußerst willkommen.

Wenig später aber wendete sich das Blatt. Von Frankreich unterstützt, konnte der Negus Menelik die meisten Teilfürsten des Reiches auf seine Seite ziehen. Am 1. März 1896, auf den Tag genau ein Jahr nach dem Trimph Baratieris, fügten die zahlenmäßig weit überlegenen Streitkräfte Meneliks den Italienern bei Adua eine vernichtende Niederlage zu. Crispis Traum vom ostafrikanischen Kolonialreich war ausgeträumt, die Unabhängigkeit des christlichen Kaiserreiches Äthiopien gerettet. Fünf Tage später bot Crispi König Umberto I. seinen Rücktritt an, den der Monarch unverzüglich annahm. Die Popularität des sechsundsiebzigjährigen Ministerpräsidenten war durch das Debakel von Adua so tief gesunken, daß an eine abermalige Rückkehr Crispis an die Macht nicht zu denken war.

Die Ära Crispi war mehr als eine bloße Episode in der Geschichte des italienischen Nationalstaates. Crispis Rücktritt im Jahre 1896 bedeutete weder das Ende repressiver Antworten auf die soziale Frage noch die Abkehr von dem «sozialimperialistischen» Versuch, innere Konflikte nach außen abzulenken. Doch unter dem zweiten Kabinett Rudinì gab es 1896 immerhin Zeichen der innen- und außenpolitischen Mäßigung: Die verurteilten Arbeiterführer, auch die der sizilianischen «Fasci», kamen in den Genuß einer Amnestie; im Frieden von Addis Abeba verzichtete Italien auf den Vertrag von Uccialli aus dem Jahre 1889 und erkannte die Unabhängigkeit von Äthiopien an, behielt jedoch das mit Äthiopien über lange Zeit hinweg eng verbundene Eritrea. In einem Handelsvertrag mit Tunis erkannte Italien 1896 dessen Status als französisches Protektorat an und legte damit den Grund für einen neuen Handelsvertrag mit Frankreich, der 1898 den zehnjährigen Zollkrieg beendete.

Die Klassenkonflikte aber wurden nach 1896 nicht weniger scharf ausgetragen als zuvor. Im März 1898 kam es, ausgelöst durch ein Duell, bei dem der linke Publizist und Parlamentarier Felice Cavallotti von der Kugel eines konservativen Abgeordneten getötet wurde, zu gewaltsamen Protestaktionen der Arbeiter in Mailand. Die Regierung verhängte sogleich den Belagerungszustand über die lombardische Metropole. Der mit der Niederwerfung der Unruhen beauftragte General Bava Beccaris setzte Artillerie ein und wurde, ungeachtet des von ihm angerichteten Blutbades, vom König mit einem Orden ausgezeichnet. Zu den zahllosen Verhafteten gehörten Filippo Turati, der Gründer der Sozialistischen Partei, aber auch bürgerliche Radikale und katholische Publizisten.

Unter Rudinìs Nachfolger, dem General Girolamo Pelloux, rückte die Exekutivgewalt noch weiter nach rechts. Anfang 1899 legte Pelloux der Abgeordnetenkammer ein Bündel von Gesetzen vor, die ein Streikverbot im öffentlichen Dienst und Einschränkungen der Presse-, Versammlungs- und Koalitionsfreiheit vorsahen. Gegen dieses Vorhaben machte eine breite Opposition aus Liberalen, Republikanern und Sozialisten Front (die letzteren waren seit den Wahlen von 1897 mit 15 Abgeordneten im Parlament vertreten). Pelloux setzte daraufhin die Gesetze durch Dekret in Kraft, konnte es aber nicht verhindern, daß der Kassationsgerichtshof dieses Vorgehen als mit der Verfassung unvereinbar erklärte. Pelloux fügte sich und setzte für den Juni 1900 Neuwahlen an. Aus ihnen gingen die oppositionellen Kräfte, vor allem Radikale, Republikaner und Sozialisten, gestärkt hervor. Pelloux, der nur noch über eine schwache Mehrheit verfügte, zog die Konsequenz aus seinem Scheitern und trat zurück.

Einen Monat später, am 29. Juli 1900, fiel König Umberto I. dem Attentat eines Anarchisten zum Opfer: ein Ereignis, das nicht nur Italien, sondern ganz Europa erschütterte. Der Anschlag wirkte als Glied einer Kette: 1894 hatten italienische Anarchisten den französischen Staatspräsidenten Sadi Carnot, 1898 die österreichische Kaiserin Elisabeth («Sissi»), die Gemahlin Franz Josephs, ermordet. Der Anarchismus war eine rückständige Form des Protestes, geboren aus rückständigen Verhältnissen, und in seiner gewaltsamen, terroristischen Form besonders verbreitet in den romanischen Ländern des Mittelmeerraums. Die italienischen Sozialisten hatten, wie ihre Schwesterparteien, dem Anarchismus längst eine scharfe Absage erteilt, diesen damit aber nicht aus der Welt schaffen können. Der Mord an König Umberto brachte nicht nur das bürgerliche, sondern auch das proletarische Italien in einem Maß gegen die Anarchisten auf, das diesen gefährlich wurde: Die moralische Ächtung der Attentäter und ihrer Hintermänner trug viel dazu bei, daß die Welle der anarchistischen Gewalttaten zumindest in Westeuropa nach der Jahrhundertwende abebbte.

Wenige Monate nach dem Attentat auf König Umberto bekam die italienische Arbeiterschaft Gelegenheit, ihre politische Reife zu beweisen: Als der Präfekt von Genua im Dezember 1900 die örtliche Camera del lavoro, ein Organ der gewerkschaftlichen Selbsthilfe, schließen ließ, antwortete das Proletariat der norditalienischen Hafenstadt mit einem gewaltlosen Generalstreik. Die Regierung von Giuseppe Saracco, dem

Nachfolger des Generals Pelloux, hatte die Maßnahme des Präfekten
zunächst gebilligt, widerrief dann aber unter dem Eindruck der Proteste
die Auflösungsorder. Von rechts und links kritisiert, war das Kabinett
mittlerweile so geschwächt, daß sich der Ministerpräsident zum Rücktritt entschloß. Zu seinem Nachfolger ernannte der neue König Viktor
Emanuel III. den Führer der konstitutionellen Linksliberalen, Giuseppe
Zanardelli. Innenminister und bestimmende Persönlichkeit des Kabinetts wurde Giovanni Giolitti, der der italienischen Politik bis zum
Ersten Weltkrieg seinen Stempel aufdrücken sollte.

Mit der Berufung der Regierung Zanardelli begann ein neuer Abschnitt der italienischen Geschichte. Die Gefahr, daß Italien sich in ein
autoritäres Regime verwandeln könnte, schien fürs erste gebannt: Die
liberalen Kräfte hatten, unterstützt von den breiten Massen, eine Rück-
entwicklung des parlamentarischen in ein konstitutionelles System nach
deutschem Vorbild, wie sie Konservative und Rechtsliberale erstrebten,
verhindert. Ob die innenpolitische Liberalisierung, die nun einsetzte, sich
auch auf die Außenpolitik auswirken würde, war um 1901 noch eine
offene Frage. Die Entspannung im Verhältnis zu Frankreich, die sich
schon kurz nach Crispis Rücktritt abzuzeichnen begann, deutete auf eine
solche Möglichkeit hin.[23]

Reaktion, Radikalismus, Revolution: Rußland 1881–1906

Weit häufiger als in Italien verübten im 19. und frühen 20. Jahrhundert
politische Attentäter in Rußland Anschläge gegen führende Vertreter
der Staatsgewalt. Am 13. März 1881 fiel Zar Alexander II. in St. Petersburg einem Bombenanschlag zum Opfer. Von den sechs letzten Zaren starben drei einen gewaltsamen Tod: vor Alexander II. sein Großvater Paul I. im Jahre 1801, nach ihm 1918 sein Enkel Nikolaus II., der
letzte Herrscher aus dem Hause der Romanow.

Der Mord von 1881 wurde nicht von Anarchisten, sondern von
Narodniki oder Volksfreunden begangen, die seit den siebziger Jahren
ganz auf den Terror als Mittel der revolutionären Veränderung von
Staat und Gesellschaft setzten. 1879 hatte die «Narodnaja Wolja», ein
kleiner Kreis von etwa dreißig Männern und Frauen, ein Todesurteil
über den Zaren verhängt. Zwei Attentate, das erste im November
1879, das zweite im Februar 1881, schlugen fehl. Dem dritten An-

schlag erlag Alexander II. just in dem Augenblick, in dem er sich nach langem Zögern auf Drängen seines Innenministers, des Grafen Michail Loris-Melikow, zur Vorlage einer Konstitution entschlossen hatte, die der Regierung ein beratendes, von den städtischen Dumas und den Kreisversammlungen (Semstwos) gewähltes Expertengremium zur Seite stellen sollte. Die Veröffentlichung des Entwurfs war für den 16. März 1881 vorgesehen. Der Zarenmord hatte zur Folge, daß die Verfassung nie in Kraft trat.

Der neue Zar, Alexander III., war durch und durch Militär und in politischen Fragen vom Urteil seines wichtigsten Beraters und einstigen Erziehers, des Grafen Konstantin Petrowitsch Pobedonoszew, abhängig. Pobedonoszew, Jurist und Oberprokuror des Heiligen Synods, der obersten Kirchenbehörde, war ein überzeugter Slawophiler, Vertreter einer streng orthodoxen Kirchenpolitik und entschiedener Gegner aller liberalen Bestrebungen. Das bekamen vor allem die Universitäten zu spüren, die das Recht der Selbstverwaltung verloren und die staatliche Überwachung der Vorlesungen hinnehmen mußten. Aus Furcht vor der Ausbreitung revolutionären Gedankengutes senkte die Regierung zeitweilig sogar die Zahl der Studenten und Gymnasiasten. Die Schulen wurden auf die Pflege der russischen Sprache und der orthodoxen Religion verpflichtet, die Lehrpläne auf die Abwehr westlicher Ideen ausgerichtet. Auf der Linie eines ausgeprägten russischen Nationalismus lag auch die fortschreitende Russifizierung der baltischen Ostseeprovinzen Estland, Livland und Kurland sowie des Großfürstentums Finnland, Russisch-Polens und Armeniens. Schritt für Schritt setzte die Regierung in St. Petersburg den Gebrauch des Russischen an den Schulen sowie als Gerichts- und Behördensprache durch.

Am meisten hatten die Juden in den ihnen unter der Zarin Katharina II. zugewiesenen westrussischen Siedlungsgebieten, den «Rayons», unter der reaktionären Wende von 1881 zu leiden. Der Ermordung Alexanders II. folgten Pogrome in der Ukraine, die von Behörden und Polizei absichtsvoll geduldet wurden. Die «Maigesetze» von 1882 nahmen den Juden auch in den Siedlungsgebieten das Recht, Land zu erwerben oder zu pachten; sie wurden also faktisch dazu verurteilt, in Städten zu leben. 1887 folgte ein Numerus clausus für jüdische Studenten. In den frühen neunziger Jahren wurden rund 20 000 Juden, zumeist Handwerker, aus Moskau und St. Petersburg ausgewiesen. Diskriminierung, Unterdrückung und Verfolgung führten dazu, daß eine wachsende Zahl von Juden

Rußland den Rücken kehrte: Fast eine Million verließen zwischen 1880 und 1905 das Zarenreich, die meisten von ihnen mit dem Wunsch, in den Vereinigten Staaten von Amerika ein neues Leben zu beginnen. Andere engagierten sich in revolutionären sozialistischen Zirkeln oder seit Ende der neunziger Jahre in der jungen zionistischen Bewegung, von der noch die Rede sein wird.

Den Kampf gegen den Terrorismus führte die politische Geheimpolizei, die Ochrana. Sie führte ihn mit Erfolg. Die Serie der Attentate riß 1881 ab. 1887 konnte die Ochrana eine revolutionäre Gruppe zerschlagen, die einen Anschlag auf den Zaren geplant hatte. Um die Arbeiter gegen revolutionäre Parolen immun zu machen, reichte Repression indes nicht aus. Die Regierung Alexanders III. versuchte sich deshalb seit 1882 an sozialpolitischen Maßnahmen wie der Einführung einer Fabrikinspektion, dem Verbot von Arbeit für Kinder unter 12 Jahren sowie der Nachtarbeit von Frauen und Jugendlichen und der Beschränkung der täglichen Arbeitszeit von Kindern zwischen 12 und 15 Jahren auf acht Stunden. Der Widerstand der Arbeitgeber gegen diese staatlichen Eingriffe war jedoch so massiv, daß die Schutzvorkehrungen für Kinder und Frauen 1890 wieder aufgehoben wurden. Ein Koalitionsrecht besaßen die Arbeiter nicht. Streiks waren verboten.

Die Industrialisierung Rußlands ging unter Alexander III. beschleunigt weiter. Der Staat, seit 1892 personifiziert durch den dynamischen Finanzminister Sergej Juljewitsch Witte, spielte dabei eine sehr viel größere Rolle als in Deutschland oder gar in England: Er kompensierte als Industrialisierungsagent bis zu einem gewissen Grad das Fehlen eines breiten städtischen Bürgertums und das wirtschaftliche Desinteresse großer Teile des Adels. Wachstumssektoren waren die Förderung von Steinkohle und die Roheisenproduktion im Donezbecken, die Erdölgewinnung bei Baku am Kaspischen Meer, die Maschinenbau- und Textilindustrie in Moskau und St. Petersburg und nicht zuletzt der Eisenbahnbau. Insgesamt stieg die Zahl der Arbeiter in Industrie und Verkehrswesen zwischen 1865 und 1900 von 380 000 auf 3 Millionen an: angesichts einer Gesamtbevölkerung von inzwischen 133 Millionen (ohne Finnland, Buchara und Chiwa) noch immer eine bescheidene Größe.

Die Zahl der industriellen Arbeiter hätte sehr viel höher sein können, wären die Bauern nicht nach wie vor an die Dorfgemeinde, den «mir» oder die «obščina», gebunden gewesen. Der bebaubare Boden war zwar mittlerweile zum größten Teil in der Hand von Bauern, aber die Produktivität der Landwirtschaft blieb sehr gering. Die Abgaben, die die Bauern für das ihnen nach der Aufhebung der Leibeigenschaft im Jahre 1861 überlassene Land zu zahlen hatten, überforderten die Mehrzahl von ihnen; nur die Minderheit der reichsten Bauern, der Kulaken, profitierte materiell von der Agrarreform Nikolaus' I. 1883 wurden die Rückzahlungsraten um 20 Prozent gesenkt, die Zahlungen danach zeitweilig sogar ganz ausgesetzt. Die Zahlungsrückstände stiegen dessen ungeachtet weiter an, und bis 1903 haftete der «mir», wenn einzelne seiner Mitglieder die ihnen obliegenden Zahlungspflichten nicht erfüllten. Die Aufhebung der Kollektivhaftung half zwar der Dorfgemeinde, aber nicht dem ländlichen Proletariat: Das Problem der Dorfarmut blieb ungelöst.

Die mangelnde Produktivität der Landwirtschaft und die geringe Kaufkraft der Landbevölkerung waren Fesseln des Industrialisierungsprozesses. Sie behinderten das Wachstum des Binnenmarktes und der industriellen Investitionen. Das Zarenreich war infolgedessen in hohem Maß auf Kapitalimporte aus dem Ausland angewiesen. Seit die russischen Staatspapiere durch Bismarcks «Lombardverbot» 1887 vom deutschen Markt vertrieben worden waren, sprang Frankreich in die Bresche. «Bei der schier unbegrenzten Absorptionskraft der Pariser Banken für festverzinsliche Staatspapiere und Eisenbahnobligationen nahm Frankreich die Russenpapiere bereitwillig auf», schreibt der deutsche Historiker Dietrich Geyer. «Auch durch Direktinvestitionen, konzentriert auf den Bergbau und auf metallverarbeitende Unternehmen, wurde die französische Hochfinanz nun zum Hauptgläubiger und Teilhaber des russischen Industrie- und Verkehrsausbaus.» Um die Jahrhundertwende war etwa ein Viertel aller französischen Auslandswerte, etwa 7 Milliarden Francs, in Russenpapieren und russischen Industrieunternehmungen angelegt. Ein Finanzbankrott des Zarenreiches hätte, so Geyer, «die breite, bis ins Kleinbürgertum reichende Schicht französischer Anteilseigner schwer getroffen und die innenpolitische Position der Pariser Regierung empfindlich berührt».

Die engen Beziehungen zwischen dem französischen Rentenkapitalismus und dem russischen Staatskapitalismus sollten weitreichende politische Folgen haben: eine Entwicklung, die beim Regierungsantritt Alexanders III. noch nicht absehbar war. Der neue Zar hatte zunächst erfolgreich versucht, das Verhältnis zu Deutschland und Österreich-

Ungarn, das seit dem Berliner Kongreß von 1878 sehr angespannt war, zu verbessern: Das Dreikaiserabkommen vom Juni 1881 war wesentlich ein Werk der russischen Diplomatie unter Außenminister Nikolai Giers. Seit 1885 aber verschlechterten sich die Beziehungen zwischen dem Zarenreich und der Habsburgermonarchie infolge der bulgarischen Krise. Das Verhältnis zu Deutschland wurde durch die steigenden Schutzzölle beider Seiten, vor allem aber durch die börsenpolitischen Kampfmaßnahmen Berlins von 1887 belastet, was die Regierung in St. Petersburg aber nicht daran hinderte, Bismarck unmittelbar vor seiner Entlassung die Erneuerung des Rückversicherungsvertrages von 1887 vorzuschlagen.

Die Ablehnung dieses Angebots durch die Regierung von Bismarcks Nachfolger Caprivi war *ein* Grund dafür, daß sich aus dem informellen russisch-französischen Finanzbündnis ein formelles politisches und militärisches Bündnis entwickelte. Ein anderer Grund war die Erneuerung des deutsch-österreichisch-italienischen Dreibundes im Mai 1891: ein Schritt, der eine weitere Annäherung der drei Mächte an England anzudeuten schien und eben darum von Rußland als bedrohlich empfunden wurde. Entsprechend reagierte St. Petersburg. Im Juli 1891 fand jener legendäre französische Flottenbesuch in Kronstadt statt, bei dem Zar Alexander III. der Marseillaise seine Reverenz erwies. Es folgten im August 1891 ein Konsultationsabkommen und im August 1892 eine Militärkonvention zwischen Rußland und Frankreich: Wenn einer der beiden Vertragspartner von einer der Dreibundmächte angegriffen werden sollte und sich Deutschland an diesem Angriff beteiligte, war der andere Vertragspartner zum Kampf gegen Deutschland verpflichtet.

Der Vertrag half Frankreich aus seiner zwanzigjährigen Isolierung heraus und stärkte Rußland gegenüber seinem Hauptrivalen England. Er gab aber weder Frankreich eine Handhabe, einen Krieg um die Wiedergewinnung von Elsaß-Lothringen zu führen, noch Rußland, das in Österreich-Ungarn und nicht in Deutschland den eigentlichen Gegner auf dem Kontinent sah, freie Hand auf dem Balkan. Auch deswegen zögerte Alexander III. lange mit der Unterzeichnung. Ein weiterer Zollkrieg mit Deutschland trug dazu bei, seine Bedenken zu überwinden. Ende Dezember 1893 setzte er, Anfang Januar 1894 der französische Staatspräsident Carnot seine Unterschrift unter die Militärkonvention.

Was St. Petersburg und Paris vereinbart hatten, trug defensiven Charakter. Dennoch erhöhte sich durch den russisch-französischen

Vertrag für Deutschland die Gefahr eines Zweifrontenkrieges: Der «Alpdruck der Koalitionen», den Bismarck durch seine Bündnispolitik zu bannen versucht hatte, ließ sich nicht mehr vertreiben. Das Zusammenwirken der drei konservativen Mächte Rußland, Deutschland und Österreich-Ungarn war schon in den achtziger Jahren keine feste Größe der europäischen Politik mehr gewesen; nun gehörte es endgültig der Vergangenheit an. Rußland hatte sich durch das Bündnis mit Frankreich zwar nicht westlichen Vorstellungen von Demokratie geöffnet. Es war aber absehbar, daß eine andere westliche «Errungenschaft» die russische Politik künftig mehr noch als bisher prägen würde: der moderne, an die Massen appellierende und Massen mobilisierende Nationalismus.

Am 1. November 1894 starb Alexander III. an einem Nierenleiden. Sein Sohn Nikolaus II., damals 26 Jahre alt, war wie sein Vater von Pobedonoszew erzogen worden, der seinen beherrschenden Einfluß auf die russische Politik behielt. Die Fortsetzung des autokratischen Kurses bedeutete Unterdrückung jedweder Art von Opposition, Schürung von Judenfeindschaft bis hin zur Anstachelung von Pogromen und weitere Russifizierung der nichtrussischen Reichsteile. Was den zuletzt genannten Bereich angeht, spitzten sich die Konflikte am schärfsten im Großfürstentum Finnland zu, dem Zar Alexander I. 1809 nach dem russischen Sieg über Schweden feierlich die Achtung seiner Autonomie versprochen hatte.

Im Februar 1899 hob Nikolaus II. in einem Patent das Recht Finnlands auf eine eigene Gesetzgebung zwar nicht völlig auf, bestand aber auf dem absoluten Vorrang des Reichsrechts. Der wichtigste Zweck des Patents war die Beseitigung der Sonderstellung der finnischen Truppen in der russischen Armee im Zuge des geplanten neuen Wehrpflichtgesetzes (die allgemeine Wehrpflicht war in Rußland 1874 eingeführt worden). Eine halbe Million Finnen unterschrieben eine Protestpetition; der Zar weigerte sich jedoch, die fünfhundertköpfige Delegation zu empfangen, die ihm die Entschließung samt den Unterschriften überreichen wollte. Im Jahr 1900 erging eine neue, restriktive Sprachenverordnung, die das Russische zur Amtssprache in den Behörden machte und zur Entlassung vieler finnischer Beamten führte; 1901 erfolgte der Oktroi des neuen Wehrgesetzes. Die Finnen gingen in ihrer Mehrheit zu passivem Widerstand über; eine Minderheit aber entschied sich in der Folgezeit für den gewaltsamen Kampf gegen die Fremdherrschaft. Im

Sommer 1904 wurde der allgemein verhaßte russische Generalgouverneur Bobrikow von einem finnischen Beamten, der anschließend Selbstmord verübte, erschossen. An der Politik des Zarenreiches änderte sich durch den Anschlag nichts, die finnische Gesellschaft aber spaltete sich in zwei Lager: die Anhänger einer kompromißbereiten und die Befürworter einer unnachgiebigen Linie gegenüber Rußland.

Finnland war für das Zarenregime ein regionales Problem, die sozialistische Bewegung hingegen, die sich seit den achtziger Jahren zu organisieren begann, ein gesamtrussisches. Die Narodnaja Wolja war 1881 zerschlagen worden, aber zu diesem Zeitpunkt hatten sich bereits manche ehemalige Narodniki von der Methode des individuellen Terrors abgekehrt und den Theorien von Karl Marx zugewandt. Zu denen, die diesen Weg gingen, gehörte Vera Sassulitsch, die 1878 ein Attentat auf den Petersburger Polizeipräsidenten Trepow verübt hatte, weil dieser einen verhafteten Studenten wegen der Verweigerung des Grußes hatte auspeitschen lassen. Trepow wurde bei dem Anschlag verletzt, die Attentäterin aber in einem spektakulären Geschworenenprozeß freigesprochen. In die Schweiz emigriert, gründete sie 1883 in Genf zusammen mit dem besten russischen Kenner der Marxschen Theorie, Georgi Plechanow, und dem jüdischen Intellektuellen Paul Axelrod die Gruppe «Befreiung der Arbeit». Ihr Ziel war es, die Gedanken von Marx in Rußland zu verbreiten – was vom Exil aus nur durch eingeschmuggelte Schriften geschehen konnte und geschah.

Vera Sassulitsch hatte sich von Marx 1881 in der Auffassung bestätigen lassen, daß unter bestimmten Bedingungen das russische Gemeineigentum im «mir» unter günstigen Voraussetzungen zum «Stützpunkt der sozialen Wiedergeburt Rußlands» werden könne. (Im Jahr darauf gingen Marx und Engels noch weiter und stellten in der Vorrede zur russischen Ausgabe des «Kommunistischen Manifests» die These auf: «Wird die russische Revolution das Signal einer proletarischen Revolution im Westen, so daß beide einander ergänzen, so kann das jetzige russische Gemeineigentum am Boden zum Ausgangspunkt einer kommunistischen Entwicklung dienen.») Plechanow hielt diese Einschätzung aus guten Gründen für eine Illusion und die russischen Bauern für ein konservatives Element. Als Marxist ging er davon aus, daß in Rußland nicht anders als im Westen die bürgerliche Revolution der proletarischen vorausgehen mußte. Folglich konnte eine sozialistische Partei nur eine Arbeiterpartei sein; sie zu führen war Aufgabe der sozialistischen Intelligenz.

Von der Gruppe «Befreiung der Arbeit» angeregt, entstanden in Rußland seit Mitte der achtziger Jahre erste marxistische Zirkel, die sich 1895 unter Leitung von Julius Martow (eigentlich Juli Ossipowitsch Cederbaum) im St. Petersburger «Kampfbund für die Befreiung der Arbeiterklasse» zusammenschlossen. Zu seinen Mitgliedern gehörte auch der junge Rechtsanwalt Wladimir Iljitsch Uljanow, der sich 1893 in der Hauptstadt des Zarenreiches niedergelassen hatte. Uljanow hatte eine schreckliche Erfahrung hinter sich: die Hinrichtung seines älteren Bruders Alexander, eines Teilnehmers der letzten Verschwörung der Narodniki gegen Zar Alexander III., im Jahr 1887. Über die Schriften von Plechanow fand er den Weg zu Marx und von dort in einen marxistischen Kreis in St. Petersburg. Nach der Rückkehr von einer Auslandsreise nach Deutschland und in die Schweiz, auf der er den aus Prag stammenden führenden Theoretiker der deutschen Sozialdemokraten, Karl Kautsky, und Plechanow kennengelernt hatte, wurde Uljanow, ebenso wie Martow, verhaftet; nach der Entlassung aus dem Gefängnis mußte er für die Dauer von drei Jahren in die Verbannung nach Ostsibirien gehen; nach dem sibirischen Fluß Lena wählte er 1901 den Namen, der ihn später weltberühmt machen sollte: Lenin.

In die Zeit seiner Verbannung fiel die Gründung der Russischen Sozialdemokratischen Arbeiterpartei auf einem geheimen Kongreß in Minsk im Jahre 1898. Die Partei zerfiel jedoch rasch wieder, da alle ihrer Gründungsdelegierten kurz nach dem Treffen verhaftet wurden. Der Neuaufbau begann zwei Jahre später, aber nicht von Rußland, sondern von Deutschland, von München, aus. Dort saß die Redaktion der neugegründeten Zeitschrift «Iskra» (Der Funke), die mit Hilfe der deutschen Sozialdemokraten im Keller des Parteiorgans «Vorwärts» in Berlin gestapelt und von dort über Königsberg nach Rußland geschmuggelt wurde. Die Leitung der «Iskra» hatte, nach Überwindung anfänglichen Widerstands von Plechanow, Lenin übernommen, der nach Ende seiner Verbannung im Frühjahr 1900 nach Deutschland ausgereist war. Als sein Hauptziel betrachtete Lenin den Aufbau einer straff organisierten, im Untergrund operierenden, revolutionären Verschwörerpartei, die sich konsequent auf den Boden der Marxschen Theorie stellte und alle Abweichungen von der richtigen Lehre unerbittlich bekämpfte.

Lenin übernahm von Marx vor allem das, was ihm auf das rückständige Rußland besonders gut zu passen schien, obenan die Idee der «revolutionären Diktatur des Proletariats», die er jedoch auf bezeichnende Weise abwandelte. Marx und Engels hatten unter der «Diktatur des Proletariats» den Ausdruck des Willens der Masse der Werktätigen verstanden, die ihrerseits die überwältigende Mehrheit der Bevölkerung bildeten. Für Lenin war die Diktatur des Proletariats die «Organisierung der Avantgarde der Unterdrückten zur herrschenden Klasse zwecks Niederhaltung der Unterdrücker». So formulierte er es zwar erst 1917 in seiner Schrift «Staat und Revolution», aber er faßte damit nur das Ergebnis seines langen Nachdenkens über die richtige revolutionäre Strategie für Rußland und die Welt zusammen.

Völlig fremd war der Gedanke der Führung der Arbeiterklasse durch eine kleine revolutionäre Elite den Begründern des «Wissenschaftlichen Sozialismus» freilich durchaus nicht. Friedrich Engels äußerte Anfang 1882 in einem Brief die Überzeugung, daß in Rußland «die Avantgarde der Revolution zum Schlagen kommen wird». Drei Jahre später, im April 1885, vermutete er in einem Brief an Vera Sassulitsch zur Lage im Zarenreich, «daß man sich dort seinem 1789 nähert». Rußland sei «einer der Ausnahmefälle, in denen es einer Handvoll Leute möglich ist, eine Revolution zu *machen*», und «wenn jemals der Blanquismus – die Phantasie, eine ganze Gesellschaft durch eine kleine Verschwörergruppe umzuwälzen – eine gewisse Daseinsberechtigung gehabt hat, dann sicherlich in Petersburg». In Rußland würden alle gesellschaftlichen Widersprüche «von der Urgemeinschaft bis zur modernen Großindustrie und Hochfinanz» durch einen Despotismus ohnegleichen gewaltsam zusammengehalten – «einen Despotismus, der immer unerträglicher wird für eine Jugend, die in sich die nationale Intelligenz und Würde vereint – wenn dort das 1789 einmal begonnen hat, wird das 1793 nicht auf sich warten lassen».

Engels ließ sich nicht darüber aus, wie lange das russische 1793 dauern würde. Worauf es ihm ankam, war, daß das rückständige Rußland den Mangel des entwickelten Westens, das Fehlen einer revolutionären Situation, ausglich und eben dadurch die Revolution im internationalen Maßstab auslöste. Das war nichts Geringeres als die Wiederaufnahme des Gedankens einer «translatio revolutionis», die Marx 1843/44 in der «Einleitung» zur Kritik der Hegelschen Rechtsphilosophie im Hinblick auf das damals so rückständige Deutschland entwickelt hatte: Dort mußte, wenn Frankreich den Anstoß durch eine neue Revolution gab, die Entscheidungsschlacht im revolutionären Klassenkampf, die radikalste aller Revolutionen, stattfinden. Engels ließ wie vier Jahrzehnte zuvor Marx die Revolution gedanklich von West nach Ost wandern – dahin, wo die Chance am größten war, daß radikale Rückständigkeit in eine radikale Umwälzung umschlug. Er war mit der Situation im Zarenreich gut genug vertraut, um zu wissen, daß seine Spekulationen nicht weit entfernt waren von dem, was in Kreisen russischer Revolutionäre gedacht und geplant wurde.

Lenin, der radikalste aller russischen Revolutionäre, war davon überzeugt, daß die Arbeiter aus eigener Kraft nicht mehr als ein «trade-unionistisches», also ein gewerkschaftliches Bewußtsein hervorzubringen vermochten und infolgedessen, um politisch wirken zu können, der Führung bedurften. Diese sollte bei einer Gruppe von intellektuellen und proletarischen «Berufsrevolutionären» liegen, und nur wer zu dieser Elite gehörte, sollte Mitglied der Partei werden können. Diese These entwickelte Lenin 1902 in seiner Streitschrift «Was tun?», die vom sozialdemokratischen Parteiverlag J. H. W. Dietz in Berlin veröffentlicht wurde (den Titel entnahm der Autor dem gleichnamigen Roman von Nikolai Tschernyschewski aus dem Jahr 1863). Julius Martow war grundsätzlich anderer Meinung: Er erstrebte eine sozialdemokratische Massenpartei, die allen kampfbereiten Arbeitern offenstehen sollte, und wußte damit die Mehrheit der maßgeblichen Mitglieder der im Exil wiedererstandenen Russischen Sozialdemokratischen Arbeiterpartei, unter ihnen Axelrod und Leo Bronstein, genannt Trotzki, hinter sich.

Auf dem zweiten Parteitag, der im Sommer 1904 erst in Brüssel, dann in London abgehalten wurde, unterlagen Lenin und Plechanow bei der Abstimmung über die Frage Eliten- oder Massenpartei. Bei einer weiteren Abstimmung über die weniger wichtige Frage, welche Organisation die Partei im Ausland vertreten sollte, erhielt die Gruppe um Lenin aber die Mehrheit. Sie setzte sich auch bei den Wahlen zur Redaktion der «Iskra» und zum Zentralkomitee durch. Seit diesen Abstimmungen war die Russische Sozialdemokratische Arbeiterpartei gespalten in die Mehrheitsgruppe, die Bolschewiki, und die Minderheitsgruppe, die Menschewiki.

Die überraschenden Mehrheiten verdankten die Anhänger Lenins der Tatsache, daß sieben Delegierte des Allgemeinen jüdischen Arbeiterbundes in Litauen, Polen und Rußland, kurz Bund genannt, den Kongreß vorübergehend verlassen hatten, nachdem ein Antrag auf einen föderativen Aufbau der Partei und die fortdauernde Autonomie des Bundes der Ablehnung verfallen war. Der Bund war 1897 gegründet worden. Außerhalb der Russischen Sozialdemokratischen Arbeiterpartei standen die 1892 entstandene Polnische Sozialistische Partei unter Führung von Josef Piłsudski, die die Einigung der Arbeiter in allen drei Teilungsgebieten und die Schaffung einer unabhängigen polnischen Republik auf ihr Banner geschrieben hatte, und die von dieser 1895 abgespaltene Sozialdemokratische Partei Russisch-Polens, seit 1900 Sozialdemokratische Partei des Königreichs Polen und Litauen, um Rosa Luxemburg und Leo Jogiches, die nationale Autonomie im Rahmen einer russischen föderativen Republik anstrebte. Im Jahre 1900 begannen auch die Narodniki, sich aufs neue zu formieren: Auf einer Geheimkonferenz in Charkow im folgenden Jahr gründeten sie unter Führung von Viktor Tschernow die Partei der Sozialrevolutionäre. Ihr wichtigstes Ziel war eine revolutionäre Lösung der Agrarfrage durch entschädigungslose Enteignung des Grundbesitzes und individuelle Nutzung des Bodens unter kollektiver Kontrolle. An die terroristische Tradition der Narodniki knüpfte eine innerparteiliche Kampfgruppe an. Auf ihr Konto gingen mehrere Attentate, denen 1902 und 1904 zwei Innenminister, Sipjagin und Plehwe, zum Opfer fielen.

In der Arbeiterschaft der industriellen Zentren begannen in diesen Jahren die Parolen der Russischen Sozialdemokratischen Arbeiterpartei allmählich zu wirken. Obwohl Streiks verboten waren, kam es seit 1902 immer wieder zu Ausständen. Beim größten, dem von Baku im Jahre 1904, trat erstmals ein Anhänger der Bolschewiki als Agitator und Organisator auf, dem es kurz zuvor gelungen war, aus der Verbannung in Sibirien zu entfliehen: Josef Wissarionowitsch Dschugaschwili, bekannter unter seinem Kampfnamen Stalin. Die Forderungen der Streikenden beschränkten sich nicht auf den wirtschaftlichen und sozialen Bereich, sondern zielten zunehmend auch auf politische Veränderungen. Die von der Ochrana aufgezogenen patriotischen Arbeitervereine erwiesen sich nicht als zuverlässige Stützen des Regimes: Sie wurden vielerorts von den Sozialdemokraten unterwandert. Die Regierung ließ daraufhin die Arbeitervereine fallen und schickte ihren «Erfinder», den Moskauer Leiter der Ochrana, Subatow, in die Verbannung.

Die Unzufriedenheit mit den bestehenden Verhältnissen reichte um die Jahrhundertwende weit über das industrielle Proletariat und Teile der Bauernschaft hinaus. In der zweiten Hälfte der neunziger Jahre setzte die «Semstwo-Bewegung» ein, getragen von den gewählten Vertretern, den Beamten und Angestellten, dem sogenannten «dritten Element», der unter Nikolaus I. geschaffenen Kreisversammlungen. Aus ihren Reihen wurde immer vernehmlicher der Ruf nach einer gewählten Volksvertretung und einer Verfassung laut. Da der Zar und seine Regierung diese Forderungen strikt ablehnten, verlagerte sich ein Teil der Semstwo-Opposition ins Ausland. Seit 1902 erschien in Stuttgart die von dem Publizisten Peter Struve, einem ehemaligen Marxisten, herausgegebene Zeitschrift «Die Befreiung» (Oswoboschdenija), die für ein liberales, konstitutionell regiertes Rußland eintrat und dort zum Organ des 1902 entstandenen, zunächst geheim operierenden «Bundes der Befreiung» (Sojus oswoboschdenija) wurde.

Der neue Bund wurde bald zu einem Sammelbecken der oppositionellen Intelligenz. Seine wichtigste Aufgabe sah er im Aufbau von Berufsverbänden, unter anderem von Lehrern, Rechtsanwälten, Ingenieuren, Kontor- und Eisenbahnangestellten, und ihrer Zusammenfassung in einem «Bund der Bünde» (Sojus sojusow), der dann im Mai 1905 tatsächlich gegründet wurde. Im Spätherbst 1904 organisierte der Bund der Befreiung eine landesweite Bankettkampagne nach dem Pariser Vorbild von 1847/48. Ihr Höhepunkt war eine Konferenz der Vertreter von Semstwos aus ganz Rußland in St. Petersburg, die, da ihnen eine öffentliche Kundgebung nicht gestattet wurde, in nichtöffentlicher Sitzung einen Katalog liberaler Forderungen verabschiedeten. Dazu gehörten die Garantie von Grundrechten wie der Gewissens- und Redefreiheit, die Gleichheit aller Russen vor dem Gesetz, erweiterte Selbstverwaltung und die Wahl einer Verfassunggebenden Versammlung, mindestens aber die Hinzuziehung von gewählten Vertretern zu dem vom Zaren berufenen Reichsrat. Die Ablehnung durch Nikolaus II. folgte auf dem Fuß. Zar und Regierung mußten aber damit rechnen, daß der junge russische Liberalismus sich bei passender Gelegenheit erneut zu Wort melden würde.

Daß eine solche Gelegenheit sich schon bald ergab, lag an der schweren Krise, in die Rußland kurz darauf auf Grund seiner imperialistischen Politik im Fernen Osten geriet. 1891 hatte der Bau der Transsibirischen Eisenbahn begonnen: eine Zäsur in der Geschichte der Durchdringung und Kolonisierung des riesigen Gebietes zwischen Ural und Bering-Straße. Drei Jahre später begann das industriell erstarkte Japan einen Krieg mit China, bei dem es vor allem um die Herrschaft über Korea ging, das seit dem 17. Jahrhundert unter chinesischer Oberhoheit stand. Der Krieg endete mit einer schweren Niederlage Chinas.

Im Frieden von Shimonoseki mußte China die Unabhängigkeit Koreas anerkennen und Taiwan und die Pescadores-Inseln an Japan abtreten. China war auch bereit, die Halbinsel Liaodong mit den Häfen Port Arthur und Dairen der Siegermacht zu überlassen, was aber durch eine diplomatische Intervention Rußlands, Deutschlands und Frankreichs verhindert wurde.

Von allen europäischen Großmächten fühlte Rußland sich am stärksten durch die neue asiatische Großmacht herausgefordert: Das Inselreich war ein unmittelbarer Nachbar; an der engsten Stelle der La-Pérouse-Straße trennten nur 43 Kilometer die russische Insel Sachalin von der japanischen Insel Hokkaido. Um einer weiteren Expansion Japans vorzubeugen, lag für das Zarenreich nichts näher als eine Verständigung mit dem besiegten China.

Am 3. Juni 1896 war es soweit: Der chinesische Kanzler Li Hung Tschang unterzeichnete in Moskau, wo er sich anläßlich der Krönung Nikolaus' II. aufhielt, ein russisch-chinesisches Verteidigungsbündnis für den Fall eines japanischen Angriffs. Gleichzeitig gestand China den Bau einer Teilstrecke der Transsibirischen Eisenbahn durch chinesisches Gebiet in der Mandschurei zu, wodurch sich die Verbindung zwischen Tschita im Jablonoi-Gebirge und Wladiwostok am Japanischen Meer erheblich verkürzte. Flankierend ließ sich St. Petersburg von Tokio sechs Tage später die Respektierung der Unabhängigkeit Koreas zusichern, das inzwischen zum Ziel russischer wirtschaftlicher Expansion geworden war. Nachdem es China 1898 zur Verpachtung der eisfreien Häfen von Port Arthur und Dairen genötigt hatte, war Rußland bereit, auch Japan entgegenzukommen: Im April desselben Jahres erkannte es japanische Handels- und Industrieinteressen in Korea ausdrücklich an.

Zu einer dramatischen Verschlechterung des russisch-japanischen Verhältnisses kam es 1900 im Gefolge der (noch näher zu erörternden) gemeinsamen militärischen Intervention aller europäischen Großmächte, der USA und Japans im Zusammenhang mit fremdenfeindlichen Ausschreitungen, dem sogenannten «Boxeraufstand», in China. Rußland okkupierte die gesamte Mandschurei, errichtete dort ein brutales Besatzungsregime und brachte damit nicht nur Japan, sondern alle Großmächte gegen sich auf. Als der japanische Ministerpräsident Ito bei einem Besuch in St. Petersburg 1901 eine Abgrenzung der beiderseitigen Interessensphären am Jalu-Fluß, der die Mandschurei von Korea trennt, vorschlug, lehnte dies die russische Regierung unter dem

maßgeblichen Einfluß von Finanzminister Witte ab. Tokio wandte sich
daraufhin London zu. Im Januar 1902 schlossen Großbritannien und
Japan einen Bündnisvertrag, in dem sie sich zur Aufrechterhaltung des
Status quo in China und Korea verpflichteten und damit gegen die
Ausdehnungsbestrebungen Rußlands in Ostasien wandten. Das Zarenreich hatte sich durch sein rücksichtsloses Vorgehen außenpolitisch
isoliert.

Einen «geborgten Imperialismus» hat Dietrich Geyer den russischen
Imperialismus genannt. Das Zarenreich betrieb seine Expansion in Ostasien nicht aus eigner Kraft; es war dazu nur auf Grund des anhaltenden Zustroms von ausländischem, namentlich französischem Kapital in
der Lage. Die Abhängigkeit von fremdem Kapital war so groß, daß sie
fast schon halbkoloniale Züge annahm. Der Versuch, über das in den
Jahrhunderten davor eroberte und dem Reichsverband einverleibte
asiatische Territorium hinaus weitere Gebiete zu annektieren oder zumindest von sich abhängig zu machen, hatte, so gesehen, einen kom-
pensatorischen Charakter. Das Streben nach einem immer größeren
Staatsgebiet und nach mehr wirtschaftlichem und politischem Einfluß
in der Welt sollte die Abhängigkeit des rückständigen Rußland von den
höher entwickelten imperialistischen Ländern des Westens mindern,
steigerte sie aber im Endeffekt noch. Was den russischen Imperialismus
von dem der großen Handels- und Industriemächte, obenan der Vereinigten Staaten, unterschied, hat Geyer prägnant zusammengefaßt:
«Anders als in den USA klafften Anspruch und Vermögen in Rußland
weit auseinander; Expansion war Ausdruck ökonomischer Schwäche,
nicht überschießender Kraft.»

Japan schätzte die Stärken und Schwächen Rußlands einigermaßen
realistisch ein, als es, beginnend im August 1903, die Regierung in
St. Petersburg in mehreren Noten immer dringlicher und zuletzt ultimativ aufforderte, die Unabhängigkeit und Integrität Chinas anzuerkennen. Ebendies tat Rußland nicht, und Japan ging davon aus, daß die
russische Bereitschaft zu Zugeständnissen noch geringer werden würde,
wenn erst einmal der (zunächst eingleisige) Bau der Transsibirischen
Eisenbahn abgeschlossen und die russische Flottenrüstung weiter vorangeschritten wäre. Die Konsequenz, die Tokio aus dieser Einschätzung
zog, entsprach der Devise «Jetzt oder nie». In der Nacht vom 8. zum
9. Februar 1904 griff die japanische Flotte den russischen Hafen Port
Arthur auf der Halbinsel Liaodong an. Damit begann der russisch-japa-

nische Krieg von 1904/05, der erste Krieg zwischen einer europäischen und einer asiatischen Großmacht.

Als größtes Hindernis auf russischer Seite erwies sich die Länge des Seewegs nach Japan. Die Schwarzmeerflotte konnte, da die türkischen Meerengen nach wie vor für fremde Kriegsschiffe gesperrt waren, nicht auslaufen, und die Ostseeflotte mußte, da sie den britisch kontrollierten Suezkanal nicht passieren konnte, das Kap der Guten Hoffnung umsegeln. Bevor sie schließlich im Frühjahr 1905 den Kriegsschauplatz erreichte und dort die entscheidende Seeschlacht von Tsushima verlor, hatten die Japaner nach einer 156 Tage währenden Belagerung Port Arthur eingenommen und die dreiwöchige Materialschlacht um Mukden gewonnen. Rußland hatte noch nicht kapituliert, als der Präsident der Vereinigten Staaten von Amerika, Theodore Roosevelt, den beiden Kaiserreichen ein Vermittlungsangebot unterbreitete, das sie, Rußland freilich erst unter dem massiven Druck einer zeitweiligen französischen Finanzsperre, widerstrebend annahmen.

Angesichts der rußlandfeindlichen Stimmung in Amerika, die die zahlreichen Pogrome der jüngsten Vergangenheit, darunter das besonders blutige in Kischinew im April 1903, hervorgerufen hatten, war es eine Meisterleistung des russischen Unterhändlers, des 1903 als Finanzminister entlassenen Witte, daß er einen Meinungsumschwung in den USA herbeiführen konnte. Der Friede, der am 5. September 1905 in Portsmouth im Bundesstaat New Hampshire geschlossen wurde, fiel dank des mäßigenden Einflusses Amerikas auf Japan für Rußland einigermaßen günstig aus. Es mußte lediglich Korea Japan als Interessengebiet überlassen sowie ihm den Südteil von Sachalin und Liaodong mit Port Arthur abtreten. Eine weitere Bedingung des Vertrages, die Räumung der Mandschurei, wurde weder von der russischen noch von der japanischen Seite erfüllt.

Der erste Krieg, in dem eine nichteuropäische Großmacht über eine europäische siegte, war noch nicht beendet, als sich in Rußland die Wut der Massen Bahn brach und binnen kurzem in eine Revolution umschlug – die erste aus einem unglücklich verlaufenen Krieg hervorgegangene Revolution im Europa des 20. Jahrhunderts und die zweite überhaupt, wenn man denn die Pariser Kommune von 1871 als die erste Revolution dieses Typs betrachten will. Ende 1904 begann in der Hauptstadt ein Streik, der von der «Versammlung russischer Fabrikarbeiter von St. Petersburg», einer von dem Gefängnispriester Georgij

Apollonowitsch Gapon ursprünglich in patriotischer Absicht gegründeten Organisation, ausging. Die Streikenden forderten in einer Petition an den Zaren Mitbestimmung für die Arbeiter, Land für die Bauern und eine Verfassunggebende Versammlung. Am 22. Januar 1905, dem «Blutsonntag», formierte sich, geführt von Gapon, ein Demonstrationszug von etwa 100 000 Menschen, der zum Winterpalais zog, um Nikolaus die Petition zu überreichen. Die Schloßwache schoß scharf in die unbewaffnete Menge; rund 150 Menschen verloren ihr Leben; die Zahl der Verwundeten lag sehr viel höher.

Der «Blutsonntag» wurde zum Beginn der ersten russischen Revolution. Von St. Petersburg griff sie bald auf andere Städte und große Teile des Landes über. Am 29. Januar erlebte Warschau seinen «Blutsonntag». Doch erst nach der Ermordung des Moskauer Generalgouverneurs, des Großfürsten Sergej Alexandrowitsch, eines Onkels des Zaren, durch einen Sozialrevolutionär am 17. Februar zeigte sich Nikolaus II. zu einigen halbherzigen Zugeständnissen bereit. Am 3. März kündigte er, entsprechend einem Vorschlag von Innenminister Bulygin, die Wahl einer beratenden, aber nicht beschließenden Duma an; im April erging ein Toleranzedikt, das nichtorthodoxen Untertanen gewisse Erleichterungen brachte; im August wurde nach längeren Beratungen ein Wahlrecht verkündigt, das ständisch gehalten war: Es privilegierte den Adel gegenüber dem besitzenden Bürgertum und machte die Bauern zur relativ größten Wählergruppe, während Arbeiter und Angehörige der Intelligenzija kein Stimmrecht erhielten. Die empörte Ablehnung dieser Regelung durch die «Semstwo-Bewegung», die Liberalen und die Linke aller Schattierungen war einhellig.

Im Frühjahr 1905 erfaßte die Unruhe die Bauern, und das vor allem in zwei Regionen, in denen die ungelöste Agrarfrage mit einer ungelösten nationalen Frage zusammentraf. Im Kaukasus vertrieben bewaffnete Bauern, von den Menschewiki inspiriert, die Behördenvertreter und gründeten revolutionäre Selbstverwaltungsorgane; im Baltikum verweigerten die Bauern Steuern und Dienstleistungen wie den Wegebau; wenig später begannen Streiks von lettischen Landarbeitern gegen die deutschen Gutsbesitzer, woraus sich eine Art von Partisanenkrieg entwickelte. Auch hier war der Einfluß der menschewistischen Sozialdemokraten zu spüren.

Der Juni sah Unruhen und Barrikadenkämpfe in Lodz und anderen polnischen Städten, die Besetzung des Panzerkreuzers «Potjomkin», der zur Schwarzmeerflotte gehörte, durch meuternde Matrosen und einen Generalstreik in Odessa. Im September besetzten die Studenten während eines Druckerstreiks in Moskau die Hochschulen und öffneten sie den Arbeitern. Am 7. Oktober begann in Moskau ein Eisenbahnerstreik, der unter aktiver Mitwirkung der Intellektuellen des Bundes der Bünde in einen landesweiten Generalstreik überging. In St. Petersburg wurde von den Delegierten aller Fabriken ein «Arbeitersowjet» gewählt; in seinem Exekutivkomitee spielte der damalige Menschewik Leo Trotzki die führende Rolle. Die Bauernunruhen traten im Oktober in eine neue Phase; sie ergriffen jetzt auch die zentralen Schwarzerdegebiete, die Ukraine und die Gebiete an der mittleren Wolga; auch wohlhabende Bauern beteiligten sich am Kampf gegen die Grundbesitzer, der häufig mit Judenpogromen Hand in Hand ging.

Über den Ernst der Lage konnte sich nun auch Nikolaus II. nicht länger hinwegtäuschen. Auf Drängen Wittes entschloß er sich zu seinem bisher weitestgehenden Zugeständnis: Am 30. Oktober verkündete er das «Oktobermanifest». In dem von Witte verfaßten Dokument wurden den Russen die klassischen bürgerlichen Freiheitsrechte gewährt und eine aus allgemeinen Wahlen hervorgegangene Duma in Aussicht gestellt. Erstmals berief der Zar einen Ministerpräsidenten, nämlich Witte. Dieser trat an die Spitze eines nach dem Kollegialprinzip gebildeten Kabinetts, in das Nikolaus II. als Gegengewicht zu Witte und einigen als liberal geltenden Ministern einen Mann seines besonderen Vertrauens, Innenminister Durnowo, entsandte. Pobedonoszew und andere als besonders reaktionär verschriene Politiker mußten ihre Positionen räumen.

Das Oktobermanifest wurde zum Wendepunkt der russischen Revolution von 1905. Die gemäßigten Kräfte sahen den Punkt erreicht, wo die Revolution der Evolution Platz machen mußte. Die radikalen Kräfte wollten die Revolution weitertreiben, konnten damit aber in den meisten Städten keine Arbeitermassen mehr hinter sich bringen. Im Dezember wurden nach einem Aufruf zur Steuerverweigerung und zur Abhebung aller Sparguthaben die 250 Delegierten des Petersburger Sowjet verhaftet und Trotzki in die Verbannung nach Sibirien geschickt. Teile der Arbeiterschaft antworteten mit Streiks, aber diese nahmen keine für das Regime gefährlichen Ausmaße mehr an.

Lenin, der seine revolutionäre Arbeit seit April 1903 von Genf aus betrieb, hatte bereits im Sommer 1905 den Anhängern der Bolschewiki in Rußland die Devise «bewaffneter Aufstand» übermittelt. Im November kehrte er nach Rußland zurück. In St. Petersburg fand er mit seinen Appellen zur gewaltsamen Erhebung kein Gehör, wohl aber in Moskau, wo der radikale Flügel der Sozialrevolutionäre und die Bolschewiki viele Anhänger hatten. Die Nachricht von der Verhaftung des Petersburger Sowjet wirkte als Fanal: Am 20. Dezember rief der von den Bolschewiki beherrschte Moskauer Sowjet die Arbeiter zu einem neuen Generalstreik auf. Neun Tage lang kämpften etwa 2000 bewaffnete Arbeiter unter maßgeblicher Beteiligung der linken Sozialrevolutionäre gegen das Militär, das sich erst durchsetzen konnte, nachdem am 29. Dezember Verstärkung aus St. Petersburg eingetroffen war. Lenin erlebte die Niederschlagung des Aufstands in Finnland, wohin er sich am 24. Dezember begeben hatte. Auch viele Bolschewiki warfen ihm in der Folgezeit vor, daß sein Drängen auf den bewaffneten Kampf Ausdruck eines voluntaristischen Abenteurertums gewesen sei.

Im Februar und März 1906 fanden die ersten Dumawahlen der russischen Geschichte statt. Gewählt wurde auf Grund eines im Dezember ergangenen Wahlgesetzes, das ein allgemeines, indirektes und geheimes, aber nicht gleiches Wahlrecht schuf. In zahlreichen Landstädten und auf dem flachen Land wurden demokratische Wahlmännerlisten gewählt, in St. Petersburg und Moskau die der «Konstitutionellen Demokraten», nach den Anfangsbuchstaben beider Begriffe «Kadetten» genannt. Der Aufruf der Parteien der äußersten Linken zum Wahlboykott verhallte weithin ungehört, führte aber dahin, daß auch viele Arbeiter in Ermangelung sozialistischer Kandidaten für Demokraten stimmten. Die beherrschende Stellung in der ersten Duma hatten die «Kadetten» unter dem liberalen Historiker Paul Miljukow und dem Publizisten Peter Struve. Auf ihrer Rechten standen die konservativen «Oktobristen», auf ihrer Linken die «Trudowiki» (Werktätigen), eine Gruppe, in der sich radikale Abgeordnete zusammengeschlossen hatten.

Wenige Tage vor dem Zusammentritt der Duma erließ Nikolaus II. am 13. April 1906 die erste russische Verfassung, die «Staatsgrundgesetze». Sie gaben den «Untertanen» die im Oktobermanifest verkündeten Grundrechte, machten es ihnen aber auch zur «heiligen Pflicht», Thron und Vaterland zu verteidigen. Die Gesetzgebung übte der Zar im Verein mit dem teils gewählten, teils ernannten Reichsrat und der aus allgemeinen Wahlen hervorgegangenen, auf fünf Jahre gewählten Reichsduma aus. Die Duma konnte nur vom Zaren einberufen und aufgelöst werden.

Im Hinblick auf die Ausgaben des Hofes und des Militärs verfügte die Duma nur über ein eingeschränktes Budgetrecht. Die Minister waren dem Zaren, nicht der Duma verantwortlich. In Zeiten einer Duma-vakanz konnte der Ministerrat mit Notverordnungen nach Artikel 87 regieren. Gegen alle Gesetze hatte der Zar ein absolutes Vetorecht. Die Autokratie des Zaren war zwar nicht mehr unbeschränkt, aber sie wurde durch die Staatsgrundgesetze auch nicht beseitigt. In Artikel 4 hieß es vielmehr ausdrücklich: «Dem Kaiser von Allrußland gehört die Oberste Selbstherrschende Gewalt. Seiner Gewalt nicht nur aus Furcht, sondern auch aus Gewissenspflicht zu gehorchen, befiehlt Gott selbst.»

In einer ausführlichen Analyse der jüngsten innenpolitischen Entwicklung Rußlands hat Max Weber schon im Sommer 1906 auf den entscheidenden Anteil ausländischer Banken an der Konstitutionalisierung des Zarenreiches hingewiesen. Die Verfassunggebung war in der Tat auch ein Mittel, das durch den Krieg mit Japan geschwächte Rußland wieder kreditfähig zu machen. Für die Sicherheit des fremden Kapitals sollte aber nicht die Duma, sondern der Zar bürgen: Das ließ sich die Pariser Regierung im Frühjahr 1906 von Witte zusichern, ehe sie den Beschluß über eine neue Anleihe für Rußland faßte. Ob Nikolaus II. auch ohne Druck von außen genötigt gewesen wäre, eine Verfassung zu erlassen, oder nicht, er tat es jedenfalls mit größtem Widerstreben. Die Staatsgrundgesetze gaben der zarischen Exekutivgewalt ein derart starkes Gewicht, daß Weber schon im Titel seines Beitrags für das «Archiv für Sozialwissenschaft und Sozialpolitik» von «Rußlands Übergang zum Scheinkonstitutionalismus» sprach. Das Oktobermanifest habe lediglich den «noch vorhandenen Schein der ‹Selbstherrschaft› im alten Sinn» zum Verschwinden gebracht und zur «definitiven Errichtung der zentralistischen Herrschaft der modernisierten Bürokratie» geführt.

Tatsächlich war die monarchische Gewalt im Zarenreich auch nach dem Erlaß der Verfassung konstitutionell sehr viel weniger eingebunden als im kaiserlichen Deutschland. Aber die Debatten in der Duma entfalteten ihre eigene Dynamik, und die Regierungen gewannen einen Einfluß auf den Zaren, den sie vor der Revolution von 1905 nicht gehabt hatten. Das sollte sich zeigen, als im Juli 1906, knapp drei Monate, nachdem Nikolaus II. den von ihm stets beargwöhnten Witte entlassen hatte, Innenminister Pjotr Arkadjewitsch Stolypin das Amt des Ministerpräsidenten übernahm.

An den Massenaktionen der russischen Revolution von 1905 hatten sich Arbeiter, Bauern, Soldaten, Studenten und Intellektuelle beteiligt, und das großstädtische Proletariat von St. Petersburg und Moskau mehr als jede andere Bevölkerungsgruppe. Dennoch kann man angesichts der breiten gesellschaftlichen Unterstützung des Umbruchs von einer «proletarischen Revolution» nicht sprechen. Die liberale Opposition gegen die Autokratie hatte ihren Rückhalt in Teilen des grundbesitzenden Adels und in städtischen Besitz- und Bildungsschichten, und ohne ihren Beitrag wäre es schwerlich zu der Erzeugung jenes Reformdrucks gekommen, der zur Vorgeschichte der Revolution von 1905 gehört.

Blickt man auf die Ergebnisse des Machtkampfes, so scheint manches dafür zu sprechen, die Revolution eine «bürgerliche» zu nennen. Doch auch dieser Begriff trifft die Sache nicht. Ein breites, entwickeltes und selbstbewußtes Bürgertum gab es im Rußland des frühen 20. Jahrhunderts noch immer nicht, und die Errichtung der «zentralistischen Herrschaft der modernisierten Bürokratie», von der Weber sprach, war ganz und gar nicht, was die klassischen «bürgerlichen Revolutionen», die Amerikanische von 1776 und die Französische von 1789, erstrebt oder zuwege gebracht hatten. Angesichts ihrer breiten, klassenübergreifenden Trägerschicht kann man die russische Revolution von 1905 durchaus eine «Volksrevolution» nennen. Gemessen an den Zielen der Reformbewegung, war sie, als im April 1906 die Verfassung in Kraft trat, nicht gescheitert; das unterschied sie von der deutschen Revolution von 1848/49. Aber die Veränderungen, die der widerstrebenden Staatsmacht abgerungen und von dieser als hochgefährlich betrachtet wurden, gingen doch nicht so weit, daß die Autokratie nicht in erneuerter Form hätte überleben können. «Nur ein unglücklicher *europäischer* Krieg würde die Selbstherrschaft endgültig zertrümmern»: So heißt es in einer hellsichtigen Anmerkung, die Max Weber um die Jahreswende 1905/06 seinem Aufsatz «Zur Lage der bürgerlichen Demokratie in Rußland» nach der Niederwerfung des Moskauer Arbeiteraufstands im Dezember nachträglich hinzufügte.

Den stärksten Demokratisierungsschub löste die Revolution von 1905 nicht im eigentlichen Rußland, sondern im Großfürstentum Finnland aus. Das finnische Gegenstück zum Oktobermanifest war das Novembermanifest, mit dem die Regierung des Zaren auf einen vom Gros der Bevölkerung unterstützten Generalstreik der Arbeiter und Beamten Finnlands von Ende Oktober bis Anfang November 1905 reagierte.

Sein Hauptziel war die Wiederherstellung der finnischen Autonomie, die Nikolaus II. mit dem Februarpatent von 1899 faktisch aufgekündigt hatte. Ebendieses ältere Patent, das daran anschließende Wehrgesetz von 1901 und einige andere Verordnungen wurden am 4. November aufgehoben. An den finnischen Senat, das wichtigste autonome Organ des Großfürstentums, erging der Auftrag, den Vorschlag einer neuen Reichstagsordnung auf der Grundlage des allgemeinen gleichen Wahlrechts und den Entwurf eines Grundrechtskatalogs vorzulegen und dem künftigen Parlament das Recht einzuräumen, die Gesetzlichkeit der Tätigkeit der Regierungsmitglieder zu kontrollieren.

Das alte, ständisch gegliederte Parlament stimmte im Frühjahr 1906 unter dem Druck großer Demonstrationen einer entsprechenden Neuordnung zu. «Die Reform war die radikalste im damaligen Europa», urteilt der finnische Historiker Osmo Jussila. «Sie war ein Schritt, der direkt von der Vierständevertretung zu einem auf der Grundlage des allgemeinen und gleichen Wahlrechts gewählten Einkammerparlament führte. Auch die Frauen erhielten das aktive Wahlrecht, als erste in Europa und zweite (nach Neuseeland) in der Welt. Die Vertretungsbasis erweiterte sich durch diese Reform etwa auf das Zehnfache.»

Das lutherische Finnland war, anders als das orthodoxe Rußland, ein Teil des alten Westens. Dasselbe galt zwar auch für die baltischen Ostseeprovinzen des russischen Reiches, für Estland, Livland und Kurland. Dort aber war die deutsche adlige Oberschicht, anders als der schwedischsprachige Adel Finnlands, nicht bereit, auf seine Privilegien kampflos zu verzichten und sich mit der einheimischen, estnischen oder lettischen Bevölkerung gegen die Autokratie des Zaren zu verbünden. Im Gegensatz zu Finnland kam es in Kurland, Livland und Estland daher nicht zu einer nationalen Einheitsfront für Freiheit, Selbstbestimmung und Demokratie. Finnland blieb 1905/06 ein Sonderfall.[24]

Pionierland der Moderne:
Amerika vor und nach der Jahrhundertwende

Während Rußland sich im späten Jahrhundert anschickte, sein riesiges Territorium im östlichen Sibirien durch den Ausbau des Eisenbahnnetzes besser mit dem Altreich diesseits des Urals zu verbinden, widmeten sich die Vereinigten Staaten von Amerika nach dem Ende des Sezessionskrieges der Erschließung ihres «Great West». 1869 wurde die erste pazifische Eisenbahnlinie von Omaha nach San Francisco eröffnet, womit es eine transkontinentale Eisenbahnverbindung zwischen der Ost- und der Westküste der USA gab. Der Eisenbahnbau lag im Interesse von Landwirtschaft und Industrie; durch ihn konnten die «Great Plains» erstmals in großem Stil von Rinderzüchtern und Farmern in Besitz genommen und Gold- und Silbersucher rasch in die Rocky Mountains befördert werden.

Zu den Nutznießern gehörten auch die zahlreichen Büffeljäger, die die Bisonherden westlich des Mississippi auszurotten begannen, womit sie den Lebensraum der Prärieindianer vernichteten. Die Politik der Bundesregierung in Washington zielte darauf ab, die westlichen Stämme in Reservaten anzusiedeln; sie stieß aber, vor allem bei den Sioux und Cheyenne, auf erbitterten Widerstand. Nach einem Ausbruch aus dem ihnen zugewiesenen Reservat in South Dakota gelang den Sioux unter ihren Häuptlingen Crazy Horse und Sitting Bull zusammen mit den Cheyenne im Juni 1876 am Little Bighorn River im südlichen Montana ein letzter militärischer Erfolg: der Sieg über General George Custer, der sie mit einer kleinen Truppe von etwa 260 Mann in ihr Reservat zurücktreiben wollte. Die letzte Schlacht der Indianerkriege war das Massaker von Wounded Knee in der winterlichen Prärie South Dakotas am 29. Dezember 1890, bei dem etwa 200 ausgehungerte Sioux, und zwar Männer, Frauen und Kinder, bei einem der von der Regierung verbotenen rituellen Tänze von Bundestruppen niedergemetzelt wurden.

Bereits drei Jahre zuvor hatte die Bundesregierung unter der Präsidentschaft des Demokraten Grover Cleveland mit einem Landverteilungsgesetz, dem Dawes Severalty Act, einen Kurswechsel in der Indianerpolitik vollzogen: Die Selbstverwaltung mitsamt dem gemeinsamen Landbesitz in den Reservaten sollte beseitigt und Indianerfamilien eine bestimmte Fläche Land (160 acres, knapp 64 Hektar, für weitere Erwachsene die Hälfte) zur Verfügung gestellt werden, das dann für die Dauer von 25 Jahren vor Verkauf an weiße Farmer oder Spekulanten zu schützen war. Das Ziel des Dawes Act war die Erziehung der Indianer zur Seßhaftigkeit und zu selbständigen Farmern, also die Aufgabe der Stammeskultur und die Assimilation an die weiße Gesellschaft; nach Ablauf von 25 Jahren sollte allen Indianern das volle Bürgerrecht zustehen.

Das Landzuteilungsgesetz war auch eine Reaktion auf anhaltende Proteste gegen die fortschreitende Ausrottung der Indianer. Aber die Wirkungen waren weniger human als die Motive mancher Väter des Gesetzes. Im Vollzug des Dawes Act wurden viele Kinder von ihren Eltern getrennt und auf Schulen geschickt, die unter Leitung von Weißen standen. Durch Förderung der christlichen Missionsarbeit und Kirchenbau in den Reservaten hofften die Beauftragten der Regierung die indianischen Stammesreligionen überwinden zu können. Das Land, das die Indianer erhielten, war meist von schlechter Bodenqualität; besseres ging in den Besitz weißer Siedler über. Doch auch da, wo Indianer gutes Land bewirtschaften konnten, fehlte es ihnen an den dafür notwendigen Mitteln und Fertigkeiten. Die Folge war verbreitete Armut, oft begleitet von Trunksucht. Bis 1924 verloren die Indianerstämme 60 Prozent des Landes, das 1887 zu den Reservaten gehört hatte. Nach der Verabschiedung des Dawes Act dauerte es fast ein halbes Jahrhundert, bis 1934 der Indian Reorganization Act Konsequenzen aus dem Scheitern der bisherigen Assimilationspolitik zog und eine Wiederherstellung der Selbstverwaltung der überlebenden Stämme einleitete.

Der Ausbau des Eisenbahnnetzes trieb in Amerika, nicht anders als in Europa, die Industrialisierung weiter voran. In den ersten zweieinhalb Jahrzehnten nach dem Bürgerkrieg stiegen die USA zur führenden Industriemacht der Welt auf: 1895 war die industrielle Produktion Amerikas zweimal so groß wie die deutsche; Großbritannien war inzwischen auf den dritten Platz zurückgefallen. «The Gilded Age», das vergoldete Zeitalter, nannte man später, in Anlehnung an den Titel eines 1873 erschienenen satirischen Romans von Mark Twain und Charles Dudley Warner, die Zeit von 1865 bis zum Ende der achtziger Jahre.

Die Industrialisierung ging mit einem gewaltigen Konzentrationsprozeß einher. 1870 gründete John D. Rockefeller in Cleveland, Ohio, die Standard Oil Company; zwölf Jahre später wurde aus ihr der erste «Trust», ein Zusammenschluß von Firmen in einer Dachgesellschaft, bei dem, anders als beim Konzern, die einzelnen Unternehmen ihre Selbständigkeit verloren. Wiederum zehn Jahre später kontrollierte die Standard Oil Company bereits neun Zehntel der amerikanischen Ölproduktion. 1873 schuf eine Unternehmergruppe unter Führung von Andrew Carnegie bei Pittsburgh ein großes Stahlwerk, aus dem im folgenden Jahrzehnt die Carnegie Steel Company erwuchs. 1901 folgte die

Gründung der United States Steel Corporation durch Carnegie und den Bankier J. P. Morgan: eine Holding Company, der über 200 Unternehmen der Stahlindustrie angehörten, die zusammen 70 Prozent der amerikanischen Eisen- und Stahlproduktion erzeugten. 1904 gab es nur noch sechs große Eisenbahnkonzerne, die zusammen zwei Drittel des gesamten Streckennetzes der USA besaßen und finanziell entweder von Morgan oder von Rockefeller abhingen. Ende des 19. Jahrhunderts kontrollierte ein Prozent der Corporations 33 Prozent der industriellen Produktion Amerikas.

Versuche, die Macht der Konzerne und Trusts von Gesetzes wegen einzuschränken, gab es viele, aber nicht wenige scheiterten an den Gerichten und namentlich am höchsten Gericht, dem Supreme Court. 1887 wurde eine erste Bundesaufsichtsbehörde, die Interstate Commerce Commission, errichtet. Das Gesetz verlangte von den Eisenbahngesellschaften «gerechte und vernünftige Tarife» (just and reasonable rates) im zwischenstaatlichen Schienenverkehr. Aber ohne die Gerichte war ein solches Postulat nicht durchsetzbar, und die Gerichte urteilten, besonders in den neunziger Jahren, meist zugunsten von «big business». 1890 verabschiedete der Kongreß den Sherman Antitrust Act. Das Gesetz erklärte jede Form von Trust oder Absprache zur Einschränkung der Handelsfreiheit, mithin Preiskartelle aller Art, für illegal, definierte aber nicht, was «restraint of trade» zu bedeuten hatte. Infolgedessen fiel es dem Supreme Court leicht, 1895 die Auflösung der Sugar Refining Company abzulehnen, obwohl diese 95 Prozent der zuckerverarbeitenden Industrie kontrollierte, also die Position des Monopolisten innehatte.

Eine Wettbewerbsbeschränkung erfreute sich jedoch einer verbreiteten, wenn auch nicht ungeteilten Zustimmung: die durch hohe Einfuhrzölle. An der Abwehr preisgünstiger Konkurrenz aus dem Ausland waren nicht nur viele Unternehmer, sondern, aus Sorge um die Erhaltung von Arbeitsplätzen, oft auch die Arbeiter interessiert. Zölle zum Schutz der heimischen Industrie waren bereits unter Lincoln 1864 eingeführt worden; die weltweite Krise nach 1873 gab wie in Europa, so auch in Amerika den Protektionisten Auftrieb; hinzu kam bei vielen Industriellen das Gefühl, daß sie sich angesichts des riesigen amerikanischen Binnenmarktes vor europäischen Vergeltungsmaßnahmen als Antwort auf Zollerhöhungen der USA nicht ernsthaft zu fürchten brauchten.

Von den beiden großen Parteien waren die Republikaner, die von 1861 bis 1884 alle Präsidenten stellten, die bei weitem protektionistischere. Bei der Präsidentschaftswahl von 1888 gewann der Amtsinhaber Grover Cleveland, ein Befürworter von Zollsenkungen, zwar eine Wählermehrheit; im Wahlmännergremium obsiegte jedoch der republikanische Kandidat Benjamin Harrison, ein erklärter Schutzzöllner. Im Oktober 1890 verabschiedete der Kongreß den nach dem republikanischen Abgeordneten und späteren Präsidenten William McKinley benannten «McKinley Tariff», die höchsten Zollsätze in der Geschichte der USA.

Populär aber war diese Entscheidung nicht. Bei den «midterm elections» von 1890 erlitten die Republikaner schwere Verluste, und in der Präsidentenwahl von 1892, bei der die Zollfrage eines der zentralen Themen bildete, wurde Harrison von seinem Amtsvorgänger Cleveland besiegt. Seine Absicht, die amerikanischen Zölle drastisch zu senken, konnte der neue Präsident jedoch nicht durchsetzen. Der neue Wilson-Gorman-Zolltarif von 1894 blieb weit hinter den Vorstellungen Clevelands zurück. Einer anderen Bestimmung des Gesetzes, der Einführung einer Einkommensteuer auf Einkommen über 4000 Dollar, war nur eine kurze Lebensdauer beschieden: Der Supreme Court hob sie 1895 als verfassungswidrig auf.

Die Entwicklung zum Großkonzern hatte eine Umschichtung des industriellen Führungspersonals zur Folge: An die Stelle des einzelnen, selbsthaftenden Unternehmers traten zunehmend professionelle Manager, die im Auftrag der Großaktionäre das Unternehmen oder die Unternehmensgruppe steuerten; unter ihrer Aufsicht sorgten Angestellte für den möglichst zweckmäßigen Einsatz von Arbeitskräften und Personal wie für die Optimierung des Vertriebs. Eine andere Begleiterscheinung des Trends zum Großbetrieb war das Wachstum der industriellen Zentren. Im Jahre 1870 hatte es nur 14 Großstädte mit mehr als 100 000 Einwohnern gegeben; 1900 waren es 28 und 1920 68. In dem halben Jahrhundert zwischen 1870 und 1920 stieg der Anteil der Amerikaner, die in Ortschaften mit über 2500 Einwohnern lebten, von einem Viertel auf die Hälfte.

Die industriellen Großbetriebe waren nicht gleichmäßig über das Land verteilt. Im Gegensatz zum industriellen Nordosten zwischen Wisconsin und New Jersey blieben große Teile des Westens und Südens landwirtschaftlich geprägt. Die Industrialisierung schritt aber auch dort voran. Einige Südstaaten, an erster Stelle Texas, profitierten von reichen Erdölvorkommen; in der Appalachenregion zwischen Maryland und dem nördlichen Alabama wurde Kohle, in Alabama, Arkansas und Texas Eisenerz abgebaut. 1890 überholte die industrielle Produktion der USA erstmals den Wert der Agrarerzeugnisse. Was das Pro-Kopf-Einkommen betraf, blieb der Süden aber auch um 1900 weit hinter dem Norden zurück: Er kam nur auf rund die Hälfte (51 Prozent) des nationalen Durchschnitts.

Wie in der Industrie gab es auch im Handel Konzentrationstendenzen. In den siebziger Jahren entstanden überall in den USA Lebensmittelfilialgeschäfte der Atlantic and Pacific Tea Company. 1879 wurde in New York der Warenhauskonzern Woolworth gegründet, der sich zunächst auf Textilien konzentrierte. Um 1880 wurde in Chicago das erste «universelle» Warenhaus gebaut, das bald Nachahmer in anderen großen Städten fand. Die Entstehung des Versandhandels fällt in dieselbe Zeit. In ihrer Gesamtheit bewirkten die Großbetriebe des Handels eine Konsumrevolution: Standardisierte Produkte schufen sich mit Hilfe großangelegter Werbung ihren Markt. Das Nachsehen hatten beim Übergang zum Massenkonsum die kleinen Einzelhandelsgeschäfte und die für den täglichen Bedarf produzierenden Handwerker wie Schneider und Schuhmacher, Bäcker und Fleischer. Sie wurden erst in den großen Städten und später, als sich die Filialgeschäfte und Waren- und Kaufhäuser bis in die kleinsten Ortschaften ausbreiteten, auch dort zunehmend vom Markt verdrängt.

Die industrielle und kommerzielle Entwicklung wurde entscheidend geprägt durch zahlreiche bahnbrechende Erfindungen und Neuerungen der Zeit zwischen dem Bürgerkrieg und dem Ersten Weltkrieg. Schon im Jahrzehnt vor dem Bürgerkrieg, 1857, hatte Isaac Singer die von ihm erfundene und in seiner Fabrik hergestellte Nähmaschine patentieren lassen: eine Errungenschaft, die nicht nur die Textilindustrie, sondern auch Millionen von Haushalten technisch revolutionierte. 1866 verlegte Cyrus W. Field das erste transatlantische Kupferkabel zwischen Neufundland und Irland und ermöglichte damit die telegraphische Nachrichtenübermittlung zwischen Amerika und Europa. Im folgenden Jahrzehnt entwickelten Alexander Graham Bell das erste elektromagnetische Telefon, Charles F. Brush Bogenlampen für die Straßenbeleuchtung und Thomas A. Edison die Glühbirne. Seit 1900 lösten in amerikanischen Großstädten elektrische Straßenbahnen, in einigen der großen Städte, beginnend mit Boston 1897 und New York 1904, auch Untergrundbahnen (nach dem Vorbild der bereits 1860 in Angriff genommenen Londoner «Metro») die Pferdebahn ab. Bereits einige Jahre zuvor hatte der Siegeszug der Schreibmaschine der Firma Remington begonnen, und mit ihr kam ein neuer Beruf auf, der in allen Unternehmen, Kanzleien, Büros und Behörden gefragt war: der der Sekretärin, die den Kanzleischreiber und Kopisten alten Stils rasch verdrängte.

Das erste Automobil wurde zwar nicht in den USA, sondern 1886 durch Gottlieb Daimler in Deutschland gebaut, in den Vereinigten Staaten aber nahm die Karriere des Kraftfahrzeugs als massenhaft genutztes privates Verkehrsmittel ihren Anfang: 1903 begann Henry Ford in Dearborn, Michigan, mit der fabrikmäßigen Herstellung von Automobilen, seit 1913 mit Hilfe des von ihm erfundenen Fließbandes, der «assembly line». Vier Jahre später rollten bereits annähernd 5 Millionen Personenkraftwagen über die Straßen Amerikas; es waren die ersten Früchte des «Fordismus»: des Strebens, hochwertige Industrieprodukte so preisgünstig auf den Markt zu bringen, daß dies zu einer anhaltenden Steigerung des Absatzes führte. Auch das Flugzeug war keine amerikanische, sondern eine europäische Erfindung, die viele Väter hatte. In den USA aber wurde 1904 von den Brüdern Wilbur und Orville Wright in Ohio das erste funktionstüchtige Flugzeug gebaut – rechtzeitig genug, um die Industriestaaten in die Lage zu versetzen, das neue Beförderungsmittel so weit zu entwickeln, daß es im Ersten Weltkrieg für militärische Zwecke verwendet werden konnte.

Der Aufstieg Amerikas zur führenden Industriemacht der Welt hätte nicht stattfinden können ohne den anhaltenden Zustrom von Einwanderern aus anderen Kontinenten. Um 1830, als die Vereinigten Staaten knapp 30 Millionen Einwohner zählten, spielte die Immigration noch keine große Rolle beim Zuwachs der Bevölkerung. Das änderte sich vor allem in der zweiten Hälfte des 19. Jahrhunderts. Um 1850 war fast jeder zehnte Amerikaner (9,5 Prozent) im Ausland geboren worden. Zwischen 1865 und 1915 wanderten 25 Millionen Menschen aus anderen Ländern in die USA ein: viermal so viele wie in dem halben Jahrhundert vor dem Ende des Bürgerkrieges. Im Durchschnitt der achtziger Jahre gingen 43 Prozent des Bevölkerungszuwachses auf Einwanderung zurück: ein Anteil, der auch später nicht mehr erreicht wurde. Um 1900 lebten fast 76 Millionen Menschen in den USA; 1920 waren es annähernd 106 Millionen.

Seit Ende des 19. Jahrhunderts änderte sich die nationale und ethnische Zusammensetzung der Immigration erheblich. Den größten Anteil an den Einwanderern hatten bis etwa 1890 Deutsche, Briten, Iren und Skandinavier gehabt. (Im Durchschnitt der Jahre 1860 bis 1900 stellten sie zusammen 72, die Deutschen allein 28 Prozent.) Nach 1890 verschoben sich die Gewichte von Nordwest- nach Ostmittel-, Ost- und Südeuropa. Italiener, Polen, Russen und Griechen kamen vermehrt nach Amerika, wo sie sich bessere Lebensverhältnisse erhofften als die, die sie zuhause vorfanden. Eine wachsende Immigrantengruppe bildeten auch Juden aus Osteuropa (2 Millionen waren es zwischen 1880 und 1920), wobei die sich häufenden Pogrome im Zarenreich, aber auch die Diskriminierung der Juden in Rumänien und Ungarn bei dem Entschluß, diese Länder zu verlassen, eine wichtige, oft ausschlaggebende Rolle spielten. Aus anderen Herkunftsländern kamen die Einwandererströme im Westen und Südwesten der USA: Hier waren es vor allem Chinesen, Japaner und Mexikaner, die zum Bevölkerungswachstum beitrugen.

Die «neuen» Immigranten suchten Arbeit und waren in der ersten Generation meist Arbeiter, und zwar, anders als viele Einwanderer aus Deutschland, Skandinavien und Großbritannien, keine Facharbeiter, sondern ungelernte Arbeiter, im Fall der Mexikaner oft landwirtschaftliche Saisonarbeiter. Bedarf an gering qualifizierten Arbeitskräften hatten fast alle Branchen, da der Übergang zur Massenproduktion den Bedarf an Facharbeitern zurückgehen und den an un- und angelernten Arbeitern steigen ließ. Manche Branchen, wie namentlich die Textilindustrie, suchten für die Maschinenarbeit vorzugsweise Frauen, die generell sehr viel niedrigere Löhne erhielten als Männer, für die Unternehmen also billiger waren. Im Bergbau und in den Fabriken war, ebenso wie in der Landwirtschaft, Kinderarbeit weit verbreitet. Um 1900 wurden 1,7 Millionen arbeitende Kinder gezählt. Die durchschnittlichen Arbeitszeiten lagen um 1900 bei 10 Stunden täglich und 60 Stunden in der Woche; in der Stahlindustrie wurden 12 Stunden täglich gearbeitet. Die Durchschnittslöhne bewegten sich zwischen 400 und 600 Dollar im Jahr.

Der Kampf um höhere Löhne und bessere Arbeitsbedingungen hatte lange zuvor begonnen. 1869 war in Philadelphia der «Noble and Holy Order of the Knights of Labor» gegründet worden, der zunächst als geheime Bruderschaft, seit 1878 dann als öffentlich wirkende Vereinigung tätig war. Die «Ritter der Arbeit» wandten sich bewußt an *alle* Arbeiter, die gelernten und die ungelernten, die in Amerika geborenen und die neu eingewanderten, und umwarben besonders die Frauen, gleichviel ob sie in Fabriken oder im Haushalt arbeiteten. Die «Knights» verlangten das Verbot der Kinderarbeit sowie den Achtstundentag und setzten sich für die Ersetzung der kapitalistischen Lohnarbeit durch genossenschaftlich aufgebaute Kooperativfabriken ein. Die Führung lehnte Streiks ab, sie konnte aber nicht verhindern, daß verbündete Gewerkschaften, wenn auch meist ohne Erfolg, dieses Kampfmittel gegen Eisenbahngesellschaften einsetzten und dabei auch vor Gewaltanwendung nicht zurückschreckten.

Damit begann der Niedergang der «Knights of Labor». Er wurde beschleunigt durch ein Ereignis, für das die «Knights» in keiner Weise verantwortlich waren: die «Haymarket»-Unruhen in Chicago am 4. Mai 1886, ausgelöst durch einen Polizeieinsatz bei einer zunächst friedlich verlaufenen Demonstration, an der sich auch Anarchisten beteiligt hatten. Offenbar aus ihren Reihen wurde eine Bombe geworfen, die sieben Polizisten tötete und 67 verletzte. Bei den anschließenden Kämpfen kamen vier Arbeiter ums Leben, mindestens fünfzig wurden verletzt. Den Bombenwerfer zu identifizieren gelang der Justiz nicht; dennoch wurden im Haymarket-Prozeß acht radikale Agitatoren der Aufhetzung zur Gewalt für schuldig befunden und zum Tode verurteilt; vier wurden hingerichtet. Als der demokratische Gouverneur von Illinois, Peter Altgeld, ein gebürtiger Deutscher, die vier überlebenden Gefangenen 1893 begnadigte, reagierten konservative Zeitungen mit heftigen Angriffen auf ihn. Seine politische Karriere war damit beendet.

Die Arbeitgeber gingen nach den Haymarket-Unruhen verstärkt dazu über, massiven und höchst wirkungsvollen Druck auf Facharbeiter auszuüben, die sich den als radikal verschrienen «Knights of Labor» angeschlossen hatten. Der Mitgliederstand der «Knights» verminderte sich von angeblich 700 000 im Jahre 1886 auf 100 000 um 1890. Die Jahrhundertwende erlebten die «Knights of Labor» nicht mehr. Erfolgreicher waren inzwischen Gewerkschaften, die gezielt die Arbeiter einzelner Berufe und hier besonders die hochqualifizierten Facharbeiter ansprachen. Die Idee der einen umfassenden Einheitsgewerkschaft hatte sich ebensowenig durchsetzen können wie die wirklichkeitsfremde Absage an Streiks.

Die mit Abstand wichtigste der mit den «Knights» konkurrierenden

Organisationen war die 1881 gegründete Federation of Organized Trade and Labor Unions of the United States and Canada, die sich fünf Jahre später in American Federation of Labor (AFL) umbenannte: eine Dachorganisation von gewerkschaftlichen Berufsverbänden, in denen sich vornehmlich Facharbeiter zusammengeschlossen hatten. Unter Führung ihres energischen langjährigen Präsidenten Samuel Gompers focht die AFL für das, was man in den USA unter dem Begriff «bread and butter» zusammenfaßte: die nächstliegenden Ziele der Arbeiter wie höhere Löhne, kürzere Arbeitszeiten, bessere Arbeitsbedingungen und, als Bedingung des Erfolges, kollektiv zwischen Gewerkschaften und Arbeitgeberverbänden ausgehandelte Tarifverträge («collective bargaining»).

Die «politischste» Forderung der AFL war die nach einer Beschränkung der Einwandererzahlen: ein Verlangen, in dem sich die Furcht der Facharbeiter vor noch mehr Lohndruck seitens der ungelernten Arbeiter ausdrückte. Politische Bindungen an die Demokraten oder die Republikaner aber lehnte die AFL ebenso ab wie die Gründung einer selbständigen Arbeiterpartei; sie unterstützte jeweils die Kandidaten, die sich ihre Forderungen zu eigen machten. Unternehmen, die sich der AFL besonders hartnäckig widersetzten, wurden boykottiert oder bestreikt. Gompers' Strategie erwies sich als sehr viel erfolgreicher als die der «Knights of Labor». Im Jahre 1912 gehörten den Mitgliedsverbänden der AFL etwa 2 Millionen Mitglieder an, mehr als vier Fünftel aller organisierten Arbeiter Amerikas. Stellt man in Rechnung, daß es um diese Zeit in den USA 25 Millionen Arbeiter außerhalb der Landwirtschaft gab, waren dies freilich nur 8 Prozent aller Arbeiter in Industrie und Handwerk.

Sehr viel weniger Zulauf als die AFL hatten die 1905 gegründeten Industrial Workers of the World (IWW), kurz «Wobblies» genannt: Sie brachten es 1914 auf 100 000 Mitglieder. Die «Wobblies» vertraten neben Bergarbeitern, Holzfällern und landwirtschaftlichen Saisonarbeitern bisher unorganisierte Industriearbeiter, darunter viele ungelernte Einwanderer der ersten Generation. «Ausländisch», nämlich europäisch, wirkten auch die sozialistischen bis anarchistischen Forderungen der IWW wie die nach der Abschaffung des Lohnsystems und der Vergesellschaftung der Unternehmen. Aufsehen in ganz Amerika erregte 1912 ein von den «Wobblies» organisierter, von Gewalttaten begleiteter Streik der Textilarbeiter von Lawrence, Massachusetts. Die Antwort der Behörden war schärfste Überwachung und Verfolgung, vor allem während des Ersten Weltkrieges. 1925 wurden die IWW aufgelöst.

In den achtziger Jahren des 19. Jahrhunderts war die Amalgamated Association of Iron and Steel Workers zur mächtigsten Einzelgewerkschaft der USA aufgestiegen: Ihr gehörten 1891 24 000 Facharbeiter der Eisen- und Stahlindustrie an. Als um 1890 neue Produktionsmethoden auch in dieser Branche den Bedarf an Facharbeitern sinken ließen, ging der Einfluß der Gewerkschaft stark zurück. Im Bereich des Carnegie-Konzerns konnte sie ihre starke Position nur in einem von drei Werken, den Homestead Plants bei Pittsburgh, behaupten. Um sich der Amalgamated Association auch hier zu entledigen, verfügten Andrew Carnegie und seine «rechte Hand», Henry Clay Frick, mehrfach Lohnsenkungen, die von der Gewerkschaft notgedrungen hingenommen wurden.

Als jedoch die Firmenleitung unter Frick 1892 ultimativ eine weitere Senkung verlangte, rief die Amalgamated Association zum Streik auf. Frick ließ die Fabrikanlage schließen und holte die berüchtigten «Pinkertons», eine professionelle Streikbrechertruppe, auf das Werkgelände, um die streikenden durch arbeitswillige Arbeiter zu ersetzen. Am 6. Juli kam es zu einer regelrechten Schlacht, in der drei Privatpolizisten und zehn Arbeiter getötet wurden. Nach dem erzwungenen Rückzug der «Pinkertons» setzte der Gouverneur von Pennsylvania die gesamte Nationalgarde des Staates mit etwa 8000 Mann zum Schutz der Streikbrecher ein. Die öffentliche Meinung, die zunächst die streikenden Arbeiter unterstützt hatte, schlug endgültig um, als ein Anarchist einen (vergeblichen) Mordanschlag auf Frick unternahm. Nach vier Monaten Ausstand kehrten die Streikenden auf ihre Arbeitsplätze zurück. Die Macht der Amalgamated Association war gebrochen. Ihr Mitgliederstand sank bis zur Jahrhundertwende auf etwa 7000 ab.

1894, zwei Jahre nach dem «Homestead Strike», kam es zu einem Ausstand, der große Teile des Landes in Mitleidenschaft zog: dem «Pullman Strike». Die Pullman Palace Car Company baute auf ihrem Werkgelände bei Chicago Schlaf- und Salonwagen; für ihre Beschäftigten hatte sie eine eigene Stadt errichtet, die den Namen des Besitzers, Pullman, trug. 1893 erlebten die USA einen scharfen Konjunktureinbruch, der einen wesentlichen Grund in der Überspekulation im Eisenbahnbau hatte; Zeitgenossen sprachen sogar von einer «Great Depression». Die Pullman Company senkte daraufhin die Löhne um 25 Prozent und begründete dies mit dem rückläufigen Auftragseingang; die Mieten in der firmeneigenen Siedlung wurden aber nicht herabgesetzt. Die Pullman-Arbeiter antworteten mit einem Streik, für den sie die Unterstützung der von Eugene V. Debs, einem erklärten Sozialisten, geführten, als radikal geltenden American Railway Union gewannen. Binnen weniger Tage befanden sich Tausende von Eisenbahnarbeitern in 27 Staaten der USA im Ausstand; der Bahnverkehr zwischen Chicago und der Westküste kam zum Erliegen.

Da der Gouverneur von Illinois, Peter Altgeld, sich weigerte, die Miliz zum Schutz der Arbeitgeber einzusetzen, bat die Firmenleitung Präsident Cleveland um die Entsendung regulärer Truppen, wobei sie darauf hinwies, daß der Streik den Postverkehr lahmlege. Der Präsident kam dem Ersuchen nach und schickte eine Truppe von 2000 Mann zu den Pullman-Werken. Ein Bundesgericht wies die Gewerkschaft an, den Ausstand einzustellen. Debs und seine Kollegen lehnten es ab, dieser Anordnung nachzukommen, und wurden daraufhin festgenommen. Unter dem Schutz der Bundestruppen begann die Pullmann Company neue Arbeiter einzustellen; den Streikenden blieb nichts anderes übrig, als an ihre Arbeitsplätze zurückzukehren – sofern diese nicht schon von anderen besetzt waren. Wie bei Homestead scheiterte auch bei Pullman der Streik daran, daß sich der Staat unter Einsatz der bewaffneten Macht auf die Seite der Arbeitgeber stellte – im ersten Fall der Einzelstaat, im zweiten die Bundesgewalt.

Härtester Klassenkampf zwischen Proletariat und Bourgeoisie, die Regierung ein Machtinstrument der herrschenden Klasse, die rechtsprechende Gewalt bis hinauf zum Obersten Gerichtshof ein Ausdruck von Klassenjustiz: Es fällt schwer, die gesellschaftliche und politische Wirklichkeit der USA um 1900 *nicht* mit marxistischen Begriffen zu beschreiben. Aber ein klassenbewußtes Proletariat hat sich in Amerika weder damals noch später herausgebildet, und darum auch keine große marxistische Partei nach Art der sozialistischen Parteien Kontinentaleuropas. Die erfolgreichste Gruppierung dieser Art war noch die 1901 gegründete Socialist Party unter Führung des Vorsitzenden der Eisenbahnergewerkschaft, Eugene V. Debs, eine «Tochter» der älteren, 1874 ins Leben gerufenen Socialist Labor Party. Sie fand nicht zuletzt bei Einwanderern aus Europa Anklang und trat auch immer wieder bei Präsidentschaftswahlen an. 1912 kam sie, mit Debs als Kandidat, auf fast 900 000 Stimmen, was einem Stimmenanteil von 6 Prozent entsprach. Die AFL aber wollte von einer eigenen Arbeiterpartei auch weiterhin nichts wissen und trug damit wesentlich dazu bei, daß die

Socialist Party über den Status einer politischen Sekte nicht hinausgelangte.

«Warum gibt es in den Vereinigten Staaten keinen Sozialismus?» Der Titel einer 1906 erschienenen Schrift des deutschen Nationalökonomen Werner Sombart formulierte eine Frage, die sich vermutlich viele europäische Beobachter stellten. Sombart, einer der deutschen Teilnehmer am «Congress of Arts and Science», einer Veranstaltung anläßlich der Weltausstellung von 1904 in St. Louis, nannte eine Vielzahl von Gründen, die es nach seiner Meinung plausibel machten, warum es ausgerechnet im «Kanaan» des Kapitalismus keine breite sozialistische Fundamentalopposition gegen das bestehende Wirtschafts- und Gesellschaftssystem gab. Das Fehlen von Überresten vorkapitalistischer Klassen und namentlich einer feudalen Aristokratie hatte dazu geführt, daß das kapitalistische Wirtschaftssystem unumschränkt herrschen konnte: ein markanter Unterschied zur alten Welt. Die Arbeiter sahen für sich in Amerika soziale Aufstiegschancen, wie es sie sonst nirgendwo in der Welt gab, und wenn auch die wenigsten tatsächlich von der abhängigen Industriearbeit im Osten in die selbständige bäuerliche Landwirtschaft des weiten Westens wechselten oder den vielbeschworenen Aufstieg vom Tellerwäscher zum Millionär schafften, so bewirkte doch der Glaube, nicht ein für allemal Arbeiter bleiben zu müssen, ein freieres Bewußtsein, als es europäischen Arbeitern eigen war. Die amerikanischen Arbeiter fühlten sich als patriotische Teilhaber des Ganzen, als Glieder einer großen demokratischen Nation, als sozial gleichberechtigte Bürger. Dazu kam ihr *relativer* Wohlstand: Nach Sombarts gewagter Schätzung waren die Arbeitslöhne in den USA dreimal so hoch wie in Deutschland.

Aus alledem ergab sich ein beträchtliches Maß an Zufriedenheit mit der kapitalistischen Gesellschaftsordnung: «An Roastbeef und Apple pie wurden alle sozialistischen Utopien zuschanden.» Daß die Bedingungen, die die Sonderentwicklung der USA bisher gewährleistet hatten, auch in Zukunft Bestand haben würden, glaubte Sombart allerdings nicht. Er gab zwar keine nähere Begründung für seine Prognose, daß der Sozialismus im nächsten Menschenalter auch in den Vereinigten Staaten «zu vollster Blüte gelangen wird». Aber wenn man seine sachlich nicht haltbare Behauptung bedenkt, daß die Arbeiter objektiv nirgendwo so stark ausgebeutet würden wie in den USA, lag die Vermutung auf der Hand, daß die Arbeiter nach Sombarts Meinung früher oder später sich ebendieser vermeintlichen Tatsache bewußt werden mußten.

Im letzten Viertel des 19. Jahrhunderts kam die schärfste Kritik am politischen System der USA nicht von den Arbeitern, sondern von den Farmern: Von ihnen wurde das Duopol der Republikaner und Demokraten zeitweilig sehr viel wirksamer in Frage gestellt als später von der Socialist Party. Anlaß zu sozialem Protest bot vor allem der Fall der Agrarpreise im Gefolge der weltweiten Wirtschaftskrise nach dem Wiener Börsenkrach von 1873. Ein landwirtschaftliches Organisationsnetz gab es um diese Zeit bereits: 1867 hatten die Farmer die National Grange of the Patrons of Husbandry gegründet. Der Preisverfall ließ ihre Mitgliederzahl stark anwachsen; in den Staaten des Mittleren Westens gewannen die «Grangers» breite politische Unterstützung für ihre Kampagne gegen hohe Frachttarife und Speicherkosten der Eisenbahngesellschaften und niedrige Preise für Agrarprodukte in den Warenhäusern. Viele Einzelstaaten trugen den Forderungen der Farmer in Form der «Granger Laws» Rechnung. Die Eisenbahngesellschaften wehrten sich jedoch mit Klagen wegen Verletzung der Gewerbefreiheit, und häufig gaben ihnen die Gerichte recht.

Einen sehr viel breiteren Rückhalt als die Grangers gewannen in der zweiten Hälfte der siebziger Jahre die Farmers' Alliances, genossenschaftsähnliche Vereinigungen, deren stärkste Bastionen im Süden und Westen lagen. 1889 schlossen sie sich zu einem losen Aktionsbündnis auf nationaler Ebene zusammen. In den «off year-» oder Halbzeitwahlen von 1890 erlangten sie durch die von ihnen unterstützten Kandidaten die Kontrolle über mehrere einzelstaatliche Parlamente; von ihnen geförderte Bewerber, meist Demokraten, gewannen sechs Gouverneurswahlen, drei Sitze im amerikanischen Senat und rund 50 Mandate im Repräsentantenhaus. 1892 gingen die Farmers' Alliances einen gewichtigen Schritt weiter: In Omaha, Nebraska, gründeten sie die People's Party, verabschiedeten ein Programm und nominierten eigene Kandidaten für die Ämter des Präsidenten und des Vizepräsidenten der USA. Bei den Präsidentenwahlen von 1892 konnte ihr Kandidat, General James B. Weaver, ein Veteran des Bürgerkrieges, über 1 Million Stimmen auf sich vereinigen; das entsprach einem Anteil von 8,5 Prozent. Die People's Party gewann gleichzeitig sechs Gouverneurswahlen, eroberte fünf Sitze im amerikanischen Senat und stellte zehn Kongreßabgeordnete. Sie konnte aber auch auf die Unterstützung einiger Demokraten und

Republikaner rechnen, die mit ihrer Hilfe in Senat oder Repräsentantenhaus gelangt waren.

Die «Populists», wie man die People's Party allgemein nannte, wollten keine reine Farmerbewegung sein. Sie traten nicht nur das Erbe der Grangers und der Farmers' Alliances an, sondern auch das der 1876 gegründeten Independent National Party, der sogenannten «Greenback Party», deren Hauptanliegen die Vermehrung der Geldzirkulation durch Papiergeld und die Abkehr vom Goldstandard war: ein Programm zur Bekämpfung der Deflation, mit dem sie neben Farmern gezielt auch Arbeiter umwarb. Dasselbe tat die Populist Party, indem sie kürzere Arbeitszeiten und Einwanderungsbeschränkungen forderte und sich scharf gegen Streikbrecherorganisationen nach Art der «Pinkertons» aussprach. Nennenswerte Einbrüche in die Arbeiterschaft gelangen ihr nicht; sie blieb eine Partei des überwiegend ländlichen und kleinstädtischen Protests.

Der Populismus der neunziger Jahre vertrat Positionen, die es schwer machen, ihn politisch einzuordnen. Die neue Partei befürwortete mehr direkte Demokratie in Gestalt von Referenden, der Direktwahl des Senats der Vereinigten Staaten (dessen Mitglieder bisher durch die Gesetzgebungsorgane der Einzelstaaten gewählt wurden) durch das Volk und die Beschränkung der Amtszeit des Präsidenten und des Vizepräsidenten auf *eine* Wahlperiode. Einige Forderungen der Populisten klangen sozialistisch oder zumindest sozialdemokratisch, so der Ruf nach der Verstaatlichung der Eisenbahnen und des Telegraphenwesens, der Einrichtung staatlich kontrollierter Postsparkassen und einer gestaffelten Einkommensteuer, andere wie das Verlangen nach einem Verbot von ausländischem Landbesitz und einer Einwanderungssperre für die «ärmeren und verbrecherischen Klassen der Welt» (the pauper and criminal classes of the world) waren rückwärtsgewandt und fremdenfeindlich. Manche Repräsentanten der Populist Party äußerten sich offen antisemitisch, andere distanzierten sich von Angriffen auf das Judentum. Fast alle Populisten gaben sich antiurban und antiintellektuell.

Da die amerikanischen Farmer, anders als die europäischen Bauern, längst schon selbst kapitalistische Unternehmer waren und von der fortschreitenden Mechanisierung der Landwirtschaft profitierten, griffen die Populisten weder den Kapitalismus noch das Industriesystem pauschal an. Sie konzentrierten ihre Angriffe vielmehr auf «big business» und seine bevorzugte Behandlung durch die Regierung. Sie entwarfen kein Bild einer künftigen Gesellschaft, sondern verklärten Zustände, die der Vergangenheit angehörten: ein von der Landwirtschaft und kleinen selbständigen Unternehmern geprägtes Amerika, in dem noch nicht anonyme Apparate und einige wenige große Konzerne Wirtschaft, Gesellschaft und Politik beherrschten. In den Worten des Historikers Richard Hofstadter: «Die Utopie der Populisten lag in der Vergangenheit, nicht in der Zukunft.»

Die Populisten erhoben den Ruf nach inneren Reformen just in der Zeit, in der die große *inner*kontinentale Wanderungsbewegung, das «westward movement», auszulaufen begann. Als Frederick Jackson Turner im Juli 1893 seinen berühmten Vortrag über die Bedeutung der wandernden Grenze, der «frontier», in der amerikanischen Geschichte hielt, war das bereits ein Rückblick. Gleichzeitig beschleunigte sich in Amerika der Übergang von der agrarischen zur modernen, urbanen Industriegesellschaft. Der Populismus war ein Ausdruck dieses Übergangs, und daraus erklärt sich zu einem guten Teil der schillernde, widersprüchliche Charakter dieser Bewegung.

Im Zentrum der praktischen Politik der Populisten stand, wie bei den «Greenbacks» der siebziger Jahre, die Deflationsbekämpfung: Das reichlich vorhandene Silber sollte wieder neben dem knapp gewordenen Gold zur Deckung des Dollars herangezogen werden, und zwar im Verhältnis 16 zu 1, das bis 1873 gegolten hatte, also der offiziellen Tauschrate von 16 Unzen Silber gleich 1 Unze Gold. Von der Rückkehr zum «Bimetallismus», einschließlich der 1873 aufgegebenen Prägung von Silberdollars, erhofften sich die Anwälte von «free silver» eine Erhöhung der Preise für Farmerzeugnisse und eine Erleichterung der Schuldenzahlung.

Mit dem Schlachtruf «free silver» wäre die Populist Party auch in den Präsidentschaftswahlkampf von 1892 gezogen, hätten sich nicht auf der turbulent verlaufenen Convention der Demokraten die Vertreter des Südens und des Westens mit ebendieser Forderung durchgesetzt und dem beredtesten Fürsprecher einer solchen Währungsreform, dem Kongreßabgeordneten William Jennings Bryan, zur Präsidentschaftskandidatur verholfen. Die Populist Party beschloß daraufhin, auf einen eigenen Kandidaten zu verzichten und Bryan zu unterstützen. Trotz dieser Hilfe und eines erstmals im ganzen Gebiet der Union systematisch geführten Wahlkampfes unterlag der gemeinsame Kandidat der Demokraten und Populisten dem republikanischen Bewerber McKinley.

Die Populist Party sollte sich von dieser Niederlage nicht mehr erholen: Sie hatte nicht nur den Kampf um «free silver» verloren, sondern auch ihre politische Eigenständigkeit preisgegeben. Wenige Monate nach der Wahl begann sich die Partei aufzulösen. Ihr Scheitern als Organisation erleichterte aber auf paradoxe Weise die Durchsetzung einiger ihrer Forderungen, nämlich der nach mehr direkter Demokratie: Die beiden großen Parteien erwiesen sich als lernfähig und übernahmen, wie wir noch sehen werden, aus dem Programm der Populisten das, was ihnen mit ihren Zielen vereinbar schien. Das Hauptanliegen der Populist Party, der Bimetallismus, verlor, seit Goldfunde in Südafrika, Australien und Alaska den Goldpreis wieder sinken ließen, allmählich an Bedeutung. Die 1896 einsetzende Hochkonjunktur tat ein übriges, der Krisenstimmung unter den amerikanischen Farmern den Boden zu entziehen. Die agrarische Protestbewegung des späten 19. Jahrhunderts aber hatte eine bleibende Wirkung: Die beiden großen Parteien maßen den Belangen der Landwirtschaft fortan höchste Bedeutung bei und verhalfen ihr zu jener privilegierten Stellung, die sie bis heute in der Politik aller Administrationen genießt.

Mit manchen ihrer Forderungen sprachen die Protestbewegungen von den «Greenbacks» bis zu den Populisten nur aus, was die Mehrheit der Amerikaner empfand. Das galt vor allem für die Warnungen vor einer ungebremsten Immigration aus sehr viel ärmeren Weltgegenden, namentlich aus Asien. Der Kongreß reagierte rasch. Bereits 1882, unter der Präsidentschaft des Republikaners Chester A. Arthur, verbot ein Bundesgesetz die Einwanderung ungelernter chinesischer Arbeiter, der «Kulis» (coolis). Im gleichen Jahr schloß ein Gesetz Geisteskranke und Personen, von denen anzunehmen war, daß sie auf die Armenfürsorge angewiesen sein würden, von der Einwanderung aus. 1907/08, auf dem Höhepunkt der Furcht vor der «gelben Gefahr», der «yellow peril», zwang Präsident Theodore Roosevelt, ein Republikaner, die japanische Regierung zum sogenannten «Gentlemen's Agreement», in dem sich Tokio verpflichtete, arbeitssuchenden Japanern keine Reisepässe für die Vereinigten Staaten auszustellen.

Die Abwehr von Einwanderern aus Ostasien war nicht nur der Furcht vor billiger Konkurrenz geschuldet. Die Diskriminierung von Chinesen und Japanern entsprach auch dem in den Eliten verbreiteten Glauben an die kulturelle Überlegenheit der weißen Rasse oder, noch genauer, der «teutonischen» und vor allem der angelsächsischen Völker. Dieser Rassismus fügte sich nahtlos ein in die sozialdarwinistische Überzeugung vom «struggle for existence» und dem «survival of the fittest», eine Denkrichtung, die von Darwins «Entstehung der Arten», mindestens ebenso stark aber von Herbert Spencers Evolutionslehre beeinflußt war. Im Amerika des «fin de siècle» fand diese Welt- und Geschichtssicht schon deshalb Anhänger, weil sie auch den Aufstieg tüchtiger Unternehmer in marktbeherrschende Positionen zu erklären und zu rechtfertigen schien. Von den großen Industriemagnaten gehörten John D. Rockefeller und Andrew Carnegie zu den bekennenden Sozialdarwinisten. Die umfassendste Begründung eines nicht mehr naturrechtlich oder theologisch, sondern sozialdarwinistisch verstandenen Individualismus legte 1883 William Graham Sumner, der an der Universität Yale Soziologie lehrte, in seinem Buch «What Social Classes Owe to Each Other» vor. Was die Ideen der Sozialdarwinisten in breiteren Kreisen populär machte, waren «Bound to Rise» und andere Romane von Horatio Alger, die den Mythos vom «self-made man» pflegten, der es schaffte, sich aus eigener Kraft von ganz unten nach ganz oben emporzukämpfen.

Die Naturgesetze vom Kampf ums Dasein und vom Überleben des Tüchtigsten galten nach Meinung nicht aller, aber der meisten Sozialdarwinisten nicht nur für Wirtschaft und Gesellschaft innerhalb der Staaten, sondern auch für die Beziehungen zwischen den Staaten. Nachdem die europäischen Großmächte mit dem «scramble for Africa» begonnen hatten, die noch nicht kolonialisierte Welt unter sich aufzuteilen, verbreitete sich in den Eliten der Vereinigten Staaten das Gefühl, daß Amerika an internationalem Einfluß verlieren würde, wenn es sich an diesem Wettkampf nicht beteiligte. Im Jahre 1890 veröffentlichte der Historiker und Admiral Alfred Thayer Mahan, der erste Präsident des Naval War College in New Port, Rhode Island, seine dort gehaltenen Vorlesungen in einem Buch mit dem Titel «The Influence of Sea Power upon History, 1660–1783». Zusammen mit anderen Werken legte dieses Buch das Fundament des «Mahanismus», einer Denkschule, die in einer starken Flotte ein Unterpfand nationaler Größe sah. Für die USA folgte aus den Einsichten Mahans vor allem eines: Sie mußten aus dem Pazifik ein «mare Americanum» machen, wenn sie ihre Handelsinteressen in der Südsee und im Fernen Osten, obenan dem zerfallenden Kaiserreich China, sichern und sich dort gegenüber anderen Großmächten behaupten wollten.

Gänzlich neu war diese Erkenntnis freilich nicht. William Henry Seward, der Außenminister der Jahre 1861 bis 1869, hatte schon im Jahrzehnt des Bürgerkriegs die Zukunft der Handelsmacht USA im pazifischen Raum und in Asien gesehen und eben deshalb 1867, im gleichen Jahr, in dem er Rußland Alaska abkaufte, die Midway-Inseln, fast 2000 Kilometer westlich von Hawaii gelegen, für die Vereinigten Staaten erworben. Mit seinem Wunsch, auch Hawaii zu annektieren, drang Seward beim Senat nicht durch, aber er konnte darauf setzen, daß diese Forderung irgendwann erneut auf die Tagesordnung kommen würde. Immerhin hatte schon der zehnte Präsident der Vereinigten Staaten, John Tyler, 1842 die nach ihm benannte Doktrin formuliert, wonach das amerikanische Interesse an Hawaii stärker war als das aller anderen Staaten und die USA darum die Aufgabe hätten, die Unabhängigkeit der Inseln zu schützen und den Einfluß anderer Mächte fernzuhalten.

Im amerikanischen Handel mit China spielte Hawaii seit langem eine bedeutende Rolle. Aber es gab auch noch andere Gründe für das amerikanische Interesse an den Inseln im Stillen Ozean. In den ersten Jahrzehnten des 19. Jahrhunderts hatten sich dort Kaufleute und Pflanzer aus den USA niedergelassen; amerikanische Missionare versuchten der polynesischen Bevölkerung das Christentum nahe zu bringen. Die überkommene Landwirtschaft wurde zunehmend durch Zuckerrohrplantagen ersetzt, die für den amerikanischen Markt produzierten. Im Januar 1893 stachelten die Plantagenbesitzer eine Revolution gegen die Königin Liliuokalanai, eine hawaiianische Nationalistin, an, die schließlich mit Unterstützung amerikanischer Marinesoldaten gestürzt wurde. Die neue, von den amerikanischen Plantagenbesitzern abhängige Regierung der Republik Hawaii trat sogleich in Verhandlungen mit Washington über eine Annexion der Inseln durch die USA ein.

Der scheidende republikanische Präsident Harrison reagierte positiv, sein demokratischer Nachfolger Cleveland aber, der sein Amt im März 1893 antrat, lehnte die Annexion im Einklang mit dem immer noch antikolonialistischen Hauptstrom der öffentlichen Meinung ab. Fünf Jahre später gelangten die Annexionisten doch noch ans Ziel. Der Ende 1896 gewählte republikanische Präsident McKinley teilte die Bedenken seines demokratischen Vorgängers nicht. Unter dem Eindruck des Vordringens der europäischen Großmächte in China drängte er den Kongreß zur Ratifizierung des Annexionsvertrags. Diese erfolgte im

Juli 1898. Zwei Jahre später erhielt Hawaii den Status eines Territoriums, 1959 wurde es der 50. Bundesstaat der USA.

Zwei Jahrzehnte vor der Annexion von Hawaii, im Jahr 1878, hatten die Vereinigten Staaten unter der Präsidentschaft des Republikaner Rutherford B. Hayes mit Häuptlingen der knapp 5000 Kilometer südlich von Hawaii gelegenen Samoa-Inseln einen Vertrag über die Einrichtung eines amerikanischen Flottenstützpunktes in Pago Pago auf der Insel Tutuila geschlossen. Daraus ergaben sich Spannungen mit Großbritannien und Deutschland, die ebenfalls an den Samoa-Inseln interessiert waren. Ein von den drei Mächten 1889 vereinbartes gemeinsames Protektorat erwies sich als in der Praxis nicht handhabbar. Zehn Jahre später, 1899, verständigten sich die beteiligten Nationen auf eine Teilung der Samoa-Inseln zwischen Deutschland und den USA. Großbritannien wurde mit einem Teil der Salomon- und den Tonga-Inseln entschädigt.

Zu diesem Zeitpunkt hatten sich die Vereinigten Staaten von ihrer, auf die Gründerzeit zurückgehenden, antikolonialen Tradition bereits offiziell verabschiedet. Für den äußeren Anlaß sorgte ein Aufstand der Kubaner gegen die spanische Kolonialherrschaft, der 1895 begonnen hatte und im Auftrag Madrids von General Valeriano Weyler y Nicolau mit äußerster Brutalität bekämpft wurde. Die Verantwortung für alle Grausamkeiten trug in letzter Instanz der konservative spanische Ministerpräsident Antonio Cánovas del Castillo, für den es eine Frage des Prinzips und des Prestiges war, daß Kuba blieb, was es nach seiner Meinung war: eine spanische Provinz.

Schon im ersten Jahr der Erhebung wurde José Martí, der Führer der Unabhängigkeitsbewegung, getötet: ein Märtyrer, an dessen Wirken Exilkubaner die Amerikaner immer wieder erinnerten. Die Emigranten hatten mächtige Verbündete: «Jingoistische» Massenblätter, an ihrer Spitze die Zeitungen von Joseph Pulitzer und William Randolph Hearst, die sogenannte «yellow press», heizten seit 1895 die Stimmung gegen Spanien systematisch an. Aber auch ohne propagandistische Aufmachung hätten die Meldungen aus Kuba die amerikanische Öffentlichkeit alarmiert und empört: Das spanische Militär hatte Konzentrationslager eingerichtet, in denen Tausende von Häftlingen, die «reconcentrados», an Unterernährung und Hunger starben.

Eine gewisse Entspannung im Verhältnis zwischen Spanien und den USA trat nach der Ermordung Cánovas' durch einen Anarchisten am

8. August 1897 ein. Die Regierung von Cánovas' Nachfolger Práxedes Mateo Sagasta, einem liberalen Politiker, der schon mehrfach das Amt des Ministerpräsidenten innegehabt hatte, berief Weyler ab, milderte die Internierungspraxis und verkündete im November ein Gesetz über die Verwaltungsautonomie Kubas, das am 1. Januar 1898 in Kraft trat. Die Reformen liefen jedoch nur schleppend an und waren zu wenig einschneidend, um die amerikanische Öffentlichkeit, geschweige denn die «yellow press», nachhaltig zu beeindrucken.

Ganz anders war die Wirkung eines furchtbaren Ereignisses vom 15. Februar 1898: An diesem Tag ging das amerikanische Kriegsschiff «Maine» im Hafen von Havanna, wo es seit Januar demonstrativ vor Anker lag, in Flammen auf: 260 Matrosen, Soldaten der Elitetruppe der «Marines» und Offiziere kamen ums Leben. Pulitzers «World» sprach sogleich von einem spanischen Bomben- oder Torpedoangriff. Etwas vorsichtiger äußerte sich ein Untersuchungsgericht der amerikanischen Marine: Die «Maine» sei von der Rakete eines Unterseeboots bisher ungeklärter Herkunft getroffen worden. Für die spanische Darstellung, wonach eine Explosion im Maschinenraum des Schiffes das Feuer verursacht hatte, sprach sehr viel mehr, aber in Amerika fand sie nur wenig Glauben.

Nach dem Vorfall von Havanna drängten nicht nur die Zeitungen von Hearst und Pulitzer, sondern auch die Mehrheit des Kongresses und innerhalb der Administration besonders energisch der stellvertretende Marineminister Theodore Roosevelt auf eine rasche Antwort in Gestalt eines Krieges gegen Spanien. Präsident McKinley wollte den offenen Konflikt bis in den März hinein vermeiden und erreichte durch Verhandlungen, daß Spanien die Schließung der Internierungslager, die Entlassung der «reconcentrados» und zuletzt auch die Einstellung der Kampfhandlungen ankündigte. Dessen ungeachtet vollzog der Präsident eine dramatische Kehrtwende: Am 11. April teilte er dem Kongreß mit, daß er eine bewaffnete Intervention zur Beendigung der Kämpfe auf Kuba für unvermeidbar halte.

Damit war McKinley auf die Linie der «Jingoisten» eingeschwenkt. Der Kurswechsel des Präsidenten hing offenbar damit zusammen, daß inzwischen auch Industriekreise, die sich zuvor gegen einen Krieg mit Spanien ausgesprochen hatten, von einem kurzen Waffengang mehr Vorteile als Nachteile erwarteten. Am 20. April ließ Präsident McKinley, gestützt auf die Zustimmung von Senat und Repräsentantenhaus, Spanien ein Ultimatum zugehen, das dieses am 23. April mit einer Kriegserklärung beantwortete. Am 25. April stellten beide Häuser des Kongresses fest, daß sich die USA im Kriegszustand mit Spanien befanden.

Schon einige Monate vor Kriegsbeginn hatte der Präsident auf Drängen Roosevelts der Verstärkung der amerikanischen Pazifikflotte und einer Weisung an ihren Befehlshaber, Commodore George Dewey, zugestimmt, im Falle eines Krieges die spanischen Seestreitkräfte auf den Philippinen anzugreifen. Am 1. Mai 1898 entledigte sich Dewey dieses Auftrags, indem er die im Hafen von Manila ankernde Flotte Spaniens vernichtete. Ähnlich wie auf Kuba hatte es auch auf den Philippinen in der zweiten Hälfte der neunziger Jahre Aufstände gegen die spanischen Kolonialherren gegeben, die jedoch die Oberhand behielten. Unmittelbar nach der Zerstörung der spanischen Flotte brachten die Amerikaner den Rebellenführer Emilio Aguinaldo und seine Kampfgefährten aus ihrem Hongkonger Exil in die Heimat zurück. Die philippinischen Nationalisten riefen dort die Republik aus, gaben ihr eine der amerikanischen nachempfundene Verfassung und beteiligten sich an der Seite der USA am Kampf gegen die Spanier. Die Erwartung, die Vereinigten Staaten würden diese Unterstützung durch die Anerkennung der Unabhängigkeit honorieren, erfüllte sich jedoch nicht: Washington hatte längst andere Pläne mit der Inselgruppe.

Hauptkriegsschauplatz des (von Außenminister John Hay so genannten) «splendid little war» waren indes nicht die Philippinen, sondern Kuba. Die entscheidende Schlacht war die von San Juan Hill am 1. Juli 1898, wo es einem aktiven Politiker gelang, militärischen Ruhm zu erwerben: Theodore Roosevelt, der sein Amt im Marineministerium aufgegeben hatte, weil er es vorzog, an der Spitze einer Kavallerietruppe, der Rough Riders, gegen die Spanier zu kämpfen. Im Juli 1898 vernichteten die Amerikaner die spanische Flotte im Hafen von Santiago de Cuba, woraufhin die Garnison von Santiago kapitulierte. Um dieselbe Zeit landeten amerikanische Truppen in Puerto Rico, dem die Spanier kurz zuvor die faktische Unabhängigkeit zugestanden hatten. Am 12. August vereinbarten die USA und Spanien einen Waffenstillstand, in dem Spanien die Unabhängigkeit Kubas anerkannte, Puerto Rico und Guam, die größte Insel der Marianen, an die Vereinigten Staaten abtrat und der Besetzung Manilas unter dem Vorbehalt einer friedensvertraglichen Verständigung über die Zukunft der Philippinen zustimmte. Der Friedensvertrag, der im Dezember 1898 in Paris unterzeichnet wurde, bestätigte die Absprachen des Waffenstillstands. Gegen eine Zahlung von 20 Millionen Dollar überließ Spanien die Philippinen den USA.

Die geringsten Probleme warf für die Vereinigten Staaten die auch innenpolitisch am wenigsten umstrittene Annexion Puerto Ricos auf. Im Jahre 1900 löste eine zivile Verwaltung das zwei Jahre zuvor errichtete militärische Besatzungsregime ab. 1917 wurde Puerto Rico zum Territorium der USA erklärt und den Bewohnern ein eingeschränktes Bürgerrecht verliehen. Die Bevölkerung durfte ein aus zwei Kammern bestehendes Parlament wählen, während der Gouverneur bis 1948 vom Präsidenten der Vereinigten Staaten ernannt wurde. Die Umwandlung des 1952 geschaffenen «Commonwealth of Puerto Rico» in einen Bundesstaat der USA lehnte die Mehrheit der Puertoricaner in drei Volksabstimmungen, 1967, 1991 und 1993, ebenso ab wie die Entlassung in die volle Unabhängigkeit. Wirtschaftlich geriet die Karibikinsel rasch in einen Zustand völliger Abhängigkeit von den USA: Wie auf Hawaii schufen wohlhabende Amerikaner auch hier riesige Zuckerrohrplantagen, die Puerto Rico in eine faktische Monokultur verwandelten; die auf den Plantagen beschäftigten Arbeiter waren vielfach früher selbständige Bauern gewesen.

Auf Kuba war schon vor 1898 amerikanisches Kapital, auch hier zumeist in Form von Zuckerrohrplantagen und Zuckerfabriken, in großem Umfang investiert worden. Unter der 1898 errichteten, 1902 auslaufenden Militärverwaltung taten die Vereinigten Staaten alles, um die Insel durch den Bau von Straßen, Schulen und Krankenhäusern wie durch eine umfassende Reform von Verwaltung, Justiz und Steuersystem auf die «Unabhängigkeit» vorzubereiten. Ein souveränes Kuba wünschten die USA sich freilich nicht: Durch das «Platt-Amendment» von 1901 zwang der Kongreß die im November 1900 gewählte Verfassunggebende Versammlung und damit den künftigen kubanischen Staat zur Anerkennung amerikanischer Vorbehaltsrechte: Kuba durfte keine internationalen Verträge abschließen; es mußte den USA das Recht einräumen, zum Schutz der Unabhängigkeit des Landes wie des Lebens und des Besitzes amerikanischer Bürger zu intervenieren und Kohle- und Flottenstationen auf kubanischem Territorium zu kaufen oder zu pachten. Die Folge waren wiederkehrende Rebellionen, die ihrerseits amerikanische Interventionen auslösten. Wie in Puerto Rico wurde auch in Kuba unter amerikanischer Regie der Ausbau von Latifundien systematisch vorangetrieben. Wirtschaftlich eine Kolonie, politisch ein Protektorat der USA: Das Kuba, wie es aus dem amerikanischen Eingreifen in den Unabhängigkeitskampf hervorging, unterschied sich radikal von dem, wofür Vorkämpfer des «Cuba libre» wie José Martí ihr Leben eingesetzt hatten.

Am langwierigsten und blutigsten verlief die Unterwerfung der Philippinen. Mochte Kuba den Anstoß für den Krieg mit Spanien gegeben haben, so war doch die Herrschaft über die Philippinen für den harten Kern der amerikanischen Imperialisten das eigentliche Kriegsziel: Manila galt als das Tor zu Ostasien im allgemeinen und zu China im besonderen; wollten die USA in dieser Weltregion ein Wort mitreden, durften die Philippinen weder in spanischer Hand bleiben noch den Status eines souveränen Staates erlangen; sie mußten vielmehr amerikanisches Hoheitsgebiet werden. Die Annexion von Hawaii, die im Juli 1898 erfolgt war, gewann erst in diesem Zusammenhang ihre hohe strategische Bedeutung: Die neu erworbenen Inseln dienten, wie es der Völkerrechtler Theodore S. Woolsey, ein erklärter Antiimperialist, im Herbst 1898 ausdrückte, als «Sprungbrett zu den Philippinen». Nach Meinung des ehemaligen republikanischen Außenministers John W. Foster, eines bekennenden Imperialisten, hatte sich der Wert Hawaiis durch den Griff nach den Philippinen «verdoppelt».

Als den philippinischen Rebellen um Emilio Aguinaldo bewußt wurde, daß der spanischen Fremdherrschaft eine amerikanische folgen würde, entschlossen sie sich, die neuen Kolonialherren genauso verbissen zu bekämpfen wie in den Jahren zuvor die alten. Damit begann ein mehr als dreijähriger Guerillakrieg, bei dem die amerikanischen Truppen unter General Arthur MacArthur, insgesamt 126 000 Mann, nicht weniger brutal vorgingen, als es der spanische General Weyler auf Kuba getan hatte. Dörfer, in denen man Rebellen antraf, wurden niedergebrannt, die Bewohner in Konzentrationslagern zusammengepfercht, gefangene Unabhängigkeitskämpfer oft unterschiedslos erschossen, Informationen den Rebellen mit Mitteln der Folter wie der «water cure», einer Scheinertränkung, abgepreßt. Die Soldaten der Besatzungsarmee betrachteten die Filipinos, obwohl die meisten von ihnen in der spanischen Kolonialzeit zum katholischen Christentum bekehrt worden waren, als Wilde und den Krieg auf den Philippinen als Fortsetzung der Indianerkriege mit den gleichen Mitteln, wie sie im Kampf gegen Apatschen, Komantschen und Sioux angewandt worden waren. Der Krieg auf den Philippinen war der letzte Kolonialkrieg des 19. Jahrhunderts und zugleich der erste des 20. Jahrhunderts: ein Muster an Grausamkeit, geboren aus dem Gefühl rassischer Überlegenheit und dem Bewußtsein, daß «unzivilisierte» Völker kein Recht hatten, sich dem Herrschaftsanspruch eines zivilisierten Volkes in den Weg zu stellen.

Im März 1901 gelang es den Amerikanern, Aguinaldo gefangen zu nehmen. Das war der entscheidende Wendepunkt: Der Rebellenführer gab eine Loyalitätserklärung gegenüber den neuen Herren ab und rief seine Kampfgefährten auf, die Waffen niederzulegen. Es dauerte noch ein Jahr, bis die größeren Kämpfe aufhörten; zu vereinzelten Widerstandaktionen kam es noch bis 1906; sie wurden mit massiver Vergeltung beantwortet. Die Zahl der getöteten Filipinos wird auf mindestens 50 000 geschätzt, lag aber möglicherweise viel höher; die der gefallenen Amerikaner belief sich auf 4300. 1901 übernahm William Howard Taft, der spätere republikanische Präsident der Vereinigten Staaten, das Amt des ersten Zivilgouverneurs der Philippinen. Er widmete sich dem Bau von Krankenhäusern, Schulen, Straßen und Brücken, leitete eine Bodenreform ein und legte den Grund für den Aufbau einer philippinischen Selbstverwaltung. Seit 1907 konnten die Filipinos eine eigene Volksvertretung wählen; 1916 gestand ihnen Präsident Wilson die innere Autonomie zu.

Der Krieg auf den Philippinen spaltete die amerikanische Öffentlichkeit wie kein anderes Ereignis seit dem Bürgerkrieg. Im November 1898 gründeten einige der schärfsten Kritiker der amtlichen Politik die Anti-Imperialist League. Ihre erste größere Aktion war eine Kampagne gegen die Unterzeichnung des Pariser Friedensvertrags. Zu den führenden Mitgliedern gehörten der frühere Innenminister und einstige deutsche «Achtundvierziger» Carl Schurz, der Mitbegründer des Philosophischen Pragmatismus, William James, der demokratische Präsidentschaftskandidat von 1896, 1900 und 1908, William Jennings Bryan, aber auch der als Sozialdarwinist bekannte Großunternehmer Andrew Carnegie. Bryan, der wirkungsvollste Sprecher der Gruppe, brachte im Dezember 1898 das Credo der Antiimperialisten auf eine an Lincoln angelehnte Formel: «Diese Nation kann nicht bestehen, wenn sie halb Republik und halb Kolonie, halb frei und halb Vasall ist (This nation cannot endure half republic and half colony, half free and half vassal). Unsere Regierungsform, unsere Traditionen, unsere gegenwärtigen Interessen und unser künftiges Wohlergehen, sie alle verbieten es uns, eine Eroberungskarriere einzuschlagen.»

Nach der Überzeugung von Antiimperialisten wie Bryan mußten die Vereinigten Staaten nicht die Philippinen erobern, um eine Weltmacht zu werden. Sie *waren* seit über einem Jahrhundert eine Weltmacht, die, wie Bryan es am 22. Februar 1899 ausdrückte, «auf die menschliche Rasse einen stärkeren Einfluß als alle anderen Nationen der Erde ausgeübt haben, und das, ohne das Schwert oder ein Gatling-Gewehr zu gebrauchen.» (Das Gatling-Gewehr war eine automatische Handfeuerwaffe, die im Krieg gegen Spanien eingesetzt wurde, H.A.W.) Gut zwei Wochen zuvor, am 6. Februar, hatte der Senat nach dreimonatiger, kontroverser Debatte den Pariser Vertrag mit einer Mehrheit von nur zwei Stimmen ratifiziert. In dem knappen Ergebnis schlugen sich die ersten Meldungen über amerikanische Opfer in den Kämpfen mit den aufständischen Filipinos nieder.

Am 18. Oktober 1898 verabschiedete die Anti-Imperialist League auf einem Kongreß in Chicago eine Grundsatzerklärung, die eine einzige Anklage gegen die Politik der Administration von McKinley und ihrer Unterstützer darstellte. Der Krieg auf den Philippinen sei ein «ungerechter Krieg» (unjust war) und die Niedermetzelung der Filipinos eine unnötige Greueltat; das Vorgehen der Regierung verstoße gegen die fundamentalen Prinzipien und vornehmsten Ideale der Vereinigten Staaten. «Wir bestreiten, daß sich die Pflicht aller Bürger, ihre Regierung in Zeiten großer nationaler Gefahr zu unterstützen, auf diese Situation bezieht ... Wir werden uns der Wiederwahl aller widersetzen, die im Weißen Haus und im Kongreß die amerikanische Freiheit um unamerikanischer Gewinne willen verraten (betray American Liberty in pursuit of un-American gains) ... Wir halten mit Abraham Lincoln daran fest, daß kein Mensch gut genug ist, um einen anderen Menschen ohne dessen Zustimmung zu regieren.» Das Manifest schloß mit einem Aufruf an alle Männer und Frauen, die gegenüber der Unabhängigkeitserklärung und der Verfassung der Vereinigten Staaten loyal seien, mit der Anti-Imperial League zusammenzuarbeiten.

Überzeugte Imperialisten wie Theodore Roosevelt oder die republikanischen Senatoren von Massachusetts und Indiana, Henry Cabot Lodge und Albert J. Beveridge, ließen sich weder durch schlechte Nachrichten von den Philippinen noch durch die häufig zu hörende Warnung beirren, Amerika dürfe sich nicht wie einst das römische Reich durch

Überdehnung selbst zerstören. Für die Imperialisten war die Expansion im pazifischen Raum die maritime Fortsetzung des kontinentalen «westward movement», des historischen Drangs nach Westen, der Aufbruch zu einer «new frontier» und folglich Amerikas «Manifest Destiny». Am 9. Januar 1900 hielt Beveridge, der im Jahr zuvor eine ausgedehnte Reise durch die Philippinen unternommen hatte, seine «Jungfernrede» im Senat. Sie wurde zu einem nationalistischen und rassistischen Glaubensbekenntnis, wie es in dieser Radikalität im Oberhaus des Kongresses noch nicht zu hören gewesen war. Zugleich war die Rede eine Antwort auf die Chicagoer Erklärung der Anti-Imperialist League. Beveridge bezeichnete die Filipinos als Kinder, die noch auf lange Zeit nicht zur Selbstregierung fähig seien. Er relativierte die amerikanische Verfassung, indem er sie zu einem bloßen Instrument der Nation herabstufte, die allein unsterblich und heilig sei, und dieser Einschränkung die Feststellung hinzufügte, man könne eine Verfassung nicht verstehen, wenn man nicht die Rasse verstehe, die sie geschrieben habe.

Dann folgte eine Apotheose Amerikas und seines historischen Auftrags, die dem jungen Senator von Indiana, als er seine Rede schloß, Ovationen von den Zuhörertribünen eintrug. «Gott hat die englischsprachigen und teutonischen Völker über ein Jahrtausend lang auf anderes als auf vergebliche und eitle Selbstbetrachtung und Selbstbewunderung vorbereitet. Nein! Er hat uns zu den Meisterorganisatoren der Welt (master organizers of the world) gemacht, um Ordnung dorthin zu bringen, wo Chaos herrscht (to establish system where chaos reigns). Er hat uns den Geist des Fortschritts verliehen, um überall auf der Erde die Kräfte der Reaktion zu überwinden. Er hat uns zu Sachverständigen in Fragen der Regierung gemacht, damit wir unter wilden und altersschwachen Völkern (among savage and senile peoples) die Regierungsgeschäfte wahrnehmen können. Und aus unserer ganzen Rasse hat Er das amerikanische Volk als seine erwählte Nation (His chosen nation) dazu ausersehen, die Führung zu übernehmen bei der Wiedergeburt der Welt (the regeneration of the world). Dies ist die göttliche Mission Amerikas (the divine mission of America), und sie enthält für uns all den Nutzen, all den Ruhm, alles Glück, das den Menschen zuteil werden kann. Wir sind Treuhänder des Fortschritts der Welt, die Wächter ihres gerechten Friedens (We are trustees of the world's progress, guardians of its righteous peace). Für uns gilt das Wort des

Herrn: ‹Du bist über wenigem getreu gewesen; ich will dich über viel setzen.›»

Manche von Beveridges republikanischen Parteifreunden hielten den pathetischen Jingoismus des Senators für übertrieben und weder der Sache der «Grand Old Party» noch der Amerikas dienlich; *ein* republikanischer Senator, George Frisbie Hoar aus Massachusetts, hielt am 17. April 1900 im Senat eine entschieden antiimperialistische Rede, in der er für das Selbstbestimmungsrecht der Philippinen eintrat. Bei den Präsidentenwahlen vom November 1900 aber, die zu einem Plebiszit über das Für und Wider des amerikanischen Imperialismus wurden, siegte der Imperialist McKinley über den Antiimperialisten Bryan. Der republikanische Amtsinhaber erhielt 51,1 Prozent der abgegebenen gültigen Stimmen, sein demokratischer Herausforderer 47,7.

Die zweite Regierungszeit William McKinleys sollte jedoch nur von kurzer Dauer sein. Am 14. September 1901 starb der Präsident an den Schußwunden, die ihm acht Tage zuvor ein aus Deutschland eingewanderter Anarchist polnischer Abstammung zugefügt hatte: das dritte Attentatsopfer unter den amerikanischen Präsidenten nach Abraham Lincoln im Jahre 1865 und James Abram Garfield, der 1881 nach nur vier Monaten im Amt einem Mordanschlag zum Opfer gefallen war. McKinleys Nachfolge trat der zweiundvierzigjährige Vizepräsident Theodore Roosevelt an. Der bisher jüngste Präsident in der Geschichte der USA war ein Mann, von dem man erwarten konnte, daß er seinen Vorgänger an imperialistischer Entschiedenheit noch weit übertreffen würde.

Im Verlauf des Jahres 1902 wurde in den USA immer mehr über die Massaker der amerikanischen Armee auf den Philippinen bekannt; es fanden Verfahren vor dem Kriegsgericht und Anhörungen im Senat statt. Obwohl die Kämpfe nach der Gefangennahme Aguinaldos im Jahre 1901 allmählich abflauten, verfehlten die Berichte ihre abschreckende Wirkung nicht: Sie trugen wesentlich dazu bei, daß der philippinische Archipel die letzte territoriale Eroberung der USA und die *koloniale* Form des Imperialismus eine Episode der amerikanischen Geschichte blieb. Die Vereinigten Staaten besaßen seit 1898, wenn man Hawaii und Puerto Rico mitrechnete, drei größere Kolonien, aber kein überseeisches Kolonial*reich*, das sich mit den spanischen und portugiesischen Kolonialimperien der Vergangenheit oder den britischen und französischen der Gegenwart vergleichen ließ. Wenn die Vereinigten Staaten sich als «Empire» verstanden, konnten sie das schon auf Grund der Zahl der Bewohner, des Reichtums und der gleichsam kontinentalen Größe der Union tun. Der Imperialismus, den die USA vor wie nach 1898 bevorzugten, war ein informeller: die faktische Ausübung von Macht über andere Länder, nicht ihre formelle Kolonialisierung.

Der informelle, auf wirtschaftliche Interessen gestützte Imperialismus war in den USA, anders als der formelle, innenpolitisch kaum umstritten. Soweit es um die Durchsetzung der wirtschaftlichen Interessen Amerikas mit Hilfe der bewaffneten Macht ging, waren auch die meisten «Anti-Imperialisten» Imperialisten. Sie fanden auch, ungeachtet aller Auseinandersetzungen über die *Höhe* von Einfuhrzöllen, nichts daran auszusetzen, daß die Vereinigten Staaten sich gegenüber dem industriellen Europa handelspolitisch anders verhielten als gegenüber den agrarisch geprägten Ländern der westlichen Hemisphäre, im pazifischen Raum und in Asien: Im Fall der «alten Welt» traten sie als Schutzzöllner, ansonsten als Freihändler auf.

Nach der Devise, daß es auf die tatsächliche Durchsetzung der handelspolitischen Interessen der USA und nicht auf formelle Abhängigkeit ankam, verfuhr Washington gegenüber Mittel- und Südamerika schon seit Monroes Zeiten – und zwar gleichgültig, ob gerade die «imperialistischen» Republikaner oder die «antiimperialistischen» Demokraten an der Macht waren. «Weiche» Mittel wie die von den Vereinigten Staaten angeregte Gründung der Pan American Union, die 1889, zu Beginn der Präsidentschaft des Republikaners Harrison, in Washington ihren ersten Kongreß abhielt, erwiesen sich als nicht sehr wirkungsvoll: Die lateinamerikanischen Staaten lehnten das wichtigste Projekt von Außenminister James G. Blaine, die Schaffung einer panamerikanischen Zollunion, ab. Durch wirtschaftlichen, politischen und gegebenenfalls militärischen Druck wurde mehr erreicht: 1889 griffen die Vereinigten Staaten in revolutionäre Machtkämpfe auf Haiti ein, indem sie eine der beiden streitenden Parteien, die amerikafreundlichere, massiv unterstützten, bis diese sich durchsetzte. Ähnlich agierten die USA 1894 unter dem demokratischen Präsidenten Cleveland in der jungen, 1889 errichteten Republik der Vereinigten Staaten von Brasilien. Im Interesse des amerikanischen Außenhandels halfen die Vereinigten Staaten der republikanischen Regierung, sich gegenüber einem monarchistischen Umsturzversuch zu behaupten.

Wenig später gelang es Außenminister Walter Gresham, in Nicaragua den bislang starken britischen Einfluß zugunsten des amerikanischen zurückzudrängen: eine Politik, die ebenso von strategischen wie von wirtschaftlichen Interessen der USA bestimmt war. Nicaragua besaß für die Vereinigten Staaten zu jener Zeit vor allem deshalb hohe Bedeutung, weil es seit langem Pläne für den Bau eines isthmischen Kanals zwischen Atlantik und Pazifik gab. 1887 hatte die 1893 bankrott gegangene Maritime Canal Company von der Regierung in Managua eine entsprechende Konzession erhalten. Die Entscheidung, den Kanal durch Panama zu bauen, fiel erst zu Beginn des 20. Jahrhunderts unter der Präsidentschaft Theodore Roosevelts.

Zu einer ernsten Krise zwischen Großbritannien und den USA kam es in der zweiten Hälfte der neunziger Jahre über der Frage, wo die Grenze zwischen Venezuela und British-Guayana verlief. Die Regierung in Caracas ersuchte Washington um Vermittlung; London lehnte jedoch entsprechende amerikanische Angebote mehrfach ab. Am 20. Juli 1895 legte Außenminister Richard Olney, der Chef des State Department unter der zweiten Präsidentschaft von Grover Cleveland, in einem Memorandum an Premierminister Salisbury dar, daß die britischen Gebietsansprüche auf eine weitere Kolonialisierung hinausliefen und daher die Monroe-Doktrin verletzten. Olney ging aber über diese Doktrin noch hinaus: Er stellte fest, daß die USA auf dem amerikanischen Kontinent praktisch souverän seien und ihr Wille in allen Fragen, auf die sich ihr Eingreifen beziehe, das Gesetz bilde. Olney begründete diese Position damit, daß die Vereinigten Staaten auf Grund ihrer unbegrenzten Ressourcen und ihrer isolierten Lage zum Herrn der Lage (master of the situation), ja praktisch gegenüber allen anderen Mächten unverwundbar geworden seien.

Die britische Regierung nahm die unverhüllte Kriegsdrohung ernst. Sie wies zwar die neue Olney-Aktion und darüber hinaus die Anerkennung der Monroe-Doktrin als Völkerrechtsnorm scharf zurück, erklärte sich aber wenig später bereit, den amerikanischen Vorschlag einer schiedsgerichtlichen Schlichtung des Streits mit Venezuela anzunehmen. Danach besserte sich das Verhältnis zwischen den beiden Staaten. Während des spanisch-amerikanischen Krieges gab England als einzige europäische Großmacht den Vereinigten Staaten diplomatische Rückendeckung. Die amerikanischen Imperialisten, die, anders als die breite Öffentlichkeit, ohnehin anglophil waren, sprachen seitdem noch lieber als zuvor von den historischen Gemeinsamkeiten der angelsächsischen Völker. Olney, inzwischen nicht mehr Außenminister, vertrat 1898 sogar die These, es gebe «ebenso einen Patriotismus der Rasse wie einen Patriotismus des Landes» (There is a patriotism of race as well as of country).

Gelegentlich tauchte in den neunziger Jahren bereits der Ruf nach einer amerikanisch-britischen Verbrüderung auf. Der Gedanke einer «special relationship» zwischen Amerika und seiner ehemaligen Kolonialmacht gewann allmählich an Boden, was den britischen Kolonialminister Joseph Chamberlain um die Jahrhundertwende ermutigte, den Gedanken eines festen Bündnisses beider Mächte zu ventilieren (was in Washington auf keine Gegenliebe stieß). Die Betonung der rassischen Verbundenheit beider Völker hatte freilich für die USA auch einen gefährlichen Nachteil: Sie forderte alle Amerikaner heraus, die keine englischen Vorfahren hatten. Infolgedessen gingen die anglophilen Eliten der Ostküste schon bald nach der Jahrhundertwende dazu über, den Begriff «Anglo-Saxon» durch «English speaking» zu ersetzen.

Bis ins späte 19. Jahrhundert war der amerikanische Kontinent *die* Einflußsphäre der USA schlechthin. Seit den achtziger Jahren weitete sich ihr Interessengebiet immer mehr aus; es wurde pazifischer und imperialer. «Unser Handel muß künftig zum größten Teil mit Asien betrieben werden», erklärte Beveridge in seiner Rede vom 9. Januar 1900. «Der Pazifik ist unser Ozean. Europa wird mehr und mehr selbst produzieren, was es benötigt, und sich in seinen Kolonien sichern, was es verbraucht. Wo sollen wir Verbraucher für unsere überschüssige Produktion finden? Die Geographie beantwortet die Frage. China ist unser natürlicher Abnehmer. Es ist uns näher als England, Deutschland oder Rußland, die Handelsmächte der Gegenwart und der Zukunft. Sie sind näher an China herangerückt, indem sie sich ständige Stützpunkte an seinen Grenzen gesichert haben. Die Philippinen geben uns einen Stützpunkt am Eingang zum gesamten Osten.»

Die Errichtung europäischer Stützpunkte an den Küsten Chinas war 1897, zwei Jahre nach der Niederlage des Kaiserreichs im Krieg mit Japan, in eine neue Phase getreten. Als Vergeltung für die Ermordung von zwei katholischen deutschen Missionaren in Schantung besetzte das Deutsche Reich das Gebiet von Kiautschou mitsamt Tsingtau, das es 1898 in einem Vertrag mit China auf 99 Jahre pachtete. Kurz darauf zogen die anderen Großmächte nach: Frankreich sicherte sich Kwangtschouwan, Rußland Talienwan mit Port Arthur und Dairen, England Weihaiwei und die «New Territories» im Hinterland von Hongkong. Es folgte im April 1899 die Aufteilung Chinas in Interessensphären der Großmächte, wobei Rußland, Deutschland und Großbritannien die größten, Frankreich, Japan und Italien kleinere Anteile erhielten. Ein Versuch des Kaisers Guangxu, sein Reich durch innere Reformen zu stabilisieren und damit widerstandsfähig zu machen, scheiterte nach legendären «Hundert Tagen» am Widerstand reaktionärer Kräfte unter der Kaiserin Cixi; der Kaiser wurde auf ihre Weisung hin interniert. Noch im gleichen Jahr begann sich eine nationale Protestbewegung zu formieren: die «Boxer», deren oberstes Ziel es war, die fremden Mächte aus China zu vertreiben und damit der fortdauernden Demütigung des «Reiches der Mitte» durch die Europäer ein Ende zu bereiten.

Die Vereinigten Staaten waren durch das Vorgehen der Europäer aufs höchste alarmiert. Im September 1898 forderte Präsident McKinley erstmals eine Politik der «open door» im Handel mit China, wobei die Tür nicht etwa nur den USA, sondern allen Mächten offenstehen sollte. Ein Jahr später, im September 1899, versuchte Außenminister John Hay in Noten an alle Großmächte, eine Festlegung auf die Respektierung der Integrität Chinas, die Wiederherstellung seiner Zollhoheit und das Prinzip der Nichtdiskriminierung dritter Staaten wie der USA zu erreichen. Am stärksten neigte Großbritannien der amerikanischen Position zu; eine eindeutig zustimmende Antwort aber erhielt Hay auch von London nicht. Rußland reagierte ablehnend, die anderen Mächte antworteten ausweichend. Der Chef des State Department fühlte sich dennoch nicht an der Feststellung gehindert, alle von ihm angeschriebenen Staaten hätten sich grundsätzlich zu einer Politik der «open door» bekannt, und die Vereinigten Staaten erwarteten, daß sie sich daran auch hielten.

Daß die europäischen Großmächte, Japan und die USA sich wenig später auf ein gemeinsames Vorgehen und gegen China verständigen würden, war Ende 1899 noch nicht absehbar. Den Anstoß zur Einigung gab der «Boxeraufstand». Seit Herbst 1899 mehrten sich Übergriffe auf europäische Missionare und Chinesen, die zum Christentum übergetreten waren. Ende Mai 1900 geriet die Situation außer Kontrolle. Die Boxer griffen Europäer an, die für die wichtigsten Eisenbahnlinien zwischen Peking und der Küste arbeiteten. Eine Abschnürung der Hauptstadt zeichnete sich ab, was die Diplomaten in Panik versetzte. Einem britischen Truppenverband gelang es Anfang Juni nicht, von Tientsin nach Peking zu gelangen. Am 12. Juni drangen die Boxer in die Hauptstadt ein; kaiserliche Truppen stellten sich auf ihre Seite; am 19. Juni wurde der deutsche Gesandte, Clemens von Ketteler, ermordet. Kurz darauf begann die Belagerung des Diplomatenviertels; am 21. Juni erklärte die kaiserliche Regierung den fremden Mächten den Krieg, womit die Boxer von «oben» legitimiert wurden.

Die europäischen Großmächte, Japan und die USA vereinbarten daraufhin die Bildung einer internationalen Interventionsarmee unter dem Oberbefehl des deutschen Generalfeldmarschalls Graf Waldersee. Die USA beteiligten sich daran mit einer Truppe von 2500 Mann. Mitte August wurde Peking von britischen und japanischen Einheiten eingenommen; die deutschen Truppen unter Waldersee trafen erst später ein. Der Wiederherstellung der Ordnung in China folgten schwierige Verhandlungen zwischen den zeitweiligen Verbündeten. Die europäischen Regierungen hatten einsehen müssen, daß China durch keine fremde Macht beherrschbar war, wünschten aber zum Teil weitere Gebietsabtretungen. Die Vereinigten Staaten bestanden auf der territorialen Integrität Chinas und gewannen schließlich die anderen Mächte für eine Alternative zu neuerlichen Annexionen: eine finanzielle Sühne des Kaiserreichs in Höhe von 450 Millionen chinesischen Dollar, die innerhalb von 50 Jahren zu bezahlen waren. Im Frieden von Peking, der am 7. September 1901 unterzeichnet wurde, mußte sich China außerdem verpflichten, die Schuldigen zu bestrafen und einen kaiserlichen Prinzen nach Berlin zu senden, wo er sich bei Kaiser Wilhelm II. für die Ermordung des deutschen Gesandten zu entschuldigen hatte.

Bei der Niederschlagung des Boxeraufstands hatte sich erstmals der transatlantische Westen, vertreten durch seine Großmächte und verstärkt durch Rußland und Japan, zu einer gemeinsamen Aktion zusammengefunden. Die Einigkeit der Großmächte, der führenden Mitglieder eines neuen, nicht mehr bloß europäischen, sondern *Welt*staatensystems, war freilich nur von kurzer Dauer. Bei der Bekämpfung von Unruhen in der Mandschurei ging Rußland noch während der alliierten Intervention in China auf eigene Faust vor, womit es vor allem Japan und Großbritannien provozierte, die sich zwei Jahre später auf ein Bündnis verständigten. Die USA konnten sich in vieler Hinsicht als Gewinner des Konflikts fühlen: Sie hatten China davor bewahrt, noch mehr als bisher Beute der europäischen Imperialisten zu werden, und immerhin zwei Großmächte,

Großbritannien und Deutschland, dazu bewogen, sich zum Grundsatz der «open door» zu bekennen. Großzügige Stipendien für chinesische Studenten trugen dazu bei, daß sich das Verhältnis zwischen China und den Vereinigten Staaten positiv entwickelte. Als das «Reich der Mitte» 1905 mit einer Reformgesetzgebung begann, die sich an westlichen und japanischen Vorbildern ausrichtete, konnten die USA auch dies als mittelbaren Erfolg ihres Eingreifens verstehen: Ein China, das sich auf seine eigenen Kräfte besann, konnte ein Partner werden bei der Abwehr europäischer und japanischer Expansionsbestrebungen im Fernen Osten.

Der Friede von Peking, häufiger «Boxerprotokoll» genannt, wurde einen Tag nach dem Attentat auf Präsident McKinley unterzeichnet. Am 14. September 1901, dem Todestag McKinleys, trat der Nachfolger, Theodore Roosevelt, sein Amt an. Der 26. Präsident der Vereinigten Staaten hielt sich in den siebeneinhalb Jahren, in denen er an der Spitze der Union stand, auf dem Feld der internationalen Politik an die von ihm gern zitierte Devise «Speak softly, but carry a big stick» (Sprich sanft, aber führe einen großen Stock mit dir). Wie die meisten Imperialisten teilte er die Welt in zivilisierte und unzivilisierte Nationen ein, und wie Beveridge rechnete er letztlich nur die angelsächsischen und «teutonischen» Völker zur ersten Kategorie. Als unzivilisiert und rückständig galt ihm auch Lateinamerika, wo er, wenn es ihm im Interesse der USA zu liegen schien, bedenkenlos vom «big stick» Gebrauch machte.

Seine militärischen Machtmittel hatte Amerika nach dem Krieg mit Spanien erheblich verstärkt. Unter dem Kriegsminister der Jahre 1899 bis 1905, Elihu Root, wuchs die reguläre Armee von 25 000 auf 100 000 Mann; die Kriegsmarine wurde bis 1906 zur zweitgrößten Flotte der Welt, übertroffen nur noch von Großbritannien. Die Offiziere wurden in besonderen Colleges ausgebildet, die Nationalgarden der Einzelstaaten einheitlichen Standards unterworfen. Einen Generalstab, die Joint Chiefs of Staff, erhielten die USA erst 1913, unter der Präsidentschaft des Demokraten Woodrow Wilson. Aber unter den Republikanern McKinley und Roosevelt wurden die entscheidenden Schritte zum Aufbau eines modernen Militärsystems getan: eine unabdingbare Voraussetzung für die Ausfüllung der Weltmachtrolle, die Amerika für sich in Anspruch nahm.

Zum zentralen Projekt der ersten Amtszeit Roosevelts wurde der Bau des Panamakanals. Einen Versuch, an der engsten Stelle Mittelamerikas einen Schiffahrtsweg zwischen Atlantik und Pazifik zu bauen, hatte bereits 1879 Ferdinand de Lesseps, der Initiator des Suezkanals, mit Hilfe einer französischen Gesellschaft unternommen, war damit aber 1889 gescheitert. 1902 sicherten sich die USA für 40 Millionen Dollar die französischen Rechte am Kanalbau, nachdem sie ein Jahr zuvor mit Großbritannien den Verzicht auf den Clayton-Bulwer-Vertrag von 1850 vereinbart hatten, der beide Mächte zu einem gemeinsamen Vorgehen im Falle eines transisthmischen Kanalbaus verpflichtete. Damit war auch das konkurrierende Vorhaben eines Kanals in Nicaragua erledigt. Was den Vereinigten Staaten aber noch fehlte, war die Zustimmung Kolumbiens, auf dessen Staatsgebiet Panama lag, zur Abtretung einer etwa 10 Kilometer breiten Kanalzone. Die USA wollten dafür 10 Millionen Dollar und jährliche Gebühren in Höhe von 250 000 Dollar zahlen. Als der Senat von Kolumbien das amerikanische Ansinnen empört zurückwies, ließ Roosevelt im Herbst 1903 unter Einsatz erheblicher Finanzmittel eine «Revolution» gegen Kolumbien und für die USA organisieren. Zwecks Aufrechterhaltung der «Ordnung» schickte er ein Kriegsschiff mit Marinesoldaten nach Panama, die die kolumbianische Armee daran hinderten, die bezahlten Rebellen niederzuwerfen.

Der Proklamation der Republik Panama am 3. November 1903 folgte die Anerkennung durch die Vereinigten Staaten auf dem Fuß. Die neue panamesische Regierung (mit dem amerikanischen Bankier J. P. Morgan als erstem Finanzminister) akzeptierte die von Kolumbien abgelehnten Bedingungen. Die Bauarbeiten konnten beginnen, der Kanal im Oktober 1914 eröffnet werden. Die 1904 verabschiedete Verfassung von Panama räumte den USA nicht nur die volle politische und militärische Kontrolle über die Kanalzone, sondern auch ein Interventionsrecht ein. Erst 1960 gestand Washington Panama die nominelle Souveränität zu. Wenige Interventionen haben dem Ansehen der Vereinigten Staaten in Lateinamerika so geschadet wie dieser Rückgriff auf das vermeintliche Recht des Stärkeren: ein hoher, wenn auch nicht meßbarer Preis für die dramatische Verkürzung des Seewegs zwischen dem Atlantischen und dem Stillen Ozean.

Weniger brutal, aber nicht minder wirksam war die erste Anwendung einer Erweiterung der Monroe-Doktrin, der «Roosevelt Corollary», wie sie der Präsident in seinen jährlichen «State of the Union»-Reden vor dem Kongreß 1904 und 1905 entwickelte. Die neue Doktrin besagte, daß die USA sich das Recht vorbehielten, in Staaten der westlichen Hemisphäre einzugreifen, wenn diese nicht bereit oder nicht in der Lage waren, ihre innere Ordnung und nationale Souveränität aus eigener Kraft aufrechtzuerhalten. Damit sollte verhindert werden, daß europäische Mächte intervenierten, um lateinamerikanische Staaten zur Schuldenzahlung zu zwingen. (Zuletzt hatten das Deutschland und Großbritannien 1902/03 gegenüber Venezuela getan.) Das erste Land, in dem die Vereinigten Staaten ihren neu proklamierten Anspruch auf ein präventives Interventionsrecht exekutierten, war die von ständigen Krisen geschüttelte Dominikanische Republik, eine der wirtschaftlich von der amerikanischen United Fruit abhängigen mittelamerikanischen «Bananenrepubliken». 1905 übernahmen die USA die Zollverwaltung des Landes und sicherten damit die Schuldenzahlung sowohl an die Union wie an europäische Gläubigerstaaten.

Im Jahre 1906 wurde zum sechsten Mal der von dem Erfinder des Dynamits, dem schwedischen Chemiker und Industriellen Alfred Nobel, gestiftete und nach ihm benannte Friedensnobelpreis verliehen. Bei der ersten Verleihung 1901 war Henri Dunant, der Gründer des Roten Kreuzes, ausgezeichnet worden, 1905 war es die österreichische Schriftstellerin und Pazifistin Bertha von Suttner, die Autorin des 1889 erschienenen Romans «Die Waffen nieder!» und Gründerin der Österreichischen Friedensgesellschaft. Ihr unmittelbarer Nachfolger war Theodore Roosevelt. Er erhielt den Preis nicht für das, was er in der unmittelbaren südlichen Nachbarschaft der USA bewirkt hatte, sondern wegen seiner Verdienste als Friedensstifter im russisch-japanischen Krieg von 1905. Der Präsident hatte die Rolle des Vermittlers auf Bitten Japans übernommen und bei den Friedensverhandlungen in Portsmouth, New Hampshire, nicht nur eine Verständigung zwischen den beiden kriegführenden Parteien erreicht, sondern auch die Gelegenheit genutzt, um Japan in einem Geheimabkommen zur Öffnung seines Marktes für amerikanische Produkte zu bewegen. Als Japan wenig später in den von ihm kontrollierten Gebieten die Einfuhr aus den USA unterband, schickte Roosevelt, um das ostasiatische Inselreich nachdrücklich an seine Verpflichtungen zu erinnern, 16 Kriegsschiffe, die sogenannte «Weiße Flotte», auf eine Weltreise. Die Station, um die es dabei in erster Linie ging, war Japan.

Das harte Auftreten Roosevelts gegenüber anderen Staaten förderte, da es von Erfolg gekrönt war, die Popularität des Präsidenten in den USA. Das galt in besonderem Maß für den «Riff incident» im

Wahljahr 1904. Am 18. Mai war in Marokko ein Mann namens Ion Perdicaris, angeblich ein amerikanischer, in Wirklichkeit ein griechischer Staatsbürger, zusammen mit seinem englischen Stiefsohn von dem Briganten Muley Hamid El Raisuli, einem Stammesführer der Rif-Kabylen, entführt worden. Roosevelt schickte, um Stärke zu demonstrieren, mehrere Schiffe der Kriegsmarine, die sich ohnehin auf dem Weg nach Europa befanden, nach Marokko. An den amerikanischen Generalkonsul in Tanger erging die knappe telegrafische Weisung des Außenministers John Hay: «Perdicaris alive or Raisuli dead». Als das Telegramm auf der republikanischen Convention in Chicago verlesen wurde, kannte die Begeisterung der Delegierten keine Grenzen. Die «Kanonenboot-Diplomatie» schien sich auszuzahlen: Am 24. Juni wurde der Entführte freigelassen. Tatsächlich ging dieses glimpfliche Ende der Affäre auf französische Vermittlung und eine Lösegeldzahlung Marokkos zurück.

Im November 1904 fanden die Präsidentschaftswahlen statt. Roosevelt gewann sie souverän, ja mit dem besten Ergebnis aller bisherigen amerikanischen Präsidenten: Er erhielt 57 Prozent der abgegebenen gültigen Stimmen; sein Vorsprung gegenüber dem Kandidaten der Demokraten, dem konservativen New Yorker Richter Alan B. Parker, belief sich auf 2,5 Millionen Stimmen. Roosevelt war ein charismatischer Präsident, der es verstand, unterschiedlichste Gruppen der Gesellschaft anzusprechen und zeitweilig hinter sich zu bringen. Als er in sein Amt gelangte, galt er als konservativer Heißsporn. In seiner praktischen Politik aber trat er den Interessen von «big business» mehr als einmal scharf entgegen. 1902 zwang er anläßlich eines langen Streiks der United Mine Workers die Arbeitgeber der Anthrazitkohleindustrie unter Drohung des Einsatzes von Bundestruppen, eine unparteiische Schlichtung durch den Bund zu akzeptieren: Das Ergebnis waren eine Lohnerhöhung um 10 Prozent und die Einführung des Neunstundentages. Roosevelt sprach von einem «square deal», einer anständigen Behandlung, und machte daraus die beherrschende Parole seiner Wahlkampagne von 1904.

Während seiner zweiten Amtszeit tat der Präsident alles, um den Worten Taten folgen zu lassen. 1906 verschaffte ein Gesetz der Interstate Commerce Commission die Möglichkeit, mehr als bisher Einsicht in das Geschäftsgebaren der Eisenbahngesellschaften zu nehmen. Als die amerikanische Öffentlichkeit 1906 durch ein Buch des sozialistischen Schriftstellers Upton Sinclair mit dem Titel «The Jungle» über unhygienische Zustände in der Fleischverpackungsindustrie von Chicago aufgeschreckt wurde, sorgte Roosevelt für Abhilfe durch ein Bundesgesetz, den Pure Food and Drug Act, der scharfe Kontrollen erlaubte. Wäre es nach dem Präsidenten gegangen, hätte der Staat noch sehr viel mehr Möglichkeiten erhalten, in das Wirtschaftsleben einzugreifen. Seit 1907 legte er Vorschläge für die Einführung des Achtstundentages, eine angemessene Entschädigung für die Opfer von Betriebsunfällen, Erbschafts- und Einkommensteuer sowie eine wirksame Börsenaufsicht vor, konnte sich damit aber gegen den Widerstand des konservativen Flügels der Republikanischen Partei nicht durchsetzen.

Zu Auseinandersetzungen mit den konservativen Republikanern kam es auch über dem, was wir heute «Umweltpolitik» nennen. Der leidenschaftliche Jäger Roosevelt war der erste «Environmentalist» im Präsidentenamt. Als solcher trat er energisch für den Naturschutz und vor allem für die Erhaltung und Pflege der Nationalparks ein (der erste war der in der Yellowstoneschlucht von 1872). Was den rechten Flügel der Republikaner aufbrachte, war die von Roosevelt vorangetriebene öffentliche Kontrolle über weite, noch unbebaute Landflächen. Unterstützung seitens der konservativen Geschäftswelt fand der Präsident hingegen, wenn er Neuland, gestützt auf den National Reclamation Act von 1902, für den Bau von Stauseen, Kanälen und Bewässerungssystemen nutzte: eine Politik, gegen die sich die «conservationists» besonders im Westen der USA immer wieder auflehnten.

In weiten Bereichen seiner inneren Politik war Roosevelt «progressive» in dem Sinn, in dem das «progressive movement» diesen Begriff verstand. Die neue Bewegung war in der Zeit nach 1890 entstanden und erlebte ihre Glanzzeit zwischen 1901 und 1917. Einen starken Rückhalt hatten die «progressives» bei Angehörigen der freien Berufe wie Rechtsanwälten, Ärzten und namentlich bei Journalisten und Schriftstellern, von denen einige, die von Roosevelt so genannten «muckrakers» (Schmutzaufrührer), durch die Aufdeckung von Mißständen und Skandalen das größte öffentliche Aufsehen erregten. Die «progressives» kritisierten jede Art von unkontrollierter Machtzusammenballung in Wirtschaft und Politik, von den Großkonzernen bis zu den «Parteimaschinen» nach Art der demokratischen Tammany Hall in New York; sie bestanden auf der Verantwortung des Einzelnen für die Gemeinschaft und der Bedeutung des sozialen Zusammenhalts; sie traten für eine Beteiligung möglichst vieler an den politischen Entscheidungsprozessen ein. Das vielgelesene «McClure's Magazine» war eines ihrer Sprachrohre; hier erschienen die Enthüllungsberichte von Ida Tarbell und Lincoln Steffens, zwei der einflußreichsten «muckrakers».

Die «progressives» waren eine vielseitige Reformbewegung. In manchem knüpften sie an die Populisten an. Wie diese forderten sie mehr direkte Demokratie auf gemeindlicher und einzelstaatlicher Ebene, und sie waren damit durchaus erfolgreich: Bis 1916 hatten 45 Staaten «primaries», also Urwahlen der Präsidentschaftskandidaten, gesetzlich vorgeschrieben; elf Staaten, darunter Kalifornien, ermöglichten die Abberufung von Amtsinhabern bis hinauf zum Gouverneur (recall) durch die Wähler, manche auch Gesetzesinitiativen und Referenden; 1916 wurde durch das 17. Amendment die Direktwahl der Mitglieder des amerikanischen Senats eingeführt. Auch in wirtschaftspolitischer Hinsicht gab es Kontinuität: Der Antimonopolismus der Populisten fand seine Fortsetzung in den Anti-Kartell-Kampagnen der progressiven «trustbusters».

Aber anders als die Populisten waren die «progressives» im allgemeinen nicht antiurban und antiintellektuell; sie sprachen nicht so sehr die Farmer als vielmehr die städtischen Mittelschichten an. Mehr noch: Das «progressive movement» war ein Produkt der Verstädterung der USA. 1870 lebte nur ein Viertel der Amerikaner in Städten mit mehr als 2500 Einwohnern; 1920 war es über die Hälfte. Die Zahl der Städte mit mehr als 100 000 Einwohnern stieg von 14 im Jahre 1870 auf 38 im Jahr 1900 und 68 im Jahr 1920. Die Millionenstadt mit ihrer Skyline aus Wolkenkratzern (der erste wurde 1884 in Chicago gebaut, und bald folgte New York mit Manhattan) war bereits um die Jahrhundertwende zu einem Symbol Amerikas geworden.

Unter den Sozialreformen, für die sich die «progressives» engagierten, standen gesunde Wohnverhältnisse und die Schaffung von Parks und Grünanlagen in den großen Städten obenan. «Settlement houses» wie das von Jane Addams 1889 in Chicago gegründete Hull House versuchten, Immigrantenfamilien die Eingewöhnung in den «American way of life» zu erleichtern. «Progressives» riefen Gesellschaften zur Förderung der Wohlfahrt der Kinder ins Leben und begründeten die Tradition der freiwilligen Sozialarbeit (social work) in ärmeren Stadtvierteln. Nicht alle, aber viele «progressives» unterstützten die antialkoholische Bewegung der Prohibitionisten, die sich mit ihren Forderungen nach dem Ersten Weltkrieg auf nationaler Ebene durchsetzten. Zum Progressivismus gehörte auch das Ziel der Steigerung der Produktivität durch optimale technische Effizienz. Grundlegend hierfür waren die «Principles of Scientific Management», wie sie der Ingenieur Frederick Winslow Taylor, der Begründer des «Taylorismus» und Vater der weltweiten Rationalisierungsbewegung, 1911 in einem Buch mit ebendiesem Titel darlegte: Um Zeit und Kosten zu sparen, galt es, in der Produktion die rationellsten Handgriffe festzulegen, was nur mit Hilfe der Stoppuhr möglich war.

Im Rahmen des «progressive movement» waren auch viele berufstätige Frauen aktiv, namentlich solche, die in Lehrberufen arbeiteten. (Da das Frauenstudium in den USA, anders als in Europa, keinen Beschränkungen unterlag, gab es hier um 1900 bereits viele Akademikerinnen.) Die zentrale politische Forderung der progressiven Frauen war, neben der vollen bürgerlichen, auch eigentumsrechtlichen Gleichstellung der Frau, die Einführung des Frauenwahlrechts. Bis Ende des 19. Jahrhunderts galt es nur in einem Staat auf nationaler Ebene: in Neuseeland seit 1893. In den USA war es bis 1898 in vier westlichen Staaten, nämlich Wyoming, Colorado, Utah und Idaho eingeführt worden. Dank der Aktivitäten von «Suffragetten» wie Elizabeth Cady Stanton, Susan B. Anthony, Carrie Chapman Catt, Anna Howard Shaw und Alice Paul kamen bis 1914 noch sieben weitere Staaten hinzu. Die Zahl der Mitglieder der American Women Suffrage Association stieg von 13 000 im Gründungsjahr bis auf 2 Millionen im Jahr 1917. Drei Jahre später, 1920, wurde das Frauenwahlrecht durch das 19. Amendment zur Verfassung in der ganzen Union eingeführt. Die volle Emanzipation der Frauen war damit aber noch lange nicht erreicht. Das Stimmrecht für Frauen war nur ein Etappenziel im Kampf um die Gleichberechtigung der Geschlechter.

Zum «progressive movement» gehörte auch die weiße Bürgerrechtlerin Mary White Ovington, die 1909 zusammen mit schwarzen Bürgerrechtlern um William E. B. Du Bois die National Association for the Advancement of Colored People (NAACP) gründete. Seit dem Ende des Bürgerkriegs war nur wenig geschehen, um die Gleichberechtigung der Rassen, wie sie das 14. Amendment von 1868 versprochen hatte, Wirklichkeit werden zu lassen. Die Schwarzen wurden nicht nur durch die Wahlgesetze und Wahlpraktiken der Südstaaten, sondern auch das höchste amerikanische Gericht diskriminiert: 1896 bestätigte der Supreme

Court im Fall Plessy versus Ferguson die Verfassungsmäßigkeit der Rassentrennung in öffentlichen Verkehrsmitteln, wie sie Florida 1887 eingeführt hatte. Mit der Devise «separate but equal» (getrennt, aber gleich) legitimierte der Oberste Gerichtshof die südstaatlichen «Jim Crow Laws», die eine strikte Rassentrennung (oder «Apartheid», wie man später in Südafrika sagte) in Schulen, Restaurants, Kinos, Badestränden und Parks vorschrieben. Schwarze waren auch nach wie vor die häufigsten Opfer der Lynchjustiz in den Südstaaten: Zwischen 1891 und 1900 waren von 1559 Gelynchten 1132 oder 73 Prozent Afroamerikaner; zwischen 1911 und 1920 waren es 554 von 606 oder 91 Prozent. Afroamerikaner durften zwar als Soldaten in Army und Navy dienen, aber während des Krieges mit Spanien waren sie immer wieder Diskriminierungen durch ihre weißen Vorgesetzten und Kameraden ausgesetzt. Die NAACP stellte sich eine gewaltige Aufgabe, als sie sich vornahm, den schwarzen Amerikanern zu dem zu verhelfen, was ihnen auf Grund der Verfassung zustand: die Gleichberechtigung mit den weißen Bürgern der USA.

Anfang des Jahres 1909 endete die zweite Amtszeit Theodore Roosevelts. Die Verfassung verbot zwar keine dritte Amtszeit, aber es war ein ungeschriebenes Gesetz, es bei höchstens zwei aufeinander folgenden Amtszeiten zu belassen. Roosevelt war im September 1901 nur deshalb Präsident geworden, weil sein Vorgänger McKinley ermordet wurde. 1904 war er erstmals gewählt worden; wäre er 1908 erneut mit Erfolg angetreten, hätte es sich um seine erste Wiederwahl gehandelt. Roosevelt wollte Präsident bleiben, aber der konservative Flügel der Republikaner verübelte ihm sein gelegentliches Vorgehen gegen die Interessen von «big business» und gab seiner Wirtschaftspolitik die Schuld an der starken, wenn auch nur kurzen Rezession von 1907. Überdies hatte Roosevelt selbst 1904 angekündigt, er würde 1909 aus dem Amt scheiden. Da er nach Lage der Dinge keine Aussichten hatte, erneut von den Republikanern nominiert zu werden, sah er widerstrebend von einer weiteren Bewerbung ab.

Der Kandidat, für den sich seine Partei entschied, war der Jurist William Howard Taft, der von 1901 bis 1904 erster amerikanischer Gouverneur auf den Philippinen gewesen war und 1904 das Amt des Kriegsministers übernommen hatte. Für die Demokraten trat zum dritten und letzten Mal William Jennings Bryan an. Taft gewann mit einem Vorsprung von über einer Million Stimmen. Das Vertrauen, das viele «progressives» in ihn setzten, enttäuschte er jedoch schon bald. Den konservativen Republikanern gelang es, die von Taft angestrebte Zollsenkung zu hintertreiben. Der «Payne-Aldrich Tariff» von 1909 beließ es im wesentlichen bei den extrem hohen Schutzzöllen von durchschnittlich 37 bis 40 Prozent des Warenwerts. Für das Ansehen des Präsidenten bei den «progressives» noch schädlicher war ein Konflikt mit den «conservationists»: Der neue Innenminister Richard A. Ballinger machte riesige Wald- und Berggebiete, die unter Roosevelt für den Naturschutz reserviert worden waren, privaten Investoren zugänglich. Wenig später wurde der Roosevelt nahestehende Gründer und erste Direktor des National Forest Service, Gifford Pinchot, einer der bekanntesten Umweltschützer, entlassen.

Der Kurswechsel in der Umweltpolitik trug wesentlich zum Bruch zwischen Roosevelt und Taft bei. Im September 1910 hielt der Vorgänger des amtierenden Präsidenten in Osawatomie, Kansas, eine kämpferische Rede, in der er sich für einen «New Nationalism» aussprach, worunter er eine starke, zum Eingriff in das Wirtschaftsleben fähige Bundesregierung verstand. Diese sollte auf dem Weg der Gesetzgebung für mehr soziale Gerechtigkeit durch Einkommens- und Erbschaftssteuern sowie Maßnahmen zum Schutz arbeitender Frauen und Kinder sorgen und die Trusts einer scharfen öffentlichen Kontrolle unterwerfen.

Roosevelt dachte zu diesem Zeitpunkt noch nicht daran, sich 1912 erneut um die Präsidentschaftskandidatur zu bemühen. Vielmehr unterstützte er zunächst die seit 1911 von der National Republican Progressive League betriebene Kandidatur eines führenden «progressive», des Senators und ehemaligen Gouverneurs von Wisconsin, Robert La Follette. Im Februar 1912 aber entschied sich Roosevelt, selbst anzutreten. Als Taft sich dank offenkundiger Manipulationen des Parteivorstands bei der Zuerkennung umstrittener Delegiertenmandate auf der Convention in Chicago durchsetzte, brach Roosevelt mit seiner Partei. Mit einem Teil seiner Anhänger gründete er eine neue Partei, die Progressive Party, und ließ sich von ihr als Präsidentschaftsbewerber aufstellen. Seine Bemerkung, er fühle sich für die Kandidatur «fit as a bull moose» (gut in Form wie ein Elchbulle) verhalf der neuen «third party» sogleich zu einem Spitznamen: Ihre Anhänger und Kandidaten waren fortan die «Bull Moosers».

Die Republikaner waren bis 1911 keine rein konservative Partei gewesen; sie hatten neben Interessenvertretern von Großunternehmen

und Banken immer auch liberale und progressive Politiker in ihren
Reihen gezählt. Das änderte sich mit den Präsidentschaftswahlen von
1912: Die «Grand Old Party» stand seitdem eindeutig rechts von der
Mitte. Bei den Demokraten verlief die Entwicklung in umgekehrter
Richtung. Zwar gaben in den Südstaaten weiterhin die konservativen
«Dixiecrats» den Ton an; die Machtposition der Demokratischen Partei
war hier so unangefochten, daß man geradezu von Einparteienstaaten
sprechen konnte. Auf nationaler Ebene aber gab es ein prekäres Gleichgewicht von konservativen und liberalen oder progressiven Kräften,
wobei die letzteren vor allem Arbeiter, Farmer und Immigranten aus
Ost- und Südeuropa ansprachen. Auf der demokratischen Convention
im Juni 1912 in Baltimore fiel die Entscheidung erst im 46. Wahlgang:
Nominiert wurde der Gouverneur von New Jersey und ehemalige
Präsident der Universität Princeton, der Professor für Politische Wissenschaft Woodrow Wilson, der zu den entschiedenen «progressives»
gehörte. Seine zentrale Wahlparole hieß «New Freedom»; seine schärfsten Angriffe richtete er gegen Monopole und Trusts.

Aus den Wahlen ging Wilson, auch wenn er nur eine relative Mehrheit für sich gewann, als Sieger hervor. Auf ihn entfielen 41,9, auf Roosevelt 27,4, auf Taft 23,2 und auf den Sozialisten Eugene V. Debs 6,0 Prozent der abgegebenen gültigen Stimmen. Im Wahlmännergremium erhielt
Wilson dank der Spaltung der republikanischen Wählerschaft eine breite
Mehrheit. Die Republikaner mußten zur Kenntnis nehmen, daß sie
durch den harten Ruck nach rechts ihre Wahlchancen selbst zerstört hatten. Für die «Bull Moosers» lautete die Lektion, daß eine «dritte Partei»
zwar eine der beiden großen Parteien um den Sieg bringen, aber keine
ernsthafte Chance hatte, selbst an die Macht zu gelangen.

Ins Weiße Haus gelangt, betrieb Wilson eine Politik, die für die Liberalen alles in allem eher enttäuschend war. Er verzichtete auf jedes
Engagement zugunsten des Frauenwahlrechts, ließ auf Druck der Südstaatendemokraten die Rassentrennung in Außenstellen von Bundes-
behörden wieder zu und behinderte mehrere gesetzgeberische Vorstöße
der «progressives». Zu den Errungenschaften seiner ersten Amtsjahre
gehörten zwei Gesetze gegen den Mißbrauch wirtschaftlicher Macht.
Die Trusts wurden zwar nicht zerschlagen, ihre Wirkungsmöglichkeiten
aber durch den Clayton Antitrust Act von 1914 begrenzt: Sie durften
den Wettbewerb nicht dadurch einschränken, daß sie unterschiedlichen
Kunden unterschiedliche Preise abverlangten oder geheime Absprachen

mit der Konkurrenz trafen oder Vertreter in deren Aufsichtsräte entsandten. Der Federal Trade Act, ebenfalls von 1914, schuf die Federal Trade Commission, die gegen unlauteren Wettbewerb, etwa durch irreführende Werbung, einschreiten konnte.

Nachdem die Demokraten bei den «midterm elections» von 1914 deutliche Verluste erlitten und die Republikaner dank zurückgekehrter Wähler der «Bull Moosers» ihre Positionen in Senat und Repräsentantenhaus entsprechend verbessert hatten, bemühte sich Wilson wieder verstärkt um die Sympathien der «progressives». Zu Beginn des Präsidentschaftswahljahres 1916 machte er den liberalen Louis Brandeis zum ersten jüdischen Richter am Supreme Court. Im gleichen Jahr unterstützte er ein Gesetz gegen die Kinderarbeit, den Keating-Owen Act, der den zwischenstaatlichen Handel mit Gütern untersagte, die von Minderjährigen hergestellt worden waren. Vor dem Supreme Court fand das Gesetz allerdings keine Gnade: Es wurde 1918 wegen Verstoßes gegen die Verfassung aufgehoben. Der Bund dürfe, so lautete die Begründung, zwar den Handel über die Grenzen der Einzelstaaten hinweg regulieren, nicht aber die Herstellung von Gütern.

Außenpolitisch trat Wilson, soweit es um den mittelamerikanischen «Hinterhof» der USA ging, in die Fußstapfen seines republikanischen Vorgängers. 1909 und 1912 hatte Präsident Taft, gestützt auf die «Roosevelt Corollary» von 1904, in Nicaragua, einem bevorzugten Gebiet seiner «Dollar diplomacy», interveniert: beide Male, um amerikanische Bürger und Zollämter zu schützen, aber auch, um die von den USA bevorzugte Bürgerkriegspartei zu unterstützen. Die amerikanischen Truppen verließen das Land erst wieder 1925. Wilson intervenierte 1915 mit Hilfe der Marines nach blutigen Ausschreitungen in Haiti und im Jahr darauf, ebenfalls zwecks Niederwerfung von Unruhen, in der Dominikanischen Republik; die amerikanischen Truppen blieben hier bis 1924, auf Haiti sogar bis 1934 im Lande.

Noch unter Taft hatten sich die USA in den 1910 entbrannten mexikanischen Bürgerkrieg verwickeln lassen. 1911 kam nach dem Sturz des korrupten, aber amerikafreundlichen Präsidenten Porfirio Díaz eine reformgeneigte Regierung unter Francisco Madero an die Macht. Als im Februar 1913 der erzreaktionäre General Victoriano Huerta putschte, war der abgewählte, aber noch amtierende Präsident Taft rasch bereit, den neuen Machthaber anzuerkennen. Bevor es dazu kam, wurde Madero, offensichtlich auf Veranlassung Huertas, ermordet.

Der neue amerikanische Präsident Wilson weigerte sich, den blutigen Umsturz durch eine diplomatische Anerkennung zu sanktionieren. Dennoch konnte sich das Regime Huertas, auch mit Hilfe amerikanischer Wirtschaftskreise, an der Macht behaupten und eine Diktatur errichten.

Im Frühjahr 1914 lieferte ein Zwischenfall, die willkürliche Verhaftung von amerikanischen Marinesoldaten durch einen mexikanischen Offizier, den Anlaß zu einer militärischen Intervention. Sie mündete in die Besetzung der Hafenstadt Veracruz. Oppositionellen Kräften, den «Konstitutionalisten» unter Venustiano Carranza, dem Gouverneur von Coahuila, gelang es wenig später, Huerta zu stürzen. Nachdem Wilson im Oktober 1915 schließlich die Regierung Carranza de facto anerkannt hatte, lehnte sich der von den USA zeitweilig unterstützte Agrarrevolutionär Francisco «Pancho» Villa gegen seine bisherigen Förderer auf. Er ließ Anfang 1916 16 amerikanische Ingenieure erschießen und unternahm eine Expedition über die amerikanische Grenze nach New Mexico, wo seine Mitkämpfer den Ort Columbus plünderten und 17 Amerikaner töteten. Wilson ordnete eine Strafaktion unter General Pershing auf mexikanischem Boden an, die, was die Suche nach Pancho Villa betraf, erfolglos verlief, aber zu Gefechten mit mexikanischen Regierungstruppen führte. Ein Krieg zwischen den USA und Mexiko schien unmittelbar bevorzustehen. Aber Wilson entschloß sich zum Einlenken, zog die amerikanische Truppe ab und erkannte im März 1917, vier Monate nach seiner Wiederwahl, die Regierung Carranza auch de jure an. Der Grund der Kehrtwende lag in dem Krieg, der im August 1914 in Europa begonnen hatte: Die Vereinigten Staaten wurden immer mehr durch den deutschen Seekrieg im Atlantik in Mitleidenschaft gezogen und bereiteten sich darauf vor, an der Seite Englands und Frankreichs in den Krieg einzutreten.[25]

Transnationale Moderne:
Die Ungleichzeitigkeit des Fortschritts (I)

«Das industriell entwickeltere Land zeigt dem minder entwickelten nur das Bild der eigenen Zukunft»: Als Marx 1867 dieses Verdikt im Vorwort zum ersten Band des «Kapitals» niederschrieb, dachte er an das Vorbild, das England damals den Ländern des europäischen Kontinents gab. Vier Jahrzehnte später, 1906, nannte Werner Sombart die Vereinigten Staaten das «Land unserer Zukunft»: «Was 1867 Marx mit Recht von England aussagte, dürfen wir jetzt auf Amerika anwenden: de te fabula narratur, Europa (die Geschichte handelt von dir, Europa, H.A.W.), wenn wir über amerikanische Zustände reden. Wenigstens was die kapitalistische Entwicklung anbetrifft.»

Wie Sombart ging es vielen gebildeten Europäern, die im späten 19. und frühen 20. Jahrhundert Amerika bereisten. Die Vereinigten Staaten waren für sie das Laboratorium einer Moderne, die auch auf dem «alten Kontinent» begonnen, aber sich dort noch längst nicht so stark durchgesetzt hatte wie in der «neuen Welt». Den meisten Beobachtern fiel als erstes ins Auge, was schon Tocqueville in den frühen dreißiger Jahren des 19. Jahrhunderts ebenso fasziniert wie erschreckt hatte: die Hochschätzung der Gleichheit. Mochten die objektiven Gegensätze zwischen Arm und Reich auch noch so kraß, ja schärfer ausgeprägt sein als in Europa, so riefen sie doch nicht das Bewußtsein einer Klassenspaltung hervor; die «Durchschnittsamerikaner» empfanden sich vielmehr nach wie vor als eine Gesellschaft der Freien und Gleichen. Wie es ein Fachkollege Sombarts, der Münsteraner Nationalökonom Johann Plenge, 1912 ausdrückte: «In Europa hatte das Bürgertum stets andere Schichten unter sich und neben sich, und seine Klassenstimmung konnte sich nie ungehemmt entfalten. In Amerika ist die bürgerliche Lebensanschauung das allgemeine nationale Bewußtsein geworden.»

In Europa verfügte der Adel um 1900 noch immer über das höchste Sozialprestige, und in manchen Ländern, darunter Deutschland und Österreich-Ungarn, über erhebliche politische Macht. Der soziale Aufstieg von unten nach oben innerhalb einer Generation war in Europa sehr viel seltener als in den USA; hierarchisches Denken bestimmte zumindest auf dem Kontinent das Denken der Mittelschichten und war eine der Ursachen für die Absonderung des Proletariats von der übrigen Gesellschaft und seine Bereitschaft, sich die sozialistische Lehre vom Klassenkampf anzueignen. In Amerika war die strikte Trennung von Staat und Kirche eine Tradition, die in die Kolonialzeit zurückreichte, und eben deswegen hatte die Religion sich hier einen breiten gesellschaftlichen Rückhalt bewahrt, wie es ihn nur noch in wenigen europäischen Ländern gab. In Europa bedeutete die Zugehörigkeit zur Arbeiterklasse zunehmend Kirchenferne und Kirchenfeindschaft; amerikanische Arbeiter unterschieden sich in ihrer Religiosität kaum von anderen gesellschaftlichen Gruppen. Amerikanische Eltern pflegten, anders als europäische, zu ihren Kindern ein kameradschaftliches Verhältnis und verabscheuten es, ihre Autorität herauszukehren: eine Beobachtung, die vor allem deutsche Besucher irritierte.

Liberal gesinnte Europäer waren von den freien Umgangsformen der Amerikaner beeindruckt und wußten ihre Liebe zur Gleichheit zu schätzen. In Amerika glaube man weder an der gesellschaftlichen Spitze noch in den Unterschichten an Klassenunterschiede, schrieb der französische Historiker und Ökonom Vicomte Georges d'Avenel im Jahre 1908. «Jeder ist fest davon überzeugt, Gleicher unter Gleichen zu sein; das ist ein großes Glück und eine enorme Stärke für die Nation.» Der Philosoph Émile Boutmy, ein Landsmann d'Avenels, sah Individuen, die sich ihren Weg bahnen wollten, in Frankreich durch tausenderlei Umstände und Zufälle behindert, wohingegen in Amerika sich im allgemeinen jeder als seines Glückes Schmied fühle: «Es genügt ihm, den Moment abzupassen, in dem er seine Chance haben wird, und dieser Augenblick wird kommen.»

Als bestimmendes Element des «American way of life» erschien vielen europäischen und zumal deutschen Amerikareisenden der grassierende Materialismus. «Der Amerikaner will Geld haben, und sein ganzes Sinnen und Trachten und Schaffen ist allein darauf gerichtet», befand in den neunziger Jahren ein konservativer deutscher Offizier namens Korff. Beliebt waren die Klischees von der amerikanischen Monotonie, der die Vielfalt der alten Welt gegenübergestellt wurde, vom Gegensatz zwischen amerikanischer Traditionslosigkeit und europäischer, namentlich deutscher Kultur, von Tempo dort und Gründlichkeit hier. «Vermassung» und «Massenkultur» waren in Amerika weiter fortgeschritten als in Europa, aber sie gewannen auch hier an Boden. Die amerikanischen Millionenstädte mit ihren Wolkenkratzern galten als der abschreckende Ausdruck des heraufziehenden Zeitalters der Massen.

«Was hat Nürnberg mit Chicago gemeinsam?», fragte Sombart rhetorisch. «Nichts als die äußerlichen Merkmale, daß viele Menschen eng beieinander in Straßen wohnen, die für ihren Unterhalt auf Zufuhr von außen angewiesen sind. Dem Geiste nach nichts. Denn jenes ist ein dorfartig, organisch-gewachsenes Gebilde, dieses ist eine nach ‹rationellen› Grundsätzen künstlich hergestellte, wirkliche ‹Stadt›, in der (würde Tönnies sagen) alle Gemeinschaftsspuren ausgelöscht und die reine Gesellschaft niedergeschlagen ist.» Der von Sombart genannte Soziologe Ferdinand Tönnies hatte 1867 in seinem Buch «Gemeinschaft und Gesellschaft» die These vertreten, daß im Verlauf der Geschichte die ältere, natürlich gewachsene, lebendige Gemeinschaft immer mehr von der Gesellschaft, einem von Egoismus und Profitgier geprägten, mechanischen Kunstprodukt, verdrängt werde, das besonders in der Großstadt und dem Staat zum Ausdruck komme.

Der Staat spielte im Leben und Denken der Europäer eine sehr viel größere Rolle als in dem der Amerikaner. Im europäischen Teil des Okzidents war der Staat, gemäß der klassischen Definition Max Webers, «ein politischer Anstaltsbetrieb …, wenn und insoweit sein Verwaltungsstab erfolgreich das Monopol legitimen physischen Zwangs für die Durchführung der Ordnungen in Anspruch nimmt». Im «Wilden Westen» der USA begann sich dieser Anspruch erst Ende des 19. Jahrhunderts allmählich gegenüber dem Faustrecht durchzusetzen.

Die Europäer waren es spätestens seit der Zeit des Absolutismus gewöhnt, der zivilen Staatsgewalt in Gestalt eines fachlich spezialisierten Berufsbeamtentums zu begegnen. In Amerika galt für höhere Verwaltungspositionen noch immer das «spoils system», dem zufolge das Personal ausgewechselt wurde, wenn eine der beiden rivalisierenden Parteien die andere an der Macht ablöste. Erst unter der Präsidentschaft des Republikaners Chester A. Arthur wurde 1883 die Civil Service Commission eingesetzt, die zumindest für nachgeordnete Verwaltungspositionen ein «merit system» einführte, das auf Auslese durch Prüfungen beruhte.

In Europa hatte schon der Staat der frühen Neuzeit im Sinne der «Guten Policey» soziale Fürsorgepflichten übernommen, von denen eine ungebrochene Linie zum modernen Wohlfahrtsstaat führt. Im Mai 1891 erlegte Papst Leo XIII. in seiner Enzyklika «Rerum novarum» dem Staat die Pflicht auf, die Besitzlosen in seine besondere Obhut zu nehmen und, entsprechend dem Subsidiaritätsprinzip, einzugreifen, wenn die persönliche Würde und die Menschenrechte der Lohnarbeiter vor der Ausbeutung durch die Arbeitgeber anders nicht zu sichern waren. In den Vereinigten Staaten war die Wohlfahrt vorrangig eine Sache der freiwilligen gesellschaftlichen Initiative und der Kirchen. Der Staat wurde nur selten tätig, um soziale Mißstände zu beheben, und wenn er es tat, wurde er oft sogleich wieder von den Gerichten bis hinauf zum Supreme Court in seine Schranken verwiesen. Die Überzeugung, daß jeder seines Glückes Schmied ist, hatte ihre Kehrseite: Wer beim «pursuit of happiness» keinen Erfolg hatte, mußte selbst die Folgen tragen. Tief waren auch die Gräben zwischen dem philosophischen Denken in Amerika und auf dem europäischen Kontinent. Die vorherrschende Denkrichtung in den Vereinigten Staaten war um 1900 der Pragmatismus, wie ihn Charles Sanders Peirce, William James und John Dewey vertraten. Das Denken hatte dem Pragmatismus zufolge im Dienst des Lebens zu stehen; wahr waren nur Vorstellungen, deren praktische Konsequenzen sich bewährten. Gelegentlich wird auch Friedrich Nietzsche dem Pragmatismus zugerechnet. Aber seine Lebensphilosophie war von ganz anderer Art als jene, die auf der anderen Seite des Atlantiks gelehrt wurde. Nietzsches Fundamentalkritik an der «Sklavenmoral» des Christentums, seine Denunziation der Demokratie als Verfallsform des Staates, seine Verherrlichung des Willens zur Macht, der Herrenmoral und des Übermenschen: all das widersprach zutiefst dem amerikanischen Pragmatismus. Ähnliches gilt von Henri Bergsons Lehre vom «élan vital», der vom Lebensdrang bestimmten schöpferischen Entwicklung des Individuums wie des Universums. Mit den nüchternen Maximen des «learning by doing» und des «trial and error» hatten die irrationalistischen Erscheinungsformen der europäischen Lebensphilosophie des späten 19. Jahrhunderts wenig gemein.

Nicht alles an Amerika war modern, und nicht alles, was modern war, kam aus Amerika. Wohl in keinem anderen protestantisch geprägten Land war der Glaube an die «Verbalinspiration», die göttliche Eingebung der Autoren der Heiligen Schriften des Alten und des Neuen Testaments so weit verbreitet wie in den Vereinigten Staaten: Der christliche Fundamentalismus (wie man heute sagen würde) war aufklärungsfeindlich und richtete sich vor allem gegen Darwins Evolutionslehre, die sich in den amerikanischen Eliten großer Beliebtheit erfreute. Die tiefe Religiosität der Amerikaner aber stand, wie schon Tocqueville 1835 bemerkt hatte, der Liebe zur politischen Freiheit nicht nur nicht entgegen, sie gehörte sogar zu ihren historischen Vorbedingungen.

Umgekehrt setzte die Entwicklung der Freiheit des Geistes offenkundig nicht politische Freiheit im Sinne der westlichen Demokratie voraus: Einige der großen Durchbrüche zur Moderne fanden in Staaten statt, die, gemessen an amerikanischen, britischen und französischen Maßstäben, halbautoritär zu nennen waren. Die Entdeckung des Unbewußten in Gestalt der Psychoanalyse gelang um die Jahrhundertwende Sigmund Freud in Wien; 1895 entdeckte der deutsche Physiker Wilhelm Conrad Röntgen in Würzburg die nach ihm benannten Strahlen; die allgemeine Relativitätstheorie entwickelte Albert Einstein zwischen 1914 und 1916 in Berlin. Von den ersten Nobelpreisen für Physik, Chemie und Physiologie beziehungsweise Medizin gingen zwischen 1901 und 1914 14 an deutsche, 10 an französische, 5 an britische, 4 an niederländische und je 3 an schwedische und an amerikanische Gelehrte. Deutschland galt vor dem Ersten Weltkrieg als die führende Wissenschaftsnation; seine Universitäten genossen quer durch alle Disziplinen höchstes internationales Ansehen. Die deutsche Forschungsuniversität wurde zum Exportartikel: Die 1876 gegründete Johns Hopkins University in Baltimore war die erste amerikanische Hochschule, die sich bewußt und gezielt am deutschen Vorbild ausrichtete.

Im Allgemeinen wird der Durchbruch zur klassischen Moderne in die Jahre zwischen 1880 und 1914 datiert: die Zeit, in der in Amerika wie in großen Teilen Europas die Agrargesellschaft endgültig von der Industriegesellschaft abgelöst wurde. Innerhalb der Industrie traten damals die neuen Leitsektoren der Stahl-, der Chemie- und der elektrotechnischen Industrie an die Stelle der alten, der Baumwoll- und der Eisenindustrie. Als «modern» galten Industrie und Technik, die Großstadt und ihre Massen, die Entstehung eines (von Hans Rosenberg so genannten) «politischen Massenmarktes», das Drängen aufgeklärter Frauen auf die umfassende Gleichberechtigung der Geschlechter, Säkularisierung und Entkirchlichung, die Kritik an den vorherrschenden, von männlichen Vorurteilen geprägten, in England als «viktorianisch», in Deutschland als «wilhelminisch» bezeichneten, als heuchlerisch empfundenen Moralvorstellungen. «Modern» waren der Naturalismus in der Literatur, für den die Romane von Zola, Dostojewski und Tolstoi und die Dramen von Ibsen, Strindberg und Gerhart Hauptmann standen, sowie in der bildenden Kunst die Abwendung von epigonalen Stilimitationen wie Historienmalerei, Neoromanik und Neogotik im Zeichen des Mutes zur Subjektivität und der Suche nach Authentizität: Kunstrichtungen, wie sie zuerst die französischen Impressionisten, dann die deutschen Expressionisten und die Vertreter von Arts and Crafts Movement, Jugendstil und Art nouveau vertraten. Vieles von dem, was man gemeinhin mit dem Begriff der «neuen Sachlichkeit» verbindet, begann nicht erst nach dem Ersten Weltkrieg, sondern mit der Durchsetzung einer funktionalen Architektur in den Jahren vor 1914. Um 1910 entstanden in Wien die ersten atonalen Musikwerke von Arnold Schönberg. Die «moderne Kunst» huldigte einem anderen Schönheitsideal als die «klassische»; die Wirklichkeit, die sie zum Ausdruck brachte, schloß das Häßliche mit ein; in ihr spiegelten sich die Zerrissenheit des modernen Menschen und die Widersprüche der industriellen Gesellschaft.

Das gesteigerte Tempo, das die Entwicklung der modernen Technik mit sich brachte, das Näherrücken des bislang Fernen, Lärm und Akkord, die Reizüberflutung der Großstadt, die Erschütterung alter Gewißheiten, die ständige Infragestellung des Hergebrachten: all das schuf eine Atmosphäre der Nervosität und mit ihr das Bedürfnis, die Nervosität zu kurieren. Ruhe ließ sich nur zeit- und ausnahmsweise verordnen; mehr versprachen sich Nervenärzte und Laien von der Willenstherapie. «Wille ist Kraft» lautete ein beliebtes Motto der Populärpsychologie. Was für Individuen galt, wurde auf Kollektive übertragen, vor allem auf das der Nation: Im Zeichen eines verschärften internationalen, ja globalen Wettbewerbs kam es auf den Willen an, nicht hinter andere zurückzufallen, sondern mit ihnen Schritt zu halten und sie nach Möglichkeit zu übertreffen. Weltweit anerkannt zu werden war der Imperativ, dem sich alle größeren Nationalstaaten unterwarfen – am meisten die jüngeren wie Deutschland und Italien, die in Sachen Weltgeltung einen beträchtlichen Nachholbedarf verspürten. Nicht zufällig fiel der Durchbruch der klassischen Moderne um 1880 mit einem gewaltigen Globalisierungsschub, dem Beginn der Hochzeit des Imperialismus, zusammen. Doch neben der nationalistischen und kriegerischen gab es auch eine internationalistische und friedliche Erscheinungsform des neu erwachten Strebens nach Rekorden und weltweiter Anerkennung: die Wiederbelebung der olympischen Idee durch den französischen Baron Pierre de Coubertin im Jahre 1894 – gefolgt von den ersten Olympischen Spielen der Neuzeit in Athen zwei Jahre später.

Was modern war, war zugleich auch transnational: Alle auf Neuerung und Emanzipation ausgerichteten Bewegungen wurden, wenn auch nicht immer gleichzeitig, in allen Ländern des Westens aktiv. Die Frauenbewegung begann 1848 mit einer amerikanischen Frauenrechtskonferenz in Seneca Falls im Staat New York, die in einer «Declaration of Sentiments» den Anspruch auf volle Gleichberechtigung der Geschlechter mit dem Naturrecht und den Prinzipien der Unabhängigkeitserklärung von 1776 begründete. Vier Jahrzehnte später, 1888, fand in Washington eine internationale Frauenkonferenz statt; aus ihr ging der erste internationale Frauenverband, der International Council of Women, hervor. 1903 gründete Emmeline Pankhurst in England zusammen mit anderen Suffragetten die Women's Social and Political Union, die mit Großdemonstrationen und spektakulären Aktionen wie Hungerstreiks, Steuerboykott, Selbstankettungen und Sprengung von Versammlungen für ihr Ziel, gleiche Rechte für Frauen und Männer, kämpfte.

Die ideologisch gespaltene deutsche Frauenbewegung trat demgegenüber ausgesprochen gemäßigt auf. Ihr bürgerlicher Flügel war sich hinsichtlich des Frauenwahlrechts nicht einig: Der von Louise Otto-Peters 1865 gegründete Allgemeine Deutsche Frauenverein verzichtete aus taktischen Gründen auf diesen Programmpunkt, während sich Hedwig Dohm, die Autorin des 1876 erschienenen Buches «Der Frauen Natur und Recht», und ihre Mitstreiterinnen Minna Cauer und Anita Augspurg nachdrücklich für das Frauenstimmrecht engagierten. Zu den entschiedensten Vorkämpferinnen des Frauenwahlrechts gehörten, wovon noch die Rede sein wird, sozialdemokratische Politikerinnen. Sie ließen allerdings keinen Zweifel daran aufkommen, daß die volle Emanzipation der Frau nicht in der bürgerlichen, sondern erst in der sozialistischen Gesellschaft verwirklicht werden würde. Insgesamt traten Frauenbewegungen in protestantischen Ländern früher und aktiver in Erscheinung als in katholischen, was eng mit unterschiedlichen Graden der Volksbildung, der Industrialisierung und der gesellschaftlichen Mobilität zusammenhing.

Der erste europäische Staat, der das Frauenstimmrecht einführte, war 1906 das noch unter russischer Oberhoheit stehende Finnland. Bis 1915 folgten Dänemark und, mit gewissen Einschränkungen, Norwegen, Island und Kanada. Zu den Staaten, die 1918, im letzten Jahr des Ersten Weltkriegs, den Frauen das aktive und passive Wahlrecht gaben, gehörten Österreich, Deutschland, Rußland und Großbritannien – das letztere mit dem erst 1928 entfallenen diskriminierenden Unterschied, daß Männer ab dem vollendeten 21., Frauen erst ab dem vollendeten 30. Lebensjahr wählen durften. Die USA führten, wie erwähnt, das Frauenwahlrecht 1920 ein. Frankreich, das Land, in dem Olympe de Gouges bereits 1791 eine «Erklärung der Rechte der Frau und Bürgerin» verfaßt hatte, tat diesen Schritt erst 1944. Noch länger mußten die Frauen in zwei Alpenländern auf das Wahlrecht warten: Die Schweizerinnen erhielten es 1971, die Liechtensteinerinnen 1984.

Deutlich «internationaler» als die Frauenbewegung war die Ende des 19. Jahrhunderts in vielen Ländern erstarkende Arbeiterbewegung. Die Erste Internationale war vor allem am Gegensatz zwischen den Anhängern von Karl Marx und denen des russischen Anarchisten Michail Bakunin gescheitert und hatte sich 1876 auf einer Konferenz in Philadelphia formell aufgelöst. Am 14. Juli 1889, dem 100. Jahrestag des Sturmes auf die Bastille, traten in Paris die Delegierten von Arbeiterparteien und Gewerkschaften aus zwanzig Ländern, darunter den meisten europäischen Staaten sowie den USA und Argentinien, zu einer Konferenz zusammen, aus der die Zweite Internationale hervorging. Sie verständigte sich unter anderem darauf, den 1. Mai 1890 als große internationale Manifestation zu organisieren, bei der die Arbeiter zur gleichen Zeit in allen Städten für die Einführung des achtstündigen Arbeitstages demonstrieren sollten.

Die Anregung hierzu kam aus den Vereinigten Staaten: Im Dezember 1888 hatte ein Kongreß der American Federation of Labor in St. Louis beschlossen, am 1. Mai 1889 in allen großen Städten der Union Massenkundgebungen im Zeichen ebendieses Zieles abzuhalten. Der Pariser Beschluß wurde allerdings in durchaus unterschiedlichen Formen in die Tat umgesetzt: als Generalstreik in vielen Städten Frankreichs und Österreich-Ungarns, als Tag großer Aufmärsche in vielen anderen Ländern; in England und Deutschland fanden die Demonstrationen jedoch nicht am 1. Mai 1890, sondern erst am darauf folgenden Sonntag statt, so daß Arbeitsniederlegungen nicht erforderlich wurden. Als auf dem folgenden Kongreß in Brüssel über den Antrag abgestimmt wurde, alle Kundgebungen auf denselben Tag, den 1. Mai, zu legen, stimmten die Briten mit Nein; die Deutschen stimmten zwar zu, legten ihre Veranstaltungen aber auf den Abend des Tages. Dennoch war das öffentliche Echo auf die Kundgebungen der Arbeiter so stark, daß daraus rasch eine internationale Tradition wurde.

Die Zweite Internationale besaß zunächst weder ein Programm noch eine Organisation und nicht einmal einen Namen. Erst 1900 beschloß sie auf ihrem Pariser Kongreß die Bildung einer dauernden internationalen Kommission und eines besoldeten internationalen Sekretariats; die Zusammenkünfte der Delegierten fanden seit jenem Jahr unter dem Namen «Internationaler Sozialistenkongreß» statt. Wie die Erste Internationale, so wurde auch die Zweite seit ihrer Gründung von inneren Gegensätzen bedroht. Die marxistische Richtung war die stärkste; aber daneben gab es die Anarchisten, die vor allem in Spanien, Italien und den Niederlanden viele Anhänger hatten, die französischen Syndikalisten, die sich ganz auf den gewerkschaftlichen Kampf konzentrierten und den politischen geringschätzten, und die britischen Gewerkschaften, die vom Marxismus so gut wie gar nicht berührt waren und auf Reformen setzten.

Die Gegensätze zwischen den Anarchisten und den übrigen Strömungen erwiesen sich als unüberbrückbar, so daß es auf dem Londoner Kongreß von 1896 zur Trennung der Mehrheit von der Minderheit kam: Die Delegierten beschlossen, nachdem die Anarchisten den Kongreß bereits verlassen hatten, mit allen Stimmen gegen die der französischen Syndikalisten, künftig nur noch Organisationen einzuladen, die «die Umwandlung der kapitalistischen Eigentums- und Produktionsordnung in die sozialistische Eigentums- und Produktionsordnung anstreben und die Teilnahme an der Gesetzgebung und die parlamentarische Tätigkeit als notwendiges Mittel zur Erreichung dieses Zweckes ansehen». Gewerkschaftsorganisationen waren nur dann zuzulassen, wenn sie die Notwendigkeit politischer und parlamentarischer Tätigkeit anerkannten. Die Anarchisten wurden von der weiteren Mitwirkung ausdrücklich ausgeschlossen.

Innerhalb der Internationale gab es um diese Zeit *eine* Partei, die auf Grund ihres starken Rückhalts in der Wählerschaft, ihrer ideologischen Klarheit und organisatorischen Disziplin besonderes Ansehen genoß und der darum eine informelle Führungsrolle zufiel: Es war die Sozialdemokratische Partei Deutschlands (SPD), die sich diesen Namen im Oktober 1891 auf ihrem Parteitag in Erfurt, ihrer ersten reichsweiten Zusammenkunft nach dem Außerkrafttreten des Sozialistengesetzes, gab. Das auf diesem Parteitag verabschiedete Erfurter Programm war in seinem grundsätzlichen Teil von Karl Kautsky, dem 1854 in Prag geborenen, seit seinem ersten Wiener Universitätssemester in der sozialistischen Bewegung tätigen Redakteur des theoretischen Parteiorgans «Neue Zeit», entworfen worden und fiel sehr viel «marxistischer» aus als das vorangegangene Gothaer Programm von 1875, das sich die Partei nach der Vereinigung der Anhänger von Marx und Engels mit den Lassalleanern gegeben hatte. Das Erfurter Programm, das rasch zu einer Art «Musterprogramm» der sozialdemokratischen Parteien avancierte, faßte in seinem allgemeinen Teil in knappen Worten zusammen, was Marx über die zwangsläufige Verdrängung des Kleinbetriebs durch den Großbetrieb, die Monopolisierung der Produktionsmittel in den Händen einiger weniger Großkapitalisten und Großgrundbesitzer, das Absinken der Mittelschichten ins Proletariat und die Zuspitzung des Klassenkampfes zwischen Bourgeoisie und Proletariat gelehrt hatte.

Anders las sich der praktische Teil des Programms, den im wesentlichen Eduard Bernstein verfaßt hatte. Bernstein, 1850 als Sohn eines jüdischen Lokomotivführers in Berlin geboren, gelernter Bankangestellter, war während der Zeit des Sozialistengesetzes Redakteur des erst in Zürich, dann in London publizierten Wochenblattes «Sozialdemokrat» gewesen und in England stark durch die Reformvorstellungen der 1883/84 gegründeten Fabian Society um George Bernard Shaw und Sidney und Beatrice Webb beeinflußt worden. In ihren Gegenwartsforderungen präsentierte sich die SPD demnach eher als radikaldemokratische denn als sozialistische Partei. Die Sozialdemokraten verlangten unter anderem das allgemeine, gleiche und direkte Wahlrecht für alle Wahlen und Abstimmungen, und zwar «ohne Unterschied des Geschlechts», eine direkte Volksgesetzgebung, eine «Volkswehr an Stelle der stehenden Heere», die Entscheidung über Krieg und Frieden durch die Volksvertretung, die weltliche Schule, die Erklärung der Religion zur Privatsache, die Abschaffung aller Gesetze, «welche die Frau in öffentlich- und privatrechtlicher Beziehung gegenüber dem Manne benachteiligen», die Abschaffung der Todesstrafe und die Sicherstellung des Koalitionsrechts.

Ein Begriff, der im Denken von Marx und Engels eine große Rolle spielte, kam im Erfurter Programm nicht vor: die «Diktatur des Proletariats». Um den Herrschenden keinen Vorwand für eine neue «gesetzliche» Verfolgung der Sozialdemokratie zu liefern, verzichteten die Autoren des Programms auch darauf, sich zum Ziel der demokratischen Republik oder gar zur Revolution zu bekennen. Doch es war nicht nur Taktik, wenn Kautsky, der in jenen Jahren zum führenden Theoretiker der deutschen und internationalen Sozialdemokratie aufstieg, der Revolution den Geruch von Aufstand, Barrikadenkämpfen und Blutvergießen zu nehmen versuchte. In der «Neuen Zeit» nannte er die Sozialdemokratie eine «revolutionäre, nicht aber Revolutionen machende Partei».

Die soziale Umwälzung, wie sie die Sozialdemokraten erstrebten, sollte Kautsky zufolge vom Proletariat durch die Eroberung der politischen Macht erkämpft werden. Aber anders als im rückständigen Ruß-

land verfügte das Proletariat in «modernen Staaten» dank Koalitions-
und Pressefreiheit und allgemeinem Wahlrecht über andere und bessere
Waffen als die revolutionäre Bourgeoisie im 18. Jahrhundert. Auch das
kaiserliche Deutschland rechnete Kautsky zu den «modernen Staaten»,
in denen das Proletariat die politische Macht auf demokratischem Weg,
im Gefolge eines Wahlsieges, erobern konnte. Der Kampf um eine parlamentarische Regierungsform wurde dadurch zur Vorbedingung für
den Sieg des Proletariats; die soziale Revolution konnte anschließend
im wesentlichen auf evolutionärem Weg erfolgen. Der friedliche Übergang von der kapitalistischen zur sozialistischen Gesellschaft hörte also
auf, jener historische Ausnahmefall zu sein, als den Marx ihn betrachtet hatte; er wurde vielmehr zum europäischen Regelfall. Damit hatte
Kautsky, auch wenn er es kategorisch bestritt, sich von Marx entfernt,
ja mehr noch: Er hatte ihn «revidiert».

Bernstein hingegen entwickelte sich Ende der neunziger Jahre zum
offenen «Revisionisten» und löste damit den «Revisionismusstreit» in
der deutschen und internationalen Sozialdemokratie aus. 1898, drei
Jahre nach dem Tod von Friedrich Engels, stellte er zunächst in einer
Artikelserie unter der Überschrift «Probleme des Sozialismus» in der
«Neuen Zeit», dann in einer zusammenfassenden Zuschrift an den sozialdemokratischen Parteitag in Stuttgart vom Oktober desselben Jahres wesentliche Annahmen von Marx und Engels in Frage. Sowohl die
«Katastrophentheorie», die These vom unweigerlichen Zusammenbruch der bürgerlichen Gesellschaft, als auch die Doktrinen von der
Zuspitzung der gesellschaftlichen Gegensätze, vom Untergang des
Kleinbetriebs und vom Verschwinden der Mittelschichten erklärte er,
gestützt auf umfangreiches Datenmaterial, für widerlegt. «Je mehr ...
die politischen Einrichtungen der modernen Nationen demokratisiert
werden, um so mehr verringern sich die Notwendigkeiten und Ge-
legenheiten großer politischer Katastrophen ... Die Eroberung der
politischen Macht durch die Arbeiterklasse, die Expropriation der
Kapitalisten sind an sich keine Endziele, sondern nur ein Mittel zur
Durchführung bestimmter Ziele und Bestrebungen.»

Im Jahr darauf ließ Bernstein die von Kautsky gewünschte ausführ-
liche Darstellung seiner Kritik an den Klassikern des «Wissenschaftlichen Sozialismus» folgen: sein Buch «Die Voraussetzungen des Sozialismus und die Aufgaben der Sozialdemokratie». Darin nannte er die
Demokratie «Mittel und Zweck» zugleich: «Sie ist Mittel der Erkämp-

fung des Sozialismus, und sie ist die Form der Verwirklichung des Sozialismus.» Der Einfluß der Sozialdemokratie würde ein viel größerer
sein als heute, wenn sie den Mut fände, «sich von einer Phraseologie zu
emanzipieren, die tatsächlich überlebt ist, und das scheinen zu wollen,
was sie heute in Wirklichkeit ist: eine demokratisch-sozialistische Re-
formpartei». Bernstein wiederholte ein Wort, das seine zahlreichen
Kritiker besonders empört hatte: «Das, was man gemeinhin Endziel
des Sozialismus nennt, ist mir nichts, die Bewegung alles.» Er betonte,
daß es ihm nicht um die «Überwindung *des* Marxismus» gehe, sondern um die «Abstoßung gewisser Reste von Utopismus», die der Marxismus noch mit sich herumschleppe; er rief gegen die «bequeme Unterkunft» der Hegelschen Dialektik den Geist Kants, des Kritikers der
reinen Vernunft, an und warnte abschließend davor, die «Berufung auf
die gewaltsame Revolution zur inhaltslosen Phrase» werden zu lassen.

In Teilen war Bernsteins Schrift bereits eine Antwort auf die Kritik,
die Rosa Luxemburg an seiner Artikelserie geübt hatte. 1871 in
Zamość in Russisch-Polen geboren, in Warschau aufgewachsen, schon
als Schülerin in der revolutionären sozialistischen Bewegung aktiv, in
ihrer Studienzeit in Zürich zusammen mit anderen Emigranten Mit-
gründerin der «Sozialdemokratie des Königreichs Polen», promovierte
Nationalökonomin, lebte Rosa Luxemburg seit 1898 in Berlin. Im September jenes Jahres veröffentlichte sie in der sozialdemokratischen
«Leipziger Volkszeitung» ihre gegen Bernsteins Thesen gerichtete Arti-
kelfolge «Sozialreform oder Revolution?», die unter dem gleichen Titel
1900 auch als Broschüre erschien. Bernsteins Revisionismus nannte sie
eine «Theorie der sozialistischen Versumpfung, vulgärökonomisch begründet durch eine Theorie der kapitalistischen Versumpfung»; seine
Darlegungen waren ihrem Verdikt zufolge «der *erste*, aber zugleich
auch der *letzte* Versuch, dem Opportunismus eine theoretische Grundlage zu geben». Die Gegenüberstellung von Reform und Revolution sei
ganz und gar undialektisch; Marx habe zwar eine «friedliche Ausübung der proletarischen Diktatur» als Möglichkeit in Erwägung gezogen, aber «nicht die Ersetzung der Diktatur durch kapitalistische
Sozialreformen».

Wenn Bernstein die Entwicklung der deutschen und der internationalen Arbeiterbewegung aus dem Blickwinkel englischer Reformer sah,
dann Rosa Luxemburg mit den Augen einer Revolutionärin, die von
den Erfahrungen des Zarenreiches geprägt war. Bernstein unterschätzte

die Härte des Widerstands, mit dem alle rechnen mußten, die auf eine Parlamentarisierung und Demokratisierung des Hohenzollernreiches hinarbeiteten. Luxemburg überschätzte dagegen das revolutionäre Potential im internationalen und im deutschen Proletariat, und sie unterschätzte sowohl die Möglichkeiten, die der deutschen Sozialdemokratie durch allgemeines Wahlrecht, parlamentarische Betätigung, Streikrecht, Meinungs- und Pressefreiheit offenstanden, als auch die bewußtseinsprägende Kraft, die von diesen Errungenschaften ausging.

Der dritte bedeutende Teilnehmer am sozialdemokratischen Grundsatzstreit über Reform und Revolution, Demokratie und Diktatur war Karl Kautsky. «Objektiv» stand er dem «rechten» Bernstein viel näher als der «linken» Luxemburg. Aber als der führende Theoretiker der SPD mußte er vor allem darauf achten, daß die Einheit der Partei erhalten blieb, und als «Zentrist» trug er der Tatsache Rechnung, daß das Gros der Parteimitglieder auf den «Marxismus» nichts kommen ließ, auch wenn die meisten ihn nur aus der Lektüre von Engels' Streitschrift «Herrn Eugen Dührings Umwälzung der Wissenschaft», dem «Anti-Dühring», von 1878 und Bebels Buch «Die Frau und der Sozialismus» von 1879 kannten. Überdies hielt Kautsky die Konzentrationsthese von Marx sowohl im Hinblick auf die Industrie wie auf die Landwirtschaft nach wie vor für richtig und Bernsteins Wiedergabe der Marxschen Thesen für stark vergröbert.

Also galt es, an der Lehre der Klassiker und am Endziel der sozialen Revolution festzuhalten, um siegen zu können. Zwischen Revolution und Aufstand aber mußte scharf unterschieden werden: «Die soziale Revolution ist ein Ziel, das man sich prinzipiell setzen, der Aufstand ein Mittel zum Zweck, das man stets nur nach Gründen der Zweckmäßigkeit beurteilen kann.» Ebenso wichtig war es, eine klare Grenzlinie zwischen Sozialismus und Liberalismus zu ziehen. «Eine fortschrittliche Demokratie ist in einem Industriestaat nur noch möglich als *proletarische Demokratie* ... Nur die Überzeugung von der Notwendigkeit der Herrschaft des Proletariats und von seiner politischen Reife kann heute noch dem demokratischen Gedanken werbende Kraft verleihen.» Im übrigen gab es nach Kautskys Meinung für die Sozialdemokraten Grund zur Hoffnung: «Was binnen drei Jahrzehnten zur stärksten Partei geworden, kann binnen weiterer drei Jahrzehnten zur herrschenden Partei werden, vielleicht schon früher.»

Kautsky sprach für das «Parteizentrum» um August Bebel, das

Bernsteins Angriffe auf die marxistische Orthodoxie schon deswegen ernst nehmen mußte, weil der Urheber des «Revisionismusstreits», der 1902 bei einer Nachwahl in den Reichstag gewählt wurde, damit nicht allein stand. Zu seinen Verbündeten gehörten der Herausgeber der «Sozialistischen Monatshefte», Joseph Bloch, der Berliner Rechtsanwalt Wolfgang Heine und der «Agrarrevisionist» Eduard David, der sich für eine bauernfreundliche Politik der SPD einsetzte und der parteioffiziellen Doktrin vom unausweichlichen Vordringen des landwirtschaftlichen Großbetriebs mit guten Gründen widersprach.

Doch es ging bei der Abwehr des Revisionismus nicht nur um die Bekämpfung einer Theorie. Was Bernsteins Thesen besonders gefährlich erscheinen ließ, war die Möglichkeit, daß sie zur Begründung einer Praxis werden konnten, die sich in Teilen der SPD ausbreitete: des «Reformismus». Zu seinen führenden Vertretern gehörten der Vorsitzende der Generalkommission der Freien Gewerkschaften, des Dachverbandes der sozialdemokratisch orientierten Gewerkschaftsrichtung, Carl Legien, und der Vorsitzende der bayerischen Sozialdemokraten, Georg Vollmar. Der letztere hatte schon 1891 in seinen Münchner «Eldorado»-Reden als erster dazu aufgerufen, «vom *Theoretischen ins Praktische*, vom Allgemeinen mehr ins Einzelne» zu gehen und über dem «Zukünftigen» nicht das «Gegenwärtige, Nächste, Dringendste» zu vergessen, also Realpolitik zu betreiben. An Theorie waren die Reformisten nicht sonderlich interessiert, aber wie die Revisionisten waren auch sie entschlossen, vorhandene Handlungsspielräume zu nutzen und sich von überlieferten Dogmen nicht behindern zu lassen.

In der Logik dessen, was Revisionisten und Reformisten wollten, lag eine Zusammenarbeit mit «fortschrittlichen» bürgerlichen Parteien. Ein solches Zusammenwirken hatte die Parteiführung bisher nur bei Stichwahlen und einzelnen parlamentarischen Abstimmungen zugelassen: eine Linie, die im Oktober 1899 vom Hannoveraner Parteitag auf Antrag Bebels mit großer Mehrheit bestätigt wurde. Aber eine Ausweitung der Zusammenarbeit in Richtung faktischer «Koalitionen» (soweit es solche in einem nichtparlamentarischen Regierungssystem wie dem des Deutschen Reiches überhaupt geben konnte), wollte die Parteiführung keinesfalls zulassen. Die breite Mitgliedschaft der SPD ging in ihrem Willen zur Abschottung gegenüber allem, was nicht sozialdemokratisch war, sogar noch weiter als Bebel: Ein vom Vorsitzenden unterstütztes Agrarprogramm, das die Partei für Kleinbauern öffnen sollte,

wurde 1895 auf dem Breslauer Parteitag abgelehnt. Das Sozialistengesetz hatte wesentlich dazu beigetragen, die Sozialdemokraten zu einem
«Milieu» zusammenzuschweißen, das «unter sich» bleiben wollte und
alle übrigen gesellschaftlichen Schichten als mehr oder minder «reaktionär» empfand. Aus dieser Haltung erklärt sich auch das Nein, das
zwei Parteitage, zuerst der in Hannover im Oktober 1899 und dann, in
sehr viel schärferer Form, der in Dresden im September 1903, den revisionistischen Vorstößen Eduard Bernsteins entgegensetzten.

Der Dresdner Parteitag fand ein Vierteljahr nach einer Reichstagswahl statt, bei der die SPD erstmals die Zahl von 3 Millionen Stimmen
übersprungen hatte. Die stärkste Partei Deutschlands war die Sozialdemokratie bereits seit 1890, aber einen solchen Zuwachs wie 1903,
nämlich über 900 000 Stimmen, hatte sie noch nie erzielt. Wegen des
Mehrheitswahlrechts mit den Stichwahlen in der zweiten Runde und
der Wahlkreiseinteilung, die das Land auf Kosten der großen Städte bevorzugte, stiegen die Sozialdemokraten noch nicht zur stärksten Fraktion des Reichstags auf; diese Position behauptete das katholische Zentrum, das nur 15,3 Prozent der Wählerstimmen erlangt hatte, weniger
als die Hälfte des sozialdemokratischen Anteils von 31,7 Prozent. Aber
es lag nahe, angesichts eines Zugewinns von 27 Mandaten dem Anspruch auf den Posten eines Vizepräsidenten des Reichstags zu erheben.
Doch ebendies lehnte der Dresdner Parteitag ab, weil die Zugehörigkeit
zum Reichstagspräsidium mit der protokollarischen Pflicht eines Besuchs beim Kaiser, dem «zu Hofe gehen», verbunden war.

Die Entschließung gegen die «revisionistischen Bestrebungen», die
mit 288 gegen 11 Stimmen angenommen wurde, gipfelte in dem Vorwurf, die Befürworter der Kurskorrektur suchten «unsere bisherige bewährte und sieggekrönte Taktik in dem Sinne zu ändern, daß an Stelle
der Eroberung der politischen Macht durch die Überwindung unserer
Gegner eine Politik des Entgegenkommens an die bestehende Ordnung
der Dinge tritt». Der Parteitag stellte demgegenüber ausdrücklich fest,
daß die Partei nicht auf die Reformierung der bürgerlichen Gesellschaftsordnung in die sozialistische Gesellschaftsordnung hinarbeite,
also «im besten Sinne des Wortes revolutionär» sei. Die Sozialdemokratie lehne die Verantwortung für die auf der kapitalistischen Produktionsweise beruhenden politischen und wirtschaftlichen Zustände ab
und verweigere deshalb jede Bewilligung von Mitteln, welche geeignet
seien, die herrschende Klasse an der Regierung zu erhalten. Abschlie-

ßend legte sich die Sozialdemokratische Partei Deutschlands ausdrücklich darauf fest, daß sie «einen Anteil an der Regierungsgewalt innerhalb der bürgerlichen Gesellschaft nicht anstreben kann».

Der Parteitag berief sich bei dieser Aussage auf den Geist der «Resolution Kautsky», die die Zweite Internationale auf ihrem Kongreß in Paris im September 1900 verabschiedet hatte. Diese Resolution nannte eine Teilnahme von Sozialisten an bürgerlichen Regierungen ein «gefährliches Experiment», das nur dann statthaft sei, wenn es sich um einen «vorübergehenden und ausnahmsweisen Notbehelf in einer Zwangslage» handle. Damit bezog die Internationale offiziell Stellung zu einer «cause celèbre» der zerstrittenen französischen Sozialisten, dem «Cas Millerand». Im Mai 1899 war der Sozialist Alexandre Millerand in das republikanisch-radikale Kabinett unter Pierre M. R. Waldeck-Rousseau eingetreten und hatte so eine Regierung der Linken ermöglicht. Der erste Fall von «Ministerialismus» in der Geschichte der europäischen Arbeiterbewegung hing eng mit der noch zu erörternden Krise zusammen, in die die Dritte Republik durch die «Dreyfus-Affäre» geraten war. Millerand war neben Jean Jaurès, René Viviani und Aristide Briand der prominenteste Vertreter der Gruppe «Unabhängige Sozialisten», die ebenso wie die reformistischen «Possibilisten» um Paul Brousse seinen Schritt unterstützten. Dagegen reagierten die orthodoxen Marxisten um Jules Guesde, den Vorsitzenden des Parti Ouvrier Français, wie auch die Syndikalisten und die Blanquisten im Parti Socialiste Révolutionnaire mit Empörung auf den Kabinettseintritt Millerands.

Die «Resolution Kautsky» war ein Formelkompromiß, der eher die Reformer als die Orthodoxen befriedigte. In Frankreich vereinigten sich im Herbst 1901 die letzteren unter Führung von Jules Guesde im Parti Socialiste de France, die ersteren unter Jean Jaurès im Parti Socialiste Français. Die Dresdner Entschließung der SPD erschien Guesde zu Recht als Bestätigung der eigenen Position, und deshalb ging sein Bestreben fortan dahin, die Internationale auf die Linie von Dresden festzulegen. Im August 1904 war er am Ziel: In einer Kampfabstimmung stellte sich der Amsterdamer Kongreß der Internationale auf den Boden des Parteitagsbeschlusses der deutschen Sozialdemokraten von 1903.

Die Reformisten um Jaurès und Émile Vandervelde, den Führer der belgischen Sozialisten, die die Verurteilung von Reformismus und Revisionismus aus dem Text hatten streichen wollen, erlitten, trotz der Unterstützung durch die sozialdemokratischen Parteien Großbritanniens,

Schwedens, Dänemarks, Österreichs, der Schweiz, Argentiniens sowie
von Australien, Kanada und Südafrika, eine knappe Niederlage in Gestalt eines Patts von 21 zu 21 Stimmen. (Abstimmen durften nur die
Mitglieder des Internationalen Sozialistischen Bureaus, in dem jedes
Land, unabhängig von seiner Größe, durch zwei Delegierte vertreten
war, die nicht einheitlich abstimmen mußten.) Zu den Gegnern des Änderungsantrags gehörten die SPD und die sozialistischen Parteien Bulgariens, Böhmens, Spaniens, Ungarns, Italiens, Rußlands, der USA und
Japans.

Dennoch widersetzte sich Jaurès nicht dem Aufruf zur Einigung, den
der Kongreß an die Adresse aller gespaltenen sozialistischen Parteien
und, unausgesprochen, besonders an die der französischen Sozialisten
richtete. Noch in Amsterdam bekundeten die Sprecher der Reformisten
und der Orthodoxen ihre Bereitschaft zum Zusammenschluß. Die Vereinigung erfolgte auf einem Kongreß in Paris im April 1905. Die neue Partei nannte sich Parti Socialiste, fügte dem aber noch demonstrativ einen
weiteren Namen hinzu: Section Française de l'Internationale Ouvrière
(S.F.I.O.). Der «Fall Millerand» hatte sich um diese Zeit bereits erledigt:
Das Kabinett Waldeck-Rousseau war im Mai 1902 zurückgetreten; in
der nachfolgenden, von Jaurès unterstützten linken Minderheitsregierung von Émile Combes saßen keine Sozialisten.

Der «Ministerialismus» war nur eines der Streitthemen, die die Internationale um die Jahrhundertwende beschäftigten. Mit mindestens
ebenso viel Leidenschaft wurde über den Streik als Mittel des politischen Kampfes diskutiert. Den Anstoß hierzu gaben mehrere Massenstreiks, mit denen die belgischen Gewerkschaften zwischen 1886 und
1893 immer wieder versucht hatten, die Einführung des allgemeinen
Wahlrechts zu erzwingen. Auf zwei Kongressen der Internationale, dem
Züricher von 1893 und dem Londoner von 1896, hatten sich die französischen Gewerkschaften vergeblich bemüht, das Thema «Weltstreik»
oder, bescheidener, «Generalstreik» im nationalen Rahmen zum Gegenstand einer Plenardebatte zu machen. In den französischen Gewerkschaften gaben die Syndikalisten den Ton an, die dem Parlamentarismus reserviert bis ablehnend gegenüberstanden. Sie ließen sich vom
Glauben an die «action directe» der Arbeiter und dem Schlagwort der
«revolutionären Gymnastik» inspirieren; der 1895 gegründete Dachverband der Confédération Générale du Travail (C.G.T.) wurde nach
der Verschmelzung mit dem Verband der Arbeiterbörsen, der Fédéra-

tion des Bourses du Travail, im Jahre 1902 zur Speerspitze des revolutionären Syndikalismus. Eine umfassende theoretische Begründung erhielt diese Bewegung durch die 1908 veröffentlichten «Réflexions sur la violence» des erst zwischen konservativen, dann sozialistischen, zuletzt probolschewistischen und profaschistischen Neigungen schwankenden Philosophen Georges Sorel – eine Kampfschrift gegen den «bürgerlichen» Parlamentarismus, ja die Demokratie überhaupt, auf die sich später auch die italienischen Faschisten um Benito Mussolini beriefen.

Auf dem Pariser Kongreß der Internationale im September 1900 machten sich auch die französischen Reformisten um Jean Jaurès zu Fürsprechern des Generalstreiks. In ihrem Namen bezeichnete Aristide Briand den Generalstreik als die revolutionäre Aktionsform, mit der das Proletariat Hand auf die Produktionsmittel der Gesellschaft lege, um sie zu behalten. Sein schärfster Widersacher war Carl Legien, der Vorsitzende der Generalkommission der Freien Gewerkschaften Deutschlands. Nach seiner Meinung existierte noch nirgendwo die Voraussetzung eines erfolgreichen Generalstreiks, nämlich eine hinreichend starke gewerkschaftliche Massenorganisation; einen Generalstreik unorganisierter Massen, eventuell auch mit Waffengewalt, niederzuwerfen und so die Arbeit von Jahrzehnten zu vernichten wäre für die Bourgeoisie ein Vergnügen. Ungeteilte Unterstützung fanden die französischen Reformisten und Syndikalisten nur bei den sozialistischen Parteien Portugals und Argentiniens; die Vertreter Frankreichs, Italiens und Rußlands stimmten teils für, teils gegen den Antrag Briands und seiner Freunde; die orthodoxen Marxisten, darunter Guesde, sprachen sich gegen den Vorstoß aus. Aus ihrer Sicht war die Agitation für den Generalstreik mit dem charakteristischen Mangel des Syndikalismus behaftet: der Unterschätzung des *politischen* Kampfes für den Sozialismus.

Die Generalstreiksfrage blieb trotz der hinhaltenden Taktik der Internationale auf der Tagesordnung. In mehreren Ländern wollte die Arbeiterschaft in ihrem Kampf um das allgemeine gleiche Wahlrecht nicht auf das Mittel des politischen Massenstreiks verzichten. In Belgien hatten die Gewerkschaften durch den Generalstreik von 1893 den Arbeitern zwar den Zutritt zur Volksvertretung erkämpft, dies aber nur in der das Proletariat diskriminierenden, das Bürgertum privilegierenden Form eines Pluralstimmrechts. Im April 1901 bekannte sich ein Parteitag der Sozialisten dazu, im Notfall auch mit Hilfe von Generalstreik und Straßenunruhen das allgemeine gleiche Wahlrecht zu erzwingen. Ein Jahr später kam es, ausgelöst durch die Parlamentsdebatten über die Wahlrechtsreform, in vielen belgischen Städten zu Protesten der Arbeiter und zu blutigen Zusammenstößen zwischen Demonstranten und Polizei. Die Unruhen eskalierten, als sich am 19. April 1902 die Nachricht verbreitete, daß das Parlament die von den Sozialisten geforderte Wahlrechtsreform abgelehnt hatte. In Löwen machte die Bürgergarde von der Schußwaffe Gebrauch; sechs Tote und viele Verwundete waren zu beklagen. Hätten die Sozialisten die Aktionen fortgesetzt, wäre das der Auftakt zum Bürgerkrieg gewesen. Die Partei wollte die Verantwortung dafür nicht übernehmen und rief die Streikenden auf, an ihre Arbeitsplätze zurückzukehren. Der Appell wurde mit großer Disziplin befolgt; die Sozialistische Partei nahm durch den Abbruch des Kampfes keinen Schaden.

Ein Generalstreik zur Durchsetzung des allgemeinen Wahlrechts fand im Frühjahr 1902 auch in Schweden statt, aber anders als in Belgien nicht als spontane Aktion, sondern von der Sozialdemokratischen Partei bewußt geplant und organisiert. Drei Tage lang ruhte vom 15. bis 17. Mai im ganzen Land die Arbeit. Der Reichstag aber ließ sich dadurch nicht beeindrucken: Es blieb noch sieben Jahre lang beim Ausschluß großer Teile der Arbeiterschaft vom Wahlrecht. Ein Jahr später scheiterte auch in den Niederlanden ein Generalstreik, zu dem die beiden sozialdemokratischen Parteien, die Sociaaldemokratisch Partij in Nederland und die Sociaaldemokratisch Arbeid Partij, aufgerufen hatten, um gegen ein von der Regierung angekündigtes Streikverbot für Eisenbahner und Arbeiter in Staatsbetrieben zu protestieren. Wie in Belgien wurden die Aktionen abgebrochen, als sich ein Umschlag des politischen Massenstreiks in einen Bürgerkrieg abzuzeichnen begann. Aber anders als im südlichen Nachbarland wurden die zerstrittenen sozialistischen Parteien und die Gewerkschaften durch den Fehlschlag des Ausstands nachhaltig geschwächt.

Die Erfahrungen der Jahre 1902 und 1903 dienten nicht dazu, die Zahl der Befürworter eines Generalstreiks innerhalb der Internationale zu vermehren. Der Amsterdamer Kongreß vom August 1904 verabschiedete auf Drängen vor allem der niederländischen Delegierten eine Resolution, die den politischen Massenstreik in Ausnahmefällen wie der Durchsetzung bedeutender gesellschaftlicher Veränderungen oder der Abwehr reaktionärer Anschläge auf die Rechte der Arbeiter zwar für möglich erklärte, vor der anarchistischen Propaganda für den Generalstreik aber ausdrücklich warnte. Wenige Wochen später, im September 1904, brach in Italien eine politische Streikbewegung aus, die sich rasch zum Generalstreik ausweitete. Das auslösende Moment war das brutale Vorgehen der Polizei in Sardinien und Sizilien, die bei den Unruhen in einigen Orten auf die demonstrierende Menge geschossen hatte. Ein klar umrissenes politisches Ziel verfolgte der spontane Ausstand nicht. Er wurde abgebrochen, als der liberale Ministerpräsident Giolitti das Versprechen abgab, bei künftigen sozialen Konflikten nicht mit Waffengewalt gegen die Arbeiter vorzugehen, und darauf verzichtete, das Militär gegen die Streikenden einzusetzen. Als politischer Sieger fühlte sich der syndikalistische Flügel der Sozialisten um Arturo Labriola, der als erster zum allgemeinen politischen Streik aufgerufen hatte. Der Partei als ganzer aber schadete der Generalstreik: Bei den von der Regierung Giolitti angeordneten Neuwahlen im Oktober 1904 mußte sie, ebenso wie Parteien der bürgerlichen Linken, starke Stimmeneinbußen hinnehmen.

Zu einer Zäsur in der sozialistischen Debatte über das Für und Wider des politischen Streiks wurde das Jahr 1905. In der ersten russischen Revolution und ihrer Folgerevolution, der finnischen, zeigte sich, daß Massenstreiks, die sich zum Generalstreik ausweiteten, der Sache der Arbeiterklasse förderlich sein konnten. Die Sache, um die es ging, mußte allerdings so allgemein und populär sein, wie sie es 1904 im Zarenreich und kurz darauf in Finnland war. Selbst die deutschen Sozialdemokraten, die im Jahr zuvor auf dem Kongreß der Internationale in Amsterdam dem Passus über den politischen Massenstreik nur widerstrebend zugestimmt hatten, begannen nun umzudenken. Im September 1905, also noch vor dem russischen Oktobermanifest und dem finnischen Generalstreik vom November, stimmte der sozialdemokratische Parteitag in Jena mit großer Mehrheit einem Antrag Bebels zu, der eine massenhafte Arbeitseinstellung als eines der wirksamsten Mittel bezeichnete, wenn es galt, einen Anschlag auf das allgemeine, gleiche, direkte und geheime Wahlrecht oder das Koalitionsrecht abzuwehren. Im gleichen Sinn hatte sich bereits auf dem Bremer Parteitag von 1904 der Revisionist Eduard Bernstein ausgesprochen.

Die Jenenser Entschließung war auch eine Antwort auf das kategorische Nein, das die Freien Gewerkschaften auf ihrem Kölner Kongreß Ende Mai 1905 dem Generalstreik entgegengesetzt hatten. Bebel wollte den politischen Streik nicht als offensive, sondern nur als defensive Waffe anwenden, aber auch das ging den Freien Gewerkschaften zu weit. Sie empfanden den Beschluß von Jena als Bevormundung und rangen in vertraulichen Gesprächen der sozialdemokratischen Parteiführung eine weitgehende Selbstkorrektur ab: Ein Generalstreik sei gegenwärtig nicht aktuell, und ohne Zustimmung der Generalkommission der Freien Gewerkschaften werde der Parteivorstand der SPD keinen politischen Massenstreik ausrufen.

Die geheime Absprache gelangte bald an die Öffentlichkeit und rief auf dem linken Parteiflügel einen Sturm der Entrüstung hervor. Auf dem folgenden Parteitag, der im September 1906 in Mannheim stattfand, kam es zu einem heftigen Wortwechsel zwischen August Bebel und Carl Legien. Eine gemeinsame, von beiden vorgelegte Resolution, das sogenannte «Mannheimer Abkommen», bestätigte den Beschluß von Jena, ergänzte ihn aber durch die Feststellung, daß dieser dem Kölner Beschluß der Freien Gewerkschaften nicht widerspreche, und verpflichtete den Parteivorstand der SPD, sich mit der Generalkommission in Verbindung zu setzen, sobald er die Notwendigkeit eines politischen Massenstreiks für gegeben erachte.

In der Sache war das ein Sieg der Gewerkschaften, die, gestützt auf ihre über fast 1,7 Millionen Mitglieder, nach wie vor entschlossen waren, ihren Apparat und ihre Organisationsmacht nur für wirtschaftliche und nicht für noch so wichtige politische Zwecke einzusetzen. Die Unterlegenen von Mannheim waren nicht nur die Radikalen auf dem linken Flügel der SPD um Rosa Luxemburg, sondern auch entschiedene Revisionisten wie Eduard Bernstein. Mit politischen Streiks zur Beseitigung des preußischen Dreiklassenwahlrechts oder der Einführung eines parlamentarischen Regierungssystems im Reich brauchte nach dem Parteitag von 1906 niemand mehr zu rechnen.

Im August des folgenden Jahres hielt die Internationale ihren Kongreß erstmals in Deutschland ab: in Stuttgart. Das zentrale Thema des Treffens war die Frage, wie die Arbeiterklasse den Militarismus am wirksamsten bekämpfen und einen Krieg verhindern könne. Wieder traten sich Befürworter und Gegner des Generalstreiks gegenüber: auf der einen Seite Jean Jaurès, auf der andern August Bebel. Jaurès sprach von der Notwendigkeit, die «proletarischen Kräfte zu einer unüberwindlichen Armee zusammenzufassen», um der Gefahr eines Krieges vorzubeugen. Bebel habe den Massenstreik für den Fall eines Wahlrechtsraubes angekündigt. Aber dürfe es erlaubt sein, daß das französische und das deutsche Proletariat sich im Auftrag und zum Nutzen der

Kapitalisten morden, ohne daß die Sozialdemokratie eine äußerste Kraftanstrengung versucht hätte? «Wenn wir es nicht versuchten, wären wir ehrlos.»

Bebel erwiderte, die Propagierung von Massenstreik und Aufstand sei in Deutschland «unmöglich und indiskutabel». Im Kriegsfall würden sofort 6 Millionen Männer, darunter 2 Millionen Sozialdemokraten zu den Fahnen gerufen. «Wo bekämen wir da noch die Menschen für den Massenstreik her? ... Vier Millionen Familien wären in höchster Not, das ist schlimmer als jeder Generalstreik. Denkt euch in die Stimmung dieser Massen.» Ein Krieg würde, weil Deutschland auf die Einfuhr von Nahrungsmitteln und die Ausfuhr seiner Industrieprodukte angewiesen sei, Arbeitslosigkeit, eine große Teuerung und Hungersnot auslösen. «Und in einer solchen Situation sollen wir uns mit Massenstreikspielereien abgeben? Bei unserem ersten Aufruf dazu würden wir ausgelacht werden.» Was Bebel nicht ausdrücklich sagte, lag doch auf der Hand: Die deutschen Sozialdemokraten wollten den Regierenden keinen Vorwand für ein neues Sozialistengesetz liefern, und nichts fürchteten sie so sehr wie *den* Krieg, der vielleicht der fürchterlichste von allen war: den Bürgerkrieg.

Ein von Bebel angeregter Unterausschuß der für die Vorbereitung der Resolution zuständigen Kommission legte nach intensiver Beratung schließlich einen Kompromißantrag vor, der zunächst das Unstrittige hervorhob: «Kriege liegen ... im Wesen des Kapitalismus; sie werden erst aufhören, wenn die kapitalistische Wirtschaftsordnung beseitigt ist oder wenn die Größe der durch die militärtechnische Entwicklung erforderlichen Opfer an Menschen und Geld und die durch die Rüstungen hervorgerufene Empörung der Völker zur Beseitigung dieses Systems treibt.»

Die «Aktionen der Arbeiterklasse gegen den Militarismus in starre Formen zu bannen», erklärte die Internationale für unmöglich. Wohl aber sollte eine allgemeine Maxime gelten: «Droht der Ausbruch eines Krieges, so sind die arbeitenden Klassen und deren parlamentarische Vertretungen in den beteiligten Ländern verpflichtet, unterstützt durch die zusammenfassende Tätigkeit des Internationalen Bureaus, alles aufzubieten, um durch die Anwendung der ihnen am wirksamsten erscheinenden Mittel den Ausbruch des Krieges zu verhindern, die sich je nach Verschärfung des Klassenkampfes und der Verschärfung der allgemeinen politischen Situation naturgemäß ändern. Falls der Krieg dennoch

ausbrechen sollte, ist es die Pflicht, für dessen rasche Beendigung einzutreten und mit allen Kräften dahin zu streben, die durch den Krieg herbeigeführte wirtschaftliche und politische Krise zur Aufrüttelung des
Volkes auszunutzen und dadurch die Beseitigung der kapitalistischen
Klassenherrschaft zu beschleunigen.»

Diese allgemeinen Grundsätze, mit denen die Resolution schloß,
entstammten einer von Lenin, Luxemburg und Martow gemeinsam
vorgelegten Erklärung. Der Kongreß nahm die Resolution einstimmig
an. Auf den ersten Blick schien es, als gebe es nach der Abstimmung
weder Sieger noch Besiegte: Die Befürworter des Generalstreiks konnten darauf pochen, daß die auf Bebel zurückgehende Formel von den
«am wirksamsten erscheinenden Mitteln» auch alle Arten des politischen Massenstreiks einschloß. Die Skeptiker konnten darauf verweisen, daß sie sich zu nichts verpflichtet hatten, was sie ablehnten.
Tatsächlich war ein gemeinsames Vorgehen der Internationale im
Kriegsfall durch die Stuttgarter Resolution von August 1907 nicht
wahrscheinlicher geworden.

Mit den Fragen von Militarismus und Krieg auf das engste verbunden waren die Themen Kolonialismus und Imperialismus. Die internationalen Sozialisten waren in ihrer großen Mehrheit grundsätzlich
Gegner einer kapitalistischen Ausbeutung von Kolonien, wenn auch
nicht unbedingt einer Kolonisation im Dienst von Kultur und Zivilisation und damit zum Nutzen nichteuropäischer Völker. Anläßlich des
Burenkrieges, auf den noch zurückzukommen sein wird, protestierten
1899 beide sozialdemokratischen Organisationen Großbritanniens,
die 1881/83 von Henry Mayers Hyndman ins Leben gerufene Social
Democratic Federation und die 1883 von Keir Hardie gegründete
Independent Labour Party, in Massenversammlungen gegen diesen aus
ihrer Sicht geradezu klassischen kapitalistischen Kolonialkrieg. Widerspruch hiergegen kam von den Fabiern: George Bernard Shaw fand,
daß «ein Staat, ob groß oder klein, der die Zivilisation hemmt, zu verschwinden hat». Die beste Lösung wäre nach Meinung dieses unabhängigen Sozialisten eine Internationalisierung der südafrikanischen
Goldfelder, des eigentlichen Kriegsgrundes, gewesen. Da aber ein Welt-
staat noch nicht vorhanden war, sollte dort die Großmacht Großbritannien gewissermaßen treuhänderisch im allgemeinen Interesse der
Zivilisation die Regierungsgewalt ausüben. In der Sache ähnlich, wenn
auch ohne Bezugnahme auf den britisch-burischen Konflikt, argumen-

tierte im gleichen Jahr Eduard Bernstein in seinen «Voraussetzungen des Sozialismus».

Die Internationale bezog, was die bisher praktizierte Kolonialpolitik anging, eine entschieden ablehnende Position. In einer vom Pariser Kongreß im September 1900 verabschiedeten Resolution hieß es, die Kolonialpolitik der Bourgeoisie habe den alleinigen Zweck, «den Profit der Kapitalistenklasse zu steigern und das kapitalistische System aufrechtzuerhalten»; sie verübe «Verbrechen und Grausamkeiten ohne Zahl an den Eingeborenen der mit Waffengewalt eroberten Kolonien» und müsse daher von der Arbeiterklasse aller Länder bekämpft werden. Der folgende Kongreß von Amsterdam billigte vier Jahre später eine von der englischen Delegation eingebrachte Entschließung zur britischen Kolonialherrschaft in Indien. Die Resolution rief nicht nur allgemein zum Sturz des kapitalistischen Kolonialsystems auf, sondern appellierte im besonderen an die Arbeiter Großbritanniens, «ihre Regierung zu zwingen, das jetzige ruchlose und entehrende Kolonialsystem aufzugeben und die leicht durchführbare Einrichtung einer Selbstverwaltung unter englischer Oberhoheit herbeizuführen». Zur Unterstützung des Antrags erhielt auch ein Vertreter Indiens das Wort: der Präsident des von ihm 1885 gegründeten Indischen Nationalkongresses, der achtzigjährige Dadhabbai Naoroji, der, als er die Rednertribüne betrat, von den Delegierten stehend und mit langanhaltendem Beifall begrüßt wurde.

Mochte die Internationale auf ihren Kongressen dem Kolonialismus auch noch so wortgewaltig den Kampf ansagen, so war sie in der Beurteilung des Imperialismus doch keineswegs einig. Wie der linksliberale John Atkinson Hobson gingen auch die marxistischen Theoretiker des Imperialismus von Unterkonsumtion und Überproduktion in den Metropolen als der wichtigsten Ursache von kapitalistischer Expansion in Übersee aus. Der aus einer jüdischen Wiener Familie stammende, seit 1907 als Redakteur des Parteiorgans «Vorwärts» in der SPD aktive Rudolf Hilferding sah in seinem 1910 erschienenen Werk «Das Finanzkapital» den Imperialismus charakterisiert durch eine Vorherrschaft der Banken, ja eine Verschmelzung von Banken und Industrie, und einen Staat, der stark genug war, um durch überseeische Expansion dem immer stärker monopolisierten Kapital «Extraprofite» zu sichern. Rosa Luxemburg stellte 1913 in ihrem Buch «Die Akkumulation des Kapitals» ganz auf die innere Logik des Kapitalismus ab: Ohne die Eroberung überseeischer Märkte ließ sich die kapitalistische

Produktion der Industrieländer gar nicht mehr realisieren; ständige Expansion war mithin die Existenzbedingung des Kapitalismus. Da aber die Möglichkeiten der Expansion in noch nicht industrialisierten agrarischen Regionen immer prekärer wurden, ja sich zu erschöpfen begannen, wurden politische und soziale Katastrophen unausweichlich und die Beseitigung des kapitalistischen Systems durch die Revolution der internationalen Arbeiterklasse zur historischen Notwendigkeit.

Wie Rosa Luxemburg, so sah auch Karl Kautsky den Imperialismus dadurch gekennzeichnet, daß er danach strebte, sich immer weitere *agrarische* Gebiete zu unterwerfen und anzugliedern: eine These, die Lenin 1916 in seiner Schrift «Der Imperialismus als höchstes Stadium des Kapitalismus» als einseitig verwarf, weil der Imperialismus des Finanzkapitals bei der Neuverteilung der Erde seine Hand nach *jedem* beliebigen Land ausstrecke. In einem wesentlichen Punkt aber wich Kautsky in seinem im August 1914 in der «Neuen Zeit» veröffentlichten (zum größten Teil vor dem Kriegsausbruch geschriebenen, danach noch ergänzten) Aufsatz «Der Imperialismus» von Luxemburg ab. Eine Entwicklung des Kapitalismus in Richtung immer größerer Katastrophen war seiner Analyse zufolge keineswegs unabwendbar. Die nationalen Kapitalismen mußten nicht notwendigerweise gegeneinander arbeiten, sie konnten auch internationale Kartelle bilden und sich friedlich auf Kosten der rückständigen Agrarländer verständigen. «Jeder weitersehende Kapitalist muß heute seinen Genossen zurufen: Kapitalisten aller Länder, vereinigt euch!» Vom rein ökonomischen Standpunkt sei es also nicht ausgeschlossen, «daß der Kapitalismus noch eine neue Phase erlebt, die Übertragung der Kartellpolitik auf die äußere Politik, eine Phase des Ultraimperialismus, den wir *natürlich* ebenso energisch bekämpfen müßten wie den Imperialismus, dessen Gefahren aber in anderer Richtung lägen, nicht in der des Wettrüstens und der Gefährdung des Weltfriedens».

Die Internationale war die stärkste, aber nicht die einzige Friedensbewegung der Jahrzehnte vor und nach 1900. 1891 fand in Rom ein erster, 1896 in Budapest ein zweiter Weltfriedenskongreß statt, beide organisiert von nationalen Friedensgesellschaften, die in mehreren Staaten aktiv waren. Experten des Öffentlichen Rechts im 1873 gegründeten Institut de Droit International und der gleichzeitig entstandenen Association for the Reform and Codification of the Law of Nations, der späteren International Law Association, arbeiteten mit dem Ziel einer effektiven Friedenssicherung auf eine Fortentwicklung des Völkerrechts hin. 1898 ergriff ein Mann, von dem kaum jemand, und schon gar kein Pazifist, dies erwartet hatte, die Initiative zu einer internationalen Konferenz über Kriegsvermeidung und Festlegung von Regeln der Kriegsführung: Zar Nikolaus II. von Rußland. Was sein Außenminister Graf Murawjow in zwei Noten vom August 1898 und Januar 1899 den anderen Mächten inhaltlich vorschlug, waren Vereinbarungen über die Verminderung der Rüstungen, die Ausweitung der Genfer Konvention von 1864 über den Landkrieg auf den Seekrieg, die Ratifizierung der seit 1874 vorliegenden erweiterten Landkriegsordnung und die friedliche Beilegung von Konflikten durch Vermittlung und Schlichtung.

Die technische und wirtschaftliche Rückständigkeit Rußlands spielte eine wesentliche Rolle beim Drängen auf eine Verrechtlichung von Krieg und Kriegsverhütung. Aber auch andere, vor allem kleinere Staaten waren an einem solchen Regelwerk interessiert, von den größeren namentlich England und die USA. An der ersten Konferenz im niederländischen Den Haag nahmen 1899 26 Staaten aus Europa, Amerika und Asien (bei deutlichem Übergewicht der «alten Welt») teil. Das wichtigste Ergebnis war die Haager Konvention betreffend die Gesetze und Gebräuche des Landkrieges vom 29. Juli 1899, kurz Haager Landkriegsordnung genannt. Sie regelte das Recht der Kombattanten und der Kriegsgefangenen, die Behandlung von Parlamentären und Spionen, den Schutz der Zivilbevölkerung wie das Recht der Okkupation, der Kapitulation und des Waffenstillstands.

Besonders umstritten war die Frage, wer zu den «belligérants», den Kriegführenden, zu rechnen war. Kleinere Staaten wünschten den Kreis möglichst weit, bis hin zu Guerillakämpfern, auszudehnen. Die größeren Mächte ließen sich aber nur auf die allgemeine Formel ein, daß in den durch die Konvention nicht vorgesehenen Fällen «die Bevölkerungen und Kriegführenden unter dem Schutz und den herrschenden Grundsätzen des Völkerrechts bleiben, wie sie sich aus den unter zivilisierten Staaten geltenden Gebräuchen, aus den Gesetzen der Menschlichkeit und aus den Forderungen des öffentlichen Gewissens herausgebildet haben» (les populations et les belligérants restent sous la sauvegarde et sous l'Empire des principes du droit des gens, tels qu'ils résultent des usages établis entre nations civilisées, les lois de l'humanité, et des exigences de la conscience publique). Ähnlich kontrovers blieb die Ausgestaltung des Rechts der Okkupation, das von den kleineren Staaten als solches bestritten wurde, womit sie sich aber nicht durchsetzen konnten.

Die Haager Landkriegsordnung wurde auf der Zweiten Haager Konferenz 1907 in einzelnen Punkten wie der Regelung des Kriegsbeginns noch ergänzt. Über die Anwendung der Grundsätze der Genfer Konvention auf den Seekrieg hatte man sich schon 1899 verständigt; eine Seekriegsordnung aber kam erst 1909 in Gestalt der Londoner Seerechtsdeklaration zustande, die jedoch, als 1914 der Erste Weltkrieg ausbrach, noch von keinem Staat ratifiziert worden war. Stückwerk blieben auch die Absprachen über die Schlichtung von Konflikten. Rußland, Großbritannien und die Vereinigten Staaten wollten hier sehr viel weiter gehen als Deutschland, Frankreich und Österreich-Ungarn. Nur mit Mühe gelang ein Scheinkompromiß: Rußland verzichtete auf die von ihm gewünschte Auflistung von obligatorischen Fällen der Schiedsgerichtsbarkeit, Deutschland fand sich mit der Schaffung eines Ständigen Schiedshofes (Cour Permanente d'Arbitrage) ab, der in Wirklichkeit aber nur den organisatorischen Rahmen für die eventuelle Berufung von Schiedsrichtern von Fall zu Fall bildete. Von einem ständigen Internationalen Gerichtshof war diese Konstruktion weit entfernt.

In seinem 1950 erschienenen Buch «Der Nomos der Erde» hat Carl Schmitt von einer Auflösung des Jus Publicum Europaeum in den Jahren von 1890 bis 1918 gesprochen und der europäischen Völkerrechtslehre vorgeworfen, sie habe gegen Ende des 19. Jahrhunderts «ohne jedes kritische Empfinden, ja, in voller Ahnungslosigkeit ... das Bewußtsein der Raumstruktur ihrer bisherigen Ordnung verloren» und «einen immer weiter, immer äußerlicher und immer oberflächlicher werdenden Universalisierungsprozeß in der naivsten Weise für einen Sieg des europäischen Völkerrechts gehalten». Tatsächlich war die Gleichsetzung von Völkerrecht und Jus Publicum Europaeum schon lange zuvor fragwürdig geworden. Seit der amerikanischen Unabhängigkeitserklärung von 1776, spätestens aber seit den Unabhängigkeitserklärungen der lateinamerikanischen Staaten in den 1820er Jahren gab es einen zweiten christlichen Völkerrechtskreis, den der westlichen Hemisphäre, und spätestens seit dem Pariser Frieden von 1856, der den Krimkrieg beendete, gehörte das Osmanische Reich, ein muslimisches Staatswesen, dem europäischen Mächtekonzert an.

Schon auf dem Wiener Kongreß von 1815 tauchte, zunächst als Synonym der «Mächte der Christenheit» (toutes les puissances de la chrétienté), der auch in Den Haag verwandte Begriff der «zivilisierten Völker» (nations civilisées) auf, und zwar in der auf britisches Betreiben hin verabschiedeten Deklaration gegen den Sklavenhandel. Die britische Außenpolitik strebte seit den Zeiten von George Canning danach, das eigene Land zum Träger eines neuen Weltgleichgewichts zu machen, so wie es bisher schon die Hauptstütze des europäischen Gleichgewichts gewesen war. 1885 trat Siam als erstes asiatisches Land dem 1878 gegründeten Weltpostverein bei; ein Jahr später tat Japan denselben Schritt. Seit dem Krieg mit China von 1894/95 galt Japan als gleichberechtigtes Mitglied der Völkerrechtsgemeinschaft. Die Haager Konferenzen von 1899 und 1907 beschleunigten die Herausbildung einer weltweiten Völkerrechtsgemeinschaft, aber sie standen nicht an ihrem Anfang.

Anfechtbar ist auch das harsche Verdikt Schmitts, die Zweite Haager Konferenz habe durch zahlreiche Vorbehalte die schönsten Versprechungen in eine bloße Fassade verwandelt. «Der Satz ‹pacta sunt servanda› (Verträge sind einzuhalten, H.A.W.) wehte als juristische Flagge über einer völlig nihilistischen Inflation zahlloser, sich widersprechender und durch offizielle oder stille Vorbehalte gänzlich entleerter Pakte.» Die Haager Konferenzen waren bei aller Unvollkommenheit ihrer Ergebnisse ein Versuch, in der Tradition von Hugo Grotius den Krieg einzuhegen und außereuropäische Staaten, die nicht in dieser Tradition standen, auf ebendieses Ziel festzulegen.

Keinen Einfluß hatte die Haager Landkriegsordnung auf Bürgerkriege oder bürgerkriegsähnliche Ausschreitungen innerhalb eines Staates. In letztere Kategorie fielen die Pogrome gegen die christlichen Armenier im Osmanischen Reich und gegen die Juden des Zarenreiches. Auf dem Berliner Kongreß hatte sich die Türkei 1878 zu Reformen in den armenischen Provinzen verpflichten müssen, diesem Versprechen aber keine Taten folgen lassen. Das gewollte Versäumnis bewirkte eine Radikalisierung von Teilen der armenischen Bevölkerung. Seit den späten achtziger Jahren entstanden Befreiungsorganisationen, die teils mehr Rechte für die Armenier, teils ihre nationale Selbstbestimmung bis hin zur Loslösung vom russischen wie vom Osmanischen Reich forderten. Unter Sultan Abdulhamid II. kam es zwischen 1894 und 1896 immer wieder zu Pogromen gegen die Armenier; etwa 200 000 Menschen fielen den Ausschreitungen zum Opfer. England und Frankreich protestierten in Noten an die Hohe Pforte, erzielten damit aber keine Wirkung; Rußlands Unterstützung der Armenier hielt sich auf Grund von Rivalitäten zwischen der orthodoxen und den armenischen Kirchen in engen Grenzen.

Die Verfolgung der Juden in Rußland trat 1892/93 mit der Ausweisung von Tausenden von Juden, vor allem Handwerkern, aus dem Innern Rußlands, einschließlich Moskaus, in die Ansiedlungsrayons im Westen und in Polen in ein neues Stadium. Es folgten kleinliche Schikanen wie die Beschränkung von Geschäfts- und Erholungsreisen von Juden und ihr faktischer Ausschluß vom Beruf des Rechtsanwalts. Die Judenfeindschaft im Zarenreich war nach dem Urteil des Historikers Heinz-Dietrich Löwe Ausdruck einer rückwärtsgewandten sozialen Bewegung: «Der russische Antisemitismus, der sich zur Waffe des Antikapitalismus reaktionär agrarischer Interessen entwickelte, richtete sich immer stärker gegen die wirtschaftliche Tätigkeit der Juden, die man als Speerspitze des Kapitalismus, als Prototypen einer freigesetzten Wirtschafts- und Konkurrenzgesellschaft sah, in der der adlige Gutsbesitz keine Chance mehr haben würde.» Nach dem besonders blutigen Massenpogrom von Kischinew im Jahre 1903 scheute Innenminister Plehwe nicht vor der Behauptung zurück, die Aktionen seien ein Protest des zarentreuen Volkes gegen den hohen Anteil der Juden an der revolutionären Bewegung: eine Rechtfertigung des Geschehens, die, ebenso wie das Massaker selbst, den Strom der jüdischen Auswanderer nach Übersee, vor allem in die Vereinigten Staaten von Amerika, weiter anschwellen ließ.

Antijüdische Ausschreitungen gab es im ausgehenden 19. und frühen 20. Jahrhundert nicht nur im Zarenreich, sondern gelegentlich auch in Ländern des Okzidents. Sehr viel weiter verbreitet aber war hier ein Antisemitismus der verbalen Hetze, des kulturellen Boykotts und der gesellschaftlichen Ausgrenzung, der in den Juden vorzugsweise Agenten und Nutznießer einer als gefährlich bewerteten Moderne sah. In Deutschland, im Habsburgerreich und in Frankreich wurde diese Spielart von Antisemitismus seit den 1870er Jahren zunehmend «salonfähig». Sie rief aber auch liberale wie jüdische Gegenbestrebungen auf den Plan – in Deutschland etwa in Gestalt des 1890 gegründeten Vereins zur Abwehr des Antisemitismus und des drei Jahre später entstandenen Centralvereins deutscher Staatsbürger jüdischen Glaubens.

In der sozialistischen Arbeiterbewegung waren viele Juden aktiv, aber als politische Gefahr wurde der Antisemitismus von den Marxisten im allgemeinen unterschätzt. In den Reihen der deutschen Sozialdemokraten etwa grassierte das (zu Unrecht oft Bebel zugeschriebene) Schlagwort vom Antisemitismus als dem «Sozialismus der dummen Kerls». Darin drückte sich eine geradezu aberwitzige Hoffnung aus, die eine Parteibroschüre aus den frühen neunziger Jahren in folgende Worte faßte: «Und die Antisemiten? ... Sie bilden die Vorhut der Sozialdemokratie, indem sie in Kreise eindringen, die der letzteren noch nicht zugänglich sind. Durch die Behauptung, die Juden seien die Ursache allen sozialen Elends, veranlassen sie ihre Anhänger, über diese Ursachen nachzudenken, und bewirken dadurch die Entstehung von Klassenbewußtsein in rückständigen Volksschichten.»

Viele Juden nahmen den Antisemitismus sehr viel ernster. Einer von ihnen war Theodor Herzl aus Budapest, der 1878, im Alter von 18 Jahren, mit seiner Familie nach Wien umgezogen war. Dort trat er als Student der Rechtswissenschaft der deutschnationalen, das heißt großdeutsch gesinnten Burschenschaft «Albia» bei, die er 1883 wieder verließ, nachdem diese zwei Jahre zuvor beschlossen hatte, keine Juden mehr aufzunehmen. In der Hauptstadt des Habsburgerreiches erlebte der völlig assimilierte Herzl den Antisemitismus in zwei Varianten: einmal als politisches Credo von Akademikern und Studenten, wie es seit 1885 Georg Ritter von Schönerer, der Führer der großdeutschen Bewegung, vertrat, zum anderen als Ressentiment des Kleinbürgertums, wirkungsvoll artikuliert durch einen ehemaligen Anhänger Schönerers, Dr. Karl Lueger, den Führer der 1891 gegründeten Christlichsozialen Partei und seit 1897 Bürgermeister von Wien.

Nach den ersten Wahlerfolgen Luegers schrieb Herzl ein Theaterstück, «Das Neue Ghetto», die «Kritik eines assimilierten Juden an der Assimilation», wie Michael Brenner in seiner «Geschichte des Zionismus» schreibt. Seit 1891 arbeitete Herzl als Korrespondent der Wiener «Neuen Freien Presse» in Paris. Er erlebte dort das gewaltige Echo eines antisemitischen «Bestsellers», des erstmals 1886 aufgelegten Buches «La France juive» (Das jüdische Frankreich) von Edouard Drumont, dann, im Dezember 1894, die Verurteilung des jüdischen Hauptmanns Alfred Dreyfus wegen Hochverrats und die anschließenden Straßenkrawalle. Im Juli 1895 kehrte Herzl nach Wien zurück – entschlossen, dem Antisemitismus eine wirksame Antwort zu erteilen.

Die Antwort war das Anfang 1894 erschienene Buch «Der Judenstaat. Versuch einer modernen Lösung der Judenfrage». Es begann mit einer scharfen Analyse des Antisemitismus. «Die Judenfrage besteht. Es wäre töricht, sie zu leugnen. Sie ist ein verschlepptes Stück Mittelalter, mit dem die Kulturvölker auch beim besten Willen noch nicht fertig werden konnten ... In den Bevölkerungen wächst der Antisemitismus täglich, stündlich und muß weiter wachsen, weil die Ursachen fortbestehen und nicht behoben werden können. Die *causa remota* (entfernte Ursache, H.A.W.) ist der im Mittelalter eingetretene Verlust unserer Assimilierbarkeit, die *causa proxima* (nächstliegende Ursache, H.A.W.) unsere Überproduktion an mittleren Intelligenzen, die keinen Abfluß nach unten haben und keinen Aufstieg nach oben – nämlich keinen gesunden Abfluß und keinen gesunden Aufstieg. Wir werden nach unten hin zu Umstürzlern proletarisiert, bilden die Unteroffiziere aller revolutionären Parteien, und gleichzeitig wächst nach oben unsere furchtbare Geldmacht.»

Die Assimilation der Juden war also Herzl zufolge gescheitert und die Judenfeindschaft unaufhebbar. Die Juden mußten daraus die Konsequenz ziehen, Europa verlassen und ihren eigenen Staat gründen – ob in Palästina oder in Argentinien, durch Vertrag mit dem Sultan oder mit der Regierung in Buenos Aires, ließ der Autor zu diesem Zeitpunkt noch offen. Von einem Judenstaat in Palästina, und nur dort, ging Herzl erst in dem 1902 veröffentlichten utopischen Raum «Altneuland» aus. Die Tatsache, daß in Palästina Araber lebten, empfand der Autor nicht als Einwand gegen sein Projekt; er versprach ihnen die vollen bürgerlichen Freiheiten und die Toleranz, die die Juden in Europa gelernt hätten. Als Sprache des Judenstaates kam aus praktischen Gründen das Hebräische, das seit Jahrhunderten nur noch als Gebetssprache diente, nach Herzls Meinung nicht in Frage; vielmehr wollte er im Judenstaat alle westlichen Sprachen zulassen und dem Deutschen, das auch zur Sprache der zionistischen Kongresse wurde, schon wegen seiner Nähe zum Jiddischen, der Sprache ostmitteleuropäischer Juden, als «lingua franca» den Vorrang einräumen. Die Juden sollten Land bestellen, Industrien ansiedeln und einen modernen, säkularen, demokratischen Staat errichten, in dem die Frauen, anders als im zeitgenössischen Europa und Amerika, über das aktive und passive Wahlrecht verfügten: Das war die Botschaft, die Herzl in «Altneuland» verkündete.

«Wir sind ein Volk – der Feind macht uns ohne unseren Willen dazu, wie das immer in der Geschichte so war»: Diese Prämisse des «Judenstaats» löste den Protest vieler Juden aus, die sich als Österreicher, Deutsche, Briten oder Franzosen empfanden, welche sich von ihren nichtjüdischen Landsleuten nur durch ihre Religion unterschieden. Aus Herzls Sicht war hingegen die jüdische Religion nichts, was die Juden zusammenhielt, sondern voneinander trennte. «Herzls Pläne waren ein Produkt der Emanzipation und der Assimilation des 19. Jahrhunderts», schreibt Michael Brenner. «Im Grunde genommen akzeptierte er beide Prozesse und wollte sie nur vervollständigt wissen. Die Emanzipation sei deswegen gescheitert, weil die Juden zwar individuelle Rechte erhielten, aber keine kollektiven Rechte. Diese seien nur durch das gleiche Mittel zu erreichen, das jeder anderen Nation zusteht: einen eigenen Staat. Die Errungenschaften der Assimilation wiederum wollte er in diesen Staat, diese Schweiz mitten im Orient, eingebracht sehen. Sein Konzept war keine Rückkehr in die voremanzipatorische Zeit, sondern ein Ausbau der Emanzipation außerhalb Europas, aber im europäischen Sinne.»

Die stärkste Zustimmung fand die Parole vom Judenstaat unter den osteuropäischen Juden, denen Emanzipation und Assimilation bisher verwehrt worden waren. Als Ende August 1897 in Basel der erste Zionistische Kongreß mit über 200 Delegierten aus 20 Ländern zusammen trat, kamen allein 65 Delegierte aus dem Zarenreich; dazu traten noch russische Juden, die in anderen Ländern studierten und arbeiteten. Eine der östlichen Hochburgen der zionistischen Bewegung war Odessa, wo die Juden mit 140 000 Menschen ein Drittel der Bevölkerung stellten. Einer ihrer intellektuellen Wortführer war Ascher Ginzburg, bekannter unter dem Pseudonym Achad Ha'am, der sich in einem wesentlichen Punkt von Herzl unterschied und schließlich gegenüber diesem durchsetzen sollte. Um nochmals Brenner zu zitieren: «Herzl wollte einen Judenstaat, Achad Ha'am einen jüdischen Staat. Beide stimmten überein, daß dies kein religiöser Staat werden sollte, aber während Achad Ha'am eine neubelebte hebräische Kultur als Zentrum der neuen jüdischen Gesellschaft anstrebte, schrieb Herzl: ‹Kein hebräischer Staat – ein Judenstaat, wo's keine Schande, ein Jud zu sein› ... Wo Herzl die Juden retten wollte, versuchte Achad Ha'am das Judentum zu retten ... Herzl war der Pragmatiker, dessen politische Bemühungen seine Art des Zionismus auch als politischen Zionismus kennzeichneten, während der um ein geistiges Zentrum bemühte Achad Ha'am mit dem Begriff des kulturellen Zionismus identifiziert wurde.»

Herzl konnte behaupten, in Basel 1897 den Judenstaat gegründet zu haben. Aber er war nicht der erste Zionist. Bereits 1862 hatte Moses Heß, ein zeitweiliger Weggefährte von Karl Marx, sein Buch «Rom und Jerusalem» vorgelegt, in dem er das Judentum nicht als Religion, sondern als Nationalität definierte. Zwei Jahrzehnte später, 1882, veröffentlichte der Arzt Leon Pinsker aus Odessa auf deutsch seine Schrift «Auto-Emancipation», in der er die Selbstemanzipation der Juden als Nation forderte. Den Begriff «Zionismus» benutzte 1890 als erster der von Pinsker beeinflußte Wiener Schriftsteller Nathan Birnbaum, der Gründer der Zeitschrift «Selbstwehr». Zum Zeitpunkt des Basler Kongresses gab es in Palästina schon 19 jüdische Siedlungen. Anfang des 19. Jahrhunderts hatten dort etwa 10 000 Juden, die «Alte Jischuw», gelebt; die Gesamtbevölkerung Palästinas wird für diese Zeit auf 150 000 bis 300 000 Menschen geschätzt. Um 1870 gehörten etwa 25 000 Menschen zur «Alten Jischuw», von denen jedoch viele aus Europa und der arabischen Welt kamen.

Die erste größere Einwanderungswelle aus Osteuropa setzte mit den russischen Pogromen von 1881 und der Diskriminierung der Juden in Rumänien ein, das Juden grundsätzlich die Staatsbürgerschaft verweigerte; diese «Erste Alija» wird bis 1904 datiert und gilt trotz der finanziellen Unterstützung durch die 1860 gegründete Alliance Israélite Universelle und die jüngere, von dem Bankier Maurice de Hirsch ins Leben gerufene Jewish Colonization Association als gescheitert. Die zionistische Einwanderung begann um 1905 und hing eng mit den von den «Schwarzen Hundertschaften» organisierten Pogromen nach der russischen Revolution von 1905 zusammen. Diese «Zweite Alija» dauerte bis zum Beginn des Ersten Weltkriegs. Zwischen 1904 und 1914 stieg die jüdische Bevölkerung in Palästina von 50 000 auf 80 000 an: ein geringer Zuwachs, verglichen mit den 850 000 osteuropäischen Juden, die in dieser Zeit in Nordamerika einwanderten.

Für die weitere Entwicklung der Juden in Palästina aber waren die Jahre von 1905 bis 1914 eine Schlüsselperiode: In dieser Zeit wanderte ein großer Teil der Elite des späteren Staates Israel ein, darunter die ersten Ministerpräsidenten David Ben-Gurion und Levi Eschkol sowie die Staatspräsidenten Jitzchak Ben-Zvi und Salman Schasar. Nach 1905 entstanden die ersten Kibbuzim, die genossenschaftlich organisierten ländlichen Siedlungsmeinschaften mit kollektiver Wirtschafts- und Lebensweise. 1909 wurde die Stadt Tel Aviv gegründet, deren Name soviel wie «Frühlingshügel» bedeutet und der Titel der von Nahum Sokolov übersetzten hebräischen Ausgabe von Herzls «Altneuland» war. Hebräisch wurde entgegen den Bedenken des 1904 verstorbenen Herzl zur Sprache des jüdischen Gemeinwesens in dem noch immer unter türkischer Oberhoheit stehenden Palästina. Der frühe Zionismus war, wie Brenner urteilt, «eine nationale Bewegung mit kosmopolitischem Hintergrund»: eine Formel, die auf keine Gruppe so gut zutrifft wie auf die vielsprachigen jüdischen Intellektuellen, die zwischen 1905 und 1914 das Zarenreich verließen, um in Palästina den Juden jene freie Entfaltung zu sichern, die ihnen die Nationalisten nicht nur in Rußland, sondern in großen Teilen Europas nicht zuzugestehen bereit waren.[26]

Zerreißproben:
Die innere Entwicklung der Donaumonarchie

Das Wien, in dem Theodor Herzl studierte und schriftstellerisch und publizistisch zu wirken begann, war nicht nur die Stadt Sigmund Freuds, Hugo von Hofmannsthals und Gustav Klimts. Es war, politisch gesehen, bis zum Beginn der neunziger Jahre das Wien des «Eisernen Rings»: der Regierungszeit des Ministerpräsidenten Eduard Graf Taaffe von 1879 bis 1893. Die Deutschliberalen hatten 1879 ihre beherrschende Stellung im Reichsrat verloren; unter Taaffe stützte sich die Regierung auf ein Kartell aus deutschen Klerikalen und Konservativen, Tschechen, Polen und Slowenen. Die Unabhängigkeit vom Liberalismus erleichterte dem Ministerium Taaffe eine Sozialpolitik, die der Bismarckschen in vielem ähnlich war und eine Unfall- und Krankenversicherung einschloß. Im Bereich des Arbeiterschutzes wurde Österreich früher aktiv als Deutschland, und auch bei der Einschränkung der Gewerbefreiheit durch Innungszwang und Befähigungsnachweis im Handwerk erzielte die cisleithanische Hälfte der Habsburgermonarchie einen zeitlichen Vorsprung vor dem Deutschen Reich. Einer anderen Art von Sozialprotektionismus wurden die Bauern teilhaftig: Durch eine Erbfolgeregelung erschwerte der Staat die fortschreitende Realteilung des Bodens.

Der erstrebte Ausgleich zwischen den Deutschen und den slawischen Nationalitäten aber wurde in der Zeit des «Eisernen Rings» nicht erreicht. Eine Sprachenverordnung für Böhmen vom April 1880, die den Tschechen auch in deutschsprachigen Gegenden den Gebrauch ihrer Muttersprache im Verkehr mit Behörden und Gerichten erlaubte (und entsprechend sprachkundige Beamte und Richter erforderte), löste ebenso wie zwei Jahre später die Aufteilung der Universität Prag in eine deutsche und eine tschechische Hochschule wütende Proteste der Deutschen aus. Auf der anderen Seite konnte die Regierung Taaffe auch die nationalistischen Jungtschechen nicht zufrieden stellen: An ihnen vor allem scheiterten die 1890 aufgenommenen Ausgleichsverhandlungen. Ähnlich verbissen entwickelte sich der Streit um die Sprachenfrage im deutsch-slowenischen Grenzgebiet im Süden der Steiermark, in Kärnten und Krain. Dazu kamen nationale Spannungen zwischen Deutschen und Italienern in «Welschtirol», zwischen Italienern und Slowenen im Küstenland um Triest, zwischen Italienern und Kroaten in Istrien und Dalmatien, zwischen Polen und Ruthenen in Galizien sowie, in der transleithanischen Reichshälfte, zwischen den Magyaren und den nichtmagyarischen Nationalitäten.

Bei den Deutschliberalen vollzog sich in den Jahren des «Eisernen Ringes» eine deutliche Radikalisierung. Unter Führung von Georg Ritter von Schönerer verständigte sich die Partei im September 1882 auf das Linzer Programm, das eine Art Januskopf trug: Auf der einen Seite forderte es umfassende bürgerliche Freiheitsrechte und sozialpolitische Verbesserungen wie die Einschränkung der Frauen- und Kinderarbeit und die Festsetzung einer Normalarbeitszeit, auf der anderen Seite gab es der Partei ein scharf deutschnationales Profil. Mit Ungarn, dem Bosnien, Herzegowina und Dalmatien zuzuschlagen waren, sollte fortan nur noch eine reine Personalunion bestehen, Galizien samt der Bukowina eine Sonderstellung genießen, das Deutsche zur allgemeinen Staatssprache erhoben und der deutsche Charakter aller Länder gewahrt werden, die bis 1866 zum Deutschen Bund gehört hatten. Da das letztere auch für Böhmen und Mähren, Triest und Trient galt, war das Programm eine Kampfansage an Tschechen, Slowenen und Italiener. Ein großer Aufschwung aber blieb den Deutschliberalen schon deswegen versagt, weil Schönerer 1888 eine Gewalttat verübte, die ihn ins Gefängnis brachte und seine politische Karriere für viele Jahre unterbrach: Er überfiel zusammen mit Gesinnungsfreunden die Redaktion des «Neuen Wiener Tageblatts», nachdem dieses eine voreilige Meldung über den Tod des deutschen Kaisers Wilhelm I. veröffentlicht hatte.

Schon vor der spektakulären Selbstausschaltung Schönerers hatten einige seiner engsten Mitarbeiter begonnen, eigene, und zwar höchst gegensätzliche, Wege zu beschreiten. Einen Teil seiner Anhängerschaft verprellte Schönerer, als er 1885 das Parteiprogramm um einen Punkt erweiterte: die Ausschaltung der Juden aus allen Gebieten des öffentlichen Lebens. Der Wiener Armenarzt Victor Adler, der aus einer großbürgerlichen jüdischen Familie stammte und großen Anteil an der Abfassung des Linzer Programms gehabt hatte, schloß sich 1886 der sozialdemokratischen Arbeiterbewegung an, gründete das Wochenblatt «Gleichheit» und trug entscheidend zur eigentlichen Parteigründung bei, die um die Jahreswende 1888/89 in Hainfeld im Wienerwald stattfand. Zuvor war es Adler gelungen, die tschechischen Sozialdemokraten zur Trennung von den nationalistischen Jungtschechen und zum Zusammenschluß mit den deutschen Sozialdemokraten Böhmens und Mährens zu bewegen. Außerdem war mittlerweile der Einfluß, den gewalt-, ja mordbereite Anarchisten auf die österreichische Arbeiterbewegung hatten, stark zurückgegangen. Das Hainfelder Programm schuf einen Ausgleich zwischen den orthodoxen Marxisten und den gemäßigten Reformisten und legte damit den Grund für das ideologische Gebilde des «Austromarxismus». Eines seiner Merkmale war ein spezifischer, auf das Habsburgerreich bezogener Internationalismus, der aus der Sozialdemokratie zeitweilig wenn schon nicht eine Klammer zwischen den Nationalitäten, dann doch zwischen den unterschiedlichen nationalen Arbeiterklassen zu machen vermochte.

Auch rechts der Mitte kam es wenig später zu einer Parteigründung. 1891 rief der Rechtsanwalt Karl Lueger, ehemals ein überzeugter «Schönerianer» und inzwischen ein bekennender Antisemit, die Christlichsoziale Partei ins Leben. Mit seinem judenfeindlichen «Schmäh» gewann der glänzende und volkstümliche Redner die Zustimmung vor allem der Wiener Kleinbürger, gleichviel ob deutscher oder slawischer Abstammung. Die Kampagnen gegen die Juden schufen so etwas wie einen gemeinsamen Nenner aller nationalen und sozialen Ressentiments der multiethnischen Metropole. Die Juden bildeten, in den Worten des amerikanischen Historikers Carl Schorske, das «übernationale Volk des Vielvölkerstaates». In Wien machten sie um 1890 8,7, in Budapest 20 Prozent der Bevölkerung aus; in der cisleithanischen Hauptstadt stellten sie 33, in der transleithanischen etwas 50 Prozent der Studenten und in beiden Hauptstädten über die Hälfte der Ärzte und Rechtsanwälte: Zahlen, in denen sich der soziale Aufstieg der Juden *und* ihr fortdauernder Ausschluß aus Beamtentum und Justiz spiegelten. Zu denen, die die Wirkung von Luegers Auftritten auf die Wiener Massen bewundernd miterlebten, gehörte seit 1908 ein gescheiterter Bewerber um einen Studienplatz an der Akademie für bildende Künste: der aus Linz zugezogene, 1889 in Braunau am Inn geborene Adolf Hitler.

Im Frühjahr 1895 war Lueger erst zum Vizebürgermeister, dann zum Bürgermeister von Wien gewählt worden, hatte jedoch, weil er sich nur auf eine relative Mehrheit im Gemeinderat stützen konnte, auf die Annahme der Wahl verzichtet. Nach einem klaren Wahlsieg der Christlichsozialen im Herbst 1895 erhielt er bei der Bürgermeisterwahl die absolute Mehrheit, wurde aber auf Grund rüder Attacken auf die in Ungarn regierenden, von ihm als «Judäomagyaren» beschimpften Liberalen durch Kaiser Franz Joseph nicht ernannt. Es folgten Massendemonstrationen für Lueger auf den Wiener Straßen, eine Auflösung des Gemeinderats und im Februar 1896 Neuwahlen, die den Christlichsozialen einen weiteren Stimmenzuwachs und Lueger im April die erneute Wahl zum Bürgermeister einbrachten. Auf Drängen des Kaisers begnügte sich Lueger ein Jahr lang nominell mit dem Amt des Vizebürgermeisters, bis er 1897 schließlich zum Bürgermeister ernannt wurde. Die «Ära Lueger», die jetzt erst richtig begann und bis zum Tod des Volkstribuns im März 1910 dauerte, war ein frühes Beispiel für das, was man später als kommunale Gemeinwirtschaft bezeichnet hat: Zu ihren Merkmalen gehörten die Stadterneuerung und die Anlage von Parks und Waldgürteln, die Überführung der Verkehrs- und Versorgungsunternehmen in kommunale Regie, der Bau von öffentlichen Bädern, Krankenhäusern und Fürsorgeanstalten.

Die Lueger-Krise der Jahre 1895 bis 1897 fiel zum größten Teil zusammen mit der Regierungszeit des aus Polen stammenden Grafen Kasimir Badeni. Kaiser Franz Joseph hatte den Statthalter von Galizien im November 1895 zum Ministerpräsidenten ernannt, nachdem zuvor der unmittelbare Nachfolger Taaffes, Fürst Alfred von Windischgrätz, am Widerstand der Deutschliberalen gegen ein örtliches schulpolitisches Zugeständnis an die Slowenen gescheitert war. Wie die Vorgängerkabinette bemühte sich die Regierung Badeni um eine Wahlrechtsreform, für die mit besonderem Nachdruck Victor Adlers Sozialdemokraten eintraten. Was Badeni durchsetzte, blieb jedoch weit hinter dem von den Sozialdemokraten geforderten allgemeinen gleichen Wahlrecht zurück: Zu den bestehenden vier Kurien des Abgeordnetenhauses des Reichsrats trat eine fünfte hinzu, zu der alle Staatsbürger, die das 24. Lebensjahr vollendet hatten, wahlberechtigt waren. Dieser Kurie gehörten aber nur 72 der insgesamt 425 Mitglieder der zweiten Kammer des Reichsrats an. Bei den Wahlen vom März 1897 gelangten erstmals auch die Sozialdemokraten in den Reichsrat: Sie erhielten 15 Mandate. Die Christlichsozialen kamen, alle Kurien zusammengerechnet, auf 26, die «Alldeutschen» um den ins Parlament zurückgekehrten Schönerer auf 5, die Deutsche Volkspartei der gemäßigten Deutschnationalen auf 41, verschiedene deutschliberale Gruppen auf 78 Mandate. Daneben gab es noch 31 Abgeordnete der Konservativen der deutschen Kronländer und einen christlich-slawischen Verband mit 35 Mitgliedern. Die stärkste nichtdeutsche Gruppe bildeten die Tschechen, auf die 60 Mandate entfielen.

Kurz nach der Wahl versuchte sich die Regierung um einen nationalen Ausgleich in Gestalt der Sprachenverordnungen für Böhmen vom 5. April und für Mähren vom 22. April 1897. Diese verlangten für alle Gerichts- und Verwaltungsbehörden Doppelsprachigkeit und von allen Beamten und Richtern die Kenntnis des Deutschen und des Tschechischen in Wort und Schrift. Im Reichsrat gab es dafür die politische Rückendeckung einer Mehrheit, aber die deutschen Oppositionsgruppen versuchten sogleich, unterstützt von außerparlamentarischen Protestaktionen in den deutschsprachigen Gebieten Böhmens, in Prag, Wien und Graz, durch Tumulte und Obstruktion die Außerkraftsetzung der Verordnungen zu erzwingen. Sogar aus dem Deutschen Reich meldeten sich, auf Ersuchen der Alldeutschen, Gegner der Sprachenverordnung, unter ihnen der greise Theodor Mommsen, zu Wort.

Ihren Höhepunkt erreichte die Badeni-Krise Ende November 1897, als auf Grund einer staatsstreichartigen Änderung der Geschäftsordnung des Abgeordnetenhauses die Polizei mehr als ein Dutzend Parlamentarier aus dem Plenarsaal entfernte und die Unruhe dadurch noch weiter steigerte. In Wien erklärte Bürgermeister Lueger, daß er angesichts der Massendemonstrationen Ruhe und Ordnung in der Hauptstadt nicht mehr gewährleisten könne. In Graz gab es bei den Straßenprotesten am späten Abend des 27. November zwei Tote. Einige Stunden zuvor hatte Kaiser Franz Joseph bereits die Demission Badenis verlangt. Tags darauf trat der Ministerpräsident zurück.

Mit der Sprachenpolitik Badenis war auch sein Versuch gescheitert, zu einem neuen Ausgleich der Steueranteile der beiden Reichshälften zu gelangen: Der Rücktritt der Regierung verhinderte die parlamentarische Beratung der Vorlage. Badenis Sprachverordnungen wurden durch das erste der folgenden, kurzlebigen Kabinette abgemildert, durch das dritte 1899 aufgehoben. Infolgedessen versagten sich die slawischen Abgeordneten nun dem Ausgleich mit Ungarn; dieser wurde ebenso wie der Haushalt für 1900 durch Notverordnungen nach § 14 des Staatsgrundgesetzes über die Reichsvertretung von 1867 vorläufig in Kraft gesetzt. Erst eine Regierung unter dem parteilosen hohen Beamten Ernest von Koerber, die ihr Amt in Januar 1900 antrat, konnte eine gewisse Beruhigung der nationalen Gegensätze erreichen und sich bis Ende 1904 an der Macht behaupten. Der Etat für 1902 wurde, nachdem die Tschechen auf Grund wirtschaftlicher Zugeständnisse Wiens ihre Obstruktion aufgegeben hatten, wieder auf parlamentarischem Weg verabschiedet. Der Regierung kam auch zustatten, daß die Alldeutschen, die bei den Wahlen von 1901 21 Sitze erlangt hatten, sich 1902 spalteten: in die Anhänger Schönerers, der sich Ende der neunziger Jahre zum Führer einer für den Austritt aus der katholischen Kirche werbenden «Los-von-Rom»-Bewegung aufgeschwungen hatte, und in die seines bisherigen Parteigängers Karl Hermann Wolf, die sich fortan «Deutsch-Radikale» nannten.

Zwei Parteien hatten in der Zwischenzeit begonnen, sich zu echten Massenbewegungen zu entwickeln: die Christlichsozialen und die Sozialdemokraten. Während die ersteren sich immer mehr als konservative Volkspartei präsentierten, wuchs den letzteren, obgleich eher ungewollt, das Profil einer reichserhaltenden Kraft zu: ein Eindruck, dem auch Lueger mit seinem Spottwort von der «k. k. privilegierten Sozialdemokratie» Tribut zollte. Zur Zeit der Badeni-Krise hatte die Partei Victor Adlers sich noch an der parlamentarischen Obstruktionspolitik der Rechten beteiligt, damit aber ihre nichtdeutschen Anhänger nachhaltig irritiert. Diese Erfahrung ließ die Einsicht reifen, daß die Sozialdemokratie um eine Stellungnahme zum nationalen Problem nicht länger herumkam und sich selbst einer nationalen Föderalisierung unterziehen mußte. Die Christlichsozialen waren eine rein deutsche Partei, die Sozialdemokraten hingegen eine Vielvölkerpartei. Als solche erlebten sie in sich die Probleme des Habsburgerreiches; sie mußten, wenn sie *eine* Partei bleiben wollten, eine Art von «Stellvertreterdebatte» führen und nach Lösungen suchen, die für die cisleithanische Reichshälfte der Donaumonarchie wegweisend sein konnten.

Das Ergebnis intensiver Diskussionen, namentlich zwischen deutschen, tschechischen und slowenischen Sozialdemokraten, war das Brünner Nationalitätenprogramm vom September 1899. Es bezeichnete die nationalen Wirren in Österreich als Lähmung jeden politischen Fortschritts und jeder kulturellen Entwicklung der Völker und nannte die «endliche Regelung der Nationalitäten- und Sprachenfrage im Sinne des gleichen Rechts und der Gleichberechtigung und Vernunft ... vor allem eine kulturelle Forderung, daher im Lebensinteresse des Proletariats gelegen». Eine Lösung der Nationalitäten- und Sprachenfrage sei aber nur möglich «in einem wahrhaft demokratischen Gemeinwesen, das auf das allgemeine, gleiche und direkte Wahlrecht gegründet ist, in dem alle feudalen Privilegien im Staate und in den Ländern beseitigt sind». Das Programm sagte dem bürokratisch-staatlichen Zentralismus den Kampf an und forderte die Umwandlung Österreichs in einen «demokratischen Nationalitäten-Bundesstaat», die Schaffung von «national abgegrenzten Selbstverwaltungskörpern» und autonomen nationalen Verbänden, in denen die «Selbstverwaltungsgebiete ein und derselben Nation» zusammenzufassen waren: eine Vorstellung, die von fern an die (folgenlos gebliebenen) Pläne zum föderalistischen Umbau des Habsburgerreiches erinnerte, wie sie ein halbes Jahrhundert zuvor, in der Endphase der Revolution von 1848/49, von dem tschechischen Historiker Jan Palacký und seinen Mitstreitern auf dem Reichstag zu Kremsier entwickelt worden waren.

Vieles am Brünner Nationalitätenprogramm blieb unklar: Das galt für die Frage, wie das Verhältnis von nationaler Autonomie und territorialer Selbstverwaltung in Gebieten ethnischer Gemengelage aussehen sollte, und für das noch grundlegendere Problem, wie die Sozialdemokratie zu reagieren gedachte, wenn Nationen ihre Selbstbestimmung bis zur vollen revolutionären Konsequenz, der staatlichen Unabhängigkeit, voranzutreiben entschlossen waren. Auch die ausführlichen schriftlichen Darlegungen des «Austromarxisten» Karl Renner über die Unterschiede zwischen dem Territorialprinzip und dem Personalprinzip, von denen das erste der politischen, das zweite der nationalen Demokratie zugrunde liege, gaben darauf keine Antwort (es sei denn die indirekte, daß der Führungsanspruch der Deutschösterreicher kulturell begründet war). Das Brünner Programm klammerte viele umstrittene Fragen wie die Schul-, die Amtssprachen- und die Wirtschaftspolitik aus, und bereits auf dem Parteitag selbst wurde der Text von unterschiedlichen nationalen Gruppen unterschiedlich interpretiert. Die Führer der österreichischen Sozialdemokratie durften aus der einstimmigen Annahme der Beschlußvorlage nicht folgern, daß die Arbeiter des Vielvölkerstaates weitergehenden nationalen Bestrebungen eine Absage erteilt hatten.

Die amtliche Politik folgte ähnlichen Ansätzen wie die Sozialdemokratie, als sie 1905 den «Mährischen Ausgleich» zuwege brachte: Gemeinden und Städte konnten ihre Amts- und Geschäftssprache selbständig bestimmten; das Schulwesen war den nationalen Verhältnissen entsprechend zu ordnen; auf der Grundlage nationaler Kataster wurden die Wahlbezirke neu eingeteilt. Ähnliche Reformen fanden 1910 in der Bukowina statt. Beide Gebiete waren überwiegend ländlich geprägt, so daß die nationalen Grundstücksverzeichnisse eine hohe Aussagekraft besaßen. Anders stand es in industrialisierten und urbanisierten Regionen: Die soziale Fluktuation machte hier eine vergleichbare Wahlkreiseinteilung unmöglich. Der «Mährische Ausgleich» konnte folglich nicht zum Modell für das Gesamtreich werden.

Die Reform des Wahlrechts rückte im Herbst 1905 erneut auf die Tagesordnung: Angeregt durch die revolutionären Ereignisse in Rußland, riefen die Sozialdemokraten ihre Anhänger in allen größeren Städten der cisleithanischen Reichshälfte zu Massendemonstrationen für die Einführung des allgemeinen, gleichen, direkten und geheimen Wahlrechts auf. Kaiser Franz Joseph und die Regierung von Baron Gautsch, dem Nachfolger Ernest von Koerbers, zeigten sich zur Erfüllung dieser Forderung bereit, wobei der greise Monarch geradezu auf eine Stärkung der beiden großen reichsfreundlichen Parteien, der Christlichsozialen und der Sozialdemokraten, und die Schwächung der nationalistischen Kräfte setzte.

Über der Verteilung der Abgeordnetensitze auf die Nationen kam es jedoch zu heftigen Auseinandersetzungen, über denen 1906 zwei Regierungen stürzten. Die bürgerlichen deutschen Parteien wollten nicht nur den deutschen Anteil an der cisleithanischen Bevölkerung, nämlich 35 Prozent, sondern auch ihr sehr viel höheres Steueraufkommen, 63 Prozent, berücksichtigt wissen und erhielten am Ende tatsächlich 43 Prozent der Sitze. Ähnlich und ebenfalls erfolgreich argumentierten die Italiener gegenüber den Slowenen und die Polen in Galizien und die Rumänen in der Bukowina gegenüber den Ruthenen. Um den großen Erfolg in der Wahlrechtsfrage an die Fahnen der Sozialdemokratie heften zu können, verhielt sich Victor Adler in Verhandlungen mit dem neuen Ministerpräsidenten, dem Freiherrn Max Wladimir von Beck, ausgesprochen kompromißbereit. Anfang 1907 war er am Ziel: Nachdem das Abgeordnetenhaus und das Herrenhaus die Vorlage über die Einführung des allgemeinen, gleichen, direkten und geheimen Wahlrechts verabschiedet hatten, unterzeichnete am 27. Januar Kaiser Franz Joseph das Gesetz. Vier Tage später wurde das alte, aus fünf Kurien bestehende Abgeordnetenhaus aufgelöst.

Die Wahlen vom Mai 1907, die ersten, bei denen der Reichsrat nach dem neuen Wahlrecht gewählt wurde, brachten den im Deutschen Nationalverband vereinigten deutschliberalen und deutschnationalen Parteien 90 Sitze (darunter 13 von den Deutsch-Radikalen und 3 von den «Schönerianern») und den Christlichsozialen 66 Abgeordnete ein, die sich kurz darauf mit den 30 Parlamentariern der Katholischen Volkspartei zur Christlichsozialen Reichspartei zusammenschlossen. Die Sozialdemokraten kamen auf 87 Abgeordnete, und zwar 50 Deutsche, 23 Tschechen, 7 Polen, 5 Rumänen und 2 Ruthenen. Der Begriff «Sozialdemokraten» spiegelte indes eine Einheit vor, die es in Wirklichkeit schon gar nicht mehr gab. Die tschechische Partei hatte sich unter dem wachsenden Druck nationalistischer Kräfte organisatorisch verselbständigt, und dasselbe galt auch für die polnische Partei.

In beiden Fällen wirkte die russische Revolution von 1905 als Katalysator der nationalen Emanzipation: Je weniger das Zarenreich noch als Vormacht der europäischen Reaktion erschien, desto schwächer wurde das Bedürfnis nach einem österreichischen Schutzdach für die Westslawen empfunden. Die Folge war eine Welle des Neopanslawismus. In Böhmen und Mähren waren mittlerweile tschechische «Nationalsozialisten» außerhalb der Sozialdemokratie aktiv geworden, die über die Parteipresse in die sozialdemokratische Partei und in die Gewerkschaften hineinwirkten und bald auch eine nationalistische Reaktion unter sudetendeutschen Arbeitern auslösten: 1904 wurde in Trautenau eine Deutsche Arbeiterpartei gegründet, die bei den Wahlen von 1911 drei Abgeordnete in den Reichsrat entsenden konnte und sich sieben Jahre später, im Mai 1918, in Deutsche Nationalsozialistische Arbeiterpartei umbenannte. In Polen begannen die Sozialdemokraten der drei Teilungsgebiete enger miteinander zusammenzuarbeiten, wobei die Parteivorsitzenden Ignazy Daszyński in Galizien und Josef Piłsudski in Russisch-Polen besonders hervortraten. Gleichzeitig lockerten sich die Beziehungen zwischen den sozialdemokratischen Parteien im österreichischen und im preußischen Teilungsgebiet auf der einen und denen in Wien und Berlin auf der anderen Seite.

Im November 1908, als Österreich-Ungarn wegen der noch zu erörternden Annexion von Bosnien und Herzegowina im Mittelpunkt einer internationalen Krise stand, wurde Ministerpräsident Beck wegen einer kulturpolitischen Streitfrage von den Christsozialen im Zusammenspiel mit dem Thronfolger Erzherzog Franz Ferdinand gestürzt und durch Richard Freiherr von Bienerth-Schmerling ersetzt. Franz Ferdinand, dem Sohn von Franz Josephs jüngerem Bruder Karl Ludwig, war die Rolle des Thronfolgers nach dem Selbstmord des Kronprinzen Rudolf am 30. Januar 1889 im Jagdschloß Mayerling zugefallen. Das persönliche Verhältnis zwischen Kaiser und Erzherzog war schlecht, was auch an politischen Differenzen lag: Franz Ferdinand setzte sich, beraten vom sogenannten «Belvedere-Kreis», für die Überwindung des österreichisch-ungarischen Dualismus zugunsten eines deutsch-ungarisch-slawischen «Trialismus» ein, wozu auch die Schaffung eines selbständigen südslawischen Staates innerhalb der Donaumonarchie gehören sollte.

Die politischen Chancen dieses Projekts verminderten sich, als bei den Reichsratswahlen von 1911 die großdeutschen Gruppen mit 104 Mandaten einen großen Erfolg gegenüber den Christlichsozialen und den deutschen Sozialdemokraten errangen, die auf 74, beziehungsweise 44 Sitze kamen. Im Juli 1913 spitzte sich der Konflikt zwischen Deutschen und Tschechen so zu, daß sich die Regierung des seit November 1911 amtierenden Ministerpräsidenten Karl Graf Stürgkh entschloß, die böhmische Landesverfassung wegen Arbeitsunfähigkeit des Landtags zu sistieren. Die Verhandlungen über einen deutsch-tschechischen Ausgleich, die im Herbst 1913 begannen und einen durchaus positiven Verlauf nahmen, wurden von Stürgkh nur halbherzig unterstützt. Als die Obstruktion der tschechischen Agrarier auch den Reichsrat arbeitsunfähig machte, wurde er am 16. März 1914 vertagt. Das Kabinett regierte fortan mit Hilfe von Notverordnungen.

Während Cisleithanien seit Ende des «Eisernen Ringes» eine Abfolge innerer Krisen erlebte, erhöhte sich innerhalb der habsburgischen Gesamtmonarchie das politische Gewicht Transleithaniens. Länger als in Österreich waren nach dem Ausgleich von 1867 die adligen und großbürgerlichen Liberalen in Ungarn an der Macht geblieben, von 1875 bis 1890 unter Kálmán von Tisza als Ministerpräsidenten. Seit dem Sturz von Tisza, ausgelöst durch heftige parlamentarische Auseinandersetzungen um die Stellung Ungarns im Heerwesen der Doppelmonarchie und anschließende Zusammenstöße zwischen Polizei und Demonstranten auf den Straßen von Budapest, wuchs auch im Reich der Stephanskrone die Anziehungskraft radikal nationalistischer und antisemitischer Strömungen stark an.

Bereits 1878, zur Zeit des Berliner Kongresses, hatte der liberale Abgeordnete Gyözö Istóczy im Parlament hypothetische Erwägungen über die Errichtung eines jüdischen Staates in Palästina angestellt und im Zusammenhang mit angeblichen Plänen zur jüdischen Weltherrschaft auf «Massenvernichtungen von Juden» im Mittelalter angespielt. 1882 beteiligte sich Istóczy maßgeblich an einer Kampagne wegen eines behaupteten (vom zuständigen Gericht später widerlegten) jüdischen Ritualmords an einem ungarischen Mädchen. Im September des gleichen Jahres spielte er eine herausragende Rolle auf einem internationalen Antisemitenkongreß in Dresden; 1883 gründete er zusammen mit fünf anderen judenfeindlichen Parlamentariern die Nationale Antisemitische Partei. Die nationalistische Bewegung bekannte sich zum Ziel eines ungarischen Nationalstaates. Sie präsentierte sich in Form von zwei Parteien: der Nationalpartei unter dem konservativen Grafen Albert Apponyi und der Unabhängigkeitspartei unter Franz Kossuth, dem aus dem Exil zurückgekehrten Sohn des Freiheitshelden von 1848, Lajos Kossuth, der 1894 in Turin starb.

Unter Graf Stephan Tisza, dem Sohn von Kálmán Tisza, spitzte sich das Verhältnis zwischen Budapest und Wien bis zu einer öffentlich ausgetragenen Kontroverse zwischen den Regierungschefs Tisza und Koerber zu. Tisza erreichte, was er wollte, nämlich militärpolitische Zugeständnisse des widerstrebenden Kaisers und Königs. Den radikalen Nationalisten war das entschieden zu wenig. Bei den Parlamentswahlen vom Januar 1905 brachten sie den regierenden Liberalen eine schwere Niederlage bei, mußten es aber hinnehmen, daß Franz Joseph als König von Ungarn nicht den Führer der Unabhängigkeitspartei, Franz Kossuth, oder einen anderen Nationalisten, sondern den Feldmarschall Géza von Fejérváry, zum Ministerpräsidenten ernannte.

Dann eskalierte die Entwicklung. Um die Macht der alten Führungskräfte, obenan der adligen Großgrundbesitzer, zu brechen, stimmte der Kaiser und König dem Vorschlag von Innenminister Josef von Kristóffy zu, in Ungarn das allgemeine gleiche Wahlrecht einzuführen. Da die Abgeordneten der Rechten die Konfrontation fortsetzten, ließ Franz

Joseph das Parlament auflösen und den Plenarsaal durch Militär räumen. Als Sieger aus den Neuwahlen vom Mai 1906 gingen wiederum die Rechtsparteien hervor; die Unabhängigkeitspartei allein erhielt 60 Prozent der Mandate. Einen Gesetzentwurf vom Juli 1906, der das allgemeine gleiche Wahlrecht vorsah, zog die Regierung wieder zurück, als sich die Rechtsparteien bereit erklärten, in ein Koalitionskabinett unter dem Ministerpräsidenten der Jahre 1892–1895, Sandor Wekerle, einzutreten. Kossuth übernahm das Handelsministerium, Apponyi das Unterrichtsministerium, Graf Gyula Andrássy, der jüngere Sohn des Ministerpräsidenten der Jahre 1867 bis 1871 und langjährigen Außenministers, das Innenministerium. Ein von Andrássy vorgelegter Entwurf eines neuen besitz- und bildungsfreundlichen Pluralwahlrechts empörte die nichtmagyarischen Nationalitäten und die Sozialdemokraten, ging der Mehrheit des Parlaments aber bereits zu weit und wurde folglich abgelehnt. Bei den Wahlen von 1910, den letzten, die Ungarn zur Zeit der Doppelmonarchie erlebte, siegten die Liberalen, die sich jetzt Nationale Partei der Arbeit nannten. Drei Jahre später übernahm erneut Stephan Tisza das Amt des Ministerpräsidenten.

Unter dem Nationalismus der Magyaren hatten im Nationalitätenstaat Ungarn die Nichtmagyaren zu leiden: von den Juden abgesehen, Slowaken, Rumänen, Deutsche und Serben. Die Kroaten hatten 1868, ein Jahr nach dem österreichisch-ungarischen Ausgleich, ihren eigenen staatsrechtlichen Ausgleich mit Ungarn erreicht. Er bestätigte sie in der weitgehenden Autonomie des 1849 geschaffenen Kronlandes Kroatien und Slawonien unter einem eigenen, von Budapest eingesetzten Banus oder Statthalter. Über ein halbes Jahrhundert lang, von 1850 bis 1905, war der Bischof von Djakovo in Slawonien und Mitgründer sowohl der Universität Zagreb als auch der dort angesiedelten jugoslawischen Akademie, Josef Georg Stroßmayer, ungeachtet seines deutschen Namens ein kroatischer Nationalist und Repräsentant eines katholischen Neopanslawismus, die kulturell beherrschende Figur des Landes.

Seit 1883 griff die Politik der Magyarisierung auch auf Kroatien über. Budapest nutzte die österreichfreundliche Politik Serbiens unter der Dynastie Obrenović, um die oppositionelle, großkroatische und antiserbische Richtung des kroatischen Nationalismus unter Druck zu setzen. Diese suchte daraufhin zeitweilig Rückendeckung beim Kaiserhof in Wien und schwenkte, als sie damit keinen Erfolg hatte, in das Lager der ungarischen Radikalnationalisten um, wo sie Unterstützung für ihre Forderung fand, das überwiegend kroatische Dalmatien mit dem Kronland zu vereinigen. Die verbliebenen Gegner des ungarischen Nationalismus taten sich ihrerseits mit den Vertretern der serbischen Minderheit im kroatischen Landtag zusammen und rückten damit zugleich dem Königreich Serbien nahe, wo 1903 Alexander I., der letzte König aus dem Haus Obrenović, mitsamt der Königin Draga und deren Brüdern von Mitgliedern einer Offiziersverschwörung ermordet worden war. Unter König Peter I. Karadjordjević und dem Ministerpräsidenten Nikola Pašić von der Radikalen Partei vollzog Serbien einen Kurswechsel: gegen Österreich, an die Seite Rußlands und Frankreichs. Die Frontstellung vom Jahr 1914 begann ihren Schatten vorauszuwerfen.[27]

Der Fluch des Epigonentums: Das wilhelminische Deutschland 1890–1909

Der mächtigste Verbündete des Habsburgerreiches war im letzten Drittel des 19. Jahrhunderts zur führenden Industrienation Europas aufgestiegen: Deutschland hatte mit seiner industriellen Produktion Großbritannien überholt; es stand in diesem Bereich weltweit nur den Vereinigten Staaten von Amerika nach, deren industrielle Produktion 1895 doppelt so hoch war wie die deutsche. 1882 verbuchte der Bereich Landwirtschaft im Deutschen Reich 41,6 Prozent aller Erwerbstätigen samt Angehörigen, während auf den Bereich Industrie und Handwerk 34,8 Prozent entfielen. 1895 hatten Industrie und Handwerk die Landwirtschaft bereits überflügelt: 38,5 zu 35,0 lautete jetzt das Verhältnis. Bis 1907 verschob es sich auf 42,2 zu 28,4 Prozent. Der Anteil von Handel und Verkehr wuchs zwischen 1882 und 1907 von 9,4 auf 12,8 Prozent.

Bismarcks Nachfolger im Amt des Reichskanzlers und des preußischen Ministerpräsidenten, der General Graf Georg Leo von Caprivi, war sich bewußt, daß die Entwicklung vom Agrar- zum Industriestaat unumkehrbar war und Deutschlands Zukunft von der Steigerung seiner Ausfuhr abhing. «Wir müssen exportieren», erklärte er am 10. Dezember 1891 im Reichstag, «entweder wir exportieren Waren, oder wir exportieren Menschen. Mit dieser steigenden Bevölkerung ohne eine gleichzeitig zunehmende Industrie sind wir nicht in der Lage, weiterzuleben.» Die Handelsverträge der kurzen Ära Caprivi, erst 1891 mit

Österreich-Ungarn, Italien, Belgien und der Schweiz, dann 1893/94 mit Spanien, Serbien, Rumänien und Rußland folgten dieser Einsicht: Deutschland förderte die Ausfuhr von Industrieprodukten, indem es seinerseits Zollbarrieren abbaute, darunter auch die für die ostelbische Landwirtschaft besonders wichtigen Getreidezölle.

Der Widerspruch der preußischen und mecklenburgischen Rittergutsbesitzer ließ nicht lange auf sich warten. Sein organisatorischer Ausdruck war der 1893 gegründete Bund der Landwirte, der binnen kurzem zum einflußreichsten wirtschaftlichen Interessenverband aufsteigen sollte. Die Initiative ging von Großgrundbesitzern aus, aber von Anfang an zielte der neue Verband auf die Gewinnung aller Schichten, die sich von der fortschreitenden Industrialisierung bedroht fühlten und dieser Entwicklung entgegenstemmten, «Bauernstand» und «Mittelstand», das heißt Handwerker und Kleinhändler, im besonderen. Bei den Bauern war der Bund der Landwirte dabei sehr erfolgreich: Um die Jahrhundertwende stellten sie knapp neun Zehntel der über 200 000 Mitglieder.

In den Führungsgremien aber gaben Großgrundbesitzer den Ton an, und sie scheuten sich nicht vor starken Worten. So forderte der schlesische Generalpächter Alfred Ruprecht-Ransern im Dezember 1892 in seinem Appell zur Verbandsgründung, «daß wir unter die Sozialdemokraten gehen und ernstlich gegen die Regierung Front machen ... Wir müssen aufhören zu klagen, wir müssen schreien, daß es das ganze Land hört, wir müssen schreien, daß es bis in die Parlamentssäle und Ministerien dringt – wir müssen schreien, daß es bis an die Stufen des Thrones vernommen wird.» Die Sprache klang «populistisch», aber anders als das «populist movement» in den USA war der Bund der Landwirte kein Ausdruck eines authentischen Bauern- beziehungsweise Farmerprotests; die Bauern wurden in diesem Verband lediglich im Interesse einer privilegierten Herrenkaste instrumentalisiert. Von einer «Pseudodemokratisierung der Rittergutsklasse» hat in diesem Zusammenhang der Historiker Hans Rosenberg gesprochen.

Es sollte einige Zeit vergehen, bis die Rufe der Agrarier erhört wurden. Aber ihr Widersacher im Kanzleramt arbeitete ihnen ungewollt in die Hände. Die Handelsverträge und einige innere Reformen wie das Verbot der Kinder- und Sonntagsarbeit, die Entwicklung von Gewerbegerichten mit paritätischer Beteiligung der Arbeitgeber und Arbeitnehmer und eine progressive Einkommensteuer in Preußen sprachen zwar für den Erneuerungswillen Caprivis und die Ernsthaftigkeit des «Neuen Kurses» in der Wirtschafts- und Sozialpolitik. Aber immer wieder unterliefen dem regierenden General grobe taktische Fehler. Schon im März 1892 trat er als preußischer Ministerpräsident zurück, nachdem er zuvor das Zentrum und die Deutsche Freisinnige Partei durch seine Schulpolitik in Preußen verprellt hatte: die Linksliberalen durch die Einbringung eines kirchenfreundlichen Gesetzentwurfs, die Katholiken dadurch, daß er die Vorlage wieder zurückzog.

Im Jahr darauf scheiterte der Kanzler mit einer Heeresvorlage, die auf eine Vermehrung der Heeresstärke bei gleichzeitiger Kürzung der Dienstzeit von drei auf zwei Jahre hinauslief. Caprivis Antwort war die Auslösung des im Februar 1890 gewählten Reichstags. Bei der Neuwahl im Juni 1893 schnitten die Befürworter der Vorlage, die ehemaligen «Kartellparteien» von 1887, also Deutschkonservative, Freikonservative und Nationalliberale, gut, die Gegner, außer den Sozialdemokraten, schlecht ab, am schlechtesten die Freisinnigen, die sich über der Heeresvorlage gespalten hatten: in die militärkritische Mehrheit um den Parteivorsitzenden Eugen Richter, die als Freisinnige Volkspartei antrat, und die wehrfreundliche Minderheit der ehemaligen «Sezessionisten» um Ludwig Bamberger, die sich nun Freisinnige Vereinigung nannte.

Der neue Reichstag nahm die Heeresvorlage an. Die Position des Reichskanzlers festigte sich dadurch aber nur vorübergehend. Im folgenden Jahr kam es zu einem schweren Konflikt zwischen Caprivi und dem hochkonservativen preußischen Ministerpräsidenten Graf Botho zu Eulenburg, der ein von Kaiser Wilhelm II. gefordertes neues Ausnahmegesetz gegen die Sozialdemokratie und überdies gegen die Sozialdemokraten gerichtete Staatsstreichspläne des Monarchen unterstützte, während Caprivi beide Vorhaben ablehnte. Wilhelm II. beendete die Auseinandersetzung zwischen den beiden Berliner Regierungen dadurch, daß er im Oktober 1894 den Reichskanzler wie den preußischen Ministerpräsidenten entließ und den ehemaligen bayerischen Ministerpräsidenten und bisherigen Statthalter im Reichsland Elsaß-Lothringen, Chlodwig von Hohenlohe-Schillingsfürst, zum Nachfolger in beiden Ämtern ernannte.

Der damals 75 Jahre alte Hohenlohe sollte nach dem Willen des Kaisers eine scharfe Rechtsschwenkung vollziehen: eine Politik, für die sich der gemäßigt liberale süddeutsche Katholik aus freien Stücken wohl kaum entschieden hätte, die einzuschlagen er sich nun aber verpflichtet fühlte. Erfolg im Kampf gegen die Sozialdemokratie hatte er damit nicht. Die «Umsturzvorlage» vom Dezember 1894, die den Aufruf zum Klassenhaß und Beschimpfungen von Monarchie, Religion, Ehe, Familie und Eigentum mit strengen Strafen bedrohte, wurde, um dem Entwurf die Zustimmung des Zentrums zu sichern, in den Ausschußberatungen noch um einen Punkt erweitert: die Strafbarkeit der Beschimpfung von Lehren der Kirche. Ebendieser Zusatz machte es den Nationalliberalen unmöglich, der «Umsturzvorlage» zuzustimmen. Der Reichstag lehnte sie im Mai 1895 mit großer Mehrheit ab.

Vier Jahre später unternahm die Reichsleitung einen neuen Anlauf zur gesetzlichen Bekämpfung der Sozialdemokratie. Die «Zuchthausvorlage» sah verschärfte Strafen für den Versuch vor, Arbeiter zur Beteiligung an einem Streik oder zur Betätigung in einer Gewerkschaft zu zwingen. Außer den beiden konservativen Parteien stimmte aber keine Fraktion dem Gesetzentwurf zu, so daß er der Ablehnung verfiel. Rechtliche und faktische Diskriminierungen von Anhängern der Sozialdemokratie aber gab es auch weiterhin, in Preußen etwa in Gestalt der «Lex Arons» vom Juni 1898, der auch das Zentrum zustimmte: Sie zielte darauf ab, Sozialdemokraten von jeder Art von akademischem Lehramt auszuschließen.

Gegen die Sozialdemokratie richtete sich auch die «Sammlungspolitik», wie sie der nationalliberale preußische Finanzminister Johannes von Miquel betrieb, der in seiner Jugend ein Mitstreiter von Karl Marx gewesen war. Gesammelt werden sollten alle Kräfte, die die bestehende Staats- und Gesellschaftsordnung bejahten: Liberale und Konservative, Unternehmer und Grundbesitzer, Bauern und Handwerker. Das Schutzverlangen der letzteren sollte durch eine (von Miquel befürwortete und von den Nationalliberalen unterstützte) Novelle zur Gewerbeordnung von 1897 befriedigt werden: Sie schuf Handwerkskammern als Körperschaften des öffentlichen Rechts und das Institut der «fakultativen Zwangsinnung»: Wenn sich in einem Handwerkskammerbezirk die Selbständigen eines bestimmten Handwerks in einer Abstimmung dafür aussprachen, wurde die Mitgliedschaft in der Innung obligatorisch.

Schwieriger gestaltete sich der Versuch, die Interessen von Industrie und Landwirtschaft auf einen gemeinsamen Nenner zu bringen. Mit Miquels Unterstützung wurde beim Reichsamt des Innern der Wirtschaftliche Ausschuß zur Vorbereitung handelspolitischer Maßnahmen, ein Beirat aus Vertretern landwirtschaftlicher und industrieller Organisationen, gebildet, der einen neuen Zolltarif für die Zeit nach dem Auslauf der Caprivischen Handelsverträge 1903/04 erarbeiten sollte. Daß die Schutzzöllner aus der ostelbischen Landwirtschaft und der Schwerindustrie in dem Gremium das Übergewicht hatten, lag in Miquels Absicht. Es war jedoch so stark, daß die Export- und Fertigwarenindustrien sich zu einer antiprotektionistischen Abwehrfront in Gestalt des im November 1900 gegründeten Handelsvertragsvereins zusammenschlossen. In zollpolitischer Hinsicht war die Sammlungspolitik damit zunächst einmal gescheitert: Schutzzölle waren nicht der gemeinsame Boden, auf dem die Gesamtheit von Industrie und Landwirtschaft sich treffen konnte.

Um die Jahrhundertwende war das Mittel aber schon entdeckt, von dem man einen Ausgleich wirtschaftlicher Interessengegensätze erhoffen durfte: die Flottenpolitik. Der Schöpfer der deutschen Flotte, Konteradmiral Alfred von Tirpitz, der seit Juni 1897 an der Spitze des Reichsmarineamtes stand, war sich bewußt, daß er gute Erfolgsaussichten hatte, wenn er dem gebildeten und besitzenden Bürgertum den Gedanken einer Schlachtflotte nahezubringen versuchte. Die Erinnerung an die schmähliche Versteigerung der ersten, 1848 von der vorläufigen Zentralgewalt geschaffenen deutschen Flotte im Jahre 1852 wirkte noch immer nach, und seit damals gab es im Bürgertum die verbreitete Neigung, in einer deutschen Kriegsflotte den bewaffneten Arm der Handelsflotte und damit die «bürgerliche», vom «adligen» Heer sich unterscheidende Waffengattung zu sehen.

Als Tirpitz an die Spitze des Reichsmarineamtes trat, galt noch der bescheidene Flottengründungsplan von 1873, der der Marine als wichtigste Aufgaben den Schutz des Seehandels und der Verteidigung der deutschen Künste zuschrieb. Ein längerfristiges Flottenprogramm verlangte auch längerfristige haushaltsrechtliche Festlegungen und damit eine Selbstbeschränkung des parlamentarischen Budgetbewilligungsrechts. Ein expansiver Flottenausbau bedeutete zudem die Schaffung offensiver Kapazitäten, was sich negativ auf die Beziehungen zu der führenden Seemacht England auszuwirken drohte. Aus solchen Erwägungen heraus hatte der Reichstag im März 1896 den vom Reichsmarineamt dringlich gewünschten Bau von drei zusätzlichen Kreuzern abgelehnt: eine politische Niederlage des Reichskanzlers Hohenlohe, die den unmittelbaren Anlaß zum Wechsel an der Spitze des Reichsmarineamts lieferte.

Tirpitz war, ebenso wie Kaiser Wilhelm II. und der Staatssekretär des Auswärtigen Amtes, Adolf Freiherr Marschall von Bieberstein, ein «Mahanist»: ein überzeugter Anhänger der Lehre des amerikanischen Seeoffiziers und Historikers Alfred Thayer Mahan, wonach nur führende Seemächte Weltgeltung erlangen konnten. (Mahans Buch «The Influence of Sea Power upon History» erschien 1896 in einer von der Redaktion der «Marine-Rundschau» besorgten deutschen Übersetzung). Staatssekretär von Marschall hatte bereits am 18. März 1896 in der Reichstagsdebatte über den Kreuzerbau die Devise des neuen Kapitels der deutschen Flottenpolitik ausgegeben: «Die Frage, ob Deutschland Weltpolitik treiben soll, hängt untrennbar zusammen mit der anderen, ob Deutschland Weltinteressen hat oder ob es keine hat. Diese Frage ist längst entschieden ...».

Weltpolitik treiben hieß mit England gleichziehen wollen, und dieses Ziel war ohne eine starke Flotte nicht zu erreichen. Die deutsche Flotte in den Größenordnungen, wie Tirpitz sie anstrebte, konnte also nur eine Flotte gegen England sein. Zugleich aber war der deutsche Flottenbau gegen einen inneren Gegner gerichtet: die Sozialdemokratie. Ende 1895 machte Tirpitz in einem Brief an den Chef der Kaiserlichen Admiralität, General von Stosch, aus diesem Beweggrund keinen Hehl. Deutschland müsse, so schrieb er, zur Weltpolitik übergehen «nicht zu geringem Grade aber auch deshalb, weil in der neuen großen nationalen Aufgabe und dem damit verbundenen Wirtschaftsgewinn ein starkes Palliativ gegen gebildete und ungebildete Sozialdemokraten liegt».

Um parlamentarische Mehrheiten für seine Flottengesetze zu gewinnen, verschaffte sich Tirpitz zunächst einen festen Rückhalt in der öffentlichen Meinung. Sein wichtigstes Instrument war dabei der im April 1898 gegründete Deutsche Flottenverein, eine «pressure group», die es an professionellem Geschick mit dem Bund der Landwirte aufnehmen konnte und ein drei Jahre älteres Vorbild in Großbritannien hatte: die Navy League. Neben den unmittelbaren Interessenten aus Schwerindustrie, Werften, Groß- und Überseehandel und Exportbranchen beteiligten sich die politischen Parteien von den Freikonservativen über die Nationalliberalen bis zur Freisinnigen Vereinigung, aber auch breite bürgerliche und kleinbürgerliche Schichten an den Aktivitäten des Verbands. Im Jahre 1900 zählte er bereits 270 000 Mitglieder, rechnete man die korporativen Mitglieder (also die Mitglieder der Organisationen, die sich dem Flottenverein angeschlossen hatten) hinzu, so übersprang er 1908 sogar die Millionengrenze.

Tirpitz' erstes Flottengesetz, das vom Reichstag Ende März 1898 gegen die Stimmen der SPD, der Freisinnigen Volkspartei, der nationalen Minderheiten und einer Minderheit des Zentrums angenommen wurde, sah innerhalb von sechs Jahren eine Verstärkung der Kriegsmarine auf 19 Linienschiffe, 8 Küstenpanzerschiffe, 12 große und 30 kleine Kreuzer vor. Zwei Jahre später, im Juni 1900, stimmte der im Juni 1898 neugewählte Reichstag einer Vorlage des Reichsmarineamtes zu, die den Flottenbestand faktisch verdoppelte. Nach Abschluß des Programms hätte sich die Stärke der deutschen Schlachtflotte zu jener der britischen wie zwei zu drei verhalten. Auf die Nordsee bezogen hätte das Parität bedeutet. Das Gesetz von 1898 war also nur die erste Etappe einer weit ausgreifenden Planung gewesen: Spätestens seit 1900 konnte es daran keinen Zweifel mehr geben.

Die Machtelite, bei der sich die Flotte der geringsten Beliebtheit erfreute, war der preußische Rittergutsbesitz. Die deutsche Schlachtflotte stand für die moderne Welt des Handels und der Industrie – für *die* Welt, vor der sich das ländliche Ostelbien fürchtete. Einfach Nein zu sagen war für die Konservativen freilich auch nicht möglich, sie wären sonst in die Nachbarschaft der Freisinnigen Volkspartei und der Sozialdemokraten geraten. Infolgedessen bestanden die Konservativen auf Kompensationen. Für die Zustimmung zum zweiten Flottengesetz von 1900 forderten und erhielten sie das Versprechen einer Erhöhung der Getreidezölle. Im Dezember 1902 löste Hohenlohes Nachfolger, der seit Oktober 1900 amtierende Reichskanzler Bernhard von Bülow, dieses Versprechen in Form des «Bülow-Tarifs» ein. Dieser vom Reichstag mit großer Mehrheit angenommene Tarif trat am 1. März 1906 in Kraft und gewährte den Agrariern höhere Zölle für Weizen, Roggen und Hafer. (Daß der Bund der Landwirte und die Deutschkonservativen noch sehr viel höhere Zölle gefordert hatten, verstand sich von selbst). Auf dem sozialimperialistischen Umweg über die Flotte, das Vehikel der deutschen Weltpolitik, war damit das wichtigste Ziel von Miquels Sammlungspolitik erreicht: die zollpolitische Verständigung von Industrie und Landwirtschaft. Miquel erlebte diesen Triumph nicht mehr: Er war im September 1901 gestorben.

Den vorläufigen Ausgang der innenpolitischen Auseinandersetzungen um die deutsche Kriegsflotte hat der Historiker Eckart Kehr, der Autor der ersten kritischen Studie über die gesellschaftlichen Grundlagen der deutschen Sammlungs- und Flottenpolitik, 1928 folgendermaßen zusammengefaßt: «Industrie und Landwirtschaft einigten sich darauf, den Staat nicht jeder für sich allein zu beherrschen und den Unterliegenden von dem Nießnutz der Gesetzgebungsmaschine auszuschalten, sondern ein agrarisch-industrielles Kondominium mit der Spitze gegen das Proletariat zu errichten.»

Sieben Jahre vor der Verabschiedung des Bülow-Tarifs, im Mai 1895, hatte der damals einunddreißigjährige Nationalökonom Max Weber in seiner Antrittsvorlesung an der Universität Freiburg im Breisgau die politische Unreife des deutschen Bürgertums beklagt, das jetzt, wo sich unübersehbar der «ökonomische Todeskampf des alten preußischen Junkertums» vollziehe, den nötigen Machtinstinkt vermissen lasse. Den Grund der Unreife sah Weber in der unpolitischen Vergangenheit des deutschen Bürgertums, einem Erbe der Herrschaft Bismarcks. Dieses Erbe lag als langer Schatten über der Generation bürgerlich erzogener Deutscher, der Weber angehörte: «An unserer Wiege stand der schwerste Fluch, den die Geschichte einem Geschlecht als Angebinde mit auf den Weg zu geben vermag: das harte Schicksal des politischen *Epigonentums*.» Es gab Weber zufolge nur ein Mittel, sich von diesem Fluch zu lösen, und das war politische Erziehung durch Weltpolitik nach dem Vorbild älterer Großmächte wie England und Frankreich. «Entscheidend ist auch für *unsere* Entwicklung, ob eine große Politik uns wieder die Bedeutung der großen politischen Machtfragen vor Augen zu stellen vermag. Wir müssen begreifen, daß die Einigung Deutschlands ein Jugendstreich war, den die Nation auf ihre alten Tage beging und seiner Kostspieligkeit halber besser unterlassen hätte, wenn sie der Abschluß und nicht der Ausgangspunkt einer deutschen Weltmachtpolitik sein sollte.»

In gewisser Weise schien auch für Weber die Weltpolitik ein sozialimperialistischer Umweg zu sein, aber nicht, um im Sinne der Miquelschen Sammlungspolitik Bürgertum und Junkertum fester aneinander zu schmieden, sondern, im Gegenteil, um dem Bürgertum die Dynamik zu verleihen, die es brauchte, wenn es die politische Macht des Junkertums brechen wollte. Doch der Umweg war zugleich auch das Ziel: In Weltpolitik sah der liberale Nationalist Weber die Bestimmung jeder großen Nation. Webers deutscher Nationalismus entzündete sich vor allem an den Problemen des deutschen Ostens oder, genauer gesagt, an der wachsenden Bedeutung von Wanderarbeitern aus Russisch-Polen für die ostelbischen Güter. Polnische Saisonarbeiter traten zunehmend an die Stelle deutscher Tagelöhner, die der alten patriarchalischen Gutsverhältnisse überdrüssig waren und in den industrialisierten Westen des Reiches, vor allem ins Ruhrgebiet, abwanderten. «Großbetriebe, welche nur auf Kosten des Deutschtums zu erhalten sind, sind vom Standpunkt der Nation wert, daß sie zugrunde gehen», folgerte Weber. Sie mußten mithin sich selbst überlassen bleiben und durften nicht durch Schutzzölle auf Kosten der Gesamtheit künstlich am Leben erhalten werden.

1893 war Max Weber dem zwei Jahre zuvor gegründeten Alldeutschen Verband (ADV) beigetreten, weil er hoffte, in dieser extrem nationalistischen Vereinigung Unterstützung für die von ihm für richtig befundene Politik zu finden: die Schließung der Ostgrenze und die Ansiedlung deutscher Bauern, deren nationale Aufgabe es war, den deutschen Osten vor polnischer Überflutung zu retten. Da der Alldeutsche Verband aus Rücksicht auf seine großagrarischen Mitglieder eine klare Stellungnahme zum Rittergutsbesitz vermied, erklärte Weber 1899 seinen Austritt, blieb aber den nationalen und weltpolitischen Zielen des ADV weiter verbunden.

Der Alldeutsche Verband, der militanteste der imperialistischen Agitationsverbände der Wilhelminischen Ära, war mit etwa 20 000 Mitgliedern im Jahr 1900 sehr viel weniger groß als der Deutsche Flottenverein, übte aber starken Einfluß auf die Meinungsbildung im nationalliberalen und konservativen Bürgertum aus. Er war aus der Kolonialbewegung hervorgegangen und eng mit der rheinisch-westfälischen Schwerindustrie verbunden, unterstützte die «deutschnationalen Bestrebungen» der Auslandsdeutschen und namentlich der Groß- und Alldeutschen in Österreich und verlangte bereits 1894 ein deutsch beherrschtes Mitteleuropa und den Übergang Deutschlands von der «Großmachtstellung» zur «Weltmachtstellung». Er unterhielt enge Beziehungen zum Verein für das Deutschtum im Ausland, der aus dem 1880 in Österreich gegründeten Deutschen Schulverein hervorgegangen war, und ebenso mit dem 1894 entstandenen Deutschen Ostmarkenverein, der auf die Enteignung des polnischen Grundbesitzes und die Ansiedlung deutscher Bauern in den Ostprovinzen hinarbeitete.

Die offizielle deutsche Außenpolitik blieb unter den Erwartungen des radikalen Nationalismus im allgemeinen zurück, verheimlichte ihre weltpolitischen Ambitionen aber keineswegs. Als das Reich im August 1890 Teile von Deutsch-Ostafrika samt dem Protektorat über die Insel Sansibar an England abtrat und dafür das seit 1814 britische Helgoland erhielt, gab das strategische Interesse am Ausbau der deutschen Stellung in der Nordsee den Ausschlag für den Gebietstausch. In den letzten Jahren des 19. Jahrhunderts beschleunigte sich die maritime Expansion Deutschlands: 1897 erwarb das Reich das chinesische Kiautschou mit dem Hafen Tsingtau, 1898 kaufte es Spanien die Marianen und Karolinen im Pazifik ab, 1899 teilte es sich die Samoa-Inseln mit den Vereinigten Staaten. Jede einzelne Neuerwerbung war Teil eines größeren Ganzen: des deutschen Strebens nach einem weltweiten Netz von Flottenstützpunkten. Das Reichsmarineamt war dabei die treibende Kraft, erhielt aber vom Auswärtigen Amt volle Rückendeckung. Am 6. Dezember 1897 sprach der damalige preußische Außenminister und Staatssekretär des Auswärtigen Amtes, Bernhard von Bülow, im Reichstag das alsbald geflügelte Wort aus, das das Motto der wilhelminischen Weltpolitik wurde: Die Deutschen wollten niemanden in den Schatten stellen, verlangten aber auch ihren «Platz an der Sonne».

Bismarck hatte in den achtziger Jahren seine Abneigung gegen Kolonialerwerb in einer Phase der ökonomischen Rezession zeitweilig aufgegeben. Kolonien mochten damals auch als Mittel erscheinen, um die Nation aus den Niederungen wirtschaftlicher Sorgen herauszuführen. Wilhelm II., Bülow und Tirpitz nahmen ihre weltumspannende Stützpunktpolitik in einer Zeit der Hochkonjunktur auf, die um 1895 eingesetzt hatte. Aus einem Gefühl wirtschaftlicher Stärke erhoben sie Forderungen, die auf eine dramatische Änderung der internationalen Kräfteverhältnisse abzielten.

Die Lenker der deutschen Politik taten mit ihrer Außen- und Flottenpolitik nichts, was grundsätzlich vom Imperialismus anderer Großmächte wie Großbritannien oder Frankreich abwich. Der deutsche Griff nach Übersee war gleichwohl von anderer Qualität. Für Frankreich bedeutete der Ausbau seines Kolonialreiches *auch* eine Kompensation der Niederlage im Krieg von 1870/71 und des Machtverlustes, den sie zur Folge hatte. Das britische Empire stützte den englischen Anspruch, die führende Seemacht zu sein. Deutschland war bereits mit dem Sieg von 1871 ein halbhegemonialer Status auf dem europäischen Kontinent zugefallen. Als es sich nach Bismarcks Entlassung entschloß, Seemacht zu werden und Weltpolitik zu betreiben, gab es zu erkennen, daß es mit seiner kontinentalen Machtstellung nicht zufrieden war und von der «halben» zur «ganzen» Hegemonie aufsteigen wollte. Es lag auf der Hand, daß die davon betroffenen Großmächte sich gegen eine solche Schmälerung ihres weltpolitischen Gewichts auflehnen und entsprechend reagieren würden.

Im deutsch-britischen Verhältnis schien sich im Herbst 1900, nach der gemeinsamen Niederwerfung des chinesischen «Boxeraufstands» durch die europäischen Großmächte, die Vereinigten Staaten und Japan, eine Wendung zum Besseren anzubahnen: Beide Mächte einigten sich auf das Prinzip des ungehinderten Handels auf allen Flüssen und an allen Küsten Chinas. An einem Bündnis, über das 1901 zwischen London und Berlin gesprochen wurde, waren aber beide Seiten nicht ernsthaft interessiert. Eine Bindung an Rußland in der Tradition von Bismarcks Politik der Rückversicherung kam ebenfalls nicht in Frage: Die 1893/94 abgeschlossene Militärkonvention zwischen Paris und St. Petersburg überdauerte die vorsichtige Wiederannäherung in der Regierungszeit Hohenlohe. Nach dem Abschluß des britisch-japanischen Bündnisses Anfang 1902 äußerte das Zarenreich Interesse an einem Abkommen mit Berlin, stieß aber dort auf taube Ohren: In der Wilhelmstraße ging man davon aus, daß Rußland sich lediglich für seine Expansionspläne im Fernen Osten Rückendeckung sichern wollte.

Ein außenpolitischer Erfolg für Deutschland schien zunächst die Erneuerung des Dreibundvertrages mit Österreich-Ungarn und Italien im Juni 1902 zu sein. Doch nur fünf Monate später schloß Rom ein Geheimabkommen mit Paris, in dem sich beide Seiten für den Fall, daß eine von ihnen von einer dritten Macht angegriffen werden sollte, auf strikte Neutralität festlegten. Mit der Annäherung zwischen Italien und Frankreich begann die Aushöhlung des Dreibundes. Deutschland konnte fortan nur noch mit *einem* Bündnispartner rechnen, der aber auch über die Möglichkeit verfügte, das Deutsche Reich in gefährliche Verwicklungen hineinzuziehen: Österreich-Ungarn. Im Zeichen der von Reichskanzler von Bülow propagierten «Politik der freien Hand» hatte sich Deutschland in eine bedrohliche Isolierung begeben. Der Schein der Machtsteigerung, in dem sich die wilhelminischen Deutschen sonnten, trog. Zwölf Jahre nach Bismarcks Sturz war das Reich verwundbarer als je zuvor, und es trug selbst die Verantwortung dafür, daß dem so war.

Zu Beginn der Kanzlerschaft Bernhard von Bülows im Oktober 1900 hatten viele Beobachter erwartet, nun werde das vielberedete «persönliche Regiment» Wilhelms II. eigentlich erst recht beginnen. Der geschmeidige Berufsdiplomat Bülow, der 1905 in den Fürstenstand erhoben wurde, galt als Intimus des Kaisers, und dieser sah im bisherigen Staatssekretär des Auswärtigen Amtes in der Tat sehr viel mehr «seinen» Kanzler, als er das bei Caprivi und Hohenlohe getan hatte. Doch es kam nicht nur auf den Monarchen an. Das Ministerialbeamtentum, das Militär und der Reichstag hatten ihre eigenen Interessen und zu viel Einfluß, als daß sich der Gedanke eines «persönlichen Regiments» des Kaisers hätte durchsetzen können – von Wilhelms fehlender Eignung als Staatslenker einmal ganz abgesehen.

Im Reichstag konnte sich Bülow bis Ende 1906 auf die beiden konservativen Fraktionen, die Nationalliberalen und das Zentrum, stützen. Das Zentrum stellte wie stets seit 1881 die stärkste Fraktion, wenn es bei den Wählerstimmen seit 1890 auch regelmäßig von den Sozialdemokraten übertroffen wurde. Ihre gouvernementale Haltung konnte die katholische Partei in der Ära Bülow vor allem mit der Sozialpolitik des Leiters des Reichsamts des Innern, Staatssekretär Graf Posadowsky-Wehner, rechtfertigen: Der Ausbau der Unfall- und der Krankenversicherung, das Verbot der Kinderarbeit auch in der Heimindustrie, die Förderung des Baus von Arbeiterwohnungen ließen die Zusammenarbeit mit der Rechten auch den Arbeiterwählern des Zentrums vertretbar erscheinen. Die Deutschkonservativen zogen aus der parlamentarischen Unterstützung des Kanzlers nicht nur den Nutzen höherer Getreidepreise in Gestalt des «Bülow-Tarifs» von 1902. Sie erreichten nach zähen parlamentarischen Kämpfen Anfang 1905 auch, daß das entscheidende Teilstück des Mittellandkanals zwischen der Elbe und Hannover nicht gebaut wurde. Es war der größte Triumph agrarischer Interessenpolitik im Kaiserreich: Die Mehrheit des Reichstags beugte sich dem Druck des ostelbischen Rittergutsbesitzes, dem es bei der Verhinderung des Kanalbaus ausschließlich darum ging, die Transportkosten für billigeres Getreide von der anderen Seite des Atlantiks, aus den USA, aus Kanada und Argentinien, so hoch wie möglich zu halten.

Außenpolitisch trieb Deutschland unter Bülow immer tiefer in die Selbstisolierung hinein. Durch den Bau der Bagdadbahn, bei dem die Deutsche Bank mit der französischen Banque Impériale Ottomane kooperierte, forderte das Deutsche Reich zwei am Mittleren Osten besonders interessierte Großmächte heraus: Großbritannien und Rußland. Die Bagdadbahn war ein Musterbeispiel des informellen Finanzimperialismus; das gewaltige Investitionsprojekt versprach dem, der es kontrollierte, Einfluß auf die Finanzen und die Politik des Osmanischen Reiches. Schon in der Anfangsphase des Unternehmens hatte Kaiser Wilhelm II. auf seiner zweiten Orientreise im November 1898 in Damaskus sich als Freund der 300 Millionen Mohammedaner auf der Erde bezeichnet (und kurz zuvor in Jerusalem eine Delegation der Zionisten unter Führung Theodor Herzls empfangen). Im Zuge der Bauarbeiten wurde die Haltung Großbritanniens immer ablehnender; die negative Haltung Londons floß mit ein in die noch zu erörternde Entscheidung, 1904 eine «Entente cordiale» mit Frankreich einzugehen.

Im Jahr darauf gab Deutschland England erstmals Gelegenheit, seinem neuen Verbündeten beizustehen. Im März 1905 landete Kaiser Wilhelm II. (auf Drängen Bülows und der «Grauen Eminenz» des Auswärtigen Amtes, des Geheimrats Friedrich von Holstein, und nicht aus eigener Neigung) in Tanger, um das wirtschaftliche und politische Interesse Deutschlands an Marokko zu unterstreichen. Hinter dem Besuch stand die Absicht, das seit langem in Marokko engagierte Frankreich entweder zu einem für Deutschland günstigen Zeitpunkt zum Krieg zu zwingen oder, besser, zum Beitritt zu einem von Deutschland angestrebten Kontinentalbund zu veranlassen. Als kurz darauf der Pariser Außenminister Delcassé, der antideutsch eingestellte Architekt der Verständigung mit England, zurücktrat, wähnte man sich in Berlin bereits als Sieger der (ersten) Marokkokrise.

Doch nun trat England auf den Plan. Auf der internationalen Marokkokonferenz, die auf deutsches Drängen hin im Januar 1906 im spanischen Algeciras zusammentrat und bis zum 7. April dauerte, war das Deutsche Reich völlig isoliert. Großbritannien, Spanien und Italien, der Dreibundpartner Deutschlands, traten auf die Seite Frankreichs, und dasselbe taten die USA und Rußland, dem Deutschland sich kurz zuvor anzunähern begonnen hatte. Präsident Roosevelt übte in persönlichem Briefwechsel starken Druck auf Wilhelm II. aus und erreichte ein deutsches Einlenken. Das Scheriffat Marokko wurde zwar dem deutschen Wunsch entsprechend völkerrechtlich anerkannt, Frankreich aber sicherte sich, was viel wichtiger war, die Konzession, das Gebiet nach seinem Willen zu erschließen. Holstein, der eigentliche Urheber der deutschen Marokkopolitik, nahm seinen Abschied; der Kaiser war persönlich gedemütigt. Im Jahr darauf schlug sich die in Algeciras deutlich gewordene Annäherung zwischen London und St. Petersburg in der britisch-russischen Konvention vom August 1907 nieder, in der beide Mächte sich über ihre Interessengebiete in Vorder- und Mittelasien verständigten. Die britisch-französisch-russische «Tripelentente» war perfekt. Als England 1908 Deutschland eine Beschränkung der Flottenetats beider Länder vorschlug, wurde das Angebot, auf Veranlassung des Kaisers, schroff zurückgewiesen.

Im Dezember 1906 zerbrach Bülows Regierungsmehrheit über einer kolonialen Streitfrage, der Niederwerfung des Aufstands erst der Hereros, dann der Namas vom Volk der Hottentotten in Deutsch-Südwestafrika, der einzigen Kolonie mit einer größeren Zahl deutscher Siedler (etwa 12 000 am Vorabend des Ersten Weltkrieges). Begonnen hatte die Erhebung als Reaktion auf betrügerische Geschäftspraktiken weißer Händler und brutales Verhalten der Siedler, vor allem aber auf großangelegte Pläne von Gouverneur Theodor Leutwein zur Landenteignung zugunsten deutscher Siedler im Januar 1904; auslösendes Moment war die Morddrohung eines Oberleutnants gegen den Oberhäuptling der Hereros, Samuel Maharero. Das Schicksal der Hereros wurde vom Oberbefehlshaber der Schutztruppe, Generalleutnant Lothar von Trotha, durch die Kesselschlacht am Waterberg im August 1904 besiegelt. Die überlebenden Hereros, Männer, Frauen und Kinder, wurden in die wasserarme Omaheke-Wüste getrieben, wo die meisten verdursteten oder verhungerten. Der Feind wurde, wie es im offiziellen Generalstabswerk heißt, «wie ein halb zu Tode gehetztes Wild ... von Wasserstelle zu Wasserstelle gescheucht, bis es schließlich willenlos ein Opfer der Natur seines eigenen Landes wurde. Die wasserlose Omaheke sollte vollenden, was die deutschen Waffen begonnen hatten: die Vernichtung des Hererovolkes.»

Nach der Ausschaltung der Hereros griffen die Nama oder Hottentotten unter Häuptling Hendrik Witbooi in die Kämpfe ein. Ihre Niederwerfung nahm sehr viel mehr Zeit in Anspruch; erst Ende März 1907, eineinhalb Jahre, nachdem Witbooi gefallen war, wurde der Kriegszustand in Deutsch-Südwestafrika aufgehoben. Die Strategie Trothas lief auf die vollständige physische Vernichtung der aufständischen Hereros und ihrer Angehörigen hinaus, und sie erreichte ihr Ziel wenn nicht ganz, so doch weitgehend. Von schätzungsweise 60 000 bis 80 000 Hereros zu Beginn des Aufstands lebten bei der Volkszählung von 1911 noch

15 130, also höchstens 25 Prozent. Von etwa 20 000 Angehörigen der Nama-Stämme lebte 1911 noch knapp die Hälfte. Die Überlebenden wurden in entfernte Landesteile deportiert und zur Aufnahme von Lohnarbeit gezwungen; ihr Stammesland und ihr Stammesvermögen wurden nach dem Vorbild der französischen Sequestrationsordnung von 1845 für Algerien konfisziert und die Stammesordnung zerschlagen.

Der Vernichtungsbefehl Trothas bezweckte nichts anderes als Völkermord. Kaiser Wilhelm II. änderte zwar den Befehl dahingehend ab, daß alle freiwillig sich stellenden Hereros bis auf die Anführer und «Mörder» am Leben bleiben sollten, und Reichskanzler von Bülow hob den sogenannten «Kettenbefehl» Trothas auf, wonach sich ergebende Hereros Arbeitsdienst an der Kette zu leisten hatten. Aber für viele Hereros kamen die Milderungen zu spät – zu einem Zeitpunkt, als der erste Völkermord des 20. Jahrhunderts bereits in vollem Gange war. Die Praktiken Trothas, der zuvor in Deutsch-Ostafrika und beim «Boxeraufstand» in China Erfahrungen bei der Bekämpfung von Erhebungen Einheimischer gesammelt hatte, waren jedoch schon kein Tabubruch mehr. Sie unterschieden sich nur durch ihre kalte Systematik von den Methoden, mit denen der argentinische General und spätere Präsident Julio Argentino Roca im «Wüstenkrieg» der Jahre 1879 bis 1883 die Araukaner, das größte Indianervolk, weitgehend vernichtete, oder von der Art und Weise, wie der amerikanische Oberbefehlshaber Arthur MacArthur nach 1898 auf den Philippinen die Aufständischen bekämpfte, wobei er und viele seiner Offiziere und Soldaten die Indianerkämpfe im Westen der USA vor Augen hatten.

In Deutschland gab es massive Kritik am Vorgehen der Kolonialverwaltung unter Gouverneur Leutwein und der Schutztruppe unter Generalleutnant von Trotha. Infolgedessen stieß auch ein Antrag der Reichsleitung auf zusätzliche Mittel für die Schutztruppe in Deutsch-Südwestafrika im Dezember 1908 auf heftigen Widerspruch. Da sich nicht nur die Sozialdemokraten, die Welfen, Elsaß-Lothringer und Polen gegen den Antrag aussprachen, sondern, unter Einfluß seines linken Flügels um den württembergischen Abgeordneten Matthias Erzberger, auch das Zentrum, kam eine knappe Mehrheit gegen die Vorlage zustande.

Bülows Antwort war die Auflösung des Reichstags. Den anschließenden Wahlkampf führten die Regierung, die beiden konservativen Parteien, die Nationalliberalen und beide freisinnige Parteien mit nationalen Parolen und in gemeinsamer Frontstellung gegen Sozialdemokratie und Zentrum. Da sich die «nationalen» Kräfte bei den Stichwahlen gegenseitig unterstützten, errangen sie im zweiten Wahlgang der sogenannten «Hottentottenwahlen» am 5. Februar 1907 einen durchschlagenden Erfolg. Die Parteien des neuen liberal-konservativen «Bülow-Blocks» kamen auf 220, die kolonialkritischen Parteien nur auf 177 Sitze. Die eigentliche Verliererin war die SPD. Trotz leichter Stimmengewinne sank die Zahl ihrer Abgeordneten fast um die Hälfte – von 81 auf 44.

Durch den Pakt mit den «Kartellparteien» von 1887 hatten die Linksliberalen ihr taktisches Hauptziel erreicht: Die Entfernung des politischen Katholizismus aus dem Regierungslager. Die Brücke zwischen Liberalismus und Konservativismus bildete ein «nationaler» Minimalkonsens, der Sozialdemokratie und Zentrum bewußt ausschloß. Grundlage einer entschiedenen Reformpolitik aber konnte der Nationalismus nicht sein. Auch die wichtigste gesetzgeberische Leistung des «Bülow-Blockes», das Reichsvereinsgesetz vom April 1908, war ein Kompromiß. Aus liberaler Sicht war es ein Erfolg, daß die Befugnisse der Polizei bei der Auflösung von Versammlungen und Vereinen aufgehoben wurden, die meisten Beschränkungen für politische Vereine wegfielen, und Frauen und Jugendliche, die das 18. Lebensjahr vollendet hatten, nun endlich das Recht erhielten, Mitglieder politischer Vereine zu werden und an politischen Versammlungen teilzunehmen. Das Gesetz enthielt aber auch den umstrittenen «Sprachenparagraphen», der für öffentliche Veranstaltungen, mit Ausnahme von internationalen Kongressen, den Gebrauch der deutschen Sprache vorschrieb. Für gemischt nationale Gebiete mit überwiegend fremdsprachiger Bevölkerung, also namentlich für Posen, Nordschleswig und Teile von Elsaß-Lothringen, galt eine Übergangsregelung: Hier durfte noch zwanzig Jahre lang die Muttersprache gebraucht werden.

In die Zeit des «Bülow-Blocks» fiel die schwerste Krise des wilhelminischen Reiches: die «Daily-Telegraph-Affäre». Am 28. Oktober 1908 veröffentlichte der Londoner «Daily Telegraph» ein «Interview», tatsächlich eine Zusammenfassung von Gesprächen, die Wilhelm II. mit dem englischen Oberst Sir Edward James Stuart Wortley im Juli 1907 anläßlich seines Besuches in England und im September 1908 (inzwischen war Stuart Wortley zum General befördert worden) bei einem Kaisermanöver im Elsaß geführt hatte. Der Kaiser erklärte darin, daß er mit seiner englandfreundlichen Haltung zu einer Minderheit im eigenen Land gehöre; während des Krieges, den die Briten 1899 in Südafrika gegen die Buren führten, habe er ein Zusammengehen der Kontinentalmächte gegen England verhindert und der Queen Victoria, seiner «verehrten Großmutter», einen Feldzugsplan übersandt, den die Engländer dann offenbar weitgehend befolgt hätten; die deutsche Flotte schließlich, die England so errege, sei nur ein Mittel, um Deutschland weltweit, vor allem gegenüber China und Japan sowie im Stillen Ozean, Gehör zu verschaffen. «Vielleicht wird England sogar froh sein, daß Deutschland eine Flotte hat, wenn sie gemeinsam auf derselben Seite in den großen Debatten der Zukunft ihre Stimme erheben».

Wilhelm II. hatte, die Vorschriften der Verfassung und den Dienstweg strikt einhaltend, den Wortlaut des Interviews vom ostpreußischen Rominten aus dem Reichskanzler zugesandt, der zur Kur auf Norderney weilte. Bülow leitete den Text nach offenbar nur oberflächlicher Lektüre an das Auswärtige Amt weiter, wo sich schließlich, in Abwesenheit des Staatssekretärs und des Pressechefs, ein nachgeordneter Beamter mit der Angelegenheit befaßte. Er verzichtete darauf, die Opportunität der kaiserlichen Äußerungen zu prüfen, und nahm lediglich kleinere Berichtigungen vor. Über den Unterstaatssekretär ging das Manuskript wieder an den Reichskanzler. Seinem eigenen, freilich nicht sehr glaubwürdigen Zeugnis nach las Bülow das Interview nicht und sandte es, mitsamt den von ihm übernommenen Korrekturen aus dem Auswärtigen Amt, an den Kaiser zurück, der es zur Veröffentlichung freigab.

In Großbritannien wurden die Bekenntnisse, Unwahrheiten und Prahlereien des Kaisers eher mit Erheiterung aufgenommen. Die deutsche Öffentlichkeit aber reagierte empört und schockiert. Im Reichstag übten am 10. und 11. November alle Fraktionen von den Sozialdemokraten bis zu den Konservativen scharfe Kritik am Kaiser. Die eigentliche Sensation der parlamentarischen Debatte jedoch bestand darin, daß Bülow, der sein eigenes Versagen zu vertuschen verstand, erstmals eine öffentliche Mahnung an den Monarchen richtete. Er sei davon überzeugt, sagte der Reichskanzler, daß die Erfahrungen der letzten Tage den Kaiser dazu führen würden, «fernerhin auch in Privatgesprächen jene Zurückhaltung zu beobachten, die im Interesse einer einheitlichen Politik und für die Autorität der Krone gleich unentbehrlich ist. Wäre dem nicht so, so könnte weder ich noch einer meiner Nachfolger die Verantwortung tragen.»

Durch bramarbasierende Wortwahl und politische Taktlosigkeiten hatte Wilhelm II. den Deutschen und der Welt schon mehrfach Anlaß geboten, an seiner politischen Urteilskraft und Reife zu zweifeln. Noch lebhaft in Erinnerung war die Bremerhavener Hunnenrede vom 27. Juli 1900 an die deutschen Truppen, die zur Niederschlagung des «Boxeraufstands» nach China aufbrachen. Darin hieß es, der Name «Deutschland» müsse in China in einer solchen Weise bekannt werden, «daß niemals wieder ein Chinese es wagt, etwa einen Deutschen auch nur scheel anzusehen ... Pardon wird nicht gegeben, Gefangene nicht gemacht. Wer Euch in die Hände fällt, sei in Eurer Hand.» Das Interview mit dem «Daily Telegraph» aber übertraf alles, was der Kaiser den Deutschen bisher zugemutet hatte. Sein Ansehen sank durch die Affäre vom Herbst 1908 so tief, daß er den Schaden nur noch durch eine öffentliche Demutsgeste und das Versprechen der Besserung begrenzen konnte. Am 17. November 1908 stimmte er nach einer Unterredung mit Bülow einer Verlautbarung zu, in der es hieß, er habe die Darlegungen und Erklärungen des Reichskanzlers «mit großem Ernste» entgegengenommen und erblicke seine vornehmste Aufgabe darin, «die Stetigkeit der Politik des Reiches unter Wahrung der verfassungsmäßigen Verantwortlichkeiten zu sichern». Der Kaiser stimmte außerdem den Ausführungen des Kanzlers im Reichstag zu und versicherte Bülow seines fortdauernden Vertrauens.

Entlassen konnte Wilhelm Bülow nach Lage der Dinge im Herbst 1908 nicht. Der Reichskanzler erhielt also die Gelegenheit, sich noch an der seit langem geplanten Reichsfinanzreform zu versuchen – und daran zu scheitern. Am 24. Juni 1909 brachten Deutschkonservative und Zentrum deren Kernstück, das Erbschaftsgesetz, mit der Begründung zu Fall, die Vorlage sei eigentums- und familienfeindlich. Die politischen Hinterabsichten waren bei beiden Parteien nicht schwer zu entschlüsseln: Das Zentrum hatte Bülows Rolle bei den «Hottentottenwahlen» nicht vergessen, und bei den Deutschkonservativen gab es eine ultraroyalistische Richtung um den westpreußischen Rittergutsbesitzer Elard von Oldenburg-Januschau, die den Kanzler seit der «Daily-Telegraph-Affäre» der Illoyalität gegenüber dem Kaiser bezichtigte.

Zwei Tage nach der Abstimmungsniederlage bat Bülow Wilhelm II. um seine Entlassung. Der Kaiser wollte den Eindruck vermeiden, als vollziehe er nur den Willen der Reichstagsmehrheit und willige damit in den faktischen Übergang von der konstitutionellen zur parlamentarischen Monarchie ein. Er ersuchte den Reichskanzler daher, noch bis zum Abschluß der parlamentarischen Beratungen über die anderen Finanzgesetze im Amt zu bleiben. Das tat Bülow. Seine Entlassung erfolgte zwei Tage nach der Annahme der restlichen Steuergesetze, am 14. Juli 1909. Zu seinem Nachfolger als Reichskanzler, preußischer Ministerpräsident und Außenminister ernannte Kaiser Wilhelm II. am gleichen Tag den Verwaltungsjuristen Theobald von Bethmann Hollweg, der seit 1907 das Reichsamt des Innern leitete.

Deutschland stand im Sommer 1909 *nicht*, wie man gelegentlich lesen kann, an der Schwelle zum parlamentarischen System. Die beiden Parteien, die Bülow gestürzt hatten, waren keine Befürworter eines solchen Regimewechsels. Die Deutschkonservativen lehnten eine Parlamentarisierung entschieden ab, und das Zentrum hatte von einer Politik wechselnder Zweckbündnisse so viele Vorteile, daß es nicht daran dachte, sich in die Abhängigkeit von formellen Koalitionen zu begeben. Die Freikonservativen und die Nationalliberalen wollten ebenfalls die konstitutionelle Regierungsweise erhalten wissen. Für die Parlamentarisierung traten die drei linksliberalen Parteien, die Freisinnige Volkspartei, die Freisinnige Vereinigung und die vor allem in Württemberg aktive Demokratische Volkspartei, ein, die sich 1910 zur Fortschrittlichen Volkspartei zusammenschlossen. Weniger eindeutig war die Haltung der größten deutschen Partei, der Sozialdemokraten. Die Parlamentarisierung lag zwar auf der Linie der von ihnen erstrebten umfassenden Demokratisierung Deutschlands. Regierungsbündnisse mit bürgerlichen Parteien aber lehnten sie ab, weil eine solche Politik der Doktrin vom proletarischen Klassenkampf widersprach. Als Partner einer «sozialliberalen» Koalition kam die SPD daher vorerst nicht in Frage.

Einer Parlamentarisierung des Deutschen Reiches fehlte folglich eine wesentliche Voraussetzung: eine Reichstagsmehrheit, die aktiv auf ein derartiges System hinarbeitete und bereit war, dieses zu tragen. Doch selbst wenn eine solche Mehrheit vorhanden gewesen wäre, hätte der Bundesrat mit einer Sperrminorität von 14 Stimmen eine entsprechende Verfassungsänderung blockieren können. Ein preußisches Veto reichte mithin aus, um eine Parlamentarisierung zu verhindern. An der Haltung der Hohenzollerndynastie mit dem Kaiser und König an der Spitze, von Heer, Rittergutsbesitz und Ministerialbürokratie gab es nichts zu deuten: Sie waren entschlossen, die Macht, die sie besaßen, zu verteidigen. Falls der Reichstag die Machtfrage wirklich stellen sollte, war mit schwersten inneren Auseinandersetzungen zu rechnen.

Vergleichbar schwere Konflikte waren zu erwarten, wenn sich die Gegner des preußischen Dreiklassenwahlrechts zusammentaten, um gemeinsam für die Einführung des Reichstagswahlrechts im größten deutschen Staat zu kämpfen. Die Sozialdemokraten, die sich 1908 zum dritten Mal an preußischen Landtagswahlen beteiligt und bei einem Stimmenanteil von 23,9 Prozent 1,6 Prozent der Sitze, nämlich 7 von 443, erhalten hatten, waren die entschiedensten Rufer im Streit um die Einführung des allgemeinen gleichen Wahlrechts in Preußen. Unterstützt wurden sie nur von den Linksliberalen. Verbissene Befürworter des geltenden Wahlrechts waren seine Hauptnutznießer, die Deutschkonservativen. (1908 kamen sie bei einem Stimmenanteil von 14 Prozent auf 34 Prozent der Mandate.) Das Zentrum schwankte zwischen dem Reichstagswahlrecht und einem besitzfreundlichen Pluralwahlrecht hin und her; bei den Nationalliberalen gab es Befürworter eines Pluralwahlrechts, nicht aber des allgemeinen gleichen Wahlrechts.

Gemessen am Dreiklassenwahlrecht war das Reichstagswahlrecht sehr fortschrittlich. Sein großer Mangel aber war offenkundig: Es galt nur für Männer. Die Sozialdemokraten waren die einzige Partei, die uneingeschränkt für das Frauenwahlrecht und auch sonst für die rechtliche Gleichstellung von Frauen und Männern eintrat. Bei den Linksliberalen setzte sich eine Minderheit um den ehemaligen evangelischen Pfarrer Friedrich Naumann, den Gründer des Nationalliberalen Vereins, für die politische Gleichberechtigung der Frauen ein. Die Nationalliberalen hielten sich in Hinblick auf diese Forderung auffallend zurück. Das Zentrum und die Konservativen betrachteten Politik als einen Bereich, von dem Frauen sich am besten fernhielten.

In der Frauenbewegung sah es nicht viel anders aus. Für die volle Emanzipation der Frau fochten Sozialistinnen wie Clara Zetkin und Luise Zietz. Die bürgerliche Frauenbewegung war in sich gespalten. Der linke Flügel um Hedwig Dohm, Minna Cauer und Anita Augspurg sah in dem Frauenwahlrecht ein Gebot der Demokratie, während dies für die gemäßigten Kräfte um Helene Lange keine aktuelle Forderung war. Der 1894 gegründete parteipolitisch neutrale Bund deutscher Frauenvereine erhob zwar 1907 das aktive und passive Stimmrecht für Frauen zu einem Programmpunkt, ließ aber offen, ob es in Form des

Reichstagswahlrechts, des preußischen Dreiklassenwahlrechts oder eines Pluralwahlrechts zu verwirklichen war. Verglichen mit dem, was die englischen Suffragetten um Emmeline Pankhurst unternahmen, um die Gleichberechtigung der Frauen durchzusetzen, war die deutsche Frauenbewegung zu Beginn des 20. Jahrhunderts ausgesprochen gemäßigt.[28]

Abschied von der «splendid isolation»: Großbritannien 1886–1914

Das Land, in dem Deutschland seinen Rivalen schlechthin sah, stand seit der zweiten Hälfte der achtziger Jahre zwei Jahrzehnte lang fast ununterbrochen unter konservativer Vorherrschaft: Nach den Unterhauswahlen vom Juli 1886 war der Führer der Tories, der Marquess Robert Cecil of Salisbury, mit Hilfe abtrünniger Liberaler, der «unionistischen» Gegner von Gladstones «Home Rule» für Irland um die Führer der altliberalen Whigs und der progressiven Radikalen, den Marquess of Hartington, seit 1891 Duke of Devonshire, und Joseph Chamberlain, ins Amt des britischen Regierungschefs gelangt, das er endgültig erst 1902 aufgab.

Eine dreijährige Unterbrechung seiner Regierungszeit gab es nur in der ersten Hälfte der neunziger Jahre. Nach einem liberalen Wahlerfolg trat 1892 mit Unterstützung der Abgeordneten der Irish National Party ein drittes Mal William Gladstone an die Spitze der Regierung, scheiterte aber im Jahr darauf mit einem erneuten Versuch, Irland die «Home Rule» zu gewähren, am House of Lords und trat im Februar 1894 zurück. Sein Nachfolger, Lord Rosebery, im Gegensatz zu Gladstone ein bekennender Imperialist, demissionierte nach einer Abstimmungsniederlage im Juni 1895. Den Auftrag zur Bildung einer neuen Regierung erteilte die Queen Victoria Lord Salisbury, der eine Koalitionsregierung aus Konservativen und Liberal Unionists bildete. Joseph Chamberlain, der das wichtige Amt des Schatzkanzlers hätte übernehmen können, entschied sich für das des Kolonialministers, weil er hoffte, von dieser Position aus der britischen Außenpolitik seinen, einen entschieden imperialistischen, Stempel aufdrücken zu können.

Eine erste Gelegenheit hierzu fand Chamberlain bereits wenige Monate, nachdem er die Leitung des Colonial Office übernommen hatte. Im November 1895 trat sein Ministerium einen Teil des Protektorats

Betschuanaland an die von Cecil Rhodes, dem Premierminister der Kapkolonie, geleitete British South Africa Company ab. Rhodes und Chamberlain trafen sich in ihrem Interesse an der Burenrepublik Transvaal, die sich seit 1894 Südafrikanische Republik nannte. Transvaal war auf Grund seiner großen Gold- und Diamantenvorkommen der reichste Teil Südafrikas. 1886 waren am Witwaterstrand neue Goldminen entdeckt worden, die das Gebiet für England wirtschaftlich noch attraktiver machten, als es ohnehin schon war. Um Transvaal mit der Kapkolonie zu vereinen, sollten sich, so weit es nach Rhodes und Chamberlain ging, die zahlreichen in der Südafrikanischen Republik lebenden britischen «Uitlanders» gegen die Herrschaft der Buren erheben; die von einem gewissen Dr. Starr Jameson geführte Privatarmee der British South Africa Company stand in diesem Fall bereit, ihnen zu Hilfe zu kommen. Was Chamberlain nicht wollte, Rhodes aber zumindest nicht zielstrebig verhinderte, war ein eigenmächtiges Losschlagen von Jameson, wie es dann am 30. Januar 1895 stattfand.

Der Kolonialminister versuchte noch im letzten Augenblick, die Aktion zu verhindern, hatte damit jedoch keinen Erfolg. Der «Jameson Raid» scheiterte, ohne daß es zu größeren Kampfhandlungen kam. Das hinderte den an Südafrika interessierten deutschen Kaiser Wilhelm II. nicht daran, in Abstimmung mit dem Berliner Auswärtigen Amt dem Präsidenten von Transvaal, Paulus («Ohm») Krüger, anläßlich des raschen Erfolges seiner Truppen ein Glückwunschtelegramm, die berüchtigte «Krüger-Depesche», zu schicken, in der er besonders hervorhob, daß Transvaal seine Unabhängigkeit habe bewahren können, ohne an die Hilfe befreundeter Mächte zu appellieren. Die britische Presse reagierte empört. Als einige Monate danach eine interfraktionelle Kommission des Unterhauses, der auch Chamberlain angehörte, die Vorgänge um den «Jameson Raid» untersuchte, hielt ihr die Regierung der Kapkolonie auf Verlangen von Premierminister Salisbury die Telegramme vor, die die aktive Rolle des Kolonialministers belegten. Der inzwischen Sechzigjährige konnte im Amt verbleiben.

In Südafrika war Großbritannien in Gestalt der «Krüger-Depesche» mit deutschen Ambitionen zusammengestoßen. Von härterer Art war drei Jahre später die Kollision mit einer anderen Großmacht am oberen Nil. Seit 1887 hatte Frankreich vom Senegal aus sein Kolonialreich in Mittelafrika ausgeweitet. 1898 begann eine Offensive vom Niger aus zum Tschadsee, und im gleichen Jahr erreichte eine Expedition unter

Hauptmann Jean-Baptiste Marchand den oberen Nil, wo sie im September bei Faschoda auf eine zahlenmäßig weit überlegene britische Armee unter Lord Kitchener traf, die kurz zuvor die Anhänger des (1885 verstorbenen) Mahdi geschlagen hatte und nun dabei war, den ganzen östlichen Sudan der britischen oder, genauer, der britisch-ägyptischen Herrschaft zu unterwerfen. Marchands Truppen zogen sich, nachdem sie einige Wochen lang der britischen Streitmacht Gewehr bei Fuß gegenüber gestanden hatten, zurück. Im März 1899 verständigten sich Großbritannien und Frankreich im Sudanvertrag auf eine verbindliche Grenzziehung zwischen dem anglo-ägyptischen Kondominium im Sudan und Französisch-Äquatorialafrika analog derjenigen, die sie im Juni 1898 im Hinblick auf die Grenzen zwischen den britischen Besitzungen an der Goldküste und im nördlichen Nigeria auf der einen, dem französischen Kolonialreich auf der anderen vereinbart hatten.

Damit war Großbritannien der Erfüllung des alten Traums einer Landbrücke «vom Kap bis Kairo» sehr nahe gekommen; nur Deutsch-Ostafrika trennte jetzt noch die von England kontrollierten Landmassen nördlich und südlich davon. In Südafrika hatte 1897 ein enger Vertrauter Chamberlains, Alfred Milner, das Amt des Hohen Kommissars übernommen; im Jahr darauf wurde Paulus Krüger zum vierten Mal ins Amt des Präsidenten von Transvaal gewählt; ins gleiche Jahr 1898 fiel ein Vertrag, in dem das Deutsche Reich ganz Südafrika als britisches Einflußgebiet anerkannte (und sich mit Großbritannien auf eine Aufteilung des portugiesischen Kolonialreichs für den Fall verständigte, daß dieses zusammenbrechen sollte). Milner war von Anfang an entschlossen, Transvaal mit Waffengewalt zu annektieren; als Vorwand zur Auslösung eines Krieges erschien ihm die fehlende politische Gleichberechtigung der britischen «Uitlanders» geeignet. Die Regierung in London fürchtete einen wachsenden politischen Einfluß der wirtschaftlich starken Republik Transvaal auf das übrige Südafrika und schwenkte deshalb auf Milners Kriegskurs ein.

Großbritannien erwartete einen kurzen Feldzug, aber das war eine Fehlkalkulation: Der Burenkrieg, der 1899 begann und bis 1902 dauerte, wurde für England zum längsten und kostspieligsten Krieg zwischen der Niederlage Napoleons im Jahre 1815 und dem Ersten Weltkrieg. Er kostete dreimal so viel wie der Krimkrieg und erforderte viermal so viele Truppen wie dieser. Auf der britischen Seite, auf der auch Freiwillige aus Kanada, Australien und Neuseeland kämpften, fielen 22 000 Soldaten;

von den Buren verloren 34 000, Kämpfer und Zivilisten zusammengenommen, ihr Leben. Die Zahl der schwarzen Opfer wird auf mindestens 14 000 geschätzt, darunter viele, die auf britischer Seite an den Kämpfen teilnahmen. In den ersten Monaten des Krieges waren die Buren erfolgreich; dann wendete sich das Blatt, und nach einer Reihe von Siegen konnten die Briten im September 1900 sowohl Transvaal als auch den Oranje-Freistaat annektieren.

Das war aber noch keineswegs das Ende der Kampfhandlungen. Was im Herbst 1900 begann, war der erste antikoloniale Guerillakrieg des 20. Jahrhunderts (wenn man nicht den Kampf der Filipinos gegen die Amerikaner, der schon 1898 begonnen hatte, mit diesem Namen belegen will). Die britische Armee betrieb eine Politik der verbrannten Erde; etwa 35 000 burische Farmen wurden niedergebrannt, die burischen Zivilisten, überwiegend Frauen und Kinder, in Konzentrationslager eingesperrt, wo 28 000 durch Epidemien umkamen – etwa ein Zehntel der burischen Bevölkerung. Aussichtslos wurde die Lage der kämpfenden Buren, als Lord Kitchener, der britische Oberkommandierende, sie mit Hilfe eines Gitters aus Blockhäusern und Stacheldrahtzaun auf immer enger werdendem Raum einzupferchen begann. Im Mai 1902 begannen, nachdem die Briten die Forderung nach bedingungsloser Kapitulation fallen gelassen hatten, Friedensverhandlungen an einem Ort mit dem symbolträchtigen Namen Vereeniging. Zwei Wochen später wurde der Friedensvertrag unterzeichnet. Er brachte den Verzicht auf die Unabhängigkeit der beiden Republiken Transvaal und Oranje. Im Gegenzug versprach Großbritannien den baldigen Übergang zu weitgehender Selbstregierung, eine Vertagung des Problems des Wahlrechts der Schwarzafrikaner bis dahin, Hilfe beim wirtschaftlichen Wiederaufbau und eine großzügige Amnestieregelung.

Nach ihrer militärischen Niederlage siegten die Buren auf politischem Gebiet: Sie setzten in Südafrika eine Politik der strikten Rassentrennung durch, die Großbritannien um des inneren Friedens zwischen Briten und Buren willen akzeptierte. Der von beiden Seiten erstrebte Zusammenschluß der Kolonien Kapland, Transvaal, Oranje und Natal zu einer Südafrikanischen Union als Dominion im Britischen Empire erfolgte 1910 auf der Grundlage einer eher unitarischen als föderalistischen Verfassung, die das Wahlrecht zum Parlament nur der weißen Bevölkerung zugestand. Offen blieb zunächst die Zukunft der Protektorate Basutoland, Betschuanaland und Swaziland. Die Afrikaner schwarzer Hautfarbe, die in der Hoffnung auf Gleichberechtigung und Umverteilung des Bodens die Briten im Burenkrieg unterstützt hatten, mußten die Haltung Londons als opportunistische Kehrtwende, ja als Verrat empfinden, und der 1912 gegründete Afrikanische Nationalkongreß tat das. Aber für Großbritannien entsprach die Haltung, die es in Südafrika einnahm, einem in Kanada, Australien und Neuseeland erprobten Muster: der Machtübertragung an die weiße Oberschicht in Kolonien, in denen es eine solche Schicht in hinreichender Stärke gab.

Der Burenkrieg war in England zunächst sehr populär, wozu auch die scharfen Angriffe beitrugen, die die burenfreundliche Presse Deutschlands und Frankreichs gegen Großbritannien richtete. Die Londoner Regierungsparteien, die seit 1895 zunehmend als «Unionists» auftraten und als Einheit empfunden wurden, nutzten die anfängliche nationale Hochstimmung, um daraus politisches Kapital zu schlagen. Im September 1900, kurz nach der Annexion von Transvaal und Oranje, löste Premierminister Salisbury das Unterhaus auf. Den Wahlkampf führten Tories und Liberal Unionists unter Chamberlains Führung vor allem mit der Parole, jede Stimme für die Liberalen sei eine Stimme für Krüger. (Tatsächlich waren die Liberalen hinsichtlich des Krieges gespalten: In der Unterhausfraktion standen sich die Lager der Burenfreunde oder «Little Englanders» um John Morley, einen der entschiedensten Vorkämpfer der Home Rule für Irland, der liberalen Imperialisten mit Lord Rosebery an der Spitze und der ausgleichenden Mitte um den Parteivorsitzenden Sir Henry Campbell-Bannerman gegenüber.) Das Kalkül der Unionisten ging auf: Die «Khakiwahlen», benannt nach der Farbe der Armeeuniformen, wurden zum innenpolitischen Höhepunkt des britischen Imperialismus. Die Regierungsparteien konnten sich, wenn sie auch gegenüber 1895 18 Mandate verloren, sicher an der Macht behaupten.

Der Ausgang der «Khakiwahlen» war auch der Erfolg eines Verbandes, der seit einigen Jahren versuchte, auf die öffentliche Meinung im nationalen und imperialen Sinn Einfluß zu nehmen: der 1895 gegründeten Navy League, des Vorbilds des Deutschen Flottenvereins. Ihr Ziel war es, der Nation die existentielle Bedeutung der maritimen Überlegenheit Englands vor Augen zu führen und der Marineleitung den Rückhalt in den Massen zu verschaffen, den sie brauchte, wenn England der Herausforderung durch die deutsche Flottenrüstung trotzen wollte. 1913 zählte die Navy League 126000 Mitglieder. Zu diesem Zeitpunkt wetteiferte sie bereits seit fünf Jahren mit der noch militanter auftretenden Imperial Maritime League, die nicht davor zurückschreckte, der Marineleitung fehlende Durchsetzungskraft im Kampf um den Bau neuer Großkampfschiffe, der «Dreadnoughts», vorzuwerfen.

Zu einem nationalistischen Agitationsverband entwickelte sich auch die 1902 gegründete National Service League, die auf Grund der Erfahrungen des Burenkrieges die Einführung der allgemeinen Wehrpflicht forderte. Sehr viel wirksamer war in dieser Hinsicht die 1907 von dem Kavallerieoffizier Robert Baden-Powell gegründete oder vielmehr umgegründete Bewegung der Boy Scouts, die sich scheinbar spielerisch der Wehrertüchtigung der jungen Generation widmete. Eines mächtigen Verbündeten konnten sich alle nationalistischen und imperialistischen Organisationen sicher sein: der jingoistischen Massenpresse, vor allem der Zeitungen aus dem Konzern von Lord Northcliffe, obenan der 1896 gegründeten «Daily Mail».

Wenn der Burenkrieg anfangs dem Jingoismus Auftrieb gegeben hatte, wurde er doch auch infolge seiner Dauer und der Brutalität, mit der er geführt wurde, zum auslösenden Moment einer breiten Bewegung gegen den Imperialismus, ja zum Katalysator der gesamten britischen Innenpolitik bis 1914. Die wichtigste Kraft des antiimperialistischen Lagers bildete, wenn man vom linken Flügel der Liberalen Partei einmal absah, die erstarkende britische Arbeiterbewegung. Für die Arbeiterschaft bedeutete das letzte Jahrzehnt des 19. Jahrhunderts eine Zeit der organisatorischen Sammlung und politischen Verselbständigung. 1889 hatte die Gewerkschaft der Schiffs- und Maschinenbauer, die Amalgamated Society of Engineers, zusammen mit den Londoner Hafenarbeitern in einem fünfwöchigen Streik bessere Arbeitsbedingungen erkämpft und dadurch erstmals erfolgreich ungelernte Arbeiter für die Gewerkschaftsbewegung gewonnen. Die beteiligten Gewerkschaftsführer Tom Mann, John Burns und Ben Tillett waren überzeugte Sozialisten. Dasselbe galt für den Sekretär der schottischen Bergarbeitergewerkschaft, den ehemaligen Bergmann James Keir Hardie, der 1889 die erste sozialdemokratische Partei Großbritanniens, die Schottische Arbeiterpartei, gründete und 1892 ein liberales Unterhausmandat errang.

Im Jahr darauf rief Hardie die Independent Labour Party (ILP) ins Leben, der sich auch die ältere, 1894 von Henry Mayers Hyndman gegründete, dem Marxismus nahestehende Social Democratic Federation und die Fabian Society um Sidney und Beatrice Webb anschlossen. 1895, zwei Jahre nach ihrer Gründung, gehörten der ILP bereits 50 000 Mitglieder an. Verglichen mit den Gewerkschaften war dies freilich eine bescheidene Bilanz: Die Trade Unions übersprangen im Jahr 1900 die magische Zahl von 2 Millionen Mitgliedern.

Wenn es für die ILP ein Vorbild gab, war es die deutsche Sozialdemokratie, die bereits 1890 zur stärksten deutschen Partei aufgestiegen war und seitdem von Wahl zu Wahl an Stimmen hinzugewann. Die englische Arbeiterbewegung mußte daraus nach Hardies Überzeugung lernen, indem sie sich von ihrer Bindung an die Liberale Partei löste und sich ihre eigene Partei schuf. Die entscheidende Weichenstellung erfolgte im Februar 1900: Auf einer Konferenz in London verständigten sich die sozialdemokratischen Organisationen sowie zahlreiche Gewerkschaften und Genossenschaften auf die Berufung des Labour Representation Committee, das die Aufstellung eigener Parlamentskandidaten koordinieren sollte. Seinem ersten Sekretär Ramsay MacDonald von der ILP gelang binnen kurzem die Umwandlung des Komitees in eine Partei, die sich seit 1906 Labour Party nannte. Sie war vor allem eins: eine Föderation der sie tragenden Gewerkschaftsverbände. Die neue Partei verzichtete auf ein eigenes Programm, sie legte sich nicht auf den Marxismus und das Dogma vom Klassenkampf fest, sondern war pragmatisch und reformistisch und, wo immer zweckmäßig, zur Zusammenarbeit mit den Liberalen bereit. Bis zu den «Khakiwahlen» vom Oktober 1900 war das Ziel der flächendeckenden Kandidatenaufstellung noch nicht zu erreichen. Zweien ihrer Bewerber gelang der Einzug ins Unterhaus: Keir Hardie und Richard Bell, dem Führer der Eisenbahnergewerkschaft.

Im antiimperialistischen Sinn betätigten sich vor allem H. M. Hyndman und der ebenfalls in der Social Democratic Federation aktive ehemalige Kuhhirt und spätere Tagelöhner Harry Quelch. Beide traten auf dem Pariser Kongreß der Internationale Ende September 1900 gegen den Burenkrieg auf. Hyndman erklärte, daß er «als englischer Sozialist und Angehöriger des größten Kolonialreiches der Welt» besonderen Wert darauf lege, gemeinsam mit dem internationalen Proletariat gegen die Kolonialpolitik der Großmächte zu protestieren; Englands Krieg gegen Transvaal erfülle «uns englische Sozialisten mit Trauer und Scham». Quelch legte den Delegierten «zur Ehre Englands» dar, daß «trotz aller systematischen Korruptionsversuche der Kapitalisten Eng-

lands» es nicht gelungen sei, auch nur einen einzigen organisierten englischen Arbeiter, geschweige denn eine Arbeiterorganisation zu einer
Zustimmungserklärung für den Krieg zu bewegen. «Die Arbeiter haben
ihren Schild rein erhalten.»

Die Fabier rechnete Quelch offensichtlich nicht zur Arbeiterbewegung: Die Webbs sprachen sich, nachdem der linke Flügel unter
Ramsay MacDonald die Organisation im Februar 1900 verlassen
hatte, im August 1900 erstmals öffentlich für das militärische Vorgehen gegen die Burenrepubliken aus. Quelchs eigene Gruppe, die Social
Democratic Federation, zog sich 1901 aus dem Labour Representation
Committee zurück, weil sie an diesem ein klares ideologisches Profil
vermißte. Damit schied die einzige strikt internationalistische Gruppierung aus der werdenden Labour Party aus. An ihrer Gegnerschaft zu
Imperialismus und Militarismus ließ die junge Arbeiterpartei aber
auch danach keinen Zweifel.

Die politische Emanzipation der Arbeiterschaft beunruhigte nicht
nur die Liberalen, die ihre Stimmen gepachtet zu haben meinten, sondern auch die Konservativen, die sich seit Disraelis Zeiten darum bemühten, als die wahren Sachwalter der Interessen der Unterschicht
anerkannt zu werden. Die Wahlrechtsreformen von 1867 und 1884/85
waren Versuche der beiden großen Parteien, die Arbeiter an sich zu binden, und nach den Tories hatte auch ein Teil der Liberalen, der «radikale» Flügel um Joseph Chamberlain, der sich 1886 von der Partei
Gladstones trennte, im Stolz auf das Empire ein Mittel erkannt, das geeignet schien, dem britischen Patriotismus ein breites soziales Fundament zu verschaffen. Chamberlain hielt die Ausdehnung des Empire für
notwendig, um der englischen Industrie hinlängliche überseeische Ar-
beitsmöglichkeiten und der britischen Arbeiterschaft eine ausreichende
Beschäftigung zu sichern. Kurz nach den «Khakiwahlen» beantwortete
er Ende Oktober 1900 auf einer Veranstaltung der Gesellschaft der
Fischhändler in London die selbstgestellte Frage, was Großbritannien
ohne das Empire wäre, wie folgt: «Zwei übervölkerte Inseln in der
Nordsee». Ähnlich prägnant war die Antwort auf die anschließende
Frage, was die britischen Kolonien ohne das Mutterland wären: «Zum
gegenwärtigen Zeitpunkt nur Bruchstücke – Nationen ja, aber ohne die
Fülle des nationalen Lebens, ohne den Zusammenhalt, der sie in die
Lage versetzt, der ganzen Welt ins Auge zu sehen.»

Um sich gegenüber seinen Rivalen, nämlich Deutschland, Rußland und den Vereinigten Staaten, zu behaupten und nicht auf einen minderen Rang abzusinken, bedurfte Großbritannien also des Empire, und wenn dieses nicht in seine Teile zerfallen sollte, mußte es seinen Zusammenhalt festigen, am besten durch die Schaffung einer Föderation mit gemeinsamer Verteidigung und einem Imperial Council in London an der Spitze, mindestens aber durch den Ausbau zu einer Zollunion, wie sie schon Charles Dilke, der Autor von «Greater Britain», und die 1884 gegründete Imperial Federation League ins Gespräch gebracht hatten. Chamberlains Vorbild war der Deutsche Zollverein von 1834, aus dem 1871 das Deutsche Reich hervorgegangen war. Solange der in wirtschaftlicher Hinsicht liberale Lord Salisbury Premierminister war, hatte der Kolonialminister keine Chance, «Imperial preference», also Reichsvorzugszölle, zu einem Projekt der britischen Politik zu erheben. Im Juli 1902 aber übergab der zweiundsiebzigjährige Salisbury sein Amt an den bisherigen Schatzkanzler Arthur James Balfour, der kein eingeschworener Freihändler war. Im gleichen Monat trat in London eine Kolonialkonferenz zusammen, die zwar Chamberlains Vorschlag eines ständigen «Imperial Council» und damit jedweden föderationsähnlichen Zusammenschluß des Empire verwarf, Vorzugszölle für das Empire aber befürwortete.

Der entschiedenste Widersacher von «Imperial preference» war der neue Schatzkanzler Charles Thomson Ritchie. Der Machtkampf zwischen ihm und Chamberlain führte zu einer schweren Regierungskrise: Im September 1903 trat der Kolonialminister, um unbehindert von der Kabinettsdisziplin für die Reichszölle kämpfen zu können, zurück; Ritchie wurde entlassen und durch Chamberlains Sohn Austen ersetzt, der mit Balfours Zustimmung als Stimme seines Vaters in der Regierung wirken sollte.

Die Frage Freihandel oder Schutzzoll spaltete die Konservative Partei ebenso wie die Liberal Unionists. Die überzeugten Freihändler unter den letzteren um den Herzog von Devonshire, den früheren Lord Hartington, verließen die Liberalist Unionist Association und betätigten sich fortan in der Free Food League; einige kehrten zur Liberalen Partei zurück. Chamberlain wandte sich an der Spitze der im Juli 1903 gegründeten Tariff Reform League an die breiten Massen und nicht zuletzt an die Arbeiter, die er vor einer fortschreitenden Deindustrialisierung Englands warnte. So erklärte er am 7. Oktober 1903 in Greenock: «Die Landwirtschaft ist ... praktisch zerstört. Die Zuckerindustrie ist verschwunden, die Seidenindustrie ist verschwunden, die Eisenindustrie ist bedroht, die Baumwollindustrie wird verschwinden.» Seine letzten Zielsetzungen aber gingen über das Wirtschaftliche weit hinaus. Es sei ihm nicht besonders wichtig, sagte er am 4. November 1903 in Birmingham, ob England, dieses reiche Land, durch die Zollreform noch etwas reicher werde. «Woran mir liegt, ist, daß dieses Volk der Höhe seiner großen Mission gerecht wird ... und sich im Verband mit unseren Stammesverwandten in Übersee ... zusammentut, um ein Empire aufzubauen, ... das größer und dauerhaft erfolgreicher ist als irgendein Reich in der Geschichte.»

Es war vor allem das schutzzöllnerische Deutschland, dessen wirtschaftliches Wachstum dem Protektionismus in England Auftrieb gab. Der deutsche Anteil am Welthandel von 8,9 Prozent im Jahre 1850 war auf 13,6 Prozent im Deutschland der Jahre 1910 bis 1913 gestiegen, während der britische im gleichen Zeitraum von 25,6 auf 15,9 Prozent gesunken war. England war zu Beginn des 20. Jahrhunderts nicht mehr die Werkstatt der Welt, wohl aber noch ihr Finanzzentrum und ihre Bankenmetropole. Die deutsche Industrie hatte, um den Rückstand gegenüber der britischen Konkurrenz zu überwinden, die jeweils modernsten Produktionsmethoden angewandt und eben dadurch auf vielen Gebieten einen Vorsprung gegenüber dem Mutterland der industriellen Revolution erreicht. Die britische Industrie sah sich dank ihrer lange Zeit unbegrenzten Absatzmöglichkeiten innerhalb und außerhalb des Empire einem sehr viel geringeren Rationalisierungsdruck ausgesetzt, und das erwies sich langfristig als Nachteil. Um 1900 waren in der deutschen Eisen- und Stahlindustrie trotz durchschnittlich höherer Löhne die Produktivität und die Materialauslastung höher als in der englischen. Die Spitzeneinkommen Großbritanniens traf man um die Jahrhundertwende nicht mehr im industriellen Sektor, sondern, abgesehen vom Landbesitz, im Bereich Handel und Banken an.

Es bedurfte angesichts der zunehmenden wirtschaftlichen Rivalität zwischen Deutschland und England nicht einmal der häufigen Taktlosigkeiten Kaiser Wilhelms II. und englandfeindlicher Kampagnen der deutschen Presse, um in Großbritannien immer wieder eine antideutsche Stimmung aufkommen zu lassen. 1897 verstieg sich die «Saturday Review» sogar zu einem Wunsch, den sie in Abwandlung des auf Karthago gemünzten berühmten «Ceterum censeo» des älteren Cato in die Worte kleidete: «Germaniam esse delendam» (Deutschland müsse zerstört werden). Doch weder von dieser noch von anderen großen britischen Zeitungen kann man behaupten, daß ihre Linie durchgängig gegen Deutschland ausgerichtet gewesen wäre.

Unter den britischen Politikern war Chamberlain einer der deutschfreundlichsten. Zugleich war ihm früher als allen anderen bewußt geworden, daß England sich angesichts der wachsenden Zahl seiner Rivalen nicht länger auf die Vorzüge seiner «splendid isolation» verlassen konnte. Im Frühjahr 1898 versuchte er, wenn auch erfolglos, in Gesprächen mit dem deutschen Botschafter Graf Paul von Hatzfeldt die Möglichkeiten einer deutsch-britischen Zusammenarbeit in China als Grundlage einer weitergehenden Allianz auszuloten. 1899 wirkte der Kolonialminister maßgeblich an der Verständigung beider Mächte über Samoa mit. Nach einem Gespräch mit Staatssekretär von Bülow anläßlich eines Besuchs von Kaiser Wilhelm II. bei der Queen Victoria auf Schloß Windsor brachte Chamberlain am 30. November 1899 in einer öffentlichen Rede in Leicester sogar seine Hoffnung auf «eine neue Tripelallianz zwischen der teutonischen Rasse und den zwei Zweigen der angelsächsischen Rasse» auf beiden Seiten des Atlantiks zum Ausdruck, eine Allianz, die sich auf gemeinsame sprachliche Grundlagen, eine gemeinsame Literatur und eine gemeinsame Rechtstradition stützen und großen Einfluß in der Welt entfalten könnte. Doch auch dieser Vorstoß war vergeblich: Als Bülow am 10. Dezember 1899 im Reichstag die zweite Flottenvorlage begründete, ging er mit keinem Wort auf eine Verständigung mit Großbritannien und den USA ein. Er forderte stattdessen volle Gegenseitigkeit und Parität zwischen Deutschland und England auch in der Flotten- und Kolonialfrage.

Etwas über ein Jahr danach kam es nochmals zu Erörterungen über ein deutsch-britisches Bündnis. Wieder bot ein Besuch Wilhelms II. Gelegenheit zu vertraulichen Gesprächen. Der Kaiser war am 20. Januar 1901 nach England gekommen, um Abschied von seiner im Sterben liegenden Großmutter zu nehmen. Am 22. Januar starb die Queen Victoria, das Symbol der nach ihr benannten Epoche, im Alter von 81 Jahren nach fast vierundsechzigjähriger Regierungszeit in Osborne auf der Isle of Wight. Drei Tage später hatte Wilhelm dort eine lange Unterredung mit dem neuen britischen Außenminister Lord Landsdowne, der dieses Amt im November 1900 von Salisbury übernommen hatte. Die Zukunft, so behauptete der Kaiser, gehöre entweder der germanischen oder der slawischen Rasse; er selbst, Wilhelm, sei die «balance of power» in Europa; England solle Frankreich für Europa zurückgewinnen, damit dieses sich gegenüber Rußland und den Vereinigten Staaten behaupten könne. Die britische Reaktion blieb kühl. London dachte nicht daran, auf das einzugehen, was Berlin von ihm erwartete: Es wollte sich nicht durch einen Anschluß an den deutsch-österreichisch-italienischen Dreibund auf eine Verteidigung der Habsburgermonarchie festlegen lassen.

Auch Chamberlain verhielt sich angesichts der deutschen Pressekampagne gegen die englische Kriegführung in Südafrika abweisend. Im Oktober 1901 nannte er das Vorgehen der britischen Truppen gegen die Buren sehr viel anständiger als das der deutschen Truppen im Krieg mit Frankreich 1870/71 und löste damit einen Sturm der Entrüstung in Deutschland aus. Zu diesem Zeitpunkt hatte er bereits Verhandlungen mit dem französischen Botschafter Paul Cambon aufgenommen, um die kolonialpolitischen Differenzen mit Paris auszuräumen und ein weitergehendes Einvernehmen beider Mächte zu ermöglichen. Er ebnete damit den Weg zum Besuch König Edwards VII., des Sohns der Queen Victoria, in Paris im Mai 1903, dem Gegenbesuch des französischen Staatspräsidenten Loubet in London im Juli desselben Jahres und dem Abschluß der Entente cordiale vom April 1904, den Chamberlain schon nicht mehr im Amt des Kolonialministers erlebte.

Mit seinem wichtigsten Ziel, «Imperial preference», kam Chamberlain indessen nicht ans Ziel. Im November 1905 gewann er sogar die Unterstützung der National Union of Conservative Associations, des Parteivorstands der Tories, für die von ihm befürwortete Zollreform. Aber damit brüskierte er Premierminister Balfour, der sich aus Rücksicht auf die Freihändler in den eigenen Reihen die Schutzzollforderungen nur halbherzig zu eigen gemacht hatte: «retaliation» (Vergeltung) hieß seine Kompromißformel; Großbritannien solle unfairen Wettbewerb mit höheren Einfuhrzöllen beantworten können. Am 4. Dezember 1905 trat Balfour zurück. Er hätte auch das Unterhaus auflösen können, dessen Neuwahl spätestens 1907 fällig war. Aber eine Chance, als Sieger aus der Wahl hervorzugehen, hatten die uneinigen Unionisten nach Lage der Dinge nicht. Das geringere Risiko schien Balfour darin zu bestehen, ein liberales Minderheitskabinett an die Macht kommen zu lassen, das dann bis zur Neuwahl möglicherweise an inneren Rivalitäten zerbrechen würde. Edward VII. tat, was er unter den gegebenen Umständen tun mußte: Er ernannte den Vorsitzenden der Liberalen Partei, Sir Henry Campbell-Bannerman, zum Premierminister. Dieser löste, nachdem er sein Kabinett gebildet hatte, sogleich das Unterhaus auf.

Der neuen Regierung gehörten drei prominente «liberal Imperialists» an: Außenminister Sir Edward Grey, Schatzkanzler Herbert Henry Asquith und Kriegsminister Richard Burdon, seit 1911 Viscount Haldane of Cloan. Zu den burenfreundlichen «Little Englanders» zählten Lord Chancellor Sir Robert Reid, jetzt Lord Loreburn, Handelsminister (President of the Board of Trade) David Lloyd George aus Wales und als Chef des India Office John Morley. Ein prominenter, als «Linksliberaler» geltender Gewerkschaftsführer, John Burns, übernahm das Amt für Lokalverwaltung (Local Government Board). Stellvertretender Kolonialminister wurde der einunddreißigjährige Winston Churchill, der erst 1904 als überzeugter Freihändler von den Tories zu den Liberalen gewechselt war.

«Home Rule» für Irland war *eine*, aber keine besonders herausgehobene Wahlparole der Liberalen. Was den Konservativen neben der Uneinigkeit in der Frage Freihandel oder Schutzzoll mit am meisten schadete (und der neuen Regierungspartei entsprechend nützte), war die verbreitete Empörung über das, was die Gewerkschaften «Chinese slavery» nannten: den von Lord Milner als Generalgouverneur von Südafrika angeordneten, von der Regierung Balfour gebilligten Einsatz von «Kulis» aus China in den Goldminen von Transvaal unter Bedingungen, die in der Tat an Sklavenarbeit erinnerten. Vergessen waren unter Liberalen und Linken auch nicht die unter der Tory-Regierung errichteten Konzentrationslager in Südafrika, die dem britischen Ansehen in der Welt schweren Schaden zugefügt hatten. Campbell-Bannermann hatte im Hinblick auf diese Lage bereits im Mai 1901 von «methods of barbarism» gesprochen. Die Gewerkschaften warfen den Konservativen weiter die systematische Aushöhlung des Streikrechts vor: Bei einem von der Taff Vale Railway Company angestrengten Verfahren hatte das Oberhaus in letzter Instanz die Eisenbahnergewerkschaft 1901 zur Erstattung der durch einen Streik entstandenen Kosten und Schäden verurteilt. Ein Gesetz zur Unterstützung der Arbeitslosen (Unemployed Workmen Act) von 1905, das eine vorübergehende Beschäftigung Erwerbsloser mit öffentlichen Arbeiten vorsah, kam zu spät und bewirkte zu wenig, um einen Stimmungsumschwung zugunsten der Konservativen herbeizuführen.

Bei den Wahlen vom Januar 1906 zogen 53 Arbeiterkandidaten auf Grund einer «Lib-Lab» genannten Absprache zwischen dem neuen Innenminister Herbert Gladstone, dem Sohn William Gladstones, und Ramsay MacDonald vom Labour Representation Committee ins Unterhaus ein – die meisten als erfolgreiche Widersacher von Unionisten, die bisher den Wahlkreis vertreten hatten. Die Liberalen erhielten 377 Sitze, 84 Mandate mehr als alle anderen Parteien zusammen. Auf die vereinten Unionisten, also Tories und Liberal Unionists, entfielen 157 Abgeordnete, auf die irischen Nationalisten 83.

Als eine ihrer ersten Aufgaben betrachtete die Regierung Campbell-Bannerman die Erhöhung der militärischen Sicherheit des Vereinigten Königreichs, wobei zunächst die Landstreitkräfte im Vordergrund standen. Im Burenkrieg hatte die britische Armee Schwächen gezeigt, die Kriegsminister Haldane zu beseitigen gedachte. Einen Übergang zur allgemeinen Wehrpflicht nach dem Vorbild der kontinentalen Mächte lehnte er ab; er hielt an der langfristig dienenden, jederzeit einsatzbereiten Söldnertruppe fest, organisierte sie aber zu einer «Expeditionary Force» aus sechs Infanteriedivisionen und einer Kavalleriedivision um, gab ihr ein gemeinsames Oberkommando mitsamt einem Generalstab und ergänzte diese kleine hochqualifizierte Truppe durch eine Freiwilligenarmee, die «Territorial Force», aus 14 Divisionen und 14 berittenen Brigaden, die als Reserve diente.

Weniger vordringlich erschienen der liberalen Regierung Neuerungen im Bereich der Flotte. 1889 hatte Premierminister Salisbury im Naval Defence Act den «Two-power-standard» verankert, wonach die britische Flotte mindestens so stark sein sollte wie die Flotten der beiden nächstgroßen Seemächte zusammen. Unter der Regierung Balfour war als Antwort auf die deutsche Seerüstung zusammen mit einer Umorganisation der Kriegsmarine der Bau eines neuen Typs von Schlachtschiffen, der «Dreadnoughts», beschlossen worden, die den deutschen in ihrer Schlagkraft weit überlegen waren (und im April 1906 ein weiteres deutsches Flottengesetz zur Folge hatten). Die Regierung Campbell-Bannerman hielt den Vorsprung Englands bei den Seestreitkräften für so stark, daß sie sogar kräftige Abstriche am Rüstungsprogramm des Vorgängerkabinetts vornahm.

Im April und Mai 1907 tagte in London eine Kolonialkonferenz, die fünfte seit 1887. Erstmals nahm auch ein Vertreter von Transvaal, Premierminister Louis Botha, teil. Die Konferenz beschloß, Kolonien, die über das Recht der Selbstverwaltung verfügten, künftig nicht mehr Kolonien, sondern «Dominions» zu nennen. Kanada trug diesen Titel bereits seit 1867; das 1901 gegründete Commonwealth of Australia war das zweite Dominion; 1907 folgte Neuseeland, 1910 die Südafrikanische Union. Alle Dominions waren von Weißen besiedelt oder beherrscht; nur sie erhielten das Privileg der faktisch unbegrenzten Selbständigkeit, mit dem das Mutterland einseitigen Unabhängigkeitserklärungen nach dem Vorbild der USA zuvorkommen wollte. Der Gedanke eines ständigen Imperial Council verfiel auch 1907 der Ablehnung, und was die gemeinsame Verteidigung anging, faßte die Konferenz, die fortan Imperial Conference heißen sollte, keine substantiellen Beschlüsse. Weitgehende Einigkeit bestand unter den Teilnehmern aus Übersee nur in Sachen Reichsvorzugszölle, die aber von den regierenden Liberalen nach wie vor abgelehnt wurden.

Das Empire in eine Föderation umzuwandeln, wie es Joseph Chamberlain vorschwebte, erwies sich als unmöglich. England konnte die Mitglieder, die dem Mutterland in ihrer politischen Verfassung am ähnlichsten waren, nur weiter an die britische Krone binden, indem es ihnen den größtmöglichen Spielraum gewährte. Nur weil England dazu bereit war und das Empire zu jenem British Commonwealth of Nations zu wandeln begann, als das es sich seit der Reichskonferenz von 1926 bezeichnete, überlebte das britische Weltreich. Doch es waren nicht nur die weißen Kolonien, die nach politischer Unabhängigkeit strebten. In Indien, der mit Abstand größten und wichtigsten der abhängigen britischen Kolonien, aus der Großbritannien zwischen 1909 und 1913 26 Prozent aller seiner Importe aus dem Empire bezog, gründeten liberale Nationalisten 1885 den Indischen Nationalkongreß, der sich 1907 in «Gemäßigte» und «Extremisten» spaltete; 1906 riefen muslimische Inder die Muslim-Liga ins Leben. Der Kampf gegen die Fremdherrschaft veranlaßte die britische Regierung, die Befugnisse des 1861 geschaffenen Gesetzgebungsrates zu erweitern und den vom König ernannten Mitgliedern 1909 gewählte zur Seite zu stellen. Im gleichen Jahr wurde der erste Inder in die indische Zentralregierung berufen. Die Reformen kamen aber zu spät und wurden zu zögerlich eingeleitet, um die Bewegung in Richtung Unabhängigkeit zu schwächen. Die Grundsätze der Selbstregierung, von denen England sich im Innern leiten ließ, übten eine Anziehungskraft aus, die den britischen Anspruch auf die Beherrschung anderer Völker zu untergraben begann.

Wenige Monate nach der Kolonialkonferenz, Ende August 1907, gelang Außenminister Grey ein Meisterstück: ein Abkommen mit dem alten Rivalen Rußland. Die beiden Mächte verständigten sich auf eine Abgrenzung ihrer Interessensphären in Persien, Afghanistan und Tibet. Am schwierigsten war der Ausgleich in dem von revolutionären Unruhen erschütterten persischen Kaiserreich. Rußland hatte sich durch Straßen- und Eisenbahnbau im Norden des Landes engagiert; England lag hauptsächlich daran, das Zarenreich vom Persischen Golf fernzuhalten. Die Lösung des Problems bestand in der wechselseitigen Anerkennung einer russischen Einflußzone im Norden und einer britischen im Süden, die durch einen neutralen Sicherheitsgürtel voneinander getrennt wurden. Für Rußland bedeutete der Vertrag eine große politische Erleichterung nach der Niederlage, die es sich 1905 im Krieg mit Japan geholt hatte. Großbritannien konnte seine Position in einer Weltgegend verstärken, in der Deutschland ihm durch den Bau der Bagdadbahn zusetzte. Wie die Entente cordiale mit Frankreich von 1904, so schuf auch das Abkommen mit Rußland drei Jahre später ein Gegengewicht zur forcierten deutschen Flottenrüstung. Zusammen genommen ergaben beide Verträge eine Tripelallianz, der das Deutsche Reich nichts Gleichwertiges entgegensetzen konnte.

Der Regierungswechsel von 1905 trug zur Radikalisierung von Kräften auf der politischen Rechten bei, denen die konservative Parteiführung bei weitem nicht rechts genug war. Zu ihnen gehörte die Ende 1900 gegründete, offen antisemitische British Brothers League (BBL), die im April 1905, also unter der Regierung Balfour, einen großen Erfolg hatte verbuchen können: die Verabschiedung des Alien Act, eines Gesetzes, das sich gegen die weitere Einwanderung von Juden aus Osteuropa richtete (zwischen 1881 und 1905 hatten sich 40 000 Juden aus Rußland in England niedergelassen; insgesamt stieg die Zahl der in Großbritannien lebenden Juden zwischen 1880 und 1910 von 60 000 auf 240 000). Konservative Politiker, die während des Wahlkampfes im proletarischen Londoner East End Stimmung gegen die Juden machten, konnten die Verluste ihrer Partei gegenüber dem nationalen Durchschnitt vergleichsweise gering halten. Nach der Wahl griff die BBL gezielt liberale Politiker an, die Verbindungen zu (als deutschfreundlich geltenden) jüdischen Bankers in der City of London unterhielten. Ihre Mitgliederzahl bezifferte die BBL für das Jahr 1913 mit 126 000.

Auf der äußersten Rechten betätigte sich nach seinem Rücktritt vom Amt des Generalgouverneurs von Südafrika im Jahre 1905 auch, im engen Zusammenspiel mit jüngeren konservativen Politikern, seinem vielzitierten «Kindergarten», Lord Milner. Nicht England, sondern das Empire stand im Zentrum seines Patriotismus. Radikaler Imperialismus ging bei Milner Hand in Hand mit heftiger Kritik am parlamentarischen System, das der nationalen Selbstbehauptung Großbritanniens abträglich sei. Die Verwendung antisemitischer Klischees war Teil seiner Kampagne gegen das sogenannte «System». Bestimmenden Einfluß auf die öffentliche Meinung konnten aber weder Milner noch die BBL erlangen. Die politische Kultur Englands war zu liberal, um radikale Bestrebungen von rechts oder links zum «mainstream» werden zu lassen.

Am 6. April 1908 trat der erkrankte Premierminister Campbell-Bannerman zurück; am 22. April starb er. Zu seinem Nachfolger ernannte Edward VII. Schatzkanzler Herbert Asquith, dessen bisheriges Amt übernahm Handelsminister David Lloyd George, der in dieser Funktion von Winston Churchill abgelöst wurde. Unter der Regierung Asquith geriet Großbritannien in einen schweren Konflikt, dessen Anfänge noch in die Zeit des Kabinetts Campbell-Bannerman zurückreichten. Das Oberhaus hatte 1906 und 1907 mehrere Gesetze besonders liberalen Zuschnitts abgelehnt oder durch Zusätze («amendments») bis zur Unkenntlichkeit verändert, darunter ein Unterrichtsgesetz, das den Forderungen der Nonkonformisten entgegenkam, und ein Bodenreformgesetz. Im Jahre 1909 lehnten die Lords sogar das von Lloyd George vorgelegte, vom Unterhaus gebilligte Haushaltsgesetz ab, weil es die Einkommens- und die Erbschaftssteuer beträchtlich erhöhte. Die liberale Mehrheit des House of Commons reagierte damit, daß sie einer von Asquith eingebrachten Resolution zustimmte, die dem Oberhaus einen Verfassungsbruch vorwarf.

Eine vorgezogene Neuwahl im Januar 1910 brachte den Konservativen zwar Mandatsgewinne, aber nicht die Mehrheit. Die Liberalen verloren rund 100 Sitze, konnten aber mit Hilfe von Labour Party und irischen Nationalisten weiter regieren. Der Machtkampf zwischen beiden Häusern des Parlaments war noch nicht entschieden, als am 6. Mai 1910 König Edward VII. starb. Sein Nachfolger, Georg V., bemühte sich redlich um eine Verständigung zwischen Ober- und Unterhaus, hatte damit aber keinen Erfolg. Die Arbeiten einer Verfassungskommission aus Liberalen und Konservativen wurden nach fünf Monaten und

21 Sitzungen am 10. November 1910 von den Tories beendet, weil die Liberalen nicht bereit waren, auf ein neues Home-Rule-Gesetz für Irland zu verzichten.

Es folgte die zweite Unterhauswahl des Jahres 1910 im Dezember. Sie zeitigte ein sehr ähnliches Ergebnis wie die vom Januar. Die unnachgiebigsten Lords, die sogenannten «diehards», um Lord Landsdowne waren gleichwohl entschlossen, die Parliament Bill, ein von der Regierung Asquith eingebrachtes, die Rechte des Unterhauses sicherndes Verfassungsgesetz zu Fall zu bringen. Wären sie und die sie unterstützenden ultrarechten Presseorgane wie die «National Review» und die «Morning Post» damit erfolgreich gewesen, hätte Georg V. durch einen Pairschub die Mehrheitsverhältnisse im Oberhaus zugunsten der Regierung geändert. Aber dazu kam es nicht, weil es Lord Curzon, dem bisherigen Vizekönig von Indien, gelang, eine Mehrheit für die Vorlage zustande zu bringen. Der Parliament Act vom August 1911 beendete den Verfassungskonflikt. Fortan traten alle Finanzgesetze, wenn sie vom Oberhaus nicht innerhalb eines Monats «amendiert» worden waren, mit der Zustimmung des Königs in Kraft. Über die Frage, was ein Finanzgesetz war, entschied der Speaker des Unterhauses, ohne daß den Lords eine Berufung an ein oberstes Gericht möglich war. Bei allen übrigen Gesetzen stand den Lords nur noch ein zeitlich eng befristetes suspensives Veto zu. Gleichzeitig wurde die Legislaturperiode von sieben auf fünf Jahre verkürzt. Die Commons und die britische Demokratie hatten die wichtigste innenpolitische Auseinandersetzung seit der Aufhebung der Kornzölle im Jahre 1846 gewonnen.

Das Jahr 1911 ging nicht nur wegen des Parlamentsgesetzes in die britische Geschichte ein. Es war auch das Jahr großer Streiks und gewaltsamer Aktionen der 1903 von Emmeline Pankhurst gegründeten Women's Social and Political Union zugunsten des Frauenwahlrechts, darunter Hungerstreiks und gezielter Sachbeschädigungen, die sich in den folgenden beiden Jahren unter der Verantwortung der von Paris aus agierenden Christabel Pankhurst, der Tochter von Emmeline, zu Brandstiftungen und Bombenanschlägen steigerten. Ebenfalls in das Jahr 1911 fiel ein für die Entwicklung des britischen Wohlfahrtsstaates wichtiges Gesetz: der von Lloyd George eingebrachte National Insurance Act, der in seinem ersten Teil eine an das deutsche Vorbild von 1883 angelehnte, auf genossenschaftlicher Grundlage beruhende, obligatorische Krankenversicherung schuf. Ergänzt wurde sie im zweiten

Teil des Gesetzes durch eine auf einige Gewerbezweige beschränkte Arbeitslosenversicherung, womit Großbritannien auf diesem Gebiet eine Pionierrolle übernahm.

Die schwersten innenpolitischen Auseinandersetzungen nach dem Ende des Verfassungskonflikts riefen, wie nicht anders zu erwarten, die neuen Bemühungen um eine Lösung der irischen Frage hervor. Vor der zweiten Unterhauswahl des Jahres 1910 hatten die Liberalen die Parole «Home Rule» in den Mittelpunkt ihrer Wahlagitation gestellt; bei der Wahl vom Dezember gewannen die irischen Nationalisten zwei Mandate hinzu, während die Liberalen und die Labour Party jeweils ebenso viele Sitze errangen wie im Januar. Das Signal an die Regierung Asquith war deutlich: Sie mußte ihren Worten Taten folgen lassen. Die Irish National Party stand ihrerseits unter dem Druck jüngerer und radikalerer Kräfte wie der Gaelic League, der Irish Republican Brotherhood und der 1905 entstandenen Sinn-Fein-Bewegung. Die größten Probleme aber warf Ulster auf, jene sechs Counties im Nordosten Irlands, wo sich seit dem frühen 17. Jahrhundert presbyterianische Siedler aus Schottland niedergelassen und das Gebiet anglisiert hatten. Ulster war wohlhabender als der katholische Hauptteil der Insel; Belfast, der Hauptsitz der Leinenindustrie und des Schiffbaus, hatte, was die wirtschaftliche Bedeutung betraf, Dublin inzwischen überflügelt.

Die neue, nunmehr dritte Home Rule Bill vom April 1912 sah eine klare Arbeitsteilung zwischen dem Parlament in Westminster und einem künftigen irischen Parlament in Dublin vor: Außenpolitik und Verteidigung blieben Sache des Unterhauses in London, dem weiterhin, wenn auch in geringerer Zahl als bisher, irische Abgeordnete angehören sollten; alle regionalen Fragen waren Sache des irischen Parlaments und einer diesem verantwortlichen irischen Regierung. Entsprechende Rechte sollten Schottland, Wales und England in Anspruch nehmen können, so daß sich das Vereinigte Königreich in einen Bundesstaat verwandelt hätte. Hiergegen lehnten sich die Protestanten von Ulster auf, die nicht bereit waren, sich von irischen Katholiken majorisieren zu lassen. Dem Protestantenführer Sir Edward Carson, einem geborenen Dubliner, gelang es, die volle Unterstützung der konservativen Opposition zu gewinnen. Am 9. April, zwei Tage vor der Einbringung der Home Rule Bill, nahmen Carson, Andrew Bonar Law, der seit November 1911 an der Spitze der Tories im Unterhaus stand, und Lord Londonderry, der Führer der Konservativen im Oberhaus, eine Parade von

80 000 Freiwilligen, den sogenannten «Orangemen» ab – eine kaum verhüllte Drohung mit dem Bürgerkrieg für den Fall, daß die Regierung Asquith sich über den Willen der irischen Protestanten hinwegsetzen sollte.

Asquith versäumte es, die «Orangemen» sofort zu verbieten. Er unterließ es auch, Ulster einen Sonderstatus zuzusichern. Infolgedessen spitzte sich der Konflikt weiter zu. Bis zum Herbst 1913 fand die Home Rule Bill zweimal die Zustimmung der Commons, während die Lords sie zweimal verwarfen. Geheimverhandlungen zwischen Asquith und Carson führten ebensowenig zu einem Ergebnis wie Gespräche zwischen der Regierung und der parlamentarischen Opposition. Ende November 1913 rief Bonar Law die Armee auf, sich im Ernstfall auf die Seite Ulsters zu stellen; daß die Armeeführung die Home Rule ablehnte, war auch dem Premierminister bekannt. Um dieselbe Zeit entstanden auch im katholischen Süden Irlands paramilitärische Freiwilligenverbände, woraufhin Asquith ein Verbot der Waffeneinfuhr nach Irland verhängte. Ein Angebot der Regierung, jeder der nordöstlichen Counties auf deren Wunsch hin von der Home Rule für die Dauer von sechs Jahren auszunehmen, wurden von den Protestanten in Ulster und den Unionisten empört zurückgewiesen.

Ende März 1914 kam es zu einem Zwischenfall, der als «Meuterei von Curragh» in die Geschichte einging: 57 aus Ulster stammende Offiziere einer im irischen Curragh stationierten Kavalleriebrigade mit ihrem Kommandeur an der Spitze sprachen sich für die von Kriegsminister John Seely unter erheblichem Druck zugestandene Option aus, gegebenenfalls Irland zeitweilig zu verlassen statt in Ulster einzurücken. Seely wurde daraufhin entlassen; Asquith übernahm selbst das Amt des Kriegsministers. In den folgenden Monaten kam es sowohl in Ulster wie im übrigen Irland zu weiteren schweren Zwischenfällen; bei einer Schießerei in Dublin wurden Ende Juli drei Menschen getötet und 38 verletzt. Die Regierung war schließlich bereit, Ulster ohne Befristung von der Home Rule auszunehmen. Eine endgültige Entscheidung fiel aber nicht mehr. Die internationale Lage, wie sie sich seit dem Attentat auf das österreichische Thronfolgerpaar in Sarajewo am 28. Juni 1914 entwickelt hatte, nötigte die britische Regierung zur Vertagung des irischen Problems.[29]

Die radikale Republik:
Frankreich zwischen Antisemitismus und Laizismus

Verglichen mit England und Deutschland, war das Frankreich der Belle Époque, der Jahre zwischen 1890 und 1914, noch immer ein agrarisch geprägtes Land. 1911 lebten in Frankreich 56 Prozent der Bevölkerung auf dem Lande; in Deutschland waren es um diese Zeit 35, in England 20 Prozent. Der Anteil der Franzosen, die von der Landwirtschaft lebten, war zwischen 1872 und 1913 von etwas über 50 auf 42 Prozent gesunken, lag aber immer noch höher als der in Industrie und Handwerk sowie im Bereich Handel und Dienstleistungen Beschäftigten, nämlich 31 und 27 Prozent. Zum Nationaleinkommen trug der primäre Sektor, die Landwirtschaft, 35 Prozent bei, der sekundäre Sektor, also Industrie und Handwerk, 36 und der tertiäre Sektor, das heißt Handel und Dienstleistungen, 29 Prozent. Innerhalb des sekundären Sektors war die Textilindustrie mit einem Anteil von 40 Prozent aller industriell Beschäftigten die führende Branche. Einen rasanten Aufschwung nahm die junge Automobilindustrie Frankreichs, die, anders als die alten Industriezweige, nicht durch hohe Schutzzölle von ausländischer Konkurrenz abgeschirmt wurde: Mit 45 000 Wagen pro Jahr kam sie 1914 auf den zweiten Platz weltweit, übertroffen nur von den USA. Eine Pionierrolle spielte Frankreich in der Filmindustrie: Der Film war 1895 fast gleichzeitig von zwei Deutschen, den Brüdern Skladanowsky, in Berlin und zwei Franzosen, den Brüdern Lumière, in Paris erfunden worden; um 1914 wurden neun von zehn aller Filme in Frankreich hergestellt.

Der vergleichsweise geringe Industrialisierungsgrad Frankreichs hing eng mit dem Sparverhalten der französischen Mittelschichten zusammen. Soweit die Franzosen ihr Erspartes überhaupt gewinnbringend investierten, legten sie es vorzugsweise in als besonders sicher geltenden Papieren, nämlich französischen Staatsobligationen und Auslandsanleihen, an. 1914 entfielen von dem in französischen Händen befindlichen Aktienkapital 45 Milliarden Francs auf französische Staatsaktien, ebenfalls 45 Milliarden auf ausländische Staatsanleihen und Kapitalanlagen und nur 25 Millionen auf französische Industrieaktien. Was Auslandsanlagen anging, wurde Frankreich nur noch von Großbritannien übertroffen. Das britische Kapital wurde allerdings zum größten Teil außerhalb Europas, nämlich in den Vereinigten Staaten, in Südamerika und natürlich im britischen Empire angelegt, während das französische Kapital vorwiegend im europäischen Ausland investiert wurde. In keinem anderen Land legte Frankreich so viel Geld an wie in Rußland. Auf das Zarenreich entfielen 1914 11,3 Milliarden Francs oder 41 Prozent aller französischen Investitionen in Europa. Über ein Drittel der russischen Industrieinvestitionen und drei Viertel der russischen Staatsanleihen waren französischen Ursprungs.

Die Weichen für das finanzielle Engagement Frankreichs in Rußland waren Ende der 1880er Jahre in Berlin gestellt worden: durch den deutsch-russischen Zoll- und Börsenkrieg, der noch unter Bismarck begonnen hatte, und durch die Nichtverlängerung des Rückversicherungsvertrages unmittelbar nach dem Sturz des «Eisernen Kanzlers» im März 1890. Frankreich sprang gern in die von Deutschland geschlagene Bresche. Den ersten, von Rußland freudig angenommenen Anleiheangeboten von Pariser Banken folgten eine französisch-russische Rüstungskooperation und schließlich, nach einem weiteren deutschen Zollkrieg, jene im Juli 1891 paraphierte und um die Jahreswende 1893/94 von den beiden Staatsoberhäuptern unterzeichnete Militärkonvention zwischen Paris und St. Petersburg, von der bereits weiter oben die Rede war.

Wenn es in Frankreich verbreitetes Mißtrauen gegenüber spekulativen Formen der Geldanlage gab, hatte das viel mit einer «cause célèbre» der frühen neunziger Jahre, dem Panama-Skandal, zu tun. Im Februar 1889, dem Jahr der Pariser Weltausstellung, mußte die von Ferdinand de Lesseps, dem Initiator des Suez-Kanals, 1881 gegründete, von seinem Sohn Charles und dem Architekten Gustave Eiffel, dem Erbauer des nach ihm benannten Pariser Turmes, geleitete Gesellschaft zum Bau des Panamakanals ihren Bankrott anmelden. Die Gesellschaft hatte in den Jahren zuvor mit Hilfe des Bankiers Jacques de Reinach und der Finanziers Arton (Aaron) und Cornelius Hertz zahlreiche Journalisten sowie mehrere Abgeordnete und Minister bestochen, um ein günstiges «Klima» für die Zeichnung einer Großanleihe zu schaffen, und überdies Mißwirtschaft im großen Stil betrieben. 1891 wurde auf Drängen einiger Aktionäre eine gerichtliche Untersuchung eingeleitet. Durch Indiskretion gelangten belastende Befunde zur Kenntnis rechtsstehender Zeitungen wie der «Libre Parole» des fanatischen Antisemiten Edouard Drumont, der die Gelegenheit zu einer Kampagne gegen das politische System der Dritten Republik nutzte.

Am 20. November 1892 wurde der Bankier Jacques de Reinach, der Hauptverantwortliche der Bestechungsaktion, in seiner Pariser Wohnung tot aufgefunden; vermutlich hatte er Selbstmord begangen. Die Nationalversammlung setzte einen Untersuchungsausschuß ein; weitere diskreditierende Dokumente gelangten an die Öffentlichkeit; die Regierung des Ministerpräsidenten Émile Loubet mußte im November 1892 zurücktreten, im März 1893 auch das Kabinett seines Nachfolgers Alexandre Ribot. Der Führer der bürgerlichen Radikalen, der Abgeordnete Georges Clemenceau, der leichtsinnigerweise von Cornelius Hertz Geld für seine Zeitung «Justice» angenommen hatte, wurde in der Deputiertenkammer von dem radikalen Nationalisten Paul Déroulède der Bestechlichkeit und des Landesverrats bezichtigt, worauf Clemenceau den Beleidiger zum Duell forderte; beide blieben bei dem Zweikampf unverletzt. Bei den Wahlen von 1893, bei denen ansonsten die Radikalen wie auch die Sozialisten erheblich an Stimmen hinzugewannen, verlor Clemenceau sein Abgeordnetenmandat. Ein Prozeß endete im gleichen Jahr mit der Verurteilung von Charles de Lesseps und Gustave Eiffel zu Gefängnisstrafen, die sie jedoch nicht verbüßen mußten.

Reinach und die Brüder Hertz waren Juden – für die Antisemiten ein ausreichender Grund, den Panamaskandal zum Anlaß einer systematischen Hetze gegen den politischen und wirtschaftlichen Einfluß des Judentums zu nehmen. Da die meisten in Frankreich lebenden Juden aus dem Elsaß kamen und deutsche Namen trugen, war es für Edouard Drumont, den Autor des 1886 erschienenen zweibändigen Machwerks «La France Juive» und Mitgründer der drei Jahre später entstandenen Ligue antisémite, ein Leichtes, Querverbindungen zwischen den Juden und dem äußeren Feind schlechthin, dem Deutschen Reich, zu unterstellen. Im Rückblick erscheint der Panama-Skandal in dieser Hinsicht aber nur als vergleichsweise harmloses Vorgeplänkel zur eigentlichen Kraftprobe zwischen den Antisemiten und Traditionalisten der Rechten auf der einen und den Verteidigern des republikanischen Erbes auf der anderen Seite: der Dreyfus-Affäre.

Ende September 1894 erhielten der Generalstab und der Kriegsminister, General Auguste Mercier, von Major Hubert-Joseph Henry, einem Offizier des Nachrichtendienstes, in Absprache mit seinem unmittelbaren Chef, Oberst Jean Sandherr, ein Schriftstück, das sogenannte «Bordereau», zugestellt. Das Dokument war ein zerrissener, von Henry wieder zusammengefügter Begleitbrief zu fünf vertraulichen militärischen Aufzeichnungen, adressiert an den deutschen Militärattaché Max von Schwartzkoppen, aus dessen Papierkorb in der deutschen Botschaft die französische Gegenspionage den Brief entwendet hatte. Als Urheber vermutete man im Generalstab einen dort tätigen Artillerieoffizier; ein graphologisches Gutachten lenkte den Verdacht auf den Hauptmann Alfred Dreyfus, der einer jüdischen Familie aus dem Elaß entstammte, die 1871 für Frankreich optiert hatte. Am 15. Oktober wurde Dreyfus verhaftet. Drumonts «Libre Parole» erfuhr durch Henry von der Angelegenheit; die Zeitung stempelte Dreyfus sogleich zum Verräter. Der Generalstabsoffizier, der die Untersuchung gegen Dreyfus führte, Oberst du Paty de Clam, sandte dem Kriegsminister am 31. Oktober ein Dossier, das trotz abfälliger Äußerungen über Dreyfus zu keinem abschließenden Urteil kam. Es enthielt aber neben teils belanglosen, teils von Henry manipulierten Dokumenten einen Brief Schwartzkoppens an seinen italienischen Kollegen Panizzardi, worin von «ce (sic!) canaille D.» die Rede war: eine Formulierung, die auf Dreyfus deuten konnte, aber nicht mußte. (Sie bezog sich tatsächlich, wie sich später herausstellte, auf einen Agenten namens Dubois.)

Kriegsminister Mercier, der als Republikaner galt und heftigen Angriffen der nationalistischen Rechten ausgesetzt war, drängte nach der Lektüre des Dossiers auf eine sofortige Verurteilung von Dreyfus. Der Prozeß vor dem Kriegsgericht in Rennes fand im Dezember 1894 unter Ausschluß der Öffentlichkeit statt. Major Henry kam als Zeuge ausführlich zu Wort, konnte aber keine stichhaltigen Beweise vorbringen. Daraufhin veranlaßte Mercier, daß den Richtern, aber nicht der Verteidigung das geheime Dossier mit dem Brief Schwartzkoppens zur Kenntnis gebracht wurde. Die Folge war ein einstimmig gefaßter Schuldspruch. Dreyfus wurde am 22. Dezember 1894 zu lebenslänglicher Deportation verurteilt und am 5. Januar 1895 im Hof der Pariser École militaire vor einer feindselig johlenden Menge öffentlich degradiert. Anschließend erfolgte der Transport auf die Teufelsinsel bei Cayenne vor der Küste von Französisch-Guayana.

Über ein Jahr später, im März 1896, gelangte der neue Leiter des Nachrichtendienstes des Generalstabs, Oberst Georges Picquart, in den Besitz eines Briefes, den Schwartzkoppen seiner Maitresse diktiert hatte. Das Schreiben, das «petit bleu», war an den Major Esterhazy gerichtet und brachte Picquart binnen weniger Wochen zu der zutreffenden Erkenntnis, daß nicht Dreyfus, sondern Esterhazy das «Bordereau»

geschrieben hatte (ob aus eigenem Antrieb oder im Auftrag höher ge-
stellter Personen, ist bis heute ungeklärt). Von Hause ähnlich antisemitisch eingestellt wie sein Vorgänger Sandherr und Oberst Henry, war
Picquart gleichwohl entschlossen, die Unschuld von Dreyfus zu beweisen und den tatsächlichen Verräter zur Verantwortung zu ziehen. Der
Generalstabschef und sein Stellvertreter, die Generäle Boisdeffre und
Gouse, die beide an der Verurteilung von Dreyfus maßgeblich beteiligt
gewesen waren, fürchteten jedoch die eigene Bloßstellung ebenso wie
die der Armee und befahlen Picquart, über seine Entdeckung zu schweigen. Als Picquart das ablehnte, wurde er nach Tunesien versetzt. Seine
Nachfolge trat General Gouse an. Henry verblieb in seiner Position.
Am 1. November 1896 hatte er eine Fälschung produziert, die als «faux
Henry» in die Geschichte eingehen sollte: ein angeblicher Brief Paniz-
zardis, in dem dieser seinen deutschen Kollegen Schwartzkoppen beschwor, die Beziehungen zu dem Juden Dreyfus ebenso abzuleugnen,
wie er, Panizzardi, dies tun werde.

Im Juni 1897 nutzte Picquart einen Heimaturlaub, um Louis Leblois, einen mit ihm befreundeten Rechtsanwalt, über die Affäre in
Kenntnis zu setzen. Leblois nahm Verbindung mit dem Vizepräsidenten
des Senats, dem aus dem Elsaß stammenden Auguste Scheurer-Kestner,
auf, der sich seinerseits an Kriegsminister Jean-Baptiste Billot, Ministerpräsident Jules Méline und den Präsidenten der Republik, Félix
Faure, wandte. Alle rieten ihm dringend, aus Gründen der Staatsräson
zu schweigen. Scheurer-Kestner hielt sich nicht an diese Empfehlung,
sondern informierte Mathieu Dreyfus, der seit dem Urteil vom Dezember 1894, unterstützt von einigen, vorwiegend jüdischen Publizisten, an
der Rehabilitierung seines Bruders arbeitete. Gemäß der Empfehlung
Scheurer-Kestners beschuldigte Mathieu Dreyfus am 15. November
1897 in einem Offenen Brief an den Kriegsminister Esterhazy der Urheberschaft des Bordereau (die inzwischen auch durch einen Hand-
schriftenvergleich ein Bankier Esterhazys entdeckt hatte).

Die Regierung blieb dessen ungeachtet bei ihrem Nein zu einer Wie-
deraufrollung des Falles Dreyfus. Am 7. Dezember 1897 mißbilligte der
Senat das Vorgehen seines Vizepräsidenten und sprach der Regierung
sein Vertrauen aus. Ministerpräsident Méline erklärte bei dieser Gelegenheit lakonisch: «Es gibt keine Dreyfus-Affäre» (Il n'y a pas d'affaire
Dreyfus). Am 31. Dezember wurde eine von Esterhazy angestrengte
kriegsgerichtliche Untersuchung beendet: Schriftsachverständige hatten

ausgesagt, der Offizier könne das Bordereau nicht verfaßt haben. Der untersuchende Major befand vorher, daß es keinen Grund gebe, die Anklage aufrechtzuerhalten.

Damit war der Skandal aber nicht etwa beendet, er trat vielmehr in eine neue, die Öffentlichkeit aufwühlende Phase, in der sich Frankreich, soweit es Anteil an der Affäre nahm, in zwei feindliche Lager, «Dreyfusards» und «Antidreyfusards», spaltete. Am 13. Januar 1898 veröffentlichte «L'Aurore», die Zeitung Clemenceaus, einen Offenen Brief Émile Zolas an den Präsidenten der Republik. Darin beschuldigte der berühmteste Schriftsteller des Landes den Oberstleutnant du Paty de Clam, der «teuflische Urheber des Justizirrtums» zu sein; er nannte den ehemaligen Kriegsminister Mercier den «Mitschuldigen an einer der größten Ungerechtigkeiten des Jahrhunderts» und warf dessen (vierten) Nachfolger Billot vor, durch Unterdrückung von Beweisen für die Unschuld von Alfred Dreyfus ein Verbrechen gegen die Menschlichkeit begangen zu haben. Ebenso schwere Vorwürfe erhob Zola gegen die Generäle Boisdeffre und Gonse und die Offiziere, die die Untersuchungen im Fall Esterhazy geleitet hatten, gegen die von ihnen bestellten Schriftsachverständigen und gegen die nationalistische Presse. Die beiden Kriegsgerichte, die Dreyfus verurteilt und Esterhazy freigesprochen hatten, klagte er an, weil das erste rechtswidrig sein Urteil auf ein Dokument gestützt habe, das vor dem Angeklagten geheim gehalten wurde, und das zweite, weil es auf Befehl wissentlich einen Schuldigen für unschuldig erklärt und damit ein Rechtsverbrechen begangen habe.

Zola nahm, wie er schrieb, mit seinen Anklagen bewußt eine strafrechtliche Verfolgung wegen übler Nachrede in Kauf. Er bezeichnete die Tat, die er vollbringe, als ein «revolutionäres Mittel, um den Durchbruch der Wahrheit und der Gerechtigkeit zu beschleunigen». Sein Offener Brief schloß mit den Worten: «Ich habe nur eine Leidenschaft, die der Aufklärung im Namen der Menschheit, die so viel gelitten hat und die ein Recht auf Glück besitzt. Mein glühender Protest ist nur ein Schrei meiner Seele (le cri de mon âme). Wage man es, mich vor das Schwurgericht zu bringen, und möge die Erörterung in aller Öffentlichkeit stattfinden! Ich warte!»

«J'accuse» gilt mit Recht als klassisches Dokument einer intellektuellen Intervention in die aktuelle Politik und Zola als Verkörperung des politischen Intellektuellen. Der fulminante Text rechtfertigt solche Einschätzungen. Im Detail war manches anfechtbar. Von der Schlüsselrolle

des Oberst Henry sprach der Autor nicht, da hiervon um die Jahres-
wende 1897/98 nur wenige Eingeweihte wußten. Die Behauptung, die
Militärrichter hätten auf Weisung von oben das Recht gebrochen, war
eine nicht zu beweisende und angesichts des in diesem Kreis waltenden
«Esprit de Corps» eher unwahrscheinliche Behauptung. Aber die
Stoßrichtung des offenen Briefes traf den Kern der Affäre: die bewußte
Vertuschung eines Justizirrtums im Namen einer Staatsräson, die das
Prestige der Armee zum höchsten, also auch dem Streben nach Recht
und Gerechtigkeit übergeordnetem Gut erhob. Wie das Echo auf den
Artikel zeigte, ließ sich zunächst nur eine Minderheit der Franzosen
vom Anliegen Zolas überzeugen, nämlich die entschiedenen bürgerlichen Republikaner und die Sozialisten. Das konservative, klerikale
und monarchistische Frankreich empfand die Anklagen des Dichters als
Angriff auf die Ehre der Nation. Die Dreyfus-Affäre bewegte zudem
das «flache Land» sehr viel weniger als die großen Städte; sie war, was
die Intensität der Debatten betraf, vor allem eines: ein Pariser Thema.

Am 7. Februar 1898 begann der Prozeß gegen Zola. Einziger Anklage-
punkt war seine Beschuldigung, das Kriegsgericht habe Esterhazy «auf
Befehl» freigesprochen. Am 13. Februar wurde Zola zur Höchststrafe
auf üble Nachrede, nämlich einem Jahr Gefängnis und 3000 Francs
Geldstrafe, verurteilt: der mitangeklagte Geschäftsführer der «Aurore»,
Alexandre Perrenx, erhielt eine Strafe von vier Monaten Gefängnis und
ebenfalls 3000 Francs. In das Urteil floß der «faux Henry» ein, der die
Schuld von Dreyfus angeblich unwiderlegbar beweisen sollte. Das von
den Anwälten der Angeklagten angestrengte Berufungsverfahren begann
am 23. Mai 1898. Am Abend des 18. Juli, wenige Stunden nachdem ihn
das Schwurgericht in Versailles in Abwesenheit verurteilt hatte, floh Zola
nach England. Am gleichen Tag legte Oberst Henry vor einem Unter-
suchungsrichter ein halbes Geständnis ab. Am 30. August wurde er verhaftet; am Tag darauf wurde er in seiner Zelle in der Festung Mont-Valé-
rien tot aufgefunden; er hatte sich mit einem Rasiermesser die Kehle
durchgeschnitten. Esterhazy, inzwischen wegen «schlechter Führung»
aus der Armee entlassen, floh am gleichen Tag ins Ausland, zuerst nach
Belgien und dann nach England. Ebenfalls am 31. August reichten zwei
Generäle, die an der Vertuschung des Skandals beteiligt waren, Boisdeffre und de Pellieux, ihre Rücktrittsgesuche ein.

Aus den Kammerwahlen vom Mai 1898 waren die bürgerliche und
die sozialistische Linke gestärkt hervorgegangen, die gemäßigten Radi-

caux blieben aber die stärkste Fraktion und stellten auch den neuen Ministerpräsidenten Henri Brisson, der, wie so viele Regierungschefs der Dritten Republik, nur wenige Monate im Amt blieb. Am 26. September, sechs Tage nachdem Kriegsminister Chanoine den (inzwischen aus der Armee entlassenen und verhafteten) Oberst Picquart vor ein Kriegsgericht gestellt hatte, beschloß der Ministerrat, ein Gesuch von Lucie Dreyfus, der Ehefrau Alfreds, um Revision des Prozesses gegen ihren Gatten an den Kassationshof weiterzuleiten. Am 29. Oktober beschloß die Strafkammer dieses Gerichts eine neue Untersuchung des Falles Dreyfus. Die unmittelbare Folge war der Sturz der Regierung Brisson. Unter dem Nachfolgekabinett Dupuy spaltete sich die politische Mitte Anfang 1899 in «Dreyfusards» und «Antidreyfusards». Zu den letzteren, der Mehrheit, gehörten der frühere Ministerpräsident Félix Méline und der amtierende Regierungschef Charles Dupuy, zu den ersteren Pierre Marie Waldeck-Rousseau, die Abgeordneten Raymond Poincaré und Louis Barthou sowie der Senatspräsident Émile Loubet, der im Februar 1899 als Nachfolger des verstorbenen Félix Faure zum Präsidenten der Republik gewählt wurde.

Am 3. Juni 1899 hob der Kassationshof die Verurteilung des Hauptmanns Dreyfus auf und verwies den Fall an das Kriegsgericht in Rennes zurück. Die im Februar 1898 gegründete Ligue française pour la défense des droits de l'homme et du citoyen, der sich neben vielen anderen Intellektuellen die berühmten Schriftsteller Anatole France, Marcel Proust, Charles Péguy und Maurice Maeterlinck sowie die Historiker Gabriel Monod und Ernest Lavisse anschlossen, feierte die Entscheidung als Sieg, während die Gegenorganisation der Antidreyfusards, die im Dezember 1898 entstandene Ligue de la patrie française und Déroulèdes Ligue des patriotes Stimmung gegen die Entscheidung der unabhängigen Richter machten. Am 4. Juni, einen Tag vor dem Urteilsspruch, wurde Präsident Loubet während eines Pferderennens von einem Antidreyfusard tätlich angegriffen; am Tag darauf kehrte Zola aus seinem englischen Exil nach Frankreich zurück; am 11. Juni veranstalteten die Sozialisten eine Massendemonstration gegen die militante Rechte. Am Tag danach trat die Regierung Dupuy, die aus ihren Sympathien für die Antidreyfusards keinen Hehl gemacht hatte, zurück.

Im neuen Kabinett des entschiedenen Dreyfusards Waldeck-Rousseau, mit dem die bis 1914 währende Phase der «République radicale» begann, übernahm der Regierungschef selbst die Leitung des Innenministeriums. Das Amt des Außenministers übertrug er dem energischen Théophile Delcassé, einem bekennenden «Revanchisten». Finanzminister wurde Joseph Caillaux, eine der Schlüsselfiguren der Dritten Republik. Zum Kriegsminister wurde der Marquis de Galliffet ernannt, der 1871 den Aufstand der Pariser Kommune niedergeschlagen hatte, jetzt aber als Republikaner galt. Ebendiese Personalie war einer der Gründe, weshalb die orthodoxen Marxisten innerhalb der vielfach gespaltenen sozialistischen Bewegung um Jules Guesde mit äußerster Empörung auf die Tatsache reagierten, daß der neuen Regierung erstmals auch ein Sozialist angehörte: Handelsminister Alexandre Millerand von der Gruppe «Socialistes indépendants», deren Mitglied damals auch Jean Jaurès war. In der Vertrauensabstimmung am 28. Juni stimmte etwa die Hälfte der Sozialisten für die Regierung; die andere, die in der Dreyfus-Affäre einen Streit innerhalb der Bourgeoisie sah, stimmte mit Nein.

Zwei Tage später traf Alfred Dreyfus nach viereinhalb Jahren Deportiertenleben auf der Teufelsinsel wieder in Frankreich ein. Am 7. August begann sein zweiter Prozeß vor dem Kriegsgericht in Rennes. Mehrere ehemalige Kriegsminister mit und ohne Generalsrang versuchten als Zeugen erneut, Dreyfus als schuldig hinzustellen, und sie hatten damit Erfolg. Am 8. September 1899 erging ein Urteil, das man nicht anders als «absurd» nennen kann: Dreyfus wurde mit 5 gegen 2 Stimmen schuldig gesprochen und zu zehn Jahren Gefängnis verurteilt; die Degradierung wurde bestätigt. Gleichzeitig billigte ihm das Gericht unklar bleibende mildernde Umstände zu. Informell wurde dem Angeklagten auf Veranlassung von Ministerpräsidenten Waldeck-Rousseau ein «Deal» angeboten: Begnadigung, wenn er auf eine Berufung verzichtete. Von seinem Bruder Mathieu gedrängt, der sich zuvor mit Georges Clemenceau und Jean Jaurès beraten hatte, ging Alfred Dreyfus widerstrebend auf das Angebot ein. Am 19. September 1899 unterzeichnete Präsident Loubet das Begnadigungsgesuch, wobei er zur Begründung auf ein ärztliches Gutachten verwies, das den schlechten Gesundheitszustand des Häftlings betonte.

Ein Teil der Dreyfusards war von dem faulen Kompromiß, einem Tribut an die militärische Auffassung von Staatsräson, tief enttäuscht, ein anderer fand sich, die Gefahr des Bürgerkriegs vor Augen, mit Schuldspruch und Begnadigung ab. Die Antidreyfusards waren ähnlich gespalten: Die radikalen Antisemiten zeigten sich über den Gnadenakt entrüstet; die gemäßigten Nationalisten akzeptierten ihn, da der Armee die schlimmste Bloßstellung erspart worden war.

Tatsächlich war die Affäre noch keineswegs beendet, auch nicht durch ein Amnestiegesetz für alle im Zusammenhang mit dem Fall Dreyfus begangenen Straftaten. Im April 1903 leitete Jaurès mit zwei Reden in der Deputiertenkammer, in denen er weitere Fälschungen des Nachrichtendienstes des Generalstabs enthüllte, die Wiederaufnahme des Verfahrens ein. Eine vom Kriegsminister des Kabinetts Combes, General André, angeordnete Untersuchung erbrachte erdrückende Beweise gegen den Generalstab. Ende November 1903 erhielt Justizminister Ernest Vallé die Vollmacht des Ministerrats, die einschlägigen Akten dem Kassationshof zuzuleiten. Dieser hob am 25. Dezember das Urteil des Kriegsgerichts in Rennes auf. Am 6. April 1904 nahm die Strafkammer des Gerichts ihre Untersuchungen auf. Ihr Urteil erging nach mehrfachen, politisch bedingten Verzögerungen am 12. Juli 1906. Es annullierte den Schuldspruch vom September 1899 und rehabilitierte Dreyfus in vollem Umfang. Tags darauf wurden Oberst Picquart mit dem Rang eines Brigadegenerals und Dreyfus mit dem Rang eines Majors reaktiviert. Drei Tage später erfolgte die Ernennung von Dreyfus zum Ritter der Ehrenlegion. Picquart wurde im Oktober 1906 Kriegsminister im ersten Kabinett Clemenceau.

Die Dreyfus-Affäre war nach dem Urteil des Historikers Charles Bloch die «schwerste, aber auch die letzte große Krise der beginnenden Dritten Republik» – die Krise, mit der die «Epoche der Geburtswehen und Konsolidierung» zu Ende ging. «Die Anhänger der parlamentarischen Demokratie hatten einen völligen Sieg errungen, und die republikanische Staatsform wurde bis zur Mitte der dreißiger Jahre des 20. Jahrhunderts nicht mehr in Frage gestellt.» Bloch vergleicht Émile Zolas «J'accuse» mit Voltaires «Traktat über die Toleranz» von 1763, mit dem der Philosoph gegen einen tödlichen Justizirrtum, die Hinrichtung des protestantischen Kaufmanns Jean Calas, protestierte. «Zola und seine Helfer setzten damit die große Tradition der französischen Intellektuellen fort ... im Sinne der Aufklärung, der Prinzipien von 1789 und des weltlichen Humanismus des 19. Jahrhunderts. Nicht viele Länder können auf ähnliche Fälle bei sich hinweisen. In verschiedenen Staaten sind – früher oder später – Rechtsbeugungen und sogar Justizmorde vorgekommen, häufig mit weniger gefährlichem Hintergrund, ohne daß sich die meisten geistigen Repräsentanten der Nation erhoben und der Gerechtigkeit zum Sieg verhalfen. In diesem Sinne muß der Ausgang der Dreyfus-Affäre als ein Ruhmesblatt in der Geschichte Frankreichs bezeichnet werden.»

Das gesamte politische Spektrum Frankreichs wurde durch die Dreyfus-Affäre nachhaltig umgeformt. Der Antisemitismus der Rechten hatte eine Schlacht verloren: Der Ausgang des Skandals nahm ihm die Chance, die politische Kultur des Landes so zu prägen, wie er das in Deutschland und Österreich-Ungarn tat. Seine Breitenwirkung ließ nach, zugleich aber radikalisierte er sich. Zu seiner militanten Speerspitze wurde die 1899 im Zusammenhang mit der Dreyfus-Affäre entstandene Action française unter Führung von Charles Maurras, der gleichzeitig auch der wichtigste Autor der «Revue de l'Action française» und später, seit 1908, der Tageszeitung «Action française» war. Sein publizistisches Debut hatte der damals dreißigjährige Südfranzose Maurras im September 1898 in der «Gazette de France» gegeben. Er nahm den Selbstmord von Oberst Henry zum Anlaß, dessen nachgewiesene Fälschung, den angeblichen Brief des italienischen Militärattachés Panizzardi an seinen deutschen Kollegen Schwartzkoppen, als patriotische Tat zu feiern. «Unsere schlechte, halbprotestantische Erziehung ist unfähig, einen solchen Adel der Gesinnung richtig einzuschätzen. Wir konnten dem Obersten nicht die große Leichenfeier bereiten, die wir seinem Martyrium schuldig waren. Wir hätten über die Boulevards seine blutige Uniform und das befleckte Messer tragen, seinen Sarg zeigen und das Leichentuch als schwarze Fahne wehen lassen sollen. Es ist eine Schande für uns, daß wir es nicht gewagt haben ... Die Fälschung wird als eine der besten Kriegstaten des Obersten fortleben.»

Maurras war, was aus seiner Sicht keinen Widerspruch bedeutete, zugleich antichristlich und prokatholisch. Er verherrlichte die polytheistische Antike und bewunderte die Hierarchie der Papstkirche; er haßte die Deutschen, die Protestanten, die Freimaurer und die Juden, verabscheute die parlamentarische Republik und alles, was mit der Revolution von 1789 zusammenhing, also auch den Bonapartismus; er bekannte sich zur Monarchie, aber nicht der des Absolutismus, sondern jener der Zeit vor Richelieu; er verklärte das lateinische Erbe, auf das er Frankreichs kulturelle Überlegenheit zurückführte. Manches verband ihn mit dem anderen großen Ideologen des radikalen Nationalismus, dem sechs Jahre älteren Lothringer und einstigen Boulangisten Maurice Barrès, der einen mystischen Kult um die Erde und die Toten, um Blut und Boden pflegte, das «Ich» im «Wir» der Nation auslöschen wollte, entschieden antiparlamentarisch gesinnt war, die Deutschen und die Juden ebenso leidenschaftlich bekämpfte wie Maurras, aber anders als dieser seinen Antisemitismus nicht mental, sondern rassisch begründete und Revolution und Republik als Teile der französischen Geschichte bejahte, die Wiederherstellung der Monarchie also ablehnte.

Für Maurras hingegen war, wie er im März 1900 schrieb, die Erbmonarchie die natürliche Verfassung Frankreichs. «Ohne König wird alles, was die Nationalisten wollen, sich zuerst abschwächen und dann notwendigerweise untergehen. Ohne König wird alles, was sie reformieren wollen, bestehen bleiben und sich verschlimmern oder, kaum zerstört, in gleichwertigen Formen wieder auftauchen.» Die Royalisten seien katholisch wie die katholische Partei, für eine starke und verantwortliche Gewalt wie Déroulèdes Liga der Patrioten, dezentralistisch wie die Befürworter einer größeren Selbständigkeit der Kommunen und Provinzen. «Aber anstatt alles von einer zufälligen Laune des Glücks oder der Leidenschaft zu erwarten, erstreben sie es aus der logischen Notwendigkeit und der einfachen Konsequenz der Tatsache heraus, daß sie die Rückkehr zur nationalen Monarchie wollen. Im wesentlichen entspricht der Royalismus den unterschiedlichen Postulaten des Nationalismus: er ist selbst der integrale Nationalismus» (il est lui-même le nationalisme intégral).

«Integraler Nationalismus» wurde zu einem Schlagwort, das bald über Frankreich hinaus Verbreitung fand. Es zielte auf die Steigerung des Loyalitätsanspruchs der Nation bis zu einem Punkt, wo jedes partikulare Interesse als potentiell illegitim erschien, weil in letzter Instanz nur das Interesse der Nation Legitimität für sich beanspruchen konnte. Maurras war mit diesem Ansatz der volonté générale Rousseau sehr viel näher, als ihm bewußt war und angesichts seiner Absage an die Ideen von 1789 lieb sein konnte. Zu Ende gedacht, konnte der integrale Nationalismus totalitäre Konsequenzen zeitigen, und in der Tat haben manche Autoren die Action française zu einer Frühform des europäischen Faschismus erklärt. Die gewaltsamen, die politischen Gegner terrorisierenden Kampfmethoden ihrer Stoßtruppen, der «Camelots du Roi» (Marktausrufer des Königs), weisen manche Ähnlichkeiten mit den Kampfbünden der radikalen Rechten in der Zwischenkriegszeit auf, und auch was Antimarxismus, Antikapitalismus, Antiparlamentarismus und Antiliberalismus angeht, ist die Verwandtschaft zwischen der Action française und den späteren Faschismen offenkundig.

Anders als diese wurde die 1905 gegründete Ligue d'Action française jedoch nie zu einer Massenorganisation. Ihren gesellschaftlichen Rückhalt hatte sie vor allem unter Studenten und Intellektuellen, unter Angehörigen des Großbürgertums und des Adels. Sie absorbierte zwar andere rechte Verbände wie die Ligue des patriotes, die Ligue de la patrie française und die Ligue antisémite, aber um nennenswerte Einbrüche in das Proletariat zu erzielen, war sie viel zu bürgerlich. Die Faschisten gaben sich egalitär und revolutionär, die Action française elitär und reaktionär; sie war zu autoritär, um totalitär werden zu können. Charles Maurras und seine intellektuellen Mitstreiter, obenan Henri Vaugeois, Maurice Pujo, Léon Daudet und Jacques Bainville, mögen in mancher Hinsicht Wegbereiter des italienischen Faschismus und des deutschen Nationalsozialismus gewesen sein, sie standen aber in ihrem Denken den Theoretikern der Gegenrevolution wie de Maistre und Bonald näher als Benito Mussolini und Adolf Hitler.

Da die Action française sich zur Monarchie bekannte und zudem als außerparlamentarische Opposition auftrat, hatte sie nie eine Chance, die ganze Rechte hinter sich zu bringen. In den beiden Kammern des Parlaments stellten nach wie vor etablierte Konservative einen Großteil der Rechten, unter ihnen neben katholischen Monarchisten auch die «ausgesöhnten Katholiken», die sich unter dem Pontifikat Leos XIII. im Zeichen des «Ralliements» auf den Boden der Dritten Republik gestellt hatten. Die politische Mitte hatte sich, wie erwähnt, Anfang 1899 gespalten: Der rechte Flügel der Antidreyfusards schloß sich aus Furcht vor einer sozialen Revolution den Konservativen an, der linke, entschieden republikanische und antiklerikale Flügel der Dreyfusards näherte sich unter dem Etikett «progressistisch» den Radicaux an und gehörte seit Juni 1899 der Koalition an, die die Regierung des «Progressisten» Waldeck-Rousseau trug.

In die dreijährige Regierungszeit Waldeck-Rousseaus fällt die Umformung einiger bisher nur locker organisierter politischer Vereinigungen in fester gefügte Parteien. Im Frühjahr 1901 entstand die Alliance Républicaine Démocratique; Ministerpräsident Waldeck-Rousseau und die ehemaligen wie künftigen Minister Poincaré und Barthou gehörten zu den bekanntesten ihrer politischen Führer. Im gleichen Jahr wurde der Parti républicain, radical et radical-socialiste gegründet: eine Zusammenfassung des linken Flügels der in die gemäßigte «Gauche radicale» und die weiter linksstehenden «Radicaux-Socialistes» gespaltenen Radicaux, wobei der Begriff «socialiste» nichts mit Enteignung oder auch nur Umverteilung des Besitzes zu tun hatte, sondern lediglich Fürsorge für die kleinen Leute in der Tradition der Jakobiner meinte. An der Spitze der politischen Forderungen der neuorganisierten Radicaux (oder Radicaux-socialistes, wie sie meist genannt wurden) standen die Verteidigung der Republik und eine strikte Trennung von Staat und Kirche: Postulate, die sich für eine vom Freimaurertum geprägte Partei wie die Radikalen nachgerade von selbst verstanden. Georges Clemenceau, der 1902 in den Senat gewählt wurde, war das mit Abstand bekannteste Mitglied der Führungsgruppe dieser fortan tonangebenden Partei der Dritten Republik.

Vier Jahre nach den Radicaux schlossen sich auch (wovon schon im Zusammenhang mit der Zweiten Internationale die Rede war) die gespaltenen Sozialisten zusammen: Der im April 1905 gegründete Parti Socialiste (Section française de l'Internationale Ouvrière [S.F.I.O.]) vereinigte die orthodoxen Marxisten im Parti Socialiste de France unter Jules Guesde und die Reformisten des Parti Socialiste Français um den Gründer und Herausgeber der Parteizeitung «L'Humanité», Jean Jaurès. Die Fusion wurde dadurch erleichtert, daß es den leidenschaftlich umstrittenen «Fall Millerand», die Mitgliedschaft eines Sozialisten in einem bürgerlichen Kabinett, seit Ablösung der Regierung Waldeck-Rousseau durch die Regierung Combes nach den Wahlen vom Frühjahr 1902 nicht mehr gab.

Die neue Partei war allenfalls zu punktueller Zusammenarbeit mit der bürgerlichen Linken bereit, bekannte sich aber grundsätzlich zu der von der «Internationale» im September 1900 beschlossenen Resolution Kautsky, wonach, entsprechend der Lehre vom Klassenkampf, Sozialisten sich nur in extremen Ausnahmefällen an bürgerlichen Regierungen beteiligen durften. In der Praxis bedeutete das eine politische Selbstblockade der Sozialisten: Obgleich sie mit den Radicaux zusammen häufig über eine parlamentarische Mehrheit verfügten, blieben sie, formell jedenfalls, eine Oppositionspartei. Die Folge war, daß ehrgeizige Sozialisten sich in erheblicher Zahl bürgerlichen Parteien anschlossen: Alexandre Millerand war der erste, der diesen Schritt tat; Aristide Briand, René Viviani, Pierre Laval und viele andere folgten seinem Beispiel.

Die Sozialisten bildeten die äußerste Linke des Parlaments, aber nicht der französischen Gesellschaft. Deutlich links von der Sozialistischen Partei standen, ganz anders als in England und in Deutschland, die Gewerkschaften. 1902 ging der Verband der Arbeiterbörsen, die Fédération Nationale des Bourses du Travail, in der sieben Jahre zuvor gegründeten Confédération Générale du Travail (C.G.T.), auf. In ihr und besonders im Gewerkschaftsorgan «La Voix Ouvrière» wirkte die in Frankreich starke anarchosyndkialistische Tradition nach, und sehr viel freundlicher als in der S.F.I.O. war in der C.G.T. das Echo auf die Verherrlichung der befreienden «Action directe» in Gestalt des proletarischen Generalstreiks, wie sie Georges Sorel 1906 in seinen «Réflexions sur la violence» vorlegte.

Generalsekretär der C.G.T. war seit 1898 Victor Griffuelhes, ein Anhänger der blanquistischen Lehre von der Führung der stumpfen Masse durch die aktivistische Minderheit; sein Stellvertreter war seit 1900 ein bekennender Anarchist. Im Jahr 1906 lösten heftige Streiks und Unruhen, mit denen die C.G.T. auf ein schweres Grubenunglück in Nordfrankreich reagierte, verbreitete Revolutionsfurcht und einen von Innenminister Clemenceau angeordneten massiven Polizeieinsatz aus; Griffuelhes und andere Gewerkschaftsführer wurden vorübergehend verhaftet. Zwar kam der von Griffuelhes angestrebte Generalstreik nicht zustande. Im Oktober 1906 aber gelang es dem Generalsekretär auf dem Gewerkschaftskongreß in Amiens, jene «Charte von Amiens» durchzusetzen, die die bedingungslose Abschaffung der Lohnarbeit und die Enteignung der Kapitalisten forderte.

Die reformistischen Kräfte innerhalb der C.G.T., die es auch gab, hatten damit eine schwere Niederlage erlitten, ebenso aber die orthodoxen Marxisten um Guesde, die in den Gewerkschaften lediglich ein ausführendes Organ der Partei sahen. Die C.G.T. vertrat nicht die gesamte Industriearbeiterschaft; die Gewerkschaften der Grubenarbeiter konnten ihre Unabhängigkeit behaupten. Sehr viel schwächer als die sozialistischen Gewerkschaften waren die christlichen, die sich hauptsächlich auf die Landarbeiter stützten. 1912 zählten sie nicht ganz 8000 Mitglieder. Die C.G.T. kam im gleichen Jahr auf 700 000 Mitglieder, knapp 12 Prozent aller 6 Millionen französischen Arbeiter: Zahlen, die darauf hindeuten, daß die meisten von ihnen in handwerklich geprägten Klein- und Mittelbetrieben arbeiteten und von sozialistischen Ideen noch nicht erfaßt worden waren.

Als im Mai 1902 ein neues Parlament gewählt wurde, kamen die noch gespaltenen Sozialisten auf 51 Sitze in der Deputiertenkammer. Die triumphalen Wahlsieger waren die Radicaux, die 210 Sitze eroberten. 115 Sitze entfielen auf die rechte Mitte, 95 auf die linke Mitte, die neugegründete Alliance Républicaine Démocratique. Die Konservativen zählten 55, die Nationalisten 60 Abgeordnete. Waldeck-Rousseau trat nach dem Wahlerfolg der Radicaux zurück; neuer Ministerpräsident wurde der Radikalsozialist Émile Combes, der dieses Amt zweieinhalb Jahre lang, bis zum Januar 1905, ausübte. Sein Kabinett, das bislang am weitesten links stehende der Dritten Republik, war das erste, das sich auf einen antiklerikalen «Bloc des gauches» (Block der Linken) stützte, dem die Alliance Républicaine Démocratique, die Gauche radicale und die Radicaux-Socialistes sowie, als nicht an der Regierung beteiligte Partner, die Sozialisten der Richtung Jaurès angehörten; nach dem Zusammenschluß der Sozialisten zur S.F.I.O. im Jahr 1905 beschränkte sich deren Unterstützung nur noch auf einzelne Gesetzesvorhaben. In die Annalen der französischen Geschichte ist die Regierung Combes dadurch eingegangen, daß sie zielstrebig auf einen Bruch mit der katholischen Kirche hinsteuerte. Dies hatte einen wichtigen Grund darin, daß die Kirche neben der Armee die wichtigste Stütze der Antidreyfusards bildete, nach der Überzeugung der entschiedenen Republikaner aber leichter als das Militär dem Primat der Politik unterworfen werden konnte.

Schon die Vorgängerregierung Waldeck-Rousseau hatte 1901 die Zulassung neuer Mönchsorden an eine gesetzliche Anerkennung gebunden. Das Kabinett Combes wandte die einschlägigen Bestimmungen aber sehr viel strikter an und schloß darüber hinaus die meisten der von Mönchen geleiteten Schulen. Im Juli 1903 starb Papst Leo XIII., der als kirchlicher Realpolitiker galt; der Nachfolger, Pius X., schlug einen entschieden konservativen Kurs nach Art seines Vorvorgängers, Pius' IX., ein. Der neue Papst empfand es geradezu als feindseligen Akt, daß der Präsident der Republik Loubet Italien einen Staatsbesuch abstattete, ohne sich um eine Begegnung mit dem Oberhaupt der katholischen Kirche zu bemühen. Die Kurie protestierte gegen diese unfreundliche Geste bei allen katholischen Regierungen, woraufhin Paris im Juli 1904 die diplomatischen Beziehungen mit dem Heiligen Stuhl abbrach.

Damit stellte sich die Frage, ob die Dritte Republik das von Napoleon als Erstem Konsul 1801 geschlossene Konkordat aufrechterhalten oder aufkündigen sollte. Combes, selbst ein ehemaliger katholischer Seminarist, entschied sich 1904 für die zweite Option und damit für die Trennung von Staat und Kirche. Ein entsprechender Gesetzentwurf stieß jedoch sowohl bei Außenminister Delcassé als auch bei Präsident Loubet auf Widerspruch: ein Umstand, der mit dazu beitrug, daß Combes im Januar 1905 seinen Rücktritt erklärte. Das Kabinett seines Nachfolgers Maurice Rouvier von der Alliance Républicaine Démocratique bedeutete einen Ruck nach rechts, was auch daran lag, daß die Sozialisten der Richtung Jaurès von der Internationale mit Erfolg gedrängt worden waren, von der parlamentarischen Unterstützung des Kabinetts Combes und aller folgenden bürgerlichen Regierungen abzulassen. Die gouvernementale Mehrheit war dadurch äußerst knapp geworden.

Unter Rouvier wurde Combes' Gesetzentwurf zur Trennung von Staat und Kirche etwas entschärft. Eine maßgebliche Rolle spielte dabei als parlamentarischer Berichterstatter der ehedem radikale Sozialist Aristide Briand, der sich bei dieser Gelegenheit erstmals als Mann der Versöhnung und des Ausgleichs präsentierte. Das Ergebnis war das Gesetz vom 5. Dezember 1905. Die staatliche Besoldung der Geistlichen wurde beendet, die freie Ausübung der Religion aber garantiert. Kirchen und Priesterseminare sollten dem Staat beziehungsweise den Gemeinden gehören, aber neu zu schaffende Kulturvereinigungen, denen auch Priester angehören durften, kostenlos zur Verfügung gestellt werden. Über Konflikte, die sich daraus ergaben, hatte der Staatsrat, ein weltliches, von laizistischen Juristen beherrschtes Gremium, zu entscheiden.

Massiver Widerstand seitens der Kirche und der kirchentreuen Katholiken war voraussehbar. Um die Verwaltung der Kirchengüter durch die Kulturvereinigungen sicherzustellen, mußten Staatskommissare eine Bestandsprüfung vornehmen, und ebendies stieß auf heftigen Protest der Gläubigen. Die innenpolitischen Spannungen, die das Gesetz über die Trennung von Staat und Kirche hervorrief, waren nach dem Urteil von Charles Bloch noch schärfer, und sie reichten weiter als die Polarisierung durch die Dreyfus-Affäre. «Damals hatte praktisch nur in Paris und in einigen Großstädten Erregung geherrscht; jetzt brach der Konflikt auch in den Kleinstädten und auf dem flachen Land aus, wo die überwiegende Mehrheit der Bevölkerung wohnte. Der Kampf zwischen dem Priester und dem – im allgemeinen linksstehenden und antiklerikalen – Volksschullehrer in den meisten Dörfern war sprichwörtlich.»

Präsident Loubet, der 1899 als Dreyfusard gewählt worden war, verzichtete, da er eine strikte Durchführung des Gesetzes für unverantwortbar hielt, auf eine zweite Amtszeit. Zu seinem Nachfolger wählte eine linke Mehrheit der Nationalversammlung, zu der zum Zweck der Präsidentenwahl Senat und Deputiertenkammer vereinigt wurden, im Januar 1906 den bisherigen Senatspräsident Armand Fallières.

In den folgenden Wochen eskalierte, ausgelöst durch «Vehementer Nos», eine schroff formulierte Enzyklika, der Konflikt zwischen Staat und Kirche. Er entlud sich vielerorts in blutigen Zusammenstößen, in deren Verlauf auch ein Todesopfer zu beklagen war. Am 7. März 1906 stürzte darüber die Regierung Rouvier. Im nachfolgenden Kabinett Fernand Sarrien war Clemenceau der starke Mann, Briand übernahm das Ministerium für Unterricht und Kultus. Im Machtkampf vom Frühjahr 1906 ging es, trotz der erwähnten, von der C.G.T. gesteuerten Protestaktionen der Arbeiter, vor allem um den Konflikt zwischen der Dritten Republik und der römischen Kirche. Die antiklerikale Linke gewann mit über 400 Abgeordneten eine sichere Mehrheit, der auch 54 Deputierte der S.F.I.O. und 20 Unabhängige Sozialisten wie Briand und Viviani zuzurechnen waren. Auf die rechte Opposition aller Schattierungen entfielen nur 180 Mandate.

Im Sommer 1906 spitzte sich der französische Kulturkampf durch eine neue Enzyklika Pius' X. abermals zu. In «Gravissime officio» wies der Papst jeden Kompromiß mit der französischen Regierung entschieden zurück. Im Dezember 1906 mußte der letzte Vertreter des Vatikans Paris verlassen; einige besonders militante Geistliche wurden ausgewiesen. Unter dem Kabinett Clemenceau, das vom Oktober 1906 bis Juli 1909 im Amt war, setzte sich bei den Regierenden die Einsicht durch, daß gewisse Zugeständnisse an die Kirche die Staatsautorität nicht schwächen, sondern stärken würden. Auf Betreiben von Kulturminister Briand wurde die Anwendung des Gesetzes vom Dezember 1905 gemildert. Obwohl die Katholiken, anders als Protestanten und Juden, keine Kultusvereinigungen bildeten, wurden viele Kirchen den Priestern von den Gemeinden kostenlos «vermietet»; die Seminare blieben meist unangetastet.

Seit 1908 trat im französischen Kulturkampf eine äußere Beruhigung ein. Zu gewaltsamen Auseinandersetzungen zwischen Gläubigen und Staatsorganen kam es nur noch selten. Die katholische Kirche Frankreichs wurde durch die Streichung aller staatlichen Leistungen materiell geschwächt, aber dank freiwilliger Beiträge der Gläubigen und großzügiger Spenden von Privatleuten konnte sie sich als öffentliche Institution behaupten. Ihr Einfluß auf das Schulwesen, und namentlich auf die Volksschulen, ging weiter zurück. Sie hatte mit ihrer Gegnerschaft zu allem, was liberal und links war, die laizistischen Kräfte herausgefordert; durch das Engagement des Klerus auf Seiten der Antidreyfusards war sie mehr denn je Teil der «nationalen» Opposition gegen die Dritte Republik geworden. Die wenigen bekennenden Katholiken, die sich in der Dreyfus-Affäre auf die Seite der Demokratie gestellt hatten, gerieten durch die Trennungspolitik in einen Zustand völliger Isolierung und wandten sich teilweise wieder dem klerikalen Lager zu. Die Mehrheit der kirchentreuen Katholiken stand ohnehin rechts; nicht wenige schlossen sich nach 1905, ungeachtet der «heidnischen» Neigungen von Charles Maurras, der Action française an.

Begonnen hatte der französische Kulturkampf ein Vierteljahrhundert zuvor in der «République opportuniste» unter Jules Ferry in den frühen achtziger Jahren, als in Deutschland die Beilegung des Konflikts mit der katholischen Kirche bereits in vollem Gange war. Das Gesetz über die Trennung von Staat und Kirche, mit dem der französische Kulturkampf seinen legislativen Abschluß fand, wurde im gleichen Jahr verabschiedet, in dem sich in Italien mit der Milderung des kirchlichen Wahlboykotts eine Entspannung im Verhältnis zwischen Staat und Kirche abzuzeichnen begann. Der radikale Schnitt, den die «République radicale» mit dem Gesetz vom Dezember 1905 vollzog, war mehr als eine «Revision der Revision» des revolutionären Antiklerikalismus durch Napoleon: Das Trennungsgesetz beendete die jahrhundertealte Tradition des französischen Staatskirchentums in Gestalt des Gallikanismus, der die Geschichte des Landes vor wie nach 1789 nachhaltig geprägt hat.

Mit der Trennung von Staat und Kirche hatte die Dritte Republik ihr wichtigstes kulturpolitisches Ziel erreicht. Sie war mit der Annullierung des Konkordats von 1801 zu den Ideen von 1789 zurückgekehrt, und keine Partei erfüllte das mit größerer Genugtuung als die Radicaux, die sich seit jeher als Testamentsvollstrecker der Jakobiner fühlten. Der Triumph über die römische Kirche war unbestreitbar, und doch hätte das laizistische Frankreich Grund zu der Frage gehabt, ob der Ausgang des Kulturkampfs nicht auch Züge eines Pyrrhussieges trug. Daß der politische Katholizismus weiter nach rechts gedrängt wurde und der Herausbildung einer Partei der «christlichen Demokratie» dadurch auf lange Zeit ein unüberwindbares Hindernis entgegenstand, war jedenfalls kein Beitrag zur Festigung der Republik.

Der militante Antiklerikalismus oder Laizismus, der 1905 in den Rang einer Staatsdoktrin erhoben wurde, ging überdies einher mit einer Verkürzung des historischen Horizonts. In einer politischen Kultur, die nur noch die Aufklärung und deren Vollzug in der Französischen Revolution als fortschrittlich gelten ließ, war kaum noch Platz für Reflexionen über das, was beides erst ermöglicht hatte: den freiheitlichen, subversiven, ja revolutionären Gehalt der ursprünglichen christlichen Botschaft. Die Trennung von Staat und Kirche lag in der Logik der Unterscheidung der Sphären von Gott und Kaiser: In ihr war die Säkularisierung der Welt und die Emanzipation des Menschen bereits angelegt. Die Form aber, in der die Trennung 1905 vollzogen wurde, war für beide Seiten mit Verlusten verbunden. An den Folgen dieser historischen Konfrontation trägt Frankreich noch heute.

Während die Kämpfe zwischen Staat und Kirche allmählich abflauten, nahmen die sozialen Kämpfe an Schärfe zu. Im Frühsommer 1907 scheiterte ein Versuch der Regierung Clemenceau, einen Aufstand südfranzösischer Winzer mit Hilfe des Militärs niederzuwerfen, daran, daß die Soldaten des eingesetzten Regiments sich den Protestaktionen anschlossen. Das Kabinett zeigte sich in diesem Fall kompromißbereit, in einem anderen aber demonstrierte es Härte: Auf Streiks der Volksschullehrer und Postangestellten antwortete die Regierung mit einem Streikverbot für Beamte. 1908 kam es zwischen streikenden Bau- und Industriearbeitern in der Region Paris und den von der Regierung eingesetzten Sicherheitskräften zu schweren Auseinandersetzungen, bei denen drei Arbeiter ums Leben kamen. Ein Aufruf der C.G.T. zum Generalstreik fand nicht den erhofften Widerhall, die Protestaktionen aber wurden noch militanter und ihre Unterdrückung noch blutiger. In der Deputiertenkammer griff Clemenceau die C.G.T. im Oktober 1908 massiv an und konnte sich dabei des Rückhalts seines gesamten Kabinetts erfreuen: Aristide Briand, ehedem ein Mitgründer der C.G.T. und entschiedener Befürworter des Generalstreiks als Waffe des Proletariats, seit Januar 1908 Justizminister, und René Viviani, früher ein enger Kampfgefährte von Jean Jaurès, jetzt Minister für Arbeit und Gesundheitspflege, stellten sich im Parlament demonstrativ auf die Seite des Ministerpräsidenten.

Im Juli 1909 stürzte Clemenceau wegen unvorsichtiger Enthüllungen über die Marokkokrise von 1905. Damit endete die Zeit des «Bloc des gauches», die 1902 mit dem Kabinett Combes begonnen hatte. Seine Nachfolge trat (auf Rat des Vorgängers) Briand an, der offiziell immer noch als «Unabhängiger Sozialist» firmierte (erst im Jahr darauf beteiligte er sich maßgeblich an der Gründung einer neuen Partei, des Parti Republicain Socialiste, der, entgegen seinem Namen, eine Partei der linken Mitte war). «Sozial» war an der Politik des neuen Kabinetts nur ein Gesetz zu nennen, das eine Altersrente für Arbeiter einführte. Die Sozialisten forderte der neue Ministerpräsident durch einen Kurswechsel in der Frage des Wahlrechts heraus: Wie die S.F.I.O. hatten sich auch die Unabhängigen Sozialisten und Briand selbst für die Abschaffung des Mehrheitswahlrechts ausgesprochen, weil dieses das ländliche und kleinstädtische Frankreich auf Kosten der großen Städte und damit der Industriearbeiterschaft bevorzugte, während das Verhältniswahlrecht dem Wählerwillen sehr viel mehr entsprochen hätte. Da Briand aber von den Radicaux abhing und diese auf Grund ihres starken Rückhalts in Klein- und Mittelstädten Verfechter des Status quo waren, sorgte er dafür, daß alles beim Alten blieb.

Aus den Wahlen vom Frühjahr 1910 gingen die Radicaux erneut als Sieger hervor. Sie wurden im Parlament allerdings dadurch geschwächt, daß sich in der Deputiertenkammer im Juli 1910 erstmals formelle Fraktionen bildeten und 112 der insgesamt 261 radikalen Abgeordneten, durchweg Vertreter des gemäßigten Flügels, nicht der neuen Fraktion der Radicaux anschlossen, sondern eine weitere Gruppe der linken Mitte bildeten. Die Gruppierungen der Rechten und der rechten Mitte kehrten geschwächt in die Kammer zurück, die Partei der linken Mitte, die Alliance Républicaine Démocratique, gestärkt. Das letztere galt auch von der S.F.I.O., die erstmals mehr als eine Million Stimmen auf sich vereinigen konnte.

Im Herbst 1910 wurde Frankreich durch einen Eisenbahnerstreik erschüttert. Die Regierung Briand ordnete Arbeitszwang an und brachte den Ausstand damit zum Erliegen. Daß der Ministerpräsident den Streik in der Kammer einen «verbrecherischen Gewaltakt» nannte, empörte die Sozialisten, die Briand an seine früheren Bekenntnisse zum Generalstreik erinnerten, aber auch Arbeitsminister Viviani, was Anfang November zum Rücktritt des Ministerpräsidenten führte. Dem unmittelbar danach gebildeten zweiten Kabinett Briand gehörten die ehemaligen Sozialisten Viviani und Millerand nicht mehr an (der letztere hatte das Amt des Ministers für öffentliche Arbeiten innegehabt). Bereits im Februar 1911 sah sich Briand erneut zur Demission genötigt. Bis zum Beginn des Ersten Weltkrieges erlebte Frankreich noch sieben weitere Kabinette, aber nur eines war länger als zwölf Monate im Amt: die erste Regierung Poincaré, die vom 14. Januar 1912 bis zum 18. Januar 1913 die Geschicke des Landes leitete.

Die Außenpolitik der Dritten Republik stand seit dem Ende des Burenkrieges im Zeichen der Annäherung an England. Diese Politik trug den Stempel des Mannes, der vom Juni 1898 bis zum Juni 1905 an der Spitze des Außenministeriums stand: Théophile Delcassé. Der ehemalige Mitarbeiter Gambettas galt nicht nur in Berlin als Feind Deutschlands, er *war* es. Mit dem Verlust Elsaß-Lothringens hatte sich kein französischer Politiker abgefunden, aber bei wenigen bestimmte der Gedanke an die Wiedergewinnung der östlichen Provinzen so sehr das politische Handeln wie bei Delcassé. Durch seine Flottenpolitik tat Deutschland alles, um den französischen Außenminister seinem Ziel, einem gegen Deutschland gerichteten Bündnis mit Großbritannien, näher zu bringen.

Bevor es dazu kam, konnte Delcassé eine andere europäische Macht zu einer Annäherung an Frankreich bewegen: den Dreibundpartner Deutschlands und Österreich-Ungarns, Italien. Ende 1900 verständigten sich Paris und Rom in einem Geheimvertrag auf die Abgrenzung ihrer Einflußsphären in Nordafrika. Die italienischen Ambitionen galten einem Gebiet, das sich schon auf Grund seiner geographischen Nähe als kolonialer Ergänzungsraum zu eignen schien: Libyen. Frankreich hatte 1883 zur nachhaltigen Verärgerung Italiens ein Protektorat über Tunesien errichtet; es beherrschte Algerien, das seit 1848 offiziell einen Teil Frankreichs bildete; es hatte großes Interesse an Marokko. Nichts lag näher, als daß Frankreich den italienischen Anspruch auf Libyen und Italien den französischen Anspruch auf Marokko anerkannte. Ebendies wurde im Dezember 1900 vertraulich vereinbart.

Zwei Jahre später, im November 1902, schlossen beide Mächte einen weiteren Geheimvertrag ab: Sie sicherten sich darin wechselseitige Neutralität nicht nur für den Fall des Angriffs einer dritten Macht zu (was mit dem kurz zuvor erneuerten deutsch-österreichisch-italienischen Dreibund noch vereinbar gewesen wäre), sondern auch für den Fall eines Krieges, der durch die Provokation einer dritten Macht ausgelöst wurde. Damit war der Dreibund wenn nicht aufgekündigt, aber doch entwertet, und ebendies lag in der Absicht des italienischen Ministerpräsidenten Giuseppe Zanardelli, der der Habsburgermonarchie ähnlich feindlich gegenüberstand wie Delcassé dem Deutschen Reich.

Mit Großbritannien zu einer vertraglichen Verständigung zu kommen war schwieriger. Ein halbes Jahr nach der Konfrontation von Faschoda im September 1898 hatten sich London und Paris zwar über ihre Einflußsphären in Mittelafrika geeinigt, aber in Nordafrika verfolgten die beiden Großmächte unterschiedliche Interessen, was vor allem für Marokko galt. Erst nachdem England zu der doppelten Einsicht gelangt war, daß seine «splendid isolation» nicht mehr lange durchzuhalten und ein Arrangement mit dem gefährlichsten Rivalen, dem wilhelminischen Deutschland, nicht zu erreichen war, wuchs in London die Bereitschaft, das Verhältnis zu Paris auf eine neue Grundlage zu stellen. Frankreich, so hoffte man in Downing Street und im Foreign Office, könnte mäßigend auf das mit ihm verbündete Rußland einwirken. Als Botschafter des guten Willens stellte sich gern der frankophile König Edward VII. zur Verfügung, der Frankreich im Mai 1903 einen Staatsbesuch abstattete. Der Gegenbesuch von Präsident Loubet fand bereits zwei Monate später statt.

Den Krieg ihrer jeweiligen Bündnispartner Japan und Rußland zu verhindern gelang den beiden Mächten zu Beginn des Jahres 1904 nicht. Um so mehr lag ihnen daran, nicht in den Konflikt in Ostasien hineingezogen zu werden. Auch darum erschien ihnen eine verbindliche Abgrenzung ihrer beiderseitigen Einflußsphären in allen Teilen der Welt, im Pazifik, an der Westküste Kanadas, in Afrika und Südostasien, überfällig. Die Entente cordiale, die am 8. April 1904 unterzeichnet wurde, hatte den Zweck, diese Klärung ein für allemal herbeizuführen. Was den veröffentlichten Text anging, war die Verständigung über Siam, das heutige Thailand, der wohl wichtigste Teil des Vertrages: Das Königreich sollte als Pufferzone zwischen Französisch-Indochina und (dem 1886 Britisch-Indien einverleibten) Birma neutral bleiben.

Die Hauptsache aber stand in einem streng geheimen Zusatzabkommen: Frankreich erkannte die britische Herrschaft über Ägypten an, die London 1882 unter Verletzung französischer Interessen errichtet hatte; Großbritannien gab dafür Frankreich freie Hand, falls dieses sich entschließen sollte, Marokko zu erobern. Eine Ermächtigung zur Führung eines Angriffskrieges in Europa ließ sich weder aus dem Haupttext der

Entente cordiale noch aus dem Zusatzabkommen herauslesen. Aber Frankreich hatte jetzt außer Rußland und, bedingt, Italien einen weiteren Vertragspartner, und das stärkte seine Position gegenüber Deutschland, das im Ernstfall nur mit der Unterstützung des von Krisen geschüttelten Österreich-Ungarn rechnen konnte. Für Großbritannien galt Entsprechendes: Es konnte sich seit dem April 1904 gegenüber der deutschen Flottenrüstung sicherer fühlen als zuvor.

Mit Blick auf Nordafrika verbuchte Delcassé im Jahr 1904 noch einen weiteren Erfolg: Im Oktober verständigten sich Frankreich und Spanien auf eine Abgrenzung ihrer Interessensphären in Marokko. Spanien besaß dort seit Ende des 16. Jahrhunderts an der Nordküste die Exklaven Ceuta und Melilla. Der Vertrag mit Paris sprach Madrid für den Fall einer Eroberung Marokkos fast den gesamten küstennahen Norden zu; im Gegenzug erklärte sich Spanien damit einverstanden, daß Frankreich sich das übrige Marokko, den Hauptteil also, aneignete. Daß Spanien den Nordteil Marokkos kontrollierte, fand auch die Zustimmung Großbritanniens: London wollte verhindern, daß Frankreich sich in unmittelbarer Nähe Gibraltars festsetzte; gegen eine spanische Herrschaft über dieses Gebiet gab es keine britischen Einwände.

Als Deutschland im März 1905 durch den Blitzbesuch Wilhelms II. in Tanger die (erste) Marokkokrise auslöste, bewährte sich die Entente cordiale auch in der Praxis: Großbritannien stand (wenn auch nur diplomatisch und nicht etwa militärisch) zu seinem Vertragspartner und trug entscheidend dazu bei, daß das Deutsche Reich auf der Konferenz von Algeciras von Januar bis April 1906 völlig isoliert war. Delcassé war zu diesem Zeitpunkt bereits nicht mehr im Amt: Ministerpräsident Rouvier hielt das Spiel seines Außenministers für so gefährlich, daß er mit dem deutschen Botschafter gegen ihn konspirierte und diesem sogar die Entlassung Delcassés versprach. Am 6. Juni 1905 wurde die Zusage eingelöst, wobei Rouvier selbst das Amt des Außenministers übernahm.

Der Sturz Delcassés wirft ein Schlaglicht auf den damaligen Stand des französischen Verhältnisses zu Deutschland: Der bisherige Außenminister hielt, das Ziel der Rückgewinnung von Elsaß-Lothringen vor Augen, einen Krieg mit Deutschland für letztlich unvermeidbar; Rouvier hingegen glaubte nicht an eine solche Zwangsläufigkeit und lehnte daher die geradezu «wilhelminisch» anmutende Risikopolitik des Chefs des Quai d'Orsay in der Marokkokrise ab. Der Ministerpräsident wußte dabei einen großen Teil der Franzosen hinter sich: Die deutsche Annexion von Elsaß-Lothringen galt zwar nach wie vor als Unrecht und sie schmerzte noch immer, aber die jüngere Generation war deutlich weniger «revanchistisch» eingestellt als die ältere und von der Notwendigkeit eines Krieges mit dem Nachbarn im Osten nicht überzeugt. Außerdem hatte man in Frankreich sehr wohl bemerkt, daß das Wahlverhalten der Elsaß-Lothringer seit 1890 nur *einen* Schluß zuließ: Die große Mehrheit strebte nicht mehr die Wiedervereinigung mit Frankreich, sondern einen Status vollständiger Gleichberechtigung im Deutschen Reich an. Vor diesem Hintergrund war eine Politik der Konfrontation mit Deutschland, wie Delcassé sie betrieb, sehr viel weniger populär, als ihr Urheber meinte. Rouvier setzte sich denn auch nicht der Gefahr der eigenen Entmachtung aus, als er den Außenminister auf dem Höhepunkt der Marokkokrise entließ.

Im September 1905 schloß Rouvier ein Geheimabkommen mit Berlin, in dem er der deutschen Forderung nach einer internationalen Konferenz über Marokko zustimmte und Frankreich dafür Sonderrechte in dem an Algerien grenzenden östlichen Teil des unabhängigen Scherifats sicherte. Auf das deutsche Ansinnen, einem antienglischen Kontinentalbund beizutreten, ließ sich der Pariser Regierungschef aber nicht ein. Als im April 1906 die Konferenz in Algeciras ihre Arbeit abschloß, war Rouvier schon nicht mehr im Amt: Am 7. März hatte er im Zusammenhang mit der gewaltsamen Eskalation des Konflikts zwischen Staat und Kirche zurücktreten müssen. Unter seinem Nachfolger Sarrien gewann wieder die entschieden proenglische und antideutsche Richtung der französischen Politik die Überhand. Zu ihren prominenten Vertretern innerhalb der Regierung gehörten Außenminister Léon Bourgeois, Innenminister Clemenceau, Finanzminister Poincaré und der Minister für öffentliche Arbeiten Louis Barthou. Die Isolierung Deutschlands in Algeciras war im wesentlichen ein Ergebnis des geschickten Zusammenspiels des neuen Pariser Kabinetts mit der neuen liberalen Regierung in London unter Campbell-Bannerman mit Sir Edward Grey als Außenminister.

Fünf Jahre später, im April 1911, lösten bürgerkriegsartige Unruhen in Marokko die zweite Marokkokrise aus. Angesichts der Belagerung der Hauptstadt Fez durch die von seinem Bruder geführten Aufständischen, bat der Sultan von Marokko, Mulay Hafid, Frankreich um Hilfe, woraufhin französische Truppen mit der Begründung, es gelte die

Europäer zu schützen, Fez und Rabat besetzten. Deutschland, das in einem Abkommen vom Februar 1909 das französische Interesse an Marokko ausdrücklich anerkannt hatte, protestierte unter Hinweis auf die Algeciras-Akte, mit der das Pariser Vorgehen nicht vereinbar sei. Um seinem Einspruch Nachdruck zu verleihen, ordnete Berlin den legendären «Panthersprung» an: die dem amerikanischen Vorgehen beim «Riff incident» von 1904 nachempfundene Landung des Kriegsschiffs «Panther» in Agadir am 1. Juli 1911. Hinter der wilhelminischen Form von Kanonenbootdiplomatie stand die taktische Absicht des Staatssekretärs des Auswärtigen Amtes, Alfred von Kiderlen-Wächter, Frankreich zu einer Kompensation zu bewegen: der Abtretung des französischen Kongo, der den Kern eines künftigen deutschen Kolonialreichs in Mittelafrika bilden sollte.

Das internationale Echo war für Deutschland verheerend. Großbritannien stellte sich unverzüglich auf die Seite seines bedrohten Ententepartners. In Absprache mit Premierminister Asquith und Außenminister Grey warnte Schatzkanzler Lloyd George am 21. Juli in einer Rede im Mansion House Deutschland, daß Großbritannien seine Friedensliebe nicht bis zu dem Punkt treiben werde, wo der Preis «eine Demütigung wäre – unerträglich für ein großes Land wie das unsere». Damit stand der einen Kriegsdrohung, der deutschen, eine britische gegenüber. Daß sie ernst gemeint war, unterstrich die Ausarbeitung eines gemeinsamen Aufmarschplans für den Fall eines Kriegs mit Deutschland durch den englischen und den französischen Generalstab. Darin war der sofortige Einsatz der britischen Armee vorgesehen.

Paris sah unter diesen Umständen keinen Grund, der deutschen Pression, dem Verlangen nach der Abtretung von Französisch-Kongo, nachzugeben. Kiderlen-Wächter hingegen entschloß sich, die deutschen Kompensationsforderungen erheblich abzuschwächen. In Geheimverhandlungen mit dem verständigungsbereiten Ministerpräsidenten Caillaux, die unter Umgehung des Quai d'Orsay geführt wurden, erklärte sich Deutschland mit der Errichtung eines französischen Protektorats über Marokko einverstanden. Die französische Gegengabe war vergleichsweise bescheiden: In Marokko sicherte Paris Berlin die wirtschaftliche Meistbegünstigung zu; Deutsch-Kamerun wurde im Osten und Süden durch (wirtschaftlich weithin wertlose) Teile von Französisch-Äquatorial-Afrika mit Zugängen zu den Flüssen Schari und Kongo vergrößert; Frankreich erhielt zum Ausgleich einen kleinen Teil von Deutsch-Togo. Am 4. November 1911 wurde der Marokko-Kongo-Vertrag unterzeichnet.

Von der empörten Reaktion der deutschen Rechten auf den Ausgang der zweiten Marokkokrise wird noch die Rede sein. In Frankreich gab es ebenfalls leidenschaftliche nationalistische Proteste gegen die Nachgiebigkeit Caillaux'. In der Deputiertenkammer erhielt der Vertrag im Dezember zwar, auch dank der Stimmenthaltung der Sozialisten, eine breite Mehrheit. Im Senat aber wurden Details über die Geheimverhandlungen des Ministerpräsidenten bekannt gegeben, die für diesen so diskreditierend waren, daß er am 10. Januar 1912 nach einem Mißtrauensvotum der Deputiertenkammer zurücktreten mußte.

Seine Nachfolge trat Raymond Poincaré von der Alliance Républicaine Démocratique an, der zugleich das Amt des Außenministers übernahm. Poincaré war nicht weniger deutschfeindlich, aber sehr viel vorsichtiger als Delcassé, der im neuen Kabinett, wie in den beiden vorangegangenen Regierungen, an die Spitze des Marineministeriums trat. Obwohl Poincaré ein Gegner der von Caillaux gegenüber Deutschland eingeschlagenen Linie der Kompromißbereitschaft war, hielt er sich an die von seinem Vorgänger getroffenen Vereinbarungen. Im März 1912 wurde der deutsch-französische Vertrag ratifiziert. Kurz darauf willigte Sultan Mulay Hafid in die Errichtung des französischen Protektorats über Marokko ein. Im November trat Frankreich das nördliche Küstengebiet, gemäß dem Vertrag vom Oktober 1904, an Spanien ab. Die Anerkennung des französischen Protektorats durch den Sultan bedeutete noch nicht, daß Frankreich Marokko kontrollierte. Ein Blutbad unter Juden und Europäern in Fez im April 1912 führte zur erzwungenen Abdankung des Sultans und seiner Ersetzung durch einen gefügigen Nachfolger. Die Niederwerfung der rebellierenden Stämme im Landesinnern nahm gut zwei Jahre in Anspruch. Daß die Befriedung Marokkos sehr viel besser gelang als die Algeriens nach 1830, war vor allem ein Verdienst des ersten französischen Generalresidenten und Oberkommandierenden der Armee, General Hubert Lyautey, der, wo immer es möglich war, auf die Methode der indirekten Herrschaft setzte und seine besondere Aufmerksamkeit dem Aufbau einer funktionierenden Verwaltung, dem Schulwesen und dem Bau von Krankenhäusern widmete.

Was die Beziehungen zu anderen Mächten betraf, so unterschied sich die Politik Poincarés von jener der vorangegangenen Regierungen besonders in *einem* Punkt: Der neue Ministerpräsident bemühte sich verstärkt um das Verhältnis zum russischen Bündnispartner, das sich unter der Vorherrschaft der Radicaux, aber auch unter Caillaux, einem Politiker der linken Mitte, spürbar abgekühlt hatte: Die bürgerliche und die proletarische Linke sah im Zarenreich eine zutiefst reaktionäre Macht und im russisch-französischen Bündnis nicht mehr als ein notwendiges Übel. Poincaré hingegen war zu sehr «Realpolitiker», um einer ideologisch begründeten Abneigung Raum zu gewähren. Im Juli 1912 schloß er eine neue Militärkonvention und erstmals ein Flottenabkommen mit Rußland ab. Im August versicherte er anläßlich eines Besuchs in St. Petersburg dem Zaren und der russischen Regierung ausdrücklich, daß Frankreich im Falle eines Angriffs seine Bündnispflichten erfüllen werde.

Nicht minder wichtig war Poincaré das (innenpolitisch unumstrittene) Bündnis mit England. Im November 1912 verständigten sich beide Mächte in Form eines Briefwechsels zwischen Außenminister Grey und dem französischen Botschafter Paul Cambon auf ein streng geheimes Flottenabkommen, das eine Arbeitsteilung vorsah: Im Kriegsfall sollte die britische Flotte ihre Operationen auf die Nordsee und den Ärmelkanal, die französische auf das Mittelmeer konzentrieren. Großbritannien bestand auf der Feststellung, daß dies keine Beistandsverpflichtung bedeute. Aber eine militärische Partnerschaft im Kriegsfall war seit dem November 1912 wahrscheinlicher geworden, als sie es zuvor gewesen war. London hätte sich auf diese Absprache schwerlich eingelassen, wäre nicht zu Beginn des Jahres ein britischer Versuch, mit Deutschland zu einer Verständigung über die Flottenrüstung zu gelangen, gescheitert: die Mission von Kriegsminister Haldane in Berlin, auf die noch zurückzukommen sein wird.

Im Januar 1913 schied Raymond Poincaré aus dem Amt des Ministerpräsidenten, aber nicht infolge eines Mißtrauensvotums, sondern weil er als Kandidat der Mitte und der Rechten in ein zumindest protokollarisch noch höheres Amt gewählt wurde: das des Präsidenten der Republik. Der damals zweiundfünfzigjährige Rechtsanwalt aus Bar-le-Duc, ein «klassischer» Repräsentant der Bourgeoisie, war von Anfang an entschlossen, aus seinem Amt mehr zu machen als seine Vorgänger, allen voran der politisch farblose Armand Fallières, der von 1906 bis 1913 an der Spitze der Republik stand. Seit der Mac-Mahon-Krise von 1877 hatten die Präsidenten der Republik ihre großen Amtsbefugnisse nicht mehr voll ausgeschöpft. Auch Poincaré dachte nicht daran, von der politisch brisantesten der präsidialen Vollmachten, der Auflösung des Parlaments, ohne große Not Gebrauch zu machen. Aber angesichts der Tatsache, daß die meisten Regierungen schon nach wenigen Monaten wieder zu Fall kamen, wollte er aus dem Amt des Präsidenten einen Hort der Stabilität, der Kontinuität und der Autorität und damit einen Gegenpol zum notorisch schwachen Kabinett machen. An der Stärkung der Exekutive auf Kosten der Legislative lag ihm schon aus außenpolitischen Gründen, und auf diesem Gebiet behielt er auch als Staatsoberhaupt mit Hilfe seines engen Freundes Maurice Paléologue, des Direktors der politischen Abteilung des Quai d'Orsay, die Zügel in der Hand, gleichviel wer gerade Ministerpräsident oder Außenminister war. Es ist mithin keine Übertreibung, Poincarés Wahl eine Zäsur in der Geschichte der Dritten Republik und einen Fall von stillem Verfassungswandel zu nennen.

Erste außenpolitische Akzente setze Präsident Poincaré, als er bald nach seinem Amtsantritt die Ernennung des schroff antideutschen und entschieden prorussischen Théophile Delcassé zum Botschafter in St. Petersburg durchsetzte und wenig später London, im Herbst 1913 auch Madrid einen Staatsbesuch abstattete. Die wichtigste innenpolitische Streitfrage des Jahres 1913 war die «Loi des trois ans» (Gesetz der drei Jahre): Am 30. Juni hatte der deutsche Reichstag die von der Reichsleitung geforderte stufenweise Vermehrung des Heeres um 136 000 Mann beschlossen, wodurch sich die Sollstärke des Heeres bis zum Oktober 1915 auf 816 000 erhöhen sollte. Die Antwort der französischen Regierung, des Kabinetts Barthou, war die Erhöhung der Sollstärke der Streitkräfte von 480 000 auf 650 000 Mann – ein Ziel, das angesichts der unterschiedlichen Bevölkerungsgrößen (Deutschland zählte um diese Zeit über 65 Millionen, Frankreich knapp 40 Millionen Menschen) nur zu erreichen war, wenn die Dienstzeit, die erst im März 1905 von drei auf zwei Jahre herabgesetzt worden war, wieder auf drei Jahre angehoben wurde. (In Deutschland belief sich die Dienstzeit bei der Infanterie seit 1893 auf zwei Jahre).

Die Vorlage war höchst umstritten: Sozialisten und Gewerkschaften bekämpften sie vehement; auch der kurz zuvor von der linken Mitte zu den Radicaux übergetretene Caillaux gehörte zu ihren entschiedenen Gegnern. Dennoch stimmten am 19. Juli die Deputiertenkammer und am 7. August 1913 der Senat der Loi des trois ans zu. Die

Einführung einer progressiven Einkommenssteuer aber, für die sich besonders Caillaux einsetzte, scheiterte am hartnäckigen Widerstand der wehrfreundlichen Rechten. Anfang Dezember stürzte darüber die Regierung Barthou. Der «logische» Nachfolger wäre Joseph Caillaux gewesen, den Poincaré aber keinesfalls ernennen wollte. Statt seiner wurde der radikale Senator Gaston Doumergue, der für das Heeresgesetz gestimmt hatte, neuer Ministerpräsident. Caillaux übernahm das Finanzministerium.

Im April und Mai 1914 standen Parlamentswahlen an. Im Wahlkampf formierte sich, von Poincaré gefördert, ein «Linksbündnis» (Fédération de la gauche) um Briand und Barthou, das, entgegen seinem Namen, eine weitere Gruppierung der Mitte war. Auf der Linken verbündeten sich die Radicaux um Caillaux mit den Sozialisten um Jaurès. Ihre antinationalistische und antimilitaristische Propaganda, die sich auch gezielt gegen Poincaré wandte, zahlte sich aus. Da es keine offizielle Statistik mit Blick auf die Parteizugehörigkeit der Gewählten gab, schwanken die Angaben über die Sitzverteilung. Die Radikalsozialisten blieben die mit Abstand stärkste Fraktion, die eigentliche Wahlsiegerin aber war die S.F.I.O., die von 68 auf 104 Mandate anstieg. Briands Fédération de la gauche gehörte mit 23 Abgeordneten zu den Verlierern, ebenso die Parteien der äußersten Rechten. An der Linksmehrheit in der neuen Deputiertenkammer gab es nichts zu deuten.

Neuer Ministerpräsident wurde am 9. Juni an der Spitze eines Kabinetts mit überwiegend radikalen Ministern der Unabhängige Sozialist René Viviani, so daß einem «rechten» Präsidenten nun eine «linke» Regierung gegenüberstand: eine Konstellation, die man viele Jahrzehnte später, in der Fünften Republik, «cohabitation» nannte. Viviani war bereit, es bei der dreijährigen Dienstzeit zu belassen. Im Gegenzug stellten Poincaré und die Rechte ihre Bedenken gegen die progressive Einkommensteuer zurück; für ihre Einführung stimmten auch die Sozialisten, so daß sie in den beiden Kammern eine breite Mehrheit erhielt. Die Regierung Viviani war noch keine drei Wochen im Amt, als am 28. Juni im fernen Sarajewo die Schüsse fielen, die die Welt verändern sollten. Fünf Wochen später befand sich Frankreich im Krieg mit Deutschland.[30]

Demokratisierung und Expansion:
Italien in der Ära Giolitti

Wenn Frankreich, verglichen mit England und Deutschland, zu Beginn des 20. Jahrhunderts noch immer ein Agrarland war, dann traf das erst recht für Italien zu, die mit knapp 35 Millionen Einwohnern im Jahre 1911 kleinste der europäischen Großmächte (das europäische Rußland zählte um diese Zeit 122, Deutschland 65, das Habsburgerreich 51, Großbritannien 41 und Frankreich 39 Millionen Einwohner). 1911 waren noch 55,4 Prozent der italienischen Bevölkerung in der Landwirtschaft tätig (4,1 Prozent weniger als 1901), während 26,9 Prozent in der Industrie beschäftigt waren (ein Plus von 2,4 Prozentpunkten). Auf die Landwirtschaft entfielen 1908 43,2 Prozent, auf die Industrie 26,1 Prozent des privaten Volkseinkommens; 1900 hatten die entsprechenden Anteile noch bei 51,2 und 20,2 Prozent gelegen. Die Veränderungen innerhalb eines so kurzen Zeitraums belegen, daß sich auf der Apenninenhalbinsel zu Beginn des 20. Jahrhunderts ein rasanter Strukturwandel vollzog: Italien erlebte zwischen 1895 und 1900 seine Industrielle Revolution.

Von Staats wegen wurde durch Schutzzölle und direkte Subventionen vor allem die Schwerindustrie gefördert, die zu sehr viel höheren als den Weltmarktpreisen produzierte und zur stärksten Wachstumsbranche wurde. In der zweiten Hälfte der neunziger Jahre entstanden die Stahlwerke in Piombino und auf Elba; 1899 gründete Giovanni Agnelli die Fiat-Automobilwerke in Turin. Die meisten Beschäftigten aber zählte immer noch die Seidenindustrie, die auch sehr viel mehr exportierte als die Eisen- und Stahlindustrie und anders als diese nur wenig von den Schutzzöllen profitierte, wenn sie nicht sogar dadurch geschädigt wurde. Ähnliches ließ sich auch mit Blick auf die Wachstumsbranchen der chemischen, metallverarbeitenden und der mechanischen Industrie sagen. Die meisten Betriebe waren nach wie vor Kleinbetriebe, und noch immer war die Industrialisierung ein ganz überwiegend nord- und mittelitalienisches Phänomen. Der agrarische Mezzogiorno litt weiterhin unter seiner strukturellen Unterentwicklung und stellte den Hauptteil der Auswanderer: Allein im Jahre 1905 verließen 500 000 Italiener das Land, die meisten in Richtung Nord- und Südamerika, um dort Arbeit zu suchen. Die Landwirtschaft als ganzes trug freilich erheblich zu der Kapitalakkumulation bei, die die forcierte Industrialisierung erst ermöglichte. Dasselbe galt vom neuen Typ der «banca mista», die sich unmittelbar an Großkonzernen beteiligte (wie die Banca commerciale in der Eisenindustrie).

Politisch fiel die Zeit der Industriellen Revolution Italiens, die zugleich die Zeit der Belle Époque war, überwiegend in die «Ära Giolitti». Der Piemontese Giovanni Giolitti, der eine Beamtenkarriere hinter sich hatte, bevor er 1883 Parlamentarier wurde, war erstmals 1892/93 Ministerpräsident gewesen; im ersten Kabinett Zanardelli hatte er von Februar 1901 bis Mai 1903 das Amt des Innenministers inne; nach dem Tod Zanardellis im November 1903 trat er dessen Nachfolge als Ministerpräsident und Innenminister an. Er blieb bis 1914 die beherrschende Figur der italienischen Politik; nur in den Jahren 1905/06 und 1910/11 standen für kürzere Zeit andere Politiker aus dem liberalen Lager an der Spitze der Regierung.

Giolitti, der bedeutendste italienische Staatsmann seit Cavour, war ein Mann der linken Mitte. Auf seine Politik läßt sich ein Begriff aus der zweiten Hälfte des 20. Jahrhunderts anwenden: Er bemühte sich um eine «apertura a sinistra» (Öffnung nach links), indem er den reformistischen Teil der Arbeiterbewegung in die italienische Politik einzubinden versuchte. Dieses Ziel war nur zu erreichen, wenn der Staat sich bei Lohnauseinandersetzungen nicht von vornherein auf die Seite der Unternehmer stellte, sondern die Rolle des ehrlichen Maklers zwischen Arbeitnehmern und Arbeitgebern übernahm. Die Löhne der italienischen Arbeiter waren im Vergleich mit den industriell weiter entwickelten Ländern Europas extrem niedrig; der verbreitete Hang zur anarchistischen Gewalt entsprang dem sozialen Elend und entsprach der industriellen Rückständigkeit des Landes. Weil Giolitti sich dieser Zusammenhänge bewußt war, beschränkte er den Einsatz der Polizei bei Streiks auf Fälle schwerwiegender Gesetzesverletzungen und verringerte dadurch zumindest die Zahl der Zusammenstöße, bei denen die Ordnungskräfte von der Schußwaffe Gebrauch machten. Außerdem sorgte die Regierung Giolitti für die Verabschiedung von Gesetzen, durch die Frauen- und Kinderarbeit sowie die Feiertags- und Nachtarbeit eingeschränkt, die Altersversorgung verbessert und ein staatliches Arbeitsbüro (Ufficio nazionale del lavoro) eingerichtet wurden.

Widerstand gegen die neue Politik des sozialen Ausgleichs kam von

Industriellen, die, anders als Giolitti, nicht einsehen wollten, daß höhere Löhne und bessere Arbeitsbedingungen im wohlverstandenen Eigeninteresse der Unternehmer lagen, vor allem aber von Latifundienbesitzern in der Po-Ebene und im Mezzogiorno. Im Jahre 1902 wurden Streiks der Tagelöhner, Landarbeiter und Halbpächter (mezzadri) der Reisfelder in der Po-Ebene, die sich in gewerkschaftsähnlichen «Ligen» (lighe) zusammengeschlossen hatten, von organisierten Streikbrechergruppen brutal niedergeworfen; in Apulien und Sizilien schossen Polizeikräfte im Herbst desselben Jahres auf Streikende – mit der Folge, daß anschließend die regionalen Netzwerke des organisierten Verbrechens wie Mafia und Camorra ihre Machtpositionen weiter ausbauen konnten. Die Niederlagen der ländlichen Arbeiter und der mit ihnen verbündeten Kleinbauern veranlaßten viele der Betroffenen, verstärkt den Radikalen in der Sozialistischen Partei und den Gewerkschaften Gehör zu schenken, die von kleinen Schritten auf dem Weg zur Verbesserung der gesellschaftlichen Verhältnisse nichts mehr wissen wollten und stattdessen auf die befreiende Wirkung des einen großen Generalstreiks setzten – der «action directe», von der Georges Sorel 1906 in seinem ebenso antireformistischen wie antiparlamentarischen, den proletarischen Kampf zum Mythos erhebenden Buch über die Gewalt sprach.

Die Sozialistische Partei war, was die Haltung zur Regierung Giolitti betraf, in sich gespalten. Die Reformisten um den Parteiführer Filippo Turati waren *für* eine Zusammenarbeit bei der Gesetzgebung und unter Umständen bereit, sich an der Regierung zu beteiligen. Die Radikalen oder «Integralisten» um den Publizisten Arturo Labriola, einen revolutionären Syndikalisten, und den Strafrechtsprofessor Enrico Ferri, befürworteten eine konsequente Oppositionspolitik und vertraten damit die Linie, die die Zweite Internationale auf ihrem Pariser Kongreß im September 1900 in der Resolution Kautsky bezogen hatte. Als Giolitti Turati im November 1903 einlud, in die Regierung einzutreten, waren die Radikalen bereits stark genug, um den ersten Mann der Partei zur Absage zu bewegen. Im April 1904 errangen sie auf dem Parteitag in Bologna die Mehrheit.

Fünf Monate später, im September 1904, kam es, ausgelöst durch mehrere Fälle von exzessiver Polizeigewalt gegenüber Demonstranten in Sardinien und Sizilien, zu jenem ersten Generalstreik in Italien, von dem bereits im Zusammenhang mit der Zweiten Internationale die Rede war. Er wurde abgebrochen, nachdem Giolitti zugesagt hatte, daß die Polizei nicht mehr auf streikende oder demonstrierende Arbeiter schießen und das Militär bei solchen Anlässen nicht mehr eingesetzt werden würde. Die Radikalen fühlten sich als Sieger, aber bei den Wahlen, die Giolitti für den Oktober 1904 angeordnet hatte, erlitten die Sozialisten einen Rückschlag: Die Zahl ihrer Abgeordneten sank von 33 auf 27.

Die Wahlen vom Oktober 1904 bewirkten noch eine andere, langfristig wichtige Änderung: Papst Pius X. milderte das «non expedit» von 1874, das Katholiken die Teilnahme an den Wahlen untersagte. In erster Linie, um ein Gegengewicht zu den Sozialisten zu schaffen, erlaubte der Papst der neugebildeten katholischen Wählerorganisation, der Unione elettorale cattolica, eigene Kandidaten aufzustellen, und tatsächlich gelang einigen von ihnen der Einzug ins Parlament. Keinen Erfolg hatte hingegen der Versuch des Priesters Romolo Murri, die von ihm gegründete Lega democratico-nazionale in eine christlich-demokratische Partei zu verwandeln: Die Lega wurde vom Papst verboten, Murri 1909 exkommuniziert. Gentilonis Unione hingegen war keine unabhängige Partei, sondern ein von Pius X. lizenzierter Verein zur Wahrung kirchlicher Interessen. Mehr ließ der Antimodernismus des Papstes nicht zu.

Zwei Jahre nach dem ersten Generalstreik gelang es den Reformisten um Turati und Leonida Bissolati, zumindest vordergründig die Gewerkschaften unter ihre Kontrolle zu bringen: Die neugegründete Confederazione generale del lavoro (Allgemeiner Gewerkschaftsbund) hatte eine rein reformistische Führung. Aber in der Zwischenzeit hatte die syndikalistische Bewegung unter Industriearbeitern, Landarbeitern und Kleinbauern viele Anhänger gefunden. Von Mai bis Juli 1908 erlebte Italien große, fünf Monate anhaltende Landarbeiterstreiks in der Umgebung von Parma, organisiert von Arturo Labriola, der bereits vier Jahre zuvor zum Generalstreik aufgerufen hatte, und Alceste De Ambris, dem Sekretär der Arbeitskammer von Parma. Es waren diese Streiks, bei denen Georges Sorels von dem Philosophen Benedetto Croce in Italien bekannt gemachtes Buch «Réflexions sur la violence» erstmals praktische Wirkung entfaltete.

Einer der aktivsten Mitarbeiter der syndikalistischen Blätter, die Sorels Gedanken propagierten, war ein junger, aber bereits ehemaliger Lehrer aus der Emilia-Romagna, der Parteisekretär von Forlì, Benito Mussolini. Bei Sorel fand er, was er suchte: eine vielseitig anwendbare

Theorie der Produktivkraft der Gewalt – eine Theorie, die Marx und Nietzsche, Klassenkampf und Übermenschentum zu versöhnen schien und danach drängte, Praxis zu werden. Die Streiks von 1908 boten die Gelegenheit einer Probe aufs Exempel. Sie verlief negativ. Die Ausstände endeten mit einer Niederlage der Landarbeiter und wirkten sich innerhalb der Sozialistischen Partei zugunsten der Reformisten aus: Auf dem Parteitag in Florenz im September 1908 eroberten sie die vier Jahre zuvor verloren gegangene Mehrheit zurück.

Auch am anderen Ende des politischen Spektrums, auf der äußersten Rechten, vollzogen sich zwischen 1900 und 1914 weitreichende Änderungen. Gegen die «Italietta», das juste milieu der Ära Giolitti, schrieb der neoromantische Dichter Gabriele D'Annunzio, ein Verherrlicher des männlichen Übermenschen, in seinen «Canzoni d'oltremare» an. Die Futuristen um Filippo Tommaso Marinetti, den Verfasser des 1909 veröffentlichten «Manifesto futurista», forderten nicht nur die Abkehr von dem als schwächlich und langweilig empfundenen Parlamentarismus der Ära Giolitti, sondern den Bruch mit allen Arten der Tradition; sie proklamierten stattdessen ein dynamisches und gefährliches Leben, das sich aller Mittel der modernen Technik bediente, um eine neue, heroische Ordnung zu errichten. Für Giuseppe Prezzolini und die von ihm 1905 gegründete Zeitschrift «La Voce» war der bürgerliche, von Giolitti verkörperte «Positivismus» der Feind, den zu überwinden nur einem neuen, kämpferischen Idealismus gelingen konnte, der vor allem eines zu sein hatte: Dienst an der nationalen Erneuerung Italiens.

«Nazionalismo» als Kampfbegriff tauchte erstmals im November 1903 in einem Programmartikel der neu gegründeten Zeitschrift «Il Regno» auf. Der Nationalismus bildete demnach eine Antwort auf den «niederträchtigen Sozialismus» (ignobile socialismo). Einer der Herausgeber des «Regno» war Enrico Corradini. Am 3. Dezember 1910 gründete er im Palazzo Vecchio in Florenz die Associazione Nazionalista Italiana, *den* Kampfverband der Nationalisten im Vorkriegsitalien, der zwölf Jahre alt wurde und schließlich im März 1923 im Partito Nazionale Fascista Mussolinis aufging. In den Einladungen zum Gründungskongreß wurden als Ziele der neuen Vereinigung sehr allgemein die Stärkung der staatlichen Souveränität, der Ausweitung des Handels, die Verbreitung der italienischen Kultur und eine entschiedenere Kolonialpolitik gefordert.

Der Vortrag, den Corradini in Florenz hielt, stand unter dem programmatischen, den Inhalt vorwegnehmenden Titel «Classi proletarie: socialismo, nazioni proletarie: nazionalismo». Die Unterscheidung zwischen proletarischen und bürgerlichen Nationen war grundlegend: Die proletarischen Nationen, zu denen Corradini Italien, aber auch Japan rechnete, mußten sich wie proletarische Klassen ihr Recht erkämpfen; der Klassenkampf wurde damit auf die internationale Ebene gehoben; der Nationalismus wurde zu einem Sozialismus der höheren Ordnung, der den proletarischen Sozialismus gewissermaßen aufhob. Der Nationalismus bekundete damit Corradini zufolge der Nation gegenüber den gleichen Willen zum Sieg, wie ihn der Sozialismus gegenüber dem zunächst seiner selbst unbewußten Proletariat bekundet habe. Sieg war durchaus auch militärisch gemeint. «Wohlan möge der Krieg kommen! Und möge dann der Nationalismus in Italien den Willen zum siegreichen Krieg erwecken» (Ebbene, sia la guerra! E il nazionalismo susciti in Italia la volontà della guerra vittoriosa).

Wie der Alldeutsche Verband, so widmete die Associazione Nazionalista Italiana ihre besondere Aufmerksamkeit den Landsleuten im Ausland, nicht zuletzt in Südamerika. Im Anklang an das berühmte Wort des Abbé Sieyès über den Dritten Stand behauptete Corradini, die Arbeit der Italiener bedeute für Argentinien alles, die Italiener in jenem Land aber bedeuteten nichts. Wie Maurras beschwor Corradini die Erinnerung an die Antike, «unser gewaltiges Erbe, das klassische Altertum» (questo immenso nostro patrimonio, il classicismo). Wie die Action française bekämpfte die Associazione Nazionalista die Freimaurer, die Liberalen und die Linke. Anders aber als die französischen Nationalisten bewunderten Corradini und seine Gefolgsleute Deutschland als das Land einer disziplinierten Armee, das Italien auch darin Vorbild sein konnte, daß es nach Weltgeltung strebte.

Das Bündnis mit dem Deutschen Reich galt darum der Associazione Nazionalista als das einzig natürliche; das Verhältnis zu Österreich hingegen war dadurch belastet, daß das Habsburgerreich noch immer über «unerlöste» italienische Gebiete, wie das Trentino, Triest und Istrien, die «Irredenta», herrschte. Soweit wie Ettore Tolomei ging Corradini allerdings nicht: Der Gymnasiallehrer aus Rovereto machte es sich zur Lebensaufgabe, den italienischen Charakter des fast rein deutschsprachigen Südtirol («Alto Adige») zu beweisen, um auf diese Weise die Forderung nach der Brennergrenze begründen zu können.

Der Irredentismus machte aber nur einen Teil des neuen italienischen Nationalismus aus. Ebenso wichtig, wenn nicht wichtiger war das Interesse an der Ausweitung des italienischen Einflusses in Übersee, vor allem an der nordafrikanischen Gegenküste. «Nehmen wir einmal an», erklärte Corradini auf dem Gründungskongreß der Associazione Nazionalista, «das nächstgelegene Afrika wäre italienisch. Glauben Sie, die innenpolitische Frage Siziliens wäre heute die gleiche? Und ich füge hinzu: glauben Sie, sie wäre die gleiche für den ganzen Süden und für ganz Italien? Wäre Afrika vielmehr unter italienischer statt unter französischer Herrschaft, glauben Sie, das hätte Sizilien und den Süden und Italien unter denselben Bedingungen gelassen, unter denen sie geblieben sind? Aber das ganze Leben der Insel wäre durch jene Ausweitung der italienischen Herrschaft jenseits des schmalen Meeres wieder der Halbinsel angenähert und angepaßt worden. Und das ganze Leben der Insel und des Südens der Halbinsel wäre neu durchglüht worden, und gewiß wären viele sogenannte innere Fragen, die noch immer unter der Sonne faulen und durch die wir in Fäulnis aufgehen, gelöst worden. Sie wären gelöst worden, hätte man sie als äußere Fragen betrachtet.»

Ein Dreivierteljahr nach der Gründung der Associazione Nazionalista Italiana wurde aus der sozialimperialistischen Kriegsrhetorik blutiger Ernst. Am 29. September 1911 erklärte Italien dem Osmanischen Reich, nachdem dieses sich einem römischen Ultimatum nicht gebeugt hatte, mit der fadenscheinigen Begründung den Krieg, daß anders die italienischen Interessen in Libyen, dem letzten türkischen Territorium auf nordafrikanischem Boden, nicht wirksam zu schützen seien. Die Aktion war diplomatisch gut vorbereitet: Nach der Abstimmung der wechselseitigen Interessensphären in Nordafrika mit Frankreich Ende 1900 hatte Italien sich im Oktober 1909 in einem Geheimabkommen mit Rußland über die Balkan- und Mittelmeerinteressen beider Mächte verständigt. Dazu kam das geheime Neutralitätsabkommen mit Frankreich vom November 1902. Im Herbst 1911 waren es zwei außenpolitische Faktoren, die die Offensive Italiens wesentlich erleichterten: die innere Schwäche des Osmanischen Reiches in den ersten Jahren nach dem Putsch der «Jungtürken» vom April 1909 und die zweite Marokkokrise, die bis zum November 1911 die volle Aufmerksamkeit der europäischen Mächte in Anspruch nahm. Daß der vorsichtige Giolitti und sein Außenminister, der Marchese di San Giuliano, unter weniger günstigen Bedingungen das Wagnis der Krieges auf sich genommen hätten, ist eher unwahrscheinlich.

Auf den Krieg drängten vor allem die Nationalisten, an der Spitze der parlamentarische Führer Luigi Federzoni, und die Banken, obenan die Banca di Roma unter ihrem Präsidenten Ernesto Pacelli, die sich in Libyen stark engagiert hatte. Publizistische Unterstützung erhielt der Waffengang von den meisten Zeitungen, darunter dem «Corriere della Sera», dem «Giornale d'Italia», der «Stampa», der «Tribuna» und, am lautesten, von der «Idea Nazionale», dem Wochenblatt der Associazione Nazionalista. Die bürgerlichen Gruppierungen im Parlament sprachen sich fast ausschließlich für den Krieg aus; die Sozialisten waren vehement dagegen: Benito Mussolini und der noch jüngere Pietro Nenni organisierten spektakuläre Protestaktionen wie die Besetzung von Bahngleisen, um Truppentransporte zu behindern.

Unter den Arbeitern und Bauern war der Kolonialkrieg unpopulär; die «Kriegsbegeisterung» beschränkte sich auf das bürgerliche und intellektuelle Italien. Nur hier fand das Argument der Nationalisten Glauben, Italien brauche Libyen als Siedlungsraum, um der chronischen Abwanderung nach Übersee einen Riegel vorzuschieben. Der nüchterne (und wie sich bald zeigen sollte, sehr berechtigte) Einwand des süditalienischen Radikalen Gaetano Salvemini, Libyen sei ein riesiger «Sandkasten», der Krieg folglich eine Fehlinvestition, verhallte ungehört. Für die Regierung Giolitti war der Siedlungsgedanke kein Kriegsgrund; ausschlaggebend war für sie, neben den Bankeninteressen, der erhoffte außenpolitische Prestigegewinn. Während Frankreich und Deutschland sich noch um Marokko und Mittelafrika stritten, wollte der «verspätete» Nationalstaat Italien in Libyen vollendete Tatsachen schaffen und den jahrzehntelangen «scramble for Africa» mit einem großen Erfolg für das kolonialpolitisch benachteiligte Italien abschließen. Wenn dieser Coup gelang, wofür alles sprach, mußte das der Regierung auch innenpolitisch von Nutzen sein.

Da die italienischen Truppen in Tripolitanien und der Cyrenaika auf unerwartet starken Widerstand stießen, wurden die militärischen Aktionen auf den östlichen Mittelmeerraum ausgeweitet, um den Gegner zur Kapitulation zu zwingen: Die Marine besetzte das türkische Rhodos und die Inseln der Dodekanes, die ebenfalls zum Osmanischen Reich gehörten. Im Sommer 1912 kam den Italienern ein Ereignis zu Hilfe, das ganz Europa in nervöse Unruhe versetzte: der Ausbruch des (ersten) Balkankrieges, ausgelöst durch einen Aufstand der Albaner gegen die türkische Herrschaft. Um keinen Zweifrontenkrieg führen zu müssen, entschloß sich die Hohe Pforte zur Verständigung mit Italien. Im Frieden von Ouchy bei Lausanne stimmte Istanbul am 18. Oktober 1912 der Abtretung von Tripolitanien und der Cyrenaika zu; Italien versprach, Rhodos und die anderen besetzten Inseln zu räumen, löste diese Zusage aber nicht ein. Die Kämpfe mit der einheimischen arabischen Bevölkerung Libyens waren mit dem Friedensschluß nicht beendet. Als Guerillakrieg ging der Konflikt weiter und zwang Italien weiterhin zu starker Truppenpräsenz auf der anderen Seite des Mittelmeers.

Zu den innenpolitischen Folgen des Libyenkrieges gehörte eine schwere Krise in der Sozialistischen Partei. Im Frühjahr 1911, nachdem er nach über einjähriger Unterbrechung wieder Ministerpräsident geworden war, hatte Giolitti dem Reformisten Leonida Bissolati, inzwischen Chefredakteur des Parteiorgans «Avanti», vergeblich den Eintritt in die Regierung angeboten. Die Politik des Ministerpräsidenten kam in der Folgezeit den Vorstellungen der Sozialisten sehr nahe. Das galt für die Erhöhung der öffentlichen Ausgaben für die Volksschulen, die Überführung der Lebensversicherungen in ein Staatsmonopol, vor allem aber für die umfassende Wahlrechtsreform, die Giolitti kurz vor Kriegsbeginn ankündigte und an der keiner Partei so viel lag wie den Sozialisten. Der Regierung in einer solchen Situation den Kampf anzusagen erschien einigen der Reformisten, auch wenn sie gegen den Krieg waren, inopportun. Aus ebendiesem Grund stimmten Bissolati und Ivanoe Bonomi, der parlamentarische Führer der Reformisten, entgegen dem Willen Turatis für die von der Regierung geforderten Kriegskredite.

Die Abrechnung mit den Abweichlern erfolgte auf dem Parteikongreß von Reggio Emilia im Juli 1912. Die Radikalen eroberten die Mehrheit zurück, die sie vier Jahre zuvor verloren hatten; Bonomi und Bissolati wurden aus der Partei ausgeschlossen; die Redaktion des «Avanti» übernahm an Stelle von Claudio Treves, Turatis engstem Mitarbeiter, Mussolini, der dem Blatt binnen kurzem zu einer Verdreifachung seiner Auflage verhalf. Die Parlamentsfraktion der Sozialisten spaltete sich: 17 ihrer 42 Mitglieder schlossen sich dem von Bissolati und Bonomi gegründeten Partito Socialista riformista Italiano an.

Mit dem Ergebnis der Krieges haderte auch die extreme Rechte, die für eine völlige Zerschlagung des Osmanischen Reiches eingetreten war: ein Verlangen, auf das sich der «Realpolitiker» Giolitti schon im Hinblick auf die Balkaninteressen des Landes nicht einlassen konnte. Die Opposition von links und rechts gefährdete nicht das wichtigste innenpolitische Anliegen der Regierung Giolitti: die Wahlrechtsreform. Das Gesetz, das die Deputiertenkammer am 25. Mai und der Senat am 29. Mai 1912 verabschiedeten, brachte Italien ein annähernd allgemeines Wahlrecht: An der Wahl der Deputiertenkammer durften fortan alle Männer teilnehmen, die das 30. Lebensjahr vollendet oder Wehrdienst geleistet hatten, wobei im letzteren Fall ein Mindestalter von 21 Jahren galt. Das Wahlrecht galt also auch für Analphabeten, denen das vorangegangene Kabinett Luzzatti dieses Recht nicht hatte geben wollen. Die Zahl der Wahlberechtigten stieg dadurch von 3,3 auf 8,7 Millionen oder von 9,5 auf 24,5 Prozent der Bevölkerung.

Die Wahlrechtsreform bedeutete für Italien den Durchbruch zum Regimetyp der parlamentarischen Demokratie. Die verbliebenen Einschränkungen lagen in der altersmäßigen Abstufung des Wahlrechts, dem Ausschluß der Frauen vom Wahlrecht und der Tatsache, daß die Mitglieder der ersten Kammer, des Senats, nach wie vor vom König ernannt wurden. Aber vergleichbare Vorbehalte kannten auch andere parlamentarische Monarchien, obenan England. In Sachen Wahlrecht war Italien nun fast so demokratisch wie Deutschland, und anders als dieses kannte es seit langem die parlamentarische Verantwortlichkeit der Regierung.

Dem Verfassungsrecht nach war das Königreich Italien mithin seit 1912 eine «westliche» Demokratie. Die Verfassungswirklichkeit sah anders aus. Niemand vermochte vorherzusagen, wie die Massen der Analphabeten mit dem Wahlrecht umgehen würden. Dank der Anstrengungen der Regierungen der Ära Giolitti war zwar die Zahl der Italiener, die nicht lesen und schreiben konnten, zwischen 1901 und 1911 deutlich gesunken (in Sizilien von 71 auf 58, in Apulien von 70 auf 59, in Kampanien von 65 auf 54, im nationalen Durchschnitt von 57 auf 46 Prozent der Bevölkerung), aber noch immer war der Mezzogiorno in dieser Hinsicht so unterentwickelt, daß es schwerfällt, das Italien der Vorkriegszeit vorbehaltlos den «westlichen» Gesellschaften zuzuordnen.

Eine andere Hypothek war der jahrzehntelange, von «oben» angeordnete Wahlboykott der kirchentreuen Katholiken. Wenige Wochen vor der auf Ende Oktober 1913 angesetzten Wahl der Deputiertenkammer wurde auf Veranlassung von Papst Pius X. der nach dem Vorsitzenden der Unione elettorale cattolica, dem Grafen Vincenzo Ottorino Gentiloni, benannte «Patto Gentiloni» abgeschlossen. Darin versprach die Laienorganisation (und durch sie die Kirche) die Unterstützung solcher liberaler Kandidaten, die sich ihrerseits bestimmte Forderungen der katholischen Kirche, unter anderem im Bereich der Schul- und Familienpolitik, zu eigen machten. Das vor der Wahl geheim gehaltene Abkommen richtete sich gegen den «Hauptgegner» der katholischen Kirche, die bürgerliche und die proletarische Linke, und in diesem Sinn wirkte sie auch. In 330 Wahlbezirken wurde das «non expedit» von 1874 aufgehoben; in 178 Wahlbezirken, wo es nicht zu Absprachen nach dem «Patto Gentiloni» kam, blieb es aufrechterhalten.

An der Wahl vom 26. Oktober 1913 nahmen 5,1 Millionen oder 60,4 Prozent der Wahlberechtigten teil. Vordergründig war das Ergebnis ein Sieg der Regierung Giolitti. Von den insgesamt 508 Abgeordneten gehörten 304 unterschiedlichen liberalen Gruppierungen an, konnten also als «gouvernemental» gelten. Auf die Sozialisten entfielen 79 Deputierte, von denen 52 zum Partito Socialista und 19 zur neugegründeten Partei der Riformisti gehörten; 8 waren Unabhängige Sozialisten, unter ihnen Alceste de Ambris und Arturo Labriola. Die bürgerliche, «radikale» oder republikanische Linke kam auf 90 Mandate, so daß zur Linken insgesamt 169 Parlamentarier zählten. Die Nationalisten konnten lediglich 6 Sitze erobern. Die katholische Wählerschaft hatte 48 eigene Kandidaten aufgestellt, von denen 20 gewählt wurden; dazu kamen noch 9 katholische Konservative. Der «Osservatore Romano», die Zeitung des Vatikans, stellte befriedigt fest, daß 228 Abgeordnete mit katholischer Unterstützung gewählt worden seien und 100 weitere Bewerber bei der Stichwahl dank der Stimmen der Katholiken über die Kandidaten der Umsturzparteien (partiti sovversivi) obsiegt hätten. In Sizilien kam noch Hilfe von anderer Seite hinzu: Viele regierungsnahe Wahlbewerber setzten sich, wie Giorgio Candeloro im siebten Band seiner Geschichte des modernen Italien vermerkt, mit Unterstützung der Mafia durch.

Die Regierungsmehrheit war jedoch nicht so stark, wie es zunächst den Anschein hatte. Ihr fehlte, wie der Historiker Giuliano Procacci schreibt, die innere Geschlossenheit. «Sie war zusammengewürfelt aus Abgeordneten, die ihre Wahl mit den Katholiken ausgehandelt hatten, aus alten, unbeugsamen Antiklerikalen, aus ‹jungen Liberalen›, die sich als neue Strömung mit starken Sympathie für den Nationalismus und seine autoritären Tendenzen konstituiert hatten, und schließlich aus den gewohnten regierungstreuen Hinterbänklern, die heute Giolitti folgten und morgen seinem Nachfolger.»

Als Gentiloni am 8. November in einem Interview mit dem «Giornale d'Italia» das Geheimnis des nach ihm benannten Paktes enthüllte und die Abmachung als ein Programm der Freiheit rühmte, antwortete die Linke mit einem Aufschrei der Empörung. Etwa 150 Abgeordnete bestritten, daß sie den Katholiken etwas zugesichert hätten. Am 27. November 1913 sprach Labriola in der Deputiertenkammer vom Ende der «situazione giolittiana». Es gebe nunmehr ein katholisches, ein sozialistisches und ein imperialistisches Italien. Die Wirtschaftskrise, unter der Italien 1913 litt, habe bei den Wahlen auf das Parlament durchgeschlagen; die Mehrheit Giolittis sei bereits tot. Als die große neue Tatsache bezeichnete Labriola den Imperialismus, der sich entsprechend den Erfordernissen des Kapitalismus, und zwar eines nicht mehr von individueller Konkurrenz, sondern von Kartellen geprägten Kapitalismus, mit dem Nationalismus verschmelze. «Der Kapitalismus wird gewaltsamer, die Nation exportiert nicht nur Waren, sondern vor allem Kapital, und sie möchte dort geschützt werden, wohin sie Kapital exportiert hat. ... Was ist der Imperialismus? Das Phänomen eines Kapital exportierenden Landes, das die eigene Militärmacht in den Dienst der eigenen Kapitalausfuhr stellt.» Der Liberalismus Giolittis hatte sich, das war die Quintessenz der Rede, infolge der imperialistischen Wende überlebt. Eine Zusammenarbeit mit den Sozialisten, wie sie vor dem Libyenkrieg praktiziert worden war, gehörte unwiderruflich der Vergangenheit an.

Anfang Februar 1914 beschlossen die Radikalen auf ihrem Parteikongreß in Rom, in die Opposition zu gehen. Kurz darauf erlitt die Regierung Giolitti bei der Abstimmung über ein Gesetz, das den Vorrang der standesamtlichen vor der kirchlichen Trauung festlegte, eine Niederlage. Obwohl das Kabinett Anfang März bei einer anderen wichtigen Frage, einem Gesetz zur Deckung der Kosten des Libyenkrieges, nochmals eine breite Mehrheit erhielt, entschloß sich Giolitti zum Rücktritt – vermutlich in der Annahme, daß das Parlament ihn, wie schon zweimal in den letzten Jahren, wieder ins Amt rufen würde, wenn die Verhältnisse es erforderten. Am 21. März 1914, elf Tage nach Giolittis Demission, übernahm der von ihm als Nachfolger vorgeschlagene

Antonio Salandra, ein Politiker des rechten, nationalistischen Flügels der Liberalen, das Amt des Ministerpräsidenten.

Die erste Herausforderung, die das neue Kabinett zu bestehen hatte, war die «settimana rossa», die rote Woche, Anfang Juni 1914, ausgelöst durch Unruhen in den Marken und der Romagna, die die Sozialistische Partei unter maßgeblicher Beteiligung Mussolinis zum Anlaß nahm, die Arbeiter zum unbefristeten Generalstreik und zur Konfrontation mit dem Staat aufzurufen. Die Arbeiter und selbst die Gewerkschaften folgten dem Appell nur zögerlich, die Regierung Salandra aber, von derselben Revolutionsfurcht erfaßt wie das konservative Italien, bot 100 000 Mann auf, um die Ordnung in den Unruhegebieten wiederherzustellen, was innerhalb weniger Tage auch gelang.

Wenn es noch eines Beweises bedurft hätte, daß die Öffnung nach links, um die Giolitti sich in den vergangenen Jahren bemüht hatte, gescheitert war, erbrachte ihn die «settimana rossa». Italien war am Vorabend des Ersten Weltkrieges sozial nicht geeinter als zu Beginn der Ära Giolitti. Der Libyenkrieg hatte nicht den erhofften Zusammenschluß der Nation bewirkt, durch die Demokratisierung des Wahlrechts war die Spaltung der Gesellschaft noch deutlicher hervorgetreten als zuvor. Der «trasformismo» Giolittischer Prägung war 1911 in Imperialismus umgeschlagen, der Krieg hatte den konservativen Kräften Auftrieb gegeben. Spätestens seit den Ereignissen vom Juni 1914 stand fest, daß es eine Rückkehr zur liberalen Reformpolitik auf absehbare Zeit nicht geben würde.[31]

Von Barcelona bis Basel:
Die Ungleichzeitigkeit des Fortschritts (II)

War Italien, verglichen mit den Gesellschaften Großbritanniens, Deutschlands und Frankreichs, zu Beginn des 20. Jahrhunderts noch ein relativ rückständiges Land, so ließ sich dasselbe mit noch sehr viel größerem Recht von Spanien sagen. Die spanische Bevölkerung wuchs zwischen 1875 und 1902 von 16,5 auf knapp 19 Millionen Einwohner an; der Anteil der Analphabeten sank in dieser Zeit von 75,5 auf 66,5 Prozent. Fast 70 Prozent der Spanier lebten um 1900 von der Landwirtschaft; die Hälfte (50,9 Prozent) wohnte in Orten unter 5000 Einwohnern. Die Industrialisierung blieb im wesentlichen auf das Basken-

land und Katalonien beschränkt, wobei sich die Roheisenerzeugung und
die Rohstahlproduktion auf die Biskaya, die Fertigindustrie, darunter
Holzverarbeitung, Olivenölproduktion und die Herstellung von Textil-
erzeugnissen, auf Katalonien und die Mittelmeerküste konzentrierten.
Das größte industrielle Zentrum war Barcelona, auf das 40 Prozent der
industriellen Produktion entfielen.

Die wirtschaftliche Rückständigkeit äußerte sich auch in den Formen des sozialen Protestes. Die 1879 von Pablo Iglesias gegründete
Sozialistische Arbeiterpartei Spaniens, der Partido Socialista Obrero
Español (PSOE), und die neun Jahre später entstandene Gewerkschaft
Unión General de Trabajadores (UGT) kämpften mit legalen und fried-
lichen Mitteln für die politische Befreiung der Arbeiter und die Besse-
rung ihrer wirtschaftlichen und sozialen Lage, konnten aber nur im
Baskenland, in Asturien, Madrid und Teilen von Andalusien Arbeiter in
größerer Zahl für sich gewinnen; in Katalonien hatten sie nur wenige
Mitglieder.

Die schärfste Konkurrenz der Reformisten blieben die Anarchosyndikalisten und die Anarchisten. Die ersteren hatten ihre Schwerpunkte
im industrialisierten Katalonien und setzten auf den Generalstreik als
die Universalwaffe zur Durchsetzung der Arbeiterforderungen. Die
letzteren fanden ihre Anhänger vor allem unter Landarbeitern, Kleinbauern und Handwerkern im großagrarisch geprägten Andalusien. Die
Geheimorganisation «La Mano Negra» (die Schwarze Hand) wollte,
ähnlich wie die russischen Narodniki, die soziale Revolution mit den
Mitteln des Terrors herbeiführen. Sie entfesselte Aufstände und verübte
individuelle Gewaltakte bis hin zum politischen Mord; ihre Opfer
suchte sie in den Reihen derer, die sie für Armut und Elend verantwortlich machten: bei den Großgrundbesitzern, den Vertretern der Staatsgewalt, dem Klerus. 1910 gelang der Zusammenschluß von Anarchisten
und Anarchosyndikalisten zu einer nationalen Arbeitervereinigung, der
Confederación Nacional del Trabajo, der CNT, die bald zur größten
Gewerkschaft des Landes aufstieg.

Politisch stand Spanien zwischen 1875 und 1902 im Zeichen der
bourbonischen «restauración». Vorausgegangen war 1873/74 ein kurzes republikanisches Zwischenspiel: die Folge des Unvermögens des
1870 von den Cortes gewählten Königs Amadeus I., des ehemaligen
Herzogs von Aosta, eine stabile Regierung zu bilden. Die erste spanische Republik war nicht weniger instabil als das konstitutionelle

Regime: Im Januar 1874 putschte der General Manuel Pavía, der sogleich das zerstrittene Parlament auflöste; Ende Dezember rief General Arsenio Martinez Campos in Sagunta den Sohn der 1868 gestürzten und nach Frankreich emigrierten Königin Isabella II. als Alfons XII. zum König aus. Die Restauration der Bourbonenherrschaft war von dem konservativen Politiker Antonio Cánovas del Castillo vorbereitet worden, der 1875 das Amt des leitenden Ministers übernahm. Die erste Aufgabe des neuen Königs war die Niederwerfung der «Carlistas», der Anhänger des Sohnes des 1855 verstorbenen Thronprätendenten Don Carlos de Borbón im dritten und letzten Karlistenkrieg, der im Februar 1876 mit dem Sieg der königlichen Truppen zu Ende ging. Alfons XII., der schon im Januar 1875 bei seinem Einzug in der Hauptstadt von der Madrider Bevölkerung begeistert gefeiert worden war, galt fortan als der «pacificador», der Befrieder Spaniens.

Im Juni 1876 erhielt Spanien eine neue Verfassung. Sie bezeichnete in Artikel 11 die «katholische, apostolische, römische Religion» als Staatsreligion; ihre Zeremonien und öffentlichen Kundgebungen waren die einzig zugelassenen. Dem gleichen Artikel zufolge durfte aber niemand auf spanischem Gebiet wegen seiner religiösen Meinungen und der Ausübung seines Kultus belästigt werden, sofern er die «der christlichen Moral schuldige Ehrfurcht» walten ließ. Ansonsten enthielt die Verfassung die klassischen Freiheitsrechte und blieb damit auf der Linie der vorangegangenen Verfassung von 1869. Das Prinzip der Ministerverantwortlichkeit war in der Verfassung verankert; in der Praxis hieß das parlamentarische Monarchie: Der Ministerpräsident vertrat die jeweilige Mehrheit der Cortes. Das Wahlgesetz von 1878 gestand das aktive Wahlrecht allen männlichen Spaniern zu, die das 25. Lebensjahr vollendet hatten und Grund- beziehungsweise Gewerbesteuer in einer bestimmten Höhe zahlten oder einer höheren Berufsgruppe angehörten. 1890 erfolgte der Übergang zum allgemeinen gleichen Wahlrecht, gegen das Cánovas sich lange gesträubt hatte. Die Demokratisierung des Wahlrechts änderte zunächst aber nichts an der Tatsache, daß auch weiterhin die «Kaziken», die Ortsgewaltigen, bei der Kandidatenaufstellung und bei der Wahl den Ton angaben – und von den Parteigängern in Parlament und Regierung dann die Erfüllung lokaler Wünsche in sachlicher und personeller Hinsicht einfordern konnten.

Unter der Restauration bildete sich ein Zweiparteiensystem heraus: Die konservative Partei stand unter der Führung Cánovas', die liberale unter der von Práxedes Mateo Sagasta. Beide wechselten sich seit 1881 im Amt des Ministerpräsidenten ab. Nach der Ermordung von Cánovas durch einen italienischen Anarchisten am 8. August 1897 im Badeort Santa Agneda trat der konservative Politiker Francisco Silvela an die Spitze der Regierung. Nach den Wahlen von 1901 übernahm wieder Sagasta das Amt des Ministerpräsidenten. Im Jahr darauf starb der Führer der Liberalen.

Der Anarchismus war im späten 19. und frühen 20. Jahrhundert in wenigen Ländern Europas so weit verbreitet wie in Spanien. In der Federación Regional Española hatten sich nach der Spaltung und der Auflösung der Ersten Internationale im Jahre 1876 die Anhänger Bakunins gesammelt; sie war zeitweilig die größte spanische Arbeiterorganisation. Auf ihr Konto gingen eine Reihe von Attentaten, darunter zwei, 1878/79, auf König Alfons XII., der beide Male unverletzt blieb. Der König starb im November 1885, aber nicht an den Folgen eines Anschlags, sondern an Lungentuberkulose; bis zur Thronbesteigung seines posthum geborenen Sohnes, Alfons' XIII., im Jahre 1902 stand Königin María Cristina als Regentin an der Spitze des Staates.

In den achtziger und neunziger Jahren verlagerte sich der Schwerpunkt des anarchistischen Terrors nach Katalonien. Am 24. September 1893 wurde General Martínez Campos in Barcelona bei einem Attentat verletzt. Sechs Wochen später warf ein Anarchist, als Antwort auf die inzwischen erfolgte Hinrichtung des Attentäters vom 24. September, während einer Aufführung von Rossinis «Wilhelm Tell» im Barcelonaer «Teatro Liceo» eine Bombe, die 20 Menschen tötete. Blutig verlief auch ein Terroranschlag auf die Fronleichnamsprozession am 7. Juni 1896 in der katalonischen Hauptstadt: Eine Bombe tötete sechs Menschen und verletzte 42 schwer. Der Mörder von Cánovas gab als Motiv seiner Tat an, er habe Rache üben wollen für die Folterung und Hinrichtung der Anarchisten, die im Zusammenhang mit dem Fronleichnamsanschlag zum Tode verurteilt worden waren.

Eine tiefe Zäsur in der spanischen Geschichte bildete 1898 die Niederlage im Krieg mit den Vereinigten Staaten. Jüngere Intellektuelle, die man die «Generation von 1898» nannte, versetzten das Restaurationsregime auf die moralische Anklagebank. Der Philosoph Miguel Unamuno nannte das Parlament eine «Kathedrale der Lüge». Die Modernisierung, die er und seine Gesinnungsfreunde forderten, sollte Spanien europäischer machen, zugleich aber das große geistige Erbe Spaniens bewahren. In Katalonien erhielt die Autonomiebewegung Auftrieb, die im katastrophalen Ausgang des Krieges einen Zusammenbruch Kastiliens sah; 1901 schloß sie sich unter Enric Prat de la Riba in der Lliga Regionalista de Catalunya zusammen. Auf der äußersten Rechten wurden die Karlisten erneut aktiv; ihren Hauptrückhalt hatten sie in Navarra. Auf der äußersten Linken stand Alejandro Lerroux von der Unión Republicana: 1908 gründete er in Barcelona eine Radikalsozialistische Republikanische Partei, den Partido Republicano Radical Socialista, der die Arbeiter Kataloniens zu gewaltsamen Aktionen und zur permanenten Revolution aufrief. An die ebenfalls von ihm gegründete Organisation der Jungrepublikaner, die er als «jóvenes bárbaros», als junge Barbaren, ansprach, ließ er einen Aufruf im Stil des nihilistischen Anarchismus ergehen: «Vorwärts! Vorwärts! ... Es gibt nichts Heiliges auf der Erde. Das Volk ist ein Sklave der Kirche. Man muß die Kirche vernichten. Jungen, drauf und dran! Kämpft, mordet, sterbt!»

Es blieb nicht bei Worten. Am 26. Juli 1909 wurde in Barcelona der Generalstreik ausgerufen; hier wie in anderen Städten Kataloniens folgten die Arbeiter dem Appell. In anderen Orten kam es zur Proklamation der Republik. In Barcelona wurden Barrikaden errichtet, Waffengeschäfte geplündert, die Stromversorgung unterbrochen, Brücken und Eisenbahnanlagen gesprengt. Im Verlauf der «tragischen Woche» (semana trágica) brannten aufständische Anarchisten Klöster, Kirchen und kirchliche Schulen nieder; sie erschossen fliehende Nonnen und Mönche und schändeten ihre Leichen. Die Regierung mußte zusätzliche Truppen aus Valencia und anderen Städten einsetzen, um die Ordnung in Barcelona wiederherzustellen. Die Zahl der Menschen, die bei diesen Kämpfen ums Leben kamen, soll sich auf über 100 belaufen haben. Als angeblicher Urheber der «semana trágica» wurde der antiklerikale Reformpädagoge Francisco Ferrer Guardia trotz lebhafter Proteste in vielen Ländern der Erde zum Tode verurteilt und ebenso wie viele andere Verurteilte im Oktober 1909 hingerichtet.

Die unmittelbare Ursache der anarchistischen Revolte war die Einberufung von Reservisten gewesen, die im nördlichen Teil Marokkos – *dem* Teil des Scheriffats, der nach dem Abkommen mit Frankreich von 1904 die spanische Interessensphäre bildete – einen Aufstand der Rifkabylen niederkämpfen sollten. Die katalonischen Arbeiter sahen im Kolonialkrieg einen imperialistischen Klassenkrieg; der Generalstreik war vor allem anderen ein Versuch, den Krieg zu beenden. Dieses Ziel

wurde ebensowenig erreicht wie der Sturz der Monarchie und die Ausschaltung der Kirche. Nachdem Spanien im Herbst 1911 sein Protektorat über den nördlichen Küstenstreifen Marokkos errichtet hatte,
weitete sich der Kolonialkrieg noch aus.

Im Herbst 1909 schien Spanien unmittelbar vor der Errichtung
einer Diktatur zu stehen. Der konservative Ministerpräsident der Jahre
1907 bis 1909, Antonio Maura, arbeitete auf eine «Revolution von
oben» hin, die mit diktatorischen Mitteln die notwendigen Reformen
durchführen sollte. Er scheiterte am König, der ihm am 21. Oktober
1909 das Vertrauen entzog. Die Krise des parlamentarischen Systems
verschärfte sich in der Folgezeit: Zwischen 1902 und 1907 gab es zehn
Ministerpräsidenten, fünf konservative und vier liberale; zwischen
1909 und 1923 erlebte Spanien 19 Regierungschefs. Im September
1923 putschte im Zusammenhang mit einem neuen Aufstand der Rif-
kabylen das Militär in Barcelona und brachte den General Miguel
Primo de Rivera an die Macht. Er errichtete eine Diktatur – die erste
spanische Diktatur des 20. Jahrhunderts.

Noch chaotischer verlief die Entwicklung im westlichen Nachbarland Portugal, das im Hinblick auf die industrielle Entwicklung und die
Volksbildung noch rückständiger war als Spanien. Am Vorabend des
Ersten Weltkriegs war Portugal ein noch ganz überwiegend agrarisch
geprägtes Land mit Landarbeitern als größter gesellschaftlicher Klasse.
58 Prozent der berufstätigen Portugiesen waren in der Landwirtschaft,
25 Prozent in der Industrie, 17 Prozent im Dienstleistungssektor beschäftigt. Fast 70 Prozent der Bevölkerung, die 1911 5,5 Millionen
Menschen zählte, waren Analphabeten.

Wie in Spanien hatte sich auch in Portugal im späten 19. Jahrhundert ein parlamentarisches Zweiparteiensystem herausgebildet: Die
konservativen «Regeneradores» und die liberalen «Progressistas»
wechselten sich in der Regierungsbildung ab. Daneben gab es ein starkes, vom Freimaurertum gestütztes republikanisches Lager, das sich
durch den Sturz des Kaisertums der Braganza in Brasilien im Jahre
1889 ermutigt fühlte, das Königtum derselben Dynastie auch im Mutterland zu Fall zu bringen. Der Terrorismus trug in Portugal den Stempel der wieder erstandenen Geheimorganisation der Carboneria, die
über ein ausgedehntes Agentennetz verfügte. 1901 spaltete sich von der
konservativen Partei ein Flügel mit diktatorischen Neigungen ab; fünf
Jahre später trennte sich eine radikale und revolutionäre Richtung von

der liberalen Partei. Die Kundgebungen gegen die Monarchie mehrten sich; im April 1906 meuterten die Matrosen eines Kriegsschiffes, des Kreuzers «Don Carlos», was auf wachsende Unzufriedenheit im schlecht besoldeten Militär verwies; die Finanzlage war, nicht zuletzt infolge der anhaltenden Kämpfe in den portugiesischen Kolonien in Afrika, aufs äußerste angespannt; ein Staatsbankrott schien kurz bevorzustehen.

Im Jahr 1907 tat König Carlos I. den Schritt, vor dem Alfons XIII. von Spanien im Oktober 1909 zurückschreckte: Im Anschluß an eine Regierungskrise ermunterte er den zurückgetretenen Ministerpräsidenten João Franco, im Amt zu bleiben und mit diktatorischen Mitteln zu regieren. Franco folgte dem Aufruf und versuchte Reformen mit Dekreten durchzusetzen. Der Widerstand von Konservativen und Republikanern war jedoch so massiv, daß ihm der Erfolg versagt blieb. Ein Aufstandsplan der Republikaner unter Führung des radikalen Abgeordneten Alfonso Costa wurde der Polizei verraten. Am 1. Februar 1908 aber schlugen die Carbonari zu: König Carlos und der Kronprinz wurden, als sie in der offenen Kutsche durch Lissabon fuhren, von Attentätern aus der Verschwörerorganisation erschossen. Eine Aufklärung der Hintergründe des Anschlags unterblieb; selbst die öffentliche Rechtfertigung der Mordtat wurde von Regierung und Polizei tatenlos hingenommen.

Dem neuen König, Manuel II., gelang es nicht, die Lage zu stabilisieren. Die Republikaner bereiteten systematisch den Sturz der Monarchie vor und wußten dabei die Marine und weite Teile des Heeres, darunter die meisten jüngeren Offiziere, auf ihrer Seite. Am 4. Oktober 1910 brach die Revolution aus; das königliche Schloß wurde von der Kriegsmarine bombardiert; einige Regimenter des Heeres liefen zu den Aufständischen über. Da das alte Regime ohne großen Widerstand zusammenbrach und die Provinz die Ereignisse in der Hauptstadt apathisch hinnahm, konnte bereits am 5. Oktober die Republik proklamiert werden. Eine Beruhigung der inneren Lage aber trat nicht ein. Im November wurde Portugal durch eine Streikwelle erschüttert; Gewalttaten gegen Kirchen und Klöster wurden zu alltäglichen Ereignissen. Die republikanische Regierung löste sämtliche katholischen Orden auf, beschlagnahmte die Kirchengüter, schaffte die kirchlichen Feiertage und den Religionsunterricht in den Schulen ab. Im April 1911 verabschiedete das Parlament neben einer Verfassung ein Gesetz über die Trennung von Staat und Kirche; 1913 wurde der päpstliche Nuntius ausgewiesen. Die republikanische Verfassung von 1911 lehnte sich an die brasilianische Verfassung von 1891, teilweise auch an die Verfassungen der dritten französischen Republik und der Schweiz an.

Größere Erfolge waren der Republik nicht beschieden. Rigorose Wahlrechtsbeschneidungen machten es der Bevölkerung unmöglich, sich in Parlament und Regierung wiederzuerkennen: Die Zahl der Wahlberechtigten lag im Durchschnitt der Jahre 1910 bis 1926 bei knapp 10 Prozent. In dieser Zeit wurden 44 Regierungen gebildet, 7 Parlamente und 8 Staatspräsidenten gewählt; es fanden 20 Aufstände und Staatsstreiche und allein in Lissabon 300 Bombenexplosionen statt. Portugal wurde, mit anderen Worten, immer mehr zu dem, was man heute einen «failing state» nennt – eine Entwicklung, die mit einer gewissen inneren Logik in der zweiten Hälfte der zwanziger Jahre in eine autoritäre Diktatur mündete.

Nur in einem Punkt schien es einen Konsens zwischen den zerstrittenen Lagern zu geben: Das Kolonialreich sollte bewahrt werden. Daß es bestehen blieb, verdankte Portugal aber nicht nur seiner Militärpräsenz in Afrika, sondern Veränderungen im deutsch-britischen Verhältnis. Im Juli 1913 hatten sich Berlin und London für den Fall eines finanziellen Zusammenbruchs Portugals darauf verständigt, den portugiesischen Kolonialbesitz in Afrika untereinander aufzuteilen, wobei Moçambique englisches und Angola deutsches Interessengebiet werden sollte. Doch es blieb beim Vertragsentwurf: Großbritannien bestand auf einer Veröffentlichung der Vereinbarung, worauf Deutschland sich nicht einlassen wollte. Ein Jahr später war die Absprache ohnehin nur noch Makulatur: Die Julikrise von 1914 durchkreuzte alle Planungen für ein deutsch-britisches Vorgehen in Afrika.

Mehr noch als in Italien trat in den beiden iberischen Ländern Spanien und Portugal im späten 19. und frühen 20. Jahrhundert eine Allianz von Kräften auf den Plan, die dem Durchbruch der Moderne zähen Widerstand entgegensetzten. Die Großgrundbesitzer konnten sich der Unterstützung der katholischen Kirche und von Teilen der bewaffneten Macht und des zivilen Staatsapparates sicher sein, wenn sie Forderungen nach einer Bodenreform zurückwiesen und Front gegen alle machten, die die überlieferte, hierarchisch gegliederte Ordnung zugunsten einer egalitären Gesellschaft überwinden wollten. Der archaische Charakter der Latifundienwirtschaft fand sein Gegenstück in den archaischen Formen des Widerstandes gegen die bestehenden Herrschaftsverhältnisse: Der gewollte Mangel an Volksbildung rächte sich in Gestalt des primitiven Terrors, mit dem Teile der weithin analphabetischen Unterschicht auf die alltägliche Gewalt von oben antworteten.

In den katholischen Ländern des Mittelmeerraumes hatte der Staat sein Gewaltmonopol in viel geringerem Maß durchsetzen können als in den mehr oder minder protestantisch geprägten Ländern West-, Nord- und Mitteleuropas. Damit fehlte hier eine wichtige Vorbedingung für das Gelingen eines anderen Modernisierungsprozesses: der Erneuerung der gesellschaftlichen und staatlichen Institutionen im Zuge der Industrialisierung. Da diese Erneuerung nur unzureichend stattfand, fehlte es an Möglichkeiten, das Verlangen der Unterschichten nach politischer Teilhabe im Rahmen des bestehenden Systems, also evolutionär, zu befriedigen. Die Einführung eines parlamentarischen Systems reichte nicht aus, um dem gewaltsamen Protest den Boden zu entziehen. Die Neigung zum anarchistischen Radikalismus saß tief. Sie wäre vermutlich weniger stark gewesen, hätten die katholische Kirche und die mit ihr verbündeten alten Eliten nicht so viel Erfolg bei ihrem Bemühen gehabt, die Aufklärung und alle neuen Ideen des Westens von den Ländern der Pyrenäenhalbinsel fernzuhalten.

Im schärfsten Kontrast zu den iberischen standen die skandinavischen Länder. Auch sie waren, verglichen mit England und Deutschland, Nachzügler des Industrialisierungsprozesses. Um die Jahrhundertwende lebten die meisten Dänen, Schweden und Norweger noch von der Landwirtschaft oder Fischerei. Infolge verbreiteter Armut und fehlender Beschäftigungsmöglichkeiten im Inland verloren Schweden und Norwegen in großer Zahl Menschen durch Auswanderung in die Vereinigten Staaten und andere Teile der Neuen Welt. Die nordischen Länder kannten jedoch, anders als Spanien und Portugal, nicht die Probleme eines massenhaften Analphabetismus und des gewaltsamen Anarchismus. Die lutherischen Staatskirchen waren konservativ, aber im Gegensatz zu Preußen-Deutschland wurden sie kein Teil eines autoritären Herrschaftskartells: Die skandinavischen Königreiche waren keine Militärmonarchien und die adligen Grundbesitzer keine ostelbischen Junker.

In den nordischen Staaten gab es ein freies Bauerntum, das der politischen Entwicklung mehr als irgendwo sonst in Europa seinen Stempel aufzudrücken vermochte. Die Landwirtschaft, allem voran die dänische, stellte sich der Herausforderung der neuen Zeit, indem sie vom Getreideanbau zu einer exportorientierten Veredelungswirtschaft überging, in der Viehzucht und Molkereiprodukte einen prominenten Platz einnahmen. In analoger Richtung entwickelte sich die Fischerei, die, ebenso wie die Landwirtschaft, ihre eigene Industrie hervorbrachte. Genossenschaftliche Organisationsformen waren bei der Umstellung hilfreich, aber um die Modernisierung gelingen zu lassen, bedurfte es einer noch allgemeineren Vorbedingung: einer breiten Volksbildung. Daß es sie gab, war ein Verdienst des skandinavischen Luthertums. Einer seiner herausragenden Vertreter war der dänische Theologe und Pädagoge Nikolai Grundtvig, der Begründer der Volkshochschulbewegung, die in den sechziger und siebziger Jahren des 19. Jahrhunderts eine Art «Kulturrevolution» im ländlichen Raum bewirkte und rasch über Dänemark hinaus auszustrahlen begann.

Den staatsrechtlichen Rahmen der politischen Entwicklung Dänemarks bildete das Staatsgrundgesetz von 1849, das 1866 einer Überarbeitung unterzogen worden war. Die revidierte Verfassung gab den Dänen männlichen Geschlechts, die das 30. Lebensjahr vollendet hatten, über einen eigenen Hausstand verfügten und nicht vom öffentlichen Armenwesen abhingen, das Recht, an den Wahlen zum Folketing teilzunehmen. Das Folketing war aber nur eine der beiden Kammern des Reichstags. Im Landsting, das gleichberechtigt an der Gesetzgebung mitwirkte, bildeten die 27 nach dem (annähernd) allgemeinen Wahlrecht gewählten Abgeordneten die Minderheit. 27 Mitglieder wurden von den größten Steuerzahlern, zumeist Grundbesitzern, gewählt; 12 wurden vom König ernannt.

Die Privilegierung der Reichen wurde zur Ursache heftiger politischer Auseinandersetzungen. Zu den schärfsten Kritikern gehörte die 1880 gegründete Sozialdemokratische Partei, der Socialdemokratisk Forbund i Danmark, der wie die Schwesterparteien in Schweden und Norwegen eine entschieden reformistische Richtung einschlug. Die über längere Zeit hinweg stärkste Partei war die 1870 gegründete Venstre (Linke), eine Vereinigung von Bauernpolitikern, die 1872 die Mehrheit im Folketing errang, von König Christian IX. aber nicht an der Regierung beteiligt wurde. Der vom König ernannte Ministerpräsident, der Gutsbesitzer Jacob Estrup, erwirkte, nachdem Landsting und Folketing sich nicht auf ein Finanzgesetz hatten verständigen können, vom König zweimal, 1877 und 1885, den Erlaß provisorischer Gesetze, also gesetzesvertretender Notverordnungen, was nach der Verfassung zwar unter bestimmten Bedingungen möglich war, von der Linken aber als Verfassungsbruch angeprangert wurde. Übereinstimmung zwischen Regierungslager und Venstre gab es zu Beginn der neunziger Jahre im sozialpolitischen Bereich: bei der Verabschiedung von Gesetzen zur allgemeinen Altersversorgung und zur Krankenversicherung.

Der Übergang von der konstitutionellen zur parlamentarischen Monarchie war eine Folge der Wahlen vom April 1901, die der Venstre einen großen Sieg und der Rechten eine schwere Niederlage einbrachten. König Christian IX. ernannte daraufhin den renommierten Kopenhagener Rechtsprofessor Johann Heinrich Deuntzer zum Ministerpräsidenten. Dieser unterhielt gute Beziehungen sowohl zu Wirtschaftskreisen wie zur bürgerlichen Linken und berief mehrere Politiker der Venstre, darunter auch einen Bauern, in sein Kabinett. Einige Entscheidungen, die die neue Regierung in der Steuer- und Verteidigungspolitik traf, stießen innerhalb der Venstre auf Widerspruch und führten im Mai 1905 zur Abspaltung des linken Flügels, der sich zu einer neuen Partei, der Radikalen Venstre, zusammenschloß und mit den Sozialdemokraten darin übereinstimmte, daß Dänemark sich im Ernstfall nicht verteidigen konnte, also gut daran tat, auf sein Militär weitgehend oder auch ganz zu verzichten. Unter Deuntzers Nachfolger Jens Christensen-Standil, dem Führer einer aus dem Venstre hervorgegangenen Mittelpartei, wurden zwischen 1905 und 1908 Gesetze über eine Arbeitslosen- und die Unfallversicherung verabschiedet und die Zollsätze gesenkt.

Die alles überragende Frage der dänischen Politik war die Ausarbeitung einer neuen Verfassung, die die privilegierte Wählerklasse der Gutsbesitzer abschaffen sollte. Die wichtigsten Fürsprecher der Reform waren die Sozialdemokraten und die Radikale Venstre, die bei den Wahlen von 1910 beide starke Stimmengewinne erzielten, so daß der Führer der bürgerlichen Linken, Carl Theodor Zahle, der bereits den Entwurf eines neuen Staatsgrundgesetzes vorgelegt hatte, mit Unterstützung der Sozialdemokraten ein Kabinett der Radikalen Venstre bilden konnte. Am 5. Juni 1915 trat die neue Verfassung in Kraft. Sie brachte den Frauen die volle politische Gleichberechtigung mit den Männern: Alle Däninnen und Dänen, die das 25. Lebensjahr vollendet hatten, besaßen nunmehr das aktive und passive Wahlrecht bei den Wahlen zum Folketing; wenn sie älter als 35 Jahre waren, galt das auch für das Landsting; von den 72 Mitgliedern wurden 54 von Gemeinden und Kreisen indirekt gewählt, 18 wurden vom Landsting kooptiert. Eine fortschrittlichere Verfassung gab es um diese Zeit in Europa nicht.

Auch in Schweden schlossen sich die Bauern zu einer politischen Partei, die Landmannaparti von 1867, zusammen. 1889 wurde die Sozialdemokratische Partei, die Sveriges Socialdemokratiska Arbetarparti, gegründet; ihr Vorsitzender Hjalmar Branting erhielt 1897 erstmals ein Mandat in der Zweiten Kammer. Das Wahlrecht bei den Wahlen zur Zweiten Kammer war nach der geltenden Verfassung, der Reichstagsordnung von 1866, an Grundbesitz beziehungsweise Steuerleistungen gebunden. Ein Generalstreik für die Einführung des allgemeinen gleichen Wahlrechts, zu dem die Sozialdemokraten zusammen mit dem von ihnen geführten, 1898 gegründeten Gewerkschaftsbund im Mai 1902 aufriefen, führte zwar zu einem vorübergehenden Stillstand des Wirtschaftslebens, aber nicht zu dem erhofften politischen Ergebnis.

Nach den Wahlen von 1905, die den Liberalen einen großen Erfolg brachten, betraute König Oskar II. den liberalen Parteiführer Karl Albert Staaff mit dem Amt des Ministerpräsidenten, was den endgültigen Übergang zur parlamentarischen Monarchie bedeutete. Staaff bemühte sich vergeblich um eine Wahlrechtsreform nach englischem Vorbild und trat nach knapp siebenmonatiger Amtszeit im Mai 1906 zurück. Unter seinem Nachfolger Arvid Lindman, einem Politiker der gemäßigten Rechten, wurde ein Gesetzentwurf erarbeitet, der das allgemeine gleiche Männerwahlrecht für die Zweite Kammer und die Stadtvertretungen vorsah, die ihrerseits die Mitglieder der Ersten Kammer, des Landsting, wählten. Der folgende, im Jahr 1909 gewählte Reichstag nahm das Wahlgesetz endgültig an.

Die Einführung des allgemeinen Wahlrechts förderte bei den Sozialdemokraten die Wendung vom Marxismus zum Reformismus. Die Sozialgesetzgebung nahm bald darauf «sozialdemokratische» Züge an, was besonders für die allgemeine Volksaltersversorgung von 1913 galt. Die Landwirtschaft war infolge einer schweren Agrarkrise, ausgelöst durch den Import von preiswertem Getreide aus Nord- und Südamerika, Ende des 19. Jahrhunderts vom Ackerbau zur Veredelungswirtschaft und zum Anbau von Zuckerrüben übergegangen. Nach 1890 erlebte die schwedische Industrie einen starken Aufschwung, wobei neben der Holzverarbeitung die Eisenproduktion und die Maschinenbauindustrie eine bedeutende Rolle spielten. Um 1910 war rund ein Drittel (32 Prozent) der erwerbstätigen Bevölkerung in Industrie, Bergbau und Handwerk und nur noch knapp die Hälfte (49 Prozent) in der Landwirtschaft beschäftigt. Der Anteil der Stadtbewohner an der Bevölkerung stieg zwischen 1865 und 1900 von 12 auf 22 Prozent. Die bäuerliche Prägung der politischen Kultur aber blieb noch lange erhalten: Selbst der Begriff «Volksheim» (folkhem), der nach 1918 zu einem sozialdemokratischen Schlagwort wurde, hatte Wurzeln, die in die bäuerlich-konservative Reformbewegung des frühen 20. Jahrhunderts zurückreichten.

Bis 1905 war Schweden mit Norwegen durch eine Union verbunden, die mehr war als eine reine Personalunion: Beide Länder waren durch die norwegische Verfassung vom November 1814 auf eine gemeinsame Außenpolitik und ein gemeinsames Militär festgelegt. Früher als Schweden entwickelte Norwegen ein relativ festgefügtes Parteiensystem, in dem zunächst die Linke (Venstre) den Ton angab. Zu einem Konflikt mit dem König kam es, als dieser 1872 der norwegischen Regierung sein Vertrauen bekundete, nachdem ihr das Unterhaus des Storting, das Lagting, das Mißtrauen ausgesprochen hatte. Erst 1884 gab Oskar II. dem norwegischen Drängen auf ein parlamentarisches System nach: Er beauftragte den Wahlsieger von 1882, den Führer der Venstre, Johan Sverdrup, mit der Regierungsbildung. Dieser bildete ein Kabinett der gemäßigten Linken. Damit war der Übergang zur parlamentarischen Monarchie vollzogen. Zu den wichtigsten Neuerungen der Folgezeit gehörte der Aufbau einer eigenen Miliz, was ein klarer Ausdruck des Willens der Norweger war, die Union mit Schweden aufzulösen und das Land in einen unabhängigen Nationalstaat zu verwandeln.

1883 wurde der Norwegische Gewerkschaftsbund, 1885 eine Sozialdemokratische Vereinigung und 1887 die Norwegische Arbeiterpartei, Det Norske Arbeiderparti, gegründet. 1903 zog sie erstmals mit fünf Abgeordneten in das Storting ein: ein deutliches Zeichen der zunehmenden Industrialisierung Norwegens und der wachsenden Zahl der Industriearbeiter. Schon vorher, 1892, hatte die bürgerlich-bäuerliche Linke eine Arbeiterschutzgesetzgebung eingeleitet, die die Beschränkung der Kinderarbeit und eine staatliche Unfallversicherung mit sich brachte. 1898 folgte die Einführung des allgemeinen gleichen Stimmrechts für Männer. Die Frauen erhielten 1913 ein durch ein Mindestmaß an Steuerleistungen eingeschränktes und 1938 das allgemeine Wahlrecht.

Energischer als die Konservativen arbeitete die in Gemäßigte und

Radikale gespaltene Linke auf die Auflösung der Union mit Schweden hin. 1898 beschloß das Storting gegen den erklärten Willen des Königs die Einführung einer norwegischen Staats- und Handelsflagge. Die letzte Chance der Konservativen, die Union zu erhalten, wurde zerstört, als das Außenministerium in Stockholm sich anschickte, die neugeschaffenen norwegischen Konsulate seiner Aufsicht zu unterstellen, und der König sich weigerte, den Entwurf eines neuen norwegischen Konsulatsgesetzes zu unterzeichnen. Am 7. Juni 1906 erklärte das Storting die Union für aufgelöst. König Oskar II. protestierte; der schwedische Reichstag verlangte Neuwahlen oder ein Referendum in Norwegen. Am 13. August 1905 fand die Volksabstimmung statt. Sie hatte ein fast einstimmiges Ergebnis: 368 208 Ja-Stimmen standen nur 184 Nein-Stimmen gegenüber. Die monarchische Staatsform wollten die Norweger indes beibehalten: In einer weiteren Volksabstimmung sprach sich am 12. und 13. November 1905 eine große Mehrheit für den dänischen Prinzen Karl als König aus. In Anknüpfung an das norwegische Königtum des Mittelalters nahm er den Titel Haakon VII. an.

Eine ähnlich evolutionäre Entwicklung wie in den nordischen Staaten vollzog sich im späten 19. und frühen 20. Jahrhundert im Königreich der Niederlande. Es war, anders als die skandinavischen Monarchien, nicht lutherisch, sondern calvinistisch geprägt, zugleich aber ein gemischt konfessionelles Land mit einem katholischen Bevölkerungsanteil von 35 Prozent. Die Landwirtschaft ging auch hier mit großem Erfolg vom Ackerbau zur Viehzucht und zur Veredelungswirtschaft über; dazu kam der kommerziell betriebene Gartenbau. Die industrielle Entwicklung setzte im größeren Stil erst spät, im dritten Viertel des 19. Jahrhunderts, ein und hatte ihre Schwerpunkte in der Nahrungsmittel-, der chemischen und der Maschinenindustrie. Politisch waren die Niederlande seit 1868 eine parlamentarische Monarchie; das Wahlrecht wurde in mehreren Schüben erweitert: 1883 stieg der Anteil der Wahlberechtigten von 13 auf 29 Prozent der erwachsenen männlichen Bevölkerung, 1896 dann auf 49 Prozent. Das allgemeine gleiche Männerwahlrecht, für das sich vor allem die Sozialdemokraten einsetzten, wurde 1917 eingeführt, das Frauenwahlrecht 1922.

Das südliche Nachbarland, das Königreich Belgien, war seit seiner Gründung im Jahre 1831 eine parlamentarische Monarchie. Das allgemeine gleiche Wahlrecht, dessen Vorkämpfer auch hier die Sozialdemokraten waren, wurde 1919 eingeführt (im gleichen Jahr, in dem auch das seit 1848 parlamentarisch regierte Großherzogtum Luxemburg zu diesem Wahlrecht überging). Den Frauen wurde in Belgien freilich 1919 nur das aktive Wahlrecht zugestanden, das passive erst drei Jahrzehnte später, 1949 (Luxemburg hatte 1919 eine solche Unterscheidung nicht vorgenommen). Anders als die Niederlande war das überwiegend katholische Belgien nicht konfessionell, sondern sprachlich gespalten: Spannungen zwischen den Niederländisch sprechenden Flamen, die die Mehrzahl der Bevölkerung stellten, und den frankophonen Wallonen ergaben sich daraus, daß das industriell entwickelte steinkohlenreiche Wallonien wirtschaftlich und kulturell den Ton angab. 1898 gelang den Flamen, unterstützt von den in Flandern besonders starken Christlichen Demokraten, durch das Gleichheitsgesetz ein erster Erfolg im Kampf um die Gleichberechtigung ihrer Sprache: Gesetze waren fortan in niederländischer und französischer Sprache gleichermaßen gültig. Ein dauerhafter Ausgleich zwischen beiden Sprachgruppen war aber nur zu erwarten, wenn das binationale Belgien von einem zentralistischen zu einem föderalistischen Staatsaufbau überging: eine Entscheidung, zu der sich das Land erst sehr viel später, durch die Verfassungsreform von 1980, durchrang.

Das föderalistische Land schlechthin war seit jeher die älteste Republik Europas: die viersprachige Schweiz (wenn man das Rätoromanische ebenso mitzählt wie das Deutsche, Französische und Italienische). Bis zur Proklamation der Dritten Republik in Frankreich im September 1870 war die Schweiz die einzige Demokratie des alten Kontinents. Drei Jahre später wurde sie noch demokratischer, als sie es seit der Revolution von 1847/48 war: Am 19. April 1874 nahmen die Eidgenossen eine neue, bis Ende 1999 gültige Bundesverfassung an, die die Verfassung vom September 1848 in wichtigen Punkten revidierte und am 29. Mai 1874 in Kraft trat. Dem Bund oblag fortan die Verantwortung für die Ausbildung und Bewaffnung der Truppen, wodurch die Bundesgewalt erheblich gestärkt wurde. Im zentralistischen Sinn wirkten auch neue Befugnisse des Bundes im Rechtswesen, im Wirtschaftsleben und beim Arbeiterschutz.

Die Kantone waren zwar weiterhin, wie Artikel 3 in wörtlicher Übernahme des Artikels 3 der Verfassung von 1848 feststellte, «souverän», aber mit der bisherigen Einschränkung: «soweit ihre Souveränität nicht durch die Bundesverfassung beschränkt ist»; sie übten also alle Rechte aus, welche nicht der Bundesgewalt übertragen waren. Kulturkämpferisch waren die Verschärfung des «Jesuitenartikels» und die zusätzliche Bestimmung, daß das Verbot der Societas Jesu durch Bundesbeschluß auf andere geistliche Orden ausgedehnt werden konnte, «deren Wirksamkeit staatsgefährlich ist oder den Frieden der Konfessionen stört». Die in der Verfassung von 1848 verankerte, gegen die Juden gerichtete Beschränkung des Niederlassungsrechts auf Schweizer, «welche einer christlichen Konfession angehören», entfiel. Der Zugewinn an Demokratie bestand in der Einführung des fakultativen Referendums für Bundesgesetze und allgemein verbindliche Bundesbeschlüsse, die nicht dringlicher Natur waren: Diese Gesetze und Beschlüsse mußten Gegenstand einer Volksabstimmung werden, wenn 30 000 stimmberechtigte Schweizerbürger (das waren die männlichen Schweizer, die das 20. Lebensjahr vollendet hatten) oder acht Kantone es verlangten. 1891 kam noch das Initiativrecht des Volkes auf Teilrevision der Verfassung der Volksabstimmung hinzu. (Das Recht auf Beantragung einer Totalrevision war seit 1848 verbürgt.)

Ein Modell konnte und wollte die Schweiz mit ihrer Form von direkter Demokratie nicht sein. Die Eidgenossenschaft fühlte sich in ihrer bewaffneten Neutralität so sicher, daß sie auf eine aktive Außenpolitik fast völlig verzichten zu können glaubte. Ihre Staatsspitze war ein kollegiales Gremium, der Bundesrat; dessen Vorsitzender, der Bundespräsident, wurde jeweils für ein Jahr gewählt; eine unmittelbare Wiederwahl war nicht möglich. Staaten, für die die politischen Beziehungen zur Außenwelt eine höhere Bedeutung besaßen als für die Schweiz, taten gut daran, dem Bedürfnis nach Kontinuität und Kalkulierbarkeit ihrer auswärtigen Politik Rechnung zu tragen, und konnten sich schon deswegen nicht den Risiken häufiger Referenden aussetzen. An einer politischen Kontinuität und Kalkulierbarkeit fehlte es der Schweiz freilich durchaus nicht. Bis 1891 stellten die dominierenden Freisinnigen alle Bundesräte; in jenem Jahr wurde erstmals ein katholisch-konservativer Politiker Bundesrat. Im 20. Jahrhundert wurden Kompromisse immer mehr zum Hauptmerkmal der schweizerischen Politik; ein Machtwechsel zwischen Regierung und Opposition, wie er für ein parlamentarisches System typisch ist, war nicht vorgesehen. Die Referenden gewannen mithin die Funktion eines Korrektivs zur Kompromißpolitik: Der Souverän konnte gegen Regierungsbeschlüsse sein Veto einlegen.

Der Anstoß zur Revision der Verfassung von 1848 war von den Radikalen und Demokraten gekommen. 1878 schlossen sie sich zu einer «radikal-demokratischen Gruppe» in der Bundesversammlung, das heißt im direkt gewählten Nationalrat und in dem von den Kantonen gewählten Ständerat, zusammen. 1894 ging aus dieser Gruppe die Freisinnig-demokratische Partei hervor, die bis in die ersten beiden Jahrzehnte des 20. Jahrhunderts auch *die* Bauernpartei war und dank des Mehrheitswahlrechts bis 1918 eine hegemoniale Position im Schweizer Parteiensystem behaupten konnte. Ebenfalls 1894 wurde die Katholische Volkspartei gegründet, die sich 1912 in Schweizerische Konservative Volkspartei umbenannte. Die Arbeiterbewegung fand ihren frühesten organisatorischen Ausdruck im 1838 ins Leben gerufenen «Grütliverein», dem auch Handwerksmeister und radikale bürgerliche Intellektuelle angehörten. 1873 entstand der «Arbeiterbund», der Gewerkschaft und Partei in einem war. Aus ihm entwickelten sich 1880 der Allgemeine Gewerkschaftsbund und 1888 die Sozialdemokratische Partei der Schweiz, der sich 1901 auch der Grütliverein anschloß. Das Programm der Sozialdemokraten klang marxistisch; unter Führung von Herman Greulich, einem Anhänger der Lehren des Frühsozialisten Charles Fourier, nahm ihre Praxis aber bald immer stärker reformistische Züge an. Vom anarchistischen Erbe der Arbeiterbewegung des französischsprachigen Jura war in der Schweizer Sozialdemokratie kaum noch etwas zu spüren.

Ursprünglich ein Bauernland, industrialisierte sich die Schweiz im Verlauf des 19. Jahrhunderts so stark, daß der Anteil der von der Landwirtschaft lebenden Erwerbstätigen kontinuierlich zurückging: 1888 lag er noch bei 38 Prozent, 1910 bei 27, 1960 bei 11,2 Prozent. Wie in Skandinavien stellte sich die Landwirtschaft mit großem Erfolg von Ackerbau und Viehzucht auf eine exportorientierte Veredelungswirtschaft um. Exportorientierung und Spezialisierung auf höchste Qualität waren auch die Kennzeichen der schweizerischen Industrie, obenan die Maschinenindustrie, die neben Fremdenverkehr und Banken zu einem der wichtigsten Wirtschaftszweige aufstieg. Der wachsende Wohlstand zog auch immer mehr Menschen aus anderen Ländern an: Um 1910 hatte die Schweiz einen Ausländeranteil von 14,7 Prozent – den wohl höchsten aller europäischen Länder.

Doch es waren nicht nur materielle Motive, die Ausländer in die Schweiz lockten. Die Eidgenossenschaft war vor 1914 das freieste und das am wenigsten nationalistische Land Europas, und eben deshalb war sie auch ein beliebter Zufluchtsort der politisch Verfolgten und Unter-

drückten, vor allem solcher aus dem russischen Zarenreich. Die freiheitliche Atmosphäre der Schweiz war auch ein Grund, weshalb die
Zweite Internationale sich entschloß, Ende November 1912 einen
außerordentlichen Kongreß in diesem Land, und zwar in der Stadt abzuhalten, in der ein Sozialdemokrat an der Spitze der Kantonsregierung
stand: in Basel. Anlaß des Treffens war der überaus blutige erste Balkankrieg zwischen Albanien, Bulgarien, Serbien und Griechenland auf
der einen, der Türkei auf der anderen Seite: ein Konflikt, auf den zurückzukommen sein wird. Folglich gab es für den Kongreß nur ein
Thema: die Verhinderung eines großen europäischen Krieges.

Ungewöhnlich war der Ort, wo die Vertreter von 23 sozialistischen
Parteien zusammenkamen: das Basler Münster. Der letzte internationale Kongreß, der hier stattgefunden hatte, war das 17. der ökumeni-
schen Konzilien von 1431 bis 1449, bei dem es um die Bekämpfung der
Hussiten, den Frieden unter den christlichen Fürsten und die Reform
der Kirche gegangen war. Die Vorsteher der Münstergemeine hatten
sich, wie der reformierte Pfarrer Täschler in seiner Predigt einige Stunden vor Beginn der Tagung sagte, einstimmig dafür entschieden, ihre
Kirche für einen internationalen sozialen Arbeiterkongreß zu öffnen:
«Ungeachtet der Stellung des einzelnen zur Sozialdemokratie sind wir
doch alle einig in der Freude über diesen Beschluß. Wenn man uns ein-
zureden versucht, der Krieg sei eine Wohltat oder eine traurige Notwendigkeit, so antworten wir: Der Krieg ist ein Übel, das beseitigt
werden soll und kann. Wir verehren den Gott der Gerechtigkeit, der
Bruderliebe und des Friedens. Es ist eine von christlichem Geist getra-
gene Versammlung, die nachmittags hier tagen wird, selbst wenn sich
Redner einer Ausdrucksweise bedienen, die uns fremdartig anmutet,
und weil bei diesem Kongreß christliche Grundsätze und Ideen proklamiert werden sollen, darum begrüßen wir auch mit warmer Sympathie
die Männer, die zum Teil aus weiter Ferne zu uns angereist sind.»

Nicht minder ungewöhnlich als der Tagungsort waren die Umstände der Eröffnung des Sozialistentreffens. Auf dem Münsterplatz
hatten sich am Nachmittag des 24. November 1912, eines Sonntags,
Tausende von Arbeitern aus allen Teilen der Schweiz, aus Baden und
dem Elsaß versammelt, um die Teilnehmer des Kongresses zu begrüßen.
Erst läuteten eine Viertelstunde lang die Münsterglocken, dann spielte
der Organist, während die Delegierten unter roten Fahnen in das Kir-
chenschiff einzogen, ein Orgelwerk von Johann Sebastian Bach. Die

Redner, darunter einer aus dem kriegführenden Bulgarien, sprachen von der Kanzel, und einige nahmen ausdrücklich auf den «genius loci» Bezug. Der Vorsitzende der Schweizer Sozialdemokraten, Herman Greulich, erinnerte daran, daß von Tausenden und Abertausenden Kanzeln gepredigt werde, daß der Mensch ein Ebenbild Gottes und der menschliche Leib göttlichen Ursprungs sei. «Welch greller Widerspruch dazu ist der organisierte Massenmord! Deshalb soll von dieser Kanzel frei und offen verkündigt werden, daß der fürchterlichste Verbrecher an Gott und den Menschen derjenige wäre, der es wagte, eine Kriegserklärung zu unterzeichnen, die für die Völker Mord und Verbrechen bringt.»

Keir Hardie aus Großbritannien nannte das Basler Münster einen «Tempel der Menschlichkeit». Der Franzose Jean Jaurès stellte fest, in Basel hätten die Christen den Sozialisten das Münster geöffnet. «Unser Ziel ist auch ihr Gedanke, ist auch ihr Wille: den Frieden zu erhalten. Müssen doch alle Christen, die noch ernsthaft auf die Worte ihres Meisters hören, dieselbe Hoffnung wie wir hegen. Sie werden sich mit uns widersetzen, daß die Völker in die Klauen des Dämons des Krieges geraten.» Victor Adler aus Wien vermutete, daß für die ihm unbekannten Männer, die einer Tagung der Internationale im Münster zugestimmt hätten, das Wort Christentum noch «Menschenliebe, Frieden auf Erden und Wohlgefallen an den Menschen» bedeutete. August Bebel aus Deutschland schließlich freute sich am zweiten und letzten Kongreßtag, der wie die Eröffnungssitzung an einem weltlichen Ort, dem Saal der «Burgvogtei», stattfand, daß er als Atheist den kirchlichen Behörden seinen Dank aussprechen konnte dafür, «daß sie uns gestern das prachtvolle Münster zur Verfügung und uns mit Glockenläuten empfangen haben, als kämen ein Großer der Erde, ein Bischof oder ein Papst». Ein solches Zeichen christlicher Toleranz sei leider in der Christenheit ganz selten. «Das Gegenteil ist heute die allgemeine Anschauung in der Christenheit, und besonders uns gegenüber, die wie als Feinde der Religion, der Ehe und der Familie dargestellt werden, als die Umstürzler, die alles durcheinander werfen wollen. Ich bin freilich der Überzeugung, daß wenn heute der christliche Heiland wiederkäme und diese vielen christlichen Gemeinden, diese Hunderte von Millionen sähe, die sich heute Christen nennen, es aber nur dem Namen nach sind, daß er dann nicht in ihren Reihen, sondern in unserem Heer stehen würde.» Das Protokoll verzeichnet nach diesen Worten stürmischen Beifall.

Das vom Internationalen Büro einstimmig verabschiedete «Manifest der Internationale zur gegenwärtigen Lage» verpflichtete die arbeitenden Klassen und deren parlamentarische Vertretungen, bei drohender Kriegsgefahr «alles aufzubieten, um durch die Anwendung der ihnen am wirksamsten erscheinenden Mittel den Ausbruch des Krieges zu verhindern, die sich nach der Verschärfung des Klassenkampfes und der Verschärfung der allgemeinen politischen Situation naturgemäß ändern. Falls der Krieg dennoch ausbrechen sollte, ist es die Pflicht, für dessen rasche Beendigung einzutreten und mit allen Kräften dahin zu streben, die durch den Krieg herbeigeführte wirtschaftliche und politische Krise zur Aufrüttelung des Volkes auszunutzen und dadurch die Beseitigung der kapitalistischen Klassenherrschaft zu beschleunigen.»

Den allgemeinen leitenden Grundsätzen folgten Ausführungen über die Hintergründe des Krieges auf dem Balkan und die Gefahr seiner Ausweitung. An die Arbeiter Deutschlands, Frankreichs und Englands erging die Aufforderung, von ihren Regierungen zu verlangen, «daß sie sowohl Österreich-Ungarn als auch Rußland jede Unterstützung verweigern, sich jeder Einmengung in die Balkanwirren enthalten und unbedingte Neutralität bewahren. Ein Krieg zwischen den drei großen führenden Kulturvölkern wegen des serbisch-österreichischen Hafenstreits (bei dem es um den von Wien abgelehnten Anspruch Serbiens auf einen Zugang zur Adria ging, H.A.W.) wäre verbrecherischer Wahnsinn. Die Arbeiter Deutschlands und Frankreichs können nicht anerkennen, daß irgendeine durch geheime Verträge herbeigeführte Verpflichtung besteht, in den Balkankrieg einzugreifen ... Die Überwindung des Gegensatzes zwischen Deutschland auf der einen, Frankreich und England auf der anderen Seite würde die größte Gefahr für den Weltfrieden beseitigen, die Machtstellung des Zarismus, der diesen Gegensatz ausbeutet, erschüttern, einen Überfall Österreich-Ungarns auf Serbien unmöglich machen und der Welt den Frieden sichern. Auf dieses Ziel vor allem sind daher die Bemühungen der Internationale zu richten.»

So präzise die Analyse war, so wenig konkret waren die Empfehlungen für den Ernstfall. Da die deutschen Sozialdemokraten sich auf einen Generalstreik zur Abwehr des Krieges, wie ihn seit langem die französischen Sozialisten und in Basel auch Keir Hardie für die Labour Party forderten, nicht festlegen wollten, unterblieb jeder Hinweis auf dieses Kampfmittel. Das Basler Manifest war eine Bekundung des unbedingten Friedenswillens der sozialistischen Arbeiterschaft und nicht mehr als das. Das letzte Wort hatte der Vorsitzende der gastgebenden Partei. Herman Greulich berief sich auf das Credo des christlichen Glaubensbekenntnisses und besonders auf die Worte von der Auferstehung der Toten und das Leben des kommenden Zeitalters. Er fügte hinzu: «Das ist ja unsere Hoffnung! Die Millionen von Proletariern, die uns noch fernstehen, die wie ein Bleigewicht an unserer Bewegung hängen, das sind die Toten, die auferstehen sollen!» Greulichs letzte Worte wurden mit stürmischem Beifall bedacht: «Und nun gehen wir auseinander mit dem Rufe, der den Sinn unseres ganzen Kongresses zusammenfaßt: War against war, guerre à la guerre, Krieg dem Kriege.»[32]

Repression und Avantgarde: Rußland 1906–1914

Das Land, dem die Internationale in Basel ihre schärfste Kampfansage entgegenschleuderte, war Rußland. Der Kongreß begrüßte «mit großer Freude» die jüngsten Proteststreiks der russischen Arbeiter gegen die Kriegsgefahr und würdigte diese Aktionen als «eine Bürgschaft dafür, daß das Proletariat Rußlands und Polens sich zu erholen beginnt von den Schlägen, die die zarische Konterrevolution ihm versetzt hat». Wenn der Zarismus sich nunmehr wieder anschicke, sich als Befreier der Nationen des Balkans zu gebärden, so geschehe das nur, um unter diesem «heuchlerischen Vorwand im blutigen Krieg die Vorherrschaft am Balkan wieder zu erobern». Die Aufgabe des städtischen und ländlichen Proletariats in Rußland, Finnland und Polen war es demzufolge, dieses «Lügengewebe zu zerreißen», sich jedem kriegerischen Abenteuer und Anschlag des Zarismus zu widersetzen und seine ganze Kraft auf die Erneuerung des revolutionären Befreiungskampfes gegen den Zarismus zu konzentrieren. Die Begründung entsprach den Positionen, die Marx und Engels schon 1848/49 bezogen hatten: «Ist doch der Zarismus auch die Hoffnung aller reaktionären Mächte Europas, der grimmigste Feind der Demokratie der von ihm beherrschten Völker selbst, dessen Untergang herbeizuführen die gesamte Internationale als eine ihrer vornehmsten Aufgaben ansehen muß.»

Man mußte kein revolutionärer Sozialist sein, um im Zarenreich der Jahre vor 1914 ein zutiefst reaktionäres System zu sehen. Die Revolution von 1905/06 hatte das russische Ancien régime nicht liquidiert, sondern nur bürokratisiert. Aber diese Veränderung war doch tiefgreifend genug, um jene «Revolution von oben» zu ermöglichen, die mit dem Namen des Ministerpräsidenten der Jahre 1906 bis 1911, Pjotr Arkajewitsch Stolypin, verbunden ist.

Der bisherige Innenminister und vormalige Gouverneur von Saratow war zutiefst davon überzeugt, daß Rußland sich nur dann in ein westliches System mit demokratischem Wahlrecht verwandeln konnte, wenn zuvor ein starkes städtisches Bürgertum und eine selbstbewußte Schicht von wohlhabenden Bauern herangewachsen waren. Seine Regierungszeit begann er im November 1906 mit einem Kaiserlichen Manifest, das die Auflösung der im Februar und März desselben Jahres gewählten Ersten Duma und Neuwahlen Anfang März 1907 verfügte. Die Konstitutionellen Demokraten, kurz Kadetten genannt, die die stärkste Fraktion im Parlament stellten, begaben sich daraufhin ins finnische Wyborg, wo sie wegen des Sonderstatus des Großfürstentums vor dem Zugriff der russischen Polizei sicher waren, und riefen von dort aus das Volk auf, keine Steuern mehr zu zahlen und Rekrutierungsbefehlen nicht zu folgen. Der Appell blieb zwar ohne Widerhall. In der Zweiten Duma aber waren die radikalen Kräfte sehr viel stärker vertreten als in der Ersten. Die stärkste Gruppe bildeten nunmehr mit 100 Abgeordneten die linken Trudoviki (Werktätigen), die sich mit dem Allrussischen Bauernbund zusammengeschlossen hatten. Es folgten die Kadetten, die 92 Sitze erhielten, und die Sozialdemokraten, die erstmals für die Duma kandidierten und 64 Mandate erzielten. Die Sozialrevolutionäre, die noch immer dem Terror als politische Waffe anhingen, kamen auf 34 Parlamentarier.

Da es in der Zweiten Duma keine Mehrheit für das wichtigste Vorhaben Stolypins, die Agrargesetze, gab, löste der Regierungschef das Parlament am 16. Juni 1907 auf und erließ nach dem Notverordnungsartikel 87 des Grundgesetzes von 1906 ein neues Wahlrecht, das die Grundbesitzer begünstigte. Sie stellten ungefähr die Hälfte der Wahlmänner, die ihrerseits die Mitglieder der Duma wählten. Die Stimmengewichtung war, wie der Historiker Heinz-Dietrich Löwe feststellt, kraß ungleich. «Im Durchschnitt kam ein Vertreter im Wahlmännergremium auf 230 Grundbesitzer, 1000 Industrielle und Geschäftsleute, 15 000 Wähler der Mittelklasse, 60 000 Bauern und 125 000 städtische Arbeiter. Einzelne Schichten waren von den Wahlen ausgeschlossen, so z. B. die gesamte ländliche Intelligenz und Bauern, die ihren landwirtschaftlichen Betrieb aufgegeben hatten und ihren Landanteil nicht selbst bewirtschafteten. Eine Folge des indirekten Wahlrechts und der Vorherrschaft der adligen Grundbesitzer war, daß die Opposition bei den Wahlen zur Dritten Duma etwa 41 Prozent der Wahlmännerstimmen, aber nur 29 Prozent der Dumasitze gewinnen konnte.»

Die Nutznießer von Stolypins Staatsstreich waren die konservativen «Oktobristen», die seit den Wahlen zur Dritten Duma im November 1907 mit zunächst 160 Abgeordneten die stärkste Fraktion bildeten; ohne sie kam keine Mehrheit zustande. Die Kadetten, auf die 53 Sitze entfielen, wurden 1908 zur staatsfeindlichen Organisation erklärt, ihre Mitglieder vom Staatsdienst ausgeschlossen. Die meisten sozialdemokratischen Abgeordneten der Zweiten Duma waren schon im Sommer 1907 wegen Hochverrats angeklagt und zur Zwangsarbeit in Sibirien verurteilt worden.

Die scharfe Wendung gegen die Linke sicherte Stolypin aber nicht das Vertrauen der Rechten. Eine einflußreiche Gruppierung von Adligen, der sogenannte «Vereinigte Adel», lehnte ebenso wie die orthodoxe Kirche die vom Ministerpräsidenten angestrebte Auflösung des bäuerlichen Gemeineigentums, der «obščina» oder des «mir», ab und unterstellte Stolypin die Absicht, die Macht des Zaren brechen zu wollen. Ihren sichersten Rückhalt hatte die Rechte im Reichsrat, dem teils gewählten, teils vom Zaren ernannten Oberhaus. Während Stolypin in der Duma meist Mehrheiten fand, scheiterte er häufig im Reichsrat. Die Rechte der Duma machte ein taktisches Spiel daraus, zusammen mit den Kadetten Gesetzesvorlagen der Regierung bis zu dem Punkt zu «liberalisieren», wo das Veto des Reichsrats sicher erschien.

Die Magna Charta der Agrarreform, des wichtigsten Vorhabens der Regierung Stolypin, war der Ukas vom 22. November 1906: eine Notverordnung, durch die die Abschaffung der «obščina» eingeleitet werden sollte. Dreieinhalb Jahre später, im Juni 1910, wurde die Verordnung von der Dritten Duma bestätigt und ergänzt. Bauernhaushalte konnten auf Grund des Ukas von 1906 ihr Ausscheiden aus der Eigentumsgemeinschaft beantragen und sich das von ihnen bewirtschaftete Land als privates Eigentum übertragen lassen. In der Praxis trat die Schaffung von Einzelhöfen jedoch seit 1910 hinter der sogenannten «Gruppenkonsolidierung» zurück: Eigentumsgemeinschaften, deren Streubesitz sich auf mehrere Dörfer verteilte, wurden entflochten und auf diese Weise rationalisiert. Erfolgreich war die Reform vor allem dort, wo die «obščina» keine große Rolle spielte oder sich ohnehin schon in der Auflösung befand: im Westen und Nordwesten Rußlands sowie in den südlichen und südöstlichen Steppenregionen. In dem zentralen Schwarzerdegebiet, wo die Landwirtschaft am rückständigsten und die Armut am größten war, schritt die Auflösung der «obščina» jedoch kaum voran: Das Verbleiben im Gemeindeverband schien den meisten Bauernfamilien mehr Sicherheit zu bieten als die Gründung eines Einzelhofs.

Die Motive, von denen Stolypin sich bei seiner Agrarreform leiten ließ, waren die eines Modernisierers. Es ging ihm um eine rationellere Form der landwirtschaftlichen Produktion, um den Abbau der Überbevölkerung auf dem Lande und die weitere Industrialisierung Rußlands. «Durch die Reform wurden rechtliche und institutionelle Schranken beseitigt, die sich bislang außerordentlich fortschrittshemmend ausgewirkt hatten», urteilt der Historiker Hellmut Gross. «Wenn auch die Austritte aus der ‹obščina› seit 1908 zurückgingen, so stieg die Zahl der konsolidierten Höfe bis 1914 ständig an.» Der agrarischen Überbevölkerung sollte das Umsiedlungsprogramm der Regierungen Stolypin und seiner Nachfolger entgegenwirken, und tatsächlich wurden zwischen 1906 und 1913 zwischen zwei und drei Millionen Bauern in Sibirien oder in den zentralasiatischen Regionen angesiedelt. Wichtiger noch war der rasante industrielle Aufschwung seit 1908, der vor allem von der Roheisen- und Kohleproduktion getragen wurde: Er sog einen Teil der überschüssigen bäuerlichen Bevölkerung auf und trug damit zu einer gewissen sozialen Entspannung auf dem Lande bei.

Im Zuge der Agrarreform ging der Landbesitz des Adels weiter zurück. Die meisten Käufer des adligen Ackerlandes waren Bauern, von denen um 1914 10 Millionen Kredit-, Bezugs- oder Produktionsgenossenschaften angehörten. Außer Gemeindeland wurde den Bauern auch Staats- und Kronland zu günstigen Bedingungen zum Kauf angeboten. Das wohl wichtigste Ergebnis der Agrarreform war die Entstehung einer neuen Schicht wohlhabender «Stolypin-Bauern», die wie die «Kulaken» fremde Arbeitskräfte beschäftigten. Die große Mehrheit der Bauern, der «Muschiks», gehörte nicht dazu. Soweit sie nicht in der Landarmut verharrten oder sich umsiedeln ließen, verkauften sie ihr Land und wurden Arbeiter. Als 1917 die Revolution ausbrach, waren rund 30 Prozent aller russischen Bauern Grundeigentümer.

Nimmt man die Agrarreform und den industriellen Aufschwung zusammen (Rußland stand 1913 vor Österreich-Ungarn an fünfter Stelle der Weltindustrieproduktion), so ist es gerechtfertigt, die Ära Stolypin als Zeit eines großen Modernisierungsschubs zu bezeichnen. Dasselbe Urteil drängt sich auf, wenn man die Fortschritte der Volksbildung betrachtet: Die Zahl der Schulen wuchs zwischen 1905 und 1915 von 100 000 auf 150 000; die Zahl der Analphabeten in der Armee sank zwischen 1900 und 1914 von 51 auf 27 Prozent. Auch im Bereich der Künste wirkte Rußland zu Beginn des 20. Jahrhunderts als modernes, ja avantgardistisches Land: Es war die Heimat von Malern wie Kandinsky, Jawlensky und Chagall, von Komponisten wie Strawinsky, Rimski-Korsakow und Skrjabin, von Dichtern wie Tschechow und Gorki. Zugleich gab es immer noch das zutiefst rückständige Rußland. Auf keinem Gebiet trat es auf so abschreckende Weise in Erscheinung wie im Verhältnis zu den Juden: Kurz nach dem «Oktobermanifest» von 1905 begannen Judenpogrome, die von gegenrevolutionären Terrorgruppen, den «Schwarzen Hundertschaften», organisiert wurden. Hinter diesen Gruppen stand der rechtsradikale «Bund des russischen Volkes», der enge Beziehungen zum Zarenhof, zur Polizei und den Behörden unterhielt und sich darauf verlassen konnte, daß die von ihm inspirierten Gewalttaten ohne strafrechtliche Folgen blieben oder, wenn es doch geschah, die Täter vom Zaren amnestiert wurden.

Ein besonders blutiges Pogrom fand Anfang Juni 1906 im polnischen Białystok, einer zu 70 Prozent von Juden bewohnten Stadt, statt. Mindestens 76 Menschen fielen ihm zum Opfer. Es war ein von örtlichen Polizisten und Soldaten unterstützter, von Stolypin aber scharf verurteilter Gewaltausbruch. Der Ministerpräsident stieß freilich mit seinen Versuchen, Pogrome zu verhindern und die Bestrafung der Täter durchzusetzen, auf unüberwindbare Hindernisse. Ein Teil des Staatsapparates versagte ihm die Gefolgschaft. Aus der russischen Polizei stammten die 1905 erstmals veröffentlichen «Protokolle der Weisen von Zion», die gefälschte Aufzeichnung eines angeblichen Geheimtreffens, auf dem Pläne für eine jüdische Weltherrschaft beschlossen worden sein sollten. Zar Nikolaus II. hielt das Machwerk für echt und machte aus seinem Verständnis für die antijüdischen Ausschreitungen keinen Hehl. Auch in der Duma fand Stolypin nur wenig Rückhalt für seine gegen die Judenfeinde gerichtete Politik. Seit 1909 arbeitete er eng mit einer neuen nationalistischen Partei, der Nationalen Union, zusammen, die ihrerseits großen Einfluß auf den rechten Flügel der Oktobristen ausübte. Die Nationalisten waren in ihrer Mehrheit entschiedene

Antisemiten, die in den Juden in erster Linie wirtschaftliche Konkurrenten der russischen Handwerker, Händler und Industriellen sahen. Für eine entschieden liberale, auf die Beseitigung der Diskriminierung der Juden zielende Politik gab es in der Dritten Duma keine Mehrheit.

Im Jahre 1909 nahm die Regierung Stolypin ein neues Reformprojekt in Angriff: die Schaffung von Semstwo- oder Landschaftsversammlungen in sechs westlichen Provinzen Rußlands. (In anderen, als besonders loyal geltenden Teilen Rußlands waren diese Selbstverwaltungsorgane bereit 1864 eingerichtet worden.) Um ein Übergewicht der Polen zu verhindern, sah der Gesetzentwurf die Unterteilung der Gutsbesitzerkurie in eine russische und eine polnische Abteilung vor. In der Duma fand die Vorlage eine knappe Mehrheit, wobei die Abgeordneten den Zensus für die Gutsbesitzer senkten, so daß auch die Kulaken in der Gutsbesitzerkurie abstimmen konnten. Im Reichsrat aber stieß diese soziale Öffnung auf massiven Widerstand. Eine knappe Mehrheit lehnte den Entwurf im März 1911 in der erklärten Absicht ab, Stolypin darüber zu Fall zu bringen.

Um nicht die Unterstützung der Nationalisten zu verlieren, entschied sich der Ministerpräsident für den Weg der Konfrontation. Er bewog den widerstrebenden Zaren zu einer auf drei Tage befristeten Vertagung von Duma und Reichsrat und nutzte das kurze parlamentarische Intervall, um die Einführung der Selbstverwaltungsorgane in Westrußland in der von der Duma verabschiedeten Fassung durch eine Notverordnung nach Artikel 87 des Grundgesetzes zu erzwingen. Nicht nur der Reichsrat, sondern auch die Mehrheit der Duma sah darin zurecht einen Verfassungsbruch. Stolypin hatte nach der letzten seiner putschartigen Aktionen keinen parlamentarischen Rückhalt mehr, und auf die Unterstützung Nikolaus' II. konnte er sich seit dem März 1911 weniger denn je verlassen. Am 18. September 1911 erlag er den Schußverletzungen, die ihm vier Tage zuvor ein politisch kaum zuzuordnender Attentäter, ein ehemaliger Agent der Geheimpolizei, der Ochrana, anläßlich des Zarenbesuchs im Städtischen Theater von Kiew zugefügt hatte.

Der Pistolenschütze brachte einen Politiker von außerordentlicher Tatkraft um, der zu dem Zeitpunkt, als er starb, nach der Meinung der meisten Historiker politisch bereits ein toter Mann war. Stolypin war an Verhältnissen gescheitert, die stärker waren als er selbst. Er hatte sich um eine Modernisierung mit autoritären Mitteln bemüht, weil ihm andere nicht zur Verfügung standen. Er wollte aus Rußland einen Rechtsstaat machen, brach aber, um seine Ziele zu erreichen, immer wieder das geltende Recht. Mit der Durchsetzung der Semstwo-Vorlage auf dem Weg der Notverordnung überspannte er den Bogen, und das machte sein Ausscheiden aus dem Amt des Ministerpräsidenten nur noch zu einer Frage der Zeit. Wie sich seine Agrarreform langfristig ausgewirkt hätte, wenn 1914 nicht der Erste Weltkrieg ausgebrochen wäre, muß ein Gegenstand der Spekulation bleiben. «Westlicher» war Rußland, wenn man den Zuwachs an politischer Freiheit zum Maßstab der Verwestlichung erhebt, in der fünfjährigen Amtszeit Stolypins nicht geworden. Nur in außenpolitischer Hinsicht war das Zarenreich zwischen 1906 und 1911 dem Westen näher gerückt: Die englisch-russische Konvention über die Abgrenzung der Interessensphären in Asien vom August 1907 brachte zwei Mächte in ein Vertragsverhältnis, die, innenpolitisch gesehen, geradezu Antipoden waren.

Im Jahr darauf schien es einen kurzen Augenblick lang, als würde sich auch zwischen Rußland und Österreich-Ungarn eine Verständigung anbahnen. Den Anstoß dazu gab im Juli 1908 die Erhebung der Jungtürken, einer von jüngeren Offizieren des osmanischen Militärs getragenen Erhebung gegen das autokratische Regime des Sultan Abdulhamid (der jedoch erst nach einem Putschversuch konservativer Kräfte im April 1909 gestürzt und durch seinen im Volk beliebten Bruder Mohammed V. ersetzt wurde). Mitte September 1908 trafen sich die Außenminister Rußlands und Österreich-Ungarns, Iswolsky und Aehrenthal, in Buchlau, um über die Folgen der Veränderungen in Konstantinopel zu beraten. Dabei informierte Aehrenthal seinen russischen Kollegen über die Absicht Wiens, Bosnien und die Herzegowina zu annektieren – ein teils von muslimischen Bosniern, teils von orthodoxen Serben, teils von katholischen Kroaten bewohntes Gebiet, das das Habsburgerreich auf Grund der Beschlüsse des Berliner Kongresses von 1878 besetzt hatte. Auf die Annexion des Sandschak von Novi Pazar, der wie ein Keil zwischen Serbien und Montenegro lag, verzichtete Wien auf Drängen Iswolskys. Ansonsten erklärte sich der russische Außenminister mit dem österreichischen Vorhaben einverstanden und versicherte sich seinerseits der Zustimmung Aehrenthals zu der Forderung St. Petersburgs, die Dardanellen für russische Kriegsschiffe zu öffnen.

Am 5. Oktober erfolgte die Annexion Bosniens und der Herzegowina durch die Donaumonarchie. Die von Iswolsky erhoffte Öffnung

der Meerengen aber scheiterte am Widerspruch der mit Rußland verbündeten Westmächte Großbritannien und Frankreich. Die russische
Öffentlichkeit reagierte empört auf das Vorgehen Österreich-Ungarns;
Stolypin mißbilligte das Verhalten seines Außenministers, dessen Position dadurch allmählich unhaltbar wurde. Österreich-Ungarn hingegen genoß die volle Rückendeckung des Deutschen Reiches, das ihm
am 30. September 1908 in der Annexionsfrage einen Blankoscheck
ausgestellt und damit ein krasses Beispiel von wilhelminischer Risikopolitik geliefert hatte. Am 21. März 1909 ging Reichskanzler Bülow
noch einen Schritt weiter und konfrontierte St. Petersburg mit einer
Note, die dort als das verstanden wurde, was sie war: ein kaum ver-
hülltes Ultimatum. Das Zarenreich, das sich für einen Krieg noch nicht
stark genug fühlte, lenkte ein und erkannte, ebenso wie das von ihm
protegierte Serbien, die Annexion Bosniens und der Herzegowina an.
Iswolsky, der mit seiner Balkanpolitik rundum gescheitert war, mußte
im November 1910 das Außenministerium aufgeben. Er ging als Botschafter nach Paris, wo er sich fortan darum bemühte, das russisch-
französische Bündnis auszubauen, um für die nächste Kraftprobe mit
den Mittelmächten besser gewappnet zu sein. Sein Nachfolger als
Außenminister wurde Sergej Dimitrijewitsch Sasonow, ein Schwager
Stolypins.

Einen gewissen Ausgleich für die diplomatische Niederlage in der
Bosnienkrise verschaffte sich Rußland im Fernen Osten. Im Oktober
1911, in St. Petersburg hatte inzwischen der wenig durchsetzungsfähige
Finanzminister Wladimir Nikolajewitsch Kokowzow das Amt des Ministerpräsidenten angetreten, kam es in China zu einer revolutionären
Erhebung, die viele Ähnlichkeiten mit der Revolution der Jungtürken
aufwies: Jüngere Offiziere in Wuchang riefen eine Militärregierung und
die Republik aus und besetzten die Nachbarstädte Hankou und Han-
yang. Binnen weniger Wochen schlossen sich alle Provinzen bis auf eine
dem Umsturz an. Ende Dezember 1911 kehrte Sun Yatsen, der Führer
der sechs Jahre zuvor gegründeten Revolutionären Allianz, der Vorläuferin der Kuomintang, aus seinem japanischen Exil nach China zurück,
wo er von den Delegierten von 16 Provinzversammlungen zum Provisorischen Präsidenten der Republik ausgerufen wurde. Im Februar 1912
dankte der Thronregent für seinen fünfjährigen Sohn, den letzten Kaiser von China, ab und beendete damit die fast drei Jahrhunderte zuvor
errichtete Herrschaft der Mandschu- oder Chungdynastie. Zum Präsi-

denten wurde auf Vorschlag Sun Yatsens im März der kaiserliche General Yun Shikai gewählt.

Die revolutionären Wirren im «Reich der Mitte» nahmen drei unter chinesischer Oberhoheit stehende Gebiete, nämlich Tibet, die Äußere Mongolei und Ost-Turkestan, zum Anlaß, sich für unabhängig zu erklären. Mit der Äußeren Mongolei, die diesen Schritt im Dezember 1911 vollzog, schloß Rußland im Oktober 1912 einen Vertrag, der dem Zarenreich umfassende wirtschaftliche Vorrechte sicherte, in Ost-Turkestan verstärkte Rußland seine diplomatische Präsenz, in der Absicht, den neuen Staat, wenn möglich, in ein russisches Protektorat zu verwandeln. In London lösten die Petersburger Aktivitäten die Befürchtung aus, daß das Zarenreich versuchen könnte, auch Tibet von sich abhängig zu machen: eine Perspektive, der es mit Blick auf die britische Herrschaft in Indien entgegenzuwirken galt.

Während Rußland seinen Einfluß in Ostasien ausdehnte, stand Europa im Bann eines drohenden Balkankrieges. Am 5. Oktober 1908 hatte das bisher der Hohen Pforte gegenüber tributpflichtige Fürstentum Bulgarien sich zum unabhängigen Königreich erklärt; im April 1909 folgte die Anerkennung der Souveränität Bulgariens durch die Türkei und die europäischen Großmächte. Bulgarien förderte als selbsternannte Schutzmacht der slawischen und orthodoxen Mazedonier seit längerem deren Unabhängigkeitsstreben. Die Türkei hatte zwar nach einem mazedonischen Aufstand 1902/03 unter dem Druck Rußlands und Österreich-Ungarns umfassende Verwaltungsreformen in diesem Gebiet versprochen, diese Zusage aber nicht eingelöst. Infolgedessen ging der von Bulgarien aus gesteuerte Unabhängigkeitskampf unvermindert weiter; Mazedonien versank immer mehr in Anarchie.

Ein anderer Krisenherd waren die vier von Albanern besiedelten Wilajets (Verwaltungsbezirken) des Osmanischen Reiches. Bis zur Revolution der Jungtürken hatten sich die Albaner, die in ihrer Mehrheit Muslime waren, durch besondere Loyalität gegenüber dem Sultan ausgezeichnet und immer wieder bedeutende osmanische Heerführer und Offiziere hervorgebracht. Seit im Gefolge des Regimewechsels Muslime und Christen in denselben militärischen Formationen Dienst tun mußten, genossen die muslimischen Albaner keine Sonderstellung mehr. Sie rückten damit ihren orthodoxen und katholischen Landsleuten näher: eine Entwicklung, die sich verstärkte, als unter den Jungtürken Versuche einsetzten, die muslimischen Albaner sprachlich und kulturell zu

türkisieren. Im Frühjahr 1910 begann in dem an Montenegro angrenzenden Wilajet Skutari ein Aufstand; wenig später forderte ein Revolutionäres Zentralkomitee Autonomie für die vier von Albanern bewohnten Wilajets. Die Aufstandsbewegung griff kurz darauf auch auf den
Süden und im Mai 1912, nach dem Sieg der Jungtürken bei den türkischen Parlamentswahlen, auf das Kosovo über.

Unter dem Eindruck der Entwicklung in den mazedonischen und
albanischen Wilajets schlossen Bulgarien und Serbien, von den russischen Gesandten in Sofia und Belgrad nachhaltig unterstützt, im März
1912 ein geheimes Bündnis, das im Mai durch eine Militärkonvention
ergänzt wurde. In den folgenden Monaten wurde durch bilaterale Verträge aus dem Bündnis zwischen Sofia und Belgrad ein Balkanbund mit
vier Partnern: Bulgarien, Serbien, Montenegro und Griechenland. Der
Pakt richtete sich in erster Linie gegen die Türkei; Serbien und Montenegro faßten aber auch eine Aufteilung des von Österreich-Ungarn
okkupierten Sandschak von Novi Pazar ins Auge. Den Krieg mit dem
Osmanischen Reich sollte das kleinste Mitglied der Allianz, Montenegro, auslösen, das zu diesem Zweck von Bulgarien finanziell unterstützt wurde; von Rußland erhielt es bereits seit der Bosnienkrise von
1908/09 Geldmittel und Waffen.

Die treibende Kraft des Krieges gegen die Türkei war Bulgarien. Der
russische Ministerpräsident Kokowzow hätte eine friedliche Verständigung mit Konstantinopel vorgezogen, wollte den Krieg aber, wenn er
denn nicht zu verhindern war, in jedem Fall auf Südosteuropa beschränken. Eine ähnliche Position bezogen die anderen Großmächte,
von denen nur eine, Österreich-Ungarn, ein unmittelbares Interesse am
Balkan hatte. Am 8. Oktober 1912 erklärte Montenegro der Pforte den
Krieg. Die anderen drei Vertragspartner stellten der Türkei Ultimaten
zu, die diese mit Kriegserklärungen an Bulgarien und Serbien beantwortete; Griechenland trat auf Grund seines Bündnisses mit Bulgarien
in den Krieg ein.

Der Koalitionskrieg gegen die Türkei, der als Erster Balkankrieg in
die Geschichte einging, brachte den bulgarischen und serbischen Truppen rasche Siege. Zeitweilig schien sogar Konstantinopel von den bulgarischen Truppen bedroht, was Rußland in höchste Alarmbereitschaft
versetzte. Doch dann kam der Vormarsch der Bulgaren an der stark befestigten Tschatschalda-Linie, etwa 40 Kilometer vor der Hauptstadt,
zum Stehen. Mitte November machte die Türkei Bulgarien ein Frie-

densangebot; Anfang Dezember wurde ein türkisch-bulgarischer Waffenstillstand vereinbart, dem Serbien und Montenegro sich anschlossen. Im gleichen Monat begannen in London unter Vorsitz von Außenminister Grey Friedensverhandlungen, wobei auf der einen Ebene die Partner des Balkanbundes mit der Türkei, auf der anderen die sechs Großmächte untereinander konferierten. Auf türkischen Widerstand stieß nur die Abtretung von Adrianopel und den Inseln der Ägäis.

Der Streit hierüber führte am 6. Januar 1913 zum Abbruch der Verhandlungen. Vermutlich hätte die türkische Regierung unter dem Druck der Großmächte auch in diesen beiden Fragen nachgegeben; aber am 23. Januar putschten erneut die Jungtürken, diesmal unter Führung von Taalat Bey und Enver Pascha, was die verbündeten Balkanstaaten zum Anlaß nahmen, den Krieg fortzusetzen. Das Ergebnis war eine abermalige Niederlage der Türkei. Im Londoner Frieden vom 30. Mai 1913 mußte sie auf ihr gesamtes europäisches Gebiet westlich der Linie Enos-Midia und die Inseln der Ägäis verzichten. Albanien war von dieser Regelung ausgenommen. Über seinen Status und seine Grenzen sollten sich die sechs Großmächte verständigen.

Die Niederlage der Türkei war eines, die Verteilung der Beute ein anderes. Gegenüber der Zeit vor Kriegsbeginn hatte sich die Lage dadurch kompliziert, daß Albanien am 28. November 1912 seine Unabhängigkeit erklärt hatte und Rumänien eine territoriale Entschädigung für seine Neutralität verlangte. Auf die albanische Staatsgründung hatte Wien gedrängt, das unter allen Umständen verhindern wollte, daß Serbien sich an der Adriaküste festsetzte. Anders als in der Bosnienkrise, in der Reichskanzler von Bülow Österreich-Ungarn zur Härte gegenüber Serbien angehalten hatte, wirkte die deutsche Politik unter Bülows Nachfolger Bethmann Hollweg alles in allem mäßigend auf den Zweibundpartner ein. Eine ähnliche Rolle spielte England gegenüber Rußland: Außenminister Grey kam während der Londoner Friedensverhandlungen den Mittelmächten weit entgegen, um den serbischen und damit den russischen Einfluß auf dem Balkan nicht zu groß werden zu lassen.

Der Hauptstreitpunkt zwischen den Partnern des Balkanbundes aber betraf Mazedonien. Auf der einen Seite stand Bulgarien, auf der anderen standen Serbien und Griechenland, die einen zu großen Machtzuwachs Bulgariens fürchteten, außerdem Rumänien, das Bulgarien die südliche Dobrudscha abnehmen wollte, und die Türkei. Am 29. Juni

1913 begann der Zweite Balkankrieg mit einem Angriff Bulgariens auf Serbien. In Wien gab es die starke Neigung, Bulgarien beizustehen; die Intervention unterblieb aber, weil Deutschland sich, diesmal im Zusammenspiel mit Italien, dem Vorhaben widersetzte.

Der Verlierer des Zweiten Balkankrieges war Bulgarien. Der Friede von Bukarest führte im August 1913 zur Aufteilung Mazedoniens zwischen Serbien, Griechenland und Bulgarien, das sich mit einem schmalen Landstreifen im Nordosten begnügen mußte. Griechenland erhielt zudem fast ganz Epirus und Kreta. Albanien wurde selbständig, freilich ohne das überwiegend von Albanern bewohnte Kosovo: Es fiel an Serbien, das den größten Teil erhielt und das in diesem Gebiet geheiligten nationalen Boden sah und diesen Mythos mit der Schlacht auf dem Amselfeld begründete, wo türkische Heere am 28. Juni 1389 den serbischen Adel vernichtet hatten. Einen direkten Zugang zur Adria bekam Serbien nicht, wohl aber Hafenrechte an der albanischen Küste. Rumänien erhielt von Bulgarien die südliche Dobrudscha; Adrianopel, türkisch Edirne, wurde der Türkei zugesprochen.

In Europa war die Auflehnung der Balkanvölker gegen die türkische Herrschaft zunächst mit Sympathie aufgenommen worden. Entsetzen riefen dann aber im Ersten Balkankrieg die Grausamkeiten gegenüber der türkischen Zivilbevölkerung hervor, die in hellen Scharen vor den bulgarischen Truppen nach Konstantinopel flüchtete. Im Zweiten Balkankrieg wurden nicht nur die albanischen Muslime, sondern auch Christen von Christen mißhandelt und vertrieben. Im Ergebnis des Krieges konnten die vier Staaten des Balkanbundes und Rumänien nicht nur ihr Staatsgebiet vergrößern, auch ihre Bevölkerungszahlen nahmen zu. Am meisten galt das für Griechenland und Serbien, die sich als die eigentlichen Kriegsgewinner betrachten durften.

Die Gefahr, daß aus dem Konflikt in Südosteuropa ein großer europäischer Krieg erwachsen konnte, schien zeitweilig sehr groß. Am 2. Dezember 1912, wenige Tage nach der Friedenskundgebung der Zweiten Internationale in Basel, warnte der deutsche Reichskanzler von Bethmann Hollweg in einer Reichstagsrede Rußland mit ernsten Worten vor einem Angriff auf Österreich-Ungarn, dem Deutschland in einem solchen Fall ungesäumt zu Hilfe kommen würde. In London sah man in der Rede einen Beitrag zur Krisenverschärfung und eine indirekte Drohung gegenüber dem mit Rußland verbündeten Frankreich. Am 3. Dezember ließ Kriegsminister Lord Haldane den deutschen Botschafter, Fürst Lichnowsky, daher wissen, daß Großbritannien eine Gefährdung Frankreichs und der Entente als casus belli betrachten würde. Fünf Tage später, am 8. Dezember 1912, hielt Kaiser Wilhelm II. einen «Kriegsrat» ab, zu dem Generalstabschef Hellmuth von Moltke (der Jüngere), der Staatssekretär des Reichsmarineamts von Tirpitz, der Chef des Admiralstabs von Heeringen und der Chef des Marinekabinetts von Müller, nicht aber der Reichskanzler, der Staatssekretär des Auswärtigen Amtes und der preußische Kriegsminister geladen waren. Nicht nur der Kaiser plädierte an diesem Tag für einen sofortigen Krieg mit Frankreich und Rußland. Moltke pflichtete ihm mit den Worten bei: «Ich halte einen Krieg für unvermeidlich und: je eher desto besser.» Eine Woche danach, am 15. Dezember, beschwor Wilhelm II. gegenüber Albert Ballin, dem Direktor der Hamburg-Amerikanischen Paket-Aktiengesellschaft, der «Hapag», die Unausweichlichkeit des «Rassenkampfes ... der Germanen gegen die übermütig gewordenen Slawen». Der Reichskanzler teilte diese Meinung nicht. Im Zusammenspiel mit dem britischen Außenminister Sir Edward Grey arbeitete Bethmann Hollweg auf die Begrenzung und Beilegung des Balkankonflikts und damit die Vermeidung des großen Krieges hin. Der Erfolg war auf seiner Seite, so daß die Berliner «Kriegspartei» das Nachsehen hatte.

Da Serbien gestärkt aus den beiden Balkankriegen hervorgegangen war (wenn auch längst nicht so stark, wie es dies selbst wünschte), konnte auch seine große Schutzmacht, das Zarenreich, mit dem Ergebnis alles in allem zufrieden sein. Erfreulich war für St. Petersburg auch, daß Präsident Poincaré Rußland im November 1912 die volle Unterstützung Frankreichs für den Fall zugesichert hatte, daß Österreich-Ungarn Serbien angreifen und Rußland darüber in einen Krieg mit Österreich-Ungarn geraten sollte.

Ganz anders war die Lagebeurteilung in Sofia und Wien. Bulgarien fühlte sich von Rußland verraten und lehnte sich fortan noch stärker als bisher an die Mittelmächte an. Österreich-Ungarn empfand den Frieden von Bukarest wegen der Stärkung Serbiens als Katastrophe. Schon während des Ersten Balkankrieges, Ende 1912, hatte die Donaumonarchie beschlossen, die Friedenspräsenzstärke seiner Armee von 385 000 auf 470 000 Mann zu erhöhen und seine Artillerie zu modernisieren. Es löste damit ein internationales Wettrüsten aus. Rußland verstärkte im Jahr darauf sein Heer von 1,2 auf 1,42 Millionen Mann und plante, diese Zahl bis 1917 auf 1,8 Millionen zu steigern. Gleichzeitig begann das Zarenreich sein Eisenbahnnetz in Polen zum Zweck des militärischen Aufmarsches gegen Österreich-Ungarn und Deutschland auszubauen. Die deutsche Reaktion war die Heeresvermehrung vom Juni 1913, die französische Antwort hierauf die Loi des trois ans vom August 1913.

So erfolgreich Rußland als Großmacht aus den Krisen von 1912/13 hervorging, so prekär blieb seine innenpolitische Lage. Im Januar 1912 spaltete sich die radikalste der zahlreichen oppositionellen Gruppen, die Sozialdemokratische Arbeiterpartei Rußlands, und diesmal endgültig: Auf einer Konferenz in Prag zogen die Anhänger Lenins, die Bolschewiki, den organisatorischen Trennungsstrich zum rechten Parteiflügel, den Menschewiki. In den Jahren zuvor hatten sich die beiden Richtungen mehr denn je zerstritten. Die Menschewiki, seit dem Londoner Parteikongreß vom April 1907 die Minderheit, befürworteten die Mitarbeit in der Duma und die Ausnutzung aller legalen Möglichkeiten; die Bolschewiki betrachteten den bewaffneten Aufstand als das revolutionäre Kampfmittel schlechthin und das Parlament nur als Forum der Propaganda. Die Menschewiki bejahten die Zusammenarbeit mit bürgerlichen und adligen Liberalen, besonders aber mit der radikalen Intelligenz; die Bolschewiki setzten, darin den Sozialrevolutionären ähnlich, auf die Bauern als Hauptverbündete im revolutionären Kampf. Die Menschewiki gestanden den Gewerkschaften eine gewisse Unabhängigkeit zu; die Bolschewiki sahen in den Gewerkschaften nur ein politisches Instrument der Partei, der Avantgarde des revolutionären Proletariats.

Als Marxist ging auch Lenin davon aus, daß in Rußland zunächst nicht die proletarische, sondern die bürgerliche Revolution auf der Tagesordnung stand. Um die bürgerliche Revolution zum vollen Sieg über den Zarismus zu bringen, müsse ihr das Proletariat seinen Stempel aufdrücken, schrieb der Führer der Bolschewiki im August 1905 in seiner Schrift «Zwei Taktiken der Sozialdemokratie in der demokratischen Revolution». Lenin berief sich dabei auf Marx' Interpretation der jakobinischen «terreur» in der Französischen Revolution. «Gelingt der entscheidende Sieg der Revolution, dann werden wir mit dem Zarismus nach Jakobinerart oder, wenn ihr wollt, plebejisch fertig werden ... Die Jakobiner der modernen Sozialdemokratie – die Bolschewiki ... – wollen mit ihren Losungen das revolutionäre und republikanische Kleinbürgertum und besonders die Bauernschaft auf das Niveau des konsequenten Demokratismus des Proletariats heben, das seine volle Klasseneigenart bewahrt. Sie wollen, daß das Volk, d. h. das Proletariat und die Bauernschaft, mit der Monarchie und der Aristokratie auf ‹plebejische Manier› fertig wird, indem es die Feinde der Freiheit vernichtet, ihren Widerstand mit Gewalt bricht und dem verfluchten Erbe der Leibeigenschaft, des Asiatentums und der Schändung der Menschen keinerlei Konzessionen macht.»

Lenins neue Losung hieß: «revolutionäre demokratische Diktatur des Proletariats und der Bauernschaft». Diese Diktatur war die Vorbedingung des Fortschreitens von der bürgerlichen zur sozialistischen Revolution. «Das Proletariat muß die demokratische Umwälzung zu Ende führen, indem es die Masse der Bauernschaft an sich heranzieht, um den Widerstand des Absolutismus mit Gewalt zu brechen und die schwankende Haltung der Bourgeoisie zu paralysieren. Das Proletariat muß die sozialistische Umwälzung vollziehen, indem es die Masse der halbproletarischen Elemente der Bevölkerung an sich heranzieht, um den Widerstand der Bourgeoisie mit Gewalt zu brechen und die schwankende Haltung der Bauernschaft und der Kleinbourgeoisie zu paralysieren ... Die demokratische Umwälzung ist bürgerlich ... Wir Marxisten müssen aber wissen, daß es keinen anderen Weg zur wirklichen Freiheit des Proletariats und der Bauernschaft gibt und geben kann als den Weg der bürgerlichen Freiheit und des bürgerlichen Fortschritts. Wir dürfen nicht vergessen, daß es in der gegenwärtigen Zeit ein anderes Mittel weder gibt noch geben kann, um den Sozialismus näher zu bringen, als die volle politische Freiheit, als die demokratische Republik, die revolutionär-demokratische Diktatur des Proletariats und der Bauernschaft.»

Aus dem Scheitern der Revolution von 1905 zog Lenin drei Lehren. Die erste war die, «daß *nur* der revolutionäre Massenkampf imstande ist, einigermaßen ernste Verbesserungen im Leben der Arbeiter und in der Verwaltung des Staates durchzusetzen». Die zweite Lehre war die, «daß es nicht genügt, die Macht des Zaren zu untergraben, einzuschränken. Sie muß *vernichtet* werden». Die dritte und wichtigste Lehre bestand darin, «daß wir gesehen haben, *wie* die verschiedenen Klassen des russischen Volkes handeln ... Als die Revolution bis zum entschiedenen Kampf gegen den Zaren, bis zum Dezemberaufstand des Jahres 1905 gediehen war, da haben die Liberalen durch die Bank die Freiheit des Volkes gemein verraten und sind vom Kampf abgeschwenkt ... Die Liberalen waren die Betrogenen. Die Bauern haben eine harte, aber nützliche Lehre erhalten ... Jetzt (im November 1910, als Lenin den Artikel «Die Lehren der Revolution» für die «Rabotschaja Gaseta» schrieb, H.A.W.) ist die zaristische Selbstherrschaft wiederhergestellt, wieder herrschen und regieren die Fronherren, überall triumphieren asiatische Willkür der Behörden und gemeine Verhöhnung des Volkes. Aber die harten Lehren sind nicht vergeblich gewesen. Das Proletariat hat das Volk kämpfen gelehrt. Das Proletariat wird es zum Siege führen.»

Im Jahre 1912 schien manches den revolutionären Optimismus Lenins zu rechtfertigen. Nach ihrer organisatorischen Verselbständigung gelang es den Bolschewiki, die Menschewiki aus einer Reihe von Gewerkschaften und den Selbstverwaltungsorganen der Kranken- und Unfallversicherung in St. Petersburg und Moskau zu verdrängen. Dabei halfen den Bolschewiki auch die Gelder, die sie sich durch Überfälle auf Banken und Postwagen verschafft hatten: Finanzierungsmethoden, die die Internationale als «anarchistisch» betrachtete und vermutlich im Sommer 1914 mit dem Ausschluß der Anhänger Lenins beantwortet hätte, wäre sie nicht durch den Ausbruch des Ersten Weltkrieges handlungsunfähig geworden. Als im Frühjahr 1912 anläßlich von Streiks auf den Goldfeldern am sibirischen Fluß Lena 200 Arbeiter erschossen wurden, legten auf Grund der bolschewistischen Agitation über 100 000 Arbeiter allein in St. Petersburg die Arbeit nieder. Die Ausstände vom Frühjahr 1912 wurden zum Auftakt einer Streikbewegung, die immer heftigere Formen annahm und bis in den Sommer 1914 hinein anhielt. Der wichtigste Grund der Unzufriedenheit bei den Arbeitern war ihr sinkender Lebensstandard. Revolutionär aber konnte man die Situation in Rußland am Vorabend des Ersten Weltkrieges nicht nennen: Der Rückhalt, den die Regierung bei der Armee hatte, reichte aus, um einen Umsturzversuch der äußersten Linken zu verhindern.

Im Dezember 1912 trat die neugewählte Vierte Duma zusammen. In ihr hatte die Rechte die Mehrheit; über die Hälfte der Abgeordneten waren Adlige. Einen Ruck nach rechts ließen auch andere Ereignisse erkennen. Seit 1911 nahmen die Ausweisungen von Juden aus Gebieten außerhalb der Ansiedlungsrayons systematische Züge an. Im September 1913 begann in Kiew auf Betreiben des Innen- und des Justizministeriums ein Ritualmordprozeß gegen den Juden Menachem Mendel Bejis, dem vorgeworfen wurde, einen christlichen Schüler zu rituellen Zwecken umgebracht zu haben. Obwohl das Verfahren, das auf gefälschten «Beweisen» beruhte, mit einem Freispruch endete, war es für das Ansehen des Zarenregimes im In- und Ausland höchst abträglich. Dasselbe galt vom Fall Rasputin. Der Wanderprophet und Wunderheiler Grigorij Rasputin, ein Bauer aus dem sibirischen Tobolsk, hatte seit 1907 immer mehr Einfluß auf die Zarin Alexandra gewonnen, was sich auch in wichtigen personalpolitischen Entscheidungen niederschlug und auf wachsende, aber lange Zeit folgenlose öffentliche Kritik stieß. Das Mittel, das der Affäre schließlich ein Ende bereitete, war an Radikalität nicht zu übertreffen: Im Dezember 1916 wurde Rasputin von Angehörigen des Hochadels ermordet.

Die Bolschewiki waren in der Vierten Duma mit fünf Abgeordneten vertreten. Einer von ihnen war der aus Russisch-Polen stammende rhetorisch begabte Arbeiter Roman Malinowsky, der zum Fraktionsvorsitzenden bestellt wurde. Er genoß das besondere Vertrauen Lenins, der zu dieser Zeit im galizischen Krakau lebte. Die revolutionären Reden, die Malinowsky in der Duma hielt, wurden meist von Lenin verfaßt. Am 7. Mai 1914 forderte Malinowsky in der Duma, ohne zuvor mit seinen Fraktionskollegen und der Parteiführung gesprochen zu haben, die Abgeordneten des linken Flügels, also Sozialdemokraten und Sozialrevolutionäre, auf, ihre Mandate niederzulegen, weil sie durch ihre Anwesenheit lediglich das Prestige der Reaktion erhöhten. Bald danach machten Berichte die Runde, daß Malinowsky Agent der Ochrana sei und Genossen an sie verraten habe. Die Behauptung traf zu, wie sich nach der Revolution vom März 1917 zweifelsfrei herausstellte. Malinowskys Rückzug aus der Duma war vom Innenministerium angeordnet (und mit 6000 Rubel vergütet) worden, weil das Doppelspiel des Abgeordneten mittlerweile als zu gefährlich galt. Ende 1918 wurde Malinowsky von einem bolschewistischen Revolutionstribunal zum Tode verurteilt und tags darauf erschossen. Die Unterwanderung der radikalsten aller Oppositionsgruppen durch die zarische Geheimpolizei hatte den Bolschewiki nur einen vorübergehenden, aber keinen nachhaltigen Schaden zugefügt.[33]

Krieg als Krisenlösung?
Das wilhelminische Deutschland 1909–1914

Im Unterschied zu den russischen Sozialdemokraten hatten die deutschen den Vorteil, Politik in einem Rechtsstaat betreiben zu können. Illegale Methoden des politischen Kampfs kamen für sie nicht in Frage, solange sie sich parlamentarisch und außerparlamentarisch frei betätigen konnten. Obgleich sie im Kaiserreich nach wie vor vielfacher Diskriminierung ausgesetzt waren, übten sie und die ihnen nahestehenden Freien Gewerkschaften gesellschaftliche und politische Macht aus. Die Sozialdemokratie war eine mitgliederstarke Massenbewegung, die sehr viel mehr zu verlieren hatte als ihre Ketten. Ihre Wahlerfolge hatten ihr einen Einfluß verschafft, den sie nicht durch Radikalismus aufs Spiel setzen wollte. Mochte sie die bestehende Gesellschaftsordnung in ihren programmatischen Aussagen auch verwerfen, so war sie doch längst in sie hineingewachsen. Eine «revolutionäre» Partei war die SPD in den Jahren vor 1914 nicht mehr – wenn sie denn je eine gewesen war.

Oppositionell aber war die Sozialdemokratie sehr wohl, und das deutlich zu machen, boten ihr die Reichsleitung und die bürgerlichen Parteien immer wieder Gelegenheit. Am 8. und 9. November 1911 etwa debattierte der Reichstag die internationale Lage, wie sie sich während der zweiten Marokkokrise entwickelt hatte. Reichskanzler Theobald von Bethmann Hollweg wies Gedanken an einen Präventivkrieg, wie sie in der Öffentlichkeit laut geworden waren, scharf zurück, aber die Redner der Konservativen und Nationalliberalen beschworen die Ehre und die Weltgeltung Deutschlands in einer Weise, die durchaus kriegerisch klang.

Es blieb August Bebel vorbehalten, vor den Gefahren nationaler Prestigepolitik zu warnen. Um zu verdeutlichen, mit welchem innenpolitischen Hintergedanken die deutsche Rechte internationale Krisen provozierte, zitierte der Vorsitzende der Sozialdemokraten zwei Pressestimmen. Das «Deutsche Armeeblatt» hatte während der zweiten Marokkokrise geschrieben: «Für die inneren Verhältnisse wäre ein großzügiger Waffengang auch recht gut, wenn er auch den einzelnen Familien Tränen und Schmerzen bringt.» In der freikonservativen «Post» war zu lesen gewesen: «In weiten Kreisen herrscht die Überzeugung, daß ein Krieg nur vorteilhaft sein kann, indem unsere prekäre politische Lage geklärt und die Gesundung vieler politischer und sozialer Zustände herbeigeführt wird.» Bebel kommentierte beide Aussagen mit der Bemerkung: «Man weiß nicht mehr, wie man mit der Sozialdemokratie fertig werden soll. Da wäre ein auswärtiger Krieg ein ganz vortreffliches Ablenkungsmittel gewesen.»

Von allen Seiten werde nun weiter gerüstet werden, fuhr Bebel fort, und das bis zu einem Punkt, wo der eine oder andere eines Tages sagen werde: «Lieber ein Ende mit Schrecken als ein Schrecken ohne Ende ... Dann kommt die Katastrophe. Alsdann wird in Europa der große Generalmarsch geschlagen, auf den hin 16 bis 18 Millionen Männer, die Männerblüte der verschiedenen Nationen, ausgerüstet mit modernen Mordwerkzeugen, gegeneinander als Feinde ins Feld rücken. Aber nach meiner Überzeugung steht hinter dem großen Generalmarsch der große Kladderadatsch ... Die Götterdämmerung der bürgerlichen Welt ist im Anzuge. Seien Sie sicher: Sie ist im Anzug! Sie stehen heute auf dem Punkte, Ihre eigene Staats- und Gesellschaftsordnung zu untergraben, Ihrer eigenen Staats- und Gesellschaftsordnung das Totenglöcklein zu läuten.» Das Protokoll verzeichnet mehrfach «Lachen» und «große Heiterkeit» und den Zuruf von rechts: «Nach jedem Krieg wird es besser!»

Die Denkweise, die Bebel anprangerte, fand ihren klassischen Ausdruck in einem Buch mit dem Titel «Deutschland und der nächste Krieg», das Anfang 1912 erschien, rasch hintereinander mehrere Auflagen erlebte und sogleich in die wichtigsten Fremdsprachen übersetzt wurde. Verfasser war der Militärschriftsteller und ehemalige General Friedrich von Bernhardi. Unter Berufung auf Charles Darwin und seine Jünger, die Sozialdarwinisten, bekannte sich der Autor zum «Kampf ums Dasein» als der «Grundlage aller gesunden Entwicklung». Den Krieg beschrieb Bernhardi als Mittel der Auslese, durch das minderwertige oder verkommene Rassen daran gehindert würden, die gesunden zu überwuchern. Der Krieg war aber «nicht nur eine biologische Notwendigkeit, sondern auch eine sittliche Forderung und als solche ein unentbehrlicher Faktor der Kultur». Daraus ergab sich, was Bernhardi das «Recht zum Kriege» und die «Pflicht zum Kriege» nannte.

In Deutschland hatte sich, wenn man dem Autor folgte, eine tiefe Kluft aufgetan zwischen dem «Empfinden der Nation und dem diplomatischen Vorgehen der Regierung». Diese Kluft war nur durch eine umfassende Volkserziehung zu schließen. Ihr Ziel mußte es sein,

Deutschland auf die Entscheidung vorzubereiten, «ob wir uns auch zu einer *Weltmacht* entwickeln, als solche behaupten und deutschem Geist und deutscher Lebensauffassung die Beachtung auf der weiten Erde verschaffen wollen, die ihnen heute noch versagt sind».

Bewegungen wie die Sozialdemokratie und der Pazifismus, die sich dieser Einsicht verweigerten, galt es daher zu bekämpfen. Da es um «Weltmacht oder Niedergang», «Sein oder Nichtsein» ging, mußten die «Verworrenheit der politischen Zustände» und die «geistige Zersplitterung» endlich überwunden werden. Eine Parlamentarisierung Deutschlands lehnte Bernhardi entschieden ab. «Kein Volk ist so wenig wie das deutsche geeignet, seine Geschicke selbst zu leiten, etwa in einer rein parlamentarischen oder gar republikanischen Verfassung; für keines paßt die landläufige liberale Schablone weniger als für uns.» Deutschland bedurfte einer starken Regierung, die Schluß machte mit der bisher betriebenen «Politik des Friedens und des Verzichts» und an ihre Stelle eine «Propaganda der Tat» setzte; es bedurfte der Stärkung des Heeres und der Flotte und einer frühzeitigen Erziehung der Jugend zum Waffendienst.

Organisationen, die dieselben Ziele verfolgten wie Bernhardi, gab es in großer Zahl. Zum Kolonialverein, dem Ostmarkenverein, dem Alldeutschen Verband und dem Flottenverein kam 1904 der von der Schwerindustrie und den Parteien der Rechten geförderte Reichsverband gegen die Sozialdemokratie, dem 1909 über 200 000 Mitglieder angehörten. Seine Broschüren gegen die SPD waren zahllos, seine Erfolge dagegen bescheiden. Allenfalls bei den «Hottentottenwahlen» von 1907 trug er wohl mit dazu bei, daß sich der Stimmenzuwachs der SPD verlangsamte.

Ein weiterer nationalistischer und militaristischer Kampfverband entstand im Gefolge der zweiten Marokkokrise im Januar 1912: der Deutsche Wehrverein, der im Mai 1912 bereits 78 000 Mitglieder zählte. Er gab sich betont antigouvernemental, weil die Reichsleitung unter Bethmann Hollweg angeblich zu wenig wehrfreudig war, und bemühte sich, volkstümlich zu wirken. Aber der Wehrverein war zu sehr Honoratiorenverband, um zu einer klassenübergreifenden Massenbewegung zu werden. Er war ein typischer Ausdruck jenes «rechten» Nationalismus, der sich seit dem ersten Jahrzehnt des Kaiserreiches in mehreren Schüben im bürgerlichen und kleinbürgerlichen Deutschland ausgebreitet und zunehmend radikalisiert hatte. Der um 1911 einsetzende Schub übertraf die bisherigen durch seine Militanz: Unbedenklich forderten Politiker, Publizisten und Propagandisten einen Krieg, ja einen Weltkrieg als Ausweg aus der inneren und äußeren Krise.

«Die nervöse Großmacht»: So lautet der Titel eines Buches des Historikers und Publizisten Volker Ullrich aus dem Jahr 1997 über Aufstieg und Untergang des deutschen Kaiserreiches. Im Jahr darauf legte ein anderer deutscher Historiker, Joachim Radkau, sein Buch «Das Zeitalter der Nervosität. Deutschland zwischen Bismarck und Hitler» vor. Das deutsche Krisenbewußtsein, wie es in Bernhardis Buch von 1912 und zahlreichen Schriften, Artikeln und Reden aus den letzten Jahren vor dem Ersten Weltkrieg zum Ausdruck kam, war in der Tat durch eine auffallende Nervosität gekennzeichnet – eine Nervosität, die über das europäische «Normalmaß» jener Zeit noch deutlich hinausging. Die deutsche Unruhe wurde vor allem hervorgerufen durch das inzwischen notorische Gefühl, daß die Zeit gegen Deutschland und seinen Anspruch auf Weltgeltung arbeitete. Zum einen fanden sich die Mächte der Tripelentente, Großbritannien, Frankreich und Rußland, immer wieder zusammen, wenn es galt, machtpolitischen Ansprüchen des Deutschen Reiches entgegenzutreten: ein Sachverhalt, den man in Deutschland als «Einkreisung» wahrnahm. Zum anderen konnten alle Abwehrbestrebungen nicht verhindern, daß *die* Partei, die als einzige gegen die wilhelminische Weltpolitik Front machte, weiter wuchs: die Sozialdemokratie. Wenn diese Entwicklung anhielt, war der Zeitpunkt absehbar, wo es im Reichstag keine Mehrheit mehr für eine Vermehrung der Militärausgaben geben würde – also das, was das Reich nach Meinung der Rechten am dringendsten brauchte, wenn es von der Großmacht zur Weltmacht aufsteigen wollte. Am Willen zur Weltgeltung aber mußte Deutschland schon deswegen festhalten, weil es sonst kein ideales Ziel gab, mit dem man den Internationalismus der Linken bekämpfen konnte.

Zu Beginn des Jahres 1912 spitzte sich die innere Krise Deutschlands weiter zu. Am 12. Januar fand die erste Runde der Reichstagswahlen statt; am 20. und 25. Januar folgten die Stichwahlen. Die überlegene Siegerin war die SPD. Sie konnte ihre Stimmenzahl gegenüber 1907 von 3,26 auf 4,25 Millionen und ihren Stimmenanteil von 29 auf 34,8 Prozent steigern. Noch eindrucksvoller war der Zugewinn an Mandaten. Die Sozialdemokratie wuchs, vor allem dank eines Stichwahlabkommens mit der Fortschrittlichen Volkspartei, von 43 auf

110 Sitze. Die stärkste deutsche Partei waren die Sozialdemokraten schon seit 1890. Jetzt stellten sie erstmals die stärkste Fraktion im Reichstag.

Eine solide gouvernementale Mehrheit ohne die SPD war nur noch zu erreichen, wenn es zu einem großen Bürgerblock aus Konservativen, Nationalliberalen, Fortschrittlichen und Zentrum kam. Eine solche Konstellation herzustellen war schwierig. Noch größere Hindernisse standen einem Mitte-links-Block entgegen. An ihm hätten sich nicht nur die 42 Abgeordneten der Fortschrittlichen Volkspartei, sondern auch die 91 Parlamentarier des katholischen Zentrums beteiligen müssen. Die weltanschaulichen Gegensätze zwischen den drei Parteien waren jedoch so groß, daß eine derartige «Koalition» einstweilen nicht mehr als ein Phantom war. Die Reichsleitung konnte also nur versuchen, Mehrheiten von Fall zu Fall zustande zu bringen: ein Zwang, der kraftvolles Regieren nahezu unmöglich machte.

Kurz nach der Reichstagswahl erschien ein Buch, das wie eine Antwort der Rechten auf den Sieg der Linken wirkte. Es trug den Titel «Wenn ich der Kaiser wär'» und war verfaßt von einem Autor, der sich «Daniel Frymann» nannte. Hinter dem Pseudonym verbarg sich der Mainzer Rechtsanwalt Heinrich Claß, der seit Februar 1908 an der Spitze des Alldeutschen Verbandes stand. Claß war ein typischer Vertreter des radikalen Nationalismus der Wilhelminischen Ära. 1904, im Jahr vor der ersten Marokkokrise, hatte er bereits einen Krieg zur Eroberung von Westmarokko propagiert. Während der zweiten Marokkokrise forderte er überdies die Abtretung großer Teile von Ostfrankreich. Zusammen mit Alfred Hugenberg, dem Vorsitzenden des Direktoriums der Firma Friedrich Krupp in Essen, hatte er den Alldeutschen Verband für die völkischen und antisemitischen Kräfte geöffnet. Was er in seinem Buch vom Frühjahr 1912 verkündete, war aber *seine* Botschaft, nicht die des Verbandes. Die Entscheidung, den Band pseudonym zu veröffentlichen, war also wohlbegründet.

Das «Kaiserbuch», das bis 1914 fünf Auflagen erlebte, berührte sich in vielem mit dem kurz vorher erschienenen Buch Bernhardis, das Claß ausdrücklich lobte. «Der Krieg sei uns heilig wie das läuternde Schicksal», lautete einer der Kernsätze. «Willkommen sei er uns als Arzt unserer Seelen, der mit stärksten Mitteln uns heilen wird.» Weder vor einem Krieg mit England noch vor einem mit Rußland brauche sich Deutschland zu fürchten. Frankreich müsse zerschmettert, Belgien ebenso wie die Niederlande unter Wahrung einer beschränkten Selbständigkeit dem Reich angeschlossen werden. «Der gordische Knoten muß durchhauen werden, er ist im Guten nicht zu lösen.»

In seinen innenpolitischen Forderungen war Claß sehr viel radikaler als Bernhardi. Er verlangte die Abschaffung des allgemeinen, gleichen Wahlrechts zugunsten eines Fünf-Klassen-Wahlrechts, das auf Steuerzahler zu beschränken war, die Fernhaltung der Frauen vom politischen Leben, unbeugsamen Widerstand gegen die Demokratisierung Preußens, einen entschlossenen Kampf gegen die Polen und die Bereitschaft zum Staatsstreich gegen die Sozialdemokratie, diesen «Feind unseres Vaterlandes». Der letztere Schritt war freilich nur von einem «Kaiser als Führer» zu erwarten. Der Kaiser war die wünschenswerte, aber nicht unbedingt die einzig vorstellbare Verwirklichung des Führergedankens: «Wenn heute der Führer ersteht, wird er sich wundern, wie viele Getreue er hat – und wie wertvolle, selbstlose Männer sich um ihn scharen.»

Seine schärfsten Angriffe richtete Claß gegen die Juden. Sie verhielten sich ihrem innersten Wesen nach zu den Deutschen wie Wasser zu Feuer. Die Juden seien die «Träger und Lehrer des heute herrschenden Materialismus», die Theater und Presse beherrschten und den Ausgang der jüngsten «Judenwahlen» herbeigeführt hätten. Zur Abwehr der jüdischen Gefahr forderte der Autor, eine Einwanderung von Juden zu verbieten, die «landansässigen» Juden vom öffentlichen Leben auszuschließen, ihnen das aktive und passive Wahlrecht zu entziehen, sie unter Fremdenrecht zu stellen und Steuern in doppelter Höhe zahlen zu lassen, außerdem Juden den Dienst in Heer und Flotte und die Leitung von Theatern und Bankgesellschaften zu untersagen sowie den Zugang zu den Berufen des Anwalts und des Lehrers zu versperren, schließlich Zeitungen, an denen Juden mitarbeiteten, als solche kenntlich zu machen.

Claß besaß hohe Qualitäten als Demagoge. Ein «Populist» aber war er nicht. Mit seinen Tiraden sprach er nicht das Volk, sondern die höheren Schichten und namentlich die «akademisch Gebildeten» an, die die «geistigen Führer des Volkes» und das «Rückgrat des politischen Lebens» sein sollten. Seine Forderung, daß neben den «Adel der Geburt» ein «Adel des Verdienstes» treten müsse, war ebenso reaktionär wie der Ruf nach der Ersetzung des allgemeinen, gleichen Wahlrechts durch ein Klassenwahlrecht. Auch mit seinem Antisemitismus wandte sich Claß in erster Linie an das gebildete Deutschland. Er monierte, daß die Zahl der jüdischen Studenten, Ärzte, Anwälte und Journalisten weit über dem Anteil der Juden an der Gesamtbevölkerung liege, und sprach damit ein Faktum an, das sich vorzüglich dazu eignete, an Neidgefühle, Minderwertigkeitskomplexe und Abstiegsängste bei nichtjüdischen Studenten und Akademikern zu appellieren. Daß die Konzentration der Juden auf die freien Berufe nur die Kehrseite einer anhaltenden Diskriminierung war, verschwieg Claß: Der öffentliche Dienst blieb Juden nach wie vor weithin versperrt.

Auf den ersten Blick mochte es so scheinen, als habe der deutsche Antisemitismus um die Zeit, als Claß' Buch erschien, keine große Bedeutung mehr gehabt. Bei den Reichstagswahlen von 1907 hatten die zersplitterten Antisemitenparteien noch 5,5 Prozent der abgegebenen gültigen Stimmen erhalten; fünf Jahre später erzielten sie mit 2,5 Prozent ihr schlechtestes Ergebnis seit 1893. Der öffentliche Widerhall der parteiförmig organisierten Judenfeinde war in der Tat seit den neunziger Jahren zurückgegangen. Aber von einem Absterben des Antisemitismus konnte keine Rede sein. Er lebte fort in der Deutschkonservativen Partei, die sich in ihrem «Tivoliprogramm» von 1892 zum Kampf gegen den «vielfach sich vordrängenden und zersetzenden jüdischen Einfluß auf unser Volksleben» bekannt hatte, im Bund der Landwirte, im Deutschnationalen Handlungsgehilfenverband, einer 1893 gegründeten Vereinigung kaufmännischer Angestellter, in zahlreichen studentischen Verbindungen, in der evangelischen und der katholischen Kirche. Hinzu kam der Einfluß, den vielgelesene Bücher angesehener antisemitischer Autoren ausübten: die «Deutschen Schriften» von Paul de Lagarde aus den Jahren 1878 und 1881, «Rembrandt als Erzieher» von Julius Langbehn, 1890 erschienen und seit seiner, von dem fanatischen Judenhasser Theodor Fritsch inspirierten, Überarbeitung im Jahr darauf um radikal antisemitische Forderungen erweitert, und das zweibändige Werk des englischen Wahldeutschen Houston Stewart Chamberlain «Die Grundlagen des Neunzehnten Jahrhunderts» von 1899, zu dessen begeisterten Lesern Kaiser Wilhelm II. gehörte.

Sieht man von den überzeugten Liberalen ab, so war die bürgerliche Kultur Deutschlands seit langem vom Antisemitismus durchtränkt. Es bedurfte nur eines äußeren Anlasses, um der Judenfeindschaft neuen Auftrieb zu geben. Die Reichstagswahl vom Januar 1912 war ein solcher Anlaß. Vier Monate später wurde auf Betreiben von Theodor

Fritsch der «Reichshammerbund» gegründet. Sein innerster Kern war der logenartig aufgebaute «Germanenorden», der das Hakenkreuz zu seinem Abzeichen machte. Als seine wichtigste Aufgabe betrachtete es der neue Verband, alle antisemitischen Aktivitäten zu koordinieren und in die unterschiedlichsten Bewegungen und Vereine einzudringen. Einer der Bünde, denen Fritsch seine besondere Aufmerksamkeit widmete, war der «Wandervogel», die 1901 gegründete Keimzelle der deutschen Jugendbewegung. Noch im Jahre 1912 begann eine Kampagne mit dem Ziel, den Bund auf den Ausschluß seiner jüdischen Mitglieder festzulegen. Nur eine Minderheit der «Wandervögel» widersetzte sich diesem Ansinnen. Auf einer Tagung zu Ostern 1914 verständigte sich die Bundesführung auf einen Kompromiß: Es blieb den Ortsgruppen überlassen, ob sie Juden aufnehmen wollten oder nicht.

Radikale Antisemiten wie Fritsch oder Claß bildeten nur eine Minderheit der deutschen Rechten. Umgekehrt verfügten aber auch die entschiedenen Gegner der Antisemiten über keinen breiten Anhang im Bürgertum. Der 1890 gegründete Verein zur Abwehr des Antisemitismus, eine Initiative liberaler Politiker, Publizisten und Wissenschaftler, darunter der Professoren Heinrich von Gneist und Theodor Mommsen, zählte 1897 18 000 Mitglieder; 1912 dürften es nicht viel mehr gewesen sein. Es waren vor allem «Kulturprotestanten» und Linksliberale, die sich in diesem Verband betätigten. In enger Verbindung mit dem 1893 gegründeten Centralverband deutscher Staatsbürger jüdischen Glaubens bemühten sie sich, antisemitischen Greuelmärchen von jüdischen Ritualmorden oder, nach dem Ersten Weltkrieg, Fälschungen wie den «Protokollen der Weisen von Zion» durch Aufklärung und Appelle an die Vernunft die vergiftende Wirkung zu nehmen.

Mit dem Verband der Anhänger Theodor Herzls, der 1897/98 gegründeten Zionistischen Vereinigung für Deutschland, arbeitete der Abwehrverein nicht zusammen. Die zionistische Antwort auf den Antisemitismus, der Ruf nach einem Judenstaat in Palästina, war in Osteuropa sehr viel populärer als in Deutschland. Denn was immer deutsche Judenfeinde sagten und taten, für die überwiegende Mehrheit der deutschen Juden war Deutschland ein Land der Aufklärung, des Rechts und des kulturellen Fortschritts: ihr Vaterland.

Zur politischen Heimat konnten für ungetaufte deutsche Juden nur solche Parteien werden, die sich dem Antisemitismus entschieden widersetzten. Das taten die liberalen Parteien, namentlich die linksliberalen, und die Sozialdemokratie. Die Arbeiterbewegung verdankte ihre weltanschauliche Prägung zu einem erheblichen Teil jüdischen Intellektuellen. Den organisierten Linksliberalismus der Wilhelminischen Ära konnte man sich ohne das wohlhabende und gebildete jüdische Bürgertum großer Städte wie Berlin, Hamburg, Frankfurt am Main oder Breslau gar nicht vorstellen. Die liberale Presse war auf den materiellen Rückhalt im jüdischen Bürgertum ebenso angewiesen wie auf die intellektuelle Produktivität jüdischer Journalisten. Ob «Frankfurter Zeitung», «Berliner Tageblatt» oder «Vossische Zeitung»: Was es an großen liberalen Blättern im Deutschen Reich gab, bezeugte den Einfluß von jüdischem Geist und Geld. Die Antisemiten wußten, warum sie den «jüdischen» Liberalismus und die «Goldene Internationale» des Bankkapitals nicht minder scharf angriffen als den «jüdischen» Marxismus und die «rote Internationale».

Ob der Antisemitismus in Deutschland vor 1914 weiter verbreitet war als in Frankreich, ist fraglich. Aber eine intellektuelle und politische Solidarisierung mit den Juden, wie sie Frankreich anläßlich der Dreyfus-Affäre erlebte, hat es in Deutschland nie gegeben. Die freiheitlichen Gegengewichte zu den freiheitsbedrohenden Bestrebungen der Judenfeinde waren in der Dritten Republik sehr viel stärker als im wilhelminischen Reich.

Antisemitismus gab es auch im zeitgenössischen England, aber verglichen mit Deutschland und Frankreich bildete er alles in allem eine Randerscheinung. Dasselbe gilt für den Antiparlamentarismus. Ein Politiker wie Alfred Milner, der das britische politische System für untauglich erklärte, weil es der Weltrolle des Vereinigten Königreichs nicht gerecht werde, war ein krasser Außenseiter. Bücher wie die von Bernhardi und Claß fanden im deutschen Bürgertum breite Zustimmung. In Großbritannien wären vergleichbare Schriften ähnlich einflußreicher Autoren nicht nur, wie in Deutschland, in der Arbeiterbewegung, sondern auch im bürgerlichen Liberalismus auf schärfsten Widerspruch gestoßen. Das wilhelminische Deutschland war in viel höherem Maß als England oder Frankreich ein von obrigkeitlichen Traditionen geprägtes Land. So demokratisch sein Reichstagswahlrecht war, so rückständig waren sein Regierungssystem und seine politische Kultur, wenn man sie mit England, Frankreich oder den skandinavischen Staaten verglich – von den Vereinigten Staaten von Amerika ganz zu schweigen.

Selten trat die vordemokratische Seite der deutschen Verhältnisse so klar in Erscheinung wie im Spätjahr 1913. Am 6. November berichtete eine elsässische Zeitung, der «Zaberner Anzeiger», von grob beleidigenden und feindseligen Äußerungen, die der preußische Leutnant von Forstner vor Rekruten über die «Wackes» getan hatte – ein Ausdruck, der die Elsässer herabsetzen sollte. Die Angelegenheit wäre vermutlich noch zu bereinigen gewesen, hätte der Kommandierende General von Deimling Forstner nicht nur mit sechs Tagen Stubenarrest, sondern, wie der Statthalter Graf Wedel es forderte, mit der Versetzung in ein anderes Regiment bestraft. Da dies nicht geschah, trat keine Ruhe ein. Vielmehr häuften sich in Zabern Demonstrationen, Zusammenstöße von Soldaten und Zivilisten sowie Festnahmen durch das Militär.

Ende November und Anfang Dezember 1913 befaßte sich der Reichstag mit den Vorfällen. Der preußische Kriegsminister von Falkenhayn erklärte den Abgeordneten, weder er selbst noch der Reichstag besitze eine Zuständigkeit, was die Kontrolle der Disziplinarstrafen betreffe, da diese dem Kommandobereich, also der königlichen Gewalt, angehörten. Reichskanzler von Bethmann Hollweg setzte sich in so vorsichtiger Form vom Verhalten der Militärbehörden ab, daß die Volksvertreter dies als Herausforderung empfanden. Als der Kanzler am 4. Dezember auch noch ausdrücklich sein Einverständnis mit dem Kriegsminister betonte, überspannte er den Bogen endgültig. Mit der überwältigendem Mehrheit von 293 gegen 54 Stimmen bei 4 Enthaltungen stimmten die Abgeordneten einem tags zuvor von der Fortschrittlichen Volkspartei eingebrachten Antrag zu, der Reichstag möge beschließen, daß die Behandlung der Zaberner Angelegenheit durch den Reichskanzler nicht der Anschauung des Hauses entspreche. Nur die beiden konservativen Fraktionen, die Deutschkonservativen und die Freikonservativen, stimmten gegen den ersten Mißbilligungsantrag in der Geschichte des deutschen Reichstags.

Die Meinungsäußerung der Abgeordneten hatte keine politischen Folgen. Der Reichskanzler war nicht auf das Vertrauen des Parlaments angewiesen, und Bethmann Hollweg sprach das nach der Abstimmung auch offen aus. Hinter den Kulissen geschah zwar einiges, was eine Eindämmung der Militärwillkür bezweckte: Eine Mißbilligung durch den Kaiser und König, auch eine faktische Strafversetzung der beiden in Zabern stationierten Bataillone und ein nie veröffentlichter Erlaß zum Waffengebrauch gehörten dazu. Das Kriegs- und das Oberkriegsgericht in Straßburg stellten sich in der Regel auf die Seite der beschuldigten Offiziere und gegen die Soldaten, die die Presse informiert hatten.

Doch nicht in den Ereignissen vom November 1913, ihrem öffentlichen Widerhall und ihren juristischen Folgen lag der eigentliche Skandal der Zabern-Affäre, sondern in dem Verfassungszustand, den die Krise schonungslos enthüllte: der Machtlosigkeit von Reichstag, Reichskanzler und Kriegsminister in Fragen der königlichen Kommandogewalt. Im Ernstfall zeigte der preußische Soldatenstaat dem Verfassungsstaat, wo seine Grenzen lagen. Der Absolutismus war im zivilen Leben überwunden. Auf dem Gebiet des Militärs aber lebte er fort. Aus der Sicht royalistischer Altpreußen war das auch notwendig, um eine Parlamentarisierung Deutschlands zu verhindern. Der konservative Abgeordnete Elard von Oldenburg-Januschau brachte diese Überzeugung auf ebenso provozierende wie klassische Weise zum Ausdruck, als er sich am 29. Januar 1910, gut ein halbes Jahr nach dem Regierungsantritt Bethmann Hollwegs, zu einer, wie er behauptete, «alten preußischen Tradition» bekannte: «Der König von Preußen und der Deutsche Kaiser muß jeden Moment imstande sein, zu einem Leutnant zu sagen: Nehmen Sie zehn Mann und schließen Sie den Reichstag!»

Die Frage, wer im deutschen Kaiserreich im Ernstfall das Sagen hatte, das Militär oder die Politik, und auf welcher Seite der Kaiser stand, beschäftigte nicht nur die Deutschen. Sie war auch für die anderen Großmächte von höchster Bedeutung. Zu Beginn des Jahres 1912 wurde Großbritannien auf exemplarische Weise mit der ungelösten Machtfrage innerhalb der Reichsleitung konfrontiert. Unterstützt von Albert Ballin und dem britischen Bankier Sir Ernest Cassel, war es Reichskanzler von Bethmann Hollweg gelungen, die britische Regierung für vertrauliche Sondierungsgespräche über alle Aspekte der wechselseitigen Beziehungen, einschließlich der Flotten- und der kolonialen Frage, zu gewinnen. Zum Unterhändler bestimmte Premierminister Asquith Kriegsminister Lord Haldane, der in Göttingen studiert hatte und fließend deutsch sprach.

Am 7. Februar, einen Tag vor der Ankunft Haldanes, kündigte Wilhelm II. in einer Thronrede eine neue Flottennovelle an, was in England erhebliche Unruhe auslöste. Bei den Verhandlungen in Berlin bestand die deutsche Seite auf einem bedingungslosen Neutralitätsversprechen Englands für den Fall, daß Deutschland mit einer anderen Macht in einen Krieg verwickelt werden sollte. Auf diese Forderung konnte

Großbritannien nicht eingehen, ohne die Entente cordiale mit Frankreich preiszugeben. Unannehmbar war auch Tirpitz' Forderung, England möge, wenn es Deutschland zu Abstrichen an seiner geplanten Flottenrüstung, dem Bau von drei Linienschiffen, bewegen wolle, ein deutsch-britisches Stärkeverhältnis zur See von 2: 3 (statt des britischen Standard 1: 2) zugestehen. Hätte London sich darauf eingelassen, wäre es nicht mehr in der Lage gewesen, seine Rolle als Führungsmacht des Empire zu behaupten. Umgekehrt wollte sich Deutschland aus Rücksicht auf seine Verpflichtungen gegenüber Österreich-Ungarn nicht mit einer britischen Neutralitätszusage begnügen, die auf den Fall eines zweifelsfreien Verteidigungskrieges beschränkt war.

Da Haldane getrennte Gespräche erst mit dem Reichskanzler, dann mit dem Kaiser und Tirpitz und danach erneut mit Bethmann Hollweg führte, konnte es für ihn keinen Zweifel daran geben, daß nur der Reichskanzler an einer Verständigung mit London ein wirkliches Interesse hatte, während der Monarch und der Staatssekretär des Reichsmarineamtes nichts Geringeres bezweckten als die Sprengung der Tripelentente (und Wilhelm II. darüber hinaus sich der Illusion hingab, er könne England für sein Projekt «Vereinigte Staaten von Europa gegen Amerika» gewinnen). Entsprechend negativ fiel in London die Bewertung von Haldanes Berliner Gesprächen aus. Wilhelm II. zeigte sich daraufhin so unversöhnlich und kriegerisch, daß Bethmann Hollweg am 6. März 1912 sein Abschiedsgesuch einreichte. «Wird uns der Krieg aufgenötigt, so werden wir ihn schlagen und mit Gottes Hilfe nicht dabei untergehen», schrieb er an den Kaiser. «Unsererseits aber einen Krieg heraufbeschwören, ohne daß unsere Ehre oder unsere Lebensinteressen tangiert sind, würde ich für eine Versündigung an dem Geschicke Deutschlands halten, selbst wenn wir nach menschlicher Voraussicht den völligen Sieg erhoffen könnten. Aber auch das ist, jedenfalls zur See, nicht der Fall.»

Zur Entlassung des Reichskanzlers, der im Ausland und namentlich in Großbritannien beträchtliches Ansehen genoß, war Wilhelm dann doch nicht bereit. Einen Augenblick lang war er sogar geneigt, den von Bethmann Hollweg geforderten Abstrichen an der Flottenrüstung zuzustimmen, ließ sich dann aber durch eine Rücktrittsdrohung von Tirpitz davon wieder abbringen. Die Verhandlungen mit England wurden fortgesetzt, aber ohne realistische Aussicht auf eine Einigung. Bethmann Hollweg blieb zwar zur Beruhigung Londons im Amt, in der Sache aber hatten sich in Berlin die militärstrategischen Interessen gegenüber den politischen Überlegungen durchgesetzt und Europa damit dem großen Krieg ein Stück näher gebracht. Bebel, der beharrliche Warner vor der Katastrophe, hatte schon im Herbst 1910 begonnen, die Regierung in London über den mit ihm befreundeten britischen Generalkonsul in Zürich zu verstärkter Flottenrüstung aufzufordern. Seit Anfang 1912 wurden seine Mahnungen dringlicher: Vermehrte militärische Anstrengungen Großbritanniens waren das einzige Mittel, von dem er sich eine positive Wirkung auf die Reichsleitung versprach.

Die Vergrößerung der Kriegsflotte war nicht das einzige rüstungspolitische Vorhaben, das die Reichsleitung Anfang 1912 verfolgte. Am 21. Mai, eine Woche nach der Verabschiedung der Flottennovelle, nahm der Reichstag mit den Stimmen aller bürgerlichen Parteien eine Gesetzesvorlage an, die die Vermehrung des Heeres um 29 000 Mann vorsah. Ein knappes Jahr später stand, ausgelöst durch den Ersten Balkankrieg, die nächste Rüstungsrunde auf der Tagesordnung. Im März 1913 forderte die Reichsleitung eine schrittweise Vermehrung des Heeres um 117 000 Soldaten, 15 000 Unteroffiziere und 4000 Offiziere, zusammen also 136 000 Mann, bis Oktober 1915. Im Juni stimmte der Reichstag dem Gesetzentwurf zu. Mittelbar verhalf auch die SPD, die in der Schlußabstimmung mit Nein stimmte, der Vorlage zum Erfolg. Die Sozialdemokraten hatten nämlich zuvor für ein Gesetz gestimmt, das die Heeresvermehrung finanziell ermöglichte: Die von den Konservativen leidenschaftlich bekämpfte Vermögenszuwachssteuer war aus der Sicht der Sozialdemokratie ein erster Schritt zu der von ihnen seit langem verlangten Reichseinkommens-, Vermögens- und Erbschaftssteuer.

Die forcierte Aufrüstung war 1913 nicht der einzige Beitrag Deutschlands zur Verschlechterung der internationalen Beziehungen. Im Oktober verständigten sich die Türkei, die große Verliererin des Ersten Balkankrieges, und das Deutsche Reich auf eine grundlegende Reform des osmanischen Heerwesens unter deutscher Leitung. Wilhelm II. sprach bei der Abschiedsaudienz für die Mitglieder der deutschen Militärkommission unter Generalleutnant Otto Liman von Sanders am 9. Dezember 1913 unverhohlen von der «Germanisierung der türkischen Armee durch Führung und unmittelbare Kontrolle der Organisationstätigkeit des türkischen Kriegsministeriums» und nannte als Ziel unter anderem die «Unterstützung und Entwicklung der türkischen Militärmacht in Kleinasien so weit, daß sie als Gegengewicht gegen die aggressiven Absichten Rußlands dienen kann».

Liman von Sanders wurde nicht nur zum Generalinspekteur der osmanischen Armee und zum Kommandeur aller Heeresschulen ernannt. Er befehligte auch als Kommandierender General das 1. Armeekorps, dem die Verteidigung von Konstantinopel und der Meerengen oblag. Da Rußland nach wie vor die Herrschaft über die Verbindungswege zwischen dem Schwarzen und dem Mittelmeer erstrebte, empfand es das deutsche Vorgehen als unfreundlichen Akt und protestierte schärfstens. Ein Krieg zwischen beiden Kaiserreichen schien unmittelbar bevorzustehen, wurde aber nochmals vermieden, weil zum einen England, der Protektor und Kontrolleur der türkischen Marine, zu einer vorbehaltlosen Unterstützung Rußlands nicht bereit war und zum anderen Deutschland sich aus Rücksicht auf die Beziehungen zu Großbritannien kompromißwillig zeigte. Liman von Sanders blieb zwar Generalinspekteur der türkischen Armee und wurde überdies zum Feldmarschall des Osmanischen Reiches befördert, gab aber Mitte Januar 1914 das Kommando über das in Konstantinopel stationierte 1. Armeekorps auf. St. Petersburg schrieb dieses Zugeständnis seinem entschlossenen Auftreten zu und ließ von weiteren Forderungen an Deutschland und die Türkei ab.

Der Friede war fürs erste gerettet, der russische Ministerpräsident Kokowzow aber wurde wegen fehlender Fortune im Januar 1914 zum Rücktritt gezwungen. Seine Nachfolge trat Iwan Longinowitsch Goremykin an, der dieses Amt bereits 1906 als unmittelbarer Vorgänger Stolypins einige Monate lang innegehabt hatte und in liberalen Kreisen als reaktionärer Bürokrat galt. Außenminister blieb Sergej Dimitrijewitsch Sasonow, den die Liman-von-Sanders-Krise in der Überzeugung bestätigte, daß ein Krieg mit den Mittelmächten nicht mehr lange zu vermeiden sein würde. Nach wie vor hatte er aber Zweifel, ob Rußland dafür militärisch bereits stark genug war.

Der diplomatischen Krise folgte eine deutsche Pressekampagne, an der das Auswärtige Amt aktiven Anteil nahm. Am 2. März 1914 erschien unter der Überschrift «Rußland und Deutschland» in der «Kölnischen Zeitung», einem der Schwerindustrie nahestehenden Blatt, ein vom Petersburger Korrespondenten der Zeitung verfaßter Artikel, der großes Aufsehen erregte, weil er als offiziös inspiriert galt. In St. Petersburg, hieß es da, spreche man jetzt offen aus, daß Rußland zum Krieg gegen Deutschland rüste. «Für Rußlands amtliche Politik ist und bleibt als Hindernis für rückhaltlos gute Beziehungen zu Deutschland ihre Abhängigkeit von Frankreich bestehen.» Bei der jüngsten Krise hätten die Leiter der russischen Politik «unter französischem Einfluß eine Nervosität an den Tag gelegt», die deutlich beweise, daß die korrekten Beziehungen keinerlei Belastungsprobe aushielten. Noch bluffe man in Rußland. Doch unterliege es keinem Zweifel, «daß wenigstens die amtliche Führung der deutsch-russischen Beziehungen ein ganz anderes Gesicht bekäme, wenn die Herren wüßten, daß sie künftighin nicht immer mit Entgegenkommen von deutscher Seite, sondern mit einem festen Willen zu rechnen hätten, daß das Angefangene unbedingt durchgeführt würde, unbekümmert um Nervositäten und Verärgerungen.»

Der «Alarmruf» der «Kölnischen Zeitung» fand ein überwiegend zustimmendes Echo bei anderen Zeitungen der Rechten, aber auch bei solchen des Zentrums und selbst im liberalen «Berliner Tageblatt», in dem ein Anonymus am 9. März sogar die Notwendigkeit eines Präventivkrieges gegen das militärisch immer stärker werdende Rußland nicht ausschließen wollte. Der Leipziger Historiker Karl Lamprecht, der gute Beziehungen zum Kaiser wie zum Kanzler unterhielt, sah die Rassen an die Stelle der Nationen treten und Deutschland und Rußland in der Rolle von «Führern von Rassen», nämlich Germanen und Slawen. Daß ein Großteil der russischen Zeitungen ihrerseits heftige, zum Teil ebenfalls von amtlicher Seite inspirierte Angriffe auf Deutschland richtete, trug wesentlich zum Eindruck eines regelrechten «Pressekrieges» bei. Der sozialdemokratische «Vorwärts», sonst einer der stärksten Kritiker des zarischen Regimes, sah im konkreten Fall gleichwohl die deutsche Seite als den Aggressor an: «Hatte man jahrelang den deutsch-englischen Krieg für unausbleiblich erklärt und Jahr für Jahr die Verstärkung der Flotte gefordert, wird jetzt Rußland für den kriegsbereiten Feind erklärt. Die Rüstungstreiber brauchen eben beständig einen Popanz, um die nötige Angst zu erzeugen, in der auch ihre wahnwitzigsten Forderungen bewilligt werden.»

Während sich das Verhältnis zu Rußland seit der «Liman-von-Sanders-Krise» dramatisch verschlechtert hatte, trat in den deutsch-britischen Beziehungen im Frühsommer 1914 eine Wende zum Besseren ein. Am 5. Juni schlossen beide Mächte nach langwierigen Verhandlungen ein Abkommen über die Bagdadbahn. Großbritannien sicherte dem umstrittenen deutschen Engagement im Osmanischen Reich seine

Unterstützung zu, wofür das Reich im Gegenzug darauf verzichtete, die Teilstrecke von Basra bis zum Persischen Golf zu bauen und die britische Vorherrschaft am Golf ausdrücklich anerkannte. Ein frontaler Zusammenstoß zwischen den beiden Großmächten war dadurch unwahrscheinlicher geworden – vorausgesetzt, Deutschland betrieb eine Politik, die England nicht zwang, seine Bündnispflichten gegenüber seinen Partnern in der Tripelentente zu erfüllen.[34]

Sarajewo und die Folgen: Von der Julikrise zum Ersten Weltkrieg

So wie Großbritannien in seiner Außenpolitik die Interessen Frankreichs und Rußlands berücksichtigen mußte, so Deutschland die Österreich-Ungarns. (Der dritte Dreibundpartner, Italien, hatte sich mittlerweile so sehr den Mächten der Tripelentente angenähert, daß es fraglich war, ob man in Berlin und Wien im Ernstfall mit seiner Unterstützung würde rechnen können.) Die Donaumonarchie aber war durch ihre inneren Krisen so geschwächt, daß es überall in Europa, und nicht zuletzt innerhalb des Habsburgerreiches selbst, begründete Zweifel an ihren Überlebenschancen gab. Einen gewissen Zusammenhalt des Vielvölkerreiches verbürgte außer der Macht der Gewohnheit, dem Militär und der Bürokratie nur noch der Mann, der seit dem Dezember 1848 an der Spitze der Donaumonarchie stand: Kaiser Franz Joseph, der am 18. August 1913 dreiundachtzig Jahre alt geworden war. Eine solche Macht als einzigen wirklichen Bundesgenossen zu haben, war bei nüchterner Betrachtung nichts, was die Deutschen mit Zuversicht erfüllen konnte.

Von allen zwischenstaatlichen Beziehungen, die Österreich-Ungarn unterhielt, waren die zu Serbien die prekärsten. Am Ende der beiden Balkankriege standen die Donaumonarchie geschwächt und Serbien gestärkt da. Zwar hatte Wien im Oktober 1913 Belgrad zum Abzug seiner Truppen aus Albanien gezwungen, aber mit seinem Ultimatum nur Erfolg gehabt, weil es nicht nur von Deutschland und Italien, sondern in diesem Fall auch von Großbritannien unterstützt wurde. Wenn das Recht einmal weniger eindeutig auf der Seite der Donaumonarchie lag, durfte Serbien auf die Unterstützung des Zarenreiches setzen: Der russische Gesandte in Belgrad, Nikolaj Hartwig, ein überzeugter

Panslawist, wurde nicht müde, das den Verantwortlichen der serbischen Politik zu versichern.

Die Vergrößerung Serbiens, die der Friede von Bukarest im August 1913 gebracht hatte, war nach der Einschätzung serbischer Nationalisten nur eine Abschlagszahlung auf das erstrebte «Großserbien». Es sollte nicht nur die Siedlungsgebiete der Serben, sondern auch die der Kroaten umfassen, die ja nahezu dieselbe Sprache sprachen, wenn sie sie auch in lateinischen und nicht wie die Serben in kyrillischen Buchstaben schrieben, ja alle südslawischen Völker, also auch Mazedonier, Montenegriner und Slowenen einschließen. In Bosnien und der Herzegowina, wo die muslimischen Bosnier den orthodoxen Serben und erst recht den katholischen Kroaten zahlenmäßig überlegen waren, sahen die Ideologen des großserbischen Nationalismus ein unerlöstes Gebiet. Es so schnell wie möglich dem Mutterland anzuschließen war das revolutionäre Ziel der 1911 gegründeten Geheimorganisation «Ujedinjenje ili smrt» (Vereinigung oder Tod), bekannter unter dem Namen «Crna ruka» (Schwarze Hand) und der eng mit ihr verbundenen Studentenvereinigung «Mlada Bosna» (Jung-Bosnien).

Der Kopf der «Schwarzen Hand» und Koordinator der militärischen Ausbildung der großserbischen Revolutionäre war der Chef des serbischen Geheimdienstes, der Oberst im Generalstab Dragutin Dimitrejević, der in scharfem Gegensatz zum Ministerpräsidenten Nikola Pašić stand. Ob oder inwieweit Mitglieder der serbischen Regierung und möglicherweise auch die russische Ochrana in die terroristische Tätigkeit der «Schwarzen Hand» verwickelt waren, ist eine bis heute nicht geklärte und wohl nicht mehr klärbare Frage. Sicher ist, daß die «Schwarze Hand» die Aktionen von «Jung-Bosnien» lenkte. Das gilt auch für das Attentat auf das österreichische Thronfolgerpaar am 28. Juni 1914 in Sarajewo – verübt am 525. Jahrestag der blutigen Schlacht auf dem Amselfeld, aus der die serbischen Nationalisten einen nationalen Gründungsmythos gemacht hatten.

Den Erzherzog Franz Ferdinand und seine Gemahlin, die zur Herzogin von Hohenberg erhobene Gräfin Sophie Chotek, in der aufgeheizten Atmosphäre des Sommers 1914 im offenen Wagen durch die bosnische Hauptstadt fahren zu lassen war nicht nur leichtfertig, es war in höchstem Maß verantwortungslos. Damit nicht genug, hatten die zuständigen Behörden auch die Fahrstrecke des Thronfolgerpaares durch die Zeitungen bekannt geben lassen. An dieser Strecke warteten sechs

Attentäter. Einem von ihnen, Gavrilo Princip, gelang es, Franz Ferdinand und seine Frau aus nächster Nähe zu erschießen.

Alle Spuren des Anschlags deuteten auf serbische Urheber, und in Wien ging man sogleich von einer Verantwortung oder zumindest Mitverantwortung der Belgrader Regierung aus. Seit längerem gab es eine österreichische «Kriegspartei», die davon überzeugt war, daß das serbische Problem sich nur mit Gewalt lösen lasse (und in diesem Punkt mit der Belgrader «Kriegspartei» völlig übereinstimmte). Der Generalstabschef, Franz Graf Conrad von Hötzendorf, war das einflußreichste Mitglied dieser «Partei», die in der österreichischen und ungarischen Presse breite Unterstützung genoß. Außenminister Graf Berchtold galt hingegen als Anhänger eines friedlichen, «trialistischen» Ausgleichs zwischen deutschsprachigen Österreichern, Ungarn und Slawen im Sinne der Vorstellungen des ermordeten Thronfolgers. In den ersten Tagen nach dem Anschlag traten Berchtold, Ministerpräsident Stürgkh und auch Kaiser Franz Joseph für ein vorsichtiges Vorgehen ein: Bevor Serbien mit harten Forderungen konfrontiert wurde, sollten die Ergebnisse der sofort eingesetzten Untersuchung über die Hintergründe des Attentats abgewartet werden.

Im übrigen galt es, sich der Haltung des deutschen Verbündeten zu vergewissern, was um so wichtiger war, als ein Krieg mit Serbien vermutlich einen Krieg mit Rußland nach sich ziehen würde. Österreich-Ungarn und das Deutsche Reich waren nicht nur durch einen Vertrag, den Zweibundvertrag von 1879, aneinander gebunden, sondern auch durch eine lange gemeinsame Geschichte, eine gemeinsame Sprache und Kultur. Deutschland und Österreich-Ungarn waren die beiden mitteleuropäischen Großmächte: Wenn Deutschland seinen Einfluß auf Mitteleuropa behaupten und steigern wollte, konnte es dies, solange es die Habsburgermonarchie gab, nur zusammen mit dieser tun. Auch Conrad machte alles Weitere von der Haltung Berlins abhängig; an einem österreichischen Alleingang im Konflikt mit Serbien dachte in Wien niemand.

In der ersten Juliwoche fielen in Wien und Berlin Entscheidungen, die auf einen Krieg mit Serbien hinausliefen. Am 2. Juli informierte Franz Joseph Wilhelm II. brieflich darüber, daß das Bestreben seiner, der österreichisch-ungarischen Regierung auf die «Isolierung und Verkleinerung Serbiens» ausgerichtet sei: Serbien, «welches gegenwärtig den Angelpunkt der panslawistischen Politik» bilde, müsse als «politischer Machtfaktor auf dem Balkan ausgeschaltet» werden. Der deutsche Kaiser hatte bereits am 30. Juni in Randbemerkungen zu einem Bericht des deutschen Botschafters in Wien, Heinrich von Tschirschky, an den Reichskanzler die Parole «Jetzt oder nie» ausgegeben. Am 6. Juli erfuhr Berchtold, worauf Wilhelm II. und Bethmann Hollweg sich verständigt hatten: Deutschland versicherte Österreich-Ungarn seiner unverbrüchlichen Bundesgenossenschaft, ließ dem Partner freie Hand gegenüber Serbien und drängte auf «sofortiges Einschreiten seinerseits gegen Serbien als radikalste und beste Lösung unserer Schwierigkeiten auf dem Balkan».

Die Mahnung zur Eile erklärte sich daraus, daß man in Berlin die proösterreichische Stimmung nutzen wollte, die sich nach dem Attentat von Sarajewo in Europa verbreitet hatte. Ein rascher militärischer Erfolg der Österreicher mochte Rußland davon abhalten, den Serben beizustehen. Wenn das Zarenreich aber an der Seite Belgrads in den Krieg eingriff, mußte es als der Aggressor dastehen: Nur dann konnte die Reichsleitung hoffen, die Sozialdemokraten von der Notwendigkeit des Beistandes für Österreich-Ungarn zu überzeugen. Ließ sich der Konflikt nicht lokalisieren, drohte der große europäische Krieg, bei dem den beiden Mittelmächten Rußland, Frankreich und höchstwahrscheinlich auch Großbritannien gegenüberstehen würden.

Daß England sich im Kriegsfall *nicht* auf die Seite Frankreichs stellen, also neutral bleiben würde, konnte der Reichskanzler nicht ernsthaft glauben (auch wenn er sich gelegentlich anders äußerte). Gegen eine solche Annahme sprachen nicht nur die britischen Verträge mit Frankreich und Rußland von 1904 beziehungsweise 1907, die ganz in der Tradition der «balance of power» standen. Es war vor allem eine strategische Entscheidung Berlins, die England im Ernstfall als unmittelbare Bedrohung seiner Sicherheit hätte empfinden müssen: Im Jahre 1905 hatte sich Deutschland auf den nach dem damaligen Generalstabschef Alfred Graf von Schlieffen genannten Plan festgelegt, das französische Heer unter Umgehung des Festungsgürtels von Belfort bis Verdun von Norden her anzugreifen und niederzuwerfen, was einen Durchmarsch durch das neutrale Belgien erforderte. Der Schlieffenplan war ein Triumph des militärischen über das politische Denken: Wenn deutsche Truppen die Grenzen Belgiens überschritten, war der Kriegseintritt Großbritanniens unausweichlich.

Bethmann Hollweg war nicht der Meinung der deutschen «Kriegspartei», daß Deutschland den Krieg brauchte, um seine innenpolitischen Probleme zu lösen, das heißt die Sozialdemokratie ausschalten oder zumindest nachhaltig schwächen zu können. Er war vielmehr überzeugt, daß die sozialdemokratische Arbeiterbewegung aus einem Krieg, wie immer er enden mochte, gestärkt hervorgehen würde. Sehr viel mehr konnte Bethmann Hollweg dem Argument des Militärs abgewinnen, daß Deutschland 1914 größere Siegeschancen hatte als in einigen Jahren, wenn die Mächte der Tripelentente und vor allem Rußland dank ihrer Rüstung noch sehr viel stärker sein würden als jetzt.

Den großen Krieg hielt der Kanzler Anfang Juli 1914 noch nicht für unvermeidbar: Wich Rußland zurück, wäre das für die Mittelmächte ein großer diplomatischer und politischer Erfolg gewesen. Aber daß das Zarenreich klein beigeben würde, war keineswegs sicher. Der Reichskanzler ließ sich auf ein hochgefährliches Spiel ein, als er dem Verbündeten am 6. Juli einen Blankoscheck ausstellte und ihn zur Eile mahnte. Vermutlich wäre er nicht mehr lange im Amt geblieben, hätte er anders gehandelt: Bei der Rechten galt Bethmann Hollweg ohnehin als Zögerer, ja als Schwächling, der den Herausforderungen der Zeit nicht gewachsen war. Doch der Druck, der vom Kaiser und vom Militär, vor allem vom Generalstabschef von Moltke, ausging, war im Juli 1914 so massiv, daß sich ihm auch ein stärkerer Reichskanzler kaum erfolgreich hätte widersetzen können.

In Wien gab es zwei Wochen nach dem Doppelmord von Sarajewo keine Akteure mehr, die nicht zur «Kriegspartei» gehörten. Der einzig verbliebene Skeptiker, der ungarische Ministerpräsident Graf Tisza, saß in Budapest und hatte auf die Außenpolitik der Donaumonarchie nur geringen Einfluß. Die deutsche Rückendeckung war eine entscheidende Hilfe für jene, die seit langem in einem Krieg gegen Serbien das einzige Mittel sahen, das die Habsburgermonarchie noch retten konnte. Verzichtete Wien auf die Ausschaltung Serbiens, hörte es auf, eine ernstzunehmende Großmacht zu sein; der Zerfall des Vielvölkerreiches war dann nur noch eine Frage der Zeit: Aus dieser Einschätzung heraus ergab sich die Politik, die Österreich-Ungarn in der Julikrise betrieb.

Mit dem Ultimatum an Belgrad aber ließ sich Wien viel Zeit – bis zum 23. Juli, dem letzten Tag eines Besuches der beiden führenden Repräsentanten Frankreichs, Präsident Poincaré und Ministerpräsident Viviani, in St. Petersburg. Um 18 Uhr, eine Stunde nach der Abreise der Pariser Delegation, überreichte der österreichische Gesandte der Belgrader Regierung die Wiener Forderungen. (Die Reichsleitung in Berlin kannte die Bedingungen bereits seit dem Nachmittag des 22. Juli). Das Ultimatum war auf die Demütigung Serbiens abgestellt. Unter Berufung auf das Ergebnis der österreichischen Untersuchung des Attentats von Sarajewo wurde Serbien die Verfolgung und Bestrafung der Hintermänner des Anschlags, die Auflösung nationalistischer Organisationen wie der «Volksverteidigung» (Narodnaja Odbrana) und eine Garantie zukünftigen politischen Wohlverhaltens abverlangt. Österreichische Organe sollten, was einen tiefen Eingriff in die Souveränität des Königreichs Serbien bedeutete, an der Unterdrückung der gegen die Doppelmonarchie gerichteten Propaganda mitwirken. Die Belgrader Antwort wurde innerhalb von 48 Stunden erwartet.

«C'est la guerre européenne» (Das ist der europäische Krieg): Mit diesen Worten kommentierte der russische Außenminister Sasonow am 24. Juli die Wiener Note. Um Zeit zu gewinnen, bat St. Petersburg die anderen europäischen Mächte, die Regierung der Doppelmonarchie, ebenso wie Rußland es tun wollte, zu einer Verlängerung der Serbien gesetzten Frist zu drängen. An Serbien erging die Empfehlung, sich Wien gegenüber weitgehend nachgiebig zu zeigen und bei einem Einmarsch österreichisch-ungarischer Truppen keinen militärischen Widerstand zu leisten, sondern das Schicksal des Königreichs der Entscheidung der europäischen Großmächte anzuvertrauen. Gleichzeitig beschloß der russische Ministerrat, eine Teilmobilisierung gegen Österreich-Ungarn vorzubereiten, wobei klargestellt werden sollte, daß sich dieser Schritt nicht gegen Deutschland richte. Wenn es zum Krieg kam, sollte deutlich sein, daß Österreich-Ungarn die Schuld daran trug: In diesem Punkt war sich die russische Führung mit dem französischen Präsidenten Poincaré einig, der während seines Besuches die Bündnistreue Frankreichs nachdrücklich unterstrichen hatte.

Die Antwort, die Serbien am 25. Juli auf das Wiener Ultimatum gab, war, dem russischen Ratschlag gemäß, höchst entgegenkommend. Belgrad erklärte sich bereit, die Forderungen Österreich-Ungarns zu erfüllen, soweit sie mit der Souveränität des Königreiches zu vereinbaren waren. Selbst eine dem Völkerrecht entsprechende Mitwirkung von Organen der Donaumonarchie bei der Bekämpfung antiösterreichischer Propaganda schloß Belgrad nicht aus. Dennoch verließ der Wiener Gesandte, nachdem er die Note in Empfang genommen hatte, Serbien, was den Abbruch der diplomatischen Beziehungen bedeutete. Wenige

Stunden später begannen in Österreich-Ungarn die Vorbereitungen für die Mobilmachung gegen Serbien. Als der britische Außenminister tags darauf eine Vermittlung der vier nicht unmittelbar beteiligten Großmächte, also Großbritanniens, Deutschlands, Frankreichs und Rußlands, vorschlug, reagierte Berlin taktisch. Der Staatssekretär des Auswärtigen Amtes, Gottlieb von Jagow, leitete die Anregung zwar nach Wien weiter, empfahl aber, nicht darauf einzugehen. Vielmehr blieb es bei der Aufforderung, die der Botschafter des Habsburgerreiches in Berlin, Graf Szögyeny-Marich, am 25. Juli Außenminister Berchtold übermittelt hatte: Wien solle, um Einmischungen anderer Mächte zuvorzukommen, in Sachen Serbien rasch ein «fait accompli» schaffen.

Am Morgen des 28. Juli bekam Wilhelm II., der tags zuvor von einer «Nordlandreise» zurückgekehrt war, den Text der serbischen Antwortnote vom 25. Juli zu lesen. Der Kaiser war verblüfft: «Eine brillante Leistung für eine Frist von bloß 48 Stunden. Das ist mehr, als man erwarten konnte! Ein großer moralischer Erfolg für Wien; aber damit fällt jeder Kriegsgrund fort, und Giesl (der österreichische Gesandte in Serbien, H.A.W.) hätte ruhig in Belgrad bleiben sollen. Daraufhin hätte ich niemals Mobilmachung befohlen!»

In einem Handschreiben an Staatssekretär von Jagow wurde Wilhelm II. noch konkreter: Die Wünsche der Donaumonarchie seien im Großen und Ganzen erfüllt. «Die paar Reserven, welche Serbien zu einzelnen Punkten macht, können M(einem) Er(achten) nach durch Verhandlungen wohl geklärt werden. Aber die Kapitulation demütigster Art liegt darin orbi et urbi verkündet, und dadurch entfällt *jeder Grund zum Kriege.*» Um dem Papier Taten folgen zu lassen, sollte Österreich «ein Faustpfand (Belgrad) für die Erzwingung und Durchführung der Versprechungen» besetzen und so lange behalten, bis die Petita erfüllt seien. Auf dieser Grundlage wäre er, der Kaiser bereit, «den *Frieden* in Österreich zu *vermitteln*».

Der Meinungswandel Wilhelms II. hing aufs engste mit der Lektüre eines anderen Schriftstückes zusammen: eines Telegramms des deutschen Botschafters in London, des Fürsten Lichnowsky. Dieser war am Vortag vom britischen Außenminister Sir Edward Grey zu einem Gespräch gebeten worden. Darin hatte der Chef des Foreign Office dem deutschen Diplomaten zunächst seine Einschätzung der Belgrader Antwortnote erläutert: Serbien sei den österreichischen Forderungen in einem Umfang entgegengekommen, den er, Grey, niemals für möglich gehalten habe. «Es sei klar, daß diese Nachgiebigkeit Serbiens *lediglich auf einen Druck von St. Petersburg zurückzuführen sei*». Wenn Österreich dies nicht als Grundlage für friedliche Unterhandlungen betrachte, dann sei es vollkommen klar, daß Wien nur noch einen Vorwand suche, um Serbien zu unterdrücken. Da Rußland dies mit Blick auf seinen Einfluß auf dem Balkan nicht hinnehmen könne, würde daraus «der furchtbarste Krieg entstehen, den Europa jemals gesehen habe, und niemand wisse, wohin ein solcher Krieg führen könne». Abzuwenden sei diese Gefahr nur, wenn es Deutschland und Großbritannien gelinge, «*durch unseren beiderseitigen Einfluß auf unsere Verbündeten den Frieden Europas*» zu sichern.

Lichnowsky erwähnte ausdrücklich, daß er Grey «zum ersten Male verstimmt» erlebt habe. «Er sprach mit großem Ernst und schien von uns auf das bestimmteste zu erwarten, daß es unserem Einfluß gelingen möge, die Frage beizulegen ... Auf jeden Fall bin ich der Überzeugung, daß, falls es jetzt doch noch zum Kriege käme, wir mit den englischen Sympathien und der britischen Unterstützung nicht mehr zu rechnen hätten, da man in dem Vorgehen Österreichs alle Zeichen üblen Willens erblicken würde. Auch hier ist alle Welt davon überzeugt, und ich höre es aus dem Munde meiner Kollegen, daß der Schlüssel der Lage in Berlin liegt und, falls man dort den Frieden ernstlich will, Österreich davon abzuhalten sein wird, wie Sir E. Grey sich ausdrückt, tollkühne Politik zu treiben.»

Bethmann Hollweg und Jagow ließen sich weder vom Bericht Lichnowskys noch durch die Weisung des Kaisers beeindrucken. Beide hatten sich durch ihr Drängen auf einen raschen Krieg gegen Serbien so festgelegt, daß sie offenbar auch eine persönliche Bloßstellung fürchteten, wenn sie auf die Wünsche des Monarchen eingingen und damit eine politische Kehrtwende vollzogen. Infolgedessen wurde der «Halt-in-Belgrad»-Vorschlag Wilhelms II. nur verspätet und in einer die Absichten des Kaisers verfälschenden Form nach Wien weitergeleitet. Die österreichische Kriegserklärung an Serbien hätte aber auch durch schnelleres Handeln nicht mehr verhindert werden können: Sie war am 28. Juli um 11 Uhr vormittags erfolgt.

Die Kriegserklärung bedeutete noch nicht den Krieg. Nach Angaben des österreichisch-ungarischen Generalstabs war ein aktives militärisches Vorgehen gegen Serbien erst vom 12. August ab möglich. In der Zwischenzeit würde Deutschland, wie Bethmann Hollweg am späten

Abend des 28. Juli Botschafter Tschirschky in Wien wissen ließ, Vermittlungs- und Konferenzvorschlägen der anderen Kabinette ausgesetzt sein. Wenn die Reichsleitung darauf weiterhin mit Zurückhaltung reagiere, würde «das Odium, einen Weltkrieg verschuldet zu haben, schließlich auch in den Augen des deutschen Volkes» auf sie zurückfallen. «Auf einer solchen Basis aber läßt sich ein erfolgreicher Krieg nach drei Fronten (gemeint war ein Krieg gegen Serbien, Rußland und Frankreich, H.A.W.) nicht einleiten und führen. Es ist eine gebieterische Notwendigkeit, daß die Verantwortung für das eventuelle Übergreifen des Konflikts auf die nicht unmittelbar Beteiligten unter allen Umständen Rußland trifft.»

Von der jüngsten Initiative Wilhelms II. blieb im Telegramm des Reichskanzlers nicht viel übrig. Er verwies zwar auf die Gefahr, daß die «öffentliche Meinung in ganz Europa» sich gegen Österreich-Ungarn wenden könnte, wenn dieses auf seiner «völlig intransigenten Haltung» beharre. Den Vorschlag des Kaisers, die Donaumonarchie solle sich mit einer vorübergehenden Besetzung Belgrads begnügen und so die Erfüllung der österreichischen Forderungen sicherstellen, schwächte Bethmann Hollweg aber auf bezeichnende Weise ab: Der Botschafter solle sorgfältigst den Eindruck vermeiden, «als wünschten wir Österreich zurückzuhalten. Es handelt sich lediglich darum, einen Modus zu finden, der die Verwirklichung des von Österreich-Ungarns erstrebten Ziels, der großserbischen Propaganda den Lebensnerv zu unterbinden, ermöglicht, ohne gleichzeitig einen Weltkrieg zu entfesseln, und wenn dieser schließlich nicht zu vermeiden ist, die Bedingungen, unter denen er zu führen ist, für uns nach Tunlichkeit zu verbessern.»

Als Bethmann Hollweg am Abend des 28. Juli erneut die Parole ausgab, es gelte, Rußland die Schuld an einem großen Krieg zuzuschreiben, mußte er wissen, daß kaum noch etwas für die Annahme sprach, der Krieg gegen Serbien werde sich lokalisieren lassen. Wenn aber Rußland sich auf die Seite Serbiens stellte, würde nicht nur Frankreich, sondern auch Großbritannien die Partei des Zarenreiches ergreifen. Spätestens seit dem Abend des 27. Juli wußte das Auswärtige Amt, daß Grey es für unmöglich hielt, die britische Politik der Nichteinmischung aufrechtzuerhalten, wenn aus dem österreichisch-serbischen Konflikt «ein österreichisch-russischer und damit ein europäischer zu werden droht». Das Ergebnis der bisherigen deutschen Politik in der Julikrise war das Dilemma, das der deutsche Botschafter am Hof von St. James in die

Worte faßte: «Wie soll ich für Lokalisierung des Konflikts eintreten, wenn hier niemand daran zweifelt, daß durch das Vorgehen Österreich-Ungarns ernste russische Interessen auf dem Spiele stehen, und daß Rußland sich, falls von uns kein Druck auf Österreich ausgeübt wird, selbst gegen seinen Wunsch zum Einschreiten genötigt sehen wird?»

Es bedurfte einer noch deutlicheren Warnung des britischen Außenministers, um Bethmann Hollweg zu einer gewissen Kurskorrektur zu veranlassen. Am Abend des 29. Juli informierte Grey Lichnowsky, daß die britische Regierung, wenn Deutschland und Frankreich in den russisch-österreichischen Konflikt hineingezogen würden, «unter Umständen sich zu schnellen Entschlüssen gedrängt sehen würde». In einem solchen Fall könne Großbritannien nicht lange abseits stehen und warten; ein Krieg aber würde die größte Katastrophe sein, die die Welt je gesehen hat (if war breaks out, it will be the *greatest catastrophe* that the *world* ever has seen).

Der Reichskanzler hielt es nun für angebracht, eine Mahnung an den Bundesgenossen zu richten. Wenn Österreich jede Vermittlung ablehne, telegraphierte er in der Nacht vom 29. zum 30. Juli an Botschafter Tschirschky, stünde Deutschland «vor einer Conflagration (Großbrand, H.A.W.), bei der England gegen uns, Italien und Rumänien nach allen Anzeichen nicht mit uns gehen würden und wir 2 gegen 4 Großmächte ständen». Die Verweigerung jeden Meinungsaustausches mit Petersburg wäre ein schwerer Fehler, da er ein kriegerisches Eingreifen Rußlands geradezu provoziere. «Wir sind zwar bereit, unsere Bündnispflicht zu erfüllen, müssen es aber ablehnen, uns von Wien leichtfertig und ohne Beachtung unserer Ratschläge in einen Weltbrand hineinziehen zu lassen.»

Die Warnung an Wien wirkte wie der Versuch, der Reichsleitung ein Alibi vor der Geschichte zu verschaffen: Der Reichskanzler rügte die Politik, zu der er und seine Mitarbeiter den Verbündeten gedrängt hatten. Im übrigen empfahl Bethmann Hollweg Österreich-Ungarn auch gar keine sachliche Änderung dieser Politik, sondern lediglich Gesten, die den Eindruck erwecken konnten, als suche die Donaumonarchie die friedliche Verständigung mit Rußland. Aber auch dafür war es nun zu spät. Am 29. Juli hatten das Zarenreich die Teilmobilmachung seiner Truppen gegen die Donaumonarchie angeordnet und Österreich-Ungarn vom linken Donauufer aus serbisches Gebiet bei Belgrad bombardiert. Die Nachricht von der Wiener Militäraktion traf in St. Petersburg während eines Gesprächs ein, in dem der österreichisch-ungarische Botschafter, Graf Szápáry, Außenminister Sasonow soeben versichert hatte, seine Regierung beabsichtige nicht, serbisches Territorium zu annektieren oder die Souveränität Serbiens anzutasten. Sasonow reagierte auf die Meldung aus Belgrad mit der Bemerkung: «Sie wollen nur Zeit mit Verhandlungen gewinnen, aber Sie gehen vorwärts und beschießen eine ungeschützte Stadt.»

Die Nachricht von einer angeblichen Bombardierung Belgrads trug wesentlich zur Stärkung der «Kriegspartei» in Rußland bei. Noch bevor die alarmierende Nachricht in die Unterredung zwischen Sasonow und Szápáry platzte, hatte der Außenminister den Botschafter in ungewöhnlich offener Form auf die Machtverhältnisse in St. Petersburg hingewiesen: Er wolle, so sagte er Szápáry, dessen Empfehlungen an den Zaren dem Generalstabschef, General Nikolai Nikolajewitsch Januschkewitsch, mitteilen, denn dieser sehe Seine Majestät alle Tage, während er, der Minister, auch in einer Zeit wie der gegenwärtigen mit dem Zaren nur beim normalen Dienstagsempfang zusammentreffe und dann von diesem erfahre, was die Militärs ihm zutrügen. Sasonow zeigte sich auch persönlich düpiert: Mit seinem militärischen Vorgehen gegen die serbische Hauptstadt hatte Österreich-Ungarn dem Außenminister gewissermaßen die Geschäftsgrundlage entzogen; seine Bemühungen, ohne großen Krieg aus der Krise herauszukommen, waren offenkundig gescheitert.

Auch in Paris geschah am 29. Juli etwas, was den weiteren Gang der Ereignisse stark beeinflussen sollte. Präsident Poincaré und Ministerpräsident Viviani waren am 23. Juli von St. Petersburg aus nach Stockholm aufgebrochen, der ersten Station einer seit langem geplanten Serie von Staatsbesuchen in den skandinavischen Königreichen. Doch die internationale Krise durchkreuzte diese Absicht: Die beiden höchsten Vertreter Frankreichs sagten die Besuche in Kristiania, dem heutigen Oslo, und Kopenhagen ab und kehrten nach Paris zurück, wo sie am frühen Nachmittag des 29. Juli eintrafen. Damit endete ein zweiwöchiges Interregnum, während dessen keine deutlich vernehmbaren Signale aus der französischen Hauptstadt gekommen waren.

Poincaré und Viviani vertraten in außenpolitischen Fragen teilweise unterschiedliche Positionen. Der Ministerpräsident, Chef einer Regierung der linken Mitte und selbst ein Unabhängiger Sozialist, setzte auf die diplomatische Entschärfung der Krise; im französisch-russischen

Bündnis, das bei der Linken höchst unpopulär war, sah er nur eine unvermeidbare Rückversicherung gegenüber einer deutschen Aggression. Poincaré hingegen bestand wie eh und je auf Festigkeit (fermeté) gegenüber Deutschland, weil sich nach seiner Überzeugung der Friede nicht anders bewahren ließ; er legte folglich größten Wert darauf, daß in Rußland keine Zweifel an der französischen Bündnistreue aufkamen. In diesem Sinne wirkte in St. Petersburg Botschafter Maurice Paléologue, ein enger Vertrauter des Präsidenten. Die harte Linie Poincarés, die von Generalstabschef Joseph Joffre und Kriegsminister Adolphe Messimy nachdrücklich unterstützt wurde, setzte sich Ende Juli durch: Von dem Kriegswillen Deutschlands mittlerweile fest überzeugt, orientierte sich der Präsident fortan ausschließlich an dem Ziel, eine Sprengung der Tripelentente zu verhindern. Deshalb unterblieben nachdrückliche Warnungen an Rußland, seinerseits auf alles zu verzichten, was die internationale Krise verschärfen konnte.

Für die Mittelmächte unerfreulich war auch, was auf dem Umweg über London aus Rom gemeldet wurde: Botschafter Lichnowsky berichtete am 29. Juli von einer Mitteilung, die ihm Sir Walter Tyrrell, der Privatsekretär des Außenministers, gemacht hatte. Danach erwartete man in der britischen Hauptstadt nicht, daß der Dreibund die Probe eines Weltkrieges bestehen würde. Italien habe nämlich nicht vor, sich an einem wegen Serbien ausgebrochenen Krieg zu beteiligen. Das entsprach dem, was man in Berlin und Wien auch schon in den Tagen zuvor aus Rom gehört hatte und über die öffentliche Meinung Italiens wußte. Am 30. Juli bestätigte der italienische Außenminister, der Marchese di San Giuliano, dem deutschen Botschafter von Flatow, daß Italien das Vorgehen Österreichs gegen Serbien als Angriffskrieg betrachte und sich darum nicht zur Bündnishilfe verpflichtet fühle. Der deutsche Diplomat vermutete zurecht, daß Österreich nur *eine* Chance hatte, Italien umzustimmen: Die Donaumonarchie hätte auf italienischsprachige Gebiete, namentlich das Trentino, verzichten müssen – eine Kompensation, die Wien für indiskutabel hielt.

Am 30. Juli prallten in Berlin Militär und Politik aufeinander: Generalstabschef von Moltke und der preußische Kriegsminister von Falkenhayn drängten, der erfolglosen «Demarchen» in Wien überdrüssig, auf die sofortige deutsche Generalmobilmachung; Reichskanzler von Bethmann Hollweg wollte mit Blick auf die öffentliche Meinung und vor allem auf die Sozialdemokratie unbedingt Rußland den Vortritt lassen und gegenüber England den Anschein aufrechterhalten, als übe Deutschland einen vermittelnden und mäßigenden Einfluß aus. Das Ergebnis langwieriger Beratungen war eine Fristsetzung: Bis zum 31. Juli mittags sollte eine Entscheidung über die Erklärung der «drohenden Kriegsgefahr» fallen. Im preußischen Staatsministerium machte Bethmann Hollweg in seiner Eigenschaft als preußischer Ministerpräsident am späten Nachmittag nochmals deutlich, warum es ihm vor allem, ja ausschließlich ging: «Es müßte der größte Wert darauf gelegt werden, Rußland als den schuldigen Teil hinzustellen.»

Um dieselbe Zeit fielen in St. Petersburg die Würfel. Auf Drängen des Militärs, an seiner Spitze Generalstabschef Januschkewitsch, und zuletzt auch von Außenminister Sasonow willigte Zar Nikolaus II. gegen 16 Uhr Ortszeit in die russische Generalmobilmachung ein. Sasonow begründete sein Eintreten für diesen Schritt mit der Entschlossenheit Deutschlands, «die Dinge zu einem Konflikt kommen zu lassen ... Bei dieser Sachlage bleibe nichts anderes übrig, als alles zu tun, was nötig sei, um dem Kriege völlig gerüstet und in der für uns günstigsten Position gegenüberzustehen. Ohne davor zurückzuscheuen, daß wir durch unsere Vorbereitungen den Krieg herausforderten, sei es daher besser, wenn wir uns sorgfältig mit diesen Vorbereitungen befaßten, anstatt aus Furcht, einen Vorwand zum Kriege zu geben, unvorbereitet von ihm überrascht zu werden.»

Der französische Ministerpräsident Viviani hatte Rußland am Morgen des 30. Juli noch nahegelegt, Deutschland keinen Vorwand zur Mobilmachung zu liefern. Botschafter Paléologue, der von Sasonow über die bevorstehende Generalmobilmachung informiert worden war, unterließ es absichtlich, seine Regierung hiervon sofort in Kenntnis zu setzen. Erst eine halbe Stunde vor Mitternacht ging in Paris das Telegramm des Petersburger Botschafters ein, in dem dieser erste Maßnahmen der allgemeinen Mobilisierung ankündigte, so daß die französische Regierung nur einige Stunden vor den anderen europäischen Kabinetten von der dramatischen Entwicklung erfuhr.

Nach der russischen Generalmobilmachung gab es so gut wie keinen Spielraum mehr für die Befürworter einer nichtkriegerischen Krisenlösung. Reichskanzler von Bethmann Hollweg hatte sein wichtigstes Ziel erreicht: Nicht Deutschland, sondern Rußland hatte als erste Großmacht den Schritt getan, der den Krieg fast unausweichlich machte. Das war von ausschlaggebender Bedeutung für die Haltung der deutschen Arbeiterbewegung. Das Wiener Ultimatum an Serbien hatte der Parteivorstand der SPD am 25. Juli noch als «frivole Kriegsprovokation der österreichisch-ungarischen Regierung» angeprangert. Ende Juli 1914 gab es in den meisten großen Städten Deutschlands Antikriegskundgebungen; die größte fand am 28. Juli im Treptower Park in Berlin statt. Zur gleichen Zeit aber verhandelte der Reichskanzler bereits über den Reichstagsabgeordneten Albert Südekum, einen Revisionisten, mit dem Parteivorstand der SPD, um sich der Loyalität der Arbeiterschaft zu versichern.

Am 29. Juli konnte Südekum dem Kanzler mitteilen, daß im Kriegsfall seitens der Sozialdemokratie irgendwelche Aktionen weder geplant noch zu befürchten seien. Bei einem Krieg mit Rußland hätte sich wohl auch August Bebel, der am 13. August 1913 im Alter von 73 Jahren gestorben war, nicht anders verhalten. Auf dem Essener Parteitag von 1907 hatte er ausdrücklich erklärt, daß er in einem solchen Krieg selbst «die Flinte auf den Buckel nehmen» würde. Wie für Marx und Engels war auch für Bebel das Zarenreich der Feind aller Kultur und aller Unterdrückten. Wenn die Sozialdemokratie vor 1914 gegen den Krieg agitierte, hatte sie einen Krieg gegen den demokratischen Westen, nicht gegen den autokratischen Osten vor Augen. Nachdem Rußland mobil gemacht hatte, konnte die Reichsleitung einigermaßen sicher sein, daß sich ihr die Sozialdemokraten trotz aller Kritik an der offiziellen deutschen Politik nicht in den Weg stellen würden.

Auch in Frankreich mußte die Regierung Ende Juli einen Massenprotest der Arbeiter nicht fürchten. Auf einem außerordentlichen Parteikongreß Mitte Juli hatte die S.F.I.O. es noch nicht für nötig gehalten, über konkrete Fragen der Kriegsverhütung zu beraten; Jules Guesde warnte sogar vor einem Generalstreik, weil er gerade die fortgeschrittenen Länder, die Länder mit den stärksten sozialistischen Bewegungen, lähmen würde. Am 28. Juli, dem Tag, an dem Österreich-Ungarn Serbien den Krieg erklärte, sah sich auch das Büro der Zweiten Internationale auf einer Sitzung in Brüssel nicht in der Lage, zu Massenaktionen gegen den Krieg aufzurufen. Einer der prominentesten Teilnehmer des Treffens, Jean Jaurès, sprach drei Tage später, am 31. Juli, zusammen mit anderen Parteifreunden im französischen Außenministerium vor, um die Regierung Viviani zu schärferem Druck auf den russischen Verbündeten zu veranlassen. Wenige Stunden danach wurde Jaurès auf offener Straße von einem fanatischen Nationalisten ermordet: Der

Erste Weltkrieg hatte, noch bevor es eine Kriegserklärung gab, sein erstes Opfer gefordert.

Zwischen den beiden Mittelmächten gab es am 31. Juli Irritationen. Generalstabschef von Moltke kündigte am frühen Morgen, nachdem er von der russischen Generalmobilmachung erfahren hatte, seinem österreichischen Kollegen Conrad auf eigene Faust die deutsche Generalmobilmachung an und forderte Österreich-Ungarn auf, seinerseits sofort gegen Rußland mobil zu machen. Graf Berchtold, der von Bethmann Hollweg in den letzten Tagen mehrfach um Gesten der Verständigungsbereitschaft gegenüber dem Zarenreich ersucht worden war, sah sich zu der Frage veranlaßt: «Wer regiert: Moltke oder Bethmann?» Tatsächlich war der deutsche Generalstabschef voreilig tätig geworden. Der Reichskanzler wollte zunächst eine offizielle Bestätigung des russischen Schrittes abwarten. Er erhielt sie kurz vor 12 Uhr während einer Besprechung mit Moltke und Falkenhayn. Um 13 Uhr wurde der «Zustand der drohenden Kriegsgefahr», die unmittelbare Vorstufe der Generalmobilmachung, befohlen. Österreich-Ungarn ordnete unter dem Eindruck von Moltkes Appell die Generalmobilmachung noch am 31. Juli an. Eine Anfrage des britischen Botschafters, ob Deutschland im Kriegsfall die Neutralität Belgiens respektieren werde, beantwortete Staatssekretär von Jagow ausweichend. Dieselbe Anfrage hatte London an die französische Regierung gerichtet. Ihre Antwort kam noch am gleichen Tag und fiel bejahend aus.

Die wichtigsten Aktionen der Reichsleitung am 31. Juli waren zwei Ultimaten: Rußland wurde aufgefordert, binnen zwölf Stunden alle Kriegsmaßnahmen gegen Deutschland und Österreich-Ungarn einzustellen; Frankreich sollte innerhalb von 18 Stunden die Frage beantworten, ob es im Fall eines deutsch-russischen Krieges neutral bleiben würde. In einem Telegramm an Kaiser Franz Joseph forderte Wilhelm II. den Verbündeten auf, die Hauptmasse seiner Streitkräfte gegen Rußland einzusetzen und sie nicht durch eine Offensive gegen Serbien zu zersplittern. Außerdem sollte die Donaumonarchie durch möglichstes Entgegenkommen alles tun, um den Dreibundpartner Italien zur Kriegsteilnahme zu bewegen.

Der 1. August brachte in Berlin, nachdem das Ultimatum abgelaufen war, die deutsche Kriegserklärung an Rußland und die Generalmobilmachung, in Paris den Beschluß des Ministerrats, daß Frankreich seine Bündnispflichten erfüllen werde, und ebenfalls die Generalmobil-

machung, in Rom die Erklärung der Neutralität Italiens, da der Krieg
kein Verteidigungskrieg sei und deshalb eine Beistandspflicht nach dem
Dreibundvertrag nicht bestehe, und in London noch keine endgültige
Festlegung der britischen Haltung. Es folgten am 2. August die deutsche
Besetzung des neutralen Luxemburg, die Unterzeichnung eines Bündnis-
vertrages zwischen Deutschland und der Türkei und ein ultimatives
Durchmarschbegehren des Deutschen Reiches an Belgien, am 3. August
die deutsche Kriegserklärung an Frankreich und am 4. August der Einmarsch deutscher Truppen in Belgien. Großbritannien reagierte daraufhin mit einem Ultimatum, in dem es Deutschland zur Respektierung der
belgischen Neutralität aufforderte. Da Deutschland die Erfüllung dieser
Forderung ablehnte, erklärte Großbritannien dem Deutschen Reich um
23 Uhr Ortszeit den Krieg. Zwei Tage später tat Österreich-Ungarn,
wozu es von Deutschland seit dem 2. August massiv gedrängt worden
war: Es erklärte Rußland den Krieg. Am 23. August ging in Berlin die
Kriegserklärung der bisher einzigen asiatischen Großmacht ein. Japan
beantwortete damit die deutsche Weigerung, Tsingtau dem fernöstlichen
Kaiserreich zu übertragen.

Von *einer* Großmacht war in den Wochen nach Sarajewo so gut wie
nichts zu hören gewesen: den Vereinigten Staaten von Amerika. Am
30. Juli fragte der amerikanische Botschafter in Berlin, James W. Gerard,
aus eigenem Antrieb brieflich bei Reichskanzler von Bethmann Hollweg
an, ob die USA etwas für die Bewahrung des europäischen Friedens tun
könnten. Eine Antwort erhielt er nicht. Eine ähnliche Frage hatte zwei
Tage vorher, in offiziellem Auftrag, der amerikanische Botschafter in
London, Walter H. Page, an die britische Regierung gerichtet. Grey
äußerte sich skeptisch und fragte, ob die Vereinigten Staaten auch in
Wien, St. Petersburg und Berlin im gleichen Sinn vorstellig geworden
seien. Am 4. und 5. August wurde Präsident Woodrow Wilson selbst aktiv. Er wandte sich in Telegrammen an die Staatsoberhäupter von Österreich-Ungarn, Rußland, Deutschland, Großbritannien und Frankreich.
Die Antworten fielen höflich, aber nichtssagend aus. In Europa gab es zu
diesem Zeitpunkt keinen Bedarf an den guten Diensten Washingtons.
Kaiser Franz Joseph wollte sie aber nicht für immer ausschließen: Wenn
die Ehre der Fahne seines Reiches es gestatte und die Kriegsziele erreicht
seien, würde die Donaumonarchie gern auf das freundliche Angebot zu-
rückkommen.

Die Völker der kriegführenden Staaten schickten sich in die vollendeten Tatsachen. Es gab in allen Ländern auch die vielbeschworene «Kriegsbegeisterung», aber sie beschränkte sich, sofern man die deutschen, englischen und französischen Befunde verallgemeinern darf, zumeist auf die Städte und die «national» gesinnten Massen, die im weitesten Sinn dem Bürgertum oder dem Kleinbürgertum zuzuordnen waren, wobei die akademische Jugend besonders stark in Erscheinung trat. Bei den Arbeitern war davon sehr viel weniger zu spüren; sie taten, wenn sie zu den Fahnen gerufen wurden, ihre Pflicht. Die Arbeiterparteien hielten ebenso wie die ihnen nahestehenden Gewerkschaften in der Regel *ihr* Land für das angegriffene und den vermeintlichen oder wirklichen Aggressor für reaktionär. Das galt für die deutschen Sozialdemokraten, für die Rußland die Verkörperung barbarischer Unterdrückung war, und für die französischen Sozialisten und die Mehrheit der britischen Labour Party, die im wilhelminischen Deutschland *den* Hort des autoritären Militarismus sahen.

Am 4. August stimmten die SPD im Reichstag und die S.F.I.O. in der Deputiertenkammer für die von der Regierung beantragten Kriegskredite. Die Sozialdemokraten erklärten durch ihren Parteivorsitzenden Hugo Haase, der in der Fraktion gegen die Bewilligung votiert hatte, sie machten jetzt wahr, was sie immer betont hätten: «Wir lassen in der Stunde der Gefahr das eigene Vaterland nicht im Stich.» Die S.F.I.O. nannte es in einem Aufruf vom 28. August notwendig, «daß sich die ganze Nation, für die Verteidigung ihres Bodens und ihrer Freiheit erhebt» (Il faut que ... la nation entière se lève pour la défense de son sol et de sa liberté). Der Regierungschef wisse, daß wie in allen schweren Stunden, so 1793 und 1870, die Nation ihr Vertrauen in die Sozialisten und die Revolutionäre setzen könne. Einen Tag zuvor waren die Sozialisten Marcel Sembat und Jules Guesde im Zeichen der «Union sacrée» (der geheiligten Union) in die Regierung Viviani eingetreten. Das deutsche Gegenstück zur «Union sacrée», der «Burgfriede», schloß vorläufig noch keine sozialdemokratische Regierungsbeteiligung ein. Aber die «vaterlandslosen Gesellen» von gestern waren nun erstmals umworbene Partner einer Regierung, die ohne diese Unterstützung größte Schwierigkeiten gehabt hätte, den Krieg an der «Heimatfront» erfolgreich zu führen.

Auch in Österreich verhielt sich die sozialdemokratische Parteiführung, ungeachtet der Ausschaltung des Reichsrats (und seit dem 25. Juli auch der cisleithanischen Landtage), der Zensur und der Beschränkungen der Versammlungsfreiheit, «patriotisch». Eine entschiedene Antikriegspolitik betrieben hingegen, trotz massiver staatlicher Unterdrückung, die russischen Bolschewiki. Ihre Abgeordneten verließen am 8. August 1914 vor der Abstimmung über die Kriegskredite nach Verlesung einer scharfen Protesterklärung den Plenarsaal. Im November 1914, drei Monate nach dem Zerfall der Zweiten Internationale, warf Lenin von seinem Schweizer Exil aus den westeuropäischen und vor allem den deutschen Sozialdemokraten «Verrat an der Sache des Sozialismus» und Ersetzung des Sozialismus durch den Nationalismus vor. «Die Umwandlung des gegenwärtigen imperialistischen Krieges in den Bürgerkrieg ist die einzig richtige proletarische Losung, wie sie aus der Erfahrung der Kommune hervorgeht, wie sie in der Basler Resolution (1912) niedergelegt ist und wie sie sich aus allen Bedingungen des imperialistischen Krieges zwischen hochentwickelten bürgerlichen Ländern ergeben muß.»

In Wirklichkeit war es so, daß die sozialdemokratischen Parteien des Westens keinen Krieg so sehr fürchteten wie den Bürgerkrieg. Gerade weil es sich um Parteien «hochentwickelter bürgerlicher Länder» handelte, gab es viel, was die Sozialdemokraten und ihre Anhänger an ihre Staaten band: verbürgte Freiheitsrechte, organisatorische Spielräume und nicht zuletzt das, was sie an sozialen Errungenschaften bereits erkämpft hatten. Ein Bürgerkrieg hätte all das gefährdet, ja womöglich vernichtet, während man vom zeitweiligen Zusammengehen mit den bürgerlichen Kräften weitere politische und soziale Fortschritte erhoffen durfte. Den Bolschewiki im rückständigen Zarenreich mochte es leicht fallen, vom Bürgerkrieg zu reden und auf die Niederlage des eigenen Landes zu setzen, wie Lenin es tat. Für die Arbeiterparteien des Westens, einschließlich Deutschlands, war weder das eine noch das andere eine Option: Darin lag der fundamentale Ost-West-Gegensatz innerhalb der Arbeiterbewegung.

In seinem Aufsatz «Der Imperialismus», den er vor dem Kriegsausbruch schrieb und danach noch ergänzte, hat Karl Kautsky Lenins These vom «imperialistischen Krieg» relativiert, bevor dieser sie formulierte. Österreichs Konflikt mit Serbien, schrieb Kautsky, sei «nicht ausschließlich imperialistischen Tendenzen» entsprungen. «In Osteuropa spielt der Nationalismus noch eine Rolle als revolutionäre Triebkraft, und der jetzige Konflikt zwischen Österreich und Serbien hat ebenso eine nationalistische wie eine imperialistische Wurzel. Österreich versuchte imperialistische Politik zu treiben, es annektierte Bosnien und machte Miene, Albanien in seine Einflußsphäre einzubeziehen. Dadurch erweckte es den nationalistischen Widerstand Serbiens, das sich von Österreich bedroht fühlte und nun seinerseits eine Gefahr für den Bestand Österreichs wurde.»

Der Weltkrieg war nach Kautskys Überzeugung nicht dadurch herbeigeführt worden, «daß der Imperialismus eine Notwendigkeit für Österreich war, sondern dadurch, daß es wegen seiner Struktur durch seinen Imperialismus sich selbst gefährdet hat. Imperialismus konnte nur ein Staat treiben, der innerlich fest geschlossen war und sich agrarische Gebiete angliederte, die kulturell weit unter ihm standen. Hier wollte aber ein national zerklüfteter, halb slawischer Staat Imperialismus treiben auf Kosten eines slawischen Nachbarn, dessen Kultur der Kultur der benachbarten Teile des Gegners ebenbürtig ist.»

Diese Politik konnte freilich, so schloß Kautsky seine Überlegungen ab, «so ungeheure Folgen nur hervorrufen durch die Gegensätze und Verstimmungen, die der Imperialismus zwischen anderen Großmächten geschaffen hat. Noch sind nicht alle Konsequenzen zutage getreten, die der jetzige Weltkrieg in seinem Schoße birgt. Er kann noch dazu führen, daß die imperialistischen Tendenzen und das Wettrüsten sich zunächst verschärfen – dann wäre der Friede, der ihm folgt, nur ein kurzer Waffenstillstand. Rein ökonomisch betrachtet, hindert jedoch nichts mehr, daß diese gewaltige Entladung schließlich den Imperialismus ablöst durch eine heilige Allianz der Imperialisten. Je länger der Krieg dauert, je mehr er alle Beteiligten erschöpft und vor einer baldigen Wiederholung des Waffenganges zurückschaudern läßt, desto näher rücken wir der letzten Lösung, so unwahrscheinlich sie jetzt noch scheinen mag.»

Beide der von Kautsky skizzierten möglichen Entwicklungen sind Wirklichkeit geworden: die erste, antagonistische, nach dem Ersten, die zweite, kooperative oder, wie Kautsky formulierte, «ultraimperialistische», nach dem Zweiten Weltkrieg. Kautskys Imperialismusbegriff war sehr viel differenzierter als der Lenins, aber noch nicht präzise genug. Die Balkanpolitik Österreich-Ungarns und Rußlands war traditionelle Großmachtpolitik, wie sie schon lange vor der Hochzeit des Imperialismus betrieben wurde. Imperialistisch war die unaufhörliche Machtsteigerung durch Ausbeutung fremder, weniger entwickelter Gebiete, gleichviel ob diese annektiert, in Kolonien verwandelt oder auf andere Weise von der

Metropole abhängig gemacht wurden. Von diesem Streben war die deutsche Flottenpolitik geleitet, die den deutsch-britischen Gegensatz erzeugte und wesentlich zum Rüstungswettlauf vor 1914 beitrug. Der Erste Weltkrieg *hatte* also seine imperialistische Seite. Seine unmittelbare Ursache aber war ein konventioneller Konflikt: der Gegensatz der beiden Großmächte Österreich-Ungarn und Rußland. Er trat in eine neue, seine entscheidende Phase, als das von Rußland protegierte Serbien die Donaumonarchie mit seiner nationalistischen Irredentapolitik herausforderte.

In der Förderung des großserbischen Nationalismus lag Rußlands Beitrag zur Auslösung des Ersten Weltkrieges, seine Kriegsschuld. Die Tatsache, daß Rußland als erste Großmacht die Generalmobilmachung anordnete, fällt dagegen weniger ins Gewicht: Das Zarenreich benötigte für die Mobilisierung seiner Truppen sehr viel mehr Zeit als die Mittelmächte. Nach der österreichischen Kriegserklärung an Serbien war es in Zugzwang geraten, und in dieser Situation gewann der Generalstab immer mehr die Oberhand über den Ministerrat. Die nationalistische Presse tat das ihre, um die Stimmung gegen die Donaumonarchie anzuheizen.

Das Wiener Nein zur serbischen Antwort auf das österreichische Ultimatum war eine Verzweiflungstat, geboren aus der Angst, der Vielvölkerstaat werde sich auflösen, wenn er nicht gegenüber Serbien ein Exempel statuiere. Die Angst vor dem Untergang war nicht grundlos. Es gab eine wachsende nationalistische Bewegung unter den Tschechen, geführt von Politikern wie dem «Jungtschechen» Karel Kramář und dem «Nationalsozialisten» Václav Klofáč, es gab die von panslawistischen Vereinigungen im Zarenreich geförderten prorussischen Sezessionsbestrebungen unter den Ruthenen des östlichen Galizien und der Bukowina; es gab die Furcht vor dem zunehmenden Widerhall der südslawischen Propaganda aus Belgrad bei Kroaten und Slowenen. Von der «österreichischen Versuchsstation des Weltuntergangs» sprach am 10. Juli 1914 der Sprach- und Kulturkritiker Karl Kraus, der Herausgeber und verantwortliche Redakteur der Zeitschrift «Die Fackel» in einem Nachruf auf Erzherzog Franz Ferdinand. Es war eine Formel, die die Stimmung der politischen und militärischen Eliten Wiens in den Wochen nach Sarajewo treffend beschrieb.

Die Entscheidung, die serbische Antwort auf das österreichische Ultimatum zurückzuweisen, markiert den «point of no return» in der

Julikrise. Wien hätte diese Entscheidung nicht gegen den Willen Berlins treffen können: Von dort kamen aber nur Aufforderungen zur Härte gegen Serbien. Beide Mittelmächte waren also für die Folgen, die weitere Eskalation der Krise bis hin zum Kriegsausbruch, verantwortlich – die deutsche Seite, die bei weitem mächtigere, in noch höherem Maß als die österreichische.

Die deutsche Politik in der Julikrise war wie die österreichisch-ungarische und die russische geprägt durch den wachsenden Einfluß des Militärs. Hinter dem deutschen Militär stand eine publizistisch aktive «Kriegspartei», die sich breiter Unterstützung bei den konservativen Parteien, den Nationalliberalen, bei den nationalistischen Verbänden, dem Großgrundbesitz und der Schwerindustrie erfreute und durch die Überzeugung zusammengehalten wurde, daß Deutschland nur dann eine Zukunft hatte, wenn es den Sprung von der Großmacht zur Weltmacht wagte. Die zivile Reichsleitung stand also unter massivem Druck, als sie sich nach Sarajewo radikalen Positionen näherte, die sie bisher zurückgewiesen hatte. Zu der Angst, Deutschland werde in einigen Jahren mit der Rüstung der Mächte der Tripelentente nicht mehr mithalten können, kam die Angst vor dem scheinbar unaufhaltsamen Erstarken der Sozialdemokratie. Auf diesem Hintergrund gedieh die Stimmung des «Jetzt oder nie», die auch den zaudernden Reichskanzler von Bethmann Hollweg erfaßte und dazu brachte, Österreich-Ungarn in den Krieg mit Serbien förmlich hineinzutreiben. Daß dieser Krieg nur schwer zu lokalisieren sein würde, wußte die Reichsleitung. Sie nahm das Risiko in Kauf, weil sie aus Angst vor der Zukunft bereit war, den großen Krieg, wenn er denn kam, besser jetzt als später zu führen.

Eine derartige Kriegsbereitschaft gab es weder in Frankreich noch in England. Die französische Rechte, für die Präsident Poincaré stand, wollte unbedingt die Tripelentente erhalten, weil nur diese Schutz vor einem deutschen Angriff versprach. Einen Zerfall der Allianz hätte der Friede, so wie man die deutsche Politik in Paris einschätzte, nicht lange überlebt. Wenn Frankreich eine unabhängige Nation bleiben wollte, mußte es also seiner Bündnispflicht auch dann genügen, wenn dies Krieg bedeuten sollte. Aber noch am 31. Juli appellierte Poincaré an König Georg V., England möge sich erklären: Seiner festen Überzeugung nach werde es um so berechtigter sein, «auf die Erhaltung des Friedens zu rechnen, je mehr England, Frankreich und Rußland jetzt den stärksten Eindruck der Einigkeit in ihren diplomatischen Aktionen geben». Hätte die Mitte-Links-Regierung Viviani allein die französische Außenpolitik bestimmt, wären die Appelle zur Mäßigung, die von Paris nach St. Petersburg gingen, sicher nachdrücklicher gewesen. Ob dies den Gang der Ereignisse nach der österreichischen Kriegserklärung an Serbien noch wesentlich hätte beeinflussen können, erscheint fraglich.

Die britische Zurückhaltung während der Julikrise hatte mehrere Gründe. Ein rasches und unzweideutiges Beistandsversprechen gegenüber Paris und St. Petersburg hätte nicht nur einer alten Tradition widersprochen, sondern auch die Partner der Tripelentente zu einer Politik der Konfrontation verleiten können. Premierminister Asquith und Außenminister Grey waren seit langem davon überzeugt, daß Großbritannien auf seine Vertragspartner Frankreich und Rußland angewiesen war, wenn es der deutschen Herausforderung erfolgreich widerstehen wollte. Beide mußten aber auch der Uneinigkeit in ihrer eigenen, der Liberalen Partei Rechnung tragen, in der es «Radicals» und «Whigs», «Pazifisten» und Bellizisten» gab: Die einen neigten im Zweifelsfall der Zusammenarbeit mit der Labour Party zu, die anderen standen in außenpolitischer Hinsicht eher den Tories nahe.

Asquith und Grey sahen sich also zu einer «Politik der Diagonale» genötigt – ein Begriff, mit dem Theobald von Bethmann Hollweg rückblickend *seine* Innenpolitik zu charakterisieren versuchte. Die aktuelle innere Situation Großbritanniens engte den Spielraum des Kabinetts weiter ein: Der Konflikt um Ulster hatte sich im Sommer weiter zugespitzt und die Gefahr eines irischen Bürgerkriegs heraufbeschworen; die «Meuterei von Curragh» vom März war in frischer Erinnerung. Anders als die Reichsleitung in Berlin stand die Londoner Regierung aber weder unter dem Druck eines kriegswilligen Militärs noch hatte sie es mit einer breiten politisch-publizistischen «Kriegspartei» zu tun. Aus alledem ergab sich der vorsichtig taktierende Charakter der britischen Politik in den Wochen nach Sarajewo. Gewiß sprach viel für die demonstrative Mobilisierung der britischen Flotte, wofür Sir Eyre Crowe, der dritte Mann des Foreign Office, und sein unmittelbarer Vorgesetzter, Unterstaatssekretär Sir Arthur Nicolson, plädierten. Aber hätte es in Berlin Ohren gegeben, die hören wollten, wären die Warnungen Greys deutlich genug gewesen.

In dem Krieg, den Deutschland mit seiner Risikopolitik auslöste, konnte England nicht neutral bleiben. Es handelte entsprechend jener

Beurteilung der Interessen Großbritanniens und seines Empire, die Crowe am 25. Juli in unübertrefflicher Prägnanz zu Papier brachte: «Sollte der Krieg ausbrechen und England unbeteiligt bleiben, dann muß sich folgendes ergeben: a) Entweder siegen Deutschland und Österreich, sie erdrücken Frankreich und demütigen Rußland. Die französische Flotte verschwunden, Deutschland im Besitz des Kanals: Wie wird dann die Lage eines freundlosen England sein? b) Oder Frankreich und Rußland siegen. Wie werden sie sich dann gegen England verhalten? Und wie wird's dann mit Indien und dem Mittelmeer stehen? In diesem Kampf, der nicht um den Besitz Serbiens geht, sondern bei dem es sich um das Ziel Deutschlands, seine politische Vorherrschaft in Europa zu errichten, und um den Wunsch der Mächte handelt, ihre individuelle Freiheit zu erhalten – in diesem Kampf sind unsere Interessen mit denen Frankreichs und Rußlands verknüpft.»

Der Assistant Undersecretary des Foreign Office traf den Kern der Sache: Die tiefere Kriegsursache war der Wunsch Deutschlands, seine politische Vorherrschaft in Europa zu errichten und von der Großmacht zur Weltmacht aufzusteigen. Die innere Krise des Kaiserreiches, verstärkt spürbar seit dem großen Wahlerfolg der Sozialdemokraten Anfang 1912, und der Rüstungswettlauf hatten eine Art Torschlußpanik erzeugt, die Berlin auf das Attentat von Sarajewo so reagieren ließen, wie es dies tat. In Österreich-Ungarn lagen die Dinge ähnlich. Die Auflösung des Reichsrats im März 1914 hatte die innere Krise verschärft: Die Ermordung des Thronfolgers fiel in eine Zeit gesteigerter Angst vor dem Zusammenbruch des Vielvölkerreiches. Auch in Rußland kamen innere und äußere Krise zusammen: Seit dem Frühjahr wurde das Zarenreich von schweren Streikwellen erschüttert, die im Sommer 1914 einen neuen Höhepunkt erreichten. Von den drei Großmächten, die am meisten zur Verschärfung der Julikrise beitrugen, reagierten zwei, Österreich-Ungarn und Rußland, autoritär auf die innere Krise. Deutschland bewies das größte Geschick im Umgang mit dem inneren Gegner, der Sozialdemokratie. Das Hohenzollernreich war zwar noch längst keine Demokratie, aber, was sein politisches System betraf, den westlichen Demokratien mittlerweile sehr viel näher als das Habsburgerreich, vom Reich der Romanows ganz zu schweigen.

Der Erste Weltkrieg war, als er begann, kein Krieg zwischen demokratischen Staaten und autoritären Regimen. Er konnte es nicht sein, solange England und Frankreich mit dem autoritären Rußland verbündet waren. Den Charakter eines innerwestlichen Kampfes zwischen Demokratie und Autoritarismus gewann der Krieg erst 1917, nachdem Amerika sich auf die Seite Englands und Frankreichs gestellt und in Rußland im Gefolge der Februarrevolution das Zarenregime gestürzt worden war.

Die europäischen Mächte sind nicht in den Ersten Weltkrieg «hineingeschlittert», wie David Lloyd George, der britische Premierminister der Jahre 1916 bis 1922, rückblickend 1933 meinte und die meisten deutschen Historiker bis in die 1960er Jahre hinein behaupteten. Das Risiko des großen Krieges war allen beteiligten Staatsmännern und Militärs bewußt, auch denen in Berlin und Wien, die die Krise vom Juli 1914 so verschärften, daß der europäische Krieg am Ende unausweichlich wurde. Bethmann Hollweg hat im Sommer 1917, wenige Wochen nach seiner Entlassung als Reichskanzler, den Krieg einen «Präventivkrieg» genannt. Deutschland habe ihn begonnen, weil er «über uns hing» und nach Meinung der Militärs in zwei Jahren nicht mehr erfolgreich hätte geführt werden können. 1914 aber wurde Deutschland von keiner anderen Großmacht militärisch bedroht, so daß der Begriff «Präventivkrieg» in die Irre führt. Angriff als Putativnotwehr: Das war die Linie, die sich in der Julikrise von 1914 in Berlin durchsetzte.

Zu denen, die eine solche Entwicklung vorausgesagt hatten, gehörte Friedrich Engels. «Und endlich ist kein anderer Krieg für Preußen-Deutschland mehr möglich als ein Weltkrieg, und zwar ein Weltkrieg von einer bisher nie geahnten Ausdehnung und Heftigkeit», schrieb er im Dezember 1887, acht Jahre vor seinem Tod. «Acht bis zehn Millionen Soldaten werden sich untereinander abwürgen und dabei ganz Europa so kahlfressen wie noch nie ein Heuschreckenschwarm. Die Verwüstungen des Dreißigjährigen Krieges, zusammengedrängt in drei bis vier Jahre und über den ganzen Kontinent verbreitet; Hungernot, Seuchen, allgemeine, durch akute Not hervorgerufene Verwilderung der Heere wie der Volksmassen; rettungslose Verwirrung unseres künstlichen Getriebs in Handel, Industrie und Kredit, endend im allgemeinen Bankrott; Zusammenbruch der alten Staaten und ihrer traditionellen Staatsweisheit, derart, daß die Kronen zu Dutzenden über das Straßenpflaster rollen und niemand sich findet, der sie aufhebt; absolute Unmöglichkeit, vorherzusehen, wie das alles enden und wer als Sieger aus dem Kampf hervorgehen wird; nur ein Resultat absolut sicher: die allgemeine Erschöpfung und die Herstellung der Bedingungen des schließlichen Sieges der Arbeiterklasse.» Vom ersehnten Sieg des Proletariats abgesehen war Engels' Prognose von geradezu bestürzender Klarsicht.

Im zeitlichen Abstand von 65 Jahren hat der amerikanische Historiker und Diplomat George F. Kennan 1979 den Ersten Weltkrieg «*die* Urkatastrophe dieses Jahrhunderts» (*the* great seminal catastrophe of this century) genannt. Nationen, die diesem Krieg ihre staatliche Unabhängigkeit verdanken – die baltischen Völker, die Polen und die Tschechen etwa –, dürften diesem Urteil nicht oder zumindest nicht vorbehaltlos zustimmen. Doch Kennans These hat auch dann alles für sich, wenn man die befreienden Wirkungen des Ersten Weltkriegs in Rechnung stellt. Der Weg von 1914 nach 1939 war kurz, und nach dem Zweiten Weltkrieg konnte der alte Westen nur dadurch überleben, daß er sich mit dem neuen Westen jenseits des Atlantiks verband. Was ihn im Innersten zusammenhält, entdeckte der Westen erst, nachdem ihn die Austragung seiner Gegensätze an den Rand der Selbstzerstörung gebracht hatte.[35]

Der Westen zu Beginn des 20. Jahrhunderts: Rückblick und Ausblick

Als 1914 der Erste Weltkrieg ausbrach, gab es seit weit über 100 Jahren das, was wir als das normative Projekt des Westens bezeichnet haben: die amerikanischen und die französischen Menschenrechtserklärungen von 1776 und 1789 und das Bekenntnis zur Volkssouveränität, zur Gewaltenteilung und zur Herrschaft des Rechts als Grundlage einer staatlichen Ordnung, die sich auf ebendiese Rechte beruft. Die politische Entwicklung des Okzidents war seit dem späten 18. Jahrhundert geprägt von Kämpfen um die Aneignung oder Verwerfung des normativen Projekts der beiden atlantischen Revolutionen.

Am Vorabend des Ersten Weltkrieges bestand nur ein Teil des Westens aus Staaten, auf die sich mit mehr oder minder großen Abstrichen der Begriff der «repräsentativen Demokratie» anwenden ließ: die Vereinigten Staaten von Amerika, Kanada, Großbritannien, Frankreich, die skandinavischen Staaten, die Schweiz, Holland, Belgien, Luxemburg, Italien und Spanien sowie, außerhalb der atlantischen Welt, die britischen Dominions Australien und Neuseeland. Die Abstriche betrafen vor allem das Wahlrecht. Das allgemeine Frauenwahlrecht kannten vor 1914 auf nationaler Ebene nur (seit 1893) Neuseeland und (seit 1906) das damals noch unter russischer Oberhoheit stehende Großfürstentum Finnland. Aber auch das allgemeine gleiche Männerwahlrecht war vor dem Ersten Weltkrieg noch längst nicht in allen parlamentarisch regierten Ländern des Westens eingeführt: In den Niederlanden geschah dies 1917, in Großbritannien 1918, in Belgien und Luxemburg 1919.

In Deutschland galt das allgemeine gleiche Männerwahlrecht bereits sehr viel länger: im Norddeutschen Bund seit 1867, in dem aus ihm hervorgegangenen Deutschen Reich seit seiner Gründung 1871. Eine repräsentative Demokratie aber war das kaiserliche Deutschland nicht:

Die Reichsleitung war nicht dem Reichstag, sondern dem Kaiser verantwortlich. Der Übergang von der konstitutionellen zur parlamentarischen Monarchie erfolgte erst im Oktober 1918 unter dem Eindruck der militärischen Niederlage im Ersten Weltkrieg: ein Umstand, der sich als schwere psychologische Vorbelastung der ersten deutschen Demokratie, der Weimarer Republik, erweisen sollte.

In England, wo die Parlamentarisierung der schrittweisen Demokratisierung des Wahlrechts vorausging, verlief die politische Entwicklung ohne die radikalen Brüche, die die Geschichte Deutschlands im 20. Jahrhundert markieren. Frankreich, das zum Zeitpunkt seiner «großen» Revolution, der von 1789, anders als England nicht auf eine lange parlamentarische Tradition zurückblicken konnte, erlebte im 19. Jahrhundert zahlreiche Regimewechsel und nach dem Übergang vom zweiten Kaiserreich zur Dritten Republik schwere innere Krisen, ehe man das Land trotz häufig wechselnder Regierungen eine alles in allem funktionierende Demokratie nennen konnte.

Italien und Spanien hatten sich vor 1914, wenn man die parlamentarische Verantwortlichkeit der Regierung und das allgemeine Männerwahlrecht als Maßstab nimmt, zu parlamentarischen Demokratien entwickelt. In beiden Ländern litt das politische System aber unter einer rückständigen Sozialstruktur und ihrer Begleiterscheinung: dem Analphabetismus breiter Bevölkerungsschichten. Noch rückständiger war in dieser Hinsicht Portugal, das vor wie nach dem Sturz der Monarchie im Jahr 1910 parlamentarisch regiert wurde, aber auch nach der Proklamation der Republik nur einer kleinen Minderheit der männlichen Bevölkerung das aktive Wahlrecht gewährte. In einem anderen Teil des alten Okzidents, der Habsburgermonarchie, wurde das Abgeordnetenhaus des Reichsrats zwar seit 1907 nach dem allgemeinen gleichen Männerwahlrecht gewählt. Regiert aber wurde die Donaumonarchie seit dem Frühjahr 1914 mit Notverordnungen: dem Auskunftsmittel, auf das man in Wien zurückgriff, wenn der Gegensatz der Nationalitäten die Arbeit des Reichsrats lahmlegte.

Im neuen Okzident auf der Westseite des Atlantiks gab es neben der größten Demokratie der Welt, den Vereinigten Staaten von Amerika, ein weiteres demokratisch verfaßtes Gemeinwesen: das britische Dominion Kanada. Von den größeren lateinamerikanischen Republiken entwickelte vor 1914 keine ein Maß an demokratischer Stabilität, das den Vergleich mit den USA oder Kanada aushalten konnte. «Typisch» lateinamerikanisch waren vielmehr der «caudillismo», die auf das Militär gestützte, mehr oder minder diktatorische Herrschaft eines politischen Führers, gewaltsame Regimewechsel und Bürgerkrieg. Am «westlichsten» wirkte trotz mehrerer Staatsstreiche noch das kleine Costa Rica, ein Land mit überwiegend weißer Bevölkerung und niedriger Analphabetenrate.

Die politische Entwicklung des Westens war also durch ihre Ungleichzeitigkeit gekennzeichnet: Staaten, die sich die Ideen von 1776 und 1789 aneigneten, standen andere gegenüber, die dies bis 1914 allenfalls teilweise taten. Die Ungleichzeitigkeit war aber nur einer der beiden Widersprüche, die die Geschichte des Westens prägten. Der andere war der Gegensatz zwischen dem normativen Projekt und der politischen Praxis des Westens. Das Bekenntnis zu den allgemeinen und unveräußerlichen Menschenrechten ging einher mit ihrer Verleugnung, wann immer sich Menschen auf sie beriefen, denen diese Rechte bewußt vorenthalten wurden.

Das galt für die afroamerikanischen Sklaven in den Vereinigten Staaten wie für die nichtweißen Bewohner der Gebiete, die von Europäern und Amerikanern ihrer formellen oder informellen Herrschaft unterworfen wurden. Der politische Humanismus blieb lange an eine Rassenschranke gebunden. Seine Adressaten waren Menschen weißer Hautfarbe, und auch unter ihnen wurde differenziert: Im Zweifelsfall galt die eigene, besonders die angelsächsische oder «teutonische» Rasse als die kulturell wertvollste. Man mußte überdies ein Mann sein, um aus der Staatsangehörigkeit Bürgerrechte ableiten zu können: Die Gleichberechtigung der Geschlechter entsprach zwar dem Wortlaut der frühen Menschenrechtserklärungen, aber nicht dem Sinn, den ihnen die Schöpfer dieser Urkunden beilegten.

Um 1914 war die außereuropäische Welt, soweit sie kolonialer Herrschaft unterworfen werden konnte, im wesentlichen unter Europäer und Amerikaner aufgeteilt. Es gab auch bereits deutliche Anzeichen, daß die weiße Expansion ihren Höhepunkt überschritten hatte. Die Niederlage, die Japan 1905 dem russischen Zarenreich zufügte, war ein Signal an die weiße wie an die nichtweiße Welt. In Indien, der größten englischen Kolonie, wurde der Sieg der ersten asiatischen Großmacht über eine der europäischen Großmächte von der nach Unabhängigkeit strebenden Nationalbewegung als Ermutigung empfunden.[1] Bereits neun Jahre zuvor hatten äthiopische Truppen den Italienern bei Adua eine vernichtende

Niederlage beigebracht. Italien war wie Deutschland ein spät entstan-
dener Nationalstaat und eine junge Kolonialmacht; es wurde wie das
Deutsche Reich, wenn auch in bescheidenerem Umfang als dieses, von
dem Wunsch nach einem «Platz an der Sonne», der Errichtung eines
eigenen kolonialen Überseereiches, getrieben.

Kolonialreiche, die diesen Namen verdienten, gab es vor 1914 indes nur zwei: das britische und das französische. Andere europäische
Staaten besaßen Kolonien, die sich jedoch nicht zu «Reichen» zusam-
menfügten. Die Vereinigten Staaten, die ihre Entstehung einer antikolonialen Revolution verdankten, waren durch die Eroberung der
Philippinen nach 1898 zwar selbst zur Kolonialmacht geworden. Aber
die Erfahrung des Krieges auf den südostasiatischen, vordem spanischen Inseln trug wesentlich dazu bei, daß die USA ihren kolonialen
Besitz nicht weiter vergrößerten. Soweit sie ihre Macht über das eigene
Staatsgebiet hinaus ausdehnten, taten sie es fortan wieder vorzugsweise in der Gestalt informeller Vorherrschaft – einer Methode, auf die
sich seit langem auch Großbritannien besser als alle seine europäischen
Konkurrenten verstand.

Die wirtschaftlichen Interessen der Metropolen hatten absoluten
Vorrang vor denen der Peripherie, gleichviel ob die abhängigen Gebiete
de jure oder nur de facto Kolonien waren, ob sie, wie in der Karibik,
sich in agrarische Monokulturen verwandelten oder, wie in Afrika, die
Ausbeutung ihrer Rohstoffe hinnehmen mußten. Die Industrialisierung
wurde in den Kolonien, wenn man von Britisch-Indien absieht, von den
imperialistischen Mächten kaum gefördert. Die schulische Erziehung
der kolonialen Bevölkerung blieb meist auf den elementaren Bereich
beschränkt; eine bemerkenswerte Ausnahme bildeten hier nur die Vereinigten Staaten, die auf den Philippinen eine erfolgreiche Assimilation
der breiten Massen durch Volkserziehung betrieben.

Das britische Empire war das einzige der imperialistischen Kolonialreiche des 19. und frühen 20. Jahrhunderts, das zumindest zeitweilig so
etwas wie eine kollektive Identität hervorbrachte. Diese war naturgemäß am stärksten bei den überwiegend von Weißen besiedelten Kolonien ausgeprägt, die, beginnend mit Kanada im Jahr 1867, den Status
von Dominions erhielten. Anders als die Franzosen in ihrem Kolonialreich betrieben die Briten in den nichtweißen Kolonien des Empires
nicht eine Politik der forcierten kulturellen Assimilation einheimischer
Bildungsschichten; sie banden vielmehr, wo immer möglich, die lokalen

Eliten auch ohne äußere Assimilation durch Einfügung in den kolonialen Herrschaftsapparat an sich. In Indien freilich kam die vorsichtige Erweiterung der Mitbestimmungsrechte einheimischer Reformkräfte im Jahre 1909 zu spät, um der Unabhängigkeitsbewegung um den Indischen Nationalkongreß den Wind aus den Segeln zu nehmen. Die indischen Nationalisten konnten sich auf die britische Idee des «self-government» berufen, als sie dazu übergingen, die britische Kolonialpraxis von Grund auf in Frage zu stellen.

Der indische Befund läßt sich in gewisser Weise verallgemeinern: Es *gab* modernisierende Wirkungen der Kolonialherrschaft. Außer dem Schul- und Gesundheitswesen gehörten hierzu der Bau von Verkehrswegen, die Bekämpfung grausamer archaischer Bräuche wie der Witwenverbrennung in Indien, der Kampf gegen die orientalische Sklaverei und die Vielehe sowie die Entwicklung eines an westlichen Vorbildern ausgerichteten Verwaltungs- und Gerichtssystems, mit deren Hilfe überlieferte Formen von Zusammenhalt und Abhängigkeit ausgehöhlt und das Prinzip der Territorialherrschaft durchgesetzt wurde. Die «Teileuropäisierung des kolonialen Rechtswesens» barg, wie Jürgen Osterhammel zurecht feststellt, ein «Emanzipationspotential, das über den Kolonialismus hinauswies»: Im Zuge der «Universalisierung des europäischen Staatskonzepts» wurde der auf Militär und Polizei gestützte koloniale Verwaltungsstaat zum «Geburtshelfer seiner postkolonialen Nachfolger».[2]

Mitte der 1820er Jahre hatte Großbritannien die Unabhängigkeit Lateinamerikas gefördert, um so einen Ausgleich dafür zu schaffen, daß Frankreich im Auftrag der «Heiligen Allianz» in Spanien interveniert und das Land von sich abhängig gemacht hatte. Außenminister George Canning verlieh dem Kalkül Londons in einer Unterhausrede vom 12. Dezember 1826 klassischen Ausdruck, als er feststellte, er habe die neue Welt ins Dasein gerufen, um das Gleichgewicht der alten wiederherzustellen (I called the new world into existence in order to redress the balance of the old).[3] Zur Globalisierung der britischen Gleichgewichtspolitik gehörten die damals einsetzenden, wenn auch zunächst nicht erfolgreichen Bemühungen um eine Allianz mit den Vereinigten Staaten von Amerika. Sieben Jahrzehnte später näherten sich die beiden angelsächsischen Mächte während des spanisch-amerikanischen Krieges von 1898 dann in einem solchen Maß an, daß Cannings Ziel in greifbare Nähe rückte.

Die USA wurden durch jenen Krieg endgültig zum globalen Akteur. Als solcher traten sie 1900 zusammen mit den europäischen
Großmächten und Japan bei der Niederwerfung des chinesischen Bo-
xeraufstandes und 1905 bei der Vermittlung des Friedens von Portsmouth zwischen Japan und Rußland in Erscheinung. Der Sieg über
das Zarenreich sicherte Japans Anspruch auf einen Großmachtstatus.
Die wichtigste Vorbedingung dieses Triumphes aber war die erfolgreiche Teilverwestlichung des fernöstlichen Kaiserreiches im Zuge der
«Meiji-Restauration» seit 1868. Japan übernahm vom Okzident, was
mit den Interessen seiner Führungsschicht vereinbar erschien: industrielle Technik, kapitalistisches Wirtschaftssystem, rationale Wissenschaft und bürokratische Verwaltungsstrukturen. Im Hinblick auf ihr
politisches System aber lehnte sich die erste Großmacht Asiens nicht
an die westlichen Demokratien, sondern an die konstitutionelle Monarchie des Bismarckreiches an: Wie in Berlin so war auch in Tokio die
Regierung nach der Verfassung von 1889 dem Kaiser und nicht dem
Parlament verantwortlich.[4]

Man mußte zu Beginn des 20. Jahrhunderts nicht nach Japan gehen,
um das Phänomen einer Teilverwestlichung nichtwestlicher Gesellschaften zu studieren. Auch in Europa gab es solche Prozesse:
Griechenland war das erste orthodoxe Land, das, beginnend mit der
Verfassung von 1843, eine westliche Regierungsform, die der konstitutionellen Monarchie, mitsamt einem umfassenden Grundrechtskatalog übernahm. Es folgten 1866 Rumänien, 1869 Serbien und 1871 Bulgarien. Einer politischen Kultur des Westens standen jedoch in allen
diesen Fällen strukturelle Hindernisse, obenan die Orthodoxie als
Staatsreligion, entgegen. Dasselbe galt für Rußland, das sich nach der
Revolution von 1905 in Form der Staatsgrundgesetze vom April 1906
zumindest äußerlich westlichen Vorbildern, vor allem dem deutschen,
annäherte. Das erste islamische Land, das sich eine von westlichen
Ideen beeinflußte Verfassung gab, war 1876 das Osmanische Reich. Sie
wurde jedoch bereits zwei Jahre später vom Sultan suspendiert. Im
Jahre 1908 erzwang die Revolution der Jungtürken ihre Wiederinkraftsetzung.

Trotz aller Unterschiede zwischen den politischen Systemen gab es
vor 1914 ein normatives Minimum, das die Nationen des Westens
untereinander verband: Es war das Bekenntnis zur «rule of law» oder

zu dem, was im deutschen Begriff des «Rechtsstaates» zusammengefaßt war. Die Herrschaft des Rechts war unlösbar verknüpft mit der Trennung von gesetzgebender, vollziehender und rechtsprechender Gewalt. Diese Gewaltenteilung war eine spezifisch westliche Errungenschaft. Sie setzte sich nicht zufällig zunächst nur in Ländern durch, die schon im Mittelalter die beiden Frühformen der Gewaltenteilung, die Trennung von geistlicher und weltlicher Gewalt sowie von fürstlicher und ständischer Gewalt hervorgebracht hatten. Die Trennung von «sacerdotium» und «imperium» beziehungsweise «regnum» war die erste der Gewaltenteilungen – in letzter Instanz ermöglicht durch die auf Jesus zurückgehende Unterscheidung zwischen den Sphären Gottes und des Kaisers. Der orthodoxe Osten vollzog die Trennung von geistlicher und weltlicher Gewalt nicht mit und hatte darum auch keinen Anteil an den Emanzipationsprozessen des Westens von der Renaissance über die Reformation bis zur Aufklärung – Prozessen, für die ebendiese Trennung die Bedingung der Möglichkeit bildete.

Zu den Hervorbringungen des Westens gehörte freilich auch der moderne Nationalismus: eine Ideologie, die die Nation zur höchsten Sinngebungs- und Rechtfertigungsinstanz erhob und daraus ihren Anspruch auf ein Loyalitätsmonopol ableitete. Nationale Vielfalt gehört zu den ältesten Merkmalen des Westens; mit dem modernen Nationalismus aber, wie er im Gefolge der Französischen Revolution von 1789 aufkam, trat das, was den Westen verband, immer mehr in den Hintergrund. Der erste moderne Nationalstaat Europas war das nachrevolutionäre Frankreich. Die neuen Nationalstaaten Italien und Deutschland orientierten sich in unterschiedlichem Maß an diesem Vorbild: das als Einheitsstaat verfaßte Italien sehr viel mehr als das föderalistische Deutsche Reich. Der weltpolitische Nachholbedarf, den beide Mächte in der Hochzeit des Imperialismus nach 1880 entwickelten, fand seinen Niederschlag in ihrer Beteiligung am «scramble for Africa» und im Fall des wilhelminischen Deutschland an einer ausgreifenden, gegen England gerichteten Flottenrüstung.

1897 prägte der deutsche Geograph Friedrich Ratzel den Begriff «Lebensraum». Ratzel war ein überzeugter Gefolgsmann der Lehre des amerikanischen Marineoffiziers und Militärhistorikers Alfred Thayer Mahan, wonach der weltpolitische Einfluß eines Landes in erster Linie von seiner Stärke zur See abhing. Sein politisches Credo faßte Ratzel drei Jahre später in dem Satz zusammen: «Langsam verlegt sich die Geschichte der europäischen Völker aus Europa hinaus, und in Europa wird künftig am größten sein, wer am größten in Außereuropa ist.»[5]

Nach der Jahrhundertwende verband sich das deutsche Streben nach Weltgeltung durch überseeische Expansion zunehmend mit dem Gedanken einer historisch unausweichlichen Auseinandersetzung, ja einem Rassenkrieg zwischen «Germanen» und «Slawen», wobei die einen von Deutschland, die anderen von Rußland geführt werden würden. In England fand um dieselbe Zeit die von dem Geographen Halford J. Mackinder, einem «Geopolitiker» avant la lettre wie Ratzel, entwickelte Theorie von der eurasiatischen «pivot area» mit Rußland als «heartland» Beachtung. Deutschland und China gehörten zum «inner crescent» (wörtlich: innere Mondsichel), der das «heartland» umgab. Wer den «pivot state» beherrschte, gleichviel ob dies Rußland, eine deutsch-russische Allianz, China oder, nach einer Eroberung Chinas, Japan unter Einsatz der chinesischen Massen war, konnte das Weltgleichgewicht zu seinen Gunsten verändern. Eine Seemacht wie Großbritannien geriet demgegenüber schon deswegen ins Hintertreffen, weil für die Beherrschung großer Räume die Eisenbahn und nicht mehr das Dampfschiff wichtig war. Damit ging, so Mackinder, die 400 Jahre alte «kolumbianische Epoche» zu Ende. Sie werde abgelöst von der «nachkolumbianischen Epoche», in der die Herrschaft über das eurasiatische Herzland die Machtverhältnisse in der Welt bestimme.[6]

Das britisch-russische Bündnis von 1907, das die drei Jahre zuvor abgeschlossene Entente cordiale mit Frankreich ergänzte, wirkte wie eine praktische Nutzanwendung der «heartland»-Theorie. Großbritannien hatte, um sich gegen die aggressive Flottenpolitik Deutschlands abzusichern, mit der Tradition der «splendid isolation» gebrochen und sich mit zwei historischen Rivalen verbündet, womit einem immer noch denkbaren Zusammengehen zwischen Deutschland und Rußland ein Riegel vorgeschoben war. Der Gegensatz zwischen den politischen Systemen Rußlands auf der einen, Englands und Frankreichs auf der anderen Seite war jedoch so tief, daß den beiden Westmächten nach Beginn des Ersten Weltkrieges die ideologische Auseinandersetzung mit den beiden Mittelmächten Deutschland und Österreich-Ungarn schwer fiel. Wer mit dem reaktionären Zarenreich im Bunde stand, konnte nicht glaubwürdig von einem Kampf zwischen Freiheit und Unfreiheit, Demokratie und Autoritarismus sprechen. Diese Chance ergab sich erst, nachdem im Frühjahr 1917 das

Zarenregime gestürzt und Amerika an der Seite Englands und Frankreichs in den Krieg eingetreten war.

Das Jahr 1914 markiert einen tiefen Einschnitt in der Geschichte des Westens. Der Erste Weltkrieg war ein innerwestlicher Konflikt, und zwar der schärfste, den es bis dahin gegeben hatte, und zugleich ein Konflikt, bei dem auf beiden Seiten große nichtwestliche Mächte mitfochten: Rußland, Japan und seit 1917 auch China auf der Seite der westlichen Demokratien, das Osmanische Reich auf der Seite der Mittelmächte. Sicher war von Anfang an, daß vom Ausgang des Krieges nicht nur die Machtverhältnisse der Welt abhingen, sondern auch die Zukunft des normativen Projekts des Westens. Ein Sieg Deutschlands und seiner Verbündeten wäre auch eine Niederlage der Ideen von 1776 und 1789 gewesen. Ob ein Sieg der Westmächte diesen Ideen zum Triumph verhelfen würde, war hingegen schon deswegen ungewiß, weil niemand die Zukunft Rußlands vorhersehen konnte.

In der Geschichtsschreibung hat es sich eingebürgert, von einem «langen 19. Jahrhundert» und einem «kurzen 20. Jahrhundert» zu sprechen. Das «lange» 19. Jahrhundert wird gewöhnlich von der Französischen Revolution von 1789, mitunter auch von der Amerikanischen Revolution von 1776 bis 1914 oder 1917 datiert, das «kurze» 20. Jahrhundert von 1914 oder 1917 bis zum Untergang des Sowjetimperiums in den Jahren 1989 bis 1991.[7]

Eine Schwellenzeit kommt bei dieser Periodisierung meist zu kurz: die Jahre um 1850. Die Revolutionen von 1848/49 hatten, entgegen einer landläufigen Meinung, Europa tief verändert: Sie waren, wie Reinhart Koselleck zurecht bemerkt, die erste und zugleich letzte «gesamteuropäische Revolution».[8] Der «alte Westen» stieß damals erneut auf seine alte Ostgrenze; als einziges orthodoxes, also nichtwestliches Land wurde Rumänien für kurze Zeit in das revolutionäre Geschehen einbezogen. Im gleichen Jahr 1848 erhielten die Vereinigten Staaten durch den Frieden von Guadelupe Hidalgo ihre neue Westgrenze am Pazifik. Kurz darauf erlebte die Welt durch die Entdeckung reicher Gold- und Silbervorkommen in Kalifornien, Mexiko und Australien einen gewaltigen Industrialisierungs- und zugleich Globalisierungsschub. In den 1850er Jahren begann jener Siegeszug des Positivismus, des Materialismus und der Evolutionslehre, der die Zeit des Idealismus, von der man zumindest mit Blick auf Europa sprechen kann, bald als abgeschlossenes Kapitel der westlichen Ideengeschichte erscheinen ließ.

In die 1850er Jahre fielen Ereignisse, die für die weitere Entwicklung Europas und Amerikas wichtig wurden. Der Krimkrieg (1854–1856) revolutionierte das europäische Staatensystem: Er verschärfte den britisch-russischen Gegensatz, sprengte den «Block» der konservativen Mächte Rußland, Österreich und Preußen, stärkte Preußen auf Kosten Österreichs und führte zu einem engen Zusammenspiel zwischen dem zweiten französischen Kaiserreich und dem Königreich Sardinien-Piemont. Ende der fünfziger Jahre drängten erst in Italien, dann in Deutschland die ungelösten Probleme der Revolution von 1848/49, obenan die Einheitsfrage, wieder auf die Tagesordnung: Themen, die die europäische Politik bis zum Abschluß der Nationalstaatsgründungen in Italien und Deutschland im deutsch-französischen Krieg von 1870/71 bestimmen sollten. Amerika wurde durch die Aufnahme neuer Staaten im Westen ernster denn je mit seiner Schicksalsfrage, der Spaltung der Union in sklavenfreie und Sklavenhalterstaaten, konfrontiert. Der Bürgerkrieg von 1861 bis 1865 warf seine Schatten voraus.

In der Zeit zwischen 1850 und 1914 formten sich einige der Bewegungen und Ideologien heraus, die das 20. Jahrhundert prägen sollten. In der europäischen Arbeiterschaft verbreiteten sich die Ideen des Marxismus, der sich nach der Jahrhundertwende in zwei Lager zu spalten begann: eines, das seine Ziele durch die «Diktatur des Proletariats» erreichen wollte, und ein anderes, das die soziale Weiterentwicklung der Demokratie zum Programm erhob. Der Nationalismus erlebte einen Funktionswandel, der mit einem Wandel seiner Trägerschichten einherging: Aus einer Waffe, mit der das aufstrebende Bürgertum die Kräfte der Beharrung bekämpft hatte, wurde ein Instrument der Rechten in der Auseinandersetzung mit der internationalistischen Linken. Der «integrale Nationalismus», wie er, von Frankreich ausgehend, um die Jahrhundertwende entstand, bereitete, häufig in Verbindung mit einem radikalen Antisemitismus, dem Faschismus den Boden. Der Gegensatz zwischen der gespaltenen Linken und den faschistischen Bewegungen sollte der Zeit zwischen den beiden Weltkriegen den Stempel aufdrücken. In den Kolonien hingegen wurde der Nationalismus zu einer Waffe der Emanzipation: auf breiter Front erfolgreich erst nach 1945, aber schon nach 1918 gefährlich genug, um die europäischen Kolonialmächte an mehr als einer Stelle in ernste Bedrängnis zu bringen.

1945 endete ein stark von der jeweiligen Politik Deutschlands bestimmtes Dreivierteljahrhundert. An seinem Beginn stand die Reichsgründung von 1871, von der Benjamin Disraeli damals als konservativer Oppositionsführer im britischen Unterhaus sagte, sie sei «auf dem Festland ein größeres politisches Ereignis als die Französische Revolution des vergangenen Jahrhunderts», weil sie das Gleichgewicht der Macht völlig zerstört habe.[9] Den Ersten Weltkrieg hat das Deutsche Reich zwar nicht allein verursacht, aber in der Julikrise von 1914 war es die treibende Kraft, weil es sich mit der «halbhegemonialen Stellung des Bismarckreiches» auf dem Festland, von der Ludwig Dehio 1951 gesprochen hat, nicht zufrieden gab, sondern Weltmacht werden wollte.[10] Das Ergebnis dieses ersten «Griffs nach der Weltmacht» (Fritz Fischer) empfanden große Teile der deutschen Eliten als so katastrophal, daß sie nach 1918/19 nicht bereit waren, die Niederlage als endgültig zu akzeptieren.[11] Das Bedürfnis nach Revision und Revanche fand seinen extremsten Ausdruck im nationalsozialistischen Regime Adolf Hitlers, das 1939, sechseinhalb Jahre nach seiner «Machtergreifung», den Zweiten Weltkrieg entfesselte.

Den zweiten der beiden Weltkriege überlebte das Erbe der atlantischen Revolutionen in Europa nur, weil Amerika den freiheitlichen Kräften des alten Kontinents im Kampf gegen das nationalsozialistische Deutschland und seine Verbündeten zu Hilfe kam. Für einen Teil des alten Okzidents, Ostmitteleuropa, bedeutete 1945 jedoch noch nicht das Ende von Fremdherrschaft und Unterdrückung. Erst nach dem Untergang der kommunistischen Regime in den Jahren 1989 bis 1991 wurde jene Wiedervereinigung des Westens möglich, die in der Osterweiterung der Europäischen Union und des atlantischen Bündnisses ihren Ausdruck fand.

Der Untergang des Kommunismus in Europa und im asiatischen Teil der Sowjetunion war nicht, wie der amerikanische Philosoph und Publizist Francis Fukuyama glaubte, das Ende der ideologischen Konkurrenz zur liberalen Demokratie und damit das «Ende der Geschichte».[12] Die Jahre 1989 bis 1991 markieren das Ende des langlebigeren der beiden totalitären Gegenentwürfe zum westlichen System. Die Auseinandersetzungen zwischen westlicher Demokratie, Faschismus beziehungsweise Nationalsozialismus und Sowjetkommunismus prägten die Geschichte des 20. Jahrhunderts – eine Geschichte, die dort beginnt, wo dieser Band endet: mit dem Jahr 1914.

Anhang

Abkürzungsverzeichnis

ADAV	Allgemeiner Deutscher Arbeiterverein
ADV	Alldeutscher Verband
AFL	American Federation of Labor
BBL	British Brothers League
C.G.T.	Confédération Générale du Travail
CNT	Confederación Nacional del Trabajo
IAA	Internationale Arbeiter-Assoziation
ILP	Independent Labour Party
k.k.	kaiserlich-königlich
IWW	Industrial Workers of the World
MEW	Karl Marx/Friedrich Engels, Werke. Hg. v. Institut für Marxismus-Leninismus beim Zentralkomitee der Sozialistischen Einheitspartei Deutschlands, Berlin 1956 ff.
NAACP	National Association for the Advancement of Colored People
NATO	North Atlantic Treaty Organisation
ND	Neudruck
PSOE	Partido Socialista Obrero Español
SPD	Sozialdemokratische Partei Deutschlands
S.F.I.O.	Section Française de l'Internationale Ouvrière
St.	Sankt
UGT	Unión General de Trabajadores
USA	United States of America

Anmerkungen

Einleitung

1 David Gress, From Plato to NATO. The Idea of the West and its Opponents, New York 1998; Michael Hochgeschwender, Was ist der Westen? Zur Ideengeschichte eines politischen Konstrukts, in: Historisch-politische Mitteilungen. Archiv für Christlich-Demokratische Politik, Köln 11 (2004), S. 1–30; Alistair Bonnett, The Idea of the West. Culture, Politics and History, Basingstoke 2004, S. 14 ff.; Thomas C. Patterson, Inventing Western Civilization, New York 1997; Jürgen Osterhammel, Die Verwandlung der Welt. Eine Geschichte des 19. Jahrhunderts, München 2009, S. 143 f.

2 Thomas Mann, Betrachtungen eines Unpolitischen (1918), in: Gesammelte Werke in dreizehn Bänden, Frankfurt 1990, Bd. 12, S. 1–589.

3 Jürgen Habermas, Eine Art Schadensabwicklung, in: «Historikerstreit». Die Dokumentation der Kontroverse um die Einzigartigkeit der nationalsozialistischen Judenvernichtung, München 1987, S. 62–76 (75).

4 Gerald Stourzh, Statt eines Vorworts: Europa, aber wo liegt es?, in: ders. (Hg.), Annäherung an eine europäische Geschichtsschreibung, Wien 2002, S. XI.

5 Matthäus 22, 21; Markus 12, 17; Lukas 20,25.

6 Max Weber, Gesammelte Aufsätze zur Religionssoziologie, 3 Bde. (1920¹), Tübingen 1988⁹, Bd. 1, S. 1–16.

1. Die Entstehung des Westens:
Prägungen eines Weltteils

1 Jan Assmann, Herrschaft und Heil. Politische Theologie in Altägypten, Israel und Europa, München 2000; ders., Politische Theologie zwischen Ägypten und Israel, München 2006³; Eckart Otto, Mose. Geschichte und Legende, München 2006, S. 101 ff.; Rudolf Smend, Die Methoden der Moseforschung, in: ders., Zur ältesten Geschichte Israels (Gesammelte Studien, Bd. 2), München 1987, S. 45–115; Friedrich Wilhelm Graf, Moses Vermächtnis. Über göttliche und menschliche Gesetze, München 2006³; Gottfried Schramm, Fünf Wegscheiden der Weltgeschichte. Ein Vergleich, Göttingen 2004, S. 50 ff.

2 Carl Schmitt, Politische Theologie. Vier Kapitel zur Lehre von der Souveränität, München 1934², S. 49.

3 Assmann, Herrschaft (Anm. 1), S. 29 f.

4 Schmitt, Politische Theologie (Anm. 2), S. 59 f.

5 Jan Assmann, Moses der Ägypter. Entzifferung einer Gedächtnisspur, Frankfurt 2000⁴.

6 Sigmund Freud, Der Mann Moses und die monotheistische Religion, in: ders., Gesammelte Werke. Chronologisch geordnet. Bd. 16: Werke aus den Jahren 1932–1939, Frankfurt 1981⁶, S. 101–246 (197 f.).

7 Ebd., S. 151, 220 ff., 226.

8 Assmann, Moses (Anm. 5), S. 242; ders., Die Mosaische Unterscheidung. Der Preis des Monotheismus, München 2003 (mit Beiträgen anderer Autoren zu Assmanns Thesen).

9 Ebd., S. 26.

10 Johann Gustav Droysen, Geschichte des Hellenismus (1833–44), 3 Bde., München 1980.

11 Wilhelm Nestle, Vom Mythos zum Logos, Stuttgart 1940²; Rudolf Hirzel, *ΑΓΡΑΦΟΣ ΝΟΜΟΣ*. XX. Band der Abhandlungen der philologisch-historischen Classe der Königl. Sächsischen Gesellschaft der Wissenschaften, No. I, Leipzig 1900.

12 Rudolf Bultmann, Das Urchristentum im Rahmen der antiken Religionen, Zürich 1949¹, S. 147.

13 Ebd., S. 182 (Zitat; Hervorhebungen im Original), 185 f.; Christoph Markschies, Das antike Christentum. Frömmigkeit, Lebensformen, Institutionen, München 2006, S. 11 ff.

14 Freud, Mann Moses (Anm. 6), S. 243–245.

15 Matthäus 28,19–20; Markus 16, 14; Lukas 24,46–47.

16 Georg Wilhelm Friedrich Hegel, Vorlesungen über die Philosophie der Geschichte. Sämtliche Werke, Bd. 11, Stuttgart 1949³, S. 427 f. (Hervorhebung im Original).

17 Matthäus 22, 15–22; Markus 12, 13–17; ferner Lukas 20, 22–26.

18 Bultmann, Urchristentum (Anm. 12), S. 225.

19 Tacitus, Annalen, 15. Buch, 44. Kapitel.

20 Erik Peterson, Der Monotheismus als politisches Problem. Ein Beitrag zur Geschichte der politischen Theologie im Imperium Romanum, Leipzig 1935, S. 31 ff., 78 ff., 88 ff.; Karl Löwith, Weltgeschichte und Heilsgeschehen. Die theologischen Voraussetzungen der Geschichtsphilosophie, Stuttgart 1953³, S. 160 ff.

21 P. Vergilius Maro, Bucolica. Hirtengedichte. Studienausgabe. Lateinisch/Deutsch. Übersetzung, Anmerkungen, interpretierender Kommentar und Nachwort von Michael von Albrecht, Stuttgart 2001, S. 36–41, 126–140; Des Kaisers Konstantin Rede, die er geschrieben hat an die Versammlung der Heiligen, in: Des Eusebius Pamphili Bischofs von Cäsarea ausgewählten Schriften (Bibliothek der Kirchenväter), München 1913, S. 191–272 (249–263).

22 Pauli Orosi Historiarum adversum Paganos Libri VII, ed. C. Zangemeister, Leipzig 1889, S. 231 f. (VI, 22); deutsche Übersetzung: Adolf Lippold, Paulus Orosius. Die antike Weltgeschichte in christlicher Sicht, München 1985/86, Bd. 2, S. 133 f.

23 Edward Gibbon, Verfall und Untergang des römischen Imperiums. Bis zum Ende des Reiches im Westen (engl. Orig.: London 1776 ff.), München 2003, Bd. 4, S. 186.

24 Henri Pirenne, Mohammed und Karl der Große. Untergang der Antike am Mittelmeer und Aufstieg des germanischen Mittelalters. Mit einem Nachwort von Dan Diner (frz. Orig.: Paris 1937), Neuausgabe Frankfurt 1985, S. 57.

25 Deno J. Geanakoplos, Church and State in the Byzantine Empire: A Reconsideration of the Problem of Caesaropapism, in: ders., Byzantine East and Latin West: Two Worlds of Christendom in Middle Ages and Renaissance, Oxford 1966, S. 55–83; Peter Schreiner, Byzanz (Oldenbourg Grundriß der Geschichte, Bd. 22), München 1994², S. 68 ff.

26 Pirenne, Mohammed (Anm. 24), S. 48.

27 Augustinus, Vom Gottesstaat. Eingeleitet und übertragen von Wilhelm Timme, 2 Bde., Zürich 1955.

28 Otto Mazal u. Theodor Schieffer, Das Imperium und die germanischen Völkerzüge, in: Europa im Wandel von der Antike zum Mittelalter, hg. v. Theodor Schieder (= Handbuch der europäischen Geschichte, hg. v. Theodor Schieder, Bd. 1), Stuttgart 1976, S. 164–212 (210).

29 Pirenne, Mohammed (Anm. 24), S. 103.

30 Ebd., S. 76, 85 ff.

31 Ebd., S. 198 ff.

32 Rémi Brague, Europa. Eine exzentrische Identität (frz. Orig.: Paris 1992), Frankfurt 1993, S. 86, 91 f.

33 Ebd., S. 92.

34 Pirenne, Mohammed (Anm. 24), S. 109, 118 f., 204.

35 Dan Diner, Ideologie, Historiographie und Gesellschaft. Zur Diskussion der Pirenne-Thesen in der Geschichtswissenschaft. Ein Nachtrag, ebd., S. 207–237.

36 Theodor Schieffer, Das Karolingerreich, in: Handbuch (Anm. 28), Bd. 1, S. 527–632 (581, 583; Hervorhebung im Original).

37 Egon Boshof, Reich/Reichsidee. I: Alte Kirche und Mittelalter, in: Theologische Realenzyklopädie, Bd. XXVIII, Berlin 1997, S. 442–450 (444); Richard William Southern, Geistes- und Sozialgeschichte des Mittelalters. Das Abendland im 11. und 12. Jahrhundert (engl. Orig.: London 1952), Stuttgart 1980², S. 156 ff.

38 Gibbon, Verfall (Anm. 23), Bd. 5, S. 218.

39 Robert S. Lopez, Naissance de l'Europe, Paris 1962, S. 98 ff.; Jacques Le Goff, Die Geburt Europas im Mittelalter (frz. Orig.: Paris 2003), München 2004, S. 51 ff.

40 Werner Goez, Translatio Imperii. Ein Beitrag zur Geschichte des Geschichts-

denkens und der politischen Theorie im Mittelalter und der frühen Neuzeit, Tübingen 1958, S. 73 ff.

41 Otto Bischof von Freising, Chronik oder die Geschichte der zwei Staaten. Übersetzt von Adolf Schmidt. Hg. von Walther Lammers, lateinisch u. deutsch, Darmstadt 1990, S. 464.

42 Udo Schnelle, Einleitung in das Neue Testament, Göttingen 2002⁴, S. 363 ff.; Wolfgang Trilling, Untersuchungen zum zweiten Thessalonicherbrief, Leipzig 1972.

43 Ebd., S. 586 ff.; Horst Dieter Rauh, Das Bild des Antichrist im Mittelalter: Von Tyconius zum Deutschen Symbolismus, Münster 1979², S. 55 ff.; P. A. van den Baar, Die kirchliche Lehre der Translatio Imperii Romani bis zur Mitte des 13. Jahrhunderts, Rom 1956, S. 27 f. (Adso).

44 Ebd., S. 62 ff. (Otto von Freising); Goez, Translatio (Anm. 40), S. 117 ff. Daniels Traumdeutung: Daniel 2.

45 Steven Runciman, Geschichte der Kreuzzüge (engl. Orig.: Cambridge 1950–54), München 1995², S. 266 ff.; Michael Borgolte, Christen, Juden, Muselmanen. Die Erben der Antike und der Aufstieg des Abendlandes 300 bis 1400 n. Chr., München 2006, S. 88 ff.

46 Michael Mitterauer, Warum Europa? Mittelalterliche Grundlagen eines Sonderwegs, München 2003, S. 202 f.

47 Runciman, Geschichte (Anm. 45), S. 883 ff.

48 Hildegard Schaeder, Moskau das dritte Rom. Studien zur Geschichte der politischen Theorien in der slawischen Welt (1929¹), Darmstadt 1957; Peter J. S. Duncan, Russian Messianism. Third Rome, Revolution, Communism and After, London 2000.

49 Robert I. Moore, The Formation of a Persecuting Society. Power and Deviance in Western Europe, c. 950–1250, Oxford 1987; ders., The Origins of European Dissent, Oxford 1977¹.

50 Runciman, Geschichte (Anm. 45), S. 1261 f.

51 Robert I. Moore, Die erste europäische Revolution. Gesellschaft und Kultur im Hochmittelalter (engl. Orig.: Oxford 2000), München 2001.

52 Eugen Rosenstock-Huessy, Die europäischen Revolutionen und der Charakter der Nationen (1. Aufl. unter dem Titel: Die europäischen Revolutionen. Volkscharaktere und Staatenbildung, Jena 1931), Stuttgart 1961³, S. 131 ff.

53 Harold J. Berman, Recht und Revolution. Die Bildung der westlichen Rechtstradition (amerik. Orig.: Cambridge, Mass. 1983), Frankfurt 1991¹, S. 155; Karl Leyser, Am Vorabend der ersten europäischen Revolution. Das 11. Jahrhundert als Umbruchszeit, München 1994; Paolo Prodi, Eine Geschichte der Gerechtigkeit. Vom Recht Gottes zum modernen Rechtsstaat (ital. Orig.: Bologna 2000), München 2003, S. 48 ff.

54 Michael Borgolte, Europa entdeckt seine Vielfalt 1050–1250, Stuttgart 2002, S. 72 f.; Joachim Ehlers, Das westliche Europa, München 2004, S. 225 ff.

55 Gerd Tellenbach, Libertas. Kirche und Weltordnung im Zeitalter des Investiturstreits, Stuttgart 1936, S. 16 ff.

56 Ernst Kantorowicz, Die zwei Körper des Königs. Eine Studie zur politischen Theologie des Mittelalters (amerik. Orig.: Princeton, N. J. 1957), München 1990; Marc Bloch, Die wundertätigen Könige (frz. Orig.: Paris 1924), München 1998.

57 Hartmut Hoffmann, Ivo von Chartres und die Lösung des Investiturproblems, in: Deutsches Archiv für Erforschung des Mittelalters 15 (1959), S. 393–440; Rolf Sprandel, Ivo von Chartres und seine Stellung in der Kirchengeschichte, Stuttgart 1962, S. 52 ff., 138 ff.

58 Karl Jordan, Investiturstreit und frühe Stauferzeit (1056–1197), in: Bruno Gebhardt, Handbuch der deutschen Geschichte, Bd. 1: Frühzeit und Mittelalter, hg. v. Herbert Grundmann, 8. Aufl., Stuttgart 1954, S. 243–340 (279); Ehlers, Europa (Anm. 54), S. 273 ff.

59 Berman, Recht (Anm. 53), S. 190 f.

60 Ebd., S. 191–193; Prodi, Geschichte (Anm. 53), S. 52 ff.

61 Otto Gerhard Oexle, Alteuropäische Voraussetzungen des Bildungsbürgertums – Universitäten, Gelehrte und Studierte, in: Werner Conze und Jürgen Kocka (Hg.), Bildungsbürgertum im 19. Jahrhundert, Teil I: Bildungssystem und Professionalisierung in internationalen Vergleichen, Stuttgart 1985, S. 27–78 (70); Southern, Geistes- und Sozialgeschichte (Anm. 37), S. 151 ff.

62 Borgolte, Europa (Anm. 54), S. 288 ff.

63 Oexle, Voraussetzungen (Anm. 61), S. 33 (Hervorhebung im Original).

64 Ebd., S. 52 f.; Borgolte, Europa (Anm. 54), S. 308 f.

65 Vgl. Anm. 17.

66 Marc Bloch, Die Feudalgesellschaft (frz. Orig.: Paris 1939), Berlin 1982, S. 503 f.

67 Henri Pirenne, Sozial- und Wirtschaftsgeschichte Europas im Mittelalter (frz. Orig. als Bd. 7 der Histoire du Moyen Âge: Paris 1933), Bern o. J. (1946), S. 10, 19, 43.

68 Alfred Hübner, Immunitas, in: Reallexikon für Antike und Christentum, Bd. XVII, Stuttgart 1996, Sp. 1092–1121.

69 Max Weber. Wirtschaft und Gesellschaft. Grundriß der verstehenden Soziologie. Studienausgabe, hg. von Johannes Winckelmann, 2. Halbbd., Köln 1956, S. 934 f., 950 (Hervorhebung im Original).

70 Wolfgang Reinhard, Geschichte der Staatsgewalt. Eine vergleichende Verfassungsgeschichte Europas von den Anfängen bis zur Gegenwart, München 1999, S. 239 ff.

71 Otto Hintze, Wesen und Verbreitung des Feudalismus (1939), in: ders., Staat und Verfassung. Gesammelte Abhandlungen zur allgemeinen Verfassungsgeschichte (Gesammelte Abhandlungen, Bd. 1), Göttingen 1970, S. 84–119 (94 f.).

72 Ebd., S. 106 ff. (110 f.).

73 Robert Bartlett, Die Geburt Europas aus dem Geist der Gewalt. Eroberung, Kolonisierung und kultureller Wandel von 950 bis 1350 (engl. Orig.: London 1993), München 1996, S. 79 ff.

74 Ebd., S. 91.

75 Mitterauer, Warum Europa (Anm. 46), S. 41, 108, 121 f.

76 Ebd., S. 133 f.

77 Bloch, Feudalgesellschaft (Anm. 66), S. 277 (Hervorhebung im Original).

78 Mitterauer, Warum Europa (Anm. 46), S. 137; Paolo Prodi, Das Sakrament Herrschaft. Der politische Eid in der Verfassungsgeschichte des Okzidents (ital. Orig.: 1992), München 1997; ders., Der Eid in der europäischen Verfassungsgeschichte, München 1992.

79 Otto Hintze, Weltgeschichtliche Bedingungen der Repräsentativverfassung (1931), in: ders., Staat (Anm. 71), S. 140–185 (143, 153 f.).

80 Ebd., S. 145; Hasso Hofmann, Repräsentation. Studien zur Wort- und Begriffsgeschichte von der Antike bis ins 19. Jahrhundert, Berlin 1998[3], S. 58 ff., 286 ff.; Heinz Rausch, Repräsentation. Wort, Begriff, Kategorie, Prozeß, Theorie, in: Karl Bosl (Hg.), Der moderne Parlamentarismus u. seine Grundlagen in der ständischen Repräsentation, Berlin 1977, S. 69–98 (bes. 79 f.; kritisch zu Hintzes Interpretation des Zitats von Tertullian). Zu Nikolaus von Kues: Nicholas of Cusa, The Catholic Concordance (lat. Orig.: 1432/33). Ed. and translated by Paul E. Sigismund, Cambridge 1991, S. 283 f. (III. cap. XXV, Nr. 469–472).

81 Otto Hintze, Typologie der ständischen Verfassungen des Abendlandes (1930), in: ders., Staat (Anm. 71), S. 120–139 (123).

82 Ders., Weltgeschichtliche Bedingungen (Anm. 79), S. 176.

83 Ebd., S. 169.

84 Eugen Lemberg, Nationalismus, 2 Bde., Reinbek 1964, Bd. I: Psychologie und Geschichte, S. 86 ff.; Bd. II: Soziologie und politische Pädagogik, S. 29 ff.; Hans Kohn, Die Idee des Nationalismus. Ursprung und Geschichte bis zur Französischen Revolution (amerik. Orig.: New York 1944), Frankfurt 1962; Joachim Ehlers (Hg.), Ansätze und Diskontinuität deutscher Nationsbildung im Mittelalter, Sigmaringen 1989.

85 Hermann Heimpel, Entwurf einer deutschen Geschichte, in: ders., Der Mensch in seiner Gegenwart. Acht historische Essays, Göttingen 1957[2], S. 162–195 (173).

86 Heinrich August Winkler, Der lange Weg nach Westen. Bd. 1: Deutsche Geschichte vom Ende des Alten Reiches bis zum Untergang der Weimarer Republik, München 2005[6], S. 7 ff.

87 Ludwig Dehio, Gleichgewicht oder Hegemonie. Betrachtungen über ein Grundproblem der neueren Staatengeschichte, Krefeld 1848[1], S. 184; Geoffrey Barraclough, Die mittelalterlichen Grundlagen des modernen Deutschland (engl. Orig.: Oxford 1946[1]), Weimar 1955, S. 195 ff.; Hartmut Boockmann, Stauferzeit und spätes Mittelalter. Deutschland 1125–1517, Berlin 1987, S. 165 ff.

88 Paolo Caucci von Saucken, Pilgerziele der Christenheit. Jerusalem – Rom – Santiago de Compostela (ital. Orig.: Mailand 1999), Stuttgart 1999; Ferdinand Seibt, Die Begründung Europas. Ein Zwischenbericht über die letzten

tausend Jahre, Frankfurt 2002, S. 108 ff.; Rolf Toman (Hg.), Die Kunst der Romanik. Architektur, Skulptur, Malerei, Köln 1996.

89 Oswald Schwemmer, Ethos und Lebensform. Der blinde Fleck im zweiten Christentum, in: Richard Schröder (Hg.), Was hat uns das Christentum gebracht? Versuch einer Bilanz nach zwei Jahrtausenden, Münster 2003, S. 51–71 (53, 55 f.).

90 Johannes Fried, Das Mittelalter. Geschichte und Kultur, München 2008, S. 225–227 (hier auch die Zitate von Abaelard).

91 Rosenstock-Huessy, Revolutionen (Anm. 52), S. 196 ff.

92 Dante Alighieri, Monarchia. Lateinisch-deutsch. Studienausgabe. Einleitung, Übersetzung und Kommentar von Ruedi Imbach und Christoph Flüeler, Stuttgart 1989, S. 72 f., 196 f., 218 ff.

93 Marsilius von Padua, Der Verteidiger des Friedens (Defensor Pacis). Auf Grund der Übersetzung von Walter Kunzmann bearbeitet u. eingeleitet von Horst Kusch (lateinisch und deutsch), Berlin 1958, Teil 2, S. 1078–1085; Wilhelm von Ockham, Texte zur politischen Theorie. Exzerpte aus dem Dialogus. Lateinisch/Deutsch. Ausgewählt, übersetzt u. hg. v. Jürgen Miethke, Stuttgart 1995, S. 226–309.

94 Alois Dempf, Sacrum Imperium. Geschichts- und Staatsphilosophie des Mittelalters und der politischen Renaissance, München 1929, S. 544.

95 Zusammenfassend Le Goff, Geburt (Anm. 39), S. 233 ff.

96 George Macaulay Trevelyan, Geschichte Englands, 2 Bde. 1. Band: Bis zum Jahre 1603 (engl. Orig.: London 1926), München 1949[4], S. 276.

97 Ebd., S. 300.

98 John Robert Seeley, Introduction to Political Science. Two Series of Lectures (1896[1]), London 1923, S. 131.

99 Herbert Helbig, Landesausbau und Siedlungsbewegungen, in: Handbuch (Anm. 28), Bd. 2: Europa im Hoch- und Spätmittelalter, hg. v. Ferdinand Seibt, Stuttgart 1987, S. 199–268 (219 ff.); Robert Folz, Frankreich von der Mitte des 11. bis zum Ende des 15. Jahrhunderts, ebd., S. 682–777 (710 ff.); Jerome Blum, The End of the Old Order in Rural Europe, Princeton, N. J. 1978, S. 29 ff.

100 Karl Bosl, Staat, Gesellschaft, Wirtschaft im deutschen Mittelalter, in: Gebhardt (Hg.), Handbuch (Anm. 58), Bd. 1, S. 585–684 (663 ff.).

101 Jenö Szücs, Die drei historischen Regionen Europas (ungar. Orig.: Budapest 1983), Frankfurt 1990, S. 13 ff. (die Zahlen: 51, 53).

102 Ebd., S. 49, 51.

103 Ebd., S. 60, 62; Perry Anderson, Die Entstehung des absolutistischen Staates (engl. Orig.: London 1974), Frankfurt 1979, S. 237.

104 Bosl, Staat (Anm. 100), S. 664.

105 Klaus Zernack, Polen und Rußland. Zwei Wege in der europäischen Geschichte, Berlin 1994, S. 118 ff., 162 f.; Oskar Halecki, Europa. Grenzen und Gliederung seiner Geschichte (engl. Orig.: London 1950), Darmstadt 1957, S. 77 ff.

106 Hagen Schulze u. Ina Ulrike Paul (Hg.), Europäische Geschichte. Quellen
     und Materialien, München 1994, S. 324 f.
107 Ebd., S. 326–332 (331).
108 Dehio, Gleichgewicht (Anm. 87), S. 21 ff.; Almut Höfert, Den Feind be-
     schreiben. «Türkengefahr» und europäisches Wissen über das Osmanische
     Reich, 1450–1600, Frankfurt 2003, S. 51 ff.
109 Holm Sundhaussen, Europa balcanica. Der Balkan als historischer Raum
     Europas, in: Geschichte und Gesellschaft 25 (1999), S. 626–653.
110 Die großen Entdeckungen. Dokumente zur Geschichte der europäischen Ex-
     pansion. Hg. v. Eberhard Schmitt, Bd. 2: Die großen Entdeckungen, Mün-
     chen 1984, S. 50 ff., 126 ff.; Wolfgang Reinhard, Geschichte der europäi-
     schen Expansion, 4 Bde., Bd. 1: Die Alte Welt bis 1818, Stuttgart 1983,
     S. 28 ff.; Jürgen Osterhammel und Niels P. Peterssohn, Geschichte der Glo-
     balisierung. Dimensionen, Prozesse, Epochen, München 2006[3], S. 27 ff.
111 Josef Engel, Von der spätmittelalterlichen republica christiana zum
     Mächte-Europa der Neuzeit, in: ders. (Hg.), Die Entstehung des neuzeitli-
     chen Europa (Handbuch [Anm. 28], Bd. 3), Stuttgart 1971, S. 1–443 (80);
     Horst Bredekamp, Das Mittelalter als Epoche der Individualität, in: Berlin-
     Brandenburgische Akademie der Wissenschaften. Berichte und Abhandlun-
     gen, Bd. 8, Berlin 2000, S. 185–240; Aaron J. Gurjewitsch, Das Individuum
     im europäischen Mittelalter (russ. Orig.: Moskau 1994), München 1994.
112 Jacob Burckhardt, Die Kultur der Renaissance in Italien. Ein Versuch
     (1860[1]), Jacob-Burckhardt-Gesamtausgabe, 5. Bd., Berlin 1930, S. 99; Wil-
     liam McNeill, The Rise of the West. A History of the Human Community,
     Chicago 1991[2], S. 538 ff.; Hans-Heinrich Nolte, Weltgeschichte. Imperien,
     Religionen und Systeme. 15.-19. Jahrhundert, Wien 2005, S. 113 ff.; Rein-
     hard Bendix, Könige oder Volk. Machtausübung und Herrschaftsmandat
     (amerik. Orig.: Berkeley 1978), 2 Bde., Frankfurt 1980, Bd. 2, S. 11 ff.; Im-
     manuel Wallerstein, Das moderne Weltsystem. Kapitalistische Landwirt-
     schaft und die Entstehung der modernen Weltwirtschaft im 16. Jahrhundert
     (amerik. Orig.: New York 1974), Frankfurt 1986, S. 25 ff.
113 Dehio, Gleichgewicht (Anm. 87), S. 25.
114 Leopold von Ranke, Die römischen Päpste in den letzten vier Jahrhunderten
     (1834–36), Köln o. J., S. 26.
115 Niccolò Machiavelli, Il principe, Rom 1950, S. 66 (Kap. XV, 1), 73–75
     (Kap. XVIII, 1–4); deutsch weitgehend nach: Machiavelli, Der Fürst («Il
     principe»). Übersetzt u. hg. v. Rudolf Zorn, Stuttgart 1955, S. 69 f., 73 f.;
     ders., Discorsi sopra la prima deca di Tito Livio seguiti dalle Considerazioni
     intorno ai Discorsi del Machiavelli di Francesco Guicciardini. A cura di
     Corrado Vivanti, Turin 2000, S. 233 (3. Buch, Kap. 4); deutsch nach:
     Machiavelli, Gedanken über Politik und Staatsführung. Übersetzt u. hg. v.
     Rudolf Zorn, Stuttgart 1954[3], S. 212.
116 Werner Conze u. a., Staat und Souveränität, in: Geschichtliche Grundbe-
     griffe. Historisches Lexikon zur politisch-sozialen Sprache in Deutschland.

Hg. von Otto Brunner, Werner Conze, Reinhart Koselleck, Bd. 6, Stuttgart 1990, S. 1–154 (12 ff.).

117 Friedrich Meinecke, Die Idee der Staatsräson in der neueren Geschichte (1924[1]), München 1957, S. 33 f., 46 f.; Herfried Münkler, Machiavelli. Die Begründung des politischen Denkens der Neuzeit aus der Krise der Republik, Frankfurt 1982[1]; J. G. A. Pocock, The Machiavellian Moment: Florentine Political Thought and the Atlantic Republican Tradition, Princeton 1975; David Armitage, Empire and Liberty: A Republican Dilemma, in: Martin van Gelderen and Quentin Skinner (eds.), Republicanism. A Shared European Heritage, 2 vols., Vol. II: The Values of Republicanism in Early Modern Europe, Cambridge 2002, S. 29–46.

118 Burckhardt, Kultur (Anm. 112), S. 357 (Hervorhebungen im Original).

119 Heinz Schilling, Die neue Zeit. Vom Christenheitseuropa zum Europa der Staaten. 1250 bis 1750, Berlin 1999, S. 27 ff., 345 ff.; Engel, von der spätmittelalterlichen respublica (Anm. 111), S. 50 ff., 191 ff.; Karl Löwith, Weltgeschichte und Heilsgeschehen. Die theologischen Voraussetzungen der Geschichtsphilosophie, Stuttgart 1953[3], S. 11 ff., 168 ff.; Harvey J. Graff, The Legacies of Literacy. Continuities and Contradictions in Western Culture and Society, Bloomington 1987, S. 132 ff.

120 František Graus, Judenpogrome im 14. Jahrhundert: Der Schwarze Tod, in: Bernd Martin u. Ernst Schulin (Hg.), Die Juden als Minderheit in der Geschichte, München 1981[1], S. 68–84 (82); Borgolte, Christen (Anm. 45), S. 95 ff.; Johannes Heil, «Gottesfeinde» – «Menschenfeinde». Die Vorstellung von jüdischer Weltverschwörung (13. bis 16. Jahrhundert), Essen 2006.

121 Graus, Judenpogrome (Anm. 120), S. 81 (Hervorhebungen im Original).

122 Heiko Haumann, Geschichte der Ostjuden, München 1990, S. 17 ff.

123 Ernst Schulin, Die spanischen und portugiesischen Juden im 15. und 16. Jahrhundert. Eine Minderheit zwischen Integrationszwang und Verdrängung, in: Martin u. Schulin (Hg.), Juden (Anm. 120), S. 85–109; Fernand Braudel, Das Mittelmeer und die mediterrane Welt in der Epoche Philipps II. (frz. Orig.: Paris 1979[4]), Bd. 2, Frankfurt 1998, S. 610 ff.

124 H. C. Erik Midelfort, Geschichte der abendländischen Hexenverfolgung, in: Wider alle Hexerei und Teufelswerk. Die europäische Hexenverfolgung und ihre Auswirkungen auf Südwestdeutschland. Hg. v. Sönke Lorenz u. Jürgen Michael Schmidt, Ostfildern 2004, S. 105–118 (108); Gerd Schwerhoff, Die Inquisition. Ketzerverfolgung in Mittelalter und Neuzeit, München 2004; Claudia Honegger (Hg.), Die Hexen der Neuzeit. Studien zur Sozialgeschichte eines kulturellen Deutungsmusters, Frankfurt 1978.

125 Moore, Formation (Anm. 49).

2. *Der alte und der neue Westen:*
Von Wittenberg nach Washington

1 Eugen Rosenstock-Huessy, Die europäischen Revolutionen und der Charakter der Nationen (1931¹), Stuttgart 1961³, S. 90.

2 Ebd., S. 235 (Hervorhebung im Original).

3 Ernst Troeltsch, Die Soziallehren der christlichen Kirchen und Gruppen, Tübingen 1912 (ND 1994), Bd. 2, S. 518.

4 Ebd., S. 519, 599 f.

5 Franz Borkenau, Luther: Ost oder West, in: ders., Drei Abhandlungen zur deutschen Geschichte, Frankfurt 1947 (engl. Orig.: 1944), S. 45–75.

6 Ebd., S. 74; Ronald G. Asch, *No bishop no king* oder *Cuius regio eius religio.* Die Deutung und Legitimation des fürstlichen Kirchenregiments und ihre Implikationen für die Genese des «Absolutismus» in England und im protestantischen Deutschland, in: ders. u. Heinz Duchhardt (Hg.), Der Absolutismus – ein Mythos? Strukturwandel monarchischer Herrschaft, Köln 1996, S. 79–123.

7 Troeltsch, Soziallehren (Anm. 3), S. 605, 609; Asch, *No bishop* (Anm. 6), S. 79 ff.; Rosenstock-Huessy, Revolutionen (Anm. 1), S. 269 ff.

8 Troeltsch, Soziallehren (Anm. 3), S. 615 ff.

9 Ebd., 643 ff. (Zitat: 671); Heiko A. Oberman, Zwei Reformationen. Luther und Calvin – Alte und Neue Welt (amerik. Orig.: New Haven, Conn. 2003), Berlin 2003.

10 Max Weber, Die protestantische Ethik und der Geist des Kapitalismus, in: Archiv für Sozialwissenschaft und Sozialpolitik 20 (1905), S. 1–54; 21 (1905), S. 1–110; Herbert Lüthy, Nochmals: «Calvinismus und Kapitalismus». Über die Irrwege einer sozialhistorischen Diskussion (1961), in: Rudolf Braun u. a. (Hg.), Gesellschaft in der industriellen Revolution, Köln 1973, S. 18–36; Hartmut Lehmann, Asketischer Protestantismus: Die Weber-These nach zwei Generationen, in: Wolfgang Schluchter (Hg.), Max Webers Sicht des okzidentalen Christentums, Frankfurt 1988, S. 529–553.

11 Alfred Müller-Armack, Genealogie der Wirtschaftsstile. Die geistesgeschichtlichen Ursprünge der Staats- und Wirtschaftsformen bis zum Ausgang des 18. Jahrhunderts, Stuttgart 1941.

12 Axel Gotthard, Der Augsburger Religionsfrieden, Münster 2004; Otto Hintze, Kalvinismus und Staatsräson in Brandenburg zu Beginn des 17. Jahrhunderts, in: ders., Geist und Epochen der preußischen Geschichte. Gesammelte Abhandlungen. Hg. v. Fritz Hartung, Leipzig 1943, S. 289–346 (289, 345).

13 Müller-Armack, Genealogie (Anm. 11), S. 147.

14 Josef Engel, Von der spätmittelalterlichen respublica christiana zum Mächte-Europa der Neuzeit, in: ders. (Hg.), Die Entstehung des neuzeitlichen Europa (Handbuch der europäischen Geschichte, hg. v. Theodor Schieder, Bd. 3), Stuttgart 1971, S. 1–443 (bes. 105 ff.); Heinz Schilling, Die

neue Zeit. Vom Christenheitseuropa zum Europa der Staaten. 1250 bis 1750 (Siedler Geschichte Europas), Berlin 1999, bes. S. 88 ff., 456 ff.; Diarmaid MacCulloch, Die Reformation 1490–1700 (engl. Orig.: London 2003), München 2008.

15 Gerhard Schoermann, Der Dreißigjährige Krieg 1618–1648 (Gebhardt, Handbuch der deutschen Geschichte, 10. Aufl., Bd. 10), Stuttgart 2001; Johannes Burkhardt, Der Dreißigjährige Krieg, Frankfurt 1992, bes. S. 128 ff.; ders., Vollendung und Neuorientierung des frühmodernen Reiches 1648–1763 (Gebhardt, Handbuch der deutschen Geschichte, 10. Aufl., Bd. 11), Stuttgart 2006, S. 25 ff.

16 Reinhard Steiger, Der Westfälische Frieden – Grundgesetz für Europa, in: Heinz Duchhardt (Hg.), Der Westfälische Frieden. Diplomatie – politische Zäsur – kulturelles Umfeld – Rezeptionsgeschichte, München 1998, S. 33–80.

17 Franciscus de Vitoria, De Indis recenter inventis et de jure belli Hispanorum in barbaros relectiones. Vorlesungen über die kürzlich entdeckten Inder und das Recht der Spanier zum Krieg gegen die Barbaren 1539. Lateinischer Text nebst deutscher Übersetzung, hg. v. Walter Schätzel (Klassiker des Völkerrechts in modernen deutschen Übersetzungen, Bd. 2), Tübingen 1952, S. 92 (De Indis, III, 2); Jörg Fisch, Die europäische Expansion und das Völkerrecht. Die Auseinandersetzungen um den Status der überseeischen Gebiete vom 15. Jahrhundert bis zur Gegenwart, Stuttgart 1984, S. 209 ff.

18 Carl Schmitt, Der Nomos der Erde im Völkerrecht des Jus Publicum Europaeum (1950[1]), Berlin 1997[4], S. 111 ff.; Wilhelm G. Grewe, Epochen der Völkerrechtsgeschichte, Baden-Baden 1988[2], S. 323 ff.

19 Jean Bodin, Sechs Bücher über den Staat, 2 Bde. Übersetzt u. mit Anmerkungen versehen v. Bernd Wimmer. Eingeleitet u. hg. v. P. C. Mayer-Tasch, Bd. I–III, München 1981, hier S. 205, 207 (I, 8); Bd. IV–VI, München 1986.

20 Grewe, Epochen (Anm. 18), S. 388 ff.

21 Georg Wilhelm Friedrich Hegel, Vorlesungen über die Philosophie der Geschichte (Sämtliche Werke, Bd. 11), Stuttgart 1949[3], 519, 524.

22 Karl Marx, Zur Kritik der Hegelschen Rechtsphilosophie. Einleitung, in: Karl Marx/Friedrich Engels, Werke [= MEW], Berlin 1959 ff., Bd. 1, S. 386, 391.

23 Friedrich Nietzsche, Der Antichrist, in: ders., Werke (Krit. Gesamtausgabe, hg. v. Giorgio Colli u. Mazzino Montinari), 6. Abt., Bd. 3, Berlin 1969, S. 248 f.

24 Heiko A. Oberman, Wurzeln des Antisemitismus. Christenangst und Judenplage im Zeitalter von Humanismus und Reformation, Berlin 1983[2]; Joshua Trachtenberg, The Devil and the Jews. The Medieval Conception of the Jew and its Relation to Modern Antisemitism, New Haven 1943; Klaus Deppermann, Judenhaß und Judenfreundschaft im frühen Protestantismus, in: Bernd Martin u. Ernst Schulin (Hg.), Die Juden als Minderheit in der Geschichte, München 1981[1], S. 110–130.

25 Johan Huizinga, Europäischer Humanismus: Erasmus (niederl. Orig.: Haarlem 1924), Hamburg 1958², S. 131.

26 Vitoria, De Indis (Anm. 17), S. 26 f. (ebd., I, 3); 50 (ebd., II, 1), 64 (ebd., II, 6), 94 f. (ebd., III, 2). Das Gleichnis vom barmherzigen Samariter: Lukas 10, 29–37; das Gebot der Nächstenliebe: Matthäus 22, 39.

27 Vitoria, De Indis (Anm. 17), S. 138 ff. (De Jure Belli, 10–13), 132 f. (ebd., 15), 146 f. (ebd., 32); Grewe, Epochen (Anm. 18), S. 144 ff., 245, 245 ff. (zur Geschichte der Lehren vom gerechten Krieg sowie zu Ayala und Gentili); Schmitt, Nomos (Anm. 18), S. 123 ff.

28 Vitoria, De Indis (Anm. 17), S. 69 ff. (De Indis II, 7–16), 92 ff. (ebd., III, 1–18).

29 Walther L. Bernecker, Spanische Geschichte. Von der Reconquista bis heute, Darmstadt 2002, S. 22 ff.; Jürgen Osterhammel, Sklaverei und die Zivilisation des Westens, München 2000, S. 26 ff.; Grewe, Epochen (Anm. 18), S. 273 ff.

30 Francisco Suarez, Auszüge aus «De Legibus», 2. Buch, in: ders., Ausgewählte Texte zum Völkerrecht. Latein. Text nebst deutscher Übersetzung, hg. v. Josef de Vries, S. J. (Klassiker des Völkerrechts, Bd. 4), Tübingen 1965, S. 28–79 (66 f.); Grewe, Epochen (Anm. 18), S. 176 ff.

31 Schmitt, Nomos (Anm. 18), S. 81.

32 Hugo Grotius, De Jure Belli ac Pacis Libri tres. Drei Bücher vom Rechte des Krieges und des Friedens (Orig.: Paris 1635). Neuer deutscher Text u. Einleitung von Walter Schätzel (Klassiker des Völkerrechts, Bd. 1), Tübingen 1950, S. 189 (1. Buch, 5. Kap., XXVIII), 362 f. (2. Buch, 8. Kap., XLVIII), 401 (3. Buch, 24. Kap., VII), 516 (3. Buch, 11. Kap., XIX), 597 (3. Buch, 25. Kap., I).

33 Das Zitat aus einem Brief bei Schmitt, Nomos (Anm. 18), S. 76.

34 Vitoria, De Indis (Anm. 17), S. 96 f. (De Indis, III, 3). – Das Wort «homo homini lupus» geht auf den römischen Komödiendichter Plautus, Asinaria 495, zurück: Lupus est homo homini, quom qualis sit, non novit (Der Mensch ist dem Menschen ein Wolf, kein Mensch, wenn er nicht weiß, welcher Art dieser ist). Vgl. Geflügelte Worte. Der klassische Zitatenschatz, gesammelt u. erläutert v. Georg Büchmann. Neu bearb. v. Winfried Hofmann, Berlin 1993[39], S. 357 f.

35 Bodin, Staat (Anm. 19), Bd. I–III, S. 590 (Anm.). Das Zitat von Ulpianus: Digesten 1313.

36 Bodin, Staat (Anm. 19), Bd. I–III, S. 214 ff. (I, 8).

37 Ebd., Bd. IV–VI, S. 425 ff. (VI, 5).

38 Ebd., Bd. I–III, S. 361 ff. (II, 5).

39 Ebd., Bd. IV–VI, S. 135 ff. (IV, 7); (Zitat: 150 f.).

40 Ebd., S. 151 f.

41 Ebd., S. 153.

42 Ebd., Bd. I–III, III S. 231 (I, 8).

43 Max Weber, Wirtschaft und Gesellschaft. Grundriß der verstehenden Sozio-

logie. Studienausgabe, hg. v. Johannes Winckelmann, 1. Halbbd., Köln 1956, S. 39.

44 Thomas Hobbes, Leviathan oder Gott. Form und Gewalt eines kirchlichen und bürgerlichen Staates (engl. Orig.: London 1651). Hg. u. eingeleitet von Iring Fetscher. Übersetzt von Walter Euchner, Frankfurt 1994[6], S. XL ff. (Einleitung); Carl Schmitt, Der Leviathan in der Staatslehre des Thomas Hobbes. Sinn und Fehlschlag eines politischen Symbols (1938[1]), Stuttgart 1952, S. 9 ff.; Quentin Skinner, Freiheit und Pflicht. Thomas Hobbes' politische Theorie, Frankfurt 2008; ders., Visions of Politics. Vol. 3: Hobbes and Civil Science, Cambridge 2002; ders., Hobbes and Republican Liberty, Cambridge 2008; ders., Reason and Rhetoric in the Philosophy of Thomas Hobbes, Cambridge 1996; Horst Bredekamp, Thomas Hobbes. Der Leviathan. Das Urbild des modernen Staates und seine Gegenbilder. 1651–2001, Berlin 2003, S. 9 ff. – Die Zitate aus dem 41. Kapitel des Buches Hiob nach: Die Bibel oder die ganze Heilige Schrift des Alten und Neuen Testaments nach der deutschen Übersetzung Dr. Martin Luthers (Stuttgarter Jubiläumsbibel), Stuttgart 1951, S. 670 f.

45 Hobbes, Leviathan (Anm. 44), S. 134 (2. Teil, Kap. XVII); 96 (1. Teil, Kap. XIII). Die Formel vom «bellum omnium contra omnes» in der lateinischen Ausgabe: Thomae Hobbes Malmesburiensis Opera philosophica quae latine scripsit. Omnia in unum corpus nunc primum collecta studio et labore Gulielmi Molesworth, Vol. III: Leviathan sive de materia, forma, et potestate civitatis ecclesiasticae et civilis, London 1841 (ND: Aalen 1966), S. 100 (De Homine, Cap. XIII).

46 Hobbes, Leviathan (Anm. 44), S. 96–98 (1. Teil, Kap. XIII), 110 (1. Teil, Kap. XV), 134 f. (2. Teil, Kap. XVII). Zum «homo homini lupus»: Peter Cornelius Mayer-Tasch, Zum Verständnis des Werkes, in: Thomas Hobbes, Leviathan oder Wesen, Form und Gewalt des kirchlichen und bürgerlichen Staates [I. u. II. Teil]. In der Übersetzung von Dorothee Tidow, Reinbek 1965, S. 289–301 (293). Zu Plautus vgl. Anm. 34.

47 Hobbes, Leviathan (Anm. 44), S. 137 (2. Teil, Kap. XVIII), 212 (2. Teil, Kap. XXVI). Zur «summa potestas»: ders., Opera III (Anm. 45), S. 132 ff. (De Civitate, Cap. XVIII) u. passim; das Zitat: ebd., S. 202 (Cap. XXVI).

48 Hobbes, Leviathan (Anm. 44), S. 246 f. (2. Teil, Kap. XXIX); ders., Opera III (Anm. 45), S. 232 (De Civitate, Cap. XXIX).

49 Hobbes, Leviathan (Anm. 44), S. 248, 251 (2. Teil, Kap. XXIX; hier das erste Zitat), 448 (3. Teil, Kap. XLIII; hier das zweite Zitat).

50 Ebd., S. 168 f. (2. Teil, Kap. XXI).

51 Ebd., S. 450 (3. Teil, Kap. XLIII; Hervorhebungen im Original).

52 Ebd., S. 381, 431 f. (3. Teil, Kap. XLIV).

53 Schmitt, Leviathan (Anm. 44), S. 86 ff.

54 Baruch de Spinoza, Theologisch-politischer Traktat [Tractatus theologico-politicus]. Auf der Grundlage der Übersetzung v. Carl Gebhardt neu bearb., eingel. u. hg. v. Günter Gawlick (Sämtliche Werke, Bd. 3), Hamburg 1994, S. 235 ff. (19. Kap.), 299 ff. (20. Kap.; die Zitate: 299, 301).

55 Schmitt, Leviathan (Anm. 44), S. 86.

56 Leo Strauss, The Political Philosophy of Hobbes. Its Basis and its Genesis, Chicago 1963; Roman Schnur, Individualismus und Absolutismus. Zur politischen Theorie von Hobbes, Berlin 1963; Grewe, Epochen (Anm. 18), S. 408 ff.

57 Crawford Brough Macpherson, Die politische Theorie des Besitzindividualismus. Von Hobbes bis Locke (engl. Orig.: Oxford 1962), Frankfurt 1967; Keith Thomas, The Social Origins of Hobbes' Political Thought, in: Hobbes Studies, ed. K. C. Brown, Oxford 1965, S. 185–236; Iring Fetscher, Einleitung, in: Hobbes, Leviathan (Anm. 44), S. XLIVff.

58 George Macaulay Trevelyan, Geschichte Englands, 2 Bde., Bd. 2: Von 1603 bis 1918 (engl. Orig.: London 1926), München 1949⁴, S. 423 ff. (479); Michael J. Braddick, State Formation in Early Modern England, c. 1550–1700, Cambridge 2000; Ernst Schulin, England und Schottland vom Ende des Hundertjährigen Krieges bis zum Protektorat Cromwells (1455–1660), in: Engel (Hg.), Entstehung (Anm. 14), S. 904–960 (941 ff.); Kaspar von Greyerz, England im Jahrhundert der Revolutionen: 1603–1714, Stuttgart 1994, S. 148 ff.; Christopher Hill, The Century of Revolution 1603 to 1714, London 1964⁵; Michael Walzer, The Revolution of the Saints. A Study in the Origins of Radical Politics, London 1966, bes. S. 300 ff.; Johann Sommerville, Oliver Cromwell and English Political Thought, in: John Morrill (ed.), Oliver Cromwell and the English Revolution, London 1990, S. 234–258; David Armitage, The Ideological Origins of the British Empire, Cambridge 2000; ders., The Cromwellian Protectorate and the Languages of Empire, in: The Historical Journal 35 (1992), S. 531–555; Glenn Burgess, The Divine Right of Kings Reconsidered, in: The English Historical Review 425 (1992), S. 837–861; Gerhard A. Ritter, Divine Right und Prärogative der englischen Könige 1603–1640, in: ders., Parlament und Demokratie in Großbritannien. Studien zur Entwicklung und Struktur des politischen Systems, Göttingen 1972, S. 11–58; Wilfried Nippel, Mischverfassungstheorie und Verfassungsrealität in Antike und früher Neuzeit, Stuttgart 1980, S. 213 ff.; Michael Maurer, Kleine Geschichte Irlands, Stuttgart 1998, S. 111 ff.

59 Kurt Kluxen, Großbritannien von 1660 bis 1783, in: Fritz Wagner (Hg.), Europa im Zeitalter des Absolutismus und der Aufklärung (Handbuch [Anm. 14]), Bd. 4, Stuttgart 1968, S. 308–377 (310); Hill, Century (Anm. 58), S. 102 ff.; Trevelyan, Geschichte (Anm. 58), S. 504 ff.; Greyerz, England (Anm. 58), S. 219 ff.; R. H. Tawney, Religion und Frühkapitalismus. Eine historische Studie (engl. Orig.: London 1922), Bern 1946, S. 144 ff.; J. C. D. Clark, English Society 1660–1832, Cambridge 2000², S. 43 ff.; Nippel, Mischverfassungstheorie (Anm. 58), S. 283 ff.; Hans-Christof Kraus, Englische Verfassung und politisches Denken im Ancien Régime 1689 bis 1789, München 2006, S. 41 ff.

60 Friedrich Engels, Einleitung [zur englischen Ausgabe (1892) «Die Entwicklung des Sozialismus von der Utopie zur Wissenschaft»], in: MEW (Anm. 22), Bd. 19, Berlin 1962, S. 524–544 (533 f.); Rosenstock-Huessy,

Revolutionen (Anm. 1), S. 264 ff. (264, 274); Ronald G. Asch, *An Elect Nation?* Protestantismus, nationales Selbstbewußtsein und nationale Feindbilder in England und Irland von zirka 1560 bis 1660, in Alois Mosser (Hg.), «Gottes auserwählte Völker». Erwählungsvorstellungen und kollektive Selbstfindung in der Geschichte, Frankfurt 2001, S. 117–142; Clark, Society (Anm. 59), bes. S. 232 ff.; Tim Harris, Revolution. The Great Crisis of the British Monarchy 1685–1720, London 2006, S. 239 ff.; Edward Vallance, The Glorious Revolution. 1688: Britain's Fight for Liberty, London 2006.

61 Herbert Butterfield, The Whig Interpretation of History (1931¹), Harmondsworth 1973; Richard A. Cosgrove, Reflections on the Whig Interpretation of History, in: Journal of Early Modern History 4 (2000), S. 147–167; Nicholas Henshall, The Myth of Absolutism. Change and Continuity in Early Modern European Monarchy, London 1993; ders., Early Modern Absolutism 1550–1700: Political Reality or Propaganda?, in: Asch/Duchhardt (Hg.), Absolutismus (Anm. 6), S. 25–53; Ronald G. Asch u. Heinz Duchhardt, Einleitung: Die Geburt des «Absolutismus» im 17. Jahrhundert: Epochenwende der europäischen Geschichte oder optische Täuschung?, ebd., S. 3–24; Ernst Hinrichs, Abschied vom Absolutismus? Eine Antwort auf Nicholas Henshall, ebd., S. 353–371; Nippel, Mischverfassungstheorie (Anm. 58), S. 169 (zu Fortescue).

62 Henshall, Early Modern Absolutism (Anm. 61), S. 26 f.; David L. Smith, The Idea of the Rule of Law in England and France in the Seventeenth Century, in: Asch/Duchhardt (Hg.), Absolutismus (Anm. 6), S. 167–184 (171); Helmut G. Koenigsberger, Dominium regale or dominium politicum et regale? Monarchies and Parliaments in Early Modern Europe, in: Karl Bosl (Hg.), Der moderne Parlamentarismus und seine Grundlagen in der ständischen Repräsentation, Berlin 1977, S. 43–68.

63 Ebd., S. 45 ff.

64 Dietrich Gerhard, Regionalismus und ständisches Wesen als ein Grundthema europäischer Geschichte (1952), in: ders., Alte und neue Welt in vergleichender Geschichtsbetrachtung, Göttingen 1962, S. 13–39; ders. (Hg.), Ständische Vertretungen in Europa im 17. und 18. Jahrhundert, Göttingen 1969; Georg Schmidt/Martin van Gelderen/Christopher Snigula (Hg.), Kollektive Freiheitsvorstellungen im frühneuzeitlichen Europa (1400–1850), Frankfurt 2006; Ludwig Dehio, Gleichgewicht oder Hegemonie. Betrachtungen über ein Grundproblem der neueren Staatengeschichte, Krefeld 1948, S. 59 ff.; Fernand Braudel, Das Mittelmeer und die mediterrane Welt in der Epoche Philipps II. (frz. Orig.: Paris 1949), Bd. 3, Frankfurt 1990, S. 257 ff. (zur Seeschlacht von Lepanto).

65 Dehio, Gleichgewicht (Anm. 64), S. 61.

66 Engel, Von der spätmittelalterlichen respublica (Anm. 14), S. 306.

67 Dehio, Gleichgewicht (Anm. 64), S. 96; Christopher Clark, Preußen. Aufstieg und Niedergang 1600–1947 (engl. Orig.: London 2006), München 2007, S. 93 ff.

68 Norman Davies, Im Herzen Europas. Geschichte Polens (engl. Orig.: Oxford 1984[1]), München 1999, S. 268 ff.; Klaus Zernack, Polen und Rußland. Zwei Wege in der europäischen Geschichte, Berlin 1994, S. 232 ff.; Hans Roos, Polen von 1668 bis 1795, in: Wagner (Hg.), Europa (Anm. 59), S. 692–752; Reinhard Wittram, Rußland von 1689 bis 1796, ebd., S. 477–510; James H. Billington, The Icon and the Axe. An Interpretive History of Russian Culture, New York 1970[2], S. 163 ff.; Erich Donnert, Autokratie, Absolutismus und Aufgeklärter Absolutismus in Rußland, in: Helmut Reinalter u. Harm Klueting (Hg.), Der aufgeklärte Absolutismus im europäischen Vergleich, Wien 2002, S. 181–206.

69 Johannes Kunisch, Friedrich der Große. Der König und seine Zeit, München 2004, S. 159 ff.; Clark, Preußen (Anm. 67), S. 220 ff.

70 Fritz Wagner, Europa im Zeitalter des Absolutismus und der Aufklärung. Die Einheit der Epoche, in: ders. (Hg.), Europa (Anm. 59), S. 1–163 (47); Kunisch, Friedrich (Anm. 69), S. 409 ff. («Mirakel des Hauses Brandenburg»).

71 Wagner, Europa (Anm. 70), S. 48 (Pitt); Paul W. Schroeder, The Transformation of European Politics 1763–1858, Oxford 1993, S. 3 ff.

72 Wittram, Rußland (Anm. 68), S. 499 ff.; Billington, Icon (Anm. 68), S. 207 ff.; Zernack, Polen (Anm. 68), S. 276 ff.; Roos, Polen (Anm. 68), S. 739 ff.; Davies, Im Herzen (Anm. 68), S. 277 ff.; Michael G. Müller, Die Teilungen Polens 1772–1793–1795, München 1984.

73 Peter Laslett, The English Revolution and Locke's «Two Treatises of Government», in: Cambridge Historical Journal 12 (1956), S. 40–55; ders., Introduction, in: John Locke, Two Treatises of Government. A Critical Edition with an Introduction and Apparatus Criticus by Peter Laslett (1960[1]), Cambridge 1965, S. 15–135; Peter Cornelius Mayer-Tasch, Zum Verständnis des Werks. John Locke – Der Weg zur Freiheit, in: John Locke, Über die Regierung (The Second Treatise of Government). In der Übersetzung von Dorothee Tidow mit einem Essay «John Locke – Der Weg zur Freiheit», einem biographischen Grundriß und einer Bibliographie, hg. v. Peter Cornelius Mayer-Tasch, Reinbek 1966, S. 197–237. Die deutschen Locke-Zitate im folgenden nach dieser Ausgabe.

74 Locke, Regierung (Anm. 73), S. 78 (Second Treatise VIII, 95). Zur Begriffsgeschichte von «body polytick»: Kurt Kluxen, Das Problem der politischen Opposition. Entwicklung und Wesen der englischen Zweiparteienpolitik im 18. Jahrhundert, Freiburg 1956, S. 25 f.; Gerhard Dohrn-van Rossum/Ernst-Wolfgang Böckenförde, Organ, Organismus, Organisation, politischer Körper, in: Geschichtliche Grundbegriffe. Historisches Lexikon zur politisch-sozialen Sprache in Deutschland. Hg. v. Otto Brunner, Werner Conze, Reinhart Koselleck, Bd. 4, Stuttgart 1978, S. 519–622.

75 Locke, Regierung (Anm. 73), S. 10 f. (Second Treatise II, 6).

76 Leo Strauss, Naturrecht und Geschichte (amerik. Orig.: Chicago 1953), Stuttgart 1956, S. 170 f., 210 ff. (230); Hans Medick, Naturzustand und Naturgeschichte der bürgerlichen Gesellschaft. Die Ursprünge der bürger-

lichen Sozialtheorie als Geschichtsphilosophie und Sozialwissenschaft bei Samuel Pufendorf, John Locke und Adam Smith, Göttingen 1981², S. 64 ff.; Richard H. Cox, Locke on War and Peace, Oxford 1960; Walter Euchner, Naturrecht und Politik bei John Locke, Frankfurt 1979², S. 13 (zu Lockes Vorstellung von Gottes Zwang, glücklich zu sein: 95 ff., bes. 101); Karl-Heinz Ilting, Naturrecht, in: Geschichtliche Grundbegriffe (Anm. 74), Bd. 4, S. 245–313 (zu Hobbes u. Pufendorf: 278 ff.). Von Samuel (von) Pufendorf u. a.: De jure naturae et gentium libri VIII, Lund 1672; dt. Ausgabe: Acht Bücher vom Natur- und Völcker-Rechte, Frankfurt 1711, ND: Hildesheim 1998; ders., De officio hominis et civis juxta legem naturalem. Libri II, Lund 1673; dt. Ausgabe: Über die Pflicht des Menschen und des Bürgers nach dem Gesetz der Natur. Hg. u. übersetzt v. Klaus Luig, Frankfurt 1994.

77 Locke, Regierung (Anm. 73), S. 100 (Second Treatise IX, 123).

78 Ebd., S. 104 (Second Treatise X, 132), 72 ff. (Second Treatise VII, 90–97).

79 Ebd., S. 104 (Second Treatise X, 132); Polybios, Geschichte. Gesamtausgabe in zwei Bänden. Eingel. u. übertragen von Hans Drexler, München 1978², S. 525 ff. (6. Buch); Nippel, Mischverfassungstheorie (Anm. 58), S. 142 ff.; Heinrich Ryffel, *METABOΛH ΠOΛITEIΩN*. Der Wandel der Staatsverfassungen. Untersuchungen zu einem Problem der griechischen Staatstheorie, Bern 1949; Alois Riklin, Machtteilung. Geschichte der Mischverfassung, Darmstadt 2006, S. 73 ff.

80 Locke, Regierung (Anm. 73), S. 168 (Second Treatise XIX, 213).

81 Ebd., S. 172 (Second Treatise XIX, 222). Zum Begriff «Commonwealth»: 104 (Second Treatise X, 133).

82 Ebd., S. 166 ff. (Second Treatise XI–XIII, 134–149); Zitate zur Steuererhebung: 115 (Second Treatise XI, 142), zur treuhänderischen Gewalt der Legislative: 119, (Second Treatise XIII, 149).

83 Ebd., S. 116 ff. (Second Treatise XII, 143–148). Zur Rolle der Justiz: 101 (Second Treatise IX, 125). Zu Milton: Kluxen, Problem (Anm. 74), S. 23 ff.

84 Locke, Regierung (Anm. 73), S. 173 (Second Treatise XIX, 222).

85 Ebd., S. 128 ff. (Second Treatise XIV, 159–168).

86 Ebd., S. 120, 123 f. (Second Treatise XIII, 151, 155).

87 Ebd., S. 133 f. (Second Treatise XIV, 168).

88 Ebd., S. 175 ff. (Second Treatise XIX, 225–227).

89 Ebd., S. 116 (Second Treatise XII, 143). Zur Tyrannei: 157 (Second Treatise XVIII, 199–210).

90 John of Salisbury, Policraticus. On the Frivolities of Courtiers and the Footprints of Philosophers (vollendet: 1159). Edited and translated by Cary J. Nederman, Cambridge 1990, S. 25 ff. (III, ch. 15), 201 ff. (VIII, ch. 18); Beza, Brutus, Hotman. Calvinistische Monarchomachen. Übersetzt v. Hans Klingenhöfer. Hg. u. eingel. v. Jürgen Dennert, Köln 1968; Winfried Schulze, Zwingli, lutherisches Widerstandsdenken und monarchomachischer Widerstand, in: Peter Blickle, Andreas Lindt u. Alfred Schindler (Hg.), Zwingli und Europa. Referate und Protokoll des Internationalen Kongresses

aus Anlaß des 500. Geburtstages von Huldrych Zwingli vom 26. bis 30. März 1984, Zürich 1985, S. 199–216 (starke Betonung des lutherischen Einflusses auf die Monarchomachen). Zur Vertragslehre: Wolfgang Kersting/Jörg Fisch, Vertrag, Gesellschaftsvertrag, Herrschaftsvertrag, in: Geschichtliche Grundbegriffe (Anm. 74), Bd. 6, Stuttgart 1990, S. 901–954 (Zitat: 907); Hermann Vahle, Calvinismus und Demokratie im Spiegel der Forschung, in: Archiv für Reformationsgeschichte 66 (1975), S. 182–213.

91 Johannes Althusius, Politik. Übersetzt von Heinrich Jansen. In Auswahl hg., überarbeitet u. eingeleitet v. Dieter Wyduckel, Berlin 2003, S. 192 ff. (Kap. XIX, §§ 6, 15–21), 215 ff. (Kap. XX, §§ 20 f.), 384 ff. (Kap. XXXVIII, §§ 29 ff.); Hasso Hofmann, Repräsentation in der Staatslehre der frühen Neuzeit. Zur Frage des Repräsentativprinzips in der «Politik» des Johannes Althusius, in: ders., Recht – Politik – Verfassung. Studien zur Geschichte der politischen Philosophie, Frankfurt 1986, S. 1–30 (mit weiterer Lit.).

92 Althusius, Politik (Anm. 91), S. 164 ff. (Kap. XVIII, §§ 26 f., 42 f., 84–88, 104), 384 ff. (Kap. XXXVIII, §§ 46–49); Locke, Regierung (Anm. 73), S. 180 (Second Treatise XIX, 232).

93 Althusius, Politik (Anm. 91), S. 142 ff. (Kap. XIX, §§ 15–18, 23, 29).

94 Ebd., S. 192 ff. (Kap. XIX, §§ 6–9, 49; Zitat: 197, § 8).

95 Locke, Regierung (Anm. 73), S. 106 (Second Treatise XI, 134). Zum Begriff «lois fondamentales» bei Beza: Dieter Wyduckel, Einleitung, in: Althusius, Politik (Anm. 91), S. XXIII.

96 James Harrington, The Commonwealth of Oceana and A System of Politics. Ed. by J. G. A. Pocock, Cambridge 1992, S. 8.

97 Locke, Regierung (Anm. 73), S. 48 (Second Treatise VI, 57).

98 Ebd., S. 46 (Second Treatise VI, 54).

99 David Brian Davis, The Problem of Slavery in Western Culture, Ithaca 1966[1], S. 118 ff.; William Uzgalis, «the same tyrannical principal»: Locke's legacy on slavery, in: Tommy L. Lott (ed.), Subjugation and Bondage. Critical Essays on Slavery and Social Philosophy, Lanham 1998, S. 49–77.

100 Harry Thomas Dickinson, Bolingbroke, London 1970; Isaac Kramnick, Bolingbroke and his Cercle. The Politics of Nostalgia in the Age of Walpole, Cambridge, Mass. 1968, S. 88 ff. (10. u. 11. Brief).

101 Henry St. John Bolingbroke, A Dissertation upon Politics, in: ders., Political Writings. Ed. by David Armitage, Cambridge 1997, S. 1–192 f., Zitat: 85 f. (9. Brief).

102 Ebd., S. 88 ff. (10. u. 11. Brief).

103 Ebd., S. 111 ff. (12. u. 13. Brief), 163 (17. Brief).

104 Ebd., S. 169 ff. (18. u. 19. Brief).

105 Ders., On the Spirit of Patriotism, ebd., S. 193–216 (215); Kluxen, Problem (Anm. 74), S. 103 ff.

106 Henry St. John Bolingbroke, The Idea of a Patriot King, in: ders., Writings (Anm. 101), S. 217–294 (244). Das Zitat Ciceros aus: De legibus 3, 3, 8 in: M. Tullius Cicero, Über die Gesetze (De legibus). Übersetzt, erläutert u. mit

einem Essay «Zum Verständnis des Werkes» hg. v. Elmar Bader u. Leopold Wittmann, Reinbek 1969, S. 72.

107 Bolingbroke, Idea (Anm. 106), S. 230 f., 271.

108 Ebd., S. 274, 277 f. Zum Verhältnis von «reason» und «passion» bei Bolingbroke: Kluxen, Problem (Anm. 74), S. 126 ff.

109 Trevelyan, Geschichte (Anm. 58), Bd. 2, S. 630 ff.; Kluxen, Großbritannien (Anm. 59), S. 363 ff.; Keith Feeling, A History of the Tory Party, 1640–1714, Oxford 1924; ders., The Second Tory Party, 1714–1832, London 1959³; Gerhard A. Ritter, Das britische Parlament im 18. Jahrhundert, in: ders., Parlament (Anm. 58), S. 69–121.

110 Montesquieu, De l'esprit des lois, in: ders., Œuvres complètes, vol. II, Paris 1951, S. 865 (Livre XXIX, ch. 1), Bd. 1, S. 11 (Livre I, ch. 2); deutsche Übersetzung im folgenden meist nach: ders., Vom Geist der Gesetze, 2 Bde. Übersetzt u. hg. v. Ernst Forsthoff, Tübingen 1992²; Aristoteles, Politik u. Staat der Athener. Neu übertragen u. eingel. v. Olof Gigon, Zürich 1955, S. 184 (IV. Buch: 1295 a27), 179 f. (1293 b7–b36).

111 Montesquieu, Esprit (Anm. 110), S. 288–290 (Livre V, ch. 9, 10).

112 Ebd., S. 349–352 (Livre VIII, ch. 2, 3).

113 Ebd., S. 362 f., 369–372 (Livre VIII, ch. 16; Livre IX, ch. 1, 2).

114 Ebd., S. 315 f. (Livre XI, ch. 3–5).

115 Ebd, S. 396–407 (Livre XI, ch. 6); Bolingbroke, Dissertation (Anm. 101), S. 152 ff. (16. Brief); Robert Shackleton, Montesquieu, Bolingbroke, and the Separation of Powers, in: French Studies 3 (1949), S. 25–38. Montesquieu zitierte aus der «Germania» (De origine et situ Germanorum) des Tacitus (Cap. XI, par. 1) folgenden Satz: «De minoribus rebus principes consultant, de majoribus omnes; ita tamen ut ea quoque quorum penes plebem arbitrium est apud principes pertractentur.» (Über die kleineren Angelegenheiten beraten die Fürsten, über die größeren alle; dies jedoch so, daß auch das, worüber beim Volk sich ein Wille herausgebildet hat, bei den Fürsten berücksichtigt wird.)

116 Kluxen, Großbritannien (Anm. 59), S. 326 ff. (329); Riklin, Machtteilung (Anm. 79), S. 269 ff.

117 Friedrich Meinecke, Die Entstehung des Historismus, München 1946², S. 118 ff.; J. G. A. Pocock, The Machiavellian Moment: Florentine Political Thought and the Atlantic Republican Tradition, Princeton 1975.

118 Montesquieu, Esprit (Anm. 110), S. 232–238 (Livre I, ch. 1–3; Hervorhebungen im Original).

119 Ebd., S. 474 ff. (Livre XIV), 523 ff. (Livre XVII).

120 Ebd., S. 534 (Livre XVIII, ch. 5), 564 f. (Livre XIX, ch. 14), 574–583 (XIX, ch. 27).

121 Ebd., S. 585–590 (Livre XX, ch. 2–7).

122 Ebd., S. 718 f. (Livre XXIV, ch. 5).

123 Ebd., S. 716–718 (Livre XXIV, ch. 3, 4).

124 Ebd., S. 750 f. (Livre XXVI, ch. 2). Zu Heraklit: Hermann Diels u. Walther

Kranz (Hg.), Die Fragmente der Vorsokratiker, Zürich 1966[12], Bd. 1, S. 176. Zur Geschichte der Unterscheidung zwischen göttlichen und menschlichen Gesetzen: Ilting, Naturrecht (Anm. 76), S. 245 ff.

125 Ernst Forsthoff, Zur Einführung, in: Montesquieu, Esprit (Anm. 110), Bd. I, S. V–LVI (X); Strauss, Naturrecht (Anm. 76), S. 168 ff.; Ilting, Naturrecht (Anm. 76), S. 245 ff.; Norman Hampson, Will and Circumstance. Montesquieu, Rousseau and the French Revolution, London 1963, S. 3 ff. Montesquieus Verteidigung gegen kirchliche Angriffe: ders., Défense de l'esprit des lois, in: ders., Œuvres (Anm. 110), Vol. II, S. 1121–1171 (bes. 1121–1141).

126 Jean-Jacques Rousseau, Discours sur l'origine et les fondaments de l'inégalité parmi les hommes, in: ders., Œuvres complètes, Bd. III, Paris 1964, S. 131–223, hier: 176–178. Zweisprachige Ausgabe: ders., Diskurs über die Ungleichheit. Discours sur l'inégalité. Kritische Ausgabe des integralen Textes. Mit sämtlichen Fragmenten und ergänzenden Materialien nach den Originalangaben und den Handschriften neu ediert, übersetzt und kommentiert v. Heinrich Meier, Paderborn 1997[4].

127 Rousseau, Discours (Anm. 126), S. 184–194.

128 Iring Fetscher, Rousseaus politische Philosophie. Zur Geschichte des demokratischen Freiheitsbegriffs, Neuwied 1960, S. XVff.; Hampson, Will (Anm. 125), S. 26 ff.

129 Rousseau, Discours (Anm. 126), S. 78 f., 84; Jean Starobinski, Rousseau. Eine Welt von Widerständen (frz. Orig.: Paris 1958[1]), München 1988; Reinhart Koselleck, Kritik und Krise. Eine Studie zur Pathogenese der bürgerlichen Welt (1959[1]), Frankfurt 1973[2], S. 132 ff.

130 Jean-Jacques Rousseau, Du contrat social ou Principes du droit politique, in: ders., Œuvres (Anm. 126), Bd. III, S. 347–470, S. 351 (I,1). Die deutsche Übersetzung im folgenden meist nach: ders., Vom Gesellschaftsvertrag oder Grundsätze des Staatsrechts. In Zusammenarbeit mit Eva Pretzcker neu übersetzt u. hg. v. Hans Brockard, Stuttgart 1994[3]. Das Zitat von Schiller: Die Worte des Glaubens (1798), in: Schillers Werke. Nationalausgabe, Bd. 1: Gedichte in der Reihenfolge ihres Erscheinens 1776–1799, Weimar 1943, S. 379.

131 Nicholas of Cusa, The Catholic Concordance (lat. Orig.: 1432/33). Ed. and translated by Paul E. Sigismund, Cambridge 1991, S. 98 (II, cap. XIV, Nr. 127). Zur Vorgeschichte des Gedankens von der natürlichen Freiheit des Menschen: ebd., S. XII (Introduction).

132 Rousseau, Contrat (Anm. 130), S. 355–358 (I, 4; Hervorhebungen im Original).

133 Ebd., S. 364 f. (I, 8), 367 (I, 9).

134 Ebd., S. 360–362 (I, 6; Hervorhebungen im Original).

135 Ebd., S. 363 f. (I, 7).

136 Ebd., S. 371 f. (II, 3).

137 Ebd., S. 378–384 (II, 6, 7).

138 Ebd., S. 395–400 (III, 1).

139 Ebd., S. 407 (III, 5).

140 Ebd., S. 410 (III, 5).

141 Ebd., S. 404–406 (III, 4).

142 Ebd., S. 428–430 (III, 14, 15).

143 Ebd., S. 440 f. (IV, 2).

144 Ebd., S. 462–469 (IV, 8; Hervorhebung im Original). Der Satz «Es gibt kein Heil außerhalb der Kirche» (Extra ecclesiam nulla salus) geht auf die Kirchenväter Origines (185–254) und Cyprian (um 200–258) zurück. Heilsnotwendigkeit der Kirche, in: Lexikon für Theologie und Kirche, Bd. 4, Freiburg 1995, Sp. 1346–1348.

145 Ernst Fraenkel, Parlament und öffentliche Meinung (1958[1]), in: ders., Deutschland und die westlichen Demokratien, Stuttgart 1964, S. 110–130.

146 Jean-Jacques Rousseau, Émile ou Sur l'éducation, in: ders., Œuvres (Anm. 126), Bd. IV, Paris 1969, S. 239–877 (525); deutsche Übersetzung: Emil oder über die Erziehung. Vollständige Ausgabe in neuer deutscher Fassung besorgt von Ludwig Schmidts, Paderborn 1971.

147 Ders., Discours sur l'économie politique, ebd., Bd. III, S. 239–278 (254). Zur «religion civile» und zum «heiligen Krieg»: ders., Contrat (Anm. 130), S. 462–469 (IV, 8).

148 Ernst Fraenkel, Die repräsentative und die plebiszitäre Komponente im demokratischen Verfassungsstaat (1958[1]), in: ders., Deutschland (Anm. 145), S. 71–109 (S. 71).

149 Jacob L. Talmon, Die Ursprünge der totalitären Demokratie (engl. Orig.: London 1952), Köln 1961, S. 34 ff.; Guglielmo Ferrero, Macht (frz. Orig.: New York 1942), Bern 1944, S. 100 ff.; Carl Schmitt(-Dorotić), Die Diktatur. Von den Anfängen des modernen Souveränitätsgedankens bis zum proletarischen Klassenkampf, München 1921[1], S. 116 ff.

150 Rousseau, Émile (Anm. 146), S. 565–635.

151 Ders., Considérations sur le Gouvernement de Pologne et sur sa réformation projetée en avril 1772, in: ders., Œuvres (Anm. 126), Bd. III, S. 951–1041 (970 f.).

152 Hans Brockard, Nachwort, in: Gesellschaftsvertrag (Anm. 130), S. 177–228 (bes. 194 ff.).

153 Rousseau, Discours (Anm. 126), S. 111–121 (114 f.); ders., Émile (Anm. 146), S. 468 f.; Koselleck, Kritik (Anm. 129), S. 132 ff. (zur Krisen- und Revolutionsprognose wie zur Revolutionsfurcht bei Rousseau).

154 David Hume, Of the independency of Parliament, in: ders., Political Essays. Ed. by Knud Haakonssen, Cambridge 1994, S. 24–27 (26). Übersetzung hier und im folgenden nach: ders., Politische und ökonomische Essays. Übersetzt v. Susanne Fischer. Mit einer Einleitung hg. v. Udo Bermbach, Teilbd. 1, Hamburg 1988.

155 Ders., Of parties in general, in: ders., Political Essays (Anm. 154), S. 33–39 (36).

156 Ders., On the first principles of government, ebd., S. 16–19 (16).

157 Ernst Fraenkel, Demokratie und öffentliche Meinung (1963¹), in: ders., Deutschland (Anm. 145), S. 131–154.

158 Christiane Eifert, Das Erdbeben von Lissabon 1755. Zur Historizität einer Naturkatastrophe, in: Historische Zeitschrift 274 (2002), S. 633–664 (Opferzahlen: 644); Erhard Oeser, Das Erdbeben von Lissabon im Spiegel der zeitgenössischen Philosophie, in: F. Eybl u. a. (Hg.), Elementare Gewalt. Kulturelle Bewältigung. Aspekte der Naturkatastrophe im 18. Jahrhundert. Jahrbuch der Österreichischen Gesellschaft zur Erforschung des achtzehnten Jahrhunderts, Bd. 14/15, Wien 2000, S. 185–196; Florian Dombois, Die versprochene Apokalypse. Kulturwissenschaftliche Notizen zum Erdbeben von Lissabon, ebd., S. 197–216.

159 Voltaire, Gedicht über die Katastrophe von Lissabon [1756], in: Wolfgang Breidert (Hg.), Die Erschütterung der vollkommenen Welt. Die Wirkung des Erdbebens von Lissabon im Spiegel europäischer Zeitgenossen, Darmstadt 1994, S. 58–76.

160 Jean-Jacques Rousseau, Brief über die Vorsehung (an Voltaire vom 18. 8. 1756), ebd., S. 79–96 (80 f.).

161 Immanuel Kant, Geschichte und Naturbeschreibung der merkwürdigen Vorfälle des Erdbebens, welches an dem Ende des 1755sten Jahres einen großen Teil der Erde erschüttert hat [1756], ebd., S. 108–136 (131, 135). Das Zitat aus dem Hebräerbrief: 13, 14.

162 Immanuel Kant, Was ist Aufklärung?, in: Kant's gesammelte Schriften (Akademie-Ausgabe), Berlin 1900 ff., Bd. 8, S. 35–42 (35 f., 40; Hervorhebungen im Original).

163 Paul Hazard, Die Krise des europäischen Geistes 1680–1715 (frz. Orig.: Paris 1935), Hamburg 1939; ders., Die Herrschaft der Vernunft. Das europäische Denken im 18. Jahrhundert (frz. Orig.: Paris 1946), Hamburg 1949; Roy Porter, Enlightenment: Britain and the Creation of the Modern World, London 2000; Ernst Cassirer, Die Philosophie der Aufklärung, Tübingen 1932; Horst Stuke, Aufklärung, in: Geschichtliche Grundbegriffe (Anm. 74), Bd. 1, Stuttgart 1972, S. 243–342; Leonard Krieger, The German Idea of Freedom. History of a Political Tradition, Boston 1957; Hans Blumenberg, Die Legitimität der Neuzeit, Frankfurt 1988², S. 261 ff.

164 Immanuel Kant, Die Metaphysik der Sitten/Rechtslehre, in: ders., Schriften (Anm. 162), Bd. 6, S. 338–342 (§§ 51 u. 52); Pufendorf, Pflicht (Anm. 76), S. 176 f. (Kap. 9, § 4).

165 Locke, Two Treatises (Anm. 73), S. 136–145; Montesquieu: A Bibliography. Compiled by David C. Cabeen, New York 1947; Des Herrn von Montesquiou Werk von den Gesetzen. Übersetzt von Abraham Gotthelf Kästner, Frankfurt 1753; Heinz Mohnhaupt, Deutsche Übersetzungen von Montesquieus «De l'esprit des lois», in: Paul-Ludwig Weinacht (Hg.), Montesquieu. 250 Jahre «Geist der Gesetze». Beiträge aus Politischer Wissenschaft, Jurisprudenz und Romanistik, Baden-Baden 1999, S. 135–151; Jean Sénelier, Bibliographie générale des œuvres de J.-J. Rousseau, Paris 1950, S. 92–108;

Roos, Polen (Anm. 68), S. 748 f.; Cesare Beccaria, Von den Verbrechen und den Strafen (ital. Orig.: Livorno 1764), Berlin 2005; Bernard Bailyn, Atlantic History. Concept and Contours, Cambridge, Mass. 2005, S. 57 ff. (zur amerikanischen Rezeption der europäischen Aufklärung). Zu den Europaprojekten des 17. und 18. Jahrhunderts: Kurt von Raumer, Ewiger Friede. Friedensrufe und Friedenspläne seit der Renaissance, München 1953; Rolf Helmut Foerster (Hg.), Die Idee Europa 1300–1946. Quellen zur Geschichte der politischen Einigung, München 1963.

166 T. C. W. Blanning, Das Alte Europa 1660–1789. Kultur der Macht und Macht der Kultur (engl. Orig.: Oxford 2002), Darmstadt 2006, S. 112–119 (114); Harvey J. Graff, The Legacies of Literacy. Continuities and Contradictions in Western Culture and Society, Bloomington 1987, S. 173 ff.

167 Blanning, Europa (Anm. 166), S. 135–142 (141).

168 Moses Mendelssohn, Jerusalem oder über religiöse Macht und Judentum. Nach den Erstausgaben neu ediert von David Martyn, Bielefeld 2001, S. 86 ff., 122 ff. (Zitat: 133); Wagner, Europa (Anm. 70), S. 118 ff.; Brian P. Levack, Hexenjagd. Die Geschichte der Hexenverfolgungen in Europa (engl. Orig.: London 1987), München 1987; Sönke Lorenz u. Dieter R. Bauer (Hg.), Das Ende der Hexenverfolgung, Stuttgart 1995; Gerd Schwerhoff, Die Inquisition. Ketzerverfolgung in Mittelalter und Neuzeit, München 2004; Jochen Meissner, Ulrich Mücke, Klaus Weber, Schwarzes Amerika. Eine Geschichte der Sklaverei, München 2008; Herbert S. Klein, The Atlantic Slave Trade, Cambridge 1999; James A. Rawley, The Transatlantic Slave Trade. A History, New York 1981; Albert Wirz, Sklaverei und kapitalistisches Weltsystem, Frankfurt 1984; James Walvin, Black Ivory. Slavery in the British Empire, Oxford 2001²; Manfred Henningsen, Die europäische Schrumpfung der Menschheit. Die Aufklärung und die Entstehung des transatlantischen Rassismus, in: Aram Mattioli u. a. (Hg.), Intoleranz im Zeitalter der Revolutionen. Europa 1770–1848, Zürich 2004, S. 125–144; Hans-Jürgen Lüsebrink (Hg.), Das Europa der Aufklärung und die außereuropäische koloniale Welt, Göttingen 2006; Anthony Pagden, Lords of all the World. Ideologies of Empire in Spain, Britain and France c. 1500–c. 1800, New Haven 1995, S. 178 ff.; Mordechai Breuer u. Michael Graetz, Deutsch-jüdische Geschichte in der Neuzeit, Bd. I: Tradition und Aufklärung 1600–1780, München 1996, S. 141 ff. Zu Voltaire: ders., Traité sur la tolérance à l'occasion de la mort de Jean Calas. Œuvres complètes de Voltaire, vol. 56 C, Oxford 2000, S. 129–343 (chap. XVIII: 236–238). Zu den letzten Hexenprozessen: Art. Hexen, in: Lexikon für Theologie und Kirche, Bd. 5, Freiburg 1996, S. 79 f.

169 Karl Otmar von Aretin, Einleitung, in: ders. (Hg.), Der Aufgeklärte Absolutismus, Köln 1967, S. 11–51; Hans-Otto Kleinmann, Der Aufgeklärte Absolutismus in Spanien, in: Reinalter/Klueting (Hg.), Absolutismus (Anm. 68), S. 133–128; René Hanke, Pombal und die Jesuiten, ebd., S. 129–156; Jörg-Peter Findeisen, Der aufgeklärte Absolutismus in Schweden und Dänemark,

ebd., S. 157–180; Erich Donnert, Autokratie, Absolutismus und Aufgeklärter Absolutismus in Rußland, ebd., S. 181–206; Jan Klußmann (Hg.), Leibeigenschaft. Bäuerliche Unfreiheit in der frühen Neuzeit, Köln 2003.

170 Otto Büsch, Militärsystem und Sozialleben im alten Preußen 1713–1807. Die
Anfänge der sozialen Militarisierung der preußisch-deutschen Gesellschaft,
Berlin 1952, S. 164 f.; Hans Rosenberg, Bureaucracy, Aristocracy and Auto-
cracy. The Prussian Experience 1660–1815, Cambridge, Mass. 1958.

171 Carl Hinrichs, Preußentum und Pietismus. Der Pietismus in Brandenburg-
Preußen als religiös-soziale Reformbewegung, Göttingen 1971; Hartmut
Lehmann, Pietism and Nationalism: The Relationship between Protestant
Revivalism and National Renewal in Nineteenth-Century Germany, in:
Church History 51 (1982), S. 39–53; Richard L. Gawthrop, Pietism and the
Making of Eighteenth-Century Prussia, Cambridge 1993; Gerhard Kaiser,
Pietismus und Patriotismus im literarischen Deutschland. Ein Beitrag zum
Problem der Säkularisation, Wiesbaden 1961.

172 Thomas Abbt, Vom Tode für das Vaterland, in: ders., Vermischte Werke,
ND Hildesheim 1978, Bd. 1, S. 17.

173 Robert von Friedeburg, The Making of Patriots: Love of Fatherland and
Negotiating Monarchy in Seventeenth-Century Germany, in: The Journal of
Modern History 77 (2005), S. 881–916.

174 Kunisch, Friedrich (Anm. 69), S. 291.

175 Reinhart Koselleck, Preußen zwischen Reform und Revolution. Allgemeines
Landrecht, Verwaltung und soziale Bewegung von 1791 bis 1848, Stuttgart
1967, S. 24 f.

176 Alexis de Tocqueville, L'Ancien Régime et la Révolution, in: ders., Œuvres
complètes, Paris 1952, Bd. II, 1, S. 269; deutsch nach: ders., Das Zeitalter
der Gleichheit. Eine Auswahl aus dem Gesamtwerk. Hg. v. Siegfried Landshut, Stuttgart 1954, S. 232.

177 Kunisch, Friedrich (Anm. 69), S. 291 ff. (Zitate: 291, 296); Gerhard Ritter,
Friedrich der Große. Ein historisches Profil, Heidelberg 1954, S. 191 f.

178 Christian Konrad Wilhelm von Dohm, Über die bürgerliche Verbesserung
der Juden (Berlin 1781), ND Hildesheim 1973; Derek Beales, Joseph II. und
der Josephinismus, in: Reinalter/Klueting (Hg.), Absolutismus (Anm. 68),
S. 35–54; Matthias Rettenwander, Nachwirkungen des Josephinismus, ebd.,
S. 303–330; Jean Bérenger, Die Geschichte des Habsburgerreiches 1273–
1918 (frz. Orig.: Paris 1990), Wien 1995, S. 522 ff.; Gerhard Oestreich, Das
Reich – Habsburgische Monarchie – Brandenburg – Preußen, in: Wagner
(Hg.), Europa (Anm. 59), S. 379–475 (462 ff.); Breuer/Graetz, Geschichte
(Anm. 168), Bd. I, S. 317 ff.

179 Hippolyte Taine, Die Entstehung des modernen Frankreich. Revolution u.
Kaiserreich (frz. Orig.: Paris 1871–1893), Frankfurt 1954, S. 9 ff.; François
Furet u. Denis Richet, Die Französische Revolution (frz. Orig.: 2 Bde., Paris
1965/66), Frankfurt 1968; Eberhard Weis, Frankreich von 1661 bis 1789,
in: Wagner (Hg.), Europa (Anm. 59), S. 166–307 (241 ff.); Eberhard

Schmitt, Einführung in die Geschichte der Französischen Revolution, München 1976[1]; Ernst Schulin, Die Französische Revolution, München 1988, S. 52 ff. (Sieyès, Mirabeau: 61–64).

180 Weis, Frankreich (Anm. 179), S. 210 ff., 271 ff.

181 Voltaire, Traité (Anm. 168); Eberhard Weis, Ergebnisse eines Vergleichs der grundherrschaftlichen Strukturen Deutschlands und Frankreichs vom Hochmittelalter bis zum Ausgang des 18. Jahrhunderts, in: ders., Deutschland und Frankreich um 1800. Aufklärung – Revolution – Reform, München 1990, S. 67–81; Michael Burleigh, Earthly Powers. Religion and Politics from the French Revolution to the Great War, London 2005, S. 28 ff.

182 Weis, Frankreich (Anm. 179), S. 271 ff.; Taine, Entstehung (Anm. 179), S. 43 ff.; Schulin, Revolution (Anm. 179), S. 67 ff. Das Zitat von Tocqueville: ders., L'Ancien Régime (Anm. 176), S. 244; deutsche Ausgabe: ders., Der alte Staat und die Revolution, München 1978, S. 200.

183 Emmanuel Joseph Sieyès, Qu'est ce que le tiers état?, Paris 1789; hier zit. nach der deutschen Ausgabe: Abhandlung über die Privilegien. Was ist der dritte Stand? Hg. v. Rolf Hellmut Foerster, Frankfurt 1968, S. 55–143 (55).

184 Hansjörg Siegenthaler, Industrielle Revolution, in: Handwörterbuch der Wirtschaftswissenschaft. Ungekürzte Studienausgabe, Bd. 4, Stuttgart 1988, S. 142–159 (144); Sidney Pollard, Großbritannien, die Industrielle Revolution und ihre welthistorische Bedeutung, in: Wolf D. Gruner/Bernd-Jürgen Wendt (Hg.), Großbritannien in Geschichte und Gegenwart, Hamburg 1994, S. 115–135; Joel Mokry (ed.), The British Industrial Revolution. The Economic Perspective, Oxford 1999[2].

185 Phyllis Deane, The First Industrial Revolution, Cambridge 1965[1]; T. S. Ashton, The Industrial Revolution 1760–1830, Oxford 1968[2]; David S. Landes, Der entfesselte Prometheus. Technologischer Wandel und industrielle Entwicklung in Westeuropa von 1750 bis zur Gegenwart (engl. Orig.: London 1969), Köln 1973; Ulrich Wengenroth, Igel und Füchse – Zu neueren Verständigungsproblemen über die Industrielle Revolution, in: Volker Benad-Wagenhoff (Hg.), Industrialisierung – Begriffe und Prozesse. Festschrift für Akos Paulinyi zum 65. Geburtstag, Stuttgart 1994, S. 9–21; Jan de Vries, The Industrial Revolution and the Industrious Revolution, in: Journal of Economic History 54 (1994), S. 249–270; ders., The Industrious Revolution. Consumer Behavior and the Hausehold Economy. 1650 to the Present, Berkeley 2008; Christopher Bayly, Die Geburt der modernen Welt. Eine Globalgeschichte 1780–1914 (engl. Orig.: Oxford 2004), Frankfurt 2006, S. 68 ff.; Jürgen Osterhammel, Die Verwandlung der Welt. Eine Geschichte des 19. Jahrhunderts, München 2009, S. 908 ff.

186 Jack A. Goldstone, Efflorescence and Economic Growth in World History: Rethinking the «Rise of the West» and the Industrial Revolution, in: Journal of World History 13 (2002), S. 323–389 (bes. 367 ff.); Adam Smith, Der Wohlstand der Nationen (engl. Orig.: London 1776), Bd. 2, München 1983, S. 1 ff., 70, 465 ff.

187 Siegenthaler, Industrielle Revolution (Anm. 184), S. 147; Weber, Protestantische Ethik (Anm. 10), S. 18 ff.; Lehmann, Asketischer Protestantismus (Anm. 10), S. 529 ff.

188 Walt W. Rostow, Stadien des wirtschaftlichen Wachstums. Eine Alternative zur marxistischen Entwicklungstheorie (engl. Orig.: London 1960), Göttingen 1967².

189 Pollard, Großbritannien (Anm. 184), S. 126.

190 Friedrich Engels, Die Lage der arbeitenden Klasse in England. Nach eigener Anschauung und authentischen Quellen, in: MEW (Anm. 22), Bd. 2, S. 225–506.

191 Siegenthaler, Industrielle Revolution (Anm. 184), S. 151 f.

192 Werner Conze, Die Strukturgeschichte des technisch-industriellen Zeitalters als Aufgabe für Forschung und Unterricht, Köln 1957.

193 Bernecker, Spanische Geschichte (Anm. 29), S. 25 ff.; William Miller, A New History of the United States, New York 1958, S. 23 ff.; Trevelyan, Geschichte (Anm. 58), S. 498 ff.; Klein, Slave Trade (Anm. 168), S. 17 ff.; Robert B. Morris, The American Revolution Reconsidered, New York 1967, S. 43 ff.; Willi Paul Adams, Republikanische Verfassung und bürgerliche Freiheit. Die Verfassungen und politischen Ideen der amerikanischen Revolution, Darmstadt 1973, S. 196 f. Zu Roger Williams: Troeltsch, Soziallehren (Anm. 3), S. 762 ff.; Georg Jellinek, Die Erklärung der Menschen- und Bürgerrechte (1985¹), in: Roman Schnur (Hg.), Zur Geschichte der Erklärung der Menschenrechte, Darmstadt 1964, S. 7–77 (43 f.); Ernst Fraenkel, Das amerikanische Regierungssystem. Eine politologische Analyse. Leitfaden und Quellenbuch, Köln 1962², Leitfaden, S. 30 ff. (31).

194 Perry Miller and Thomas H. Johnson (ed.), The Puritans. Revis. ed., Vol. 1, New York 1963, S. 195–199 (Winthrops Predigt; Zitat: 199; das Zitat aus der Bergpredigt: Matthäus 5, 14); Winthrop S. Hudson (ed.), Nationalism and Religion in America. Concepts of American Identity and Mission, New York 1970, S. 63–70 (Stiles); Knud Krakau, Exzeptionalismus – Verantwortung – Auftrag. Historische Wurzeln und politische Grenzen der demokratischen Mission Amerikas, in: Mosser (Hg.), «Gottes auserwählte Völker» (Anm. 60), S. 89–116; Asch, «An Elect Nation» (Anm. 60), ebd., S. 117 ff.; Michael Adas, From Settler Colony to Global Hegemon: Integrating the Exceptionalist Narrative of the American Experience into World History, in: AHR 106 (2001), S. 1692–1720; Ernest Lee Tuveson, Redeemer Nation. The Idea of America's Millennial Role, Chicago 1968; ders., Millennium and Utopia. A Study in the Background of the Idea of Progress, Berkeley 1949, S. 71 ff.; Ellis Sandoz, A Government of Laws. Political Theory, Religion, and the American Founding, Baton Rouge 1990, S. 83 ff.; H. Richard Niebuhr, The Kingdom of God in America, New York 1937¹; Michael Lienesch, The Role of Political Millenialism in Early American Nationalism, in: The Western Political Quarterly, 36 (1983), S. 445–465; David S. Shields, Oracles of Empires: Poetry, Politics, and Commerce in British America

1690–1750, Chicago 1990; William A. McDougall, Promised Land, Crusader State. The American Encounter with the World since 1776, Boston 1997, S. 15 ff.; J. H. Elliot, Empires of the Atlantic World. Britain and Spain in America 1492–1830, New Haven 2006; J. C. D. Clark, The Language of Liberty 1660–1832. Political Discourse and Social Dynamics in the Anglo-American World, Cambridge 1994; Reinhold Niebuhr, The Irony of American History, New York 1952, S. 17 ff. (Johnson, Stiles: 25); Seymour Martin Lipset, American Exceptionalism. A Double-Edged Sword, New York 1996, S. 31 ff.

195 Vgl. zum deutschen Reichsmythos oben S. 46 f., zum Mythos von Moskau als dem «Dritten Rom» S. 50 f.

196 Alexis de Tocqueville, De la Démocratie en Amerique (1835, 1840[1]). Première édition historico-critique revue et augmentée par Eduardo Nolla, 2 Bde., Paris 1990, Bd. 1, S. 35 (Bd. 1 von 1835, Kap. 2). Dt. Übersetzung: Über die Demokratie in Amerika. Aus dem Französischen neu übertragen von Hans Zbinden. Mit einem Nachwort von Theodor Eschenburg, 2 Bde., Zürich 1987.

197 Tocqueville, Démocratie (Anm. 196), Bd. 1, S. 34 f. (Bd. 1 von 1835, Kap. 2).

198 Ebd., Bd. 1, S. 33 (Bd. 1 von 1835, Kap. 2).

199 Ebd., Bd. 2, S. 248 (Bd. 4 von 1840, Kap. 4).

200 Louis Hartz, The Liberal Tradition in America. An Interpretation of American Political Thought since the Revolution, New York 1955, S. 3 ff. (6; Hervorhebung im Original).

201 Adams, Verfassung (Anm. 193), S. 236.

202 Ebd., S. 191 ff., 236 ff.

203 Miller, New History (Anm. 193), S. 57 ff.; John Richard Alden, The American Revolution 1775–1783, New York 1954, S. 59 ff.; Hans-Christoph Schröder, Die Amerikanische Revolution. Eine Einführung, München 1982, S. 42 ff.; Hans R. Guggisberg, Geschichte der USA, Stuttgart 1993[3], S. 33 ff.; Udo Sautter, Geschichte der Vereinigten Staaten von Amerika, Stuttgart 1991[4], S. 64 ff. (zu den deutschen Söldnern: 83); Horst Dippel, Die Amerikanische Revolution 1763–1787, Frankfurt 1985, S. 70 ff.; Willi Paul Adams u. Angela Meurer Adams (Hg.), Die Amerikanische Revolution in Augenzeugenberichten, München 1976, S. 31 ff.; William D. Liddle, «A Patriot King, or None»: Lord Bolingbroke and the American Renunciation of George III, in: The Journal of American History 65 (1979), S. 951–970; Eliga H. Gould, The Persistence of Empire. British Political Culture in the Age of the American Revolution, Chapel Hill, N. C. 2000, S. 106 ff.

204 Thomas Paine, Common Sense, in: ders., Collected Writings, New York 1995, S. 5–59 (15). Zur Auflage: Sautter, Geschichte (Anm. 203), S. 83.

205 Paine, Common Sense (Anm. 204), S. 25 ff. (35 f., 32).

206 Adams u. Adams (Hg.), Amerikanische Revolution (Anm. 203), S. 233 ff. (Echo auf «Common Sense») 244 ff., (Erklärung Virginias vom 7. 6. 1776:

255); Fraenkel, Regierungssystem (Anm. 193), S. 26 f. (Menschenrechtser-
klärung von Virginia), 28–31 (Unabhängigkeitserklärung); Documents of
American History. Ed. by Henry Steele Commager, New York 1948[5],
S. 100–103 (Declaration of Independence), 103 f. (Virginia Declaration of
Rights); Wolfgang Lautemann (Bearb.), Amerikanische und Französische
Revolution. Geschichte in Quellen, München 1981, S. 94 (gestrichene Pas-
sage aus der Unabhängigkeitserklärung); Pauline Maier, American Scrip-
ture. Making the Declaration of Independence, New York 1997, S. 28 ff.;
Alan Brinkley, The Unfinished Nation. A Concise History of the American
People, Boston 2004[4], S. 117 ff. Zu Locke vgl. oben S. 175 ff.

207 Jellinek, Erklärung (Anm. 193), S. 39 ff. (Zitat: 53 f.; Agreement of the People: 73–75); Ernst Troeltsch, Die Bedeutung des Protestantismus für die
Entstehung der modernen Welt, München 1911, S. 59 ff. (62); ders., Soziallehren (Anm. 3), S. 733 ff.; Harald Welzel, Ein Kapitel aus der Geschichte
der amerikanischen Erklärung der Menschenrechte (John Wise und Samuel
Pufendorf), in: Schnur (Hg.), Geschichte (Anm. 193), S. 238–266; Émile
Boutmy, Die Erklärung der Menschen- und Bürgerrechte und Georg Jellinek, ebd., S. 78–112; Justus Hashagen, Zur Entstehungsgeschichte der
nordamerikanischen Erklärungen der Menschenrechte (1924), ebd., S. 129–
165; Otto Vossler, Studien zur Erklärung der Menschenrechte, ebd., S. 166–
201; Josef Bohatec, Die Vorgeschichte der Menschen- und Bürgerrechte in
der englischen Publizistik der ersten Hälfte des 17. Jahrhunderts, ebd.,
S. 267–331; Michael Stolleis, Georg Jellineks Beitrag zur Entwicklung der
Menschen- und Bürgerrechte, in: Stanley L. Paulson u. Martin Schulte
(Hg.), Georg Jellinek. Beiträge zu Leben und Werk, Tübingen 2000, S. 103–
116; Reimer Hansen, Glaubensfreiheit und Toleranz im Konfessionellen
Zeitalter, in: Matthias Mahlmann u. Hubert Rottleuthner (Hg.). Ein neuer
Kampf der Religionen? Staat, Recht und religiöse Toleranz, Berlin 2006,
S. 43–74 (zum lutherischen Ursprung des Gedankens der Glaubensfreiheit);
Wolfgang Schmale, Archäologie der Grund- und Menschenrechte in der
Frühen Neuzeit. Ein deutsch-französisches Paradigma, München 1997,
S. 29 ff., 247 ff.; Dietrich Gerhard, Die Erweckungsbewegung und ihr Ein-
fluß auf die Struktur des amerikanischen Kirchenwesens, in: ders., Alte und
neue Welt (Anm. 64), S. 159–172; Gordon S. Wood, American Religion: The
Great Retreat, in: The New York Review of Books 53 (2006), Nr. 10 (Jung
8), S. 60–63; ders., Revolutionary Characters: What Made the Founders
Different, New York 2006; ders., The Radicalism of the American Revolu-
tion, New York 1991; Jon Meacham, American Gospel. God, the Founding
Fathers, and the Making of a Nation, New York 2006; David L. Holmes,
The Faiths of the Founding Fathers, Oxford 2006; Richard Hofstadter,
Anti-Intellectualism in American Life, New York 1963; Bernard Bailyn, The
Ideological Origins of the American Revolution (1967[1]), Cambridge, Mass.
1992, S. 246 ff. Zur spanischen Spätscholastik vgl. oben S. 129 ff.

208 Documents (Anm. 206), S. 111–116; Adams u. Adams (Hg.), Amerikani-

sche Revolution (Anm. 203), S. 267 ff.; Sautter, Geschichte (Anm. 203), S. 84 ff.; Brinkley, Unfinished Nation (Anm. 206), S. 130 ff.

209 Adams u. Adams (Hg.), Amerikanische Revolution (Anm. 203), S. 331; Fraenkel, Regierungssystem (Anm. 193), Leitfaden, S. 112 ff., Quellenbuch, S. 7–23 (Verfassung und Zusatzartikel 1–22); Akhil Reed Amar, The Bill of Rights: Creation and Reconstruction, New Haven 1998; ders., America's Constitution: A Biography, New York 2005.

210 Alexander Hamilton, John Jay, James Madison, The Federalist. A Commentary on the Constitution of the United States. With an Introduction by Edward Mead Earle, New York o. J. (ca. 1975), No. 9 (S. 47), No. 10 (S. 53, 62). Hier und im folgenden auf deutsch zitiert nach: Alexander Hamilton, James Madison, John Jay, Die Federalist Papers. Übersetzt, eingeleitet und mit Anmerkungen versehen von Barbara Zehnpfennig, Darmstadt 1993; Gerald Stourzh, Alexander Hamilton and the Idea of Republican Government, Stanford 1970, S. 9 ff.

211 Federalist (Anm. 210), No. 49 (S. 329), No. 63 (413). Zu Montesquieu vgl. oben S. 194 ff.

212 Federalist (Anm. 210), No. 14 (S. 80).

213 Ebd., No. 49 (S. 329), No. 63 (413).

214 Ebd., No. 14 (S. 81).

215 Ebd., No. 48 (S. 322–324; Hervorhebung im Original), No. 51 (S. 337–340). Das Zitat von Thomas Jefferson in: ders., Notes on the State of Virginia. Ed. with an Introduction and Notes by William Peden, Chapel Hill 1955, S. 120.

216 Federalist (Anm. 210), Nr. 78, S. 504–506; Montesquieu, Esprit (Anm. 110), S. 152–156 (Livre XI, ch. 6); Fraenkel, Regierungssystem (Anm. 193), S. 186 ff.

217 Federalist (Anm. 210), No. 14 (S. 85), No. 85 (S. 574); David Hume, Der Ursprung der Wissenschaften und der Künste, in: ders., Politische und ökonomische Essays in 2 Bänden, Hamburg 1988, Bd. I, S. 136.

218 Charles S. Beard, An Economic Interpretation of the Constitution of the United States (1913[1]), New York 1965[4], S. 152 ff., 324 f.; ders., Mary R. Beard, William Beard, The Beards' New Basic History of the United States (1944[1]), New York 1960[2]; Morris, American Revolution (Anm. 193), S. 127 ff.; Jürgen Heideking und Vera Nünning, Einführung in die amerikanische Geschichte, München 1998, S. 18 f.

219 John Adams, A Defence of the Constitutions of Government of the United States of America against the Attack of M. Turgot in his Letter to Dr. Price, Dated 22nd March, 1778. In 3 volumes. Volume 1. Reprint of the 3rd edition Philadelphia 1797, Aalen 1979, S. I (Vorwort zur 1. Aufl.: «Grosvenor Square, January 1, 1787»); James Madison, Writings. Ed. by Jack N. Rakove, New York 1999, S. 504 f.; William Blackstone, Commentaries on the Laws of England, 4 Bde., Oxford 1765–69 (ND: New York 1966), Bd. 1, S. 150 f. Den Hinweis auf den Beleg bei Adams verdanke ich Wilfried Nippel.

220 Adams u. Adams (Hg.), Amerikanische Revolution (Anm. 203), S. 350 f. (Hamilton); Federalist (Anm. 210), No. 55 (Madison: S. 361); Wilfried Nip-

pel, Antike oder moderne Freiheit? Die Begründung der Demokratie in Athen und in der Neuzeit, Frankfurt 2008, S. 125 ff.; ders., Die Antike in der Amerikanischen und Französischen Revolution, in: Popolo e potere nel mondo antico. Atti del convegno internazionale Cividale del Friuli, 23–25 settembre 2004. A cura di Gianpaolo Urso, Pisa 2005, S. 259–269 (Adams: 261); ders., Mischverfassungstheorie (Anm. 58), S. 142 ff., 252 ff., 292 ff.; Georg Schild, Res Publica Americana. Romrezeption und Verfassungsdenken zur Zeit der Amerikanischen Revolution, in: Historische Zeitschrift 284 (2007), S. 31–58; Liddle, «A Patriot King» (Anm. 203), S. 969 (zur Republikanisierung des Ideals des «Patriot King» [Bolingbroke] im Präsidenten).

221 Adams, Verfassung (Anm. 193), S. 132 (Hervorhebung im Original), 207.

222 Beard u. a., New Basic History (Anm. 218), S. 137 ff.; Miller, New History (Anm. 193), S. 124 ff. Der Text der Präambel der Verfassung in: Hamilton u. a., Federalist (Anm. 210), S. 587 (Hervorhebung im Original).

223 Seymour Martin Lipset, The First New Nation. The United States in historical and comparative perspective, New York 1963; John F. Kennedy, A Nation of Immigrants. Introduction by Robert F. Kennedy, London 1964; Dieter Langewiesche, Nation, Nationalismus, Nationalstaat in Deutschland und Europa, München 2000, S. 55 ff.; ders. u. Georg Schmidt (Hg.), Föderative Nation. Deutschlandkonzepte von der Reformation bis zum Ersten Weltkrieg, München 2000; Nippel, Antike (Anm. 220), S. 262. Bei Vergil in Zeile 5 der Vierten Ekloge: «magnus ab integro saeclorum nascitur ordo». Michael von Albrecht übersetzt: «Die große Reihe der Äonen wird von neuem geboren». Vergil, Bucolica. Hirtengedichte. Studienausgabe Lateinisch/Deutsch. Übersetzung, Anmerkungen, interpretierender Kommentar und Nachwort von Michael von Albrecht, Stuttgart 2001, S. 36 f.

224 Nippel, Antike (Anm. 220), S. 264 (Jefferson); Brinkley, Unfinished Nation (Anm. 206), S. 161 ff.; Stourzh, Hamilton (Anm. 210), S. 180 ff.

225 Osterhammel, Sklaverei (Anm. 29), S. 55 f.; Klein, Slave Trade (Anm. 168), S. 183 ff.

226 Joseph J. Ellis, Sie schufen Amerika. Die Gründergeneration von John Adams bis George Washington (amerik. Orig.: New York 2000), München 2002, S. 324 f.

227 Ebd., S. 306; Brinkley, Unfinished Nation (Anm. 206), S. 211 ff.

228 Fraenkel, Regierungssystem (Anm. 193), Leitfaden, S. 29, 35.

229 Federalist (Anm. 210), No. 51 (S. 337); Aristoteles, Politik (Anm. 110), S. 58 (I. Buch: 1252b 15–1253a 3); Friedrich Meinecke, Die Idee der Staatsräson in der neueren Geschichte (1924[1]), München 1957, S. 160 (Seneca); Medick, Naturzustand (Anm. 76), S. 52 f. (Pufendorf). Zu Hobbes vgl. oben S. 136 ff., zu Locke S. 175 ff., zu Althusius S. 183 ff.

230 Johannes 18, 36. Zum Wort «So gebet dem Kaiser, was des Kaisers ist, und Gott, was Gottes ist» (Matthäus 22, 21) vgl. oben S. 34 f.

231 James Bryce, The American Commonwealth, 3 Bde., London 1888[1], Bd. 1, S. 306.

232 Niebuhr, Irony (Anm. 194), S. 22–24 (mit Hinweis auf Bryce).

233 Fraenkel, Regierungssystem (Anm. 193), Leitfaden, S. 180 ff.; Dippel, Revolution (Anm. 203), S. 112 ff.; Edward. S. Corwin, The «Higher Law» Background of American Constitutional Law (1928[1]), Ithaca 1988.

234 R. R. Palmer, Das Zeitalter der demokratischen Revolution. Eine vergleichende Geschichte Europas und Amerikas von 1760 bis zur Französischen Revolution (amerik. Orig.: Princeton 1959[1]), Frankfurt 1970, S. 257 ff.; Horst Dippel, Germany and the American Revolution 1770–1800. A Sociohistorical Investigation of late Eighteenth-Century Political Thinking, Wiesbaden 1978, bes. S. 131 ff.; Ernst Fraenkel, Amerika im Spiegel des deutschen politischen Denkens. Äußerungen deutscher Staatsmänner und Staatsdenker über Staat und Gesellschaft in den Vereinigten Staaten von Amerika, Köln 1959, S. 11 ff.; Elisha P. Douglass, German Itellectuals and the American Revolution, in: The William and Mary Quarterly, 3rd Ser., No. 2 (1960), S. 200–18.

235 Grewe, Epochen (Anm. 18), S. 450 ff.; Palmer, Zeitalter (Anm. 234), S. 467 ff.; Schroeder, Transformation (Anm. 71), S. 11 ff.; Peter Krüger/Paul W. Schroeder (eds.), «The Transformation of European Politics, 1763–1848»: Episode or Model in Modern History?, Münster 2002; H. M. Scott, Britain as a European Great Power in the Age of the American Revolution, in: H. T. Dickinson (ed.), Britain and the American Revolution, London 1998, S. 180–204; John Cannon, The Loss of America, ebd., S. 233–257; David Armitage, The British Conception of Empire in the Eighteenth Century, in: Franz Bosbach u. Hermann Hiery (Hg.), Imperium/Empire/Reich. Ein Konzept politischer Herrschaft im deutsch-britischen Vergleich, München 1999, S. 91–107; Eliga H. Gould und Peter S. Onuf (eds.), Empire and Nation. The American Revolution in the Atlantic World, Baltimore 2005; Gould, Persistence (Anm. 203), S. 181 ff.

3. Revolution und Expansion: 1789–1850

1 Immanuel Kant, Der Streit der Fakultäten, in: Kant's gesammelte Schriften (Akademie-Ausgabe), Berlin 1900 ff., Bd. VII, S. 1–114 (85 f., 88; Hervorhebungen im Original). Das grammatikalisch falsche «sie», das im Original auf «ein wohldenkender Mensch» folgt, habe ich aus Gründen der Verständlichkeit weggelassen.

2 Georg Wilhelm Friedrich Hegel, Vorlesungen über die Philosophie der Geschichte (Sämtliche Werke, 3. Aufl., Bd. 11), ND Stuttgart 1919, S. 557 f.

3 Jacques Godechot, Les Institutions de la France sous la Révolution et l'Empire, Paris 1951[1], S. 188 ff.; François Furet u. Denis Richet, Die Französische Revolution (frz. Orig.: Paris 1965), Frankfurt 1987[2], S. 84 ff. (Zitat aus dem Dekret vom 11. 8. 1789: 112); Michel Vovelle, Die Französische Revolution – Soziale Bewegung und Umbruch der Mentalitäten (ital. Orig.: Rom 1979), München 1982, S. 88 ff.

4 Alphonse Aulard et Boris Mirkine-Guetzévitch, Les Déclarations des droits de l'homme. Textes constitutionels concernant les droits de l'homme et les garanties des libertés individuelles dans tous les pays, Paris 1929 (ND: Aalen 1977), S. 15–18; deutsche Übersetzung nach: Amerikanische und Französische Revolution. Bearb. v. Wolfgang Lautemann, München 1981, S. 199–201; Godechot, Institutions (Anm. 3), S. 27 ff.; Émile Boutmy, Die Erklärung der Menschen- und Bürgerrechte und Georg Jellinek (1902), in: Roman Schnur (Hg.), Zur Geschichte der Erklärung der Menschenrechte, Darmstadt 1964, S. 78–112; Jean Rivero, Les libertés publiques. Vol. 1: Les droits de l'homme, Paris 1974¹, S. 43 ff.; Jörg-Detlef Kühne, Die französische Menschen- und Bürgerrechtserklärung im Rechtsvergleich mit den Vereinigten Staaten und Deutschland, in: Jahrbuch des Öffentlichen Rechts der Gegenwart, NF, 339 (1990), S. 1–53; Hasso Hofmann, Zur Herkunft der Menschenrechtserklärungen, in: Juristische Schulung. Zeitschrift für Studium und Ausbildung 28 (1988), S. 841–848; Martin Kriele, Zur Geschichte der Grund- und Menschenrechte, in: Norbert Achterberg (Hg.), Öffentliches Recht und Politik. Festschrift für Hans Ulrich Scupin zum 70. Geburtstag, Berlin 1973, S. 187–211.

5 Furet/Richet, Französische Revolution (Anm. 3), S. 84 ff.; Crane Brinton, Europa im Zeitalter der Französischen Revolution (amerik. Orig.: New York 1934), Wien 1948², S. 81 ff.; Albert Soboul, Die Große Französische Revolution. Ein Abriß ihrer Geschichte (1789–1799) (frz. Orig.: Paris 1962¹), Frankfurt 1973, S. 130 ff.; Ernst Schulin, Die Französische Revolution, München 1988, S. 53 ff.

6 Schulin, Revolution (Anm. 5), S. 92 ff. (Daten zum Wahlrecht: 95, Zitat: 105); Brinton, Europa (Anm. 5), S. 81 ff.; Godechot, Institutions (Anm. 3), S. 43 ff.; Elisabeth Botsch, Eigentum in der Französischen Revolution. Gesellschaftliche Konflikte und Wandel des sozialen Bewußtseins, München 1992, S. 54 ff.; Robert R. Palmer, Das Zeitalter der demokratischen Revolution. Eine vergleichende Geschichte Europas und Amerikas von 1760 bis zur Französischen Revolution (amerik. Orig.: Princeton 1959¹), Frankfurt 1970, S. 519 ff. (zur Zahl der Wahlberechtigten: 532).

7 Alexis de Tocqueville, L'Ancien Régime et la Révolution, in: ders., Œuvres complètes, Bd. II, Paris 1952, S. 129; deutsch nach: ders., Das Zeitalter der Gleichheit. Eine Auswahl aus dem Gesamtwerk. Hg. v. Siegfried Landshut, Stuttgart 1954, S. 165.

8 Les constitutions de la France depuis 1789. Présentation par Jacques Godechot, Paris 1995², S. 35–67; deutsche Übersetzung nach: Amerikanische und Französische Revolution (Anm. 4), S. 218–240.

9 Alexis de Tocqueville, Mélanges. Fragments historiques et notes sur l'Ancien Régime, la révolution et l'empire. Voyages entièrement inédits, in: ders., Œuvres complètes, Vol. VIII, Paris 1865, S. 122; Norman Hampson, Will and Circumstance. Montesquieu, Rousseau and the French Revolution, London 1983, S. 55 ff.; Eberhard Schmitt, Einführung in die Geschichte der

Französischen Revolution, München 1980², S. 36 ff. (zum Vergleich zwischen 1688/89 in England und 1789 in Frankreich).

10 Robert R. Palmer, The Age of the Democratic Revolution. A Political History of Europe and America, 1760–1800, Princeton 1964², S. 574; ders., Zeitalter (Anm. 6), S. 529–531; Jacques Godechot/R. R. Palmer, Le problème de l'Atlantique du XVIIIème au XXème siècle, in: Relazioni Internazionale di Scienze Storiche. Vol. 4: Storia contemporanea, Florenz 1955, S. 173–239; Jacques Godechot, France and the Atlantic Revolution of the Eighteenth-Century, 1770–1799, New York 1965, S. 1–63; Bernard Bailyn, Atlantic History. Concept and Contours, Cambridge, Mass. 2005, S. 57 ff. (zur amerikanischen Rezeption der europäischen Aufklärung); Jürgen Osterhammel, Die Verwandlung der Welt. Eine Geschichte des 19. Jahrhunderts, München 2009, S. 747 ff.; Schmitt, Einführung (Anm. 9), S. 50 ff.

11 Schulin, Französische Revolution (Anm. 5), S. 106 ff. (Zitat: 108); Brinton, Europa (Anm. 5), S. 113 ff.; Furet/Richet, Französische Revolution (Anm. 3), S. 160 ff.; Gilbert Ziebura, Frankreich von der Großen Revolution bis zum Sturz Napoleons III. 1789–1870, in: Walter Bußmann (Hg.), Europa von der Französischen Revolution zu den nationalstaatlichen Bewegungen des 19. Jahrhunderts (Handbuch der europäischen Geschichte, hg. v. Theodor Schieder, Bd. 5), Stuttgart 1981, S. 187–318 (bes. 192 ff.).

12 Heinrich August Winkler, Der Nationalismus und seine Funktionen, in: ders. (Hg.), Nationalismus, Königstein 1978¹, S. 5–46; Carlton J. H. Hayes, Nationalism: A Religion, New York 1960; Eric J. Hobsbawm, Nationen und Nationalismus. Mythos und Realität seit 1780 (engl. Orig.: Cambridge 1990), Frankfurt 1991; ders. u. Terence Ranger (eds.), The Invention of Tradition, Cambridge 1983; Benedict Anderson, Die Erfindung der Nation (engl. Orig.: London 1983), Frankfurt 1988; Anthony D. Smith, The Nation: Invented, Imagined, Reconstructed?, in: Millennium. Journal of International Studies 20 (1991), S. 353–368.

13 Amerikanische und Französische Revolution (Anm. 4), S. 296–298 (Dekret «Das Vaterland ist in Gefahr»), 304–306 (Manifest des Herzogs von Braunschweig); Soboul, Revolution (Anm. 5), S. 212 ff.; Vovelle, Revolution (Anm. 3), S. 93 ff.; Furet/Richet, Französische Revolution (Anm. 3), S. 160 ff.; François Furet, 1789 – Vom Ereignis zum Gegenstand der Geschichtswissenschaft (frz. Orig.: Paris 1978), Frankfurt 1980, S. 8 ff., 97 ff.; Palmer, Zeitalter (Anm. 6), S. 122 ff.; Schulin, Französische Revolution (Anm. 5), S. 117; Albert Mathiez, La révolution française, Vol. 1: La chute de la Royauté, Paris 1951², S. 200 ff. Das Goethe-Zitat: Johann Wolfgang von Goethe, Werke, Bd. 14: Autobiographische Schriften der frühen Zwanzigerjahre, Weimarer Ausgabe, München 1986, S. 385.

14 Christoph Martin Wieland, Kosmopolitische Adresse an die Französische Nationalversammlung, von Eleutherius Philoceltes [Oktober 1789], in: ders., Sämtliche Werke, Bd. 31, Leipzig 1857, S. 30–58 (58); ders., Unparteiische Betrachtungen über die Staatsrevolution in Frankreich [Mai 1790], ebd.,

S. 69–101 (73); ders., Zufällige Gedanken über die Abschaffung des Erbadels in Frankreich [Juli 1790], ebd., S. 102–125 (123 f.); Rudolf Vierhaus, «Sie und nicht wir». Deutsche Urteile über den Ausbruch der Französischen Revolution, in: ders., Deutschland im 18. Jahrhundert. Politische Verfassung, soziales Gefüge, geistige Bewegungen, Göttingen 1987, S. 202–215.

15 Johann Gottfried Herder, Briefe die Fortschritte der Humanität betreffend [1792], in: ders., Werke in zehn Bänden, Bd. 7, Berlin 1991, S. 774 (13. Brief), 779 (16. Brief), 780 (17. Brief; Hervorhebungen im Original).

16 Georg Forster, Darstellung der Revolution in Mainz [1793], in: ders., Werke. Sämtliche Schriften, Tagebücher, Briefe. Bd. 10: Revolutionsschriften 1792/93, Berlin 1990, S. 505–591 (556); Volker Mehnert, Protestantismus und radikale Spätaufklärung. Die Beurteilung Luthers und der Reformation durch aufgeklärte deutsche Schriftsteller zur Zeit der Französischen Revolution, München 1982, S. 52 f. (Forster), 55, 117 (Rebmann); Walter Grab, Norddeutsche Jakobiner. Demokratische Bestrebungen zur Zeit der ersten französischen Republik, Hamburg 1967; Heinrich Scheel, Süddeutsche Jakobiner. Klassenkämpfe und republikanische Bestrebungen zur Zeit der Französischen Revolution, Berlin 1962.

17 Immanuel Kant, Zum ewigen Frieden, in: ders., Schriften (Anm. 1), Bd. 8, S. 341–381 (351 ff., 378); ders., Die Metaphysik der Sitten, Rechtslehre, ebd., Bd. 6, S. 338–342 (§§ 51 u. 52; Hervorhebung im Original); Karl Vorländer, Kants Stellung zur französischen Revolution, in: Philosophische Abhandlungen. Festschrift für Hermann Cohen, Berlin 1912, S. 242–269; Peter Burg, Kant und die Französische Revolution, Berlin 1974; Leonard Krieger, The German Idea of Freedom. History of a Political Tradition, Boston 1957, S. 86 ff.

18 Edmund Burke, Reflections on the Revolution in France (1790). Introduction by A. J. Grieve, M. A., London 1964. Deutsche Ausgabe: Betrachtungen über die Französische Revolution. Aus dem Englischen übertragen von Friedrich Gentz. Gedanken über die französischen Angelegenheiten. Aus dem Englischen übertragen von Rosa Schnabel. Hg. v. Ulrich Frank-Planitz, Zürich 1987; Stanley Ayling, Edmund Burke. His Life and Opinions, London 1988, S. 203 ff.; Frieda Braune, Edmund Burke in Deutschland. Ein Beitrag zur Geschichte des historisch-politischen Denkens, Heidelberg 1917; J. G. A. Pocock, Edmund Burke and the Redifinition of Enthusiasm: The Context as Counter-Revolution, in: The French Revolution and the Creation of Modern Political Culture. Vol. 3: François Furet/Mona Ozouf (eds.), The Transformation of Political Culture 1789–1848, Oxford 1989, S. 19–44; Philippe Raynaud, Burke et les Allemands, ebd., S. 59–78; Michael Wagner, England und die französische Gegenrevolution 1789–1802, München 1994, S. 34 ff. Zu Fox: Brinton, Europa (Anm. 5), S. 133.

19 Burke, Betrachtungen (Anm. 18), S. 81, 85–89, 100, 113, 118, 132, 136–138, 141, 265, 274, 295. Die englischen Zitate in: ders., Reflections (Anm. 18), S. 29, 140, 153.

20 Burke, Betrachtungen (Anm. 18), S. 281, 370, 379 f., 390.

21 Thomas Paine, Rights of Man, in: ders., Collected Writings, New York 1995, S. 431–661; hier zitiert nach: Thomas Paine, Die Rechte des Menschen. Hg., übersetzt u. eingeleitet v. Wolfgang Mönke, Berlin 1962, S. 130; Gregory Claeys, Thomas Paine. Social and Political Thought, London 1989, S. 63 ff.

22 Paine, Rechte (Anm. 21), S. 159, 184, 230, 243–245.

23 Ebd., S. 245 f., 267–271, 274, 290, 305, 310, 317, 322 (engl. Zitate: Paine, Rights [Anm. 21], S. 556, 572); Kant, Zum ewigen Frieden (Anm. 17), S. 351 ff. Zu Paines «Common Sense» vgl. oben S. 274 f.

24 Joseph J. Ellis, Sie schufen Amerika. Die Gründergeneration von John Adams bis George Washington (amerik. Orig.: New York 2000), München 2002, S. 174 f., 232, 282.

25 Constitutions (Anm. 8), S. 69–92; Soboul, Revolution (Anm. 5), S. 238 ff.; Mathiez, Révolution (Anm. 13), Bd. 2: La Gironde et la Montagne, Paris 1951², S. 123 ff.; Vovelle, Revolution (Anm. 3), S. 129 ff., 190 ff. (Zitat: 222); Schulin, Französische Revolution (Anm. 5), S. 191 ff. (Zitate Danton: 207, Vergniaud: 213, Westermann: 215, Opferzahlen: 216 f.); Furet/Richet, Revolution (Anm. 3), S. 324 ff.; Brinton, Europa (Anm. 5), S. 174 ff. (179); Mark Philp (ed.), The French Revolution and British Popular Politics, Cambridge 1991¹; Edward Royle, Revolutionary Britannia? Reflections on the Threat of Revolution in Britain 1789–1848, Manchester 2000, S. 13 ff.; Michael Burleigh, Earthly Powers. Religion and Politics in Europe from the French Revolution to the Great War, London 2005, S. 67 ff. (zur Emigration des Klerus: 95, zur Vendée und zu Nantes: 96–102); Reynald Secher, Le génocide franco-français. La Vendée-Vengé, Paris 1986, S. 99 ff.; Donald Sutherland, The Vendée: Unique or Emblematic, in: French Revolution (Anm. 18), Vol. 4: Keith Michael Baker (ed.), The Terror, Oxford 1994, S. 99–114; George Macaulay Trevelyan, Geschichte Englands, Bd. 2: Von 1603 bis 1918 (engl. Orig.: London 1934), S. 633 ff.; Edward P. Thompson, Die Entstehung der englischen Arbeiterklasse (engl. Orig.: London 1963), 2 Bde., Frankfurt 1987, Bd. 1, S. 92 ff. (zur Rezeption der «Rights of Man», des «Age of Reason» und der anderen Schriften von Thomas Paine bei englischen Arbeitern und Handwerkern); Andreas Wirsching, Parlament und Volkes Stimme. Unterhaus und Öffentlichkeit im England des frühen 19. Jahrhunderts, Göttingen 1990, S. 23 ff. – Die Reden von Robespierre vom 7.2. und 7. 5. 1794 in: Maximilien de Robespierre, Œuvres complètes, Bd. 10, Paris 1967, S. 369–372, 442–465, auszugsweise auch in: Amerikanische und Französische Revolution (Anm. 4), S. 391–399.

26 Condorcet, Esquisse d'un tableau historique des progrès de l'esprit humain suivi de Fragment sur l'Atlantide, Paris 1988, S. 157 ff.; Burleigh, Earthly Powers (Anm. 25), S. 83 ff. (Römerkult), 124 ff. (nachrevolutionäre Aufklärungskritik); Soboul, Revolution (Anm. 5), S. 555 f. (zur Sprachpolitik); Michel de Certeau, Dominique Julia, Jacques Revel, Une politique de la langue. La Révolution française et les patois. L'enquête de Grégoire, Paris

1975. Zur «Atlantischen Revolution»: Godechot, France (Anm. 10), S. 1 ff.; Godechot/Palmer, Problème (Anm. 10), S. 173 ff.

27 Constitutions (Anm. 8), S. 93–141; Godechot, Institutions (Anm. 3), S. 457–468; Brinton, Europa (Anm. 5), S. 337 ff. (340); Soboul, Revolution (Anm. 5), S. 452 ff. (Fructidor-Staatsstreich: 472 ff.); Schulin, Französische Revolution (Anm. 5), S. 234 ff.; Lorenz von Stein, Geschichte der sozialen Bewegung in Frankreich von 1789 bis auf unsere Tage. In drei Bänden. Bd. 1: Der Begriff der Gesellschaft und die soziale Geschichte der Französischen Revolution bis zum Jahre 1830 (1850¹), München 1921 (ND: Darmstadt 1959), S. 320 ff.; Buonarroti, Conspiration pour l'égalité dite Babeuf, 2 Bde., Paris 1957, Bd. 2, S. 94–98 (Manifeste des Égaux; Zitat: 95); William H. Sewell, jr., Beyond 1793: Babeuf, Louis Blanc and the Genealogy of «Social Revolution», in: Furet/Ozouf (eds.), Transformation (Anm. 18), S. 509–526; D. M. G. Sutherland, France 1789–1815. Revolution and Counterrevolution, London 1985, S. 248 ff.; Johannes Willms, Napoleon. Eine Biographie, München 2005 ff., S. 185 ff. Zu Montesquieu vgl. oben S. 194 ff.; zur dritten Teilung Polens: 173 f.; zu Burke: 341 ff.

28 Willms, Napoleon (Anm. 27), S. 11 ff. (das Zitat aus Metternichs nachgelassenen Papieren [Bd. I, S. 151]: 589); Volker Ullrich, Napoleon. Eine Biographie, Reinbek 2004, S. 51 ff.; Jean Tulard, Napoleon oder der Mythos des Retters. Eine Biographie (frz. Orig.: Paris 1977), Tübingen 1978, S. 129 ff.; ders., Frankreich im Zeitalter der Revolutionen 1789–1851 (Geschichte Frankreichs, Bd. 4; frz. Orig.: Paris 1985), Stuttgart 1989, S. 159 ff.; Georges Lefebvre, Napoleon (frz. Orig.: Paris 1935), Stuttgart 2003, S. 55 ff.; Roger Dufraisse, Napoleon. Revolutionär und Monarch (frz. Orig.: Paris 1987), München 1994, S. 41 ff.; Willy Andreas, Das Problem der Diktatur in der Geschichte Napoleon Bonapartes, in: Heinz-Otto Sieburg (Hg.), Napoleon und Europa, Köln 1971, S. 75–90.

29 Willms, Napoleon (Anm. 27), S. 284 ff. (Zitat: 304); Max Braubach, Von der Französischen Revolution bis zum Wiener Kongreß, in: Bruno Gebhardt. Handbuch der deutschen Geschichte, 9. Aufl., hg. v. Herbert Grundmann, Bd. 3: Von der Französischen Revolution bis zum Ersten Weltkrieg. Bearb. v. Karl Erich Born u. a., Stuttgart 1970, S. 2–98 (29 ff.); Godechot, Institutions (Anm. 3), S. 700 f.; Tulard, Napoleon (Anm. 28), S. 364 ff.; Stein, Geschichte (Anm. 27), Bd. 1, S. 435 ff. (zum napoleonischen Adel); Ludwig Dehio, Gleichgewicht oder Hegemonie. Betrachtungen über ein Problem der neueren Staatengeschichte, Krefeld 1948¹, S. 134 ff.; Pierre Muret, Zur Außenpolitik Napoleons (1913), in: Sieburg (Hg.), Napoleon (Anm. 28), S. 112–156 (zu den zeitgenössischen Visionen vom «Empire» und seinen Grenzen); Constitutions (Anm. 8), S. 143–207 (Verfassungen von 1789, 1802 und 1804). Das Zitat von Marx in: Friedrich Engels u. Karl Marx, Die heilige Familie oder Kritik der kritischen Kritik. Gegen Bruno Bauer und Konsorten, in: Karl Marx/Friedrich Engels, Werke (MEW), Berlin 1959 ff., Bd. 2, S. 7–223 (130 f.).

30 Willms, Napoleon (Anm. 29), S. 434 ff. (434); Hans-Christof Kraus, Das Ende des alten Deutschland. Krise und Auflösung des Heiligen Römischen Reiches Deutscher Nation 1806, Berlin 2006; Wolfgang Burgdorf, Ein Weltbild verliert seine Welt. Der Untergang des Alten Reiches und die Generation 1806, München 2006; Elisabeth Fehrenbach, Traditionelle Gesellschaft und revolutionäres Recht. Die Einführung des Code Napoléon in den Rheinbundstaaten, Göttingen 1974 (Zitat: S. 12); Helmut Berding, Napoleonische Herrschafts- und Gesellschaftspolitik im Königreich Westfalen 1807–1813, Göttingen 1973; Takeshi Gonza, Reichsauflösung, Rheinbundreformen und das Problem der Staatssouveränität. Die Entstehung der Hegelschen Souveränitätslehre und ihr geschichtlicher Hintergrund, in: Hegel-Studien 41 (2006), S. 113–147; Helmut Neuhauss, Das Reich als Mythos in der neueren Geschichte, in: Helmut Altrichter, Klaus Herbers, Helmut Neuhauss (Hg.), Mythen in der Geschichte, Freiburg 2004, S. 293–320; Ernst Rudolf Huber, Deutsche Verfassungsgeschichte seit 1789, 8 Bde., Band I: Reform und Restauration 1789 bis 1830, Stuttgart 1990², S. 68 ff.; Heinrich August Winkler, Der lange Weg nach Westen. Bd. 1: Deutsche Geschichte von Ende des Alten Reiches bis zum Untergang der Weimarer Republik, München 2005⁶, S. 51 ff. – Das Zitat aus den Xenien in: Goethe, Werke (Anm. 13), Bd. 5, S. 218; das Zitat aus «Deutsche Größe» in: Schillers Werke. Nationalausgabe, 2. Bd., Teil 1, Weimar 1983, S. 431–437. Zum mittelalterlichen Reichsmythos vgl. oben S. 46 f.

31 Winkler, Weg (Anm. 30), Bd. 1, S. 54 ff.; Braubach, Revolution (Anm. 29), S. 46 ff.; Jörg Echternkamp, Der Aufstieg des deutschen Nationalismus (1770–1840), Frankfurt 1998, S. 163 ff.; Friedrich Meinecke, Das Zeitalter der deutschen Erhebung (1795–1815) [1906¹], Göttingen 1957⁶ (Zitat Struensee: 46); Hans-Ulrich Wehler, Deutsche Gesellschaftsgeschichte, Bd. 1: Vom Feudalismus des Alten Reiches bis zur Defensiven Modernisierung der Reformära 1700–1815, München 1987¹, S. 397 ff.; Thomas Nipperdey, Deutsche Geschichte 1800–1866. Bürgerwelt und starker Staat, München 1983, S. 331 ff.; James J. Sheehan, Der Ausklang des Alten Reiches. Deutschland seit dem Ende des Siebenjährigen Krieges bis zur gescheiterten Revolution 1763 bis 1850 (engl. Orig.: Oxford 1994), Frankfurt 1994, S. 230 ff.; Matthew Levinger, Enlightened Nationalism. The Transformation of Prussian Political Culture 1806–1848, Oxford 2000, S. 41 ff.; Christopher Clark, Preußen. Aufstieg und Niedergang 1600–1947 (engl. Orig.: London 2006), München 2007, S. 333 ff.; Reinhart Koselleck, Preußen zwischen Reform und Revolution. Allgemeines Landrecht, Verwaltung und soziale Bewegung von 1791 bis 1848, Stuttgart 1967, S. 163 ff.; Hanna Schissler, Preußische Agrargesellschaft im Wandel. Wirtschaftliche, gesellschaftliche und politische Transformationsprozesse von 1763 bis 1847, Göttingen 1978; Christof Dipper, Die Bauernbefreiung in Deutschland 1790–1850, Stuttgart 1980. – Das Zitat von Hegel in: ders., Grundlinien der Philosophie des Rechts oder Naturrecht und Staats-

wissenschaft im Grundrisse, in: ders., Werke (Anm. 2), Bd. 7, Stuttgart 1952, S. 241.

32 Johann Gottlieb Fichte, Beitrag zur Berichtigung der Urtheile des Publicums über die französische Revolution, in: Fichtes Werke, 8 Bde., Berlin 1845/46, ND Berlin 1971, Bd. 6, S. 39–288; ders., Der geschlossene Handelsstaat, ebd., Bd. 3, S. 387–513; ders., Grundzüge des gegenwärtigen Zeitalters, ebd., Bd. 7, S. 3–256 (bes. 152 ff.).

33 Ders., Reden an die deutsche Nation, ebd., Bd. 7, S. 259–499 (456).

34 Ebd., S. 344, 496. Zur «Ursprache»: 328 ff., zum «Urvolk»: 359 ff.

35 Ders., Aus dem Entwurfe zu einer politischen Schrift im Frühlinge 1813, ebd., S. 546–573 (565; Hervorhebung im Original). Zu Abbt vgl. oben S. 239 f.

36 Fichte, Entwurf (Anm. 35), S. 568. Zum «Aufruf an Mein Volk» siehe unten S. 421.

37 Fichte, Entwurf (Anm. 35), S. 554 (Hervorhebung im Original).

38 Ders., Exkurse zur Staatslehre, ebd. S. 574–613 (576; Hervorhebungen im Original); ders., Entwurf (Anm. 35), S. 554 ff.; Friedrich Meinecke, Weltbürgertum und Nationalstaat. Studien zur Genesis des deutschen Nationalstaates (1907¹), Sämtliche Werke, Bd. 5, München 1969, S. 84 ff.; J. L. Talmon, Political Messianism. The Romantic Phase, London 1960, S. 177 ff.; Winkler, Weg (Anm. 30), Bd. 1, S. 57 ff.

39 Friedrich Ludwig Jahn, Deutsches Volkstum. Unveränderte Neuauflage, Leipzig 1817, S. XII–XV (Preußen und Österreich), 14 f. («Friedrich der Einzige»), 18 f. (Deutschland als Heiland der Erde), 157 (deutsche und französische Sprache), 218 («Sprechgemeinde»), 303 («Volksheiland Hermann»; Hervorhebungen jeweils im Original).

40 Ernst Moritz Arndt, Geist der Zeit [1806–1817], Leipzig o. J., I. Teil [1808], S. 85; ders., Gebet, in: Arndts Werke, Berlin o. J. [1912], I. Teil, S. 74; ders., Katechismus für den deutschen Kriegs- und Wehrmann [1813], 10. Teil, S. 131–162 (143 f., 147); ders., Über Volkshaß und den Gebrauch einer fremden Sprache, ebd., S. 171–186 (176), in: Ernst Moritz Arndt's Schriften für und an seine lieben Deutschen. Zum ersten Mal gesammelt und durch Neues vermehrt, Leipzig 1845, S. 353–373 (S. 358, 361, 367 f.; Hervorhebungen jeweils im Original).

41 Ders., Der Rhein, Teutschlands Strom, aber nicht Teutschlands Grenze, in: ders., Werke (Anm. 40), 11. Teil, S. 37–82 (43); ders., Bemerkungen über Teutschlands Lage im November 1814, in: ders., Blick aus der Zeit auf die Zeit, «Germanien» o. J. [1814], S. 1–79; ders., Über Preußens Rheinische Mark und über Bundesfestungen (1815), in: ders., Werke (Anm. 36), 11. Teil, S. 143–199 (Zitat über Österreich und Preußen: 190).

42 Ders., Geist der Zeit, in: ders., Werke, (Anm. 40), 2. Teil [1809], S. 134 f.; 3. Teil [1813], S. 156; ders., Über künftige ständische Verfassungen in Teutschland, in: ders., Werke (Anm. 40), 11. Teil, S. 83–130 (106, 121); ders., Noch etwas über die Juden, in: ders., Blick (Anm. 41), S. 180–201 (188, 191).

43 Fichte, Beitrag (Anm. 32), S. 149 f.; Jacob Katz, Vom Vorurteil zur Vernichtung. Der Antisemitismus 1700–1933 (amerik. Orig.: Cambridge/Mass. 1989, S. 61; Stefi Jersch-Wenzel, Rechtslage und Emanzipation, in: Deutschjüdische Geschichte in der Neuzeit. 4 Bde., Bd. 2: Emanzipation und Akkulturation 1780–1871, München 1996, S. 15–56 (26 ff.).

44 Otto W. Johnston, Der deutsche Nationalmythos. Ursprung und politisches Programm (amerik. Orig.: New York 1989), Stuttgart 1990; Helmuth Plessner, Die verspätete Nation. Über die politische Verführbarkeit bürgerlichen Geistes (1. Aufl. unter dem Titel: Das Schicksal deutschen Geistes im Ausgang seiner bürgerlichen Epoche, Zürich 1935), Stuttgart 1959, S. 47 ff.; Michael Jeismann, Das Vaterland der Feinde. Studien zum nationalen Feindbegriff und Selbstverständnis in Deutschland und Frankreich 1792–1918, Stuttgart 1992, S. 27 ff.; Babara Beßlich, Der deutsche Napoleon-Mythos. Literatur und Erinnerung 1800–1945, Darmstadt 2007, S. 61 ff.; Winkler, Weg (Anm. 30), Bd. 1, S. 61 ff. – Die Zitate von Ernst Moritz Arndt in: ders., Was ist des Deutschen Vaterland? [1813], in: ders., Werke (Anm. 40), 1. Teil, S. 126 f.; Geist der Zeit (Anm. 40), Teil III [1813], D. 177.

45 Bernhard Guttmann, England im Zeitalter der bürgerlichen Reform, Stuttgart 1949², S. 104 ff. (zu den Ludditen in York: 105 f.); Tulard, Napoleon (Anm. 28), S. 231 ff.; Trevelyan, Geschichte (Anm. 25), Bd. 2, S. 656 ff.; Thompson, Entstehung (Anm. 25), Bd. 2, S. 531 ff. (zur «moral economy» der englischen Unterschicht und zum Luddismus); Royle, Revolutionary Britannia (Anm. 25), S. 35 ff.; Jochen Meissner, Ulrich Mücke, Klaus Weber, Schwarzes Amerika. Eine Geschichte der Sklaverei, München 2008; Herbert S. Klein, The Atlantic Slave Trade, Cambridge 1999, S. 183 ff.; James A. Rawley, The Transatlantic Slave Trade. A History, N. Y. 1981; James Walvin, Black Ivory: A History of British Slavery, London 1992; Hans-Jürgen Puhle (Hg.), Sklaverei in der modernen Geschichte. Geschichte und Gesellschaft 16 (1990), Heft 2; Albert Wirz, Sklaverei und kapitalistisches Weltsystem, Frankfurt 1984; William Miller, A New History of the United States, New York 1958, S. 146 ff.; Wilhelm Treue, Gesellschaft, Wirtschaft und Technik Deutschlands im 19. Jahrhundert, in: Gebhardt, Handbuch (Anm. 29), Bd. 3, S. 377–541; François Crouzet, Wars, Blockade, and Economic Change in Europe, 1792–1815, in: Journal of Economic History 24 (1964), S. 567–588. Zu Adam Smith siehe oben S. 256 f.

46 Walther L. Bernecker, Spanische Geschichte. Von der Reconquista bis heute, Darmstadt 2002, S. 111 ff.; Andreas Timmermann, Die «Gemäßigte Monarchie» in der Verfassung von Cadiz (1812) und das frühe liberale Verfassungsdenken in Spanien, Münster 2007; Richard Konetzke, Die iberischen Staaten von der Französischen Revolution bis 1874, in: Bußmann (Hg.), Europa (Anm. 11), S. 886–929 (894 ff.); Jörn Leonhard, Liberalismus. Zur historischen Semantik eines europäischen Deutungsmusters, München 2001, S. 234 ff.; Dieter Gosewinkel u. Johannes Masing (Hg.), Die Verfassungen in Europa 1789–1949. Wissenschaftliche Textedition unter Ein-

schluß sämtlicher Änderungen und Ergänzungen sowie mit Dokumenten aus der englischen und amerikanischen Verfassungsgeschichte, München 2006, S. 503–544 (Constitution der Cortes vom 19. 3. 1812).

47 Willms, Napoleon (Anm. 27), S. 536 ff.; Tulard, Napoleon (Anm. 28), S. 436 ff.; ders., Frankreich (Anm. 28), S. 269 ff. Das Kaiserliche Kriegsmanifest u. a. in: Gertrude und Paul Aretz, Napoleon I. Mein Leben und Werk, Basel 1936, S. 383 f.

48 Ute Planert, Der Mythos vom Befreiungskrieg, Paderborn 2007; Gerhard Graf, Gottesbild und Politik. Eine Studie zur Frömmigkeit in Preußen während der Befreiungskriege 1813–1815, Göttingen 1993; Arlie J. Hoover, The Gospel of Nationalism. German Patriotic Preaching from Napoleon to Versailles, Stuttgart 1986, S. 6 ff.; Jerry Dawson, Friedrich Schleiermacher. The Evolution of a Nationalist, Austin/Texas 1966; Braubach, Von der Französischen Revolution (Anm. 29), S. 79 ff.; Clark, Preußen (Anm. 31), S. 400 ff.; Winkler, Weg (Anm. 30), Bd. 1, S. 68 f. (zu den Zielen von Stein, Hardenberg und Humboldt); Meinecke, Weltbürgertum (Anm. 38), S. 142 ff.; Heinrich Triepel, Die Hegemonie. Ein Buch von führenden Staaten (1938[1]), Neudruck Aalen 1974, S. 276 ff. (zum rechtlichen Charakter der schwedisch-norwegischen Union). – Die Proklamation von Kalisch in: Corpus Juris Confoederationis Germanicae oder Staatsakten für Geschichte und öffentliches Recht des Deutschen Bunds, hg. v. Philipp Anton Guido Meyer, Teil 1: Staatsverträge, 3. Aufl., Frankfurt 1858, S. 146 f.; der Aufruf an Mein Volk: ebd., S. 147–149. Das Zitat von Wilhelm von Humboldt in: Siegfried A. Kaehler (Hg.), Wilhelm von Humboldt. Eine Auswahl aus seinen politischen Schriften, Berlin 1922, S. 88–103 (92 f.).

49 Constitutions (Anm. 8), S. 209–224 (Charte), 225–240 (Acte additionel), auf deutsch zitiert nach der zeitgenössischen Übersetzung in: Gosewinkel/Masing (Hg.), Verfassungen (Anm. 46), S. 281–287; Benjamin Constant, De l' Esprit de conquête et de l'usurpation dans leurs rapports avec la civilisation Européenne, in: ders., Œuvres, Texte présenté et annoté par Alfred Roulin, Paris 1957, S. 951–1062, deutsch: ders., Über die Gewalt. Vom Geist der Eroberung und der Anmaßung der Macht, Stuttgart 1948; Pierre Rosanvallon, La monarchie impossible. Les Chartes de 1814 et 1830, Paris 1994, S. 29 ff.; Martin Kirsch, Monarch und Parlament im 19. Jahrhundert. Der monarchische Konstitutionalismus als europäischer Verfassungstyp im Vergleich, Göttingen 1999, S. 299 ff.; Ziebura, Frankreich (Anm. 11), S. 252 ff. (zur Bodenverteilung: 253); Heinz-Gerhard Haupt, Nationalismus und Demokratie. Zur Geschichte der Bourgeoisie im Frankreich der Restauration, Frankfurt 1974; Willms, Napoleon (Anm. 27), S. 612 ff.; ders., St. Helena. Kleine Insel, großer Wahn, Hamburg 2007; Tulard, Napoleon (Anm. 28), S. 481 ff.; ders., Frankreich (Anm. 28), S. 289 ff.

50 Stein, Geschichte (Anm. 27), Bd. 1, S. 427–430 (Hervorhebung im Original).

51 Ebd., S. 435–480.

52 Ebd., S. 481 f.

53 Ebd., S. 484.

54 Leopold von Ranke, Über die Epochen der Neueren Geschichte, in: ders., Aus Werk und Nachlaß, hg. von Walther Peter Fuchs u. Theodor Schieder, Bd. II: Über die Epochen der Neueren Geschichte. Historisch-kritische Ausgabe, München 1971, S. 415–418 (zitiert nach dem Stenogramm). Zur Atlantischen Revolution u. a. Godechot, France (Anm. 10), S. 1 ff.; Palmer, Zeitalter (Anm. 6), S. 529 ff. sowie oben S. 329.

55 Reinhart Koselleck, Einleitung, in: Geschichtliche Grundbegriffe. Historisches Lexikon zur politisch-sozialen Sprache in Deutschland. Hg. von Otto Brunner, Werner Conze, Reinhart Koselleck, Stuttgart 1972 ff., Bd. 1, S. XII–XXVII.

56 Aira Kemiläinen, Nationalism. Problems Concerning The Word, The Concept and Classification, Jyväskylä 1964, S. 49 (Herder, Weishaupt, Barruel); G. de Bertier de Sauvigny, Liberalism, Nationalism, Socialism: The Birth of Three Words, in: The Review of Politics 32 (1970), S. 147–166; Leonhard, Liberalismus (Anm. 46), S. 127 ff.; Rudolf Vierhaus, Liberalismus, in: Geschichtliche Grundbegriffe (Anm. 55), Bd. 3, S. 741–785 (zu Napoleon: 749 f.; zu Metternich: 757 f.); ders., Konservativ, Konservativismus, ebd., S. 531–565 (Mme. de Staël, Napoleon: 537 f.); Wolfgang Schieder, Sozialismus, ebd., Bd. 3, S. 455–529 (468 ff.: Restif; 471 f.: Thoré); Christian Meier u. a., Demokratie, ebd., Bd. 1, S. 821–899 (bes. 839 ff.).

57 Burleigh, Earthly Powers (Anm. 25), S. 124 ff.; Talmon, Messianism (Anm. 38), S. 35 ff.; Massimo Boffa, La Contre-Révolution, Joseph de Maistre, in: Furet/Ozouf (eds.), Transformation (Anm. 18), S. 291–308; Keith Michael Baker, Bonald, 1796–1801: Contre-Révolution et politique du possible, ebd., S. 309–322; Hans Maier, Revolution und Kirche. Zur Frühgeschichte der christlichen Demokratie, Freiburg 1975[4], S. 170 ff.; Walter Bußmann, Europa von der Französischen Revolution zu den nationalstaatlichen Bewegungen des 19. Jahrhunderts, in: ders. (Hg.), Europa (Anm. 11), S. 1–186 (92 ff.); Carl Schmitt, Politische Romantik, Berlin 1925[1]; Kurt Nowak, Schleiermacher und die Frühromantik. Eine literaturgeschichtliche Studie zum romantischen Religionsverständnis und Menschenbild des 18. Jahrhunderts, Weimar 1986; ders., Schleiermacher. Leben, Werk und Wirkung, Göttingen 2001, S. 79 ff., 187 ff., 512 ff.

58 Wilhelm von Humboldt, Ideen zu einem Versuch, die Grenzen der Wirksamkeit des Staats zu bestimmen, in: ders., Werke in 5 Bänden, Stuttgart 1960, Bd. 1, S. 90, 143, 156, 178; Constant, Gewalt (Anm. 49), S. 99, 122, 39 (in der Reihenfolge der Zitate); ders.: Principes de politique [1815], in: ders., Œuvres (Anm. 49), S. 1065–1215 (bes. 1069 ff., 1129 ff.; Zitate 1071, 1076; zum konstitutionellen Monarchen als «pouvoir neutre»: 1079 f.); Lothar Gall, Benjamin Constant. Seine politische Ideenwelt und der deutsche Vormärz, Wiesbaden 1963; Der Frühsozialismus. Ausge-

wählte Quellentexte. Hg. u. eingeleitet v. Thilo Ramm, Stuttgart 1956; ders. (Hg.), Die großen Sozialisten, Bd. 1, Stuttgart 1955; Walter Euchner, Ideengeschichte des Sozialismus in Deutschland, Teil I, in: Helga Grebing (Hg.), Geschichte der sozialen Ideen in Deutschland. Sozialismus – Katholische Soziallehre – Protestantische Sozialethik, Essen 2000, S. 15–350 (21 ff.); Bußmann, Europa (Anm. 57), S. 67 ff., 107 ff.; Ziebura, Frankreich (Anm. 11), S. 265 ff., 279 ff.; René Rémond, Les droites en France, Paris 1982, S. 46 ff. Das Zitat von Pierre Joseph Proudhon in: ders., Qu'est-ce que la propriété? Ou Recherches sur le principe du droit et du gouvernement, Paris 1848, S. 2.

59 Henry A. Kissinger, A World Restored. Metternich, Castlereagh and the Problems of Peace 1812–1822, Boston (1954[1]) 1973, S. 144 ff.; Karl Griewank, Der Wiener Kongreß und die Neuordnung Europas 1814/1815, Leipzig 1942, S. 21 ff.; Dehio, Gleichgewicht (Anm. 29), S. 149 ff. (Zitat: 153); Reinhart Koselleck, Die Restauration und ihre Ereigniszusammenhänge 1815–1830, in: Das Zeitalter der europäischen Revolution 1780–1848 (Fischer Weltgeschichte, Bd. 26), Frankfurt 1969[1], S. 199–319 (199 ff.); Triepel, Hegemonie (Anm. 48), S. 218 ff. (zur «Kollektivhegemonie» der Pentarchie); Eric Hobsbawm, The Age of Revolution 1789–1848, New York 1962[1]. S. 126 ff.; Bußmann, Europa (Anm. 57), S. 38 ff.; Sheehan, Ausklang (Anm. 31), S. 359 ff.; Heinrich Ritter von Srbik, Metternich. Der Staatsmann und der Mensch, 2 Bde. (1925[1]), Darmstadt 1957, Bd. 1, S. 182 ff. (das Zitat Metternichs über Italien: Bd. 2, S. 134); Golo Mann, Friedrich von Gentz, Geschichte eines europäischen Staatsmannes, Zürich 1947, S. 263 ff.; Klein, Atlantic Slave Trade (Anm. 45), S. 186 ff.; David Eltis, Trans-Atlantic Trade, in: Seymour Drescher/Stanley L. Engerman (eds.), A Historical Guide to World Slavery, New York 1998, S. 370–375 (die Zahlen: 374); Paul E. Lovejoy, Transformations of Slavery. A History of Slavery in Africa, Cambridge 1983. Das Manifest über die Heilige Allianz u. a. in: Hagen Schulze u. Ina Ulrike Paul (Hg.), Europäische Geschichte. Quellen und Materialien, München 1994, S. 351 f.; Die Deutsche Bundesakte, in: Ernst Rudolf Huber (Hg.), Dokumente zur deutschen Verfassungsgeschichte. Bd. 1: Deutsche Verfassungsdokumente 1803–1850, Stuttgart 1978[3], S. 84–90. Das Zitat von Görres in: Wiedererneuerung des Vertrags von Chaumont, in: Rheinischer Merkur, Nr. 225, 19.4.1815. Facsimile-Nachdruck in: Joseph von Görres, Gesammelte Schriften, Bde. 9–11, Köln 1918.

60 Joseph de Maistre, Considérations sur la France, in: Œuvres complètes. Nouvelle édition, Vol. 1, Lyon 1884 (ND: Hildesheim 1984), S. 1–157 (157); Tulard, Frankreich (Anm. 28), S. 315 ff.; Ziebura, Frankreich (Anm. 11), S. 250 ff.; Haupt, Nationalismus (Anm. 49), S. 141 ff.

61 Friedrich Meinecke, 1848. Eine Säkularbetrachtung, Berlin 1948, S. 9; Huber (Hg.), Dokumente (Anm. 59), Bd. 1, S. 91–100 (Wiener Schlußakte; Zitat: 91), 100–105 (Karlsbader Beschlüsse, Zitat: 104), 119–121 (Grundzüge der Kriegsverfassung des Deutschen Bundes, Zitat: 120);

ders., Verfassungsgeschichte (Anm. 30), Bd. 1, S. 609 ff.; Winkler, Weg
(Anm. 30), Bd. 1, S. 70 ff.; Werner Conze, Das Spannungsfeld von Staat
und Gesellschaft im Vormärz, in: ders. (Hg.), Staat und Gesellschaft im
deutschen Vormärz 1815–1848, Stuttgart 1962, S. 207–269; Heinrich
Lutz, Zwischen Habsburg und Preußen. Deutschland 1815–1866, Berlin
1985, S. 87 ff.; Heinrich von Treitschke, Deutsche Geschichte im Neunzehnten Jahrhundert. 2. Theil: Bis zu den Karlsbader Beschlüssen, Leipzig
1897⁵, S. 491 ff.; Srbik, Metternich (Anm. 59), Bd. 1, S. 576 ff.; Mann,
Gentz (Anm. 59), S. 333 ff.; Gall, Constant (Anm. 58), S. 255 ff.

62 Wolfgang J. Mommsen, Großbritannien vom Ancien Régime zur bürger-
lichen Industriegesellschaft 1770–1867, in: Bußmann (Hg.), Europa
(Anm. 11), S. 319–403 (347 ff.); Guttmann, England (Anm. 45), S. 197 ff.
(Zitat der Katholiken in England und Irland: 301); Trevelyan, Geschichte
(Anm. 25), Bd. 2, S. 681 ff.; Wendy Hende, Canning, Oxford 1989²,
S. 321 ff.; Henry Pelling, A History of British Trade Unionism, Houndsmills
1992⁵, S. 7 ff.; Thompson, Entstehung (Anm. 25), Bd. 2, S. 694.

63 Osmo Jussila, Seppo Hentilä, Jukka Nevakivi, Politische Geschichte Finnlands seit 1809. Vom Großfürstentum zur Europäischen Union, Berlin
1999, S. 21 ff.; Gert von Pistohlkors, Die Ostseeprovinzen unter russischer
Herrschaft (1710/95–1914), in: ders. (Hg.), Deutsche Geschichte im Osten
Europas. Baltische Länder, Berlin 1994, S. 266–450 (313 ff.); Klaus Zer-
nack, Polen und Rußland. Zwei Wege in der europäischen Geschichte, Ber-
lin 1994, S. 315 ff.; Gotthold Rhode, Polen und die polnische Frage von den
Teilungen bis zur Gründung des Deutschen Reiches, in: Bußmann (Hg.),
Europa (Anm. 11), S. 677–745 (696 ff.); Erwin Oberländer, Rußland von
Paul I. bis zum Krimkrieg 1796–1855, ebd., S. 616–676 (618 ff.; Zitat zum
Erziehungswesen: 651); Bernhard Friedmann u. Hans-Jobst Krautheim, Re-
formen und europäische Politik unter Alexander I., in: Klaus Zernack (Hg.),
Handbuch der Geschichte Rußlands, Bd. 2: 1613–1856. Vom Randstaat zur
Hegemonialmacht, 1. Halbband, Stuttgart 2001, S. 951–993; dies., Wiener
Kongress – Heilige Allianz – Restauration, ebd., S. 994–1020; Hans Lem-
berg, Die Dekabristen, ebd., S. 1021–1056; Hans-Jobst Krautheim u. Lothar Kölm, Das konservative Prinzip: Die Herrschaft Nikolaus I. (1825–
1855), ebd., S. 1057–1091.

64 Bernecker, Spanische Geschichte (Anm. 46), S. 114 ff.; Konetzke, Iberische
Staaten (Anm. 46), S. 898 ff., 925 ff.; Rudolf Lill, Italien im Zeitalter des
Risorgimento, in: Bußmann (Hg.), Europa (Anm. 11), S. 827–885 (828 ff.);
ders., Geschichte Italiens vom 16. Jahrhundert bis zu den Anfängen des Fa-
schismus, Darmstadt 1980, S. 91 ff.; Stuart Woolf, A History of Italy 1700–
1860. The Social Constraints of Political Change, London 1979, S. 227 ff.;
R. John Rath, The *Carbonari*. The Origins, Initiations Rites, and Aims, in:
American Historical Review 69 (1964), S. 353–370; Matthias Benrath, Das
Osmanische Reich und Südosteuropa, ebd., S. 987–1022 (993 ff.); Oberländer, Rußland (Anm. 63), S. 665 ff.; William St. Clair, That Greece Might Still

Be Free. The Philhellenes in the War of Independence, London 1972 (die statistischen Daten: 355 f.); Christoph Hauser, Anfänge bürgerlicher Organisation. Philhellenismus und Frühliberalismus in Südwestdeutschland, Göttingen 1990; Regine Quack-Eustathiades, Der deutsche Philhellenismus während des griechischen Freiheitskampfes 1821–1827, München 1984; Günther Heydemann, Philhellenismus in Deutschland und Großbritannien, in: Adolf M. Birke u. Günther Heydemann (Hg.), Die Herausforderung des europäischen Staatensystems. Nationale Ideologie und staatliches Interesse zwischen Restauration und Imperialismus, Göttingen 1989, S. 31–60; Irmgard Wilharm, Die Anfänge des griechischen Nationalstaates 1833–1843, München 1973; Hans-Jobst Krautheim u. Lothar Kölm, Großmachtpolitik und Expansion des Imperialismus in der Nikolaitischen Ära, in: Zernack (Hg.), Handbuch (Anm. 63), S. 1100–1144. Die griechischen Verfassungsgesetze von 1822 bis 1844 in: Gosewinkel/Masing (Hg.), Verfassungen (Anm. 46), S. 1005–1054.

65 Tulio Halperin Donghi, Geschichte Lateinamerikas von der Unabhängigkeit bis zur Gegenwart (ital. Orig.: 1967), Frankfurt 1991, S. 19 ff.; Handbuch der Geschichte Lateinamerikas. Hg. v. Walther L. Bernecker u. a., Bd. 2: Lateinamerika von 1760 bis 1900, Stuttgart 1992 (die statistischen Daten: 30, 53, 56, 58); Gerhard Masur, Simon Bolívar und die Befreiung Südamerikas, Konstanz 1949[1]; Mario Hernandez Sanchez-Barba, Simón Bolívar. Una pasión política, Barcelona 2004; John Lynch, Simón Bolívar. A Life, New Haven 2006; ders., The Spanish American Revolutions 1806–1826, New York 1986[2].

66 Dexter Perkins, Hands off. A History of the Monroe Doctrine, Boston 1941[1], S. 3 ff. (Zitat aus dem Brief Metternichs an Nesselrode: 56 f.; der Text der Monroe-Doktrin: 391–392); Ernest R. May, The Making of the Monroe Doctrine, Cambridge, Mass. 1975; Gretchen Murphy, Hemispheric Imaginings. The Monroe Doctrine and Narratives of U.S. Empire, Durham 2005, bes. S. 145 ff.; William A. McDougall, Promised Land, Crusader State. The American Encounter with the World since 1776, Boston 1997, S. 57 ff.; Miller, New History (Anm. 45), S. 177 ff.; The Beards' New Basic History of the United States (1944[1]), Garden City 1960, S. 236 ff.; Alan Brinkley, The Unfinished Nation. A Concise History of the American People, Boston 2004[4], S. 222 ff.; Arthur M. Schlesinger, jr., The Age of Jackson, Boston 1945; Sean Wilentz, The Rise of American Democracy: Jefferson to Lincoln, New York 2005; Edward Plessen, Jacksonian Democracy. Society, Personality, and Politics, Urbana 1985[3]; Richard E. Ellis, The Union at Risk. Jacksonian Democracy, States, Rights, and the Nullification Crisis, New York 1987, S. 87 ff.; William W. Freehling, Prelude to Civil War. The Nullification Controversy in South Carolina, 1816–1836, New York 1965[1], S. 89 ff.; Anthony F. C. Wallace, The Long, Bitter Trail. Andrew Jackson and the Indians, New York 1993, S. 50 ff.; Francis Paul Prucha, The Great Father. The United States Government and the American Indians, Lin-

coln 1984, Vol. I, S. 183 ff. Zu Russisch-Amerika: Oberländer, Rußland (Anm. 63), S. 674 ff. Das Zitat aus Washingtons Abschiedsrede: Documents of American History. Ed. by Henry Steele Commager, New York 1948[5], Vol. I, S. 169–175; deutsch u. a. in: Amerikanische und Französische Revolution (Anm. 4), S. 115 f.

67 Alexis de Tocqueville, De la Démocratie en Amérique (1835, 1840[1]). Première édition historico-critique revue et augmentée par Eduardo Nolla, 2 Bde., Paris 1990. In der Reihenfolge der Zitate: Bd. 1, S. 8 (I, 1, Introduction), 48 (I, 1, Kap. 4), 192–194 (I, 2, Kap. 7), Bd. 2, 22–24 (II, 1, Kap. 2). Dt. Übersetzung: Über die Demokratie in Amerika. Aus dem Französischen neu übertragen von Hans Zbinden. Mit einem Nachwort von Theodor Eschenburg, 2 Bde., Zürich 1987. Ich zitiere z. T. nach der deutschen Fassung von Siegfried Landshut in: Tocqueville, Zeitalter (Anm. 7), S. 3–118. Zu Tocqueville u. a.: Larry Siedentop, Tocqueville, Oxford 1994.

68 In der Reihenfolge der Zitate: Tocqueville, Démocratie (Anm. 67), Bd. 1, S. 196–201 (I, 2, Kap. 7), 119 (I, 2, Kap. 8), 278, 261 (I, 2, Kap. 10).

69 Ebd., Bd. 2, S. 268 (II, 4, Kap. 6), 282 (II, 4, Kap. 8).

70 Ebd., S. 311–314 (I, 2, Conclusion).

71 Tulard, Frankreich (Anm. 28), S. 333 ff. (Zitate: 348, 350); Rosanvallon, Monarchie (Anm. 49), S. 93 ff.; Ziebura, Frankreich (Anm. 11), S. 250 ff. (Wahlrechtsreform: 272); Haupt, Nationalismus (Anm. 49), S. 141 ff.; zur Formel «Le roi règne et ne gouverne pas»: Dietrich Hilger u. a., Herrschaft, in: Geschichtliche Grundbegriffe (Anm. 55), Bd. 3, S. 1–102 (91); Volker Sellin, Regierung, Regime, Obrigkeit, ebd., Bd. 5, S. 361–421 (369).

72 Stein, Geschichte (Anm. 27), Bd. 2: Die industrielle Gesellschaft, der Sozialismus und der Kommunismus Frankreichs von 1830 bis 1848, S. 1, 6 f., 10 f.

73 Ders., Geschichte, Bd. 1 (Anm. 27), S. 147 («Embryo»-These); Geschichte (Anm. 27), Bd. 3: Das Königtum, die Republik und die Souveränität der französischen Gesellschaft seit der Februarrevolution 1848, S. 36 ff. (40 f.). Zu Hegels Staatsidee vgl. oben S. 397.

74 Heinz Gollwitzer, Ideologische Blockbildung als Bestandteil internationaler Politik im 19. Jahrhundert, in: ders., Weltpolitik und deutsche Geschichte. Gesammelte Studien, Göttingen 2008, S. 27–52; Srbik, Metternich (Anm. 59), Bd. 1, S. 657 ff.; Franz Petri, Belgien, Niederlande, Luxemburg von der Französischen Zeit bis zum Beginn der Deutschen Einigung 1794–1865, in: Bußmann (Hg.), Europa (Anm. 11), S. 930–967 (940 ff.). Die belgische Verfassung von 1831 in: Gosewinkel/Masing (Hg.), Verfassungen (Anm. 46), S. 1307–1322.

75 Rhode, Polen (Anm. 63), S. 696 ff. (Zahl der Emigranten: 705); Norman Davies, Im Herzen Europas. Geschichte Polens (engl. Orig.: Oxford 1984[1]), München 2000, S. 152 ff.; Stefan Kieniewicz, Die Polenbegeisterung in Westeuropa, in: Birke/Heydemann (Hg.), Herausforderung (Anm. 64), S. 61–75; Peter Ehlen (Hg.), Der polnische Freiheitskampf 1830/31 und die liberale deutsche Polenfreundschaft, München 1982; Eberhard Kolb, Polen-

bild und Polenfreundschaft der deutschen Frühliberalen. Zu Motivation und Funktion außenpolitischer Parteinahme im Vormärz, in: Saeculum 26 (1975) S. 111–127; Hans Henning Hahn, Die Organisation der polnischen «Großen Emigration» 1831–1847, in: Theodor Schieder u. Otto Dann (Hg.), Nationale Bewegung und soziale Organisation, Bd. 1: Vergleichende Studien zur nationalen Vereinsbewegung des 19. Jahrhunderts in Europa, München 1978, S. 131–279; Die deutsch-polnischen Beziehungen 1831–1848: Vormärz und Völkerfrühling. XI. deutsch-polnische Schulbuchkonferenz der Historiker vom 16.-21. Mai 1978 in Deidesheim (Rheinland-Pfalz), Braunschweig 1979; Polenvereine 1831–1832, in: Lexikon zur Parteiengeschichte. Die bürgerlichen und kleinbürgerlichen Parteien und Verbände in Deutschland (1789–1945), 4 Bde., hg. v. Dieter Fricke u. a., Bd. 3, Leipzig 1985, S. 576–582. Zu Mickiewicz: Burleigh, Earthly Powers (Anm. 25), S. 172 ff.; J. L. Talmon, Political Messianism. The Romantic Phase, London 1960, S. 256 ff.

76 Huber, Verfassungsgeschichte (Anm. 30), Bd. 2: Der Kampf um Einheit und Freiheit 1830 bis 1850, Stuttgart 1988³, S. 133 ff.; Wehler, Gesellschaftsgeschichte (Anm. 31), Bd. 2: Von der Reformära bis zur industriellen und politischen «Deutschen Doppelrevolution» 1815–1845/49, München 1987, S. 345 ff. (das Zitat von Metternich: 367); Winkler, Weg (Anm. 30), Bd. 1, S. 80 ff.; Lothar Gall, Gründung und politische Entwicklung des Großherzogtums bis 1848, in: Josef Becker u. a., Badische Geschichte vom Großherzogtum bis zur Gegenwart, Stuttgart 1979, S. 11–36 (Motion Welcker: 32); Manfred Meyer, Freiheit und Macht. Studien zum Nationalismus süddeutscher, insbesondere badischer Liberaler 1830–1848, Frankfurt 1994, S. 102 ff., 170 ff. (Zitat Rotteck: 149). Die Zitate von Wirth und Siebenpfeiffer in: J. G. A. Wirth, Das Nationalfest der Deutschen zu Hambach, 1. Heft, Neustadt 1832 (ND: Vaduz 1977), S. 38 f., 46.

77 Konetzke, Iberische Staaten (Anm. 46), S. 907 ff.; Bernecker, Spanische Geschichte (Anm. 46), S. 117 ff.; H. V. Livermoore, A New History of Portugal, Cambridge 1966, S. 268 ff. Das Estatuto Real und die Verfassung von 1837 in: Gosewinkel/Masing (Hg.), Verfassungen (Anm. 46), S. 545–557.

78 Lill, Geschichte (Anm. 64), S. 107 ff.; ders., Italien (Anm. 64), S. 838 ff.; Woolf, History (Anm. 64), S. 293 ff.; Rosario Romeo, Mazzinis Programm und sein revolutionärer Einfluß in Europa, in: Birke/Heydemann (Hg.), Herausforderung (Anm. 64), S. 15–30; Denis Mack Smith, Mazzini, New Haven 1994, S. 1 ff.; ders., The Making of Italy 1796–1866, Basingstoke 1992³, S. 37 ff.; Franco Valsecchi, L'Italia del Risorgimento e l'Europa delle Nazionalita. L'unificazione italiana nella politica europea, Varese 1978, S. 1 ff.; Krystyna von Henneberg und Albert Russell Asconi, Introduction: Nationalism and the Uses of Risorgimento Culture, in: dies. (eds.), Making and Remaking Italy. The Cultivation of National Identity around the Risorgimento, Oxford 2001, S. 1–26; Silvana Patriarca, National Identity or National Character? New Vocabularies and Old Paradigms, ebd., S. 299–319;

Talmon, Messianism (Anm. 75), S. 256 ff. Von Mazzini selbst: Erinnerungen aus dem Leben Mazzinis (1861), in: Giuseppe Mazzini, Politische Schriften. Ins Deutsche übertragen u. eingeleitet von Siegfried Flesch, Bd. I, Leipzig 1911 [nur Bd. I erschienen], S. 5–43 (zum «dritten Rom»: 29 f.), An Carl Albert von Savoyen, ebd., S. 54–78; Allgemeine Unterweisung für die Verbrüderten des Jungen Italien, ebd., S. 101–111 (103, 105, 107 ff.), Rundschreiben der Verbindung des Jungen Italien, S. 120–124 (121), Manifest des Jungen Italien, ebd., S. 125–132 (130 f.), Einige Ursachen, welche die Entwicklung der Freiheit in Italien bis jetzt verhinderten, ebd., S. 181–248 (209, 217, 223). Zur Begriffsgeschichte vom «Völkerfrühling»: Gotthold Rhode, «Vormärz» und «Völkerfrühling» in Ostmitteleuropa – Triebkräfte und Probleme, in: Beziehungen (Anm. 75), S. 22–36 (23 f.).

79 Guttmann, England (Anm. 45), S. 378 ff. (Zitat: 444); Mommsen, Großbritannien (Anm. 62), S. 352 ff.; Thompson, Entstehung (Anm. 25), S. 912 ff.; Pelling, History (Anm. 62), S. 24 ff.; Michael Brock, The Great Reform Act, London 1973, S. 15 ff.; James Epstein and Dorothy Thompson (eds.), The Chartist Experience: Studies in Working-Class Radicalism and Culture, 1830–1860, London 1982; Peter Wende, Das britische Empire. Geschichte eines Weltreichs, München 2008, S. 123 ff.; Friedrich Engels, Die Lage der arbeitenden Klasse in England [1845], in: MEW (Anm. 29), Bd. 2, S. 225–506 (zum Fabrikgesetz von 1833: 393); Elie Halévy, The Triumph of Reform 1830–1841, London 1961; J. R. M. Butler, The Passing of the Great Reform Bill, London 1964². Zur Bevölkerungszahl: Raum und Bevölkerung in der Weltgeschichte (Bevölkerungs-Ploetz), 2 Bde., Bd. 2, Teil III: Bevölkerung und Raum in Neuerer und Neuester Zeit, bearb. v. Wolfgang Köllmann, Würzburg 1956, S. 145. Zu Adam Smith siehe oben S. 256 f.

80 Wolfram Fischer, Der Deutsche Zollverein. Fallstudie einer Zollunion, in: ders., Wirtschaft und Gesellschaft im Zeitalter der Industrialisierung, Göttingen 1972, S. 110–128; Hans-Werner Hahn, Geschichte des Deutschen Zollvereins, Göttingen 1984; David E. Barclay, Anarchie und guter Wille. Friedrich Wilhelm IV. und die preußische Monarchie, Berlin 1995, S. 85 ff.; Walter Bußmann, Zwischen Preußen und Deutschland. Friedrich Wilhelm IV. Eine Biographie, Berlin 1990, S. 101 ff.; Frank-Lothar Kroll, Friedrich Wilhelm IV. und das Staatsdenken der deutschen Romantik, Berlin 1990. Das Zitat in: Treitschke, Geschichte (Anm. 61), 5. Theil: Bis zur Märzrevolution, Leipzig 1899⁴, S. 57 f.

81 Ebd., S. 61 ff.; Srbik, Metternich (Anm. 59), Bd. 2, S. 64 ff.; Tulard, Frankreich (Anm. 28), S. 367 ff.; Winkler, Weg (Anm. 30), Bd. 1, S. 86 ff. Das Zitat von Gagern in: Deutscher Liberalismus im Vormärz. Heinrich von Gagern, Briefe und Reden 1815–1848. Bearb. v. Paul Wentzcke u. Wolfgang Klötzer, Göttingen 1959, S. 263 (Brief an Friedrich von Gagern vom 4. 1. 1843).

82 Bußmann, Europa (Anm. 57), S. 128 ff. (Zahlen zum Eisenbahnbau: 131); Wehler, Gesellschaftsgeschichte, Bd. 2 (Anm. 76), S. 589 ff.; Werner Conze, Vom «Pöbel» zum «Proletariat», in: Vierteljahrschrift für Sozial- und Wirt-

schaftsgeschichte 41 (1954), S. 333–364; Wolfram Fischer, Soziale Unterschichten im Zeitalter der Frühindustrialisierung, in: ders., Wirtschaft
(Anm. 80), S. 242–257; Jürgen Kocka, Arbeiterverhältnisse und Arbeiter-
existenzen. Grundlagen der Klassenbildung im 19. Jahrhundert, Bonn 1990,
S. 221 ff.

83 Arnold Ruge, Preußen und die Reaction. Zur Geschichte unserer Zeit, Leip-
zig 1838, S. 69 ff.; ders., Selbstkritik des Liberalismus, in: ders., Gesammelte
Schriften, 13. Theil, Mannheim 1846, S. 76–116; Karl Marx, Zur Kritik der
Hegelschen Rechtsphilosophie. Einleitung, in: MEW (Anm. 29), Bd. 1,
S. 378–391 (die Zitate: 379, 385, 391); ders., Manifest der Kommunisti-
schen Partei, ebd., Bd. 4, S. 459–493 (Zitate: 474, 482, 493 [Hervorhebung
im Original]); ders., Die moralisierende Kritik und die kritisierende Moral.
Beitrag zur Deutschen Kulturgeschichte. Gegen Karl Heinzen von Karl
Marx [1847], ebd., S. 331–360 (zu Buonarroti: 341); Heinrich August
Winkler, Zum Verhältnis von bürgerlicher und proletarischer Revolution
bei Marx und Engels, in: ders., Revolution, Staat, Faschismus. Zur Revision
des Historischen Materialismus, Göttingen 1978, S. 8–34; ders., Die unwie-
derholbare Revolution. Über einen Fehlschluß von Marx und seine Folgen,
in: ders., Streitfragen der deutschen Geschichte. Essays zum 19. und
20. Jahrhundert, München 1997, S. 9–30; ders., Weg (Anm. 30), Bd. 1,
S. 92 ff.; Wolfgang Schieder, Anfänge der deutschen Arbeiterbewegung. Die
Auslandsvereine im Jahrzehnt nach der Julirevolution von 1830, Stuttgart
1963; Frolinde Balser, Sozial-Demokratie 1848/1863. Die erste deutsche Arbeiterorganisation «Allgemeine Deutsche Arbeiterverbrüderung» nach der
Revolution, 2 Bde., Stuttgart 1966². Zu Buonarroti siehe oben S. 369.

84 Rhode, Polen (Anm. 63), S. 710 ff.; Arnon Gill, Die polnische Revolution
1846. Zwischen nationalem Befreiungskampf des Landadels und antifeu-
daler Bauernerhebung, München, Wien 1974; Hans Henning Hahn, Die
polnische Nation in den Revolutionen von 1846–49, in: Dieter Dowe,
Heinz-Gerhard Haupt, Dieter Langewiesche (Hg.), Europa 1848. Revolution und Reform, Bonn 1998, S. 231–252; Erich Gruner, Die Schweizerische Eidgenossenschaft von der Französischen Revolution bis zur Reform
der Verfassung, in: Bußmann (Hg.), Europa (Anm. 11), S. 968–986
(976 ff.); Thomas Christian Müller, Die Schweiz 1847–49. Das vorläufige,
erfolgreiche Ende der «demokratischen Revolution»?, in: Dowe u. a.
(Hg.), Europa (Anm. 84), S. 283–326; Simonetta Soldani, Annäherung an
Europa im Namen der Nation. Die italienische Revolution 1846–1849,
ebd., S. 125–166; Lill, Italien (Anm. 64), S. 848 ff.; ders., Geschichte
(Anm. 64), S. 124 ff.; Woolf, History (Anm. 64), S. 346 ff.; Valsecchi, Italia
(Anm. 78), S. 125 ff.; Srbik, Metternich (Anm. 59), Bd. 2, S. 128 ff. Die
Verfassung der Schweizerischen Eidgenossenschaft vom 12. 9. 1848 in:
Gosewinkel/Masing (Hg.), Verfassungen (Anm. 46), S. 440–456; das «Sta-
tuto Albertino» vom 4. 3. 1848, ebd., S. 1375–1382.

85 Huber, Verfassungsgeschichte, Bd. 2 (Anm. 76), S. 448 ff. (448–451: die Zi-

tate aus den Erklärungen von Offenburg und Heppenheim, 495: Zitat Friedrich Wilhelms IV.); Treitschke, Geschichte, 5. Theil (Anm. 80), S. 564 ff.; Wehler, Gesellschaftsgeschichte, Bd. 2 (Anm. 76), S. 677 ff.; Nipperdey, Geschichte (Anm. 31), S. 337 ff., 399 ff.; Winkler, Weg (Anm. 30), Bd. 1, S. 95 ff.; Peter J. Katzenstein, Disjoined Partners. Austria and Germany since 1815, Berkeley 1976, S. 35 ff.; Veit Valentin, Geschichte der deutschen Revolution 1848–1849, 2 Bde., Bd. 1: Bis zum Zusammentritt des Frankfurter Parlaments (1931¹), Köln 1970, S. 161 ff.; Steen Bo Frandsen, 1848 in Dänemark. Die Durchsetzung der Demokratie und das Zerbrechen des Gesamtstaats, in: Dowe u. a. (Hg.), Europa (Anm. 84), S. 389–420.

86 Alexis de Tocqueville, Travail sur l'Algérie (octobre 1841), in: ders., Œuvres, Volume 1, Paris 1991¹, S. 689–759 (Zitate: 704 f., 713, 721, 752 [Hervorhebungen im Original], hier meist nach der deutschen Übersetzung in: ders., Kleine politische Schriften. Hg. v. Harald Bluhm, Berlin 2006, S. 109–162); ders., Rapport fait par M. de Tocqueville sur le projet de la loi relatif aux crédits extraordinaires demandés pour l'Algérie, ebd., S. 797–873 (Zitate: 813, 815, 818, 820; Hervorhebung im Original); Melvin Richter, Tocqueville on Algeria, in: Review of Politics 25 (1963), S. 362–398 (zu Bugeaud und seiner Kriegführung: 369 ff., zur Parlamentsdebatte vom Juni 1846: 389 ff., zu Gobineau: 385 ff.); Cheryl B. Welch, Colonial Violence and the Rhetoric of Evasion. Tocqueville on Algeria, in: Political Theory 31 (2003), S. 235–264; Matthias Bolender, Demokratie und Imperium. Tocqueville in Amerika und Algerien, in: Berliner Journal für Soziologie, Heft 4 (2005), S. 523–540; Yves Lacoste, André Nouschi, André Prenant, L'Algérie. Passé et Présent. Le cadre et les étapes de la constitution de l'Algérie actuelle, Paris 1960.

87 Pierre Lévêque, Die revolutionäre Krise von 1848–1851 in Frankreich. Ursprünge und Ablauf, in: Dowe u. a. (Hg.), Europa (Anm. 86), S. 84–124; Jacques Godechot, Les Révolutions de 1848, Paris 1971, S. 171 ff.; Tulard, Frankreich (Anm. 28), S. 431 ff. (Zitat u. Opferzahlen: 439); Ziebura, Frankreich (Anm. 11), S. 275 ff. (zu den Wahlen von 1846: 277 f.); Roger Price, The Second French Republic. A Social History, London 1972, S. 5 ff.; Peter Amann, The Changing Outlines of 1848, in: American Historical Review 68 (1963), S. 938–953. Die Kammerrede Tocquevilles vom 27. 1. 1848 in: ders., Œuvres, (Anm. 86),Vol. 1, S. 1125–1138 (Zitate: 1130, 1137 f.; deutsch nach: Tocqueville, Schriften [Anm. 86], S. 179–189); das Zitat aus den Memoiren: ders., Souvenirs, in: ders., Œuvres (Anm. 86), Vol. 3, Paris 2004, S. 727–984 (768 f.; deutsch nach Tulard, Frankreich [Anm. 28], S. 443); das Zitat von Karl Marx in: ders., Die Klassenkämpfe in Frankreich 1848 bis 1850, in: MEW (Anm. 29), Bd. 7, S. 9–107 (18; Hervorhebungen im Original).

88 Reinhart Koselleck, Wie europäisch war die Revolution von 1848/49?, in: ders., Europäische Umrisse deutscher Geschichte. Zwei Essays, Heidelberg

1999, S. 9–36 (Zitate: 16 f.); Marx, Kritik (Anm. 83), S. 391; Srbik, Metternich (Anm. 59), Bd. 2, S. 247 ff.; Winkler, Weg (Anm. 30), Bd. 1, S. 100 ff. (Gagern: 100, Friedrich Wilhelm IV.: 103, Polenbeschluß des Vorparlaments: 106); Wolfgang J. Mommsen, 1848. Die ungewollte Revolution. Die revolutionären Bewegungen in Europa 1830–1849, Frankfurt 1998; Wolfram Siemann, Die deutsche Revolution von 1848/49, Frankfurt 1985, S. 146 ff.; ders., 1848/49 in Deutschland und Europa. Ereignis – Bewältigung – Erinnerung, Paderborn 2006²; Rüdiger Hachtmann, Epochenschwelle zur Moderne. Einführung in die Revolution von 1848/49, Tübingen 2002; Dowe u. a. (Hg.), Europa (Anm. 84); Heiner Timmermann (Hg.), 1848. Revolution in Europa. Verlauf, politische Programme, Folgen und Wirkungen, Berlin 1998; Horst Stuke u. Wilfried Forstmann (Hg.), Die europäischen Revolutionen von 1848, Königstein 1979; Wolfgang Hardtwig (Hg.), Revolution in Deutschland und Europa 1848/49, Göttingen 1998; Peter N. Stearns, The Revolutions of 1848, London 1974; Jonathan Sperber, The European Revolutions of 1848–1851, Cambridge 1994; Hans Rothfels, Das erste Scheitern des Nationalstaates in Ost-Mittel-Europa 1848/49, in: ders., Zeitgeschichtliche Betrachtungen, Göttingen 1959, S. 40–53; ders., 1848 – One Hundred Years After, in: The Journal of Modern History 20 (1948), S. 291–319. Das Zitat von Palacky in: Schulze/Paul (Hg.), Geschichte (Anm. 59), S. 1157–1160.

89 Ludmila Thomas, Russische Reaktionen auf die Revolution von 1848 in Europa, in: Hardtwig (Hg.), Revolution (Anm. 88), S. 240–259 (zum Manifest des Zaren: 245 f.); Rhode, Polen (Anm. 63), S. 719 ff.; Hans-Henning Hahn, Polen im Horizont preußischer und deutscher Politik im 19. Jahrhundert, in: Jahrbuch für die Geschichte Mittel- und Ostdeutschlands 35 (1986), S. 1–19 (3 ff.); ders., Nation (Anm. 84), S. 238 ff.; Siegfried Baske, Die deutsch-polnischen Beziehungen im Großherzogtum Posen 1831–1848, in: Beziehungen (Anm. 75), S. 37–50; Lech Trzeciakowski, Die deutsch-polnischen Beziehungen im Großherzogtum Posen in den Jahren 1846–1848, ebd., S. 51–67; Christian Pletzing, Vom Völkerfrühling zum nationalen Konflikt. Deutscher und polnischer Nationalismus in Ost- und Westpreußen 1830–1871, Wiesbaden 2003, S. 167 ff.; Holm Sundhaussen, Der Einfluß der Herderschen Ideen auf die Nationalbildung bei den Völkern der Habsburgermonarchie, München 1973, S. 112 ff.; Miroslav Hroch, Die Vorkämpfer der nationalen Bewegung bei den kleinen Völkern Europas. Eine vergleichende Analyse zur gesellschaftlichen Schichtung der patriotischen Gruppen, Prag 1968; Ivan T. Berend, History Derailed. Central and Eastern Europe in the Long Nineteenth Century, Berkeley 2003, S. 41 ff.; Jiří Kořalka, Tschechen im Habsburgerreich und in Europa 1815–1914. Sozialgeschichtliche Zusammenhänge der neuzeitlichen Nationsbildung und der Nationalitätenfrage in den böhmischen Ländern, Wien 1991, S. 23 ff.; ders., Revolutionen in der Habsburgermonarchie, in: Dowe u. a. (Hg.), Europa (Anm. 84), S. 197–230; Lothar Maier, Die Revolution von 1848 in der Moldau und in der Walachei,

ebd., S. 253–282 (Proklamation von Izlas: 268 f.); Wolfgang Höpken, Die Agrarfrage in der Revolution in Südosteuropa, ebd., S. 587–626; Lawrence D. Orton, The Prague Slav Congress of 1848, New York 1970, S. 1 ff. (Manifest: 88 f.; «Grenzboten»: 108); Reinhard Wittram, Die Nationalitätenkämpfe in Europa und die Erschütterung des europäischen Staatensystems (1848–1917), Stuttgart 1954², S. 13 (Zitat aus dem Manifest); László Kontler, Millennium in Central Europe. A History of Hungary, Budapest 1999, S. 246 ff.; István Deák, Die rechtmäßige Revolution. Lajos Kossuth und die Ungarn 1848–1849 (ungar. Orig.: Budapest 1983), Wien 1989, S. 65 ff. Das Manifest des Slawenkongresses: Manifesto of the First Slavonic Congress to the Nations of Europe. June 12th 1848, in: Slavonic and East European Review 26 (1947/48), S. 309–313; die Adresse des Kongresses an den österreichischen Kaiser in: Das Nationalitätenproblem in Österreich 1848–1918. Ausgewählt u. eingeleitet von Hartmut Lehmann und Silke Lehmann, Göttingen 1973, S. 15–19. Die ungarischen Aprilgesetze in: Gosewinkel/Masing (Hg.), Verfassungen (Anm. 46), S. 1412–1455. Das Manifest von Zar Nikolaus I. in: Theodor Schiemann, Geschichte Rußlands unter Kaiser Nikolaus I., Bd. IV: Kaiser Nikolaus auf dem Höhepunkt seiner Macht bis zum Zusammenbruch im Krimkriege 1854–1855, Berlin 1919, S. 142 f.

90 Lill, Geschichte (Anm. 64), S. 853 ff.; Woolf, History (Anm. 64), S. 363 ff.; Smith, Mazzini (Anm. 78), S. 145 ff. (Mazzini: 393); Valsecchi, Italia (Anm. 78), S. 95 ff.; Soldani, Annäherung (Anm. 84), S. 142 ff. (Zitat: 148). Der Aufruf Karl Alberts vom 23. 3. 1848 u. a. in: Giorgio Candeloro, Storia dell'Italia moderna, Bd. 3: La Rivoluzione nazionale 1846–1849, Mailand 1960, S. 180 f.; zu Mazzinis «L'Italia farà da sé»: Ai giovani. Ricordi di Giuseppe Mazzini, in: ders., Scritti politici, Turin 1987, S. 614.

91 Tocqueville, Souvenirs (Anm. 87), S. 842 f. (deutsch: Erinnerungen [Anm. 87], S. 203 f.); Rosanvallon, Monarchie (Anm. 49), S. 179 f.; Marx, Klassenkämpfe (Anm. 87), S. 17 ff. (Zitate: 44, 69); Tulard, Frankreich (Anm. 28), S. 444 ff. (Wahldaten 23. 4. 1848: 450; Arbeiter in den Ateliers nationaux: 452, Zahlen zur Junischlacht: 454 f., Präsidentenwahl vom 10. 12. 1848: 458, Wahlen vom 13. 5. 1849: 459); Lévêque, Krise (Anm. 87), S. 96 ff. (Zahlen zur Junischlacht: 98 f.); Ziebura, Frankreich (Anm. 11), S. 285 ff.; Godechot, Révolutions (Anm. 87), S. 252 ff.; Frederic A. de Luna, The French Republic under Cavaignac 1848, Princeton, N. J. 1969, S. 128 ff.; Charles Tilly u. Lynn H. Lees, The People of June 1848, in: Roger Price (ed.), Revolution and Reaction. 1848 and the Second French Republic, London 1975, S. 170–209; Roger Price, Napoleon III. and the Second Empire, London 1997, S. 12 ff.; ders., History (Anm. 87), S. 187 ff.; ders., «Der heilige Kampf gegen die Anarchie». Die Entwicklung der Gegenrevolution, in: Dowe u. a. (Hg.), Europa (Anm. 84), S. 43–81 (Zahlen zur Junischlacht: 61); Christof Dipper, Revolutionäre Bewegungen auf dem Lande: Deutschland, Frankreich, Italien, ebd., S. 555–585 (566 ff.); Amann, Outlines (Anm. 87), S. 948 ff.; Johannes Willms, Napoleon III. Frankreichs

letzter Kaiser, München 2008, S. 39 ff. (Zitat vom 30. 11. 1848: 79); Adrien Dansette, Louis-Napoléon à la conquête du pouvoir, Paris 1961, bes. S. 231 ff.; Louis Girard, Napoléon III., Paris 1986, S. 9 ff. («ministère de la captivité»: S. 101 ff.); Frédéric Bluche, Le bonapartisme. Aux origines de la droite autoritaire (1800–1850), Paris 1980, S. 205 ff. (Präsidentenwahl vom 10. 12. 1848: 264 ff., Zitat: 270). Die Verfassung vom 4. 11. 1848 in: Gosewinkel/Masing (Hg.), Verfassungen (Anm. 46), S. 301–314.

92 Huber, Verfassungsgeschichte (Anm. 76), Bd. 2, S. 587 ff. (zur preußischen Verfassungskrise: 737 ff., Auseinandersetzungen um die Reichsverfassung: 814 ff.); Winkler, Weg (Anm. 30), Bd. 1, S. 107 ff. (hier die Zitate aus der deutschen Nationalversammlung); Theodor Schieder, Vom Deutschen Bund zum Deutschen Reich, in: Gebhardt (Hg.), Handbuch (Anm. 29), S. 99–223, bes. S. 140 ff. (Zusammensetzung der Paulskirche: 145); Valentin, Geschichte (Anm. 85), Bd. 2, S. 1 ff.; Dieter Langewiesche, Revolution in Deutschland. Verfassungsstaat – Nationalstaat – Gesellschaftsreform, in: Dowe u. a. (Hg.), Europa (Anm. 84), S. 167–196; Dipper, Bewegungen (Anm. 91), S. 556 ff.; Hermann-Josef Scheidgen, Der deutsche Katholizismus in der Revolution von 1848/49. Episkopat – Klerus – Laienvereine, Köln 2008; Günter Wollstein, Das «Großdeutschland» der Paulskirche. Nationale Ziele in der bürgerlichen Revolution 1848/49, Düsseldorf 1977, S. 266 ff.; Siemann, Revolution (Anm. 88), S. 192 ff.; Barclay, Anarchie (Anm. 80), S. 272 ff. Die Reichsverfassung vom 28. 3. 1849 in: Gosewinkel/Masing (Hg.), Verfassungen (Anm. 46), S. 760–782; die österreichische Reichsverfassung vom 4. 3. 1849, ebd., S. 1471–1483. Die Zitate von Marx und Engels: Karl Marx, Die revolutionäre Bewegung, in: MEW (Anm. 29), Bd. 6, S. 148–150 (150; Hervorhebung im Original); Friedrich Engels, Der magyarische Kampf, ebd., S. 165–176 (172, 176); Der demokratische Panslawismus, ebd., S. 271–286 (286). Die Zitate von Friedrich Wilhelm IV. zur Kaiserkrone in: Leopold von Ranke, Aus dem Briefwechsel Friedrich Wilhelms IV. mit Bunsen, Leipzig 1873, S. 233 f. (Brief an den preußischen Gesandten in London, Christian Karl Josias von Bunsen, 13. 12. 1848).

93 Lill, Geschichte (Anm. 64), S. 855 ff.; ders., Italien (Anm. 64), S. 138 ff., Woolf, History (Anm. 64), S. 403 ff.; Candeloro, Storia (Anm. 90), Bd. 3, S. 373 ff.; Smith, Mazzini (Anm. 78), S. 162 ff.; Deák, Revolution (Anm. 89), S. 188 ff. (Zitat Kaiser Franz Joseph, 1. 5. 1849: 244, Truppenstärken: 256 f., Opferzahlen: 276, Strafen: 280, Butthyány, 6. 10. 1849: 281); Kontler, Millennium (Anm. 89), S. 254 ff.

94 Konetzke, Iberische Staaten (Anm. 46), S. 912 ff.; Frandsen, 1848 (Anm. 85), S. 389–420; Martin Gerhardt, Norwegische Geschichte, 2. Aufl., neu bearb. v. Walther Hubatsch, Bonn 1963, S. 211 ff.; Horst Lademacher, Niederlande und Belgien. Bemerkungen zu den Ursachen revolutionärer Abstinenz, in: Dowe u. a. (Hg.), Europa (Anm. 84), S. 351–388; Göran B. Nilsson, Schweden 1848 und danach – Unterwegs zu einem «Mittelweg», ebd., S. 437–452; Anne-Lise Seip, Die Revolution von 1848 in

Norwegen, ebd., S. 421–436; John Belchem, Das Waterloo von Frieden und Ordnung. Das Vereinigte Königreich und die Revolutionen von 1848, ebd., S. 327–350 (Iren in Liverpool: 333, Zitat Palmerston: 340); John Saville, 1848. The British State and the Chartist Movement, Cambridge 1987, S. 102 ff.; Gareth Stedman Jones, Sprache und Politik des Chartismus, in: ders., Klassen, Politik und Sprache. Für eine theorieorientierte Sozialgeschichte. Hg. u. eingel. v. Peter Schöttler (engl. Orig.: Cambridge 1983), Münster 1988, S. 133–230; Margot C. Finn, After Chartism. Class and nation in English radical politics, 1848–1874, Cambridge 1993, S. 60 ff.; Miles Taylor, The Decline of British Radicalism, 1847–1860, Oxford 1995; R. V. Comerford, The Fenians in Context. Irish Politics and Society 1848–82, Dublin 1985, S. 11 ff.; Michael Burleigh, Blood and Rage. A Cultural History of Terrorism, London 2009², S. 1 ff.; Michael Maurer, Kleine Geschichte Irlands, Stuttgart 1998, S. 219 ff. (Zahlen zur Auswanderung: 226, 231); Herbert Reiter, Politisches Asyl im 19. Jahrhundert. Die deutschen politischen Flüchtlinge des Vormärz und der Revolution von 1848/49 in Europa und den USA, Berlin 1992, S. 258 ff. Die Verfassungen der Niederlande in der Fassung vom 14. 10. 1848 in: Gosewinkel/Masing (Hg.), Verfassungen (Anm. 46), S. 899–922, Dänemarks vom 5. 6. 1849: ebd., S. 1653–1663 und Schwedens vom 22. 6. 1866: ebd. S. 684–698.

95 Karl Marx, Der achtzehnte Brumaire des Louis Bonaparte, in: MEW (Anm. 29), Bd. 8, S. 111–207 (157, 196, 198, 204); ders., Manifest (Anm. 83), S. 464; Friedrich Engels, Die wirklichen Ursachen der verhältnismäßigen Inaktivität der französischen Proletarier im vergangenen Dezember, in: MEW (Anm. 29), Bd. 8, S. 221–231 (226 ff.); Girard, Napoléon III. (Anm. 91), S. 145 ff.; Willms, Napoleon III. (Anm. 91), S. 91 ff.; Ziebura, Frankreich (Anm. 11), S. 293 ff.; Vincent Wright, The ‹Coup d'état› of December 1851: Repression and the Limits to Repression, in: Price (ed.), Revolution (Anm. 91), S. 303–333; Maximilien Rubel, Karl Marx devant le bonapartisme, Paris 1960; Heinrich August Winkler, Primat der Ökonomie? Zur Rolle der Staatsgewalt bei Marx und Engels, in: ders., Revolution (Anm. 83), S. 35–64; Wolfgang Wippermann, Die Bonapartismustheorie von Marx und Engels, Stuttgart 1983. – Die Verfassung vom 14. 1. 1852 in: Gosewinkel/Masing (Hg.), Verfassungen (Anm. 46), S. 315–324, die Senatsbeschlüsse vom 7.11. und 25. 12. 1852: ebd., S. 325–328.

96 Huber, Verfassungsgeschichte (Anm. 76), Bd. 2, S. 885 f. (Unionspolitik); ders., Deutsche Verfassungsgeschichte seit 1789, Bd. 3: Bismarck und das Reich, Stuttgart 1988³, S. 138; Helmut Böhme, Deutschlands Weg zur Großmacht. Studien zum Verhältnis von Wirtschaft und Staat während der Reichsgründungszeit 1848–1881, Köln 1966, S. 19 ff.; Jürgen Müller, Deutscher Bund und deutsche Nation 1848–1866, Göttingen 2005, S. 53 ff.; Winkler, Weg (Anm. 30), Bd. 1, S. 124 ff.; Konrad Canis, Vom Staatsstreich zur Unionspolitik. Die Interdependenz von innerer, deutscher und äußerer Politik der preußischen Regierung am Ende der Revolution 1848/49, in:

Walter Schmidt (Hg.), Demokratie, Liberalismus und Konterrevolution. Studien zur deutschen Revolution von 1848/49, Bonn 1998, S. 431–484; Gunther Mai (Hg.), Die Erfurter Union und das Erfurter Unionsparlament 1850, Köln 2000. Bismarcks Rede in der preußischen Zweiten Kammer vom 3. 12. 1850: Fürst Otto von Bismarck, Die gesammelten Werke (Friedrichsruher Ausgabe), Berlin 1924 ff., Bd. 10, S. 103 ff.

97   Wilhelm Füßl, Professor in der Politik: Friedrich Julius Stahl (1802–1861). Das monarchische Prinzip und seine Umsetzung in die parlamentarische Praxis, Göttingen 1988, S. 183 ff. (Zitate von 1849); August Ludwig von Rochau [auf dem Titel der Neuausgabe fälschlich: Ludwig August von Rochau], Grundsätze der Realpolitik. Angewendet auf die staatlichen Zustände Deutschlands [1853¹]. Hg. u. eingeleitet von Hans-Ulrich Wehler, Frankfurt 1972, S. 25 f., 127, 169; Winkler, Weg (Anm. 30), Bd. 1, S. 68, 118 (Arndt), 119 (Jordan).

98   Rothfels, Scheitern (Anm. 88), S. 40 ff.; Mommsen, 1848 (Anm. 88), S. 300 ff.; Marx, Klassenkämpfe (Anm. 87), S. 9 ff. (89 f.); ders., Moralisierende Kritik (Anm. 83), S. 339; ders., Sieg der Konterrevolution in Wien, in: MEW (Anm. 29), Bd. 5, S. 455–457 (457; Hervorhebungen im Original); ders., Brief an Joseph Weydemeyer vom 5. 3. 1852, ebd., Bd. 28, S. 503–509 (508); Rochau, Grundsätze (Anm. 97), S. 150, 184; Stein, Königtum (Anm. 73), S. 38; Donoso Cortés, Drei Reden. Über die Diktatur. Über Europa. Über die Lage Spaniens, Zürich 1948, S. 40 f., 49, 59 f., 64, 73. Zum Amerikabild der Liberalen und Demokraten: Günter Moltmann, Atlantische Blockpolitik im 19. Jahrhundert. Die Vereinigten Staaten und der deutsche Liberalismus während der Revolution von 1848/49, Düsseldorf 1973, S. 34 ff. Zur konservativen Sicht der Amerikanischen Revolution siehe u. a. Friedrich von Gentz, Der Ursprung und die Grundsätze der Amerikanischen Revolution, verglichen mit dem Ursprunge und den Grundsätzen der Französischen, in: Historisches Journal 2, Bonn 1800, S. 101 ff.; auszugsweise in: Ernst Fraenkel (Hg.), Amerika im Spiegel des deutschen politischen Denkens. Äußerungen deutscher Staatsmänner und Staatsdenker über Staat und Gesellschaft in den Vereinigten Staaten von Amerika, Köln 1959, S. 79–81. Zu Lorenz von Steins Lehre vom «Königtum der sozialen Reform» siehe oben S. 513 ff.

99   Cortés, Drei Reden (Anm. 98), S. 71; Friedrich Engels, Einleitung zu «Die Klassenkämpfe in Frankreich 1848 bis 1850» von Karl Marx [1895], in: MEW (Anm. 29), Bd. 7, S. 511–520 (517, 520); Stearns, Revolutions (Anm. 88), S. 223 ff.; Koselleck, Wie europäisch (Anm. 88), S. 23 f. Zu Mazzinis Eintreten für die Brennergrenze u. a.: Lill, Italien (Anm. 64), S. 857. Zur Meerengenkonvention von 1841 siehe oben S. 544.

100   Moltmann, Blockpolitik (Anm. 99), S. 10 ff.; Reiter, Asyl (Anm. 94), S. 143 ff.; Miller, New History (Anm. 45), S. 192 ff. (Expansion des Eisenbahnnetzes: 201, Greeley, Immigration 1839–1844: 174 f.); Brinkley, Unfinished Nation (Anm. 66), S. 331 ff.; Richard White, «It's Your Misfortune

and None of My Own»: A New History of the American West, Norman, Okla. 1991; Sean Wilentz, Society, Politics, and the Market Revolution, 1815–1848, in: Eric Foner (ed.), The New American History, Philadelphia 1990, S. 51–72; David M. Pletcher, The Diplomacy of Annexation. Texas, Oregon, and the Mexican War, Columbia, Mo. 1973, S. 31 ff.; Robert W. Johannsen, To the Halls of Montezuma. The Mexican War in the American Imagination, New York 1985, S. 7 ff.; Malcolm J. Rohrbough, Days of Gold: The California Gold Rush and the American Nation, Berkeley 1997; Norbert Finzsch, Die Goldgräber Kaliforniens, Arbeitsbedingungen, Lebensstandard und politisches System um die Mitte des 19. Jahrhunderts, Göttingen 1982; David M. Potter, The Impending Crisis 1848–1861. Completed and edited by Don E. Fehrenbacher, New York 1976, S. 63 ff. (Zitate von Calhoun und Toombs: 93 f.); McDougall, Land (Anm. 66), S. 76 ff.; Anders Stephanson, Manifest Destiny. American Expansionism and the Empire of Right, New York 1995, S. 1995, S. XI, 42 (Sullivan, 1845); Bruce Vandervort, Indian Wars of Mexico, Canada and the United States, 1812–1900, New York 2006; Richard Maxwell Brown, No Duty to Retreat. Violence and Values in American History and Society, New York 1991; Frederick Jackson Turner, «The Significance of the Frontier in American History» and Other Essays. With Commentary by John Mack Fragher, New York 1994, S. 31–60 (31–34, 59 f.); Ray Allen Billington, Westward Expansion. A History of the American Frontier, New York 1949; Margaret Walsh, The American West. Visions and Revisions, Cambridge 2005; Walker D. Wyman and Clifton B. Kroeber (eds.), The Frontier in Perspective, Madison 1957; Richard Hofstadter u. Seymour Martin Lipset (eds.), Turner and the Sociology of the Frontier, New York 1968; Dietrich Gerhard, Neusiedlung und institutionelles Erbe. Zum Problem von Turners «Frontier», in: ders., Alte und neue Welt in vergleichender Geschichtsbetrachtung, Göttingen 1962, S. 108–140 (119); Walter Prescott Webb, The Great Frontier, London 1953; Alistair Hennessy, The Frontier in Latin American History, Cambridge 2000; Keith Sinclair, A History of New Zealand, Harmondsworth 1959, S. 29 ff. (Zahlen zu den Siedlern und den Kriegsopfern: 44, 142); Peter J. Coleman, The New Zealand Frontier and the Turner Thesis, in: Pacific Historical Review 27 (1958), S. 221–237; Udo Sautter, Geschichte Kanadas, München 2000, S. 41 ff.; Osterhammel, Verwandlung (Anm. 10), S. 465 ff.; Charles S. Maier, Among Empires. American Ascendancy and its Predecessors, Cambridge, Mass. 2006, S. 78 ff. – Das Zitat von George Berkeley nach: Howald L. Hurwitz, An Encyclopedic Dictionary of American History, New York 1970², S. 708. Die Daten zur Immigration nach: Jürgen Heideking/Vera Nünning, Einführung in die amerikanische Geschichte, München 1998, S. 122 f. Zur Vorgeschichte des Krieges mit Mexiko siehe oben S. 506.

4. Nationalstaaten und Imperien: 1850–1914

1 Oscar Stillich, Die politischen Parteien in Deutschland, Bd. 2: Der Liberalismus, Leipzig 1911, S. 36 (Zitat aus der «National-Zeitung»); Hans Rosenberg, Die Weltwirtschaftskrise 1857–1859 (1934[1]), Göttingen 1974[2]; Karl Marx, Zur Kritik der Politischen Ökonomie, in: Karl Marx/Friedrich Engels, Werke (= MEW), Berlin 1959 ff., Bd. 13, S. 3–160 (8 f.); Engels' Brief an Marx vom 15. 11. 1857, ebd., Bd. 29, S. 208–212 (211 f.); Karl Löwith, Von Hegel zu Nietzsche. Der revolutionäre Bruch im Denken des neunzehnten Jahrhunderts. Marx und Kierkegaard, Stuttgart 1953; Walter M. Simon, European Positivism in the Nineteenth Century. An Essay in Intellectual History, Port Washington, N. Y. 1963; Andrew Wernick, Auguste Comte and the Religion of Humanity. The Post-Theistic Program of French Social Theory, Cambridge 2001; Wolf Lepenies, Die drei Kulturen. Soziologie zwischen Kultur und Wissenschaft, Frankfurt 2002, S. 15 ff.; Michael Burleigh, Earthly Powers – Religion and Politics in Europe from the French Revolution to the Great War, London 2005, S. 199 ff.; Jörg Fisch, Europa zwischen Wachstum und Gleichheit 1850–1914, Stuttgart 2002, S. 301 ff. Zur Geschichte der Globalisierung: Jürgen Osterhammel u. Niels P. Petersson, Geschichte der Globalisierung. Dimensionen, Prozesse, Epochen, München 2006[3], S. 60 ff. Zu Rochaus «Realpolitik» siehe oben S. 658 f.

2 Winfried Baumgart, The Crimean War 1853–1856, London 1999 (Zahlen zu den Kriegsopfern: S. 215); ders. (Hg.), Akten zur Geschichte des Krimkrieges, München 1972 ff.; ders., Der Friede von Paris 1856. Studien zum Verhältnis von Kriegführung, Politik und Friedensbewahrung, München 1972; Robert B. Edgerton, Death or Glory. The Legacy of the Crimean War, Boulder, Col. 1999 (Zitat: S. 3); Ian Fletcher and Natalia Ishchenko, The Crimean War. A Clash of Empires, Staplehurst 2004; Trevor Royle, Crimea. The Great Crimean War 1854–1856, London 2003[2]; Anselm Doering-Manteuffel, Vom Wiener Kongreß zur Pariser Konferenz. England, die deutsche Frage und das Mächtesystem 1815–1856, Göttingen 1991, S. 187 ff.; Werner E. Mosse, The Rise and Fall of the Crimean System 1855–1871. The Story of a Peace Settlement, London 1963; Paul Kennedy, The Rise and Fall of the Great Powers. Economic Change and Military Conflict from 1500 to 2000, New York 1987[1], S. 170 ff.; Siegfried A. Kaehler, Realpolitik zur Zeit des Krimkrieges. Eine Säkularbetrachtung, in: Historische Zeitschrift 174 (1952), S. 417–478; Richard Löwenthal, Internationale Konstellation und innerstaatlicher Systemwandel, ebd. 212 (1917), S. 41–58; Jörn Leonhard, Bellizismus und Nation. Kriegsdeutung und Nationsbestimmung in Europa und den Vereinigten Staaten 1750–1914, München 2008, S. 645 ff.; Johannes Willms, Napoleon III. Frankreichs letzter Kaiser, München 2008, S. 159 ff. (Zitat aus der Rede in Bordeaux vom 9. Oktober 1852: 163); Walter Bußmann, Europa von der Französischen Revolution zu den nationalstaatlichen Bewegungen des 19. Jahrhunderts, in: ders. (Hg.), Europa von

der Französischen Revolution zu den nationalstaatlichen Bewegungen des 19. Jahrhunderts (Handbuch der europäischen Geschichte, hg. von Theodor Schieder, Bd. 5), Stuttgart 1981, S. 1–186 (52 ff.); Mathias Bernath, Das Osmanische Reich und Südosteuropa 1789–1878, ebd., S. 987–1022.

3 Karl Marx, Die britische Herrschaft in Indien, in: MEW (Anm. 1), Bd. 9, S. 127–133 (132 f.); John Stuart Mill, Writings on India. Ed. by John M. Robson, Martin Moir, and Zawahir Moir, London 1990, bes. S. 173 ff.; ders., Betrachtungen über die repräsentative Demokratie (engl. Orig.: London 1861), Paderborn 1971, S. 265 f., 272; William Stafford, John Stuart Mill, Houndsmill 1998; John Gallagher and Ronald Robinson, The Imperialism of Free Trade, in: Economic History Review 16 (1953), S. 1–15 (hier zit. nach der deutschen Übersetzung in: Hans-Ulrich Wehler [Hg.], Imperialismus, Köln 1970, S. 182–200 [196]); Hermann Kulke/Dieter Rothermund, Geschichte Indiens. Von der Induskultur bis heute, München 1998, S. 303 ff. (zum Anteil Indiens am britischen Volkseinkommen: 319); Dieter Rothermund, Indische Geschichte in Grundzügen, Darmstadt 1989³, S. 64 ff.; Wolfgang Reinhard, Geschichte der europäischen Expansion, 4 Bde., Bd. 3: Die Alte Welt seit 1818, Stuttgart 1988, S. 9 ff.; T. O. Lloyd, The British Empire 1558–1983, Oxford 1984¹, S. 138 ff.; Denis Judd, Empire. The British Imperial Experience from 1765 to the Present, London 1996, S. 66 ff.; P. J. Cain and A. G. Hopkins, British Imperialism 1688–2000, Harlow 2002², S. 275 ff.; Martin Kitchen, The British Empire and Commonwealth, London 1994, S. 24 ff.; Niall Ferguson, Empire. How Britain Made the Modern World, London 2003, S. 146 ff.; Peter Wende, Das britische Empire. Geschichte eines Weltreichs, München 2008, S. 145 ff.; Christoph A. Bayley, Die Geburt der modernen Welt. Eine Globalgeschichte 1780–1914 (engl. Orig.: Oxford 2004), Frankfurt 2006, S. 157 ff.; Jürgen Osterhammel, Kolonialismus. Geschichte – Formen – Folgen, München 2006⁵, S. 19 ff.; Thomas Bender, A Nation Among Nations. America's Place in World History, New York 2006, S. 203 ff. (zur amerikanischen Intervention in Korea). Zu Tocqueville und Algerien siehe oben S. 561 ff.

4 Bayly, Geburt (Anm. 3), S. 185 ff. (Zahlen zum Taiping-Aufstand: 186, zum Vergleich von Taiping-Aufstand und amerikanischem Bürgerkrieg: 588 f.); Reinhard, Geschichte, Bd. 3 (Anm. 3), S. 68 ff.; Helwig Schmidt-Glintzer, Kleine Geschichte Chinas, München 2008, S. 155 ff.; Jonathan D. Spence, Chinas Weg in die Moderne (amerik. Orig.: New York 1995), München 1995, S. 175 ff.; ders., God's Chinese Son. The Taiping Heavenly Kingdom of Hong Xiuquan, New York 1996; Franz Michael, The Taiping Rebellion. History and Documents, 3 vols., Seattle 1966–1971; Jürgen Osterhammel, Die Verwandlung der Welt. Eine Geschichte des 19. Jahrhunderts, München 2009, S. 783 ff.; ders., China und die Weltgesellschaft. Vom 18. Jahrhundert bis in unsere Zeit, München 1989, S. 125 ff.; Reinhard Zöllner, Geschichte Japans. Von 1800 bis zur Gegenwart, Paderborn 2006, S. 140 ff.

5 Ernst Rudolf Huber, Deutsche Verfassungsgeschichte seit 1789, Bd. 3: Bismarck und das Reich, Stuttgart 1988³, S. 129 ff.; Helmut Böhme, Deutschlands Weg zur Großmacht. Studien zum Verhältnis von Wirtschaft und Staat während der Reichsgründungszeit 1848–1881, Köln 1966, S. 19 ff.; Jürgen Müller, Deutscher Bund und deutsche Nation 1848–1866, Göttingen 2005, S. 146 ff.; Heinrich August Winkler, Der lange Weg nach Westen. Bd. 1: Vom Ende des «Alten Reiches» bis zum Untergang der Weimarer Republik, München 2005⁶, S. 131 ff.; Lothar Gall, Bismarck. Der weiße Revolutionär, Frankfurt 1980¹, S. 127 ff. Die Ansprache des Prinzregenten vom 8. 11. 1858 in: Kaiser Wilhelms des Großen Briefe, Reden und Schriften. Ausgewählt u. erläutert von Ernst Berner. 1. Bd.: 1797–1860, Berlin 1906, S. 445–449.

6 Willms, Napoleon III. (Anm. 2), S. 171 ff.; Roger L. Williams, The World of Napoleon III. 1851–1870, New York 1965², S. 132 ff.; Louis Girard, Napoléon III., Paris 1986, S. 271 ff.; Lothar Gall, Europa auf dem Weg in die Moderne 1850–1890, München 1984¹, S. 39 ff.; Rudolf Lill, Italien im Zeitalter des Risorgimento, in: Bußmann (Hg.), Europa (Anm. 2), S. 829–885 (859 ff., Opferzahlen der Schlacht von Solferino und San Martino: 868, Zahlen zum Analphabetismus: 875); ders., Geschichte Italiens vom 16. Jahrhundert bis zu den Anfängen des Faschismus, Darmstadt 1980, S. 160 ff.; Stuart Woolf, A History of Italy 1700–1860. The Social Constraints of Political Change, London 1991², S. 407 ff.; Peter Stadler, Cavour. Italiens liberaler Reichsgründer (Historische Zeitschrift, Beihefte, Bd. 30), München 2001, S. 127 ff.; Denis Mack Smith, Italy. A Modern History, Ann Arbor 1969², S. 27 ff.; ders., Cavour and Garibaldi 1860. A Study in Political Conflict, Cambridge 1954; ders., Mazzini, New Haven 1994, S. 129 ff.; Derek Beales and Eugenio F. Biagini, The Risorgimento and the Unification of Italy, London 2002³, S. 114 ff.; Renato Mori, La questione Romana 1861–1865, Florenz 1963; Arturo Carlo Jemolo, Chiesa e Stato in Italia negli ultimi cento anni, Turin 1963, S. 173 ff. Zu Cavours Formel «Libera chiesa in libero stato»: Camillo Benso Conte di Cavour, Libera Chiesa in libero Stato, hg. v. Salvatore Valitutti, Rom 1979, S. 157 ff.

7 Bismarck und der Staat. Ausgewählte Dokumente. Eingel. v. Hans Rothfels, Stuttgart o. J. [1953], S. 111–115 (Brief an Alvensleben; Zitat: 113 f.); Ferdinand Lassalle, Der italienische Krieg und die Aufgabe Preußens. Eine Stimme aus der Demokratie, in: ders., Gesamtwerke, hg. v. Erich Blum, Leipzig o. J., Bd. 2, S. 369–442 (391 f., 435–438); Friedrich Engels, Po und Rhein, in: MEW (Anm. 1), Bd. 13, S. 225–268 (227 f.); Wilhelm Mommsen (Hg.), Deutsche Parteiprogramme, München 1960, S. 132–135 (Programm der Deutschen Fortschrittspartei); Fürst Otto von Bismarck. Die gesammelten Werke (Friedrichsruher Ausgabe), Berlin 1924 ff., Bd. 15, S. 179 f. (Ausführungen vor der Budgetkommission, 30. 9. 1862); Huber, Verfassungsgeschichte, Bd. 3 (Anm. 5), S. 275 ff.; Winkler, Weg (Anm. 5), Bd. 1, S. 147 ff.; Andreas Biefang, Politisches Bürgertum in Deutschland 1857–1868. Natio-

nale Organisationen und Eliten, Düsseldorf 1987, S. 17 ff.; Peter Katzenstein, Disjoined Partners. Austria and Germany since 1815, Berkeley 1976,
S. 66 ff.; Heinrich Lutz, Zwischen Habsburg und Preußen. Deutschland
1815–1866, Berlin 1985, S. 403 ff. Die österreichischen Verfassungsdi-
plome und Grundrechtsgesetze von 1860 bis 1862 in: Dieter Gosewinkel u.
Johannes Masing (Hg.), Die Verfassungen in Europa 1789–1949, München
2006, S. 1490–1502.

8 Hans-Joachim Torke, Einführung in die Geschichte Rußlands, München
1997, S. 159 ff.; Andreas Kappeler, Russische Geschichte, München 2005[4],
S. 59 ff.; Hans-Heinrich Nolte, Kleine Geschichte Rußlands, Stuttgart 1998,
S. 138 ff.; Dietrich Geyer, Der russische Imperialismus. Studien über den Zusammenhang von innerer und auswärtiger Politik 1860–1914, Göttingen
1977, S. 20 ff. (zu «glasnost»: 28, Zahlen zum Eisenbahnbau: 34); Georg
von Rauch, Rußland vom Krimkrieg bis zur Oktoberrevolution (1856–
1917), in: Theodor Schieder (Hg.), Europa im Zeitalter der Nationalstaaten
und europäische Weltpolitik bis zum Ersten Weltkrieg (Handbuch [Anm. 2],
Bd. 6) Stuttgart 1968, S. 309–352 (Zitat Dostojewski: 317); Geoffrey Hosking, Russia and the Russians. A History, Cambridge, Mass., S. 285 ff.;
Dietrich Beyrau u. Manfred Hildermeier, Von der Leibeigenschaft zur frühindustriellen Gesellschaft (1856 bis 1890), in: Gottfried Schramm (Hg.),
Von den autokratischen Reformen zum Sowjetstaat (1856–1945). Hand-
buch der Geschichte Rußlands, Bd. 3, 1. Halbbd., Stuttgart 1983, S. 5–201;
Michael Burleigh, Blood and Rage. A Cultural History of Terrorism, Lon-
don 2009[2], S. 27 ff. (zu den Nihilisten und Narodniki); Gotthold Rhode,
Polen und die polnische Frage von den Teilungen bis zur Gründung des
Deutschen Reiches, in: Bußmann (Hg.), Europa (Anm. 2), S. 677–745
(730 ff.); Heinz Gollwitzer, Geschichte des weltpolitischen Denkens, 2 Bde.,
Bd. II: Zeitalter des Imperialismus und der Weltkriege, Göttingen 1982,
S. 121 ff.

9 Documents of American History. Ed. by Henry Steele Commager, New
York 1943[3], S. 347–358 (Lincoln-Douglas-Debatte; Zitat vom 15. 10. 1858:
354), 376–384 (Verfassung der Konföderation); Abraham Lincoln, His
Speeches and Writings. Ed. with Critical and Analystical Notes by Roy
B. Basler, New York 1969, S. 372–381 (Rede in Springfield, 16. 6. 1858,
Zitat: 372), 651 f. (Brief an Greeley, 22. 8. 1862), 689–691 (Proklamation
der Sklavenemanzipation, 1. 1. 1862), 734 («Gettysburg Address», 19. 11.
1863); Howald L. Hurwitz, An Encyclopedic Dictionary of American History, New York 1970[2], S. 113 f. (Zahlen zu den Toten des Bürgerkriegs);
Alan Brinkley, The Unfinished Nation. A Concise History of the American
People, Boston 2004[4], Vol. I, S. 329 ff. (Zahlen der Toten des Bürgerkriegs in
historischem Vergleich: 380); Willi Paul Adams, Die USA vor 1900, München 2000, S. 83 ff. (Zitat Alexander Stephens: 88, Zitate Adams: 90, 94);
Thomas Bender, Nation (Anm. 3), S. 116 ff.; David M. Potter, The Impending Crisis 1848–1861. Completed and ed. by Don E. Fehrenbacher, New

York 1976, S. 328 ff.; William W. Freehling, The Road to Disunion, 2 vols., Vol. II: Secessionists Triumphant, 1854–1861, Oxford 2007, S. 59 ff.; Bruce Levine, Half Slave and Half Free. The Roots of the Civil War, New York 1992; Charles A. Beard/Mary R. Beard, The Rise of American Civilization, New York 1934[4], Vol. II, S. 52 ff.; James M. McPherson, Battle Cry of Freedom. The Civil War Era, Oxford 1988; ders., Abraham Lincoln and the Second American Revolution, New York 1990; Jörg Nagler, Abraham Lincoln. Amerikas großer Präsident, München 2009; Michael Hochgeschwender, Wahrheit, Einheit, Ordnung. Die Sklavenfrage und der amerikanische Katholizismus 1835–1870, Paderborn 2006; Dexter Perkins, Hands Off. A History of the Monroe Doctrine, Boston 1948, S. 107 ff.; David Herbert Donald, Lincoln, New York 1995, S. 196 ff.; Robert W. Fogel and Stanly L. Engerman, Time on the Cross. The Economics of American Negro Slavery, London 1974[1]; Robert W. Fogel u. a., Without Consent: The Rise and Fall of American Slavery 4 vols., New York 1989–1992; Eugene D. Genovese, The Political Economy of Slavery, 4 vols., Studies in the Economy and Society of the Slave South, New York 1967; ders., The Slaveholders' Dilemma: Freedom and Progress in Southern Conservative Thought, 1820–1860, Columbia, S. C. 1992; Ira Berlin, Generations of Captivity. A History of African-American Slaves, Cambridge, Mass. 2003; Peter Kolchin, Die südstaatliche Sklaverei vor dem amerikanischen Bürgerkrieg und die Historiker zur Debatte 1959–1988, in: Geschichte und Gesellschaft 16 (1990), S. 161–186; Kenneth M. Stampp, The Peculiar Institution: Slavery in the Ante-Bellum South, New York 1967[2]; Randall M. Miller u. a. (eds.), Religion and the American Civil War, Oxford 1998; Russell F. Weigley, A Great Civil War. A Military and Political History, 1861–1865, Bloomington, Ind. 2000; Alvin M. Josephy, The Civil War in the American West, New York 1991; Brian Holden Reid, Der Amerikanische Bürgerkrieg und die europäischen Einigungskriege (engl. Orig.: London 1999), Berlin 2000, S. 61 ff.; Ian Tyrrell, Transnational Nation. United States History in Global Perspective since 1789, Basingstoke 2007, S. 84 ff.; Eric Foner, Reconstruction: America's Unfinished Revolution 1863–1877, New York 1988; Leonhard, Bellizismus (Anm. 2), S. 675 ff.; Wolfgang Schivelbusch, Die Kultur der Niederlage. Der amerikanische Süden 1865, Frankreich 1871, Deutschland 1918, Berlin 2001. – Das 13., 14. und 15. Amendment zur Verfassung in: Ernst Fraenkel, Das amerikanische Regierungssystem. Eine politologische Analyse. Quellenbuch, Köln 1962[2], S. 19–21. Lincolns Bibelzitat: Matthäus 12,25.

10 Karl Marx, An Abraham Lincoln, Präsident der Vereinigten Staaten von Amerika (Ende November 1864) in: MEW (Anm. 1), Bd. 16, S. 18–20 (19); ders., Inauguraladresse der Internationalen Arbeiter-Assoziation, ebd., S. 5–13 (12); ders., Provisorische Statuten der Internationalen Arbeiter-Assoziation, ebd., S. 14–16 (14); Julius Braunthal, Geschichte der Internationale, 2 Bde., Bd. 1, Hannover 1961, S. 99 ff.; Ferdinand Lassalle, Über Verfas-

sungswesen, ND Darmstadt 1958, S. 56 f.; Winkler, Weg, Bd. 1 (Anm. 5), S. 155 ff. (Zitate aus der Bundeskriegsverfassung und von Löwe-Calbe: 158, Preußische Jahrbücher [1866]: 161; National-Zeitung, 11. u. 12.8.1864: 164 f., 30.6.1866: 175, 25.7.1866 [Hervorhebungen im Original]: 180, Protestantische Kirchenzeitung: 199, Hohenlohe-Schillingsfürst: 179 f., Edmund Jörg [1866]: 181); Huber, Verfassungsgeschichte, Bd. 3 (Anm. 5), S. 348 ff.; Böhme, Deutschlands Weg (Anm. 5), S. 91 ff.; Harald Biermann, Ideologie statt Realpolitik. Kleindeutsche Liberale und auswärtige Politik vor der Reichsgründung, Düsseldorf 2006, S. 202 ff.; Lill, Italien (Anm. 6), S. 879 ff.; Gian Enrico Rusconi, Deutschland-Italien, Italien-Deutschland. Geschichte einer schwierigen Beziehung von Bismarck bis zu Berlusconi (ital. Orig.: Turin 2003), Paderborn 2006, S. 23 ff. (Zitat von Pasquale Villari: 39 f.); Smith, Italy (Anm. 6), S. 76 ff. – Das österreichische Staatsgrundgesetz und die begleitenden Gesetze vom 21. 12. 1867 in: Gosewinkel/Masing (Hg.), Verfassungen (Anm. 7), S. 1507–1529. Die Zitate von Engels: MEW (Anm. 1), Bd. 31, S. 208 f. (Brief an Marx, 21.4.1866), Bd. 36, S. 240 f. (Brief an Bebel, 28. 11. 1884), von Burckhardt: Jacob Burckhardt, Über das Studium der Geschichte. Der Text der «Weltgeschichtlichen Betrachtung», hg. v. Peter Ganz, München 1982, S. 373, 378 (Hervorhebung im Original); von Bismarck: Bismarck, Werke (Anm. 7), Bd. 6, S. 120 (Telegramm an Manteuffel, 11.8.1866), Bd. 8, S. 459 (Zitat aus dem Gespräch mit Napoleon III., vermutlich Oktober 1864 oder 1865, von Bismarck berichtet in einem Gespräch mit dem Schriftsteller Paul Lindau und Bankdirektor Löwenfeld am 8. 12. 1882).

11 Gilbert Ziebura, Frankreich von der Großen Revolution bis zum Sturz Napoleons III. 1789–1870, in: Bußmann (Hg.), Europa (Anm. 2), S. 187–318 (301 ff.; Zahlen zur Industrialisierung und zur sozialen Struktur der Bevölkerung: 305 f.); Roger Price, Napoleon III and the Second Empire, London 1997, S. 39 ff. (Wahldaten: 45); Williams, World (Anm. 6), S. 236 ff. (Wahlen von 1869: 250, Zitat Napoleons III. vom 29.11.1869: 252, Plebiszit vom 8. 5. 1870 und Zitat Gambettas: 257); Willms, Napoleon III. (Anm. 2), S. 185 ff.; Louis Girard, Napoléon III, Paris 1986, S. 307 ff.; Jacques Rougerie, Le second Empire, in: Georges Duby (éd.), Histoire de la France. Les temps modernes de 1852 à nos jours, Paris 1987, S. 75–141 (Zahlen zum Eisenbahnbau: 137); René Rémond, Les Droites en France, Paris 1982, S. 99 ff. Die Senatsbeschlüsse vom 8. 9. 1869 und 21. 5. 1870 in: Gosewinkel/Masing (Hg.), Verfassungen (Anm. 7), S. 333–343.

12 Wolfgang J. Mommsen, Großbritannien vom Ancien Régime zur bürgerlichen Industriegesellschaft 1770–1867, in: Bußmann (Hg.), Europa (Anm. 2), S. 319–403 (389 ff., Zitat: 392); Paul Kluke, Großbritannien von den Reformen Gladstones bis zum Ende des 1. Weltkrieges, in: Theodor Schieder (Hg.), Europa (Anm. 8), S. 272–308 (275 ff.); George Macaulay Trevelyan, Geschichte Englands, 2 Bde., Bd. 2: Von 1603 bis 1918 (engl. Orig.: London 1926), S. 768 ff.; Philip Magnus, Gladstone. A Biography,

London 1954, S. 167 ff.; E. J. Feuchtwanger, Gladstone, Basingstoke 1975[1], S. 125 ff.; ders., Disraeli, Oxford 2000, S. 119 ff.; ders., Democracy and Empire. Britain 1865–1914, London 1985, S. 27 ff.; Robert Blake, Disraeli, London 1966[1], S. 425 ff. (Zitat: 477); ders., The Conservative Party from Peel to Major, London 1997, S. 97 ff.; F. B. Smith, The Making of the Second Reform Bill, Cambridge 1966; Maurice Cowling, 1867, Disraeli, Gladstone and Revolution: The Passing of the Second Reform Bill, Cambridge 1967, S. 50 ff. (Zahlen zur Wahlrechtsreform von 1867: 236); Hans Setzer, Wahlsystem und Parteienentwicklung in England. Wege zur Demokratisierung der Institutionen 1832 bis 1948, Frankfurt 1973, S. 52 ff. Die Zitate von Bagehot und Mill: Walter Bagehot, The English Constitution [1867[1]], London 1993, S. 246–252; Mill, Betrachtungen (Anm. 3), S. 131, 146, 76, 86, 125 (in der Reihenfolge der Zitate); ders., On Liberty [1859]. With The Subjection of Women and Chapters on Socialism, Cambridge 1989[1], S. 1–116 (8, 13, 57).

13 Huber, Verfassungsgeschichte, Bd. 3 (Anm. 5), S. 646 ff. (Zitat: 659); Ernst Engelberg, Bismarck. Urpreuße und Reichsgründer, Berlin 1985, S. 673 ff. (Antrag Lasker vom 24. 2. 1870: 707 f.); Otto Pflanze, Bismarck. Der Reichsgründer (amerik. Orig.: Princeton 1970), München 1997, S. 371 ff.; Gall, Bismarck (Anm. 5), S. 407 ff.; Winkler, Weg (Anm. 5), Bd. 1, S. 192 ff. (Antrag Lasker vom 10. 12. 1870: 210); Willms, Napoleon III. (Anm. 2), S. 245 ff.; Eberhard Kolb, Der Kriegsausbruch 1870, Göttingen 1970, S. 143 ff.; ders., Der Weg aus dem Krieg. Bismarcks Politik im Krieg und die Friedensanbahnung 1870/71, München 1989; ders. (Hg.), Europa vor dem Krieg 1870. Mächtekonstellation – Kriegsfelder – Kriegsausbruch, München 1987; Bismarcks spanische «Diversion» 1970 und der preußisch-deutsche Reichsgründungskrieg. Quellen zur Vor- und Nachgeschichte der Hohenzollernkandidatur für den Thron in Madrid 1866–1932. In 3 Bden. hg. v. Josef Becker unter Mitarbeit v. Michael Schmied, Paderborn 2003–2007; Ludwig Dehio, Deutschland und die Epoche der Weltkriege, in: ders., Deutschland und die Weltpolitik im 20. Jahrhundert, München 1955, S. 9–36 (15). – Zum «dilatorischen Formelkompromiß»: Carl Schmitt, Verfassungslehre, Berlin 1928[1], S. 31 f. Bismarcks Rede vom 30. 7. 1892: ders., Werke (Anm. 10), Bd. 13, S. 468; das Zitat von Gramont in: Hermann Oncken (Hg.), Die Rheinpolitik Kaiser Napoleons III. von 1863 bis 1870 und der Ursprung des Krieges von 1870/71. Nach den Staatsakten von Österreich, Preußen und den süddeutschen Mittelstaaten, 3 Bde., Stuttgart 1926, Bd. III, S. 396 f.; Heinrich v. Treitschke, Was fordern wir von Frankreich? in: Preußische Jahrbücher 26 (1870), S. 367–409 (371, 380, 406); Ernest Renan, Was ist eine Nation? Und andere Schriften, hg. v. Walter Euchner, Wien 1995, S. 59 (Der deutsch-französische Krieg [September 1870]), 118 (Strauß an Renan, 29. 9. 1870), 131 f. (Renan an Strauß, 15. 9. 1871); MEW (Anm. 1), Bd. 17, S. 3–7 (5: Erste Adresse des Generalrats), 268–270 (269: Brief an den Ausschuß der Sozialdemokratischen Partei), 271–279 (271,

275 f.): Zweite Adresse an den Generalrat (Hervorhebungen jeweils im Original); das Zitat von Disraeli nach: Walter Bußmann (Hg.), Bismarck im Urteil der Zeitgenossen und der Nachwelt, Stuttgart 1956², S. 28, im engl. Orig.: Feuchtwanger, Disraeli (Anm. 12), S. 155. Die Verfassung des Norddeutschen Bundes vom 16. 4. 1867 in: Ernst Rudolf Huber (Hg.), Dokumente zur deutschen Verfassungsgeschichte, Bd. 2: Deutsche Verfassungsdokumente 1851–1900, Stuttgart 1986³, S. 272–285; die Verfassung des Deutschen Reiches vom 16. 4. 1871 in: Gosewinkel/Masing (Hg.), Verfassungen (Anm. 7), S. 783–805. Zu Marx' Staats- und Bonapartismustheorie siehe oben S. 644 ff.

14 Rudolf von Albertini, Frankreich: Die Dritte Republik bis zum Ende des 1. Weltkriegs, in: Schieder (Hg.), Europa (Anm. 8), S. 232–268 (232 ff.; Zahlen zur Kommune: 235 f.); Charlotte Tacke, Von der Zweiten Republik bis zum Ersten Weltkrieg (1848–1914), in: Ernst Hinrichs (Hg.), Kleine Geschichte Frankreichs, Stuttgart 1994, 311–359 (332 ff.); Charles Bloch, Die Dritte Französische Republik. Entwicklung und Kampf einer parlamentarischen Demokratie, Stuttgart 1972, S. 27 ff.; Jean-Marie Mayeur, Les débuts de la Troisième République 1871–1898, Paris 1973; Georges Dupeux, La IIIe République, 1871–1914, in: Duby (éd.), Histoire (Anm. 11), S. 143–178 (Zitate von Thiers: 146); Rémond, Droites (Anm. 11), S. 122 ff.; Heinz-Gerhard Haupt/Karin Hausen, Die Pariser Kommune. Erfolg und Scheitern einer Revolution, Frankfurt 1979; Eberhard Kolb, Der Pariser Commune-Aufstand und die Beendigung des deutsch-französischen Krieges, in: ders., Umbrüche deutscher Geschichte. 1866/71. 1918/19. 1929/33. Ausgewählte Aufsätze, München 1993, S. 163–188; ders., Kriegsniederlage und Revolution: Pariser Commune 1871, ebd., S. 189–206 (Zahlen zur Blutwoche: 205); Robert Tombs, The Paris Commune, London 1999; ders., The War Against Paris 1871, Cambridge 1981; J. P. T. Bury, Gambetta and the Making of the Third Republic, London 1973; Rainer Hudemann, Fraktionsbildung im französischen Parlament. Zur Entwicklung der Parteistruktur in der Dritten Republik (1871–1875), München 1979. – Die Zitate von Marx und Engels: Karl Marx, Der Bürgerkrieg in Frankreich. Adresse des Generalrats der Internationalen Abeiterassoziation, in: MEW (Anm. 1), Bd. 17, S. 313–365 (342, 344, 362; Hervorhebung im Original); Friedrich Engels, Einleitung zu «Der Bürgerkrieg in Frankreich» von Karl Marx (Ausgabe 1891), ebd., S. 615–625 (625); Engels' Brief an Carlo Terzaghi vom 6. 1. 1872: ebd., Bd. 33, S. 371–373 (372). Das Zitat von Bebel bei Winkler, Weg (Anm. 5), Bd. 1, S. 219. Die Verfassungsgesetze vom 24. 2., 25. 2. und 16. 7. 1875 in: Gosewinkel/Masing (Hg.), Verfassungen (Anm. 7), S. 340–346. Zur «Diktatur des Proletariats» bei Marx siehe oben S. 663 f.

15 Gustav Seibt, Rom oder Tod. Der Kampf um die italienische Hauptstadt, Berlin 2001, S. 111 ff. (Zitat: 177 f.); Winfried Becker, Der Kulturkampf als europäisches und deutsches Phänomen, in: Historisches Jahrbuch 101 (1981), S. 422–446; ders., Liberale Kulturkampf-Positionen und politischer

Katholizismus, in: Otto Pflanze (Hg.), Innenpolitische Probleme des Bismarck-Reiches, München 1983, S. 47–72; Rudolf Lill u. Francesco Traniello (Hg.), Der Kulturkampf in Italien und den deutschsprachigen Ländern, Berlin 1993; Lill, Geschichte (Anm. 6), S. 187 ff. (Zitat Antonelli: 189); Theodor Schieder, Europa im Zeitalter der Nationalstaaten und europäische Weltpolitik bis zum 1. Weltkrieg (1870–1918), in: ders. (Hg.), Europa (Anm. 8), S. 1–196 (42 ff.); Ernst Nolte, Italien von der Begründung des Nationalstaats bis zum Ende des 1. Weltkriegs (1870–1918), ebd., S. 401–432; Richard Konetzke, Die iberischen Staaten von 1875 bis zum 1. Weltkrieg (1875–1917), ebd., S. 503–538 (514 f.); Franz Petri, Belgien, Niederlande, Luxemburg von der Krise von 1867 bis zum Ende des 1. Weltkriegs (1867–1918), ebd., S. 466–493 (476 f.); Adam Wandruszka, Österreich-Ungarn vom ungarischen Ausgleich bis zum Ende der Monarchie (1867–1918), ebd., S. 354–399 (357 ff.).

16 Stadler, Cavour (Anm. 6), S. 171 ff.; Lill, Geschichte (Anm. 6), S. 196 ff. (auch zu den Forschungskontroversen); Nolte, Italien (Anm. 15), S. 400 ff.; Volker Reinhardt, Geschichte Italiens von der Spätantike bis zur Gegenwart, München 2006³, S. 108 ff.; Giuliano Procacci, Geschichte Italiens und der Italiener (ital. Orig.: Rom 1970), München 1983, S. 278 ff. (Zitat: 289, zur Wahlrechtsreform: 290, zur Emigration: 293); Rosario Romeo, Risorgimento e capitalismo, Bari 1959; Smith, Italy (Anm. 6), S. 101 ff.; Braunthal, Geschichte (Anm. 10), Bd. 1, S. 186 ff., 225 ff.

17 Hans Rosenberg, Große Depression und Bismarckzeit. Wirtschaftsablauf, Gesellschaft und Politik in Mitteleuropa, Berlin 1967, S. 22 ff. (Zitat: 29); Reinhard Rürup (gemeinsam mit Thomas Nipperdey), Antisemitismus – Entstehung, Funktion und Geschichte eines Begriffs, in: ders., Emanzipation und Antisemitismus. Studien zur «Judenfrage» der bürgerlichen Gesellschaft, Göttingen 1975, S. 95–114 (Zitat Glagau: 101); Fritz Stern, Kulturpessimismus als politische Gefahr. Eine Analyse nationaler Ideologie (amerik. Orig.: Berkeley 1961), Bern 1963; Winkler, Weg (Anm. 5), Bd. 1, S. 212 ff. (Zitate Ketteler, Glagau, Wilmanns: 229, Treitschke: 232, Mommsen: 233, Dühring, Lagarde: 235, Kreuzzeitung: 240, Bamberger: 245, Liberale Vereinigung: 247, Zahlen zum Sozialistengesetz: 242); Pflanze, Bismarck (Anm. 13), München 1998, S. 9 ff.; Karl Erich Born, Von der Reichsgründung bis zum 1. Weltkrieg, in: Von der Französischen Revolution bis zum Ersten Weltkrieg (Gebhardt, Handbuch der deutschen Geschichte. 9. Aufl., hg. v. Herbert Grundmann, Bd. 3), Stuttgart 1970, S. 224–375 (bes. 265 ff.); Volker Ullrich, Die nervöse Großmacht. Aufstieg und Untergang des deutschen Kaiserreichs 1871–1918, Frankfurt 1997, S. 38 ff.; Doron Avraham, In der Krise der Moderne. Der preußische Konservatismus im Zeitalter gesellschaftlicher Veränderungen 1848–1876, Göttingen 2008, S. 263 ff.; Patrick Wagner, Bauern, Junker und Beamte. Lokale Herrschaft und Partizipation im Ostelbien des 19. Jahrhunderts, Göttingen 2005.

18 Große Politik der europäischen Mächte 1871–1914. Sammlung der diplo-

matischen Akten des Auswärtigen Amtes, Bd. 2: Der Berliner Kongreß und seine Vorgeschichte, Berlin 1922, S. 153 f. (Kissinger Diktat); Ronald Hyam, Britain's Imperial Century 1815–1914. A Study of Empire and Expansion, Cambridge 2000³; William L. Langer, European Alliances and Alignments 1871–1890 (1931¹), New York 1950¹, S. 59 ff.; Bernath, Osmanisches Reich (Anm. 2), S. 1015 ff.; Gotthold Rhode, Die Staaten Südosteuropas (Bulgarien, Serbien, Rumänien, Montenegro, Albanien) vom Berliner Kongreß bis zum Ausgang des I. Weltkrieges (1878–1918); in Schieder (Hg.), Europa (Anm. 8), S. 547–609 (550 ff.); Wandruszka, Österreich-Ungarn (Anm. 15), S. 362 ff.; Rauch, Rußland (Anm. 8), S. 324 ff.; Klaus Hildebrand, Das vergangene Reich. Deutsche Außenpolitik von Bismarck bis Hitler 1871–1945, Stuttgart 1995, S. 13 ff. (zum «cauchemar des coalitions»: 35); Winkler, Weg (Anm. 5), Bd. 1, S. 254 ff.; Hans-Ulrich Wehler, Bismarcks späte Rußlandpolitik 1879–1890, in: ders., Krisenherde des Kaiserreichs 1871–1918. Studien zur deutschen Sozial- und Verfassungsgeschichte, Göttingen 1970, S. 163–180; Bloch, Dritte Republik (Anm. 14), S. 48 ff.; Christian Hoyer, Salisbury und Deutschland. Außenpolitisches Denken und britische Deutschlandpolitik zwischen 1856 und 1880, Husum 2008. Das Zitat von Gambetta in: Discours et plaidoyés politiques de M. Gambetta. Publiés par M. Joseph Reinach, vol. III, Deuxième partie (suite), 19 septembre 1872–18 mai 1873, Paris 1881, S. 49.

19 Selected Speeches of the Late Right Honourable the Earl of Beaconsfield. Arranged and edited with introduction and explanatory notes by T. E. Kebbel. In two volumes, Vol. II, S. 490–522 (Rede in Manchester, 3. 4. 1872, Zitat: 522), 523–535 (Rede im Londoner Kristallpalast, 24. 6. 1872, Zitate: 529, 531); Charles Wentworth Dilke, Greater Britain: A Record of Travel in English-Speaking Countries during 1866 and 1867, New York 1869; Blake, Disraeli (Anm. 12), S. 534 ff. (Zitat über Frere: 609); Feuchtwanger, Disraeli (Anm. 12), S. 167 ff. (Zitat aus dem «Spectator»: 178 f.); ders., Gladstone (Anm. 12), S. 173 ff.; Magnus, Gladstone (Anm. 12), S. 256 ff. (Zitat aus der Rede in Leeds: 287, zum Kürzel «GOM»: 322); Kluke, Großbritannien (Anm. 12), S. 275 ff.; Eugenio F. Bagini, British Democracy and Irish Nationalism 1876–1906, Cambridge 2007, S. 169 ff.; Richard Koebner/Helmut Dan Schmidt, Imperialism. The Storm and Significance of a Political Word. 1840–1960, Cambridge 1964, S. 122 (Zitat aus dem «Spectator»); Jörg Fisch, Dieter Groh, Rudolf Walter, Imperialismus, in: Geschichtliche Grundbegriffe. Historisches Lexikon zur politisch-sozialen Sprache in Deutschland. Hg. von Otto Brunner, Werner Conze, Reinhart Koselleck, Stuttgart 1972 ff., Bd. 3, S. 171–236 (bes. 179 ff.; Zitat Carnavaron und «Jingo»-Lied: 180); Wolfgang J. Mommsen, Das Britische Empire. Strukturwandel eines imperialistischen Herrschaftsverbandes, in: Historische Zeitschrift 233 (1981), S. 317–361; ders., Das Zeitalter des Imperialismus (Fischer Weltgeschichte, Bd. 28), Frankfurt 1969, S. 10 ff.; Lloyd, Empire (Anm. 3), S. 196 ff.; Wende, Empire (Anm. 3), S. 169 ff.; Judd, Empire (Anm. 3), S. 92 ff.; Ferguson,

Empire (Anm. 3), S. 230 ff.; Cain/Hopkins, British Imperialism (Anm. 3), S. 303 ff.; Ronald Hyam, Britain's Imperial Century 1815–1914. A Study of Empire and Expansion, Cambridge 2002³; Langer, Alliances (Anm. 18), S. 251 ff.; Daniel Katz, Nationalism and Strategy of International Conflict Resolution, in: Herbert C. Kelman (ed.), International Behavior. A Social-Psychological Analysis, New York 1965, S. 354–370 (deutsch: Nationalismus als sozialpsychologisches Problem, in: Heinrich August Winkler [Hg.], Nationalismus, Königstein 1978, S. 67–84); Setzer, Wahlsystem (Anm. 12), S. 94 ff.
20 John Robert Seeley, Die Ausbreitung Englands. Bis zur Gegenwart fortgeführt von Michael Freund (engl. Orig.: London 1881), Frankfurt 1954 (Zitate: 16, 80 f.; das Zitat über die Entstehung des Empire im engl. Orig.: 10); Gollwitzer, Denken (Anm. 8), S. 23 ff.; Sönke Neitzel, Weltmacht oder Untergang. Die Weltreichslehre im Zeitalter des Imperialismus, Paderborn 2000; Wolfgang J. Mommsen, Der moderne Imperialismus als innergesellschaftliches Phänomen. Versuch einer universalgeschichtlichen Einordnung, in: ders. (Hg.), Der moderne Imperialismus, Stuttgart 1971, S. 14–30 (Periodisierung: 14); ders., Nationale und ökonomische Faktoren im britischen Imperialismus vor 1914, in: ders., Der europäische Imperialismus. Aufsätze und Abhandlungen, Göttingen 1979, S. 12–57 (44 ff.: Datum zum Kapitalexport); ders., Zeitalter (Anm. 19), S. 10 ff.; ders., Imperialismustheorien. Ein Überblick über die neuen Imperialismusinterpretationen, Göttingen 1977; Gregor Schöllgen, Das Zeitalter des Imperialismus, München 1986; Gustav Schmidt, Der europäische Imperialismus, München 1985; Hans-Christoph Schröder, Sozialistische Imperialismustheorien. Studien zu ihrer Geschichte, Göttingen 1973; Kennedy, Rise and Fall (Anm. 2), S. 194 ff.; Jürgen Osterhammel, Verwandlung (Anm. 4), S. 565 ff.; ders., Kolonialismus (Anm. 3), S. 19 ff. (Zitat: 27; Hervorhebungen im Original); Bloch, Dritte Republik (Anm. 14), S. 69 ff.; Gilbert Ziebura, Interne Faktoren des französischen Hochimperialismus 1871–1914, in: Mommsen (Hg.), Imperialismus (Anm. 20), S. 85–139; Albertini, Frankreich (Anm. 14), S. 241 ff.; Georg Kreis, Frankreichs republikanische Großmachtpolitik 1870–1914. Innenansicht einer Außenpolitik, Mainz 2007; Henri Brunschwig, Mythes et réalités de l'impérialisme colonial français 1877–1914, Paris 1960; Eric J. Hobsbawm, The Age of Empire 1875–1914, London 1987; D. K. Fieldhouse, Economics and Empire 1830–1914, Ithaca 1973, S. 251 ff. (Teilung Afrikas); Thomas Pakenham, The Scramble for Africa 1876–1912, London 1991; Donald Robinson and John Gallagher with Alice Denny, Africa and the Victorians. The Official Mind of Imperialism, London 1978⁸; Bernard Porter, The Absent-Minded Imperialists: Empire, Society, and Culture in Britain, Oxford 2004; Wende, Empire (Anm. 3), S. 194; Ferguson, Empire (Anm. 3), S. 223 f.; Judd, Empire (Anm. 3), S. 117 ff.; Born, Von der Reichsgründung (Anm. 17), S. 291 ff.; Hans Ulrich Wehler, Bismarck und der Imperialismus, Köln 1969, S. 194 ff. (grundlegend für die «sozialimperialistische» Interpretation der Kolonialpolitik; zu den taktischen Überlegungen im Hinblick auf Kronprinz Friedrich: 415 f.); Helmut

Böhme, Thesen zur Beurteilung der gesellschaftlichen, wirtschaftlichen und politischen Ursachen des deutschen Imperialismus, in: Mommsen (Hg.), Imperialismus (Anm. 20), S. 31–59; Paul M. Kennedy, The Rise of Anglo-German Antagonism 1860–1914, Boston 1980, bes. S. 157 ff.; Pflanze, Bismarck (Anm. 13), S. 370 ff.; Barbara Emerson, Leopold II of the Belgians. King of Colonialism, London 1979; Stig Förster, Wolfgang J. Mommsen and Ronald Robinson (eds.), Bismarck, Europe, and Africa: The Berlin Africa Conference 1884–1885 and the Onset of Partition, London 1988; Adam Hochschild, Schatten über dem Kongo. Die Geschichte eines der großen, fast vergessenen Menschheitsverbrechen (amerik. Orig.: New York 1998), Stuttgart 2006[7], S. 88 ff. (zur Begegnung Stanley-Livingstone: 46, zur Resolution des Unterhauses: 276, zu Casement über Kamerun: 281, zur Schätzung des Bevölkerungsrückgangs: 331); Joseph Conrad, Das Herz der Finsternis (1899[1]), Frankfurt 1995; Sebastian Conrad, Deutsche Kolonialgeschichte, München 2008; Michael Pesek, Koloniale Herrschaft in Deutsch-Ostafrika. Expeditionen, Militär und Verwaltung seit 1880, Frankfurt 2005; Woodruff D. Smith, The German Colonial Empire, Chapel Hill 1978; Karin Hausen, Deutsche Kolonialherrschaft in Afrika. Wirtschaftsinteressen und Kolonialverwaltung in Kamerun vor 1914, Zürich 1970, S. 162 ff.; Horst Gründer, Geschichte der deutschen Kolonien, Paderborn 1995[3]; ders., Welteroberung und Christentum. Handbuch zur Geschichte der Neuzeit, Gütersloh 1992, S. 315 ff.; Rudolf von Albertini, Europäische Kolonialherrschaft, Stuttgart 1987[3]; Jörg Fischer, Geschichte Südafrikas, München 1990, S. 164 ff.; Christoph Marx, Geschichte Afrikas. Von 1800 bis zur Gegenwart, Paderborn 2004, S. 113 ff.; William G. Hynes, The Economies of Empire: Britain, Africa and the New Imperialism 1870–95, London 1979; Wilhelm Grewe, Epochen der Völkerrechtsgeschichte, Baden-Baden 1988[2], S. 651 ff. (bes. 669 ff.); J. A. Hobson, Imperialism. A Study [1902[1]]. New Introduction by Philips Siegelman, Ann Arbor, Mich. 1965, S. 3 ff. (in der Reihenfolge der Zitate: 198 [Leopold II., Missionsauftrag], 90 [surplus income], 151 f. [nemesis of imperialism], 156 [survival of the fittest], 157 [divine right of force], 138 [Debakel-Prognose], 171 [‹popular› versus ‹class government›], 360–362 [genuine democracy], 195 [federation of European States; pax Europaea], 238 ff. [Imperial Federation], 232 [Kontrolle niederer Rassen], 211 [Wirkung des Imperialismus auf den Geisteszustand einer Nation]); Michael Doyle, Empires, Ithaca 1986, S. 141 ff. (Zitate: 146, Periodisierung des internationalen Systems: 232 ff.); Lill, Geschichte (Anm. 6), S. 215 ff. – Kiplings «The White Man's Burden» ist ein Gedicht, das der Dichter unter dem Eindruck des amerikanischen Krieges auf den Philippinen verfaßt und im Januar 1899 in «McClure's Magazine» veröffentlicht hat. Zu Homer: Ilias, 6. Gesang, Zeile 208. Zu Hobsons Hinweis auf Platon: Platon, Politeia, 382 a–c. Zur «Lebenslüge»: Henrik Ibsen, Die Wildente. Schauspiel in fünf Akten, Stuttgart 1991, S. 102. Zu Disraelis Unterhausrede vom Januar 1871 vgl. oben S. 816, zum christlichen Missionsauftrag (Matthäus 28, 19) S. 33.

21 Huber, Verfassungsgeschichte (Anm. 5), Bd. IV: Struktur und Krisen des Kaiserreichs, Stuttgart 1969², S. 142 ff.; Winkler, Weg (Anm. 5), Bd. 1, S. 247 ff. (Äußerung Bismarcks zu Busch: 250, Bismarcks Reichstagsrede vom 6. 2. 1888: 261, Zitat Mommsen: 264); Born, Von der Reichsgründung (Anm. 17), S. 303 ff.; Volker Berghahn, Das Kaiserreich 1871–1914. Industriegesellschaft, bürgerliche Kultur und autoritärer Staat (Gebhardt, Handbuch der deutschen Geschichte, 10. Aufl., Bd. 16), Stuttgart 2003; Wolther von Kieseritzky, Liberalismus und Sozialstaat, Liberale Politik in Deutschland zwischen Machtstaat und Arbeiterbewegung (1878–1893), Köln 2001, S. 177 ff.; Richard Blanke, Prussian Poland in the German Empire (1871–1900), New York 1981; Hans-Ulrich Wehler, Von den «Reichsfeinden» zur «Reichskristallnacht»: Polenpolitik im Deutschen Kaiserreich 1871–1918, in: ders., Krisenherde (Anm. 18), S. 181–199 (Aussiedlungszahlen: 189); Philipp Ther, Deutsche Geschichte als imperiale Geschichte. Polen, slawophone Minderheiten und das Kaiserreich als kontinentales Empire, in: Sebastian Conrad und Jürgen Osterhammel (Hg.), Das Kaiserreich transnational. Deutschland in der Welt 1871–1914, Göttingen 2004, S. 129–148; Hermann Hiery, Reichstagswahlen im Reichsland. Ein Beitrag zur Landesgeschichte von Elsaß-Lothringen und zur Wahlgeschichte des Deutschen Reiches 1871–1918, Düsseldorf 1986, S. 136 ff. (zur Zahl der «Optanten»: 65–67); Siegfried Weichlein, Nation und Region. Integrationsprozesse im Bismarckreich, Düsseldorf 2004, S. 37 ff.; Horst Groepper, Bismarcks Sturz und die Preisgabe des Rückversicherungsvertrages, bearb. u. hg. von Maria Tamina Groepper, Paderborn 2008; John C. G. Röhl, Wilhelm II. Die Jugend des Kaisers 1859–1888, München 1993, S. 21 ff., 739 ff.; ders., Wilhelm II. Der Aufbau der Persönlichen Monarchie 1888–1900, München 2001, S. 212 ff.; Christopher Clark, Wilhelm II. Die Herrschaft des letzten deutschen Kaisers (engl. Orig.: Harlow 2000), München 2008. – Zum «System der Aushilfen»: Gall, Bismarck (Anm. 5), S. 642 ff. Zum Begriff der «föderativen Nation»: Dieter Langewiesche, Nation, Nationalismus und Nationalstaat in Deutschland und Europa, München 2000, S. 55 ff. Zu Lorenz von Steins Lehre vom «Königtum der sozialen Reform» siehe oben S. 513 ff.

22 Bloch, Dritte Republik (Anm. 14), S. 55 ff. (Zahlen zum Schulsystem: 66 f., zu den Wirkungen des Boulangismus: 91 f.); Albertini, Frankreich (Anm. 14), S. 239 ff. (Zitat Ferry: 240); Dupeux, IIIe République (Anm. 14), S. 154 ff. (Zitat Gambetta: 155, boulangistische Kampagne von 1888: 163); Mayeur, Débuts (Anm. 14), S. 95 ff.; Pierre Rosanvallon, Der Staat in Frankreich von 1789 bis in die Gegenwart (frz. Orig.: Paris 1990), Münster 2000, S. 72 ff.; Eugen Weber, Peasants into Frenchmen. The Modernization of Rural France, 1870–1914, Stanford 1976, S. 67 ff.; Adrien Dansette, Le Boulangisme 1886–1890, Paris 1938; William D. Irvine, The Boulanger Affair Reconsidered. Royalism, Boulangism, and the Radical Right in France, Oxford 1989, S. 157 ff.; Zeev Sternhell, La droite révolutionnaire. Les origines françaises du fascisme 1885–1914, Paris 1989, S. 33 ff.; Daniel

Mollenhauer, Auf der Suche nach der «wahren Republik». Die französischen «radicaux» der frühen Dritten Republik (1870–1890), Bonn 1997; Allain Mitchell, The German Influence in France after 1870. The Formation of the French Republic, Chapel Hill 1979; ders., Victors and Vanquished. The German Influence on Army and Church in France after 1870, Chapel Hill 1984, S. 220 ff. (zum französischen Kulturkampf). – Zu Bismarcks Politik in der Boulanger-Krise: Pflanze, Bismarck (Anm. 13), S. 475 ff.

23 Lill, Geschichte (Anm. 8), S. 204 ff.; Nolte, Italien (Anm. 15), S. 405 ff.; Procacci, Geschichte (Anm. 16), S. 292 ff.; Smith, Italy (Anm. 6), S. 133 ff.; Rusconi, Deutschland (Anm. 10), S. 42 ff.; Giorgio Candeloro, Storia dell'Italia moderna. Vol. 7: La crisi di fine secolo e l'età giolittiana (1896–1914), Mailand 1995²; Francesco Barbagallo u. a., Storia dell'Italia. Vol. 3: Liberalismo e democrazia 1887–1914, a cura di Giovanni Sabbatucci e Vittorio Vidotto, Rom 1999²; Volker Sellin, Die Anfänge staatlicher Sozialreform im liberalen Italien, Stuttgart 1971; James Joll, The Anarchists, New York 1964, S. 117 ff.; Peter Lösche, Anarchismus, Darmstadt 1987²; Burleigh, Blood (Anm. 8), S. 67 ff. – Zum Begriff der «politischen Klasse»: Gaetano Mosca, Elementi di scienza politica, Turin 1896 (deutsch: Die herrschende Klasse, Bern 1950). Zur italienischen Ostafrikapolitik vor 1890 siehe oben S. 893 f.

24 Torke, Einführung (Anm. 8), S. 170 ff. (Zahlen zur Vertreibung und Auswanderung von Juden: 174); Rauch, Rußland (Anm. 8), S. 321 ff. (Zahlen zur Bevölkerungsstruktur: 327); Josef Kreiner (Hg.), Der Russisch-Japanische Krieg (1904/05), Göttingen 2005; Dietrich Geyer, Lenin in der russischen Sozialdemokratie. Die Arbeiterbewegung im Zarenreich als Organisationsproblem der revolutionären Intelligenz 1890–1903, Köln 1962; ders., Imperialismus (Anm. 8), S. 99 ff. (Zitate: 99, 131, 158; zur Industrieproduktion: 110, zum russischen Anteil der französischen Auslandswerte: 143); Hosking, Russia (Anm. 8), S. 320 ff.; Heinz-Dietrich Löwe, Von der Industrialisierung zur ersten Revolution. 1890 bis 1904, in: Schramm (Hg.), Von den autokratischen Reformen (Anm. 8), S. 203–337; Hellmut Gross, Heiko Haumann, Heinz-Dietrich Löwe, Gottfried Schramm, Thomas Steffens, Über die Revolution zur Modernisierung im Zeichen der eingeschränkten Autokratie (1904–1914), ebd., S. 338–474; Abraham Asher, The Revolution of 1905, 2 vols., Stanford 1988/1992; David Shub, Lenin. Eine Biographie (amerik. Orig.: Garden City, N. Y. 1948), Wiesbaden 1958³, S. 12 ff.; Bloch, Dritte Republik (Anm. 14), S. 92 ff. (zum russisch-französischen Bündnis); Braunthal, Geschichte (Anm. 10), Bd. 1, S. 237 ff.; Peter Lösche, Der Bolschewismus im Urteil der deutschen Sozialdemokratie 1903–1920, Berlin 1967, S. 23 ff.; Osmo Jussila, Seppo Hentilä, Jukka Nevakivi, Politische Geschichte Finnlands seit 1809, Berlin 1999, S. 80 ff. (Zitat: 96); Heinrich August Winkler, Die wiederholbare Revolution. Über einen Fehlschluß von Marx und seine Folgen, in: ders., Streitfragen der deutschen Geschichte. Essays zum 19. und 20. Jahrhundert, München 1997, S. 9–30 (zur «translatio revolutionis»: 10 f., 27 f.); Max Weber, Zur Lage der bürgerlichen

Demokratie in Rußland (Februar 1906), in: ders., Gesammelte politische Schriften, Tübingen 1958², S. 30–65 (Zitat: 53; Hervorhebungen im Original); ders., Rußlands Übergang zum Scheinkonstitutionalis- mus (August 1906), ebd., S. 66–108 (Zitat: 75). – Die Zitate von Marx und Engels: MEW (Anm. 1), Bd. 4, S. 576 (Vorrede zur russischen Ausgabe des Kommunistischen Manifests), Bd. 19, S. 242 f. (Marx an Vera Sassulitsch, 8. 3. 1881), Bd. 35, S. 276 (Engels an Johann Philipp Becker, 10. 2. 1881), Bd. 36, S. 305–307 (Engels an Vera Sassulitsch, 23. 4. 1885; Hervorhebung im Original); Zitate von Lenin: W. I. Lenin, Staat und Revolution. Die Lehre des Marxismus vom Staat und die Aufgaben des Proletariats in der Revolution (1917), in: ders., Werke, Bd. 25, Berlin 1960, S. 393–507 (475); ders., Was tun? Brennende Fragen unserer Bewegung (1902), ebd., Bd. 5, S. 355–551 (385 f.). Vergleichend zur Rolle des Staates in der Industrialisierung: Alexander Gerschenkron, Economic Backwardness in Historical Perspective. A Book of Essays, Cambridge, Mass. 1962. Die russischen «Staatsgrundgesetze» in: Gosewinkel/Masing (Hg.), Verfassungen (Anm. 7), S. 1794–1807. Zu Marx' Revolutionserwartungen von 1843/44 siehe oben S. 547 ff.; zur «Diktatur des Proletariats» S. 663f; zu Bismarcks «Alpdruck der Koalitionen» S. 859; zum Boxeraufstand siehe unten 970 ff.; zum Zionismus unten S. 1013 ff.

25 Brinkley, Unfinished Nation (Anm. 9), S. 429 ff. (Roosevelts «bull moose»-Zitat: 589); Gary B. Nash and Richard Weiss (eds.), The Great Fear. Race in the Mind of America, New York 1970; Adams, USA (Anm. 9), S. 112 ff. (zur Lynchjustiz: 115; hier und bei Brinkley auch die wichtigsten anderen Zahlenangaben); ders., Die USA im 20. Jahrhundert, München 2000², S. 1 ff.; Bender, Nation (Anm. 3), S. 182 ff.; Francis Paul Prucha, The Great Father. The United States Government and the American Indian, Vol. II, Lincoln, Nebraska, 1984; The Beards' New Basic History of the United States. The Co-operative Work of Charles A. Beard, Mary R. Beard and their son William Beard, Garden City 1960², S. 288 ff.; William Miller, A New History of the United States, New York 1958, S. 259 ff. (Zitate Hay und Bryan: 332, 334); Walter Nugent, Crossings. The Great Transatlantic Migrations, 1870–1914, Bloomington 1992; Leonard Dinnerstein et al., Natives and Strangers: A Multicultural History of Americans, New York 1996; Kim Voss, The Making of American Exceptionalism. The Knights of Labor and Class Formation in the Nineteenth Century, Ithaca, N. Y. 1993, bes. S. 231 ff.; Tyrrell, Transnational Nation (Anm. 9), S. 118 ff.; David Montgomery, The Fall of the House of Labor, Cambridge 1987, S. 9 ff.; Werner Sombart, Warum gibt es in den Vereinigten Staaten keinen Sozialismus?, Tübingen 1906, (Zitate: 7, 126, 142; Lohnvergleich: 93); Hans-Jürgen Puhle, Politische Agrarbewegungen in kapitalistischen Industriegesellschaften. Deutschland, USA und Frankreich im 20. Jahrhundert, Göttingen 1975, S. 142 ff.; Heinz Gollwitzer, Die Gelbe Gefahr. Geschichte eines Schlagworts. Studien zum imperialistischen Denken, Göttingen 1962; John

D. Hicks, The Populist Revolt. A History of the Farmers' Alliance and the People's Party (1931[1]), Minneapolis 1955[2], S. 205 ff.; Robert H. Wiebe, The Search of Order 1877–1920, New York 1967, S. 17 ff.; T. J. Jackson Lears, No Place of Grace. Antimodernism and the Transformation of American Culture 1880–1920, New York 1981; Richard Hofstadter, The Age of Reform. From Bryan to F. D. R., New York 1955, S. 3 ff. (Zitat: 62); ders., Social Darwinism in American Thought (1944[1]), Boston 1955[2], bes. S. 51 ff. (Olney-Doktrin: 183); A. T. Mahan, The Influence of Sea Power upon History, 1660–1783, Boston 1890; David M. Pletcher, The Diplomacy of Trade and Investment. American Economic Expansion in the Hemisphere, 1865–1900, Columbia, Missouri, 1997; ders., The Diplomacy of Involvement. American Economic Expansion across the Pacific, 1784–1900, Columbia, MO, 2001; Perkins, Hands Off (Anm. 9), S. 149 ff.; William A. McDougall, Promised Land, Crusader State. The American Encounter with the World since 1776, Boston 1997, S. 101 ff.; Hans Ulrich Wehler, Der Aufstieg des amerikanischen Imperialismus. Studien zur Entwicklung des Imperium Americanum 1865–1900, Göttingen 1974, bes. S. 74 ff. (Zitate Woolsey u. Foster: 259); Gabriel Kolko, The Triumph of Conservatism. A Reinterpretation of American History, 1900–1916, London 1963; Walter Lafeber, The New Empire. An Interpretation of American Expansion 1860–1898, Ithaca, N. Y. 1963, bes. S. 197 ff.; Ernest May, American Imperialism. A Speculative Essay, New York 1968, S. 165 ff. («Olney-Doktrin»: 262); William Appleman Williams, Die Tragödie der amerikanischen Diplomatie (am. Orig.: Cleveland 1962[2]), Frankfurt 1973, S. 25 ff.; Klaus Schwabe, Weltmacht und Weltordnung. Amerikanische Außenpolitik von 1898 bis zur Gegenwart. Eine Jahrhundertgeschichte, Paderborn 2006, S. 18 ff.; Gerald F. Linderman, The Mirror of War. American Society and the Spanish-American War, Ann Arbor 1974; David F. Trask, The War with Spain in 1898, New York 1981; Michael Zeuske, Kleine Geschichte Kubas, München 2002[2], S. 138 ff.; H. W. Brands, Bound to Empire. The United States and the Philippines, New York 1992, S. 53 ff.; Stuart Creighton Miller, «Benevolent Assimilation». The American Conquest of the Philippines, 1899–1903, New Haven 1982; Russell Roth, Muddy Glory. America's «Indian Wars» in the Philippines 1899–1935, W. Hanover, Mass. 1981; William L. Langer, The Diplomacy of Imperialism, 2 vols., Vol. II: 1890–1902, New York 1935, S. 415 ff.; Lewis L. Gould, The Presidency of Theodore Roosevelt, Lawrence, KS, 1991; John Milton Cooper, The Warrior and the Priest. Woodrow Wilson and Theodore Roosevelt, Cambridge, Mass. 1983; Frederick W. Marks III, Velvet on Iron. The Diplomacy of Theodore Roosevelt, Lincoln, NE, 1979 («big stick»-Zitat: 58); Raimund Lammersdorf, Anfänge einer Weltmacht. Theodore Roosevelt und die transatlantischen Beziehungen 1901–1908, Berlin 1992; Barbara Tuchmann, «Perdicaris Alive or Raisuli Dead», in: American Heritage X (1959), Nr. 5 (August), S. 18–21, 98–101; Paolo E. Coletta, The Presidency of Howard Taft, Lawrence, KS 1973; Walter V. Scholes and

Marie V. Scholes, The Foreign Policies of the Taft Administration, Columbia, MO, 1970; Hurwitz, Dictionary (Anm. 6), S. 323 f. (Haymarket), 362 f. (jüdische Einwanderung), 535 f. (Demographische Daten); Commager, Documents (Anm. 9), S. 143–146 (People's Party Platform), 192 (Platform of the Anti-Imperialist League). Beveridges Senatsrede: Congressional Record, Senate, 56th Congress, 1st session, January 9, 1900, S. 704–712. Sein Bibelzitat: Matthäus 25,21 (Gleichnis von den anvertrauten Zentnern). Das Lincoln-Zitat in der Erklärung der Anti-Imperialist League stammt aus dessen Rede zum Kansas-Nebrasca Act vom 21. 3. 1854. Lincoln, Speeches (Anm. 9), S. 283–325 (304). Bryans Anspielung auf Lincoln bezieht sich auf dessen «House divided»-Rede vom 16. 6. 1858 in Springfield. Siehe dazu oben S. 743, zum «Manifest Destiny» S. 676 f., zu Turner S. 679 ff.

26 Karl Marx, Das Kapital. Kritik der politischen Ökonomie. Bd. 1: Der Produktionsprozeß des Kapitals (1867[1]), in: MEW (Anm. 1), Bd. 23, S. 12; Sombart, Warum (Anm. 25), S. 14, 35; Ferdinand Tönnies, Gemeinschaft und Gesellschaft. Abhandlung des Communismus und des Socialismus als empirischer Culturformen, Leipzig 1887[1] (ab 2. Aufl. mit dem Untertitel: Grundbegriffe der reinen Soziologie); Hartmut Kaelble, Europäer über Europa. Die Entstehung des europäischen Selbstverständnisses im 19. und 20. Jahrhundert, Frankfurt 2001, S. 62 ff.; Alexander Schmidt, Reisen in die Moderne. Der Amerika-Diskurs des deutschen Bürgertums vor dem Ersten Weltkrieg im europäischen Vergleich, Berlin 1997, S. 93 ff. (Zitate Plenge: 99, d'Avenel/Boutmy: 111, Korff: 156); Max Weber, Wirtschaft und Gesellschaft. Grundriß der verstehenden Soziologie. Studienausgabe, hg. v. Johannes Winckelmann, 1. Halbbd., Köln 1956, S. 16 ff. (Zitat: 39); Osterhammel/Petersson, Geschichte (Anm. 1), S. 63 ff.; Philipp Blom, Der taumelnde Kontinent. Europa 1900–1914, München 2009; Arno J. Mayer, Adelsmacht und Bürgertum. Die Krise der europäischen Gesellschaft 1848–1914 (amerik. Orig.: Princeton 1981), München 1984, S. 83 ff.; Johannes Süßmann, Die Wurzeln des Wohlfahrtsstaates – Souveränität oder Gute Policey, in: Historische Zeitschrift 285 (2004), S. 19–47; Rosenberg, Große Depression (Anm. 17), S. 118 ff. (Zitat: 123); Joachim Radkau, Das Zeitalter der Nervosität. Deutschland zwischen Bismarck und Hitler, München 1998, bes. S. 357 ff. (zur Willenstherapie); Christof Mauch u. Kiran Klaus Patel (Hg.), Wettlauf um die Moderne. Die USA und Deutschland 1890 bis heute, München 2008; James T. Kloppenberg, Uncertain Victory. Social Democracy and Progressivism in European and American Thought, 1870–1920, Oxford, 1986; Shmuel N. Eisenstadt, Die Vielfalt der Moderne, Weilerswist 2000; Anson Rabinbach, Motor. Mensch. Kraft, Ermüdung und die Ursprünge der Moderne (amerik. Orig.: New York 1990), Wien 2001, bes. S. 277 ff.; Gisela Bock, Frauen in der europäischen Geschichte. Vom Mittelalter bis zur Gegenwart, München 2000, S. 190 ff.; Osterhammel, Verwandlung (Anm. 4), S. 1132 ff. (zur Modellfunktion der deutschen Universität); August Nitschke u. a. (Hg.), Jahrhundertwende. Der Aufbruch in die Mo-

derne 1880–1930, 2 Bde., Reinbek 1990; Ute Planert (Hg.), Nation, Politik und Geschlecht. Frauen und Nationalismus in der Moderne, Frankfurt 2000; Braunthal, Geschichte (Anm. 10), Bd. 1, S. 201 (Zitat vom Londoner Kongreß 1896: 262, Resolution Kautsky: 279 f., Dresdner Parteitag der SPD: 283 f., Generalstreiksdebatte: 291 ff., Resolutionen zur Kolonialpolitik: 315–318, Zitate G. B. Shaw: 331, Jaurès und Bebel in Stuttgart: 342, Stuttgarter Resolution: 370–372); Winkler, Weg (Anm. 5), Bd. 1, S. 287 ff. (Zitate Vollmar: 294 [Hervorhebungen im Original] und zum Antisemitismus: 295, zur Generalstreikdebatte in der SPD: 301 ff.); Mommsen (Hg.), Parteiprogramme (Anm. 7), S. 349–354 (Erfurter Programm der SPD); Eduard Bernstein, Die Voraussetzungen des Sozialismus und die Aufgaben der Sozialdemokratie (1899¹), Stuttgart 1909 (13. Tausend), S. VI (Zuschrift), S. 1 ff. (Zitate: 124, 165, 169, 179, 183, 187; Hervorhebungen im Original); Rosa Luxemburg, Sozialreform oder Revolution?, in: dies., Politische Schriften, 3 Bde., hg. v. Ossip K. Flechtheim, Frankfurt 1966 ff., Bd. 1, S. 47–133 (90, 119, 130; Hervorhebungen im Original); dies., Die Akkumulation des Kapitals (Berlin 1913), ND Frankfurt 1969³; Karl Kautsky, Der Weg zur Macht. Politische Betrachtungen über das Hineinwachsen in die Revolution, Berlin 1909², S. 44–52 (Zitate: 44–46); ders., Bernstein und das Sozialdemokratische Programm. Eine Antikritik, Stuttgart 1899 (ND: Bonn 1976²), (Zitate: S. 183, 193; Hervorhebung im Original); ders. Der Imperialismus, in: Neue Zeit 32 (1914), Bd. II, S. 908–922 (Zitate: 920, 922); Rudolf Hilferding, Das Finanzkapital. Eine Studie über die jüngste Entwicklung des Kapitalismus (1910¹), Frankfurt 1968; W. I. Lenin, Der Imperialismus als höchstes Stadium des Kapitalismus (1916¹), in: ders., Werke (Anm. 24), Bd. 22, S. 189–309; Georges Sorel, Über die Gewalt (Réflexions sur la violence [frz. Orig.: Paris 1908]), Innsbruck 1928; Michael Freund, Georges Sorel, Der revolutionäre Konservatismus, Frankfurt 1932; Schröder, Imperialismustheorien (Anm. 20), S. 40 ff.; Mommsen, Imperialismustheorien (Anm. 20), S. 27 ff.; Schieder, Europa (Anm. 15), S. 129 ff.; Jost Dülffer, Regeln gegen den Krieg? Die Haager Friedenskonferenzen von 1899 und 1907 in der internationalen Politik, Berlin 1981, bes. S. 331 ff.; Grewe, Epochen (Anm. 20), S. 520 ff. (Zitate Wiener Kongreß u. Haager Landkriegsordnung: 520 f.); Carl Schmitt, Der Nomos der Erde im Völkerrecht des Jus Publicum Europaeum (1950¹), Berlin 1977⁴, S. 200 ff. (Zitate: 206, 212); Vahakn N. Dadrian, Der armenische Genozid: Eine Interpretation, in: Huberta von Voss (Hg.), Porträt einer Hoffnung: Die Armenier, Berlin 2005, S. 44–66 (Zahlen: 44); Löwe, Von der Industrialisierung (Anm. 24), S. 265 ff. (Zitat: 267); Jacob Katz, Vom Vorurteil bis zur Vernichtung. Der Antisemitismus 1700–1933 (amerik. Orig.: Cambridge, Mass. 1980), München 1989, S. 236 ff.; Theodor Herzl, Der Judenstaat. Versuch einer modernen Lösung der Judenfrage (1894¹), Zürich 1988, S. 15, 34 f., 38; Hervorhebungen im Original); Michael Brenner, Geschichte des Zionismus, München 2002, S. 21 ff. (Zitate: 25, 38, 46 f., 151, Zahlen:

42 f., 52 ff.); Heiko Haumann, Geschichte der Ostjuden, München 1990,
S. 92 ff. – Zur Zahl der Gewerkschaftsmitglieder in Deutschland: Lern- und
Arbeitsbuch deutsche Arbeiterbewegung. Darstellung, Chroniken, Dokumente. Hg. unter Leitung von Thomas Meyer, Susanne Miller u. Joachim
Rohlfes, 3 Bde., Bd. 1, Bonn 1984, S. 195. Der Text der Enzyklika «Rerum
novarum» in: Texte zur katholischen Soziallehre. Die sozialen Rundschreiben der Päpste und andere kirchliche Dokumente. Hg. vom Bundesverband
der Katholischen Arbeitnehmer-Bewegung Deutschlands – KAB, Bornheim
1992, S. 1–40. Sombarts latein. Zitat aus: Horaz, Satiren I, 1, 69 u. 70; zu
Grotius siehe oben S. 132 f.

27 Adam Wandruszka, Österreich-Ungarn vom ungarischen Ausgleich bis zum
Ende der Monarchie (1867–1918), in: Schieder (Hg.), Europa (Anm. 8),
S. 354–400 (367 ff.; Wahlen von 1897: 378, von 1907 und Wahlrechtsfrage:
384 f.); Helmut Rumpler, Eine Chance für Mitteleuropa. Bürgerliche Emanzipation und Staatsverfall in der Habsburgermonarchie (Österreichische Geschichte 1804–1914. Hg. v. Herwig Wolfram), Wien 1997, S. 403 ff.; Jean
Bérenger, Die Geschichte des Habsburgerreiches 1273–1918 (frz. Orig.: Paris
1990), Wien 1995 S. 694 ff.; Lothar Höbelt, Franz Joseph I. Der Kaiser und
sein Reich. Eine politische Geschichte, Wien 2009; Hans Mommsen, Die
Sozialdemokratie und die Nationalitätenfrage im habsburgischen Vielvölker-
staat I. [nur Bd. 1 erschienen], Wien 1963, S. 99 ff. (Zitat Lueger: 276, zu
Renner: 327 ff., Brünner Nationalitätenprogramm: 335 f.); Carl E. Schorske,
Wien. Geist und Gesellschaft im Fin de Siècle (amerik. Orig.: New York
1980), Frankfurt 1982, S. 111 (Zitat: 123); Brenner, Zionismus (Anm. 26),
S. 24 (Zahlen über die Juden in Wien und Budapest); Peter G. J. Pulzer, The
Rise of Political Anti-Semitism in Germany and Austria, 1867–1938, New
York 1964; Brigitte Hamann, Hitlers Wien. Lehrjahre eines Diktators, Mün-
chen 1996; Ian Kershaw, Hitler 1889–1936 (engl. Orig.: London 1998),
Stuttgart 1998, S. 59 ff.; László Kontler, Millenium in Central Europe. A His-
tory of Hungary, Budapest 1999, S. 279 ff.; Katz, Vorurteil (Anm. 26),
S. 223 ff. (Zitat Istoczy: 234). Zu Palacký siehe oben S. 579 ff.; zum Kremsie-
rer Reichstag S. 614, zur Bosnienkrise von 1908/09 siehe unten S. 1137 f.

28 Gerhard A. Ritter unter Mitarbeit von Merith Niehus, Wahlgeschichtliches
Arbeitsbuch. Materialien zur Statistik des Kaiserreichs 1871–1918, München
1980, S. 34 ff. (Zahlen zur Erwerbstätigkeit: 34); Wolfram Fischer, Deutschland in der Weltwirtschaft des 19. Jahrhunderts, in: ders., Expansion, Integration und Globalisierung. Studien zur Geschichte der Weltwirtschaft. Göttingen 1998, S. 101–122; Cornelius Torp, Die Herausforderung der Globalisierung. Wirtschaft und Politik in Deutschland 1860–1914, Göttingen 2005,
S. 179 ff.; Winkler, Weg (Anm. 5), Bd. 1, S. 266 ff. (Zitat Caprivi: 267, Bund
der Landwirte und Zitat, Rupprecht-Ransern: 268, Zitat Marschall: 272,
Flottenverein: 273, Bülow 1897: 274, Alldeutscher Verband: 276 f., «Daily-
Telegraph-Affäre», Zitate Bülow und Wilhelm II., November 1908: 299 f.);
Huber, Verfassungsgeschichte, Bd. IV (Anm. 21), S. 247 ff.; Hans Rosenberg,

Die Pseudodemokratisierung der Rittergutsbesitzerklasse, in: ders., Probleme der deutschen Sozialgeschichte, Frankfurt 1969, S. 7–50; Hans-Jürgen Puhle, Agrarische Interessenpolitik und preußischer Konservatismus im Wilhelminischen Reich 1893–1914. Ein Beitrag zur Analyse des Nationalismus in Deutschland am Beispiel des Bundes der Landwirte und der Deutsch-Konservativen Partei, Bonn 1975², S. 288 ff.; Röhl, Wilhelm II. Aufbau (Anm. 21), S. 350 ff., 113 ff.; ders., Wilhelm II. Der Weg in den Abgrund 1900–1941, München 2008, S. 83 ff. («Hunnenrede»: S. 111); Eckart Kehr, Englandhaß und Weltpolitik, in: ders., Der Primat der Innenpolitik. Gesammelte Aufsätze zur preußisch-deutschen Sozialgeschichte im 19. u. 20. Jahrhundert, Berlin 1930 (ND: 1965), bes. S. 276 ff.; Konrad Canis, Von Bismarck zur Weltpolitik. Deutsche Außenpolitik 1890–1902, Berlin 1997; Volker Berghahn, Der Tirpitz-Plan. Genesis und Verfall einer innenpolitischen Krisenstrategie unter Wilhelm II., Düsseldorf 1971; Rainer Hering, Konstruierte Nation. Der Alldeutsche Verband 1890 bis 1939, Hamburg 2003; Roger Chickering, We Men Who Feel Most German. A Cultural Study of the Pan-German League 1896–1914, London 1924; Gründer, Kolonien (Anm. 20), S. 119 ff. (Zitat aus dem Generalstabswerk: 120, Zahlen: 121); Peter Walkenhorst, Nation – Volk – Rasse. Radikaler Nationalismus im Deutschen Kaiserreich 1890–1914, Göttingen 2007; Sebastian Conrad, Globalisierung und Nation im Deutschen Kaiserreich, München 2006; ders., Kolonialgeschichte (Anm. 20), S. 29 f. (Zahl der deutschen Siedler in Deutsch-Südwestafrika), 52 f., 100 ff. (Krieg von 1904–1907); Jürgen Zimmerer und Joachim Zeller (Hg.), Völkermord in Deutsch-Südwestafrika. Der Kolonialkrieg (1904–1908) in Namibia und seine Folgen, Berlin 2003; Robert Gerwarth und Stephan Malinowski, Der Holocaust als «kolonialer Genozid»? Europäische Kolonialgewalt und nationalsozialistischer Vernichtungskrieg, in: Geschichte und Gesellschaft 33 (2007), S. 439–466 (Kritik der u. a. von Zimmer und Zöllner behaupteten Kontinuität zwischen Hererokrieg und dem Holocaust). Max Webers Antrittsvorlesung: Der Nationalstaat und die Volkswirtschaftspolitik, in: ders., Politische Schriften (Anm. 24), S. 1–25 (Zitate: 8, 10, 21, 23; Hervorhebungen im Original). Zu Mahan siehe oben S. 956, zum «Boxeraufstand» S. 970 f., zu den Suffragetten S. 990 ff. und unten S. 1049.

29 Feuchtwanger, Democracy (Anm. 12), S. 192 ff. («Khakiwahlen»: 240 f.); Blake, Conservative Party (Anm. 12), S. 159 ff.; R. C. K. Ensor, England 1870–1914 Oxford (1936¹) 1986, S. 172 ff. (Gewerkschaftsmitglieder 1900: 298, Unterhauswahl 1906: 386); P. C. Cain, Economics and the Empire: The Metropolitan Context, in: The Oxford History of the British Empire. Vol. III: The Nineteenth Century. Ed. Andrew Porter, Oxford 1999, S. 31–52 (Importe aus Indien: 44); Christopher Saunders and Iain R. Smith, Southern Africa, 1795–1910, ebd. S. 597–623 (bes. 617 ff., Daten zum Burenkrieg: 617 f.); Peter T. Marsh, Joseph Chamberlain. Entrepreneur in Politics, New Haven, 1994, S. 255 ff. (Reden in Leicester: 479, in London: 501, Greenock: 585, Birmingham: 590); Röhl, Wilhelm II. Aufbau

(Anm. 21), S. 871 ff. (Krüger-Depesche); ders., Wilhelm II. Weg (Anm. 28), S. 83 ff. (Wilhelm II. in England, Januar 1901); Schieder, Europa (Anm. 15), S. 88 ff.; Arnd Bauerkämper, Die «radikale Rechte» in Großbritannien. Nationalistische, antisemitische und faschistische Bewegungen im späten 19. Jahrhundert bis 1945, Göttingen 1991, S. 23 ff. (Milner: 37 f., 75; Mitgliederzahlen BBL und Navy League: 62 f., jüdische Einwanderung: 75); Dominik Geppert, Pressekriege. Öffentlichkeit und Diplomatie in den deutsch-britischen Beziehungen (1896–1912), München 2007; Wolfgang Mock, Entstehung und Herausbildung einer «radikalen Rechten» in Großbritannien. 1900–1914, in: Theodor Schieder (Hg.), Beiträge zur britischen Geschichte im 20. Jahrhundert (Historische Zeitschrift. Beiheft 8 [Neue Folge], München 1983, S. 5–46; Hans-Christoph Schröder, Imperialismus und antidemokratisches Denken. Alfred Milners Kritik am politischen System Englands, Wiesbaden 1978; Zara S. Steiner, Britain and the Origins of the First World War, London 1977, S. 5 ff. (Zitat Campbell-Bannerman 1901: 19); Paul Kennedy and Anthony Nicholls (eds.), Nationalist and Racialist Movements in Britain and Germany Before 1914, London 1981; A. O. Day (ed.), The Edwardian Age: Conflict and Stability, London 1979; Braunthal, Geschichte (Anm. 10), Bd. 1, S. 209 ff. (Mitgliederzahl der ILP: 214, Zitat Milner: 245); Henry Pelling, The Origins of the Labour Party 1880–1900, London 1954; Mommsen, Faktoren (Anm. 20), S. 12.; Frank Bealey and Henry Pelling, Labour and Politics 1900–1906. A History of the Labour Representation Committee, London 1958; Gottfried Niedhart, Geschichte Englands im 19. und 20. Jahrhundert, München 1987, S. 117 ff. (deutsch-britischer Wirtschaftsvergleich und «Saturday Review»: 126 f.; Außenhandelszahlen: 222); Kennedy, Rise (Anm. 20), S. 223 ff.; Bernard Semmel, Imperialism and Social Reform. English Social-Imperial Thought 1895–1914, London 1960; Alan Sykes, Tariff Reform in British Politics 1903–1913, Oxford 1979. Zur Entente cordiale siehe unten S. 1091 f.

30   Bloch, Dritte Republik (Anm. 14) S. 92 ff. (Daten zu Wirtschaft u. Gesellschaft: 158–162, Zitate zur Dreyfus-Affäre: 117, 119 f., zur Trennung von Staat und Kirche: 127, Gewerkschaftszahlen: 189, Zitat Briand 1910: 291); Mayeur, Débuts (Anm. 14), S. 193 ff.; Robert Tombs, France 1814–1914, Harlow 1996, S. 455 ff.; Rémond, Droits (Anm. 11), S. 244 ff. (Zitat Méline: 245); Françoise Marcard, La France de 1870 à 1918. L'ancrage de la République, Paris 1996; Siegfried Thalheimer, Macht und Gerechtigkeit. Ein Beitrag zur Geschichte des Falles Dreyfus, München 1958; ders. (Hg.), Die Affäre Dreyfus, München 1963, S. 7 ff. (Brief Schwartzkoppens an den italienischen Militärattaché Panizzardi: 67, Zolas «J'Accuse»: 185–193, Maurras über Henry: 235); Émile Zola, J'Accuse …! La Vérité en marche. Présentation de Henri Guillemin, Paris 1988 (Text des offenen Briefes an Faure: S. 95 –113; Zitat: 1913); Vincent Duclert, Die Dreyfus-Affäre. Militärwahn, Republikfeindschaft, Judenhaß (frz. Orig.: Paris 1994), Berlin 1994; Gilbert Ziebura, Die Dreyfusaffäre und das Regierungssystem der

Dritten Republik, in: Historische Zeitschrift 191 (1960), S. 548–561 (kritisch zu Thalheimers These von einer Verschwörung des Generalstabs unter Führung Merciers mit Esterhazy als ausführendem Organ); ders., Die deutsche Frage in der öffentlichen Meinung Frankreichs von 1911 bis 1914, Berlin 1955; Raoul Girardet, Le nationalisme français. Anthologie 1871–1914, Paris 1983, S. 341 ff. (Maurras, März 1900: 201–203); Michel Winock, Nationalisme, antisémitisme et fascime en France, Paris 1982; ders., La Belle Époque. La France de 1900 à 1914, Paris 2002; Michel Leymarie, De la Belle Époque à la Grande Guerre. Le triomphe de la République (1893–1918), Paris 1999; Dominique Lejeune, La France et la Belle Époque 1896–1914, Paris 1991 (zu den Wahlen von 1914: S. 169); Eugen Weber, France. Fin de Siècle, Cambridge, Mass. 1986; Michael Sutton, Nationalism, Positivism and Catholicism. The Politics of Charles Maurras and French Catholics 1890–1914, Cambridge, Mass. 1982; ders., The Nationalist Revival in France, 1905–1914, Berkeley 1968²; Zeev Sternhell, Maurice Barrès et le nationalisme français, Paris 1962; ders., Droite (Anm. 22), S. 177 ff.; Jean de Fabrègues, Charles Maurras et son Action Française, Paris 1966; Waldemar Gurian, Der integrale Nationalismus in Frankreich und die Action Française, Frankfurt 1931; Michael Curtis, Three Against the Republic: Sorel, Barrès and Maurras, Princeton 1959; Theodore Zeldin, France 1848–1945. Anxiety and Hypocrisy, Oxford 1981, S. 272 ff.; Gerd Krumeich, Aufrüstung und Innenpolitik in Frankreich vor dem Ersten Weltkrieg. Die Einführung der dreijährigen Dienstpflicht 1913–1914, Wiesbaden 1980, S. 17 ff. (zu den Wahlen von 1914: 219 ff.); Ernst Nolte, Der Faschismus in seiner Epoche. Action française. Italienischer Nationalsozialismus, München 1963, S. 61 ff.; Gudrun Gersmann u. Hubertus Kohle (Hg.), Frankreich 1871–1914. Die Dritte Republik und die Französische Revolution, Stuttgart 1902; Ensor, England (Anm. 29), S. 434 f. (Lloyd George, 21. 7. 1911); George W. F. Hallgarten, Imperialismus vor 1914. Die soziologischen Grundlagen der Außenpolitik europäischer Großmächte vor dem Ersten Weltkrieg. 2 Bde., München 1963², Bd. 2, S. 232 ff.; Schmidt, Imperialismus (Anm. 20), München 1986, S. 58 ff. Zum Fall Jean Calas siehe oben S. 250, zur französisch-russischen Militärkonvention siehe oben S. 923 f., zum «Riff incident» S. 974 f., zur S.F.I.O., der Internationale und der Resolution Kautsky S. 999 ff.

31 Lill, Geschichte (Anm. 6), S. 243 ff. (demographische und ökonomische Daten: 241 ff.; Tolomei: 257, Labriola: 259); Procacci, Geschichte (Anm. 16), S. 319 ff. (ökonomische Daten: 323 f., Zitat: 339); Nolte, Italien (Anm. 15), S. 417 ff. (Auswanderung 1905: 420); ders., Faschismus (Anm. 30), S. 193 ff.; Smith, Italy (Anm. 6), S. 211 ff.; A. William Salomone, Italian Democracy in the Making. The Political Scene in the Giolittian Era 1900–1914, Philadelphia 1945; Alexander de Grand, The Hunchback's Tailor: Giovanni Giolitti and Liberal Italy from the Challenge of Mass Politics to the Rise of Fascism 1882–1922, Westport, Conn. 2001; Candeloro, Storia, vol. 7 (Anm. 23),

S. 94 ff. (Wahlen vom Oktober 1913: 362 ff., Zitate «Osservatore Romano»: 363 f., Labriola: 365 f.); Giuseppe Barone, La modernizzazione italiana della crisi allo sviluppo, in: Barbagallo u. a., Storia, vol. 3 (Anm. 23), S. 249–362 (Alphabetisierung: 326 f.). – Zu Sieyès siehe oben S. 254, zu Sorel S. 1001.

32 Walther L. Bernecker, Spanische Geschichte. Von der Reconquista bis heute, Darmstadt 2002, S. 131 ff. (Analphabetismus: 132, Industrialisierung: 134 f.); ders. u. Horst Pietschmann, Geschichte Portugals. Vom Spätmittelalter bis zur Gegenwart, München 2008², S. 88 ff. (ökonomische Daten: 95, politische Statistik: 100); Richard Konetzke, Die iberischen Staaten von 1875 bis zum I. Weltkrieg (1875–1917), in: Schieder (Hg.), Europa (Anm. 8), S. 503–538 (Bevölkerungszahl, soziale und ökonomische Daten: 508 f., Zitate Unamuno und Lerroux: 527 f.); Hermann Kellenbenz, Die skandinavischen Staaten vom Deutsch-Dänischen Krieg bis zum Ende des I. Weltkriegs (1864–1918); ebd., S. 434 –465 (sozialökonomische Daten zu Schweden: 447, norwegische Volksabstimmung: 450); Franz Petri, Belgien, Niederlande, Luxemburg von der Krise 1867 bis zum Ende des I. Weltkriegs (1867 –1918); ebd., S. 466–493 (Wahlrechtserweiterung in den Niederlanden: 484); Peter Stadler, Die Schweiz von der Verfassungsrevision 1874 bis zum I. Weltkrieg (1874 –1919), ebd., S. 494–502 (sozialökonomische Daten: 498, 501); Michael Erbe, Belgien, Niederlande, Luxemburg. Geschichte des niederländischen Raumes, Stuttgart 1993; A. H. de Oliveira Marques, Geschichte Portugals und des portugiesischen Weltreiches (port. Orig.: Lissabon 1995), Stuttgart 2001, S. 419 ff. (sozialökonomische Daten: 423, 440, 526); David Birmingham, A Concise History of Portugal, Cambridge 1998³, S. 127 ff.; Harm G. Schröter, Geschichte Skandinaviens, München 2007, S. 50 ff.; Bernd Henningsen, Dänemark, München 2009, S. 39 ff.; Braunthal, Geschichte (Anm. 10), Bd. 1, S. 349 ff. (Basler Kongreß der Internationale); Gosewinkel/Masing (Hg.), Verfassungen, S. 7, S. 457–483 (Schweizer Verfassung von 1874), S. 587–598 (spanische Verfassung von 1876), 1688–1711 (dänische Verfassungen von 1866 und 1915). – Die Zitate vom Basler Kongreß der Internationale: Außerordentlicher Sozialistenkongreß in Basel am 24. und 25. November 1912, Berlin 1912, S. 14 (Keir Hardie), 15 (Greulich), 17 (Adler), 19 (Jaurès), 23–27 (Manifest), 41 f. (Schlußwort Greulichs). Zum deutsch-britischen Vertragsentwurf über die portugiesischen Kolonien: Fritz Fischer, Krieg der Illusionen. Die deutsche Politik von 1911 bis 1914, Düsseldorf 1969, S. 448 ff. Zum Basler Konzil siehe oben S. 82.

33 Sozialistenkongreß (Anm. 32), S. 25; Gross u. a., Über die Revolution (Anm. 24), S. 378 ff. (Wahlen vom März 1907: 382, Zitat Löwe: 385, Zitat Gross: 422, Zahlen zur Agrarreform: 422 f.); Torke, Einführung (Anm. 8), S. 180 ff. (ökonomische Daten: 186); Rauch, Rußland (Anm. 8), S. 337 ff. (Grundeigentum der Bauern 1917: 339, Schulen und Alphabetisierung: 341); Geyer, Imperialismus (Anm. 8), S. 189 ff.; Karl Schlögel, Petersburg:

Das Laboratorium der Moderne. 1909–1921, München 2002; Heinz-Dietrich Löwe, Antisemitismus und reaktionäre Utopie. Russischer Konservatismus im Kampf gegen den Wandel von Staat und Gesellschaft, Hamburg 1978, S. 75 ff. (Pogrom von Białystok: 101); Abraham Ascher, P. A. Stolypin. The Search for Stability in Late Imperial Russia, Stanford 2001, S. 150 ff.; Gotthard Jäschke, Das Osmanische Reich vom Berliner Kongreß bis zu seinem Ende (1878–1920/22), in: Schieder (Hg.), Europa (Anm. 8), S. 539–546); Holm Sundhaussen, Geschichte Serbiens. 19. –21. Jahrhundert, Wien 2007, S. 189 ff.; Schmidt-Glinzer, Geschichte Chinas (Anm. 4), S. 182 ff.; Steiner, Britain (Anm. 29) S. 92 f.; Rhode, Staaten (Anm. 18), S. 571 ff.; Richard C. Hall, The Balkan Wars. Prelude of the First World War, London 2000; Hildebrand, Reich (Anm. 18), S. 244 ff. (Zahlen zum Wettrüsten: 293); Winkler, Weg (Anm. 5), Bd. 1, S. 326 f. («Kriegsrat» vom 8. 12. 1912 und Gespräch Wilhelms II. mit Ballin vom 15. 12. 1912); Luigi Albertini, The Origins of the War of 1914, 3 vols., vol. 1: European Relations from the Congress of Berlin to the Eve of the Sarajevo Murder, Oxford 1952, S. 364 ff.; Shub, Lenin (Anm. 24), S. 117 ff. (Parteifinanzierung), 227 ff. (Fall Malinowsky); W. I. Lenin, Zwei Taktiken der Sozialdemokratie in der demokratischen Revolution, in: ders., Werke (Anm. 24), Bd. 9, S. 1–130 (46 f., 90, 102); ders., Die Lehren der Revolution, ebd., Bd. 16, S. 300–307 (303 f., 308; Hervorhebungen im Original). Zu Marx' Interpretation der Französischen Revolution siehe oben S. 547 ff. Zur Haltung von Marx und Engels gegenüber Rußland 1848/49 siehe S. 614 f.

34 Winkler, Weg (Anm. 5), Bd. 1, S. 282 («Tivoliprogramm»), 310 ff. (Oldenburg-Januschau, 29. 1. 1910: 310, Bebel, 9. 11. 1911: 312 f., Bernhardi: 314 f., nationale Verbände: 316 f., Claß: 317 ff.; Hervorhebung bei Bernardi im Original); Uwe Puschner, Die völkische Bewegung im wilhelminischen Reich, Darmstadt 2001; Ullrich, Großmacht (Anm. 18), S. 888; Radkau, Zeitalter (Anm. 26), S. 357 ff; David Schoenbaum, Zabern 1913. Consensus Politics in Imperial Germany, London 1982; Hans-Ulrich Wehler, Symbol des halbabsolutistischen Herrschaftssystems: Der Fall Zabern von 1913/14 als Verfassungskrise des Wilhelminischen Kaiserreichs, in: ders., Krisenherde (Anm. 21), S. 65–84; Hildebrand, Reich (Anm. 18), S. 249 ff.; Röhl, Wilhelm II., Weg (Anm. 28), S. 888 ff. (Bethmann Hollweg an Wilhelm II., 6. 3. 1912: 912); Klaus Wernicke, Der Wille zur Weltgeltung. Außenpolitik und Öffentlichkeit im Kaiserreich am Vorabend des Ersten Weltkriegs, Düsseldorf 1970, S. 26 ff. (Kölnische Zeitung, 2. 3. 1914: 249, Zitate Lamprecht und Vorwärts, 14. 3. 1914: 272); Gregor Schöllgen (Hg.), Flucht in den Krieg. Die Außenpolitik des kaiserlichen Deutschland, Darmstadt 1991; Hans Günter Linke, Rußlands Weg in den Ersten Weltkrieg und seine Kriegsziele 1914–1917, in: Wolfgang Michalka (Hg.), Der Erste Weltkrieg. Wirkung, Wahrnehmung, Analyse, München 1994, S. 54–94; Helmut Walser Smith, The Continuities of German History. Nation, Religion and Race across the Long Nineteenth Century, Cambridge 2008, S. 115 ff.; Fischer,

Krieg (Anm. 32), S. 117 ff. (Wilhelm II., 9. 12. 1913: 486 f.); Huber, Verfassungsgeschichte, Bd. 4 (Anm. 21), S. 318 ff., 515 ff.; Helmut Bley, Bebel und die Strategie der Kriegsverhütung 1904–1913. Eine Studie über Bebels Geheimkontakte mit der britischen Regierung und Edition der Dokumente, Göttingen 1975. – Zum Sozialdarwinismus: Hans-Günter Zmarzlik, Der Sozialdarwinismus in Deutschland als geschichtliches Problem, in: Vierteljahrshefte für Zeitgeschichte 11 (1963), S. 246–273; Christian Geulen, Wahlverwandte. Rassendiskurs und Nationalismus im späten 19. Jahrhundert, Hamburg 2004. Zum Verhältnis von Moderne und Nervosität siehe oben S. 989, zu Alfred Milner S. 1051, 1065.

35 Julikrise und Kriegsausbruch 1914. Eine Dokumentensammlung. Bearb. u. eingel. v. Imanuel Geiss, 2 Bde., Hannover 1963/64, Bd. I, S. 58 f. (Randbemerkungen Wilhelms II., 30. 6. 1914), 63–65 (Franz Joseph an Wilhelm II., 2. 7. 1914) 92 f. (Botschafter Szögény an Berchtold, 6. 7. 1914), (327, Szögény an Berchtold, 25. 7. 1914), 356–359 (Aufzeichnung des russischen Außenministeriums mit dem Zitat Sasonows, 24. 7. 1914); Bd. II, S. 105–109 (Lichnowsky an Jagow, 27. 7. 1914), 184 f. (Wilhelm II. an Jagow und Kommentar zur serbischen Note, 28. 7. 1914), 196–198 (Bethmann Hollweg an Tschirschky, 28. 7. 1914), 250–252 (Szápáry an Berchtold über sein Gespräch mit Sasonow, 29. 7. 1914), 277–280 (Lichnowsky an Jagow, 29. 7. 1914), 364 f. (Flatow an Jagow, 30. 7. 1914) 371–375 (Preußisches Staatsministerium, 30. 7. 1914), 377 (Vermerk von Sir Eyre Crowe, 25. 7. 1914), 393–395 (Aufzeichnung des russischen Außenministeriums, 30. 7. 1914), 439 f. (Unterredung Berchtold – Conrad, 31. 7. 1914), 502 f. (Poincaré an George V., 31. 7. 1914, Hervorhebungen jeweils im Original); Rumpler, Chance (Anm. 27), S. 566 ff.; Fritz Fischer, Griff nach der Weltmacht. Die Kriegsziele des kaiserlichen Deutschland 1914/18, Düsseldorf 1964, S. 15; ders., Krieg (Anm. 32) S. 663 ff.; Hildebrand, Reich (Anm. 18), S. 302 ff.; Stig Förster, Im Reich des Absurden. Die Ursachen des Ersten Weltkrieges, in: Bernd Wegner (Hg.), Wie Kriege entstehen. Zum Hintergrund von Staatenkonflikten, Paderborn 2000, S. ff. 211–252; Ullrich, Großmacht (Anm. 17), S. 223 ff. (zu Bethmann Hollwegs «Politik der Diagonale»: 243 ff.); Anscar Jansen, Der Weg in den Ersten Weltkrieg. Das deutsche Militär in der Julikrise 1914, Marburg 2004; Lüder Meyer-Arndt, Die Julikrise 1914. Wie Deutschland in den Ersten Weltkrieg stolperte, Wien 2006; Röhl, Wilhelm II., Weg (Anm. 28), S. 1068 ff.; Rusconi, Deutschland (Anm. 10), S. 61 ff.; Albertini, Origins (Anm. 33), Vol. III: The Epilogue of the Crisis of July 1914. The Declaration of War and of Neutrality, London 1957, S. 699 ff. (USA und Kriegsausbruch); Steiner, Britain (Anm. 29) S. 215 ff.; Adrian Gregory, The Last Great War. British Society and the First World War, Oxford 2008; Sven Oliver Müller, Die Nation als Waffe und Vorstellung. Nationalismus in Deutschland und Großbritannien im Ersten Weltkrieg, Göttingen 2002, S. 35 ff.; Jost Dülffer u. Karl Holl (Hg.), Bereit zum Krieg. Kriegsmentalität

im wilhelminischen Deutschland 1890–1914, Göttingen 1986; Richard
F. Hamilton/Holger H. Herwig, Decisions for War, 1914–1917, Cambridge
2004; Holger H. Herwig, The First World War. Germany and Austria-Hun-
gary 1914 –1918, London 1997 (Auszüge aus dem Zitat von Engels, 1887:
S. VI); Winkler, Weg (Anm. 5), Bd. 2, S. 329 ff. (Zitat Haase, 4. 8. 1914:
335); Jean-Jacques Becker, 1914. Comment les Français sont entrés dans la
guerre, Paris 1977; Braunthal, Geschichte (Anm. 10), Bd. I, S. 354 ff. (Manifest der SPD, 25. 7. 1914: 359); Bley, Bebel (Anm. 34), S. 25 ff.; Francis
L. Carsten, August Bebel und die Organisation der Massen, Berlin 1991,
S. 234 ff. (Zitat von 1907: 236); Wolfgang Kruse, Krieg und nationale In-
tegration. Eine Neuinterpretation des sozialdemokratischen Burgfrieden-
schlusses 1914/15, Essen 1993; Annie Kriegel/Jean-Jacques Becker, 1914.
La guerre et le mouvement ouvrier français, Paris 1964, S. 63 ff. (Erklärung
der S.F.I.O.vom 28. 8. 1914: 321 f.); Krumeich, Aufrüstung (Anm. 30),
S. 256 ff.; Jacob Vogel, Nationen im Gleichschritt. Der Kult der «Nation in
Waffen» in Deutschland und Frankreich, 1871–1914, Göttingen 1997;
W. I. Lenin, Der Krieg und die russische Sozialdemokratie, in: ders., Werke
(Anm. 24), Bd. 21, S. 11–21 (14, 20); Kautsky, Imperialismus (Anm. 26),
S. 922; Zbyněk A. Zeman, Der Zusammenbruch des Habsburgerreiches
1914–1918 (engl. Orig.: Oxford 1961), München 1963, S. 17 ff.; Karl
Kraus, Franz Ferdinand und die Talente, in: Die Fackel 16 (1914),
Nr. 400–403 (10. 7.), S. 1–4 (Zitat: 2); Wolfgang Schieder (Hg.), Erster
Weltkrieg. Ursachen, Entstehung und Kriegsziele, Köln 1969; Arno
J. Mayer, Domestic Causes of the First World War, in: Leonard Krieger and
Fritz Stern (eds.), The Responsibility of Power. Historical Essays in Honor
of Hajo Holborn, New York 1967, S. 286–300; Michael R. Gordon, Do-
mestic Conflict and the Origins of the First World War: The British and the
German Cases, in: Journal of Modern History 46 (1974), S. 191–226;
Wolfgang J. Mommsen, Innenpolitische Bestimmungsfaktoren der deut-
schen Außenpolitik vor 1914, in: ders., Der autoritäre Nationalstaat. Verfassung, Gesellschaft und Kultur im deutschen Kaiserreich, Frankfurt 1990,
S. 316–354; Wolfgang Steglich, Die Friedenspolitik der Mittelmächte 1917/
18, 2 Bde., Bd. 1, Wiesbaden 1964 (Bethmann Hollweg zum «Präventiv-
krieg»: S. 418); George F. Kennan, Bismarcks europäisches System in der
Auflösung. Die französisch-russische Annäherung 1875 bis 1890 (amerik.
Orig.: The Decline of Bismarck's European Order. Franco-Russian Relations, 1875–1890, Princeton 1979 [Zitat S. 3]), Frankfurt 1981 (Zitat S. 12,
Hervorhebung im Original). Zur Meuterei von Curragh siehe oben S. 1068.

Der Westen zu Beginn des 20. Jahrhunderts:
Rückblick und Ausblick

1 Klaus Hildebrand, Globalisierung 1900. Alte Staatenwelt und neue Weltpolitik an der Wende vom 19. zum 20. Jahrhundert, in: Jahrbuch des Histo-

rischen Kollegs 2006, München 2007, S. 3–34; ders., «Eine neue Ära der Weltgeschichte». Der historische Ort des Russisch-Japanischen Krieges 1904/05, in: Josef Kreiner (Hg.), Der Russisch-Japanische Krieg (1904/05), Göttingen 2005, S. 27–51.

2 Jürgen Osterhammel, Kolonialismus. Geschichte, Formen, Folgen, München 2006⁵, S. 67, 76.

3 Harold Temperley, The Foreign Policy of Canning 1822–1827. England, the Neo-Holy Alliance, and the New World, London 1925, S. 379.

4 Michael Geyer, Deutschland und Japan im Zeitalter der Globalisierung. Überlegungen zu einer komparativen Geschichte jenseits des Modernisierungs-Paradigmas, in: Sebastian Conrad/Jürgen Osterhammel (Hg.), Das Kaiserreich transnational. Deutschland in der Welt, 1871–1914, Göttingen 2004, S. 68–86.

5 Heinz Gollwitzer, Geschichte des weltpolitischen Denkens, 2 Bde. Bd. II: Das Zeitalter des Imperialismus und der Weltkriege, Göttingen 1982, S. 59 f. Zu Mahan siehe oben S. 956, 1034.

6 Halford J. Mackinder, The Geographical Pivot of History, in: Geographical Journal 23 (1904), S. 421–437; Mark Pollele, Raising Cartographic Consciousness. The Social and Foreign Vision of Geopolitics in the Twentieth Century, Landham, Maryland 1999, S. 10 ff.; Gollwitzer, Geschichte (Anm. 3), S. 61 f.

7 Jürgen Osterhammel, Die Verwandlung der Welt. Eine Geschichte des 19. Jahrhunderts, München 2009; David Blackbourn, The Long Nineteenth Century. A History of Germany 1780–1918, Oxford, 1998; Jürgen Kocka, Das lange 19. Jahrhundert. Arbeit, Nation und bürgerliche Gesellschaft (Gebhardt, Handbuch der deutschen Geschichte, 10. Aufl., Bd. 13), Stuttgart 2002; Franz J. Bauer, Das «lange» 19. Jahrhundert (1789–1917). Profil einer Epoche, Stuttgart 2004; Eric Hobsbawm, Das Zeitalter der Extreme. Weltgeschichte des 20. Jahrhunderts (engl. Orig.: London 1994), München 1995; Michael Geyer und Charles Bright, World History in a Global Age, in: American Historical Review 100 (1995), S. 1034–1060; Charles S. Maier, Consigning the Twentieth Century to History: Alternative Narratives of the Modern Era, ebd. 105 (2000), S. 807–831; Ulrich Herbert, Europe in High Modernity. Reflections on a Theory of the 20th Century, in: Journal of Modern European History 5 (2007), S. 5–20.

8 Reinhart Koselleck, Wie europäisch war die Revolution von 1848/49?, in: ders., Europäische Umrisse deutscher Geschichte. Zwei Essays, Heidelberg 1999, S. 9–36 (23).

9 Siehe oben S. 816.

10 Ebd.

11 Fritz Fischer, Griff nach der Weltmacht. Die Kriegszielpolitik des Kaiserlichen Deutschland 1914/18, Düsseldorf 1961¹.

12 Francis Fukuyama, Das Ende der Geschichte. Wo stehen wir? (amerik. Orig.: New York 1992), München 1992.

Personenregister

Ortsregister